CW01018465

ISBN 978-0-282-50317-8
PIBN 10487721

FB &c Ltd, Dalton House, 60 Windsor Avenue, London, SW19 2RR.
Company number 08720141. Registered in England and Wales.

For support please visit www.forgottenbooks.com

LEXICON CAESARIANUM

CONFECIT

H. MEUSEL

VOLUMEN II

BEROLINI
W. WEBER
MDCCCXCIII

LEXICON CAESARIANUM

CONFECIT

H. MEUSEL

VOLUMEN II

PARS I

(iaceo — Puleio)

BEROLINI

W. WEBER

MDCCCXCIII

PRAEFATIO.

Iis, quae in prioris uoluminis praefatione dixi, pauca uidentur addenda. Iure a quibusdam uiris doctis, qui de primo huius lexici uolumine indicium fecerunt, reprehensum est, quod non senere secundum litterarum ordinem uoces digesserim. In duobus sane uocabulorum generibus paulum ab illo ordine discessi: nam et aduerbia semper adiectiuis, a quibus ducta sunt, subiunxi, et participia, etiam si adiectiuorum munere funguntur, constanter ea uerba, a quibus originem ducunt, subsequi uolui. Qua quidem ratione paucis quibusdam locis aliquid incommodi ortum est. Sed in altero uolumine huic malo ita mederi conatus sum, ut suo loco indicarem, qua in pagina eius modi noces inuenirentur. Vt in hac re constantia, ita in alia re inconstantia uituperatione digna est. Nam cum primo certis quibusdam uocibus, maxime nominibus propriis, ut acies (p. 86), Aduatuca, Aduatuci, Alesia, antesignanus, addidissem, quibus in libris de his ipsis rebus, locis, populis accuratius esset disputatum, aliquamdiu, quod quam manca necessario esset haec librorum enumeratio intellegebam, hoc indicare omisi. Postea tamen, cum non pauci niri docti hanc ipsam operae meae partem uehementer probarent, denuo ea, quae congesseram, adscribere constitui. Ea, quae in lexico ipso suo loco desiderantur quaeque sero inueni, in Addendis adiunxi. Sed cum multa ex iis, quae collegeram, duobus libris, qui eodem fere tempore atque lexicon meum in Francogallia in lucem prodierunt, contineri animaduerterem, omnia, quae ipse conquisieram, cum iis contuli, quae in duobus illis libris enumerata sunt, et quaecumque ibi reperiuntur ipse praetermisi. Illorum librorum alter inscriptus est: *Bibliographie générale des Gaules. Répertoire systématique et alphabétique des ouvrages, mémoires et notices concernant l'histoire, la topographie, la religion, les antiquités et le langage de la Gaule jusqu'à la fin du Ve siècle, par Ch.-Émile Ruelle. Paris 1880—86*; alter inscribitur: *Bibliographie des travaux historiques et archéologiques publiés par les Sociétés savantes de la France, dressés . . . par Robert de Lasteyrie et Eugène Lefèvre-Pontalis. Paris 1885 sqq.* Eius quem secundo loco commemoraui libri uix dimidiam partem absolutam esse, cum singulari quadam cura atque diligentia confectus sit, ualde dolui. Horum librorum in Addendis demum rationem habere potui. — In reliquis rebus eandem quam priore uolumine rationem institui, nisi quod inde a littera L interposita littera ⟨*o*⟩ significaui, in uerborum ordine discrepare libros manu scriptos, cum antea quamlibet librorum dissensionem indicassem littera ⟨*c*⟩. Praeterea in altero uolumine religiosius etiam quam in priore codicum scripturam respexi ac plurimos locos denuo examinaui, ne qui error subreperet in codicum discrepantia indicanda. Quae autem codicum lectiones adferuntur, eas semper fere ad unum illud uocabulum, quod antecedit, pertinere moneo, nisi si locus ipse satis declarat ad plura nerba eas esse referendas. — Orationum Caesaris earum tantum me duxisse rationem, quas a Caesare scriptas esse constat, nemo prudens improbabit. Itaque consulto ea, quae a Suetonio (D. Iul. 66) Caesari tribuuntur, quamquam et a Merguetio et a Mengio recepta sunt, spreui, praesertim cum oratio ipsa clamet Caesaris illa uerba non esse.

Quem ad modum in primi uoluminis praefatione pollicitus sum, tabulam coniecturarum huic uolumini adieci. Vniuersam uero meliorum editionum uarietatem, quamquam collectam habeo, tamen, ne duplicaretur huius tabulae ambitus, addere nolui. Ac plurima ex iis, quae praetermisi, nullius momenti sunt; quae utilia sunt, ea omnia in tabulam illam recepi.

*

Continentur igitur hoc libro hominum doctorum coniecturae, quibus Caesaris commentariorum uerba, qualia uetustissimis libris manu scriptis memoriae sunt tradita, emendare conati sunt. Quas ut colligerem, tredecim annorum spatio plus tria milia uoluminum perscrutatus sum: editiones et Caesaris et multorum scriptorum Graecorum Romanorumque, acta litteraria commentationesque academiarum, dissertationes inaugurales, libellos gymnasiorum, annales, ephemerides, miscellanea, symbolas litterarias, bibliothecas criticas, animaduersiones, obseruationes, analecta, opuscula, multa alia, quae quidem usque ad exitum anni 1891 publici iuris facta sunt. Quamquam ex maxima horum librorum libellorumque parte, quos inspexi et uolutaui, aut nullum aut admodum exiguum fructum percepi. Ex ueteribus Caesaris commentariorum editionibus diligenter contuli editionem principem, Aldinam (1513), Parisinas Vascosani et Rob. Stephani, ex recentioribus Schneideri, Nipperdei, Frigellii, Dübneri, Dinteri priorem, Holderi editiones. Inspexi praeterea editiones Beroaldi, Pauli Manutii, Lipsii, Scaligeri omnibus iis locis, quibus, cum mendum esse uideatur in codicibus manu scriptis, inter se discrepant editores. Sed ex ingenti coniecturarum numero non recepi eas, quae idcirco a uiris doctis factae sunt, quod meliorum librorum manu scriptorum lectionem ignorabant, neque eas, quae prorsus absurdae sunt. Saepe sane haesitaui, utrum commemorarem certas quasdam coniecturas an silentio praetermitterem. Praestare tamen uisum est quam maxime esse in hac re facilem, liberalem, indulgentem. Itaque non raro mentionem feci coniecturarum, quae aperte falsae sunt longissimeque a uero abhorrent, si aut pluribus hominibus doctis dignae uisae sunt commemoratione aut locus ille, quem sanare conantur, prorsus est desperatus. Recentiores codices, quippe qui originem ducant omnes ex uetustioribus, qui etiam nunc exstant, in Bello Gallico plane neglexi; sed alia instituenda fuit ratio in Belli Ciuilis commentariis. In ueteribus enim editionibus satis multae exstant lectiones, quae quamquam ex recentioribus tantum codicibus adhuc cognitae sunt, tamen aut uerae aut certe non plane reiciendae uidentur. Ex his non paucas ex uetustis libris manu scriptis fluxisse docuit me codicis Ashburnhamiani et partis cuiusdam antiquissimi codicis Laurentiani (pl. 68, 8) collatio. Itaque quaecumque ueterum editionum lectiones in commentariis de Bello Ciuili a codicibus x (= *afhl*) discrepantes aut bonae aut certe non improbandae uisae sunt, etiamsi ex libris mscr. petitae sunt, eas omnes in hanc tabulam recipiendas existimaui. Consulto in toto opere omisi leuiores quasdam res, uelut discrepantiam in uocibus *et—atque*, *nec—neque*, *neu--neue*, *confirmasse—confirmauisse*, *ii—hi*, quaeque aut ad orthographiam quam dicunt pertinent aut ad uerborum conlocationem.

Cum maxime breuitati esset studendum, certis quibusdam signis notisque constanter usus sum. Stellula hominum quorundam doctorum nominibus adposita (**Paul*, **WNitsche*, **PHarre*, **BKübler*, **Frig.*) indicaui, hos uiros aut praesentes aut per litteras ea, quae adferuntur, mecum communicasse. Binis stellulis significaui, coniecturae auctorem arbitrari unam uocem interisse, ut 3, 64, 1 „**cohortes *Forchh.*"; ternis stellulis indicatur plura uerba intercidisse, ut 1, 18, 3 „se deiecerunt.*** Attius *Paul*" idem ualet quod „Paul censet inter uoces deiecerunt et Attius plura a librariis esse omissa." Vncorum tria (uel quattuor) adhibui genera: BG. I 1, 1 „aliam] alteram *Aimoin.*, *Hotm.*" significare, in libris et scriptis et editis exstare aliam eamque uocem ab Aimoino et Hotmano mutari in uocem alteram, uix est quod commemorem; — „ab aliis [quaerit] *Lips.*, *Scal.*" (I 18, 2) significat in codicibus esse uerba ab aliis quaerit, sed uerbum quaerit a Lipsio et Scaligero deleri; — „⟨et⟩ ante se *Ashb.*; *uett. edd.*" (BC. 1, 70, 3) significat particulam et in codd. x (*afhl*) deesse, addi in cod. Ashb. et ueteribus editionibus (quattuor); „sed ⟨illatum⟩ defenderit *Ciacc.*" (I 44, 6) significat participium illatum in nullo codice manu scripto inueniri, addi a Ciacconio; — lunulis plerumque inclusi eas coniecturas, quas ipsi auctores dubitanter proposuerunt, ut V 52, I „(neque enim uel paruulo *Ciacc.*)"; non numquam in iis lectionibus usus sum his lunulis, quas ex deterioribus codicibus uidentur hausisse ueteres editores, uelut III 24, 1 „(acie instructa *uett. edd.*)". — Si quae emendatio ab omnibus editoribus recepta est, eam addito auctoris nomine primo loco posui, subieci codicum scripturam, ut (I 1, 5): „Oceano, finibus Belgarum, attingit etiam *Ald.*; oceanum finibus belgarum attingit. etiam X;" (3, 1, 6) „hos *ed. pr.*; hoc x." Si omnes libri et manu scripti et typis expressi consentiunt, coniecturas hominum doctorum plerumque ita adfero, ut ea uerba, in quibus discedunt ab omnibus libris, litteris latins dispositis indicem atque distinguam; cf. 2, 41, 8 „fortuna seruare uoluisset *Cornelissen*" (libri omnes habent: fortuna seruare potuisset). — Praeterea *defendendi* et *tuendi* uerbo ita semper usus sum, ut ad codicum mscr. uerba pertineat, uelut VI 5, 2

„eo quod meruerat *del. Apitz, Vielh.; defend. Dt., AHorner*" idem est quod „uerba eo quod meruerat delenda censent Apitz et Vielhaber, eadem uerba a Caesare scripta esse demonstrare conantur Dinter et AHorner." Contra *probandi* et *improbandi* nerba semper pertinent ad coniecturas, uelut VI 7, 6 nerbis „in consilio *del. Paul; prob. RSchn.*" indicaui Rudolfum Schneiderum probare Guilelmi Paul coniecturam, qui nerba illa delenda censet. (Probari autem coniecturam ab aliis saepe consulto non commemoraui.) — Haec fere sunt, quae explicatione uidentur egere.

Reliquum est, ut addam ipsum me eas, quas commemoraui, coniecturas ex editionibus, annalibus aliisque libris libellisue hausisse, aliorum nerbis me fidem non habuisse. Si qua coniecturarum, quas ipse non inueneram, ab aliis facta erat mentio, eos libros, in quibus prolata dicebatur illa coniectura, ipse euolui; si aliorum nerba discrepabant ab iis, quae ego exscripseram, denuo eius modi locos inspexi aut conatus sum (nam uiginti fere locis non licuit) inspicere. Qua in re cum unum meum, permultos aliorum deprehenderim errores, sperare licet non admodum magnum fore eorum locorum numerum, quo errauerim. Nihilo minus non nulla a me praetermissa, non nulla non recte allata esse neri simile est; de quibus qui me admonuerit gratissimum mihi fecerit.

Vnde singula petierim et quibus notis usus sim, ex eo quem subieci indice cognoscetur.

Achaintre = Caius Julius Caesar ad codices Parisinos recensitus cum . . . eruditorum notis, quibus suas adiecerunt N. L. Achaintre et N. E. Lemaire. Vol. I. II. Paris. 1819. 20 (raro inspexi).

Ἀθήναιον, σύγγραμμα περιοδικόν. Ἀθήνησιν (1872—)1882.

Aicardus. Quae adferuntur, ea hausta sunt ex Oudendorpii editione. Cf. Oud. praefat. fol. **3 uers.

Aim. = Aimoinus, De gestis Francorum, praefat. (Commemoraui pauca ex iis, quae ab Oud. et Nipp. proferuntur.)

Ald. = Caesaris commentar. Venetiis in aedibus Aldi, et Andreae soceri 1513 mense Aprili.

Ald. nep. = Scholia Aldi Manutii Paulli F. Aldi N. (Vsus sum editione Jungermanni, non numquam ipsius Aldi editionem a. 1588 inspexi.)

d'Anville = Jean Baptiste d'Anville, Notice de l'ancienne Gaule. Paris 1760. 4°.

Apitz = C. I. Caesaris commentarii de Bello Gallico. Emendauit . . . Ioannes Apitzius. Berolini 1837. — *Apitz* (*SchCr.*) = Schedae criticae in C. I. Caesaris comm. de B. Gall. Scripsit I. Apitzius. Lips. 1835. — C. I. Caesaris comm. de Bello Ciuili. Emend. I. Apitzius. Berolini 1837.

H. *d'Arbois* de Jubainville, Les noms gaulois chez César et Hirtius de B. Gall. Paris 1891.

Antonius Augustinus commemoratur ab Ursino.

Arch. f. Lex. = Archiv für lateinische Lexikographie und Grammatik, hggb. v. Ed. Wölfflin. Leipz. 1884—90.

Seebodes Archiv u. *Seebode.*

Basiner = O. Basiner, De bello ciuili Caesariano. Mosquae 1883 (Ipse hunc librum non nidi.)

BB. = Blätter für das bayerische Gymnasialschulwesen. Bd. 1. Bamberg 1865; Bd. 27. München 1891.

Bentl. = Caii Julii Caesaris . . . commentarii. Notas et Animaduersiones addidit Tho. Bentleius. Accessere Conjecturae et Emendationes Jacobi Jurini. Londini 1742.

RBentl. = Richardus Bentleius. (Lucani Pharsalia c. notis Hugonis Grotii et Rich. Bentleii. Strawberry-Hill. 1760. 4°.)

Ber. = Commentarii Caesaris recogniti per Philippum Beroaldum. 1512. 8°.

Bergk (*Rheinl.*) = Theod. Bergk, Zur Geschichte und Topographie der Rheinlande in römischer Zeit. Leipzig 1882.

Krit. Bibl. = Kritische Bibliothek für das Schul- und Unterrichtswesen. Hildesheim.

Bipont. = C. Iulii Caesaris opera ad optimas editiones collata studiis societatis Bipontinae. 2 uoll. Biponti 1782 (raro inspexi).

LBos (*Anim.*) = Lambertus Bos, Animaduersiones ad scriptores quosdam Graecos. Accedit specimen animaduers. Latinar. Franekerae 1715.

Brant. = Ioan. Brantii (Antverpiani) ad Caesaris comm. notae criticae (haustae ex Jungermanni ed.)

Brisson = BBrisson, De formulis et sollemnibus populi Rom. nerbis. Francofurt. 1592. Fol.
JBritzelmayr = Kritische Bemerkungen zu Stellen in . . Caesar. Progr. Landshut 1868.
Brut. = Io. Michaelis Bruti libellus uariarum lection. (Vsus sum Jungermanni edit.)
Camerarius = Ioachimi Camerarii (Pabepergensis) annotationes (haustae ex Jungerm.)
Cant. (*NL.*) = Guil. Canteri Nouarum lection. libri VII. Basil. 1581. (Antverp. 1571.)
Cellar. = C. Iulii Caesaris commentarii . . . Christoph. Cellarius recensuit. (Vsus sum ed. Lips. 1767, sed raro.) — Eiusdem Curae posteriores. Jenae 1687.
Lit. Centr. = Literarisches Centralblatt, hggb. v. F. Zarncke. Leipz.
Ciacc. = Petri Ciacconii Toletani in Caesaris comment. notae (petitae ex Jungerm. edit.)
Clark. = Caesaris commentar. Accesserunt annotat. Sam. Clarke. Lond. (1712) 1720. (Clarkii coniecturas hausi ex Oudendorpii edit.)
Class. Rev. u. *Rev.*
JClericus = J. Clerici Ars critica. Amstelod. 1697.
Cluver = Phil. Cluveri Germaniae antiquae libri III. Lugd. Bat. 1616 Fol. — Eiusdem Italia antiqua. LB. 1624. Fol.
Cornelissen = Aduersaria critica, scripsit JJCornelissen, in Mnemosyne, Noua Series, uol. 17 p. 44—49.
WCorr. = Correspondenzblatt für die Gelehrten- und Realschulen Württembergs. Tübingen.
Crusius (*Prob. crit.*) = Chr. Crusius, Probabilia critica. Lips. 1753.
Cuiacius. Eius coniecturae commemorantur ab Oud. et Madv.
Daehne = C. Iulii Caesaris comment. Annotat. critic. adiecit Io. Christoph. Daehne. Lips. 1825.
D'Anville u. *Anville.*
Dav. = C. Julii Caesaris Quae exstant Omnia. Ex recens. Joannis Davisii. Cantabrig. 1706. 4°. — *Dav.*² = ed. altera additis curis secundis Davisii. Lond. 1727. (Davisii coniecturas hausi ex Oudendorp. edit.; paucis locis ipsius Davisii edit. priorem adii.)
Db. (*Dübn.*) = C. Julii Caesaris comment. Annotat. crit. instruxit F. Dübner. 2 tomi. Paris. 1867. 4°; — *Db. 1858* = C. Julii Caesaris commentarii. Texte revu . . . par Fr. Dübner. Paris 1858.
Dederich (*3*, . . .) = ADederich, Kritische und exegetische Bemerkungen zu Caes. B. Civile in: Zeitschr. für die Alterthumswissenschaft, 3. Jahrg. 1836.
Dint. u. *Dt.*
Dittenb. = C. Iulii Caesaris comm. de B. Gall. Erklärt von Fr. Kraner. 15. Aufl. v. WDittenberger. Berlin 1890. Kritischer Anhang (p. 393 sqq.)
Doering = Mauritius Guil. Doering, Obseruationes criticae in aliquot Iulii Caesaris loca. (Pr.) Fribergae (1821).
Dt. (*Dint.*) = C. Iuli Caesaris commentar. recogn. B. Dinter. Lips. Teubn. 1864(—83). 1870(—87); — *Dt.*² = altera editio eiusdem libri. Lips. 1884; BC. 1888. — *Dt.* (*prf.*) = Caes. comm. recogn. B. Dinter. Vol. I. Comm. de B. Gall. Lips. 1864 p. XIII—LII. Vol. II. Comm. de B. Ciuili. Lips. 1870 p. V—LXXVI. — *Dt.* (*Qu.*) = Quaestiones Caesarianae. Scrips. B. Dinter. Grimae 1876 (GP. Grimma 1876). — *Dt.-Dob.* = Caes. comm. de B. Ciuili. Erklärt von A. Doberenz. 5. Aufl. besorgt v. G. B. Dinter. Leipz. 1884.
Donatus (*ad Liu.*). Eius coniecturas sumpsi ex Drakenborchii edit. Amstel. 1738.
Dübn. u. *Db.*
Jac. *Durantii* Casellii Variae lectiones in Grut. Lamp. III.
edd. = editiones; *uett. edd.* = editio princeps, Aldina a. 1513, Vascosani, Roberti Stephani.
ed. inc. = Caes. comm. de B. Gall. 1473 Fol. s. l.
ed. pr. = editio princeps. Romae, in domo Petri de Maximis. 1469. Fol.
Elberl. (*Obs.*) = C. G. Elberling, Obseruationes criticae ad Caii Iulii Caesaris comm. de B. Ciuili. Havniae 1828.
Ellebodius u. *Nicas.*
Endl. = J. P. Endler, Quaestionum Caesarianarum specimen. Norimbergae 1859. (GP. Nürnberg 1859.)
Eos = Eos. Süddeutsche Zeitschrift für Philologie und Gymnasialwesen. 1. 2. Würzburg 1864. 66.

Eussn. (*JB.*) = Adam Eussner in: Jahresbericht über die Fortschritte der classischen Alterthumswissenschaft. Berlin. Calvary.
PFaber (*Semestr.*) = Petri Fabri Semestria. Lib. I et II Geneuae 1660; Lib. III Lugd. 1595. 4°.
Faern. = Gabr. Faernus. Eius coniecturae passim commemorantur ab Ursino, Aldo Manutio aliisque in Jungermanni editione.
Flade = Christ. Gottlob Flade, Obseruationes ad loca quaedam Iulii Caesaris. Fribergae 1813. (GP.)
CFleischer (*Festschr.*) = Curt H. Fleischer, Kritisches und Exegetisches zum Bellum Gallicum. Festschrift. Meissen 1879.
Flod. = Flodoardus, Historia ecclesiae Remensis.
Forchh. = J. N. G. Forchhammer, Quaestiones criticae de uera commentar. de Bell. Ciuili... emendandi ratione. Hauniae 1852.
Fr. u. *Frig.*
Freinsh. (*Curt.* — *Flor.*) = Q. Curtius Rufus, cum suppl., commentariis et ind. Jo. Freinshemii. Argentorati 1670; — L. Annaeus Florus, ed. Jo. Freinshemius. Argentor. 1669.
Frig. = C. Iulii Caesaris de B. Gall. libri. Recens. Andr. Frigell. Vol. I (B. Gall. I—VIII); Vol. II. P. I (collatio librorum); Vol. III. P. I. (de mendis codicum Caesaris) Upsaliae 1861.
FFröhlich = Franz Fröhlich, Das Kriegswesen Cäsars. Zürich 1889. 90.
Georges (*Lexic.*) = Ausführliches latein.-deutsches Handwörterbuch ausgearbeitet v. Karl Ernst Georges. 7. Aufl. Leipz. 1879. 80.
Geyer (*JB.*) = P. Geyer, Jahresberichte des philologischen Vereins zu Berlin (in ZG.)
Gitlb. = C. Iulii Caesaris comm. de B. Gall. Recens. Michael Gitlbauer. Friburgi Brisg. 1884. 85. (Raro inspexi.)
Gland. = Joannis Glandorpii annotationes in Caes. (haustae ex Jungermanni editione.)
Glar. = In Caesaris comment. Henrici Glareani annotationes (haustae ex Jungermanni edit.)
Glück = Christian Wilh. Glück, Die bei Caius Julius Caesar vorkommenden keltischen Namen. München 1857.
vGöl. = August von Göler. Quae pertinent ad B. Gall. I—VI, ea sumpta sunt ex libro, qui inscribitur: Cäsar's Gallischer Krieg in den Jahren 58—53 v. Chr. Stuttgart 1858; — quae pertinent ad BG. VII, inueniuntur in: Cäsar's Gallischer Krieg i. d. J. 52 v. Chr. Karlsruhe 1859; — B. Ciuil. lib. I. tractatur ab eodem in h. l.: Bürgerkrieg zwischen Cäsar und Pompeius i. J. 50/49 v. Chr. Heidelberg 1861 (= *vGöl.*, *Bürgerkr.*); — B. Ciuil. lib. III in libro: Die Kämpfe bei Dyrrhachium und Pharsalus i. J. 48 v. Chr. Karlsruhe 1854 (= *vGöl.*, *Dyrrh.*) — *vGöl.*[2] = Caesars Gallischer Krieg und Theile seines Bürgerkriegs v. Freih. Aug. v. Göler. Zweite Aufl. hggb. v. Freih. E. A. v. Göler. (I. Theil = B. Gall.; II. Th. = B. Ciuile.) Freiburg u. Tübingen 1880.
JGoerlitz = Joannes Goerlitz, Emendationes Iulianae. GP. Wittenberg 1827.
GP. = Gymnasial-Programm.
Graev. = C. Iulius Caesar. Ex Musaeo J. G. Graevii. Lugd. Bat. 1713. (Raro inspexi.)
Gron. (*Obs.*) = Joh. Fred. Gronovii Obseruationum libri quatuor. (Vsus sum edit. Platneriana Lips. 1755.)
Grosse = Bemerkungen über einige Stellen in Jul. Cäsar's Büchern vom Gall. Kriege, von Prediger Große 2. GP. Stendal 1827.
Grut. = Janus Gruterus. Eius coniecturas petiui ex Oudendorpii edit. — *Grut. Lamp.* = Lampas artium liberalium seu Fax critica. Ed. J. Gruterus. T. 1—7. Francof. 1602—34.
Gryph. = Seb. Gryphius. Quae commemorantur, hausta sunt ex Oud. ed.
Guischard(t) (*Mém. milit.*) = Charles Guischardt, Mémoires militaires sur les Grecs et les Romains. Haye 1758. 4°; — (*Mém. crit.*) = Ch. Guischard, nommé Quintus Icilius, Mémoires critiques et historiques sur plusieurs points d'antiquités militaires. Berlin 1774. 4°.
Hand (*Turs.*) = Ferdinandi Handii Tursellinus. Vol. I—IV. Lips. 1829—45.
HHartz (*Adnot.*) = H. Hartz, Adnotationum ad Caesaris de B. Ciuili libros fasciculus. GP. Züllichau 1864. — *HHartz* (*Coniect.*) = Coniectanea Caesariana scripsit Henricus Hartz. Altonauiae 1886. (GP. Altona 1886.)
Hecker = WAAHecker, Quaestiones de commentariis Caesaris de B. Gallico. (Diss. inaug.)

Groningae (1888). (Hunc libellum cum absoluto demum meo libro et partim typis expresso cognouerim, partem tantum coniecturarum recipere potui.)

Heins. uel *NHeins.* (*Aduers.*) = Nicol. Heinsius, Aduersariorum libri IV. Harlingae 1742. 4°. — Reliquae Heinsii coniecturae ex Oudendorpii edit. petitae sunt.

Held = Caji Julii Caesaris comment. de B. Gall. Mit Anmerkungen von J. C. Held. 4. Aufl. Sulzbach 1851; — Caes. comm. de B. Ciuili. Mit Anm. v. J. C. Held. 3. Aufl. Sulzbach 1834.

Hell. (*JB.*) = Heinrich Justus Heller, Jahresbericht über die Fortschritte der class. Alterthumswissensch. Berlin, Calvary 1891; — *Hell.* (*Ph. Suppl. 5*) = HJHeller, Kritische und exegetische Bemerkungen zu Caesars Commentarien. 5. Supplementband zum Philologus. (1885.)

Hellwig = Paul Hellwig, Über den Pleonasmus bei Cäsar. Pr. Berlin, Sophien-Gymnas. 1889.

Herm. = Hermes. Zeitschrift für classische Philologie. Berlin. Bd. 1. 1866; Bd. 26. 1891.

HJ. = Heidelberger Jahrbücher für Literatur. Jahrg. 1—65. Heidelberg 1808—72.

Hist. Ztschr. u. *Ztschr.*

HM u. *M.*

EHoffm.[1] = C. Iulii Caesaris comment. Recogn. Emanuel Hoffmann. Vol. II. Vindobonae 1857. Praefatio p. IV—LXXVI; — *EHoffm.*[2] = Caesaris comm. Iterum recogn. Eman. Hoffmann. Vindobonae 1890. Vol. I p. I—XXXV; uol. II p. III—XLVIII; — *EHoffm.* (*Stud.*) = Em. Hoffmann, Studien auf dem Gebiete der lateinischen Syntax. Wien 1884.

FHofm. = C. Iulii Caesaris comm. de B. Ciuili. Erklärt von Fr. Kraner. (Dritte—)zehnte Aufl. von Friedrich Hofmann. Berlin (1864—)1890. Vsus sum editt. quarta, octaua, decima; — *FHofm.* (*OBC.*) = Friderici Hofmanni de origine belli ciuilis Caesariani commentarius. Berolini 1857.

Hold. = C. Iuli Caesaris B. Gall. libri VII. Recens. Alfred Holder. Freiburg i. B. und Tübingen 1882.

AHorner (*I. II.*) = Beiträge zu Cäsar. Von Anton Horner. Pr. des Gymnas. zu Wr.-Neustadt. (*I* = Wiener-Neustadt 1878; *II* = Wr.-Neust. 1879.)

Hotm. (s. *Hotom.*) = Francisci Hotmani J. C. in Caesaris comm. notae renouatae (haustae ex Jungermanni edit.).

Hug (*JB.*) = Arnold Hug, Jahresbericht über die Fortschritte der class. Alterthumswissensch. Berlin, Calvary.

Hzg = C. Julii Caesaris commentariorum de B. Gall. libri VIII. Erklärt von Christian Gottlob Herzog. 2. Aufl. Leipz. 1831; — C. Julii Caesaris comm. de B. Ciuili libri III. Erkl. v. Chr. G. Herzog. Leipz. 1834.

D. Jannoctii coniecturae non numquam commemorantur a Jo. Mich. Bruto.

JJ. (= Jahns Jahrbücher) = (Neue) Jahrbücher für Philologie und Pädagogik. Leipzig, (Teubner) 1826—1891; — *JJ.*, *Suppl.* = Supplementband (1—17) zu den Jahrbüchern für classische Philologie. Leipz. (Teubner) 1855—90.

JRh. = Jahrbücher des Vereins von Alterthumsfreunden im Rheinlande. Heft 1—89. Bonn 1842—1890.

de Jubainville u. *d'Arbois.*

Jungerm. = C. Julii Caesaris quae exstant. Editio adornata opera et studio Gothofredi Jungermani. Francofurti 1606. (Vsus sum editione altera, quae prodiit Francof. 1669, sed non raro priorem illam consului.)

ed. Junt. = editio Florent. (ex officina Philippi de Giunta) 1514. (Ipse hanc edit. non uidi.)

Jur. uel *Jurin.* u. *Bentl.*; — *Jur.* (*Addend.*) = *Bentl.* p. 567—571.

AKayssler = De rebus a C. Iulio Caesare apud Ilerdam in Hispania gestis, v. Kayssler. GP. Oppeln 1862.

Kindsch. (*Em.*) = Franc. Kindscher, Emendationes Caesarianae. Servestae 1860. (GP. Zerbst 1860.) — *Kindsch.* (*Qu.*) = Franc. Kindscheri Quaestiones Caesarianae. GP. Zerbst 1864.

Köchly = Gaius Julius Cäsar's Memoiren über den Gallischen Krieg. Deutsch von H. Köchly und W. Rüstow. 3. Aufl. Stuttg. 1866; — Gaius Julius Cäsar's Memoiren über den Bürger-Krieg. Deutsch von H. Köchly. Stuttg. 1868; — *Köchly* (*kl. phil. Schr.*) = Herm. Köchly, opuscula philolog. Vol. II. Lips. 1882.

Kohl = Franc. Theod. Kohlii Commentationes criticae. Hamburgi et Kiloni 1727.

Kraff. uel *Kraff.* (*Beitr.*) = Hermann Kraffert, Beiträge zur Kritik und Erklärung lateinischer Autoren. GP. Aurich 1881 et 1882.

Kran. = C. Iulii Caesaris commentarii. Ed. Fridericus Kraner. Lips. (B. Tauchnitz) 1861; — *Kran.*^{2} = C. Iulii Caesaris comment. de B. Ciuili. Erklärt von Fr. Kraner. 2. Aufl. Berlin (Weidmann) 1860; (cf. *FHofm.*;) — *Kran.* (*Obs.*) = Frid. Kraneri Obseruationes in aliquot Caesaris locos de interpolatione suspectos. Misenae. (GP. Meissen 1852.)

Kreyssig = C. Iulii Caesaris comm. Adnotat. critic. adiecit Joa. Theoph. Kreyssig. Lips. 1826. (Hac editione uti mihi non licuit; quae commemorantur Kreyssigii coniecturae, eae ex Daehnii, Nipperdei aliorumque editionibus haustae sunt.)

Krit. Bibl. u. *Bibl.*

Kühnast (*Liv. Synt.*) = Ludwig Kühnast, Die Hauptpunkte der Livianischen Syntax. 2. Aufl. Berlin 1872.

JKvičala (*ap. Pr.*) u. *Pramm.*; — eae coniecturae, quibus additur *Listy filol.*, commemorantur in *PhW.* 3, 1137.

Lachm. (*ad Lucr.*) = Caroli Lachmanni in T. Lucretii Cari de rerum natura libros commentarius. (^{4} Berolini 1882.)

Lambin. (*ad Cornel.*) = Cornel. Nepos c. commentar. Dionys. Lambini, G. Longolii, H. Magii. Francof. 1608. Fol.

Landgraf (*Unters.*) = Gustav Landgraf, Untersuchungen zu Caesar und seinen Fortsetzern. Erlangen 1888.

Latinus Latinius commemoratur a Ciacc.

JCLaurer = Zur Kritik und Erklärung von Caesars Büchern über den Gall. Krieg. Beiträge von J. C. Laurer. Progr. Schwabach; *Laurer* (*I*) = Schwabach 1883; *Laurer* (*II*) = Schwabach 1884.

Lemaire u. *Achaintre.*

FLLentz = Variae Lectiones. GP. Königsberg, Kneiphöf. Gymnas. 1852.

Leodius u. *Thomas.*

Lippert = C. Julii Caesaris commentarii de B. Gallico, erläutert v. J. G. Lippert. Leipz. 1835. (Raro inspexi.)

Lips. = C. Julii Caesaris commentarii de B. Gall. et ciuili etc. Omnia nunc opera niri docti emendata et edita. Antverp. (Plantin.) 1586; — *Lips.* (*Pol.*) = Justi Lipsi Poliorceticon libri V; — *Lips.* (*Mil. R.*) = J. Lipsi de militia Romana libri V; — *Lips.* (*Anal.*) = J. L. Analecta siue obseruationes reliquae ad militiam; — *Lips.* (*El.*) = J. L. Electorum libri II; — *Lips.* (*Saturn.*) = J. L. Saturnalium sermonum libr. II.

Lit. Centr. u. *Centr.*

Lochner = G. W. C. Lochner, Obseruationes ad Caesaris comment. locos quosdam. Norimbergae 1828.

HM = H. Meusel; — *HM* (*LC.*) = Lexicon Caesarianum confecit H. Meusel. *I.* Berolini 1887; *II.* Berol. 1893; — *HM* (*JB.*) = HM in: Jahresberichte des philol. Vereins zu Berlin (Zeitschr. f. d. Gymnasialwesen 1885. 86).

Madv. uel *Madv.* (*AC. II*) = Jo. Nic. Madvigii Aduersaria critica ad scriptores Latinos. Hauniae 1873 p. 247—280; — *Madv.* (*op. ac.*) = Madv. opuscula academica (altera). Hauniae 1842; — *Madv.* (*Em. Liu.*) = Madv. Emendationes Liuianae. Hauniae 1860. (^{2}1877.) — *Madv.* (*Kl. phil. Schr.*) = Madv., Kleine philologische Schriften. Leipz. 1875.

Man. uel *PMan.* uel *Manut.* = Caesaris commentarii cum correctionibus Paulli Manutii. Venetiis (Ald.) 1559.

Mannert = Konrad Mannert, Geographie der Griechen und Römer. Nürnberg 1788 sqq.

Markl. = Jer. Marklandi explicationes ueterum aliquot auctorum, in: Euripidis Supplices Mulieres c. notis Jer. Marklandi integris et aliorum selectis. (Lond. 1775) Lipsiae 1822; pag. 262—279 ed. Londin. (= p. 309—324 ed. Lipsiens.)

Maurer (*Cruc. phil.*) = Theodor Maurer, Cruces philologicae. GP. Mainz 1882 (etiam separatim edit. Mainz 1882).

RMg = Rudolf Menge; *RMg* (*LC.*) = Lexicon Caesarianum composuerunt Rud. Menge et Siegmundus Preuss. Lips. 1890; — *RMg* (*Krit. Anh.*) — Kritischer Anhang zu Caes. comm. de

B. Gall. herausgegeb. v. R. Menge. Gotha 1885; — *RMg* (*Qu.*) = Quaestiones Caesarianae. Scrips. R. Menge. GP. Eisenach 1883; — *RMg* (*Rel.*) = R. Menge, Über das Relativum in der Sprache Cäsars. GP. Halle a. S. (Lateinische Hauptschule) 1889.

MMiller = Max Miller, Kritische und exegetische Beiträge zu Caesar. Pr. Aschaffenburg 1874.

Mn. (*Mnem.*) = Mnemosyne. Tijdschrift voor classieke litteratur. Deel 1—11. Leyden 1852—62; Nova series. Vol. 1—19. Lugd. Bat. 1873—91. (*Mnem.* = 1852—62; *Mn.* = Nova series 1873—91.)

(*Th*)*Momms.* (*CIL*) = Theodor Mommsen, Corpus Inscriptionum Latinarum; — *Momms.* (*RG.*) = Th. Mommsen, Römische Geschichte. Berlin, Weidmann. (Vsus sum editione quinta 1868. 69); — *Momms.* (*RSt.*) = ThM., Römisches Staatsrecht. Leipz. [1]1871—87; [2]1876. [3]1887. — (Paucae Mommseni coniecturae commemorantur in Kraneri edit. Weidmanniana.)

Montan. = C. Iulii Caesaris quae exstant, opera et studio Arnoldi Montani. Amstelod. 1661. (Raro inspexi.)

Mor. (*Morus*) = C. Iulii Caesaris comment. Curauit editionem Sam. Fr. Nathan. Morus. Lips. 1780. (Plerumque usus sum editione Oberliniana, ipsius Mori editionem nonnumquam inspexi.)

Morstadt = Robert Adolf Morstadt, Abhandlung, worin vier Bruchstücke anderer Werke, die sich in Cäsar's Bücher vom Bürgerkriege eingeschlichen haben, nachgewiesen werden. GP. Schaffhausen 1850.

BMüller = Bernhard Müller, Zur Kritik und Erklärung von Caesars gallischem Kriege. Pr. Kaiserslautern 1877.

HJMüller (*Symb.*) = Hermann Johannes Müller, Symbolae ad emendandos scriptores Latinos. Partic. II, in: Festschrift zu der 2. Säcularfeier des Friedrichs-Werderschen Gymnasiums. Berlin 1881.

(*IwMüller* = Iwan Müller, in: Eos, Süddeutsche Zeitschr. f. Philol. u. Gymnasialwesen. I. Würzburg 1864, p. 65 sqq.)

RMüller (*JB.*) = Richard Müller, in: Jahresberichte des phil. Vereins zu Berlin. (ZG. 1875. 1878.)

Muret. (*V. L.*) = M. Antonii Mureti Variarum Lectionum libri XIX. (Vsus sum edit. Ruhnken. Lugd. Bat. 1789.)

Muséon = Le Muséon. Revue internationale. Tome 1—10. Louvain 1882—91.

Napol. = (Napoléon III.) Histoire de Jules César. Tome II. Paris 1866.

Nicas. = Nicasius Ellebodius Casletanus. Eius coniecturae commemorantur in editione Jungermann. (ab Aldo Manutio, Ciacc. aliueis.)

Nipp. uel *Np.* = C. Iulii Caesaris commentarii. Carolus Nipperdeius recensuit, optimorum codicum auctoritates annotauit, quaestiones criticas praemisit. Lips. 1847.

Oberl. = C. Julii Caesaris comment. Post Cellarium et Morum denno curauit Ier. Iac. Oberlinus. Lips. 1805.

Oehl. = C. Iulii Caesaris comment. Recogn. Franciscus Oehler. Lips. 1850.

ÖZ. = Zeitschrift für die österreichischen Gymnasien. Jahrg. 1—42. Wien 1850—91.

Oud. = C. Julii Caesaris . . . comment. c. integris notis Dionysii Vossii, Joannis Davisii, et Samuelis Clarkii. Cura et studio Francisci Oudendorpii. Lugd. Bat. et Rotterodami 1737. 4°. (2 uoll.)

(*Octauii*) *Pantagathi* et *Passeratii* coniecturae inueniuntur ap. Oud.

Paul = C. Iulii Caesaris comment. de Bello Ciuili. Edid. Guilelm. Theod. Paul. Editio maior. Vindobonae, Pragae, Lipsiae 1889. (Quae lunulis ( ) inclusa sunt, ea aut dubitanter proposuit P. aut nunc improbat.)

Perizonii coniecturas petii ex Oud. edit.

Petavius (*ad Themist.*) = Themistius cum commentario. D. Petavii. Paris. 1618. 4°.

SPetitus (*Obseru.*) = Sam. Petiti Obseruationum libri III. Paris. 1642. 4°.

Ph. = Philologus. Zeitschrift für das klassische Alterthum. Jahrg. 1—49. (Stolberg) Göttingen 1846—91. (*Suppl. 5* = Fünfter Supplementband 1885.)

PhA. = Philologischer Anzeiger. Hggb. v. E. v. Leutsch. Band 1—17. Göttingen 1869—87.

PRh. = (Neue) Philologische Rundschau. Hggb. v. C. Wagener u. E. Ludwig. Bremen 1881—85; Gotha 1886—91.

PhW. = Berliner Philologische Wochenschrift. Jahrg. 1—11. Berlin, Calvary 1881—91.

Pighii mentio fit ap. D. Voss.
Pluyg. = Guil. Georg. Pluygers, Ad Caesarem, in: Mnemosyne, noua ser. uol. IX (1881) p. 1—12.
Pr. = Programm.
Pramm. = C. Iulii Caesaris comm. de Bello Gall. edid. Ignatius Prammer. Pragae, Lipsiae 1883 p. V—XX; — *Pr.*[2] = edit. altera Lips. 1887 p. XXI. XXII; — *Pr.* (*Lexikogr.*) = Ignaz Prammer, Zur Lexikographie von Caesar de B. Gall. Pr. des Staatsgymnas. im VIII. Bezirke Wiens. Wien 1884.
Procksch (*CT.*) = A. Procksch, Die consecutio temporum bei Cäsar. Pr. Eisenberg 1874. (Leipz., Teubner 1874.)
Queck = C. Iulii Caesaris comment. de Bello Ciuili l. III. Erklärt von Gustav Queck. Jena 1853.
RB. = Revue de l'instruction publique en Belgique.
RC. = Revue critique d'histoire et de littérature. 1.—25. année. Paris 1866—91.
Rev. celt. = Revue celtique (fondée par H. Gaidoz. 1870—85.) Publiée sous la direction de H. d'Arbois de Jubainville. Paris.
Class. Rev. = The Classical Review. Vol. 1—5. London 1887—91.
Rhellic. = Joh. Rhellicani (Tigurini) in Caesaris comm. annotationes (haustae ex Jungermanni edit.)
B. Rhenan. = Beati Rhenani Rerum Germanicarum libri III. Basil. 1551. Fol.
RhM. = Rheinisches Museum für Philologie. Neue Folge. Frankf. 1842—91. (Jahrg. 1—46.)
Barth. Ricius commemoratur ab Oudendorpio.
Riv. di Fil. = Rivista di Filologia e d'Istruzione classica. Torino, Loescher.
Robortellus = Fr. Robortelli annotationes, in Gruteri Lampade, tom. II. Francof. 1604.
RPh. = Revue de philologie, de littérature et d'histoire anciennes. Tome 1—15. Paris 1877—91.
Rub. uel *Rubenius* (*El.*) = Phil. Rubenii Electorum libri II. Antverp. 1608. 4°.
Rüstow = W. Rüstow, Heerwesen und Kriegführung C. Julius Cäsars. 2. Aufl. Nordhausen 1862.
JRutgers. = Jani Rutgersii Variarum Lectionum libri VI. Lugd. Bat. 1618. 4°.
A. H. de *Sallengre*, Nouus Thesaurus antiquitatum Romanar. Venet. 1735. Fol.
Sambuc. = J. Sambuci in comm. J. Caesaris lectiones et spicilegia quaedam (petit. ex Jungerm. edit.).
Scal. = C. Iulii Caesaris quae extant. Ex emendatione Ios. Scaligeri. (Vsus sum plerumque editione Elzeviriana, quae prodiit Amstelod. 1661, aliquamdiu edit. Elzevir. anni 1635; ubi uisum est, inspexi edit. Janssonianam, Amsterodami 1628.)
OSchambach (*Reit.*) = Schambach, Die Reiterei bei Caesar. GP. Mühlhausen in Thüringen 1881.
Jo. Scheffer, De militia nauali ueterum libri IV. Ubsaliae 1654. 4°.
Schelius (*ad Hygin.*) = Hygini Gromatici . . . quae exstant c. not. R. H. S. (= Ratboldi Hermanni Schelii.) Amstelod. 1660. 4°.
Schleussinger (*Rheinbr.*) = August Schleussinger, Studie zu Caesars Rheinbrücke. München 1884. (Separat-Abdruck aus d. Blättern f. d. bayer. Gymnasialschulwesen.)
Schn. = Commentarii de bellis C. Iulii Caesaris. Recens. et illustr. Car. Ern. Christ. Schneider. Pars I. Halis 1840. Pars II. Halis 1849—1855.
HSchn. = Henricus Schneider, Loci Caesaris de Bello Ciuili commentariorum nonnulli explicati et emendati. Dissert. inaug. Vratislauiae 1859.
RSchn. (*JB.*) = Rudolf Schneider, Jahresberichte des philol. Vereins zu Berlin (ZG. 1885—1891); — *RSchn.* (*Ilerda*) = Rud. Schneider, Ilerda. Ein Beitrag zur römischen Kriegsgeschichte. Berlin 1886.
Schnell = J. R. Schnell, Specimen obseruationum in Caesaris comment. Basileae 1789. 4°.
Schweiz. Anz. = Anzeiger für schweizer. Geschichte und Altertumskunde.
Seebode's Archiv = Archiv für Philologie und Pädagogik. Leipz., Teubner 1832—53.
St. = C. Iulii Caesaris rerum ab se gestarum commentarii. Lutetiae. Ex officina Rob. Stephani. 1544.
Achillis Statii coniecturae proferuntur a Ciacc. et Hotm. et Dav.
Steuchus Eugubinus commemoratur ab Hotmano.

Stoephasius = Caesaris comm. ed. Joa. Chr. Stoephasius Magdeburg. (1815.) 1819. (Quae commemorantur, hausta sunt ex Daehnii edit.)
Stoffel = Stoffel, Histoire de Jules César. Guerre civile. 2 Vol. Paris 1887.
Wiener Studien, Zeitschrift für classische Philologie. Wien 1879—91.
Taylor, *Lectiones Lysiacae* in: Lysias ed. Taylor. Londini 1739 (et Oratores Graeci ed. Reiske VI p. 219 sqq. Lips. 1772).
Terpstra = D. Terpstra, Obseruationes Criticae in Caesaris Commentarium de Bello Ciuili. (Miscellanea philologa. Ediderunt gymnasiorum Batauorum doctores societate coniuncti. Ultraiecti 1854. p. 36—75.)
Thomann = Konr. Thomann, Der französische Atlas zu Cäsars gallischem Kriege. Progr. der Kantonsschule in Zürich; *Thomann* (*I*) = Zürich 1868; *II* = 1871; *III* = 1874.
Hubertus *Thomas* Leodius, De Tungris et Eburonibus. Argentorati 1541.
Tidskr. = Tidskrift for Philologi og Pädagogik. 1—10. Kjöbenhavn 1860—73.
Rob. Titius (*Controuers.*) = Robert. Titius, Locorum controuersorum libri X. Florent. 1584. 4°.
Turneb. (*Aduers.*) = Adriani Turnebi aduersariorum tomi III. Argentinae 1599. Fol.
Ukert (*Geogr.*) = Fr. Aug. Ukert, Geographie der Griechen und Römer. Weimar 1816—46.
Urs. uel *Ursin.* = Fuluii Ursini (Romani) notae in Caesaris comment. (haustae ex Jungermanni editione.)
Valesius = Hadriani Valesii Notitia Galliarum. Paris. 1675. Fol.
Vasc. = C. Iulii Caesaris rerum ab se gestarum commentarii. Parisiis. Ex officina Michaëlis Vascosani 1543; — *mg. Vasc.* = margo editionis Vascos.
uett. edd. u. *edd.*
PVict. uel *Victor.* = Petri Victorii Variarum et antiquarum lectionum libri XXXVIII. Argent. 1609.
Vielh. (*Beitr.*) = Leop. Vielhaber, Beiträge zur Kritik des Cäsarianischen bellum ciuile etc. Progr. d. Theres. Akad. Wien 1864; — *Vielh.* (*Spec. emend.*) = L. Vielhaber, Specimen emendationum (der 18. Philologen-Versammlung gewidmet). Wien 1858. (Hunc libellum inspicere non potui.)
Voss. = Dionysii Vossii animaduersiones in Caesaris comment. (Eas hausi ex Oudendorpii edit., non numquam Davisii et Graevii edit. inspexi.)
Walther = C. Iulii Caesaris de bello Gallico comment. Recens. H. Walther. Paderbornae et Monasterii 1887; — *Walther* (*Pr.*) = H. Walther, De Caesaris codicibus interpolatis. Pr. Grünberg i. Schl. 1885.
Wasse = Sallust. recens. Jos. Wasse. Cantabrig. 1710.
WCorr. u. *Corr.*
AWeidner (*Pr. FrWG.*) = AWeidner, Criticarum scriptionum specimen. Pr. Köln, Friedr.-Wilh.-Gymn. 1864.
Whitte = Gaji Julii Caesaris de bello Gallico comm. Recens. Ioannes Kofod Whitte. Havniae 1844 p. III—XXXI; — *Whitte*³ = ed. tertia. Hauniae 1877.
Wiener Studien u. *Studien.*
WklPh. = Wochenschrift für klassische Philologie. Jahrg. 1—8. Berlin 1884—91.
Wölff. = Henricus Wölffel, Emendationes ad Caesaris libros de bello ciuili. Norimbergae. (GP. Nürnberg.) *I* = 1865; *II* = 1866.
ThWopkens (*Lect. Tull.*) = Thomae Wopkens Lectionum Tullianarum libri III. Iterum edid. F. Handius. Jenae 1829.
Wsbg = Alb. Sadolinus Wesenberg, Emendat. Ciceronis epistolarum. Dissert. inang. Hauniae 1840.
Zander (*V. VI.*) = C. L. E. Zander, Andeutungen zur Geschichte des Römischen Kriegswesens. Fünfte (sechste) Fortsetzung. Pr. Ratzeburg 1859. 1864.
ZAW. = Zeitschrift für die Alterthumswissenschaft. 1834 Giessen; 1835—42 Darmstadt; 1843 Marburg; 1844—54 Cassel.
ZG. = Zeitschrift für das Gymnasialwesen. Jahrg. 1—45. Berlin, Weidmann 1847—91.
Histor. Ztschr. = Historische Zeitschrift. Hggb. v. H. v. Sybel. München (und Leipzig) 1859—91.

Reliqua suo loco accuratius indicantur.

Codicum notae.

A = Bongarsianus I. s. Amstelodam.
Ashb. = Ashburnhamensis
B = Parisinus I.
C = Vossianus I.
D = Egmondanus
E = Vratislauiensis I.
H = Gottorpiensis s. Hauniensis II.
M = Vaticanus 3864
N = Petauianus
O = Dresdensis I.
Q = Moysiacensis
X = *AQBMah* } in B. Gall.
α = *AQBM* } in B. Gall.
β = *ah(fl)* } in B. Gall.
a = Parisinus II. s. Thuaneus
b = Leidensis I.
c = Scaligeranus
d = Cuiacianus
e = Hauniensis I.
f = Vindobonensis I.
h = Vrsinianus
i = Andinus
k = Oxoniensis
l = Riccardianus s. Florentinus
x = archetypus codicum *afhl* (in B. Ciuili)
rec. = cod. quidam recens
recc. = codices non nulli recentes

I

Iaceo: ut, cum primi eorum (hostium) cecidissent, proximi iacentibus insisterent atque ex eorum corporibus pugnarent: II 27, 3; exanimatus . .. concidit. hunc ex proximis unus iacentem transgressus eodem illo munere fungebatur: VII 25, 3.

lenibus atque utinam scriptis adiuncta foret uis, . . . neue ⟨c⟩ hac despectus parte iaceres! *ap. Suet. uit. Terent.* 5.

Iacetani: Oscenses . . . sese . . imperata facturos pollicentur. hos Tarraconenses et Iacetani et Ausetani et . . . Illurgauonenses, qui flumen Hiberum attingunt, insequuntur ⟨*an* sequuntur?⟩: 1, 60, 2; *cf.* § 3.

iacio. A. = *βάλλειν*: quae tamen (naues) ancoris iactis cum fluctibus complerentur: IV 28, 3; ¶ (Aduatuci) armorum magna multitudine de muro in fossam . . . iacta . . . pace sunt usi: II 32, 4; ¶ alii faces atque aridam materiem ⟨materiam β⟩ de muro in aggerem eminus iaciebant: VII 24, 4; ¶ septimo oppugnationis die maximo coorto uento feruentes fusiles ⟨c⟩ ex argilla glandes fundis ⟨*om.* β⟩ et feruefacta iacula ⟨iac. feru. β⟩ in casas . . . iacere coeperunt (Neruii): V 43, 1; ¶ antecedebat testudo . . . conuoluta ⟨c⟩ omnibus rebus, quibus ignis iactus et lapides ⟨lapidis *Ciacc.*⟩ defendi possent ⟨posset *Ciacc.*⟩: 2, 2, 4; ut ab igni, qui ex muro iaceretur, (musculus) tutus esset: 2, 10, 5; ¶ ubi circumiecta multitudine hominum . . . undique in murum lapides iaci coepti sunt: II 6, 2; 2, 2, 4 *u.* ignis; ¶ materiem: VII 24, 4 *u.* faces; ¶ multitudinem: II 32, 4 *u.* arma; ¶ ex hoc (genere radicis) effectos panes, cum in conloquiis Pompeiani famem nostris obiectarent, uulgo in eos iaciebant: 3, 48, 2; ¶ qui ex ⟨*om.* β⟩ uallo turribusque tela iacerent: II 33, 4; quod ex totis ripis in unum atque angustum locum tela iaciebantur: 1, 50, 2; milites in exteriorem ⟨c⟩ uallum tela iaciebant: 3, 63, 6; persuasi equitibus nostris, . . . ut . . . prius perturbatum exercitum pellerent quam a nobis telum in hostem iaceretur: 3, 86, 3.

B. = *χοῦν*: celeriter nineis ad oppidum actis, aggere iacto turribusque constitutis . . . legatos . . . mittunt: II 12, 5; 1, 25, 5 *u.* moles; ¶ moles atque aggerem ab utraque parte litoris iaciebat: 1, 25, 5; haec insula . . . a superioribus regibus ⟨c⟩ in longitudinem passuum DCCCC in mare iactis molibus angusto itinere *ut ponte cum oppido coniungitur: 3, 112, 2; ab utroque portus cornu moles ⟨-is *Bait.*⟩ iacimus: *ap. Cic. ad Att.* IX 14, 1.

iacto. A. propr.; a) = **iacere:** matres familiae de muro uestem argentumque iactabant: VII 47, 5.

b) = **agitare:** multi ut diu iactato bracchio praeoptarent scutum ⟨c⟩ manu emittere: I 25, 4.

B. trsl.; a) = **agitare (uerbis, sermonibus):** quod pluribus praesentibus eas res iactari nolebat: I 18, 1.

b) = **ostentare:** cum Lentulus aetatis honorem ostentaret, Domitius urbanam gratiam dignitatemque iactaret ⟨proferret *f*⟩: 3, 83, 1.

iactura. A. = **damnum:** si nullam praeterquam uitae nostrae iacturam fieri niderem: VII 77, 6; in quo iacturam dignitatis atque honoris ipse facturus esset: 1, 32, 4; — tamen hanc iacturam honoris sui rei publicae causa aequo animo (se) tulisse: 1, 9, 3; ¶ qua rei familiaris iactura perpetuum imperium libertatemque se ⟨c⟩ consequi uideant: VII 64, 3; — id silentio noctis conati non magna iactura snorum sese ⟨c⟩ effecturos sperabant ⟨c⟩: VII 26, 2.

B. = **dona, sumptus:** magnis enim iacturis sibi quisque eorum animos conciliabat: 3, 112, 10; — Germanos atque Ariouistum sibi adiunxerant eosque ad se magnis iacturis pollicitationibusque perduxerant: VI 12, 2.

(iactus, us: antecedebat testudo . . . conuoluta ⟨c⟩ omnibus rebus, quibus ignis iactus et lapides ⟨lapidis *Ciacc.*⟩ defendi possent ⟨possit(?) *Ciacc.*⟩: 2,2,4; ¶ ut essent ab ictu ⟨iactu *Cobet*⟩ telorum remiges tuti: 2,4,2.)

iaculum: feruentes . . . glandes fundis et feruefacta iacula ⟨iac. feruef. β⟩ in casas . . . iacere coeperunt: V 43,1; ¶ has (litteras) ille in ⟨*om.* β⟩ iaculo ⟨sagulo *Kraner*⟩ inligatas effert ⟨*c*⟩: V 45,4.

iam. I. ad tempus pertinet; 1. non addit. negatione; A. = ἤδη; **a) c. uerbis; α) non sequitur cum in apodosi; αα) indicat. a) praes.:** frustra, inquit, meae uitae subuenire conamini, quem iam sanguis uiresque deficiunt ⟨deficiant *Fr.*⟩: VII 50,6.

b) perf.: 3,83,1 *u.* **b).**

c) impf.: iam Caesar a ⟨*c*⟩ Gergouia discessisse audiebatur, iam de Haeduorum defectione . . . rumores adferebantur Gallique . . . Caesarem . . . in prouinciam contendisse confirmabant. Bellouaci autem . . . coeperunt. tum ⟨cum *a*⟩ Labienus . . . intellegebat: VII 59,1; itaque de deditione omnes ⟨in *add. x;* iam *Voss., Dt.; om. O*⟩ palam loquebantur et cum P. Attio agebant, ne . . . perturbari uellet. haec cum agerentur . . .: 2,36,2; nuntiabantur haec eadem Curioni . . .; iamque Caesaris in Hispania res secundae in Africam nuntiis ac ⟨*c*⟩ litteris perferebantur. quibus omnibus rebus . . .: 2,37,2; iamque frumenta maturescere incipiebant, atque ipsa spes inopiam sustentabat . . .; crebraeque noces militum . . . audiebantur: 3,49,1; iamque Pompeiani magna caede nostrorum castris Marcellini adpropinquabant . . . et ⟨cum *Kellerbauer*⟩ M. Antonius . . . cum cohortibus XII descendens ex loco superiore cernebatur. cuius aduentus . . .: 3,65,1. 2; spes uictoriae augetur, adeo ut . . . dicerent. iamque inter se palam de praemiis ⟨*CC*⟩ ac de ⟨*c*⟩ sacerdotiis contendebant in annosque consulatum definiebant, alii . . . petebant; magna . . . fuit controuersia: 3,82,4; magna . . . laetitia omnium discessum est; ac iam ⟨ac etiam *l*[1]⟩ animo uictoriam praecipiebant, quod . . . uidebatur: 3,87,7; etsi totius diei continenti labore erant confecti (milites) noxque iam suberat, tamen munitione flumen a monte seclusit: 3,97,4; iamque de Caesaris aduentu fama ad ciuitates perferebatur. quibus cognitis rebus Pompeius . . . peruenit: 3,102,8.

d) ppf.: cum . . . id. frater, qui iam proelio excesserat, procul animaduertisset: IV 12,6; eo cum uenisset, maiores iam ⟨*om.* β⟩ undique in eum locum copiae Britannorum conuenerant: V 11,8; copias cogere . . . coepit. ac tantam sibi iam his rebus in Gallia ⟨*c*⟩ auctoritatem comparauerat, ut: V 55,4; constabat inter omnes, quod iam ipse Caesar per exploratores cognouerat, . . .: VII 44,3; Caesar continuato diem noctemque opere . . . huc iam *deduxerat rem, ut: 1,62,1; tertio die magna iam pars operis Caesaris ⟨*CC*⟩ processerat. illi . . . educunt: 1,82,1; cuius (salis) magna uis iam ex proximis erat salinis eo congesta: 2,37,5; sed eo fama iam praecurrerat ⟨*c*⟩, quam supra docuimus . . . . itaque: 3,80,2; iam de sacerdotio Caesaris Domitius, Scipio Spintherque ⟨*c*⟩ Lentulus cotidianis contentionibus ad grauissimas uerborum contumelias palam descenderunt ⟨-erant *Voss. recte, ni fallor*⟩: 3,83,1; haec constabant ex Gabinianis militibus, qui iam in consuetudinem Alexandrinae uitae ac licentiae uenerant et . . . dedidicerant ⟨*c*⟩ uxoresque duxerant: 3,110,2.

e) impf. et ppf.: Heluetii iam per angustias . . . suas copias traduxerant et in Haeduorum fines peruenerant eorumque agros populabantur. Haedui . . .: I 11,1; his tamen omnibus **rebus* annona creuit; iamque ad denarios ⟨*c*⟩ L in singulos modios annona peruenerat et militum nires inopia frumenti deminuerat atque incommoda in dies augebantur: 1,52,2.

f) impf. et pf. (praes.?): iamque hiems adpropinquabat et tantis detrimentis acceptis ⟨*c*⟩ Octauius . . . Dyrrachium sese ad Pompeium recepit ⟨*Ol; edd.;* recipit *afh*⟩: 3,9,8.

ββ) coni.; a) praes.: (VII 50,6 *u.* αα) **a).)**

b) impf.: Sabinus . . . castris sese ⟨*c*⟩ tenebat . . ., ut iam non solum hostibus in contemptionem Sabinus ueniret, sed etiam nostrorum militum uocibus non nihil carperetur: III 17,5; — quo in consilio ⟨*c*⟩, cum tantum repentini periculi . . . accidisset ac iam omnia fere superiora loca multitudine armatorum completa conspicerentur neque . . . possent, prope iam desperata salute . . . sententiae dicebantur, ut: III 3,2; magno spatio . . . confecto, cum iam pecus atque extrema impedimenta ab nostris tenerentur, ipsi densiores siluas peterent, eius modi sunt tempestates ⟨*c*⟩ consecutae, uti: III 29,2; iis aliquantum itineris progressis, cum iam extremi essent in prospectu, equites a Q. Atrio . . . uenerunt: V 10,2; his rebus . . . Caesari nuntiatis, cum iam ille urbanas res . . . commodiorem in statum peruenisse intellegeret, . . . profectus est: VII 6,1; his quam longissime possent progredi ⟨*c*⟩ iussis, cum iam ex diei ⟨*c*⟩ tempore coniecturam caperet ⟨β; *Schn.;* ceperat *BM; edd.;* coeperit *A;* ceperit *Q*⟩ in castra peruentum, . . . pontem reficere coepit: VII 35,4; cum iam meridies ⟨c⟩ adpropinquare uideretur, ad ea castra . . . contendit: VII 83, 8; una (nanis) praemissa Massiliam huius nuntii perferendi gratia cum iam adpropinquaret urbi, omnis sese multitudo effudit ⟨c⟩: 2, 7, 3; proinde sibi ac rei publicae parcerent, quom ⟨*Np.*; cum *Db.*, *Dt.*; *om. codd.*⟩ quantum in bello fortuna posset iam ipsi incommodis suis satis essent documento: 3, 10, 6; cum graui uulnere esset adfectus aquilifer et a ⟨iam *Vielh.*; *Dt.*; *om. N*⟩ uiribus deficeretur, . . . inquit: 3, 64, 3; tunc Caesar apud suos, cum iam esset agmen in portis, differendum est, inquit, iter: 3, 85, 4; — Pompeius, iam cum intra uallum nostri uersarentur, . . . se ex castris eiecit: 3, 96, 3.

c) ppf.: cognita Gallorum infirmitate quantum iam apud eos hostes uno proelio auctoritatis essent consecuti sentiebat: IV 13, 3; cum iam muro turres adpropinquassent ⟨turris -asset β⟩, ex captiuis Caesar cognouit: VII 18, 1; et cum iam nostris ⟨c⟩ remissiore uento adpropinquasset ⟨c⟩, idem auster increbuit ⟨c⟩: 3, 26, 2.

b) impf. et ppf.: cum iam amplius horis sex ⟨c⟩ continenter pugnaretur ac non solum uires, sed etiam tela nostros ⟨c⟩ deficerent atque hostes acrius instarent languidioribusque nostris . . . fossas complere coepissent resque esset iam ad extremum perducta ⟨deducta *Ciacc.*⟩ casum, . . . adcurrunt: III 5, 1.

γγ) inf.; a) pr.: ubi iam se ad eam rem paratos esse arbitrati sunt, oppida sua omnia . . . incendunt: I 5, 2; frumentum Sequanos, Leucos, Lingones sumministrare, iamque esse in agris frumenta matura: I 40, 11; VII 83, 8 *u.* ββ) **b)**; ubi paulatim retorqueri agmen . . . conspexerunt iamque primos superare regionem castrorum animum aduerterunt, nemo erat adeo tardus . . ., quin: 1, 69, 3; omnesque se iam ⟨iam se *Ohl*⟩ ab equitatu circumueniri arbitrabantur: 2, 34, 6; tantus fuit omnium terror, ut alii adesse copias Inbae dicerent, alii cum legionibus instare Varum iamque se puluerem uenientium cernere: 2, 43, 2.

b) pf.: alius castra iam capta ⟨*AQ*β; iam castra capta *BM*; *Schn.*, *Np.*, *Dt.*[1]; iam capta castra *recc.*; *Db.*⟩ pronuntiat, alius . . . contendit: VI 37, 7; Germani desperata expugnatione castrorum, quod nostros iam constitisse in munitionibus uidebant, . . . sese receperunt: VI 41, 1; VII 6, 1 *u.* ββ) **b)**; Afranianos contra multis rebus sui timoris signa † misisse ⟨(iam) dedisse *Madu.*⟩: 1, 71, 3; interim alii suos in castra inuitandi causa adducunt, alii ab suis abducuntur ⟨c⟩, adeo ut una castra iam facta ex binis uiderentur: 1, 74, 4; sed satis iam fecisse (se) officio satisque supplicii tulisse: 1, 84, 3; his rebus tantum fiduciae . . . Pompeianis accessit, ut non de ratione belli cogitarent, sed uicisse iam sibi ⟨c⟩ uiderentur: 3, 72, 1.

δδ) ptc.; a) coniunctum: l a b o r a n t i b u s i a m suis Germanos equites circiter CCCC summittit: VII 13, 1; (neque nero Pompeius . . . moram ullam ad insequendum intulit, sed † eadem ⟨eo iam *Hell.*; *u. CC*⟩ spectans, si . . . perterritos deprehendere posset, exercitum . . . eduxit: 3, 75, 3;) ¶ Ariouistum . . . d e s p e r a n t e s i a m de pugna et d i s p e r s o s subito adortum: I 40, 8; ¶ Catuuolcus . . . aetate i a m c o n f e c t u s . . . se exanimauit: VI 31, 5; pars iam egressa portis ab equitibus est interfecta: VII 28, 3; munitiones enim . . . expugnatis iam castris Pompei propriam expeditamque ⟨que *om. NOfhl*; prope iam expeditam *1 det.*; partam iam expeditamque *Pluyg.*⟩ Caesaris uictoriam interpellauerunt: 3, 70, 2; siue error aliquis ⟨c⟩ siue etiam fortuna partam ⟨partem *af*⟩ iam ⟨una *add. a*[1]⟩ praesentemque uictoriam interpellauisset: 3, 73, 5.

b) abl. abs.: ac iam conuersis in eam partem nauibus . . . tanta subito . . . tranquillitas exstitit, ut: III 15, 3; hostes maximo clamore sicuti ⟨c⟩ parta iam atque explorata uictoria . . . coeperunt: V 43, 3; his rebus comparatis represso iam ⟨*om. h*[1]⟩ Lucterio et remoto . . . in Heluios proficiscitur: VII 8, 1; parte iam obsidum tradita . . . equitatus hostium procul uisus est: VII 12, 4; cum in omnibus locis consumpta iam reliqua parte noctis pugnaretur: VII 25, 1; M. Petronius . . . sibi desperans multis iam ⟨*om.* β⟩ uulneribus acceptis . . . inquit: VII 50, 4; (decurritur ad illud . . . senatus consultum, quo nisi paene in ipso urbis incendio atque in desperatione omnium salutis ⟨atque iam desperata omnium salute *Vielh.*⟩ . . . numquam ante descensum ⟨c⟩ est: 1, 5, 3;) compluribus ⟨c⟩ iam lapidibus ex illa ⟨c⟩ . . . turri subductis repentina ruina pars eius turris concidit: 2, 11, 4; uos autem incerta ⟨c⟩ uictoria Caesarem secnti diiudicata iam belli fortuna uictum sequamini? 2, 32, 6; confecto iam labore exercitu . . . constitit: 2, 41, 1; munitiones enim . . . expugnatis iam castris Pompei propriam ⟨*CC*⟩ expeditamque ⟨c⟩ Caesaris uictoriam interpellauerunt: 3, 70, 2; Scipionis milites cohortatur, ut parta iam uictoria praedae ac praemiorum uelint esse participes: 3, 82, 1; his constitutis rebus signo iam profectionis dato tabernaculisque detensis ⟨c⟩ animum aduersum ⟨c⟩ est: 3, 85, 3; (quo ⟨iam *add. Ald.*⟩ perfecto ⟨c⟩

opere illi de deditione ... agere coeperunt ⟨c⟩: 3,97,5;) cum ... properarem atque essem in itinere praemissis iam legionibus, praeterire tamen non potui, quin: *ap. Cic. ad Att.* IX 6 *A;* ne quo progredereris proclinata ⟨c⟩ iam re, quo integra etiam progrediendum tibi non existimasses: *ap. Cic. ad Att.* X 8 *B*, 1.

β) **in apodosi sequitur cum** *u.* **cum** *p. 774* **c)** *(2 (3) loc.).*

b) c. adiect. et numeral.; α) adiect.: (complures: 2,11,4 *u.* **a)** α) δδ) **b)**;) ¶ quae (uictoria) iam esset sibi atque omnibus Gallis explorata: VII 20,7; ¶ propter linguae Gallicae scientiam, qua multa iam Ariouistus longinqua consuetudine utebatur ⟨qua multum Ar. longa iam consu. uteb. *Ciacc.;* quorum amicitia iam ariouistus (arion. iam *a*) longinqua (longa *h*) consu. uteb. β⟩: I 47,4; (V 25, 3 *u.* β) ββ) tertius;) quos ille multa iam nocte silentio ⟨c⟩ ex ⟨c⟩ fuga ⟨c⟩ excepit: VII 28,6; 50,4 *u.* **a)** α) δδ) **b)**; etsi multis iam rebus perfidiam Haeduorum ⟨c⟩ perspectam habebat: VII 54, 2; quos (exercitus) contra se multos iam annos aluerint: 1,85,5; multi iam menses erant et hiems praecipitauerat, neque ... ueniebant: 3, 25,1.

β) **numer.; αα) cardinal.:** iam duo praefecti fabrum Pompei in meam potestatem uenerunt et a me missi sunt: *ap. Cic. ad Att.* IX 7 *C*, 2; ¶ certior factus est tres iam partes copiarum Heluetios id flumen traduxisse, quartam fere ⟨c⟩ partem citra flumen Ararim reliquam esse: I 12, 2.

ββ) **ordinal.:** erant in ea legione fortissimi uiri centuriones, qui primis ⟨iam primis β; *Schn.;* primis iam *Fr.*⟩ ordinibus adpropinquarent: V 44,1; ¶ tertium iam hunc annum regnantem inimici palam multis ex ciuitate auctoribus interfecerunt ⟨*sic* β; tertium i. h. a. r. inimicis iam multis palam ex ciuitate et iis auctoribus eum interfecerunt *sic* α; *u. CC*⟩: V 25,3; ¶ tandem ... quartum iam diem sine pabulo retentis iumentis ... conloquium petunt: 1,84,1; ¶ Baculus ... diem iam ⟨*om. M*⟩ quintum cibo caruerat: VI 38,1.

c) c. aduerb.: iam amplius horis sex ⟨c⟩: III 5,1 *u.* **a)** α) ββ) **b)**; ¶ iam ante *u.* **ante** *p. 275* **b)** *(7 loc.);* ¶ huc iam: 1,62,1 *u.* **a)** α) αα) **b)**; ¶ omnia haec iam pridem contra se parari: 1,85,8; ¶ quo in consilio ⟨c⟩ ... prope iam desperata salute non nullae huius ⟨c⟩ modi sententiae dicebantur: III 3,2.3; Caesar, etsi prope exacta iam aestas erat, tamen ... adduxit: III 28, 1; idque se prope iam effectum habere: VII 29,6; iam prope hieme confecta ... legati ... ueniunt ⟨c⟩: VII 32,2; munitiones ... expugnatis iam castris Pompei propriam ⟨prope iam *1 det.; Voss.*⟩ expeditamque ⟨que *om. NOfhl; Voss.*⟩ Caesaris uictoriam interpellauerunt: 3, 70,2; quae (frumenta?) prope iam matura erant: 3,81,3; ¶ qua spe adducti Germani latius ⟨latius iam β⟩ uagabantur: IV 6,4.

d) c. subst.: quod in ⟨iam in β⟩ concilio Haeduorum Dumnorix dixerat: V 6,2; ¶ Curio in Africam profectus ex Sicilia et iam ⟨etiam *Paul*⟩ ab initio copias P. Attii Vari ⟨c⟩ despiciens duas legiones ... transportabat: 2,23,1; ¶ ut paene uno tempore et ⟨c⟩ ad siluas et in flumine et iam ⟨*om.* β⟩ in manibus nostris ⟨et iam in m. n. *del. Paul; u. CC*⟩ hostes uiderentur: II 19,7; ¶ tantamque opinionem timoris praebuit, ut iam ad uallum castrorum hostes accedere auderent: III 17,6.

B. = statim, breui: quid uos, inquit, hanc miseram ac tenuem sectamini praedam, quibus licet iam esse fortunatissimos ⟨c⟩? VI 35,8; an dubitamus, quin nefario facinore admisso Romani iam ad nos interficiendos concurrant? VII 38,8; quod si iniquitatem loci timeret, datum iri ⟨c⟩ iam ⟨*Madu.;* tamen *codd.*⟩ aequo ⟨*Madu.;* aliquo *Ox; u. CC*⟩ loco pugnandi facultatem: 1,71,4; magnaque ex parte iam me una uobiscum de re iudicium facturum confido: 2, 31, 8; — Caesar enim aduentare iam iamque et adesse eius equites falso nuntiabantur ⟨c⟩: 1,14,1.

C. = tandem: iamque eum (*i. e.* Ariouistum) ad sanitatem reuerti arbitrabatur, cum ... polliceretur: I 42,2; proinde ad praedam, ad gloriam properate, ut iam de praemiis uestris et de referenda gratia cogitare incipiamus: 2, 39,3.

D. = tum: eodem fere tempore pons in Hibero prope effectus nuntiabatur et in Sicori uadum reperiebatur. iam uero eo magis illi maturandum iter existimabant: 1,63,1; quae cum nauibus nostris adpropinquassent ⟨c⟩, nostri ... refugiebant, illi ... incautius sequebantur. iam ⟨nam *dett., prob. Clark. et Oud.;* tum *Voss.*⟩ ex omnibus partibus subito Antonianae scaphae ... se in hostes incitauerunt: 3,24,3.

2. add. negat. (οὐκέτι): refractis portis, cum iam defenderet nemo: II 33,6; ¶ postquam omnes Belgarum copias ... ad se uenire uidit neque iam longe abesse ... cognouit: II 5, 4; hoc facto proelio Caesar neque iam sibi legatos audiendos neque condiciones accipiendas arbitrabatur: IV 13,1; simili omnem exercitum inopia premi, nec iam uires sufficere cuiusquam nec ferre operis laborem posse: VII 20, 11; uehementer huic illos ⟨c⟩ loco timere nec iam aliter sentire, . . . quin ⟨c⟩ paene circumuallati . . . uiderentur: VII 44, 4; tum ⟨c⟩ Labienus . . . longe aliud sibi capiendum consilium . . . intellegebat neque iam ut aliquid adquireret proelioque hostes lacesseret, sed ut incolumem exercitum Agedincum reduceret cogitabat: VII 59, 4; agger ab uniuersis in munitionem ⟨c⟩ coniectus . . . ea, quae in terra occultauerant Romani, contegit; nec iam arma nostris nec uires suppetunt: VII 85, 6; ¶ hi propter propinquitatem ⟨c⟩ et celeritatem ⟨c⟩ hostium nihil iam Caesaris imperium exspectabant ⟨c⟩: II 20, 4; ¶ si iam principatum Galliae obtinere non possint ⟨c⟩: I 17, 3; primipilo . . . uulneribus confecto, ut iam se sustinere non posset: II 25, 1.

II. significat transiri ad aliam rem: ac iam ut omnia contra opinionem acciderent ⟨c⟩, tamen se plurimum nauibus posse: III 9, 6; quod si iam, inquit, haec explorata habeamus, quae de exercitus alienatione dicuntur, . . . quanto haec dissimulari ⟨c⟩ . . . quam per nos confirmari praestet? 2, 31, 5; 3, 83, 1 *u. p. 4* **b)**.

[**Falso:** intellegere sese, tametsi ⟨iam et si *BMh*⟩ . . . poenas bello repetisset: I 30, 2; at, credo, [si] Caesarem probatis, in ⟨*N;* iam *Ox*⟩ me offenditis: 2, 32, 10.]

iam iamque: 1, 14, 1 *u.* **iam I. 1. B.** *extr.*

Ianuarius: (litteris † a fabio c. caesaris ⟨his litteris Kal. Ian. in curia *Vielh.*⟩ consulibus redditis: 1, 1, 1;) haec senatus consulto ⟨*CC*⟩ perscribuntur a. d. VII. ⟨*CC*⟩ Id. Ian.: 1, 5, 4; Caesar ut Brundisium uenit, contionatus apud milites . . . II. Non. Ian. naues soluit: 3, 6, 2.

ibi. 1. ad locum pertinet; A. referendum est ad res (loca), quae ante commemoratae sunt; a) = eo loco: (in Venetos . . . contendit. cum ex alto se aestus incitauisset, quod bis ⟨ibi *Vielh.*⟩ accidit semper horarum XII spatio ⟨*u. CC*⟩: III 12, 1;) III 25, 1 *u.* compiere; ¶ appellare: VII 54, 1 *u.* discere; ¶ Alexandriae de Pompei morte cognoscit atque ibi primum e naue egrediens clamorem militum audit: 3, 106, 4; ¶ impedimentis castrisque nostri potiti sunt. ibi Orgetorigis filia ⟨c⟩ atque unus e filiis captus est: I 26, 4; ¶ circumire: III 25, 2 *u.* complere; ¶ quibus . . ex regionibus ueniant quasque ibi res cognouerint: IV 5, 2; ad portum Itium . . . peruenit. ibi cognoscit . . .; reliquas (naues) . . . instructas inuenit. eodem equitatus . . . conuenit: V 5, 2; uenit . . . in Neruiorum fines. ibi ex captiuis cognoscit . . .: V 48, 2; Caesar . . . in Italiam . . . proficiscitur. ibi cognoscit de Clodii caede *de* senatusque consulto certior factus . . . dilectum tota prouincia habere instituit: VII 1, 1; locum castris deligit . . . ab Auarico longe milia passuum XVI. ibi per certos exploratores . . . quae ad Auaricum gererentur ⟨c⟩ cognoscebat et ⟨c⟩ quid fieri uellet imperabat: VII 16, 2; Massiliam peruenit. ibi . . . cognoscit: 2, 21, 5; Cyprum peruenit. ibi cognoscit consensu omnium Antiochensium ciuiumque Romanorum, qui illic negotiarentur, arcem ⟨c⟩ captam esse: 3, 102, 6; ¶ coicere: III 25, 1 *u.* complere; ¶ (colere: V 12, 2 *u.* permanere;) ¶ cohortes V . . . pontem fluminis interrumpebant, qui erat ab oppido milia passuum circiter III. ibi cum antecursoribus Caesaris proelio commisso celeriter Domitiani a ponte repulsi se in oppidum receperunt: 1, 16, 3; ¶ communicare: 2, 4, 5 *u.* expedire; ¶ hos (colles) primum praesidiis tenuit castellaque ibi communiit ⟨c⟩. inde . . .: 3, 43, 1; ¶ ad hostium castra contendit. ibi ⟨ubi β⟩ cum alii ⟨c⟩ fossas complerent, alii multis telis coniectis defensores . . . depellerent, auxiliaresque . . . lapidibus telisque subministrandis et . . . caespitibus comportandis speciem . . . pugnantium praeberent, cum item ab hostibus constanter . . . pugnaretur telaque . . . missa non frustra acciderent ⟨c⟩, equites circumitis hostium castris Crasso renuntiauerunt: III 25, 1. 2; ¶ qua proximum iter in ulteriorem Galliam per Alpes erat, . . . ire contendit. ibi Ceutrones et Graioceli ⟨c⟩ et Caturiges locis superioribus occupatis itinere exercitum prohibere conantur: I 10, 4; II 9, 4 *u.* reperire; ¶ Salonas peruenit. ibi concitatis Dalmatis reliquisque barbaris Issam ⟨c⟩ a Caesaris amicitia auertit: 3, 9, 1; ¶ ipsi idoneum locum naeti reliquam noctis partem ibi confecerunt: 3, 28, 6; ¶ confirmare: 2, 4, 5 *u.* expedire; ¶ occupatoque oppido ibi praesidium conlocat: I 38, 7; ad extremas fossas castella constituit ibique tormenta conlocauit: II 8, 4; inde profectus Gorgobinam, Boiorum oppidum, quos ibi ⟨quod sibi α; quo sibi *h;* quos ibi *M²a*⟩ Heluetico proelio uictos ⟨c⟩ Caesar conlocauerat . . ., oppugnare instituit: VII 9, 6; deiecto praesidio potitus loco duas ibi legiones conlocauit: VII 36, 7; idoneum locum nactus ibi ⟨sibi *af*⟩ copias conlocauit: 3, 30, 5; Pompeius neque a mari Dyrrachioque discedere uolebat, quod omnem apparatum belli . . . ibi conlocauerat: 3, 44, 1; ¶ intra hanc fossam legiones reducit atque ibi sub armis proxima nocte conquiescit: 1, 41, 6; ¶ ipse in Italiam . . . contendit duasque ibi legiones conscribit: I 10, 3; neque enim sex legiones alia de causa missas in Hispaniam septimamque ibi conscriptam: 1, 85, 6; ¶ plerosque Belgas esse ortos a ⟨c⟩ Germanis Rhenumque antiquitus traductos ⟨c⟩ propter loci fertilitatem ibi consedisse Gallosque, qui ea loca incolerent, expulisse: II 4, 1; ea, quae fertilissima Germaniae sunt loca, circum Hercyniam siluam . . . Volcae ⟨c⟩ Tectosages occupauerunt atque ibi consederunt: VI 24, 2; ¶ Cenabum concurrunt ciuesque Romanos, qui negotiandi causa ibi constiterant, . . . interficiunt: VII 3, 1; M. Aristium . . . ex oppido Cauillono ⟨c⟩ educunt; idem facere cogunt eos, qui negotiandi causa ibi constiterant: VII 42, 5; collem quendam nactus ibi constitit: 1, 70, 3; Larisam contendit. neque ibi constitit: 3, 96, 4; ¶ Britanniam attigit atque ibi in omnibus collibus expositas hostium copias armatas conspexit: IV 23, 2; ¶ Indutiomarus ad castra accedit atque ibi magnam partem diei consumit: V 58, 2; ¶ neque prius fugere destiterunt quam ad flumen Rhenum . . . peruenerunt ⟨c⟩. ibi perpauci aut uiribus confisi tranare ⟨tra(ns)natare β⟩ contenderunt aut lintribus inuentis sibi salutem reppererunt ⟨pepererunt *Heinsius; Np.*⟩: I 53, 2; ¶ ut se cum II legionibus Gades conferret, naues frumentumque omne ibi contineret: 2, 18, 6; hoc consedit loco atque eum communiuit omnesque ibi copias continuit: 3, 51, 8; ¶ Ariminum cum ea legione proficiscitur ibique tribunos plebis . . . conuenit: 1, 8, 1; ¶ conuocare: VII 4, 1 *u.* incendere; ¶ in hac sunt insula domicilia Aegyptiorum et uicus oppidi magnitudine; quaeque ibi ⟨*Oehl.;* quae qui ubique *a;* quaeque ubique *fhl;* quaeque *O*[1]*;* quaeque ibi cumque *Np.; Db., Dt.*⟩ naues . . . paulum suo cursu decesserunt, has more praedonum diripere consuerunt: 3, 112, 3; ¶ (decertare: IV 19, 3 *u.* **ibidem**;) ¶ seque in proxima oppida recipiebant; ibi se rursus isdem oportunitatibus ⟨c⟩ loci defendebant: III 12, 4; ¶ fossas transuersas uiis praeducit atque ibi ⟨inibi *Pluyg.*⟩ sudes stipitesque praeacutos defigit: 1, 27, 3; ¶ depellere: III 25, 1 *u.* complere; ¶ ad Varum flumen est iter factum, atque ibi reliqua pars exercitus dimissa est: 1, 87, 5; ¶ ad flumen Elauer pontem ⟨c⟩ reficit . . . . ibi a Viridomaro atque Eporedorige Haeduis appellatus discit: VII 54, 1; ¶ et sua sponte multi in disciplinam conueniunt et a parentibus propinquisque mittuntur. magnum ibi numerum uersuum ediscere dicuntur: VI 14, 3; ¶ egredi: 3, 106, 4 *u.* audire; ¶ Pompeius naues magnas onerarias . . . adornabat. ibi turres cum ternis ⟨turres quaternis *Paul*⟩ tabulatis erigebat: 1, 26, 1; ¶ Suebos . . . ad extremos fines se recepisse. siluam esse ibi ⟨ibi esse β⟩ infinita magnitudine: VI 10, 5; ei . . . litterae *a* Gadibus redduntur . . . consensisse Gaditanos principes cum tribunis cohortium, quae essent ibi in praesidio: 2, 20, 2; Pelusium peruenit. ibi casu rex erat ⟨*om. af*⟩ Ptolomaeus: 3, 103, 2; ¶ Tauroenta . . . perueniunt ibique naues expediunt rursusque se . . . animo confirmant et consilia communicant: 2, 4, 5; ¶ explicare: 1, 78, 3 *u.* relinquere; ¶ exponere: IV 23, 2 *u.* conspicere; ¶ trans id flumen omnes Neruios consedisse aduentumque ibi Romanorum ⟨romanorum ibi *a*⟩ exspectare: II 16, 2; IIII milia passuum secundo flumine silentio progredi ibique ⟨que *om. A*⟩ se exspectari ⟨-tare *f*⟩ iubet: VII 60, 1; Tarraconem paucis diebus peruenit. ibi totius fere citerioris prouinciae legationes Caesaris aduentum exspectabant: 2, 21, 4; castra ad flumen Apsum ⟨c⟩ ponit ⟨c⟩ . . . ibique reliquarum ex Italia legionum aduentum exspectare et sub pellibus hiemare constituit: 3, 13, 5; ille idoneum locum in agris nactus . . . ibi aduentum exspectare Pompei eoque omnem belli rationem conferre constituit: 3, 81, 3; ¶ facere: VII 1, 1 *u.* cognoscere; (VII 4, 1 *u.* incendere;) castra oportunis locis erant posita ibique castella ⟨posita VIII castellaque *R. Menge*⟩ XXIII facta: VII 69, 7; est animaduersum ab legionariis, qui dextram partem operis administrabant . . . magno sibi esse praesidio posse, si ibi ⟨*om. Ohl*⟩ pro castello ac receptaculo turrim . . . fecissent: 2, 8, 1; 3, 16, 2 *u.* relinquere; ¶ ipse Arimini . . . subsistit ibique dilectum habere instituit: 1, 11, 4; Capuae primum sese ⟨c⟩ confirmant . . .; gladiatoresque, quos ibi Caesar in ludo habebat, . . . Lentulus *spe* libertatis ⟨c⟩ confirmat: 1, 14, 4; Camerino fugientem ⟨c⟩ Lucilium ⟨c⟩ Hirrum cum sex cohortibus, quas ibi in praesidio habuerat, excipit: 1, 15, 5; Oricum proficiscitur. quo cum uenisset, L. Torquatus, qui . . . oppido praeerat praesidiumque ibi Parthinorum habebat, . . . portas aperuit: 3, 11, 3; ¶ incolumem legionem . . . in Allobroges perduxit ibique hiemauit: III 6, 5; L. Plancum cum legione ... in Carnutes proficisci iubet ibique hiemare: V 25, 4; 3, 13, 5 *u.* exspectare; ¶ imperare: VII 16, 2 *u.* cognoscere; ¶ in finibus Aruernorum audita sunt .... simili ratione ibi ⟨ubi *A*⟩ Vercingetorix ... conuocatis suis clientibus facile incendit ⟨facere intendit β⟩: VII 4, 1; illi sub murum se recipiunt ibique musculum ... incendunt: 2, 14, 4; ¶ (instituere: VII 1, 1 *u.* cognoscere; 1, 11, 4 *u.* habere;) ¶ (intendere: VII 4, 1 *u.* incendere;) ¶ tum uero suo more uictoriam conclamant ... impetuque in nostros facto ordines perturbant. ibi L. Cotta pugnans interficitur cum maxima parte militum: V 37, 4; ultimas oppidi partes ... petiuerunt parsque ibi ... a militibus, pars iam egressa portis ab equitibus est interfecta: VII 28, 3; in castellum ... inruperunt *et* quod eo pulsa legio sese receperat, non nullos ibi ⟨sibi *Ol*⟩ repugnantes interfecerunt: 3, 67, 6; nauiculam paruulam conscendit cum paucis suis; ibi ⟨et ibi *N; om. O*⟩ ab Achilla et Septimio interficitur: 3, 104, 3; ¶ inuenire: I 53, 2 *u.* contendere; (V 5, 2 *u.* cognoscere;) Capuam peruenit ibique consules Pompeiumque inuenit, postulata Caesaris renuntiat: 1, 10, 1; ¶ qui cum ad flumen Ligerim uenissent, ... paucos dies ibi morati ... reuertuntur: VII 5, 4; recepto Firmo ⟨*CC*⟩ ... iubet; ipse unum diem ibi rei frumentariae causa moratus Corfinium contendit. eo ...: 1, 16, 1; ad Ilerdam proficiscitur et sub castris Afranii constitit ⟨consistit?⟩ et ibi paulisper sub armis moratus facit aequo loco pugnandi potestatem: 1, 41, 2; ¶ montem excelsum capiunt ibique una ⟨?⟩ fronte contra hostem castra muniunt: 1, 80, 2; M. Fauonium ⟨*c*⟩ ad flumen Aliacmonem ... praesidio impedimentis legionum ⟨*c*⟩ reliquit castellumque ibi muniri iussit: 3, 36, 3; ¶ Viennam peruenit. ibi ⟨inde *fhk*⟩ nactus ⟨*c*⟩ recentem equitatum ... in Lingones contendit, ubi ... hiemabant: VII 9, 4; Caesar Auarici ⟨*c*⟩ complures dies commoratus summamque ibi copiam frumenti et reliqui commeatus nanctus ⟨*c*⟩ exercitum ... reficit ⟨*c*⟩: VII 32, 1; ¶ nascitur ibi (in Britannia) plumbum album in mediterraneis regionibus, in maritimis ferrum: V 12, 5; ¶ occupare: I 10, 4 *u.* conari; ¶ opprimere: IV 15, 2 *u.* perire; ¶ (parere: I 53, 2 *u.* contendere;) ¶ reliqui se in flumen praecipitauerunt atque ibi timore, lassitudine, ui fluminis oppressi perierunt: IV 15, 2; ¶ Britanniae ... maritima pars ab iis (incolitur), qui ... ex Belgio transierunt ⟨*c*⟩ ... et bello inlato ibi permanserunt ⟨remanserunt β⟩ atque agros colere coeperunt: V 12, 2; ¶ Volusenus perspectis regionibus omnibus, quantum ei facultatis dari potuit, qui naui ⟨*c*⟩ egredi ... non auderet, ... reuertitur quaeque ibi perspexisset renuntiat: IV 21, 9; ¶ flumen Axonam ... exercitum traducere maturauit atque ibi castra posuit: II 5, 4; in eo flumine pons erat. ibi praesidium ponit: II 5, 6; cum ad oppidum accessisset castraque ibi poneret: II 13, 3; illi eum tumulum ... muniuerunt praesidiumque ibi posuerunt: 1, 47, 4; ad Asparagium Dyrrachinorum peruenit atque ibi idoneo loco castra ponit: 3, 30, 7; flumen transiit ⟨*c*⟩ atque in eandem partem, ex qua uenerat, rediit ⟨*c*⟩ ibique prope flumen edito natura loco castra posuit: 3, 37, 4; Dyrrachium uenit ... atque ibi castra posuit: 3, 41, 5; Pharum ⟨*c*⟩ prehendit atque ibi praesidium posuit: 3, 112, 5; ¶ praebere: III 25, 1 *u.* compiere; ¶ Caesar ... Apolloniam proficiscitur. eius ⟨*c*⟩ aduentu audito L. Staberius ⟨*c*⟩, qui ibi ⟨urbi *Kindsch.*⟩ praeerat, aquam comportare in arcem ... coepit: 3, 12, 1; ¶ prohibere: I 10, 4 *u.* conari; ¶ clamore ab ea parte munitionis ⟨*c*⟩ sublato, cum ... milites concurrissent uehementerque ibi pugnatum esset ...: III 22, 4; 25, 1 *u.* complere; ¶ (reficere: VII 32, 1 *u.* nancisci;) ¶ munitis castris duas ibi legiones ⟨leg. ibi *h*⟩ reliquit: I 49, 5; Crassum Samarobriuae praeficit legionemque ei ⟨*c*⟩ attribuit, quod ibi impedimenta exercitus ... relinquebat: V 47, 2; explicitius ⟨*c*⟩ uidebatur Ilerdam reuerti, quod ibi paulum frumenti reliquerant. ibi se reliquum consilium explicaturos confidebant: 1, 78, 3; quibus rebus confectis Caesar magis eos (Massilienses) pro nomine et uetustate quam pro meritis in se ciuitatis conseruans duas ibi legiones praesidio relinquit ⟨*c*⟩: 2, 22, 6; ad flumen Bagradam peruenit. ibi C. Caninium Rebilum legatum cum legionibus reliquit: 2, 24, 2; D ex Gabinianis Alexandria, Gallos Germanosque, quos ibi A. Gabinius praesidii causa apud regem Ptolomaeum reliquerat: 3, 4, 4; erat ad Buthrotum. ... ibi ⟨ubi *af*⟩ certior ... factus de postulatis ... Bibuli legionem relinquit: 3, 16, 2; castra a cohortibus, quae ibi praesidio erant relictae, industrie defendebantur: 3, 95, 2; ¶ remanere: V 12, 2 *u.* permanere; neque certum inueniri poterat, obtinendine Brundisii causa ibi remansisset ... an inopia nauium ibi restitisset: 1, 25, 3; ¶ renuntiare: III 25, 2 *u.* compiere; (1, 10, 1 *u.* inuenire;) ¶

reperire: I 53,2 *u.* contendere; ad flumen Axonam contenderunt .... ibi nadis repertis partem snarum copiarum traducere conati sunt: II 9,4; hostes ... sese .. alia ex parte oppidi eiecerunt; magnus ibi numerus pecoris repertus, multique in fuga sunt comprehensi atque interfecti: V 21,6; ¶ repugnare: 3,67, 6 *u.* interficere; ¶ resistere: 1,25,3 *u.* remanere; ¶ traducere: II 9,4 *u.* reperire; ¶ tranare, tranatare: I 53,2 *u.* contendere; ¶ in primis a te peto, quoniam confido me celeriter ad urbem uenturum, ut te ibi uideam: *ap. Cic. ad Att.* IX 6 *A.*

b) = apud (inter) eos: quem (Commium) ipse Atrebatibus superatis regem ibi constituerat: IV 21,7; grauissimumque ei rei supplicium ⟨grauissimumque ibi (*i. e.* apud Gallos) suppl. horum delictorum β⟩ cum cruciatu constitutum est: VI 17,5; ¶ VI 14,3 *u.* **a)** ediscere; ¶ (III 6,5; V 25,4 *ib.* hiemare;) ¶ 2,22,6 *ib.* relinquere.

B. pertinet ad ea, quae animo obuersantur: quod propter crebras commutationes aestuum minus magnos ibi (= in illis maribus) fluctus ⟨fl. ibi β⟩ fieri cognouerat: V 1,2.

C. pertinet ad ea, quae sequuntur: in eam partem ituros atque ibi futuros Heluetios, ubi eos Caesar constituisset atque esse uoluisset: I 13,3.

(**2. ad tempus referendum:** V 37,4 *u.* **1. A. a)** interficere.)

[**Falso:** cum equitibus DCCCC, quos sibi ⟨*Of?*; ibi *ahl*⟩ praesidio reliquerat: 1,41,1; si id non fecisset, sibi ⟨ibi *ahl*⟩ consilium capturos: 2,20,3.]

ibidem: unum in locum conuenirent; hunc esse delectum medium fere regionum earum, quas Suebi obtinerent. hic Romanorum aduentum exspectare atque ibidem ⟨*Paul;* ibi *codd.; edd.*⟩ decertare constituisse: IV 19,3.

Iccius. *In X* II 3,1 *exstat* siccium *(sed s eras. in B);* II 6,4 *in a*[1] *scriptum est* iains (*in a*[2] ictius); II 7,1 *in α* icco, *in a*[1] iaio, *in M corr.* iccio, *in A*[2]*a*[2] ictio.

Remi ... legatos Iccium et Andecumborium ⟨*c*⟩, primos ciuitatis, miserunt, qui dicerent ...: II 3,1; Iccius Remus, summa nobilitate et gratia inter suos, qui tum oppido praeerat ⟨*CC*⟩, unus ⟨*c*⟩ ex iis ⟨duobus *Paul*⟩, qui legati de pace ad Caesarem uenerant, nuntium ⟨*CC*⟩ ad eum mittit ...: II 6,4; eo de media nocte Caesar isdem ducibus usus, qui nuntii ab Iccio uenerant, ... mittit: II 7,1.

(**Iccius** portus *u.* **Itius.**)

(**Iceni:** Cenimagni ⟨Iceni, Cangi *Lips.; Np.*⟩ Segontiaci, Ancalites, Bibroci, Cassi legationibus missis sese Caesari dedunt. ab his cognoscit: V 21,1.)

ico: (Milo) lapide ictus ex muro periit ⟨*c*⟩: 3,22,2.

ictus, us: ubi tegimenta praependere possent ad defendendos ictus ac repellendos: 2,9,3; — saxa quam maxima possunt uectibus promouent praecipitataque *e muro in musculum deuoluunt. ictum firmitas materiae sustinet: 2,11,1; ¶ eadem ratione ictu scorpionis exanimato altero ⟨*c*⟩ successit tertius: VII 25,3; — pluribus eorum scutis uno ictu pilorum transfixis et conligatis: I 25,3; ¶ multum autem ab ictu lapidum ... uiminea tegimenta galeis imposita defendebant: 3,63,7; — ubi nero ea pars turris, quae erat perfecta, tecta atque munita ⟨tecto munita *Paul*⟩ est ab omni ictu hostium: 2,9,5; — piscatoriasque (nanes) adiecerant atque contexerant, ut essent ab ictu ⟨iactu *Cobet*⟩ telorum remiges tuti: 2,4,2.

Id. *u.* **Idus.**

idcirco: sese idcirco ab suis discedere atque ad eum uenire noluisse, quo facilius ciuitatem in officio contineret: V 3,6; Afranius Petreiusque terrendi causa atque operis impediendi copias suas ... producunt et proelio lacessunt, neque idcirco Caesar opus intermittit ⟨*c*⟩: 1,42,3.

idem. I. **Forma:** *Nom. pl. masc.* idem *in X (x) inueniri uidetur* I 31,1; V 42,5; VI 13,5; 2,28,1; — *dat. pl. masc. in α* isdem, *in β* eisdem: VII 41,2; *dat. pl. fem.* isdem *(in x (?), sed in Db. edit.* iisdem, *nulla scripturae uarietate indicata)* 3,39,1; (VII 45,1 *in α;*) — *abl. pl. m.* isdem *x* 3,81,1; isdem β, hisdem α (ihisdem *B*) II 7,1; isdem *hl,* hisdem *af* 2,19,5; isdem *Na(f?),* hisdem *hl* 3,31,2; iisdem *M*β, hisdem *AQC* I 17,5; *abl. pl. fem.* isdem *X* III 12,4; eisdem *x* 1,82,3; isdem *Q*β, hisdem *ABM* VII 35,4; (his α; isdem β III 12,3;) isdem *ahl,* hisdem *f* 3,94,4 *(bis);* isdem *afl,* hisdem *h,* eisdem *O* 1,81,2; et isdem *αa;* eisdem (*om.* et) *fh; Flod.* II 3,5; *abl. pl. neutr.* isdem *x* 2,23,1; 3,20,1; 101,1; eisdem *x* 1,8, 4; isdem β, hisdem α III 3,3. *Frig. semper recepit* iisdem, *Db. plerumque. Videtur Caesar semper formis* idem *et* isdem *usus esse. Cf. H. Walther, Pr. Grünberg i. Schl. 1885 p. 18; Hauser, Pr. Villach 1883 p. XVII sq.;* (Caesar libro II singulariter ⟨*del. censet Np.*⟩ idem pluraliter ⟨et *add. censet Np.*⟩ isdem dicendum confirmat: *Charis. art. gramm. I p. 111 Keil.)*

II. Conlocatio. *Pronomen* idem *semper a Caesare ante subst. ponitur.*

III. Signif.; 1. pertinet ad ea, quae **antecedunt; A. non additur aliud pron. (uel adiect.); a) adiectum est subst.; α) unum; αα) appellat.:** nacti austrum naues soluunt . . . . et cum . . . remissiore uento adpropinquasset ⟨c⟩, idem auster increbuit ⟨c⟩ nostrisque praesidio fuit: 3, 26, 2; ¶ quosdam de exercitu nacti ⟨c⟩ captiuos ab his docebantur . . . . falces testudinesque, quas idem captiui docuerant, parare . . . coeperunt: V 42, 5; ¶ plerique nouas sibi ex loco religiones fingunt Cottaeque et Titurii calamitatem, qui in eodem occiderint ⟨consederint *Paul*⟩ castello ⟨in eo castello occiderint β⟩, ante oculos ponunt: VI 37, 8; ¶ ut . . ., si quid his per uim accidat, aut eundem casum una ferant aut: III 22, 2; ¶ quorum aduentu et Remis . . . studium propugnandi accessit et hostibus eadem de causa spes potiundi oppidi discessit: II 7, 2; ab his fit initium retinendi Silii ⟨c⟩ atque Velanii, quod per eos suos se obsides . . . recuperaturos existimabant. horum auctoritate finitimi adducti . . . eadem de causa Trebium Terrasidiumque retinent: III 8, 3; neque propter altitudinem facile telum adigebatur ⟨c⟩ et eadem de causa minus commode copulis ⟨c⟩ continebantur: III 13, 8; hos (Vbios) cum Suebi . . . expellere non potuissent, tamen . . . infirmiores . . . redegerunt. in eadem causa fuerunt Vsipetes et Tencteri: IV 4, 1; his pontibus pabulatum mittebat, quod ea, quae citra flumen fuerant, superioribus *diebus* consumpserat. hoc idem fere atque eadem de causa Pompeiani exercitus duces faciebant: 1, 40, 2; ¶ incredibili celeritate ad flumen decucurrerunt . . . . eadem enim ⟨c⟩ celeritate . . . ad nostra castra . . . contenderunt: II 19, 8; equo citato Larisam contendit. neque ibi constitit, sed eadem celeritate . . . ad mare peruenit: 3, 96, 4; ¶ primum pilum in legione X. duxerat . . . . eum electi milites circiter CXX uoluntarii ⟨c⟩ eiusdem centuriae sunt prosecuti: 3, 91, 3; ¶ seque in deditionem ut recipiat petunt. qua re impetrata arma tradere iussi faciunt. . . . repulsus in oppidum tamen uti eadem deditionis condicione uteretur . . . impetrauit: III (21, 3;) 22, 4; ad easdem (*u.* 2, 12 *et* 13) deditionis condiciones recurrunt: 2, 16, 3; ¶ Heluetii id, quod constituerant, facere conantur, ut e finibus suis exeant . . . . persuadent . . . finitimis ⟨c⟩, uti eodem usi consilio oppidis suis uicisque exustis una cum iis proficiscantur: I 5, 4; eo fama iam praecucurrerat ⟨c⟩ . . . de proelio Dyrrachino . . . . itaque Androsthenes . . . cum se uictoriae Pompei comitem esse mallet quam socium Caesaris in rebus aduersis, . . . portas . . praecludit . . . . Metropolitae primo ⟨c⟩ eodem usi consilio isdem permoti rumoribus portas clauserunt: 3, (80, 2. 3;) 81, 1; ¶ omnis Vari acies terga uertit seque in castra recepit . . . . ac non nulli protinus eodem cursu in oppidum contenderunt: 2, (34, 6;) 35, 4; ut . . . alii † dimissis equis eundem cursum confugerent ⟨*u. CC*⟩: 3, 69, 4; ¶ sese subito proripiunt hora circiter sexta einsdem diei ⟨eiusd. die *delend. censet Ciacc.*⟩: 1, 80, 3; — eodem die *u.* **dies** *p. 899 γγ)* I 21, 1; 48, 1; IV 36, 1; V 52, 1; VI 3, 6; VII 19, 6; 1, 23, 5; 55, 1; 3, 11, 3; 98, 3; 105, 3; — (post diem septimum sese reuersurum confirmat. . . . Labienum Treboniumque hortatur, . . . ad eam ⟨β; eum α; *edd.;* eundem *Paul*⟩ diem reuertantur: VI 33, 5;) — isdem diebus (Carmonensium ciuitas) . . . per se cohortes eiecit ⟨c⟩ portasque praeclusit: 2, 19, 5; ¶ quod ubi hostes uiderunt ea . . . refecta . . . eodemque exemplo sentiunt totam urbem . . . muro turribusque circummuniri ⟨c⟩ posse . . ., ad easdem deditionis condiciones recurrunt: 2, 16, 2; tabulae testamenti unae . . . Romam erant allatae, . . . alterae eodem exemplo relictae atque obsignatae Alexandriae proferebantur: 3, 108, 4; ¶ hanc (aquilam) . . . et uiuus . . . magna diligentia defendi et nunc moriens eadem fide Caesari restituo: 3, 64, 3; ¶ circumuenti omnes interfectique sunt. eandem fortunam tulit Camulogenus: VII 62, 8; ut . . . non ita multo se reliquorum ciuium fatum antecedere existimarent, quibus urbe capta eadem esset belli fortuna patienda: 2, 6, 1; ¶ Vbii, quorum fuit ciuitas . . . florens, ut est captus Germanorum, et paulo [quam] sunt eiusdem generis [et] ceteris humaniores ⟨*u. CC*⟩: IV 3, 3; *u. praeterea* **genus** *p. 1373* e) einsdem generis *(5 loc.)*; ¶ omnes (naues) incendit eodemque igne nautas dominosque nauium interfecit: 3, 8, 3; ¶ per medios hostes perrumpunt . . . . hos subsecuti calones ⟨c⟩ equitesque eodem impetu militum uirtute seruantur: VI 40, 5; in proxima Octauii castra inruperunt. his expugnatis eodem impetu altera sunt adorti: 3, 9, 7; infestisque signis tanta ui in Pompei equites impetum fecerunt, ut . . . . eodem impetu cohortes sinistrum cornu . . . circumierunt eosque a tergo sunt *adortae: 3, 93, 6; ¶ *impedimenta* . . . Apolloniam praemisit . . . . reliquas (legiones) . . . eodem itinere praemisit: 3, 75, 2; ¶ legionem

*X. eodem ingo ⟨illo *Göl.*; luce *Paul*⟩ mittit: VII 45, 5; ¶ princeps in haec nerba iurat ipse; idem ius iurandum adigit Afranium: 1, 76, 3; ¶ L. Fabius centurio . . . praecipita(n)tur ⟨*c*⟩. M. Petronius, eiusdem legionis centurio, . . . a ⟨*c*⟩ multitudine oppressus . . . inquit: VII 50, 4; quinque cohortes . . . castris praesidio relinquit; quinque eiusdem legionis reliquas . . . proficisci imperat: VII 60, 3; ¶ antesignanos . . . eum tumulum occupare iubet. qua re cognita celeriter . . . Afranii cohortes . . . ad eundem occupandum locum mittuntur: 1, 43, 4; cohortes . . . crebro submittebantur . . . . hoc idem Caesar facere cogebatur, ut summissis in eundem locum cohortibus defessos reciperet: 1, 45, 8; ¶ quod . . . duo magistratum gerant . . . . horum esse . . . alterum Cotum . . ., cuius frater Valetiacus proximo anno eundem magistratum gesserit: VII 32, 4; ¶ pedum XV fossam fieri iussit . . . fossasque ad eandem magnitudinem perfici iubet: 1, 42, 1; ¶ eodem ⟨in eodem β⟩ mendacio (§ 2) de caede equitum et principum permouet ⟨*N*; permonet *X*; permanet *k*; *Ald.*⟩: VII 38, 10; ¶ tigna bina sesquipedalia . . . dimensa ad altitudinem fluminis interuallo pedum duorum inter se iungebat. . . . his item contraria duo ad eundem modum iuncta ⟨*c*⟩ . . . statuebat: IV 17, 5; ¶ aduersa nocte . . . continentem petierunt ⟨*c*⟩. eadem nocte accidit, ut esset luna plena: IV 29, 1; expositis militibus naues eadem nocte Brundisium a Caesare remittuntur: 3, 8, 1; ¶ DC (equites) Gallos Deiotarus adduxerat . . ., ad eundem numerum Cotys ⟨*c*⟩ ex Thracia dederat: 3, 4, 3; ¶ ibi se rursus isdem (*u.* § 1) oportunitatibus loci ⟨loci oport. β⟩ defendebant: III 12, 4; ¶ T. Baluentio ⟨*c*⟩, qui . . . primum pilum duxerat ⟨*c*⟩, . . . utrumque femur tragula traicitur; Q. Lucanius, eiusdem ordinis, . . . interficitur: V 35, 7; ¶ quinque (cohortes) . . . aduerso flumine . . . proficisci imperat. conquirit etiam lintres; has . . . in eandem partem mittit ⟨mitt. in eand. part. β⟩: VII 60, 4; nuntiatur . . . magnum ire agmen aduerso flumine sonitumque remorum in eadem parte exaudiri ⟨*c*⟩: VII 61, 3; ¶ pontem instituit ⟨*c*⟩, biduo perficit. . . . equitum magnam partem flumen traicit ⟨*c*⟩ . . . . incolumesque cum magna praeda eodem ponte in castra reuertuntur: 1, (54, 4;) 55, (1.) 3; ¶ in Morinos proficiscitur, quod inde erat breuissimus in Britanniam traiectus . . . . quae (naues) . . . uento tenebantur, quo minus in eundem portum uenire possent: IV (21, 3;) 22, 4; ¶ scorpione ab latere dextro traiectus exanimatusque concidit . . . . eadem ratione ictu scorpionis exanimato altero ⟨*c*⟩ successit tertius: VII 25, 3; tributis quibusdam populis ⟨*c*⟩ priuatisque praemiis . . . proficiscitur . . . . eadem ratione priuatim ac publice quibusdam ⟨*c*⟩ ciuitatibus habitis honoribus Tarracone discedit: 2, 21, 5; ¶ res: (1, 8, 4 *u.* nerba;) munitiones enim a castris ad flumen perductae . . . Caesaris uictoriam interpellauerunt; eadem res celeritate insequentium tardata nostris salutem attulit: 3, 70, 2; ¶ libenter Caesar . . . dat ueniam . . . . obsidibus imperatis centum hos Haeduis custodiendos tradit. eodem Carnutes legatos obsidesque mittunt . . .; eadem ferunt responsa: VI 4, 5; ¶ rumores: 3, 81, 1 *u.* consilium; ¶ L. Lentulus consul senatui rei*que* publicae se non defuturum pollicetur, si . . . . in eandem sententiam loquitur Scipio: Pompeio esse in animo rei publicae non deesse, si senatus sequatur: 1, 1, 4; ¶ Labienus . . ., quo facilius hostibus timoris det ⟨*c*⟩ suspicionem, . . . castra moueri inbet . . . . Labienus . . . eadem usus simulatione itineris placide progrediebatur: VI 8, 2; ¶ Lentulus . . . spe exercitus ac prouinciarum . . . mouetur . . . . Scipionem eadem spes prouinciae atque exercituum impellit: 1, 4, 3; ¶ isdem sublicis, quarum pars inferior integra remanebat, pontem reficere coepit: VII 35, 4; ¶ secundo magnoque uento ignem operibus inferunt. . . . (postero die) eandem nacti tempestatem . . . ignem intulerunt: 2, 14, 5; ¶ Haedui . . . legatos ad Caesarem mittunt rogatum auxilium. . . . eodem tempore, quo ⟨*add. edd. uett.*; *Hold.*; *om. X*; *rell. edd.*⟩ Haedui ⟨*del. Ciacc.*; *Dt.*; atque Haedui *Walther*⟩, Ambarri, necessarii et consanguinei Haeduorum, Caesarem certiorem faciunt: I 11, 4; eodem tempore equites nostri . . ., cum se in castra reciperent, aduersis hostibus occurrebant: II 24, 1; eodem tempore a P. Crasso . . . certior factus: II 34; eodem fere ⟨*om.* β⟩ tempore P. Crassus cum in Aquitaniam peruenisset, . . . intellegebat: III 20, 1; eodem fere tempore Caesar ⟨caes. temp. β⟩ . . . eo exercitum adduxit ⟨*c*⟩: III 28, 1; paulo ante tertiam uigiliam est animaduersum fumare aggerem . . . eodemque tempore . . . eruptio fiebat: VII 24, 3; his rebus expositis signum dat ⟨*c*⟩ et ab ⟨*c*⟩ dextra ⟨*c*⟩ parte alio ascensu eodem tempore Haeduos mittit: VII 45, 10; eodem tempore L. Fabius centurio quique una murum ascenderant . . . de ⟨*c*⟩ muro praecipitantur ⟨*c*⟩: VII 50, 3; eodem tempore clamore exaudito dat tuba signum suis Vercingetorix atque ex oppido educit: VII 81, 3; cum iam meridies ⟨c⟩ adpropinquare uideretur, ad ea castra ... contendit; eodemque tempore ... reliquae copiae pro castris sese ostendere coeperunt: VII 83, 8; cuius operis maxima parte effecta eodem fere tempore missi ad ⟨c⟩ Pompeium ⟨c⟩ reuertuntur: 1, 18, 6; huc equitatum mittit . . . eodemque tempore his rebus subsidio DC equites Numidae ex oppido . . . mittuntur a Varó: 2, 25, 3; equites ex statione nuntiant magna auxilia . . . Vticam uenire, eodemque tempore uis magna pulueris cernebatur, et uestigio temporis primum agmen erat in conspectu: 2, 26, 2; eodemque tempore Domitius in Macedoniam uenit: 3, 36, 1; eodem tempore equitatus regis Cotyis ⟨c⟩ ad castra Cassii aduolauit: 3, 36, 4; nanem expugnauit eodemque tempore ex altera parte molem tenuit naturalem obiectam ⟨CC⟩: 3, 40, 4; eodem tempore duobus praeterea locis pugnatum est: 3, 52, 1; eodem tempore equites ab sinistro Pompei cornu . . . uniuersi procucurrerunt omnisque multitudo sagittariorum se profudit: 3, 93, 3; eodem tempore tertiam aciem Caesar . . . procurrere ⟨c⟩ iussit: 3, 94, 1; eodem tempore D. Laelius cum classe ad Brundisium nenit: 3, 100, 1; eodemque ⟨que *om. f*⟩ tempore pugnatum est ad portum: 3, 111, 2; — isdem temporibus C. Curio in Africam profectus ex Sicilia . . . duas legiones . . . transportabat biduoque . . . adpellit ad . . .: 2, 23, 1; isdem temporibus M. Coelius Rufus praetor causa debitorum suscepta . . . tribunal suum iuxta C. Trebonii, praetoris urbani, sellam conlocauit et . . .: 3, 20, 1; isdem fere temporibus Cassius cum classe Syrorum et Phoenicum et Cilicum in Siciliam uenit . . .: 3, 101, 1; ¶ in testamento Ptolomaei patris heredes erant scripti . . . . haec uti fierent per omnes deos . . . eodem testamento Ptolomaeus populum Romanum obtestabatur: 3, 108, 3; ¶ (adplicatisque nostris ad terram nauibus ⟨propter eundem timorem *add. codd.; Np., Db., Dt.; del. E. Hoffm.*⟩ pari atque antea ratione [egerunt. cassius] secundum nactus uentum . . . naues . . . immisit: 3, 101, 5;) ¶ animaduertit . . . Sequanos . . . tristes . . . terram intueri . . . . nihil Sequani respondere, sed in eadem tristitia taciti permanere ⟨c⟩: I 32, 3; ¶ pauca eiusdem generis addit cum excusatione Pompei coniuncta. eadem fere atque eisdem nerbis ⟨*Clark.*; rebus *codd.*; de rebus *Ald.*⟩ praetor Roscius agit cum Caesare sibique Pompeium commemorasse demonstrat: 1, 8, 4; ¶ saepe ex equis desiliunt ac pedibus proeliantur, equosque eodem remanere uestigio adsuefecerunt ⟨c⟩: IV 2, 3; — re cognita tantus luctus excepit, ut urbs ab hostibus capta eodem uestigio uideretur: 2, 7, 3.

ββ) nom. propr.: hac oratione ab Diuiciaco habita omnes . . . petere coeperunt . . . . cum ab his . . . (nullam) uocem exprimere posset, idem Diuiciacus Haeduus respondit: I 32, 3.

β) plura: legiones eas transduxerat Curio, quas . . . Corfinio receperat Caesar, adeo ut paucis mutatis centurionibus idem ordines manipulique constarent: 2, 28, 1; in eadem inopia, egestate patientiaque *et* eodem uictu et cultu: VI 24, 4 *u. p. 25* **α) ββ)**; postridie . . . eadem et perfidia et simulatione usi Germani frequentes . . . uenerunt ⟨eadem simulat. et perf. germani usi fr. . . . uen. β⟩: IV 13, 4.

b) non adiectum est subst.; α) pron. idem **referendum est ad certum quoddam subst.;**

αα) appellat.: Caesar . . . castra eo loco posuit. haec . . . contingebant neque longius . . . aberant. . . . paucisque intermissis diebus eadem ⟨haec *add. NOhl*⟩ Pompeius occupauerat: 3, 66, 4; ¶ III cohortes Orici oppidi tuendi causa reliquit isdemque custodiam nanium longarum tradidit: 3, 39, 1; neque nero Caesarem fefellit, quin ab iis cohortibus, quae . . . in quarta acie conlocatae erant, initium uictoriae oriretur ⟨c⟩ . . . . ab his enim primum equitatus est pulsus, ab isdem factae caedes sagittariorum ac funditorum, ab isdem acies Pompeiana a sinistra parte [erat] circumita atque initium fugae factum: 3, 94, 4; ¶ illi (druides) rebus diuinis intersunt. . . . fere de omnibus controuersiis . . . constituunt, et si quod est admissum facinus ⟨c⟩, si caedes facta . . ., idem decernunt ⟨c⟩, praemia poenasque constituunt: VI 13, 5; ¶ Ariouistum . . . ad occupandum Vesontionem . . . contendere. . . . omnium rerum . . . summa erat in eo oppido facultas ⟨c⟩ idque ⟨idemque *Paul*⟩ natura loci sic muniebatur, ut: I 38, 4; ¶ a publicanis . . . pecuniam exegerat et ab isdem insequentis anni mutuam praeceperat: 3, 31, 2; ¶ (hac re cognita Caesar mittit complures equitum turmas eo de ⟨eisdem α⟩ media nocte; imperat, ut ⟨eq. turmas; eis de m. nocte imperat, ut *edd. plur.*; eq. t. eodem med. n.; imperat his β⟩: VII 45, 1.)

(extruso mari aggere ac molibus atque his ⟨isdem β⟩ oppidi moenibus adaequatis: III 12, 3.)

ββ) nom. propr.: mittit . . . in Siciliam Curionem . . .; eundem, cum Siciliam recepisset, protinus in Africam traducere exercitum iubet: 1, 30, 2; — Varronem profiteri se *altero die ad conloquium uenturum atque una ⟨*codd.;* eundem *Np.; Db., Dt.*⟩ uisurum, quem ad modum ⟨*sic Elberl.;* uis utrumque admodum *codd.; u. CC*⟩ tuto legati uenire et quae uellent exponere possent: 3, 19, 3; — hunc (Vibullium) pro suis beneficiis Caesar idoneum iudicauerat, quem cum mandatis ad Cn. Pompeium mitteret, eundemque apud Cn. Pompeium auctoritatem habere intellegebat: 3, 10, 2; (Vibullius ⟨*c*⟩ . . . necessarium esse existimauit de repentino aduentu Caesaris Pompeium fieri certiorem . . . atque ideo ⟨*edd. uett.;* eidem *codd.;* idem *Morus*⟩ continuato nocte ac die itinere . . . ad Pompeium contendit: 3, 11, 1;) — — Roscius cum ⟨*c*⟩ Caesare Capuam peruenit ibique consules Pompeiumque inuenit . . . . illi . . . scripta . . . mandata per eosdem ⟨*Hotom.;* eos *Ofhl; Db.*⟩ remittunt ⟨permittunt (*om.* eos re-) *Na;* per eosdem *om. Np.; Dt.*⟩: 1, 10, 1.

β) **pron. idem non ad certum quoddam subst. pertinet; αα) masc.:** esse non nullos, quorum auctoritas apud plebem plurimum ualeat . . . . hos . . . multitudinem deterrere, ne frumentum conferant . . . . ab iisdem nostra consilia . . . hostibus enuntiari: I 17, 5.

ββ) **neutr.; 𝔄) sing.; 𝔞) subi.:** (erat occasio bene gerendae rei. neque uero id ⟨idem *NOahl*⟩ Caesarem fugiebat, tanto sub oculis accepto detrimento perterritum exercitum sustinere non posse: 1, 71, 1;) ¶ ne hac parte neglecta reliquae nationes sibi idem licere arbitrarentur: III 10, 2.

𝔟) **obiect.:** persuadet Castico . . ., ut regnum in ciuitate sua occuparet . . . . itemque Dumnorigi Haeduo . . . ut idem conaretur persuadet: I 3, 5; ¶ idem facere *u.* **facio** *p. 1257 γγ) (5 loc.);* ¶ princeps in haec uerba iurat ipse; idem ius iurandum adigit Afranium; subsequuntur tribuni militum centurionesque; centuriatim producti milites idem iurant: 1, 76, 3; hoc idem reliqui iurant legati; tribuni ⟨*c*⟩ militum centurionesque sequuntur, atque idem omnis exercitus iurat: 3, 13, 4; iurauit se nisi uictorem in castra non reuersurum reliquosque ut idem facerent hortatus est. hoc laudans Pompeius idem iurauit: 3, 87, 6.

𝔅) **plur.:** agere, commemorare: 1, 8, 4 *u. p. 21 extr.* uerba; ¶ ipse autem consumptis omnibus . . . frumentis summis erat in angustiis. sed tamen haec singulari patientia milites ferebant. recordabantur enim eadem ⟨eandem *Nahl*⟩ se superiore anno in Hispania ⟨inopiam *add. Nl*[3]⟩ perpessos . . . maximum bellum confecisse: 3, 47, 6; ¶ quaerit ex solo ea, quae in conuentu dixerat . . . . eadem secreto ab aliis quaerit: I 18, 2; ¶ neque uero Pompeius . . . moram ullam ad insequendum intulit, sed † eadem spectans, si **in* itinere impeditos perterritos deprehendere posset, exercitum e castris eduxit: 3, 75, 3; ¶ quorum . . . alter bello uicta Gallia eadem tribuerit ⟨uicta G. ead. trib. *Madu.;* uictas galliae (gallias *Ohl*) adtribuerit *codd.*⟩: 1, 35, 4.

B. additur aliud pronom.; a) idem hic, hic idem *u.* **hic** *p. 1476 sq.* β) *(11 († 10) loc.).*

b) idem ille: trabes . . . distantes inter se binos pedes in solo conlocantur. . . . alius insuper ordo additur, ut idem illud interuallum seruetur: VII 23, 3; — quidam . . . Gallus . . . seui ac picis traditas glebas in ignem . . . proiciebat . . . . hunc ex proximis unus iacentem transgressus eodem illo munere fungebatur: VII 25, 3.

eadem illa, quae: 1, 6, 1 *u.* **2. A. b)** α).

c) qui idem: cum . . . nostros . . . defatigarent, quibus propter magnitudinem castrorum perpetuo esset isdem in uallo permanendum: VII 41, 2.

2. pron. idem referendum est ad ea, quae sequuntur (aut adduntur); A. idem qui; a) non additur aliud pronom.; α) idem c. subst. αα) uno; 𝔄) appellat.: sed isdem de causis Caesar, quae supra sunt demonstratae, proelio non lacessit: 1, 81, 2; sed eisdem *[de] causis, quae sunt cognitae, quo minus dimicare uellet mouebatur: 1, 82, 3; ¶ castrisque egregie munitis easdem copias, quas ⟨quae β⟩ ante praesidio nauibus ⟨fuerant *add.* β⟩ reliquit ⟨*c*⟩: V 11, 7; ¶ Antonius cum cohortibus et Attio eodem die, quo profectus erat, reuertitur: 1, 18, 3; eodem quo uenerat die . . . oppidum . . . expugnauit: 3, 80, 6; ¶ eo . . . Caesar isdem ducibus usus, qui nuntii ab Iccio uenerant, Numidas . . . mittit: II 7, 1; ipsi Aduatucam contendunt usi eodem duce, cuius haec indicio cognouerant: VI 35, 10; ¶ ipse de quarta uigilia eodem itinere, quo hostes ierant, ad eos contendit: I 21, 3; ut . . . eruptione facta isdem itineribus, quibus eo peruenissent, ad salutem contenderent: III 3, 3; eodem quo uenerat itinere Metiosedum ⟨*c*⟩ peruenit: VII 58, 2; ¶ qui si iuuissent, se eodem loco quo Heluetios habiturum: I 26, 6; productos eodem loco, quo superioribus diebus constiterat, in acie conlocat: 2, 33, 4; ¶

qui omnes fere iis ⟨his β; iisdem *Paul*⟩ nominibus ciuitatum appellantur, quibus orti ex ciuitatibus eo peruenerunt: V 12, 2; ¶ de his eandem fere quam reliquae gentes habent opinionem: VI 17, 2; ¶ in eandem partem, ex qua uenerat, rediit ⟨c⟩: 3, 37, 4; ¶ onerariae duae (naues) eosdem quos reliquae ⟨c⟩ portus ⟨portus quos reliquae β⟩ capere non potuerunt: IV 36, 4; ¶ eo concilio dimisso idem principes ciuitatum, qui ante fuerant ⟨*uerba* qui ante fuer. *abundare uidentur Ciacc.*⟩, ad Caesarem reuerterunt: I 31, 1; ¶ quod . . . L. Pisonem legatum Tigurini eodem proelio quo Cassium interfecerant: I 12, 7; ¶ eadem ratione qua pridie ab nostris ⟨a nostr. ead. r. q. prid. β⟩ resistitur; hoc idem reliquis deinceps ⟨c⟩ fit diebus: V 40, 4; D. Laelius . . . ad Brundisium uenit eademque ratione, qua factum a Libone antea demonstrauimus, insulam obiectam portui Brundisino tenuit. similiter . . .: 3, 100, 1; ¶ sinistro cornu milites . . . eodem quo uenerant receptu ⟨*Vascos.*; receptui *codd.*; impetu *Wölff.*⟩ sibi consulebant: 3, 69, 4; ¶ eodem tempore *quo:* I 11, 4 *u. p. 20* tempore; ¶ praestate eandem nobis ducibus uirtutem, quam saepe numero imperatori praestitistis: VI 8, 4.

𝔅) nom. propr.: atque eundem Achillam, cuius supra meminimus, omnibus copiis praefecit ⟨c⟩: 3, 108, 2; — Cicero data facultate Gallum ab eodem Verticone ⟨gallum eundem uerticonem β⟩, quem supra demonstrauimus, repetit ⟨c⟩: V 49, 2.

ββ) plura: in eadem inopia, egestate, patientia, qua ante ⟨*add. Heller; Hld., Dt.*²; patientia atque *Pluyg.*, patientiaque *Ald.*; *Np., Dt.*¹; patientia qua *codd.*; *Schn., Fr., Db.*⟩ Germani permanent, eodem uictu et ⟨*om.* β⟩ cultu corporis utuntur: VI 24, 4; ¶ non eadem alacritate ac studio, quo in pedestribus uti proeliis consuerant, utebantur ⟨c⟩: IV 24, 4.

β) sine subst.; αα) masc.: denique hos esse eosdem ⟨germanos *h*; eosdem germanos *B*²*a*⟩, quibuscum ⟨cum quibus β⟩ saepe numero Heluetii congressi . . . superarint ⟨c⟩: I 40, 7.

ββ) neutr.; 𝔄) sing.: etsi idem, quod superioribus diebus acciderat, fore uidebat, ut ⟨c⟩ . . . effugerent: IV 35, 1; ¶ omnibus Gallis idem esse faciendum, quod Heluetii fecerint, ut domo emigrent: I 31, 14.

𝔅) plur.: eadem de profectione cogitans, quae ante senserat, legiones . . . eduxit: VII 53, 1; ¶ eadem, quae Ambiorix cum Titurio egerat, commemorant: omnem esse in armis Galliam ⟨c⟩; Germanos Rhenum transisse . . .: V 41, 2. 3; ¶ eadem, quae Litauiccus pronuntiauerat, multitudini exponunt: omnes ⟨c⟩ equites Haeduorum interfectos . . . .: VII 38, 4. 5; ¶ eadem fere, quae ex nuntiis litterisque ⟨c⟩ cognouerat, coram perspicit: V 11, 2; ¶ postulauit deinde ⟨c⟩ eadem, quae legatis in mandatis dederat: ne . . Haeduis . . . bellum inferret; obsides redderet . . .: I 43, 9.

b) additur aliud pron. (adiect.); α) idem ille qui: equites . . . eodem illo quo uenerant cursu ab decumana porta in castra inrumpere conantur: VI 37, 1.

Pompeius eadem illa, quae per Scipionem ostenderat, agit: 1, 6, 1.

β) eadem omnia: *quibus* (nobilibus) in hos eadem omnia sunt iura, quae dominis in seruos: VI 13, 3.

B. idem, quicumque: iuratque se eum non deserturum eundemque casum subiturum, quemcumque ei ⟨c⟩ fortuna tribuisset: 3, 13, 3.

C. idem atque (ac): (I 11, 4 *u. p. 20* tempus;) Gallorum eadem ⟨*om. C; Flod.*⟩ atque Belgarum ⟨Belgarum eadem atque Gallorum *Hotom.*⟩ oppugnatio est haec: ubi ⟨est. Ac ubi *AQ;* est. Haec ubi *BM;* est. At ubi β⟩: II 6, 2; VI 24, 4 *u. p. 25* α) ββ); neque nero idem profici longo itineris spatio, cum per alios condiciones ferantur, ac si coram de omnibus condicionibus disceptetur: 1, 24, 6.

haec eodem fere tempore Caesar atque Pompeius cognoscunt: 3, 30, 1.

D. et (et . . . et): haec eodem tempore Caesari mandata referebantur et legati ab Haeduis et a Treueris ueniebant: I 37, 1; erat difficile eodem tempore rapidissimo flumine opera perficere et tela uitare: 1, 50, 3; sed tamen eodem fere tempore pons in Hibero prope effectus nuntiabatur et in Sicori uadum reperiebatur: 1, 62, 3; interim Pompeius . . . V legiones ⟨c⟩ . . . subsidio suis duxit, eodemque tempore equitatus eius nostris equitibus adpropinquabat et acies instructa a nostris . . . cernebatur: 3, 69, 1; — erat eodem ⟨β; eo α⟩ tempore et materiari et frumentari et tantas munitiones fieri ⟨tueri *Schn.*; *Db.*⟩ necesse: VII 73, 1; ¶ Pompeius . . . dixerat eodem se habiturum loco qui Romae remansissent et qui in castris Caesaris fuissent: 1, 33, 2; ¶ in se noui generis imperia constitui, ut idem ad portas urbanis praesideat ⟨*Ald.*; praesidia *codd.*⟩ rebus et duas bellicosissimas prouincias absens . . . obtineat: 1, 85, 8; ¶ [equestris autem proelii ratio et cedentibus et insequentibus par atque idem periculum inferebat: V 16, 3.]

E. que: eadem est feminae marisque natura ⟨statura *Paul*⟩, eadem forma magnitudoque cornuum: VI 26, 3.

F. duo, omnes, uterque; a) duo: duas fossas quindecim pedes latas eadem altitudine perduxit: VII 72, 3.

b) omnes: nihil (se) nisi communi consilio acturos eundemque omnes fortunae exitum esse laturos: III 8, 3; ubi omnes idem sentire intellexit, . . . constituit: III 23, 8; (censent,) ut . . eundem omnes ferant casum: VI 40, 3; longo circuitu easdem omnes iubet petere regiones: VII 45, 3.

c) uterque: uterque idem suis renuntiat: V milia passuum proxima intercedere ⟨*c*⟩ itineris campestris . . .: 1, 66, 4; eodemque die uterque eorum ex castris statiuis . . . exercitum educunt: 3, 30, 3.

3. pron. idem spectat ad enuntiatum, quod intellegendum est (uelut atque nunc, atque ipsi): (Suessiones,) fratres consanguineosque suos, qui eodem iure et ⟨*om. fh*⟩ isdem ⟨*c*⟩ legibus utantur, unum imperium ⟨*c*⟩ unumque ⟨*c*⟩ magistratum cum ipsis habeant: II 3, 5; his utrisque persuaserant, uti eandem belli fortunam experirentur: II 16, 3; renuntiauerunt non eadem esse diligentia ab decumana porta castra munita: III 25, 2; Massilienses . . celeritate nauium . . . confisi nostros eludebant . . . . factae enim subito ex umida materia (nostrae naues) non eundem usum celeritatis habebant ⟨habuerant *Ox*⟩: 1, 58, 3; Massilienses post superius incommodum ueteres ad eundem numerum ex naualibus productas naues refecerant . . . piscatoriasque adiecerant ⟨*u. CC*⟩: 2, 4, 1; neu contra eos arma ferrent, qui eadem essent usi fortuna eademque in obsidione perpessi: 2, 28, 3; tibi minus commode consulueris, si non fortunae obsecutus uideberis, . . . nec causam secutus — eadem enim tum fuit, cum ab eorum consiliis abesse *te debere* iudicasti: *ap. Cic. ad Att.* X 8 *B*, 1.

[Falso: item ⟨ide *uel* id est *X*⟩ populum Romanum uictis . . . ad suum arbitrium imperare consuesse: I 36, 1; at ueteranae legionis milites item ⟨*Of;* idem *Nahl;* itidem *Heins.*⟩ conflictati et tempestatis et sentinae uitiis neque ex pristina uirtute remittendum aliquid putauerunt et ⟨*c*⟩ . . .: 3, 28, 5.]

[Par atque idem V 16, 3.]

eodem. A. de loco; a) non sequitur relatiuum: ad iudicium omnem suam familiam . . . undique coëgit et omnes clientes obaeratosque suos . . . eodem conduxit: I 4, 2; ¶ in siluas paludesque confugiunt suaque eodem conferunt: VI 5, 7; ¶ IIII caetratorum cohortes in montem, qui erat . . . excelsissimus, mittit. hunc ⟨*c*⟩ . . . iubet occupare, eo consilio, uti ipse eodem omnibus copiis contenderet: 1, 70, 4; Tauroenta . . . ad Nasidium perueniunt ibique naues expediunt . . . . eodem Brutus contendit: 2, 5, 1; ad eum (Domitium) omni celeritate et studio incitatus ferebatur. totius autem rei consilium his rationibus explicabat, ut, si Pompeius eodem contenderet, . . . illum . . . cogeret: 3, 78, 3; ¶ Caesar ad portum Itium cum legionibus peruenit. ibi cognoscit . . . . eodem equitatus ⟨*c*⟩ totius Galliae conuenit: V 5, 3; (totius Galliae concilium Bibracte indicitur. ⟨eodem *add.* α; *edd. plur.;* ad diem *Paul; om.* β; *Schn.;* eo *Vrsinus, prob. Db.*⟩ conueniunt undique frequentes: VII 63, 6;) ¶ in Senones proficiscitur . . . . legatos . . . ad Caesarem mittunt . . . . eodem Carnutes legatos obsidesque mittunt . . .; eadem ferunt responsa: VI 4, 5; (Caesar mittit complures equitum turmas eo de media nocte; imperat, ut ⟨eq. turmas; eis de (eisdem α) m. nocte imperat, ut α; *plur. edd.;* eq. t. eodem; med. n. imperat his, ut β⟩: VII 45, 1;) easdem omnes iubet petere regiones . . . . legionem *X. eodem iugo ⟨luce *Paul ;* illo *Göl.*⟩ mittit: VII 45, 5; ad eam partem munitionum ducit, quae pertinebat ⟨*c*⟩ ad mare . . . . eodem naues, quas . . . habebat, mittit: 3, 62, 3; ¶ Curio Marcium Vticam nauibus praemittit; ipse eodem cum exercitu proficiscitur: 2, 24, 1; Caesar, postquam Pompeium ad Asparagium esse cognouit, eodem cum exercitu profectus . . . tertio die [macedoniam] ad Pompeium peruenit: 3, 41, 1; ¶ Pompeiani . . . castris Marcellini adpropinquabant . . . et M. Antonius . . . descendens ex loco superiore cernebatur . . . . neque multo post Caesar . . . deductis quibusdam cohortibus ex praesidiis eodem uenit: 3, 65, 3.

b) sequitur relatiuum unde: ipse eodem, unde redierat, proficiscitur: V 11, 7; — tanta tempestas subito coorta est, ut . . . aliae eodem, unde erant profectae, referrentur, aliae . . .: IV 28, 2; — cognoscit LX naues . . . eodem, unde erant profectae, reuertisse: V 5, 2.

B. = ad eandem rem, ad idem consilium: quod sua uictoria tam insolenter gloriarentur . . ., eodem pertinere: I 14, 4; haec omnia Caesar eodem illo pertinere arbitrabatur, ut tridui mora interposita equites eorum . . . reuerterentur: IV 11, 4; ¶ sed † eadem ⟨*codd.*; *Dt.*; eodem *F. Hofm.*⟩ spectans, si **in* itinere impeditos perterritos deprehendere posset, exercitum e castris eduxit: 3, 75, 3.

[**Falso:** hi modo digressi ⟨*c*⟩ *a* Massiliensibus recentem eorum ⟨*Oh²l³*; eodem *x*⟩ pollicitationem animis continebant: 1, 57, 4.]

identidem: cum se illi identidem in siluas ad suos reciperent ac rursus ex silua ⟨*c*⟩ in nostros impetum facerent: II 19, 5; (ille autem ⟨enim *X*; identidem *H. Gilbert*; *u. CC*⟩ reuocatus resistere . . . coepit: V 7, 8.)

ideo: Vibullius ⟨*c*⟩ . . . necessarium esse existimauit de repentino aduentu Caesaris Pompeium fieri certiorem atque ideo ⟨*edd. uett.*; eidem *codd.*; idem *Morus*⟩ continuato nocte ac die itinere . . . ad Pompeium contendit, ut ⟨*c*⟩ adesse Caesarem nuntiaret ⟨*CC*⟩: 3, 11, 1.

[**Falso:** hoc adeo ⟨*dett.*; ideo *Ox*⟩ celeriter fecit, ut ⟨*c*⟩ simul adesse ⟨*CC*⟩ et uenire nuntiaretur: 3, 36, 3.]

idoneus. A. absol.: defensores oppido idonei deliguntur: VII 15, 6; ¶ quod ⟨*c*⟩ minus idoneis equis utebantur: VII 65, 5; ¶ idoneum quendam hominem et callidum delegit: III 18, 1; huic rei idoneos homines deligebat, quorum quisque aut oratione subdola aut amicitia facillime capere ⟨*c*⟩ posset: VII 31, 2; ¶ (tandem Germani ab dextro latere summum ⟨idoneum *Geyer*; *u. CC*⟩ iugum nancti hostes loco depellunt: VII 67, 5;) ¶ Caesar idoneum locum nactus quid quaque ⟨*c*⟩ in ⟨*c*⟩ parte geratur cognoscit: VII 85, 1; Caesar . . . nactus idoneum locum fossas . complures facere instituit: 1, 61, 1; ipsi (milites) idoneum locum naeti reliquam noctis partem ibi confecerunt: 3, 28, 6; (Pompeius) idoneum locum nactus ibi copias conlocauit: 3, 30, 5; ille (Caesar) ⟨rei gerendae *add. Wölff.*⟩ idoneum locum in agris nactus . . . *ibi* aduentum exspectare Pompei . . . constituit: 3, 81, 3; — — ultra eum locum . . . castris idoneum locum delegit: I 49, 1; exploratores centurionesque praemittit, qui locum idoneum castris ⟨castr. idon. β⟩ deligant: II 17, 1; (V 9, 1 *u.* **B. a) α)**;) castris idoneum locum deligit: VI 10, 2; VII 35, 5 *u.* **B. a) α)**; aciemque idoneo loco constituit: VII 53, 1; acieque in locis idoneis instructa ⟨*c*⟩ . . . iubet: 1, 43, 3; ibi idoneo loco castra ponit: 3, 30, 7; loco ⟨in loco *N*⟩ idoneo et occulto omnem exercitum equitatumque conlocauit: 3, 38, 1; ipse idoneis ⟨idoneos *a¹*⟩ locis funditores instruxit: 3, 46, 2; ¶ ipse idoneam tempestatem nanctus ⟨*c*⟩ . . . naues soluit: IV 36, 3; tandem idoneam nactus ⟨nact. idon. β⟩ tempestatem milites equitesque conscendere naues ⟨*c*⟩ iubet: V 7, 4; ¶ naeti idoneum uentum ex portu exeunt: 2, 4, 5; nacti idoneum uentum ne occasionem nauigandi dimitterent: 3, 25, 4.

B. additur a) ad quam rem alqd sit idoneum; α) dat.: Caesar . . . loco castris idoneo capto . . . ad hostes contendit: V 9, 1; loco castris idoneo delecto reliquas copias reuocauit: VII 35, 5; tum nero neque ad explorandum idoneum locum castris neque ad progrediendum data facultate consistunt: 1, 81, 1; (I 49, 1; II 17, 1; VI 10, 2 *u.* **A.** locus.)

β) ad alqd: nulla ferramentorum copia, quae esset ⟨essent *Ciacc.*; sunt β⟩ ad hunc usum idonea: V 42, 3; ¶ quos (homines) . . ex suis quisque ad hanc rem idoneos existimabat: 3, 103, 1; ¶ loco pro castris ad aciem instruendam natura oportuno atque idoneo . . . fossam obduxit ⟨*c*⟩: II 8, 3; hunc ad egrediendum ⟨aggred. β⟩ nequaquam idoneum locum ⟨loc. neq. id. β⟩ arbitratus: IV 23, 4; ¶ neque qui essent ad maiorum ⟨maiorem *E*⟩ nauium ⟨*c*⟩ multitudinem idonei portus reperire ⟨*c*⟩ poterat: IV 20, 4; ¶ nactus idoneam ad nauigandum tempestatem . . . soluit: IV 23, 1.

ad haec cognoscenda, prius quam periclum faceret, idoneum esse arbitratus C. Volusenum cum naui longa ⟨*c*⟩ praemittit: IV 21, 1.

γ) idoneus, qui: tamen idoneos nactus homines, per quos ea, quae uellet, ad eum perferrentur, petit ab utroque: 1, 9, 1; ¶ hunc (Vibullium) pro suis beneficiis Caesar idoneum iudicauerat, quem cum mandatis ad Cn. Pompeium mitteret: 3, 10, 2.

b) quibus rebus sit idoneum: Sabinus idoneo omnibus rebus ⟨reb. omn. β⟩ loco castris sese ⟨*c*⟩ tenebat: III 17, 5.

Idus: si quid uellent, ad Id. April. ⟨id. apri α⟩ reuerterentur: I 7, 6; haec senatus consulto ⟨*CC*⟩ perscribuntur a. d. VII. ⟨VIII *O¹*⟩ Id. Ian.: 1, 5, 4; Pompeius pridie eius diei ⟨postridie Idus *Ciacc.*⟩ ex urbe profectus iter ad legiones habebat: 1, 14, 3; (legem promulgauit, ut sexennii die ⟨*P. Manut.*; sexies seni dies *codd.*; sexies senis idibus *Hotom.*⟩ sine usuris creditae pecuniae soluantur: 3, 20, 4;) a. d. VII. Idus Martias Brundisium neni: *ap. Cic. ad Att.* IX 13 *A*, 1.

Igilium: nauibus actuariis septem, quas Igilii ⟨*Ciacc.*; sigili *x*⟩ et in Cosano ⟨*c*⟩ a priuatis coactas seruis, libertis, colonis suis compleuerat (Domitius): 1, 34, 2.

igitur. *Cf. Ed. Wölfflin, Archiv f. latein. Lexikograph. III (1886) p. 560 sq.*
accidisse igitur (*cf.* § 1—3) his, quod plerumque hominum nimia pertinacia atque arrogantia accidere soleat, uti . . .: 1, 85, 4.

ignis. I. Forma: *Abl. sg.* igni *X (uel Ox)* I 4, 1; 53, 7; VI 44, 3; 2, (6, 4;) 10, 5 *(sed* igne *a pr.);* 10, 6; 16, 1; igne *Ox* 3, 8, 3; — igni α, igne β VI 19, 3; igne α, igni β VII 4, 10. *Haud scio an semper Caesar forma* igni *usus sit.*

II. Signif.; A. sing. (= πῦρ;) **a)** subi.: ne quid emineret, ubi ignis hostium adhaeresceret: 2, 9, 1; ¶ ne quid ignis hostium nocere posset: 2, 9, 3; ¶ posse: VII 24, 4 *u.* **b)** excitare; 2, 2, 4 *ib.* iacere; 2, 9, 3 *u.* **a)** nocere; ¶ cumque ignis ⟨ignes *N*⟩ magnitudine uenti latius serperet ⟨-rent *Nl*⟩: 3, 101, 6.

b) obi.: comprehendere: V 43, 2 *u.* differre; ¶ defendere: 2, 2, 4 *u.* iacere; ¶ hae (casae) ⟨haec β (stramenta?)⟩ celeriter ignem comprehenderunt et uenti magnitudine in omnem locum castrorum ⟨*c*⟩ distulerunt: V 43, 2; hunc (ignem) sic distulit uentus, uti uno tempore agger, plutei, testudo, turris, tormenta flammam conciperent et prius haec omnia consumerentur quam: 2, 14, 2; ¶ alii . . . picem reliquasque ⟨*c*⟩ res, quibus ignis excitari potest, fundebant: VII 24, 4; ¶ antecedebat testudo . . . conuoluta ⟨*c*⟩ omnibus rebus, quibus ignis iactus et lapides ⟨lapidis *Ciacc.*⟩ defendi possent ⟨posset *Ciacc.*⟩: 2, 2, 4; 2, 10, 5 *u.* **e)** ab; ¶ crebris diurnis nocturnisque eruptionibus aut aggeri ignem inferebant (Galli) aut: VII 22, 4; hostes . . . secundo magnoque uento ignem operibus inferunt: 2, 14, 1; eandem nacti tempestatem . . . ad alteram turrim ⟨*c*⟩ aggeremque eruptione pugnauerunt multumque ignem intulerunt (Massilienses): 2, 14, 5. (*Cf.* 2, 2, 6 **B. a)**.)

(**c) genet.:** ignis iactus: 2, 2, 4 *u.* **b)** iacere.)

d) abl.; α): coria autem, ne rursus ⟨coria rursus, ne?⟩ igni ac lapidibus corrumpantur, centonibus conteguntur: 2, 10, 6; ¶ damnatum poenam sequi oportebat, ut igni cremaretur: I 4, 1; ¶ de uxoribus . . . quaestionem habent et, si compertum est, igni ⟨*c*⟩ atque omnibus tormentis excruciatas interficiunt: VI 19, 3; omnes (nanes) incendit eodemque igne ⟨igni?⟩ nautas dominosque nauium interfecit: 3, 8, 3; ¶ utrum igni statim necaretur an in aliud tempus reseruaretur: I 53, 7; maiore commisso delicto igni ⟨*c*⟩ atque omnibus tormentis necat: VII 4, 10; ¶ qua aut telis ⟨*c*⟩ militibus aut igni ⟨-nis *O*⟩ operibus noceri ⟨-re *O*⟩ posset: 2, 16, 1.

β): quibus cum aqua atque igni interdixisset: VI 44, 3.

e) c. praep.: ut (musculus) ab igni, qui ex muro iaceretur, tutus esset: 2, 10, 5.

omniaque ⟨*c*⟩, quae uiuis cordi fuisse arbitrantur, in ignem inferunt, etiam animalia, ac paulo supra hanc memoriam serui et clientes . . . una cremabantur: VI 19, 4; ¶ quidam . . . Gallus . . . seui ac picis traditas glebas in ignem . . . proiciebat: VII 25, 2.

B. plur.; a) = sing. (πῦρ): per Albicos eruptiones fiebant . . . ignesque aggeri et turribus inferebantur; quae ⟨quos *1det.; Kindsch.*⟩ facile nostri milites repellebant: 2, 2, 6.

b) = τὰ πυρά; **α) obi.:** ignes facere (fiunt) *u.* **facio** *p. 1252 (3 loc.).*

β) abl.: quae castra, ut ⟨ex *add.* β⟩ fumo atque ignibus significabatur, amplius milibus passuum octo in latitudinem patebant: II 7, 4.

γ) c. praep.: cum animaduertissent ex ignibus nocte cohortes nostras ad munitiones excubare: 3, 50, 1. (*Cf.* β).)

c) = πυρσοί, φρυκτοί: celeriter . . . ignibus significatione facta ex proximis castellis eo concursum est: II 33, 3.

[**Falso:** quae (nanis D. Bruti) ex insigni ⟨*O;* igni *Nx*⟩ facile agnosci poterat: 2, 6, 4.]

ignobilis: ciuitatem ignobilem atque humilem Eburonum sua sponte populo Romano bellum facere ausam uix erat credendum: V 28, 1.

ignominia. **A. obi.:** sic se complures annos illo imperante meruisse, ut nullam ignominiam acciperent, nusquam infecta ⟨*c*⟩ re discederent: VII 17, 5; ¶ neque corpore laborem ⟨*Ciacc.;* dolorem *codd.; edd.*⟩ neque animo ignominiam (se) ferre posse: 1, 84, 4; milites . . . ignominiam non tulerunt, sed: 3, 101, 6; ¶ his ducibus repudiatis Corfiniensem ignominiam ⟨*c*⟩, Italiae fugam ⟨*c*⟩ . . . sequimini! 2, 32, 13.

B. gen.: hoc se ignominiae laturos loco ⟨loc. lat. β⟩, si inceptam oppugnationem reliquissent: VII 17, 6; ¶ utrosque et laudis cupiditas et timor ignominiae ad uirtutem excitabat ⟨*c*⟩: VII 80, 5.

C. abl.: neque . . . aut ignominia ⟨-miniam *hl*⟩ amissarum nauium aut necessariarum rerum inopia . . . expelli potuit: 3, 100, 4; ¶ non nullos signiferos ignominia notauit ac loco monit: 3, 74, 1; ¶ ille ignominia et dolore permotus palam se proficisci ad Caesarem simulauit: 3,21,4; unam ex his *quadriremibus cum remigibus defensoribusque suis ceperunt, reliquas turpiter refugere coegerunt. ... qua necessitate et ignominia permotus Libo discessit: 3,24,4.

D. c. praep.: quod sit omnibus datum semper imperatoribus, ut rebus feliciter gestis aut eum honore aliquo aut certe sine ignominia domum reuertantur: 1,85,10.

ignorantia: munitionem . . . cohortes ignorantia loci sunt secutae, cum . . . arbitrarentur: 3,68,2.

ignoro. A. sequ. obiect.; a) subst.: Pompeius enim primo ignorans eius consilium ... existimabat: 3,41,4; ¶ reuersus ille (Caesar) euentus belli non ignorans ⟨ignarus *M²; pr. edd.*⟩ . . . iudicauit: VI 42,1; ¶ quod . . . suam fugam aut occultari aut omnino ignorari posse existimarent: I 27,4; ¶ quod (Caesar) loci naturam ignorabat: V 9,8.

b) pron.: si ea, quae in longinquis nationibus geruntur, ignoratis: VII 77,16; ¶ haec ad id tempus Caesar ignorabat: 3,79,3; ¶ quae ignorabant de L. Domitii fuga cognoscnnt (Marsi): 1,20,4.

B. sequ. interrog. obl.: (Caesar) non ignorans, quanta ex dissensionibus incommoda oriri consuessent, . . . existimauit: VII 33,1; neque se ignorare, quod esset officium legati, ... quae nires suae, quae uoluntas erga Caesarem totius prouinciae ⟨*u. CC*⟩: 2,17,2; nostrae nanes duae . . . cum ignorarent, quem locum reliquae cepissent, ... constiterunt: 3,28,1; (Caesar atque Pompeius) quo essent [eae (nanes)] delatae primis diebus ignorabant: 3,30,1.

ignosco. A. c. dat.; a) alci: bello superatos esse Aruernos et Rutenos . . ., quibus populus Romanus ignouisset neque in proninciam redegisset: I 45,2; — cum legati ad eum uenissent oratum, ut sibi ignosceret suaeque uitae consuleret, . . . iubet: VII 12,3.

b) alci rei: festinationi meae breuitatique litterarum ignosces: *ap. Cic. ad Att.* IX 6 *A;* ¶ Caesar questus, quod . . . bellum sine causa intulissent, ignoscere imprudentiae dixit: IV 27,5.

B. omiss. dat.: culpam in multitudinem contulerunt ⟨*c*⟩ et propter imprudentiam ut ignosceretur petiuerunt: IV 27,4.

ignotus: militibus autem ignotis locis, impeditis manibus, ... simul et de ⟨*c*⟩ nauibus desiliendum et . . . cum hostibus erat pugnandum: IV 24,2.

Iguuini, Iguuium. *Codd.* x 1,12,1 *habent* tiguium *et* tiguinorum; 1,12,2 *in hl exstat* tignum, *in af* tigium; *in O utroque loco est* tiginum; *correxit Steuchus Eugubinus.*

certior factus Iguuium Thermum praetorem cohortibus V tenere, oppidum munire, omniumque esse Iguuinorum optimam erga se uoluntatem, Curionem cum tribus cohortibus . . . mittit. cuius aduentu cognito diffisus municipii uoluntati ⟨*c*⟩ Thermus . . . profugit . . . . Curio summa omnium uoluntate Iguuium recipit: 1, 12,1.2.

Ilerda. *Cf. Ch. Guischard (Quintus Icilius), Mémoires critiques et historiques. Tome I. II. (Histoire détaillée de la Campagne de Jules César en Espagne contre les Lieutenants de Pompée.) Berlin 1774; Kayssler, De rebus a Caesare ad Ilerdam gestis. Pr. Oppeln 1862; Rud. Schneider, Ilerda. Ein Beitrag zur römischen Kriegsgeschichte. Berlin 1886.*

Petreius . . . ad Afranium peruenit, constituuntque communi consilio bellum ad Ilerdam ⟨adigerdam *a;* adgertam *h¹;* ad ilertam *h²;* adiertam *l;* ad ylerdam *f²*, ad illerdam *O;* ad ilerdam *h³*⟩ propter ipsius loci oportunitatem gerere: 1,38,4; (Caesar) omnibus copiis triplici instructa acie ad Ilerdam proficiscitur . . .: 1, 41,2; erat inter oppidum Ilerdam et proximum collem ⟨*cod. Vrs.; Vascos.;* in oppido ilerda et proximo colle *codd.*⟩ . . . planitia ⟨*c*⟩ circiter passuum CCC: 1,43,1; hostem . . . terga uertere seque ad oppidum Ilerdam recipere et sub muro consistere cogit: 1,45,1; nonae legionis milites . . . sub montem ⟨*c*⟩, in quo erat oppidum positum Ilerda ⟨ilerdam *af*⟩, succedunt: 1,45,2; *cf.* § 5.7; 46,2; 47,3; Afranius paene omne frumentum ante Caesaris aduentum Ilerdam conuexerat: 1,48,5; harum omnium rerum facultates sine ullo periculo pons Ilerdae praebebat: 1,49,2; dum haec ad Ilerdam geruntur: 1,56,1; hoc primum ⟨proelium *Paul*⟩ Caesari ad Ilerdam nuntiatur: 1,59,1; duabus auxiliaribus cohortibus Ilerdae praesidio relictis omnibus copiis Sicorim transeunt: 1,63,1; (nostros) necessarii uictus inopia coactos fugere atque ad ⟨*om. O*⟩ Ilerdam reuerti: 1,69,1; erat unum iter, Ilerdam si reuerti uellent, alterum, si Tarraconem peterent: 1, 73, 2; (legionarii) dierum † XXII ab Ilerda frumentum iussi erant efferre: 1,78,1; ex propositis consiliis duobus explicitius ⟨*c*⟩ uidebatur Ilerdam reuerti, quod ibi paulum frumenti reliquerant. ibi se reliquum consilium explicaturos confidebant: 1, 78,3.4; cum . . . de angustiis ad Ilerdam rei frumentariae accepit: 2,17,3.

(**ilico:** quos sibi Caesar oblatos gauisus

⟨*c*⟩ † illos ⟨illico *Bergk*, *Paul*⟩ retineri iussit: IV 13, 6; succurrit inimicus illi ⟨illico *Paul*⟩ Vorenus et laboranti subuenit: V 44, 9; omnes illo ad munitionem ⟨β; *Schn.*, *Hold.*; illo munitionum α; *rell. edd.*; illico ad munitionem *Göl.*⟩ copiae traducuntur: VII 45, 6.)

ille. I. Forma: illut *scriptum est in a, receptum a Np.* 3, 60, 1.

II. Conlocatio. *Duobus locis,* 1, 44, 1 (militum illorum) *et* 3, 60, 1 (tempus illud) *pronomen post subst. conlocatum est, 27 (28) locis antecedit; reliquis locis non additur subst.*

III. Signif.; 1. pertinet ad ea, quae antecedunt; A. non opponitur aliis nomin.; a) c. subst.: agger: 2, 15, 1 *u.* **2. B.** *in.*; ¶ quod nostri maiores nequaquam pari bello Cimbrorum Teutonumque fecerunt . . . . nam quid illi simile bello fuit? VII 77, (12.) 13; ¶ (cohortes IIII ex proximo castello deducit . . . . cohortibus uisis, quas se sequi iusserat . . . . cohortes aliae ⟨illae *Paul*⟩ adpropinquant ⟨*c*⟩: VII (87, 4;) 88, (1.) 3;) ¶ constituunt, ut . . . omnia prius experiantur ⟨*c*⟩ quam ad ⟨*c*⟩ Critognati ⟨*c*⟩ sententiam ⟨*c*⟩ descendant ⟨*c*⟩. illo tamen ⟨*c*⟩ potins utendum consilio, . . . quam: VII 78, 2; ¶ his erat inter se de principatu contentio, et ⟨*om.* β⟩ in illa (VII 32. 33) magistratuum ⟨*c*⟩ controuersia alter pro Conuictolitaui, alter pro Coto . . . pugnauerant ⟨*c*⟩: VII 39, 2; ¶ noli, inquit, existimare, Pompei, hnnc esse exercitum, qui Galliam Germaniamque deuicerit. . . . perexigua pars illins exercitus superest: 3, 87, 3; ¶ nam illo (V 32—37) incommodo de Sabini morte perlato omnes fere Galliae ciuitates de bello consultabant: V 53, 4; ¶ trabes derectae . . . paribus interuallis, distantes inter se binos pedes, in solo conlocantur. . . . alins insuper ordo additur, ut idem illud interuallum seruetur: VII 23, (1—)3; ¶ quidam ante portam oppidi Gallus . . . seui ac picis . . glebas in ignem e regione turris . . . proiciebat, . . . concidit. hnnc ex proximis unus iacentem transgressus eodem illo munere fungebatur; . . . nec prius ille est a propugnatoribus uacuus relictus locus quam: VII 25, 2—4; ¶ truncis arborum aut ⟨*CC*⟩ admodum firmis ramis abscisis . . . fossae . . . ducebantur. huc illi stipites demissi ⟨*c*⟩ et ab infimo reuincti . . . ab ramis eminebant: VII 73, (2.) 3.

b) sine subst.; α) pertinet ad subst. appellatiuum αα) eiusdem generis: ut se utrique superiores discessisse existimarent: Afraniani, quod . . . coegissent; nostri autem, quod . . . aduersarios . . . in oppidum compulissent. illi eum tumulum, pro quo pugnatum est, magnis operibus muniuerunt ⟨*c*⟩ praesidiumque ibi posuerunt: 1, 47, 1—4; neque ad ripam dispositae cohortes aduersariorum perfici patiebantur; quod illis prohibere erat facile: 1, 50, 1. 2; 63, 2 *u. p. 47* **b)**; an paenitet uos, quod . . . ex portu . . . aduersariorum CC naues oneratas adduxerim ⟨*CC*⟩ eoque illos compulerim, ut: 2, 32, 12; ¶ eines Romani . . . tormenta effecerunt. quorum cognita sententia Octauius . . . oppugnationibus eos premere coepit. illi omnia perpeti parati maxime a re frumentaria laborabant: 3, 9, 3—5; ¶ cohortes: 1, 50, 2 *u.* aduersarii; quartae aciei, quam instituerat sex ⟨*c*⟩ cohortium ⟨*c*⟩, dedit signum. illae ⟨ille *uel* illae *Nx*; illi *recc.*; *Np.*, *Dt.*⟩ celeriter procucurrerunt infestisque signis . . . impetum fecerunt: 3, 93, 5; ¶ quod consules absint, sine illis non posse agi de compositione: 1, 26, 5; ¶ de his duobus generibus alterum est druidum, alterum equitum. illi rebus diuinis intersunt, . . . religiones interpretantur; ad eos ⟨hos *X*; *Schn.*, *Fr.*, *Hold.*⟩ . . . concurrit: VI 13, 4; ¶ fit . . . certior Caesar duces aduersariorum silentio copias castris educere. quo cognito . . . iubet . . . . illi exaudito clamore . . . iter supprimunt copiasque in castris continent: 1, 66, 1. 2; ipsos duces a pace abhorruisse; eos . . . interfecisse. accidisse igitur his, quod plerumque . . . accidere soleat, uti . . . id cupidissime petant, quod paulo ante contempserint. neque nunc se illorum humilitate ⟨*c*⟩ . . . postulare, quibus rebus opes augeantur suae: 1, 85, 3—5; ¶ equites sequi iubet sese iterque accelerat, ut . . . . adoriri posset. at ilii itinere totius noctis confecti subsequi non poterant: 2, 39, 6; insidias equitum conlocauit . . . et cum cotidiana consuetudine Q. Varns, praefectus equitum Domitii, uenisset, subito illi ex insidiis consurrexerunt: 3, 37, 5; stipendiumque equitum fraudabant et . . . auertebant. quibus illi rebus permoti uniuersi Caesarem adierunt palamque de eorum iniuriis sunt questi: 3, 59, 4; ¶ quid hostes consilii caperent exspectabat. illi etsi . . . se tuto dimicaturos existimabant, tamen tutius esse arbitrabantur: III 24, 1. 2; militibus . . . cum hostibus erat pugnandum, cum ilii . . . audacter tela coicerent et equos insuefactos incitarent: IV 24, 2. 3; hostes . . . legatos de pace miserunt, . . . polliciti sunt. una cum his legatis Commins Atrebas uenit . . . . hunc illi e naui egressum, cum ad eos . . . Caesaris mandata deferret ⟨*c*⟩, comprehenderant atque in uincula coniecerant . . .: IV 27, 1—3; hostium copias conspicatus est. illi equitatu atque essedis ad flumen progressi . . . nostros prohibere et proelium committere coeperunt: V 9, 2. 3; hostes in fugam dat ⟨c⟩ . . . atque omnes armis exuit. longius prosequi ueritus, quod siluae paludesque intercedebant neque etiam paruulo detrimento illorum locum ⟨c⟩ relinqui uidebat: V 51, 5; 52, 1; nostri . . . pila in hostes immittunt. illi ubi . . . uiderunt ⟨c⟩, impetum † modo ferre non potuerunt. . .: VI 8, 6; ad hostium castra mane peruenit. illi ⟨illic *B*⟩ celeriter . . . aduentu Caesaris cognito carros impedimentaque sua in artiores siluas abdiderunt . . .: VII 18, 2. 3; nostri . . . arripiunt . . . . fit in hostes impetus [eorum], sed *de* muro sagittis tormentisque fugientes persequi prohibentur. illi sub murum se recipiunt ibique . . . incendunt: 2, 14, 3. 4; ¶ praestate eandem nobis ducibus uirtutem, quam saepe numero imperatori praestitistis, atque ⟨*om.* β⟩ illum adesse ⟨adesse eum β⟩ et haec coram cernere existimate: VI 8, 4; deinde **de* imperatoris fide ⟨c⟩ quaerunt, rectene se illi sint commissuri: 1, 74, 2; ¶ Caesarem . . . debere . . . dimittere neque adeo grauiter irasci inimicis, ut ⟨c⟩, cum illis nocere se speret, rei publicae noceat: 1, 8, 3; ¶ legatos ad Caesarem de pace miserunt . . . . re nuntiata ad suos ⟨illi se *add.* β⟩ quae imperarentur facere dixerunt: II 31, 1; 32, 3; — Arpineius et Innius quae audierant ⟨c⟩ ad legatos deferunt. illi repentina re perturbati . . . non neglegenda existimabant . . .: V 28, 1; ¶ quibus ex nauibus cum essent expositi milites circiter trecenti atque in castra contenderent, Morini . . . arma ponere iusserunt. cum illi orbe facto sese defenderent: IV 37, 1. 2; praemia proposuit militibusque signum dedit. illi subito ex omnibus partibus euolauerunt murumque celeriter compleuerunt: VII 27, 2. 3; Brundisini Pompeianorum militum iniuriis . . . permoti Caesaris rebus fauebant. itaque cognita Pompei profectione concursantibus illis atque in ea re occupatis uulgo ex tectis significabant: 1, 28, 1. 2; haec singulari patientia milites ferebant. recordabantur enim . . . se . . . uictores discessisse. non, illis ⟨illi *Clark.*⟩ hordeum cum daretur, non legumina recusabant: 3, 47, 6. 7; ¶ conspicataeque naues triremes duae nanem D. Bruti . . . sese in eam incitauerunt. ⟨c⟩ sed tantum . . . Brutus . . . enisus est, ut paruo momento antecederet. illae adeo graniter inter se incitatae conflixerunt, ut: 2, 6, 4. 5; nanes longas occupare hostes conabantur; quarum erant L auxilio missae ad Pompeium proelioque . . . facto domum redierant, illae triremes omnes et quinqueremes: 3, 111, 3; ¶ ne quam noctu oppidani a ⟨c⟩ militibus iniuriam acciperent. illi ante inito . . . consilio . . . eruptionem fecerunt: II 33, 1. 2; ¶ ciuibus Romanis . . . certae pecuniae imperabantur, mutuasque illas ex senatus consulto ⟨*Aldus;* mutuasque ex illo se consulto *codd.*⟩ exigi dictitabant: 3, 32, 6; ¶ Crassus equitum praefectos cohortatus . . . quid fieri uellet ⟨c⟩ ostendit. illi, ut erat imperatum, *deuectis iis ⟨c⟩ cohortibus . . . celeriter ad . . . munitiones peruenerunt: III 26, 1. 2; ¶ interfecto Indutiomaro . . . ad eius propinquos a Treueris imperium defertur. illi finitimos Germanos sollicitare . . . non desistunt: VI 2, 1; ¶ serno . . . persuadet praemiis, ut litteras ad Caesarem deferat. has ille in ⟨c⟩ iaculo inligatas effert ⟨c⟩ et . . .: V 45, 3. 4.

ββ) **diuersi generis (et numeri),** κατὰ σύνεσιν: (quartae aciei, quam instituerat sex ⟨c⟩ cohortium ⟨c⟩, dedit signum. illae ⟨*Nx;* illi *recc.; Np., Dt.*⟩ . . .: 3, 93, 5 *u.* αα) cohortes;) ¶ consilium capit . . . equitatum noctu dimittere. discedentibus mandat, ut suam quisque eorum ciuitatem adeat . . . . sua in illos merita proponit obtestaturque ⟨c⟩, ut: VII 71, 2. 3; equites nostri . . . cum hostium equitatu proelium commiserunt. cum se illi identidem in siluas ad suos reciperent ac . . . in nostros impetum facerent neque nostri . . . auderent: II 19, 5; partem equitatus ad eum insequendum mittit ⟨c⟩ . . . . illi, ut erat imperatum, circumsistunt hominem atque interficiunt: V 7, 6. 9; ¶ (Caesar legiones in Hispaniam praemiserat [ad] VI [milia], auxilia peditum ⟨praemis. VI. Ad illa auxilia ped. *E. Hoffm.*⟩ V milia ⟨c⟩ . . . ⟨addiderat *add. E. Hoffm.*⟩: 1, 39, 2;) ¶ (milia armatorum . . . illi: IV 1, 4. 5 *u. p. 45* δ) αα) 𝔄) milia.)

β) **pertinet ad nomina propr. αα) singula; 𝔄) ciuitatum:** Staberius ⟨c⟩ . . . obsides . . ab Apolloniatibus exigere coepit. illi nero daturos se negare . . . . quorum cognita noluntate elam profugit Apollonia Staberius ⟨c⟩. illi ad Caesarem legatos mittunt oppidoque recipinnt. hos sequuntur . . .: 3, 12, 1—3; ¶ alteram partem eius uici Gallis [ad hiemandum] concessit, alteram naenam ab his ⟨illis B^3β; *Schn.*⟩ relictam cohortibus attribuit: III 1, 6; ¶ dispositis praesidiis Germanos transire prohibebant. illi omnia experti . . . reuerti se . . . simulauerunt . . .: IV 4, 3. 4; nunc quod in eadem . . . patientia qua *ante* Germani permanent . . ., Gallis autem . . . transmarinarum rerum notitia multa ad copiam atque usus ⟨c⟩ largitur, . . . ne se quidem ipsi cum illis uirtute comparant: VI 24, 5. 6; ¶ L. Torquatus . . . eum Graecos . . . arma capere iuberet, illi autem se . . . pugnaturos ⟨c⟩ negarent, . . . portas aperuit: 3, 11, 3. 4; ¶ Boios petentibus Haeduis . . . ut in finibus suis conlocarent concessit; quibus illi agros dederunt: I 28, 5; (35, 3 *u.* Sequani;) agmen Haeduorum conspicatus . . . iter eorum moratur . . . . Eporedorigem et Viridomarum, quos illi interfectos existimabant, inter equites uersari . . . iubet: VII 40, 4. 5; ¶ in Menapios proficiscitur. illi nulla coacta manu . . . in siluas paludesque confugiunt: VI 5, 6. 7; ¶ in fines Neruiorum contendit et prius quam illi aut conuenire aut profugere possent, . . . obsides sibi dare coegit: VI 3, 1. 2; ¶ se Remis in clientelam dicabant. hos illi diligenter tuebantur: VI 12, 7. 8; ¶ (Haeduos) coactos esse Sequanis obsides dare . . . et iure iurando ciuitatem obstringere sese neque . . . imploraturos neque recusaturos, quo minus perpetuo sub illorum dicione atque imperio essent: I 31, 7; obsides, quos haberet ab Haeduis, redderet Sequanisque permitteret, ut quos illi haberent uoluntate eius reddere illis liceret: I 35, 3; ¶ Crassus ex itinere oppidum Sotiatium ⟨c⟩ oppugnare coepit. quibus fortiter resistentibus uineas turresque egit. illi alias eruptione temptata, alias cuniculis . . . actis. . . ., ubi . . . nihil his rebus profici posse intellexerunt, legatos . . . mittunt . . .: III 21, 2. 3; ¶ Trinobantes ⟨c⟩ . . . legatos ad Caesarem mittunt . . . . his ⟨iis α⟩ Caesar imperat obsides XL . . . Mandubraciumque ad eos mittit. illi imperata celeriter fecerunt: V 20, 1—4; ¶ Vbiis imperat . . .; mandat, ut . . . cognoscant. illi imperata faciunt et . . . referunt: VI 10, 2—4.

B) singulorum hominum: Dioscorides et Serapion . . . ad Achillam peruenerunt. quos ille, cum in conspectum eius uenissent, . . . interfici iussit: 3, 109, 4. 5; ¶ Q. Titurius, cum procul Ambiorigem suos cohortantem conspexisset, interpretem suum Cn. Pompeium ad eum mittit . . . . ille appellatus respondit: V 36, 1. 2; cum his esse hospitium Ambiorigi sciebat; . . . haec prius illi detrahenda auxilia existimabat quam ipsum bello lacesseret: VI 5, 4. 5; ad ipsum Ambiorigem contendit . . . . *ut* magno accidit casu, ut in ipsum . . . incideret priusque eius aduentus . . . uideretur, . . . sic magnae fuit fortunae . . . ipsum effugere mortem. . . . comites familiaresque eius . . . nostrorum uim sustinuerunt. his pugnantibus illum in equum quidam ex suis intulit ⟨c⟩: VI 30, 1—4; ut [non] modo uisum ab se Ambiorigem . . . contenderent, ut . . . paulum . . . defuisse uideretur atque ille latebris aut ⟨c⟩ saltibus se eriperet et . . . peteret: VI 43, 4—6; ¶ haec ad Antonium statim per Graecos deferuntur. ille missis ad Caesarem nuntiis unum diem sese castris tenuit; altero die ad eum peruenit Caesar: 3, 30, 6; ¶ (Caesar . . . illum: I 13, 2 *u. p. 47* **b**);) defertur ea res ad Caesarem. ille ueritus . . ., ne ciuitas . . . deficeret, L. Plancum . . . in Carnutes proficisci iubet: V 25, 4; Caesarem (se) arbitrari profectum in Italiam . . . neque Eburones, si ille adesset, tanta contemptione ⟨c⟩ nostri ad castra uenturos esse: V 29, 2; Caesar partitis copiis . . . celeriterque ⟨c⟩ effectis pontibus adit ⟨c⟩ tripertito . . . incendit . . . potitur. quibus rebus coacti Menapii legatos ad eum pacis petendae causa mittunt. ille obsidibus acceptis hostium se habiturum numero ⟨c⟩ confirmat, si: VI 6, 1—3; quem timorem Caesaris aduentus sustulit. reuersus ille euentus belli non ignorans . . . iudicauit: VI 41, 4; 42, 1; his rebus . . . Caesari nuntiatis, cum iam ille urbanas res . . . commodiorem in statum peruenisse intellegeret, . . . profectus est: VII 6, 1; Vercingetorix, ubi de Caesaris aduentu cognouit, . . . obuiam Caesari proficiscitur. ille oppidum Biturigum . . . oppugnare instituerat: VII 12, 1. 2; (huius opera Commii . . . superioribus annis erat usus . . . Caesar; pro quibus meritis ⟨β; quib. ille pro mer. α; *edd.*⟩ ciuitatem eius immunem esse iusserat, iura legesque reddiderat atque ipsi Morinos attribuerat: VII 76, 1;) milites nero palam inter se loquebantur, . . . etiam cum nellet Caesar, sese non esse pugnaturos. ille in sua sententia perseuerat et . . . degreditur: 1, 72, 4; Caesar milites aduersariorum . . . remitti iubet. sed ex numero tribunorum militum centurionumque non nulli . . . apud eum remanserunt. quos ille postea magno in honore habuit: 1, 77, 1. 2; ad Caesarem mittit, paratum se esse legionem . . . tradere. ille ad eum Sex. Caesarem mittit atque huic tradi iubet: 2, 20, 7; erat in oppido ⟨c⟩ multitudo insolens belli diuturnitate otii, Vticenses pro quibusdam Caesaris in se beneficiis illi amicissimi: 2, 36, 1; consules creantur Iulius Caesar et P. Seruilius; is enim erat annus, quo per leges ei consulem fieri liceret. his rebus confectis . . . non nullos . . . damnatos illis temporibus, quibus in urbe praesidia legionum Pompeius habuerat, . . . in integrum restituit, qui se illi initio ⟨c⟩ ciuilis belli obtulerant: 3, 1, 1. 4. 5; (Pompeius) Apolloniam petere coepit, ne Caesar orae maritimae ciuitates occuparet. at ille expositis militibus eodem die Oricum proficiscitur: 3, 11, 2. 3; nulla Thessaliae fuit ciuitas . . ., quin Caesari parerent ⟨*CC*⟩ atque imperata facerent. ille idoneum locum in agris nactus . . . ibi aduentum exspectare Pompei . . . constituit: 3, 81, 2. 3; Pompeius . . . aciem instruebat . . . exspectans, si iniquis locis Caesar se subiceret. ille ⟨*ego;* Caesar *O(?); edd.; om. z*⟩ nulla ratione ad pugnam elici posse Pompeium existimans . . . iudicauit: 3, 85, 1. 2; ¶ Senones . . . Cauarinum . . . interficere publico consilio conati, cum ille praesensisset ac ⟨*c*⟩ profugisset, usque ad fines insecuti . . . expulerunt: V 54, 2; ¶ haec (tragula eum epistula) . . . ad Ciceronem defertur. ille perlectam in conuentu militum recitat . . .: V 48, 8. 9; Cicero . . . diffidens de numero dierum Caesarem fidem seruaturum . . . simul eorum ⟨*c*⟩ permotus uocibus, qui illins patientiam paene obsessionem appellabant, . . . mittit ⟨*c*⟩: VI 36, 1. 2; ¶ senatusque Coelium ab re publica remouendum censuit. hoc decreto eum consul . . . de rostris deduxit. ille ignominia et dolore permotus . . . simulauit . . .: 3, 21, 2—4; ¶ Coponius . . . naues ex portu educit . . . et cum iam nostris ⟨nostri *z*⟩ remissiore uento adpropinquasset ⟨*Vascos.;* -assent *codd.*⟩, idem auster increbuit nostrisque praesidio fuit. neque uero ille ob eam causam conatu desistebat, sed . . .: 3, 26, 2. 3; ¶ Caralitani . . . sua sponte Cottam ex oppido eiciunt. ille perterritus . . . ex Sardinia in Africam profugit: 1, 30, 3; ¶ interfectus est etiam . . . Crastinus . . . gladio in os aduersum coniecto. neque id fuit falsum, quod ille in pugnam proficiscens dixerat: 3, 99, 1. 2; ¶ perterritum, inquit, hostem uides, Curio; quid dubitas uti temporis oportunitate? ille unum elocutus . . . sequi sese iubet et praecurrit ante omnes: 2, 34, 4. 5; ¶ Dolabella tuo nihil scito mihi esse iucundius. hanc adeo habebo gratiam illi: *ap. Cic. ad Att.* IX 16, 3; ¶ uosne uero L. Domitium an uos Domitius deseruit? nonne extremam pati fortunam paratos proiecit ille? non ⟨*c*⟩ sibi clam nobis salutem fuga petinit? non ⟨*c*⟩ proditi per illum Caesaris beneficio estis conseruati? 2, 32, 8; — accessit . . . aliud incommodum, quod Domitius . . . Heracliam . . . iter fecerat, ut ipsa fortuna illum ⟨ipsum *N*⟩ obicere Pompeio uideretur: 3, 79, 3; ¶ ipsum esse Dumnorigem . . . . complures annos . . . Haeduorum uectigalia paruo pretio redempta habere, propterea quod illo licente contra liceri ⟨*c*⟩ audeat nemo: I 18, 3; Dumnorix dixerat . . . . id . . . Caesar cognouerat. ille omnibus primo precibus ⟨*c*⟩ petere contendit, ut: V 6, 2. 3; Dumnorix . . . discedere coepit. qua re nuntiata Caesar . . . partem equitatus ad eum insequendum mittit ⟨*c*⟩ . . .; si uim faciat . . ., interfici iubet nihil hunc ⟨eum β⟩ . . . pro sano facturum arbitratus, qui . . . neglexisset. ille autem ⟨*c; CC*⟩ reuocatus resistere . . . coepit: V 7, 5—8; ¶ cum Furnium nostrum tantum uidissem . . ., praeterire tamen non potui, quin et scriberem ad te et illum mitterem: *ap. Cic. ad Att.* IX 6 *A;* ¶ praecipit . . ., unum omnes petant ⟨*c*⟩ Indutiomarum ⟨*om.* β⟩ neu quis quem ⟨*c*⟩ prius uulneret, quam illum interfectum uiderit ⟨*c*⟩, quod mora reliquorum spatium nactum illum effugere nolebat: V 58, 4; ¶ nuntii praemissi ab rege Iuba uenerunt, qui illum adesse cum magnis copiis dicerent: 2, 36, 3; ¶ Labieno . . . illi: VII 34, 2 *u. p. 49* **g)**; ¶ magnam partem laudis . . . ad Libonem peruenturam, si illo auctore atque agente ab armis sit discessum: 1, 26, 4; (prodit Libo . . . . huc addit pauca . . . . postulabat Caesar, ut . . . . nihilo minus tamen agi posse de compositione, ut haec non remitterentur, neque hanc rem illi esse impedimento. Libo ⟨illi esse impedimento. Libo *Madu.;* illis (illi O^1) esse impedimenti loco *Ox;* esse impedimenti loco. ille *Steph.; edd.;* esse impedimenti loco. illi *Ald.*⟩ neque legatos Caesaris recipere neque periculum praestare eorum, sed . . .: 3, 16, 3—17, 5;) ¶ Litauiccus . . . inquit . . . . producuntur ii, quos ille edocuerat: VII 38, 1. 4; (Haedui) Litauiccum obsecrant, ut sibi consulat. quasi uero, inquit ille, consilii sit res: VII 38, 6. 7; ¶ M. Petronius . . . multis iam ⟨*c*⟩ uulneribus acceptis manipularibus suis, qui illum secuti ⟨*c*⟩ erant, . . inquit: VII 50, 4; ¶ repperit . . . Pompeium remanere Brundisii . . . ueritusque, ne ille Italiam dimittendam non existimaret, . . . impedire instituit: 1, 25, 2. 4; Caesar etsi . . . maxime probabat . . . Pompeium sequi, prius quam ille ⟨illic a^2⟩ sese transmarinis auxiliis confirmaret, tamen: 1, 29, 1; postulatis Caesaris cognitis missuros (se) ad Pompeium, atque illum reliqua per se acturum hortantibus ipsis. interea manerent indutiae, dum ab illo rediri posset: 3, 16, 5; Caesar . . . acie instructa decernendi potestatem Pompeio fecit. ubi illum suis locis se tenere animum aduertit: 3, 41, 1. 2; Caesar . . . circumuallare Pompeium instituit haec spectans ⟨*c*⟩ . . ., uti pabulatione Pompeium prohiberet equitatumque eius . . . inutilem efficeret, tertio, ut auctoritatem, qua ille maxime apud exteras nationes niti uidebatur, minueret, cum fama per orbem terrarum percrebuisset illum a Caesare obsideri neque andere proelio dimicare: 3,43,2—4; hi . . . haec ad Pompeium omnia detulerunt ⟨c⟩. quibus ille cognitis . . . iubet: 3,61,3; 62,1; totius autem rei consilium his rationibus explicabat, ut, si Pompeius eodem contenderet, abductum illum a mari . . . secum decertare cogeret . . .; si Apolloniam Oricumque oppugnare . . . conaretur, obsesso Scipione necessario illum suis auxilium ferre cogeret: 3,78, 3.4; ut . . . si quando quid Pompeius tardius aut consideratius faceret, unius esse negotium diei, sed illum delectari imperio . . . dicerent: 3,82,3; Pompeius se oppido tenet. nos . . . ab utroque portus cornu moles iacimus, ut aut illum ⟨illum aut *coni. Wsbg.*⟩ quam primum traicere quod habet Brundisii copiarum cogamus aut exitu ⟨c⟩ prohibeamus: *ap. Cic. ad Att.* IX 14,1; ¶ ibi casu rex erat Ptolomaeus . . . magnis copiis cum sorore Cleopatra bellum gerens . . .; castraque Cleopatrae non longo spatio ab eius castris distabant. ad eum Pompeius misit, ut pro hospitio atque amicitia patris Alexandria reciperetur atque illins opibus in calamitate tegeretur: 3,103,2.3; ¶ transfigitur scutum Pulioni ⟨c⟩ . . . impeditumque hostes circumsistunt. succurrit inimicus illi ⟨illico *Paul*⟩ Vorenus et laboranti subuenit; ad hunc se confestim a Pulione ⟨c⟩ omnis multitudo conuertit; illum neruto ⟨c⟩ transfixum ⟨c⟩ arbitrantur ⟨c⟩: V 44,9—11; ¶ Scipionis . . . ille: 3,37,2 *u. p. 49* **k)** Domitius; cum . . . Scipionem in Macedoniam uenisse constaret, . . . Caesar mittit ad eum *A.* Clodium, suum atque illins familiarem, quem ab illo traditum initio et commendatum in snorum necessariorum numero habere instituerat: 3,57, 1; Pompeius . . . suum cum Scipione honorem partitur classicumque apud eum cani et alterum illi iubet praetorium tendi: 3,82,1; ¶ Q. Titurius . . . ad eum (Ambiorigem) mittit. . . . ille appellatus *respondet . . . ipsi . . nihil ⟨c⟩ nocitum iri, inque eam ⟨c⟩ rem se suam fidem interponere. ille cum Cotta saucio communicat: V 36,1—3; ¶ Fabius . . . Varum nomine appellans requirebat, uti . . . monere aliquid ⟨c⟩ nelle ac dicere uideretur. ubi ille saepius appellatus *respexit ac restitit et . . . quaesiuit, umerum apertum gladio adpetit, paulumque afuit ⟨c⟩, quin Varum interficeret; quod ille periculum sublato ad eius conatum seuto uitauit: 2,35,1.2; ¶ Labienus . . . altercari cum Vatinio incipit. quorum mediam ⟨c⟩ orationem ⟨c⟩ interrumpunt subito undique tela immissa; quae ille obtectus armis militum uitauit: 3,19,5.6; ¶ his copiis Vercassiuellaunum Aruernum . . ., propinquum Vercingetorigis, praeficiunt. ille ex castris prima uigilia egressus . . . iussit: VII 83,6.7; ¶ celeriter haec . . . ad Vercingetorigem perferuntur ⟨c⟩; quem perterriti omnes Aruerni circumsistunt atque obsecrant, ut . . . . quorum ille precibus permotus castra . . . monet: VII 8,4.5; uix DCCC . . . incolumes ad Vercingetorigem peruenerunt. quos ille multa iam nocte silentio ⟨c⟩ ex ⟨c⟩ fuga ⟨c⟩ excepit: VII 28,5.6; inuiti summae spei adulescentes Eporedorix et Viridomarus Vercingetorigi parent. ipse ⟨ille β; *Schn.*⟩ imperat reliquis ciuitatibus obsides: VII 63,9; 64,1.

ββ) plura; 𝔄): Remi, Lingones . . . illi: VII 63,7 *u. p. 49* **k)** Treueri.

𝔅): persuadet Castico . . . itemque Dumnorigi . . . . perfacile factu ⟨c⟩ esse illis probat ⟨illis probat *delenda cens. Hotom.*⟩ conata perficere: I 3,6; *cf.* **2. C.** I 3,6; — Afranius Petreiusque . . . proelio lacessunt, neque idcirco Caesar opus intermittit . . . . illi non diu commorati . . . copias in castra reducunt: 1,42, 2—4; 63,1 *et* 64,1 *u. p. 46* **ℭ)**; quos ubi Afranius procul nisos cum Petreio conspexit, . . . *consistit . . . . Caesar in campis exercitum reficit ⟨c⟩ . . .; rursus conantes progredi insequitur et moratur. illi necessario maturius quam constituerant castra ponunt. . . . quod fuit illis conandum atque omni ratione efficiendum: 1, 65,1—3.5; idem hoc fit a principibus Hispaniae, quos illi (*i. e.* Afranius et Petreius) ⟨*om. Na; Np., Dt.*⟩ euocauerant et secum in castris habebant obsidum loco: 1,74,5; Petreius atque Afranius, cum stipendium ab legionibus . . . flagitarentur ⟨*Ald.;* -retur *codd.*⟩, cuius illi diem nondum uenisse dicerent, . . . postulatum est: 1,87,3; — certior . . . factus de postulatis Libonis et Bibuli legionem relinquit; ipse Oricum reuertitur. eo cum uenisset, euocantur illi ad conloquium: 3,16,2.3; — erant apud Caesarem . . . Allobroges II fratres, Raucillus ⟨c⟩ et Egus . . . . his . . . eos . . . hi . . . eorum . . . his . . . . Caesar . . . multa uirtuti eorum concedens rem totam distulit; illos secreto castigauit . . . monuitque, ut . . . ex praeteritis suis officiis reliqua sperarent. magnam tamen haec res illis offensionem . . . attulit: 3,59—60,2.

𝔊): Hercyniam siluam, quam Eratostheni ⟨c⟩ et quibusdam Graecis fama notam esse uideo, quam ilii Orcyniam appellant: VI 24, 2.

γ) **pertinet ad nom. appellat. atque nom. propria:** (Germani frequentes omnibus principibus maioribusque natu adhibitis ad eum . . . uenerunt . . . . quos sibi Caesar oblatos gauisus ⟨c⟩ † illos ⟨illico *Paul*⟩ retineri iussit; ipse omnes copias castris eduxit equitatumque . . . subsequi iussit: IV 13, 4. 6;) — Capuam peruenit ibique · consules Pompeiumque inuenit; postulata Caesaris renuntiat. illi deliberata *re* respondent scriptaque ad eum mandata . . . remittunt ⟨c⟩: 1, 10, 2.

δ) **pronom. (plurali numero) non ad subst., sed aut (𝔄) ad alias uoces aut (𝔅) ad enuntiatum superius pertinet aut (𝔊) idem ualet quod aduersarii, hostes; αα) masc.; 𝔄):** nonae legionis milites . . . temere insecuti longius fugientes in locum iniquum progrediuntur. . . . hinc se recipere cum uellent, rursus illi ex loco superiore nostros premebant: 1, 45, 2. 3; ¶ quotannis singula milia armatorum . . . educunt. reliqui, qui domi manserunt ⟨c⟩, se atque illos alunt: IV 1, 4. 5; ¶ his rebus tantum fiduciae ac spiritus Pompeianis accessit, ut . . . uicisse iam sibi ⟨c⟩ uiderentur. non ilii paucitatem nostrorum militum . . . causae fuisse cogitabant. non ad haec addebant . . . . non denique recordabantur . . . . sed . . .: 3, 72, 1—4; Caesar . . . munitione flumen a monte seclusit, ne noctu aquari Pompeiani possent. quo perfecto opere illi de deditione missis legatis agere coeperunt ⟨c⟩: 3, 97, 4. 5; ¶ reliqui se in castra recipiunt . . . . ex quibus L. Petrosidius . . . occiditur. illi aegre ad noctem oppugnationem sustinent; noctu ⟨c⟩ . . . desperata salute se ipsi interficiunt: V 37, 4—6; ¶ Marcius ⟨c⟩ Rufus . . . cohortatur suos, ne animo deficiant. illi orant atque obsecrant, ut in Siciliam nauibus reportentur: 2, 43, 1; Caesar Brundisium ad suos seuerius scripsit . . . . illi adhibita audacia et uirtute . . . naeti austrum nanes soluunt atque altero die Apolloniam [Dyrrachium] praeteruehuntur: 3, 25, 4; 26, 1.

𝔅): Caesar iis, quos in castris retinuerat, discedendi potestatem fecit. illi supplicia cruciatusque Gallorum ueriti, quorum agros uexauerant, remanere se apud eum nelle dixerunt: IV 15, 4. 5; — genus hoc est ex essedis pugnae. . . . perequitant . . . ex essedis desiliunt . . . . aurigae interim . . . ita currus ⟨c⟩ conlocant, ut, si illi a multitudine hostium premantur, expeditum ad suos receptum habeant: IV 33, 1. 2.

𝔊): Caesar questus, quod . . . bellum sine causa intulissent, . . . obsides . . imperauit; quorum illi partem ⟨c⟩ statim dederunt, partem . . . paucis ⟨c⟩ diebus sese daturos ⟨c⟩ dixerunt. interea . . . iusserunt: IV 27, 5—7; ilii pluribus submissis ⟨c⟩ cohortibus repelluntur: V 15, 5; uehementer huic illos loco ⟨h. l. u. i. β⟩ timere nee iam aliter sentire, uno colle ab ⟨c⟩ Romanis occupato si alterum amisissent, quin ⟨c⟩ paene circumuallati . . . uiderentur: VII 44, 4; hac nostris erat receptus . . . . tamen . . . omnia uulnera sustinebant. augebantur ⟨c⟩ illis copiae ⟨c⟩ atque ex castris cohortes . . . crebro submittebantur: 1, 45, 6. 7; illi perterriti uirtute equitum . . . minus audacter uagabantur, alias non longe ⟨CC⟩ a castris progressi spatio, ut celerem receptum haberent, *angustiore pabulabantur ⟨c⟩, alias longiore circuitu custodias stationesque equitum uitabant, aut aliquo accepto detrimento aut procul equitatu uiso ex medio itinere proiectis sarcinis fugiebant. postremo et plures intermittere dies et praeter consuetudinem omnium noctu *instituerant pabulari: 1, 59, 2. 3; iam nero eo magis illi maturandum iter existimabant. itaque duabus auxiliaribus cohortibus Ilerdae praesidio relictis omnibus copiis Sicorim transeunt et cum duabus legionibus, quas superioribus diebus traduxerant ⟨c⟩, castra coniungunt ⟨c⟩: 1, 63, 1; 63, 2 *u. p. 47* **b)**; cernebatur equitatus nostri proelio nouissimos illorum premi uehementer: 1, 64, 1; Caesar . . . proelio non lacessit . . . . illi animaduerso ⟨c⟩ uitio castrorum tota nocte munitiones proferunt castraque castris conuertunt ⟨CC⟩. hoc idem postero die . . . faciunt totumque in ea re diem consumunt. sed quantum opere processerant et castra protulerant, tanto aberant ab aqua longius: 1, 81, 2. 3; Caesar . . . conatur tamen eos . . . circummunire, ut . . . eorum eruptiones demoretur; . . . illi et inopia pabuli adducti et quo essent ad † id expeditiores, omnia sarcinaria iumenta interfici inbent: 1, 81, 5. 6; tertio die magna iam pars operis Caesaris processerat. illi impediendae reliquae ⟨c⟩ munitionis causa ⟨c⟩ . . . legiones educunt ⟨*Steph.*; ducunt *codd.*⟩ aciemque sub castris instruunt: 1, 82, 1; quid enim est illis optatius quam uno tempore et nos circumuenire et uos nefario scelere obstringere? 2, 32, 3; Caesar eum suos ex omnibus partibus uulnerari uideret, recipere se iussit . . . . illi autem hoc acrius instabant neque regredi nostros patiebantur: 3, 45, 4. 5; omnia enim flumina . . . Caesar aut auerterat aut ... obstruxerat .... ita ⟨c⟩ illi necessario loca sequi ... palustria et puteos fodere cogebantur atque hnnc laborem ad cotidiana opera addebant: 3,49,4.5.

ββ) **neutr.**: scire se illa (I 19,4.5) esse nera: I 20,2.

B. opponuntur alia nomina; a) hic *u.* **hic** *p. 1483 sq.* **A.** *(11 loc.)*

b) ipse: Heluetii ... cum id, quod ipsi diebus XX aegerrime confecerant, ut flumen transirent, illum *(i. e.* Caesarem) uno die fecisse intellegerent, legatos ad eum mittunt: I 13,2; quod, cum ipse *(i. e.* Diuiciacus) gratia plurimum ..., ille *(i. e.* Dumnorix) minimum propter adulescentiam posset, per se creuisset: I 20, 2; (Dumnorigem ad se uocat (Caesar), fratrem adhibet; quae ⟨ille *add. Paul*⟩ in eo reprehendat ⟨c⟩ ostendit, quae ipse intellegat, quae ciuitas queratur proponit: I 20,6;) si quid ipsi a Caesare opus esset, sese ad eum uenturum fuisse; si quid ille se uelit, illum ad se uenire oportere: I 34,2; hic cum fratri intercluso ab hostibus auxilium ferret, illum ex ⟨c⟩ periculo eripuit, ipse equo uulnerato deiectus, quoad potuit, fortissime restitit: IV 12,5; relinquebatur Caesari nihil nisi uti equitatu agmen aduersariorum male haberet et carperet. pons ⟨c⟩ enim ipsius magnum circuitum habebat, ut multo breuiore itinere illi ad Hiberum peruenire possent: 1,63,2; neque nunc id (se) agere, ut ab illis abductum exercitum teneat ipse, quod tamen sibi difficile non sit, sed ne illi habeant, quo contra se uti possint: 1,85,11; 3,17, 3 *u.* 2. C.; Marcellinus ***cohortes ... nostris ... submittit ex castris; quae ⟨c⟩ fugientes conspicatae neque illos suo aduentu confirmare potuerunt neque ipsae ⟨ipsi· *hl*⟩ hostium impetum tulerunt: 3,64,1.

c) is: si hoc sibi remitti uellent, remitterent ipsi de maritimis custodiis; si illud tenerent, se quoque id retenturum: 3,17,4.

d) iste: duae sunt Albae, alia ista, quam nouimus in † Aricia ⟨Marsia *Np.*⟩, et alia hic in † Italia ⟨Latio *Np.*⟩. uolentes Romani diseretionem facere istos Albanos dixerunt, illos Albenses: *ap. Pomp. comm. art. Don. (Keil V p. 144).*

e) ego, nos: (praefecti fabrum a me missi) debebunt Pompeium hortari, ut malit mihi esse amicus quam iis, qui et illi et mihi semper fuerunt inimicissimi: *ap. Cic. ad Att.* IX 7 *C,* 2; neque illud me monet, quod ii, qui a me dimissi sunt, discessisse dicuntur, ut mihi rursus bellum inferrent; nihil enim malo quam et me mei similem esse et illos sui: *ap. Cic. ad Att.* IX 16,2; — nestro imperatori quam *consueuistis operam date. unum hoc proelium superest; quo confecto et ille suam dignitatem et nos nostram libertatem recuperabimus: 3,91,2; omnia enim secundissima nobis, aduersissima illis accidisse uidentur: *ap. Cic. ad Att.* X 8 *B,* 1.

f) nostri (noster): hanc (paludem) si nostri transirent hostes exspectabant; nostri autem, si ab illis initium transeundi fieret, ... parati in armis erant: II 9,1; 19,5 *u. p. 38* ββ); (V 9, 3 *u. p. 36. 37* hostes;) equites hostium essedariique ... cum equitatu nostro ... conflixerunt, ita ⟨c⟩ tamen, ut nostri ... superiores fuerint atque eos ⟨c⟩ in siluas colles que compulerint. ... at illi intermisso spatio ... subito se ex siluis eiecerunt impetuque ... facto ... acriter pugnauerunt ... perruperunt seque ... receperunt: V 15, 1—4; intellectum est nostros ... minus aptos esse ad huins generis hostem, ... propterea quod illi etiam consulto plerumque cederent et ... ex essedis desilirent et pedibus dispari proelio contenderent ⟨*u. CC*⟩: V 16,1.2; (VI 8,6 *u. p. 37* hostes; 1,45,2.3 *u. p. 45* 𝔄) fugientes; 1,45,6.7 *u. p. 46* ℭ);) se fortuna inclinauerat, ut nostri magna inopia necessariarum rerum conflictarentur, illi omnibus abundarent rebus superioresque haberentur: 1,52,3; (2,14,4 *u. p. 37* hostes;) quae cum nauibus nostris adpropinquassent ⟨c⟩, nostri ueterani in portum refugiebant, illi studio incitati incautius sequebantur: 3,24,2; (3,26,2 *u. p. 41* Coponius;) ut nostri perpetuas munitiones † uidebant perductas ex eastellis in proxima castella, ne quo loco erumperent Pompeiani ac nostros post tergum adorirentur [timebant], ita illi interiore spatio perpetuas munitiones efficiebant, ne quem ⟨c⟩ locum nostri intrare atque ipsos a tergo circumuenire possent. sed illi operibus uincebant, quod ... praestabant et ... minorem circuitum habebant: 3,44,4.5; in nono genere belli nouae ab utrisque bellandi rationes reperiebantur. illi cum animaduertissent ... cohortes nostras ad munitiones excubare, silentio adgressi ⟨c⟩ uniuersi ... sagittas coiciebant et se confestim ... recipiebant. quibus rebus nostri usu docti haec reperiebant remedia, ut alio loco ignes facerent ...: 3,50,1.2; hic paulisper est pugnatum, cum inrumpere nostri conarentur, illi castra defenderent: 3,67,5.

cum his nauibus nostrae classi eius modi congressus erat, ut una celeritate et pulsu remorum praestaret, reliqua ... illis essent aptiora et accommodatiora: III 13,7.

g) se: quattuor legiones ... Labieno ducendas dedit, sex ipse ... duxit. equitatus partem illi attribuit, partem sibi reliquit: VII 34, 2; 1, 85, 11 *u.* **b)**; satis esse magna utrimque incommoda accepta ... illum Italia expulsum amissa Sicilia et Sardinia duabusque Hispaniis et cohortibus ... centum atque XXX, se ⟨*b;* a *a; om. Ofhl*⟩ morte Curionis ... militumque deditione ad Curictam ⟨*c*⟩: 3, 10, 4. 5.

h) suus: quibuscum ⟨*c*⟩ ... Heluetii congressi non solum in suis ⟨sedibus *add. B*²β⟩, sed etiam in illorum finibus plerumque superarint ⟨*c*⟩: I 40, 7; 1, 85, 2 *u.* **2. C.**; 3, 45, 4. 5 *u. p. 46 extr.*

i) ille ... **nomen appell.**: illis ... rei publicae: 1, 8, 3 *u. p. 37* inimici.

k) ille ... **nomen propr.**: erant Orici Lucretius Vespillo et Minucius Rufus eum Asiaticis nauibus XVIII, ... M. Bibulus cum nauibus CX Corcyrae. sed neque illi ⟨*Jurin.;* IIII *Oaf;* quattuor *Nhl*⟩ sibi confisi ex portu prodire sunt ansi, ... neque Bibulus ... satis mature occurrit: 3, 7, 1—3; ¶ tali instructa acie tenere uterque propositum uidebatur: Caesar, ne ⟨*c*⟩ nisi coactus proelium committeret ⟨*c*⟩, ille, ut opera Caesaris impediret: 1, 83, 3; postero die munitiones institutas Caesar parat perficere; illi uadum fluminis Sicoris temptare, si transire possent: 1, 83, 4; neque sine causa et Caesar amicissime de nobis et illi grauissime iudicauerunt: 2, 32, 2; 2, 32, 8 *u. p. 41* Domitius; tum integras atque incolumes copias Caesar ⟨*c*⟩ inferiore ⟨*c*⟩ militum numero continebat, cum illi omnium rerum copia abundarent: 3, 47, 3; ¶ putares non ab illis (*i. e.* ebriis) Catonem, sed illos a Catone deprehensos: *ap. Plin. epist.* III 12, 3; ¶ Domitius castris Scipionis aciem suam subiecit, ille a uallo ⟨*c*⟩ non discedere perseuerauit: 3, 37, 2; ¶ ab hoc concilio Remi, Lingones, Treueri afuerunt, illi, quod amicitiam Romanorum sequebantur; Treueri, quod ...: VII 63, 7.

2. neque ad ea, quae antecedunt, pertinet neque ad ea, quae sequuntur; A. significat ea, quae animo obuersantur (= is, de quo agitur, ὁ ἐκεῖ, ὁ τότε**)**: impellit ... alios iracundia et temeritas, quae maxime illi hominum generi est innata: VII 42, 2; ¶ perpetuam esse paludem, quae influeret in Sequanam atque illum omnem locum magnopere impediret: VII 57, 4; tanta enim tempestas cooritur, ut numquam illis locis maiores ⟨*c*⟩ aquas fuisse constaret: 1, 48, 1; ¶ genus erat pugnae militum illorum, ut ...: 1, 44, 1; ¶¶ utrisque ad animum ⟨*c*⟩ occurrit unum esse illud tempus ⟨un. ill. e. t. praedicat β⟩, quo maxime contendi conueniat: VII 85, 2; quarum rerum illo tempore nihil factum, ne ⟨*c*⟩ cogitatum quidem ⟨*u. CC*⟩: 1, 7, 5; Caesar neque tempus illud animaduersionis esse existimans et multa uirtuti eorum concedens rem totam distulit: 3, 60, 1; ¶ cum ... omnem .. Galliae salutem in illo uestigio temporis positam arbitrarentur: VII 25, 1.

cum DC deuotis, quos illi soldurios appellant: III 22, 1; neque enim temere praeter mercatores illo adit ⟨illo adiit α; *Fr., Hold.;* adit ad illos β⟩ quisquam: IV 20, 3; huius est longitudo lateris, ut fert illorum ⟨eorum fert β⟩ opinio, septingentorum milium: V 13, 5.

B. significat ea, quae aut loco uel tempore remota (= superior, ulterior) aut nota sunt: aggerem ... facere instituerunt aequa fere altitudine ⟨*c*⟩ atque ille congesticius ex materia fuerat agger: 2, 15, 1; ¶ decurritur ad illud extremum atque ultimum senatus consultum, quo ... numquam ante descensum ⟨*c*⟩ est: dent operam consules ..., ne quid res publica detrimenti capiat: 1, 5, 3; ¶ illa ... controuersia: VII 39, 2 *u.* **1. A. a)** controuersia; ¶ illo incommodo: V 53, 4 *ib.* incommodum; ¶ quid ergo? Romanos ⟨*c*⟩ in illis ulterioribus munitionibus animine ⟨*c*⟩ causa cotidie exerceri putatis? VII 77, 10; ¶ cum communibus inimicis ..., quorum ipse maximam partem illo adfinitatis tempore iniunxerat Caesari: 1, 4, 4; ¶ quod illi turbulentissimi superioribus temporibus tribuni plebis *post* ⟨*u. CC*⟩ octo denique menses ... respicere ac timere consuerant ⟨*c*⟩: 1, 5, 2.

C. in orat. obl. respondet secundae personae orationis rectae (= tu, uos, uester). *Cf. Knoke, GP. Bernburg 1881 p. 5. 6. 8:* se suis copiis suoque exercitu illis regna conciliaturum confirmat: I 3, 7; (31, 7 *u. p. 39* **A)** Sequani;) illum ... beneficio ac liberalitate sua ac senatus ea praemia consecutum: I 43, 5; qui nisi decedat ..., sese illum non pro amico, sed pro ⟨*c*⟩ hoste habiturum: I 44, 11; magno se illum praemio remuneraturum et quaecumque bella geri uellet sine ullo eius labore et periculo confecturum: I 44, 13; duces eorum ... pronuntiari ⟨*c*⟩ iusserunt, ne quis ab loco discederet: illorum esse praedam atque illis reseruari ⟨*c*⟩ quaecumque Romani reliquissent: V 34, 1; licere illis incolumibus ⟨*c*⟩ per se ex hibernis discedere ...: V 41, 6; sic se complures annos illo imperante meruisse, ut: VII 17, 5; regnum illum Galliae malle Caesaris concessu quam ipsorum habere beneficio: VII 20, 2; ad utramque rem se illis offerre, seu morte sua Romanis satis facere seu uiuum tradere uelint: VII 89, 2; sin timore defugiant, illis ⟨illi *O; Ciacc.*⟩ se oneri non futurum ⟨defuturum *O; Ciacc.*⟩ et per se rem publicam administraturum: 1, 32, 7; reliquos enim omnes officium suum praestitisse: *se*, qui . . . confligere noluerit ⟨*c*⟩; exercitum suum, qui . . . conseruarit et texerit; illius denique exercitus milites, qui per se de concilianda pace egerint: 1, 85, 2; (85, 3—5 *u. p. 36* duces;) 85, 11 *u. p. 47* **b)**; sic belli rationem esse diuisam, ut illi ⟨illic *a*⟩ classe ⟨*c*⟩ naues auxiliaque sua impedirent, ipse ut aqua terraque eos prohiberet: 3, 17, 3.

3. pertinet ad ea, quae sequuntur; A. sequitur pron. **relatiuum; a) non additur aliud pron.:** cum intellegeret in iis ⟨hiis *B*[1]; illis β; his *AQMB*[2]; *Schn., Hold.*⟩ locis sibi bellum gerendum, ubi paucis ante annis L. Valerius Praeconinus . . . interfectus esset atque unde L. Mallius ⟨*c*⟩ . . . profugisset: III 20, 1; ¶ placuit, ut ⟨*c*⟩ Litauiccus decem illis milibus, quae Caesari ad bellum mitterentur, praeficeretur atque ea † ducenda curaret: VII 37, 7; ¶ quod illa pars equitatus Vsipetum et Tencterorum, quam supra commemoraui . . . Mosam transisse neque proelio interfuisse, . . . se trans Rhenum . . . receperat . . .: IV 16, 2; ¶ ut eo neglecto sacramento, quo tenemini, respiciatis illud, quod deditione ducis et capitis deminutione sublatum est: 2, 32, 9; ¶ ambitus Pompeia lege damnatos illis temporibus, quibus in urbe ⟨*c*⟩ praesidia legionum Pompeius habuerat: 3, 1, 4; ¶ compluribus ⟨*c*⟩ iam lapidibus ex illa ⟨ea *recc.; Np., Dt.*⟩ quae suberat turri ⟨terra *Hartz*⟩ subductis: 2, 11, 4.

(equitum nero operam . . . illic ⟨β; illis α⟩ fuisse utilem, quo sint profecti: VII 20, 4.)

b) additur pron. idem: protinusque (equites) eodem illo quo uenerant cursu . . . in castra inrumpere conantur: VI 37, 1.

Pompeius eadem illa, quae per Scipionem ostenderat, agit: 1, 6, 1.

B. sequitur **enuntiatum; a) quod:** multis de causis Caesar statuit sibi Rhenum esse transeundum; quarum illa fuit iustissima, quod . . . suis quoque rebus eos timere uoluit: IV 16, 1; huic consilio suffragabatur etiam illa res, quod . . . ciuitates uictae nomen . . . absentis *Pompei* timebant, quae in amicitia manserant . . . eum diligebant, Caesaris autem erat in barbaris nomen obscurius: 1, 61, 3; neque illud me mouet, quod ii, qui a me dimissi sunt, discessisse dicuntur, ut mihi rursus bellum inferrent: *ap. Cic. ad Att.* IX 16, 2.

b) acc. c. inf.: illud se polliceri et iure iurando confirmare tutum ⟨se *add.* β⟩ iter per ⟨suos *add.* β⟩ fines daturum: V 27, 10; haec si grania aut acerba uideantur, multo illa granius aestimari ⟨*c*⟩ debere ⟨*c*⟩, liberos, coniuges in seruitutem abstrahi, ipsos interfici: VII 14, 10.

[**Falso:** (Suessiones,) fratres consanguineosque suos, qui . . . isdem legibus utantur, unum imperium unumque magistratum eum ipsis ⟨illis β; *Flod.*⟩ habeant: II 3, 5; cum Caesar omnino XII naues longas praesidio duxisset, in quibus erant constratae IIII ⟨*Vrsin.;* ille *af;* illi *Nhl*⟩: 3, 7, 2.]

illic. *Cf. Knoke, GP. Bernburg 1881 p. 6.*
(Dumnorigem) matrem in Biturigibus ⟨*c*⟩ homini illic nobilissimo ac potentissimo conlocasse: I 18, 6; (illum neruto ⟨*c*⟩ transfixum ⟨*c*⟩ arbitrantur ⟨*c*⟩. gladio comminus ⟨*c*⟩ rem gerit Vorenus ⟨illic nero obcursat gladio comminusque rem gerit uorenus *dett.; pr. edd.;* illic nero obcursat ocius gladio; comminusque rem gerit Vorenus *Schn.*⟩: V 44, 11;) equitum nero operam . . . illic ⟨β; illis α⟩ fuisse utilem, quo sint profecti: VII 20, 4; ibi cognoscit consensu omnium Antiochensium ciuiumque Romanorum, qui illic negotiarentur, arcem ⟨*c*⟩ captam esse: 3, 102, 6.

(**illinc:** illum ueruto ⟨*c*⟩ transfixum ⟨*c*⟩ arbitrantur ⟨*c;* illinc occursat ocius *Oehler*⟩: V 44, 10.)

illo. A.: in Britanniam proficisci contendit ⟨*c*⟩ . . . . neque enim temere praeter mercatores illo adit ⟨illo adiit α; *Frig.;* adit ad illos β⟩ quisquam: IV 20, 3; ¶ (easdem omnes iubet petere regiones . . . . legionem *X eodem † ingo ⟨illo *Göl.*⟩ mittit: VII 45, 5;) ¶ disciplina in Britannia reperta . . . existimatur, et nunc qui diligentius eam rem cognoscere uolunt plerumque illo discendi causa proficiscuntur: VI 13, 12; ¶ augetur Gallis suspicio, atque omnes illo ad munitionem ⟨β; *Schn., Hold.;* illo munitionum α; *rell. edd.; u. CC*⟩ copiae traducuntur: VII 45, 6.

ad Scipionem properandum sibi existimabat: si Caesar iter illo haberet, ut subsidium Scipioni ferret: 3, 78, 6.

B.: haec omnia Caesar eodem illo pertinere arbitrabatur, ut tridui mora interposita equites eorum . . . reuerterentur: IV 11, 4.

illico *u.* **ilico.**

illigo *u.* **inligo.**

(illucescit *u.* **(inlucescit) lucescit.)**

(illudo *u.* **inludo.)**

Illurgauonensis. 1. adiect.: transit etiam cohors Illurgauonensis ⟨*f;* lurgauonensis *Oahl*⟩ ad eum cognito ciuitatis consilio et signa ex statione transfert: 1, 60, 4.

2. subst.: hos (*i. e.* Oscenses et Calagurritanos) Tarraconenses et Iacetani et Ausetani et paucis post diebus Illurgauonenses ⟨illurguaonenses *l pr.*⟩, qui flumen Hiberum attingunt, insequuntur ⟨sequuntur?⟩: 1, 60, 2; *cf.* § 3. 4.

illustris *u.* **inlustris.**

Illyricum. *Scriptum est* illiricum (-o) *in AQa* III 7, 1, *in AQ* II 35, 2, *in a* 3, 9, 1; illicum *in h* 3, 78, 4; ylliricum *in A* V 1, 5.

quas legationes Caesar, quod in Italiam Illyricumque properabat, inita ⟨*c*⟩ proxima ⟨*c*⟩ aestate ⟨*c*⟩ ad se reuerti iussit: II 35, 2; cum ... Caesar pacatam Galliam existimaret... atque ita ⟨*c*⟩ inita hieme in ⟨*om. AQβ*⟩ Illyricum profectus esset, quod eas quoque nationes adire et regiones cognoscere uolebat: III 7, 1; (Caesar) conuentibus Galliae citerioris peractis in Illyricum proficiscitur: V 1, 5; *cf. qu. sqq.;* discessu Liburnarum ex Illyrico M. Octauius ... Salonas peruenit: 3, 9, 1; ut, si . . . in Italiam transiret ⟨*c*⟩ (Pompeius), coniuncto exercitu eum Domitio per Illyricum Italiae subsidio proficisceretur: 3, 78, 4.

(Ilui, Iluii *u.* **Heluii** 1, 35, 4.**)**

(Imanuentius: cuius (Mandubracii) pater ⟨Imanuentius *add. edd. pr.; Schn.;* inianuuetitius *add. h;* in ianuue tutus *add. f;* ali inlanouitus *add. B marg.*⟩ in ea ciuitate regnum obtinuerat interfectusque erat a Cassiuellauno: V 20, 1.**)**

imbecillitas. *In codd. uidetur exstare* inbecillitas.

A. propr.: ubi aut spatium inter muros aut imbecillitas materiae postulare uideretur, pilae interponuntur: 2, 15, 2.

B. trsl.: nolite . . . stultitia ac temeritate uestra aut animi imbecillitate ⟨inb. an. β⟩ omnem Galliam prosternere et perpetuae seruituti subicere ⟨*c*⟩: VII 77, 9.

imber: magno coorto imbri ⟨β; imbre α; *edd.*⟩ non inutilem hanc ad capiendum consilium tempestatem arbitratus est ⟨*c*⟩: VII 27, 1; ¶ uti . . . continuatione imbrium diutius sub pellibus milites contineri non possent: III 29, 2; ¶ frumenta . . . anni tempore atque imbribus procubuerant: VI 43, 3; milites, cum toto tempore frigore ⟨luto frigore β⟩ et adsiduis imbribus tardarentur: VII 24, 1.

imitor: quem (Sullam) imitaturus non sum: *ap. Cic. ad Att.* IX 7 *C*, 1; ¶ ii ... neque eam, quam prodesse ⟨*c*⟩ aliis uim celeritatemque niderant, imitari potuerunt ⟨*c*⟩: VI 40, 6; ¶ ut est summae genus sollertiae atque ad omnia imitanda et efficienda ⟨effingenda *Paul*⟩, quae ab quoque traduntur ⟨*c*⟩, aptissimum: VII 22, 1.

immanis. *Codices omnibus fere locis aut omnes aut plurimi uidentur habere* inmanis, inminere, inmittere, inmortalis, *sim.; sed* immanis *exstat in* β VI 16, 4; (immensus *in h* IV 2, 2;) imminere *in a* 1, 80, 5; immittit *in A teste Fr.* V 44, 6; immissa *in Ox* 2, 41, 2, *in a* 2, 9, 3; immolant *in X(?)* VI 16, 2, *in B* VI 17, 3; immolaturos *in B* VI 16, 2; immortalis *in X(?)* V 52, 6, *in B* VI 16, 3. 5. *Quae cum ita sint, haud scio an Caesar scripserit* inmanis, inmitto, inmortalis, inmunis, *sim.*

quae res . . . et nires alit et immani corporum magnitudine homines efficit ⟨*c*⟩: IV 1, 9; alii immani magnitudine ⟨magnitudine immani β⟩ simulacra habent ⟨*c*⟩: VI 16, 4.

(immensus: quibus (iumentis) maxime Galli delectantur ⟨*c*⟩ quaeque impenso ⟨immenso β⟩ parant pretio: IV 2, 2.**)**

immineo: instabat agmen Caesaris atque uniuersum ⟨uniuersis *Paul*⟩ imminebat: 1, 80, 5; — uidet imminere hostes: VI 38, 2.

[**Falso:** easque (storias) . . . **in* eminentibus ⟨inmin. *hl*⟩ trabibus circum turrim ⟨*c*⟩ praependentes religauerunt: 2, 9, 4.]

imminuo: nam etiam Caesaris beneficia imminuerat ⟨*Jurinius;* beneficium mutauerat *codd.; edd.; u. CC*⟩ consuetudo, qua offerrentur: 2, 29, 3.

immitto. A. = mittere; a) = mittere in (oppidum): (refractis portis . . . atque intromissis ⟨inmissis β⟩ militibus nostris . . . uendidit: II 33, 6;) ¶ **(**praesidium Cenabi tuendi causa quod eo mitterent ⟨in eo mitterent *M;* quod inmitterent *Fr.*⟩ comparabant: VII 11, 4.**)**

b) = mittere contra: illi pluribus submissis ⟨inmissis β⟩ cohortibus repelluntur: V 15, 5; ¶ agmen Haeduorum conspicatus immisso equitatu iter eorum moratur: VII 40, 4; huc equitatum mittit ⟨immittit *Pluyg.*⟩, ut diriperet atque haberet loco praedae: 2, 25, 3; peditatu dumtaxat procul ad speciem utitur, equites in aciem immittit ⟨*Ofhl, a corr.;* mittit *a pr.; edd.*⟩: 2, 41, 2; ¶ si arborum trunci sine naues ⟨trabes *RSchn.*⟩ deiciendi operis causa ⟨*c*⟩ essent a barbaris immissae ⟨*Ciacc.*; missae *X*; *edd.*⟩: IV 17, 10; Cassius ... magno uento et secundo completas onerarias naues ... rebus, quae sunt ⟨*c*⟩ ad incendia, in Pomponianam ⟨*c*⟩ classem immisit: 3, 101, 2; Cassius ... pari atque antea ratione [egerunt. cassius] secundum nactus uentum onerarias naues [circiter XL] praeparatas ad incendium immisit: 3, 101, 5; ¶ (trabes,) truncos: IV 17, 10 *u.* naues.

B. = **demittere, defigere:** haec (tigna) cum machinationibus immissa in flumen ⟨flumine β⟩ defixerat festucisque ⟨*c*⟩ adegerat: IV 17, 4; ¶ haec utraque (tigna) insuper bipedalibus trabibus immissis ... binis utrimque fibulis ... distinebantur ⟨*c*⟩: IV 17, 6.

C. = **ducere:** super lateres coria inducuntur, ne canalibus aqua immissa lateres diluere possit ⟨*c*⟩: 2, 10, 6.

D. = **coicere:** mediocri spatio relicto Pulio pilum in hostes immittit ⟨mittit β⟩: V 44, 6; celeriter ⟨*c*⟩ nostri clamore sublato pila in hostes immittunt: VI 8, 6; ¶ ne aut tela tormentis immissa ⟨missa *Ohl*⟩ tabulationem perfringerent aut saxa ex catapultis latericium discuterent: 2, 9, 3; quorum mediam orationem interrumpunt subito undique tela immissa: 3, 19, 6; leuiusque casura pila sperabat in loco retentis militibus quam si ipsi immissis telis occurrissent ⟨*c*⟩: 3, 92, 2.

immolo: animalia capta immolant (Galli): VI 17, 3; ¶ qui sunt adfecti grauioribus morbis quique in proeliis periculisque uersantur aut pro uictimis homines immolant aut se immolaturos uouent administrisque ad ea sacrificia druidibus utuntur: VI 16, 2.

immortalis: siue casu sine consilio deorum immortalium ⟨imm. deor. *af*⟩ ... princeps poenas persoluit: I 12, 6; consuesse enim deos immortales ... concedere: I 14, 5; quibus (Suebis) ne dii quidem immortales pares esse possint ⟨*c*⟩: IV 7, 5; beneficio deorum immortalium ... expiato incommodo: V 52, 6; multa praeterea ... de deorum immortalium ui ac ⟨de ui deorum ae β⟩ potestate disputant: VI 14, 6; non posse ⟨*c*⟩ deorum immortalium numen placari arbitrantur: VI 16, 3; supplicia eorum ... gratiora dis immortalibus esse arbitrantur: VI 16, 5; ut ... templa deorum immortalium adirent: 2, 5, 3; amitae meae Iuliae ... paternum (genus) cum diis immortalibus coniunctum est: *ap. Suet.* 6.

immunis: ciuitatem eius immunem esse iusserat: VII 76, 1.

immunitas: druides ... militiae uacationem omniumque rerum ⟨onerum *C. F. Heinrich*⟩ habent immunitatem ⟨*u. CC*⟩: VI 14, 1.

imp. *u.* **imperator** C. a).

impar. *Constare sibi uidentur codices in scriptura* imperator, imperatorius, imperitus, imperium, imperare, impius, improbare, *nisi quod* inperatores *(Np. teste) est in a* 3, 92, 3, inperio *in A* VI 12, 6 *(teste Hold.)*, inperaturum *in B* IV 8, 3 *(teste Np.)*. Imperator *exstat in Holderi editione nulla codicum discrepantia indicata 16 locis, in Nipperdei editione belli ciuilis 22 loc., in epistulis sexies;* imperatorius *semel (uel bis);* imperitus *9 (uel 10) locis;* imperium *in bello Gall. 56 loc., in bell. ciu. 25 loc.; imperare* (*et* imperatum) *in B. G. 65 loc., in B. C. 36 loc.;* impius *semel;* improbare *bis. Contra* inpulsu *et* inpune *scriptum est ab Holdero* V 25, 4 *et* I 14, 4 *nulla uarietate notata.*

In reliquis eius modi uocibus discrepant codices. Inpar *est in ahl* 1, 40, 6, impar *in a* 1, 47, 3; — inparatus *(in X?)* VI 30, 2, imparatissimus *(in z?)* 1, 30, 5; — impedimentum (-ta) *in omnibus libris (X, z) inueniri uidetur 15 belli Gallici, 14 belli ciuilis locis,* inpedimenta *13 B. G. locis* (I 24, 4; II 17, 2. 3; III 29, 2; V 31, 6; 49, 7; VI 32, 3. 5; 35, 1; VII 55, 2; 57, 1; 62, 10; 68, 2); *discrepant codd. 20 locis* (I 26, 1; II 19, 3 *bis;* 19, 6; 24, 5; 25, 1; V 33, 3. 6; 43, 4; 47, 2; VI 7, 4; 8, 3; VII 18, 3; 35, 3; 42, 6; 45, 2; 60, 3; 66, 5; 67, 3; 68, 1); — impedire *in omnibus libris mscr. uidetur exstare 10 (11) B. G. locis, 30 B. C.;* inpedire *quinquies* (VII 24, 1; 26, 3; 40, 4; 57, 4; 70, 3); *discrepantia codicum indicatur ab Holdero 20 locis* (I 25, 3; 36, 2; II 9, 1; 10, 2; 17, 4; 20, 2; 22, 1; III 9, 4; 12, 2; 24, 3; IV 24, 2; 26, 2; V 6, 3; 7, 3. 5; 19, 1; VI 8, 1; 34, 2; VII 56, 2; 66, 4;) inpedire *est in a* 1, 25, 4; 62, 2; 3, 76, 3 *(de rell. codd. B. C. nihil commemoratur);* — impellere (impulsus, *sim.*) *inueniri uidetur in X* IV 16, 1; ⟨*in* β VI 30, 4;⟩ *in a* 1, 4, 3; inpellere *uidetur exstare in X 7 (uel 8) loc.* (II 14, 3; V 26, 2; VI 20, 2; VII 1, 3 (?); 20, 5; 42, 2. 4; (I 40, 4?);) *exstat in a* 2, 38, 3 *et* 3, 40, 4; — inpendere *(in X?)* I 6, 1; *discrepant codd.* III 2, 1; — impenso *est in Q* (inpenso *in ABM?*), immenso *in* β IV 2, 2; — inperfecta *in* α, infecta *in* β VI 12, 5; — impetrare *14 (uel 15) + 7 locis in X uel z; 4 locis* (III 21, 3; IV 11, 2; V 6, 4; VII 63, 5) *partim* impetrare, *partim* inpetrare *exhibent libri mscr.;* — impetus *in X uel z, ut uidetur,*

40 (42) + *41 loc.*, inpetus *semel* (V 15, 3), *dissensus codicum 5 locis B. G.* (IV 37, 3; V I7, 3; 18, 5; 21, 5; VII 62, 8); inpetus *est in a* 3, 84, 4; — inplicati *in AQB*(α?), complicati *in* β VII 73, 4; inplicitus *in a* 3, 18, 1; — imploro *in omnibus, ut uidetur*, I 32, 4; 1, 1, 4; 3, 82, 5; inploro I 31, 7; *discrepant codd.* I 51, 3; V 7, 8; — imponere *(in X?)* I 51, 3; *in z* 1, 56, 2; 3, 2, 3; 6, 1. 2; 14, 1; 77, 1; *in* β VII 58, 4 (iniectis α); inponere *(in X?)* I 42, 5; 44, 2; 45, 2; VII 54, 4; inponere *in a* 3, 24, 1; 32, 2; 62, 2; 63, 7; 74, 2; 103, 1; — inportare *(in X?)* I 1, 3; IV 2, 1. 6; V I2, 5; *in AQBa* (import. *in h*) IV 2, 2; inport. *in af* 3, 42, 5, *in a* 3, 40, 5; — imprimis *in Med. ap. Cic. ad Att.* IX 6 *A*, *reliquis locis* inprimis; — improbo 1, 32, 3; 2, 31, 1; — inprobus I 17, 2; improbus 2, 31, 4; — inprouiso *(in X?)* I 13, 5; II 3, 1; V 22, 1; VI 3, 1; VII 72, 2; 80, 3; improuiso *recepit Holder (sed in B reperiri* inprouiso *dicit Np.)* V 39, 1; improu. *scripsit Np.* 1, 54, 3; 75, 2; 2, 6, 3; 3, 79, 3; — imprudens 3, 30, 2; *ad Att.* X 8 *B*, 1; inprudens *(in X?)* III 29, 1; V 15, 3; *in a* 1, 51, 4; 2, 3, 1; 6, 3; imprudens *Nl* (prudens *afh*) 2, 38, 4; — inprudentia *(in X?)* IV 27, 5; V 3, 6; VII 29, 4; *in a* 3, 112, 3; *discrepant codd.* IV 27, 4; — impuberes 3, 14, 3; *discrep. codd.* VI 21, 4; inpudentia *in a* 3, 20, 3; — inpugnare *(in X?)* III 26, 4; *in* α I 44, 6 (oppugn. *in* β); impugnare *in Oaf*, pugnare *in hl* 3, 93, 6); — inpunitas *in af* (impunitas *in rell.?*) I 14, 5.

congressus impari numero magnos impetus legionum equitatusque sustinet: 1, 40, 6; quod iniquo loco atque impari congressi numero ⟨*c*⟩ quinque horis proelium sustinuissent: 1, 47, 3.

imparatus: ut in ipsum (Ambiorigem) incautum etiam atque imparatum incideret: VI 30, 2; qui (Pompeius) omnibus rebus imparatissimus ⟨*N;* imperatissimis *Ox;* imperitissimus *l²;* imparatissimis *b; edd.*⟩ non necessarium bellum suscepisset: 1, 30, 5.

impedimentum. **A.** sing. = ἐμπόδισμα; **a) dat.:** Gallis magno ad pugnam erat impedimento, quod ... neque euellere neque ... pugnare poterant: I 25, 3; ubi ... confertos milites sibi ipsos ad pugnam esse impedimento uidit: II 25, 1; neque hanc rem illi ⟨*O¹;* illis *x; del. Ald.; edd.*⟩ esse impedimento. Libo ⟨impedimento. Libo *Madu.;* impedimenti loco *codd.;* impedimenti loco. illi *Ald.;* impedimenti loco. ille *Steph.; edd.*⟩: 3, 17, 4; quibus ad recipiendum crates derectae ⟨*CC*⟩ longuriique obiecti ⟨*c*⟩ et institutae fossae magno impedimento fuerunt: 3, 46, 5.

b) genet.: 3, 17, 4 *u.* **a)**.

B. plur. = τὰ σκεύη; **a) subi.:** eum ... sua .. omnia impedimenta atque omnes fortunas conflagrare intellegerent: V 43, 4; ¶ haec ⟨ac *Ohl; Db.*⟩ (impedimenta) conquiescere ante iter confectum uetuit: 3, 75, 1; ¶ (intercedere: II 17, 2 *u.* **d)** numerus;) ¶ cum ... legiones ... flumen transissent impedimentaque ⟨iumentaque *Paul*⟩ et omnis equitatus sequeretur: 1, 40, 3; ¶ celeriterque (Vercingetorix) impedimenta ex ⟨*c*⟩ castris educi et se subsequi iussit: VII 68, 1.

b) obi.: (hostes) carros impedimentaque sua in artiores siluas abdiderunt: VII 18, 3; ¶ iis impedimentis, quae secum agere ac portare non poterant, citra flumen Rhenum depositis custodiam ⟨*c*⟩ ... reliquerunt: II 29, 4; ¶ unde L. Mallius ⟨*c*⟩ proconsul impedimentis amissis profugisset: III 20, 1; VII 14, 8 *u.* **e)** γ); ¶ (totum montem hominibus compleri † et interea ⟨impedimenta et *Köchly*⟩ sarcinas in unum locum conferri ... iussit: I 24, 2. 3;) Heluetii cum omnibus suis carris secuti impedimenta in unum locum contulerunt: I 24, 4; tum copiis in tres partes distributis impedimenta omnium legionum Aduatucam contulit: VI 32, 3; (VII 55, 2 *u.* **d)** pars;) ¶ post eas (legiones) totius exercitus impedimenta conlocarat: II 19, 3; VI 8, 3 *u.* praemittere; ¶ Caesar impedimentis in proximum collem † deductis ⟨eductis *Madu.; an* ductis?⟩ duabus ⟨*c*⟩ legionibus praesidio relictis secutus (hostes) ... castra fecit: VII 68, 2; ¶ deponere: II 29, 4 *u.* agere; ¶ (desiderare: 1, 51, 6 *u.* **d)** numerus;) ¶ qua (legione) pulsa impedimentisque direptis futurum, ut reliquae contra consistere non auderent: II 17, 3; ¶ ducere: VII 68, 2 *u.* deducere; ¶ educere: VII 68, 1 *u.* **a)** subsequi; (68, 2 *u.* **b)** deducere;) ¶ quibus (impedimentis) interclusis exercitu Caesaris auxilium ferri nulla ratione poterat: 1, 70, 2; ¶ totius exercitus impedimenta ad Labienum in Treueros ⟨in Tr. *del. Schambach*⟩ mittit: VI 5, 6; (VII 35, 3 *u.* **f)** γ);) ¶ portare: II 29, 4 *u.* agere; ¶ tum praemissis paulum impedimentis atque in tumulo quodam conlocatis .. inquit: VI 8, 3; nulla interposita mora sauciorum modo et aegrorum habita ratione impedimenta ⟨*O in marg.; om. x*⟩ omnia ⟨omni *NO¹hl*⟩ silentio prima nocte ex castris Apolloniam praemisit: 3, 75, 1; postero die Caesar similiter praemissis ⟨praetermissis *h¹*⟩ prima nocte impedimentis de quarta uigilia ipse egreditur: 3, 77, 1; ¶ (producere: VII 45, 2 *u.* **d)** numerus;) ¶ consistit ⟨*c*⟩

agmen; impedimenta inter ⟨intra *Np.*⟩ legiones recipiuntur: VII 67, 3; ¶ sententiae dicebantur, ut impedimentis relictis eruptione facta . . . ad salutem contenderent: III 3, 3; iusserunt pronuntiari ⟨*c*⟩, ut impedimenta relinquerent atque in orbem consisterent: V 33, 3; quod ibi impedimenta exercitus . . . frumentumque omne . . . relinquebat: V 47, 2; duabus Agedinci legionibus atque impedimentis totius exercitus relictis ad Boios proficiscitur: VII 10, 4; reuertitur Agedincum, ubi impedimenta totius exercitus relicta erant ⟨*u. CC*⟩: VII 62, 10; si . . . relictis impedimentis suae saluti consulant, et usu rerum necessariarum et dignitate spoliatum iri (Romanos): VII 66, 5; castris . . praesidio sex ⟨*c*⟩ cohortes relinquit ⟨*c*⟩ atque omnia impedimenta: 1, 41, 2; ut . . . impedimenta totius exercitus cohortesque in castris relictas ⟨relicta *el*⟩ seruare non possent: 1, 70, 2; (80, 4 *u.* **c)** praesidio relinquere;) aequo animo mancipia atque impedimenta in Italia relinquerent: 3, 6, 1; (76, 2 *u.* **d)** pars;) ¶ repetere: 3, 76, 2 *u.* **d)** pars; ¶ seruare: 1, 70, 2 *u.* relinquere; ¶ cum iam pecus atque extrema impedimenta ab nostris tenerentur: III 29, 2; ¶ Caesar . . . reliquas cohortes . . . impedimentaque ad se traduci iubet: 1, 42, 5; ¶ ubi prima impedimenta nostri exercitus ab iis . . . nisa sunt: II 19, 6.

e) dat.: si impedimentis ⟨*b; pedites X; edd.; pedites impedimentis Koch*⟩ suis auxilium ferant: VII 66, 5; 1, 70, 2 *u.* **b)** intercludere; ¶¶ his (impedimentis) una legio missa **praesidio** est: 3, 75, 1; ¶ Labienus . . . praesidio quinque cohortium ⟨.V. coh. praes. β; praes. coh. quinque *edd. ante Ald.; Db.*⟩ impedimentis relicto cum XXV cohortibus magnoque equitatu contra hostem proficiscitur: VI 7, 4; — — praesidio impedimentis legionem quartam decimam reliquit: VI 32, 5; Caesar † relictis legionibus ⟨impedimentis *Kran.; impedimentis cum legionibus Dt.*⟩ subsequitur, praesidio impedimentis ⟨*om. Kran.; Dt.*⟩ paucas cohortes relinquit: 1, 80, 4; Scipio M. Fauonium ⟨*c*⟩ . . . cum cohortibus VIII praesidio impedimentis legionum ⟨*Glar.*; legionis *codd.*⟩ reliquit: 3, 36, 3; ¶ duae legiones, quae proxime conscriptae erant, totum agmen claudebant praesidioque impedimentis erant: II 19, 3; quae (legiones) in nouissimo agmine praesidio impedimentis fuerant: II 26, 3; eo supplemento, quod nuper ex Italia uenerat, relicto Agedinci, ut esset impedimentis praesidio: VII 57, 1; (68, 2 *u.* **b)** deducere.)

d) gen.: inter singulas legiones impedimentorum magnum numerum intercedere: II 17, 2; prima luce magnum numerum impedimentorum ⟨iumentorum *Ciacc.*⟩ ex castris mulorumque produci deque ⟨*c*⟩ his stramenta ⟨*c*⟩ detrahi . . . iubet: VII 45, 2; desiderati sunt . . . equites pauci, calonum atque impedimentorum ⟨iumentorum *Eussner*⟩ non magnus numerus: 1, 51, 6; ¶ huc Caesar frumentum, pecuniam publicam, suorum atque exercitus impedimentorum magnam partem contulerat: VII 55, 2; quod subito consilium profectionis ceperant magna parte impedimentorum et sarcinarum relicta, ad haec repetenda . . . uallum relinquebant: 3, 76, 2.

e) abl.; α): ex castris proficiscuntur . . . longissimo agmine maximisque impedimentis: V 31, 6.

β): diu cum esset pugnatum, impedimentis castrisque ⟨carrisque *Paul*⟩ nostri potiti sunt: I 26, 4; Romanos pulsos superatosque, castris impedimentisque eorum hostes potitos ciuitati renuntiauerunt: II 24, 5.

γ): neque interesse, ipsosne interficiant impedimentisne exuant, quibus amissis bellum geri non possit: VII 14, 8; hos (M. Aristium eosque, qui negotiandi causa ibi constiterant) continuo *in* itinere adorti omnibus impedimentis exuunt: VII 42, 6.

f) c. praep.; α) ab: legiones a praesidio atque ⟨*om. h*⟩ impedimentis interclusas maximum flumen distinebat: VII 59, 5; ¶ ut . . . quae . . quisque eorum carissima haberet, ab impedimentis petere atque arripere properaret: V 33, 6.

β) ad: alteri ad impedimenta et carros suos se contulerunt ⟨*u. CC*⟩: I 26, 1; ¶ paucis turmis praesidio ad impedimenta dimissis ⟨?⟩ reliquos equites ad latera disponit: VI 8, 5; ¶ quem ad diem Caesar ad impedimenta legionemque reuerti constituerat: VI 35, 1.

(ibi (*i. e.* ad impedimenta) Orgetorigis filia ⟨*c*⟩ atque unus e filiis captus est: I 26, 4;) ¶ ad multam noctem etiam ad impedimenta pugnatum est: I 26, 3.

γ) cum: reliquas copias cum omnibus impedimentis, ut consueuerat, misit: VII 35, 3; ¶ quinque (cohortes) . . . de media nocte cum omnibus impedimentis . . . proficisci imperat: VII 60, 3; ¶ simul eorum, qui cum impedimentis ueniebant, clamor fremitusque oriebatur: II 24, 3; uenerant eo sagittarii ex Rutenis, equites ex Gallia cum multis carris magnisque impedimentis, ut fert Gallica consuetudo: 1, 51, 1.

etsi (castra) erant exigua per se, nix hominum milium septem, praesertim nullis cum impedimentis: V 49, 7.

δ) inter: inter carros impedimentaque proelium commiserunt: IV 14, 4.

ε) sine: quod sine iumentis impedimentisque ⟨sine impedimentis *Paul*⟩ ad iter ⟨*CC*⟩ profectos uidebant: 1, 69, 2; quae (castra) hoc erant etiam angustiora, quod sine impedimentis Caesar legiones transportauerat: IV 30, 1.

Impedimenta singulorum (priuatorum) hominum: VII 42, 6; (VII 55, 2; 3, 6, 1;) *reliquis locis* impedimenta *sunt* exercitus, *eaque 8 locis* **Gallorum** (I 24, 4; 26, 1. 3. 4; III 29, 2; VII 18, 3; 68, 1; 1, 51, 1), *2 locis* **Germanorum** (II 29, 4; IV 14, 4), *reliquis* **Romanorum.**

Calones atque impedimenta: 1, 51, 6; **carri impedimentaque:** I (24, 4;) 26, 1. (4); IV 14, 4; VII 18, 3; 1, 51, 1; **castra impedimentaque:** I 26, 4; II 24, 5; **iumenta impedimentaque:** 1, 69, 2; **mancipia atque imped.:** 3, 6, 1; **imp. mulique:** VII 45, 2; **pecus atque imp.:** III 29, 2; **imp. et sarcinae:** (I 24, 3;) 3, 76, 2.

Adiect.: extrema: III 29, 2; magnum: I 25, 3; 3, 46, 5; magna: 1, 51, 1; maxima: V 31, 6; nulla: V 49, 7; omnia: V 43, 4; VII 35, 3; 42, 6; 60, 3; 1, 41, 2; 3, 75, 1; prima: II 19, 6.

impedio. A. = ἐμποδίζειν, κωλύειν; **a) absol.:** nam ut ⟨ne *Elberl.; Np.*⟩ commutato consilio iter in prouinciam conuerteret, id ⟨*recc.;* ut *X*⟩ ne ⟨*c*⟩ metu ⟨*c*⟩ quidem necessario faciundum ⟨*c*⟩ existimabat, cum quod ⟨*Steph.; om. codd. & edd.*⟩ infamia atque indignitas rei et oppositus mons Cebenna ⟨*c*⟩ uiarumque difficultas impediebat, tum maxime quod: VII 56, 2; de Fausto impedit Philippus, tribunus plebis: 1, 6, 4; obstructis ⟨*c*⟩ omnibus castrorum portis et ad impediendum obiectis *ericiis* ⟨*u. CC*⟩ . . . exercitum eduxit: 3, 54, 2.

b) sequitur α) nihil nisi obi.: *ne* aditus atque incursus ad defendendum impediretur: 1, 25, 9; ¶ (Caesar) exitus administrationesque Brundisini portus impedire instituit: 1, 25, 4; ¶ equitatu praemisso, qui nonissimum agmen carperet atque impediret: 1, 78, 5; ¶ omnium impeditis (= occupatis) animis ⟨an. imp. β⟩ Dumnorix . . . domum discedere coepit: V 7, 5; ¶ sic belli rationem esse diuisam, ut illi classe ⟨*c*⟩ naues auxiliaque sua impedirent, ipse ut aqua terraque eos prohiberet: 3, 17, 3; ¶ quo facilius finitimorum equitatum, si praedandi causa ad eos uenissent ⟨*CC*⟩, impedirent (Neruii): II 17, 4; ¶ crebris Pompei litteris castigabantur, quoniam primo uenientem Caesarem non prohibuissent, *at reliquos eius exercitus impedirent: 3, 25, 3; ¶ exitus: 1, 25, 4 *u.* administrationes; ¶ incursum: 1, 25, 9 *u.* aditus; ¶ his rebus cum iter agminis nostri impediretur: II 17, 5; etsi mons ⟨*c*⟩ Cebenna ⟨*c*⟩ . . . altissima niue iter impediebat: VII 8, 2; agmen Haeduorum conspicatus immisso equitatu iter eorum moratur atque impedit: VII 40, 4; una (acies) a ⟨*c*⟩ primo agmine iter impedire coepit: VII 67, 1; (equites) magna multitudine circumfusa morari atque iter ⟨iter atque *Paul*⟩ impedire incipiunt: 1, 63, 3; ipsi erant transcendendae ualles maximae ac difficillimae; saxa multis locis praerupta iter impediebant: 1, 68, 2; fugientium multitudine ac turba portae castrorum occupantur atque iter impeditur: 2, 35, 3; ¶ illi impediendae ⟨impediente *a*¹⟩ reliquae ⟨*Forchh.;* rei quae *z;* rei *O*⟩ munitionis ⟨munitiones *a*¹⟩ causa ⟨*O; Forchh.;* fiebat causa *af;* causa fiebat *hl;* — rei [quae munitionis fiebat] causa *Faern.; Np.*⟩ . . . legiones educunt: 1, 82, 1; primum sagittariis funditoribusque circumiectis, postea leuis armaturae magna multitudine missa tormentisque prolatis munitiones impediebat: 3, 45, 3; ¶ naues: 3, 17, 3 *u.* auxilia; ¶ quod Corus ⟨*c*⟩ uentus nauigationem impediebat: V 7, 3; ¶ utraque re oppidorum oppugnatio impediebatur: III 12, 2; his tot rebus impedita oppugnatione milites, cum . . . tardarentur, tamen . . . omnia haec superauerunt: VII 24, 1; ¶ Afranius Petreiusque terrendi causa atque operis impediendi copias suas . . . producunt: 1, 42, 2; ut opera Caesaris impediret: 1, 83, 3; ¶ partem: II 20, 2 *u.* res; ¶ quod riuus difficilibus ripis subiectus castris Scipionis progressus nostrorum impediebat: 3, 37, 3; ¶ cum . . . saepibus . . densissimis . . . interiectis prospectus impediretur ⟨*u. CC*⟩: II 22, 1; ¶ hominum ⟨*CC*⟩ enim multitudine receptus impediebatur: 3, 64, 2; ¶ quarum rerum magnam partem temporis ⟨*c*⟩ breuitas et successus ⟨incursus β⟩ hostium impediebat: II 20, 2; qui (L. Metellus) hanc rem distrahat reliquasque res, quascumque agere instituerit, impediat: 1, 33, 3; (82, 1 *u.* munitio;) ne res maximae spei maximaeque utilitatis eius iracundia impedirentur: 3, 16, 3.

erat in magnis Caesari ⟨*c*⟩ difficultatibus res, ne maiorem aestatis partem flumine impediretur: VII 35, 1; ¶¶ *nostri* . . . etiam tarditate et grauitate nauium impediebantur: 1,

58, 3; ¶ hostes ⟨*c*⟩ in fugam coniecti se ipsi multitudine impediunt atque . . . coartantur ⟨*c*⟩: VII 70, 3; quod religionibus impediri sese diceret ⟨sese dic. imp. β⟩: V 6, 3.

β) obiect. et αα) ad e. gerund.: se et communes liberos . . ., quos ad capiendam fugam naturae et uirium infirmitas impediret: VII 26, 3; quibus (militibus) ad sequendum impeditis (Caesar) . . . exercitum educit: 3, 76, 3; ut . . . pedites . . . cum altitudine aquae tum etiam rapiditate fluminis ad transeundum [non] impedirentur: 1, 62, 2.

ββ) in alqa re: non oportere se ⟨*c*⟩ a populo Romano in suo iure impediri: I 36, 2.

(e) sequitur (ut,) ne: VII 56, 2 *u.* **a).)**

B. = ἄβατον ποιεῖν, ἀποφράττειν (*cf.* **impeditus B. a)**): exitus: 1, 25, 4 *u.* **A. b) α)** administrationes; ¶ iter: VII 8, 2; 1, 68, 2; 2, 35, 3 *ib.* iter; ¶ perpetuam esse paludem, quae . . . illum omnem locum magnopere impediret: VII 57, 4; fossam . . . obduci iussit locumque in omnes partes quam maxime impediri ⟨-dire *a*[1]⟩: 3, 46, 1; ¶ (reliqua pars scrobis ad occultandas insidias uiminibus ac uirgultis ⟨β; uinculis α⟩ integebatur ⟨β; tegebatur *AQ;* inpediebatur *BM*⟩: VII 73, 7.)

C. = occupare: animos: V 7, 5 *u.* **A. b) α)** animos.

impeditus. A. = **impedimentis tardatus, sarcinis onustus, oneribus granatus (opp. expeditus); pertinet a) ad milites**: tota auxilia regis impedita ae perturbata . . . in fugam coiciunt ⟨*c*⟩: 2, 26, 4; ¶ hostes *u.* **hostis** *p. 1531 (3 (4) loc.);* ¶ ut . . . tam exiguam manum praesertim fugientem atque impeditam adoriri non audeant: VI 8, 1; ¶ transire conantes (Atrebates) insecuti gladiis magnam partem eorum impeditam interfecerunt: II 23, 1.

eos (Heluetios) impeditos et inopinantes adgressus magnam partem eorum concidit: I 12, 3; — auertit hic ⟨*c*⟩ casus uaginam et gladium educere conanti (Pulioni) dextram moratur manum, impeditumque ⟨que *om. cdefi*⟩ hostes circumsistunt: V 44, 8; — si propter inopiam rei frumentariae Romani sese recipere coepissent, impeditos in agmine et sub sarcinis [infirmiore ⟨*c*⟩ animo] adoriri cogitabant: III 24, 3; proinde *in* agmine impeditos adoriantur ⟨*c*⟩: VII 66, 4.

illi (duces) . . . ueriti, ne noctu impediti sub onere confligere cogerentur aut ne . . . in angustiis tenerentur, iter supprimunt: 1, 66, 2; ¶ hostes . . . incitatis equis impeditos (nostros) adoriebantur: IV 26, 2; magna uis . . . telorum multa nostris [de improuiso] imprudentibus atque impeditis uulnera inferebant: 2, 6, 3; — si **in* itinere impeditos ⟨et *add. V*⟩ perterritos deprehendere posset: 3, 75, 3.

b) pertinet ad res: militibus autem ignotis locis, impeditis manibus, magno et grani onere armorum oppressis ⟨pressis β⟩ . . . erat pugnandum: IV 24, 2; Gallis . . . erat impedimento, quod pluribus eorum scutis uno ictu pilorum transfixis et conligatis . . . neque euellere (ferrum) neque sinistra impedita satis commode pugnare poterant: I 25, 3; ¶ (Bruti naues) in eas (naues triremes) impeditas impetum faciunt: 2, 6, 6; neque Bibulus impeditis ⟨impedimentis *af*⟩ nauibus dispersisque remigibus satis mature occurrit: 3, 7, 3.

B. = **difficilis; a) de locis**: ut altissimis fluminibus atque impeditissimis itineribus ⟨ripis *f*⟩ nullum acciperet incommodum: 3, 77, 2; ¶ longius ⟨in *add. B*[2]⟩ impeditioribus locis secuti paucos ex suis deperdiderunt: III 28, 4; locisque impeditis ac siluestribus sese ⟨*c*⟩ occultabat: V 19, 1; hostem impedito atque iniquo loco tenetis: VI 8, 3; ¶ ubi cuique ⟨*c*⟩ aut nalles abdita aut locus siluestris aut ⟨locis siluestribus β⟩ palus impedita ⟨paul̄ impedim̃ta *A*⟩ spem praesidii . . . offerebat, consederat: VI 34, 2; hunc ex omnibus fere partibus palus difficilis atque impedita cingebat: VII 19, 1; ¶ quod (flumen) ripis erat impeditis: 3, 75, 4; dextrum cornu eius riuus quidam impeditis ripis muniebat: 3, 88, 5; ¶ oppidum autem Britanni uocant, cum siluas impeditas uallo atque fossa munierunt: V 21, 3; ¶ adeoque erat impedita uallis, ut in ascensu nisi subleuati a suis primi non facile eniterentur: 2, 34, 5.

b) de rebus: nauigationem impeditam propter inscientiam locorum paucitatemque portuum sciebant ⟨*u. CC*⟩: III 9, 4.

id propter anni tempus longum atque impeditum uidebatur: 1, 29, 2; ¶ cum uictoribus nihil impeditum, uictis nihil tutum arbitrarentur: II 28, 1.

[**Falso**: quod saepe homines temerarios atque imperitos ⟨β; impeditos α; *Aim.*⟩ falsis rumoribus terreri . . . cognitum est: VI 20, 2.]

Morari atque impedire: (V 44, 8;) VII 40, 4; (1, 63, 3;) impedire . . . **prohibere**: 3, 17, 3; 25, 3; — **loco impedito atque iniquo**: VI 8, 3; (**locis impeditis ac siluestribus**: V 19, 1;) **palus difficilis atque impedita**: VII 19, 1.

Aduerb.: facilius: II 17, 4; magnopere VII 57, 4; quam maxime: 3, 46, 1.

impello. **A. propr.:** quattuor biremes subiectis scutulis ⟨*CC*⟩ impulsas uectibus ⟨imp. uect. *del. Hug; Dt.;* phalangis subiectis sucnlis impulsas et uectibus *Ciacc.*⟩ in interiorem portum ⟨*c*⟩ traduxit: 3, 40, 4.

B. trsl.; a) alqm: omnibus . . . oratio consulis, Scipionis, Catonis opponitur. Catonem ueteres inimicitiae Caesaris incitant . . . . Lentulus aeris alieni magnitudine . . . mouetur. . . . Scipionem eadem spes prouinciae atque exercituum impellit, . . . simul iudiciorum metus, adulatio atque ostentatio sui et potentium ⟨*u. CC*⟩: 1, 4, 3.

(Bellouacos) impulsos ab suis principibus . . . et ab Haeduis defecisse et populo Romano bellum intulisse: II 14, 3; si furore atque amentia impulsus (Ariouistus) bellum intulisset: I 40, 4; qui (Ambiorix et Catuuolcus) . . . Indutiomari Treueri nuntiis impulsi suos concitauerunt . . .: V 26, 2; hac impulsi occasione (Galli) . . . audacius de bello consilia inire incipiunt: VII 1, 3; his rebus impulsus (Curio) equitatum omnem . . . ad castra hostium mittit: 2, 38, 3.

b) alqm, ut: cum uideret Germanos tam facile impelli, ut ⟨quod β⟩ in Galliam uenirent: IV 16, 1; impellit alios (Haeduos) auaritia, alios iracundia et temeritas, . . . ut leuem auditionem habeant ⟨habent *BM*⟩ pro re comperta: VII 42, 2.

c) alqm ad alqd: quod saepe homines temerarios . . . falsis rumoribus terreri et ad facinus impelli . . . cognitum est: VI 20, 2; adiuuat rem proclinatam ⟨*c*⟩ Conuictolitauis plebemque ⟨*c*⟩ ad furorem impellit, ut facinore admisso ad sanitatem reuerti pudeat ⟨*c*⟩: VII 42, 4; — ne is ⟨*c*⟩ multitudinis studio ad dimicandum impelleretur ⟨β; $A^2Q^2M^2$; inpelletur α⟩: VII 20, 5.

[**Falso:** illum in equum quidam ex suis intulit ⟨impulit β⟩: VI 30, 4.]

impendeo: mons autem altissimus impendebat: I 6, 1; montesque, qui impenderent, a maxima multitudine . . . teneri: III 2, 1.

impensus: quibus (iumentis) maxime Galli ⟨*c*⟩ delectantur ⟨*c*⟩ quaeque impenso ⟨immenso β⟩ parant pretio: IV 2, 2.

imperator. **A. subi.; a):** abesse: VII 1, 7 *u.* peruenire; ¶ illum (imperatorem) adesse ⟨adesse eum β⟩ et haec coram cernere existimate: VI 8, 4; ¶ (gratias agere: 3, 91, 3 *u.* **D.**;) ¶ (appellare: V 33, 2 *u.* **G. a)** officium;) ¶ augere: 3, 92, 3 *u.* debere; ¶ cernere: VI 8, 4 *u.* adesse; ¶ (cohortari: V 33, 2 *u.* **G. a)** officium;) ¶ consulere, debere: 3, 51, 4 *u.* **G. a)** partes; hanc (animi incitationem atque alacritatem) non reprimere, sed augere imperatores debent: 3, 92, 3; ¶ deducere: VII 20, 11 *u.* statuere; ¶ dicere *u.* **C. a)** *(3 loc.)*; ¶ dimittere: 1, 85, 10 *u.* **F.** dare; ¶ (gerere *u. ib.*; 1, 13, 1 *u.* **C. b)**; ¶ cum Cimbris et Teutonis a C. Mario pulsis non minorem laudem exercitus quam ipse imperator meritus uidebatur: I 40, 5; 1, 13, 1 *u.* **C. b)**; ¶ pellere: I 40, 5 *u.* mereri; ¶ quod neque legiones audeant absente imperatore ex hibernis egredi neque imperator sine praesidio ad legiones peruenire possit ⟨β; posset α⟩: VII 1, 7; ¶ proficere: VII 20, 11 *u.* statuere; ¶ unum hoc proelium superest; quo confecto et ille (*i. e.* imperator uester) suam dignitatem et nos nostram libertatem recuperabimus: 3, 91, 2; ¶ reprimere: 3, 92, 3 *u.* debere; ¶ reuerti: 1, 85, 10 *u.* **F.** dare; ¶ quod plus se quam imperatorem de uictoria atque exitu rerum sentire existimarent: VII 52, 3; ¶ itaque statuisse imperatorem, si nihil in oppugnatione oppidi profecissent ⟨profecisset β⟩, triduo exercitum deducere ⟨prodeducere M^1; producere B^1⟩: VII 20, 11; ¶ (superare: 1, 72, 2 *u.* **G. b)**;) ¶ quanto . . in periculo et castra et legiones et imperator uersaretur: II 26, 5; ¶ uideri: I 40, 5 *u.* mereri.

b): quod de re tanta et a tam perito imperatore nihil frustra confirmari uidebatur: 3, 87, 7; ¶ qui (ueterani milites) dimissi a superioribus imperatoribus in his prouinciis consederant: 3, 4, 1.

B. praedicat.: his rebus gestis Curio . . . uniuersi exercitus conclamatione imperator appellatur: 2, 26, 1; (*cf.* 32, 14 **G. a)** nomen;) Scipio detrimentis quibusdam circa montem Amanum acceptis imperatorem se appellauerat: 3, 31, 1; Pompeius eo proelio imperator est appellatus. hoc nomen obtinuit atque ita se postea salutari passus *est*, sed ⟨*CC*⟩ in litteris *numquam scribere est solitus: 3, 71, 3; ¶ non recusare se, quin nullius usus imperator existimaretur, si: 3, 45, 6; ¶ ad unum omnes Vercingetorigem probant imperatorem: VII 63, 6; ¶ (salutare: 3, 71, 3 *u.* appellare.)

C. appos.; a) nom.: Caesar imp. s. d. Ciceroni imp.: *Cic. ad Att.* IX 6 *A*; Caesar imp. Ciceroni imp. sal. dic.: *ap. Cic. ad Att.* IX 16, 2; Caesar imp. sal. d. Ciceroni imp.: *ap. Cic. ad Att.* X 8 *B.*

b) acc.: neque se neque reliquos municipes

pati posse C. Caesarem imperatorem bene de re publica meritum tantis rebus gestis oppido moenibusque prohiberi: 1, 13, 1; militesque appellat neu se neu Pompeium ⟨*Na;* pompeium absentem *Ofhl;* [Pompeium] *Terpstra; Db.*⟩ imperatorem suum aduersariis ad supplicium tradant obsecrat: 1, 76, 1; qui (Parthi) paulo ante M. Crassum imperatorem interfecerant: 3, 31, 3.

c) dat. *u.* **a)** *(3 loc.).*

d) c. praep.: 1, 84, 3 *u.* **H. b).**

D. uocat.: respiciens Caesarem Faciam, inquit, hodie, imperator, ut aut nino mihi aut mortuo gratias agas: 3, 91, 3.

E. abl.: alius deleto exercitu atque imperatore uictores barbaros uenisse contendit: VI 37, 7; ¶ (interficere: 3, 31, 3 *u.* **C. b)**;) ¶ (prohibere: 1, 13, 1 *ib.;*) ¶ tradere: 1, 76, 1 *ib.*

F. dat.: quasi non et felicitas rerum gestarum exercitus beneuolentiam imperatoribus et res aduersae odia colligant ⟨-gent *af;* concilient *Ohl*⟩: 2, 31, 3; ¶ committere: 1, 74, 2 *u.* **G. a)** fides; ¶ in se uno non seruari, quod sit omnibus datum semper imperatoribus, ut rebus feliciter gestis aut cum honore aliquo aut certe sine ignominia domum reuertantur exercitumque dimittant ⟨reuertatur ... dimittat *Paul*⟩: 1, 85, 10; uestro imperatori quam *consueuistis operam date: 3, 91, 1; ¶ (salutem dicere *u.* **C. a)**;) ¶ ego certe meum rei publicae atque imperatori officium praestitero: IV 25, 3; praestate eandem nobis ducibus uirtutem, quam saepe numero imperatori praestitistis: VI 8, 4.

G. genet.; a): ut reliquorum imperatorum res aduersae auctoritatem minuunt, sic huius ex contrario dignitas incommodo accepto in dies augebatur: VII 30, 3; ¶ cum pro se quisque in conspectu imperatoris etiam in ⟨*c*⟩ extremis suis rebus operam nanare cuperet: II 25, 3; ¶ dignitas: (VII 30, 3 *u.* auctoritas;) 1, 7, 6 *u.* existimatio; ¶ hortatur, cuius imperatoris ductu VIIII annis rem publicam felicissime gesserint plurimaque proelia secunda fecerint, omnem Galliam Germaniamque pacauerint, ut eius existimationem dignitatemque ab inimicis defendant: 1, 7, 6; ¶ deinde de ⟨*add. (Ciacc.;) Scal.; om. codd.; edd.*⟩ imperatoris fide ⟨*Ciacc.;* fidem *codd.; edd.*⟩ quaerunt, rectene se illi sint commissuri: 1, 74, 2; ¶ sese paratos esse imperatoris sui tribunorumque plebis iniurias defendere: 1, 7, 7; ¶ (Pompeius ... detractis insignibus imperatoriis ⟨*recc.;* imperatoris *Ox*⟩ ... se ex castris eiecit: 3, 96, 3;) ¶ neque (se) de summa belli suum iudicium, sed imperatoris esse existimauisse: I 41, 3; ¶ (cum ad eos oratoris modo Caesaris ⟨cum ad eos imperatoris *ik; V.*⟩ mandata deferret ⟨*c*⟩: IV 27, 3;) ¶ equidem me Caesaris militem dici uolui, uos me imperatoris nomine appellauistis: 2, 32, 14; *cf. qu. sqq.;* (3, 71, 3 *u.* **B.** appellare;) ¶ eos facere arroganter, cum aut de officio imperatoris desperare aut praescribere uiderentur ⟨*c*⟩: I 40, 10; et in appellandis cohortandisque militibus imperatoris et in pugna militis officia praestabat: V 33, 2; ¶ aliae enim sunt legati partes atque ⟨aliae *N*⟩ imperatoris. alter omnia agere ad praescriptum, alter libere ad summam rerum consulere debet: 3, 51, 4.

b): praesertim cum non minus esset imperatoris consilio superare quam gladio: 1, 72, 2.

H. c. praep.; a) ab: fidem ab imperatore de Petrei atque Afranii uita petunt: 1, 74, 3.

b) erga: non esse aut ipsis aut militibus suscensendum, quod fidem erga imperatorem suum Cn. Pompeium conseruare uoluerint ⟨*c*⟩: 1, 84, 3.

e) sine: cum ... nostri .. quid sine imperatore et sine reliquis legionibus adulescentulo duce efficere possent perspici cuperent: III 21, 1.

Imperator *pertinet ad* Caesarem *plurimis locis; ad* Ciceronem *in ep. ad Att.* IX 6 *A;* 16, 2; X 8 *B; ad* Crassum 3, 31, 3; *ad* Curionem 2, 26, 1; 32, 14; *ad* Marium I 40, 5; *ad* Pompeium 1, 76, 1; 84, 3; 3, 45, 6; 71, 3; 87, 7; *ad* Scipionem 3, 31, 1; — *ad* Vercingetorigem VII (30, 3;) 63, 6; **non ad certum quendam hominem referendum est** (I 40, 10;) V 33, 2; VII 30, 3; 1, 72, 2; 85, 10; 2, 31, 3; 3, 4, 1; 51, 4; 92, 3; (96, 3.)

Dux — imperator: III 21, 1; VI 8, 4.

Adiect.: omnes: 1, 85, 10; tam peritus: 3, 87, 7; reliqui: VII 30, 3; superiores: 3, 4, 1; — nullius usus: 3, 45, 6; ¶ (hic: VII 30, 3;) ipse: I 40, 5; (is: 1, 7, 6;) suus: 1, 7, 7; 76, 1; 84, 3; nester: 3, 91, 1.

imperatorius: Pompeius, iam cum intra uallum nostri uersarentur, ... detractis insignibus imperatoriis ⟨*recc.;* imperatoris *Ox; edd.*⟩ decumana porta se ex castris eiecit: 3, 96, 3; ¶ neque proelio decertare (Sulla) uoluit, ... ne imperatorias sibi partes sumpsisse uideretur: 3, 51, 5.

imperatum *u.* **impero** *p.* 77.

imperfectus: Diuiciacus auxilii petendi causa Romam ad senatum profectus imperfecta ⟨infecta *β; Np.*⟩ re redierat: VI 12, 5.

imperitus. **A. non additur genet.:** cui rationi contra homines barbaros atque imperitos locus fuisset: I 40, 9; sperans barbaros atque imperitos homines inopia cibariorum adductos ad ⟨*c*⟩ iniquam ⟨*c*⟩ pugnandi condicionem posse deduci: VI 10, 2; quod saepe homines temerarios atque imperitos ⟨β; impeditos α; *Aim.*⟩ falsis rumoribus terreri et ad facinus impelli et de summis rebus consilium capere cognitum est: VI 20, 2; eos . . . homines imperitos et per conloquium deceptos crudelissime interfecisse: 1, 85, 3.

B. imperitus alcs rei: quod homines barbari et nostrae consuetudinis imperiti bellum populo Romano fecissent: IV 22, 1; ¶ nostri . . . huius omnino generis pugnae ⟨pugn. gen. β⟩ imperiti non eadem alacritate . . . utebantur ⟨*CC*⟩: IV 24, 4; ¶ non se tam barbarum neque tam imperitum esse rerum, ut non sciret: I 44, 9; quod non adeo sit imperitus rerum, ut suis copiis populum Romanum superari ⟨*c*⟩ posse confidat: V 27, 4; uicisse Romanos . . artificio quodam et scientia oppugnationis, cuius rei fuerint ipsi imperiti: VII 29, 2; ¶ modo conscripti atque usus militaris imperiti ad tribunum militum centurionesque ora conuertunt: VI 39, 2.

imperium. **1.** = πρόσταγμα, κέλευσμα **(iussum, praeceptum); A. sing.; a) obiect.:** exercitui . . . incessit . . . tantum . . studium infamiae sarciendae, ut nemo aut tribuni aut centurionis ⟨-ones *ah¹l*⟩ imperium desideraret: 3, 74, 2; ¶ hi propter propinquitatem et celeritatem ⟨*c*⟩ hostium nihil iam Caesaris imperium exspectabant ⟨spectabant β⟩: II 20, 4; ¶ nihil hunc ⟨*c*⟩ se absente pro sano facturum arbitratus, qui praesentis imperium neglexisset: V 7, 7.

b) dat.: qui (legati) polliceantur ⟨*c*⟩ obsides dare atque imperio populi Romani obtemperare: IV 21, 5; Bellouaci . . ., quod se suo nomine atque arbitrio . . . bellum gesturos ⟨*c*⟩ dicerent ⟨*c*⟩ neque cuiusquam imperio obtemperaturos ⟨neque . . . obtemp. *om. h*⟩: VII 75, 5; quae (nauis) perseuerauit neque imperio Caleni obtemperauit, quod . . . priuato . . consilio administrabatur: 3, 14, 2; ¶ quod hi neque ad concilia ueniebant neque imperio parebant: V 2, 4; (milites) ad omnem laborem animo parati imperio paruerunt: 3, 95, 1.

c) abl.: Bessos partim mercennarios, partim imperio aut gratia comparatos . . . adiecerat: 3, 4, 6; ¶ eius (Domitii) imperio classem quoque uersus ⟨*sic a²;* eius cl. imp. quoquouersus *Ox*⟩ dimittunt: 1, 36, 2; — *se* ea, quae faceret, iussu atque imperio facere Pompei, quae mandata ad se per Vibullium ⟨*c*⟩ delata essent: 3, 22, 1.

d) c. praep.: pauci lenunculi ad officium imperiumque ⟨que *om. a*⟩ conueniebant: 2, 43, 3.

B. plur.: neque ab uno omnia imperia administrari poterant: II 22, 1. *Cf.* **2. A. b).**

2. = ἀρχή; **A.** = **imperandi ius, summa potestas, principatus (uel domi uel belli); a) sing.; α) subi.:** populi Romani iustissimum esse in Gallia imperium: I 45, 3; — nullus (erat) ordo, nullum imperium certum, cum suo quisque consilio uteretur: 1, 51, 2; ¶ egressi nullo certo ordine neque imperio: II 11, 1; (quod nullo ordine et ⟨imperio *add. Kindsch.*⟩ sine timore iter fecerant: 2, 26, 4;) ¶ IV 16, 4 *u.* δ) ββ).

β) **obi.:** qua rei familiaris iactura perpetuum imperium libertatemque se ⟨*c*⟩ consequi uideant: VII 64, 3; ¶ interfecto Indutiomaro . . . ad eius propinquos a Treueris imperium defertur: VI 2, 1; omnium consensu ad eum defertur imperium. qua oblata potestate . . . imperat . . . iubet: VII 4, 7; ¶ cum leges duo ex una familia . . . magistratus creari uetarent, . . . Cotum imperium deponere coegit, Conuictolitauem . . . potestatem obtinere iussit: VII 33, 3; cum proiectis fascibus et deposito imperio priuatus et captus ipse in alienam uenisset potestatem: 2, 32, 9; ¶ imperium se a ⟨*c*⟩ Caesare per proditionem nullum desiderare, quod habere uictoria posset ⟨*c*⟩: VII 20, 7; ¶ qui (inimici) . . . omnia permisceri mallent quam imperium exercitusque dimittere: 1, 32, 5; ¶ quod . . . erepto . . semenstri imperio in urbem retraheretur: 1, 9, 2; ¶ populi Romani imperium Rhenum finire: IV 16, 4; ¶ qui (Suessiones) eodem iure et ⟨*c*⟩ isdem legibus utantur, unum imperium unumque ⟨imperium unumque *om.* β⟩ magistratum cum ipsis habeant: II 3, 5; VII 20, 7 *u.* desiderare; ¶ quod ipse (Orgetorix) suae ciuitatis imperium obtenturus esset: I 3, 6; qui (Diuiciacus) cum magnae partis harum ⟨*c*⟩ regionum tum etiam Britanniae imperium obtinuerit: II 4, 7; Mandubracium . . . in ciuitatem mittat, qui praesit imperiumque obtineat: V 20, 3; ¶ ciuitati autem imperium totius prouinciae pollicetur: VII 64, 8; ¶ totiusque belli imperium sibi postulare (Bellouacos): II 4, 5; ¶ quin etiam ipsis (se imperium) remittere ⟨*Steph.;* remitteret *codd.*⟩, si sibi magis honorem tribuere quam ab se salutem accipere uideantur:

VII 20, 7; ¶ habent opinionem . . . Iouem imperium caelestium ⟨coeleste *Aim.*⟩ tenere, Martem bella regere: VI 17, 2; ¶ ciuitates uictae nomen atque imperium absentis *Pompei* timebant: 1, 61, 3; ¶ Cingetorigi . . . principatus atque imperium est traditum: VI 8, 9.

γ) **dat.**: obtemperare: IV 21, 5; VII 75, 5 *u.* **1. A. b)**; ¶ Britanni hunc toti bello imperioque praefecerant: V 11, 9; ¶ qui iam ante se populi Romani imperio subiectos dolerent: VII 1, 3; ¶¶ hortaturque, ut se liberos et ⟨in *add. QM²*⟩ imperio natos meminerint: VII 37, 2.

δ) **genet.**; αα): summae diligentiae summam imperii seueritatem addit: VII 4, 9.

seque alterum fore Sullam . . ., ad quem summa imperii redeat: 1, 4, 2; eo mortuo ad neminem unum summa imperii redit, sed separatim suam quisque classem ad arbitrium suum administrabat: 3, 18, 2; — toti tamen officio maritimo M. Bibulus praepositus cuncta administrabat: ad hunc summa imperii respiciebat ⟨redibat *Ciacc.?*⟩: 3, 5, 4; ¶ conuenerant summa imperii bellique administrandi communi consilio permissa Cassiuellauno: V 11, 8; quibus (ducibus) summa imperii permissa erat: VII 79, 1; — duce Boduognato, qui summam imperii tenebat, ad eum locum contenderunt: II 23, 4; his praeerat Viridouix ac summam imperii tenebat earum omnium ciuitatum: III 17, 2; eo absente, qui summam imperii teneret: III 17, 7; qui (Adiatunnus) summam imperii tenebat: III 22, 1; — summam imperii se consulto nulli discedentem tradidisse: VII 20, 5; summa imperii traditur Camulogeno Aulerco . . . propter singularem scientiam rei militaris: VII 57, 3; contendunt (Haedui), ut ipsis summa imperii tradatur: VII 63, 5; praefecti constituebantur. Commio Atrebati, Viridomaro et Eporedorigi Haeduis, Vercassiuellauno Aruerno . . . summa imperii traditur ⟨praef. constituebantur commins atrebas, uiridomarus et eporedorix hedui; uercassiuellanno . . . traditur β⟩: VII 76, 3.

ββ): cur sui quicquam esse imperii aut potestatis trans Rhenum postularet? IV 16, 4.

γγ): quod eum ⟨c⟩ (Dumnorigem) cupidum rerum nouarum, cupidum imperii, . . . magnae . . . auctoritatis cognouerat: V 6, 1.

ε) **abl.**; αα): illum (Pompeium) delectari imperio et consulares praetoriosque seruorum habere numero: 3, 82, 3.

ββ): quod . . . neque ulla necessitate neque imperio continerentur: II 11, 5; ¶ perfacile esse . . . totius Galliae imperio ⟨-ium *B¹*⟩ potiri: I 2, 2; (regno occupato per tres potentissimos ac firmissimos populos totius Galliae sese potiri ⟨imperio *add. A³; Vielh.*⟩ posse sperant: I 3, 8;) uti toti Galliae bellum inferrent imperioque potirentur (Heluetii): I 30, 3; ¶ ii ⟨c⟩, qui se ad eorum amicitiam adgregauerant ⟨c⟩, meliore condicione atque aequiore imperio se uti uidebant: VI 12, 6.

γγ): imperio ⟨in imp. *Whitte*⟩ populi Romani non modo de regno, sed etiam de ea quam habeat gratia desperare (Dumnorigem): I 18, 9; a potentioribus . . . uulgo regna occupabantur, qui minus facile eam rem ⟨in *add. BMQ²*⟩ imperio nostro consequi poterant: II 1, 4.

δδ) nullo certo imperio: II 11, 1; (2, 26, 4) *u.* α).

ζ) **c. praep.**; αα) **cum**: cum imperio *u.* **cum** *p. 770* **3.** cum imperio *(3 loc.)*.

ββ) **de**: et de imperio Caesaris et de . . . tribunis plebis grauissime acerbissimeque decernitur: 1, 5, 4; ¶ neque exspectant . . ., ut de eorum imperio ad populum feratur: 1, 6, 6.

γγ) **in**: quod in tanto imperio populi Romani turpissimum sibi et rei publicae esse arbitrabatur: I 33, 2; (I 18, 9; II 1, 4 *u.* ε) γγ).)

δδ) **sub** imperium: ardere Galliam tot contumeliis acceptis sub populi Romani imperium redactam: V 29, 4.

εε) **sub** imperio: (contineri: V 39, 1 *u.* esse;) ¶ neque recusaturos (sese), quo minus perpetuo sub illorum dicione atque imperio essent: I 31, 7; qui (Eburones) sub imperio Ambiorigis et Catuuolci erant: V 24, 4; qui omnes sub eorum imperio sunt ⟨continebantur β⟩: V 39, 1; Suebos . . . iis ⟨c⟩ nationibus, quae sub eorum sint ⟨sunt β⟩ imperio, denuntiare, ut: VI 10, 1; qui sub imperio Aruernorum esse consuerunt: VII 75, 2.

b) plur.; α) **subi.**: suaque esse eius modi imperia, ut non minus haberet iuris in se multitudo quam ipse in multitudinem: V 27, 3.

β) **obi.**: in se noui generis imperia constitui, ut idem ad portas urbanis praesideat ⟨c⟩ rebus et duas bellicosissimas prouincias absens tot annos ⟨c⟩ obtineat: 1, 85, 8; ¶ praestare ⟨c⟩, si iam principatum Galliae (Haedui) obtinere non possint ⟨c⟩, Gallorum quam Romanorum imperia perferre ⟨praeferre *af; Np., Db.*⟩: I 17, 3; tantum se eius opinionis deperdidisse, ut populi Romani ⟨β; *Ald.*; a populo Romano α; *edd.*⟩ imperia perferrent ⟨praef. *Ma¹*⟩, grauissime dolebant (Galli): V 54, 5;

¶ non posse (se) eius (Ariouisti) imperia diutius sustinere ⟨sustineri B^2; *Fr.*⟩: I 31, 13.

γ) **dat.:** qui mobilitate et leuitate animi nonis imperiis studebant: II 1, 3.

B. = **res publica, fines ciuitatis:** quietem Italiae, pacem prouinciarum, salutem imperii ⟨*Steph.*; imperio *Ox*⟩ uni omnes acceptam relaturos: 3, 57, 4; (IV 16, 4 *u.* **A. a)** *β*) finire; II 3, 5 *ib.* habere.)

C. meton. = οἱ ἄρχοντες, τὰ τέλη: ita magnarum initia rerum, quae occupatione magistratuum et imperiorum ⟨*Paul;* temporum *codd.*; *edd.*⟩ sollicitam Italiam habebant, . . . facilem exitum habuerunt: 3, 22, 4; — erat plena ⟨plane *a*⟩ lictorum et imperiorum ⟨imperiorumque *f*; et apparitorum *Forchh.*⟩ prouincia: 3, 32, 4; ¶ nacti uacuas ab imperiis Sardiniam Valerius, Curio Siciliam cum exercitibus eo perueniunt ⟨*u. CC*⟩: 1, 31, 1; — cum Graecos . . . arma capere iuberet, ilii autem se contra imperium populi Romani pugnaturos ⟨*c*⟩ negarent: 3, 11, 4; — insimulatus, . . . quod sine imperio tantas copias reliquisset: VII 20, 1.

Significat. dubia: num tu harum rerum natura accidere arbitraris, quod unam terram ac plures terras et urbem et urbes et imperium et imperia dicamus, neque quadrigas in unam ⟨?⟩ nominis figuram redigere neque harenam multitudinis appellatione conuertere possimus? *ap. Gell.* XIX 8, 8.

Iussu atque imperio: 3, 22, 1; dicio . . . imperium: I 31, 7; (imperia . . . ius: V 27, 3;) imperium (-a) . . . magistratus: II 3, 5; *3, 22, 4; imper. . . . potestas: IV 16, 4; VII 4, 7; 33, 3; (2, 32, 9;) principatus . . . imp.: I 17, 3; VI 8, 9; (imp. . . . regnum: I 18, 9; II 1, 4;) ¶ summa imperii bellique administrandi: V 11, 8.

Genetiuus subiectiuus *25 locis additur;* **genet. obiect.** *his locis:* belli: II 4, 5; Britanniae: II 4, 7; caelestium: VI 17, 2; ciuitatis(-um): I 3, 6; III 17, 2; Galliae: I 2, 2; (3, 8;) (30, 3;) prouinciae: VII 64, 8; — magnae partis harum regionum: II 4, 7.

Adiect.: aequius: VI 12, 6; certum: II 11, 1; 1, 51, 2; iustissimum: I 45, 3; (nostrum: II 1, 4;) noua: II 1, 3; (nullum: II 11, 1; VII 20, 7; 1, 51, 2; (2, 26, 4;)) omnia: II 22, 1; perpetuum: VII 64, 3; semenstre: 1, 9, 2; (suum: IV 16, 4; sua: V 27, 3;) tantum: I 33, 2; (totum: V 11, 9; ullum: II 11, 5;) unum: II 3, 5; ¶ eius modi: V 27, 3; noui generis: 1, 85, 8.

impero. I. Forma: imperauerat: I 7, 6; 29, 3; IV 36, 2; V 1, 9; 3, 31, 2 *(bis)*; imperarat: II 33, 3; imperauerit: 1, 15, 2; 20, 5; imperauisset: 3, 6, 2; imperasset: IV 22, 1; 27, 1; VII 60, 1.

II. Signif.; 1. = προστάττειν; **A.** = **postulare, ut alqd fiat; a) absol.:** censu habito, ut Caesar imperauerat: I 29, 3; celeriter, ut ante Caesar imperarat, ignibus significatione facta: II 33, 3; — iis ad diem adductis, ut imperauerat: V 1, 9; ¶ Basilus ut imperatum est facit: VI 30, 1; — Massilienses arma tormentaque ex oppido, ut est imperatum, proferunt: 2, 22, 5; ¶ seque in castra, ut erat imperatum, receperunt: II 11, 6; ilii, ut erat imperatum, *deuectis iis ⟨*c*⟩ cohortibus . . . peruenerunt: III 26, 2; illi, ut erat imperatum, circumsistunt hominem atque interficiunt: V 7, 9; Fabius, ut erat imperatum, adhibita celeritate praesidium ex saltu deiecit . . .: 1, 37, 3; eodem tempore equites ab sinistro Pompei cornu, ut erat imperatum, uniuersi procucurrerunt . . .: 3, 93, 3; — Fabius, ut imperatum erat, non ita multum moratus in itinere cum legione occurrit: V 47, 3.

b) additur *α*) **obiect.;** *αα*) **non additur datiuus:** Caesar necessariis rebus imperatis ad cohortandos milites . . . decucurrit ⟨*c*⟩: II 21, 1.

legati uenerunt, qui . . . se . . ea, quae imperasset, facturos pollicerentur ⟨*c*⟩: IV 22, 1; cohortatus, ut ea, quae imperasset, diligenter industrieque administrarent: VII 60, 1; ut omnia, quae imperarentur, sibi patienda ⟨*c*⟩ existimarent: VII 30, 4; quae imperaret (-auerit, -asset, -arentur) facere (facturos) *u.* **facio** *p. 1265 δ*) *(6 loc.)*; ¶ conclamantibus omnibus, imperaret quod uellet, quodcumque imperauisset se aequo animo esse facturos, . . . naues soluit: 3, 6, 2; — sese . . . quod rem postulare cognouisset imperaturum: 2, 40, 3.

ββ) **additur datiuus:** hoc se Vbiis ⟨se ubiis *b*; suebis *α*; se ab ubiis *β*⟩ imperaturum ⟨*αa*; impetraturum *fh*⟩: IV 8, 3; quaeque ad eam rem usui sint ⟨sunt *Of*⟩ militibus imperat et . . . iubet: VII 11, 5.

β) **ut;** *αα*) **non add. dat.:** Caesar . . . si qui ad eos Eburones ex fuga conuenissent, ad se ut reducerentur imperauit: VI 32, 2; mittit complures equitum turmas eo de media nocte; imperat, ut ⟨*Paul-Nitsche;* mittit complures equitum turmas; eis de ⟨eisdem *α*⟩ media nocte imperat, ut *α*; *edd.*; m. c. eq. turmas eo de m. nocte; iis imperat, ut *ci; Ald., Schn.;* m. e. eq. t. eodem med. n.; imperat his ut *β*⟩ paulo tumultuosius omnibus locis peruagentur ⟨*af; Procksch;* uagarentur α; *edd.;* peruagarentur *h; Schn.*⟩: VII 45, 1.

ββ) add. dat.: quorum per fines ierant, his uti conquirerent et reducerent, si sibi purgati esse uellent, imperauit: I 28, 1; Heluetios . . . reuerti iussit et . . . Allobrogibus imperauit, ut iis frumenti copiam facerent; ipsos oppida . . . restituere iussit: I 28, 3; quos Caesar . . . suis . . . oppidis uti iussit et finitimis imperauit, ut ab iniuria et maleficio se suosque prohiberent: II 28, 3; discedens . . . Caesar . . . legatis imperat, quos legionibus praefecerat, uti quam plurimas possent hieme naues aedificandas ueteresque reficiendas curent ⟨β; curarent α; *edd.*⟩: V 1, 1; Cassiuellaunus . . . iis ⟨*c*⟩ imperat, uti coactis omnibus copiis castra . . . adoriantur atque oppugnent: V 22, 1; Sabinus . . . centuriones se sequi iubet et . . . iussus arma abicere imperatum facit suisque ut idem faciant imperat: V 37, 1; Vbiis ⟨ubi is *Ba*⟩ imperat, ut pecora deducant suaque ⟨*CC*⟩ omnia ex agris in oppida conferant . . .; mandat, ut: VI 10, 2; equitibus imperat, ut quam latissime possint ⟨*c*⟩ uagentur et ⟨ut *bh*⟩ quam maximum hostibus terrorem inferant: VII 8, 3; 45, 1 *u.* αα); duumuiris municipiorum omnium imperat, ut naues conquirant Brundisiumque deducendas curent: 1, 30, 1; imperat militibus Caesar, ut naues faciant: 1, 54, 1; naues longas X Gaditanis ut facerent (Varro) imperauit, complures praeterea [in] Hispali faciendas curauit: 2, 18, 1; Saburra . . . his imperat, ut simulatione timoris paulatim cedant ac pedem referant; sese . . . imperaturum: 2, 40, 3; magistrisque imperat nauium (Marcius), ut primo uespere omnes scaphas ad litus adpulsas habeant: 2, 43, 1.

γ) ne: Caesar . . . se . . . recepit suisque imperauit, ne quod omnino telum in hostes reicerent: I 46, 2; finitimisque (se) imperaturum, ne quam dediticiis populi Romani iniuriam inferrent: II 32, 2; obsides imperat et . . . constituit; interdicit atque imperat Cassiuellauno, ne Mandubracio neu Trinobantibus noceat ⟨bellum faciat β⟩: V 22, 5; (VII 86, 2 *u.* δ);) simul tertiae aciei totique exercitui imperauit, ne iniussu suo concurreret; se . . . signum daturum: 3, 89, 4.

δ) coniunctiuus: huic imperat, quas possit adeat ciuitates horteturque ⟨hortaturque *Ba*⟩, ut ⟨*c*⟩: IV 21, 8; imperat, si sustinere non possit ⟨*X; Schn.;* posset *recc.; rell. edd.*⟩, deductis cohortibus eruptione pugnet ⟨β; pugnaret α; *edd.*⟩; id nisi necessario ne faciat: VII 86, 2.

ε) acc. c. inf.; αα) pass.: has (naues) omnes actuarias imperat fieri . . .; iubet: V 1, 3; magnam partem equitatus ad eum insequendum mittit ⟨misit β⟩ retrahique imperat ⟨imperauit *bcefk*⟩. si uim faciat . . ., interfici iubet: V 7, 6; naues . . . Octogesam adduci iubent. . . . nauibus iunctis pontem imperant fieri: 1, 61, 4.

ββ) depon.: iubet . . .; quinque . . . reliquas (cohortes) de media nocte . . . magno tumultu proficisci imperat: VII 60, 3.

δδ) act. et pass.: eo partem nauium longarum conuenire, frumentum commeatumque . . . comportari ⟨-are *N*⟩ imperat: 3, 42, 2.

ζ) interrog. obl.: (Vercingetorix) quid fieri uellet imperabat: VII 16, 2.

paucis [diebus] quae fieri uellet Vticae constituit atque imperauit (Iuba): 2, 44, 3.

η) breuit. dicendi: omnes Vticam relinquunt ⟨*c*⟩ et quo imperatum est transeunt: 2, 25, 7.

B. = postulare, ut alqd detur, mittatur: tota Italia . . . arma imperantur, pecuniae a municipiis exiguntur: 1, 6, 8; 3, 32, 2 *u.* milites; ¶ equites auxiliaque toti ⟨*Steph.;* totius *uel* tocius *codd.*⟩ Lusitaniae a Petreio, Celtiberiae, Cantabris barbarisque omnibus . . . ab Afranio imperantur: 1, 38, 3; ¶ columnaria: 3, 32, 2 *u.* milites; ¶ equitatuque imperato bellum cum Germanis gerere constituit: IV 6, 5; ¶ equites *u.* **eques** *p. 1028 (4 loc.);* ¶ frumentum: V 20, 4 *u.* obsides; 3, 32, 2 *u.* milites; ¶ Haeduis Segusiauisque . . . decem milia peditum imperat; huc addit equites octingentos: VII 64, 4; imperant Haeduis atque ⟨*c*⟩ eorum clientibus . . . milia XXXV; *(cf. qu. sqq. usque ad § 4):* VII 75, 2—4; ¶ dum milites, quos imperauerat, conuenirent: I 7, 6; ciuitatibus milites imperat certumque in locum conuenire iubet: V 1, 6; legati ueniunt quaeque imperauerit se cupidissime facturos pollicentur; milites imperat; mittunt: 1, 15, 2; in capita singula . . . tributum imponebatur, columnaria, ostiaria, frumentum, milites, arma, remiges, tormenta, uecturae imperabantur: 3, 32, 2; (I 7, 2 *et* VII 31, 4 *u.* numerum;) ¶ Cato in Sicilia naues longas ueteres reficiebat, nouas ciuitatibus imperabat: 1, 30, 4; ¶ prouinciae toti quam maximum potest militum numerum imperat: I 7, 2; magnum iis ⟨*c*⟩ numerum obsidum imperat: IV 22, 2; his Caesar numerum obsidum, quem ante ⟨antea β⟩ imperauerat, duplicauit: IV 36, 2; imperat certum numerum militum ciuitatibus: VII 31, 4; (statuunt) certum numerum cuique ciuitati ⟨β; *Schn.*, *Fr.*, *Db.*; cuique ex ciuitate α; *rell. edd.*⟩ imperandum: VII 75, 1; imperant . . . milia XXXV; parem numerum Aruernis adiunctis Eleutetis ⟨*CC*⟩, Cadurcis, Gabalis, Vellauiis: VII 75, 2; legati ab Aruernis missi quae imperaret se facturos pollicentur. imperat magnum numerum obsidum: VII 90, 2; ¶ Caesar . . . ignoscere imprudentiae dixit obsidesque imperauit: IV 27, 5; Caesar obsides imperat eosque ad certam diem adduci iubet: V 1, 8; his Caesar imperat obsides XL frumentumque exercitui: V 20, 4; Caesar . . . obsides imperat et quid ⟨*c*⟩ . . . uectigalis . . . Britannia penderet constituit: V 22, 4; obsidibus imperatis centum hos Haeduis custodiendos tradit: VI 4, 4; omnibus his ciuitatibus obsides imperat, certum numerum militum ad se celeriter adduci iubet ⟨*c*⟩: VII 4, 7; ipse ⟨*c*⟩ imperat reliquis ciuitatibus obsides: VII 64, 1; (IV 22, 2; 36, 2; VII 90, 2 *u.* numerum;) ¶ ostiaria: 3, 32, 2 *u.* milites; ¶ magnam imperatam Asiae, Syriae regibusque omnibus et dynastis et tetrarchis et liberis Achaiae populis pecuniam exegerat: 3, 3, 2; ciuitatibus tyrannisque magnas imperauerat pecunias ⟨copias *O*⟩: 3, 31, 2; interim acerbissime imperatae pecuniae tota prouincia exigebantur: 3, 32, 1; qui praeter imperatas pecunias suo etiam priuato compendio seruiebant: 3, 32, 4; accedebant . . . grauissimae usurae, quod in bello plerumque accidere consueuit uniuersis imperatis pecuniis: 3, 32, 5; ciuibus Romanis eius proninciae, sed in singulos conuentus singulasque ciuitates certae pecuniae imperabantur, mutuasque illas ex senatus consulto exigi dictitabant, publicanis, ut in Syria ⟨*c*⟩ fecerant, insequentis anni uectigal promutuum: 3, 32, 6; ¶ Caesar iis ciuitatibus . . . pecus imperabat: 1, 52, 4; ¶ (pedites: VII 64, 4 *u.* milia;) ¶ remiges, tormenta, uecturae: 3, 32, 2 *u.* milites; ¶ uectigal: 3, 32, 6 *u.* pecunia.

2. = ἄρχειν; **A.** = *δεσποτεύειν:* Ariouistum . . . superbe et crudeliter imperare: I 31, 12; — ius esse belli, ut, qui uicissent, iis, quos uicissent, quem ad modum uellent imperarent: I 36, 1; item ⟨*c*⟩ populum Romanum uictis non ad alterius praescriptum, sed ad suum arbitrium imperare consuesse: I 36, 1.

B. = *στρατηγεῖν:* sic se complures annos illo (Caesare) imperante meruisse, ut nullam ignominiam acciperent ⟨*c*⟩: VII 17, 5.

imperatum: imperata (-tum) facere *u.* **facio** *p. 1254 sq.* **b)** *(10 loc.)* ¶ cum . . . uideret . . . Senones ⟨*c*⟩ ad imperatum ⟨imperandum *Ciacc.*⟩ non uenire: VI 2, 3.

Constituere — **imperare:** V 22, (4.) 5; 2, 44, 3; interdicit atque imperat, ne: V 22, 5; iubere — imp.: I 28, 3; II 28, 3; V 1, 3 (6. 8); 7, 6; 37, 1 *(bis)*; VII (4, 7;) 11, 5; 60, 3; 1, 20, 5 — 21, 2; 61, 4; imp. — mandare: VI 10, 2; — imp. — exigere: 1, 30, 4; imponere — imp.: 3, 32, 2.

Aduerb.: ante: II 33, 3; IV 36, 2; crudeliter, superbe: I 31, 12.

impetro. A. sequitur **a)** obiect.; **α)** subst.: petierunt . ., uti sibi . . . liceret. ea re impetrata sese . . . Caesari ad pedes proiecerunt: I 31, 2; se . . . ut recipiat petunt. qua re impetrata arma tradere iussi faciunt: III 21, 3; petunt . . ., ut . . . communicet. re impetrata contendunt, ut . . . tradatur: VII 63, 5; Caesar . . . a militibus contendit, ne . . . dimitterent. qua re impetrata . . . instituit: 3, 97, 2.

β) pronom.: (licere . . . in Vbiorum finibus considere . . .; hoc se Vbiis ⟨se ubiis *b*; suebis α; se ab ubiis β⟩ imperaturum ⟨α*a*; impetraturum *fh*⟩: IV 8, 3;) ¶ non minus se id contendere . . ., ne . . ., quam uti ea, quae uellent, impetrarent: I 31, 2; ne . . . castra moueret petierunt. ne id quidem Caesar ab se impetrari ⟨imperari *A*; imperare B^1M^1; impetrare *h*⟩ posse dixit: IV 9, 2; ne longius progrederetur ⟨*c*⟩ orabant. cum id non impetrassent, petebant, uti: IV 11, 2; cum litteras ad senatum miserit, ut omnes ab exercitibus discederent, ne id quidem impetrauisse ⟨*O*; impetrauisset *z*⟩: 1, 9, 3.

b) enuntiat.: sperare (se) a multitudine impetrari ⟨impetrare *Oehl.*⟩ posse, quod ad militum salutem pertineat: V 36, 2; sperare ⟨se *add.* β⟩ pro eius iustitia quae petierint impetraturos: V 41, 8.

c) de *u.* **de** *p. 816 (3 loc.)*.

d) ut: (Dumnorix) rem suscipit et a Sequanis impetrat, ut per fines suos Heluetios ire patiantur, obsidesque uti inter sese ⟨*c*⟩ dent perficit ⟨*c*⟩: I 9, 4; legatos . . . de deditione mittunt (Suessiones) et petentibus Remis ut conseruarentur impetrant: II 12, 5; (Adiatunnus) uti eadem deditionis condicione uteretur a ⟨*c*⟩ Crasso impetrauit: III 22, 4; aequum esse ab iis ⟨*c*⟩ communis salutis causa impetrari, ut castra munire instituerent: VII 29, 7; aegre ab his (consulibus) impetratum est summa tribunorum plebis contentione, ut in senatu recitarentur (litterae); ut uero ex litteris ad senatum referretur impetrari non potuit: 1, 1, 1; (3, 15, 7 *u.* **B.**;) Labienus, cum ab eo impetrauisset, ut sibi captiuos tradi iuberet, omnes . . . interfecit: 3, 71, 4.

B. intellegendum est ex iis, quae antecedunt, quid impetretur: his cum sua sponte persuadere non possent ⟨*c*⟩, legatos ad Dumnorigem Haeduum mittunt, ut eo deprecatore a Sequanis impetrarent: I 9, 2; si non impetraret, . . . se Haeduorum iniurias non neglecturum: I 35, 4; petere contendit, ut . . . relinqueretur. . . . omni spe impetrandi adempta principes Galliae sollicitare . . . coepit: V 6, 4; finitimos Germanos sollicitare . . . non desistunt. cum *a proximis impetrare non possent, ulteriores temptant: VI 2, 2; interim postulant, ut sint indutiae, atque ab iis ⟨*c*⟩ impetrant: 3, 15, 7.

Impetrare **ab** alqo *u.* **ab** *p. 17 (11 (12) loc.).*

impetus. A. = uis, uiolentia, incursio, cursus; a) in bello; α) obiect.: Massilienses et celeritate nauium et scientia gubernatorum confisi nostros eludebant impetusque eorum decipiebant ⟨*Np.;* excipiebant *codd.;* non excipiebant *Kran.; Db.;* exciebant *E. Hoffm.;* effugiebant *Terpstra*⟩: 1, 58, 1; Numidae integri celeritate impetum nostrorum effugiebant: 2, 41, 6; ¶ (exciere: 1, 58, 1 *u.* decipere;) ¶ excipere *u.* **excipio** *p. 1199* **D.** *(3 loc.;)* ¶ impetuque multitudinis in C. Trebonium facto et non nullis uulneratis (Coelius) eum de tribunali deturbauit: 3, 21, 2; *u. praeterea* **facio** *p. 1268 sq. (29 loc.);* ¶ ferre *u.* **fero** *p. 1289 sq. (11 loc.);* ¶ morari: 2, 26, 3 *u.* sustinere; ¶ equitatumque, qui sustineret hostium impetum, misit: I 24, 1; diutius cum sustinere nostrorum impetus non possent, . . se . . . receperunt ⟨*u. CC*⟩: I 26, 1; cum ab extremo agmine . . . consisterent fortiterque impetum nostrorum militum sustinerent: II 11, 4; neu perturbarentur animo hostiumque impetum fortiter sustinerent (milites): II 21, 2; propter iniquitatem loci . . . ne primum quidem posse impetum suum ⟨imp. s. posse β⟩ sustineri ⟨sustinere *BM*⟩ existimabant: III 2, 4; interim nostri milites impetum hostium sustinuerunt atque . . . fortissime pugnauerunt: IV 37, 3; eo ⟨*c*⟩ impetu milites ierunt . . ., ut hostes impetum legionum atque equitum sustinere non possent . . . ac se fugae mandarent: V 18, 5; quod primum hostium impetum multis ultro uulneribus inlatis fortissime sustinuerint: V 28, 4; ueritus (Labienus), ne ⟨*c*⟩ . . . hostium impetum sustinere non posset: V 47, 4; nostri . . . perturbantur ac uix primum impetum cohors in statione sustinet: VI 37, 3; in fide maneant atque hostium impetum magno animo sustineant (Boi): VII 10, 3; eorum impetum Galli sustinere non potuerunt atque in fugam coniecti . . . se . . . receperunt: VII 13, 2; castra munire instituerent, quo facilius repentinos hostium ⟨host. rep. β⟩ impetus sustinerent ⟨sustinere possent β⟩: VII 29, 7; neque nostrorum militum uictorum ⟨β; uictorumque α⟩ impetum sustinere potuerunt: VII 62, 8; qui (sagittarii expeditique) suis cedentibus auxilio succurrerent et nostrorum equitum impetus sustinerent: VII 80, 3; (Planens) congressus impari numero magnos impetus legionum ⟨*c*⟩ equitatusque sustinet: 1, 40, 6; quod (Afraniani) . . . comminus tam diu stetissent et nostrorum impetum sustinuissent et . . . nostros primo congressu terga uertere coegissent: 1, 47, 2; praemittit equites, qui primum impetum sustineant ac morentur: 2, 26, 3; uno loco Volcacius Tullus impetum legionis sustinuit cohortibus tribus atque eam loco depulit: 3, 52, 2; ut equitum mille etiam apertioribus locis VII milium ⟨*c*⟩ Pompeianorum impetum . . . sustinere auderent: 3, 84, 4; Caesar dispositis . . . cohortibus impetum eius sustinuit: 3, 111, 1; ¶ paulum ⟨paululum *a*⟩ hostium impetus tardatus est: II 25, 3; murum, qui ⟨quo β⟩ nostrorum ⟨nostrum *X; Hold.*⟩ impetum tardaret ⟨tardarent β⟩, praeduxerant: VII 46, 3; ea res saepe temptata etsi impetus eius consiliaque tardabat: 1, 26, 2; (Pompeius) quo facilius impetum Caesaris tardaret, ne sub ipsa profectione milites oppidum inrumperent, portas obstruit: 1, 27, 3; ¶ nostri . . . impetum classis timebant: 3, 26, 4.

β) abl.: cernebatur . . . inferri ⟨*c*⟩ signa et uniuersarum cohortium impetu ⟨impetum *z*⟩ nostros propelli: 1, 64, 2; ¶¶ (hostes) abiectis armis ⟨*c*⟩ ultimas oppidi partes ⟨*CC*⟩ continenti ⟨continuo β⟩ impetu ⟨*om.* β⟩ petiuerunt: VII 28, 2; ¶ eodem impetu *u.* **idem** *p. 18 (3 loc.);* ¶ ea celeritate atque eo ⟨*om.* β⟩ impetu milites ierunt, cum capite solo ex aqua exstarent, ut: V 18, 5; ¶ id (oppidum) ex itinere magno impetu Belgae oppugnare coeperunt: II 6, 1; genus erat pugnae militum illorum, ut magno impetu primo procurrerent ⟨concurrerent *hl*⟩: 1, 44, 1; ut . . . legionum signa consistere iuberent magnoque impetu equitatum ⟨-atu *hl*⟩ repellerent, eo summoto repente incitati cursu sese . . . demitterent ⟨*c*⟩: 1, 79, 4; hic nullo in loco Macedoniae moratus magno impetu tetendit ⟨*Nhl;* tendit *af;* contendit *O*⟩ ad Domitium: 3, 36, 2; ¶ quos primo hostium impetu pulsos dixeram: II 24, 1; an paenitet uos . . ., quod classem hostium primo impetu adueniens profligauerim? 2, 32, 12; scaphae . . . se in hostes incitauerunt primoque impetu unam ex his *quadriremibus . . . ceperunt, reliquas turpiter refugere coegerunt: 3, 24, 3; Achillas . . . occupabat Alexandriam . . . primo impetu domum eius inrumpere conatus: 3, 111, 1.

γ) c. praep.: quo commodius ab impetu nauium incendiisque (rates) defenderet: 1, 25, 10; ¶ tertia (pars) uacabat ⟨c⟩ ad incursum atque impetum militum relicta: 1, 82, 4.

b) maris, fluminis, uenti: tantas tempestates Oceani tantosque impetus uentorum sustineri ⟨sustinere α⟩ . . . non satis commode posse ⟨om. β⟩ arbitrabantur: III 13, 6; ¶ (tigna) ab inferiore parte contra uim atque impetum fluminis conuersa statuebat: IV 17, 5; — (Veneti) in magno impetu maris atque aperto ⟨in magno imp. uentorum atque mari aperto Vielh.; in mari magni impetus atque aperto Ciacc.⟩ paucis portibus interiectis . . . omnes fere, qui eo mari uti consuerunt, habent uectigales: III 8, 1.

B. = industria ac uigor agendi: 1, 26, 2 u. A. a) α) tardare.

Impetus plurali numero: I 26, 1; 52, 4; III 13, 6; VII 29, 7; 80, 3; 1, 26, 2; 40, 6; 58, 1; ¶ impetus classis: 3, 26, 4; fluminis: IV 17, 5; gladiorum: I 52, 4; maris: III 8, 1; multitudinis: 3, 21, 2; nauium: 1, 25, 10; (2, 6, 6;) uentorum: III (8, 1;) 13, 6; *reliquis locis* militum; ¶ impetus — concursus: VI 8, 6; imp. — congressus: 1, 47, 2; incursus atque impetus: 1, 82, 4; uis atque impetus: IV 17, 5.

Adiect.: apertus(?): III 8, 1; continens: VII 28, 2; idem: VI 40, 5; 3, 9, 7; 93, 6; is: V 18, 5; magnus: II 6, 1; III 6, 1; 1, 44, 1; 79, 4; 3, 36, 2; magni: 1, 40, 6; (noster: VII 46, 3;) primus: II 24, 1; III 2, 4; 19, 3; V 28, 4; VI 37, 3; 2, 25, 5; 26, 3; 32, 12; 34, 3; 3, 24, 3; 111, 1; quis: III 29, 1; repentini: VII 29, 7; (suus: III 2, 4;) tanti: III 13, 6; (unus: III 19, 3.)

impius: quibus ita ⟨c⟩ est interdictum, hi numero impiorum ac sceleratorum habentur, his ⟨c⟩ omnes decedunt ⟨c⟩: VI 13, 7.

implico. A. propr.: (has (litteras) ille in iaculo inligatas ⟨implicatas *Hoffmann*⟩ effert ⟨c⟩: V 45, 4;) ¶ quini erant ⟨c⟩ ordines coniuncti inter se atque implicati ⟨complic. β⟩: VII 73, 4.

B. trsl.: Bibulus . . . grauiore morbo ex frigore ac labore implicitus . . . uim morbi sustinere non potuit: 3, 18, 1.

imploro. A. alqd: auxilium u. **auxilium** *p. 392 β) (3 loc.)*; ¶ ille . . . se manu defendere suorumque fidem implorare ⟨improlarare B^1⟩ coepit ⟨u. CC⟩: V 7, 8; cum eius necessarii fidem implorarent Pompei, praestaret quod proficiscenti recepisset: 3, 82, 5.

B. alqm, ne: quae (mulieres) in ⟨c⟩ proelium proficiscentes ⟨milites *add.* B^2β⟩ passis manibus flentes implorabant, ne se in seruitutem Romanis traderent: I 51, 3.

impono. A. propr. (= ponere in alqa re (nauibus); a) non additur, quo imponatur: (Albicos: 1, 56, 2 u. numerum;) ¶ atque eae ⟨c⟩ ipsae copiae hoc infrequentiores [copiae] imponuntur (in naues), quod: 3, 2, 3; ¶ impositae, ut supra demonstratum est, legiones VII ⟨VI *Np.*⟩: 3, 6, 2; ¶ (milites: 3, 6, 1 u. numerum;) ¶ Massilienses . . . naues longas expediunt . . . . multa huc minora nauigia addunt . . . . magnum numerum sagittariorum, magnum Albicorum . . . imponunt: 1, 56, 2; expediti naues conscenderent, quo maior numerus militum posset imponi: 3, 6, 1; ¶ (sagittarios: 1, 56, 2 u. numerum.)

b) additur, quo imponatur alqd; α) in (naues): aes: 3, 103, 1 u. pondus; ¶ aggerem: 3, 62, 2 u. numerum; ¶ equites: 3, 14, 1 u. legiones; ¶ Calenus legionibus equitibusque Brundisii in naues impositis . . . naues soluit: 3, 14, 1; ¶ magnum numerum leuis armaturae et sagittariorum aggeremque omnem noctu in scaphas et naues actuarias (Pompeius) imponit: 3, 62, 2; ¶ Pompeius . . . aeris magno pondere ad militarem usum in naues imposito ⟨deposito *f*⟩ . . . Pelusium peruenit: 3, 103, 1; ¶ (sagittarios: 3, 62, 2 u. numerum.)

β) eo: Caesar . . . commodissimum esse statuit omnibus equis Gallis equitibus detractis eo ⟨in eos B^2⟩ legionarios ⟨legion. eo *h*⟩ milites legionis decimae . . . imponere ⟨imponerent A^1⟩: I 42, 5; deprensis ⟨c⟩ nauibus circiter ⟨c⟩ quinquaginta ⟨c⟩ . . . atque eo militibus impositis ⟨β; iniectis α; *edd.*⟩ . . . oppido potitur (Labienus): VII 58, 4; scaphas . . . contexit (Antonius) eoque milites delectos imposuit: 3, 24, 1; ¶ (Germani) omnem . . aciem suam raedis et carris circumdederunt . . . . eo mulieres imposuerunt: I 51, 3.

γ) alci rei: multum autem ab ictu lapidum . . . uiminea tegimenta galeis imposita defendebant: 3, 63, 7.

B. trsl. = iniungere (imperare): ut . . . sibi quisque etiam poenae loco grauiores imponeret labores: 3, 74, 2; ¶ si qua esset imposita dimicandi necessitas: 3, 77, 1; ¶ stipendium (se) capere iure belli, quod uictores uictis imponere consuerint: I 44, 2; quibus (Arnernis et Rutenis) populus Romanus ignouisset . . . neque stipendium imposuisset: I 45, 2; exposuit, . . . quam humiles (Haeduos) accepisset, . . . multatos agris, . . . imposito stipendio, obsidibus summa cum contumelia extortis: VII 54, 4; ¶ in capita singula seruorum ac liberorum tributum imponebatur: 3, 32, 2.

importo: aere utuntur importato: V 12, 5; ¶ qui commeatus Byllide ⟨c⟩ atque Amantia ⟨c⟩ importari in oppidum prohibebat ⟨CC⟩: 3, 40, 5; ¶ plerumque frumento utuntur importato: 3, 42, 5; ¶ quin etiam iumentis . . . [Germani] importatis ⟨his *add.* α; inportaticiis *Oudend.*; *u.* CC⟩ non utuntur: IV 2, 2; ¶ mercatoribus est aditus magis ⟨c⟩ eo, ut quae bello ceperint quibus uendant habeant, quam quo ullam rem ad se importari desiderent: IV 2, 1; ¶ (uinum ad se omnino ⟨omnino ad se β⟩ importari non sinunt ⟨patiuntur β; *u.* CC⟩: IV 2, 6.) minimeque ad eos mercatores saepe commeant atque ea, quae ad effeminandos animos pertinent, important: I 1, 3.

imprimis *u.* **in** 2. C. a) γ) ββ).

improbo: Curio utrumque improbans consilium . . . dicebat: 2, 31, 1; ¶ latum ab X tribunis pl. . . ., ut sui ratio absentis haberetur, ipso consule Pompeio; qui si improbasset, cur ferri passus esset ⟨c⟩? si probasset, cur . . . prohibuisset? 1, 32, 3.

improbus. 1. adiect.: hos seditiosa atque improba oratione multitudinem deterrere, ne frumentum conferant: I 17, 2.

2. ui subst.: nam neque pudentes ⟨c⟩ suspicari oportet sibi parum credi neque improbos scire sese timeri, quod illis licentiam timor augeat noster, his ⟨his . . . illis *Gemoll;* his suspicio *uir quidam doctus ap. Ciacc.*⟩ studia deminuat ⟨c⟩: 2, 31, 4.

improuisus. (1. adiect.: communi . . fit uitio naturae, ut inuisitatis ⟨*Elberl.*; inuisis latitatis *Nx*; inprouisis *Freudenb.*; *Dt.*; *u.* CC⟩ atque incognitis rebus magis confidamus nehementiusque exterreamur: 2, 4, 4.)

2. ui subst.: de improuiso *u.* **de** *p. 822* F. *(7 loc.)*; ¶ accessit etiam ex improuiso aliud incommodum: 3, 79, 3.

improuiso: quod improuiso unum pagum adortus esset ⟨CC⟩: I 13, 5; ¶ improuiso ad uallum aduolat: 1, 75, 2; ¶ continentemque ripae collem improuiso occupat: 1, 54, 3.

imprudens: equites . . . imprudentes atque ⟨O²; imprudentesque atque *Nl*; *Db.*; prudentisque ad *af*; prudentes atque *h*; et prudentis atque O¹⟩ inopinantes hostes adgrediuntur: 2, 38, 4; ¶ ne quis inermibus imprudentibusque militibus ab latere impetus fieri posset: III 29, 1; ¶¶ freto Siciliae imprudente atque inopinante Curione peruehitur: 2, 3, 1; ¶ illi . . . imprudentibus nostris atque occupatis in munitione castrorum subito se ex siluis eiecerunt: V 15, 3; magna uis eminus missa telorum multa nostris [de improuiso] imprudentibus atque impeditis uulnera inferebant: 2, 6, 3; ¶¶ ad hos opprimendos . . . proficiscitur imprudentesque ante missis equitibus adgreditur: 1, 51, 4; — si imprudentes ex insidiis adoriri posset: 3, 30, 2.

imprudenter: etsi te nihil temere, nihil imprudenter facturum indicaram: *ap. Cic. ad Att.* X 8 *B*, 1.

imprudentia: Caesar . . . ignoscere (se) imprudentiae dixit: IV 27, 5; ¶ (naues) imprudentia aut tempestate paulum suo cursu decesserunt: 3, 112, 3; — factum imprudentia Biturigum . . ., uti hoc incommodum acciperetur: VII 29, 4; ¶ culpam in multitudinem contulerunt ⟨c⟩ et propter imprudentiam ut ignosceretur petiuerunt: IV 27, 4; — ne omnis nobilitatis discessu plebs propter imprudentiam laberetur: V 3, 6.

impubes: qui diutissime impuberes permanserunt, maximam inter suos ferunt laudem: VI 21, 4; ¶ de sernis liberisque omnibus ad impuberes supplicium sumit et ad unum ⟨omnes *add. b*⟩ interficit: 3, 14, 3.

impudentia: integras nero tenere possessiones qui se debere fateantur, cuius animi aut cuius impudentiae est? 3, 20, 3.

impugno. A. alqm: id se sui muniendi, non Galliae impugnandae ⟨oppugnandae β⟩ causa facere: I 44, 6.

B. abs.: nostri redintegratis uiribus . . . acrius impugnare coeperunt: III 26, 4; (cohortes sinistrum cornu pugnantibus ⟨impugnantibus O¹af⟩ etiam tum ac resistentibus in acie Pompeianis circumierunt: 3, 93, 6.)

impulsu: ne ciuitas eorum impulsu deficeret: V 25, 4.

impune: quod . . tam diu se impune iniurias intulisse ⟨*Pramm.*, *RSchn.*; tulisse *codd.*; *edd.*⟩ admirarentur: I 14, 4.

impunitas: consuesse enim deos . . . quos pro scelere eorum ulcisci uelint, his secundiores interdum res et diuturniorem impunitatem concedere: I 14, 5.

imus *u.* **inferus.**

in. I. Forma: impericulo *scriptum est in ABM* II 26, 5 (*pro* in periculo); impetenda pace *in BM* (in petenda pace *in AQβ*) IV 27, 4; imperpetuum *in B* V 38, 2; (imcampum *in A* VII 79, 3; imposterum *in O* 3, 86, 5.)

II. Conlocatio. 1. in c. acc.: aequum in locum: 3, 56, 1; (*sed* in aequum locum: VII 28, 2; 53, 2;) certumque in locum: V 1, 6; iniquum in ⟨*om.* β⟩ locum: VI 40, 6; (*sed* in locum iniquum: II 23, 2; 1, 45, 2; in locum iniquiorem: II 10, 4;) unum in locum: IV 19, 2; in unum ⟨α; unum in β⟩ locum: III 16, 2; VI 10, 1 (*sed* in unum locum: I 24, 3. 4; 34, 3; II 2, 4; 5, 4; 25, 1; VI 17, 3; VII 9, 5; 1, 71, 3; 3, 73, 1; in unum atque angustum locum: 1, 50, 2; *cf.* in eum locum: II 16, 5; V 11, 8; 35, 3; VI 43, 4; 44, 1; 1, 46, 4; 84, 2; in ea loca: IV 7, 1; in eundem locum: 1, 45, 8; in omnem locum: V 43, 2; in superiora loca: V 8, 6; in suum locum: V 50, 3; — in antiquum locum: I 18, 8; — in locum deiectus ⟨*CC*⟩ inferiorem ⟨inf. deiectus β⟩: V 44, 12; in loca superiora: 1, 51, 6; in locum tutum: 2, 41, 7; — — in diem certam: I 30, 4; in una castra: 3, 82, 1; in unum oppidum: II 29, 2; ¶ quam in fortunam quamque in amplitudinem ⟨*sic* α; in eam fort. amplitudinemque β⟩: VII 54, 4; ¶ aliam in partem: II 24, 1. 3; (*sed* in aliam part.: 1, 21, 6; contrariamque in partem: 1, 69, 1; (*sed* in contrariam partem: IV 17, 7; 3, 63, 2;) nullam in partem: 2, 28, 4; (in omnes partes ⟨α; omnes in partes β⟩: VI 34, 1; in omnes partes: II 24, 4; IV 19, 2; 34, 5; V 49, 8 ⟨in omnem partem β⟩; 53, 4; VI 43, 1. 4; VII 9, 2; 63, 1; 3, 46, 1;) quam in partem: I 40, 1; (II 21, 1;) IV 32, 1; VI 37, 6; quam in ⟨α; in quam β⟩ partem: V 34, 3; quam quisque ab opere in partem casu deuenit: II 21, 6; quas in partes: I 15, 1; quamcumque in partem: 2, 41, 4; quascumque in ⟨*om.* α⟩ partes: V 41, 6; 3, 102, 1; (*cf.* in alteram partem: II 21, 4; in duas partes: III 1, 6; VII 34, 1; 1, 40, 5; 55, 2; 3, 72, 2; 104, 1; in partes diuisae sunt duas ⟨α; diuisae sunt in duas p. β⟩: VI 11, 5; in partes duas ⟨*fhl;* in d. p. *a*⟩: 1, 35, 3; in eam partem: I 13, 3; III 15, 3; IV 32, 2; in eas partes: I 34, 3; VI 33, 1; in eandem partem: VII 60, 4; 3, 37, 4; in pacatissimam et quietissimam partem: V 24, 7; in plures diffluit ⟨*c*⟩ partes: IV 10, 4; in tres partes: VI 32, 3; VII 61, 4; 67, 1; in partes tres: I 1, 1; in ullam p.: 2, 17, 2; in utram p.: I 12, 1; in utramque p.: 1, 86, 3; 3, 70, 2; in utramque partem ⟨β; in utraque parte α⟩: V 29, 6; 30, 1; — — in alias ciuitates: I 18, 7; in aliud tempus: I 53, 7; 1, 86, 2; 3, 60, 3;) ¶ (inque eam rem ⟨α; in quam rem β⟩: V 36, 2;) ¶ interiorem in portum ⟨*Ciacc.;* partem *codd.*⟩: 3, 39, 2; (*sed* in interiorem portum ⟨*Forchh.;* partem *codd.; Np., Dt.*⟩: 3, 40, 4; *cf.* in ulteriorem portum: IV 23, 1; in eundem portum: IV 22, 4;) ¶ (summa in ⟨*Forchh.;* summum (*om.* in) *x;* summum in *O; Db.;* in summum *V.; Np.*⟩ ingum uirtute conititur: 1, 46, 3;) ¶¶ commodiorem in statum: VII 6, 1; (*sed* in hunc statum: *ap. Cic. ad Att.* IX 7 *C*, 2; in pristinum statum: VII 54, 4;) ¶ magnamque in spem ueniebat: I 42, 3; magnum in timorem: 1, 61, 2; (*sed* in magnam conuallem: V 32, 2; *cf.* in maiora castra: 3, 67, 6; in castra maiora: I 49, 5; — in eam spem: 1, 72, 1;) ¶ mirum in modum: I 41, 1; (*sed* in seruilem modum: VI 19, 3; ad ⟨α; in β⟩ hunc modum: V 27, 1;) ¶ summum in cruciatum: I 31, 2; summamque in sollicitudinem ac timorem ⟨*Elberl.;* summaque in sollicitudine ac timore *codd.*⟩: 3, 31, 4; summam in spem: I 18, 9; (*sed* in summum periculum: V 31, 1; 1, 19, 3.)

quorum in fines: II 10, 4.

Reliquis locis praepositio in *primo loco posita est;* in fines suos, in locum tutum, *similia 22 (23) loc.;* in proxima oppida, in unum locum, in eam partem, *sim. 153 (160) loc.;* in Menapiorum fines, in eius conspectum, *sim. 19 (20) loc.;* in fines Sugambrorum, in conspectum agminis nostri, *sim. 31 (32) loc.;* in proxima Octauii castra, in singula diei tempora, *sim. 4 (6) loc.* (I 28, 5 ⟨*c*⟩; V 43, 2 ⟨*c*⟩; (VI 10, 2;) VII 16, 2; 3, 9, 6; *ap. Gell.* XIX 8, 8;) in eas partes Galliae, in superiores . . ordines huins legionis, *sim. 5 (6) loc.* (I 18, 8; 34, 3; IV 22, 5; (V 43, 2 ⟨*c*⟩;) VI 40, 7; 44, 1;) in capita singula seruorum ac liberorum: 3, 32, 2; in sua et Pompei uerba: 2, 18, 5.

2. in c. abl.: ueteribus suis in castris ⟨*sic Ofhl;* in *om. a;* in ueteribus suis castris *Np., Dt.*⟩: 3, 76, 1; (*sed* in suis ueteribus castris: 3, 76, 2; *cf.* in nostris castris: II 24, 2; 26, 4 ⟨castris nostr. β⟩; in superioribus castris: 1, 42, 5; in ⟨*om. codd.; Np.*⟩ castris statiuis: 3, 37, 1;) ¶ multis in ciuitatibus: VI 17, 4; (in multis . . *nusquam;*) — in Aulercis Lexobiisque, reliquis item ⟨in *add.* β⟩ ciuitatibus: III 29, 3; (*sed* in reliquis ciuitatibus: VII 15, 1; *cf.* in omnibus ciuitat.: VI 11, 2; in sua ciuitate: V 25, 1; in ea c.: V 3, 2; 20, 1; in ciu. sua: I 3, 4; IV 12, 4; — in reliquis rebus (maribus, institutis): V 1, 2; VI 14, 3; 18, 3; 3, 68, 1; in reliqua Gallia: I 20, 2;) ¶ (incertis occultisque ⟨in *add.* β⟩ itineribus: VI 34, 4; in eo itinere: I 3, 4;) ¶ angusto in loco: VI 30, 3; (in angusto . . *nusquam;*) — nullo in loco Macedoniae: 3, 36, 2; (*cf. infra* nulla in re; in nullo . . *nusquam;*) — his in ⟨*sic* α; in his β⟩ locis: IV 29, 4; (*sed* in his locis: III 1, 3; 7, 3; IV 20, 1; 22, 1; VII 9, 1; ⟨locis *om.* α⟩ V 7, 3; ⟨iis *A*[1]*BM; Fr., Db.*⟩ V 22, 1; *praeterea* in his prouinciis, rebus, *sim. 11 loc.;* in hac (hoc) insula, (numero,) *sim. 6 loc.;*) — omnibus in locis: II 27, 2; *cf. infra* omnibus in partibus; (*sed* in omnibus locis: VII 25, 1; *praeterea* in omnibus collibus, rebus, *sim. 8 loc.;* in omni Gallia: VI 13, 1;) — uno in loco: IV 1, 7; *cf. infra* una in parte; (*sed* in ⟨*om. AQ*⟩ una uirtute: II 33, 4;) — reliquis in locis: VI 25, 5; *cf. supra* reliquis in ciuitatibus; (*sed* in eo loco *6 loc.;* in his locis *7 loc.;* ⟨in *add.* β⟩ suo loco: V 50, 1; in aperto loco: II 18, 3; in declini ac praecipiti loco: IV 33, 3; in iis ⟨illis β⟩ locis: III 20, 1; in omnibus locis: VII 25, 1; in loco palustri, aperto, *sim. ter;* in locis superioribus, idoneis, *sim. sexies;* ¶ alia in parte: II 22, 1; 23, 3; (in alia *nusquam;*) — omnibus in ⟨*om. a*[1]*; in omnibus h*⟩ partibus: VII 67, 3; (*sed* in omnibus partibus: VII 15, 2; in omnibus Eburonum part.: VI 35, 1; in omnibus pagis partibusque: VI 11, 2; *cf. supra* omnibus in locis; — quid quaque in ⟨*sic* β; qua ex α; quaque ex *edd.*⟩ parte geratur: VII 85, 1; (in quaque parte: II 22, 1;) — una in parte: VII 80, 6; *cf. supra* uno in loco; (in quaque, sinistra parte, *sim. 6 loc.;*) ¶¶ quibus (*pron. relat.*) in castellis ⟨in quibus (*om.* castellis) *bdhik*⟩: VII 69, 7; — quo in consilio: III 3, 2; — qua in fuga: 2, 35, 1; — quo in loco: I 49, 1; VI 30, 1; 3, 37, 5; quibus in locis: IV 7, 1; 2, 9, 8; quibus quisque in locis: 1, 44, 3; — quo in numero: III 7, 4; 27, 1; 2, 44, 3; quo sunt in numero: VII 75, 4; — qua in re: I 12, 7; V 8, 4; 1, 85, 2; quibus in rebus: 3, 32, 5; — quibus in tabulis: I 29, 1; ¶ quo (*pron. interrog.*) in loco: II 26, 5; V 9, 1; — quibus in locis: VI 35, 7; ¶ quantoque in periculo: II 26, 5; V 48, 2; quanto res sit ⟨sit res β⟩ in periculo: VI 39, 1; quanto res in periculo fuerit: VII 41, 2; ¶ si qua in parte: VII 67, 4; ¶¶ magno erat in periculo res: 1, 79, 3; — magno in honore (habere): 1, 77, 2; 3, 47, 7; (*sed* ⟨in *add.* β⟩ aliquo sunt numero atque honore: VI 13, 1; *cf.* in magnis . . . difficultatibus: VII 35, 1; in magna difficultate: 3, 15, 3; in magno impetu maris: III 8, 1; *cf.* 3, 14, 3;) ¶ nulla in re: V 33, 2; (VII 65, 4 *in cod. a*); (*cf.* in ea re *5 (6) loc.;* in re militari *5 loc.;* in his, reliquis rebus, *sim. 10 loc.;* in rebus aduersis: 3, 80, 3; ⟨in *add.* β⟩ extremis suis rebus: II 25, 3; ¶ summis erat in angustiis: 3, 47, 5; — summo esse in periculo: VII 32, 3; (*sed* in summo periculo: VII 26, 4; in summo esse rem discrimine: VI 38, 2; in summa omnium rerum inopia: V 2, 2; — in summo colle: II 26, 3; in colle summo: VII 69, 1; in summo iugo: I 24, 2; — in his angustiis: 1, 54, 1; in his erat angustiis: 1, 78, 3; ¶ toto hoc in genere: V 16, 1; (in toto . . *nusquam.*)

quorum in finibus: VII 14, 6; quorum in aedibus fanisque: *ap. Gell.* IV 16, 8; — quorum in consilio: VII 77, 4; quorum erant in clientela (fide): VI 4, 5; VII 5, 2; quorum antiquitus erat in fide: VI 4, 2; quorum ipsi in potestate sunt: *ap. Suet.* 6; (*sed* in quarum altera: 3, 101, 6; *cf.* cum essent in quibus demonstraui angustiis: 3, 15, 6;) — horum in agris ciuitatibusque: VII 77, 15; suorum in terrore ac fuga: 3, 71, 2; (mortis ⟨in *add.* β⟩ periculo: V 30, 2; hostium se ⟨in *add.* β⟩ numero habiturum: VI 6, 3.)

Reliquis locis praepositio in *primum locum obtinet:* in eo loco, in primo congressu, *sim. 144 (155) loc.;* in finibus suis, in rebus aduersis, *sim. 34 (36) loc.;* in Caesaris castris, in eorum fide, *sim. 29 (33 loc.);* in castris Caesaris, in conspectu omnium, *sim. 59 (61) loc.;* in ipso fluminis uado, in tanta rerum iniquitate, *sim. 12 (13) loc.;* in sinistra parte aciei, in extrema spe salutis, *sim. 9 (10) loc.;* in milibus passuum tribus: VI 36, 2; in ⟨c⟩ custodiarum uaria diligentia: 3, 61, 3; nullo in loco Macedoniae: 3, 36, 2; *cf.* V 16, 1; in magno impetu maris atque aperto (?): III 8, 1.

In annosque: 3, 82, 4.

Inque eam rem ⟨in quam rem β⟩: V 36, 2; inque eis: 2, 10, 1.

III. Signif.; 1. in c. acc.; A. de loco; a) = *εἰς* **(significat alqd moueri aliquo ita, ut ad ipsum illum locum peruenerit atque in illo loco sit (Ziel);) pendet α) ex uerbis αα) mouendi:** (abdere *u.* **abdo B. a)** *p. 41 (9 loc.);*) ¶ alii suos in castra inuitandi causa adducunt ⟨abducunt *f*⟩, alii ab suis abducuntur ⟨adduc. *ahl*⟩: 1, 74, 4; ¶ accersere *u.* arcessere; ¶ adducere *u.* **adduco** *p. 149* ββ) *(4 loc.);* ¶ uti ex locis superioribus in litus telum adigi posset: IV 23, 3; ¶ si legiones in prouinciam arcesseret ⟨c⟩: VII 6, 3.

postquam omnes Belgarum copias in unum locum coactas ad se uenire uidit: II 5, 4;

nauium quod ubique fuerat in unum ⟨unum in β⟩ locum coegerant: III 16,2; Suebos omnes in unum ⟨unum in β⟩ locum copias cogere: VI 10,1; priusque omnes in unum locum cogit quam: VII 9,5; coactoque in unum locum exercitu contionem . . . habuit: 3,73,1; — omnem ex agris multitudinem seruorum ac liberorum in oppidum cogit: 3,80,3; — omnes amici consulum . . . in senatum coguntur: 1,3,4; — naues in Venetiam . . . quam plurimas possunt cogunt: III 9,9; ¶ milia sagittarum circiter XXX in castellum coniecta Caesari renuntiauerunt ⟨c⟩: 3,53,4; agger ab uniuersis in munitionem ⟨munitione β⟩ coniectus . . . contegit: VII 85,6; interfectus est . . . gladio in os aduersum coniecto: 3,99,1; in uallem: III 2,4 *u.* decurrere; hostes . . . lapides gaesaque ⟨c⟩ in uallum coicere: III 4,1; *u. praeterea* **coicio** *p. 598 sq.* **β) αα)** *(6 loc.)*; ¶ (gentibus cognationibusque hominum quique una ⟨β; qui cum una α; qui in unum *Vielh.*; *u. CC*⟩ coierunt . . . attribuunt: VI 22,2;) ¶ **(**qui *non* [superiore nocte] *tuto a Vari* in Curionis *castra* comm*earent* ⟨*sic Dt.*⟩: 2,29,4;**)** ¶ compellere *u.* **compello** *p. 619* **A. b)** *(8 loc.)*; ¶ aquam comportare in arcem ⟨arce *a*; *Np.*⟩ . . . coepit: 3,12,1; cum . . . frumentum . . in hiberna comportauissent: V 26,2; frumenta ex agris in oppida comportant: III 9,8; ¶ nuntiauerunt manus cogi, exercitum ⟨c⟩ in unum locum conduci: II 2,4; ¶ (se) conferre in castra *u.* **castra** *p. 474* **h) α)** *(3 loc.)*; — arma omnia priuata ac publica in domum Gallonii contulit: 2,18,2; pecunias monimentaque, quae ex fano Herculis conlata erant in priuatam ⟨praetoriam *Paul*⟩ domum, referri in templum iubet: 2,21,3; — sarcinas in unum locum conferri . . . iussit: I 24,3; Heluetii . . . impedimenta in unum locum contulerunt: I 24,4; ubi suos urgeri signisque in unum locum conlatis . . . confertos milites sibi ipsos ad pugnam esse impedimento uidit: II 25,1; reliquasque ⟨c⟩ res in unum locum conferunt: VI 17,3; quod . . . conlatis . . in unum locum signis conferti neque ordines neque signa seruarent: 1,71,3; — paucis amissis sese in proximos montes conferunt: 1,51,5; — cum se suaque omnia in oppidum Bratuspantium contulissent: II 13,2; sua omnia in unum oppidum egregie natura munitum contulerunt: II 29,2; Vbiis imperat, ut pecora deducant ⟨se *add. Pluyg.*⟩ suaque omnia ex agris in oppida conferant: VI 10,2; neque suo consilio . . . Domitium se in oppidum Corfinium contulisse: 1,19,3; quem (commeatum) in oppidum contulerant ⟨-rat *ahl*⟩: 1,43,2; pecuniam omnem omniaque ornamenta ex fano Herculis in oppidum Gades contulit: 2,18,2; — se in praetorium contulit: 3,94,7; — frumenti quod inuentum est in publicum conferunt: 1,36,3; quod (panicum atque hordeum) ad huins modi casus antiquitus paratum in publicum contulerant: 2,22,1; — quae repentini tumultus timore ex agris in urbem conferantur: 2,25,2; ¶ confugere *u.* **confugio** *p. 649 sq. (3 loc.)*; ¶ equitatus . . . summa in ⟨*Forchh.*; summum *x*; summum in *O*; *Db.*; in summum *edd. uett.*; *Np.*⟩ iugum uirtute conititur: 1,46,3; ¶ **(**milites equitesque conscendere ⟨in *add.* α; *edd.*⟩ naues iubet: V 7,4;**)** ¶ contendere *u.* **contendo** *p. 706 sq.* **c) β) ββ)** *(10 loc.)*; ¶ neque exercitum (se) sine magno commeatu atque molimento ⟨c⟩ in unum locum contrahere posse: I 34,3; ¶ frumentum ex finitimis regionibus atque ⟨in *add. afh*; *om. l*; ex *add.* O^1; *edd.*⟩ omnibus castellis in urbem conuexerant: 1,34,5; ¶ neque quo signa ferantur neque quam in partem quisque conueniat ⟨contendat?⟩ prouident: VI 37,6; *u. praeterea* **conuenio** *p. 724 sq.* **b)** *(7 loc.)*; ¶ conuertere: 3,36,2 *u.* **b) α) αα) b)** conuertere.

(ad cohortandos milites, quam ⟨in *add. X*; *om. 1 det.*; *ego deleui*⟩ partem fors obtulit, decucurrit ⟨decurrit β⟩: II 21,1;**)** cum ipsi ex montibus in uallem decurrerent et tela coicerent: III 2,4; ¶ copias ex locis superioribus in campum deducit ⟨ducit *a*; *Np.*, *Dt.*⟩: 2,40,4; *u. praeterea* **deduco** *p. 836 sq.* **β)** *(9 loc.)*; ¶ in locum delatus ⟨*Paul*; deiectus α; *edd.*⟩ inferiorem ⟨inferiorem deiectus β⟩ concidit: V 44,12; in scrobes delati ⟨delapsi β⟩ transfodiebantur: VII 82,1; ¶ **(**deicere: V 44,12 *u.* deferri;**)** ¶ delabi: VII 82,1 *ib.*; ¶ has sublicis in terram demissis ⟨dimissis *Ox*⟩ praesaepserat: 3,49,4; *u. praeterea* **demitto** *p. 855* **β)** *(5 loc.)*; ¶ omnibus undique conquisitis iumentis in castra deportant (frumentum): 1,60,3; ¶ cum Vercingetorix nihilo magis ⟨c⟩ in aequum locum descenderet ⟨-erit *h*⟩: VII 53,2; omnes . . . ex superioribus locis in planitiem descendere . . . iussit: 3,98,1; ¶ quam quisque ab opere in partem casu deuenit: II 21,6; ¶ saxa . . . promouent praecipitataque *e* muro in musculum deuoluunt: 2,11,1; easque (cupas) de muro in musculum deuoluunt: 2,11,2; ¶ hae ⟨c⟩ (casae) celeriter ignem . . . in omnem locum castrorum ⟨castrorum locum β; *Ald.*⟩ distulerunt: V 43, 2; ¶ praefectos tribunosque militum complures in finitimas ciuitates frumenti ⟨c⟩ causa dimisit: III 7, 3; eos conlaudat atque in oppidum dimittit: 1, 21, 2; ¶ utrique in castra discedunt: 1, 83, 3; reliqui ex fuga in ciuitates discedunt: VII 88, 7; qui (milites) lignationis munitionisque causa in siluas discessissent: V 39, 2; — discedens ab hibernis Caesar in Italiam ... legatis imperat: V 1, 1; ¶ (copias in campum ducere: 2, 40, 4 *u.* deducere;) — animaduersum est ... cohortes quasdam ... in uetera castra duci: 3, 66, 1; — in fines *u.* **finis** *p. 1305 ζζ) (4 loc.)*; — reliquum exercitum ... legatis in Menapios atque in eos pagos Morinorum ... ducendum ⟨deducendum β⟩ dedit: IV 22, 5; — quam in partem aut quo consilio ducerentur: I 40, 1; quam (legionem) L. Roscio in pacatissimam et quietissimam partem ducendam dederat: V 24, 7; — inde in Allobrogum fines, ab Allobrogibus in Segusiauos ⟨c⟩ exercitum ducit: I 10, 5; exercitumque in Bellouacos ducit: II 13, 1; IV 22, 5 *u.* in pagos; unam (legionem) in Morinos ducendam C. Fabio legato dedit, alteram in Neruios Q. Ciceroni, tertiam in Esuuios ⟨c⟩ L. Roscio: V 24, 2; quattuor legiones in Senones Parisiosque Labieno ducendas dedit, sex ipse in Aruernos ad oppidum Gergouiam secundum flumen Elauer duxit: VII 34, 2.

(impedimentis in proximum collem † deductis ⟨eductis *Maduig*⟩: VII 68, 2;) ¶ hos ⟨c⟩ ipse rursus singulos exceptans in murum extulit: VII 47, 7; ¶ cum equitatus noster liberius praedandi ⟨c⟩ uastandique causa se in agros eiecerat ⟨effunderet β⟩: V 19, 2; tempestate prope omnes naues adflictas atque in litus ⟨β; *Fr.*; litore α; *rell. edd.*⟩ eiectas esse: V 10, 2; gubernatorem in terram nanem ⟨nanem in terr. *h*⟩ eicere cogunt: 3, 28, 5; ¶ si forte ... hostes in suum locum elicere posset: V 50, 3; ¶ eo in Italiam euocato: 3, 21, 4; ¶ quin ... in prouinciam exirent atque inde in Italiam contenderent: I 33, 4; ¶ si ab ⟨c⟩ re frumentaria Romanos excludere aut adductos inopia in prouinciam ⟨in prou. *Nicasius Ellebodius*; proninciа β; ex prouincia α⟩ expellere ⟨excludere β⟩ possent ⟨*u.* *CC*⟩: VII 55, 9; ¶ neque adfectum ualetudine filium exponere in terram ⟨*O*; terra *x*⟩ patitur: 1, 31, 3; militibus ac sagittariis in terram ⟨terra *Nafl*⟩ expositis: 3, 23, 2.

fugere in prouinciam Romanos: VII 66, 3.

alii faces atque aridam materiem ⟨c⟩ de muro in aggerem eminus iaciebant: VII 24, 4; feruentes ... glandes fundis ⟨c⟩ et feruefacta iacula ⟨c⟩ in casas ... iacere coeperunt: V 43, 1; armorum magna multitudine de muro in fossam ... iacta: II 32, 4; ex totis ripis in unum atque angustum locum tela iaciebantur: 1, 50, 2; in mare iactis molibus: 3, 112, 2; undique in murum lapides iaci coepti sunt: II 6, 2; milites in exteriorem ⟨interiorem *NO'hl*⟩ uallum tela iaciebant: 3, 63, 6; ¶ haec (tigna) cum machinationibus immissa in flumen ⟨flumine β⟩ defixerat: IV 17, 4; ¶ imponere *u.* **impono** *p. 82* **A. b) α)** *(3 loc.)*; ¶ qui commeatus Byllide ⟨c⟩ atque Amantia ⟨c⟩ importari in oppidum prohibebat ⟨*CC*⟩: 3, 40, 5; ¶ ne in angustias inciderent, ... se in fossas praecipitabant ⟨c⟩: 3, 69, 3; ¶ pars erat regiae exigua, in quam ipse habitandi causa initio erat inductus: 3, 112, 8; ¶ illum in equum quidam ex suis intulit ⟨impulit β⟩: VI 30, 4; omniaque ⟨c⟩, quae uiuis cordi fuisse arbitrantur, in ignem inferunt, etiam animalia: VI 19, 4; ¶ quod (flumen) influit in Mosam ⟨*u.* *CC*⟩: VI 33, 3; (in flumine Ligeri,) quod influit in ⟨*om.* β⟩ Oceanum: III 9, 1; multisque capitibus (Rhenus) in Oceanum influit ⟨fluit *Aimoin.*⟩: IV 10, 5; Mosa ... parte quadam ex Rheno recepta, quae appellatur Vacalus, insulam ⟨que (*uel* quae) *add. codd.*; *Fr.*⟩ efficit Batauorum, ⟨in Oceanum influit *add. X; Fr.*⟩ neque longius ab eo ⟨*Ald.*; Oceano *X*; *edd.*⟩ milibus passuum LXXX in Oceanum ⟨*Ald.*; Rhenum *codd. et edd.*⟩ influit ⟨*u.* *CC*⟩: IV 10, 2; a lacu Lemanno, qui ⟨*CC*⟩ in flumen Rhodanum influit ⟨fluit *f*⟩: I 8, 1; flumen est Arar, quod per fines Haeduorum et Sequanorum in Rhodanum influit, incredibili lenitate, ita ut oculis in utram partem fluat indicari non possit: I 12, 1; perpetuam esse paludem, quae influeret in Sequanam: VII 57, 4; ¶ ante haec taleae ⟨c⟩ pedem longae ... totae in terram infodiebantur ⟨effod. β⟩: VII 73, 9; ¶ inrumpere in castellum, in castra *u.* **castra** *p. 475 (4 loc.)*; (Petronius) simul in medios hostes inrupit: VII 50, 5; perturbantur Galli; ... non nulli perterriti in oppidum inrumpunt: VII 70, 6; ne sub ipsa profectione milites ⟨in *add. Paul*⟩ oppidum inrumperent: 1, 27, 3; non posse ⟨c⟩ milites contineri, quin spe ⟨c⟩ praedae in urbem inrumperent: 2, 12, 4 (*Np.* 5); ¶ (nostri cedentes usque ad ⟨*pr. edd.*; usque in α; *Fr.*, *Hold.*; ad β⟩ castra insecuti ⟨consecuti β⟩ sui colligendi facultatem ⟨c⟩ non dederunt: VII 80, 8;) ¶ reperti sunt complures nostri milites, qui in phalanga ⟨*ego;* phalangā β; phalangas α; *edd.*⟩ insilirent: I 52, 5; ¶ eam ⟨*c*⟩ (contabulationem) in parietes instruxerunt ⟨-erant *Nhl*⟩ ita, ut ⟨*u. CC*⟩: 2, 9, 1; ¶ (Caesar . . . in fines Sugambrorum contendit ⟨intendit β⟩: IV 18, 2;) ¶ introducere in fines *u.* **fines** *p. 1305 (3 loc.);* ¶ inuehi: 2, 44, 3 *u.* uehi; ¶ ire *u.* **eo** *p. 1017* **b)** *γ*) *(4 loc.:* I 13, 3; 1, 11, 2; 10, 3; (3, 34, 2.))

incidit in Vibullium Rufum missum a Pompeio in agrum Picenum confirmandorum hominum causa: 1, 15, 4; petunt, ut Mandubracium . . . in ciuitatem mittat, qui praesit: V 20, 3; cum ultro in continentem legatis missis pacem ab se petissent: IV 27, 5; imperat magnum numerum obsidum, legiones ⟨-nem β⟩ in hiberna mittit ⟨mitti β⟩: VII 90, 3; statuunt, ut X milia hominum delecta ex omnibus copiis ⟨*c*⟩ in oppidum mittantur ⟨submittantur β; *Schn.*⟩: VII 21, 2; in reliquas prouincias praetores ⟨praetorii *Pighius*⟩ mittuntur ⟨*u. CC*⟩: 1, 6, 6; ne ex praetura et consulatu, ut semper, sed ⟨*c*⟩ per paucos probati et eleeti in prouincias mittantur: 1, 85, 9; Cicero . . . quinque cohortes frumentatum in proximas segetes mittit ⟨*om.* β⟩, quas inter et castra unus omnino collis intererat ⟨misit *add.* β⟩: VI 36, 2; — C. Caluisium Sabinum cum cohortibus V paucisque equitibus in Aetoliam misit: 3, 34, 2; Domitius ad Pompeium in Apuliam peritos regionum . . . cum litteris mittit, qui petant: 1, 17, 1; Caesar . . . in Epirum rei frumentariae causa Q. Tillium et L. Canuleium legatum ⟨-tos *f*⟩ misit: 3, 42, 3; ne ex his nationibus auxilia in Galliam mittantur: III 11, 3; Caesar . . . trans Rhenum in Germaniam mittit ad eas ciuitates, quas . . . pacauerat, equitesque ab his arcessit: VII 65, 4; cognoscit missum in Hispaniam ⟨in H. *add. Ald.; Dt.; om. codd.; Np., Db.*⟩ a Pompeio Vibullium ⟨*c*⟩ Rufum: 1, 34, 1; Vibullii . ., quem a Pompeio missum in Hispaniam ⟨hispania *x*⟩ demonstratum est: 1, 38, 1; neque enim sex legiones alia de causa missas in Hispaniam: 1, 85, 6; duabus legionibus missis in ulteriorem Hispaniam cum Q. Cassio . . . progreditur ⟨*c*⟩: 2, 19, 1; Caesar . . . duas ibi legiones praesidio relinquit ⟨*c*⟩, ceteras in Italiam mittit; ipse ad urbem proficiscitur: 2, 22, 6; tota Italia dilectus habeatur; Faustus Sulla propere ⟨pro praetore *P. Man.*⟩ in Mauretaniam mittatur ⟨mittitur *Ox*⟩: 1, 6, 3; mittit in Sardiniam cum legione una Valerium legatum, in Siciliam Curionem pro praetore ⟨*c*⟩ cum legionibus II ⟨*c*⟩: 1, 30, 2; Domitianas enim cohortes protinus a Corfinio in Siciliam miserat: 1, 25, 2; statimque in Siciliam (Curio) misit, uti . . . equitatus ad se mitteretur: 2, 37, 4; L. Cassium Longinum cum legione tironum . . . atque equitibus CC in Thessaliam ⟨*Ald.;* in thessalum ire *Nahl;* in thessaliam ire *f*⟩ . . . misit: 3, 34, 2; — Caesar . . . statim nuntium in Bellouacos ad M. Crassum quaestorem ⟨*om.* β⟩ mittit: V 46, 1; unam legionem . . . et cohortes V in Eburones . . . misit: V 24, 4; altera ex parte Gabalos proximosque pagos Aruernorum in Heluios, item ⟨in *add.* β⟩ Rutenos Cadurcosque ad fines Volcarum Arecomicorum depopulandos mittit (Vercingetorix): VII 64, 6; Caesar postero die T. Labienum legatum cum iis legionibus . . . in Morinos, qui rebellionem fecerant, misit: IV 38, 1; Lucterium Cadurcum . . . cum parte copiarum in Rutenos mittit: VII 5, 1; interim Lucterius Cadurcus in Rutenos missus eam ciuitatem Aruernis conciliat: VII 7, 1; mandat (Vbiis), ut crebros exploratores in Suebos mittant: VI 10, 3; T. Labienum legatum in Treueros . . . cum equitatu mittit ⟨misit *a*[1]⟩: III 11, 1; totius exercitus impedimenta ad Labienum in Treueros ⟨in Tr. *del. Schambach*⟩ mittit duasque ad eum legiones ⟨*c*⟩ proficisci iubet: VI 5, 6; ad eum legatos mittunt, qui doceant neque auxilia ex sua ciuitate ⟨ex sua cinit. aux. β⟩ in Treueros missa neque: VI 9, 6; sibique ut potestatem faceret in Vbios legatos mittendi: IV 11, 2; — Ser. Galbam cum legione XII. et parte equitatus in Nantuates ⟨*c*⟩, Veragros Sedunosque misit: III 1, 1; quo in numero est T. Terrasidius missus in Esuuios ⟨unellos *a;* unellos sesuuios *fh*⟩, M. Trebius Gallus in Coriosolitas ⟨*c*⟩, Q. Velanius cum T. Silio ⟨*c*⟩ in Venetos: III 7, 4; Q. Titurium Sabinum legatum cum legionibus tribus in Venellos ⟨*c*⟩, Coriosolitas ⟨*c*⟩ Lexobiosque ⟨*c*⟩ mittit: III 11, 4; C. Antistium Reginum in Ambiuaretos, T. Sextium in Bituriges, C. Caninium Rebilum in Rutenos cum singulis legionibus mittit: VII 90, 6; ¶ quorum ille precibus permotus castra ex Biturigibus mouet in ⟨β; per α; per Boios in *Vielh.; om. Fr., Db.*⟩ Aruernos uersus: VII 8, 5; in Haeduos mouit castra: VII 53, 3.

quibus (nauibus) in Britanniam nauigare consuerunt: III 8, 1.

ex castello in castellum perducta munitione circumuallare Pompeium instituit: 3, 43, 2; ut nostri perpetuas munitiones † uidebant perductas ex castellis in proxima castella ⟨*u. CC*⟩: 3, 44, 4; — incolumem legionem in Nantuates ⟨*c*⟩, inde in Allobroges perduxit: III 6,

5; ¶ prius ad continentem nisus ⟨c⟩ est Caesar quam de eius aduentu fama omnino in eas regiones perferretur: 3,7,3; iamque Caesaris in Hispania res secundae in Africam nuntiis ac ⟨c⟩ litteris perferebantur: 2,37,2; eae res in Galliam Transalpinam celeriter perferuntur: VII 1,2; ¶ peruenire in castra *u.* **castra** *p. 475 (6 loc.)*; — quae (naues) omnes incolumes ad ⟨in β⟩ continentem peruenerunt: IV 36,4; — in fines *u.* **finis** *p. 1305* ζζ) *(7 loc.)*; — certior factus est in hiberna peruentum: V 25,5; pauci ... incertis itineribus per siluas ad T. Labienum legatum in hiberna perueniunt: V 37,7; — sex milium circuitu in oppidum peruenit ⟨-niunt *Nhl; u. CC*⟩: 2,24,4; — — qui (Attius Varus) ... protinus ex fuga in Africam peruenerat: 1,31,2; per fines Marrucinorum, Frentanorum, Larinatium in Apuliam peruenit: 1,23,5; cum (P. Crassus) in Aquitaniam peruenisset: III 20,1; in Ciliciam ⟨siciliam a^1⟩ atque inde Cyprum peruenit (Pompeius): 3,102,5; Caesar ... ab urbe proficiscitur atque in ulteriorem Galliam peruenit: 1,33,4; (Caesar postquam Pompeium ad Asparagium esse cognouit, eodem cum exercitu profectus ... tertio die ⟨macedoniam *add. Ox; del. Forchh.*; in Macedoniam *add. 1 rec.; Np.*⟩ ad Pompeium peruenit: 3,41,1;) ut pauci milites patresque ⟨c⟩ familiae ... recepti in Siciliam incolumes peruenirent: 2,44,1; Cassius in Thessaliam cum legione peruenit: 3,35,2; Pompeius paucis post diebus in Thessaliam peruenit: 3,82,1; — postero die in Neruios peruenit: V 38,2; dum omnibus fortunis sociorum consumptis in Santonos Heluetii peruenirent: I 11,6; ¶ reliqui se ⟨CC⟩ in flumen praecipitauerunt: IV 15,2; plerique ... *ex* X pedum munitione se ⟨c⟩ in fossas praecipitabant ⟨*P. Manut.*; praecipitant *codd.*⟩: 3,69,3; ¶ in regnum praemisit: 2,44,2 *u.* remittere; — quem (Commium) supra demonstraueram a Caesare in Britanniam praemissum: IV 27,2; C. Fabium legatum cum legionibus III ... in Hispaniam praemittit: 1,37,1; Caesar legiones in Hispaniam praemiserat ⟨praeterm. *l*⟩ [ad] VI [milia], auxilia peditum *V* milia ⟨c⟩, equitum III milia ⟨*u. CC*⟩: 1,39,2; eum (Milonem) in Thurinum ad sollicitandos pastores praemisit: 3,21,4; ¶ in primam aciem processit: II 25,2; ¶ cum matres familiae repente in publicum procurrerunt ⟨procurrerant β⟩: VII 26,3; calones in proximum ⟨c⟩ tumulum procurrunt: VI 40, 1; ¶ Caesar exercitum in aciem aequum in locum produxit: 3,56,1; omnes ... Domitium productum in publicum circumsistunt: 1,20,5; ¶ Crassus in fines Vocatium et Tarusatium profectus est: III 23,1; ipse cum legionibus expeditis IIII et equitibus DCCC in fines Treuerorum proficiscitur: V 2,4; T. Labienum cum legionibus tribus ad Oceanum uersus in eas partes, quae Menapios attingunt, proficisci iubet: VI 33,1; censebat, ut Pompeius in suas prouincias proficisceretur: 1,2,3; proficiscatur Pompeius in suas prouincias: 1,9,5; — isdem temporibus C. Curio in Africam profectus ex Sicilia ... duas legiones ... transportabat: 2, 23,1; P. Crassum cum cohortibus legionariis duodecim et magno numero equitatus in Aquitaniam proficisci iubet: III 11,3; Caesar ... tamen in Britanniam proficisci contendit ⟨cont. prof. β⟩: IV 20,1; quos (Morinos) Caesar in Britanniam proficiscens pacatos reliquerat: IV 37,1; ipse in citeriorem Galliam ad conuentus agendos profectus est: I 54,3; in Transalpinam Galliam profectus est: VII 6,1; in Hispaniam proficisci constituit: 1,30,1; cum ... inita hieme in ⟨*om. AQβ*⟩ Illyricum profectus esset: III 7,1; ipse ⟨c⟩ ... in Illyricum proficiscitur: V 1,5; ipse ... in Italiam profectus est: II 35,3; cum in Italiam proficisceretur Caesar: III 1,1; Caesarem (se) arbitrari profectum in Italiam ⟨italia β⟩: V 29,2; in Italiam ad conuentus agendos profectus est: VI 44,3; Caesar, ut constituerat, in Italiam ad conuentus agendos proficiscitur: VII 1,1; (3,33,2 *u.* β) iter;) Cn. Domitium Caluinum cum legionibus duabus ... et equitibus D in Macedoniam proficisci iussit: 3,34,3; — Ambiorix statim cum equitatu in Aduatucos ... proficiscitur: V 38, 1; ipse (Vercingetorix) in Bituriges proficiscitur: VII 5,1; L. Plancum cum legione ex Belgio celeriter in Carnutes proficisci iubet: V 25,4; ipse in Haeduos proficisci statuit: VII 33,2; in Haeduos proficiscitur: VII 90,1; in Heluios proficiscitur: VII 8,1; ipse cum legionibus expeditis quinque in Menapios proficiscitur: VI 5,6; ipse cum omnibus copiis in Morinos proficiscitur: IV 21,3; eodem die cum legionibus in Senones ⟨senonas β⟩ proficiscitur magnisque itineribus eo peruenit: VI 3,6; Labienum cum duabus ⟨c⟩ legionibus et equitatu in Sequanos proficisci iubet: VII 90,4; ipse in Treueros proficiscitur: VI 6,4; Brutum ... classi ... praeficit et, cum primum possit ⟨c⟩, in Venetos proficisci iubet: III 11,5; ¶ quorum pars in Arduennam siluam, pars in continentes paludes profugit: VI 31,2; ille (Cotta) perterritus ... ex Sardinia in Africam profugit: 1,30,3; qui eius ⟨c⟩ consilii principes fuissent ..., in Britanniam profugisse: II 14, 4; ¶ cum illi (hostes) aut ex arido aut paulum in aquam progressi . . . tela coicerent: IV 24, 3; — neque nostros in locum iniquiorem progredi pugnandi causa uiderunt: II 10, 4; (milites) in locum iniquum progressi . . . hostes . . . in fugam coniecerunt ⟨c⟩: II 23, 2; milites . . . in locum iniquum progrediuntur: 1, 45, 2; — equitesque in ulteriorem portum progredi . . . iussit: IV 23, 1; — progressus in Nitiobroges et Gabalos ab utrisque obsides accipit ⟨c⟩: VII 7, 2; ¶ quidam . . . Gallus . . . seui ac picis traditas glebas in ignem e regione turris proiciebat: VII 25, 2; ¶ quod (Caesar) in Italiam Illyricumque properabat: II 35, 2; ¶ quae (naues) necessario . . . in altum prouectae continentem petierunt ⟨c⟩: IV 28, 3.

erant qui censerent de tertia uigilia in Castra Cornelia recedendum: 2, 30, 3; ¶ se recipere in castra *u.* **castra** *p. 475 sq. (19 loc.)*; — qui se ex fuga in finitimas ciuitates ⟨*b; om. Ox*⟩ recepisse dicerentur: 3, 102, 6; — legio . . . locum non ⟨c⟩ tenuit atque in proximum collem sese recepit ⟨recipit *f*⟩: 1, 44, 5; — uti . . . in ingo insistere ⟨c⟩ et se inde in currus citissime recipere consuerint: IV 33, 3; — illa pars . . . post fugam suorum se trans Rhenum in fines Sugambrorum receperat: IV 16, 2; Caesar . . . se in fines Vbiorum recepit: IV 19, 1; — nacti enim spatium (nostri) se in loca superiora receperunt: 1, 51, 6; — qui (Heluetii) in montem sese receperant: I 25, 6; alteri se, ut coeperant, in montem receperunt, alteri ad . . . carros suos se contulerunt ⟨*u. CC*⟩: I 26, 1; — se in castra munitionesque ⟨se intra munitiones β⟩ suas recipiunt: III 6, 3; se in antiquas munitiones recepit (Pompeius): 3, 54, 2; — magno numero nauium adpulso . . . sua deportabant omnia ⟨c⟩ seque in proxima oppida recipiebant: III 12, 3; qui ab ⟨c⟩ Alesia ⟨c⟩ processerant, maesti prope uictoria desperata se in oppidum receperunt: VII 80, 9; celeriter Domitiani a ponte repulsi se in oppidum receperunt: 1, 16, 3; equitatu . . omni fere incolumi, quod se per ⟨quod semper *al*⟩ litora celeriter in oppidum recepit ⟨recipit *afh*⟩: 2, 26, 4; qui omnes discessu Curionis multique praeterea per simulationem uulnerum ex castris in oppidum propter timorem sese recipiunt: 2, 35, 6; — Caesar . . . persequendum sibi Pompeium existimauit, quascumque in partes ⟨quacumque (quăcunque *a*) in parte *af*⟩ se ⟨*om. Oh*[1]*l*[1]⟩ ex fuga recepisset: 3, 102, 1; — duo (nauigia) . . . sese in portum receperunt: 2, 22, 4; quo cognito (Calenus) se in portum recipit ⟨recep. *Of*⟩: 3, 14, 2; — diebusque ⟨c⟩ post paucis se in regnum cum omnibus copiis recepit: 2, 44, 3; — cum se illi identidem in siluas ad suos reciperent: II 19, 5; comperit Suebos sese ⟨se β⟩ in siluas recepisse: VI 29, 1; — — Caesar . . . se in ⟨*om. AQ*⟩ Galliam recepit: IV 19, 4; — — ut eos (equites) . . . in medium reciperent agmen: 1, 79, 5; — receptisque omnibus in una castra legionibus . . . iubet: 3, 82, 1; — copias omnes, quas pro oppido conlocauerat, in oppidum recipit ⟨β; *Fr.*; recepit α; *rell. edd.*⟩: VII 71, 8; ¶ in eandem partem, ex qua uenerat, rediit ⟨c⟩: 3, 37, 4; ¶ reducere in castra *u.* **castra** *p. 476 (11 loc.)*; — eo celeriter confecto negotio rursus in hiberna legiones reduxit: VI 3, 3; — Varus . . . de tertia uigilia silentio exercitum in oppidum reducit: 2, 35, 7; — is (Acilius) naues nostras interiorem in portum ⟨*Ciacc.*; partem *codd.*⟩ post oppidum reduxit: 3, 39, 2; — (hi omnes) Ptolomaeum patrem in regnum reduxerant: 3, 110, 6; — — cum in Italiam, ex qua profectus sum, reductus existimabor bello perfecto: 3, 18, 4; — — Vercingetorix rursus in Bituriges exercitum reducit ⟨reduxit β⟩: VII 9, 6; Indutiomarus . . . noctu profugit copiasque omnes in Treueros reducit: V 53, 2; ¶ caputque eius refertur in ⟨ad *a*⟩ castra: V 58, 6; Petreius atque Afranius oblata facultate in castra sese referunt: 1, 72, 5; ii, qui uulnera acceperant neque acie excedere neque in locum tutum referri poterant: 2, 41, 7; relatis in publicum cornibus . . . magnam ferunt laudem: VI 28, 3; pecunias monimentaque, quae ex fano Herculis conlata erant in priuatam ⟨*CC*⟩ domum, referri in templum iubet: 2, 21, 3; ¶ multi praeterea in finitimas ciuitates refugerunt: 3, 99, 3; L. Domitius ex castris in montem refugiens . . . ab equitibus est interfectus: 3, 99, 4; nostri ueterani in portum refugiebant: 3, 24, 2; ¶ reliqui in oppidum reiecti sunt: II 33, 5; eos, qui eruptionem fecerant, in oppidum reiciebant: 2, 2, 6; ¶ interea suos remigrare in agros ⟨in agr. remigr. β⟩ iusserunt: IV 27, 7; trans Rhenum in suos uicos remigrauerant ⟨-uerunt *A*[1]*fh*⟩: IV 4, 6; ¶ partemque legionum in castris Pompei remanere iussit, partem in sua castra remisit: 3, 97, 3; Caesar Fabium cum sua legione remittit in hiberna ⟨cum leg. in sua rem. hib. β⟩: V 53, 3; Iuba . . . paucos electos in regnum remisit ⟨praemisit *Hartz*⟩: 2, 44, 2; — Antonius . . . plerasque naues in Italiam remittit ad reliquos milites equitesque transportandos: 3, 29, 2; ¶ repulsus in oppidum tamen . . . (Adiatunnus) impetrauit: III 22, 4; (nostri) multis interfectis reliquos infecta re in oppidum reppulerunt: 2, 14, 6; nostri celeriter arma ceperunt eosque in siluas reppulerunt: III 28, 4; ¶ orant atque obsecrant, ut in Siciliam nauibus reportentur: 2, 43, 1; ¶ doluisse se, quod . . . erepto . . semenstri imperio in urbem retraheretur: 1, 9, 2; ¶ (equites) incolumes . . . eodem ponte in castra reuertuntur: 1, 55, 3; iurauit se nisi uictorem in castra non reuersurum: 3, 87, 6; eas (legiones), quas secum duxerat, . . . in castra reuerti iussit: 3, 98, 3; Heluetios, Tulingos, Latouicos ⟨c⟩ in fines suos, unde erant profecti, reuerti iussit: I 28, 3; cum in eum locum, unde erant egressi ⟨progressi β⟩, reuerti coeperant: V 35, 3; ita re infecta in oppidum reuerterunt: VII 82, 4; Lentulus ut in oppidum reuerti liceat petit: 1, 22, 6; (Galba) postero die . . . in prouinciam reuerti contendit: III 6, 4; postulare, ut Caesar Arimino excederet atque in prouinciam reuerteretur: 1, 11, 1; illi (Germani) omnia experti . . . reuerti se in suas sedes regionesque simulauerunt: IV 4, 4; — conuentibusque ⟨c⟩ peractis in citeriorem Galliam reuertitur atque inde ad exercitum proficiscitur: V 2, 1; Caesar in Galliam reuerteretur, Arimino excederet . . .; quae si fecisset, Pompeium in Hispanias iturum: 1, 10, 3; ¶ etsi (Caesar) multis necessariisque rebus in Italiam ⟨-ia *Ox*⟩ reuocabatur: 2, 18, 7.

longas naues, quibus Caesar exercitum transportandum curauerat quasque in aridum subduxerat: IV 29, 2; Caesar suas copias in proximum collem subducit: I 22, 3; copias suas Caesar in proximum collem subducit: I 24, 1; ¶ ex reliquis duas ⟨c⟩ in stationem cohortes ⟨c⟩ succedere . . . iussit: IV 32, 2; ¶ summittere: VII 21, 2 *u.* mittere (in oppidum); summissis in eundem locum cohortibus: 1, 45, 8.

raros milites . . . ex maioribus castris in minora traducit: VII 45, 7; magni interesse arbitrabatur quam primum . . . cohortes . . ad se in castra traducere: 1, 21, 1; quattuor biremes subiectis scutulis ⟨*CC*⟩ impulsas uectibus ⟨*u. CC*⟩ in interiorem portum ⟨*Ciacc.*; partem *codd.*; *Np.*, *Dt.*⟩ traduxit: 3, 40, 4; — eundem (Curionem) . . . protinus in Africam traducere exercitum iubet: 1, 30, 2; id esse consilium Caesaris, ut . . . hos omnes in Britanniam traductos necaret: V 6, 5; ne quam multitudinem hominum amplius trans Rhenum in Galliam ⟨ingalliam *B*⟩ traduceret: I 35, 3; quod multitudinem Germanorum in Galliam traducat: I 44, 6; ¶ transcendere in hostium naues contendebant: III 15, 1; in hostium naues transcendebant: 1, 58, 4; ¶ constituunt . . . in Celtiberiam bellum transferre: 1, 61, 2; disciplina in Britannia reperta atque inde in Galliam translata esse ⟨c⟩ existimatur: VI 13, 11; ¶ qui (Boi) trans Rhenum incoluerant et in agrum Noricum transierant: I 5, 4; ne propter bonitatem agrorum Germani . . . **ex* suis finibus in Heluetiorum fines transirent: I 28, 4; neminem postea belli inferendi causa in Britanniam transiturum confidebant: IV 30, 2; si se inuito Germanos in Galliam transire non aequum existimaret: IV 16, 4; ut, . . . si in Italiam (Pompeius) transiret ⟨transire *x*⟩, . . . Italiae subsidio proficisceretur: 3, 78, 4; ¶ qui nuper in Galliam transportati essent: I 37, 2; 2, 23, 1 *u.* proficisci in Africam.

ipse equo in oppidum uectus ⟨inuectus *Ciacc.*⟩ . . . constituit: 2, 44, 3; ¶ **uenire in castra** *u.* **castra** *p. 476 sq. (5 loc.)*; cum C. Volusenus missus cum equitatu ad ⟨in β⟩ castra uenisset: VI 41, 2; — ex qua (ciuitate) Mandubracius adulescens Caesaris fidem secutus ad eum in continentem ⟨Galliam *add. codd.*; *edd.*; *del. Ciacc.*⟩ uenerat: V 20, 1; — cum in fanum uentum esset: 3, 33, 1; — uenit magnis itineribus in Neruiorum fines: V 48, 2; — quod . . . alio se ⟨c⟩ in hiberna consilio uenisse (Galba) meminerat: III 6, 4; diebus quindecim, quibus in hiberna uentum est: V 26, 1; — qui cum . . . Pompeium sequerentur atque in insulam uenissent: 3, 102, 7; — uenitur in eum locum, quem Caesar delegit: 1, 84, 2; — praeterea se neque sine exercitu in eas partes Galliae uenire audere, quas Caesar possideret, neque: I 34, 3; — (naues) uento tenebantur, quo minus in eundem portum uenire possent: IV 22, 4; — cur in suas possessiones ueniret? I 44, 8; — quod prius in tumulum Afraniani uenerant: 1, 43, 5; — — cum (Tubero) in Africam uenisset: 1, 31, 2; hic (Quintilius Varus) dimissus a Caesare in Africam uenerat: 2, 28, 1; cum (Caesar) in Asiam uenisset: 3, 105, 1; post diem quartum quam est in Britanniam uentum: IV 28, 1; in Galliam magnam eorum multitudinem uenire populo Romano periculosum uidebat: I 33, 3; se prius in Galliam uenisse quam populum Romanum: I 44, 7; cum uideret Germanos tam facile impelli, ut ⟨c⟩ in Galliam uenirent: IV 16, 1; (V 20, 1 *u. s.* in continentem;) cum Caesar in Galliam uenit: VI 12, 1; eodemque tempore Domitius in Macedoniam uenit: 3, 36, 1; cum . . . Scipionem

. . in Macedoniam uenisse constaret: 3,57,1; isdem fere temporibus Cassius cum classe Syrorum et Phoenicum et Cilicum in Siciliam uenit: 3,101,1; — — postquam (Caesar) ex Menapiis in Treueros uenit: VI 9,1; ¶ cum pars hominum in agris remaneret, pars etiam in castra uentitaret: IV 32,1.

ββ) aliis: abdere *u.* **abdo B.** a) *p. 41 (9 loc.);* ¶ (quos una cum pueris mulieribusque in aestuaria ac paludes coniectos ⟨collectos *X; Schn., Db.*⟩ dixeramus: II 28,1; auxiliis in mediam aciem coniectis ⟨*adik; *conlectis *h;* collectis *α*⟩: III 24,1;) ¶ ipsum . . . sororem ex matre et propinquas suas nuptum in alias ciuitates conlocasse: I 18,7; ¶ coactus est . . . legiones . . in plures ciuitates distribuere: V 24,1; magnum numerum ex Thessalia . . . supplementi nomine in legiones distribuerat: 3,4,2; ¶ id autem est ingum derectum eminens in mare: 2,24,3; ¶ concilio . . in eum locum Galliae indicto: VI 44,1; ¶ his rebus in Italiam ⟨italia *a*⟩ Caesari ⟨*c*⟩ nuntiatis: VII 6,1; ¶ perferre *u.* αα) perferre; ¶ facile erat ex castris C. Trebonii . . . prospicere in urbem: 2,5,3; ¶ L. Cotta legatus omnes cohortes ordinesque adhortans in ⟨*om.* β⟩ aduersum ⟨aduersus β⟩ os ⟨hos β⟩ funda uulneratur: V 35,8.

β) ex subst.: aditus uiasque in Suebos perquirit: VI 9,8; ¶ cuius frater Moritasgus aduentu in Galliam Caesaris cuiusque maiores regnum obtinuerant ⟨moritasgus ante cuiusque mai. r. obt. ante aduentum caes. in galliam *a*⟩: V 54,2; ¶ fit celeriter concursus in praetorium: 1,76,1; ¶ magna coacta manu in prouinciam Narbonem uersus eruptionem ⟨irruptionem *Hartz*⟩ facere contendit (Lucterius): VII 7,2; ¶ non potest esse propter angustias nauibus introitus in portum: 3,112,4; ¶ iterque (Pompeius) ex Macedonia in hiberna Apolloniam Dyrrachiumque habebat: 3,11,2; qua proximum iter in ulteriorem Galliam per Alpes erat: I 10,3; ipse iter in Macedoniam parare incipit paucisque post diebus est profectus: 3,33,2; Pompeius per Candauiam iter in Macedoniam expeditum habebat: 3,79,2; — iter facere *u.* **facio** *p. 1270* iter facere in *et* per . . . in *(6 (8) loc.);* ¶ ut . . . et tutius et facilius in Siciliam receptus daretur: 2,30,3; ¶ ut . . . id morari reditum in Italiam uideretur: 3,82,2; ¶ quod inde erat breuissimus in Britanniam traiectus: IV 21,3; quo ex portu commodissimum in Britanniam traiectum ⟨transmissum *Hotom.*⟩ esse cognouerat: V 2,3; pari spatio transmissus atque ex Gallia est in Britanniam: V 13,2; ¶ uia: VI 9,8 *u.* aditus.

b) = πρός **(significat alqd alqo conuersum esse (Richtung)); α)** suspensum est αα) ex **uerbis; a) in (alteram, contrariam, eam *cett.*) partem, in (omnes *cett.*) partes:** aliique aliam in partem perterriti ferebantur: II 24,3; ¶ in alteram partem item cohortandi causa profectus pugnantibus occurrit: II 21,4; ¶ alter conuersus in contrariam partem erat uallus: 3,63,2; — erat enim iter a proposito diuersum, contrariamque in ⟨*om. af*⟩ partem iri ⟨iri in partem *h*⟩ uidebatur: 1,69,1; — quibus disclusis atque in contrariam partem reuinctis tanta erat operis firmitudo: IV 17, 7; ¶ iam conuersis in eam partem nauibus, quo ⟨in quam β⟩ uentus ferebat, tanta subito malacia . . . exstitit: III 15,3; — cohortes . . . secum in eam partem proficisci . . . iussit: IV 32,2; ¶ has (lintres) magno sonitu remorum incitatas in eandem partem mittit ⟨mitt. in eand. p. β⟩: VII 60,4; ¶ legationes in omnes partes circummittuntur: VII 63,1; — Suebos . . . nuntios in omnes partes dimisisse ⟨misisse *B*[2]⟩: IV 19, 2; barbari nuntios in omnes partes dimiserunt: IV 34,5; speculatoribus in omnes partes ⟨omnem partem β⟩ dimissis: V 49,8; nuntios legationesque in omnes partes dimittebant: V 53,4; Caesar . . . magno coacto *equitum numero ex finitimis ciuitatibus in omnes partes dimittit: VI 43,1; saepe in eum locum uentum est tanto in omnes partes dimisso ⟨*Paul;* diuiso *codd.; edd.*⟩ equitatu, ut: VI 43,4; — erat . . . manus certa nulla . . ., sed in omnes partes ⟨omnis in partis β; *Np.*⟩ dispersa multitudo: VI 34,1; — cum . . . calones, equites . . . diuersos ⟨*CC*⟩ dissipatosque in omnes partes fugere uidissent: II 24,4; — locumque in omnes partes quam maxime impediri ⟨-dire *a*[1]⟩ (iussit): 3, 46,1; — monet, ut in omnes partes equites quam latissime peruagentur: VII 9,2; ¶ (in plures partes defluere: IV 10,4 *u.* C. d) α) diffluere;) ¶ quam in partem: (II 21,1 *u.* a) α) αα) decurrere;) — (eos incusauit,) quod aut quam in partem aut quo consilio ducerentur sibi quaerendum . . . putarent: I 40,1; — ferre: III 15,3 *u. s.* in eam partem; ¶ licere illis incolumibus . . . quascumque in ⟨β; *om.* α⟩ partes uelint sine metu proficisci: V 41,6; ¶ (in ullam partem: 2,17,2 *u.* C. b) α) αα) in ullam partem;) ¶ in Rhodanum influit incredibili lenitate, ita ut oculis in utram partem fluat indicari non possit: I 12, 1.

b) c. aliis subst.: ne de improuiso aut noctu ad ⟨*AM*[2]; aut *BM*[1]*Q*; in β⟩ munitiones hostium ⟨c⟩ multitudo aduolaret: VII 72, 2; ¶ ut ⟨*CC*⟩ commutato consilio iter in prouinciam conuerteret: VII 56, 2; subito se ad Cassium Longinum in Thessaliam conuertit: 3, 36, 2; ¶ magno esse usui posse, si haec esset in altitudinem turris elata: 2, 8, 3; ¶ Neruii .. teneris arboribus incisis atque inflexis ⟨c⟩ crebrisque ⟨c⟩ in latitudinem ramis euatis ⟨*om.* β⟩ et rubis sentibusque interiectis effecerant, ut: II 17, 4; ¶ panes, cum in conloquiis Pompeiani famem nostris obiectarent, uulgo in eos iaciebant: 3, 48, 2; ¶ ex eo loco IIII caetratorum cohortes in montem, qui erat in conspectu omnium excelsissimus, mittit: 1, 70, 4; ¶ perducere: 3, 43, 2; 44, 4 *u.* a) α) αα) perducere; ¶ Belgae . . . spectant in septentriones ⟨c⟩ et orientem solem: I 1, 6.

ββ) ex subst.; a) aliam, quam, quamcumque in partem: ac rursus aliam in partem fugam ⟨aliam partem fuga *Ciacc.*⟩ petebant: II 24, 1; ¶ quam in ⟨in quam β⟩ partem Romani impetum fecerint, cedant: V 34, 3; — puluerem maiorem ... in ea parte uideri, quam in partem legio iter fecisset: IV 32, 1; uideant, quas in partes hostes iter faciant: I 15, 1; ¶ hi quamcumque in partem impetum fecerant, hostes loco cedere cogebant: 2, 41, 4.

b) c. aliis subst.: despectus *u.* **despectus** A. *p. 871 sq. (3 loc.).*

γγ) ex adiect.: L. Plancus . . . locum capit superiorem diuersamque aciem in duas partes ⟨in duas partes *glossema uidetur Ciacc.*⟩ constituit, ne ab equitatu circumueniri posset: 1, 40, 5.

β) absol.: in altitudinem *u.* **altitudo** *p. 244* A. e) *et* B. c) *et* C. *(7 + 2 + 1 loc.);* ¶ (minus horis tribus milium pedum ⟨c⟩ XV in circuitu ⟨circuitum α; *Fr.*⟩ munitionem perfecerunt ⟨decem milium in circuitu munitionem pedum XV perfecerunt β⟩: V 42, 4; ¶ (in frontem: II 8, 3 *et* VII 23, 2 *u.* 2. A. b) in fronte;) ¶ qui (fines) in longitudinem milia passuum CCXL, in latitudinem CLXXX patebant: I 2, 5; quae castra . . . amplius milibus passuum octo in latitudinem patebant: II 7, 4; (collis) tantum aduersus in latitudinem patebat, quantum loci acies instructa occupare ⟨c⟩ poterat: II 8, 3; praeruptus locus erat . . . ac tantum in latitudinem patebat, ut tres instructae cohortes eum locum explerent: 1, 45, 4; erat eo loco fossa pedum ⟨pedes *x*⟩ XV et uallum contra hostem in altitudinem pedum ⟨pedes *f*⟩ X, tantundemque eius ualli agger in latitudinem ⟨altitud. *NOx*⟩ patebat: 3, 63, 1; — una ex parte leniter adcliuis aditus in latitudinem ⟨altitudinem α⟩ non amplius ducentorum ⟨c⟩ pedum relinquebatur: II 29, 3; fossas pedum ⟨pedes *l*⟩ XXX in latitudinem complures facere instituit: 1, 61, 1; ¶ qui (fines) in longitudinem ⟨-ine *a*⟩ milia passuum CCXL, in latitudinem CLXXX patebant: I 2, 5; quae (Arduenna silua) . . . milibus .. amplius quingentis ⟨*CC*⟩ in longitudinem patet: VI 29, 4; ante id ⟨c⟩ oppidum planities circiter milia passuum III in longitudinem patebat: VII 69, 3; quam (planitiem) . . . tria milia passuum in longitudinem ⟨in long. *om.* β⟩ patere supra demonstrauimus: VII 70, 1; quam (planitiem) in longitudinem III ⟨quattuor α; tria *B*[2]⟩ milia passuum ⟨mil. pass. III β⟩ patere demonstrauimus: VII 79, 2; — ab oppido autem decliuis locus leni ⟨c⟩ fastigio uergebat in longitudinem ⟨-ne *hl*⟩ passus ⟨c⟩ circiter CCCC: 1, 45, 5; — hoc (latus) ⟨huic β⟩ milia passuum octingenta in longitudinem esse existimatur ⟨arbitrantur β⟩: V 13, 6; partem ultimam pontis . . . in longitudinem pedum ducentorum rescindit: VI 29, 2; trabes derectae † perpetuae ⟨XIIII pedum *R. Menge*⟩ in longitudinem paribus interuallis, distantes inter se binos pedes, in solo conlocantur ⟨*u. CC*⟩: VII 23, 1; a medio fere colle in longitudinem ⟨β; longitudine α⟩, ut natura montis ferebat, ex grandibus saxis sex pedum murum . . . praeduxerant Galli: VII 46, 3; storias autem ex funibus ancorariis tres in ⟨ad *Paul*⟩ longitudinem parietum turris latas IIII pedes fecerunt: 2, 9, 4; haec insula . . . a superioribus regibus ⟨c⟩ in longitudinem passuum DCCCC in mare iactis molibus angusto itinere *ut ponte cum oppido coniungitur: 3, 112, 2.

B. de tempore; significat a) pertinere (duci) alqd usque in certum tempus: prope in noctem rem deduxerant ⟨*x*; duxerant *O*; *Np.*, *Dt.*⟩: 3, 51, 7; — bellum in hiemem ducere cogitabant: 1, 61, 3; — optimum factu esse duxerunt . . . rem in hiemem producere: IV 30, 2.

b) alqd in certum tempus constitui, differri, sim.: in tertium annum profectionem lege confirmant ⟨conferunt *Kvíčala*; constituunt *Prammer*⟩: I 3, 2; ¶ in (posterum, certam, longiorem) diem *u.* **dies** *p. 903* ε) *et p. 904* **e)** **γ)** *(4 + 2 loc.)*; ¶ naues duae tardius cursu confecto in noctem coniectae . . . in ancoris constiterunt: 3, 28, 1; ¶ (in praesentia *u.* **2. B. a)** in praesentia;) ¶ in aliud tempus differre, reseruare *u.* **alius** *p. 233 (uers. 9—14) (3 loc.)*.

c) pertinere alqd per longius (futuri) temporis spatium: ((Dumnorigem) complures ⟨in complures *H. Gilbert*⟩ annos portoria . . . redempta habere: I 18, 3;**)** ¶ **(**ex litteris Caesaris dierum ⟨*N; Frig., Db.;* dies *codd.; Schn., Np., Hold.;* in dies *Dt.*⟩ quindecim supplicatio decreta est: II 35, 4;**)** ¶ frumentum his ⟨*c*⟩ in locis in hiemem prouisum non erat: IV 29, 4; ¶ quanta . . . in perpetuum sui liberandi facultas daretur: IV 34, 5; hortaturque, ne sui in perpetuum liberandi atque ulciscendi Romanos . . . occasionem dimittant: V 38, 2; hanc adepti uictoriam in perpetuum se fore uictores confidebant: V 39, 4; ¶ laudat Pompeius ⟨*CC*⟩ atque in posterum confirmat: 1, 3, 1; tributis ⟨*CC*⟩ quibusdam populis ⟨*c*⟩ priuatisque praemiis reliquos in posterum bona spe complet: 2, 21, 2; ¶ (in praesentia *u.* **2. B. a)** in praesentia;) ¶ monet, ut in reliquum tempus omnes suspiciones uitet: I 20, 6; quo diligentius in reliquum tempus a barbaris ius legatorum conseruaretur: III 16, 4; magni interesse etiam in reliquum tempus ad opinionem Galliae existimans tantas uideri Italiae facultates, ut: VI 1, 3.

d) ui distributiua; α) in dies *u.* **dies** *p. 903* **ε)** *(6 loc.)*.

β) alia: magistratus ac principes in annos singulos gentibus cognationibusque hominum . . . quantum . . . uisum est agri attribuunt: VI 22, 2; quid ⟨*c*⟩ in annos singulos uectigalis populo Romano Britannia penderet constituit: V 22, 4; — palam de praemiis . . . contendebant in annosque consulatum definiebant: 3, 82, 4; — ibi per certos exploratores in singula diei tempora quae ad Auaricum gererentur ⟨*c*⟩ cognoscebat: VII 16, 2.

(e) in dies = certis pensionibus: legem promulgauit, ut sexennii die ⟨*P. Manut.;* sexies seni dies *codd.;* semisse in dies *Lips.; J. F. Gronouius;* sex pensionibus *Ald.*⟩ sine usuris creditae pecuniae soluantur: 3, 20, 4.**)**

C. transl.; a) finem et terminum significat (= A. a); pendet ex uerbis (*cf.* **d)** *et* **e)**): ut paene in conspectu exercitus nostri . . . liberi eorum in seruitutem abduci . . . non debuerint: I 11, 3; ¶ multo illa grauius aestimari ⟨*c*⟩ debere ⟨*c*⟩ liberos, coniuges in seruitutem abstrahi: VII 14, 10; bona ciuium Romanorum diripiunt, caedes faciunt, in seruitutem abstrahunt: VII 42, 3; ¶ reliquos omnes obsidibus . . . traditis in deditionem accepit: I 28, 2; armisque . . . traditis in deditionem Suessiones accepit: II 13, 1; ¶ in eam se consuetudinem adduxerunt ⟨abduxerunt *BM*⟩, ut: IV 1, 10; **(**si ab ⟨*c*⟩ re frumentaria Romanos excludere aut ⟨atque *1 det.*⟩ adductos inopia ⟨in inopiam *1 det.*⟩ in ⟨*c*⟩ prouinciam ⟨*c*⟩ expellere ⟨*c*⟩ possent ⟨*u. CC*⟩: VII 55, 9;**)** ¶ in fugam coicere *u.* **coicio** *p. 599* **ββ)** *(13 loc.)*; — **(**IV 27, 4 *u.* conferre;**)** ¶ eius rei culpam in multitudinem coutulerunt ⟨β; coniecerunt α; *edd.*⟩: IV 27, 4; qui suum timorem in rei frumentariae simulationem ⟨subuectionem *Kraff.; u. CC*⟩ angustiasque itineris conferrent ⟨conferret *X*⟩: I 40, 10; ¶ et sua sponte multi in disciplinam conueniunt et a parentibus propinquisque mittuntur: VI 14, 2; ¶ num tu harum rerum natura accidere arbitraris, quod unam terram ac plures terras . . . dicamus, neque quadrigas in unam nominis figuram redigere neque harenam multitudinis appellatione ⟨in multit. appellationem *Gron.*⟩ conuertere possimus? *ap. Gell.* XIX 8, 8; **(**cum hostium acies a sinistro cornu pulsa atque in fugam coniecta ⟨*B*²β; conuersa α; *edd.*⟩ esset: I 52, 6;**)** ¶ in fugam dare *u.* **do** *p. 947* **B.** *(3 loc.)*; ¶ neque ab eo prius Domitiani milites discedunt quam in conspectum ⟨conspectu *a*⟩ Caesaris deducatur: 1, 22, 2; *u. praeterea* **deduco** *p. 837* **α) ββ)** *et* **β) ββ)** *(3 (4) + 3 loc.)*; ¶ sese suas exercitusque fortunas in dubium non deuocaturum: VI 7, 6; ¶ se Remis in clientelam dicabant ⟨dicebant *MCa*⟩: VI 12, 7; sese in seruitutem ⟨in seruit. sese β⟩ dicant ⟨addicunt *Aim.*⟩ nobilibus: VI 13, 2; ¶ (exposuit) quam in fortunam quamque in amplitudinem † deduxisset ⟨eduxisset *Madu.;* in eam fort. amplitudinemque duxisse β⟩: VII 54, 4; ¶ quae opinio erat edita in uulgus: 3, 29, 3; ¶ **(**educere: VII 54, 4 *u.* ducere;**)** ¶ postea quam in uulgus militum elatum est: I 46, 4; quod neque in uulgum ⟨uulgus *P. Harre, recte, ni fallor*⟩ disciplinam efferri uelint neque: VI 14, 4; ¶ non nullae cohortes in agmen Caesaris, aliae ⟨*c*⟩ in equites incidunt: 1, 24, 4; (Valerius) in ipsum Caesarem hostes ⟨*c*⟩ equitatu ⟨*c*⟩ persequentem incidit: I 53, 5; (Lentulus Spinther) relictus in itinere cum paucis incidit in Vibullium Rufum: 1, 15, 4; ut (Basilus) in ipsum (Ambiorigem) incautum etiam atque imparatum incideret: VI 30, 2; ¶ ut . . . omnes .. et animo et opibus in id bellum incumberent:

VII 76, 2; ¶ M. Marcellus, ingressus in eam orationem non oportere . . . referri: 1, 2, 2; quem ingressum in sermonem Pompeius interpellauit: 3, 18, 3; ¶ totus et mente et animo in bellum ⟨bello *AQ*⟩ Treuerorum et Ambiorigis insistit: VI 5, 1; ¶ eos extra ordinem in senatum legendos curauerat: 3, 59, 2; ¶ (in aciem mittere: 2, 41, 2 *u.* C. b) β) αα) A) b) immittere;) mittere in disciplinam: VI 14, 2 *u.* conuenire; ¶ qui dicerent se suaque omnia in fidem atque in ⟨*om.* β⟩ potestatem populi Romani permittere: II 3, 2; ¶ Q. Fulginius (primus hastatus), qui propter eximiam uirtutem ex inferioribus ordinibus in eum locum peruenerat: 1, 46, 4; (Morini) omnes ⟨*c*⟩ fere ⟨*c*⟩ in potestatem Labieni peruenerunt ⟨uenerunt β⟩: IV 38, 2; demonstrauimus L. Vibullium ⟨*c*⟩ Rufum . . . bis in potestatem peruenisse Caesaris: 3, 10, 1; cum iam ille urbanas res uirtute Cn. Pompei commodiorem in statum peruenisse intellegeret: VII 6, 1; ut res publica in hunc statum perueniret: *ap. Cic. ad Att.* IX 7 *C*, 2; magnum in timorem Afranius Petreiusque perueniunt: 1, 61, 2; ¶ in proelium prodire: 3, 86, 2 *et* in aciem producere: 3, 56, 1 *u.* e) prodire, producere; ¶ matres familiae . . . liberos . . in conspectum proferre coeperunt: VII 48, 3; ¶ proficisci in proelium, pugnam *u.* e) proficisci; ¶ quos . . postea in parem ⟨partem *X*⟩ iuris libertatisque condicionem ⟨conditione *X*⟩ atque ipsi erant receperunt: I 28, 5; seque in deditionem ut recipiat petunt: III 21, 3; sese eos in fidem recepturum et conseruaturum: II 15, 1; quibus adductis eos in fidem recepit ⟨recipit *af; haec omnia om. h*⟩: IV 22, 3; orabant ⟨*c*⟩, ut se in seruitutem receptos cibo iuuarent: VII 78, 4; ¶ num tu harum rerum natura accidere arbitraris, quod unam terram ac plures terras . . . dicamus, neque quadrigas in unam ⟨?⟩ nominis figuram redigere . . . possimus? *ap. Gell.* XIX 8, 8; — certior factus est omnes eas ciuitates in dicionem ⟨β; *Np., Dt.;* deditionem α; *rell. edd.*⟩ potestatemque populi Romani esse redactas ⟨red. esse β⟩: II 34; quod eo oppido recepto ciuitatem Biturigum se in potestatem redacturum confidebat: VII 13, 3; habendam fortunae gratiam . . ., quod finitimas frumentariasque prouincias in potestatem redegissent: 3, 73, 3; — Haeduos a ⟨*c*⟩ Caesare in seruitutem redactos omnes ⟨omnes red. β⟩ indignitates contumeliasque perferre: II 14, 3; ¶ cum communibus inimicis in gratiam redierat: 1, 4, 4; ut non solum in pristinum statum redissent, sed: VII 54, 4; ¶ ut tribunos plebis . . . expulsos in suam dignitatem restitueret: 1, 22, 5; centuriones in priores ordines ⟨in pr. ord. *Ciacc.;* ampliores ordines *x;* ampliori ordini *Lips.*⟩, equites Romanos ⟨eq. R. *ahl(f); tribunos Ciacc.*⟩ in tribunicium restituit honorem: 1, 77, 2; quod eorum aduentu . . . Diuiciacus frater in antiquum locum gratiae atque honoris sit restitutus: I 18, 8; — praetoribus tribunisque ⟨*c*⟩ plebis rogationes ad populum ferentibus non nullos ambitus Pompeia lege damnatos . . . in integrum restituit: 3, 1, 4; ¶ numquam se amisso exercitu . . . in eius (Caesaris) conspectum reuersurum confirmat: 2, 42, 4; ¶ Sequani principatum dimiserant ⟨*CC*⟩; in eorum locum Remi successerant: VI 12, 7; ¶ sese paratos esse . . . L. Domitium uiuum eius potestati ⟨in eius potestatem *Ohl*⟩ tradere: 1, 20, 5; ne se in seruitutem Romanis traderent: I 51, 3; ¶ quorum (centurionum) non nulli ex inferioribus ordinibus reliquarum legionum uirtutis causa in superiores erant ordines huius legionis traducti: VI 40, 7; ¶ per Treueros uenisse (eum) Germanis ⟨*c*⟩ in amicitiam cognouerat: VI 5, 4; — quod per eum in collegium pontificum uenerat: 1, 22, 4; — neque ullum laborem . . . despiciens † neque ⟨ne quod *Oud.; Np., Db.*⟩ subsidium expectans, si in Caesaris complexum ⟨expectanti Caesari in conspectum *Np., Db.*⟩ uenire posset: 3, 8, 4; — ut in conloquium uenire inuitatus grauaretur: I 35, 2; in conspectum uenire *u.* **conspectus** *p. 682* C. b) *(5 (6) loc.)*; — qui (milites) iam in consuetudinem Alexandrinae uitae ac licentiae uenerant: 3, 110, 2; — ut iam non solum hostibus in contemptionem ⟨contemptum *f*⟩ Sabinus ueniret, sed etiam: III 17, 5; eo consilio, ut in summam contemptionem ⟨contentionem β⟩ hostibus ueniat: V 49, 7; — quod . . . summum in cruciatum se uenturos uiderent: I 31, 2; — in deditionem uenire *u.* **deditio** *p. 833* D. *(3 loc.)*; — in fidem uenire: II 13, 2 *u.* in potestatem uenire; — saepe in eum locum uentum est tanto in omnes partes *dimisso equitatu, ut . . . contenderent: VI 43, 4; — id ⟨*c*⟩ quem ⟨*c*⟩ ad modum fieri possit non nulla mihi ⟨*c*⟩ in mentem ueniunt: *ap. Cic. ad Att.* IX 7 *C*, 1; — se . . . magnumque numerum senatorum . . . in periculum esse uenturum: 1, 17, 2; — sese in eius fidem ac potestatem uenire neque ⟨*c*⟩ contra populum Romanum armis contendere: II 13, 2; omnes ⟨*c*⟩ fere ⟨*c*⟩ in potestatem Labieni peruenerunt ⟨uenerunt β⟩: IV 38, 2; Massilienses . . . auxiliis prouinciarum et exercituum desperatis, quos in Caesaris potestatem uenisse cognouerant, sese dedere . . . constituunt: 2,22,1; quid irati grauius de uobis sentire possunt quam ut . . . in eorum potestatem ueniatis, qui se per uos perisse existimant? 2,32,4; cum . . . deposito imperio priuatus et captus ipse in alienam uenisset potestatem? 2,32,9; iam duo praefecti fabrum Pompei in meam potestatem uenerunt: *ap. Cic. ad Att.* IX 7 *C*, 2; — summamque in sollicitudinem ac timorem ⟨*Elberl.;* summaque in sollicitudine ac timore *z*⟩ Parthici belli prouincia ⟨-ciam *a*⟩ cum uenisset: 3,31,4; — si quid accidat Romanis, (Dumnorigem) summam in spem per Heluetios regni obtinendi uenire: I 18,9; magnamque in spem ueniebat pro suis tantis . . . beneficiis . . . fore, uti pertinacia desisteret: I 42,3; eos, qui in spem ⟨qui spe *Ciacc.*⟩ potiundorum ⟨*c*⟩ castrorum uenerant, . . . interficiunt: III 6,2; simul atque oppidani ... in spem auxilii uenerunt: VII 12,5; simul in spem ueniebant eius adfirmatione de reliquis adiungendis ciuitatibus: VII 30,4; Caesar in eam spem uenerat se sine pugna et sine uulnere suorum rem conficere posse: 1,72,1; cum in spem uenero de compositione aliquid me posse ⟨*Lamb.; om. codd.; edd.*⟩ conficere ⟨aliq. me confic. *del. Vrsin.; Bait.*⟩, statim uos certiores faciam: *ap. Cic. ad Att.* IX 13 *A*, 1; — de morte ⟨*CC*⟩ si res in suspicionem uenit, . . . quaestionem habent: VI 19,3; — in timorem uenire: 3,31,4 *u.* in sollicitudinem u.; ¶ qui belli initium faciant ⟨faciat β⟩ et sui capitis periculo Galliam in libertatem uindicent ⟨uindicet β⟩: VII 1,5; ut se et populum Romanum factione ⟨*c*⟩ paucorum oppressum in libertatem ⟨libertati (*om.* in) *O*[1]⟩ uindicaret: 1,22,5; gratias agit . . . Gaditanis, quod conatus aduersariorum infregissent seseque in ⟨*om. a*⟩ libertatem uindicassent ⟨-auissent *l*⟩: 2,21,1.

b) et partem regionemque, quo dirigitur alqd, et animum ac uoluntatem significat; α) partem quasi regionemque indicat; αα) in (aliam, ullam, utramque *cett.*) partem: tanta erat . . . exspectatio, ut alius in aliam partem mente atque animo traheretur, quid ipsis Corfiniensibus, quid Domitio, quid Lentulo, quid reliquis accideret, qui quosque euentus exciperent: 1,21,6; ¶ hac habita oratione nullam in partem ab exercitu Curionis fit significatio: 2,28,4; ¶ haec omnibus ferebat sermonibus neque se in ullam partem mouebat: 2,17,2; ¶ suam sententiam in utramque partem ⟨β; in utraque parte α⟩ esse tutam: V 29,6; hac in utramque ⟨*Q*β; utraque *ABM*⟩ partem ⟨*B*[1]*Q*β; parte *AM*⟩ disputatione habita . . . inquit: V 30,1; paucis cum esset in utramque partem uerbis disputatum, res huc deducitur, ut: 1,86,3; ita paruae res magnum in utramque partem momentum habuerunt: 3,70,2.

ββ) alia: ipsi uero nihil ⟨*c*⟩ nocitum iri, inque eam ⟨in quam β⟩ rem se suam fidem interponere: V 36,2; — multa ab Caesare in eam sententiam dicta sunt, qua re negotio desistere non posset: I 45,1; in eandem sententiam loquitur Scipio: 1,1,4; — princeps in haec uerba iurat ipse: 1,76,3; prouinciam omnem in sua et Pompei uerba ius iurandum adigebat: 2,18,5.

β) aut animum uoluntatemque significat aut ea, quae amico inimicoue animo fiunt; αα) = contra; 𝔄) pendet ex uerbis; a): quantum in se facinus admisissent intellegebant: III 9,3; ¶ satis esse causae arbitrabatur, quare in eum aut ipse animaduerteret aut ciuitatem animaduertere iuberet: I 19,1; ¶ in se iura magistratuum commutari: 1,85,9; ¶ ne quod in se scelus concepisse neu suos prodidisse uideantur: 1,74,3; ¶ in se noui generis imperia constitui: 1,85,8; ¶ Ariouistum . . . obsides . . . poscere et in eos omnia exempla cruciatusque edere: I 31,12; ¶ Bibulus . . . inanibus (nauibus) occurrit et nactus circiter XXX in eas indiligentiae ⟨*c*⟩ suae ac doloris iracundiam ⟨*Faern.;* -dia *codd.*⟩ erupit omnesque incendit ⟨*u. CC*⟩: 3,8,3; ¶ ne quid grauius in fratrem statueret: I 20,1; ¶ in se ⟨etiam *add. Na; edd.*⟩ aetatis excusationem nihil ualere: 1,85,9; ¶ in quos eo grauius Caesar uindicandum statuit: III 16,4.

b): ut spatium pila in hostes ⟨in host. pila β⟩ coiciendi non daretur: I 52,3; — (in auersos: IV 26,3 *u.* in uniuersos;) cum . . . equites . . ex loco superiore in auersos ⟨*Vrsin.;* aduersos *afl;* aduersarios *Oh*⟩ tela coiciebant: 1,79,3; — hunc scutis protegunt hostes, in illum uniuersi tela coiciunt ⟨*sic* β; protegunt, in hostem tela uniuersi coiciunt α; *edd.*⟩: V 44,6; — quod . . . e loco superiore in nostros uenientes tela coiciebant: I 26,3; equites Ariouisti . . . lapides telaque in nostros coicere: I 46,1; Germani retineri non potuerant ⟨*c*⟩, quin in nostros tela ⟨tela in nostr. β⟩ coicerent: I 47,2; ut . . . ex tumulo tela in nostros coicerent: II 27,4; ne . . . interdiu tela in nostros operi destinatos coicere possent ⟨*c*⟩: VII 72,2; — alii ab latere aperto in uniuersos ⟨auersos *Ciacc.*⟩ tela coiciebant: IV 26,3; — — hinc celeriter deiecti se in signa ⟨in signa se β⟩ manipulosque coiciunt: VI 40, 1; ¶ se ⟨c⟩ ex naui proiecit atque in hostes aquilam ferre coepit: IV 25, 4; ¶ prius ... quam a nobis telum in hostem iaceretur: 3, 86, 3; ¶ peditatu dumtaxat procul ad speciem utitur, equites in aciem immittit ⟨*Ofhl, a corr.; mittit a pr.; edd.*⟩: 2, 41, 2; Cassius ... onerarios naues ... in Pomponianam ⟨c⟩ classem immisit: 3, 101, 2; Pulio pilum in hostes immittit ⟨mittit β⟩: V 44, 6; nostri ... pila in hostes immittunt: VI 8, 6; ¶ Antonianae scaphae ... se in hostes incitauerunt: 3, 24, 3; naues triremes duae ... sese in eam (nauem) incitauerant ⟨-runt?⟩: 2, 6, 4; ¶ monuit, ut ... conuersa signa in hostes inferrent: II 26, 1; ¶ mittere in: V 44, 6 *u.* immittere; ut nullum frustra telum in eos mitteretur: 1, 45, 6; ¶ ne quod omnino telum in hostes reicerent: I 46, 2.

𝔅) pendet ex subst.: (C. Caesar ... in Dolabellam actionis I. lib. I ⟨*c; CC*⟩: *ap. Gell.* IV 16, 8;) ¶ (nondum bono animo in: I 6, 3 *u.* ββ) **𝔟)** animus;) qui iam ante inimico in nos animo ⟨an. in nos β⟩ fuisset: V 4, 4; alieno esse animo in Caesarem milites: 1, 6, 2; ¶ ipse habuit graues in Caesarem contiones ⟨contentiones *f*⟩: 2, 18, 3; ¶ impetuque multitudinis in C. Trebonium facto ... eum de tribunali deturbauit: 3, 21, 2; *u. praeterea* **facio** *p. 1268 sq. (25 loc.)*; ¶ omnium temporum iniurias inimicorum in se commemorat: 1, 7, 1; ¶ indicia in priuatos reddebat: 2, 18, 5.

ℭ) pendet ex adiect.: inimicus: V 4, 4 *u.* **𝔅)** animus.

ββ) = erga; 𝔞) pendet ex uerbis: se id, quod in Neruiis ⟨neruios *B*[2]β; *Fr.*⟩ fecisset, facturum: II 32, 2; ¶ ut sua ⟨*om.* β⟩ clementia ac mansuetudine in eos utatur: II 14, 5; ut in miseros ac supplices usus misericordia uideretur: II 28, 3.

𝔟) pendet ex subst.: quod nondum bono animo in populum Romanum uiderentur: I 6, 3; sese tamen hoc esse in Ciceronem populumque Romanum ⟨cicerone pōp. r. β⟩ animo, ut: V 41, 5; ¶ magnamque in spem ueniebat pro suis tantis populique Romani in eum beneficiis ... fore, uti: I 42, 3; sua senatusque in eum beneficia commemorauit ⟨c⟩: I 43, 4; sese pro Caesaris in se beneficiis plurimum ei confiteri debere: V 27, 2; Caesarisque in se beneficia exponit: 1, 22, 3; quod sibi ... gratia relata non sit pro suis in eos maximis beneficiis: 1, 23, 3; ne noua Caesaris officia ueterum suorum beneficiorum in eos memoriam expellerent 1, 34, 3; Vticenses pro quibusdam Caesaris in se beneficiis illi (erant) amicissimi: 2, 36, 1; ¶ huic Caesar pro eius uirtute atque in se beneuolentia ... maiorum locum restituerat: V 25, 2; nihil se ... de sua in Haeduos beneuolentia deminuere: VII 43, 4; tanta eius humanitas, ... ea in me est beneuolentia: *ap. Cic. ad Att.* IX 16, 3; ¶ quae senatus consulta quotiens quamque honorifica in eos facta essent: I 43, 7; ¶ fides: (I 19, 2 *u.* studium;) quorum in se fidem perspexerat: V 5, 4; ¶ Caesaris in se indulgentiam ⟨*sic* β; *Schn.; indulg. in se α; edd. rell.*⟩ requirunt: VII 63, 8; ¶ discedentibus his breuiter sua in Haeduos merita exposuit: VII 54, 3; sua in illos merita proponit: VII 71, 3; magis eos pro nomine et uetustate quam pro meritis in se ciuitatis conseruans: 2, 22, 6; qui de meis in uos meritis praedicaturus ⟨c⟩ non sum: 2, 32, 10; ¶ (misericordia: II 28, 3 *u.* 𝔞) uti;) ¶ exercitum cum ... cohortaretur suaque in eum perpetui ⟨perpetuum *a*⟩ temporis officia ⟨-ium *a*[1]⟩ praedicaret: 3, 90, 1; ¶ senatus consultum: I 43, 7 *u.* consultum; ¶ quod Diuiciaci fratris summum in populum Romanum studium, summam in se uoluntatem, egregiam fidem, iustitiam, temperantiam cognouerat: I 19, 2; cuius tam egregiam in se uoluntatem perspexisset: V 4, 3; tanta ac tam secunda in Caesarem uoluntas prouinciae reperiebatur: 2, 20, 1.

γγ) uox media: ut non minus haberet iuris in se multitudo quam ipse in multitudinem: V 27, 3; *quibus* (nobilibus) in hos eadem omnia sunt iura quae dominis in seruos: VI 13, 3; ¶ qui (magistratus) ... uitae necisque in suos habet potestatem: I 16, 5; uiri in uxores sicuti in liberos uitae necisque habent potestatem: VI 19, 3.

c) ui distributiua: militibus ... agros ... pollicetur, quaterna ⟨*Glar.*; XL *codd.*⟩ in singulos iugera: 1, 17, 4; iamque ad denarios ⟨c⟩ L in singulos modios annona peruenerat: 1, 52, 2; in capita singula seruorum ac liberorum tributum imponebatur: 3, 32, 2; ciuibus Romanis eius prouinciae, sed in singulos conuentus singulasque ciuitates certae pecuniae imperabantur: 3, 32, 6.

d) ui consecutiua; α) c. uerbis diuidendi, sim.: abscisum ⟨abscissum *V.*⟩ in duas partes exercitum: 3, 72, 2; ¶ ubi Oceano adpropinquat ⟨c⟩, in plures diffluit ⟨β; defluit α; *edd.*⟩ partes multis ingentibusque insulis effectis: IV 10, 4; ¶ ante ⟨c⟩ hos ⟨c⟩ obliquis ⟨c⟩ ordinibus in quincuncem dispositis scrobes . . . fodiebantur: VII 73, 5; ¶ distribuere *u.* **distribuo** *p. 935 sq.* **B.** *(4 (5) loc.);* ¶ diuidere *u.* **diuido** *p. 939 sq.* **A. b)** *(7 (8) loc.).*

β) c. aliis uerbis: in deditionem accipere *u.* **a)** accipere; ¶ in publicum addicere: 2, 18, 5 *u.* **e)**; ¶ in fugam coicere *u.* **coicio** *p. 599* **ββ)** *(13 loc.);* ¶ impedimenta relinquerent atque in orbem consisterent: V 33, 3; ¶ conuertere: *ap. Gell.* XIX 8, 8 **(***et* I 52, 6**)** *u.* **a)** conuertere; ¶ se in clientelam (seruitutem) dicare: VI 12, 7; 13, 2 *u.* **a)** dicare; ¶ quibus populus Romanus ignouisset neque in prouinciam redegisset: I 45, 2; quae (finitima Gallia) in prouinciam redacta . . . perpetua premitur seruitute: VII 77, 16; *u. praeterea* **a)** redigere *(5 loc.);* ¶ incredibili felicitate auster . . . in Africum se uertit: 3, 26, 5; **futurum,* ut ⟨*om. O*¹*; Np., Dt.*⟩ detrimentum in bonum uerteret ⟨-retur *O*⟩: 3, 73, 6; ne ea, quae rei publicae causa egerit, in suam contumeliam uertat: 1, 8, 3; ¶ in libertatem uindicare *u.* **a)** uindicare *(3 loc.).*

e) ui finali: eorum bona in publicum addicebat: 2, 18, 5; ¶ quascumque postea controuersias inter se milites habuerunt, sua sponte ad Caesarem in ius ⟨in ius *Guilielmus;* intus *Ox*⟩ adierunt ⟨ad Caes. euntes adferunt *Hartx*⟩: 1, 87, 2; ¶ in disciplinam conuenire: VI 14, 2 *u.* **a)** conuenire; ¶ eique (Dumnorigi) filiam suam in matrimonium dat: I 3, 5; etsi eam pecuniam publicam esse constabat datamque a Pompeio in stipendium: 1, 23, 4; ¶ neu se . . . hostibus in cruciatum ⟨in cruc. host. β; *Np.*⟩ dedant: VII 71, 3; ¶ se in clientelam (seruitutem) dicare: VI 12, 7; 13, 2 *u.* **a)** dicare; ¶ ex ea ciuitate Orgetorigis filiam in matrimonium duxerat: I 9, 3; ¶ in disciplinam mitti: VI 14, 2 *u.* **a)** conuenire; tripertito milites ⟨c⟩ equitesque in expeditionem misit: V 10, 1; ¶ quas (pecunias) erant in publicum Varroni cines Romani polliciti: 2, 21, 2; ¶ rationem consilii mei accipite, quo firmiore animo in ⟨*om. x*⟩ proelium ⟨proelio *Nhl*⟩ prodeatis: 3, 86, 2; ¶ omnibus deinceps diebus Caesar exercitum in aciem aequum in locum produxit: 3, 56, 1; ¶ quae (mulieres) in ⟨ad β⟩ proelium proficiscentes ⟨milites *add. B*²β⟩ passis manibus flentes implorabant: I 51, 3; quod ille in pugnam proficiscens dixerat: 3, 99, 2; ¶ tradere *u.* **a)** tradere.

f) ui modali: apud quos Ambiorix ad ⟨in β⟩ hunc modum locutus est: V 27, 1; — hac oratione habita mirum in modum conuersae sunt omnium mentes: I 41, 1; — de uxoribus in seruilem modum quaestionem habent: VI 19, 3; ¶ obstructis in speciem portis singulis ordinibus caespitum: V 51, 4; hoc cum in ⟨ob *Hotom.*⟩ speciem uarietatemque opus deforme non est . . ., tum: VII 23, 5; ¶ hi rursus in uicem anno post in armis sunt, illi domi remanent: IV 1, 5; defatigatis in uicem integri succedunt: VII 85, 5; **(**expeditae cohortes nouissimum agmen claudebant † pluresque ⟨plures, quae in uicem *Köchly*⟩ in locis campestribus subsistebant: 1, 79, 1;**)** ex castris sibi legiones alias occurrere et eas, quas secum duxerat, in uicem requiescere atque in castra reuerti iussit: 3, 98, 3.

2. in c. abl.; A. de loco; a) suspensum α) ex uerbis; αα) c. subst. locum significantibus: qui in siluis ⟨*AQM;* siluas *B*¹*; Fr.;* silua *B*²β⟩ abditi latebant: II 19, 6; abditi in tabernaculis aut suum fatum querebantur aut: I 39, 4; ¶ cum aliquid calamitatis in proximis hibernis esset acceptum: V 29, 1; quos (milites) ex eius exercitu acceptos in Syria ⟨syriam *Nx*⟩ Gabinius Alexandriam traduxerat: 3, 103, 5; ¶ quod rursus minuente aestu naues in nadis adflictarentur: III 12, 1; ¶ filiumque puerili aetate in publico in conspectu patris adsistere turpe ducunt: VI 18, 3; ¶ naues interim longas aedificari in flumine Ligeri ⟨c⟩ . . . iubet: III 9, 1; ¶ hiemem agere: V 22, 4 *u.* hiemare; ¶ satis esse magna utrimque incommoda accepta . . . illum . . . amissa Sicilia et Sardinia . . . et cohortibus in ⟨*add. Vascos.; om. codd.*⟩ Italia atque Hispania ciuium Romanorum centum atque XXX: 3, 10, 4. 5; ¶ **(**qui superiore nocte in contuberniis circulisque anditi fuerant sermones militum dubii ⟨*Madu.; u. CC*⟩: 2, 29, 4;**)** nam quae Cenabi oriente sole gesta essent, ante primam confectam uigiliam in finibus Aruernorum audita sunt: VII 3, 3.

quinqueremem et minores duas (naues) in angustiis portus cepit: 3, 100, 2; ¶ huc magnum numerum equorum . . . in Italia atque Hispania coemptum ⟨*AQ*β; coemptus *BM;* coemptos *M*²*; Fr.*⟩ miserat: VII 55, 3; ¶ quas (naues) Igilii ⟨c⟩ et in Cosano ⟨c⟩ a priuatis coactas sernis, libertis, colonis suis compleuerat: 1, 34, 2; ¶ dies circiter XXV in eo loco commoratus: V 7, 3; ¶ comparare: 2, 18, 6 *u.* ducere; tantam sibi iam his rebus in Gallia ⟨-iam β⟩ auctoritatem compararauerat, ut: V 55, 4; ¶ quod pridie noctu conclamatum esset in ⟨*om. x; a O*[2]⟩ Caesaris castris: 1, 67, 2; ¶ quibus in tabulis nominatim ratio confecta erat, qui numerus domo exisset: I 29, 1; ¶ cum in loco aequo atque aperto confligeretur: 1, 71, 1; ¶ quibuscum ⟨*c*⟩ saepe numero Heluetii congressi non solum in suis ⟨sedibus *add. B*[2]β⟩, sed etiam in illorum finibus plerumque superarint ⟨*c*⟩: I 40, 7; ¶ ut ... praesidiis .. in angustiis **conlocatis** exercitum itinere prohiberent: 1, 65, 4; — ut trabes erant in capreolis conlocatae: 2, 10, 5; — in ciuitatibus: III 29, 3 *u.* ββ) conlocare *extr.*; — quas (pedestres copias) in conualle in insidiis conlocauerant: III 20, 4; — Ciliciensis legio coniuncta cum cohortibus Hispanis . . . in dextro cornu erant conlocatae: 3, 88, 2; Caesar . . . X. legionem in dextro cornu, nonam in sinistro conlocauerat: 3, 89, 1; — Boios petentibus Haeduis . . . ut in ⟨*om. a*⟩ finibus suis conlocarent concessit: I 28, 5; duas legiones ad fines Treuerorum, duas in Lingonibus, sex reliquas in Senonum finibus Agedinci in hibernis conlocauit: VI 44, 3; — in hibernis conlocare *u.* **hiberna** *p. 1423* **f)** *(3 loc.)*; — in insidiis conl.: III 20, 4 *u. s.* in conualle; — in summo ingo duas legiones ... et omnia auxilia conlocari ⟨*CC*⟩ . . . iussit: I 24, 2; — ordinatim structo tecto ⟨*Oud.; om. codd.*⟩, ut trabes erant in capreolis conlocatae, lateribus ⟨*Of?; Aldus;* in lateribus *ahl*⟩ et ⟨*pars recc.; om. Ox*⟩ luto musculus . . . contegitur ⟨*u. CC*⟩: 2, 10, 5; — uti in his locis legionem hiemandi causa conlocaret: III 1, 3; — magni ponderis saxa et praeacutas trabes in muro conlocabant ⟨-runt β⟩: II 29, 3; quibus uiribus praesertim homines ⟨*c*⟩ tantulae staturae . . . tanti oneris turrim ⟨*c*⟩ in muro ⟨*Q*[1]*?*β; muros α⟩ sese conlocare *posse* confiderent ⟨*u. CC*⟩: II 30, 4; qui erant in muro custodiae causa conlocati: 1, 28, 3; — conlocatis insidiis bipertito in siluis: V 32, 1; — trabes derectae . . . paribus interuallis . . . in solo conlocantur: VII 23, 1; duae primum trabes in solo . . . conlocantur: 2, 10, 2; — praemissis paulum impedimentis atque in tumulo quodam conlocatis . . . inquit: VI 8, 3; — — in Belgio: V 24, 3 *u.* ββ) conlocare (in Belgis); ¶ cum . . . perfugerent . . . uniuersi in Epiro atque Aetolia conscripti milites: 3, 61, 2; in summo ingo duas legiones, quas in Gallia citeriore proxime conscripserat, et omnia auxilia conlocari ⟨*CC*⟩ . . . iussit: I 24, 2; Caesar duas legiones in citeriore Gallia nouas conscripsit: II 2, 1; ¶ (ipsi profecti ⟨*c*⟩ a ⟨*c*⟩ palude ad ripas ⟨in ripas *fh;* in ripa *a;* in ripis *Ald.*⟩ Sequanae e ⟨*c*⟩ regione Lutetiae contra Labieni castra considunt: VII 58, 6;) *u. praeterea* **consido** *p. 669 et 670* **A.** *et* **B.** *et* **C. b) ζ)** *(2 + 4 + 6 (7) loc.)*; ¶ reliquos . . . ne in locis quidem superioribus consistere patiuntur: III 6, 2; Pompeiani in quodam monte constiterunt: 3, 97, 4; accedebat, ut . . . in nadis consisterent tutius: III 13, 9; *u. praeterea* **consisto** *p. 678* **δδ)** *(16 loc.) et p. 680* **b)** *(4 loc.)*; ¶ multis in ciuitatibus harum rerum exstructos *cumulos locis consecratis ⟨cons. loc. β⟩ conspicari licet: VI 17, 4; ¶ naues propter magnitudinem nisi in alto constitui non poterant: IV 24, 2; Afranius copias educit et in medio colle sub castris constituit: 1, 41, 2; magnoque numero iumentorum in flumine supra atque infra constituto traducit exercitum: 1, 64, 6; pedestresque copias . . . in locis superioribus constituunt: VII 79, 2; in extremo ponte turrim ⟨*c*⟩ tabulatorum quattuor constituit: VI 29, 3; ¶ in ea ciuitate duo de principatu inter se contendebant: V 3, 2; ¶ (suosque omnes ⟨in *add. a; edd.*⟩ castris continuit: 3, 30, 5;) *u. praeterea* **castra** *p. 477* **i)** *(3 loc.)*; — (utrique sese ⟨se in β⟩ suo loco continent: V 50, 1; si reliquam partem hiemis uno ⟨in *add. recc.; Dt.*⟩ loco legiones contineret: VII 10, 1;) ¶ subitum bellum in Gallia coortum est: III 7, 1.

cum alius discessisset, alius ex diutino labore in ipsis operibus quieti se dedisset: 2, 14, 1; ¶ si paene in ipsis cadaueribus proelio decertare cogentur: VII 77, 8; ut potius in suis quam in alienis finibus decertarent: II 10, 4; ¶ defigere *u.* **defigo** *p. 846* **b)** *(4 loc.)*; ¶ hostes . . . noctu in siluis delituerant: IV 32, 4; ¶ alii . . . depositis in contubernio armis uallum relinquebant: 3, 76, 2; (in muro: 3, 9, 6 *u.* disponere;) HS ⟨*c*⟩ LX, quod aduexerat Domitius atque in publico deposuerat, . . . Domitio reddit: 1, 23, 4; uti . . . liberos, uxores suaque omnia in siluis ⟨siluas *V.*⟩ deponerent: IV 19, 2; quam (praedam) in siluis deposuerant: VI 41, 1; ¶ multos in agris inopinantes deprehendit: VI 30, 1; quas (naues) in portu Brundisino deprehenderat: 1, 26, 1; in ipso fluminis nado deprehensus Indutiomarus interficitur: V 58, 6; ¶ demonstrauimus L. Vibullium Rufum . . . bis in potestatem peruenisse Caesaris atque ab eo esse dimissum, semel ad Corfinium, iterum in Hispania: 3, 10, 1; ¶ ut in muris armata ciuitas discurreret: 3, 105, 3; ¶ **disponere in castellis**: (VII 69, 7 *u.* ponere;) (reliquas cohortes VII ⟨in *add. a; Np., Dt.*⟩ castris propinquisque castellis praesidio disposuerat: 3, 88, 4;) — eas (scaphas) in litore pluribus locis separatim disposuit: 3, 24, 1; — praesidiis in ⟨*pauc. recc.; om. Ox; Np.*⟩ montibus dispositis: 1, 72, 5; — paulo incautius custodias in muro dispositas uidebat: VII 27, 1; tormenta in muris disponit: 1, 17, 3; expeditos autem ex euocatis **cum* sagittariis funditoribusque raros in muro turribusque disponit: 1, 27, 5; custodias uigiliasque in turribus muroque disposuit: 2, 19, 3; pueris mulieribusque in muro dispositis ⟨depos. *ah*⟩ . . . ipsi . . . in proxima Octauii castra inruperunt: 3, 9, 6; — fundis librilibus sudibusque, quas in opere disposuerant, . . . Gallos ⟨*c*⟩ proterrent: VII 81, 4; ipse in ⟨*e; om. Ox; Np.*⟩ iis ⟨*c*⟩ operibus, quae facere instituerat, milites disponit: 1, 21, 3; — ut . . . in suis ordinibus dispositi ⟨dispositis *a*[1]⟩ dispersos adorirentur: 3, 92, 2; — equitatum omnem et peditum milia X sibi . . . mitterent, quae in praesidiis rei frumentariae causa disponeret: VII 34, 1; — crebrasque in ripis custodias disponit: 1, 83, 5; — in turribus: 1, 27, 5; 2, 19, 3 *u.* in muro; — Caesar dispositis in uallo custodiis ⟨*c*⟩ recipi prohibebat: VII 78, 5; — procul in uia dispositis familiaribus suis principibusque ciuitatum: VII 28, 6; — — quas (legiones) a Caesare acceptas in Apulia hibernorum causa disposuerat: 1, 14, 3; ¶ in insula frumento nauibusque comparatis bellum duci non difficile existimabat: 2, 18, 6; quam (uxorem) in Gallia ⟨-iam *h*⟩ duxerat: I 53, 4.

quibus (fossis) . . . uadum . . in eo flumine efficeret: 1, 61, 1; pons in Hibero prope effectus nuntiabatur et in Sicori uadum reperiebatur: 1, 62, 3; qui dies maritimos aestus maximos in Oceano efficere consueuit: IV 29, 1; in Sicore flumine pontes effecerat duos: 1, 40, 1; ¶ (in litus ⟨litore *α; edd.*⟩ eiectas esse: V 10, 2 *u. p. 91* eicere;) ¶ qui erant in agris ⟨*u. CC*⟩ reliqui discesserunt: IV 34, 3; — quae (cohortes) praesidio in ⟨*om. N*⟩ castellis fuerant: 3, 99, 3; sed in castello nemo fuit omnino militum, quin uulneraretur: 3, 53, 3; — qui in castris Caesaris fuissent: 1, 33, 2; alii domos bonaque eorum, qui in castris erant Caesaris, petebant ⟨*CC*⟩: 3, 82, 4; — in Gallia non solum in omnibus ciuitatibus atque in omnibus pagis partibusque ⟨partibusque *del. Dauis.; Np., Fr.*⟩, sed paene etiam in ⟨β; *om. α; Np.*⟩ singulis domibus factiones sunt: VI 11, 2; — qui in classe erant proficisci properabant: 2, 43, 3; — ipsum erat oppidum Alesia ⟨*c*⟩ ⟨positum *add. RSchn.*⟩ in colle summo admodum edito loco: VII 69, 1; — erant in sinistro cornu legiones duae: 3, 88, 1; — in hoc medio cursu est insula: V 13, 3; — in singulis domibus: VI 11, 2 *u. s.* in ciuitatibus; — est in finibus *u.* **fines** *p. 1306* ηη) *(3 loc.)*; — in eo flumine pons erat: II 5, 6; — (cum esset Caesar in citeriore Gallia ⟨in hibernis *add. αa; Schn., Fr.*; hibernis *add. fhk; del. Goerlitz*⟩: II 1, 1;) tempus autem ⟨*c*⟩ erat difficillimum, quo neque frumenta in † hibernis ⟨aceruis *F. Hofm.; Db.*; herbis *Ellebodius*; horreis *Apitz*; cauernis *Hell.*; Hiberis *Kindsch.*; *u. CC*⟩ erant neque: 1, 48, 5; — Pharus est in insula turris magna altitudine: 3, 112, 1; in hac sunt insula domicilia Aegyptiorum et uicus oppidi magnitudine: 3, 112, 3; — cum . . . eos in eo loco, quo tum ⟨*c*⟩ essent, suum aduentum exspectare iussisset: I 27, 2; quod in his locis inopia frumenti erat: III 7, 3; quibus in locis esse Germanos ⟨*c*⟩ audiebat: IV 7, 1; ad ipsum Ambiorigem contendit, quo in loco cum paucis equitibus esse dicebatur: VI 30, 1; quibus in locis sit Caesar ex captiuis quaerunt: VI 35, 7; in eo loco ipse erat Pompeius: 3, 88, 1; — quae (naues) erant in naualibus: 3, 111, 6; — omnium rerum, quae ad bellum usui erant, summa erat in eo oppido facultas ⟨difficultas *X*⟩: I 38, 3; sed tanti erant antiquitus in oppido omnium rerum ad bellum apparatus tantaque multitudo tormentorum, ut: 2, 2, 1; erat in oppido ⟨-dum *Nahl*⟩ multitudo insolens belli . . .: 2, 36, 1; — in omnibus pagis partibusque: VI 11, 2 *u. s.* in ciuitatibus; — planities erat magna et in ea tumulus terrenus satis grandis: I 43, 1; — cum iam esset agmen in portis: 3, 85, 4; — quae ciuitas est in prouincia: I 10, 1; magna esse Pompei beneficia et magnas clientelas in citeriore prouincia sciebat: 2, 18, 7; — impetuque facto in Cassianam classem quinqueremes ⟨*c*⟩ duas, in quarum altera erat Cassius, ceperunt: 3, 101, 6; — prius quam ea pars Menapiorum, quae citra Rhenum ⟨quieta ⟨*c*; qui β⟩ in suis sedibus *add. c & β; Schn.*⟩ erat, certior fieret: IV 4, 7; — atque in hoc fere medio spatio tumulus erat: 1, 43, 1; — cohortes, quae in stationibus erant, secum in eam partem proficisci . . . iussit: IV 32, 2; *cf. infra* C. f) in statione *(6 loc.)*; — reliquum quidem in terris esse neminem, quem non superare possint: IV 7, 5; — in hoc tractu ⟨*Faern.*; nec tractu *codd.*; *u. CC*⟩ oppidi pars erat regiae exigua, in quam ipse habitandi causa initio erat inductus: 3, 112, 8; — — Pompeius erat eo tempore in Candauia iterque ex Macedonia in hiberna Apolloniam Dyrrachiumque habebat: 3,11,2; erat omnino in Gallia ulteriore legio una: I 7,2; nunc esse in Gallia ad centum et XX milium numerum: I 31,5; quid in sua Gallia ... aut Caesari aut omnino populo Romano negotii esset: I 34,4; cum esset Caesar in citeriore Gallia [in hibernis]: II 1,1; materia cuiusque generis ut in Gallia est: V 12,5; VI 11,2 *u. s.* in ciuitatibus; in omni Gallia eorum hominum, qui ⟨in *add.* β⟩ aliquo sunt numero atque honore, genera sunt duo: VI 13,1; cuius (taxi) magna in Gallia Germaniaque copia est: VI 31,5; quorum (sagittariorum) erat permagnus ⟨*c*⟩ numerus in Gallia ⟨in gallia numerus β⟩: VII 31,4; — — neque quid in quaque parte opus esset prouideri ... (poterat): II 22,1; ¶ in quarta quaque earum (ratium) turres binorum tabulatorum excitabat: 1,25,10; ¶ ipse grauissima hieme in nauibus excubans: 3,8,4; ¶ quid ergo? Romanos ⟨*c*⟩ in ⟨*om. AQ*⟩ illis ulterioribus munitionibus animine ⟨*c*⟩ causa cotidie exerceri putatis? VII 77,10; ¶ ibi in omnibus collibus expositas hostium copias armatas conspexit: IV 23,2; in terra exponere: 1,31,3 *et* 3,23,2 *u. p. 91;* ¶ item ⟨in *add. h*⟩ Trallibus ⟨*c*⟩ in templo Victoriae ... palma per eos dies ⟨in tecto *add. codd.; del. C. F. Hermann;* in tectum *Oehler;* integra *Oud.*⟩ inter coagmenta lapidum ex panimento exstitisse ostendebatur: 3,105,5; ¶ (in siluis oportuno atque occulto loco ... Romanorum aduentum exspectabant: V 32,1.)

monet, ut ignes in castris fieri prohibeat: VI 29,5; hoc idem fit ⟨β; *om.* α⟩ in reliquis ciuitatibus ⟨in reliquis fit cinit. *Fr.; Dt.*⟩: VII 15,1; in quibus (nauibus) ad libram ⟨*CC*⟩ fecerat turres: 3,40,2; Germani una in parte confertis turmis in hostes ⟨*c*⟩ impetum fecerunt: VII 80,6; fit equestre proelium in ea planitie: VII 70,1; — pontem in Arare faciendum curat: I 13,1; (complures (naues) praeterea ⟨in *add. codd.; del. P. Manut.*⟩ Hispali ⟨*aut* ipse Hispali *aut* in Baeti *scribend. cens. Vielh.*⟩ faciendas curauit: 2,18,1;) in Gallia: V 8,1 *u.* gerere; factum etiam nuper (eius hostis periculum) in Italia seruili tumultu: I 40,5; ut in Syria ⟨*Steph.;* in sorte *codd.*⟩ fecerant: 3,32,6; neque ante proelium in Thessalia factum cognitum ... expelli potuit: 3,100,4; neque multo post de proelio facto in Thessalia cognitum est: 3,101,7; proelioque in Thessalia facto domum redierant: 3,111,3; — classesque ipsius, quas hieme in Sicilia, Gallia, Italia fecerat ⟨-rant *Na*⟩, morabantur: 3,42,3; ¶ qui (Corus) magnam partem omnis temporis in his ⟨*c*⟩ locis ⟨β; *om.* α⟩ flare consueuit: V 7,3.

nostra consilia quaeque in castris gerantur hostibus enuntiari: I 17,5; quae res in nostris castris ⟨castr. nostr. β⟩ gererentur conspicatus: II 26,4; cum ... esset nuntiatum ⟨*c*⟩, quae in sinistro cornu gererentur: VII 62,6; ipsi in eorum finibus bellum gerunt: I 1,4; quorum in finibus bellum geratur: VII 14,6; cum intellegeret in iis ⟨illis β⟩ locis sibi bellum gerendum, ubi: III 20,1; dum ⟨*c*⟩ haec in his ⟨*c*⟩ locis geruntur: V 22,1; (in longinquis nationibus: VII 77,16 *u.* ββ) gerere); haec in omnibus Eburonum partibus gerebantur: VI 35,1; quid quaque in ⟨*sic* β; *Fr.;* qua ex α; quaque ex *edd.*⟩ parte geratur cognoscit: VII 85,1; — haec cum in Achaia atque apud ⟨?⟩ Dyrrachium gererentur Scipionemque in Macedoniam uenisse constaret: 3,57,1; ut ... quae .. in Gallia gererentur ⟨fierent β⟩ cognosceret: V 8,1; quod una in Gallia bella gesserant: 3,79,6; dum haec in Hispania geruntur: 2,1,1; cognitis iis ⟨*c*⟩ rebus, quae sunt gestae in citeriore Hispania: 2,18,6; an uero in Hispania ⟨-am *f*⟩ res gestas Caesaris non audistis? 2,32,5; † quod gestum in Hispania diceret: 3,83,2; cognitis iis ⟨*c*⟩ rebus, quae sunt in Italia gestae: 2,17,1; factus Vibullius certior, quae res in Piceno gererentur: 1,15,4.

in agris habet dilectum egentium ac perditorum: VII 4,3; — quorum magnam copiam in castris habebat, in his Diuiciaco et Lisco: I 16,5; quos illi ⟨*c*⟩ ... secum in castris habebant obsidum loco: 1,74,5; — qui castra in colle habebat: 3,85,1; — nocturnaque in locis desertis concilia habebant: V 53,4; — quos (gladiatores) ibi Caesar in ludo habebat: 1,14,4; — expugnato in ⟨*om. Nal*⟩ itinere oppido Parthinorum, in quo Pompeius praesidium habebat: 3,41,1; — cuiusque auctoritas in his regionibus magni habebatur: IV 21,7; — quod senatus in urbe habebatur: 1,2,1; lictoresque habent in urbe et ⟨*P. Man.;* ex *codd.*⟩ Capitolio priuati ⟨*c; u. CC*⟩: 1,6,7; damnatos illis temporibus, quibus in urbe ⟨-bem *afl*⟩ praesidia legionum Pompeius habuerat: 3,1,4; — — sedes (se) habere in Gallia ab ipsis concessas: I 44,2; quod exercitum ⟨*CC*⟩ in Gallia habeat: I 44,10; ¶ quartam (legionem) in Remis cum T. Labieno in confinio Treuerorum hiemare iussit: V 24,2; cum constituisset ⟨*c*⟩ hiemare ⟨hiemem β⟩ in continenti propter repentinos Galliae motus ⟨agere *add.* β⟩: V 22,4; quae (legio) in eorum

⟨*CC*⟩ finibus hiemabat ⟨β; hiemauerat α; *edd.*⟩: VI 7, 1; constituit . . . ipse cum reliquis eius legionis cohortibus in uico Veragrorum . . . hiemare: III 1, 4; — in Gallia: II 1, 3 *u.* inueterascere; quod omnibus constabat hiemari ⟨β; hiemare α⟩ in Gallia oportere, frumentum his in locis in hiemem prouisum non erat: IV 29, 4.

(ut ipsis consistendi in suis munitionibus locus non esset, cum paene inaedificata ⟨aedif. *O*⟩ ⟨in *add. codd. et edd.; del. Gemoll*⟩ muris ab exercitu nostro moenia uiderentur: 2, 16, 2;) ¶ in castris Curionis magnus † omnium incessit timor ⟨*CC*⟩: 2, 29, 1; ¶ has (litteras) ille in ⟨*om.* β⟩ iaculo inligatas ⟨*CC*⟩ effert ⟨*c*⟩: V 45, 4; ¶ tantum efficiunt, uti . . . in iugo insistere ⟨consistere *a*⟩ et se inde ⟨*c*⟩ in currus citissime recipere consuerint: IV 33, 3; ¶ armorum officinas in urbe instituerant: 1, 34, 5; ¶ ipse interim in colle medio triplicem aciem instruxit: I 24, 2; copias omnes in loco edito atque aperto instruxerunt: VII 18, 3; acieque in ⟨*del. Paul*⟩ locis idoneis instructa ⟨structa *Nx*⟩ . . . iubet: 1, 43, 3; in hac ⟨*1 det.; Steph.;* hanc *Ox*⟩ (planitie) contra hostem aciem instruit: 1, 70, 3; ¶ productos palam in praetorio interficiant: 1, 76, 4; in uado: V 58, 6 *u.* deprehendere; compluresque milites huius ⟨in uiis *Madu.*⟩ urbis omnibus partibus interficiebantur: 3, 106, 5; ¶ horum omnium pars magna in fossis munitionibusque et fluminis ripis oppressa suorum in terrore ac fuga sine ullo uulnere interiit ⟨*c*⟩: 3, 71, 2; pluresque in eo loco sine uulnere quam in proelio aut fuga intereunt: 2, 35, 3; ¶ Tubero, cum in Africam uenisset, inuenit in prouincia cum imperio Attium Varum: 1, 31, 2; ¶ quibus quisque in locis miles inueterauerit: 1, 44, 3; populi Romani exercitum hiemare atque inueterascere in Gallia moleste ferebant: II 1, 3.

si qua in parte nostri laborare aut grauius premi uidebantur: VII 67, 4; ¶ latere: II 19, 6 *u.* abdere; ¶ ut . . . lauarentur ⟨lauantur *codd.*⟩ in fluminibus: IV 1, 10.

sic neque in loco manere ordinesque seruare neque procurrere . . . tutum uidebatur: 2, 41, 6; ¶ Scipio biduum in ⟨*edd. uett.; om. codd.; Np.*⟩ castris statiuis moratus ad flumen . . . Aliacmonem tertio die . . . exercitum uado traducit: 3, 37, 1; — Caesar paucos dies in eorum finibus moratus ⟨moratur *M*⟩ . . . se in fines Vbiorum recepit: IV 19, 1; — dum in his locis Caesar nauium parandarum causa moratur: IV 22, 1; Caesar biduum in his locis moratus . . . ab exercitu discedit: VII 9, 1; hic (Scipio) nullo in loco Macedoniae moratus magno impetu tetendit ⟨*c*⟩ ad Domitium: 3, 36, 2; — — Caesar paucos dies in Asia moratus . . . Alexandriam peruenit: 3, 106, 1; ipse interea . . . in Gallia morari constituit: V 24, 8.

quos natos in insula ipsa ⟨β; ipsi α; *edd.*⟩ memoria proditum dicunt: V 12, 1; nascitur ibi plumbum album in mediterraneis regionibus, in maritimis ferrum: V 12, 5; multaque in ea (silua) genera ferarum nasci constat, quae reliquis in locis uisa non sint: VI 25, 5; ¶ L. Lentulus comprehenditur ab rege et in custodia necatur: 3, 104, 3.

principatum, regnum obtinere in ciuitate *u.* **ciuitas** *p. 554 ϑ) (5 loc.)*; ¶ qui in eodem occiderint castello ⟨in eo castello occiderint β⟩: VI 37, 8; ¶ (hi ⟨his β; *Np.*⟩ insulis ⟨in siluis *BM;* in insulis *Qf;* in iis insulis *Wsbg.*⟩ sese occultauerunt, quas aestus efficere consuerunt ⟨*c*⟩: VI 31, 3;) quae in terra ⟨terram *Ndik*⟩ occultauerant Romani: VII 85, 6; ¶ persuadet Castico, . . . ut regnum in ciuitate ⟨in ciu. *om. Bf*[1]⟩ sua occuparet: I 3, 4; quod in Gallia a potentioribus . . . uulgo regna occupabantur: II 1, 4; ¶ nullum eius modi casum exspectans, quo . . . in milibus passuum tribus offendi posset: VI 36, 2; ¶ subito in tabernaculo oppressus: VII 46, 5; 3, 71, 2 *u.* interire; ¶ ne qua in castris . . . seditio oreretur: VII 28, 6; ¶ ostendere: 3, 105, 5 *u.* exsistere.

quo in loco superioribus fere diebus nostri pabulari consueuerant ⟨*c*⟩: 3, 37, 5; ¶ ut potius in siluis Gallorum uita quam legionarius miles periclitetur ⟨*c*⟩: VI 34, 8; ¶ quod . . promiscue in fluminibus perluuntur: VI 21, 5; ¶ quibus . . . perpetuo esset isdem in uallo permanendum: VII 41, 2; ¶ eadem ⟨*c*⟩ se superiore anno in Hispania perpessos labore et patientia maximum bellum confecisse: 3, 47, 6; ¶ perscribit in litteris hostes ab se discessisse: V 49, 3; ¶ peruenire: 3, 10, 1 *u.* dimittere; ¶ quorum in aedibus fanisque posita et honori erant et ornatu: *ap. Gell.* IV 16, 8; — tabulae testamenti . . . Romam ⟨*c*⟩ erant allatae, ut in aerario ponerentur: 3, 108, 4; — castra oportunis locis erant posita ibique castella XXIII facta, quibus in castellis ⟨in quibus (*om.* cast.) *bdehik*⟩ interdiu stationes ponebantur ⟨dispon. β⟩: VII 69, 7; — ipsum erat oppidum Alesia ⟨*c;* positum *add. RSchn.*⟩ in colle summo: VII 69, 1; Caesar quoque in proximo colle castra ponit: 1,65,5; — in fanis *u.* in aedibus; — castraque ad flumen Apsum ponit ⟨*Ald.*; flumen habus supponit *Ox*⟩ in ⟨ut *a*⟩ finibus Apolloniatium: 3,13,5; — Lutetiam proficiscitur. id est oppidum Parisiorum, quod positum est ⟨quod *et* est *om.* β⟩ in insula fluminis Sequanae: VII 57,1; Metiosedum peruenit. id est oppidum Senonum in insula ⟨silua *add. ABM*; fluminis *add. Q?*⟩ Sequanae ⟨sequane *AQ*; sequana *BM*β⟩ positum: VII 58,3; — erant eius modi fere situs oppidorum, ut posita in extremis lingulis promunturiisque neque pedibus aditum haberent neque nauibus: III 12,1; — quae (urbs) posita in altissimo monte omnes aditus difficiles habebat: VII 36,1; Vercingetorix castris prope oppidum ⟨in monte *add.* β; *Schn.*; *probat Db.*⟩ positis . . . separatim singularum ciuitatum ⟨*c*⟩ copias conlocauerat: VII 36,2; sub montem ⟨*c*⟩, in quo erat oppidum positum Ilerda, succedunt: 1,45, 2; — in promunturiis: III 12,1 *u.* in lingulis; — qui uicus positus in ualle . . . altissimis montibus undique continetur: III 1,5; — ille oppidum Biturigum positum in uia Noniodunum ⟨bitur. pos. i. u. nouiod. β; *om.* α; Bitur. pos. in uia *uncis includ. Oud.*; *om. Fr.*⟩ oppugnare instituerat: VII 12,2; ¶ cum ipse gratia plurimum domi atque in reliqua Gallia, ille minimum propter adulescentiam posset: I 20,2; ¶ praependere: 2,9,4 *u.* religare; ¶ neque in ⟨*om. f*⟩ fascibus insignia laureae praetulit: 3,71,3; ¶ premere: VII 67,4 *u.* laborare; ¶ item alia in parte diuersae duae legiones . . . in ipsis fluminis ripis proeliabantur: II 23,3; ¶ in contuberniis centuriones militesque ⟨*H. Schneider*; in contub. commilitesque *codd.*⟩ non nulli grauiora proferebant ⟨*add. Heller*⟩: 2, 29,4; ¶ quibus ex ⟨in *Paul*⟩ locis cum longius esset progressus: 2,41,1; ¶ frumentum in ⟨*om.* β⟩ Gallia ⟨in Gallia *om. Flod.*⟩ propter siccitates angustius prouenerat: V 24,1; ¶ frumentum his in ⟨in his β⟩ locis in hiemem prouisum non erat: IV 29,4; ¶ acriter in eo loco **pugnatum est**: II 10,2; equites nero . . . omnibus in locis pugnant ⟨pugnae β⟩, quo ⟨*om.* β; pugnant quo *del. Np.*; *u. CC*⟩ se legionariis militibus praeferrent: II 27,2; cum in omnibus locis consumpta iam reliqua parte noctis pugnaretur: VII 25,1; — pugnatur una ⟨tunc *add.* β; *Schn.*⟩ omnibus in ⟨*om. a*[1]; in omn. *h*⟩ partibus: VII 67,3.

haec in Haeduorum finibus recensebantur: VII 76,3; ¶ Caesar in campis exercitum reficit ⟨*c*⟩: 1,65,2; hae copiae . . . ex dilectibus ⟨*c*⟩ horum annorum in citeriore Gallia sunt refectae: 3,87,5; Cato in Sicilia naues longas ueteres reficiebat: 1,30,4; ¶ easque (storias) ex tribus partibus, quae ad ⟨*c*⟩ hostes uergebant ⟨*c*⟩, in ⟨*add. Paul*⟩ eminentibus ⟨inminentibus *hl*⟩ trabibus . . . praependentes religauerunt: 2,9,4; ¶ **relinquere** in castris *u.* **castra** *p. 478 (7 loc.)*; — in continenti *u.* **continens** *p. 715* **e)** *(3 loc.)*; — eo minus ueritus nauibus, quod in litore molli atque aperto deligatas ad ancoras ⟨*c*⟩ relinquebat: V 9,1; L. Caesar filius . . . adpulsa . . ad proximum litus trireme constrata et in litore relicta pedibus Hadrumetum profugerat ⟨*CC*⟩: 2,23,3; postquam in litore relictam nauem conspexit: 2,23,5; — fenestrasque quibus in locis uisum est ad tormenta mittenda in struendo ⟨*c*⟩ reliquerunt: 2,9,8; — portae quibus locis uidetur eruptionis causa in muro relinquuntur: 2,15,4; — reliquit in opere cohortes duas: 3,67,2; — quos (milites) rex in oppido praesidii causa reliquerat: 3, 106,4; — in altera parte fluminis Q. Titurium . . . cum sex cohortibus relinquit ⟨reliquit *B*[2]*aef*, *Flod.*⟩: II 5,6; — ei legioni, quae in praesidio relinquebatur, deberi frumentum ⟨*c*⟩ sciebat: VI 33,4; erat aeger in ⟨β; *Schn.*, *Fr.*; cum α; *rell. edd.*⟩ praesidio relictus P. ⟨*c*⟩ Sextius Baculus: VI 38,1; qui in ⟨*a*[1]; *om. αh*; *edd.*⟩ praesidio contra castra ⟨*c*⟩ Labieni ⟨*c*⟩ erant relicti: VII 62,8; — — perpaucos . . . relinquere in Gallia, reliquos obsidum loco secum ducere decreuerat: V 5,4; ille omnibus primo ⟨*c*⟩ precibus petere contendit, ut in Gallia relinqueretur: V 6,3; Caesar . . . constituerat nullam partem belli in Hispaniis ⟨-anis *l*; -ania *N*⟩ relinquere: 2,18,7; aequo animo mancipia atque impedimenta in Italia reliuquerent (milites): 3,6,1; — — in occulto relinquere: VI 35,10 *u.* **C. g)**; ¶ cum pars hominum in agris remaneret, pars etiam in castra uentitaret: IV 32,1; partemque legionum in castris Pompei remanere iussit, partem in sua castra remisit: 3,97,3; principes Galliae sollicitare . . . hortarique coepit, uti ⟨*c*⟩ in continenti remanerent: V 6,4; neque longius anno remanere uno in loco colendi ⟨*c*⟩ causa licet: IV 1,7; quae (iuuentus) in oppido remanserat ⟨*u. CC*⟩: 2,5,3; sibi nullam cum iis ⟨*c*⟩ amicitiam esse posse, si in Gallia remanerent: IV 8,1; ¶ exisse (se), si quid frumenti aut pecoris in agris reperire possent ⟨*c*⟩: VII 20, 10; in castris Heluetiorum tabulae repertae sunt: I 29,1; disciplina in Britannia reperta atque inde in Galliam translata esse ⟨c⟩ existimatur: VI 13, 11; pons in Hibero prope effectus nuntiabatur et in Sicori uadum reperiebatur: 1, 62, 3; ¶ cum diuersae ⟨c⟩ legiones ⟨c⟩ aliae alia in parte hostibus resisterent: II 22, 1; — audit Iubam reuocatum . . . controuersiis Leptitanorum restitisse in regno: 2, 38, 1; ¶ quos in castris retinuerat: IV 15, 4; duas in castris legiones retinuit: 3, 75, 2; leuiusque casura pila sperabat in loco retentis militibus: 3, 92, 2; circiter parte tertia (armorum) . . . celata atque in oppido retenta: II 32, 4.

in litteris scribit se . . . celeriter adfore: V 48, 6; hoc (imperatoris) nomen obtinuit . . ., sed ⟨CC⟩ in litteris *numquam scribere est solitus neque in ⟨*om. f*⟩ fascibus insignia laureae praetulit: 3, 71, 3; in testamento Ptolomaei patris heredes erant scripti ⟨-tis *hl*⟩ ex duobus filiis maior et ex duabus *filiabus* ea, quae: 3, 108, 3; ¶ Pergamique in occultis ac reconditis ⟨*NOhl*; recognitis *af*⟩ templi ⟨*recc.*; templis *Ox*⟩ . . . tympana sonuerunt: 3, 105, 4; ¶ magna praeterea multitudo calonum, magna uis iumentorum, quae in castris subsederant ⟨subsederat β; *Schn.*⟩, . . . sequitur: VI 36, 3; ¶ cohortes nouissimum agmen claudebant † pluresque ⟨pluribusque *Göl.*⟩ in locis campestribus subsistebant: 1, 79, 1; ¶ comites familiaresque eius angusto in loco paulisper equitum nostrorum uim sustinuerunt: VI 30, 3.

ne ab equitatu Caesaris in angustiis ⟨illae angustiae *Paul*⟩ tenerentur: 1, 66, 2; in catenis tenere: V 27, 2 *u.* **C. a)** α) tenere; ¶ nuntiatur in castris Romanorum praeter consuetudinem tumultuari: VII 61, 3.

cum . . . hostes in nostris castris uersari uidissent: II 24, 2; ut ⟨c⟩ Germanos diutius in Gallia uersari noluerant ⟨c⟩: II 1, 3; ¶ uidere: VI 25, 5 *u.* nasci; ¶ uictis in Alpibus Sedunis: III 7, 1; ¶ paulo facit humiliores (naues) quam quibus in nostro mari uti consueuimus: V 1, 2; paulo latiores (facit naues) quam quibus in reliquis utimur maribus ⟨in rel. mar. uti adsueuerant β⟩: V 1, 2; huius opera Commii . . . superioribus annis erat usus in Britannia ⟨in Br. *del. Paul*⟩ Caesar: VII 76, 1.

ββ) **c. subst., quae populum significant:** tres (legiones) in † Belgis ⟨belgio β⟩ conlocauit: V 24, 3; matrem in Biturigibus ⟨c⟩ homini illic nobilissimo ac potentissimo conlocasse: I 18, 6; Q. Tullium Ciceronem et P. Sulpicium Cauilloni ⟨c⟩ et Matiscone in Haeduis ad Ararim rei frumentariae causa conlocat: VII 90, 7; duas legiones ad fines Treuerorum, duas in Lingonibus, sex reliquas in Senonum finibus Agedinci in hibernis conlocauit: VI 44, 3; constituit cohortes duas in Nantuatibus ⟨c⟩ conlocare: III 1, 4; C. Fabium legatum ⟨c⟩ et L. Minucium Basilum ⟨c⟩ cum legionibus duabus in Remis conlocat: VII 90, 5; — et in Aulercis Lexouiisque, reliquis item ⟨in *add.* β⟩ ciuitatibus, quae proxime ⟨c⟩ bellum fecerant, in hibernis conlocauit: III 29, 3; ¶ Caesar in Belgis omnium legionum hiberna constituit: IV 38, 4; praesidia in Rutenis prouincialibus, Volcis Arecomicis, Tolosatibus circumque Narbonem . . . constituit: VII 7, 4; ¶ ne aestatem in Treueris consumere cogeretur: V 4, 1; ¶ erat in Carnutibus summo loco natus Tasgetius: V 25, 1; ¶ quae (naues) in Meldis factae erant: V 5, 2; ¶ si ea, quae in longinquis nationibus geruntur, ignoratis: VII 77, 16; — rem gestam in Eburonibus perscribit: V 47, 5; inscii, quid in Haeduis gereretur: VII 77, 1; quaeque in Treueris gererentur ostendit: V 3, 3; dum haec in Venetis geruntur: III 17, 1; ¶ in Lucanis Bruttiisque . . . dilectus habebat: 1, 30, 4; ¶ P. Crassus . . . proximus mare Oceanum ⟨qui *add.* B^2β⟩ in Andibus hiemabat ⟨c⟩: III 7, 2; quartam (legionem) in Remis cum T. Labieno in confinio Treuerorum hiemare iussit: V 24, 2; ¶ cuius pater regnum in Sequanis multos annos obtinuerat: I 3, 4; ¶ Commium Atrebatem cum equitatu custodis loco in Menapiis relinquit, ipse in Treueros proficiscitur: VI 6, 4; firmo in Treueris ad pontem praesidio ⟨c⟩ relicto: VI 9, 5.

β) — ὁ ἐν *seu* ὢν ἐν **(plurimis locis pendet ex subst.); αα):** quae (legiones) in nouissimo agmine praesidio impedimentis fuerant: II 26, 3; impeditos (Romanos) in agmine et sub sarcinis . . . adoriri cogitabant: III 24, 3; proinde in ⟨*ik; Schn., Db., Hold.; om. X; rell. edd.*⟩ agmine impeditos (Romanos) adoriantur ⟨c⟩: VII 66, 4; ¶ non modo frumenta in agris matura non erant, sed ne pabuli quidem satis magna copia suppetebat: I 16, 2; iamque esse in agris frumenta matura: I 40, 11; VI 30, 1 *u.* **α) αα)** deprehendere; frumentumque in agris et pecoris copiam nactus . . . iter in ⟨c⟩ Senones ⟨c⟩ facere instituit: VII 56, 5; Cosam in agro Thurino ⟨Compsam in a. Hirpino *Gland. & Dauis.; F. Hofm.*⟩ oppugnare coepit: 3, 22, 2; idoneum locum in agris nactus: 3, 81, 3; ¶ ad horam nonam in ancoris exspectauit: IV 23, 4; naues duae . . . in noctem coniectae . . . contra Lissum in ancoris constiterunt: 3, 28, 1;

¶ quos cum apud se in castris Ariouistus conspexisset: I 47, 6; quem quisque in castris notum aut municipem habebat conquirit: 1, 74, 1; in castris Pompei uidere licuit trichilas ⟨c⟩ structas ⟨c⟩, magnum argenti pondus expositum, recentibus caespitibus tabernacula constrata: 3, 96, 1; ¶ in ciuitate *u.* **ciuitas** *p. 554* ϑ) *extr. (5 loc.)*; ¶ milites ... cursu incitato ⟨CC⟩ in summo colle ab hostibus conspiciebantur: II 26, 3; ¶ breuiores esse quam in continenti noctes ⟨noct. qu. in cont. β⟩ uidebamus ⟨c⟩: V 13, 4; ¶ in contuberniis: 2, 29, 4 *u.* α) αα) proferre; ¶ omnibus arboribus longe lateque in finibus Massiliensium excisis et conuectis: 2, 15, 1; ¶ hostes impeditos nostri in flumine adgressi magnum eorum numerum occiderunt: II 10, 2; ut paene uno tempore et ad siluas et in flumine et iam ⟨c⟩ in manibus nostris hostes uiderentur ⟨*u.* CC⟩: II 19, 7; ¶ in aperto loco secundum flumen paucae stationes equitum uidebantur: II 18, 3; etsi in his locis ... maturae sunt hiemes: IV 20, 1; tantum ... efficiunt, uti in declini ac praecipiti loco incitatos equos sustinere ... consuerint: IV 33, 3; neque in eo loco hostis est uisus: V 8, 5; multaque in ea (silua) genera ferarum nasci constat, quae reliquis in locis nisa non sint: VI 25, 5; ¶ in manibus nostris: II 19, 7 *u.* in flumine; ¶ longe aliam esse nauigationem in concluso ⟨uastissimo *add. af*⟩ mari atque in uastissimo ⟨*om.* β⟩ atque ⟨*om. AQ*β⟩ apertissimo ⟨*om. AQ*⟩ Oceano ⟨*u.* CC⟩: III 9, 7; ¶ seu quid in munitionibus perfectum non erat: 3, 61, 3; ¶ (ut ... omnes .. superioris aetatis cum liberis atque uxoribus † publicis custodiis quae aut muro ⟨*codd.*; [publicis custodiisque] aut in muro *Db.*⟩ ad caelum manus tenderent: 2, 5, 3;) ¶ in Oceano: III 9, 7 *u.* in mari; ¶ uti ... mercatores in oppidis uulgus circumsistat: IV 5, 2; centuriones in oppido ... portas occupauerunt: VII 12, 6; qua significatione qui in oppido obsidebantur de suo aduentu cognoscere possent: VII 81, 2; 2, 2, 1 *u.* α) αα) esse (in oppido); ¶ puluerem maiorem, quam consuetudo ferret, in ea parte uideri, quam in partem legio iter fecisset: IV 32, 1; in omnibus partibus incendia conspiciuntur: VII 15, 2; sonitumque remorum in eadem parte exaudiri ⟨andiri β⟩: VII 61, 3; (Pothinus ⟨nutricius pueri et procurator regni, in parte (partem *a*; partes *h*[1]) Caesaris *add. codd.*; *Np., Dt.*; *del. F. Hfm.*; *Db.*⟩ ... a Caesare est interfectus: 3, 112, 11;) ¶ in prouincia: 1, 31, 2 *u.* α) αα) inuenire; 2, 18, 7 *ib.* esse (in prouincia); ¶ scutoque ad eum relato Scaeuae centurionis inuenta sunt in eo foramina CXX ⟨c⟩: 3, 53, 4; ¶ in statione: VI 37, 3 *u.* C. f) in statione; ¶ constabat Elide in templo Mineruae ... simulacrum Victoriae ... ad ualuas se templi limenque conuertisse: 3, 105, 2; ¶ in uadis: III 12, 1 *u.* α) αα) adflictare.

ββ): in Alpibus: III 7, 1 *u.* α) αα) uincere; — grauis autumnus in Apulia circumque Brundisium ... exercitum ualetudine temptauerat: 3, 2, 3; — duae sunt Albae, alia ista quam nouimus in † Aricia ⟨Marsia *coni. Np.*⟩ et alia hic in † Italia ⟨Latio *coni. Np.*⟩: *ap. Pomp. comm. art. Don. (gramm. Lat. V p. 144 ed. Keil)*; — in Britannia: VII 76, 1 *u.* α) αα) uti; — populi Romani iustissimum esse in Gallia imperium ⟨esse in gallia imp. *alio loco habent B*[2]β⟩: I 45, 3; neque ullos in Gallia uacare agros: IV 8, 2; loca sunt temperatiora quam in Gallia remissioribus frigoribus: V 12, 6; his ... agros .. in Gallia ex hostibus captos ... tribuerat: 3, 59, 2; — qui habeant domicilium aut possessionem in Hispania ⟨-niam *x*⟩: 1, 86, 3; M. Varro in ulteriore Hispania initio cognitis iis rebus, quae sunt in Italia gestae, ... amicissime de Caesare loquebatur: 2, 17, 1; iamque Caesaris in Hispania res secundae in Africam nuntiis ... perferebantur: 2, 37, 2; — *in* Italia atque Hispania: 3, 10, 5 *u.* α) αα) amittere; — proficiscatur Pompeius in suas prouincias, ... discedant in Italia omnes ⟨omn. i. it. *hl*⟩ ab armis: 1, 9, 5; multos autumni pestilentia in Italia consumpsit, ... multi sunt relicti in continenti: 3, 87, 3; (*cf.* in † Aricia;) — in Latio, in Marsia *ib.*; — in Sicori uadum: 1, 62, 3 *u.* α) αα) reperire; — eodemque die Antiochiae in Syria bis tantus exercitus clamor et signorum sonus exauditus est, ut in muris armata ciuitas discurreret: 3, 105, 3.

γγ): in occultis ac reconditis templi: 3, 105, 4 *u.* α) αα) sonare.

γ) ex **adiect.**; αα) **posit.**: abditus *u.* α) αα) abdere.

ββ) **superl.**: IIII caetratorum cohortes in montem, qui erat in conspectu omnium excelsissimus, mittit: 1, 70, 4; — Bellouaci, quae ciuitas in Gallia maximam habet opinionem uirtutis: VII 59, 5; — oppidum Auaricum, quod erat maximum munitissimumque in ⟨a β⟩ finibus Biturigum: VII 13, 3; — qui ... plurimum ante in Gallia potuissent: I 31, 7; qui in re publica ⟨rebus *a*⟩ iudiciisque tum plurimum pollebant ⟨*u.* CC⟩: 1, 4, 3; —

hic summo in Aruernis ortus loco et magnae habitus auctoritatis . . . inquit: VII 77, 3.

b) absol.: (castra in altitudinem ⟨altitudine *X*⟩ pedum XII uallo fossaque . . . munire iubet: II 5, 6;) ¶ in circuitu *u.* **circuitus** *p. 530* **E.** *(7 loc.)*; ¶ (collis) ex utraque parte lateris deiectus habebat et in ⟨*om.* β⟩ fronte ⟨*recc.; Hell.; Schn., (Db.,) Hld.;* frontem *X; rell. edd.*⟩ leniter fastigatus ⟨*c*⟩ paulatim ad planitiem redibat: II 8, 3; ea . . . interualla grandibus in fronte ⟨frontem *a corr., fh;* in fr. *spuria iudicat Lattmann*⟩ saxis efferciuntur ⟨*c*⟩: VII 23, 2; ¶ (in longitudine: VII 46, 3; 1, 45, 5 *u. p. 104* β) in longitudinem.)

B. ad tempus pertinet; a) in e. subst.: multum fortunam in repentino hostium aduentu potuisse iudicauit: VI 42, 1; ¶ adeoque erat impedita uallis, ut in ascensu nisi subleuati a suis primi non facile eniterentur: 2, 34, 5; ¶ in bello *u.* **bellum** *p. 412 sq.* (*11 (12) loc. except.* VI 15, 1;) ¶ ut . . . illius opibus in calamitate tegeretur: 3, 103, 3; ut plerumque in calamitate ex amicis inimici exsistunt: 3, 104, 1; ¶ etsi in eius modi casu reprehendendum non est: V 33, 4; ¶ in certamine: V 44, 14 *u.* in contentione; ¶ in concilio *u.* **concilium** *p. 630 (8 (11) loc.)*; ¶ nostri in primo congressu circiter LXX ceciderunt: 1, 46, 4; ¶ in conloquio (-iis) *u.* **conloquium** *p. 658* **D.** *(7 loc.)*; ¶ in consilio *u.* **consilium** *p. 671 extr. et 672 (8 (9) loc.)*; ¶ eum in consulatu suo rex atque amicus a senatu appellatus esset: I 35, 2; ¶ neque ipsos in his contentionibus, quas Haedui secum . . . habuissent, auxilio populi Romani usos esse: I 44, 9; sic fortuna in contentione et certamine utrumque uersauit, ut: V 44, 14; ne paruum modo detrimentum in contentione propter iniquitatem loci accideret ⟨acciperet β⟩: VII 52, 2; ¶ in contione *u.* **contio** *p. 716* **b)** *(4 loc.)*; ¶ in illa magistratuum ⟨*c*⟩ controuersia alter pro Conuictolitaui, alter pro Coto . . . pugnauerant ⟨*c*⟩: VII 39, 2; ¶ quaerit ex solo ea, quae in conuentu dixerat: I 18, 2; ille perlectam (epistulam) in conuentu militum recitat: V 48, 9; ¶ extremum atque ultimum senatus consultum, quo nisi paene in ipso urbis incendio atque in ⟨*om. f*⟩ desperatione omnium salutis ⟨iam desperata omnium salute *Vielh.*⟩ . . . numquam ante descensum ⟨*c*⟩ est: 1, 5, 3; ¶ ut ⟨*c*⟩ in eius modi difficultatibus quantum diligentia prouideri poterat prouidebatur: VI 34, 7; ¶ retineri urbano motu Caesarem neque in tantis dissensionibus ad exercitum uenire posse: VII 1, 2; quod perterritus miles in ciuili dissensione timori magis quam religioni consulere consuerit ⟨*c*⟩: 1, 67, 3; ¶ haec (cornua) . . . argento circumcludunt atque in amplissimis epulis pro poculis utuntur: VI 28, 6; ¶ quibus (clientibus) more Gallorum nefas est etiam in extrema fortuna deserere patronos: VII 40, 7; ¶ in fuga *u.* **fuga** *p. 1346* **F. d)** (*8 loc., except.* II 11, 5 *et* I 51, 2); ¶ qui in furto aut in ⟨*om.* β⟩ latrocinio aut aliqua ⟨*CC*⟩ noxia ⟨*c*⟩ sint comprehensi: VI 16, 5; ¶ qui minus facile eam rem ⟨in *add. BMQ; Whitte*⟩ imperio nostro consequi poterant: II 1, 4; ¶ in incendio: 1, 5, 3 *u.* desperatione; ¶ ut in itinere copia frumenti suppeteret: I 3, 1; in eo itinere persuadet Castico, . . . ut regnum in ciuitate sua occuparet: I 3, 4; (ne (Sequani) ⟨in *add. af*⟩ itinere Heluetios prohibeant: I 9, 4;) cum eum in itinere conuenissent: I 27, 2; in itinere agmen nostrum ⟨*c*⟩ adorti: III 20, 3; qui in itinere congressi magnopere . . . orabant: IV 11, 1; in fines Sugambrorum contendit ⟨*c*⟩. interim ⟨in itinere *Hartz*⟩ a compluribus ciuitatibus ad eum legati ueniunt: IV 18, 3; Caesar legiones equitatumque reuocari atque in ⟨*om.* β⟩ itinere resistere ⟨desistere β⟩ iubet: V 11, 1; equites hostium essedariique acriter proelio cum equitatu nostro in ⟨*om.* M^1⟩ itinere conflixerunt: V 15, 1; haec posse in itinere accidere: V 33, 2; Fabius . . . non ita multum moratus in itinere eum legione occurrit: V 47, 3; legiones . . . se absente in itinere proelio dimicaturas intellegebat: VII 6, 3; hos continuo in ⟨*pr. edd.; om. codd.*⟩ itinere adorti omnibus impedimentis exuunt: VII 42, 6; milites in itinere ab eo discedunt: 1, 12, 2; relictus in itinere eum paucis incidit in Vibullium Rufum missum a Pompeio in agrum Picenum: 1, 15, 4; quas (legiones) . . . in itinere compleuerat: 1, 25, 1; (ne itinere ⟨in itin. *h*⟩ aut traiectu intercluderetur: 2, 20, 1;) reliqui in itinere substiterant: 2, 41, 3; ut uenientibus in itinere se opponeret: 3, 30, 2; expugnato in ⟨*om. Nal*⟩ itinere oppido Parthinorum, in quo Pompeius praesidium habebat, tertio die ad Pompeium peruenit: 3, 41, 1; si in ⟨*add. Paul*⟩ itinere impeditos perterritos ⟨*CC*⟩ deprehendere posset: 3, 75, 3; conspicati in ⟨*om. Nx*⟩ itinere exploratores Domitii: 3, 79, 6; simulque in itinere ut aliquam occasionem dimicandi nancisceretur: 3, 85, 2; ¶ in latrocinio: VI 16, 5 *u.* in furto; non hos palus ⟨in *add. codd.; edd. plur.; del. Dt.; Db.*⟩ bello latrociniisque natos, non siluae morantur: VI 35, 7; ¶ quotienscumque sit decretum, darent operam magistratus, ne quid res publica detrimenti caperet, . . . factum in ⟨*om. l*⟩ perniciosis legibus, in ui tribunicia, in secessione populi, templis locisque editioribus occupatis: 1, 7, 5; ¶ quod plerumque iis ⟨*c*⟩ accidere ⟨*c*⟩ consueuit, qui in ipso negotio consilium capere coguntur: V 33, 1; ¶ in noxia: VI 16, 5 *u.* in furto; ¶ qui eadem essent usi fortuna eademque in obsidione perpessi: 2, 28, 3; ¶ eum in opere singulas legiones ⟨*CC*⟩ appellaret: VII 17, 4; ¶ si nihil in oppugnatione oppidi profecissent ⟨profecisset β⟩: VII 20, 11; paucis in oppugnatione amissis re infecta inde discessit: 3, 40, 6; ¶ quos (seruos) in pabulatione paucis ante diebus exceperat: VII 20, 9; ¶ in pace nullus ⟨*c*⟩ est communis magistratus: VI 23, 5; ¶ (neque is sum, inquit, qui grauissime ex nobis mortis ⟨in *add.* β⟩ periculo terrear: V 30, 2;) quod plerumque in summo periculo timor misericordiam non recipit: VII 26, 4; ¶ quod in petitione consulatus erat subleuatus: 1, 22, 4; ¶ satis habebat in praesentia hostem rapinis . . . prohibere: I 15, 4; quos in praesentia tribunos militum circum se habebat: V 37, 1; si qui etiam in praesentia se occultassent: VI 43, 3; quoniam in praesentia obsidibus cauere inter se non possint ⟨*c*⟩: VII 2, 2; Marcellus . . passurum in praesentia negat: 1, 6, 4; itaque in praesentia Pompei sequendi rationem omittit, in Hispaniam proficisci constituit: 1, 30, 1; in praesentia ⟨praesentiam *hl*⟩ similem rationem operis instituit: 1, 42, 1; differendum est, inquit, iter in praesentia nobis: 3, 85, 4; ¶ cum his in proeliis uersabantur: I 48, 5; quo plerumque genere in proeliis uti consuerunt: IV 24, 1; quo (studio) in pedestribus uti proeliis consuerant: IV 24, 4; ita mobilitatem equitum, stabilitatem peditum in proeliis praestant: IV 33, 3; quo insigni in proeliis uti consuerat ⟨*c; u. CC*⟩: VII 88, 1; — pluresque in eo loco sine uulnere quam in proelio aut ⟨in *add. Paul*⟩ fuga intereunt: 2, 35, 3; — in eo proelio ex equitibus nostris interficiuntur quattuor et septuaginta: IV 12, 3; in eo proelio eum graui uulnere esset adfectus aquilifer: 3, 64, 3; in eo proelio non amplius CC milites desiderauit, sed centuriones . . . circiter XXX amisit: 3, 99, 1; ¶ atque hoc horridiores ⟨*c*⟩ sunt in pugna aspectu: V 14, 2; et in appellandis cohortandisque militibus imperatoris et in pugna militis officia praestabat: V 33, 2; quibus in pugna uitae periculum accideret ⟨-rat *NOz*⟩: 2, 6, 1; praestare . . per uirtutem in pugna belli fortunam experiri: 2, 30, 2; ¶ qua in re Caesar non solum publicas, sed etiam priuatas iniurias ultus est: I 12, 7; eum pro se quisque in conspectu imperatoris etiam in ⟨β; *om.* α⟩ extremis suis rebus operam nauare cuperet: II 25, 3; qua in re admodum fuit militum uirtus laudanda: V 8, 4; ¶ in secessione: 1, 7, 5 *u.* in legibus; ¶ impetratum est summa tribunorum plebis contentione, ut in senatu recitarentur (litterae): 1, 1, 1; qui . . . ab se reliquisque in senatu interrogatus . . . confirmauisset: 1, 30, 5; neque se reformidare quod in senatu Pompeius paulo ante dixisset: 1, 32, 8; Pompeius enim discedens ab urbe in senatu dixerat . . .: 1, 33, 2; ¶ in spe: III 26, 4 *u.* C. b) in spe; ¶ pars magna . . . suorum in ⟨*om. V.*⟩ terrore ac fuga sine ullo uulnere interiit ⟨*c*⟩: 3, 71, 2; ¶ quorum (consiliorum) eos in ⟨e *Aimoin., recc.; Whitte, haud scio an recte*⟩ uestigio paenitere necesse est: IV 5, 3; ¶ in ui: 1, 7, 5 *u.* in legibus; ¶ crebraeque uoces militum in uigiliis conloquiisque audiebantur: 3, 49, 2; ¶ ut ⟨*c*⟩ omnibus in uita commodis una cum iis ⟨*c*⟩ fruantur: III 22, 2.

b) in c. abl. gerund.: diutius in his rebus administrandis morati: VII 82, 4; in his administrandis rebus quam maxime concursari et cum simulatione agi timoris iubet: V 50, 5; — et in appellandis cohortandisque militibus imperatoris et in pugna militis officia praestabat: V 33, 2; — continuato diem noctemque opere in flumine auertendo: 1, 62, 1; — tanta fuit in castris capiendis ⟨cap. castr. β⟩ celeritas: VII 46, 5; quod sunt in consiliis capiendis mobiles: IV 5, 1; sed in consilio capiendo omnem Galliam respiciamus: VII 77, 7; — iniuriam in eripiendis legionibus ⟨*Ald.;* legibus *codd.*⟩ praedicat, crudelitatem et insolentiam in circumscribendis tribunis plebis: 1, 32, 6; — in cohortandis militibus: V 33, 2 *u.* in appellandis; ut ipse in cohortandis militibus pronuntiauerat: 3, 94, 3; — et in commemoranda ciuitatis calamitate . . . dixerunt: II 28, 2; — magnamque res diligentiam requirebat non in summa exercitus tuenda . . ., sed in singulis militibus conseruandis: VI 34, 3; — in eripiendis legionibus: 1, 32, 6 *u.* in circumscribendis; — relinquebatur, ut . . . tantum in agris uastandis incendiisque faciendis hostibus noceretur, quantum: V 19, 3; ne in opere faciundo milites repentino hostium incursu exterrerentur: 1, 41, 4; — ut potius in nocendo aliquid praetermitteretur ⟨omitteretur β⟩, ... quam cum aliquo militum detrimento noceretur: VI 34, 7; — in occupandis praesidiis magna ui uterque nitebatur ⟨*Nd; uidebatur* x*; utebatur O*⟩: 3, 45, 1; — ut ... diligentiam in perdiscendo ac memoriam remittant: VI 14, 4; — si esset in perficiendis pontibus periclitandum: VII 56, 1; — in petenda pace eius rei culpam in multitudinem contulerunt ⟨*c*⟩: IV 27, 4; — ne aut ingratus ⟨*CC*⟩ in referenda gratia aut arrogans in praeripiendo ⟨praecip. *fl*⟩ populi beneficio ⟨benef. praer. pop. *af*⟩ uideretur: 3, 1, 6; — reperiebat etiam in quaerendo ⟨in quaer. *αh; in*quirendo *af*⟩ Caesar: I 18, 10; ne in quaerendis suis ⟨ne inquirendo suos β⟩ pugnandi ⟨*c*⟩ tempus dimitteret: II 21, 6; — neque usae nocturna aura (naues) in redeundo offenderunt: 3, 8, 2; — in referenda gratia: 3, 1, 6 *u.* in praeripiendo; — fenestrasque ... ad tormenta mittenda in struendo ⟨instruenda *O¹af*⟩ reliquerunt: 2, 9, 8; — qui celeritatem in transportandis legionibus adhiberet: 3, 8, 2; — in summa tuenda: VI 34, 3 *u.* in conseruandis; — in agris uastandis: V 19, 3 *u.* in faciendis.

C. trsl.; a) respondet notioni locali (cf. A.); α) pendet ex uerbis: consistere *u.* **consisto** *p. 681* **B.** *(9 loc.)*; ¶ quod suum periculum in aliena uident uirtute ⟨β; *Schn.;* salute α; *rell. edd.*⟩ constare ⟨consistere *di; edd. uett.*⟩: VII 84, 4; monuitque eius diei uictoriam in earum cohortium uirtute constare ⟨consistere *f*⟩: 3, 89, 3; (quod penes eos ⟨paene in eo *ik; Np.;* paene ex eo *Em. Hoffm.*⟩, si id oppidum retinuissent, summam uictoriae constare intellegebant: VII 21, 3; V 36, 4 *u.* perseuerare;) ¶ in his operibus consiliisque biduum consumitur: 1, 82, 1; biduoque et noctibus tribus ⟨nocte in *Ciacc.*⟩ nauigatione consumptis adpellit: 2, 23, 1; in his rebus circiter dies X consumit: V 11, 6; diebusque in ea re consumptis VIIII: 1, 27, 1; totumque in ea re diem consumunt: 1, 81, 3; ¶ continere in officio *u.* **contineo** *p. 713* **c)** *(4 loc.)*; ¶ dispersis in opere nostris subito ... euolauerunt: III 28, 3; ¶ nec ⟨*c*⟩ minus se in ⟨β; ab α; *edd.*⟩ milite modestiam et continentiam ⟨et cont. *om.* β⟩ quam uirtutem atque animi magnitudinem desiderare: VII 52, 4; ¶ neque ullum fere diem intermittebat, quin equestri proelio ... quid in quoque esset animi ac uirtutis suorum periclitaretur ⟨*c*⟩: VII 36, 4; proinde, si quid in nobis animi est ⟨est in n. a. β⟩, persequamur eorum mortem: VII 38, 8; quod summa auctoritas antiquitus erat in Haeduis magnaeque eorum erant ⟨*om.* β⟩ clientelae: VI 12, 2; omnes .. grauioris aetatis, in quibus aliquid consilii aut dignitatis fuit: III 16, 2; tantum fuit in militibus studii, ut: 1, 64, 8; — hic ⟨*c*⟩ cognosci licuit, quantum esset hominibus praesidii in animi firmitudine: 3, 28, 4; — est ergo in genere et sanctitas regum ... et caerimonia deorum: *ap. Suet.* 6; — tanta in iis (nauibus) erat firmitudo: III 13, 8; — nisi ⟨*c*⟩ quid in Caesare populoque Romano sit auxilii: I 31, 14; — — Bellouacos omni tempore in fide atque amicitia ciuitatis ⟨*c*⟩ Haeduae fuisse: II 14, 2; — esse in angustiis *u.* **angustiae** *p. 261* **b)** *(4 loc.)*; — ubi ... hostes ... ab utroque latere instare et rem esse in angusto uidit: II 25, 1; — mihi est in animo *u.* **animus** *p. 269* **B.** *(3 loc.)*; — in armis esse *u.* **arma** *p. 308 (12 loc.)*; — in eadem causa fuerunt Vsipetes et Tencteri: IV 4, 1; — quorum erant in ⟨in quorum erant β; *Flod.*⟩ clientela: VI 4, 5; — (in curatione: 3, 104, 1 *u. infra* in procuratione;) — erat in magnis Caesari ⟨β; *Schn., Db.;* caesaris α; *rell. edd.*⟩ difficultatibus res: VII 35, 1; erat res in magna difficultate: 3, 15, 3; — uidet ... in summo esse rem ⟨rem esse β⟩ discrimine: VI 38, 2; — esse in fide alcs *u.* **fides** *p. 1297* **C. c)** (β)) *(4 loc.)*; — in herbis esse: 1, 48, 5 *u.* **A. a) α) αα)** esse in hibernis; — in honore esse *u.* **honos** *p. 1514* **e)** *(3 loc.)*; — exspectari etiam ab his Aduatucorum copias atque esse in itinere: II 16, 4; hanc sibi commodissimam belli rationem iudicauit, uti castra ... moueret semperque esset in itineribus: 3, 85, 2; eum ... properarem atque essem in itinere praemissis iam legionibus: *ap. Cic. ad Att.* IX 6 *A*; — cum ... quo in loco res esset quantoque in periculo ... imperator uersaretur cognouissent: II 26, 5; — in omni Gallia eorum hominum, qui ⟨in *add.* β⟩ aliquo sunt numero atque honore, genera sunt duo: VI 13, 1; — se suosque omnes in officio futuros ⟨confirmat *add.* β⟩ neque ab amicitia populi Romani defecturos confirmauit: V 3, 3; — quod ... semper ... (legiones) plures .. partitis temporibus erant in opere: VII 24, 5; — cognoscit, quae ... gerantur quantoque in periculo res sit: V 48, 2; quanto res sit ⟨sit res β⟩ in periculo cognoscunt: VI 39, 1; summo esse in periculo rem: VII 32, 3; equites ... quanto res in periculo fuerit exponunt: VII 41, 2; tum magno erat in periculo res: 1, 79, 3; — quorum oppida omnia in potestate eius essent: I 32, 5; itaque esse ciuitatem in sua potestate ⟨ciu. in s. pot. esse

9*

β⟩: V 3,7; deorum, quorum ipsi in potestate sunt reges: *ap. Suet.* 6; — qui propter aetatem eius in procuratione ⟨curatione *a; Np., Dt.*⟩ erant regni: 3,104,1; erat in procuratione regni propter aetatem pueri nutricius eius . . . Pothinus: 3,108,1; — cum iam extremi essent in prospectu; V 10,2; — multumque sunt in uenationibus: IV 1,8; ¶ duas legiones in armis excubare iubet: VII 11,6; ¶ hoc neque ipse transire habebat in animo ⟨in animo habebat β⟩ neque hostes transituros existimabat: VI 7,5; — milia enim XX in armis habebat: 3,110,1; — quos ille postea magno in honore habuit: 1,77,2; pecus ⟨*CC*⟩ . . . magno in honore habebant: 3,47,7; — pollicitum ⟨esse *add.* B^2β⟩ se in cohortis ⟨in coh. se β⟩ praetoriae loco decimam legionem habiturum: I 42,6; se in hostium habiturum loco, qui non . . . ad Castra *Cornelia *naues traduxisset ⟨*c*⟩: 2,25,6; — in obsidione, in (sua) potestate habere, in se habere *u.* **habeo** *p. 1401* δδ) *(7 loc.)*; ¶ toto hoc in ⟨*del. Ciacc.*⟩ genere pugnae . . . intellectum est: V 16,1; ¶ in ea re omnium nostrorum intentis animis: III 22,1; ¶ quae (ciuitates) in amicitia manserant ⟨manserunt O^1l⟩ [Pompei], magnis adfectae beneficiis eum diligebant: 1,61,3; obtestatur, ut in fide maneant: VII 4,5; praemittit ad Boios qui . . . hortentur .., ut in fide maneant: VII 10,3; consolatus Indutiomarum hortatusque est, uti in officio maneret: V 4,2; si in eo manerent, quod conuenisset: I 36,5; ¶ si † pedites ⟨impedimentis *b; recte ni fallor*⟩ suis auxilium ferant atque in eo morentur: VII 66,5; ¶ imprudentibus nostris atque occupatis in munitione castrorum subito se ex siluis eiecerunt: V 15,3; ad nostra castra atque eos, qui in opere occupati erant, contenderunt: II 19,8; milites occupatos in opere ⟨in op. occ. β⟩ adoriebantur: VII 22,4; a militibus contendit, ne in praeda occupati reliqui negotii gerendi facultatem dimitterent: 3,97,1; Caesar hostibus in pugna occupatis . . . Pharum ⟨*c*⟩ prehendit: 3,112,5; cognita Pompei profectione concursantibus illis atque in ea re occupatis uulgo ex tectis significabant: 1,28,2; in his rebus fere erat Fufius occupatus: 3,55,3; — dispersos depositis armis in metendo occupatos subito adorti: IV 32,5; ¶ prima et secunda acies in armis, ut ab initio constituta erat, permanebat: 1,41,4; qui in iugo constiterant ⟨*c*⟩ . . . neque in eo quod probauerant consilio permanere . . . neque . . . uim celeritatemque . . imitari potuerunt ⟨*c*⟩: VI 40,6; annos non nulli XX ⟨*c*⟩ in disciplina permanent: VI 14,3; quod ⟨*c*⟩ in eadem inopia, egestate, patientia; qua *ante*, Germani permanent, eodem uictu et ⟨*c*⟩ cultu corporis utuntur ⟨*u. CC*⟩: VI 24,4; ciuitates sollicitant, ut in ea libertate, quam a maioribus acceperint ⟨*c*⟩, permanere quam Romanorum seruitutem perferre malint ⟨*c*⟩: III 8,4; (nuntios tota ciuitate Haeduorum dimittit; eodem ⟨in eodem β⟩ mendacio de caede equitum et principum permouet ⟨*N;* permonet *X;* permanet B^1*?k; Ald.*⟩: VII 38,10;) quem (Cingetorigem) ab initio permansisse in officio demonstrauimus: VI 8,9; hortatusque, ut in ea sententia permanerent, eos (legatos) domum remittit: IV 21,6; nihil Sequani respondere, sed in eadem tristitia taciti permanere ⟨permansere *A(B)af*⟩: I 32,3; ¶ ille in sua sententia perseuerat: 1,72,4; Cotta se ad armatum hostem iturum negat atque in eo perseuerat ⟨constitit β⟩: V 36,4; tametsi magnopere admirabatur Magium, quem ad Pompeium cum mandatis miserat, ad se non remitti . . ., tamen omnibus rebus ⟨*CC*⟩ in eo perseuerandum putabat: 1,26,2; ¶ ubi eos in sententia perstare ⟨praestare AQ^1B^1f⟩ uiderunt: VII 26,4; ¶ id ne accidat, positum in eius diligentia atque auctoritate: VII 32,5; — in celeritate *u.* **celeritas** *p. 505* **F.** *(5 loc.)*; — (cum priores) perturbatis ordinibus omnes ⟨*CC*⟩ in fuga sibi praesidium ponerent: II 11,5; — cum . . . omnem . . Galliae salutem in illo uestigio temporis positam arbitrarentur: VI 25,1; — proinde omnia in uictoria posita ⟨esse *add.* β⟩ existimarent: V 34, 1; — (milites) omnem spem salutis in uirtute ponerent: III 5,3; reliquum erat certamen positum in uirtute, qua nostri milites facile superabant: III 14,8; eum Sotiates ⟨*c*⟩ superioribus uictoriis freti in sua ⟨*om.* B^1⟩ uirtute totius Aquitaniae salutem positam putarent: III 21,1; nostri . . . tamen omnem spem salutis ⟨sal. sp. β⟩ in uirtute ponebant: V 34,2; — — ne cuncta Gallia deficeret, quod nullum amicis in eo praesidium uideret ⟨uideretur *M; Np., Fr., Db., Dt.*[1]⟩ positum esse ⟨praes. positum uideret β⟩: VII 10,1; ¶ ne qua spes in fuga ⟨fugae *Pramm.*⟩ relinqueretur: I 51,2; ¶ hortatur, ut spem omnem in uirtute reponant: 2,41,3; ¶ quorum in consilio omnium uestrum consensu pristinae residere uirtutis ⟨uirt. resid. β⟩ memoria uidetur: VII 77,4; ¶ (primam et secundam aciem in armis esse ⟨sese tenere β⟩, tertiam castra munire iussit: I 49,2;) quos Aduatuci obsidum numero missos apud se in seruitute et catenis tenuissent:

V. 27, 2; Haeduos, fratres consanguineosque saepe numero a senatu appellatos, in seruitute atque in dicione ⟨deditione $B^a\beta$⟩ uidebat Germanorum teneri: I 33, 2; magnam partem Galliae ⟨gallorum β⟩ in officio tenuit: V 54, 1; omnes ⟨*c*⟩ eorum milites in potestate Caesaris teneri: VII 43, 1; ¶ hi (equites), cum est usus atque aliquod bellum incidit, . . . omnes in bello uersantur: VI 15, 1; quod in simili culpa uersabantur: 3, 110, 4; suosque ⟨*c*⟩ languidius in opere uersari iussit: VII 27, 1; cuius rei timore exterriti diem noctemque in opere uersantur (Romani): VII 77, 11; cum . . . quo in loco res esset quantoque in periculo et castra et legiones et imperator uersaretur cognouissent: II 26, 5; quique in proeliis periculisque uersantur: VI 16, 2; in proeliis uersari: I 48, 5 *u.* **B. a)** in proelio.

β) = quod attinet ad; αα) pendet ex uerbis: consulere: 1, 85, 2 *u.* putare; ¶ Cotta . . . nulla in re communi saluti deerat: V 33, 2; ¶ in reliquis uitae institutis hoc fere ab reliquis differunt, quod: VI 18, 3; ¶ haec eadem ratio est in summa totius Galliae: VI 11, 5; ¶ (ut tribunos plebis ⟨in ea re *add. codd.; Np., Db.; unc. incl. Dt.; u. CC*⟩ ex ciuitate expulsos in suam dignitatem restitueret: 1, 22, 5;) ¶ se id, quod in Neruiis ⟨neruios $B^a\beta$; *Fr.*⟩ fecisset, facturum: II 32, 2; quod facere in eo consuerunt ⟨*c*⟩, cuius orationem adprobant: VII 21, 1; eum de exercitibus dimittendis ultro ⟨*c*⟩ postulauisset; in quo iacturam dignitatis atque honoris ipse facturus esset: 1, 32, 4; ¶ non oportere se ⟨*c*⟩ a populo Romano in suo iure impediri: I 36, 2; ¶ non esse iniquos, quod ⟨*c*⟩ in suo iure se interpellaremus: I 44, 8; ¶ at, credo, *[si] Caesarem probatis, in ⟨*N; iam Ox*⟩ me offenditis: 2, 32, 10; ¶ quod in eo peccandi Germanis causa non esset: I 47, 4; ¶ multum eum in omnibus rebus tum in re militari potest fortuna: VI 30, 2; quae (fortuna) plurimum potest cum in reliquis rebus tum praecipue in bello: 3, 68, 1; ¶ concursum ad se fieri uidet, quod fasces anteferrentur. in hoc omnis multitudo maiestatem regiam minui praedicabat: 3, 106, 4; ¶ proficere: VII 20, 11 *u.* **B. a)** in oppugnatione; ¶ qua in re omnium snorum uitae consulendum putarint: 1, 85, 2; ¶ qui ⟨*c*⟩ quod ab altero ⟨*c*⟩ postularent in se recusarent: 1, 32, 5; ¶ quae in eo reprehendat ostendit: I 20, 6; ¶ in se uno non seruari, quod sit omnibus datum semper imperatoribus: 1, 85, 10; superius tamen institutum in equitibus . . . seruabat: 3, 84, 3; ¶ in quo si non ⟨*c*⟩ praesens periculum, at certe longinqua ⟨*c*⟩ obsidione fames esset timenda ⟨pertimescenda *bdefik*⟩: V 29, 7; ¶ cum in reliquis fere rebus ⟨reb. fere β⟩, publicis priuatisque rationibus ⟨*del. Miller*⟩, Graecis litteris utantur ⟨utantur litteris β⟩: VI 14, 3; ut his testibus in summa ⟨summam *Nhl*⟩ pecuniae ⟨sumenda pecunia *Ciacc.*⟩ uteretur: 3, 105, 1; ut tuis consiliis atque opibus, ut consueui, in omnibus rebus utar: *ap. Cic. ad Att.* IX 16, 3.

ββ) pendet ex subst.: auctoritas: II 4, 3 *u.* spiritus; ¶ sic terrore ⟨*CC*⟩ oblato a ducibus crudelitas in supplicio . . . spem praesentis deditionis sustulit: 1, 76, 5; ¶ nouum in re publica ⟨rem publicam *N*⟩ introductum exemplum queritur: 1, 7, 2; ¶ (Germanos) incredibili uirtute atque exercitatione in armis esse: I 39, 1; ¶ qui . . intra praesidia Pompei fuissent neque operam in re militari praestitissent: 3, 83, 3; ¶ quibus in rebus prolationem diei donationem esse dicebant: 3, 32, 5; ¶ ratio: VI 11, 5 *u.* **αα)** esse; ¶ cum se uictoriae Pompei comitem esse mallet quam socium Caesaris in rebus aduersis: 3, 80, 3; ¶ uti . . . magnam sibi auctoritatem magnosque spiritus in re militari sumerent: II 4, 3; ¶ qui . . . non magnum in re militari usum habebant: I 39, 2; qui magnum in castris usum habebant: I 39, 5; quod magnum habere usum in re militari sciebat: 2, 34, 4.

γγ) pendet ex adiect.: ne continentior in uita hominum quam in pecunia fuisse uideatur: 1, 23, 4; ¶ (neue ⟨*Roth, Reiff.;* neque *codd. plur.;* neque in *EΣ; edd.*⟩ hac despectus parte iaceres: *ap. Sueton. uit. Terent.* 5;) ¶ (Germani,) exercitatissimi in armis: I 36, 7; Albici . . ., homines asperi et montani et ⟨*c*⟩ exercitati in armis: 1, 57, 3.

γ) = inter (*cf.* **A. a) α) ββ)**); **αα) suspensum. 𝔄) ex uerbis:** nolite, obsecro, committere, quod ante in exercitu Caesaris non accidit, ut: 3, 64, 4; ¶ (audire in contuberniis: 2, 29, 4 *u.* **A. a) α) αα)** audire;) ¶ Eporedorix Haeduus . . . et una Viridomarus . . . in equitum numero conuenerant: VII 39, 1; ¶ postulauit deinde ⟨*c*⟩ eadem, quae legatis in mandatis dederat: I 43, 9; ¶ deponere in contubernio: 3, 76, 2 *u.* **A. a) α) σα)** deponere; ¶ in desertorum ae proditorum numero ducuntur ⟨dicuntur B^1⟩: VI 23, 8; ne se in hostium numero duceret: VI 32, 1; ¶ esse in exercitu *u.* **exercitus** *p. 1216* **g) β)** *(3 loc.);* — erant in ea legione fortissimi uiri centuriones: V 44, 1; in his erant legionibus hominum milia tria CC: 3, 106, 2; — maxima pars Aquitaniae . . . obsides . . . misit ⟨c⟩, quo in numero fuerunt Tarbelli, Bigerriones . . . Sibuzates, Cocosates: III 27, 1; imperant . . . XXX (milia) uniuersis ciuitatibus, quae . . . Aremoricae appellantur, quo sunt in numero Coriosolites ⟨c⟩, Redones, . . . Venelli ⟨c⟩: VII 75, 4; prosequentibus compluribus senatoribus, quo in numero erat Ser. Sulpicius et Licinius Damasippus: 2, 44, 3; ad duo ⟨c⟩ milia . . . cecidisse reperiebamus, euocatos centurionesque complures; in eo fuit numero Valerius Flaccus: 3, 53, 2; erant apud Caesarem ⟨in *add. f; Dt.*; ex *hl; V.*; *om. a*; *u. CC*⟩ equitum numero Allobroges II fratres: 3, 59, 1; cum militibus regis conloqui coeperunt . . . . in hoc erant numero complures Pompei milites: 3, 103, 5; — cum leges duo ex una familia uiuo utroque non solum magistratus creari uetarent, sed etiam in senatu esse prohiberent: VII 33, 3; — — in his fuit Ariouistus: I 53, 3; (in his fuit M. Opimius ⟨*u. CC*⟩: 3, 38, 4;) — cum classe nauium XVI, in quibus paucae erant aeratae ⟨*CC*⟩, L. Domitio . . . subsidio missus: 2, 3, 1; eum Caesar omnino XII naues longas praesidio duxisset, in quibus erant constratae ⟨c⟩ IIII ⟨c⟩: 3, 7, 2; reliquas cohortes, numero XXXIII, in quibus erat legio nona: 3, 67, 3; ¶ reductos in hostium numero habuit: I 28, 1; (hostium se habiturum ⟨in *add. af*⟩ numero ⟨num. hab. β⟩ confirmat, si: VI 6, 3;) quem . . . in suorum necessariorum numero habere instituerat: 3, 57, 1; — intra annum uero uicesimum feminae notitiam habuisse in turpissimis habent rebus: VI 21, 5; ¶ quo in numero est T. Terrasidius missus in Esuuios ⟨c⟩: III 7, 4; ¶ quotiens uel ducis uitio uel culpa tribuni in exercitu ⟨exercitum *Nx*⟩ esset offensum: 3, 72, 4; ¶ tu quoque tu in summis ⟨c⟩, o dimidiate Menander, poneris: *ap. Suet. uita Terent.* 5.

𝔅) ex subst.: L. Pupius, . . . qui hunc eundem ordinem in exercitu Cn. Pompei antea duxerat: 1, 13, 4; ¶ erat Crastinus euocatus in exercitu Caesaris, qui superiore anno apud eum primum pilum in legione X. duxerat: 3, 91, 1.

ℭ) ex adiect.: Caesaris autem erat in barbaris nomen obscurius: 1, 61, 3.

ββ) absol.: in his *u.* **hic** *p. 1470 (11 loc.)*; ¶ multae res eum hortabantur, . . . in primis quod Haeduos . . . in seruitute atque in dicione ⟨c⟩ uidebat Germanorum teneri: I 33, 2; multa Caesarem . . . incitabant . . . in primis ne hac parte neglecta reliquae nationes sibi idem licere arbitrarentur: III 10, 2; hunc secum habere in primis constituerat: V 6, 1; Senones, quae est ciuitas in primis firma: V 54, 2; in primis hoc uolunt persuadere non interire animas: VI 14, 5; ⟨eius *add.* β; *Ald.*⟩ in primis rationem esse habendam dicunt, . . . ut: VII 1, 6; in primis equitatui studet: VII 4, 9; quid fieri uelit ⟨c⟩ ostendit; in primis monet, ut contineant milites: VII 45, 8; mandat, ut . . . hortetur; in primis ut ipse eum Pompeio conloqueretur postulat: 1, 26, 3; exercitum eum . . . cohortaretur . . ., in primis commemorauit: 3, 90, 1; in primis ⟨imprimis *M*⟩ a te peto, . . . ut: *ap. Cic. ad Att.* IX 6 *A*.

b) ui condicionali: in eius modi casu: V 33, 4 *u.* **B.** a) in casu; ¶ (erant sententiae, quae . . . castra . . Vari oppugnanda censerent, quod id ⟨*om. codd.; Dt.; add. (Clark.,) Madu.*; in *add. Clark.; Np., Db.*⟩ huius modi militum consiliis omnium ⟨*Clark.; del. Madu.*; otium *codd.; edd.*⟩ maxime contrarium esse arbitrarentur: 2, 30, 1;) ¶ in contentione: VII 52, 2 *u.* **B.** a) in contentione; ¶ in desperatione: 1, 5, 3 *u.* **B.** a) in desperat.; ¶ contra in dissensione ⟨-nem α⟩ nullam se salutem perspicere: V 31, 2; ¶ in extrema fortuna: VII 40, 7 *u.* **B.** a) in fortuna; ¶ ((Dumnorigem) imperio ⟨in imperio *Whitte*⟩ populi Romani . . . de regno desperare: I 18, 9;) II 1, 4 *u.* **B.** a) in imperio; ¶ in incendio: 1, 5, 3 *ib.* in desperatione; ¶ in perniciosis legibus: 1, 7, 5 *ib.* in legibus; ¶ ne militum introitu et ⟨in *Ciacc.*⟩ nocturni temporis licentia oppidum diriperetur: 1, 21, 2; ¶ nam plerumque in nouitate fama rem ⟨c⟩ antecedit ⟨c⟩: 3, 36, 1; ¶ in extremis suis rebus: II 25, 3 *u.* **B.** a) in re; ¶ in secessione: 1, 7, 5 *ib.* in legibus; ¶ quod plerumque in spe uictoriae accidere consueuit: III 26, 4; ¶ in ui tribunicia: 1, 7, 5 *u.* **B.** a) in legibus.

c) ui causali: Labienus ⟨in *add. Pluyg.*⟩ tanta rerum commutatione longe aliud sibi capiendum consilium . . . intellegebat: VII 59, 3; ¶ in eius modi difficultatibus: VI 34, 7 *u.* **B.** a) in difficult.; ¶ temporibusque rerum et spatiis locorum et ⟨*N*; in *Ox; Forchh.; del. Np., Db.*⟩ custodiarum uaria ⟨*Of*; inria *a*; uiriam *hl*[1]⟩ diligentia ⟨-tiam *hl*⟩ animaduersa ⟨-uersis *Forchh.*; *u. CC*⟩: 3, 61, 3; ¶ in tantis dissensionibus: VII 1, 2 *u.* **B.** a) in dissension.; ¶ in nouo genere belli nonae ab utrisque bellandi rationes reperiebantur: 3, 50, 1; ¶ quod in tanto imperio populi Romani turpissimum sibi et rei publicae esse arbitrabatur: I 33, 2; ¶ et in magno impetu ⟨*u. CC*⟩ maris atque aperto . . . omnes fere . . . habent uectigales: III 8, 1; ¶ itaque in tanta rerum iniquitate fortunae quoque euentus uarii sequebantur: II 22, 2; ¶ (siluae incertis occultisque ⟨occultatisque β⟩ itineribus ⟨in itineribus β⟩ confertos adire prohibebant: VI 34, 4;) ¶ cum . . . reliqui in labore pari ac periculo ne unus omnes antecederet recusarent: 3, 82, 5; ¶ equitum uero operam neque in loco palustri desiderari debuisse et: VII 20, 4; ¶ quod in tanta multitudine dediticiorum suam fugam aut occultari aut omnino ignorari posse existimarent: I 27, 4; ¶ (quibus rebus perturbatis nostris nouitate ⟨in nouitate *Schenkl*⟩ pugnae . . . Caesar auxilium tulit: IV 34, 1;) ¶ in periculo pari: 3, 82, 5 *u.* in labore p.; ¶ haec quoque . . . in tanta propinquitate castrorum ad hostes deferuntur: VI 7, 9; ¶ unam ut in miseris rebus spem reliquam salutis esse arbitratus: 2, 42, 1; ¶ ut . . . in extrema spe salutis . . . pugnari debuit: II 33, 4.

d) ui concess.: singulari militum studio in summa omnium ⟨*c*⟩ rerum inopia circiter sescentas . . . naues . . . inuenit instructas: V 2, 2; ¶ hostes etiam in extrema spe salutis tantam uirtutem praestiterunt, ut: II 27, 3.

e) **ui consecutiua:** posteroque die productos eodem loco . . . in acie conlocat: 2, 33, 4; quae (cohortes) contra equitatum in quarta acie conlocatae essent: 3, 94, 3; in acie constituere *u.* **acies** *p. 90* 2. e) *(3 loc.)*; — pugnantibus ⟨*c*⟩ etiam tum ac resistentibus in acie Pompeianis: 3, 93, 6; ¶ reliquas legiones in armis expeditas contra hostem constituit: 1, 42, 1; ¶ in conspectu *u.* **conspectus** *p. 682 sq.* C. c) *(14 loc. excepto ultimo)*; ¶ magna auxilia conuenisse, magna esse in spe atque exspectari ⟨*u. CC*⟩: 2, 17, 3; ¶ tertium ⟨*c*⟩ in subsidiis locum alariae cohortes ⟨*c*⟩ obtinebant ⟨*c*⟩: 1, 83, 1.

f) ui finali: quas (pedestres copias) in conualle in insidiis conlocauerant: III 20, 4; ¶ quae (cohortes) essent ibi in praesidio: 2, 20, 2; quas (cohortes) ibi in praesidio habuerat: 1, 15, 5; ¶ qui erant in statione pro castris conlocati: V 15, 3; — qui pro portis castrorum in statione erant: IV 32, 1; consequuntur ⟨*c*⟩ hunc centuriones eius cohortis, quae in statione erat: VI 38, 3; quae in statione pro castris erant Afranii cohortes: 1, 43, 4; ab iis ⟨*c*⟩ cohortibus, quae erant in statione ⟨stationes *Nx*⟩ ad portas, defenduntur: 1, 75, 3; — quos (centuriones) in statione ad praetoriam portam ⟨*c*⟩ posuerat: 3, 94, 6; — uix primum impetum cohors in statione ⟨stationem *AQ*⟩ sustinet: VI 37, 3.

g) ui modali: postremo in acie praestare interfici quam non ueterem belli gloriam . . . recuperare: VII 1, 8; non uirtute neque in acie uicisse Romanos, sed artificio quodam et scientia oppugnationis: VII 29, 2; neque fortunam (se) temptaturum aut in ⟨*om.* β⟩ acie dimicaturum: VII 64, 2; ¶ (petieruntque, uti sibi secreto ⟨in occulto *add. αa; Schn., Np., Db.*; occulto *add. h*; in occulto *om. pauc. dett.*; *del. Bentl.*⟩ de sua omniumque salute cum eo agere liceret: I 31, 1;) quod soli ne in occulto quidem queri . . . auderent: I 32, 4; intra eas siluas hostes in occulto sese continebant: II 18, 3; Germani quam naeti erant praedam in occulto relinquunt: VI 35, 10; legionibusque ⟨*c*⟩ [intra uineas] in occulto expeditis ⟨*c*⟩ cohortatus ⟨*c*⟩ . . . signum dedit: VII 27, 2; postero die ⟨*c*⟩ cum duabus legionibus in occulto restitit: VII 35, 2; prima et secunda acies in armis . . . permanebat; post hos ⟨*c*⟩ opus in occulto a III. acie fiebat: 1, 41, 4.

[**Falso:** hostes . . . signo dato decurrere, lapides ⟨in pedes B^2β⟩ gaesaque ⟨*c*⟩ in uallum coicere: III 4, 1; quid hominum ⟨β; quid inominum AQ^1; quid in hominum *BM, Qcorr.*; quid enim hom. *Fr., Db.*⟩ milibus LXXX ⟨*c*⟩ uno loco interfectis propinquis . . . nostris animi fore existimatis: VII 77, 8; referunt consules de republica ⟨in ciuitate *add. codd.*; *u. CC*⟩: 1, 1, 2, frumentum ex finitimis regionibus atque ⟨in *add. afh*; *om. l*; ex *add.* O^1; *edd.*⟩ omnibus castellis in urbem conuexerant: 1, 34, 5; erat inter oppidum Ilerdam et proximum collem ⟨*cod. Vrs.*; *Vascos.*; in oppido ilerda et proximo colle *codd.*⟩ . . . planitia ⟨*c*⟩: 1, 43, 1; pecora, quod secundum poterat esse inopiae ⟨*b*; in opere *Ox*⟩ subsidium: 1, 48, 6; pauci ⟨*c*⟩ ex his militibus † arma in flumine ⟨*x*; ablati flumine *Db.*; arrepti in flumine *O*; ui fluminis abrepti *Ald.*; abr. ui fl. *Np., Dt.*⟩ . . . excipiuntur: 1, 64, 7; hac uos fortuna atque his ducibus repudiatis Corfiniensem ignominiam, ⟨in *add. codd.*⟩ Italiae fugam ⟨*c*⟩, [an] Hispaniarum deditionem, ⟨in *add. codd.*⟩ Africi belli praeiudicia sequimini: 2, 32, 13; itaque de deditione omnes ⟨in *add. x*; iam *Voss.*; *Dt.*; *om. O*⟩ palam loquebantur: 2, 36, 2; qui se ilii initio ⟨*Steph.*; in otio (*uel* ocio) *codd.*⟩ ciuilis belli obtulerant: 3, 1, 5; ut paene omnes ex ⟨*Jurin.*; in *codd.*⟩ Epiro finitimisque regionibus signa relinquerent: 3, 13, 2; simulauit sese ⟨in *add. hl*⟩ angustiis rei frumentariae adductum castra mouere: 3, 38, 1; frumentum . . . per equites ⟨importa *add. a; in* porta *add. fh*⟩ comportarat: 3, 42, 5; non iniquitatem loci atque ⟨in *add. af*⟩ angustias . . . causae fuisse cogitabant: 3, 72, 2; denique recordari debere, qua felicitate ⟨*c*⟩ . . . omnes incolumes essent transportati. si non ⟨transportatis in *ahl;* transportati. sin *f*⟩: 3, 73, 3. 4; ut . . . omnes arderent ⟨in *add. af*⟩ cupiditate pugnandi: 3, 74, 2; Achillam, ⟨in *add. z*⟩ praefectum regium, . . . miserunt: 3, 104, 2.

Repetita est praepos.: in Menapios atque in eos pagos: IV 22, 5; in fidem atque in ⟨*om.* β⟩ potestatem: II 3, 2; — quam in fortunam quamque in amplitudinem ⟨in eam fort. amplitudinemque β⟩: VII 54, 4; ¶ in seruitute atque in dicione: I 33, 2; *sim.* VI 21, 3; 1, 5, 3; — **non** solum in omnibus ciuitatibus atque in omnibus pagis partibusque, **sed** paene etiam in ⟨*om.* α⟩ singulis domibus: VI 11, 2; *cf.* I 40, 7; — **et in . . . et in:** II 19, 7; V 33, 2; — **potius** in . . . **quam in:** II 10, 4; — in furto **aut** in ⟨*om.* β⟩ latrocinio: VI 16, 5; — — **in . . . in . . . in:** 1, 7, 5.

Non repetita est praepos. in c. acc.: in . . . **ac (atque):** II 13, 2; 28, 1. 3; 29, 4; IV 18, 4; (3, 31, 4;); — in . . . **et:** (I 1, 6;) VII 7, 2; 3, 62, 2; — in . . . que *12(—14) loc.;* — in Carnutes, Andes, Turones II 35, 3; *sim.* III 1, 1; 11, 4; ¶ **in c. abl.**: . . . **(ac)** atque: II 14, 2; (VI 13, 1 ⟨*c*⟩;) VII 28, 1; 32, 5; 55, 3; 86, 3; 3, 10, 5 ⟨*c*⟩; 61, 2; 71, 2; 82, 5; — in . . . **et:** V 27, 2; 44, 14; (VI 22, 1 ⟨*c*⟩;) 1, 6, 7; 2, 20, 4; — in . . . que *15(—20) loc.* — in Sicilia, Gallia, Italia: 3, 42, 3; *sim.* VII 7, 4; — in . . . que . . . **et:** 3, 71, 2; — in . . . **aut:** 2, 35, 3.

In hiberna in Sequanos: I 54, 2; *sim.* II 35, 3; 3, 31, 4; (56, 1;) — **in siluas ad suos:** II 19, 5; IV 13, 4; V 3, 7; 18, 1; 20, 1; 37, 7; 46, 1; VI 5, 6; VII 34, 2; 65, 4; 1, 17, 1; 21, 1; 2, 25, 5; 26, 1; — **in . . . trans:** I 35, 3; IV 4, 6; 16, 2; VII 65, 4; — **in . . . uersus:** VII 7, 2; — **ad . . uersus . . . in:** VI 33, 1; — **Pergamum in hiberna:** 3, 31, 4; 11, 2; ¶ **in finibus . . . in hibernis,** *sim.* (II 1, 1;) III 20, 4; 29, 3; V 24, 2; VI 11, 2; 13, 10; 18, 3; 44, 3; — **in . . . ad:** VI 9, 5; VII 90, 7; 1, 75, 3; 3, 13, 5; 37, 1 ⟨*c*⟩; 76, 2; 94, 6; **in . . . apud:** V 27, 2; 3, 57, 1; — **in . . . circum:** VII 7, 4; **in . . . contra:** VII 62, 8; 3, 76, 1; — **in . . . pro:** IV 32, 1; V 15, 3; VII 89, 4; 1, 43, 4; — **in . . . sub:** 1, 41, 2; — — **ibi in** (collibus): IV 23, 2; V 12, 5; 1, 14, 4; 15, 5; 2, 20, 2; — **in . . . abl. loci:** V 32, 1; VI 17, 4; VII 69, 1; 90, 7; 3, 24, 1; 105, 5.

inaedifico. A. = adstruere: ut ipsis consistendi in suis munitionibus locus non esset, cum paene inaedificata ⟨aedif. *O*⟩ m u r i s ⟨*Gemoll;* in muris *codd.; edd.*⟩ ab exercitu nostro m o e n i a uiderentur ac telum manu coiceretur: 2, 16, 2.

B. = praesaepire: portas obstruit, n i c o s p l a t e a s q u e inaedificat, [ac] fossas transuersas uiis praeducit atque ibi sudes stipitesque praeacutos defigit. haec leuibus cratibus terraque inaequat; aditus autem atque itinera duo, quae . . . ad portum ferebant, maximis defixis trabibus atque eis praeacutis praesaepit: 1, 27, 3. 4.

inaequo: 1, 27, 4 *u.* **inaedifico B.**

inanis. A. propr.: ita complures dies inania ⟨*Madu.;* uacua *Ciacc.; om. codd.; edd.*⟩ manserant c a s t r a: 3, 66, 7; ¶ quae (n a u e s) inanes ⟨inanis *AQ*⟩ ex continenti ad eum remitterentur: V 23, 4; sperans alieni se parti onustarum nauium occurrere posse inanibus occurrit: 3, 8, 3; quae (naues longae) erant deligatae ad terram atque inanes: 3, 40, 4.

B. trsl.: ut . . . inani s i m u l a t i o n e sese ostentare (eos) cognosceret: VII 19, 3.

inauditus: a g g e r e m noui generis atque inauditum . . . facere instituerunt: 2, 15, 1; ¶ tamquam scopulum, sic fugias inauditum ⟨infrequens *Macrob.*⟩ atque insolens u e r b u m: *ap. Gell.* I 10, 4; *cf. Macrob. sat.* I 5, 2.

inbecillitas *u.* **imbecillitas.**

incautus: ut in ipsum (Ambiorigem) incautum etiam atque imparatum incideret: VI 30, 2.

incaute: paulo i n c a u t i u s custodias in muro d i s p o s i t a s uidebat: VII 27, 1; ¶ studio incitati incautius s e q u e b a n t u r: 3, 24, 2.

incedo. A. abs.: in castris Curionis magnus † omnium incessit t i m o r. nam is ⟨timor animis *Voss.; Db.; u. CC*⟩ uariis hominum sermonibus celeriter augetur: 2, 29, 1; magnusque incesserat timor sagittarum: 3, 44, 7; tantusque eo facto timor incessit, ut: 3, 101, 3. (*Cf.* **B.** 3, 74, 2.)

B. add. datiu.: exercitui ⟨exercitu *Np.*⟩ quidem omni tantus incessit ex incommodo d o l o r tantumque s t u d i u m infamiae sarciendae, ut: 3, 74, 2; — tantusque t e r r o r incidit ⟨incessit *Ciacc.*⟩ eius exercitui ⟨*O;* exercitus *Nz*⟩, . . . ut: 3, 13, 2; — t i m o r: 2, 29, 1 *u.* **A.**

incendium. A. obi.: in omnibus partibus incendia c o n s p i c i u n t u r; quae etsi magno cum dolore omnes ferebant, tamen: VII 15, 2; ¶ ut . . . tantum in agris uastandis incendiisque faciendis hostibus noceretur, quantum: V 19, 3.

B. gen.: fumi incendiorum procul uidebantur: V 48, 10.

C. abl.: summa difficultate rei frumentariae adfecto exercitu tenuitate Boiorum, indiligentia Haeduorum, incendiis aedificiorum: VII 17, 3; ¶ reliquum (frumentum) flumine atque incendio corruperunt: VII 55, 8.

D. c. praep.: quod et ab incendio lapis et ab ariete materia defendit: VII 23, 5; quo commodius ab impetu nauium incendiisque (rates) defenderet: 1, 25, 10.

completas onerarias naues taeda et pice et stuppa reliquisque rebus, quae ⟨usui *add. Freudenb.*⟩ sunt ⟨apta *add. Ohl*⟩ ad incendia, in Pomponianam ⟨c⟩ classem immisit: 3, 101, 2; — onerarias naues [circiter XL] praeparatas ad incendium immisit: 3, 101, 5.

(extremum atque ultimum senatus consultum,) quo nisi paene in ipso urbis incendio . . . numquam ante descensum ⟨c⟩ est: 1, 5, 3.

incendo. A. propr.: aedificia *u.* **aedificium** B. *p. 193 sq. (11 loc.)*; ¶ cupas taeda ac pice refertas incendunt: 2, 11, 2; ¶ illi (hostes) sub murum se recipiunt ibique musculum turrimque latericiam libere incendunt: 2, 14, 4; ¶ Bibulus . . . omnes (naues) . . incendit eodemque igne nautas dominosque nauium interfecit: 3, 8, 3; (Libo) naues onerarias quasdam nactus incendit: 3, 23, 2; (Pompeius filius) naues longas adgressus . . . IIII ex his abduxit ⟨c⟩, reliquas incendit: 3, 40, 4; ipse Lissum profectus naues onerarias XXX . . . adgressus omnes incendit: 3, 40, 5; Cassius . . . omnes naues incendit: 3, 101, 2; omnesque eas naues et reliquas, quae erant in naualibus, incendit: 3, 111, 6; ¶ Heluetii . . . oppida sua omnia, numero ad duodecim, uicos ad quadringentos, reliqua priuata aedificia incendunt, frumentum omne . . . comburunt: I 5, 2; ipsos (Heluetios, Tulingos, Latouicos) oppida uicosque, quos incenderant, restituere iussit: I 28, 3; oppidum (Cenabum) diripit atque incendit: VII 11, 9; praeterea oppida incendi oportere, quae non . . . sint . . tuta: VII 14, 9; (Nouiodunum) oppidum, quod a ⟨c⟩ se teneri non posse iudicabant, ne cui ⟨c⟩ esset usui Romanis, (Eporedorix et Viridomarus) incenderunt: VII 55, 7; ¶ Caesar ⟨c⟩ legiones . . . portis incensis intromittit: VII 11, 8; ¶ turrim: 2, 14, 4 *u.* musculum; ¶ uicos: I 28, 3 *u.* oppida; *praeterea u.* **aedificium** B. *p. 193 sq. (7 loc.)*; ¶ uno die amplius XX urbes Biturigum incenduntur: hoc idem fit ⟨c⟩ in reliquis ciuitatibus: VII 15, 1.

deliberatur ⟨c⟩ de Auarico in communi concilio, incendi placeat ⟨c⟩ an defendi: VII 15, 3; quod re integra primo incendendum Auaricum, post deserendum censuerat: VII 30, 2; — hostes . . . Lutetiam incendi ⟨incendunt β⟩ pontesque eius oppidi rescindi iubent: VII 58, 6.

B. trsl.: simili ratione ⟨oratione *Paul*⟩ ibi Vercingetorix . . . conuocatis suis clientibus facile incendit ⟨facere intendit β⟩: VII 4, 1; ¶¶ propterea quod est quaedam animi incitatio atque alacritas naturaliter innata omnibus, quae ⟨qui *recc.*; *Faern.*⟩ studio pugnae incenditur ⟨incenduntur *recc.*; *Faern.*⟩: 3, 92, 3. *Cf. qu. sqq.*

incertus: incerto etiam nunc ⟨c⟩ exitu uictoriae . . . signa . . intulerunt: VII 62, 6; ¶ incertis itineribus per siluas ad T. Labienum . . . perueniunt: V 37, 7; siluae incertis occultisque ⟨occultatisque β⟩ itineribus ⟨in itineribus β⟩ confertos adire prohibebant: VI 34, 4; ¶ paucis interfectis reliquos incertis ordinibus perturbauerant: IV 32, 5; ¶ his . . . auditionibus permoti . . . saepe consilia ineunt, quorum eos in ⟨CC⟩ uestigio paenitere necesse est, eum incertis rumoribus ⟨moribus α⟩ seruiant et plerique ad uoluntatem eorum ficta respondeant ⟨cum incerta, ut eorum auribus seruiant, et plerumque ad uol. e. f. resp. *Ciacc.*⟩: IV 5, 3; ¶ ut incertis temporibus diuersisque itineribus iretur: VII 16, 3; ¶ uos autem incerta ⟨*Aldus*; certa *codd.*⟩ uictoria Caesarem secuti diiudicata iam belli fortuna uictum sequamini: 2, 32, 6.

[**Falso:** neque eorum moribus turpins quiequam aut inertius ⟨incercius β⟩ habetur quam ephippiis ⟨c⟩ uti: IV 2, 4.]

incīdo. A. propr.: et quidquid incidit, fastigio musculi elabitur ⟨delab. *O*⟩: 2, 11, 1.

B. trsl.; a) = occurrere, (in manus alcs) uenire: plerique ex his, ne in angustias inciderent, . . . se in fossas praecipitabant ⟨c⟩: 3, 69, 3; ¶ incidere in alqm *u.* **in** *p. 106 (4 loc.)*.

b) = incedere, inuadere: tantusque terror incidit ⟨incessit *Ciacc.*⟩ eius exercitui ⟨*O*; exercitus *Nx*⟩, ut: 3, 13, 2.

c) = accidere: si qua bella inciderint: II 14, 6; eum est usus atque aliquod bellum incidit, quod fere . . . quotannis accidere solebat: VI 15, 1; ¶ ubi quae ⟨c⟩ maior atque inlustrior incidit res: VII 3, 2.

incīdo: Neruii antiquitus . . . teneris arboribus incisis atque inflexis ⟨c⟩ . . . et rubis sentibusque interiectis effecerant, ut: II 17, 4.

incipio. A. c. obiect.: hoc se ignominiae laturos ⟨c⟩ loco, si inceptam oppugnationem reliquissent: VII 17, 6; ¶ (sic se complures annos illo imperante meruisse, ut . . . nusquam infecta ⟨β; incepta α; *Fr.; Dt.*[1]⟩ re discederent: VII 17, 5.)

B. e. inf.; a) act.: (T. Labienus) † summissa oratione loqui de pace atque altercari eum Vatinio incipit ⟨*u. CC*⟩: 3, 19, 5; ¶ Saburra . . . circumire ordines atque hortari incipit: 2, 41, 2; equitatus hostium ab utroque cornu circumire aciem nostram et auersos ⟨c⟩ proterere incipit: 2, 41, 5; ¶ ut iam de praemiis uestris et de referenda gratia cogitare incipiamus: 2, 39, 3; ¶ ut . . . alii uallum manu scindere, alii fossas compiere inciperent: V 51, 4; ¶ consilio conuocato ⟨c⟩ de summa rerum deliberare incipit (Curio): 2, 30, 1; ¶ Haedui manus tendere et ⟨c⟩ deditionem significare ⟨*u. CC*⟩ et proiectis armis mortem deprecari incipiunt: VII 40, 6; ¶ ab his primo Marsi dissentire incipiunt: 1, 20, 3; ¶ triplicemque aciem ducere incipit: 1, 64, 7; uallumque ex castris ad aquam ducere incipiunt: 1, 73, 3; ¶ cum primum pabuli copia esse inciperet: II 2, 2; ¶ rem frumentariam expedire incipit: 1, 54, 5; ¶ sese subito proripiunt . . . et . . . iter facere incipiunt: 1, 80, 3; ¶ hortari: 2, 41, 2 *u.* circumire; ¶ sese ad nouissimum agmen ostendunt et magna multitudine circumfusa morari atque iter ⟨iter atque *Paul*⟩ impedire incipiunt: 1, 63, 3; ¶ (Galli) audacius de bello consilia inire incipiunt: VII 1, 3; (Haedui) consilia elam de bello inire incipiunt: VII 43, 3; ¶ loqui: 3, 19, 5 *u.* altercari; ¶ cum maturescere frumenta inciperent: VI 29, 4; iamque frumenta maturescere incipiebant: 3, 49, 1; ¶ morari: 1, 63, 3 *u.* impedire; ¶ Eburones, Neruii, Aduatuci atque horum omnium socii et ⟨c⟩ clientes legionem oppugnare incipiunt: V 39, 3; ¶ Pompeius . . . aduentu nauium profectionem parare incipit: 1, 27, 2; ipse iter in Macedoniam parare incipit paucisque post diebus est profectus: 3, 33, 2; ¶ proterere: 2, 41, 5 *u.* circumire; ¶ scindere: V 51, 4 *u.* compiere; ¶ significare, tendere: VII 40, 6 *u.* deprecari.

(b) pass.: necessarium esse existimauit de repentino aduentu Caesaris Pompeium fieri certiorem, uti ad id consilium capere posset, † antequam de mandatis agi ⟨agere *O*⟩ inciperet ⟨*codd.;* inciperetur *Np.; edd.;* quam de mandatis agi *Ciacc.; u. CC*⟩: 3, 11, 1.

incitatio: quod est quaedam animi incitatio atque alacritas naturaliter innata omnibus, quae studio pugnae incenditur. hanc non reprimere, sed augere imperatores debent: 3, 92, 3.

[**Falso:** ut (nostra classis) una celeritate et pulsu remorum ⟨incitatione *add.* β⟩ praestaret: III 13, 7.]

incito. A. propr. (= agitare, concitare); a) alqd: milites . . . proelio nuntiato cursu incitato ⟨incitati *Hotom.*⟩ in summo colle ab hostibus conspiciebantur: II 26, 3; ¶ equum *u.* **equus** *p. 1051 (5 loc.);* ¶ conquirit etiam lintres; has magno sonitu remorum incitatas in eandem partem mittit ⟨c⟩: VII 60, 4; ¶ naues longas . . . paulum remoueri . . . et remis incitari . . . iussit: IV 25, 1; ¶ funes . . . nauigio remis incitato praerumpebantur ⟨c⟩: III 14, 6; ¶ illae (triremes) adeo graniter inter se incitatae conflixerunt, ut: 2, 6, 5.

b) alqm: ut eorum (equitum) nemo consisteret omnesque conuersi ⟨citati *l*[1]⟩ non solum loco excederent, sed protinus incitati fuga montes altissimos peterent: 3, 93, 5; ¶ (milites: II 26, 3 *u.* a) cursum;) milites . . . ex inferiore loco aduersus cliuum ⟨c⟩ incitati cursu praecipites Pompeianos egerunt ⟨c⟩: 3, 46, 5; ¶ relinquebatur, ut (Afraniani) eo (equitatu) summoto repente incitati cursu sese in ualles uniuersi demitterent ⟨c⟩: 1, 79, 4.

c) se: cum ex alto se aestus incitauisset: III 12, 1; conspicataeque naues triremes duae nauem D. Bruti . . . duabus ex partibus sese in eam incitauerunt ⟨*ego;* -uerant *codd.; edd.*⟩: 2, 6, 4; ex omnibus partibus subito Antonianae scaphae signo dato se in hostes incitauerunt: 3, 24, 3; quo maior uis aquae se incitauisset: IV 17, 7; — nostri . . . arma . . . arripiunt; alii ex castris sese incitant: 2, 14, 3.

B. trsl.; a) = impellere, commouere; α): horum fuga nauium onerariarum magistros incitabat ⟨inuitabat *Paul*⟩: 2, 43, 3; ¶ Pompeius . . . segniores ⟨*f;* seniores *NOahl*⟩ castigat atque incitat: 1, 3, 1; ¶¶ Catonem ueteres inimicitiae Caesaris incitant et dolor repulsae. Lentulus aeris alieni magnitudine . . . mouetur. . . . Scipionem eadem spes impellit . . . . ipse Pompeius ab inimicis Caesaris incitatus . . . totum se ab eius amicitia auerterat: 1, 4, 2—4; (eum intellegeret . . . Gallos . . . celeriter . . excitari, omnes autem homines natura libertati studere ⟨libertatis studiose incitari β⟩: III 10, 3.)

β): etiam crebris nuntiis incitati ... magno cursu ⟨c⟩ eo contenderunt: VII 48, 1; — magnum numerum sagittariorum, magnum Albicorum . . . imponunt atque hos praemiis pollicitationibusque incitant: 1, 56, 2; (hunc ⟨incitatum *add. codd.; del. Kran.*; incitatum a *add. Vielh.; Dt.*⟩ suis et regis inflatum ⟨*om.* O[1]; *del. Forchh.*⟩ pollicitationibus quae fieri uellet . . . edocuit: 3, 108, 2;) — quibus rebus et hostes terreri et suos incitari existimauerunt: 3, 92, 3; — quod eo (nostri) incitati studio inconsultius processerant: 1, 45, 6; nostri ueterani in portum refugiebant, ilii studio incitati incautius sequebantur: 3, 24, 2; ad eum omni celeritate et studio incitatus ferebatur: 3, 78, 2.

γ): sed multa Caesarem tamen ⟨c⟩ ad id bellum incitabant: iniuria ⟨c⟩ retentorum equitum Romanorum, rebellio facta post deditionem, defectio datis obsidibus, tot ciuitatum ⟨c⟩ coniuratio, in primis ne hac parte neglecta reliquae nationes sibi idem licere arbitrarentur: III 10, 1. 2.

b) = exacerbare: cum ciuitas ob eam rem incitata armis ius suum exsequi conaretur: I 4, 3; ¶ milites nostri pristini diei perfidia incitati in castra inruperunt: IV 14, 3; et Cenabensi ⟨c⟩ caede et labore operis incitati (milites) non . . . mulieribus, non infantibus pepercerunt: VII 28, 4.

incitatus **ui adiect.** *u.* **incito A. a)** cursum, lintres, triremes; **A. b)** *(3 loc.)*; *u. praeterea* **equus** *p. 1051.*

(incitate: referunt consules de re publica ⟨in ciuitate *add. codd.; del. Scal.; edd.*; incitate *Petr. Faber; u. CC*⟩: 1, 1, 2.)

inclino: adiuuat rem proclinatam ⟨inclinatam β⟩ Conuictolitauis plebemque ⟨c⟩ ad furorem impellit: VII 42, 4; existimaui . . pro nostra beneuolentia petendum, ne quo progredereris proclinata ⟨*CM*; inclinata *alii*⟩ iam re, quo integra etiam progrediendum tibi non existimasses: *ap. Cic. ad Att.* X 8 *B*, 1; ¶ et tam ⟨*an* ita *pro* et tam?⟩ paucis diebus magna erat rerum facta commutatio ac se fortuna inclinauerat, ut: 1, 52, 3.

includo: in castellum, quod erat inclusum maioribus castris, inruperunt: 3, 67, 6; ¶ ita minora castra inclusa maioribus castelli ⟨-lis *ah*⟩ atque arcis locum obtinebant: 3, 66, 5; ¶ (eam ⟨c⟩ (contignationem) in parietes instruxerunt ⟨-erant *Nhl*⟩ ita, ut ⟨eamque intra parietes incluserant ita, ut *Ciacc.*⟩: 2, 9, 1.)

incognitus: communi enim ⟨c⟩ fit uitio naturae, ut *inuisitatis atque incognitis rebus magis confidamus uehementiusque exterreamur ⟨*u. CC*⟩: 2, 4, 4; omnibus interfui proeliis neque temere incognitam rem pronuntio: 3, 87, 2; ¶ nostrisque id erat incognitum: IV 29, 1; — quae omnia fere Gallis erant incognita: IV 20, 2.

incolo. A. transit.; a) alqd: (Belgas) ibi consedisse Gallosque, qui ea loca incolerent, expulisse: II 4, 1; ¶ qui (Albici) . . . montes . . supra Massiliam incolebant: 1, 34, 4; ¶ Gallia est omnis diuisa in partes tres, quarum unam incolunt Belgae, aliam Aquitani, tertiam qui . . . Galli appellantur: I 1, 1; quarum (insularum) pars magna a feris barbarisque nationibus incolitur: IV 10, 4; Britanniae pars interior ⟨inferior β; *om. A*⟩ ab iis ⟨c⟩ incolitur, quos natos in insula ipsa ⟨c⟩ memoria proditum dicunt, maritima pars ab iis ⟨c⟩, qui . . . ex Belgio transierunt ⟨c⟩: V 12, 1. 2; ¶ quas regiones Menapii incolebant et ⟨c⟩ ad utramque ripam fluminis agros, aedificia uicosque habebant: IV 4, 2; ¶ ripas: II 3, 4 *u.* **B. c)** *in.*; ¶¶ Rhenus autem oritur ex Lepontiis, qui Alpes incolunt: IV 10, 3; — ex his . . . sunt humanissimi, qui Cantium incolunt: V 14, 1.

b) subaudiend. est obiect.: neque quanta esset insulae magnitudo neque quae aut quantae nationes incolerent . . . reperire ⟨c⟩ poterat: IV 20, 4.

B. intrans.; (a): neque longius anno remanere uno in loco colendi ⟨β; incolendi α; *edd.*⟩ causa licet: IV 1, 7.)

b): qui (Vbii?) proximi Rhenum incolunt: I 54, 1.

c): Germanosque, qui cis Rhenum incolant ⟨qui ripas rheni incolunt *B*[2]β⟩, sese cum his coniunxisse: II 3, 4; ¶ proximique sunt Germanis, qui trans Rhenum incolunt: I 1, 4; Boiosque, qui trans Rhenum incoluerant et in agrum Noricum transierant, . . . sibi adsciscunt: I 5, 4; ne . . . Germani, qui trans Rhenum incolunt, . . . in Heluetiorum fines transirent: I 28, 4; uti ab iis ⟨c⟩ nationibus, quae trans Rhenum incolerent, mitterentur legati ad Caesarem: II 35, 1.

incolumis. *Scriptum est* incolomis *in B*[1]*Ma* I 53, 7; *in B*[2]*a*[1] VII 88, 4; *in B* III 6, 5; VI 40, 4; VII 59, 4; *in a* 1, 18, 4; 23, 3; 2, 35, 6.

A. ad certum quoddam subst. pertinet; a):

antesignani: 3, 75, 5 *u.* **B. b)**; ¶ incolumemque ad eum deferte (aquilam): 3, 64, 4; ¶ quibus (ciuibus) saluis atque incolumibus rem obtinere malebat: 1, 72, 3; ¶ omnibus suis incolumibus copiis ⟨*om.* β⟩ eodem die ad Ciceronem peruenit: V 52, 1; integras atque incolumes copias Caesar ⟨*c*⟩ inferiore ⟨*c*⟩ militum numero continebat: 3, 47, 3; ¶ incolumesque (equites) cum magna praeda . . . reuertuntur: 1, 55, 3; sese incolumes in castra conferunt: 2, 42, 5; 3, 75, 5 *u.* **B. b)**; ¶ equitatuque omni fere incolumi . . . magnum peditum numerum interficiunt: 2, 26, 4; ¶ adesse cum incolumi Caesarem exercitu: VI 41, 2; neque incolumi exercitu Germanos castra oppugnaturos fuisse: VI 41, 3; incolumèm exercitum traduxit: VII 56, 4; ut incolumem exercitum Agedincum reduceret cogitabat: VII 59, 4; traducto incolumi exercitu copias instruit: 1, 64, 7; an paenitet uos, quod saluum atque incolumem exercitum nulla omnino naue desiderata traduxerim? 2, 32, 12; ¶ nullo hoste prohibente . . . incolumem legionem in Nantuates ⟨*c*⟩ . . . perduxit: III 6, 5; ¶ (ueteres milites) per medios hostes perrumpunt incolumesque ad unum omnes in castra perueniunt: VI 40, 4; (40, 8 *u.* pars;) ut pauci milites patresque ⟨*c*⟩ familiae . . . in Siciliam incolumes peruenirent: 2, 44, 1; 3, 28, 6 *u.* **B. b)**; ¶ naues . . ., quae omnes incolumes ad ⟨*c*⟩ continentem peruenerunt: IV 36, 4; omnesque incolumes naues perduxit: V 23, 6; omnibus nauibus ad unam incolumibus milites exposuit: 3, 6, 3; ¶ militum pars . . . praeter spem incolumis in castra peruenit: VI 40, 8; ¶ patres familiae: 2, 44, 1 *u.* milites.

b): Germani: 3, 52, 2 *u.* **B. b)**; ¶ Attiumque incolumem dimisit: 1, 18, 4; — L. Torquatus . . . oppidum Caesari dedidit incolumisque ab eo conseruatus est: 3, 11, 4.

B. pertinet ad adiect. uel pron.; a): licere illis incolumibus per se ⟨per se inc. β⟩ ex hibernis discedere et . . . sine metu proficisci: V 41, 6; — uix **DCCC** ⟨octoginta *Orosius*⟩ . . . incolumes ad Vercingetorigem peruenerunt: VII 28, 5; — dimittit omnes incolumes: 1, 23, 3; recordari debere, qua felicitate ⟨*c*⟩ . . . omnes incolumes essent transportati: 3, 73, 3; — an qui incolumes resistere non potuerunt, perditi resistant? 2, 32, 6; — sortium beneficio se esse incolumem ⟨-men *a*⟩: I 53, 7; — omnibus suis incolumibus: V 52, 1 *u.* **A. a)** copiae; suosque omnes incolumes receperunt: VII 12, 6; Curio exercitum in castra reducit suis omnibus praeter Fabium incolumibus ⟨-minibus *a*⟩: 2, 35, 6; — nostri . . . suos incolumes reduxerunt: V 22, 2.

b): nostri ad unum omnes incolumes perpaucis uulneratis . . . se in castra receperunt: IV 15, 3; illi . . . per medios audacissime perruperunt seque inde incolumes receperunt: V 15, 4; ambo incolumes compluribus interfectis summa cum laude sese intra munitiones ⟨intra mun. se β⟩ recipiunt: V 44, 13; pauci ex tanto numero se incolumes ⟨incol. se β⟩ in castra recipiunt: VII 88, 4; (milites) non nullis eorum interfectis incolumes se ad nostros receperunt: 3, 28, 6; Germani . . . compluribus interfectis sese ad suos incolumes receperunt: 3, 52, 2; ut . . . ipsi (equites et antesignani) . . incolumes se ⟨sese *f*⟩ ad agmen reciperent: 3, 75, 5.

incolumitas: de deditione eorum agebat et incolumitatem deditis pollicebatur: 3, 28, 2.

incommodus (adiect.): habetque (hic locus) non incommodam ⟨-da *afl*⟩ aestate ⟨*del. Ciacc.*⟩ stationem: 2, 23, 2.

incommodum (ui subst.). A. subi.: accessit etiam ex improuiso aliud incommodum, quod Domitius . . . Heracliam . . . iter fecerat: 3, 79, 3; ¶ accidit etiam repentinum incommodum biduo, quo haec gesta sunt: 1, 48, 1; ¶ non ignorans, quanta ex dissensionibus incommoda oriri consuessent: VII 33, 1.

B. obi.: inc. accipere *u.* **accipio** *p. 80 (9 loc.)*; ¶ quae res . . . magnum . . nostris attulerat incommodum: 3, 63, 5; ¶ incommoda in dies augebantur: 1, 52, 2; ¶ (euitare: VII 45, 9 *u.* habere;) ¶ quod . . . uirtute eorum expiato incommodo neque hostibus diutina laetitia ⟨*c*⟩ neque ipsis longior dolor relinquatur: V 52, 6; ¶ ut, qui aliquid ⟨aliqui *x*⟩ insti ⟨uicti *Ohl*⟩ incommodi exspectauissent, ultro praemium missionis ferrent: 1, 86, 1; ¶ quid iniquitas loci habeat incommodi ⟨inc. hab. β⟩ proponit; hoc una celeritate posse uitari ⟨β; euitari *Paul;* mutari α; *edd.*⟩: VII 45, 9; — satis esse magna utrimque incommoda accepta, quae pro disciplina et praeceptis habere possent ⟨*c*⟩, ut reliquos casus timerent: illum Italia expulsum amissa Sicilia et Sardinia duabusque Hispaniis et cohortibus . . . centum atque XXX, se ⟨*c*⟩ morte Curionis et detrimento Africani exercitus tanto ⟨*u. CC*⟩ militumque deditione ad Curictam ⟨*c*⟩: 3, 10, 4. 5; ¶ (mutare: VII 45, 9 *u.* habere;) ¶ illo incommodo de Sabini morte perlato omnes . . . de bello consultabant: V 53, 4; ¶ id tamen (incommodum) se celeriter maioribus commodis sanaturum ⟨senaturum A^1; sarturum *coni. Schn.*⟩: VII 29, 5; dandam omnibus operam, ut acceptum incommodum uirtute sarciretur: 3, 73, 5; ¶ reliqua, ut poterant, incommoda per se ⟨per se incomm. *O*⟩ sustinebant: 3, 9, 5; ¶ an non, uti corporis uulnera, ita exercitus incommoda sunt tegenda? 2, 31, 6; ¶ uitare: VII 45, 9 *u.* habere.

C. gen.: reminisceretur et ueteris incommodi populi Romani et pristinae uirtutis Heluetiorum: I 13, 4.

aliquid incommodi: 1, 86, 1 *u.* **B.** exspectare; ¶ ne quid ex contagione ⟨*c*⟩ incommodi accipiant: VI 13, 7; VII 45, 9 *u.* **B.** habere.

D. abl.: dispersosque . . . adoriebatur magnoque incommodo adficiebat: VII 16, 3; ¶ tamen tot ⟨tam multis β⟩ incommodis conflictati multis uulneribus acceptis resistebant: V 35, 5; ¶ ne ⟨*CC*⟩ perturbarentur incommodo: VII 29, 1; ¶ *cum* quantum in bello fortuna posset iam ipsi incommodis suis satis essent documento: 3, 10, 6.

E. c. praep.: exercitui ⟨*CC*⟩ quidem omni tantus incessit ex incommodo dolor tantumque studium infamiae ⟨ignominiae *f*⟩ sarciendae, ut: 3, 74, 2.

Massilienses post superius incommodum ueteres . . . naues refecerant: 2, 4, 1.

incommode: quod consilium, etsi . . . reprehendendum non est, tamen incommode accidit: V 33, 4; ¶ ((nanes) minus commode ⟨incommode *Herzog*⟩ copulis ⟨*1 det.*; scopulis *X*; *Herzog*; *u. CC*⟩ continebantur: III 13, 8.)

inconsultius: eo incitati studio inconsultius processerant: 1, 45, 6.

increb(r)esco: cum iam nostris ⟨*c*⟩ remissiore uento adpropinquasset ⟨*c*⟩, idem auster increbuit ⟨-bruit *Nfl*⟩: 3, 26, 2.

incredibilis. A. propr.: scio me, inquit, paene incredibilem rem polliceri: 3, 86, 2.

B. trsl. (= singularis): incredibili celeritate *u.* **celeritas** *p. 505* e) *(4 loc.)*; ¶ ingenti magnitudine corporum Germanos, incredibili uirtute atque exercitatione in armis esse: I 39, 1; ¶ incredibili felicitate auster . . . in Africum se uertit: 3, 26, 5; ¶ quod (flumen) . . . in Rhodanum influit, incredibili lenitate, ita ut oculis in utram partem fluat iudicari non possit: I 12, 1; ¶ uirtute: I 39, 1 *u.* exercitatione.

increpito: (Neruios) increpitare atque incusare reliquos Belgas, qui se populo Romano dedidissent ⟨*c*⟩ patriamque ⟨*c*⟩ uirtutem proiecissent: II 15, 5; (Aduatuci) primum inridere ex muro atque increpitare uocibus, quod tanta machinatio ab ⟨*c*⟩ tanto spatio instrueretur ⟨*c*⟩: II 30, 3.

incumbo: ut . . . omnes . . et animo et opibus in id bellum incumberent: VII 76, 2.

incursio: quo incursionis hostium uitandae ⟨incursiones . . . uitandi *af*⟩ causa conuenire consuerunt: V 21, 3; ¶ simul hoc se fore tutiores arbitrantur repentinae incursionis timore sublato: VI 23, 3; ¶ a Pirustis ⟨*c*⟩ finitimam partem prouinciae incursionibus uastari audiebat: V 1, 5; (hanc ⟨*c*⟩ (siluam) . . . pro natiuo muro obiectam Cheruscos ab Suebis Suebosque ab Cheruscis ⟨iniuriis incursionibusque *add. codd.; edd.; del. Paul*⟩ prohibere: VI 10, 5.)

incursus: quarum rerum magnam partem temporis ⟨*c*⟩ breuitas et successus ⟨incursus β; successus et incursus B^2⟩ hostium impediebat: II 20, 2; ¶ *ne* aditus atque incursus ⟨ingressus *Paul*⟩ ad defendendum impediretur: 1, 25, 9; — quod uix equitum incursus sustinerent: 1, 71, 3; ¶ ne in opere faciundo milites repentino hostium incursu exterrerentur atque opere prohiberentur: 1, 41, 4; ¶ ut tuto ab repentino hostium incursu etiam singuli commeare possent: VII 36, 7; — tertia (pars) uacabat ⟨*c*⟩ ad incursum atque impetum militum relicta: 1, 82, 4; quam (turrim) primo ad repentinos incursus ⟨ad rep. inc. *del. Paul*⟩ humilem paruamque fecerunt: 2, 8, 1.

incuso: conuocato consilio ⟨*c*⟩ omniumque ordinum . . . adhibitis centurionibus uehementer eos incusauit, primum quod aut quam in partem aut quo consilio ducerentur sibi quaerendum aut cogitandum putarent: I 40, 1; (Neruios) increpitare atque incusare reliquos Belgas, qui se populo Romano dedidissent ⟨*c*⟩ patriamque ⟨*c*⟩ uirtutem proiecissent: II 15, 5.

inde. A. ad locum pertinet; a) = ex eo loco; **α) pendet ex uerbis:** mittuntur etiam ad eas ciuitates legati, quae . . .; inde auxilia ducesque arcessuntur: III 23, 3; ¶ quin . . . in prouinciam exirent atque inde in Italiam contenderent: I 33, 4; Viennam peruenit. ibi ⟨inde *fhk*⟩ nanctus recentem equitatum . . . per fines Haeduorum in Lingones contendit: VII 9, 4; ¶ quod certe inde ⟨= de colle⟩ decedendum ⟨cedendum *f*⟩ esset Afranio: 1, 71, 4; ¶ Lissum expugnare conatus . . . triduum moratus . . . re infecta inde discessit: 3, 40, 6; ¶ in fines Vocontiorum . . . peruenit;

inde in Allobrogum fines, ab Allobrogibus in Segusiauos ⟨c⟩ exercitum ducit: I 10, 5; ¶ dimisit ⟨c⟩ enim circum omnes propinquas prouincias atque inde auxilia euocauit: 3, 112, 6; ¶ incolumem legionem in Nantuates ⟨c⟩, inde in Allobroges perduxit ibique hiemauit: III 6, 5; ¶ Labienus reuertitur Agedincum, ubi impedimenta . . . relicta erant; inde die III. ⟨*Whitt. prob. Db.; Hld.; Dt.*[2]; inde β; indie *MQ*, i *eras.*; indiem *AB*⟩ cum omnibus copiis ad Caesarem peruenit: VII 62, 10; pedibusque Narbonem atque inde Massiliam peruenit. ibi . . .: 2, 21, 5; in Ciliciam atque inde Cyprum peruenit. ibi . . .: 3, 102, 5; ¶ in citeriorem Galliam reuertitur atque inde ad exercitum proficiscitur. eo . . .: V 2, 1; in Bituriges exercitum reducit ⟨c⟩ atque inde profectus Gorgobinam . . . oppugnare instituit: VII 9, 6; Luceria proficiscitur Canusium atque inde Brundisium: 1, 24, 1; oppidum est ⟨c⟩ defensum, Cassiusque ad Sulpicianam inde classem profectus est ⟨*om. f*⟩ Vibonem ⟨c⟩: 3, 101, 4; ¶ naues longas . . . ad latus apertum hostium constitui atque inde fundis, sagittis, tormentis hostes propelli ae summoueri iussit: IV 25, 1; ¶ uti . . . in iugo insistere ⟨c⟩ et se inde ⟨inde se *ae*; se *om. h*⟩ in currus citissime recipere consuerint: IV 33, 3; per medios audacissime perruperunt seque inde incolumes receperunt: V 15, 4; si . . . legiones ⟨*CC*⟩ Caesaris sese recepissent inde, quo temere essent progressae: 3, 45, 6; ¶ in Britanniam proficisci contendit ⟨c⟩, quod omnibus fere Gallicis ⟨c⟩ bellis hostibus nostris inde sumministrata auxilia intellegebat: IV 20, 1; ¶ summouere: IV 25, 1 *u.* propellere; ¶ disciplina in Britannia reperta atque inde in Galliam translata esse ⟨c⟩ existimatur: VI 13, 11.

β) pendet ex subst.: adpulsisque Messanam nauibus atque inde propter repentinum terrorem principum ac senatus fuga facta ex naualibus eorum unam ⟨c⟩ deducit: 2, 3, 2; ¶ in Morinos proficiscitur, quod inde erat breuissimus in Britanniam traiectus: IV 21, 3.

(γ) pendet ex aduerb.: neque longius ab eo ⟨longius inde *Bergk*⟩ milibus passuum LXXX in Oceanum influit ⟨*u. CC*⟩: IV 10, 2.)

b) = post eum locum: post eas totius exercitus impedimenta conlocarat; inde duae legiones . . . totum agmen claudebant praesidioque impedimentis erant: II 19, 3; V milia passuum proxima intercedere ⟨c⟩ itineris campestris, inde excipere loca aspera et montuosa: 1, 66, 4.

B. ad tempus pertinet (= deinde, post): ii, qui ad alteram partem oppidi . . . conuenerant, primo exaudito clamore, inde ⟨deinde *b*⟩ etiam crebris nuntiis incitati . . . eo contenderunt: VII 48, 1; producitur tum ⟨c⟩ res, aciesque ad solis occasum continentur; inde utrique in castra discedunt. postero die . . .: 1, 83, 3; (his (castris) expugnatis eodem impetu altera sunt adorti ⟨inde tertia et quarta *add. codd. et edd.*; *del. Hartz*⟩ et deinceps reliqua: 3, 9, 7;) hos (colles) primum praesidiis tenuit castellaque ibi communiit ⟨c⟩. inde, ut loci cuiusque natura ferebat, ex castello in castellum perducta munitione circumuallare Pompeium instituit: 3, 43, 2; 101, 4 *u.* **A. a) α)** proficisci.

(indefinite: referunt consules de re publica † in ciuitate ⟨indefinite *Ciacc.*⟩: 1, 1, 2.)

indicium: Aduatucam contendunt usi eodem duce, cuius haec indicio cognouerant: VI 35, 10; — eorum indicio ad ipsum Ambiorigem contendit: VI 30, 1; — Romani si casu interuenerint ⟨c⟩, fortunae, si alicuius indicio uocati, huic habendam gratiam: VII 20, 6; ¶ ea res est Heluetiis per indicium enuntiata: I 4, 1.

indĭco: Pothinus ⟨c⟩ . . . indicatis deprehensisque internuntiis a Caesare est interfectus: 3, 112, 11.

indīco: concilium *u.* **concilium** *p. 629* **b)** *(7 loc.)*; ¶ (indictis inter se principes Galliae conciliis ⟨β; consiliis α⟩ siluestribus ac remotis locis queruntur de Acconis morte: VII 1, 4;) ¶ (consules, quod ante id tempus accidit numquam, ⟨ante Latinas indictas (A. L. I.) *add. Hell.*⟩ ex urbe proficiscuntur: 1, 6, 7;) ¶ (Romae dierum uiginti supplicatio redditur ⟨indicitur *recc.*; *Ald.*⟩: VII 90, 8.)

indictus: principes ciuitatis . . . insimulati proditionis ab Romanis indicta causa ⟨*om. M*[1]⟩ interfecti sunt: VII 38, 2.

indigeo: ad proelium egressi Curionis milites iis ⟨c⟩ rebus indigebant, quae ad oppugnationem castrorum erant usui: 2, 35, 5.

indignitas: **quod* infamia atque indignitas rei . . . uiarumque difficultas impediebat: VII 56, 2; ¶ Haeduos a ⟨c⟩ Caesare in seruitutem redactos omnes ⟨omn. redact. β⟩ indignitates contumeliasque perferre: II 14, 3.

indignor: indignantes milites ⟨indignatis militibus *a*⟩ Caesar, quod conspectum suum hostes perferre ⟨c⟩ possent . . ., et signum proelii exposcentes edocet: VII 19, 4; ¶ is (Pothinus) primum inter suos queri atque indignari coepit regem ad causam dicendam euocari: 3,108,1.

indignus: nulla tamen uox ⟨c⟩ est ab ⟨c⟩ iis audita populi Romani maiestate et superioribus uictoriis indigna: VII 17,3; ¶ nihil, quod ipsis esset indignum, committebant: V 35,5.

indigne: persequamur eorum mortem, qui indignissime interierunt: VII 38,8.

indiligens: si indiligentiores fuerint, milia hominum delecta ⟨c⟩ LXXX ... interitura demonstrat: VII 71,3.

indiligenter: deditione facta nostros praesidia deducturos ⟨c⟩ aut denique indiligentius ⟨indulgentius *B²a(?)h*⟩ seruaturos crediderant: II 33,2.

indiligentia: Bibulus ... in eas (naues) indiligentiae ⟨*Vrsini cod.; diligentiae rell.*⟩ suae ac doloris iracundiam ⟨*Faern.;* -dia *codd.*⟩ erupit omnesque incendit ⟨*u. CC*⟩: 3,8,3; ¶ summa difficultate rei frumentariae adfecto exercitu tenuitate Boiorum, indiligentiâ ⟨diligentia *B¹*⟩ Haeduorum: VII 17,3.

(indomitus: pastoresque Domitii ⟨*Db., Cobet;* indomiti *codd.; Np., Dt.*⟩ spe libertatis excitati sub oculis domini suam probare operam studebant: 1,57,4.**)**

(Induciomarus *u.* **Indutiomarus.)**

induco. A. = ἄγειν εἰς; a) propr. (= εἰσάγειν): (Carmonensium) ciuitas † deductis ⟨*an* inductis?⟩ tribus in arcem oppidi ⟨c⟩ cohortibus a Varrone praesidio per se cohortes eiecit ⟨*O²; iniecit O¹x*⟩: 2,19,5; ¶ (quod deditione facta nostros praesidia deducturos ⟨non inducturos *B²β*⟩ aut denique indiligentius ⟨c⟩ seruaturos crediderant: II 33,2;) ¶ pars erat regiae exigua, in quam ipse (Caesar) habitandi causa initio erat inductus: 3,112,8.

b) trsl. (= ἐξάγειν, ἐπαίρειν): is (Orgetorix) ... regni cupiditate inductus coniurationem nobilitatis fecit et ciuitati persuasit, ut: I 2,1; — hominum milia VI ... siue timore perterriti ... siue spe salutis inducti, quod ... suam fugam ... ignorari posse existimarent; ... ad Rhenum ... contenderunt: I 27,4.

B. = περιτείνειν, περικαλύπτειν, περιτιθέναι (-εσθαι): super lateres coria inducuntur, ne canalibus aqua immissa lateres diluere possit ⟨c⟩: 2,10,6; ¶¶ quae (scuta) subito, ut temporis exiguitas postulabat, pellibus induxerant: II 33,2; ¶¶ (ut non modo ad insignia adcommodanda, sed etiam ad galeas induendas ⟨*M²a²; inducendas X; Hold.*⟩ ... tempus defuerit: II 21,5.)

(indulgenter: quod deditione facta nostros praesidia deducturos ⟨c⟩ aut denique indiligentius ⟨indulgentius *B²a(?)h*⟩ seruaturos crediderant: II 33, 2.**)**

indulgentia: (Haedui) queruntur fortunae commutationem et Caesaris indulgentiam in se ⟨in se ind. *β; Schn.*⟩ requirunt: VII 63,8.

indulgeo: quod ⟨c⟩ semper Haeduorum ciuitati praecipue indulserat: VII 40,1; — huic legioni Caesar et indulserat ⟨huic caes. leg. induls. *β*⟩ praecipue et propter uirtutem confidebat maxime: I 40,15.

induo. A. = imponere capiti: ut non modo ad insignia adcommodanda, sed etiam ad galeas induendas ⟨*M²a²;* inducendas *X; Hold.*⟩ ... tempus defuerit: II 21,5.

B. se induere = implicari, se transfodere: quo qui intrauerant, se ipsi acutissimis uallis induebant: VII 73,4; postea quam propius successerunt, aut se ⟨ipsi *add. β; Schn.*⟩ stimulis inopinantes induebant aut ... transfodiebantur aut ... interibant: VII 82,1.

industria: ita Cassio industria Domitii, Fauonio Scipionis celeritas salutem attulit: 3,36,8; ¶ si non omnia caderent secunda, fortunam ⟨secunda fortuna *Nahl*⟩ esse industria ⟨industriam *hl*⟩ subleuandam ⟨-uanda *Na*⟩: 3,73,4; — Massilienses ... naues refecerant summaque industria armauerant: 2,4,1; — equidem ⟨et quidem *Non.*⟩ mihi uideor ⟨uidetur *Non.*⟩ pro nostra ⟨*om. Non.*⟩ necessitate non labore, non opera, non industria defuisse ⟨... uidetur ... non labor ... *uel* uideor ... non labori, non operae ... *scripsisse Caesarem credit Quicherat*⟩: *ap. Gell.* XIII 3; *cf. Non. p. 354.*

industrie: ea, quae imperasset, diligenter industrieque administrarent: VII 60,1; — castra a cohortibus, quae ibi praesidio erant relictae, industrie defendebantur, multo etiam acrius a Thracibus barbarisque auxiliis: 3,95,2.

indutiae. *Scriptum est* induciis (-arum) *in AQB* IV 13,5, *in A* IV 12,1, *in h* 1,85,3.

interim postulant, ut sint indutiae, atque ab iis ⟨c⟩ impetrant: 3,15,7; — interea manerent indutiae, dum: 3,16,5; ¶ ubi ... uiderunt indutiisque per scelus uiolatis suam uirtutem inrisui fore perdoluerunt: 2,15,1; ¶ is ⟨c⟩ dies indutiis ⟨indutus *B¹*⟩ erat ab his ⟨c⟩ petitus: IV 12,1; ¶ indutiarum quodam genere misericordia facto aduentus Caesaris exspectatur: 2,13,2; — eos neque conloquii neque indutiarum iura seruasse et homines . . . per conloquium deceptos crudelissime interfecisse: 1,85,3; ¶ quod ad indutias pertineret, sic belli rationem esse diuisam, ut: 3,17,3; — nt,. si quid possent, de indutiis fallendo impetrarent: IV 13,5; ille . . . unum instare ⟨stare *a*⟩ de indutiis uehementissimeque contendere: 3,17,5.

Indutiomarus. *Codd.* β *semper uidentur habere* indutiom.; induciom. *exstat in* α V 3,2 *(sed* induriom. *in Qpr.); in AQ* V 3,4; 26, 2; 55,3; 57,2.3; 58,1.2.4.6; VI 2,1; *in BQ* V 4,1; *in A* V 53,2; VI 8,8; *in Q* V 3,5; 4,2. 4; inductiom. *in A* V 55,1. — Indutiom. *(etiam Orosii codd. habent et Flori cod. Nazar.* (*in Bamb. scriptum est* indubiom.) *et cod. uetustissimus in Cic. or. p. Font. omnibus locis.)*

in ea (*i. e.* Treuerorum) ciuitate duo de principatu inter se contendebant, Indutiomarus et Cingetorix: V 3,2; at Indutiomarus equitatum peditatumque cogere, . . . bellum parare instituit: V 3,4; ueritus ⟨Indutiomarus ueritus β⟩, ne ab omnibus desereretur, Indutiomarus ⟨*om.* β; *del. Ciacc.; Hold.*⟩ legatos ad Caesarem mittit . . .: V 3,5; *cf. qu. sqq.;* Indutiomarum ad se cum ducentis obsidibus uenire iussit: V 4,1; his adductis, in iis filio ⟨*c*⟩ propinquisque eius omnibus, . . . consolatus Indutiomarum hortatusque est, uti in officio maneret: V 4,2; id tulit ⟨*c*⟩ factum grauiter Indutiomarus, suam gratiam inter suos minui, et . . .: V 4,4; (Ambiorix et Catuuolcus) Indutiomari Treueri nuntiis impulsi suos concitauerunt: V 26,2; Indutiomarus, qui postero die castra Labieni oppugnare decreuerat, noctu profugit copiasque omnes in Treueros reducit: V 53,2; Treueri uero atque Indutiomarus totius hiemis nullum tempus intermiserunt, quin trans Rhenum legatos mitterent . . .: V 55,1; hac spe lapsus Indutiomarus nihilo minus copias cogere, exercere, a finitimis equos parare, exsules damnatosque tota Gallia magnis praemiis ad se allicere coepit: V 55,3; *cf. qu. sqq.;* (Labienus) a Cingetorige atque eius propinquis oratione Indutiomari cognita, quam in concilio habuerat, nuntios ⟨*c*⟩ mittit ⟨*c*⟩: V 57,2; interim prope cotidie cum omni equitatu Indutiomarus sub castris eius uagabatur . . .: V 57, 3; cum maiore in dies contemptione ⟨*c*⟩ Indutiomarus ad castra accederet: V 58,1; interim ex consuetudine cotidiana Indutiomarus ad castra accedit atque ibi magnam partem diei consumit: V 58,2; *cf.* § 3; praecipit atque interdicit, proterritis ⟨*c*⟩ hostibus atque in fugam coniectis . . . unum omnes petant ⟨*c*⟩ Indutiomarum ⟨*om.* β⟩: V 58,4; *cf. qu. sqq.;* in ipso fluminis nado deprehensus Indutiomarus interficitur caputque eius refertur in castra: V 58,6; interfecto Indutiomaro, ut docuimus, ad eius propinquos a Treueris imperium defertur: VI 2,1; cum his propinqui Indutiomari . . . ex ciuitate excesserunt ⟨*c*⟩: VI 8,8.

ineo. A. intrans.: ineunte aestate: II 2,1 *u.* **B. a)** aestatem.

B. transit.; a) tempus: et inita ⟨ineunte *B*²β⟩ aestate in ulteriorem ⟨*c*⟩ Galliam qui deduceret Q. Pedium legatum misit: II 2,1; quas legationes Caesar . . . inita proxima aestate ⟨initio proximae aestatis β⟩ ad se reuerti iussit: II 35,2; ¶ cum . . . inita hieme in ⟨*c*⟩ Illyricum profectus esset: III 7,1; ¶ secunda inita ⟨*om.* β⟩ cum soluisset uigilia, prima luce terram attigit: V 23,6; tertia inita uigilia silentio exercitum eduxit: 3,54,2.

b) magistratum: V primis diebus, quibus haberi senatus potuit, qua ex die consulatum iniit Lentulus, . . . decernitur: 1,5,4; ¶ (M. Coelius Rufus praetor . . . initio magistratus ⟨inito magistratu *Hot.*⟩ tribunal suum iuxta C. Trebonii, praetoris urbani, sellam conlocauit: 3,20,1.)

c) alia: consilium *u.* **consilium** *p. 673 sq.* **C. b)** *(16 loc.);* ¶ qui se summam a ⟨*c*⟩ Caesare gratiam inituros putarent: VI 43, 5; ¶ coactis equitum milibus ⟨*c*⟩ VIII et peditum circiter CCL ⟨*c*⟩ haec in Haeduorum finibus recensebantur, numerusque inibatur ⟨inibantur *BM*⟩: VII 76,3; ¶ ut quo primum occurreretur ⟨*c*⟩ aut cui rei ferretur auxilium uix ratio iniri posset: VII 24,1; ratione inita frumentum se exigue ⟨*c*⟩ dierum XXX habere: VII 71,4; cum horum omnium (proeliorum) ratio haberetur ⟨iniretur *Ciacc.*⟩, ad duo ⟨*c*⟩ milia numero ex Pompeianis cecidisse reperiebamus: 3,53,1.

inermis (-mus): calones perterritos hostes conspicati etiam inermes armatis occurrerunt ⟨*c*⟩: II 27,1; ¶ omnes sagittarii funditoresque destituti inermes sine praesidio ⟨destituti, inermes, sine pr. *Db.*⟩ interfecti sunt: 3,93,5; ¶ cum hostes . . . perterriti inermes cum infulis se porta foras uniuersi proripiunt: 2,11,4 (12,1 *Np.*); ¶ *ut* arma per manus necessario traderentur milites que inermes ⟨*O*²*f; RSchn.;* inermis *a;* inermi *O*¹*hl; edd.*⟩ subleuatique alii ab aliis magnam partem itineris conficerent: 1,68,2; ne quis inermibus imprudentibusque militibus ab latere impetus fieri posset: III 29, 1.

hic (Baculus) diffisus suae atque omnium saluti inermis ex tabernaculo prodit: VI 38, 2; — quod, quos aliquamdiu inermes ⟨$A^2B^2\beta$; inermos α; *edd.*⟩ sine causa timuissent, hos postea armatos ac uictores superassent: I 40, 6.

iners: neque eorum moribus turpins quicquam aut inertius ⟨incercius β⟩ habetur quam ephippiis ⟨*c*⟩ uti: IV 2, 4.

infamia: nam ut ... iter ... conuerteret, id ne metu quidem necessario faciundum existimabat, eum **quod* infamia atque indignitas rei ... impediebat, tum maxime quod: VII 56, 2; ¶ latrocinia nullam habent infamiam, quae extra fines cuiusque ciuitatis fiunt: VI 23, 6; — exercitui ⟨*CC*⟩ quidem omni tantus incessit ex incommodo dolor tantumque studium infamiae ⟨ignominiae *f*⟩ sarciendae, ut: 3, 74, 2; ¶ simul infamia duarum legionum permotus ... rem ad arma deduci studebat: 1, 4, 5; ¶ fore, ut ... magna cum infamia castris se contineret: 3, 37, 4; — neque clientes sine summa infamia deseri possunt: *ap. Gell.* V 13, 6.

infans: non aetate confectis, non mulieribus, non infantibus pepercerunt: VII 28, 4; ¶ obtestabantur Romanos, ut sibi parcerent, neu, sicut Auarici fecissent, ne a ⟨*om.* β⟩ mulieribus quidem atque infantibus abstinerent: VII 47, 5.

infectus: Diuiciacus auxilii petendi causa Romam ad senatum profectus imperfecta ⟨infecta β; *Np.*⟩ re redierat: VI 12, 5; sic se complures annos illo imperante meruisse, ut nullam ignominiam acciperent, nusquam infecta ⟨β; incepta α; *Fr.*, *Dt.*⟩ re discederent: VII 17, 5; itaque multis interfectis reliquos infecta re in oppidum reppulerunt: 2, 14, 6; ad conloquium non admittitur ... infectaque re sese ad Caesarem recepit: 3, 57, 5; — ita re infecta in oppidum reuerterunt: VII 82, 4; Lissum expugnare conatus ... paucis in oppugnatione amissis re infecta inde discessit: 3, 40, 6; ¶ Caesar frustra diebus aliquot consumptis, ne reliquum tempus amittat ⟨*c*⟩, infectis iis, quae agere destinauerat, ... proficiscitur: 1, 33, 4.

infero. A. propr.; a): omniaque, quae ⟨*c*⟩ uiuis cordi fuisse arbitrantur, in ignem (Galli) inferunt ⟨mittunt *a pr.*⟩, etiam animalia: VI 19, 4; ¶ eruptiones fiebant ... ignesque aggeri et turribus inferebantur: 2, 2, 6; *u. praeterea* **ignis** *p. 31* **b)** *(3 loc.)*; ¶ (Neruios) nihil pati uini reliquarumque rerum ad luxuriam pertinentium ⟨ad lux. pert. *om.* α; *Np.*, *Fr.*, *Dt.*⟩ inferri: II 15, 4.

b): Romani conuersa signa bipertito intulerunt, prima et secunda acies, ut uictis ac summotis resisteret, tertia, ut uenientes sustineret: I 25, 7; centurionibusque nominatim appellatis reliquos cohortatus milites ⟨*del. Eussn.*⟩ signa inferre et manipulos laxare iussit: II 25, 2; post tergum hostium legionem ostenderunt (tribuni) signaque intulerunt: VII 62, 6; cernebatur ... inferri ⟨ferri O^1x; *Paul*⟩ signa et uniuersarum cohortium impetu ⟨*c*⟩ nostros propelli: 1, 64, 2; constituerat signa inferentibus resistere ⟨*c*⟩, prior proelio non lacessere: 1, 82, 5; — tribunos militum monuit, ut paulatim sese legiones coniungerent et conuersa signa in hostes inferrent ⟨inferret B^1M⟩: II 26, 1; — si qua in parte nostri laborare aut grauius premi uidebantur, eo signa inferri ⟨ferri *Paul*⟩ Caesar ⟨caes. inf. β⟩ aciemque conuerti ⟨*c*⟩ iubebat: VII 67, 4; proximos colles capere uniuersos atque eo signa inferri ⟨ferre *Paul*⟩ iubet: 2, 42, 1; eo signa ⟨*Ciacc.*; signo *codd.*; *Np.*, *Dt.*⟩ legionis inlata ⟨*e*; *Ciacc.*; inlato (*uel* illato) *Ox*; *Np.*, *Dt.*; lata *Paul*⟩ speculatores Caesari renuntiarunt ⟨rem nuntiarunt *Np.*⟩: 3, 67, 1.

c): his pugnantibus illum (Ambiorigem) in equum quidam ex suis intulit ⟨impulit β⟩: VI 30, 4.

B. trsl.; a) proxime accedit ad notionem propriam: bellum *u.* **bellum** *p. 405 sq. (21 (24) loc.)*.

b) = efficere, adferre, auctorem (causam) esse: (quo ... † latorum ⟨*codd.*; illata sceleratorum *Koch*; *Db.*; illata maiorum *Kindsch.*; *u. CC*⟩ audacia numquam ante descensum ⟨*c*⟩ est: 1, 5, 3;) ¶ calamitatem *u.* **calamitas A.** *p. 438 (3 loc.)*; ¶ cum de loco et tempore ⟨*c*⟩ eius rei controuersia inferretur: 1, 86, 2; ¶ magnisque nitro illatis detrimentis (nostri) eos ... reiciebant: 2, 2, 6; non ... recordabantur, quam paruulae saepe causae uel falsae suspicionis uel terroris repentini uel obiectae religionis magna detrimenta intulissent: 3, 72, 4; ¶ quod .. tam diu se impune iniurias intulisse ⟨*Pr.*, *RSchn.*; tulisse *codd. et edd.*⟩ admirarentur: I 14, 4; si Haeduis de iniuriis, quas ipsis sociisque eorum intulerint ⟨$AQ^1C\beta$; intulerant MQ^2⟩, item si Allobrogibus satis faciant: I 14, 6; (se finitimis imperaturum,) ne quam dediticiis populi Romani iniuriam inferrent: II 32, 2; uti aut ipsi iniurias inferrent aut inlatas propulsarent: VI 15, 1; ne aut inferre iniuriam uideretur aut:

VII 54, 2; ¶ neque nero Pompeius cognito consilio eius moram ullam ad insequendum intulit: 3, 75, 3; Pompeius ⟨c⟩ primi diei mora inlata ... quarto ⟨c⟩ die finem sequendi fecit: 3, 77, 3; ¶ [equestris autem proelii ratio et cedentibus et insequentibus par atque idem periculum inferebat: V 16, 3;] qui nostris nauibus periculum intulerant, de suo timere cogebantur: 3, 27, 1; ¶ cuius ⟨c⟩ aduentu spe inlata militibus ac redintegrato animo ... paulum hostium impetus tardatus est: II 25, 3; ut spe consequendi inlata ... paene naturam studio uincerent: VI 43, 5; ¶ ex fremitu equorum inlata suspicione ad suos se recipere coeperunt: 3, 38, 3; ¶ equitibus imperat, ut ... quam maximum hostibus terrorem inferant: VII 8, 3; iamque Pompeiani ... adpropinquabant non mediocri terrore inlato reliquis cohortibus: 3, 65, 1; milites docuit, quantum usum haberet ... reliquis ciuitatibus huius urbis exemplo inferre terrorem: 3, 80, 5; ¶ suas copias Ariouistus multis et ⟨c⟩ inlatis et acceptis uulneribus in castra reduxit: I 50, 3; quod primum hostium impetum multis ultro uulneribus inlatis fortissime sustinuerint: V 28, 4; magna uis eminus missa telorum multa nostris [de improuiso] imprudentibus atque impeditis uulnera inferebant ⟨-bat?⟩: 2, 6, 3.

e) = adferre, proferre, commemorare: quorum alius alia causa inlata ⟨allata *Ciacc.*⟩, quam sibi ad proficiscendum necessariam esse diceret, petebat, ut: I 39, 3; ¶ (controuersiam: 1, 86, 2 *u.* **b)** controuersiam.)

(inferus.) 1. inferior. A. propr.; **a) = depressior: (**duas fossas ..., quarum interiorem ⟨inferiorem *Göl.*⟩ campestribus ac demissis locis aqua ex flumine deriuata compleuit: VII 72, 3;**)** ¶ neque (hostes) a ⟨c⟩ fronte ex inferiore loco subeuntes intermittere ... uidit: II 25, 1; ut neque ex inferiore ⟨superiore a^1i⟩ loco satis commode tela adigi ⟨c⟩ possent et: III 14, 4; in locum delatus ⟨*Paul;* deiectus α; *edd.*⟩ inferiorem ⟨inferiorem deiectus β⟩ concidit: V 44, 12; legionem *X ... paulum ⟨c⟩ progressam inferiore constituit loco: VII 45, 5; etsi (equitatus) deiectis ⟨c⟩ atque inferioribus locis constiterat: 1, 46, 3; milites ... ex inferiore loco aduersus cliuum ⟨*P. Manut.;* pilum *codd.;* tumulum *Faern.*⟩ incitati cursu praecipites Pompeianos egerunt ⟨c⟩: 3, 46, 5; ¶ Belgae ... pertinent ad inferiorem partem fluminis Rheni: I 1, 6; (tigna) interuallo pedum quadragenum ⟨c⟩ ab inferiore parte contra uim atque impetum fluminis conuersa statuebat: IV 17, 5; sublicae et ad inferiorem partem fluminis oblique agebantur ... et aliae item supra pontem: IV 17, 9; isdem sublicis, quarum pars inferior integra remanebat, pontem reficere coepit: VII 35, 4; ¶ atque inferiore omni spatio uacuo relicto superiorem partem ⟨inferiorem partem (*om.* omni sp. u. r. sup.) *AQ*⟩ collis ... castris compleuerant: VII 46, 3.

b) ad descriptionem terrarum pertinet (= ad occidentem uersus?): huius lateris alter angulus ... ad orientem solem, inferior ad meridiem spectat: V 13, 1; ¶ ut ... aliae (naues) ad inferiorem partem insulae, quae est propius solis occasum ⟨quae e. p. s. occ. *del. RSchn.*⟩, ... deicerentur: IV 28, 2; (I 1, 6 *u.* **a)** pars.)

B. trsl.; a) ad ordinem et dignitatem pertinet: centuriones, quorum non nulli ex inferioribus ordinibus reliquarum legionum uirtutis causa in superiores erant ordines huius legionis traducti: VI 40, 7; qui propter eximiam uirtutem ex inferioribus ordinibus in eum locum peruenerat: 1, 46, 4.

b) = infirmior, minor: ((Romanos) impeditos in agmine et sub sarcinis [infirmiore ⟨inferiore β⟩ animo] adoriri cogitabant: III 24, 3;**)** ¶ integras atque incolumes copias Caesar ⟨c⟩ inferiore ⟨-ores *Oahl*⟩ militum numero continebat: 3, 47, 3; ¶¶ ubi nostros non esse inferiores intellexit: II 8, 3; — cum (Afraniani) esse omnium indicio inferiores uiderentur: 1, 47, 2; — erat multo inferior numero nauium Brutus: 1, 57, 1; — quoniam numero (Caesar) multis partibus esset inferior: 3, 84, 3.

[**Falso:** Britanniae pars interior ⟨inferior β⟩ ab iis ⟨c⟩ incolitur, quos: V 12, 1.]

2. infimus. A. adiect.; a) ui attribut.; α) propr.: ab infimis ⟨infirmis *a?*⟩ radicibus montis intermissis circiter passibus CCCC castra facere constituit: 1, 41, 3; copias suas ad infimas montis radices producunt: 1, 42, 2; ad infimas radices montis aciem instruebat: 3, 85, 1; ¶ sub musculo milites uectibus infima saxa turris hostium, quibus fundamenta continebantur, conuellunt: 2, 11, 3.

β) trsl.: Fabius Paelignus quidam ex infimis ordinibus de exercitu Curionis: 2, 35, 1.

b) ui partit. *(cf. O. Riemann, RPh. V 103 sqq.)***:** collis nascebatur ... passus circiter ducentos infimus apertus, ab ⟨c⟩ superiore parte siluestris: II 18, 2; cohortes ... sub infimo colle ab ⟨c⟩ dextro latere hostium constitueret: VII 49, 1; nec longius ab infimo ⟨infirmo a^1⟩ colle progressi copias ... reducunt: 1, 42, 4;

¶ singuli ab infimo solo pedes ⟨c⟩ terra exculcabantur: VII 73, 7.

B. ui subst.: collis erat leniter ⟨c⟩ ab infimo adcliuis: VII 19, 1; huc ilii stipites demissi et ab infimo reuincti . . . ab ramis eminebant: VII 73, 3; ¶ scrobes trium ⟨c⟩ in altitudinem pedum ⟨c⟩ fodiebantur paulatim angustiore ad infimum ⟨imum *Ciacc.*⟩ fastigio: VII 73, 5.

3. imus: locus erat castrorum editus et paulatim ab imo adcliuis circiter passus mille: III 19, 1; — tigna bina sesquipedalia paulum ab imo praeacuta . . . inter se iungebat: IV 17, 3; — (uicos atque aedificia incendi oportere hoc spatio † a boia ⟨ab imo (= *funditus*) omnia *E. Hoffm.*⟩ quoque uersus: VII 14, 5;) ¶ ad imum: VII 73, 5 *u.* **infimus** *extr.*

infestus. A. ui act. (= **infensus**)**:** nostri milites dato signo cum infestis pilis ⟨*om. hl; signis N; Ciacc.*⟩ procucurrissent: 3, 93, 1; — illae ⟨c⟩ (cohortes) celeriter procucurrerunt infestisque signis ⟨pilis *Ciacc.*⟩ tanta ui in Pompei equites impetum fecerunt, ut: 3, 93, 5; ubi praeter spem quos fugere credebant infestis signis ad se ire uiderunt ⟨c⟩: VI 8, 6; legiones . . . infestis contra hostes ⟨c⟩ signis constiterunt: VII 51, 3.

B. ui pass. (= **infestatus**)**:** haec (fama) itinera infesta reddiderat: 3, 79, 4.

inficio: omnes nero se Britanni uitro ⟨*fhik;* intro *a;* ultro *α*⟩ inficiunt, quod caeruleum efficit colorem: V 14, 2.

infidelis: qui (Bellouaci) iam ⟨c⟩ ante ⟨c⟩ erant per se infideles: VII 59, 2.

infidelitas: ut magno cum dolore infidelitatis suspicionem sustinere uiderentur: 2, 33, 1.

infigo: taleae ⟨c⟩ pedem longae ferreis hamis infixis ⟨β; infixae *α*⟩ totae in terram infodiebantur ⟨c⟩: VII 73, 9; (I 25, 3 *u.* **inflecto.**)

infimus *u.* **inferus 2.**

infinitus: ut . . . infinito labore suscepto . . . paene naturam studio uincerent: VI 43, 5; ¶ siluam esse ibi ⟨c⟩ infinita magnitudine: VI 10, 5; ¶ hominum est infinita multitudo creberrimaque aedificia . . ., pecorum ⟨c⟩ magnus numerus ⟨numerus ingens β⟩: V 12, 3.

(**infinite:** referunt consules de re publica ⟨in ciuitate *add. codd.; incl. Scal.; edd.;* infinite *Ciacc.; u. CC*⟩: 1, 1, 2.)

infirmitas. A. corporis: se et communes liberos . . ., quos ad capiendam fugam naturae et uirium infirmitas impediret: VII 26, 3.

B. animi, ingenii: cognita Gallorum infirmitate quantum iam apud eos hostes uno proelio auctoritatis essent consecuti sentiebat: IV 13, 3; — infirmitatem Gallorum ueritus . . . nihil his committendum existimauit: IV 5, 1.

infirmus. 1. adiect.; A. propr.: infirmas arbores pondere adfligunt: VI 27, 5; ¶ infirmis nauibus hiemi nauigationem subiciendam non existimabat: IV 36, 2.

B. trsl.; a) = **inualidus; α) posit.:** Caesar confisus fama rerum gestarum infirmis auxiliis proficisci non dubitauerat: 3, 106, 3; ¶ ciues Romani . . . cum essent infirmi ad resistendum propter paucitatem hominum crebris confecti uulneribus: 3, 9, 3; ¶ non magnis facultatibus, quod ciuitas erat exigua et infirma: VII 17, 2.

β) comp.: itaque infirmiores ⟨-ris *a?*⟩ milites ex omnibus centuriis deligi iubet, quorum aut animus aut nires uidebantur sustinere non posse: 1, 64, 5; ¶ (Vbios Suebi) uectigales sibi fecerunt ac multo humiliores infirmioresque redegerunt: IV 3, 4.

b) = **timidus, animo fracto:** tenuis atque infirmi haec animi nideri: 1, 32, 8; (si propter inopiam rei frumentariae Romani sese recipere coepissent, impeditos in agmine et sub sarcinis (infirmiore ⟨inferiore β⟩ animo *add. codd.;* infirmiores animo *Kvíčala;* iniquiore loco *Vielh.; del. Paul; u. CC*⟩ adoriri cogitabant: III 24, 3;) ¶ quicumque alterum obsidere conati sunt, perculsos atque infirmos hostes adorti ⟨*CC*⟩ aut proelio superatos aut aliqua offensione permotos continuerunt: 3, 47, 2.

2. ui subst.: quorum uocibus et concursu terrentur infirmiores, dubii confirmantur: 1, 3, 5.

inflate *u.* **inflo** *extr.*

inflecto: Neruii antiquitus . . . teneris arboribus incisis atque inflexis crebrisque ⟨infl. crebrisque *B*²β; *om. α; Fr.; Dt.*¹; inflexis crebris *Schn.*⟩ in latitudinem ramis enatis ⟨c⟩ . . . effecerant, ut: II 17, 4; ¶ Gallis magno ad pugnam erat impedimento, quod pluribus eorum scutis uno ictu pilorum transfixis et conligatis, cum ferrum se inflexisset ⟨*pr. edd.;* inflixisset *X;* infixisset *G. Hermann*⟩, neque euellere neque sinistra impedita satis commode pugnare poterant: I 25, 3.

(**infligo:** I 25, 3 *u.* **inflecto.**)

inflo: hunc ⟨incitatum *add. codd.; Np.;* incitatum a *add. Vielh.; Dt.; del. Kran.*⟩ suis et regis inflatum ⟨*om. O*¹*; del. Forchh.*⟩ pollicitationibus quae fieri uellet . . . edocuit: 3, 108, 2.

inflate: haec tamen ab ipsis inflatius commemorabantur: 2, 39, 4; ¶ *de proelio ad Dyrrachium facto *elatius inflatiusque multo, quam res erat gesta, fama percrebuerat ⟨c⟩: 3, 79, 4; ¶ cum ... haec ad eum *elatius atque inflatius Afranius perscribebat ⟨c⟩: 2, 17, 3.

influo: Rhenum transierunt non longe a mari, quo ⟨cui β⟩ Rhenus influit: IV 1, 1; ¶ influere in *u.* **in** *p. 92 (7 loc.)*

infodio: taleae ⟨c⟩ pedem longae ferreis hamis infixis ⟨c⟩ totae in terram infodiebantur ⟨effod. β⟩: VII 73, 9.

infra. 1. **aduerb.:** duae (naues) eosdem quos reliquae ⟨c⟩ portus ⟨c⟩ capere non potuerunt et paulo infra delatae sunt: IV 36, 4; magnum ire agmen aduerso flumine ... et paulo infra milites nauibus transportari: VII 61, 3; magnoque numero iumentorum in flumine supra atque infra constituto traducit exercitum: 1, 64, 6.

2. **praep.; A. propr.:** transeunt ⟨c⟩ Rhenum ... triginta milibus passuum infra eum locum, ubi pons erat perfectus: VI 35, 6; cum inter eam ⟨interea *x; infra eam Eussn.*⟩ contignationem parietes exstruerentur: 2, 9, 3.

B. trsl.: hi (uri) sunt magnitudine paulo infra elephantos: VI 28, 1.

infrequens: (tamquam scopulum, sic fugias inauditum ⟨infrequens *Macrob.*⟩ atque insolens uerbum: *ap. Gell.* I 10, 4; *cf. Macrob. sat.* I 5, 2;) atque eae ⟨c⟩ ipsae copiae hoc infrequentiores [copiae] imponuntur, quod multi Gallicis ⟨c⟩ tot bellis defecerant ...: 3, 2, 3.

infringo: gratias agit ... Gaditanis, quod conatus aduersariorum infregissent: 2, 21, 1; ¶ id ... fecisse dicebatur, ut primus excursus ⟨incursus?⟩ uisque militum infringeretur: 3, 92, 2.

infula: cum hostes ... perterriti inermes cum infulis se ⟨infulsisse *af*⟩ porta foras uniuersi proripiunt, ad legatos atque exercitum supplices manus tendunt: 2, 11, 4 (12, 1 *Np.*).

ingens: (Rhenus) in plures diffluit ⟨c⟩ partes multis ingentibusque insulis effectis: IV 10, 4; ¶ qui ingenti magnitudine corporum Germanos, incredibili uirtute ... esse praedicabant: I 39, 1; quae (silua Arduenna) ingenti magnitudine ... a flumine Rheno ad initium Remorum pertinet: V 3, 4; ¶ hominum est infinita multitudo creberrimaque aedificia ..., pecorum ⟨c⟩ magnus numerus ⟨numerus ingens β⟩: V 12, 3.

ingratus. **A. = iniucundus:** fuit haec oratio non ingrata Gallis: VII 30, 1.

B. = beneficiorum immemor: ne aut ingratus ⟨cessator *Bentl.; ignauus Herzog*⟩ in referenda gratia aut arrogans in praeripiendo ⟨c⟩ populi beneficio ⟨c⟩ uideretur: 3, 1, 6.

ingrauesco: his tamen omnibus *rebus annona creuit; quae fere res non solum inopia praesentis, sed etiam futuri temporis timore ingrauescere consueuit: 1, 52, 1.

ingredior. A. propr.; a) intr.: qui ... Teutonos Cimbrosque intra fines suos ⟨suos fin. β⟩ ingredi prohibuissent ⟨c⟩: II 4, 2; — nostrosque intra munitiones ingredi prohibebant: V 9, 6.

(**b) transit.:** numquam ante hoc tempus exercitum populi Romani Galliae prouinciae finibus ⟨fines β⟩ egressum ⟨ingressum *B*²β⟩: I 44, 7.)

B. trsl.; a) intr.: dixerat aliquis leniorem sententiam, ut primo M. Marcellus, ingressus in eam orationem ⟨rationem *f*⟩ non oportere ante ... referri quam: 1, 2, 2; — quem (Vibullium) ingressum in sermonem Pompeius interpellauit et loqui plura prohibuit: 3, 18, 3.

b) transit.: ne frustra ingressus turpem causam uideretur: 3, 20, 4.

ingressus: *ne* aditus atque incursus ⟨ingressus *Paul*⟩ ad defendendum impediretur: 1, 25, 9; ¶ nunc (se) ... circummunitos prohiberi aqua, prohiberi ingressu: 1, 84, 4.

(**Inianuuetitius:** cuius (Mandubracii) pater ⟨Imanuentius *add. edd. pr.; Schn.; inianuuetitius add. h; in ianuue tutus add. f*⟩ in ea ciuitate regnum obtinuerat ...: V 20, 1.)

(**inibi:** fossas transuersas uiis praeducit atque ibi ⟨inibi *Pluyg.*⟩ sudes stipitesque praeacutos defigit: 1, 27, 3.)

inicio. A. propr.; a): eamque contabulationem summam lateribus lutoque constrauerunt, centonesque insuper iniecerunt, ne ...: 2, 9, 3; ¶ iniecta manu ferrea et retenta utraque naue ... in hostium naues transcendebant: 1, 58, 4; si quando nostri facultatem naeti ferreis manibus iniectis nauem ⟨c⟩ religauerant: 2, 6, 2; ¶ haec derecta materia ⟨materie β⟩ iniecta contexebantur ⟨contegeb.?⟩ ac ⟨c⟩ longuriis cratibusque consternebantur: IV 17, 8; ¶ supraque eum locum II tigna transuersa iniecerunt [ut] non longe ab extremis parietibus: 2, 9, 2; eo super tigna bipedalia iniciunt eaque laminis clauisque religant: 2, 10, 3; pilae interponuntur, trauersaria tigna iniciuntur, quae firmamento esse possint: 2, 15, 2; ¶

supraque ea tigna derecto ⟨c⟩ transuersas trabes iniecerunt easque ⟨c⟩ axibus religauerunt: 2, 9, 2.

(b): deprensis ⟨c⟩ nauibus circiter ⟨c⟩ quinquaginta ⟨c⟩ celeriterque coniunctis atque eo militibus impositis ⟨β; iniectis α; *edd.*⟩ . . . oppido potitur: VII 58, 4.)

B. trsl.: hac oratione habita . . . conuersae sunt omnium mentes summaque alacritas et cupiditas belli gerendi iniecta ⟨*R. Menge; in*nata *codd. et edd.*⟩ est: I 41, 1; multo maior alacritas studiumque pugnandi maius exercitui iniectum est: I 46, 4; ¶ ut Germanis metum iniceret: IV 19, 4; ¶ magnumque nostris terrorem iniecit (Libo): 3, 23, 2; ¶ equitatumque omnibus locis iniciendi ⟨initiendi *BMβ*⟩ timoris causa ostentare coeperunt: VII 55, 9.

[**Falso:** † deductis tribus in arcem oppidi ⟨c⟩ cohortibus a Varrone praesidio per se cohortes eiecit ⟨*O²*; iniecit *O¹x*⟩: 2, 19, 5.]

inimicitiae: (Caesar . . . quadrigas . . . pluratiuo semper numero dicendas putat, sicut † circa arma et moenia et comitia et inimicitias: *ap. Gell.* XIX 8, 4.)

A. subi.: Catonem ueteres inimicitiae Caesaris incitant et dolor repulsae: 1, 4, 2.

B. obi.: qui ueteres inimicitias cum Caesare gerebant: 1, 3, 4; ¶ quod is (Bibulus) iracundia summa erat inimicitiasque habebat etiam priuatas cum Caesare ex aedilitate et praetura conceptas ⟨susceptas *Paul*⟩: 3, 16, 3; ¶ omnes aut de honoribus suis aut . . . de persequendis inimicitiis ⟨inimicis *Ob*⟩ agebant: 3, 83, 5.

C. c. praep.: qui ⟨c⟩ propter ueteres inimicitias nullo modo cum Haeduis coniungi poterant: VI 12, 7.

inimicus. 1. adiect.; A. posit.; a) attrib.: neque homines inimico animo . . . temperaturos ab iniuria . . . existimabat: I 7, 5; qui iam ante inimico in nos animo ⟨animo in nos β⟩ fuisset, multo grauius hoc dolore exarsit: V 4, 4; ¶ magno cum periculo prouinciae futurum, ut homines bellicosos, populi Romani inimicos, . . . finitimos haberet: I 10, 2.

b) praed.: sibi omnes fere finitimos esse inimicos ac suae uirtuti inuidere: II 31, 5.

B. superl.: debebunt Pompeium hortari, ut malit mihi esse amicus quam iis, qui et illi et mihi semper fuerunt inimicissimi: *ap. Cic. ad Att.* IX 7 *C*, 2.

2. subst.; A. subi.; a): dimittere: 1, 32, 5 *u.* **F.** acerbitas; ¶ ut alter alteri inimicus ⟨*del. Ciacc.*⟩ auxilio salutique esset: V 44, 14; ¶ tertium iam hunc annum regnantem inimici palam multis ex ciuitate auctoribus interfecerunt ⟨*sic* β; inimicis iam ⟨inimicissimi *Paul*⟩ multis palam ex ciuitate et iis auctoribus eum interfecerunt α; *u. CC*⟩: V 25, 3; ¶ malle, postulare, recusare: 1, 32, 5 *u.* **F.** acerbitas; ¶ succurrit inimicus illi ⟨*CC*⟩ Vorenus et laboranti subuenit: V 44, 9.

b): ut quisque acerbissime crudelissimeque dixit, ita [quam] maxime ab inimicis Caesaris conlaudatur: 1, 2, 8; ¶ a quibus (inimicis) deductum ac deprauatum Pompeium queritur: 1, 7, 1; ¶ doluisse se, quod populi Romani ⟨c⟩ beneficium sibi per coutumeliam ab inimicis extorqueretur: 1, 9, 2; ¶ ipse Pompeius ab inimicis Caesaris incitatus . . . totum se ab eius amicitia auerterat: 1, 4, 4; ¶ subicitur etiam L. Metellus, tribunus plebis, ab inimicis Caesaris: 1, 33, 3.

c): latum ab X tribunis plebis contra dicentibus inimicis, . . . ut: 1, 32, 3; (V 25, 3 *u.* **a)** interficere.)

B. praed.: ut plerumque in calamitate ex amicis inimici exsistunt: 3, 104, 1.

C. appos.: I 10, 2 *u.* **1. A. a).**

(**D. obi.:** iniungere: 1, 4, 4 *u.* **F.** pars.)

E. dat.: auxilio salutique esse: V 44, 14 *u.* **A. a)** esse; ¶ neque (Caesarem debere) adeo grauiter irasci inimicis, ut ⟨c⟩, cum illis nocere se speret, rei publicae noceat: 1, 8, 3.

F. genet.: acerbitatem inimicorum docet, qui ⟨quid *ahl¹*⟩, quod ab altero ⟨c⟩ postularent, in se recusarent atque omnia permisceri mallent quam imperium exercitusque dimittere: 1, 32, 5; ¶ uti se a contumeliis inimicorum defenderet: 1, 22, 5; ¶ omnium temporum iniurias inimicorum in se commemorat: 1, 7, 1; coacto senatu iniurias inimicorum commemorat: 1, 32, 2; ¶ cum communibus inimicis . . ., quorum ipse maximam partem illo adfinitatis tempore iniunxerat Caesari ⟨c⟩: 1, 4, 4.

G. c. praep.: hortatur, . . . ut eius existimationem dignitatemque ab inimicis defendant: 1, 7, 6; ¶ Pompeius . . . cum communibus inimicis in gratiam redierat: 1, 4, 4.

iniquitas. A. propr. (iniquitas loci) = τὸ ἀνώμαλον; **a) subi.:** neu quod iniquitas loci attulisset, id uirtuti ⟨*om.* β⟩ hostium ⟨hosti β⟩ tribuerent: VII 53, 1; ¶ non illi . . . iniquitatem loci atque angustias . . . causae fuisse cogitabant: 3, 72, 2; ¶ quid iniquitas loci habeat ⟨c⟩ incommodi proponit;

VII 45, 9; ¶ exposuit ⟨c⟩, quid iniquitas loci posset: VII 52, 2.

b) obi.: quod si iniquitatem loci timeret, datum iri ⟨c⟩ *iam *aequo loco pugnandi facultatem: 1, 71, 4.

c) c. praep.: quod ⟨c⟩ propter iniquitatem loci . . . ne primum quidem posse ⟨c⟩ impetum suum sustineri ⟨c⟩ existimabant: III 2, 4; — ne paruum modo detrimentum in contentione propter iniquitatem loci accideret ⟨c⟩: VII 52, 2.

B. trsl.; a) = ἀκαιρία: ut . . ., qui iniquitatem condicionis perspiceret, inani simulatione (eos) sese ostentare cognosceret: VII 19, 3.

itaque in tanta rerum iniquitate fortunae quoque euentus uarii sequebantur: II 22, 2.

b) = ἀνεπιείκεια: summae se iniquitatis condemnari debere, nisi eorum uitam sua ⟨c⟩ *laude habeat cariorem: VII 19, 5.

iniquus. A. propr., de loco; **a)** posit.; **α):** cum Galli . . . flumen transire et iniquo loco committere proelium non dubitant: VI 8, 1; — quod iniquo loco atque impari congressi numero ⟨quod *add. hl*⟩ quinque horis proelium sustinuissent: 1, 47, 3; — (hostes) copias traducunt aciemque iniquo loco constituunt: V 51, 1; — erat magni periculi res tantulis ⟨c⟩ copiis iniquo loco dimicare: V 49, 6; hos turpissimae fugae rationem habere, illos etiam iniquo loco dimicandum putare: 2, 31, 1; ut non iniquo loco posse dimicari ⟨dimicare a^1⟩ uideretur: 3, 85, 3; — necessario ⟨c⟩ paene iniquo loco et leniter ⟨c⟩ declini castra fecerant ⟨c⟩: VII 83, 2; — procul ab aqua et natura iniquo ⟨inico *O*⟩ loco castra ponunt: 1, 81, 1; — ut . . . in extrema spe salutis iniquo loco contra eos, qui ex ⟨c⟩ nailo turribusque tela iacerent, pugnari debuit: II 33, 4; cum iniquo loco pugnari . . . uideret: VII 49, 1; hoc pugnabatur loco et propter angustias iniquo et quod sub ipsis radicibus montis constiterant: 1, 45, 6; — hostem impedito atque iniquo loco tenetis: VI 8, 3.

β): si iniquis locis Caesar se subiceret: 3, 85, 1; ¶ nam ex iniquo progressi loco in summo constiterant: 3, 51, 6; ¶ se in castra recipere conati iniquum in ⟨*om.* β⟩ locum demiserunt: VI 40, 6; — in locum iniquum progressi: II 23, 2; temere insecuti longius fugientes in locum iniquum progrediuntur: 1, 45, 2.

b) comp.: neque nostros in locum iniquiorem progredi pugnandi causa uiderunt: II 10, 4; ¶ (impeditos in agmine et sub sarcinis ⟨infirmiore ⟨c⟩ animo *add. codd.*; iniquiore loco *Vielh.*; *u. CC*⟩ adoriri cogitabant: III 24, 3.)

c) superl.: (homines ausos esse) subire iniquissimum locum: II 27, 5; ¶ atque iniquissimo nostris ⟨β; nostrorum α⟩ loco proelium committere coeperunt: V 32, 2.

B. trsl.; a) = ἄκαιρος, χαλεπός: sperans barbaros . . . homines . . . ad iniquam ⟨in aliquam β⟩ pugnandi condicionem posse deduci: VI 10, 2; ¶ iniquum ⟨inicuum *Q*; exiguum β; *Schn.*⟩ loci ⟨*delend. uidetur Ciacc.*⟩ ad decliuitatem fastigium magnum habet momentum: VII 85, 4.

b) = ἀνεπιεικής, ἄδικος: erat iniqua condicio postulare, ut Caesar Arimino excederet . . ., ipsum et prouincias et legiones alienas tenere . . .: 1, 11, 1. 2; ¶ nos esse iniquos, quod in suo iure se interpellaremus: I 44, 8; ¶¶ si pace uti ⟨c⟩ uelint ⟨c⟩, iniquum esse de stipendio recusare: I 44, 4.

initium. A. = ἀρχή; **a)** subi.: initium fit *u.* **facio** *p. 1269 (6 loc.)*; ¶ ita magnarum initia rerum, quae occupatione magistratuum et *imperiorum sollicitam Italiam habebant, celerem et facilem exitum habuerunt ⟨habebant a^1⟩: 3, 22, 4; ¶ ut reperiri non possent ⟨c⟩, a quibus initium appellandi nasceretur: 3, 20, 2; ¶ initium repentini tumultus ac defectionis ortum est ab Ambiorige et Catuuolco: V 26, 1; ne initium inferendi belli a ⟨c⟩ Massiliensibus oriatur: 1, 35, 1; neque nero Caesarem fefellit, quin ab iis ⟨c⟩ cohortibus . . . initium uictoriae oriretur ⟨oreretur hl^1⟩: 3, 94, 3.

b) praed.: hoc more Gallorum est initium belli ⟨initium bellum M^1B^2; initium bellorum M^2; *pr. edd.*⟩: V 56, 2; initium belli ac defectionis hoc esse arbitratus: VI 3, 4; haec initia belli Alexandrini fuerunt ⟨*u. CC*⟩: 3, 112, 11.

c) obi.: una pars . . . initium capit a flumine Rhodano: I 1, 5; — ut rursus communicato consilio . . . aliud initium ⟨adiumentum *Hartz*⟩ belli ⟨belli initium β⟩ capere possint ⟨c⟩: VI 33, 5; ¶ ab his . . . est . . . acies Pompeiana . . . circumita atque initium fugae factum: 3, 94, 4; — *u. praeterea* **facio** *p. 1269 (9 loc.)* ¶ ⟨ut *add.* β⟩ dies natales et mensium ⟨c⟩ et annorum initia sic obseruant ⟨obseruent *Aa*⟩, ut noctem dies subsequatur: VI 18, 2.

d) abl.: Caesar initio orationis sua senatusque in eum beneficia commemorauit ⟨praedicauit B^2β⟩ . . . . postulauit deinde ⟨*om.* α⟩: I 43, 4; quas legationes Caesar . . . inita proxima aestate ⟨initio proximae aestatis β⟩ ad se reuerti iussit: II 35, 2; hanc enim (legionem) initio tumultus euocauerat ⟨*u. CC*⟩: 1, 7, 7; quod . . . initio ⟨ab initio *Paul*⟩ locum tumulumque tenuissent ⟨initio l. t. ten. *om. hl*⟩: 1, 47, 2; M. Varro . . . initio cognitis iis ⟨*c*⟩ rebus, quae sunt in Italia gestae, diffidens Pompeianis rebus amicissime de Caesare loquebatur . . .; postea uero: 2, 17, 1; non nullos . . . in integrum restituit, qui se ilii initio ⟨*Steph.*; in otio (*uel* ocio) *codd.*⟩ ciuilis belli obtulerant: 3, 1, 5; M. Coelius Rufus praetor causa debitorum suscepta initio magistratus ⟨inito magistratu *Hot.*; inuito magistratu *Voss.*⟩ tribunal suum iuxta C. Trebonii . . . sellam conlocauit: 3, 20, 1; Caesar mittit ad eum *A.* Clodium, suum atque illins familiarem, quem ab illo traditum initio et commendatum in snorum necessariorum numero habere instituerat: 3, 57, 1; erant in sinistro cornu legiones duae traditae a Caesare initio dissensionis: 3, 88, 1; in quam (regiam) ipse habitandi causa initio erat inductus: 3, 112, 8.

e) **c. praep.**; α) **ab**: oppidi murus ⟨*c*⟩ a ⟨*c*⟩ planitie atque initio ascensus recta regione . . . MCC passus aberat: VII 46, 1; ¶ ab hoc profectus ⟨prouectus *Grut.*⟩ initio . . . legem promulgauit, ut: 3, 20, 4.

quod . . . ⟨ab *add. Paul*⟩ initio locum tumulumque tenuissent: 1, 47, 2; *u. praeterea* **ab** 2. *p. 40 (7 loc.).*

β) **ad**: neque ⟨*c*⟩ quisquam est huius Germaniae, qui se . . . [audisse aut] adisse ad initium eius ⟨*c*⟩ siluae dicat: VI 25, 4; ¶ quae (silua) . . . per medios fines Treuerorum a flumine Rheno ad initium Remorum pertinet: V 3, 4; ¶ ad quarum initium siluarum cum Caesar ⟨*c*⟩ peruenisset: III 28, 3; ¶¶ ad eius initium siluae ⟨siluae initium β⟩ Suebos aduentum Romanorum exspectare constituisse: VI 10, 5.

B. initia = τὰ στοιχεῖα: habent opinionem . . . Mineruam operum atque artificiorum initia ⟨inicium *AQ*⟩ tradere: VI 17, 2.

Initia **(plur.)**: VI (17, 2;) 18, 2; ⟨VII 1, 5;⟩ 3, 22, 4; 112, 11.

Initium aestatis ⟨*c*⟩: II 35, 2; annorum: VI 18, 2; magistratus: 3, 20, 1; mensium: VI 18, 2; ¶ belli *8 loc. (u. uol. I. p. 408)*; defectionis: V 26, 1; VI 3, 4; dissensionis: 3, 88, 1; fugae: I 18, 10; 3, 69, 2; 94, 4; 96, 4; orationis: I 43, 4; rerum: 3, 22, 4; tumultus: V 26, 1; 1, 7, 7; uictoriae: 3, 94, 3; ¶ ascensus: VII 46, 1; (partis: I 1, 5;) Remorum: V 3, 4; siluae (-arum): III 28, 3; VI 10, 5; 25, 4; ¶ appellandi, *sim.*: II 9, 1. 2; III 8, 2; 1, 35, 1; 3, 20, 2.

Adiect.: aliud: VI 33, 5; (hoc: 3, 20, 4.)

iniungo: Pompeius . . . cum communibus inimicis in gratiam redierat, quorum ipse maximam partem illo adfinitatis tempore iniunxerat Caesari. simul ⟨*sic hl*; iniunxerat. Caesar simul *Oaf*⟩: 1, 4, 4; ¶ his (ciuitatibus) grauiora onera iniungebat (Varro): 2, 18, 5; ¶ Romani . . . quid uolunt nisi . . . his aeternam iniungere seruitutem? VII 77, 15.

iniuria. A. subi.: multa Caesarem tamen ⟨*c*⟩ ad id bellum incitabant: iniuria ⟨β; iniuriae α; *edd.*⟩ retentorum equitum Romanorum, . . . tot ciuitatum ⟨*c*⟩ coniuratio: III 10, 2.

B. obi.: iniuriam (-as) accipere *u.* **accipio** *p. 80 (3 loc.)*; ¶ omnium temporum iniurias inimicorum in se commemorat: 1, 7, 1; coacto senatu iniurias inimicorum commemorat: 1, 32, 2; ¶ uti et rei publicae iniuriam et suum dolorem eius uoluntati ac precibus condonet: I 20, 5; ¶ sese paratos esse imperatoris sui tribunorumque plebis iniurias defendere: 1, 7, 7; ¶ magnam Caesarem iniuriam facere ⟨fac. iniur. *h*⟩, qui . . . uectigalia sibi deteriora faceret: I 36, 4; et amicitiae grauiorem iniuriam feceris et tibi minus commode consulueris, si: *ap. Cic. ad Att.* X 8 *B*, 1; ¶ (quod . . . tam diu se impune iniurias intulisse ⟨*Pr.*, *RSchn.*; tulisse *codd. et edd.*⟩ admirarentur, eodem pertinere: I 14, 4;) ¶ inferre *u.* **infero** *p. 162 (5 (6) loc.)*; ¶ quae res etsi nihil ad leuandas iniurias pertinere uidebantur, tamen: 1, 9, 1; ¶ se Haeduorum iniurias non neglecturum: I 35, 4; 36, 6; ¶ hortatur, ut simili ratione, atque ipse fecerit, suas iniurias persequantur: VII 38, 10; ¶ iniuriam in eripiendis legionibus ⟨*c*⟩ praedicat: 1, 32, 6; ¶ uti aut ipsi iniurias inferrent aut inlatas propulsarent: VI 15, 1; ¶ qua in re Caesar non solum publicas, sed etiam priuatas iniurias ultus est: I 12, 7.

C. dat.: magnam se habere spem . . . Ariouistum finem iniuriis facturum: I 33, 1.

D. gen.: quod si ueteris contumeliae obliuisci uellet, num etiam recentium iniuriarum, quod eo inuito iter per prouinciam per uim temptassent, quod Haeduos, quod Ambarros, quod Allobrogas ⟨*c*⟩ uexassent, memoriam ⟨memoria *MC*β⟩ deponere posse? I 14, 3.

si alicuius iniuriae sibi conscius fuisset: I 14, 2.

E. abl.; **a)**: Brundisini Pompeianorum militum iniuriis atque ipsius Pompei contumeliis permoti Caesaris rebus fauebant: 1, 28, 1; quibus iniuriis permotus Caesar legiones tres Massiliam adducit: 1, 36, 4.

b): neue Haeduos iniuria lacesseret neue his sociisque eorum bellum inferret: I 35, 3; ¶ cum aut ⟨c⟩ aere alieno aut magnitudine tributorum aut iniuria potentiorum premuntur: VI 13, 2.

c): ut tribunos plebis † in ea re ⟨iniuria *Faern.*⟩ ex ciuitate expulsos in suam dignitatem restitueret: 1, 22, 5; — neque (se) his ⟨c⟩ neque eorum sociis iniuria ⟨iniuriis β⟩ bellum inlaturum: I 36, 5.

d): (hanc ⟨c⟩ (siluam) . . . pro natiuo muro obiectam Cheruscos ab Suebis Suebosque ab Cheruscis ⟨iniuriis incursionibusque *add. codd. et edd.; del. Paul*⟩ prohibere: VI 10, 5;) VI 23, 9 *u.* **F. a)** prohibere.

F. c. praep.; a) ab: Caesarem . . . Galliam . . omnem ab Ariouisti iniuria posse defendere: I 31, 16; petunt, ut Mandubracium ab iniuria Cassiuellauni defendat: V 20, 3; ¶ finitimis imperauit, ut ab iniuria et maleficio se suosque prohiberent: II 28, 3; Trinobantibus defensis atque ab omni militum iniuria prohibitis: V 21, 1; qui quacumque ⟨c⟩ de causa ad eos uenerunt, ab ⟨*om.* β⟩ iniuria prohibent, sanctos ⟨c⟩ habent: VI 23, 9; ¶ neque homines inimico animo . . . temperaturos ab iniuria et maleficio existimabat: I 7, 5.

b) de: quorum . . legati . . . de Sueborum iniuriis querantur: IV 8, 3; Caesarem adierunt palamque de eorum iniuriis sunt questi: 3, 59, 4; ¶ si Haeduis de iniuriis, quas ipsis sociisque eorum intulerint, item si Allobrogibus satis faciant: I 14, 6; seseque paratos esse . . omnibus rationibus ⟨*om.* β⟩ de iniuriis satis facere: V 1, 7.

c) pro: tametsi ⟨c⟩ pro ueteribus Heluetiorum iniuriis populi Romani ⟨pop. R. *del. Pr.*⟩ ab his poenas bello repetisset: I 30, 2; ¶ ne . . . ulciscendi Romanos pro iis ⟨c⟩ quas acceperint ⟨c⟩ iniuriis occasionem dimittant: V 38, 2.

d) sine: neque ullos in Gallia nacare agros, qui dari tantae praesertim multitudini sine iniuria possint: IV 8, 2; — ut sine maleficio et iniuria transeant: I 9, 4.

Iniuria . . . maleficium: I 7, 5; 9, 4; II 28, 3; (iniuria . . . contumelia: I 14, 3; 1, 28, 1;) (iniuriae incursionesque: VI 10, 5;) ¶ **iniuria e. genet. obiect.**: I 20, 5; 35, 4; 36, 6; 1, 7, 7; (*cf.* suae VII 38, 10;) — c. genet. obiect. et subiect. I 30, 2; — e. genet. epexeget.: III 10, 2; **iniuriae in alqm**: 1, 7, 1; — iniuria in eripiendis legionibus: 1, 32, 6.

Adiect.: (ali)qua: I 14, 2; (II 32, 2; 33, 1;) grauior: *ap. Cic. ad Att.* X 8 *B*, 1; magna: I 36, 4; omnis: V 21, 1; priuatae, publicae: I 12, 7; recentes: I 14, 3; ueteres: I 30, 2.

iniussu: tertiae aciei totique exercitui imperauit, ne iniussu suo concurreret: 3, 89, 4; — quod ea omnia non modo iniussu suo et ciuitatis, sed etiam inscientibus ipsis fecisset: I 19, 1; — neque ex hibernis iniussu Caesaris discedendum existimabant ⟨c⟩: V 28, 3.

inligo. *Codd. semper uidentur habere* inligare, inlustris, inlatus, -urus, *nisi quod* 2, 2, 6 *in cod. a uidetur exstare* illata.

has (litteras) ille in ⟨*om.* β⟩ iaculo inligatas (implicatas *Hoffm.*⟩ effert ⟨c⟩: V 45, 4; ¶ ut, quo maior uis aquae se incitauisset, hoc artius (tigna) inligata ⟨ligata β⟩ tenerentur: IV 17, 7.

(inlucesco: ubi luxit ⟨illuxit *O*⟩, . . . inbet: 1, 23, 1.)

(inludo: C. Caesar . . . in Dolabellam actionis I. lib. I: isti ⟨*Hertz*; actionis inlibusti (*uel* inlibuisti) *codd.*; actionis * * * dis inlusisti *coni. Np.*⟩, quorum in aedibus fanisque posita et honori erant et ornatu: *ap. Gell.* IV 16, 8.)

inlustris: horum esse alterum Conuictolitauem, florentem et inlustrem adulescentem: VII 32, 4; cum pater familiae inlustriore loco natus decessit: VI 19, 3.

ubi quae ⟨c⟩ maior atque inlustrior incidit res: VII 3, 2.

inm. *u.* **imm.**

innascor: (conuersae sunt omnium mentes summaque alacritas et cupiditas belli gerendi iniecta ⟨*R. Menge*; innata *codd. et edd.*⟩ est: I 41, 1;) quod est quaedam animi incitatio atque alacritas naturaliter innata omnibus: 3, 92, 3; iracundia et temeritas, quae maxime illi hominum generi est innata: VII 42, 2.

innitor: ut nostri, etiam qui uulneribus confecti procubuissent, scutis innixi proelium redintegrarent: II 27, 1.

innocens: ne communi odio Germanorum innocentes pro nocentibus poenas pendant: VI 9, 7; — cum eius generis copia defecit ⟨c⟩, etiam ad innocentium ⟨innocentiam *h*⟩ supplicia descendunt: VI 16, 5.

innocentia: suam innocentiam perpetua uita, felicitatem ⟨c⟩ Heluetiorum bello esse perspectam: I 40, 13.

inopia. **A.** absol. = egestas, paupertas: fortasse inopiam excusare et calamitatem aut propriam suam aut temporum queri . . . etiam mediocris est animi: 3, 20, 3; ¶ in eadem inopia, egestate, patientia, qua *ante,* Germani permanent ⟨*u. CC*⟩: VI 24, 4.

B. additur genetiuus uel intellegendus est (rei frumentariae): **a) subi.**: militum uires inopia frumenti deminuerat: 1, 52, 2; ¶ quod in his locis inopia frumenti erat: III 7, 3; erat summa inopia pabuli, adeo ut foliis . . . et . . . radicibus contusis equos alerent: 3, 58, 3; ¶ multae res ad hoc consilium Gallos hortabantur: . . . inopia cibariorum, cui rei parum diligenter ab iis ⟨*c*⟩ erat prouisum, spes Venetici belli: III 18, 6.

b) obi.: inopiam ferre *u.* **fero** *p. 1290 (3 loc.);* ¶ (leuare: 1, 52, 4 *u.* tutari;) quod (genus radicis) admixtum lacte ⟨*c*⟩ multum inopiam leuabat: 3, 48, 1; ¶ (mitigare: 1, 52, 4 *u.* tutari;) ¶ perpessos (se) omnium rerum inopiam: 1, 84, 4; meminerant (milites) ad Alesiam magnam se inopiam perpessos, multo etiam maiorem ad Auaricum maximarum [se] gentium uictores discessisse ⟨magna usos inopia, multo etiam maiore ad A. maxim. se gent. u. disc. *Ciacc.*⟩: 3, 47, 6; ¶ docuit, quantum usum haberet ad subleuandam omnium rerum inopiam potiri oppido pleno atque opulento: 3, 80, 5; ¶ sustentare: 1, 52, 4 *u.* tutari; iamque frumenta maturescere incipiebant, atque ipsa spes inopiam sustentabat, quod celeriter se habituros copiam confidebant: 3, 49, 1; ¶ ut non posse inopiam diutius sustinere confiderent: 1, 69, 2; ¶ ipse praesentem inopiam quibus poterat subsidiis tutabatur ⟨mitigabat *coni. Db.;* leuabat *Kindsch.;* sustentabat *Paul*⟩: 1, 52, 4; ¶ inopiam frumenti ueritus . . . constituit non progredi longius: VI 29, 1; ¶ quem ⟨*c*⟩ ubi Caesar intellexit praesentis periculi atque inopiae uitandae causa omnem orationem ⟨*c*⟩ instituisse: 3, 17, 6.

c) dat.: ad hunc modum distributis legionibus facillime inopiae rei ⟨*add. RSchn.; om. codd. et edd.*⟩ frumentariae sese mederi posse existimauit: V 24, 6.

d) gen.: pecora, quod secundum poterat esse inopiae ⟨inopie *b;* in opere *Ox*⟩ subsidium, . . . finitimae ciuitates longius remouerant: 1, 48, 6.

e) abl.; α): inopia adductus *u.* **adduco** *p. 150* β) *(5 loc.);* ¶ interclusum itinere . . . Caesarem inopia frumenti coactum in prouinciam contendisse: VII 59, 1; (nostros) necessarii uictus inopia coactos fugere: 1, 69, 1; ¶ maxime frumenti commeatusque ⟨que *om.* β⟩ inopia permotus . . . in prouinciam reuerti contendit: III 6, 4; ¶ qui in oppida compulsi ac simili inopia subacti eorum corporibus, qui aetate ad bellum inutiles ⟨*c*⟩ uidebantur, uitam tolerauerunt: VII 77, 12.

(hoc unum ⟨inopia nauium *add. codd.; del. Hotom.; defend. Wölffel*⟩ Caesari ad celeritatem conficiendi belli defuit: 3, 2, 2;) — quod castra mouisset, factum inopia pabuli: VII 20, 3; — his . . omnibus **rebus* annona creuit; quae fere res non solum inopia ⟨*abundare uidetur Ciacc.*⟩ praesentis, sed etiam futuri temporis timore ingrauescere consueuit: 1, 52, 1; — ut . . . his . . . rerum omnium inopia pereundum uideretur: VI 43, 3; — omnibus rebus obsessi, quartum iam diem sine pabulo retentis iumentis, aquae, lignorum ⟨ligni *O¹hl*⟩, frumenti inopia, conloquium ⟨*c*⟩ petunt: 1, 84, 1; — neque certum inueniri poterat, obtinendine Brundisii causa ibi remansisset . . . an inopia nauium ibi restitisset: 1, 25, 3.

β): uti autem ipsos ualetudine non bona cum angustiis loci et odore taetro . . . et cotidianis laboribus insuetos operum, tum aquae summa inopia adfectos ⟨*del. Ciacc.*⟩: 3, 49, 3; ¶ ut nostri magna inopia necessariarum rerum conflictarentur, illi omnibus abundarent rebus: 1, 52, 3; ¶ neque . . . aut ignominia amissarum nauium aut necessariarum rerum inopia ex portu insulaque expelli potuit: 3, 100, 4; ¶ simili omnem exercitum inopia premi: VII 20, 11; ¶ (uti: 3, 47, 6 *u.* **b)** perpeti.)

f) c. praep.; α) ad: Massilienses ⟨*c*⟩ omnibus defessi malis, rei frumentariae ad summam inopiam adducti . . . sese dedere . . . constituunt: 2, 22, 1.

β) ex: Caesar . . . summam . . . copiam frumenti et reliqui commeatus nactus ⟨*c*⟩ exercitum ex labore atque inopia reficit ⟨*c*⟩: VII 32, 1.

γ) in: singulari militum studio in summa omnium rerum ⟨rer. omn. β⟩ inopia circiter sescentas . . . naues . . . inuenit instructas: V 2, 2.

δ) propter: neque nostros exercitus propter frumenti inopiam ⟨inop. frum. β⟩ diutius apud se morari posse confidebant: III 9, 5; pelles (erant) pro uelis alutaeque tenuiter confectae, hae ⟨*del. Frig.*⟩ siue propter lini inopiam ⟨inop. lini β⟩ atque eius usus inscientiam ⟨*c*⟩ siue eo ⟨*c*⟩, . . . quod: III 13, 6; si propter inopiam rei frumentariae Romani sese recipere coepissent: III 24, 3; cum neque ui contendere propter inopiam nauium neque ciam transire . . . possent: IV 4,4; fuit antea tempus, cum . . . Galli . . . propter hominum multitudinem agrique inopiam trans Rhenum colonias mitterent: VI 24,1.

Inopia, egestas: VI 24,4; fames et inopia: VII 20,10.

Inopia agri: VI 24,1; aquae: 1,84,1; 3,49, 3; cibariorum: III 18, 6; VI 10, 2; commeatus: III 6,4; frumenti: III 6,4; 7,3; 9, 5; VI 29,1; VII 59,1; 1,52,2; 84,1; lignorum ⟨*c*⟩: 1,84,1; lini: III 13,6; nauium: IV 4, 4; 1,25,3; (3,2,2;) pabuli: VII 20,3; 1,81, 6; 3,58,3; omnium (necessariarum) rerum: I 27,1; V 2,2; VI 43,3; 1,52,3; 84,4; 3,80,5; 100,4; rei frumentariae: III 24,3; V 24,6 ⟨*c*⟩; 2,22,1; uictus: 1,69,1.

Adiect.: eadem: VI 24,4; (frumentaria: V 24,6;) magna (maior): 1,52,3; 3,47,6; praesens: 1,52,4; (3,17,6;) similis: VII 20, 11; 77,12; summa: V 2,2; 2,22,1; 3,49,3; 58,3.

inopinans: se ⟨ipsi *add.* β; *Schn.*⟩ stimulis inopinantes induebant (Galli): VII 82,1; ¶ eos impeditos et inopinantes adgressus magnam partem eorum concidit: I 12,3; qui inopinantes ⟨-tis *a*⟩ pabulatores et sine ullo dissipatos timore adgressi intercipiunt: 1,55,1; equites . . . imprudentes atque ⟨imprudentesque atque *Nl; Db.*; prudentisque ad *af;* prudentes atque *h;* et prudentis atque *O*[1]⟩ inopinantes ⟨-tis *af*⟩ hostes adgrediuntur: 2,38,4; — celeriter contraque omnium opinionem confecto itinere multos in agris inopinantes deprehendit: VI 30,1; — inscios inopinantesque Menapios oppresserunt: IV 4,5; quibus (Aruernis) oppressis inopinantibus: VII 8,3; exploratores hostium . . . inopinantes . . . ab nostris opprimuntur: VII 61,1; — inopinantes nostri re noua perturbantur: VI 37,3; ¶ ⟨omnibus *add.* β⟩ suis inopinantibus quam maximis potest itineribus Viennam peruenit: VII 9,3; L. Nasidius . . . freto Siciliae imprudente atque inopinante Curione peruehitur: 2,3,1; subitoque (hoc opus) inopinantibus hostibus . . . ad turrim hostium admouent: 2,10,7.

inp. *u.* **imp.**

(inquam) inquit. *Scriptum est* inquid *in BQ* V 30,1; *in AQ* V 44,3; VI 8,3; *in A* VI 35,8; *in B* VII 20,8; *in a* 2,31,2.5; 32,2; 39,3; 3,18,4; 64,3; 85,4; 86,2; 91,1.3; 94,6.

qui decimae legionis aquilam ferebat, contestatus ⟨obtestatur β⟩ deos, ut ea res legioni feliciter eueniret, Desilite, inquit, commilitones ⟨*c*⟩, nisi uultis aquilam hostibus prodere. . . . . hoc cum uoce magna dixisset: IV 25,3; hac in utramque ⟨*c*⟩ partem ⟨*c*⟩ disputatione habita cum . . . resisteretur, Vincite, inquit, si ita uultis, Sabinus, et id clariore uoce, ut magna pars militum exaudiret; neque is sum, inquit, qui grauissime ex nobis mortis periculo ⟨*c*⟩ terrear . . .: V 30,1—3; ex his Pulio, cum acerrime . . . pugnaretur, Quid dubitas, inquit, Vorene? aut . . . . haec cum dixisset: V 44,3; tum . . . impedimentis . . in tumulo quodam conlocatis Habetis, inquit, milites, quam petistis facultatem. . . . simul . . . iubet: VI 8,3. 4; atque unus ex captiuis Quid uos, inquit, hanc miseram . . . sectamini praedam, quibus licet iam esse fortunatissimos ⟨*c*⟩? . . .: VI 35,8. 9; haec ut intellegatis, inquit, a me sincere pronuntiari, audite Romanos milites: VII 20,8; haec, inquit, a me, Vercingetorix ⟨*del. Gitlbauer*⟩, beneficia habetis, quem proditionis insimulatis; cuius . . .: VII 20,12; Litauiccus . . . conuocatis subito militibus lacrimans Quo proficiscimur, inquit, milites? . . .: VII 38,1—3; quasi uero, inquit ille, consilii sit res ac non necesse sit nobis Gergouiam contendere . . .: VII 38,7.8; M. Petronius . . . centurio . . . a ⟨*c*⟩ multitudine oppressus ac sibi ⟨*c*⟩ desperans . . . manipularibus suis, qui illum secuti erant ⟨*c*⟩, Quoniam, inquit, me una uobiscum seruare non possum, uestrae quidem certe uitae prospiciam, quos . . .: VII 50,4; conantibus auxiliari suis Frustra, inquit, meae uitae subuenire conamini . . .; proinde . . .: VII 50,6; hic . . . magnae habitus auctoritatis Nihil, inquit, de eorum sententia dicturus sum, qui . . .: VII 77,3—16; qua enim, inquit, fiducia . . . munitissima castra expugnari posse confidimus? . . .: 2,31,2—4; quod si iam, inquit, haec explorata habeamus . . ., quanto haec dissimulari ⟨*c*⟩ et occultari quam per nos confirmari praestet? . . .: 2,31,5—8; uos enim uestrumque factum, inquit, omnia ⟨*Ofhl;* omnia, inquit *Na; edd.*⟩ deinceps municipia sunt secuta, neque . . .: 2,32,2—14; tum ⟨*c*⟩ Rebilus, legatus Caesaris, quem Curio secum . . . duxerat, quod magnum habere usum in re militari sciebat, Perterritum, inquit, hostem uides, Curio; quid dubitas uti temporis oportunitate? 2,34,4; proximaque (Curio) respiciens signa Videtisne, inquit, milites, captiuorum orationem cum perfugis conuenire? . . .: 2,39,3; quem . . . Pompeius interpellauit et loqui plura prohibuit. Quid mihi, inquit, aut uita aut ciuitate opus est, quam beneficio Caesaris habere uidebor? . . .: 3,18,4; in eo proelio cum graui uulnere esset adfectus aquilifer . . ., conspicatus † equites nostros, Hanc ego, inquit, et uiuus multos per annos magna diligentia defendi et nunc moriens eadem fide Caesari restituo . . .: 3, 64, 3. 4; tunc ⟨tum *f*⟩ Caesar apud suos, cum iam esset agmen in portis, Differendum est, inquit, iter in praesentia nobis et de proelio cogitandum . . .: 3, 85, 4; id cum essent plerique admirati, Scio me, inquit, paene incredibilem rem polliceri; sed . . . . simul denuntiauit, ut: 3, 86, 2—4; hunc Labienus excepit et, cum . . . Pompei consilium summis laudibus efferret, Noli, inquit, existimare, Pompei, hunc esse exercitum, qui Galliam Germaniamque deuicerit . . . . haec cum dixisset: 3, 87, 2—5; hic signo dato Sequimini me, inquit, manipulares mei qui fuistis, et uestro imperatori quam *consueuistis operam date . . .: 3, 91, 1. 2; simul respiciens Caesarem Faciam, inquit, hodie, imperator, ut aut uiuo mihi aut mortuo gratias agas. haec cum dixisset (Crastinus): 3, 91, 3; Pompeius . . . iis centurionibus, quos . . . ad praetoriam portam posuerat, clare, ut milites exaudirent, Tuemini, inquit, castra et defendite diligenter, si quid durius acciderit. ego . . . . haec cum dixisset: 3, 94, 6.

(inquiro: reperiebat etiam in quaerendo ⟨etiam inquirendo *Ciacc.*⟩ Caesar: I 18, 10; ne in quaerendis suis ⟨ne inquirendo suos β⟩ pugnandi ⟨*c*⟩ tempus dimitteret: II 21, 6; [relinquebatur ⟨*Oud.;* relinquirebatur *b;* rei inquirebatur *z;* requirebatur *N;* tum inquirebatur *O*⟩, ut: 1, 79, 4.]**)**

inrideo. *In B. Gall. codd. omnes uidentur habere* inridere, inridicule, inrumpere, inruptio, *nisi quod in B*[2] irridicule *a correctore inlatum est. In B. Ciu. duobus locis* (2, 12, 4 *et* 13, 4) *inueniri uidetur in a* irrumpere *et* 2, 15, 1 *in eodem cod.* irrisui, *reliquis locis teste Np. in a exstat* inrumpere.

ubi . . . uiderunt (Aduatuci), primum inridere ex muro atque increpitare uocibus, quod tanta machinatio ab ⟨*c*⟩ tanto spatio instrueretur ⟨*c*⟩: II 30, 3.

inridicule: quod cum fieret, non inridicule quidam ex militibus decimae legionis dixit . . .: I 42, 6.

inrisui: indutiisque per scelus uiolatis suam uirtutem inrisui fore ⟨fieri *Paul*⟩ perdoluerunt: 2, 15, 1.

inrumpo. A. abs.: hic paulisper est pugnatum, cum inrumpere nostri ⟨castra *add. f*⟩ conarentur, illi castra defenderent: 3, 67, 5; **(**cernebatur . . . non ⟨*c*⟩ numquam *subsistere extremum agmen atque iter ⟨*add. Forchh.; om. edd.*⟩ interrumpi ⟨inrumpi *Np.*⟩: 1, 64, 1.**)**

B. inrumpere in *u.* **in** *p. 92 (4 + 4 loc.); cf. infra* **C.** oppidum 2, 13, 4.

C. inrumpere alqd: Achillas . . . occupabat Alexandriam praeter eam ⟨*c*⟩ oppidi partem, quam Caesar . . . tenebat, primo impetu domum eius inrumpere conatus: 3, 111, 1; ¶ ne sub ipsa profectione milites ⟨in *add. Paul*⟩ oppidum inrumperent: 1, 27, 3; aegreque tunc sunt retenti, quin ⟨in *uidetur addendum*⟩ oppidum inrumperent: 2, 13, 4; ¶ **(**quaeque pars hostium ⟨quaeque host. pars β; quaeque parti host. α; quaque pars host. *Np.;* quaque parte host. *Db.*⟩ confertissima est ⟨manus est *Db.*⟩ uisa, inrumpit ⟨eam inrumpit β; *an* ea inrumpit?⟩: V 44, 4.**)**

inruptio: in prouinciam Narbonem ⟨*c*⟩ uersus eruptionem ⟨irruptionem *Hartz*⟩ facere contendit: VII 7, 2; **(**ne qua subito inruptio ab hostium peditatu fiat ⟨*haec omnia del. Paul*⟩: VII 70, 2.**)**

insciens: quod ea omnia non modo iniussu suo et ciuitatis, sed etiam inscientibus ipsis fecisset: I 19, 1; Dumnorix cum equitibus Haeduorum a castris insciente Caesare domum discedere coepit: V 7, 5.

inscientia. A.: nauigationem impeditam propter inscientiam locorum paucitatemque portuum sciebant ⟨*u. CC*⟩: III 9, 4; pelles (erant) pro uelis alutaeque tenuiter confectae, hae ⟨*CC*⟩ siue propter lini inopiam ⟨*c*⟩ atque eius usus inscientiam ⟨inscientia β⟩, siue eo ⟨*c*⟩ . . ., quod: III 13, 6.

B. *(cf. RSchn. BPhW IV 1381)***:** factum est opportunitate loci, hostium inscientia ac defatigatione, . . . ut: III 19, 3.

C: nihil se propter inscientiam leuitatemque ⟨*c*⟩ uulgi grauius de ciuitate iudicare: VII 43, 4.

inscius: inscios inopinantesque Menapios oppresserunt: IV 4, 5; ¶ ii, qui Alesiae obsidebantur, . . . consumpto omni frumento inscii, quid in Haeduis gereretur, . . . consultabant: VII 77, 1.

insequor. I. Forma: insecuntur *est in a* 1, 60, 2.

II. Signif.; A. subiect. sunt homines; a) hostili animo; α) alqm; αα): qui (equites) cupidius nouissimum agmen insecuti alieno loco . . . proelium committunt: I 15, 2; ¶ in ipsum Caesarem hostes equitatu ⟨hostis equitatum *AQB*[1]*;* hostium equitatum *B*[2]β⟩ persequentem ⟨α; insequentem β⟩ incidit: I 53, 5.

ββ): (Atrebates) transire conantes insecuti (milites) gladiis magnam partem eorum impeditam interfecerunt: II 23, 1; — rursus se ad signa recipientes (Romanos) insequantur: V 34, 4; — quos (Suebos) Vbii ⟨c⟩ . . . perterritos [senserunt] insecuti magnum ex his numerum occiderunt: I 54, 1.

γγ): Senones . . . Cauarinum . . . interficere . . . conati, cum ille . . . profugisset, usque ad fines insecuti regno domoque expulerunt: V 54, 2; — magnam partem equitatus ad eum (Dumnorigem) insequendum mittit ⟨c⟩ retrahique imperat ⟨c⟩: V 7, 6; — omnibus coactis nauibus Pompeius praesentem facultatem insequendi sui ademerat: 1, 29, 1.

δδ): cedentes insequi *u.* **cedo** *p. 499 uersu 1 sqq. (3 loc.)*; — Caesar . . . rursus conantes progredi insequitur et moratur: 1, 65, 2; — nonae legionis milites . . . temere insecuti longius fugientes in locum iniquum progrediuntur: 1, 45, 2; — Heluetii . . . itinere conuerso nostros a nouissimo agmine insequi ac lacessere coeperunt: I 23, 3; hostem insolenter atque acriter nostros insequentem supprimit: 1, 45, 1.

β) **intellegendum est obiect.:** Afranii copias equitatus Caesaris insequens morabatur: 1, 70, 1; ¶ equitesque eius angustiis . . . ad insequendum tardabantur: 3, 70, 1; ¶ (hostes maximo clamore sicuti ⟨insecuti quasi β⟩ parta iam atque explorata uictoria . . . coeperunt: V 43, 3;) ut . . . quo minus libere hostes insequerentur terreret ⟨CC⟩: VII 49, 2; ne tum quidem insecutis hostibus . . . pontem ⟨c⟩ reficit ⟨c⟩: VII 53, 4; quae res . . hostes ad insequendum tardabat: VII 67, 4; ¶¶ intolerantius Gallos insequentes legio decima tardauit: VII 51, 1; — palus . . . Romanos ad insequendum tardabat: VII 26, 2; — (Vbii: I 54, 1 *u.* α) ββ) Suebos;) ¶ pontones . . . Lissi relinquit, hoc consilio, ut . . . aliquam Caesar ad insequendum facultatem haberet: 3, 29, 3; — neque uero Pompeius . . . moram ullam ad insequendum intulit: 3, 75, 3; — (Scipio ad sequendum ⟨insequendum *Graeuius*⟩ paratus equitatum . . . praemisit: 3, 38, 2;) — si acrius insequi uoluisset (Sulla): 3, 51, 3; ¶ equitatu suo pulso atque insequentibus nostris subito pedestres copias . . . ostenderunt: III 20, 4; compluribus interfectis cupidius insecuti (nostri) non nullos ex suis amiserunt: V 15, 2; cernebatur . . . nostros propelli, dein rursus conuersos ⟨*b*; conuerso *Oz*⟩ insequi: 1, 64, 2; sed insequentes nostros, ne longius prosequerentur, Sulla reuocauit: 3, 51, 2; nostros ex superiore insequentes loco uerebantur: 3, 51, 7; — quo paratiores essent ad insequendum omnes: 1, 81, 2; ¶ [equestris autem proelii ratio et cedentibus et insequentibus par atque idem periculum inferebat: V 16, 3;] eadem res celeritate insequentium tardata nostris salutem attulit: 3, 70, 2.

b) **animo non hostili** (= **sequi**): sed rex omnibus ⟨c⟩ copiis insequebatur ⟨*an* sequebatur?⟩ et sex milium passuum interuallo a Saburra consederat: 2, 38, 3; Oscenses . . . sese . . imperata facturos pollicentur. hos Tarraconenses et Iacetani et Ausetani et paucis post diebus Illurgauonenses . . . insequuntur ⟨*an* sequuntur?⟩: 1, 60, 2.

B. **subiect. est annus uel dies:** a publicanis . . . pecuniam exegerat et ab isdem insequentis anni mutuam praeceperat: 3, 31, 2; publicanis, ut in Syria ⟨c⟩ fecerant, insequentis anni uectigal promutuum (imperabant): 3, 32, 6; ¶ has munitiones insequentibus auxit diebus: 3, 112, 8.

Aduerb.: acriter, acrius: 1, 45, 1; 3, 51, 3; cupidius: I 15, 2; V 15, 2; insolenter: 1, 45, 1; intolerantius: VII 51, 1; libere: VII 49, 2; longius: II 19, 5; 1, 45, 2; temere: 1, 45, 2.

insero: (erant magno usui) falces praeacutae insertae ⟨CC⟩ adfixaeque longuriis: III 14, 5.

insidiae. A. **propr.** = ἐνέδρα (**et locum et homines significat**); a) **obi.:** nostri cognitis † hostium ⟨hosti *Voss.*; *del. Oud.*; ⟨*an* ab hostibus?⟩ insidiis . . . duas nacti turmas exceperunt: 3, 38, 4; ¶ hostes . . . conlocatis insidiis bipertito in siluis . . . Romanorum aduentum exspectabant: V 32, 1; noctu insidias equitum conlocauit, quo in loco . . . nostri pabulari consueuerant ⟨c⟩: 3, 37, 5; ¶ cum . . . primae . . turmae insidias intrauissent: 3, 38, 3; ¶ quod Pompeius insidias timens . . . munitionibus adpropinquare aliquamdiu non audebat: 3, 70, 1.

b) **genet.:** ipsum cum equitatu expeditisque . . . insidiarum ⟨insidiandi β⟩ causa eo ⟨c⟩ profectum, quo: VII 18, 1.

c) **c. praep.:** si imprudentes ex insidiis adoriri posset: 3, 30, 2; — subito illi ex insidiis consurrexerunt: 3, 37, 5.

subito pedestres copias, quas in conualle in insidiis conlocauerant, ostenderunt: III 20, 4.

B. **trsl.** = **fraus, dolus:** reliqua pars scrobis ad occultandas insidias uiminibus ac uirgultis ⟨c⟩ integebatur ⟨c⟩: VII 73, 7; — Caesar . . . insidias ueritus . . . exercitum . . . continuit: II 11, 2; ¶ se ita a patribus maioribusque suis didicisse, ut magis uirtute contenderent quam dolo ⟨*sic Dt.*[2]; uirtute quam dolo contend. *codd.; edd.*⟩ aut insidiis niterentur ⟨uterentur *RSchn.; u. CC*⟩: I 13, 6; ¶ uereri se, ne per insidias ab eo circumueniretur: I 42, 4; — qui per dolum atque insidias petita pace ultro bellum intulissent: IV 13, 1.

insidior: neque ex occulto insidiandi et dispersos circumueniendi singulis deerat audacia: VI 34, 6; cognouit ... ipsum cum equitatu expeditisque ... insidiarum ⟨insidiandi β⟩ causa eo ⟨*c*⟩ profectum, quo: VII 18, 1.

insignis. 1. **adiect.:** quae pars ciuitatis Heluetiae insignem calamitatem populo Romano intulerat: I 12, 6.

2. **insigne** subst.; **A.** = **signum, indicium (sing.):** (uexillum (erat) proponendum, ⟨quod erat insigne, cum ad arma concurri oporteret *add. codd.; edd. plur.; del. Ald.*⟩: II 20, 1;) tametsi dextris umeris exsertis animaduertebantur, quod insigne pactum ⟨*Heller; Dt*[1]*.;* pacatis *Ald.;* pacatum *X; edd.;* pacatorum *Klussmann; Dt.*[2]*; u. CC*⟩ esse consuerat: VII 50, 2; ¶ eius (Caesaris) aduentu ex colore uestitus cognito, quo insigni in proeliis uti consuerat ⟨*c; u. CC*⟩: VII 88, 1; ¶ quae (nauis D. Bruti) ex insigni ⟨*O;* igni *Nx*⟩ facile agnosci ⟨-cere *af*⟩ poterat: 2, 6, 4.

B. = **ornamentum (plur.); a) imperatoris:** Pompeius ... detractis insignibus imperatoriis ⟨*recc.;* imperatoris *Ox; edd.*⟩ decumana porta se ex castris eiecit: 3, 96, 3; — neque in fascibus insignia laureae praetulit: 3, 71, 3.

b) militum: ut non modo ad insignia accommodanda, sed etiam ad galeas induendas ⟨*c*⟩ ... tempus defuerit: II 21, 5; — tectis insignibus suorum occultatisque signis militaribus raros milites ... traducit: VII 45, 7; ¶ id se a Gallicis armis atque insignibus cognouisse: I 22, 2.

insilio: reperti sunt complures nostri milites, qui in phalanga ⟨*ego;* phalangā *B*[1]β; phalangas α; *edd.*⟩ insilirent et ⟨*c*⟩ scuta manibus reuellerent: I 52, 5.

insimulo: Vercingetorix ... proditionis insimulatus ⟨insimulatur *recc.; prob. Oud.*⟩, quod castra propius Romanos mouisset, quod cum omni equitatu discessisset, quod sine imperio tantas copias reliquisset, quod eius discessu Romani tanta ... celeritate uenissent, ... respondit: VII 20, 1; haec, inquit, a me, Vercingetorix, beneficia habetis, quem proditionis insimulatis: VII 20, 12; principes ciuitatis, Eporedorix et Viridomarus, insimulati proditionis ab Romanis indicta causa interfecti sunt: VII 38, 2.

insinuo: cum (essedarii) se inter equitum turmas insinuauerunt ⟨-erint *Q corr., B*[2]*M*[1]*h*⟩, ex essedis desiliunt ⟨*u. CC*⟩: IV 33, 1.

insisto. A. propr.: nostri tamen, quod neque ordines seruare neque firmiter insistere ... poterant ..., magnopere perturbabantur: IV 26, 1; — uti ... per temonem percurrere et in iugo insistere ⟨consistere *a*⟩ et se inde ⟨*c*⟩ in currus citissime recipere consuerint: IV 33, 3; — ut, cum primi eorum cecidissent, proximi iacentibus insisterent atque ex eorum corporibus pugnarent: II 27, 3.

B. trsl.: neque satis ... tribunis ... constabat, quid agerent aut quam rationem pugnae insisterent ⟨instituerent *Ciacc.*⟩: III 14, 3; — totus et mente et animo in bellum ⟨bello *AQ*⟩ Treuerorum et Ambiorigis insistit: VI 5, 1; — (hi consuetudine populi Romani loca capere, castra munire, commeatibus nostros intercludere instituunt ⟨insistunt *afik*⟩: III 23, 6.)

insolens. A.: erat in oppido ⟨*c*⟩ multitudo insolens belli diuturnitate otii: 2, 36, 1.

B.: tamquam scopulum, sic fugias inauditum ⟨infrequens *Macrob.*⟩ atque insolens uerbum: *ap. Gell.* I 10, 4; *cf. Macrob. sat.* I 5, 2.

insolenter: quod sua uictoria tam insolenter gloriarentur: I 14, 4; — hostem insolenter atque acriter nostros insequentem supprimit: 1, 45, 1; ¶ Pompeiani hoc insolentius atque audacius nostros premere et instare coeperunt: 3, 46, 3.

insolentia: (praedicat) crudelitatem et insolentiam in circumscribendis tribunis plebis: 1, 32, 6.

insolitus: ut ... insolitum ad laborem Pompei exercitum cotidianis itineribus defatigaret: 3, 85, 2.

inspecto: accidit inspectantibus nobis, quod ... praetereundum non existimauimus: VII 25, 1; altera ex duabus legionibus ... ex castris Varronis adstante et inspectante ipso signa sustulit: 2, 20, 4.

(**insperatus:** cohortati inter se, ne speratam ⟨insperatam tantam *Ciacc.*⟩ praedam ex manibus dimitterent: VI 8, 1.)

instabilis: ut maritimae res postularent, ut quae ⟨*c*⟩ celerem atque instabilem motum haberent: IV 23, 5.

instar: effecerant, ut instar muri hae saepes munimentum ⟨*aef;* munimentis α; *Fr.;* munimenta *Q*[2]*; Np., Db.;* munimenta iis *Rösch;*

Hold.; munim. *del. Madu.*⟩ praeberent: II 17, 4; (ut erant loca montuosa et † ad specus ⟨instar specuum *Freudenberg*⟩ angustiae uallium: 3, 49, 4;) animaduersum est . . . cohortes quasdam, quod instar legionis uideretur, esse post siluam: 3, 66, 1.

instigo: intellexit . . . Senones Carnutesque conscientia facinoris instigari ⟨-gare *Aβ*⟩: V 56, 1.

instituo. A. propr.: duplici acie instituta . . . exspectabat: III 24, 1; acie triplici instituta . . . ad hostium castra peruenit: IV 14, 1; (3, 93, 4 *u.* **B. a) α) αα) 𝔄)** aciem;) ¶ primum inridere . . ., quod tanta machinatio ab ⟨*c*⟩ tanto spatio instrueretur ⟨institueretur *β*⟩: II 30, 3.

B. trsl.; a) = (noui aliquid) efficere, comparare, incipere, introducere *(cf. C. F. W. Müller ad Cic. Lael. ed. Seyffert² p. 72);* **α) sequ. obiect.; αα) subst.; 𝔄) concr.:** ex tertia acie singulas cohortes detraxit atque ex his quartam instituit: 3, 89, 3; quartae aciei, quam instituerat sex cohortium ⟨*Faern.;* ex cohortibus *af;* ex cohortium numero *Ohl; Db.*⟩, dedit signum: 3, 93, 4; ¶ quibus ad recipiendum . . . institutae fossae magno impedimento fuerunt: 3, 46, 5; ¶ (machinationem: II 30, 3 *u.* **A.**;) ¶ institutas turres, testudines munitionesque hostium admiratur: V 52, 2; eius munitionis, quae ab Romanis instituebatur, circuitus XI ⟨*c*⟩ milia ⟨*c*⟩ passuum tenebat: VII 69, 6; postero die munitiones institutas Caesar parat perficere: 1, 83, 4; Caesar haec genera munitionis instituit: VII 72, 1; ¶ Labieno scribit, ut quam plurimas possit ⟨*c*⟩ iis legionibus, quae sint ⟨*c*⟩ apud eum, naues instituat: V 11, 4; ¶ armorum officinas in urbe instituerant (Massilienses): 1, 34, 5; ¶ opere instituto fit equestre proelium: VII 70, 1; quibus rebus nuntiatis Afranio ⟨-ius?⟩ ab instituto opere discedit: 1, 75, 1; ¶ pila: V 40, 6 *u.* sudes; ¶ quo (tempore) pons institui coeptus est: IV 18, 4; ex utraque parte pontem instituit ⟨institutum *Ofhl*⟩, biduo perficit: 1, 54, 4; ¶ naues . . . aedificari . . ., remiges ex prouincia institui ⟨instituit *β*⟩, nautas gubernatoresque comparari iubet: III 9, 1; ¶ multae praeustae sudes, magnus muralium pilorum numerus instituitur: V 40, 6; ¶ testudines, turres: V 52, 2 *u.* munitionem.

𝔅) abstr.: intellegebat, . . . quae . . eum (Indutiomarum) res ab instituto consilio deterreret: V 4, 1; ¶ Caesar conquiri milites . . . dilectumque institui iubet: 1, 16, 1; ¶ cuius rei si exemplum non haberemus, tamen libertatis causa institui et posteris prodi pulcherrimum iudicarem ⟨*tot. hoc enunt. om. β*⟩: VII 77, 13; ¶ genus: VII 72, 1 *u.* **𝔄)** munitionem; ¶ numerum: V 40, 6 *ib.* sudes; ¶ quem ⟨*c*⟩ (Libonem) ubi Caesar intellexit praesentis . . . inopiae uitandae causa omnem orationem ⟨rationem *Ofh¹*⟩ instituisse: 3, 17, 6; ¶ neque satis Bruto . . . uel tribunis militum centurionibusque . . . constabat, quid agerent aut quam rationem pugnae insisterent ⟨instituerent *Ciacc.*⟩: III 14, 3; rationem pontis hanc instituit: IV 17, 2; nota atque instituta ratione magno militum studio paucis diebus opus ⟨*c*⟩ efficitur: VI 9, 4; si continere ⟨*c*⟩ ad signa manipulos nellet ⟨*c*⟩, ut instituta ratio et consuetudo exercitus Romani postulabat: VI 34, 6; in praesentia ⟨*c*⟩ similem rationem operis instituit . . .: 1, 42, 1; 3, 17, 6 *u.* orationem; ¶ publiceque eiusdem ⟨*c*⟩ generis habent instituta sacrificia: VI 16, 3; ¶ dum . . . longior . . consulto ab Ambiorige instituitur sermo ⟨sermo ab amb. inst. *β*⟩: V 37, 2.

ββ) pron.: idque ⟨*β*; *Db.;* itaque *α*; *rell. edd.*⟩ eius rei causa antiquitus institutum uidetur, ne quis ex plebe contra potentiorem auxilii egeret: VI 11, 4; id mihi duabus de causis instituisse uidentur, quod . . .: VI 14, 4.

β) sequ. ut: neque frustra antiquitus institutum est, ut signa undique concinerent clamoremque uniuersi tollerent: 3, 92, 3.

γ) sequ. infin.: reliquaque . . . administrare instituit: VII 19, 6; Trebonius ea, quae sunt amissa, multo maiore militum studio administrare et reficere instituit: 2, 15, 1; ¶ (agere: III 28, 1 *u.* gerere;) qui . . . res, quascumque agere instituerit, impediat: 1, 33, 3; turres uineasque ad oppugnationem urbis agere, naues longas Arelate numero XII facere instituit: 1, 36, 4; C. Trebonius . . . aggerem, uineas turresque ad oppidum agere instituit: 2, 1, 1; Vibullius . . . de mandatis Caesaris agere instituit: 3, 18, 3; ¶ reliquis deinceps diebus ⟨*c*⟩ Caesar siluas caedere instituit: III 29, 1; ¶ hi (duces) consuetudine populi Romani loca capere, castra munire, commeatibus nostros intercludere instituunt ⟨insistunt *afik*⟩: III 23, 6; ¶ reliquis diebus oppidum uallo castellisque circummunire ⟨*N;* circumuenire *Ox; edd.*⟩ instituit: 1, 18, 6; postero die Curio obsidere Vticam ualloque circummunire ⟨-uenire *O*⟩ instituit: 2, 36, 1; montem opere circummunire ⟨-uenire *2 det.*⟩ instituit: 3, 97, 2; ¶ perspecto urbis situ . . . adhortatus ad laborem milites ⟨c; alesiam *add.* β⟩ circumuallare instituit: VII 68, 3; munitione circumuallare ⟨uallare *f*⟩ Pompeium instituit: 3, 43, 2; ¶ (circumuenire: 1, 18, 6 *u.* circummunire;) ¶ Indutiomarus equitatum peditatumque cogere, ... bellum parare instituit: V 3, 4; ¶ Caesar primis diebus castra magnis operibus munire et ex finitimis municipiis frumentum comportare reliquasque copias exspectare instituit: 1, 18, 4; ¶ (deportare: V 23, 2 *u.* reportare;) ¶ exspectare: 1, 18, 4 *u.* comportare; ¶ discedens ab hibernis Caesar in Italiam, ut quotannis facere consuerat ⟨instituerat β⟩, legatis imperat: V 1, 1; paulo ⟨c⟩ supra eum locum ... facere pontem instituit: VI 9, 3; Caesar promota turri derectisque ⟨c⟩ operibus, quae facere instituerat, ... iussit: VII 27, 1; iter in ⟨c⟩ Senones ⟨c⟩ facere instituit: VII 56, 5; ipse *in* iis ⟨c⟩ operibus, quae facere instituerat, milites disponit: 1, 21, 3; 36, 4 *u.* agere; fossas ... complures facere instituit: 1, 61, 1; musculum ... facere instituerunt: 2, 10, 1; aggerem noui generis ... facere (milites) instituerunt: 2, 15, 1; ¶ quibus etiam a propinquis nostris opem ferre instituimus: *ap. Gell.* V 13, 6; ¶ qui (Morini Menapiique) longe alia ratione ac reliqui Galli bellum gerere ⟨agere β⟩ coeperunt ⟨instituerunt β⟩: III 28, 1; ¶ Caesar ... dilectum habere instituit: VI 1, 1; quaestionem habere instituit: VI 44, 1; dilectum tota prouincia habere instituit ⟨instituunt *M*⟩: VII 1, 1; quos ab initio secum ⟨c⟩ habere instituerat: VII 13, 1; ibique dilectum habere instituit: 1, 11, 4; dilectumque colonorum ... habere instituunt (magistratus): 1, 14, 4; quem ... in suorum necessariorum numero habere instituerat ⟨constit. *N*⟩: 3, 57, 1; ¶ exitus administrationesque Brundisini portus impedire instituit: 1, 25, 4; ¶ intercludere: III 23, 6 *u.* capere; ¶ postremo et plures intermittere dies et praeter consuetudinem omnium noctu instituerant ⟨*ego;* constituerant *codd. et edd.*⟩ pabulari: 1, 59, 3; ¶ frumentum parce et paulatim metiri instituit (Vercingetorix): VII 71, 8; ¶ munire: III 23, 6 *u.* capere; cum Caesar ⟨c⟩ .. castra .. munire instituisset: III 28, 3; ut castra munire instituerent: VII 29, 7; primumque eo tempore Galli castra munire instituerunt ⟨*u.* CC⟩: VII 30, 4; 1, 18, 4 *u.* comportare; ¶ obsidere: 2, 36, 1 *u.* circummunire; ¶ (Vercingetorix) Gorgobinam ... oppugnare instituit: VII 9, 6; altero die cum ad oppidum Senonum Vellaunodunum uenisset, ... oppugnare instituit: VII 11, 1; ille oppidum ... Nouiodunum ⟨c⟩ oppugnare instituerat: VII 12, 2; (M. Octauius Salonas) oppidum oppugnare instituit: 3, 9, 2; ¶ pabulari: 1, 59, 3 *u.* intermittere; ¶ (Veneti reliquaeque ciuitates) pro magnitudine periculi bellum parare et maxime ea, quae ad usum nauium pertinent, prouidere instituunt: III 9, 3; V 3, 4 *u.* cogere; ¶ Rutilius Lupus ... Isthmum ⟨c⟩ praemunire instituit: 3, 55, 2; ¶ hic consedit (Camulogenus) nostrosque transitu prohibere instituit: VII 57, 4; Vatinius ... per equites dispositos aqua prohibere classiarios instituit: 3, 100, 2; ¶ prouidere: III 9, 3 *u.* parare; ¶ reficere: 2, 15, 1 *u.* administrare; ¶ duobus commeatibus exercitum reportare ⟨deportare β⟩ instituit ⟨constituit β⟩: V 23, 2.

δ) **omiss. infin.**: concilio Galliae primo uere, ut ⟨uti β⟩ instituerat, indicto: VI 3, 4; frumentoque exercitui prouiso, ut instituerat, in Italiam ad conuentus agendos profectus est: VI 44, 3.

b) = **imbuere, docere, adsuefacere**: ita Heluetios a maioribus suis institutos esse, uti obsides accipere, non dare consuerint: I 14, 7.

Aduerb.: antiquitus: VI 11, 4; 3, 92, 3; consulto: V 37, 2; frustra: 3, 92, 3; ita: I 14, 7; — praeter consuetudinem: 1, 59, 3.

institutum. A. obi.: demonstrare: 3, 84, 3 *u.* seruare; ¶ ut et militare institutum seruaretur et quam serissime ⟨c⟩ eius profectio cognosceretur, conclamari iussit: 3, 75, 2; superius tamen institutum in equitibus, quod demonstrauimus, seruabat, ut ... adulescentes atque expeditos ex antesignanis ... inter equites proeliari iuberet: 3, 84, 3; Caesar superius institutum seruans X. legionem in dextro cornu, nonam in sinistro conlocauerat: 3, 89, 1.

B. genet.: non oblitus pristini instituti Caesar mittit ad eum (Scipionem) *A.* Clodium: 3, 57, 1.

C. abl.; a): proximo die instituto suo Caesar e ⟨c⟩ castris utrasque copias suas eduxit: I 50, 1; quod instituto Caesaris semper duae ⟨c⟩ legiones pro castris excubabant ⟨c⟩ pluresque partitis temporibus erant in opere: VII 24, 5; hi ⟨c⟩ bona locupletum diripere, stipendii ⟨c⟩ augendi causa regis domum obsidere, regno expellere *alios*, alios arcessere uetere quodam Alexandrini exercitus instituto consuerant: 3, 110, 5.

b): neque quem usum belli haberent aut quibus institutis uterentur ... reperire ⟨c⟩ poterat: IV 20, 4; meo instituto usus sum.

et eum statim missum feci: *ap. Cic. ad Att.* IX 7 *C*, 2.

c): hi omnes lingua, institutis, legibus inter se differunt: I 1, 2.

D. c. praep.: in reliquis uitae institutis hoc fere ab reliquis differunt, quod: VI 18, 3.

insto. **A.** = **imminere (insequi), propinquum esse; a) de hominibus (hostibus):** instabat agmen Caesaris atque uniuersum imminebat: 1, 80, 5; — equitesque Pompei hoc acrius instare . . . aciemque nostram a latere aperto circumire coeperunt: 3, 93, 3; — hostes neque . . . ex inferiore loco subeuntes intermittere et ab utroque latere instare . . . uidit: II 25, 1; cum . . . hostes acrius instarent: III 5, 1; ¶ altera ex ⟨c⟩ parte Bellouaci . . . instabant ⟨*AQa*[1]; instabat *BMa*[2]*h*⟩, alteram ⟨c⟩ Camulogenus parato atque instructo exercitu tenebat: VII 59, 5; — Heluetii, qui in montem sese receperant, rursus instare et proelium redintegrare coeperunt: I 25, 6; — Pompeiani hoc insolentius atque audacius nostros premere et instare coeperunt: 3, 46, 3; ¶ (ut alii dicerent) cum legionibus instare Varum iamque se puluerem uenientium cernere: 2, 43, 2; — (Vorenus) dum cupidius instat, . . . concidit: V 44, 12; ¶ illi autem hoc acrius instabant neque regredi nostros patiebantur: 3, 45, 5.

b) de tempore: quod aestiuum tempus instantis belli, non quaestionis esse arbitratur ⟨c⟩: VI 4, 3; ¶ (non praetermittendum tantum ⟨instans tantum β⟩ commodum existimauerunt: VII 55, 4;) ¶ (intellexit) diem instare, quo die frumentum militibus metiri oporteret: I 16, 5.

B. = **(urgere,) flagitare:** ille ⟨c⟩ . . . unum instare ⟨stare *a*⟩ de indutiis uehementissimeque contendere: 3, 17, 5.

instrumentum: magnae fuit fortunae omni militari instrumento, quod circum se habebat, erepto . . . ipsum effugere mortem: VI 30, 2; ¶ quid ex instrumento hibernorum relinquere cogeretur: V 31, 4.

instruo. **A.** = **struo, aedifico:** ubi turris altitudo perducta est ad ⟨*Ald.*; ut *Ox*⟩ contabulationem ⟨*Ald.*; -ionis *Ox*⟩, eam ⟨*Ald.*; causa *Ox*⟩ in parietes instruxerunt ⟨-erant *Nhl*; eamque intra parietes incluserant *Ciacc.*⟩ ita, ut capita tignorum extrema parietum structura tegerentur: 2, 9, 1; ¶ primum inridere ex muro . . ., quod tanta machinatio ab ⟨c⟩ tanto spatio instrueretur ⟨institueretur β⟩: II 30, 3; ¶ singulari militum studio in summa omnium ⟨c⟩ rerum inopia circiter sescentas eius generis, cuius supra demonstrauimus, naues et longas XXVIII inuenit instructas ⟨structas *Hartz*⟩: V 2, 2; ¶ ubi tempus alterius contabulationis uidebatur, tigna item ut primo ⟨-ma *l*⟩ tecta extremis lateribus instruebant: 2, 9, 7.

B. = **constituere, disponere, in acie collocare:** quantum loci acies instructa occupare ⟨c⟩ poterat: II 8, 3; acies instructa a nostris . . . cernebatur: 3, 69, 1; *u. praeterea* **acies** *p. 88 sq. (23 loc.)*; ¶ locus . . . tantum in latitudinem patebat, ut tres instructae cohortes eum locum explerent: 1, 45, 4; ¶ copias *u.* **copia** *p. 736 sq. (7 loc.)*; ¶ instructo exercitu magis, ut loci natura . . . quam ut rei militaris ratio atque ordo postulabat: II 22, 1; sic . . . exercitum constituebat, ut tertia acies uallum contingeret, omnis quidem instructus exercitus telis ex uallo abiectis ⟨c⟩ protegi posset: 3, 56, 2; ¶ ipse idoneis locis funditores instruxit, ut praesidio nostris se recipientibus essent: 3, 46, 2.

C. = **parare, ornare; a) alqa re:** onerarias naues . . . deducunt, parum clauis aut materia atque armamentis instructis ad reliquas armandas reficiendasque utuntur: 1, 36, 2; ¶ sic omnibus rebus instructa classe magna fiducia ad nostras naues procedunt: 1, 56, 3; — reliquas (naues) paratas ad nauigandum atque omnibus rebus instructas inuenit: V 5, 2; has (naues) superioribus diebus refecerat atque omnibus rebus instruxerat (Brutus): 2, 5, 1; quarum (nauium longarum) erant L auxilio missae ad Pompeium . . ., illae triremes omnes et quinqueremes, aptae instructaeque omnibus rebus ad nauigandum: 3, 111, 3; ¶ hi manus ferreas atque harpagones parauerant magnoque numero pilorum, tragularum reliquorumque telorum se instruxerant: 1, 57, 2.

b) absol.: tali modo instructa classe . . . naues conscendunt: 2, 4, 3; ¶ altera ex ⟨c⟩ parte Bellouaci . . . instabant, alteram ⟨altera β⟩ Camulogenus parato atque instructo exercitu tenebat: VII 59, 5; ¶ (naues: V 2, 2 *u.* **A.**;) ¶ Vatinius . . . tectis instructisque scaphis elicuit naues Laelianas: 3, 100, 2.

D. = **educare:** quod erant honesto loco nati (Raucillus et Egus) et instructi liberaliter magnoque comitatu . . . uenerant uirique fortes habebantur et in honore apud Caesarem fuerant ⟨c⟩: 3, 61, 1.

[**Falso:** fenestras . . . ad tormenta mittenda in struendo ⟨instruenda *O*[1]*af*⟩ reliquerunt: 2, 9, 8.]

insuefactus: cum illi . . . notissimis locis . . . equos insuefactos incitarent: IV 24, 3.

insuetus. **A.** **alcs rei:** haec tum ratio nostros perturbauit insuetos huius generis pugnae: 1,44,4; — sic sunt animo consternati ⟨confirmati *Np.*⟩ homines insueti laboris, ut omnia, quae imperarentur, sibi patienda ⟨*c*⟩ existimarent: VII 30,4; — quod insuetus nauigandi mare timeret: V 6,3; — uti autem ipsos ualetudine non bona cum angustiis loci . . . et cotidianis laboribus insuetos operum, tum: 3, 49,3.

B. **ad:** quorum erant . . . corpora insueta ad onera portanda: 1,78,2.

insula. **A.** **subi.:** efficere: 3,112,2 *u.* **C.** obicere; ¶ insula natura (est) triquetra ⟨triquadra *a;* triquarta *h;* utrique *α*⟩, cuius unum latus est contra Galliam: V 13,1; in hoc medio cursu est insula, quae appellatur Mona: V 13,3; ita omnis insula est in circuitu uicies centum milium passuum: V 13,7; hae ⟨*c*⟩ (naues) ad insulam, quae est contra Massiliam, stationes obtinebant: 1,56,3; Brundisium uenit insulamque, quae contra portum Brundisinum est, occupauit: 3,23,1.

B. **apposit.:** qua ex parte est Hibernia ⟨insula *add.* *β*⟩: V 13,2.

C. **obi.:** si modo insulam adisset, ⟨et *add.* *α*; *Schn.*, *Np.*, *Hold.*⟩ genus hominum perspexisset, loca, portus, aditus cognouisset: IV 20,2; ¶ appellare: V 13,3 *u.* **A.** esse; ¶ quod equites cursum tenere atque insulam capere non potuerant ⟨*c*⟩: IV 26,5; ¶ haec insula . . . angusto itinere *ut ponte cum oppido coniungitur: 3,112,2; ¶ molem tenuit naturalem obiectam ⟨*u. CC*⟩, quae ⟨obiectamque *codd.*⟩ paeninsulam ⟨paeneinsulam *Dt.;* paene insulam *codd.; rell. edd.*⟩ oppidum effecerat ⟨efficiebat *Ciacc.; u. CC*⟩: 3,40,4; *u. praeterea* **efficio** *p. 994 (3 loc.);* ¶ (existimare: V 13,3 *u.* obicere;) ¶ (incolere: IV 20,4 *u.* **D.** magnitudo;) ¶ neque (Romanos) eorum locorum, ubi bellum gesturi essent, uada, portus, insulas nouisse ⟨nosse *β*⟩: III 9,6; ¶ complures praeterea minores obiectae ⟨*β*; subiectae *α*; *edd.;* superiectae *Em. Hoffm.*⟩ insulae existimantur: V 13,3; D. Laelius . . . insulam obiectam portui Brundisino tenuit: 3,100,1; haec insula obiecta Alexandriae portum efficit: 3,112,2; ¶ occupare: 3,23,1 *u.* **A.** esse; ¶ ut . . . urbem insulamque Caesari seruarent ⟨reseruarent *Ciacc.(?)*⟩: 2,20,2; ¶ (subicere: V 13,3 *u.* obicere;) ¶ tenere: 3,100,1 *u.* obicere.

D. **genet.:** (aditus: IV 20,2 *u.* **C.** adire;) ¶ a compluribus ⟨eius *add.* *β*⟩ insulae ciuitatibus ad eum legati ueniunt: IV 21,5; ¶ latus: V 13,1 *u.* **A.** esse; ¶ (loca: IV 20,2 *u.* **C.** adire;) ¶ neque quanta esset insulae magnitudo neque quae aut quantae nationes incolerent . . . reperire ⟨*c*⟩ poterat: IV 20,4; ¶ quarum (insularum) pars magna a feris barbarisque nationibus incolitur: IV 10,4; ut . . . aliae ad inferiorem partem insulae . . . deicerentur: IV 28,2; ut eam partem insulae caperet, qua optimum esse egressum . . . cognouerat: V 8,3; ¶ (portus: IV 20,2 *u.* **C.** adire.)

E. **abl.:** qui proximi ⟨*c*⟩ Oceano fuerunt, hi ⟨his *β*; *Np.*⟩ insulis ⟨*Aβ*; in siluis *BM;* in insulis *Qf;* in iis insulis *Wsbg*⟩ sese occultauerunt, quas aestus efficere consuerunt ⟨*c*⟩: VI 31,3.

F. **c. praep.; a) ab:** quae (turris) nomen ab insula cepit ⟨coepit *fhl;* accepit *a; edd.*⟩: 3, 112,1.

b) ad: 1,56,3 *u.* **A.** esse.

c) de: de quibus insulis ⟨quibus insulis *uel* qu. in ins. *Eussn.*⟩ non nulli scripserunt dies continuos XXX sub bruma esse noctem: V 13,3.

d) ex: Pompeius . . . magnam ex Asia Cycladibusque insulis . . . classem coegerat: 3,3,1; ¶ neque . . . ex ⟨*om. f*⟩ portu insulaque expelli potuit: 3,100,4.

e) in insulam: qui cum ⟨*c*⟩ . . . Pompeium sequerentur atque in insulam (Rhodum) uenissent: 3,102,7.

f) in insula: (quaeque ibi ⟨*c*⟩ (in insula) naues imprudentia aut tempestate paulum suo cursu decesserunt, has more praedonum diripere consuerunt: 3,112,3;) ¶ in insula frumento nauibusque comparatis bellum duci non difficile existimabat: 2,18,6; ¶ in hac ⟨una *add. O*⟩ sunt insula domicilia Aegyptiorum et uicus oppidi magnitudine: 3,112,3; V 13,3 *u.* **c)**; ¶ Britanniae pars interior ⟨*c*⟩ ab iis ⟨*c*⟩ incolitur, quos natos in insula ipsa ⟨*β*; ipsi *α*; *edd.*⟩ memoria proditum dicunt: V 12,1; ¶ Lutetiam proficiscitur. id est oppidum Parisiorum, quod positum est ⟨quod *et* est *om.* *β*⟩ in insula fluminis Sequanae: VII 57,1; Metiosedum peruenit. id est oppidum Senonum in insula ⟨silua *add. ABM;* fluminis *add. Q?*⟩ Sequanae ⟨sequane *AQ;* sequana *BMβ*⟩ positum: VII 58, 3; ¶ Pharus est in insula turris magna altitudine . . ., quae nomen ab insula cepit ⟨*c*⟩: 3,112,1.

(**insumo:** intellexit frustra tantum laborem sumi ⟨insumi *uel* consumi *Paul*⟩: III 14,1.)

insuper: his conlocatis et coagmentatis alius insuper ordo additur: VII 23, 3; ¶ haec utraque insuper bipedalibus trabibus immissis ... binis utrimque fibulis ab extrema parte distinebantur ⟨c⟩: IV 17, 6; ¶ eamque contabulationem summam lateribus lutoque constrauerunt ... centonesque insuper iniecerunt: 2, 9, 3.

[**Falso:** hanc super ⟨*coni. Np.; insuper codd.*⟩ contignationem ... latericulo adstruxerunt: 2, 9, 2.]

integer. 1. adiect.; A. pertinet ad homines (posit.): (quae (cohortes) praesidio castris relictae intritae ⟨*ik;* interritae *αa;* intrite *h;* integrae *f*⟩ ab labore erant: III 26, 2;) ¶ tum integras atque incolumes copias Caesar ⟨c⟩ inferiore ⟨c⟩ militum numero continebat: 3, 47, 3; ¶¶ Numidae integri celeritate impetum nostrorum effugiebant: 2, 41, 6; ¶¶ ad summam desperationem nostri perueniunt et partim fugientes ab equitatu interficiuntur, partim integri procumbunt: 2, 42, 2; ¶ cohortatus, quos integros superauissent, ut uictos contemnerent: 2, 5, 2.

B. pertinet ad res; a) posit.: (Trallibus ⟨c⟩ in templo Victoriae ... palma per eos dies ⟨in tecto *add. codd.; del. CFHermann;* integra *Oud.*⟩ inter coagmenta lapidum ex pauimento exstitisse ostendebatur: 3, 105, 5;) ¶ harum omnium rerum facultates sine ullo periculo pons Ilerdae praebebat et loca trans flumen integra: 1, 49, 2; ¶ superioris anni munitiones integrae manebant: VI 32, 5; munitiones quidem omnes integrae erant: 3, 66, 7; quod (milites) ab opere integris munitionibus uacabant: 3, 76, 2; ¶ quarum (sublicarum) pars inferior integra remanebat: VII 35, 4; ¶ integras uero tenere possessiones qui se debere fateantur cuius ... impudentiae est? 3, 20, 3; ¶ re integra primo incendendum Auaricum, post deserendum censuerat: VII 30, 2; ne quo progredereris proclinata ⟨c⟩ iam re, quo integra etiam progrediendum tibi non existimasses: *ap. Cic. ad Att.* X 8 *B*, 1; ¶ nostri primo integris uiribus fortiter repugnare ⟨c⟩: III 4, 2; quod ... hostes defessi proelio excedebant, alii integris uiribus succedebant: III 4, 3; quos impeditos ⟨c⟩ integris uiribus milites nostri consecuti ... occiderunt: III 19, 4.

b) superl.: ut quam integerrima essent ad pacem omnia: 1, 85, 2.

2. ui subst.; A. masc.; a) subi.: accedebat, ut ... alios alii ⟨c⟩ deinceps exciperent integrique et recentes defetigatis succederent: V 16, 4; cum crebro integri defessis ⟨int. def. crebro β⟩ succederent nostrosque adsiduo labore defatigarent: VII 41, 2; defatigatis in uicem integri succedunt: VII 85, 5; ex castris cohortes per oppidum crebro submittebantur, ut integri defessis succederent: 1, 45, 7; cum recentes atque integri defessis successissent: 3, 94, 2.

b) obi.: ipse ... integros ⟨integro β⟩ subsidio adducit: VII 87, 2; ¶ ex superiore ⟨c⟩ pugnans loco integrosque semper defatigatis summittens ... nostros uicit: 3, 40, 2; ¶ et cursu et spatio pugnae defatigati ⟨c⟩ non facile recentes atque integros sustinebant: VII 48, 4.

B. neutr.: non nullos ambitus Pompeia lege damnatos ... in integrum restituit: 3, 1, 4.

intego: reliquum corpus nauium uiminibus contextum coriis integebatur: 1, 54, 2; ¶ quidquid est contignatum, cratibus consternitur, crates luto ⟨que *add. O³hl*⟩ integuntur: 2, 15, 2; ¶ proximam fossam cratibus ⟨gratibus *AQB¹*⟩ integunt atque aggere explent: VII 79, 4; ¶ reliqua pars scrobis ad occultandas insidias uiminibus ac uirgultis ⟨β; uinculis α⟩ integebatur ⟨β; tegebatur *AQ;* inpediebatur *BM*⟩: VII 73, 7; ¶ itaque pedalibus lignis coniunctis inter se porticus integebantur: 2, 2, 3; ¶ has (rates) terra atque aggere integebat: 1, 25, 9; ¶ totum autem murum ... turribus contabulauerant atque has coriis intexerant: VII 22, 3.

intellego. Intellig. *scriptum est in Ox* 2, 16, 3, *in A corr.* I 13, 2, *in h* II 14, 4; *reliquis locis codd. uidentur exhibere* intellegere.

A. sequ. obi.: de Cicerone te uideo quiddam scripsisse, quod ego non intellexi: *ap. Cic. ad Q. fr.* II 10 (12), 4; — quae ipse intellegat, quae ciuitas queratur proponit: I 20, 6; quae tametsi Caesar intellegebat, tamen quam mitissime potest legatos appellat: VII 43, 4.

B. sequ. acc. c. inf.; a) praes.: ubi se diutius duci intellexit et diem instare: I 16, 5; quod ... uidebat ... eorumque obsides esse apud Ariouistum ac Sequanos intellegebat: I 33, 2; ubi eum castris se ⟨c⟩ tenere Caesar intellexit: I 49, 1; ubi ne tum quidem eos prodire intellexit: I 50, 2; ubi nostros non esse inferiores intellexit: II 8, 3; cum intellegeret omnes fere Gallos nouis rebus studere et ad bellum mobiliter celeriterque excitari, omnes autem homines natura libertati studere ⟨c⟩ et condicionem seruitutis odisse, ... putauit: III 10, 3; Caesar ubi intellexit frustra tantum laborem sumi ⟨*CC*⟩ neque hostium fugam ... reprimi neque iis noceri posse, statuit: III 14, 1; illi ... ubi diligentia nostrorum nihil his rebus profici posse intellexerunt, . . . mittunt: III 21, 3; (Crassus) ubi omnes idem sentire intellexit, . . . constituit: III 23, 8; cum (Germani) intellegerent et posse et audere populi Romani exercitum Rhenum transire: IV 16, 1; principes Britanniae . . . cum equites ⟨c⟩ et naues et frumentum Romanis deesse intellegerent et . . . cognoscerent: IV 30, 1; quod cum merito eius a se fieri intellegebat, tum magni interesse arbitrabatur: V 4, 3; quod esse ex usu Galliae intellexissent: V 6, 6; toto hoc in ⟨*del. Ciacc.*⟩ genere pugnae . . . intellectum est nostros propter grauitatem armorum ⟨c⟩ . . . minus aptos esse ad huius generis hostem, equites autem magno cum periculo proelio ⟨c⟩ dimicare: V 16, 1. 2; cum . . . neque multum aestatis superesset atque id facile extrahi posse intellegeret: V 22, 4; cum . . . sua . . omnia impedimenta atque omnes fortunas conflagrare intellegerent (milites): V 43, 4; quos (Remos) quod adaequare apud Caesarem gratia intellegebatur: VI 12, 7; cum (centuriones) ex significatione Gallorum noui aliquid ab iis iniri consilii intellexissent: VII 12, 6; haec ut intellegatis, inquit, a me sincere pronuntiari, audite Romanos milites: VII 20, 8; quod penes ⟨c⟩ eos, si id oppidum retinuissent, summam uictoriae constare intellegebant: VII 21, 3; quod hostes equitatu superiores esse intellegebat: VII 65, 4; M. Antonius et C. Trebonius . . . qua ex parte nostros premi intellexerant, . . . summittebant: VII 81, 6; quod omnem prouinciam consentire intellegebat (Cotta): 1, 30, 3; omne (opus) prius est perfectum quam intellegeretur ab Afranio castra muniri: 1, 41, 5; quo spatio plures rem posse casus recipere intellegebant: 1, 78, 4; ubi hostes uiderunt . . . eodemque exemplo sentiunt . . . suorumque tormentorum usum . . . *spatii *propinquitate interire parique condicione . . . bellandi data se uirtute ⟨c⟩ nostris adaequare non posse intellegunt: 2, 16, 3; Curio, ubi . . . neque cohortationes suas neque preces audiri intellegit, . . . iubet: 2, 42, 1; hunc . . . apud Cn. Pompeium auctoritatem habere intellegebat: 3, 10, 2; idque ita esse cum ex aliorum obiectationibus tum etiam ex domestico iudicio atque animi conscientia intellegebant (Raucillus et Egus): 3, 60, 2.

b) perf.: cum (Heluetii) id, quod ipsi diebus XX aegerrime confecerant, . . . illum uno die fecisse intellegerent: I 13, 2; (se) eo deceptum, quod neque commissum a se intellegeret, quare timeret, neque sine causa timendum putaret: I 14, 2; intellegere sese, tametsi . . . poenas bello repetisset, tamen eam rem non minus ex usu terrae Galliae quam populi Rom. accidisse: I 30, 2; ubi (hostes) . . . spem se fefellisse intellexerunt . . . uiderunt: II 10, 4; quod intellegebant (Morini Menapiique) maximas nationes, quae proelio contendissent, pulsas superatasque esse: III 28, 2; quod . . . hostibus nostris inde sumministrata auxilia intellegebat et . . . arbitrabatur: IV 20, 1; cum iam ille (Caesar) urbanas res uirtute Cn. Pompei commodiorem in statum peruenisse intellegeret: VII 6, 1; intellegere se diuisum esse populum *Romanum* in partes duas ⟨c⟩: 1, 35, 3.

c) fut.: id si fieret, intellegebat magno cum periculo prouinciae futurum, ut homines bellicosos . . . finitimos haberet: I 10, 2; uti ea, quae polliceantur, facturos intellegat: I 14, 6; (legiones) se absente in itinere proelio dimicaturas intellegebat; . . . uidebat: VII 6, 3; ¶ P. Crassus, cum in Aquitaniam peruenisset . . ., cum intellegeret ⟨*CC*⟩ in iis ⟨c⟩ locis sibi bellum gerendum, ubi . . . Praeconinus . . . interfectus esset . . ., non mediocrem sibi diligentiam adhibendam intellegebat ⟨*CC*⟩: III 20, 1; Labienus tanta rerum commutatione longe aliud sibi capiendum consilium atque antea senserat intellegebat: VII 59, 3.

d) pr. et pf.: quem ubi Caesar intellexit . . . inopiae uitandae causa omnem orationem instituisse neque ullam spem aut condicionem pacis adferre, . . . sese recepit: 3, 17, 6.

e) pr. et fut.: ubi intellexit (Indutiomarus) ultro ad se ueniri, . . . Senones Carnutesque conscientia facinoris instigari ⟨c⟩, . . Neruios Aduatucosque bellum Romanis parare, neque sibi uoluntariorum copias defore, si . . . progredi coepisset, . . . indicit ⟨c⟩: V 56, 1.

C. sequ. interrog. obl.: intellegere sese, quanto id cum periculo fecerit: I 17, 6; intellecturum (Caesarem), quid inuicti Germani . . . uirtute possent: I 36, 7; ut quam primum intellegere posset, utrum apud eos pudor atque officium an timor plus ⟨c⟩ ualeret: I 40, 14; quod (principes consilii) intellegerent, quantam calamitatem ciuitati intulissent: II 14, 4; quod quantum in se facinus admisissent intellegebant (Veneti . . .): III 9, 3; Caesar etsi intellegebat, qua de causa ea dicerentur quaeque eum res ab instituto consilio deterreret, tamen: V 4, 1.

D. add. aduerb.: illi ante inito, ut ⟨postea *add. Pramm.*⟩ intellectum est, consilio . . . eruptionem fecerunt: II 33, 2.

Intellegere alqd ex alqa re: VII 12, 6; 3, 60, 2; **in** (?) alqa re: V 16, 1.

Aduerb.: quam primum: I 40, 14.

(intendo: hostes undique circumuenti . . .

se per munitiones deicere et fuga salutem petere contenderunt ⟨*f; intenderunt X; edd.*⟩: III 26, 5; simili ratione ⟨oratione *Paul*⟩ ibi Vercingetorix ... conuocatis suis clientibus facile incendit ⟨facere intendit β⟩: VII 4, 1; ¶ Caesar ... in fines Sugambrorum contendit ⟨intendit β⟩: IV 18, 2.)

intentus: omnes milites intenti ⟨omnium militum int. animi β; *Schn.*⟩ pugnae ⟨*c*⟩ prouentum exspectabant: VII 80, 2; ¶ omnium animi intenti esse ad pacem uidebantur: 3, 19, 4; — omnium oculis mentibusque ad pugnam intentis ... peruenerunt: III 26, 2; ¶ in ea re omnium nostrorum intentis animis ⟨intenti animi *B*[1]⟩ ... Adiatunnus ... eruptionem facere conatus: III 22, 1.

inter. I. Conlocatio: quos inter controuersia esset: VII 33, 2; quas inter et castra: VI 36, 2; saxa inter et alia loca periculosa ⟨*u. CC*⟩: 3, 6, 3.

II. **Signif.; A. de loco (= μεταξύ); a)** pendet ex **uerbis**: atque inter carros impedimentaque proelium commiserunt: IV 14, 4; ¶ proelio equestri inter duas acies contendebatur: II 9, 2; ¶ qui (mons Iura) est inter Sequanos et Heluetios: I 2, 3; unum (iter erat) per Sequanos, angustum et difficile, inter montem Iuram et flumen Rhodanum: I 6, 1; palus erat non magna inter nostrum atque hostium exercitum: II 9, 1; quorum (Eburonum) pars maxima est inter Mosam ac ⟨et β⟩ Rhenum: V 24, 4; erat inter Labienum atque hostem difficili transitu flumen: VI 7, 5; qui (Segni Condrusique) sunt inter Eburones Treuerosque: VI 32, 1; erat inter oppidum Ilerdam et proximum collem ⟨*dett.;* in oppido ilerda et proximo colle *Ox*⟩ ... planitia ⟨*c*⟩: 1, 43, 1; castra ... cum essent inter flumina duo, Sicorim et Cingam: 1, 48, 3; erat uallis inter duas acies ... non ita magna ⟨*c*⟩: 2, 34, 1; cum esset inter bina castra campus circiter milium passuum VI: 3, 37, 2; ¶ legionibusque ⟨*c*⟩ ⟨intra uineas *add.* β *et plur. edd.;* extra castra uineas *add. BM;* extra uineas *add. AQ;* inter castra uineasque *add. Heller; Dt., Hold.; ego deleui; u. CC*⟩ in occulto expeditis ⟨*c*⟩ cohortatus ⟨*c*⟩: VII 27, 2; ¶ atque inter duos uallos, qua perfectum opus non erat, ⟨per mare *add. codd.; Np., Dt.; del. Nicas.; Db.*⟩ nauibus expositi ⟨expositis *Ox;* nauibus expos. *del. Dt.*⟩ in auersos ⟨*c*⟩ nostros impetum fecerunt: 3, 63, 8; ¶ est bos cerui figura, cuius a media fronte inter aures unum cornu exsistit excelsius: VI 26, 1; Trallibus ⟨*c*⟩ in templo Victoriae ... palma per eos dies [in tecto] inter ⟨per *f*⟩ coagmenta lapidum ex pauimento exstitisse ostendebatur: 3, 105, 5; ¶ quod inter fines Heluetiorum et Allobrogum ... Rhodanus fluit: I 6, 2; quod (flumen) inter eum et Domitii castra fluebat: 3, 37, 1; ¶ quae (siluae) intercederent inter ipsos atque Ariouistum ⟨quae inter eos atque arion. interc. *B*[2]β⟩: I 39, 6; inter singulas legiones impedimentorum magnum numerum intercedere: II 17, 2; ¶ uti inter nouissimum hostium agmen et nostrum primum non amplius quinis aut senis milibus passuum interesset: I 15, 5; quinque cohortes frumentatum in proximas segetes mittit ⟨*om.* β⟩, quas inter et castra unus omnino collis intererat, ⟨misit *add.* β⟩: VI 36, 2; inter ⟨*recc.; Ald.;* ut inter *Ox*⟩ bina castra Pompei atque ⟨et *f*⟩ Caesaris unum flumen [tantum] intererat Apsus ⟨*c*⟩: 3, 19, 1; ¶ reliquas (cohortes) inter aciem ⟨acies *af*⟩ mediam ⟨medias *f*⟩ cornuaque interiecerat ⟨-rant *a*⟩: 3, 88, 3; ¶ equitatus .. noster ... inter duas acies perequitans ... nostris receptum dat: 1, 46, 3; ¶ relinquere: 3, 92, 1 *u.*

b) spatium; ¶ Aquitania ... spectat inter occasum solis et septentriones (spect. ad occ. solis *Ciacc.*⟩: I 1, 7; ¶ qua felicitate ⟨*c*⟩ inter medias hostium classes oppletis ... litoribus omnes incolumes essent transportati: 3, 73, 3.

b) pend. ex **subst.**: ubi aut spatium inter muros aut imbecillitas materiae postulare uideretur: 2, 15, 2; inter duas acies tantum erat relictum spatii, ut: 3, 92, 1; ¶ postridie terram attigit Germiniorum. saxa inter et ⟨attigit. inter Cerauniorum saxa et *Em. Hoffm.*⟩ alia loca periculosa quietam nactus stationem ... milites exposuit: 3, 6, 3.

c) non pendet ex certis quibusdam uocibus: non nulli inter carros raedasque ⟨*Meiser; Hold.;* rotasque *codd.; rell. edd.*⟩ mataras ac tragulas subiciebant: I 26, 3; (ut ... in summo iugo duas legiones ... et omnia auxilia conlocaret ⟨*c*⟩ ac totum montem hominibus compleret ⟨*c*⟩. † interea ⟨inter ea *Göl.*⟩ sarcinas in unum locum conferri ... iussit: I 24, 3;) itaque pedalibus lignis coniunctis inter se porticus integebantur, atque hac agger inter manus proferebatur: 2, 2, 3.

B. de tempore: qui (Germani) inter ⟨intra *B corr.*⟩ annos XIIII tectum non subissent: I 36, 7.

C. multitudinem significat, = apud, in numero (-rum); a) = ἐν; α) pendet ex uerbis: constabat inter omnes: VII 44, 3; ¶ quem inter suos eo die dixisse constabat: VII

47, 7; ¶ inter quos dominari consuessent: II 31, 6; ¶ seque alterum fore Sullam ⟨CC⟩ inter suos gloriatur: 1, 4, 2; ¶ (Neruii) qui maxime feri inter ipsos habeantur ⟨habebantur β⟩: II 4, 8; ¶ indignari: 3, 108, 1 *u.* queri; ¶ minui: V 4, 4 *u.* β) gratia; ¶ ipsos se inter multitudinem militum occultasse: VII 38, 5; ¶ sanctitas regum, qui plurimum inter homines pollent: *ap. Suet.* 6; ¶ qui (expediti) inter equites proeliari consuessent: VII 18, 1; qui (lenis armaturae pedites) inter eos proeliari consuerant: VII 65, 4; ut . . . adulescentes atque expeditos ex antesignanis . . . inter equites proeliari iuberet: 3, 84, 3; ¶ primum inter suos queri atque indignari coepit regem ad causam dicendam euocari: 3, 108, 1; ¶ plurimum inter eos Bellouacos et uirtute et auctoritate et hominum numero ualere: II 4, 5; magni interesse arbitrabatur eius auctoritatem inter suos quam plurimum ualere: V 4, 3; ¶ quod expeditior erat quam ii ⟨c⟩, qui inter ⟨intra B^3β⟩ aciem uersabantur: I 52, 7; et Gallus inter Gallos sine ulla suspicione uersatus ad Caesarem peruenit (seruus): V 45, 4; Eporedorigem et Viridomarum .... inter equites uersari suosque appellare ⟨c⟩ iubet: VII 40, 5.

β) pendet ex subst.: quod erat ciuitas magna inter Belgas auctoritate atque hominum ⟨c⟩ multitudine praestabat: II 15, 1; (V 4, 3 *u.* α) ualere;) quod eum ⟨c⟩ cupidum rerum nouarum, . . . magnae inter Gallos auctoritatis cognouerat: V 6, 1; Senones, quae est ciuitas . . . magnae inter Gallos auctoritatis: V 54, 2; neque, aliter si faciat, ullam inter suos ⟨inter suos ullam *a*⟩ habet ⟨habent *f*; habeant *k*; haberet M^1; habeat *1 det.*⟩ auctoritatem: VI 11, 4; druidibus praeest unus, qui summam inter eos habet auctoritatem: VI 13, 8; ¶ Iccius Remus, summa nobilitate et gratia inter suos, . . . mittit: II 6, 4; id tulit ⟨c⟩ factum grauiter Indutiomarus, suam gratiam inter suos minui: V 4, 4; ¶ qui diutissime impuberes permanserunt, maximam ⟨maxime *A*⟩ inter suos ferunt laudem: VI 21, 4; ¶ quorum (Treuerorum) inter Gallos uirtutis opinio est ⟨opinio est uirt. β⟩ singularis: II 24, 4.

b) = εἰς: silentio adgressi ⟨aggressi NOh^2; aduersi ah^1l; *om. f*⟩ uniuersi ⟨*Np.*; uniuersas *codd.*⟩ intra ⟨*Oh*; inter *Nafl*; — uniuersam in *recc.*; *Hotom.*⟩ multitudinem sagittas coiciebant: 3, 50, 1; ¶ et cum se inter equitum turmas insinuauerunt ⟨-erint B^2M^2h⟩, ex essedis desiliunt ⟨*u.* CC⟩: IV 33, 1; ¶ Galli inter equites raros sagittarios expeditosque leuis armaturae interiecerant: VII 80, 3; ¶ impedimenta inter ⟨intra *Np.*⟩ legiones recipiuntur: VII 67, 3.

D. rationem (et necessitudinem) intercedere significat inter plures; a) inter c. subst. uel pronom. demonstr. (relat.); α) pendet ex uerbis: uelle se de iis ⟨c⟩ rebus, quae inter eos agi coeptae neque perfectae essent, agere cum eo: I 47, 1; haec dum inter eos aguntur: 1, 36, 1; ¶ quod tempus inter eos committendi proelii conuenerat: II 19, 6; ¶ quod obsides inter eos dandos curasset: I 19, 1; ¶ saepe ultro citroque cum legati ⟨saepe cum leg. ultro citroque β⟩ inter eos mitterentur: I 42, 4.

β) pend. ex subst.: arbitros inter ciuitates dat: V 1, 9; ¶ magnaque inter eos exsistit controuersia ⟨controuersia orta est *afik*⟩: V 28, 2; principes regionum atque pagorum inter suos ius dicunt controuersiasque minuunt: VI 23, 5; senatumque omnem et quos inter controuersia esset ad se Decetiam euocauit: VII 33, 2; magnaque inter eos in consilio fuit controuersia, oporteretne Lucilii ⟨c⟩ Hirri . . . rationem haberi: 3, 82, 5; celeriter est inter eos de principatu controuersia orta: 3, 112, 10; ¶ tantaque inter eos dissensio exsistit, ut: 1, 20, 4; ¶ concurrunt ⟨c⟩ his auxiliis uisis; fit ⟨et β⟩ gratulatio inter eos: VII 79, 3; ¶ ius: VI 23, 5 *u.* controuersia.

b) inter se; α) pendet ex uerbis; αα): dum de condicionibus inter se agunt: V 37, 2; ¶ quoniam in praesentia obsidibus cauere inter se non possint ⟨c⟩: VII 2, 2; ¶ reliqui coeunt inter se . . . gladiosque destringunt: 1, 75, 3; ¶ complicare: VII 73, 4 *u.* implicare; ¶ concurrunt equites inter se: 2, 25, 5; ¶ iure iurando inter se confirmant: VI 2, 2; ¶ illae adeo grauiter inter se incitatae conflixerunt: 2, 6, 5; ¶ coniungere *u.* **coniungo** *p. 651* **b)** *(3 loc.)*; ¶ celeriter missis legatis per suos principes inter se coniurant: III 8, 3; ¶ principes Britanniae . . . inter se conlocuti . . . optimum factu esse duxerunt: IV 30, 1; milites . . . inter se per tribunos ⟨c⟩ militum centurionesque atque honestissimos sui generis conloquuntur: 1, 20, 1; ¶ nisi omnia consentiant inter se, non potest fieri, ut nominis similitudo sit: *ap. Pompei. comm. art. Don. (gramm. Lat. ed. Keil V p. 198)*; ¶ quid quoque ⟨c⟩ pacto agi placeat occulte inter se constituunt: VII 83, 5; ¶ hi cum tantopere de potentatu inter se multos annos contenderent: I 31, 4; in ea ciuitate duo de principatu inter se contendebant, Indutiomarus et Cingetorix: V 3, 2; (omnibusque annis de locis ⟨c⟩ summis simultatibus contendebant (inter se?): V 44, 2;) crebroque inter se equestribus proeliis contendebant: 1, 40, 2; iamque inter se palam de praemiis ⟨CC⟩ ac de ⟨c⟩ sacerdotiis contendebant: 3, 82, 4; ¶ inter se fidem et ius iurandum dant: I 3, 8; obsidesque uti inter sese ⟨se AQ⟩ dent perficit ⟨c⟩: I 9, 4; omnes Belgas . . . contra populum Romanum coniurare obsidesque inter se dare: II 1, 1; barbari . . . coniurare, obsides inter se dare . . . coeperunt: III 23, 2; ¶ hi omnes lingua, institutis, legibus inter se differunt: I 1, 2; non alienum esse uidetur . . . quo differant hae nationes inter sese proponere: VI 11, 1; ¶ sibi placere regem Ptolomaeum atque ... Cleopatram ... de controuersiis iure apud se potius quam inter se armis disceptare: 3, 107, 2; ¶ distare *u.* **disto** *p. 934 sq. (5 loc.)*; ¶ quini erant ⟨c⟩ ordines coniuncti inter se atque implicati ⟨complic. β⟩: VII 73, 4; ¶ indictis inter se principes Galliae conciliis ⟨β; consiliis α⟩ . . . queruntur de Acconis morte: VII 1, 4; ¶ cum hae (cohortes) perexiguo intermisso loci ⟨c⟩ spatio inter se constitissent: V 15, 4; ¶ tigna bina . . . interuallo pedum duorum inter se iungebat: IV 17, 3; ¶ milites nero palam inter se loquebantur: 1, 72, 4; ¶ pecuniam atque equos inter se partiti sunt (Eporedorix Viridomarusque): VII 55, 5; Afranius et Petreius et Varro ... officia inter se partiuntur, uti . . .: 1, 38, 1; id opus inter se Petreius atque Afranius partiuntur: 1, 73, 3; ¶ iure iurando ne quis enuntiaret . . . inter se sanxerunt: I 30, 5.

ββ) = se inter se: tum nostri cohortati ⟨hortati A⟩ inter se, ne tantum dedecus admitteretur, uniuersi ex ⟨c⟩ naui desiluerunt ⟨c⟩: IV 25, 5; Galli cohortati inter se, ne speratam praedam ex manibus dimitterent, . . . non dubitant: VI 8, 1; itaque inter se cohortati . . . per medios hostes perrumpunt: VI 40, 4; ¶ ut idem illud interuallum seruetur neque inter se contingant trabes: VII 23, 3; milites disponit . . ., ut contingant inter se atque ⟨c⟩ omnem munitionem expleant: 1, 21, 3.

β) **pendet ex subst.**: crebraque inter se conloquia milites habebant: 3, 19, 1; ¶ his erat inter se de principatu contentio: VII 39, 2; ¶ hi perpetuas inter se controuersias habebant, quinam ⟨uter alteri β⟩ anteferretur: V 44, 2; quascumque postea controuersias inter se milites habuerunt: 1, 87, 2; ¶ ut non longo inter se spatio castra facerent: 1, 87, 4.

γ) **pend. ex adiect.**: uxores habent deni duodenique inter se communes ⟨comm. int. se β⟩ et maxime fratres cum fratribus parentesque cum liberis: V 14, 4.

[**Falso**: iter in ⟨inter β; *om. B¹*⟩ Senones ⟨c⟩ facere instituit: VII 56, 5; cum † inter eam ⟨*edd.*; interea *x*; intra eam *R. Menge*; infra eam *Eussn.*⟩ contignationem parietes exstruerentur: 2, 9, 3; Pompeianis . . . intra ⟨inter *Oafl*⟩ uallum compulsis: 3, 95, 1.]

intercedo. A. = **ire inter; a) propr.; α) de impedimentis**: demonstrarunt inter singulas legiones impedimentorum magnum numerum intercedere: II 17, 2.

β) **de tempore** (= **praeterire**): ut spatium intercedere posset, dum milites . . . conuenirent: I 7, 6; ¶ neque ullum fere totius hiemis tempus sine sollicitudine Caesaris intercessit, quin . . . nuntium acciperet: V 53, 5; nullum intercedebat tempus, quin extremi cum equitibus proeliarentur: 1, 78, 5; ut, quidquid intercederet temporis, hoc omne ⟨c⟩ uictoriam ⟨c⟩ morari uideretur ⟨c⟩: 2, 39, 5; spes uictoriae augetur, adeo ut, quidquid intercederet temporis, id morari reditum in Italiam uideretur: 3, 82, 2.

b) trsl.; α) = **uetare, impedire**: intercedit M. Antonius, Q. Cassius, tribuni plebis: 1, 2, 8.

β) = **accidere, incidere**: quod saepe in bello paruis momentis magni casus intercederent: 1, 21, 1.

B. = **esse inter; a) propr. (de loco)**: oppidi murus ⟨c⟩ a ⟨c⟩ planitie . . . recta regione, si nullus amfractus intercederet, MCC passus aberat: VII 46, 1; ¶ V milia passuum proxima intercedere ⟨intercidere *Ox*⟩ itineris campestris, inde excipere loca aspera et montuosa: 1, 66, 4; ¶ longius prosequi ueritus, quod siluae paludesque intercedebant: V 52, 1; palus, quae perpetua ⟨perpetua quae β⟩ intercedebat, Romanos ad insequendum tardabat: VII 26, 2; ¶ quae (siluae) intercederent inter ipsos atque Ariouistum ⟨quae inter eos atque arion. interced. *B²*β⟩: I 39, 6; V 52, 1 *u.* palus; ¶ non exaudito ⟨c⟩ sono tubae, quod satis magna ⟨magnae β⟩ ualles intercedebat ⟨-bant β⟩: VII 47, 2.

b) trsl.: huic superiore tempore cum reliquis ciuitatibus continentia bella intercesserant: V 11, 9; ¶ huic et paternum hospitium cum Pompeio et simultas cum Curione intercedebat: 2,25,4; ¶ docebat ⟨c⟩ etiam, quam ueteres quamque iustae causae necessitudinis ipsis cum Haeduis intercederent: I 43,6; necessitudinem quidem sibi nihilo minorem cum Caesare intercedere: 2,17,2.

intercessio: nouum ... introductum exemplum queritur, ut tribunicia intercessio ⟨potestas *Ciacc.*⟩ armis notaretur ⟨uetaretur *Madu.*⟩ atque ⟨potestas *add. Hell.*⟩ opprimeretur, quae superioribus annis **sine* armis esset restituta ⟨constituta *Ciacc.*; opposita *F. Hoffm.*; *u. CC*⟩: 1,7,2; Sullam nudata omnibus rebus tribunicia potestate tamen intercessionem liberam reliquisse: 1,7,3; ¶ nec tribunis plebis sui periculi deprecandi neque etiam extremi iuris ⟨intercessione *add. codd. et edd.*; *del. Manut.*; intercessionis *Ciacc.*⟩ retinendi ... facultas tribuitur: 1,5,1; ¶ refertur confestim de intercessione tribunorum: 1,2,8.

(intercido: V milia passuum proxima intercedere ⟨intercidere *Ox*⟩ itineris campestris: 1,66,4.**)**

intercipio. A. animantes: ut non nulli milites ... repentino equitum aduentu interciperentur ⟨interficerentur β⟩: V 39,2; ¶ qui (equites) inopinantes pabulatores ... adgressi magnum numerum iumentorum atque hominum intercipiunt: 1,55,1; ¶¶ **(**ab his fit initium retinendi Silii ⟨c⟩ atque Velanii ⟨et si quos intercipere potuerunt *add.* β⟩: III 8,2;**)** obsessis omnibus uiis missi intercipiuntur: V 40,1.

B. inanima: ne intercepta epistula nostra ab hostibus consilia cognoscantur: V 48,4; ¶ has (naues triremes) cum audacius progressas Libo uidisset, sperans intercipi posse quadriremes V ad eas misit: 3,24,2; ¶ ut ... tela in nostros coicerent et pila intercepta remitterent: II 27,4.

[**Falso:** ipsos crudeliter excruciatos interficit ⟨intercipit β⟩: VII 38,9.]

intercludo. A. alqd: (hostes) tutius esse arbitrabantur obsessis uiis commeatu intercluso sine ullo ⟨c⟩ uulnere uictoria potiri: III 24,2; ¶ quod pontis atque itinerum angustiae multitudini ⟨β; multitudinis α; *edd.*⟩ fugam intercluserant: VII 11,8; ¶ cum ... neque subsidio ueniri neque commeatus supportari interclusis itineribus possent: III 3,2; quod ... interclusis omnibus itineribus nulla re ex prouincia atque Italia subleuari poterat: VII 65,4; Caesar praesidiis *in* montibus dispositis omni ad Hiberum intercluso ⟨interclusos *Ol*⟩ itinere quam proxime potest hostium castris castra communit: 1,72,5.

B. alqm; a) additur, unde alqs prohibeatur; α) ab alqa re: rationem esse habendam dicunt, ... ut Caesar ab exercitu intercludatur: VII 1,6; legiones a praesidio atque impedimentis interclusas maximum flumen distinebat: VII 59,5; Caesar ... ab oppido et ponte et commeatu omni ... se interclusurum aduersarios confidebat: 1,43,2; sperans Pompeium aut Dyrrachium compelli aut ⟨ut *aef*⟩ ab eo ⟨aut oppido *Paul*⟩ intercludi posse: 3,41,3.

β) alqa re: uti frumento commeatuque ... Caesarem intercluderet: I 48,2; hi consuetudine populi Romani loca capere, castra munire, commeatibus nostros intercludere instituunt ⟨c⟩: III 23,6; ¶ quin paene circumuallati atque omni exitu et pabulatione interclusi niderentur: VII 44,4; ¶ frumento: I 48,2 *u.* commeatu; magnum in timorem Afranius Petreiusque perueniunt, ne omnino frumento pabuloque intercluderentur: 1,61,2; ¶ Gallique in conloquiis interclusum itinere ⟨Elauere *de Saulcy*⟩ et Ligeri ⟨c⟩ Caesarem ... in prouinciam contendisse confirmabant: VII 59,1; hoc uero magis properare Varro, ... ne itinere ⟨in itin. *h*⟩ aut traiectu intercluderetur: 2,20,1; tum uero omni interclusus itinere ad Caesarem mittit (Varro): 2,20,7; ¶ oppido: 3,41,3 *u.* α) *extr.*; ¶ pabulatione: VII 44,4 *u.* exitu; ¶ pabulo: 1,61,2 *u.* frumento; ¶ quod re frumentaria intercludi posse (Romanos Heluetii) confiderent: I 23,3; quod re frumentaria aduersarios interclusisset: 1,72,1; ¶ optimum factu esse duxerunt ... frumento commeatuque nostros prohibere ..., quod his superatis aut reditu interclusis neminem postea belli inferendi causa in Britanniam transiturum confidebant: IV 30,2; ¶ traiectu: 2,20,1 *u.* itinere; ¶¶ Pompeius interclusus Dyrrachio ... castra communit: 3,42,1; ¶ si hostem Hibero intercludere et frumento ⟨*O*; frumentum *x*⟩ prohibere potuissent: 1,68,3; ¶ Ligeri: VII 59,1 *u.* itinere.

b) non additur, a qua re alqs intercludatur: res ... huc erat ... deducta, ut ... impedimenta totius exercitus cohortesque in castris relictas seruare non possent; quibus interclusis exercitu Caesaris auxilium ferri nulla ratione poterat: 1,70,2; ¶ hic cum fratri intercluso ab hostibus auxilium ferret: IV 12,5; ¶ milites ... ueriti, ne angustiis intercluderentur, cum extra et intus hostem haberent, . . . sibi consulebant: 3, 69, 4; ¶ aquae magnitudine pons est interruptus et reliqua multitudo equitum interclusa: 1, 40, 3; ¶¶ Caesarem duobus exercitibus et locorum angustiis facile intercludi posse frumentoque prohiberi: 1, 17, 1; ¶ neque ii, qui pabulatum longius progressi erant, interclusi fluminibus reuerti . . . poterant: 1, 48, 4.

interdico. **A.** alci alqa re: quibus cum aqua atque igni interdixisset: VI 44, 3; ¶ qua adrogantia in conloquio Ariouistus usus omni Gallia Romanis interdixisset: I 46, 4; ¶ si qui aut priuatus ⟨c⟩ aut populus eorum (druidum) decreto non stetit, sacrificiis interdicunt. . . . quibus ita ⟨*om.* β⟩ est interdictum (*intelleg.* sacrificiis), hi numero impiorum ac sceleratorum habentur, his ⟨c⟩ omnes decedunt ⟨c⟩: VI 13, 6. 7.

B. alci, ne (neu): interdicit atque imperat Cassiuellauno, ne Mandubracio neu Trinobantibus noceat ⟨c⟩: V 22, 5; praecipit atque interdicit, proterritis ⟨c⟩ hostibus . . . unum omnes petant ⟨c⟩ Indutiomarum, neu quis quem ⟨quisquam alium β⟩ prius uulneret quam illum interfectum uiderit ⟨c⟩: V 58, 4; interdicitque omnibus, ne quemquam interficiant: VII 40, 4.

interdiu: non numquam interdiu, saepius noctu si perrumpere possent conati: I 8, 4; quibus in castellis ⟨c⟩ interdiu stationes ponebantur ⟨dispon. β⟩, ne qua subito eruptio fieret; haec eadem noctu excubitoribus ac firmis praesidiis tenebantur ⟨detineb. β⟩: VII 69, 7; ne de improuiso aut noctu ad ⟨c⟩ munitiones hostium ⟨c⟩ multitudo aduolaret aut interdiu tela in nostros . . . coicere possent ⟨c⟩: VII 72, 2; circumfundi noctu equitatum Caesaris atque omnia . . . itinera obsidere . . . . qua re omni ratione esse interdiu perrumpendum: 1, 67, 3. 5; siue noctu siue interdiu erumperent: 1, 81, 2; — uterque . . . exercitum educunt, Pompeius elam et noctu, Caesar palam atque interdiu: 3, 30, 3.

interdum: consuesse enim deos . . ., quos pro scelere eorum ulcisci uelint, his secundiores interdum res et diuturniorem impunitatem concedere: I 14, 5; hi neque uultum fingere neque interdum lacrimas tenere poterant: I 39, 4.

interea: respondit . . . ad Id. Apr. reuerterentur. interea ea legione, quam secum habebat . . ., murum . . . fossamque perducit: I 8, 1; totum montem hominibus compleri † et interea sarcinas in unum locum conferri et eum . . . muniri iussit ⟨*u.* *CC*⟩: I 24, 3; (legati se dixerunt) post diem tertium ad Caesarem reuersuros; interea ne propius se castra moueret petierunt ⟨c⟩: IV 9, 1; (obsidum partem) ex longinquioribus locis accersitam paucis ⟨c⟩ diebus sese ⟨c⟩ daturos ⟨c⟩ dixerunt. interea suos remigrare ⟨c⟩ in agros iusserunt: IV 27, 7; ipse interea, quoad legiones conlocatas ⟨c⟩ munitaque hiberna cognouisset, in Gallia morari constituit: V 24, 8; quantasuis [magnas etiam] copias Germanorum sustineri posse munitis hibernis docebant . . .; re frumentaria non premi; interea et ex proximis hibernis et a Caesare conuentura subsidia: V 28, 5; quae ab reliquis Gallis ciuitates dissentirent, has sua diligentia adiuncturum . . . . interea aequum esse ab iis communis salutis causa impetrari, ut castra munire instituerent: VII 29, 7; interea, dum haec geruntur, hostium copiae . . . conueniunt: VII 66, 1; . . . interea Commius reliquique ⟨c⟩ duces . . . cum omnibus copiis ad Alesiam perueniunt et . . . considunt: VII 79, 1; Caesar in Galliam reuerteretur, . . . exercitus dimitteret; . . . interea, quoad fides esset data Caesarem facturum quae polliceretur, non intermissuros consules Pompeiumque dilectus: 1, 10, 4; Pisaurum, Fanum, Anconam singulis cohortibus occupat. interea certior factus Iguuium Thermum praetorem cohortibus V tenere . . ., Curionem cum tribus cohortibus . . . mittit: 1, 12, 1; Caesar . . . omnem agrum Picenum percurrit. . . . interea legio XII. Caesarem consequitur: 1, 15, 3; relinquebatur, ut ex longinquioribus regionibus . . . naues essent exspectandae. id . . . longum . . . uidebatur. interea ueterem exercitum ⟨*CC*⟩, duas Hispanias confirmari . . ., auxilia, equitatum parari, Galliam Italiamque temptari se absente nolebat: 1, 29, 3; condiciones pacis . . . Romae ab senatu et a populo peti debere. † interea et ⟨id interesse *Madu.*; *u.* *CC*⟩ rei publicae et ipsis placere oportere, si uterque . . . iurauisset se triduo proximo exercitum dimissurum: 3, 10, 9; postulatis Caesaris cognitis missuros ad Pompeium, atque illum reliqua per se acturum hortantibus ipsis. interea manerent indutiae, dum ab illo rediri posset, neue alter alteri noceret: 3, 16, 5.

[**Falso:** cum † interea contignationem parietes exstruerentur: 2, 9, 3.]

intereo. **A.** = perire, pessumdari; **a)** de animantibus: in primis hoc uolunt persuadere, non interire animas, sed ab aliis post mortem transire ad alios: VI 14, 5; ¶ qui (ciues Romani) Cenabi perfidia Gallorum interissent: VII 17, 7; ¶ omnis noster equitatus, omnis nobilitas interiit ⟨periit *h*⟩: VII 38, 2; ¶ milia hominum delecta LXXX una secum

⟨LXXX delecta secum β⟩ interitura demonstrat: VII 71, 3; ¶ cognoscebant equos eorum tolerari, reliqua uero iumenta interisse: 3, 49, 3; ¶ milia: VII 71, 3 *u.* homines; ¶ nobilitas: VII 38, 2 *u.* equitatus; ¶ interfectos esse legatos duos ⟨c⟩ magnamque partem exercitus interisse demonstrat: V 38, 3; horum omnium pars magna in fossis munitionibusque et fluminis ripis oppressa suorum in terrore ac fuga sine ullo uulnere interiit ⟨interit *ahl*⟩: 3, 71, 2; ¶ magna pars (exercitus) deperiit, . . . multos autumni pestilentia . . . consumpsit . . .; quod fuit roboris, duobus proeliis Dyrrachinis interiit: 3, 87, 5; ¶¶ (Galli) aut se ⟨c⟩ stimulis inopinantes induebant aut in scrobes delati ⟨c⟩ transfodiebantur aut . . . traiecti pilis muralibus interibant ⟨β; interiebant α⟩: VII 82, 1; ¶¶ pauci . . . ablati ⟨c⟩ flumine ab equitatu excipiuntur ac subleuantur; interit tamen nemo: 1, 64, 7; — pluresque in eo loco sine uulnere quam in proelio aut fuga intereunt: 2, 35, 3; — qui . . . non ⟨c⟩ reiecti et relegati longe a ⟨c⟩ ceteris aut ferro aut fame intereant: V 30, 3; persequamur eorum mortem, qui indignissime interierunt, atque hos latrones interficiamus: VII 38, 8.

b) de nauibus: eo die naues Massiliensium cum iis, quae sunt captae, intereunt VIIII: 1, 58, 4; tempestas . . . naues Rhodias adflixit, ita ut ad unam omnes . . . eliderentur et naufragio interirent: 3, 27, 2.

B. = ad irritum redigi: ita multorum mensium ⟨c⟩ labor hostium perfidia et ui tempestatis puncto temporis interiit: 2, 14, 4; ¶ suorumque tormentorum usum ⟨usu *hl*⟩, quibus ipsi magna sperauissent, spatii propinquitate ⟨*Madu.*; spatio propinquitatis *codd. et edd.*⟩ interire . . . intellegunt: 2, 16, 3.

interficio. A. obiect. est appellat.: exercitum . . . reducit suis omnibus . . . incolumibus, ex numero aduersariorum circiter DC interfectis ac mille ⟨c⟩ uulneratis: 2, 35, 6; ¶ (auum: I 12, 7 *u.* **B. b)** Cassium;) ¶ Labienus ⟨c⟩ . . . (captiuos) omnes productos ⟨c⟩ . . . commilitones appellans . . . in omnium conspectu interfecit: 3, 71, 4; ¶ centuriones *u.* **centurio** *p. 512 (3 (4) loc.)*; ¶ Carnutes . . . Cenabum concurrunt ciuesque Romanos, qui negotiandi causa ibi constiterant, in his C. Fufium Citam, honestum equitem Rom., . . . interficiunt bonaque eorum diripiunt: VII 3, 1; ipsos (ciues Rom.) crudeliter excruciatos (Litauiccus) interficit ⟨intercipit β⟩: VII 38, 9; mouebatur etiam misericordia ciuium, quos interficiendos uidebat: 1, 72, 3; ¶ unamque cohortem . . . seclusam ab reliquis circumueniunt atque interficiunt incolumesque . . . reuertuntur: 1, 55, 3; ¶ (consulem: I 12, 5 *u.* **B. b)** Cassium;) ¶ itaque interfectis Nouioduni custodibus quique eo negotiandi ⟨aut itineris *add.* β; *Schn.*⟩ causa conuenerant pecuniam . . . inter se partiti sunt: VII 55, 5; ¶ eodemque igne nautas dominosque nauium interfecit ⟨-ficit *O*⟩: 3, 8, 3; ¶ (duumuirum: VII 65, 2 *u.* **B. b)** Domnotaurum;) ¶ non nullis eorum (equitum) interfectis (milites) incolumes se ad nostros receperunt: 3, 28, 6; *u. praeterea* **eques** *p. 1028 (3 loc.)*; VII 3, 1 *u.* ciues; ¶ (filium: VII 65, 2 *u.* **B. b)** Domnotaurum;) hi . . . Bibuli filios duos interfecerant: 3, 110, 6; ¶ frater (Pisonis) . . . incitato equo se hostibus obtulit atque interfectus est ⟨est interfectus β⟩: IV 12, 6; ego fratribus atque omnibus meis propinquis interfectis dolore prohibeor . . . pronuntiare: VII 38, 3; ¶ quibus submotis omnes sagittarii funditoresque destituti inermes sine praesidio interfecti sunt: 3, 93, 5; ¶ homines: III 6, 2 *u.* partem; (VI 34, 5 *u.* stirpem;) VII 77, 8 *u.* milia; ilii (equites), ut erat imperatum, circumsistunt hominem (*i. e.* Dumnorigem) atque interficiunt: V 7, 9; eos (duces) . . . homines imperitos et per conloquium deceptos crudelissime interfecisse: 1, 85, 3; ¶ hostes *u.* **hostis** *p. 1531 (5 (13) loc.)*; ¶ (imperatorem: 3, 31, 3 *u.* **B. b)** Crassum;) ¶ inopia pabuli adducti . . . omnia sarcinaria iumenta interfici iubent: 1, 81, 6; ¶ proinde . . . persequamur eorum mortem, qui indignissime interierunt atque hos latrones interficiamus: VII 38, 8; ¶ legatum: (I 12, 7 *u.* **B. b)** Cassium; III 20, 1 *ib.* Valerium;) interfectos esse legatos duos ⟨c⟩ magnamque partem exercitus interisse demonstrat: V 38, 3; ¶ nihil esse negotii subito oppressam legionem, quae cum Cicerone hiemet, interfici: V 38, 4; ¶ milia: III 6, 2 *u.* partem; Caesar . . . circiter tribus milibus hostium ⟨*om.* β⟩ ex nouissimo agmine interfectis . . . castra fecit: VII 68, 2; quid hominum ⟨c⟩ milibus LXXX ⟨c⟩ uno loco interfectis propinquis consanguineisque nostris animi fore existimatis: VII 77, 8; ¶ milites: (V 37, 4 *u.* **B. b)** Cottam;) (ut non nulli milites . . . repentino equitum aduentu interciperentur ⟨interficerentur β⟩: V 39, 2;) ex Afranianis interficiuntur T. Caecilius, primi pili centurio, et praeter eum centuriones IIII, milites amplius CC: 1, 46, 5; 75, 2 *u.* **C. e)**; edicunt, penes quem quisque sit

Caesaris miles, ut producat ⟨*c*⟩; productos palam in praetorio interficiunt: 1, 76, 4; compluresque milites, etiam non nulli centuriones, interficiuntur: 1, 80, 5; milites ad unum omnes interficiuntur: 2, 42, 5; 44, 2 *u.* partem; crebrae ... ex concursu multitudinis concitationes fiebant compluresque milites huius ⟨*CC*⟩ urbis omnibus partibus interficiebantur: 3, 106, 5; ¶ ita sine ullo periculo tantam eorum multitudinem nostri interfecerunt, quantum fuit diei spatium: II 11, 6; ¶ nautas: 3, 8, 3 *u.* dominos; ¶ omni nobilitate Haeduorum interfecta tantum potentia antecesserant, ut: VI 12, 3; ¶ quorum (hostium) magno numero interfecto Crassus ... oppidum Sotiatium ⟨*c*⟩ oppugnare coepit: III 21, 2; reliqua fuga desperata magno numero interfecto reliqui se in flumen praecipitauerunt: IV 15, 2; magnoque ⟨*c*⟩ eorum (hostium) numero ⟨*c*⟩ interfecto neque sui colligendi neque consistendi ... facultatem (nostri) dederunt: V 17, 4; quos Labienus equitatu consectatus magno numero interfecto, compluribus captis ... ciuitatem recepit ⟨*c*⟩: VI 8, 7; magnus (hostium) numerus capitur atque interficitur: VII 88, 7; (nostri) magno numero Albicorum et pastorum interfecto partem nauium deprimunt: 1, 58, 4; (equites) tota auxilia regis ... in fugam [se] coiciunt equitatuque omni fere incolumi ... magnum peditum numerum interficiunt: 2, 26, 4; hos (Numidas) ... adorti magnum eorum numerum interficiunt (equites): 2, 38, 5; (ciues Romani) eos castris expulerunt et magno numero interfecto reliquos ... in naues confugere coegerunt: 3, 9, 7; — ut ... maximus numerus hostium uulneraretur atque interficeretur: V 43, 5; ¶ transire conantes (Atrebates) insecuti gladiis magnam partem eorum impeditam interfecerunt (milites): II 23, 1; ex hominum milibus amplius triginta ... plus tertia parte interfecta reliquos perterritos in fugam coiciunt: III 6, 2; V 37, 4 *u.* **B. b)** Cottam; magna parte exercitus nostri interfecta multo minorem superesse .. partem: V 55, 1; parsque (hostium) ibi ... a militibus, pars iam egressa portis ab equitibus est interfecta: VII 28, 3; quarum cohortium milites ... Iuba conspicatus ... magnam partem eorum interfici iussit: 2, 44, 2; ita ut ... interirent et ex magno remigum propugnatorumque numero pars ad scopulos adlisa interficeretur, pars ab nostris detraheretur ⟨*c*⟩: 3, 27, 2; ¶ pastores: 1, 58, 4 *u.* numerum; ¶ cuius pater ... regnum obtinuerat ⟨*c*⟩ interfectusque erat a Cassiuellauno: V 20, 1; cuius pater ... ob eam causam, quod regnum adpetebat, a ⟨*c*⟩ ciuitate erat interfectus ⟨interdictus *hik*⟩: VII 4, 1; ¶ (omnia aedificia ... incendebantur, ⟨pecora interficiebantur *add.* β⟩, praeda ex omnibus locis agebatur: VI 43, 2;) ¶ pedites: 2, 26, 4 *u.* numerum; ¶ praefectum: 3, 60, 4 *u.* **B. b)** Volusenum; ¶ ut quos (principes?) in conspectu Galliae interficere uereretur, hos omnes in Britanniam traductos necaret: V 6, 5; principes ciuitatis, Eporedorix et Viridomarus, insimulati proditionis ab Romanis indicta causa interfecti sunt: VII 38, 2; 65, 2 *u.* **B. b)** Domnotaurum; ¶ propinquos: VII 38, 3 *u.* fratres; ¶ propugnatores, remiges: 3, 27, 2 *u.* partem; ¶ quibus in fugam coniectis sagittarii circumuenti interfectique sunt: VII 80, 7; 3, 93, 5 *u.* funditores; ¶ Aulerci Lexouiique senatu suo interfecto, quod auctores belli esse nolebant, portas clauserunt: III 17, 3; ¶ qui (Bibulus) de seruis liberisque omnibus ad impuberes supplicium sumit et ad unum ⟨omnes *add. b*⟩ interficit: 3, 14, 3; ¶ ubi suos urgeri ... uidit ..., quartae cohortis omnibus centurionibus occisis signiferoque ⟨*c*⟩ interfecto ...: II 25, 1; ¶ si negotium confici stirpemque hominum sceleratorum interfici uellet ⟨*c*⟩: VI 34, 5; ¶ qui (tirones) omnes ad eum perducti ⟨*c*⟩ contra religionem iuris iurandi in eius conspectu ⟨*c*⟩ crudelissime interficiuntur: 3, 28, 4; ¶ (tribunum: V 15, 5 *u.* **B. b)** Laberium;) ¶ hos (uros) studiose foueis captos interficiunt: VI 28, 2; qui plurimos ex his (uris) interfecerunt ⟨interfecerint *Oa²f; Aim.*⟩, ... magnam ferunt laudem: VI 28, 3; ¶ de uxoribus ... quaestionem habent et, si compertum est, igni ⟨*c*⟩ atque omnibus tormentis excruciatas interficiunt: VI 19, 3.

B. obi. est nomen proprium; a) ciuitatis: Albicos: 1, 58, 4 *u.* **A.** numerum; ¶ atque unum ⟨*b;* uncum *ahl;* unicum *O;* egum *uel* aegum *Nf*⟩ Allobrogem ex duobus, quos perfugisse ad Pompeium supra docuimus, cum quibusdam interfecit: 3, 84, 5; ¶ Atrebates: II 23, 1 *u.* **A.** partem; ¶ Gallos: VII 70, 7 *u.* **C. a)** multos; ¶ Massilienses: 2, 14, 6 *ib.;* ¶ his (Menapiis) interfectis nauibusque eorum occupatis ... flumen transierunt (Vsipetes et Tencteri): IV 4, 7; ¶ neque uero primum impetum nostrorum Numidae ferre potuerunt, sed interfectis circiter CXX reliqui se in castra ... receperunt: 2, 25, 5; 38, 5 *u.* **A.** numerum; ¶ neque interesse, ipsosne (Romanos) interficiant impedimentisne exuant: VII 14, 8.

b) singulorum hominum: Caecilium: 1,

46, 5 *u.* **A.** milites; ¶ quod si eum (Caesarem) interfecerit, multis sese nobilibus . . . gratum esse facturum: I 44, 12; ¶ hic pagus . . . L. Cassium consulem interfecerat et eius exercitum sub iugum miserat: I 12, 5; quod eius soceri L. Pisonis auum, L. Pisonem legatum, Tigurini eodem proelio quo Cassium interfecerant: I 12, 7; ¶ Senones . . . Cauarinum . . . interficere publico consilio conati . . . expulerunt: V 54, 2; ¶ qui (Milo) Clodio interfecto eo ⟨c⟩ nomine erat damnatus: 3, 21, 4; ¶ (Coelius) ab his (equitibus) est interfectus: 3, 22, 3; ¶ ibi L. Cotta pugnans interficitur cum maxima parte militum: V 37, 4; ¶ qui (Parthi) paulo ante M. Crassum imperatorem interfecerant: 3, 31, 3; ¶ centuriones . . . circiter XXX amisit. interfectus est etiam fortissime pugnans Crastinus . . . gladio in os aduersum coniecto: 3, 99, 1; ¶ Curio numquam se . . . in eius conspectum reuersurum confirmat atque ita proelians interficitur: 2, 42, 4; ¶ L. Domitius ex castris in montem refugiens . . . ab equitibus est interfectus: 3, 99, 4; ¶ C. Valerio Domnotauro ⟨c⟩, Caburi filio ⟨duumuiro (*om.* cab. fil.) β⟩, principe ciuitatis, compluribusque aliis interfectis intra oppida . . . compelluntur: VII 65, 2; ¶ si uim faciat (Dumnorix) neque pareat, interfici iubet: V 7, 7; 7, 9 *u.* **A.** hominem; ¶ Eporedorigem et Viridomarum: VII 38, 2 *u.* **A.** principes; Eporedorigem et Viridomarum, quos illi interfectos existimabant, inter equites uersari . . . iubet: VII 40, 5; ¶ eodem tempore L. Fabius ⟨sabinus *AQ*⟩ centurio quique una murum ascenderant circumuenti atque interfecti de ⟨c⟩ muro praecipitabantur ⟨c⟩: VII 50, 3; — Fabius a proximis militibus circumuentus interficitur ⟨interf. circ. *a?*⟩: 2, 35, 2; ¶ C. Fufius Cita: VII 3, 1 *u.* **A.** ciues; ¶ praecipit . . ., omnes petant ⟨c⟩ Indutiomarum ⟨c⟩ neu quis ⟨c⟩ quem prius uulneret quam illum interfectum uiderit ⟨c⟩: V 58, 4; in ipso fluminis uado deprehensus Indutiomarus interficitur caputque eius refertur in castra: V 58, 6; interfecto Indutiomaro . . . ad eius propinquos . . . imperium defertur: VI 2, 1; ¶ eo die Q. Laberius ⟨c⟩ Durus, tribunus militum, interficitur: V 15, 5; ¶ Q. Lucanius, eiusdem ordinis, fortissime pugnans, dum circumuento filio subuenit, interficitur: V 35, 7; ¶ Pisonem: I 12, 7 *u.* Cassium; interficiuntur LXXIIII, in his uir fortissimus Piso Aquitanus: IV 12, 4; ¶ Achillam . . . et L. Septimium . . . ad interficiendum Pompeium miserunt: 3, 104, 2; ibi ab Achilla et Septimio interficitur: 3, 104, 3; ¶ Pothinus ⟨c⟩ . . . indicatis deprehensisque internuntiis a Caesare est interfectus: 3, 112, 11; ¶ (Sabinus) interim, dum de condicionibus . . . agunt . . ., paulatim circumuentus interficitur: V 37, 2; ¶ tertium iam hunc (Tasgetium) annum regnantem inimici ⟨c⟩ palam ⟨c⟩ multis ex ciuitate auctoribus ⟨eum *add.* α⟩ interfecerunt: V 25, 3; quorumque opera cognouerit ⟨c⟩ Tasgetium interfectum, hos comprehensos ad se mittere (iubet): V 25, 4; neque aliter Carnutes interficiundi Tasgetii consilium fuisse capturos: V 29, 2; ¶ ubi paucis ante annis L. Valerius Praeconinus legatus exercitu pulso interfectus esset: III 20, 1; VII 65, 2 *u.* Domnotaurum; ¶ paulumque afuit, quin Varum (Fabius) interficeret: 2, 35, 2; ¶ Viridomarum *u.* Eporedorigem; ¶ primum conati sunt (Raucillus et Egus) praefectum equitum C. Volusenum interficere: 3, 60, 4; ¶¶ quos (Dioscoriden et Serapionem) ille (Achillas), cum in conspectum eius uenissent, . . . corripi atque interfici iussit; quorum alter accepto uulnere occupatus ⟨*CC*⟩ per suos pro occiso sublatus, alter ⟨acc. uuln. occ. p. s. p. o. subl., alter *om. af*⟩ interfectus est: 3, 109, 5.

C. **obi. sunt pronom., adiect., sim.; a):** alios: VII 65, 2 *u.* **B. b)** Domnotaurum; ¶ alterum: 3, 109, 5 *u.* **B. b)** *extr.;* ¶ omnesque (caetrati) ab eis circumuenti in conspectu utriusque exercitus interficiuntur (ab equitatu): 1, 70, 5; ¶ complures *u.* **complures** *p. 623 sq.* **b)** *(8 loc.);* ¶ multo illa grauius aestimari debere ⟨c⟩, liberos, coniuges in seruitutem abstrahi, ipsos interfici: VII 14, 10; ¶ liberos: 3, 14, 3 *u.* **A.** seruos; ¶ magnus ibi numerus pecoris repertus, multique in fuga sunt comprehensi atque interfecti: V 21, 6; nostri eruptione facta multis eorum interfectis . . . suos incolumes reduxerunt: V 22, 2; multis utrimque interfectis maiorem multitudinem ad arma ⟨c⟩ concitant (Haedui): VII 42, 6; multis interfectis, compluribus equis captis Germani sese recipiunt: VII 70, 7; itaque multis interfectis reliquos infecta re in oppidum (nostri) reppulerunt: 2, 14, 6; ¶ nostri . . . non nullos ibi repugnantes interfecerunt: 3, 67, 6; ¶ an dubitamus, quin . . . Romani iam ad nos interficiendos concurrant? VII 38, 8; ¶ nostri . . . partim fugientes ab equitatu interficiuntur, partim integri procumbunt: 2, 42, 2; ¶ reliquos omnes equitatu consecuti ⟨consecuti equites β⟩ nostri interfecerunt: I 53, 3; ne eo quidem tempore quisquam loco cessit, sed circumuenti omnes interfectique sunt: VII 62, 7; ne grauius permoti milites... diutino labore omnes puberes interficerent: 2, 13, 3; (3, 14, 3 *u.* **A.** seruos; 28, 4 *ib.* tirones) reliquos omnes earum turmarum aut interfecerunt aut captos ad Domitium deduxerunt ⟨*u. CC*⟩: 3, 38, 4; ¶ (hostes nostrorum) paucis interfectis reliquos incertis ordinibus perturbauerant: IV 32, 5; paucisque utrimque interfectis Caesar loca maxime necessaria complexus noctu praemunit ⟨*c*⟩: 3, 112, 7; ¶ hostes impeditos nostri . . . adgressi magnum eorum numerum occiderunt. . . . primos ⟨que *add.* β⟩, qui transierant, equitatu circumuentos interfecerunt: II 10, 3; ¶ puberes: 2, 13, 3 *u.* omnes; ¶ interdicitque omnibus, ne quemquam interficiant: VII 40, 4; ¶ quos: V 6, 5 *u.* **A.** principes; suo beneficio conseruatos . ., quos iure belli interficere potuisset: VII 41, 1; ¶ quosdam: 3, 84, 5 *u.* **B. a)** Allobrogem; ¶ reliquos: I 53, 3 *et* 3, 38, 4 *u.* omnes; ¶ si sese ⟨se si β⟩ interfici nollent, arma ponere iusserunt: IV 37, 1; noctu ⟨*c*⟩ ad unum omnes desperata salute se ipsi interficiunt: V 37, 6; ¶ cum (Germani) suos interfici uiderent: IV 15, 1; qui (exercitus) iniuria etiam accepta suisque interfectis quos in sua potestate habuerit conseruarit: 1, 85, 2.

b) numer.: (Vorenus) uno interfecto reliquos paulum propellit: V 44, 11; — in medios hostes inrupit duobusque interfectis reliquos a porta paulum ⟨*c*⟩ summouit: VII 50, 5; — in eo proelio ex equitibus nostris interficiuntur quattuor et septuaginta ⟨LXX. IIII *a*⟩: IV 12, 3; — ex his circiter LXXX interfectis, reliquis in fugam coniectis, duobus amissis in castra se receperunt (nostri): 3, 37, 7; — **CXX**: 2, 25, 5 *u.* **B. a)** Numidas; — ex numero aduersariorum circiter DC interfectis ac mille ⟨*c*⟩ uulneratis: 2, 35, 6.

c) enuntiat.: eos, qui in spem potiundorum castrorum uenerant, undique circumuentos interficiunt (milites): III 6, 2; neque . . . repertus est quisquam, qui eo interfecto, cuius se amicitiae deuouisset, mori ⟨*c*⟩ recusaret: III 22, 3; VII 50, 3 *u.* **B. b)** Fabium; 55, 5 *u.* **A.** custodes; sic cum suis fugientibus permixti, quos non siluae montesque texerunt, ab equitatu sunt interfecti: VII 62, 9; (Petreius) conloquia militum interrumpit, nostros repellit a castris, quos deprendit ⟨*c*⟩ interficit: 1, 75, 2; qui una procurrerant leuis armaturae ⟨*c*⟩, circumueniebantur atque interficiebantur ab nostris: 2, 34, 3.

d) intellegend. est **obi.:** sibi praestare . . . quamuis fortunam a populo R. pati quam ab his per cruciatum ⟨*c*⟩ interfici, inter quos dominari consuessent: II 31, 6; postremo in acie praestare interfici quam non ueterem belli gloriam . . . recuperare: VII 1, 8.

Interficere alqm **indicta** causa: VII 38, 2; iure belli: VII 41, 1; sine ullo periculo: II 11, 6; contra religionem iuris iurandi: 3, 28, 4; ¶ igne: 3, 8, 3; (VI 19, 3;) per cruciatum ⟨-tus⟩: II 31, 6; (gladiis (-io): II 23, 1; 3, 99, 1; tormentis: VI 19, 3;) ¶ se **interficere:** V 37, 6.

Aduerb.: crudelissime: 1, 85, 3; 3, 28, 4; palam: V 25, 3; 1, 76, 4.

(**Interimere** *non exstat in Caesaris scriptis.*)

intericio: (duces aduersariorum) crebras stationes disponunt equitum et cohortium alariarum legionariasque intericiunt cohortes: 1, 73, 3; reliquas (cohortes legionesque Pompeius) inter aciem mediam cornuaque interiecerat ⟨-rant *a*⟩: 3, 88, 3; ¶ expeditos: VII 80, 3 *u.* sagittarios; ¶ Neruii antiquitus . . . teneris arboribus incisis atque inflexis ⟨*c*⟩ crebrisque ⟨*c*⟩ in latitudinem ramis euatis ⟨*c*⟩ et rubis sentibusque interiectis effecerant, ut: II 17, 4; ¶ saepes: II 22, 1 *u.* **interiectus;** ¶ quin equestri proelio interiectis sagittariis quid in quoque esset animi ac uirtutis suorum periclitaretur ⟨*c*⟩: VII 36, 4; Galli inter equites raros sagittarios expeditosque leuis armaturae interiecerant: VII 80, 3; ¶ ut . . . (trabes) singulae singulis saxis interiectis arte contineantur: VII 23, 3.

P. Attii equitatus omnis et una leuis armaturae ⟨*Ald.;* armatura et *codd.*⟩ interiecti ⟨-iectio *a*⟩ complures, cum se in uallem demitterent ⟨*c*⟩, cernebantur: 2, 34, 2.

interiectus ui adiectiui. A. de loco: conuallis: 2, 27, 4 *u.* uallis; ¶ in magno impetu maris atque aperto paucis portibus interiectis, quos tenent ipsi, omnes fere . . . habent uectigales ⟨*u. CC*⟩: III 8, 1; ¶ cum . . . resisterent saepibusque densissimis, ut ante demonstrauimus, interiectis prospectus impediretur ⟨*u. CC*⟩: II 22, 1; ¶ indignantes milites . ., quod conspectum suum hostes perferre ⟨*c*⟩ possent tantulo spatio interiecto: VII 19, 4; reliquis ex omnibus partibus colles mediocri interiecto spatio . . . oppidum cingebant: VII 69, 4; cogebantur Corcyra atque Acarnania longo interiecto nauigationis spatio pabulum supportare: 3, 58, 4; ¶ atque una ualle ⟨atque conualle *Paul*⟩ non magna interiecta suas uterque copias instruit: 2, 27, 4.

B. de tempore: interiectisque aliquot diebus

. . . subito meridiano tempore . . . portis se † foras rumpunt: 2, 14, 1; ¶ interim Pompeius hac satis longa interiecta mora et re nuntiata V ⟨c⟩ legiones ⟨c⟩ . . . subsidio suis duxit: 3, 69, 1; ¶ breui spatio interiecto . . . hostes ex omnibus partibus signo dato decurrere: III 4, 1; ut maiore spatio temporis interiecto militum mentes sanarentur: 2, 30, 3.

interim: dies circiter quindecim iter fecerunt . . . . interim cotidie Caesar Haeduos frumentum . . . flagitare: I 16, 1; equitatumque, qui sustineret hostium impetum, misit. ipse interim . . . aciem instruxit: I 24, 2; dies conloquio dictus est ex eo die quintus. interim saepe ultro ⟨c⟩ citroque ⟨c⟩ cum legati inter eos mitterentur, Ariouistus postulauit: I 42, 4; hanc (paludem) si nostri transirent, hostes exspectabant. . . . interim proelio equestri inter duas acies contendebatur: II 9, 2; castris munitis uineas agere . . . coepit. interim omnis ex fuga Suessionum multitudo in oppidum proxima nocte conuenit: II 12, 4; cum se illi identidem . . . reciperent . . ., interim legiones sex ⟨c⟩ . . . opere dimenso castra munire coeperunt: II 19, 5; . . . interim milites legionum duarum, quae . . . praesidio impedimentis fuerant, proelio nuntiato cursu incitato . . . ab hostibus conspiciebantur: II 26, 3; maiori tamen parti placuit hoc reseruato ⟨c⟩ ad extremum *casum* consilio interim rei euentum experiri et castra defendere: III 3, 4; quod ipse aberat longius, naues interim longas aedificari . . ., remiges . . . institui ⟨c⟩, nautas gubernatoresque comparari iubet: III 9, 1; ad quarum initium siluarum cum Caesar peruenisset castraque munire instituisset, neque hostis interim uisus esset: III 28, 3; . . . interim ad praefectos, qui . . . antecesserant, mittit: IV 11, 6; Caesar . . . in fines Sugambrorum contendit. interim ⟨in itinere *Hartz*⟩ a compluribus ciuitatibus ad eum legati ueniunt: IV 18, 3; ipse . . . in Morinos proficiscitur . . . . huc naues . . . iubet conuenire. interim consilio eius cognito et per mercatores perlato ad Britannos . . . ad eum legati ueniunt: IV 21, 5; dum reliquae nanes eo conuenirent, . . . in ancoris exspectauit. interim legatis tribunisque militum conuocatis . . . quae fieri uellet ostendit monuitque . . .: IV 23, 5; ex essedis desiliunt et pedibus ⟨c⟩ proeliantur. aurigae interim paulatim ⟨c⟩ ex proelio excedunt atque ita currus ⟨c⟩ conlocant, ut: IV 33, 2; secutae sunt continuos complures dies tempestates . . . . interim barbari nuntios in omnes partes dimiserunt paucitatemque nostrorum militum suis praedicauerunt et . . . demonstrauerunt: IV 34, 5; Caesar omnem . . . equitatum suis auxilio misit. interim nostri milites impetum hostium sustinuerunt atque amplius horis quattuor fortissime pugnauerunt et . . . complures . . . occiderunt: IV 37, 3; . . . interim Trinobantes . . . legatos ad Caesarem mittunt pollicenturque . . .: V 20, 1; . . . interim ab omnibus legatis . . . certior factus est: V 25, 5; cum quaepiam ⟨c⟩ cohors ex orbe excesserat atque impetum fecerat, hostes uelocissime refugiebant; interim eam partem nudari necesse erat et ab latere aperto tela recipi ⟨c⟩: V 35, 2; interim, dum de condicionibus inter se agunt longiorque consulto ab Ambiorige instituitur sermo ⟨c⟩, paulatim circumuentus interficitur: V 37, 2; consedit et . . . castra communit . . . . interim speculatoribus in omnes ⟨c⟩ partes ⟨c⟩ dimissis explorat: V 49, 8; . . . interim ad Labienum . . . incredibili celeritate de uictoria Caesaris fama perfertur: V 53, 1; equitesque undique euocat; his certam ⟨c⟩ diem conueniendi dicit. interim prope cotidie cum omni equitatu Indutiomarus sub castris eius uagabatur . . .; equites plerumque omnes tela . . . coiciebant: V 57, 3; intromissis equitibus . . . omnes suos custodiis intra castra continuit . . . . interim ex consuetudine cotidiana Indutiomarus ad castra accedit atque ibi magnam partem diei consumit: V 58, 2; aditus uiasque in Suebos perquirit. interim paucis post diebus fit ab Vbiis certior: VI 10, 1; . . . interim confecta frumentatione milites nostri clamorem exaudiunt; praecurrunt equites; . . . cognoscunt: VI 39, 1; . . . interim Lucterius Cadurcus in Rutenos missus eam ciuitatem Aruernis conciliat: VII 7, 1; . . . interim Teutomatus . . . cum magno equitum suorum numero ⟨c⟩ . . . ad eum peruenit: VII 31, 5; . . . interim nuntio allato omnes ⟨c⟩ eorum milites in potestate Caesaris teneri concurrunt ad Aristium . . .: VII 43, 1; . . . interim ii, qui . . . munitionis causa conuenerant, primo exaudito clamore . . . eo contenderunt: VII 48, 1; Domitius ad Pompeium . . . peritos regionum . . . cum litteris mittit, qui . . . orent, ut sibi subueniat. . . . interim suos cohortatus tormenta in muris disponit certasque cuique partes . . . attribuit. militibus . . . agros ex suis possessionibus pollicetur. . . . interim Caesari nuntiatur: 1, 17, 3 *et* 18, 1; . . . interim Oscenses et Calagurritani . . . mittunt ad eum legatos seseque imperata facturos pollicentur: 1, 60, 1; legatosque de pace . . . ad Caesarem mittunt. interim alii suos in castra inuitandi causa adducunt, alii ab suis abducuntur ⟨adduc. *ahl*⟩ . . .: 1, 74, 4; . . . interim L. Nasidius . . . freto

Siciliae . . . peruehitur adpulsisque Messanam nauibus . . . deducit: 2, 3, 1; . . . interim sub musculo milites uectibus infima saxa turris hostium . . . conuellunt: 2, 11, 3; . . . interim aduentu longarum nauium Curio pronuntiare onerariis nauibus iubet: 2, 25, 6; . . . interim postulant, ut sint indutiae, atque ab iis ⟨c⟩ impetrant: 3, 15, 7; crebraque inter se conloquia milites habebant, neque ullum interim telum per pactiones loquentium traiciebatur: 3, 19, 1; . . . interim Milo dimissis circum municipia litteris . . . quos ex aere alieno laborare arbitrabatur sollicitabat: 3, 22, 1; . . . interim acerbissime imperatae pecuniae tota prouincia exigebantur: 3, 32, 1; multaque erant intra eum locum manu sata, quibus interim iumenta pasceret: 3, 44, 3; . . . interim certior factus P. Sulla . . . auxilio cohorti uenit: 3, 51, 1; . . . interim Pompeius hac satis longa interiecta mora et re nuntiata V ⟨c⟩ legiones ⟨c⟩ ab opere deductas ⟨c⟩ subsidio suis duxit: 3, 69, 1; ipse enim necessario etesiis tenebatur . . . . interim controuersias regum ad populum Romanum et ad se . . . pertinere existimans . . . ostendit sibi placere . . .: 3, 107, 2; has munitiones insequentibus auxit diebus . . . . interim filia minor Ptolomaei regis uacuam possessionem regni sperans ad Achillam sese ex regia traiecit unaque bellum administrare coepit: 3, 112, 9.

interior. 1. **adiect.** *Cf. Riemann, RPh. V 103 sqq.*

duas f o s s a s . . . perduxit, quarum interiorem ⟨inferiorem *Göler*⟩ campestribus ac demissis locis aqua . . . compleuit: VII 72, 3; ¶ (inita ⟨c⟩ aestate in ulteriorem ⟨β; interiorem α; *edd.*⟩ G a l l i a m qui deduceret Q. Pedium legatum misit: II 2, 1;) ¶ legionarii interioris m u n i t i o n i s defensores . . . tormentis . . . terrebant: 3, 63, 6; ¶ Britanniae p a r s interior ⟨inferior β; *om. A*⟩ ab iis incolitur, quos . . .; maritima pars ab iis, qui: V 12, 1; is naues nostras interiorem in p o r t u m ⟨*Ciacc.*; p a r t e m *codd.*⟩ post oppidum reduxit: 3, 39, 2; quattuor biremes . . . in interiorem portum ⟨*Ciacc.*; partem *codd.*; *Np.*, *Dt.*⟩ traduxit: 3, 40, 4; ¶ illi interiore s p a t i o perpetuas munitiones efficiebant: 3, 44, 4; illi operibus uincebant, quod . . . interiore spatio minorem circuitum habebant: 3, 44, 5; ¶ (nauibus circumuecti milites in exteriorem ⟨interiorem *NO¹hl*⟩ u a l l u m tela iaciebant: 3, 63, 6;) relicto interiore uallo maiorem adiecerat munitionem: 3, 66, 4.

2. **ui subst.; A. = mediterranei:** interiores plerique frumenta non serunt, sed lacte et carne uiuunt pellibusque sunt uestiti: V 14, 2.

B. = hostis interior, ii qui munitionibus circumuallati erant: at interiores, dum ea, quae . . . ad eruptionem praeparata ⟨c⟩ erant, proferunt, priores fossas explent, diutius in his rebus administrandis morati prius suos discessisse cognouerunt quam munitionibus adpropinquarent. ita re infecta in oppidum reuerterunt: VII 82, 3. 4; interiores desperatis campestribus locis . . . loca praerupta . . . temptant; huc ea, quae parauerant, conferunt. multitudine telorum ex turribus propugnantes deturbant, aggere et cratibus fossas explent, falcibus uallum ac loricam rescindunt: VII 86, 4. 5.

interitus: Labienus interitu Sabini et ⟨*om.* β⟩ caede cohortium cognita . . . litteras Caesari remittit ⟨c⟩: V 47, 4.

intermitto (*opp.* continuare).

1. **transitiue; A. = uacuum relinquere, interuallum relinquere; a) de loco:** quae (p a r s o p p i d i) intermissa a flumine et palude ⟨β; a paludibus α; *edd.*⟩ aditum . . . angustum habebat: VII 17, 1; ¶ ab infimis radicibus montis intermissis circiter p a s s i b u s CCCC castra facere constituit: 1, 41, 3; ¶ quam (p l a n i t i e m) intermissam ⟨a *addend.?*⟩ collibus tria milia passuum in ⟨c⟩ longitudinem ⟨c⟩ patere supra demonstrauimus: VII 70, 1; ¶ cum hae ⟨c⟩ (cohortes) perexiguo intermisso loci ⟨*del. Np.*⟩ s p a t i o inter se constitissent: V 15, 4; mille passuum intermisso spatio castra communit: VI 7, 4; ut . . . (trabes) paribus intermissis ⟨*b*; *Hotom.*; intermissae *X*; *edd.*⟩ spatiis singulae singulis saxis interiectis arte continentur: VII 23, 3; hoc intermisso spatio duas fossas . . . perduxit: VII 72, 3; taleae . . . in terram infodiebantur mediocribusque intermissis spatiis omnibus locis disserebantur: VII 73, 9; milites disponit non certis spatiis intermissis, . . . sed perpetuis uigiliis stationibusque: 1, 21, 3; ab eo (uallo) intermisso spatio pedum DC alter conuersus in contrariam partem erat uallus: 3, 63, 2.

b) de tempore: d i e m *u.* **dies** *p. 893* **b)** *(8 loc.)*; ¶ dum ea conquiruntur et conferuntur, n o c t e (?) intermissa (?) circiter hominum milia sex . . . prima (?) nocte (?) e castris Heluetiorum egressi ad Rhenum . . . contenderunt: I 27, 4; Ambiorix statim . . . proficiscitur neque noctem neque diem intermittit: V 38, 1; ¶ p a r t e m : V 40, 5 *u.* tempus; ¶ at illi intermisso s p a t i o imprudentibus nostris . . . subito se ex siluis eiecerunt: V 15, 3; paruoque spatio intermisso . . . conclamari iussit: 3, 75,

2; satis longo spatio temporis a Dyrrachinis proeliis intermisso ⟨intermissi *a*⟩ . . . temptandum Caesar existimauit: 3, 84, 1; paruoque intermisso temporis spatio ac rursus renouato cursu pila miserunt: 3, 93, 1; ¶ breui tempore intermisso in castra legiones reduxit: IV 34, 2; in his rebus circiter dies X consumit ne nocturnis quidem temporibus ad laborem militum intermissis: V 11, 6; nulla pars nocturni temporis ad laborem intermittitur: V 40, 5; Treueri . . . totius hiemis nullum tempus intermiserunt, quin trans Rhenum legatos mitterent, ciuitates sollicitarent, pecunias pollicerentur, . . . dicerent: V 55, 1; cum . . . milites . . hortaretur, ne quod omnino tempus ab opere intermitteretur: VII 24, 2; Caesar, ut reliquum tempus a ⟨*om. f*⟩ labore intermitteretur, milites in proxima municipia deducit: 1, 32, 1; (3, 84, 1 *et* 93, 1 *u.* spatium;) ¶ ipse triduo intermisso cum omnibus copiis eos sequi coepit: I 26, 6.

B. = **aliquamdiu omittere; a) alqd:** sic neque agri cultura nec ratio atque usus belli intermittitur: IV 1, 6; ¶ interea . . . non intermissuros consules Pompeiumque dilectus: 1, 10, 4; dilectus circa ⟨*c*⟩ urbem intermittuntur: 1, 14, 4; ¶ paulum quidem intermissa flamma . . . centuriones recesserunt: V 43, 6; ¶ hominum milia CXXX . . . tota nocte continenter ierunt; nullam partem noctis itinere intermisso in fines Lingonum die quarto peruenerunt ⟨*u. CC*⟩: I 26, 5; septimo die, cum iter non intermitteret, ab exploratoribus certior factus est: I 41, 5; neque diurno neque nocturno itinere intermisso . . . in Lingones contendit: VII 9, 4; quod properans noctem diei coniunxerat neque iter intermiserat: 3, 13, 2; Caesar . . . parua parte ⟨paruam partem?⟩ noctis itinere intermisso mane Dyrrachium uenit: 3, 41, 5; eadem celeritate . . . nocturno itinere non intermisso . . . ad mare peruenit: 3, 96, 4; ¶ qui uectoriis grauibusque nauigiis non intermisso remigandi labore longarum nauium cursum adaequarunt ⟨*c*⟩: V 8, 4; ¶ qui per sacerdotes more ciuitatis intermissis magistratibus esset creatus: VII 33, 4; ¶ eius modi sunt tempestates ⟨*c*⟩ consecutae, uti opus necessario intermitteretur: III 29, 2; neque idcirco Caesar opus intermittit ⟨intermisit *Na*[1]⟩: 1, 42, 3; ¶ milites certiores facit, paulisper intermitterent proelium . . . seque ex labore reficerent: III 5, 3; ¶ Caesar intermissa profectione atque omnibus rebus postpositis . . . mittit: V 7, 6; ¶ rationem atque usum belli: IV 1, 6 *u.* agri culturam; ¶ media circiter nocte uento intermisso cursum non tenuit: V 8, 2.

b) c. inf.: ex eo, quod obsides dare intermiserant, . . . suspicabatur: IV 31, 1.

C. = **non perficere (?):** qua ⟨β; quam *BM*[1]; quiam *A;* quia *Q;* qua nostrum *Fr.; Hold.*⟩ erat nostrum opus ⟨β; *Schn.;* opus erat *α; rell. edd.*⟩ intermissum ⟨imperfectum *Nitsche*⟩, secunda uigilia silentio equitatum dimittit ⟨*c*⟩: VII 71, 5.

2. intrans.: reliquum spatium . . ., qua flumen intermittit, mons continet: I 38, 5; ¶ hostes neque a ⟨*c*⟩ fronte ex inferiore loco subeuntes intermittere et ab utroque latere instare . . . uidit: II 25, 1.

Nullum diem (tempus) intermittere, quin: V 55, 1; VII 36, 4; — nocturnum tempus ad laborem int.: V 11, 6; 40, 5; — tempus a labore (ab opere) int.: VII 24, 2; 1, 32, 1; — longo spatio a proeliis (= post pr.) intermisso: 3, 84, 1; — pars intermissa a flumine et palude: VII 17, 1; planities intermissa collibus (?): VII 70, 1; — ab infimis radicibus intermissis passibus CCCC: 1, 41, 3; *sim.* 3, 63, 2; — intermisso spatio inter se: V 15, 4.

Aduerb.: necessario: III 29, 2; paulisper: III 5, 3; paulum: V 43, 6; partem noctis: I 26, 5; *cf.* 3, 41, 5.

internecio. Internicio *scriptum est in Q*, internitio *in BM* II 28, 1; iuternitio *in Ca* I 13, 7.

prope ad internecionem gente ac nomine Neruiorum redacto: II 28, 1; ¶ ne committeret, ut is locus . . . ex calamitate populi Romani et internecione exercitus nomen caperet aut memoriam proderet: I 13, 7.

internuntius: Pothinus . . . cum ad Achillam nuntios mitteret . . ., indicatis deprehensisque internuntiis a Caesare est interfectus: 3, 112, 11; — post paulo tamen internuntiis ultro citroque missis . . . de L. Domitii fuga cognoscunt: 1, 20, 4.

interpello. A.: cuius orationem Caesar interpellat: 1, 22, 5; ¶¶ qua oratione permoti milites crebro etiam dicentem ⟨*add. f; Dt.; om. Na; Np., Db.*⟩ interpellabant, ut magno cum dolore infidelitatis suspicionem sustinere uiderentur ⟨qua oratione permoti . . . uiderentur *om. hl*⟩: 2, 33, 1; — quem ingressum in sermonem Pompeius interpellauit et loqui plura prohibuit: 3, 18, 3.

B.: munitiones . . . ad flumen perductae expugnatis iam castris Pompei propriam ⟨*c*⟩ expeditamque ⟨*c*⟩ Caesaris uictoriam interpellauerunt: 3, 70, 2; siue ipsorum perturbatio siue error aliquis siue etiam fortuna partam iam praesentemque uictoriam interpellauisset: 3, 73, 5; ¶¶ nos esse iniquos, quod in suo iure se interpellaremus: I 44, 8; — T. Ampium conatum esse pecunias tollere Epheso . . ., sed interpellatum aduentu Caesaris profugisse: 3, 105, 1.

interpono. A. propr.: ubi aut spatium inter muros aut imbecillitas materiae postulare uideretur, pilae interponuntur: 2, 15, 2.

B. trsl.; a) = intericere: paucis diebus interpositis noctu insidias equitum conlocauit: 3, 37, 5; ¶ Caesar . . . nulla interposita dubitatione legiones . . . educit: VII 40, 1; ¶ hos exspectari equites atque eius rei causa moram interponi arbitrabatur: IV 9, 3; ut tridui mora interposita equites eorum . . . reuerterentur: IV 11, 4; ut milium VI ad iter addito [ad uadum] circuitu magnaque *ad uadum* fluminis mora interposita eos . . . consequerentur: 1, 64, 8; recepto Caesar Orico nulla interposita mora Apolloniam proficiscitur: 3, 12, 1; nulla interposita mora . . . *impedimenta* omnia silentio prima nocte ex castris Apolloniam praemisit: 3, 75, 1; ¶ hoc spatio interposito reliqui sese confirmant: VI 38, 5; longo interposito spatio, cum diuturnitas oppugnationis neglegentiores Octauianos effecisset, . . . inruperunt: 3, 9, 6; spatiumque interponendum ad recreandos animos putabat: 3, 74, 3; ¶ neque ulla ad id tempus belli suspicione interposita: IV 32, 1.

b) = impediendi aut confirmandi causa alqd ponere, dare, facere: quod neque conloquium interposita causa tolli uolebat neque: I 42, 5; ¶ hoc decreto interposito cohortatus Haeduos . . . exercitum in duas partes diuisit: VII 34, 1; ¶ fidem *u.* **fides** *p. 1296* **B.** *(3 loc.)*

interpres: cotidianis interpretibus remotis per C. Valerium Procillum ⟨*c*⟩ . . . cum eo conloquitur: I 19, 3; — Q. Titurius . . . interpretem suum Cn. Pompeium ad eum mittit: V 36, 1.

interpretor: (druides) sacrificia publica ac priuata procurant, religiones interpretantur: VI 13, 4.

(interritus: quae (cohortes) praesidio castris relictae intritae ⟨*ik;* interritae αa^2*;* intrite *h*⟩ ab labore erant: III 26, 2.**)**

interrogo: hi ⟨*c*⟩ (serui) iam ante ⟨*c*⟩ edocti ⟨*c*⟩, quae interrogati pronuntiarent, milites se esse legionarios dicunt: VII 20, 10; qui (Pompeius) . . . ab se reliquisque in senatu interrogatus omnia sibi esse ad bellum apta ac parata confirmauisset: 1, 30, 5; — Labienus . . . captiuos . . . commilitones appellans et magna uerborum contumelia interrogans, solerentne ueterani milites fugere, in omnium conspectu interfecit: 3, 71, 4.

interrumpo. A. propr.: agmen: 1, 64, 1 *u.* **B.** iter; ¶ hoc se colle interruptis pontibus Galli fiducia loci continebant: VII 19, 2; Vercingetorix omnibus interruptis eius fluminis pontibus ab altera fluminis ⟨*c*⟩ parte iter facere coepit: VII 34, 3; cohortes V praemissae a Domitio ex oppido pontem fluminis interrumpebant: 1, 16, 2; subito ui ⟨*c*⟩ uentorum ⟨*c*⟩ et aquae magnitudine pons est interruptus ⟨interrutus *h*⟩ et reliqua multitudo equitum interclusa: 1, 40, 3; pons, qui fuerat tempestate interruptus ⟨praeruptus *f*⟩, paene erat refectus: 1, 41, 1; tempestas cooritur . . . pontesque ambo, quos C. Fabius fecerat, uno die interrupit: 1, 48, 2.

B. trsl.: (Petreius) conloquia militum interrumpit: 1, 75, 2; ¶ cernebatur . . . nouissimos illorum premi uehementer ac non numquam ⟨*c*⟩ subsistere ⟨*Vascos.;* sustinere *codd.; edd.*⟩ extremum agmen atque iter ⟨*add. Forchh.; om. codd.; edd.*⟩ interrumpi ⟨inrumpi *Np.*⟩: 1, 64, 1; ¶ quorum mediam orationem ⟨media oratione *hl*⟩ interrumpunt subito undique tela immissa: 3, 19, 6.

interscindo: ut . . . alii turres reducerent aggeremque interscinderent: VII 24, 5; ¶ ut . . . castellum . . . expugnarent pontemque interscinderent: II 9, 4.

intersum. A. propr. *u.* **inter** *p. 200* interesse *(3 loc.)*.

B. trsl.; a) interesse rei = adesse, participem esse: qui ordinis essent senatorii belloque una cum ipsis interfuissent: 3, 83, 3; ¶ quam (partem equitatus) supra commemoraui . . . Mosam transisse neque proelio interfuisse: IV 16, 2; adcelerat Caesar, ut proelio intersit: VII 87, 5; omnibus interfui proeliis: 3, 87, 2; ¶ illi (druides) rebus diuinis intersunt, sacrificia publica ac priuata procurant: VI 13, 4; ¶ ab iis ⟨*c*⟩ Caesar haec facta cognouit, qui sermoni interfuerunt ⟨-rant *Kindsch.*⟩: 3, 18, 5.

b) impers. interest; α) non additur, cuius intersit; αα) sequ. (acc. c.) inf.: magni interesse arbitrabatur eius auctoritatem inter suos quam plurimum ualere: V 4, 3; magni interesse etiam in reliquum tempus ad opinionem Galliae existimans tantas uideri Italiae facultates, ut: VI 1, 3; etsi magni interesse arbitrabatur quam primum oppido potiri cohortesque ad se in castra traducere: 1,21,1.

ββ) **sequ. interrog. obl.**: neque interesse, ipsosne interficiant impedimentisne exuant: VII 14,8.

β) **additur, cuius intersit**: docet, quanto opere rei publicae communisque salutis intersit manus hostium distineri: II 5,2; interesse rei publicae et ⟨ut *x*⟩ communis salutis se cum Pompeio conloqui: 1,24,5; ¶ condiciones pacis . . . Romae ab senatu et a populo peti debere. † interea et rei publicae ⟨debere. id interesse rei publicae *Madu.*⟩ et ipsis placere oportere: 3,10,9.

interuallum. *(Semper ad locum pertinet.)*

A. obi.: ea autem quae diximus interualla grandibus in fronte ⟨*c*⟩ saxis efferciuntur ⟨*c*⟩: VII 23,2; ¶ his conlocatis . . . alius insuper ordo additur, ut idem illud interuallum seruetur neque inter se contingant trabes, sed paribus intermissis ⟨*c*⟩ spatiis singulae singulis saxis interiectis arte contineantur: VII 23,3.

B. abl.: quod oppidum a Corfinio VII milium interuallo abest: 1,18,1; — trabes derectae ... paribus interuallis, distantes inter se binos pedes, in solo conlocantur: VII 23,1; Vercingetorix castris prope oppidum positis ⟨*c*⟩ mediocribus circum se interuallis separatim singularum ciuitatum ⟨*c*⟩ copias conlocauerat: VII 36,2; — rex ... sex milium passuum ⟨*c*⟩ interuallo a ⟨*c*⟩ Saburra consederat: 2,38,3; — item equites Ariouisti pari interuallo constiterunt: I 43,2; cum ⟨*c*⟩ in dextro cornu legio duodecima et non magno ab ⟨*om. a*⟩ ea ⟨*om. h*⟩ interuallo septima constitisset: II 23,4; — suas copias . . . eduxerunt generatimque constituerunt ⟨instituerunt *B*²β⟩ paribus ⟨paribusque *B*²β⟩ interuallis, Harudes ⟨*c*⟩, Marcomannos ⟨*c*⟩, . . . Suebos: I 51,2; — tigna bina . . . interuallo pedum duorum inter se iungebat: IV 17,3; — ut numquam conferti, sed rari magnisque interuallis proeliarentur: V 16,4; — eo die quo consuerat interuallo hostes sequitur et milia passuum tria ab eorum castris castra ponit: I 22,5; — contraria duo (tigna) . . . interuallo pedum quadragenum ⟨.XL. β⟩ ab inferiore parte . . . statuebat: IV 17,5.

interuenio: hoc ipso tempore et casu Germani equites interueniunt: VI 37,1; Romani si casu interuenerint ⟨β; interuenirent α⟩, fortunae, si alicuius indicio uocati, huic habendam gratiam: VII 20,6.

interuentu(s): ut perpaucae ex omni numero (naues) noctis interuentu ad terram peruenerint ⟨*c*⟩: III 15,5.

intexo: scutis ex cortice factis aut uiminibus intextis . . . eruptionem fecerunt: II 33,2.

intoleranter: sed intolerantius Gallos insequentes legio decima tardauit: VII 51,1.

intra. A. de loco; a) c. uerbis α) mouendi, iaciendi, sim.: monet, ut tragulam cum epistula . . . intra munitionem ⟨munitiones β⟩ castrorum abiciat: V 48,5; ¶ tela intra munitionem ex omnibus partibus coiciunt: V 51,2; equites plerumque omnes tela intra uallum coiciebant: V 57,3; illi . . . silentio adgressi ⟨*c*⟩ uniuersi ⟨*Np.*; uniuersas *codd.*⟩ intra ⟨*Oh*; inter *Nafl*⟩ multitudinem sagittas coiciebant: 3,50,1; ¶ intra oppida ac muros ⟨murosque β⟩ compelluntur: VII 65,2; Caesar Pompeianis ex fuga intra ⟨inter *Oafl*⟩ uallum compulsis . . . milites cohortatus est: 3,95,1; ¶ qui . . . Teutonos Cimbrosque intra fines ⟨*c*⟩ suos ingredi prohibuerint ⟨*c*⟩: II 4,2; nostrosque intra munitiones ingredi prohibebant: V 9,6; ¶ quod intrare intra praesidia periculosum putabat: VII 8,1; ¶ Petrosidius aquilifer . . . aquilam intra uallum proiecit: V 37,5; ¶ qui (Sequani) intra fines suos Ariouistum recepissent: I 32,5; impedimenta inter ⟨intra *Np.*⟩ legiones recipiuntur: VII 67,3; Pompeius, ubi nihil profici equitatu cognouit, ... rursum eum nauibus ad se intra munitiones recipit ⟨recepit *h*⟩: 3,58,2; — se in castra munitionesque suas ⟨se intra munitiones suas β⟩ recipiunt: III 6,3; ambo incolumes . . . sese intra munitiones ⟨intra mun. se β⟩ recipiunt: V 44,13; hos montes intrare cupiebant ⟨*Np.*; intra se recipiebant *codd.*; intrasse cupiebant *EHoffm.*; hos intra montes se recipiebant *Ald.*⟩: 1,65,4; ¶ Vercingetorix ... suos intra munitiones reduxit: VII 51,4; sub uesperum Caesar intra hanc fossam legiones reducit: 1,41,6.

β) **c. aliis**: intra haec tegimenta abditi atque muniti parietes lateribus exstruebant: 2,9,6; ¶ Lissum profectus naues onerarias XXX a M. Antonio relictas intra portum adgressus omnes incendit: 3,40,5; ¶ ut intra munitionem et sine timore et sine stationibus aquari possent: 1,73,3; ¶ ut intra siluas aciem ordinesque constituerant: II 19,6; ¶ intra eas siluas hostes in occulto sese continebant: II 18,3; Labienus suos intra munitionem continebat: V 57,4; omnes suos custodiis intra castra continuit: V 58,1;

postero die omnem exercitum intra fossam continet: 1, 42, 1; militesque omnes intra uallum castrorum ⟨c⟩ continuit: 3, 76, 1; ¶ cum hostem ⟨c⟩ intra portas esse existimarent: VII 47, 4; non minus qui intra munitiones erant perturbantur Galli ⟨c⟩: VII 70, 6; multaque erant intra eum locum manu sata: 3, 44, 3; quique intra praesidia Pompei fuissent: 3, 83, 3; ¶ legionibusque ⟨c⟩ ⟨intra uineas *add.* β; extra castra uineas *add. BM;* extra nineas *AQ;* inter castra uineasque *add. Heller; Dt., Hold.*; *ego del.*⟩ in occulto expeditis ⟨c⟩: VII 27, 2; ¶ (cum † interea ⟨intra eam *R. Menge*⟩ contiguationem parietes exstruerentur: 2, 9, 3;) 2, 9, 6 *u.* abdere; ¶ (eam ⟨c⟩ (contabulationem) in parietes instruxerunt ⟨-rant *Nhl;* — eamque intra parietes incluserant *Ciacc.*⟩: 2, 9, 1;) ¶ muniti: 2, 9, 6 *u.* abdere; ¶ Caesar ... intra has (crates) ... fossam tectis militibus obduci iussit: 3, 46, 1; ¶ ne intra munitionem opprimeretur: 3, 69, 3; ¶ relinquere: 3, 40, 5 *u.* adgredi; ¶ serere: 3, 44, 3 *u.* esse; frumenta enim, quae fuerant intra munitiones sata, consumpserant: 3, 58, 3; ¶ quod expeditior erat quam ii ⟨c⟩, qui inter ⟨intra B^2β⟩ aciem uersabantur: I 52, 7; iam cum intra uallum nostri uersarentur: 3, 96, 3.

b) c. subst.: non illi ... ancipitem terrorem intra extraque munitiones ... causae fuisse cogitabant: 3, 72, 2.

B. de tempore: qui (Germani) inter ⟨intra B^2⟩ annos XIIII tectum non subissent: I 36, 7; intra annum uero uicesimum feminae notitiam habuisse in turpissimis habent rebus: VI 21, 5.

intritus: quae (cohortes) praesidio castris relictae intritae ⟨*ik;* interritae αa^2; intrite *h; integrae f;* a^1 *om. h. l.*⟩ ab labore erant: III 26, 2.

1. intro, intrare. A. intr.: quod (Lucterius) intrare intra praesidia periculosum putabat: VII 8, 1; ¶ quo ⟨quod *a*⟩ non modo non ⟨*CC*⟩ intrari, sed ne perspici quidem posset ⟨c⟩: II 17, 4; quo qui intrauerant ⟨-uerat B^1⟩ se ipsi ⟨ipse B^1⟩ acutissimis uallis induebant: VII 73, 4.

B. transit.: cum ... primae .. turmae ⟨turbae *af*⟩ insidias intrauissent: 3, 38, 3; ¶ ne quem ⟨neque *Nx*⟩ locum ⟨ne quo loco *O*⟩ nostri intrare atque ipsos ... circumuenire possent: 3, 44, 4; ¶ hos montes intrare cupiebant ⟨*Np.;* intra se recipiebant *codd.;* intrasse cupiebant *Em. Hoffm.;* hos intra montes se recipiebant *Ald.*⟩: 1, 65, 4.

2. intro (aduerb.): quo simul atque intro ⟨intus *O*⟩ est itum: 3, 26, 5.

introduco. A. propr.; **a) additur, quo:** in fines *u.* **fines** *p. 1305* ζζ) *(3 loc.);* ¶ nostri ... nacti portum ... eo naues introduxerunt: 3, 26, 4.

b) non additur, quo: quod oppidum Attius cohortibus introductis tenebat: 1, 12, 3; ¶ Varus praesidium, quod introduxerat, ex oppido educit: 1, 13, 2.

B. trsl.: nouum in re publica ⟨rem publicam *N*⟩ introductum exemplum queritur, ut tribunicia intercessio ... opprimeretur: 1, 7, 2.

introeo: centuriones ... nutu uocibusque hostes, si introire uellent, uocare coeperunt: V 43, 6. *Cf.* **2. intro.**

introitus. A. = τὸ εἰσιέναι: iis autem inuitis, a quibus Pharus tenetur, non potest esse propter angustias nauibus introitus in portum: 3, 112, 4; ¶ ne militum introitu et nocturni temporis licentia oppidum diriperetur: 1, 21, 2.

B. = aditus: crebris arboribus succisis omnes introitus erant praeclusi: V 9, 5; ¶ turrim ⟨c⟩ effectam ad ipsum introitum portus opposuit: 3, 39, 2.

intromitto: centuriones: VII 12, 4 *u.* milites; ¶ nocte una intromissis equitibus omnium finitimarum ciuitatum ⟨c⟩ ... omnes suos custodiis intra castra continuit: V 58, 1; ¶ legiones ... portis incensis intromittit atque oppido potitur: VII 11, 8; ¶ refractis portis ... atque intromissis ⟨inmissis β⟩ militibus nostris ... uendidit: II 33, 6; centurionibus et paucis militibus intromissis, qui arma iumentaque conquirerent, equitatus hostium procul nisus est: VII 12, 4.

introrsus: ut non facile introrsus perspici posset ⟨c⟩: II 18, 2; ¶ hanc ⟨c⟩ (siluam) longe introrsus pertinere: VI 10, 5; ¶ laqueis falces auertebant, quas cum destinauerant, tormentis introrsus reducebant: VII 22, 2; ¶ hae ⟨c⟩ (trabes) reuinciuntur ⟨c⟩ introrsus ⟨*a;* extrorsus *αh*⟩ et multo aggere uestiuntur: VII 23, 2; materia ..., quae perpetuis trabibus *pedum *quadragenum plerumque introrsus reuincta neque perrumpi neque distrahi potest: VII 23, 5.

introrumpo: quod ea ⟨β; eas α⟩ non posse introrumpere uidebantur: V 51, 4.

intueor: (animaduertit Sequanos) tristes capite demisso terram intueri: I 32, 2.

intus: erat unus intus Neruius, nomine Vertico: V 45, 2; confirmatur ⟨c⟩ opinio barbaris ... nullum esse intus praesidium: VI

37, 9; ¶ ueriti, ne angustiis intercluderentur, cum extra et ⟨*om. a*⟩ intus hostem haberent: 3, 69, 4.

[Falso: sua sponte ad Caesarem in ius ⟨in ius *Guilielmus;* intus *Ox*⟩ adierunt ⟨*u. CC*⟩: 1, 87, 2.]

inuado: quibus rebus Romam nuntiatis tantus repente terror inuasit, ut: 1, 14, 1.

inuehor: ipse (Iuba) equo in oppidum uectus ⟨inuectus *Ciacc.*⟩ . . . quae fieri uellet Vticae constituit: 2, 44, 3.

inuenio. A. propr.; a) alqd: frumenti quod inuentum est in publicum conferunt: 1, 36, 3; ¶ est etiam genus radicis inuentum ab iis ⟨*c*⟩, qui: 3, 48, 1; ¶ perpauci . . . lintribus inuentis sibi salutem reppererunt ⟨*CC*⟩: I 53, 2; ¶ ad Ligerem uenit uadoque per equites inuento . . . incolumem exercitum traduxit: VII 56, 4.

b) alqm: Roscius cum ⟨*c*⟩ Caesare Capuam peruenit ibique consules Pompeiumque inuenit ⟨conuenit *Paul*⟩: 1, 10, 1; ¶¶ finitimos Germanos sollicitare ... non desistunt. ... inuentis non nullis ciuitatibus iure iurando inter se confirmant: VI 2, 2; ¶ Tubero, cum in Africam uenisset, inuenit in prouincia cum imperio Attium Varum: 1, 31, 2.

B. trsl.; a) = animaduertere, uidere, cognoscere; α) c. obi.: scutoque ad eum relato Scaeuae centurionis inuenta sunt in eo foramina CXX ⟨*c*⟩: 3, 53, 4.

β) c. dupl. acc.: sescentas eius generis cuius supra demonstrauimus naues et longas XXVIII inuenit instructas ⟨structas *Hartx*⟩: V 2, 2; reliquas (naues) paratas ad nauigandum atque omnibus rebus instructas inuenit: V 5, 2; naues inuenit refectas: V 23, 1; ¶ ipsis, ad quorum commodum pertinebat, durior inuentus est Coelius: 3, 20, 4.

γ) c. acc. c. inf.: naues ... inuenit instructas, neque multum abesse ab eo, quin paucis diebus deduci possint: V 2, 2; postea uero ... hominum adhibita sollertia ⟨*u. CC*⟩ inuentum est magno esse usui posse, si: 2, 8, 3.

b) = comperire: inueniebat ex captiuis ⟨*c*⟩ Sabim flumen a ⟨*c*⟩ castris suis non amplius milia passuum decem abesse: II 16, 1; ¶¶ reperit . . . Pompeium remanere Brundisii . . . . neque certum inueniri ⟨-nire *Paul*⟩ poterat, obtinendine Brundisii causa ibi remansisset . . . an inopia nauium ibi restitisset: 1, 25, 3.

inuentor: hunc (Mercurium) omnium inuentorem artium ferunt: VI 17, 1; ¶ huius ⟨*c*⟩ te paene principem copiae atque inuentorem bene de nomine ac dignitate populi Romani meritum esse existimare debemus: *ap. Cic. Brut.* 253.

inueterasco: populi Romani exercitum hiemare atque inueterascere in Gallia moleste ferebant: II 1, 3; — fere fit, quibus quisque in locis miles inueterauerit, ut multum earum regionum consuetudine moueatur: 1, 44, 3; — inueterauerant hi omnes ⟨inuet. homines *a*⟩ compluribus Alexandriae bellis: 3, 110, 6; ¶ ut nihil nisi hiberna recusent atque hanc inueterascere ⟨inueterescere *α*⟩ consuetudinem nolint: V 41, 5.

inuicem *u.* **in 1. C. f)** *p. 114 (3 (4) loc.).*

inuictus: intellecturum, quid inuicti Germani . . . uirtute possent: I 36, 7.

inuideo: sibi omnes fere finitimos esse inimicos ac suae uirtuti inuidere: II 31, 5.

inuidia: Romani . . . quid uolunt nisi inuidia adducti quos fama nobiles potentesque bello cognouerunt, . . . his aeternam iniungere seruitutem? VII 77, 15; a quibus deductum ac deprauatum Pompeium queritur inuidia atque obtrectatione laudis suae: 1, 7, 1.

inuiolatus: quod (legatorum) nomen ad ⟨apud *ef*⟩ omnes nationes sanctum inuiolatumque semper fuisset: III 9, 3.

inuisitatus: communi enim fit uitio naturae, ut inuisitatis ⟨*Elberl.;* inuisis latitatis *Nx;* inusitatis *Db.;* inprouisis *Freudenb.; Dt.;* inuisis latitantibus *O;* inuisis [latitatis] *Np.; u. CC*⟩ atque incognitis rebus magis confidamus uehementiusque exterreamur: 2, 4, 4.

(inuisus *u.* **inuisitatus.)**

inuito. A. propr.: ut in conloquium uenire inuitatus (Ariouistus) grauaretur: I 35, 2; (referunt consules de re publica † in ciuitate ⟨inuitati *Hell.*⟩: 1, 1, 2;) alii suos in castra inuitandi causa adducunt, alii ab suis abducuntur ⟨adduc. *ahl*⟩: 1, 74, 4; ¶ missas legationes ab non nullis ciuitatibus ad Germanos inuitatosque eos, uti ab Rheno discederent: IV 6, 3.

B. trsl. (= impellere): quibus omnibus rebus hostes inuitati copias traducunt: V 51, 1; ¶ horum fuga nauium onerariarum magistros incitabat ⟨inuitabat *Paul*⟩: 2, 43, 3; ¶ (Sugambri) inuitati praeda longius procedunt: VI 35, 7; — alii (milites) . . . ad haec repetenda inuitati propinquitate superiorum castrorum . . . uallum relinquebant: 3, 76, 2.

inuitus. A.: inuiti summae spei adulescentes Eporedorix et Viridomarus Vercingetorigi parent: VII 63, 9: — uti et uiatores etiam inuitos ⟨etiam inuitos *del. Hartx*⟩ consistere cogant et: IV 5, 2; — — neu dimicare inuitus cogeretur (Caesar): 3, 112, 8; Scipio suspicatus fore, ut postero die aut inuitus dimicare cogeretur aut: 3, 37, 4; — minis amicorum Pompei plerique compulsi inuiti ⟨inulti *h*⟩ et coacti Scipionis sententiam sequuntur: 1, 2, 6; — neu quis inuitus sacramentum ⟨*c*⟩ dicere cogatur: 1, 86, 4; — haec tamen dicere: uenisse inuitos, eiectos domo: IV 7, 3.

B.: (M. Coelius Rufus praetor causa debitorum suscepta initio magistratus ⟨inuito magistratu *Voss.*⟩ tribunal suum iuxta C. Trebonii, praetoris urbani, sellam conlocauit: 3, 20, 1;) — qua (uia) Sequanis inuitis propter angustias ire non poterant: I 9, 1; — si se inuito transire conarentur: I 8, 2; si se inuito Germanos in Galliam transire non aequum existimaret: IV 16, 4; — quod eo inuito iter per prouinciam per uim temptassent: I 14, 3; iis ⟨is *afh;* his *Ol*⟩ autem inuitis, a quibus Pharus tenetur, non potest esse propter angustias nauibus introitus in portum: 3, 112, 4.

inuoluo. A. = uoluere in alqd: cupas taeda ac pice refertas . . . in musculum deuoluunt. inuolutae ⟨deuolutae *Lipsius*⟩ labuntur, delapsae . . . ab opere remouentur: 2, 11, 2.

B. = uelare: reliqui . . . repentino periculo exterriti sinistras sagis inuoluunt: 1, 75, 3; ¶ (antecedebat testudo . . . conuoluta ⟨euoluta *Ohl;* inuoluta *Ciacc.*⟩ omnibus, quibus . . . lapides defendi possent: 2, 2, 4.)

inusitatus. A. pos.: et nauium figura et ⟨*c*⟩ remorum motu et inusitato ⟨inuisitato *Q*⟩ genere tormentorum permoti barbari constiterunt: IV 25, 2; ¶ erat noua et inusitata belli ratio cum tot castellorum numero tantoque spatio et tantis munitionibus et toto obsidionis genere, tum etiam reliquis rebus: 3, 47, 1; ¶ (communi enim ⟨*c*⟩ fit uitio naturae, ut inuisitatis ⟨*Elberl.;* inuisis latitatis *Nx;* inusitatis *Db.; u. CC*⟩ atque incognitis rebus magis confidamus uehementiusque exterreamur: 2, 4, 4;) ¶ noua atque inusitata specie commoti legatos ad Caesarem de pace miserunt: II 31, 1.

B. comp.: naues longas, quarum et species erat ⟨*c*⟩ barbaris inusitatior et motus ad usum expeditior: IV 25, 1.

inutilis. A. ad alqd: uti . . . equitatum . . eius ad rem gerendam inutilem efficeret: 3, 43, 3; — compluribus ⟨*c*⟩ nauibus fractis reliquae cum ⟨*c*⟩ essent funibus, ancoris reliquisque armamentis amissis ad nauigandum inutiles: IV 29, 3; — magno coorto imbre ⟨*c*⟩ non inutilem hanc ad capiendum consilium tempestatem arbitratus est ⟨*c*⟩: VII 27, 1; ¶ mulieres quique per aetatem ad pugnam inutiles ⟨esse *add. B²β*⟩ uiderentur: II 16, 5; eorum corporibus, qui aetate ad bellum inutiles ⟨inut. ad b. *β*⟩ uidebantur, uitam tolerauerunt: VII 77, 12.

B. alci rei: ut ii ⟨*c*⟩, qui ualetudine aut aetate inutiles sint ⟨*β;* sunt *α; edd.*⟩ bello, oppido excedant: VII 78, 1.

ipse. A. in narratione; a) addit. subst.; α) appellat.: id (frumentum) erat perexiguum cum ipsius agri natura, . . . tum quod Pompeius . . . frumentum . . . omne . . comportarat ⟨*c*⟩: 3, 42, 5; ¶ quid hominum milibus LXXX ⟨*c*⟩ uno loco interfectis propinquis . . . nostris animi fore existimatis, si paene in ipsis cadaueribus proelio decertare cogentur: VII 77, 8; ¶ omnis noster equitatus, omnis nobilitas interiit . . . . haec ab his ⟨*β; Schn.;* ipsis *α; rell. edd.*⟩ cognoscite, qui ex ipsa caede fugerunt ⟨*CC*⟩: VII 38, 3; ¶ castra . . . munire ⟨*c*⟩ iubet. ab his ⟨ipsis *β; Flod.*⟩ castris oppidum Remorum nomine Bibrax aberat milia passuum octo: II 6, 1; ¶ Calenus Delphos, Thebas, [et] Orchomenum noluntate ipsarum ciuitatium ⟨*c*⟩ recepit: 3, 55, 3; ¶ (completur urbs † et ius ⟨*x;* ad ius *O;* et ipsum *Hug; Db.; u. CC*⟩ comitium tribunis, centurionibus, euocatis ⟨*c*⟩: 1, 3, 3;) ¶ nulla fuit ciuitas, quin . . . partem senatus Cordubam ⟨*c*⟩ mitteret . . . . simul ipse Cordubae conuentus per se portas Varroni clausit, . . . disposuit, . . . retinuit: 2, 19, 3; ¶ eo legiones XII, equitatum omnem uenire iusserat . . . . atque eae ⟨*hl;* heae *af;* hae *O in ras.; edd.*⟩ ipsae copiae hoc infrequentiores [copiae] imponuntur, quod: 3, 2, 3; ¶ nec dabat suspicionem fugae quisquam. ipse dux hostium Camulogenus suis aderat atque eos cohortabatur ⟨*c*⟩: VII 62, 5; omnium ordinum partes in misericordia constitisse, ipsos duces a pace abhorruisse: 1, 85, 3; ¶ quod illis prohibere erat facile cum ipsius fluminis natura atque aquae magnitudine, tum quod: 1, 50, 2; ¶ ut ipsa fortuna illum ⟨ipsum *N*⟩ obicere Pompeio uideretur: 3, 79, 3; ¶ cum Cimbris et Teutonis a C. Mario pulsis non minorem laudem exercitus quam ipse imperator meritus uidebatur: I 40, 5; ¶ quo (senatus consulto) nisi paene in ipso urbis incendio . . . numquam ante descensum ⟨*c*⟩ est: 1, 5, 3; ¶ Britanniae pars interior ⟨*c*⟩ ab iis ⟨*c*⟩ incolitur, quos natos in insula ipsa ⟨*β;*

ipsi α; *edd.*⟩ memoria proditum dicunt: V 12, 1; ¶ faucibusque portus nauem onerariam submersam obiecit et huic alteram adiunxit; super quas turrim ⟨*c*⟩ effectam ad ipsum introitum portus opposuit: 3, 39, 2; ¶ si continere ⟨*c*⟩ ad signa manipulos uellet ⟨*c*⟩, ... locus ipse erat ⟨erat ipse β⟩ praesidio barbaris: VI 34, 6; aegre portas nostri tuentur; reliquos aditus locus ipse per se munitioque defendit: VI 37, 5; constituunt ... bellum ad Ilerdam propter ipsius loci oportunitatem gerere: 1, 38, 4; ¶ esse non nullos, ... qui priuatim plus possint ⟨*c*⟩ quam ipsi ⟨ipse *Ciacc.*⟩ magistratus: I 17, 1; ¶ administrantibus M. Antonio et Fufio Caleno multum ipsis militibus hortantibus neque ullum periculum pro salute Caesaris recusantibus ... naues soluunt: 3, 26, 1; ¶ multa huc minora nauigia addunt, ut ipsa multitudine nostra classis terreatur: 1, 56, 2; ¶ (munitio: VII 20, 3 *u.* **b)** α) locus;) ¶ si mons erat ascendendus, facile ipsa loci natura periculum repellebat: 1, 79, 2; ¶ quod plerumque iis ⟨*c*⟩ accidere consueuit, qui in ipso negotio consilium capere coguntur: V 33, 1; ¶ perspecto urbis situ ... ⟨alesiam *add.* β⟩ circumuallare instituit. ipsum erat oppidum Alesia ⟨*om.* β⟩ in colle summo admodum edito loco: VII 69, 1; castra ... conspicit ... admodum munita natura loci, una ex parte ipso oppido Vtica, altera: 2, 25, 1; ¶ meridiano tempore, cum alius discessisset, alius ex diutino labore in ipsis operibus quieti se dedisset: 2, 14, 1; ¶ portae: VI 42, 2 *u.* uallum; ¶ aduentu nauium profectionem parare incipit et ... ne sub ipsa profectione milites oppidum ⟨*CC*⟩ inrumperent, portas obstruit: 1, 27, 3; ¶ quae (praesidia) ex ipsa coacta ⟨*c*⟩ prouincia ab L. Caesare legato ad omnes partes opponebantur: VII 65, 1; ¶ erat e regione oppidi collis sub ipsis radicibus montis: VII 36, 5; hoc pugnabatur loco et propter angustias iniquo et quod sub ipsis radicibus montis constiterant: 1, 45, 6; ¶ atque ego cum ex ipsa re magnam capio uoluptatem, tum meum factum probari abs te triumpho gaudio ⟨*c*⟩: *ap. Cic. ad Att.* IX 16, 2; ¶ regis: II 13, 1 *u.* **β)** Galba; est ergo in genere et sanctitas regum, qui plurimum inter homines pollent, et caerimonia deorum, quorum ipsi in potestate sunt reges: *ap. Suet.* 6; ¶ duae legiones ... profligatis Veromanduis ⟨*c*⟩ ... ex loco superiore in ipsis fluminis ripis proeliabantur: II 23, 3; inter bina castra ... flumen [tantum] intererat Apsus ⟨*c*⟩ .... mittit P. Vatinium legatum ad ripam ipsam fluminis: 3, 19, 2; ¶ id uero militibus fuit pergratum et iucundum, ut ex ipsa significatione cognosci potuit: 1, 86, 1; ¶ iamque frumenta maturescere incipiebant, atque ipsa spes inopiam sustentabat: 3, 49, 1; ¶ strepitus: IV 33, 1 *u.* terror; ¶ hoc ipso tempore et ⟨*om. k*⟩ casu Germani equites interueniunt: VI 37, 1; iam prope hieme confecta, cum ipso anni tempore ad gerendum bellum uocaretur: VII 32, 2; nisi eo ipso ⟨*om. Nl*⟩ tempore quidam nuntii de Caesaris uictoria ... essent allati: 3, 101, 3; ¶ primo per omnes partes perequitant (essedarii) ... atque ipso terrore equorum et strepitu rotarum ordines plerumque perturbant: IV 33, 1; ¶ musculum ..., quem ⟨*c*⟩ a turri latericia ad hostium turrim ... perducerent, facere instituerunt .... hoc opus omne tectum uineis ad ipsam turrim perficiunt: 2, 10, 7; ¶ et cum unum omnes peterent, in ipso fluminis nado deprehensus Indutiomarus interficitur: V 58, 6; ¶ ut se sub ipso uallo constipauerant: V 43, 5; multum fortunam ... potuisse iudicauit, ... quod paene ab ipso uallo portisque castrorum barbaros auertisset: VI 42, 2; ¶ quae quidem res Caesari non minorem quam ipsa uictoria uoluptatem attulit: I 53, 6.

β) nom. propr.: (Basilus) multos in agris inopinantes deprehendit; eorum indicio ad ipsum Ambiorigem contendit: VI 30, 1; ¶ ipse autem Ariouistus tantos sibi spiritus ... sumpserat, ut: I 33, 5; ¶ in ipsum Caesarem hostes ⟨*c*⟩ equitatu ⟨*c*⟩ persequentem ⟨*c*⟩ incidit: I 53, 5; timorem Romanorum proponit, quibus angustiis ipse Caesar a Venetis prematur ⟨*c*⟩ docet: III 18, 3; constabat inter omnes, quod iam ipse Caesar per exploratores cognouerat, ...: VII 44, 3; ipsum Caesarem ... praesentem ⟨*om.* β⟩ adesse existimarent: VII 62, 2; (dictatore habente comitia Caesare consules creantur Iulius ⟨ipse *G. Sauppe*⟩ Caesar et P. Seruilius: 3, 1, 1;) ¶ Camulogenus: VII 62, 5 *u.* **α)** dux; ¶ non aegris, non uulneratis facultas quietis datur .... ipse Cicero, cum tenuissima ualetudine esset, ne nocturnum quidem sibi tempus ad quietem relinquebat: V 40, 7; ¶ tanta erat ... exspectatio ..., quid ipsis Corfiniensibus, quid Domitio, quid Lentulo, quid reliquis accideret: 1, 21, 6; ¶ suspicatus praemissis equitibus ipsum adfore Curionem: 2, 40, 3; ¶ Caesar ... Dumnorigem ... designari sentiebat .... reperit esse uera: ipsum esse Dumnorigem: I 18, 3; ¶ obsidibus acceptis primis ciuitatis atque ipsius Galbae regis duobus filiis: II 13,1; ¶ eae ⟨*c*⟩ res in Galliam Transalpinam celeriter perferuntur. addunt ipsi et adfingunt rumoribus Galli, quod res poscere uidebatur: VII 1,2; ¶ pastoresque Domitii ⟨*c*⟩ ... suam probare operam studebant. ipsi Massilienses ... nostros eludebant: 1,58,1; ¶ constabat Elide in templo Mineruae ... simulacrum Victoriae, quod ante ipsam Mineruam conlocatum esset ..., se ... conuertisse: 3,105,2; ¶ magno numero interfecto reliquos atque ipsum Octanium in nanes confugere coegerunt: 3,9,7; ¶ nisi eo ipso tempore quidam nuntii de Caesaris uictoria ... essent allati, existimabant plerique futurum fuisse, uti (oppidum) amitteretur .... neque multo post de proelio facto in Thessalia cognitum est, ut ipsis Pompeianis fides fieret: 3,101,7; ¶ haec Scipionis oratio, quod senatus in urbe habebatur Pompeiusque aderat ⟨*CC*⟩, ex ipsius ore Pompei mitti uidebatur: 1,2,1; ... ipse Pompeius ab inimicis Caesaris incitatus ... totum se ab eius amicitia auerterat: 1,4,4; Brundisini Pompeianorum militum iniuriis atque ipsius Pompei contumeliis permoti Caesaris rebus fauebant: 1, 28,1; latum ab X tribunis plebis ..., ut sui ratio absentis haberetur ipso consule Pompeio: 1,32,3; in eo loco ipse erat Pompeius. mediam aciem Scipio ... tenebat: 3,88,1.

b) non additur subst.; α) pertinet ad appellat.; αα) eodem genere: huc cum se consuetudine reclinauerunt (alces), infirmas arbores pondere adfligunt atque una ipsae concidunt: VI 27,5; ¶ his tunc cognitis rebus amici regis ... palam liberaliter responderunt eumque ad regem uenire iusserunt; ipsi clam consilio inito Achillam ... et L. Septimium ... ad interficiendum Pompeium miserunt: 3, 104,2; ¶ antesignani: 3,75,5 *u.* equites; ¶ perrumpere nituntur (barbari) seque ipsi adhortantur, ne: VI 37,10; ¶ ostendit ciues Romanos ...; magnum numerum frumenti commeatusque diripit, ipsos crudeliter excruciatos interficit ⟨*c*⟩: VII 38,9; (ciues Romani) pueris mulieribusque in muro dispositis ⟨*c*⟩ ... ipsi manu facta ... in proxima Octauii castra inruperunt: 3,9,6; ¶ quae (cohortes) fugientes conspicatae neque illos suo aduentu confirmare potuerunt neque ipsae ⟨ipsi *hl*⟩ hostium impetum tulerunt: 3,64,1; ¶ erant per se magna, quae gesserant equites ...; haec tamen ab ipsis inflatius commemorabantur: 2,39,4; qui (equites et antesignani) tantum profecerunt, ut equestri proelio commisso pellerent omnes compluresque interficerent ipsique ⟨que *om. h*⟩ incolumes se ad agmen reciperent: 3,75,5; ¶ ubi (hostes) ... nostros in locum iniquiorem (non) progredi ... uiderunt atque ipsos ⟨ipsis *a*⟩ res frumentaria deficere coepit: II 10,4; hostes, ubi primum nostros equites conspexerunt, quorum erat V milium numerus, cum ipsi non amplius octingentos ⟨*c*⟩ equites haberent, ... perturbauerunt: IV 12,1; ipsi (hostes) ex siluis rari propugnabant nostrosque ... prohibebant: V 9,6; cum ... semper .. hostibus spes uictoriae redintegraretur, eo magis, quod ... uidebant nec facile adire apertos ad auxiliandum animaduertebant semperque ipsi ⟨illi *A*⟩ recentes defessis succederent: VII 25,1; hostes ... pontes ... rescindi iubent; ipsi profecti ⟨*c*⟩ a palude ... contra Labieni castra considunt: VII 58,6; hostes in fugam coniecti ⟨*c*⟩ se ipsi multitudine impediunt: VII 70,3; ¶ quod propius Romanos accessisset, persuasum loci oportunitate, qui se ipse sine ⟨ipse sine *Bentl.*; ipse ut *Kran.*; *Dt.*; ipsum *codd.*; *Schn.*, *Fr.*, *Db.*; ipsius *Em. Hoffm.*; ipsa *coni. Db.*; *Hold.*⟩ munitione defenderet: VII 20,3; ¶ neque enim temere praeter mercatores illo ⟨*c*⟩ adit ⟨*c*⟩ quisquam neque iis ⟨*c*⟩ ipsis quicquam praeter oram maritimam ... notum est: IV 20,3; ¶ (milites) quid fieri oporteret non minus commode ipsi sibi praescribere ⟨*c*⟩ quam ab aliis doceri poterant: II 20,3; milites ... magnam partem eorum impeditam interfecerunt. ipsi transire flumen non dubitauerunt ...: II 23,2; ubi ... confertos milites sibi ipsos ad pugnam esse impedimento uidit: II 25, 1; ueteranae legionis milites ... gubernatorem in terram nauem eicere cogunt, ipsi idoneum locum nacti reliquam noctis partem ibi confecerunt et ...: 3,28,6; leuiusque casura pila sperabat in loco retentis militibus quam si ipsi immissis telis occurrissent ⟨*c*⟩: 3,92,2; si quis a domino prehenderetur, consensu militum eripiebatur, qui uim snorum ... ipsi pro suo periculo defendebant: 3,110,4; ¶ quod si eum interfecerit, multis sese nobilibus principibusque populi Romani gratum esse facturum; id se ab ipsis per eorum nuntios compertum habere: I 44,12; ¶ turris tectum per se ipsum pressionibus ⟨*c*⟩ ... tollere coeperunt: 2,9,5.

ββ) *κατὰ σύνεσιν*: parsque ibi, cum angusto exitu portarum se ipsi premerent, a militibus ... est interfecta: VII 28,3.

β) pertinet ad nom. propr.; αα) homines; 𝔄) singulos: cum his esse hospitium Ambiorigi sciebat . . .; haec prius illi detrahenda auxilia existimabat quam ipsum bello lacesseret: VI 5, 5; magno accidit casu, ut in ipsum incautum etiam atque imparatum incideret: VI 30, 2; magnae fuit fortunae omni militari instrumento . . . erepto . . . ipsum effugere mortem: VI 30, 2; ¶ hac (ratione) ne ipsum quidem (Ariouistum) sperare nostros exercitus capi posse: I 40, 9; ¶ (Bibulus) litora omnia . . . classibus occupauit, custodiisque diligentius dispositis ipse grauissima hieme in nauibus excubans . . .: 3, 8, 4; Bibulus . . . sicuti mari portibusque Caesarem prohibebat, ita ipse omni terra earum regionum prohibebatur: 3, 15, 1; ¶ ei munitioni . . . T. Labienum legatum (Caesar) praefecit; ipse in Italiam magnis itineribus contendit . . . conscribit . . . educit: I 10, 3; Labienum . . . summum ingum montis ascendere iubet . . . . ipse de quarta uigilia . . . ad eos contendit . . . mittit: I 21, 3; cum summus mons a Labieno teneretur, ipse ab hostium castris non longius mille et quingentis passibus abesset: I 22, 1; Caesar . . . equitatum . . . misit. ipse interim . . . triplicem aciem instruxit . . .: I 24, 2; Caesar ad Lingonas litteras nuntiosque misit, ne . . . . ipse triduo intermisso cum omnibus copiis eos sequi coepit: I 26, 6; Caesar praesidium ⟨c⟩ . . . reliquit, omnes ⟨c⟩ alarios . . . constituit . . .; ipse triplici instructa acie usque ad castra hostium accessit: I 51, 1; Caesar singulis legionibus singulos legatos . . . praefecit . . .; ipse a dextro cornu . . . proelium commisit: I 52, 2; hibernis Labienum praeposuit; ipse in citeriorem Galliam ad conuentus agendos profectus est: I 54, 3; Caesar duas legiones . . . conscripsit et . . . Q. Pedium legatum misit. ipse, cum primum pabuli copia esse inciperet, ad exercitum uenit . . .: II 2, 2; Caesar . . . obsides ad se adduci iussit. quae omnia ab his diligenter . . . facta sunt. ipse Diuiciacum Haeduum magnopere cohortatus docet . . .: II 5, 2; scuto . . . militi detracto, quod ipse eo sine scuto uenerat, . . . iussit: II 25, 2; quas legationes Caesar . . . ad se reuerti iussit. ipse . . . in Italiam profectus est: II 35, 3; Caesar a ⟨c⟩ Crasso certior factus, quod ipse aberat longius, naues interim longas aedificari . . . iubet: III 9, 1; his rebus celeriter administratis ipse, cum primum per anni tempus potuit, ad exercitum contendit: III 9, 2; Brutum . . . in Venetos proficisci inbet. ipse eo pedestribus copiis contendit: III 11, 5; quos sibi Caesar oblatos gauisus ⟨c⟩ illos ⟨CC⟩ retineri iussit. ipse omnes copias castris eduxit . . . iussit: IV 13 6 Volusenum cum naui ⟨c⟩ longa praemittit. huic mandat . . . . ipse cum omnibus copiis in Morinos proficiscitur . . .: IV 21, 3; Commium, quem ipse Atrebatibus superatis regem ibi constituerat, . . . mittit: IV 21, 7; a quibus cum paulo tardius esset administratum, * * * ipse hora diei circiter ⟨c⟩ quarta . . . Britanniam attigit . . .: IV 23, 2; his Caesar numerum obsidum . . . duplicauit. . . . ipse idoneam tempestatem nanctus paulo post mediam noctem naues soluit: IV 36, 3; ea . . . ex Hispania adportari iubet. ipse ⟨ita β⟩ conuentibus Galliae citerioris peractis in Illyricum proficiscitur: V 1, 5; huic rei quod satis esse uisum est militum reliquit. ipse cum legionibus expeditis IIII et equitibus DCCC in fines Treuerorum proficiscitur: V 2, 4; Labieno in continenti ⟨c⟩ cum tribus legionibus . . . relicto . . . ipse cum quinque legionibus . . . naues soluit . . .: V 8, 2; praesidio nauibusque ⟨c⟩ Q. ⟨c⟩ Atrium praefecit. ipse noctu progressus milia passuum circiter ⟨c⟩ XII hostium copias conspicatus est: V 9, 2; Caesar legiones equitatumque reuocari . . . iubet; ipse ad naues reuertitur . . .: V 11, 1; Labieno scribit, ut . . . naues instituat. ipse, etsi res erat multae operae ac laboris, tamen commodissimum esse statuit . . .: V 11, 5; easdem copias . . . praesidio nauibus relinquit ⟨c⟩, ipse eodem, unde redierat, proficiscitur: V 11, 7; . . . ipse interea . . . in Gallia morari constituit: V 24, 8; Caesar Fabium . . . remittit in hiberna, ipse cum tribus legionibus circum Samarobriuam . . . hiemare constituit et, quod tanti motus Galliae exstiterant, totam hiemem ipse ad exercitum manere decreuit: V 53, 3; totius exercitus impedimenta ad Labienum in Treueros mittit duasque ad eum legiones ⟨c⟩ proficisci iubet; ipse cum legionibus expeditis quinque in Menapios proficiscitur: VI 5, 6; Commium Atrebatem cum equitatu . . . in Menapiis relinquit, ipse in Treueros proficiscitur: VI 6, 4; ei loco praesidioque C. Volcacium . . . praefecit. ipse, cum maturescere frumenta inciperent, ad bellum Ambiorigis profectus . . . L. Minucium Basilum cum omni equitatu praemittit: VI 29, 4; C. Trebonium . . . ad eam regionem . . . depopulandam mittit; ipse cum reliquis tribus ⟨c⟩ (legionibus) ad flumen † Scaldem . . . ire constituit: VI 33, 3; ea qui conficeret C. Trebonium legatum relinquit, ipse ut quam primum iter faceret ⟨c⟩. Cenabum Carnutum proficiscitur: VII 11, 3; quod legibus Haeduorum iis, qui summum magistratum obtinerent, excedere ex finibus non liceret, . . . ipse in Haeduos proficisci statuit . . .: VII 33, 2; quattuor legiones . . . Labieno ducendas dedit, sex ipse in Aruernos . . . duxit . . .: VII 34, 2; Caesar . . . quam mitissime potest legatos appellat. . . . ipse maiorem Galliae motum exspectans . . . consilia inibat, quem ad modum . . .: VII 43, 5; ad T. Sextium legatum . . . misit, ut cohortes . . . constitueret . . . . ipse paulum . . . cum legione progressus . . . euentum pugnae exspectabat: VII 49, 3; imperat, . . . deductis cohortibus eruptione pugnet ⟨c⟩; id nisi necessario ne faciat. ipse ⟨*om.* β⟩ adit ⟨c⟩ reliquos . . .: VII 86, 3; mittit primo ⟨c⟩ Brutum adulescentem cum cohortibus Caesar ⟨c⟩, post cum aliis C. Fabium legatum; postremo ipse, cum uehementius pugnaretur, integros ⟨c⟩ subsidio adducit: VII 87, 2; iubet arma tradi, principes produci. ipse in munitione pro castris *considit: VII 89, 4; Q. Tullium Ciceronem et P. Sulpicium Cauilloni ⟨c⟩ et Matiscone . . . conlocat. ipse Bibracte ⟨c⟩ hiemare constituit: VII 90, 8; M. Antonium cum cohortibus V Arretium mittit; ipse Arimini cum duabus [legionibus] subsistit . . .: 1, 11, 4; Caesar conquiri milites . . . dilectumque institui iubet; ipse unum diem ibi rei frumentariae causa moratus Corfinium contendit: 1, 16, 1; Caesar . . . portas murosque adseruari iubet. ipse *in* iis ⟨c⟩ operibus, quae facere instituerat, milites disponit: 1, 21, 3; Caesar . . . milites in proxima municipia deducit; ipse ad urbem proficiscitur: 1, 32, 1; cognoscit missum a Pompeio Vibullium Rufum, quem paucis ante diebus Corfinio captum ipse dimiserat: 1, 34, 1; praemiserat . . . parem ex Gallia numerum, quam ⟨quamquam *af;* quem *O; Db.*⟩ ipse pacauerat ⟨parauerat *O; Db.*⟩: 1, 39, 2; hunc (pontem) noctu ⟨c⟩ perfici iussit. ipse cognita locorum natura ponti castrisque praesidio sex ⟨c⟩ cohortes relinquit ⟨c⟩ . . .: 1, 41, 2; Caesar . . . calones ad longinquiores ciuitates dimittebat; ipse praesentem inopiam quibus poterat subsidiis tutabatur ⟨*CC*⟩: 1, 52, 4; relinquebatur Caesari nihil nisi uti equitatu agmen aduersariorum male haberet et carperet. pons ⟨c⟩ enim ipsius magnum circuitum habebat, ut multo breuiore itinere illi ad Hiberum peruenire possent: 1, 63, 2; quae itinera ad Hiberum . . . pertinebant, castris hostium oppositis tenebantur. ipsi erant transcendendae ualles maximae: 1, 68, 2; Caesar equitatu praemisso . . . ipse cum legionibus subsequitur: 1, 78, 5; duabus legionibus missis in ulteriorem Hispaniam cum Q. Cassio, tribuno plebis, ipse cum ⟨c⟩ DC equitibus magnis itineribus progreditur ⟨c⟩ . . .: 2, 19, 1; prouinciae Q. ⟨c⟩ Cassium praeficit; huic IIII legiones attribuit. ipse iis ⟨c⟩ nauibus, quas . . . Gaditani iussu Varronis fecerant, Tarraconem ⟨c⟩ paucis diebus peruenit: 2, 21, 4; Caesar . . . duas ibi legiones praesidio relinquit ⟨c⟩, ceteras in Italiam mittit; ipse ad urbem proficiscitur: 2, 22, 6; ibi . . . legionem relinquit; ipse Oricum reuertitur: 3, 16, 2; quod tanta diligentia omnia litora a Pompeianis tenebantur classesque ipsius, quas hieme . . . fecerat, morabantur: 3, 42, 3; Caesar . . . fossam tectis militibus obduci iussit locumque . . . impediri. ipse idoneis locis funditores instruxit: 3, 46, 2; at ⟨c⟩ tum integras atque incolumes copias Caesar inferiore ⟨c⟩ militum numero continebat, cum illi omnium rerum copia abundarent; . . . ipse autem consumptis omnibus longe lateque frumentis summis erat in angustiis: 3, 47, 5; reliquit in opere cohortes duas . . ., ipse diuerso itinere . . . reliquas cohortes . . . eduxit: 3, 67, 3; sinistro cornu, ubi erat ipse, celeriter adgressus Pompeianos ex uallo deturbauit: 3, 67, 4; postero die Caesar similiter praemissis prima nocte impedimentis de quarta uigilia ipse egreditur: 3, 77, 1; sinistro cornu Antonium, dextro P. Sullam, media acie Cn. Domitium praeposuerat. ipse contra Pompeium constitit: 3, 89, 2; neque nero Caesarem fefellit, quin ab iis ⟨c⟩ cohortibus . . . initium uictoriae oriretur ⟨c⟩, ut ipse in cohortandis militibus pronuntiauerat: 3, 94, 3; legiones sibi alias ex Asia adduci iussit, quas ex Pompeianis militibus confecerat. ipse enim necessario etesiis tenebatur: 3, 107, 1; in hoc tractu ⟨c⟩ oppidi pars erat regiae exigua, in quam ipse habitandi causa initio erat inductus: 3, 112, 8; ¶ (Coelius) Milonem . . . sibi coniunxit atque eum in Thurinum . . . praemisit. ipse cum Casilinum uenisset . . ., sese auertit: 3, 21, 5; ¶ ciuitatem eius (Commii) immunem esse iusserat, iura legesque reddiderat atque ipsi ⟨β; quae ipsi *BM*[1]*;* quae ipse *AQ*⟩ Morinos ⟨morinis *AQ*⟩ attribuerat: VII 76, 1; ¶ horum esse . . . alterum Cotum, antiquissima familia natum atque ipsum hominem summae potentiae et magnae cognationis: VII 32, 4; ¶ Curio Marcium ⟨c⟩ Vticam nauibus praemittit; ipse eodem cum exercitu proficiscitur . . .: 2, 24, 1; ibi C. Caninium Rebilum legatum cum legionibus *relinquit; ipse cum equitatu antecedit ad Castra exploranda Cornelia ⟨c⟩: 2, 24, 2; nouitate rei Curio permotus praemittit equites . . .; ipse celeriter ab opere deductis legionibus aciem instruit: 2, 26, 3; ¶ litteris perlectis Domitius . . . pronuntiat Pompeium celeriter subsidio uenturum hortaturque eos . . .; ipse arcano cum paucis familiaribus suis conloquitur consiliumque fugae capere constituit: 1, 19, 2; L. Domitius . . . nauibus III comparatis, ex quibus duas familiaribus suis attribuerat, unam ipse conscenderat, . . . profectus est: 2, 22, 2; ex his unum ipsius nauigium . . . fugere perseuerauit auxilioque tempestatis ex conspectu abiit ⟨c⟩, duo . . . sese in portum receperunt: 2, 22, 4; sacramento quidem uos tenere qui potuit, cum proiectis fascibus et deposito imperio priuatus et captus ipse in alienam uenisset potestatem? 2, 32, 9; ¶ (Dumnorigem) matrem in Biturigibus ⟨c⟩ homini illic nobilissimo . . . conlocasse, ipsum ex Heluetiis uxorem habere: I 18, 7; ¶ L. Fabius centurio ⟨c⟩ . . . tres suos nactus manipulares atque ab iis subleuatus murum ascendit, hos ⟨c⟩ ipse rursus singulos exceptans in murum extulit: VII 47, 7; ¶ Galba . . . constituit cohortes duas in Nantuatibus conlocare et ipse cum reliquis eius legionis cohortibus in uico Veragrorum . . . hiemare: III 1, 4; ¶ Iuba . . . peditum . . . partem . . . Saburrae summittit ⟨c⟩; ipse cum reliquis copiis elephantisque LX lentius subsequitur: 2, 40, 2; Iuba . . . magnam partem eorum interfici iussit . . ., cum Varus suam fidem ab eo laedi quereretur neque resistere auderet. ipse equo in oppidum uectus ⟨CC⟩ . . . paucis [diebus] quae fieri uellet Vticae constituit . . .: 2, 44, 3; ¶ hoc neque ipse (Labienus) transire habebat ⟨c⟩ in animo neque hostes transituros existimabat: VI 7, 5; has (lintres) magno sonitu remorum incitatas in eandem partem mittit. ipse post ⟨c⟩ paulo silentio egressus cum tribus legionibus eum locum petit, quo naues adpelli iusserat: VII 60, 4; ¶ milites ab eo (Lentulo) accipit, ipsum dimittit: 1, 15, 4; ¶ cuius (Mandubracii) pater in ea ciuitate regnum obtinuerat interfectusque erat a Cassiuellauno, ipse fuga mortem uitauerat: V 20, 1; ¶ Marcius ⟨c⟩ Rufus quaestor . . . postquam in litore relictam nauem conspexit, hanc remulco ⟨c⟩ abstraxit; ipse ad Curionem ⟨c⟩ cum classe redit: 2, 23, 5; ¶ Orgetorix mortuus est, neque abest suspicio, ut Heluetii arbitrantur, quin ipse sibi mortem consciuerit: I 4, 4; ¶ princeps in haec uerba iurat ipse (Petreius); idem ⟨iurat. ipse idem *Oahl*⟩ ius iurandum adigit Afranium; subsequuntur ⟨adigit. afranium subseq. *Oah*⟩ tribuni militum centurionesque . . .: 1, 76, 3; ¶ Petrosidius aquilifer . . . aquilam intra uallum proiecit, ipse pro castris fortissime ⟨c⟩ pugnans occiditur: V 37, 5; ¶ hic (Piso) cum fratri . . . auxilium ferret, illum ex ⟨c⟩ periculo eripuit, ipse equo uulnerato deiectus, quoad potuit, fortissime restitit . . .: IV 12, 5; ¶ Pompeius . . . cum communibus inimicis in gratiam redierat, quorum ipse maximam partem illo adfinitatis tempore iniunxerat Caesari ⟨c⟩: 1, 4, 4; erat iniqua condicio postulare, ut Caesar Arimino excederet atque in prouinciam reuerteretur, ipsum (Pompeium) et prouincias et legiones alienas ⟨?⟩ tenere: 1, 11, 1; † si peracto cons. caesaris cons. non praefectus esset ⟨si pacto Caesar stetisset, ipse non profectus esset *Vielh.*⟩: 1, 11, 2; magnam imperatam . . . Achaiae populis pecuniam exegerat, magnam ⟨c⟩ societates earum prouinciarum, quas ipse obtinebat, sibi numerare coegerat: 3, 3, 2; Pompeius . . . ad Scipionem properandum sibi existimabat: si Caesar iter illo haberet, ut subsidium Scipioni ferret; si ab ora maritima . . . discedere nollet, quod legiones equitatumque ex Italia exspectaret ⟨c⟩, ipse ut omnibus copiis Domitium adgrederetur: 3, 78, 6; utrum auertendae suspicionis causa Pompeius proposuisset (edictum), . . . an nouis dilectibus . . . Macedoniam tenere conaretur, existimari non poterat. ipse ad ancoram *unam *noctem constitit et . . .: 3, 102, 4; Achillam . . . et L. Septimium . . . ad interficiendum Pompeium miserunt. ab his liberaliter ipse appellatus et quadam notitia Septimii productus . . . nauiculam paruulam conscendit: 3, 104, 3; ¶ (Cn. Pompeius filius) D. Laelium . . . reliquit . . .; ipse Lissum profectus naues onerarias XXX . . . incendit: 3, 40, 5; ¶ (Scipio) his litteris acceptis quos aduocauerat dimittit; ipse iter in Macedoniam parare incipit paucisque post diebus est profectus: 3, 33, 2; ¶ (M. Varro) arma omnia . . . in domum Gallonii contulit. ipse habuit graues in Caesarem contiones . . .: 2, 18, 3; altera ex duabus legionibus . . . ex castris Varronis adstante et inspectante ipso ⟨ipse *af*⟩ signa sustulit: 2, 20, 4; ¶ (Vercingetorix) Lucterium Cadurcum . . . cum parte copiarum in Rutenos mittit; ipse in Bituriges proficiscitur: VII 5, 1; cognouit Vercingetorigem . . . castra monisse . . . atque ipsum cum equitatu . . . insidiarum ⟨c⟩ causa eo ⟨c⟩ profectum, quo: VII 18, 1; fuit haec oratio non ingrata Gallis et ⟨c⟩ maxime, quod ipse animo non defecerat . . .: VII 30, 1; inuiti summae spei adulescentes Eporedorix et Viridomarus Vercingetorigi parent. ipse ⟨ille β; *Schn.*⟩ imperat reliquis ciuitatibus obsides . . .: VII 64, 1.

𝔅) plures: frumenti quod subito potuerunt nauibus auexerunt, reliquum flumine atque incendio corruperunt (Eporedorix et Viridomarus). ipsi ex finitimis regionibus copias cogere . . . disponere . . . ostentare coeperunt: VII 55, 9; ¶ magnum in timorem Afranius Petreiusque perueniunt, ne omnino frumento pabuloque intercluderentur, quod multum Caesar equitatu ualebat. itaque constituunt ipsi ⟨?⟩ his ⟨*Np.*; iis *Oud.*; *om. codd.*; *Db.*⟩ locis ⟨constituunt iis locis *Ciacc.*⟩ excedere et in Celtiberiam bellum transferre: 1, 61, 2; ut equitatum effugerent Caesaris praesidiisque in angustiis conlocatis exercitum itinere prohiberent, ipsi sine periculo ac timore Hiberum copias traducerent: 1, 65, 4; id opus inter se Petreius atque Afranius partiuntur ipsique perficiundi operis causa longius progrediuntur: 1, 73, 3; ¶ nam praeteruectas Apolloniam Dyrrachiumque naues (Caesar atque Pompeius) uiderant, ipsi ⟨uiderant ipsi, et *Madu.*⟩ iter secundum eas terra ⟨*c*⟩ derexerant: 3, 30, 1.

ββ) ciuitates: Aduatuci . . . trabes in muro conlocabant. ipsi erant ex Cimbris Teutonisque prognati: II 29, (1.) 4; ¶ quibus (Biturigibus) id consilii fuisse cognouerint, ut . . . una ex parte ipsi ⟨ipsi ex parte β⟩, altera Aruerni se circumsisterent: VII 5, 5; datur petentibus (Biturigibus) uenia dissuadente primo Vercingetorige, post concedente et precibus ipsorum et misericordia uulgi: VII 15, 6; ¶ propter iniquitatem loci, cum ipsi ex montibus in uallem decurrerent et tela coicerent, ne primum quidem posse ⟨*c*⟩ impetum suum sustineri (Galli) existimabant: III 2, 4; fuit antea tempus, cum Germanos Galli uirtute superarent. . . . nunc quod ⟨*c*⟩ in eadem inopia . . . Germani permanent . . ., Gallis autem prouinciarum propinquitas et transmarinarum rerum notitia multa ad copiam . . . largitur, . . . ne se quidem ipsi cum illis uirtute comparant: VI 24, 6; postea quam propius successerunt (Galli), aut se ⟨ipsi *add.* β; *Schn.*⟩ stimulis inopinantes induebant aut in scrobes delati ⟨*c*⟩ transfodiebantur: VII 82, 1; ¶ Germani quam naeti erant praedam in occulto relinquunt; ipsi Aduatucam contendunt: VI 35, 10; ¶ si Haeduis de iniuriis, quas ipsis sociisque eorum intulerint, . . . satis faciant: I 14, 6; quibus illi (Haedui) agros dederunt quosque postea in parem ⟨*c*⟩ iuris libertatisque condicionem ⟨*c*⟩ atque ipsi erant receperunt: I 28, 5; neque . . . Haeduos Romanis auxilium tulisse neque ipsos ⟨*a*; ipsis *αh*⟩ in his contentionibus, quas Haedui secum . . . habuissent, auxilio populi Romani usos esse: I 44, 9; ¶ quod fere cotidianis proeliis (Heluetii) cum Germanis contendunt, cum aut suis finibus eos prohibent aut ipsi in eorum finibus bellum gerunt: I 1, 4; Heluetii . . . cum id, quod ipsi diebus XX aegerrime confecerant, ut flumen transirent, illum uno die fecisse intellegerent: I 13, 2; Heluetii . . . impedimenta in unum locum contulerunt; ipsi confertissima acie ⟨*u. CC*⟩ . . . phalange facta sub primam nostram aciem successerunt: I 24, 5; ¶ Romanos . . inopiam non laturos . . .; neque interesse, ipsosne interficiant impedimentisne exuant: VII 14, 8; ¶ animaduertit . . . Sequanos nihil earum rerum facere, quas ceteri facerent, sed tristes capite demisso terram intueri. eius rei quae causa esset miratus ex ipsis quaesiit: I 32, 2; ¶ Vbii . . . paulo [quam] sunt eiusdem generis [et] ceteris humaniores, propterea quod . . . multum . . ad eos mercatores uentitant et ipsi propter propinquitatem [quod] Gallicis sunt moribus adsuefacti: IV 3, 3; ¶ Veneti . . . usu rerum ⟨*c*⟩ nauticarum reliquos ⟨*c*⟩ antecedunt et in magno impetu maris atque aperto paucis portibus interiectis, quos tenent ipsi, omnes fere . . . habent uectigales: III 8, 1; summaque erat (nostris nauibus) . . . raris ac prope nullis portibus difficultas nauigandi. namque ipsorum (Venetorum) naues ad hunc modum factae armataeque erant: III 13, 1.

Heluetios, Tulingos, Latouicos ⟨*c*⟩ in fines suos . . . reuerti iussit et . . . Allobrogibus imperauit, ut iis ⟨*c*⟩ frumenti copiam facerent; ipsos oppida uicosque, quos incenderant, restituere iussit: I 28, 3.

γ) non ad certum aliquod subst. pertinet; αα) masc.; A) subi.: ubi prima impedimenta nostri exercitus ab iis ⟨*c*⟩, qui in siluis ⟨*c*⟩ abditi latebant, uisa sunt, . . . ut ⟨*c*⟩ intra siluas aciem ordinesque constituerant atque ipsi sese confirmauerant, . . . prouolauerunt: II 19, 6; cum iam pecus atque extrema impedimenta ab nostris tenerentur, ipsi densiores siluas peterent: III 29, 2; **(**ipsi (dicunt): V 12, 1 *u.* **A. a) α) insula;)** reliqui se in castra recipiunt. . . . noctu ⟨*c*⟩ ad unum omnes desperata salute se ipsi interficiunt: V 37, 6; quod fere ⟨*c*⟩ ante Caesaris aduentum quotannis accidere solebat, uti aut ipsi iniurias inferrent aut inlatas propulsarent: VI 15, 1; quo qui intrauerant ⟨-uerat B^1⟩, se ipsi ⟨ipse B^1⟩ acutissimis uallis induebant: VII 73, 4; haec tum ratio nostros perturbauit insuetos huius generis pugnae: circumiri enim sese . . . procurrentibus singulis arbitrabantur; ipsi autem suos ordines ⟨*c*⟩ seruare neque . . . eum locum, quem ceperant, dimitti censuerant ⟨*c*⟩ oportere: 1, 44, 4; res tamen ab Afranianis

⟨c⟩ huc erat necessario deducta ⟨c⟩, ut, si priores montes . . . attigissent, ipsi periculum uitarent, impedimenta . . . seruare non possent: 1, 70, 2; quae uolumus et credimus libenter et quae sentimus ipsi reliquos sentire speramus: 2, 27, 2; quicumque alterum obsidere conati sunt, perculsos atque infirmos hostes . . . continuerunt, cum ipsi numero equitum militumque praestarent: 3, 47, 2; libenter etiam ex perfugis cognoscebant equos eorum tolerari, reliqua uero iumenta interisse; uti autem ipsos ualetudine non bona: 3, 49, 3; (I 44, 2 *u.* 𝔅).)

𝔅) genet.: Gallia est omnis diuisa in partes tres, quarum unam incolunt Belgae, aliam Aquitani, tertiam qui ipsorum lingua Celtae, nostra Galli appellantur: I 1, 1; sedes (se) habere in Gallia ab ipsis concessas, obsides ipsorum uoluntate datos: I 44, 2.

ℭ) abl.: nihil, quod ipsis esset indignum, committebant: V 35, 5; atque ipsis, ad quorum commodum pertinebat, durior inuentus est Coelius: 3, 20, 4.

𝔇) c. praep.: (haec ab his ⟨β; *Schn.*; ipsis α; *rell. edd.*; istis *Oud.*⟩ cognoscite, qui ex ipsa caede fugerunt ⟨*CC*⟩: VII 38, 3.)

ββ) neutr.: tametsi dextris umeris exsertis animaduertebantur, quod insigne pactum ⟨c⟩ esse consuerat, tamen id ipsum sui fallendi causa milites ab hostibus factum existimabant: VII 50, 2; ¶ tum demum Titurius, qui ⟨c⟩ nihil ante prouidisset, trepidare et concursare cohortesque disponere, haec tamen ipsa timide: V 33, 1.

B. in orat. obl.; a) respondet pronomini primae pers.; α) sing.; αα) = ego: quod, cum ipse abesset, motum Galliae uerebatur. V 5, 4; — si ipsi lacesserentur, sustinerent, quoad ipse cum exercitu propius accessisset: IV 11, 6; — ne tanta et tam coniuncta populo Romano ciuitas, quam ipse semper aluisset omnibusque rebus ornasset, ad uim atque arma descenderet ⟨c⟩, . . . existimauit: VII 33, 1; — satis esse causae arbitrabatur, quare in eum aut ipse animaduerteret aut ciuitatem animaduertere iuberet: I 19, 1; — mandat, ut Libonem de concilianda pace hortetur; in primis ut ipse cum Pompeio conloqueretur postulat: 1, 26, 3; — si legiones in prouinciam arcesseret ⟨c⟩, se absente in itinere proelio dimicaturas intellegebat; si ipse ad exercitum contenderet, ne iis ⟨c⟩ quidem eo tempore, qui quieti ⟨c⟩ uiderentur, suam salutem recte committi uidebat: VII 6, 4; hunc (montem) magno cursu concitatos iubet occupare, eo consilio, uti ipse eodem omnibus copiis contenderet et . . . Octogesam perueniret: 1, 70, 4; — a quibus . . . deprauatum Pompeium queritur inuidia atque obtrectatione laudis suae, cuius ipse honori et dignitati semper fauerit adiutorque fuerit: 1, 7, 1; — hortatur, ut simili ratione atque ipse fecerit suas iniurias persequantur: VII 38, 10; patientiam proponit suam, cum de exercitibus dimittendis ultro ⟨c⟩ postulauisset; in quo iacturam dignitatis atque honoris ipse facturus esset: 1, 32, 4; — suaque esse eius modi imperia, ut non minus haberet iuris in se multitudo quam ipse in multitudinem: V 27, 3; — quae ipse intellegat, quae ciuitas queratur proponit: I 20, 6; — perfacile factu ⟨c⟩ esse illis probat conata perficere, propterea quod ipse suae ciuitatis imperium obtenturus esset: I 3, 6; — ornasset: VII 33, 1 *u.* aluisset; — perueniret: 1, 70, 4 *u.* contenderet; — nec quemquam ex eo plus quam se doloris capere, propterea quod, cum ipse gratia plurimum domi atque in reliqua Gallia, ille minimum propter adulescentiam posset, per se creuisset: I 20, 2; — si ipse populo Romano non praescriberet, quem ad modum suo iure uteretur, non oportere se a pop. R. in suo iure impediri: I 36, 2; — sic belli rationem esse diuisam, ut illi classe naues auxiliaque sua impedirent, ipse ut aqua terraque eos prohiberet: 3, 17, 3; — exposuit ⟨c⟩, quid iniquitas loci posset, *quod ipse ad Auaricum sensisset: VII 52, 2; — petit atque hortatur, ut sine eius offensione animi uel ipse de eo causa cognita statuat uel ciuitatem statuere iubeat: I 19, 5; — si quid ei a Caesare grauius accidisset, cum ipse eum locum amicitiae apud eum teneret, neminem existimaturum non sua uoluntate factum: I 20, 4; neque nunc id (se) agere, ut ab illis abductum exercitum teneat ipse, quod tamen sibi difficile non sit, sed: 1, 85, 11; — quoniam ad id tempus facultas conloquendi non fuerit atque ipse ⟨*Ciacc.*; ad se *codd.*⟩ Brundisium sit uenturus, interesse rei publicae . . . se cum Pompeio conloqui: 1, 24, 5.

ββ) = mihi: ut ipsi concedi non oporteret, si in nostros fines impetum faceret, sic item nos esse iniquos, quod ⟨c⟩ in suo iure se interpellaremus: I 44, 8; — si quid ipsi a Caesare opus esset, sese ad eum uenturum fuisse; si quid ille se uelit, illum ad se uenire oportere: I 34, 2.

γγ) = meus: cum . . . neque, ut postea ex captiuis comperit, aut ipsius aduentus aut Labieni cognitus esset: I 22, 1; — certior factus hostes . . . consedisse milia passuum ab ipsius castris octo: I 21, 1; — ne proelium committeret, nisi ipsius copiae prope hostium castra uisae essent: I 22, 3; — cur de sua uirtute aut de ipsius diligentia desperarent? I 40, 4.

β) plur.; αα) subi.; 𝔄) nom.: id esse facile, quod ⟨c⟩ equitatu ipsi abundent et quod anni tempore subleuentur: VII 14, 3; — si forte pro sua clementia ac mansuetudine, quam ipsi ab aliis audirent, statuisset: II 31, 4; — proficiscatur Pompeius in suas prouincias, ipsi exercitus dimittant: 1, 9, 5; — fuerint imperiti: VII 29, 2 *u.* **b) β) αα) 𝔄)**; proinde sibi ac rei publicae parcerent, *cum* quantum in bello fortuna posset iam ipsi incommodis suis satis essent documento: 3, 10, 6; — uenerunt ... sui purgandi ⟨c⟩ causa, quod contra atque esset dictum et ipsi petissent proelium pridie commisissent: IV 13, 5; — ubi hostes uiderunt ... suorum . . tormentorum usum, quibus ipsi magna sperauissent, *spatii *propinquitate interire: 2, 16, 3.

𝔅) acc.: non ad haec addebant . . . sibique ipsos multitudine atque angustiis maius attulisse detrimentum quam ab hoste accepissent: 3, 72, 3; — a Viridomaro atque Eporedorige Haeduis appellatus discit . . . Litauiccum ad sollicitandos Haeduos profectum; opus esse ipsos ⟨et ipsos β; *Schn.*⟩ antecedere ad confirmandam ciuitatem: VII 54, 1; — omnes ⟨c⟩ equites Haeduorum interfectos, quod conlocuti cum Aruernis dicerentur; ipsos se inter multitudinem militum occultasse atque ex media caede fugisse ⟨effugisse *Paul*⟩: VII 38, 5.

ℭ) abl.: missuros (se) ad Pompeium, atque illum reliqua per se acturum hortantibus ipsis: 3, 16, 5; — quod ea omnia non modo iniussu suo et ciuitatis, sed etiam inscientibus ipsis fecisset: I 19, 1.

ββ) obi.: illi perpetuas munitiones efficiebant, ne quem ⟨c⟩ locum nostri intrare atque ipsos a tergo circumuenire possent: 3, 44, 4; — ne ob eam rem aut suae magnopere uirtuti tribueret aut ipsos despiceret: I 13, 5.

γγ) dat.: sentiunt totam urbem . . . muro . . . circummuniri posse, sic ut ipsis ⟨istis h^1⟩ consistendi in suis munitionibus locus non esset: 2, 16, 2; — docebat ⟨c⟩ etiam, quam ueteres quamque iustae causae necessitudinis ipsis cum Haeduis intercederent: I 43, 6; — † interea et rei publicae et ipsis placere oportere, si uterque in contione statim iurauisset: 3, 10, 9; — loquitur Afranius: non esse aut ipsis aut militibus suscensendum, quod fidem erga imperatorem suum . . . conseruare uoluerint ⟨c⟩: 1, 84, 3; — harum ipsis rerum copiam suppetere: VII 14, 6; — contendunt, ut ipsis summa imperii tradatur: VII 63, 5.

δδ) genet. = **noster:** regnum illum Galliae malle Caesaris concessu quam ipsorum habere beneficio: VII 20, 2.

εε) e. praep.: principes Galliae . . . queruntur de Acconis morte; posse hunc casum ad ipsos recidere ⟨hunc cas. ad i. rec. posse β⟩ demonstrant: VII 1, 4; ¶ (Suessiones) fratres consanguineosque suos, qui . . . unum imperium ⟨c⟩ unumque ⟨c⟩ magistratum cum ipsis ⟨illis β; *Flod.*⟩ habeant: II 3, 5; — placere sibi . . . tabellas dari ad iudicandum iis, qui . . . bello . . una cum ipsis interfuissent: 3, 83, 3; ¶ se . . . magnitudinem siluarum, quae intercederent inter ipsos atque Ariouistum ⟨quae inter eos atque arion. interced. $B^2β$⟩, . . . timere dicebant: I 39, 6; totidem Neruios (polliceri), qui maxime feri inter ipsos habeantur ⟨c⟩ longissimeque absint: II 4, 8.

b) respondet pronomini secundae personae; α) sing.; αα) subi.; 𝔄) = tu: haec quo facilius . . . fiant . . ., aut ipse propius accedat aut se patiatur accedere: 1, 9, 6; — ab Cn. Pompeio . . . petit, quoniam ipse ad urbem cum imperio rei publicae causa remaneret ⟨c⟩, . . . iuberet: VI 1, 2; — I 19, 5 *u. p. 246* **αα)** statuere.

𝔅) = te: commonefacit, quae ipso praesente in concilio Gallorum de Dumnorige sint dicta: I 19, 4.

ββ) dat.: respondit . . . sperare a multitudine impetrari posse quod ad militum salutem pertineat; ipsi uero nihil ⟨c⟩ nocitum iri, inque ⟨c⟩ eam rem se suam fidem interponere: V 36, 2.

γγ) genet. (= tuus): ipsius castris: I 21, 1 *u.* **a) α) γγ).**

β) plur.; αα) subi.; 𝔄) nom.: VII 14, 3 *u.* **a) β) αα) 𝔄)** abundent; — contionatus apud milites . . . mancipia atque impedimenta in Italia relinquerent, ipsi expediti naues conscenderent: 3, 6, 1; — aequo modo animo sua ipsi frumenta corrumpant aedificiaque incendant: VII 64, 3; — (uicisse Romanos) artificio quodam et scientia oppugnationis, cuius rei fuerint ipsi imperiti: VII 29, 2; — (cupiditatem militum reprehendit,) quod sibi ipsi iudicauissent, quo procedendum . . . uideretur: VII 52, 1; — ne hostes proelio lacesserent, et si ipsi lacesserentur, sustinerent, quoad ipse cum exercitu propius accessisset: IV 11, 6; — postulabat Caesar, ut legatos sibi ad Pompeium sine periculo mittere liceret, idque ipsi fore reciperent aut acceptos per se ad eum perducerent: 3,17,2; — si hoc sibi remitti uellent, remitterent ipsi de maritimis custodiis; si illud tenerent, se quoque id retenturum: 3,17,4.

B) acc.: quin nemo eorum progredi modo ⟨*c*⟩ extra agmen audeat, ne ⟨et α; *(Np.) Fr., Db.*⟩ ipsos quidem ⟨non *add.* α; *edd. exc. Schn.*⟩ debere dubitare: VII 66,6; — de itinere ipsos breui tempore iudicaturos: I 40,11.

C) abl.: quod castra mouisset, factum inopia pabuli etiam ipsis hortantibus: VII 20,3.

ββ) obl.: sibi numquam placuisse Auaricum defendi, cuius rei testes ipsos haberet: VII 29,4; — multo illa grauius aestimari ⟨*c*⟩ debere ⟨*c*⟩, liberos, coniuges in seruitutem abstrahi, ipsos interfici: VII 14,10.

γγ) dat.: quod . . . uirtute eorum expiato incommodo neque hostibus diutina laetitia ⟨*c*⟩ neque ipsis longior dolor relinquatur: V 52, 6; — quin etiam ipsis (se imperium) remittere ⟨*Steph.*; remitteret *codd.*⟩, si sibi magis honorem tribuere quam ab se salutem accipere uideantur: VII 20,7; — ipsis suppetere: VII 14,6 *u.* a) β) γγ).

δδ) genet. (= uester): ipsorum esse consilium, uelintne . . . deducere: V 27,9; — siue ipsorum perturbatio siue error aliquis . . . partam iam praesentemque uictoriam interpellauisset, dandam omnibus operam, ut: 3, 73,5.

C. in orat. recta: neque tanti sum animi, ut sine spe castra oppugnanda censeam, neque tanti timoris, ut ipse ⟨spe *Ciacc.*⟩ deficiam: 2, 31,8.

[**Falso:** id (ipsi *hl*, id ipsi *N*) si fecissent, magno eorum capitis periculo futurum: 3, 102,6.]

(**Et ipsi:** VII 54,1; 66,6.)

Se ipse: VII 20,3; ¶ se ipsi: V 37,6; VI 24,6; 37,10; VII 28,3; 70,3; 73,4; (82,1 β;) ipsi sese: II 19,6; — ipsos se: VII 38, 5; ¶ ipse sibi: I 4,4; — ipsi sibi: II 20,3; — sibi ipsi: VII 52,1; — sibi ipsos: II 25,1; 3,72,3; ¶ ipse per se: VI 37, 5; — per se ipsum: 2,9,5; ¶ ipse suae: I 3,6; — sua ipsi: VII 64,3.

eae ⟨hae *edd.*⟩ **ipsae** copiae: 3,2,3; eo ipso tempore: 3,101,3; iis ⟨*c*⟩ ipsis: IV 20,3; id ipsum: VII 50,2; ¶ **hoc ipso** tempore: VI 37,1; haec ipsa: V 33,1.

iracundia: impellit alios auaritia, alios iracundia et temeritas, quae maxime illi hominum generi est innata, ut: VII 42,2; ¶ Caesarem quoque pro sua dignitate debere et studium et iracundiam suam rei publicae dimittere, neque adeo grauiter irasci inimicis, ut: 1,8,3; — Bibulus . . . inanibus (nauibus) occurrit et . . . in eas indiligentiae ⟨*Vrsini cod.*; diligentiae *Ox*⟩ suae ac doloris iracundiam ⟨*Faern.*; -dia *codd.*; dolor ac iracundia *Ciacc.*⟩ erupit omnesque incendit: 3,8,3; ¶ ne res maximae spei maximaeque utilitatis eius iracundia impedirentur: 3,16,3; — prodit Libo atque ⟨*c*⟩ excusat Bibulum, quod is iracundia summa erat: 3,16,3; ¶ ne quis aut ⟨*c*⟩ **ex** huius iracundia aut ex eo quod meruerat odio ciuitatis motus exsistat: VI 5,2.

iracundus: (Ariouistum) hominem esse barbarum, iracundum, temerarium: I 31,13.

irascor: Caesarem . . . debere . . . iracundiam suam rei publicae dimittere neque adeo grauiter irasci inimicis, ut ⟨*c*⟩, cum illis nocere se speret, rei publicae noceat: 1,8,3.

iratus: aut quid irati (illi) grauius de uobis sentire possunt quam ut eos prodatis, qui se uobis omnia debere iudicant, in eorum potestatem ueniatis, qui se per uos perisse existimant: 2,32,4.

irr. *u.* **inr.**

is. *Cf. Knoke, Pr. Bernburg 1881 p. 7. 8.*

I. Forma. *Cf. Hartz, Pr. Frankf. a. O. 1875 p. 23; Spillmann, Pr. St. Gallen 1878 p. 21. 22. Nom. plur.* ei *inuenitur in codd. ahl* 1, 86,3 (illi *in f*); *in NOahl* 3,73,6 (ii *in f?*); *in* α V 54,5, *sed hoc loco recte omitti uidetur pronomen in* β; IV 3,3 *Paul codicum scripturam* et *mutauit in* ei. *Reliquis* (31) *locis codd. tuentur formam* ii, *sed ita, ut omnibus fere his locis alii codices exhibeant* hi, *alii* hii, *non numquam omnes* hi. — *Datiuus* eis *semel exstat in X* I 2,3; *bis in z:* 1,73,2; 86,4; — 3, 109,2 *dubitari potest, datiuus sit an ablat.;* eis *exstat in* α, iis *in* β VI 40,4; eis *in* β, iis *in* α IV 7,4; eis *in a*, his *in* α, iis *in B²(h?)* I 43,8; *praeterea Np. et qui eum secuti sunt editores* VII 45,1 *ex codicum* α *scriptura* eisdem *effecerunt* eis de, *quod ferri nequit; item iniuria Np.* 3,15,6 *scripsit* eis, *quo loco* ei *est in a*, sibi eius *in Ohl; desunt haec uerba in f. Reliquis locis (40 fere numero), quibus requiritur datiuus plur. pronominis* is, *codd. alii* iis, *alii* hiis, *alii* his *habent; (13 locis omnes codd. consentiunt in forma* his.) — *Ablatiuus plur.* eis *ter inuenitur in z:* 1,27,4; 70,5; 2,10,2; *eadem forma exstat in* β V 3,4, *in BM* V 51,5, *in a* IV 12,1, *in h* III 11,3; *praeterea* 3,97,2 *Db. scripsit* ingis eis, *quo loco codd. habent* iuris eius. *Contra* iis *est in codd.* 110 *fere locis, sed* *ita, ut eadem, quam in datiuo deprehendimus, discrepantia inueniatur (36 fere locis in omnibus exstat* his). *Quae cum ita sint, recte Spillmannus mihi uidetur statuisse, Caesarem semper usum esse formis* ii *et* iis.

II. Conlocatio: *Pronomen* is *post substantiuum positum est his locis*: III 8, 1 *et* IV 19, 3 (regionum earum); 2, 1, 3 (pars ea); 2, 28, 1 (legiones eas); *praeterea edd. scripserunt* legiones eae ⟨hae *codd.*⟩ 2, 29, 3; conuentis is ⟨*si codd.*⟩ 2, 36, 1; omnibus rebus iis ⟨rebus his α; his rebus β⟩ IV 19, 4; — iugis eis *recepit Db.* ⟨iuris eius *codd.*; iugis eius *Np.*, *Dt.*⟩ 3, 97, 2; *antecedit pronomen reliquis 513 (563) locis.*

III. Signif.; 1. pertinet ad ea, quae antecedunt; A. non pertinet ad enuntiat. relatiuum; a) non additur aliud pronom. uel adiect.; α) additur substant.; αα) unum; 𝔄) pronomen ui attributi (*cf.* **2. A. a)**): ipsum ex Heluetiis uxorem habere . . ., fauere et cupere Heluetiis propter eam adfinitatem: I 18, (7.) 8.

his rebus gestis . . . subitum bellum in Gallia coortum est. eius belli haec fuit causa: III 7, (1.) 2; naues in Venetiam, ubi Caesarem primum bellum gesturum ⟨*c*⟩ constabat, . . . cogunt. socios sibi ad id bellum Osismos, . . . Diablintes ⟨*c*⟩, Menapios adsciscunt: III 9, (9.) 10; (10, 1 *u.* **2. A. a)** bellum;) cum bellum ciuitas aut inlatum defendit aut infert, magistratus, qui ei bello praesint . . ., deliguntur: VI 23, 4.

plerique nouas sibi ex loco religiones fingunt Cottaeque et Titurii calamitatem, qui in eodem occiderint ⟨*CC*⟩ castello ⟨in eo castello occiderint β⟩, ante oculos ponunt: VI 37, 8; ¶ ne se armis despoliaret. sibi omnes fere finitimos esse inimicos . . ., a quibus se defendere traditis armis non possent. sibi praestare, si in eum casum deducerentur, quamuis fortunam a populo Romano pati quam: II 31, (4—)6; ¶ ob eam causam (ob eas causas) *u.* **causa** *p. 495* **γ)** (*10 loc. except.* VII 4, 1;) ¶ Dumnorix . . . Heluetiis erat amicus, quod ex ea ciuitate Orgetorigis filiam in matrimonium duxerat: I 9, 3; haec (Treuerorum) ciuitas longe plurimum . . . equitatu ualet . . . Rhenumque . . . tangit. in ea ciuitate duo de principatu inter se contendebant: V 3, (1.) 2; Trinobantes ⟨*c*⟩, prope firmissima . . . ciuitas, ex qua Mandubracius ⟨*c*⟩ . . . uenerat, cuius pater in ea ciuitate regnum obtinuerat ⟨*c*⟩ . . ., mittunt: V 20, 1; interim Lucterius Cadurcus in Rutenos missus eam ciuitatem Aruernis conciliat: VII 7, 1; separatim singularum ciuitatium copias conlocauerat . . . principesque earum ciuitatium ⟨*c*⟩ . . . ad se conuenire ⟨*c*⟩ iubebat: VII 36, 3; ¶ ad nostras naues procedunt, quibus praeerat D. Brutus . . . . erat multo inferior numero nauium Brutus; sed electos ex omnibus legionibus fortissimos uiros . . . Caesar ei classi attribuerat: 1, (56 *extr.*;) 57, 1; ¶ Antonius cum cohortibus . . . eodem die . . . reuertitur. Caesar eas cohortes cum exercitu suo coniunxit: 1, 18, (3.) 4; munitionem . . . dextri Caesaris cornu ⟨*c*⟩ cohortes . . . sunt secutae . . . . omnisque noster equitatus eas ⟨has *N*⟩ cohortes est secutus: 3, 68, (2.) 3; ex tertia acie singulas cohortes detraxit atque ex his quartam instituit . . . monuitque eius diei uictoriam in earum cohortium uirtute constare: 3, 89, 3; ¶ quod is collis . . . paulatim ad planitiem redibat ⟨*c*⟩, ab utroque latere eius collis transuersam fossam obduxit ⟨*c*⟩: II 8, 3; ¶ diem concilio constituerunt . . . . eo concilio dimisso idem principes . . . ad Caesarem reuerterunt: I (30, 5;) 31, 1; **(**40, 1 *u.* consilium;**)** armatum concilium indicit . . . . in eo concilio Cingetorigem . . . hostem iudicat ⟨*c*⟩: V 56, (1.) 3; ¶ maxima coorta tempestate prope omnes naues adflictas . . . esse . . . . itaque ex eo concursu nauium magnum esse incommodum acceptum: V 10, (2.) 3; ¶ conuocato consilio ⟨concilio β⟩ omniumque ordinum ad id consilium ⟨concilium β⟩ adhibitis centurionibus uehementer eos incusauit: I 40, 1; Bellouacos . . . impulsos ab suis principibus . . . populo Rom. bellum intulisse. qui eius ⟨huius B^3β⟩ consilii principes fuissent . . ., in Britanniam profugisse: II 14, (3.) 4; ab hoc consilio afuisse existimabantur . . . . cognito eius aduentu Acco, qui princeps eius consilii fuerat, iubet: VI (3, 5;) 4, 1; Catuuolcus ⟨*c*⟩ . . ., qui una cum Ambiorige consilium inierat, . . . detestatus Ambiorigem, qui eius consilii auctor fuisset, taxo . . . se exanimauit: VI 31, 5; de coniuratione Senonum et Carnutum quaestionem habere instituit et de Accone, qui princeps eius consilii fuerat, . . . supplicium sumpsit: VI 44, (1.) 2; ¶ hanc super ⟨*c*⟩ contignationem . . . latericulo adstruxerunt . . . . cum † inter eam ⟨interea *x*⟩ contignationem parietes exstruerentur; eamque contabulationem summam lateribus lutoque construxerunt: 2, 9, 3; ubi tempus alterius contabulationis uidebatur, tigna item . . . tecta extremis lateribus instruebant exque ea contignatione rursus summam ⟨*c*⟩ contabulationem storiasque eleuabant: 2, 9, 7; ¶ legio . . . sese . . Hispalim ⟨*c*⟩ recepit . . . . quod factum adeo eius conuentus ciues Romani comprobauerunt, ut: 2, 20, (4.) 5; Lissum expugnare conatus defendentibus ciuibus Romanis, qui eius conuentus erant, ... re infecta inde discessit: 3, 40, 6; ¶ (ab exercitu discedit; Brutum adulescentem his ⟨iis Q^1h; hiis AQ^2a⟩ copiis praefecit: VII 9, (1.) 2.)

diem dicunt, qua die ad ripam Rhodani omnes conueniant. is dies erat a. d. V. Kal. April.: I 6, 4; tempore eius rei constituto ab concilio ⟨c⟩ disceditur. ubi ea dies uenit, Carnutes ... concurrunt: VII (2, 3;) 3, 1; post diem septimum sese reuersurum confirmat, quam ad ⟨c⟩ diem ei legioni ... deberi ⟨c⟩ frumentum sciebat. Labienum Treboniumque hortatur, ... ad eam ⟨β; eum α; *edd.*; eundem *Paul*⟩ diem reuertantur: VI 33, (4.) 5.

exercitum modo Rhenum transportaret .... tantum esse nomen ⟨c⟩ atque opinionem eius exercitus ⟨exercitus Romani β⟩ Ariouisto pulso ..., uti: IV 16, (6.) 7.

in omnibus ciuitatibus ... factiones sunt earumque factionum principes ⟨c⟩ sunt, qui summam auctoritatem eorum iudicio habere existimantur: VI 11, 3; ¶ principibus Treuerorum ad se conuocatis hos ⟨eos β⟩ singillatim Cingetorigi conciliauit .... id tulit factum grauiter ⟨id factum gr. tul. β; *Schn.*⟩ Indutiomarus, suam gratiam inter suos minui: V 4, (3.) 4; Dumnorix dixerat sibi a Caesare regnum ciuitatis deferri; quod dictum Haedui grauiter ferebant neque recusandi ... causa legatos ad Caesarem mittere audebant. id factum ex suis hospitibus Caesar cognouerat: V 6, 2; Indutiomarus interficitur .... pauloque habuit post id factum Caesar quietiorem Galliam ⟨c⟩: V 58, (6.) 7; Cassius ... omnes naues incendit .... tantusque eo facto timor incessit, ut: 3, 101, (2.) 3; ¶ flumen est Arar.... id Heluetii transibant. ubi per exploratores Caesar certior factus est tres iam partes copiarum Heluetios id flumen traduxisse, quartam ... citra flumen Ararim reliquam esse: I 12, (1.) 2; flumen Axonam ... exercitum traducere maturauit atque ibi castra posuit. ... in eo flumine pons erat: II 5, (4.) 6; inueniebat ... Sabim flumen ... milia passuum decem abesse; trans id flumen omnes Neruios consedisse aduentumque ibi Romanorum exspectare: II 16, (1.) 2; collis ... ad flumen Sabim ... uergebat. ab eo flumine ... collis nascebatur aduersus huic et contrarius: II 18, (1.) 2; sex (legiones) ... secundum flumen Elauer duxit. qua re cognita Vercingetorix ⟨c⟩ omnibus interruptis eius fluminis pontibus ab altera fluminis ⟨elaueris β⟩ parte iter facere coepit: VII 34, (2.) 3; quibus (fossis) partem aliquam Sicoris auerteret uadumque in eo flumine efficeret: 1, 61, 1; ¶ fossam ... derectis lateribus duxit, ut eius fossae ⟨*om.* β⟩ solum tantundem pateret, quantum summae fossae ⟨summa (*om.* fossae) β; summa fossae *Schn.*⟩ labra distarent ⟨c⟩; reliquas omnes munitiones ab ea fossa pedes ⟨CC⟩ quadringentos ⟨c⟩ reduxit ⟨c⟩: VII 72, 1. 2.

pro uictimis homines immolant ... administrisque ad ea sacrificia druidibus utuntur ..., publiceque eiusdem ⟨eius β⟩ generis habent instituta sacrificia: VI 16, (2.) 3; supplicia eorum, qui in furto aut in latrocinio aut aliqua noxia ⟨c⟩ sint comprehensi, gratiora dis immortalibus esse arbitrantur; sed cum eius generis copia defecit ⟨c⟩, etiam ad innocentium supplicia descendunt: VI 16, 5; institutum ... seruabat, ut ... expeditos ... inter equites proeliari iuberet, qui cotidiana consuetudine usum quoque eius generis proeliorum perciperent: 3, 84, 3.

summa imperii traditur Camulogeno Aulerco, qui ... propter singularem scientiam rei militaris ad eum est honorem euocatus ⟨CC⟩: VII 57, 3.

(eius lateris: V 13, 6 *u. p. 270* latus;) ¶ placuit ei, ut ad Ariouistum legatos mitteret. ... ei legationi Ariouistus respondit: I 34, (1.) 2; ¶ huic permisit, ... uti in his locis legionem ... conlocaret. Galba ... constituit cohortes duas in Nantuatibus ⟨c⟩ conlocare et ipse cum reliquis eius legionis cohortibus in uico Veragrorum ... hiemare: III 1, (3.) 4; praesidio impedimentis legionem quartam decimam reliquit .... ei legioni castrisque Q. Tullium Ciceronem praeficit ⟨c⟩: VI 32, (5.) 6; conclamant legionis XIII. ... milites .... cognita militum uoluntate Ariminum cum ea legione proficiscitur: 1, (7, 7;) 8, 1; legionem ⟨c⟩ reduci iussit .... Caesar ... suos per Antonium, qui ei legioni praeerat, cohortatus tuba signum dari ... iussit: 3, 46, (2.) 4; ¶ ultra eum locum, quo in loco Germani consederant, circiter passus sescentos ab his, castris idoneum locum delegit acieque triplici instructa ad eum locum uenit .... hic ⟨is β⟩ locus ab hoste circiter passus sescentos, uti dictum est, aberat: I 49, 1. 3; omnibusque armis ex oppido conlatis ab eo loco in fines Ambianorum peruenit: II 15, 2; .. totis fere ... nudatis castris ⟨c⟩, cum ⟨c⟩ in dextro cornu legio duodecima et ... septima constitisset omnes Neruii ... ad eum locum contenderunt: II 23, 4; alteram partem eius uici Gallis [ad hiemandum] concessit, alteram uacuam ab his ⟨c⟩ relictam cohortibus attribuit. eum locum uallo fossaque muniuit: III 1, 6; hunc ad egrediendum ⟨c⟩ nequaquam idoneum locum ⟨c⟩ arbitratus . . . in ancoris exspectauit . . . . sublatis ancoris circiter milia passuum septem ab eo loco progressus . . . naues constituit: IV 23, (4.) 6; ipse eodem, unde redierat, proficiscitur. eo cum uenisset, maiores iam ⟨c⟩ undique in eum locum copiae Britannorum conuenerant: V 11, (7.) 8; cum est animaduersum a uenatoribus, quo se recipere consuerint, omnes eo loco aut ab radicibus subruunt aut . . .: VI 27, 4; in extremo ponte turrim . . . constituit praesidiumque . . . pontis tuendi causa ponit magnisque eum locum munitionibus firmat. ei loco . . .: VI 29, 3; exercitum . . . Durocortorum . . reducit, concilioque in eum locum Galliae indicto . . . quaestionem habere instituit: VI 44, 1; loco castris idoneo delecto reliquas copias reuocauit . . . . Caesar ex eo loco quintis castris Gergouiam peruenit: VII (35, 5;) 36, 1; quem (collem) si tenerent nostri, et aquae magna parte et pabulatione libera prohibituri hostes uidebantur. sed is locus praesidio ab his . . . tenebatur: VII 36, (5.) 6; omnem eam planitiem . . . complent pedestresque copias paulum ab eo loco *abductas in locis superioribus constituunt: VII 79, 2; hic uenientem Vticam nauibus Tuberonem portu atque oppido prohibet . . ., sublatis ancoris excedere eo loco cogit: 1, 31, 3; praeruptus locus erat . . . ac tantum in latitudinem patebat, ut tres instructae cohortes eum locum explerent: 1, 45, 4; nostri . . . circiter LXX ceciderunt, in his Q. Fulginius ex primo hastato ⟨Fulg. primus hastatus *Vascos.*⟩ legionis XIIII., qui propter eximiam uirtutem ex inferioribus ordinibus in eum locum peruenerat: 1, 46, 4; naues . . . Octogesam ⟨c⟩ adduci iubent. id erat oppidum positum ad Hiberum . . . . ad eum locum fluminis nauibus iunctis pontem imperant fieri: 1, 61, 4; collem quendam nactus ibi constitit. ex eo loco IIII caetratorum cohortes . . . mittit: 1, 70, (3.) 4; hanc super ⟨c⟩ contignationem . . . latericulo adstruxerunt supraque eum locum II tigna transuersa iniecerunt: 2, 9, 2; antecedit ad Castra exploranda Cornelia ⟨c⟩, quod is ⟨his *af*⟩ locus peridoneus castris habebatur: 2, 24, 2; hac ⟨c⟩ . . . turba portae castrorum occupantur atque iter impeditur, pluresque in eo loco sine uulnere quam in proelio aut fuga intereunt: 2, 35, 3; Pompeius . . . idoneum locum nactus ibi copias conlocauit . . . . cuius aduentu cognito Pompeius . . . ex eo loco discedit: 3, 30, (5.) 7; XV milia passuum **in* circuitu amplexus hoc spatio pabulabatur; multaque erant intra eum locum manu sata: 3, 44, 3; erat eo loco fossa . . . et uallum . . . . timens Caesar, ne nauibus nostri circumuenirentur, duplicem eo loco fecerat uallum: 3, 63, 3; animaduersum est . . . cohortes quasdam . . . esse post siluam et in uetera castra duci . . . . superioribus diebus nona Caesaris legio . . . castra eo loco posuit. . . . post mutato consilio . . . Caesar paulo ultra eum locum castra transtulit, paucisque intermissis diebus eadem ⟨c⟩ Pompeius occupauerat et quod eo loco plures erat legiones habiturus, . . . maiorem adiecerat munitionem. . . . sed is quoque mutato consilio . . . eo loco excesserat: 3, 66, 1. 2. 4. 6; (Pompeius) eo loco excesserat. . . . eo signa ⟨c⟩ legionis inlata ⟨c⟩ speculatores Caesari renuntiarunt . . . . is ⟨his *ahl*⟩ locus aberat *a* nouis Pompei castris circiter passus quingentos: 3, (66, 6;) 67, (1.) 2; ueteribus suis in ⟨c⟩ castris . . . consedit . . . . duplicatoque eius diei itinere VIII milia passuum ex eo loco procedit: 3, 76, (1.) 3; erant in sinistro cornu legiones duae traditae a Caesare . . . . in eo loco ipse erat Pompeius: 3, 88, 1; Pompeiani, quod is ⟨his *h*⟩ mons erat sine aqua, diffisi ei loco relicto monte uniuersi . . . Larisam uersus *se* recipere coeperunt: 3, 97, 2; uocatis ad se Amphipoli hospitibus . . . cognito[que] Caesaris aduentu ex eo loco discessit: 3, 102, 4; coniectans eum Aegyptum iter habere propter necessitudines regni reliquasque eius loci oportunitates: 3, 106, 1.

reliquum spatium . . . mons continet magna altitudine, ita ut radices ⟨eius *add.* $B^2\beta$⟩ montis . . . ripae fluminis contingant: I 38, 5; montem opere circummunire instituit. Pompeiani, quod is ⟨his *h*⟩ mons erat sine aqua, diffisi ei loco relicto monte uniuersi . . . Larisam uersus *se* recipere coeperunt: 3, 97, 2; ¶ Coelius . . . peruenit Thurios. ubi cum quosdam eius municipii sollicitaret . . ., est interfectus: 3, 22, 3; ¶ ad eam partem munitionum ducit, quae pertinebat ⟨c⟩ ad mare . . . . eodem naues . . . mittit . . . . ad eas munitiones Caesar Lentulum Marcellinum . . . positum habebat: 3, 62, (2—)4; ¶ probat rem senatus de mittendis legatis; sed . . . timoris causa pro se quisque id munus legationis recusabat: 1, 33, 1; ¶ aggerem noui generis . . . ex latericiis duobus muris . . . atque eorum murorum contignatione ⟨c⟩ facere instituerunt: 2, 15, 1.

alteram nauem . . . pluribus adgressus nauibus . . . nostros uicit deiectisque ⟨c⟩ defensoribus . . . eam ⟨etiam *Ol*⟩ nauem expugnauit: 3, 40, (2.) 3; ¶ magno . . . hominum numero capto . . . in deditionem uenire atque obsides sibi dare coegit. eo celeriter confecto negotio rursus in hiberna legiones reduxit: VI 3, (2.) 3; (exercitus equitatusque equitibus Romanis administrantibus, quos ei negotio praefecerat, celeriter transmittitur: VII 61, 2;) duas legiones suas antecedere, reliquas subsequi iussit, ut non longo inter se spatio castra facerent, eique negotio Q. Fufium Calenum legatum praeficit: 1, 87, 4; ¶ qui (Milo) Clodio interfecto eo ⟨*Scal.*; eius *codd.*⟩ nomine erat damnatus: 3, 21, 4; ¶ hos ⟨*c*⟩ posse conficere armata milia centum; pollicitos ex eo numero electa ⟨*c*⟩ sexaginta ⟨*c*⟩: II 4, 5; 2, 7, 2 *u.* 2. **A.** a) numerus; ad duo milia numero ex Pompeianis cecidisse reperiebamus, euocatos centurionesque complures. in eo fuit numero Valerius Flaccus: 3, 53, (1.) 2.

qui uirtute belli omnibus gentibus praeferebantur, tantum se eius opinionis deperdidisse . . . grauissime dolebant: V 54, 5; ¶ extremum oppidum Allobrogum est . . . Genaua ⟨*c*⟩. ex eo oppido pons ad Heluetios pertinet: I 6, 3; nuntiatum est ei Ariouistum . . . ad occupandum Vesontionem . . . contendere . . . . namque omnium rerum . . . summa erat in eo oppido facultas ⟨*c*⟩: I 38, (1.) 3; cum se suaque omnia in oppidum Bratuspantium contulissent atque ab eo oppido Caesar . . . circiter milia ⟨*c*⟩ passuum quinque abesset: II 13, 2; reliqui in oppidum reiecti sunt. postridie eius diei . . . sectionem eius oppidi uniuersam Caesar uendidit: II 33, (5.) 6; Caesar ad oppidum Auaricum . . . profectus est, quod eo oppido recepto ciuitatem Biturigum se in potestatem redacturum confidebat: VII 13, 3; statuunt, ut X milia hominum . . . in oppidum mittantur ⟨*c*⟩, nec solis Biturigibus communem salutem committendam censent, quod penes ⟨*CC*⟩ eos, si id oppidum retinuissent, summam uictoriae constare intellegebant: VII 21, 3; Lutetiam incendi ⟨*c*⟩ pontesque eius oppidi rescindi iubent: VII 58, 6; ipsum erat oppidum Alesia ⟨*c*⟩ in colle summo . . . . ante id ⟨*om.* β⟩ oppidum planities circiter milia passuum III in longitudinem patebat: VII 69, (1.) 3; Asculum Picenum proficiscitur. id oppidum Lentulus Spinther X cohortibus tenebat: 1, 15, 3; nuntiatur Sulmonenses, quod oppidum a Corfinio VII milium interuallo abest, . . . a Q. Lucretio senatore et Attio Paeligno prohiberi, qui id oppidum VII cohortium praesidio tenebant: 1, 18, 1; Hadrumetum perfugerat. id oppidum C. Considius Longus unius legionis praesidio tuebatur: 2, 23, (3.) 4; ¶ murum . . . fossamque perducit. eo opere perfecto praesidia disponit: I 8, (1.) 2; uallumque . . . ducere incipiunt . . . . id opus inter se Petreius atque Afranius partiuntur ipsique perficiundi operis causa longius progrediuntur: 1, 73, 3; aggerem, uineas turresque ad oppidum agere instituit . . . . ad ea perficienda opera C. Trebonius . . . comportari iubet: 2, 1, (1.) 4; castra . . . conspicit . . . admodum munita natura loci, una ex parte ipso oppido Vtica, altera a theatro, quod est ante oppidum, substructionibus ⟨*c*⟩ eius operis maximis: 2, 25, 1; ¶ misso ad uesperum senatu omnes, qui sunt eius ordinis, a Pompeio euocantur: 1, 3, 1.

hunc (collem) . . . palus difficilis . . . cingebat . . . . (Galli) generatim . . distributi . . . omnia uada ac † saltus eius paludis ⟨eius paludis *includ. Dt.*⟩ obtinebant ⟨*c*⟩, sic animo parati, ut, si eam paludem Romani perrumpere conarentur, haesitantes premerent: VII 19, (1.) 2; ¶ ipse a dextro cornu, quod eam partem ⟨partem eam β⟩ minime firmam hostium esse animaduerterat, proelium commisit: I 52, 2; ut in sinistra parte acie ⟨*c*⟩ constiterant, . . . Atrebates — nam his ⟨*AQ*; iis *BM*β⟩ ea pars obuenerat, — . . . in flumen compulerunt: II 23, 1; ad eas quas diximus munitiones peruenerunt . . . . tum uero clamore ab ea parte audito nostri . . . acrius impugnare coeperunt: III 26, (2.) 4; nuntiauerunt ⟨*c*⟩ puluerem maiorem . . . in ea parte uideri, quam in partem legio iter fecisset. Caesar . . . cohortes, quae in stationibus erant, secum in eam partem proficisci . . . iussit: IV 32, (1.) 2; ab decumana porta in castra inrumpere conantur, nec prius sunt uisi obiectis ab ea parte siluis quam castris adpropinquarent: VI 37, (1.) 2; intellegere se diuisum esse populum *Romanum* in partes duas ⟨*c*⟩ . . . principes uero esse earum partium Cn. Pompeium et C. Caesarem: 1, 35, (3.) 4; ¶ HS LX . . . Domitio reddit, . . . etsi eam pecuniam publicam esse constabat datamque a Pompeio in stipendium: 1, 23, 4; ¶ magno pecoris atque hominum numero capto atque ea praeda militibus concessa: VI 3, 2; ¶ Caesar . . . sua senatusque in eum beneficia commemorauit ⟨*c*⟩, quod rex appellatus esset a senatu, quod amicus, quod munera amplissime ⟨*c*⟩ missa; . . . illum . . . beneficio ac liberalitate sua ac senatus ea praemia consecutum: I 43, (4.) 5; ¶ proelium *u.* 2. **A.** a) proelium; ¶ Tubero, cum in Africam uenisset, inuenit in prouincia cum imperio Attium Varum, qui . . . protinus ex fuga in Africam peruenerat atque eam sua sponte uacuam occupauerat . . ., hominum et locorum notitia et usu eius prouinciae nactus aditus ad ea conanda, quod paucis ante annis ex ⟨c⟩ praetura eam prouinciam obtinuerat: 1, 31, 2; aes alienum prouinciae eo biennio multiplicatum est. neque minus ob eam causam ciuibus Romanis eius prouinciae . . . certae pecuniae imperabantur: 3, 32, (5.) 6.

regio *u.* 2. A. a) regio; ¶ intellegere sese, tametsi ⟨c⟩ pro ueteribus Heluetiorum iniuriis populi Romani ab his poenas bello repetisset, tamen eam rem non minus ex usu terrae Galliae quam populi Romani accidisse: I 30, 2; eodemque tempore pugnatum est ad portum, ac longe maximam ea res attulit dimicationem: 3, 111, 2; (elatum est,) impetum . . **ut* in nostros eius equites fecissent eaque res conloquium ut ⟨c⟩ diremisset: I 46, 4; capti compendio ex direptis bonis, quod ⟨CC⟩ ea res ad multos pertinebat, . . . consilia elam de bello inire incipiunt: VII 43, 3; tametsi magnopere admirabatur Magium, quem ad Pompeium cum mandatis miserat, ad se non remitti, atque ea res saepe temptata etsi impetus eius consiliaque tardabat, tamen . . . putabat: 1, 26, 2; — ripa . . erat acutis sudibus praefixisque ⟨c⟩ munita, eiusdemque generis sub aqua defixae ⟨c⟩ sudes flumine tegebantur. his ⟨β; hiis *Q*[a]; iis α; *Fr.*⟩ rebus cognitis a captiuis . . . Caesar . . . iussit: V 18, (3.) 4; disciplina in Britannia reperta . . . existimatur, et nunc qui diligentius eam rem cognoscere uolunt, plerumque illo discendi causa proficiscuntur: VI 13, 12; his ⟨β; iis α; *Schn.*, *Fr.*⟩ rebus (§ 2—4) cognitis Caesar . . . peruenit: VII 41, 5; constituerunt ea, quae ad proficiscendum pertinerent, comparare, iumentorum et carrorum quam maximum numerum coemere, sementes quam maximas facere, . . . cum proximis ciuitatibus pacem et amicitiam confirmare. ad eas res conficiendas biennium sibi satis esse duxerunt; in tertium annum profectionem lege confirmant. ⟨ad eas res conficiendas *add. codd.; del. Whitte; Fr., Db.*⟩ Orgetorix ⟨deligitur. is *add. codd.; del. iid.*⟩ sibi legationem ad ciuitates suscepit ⟨*u.* CC⟩: I 3, (1.) 2. 3; his ⟨β; iis α; *Fr., Db.*⟩ confectis rebus (1, 5—9) conuentibusque peractis in citeriorem Galliam reuertitur: V 2, 1; pollicetur L. Piso censor sese iturum ad Caesarem, item L. Roscius praetor, qui de his rebus eum doceant; sex dies ad eam rem conficiendam spatii postulant: 1, 3, 6; in Gallia a potentioribus . . . uulgo regna occupabantur, qui minus facile eam rem imperio ⟨c⟩ nostro consequi poterant: II 1, 4; constituerunt optimum esse domum suam quemque reuerti . . . . ea re constituta secunda uigilia . . . castris egressi . . . fecerunt: II (10, 4;) 11, 1; (Tasgetium) interfecerunt. defertur ea res ad Caesarem: V 25, (3.) 4; adlato nuntio de oppugnatione Vellaunoduni, cum longius eam rem ductum iri existimarent: VII 11, 4; ea res (I 3, 4—8) est Heluetiis per indicium enuntiata: I 4, 1; nocte una intromissis equitibus omnium finitimarum ciuitatum ⟨c⟩ . . . tanta diligentia omnes . . . continuit, ut nulla ratione ea res enuntiari aut ad Treueros perferri posset: V 58, 1; aegreque tunc sunt retenti, quin oppidum ⟨CC⟩ inrumperent, grauiterque eam rem tulerunt: 2, 13, 4; quod pluribus praesentibus eas res (I 17) iactari nolebat: I 18, 1; petieruntque, uti sibi secreto . . . de sua omniumque salute cum eo agere liceret. ea re impetrata sese omnes flentes Caesari ad pedes proiecerunt: I 31, (1.) 2; iter ab Heluetiis auertit ac Bibracte ire contendit. ea res . . . hostibus nuntiatur: I 23, (1.) 2; iamque Pompeiani magna caede nostrorum castris Marcellini adpropinquabant . . . et M. Antonius, qui proximum locum praesidiorum tenebat, ea re nuntiata cum cohortibus XII . . . cernebatur: 3, 65, (1.) 2; ibi cognoscit de Clodii caede *de* senatusque consulto certior factus . . . dilectum tota prouincia habere instituit. eae ⟨hae β⟩ res in Galliam Transalpinam celeriter perferuntur: VII 1, 2; petierunt, uti sibi concilium totius Galliae . . . indicere . . . liceret. ea re permissa diem concilio constituerunt: I 30, (4.) 5; gladiatores . . . spe libertatis confirmat atque his equos attribuit et se sequi iussit; quos postea monitus ab suis, quod ea res omnium iudicio reprehendebatur, . . . distribuit: 1, 14, (4.) 5; — neque saepe accidit, ut neglecta quispiam religione aut capta apud ⟨c⟩ se ⟨c⟩ occultare aut posita tollere auderet, grauissimumque ei rei supplicium ⟨grauissimumque ibi suppl. horum delictorum β⟩ cum cruciatu constitutum est: VI 17, 5; imperat reliquis ciuitatibus obsides diemque ⟨*Hotom.; Np., Fr., Dt.;* denique *codd.; Schn., Db.*⟩ ei ⟨huic *Np.; Dt.*⟩ rei constituit ⟨diem *add. codd.; Schn., Db.; u.* CC⟩ : VII 64, 1; Varronem . . . uisurum ⟨c⟩, quem ad modum ⟨c⟩ tuto legati uenire et quae uellent exponere possent; certumque ei rei tempus constituitur. quo cum esset postero die uentum, magna utrimque multitudo conuenit, magnaque erat exspectatio eius rei: 3, 19, 3. 4; 3, 33, 1 *u. infra* eius rei dies; deiectis ⟨c⟩, ut diximus, antemnis . . . milites summa ui transcendere in hostium naues contendebant. . . . cum ei rei nullum reperiretur auxilium: III 15, (1.) 2; cum ⟨c⟩ equitatu nihil possent — neque enim ad hoc tempus ei rei student: II 17, 4; — unus quisque enim opiniones fingebat et ad id, quod ab alio audierat, sui aliquid timoris addebat. hoc ubi uno auctore ad plures permanauerat atque alius alii tradiderat, plures auctores eius rei uidebantur: 2, 29, 2; sese omnia de pace expertum ⟨c⟩ nihil adhuc **effecisse; id* arbitrari uitio factum eorum, quos esse auctores eius rei uoluisset: 3, 57, 2; animaduertit . . . Sequanos . . . tristes capite demisso terram intueri. eius rei quae causa esset miratus ex ipsis quaesiit: I 32, 2; magistratus . . . in annos singulos gentibus cognationibusque hominum . . . quantum . . . uisum est agri ⟨c⟩ attribuunt atque anno post alio transire cogunt. eius rei multas adferunt causas: VI 22, (2.) 3; hos exspectari equites atque eius rei causa moram interponi arbitrabatur: IV 9, 3; hiemare Dyrrachii . . . constituerat, ut mare transire Caesarem prohiberet, eiusque ⟨eius *Lips.*⟩ rei causa omni ora maritima classem disposuerat: 3, 5, 2; Caesar . . . reperiebat T. Ampium conatum esse pecunias tollere Epheso ex fano Dianae eiusque rei causa senatores omnes ex prouincia euocasse: 3, 105, 1; cogebantur . . . pabulum supportare, quodque ⟨c⟩ erat eius rei minor copia, hordeo adaugere: 3, 58, 4; hunc illi . . . comprehenderant atque in uincula coniecerant. in ⟨c⟩ petenda pace eius rei culpam in multitudinem contulerunt ⟨c⟩: IV 27, (3.) 4; Ephesi a fano Dianae depositas antiquitus pecunias Scipio tolli iubebat. certaque eius rei ⟨ei rei *Achilles Statius*⟩ die constituta ⟨*Vrsinus;* ceteraque eius diei constituta *Ox*⟩: 3, 33, 1; eius rei exspectatio: 3, 19, 4 *u. s.* ei rei tempus constituitur; id uero militibus fuit pergratum . . ., ut . . . ultro praemium missionis ferrent. nam cum de loco et tempore ⟨c⟩ eius rei controuersia inferretur, . . . significare coeperunt, ut: 1, 86, (1.) 2; qua ex re fieri, uti earum rerum (§ 1. 2) memoria magnam sibi auctoritatem magnosque spiritus in re militari sumerent: II 4, 3; Caesar etsi ad spem conficiendi negotii maxime probabat coactis nauibus mare transire . . ., tamen eius rei moram temporisque longinquitatem timebat: 1, 29, 1; multi iam menses erant . . . neque Brundisio naues legionesque ad Caesarem ueniebant. ac non nullae eius rei praetermissae occasiones Caesari uidebantur: 3, 25, 1; in primis ut ipse cum Pompeio conloqueretur postulat. magnopere sese confidere demonstrat, si eius rei sit potestas facta, fore, ut aequis condicionibus ab armis discedatur, cuius rei . . .: 1, 26, (3.) 4; summam *suam* esse ac fuisse semper uoluntatem, ut componeretur ⟨c⟩ atque ab armis discederetur; sed potestatem eius rei nullam habere: 3, 16, 4; ut iure iurando . . . sanciatur petunt . . ., ne facto initio belli ab reliquis deserantur. tum conlaudatis Carnutibus dato iure iurando ab omnibus, qui aderant, tempore eius rei constituto ab concilio ⟨c⟩ disceditur: VII 2, (2.) 3; quod multitudinem Germanorum in Galliam truducat, id se sui muniendi, non Galliae impugnandae ⟨c⟩ causa facere; eius rei testimonium ⟨testimonio *B*²β⟩ esse, quod nisi rogatus non uenerit: I 44, 6; ita Heluetios a maioribus suis institutos esse, uti obsides accipere, non dare consuerint; eius rei populum Romanum esse testem: I 14, 7; ut, si arborum trunci siue naues ⟨*CC*⟩ deiciendi operis causa ⟨c⟩ essent a barbaris *immissae, his defensoribus earum rerum uis minueretur neu ponti nocerent: IV 17, 10; in Illyricum proficiscitur, quod a Pirustis ⟨c⟩ finitimam partem prouinciae incursionibus uastari audiebat. . . . Pirustae legatos . . . mittunt, qui doceant nihil earum rerum publico factum consilio: V 1. (5.) 7; — quod non fore dicto audientes neque signa laturi dicantur, nihil se ea re commoueri: I 40, 12; (Neruios) nihil pati uini reliquarumque rerum ad ⟨c⟩ luxuriam ⟨c⟩ pertinentium ⟨c⟩ inferri, quod his ⟨β; iis α; *edd.*⟩ rebus relanguescere animos et ⟨c⟩ remitti uirtutem ⟨c⟩ existimarent: II 15, 4; [uinum ad se omnino importari non sinunt ⟨c⟩, quod ea re . . . remollescere homines . . . arbitrantur: IV 2, 6;] — nihil esse negotii subito oppressam legionem, quae cum Cicerone hiemet, interfici; se ad eam rem ⟨interfici posse; ad eam rem se β⟩ profitetur adiutorem: V 38, 4; quae grauissime adflictae erant naues, earum materia atque aere ad reliquas reficiendas utebatur, et quae ad eas res erant usui, ex ⟨c⟩ continenti comportari ⟨c⟩ iubebat: IV 31, 2; in posterum oppugnationem differt quaeque ad eam rem usui sint militibus imperat: VII 11, 5; Heluetii id, quod constituerant, facere conantur, ut e finibus suis exeant. ubi iam se ad eam rem paratos esse arbitrati sunt: I 5, (1.) 2; ipsi nero nihil ⟨c⟩ nocitum iri, inque eam ⟨in quam β⟩ rem se suam fidem interponere: V 36, 2; tanta est contentione actum, quanta agi debuit, cum illi ⟨c⟩ celerem in ea re uictoriam, hi salutem suam consistere uiderent: 3, 111, 5; prope dimidia parte operis a Caesare effecta diebusque in ea re consumptis VIIII naues . . . reuertuntur: 1, 27, 1; tota nocte munitiones proferunt castraque castris conuertunt ⟨c⟩. hoc idem postero die a prima luce faciunt totumque in ea re diem consumunt: 1, 81, 3; arma tradere iussi faciunt atque in ea re omnium nostrorum intentis animis . . .: III (21, 3;) 22, 1; cognita Pompei profectione concursantibus illis atque in ea re occupatis uulgo ex tectis significabant: 1, 28, 2; ad iudicium omnem suam familiam . . . undique coegit et omnes clientes obaeratosque suos . . . eodem conduxit; per eos, ne causam diceret, se eripuit. cum ciuitas ob eam rem incitata armis ius suum exsequi conaretur: I 4, (2.) 3; quod improuiso unum pagum adortus esset, . . . ne ob eam rem aut suae magnopere uirtuti tribueret aut ipsos despiceret: I 13, 5; unum se esse ex omni ciuitate Haeduorum, qui adduci non potuerit, ut iuraret aut liberos suos obsides daret. ob eam rem se ex ciuitate profugisse: I 31, (8.) 9.

pro uictimis homines immolant . . . administrisque ad ea sacrificia druidibus utuntur: VI 16, 2; ¶ constituerunt optimum esse domum suam quemque reuerti . . . . ad eam sententiam cum reliquis causis haec quoque ratio eos deduxit, quod: II 10, (4.) 5; legati ueniunt, qui polliceantur ⟨c⟩ obsides dare atque imperio populi Romani obtemperare. quibus auditis liberaliter pollicitus hortatusque, ut in ea sententia permanerent, eos domum remittit: IV 21, (5.) 6; ¶ siluam esse ibi . . ., quae appellatur Bacenis; hanc ⟨c⟩ longe introrsus pertinere et . . . prohibere; ad eius initium siluae ⟨siluae initium β⟩ Suebos aduentum Romanorum exspectare constituisse: VI 10, 5; huius Hercyniae ⟨c⟩ siluae . . . latitudo nouem dierum iter expedito patet . . . . neque ⟨c⟩ quisquam est huius Germaniae, qui se aut [audisse aut] adisse ad initium eius ⟨huius β; *Aim.*⟩ siluae dicat: VI 25, (1.) 4.

seu quis Gallus seu Romanus ⟨c⟩ uelit ante horam tertiam ad se transire, sine periculo licere; post id tempus non fore potestatem: V 51, 3; ¶ quantum eorum tignorum (§ 3—5) iunctura distabat: IV 17, 6; II tigna transuersa iniecerunt . . ., supraque ea tigna derecto transuersas trabes iniecerunt: 2, 9, 2; ¶ planities erat magna et in ea tumulus terrenus satis grandis. hic locus . . . aberat. eo . . . uenerunt. legionem Caesar, quam equis deuexerat ⟨c⟩, passibus ducentis ab eo tumulo constituit: I 43, (1.) 2; in hoc fere medio spatio tumulus erat paulo editior; . . . unius legionis antesignanos procurrere atque eum tumulum occupare iubet: 1, 43, (1.) 3; ¶ nostri . . . duas nacti turmas exceperunt . . . . reliquos omnes earum turmarum aut interfecerunt aut captos ad Domitium deduxerunt: 3, 38, 4; ¶ ubi ex ea turri (2, 8. 9) quae circum essent opera tueri se posse sunt confisi: 2, 10, 1; compluribus ⟨c⟩ iam lapidibus ex illa ⟨c⟩, quae suberat, turri subductis repentina ruina pars eius turris concidit: 2, 11, 4.

cum se maior ⟨c⟩ pars agminis in magnam conuallem demisisset ⟨c⟩, ex utraque parte eius uallis subito se ⟨c⟩ ostenderunt: V 32, 2; ¶ erat eo loco fossa pedum ⟨c⟩ XV et uallum ⟨uallus *Ald.*⟩ contra hostem in altitudinem pedum X, tantundemque eius ualli agger in latitudinem ⟨c⟩ patebat: 3, 63, 1; ¶ constituit . . . in uico Veragrorum, qui appellatur Octodurus, hiemare, qui uicus . . . montibus undique continetur. cum hic ⟨c⟩ . . . flumine ⟨c⟩ diuideretur, alteram partem eius uici Gallis [ad hiemandum] concessit: III 1, (4—)6.

𝔅) pronomen ui subst.: electos ex omnibus legionibus fortissimos uiros . . . Caesar ei classi attribuerat, qui sibi id muneris depoposcerant: 1, 57, 1.

ℭ) pronomen praedicati genus sequitur: dictatore habente comitia Caesare consules creantur Iulius Caesar et P. Seruilius: is enim erat annus, quo per leges ei consulem fieri liceret: 3, 1, 1; ¶ neque enim aliter facere poterit (Dolabella): tanta eius humanitas, is sensus, ea in me est beneuolentia: *ap. Cic. ad Att.* IX 16, 3; ¶ antecedit ad Castra exploranda Cornelia ⟨c⟩, quod is locus peridoneus castris habebatur. id autem est iugum derectum: 2, 24, (2.) 3; ¶ huc teretes stipites feminis crassitudine ab summo praeacuti et praeusti demittebantur ⟨c⟩. . . . huius generis octoni ordines ducti ⟨c⟩ ternos inter se pedes distabant. id ex similitudine floris lilium appellabant ⟨-abatur β⟩: VII 73, (6.) 8; ¶ munitionem, quam ⟨c⟩ pertinere ⟨c⟩ a castris ad flumen supra demonstrauimus, dextri Caesaris cornu ⟨c⟩ cohortes ignorantia loci sunt secutae, cum portam quaererent castrorumque eam munitionem esse arbitrarentur: 3, 68, 2; ¶ impedimenta . . . Aduatucam contulit. id castelli nomen est: VI 32, 3; ¶ Lutetiam proficiscitur. id est oppidum Parisiorum, quod positum est ⟨quod *et* est *om.* β⟩ in insula fluminis Sequanae: VII 57, 1; Metiosedum ⟨c⟩ peruenit. id est oppidum Senonum in insula ⟨c⟩ Sequanae ⟨c⟩ positum: VII 58, (2.) 3; naues . . . Octogesam ⟨c⟩ adduci iubent. id erat oppidum positum ad Hiberum: 1, 61, 4; ¶ is sensus: *ap. Cic. ad Att.* IX 16, 3 *u.* beneuolentia.

ββ) plura: sua in Haeduos merita exposuit; quos et quam humiles accepisset . . . et quam in fortunam quamque in amplitudinem † deduxisset ⟨et in eam fort. amplitudinemque duxisse β⟩: VII 54, 3. 4; ¶ (ei legioni castrisque: VI 32, 6 *u. p. 254* legio;) ¶ in extremo ponte turrim . . . constituit praesidiumque cohortium duodecim pontis tuendi causa ponit magnisque eum locum munitionibus firmat. ei loco praesidioque C. Volcacium Tullum ⟨c⟩ adulescentem praefecit: VI 29, 3.

β) non additur subst.; αα) pronomen pertinet ad certa quaedam substantiua, quae antecedunt; 𝔄) ad singula; 𝔞) appellatiua; 𝔞𝔞) genus pronominis et substantiui idem est; ℵ) non additur atque, et, neque: (adulescens: 1, 8, 2 *u.* **𝔟) 𝔟𝔟)** L. Caesar; 1, 34, 3. 4 *u.* **2. B.**;) ¶ constituit, ut arbitri darentur; per eos fierent aestimationes possessionum et rerum, quanti quaeque earum ante bellum fuisset, atque eae ⟨heae *a;* aee *h;* eae *l; Ald.;* hec *f;* ea *NO;* hae *edd.*⟩ creditoribus traderentur: 3, 1, 2; ¶ (cum ex alto se aestus incitauisset, quod bis accidit ⟨*a;* [bis] accidit *Np.;* iis accidit *h;* bis accedit *α;* is accedit *Hug; Dt., Db., Hld.; u. CC*⟩ semper horarum XII spatio: III 12, 1;) ¶ aggerem . . . exstruxerunt. cum is ⟨his *M¹a¹e; om. AQ*⟩ murum hostium paene contingeret: VII 24, 1. 2; ¶ constituit, ut arbitri darentur; per eos fierent aestimationes possessionum et rerum: 3, 1, 2; ¶ his sunt arbores pro cubilibus; ad eas se adplicant: VI 27, 3; omnes eo loco aut ab radicibus subruunt aut accidunt ⟨c⟩ arbores tantum, ut summa species earum stantium relinquatur: VI 27, 4; ¶ aquam comportare in arcem ⟨arce *a; Np.*⟩ atque eam munire . . . coepit: 3, 12, 1.

at barbaris consilium non defuit; nam duces eorum tota acie pronuntiari ⟨c⟩ iusserunt, ne: V 34, 1; ne omnino metum reditus sui barbaris tolleret atque ut eorum auxilia tardaret: VI 29, 2.

quosdam ⟨quos elam *Fr.;* quos *Whitte; Dt.*⟩ de exercitu nacti ⟨β; habebant *α; edd.*⟩ captiuos ab his ⟨β; hiis *Q;* iis *ABM; Schn., Fr., Hld.*⟩ docebantur: V 42, 2; ¶ (quae res et latus unum castrorum . . . muniebat et post eum ⟨ea *Ciacc.*⟩ quae essent ⟨erant β⟩ tuta ab hostibus reddebat: II 5, 5;) ¶ (centurio: I 40, 1 *u.* **𝔟𝔟)** consilium; 1, 46, 5 *u.* **𝔟) 𝔟𝔟)** Caecilius;) ¶ ciuesque Romanos, qui negotiandi causa ibi constiterant, in his ⟨iis β⟩ C. Fufium Citam, . . . interficiunt bonaque eorum diripiunt: VII 3, 1; ciues Romani . . . tormenta effecerunt. quorum cognita sententia Octauius . . . obsidione et oppugnationibus eos ⟨eos *post* et *ponit f, post* premere *l*⟩ premere coepit. illi . . .: 3, 9, 3. 4; conuentus ciuium Romanorum, qui Lissum obtinebant, quod oppidum iis ⟨is *ah;* his *fl*⟩ antea Caesar attribuerat . . ., Antonium recipit: 3, 29, 1; ¶ laborabat, ut reliquas ciuitates adiungeret atque earum principes ⟨ear. pr. β; *Schn.;* eas *α; rell. edd.*⟩ donis ⟨c⟩ pollicitationibusque ⟨c⟩ alliciebat ⟨c⟩: VII 31, 1; unam esse Haeduorum ciuitatem, quae certissimam Galliae uictoriam distineat ⟨c⟩; eius auctoritate reliquas ⟨c⟩ contineri: VII 37, 3; ¶ (consul: I 7, 4 *et* 12, 5 *u.* **𝔟) 𝔟𝔟)** L. Cassius; 1, 6, 5 *u.* **𝔅) 𝔟) 𝔟𝔟)**;) ¶ ubi turris altitudo perducta est ad ⟨*Ald.;* ut *Ox*⟩ contabulationem ⟨*Ald.;* -ionis *Ox*⟩, eam ⟨*Ald.;* causa *Ox*⟩ in parietes instruxerunt ⟨c⟩ ita, ut: 2, 9, 1; ¶ Caesaris copiae nequaquam erant tantae, ut eis, extra oppidum si esset dimicandum, confideret: 3, 109, 2; ¶ inter aures unum cornu exsistit . . .; ab eius summo sicut palmae ramique ⟨c⟩ late diffunduntur ⟨c⟩: VI 26, 1. 2; ¶ cupas . . . pice refertas incendunt easque de muro in musculum deuoluunt: 2, 11, 2.

detrimentum: VI 1, 3 *u.* **ββ) 𝔅) 𝔞) 𝔟𝔟)** augere; ¶ alterum (genus) est druidum, alterum equitum. illi rebus diuinis intersunt, . . . religiones interpretantur; ad eos ⟨*Np.; Db., Dt.;* hos *codd.; Aim.; Schn., Fr., Hold.*⟩ magnus adulescentium numerus disciplinae causa concurrit, magnoque hi sunt apud eos honore. . . . si qui aut priuatus ⟨c⟩ aut populus eorum decreto non stetit, sacrificiis interdicunt: VI 13, 3. 4. 6; his autem omnibus druidibus praeest unus, qui summam inter eos habet auctoritatem . . . . hi . . . considunt in loco consecrato. huc omnes undique, qui controuersias habent, conueniunt eorumque decretis iudiciisque parent: VI 13, 8—10; ¶ duces uero eorum consilium suum laudibus ferebant, quod se castris tenuissent; multumque eorum opinionem adiuuabat, quod . . . uidebant: 1, 69, 2; duces aduersariorum . . . consultabant. . . . haec consiliantibus eis nuntiantur aquatores ab equitatu premi nostro: 1, 73, 1. 2; ipsos duces a pace abhorruisse; eos neque conloquii neque indutiarum iura seruasse et . . . interfecisse: 1, 85, 3.

ad eos equites, qui agmen antecessissent, praemitteret eosque pugna prohiberet: IV 11, 2; (ex equitibus nostris interficiuntur LXXIIII, in his ⟨*h¹;* hiis *Q²ah²;* iis *α; Fr., Db.*⟩ uir fortissimus Piso Aquitanus: IV 12, 3. 4;) magno cum periculo nostrorum equitum cum iis ⟨hiis *Q³;* his β⟩ confligebat: V 19, 2; equitesque undique euocat. his ⟨*X;* iis *Db.*⟩ certam ⟨c⟩ diem conueniendi dicit: V 57, 2; (equites) omnes in bello uersantur, atque eorum ut quisque est genere copiisque ⟨c⟩ amplissimus, ita plurimos circum ⟨c⟩ se ambactos clientesque habet ⟨c⟩: VI 15, 2; (cogunt equitum duo milia Sugambri ⟨c⟩ . . . . transeunt ⟨*AQβ*; transeunti *BM;* transeunt ii *Fr.*⟩ Rhenum nauibus: VI 35, 5. 6;) laborantibus iam suis Germanos equites . . . summittit . . . . eorum impetum Galli sustinere non potuerunt: VII 13, 1. 2; Caesar mittit complures equitum turmas eo de media nocte; imperat *(Ald.;) Nitsche (Paul);* turmas eodem media nocte; imperat his (*uel* iis) β; turmas; eisdem media nocte imperat α; turmas; eis de med. n. imp. *Np.; edd. plur.*⟩, ut: VII 45, 1; equitesque ab his arcessit et leuis armaturae pedites, qui inter eos proeliari consuerant: VII 65, 4; nam de equitibus hostium, quin nemo eorum progredi modo ⟨c⟩ extra agmen audeat, ne ⟨c⟩ ipsos quidem debere dubitare: VII 66, 6; celeriter sese tamen Galli equites expediunt proeliumque committunt. ii ⟨hii *O¹b;* id *x; hi edd. uett.*⟩, dum pari certamine res geri potuit, magnum hostium numerum pauci sustinuere: 1, 51, 4. 5; nec . . . equitum uim caetrati sustinere potuerunt omnesque ab eis circumuenti . . . interficiuntur: 1, 70, 5; tantum ab equitum suorum *auxilio aberant, . . . ut eos superioribus perterritos proeliis in medium reciperent agmen ultroque eos tuerentur: 1, 79, 5; erant per se magna, quae gesserant equites ⟨milites *a*⟩, praesertim cum eorum exiguus numerus cum tanta multitudine Numidarum conferretur: 2, 39, 4; missis ad eos ab Otacilio ⟨c⟩ equitibus . . . circiter CCCC quique eos armati ex praesidio secuti sunt, se defenderunt: 3, 28, 6; insidias equitum conlocauit et subito illi ex insidiis consurrexerunt. sed nostri fortiter impetum eorum tulerunt: 3, 37, 5. 6; equitum magnam partem . . . praemisit. qui cum essent progressi . . ., inlata suspicione ad suos se recipere coeperunt, quique hos sequebantur, celerem eorum receptum conspicati restiterunt: 3, 38, 2. 3; tanta ui in Pompei equites impetum fecerunt, ut eorum nemo consisteret: 3, 93, 5; ¶ omnem equitatum, qui nouissimum agmen moraretur, praemisit. his ⟨eique β⟩ Q. Pedium et L. Aurunculeium Cottam legatos praefecit: II 11, 3; relinquebatur, ut . . . equitatum repellerent, eo summoto repente . . . sese in ualles uniuersi demitterent ⟨c⟩: 1, 79, 4; Pompeius, ubi nihil profici equitatu cognouit, paucis intermissis diebus rursum eum nauibus . . . recipit: 3, 58, 2; ¶ exercitum cum . . . cohortaretur suaque in eum perpetui temporis officia praedicaret: 3, 90, 1.

(familiaris: I 53, 6 *u.* 𝔟) 𝔟𝔟) Valerius;)

¶ nascitur ibi . . . ferrum, sed eius ⟨*om.* β⟩ exigua est copia: V 12, 5; ¶ *fuerunt duae filiae; harum ⟨earum β⟩ altera occisa, altera capta est: I 53, 4; ¶ (filii: 3, 59, 2. 4; 60, 1 *u.* 𝔅) 𝔟) 𝔟𝔟);) ¶ flumen est Arar, quod . . . in Rhodanum influit. . . . id Heluetii ratibus . . . transibant: I 12, 1; (ad flumen Elauer pontem ⟨β; *Schn.;* pontes α; *rell. edd.*⟩ reficit eoque exercitum ⟨(re)fecit exercitumque β⟩ traducit ⟨-duxit β⟩: VII 53, 4;) ¶ eius fossae ⟨*om.* β⟩: VII 72, 1 *u. p. 254* fossa; duas fossas . . . perduxit; . . . post eas ⟨postea β⟩ aggerem . . . exstruxit: VII 72, 3. 4; ¶ Caesarem . . obsecrare coepit, ne quid grauius in fratrem statueret. scire se illa esse uera, nec quemquam ex eo plus quam se doloris capere: I 20, 2; 3, 59, 2. 4; 60, 1 *u.* 𝔅) 𝔟) 𝔟𝔟); ¶ omnibus castellis quod esset frumenti conquiri iussit. id erat perexiguum: 3, 42, 4. 5.

est etiam genus radicis inuentum . . ., quod . . . multum inopiam leuabat. id ad similitudinem panis *effingebant. eius erat magna copia. ex hoc . . .: 3, 48, 1. 2.

consuesse enim deos immortales, quo grauius homines ex commutatione rerum doleant, quos pro scelere eorum ulcisci uelint, his secundiores interdum res . . . concedere: I 14, 5; (53, 6 *u.* 𝔟) 𝔟𝔟) Valerius; 3, 59, 2. 4; 60, 1 *u.* 𝔅) 𝔟) 𝔟𝔟);) ¶ (hospes: I 53, 6 *u.* 𝔟) 𝔟𝔟) Valerius;) ¶ eodem itinere, quo hostes ierant, ad eos contendit: I 21, 3; hostes sequitur et milia passuum tria ab eorum castris castra ponit: I 22, 5; facile hostium phalangem perfregerunt. ea disiecta gladiis destrictis in eos impetum fecerunt: I 25, 2; committendum non putabat, ut pulsis hostibus dici posset eos ab se . . . circumuentos: I 46, 3; hostibus pugnandi potestatem fecit. ubi ne tum quidem eos prodire intellexit, . . . reduxit: I 50, 1. 2; hostes . . . ad flumen Axonam contenderunt . . . . *Caesar* omnem equitatum . . . traducit atque ad eos contendit: II 9, 3; 10, 1; hostes impeditos nostri in flumine adgressi magnum eorum numerum occiderunt: II 10, 2; 10, 3 *u.* β) ββ) 𝔄) 𝔟) 𝔟𝔟) corpora; hostes . . . constituerunt . . . . ad eam sententiam . . . haec quoque ratio eos deduxit, quod: II 10, 4. 5; hostes . . . tantam uirtutem praestiterunt, ut, cum primi eorum cecidissent, proximi iacentibus insisterent atque ex eorum corporibus pugnarent: II 27, 3; ubi intellexit . . . neque hostium fugam . . . reprimi neque iis ⟨his β; *Schn.;* hiis *Q*⟩ noceri posse, statuit exspectandam classem. quae ubi conuenit ac primum ab hostibus uisa est, circiter CCXX ⟨c⟩ naues eorum paratissimae . . . nostris aduersae constiterunt:

III 14, 1. 2; huic . . . persuadet, uti ⟨*c*⟩ ad hostes transeat. qui ubi pro perfuga ad eos uenit: III 18, 2. 3; factum est . . . hostium . . . defatigatione . . ., ut . . . statim terga uerterent. quos impeditos ⟨*c*⟩ . . . milites nostri consecuti magnum numerum eorum occiderunt: III 19, 3. 4; (prius in hostium castris constiterunt quam plane ab his ⟨*AQ*β; iis *BM; Schn., Fr., Db.*⟩ uideri . . . posse(n)t: III 26, 3;) hostes . . . nihil timentibus nostris, quod legati eorum paulo ante . . . discesserant, . . . celeriter nostros perturbauerunt: IV 12, 1; nostri . . . in hostes impetum fecerunt atque eos in fugam dederunt: IV 26, 5; hostes . . . legatos de pace miserunt. . . . una cum his legatis Commius Atrebas uenit . . . . hunc illi e naui egressum, cum ad eos oratoris modo Caesaris mandata deferret ⟨*c*⟩, comprehenderant: IV 27, 1—3; hostes . . . terga uerterunt. quos tanto spatio secuti, quantum ⟨*c*⟩ . . . efficere potuerunt, complures ex iis ⟨his β⟩ occiderunt: IV 35, 2. 3; hostes . . . terga uerterunt magnusque eorum numerus est occisus: IV 37, 4; hostium copias conspicatus est. illi . . . coeperunt . . . . prohibebant. at milites legionis septimae . . . locum ceperunt eosque ex siluis expulerunt paucis uulneribus acceptis; sed eos fugientes longius Caesar prosequi uetuit: V 9, 2. 3. 6—8; hostes . . . ad pabulatores aduolauerunt . . . . nostri acriter in eos impetu facto reppulerunt: V 17, 1—3; equites . . . praecipites hostes egerunt, magnoque ⟨*c*⟩ eorum numero ⟨num. eor. β⟩ interfecto neque sui colligendi neque consistendi . . . facultatem dederunt: V 17, 3. 4; neque post id tempus umquam summis nobiscum copiis hostes contenderunt. Caesar cognito consilio eorum ad flumen Tamesim . . . exercitum duxit: V 17, 5; 18, 1; hostes suos ⟨*c*⟩ ab oppugnatione reduxerunt. tum . . . conclamauerunt, uti ⟨*c*⟩ aliqui . . . ad conloquium prodiret. mittitur ad eos conloquendi ⟨*c*⟩ causa ⟨*c*⟩ Arpineius . . . et Q. Iunius: V 26, 3. 4; 27, 1; hostes in fugam dat ⟨*c*⟩ . . . magnumque ex iis ⟨*A; Schn., Hold.*; eis *BM; rell. edd.*; his *Q*β⟩ numerum occidit atque omnes armis exuit: V 51, 5; Labienus hostium cognito consilio sperans temeritate eorum fore aliquam dimicandi facultatem . . . proficiscitur: VI 7, 4; cum . . . ad hostem proficisci constituisset, siue eum ex paludibus siluisque elicere siue obsidione premere posset: VII 32, 2; Germani . . . in hostes ⟨hostem β⟩ impetum fecerunt eosque propulerunt: VII 80, 6.

praestate eandem nobis ducibus uirtutem, quam saepe numero i m p e r a t o r i praestitistis, atque ⟨*om.* β⟩ illum adesse ⟨adesse eum β⟩ et haec coram cernere existimate: VI 8, 4; ¶ factum imprudentia Biturigum . . ., uti hoc i n c o m m o d u m acciperetur. id tamen se celeriter maioribus commodis sanaturum ⟨*CC*⟩: VII 29, 4. 5; ¶ (tertium iam hunc annum regnantem inimici palam multis ex ciuitate auctoribus interfecerunt ⟨i n i m i c i s iam multis palam ex ciu. et iis auctoribus eum interf. α; *u. CC*⟩: V 25, 3.)

l a t r o c i n i a nullam habent infamiam, quae extra fines cuiusque ciuitatis fiunt, atque ea iuuentutis exercendae . . . causa fieri praedicant: VI 23, 6; ¶ huius est longitudo l a t e r i s . . . septingentorum milium. tertium est contra septentriones; cui parti nulla est obiecta terra, sed eius angulus alter ⟨*R. Menge*; lateris *codd.; edd.*; alter lateris *Paul*⟩ maxime ad ⟨*c*⟩ Germaniam spectat. hoc . . .: V 13, 6; ¶ Heluetii . . . l e g a t o s de deditione ad eum miserunt. qui cum . . . petissent atque eos in eo loco . . . suum aduentum exspectare iussisset, paruerunt: I 27, 2; quod legati eorum paulo ante a Caesare discesserant atque is ⟨his *AQ*β⟩ dies indutiis erat ab his ⟨iis β (eis *a*); is *Q*⟩ petitus: IV 12, 1; ad eum legati ueniunt, qui polliceantur . . . obtemperare. quibus auditis liberaliter pollicitus hortatusque, ut in ea sententia permanerent, eos domum remittit et cum iis ⟨his β; hiis *Q*; is B^2⟩ una Commium . . . mittit: IV 21, 5—7; legatos ad eum mittunt. . . . percepta ⟨*c*⟩ oratione ⟨*c*⟩ eorum Caesar obsides imperat eosque ad certam diem adduci iubet: V 1, 7. 8; 28, 2 *u.* **𝔟𝔟)** consilium; 1, 34, 3. 4 *u.* **2. B.**; 3, 15, 7 *u.* **𝔅) 𝔟) 𝔟𝔟)**; *Libo* neque legatos Caesaris recipere neque periculum praestare eorum, sed totam rem ad Pompeium reicere: 3, 17, 5; (39, 1. 2 *u.* **𝔟) 𝔟𝔟)** Acilius;) ¶ se cum sola decima l e g i o n e iturum, de qua non dubitaret, sibique eam praetoriam cohortem futuram: I 40, 15; (quidam ex militibus decimae legionis dixit: plus quam pollicitus esset Caesarem ⟨ei *add.* α; *Fr.*; *om.* B^2β⟩ facere: I 42, 6;) consuetudine sua Caesar sex legiones expeditas ducebat; post eas totius exercitus impedimenta conlocarat: II 19, 3; cum ⟨*c*⟩ in dextro cornu legio duodecima et non magno ab ⟨*om. a*⟩ ea ⟨*om. h*⟩ interuallo septima constitisset: II 23, 4; tres (legiones) in † Belgis ⟨*c*⟩ conlocauit; his ⟨iis α; *Fr.*⟩ . . . quaestorem ⟨*c*⟩ et . . . legatos praefecit: V 24, 3; timere Caesarem ereptis ⟨*c*⟩ ab eo duabus legionibus, ne ad eius periculum reseruare et retinere eas ad urbem Pompeius uideretur: 1, 2, 3; impetum legionis sustinuit cohortibus tribus atque eam loco depulit: 3, 52, 2; ¶ l i b e r o s: I 31, 12 *u.* obsides; ¶ pelles (erant) pro uelis alutaeque tenuiter confectae, hae ⟨*CC*⟩ siue propter lini inopiam ⟨*c*⟩ atque eius usus inscientiam ⟨*c*⟩, siue eo ⟨*c*⟩, . . . quod: III 13, 6; ¶ sarcinas in unum locum conferri et eum . . . muniri iussit: I 24, 3; hoc consedit loco atque eum communiuit omnesque ibi copias continuit: 3, 51, 8.

L. Fabius ⟨*c*⟩, centurio ⟨*c*⟩ legionis VIII., . . . tres suos nactus manipulares atque ab iis ⟨his β⟩ subleuatus murum ascendit, hos ⟨eos β⟩ ipse rursus . . .: VII 47, 7; ¶ quod apud Germanos ea ⟨*c*⟩ consuetudo esset, ut matres familiae eorum sortibus et ⟨*c*⟩ uaticinationibus declararent, utrum proelium committi ex usu esset necne; eas ita dicere: I 50, 4. 5; ¶ accidit, . . . ut uulgo milites ab signis discederent, quaeque ⟨*c*⟩ quisque eorum carissima haberet, ab impedimentis petere . . . properaret: V 33, 6; accidit, . . . ut non nulli milites . . . interciperentur ⟨*c*⟩. his ⟨*A*β; iis *BMQ; Fr., Db.*⟩ circumuentis magna manu Eburones . . . legionem oppugnare incipiunt: V 39, 2. 3; 52, 6 *u.* **2. B.**; hoc ueteres non probant milites . . . . itaque . . . duce C. Trebonio, equite Romano, qui iis ⟨β; eis α; *edd.*⟩ erat praepositus, . . . perrumpunt: VI 40, 4; summa difficultate rei frumentariae adfecto exercitu . . . usque eo, ut complures dies frumento milites caruerint . . ., nulla tamen uox est ab iis ⟨ex iis uox est β⟩ audita populi Romani maiestate . . . indigna: VII 17, 3; 19, 5 *et* 52, 3 *u.* **2. B.**; alieno esse animo in Caesarem milites neque iis ⟨his *codd.*⟩ posse persuaderi, uti eum defendant aut sequantur saltem: 1, 6, 2; non nulla pars militum domum discedit; reliqui ad Caesarem perueniunt, atque una cum iis deprensus L. Pupius . . . adducitur: 1, 13, 4; Afraniani milites . . . ex castris procurrebant . . . . duces uero eorum consilium suum laudibus ferebant: 1, 69, 1. 2; 2, 32, 1 *u.* **2. B.**; quarum cohortium milites . . . Iuba conspicatus suam esse praedicans praedam magnam partem eorum interfici iussit, paucos . . . remisit ⟨*CC*⟩: 2, 44, 2; ueteranae legionis milites . . . reliquam noctis partem ibi confecerunt et luce prima missis ad eos ab Otacilio ⟨*c*⟩ equitibus . . . circiter CCCC quique eos armati ex praesidio secuti sunt, se defenderunt: 3, 28, 5. 6; cum militibus regis conloqui coeperunt eosque hortari, ut: 3, 103, 4; quae res apud milites largitiones auxit; magnis enim iacturis sibi quisque eorum animos conciliabat: 3, 112, 10; ¶ ex eo proelio circiter hominum milia CXXX superfuerunt eaque tota nocte continenter ieruut: I 26, 5; placuit, ut ⟨*c*⟩ Litauiccus decem illis milibus, quae Caesari ad bellum mitterentur, praeficeretur atque ea † ducenda ⟨ea traducenda *Pluyg.*; eo ducenda *Paul*⟩ curaret: VII 37, 7; ¶ Pompeiani, quod is mons erat sine aqua, diffisi ei loco relicto monte uniuersi iugis ⟨*Wassius*; iuris *Ox*; *u. CC*⟩ eius ⟨eis *Clark.*; *Db.*⟩ Larisam uersus se recipere coeperunt: 3, 97, 2; ¶ magnum numerum impedimentorum ⟨iumentorum *Ciacc.*⟩ ex castris mulorumque produci deque ⟨*Dauis.*; neque β; *u. CC*⟩ his ⟨iis *h*; hiis *a*⟩ stramenta ⟨*uerba* mulorumque pr. deque his stramenta *om.* α⟩ detrahi . . . iubet: VII 45, 2; ¶ milites . . . ad munitionem perueniunt eamque transgressi trinis castris potiuntur: VII 46, 4.

qui nauiculam deligatam ad ripam nactus ea profugit: I 53, 3; ¶ cum his nauibus nostrae classi . . . congressus erat . . . . neque enim iis ⟨*h*; hiis *a*[1]; his α; *edd.*⟩ nostrae rostro nocere poterant — tanta in iis ⟨his *X*; *Hold.*⟩ erat firmitudo — neque: III 13, 7. 8; naues XVIII . . . soluerunt. quae cum . . . uiderentur, tanta tempestas subito coorta est, ut nulla earum cursum tenere posset, sed aliae . . . referrentur, aliae . . . deicerentur: IV 28, 1. 2; neque enim naues erant aliae, quibus reportari possent, et omnia deerant, quae ad reficiendas nanes ⟨eas β⟩ erant ⟨*c*⟩ usui: IV 29, 4; naues soluit; quae omnes incolumes ad ⟨*c*⟩ continentem peruenerunt; sed ⟨*c*⟩ ex iis ⟨his β⟩ onerariae duae eosdem . . . portus capere non potuerunt: IV 36, 4; quam plurimas . . . naues aedificandas . . . curarent. earum modum formamque demonstrat ⟨*c*⟩: V 1, 1. 2; naues inuenit refectas; his ⟨β; iis α⟩ deductis . . . instituit: V 23, 1. 2; conspicataeque naues triremes duae nauem D. Bruti duabus ex partibus sese in eam *incitauerunt. . . . qua re animaduersa quae proximae ei loco ex Bruti classe naues erant, in eas impeditas impetum faciunt: 2, 6, 4. 6; Bibulus . . . inanibus (nauibus) occurrit et nactus circiter XXX in eas indiligentiae ⟨*c*⟩ suae . . . iracundiam ⟨*c*⟩ erupit omnesque incendit: 3, 8, 3; nauesque triremes duas . . . prodire iussit. has cum audacius progressas Libo uidisset, sperans intercipi posse quadriremes V ad eas misit: 3, 24, 1. 2; praeteruectas . . . naues niderant, ipsi iter secundum eas terra ⟨terras *Ox*⟩ derexerant. sed quo essent ⟨eae *add. fhl*; *edd.*; heae *a*; hec *O*; hae *N*; *om. f*; *ego deleui*⟩ delatae primis diebus ignorabant: 3, 30, 1; qui (locus) . . . aditum . . habet nauibus mediocrem atque eas a quibusdam protegit uentis: 3, 42, 1.

Ariouistum . . . obsides nobilissimi cuiusque liberos poscere et in eos omnia exempla cruciatusque edere: I 31, 12; his Caesar numerum obsidum . . . duplicauit eosque in continentem adduci iussit: IV 36, 2; Caesar obsides imperat eosque ad certam diem adduci iubet. . . . iis ⟨hiis Q^2a; his *h*; *Schn.*⟩ ad diem adductis . . . arbitros inter ciuitates dat: V 1, 8. 9; Indutiomarum . . . cum ducentis obsidibus uenire iussit. his ⟨hiis *M*; iis *AQBh*⟩ adductis, in iis ⟨hiis *Qa*⟩ filio ⟨filiis β⟩ propinquisque eius omnibus: V 4, 1. 2; ¶ omnium rerum . . . summa erat in eo oppido facultas ⟨*c*⟩ idque ⟨idemque *Paul*⟩ natura loci sic muniebatur, ut: I 38, 3. 4; ab his castris oppidum Remorum nomine Bibrax aberat milia passuum octo. id ex itinere magno impetu Belgae oppugnare coeperunt: II 6, 1; ad oppidum Nouiodunum contendit. id ex itinere oppugnare conatus . . . expugnare non potuit: II 12, 1. 2; (cum ad oppidum Senonum Vellaunodunum uenisset, . . . oppugnare instituit eoque ⟨β; idque α; *edd.*⟩ biduo circumuallauit: VII 11, 1;) ¶ oratio: VII 77, 2 *u.* b) bb) Critognatus.

cum pater familiae inlustriore loco natus decessit, eius propinqui conueniunt: VI 19, 3; ¶ equitum milia erant sex, totidem numero pedites uelocissimi ac fortissimi, quos . . . delegerant; cum his in proeliis uersabantur; ad eos se equites recipiebant: I 48, 5. 6; ¶ hostium phalangem perfregerunt. ea disiecta gladiis destrictis in eos impetum fecerunt: I 25, 2; ¶ planities erat magna et in ea tumulus terrenus: I 43, 1; ¶ ad flumen Elauer pontem ⟨β; *Schn.*; pontes α; *rell. edd.*⟩ reficit eoque exercitum ⟨(re)fecit exercitumque β⟩ traducit ⟨*c*⟩. VII 53, 4; ¶ C. Caesar: possessiones redemi easque postea pluris uenditas: *ap. Diomed. art. gramm. I 368 Keil;* ¶ conuocatis eorum principibus . . . grauiter eos accusat: I 16, 5; 16, 6 *u.* **2. B.**; principibus Galliae euocatis ⟨*c*⟩ Caesar ea, quae cognouerat, dissimulanda sibi existimauit, eorumque animis permulsis et confirmatis . . . bellum cum Germanis gerere constituit: IV 6, 5; principes Britanniae . . . rursus coniuratione facta . . . suos clam ex agris deducere coeperunt. at Caesar, etsi nondum eorum consilia cognouerat, tamen . . . suspicabatur: IV 30, 1. 2; 31, 1; principibus Treuerorum ad se conuocatis hos ⟨eos β⟩ singillatim Cingetorigi conciliauit: V 4, 3; idem hoc fit a principibus Hispaniae, quos illi ⟨*c*⟩ . . . habebant obsidum loco. hi ⟨ii *Oh*; *Ald.*; hii *f*⟩ suos notos hospitesque quaerebant, per quem quisque eorum aditum commendationis haberet ad Caesarem: 1, 74, 4. 5; ¶ priuati: 2, 18, 5 *u.* ββ) 𝔄) b) bb) bona; ¶ erat in procuratione regni propter aetatem pueri nutricius eius, eunuchus nomine Pothinus: 3, 108, 1.

alias deinceps . . . rates iungebat. has . . . cratibus ac pluteis protegebat; in quarta quaque earum turres . . . excitabat: 1, 25, 8—10; ¶ Cassiuellaunus ad Cantium . . ., quibus regionibus quattuor reges praeerant, . . . nuntios mittit atque iis ⟨(*A?*)Q^1*BM*; hiis Q^2a; his *A?h*; *Np.*, *Schn.*, *Dt.*[1], *Hold.*⟩ imperat, uti . . . castra naualia . . . oppugnent: V 22, 1; nihil contra se regem ausurum ⟨*c*⟩ existimabat. sed ubi certis auctoribus comperit minus V et XX milibus longe ab Vtica eius copias abesse, . . . sese . . . recepit: 2, 37, 2. 3; amici regis, qui propter aetatem eius in procuratione ⟨*c*⟩ erant regni, . . . palam liberaliter responderunt: 3, 104, 1.

scaphas nauium magnarum . . . cratibus pluteisque contexit eoque milites delectos imposuit atque eas in litore . . . disposuit: 3, 24, 1; ¶ scutoque ad eum relato Scaeuae centurionis inuenta sunt in eo foramina CXX ⟨*c*⟩: 3, 53, 4; ¶ seruo spe libertatis . . . persuadet . ., ut litteras ad Caesarem deferat. has ille . . . effert ⟨*c*⟩ . . . . ab eo de periculis Ciceronis legionisque cognoscitur ⟨*c*⟩: V 45, 3. 4. 5; ¶ multa praeterea de sideribus atque eorum motu . . . iuuentuti tradunt: VI 14, 6; ¶ neque ⟨*c*⟩ quisquam est . . ., qui se . . . adisse ad initium eius ⟨huins β⟩ siluae dicat . . .; multaque in ea genera ferarum nasci constat: VI 25, 4. 5; ¶ storias autem ex funibus ancorariis tres . . . fecerunt easque ⟨eosque *a*⟩ ex tribus partibus . . . religauerunt: 2, 9, 4.

tigna bina . . . iungebat. haec cum . . . defixerat . . ., his ⟨iis *AQ*; *Hold.*⟩ item contraria duo . . . statuebat: IV 17, 3—5; eo super tigna bipedalia iniciunt eaque laminis clauisque religant: 2, 10, 3; ¶ in castris Curionis magnus † omnium incessit timor; nam is ⟨his *af*; iis *hl*⟩ uariis hominum sermonibus celeriter augetur ⟨*u. CC*⟩: 2, 29, 1; ¶ tirones: 3, 28, 4 *u.* **2. C.**; ¶ tantaque (erat) multitudo ⟨*CC*⟩ tormentorum, ut eorum uim nullae contextae uiminibus uineae sustinere possent: 2, 2, 1; ¶ supraque ea tigna derecto ⟨*c*⟩ transuersas trabes iniecerunt easque ⟨*a*; eaque *Ofhl*⟩ axibus religauerunt. has trabes ⟨*c*⟩ . . .: 2, 9, 2; duae primum trabes in solo . . . conlocantur inque eis columellae defiguntur. has . . .: 2, 10, 2; ¶ turmae: VII 45, 1 *u.* equites; ¶ ibi turres . . .

erigebat easque multis tormentis ... completas ad opera Caesaris adpellebat: 1, 26, 1.

erat eo loco fossa ... et uallum ⟨uallus *Ald.*⟩ contra hostem ... pedum X, tantundemque eius ualli agger in latitudinem ⟨*c*⟩ patebat. ab eo intermisso spatio pedum DC alter conuersus in contrariam partem erat uallus: 3, 63, 1. 2; ¶ uti .. uiatores ... consistere cogant et quid ⟨*c*⟩ quisque eorum de quaque re audierit ... quaerant: IV 5, 2; ¶ tertium est genus eorum, qui uri appellantur. hi sunt ... figura tauri. magna uis eorum est ⟨est eorum *a(h)f*⟩ et magna uelocitas .... hos ...: VI 28, 1. 2; ¶ (duae fuerunt Ariouisti uxores .... utraque ⟨*c*⟩ in ea fuga periit. fuerunt ⟨periit. fuerunt *Hug;* perierunt *codd.; edd. plur.*⟩ duae filiae: harum ⟨earum β⟩ altera ⟨duae filiae harum altera *codd.; edd. plur.*⟩ occisa, altera capta est: I 53, 4;) uxores habent deni duodenique inter se communes ⟨*c*⟩ ...; sed qui ⟨*c*⟩ sunt ex iis ⟨*ABM; Fr., Hold.;* his β; *rell. edd.;* hiis *Q*⟩ nati, eorum habentur liberi, quo ⟨*c*⟩ primum uirgo ⟨*c*⟩ quaeque deducta ⟨*c*⟩ est: V 14, 5.

𝔅) atque **is**, et **is**, neque **is**: duabusque missis subsidio cohortibus a Caesare atque iis ⟨hiis *Q corr., a;* his *Np., Dt.*⟩ primis legionum duarum: V 15, 4; leui facto equestri proelio atque eo ⟨β; *Schn.; om.* α; *rell. edd.*⟩ secundo in castra exercitum reduxit: VII 53, 2; aditus ... maximis defixis trabibus atque eis praeacutis praesaepit: 1, 27, 4; ¶ conloquium petunt et id, si fieri possit, semoto a militibus loco: 1, 84, 1; ne ... multis .. secundis proeliis unum aduersum et id mediocre opponerent: 3, 73, 2; ¶ quod legionem neque eam ⟨β; tam α⟩ plenissimam ... propter paucitatem despiciebant: III 2, 3.

𝔟𝔟) genus (et numerus) pronominis alia sunt atque substantiui (κατὰ σύνεσιν): (amicitiam populi Romani sibi ornamento et praesidio, non detrimento esse oportere, † idque ⟨itaque *Paul*⟩ se hac ⟨ea *BM; edd.*⟩ spe petisse: I 44, 5;**)** ¶ ciuitati persuasit, ut de finibus suis ... exirent .... id hoc facilius eis persuasit, quod undique loci natura Heluetii continentur: I 2, 1—3; ¶ conuocato consilio ⟨*c*⟩ omniumque ordinum ad id consilium ⟨*c*⟩ adhibitis centurionibus uehementer eos ⟨*om. A*⟩ incusauit: I 40, 1; (legati) ad consilium rem deferunt magnaque inter eos exsistit ⟨*c*⟩ controuersia: V 28, 2; in consilio ⟨concilio *Np., Dt.*⟩ pronuntiat Pompeium celeriter subsidio uenturum hortaturque eos, ne animo deficiant: 1, 19, 1; ¶ subito pedestres copias ... ostenderunt. hi ⟨β; ii *BM; Fr.;* iis *AQ*[1]⟩ nostros disiectos adorti proelium renouarunt: III 20, 4; his (regibus) imperat, uti coactis omnibus copiis castra ... oppugnent. ii ⟨hi *h;* hii *af*⟩ cum ad castra uenissent, nostri eruptione facta multis eorum interfectis ... suos incolumes reduxerunt: V 22, 1. 2; copias equitatus peditatusque subsidio Biturigibus mittunt. qui cum ad flumen Ligerim uenissent, ... reuertuntur .... Bituriges eorum discessu statim se ⟨*c*⟩ cum Aruernis coniungunt ⟨*c*⟩: VII 5, 3. 4. 7; ¶ consilium capit omnem ... equitatum noctu dimittere. discedentibus mandat, ut suam quisque eorum ciuitatem adeat: VII 71, 2; ¶ deinde reliquae legiones cum tribunis militum et primorum ordinum centurionibus egerunt, uti Caesari satis facerent; ... eorum satisfactione accepta ... profectus est: I 41, 3. 4; ¶ circiter hominum milia CXXX superfuerunt eaque tota nocte continenter ierunt. ... in fines Lingonum die quarto peruenerunt, cum ... nostri triduum morati eos sequi non potuissent. Caesar ad Lingonas ... misit, ne eos frumento neue alia re iuuarent.... ipse triduo intermisso cum omnibus copiis eos sequi coepit: I 26, 5. 6; **(**VI 35, 5. 6 *u. p. 267* equites;**)** ¶ ad eam partem (Heluetiorum) peruenit, quae nondum flumen transierat. eos impeditos et inopinantes adgressus magnam partem eorum ⟨eor. part. *af*⟩ concidit: I 12, 2. 3.

𝔟) nomina propria 𝔞𝔞) ciuitatum: (Allobroges: 3, 59, 2. 4 *et* 60, 1 *u.* **𝔅) 𝔟) 𝔟𝔟)**;) ¶ ab eo loco in fines Ambianorum peruenit. ... eorum fines Neruii attingebant: II 15, 2. 3; ¶ cuniculis ... actis, cuius rei sunt longe peritissimi Aquitani, propterea quod multis locis apud eos aerariae secturaeque ⟨*CC*⟩ sunt: III 21, 3; ¶ legionis nonae et decimae milites ... Atrebates (nam his ⟨iis *BM*β; *Fr.*⟩ ea pars obuenerat) ... in flumen compulerunt et transire conantes insecuti gladiis magnam partem eorum impeditam interfecerunt: II 23, 1; ¶ Auximatibus agit gratias seque eorum facti memorem fore pollicetur: 1, 13, 5.

horum omnium fortissimi sunt Belgae, propterea quod a cultu ... prouinciae longissime absunt minimeque ad eos mercatores saepe commeant: I 1, 3; dat negotium ... Gallis, qui finitimi Belgis erant, uti ea, quae apud eos gerantur, cognoscant .... hi ... nuntiauerunt manus cogi .... tum uero dubitandum non existimauit, quin ad eos proficisceretur ⟨*c*⟩: II 2, 3—5; plerosque Belgas esse

ortos a ⟨c⟩ Germanis . . . . de numero eorum omnia se habere explorata Remi dicebant . . . . plurimum inter eos Bellouacos . . . ualere. hos ⟨eos β⟩ posse conficere armata milia centum: II 4, 1. 4. 5; ¶ Bellouaci: (II 4, 5 *u.* Belgae;) si suas copias Haedui in fines Bellouacorum introduxerint et eorum agros populari coeperint: II 5, 3; petere non solum Bellouacos, sed etiam pro his ⟨iis *BM*⟩ Haeduos, ut sua ⟨c⟩ clementia ac mansuetudine in eos utatur: II 14, 5; ¶ nec solis Biturigibus communem salutem committendam censent, quod penes eos ⟨paene in eo *ik; Np.;* paene ex eo *Em. Hoffm.*⟩, si id oppidum retinuissent, summam uictoriae constare intellegebant: VII 21, 3.
gratias agit . . . Gaditanis, quod . . . sese . . in libertatem uindicassent, tribunis militum centurionibusque, qui eo praesidii causa uenerant, quod eorum consilia sua uirtute confirmassent: 2, 21, 1; ¶ Gallis magno . . . erat impedimento, quod pluribus eorum scutis uno ictu pilorum transfixis . . . (non) satis commode pugnare poterant: I 25, 3; multae res ad hoc consilium Gallos hortabantur: . . . inopia cibariorum, cui rei parum diligenter ab his ⟨*X; Schn., Fr., Db., Hld.;* iis *Np., Dt.*⟩ erat prouisum: III 18, 6; ut ad bella suscipienda Gallorum . . . promptus est animus, sic mollis ac minime resistens ad calamitates perferendas mens eorum est: III 19, 6; cognita Gallorum infirmitate quantum iam apud eos hostes uno proelio auctoritatis essent consecuti sentiebat: IV 13, 3; cum ex significatione Gallorum noui aliquid ab iis ⟨his *f*⟩ iniri consilii ⟨c⟩ intellexissent: VII 12, 6; consilia cuiusque ⟨c⟩ modi Gallorum occurrebant . . . . aggerem cuniculis subtrahebant, eo scientius, quod apud eos magnae sunt ferrariae atque omne genus cuniculorum notum atque usitatum est: VII 22, 1. 2; ¶ quod (Heluetii) fere cotidianis proeliis cum Germanis contendunt, cum aut suis finibus eos prohibent aut ipsi in eorum finibus bellum gerunt: I 1, 4; paulatim autem Germanos consuescere Rhenum transire et in Galliam magnam eorum multitudinem uenire populo Romano periculosum uidebat: I 33, 3; ultra eum locum, quo in loco Germani consederant, circiter passus sescentos ab his ⟨eis *Clark.;* iis *Np., Dt.*[1]; *uerba* ab his *abundare censet Ciacc.*⟩, castris idoneum locum delegit: I 49, 1; quod apud Germanos ea ⟨c⟩ consuetudo esset, ut matres familiae eorum sortibus et ⟨c⟩ uaticinationibus declararent: I 50, 4; (IV 2, 2 *u.* **2. A. b)** β);) missas legationes ab non nullis ciuitatibus ad Germanos inuitatosque eos, uti ab Rheno discederent: IV 6, 3; a quibus (Germanis) cum paucorum dierum iter abesset, legati ab his ⟨iis *Np., Fr.*⟩ uenerunt: IV 7, 2; cum uideret Germanos tam facile impelli, ut ⟨c⟩ in Galliam uenirent, suis quoque rebus eos timere uoluit: IV 16, 1; Germani, qui auxilio ueniebant, . . . sese domum receperunt ⟨c⟩. cum his ⟨*BMQ;* iis *h;* hiis *a*⟩ propinqui Indutiomari, qui defectionis auctores fuerant, comitati eos ex ciuitate excesserunt ⟨c⟩ VI 8, 7. 8; duabus de causis Rhenum transire constituit; quarum una ⟨c⟩ erat ⟨c⟩, quod ⟨Germani *add. Bergk*⟩ auxilia contra se Treueris miserant, altera, ne ad eos Ambiorix receptum ⟨ambiorix rec. ad eos β⟩ haberet: VI 9, 1. 2; 22, 1 *u.* **2. A. b)** β) δδ) uictus; 23, 9 *ib.* εε) ad; ¶ Heluetii iam . . . in Haeduorum fines peruenerant eorumque agros populabantur: I 11, 1; si Haeduis de iniuriis, quas ipsis sociisque eorum intulerint, . . . satis faciant: I 14, 6; quem (equitatum) ex omni prouincia et Haeduis atque eorum sociis coactum habebat: I 15, 1; diem ex die ducere Haedui . . . . ubi se diutius duci intellexit . . ., conuocatis eorum principibus . . . grauiter eos accusat: I 16, 5; cum his Haeduos eorumque clientes . . . contendisse: I 31, 6; quod Haeduos . . . in dicione uidebat Germanorum teneri eorumque obsides esse apud Ariouistum . . . intellegebat: I 33, 2; neue Haeduos iniuria lacesseret neue his sociisque eorum bellum inferret: I 35, 3; Haeduis se obsides redditurum non esse neque his ⟨*codd.; Schn., Hold., Dt.*[2]; iis *rell. edd.*⟩ neque eorum sociis iniuria bellum inlaturum: I 36, 5; si id non fecissent, longe iis ⟨his *X; Schn., Hold.*⟩ fraternum nomen populi Romani afuturum: I 36, 5; docebat ⟨c⟩ etiam, quam ueteres . . . causae necessitudinis ipsis cum Haeduis intercederent, quae senatus consulta quotiens quamque honorifica in eos facta essent: I 43, 6. 7; postulauit . . ., ne aut Haeduis aut eorum sociis bellum inferret: I 43, 9; quod summa auctoritas antiquitus erat in Haeduis magnaeque eorum erant ⟨*om.* β⟩ clientelae: VI 12, 2; ut magnam partem clientium ab Haeduis ad se traducerent obsidesque ab his ⟨*codd.;* iis *Np., Fr., Dt.*⟩ principum filios acciperent: VI 12, 3. 4; aduentu Caesaris facta commutatione rerum obsidibus Haeduis redditis, ueteribus clientelis restitutis, nouis per Caesarem comparatis, quod ii ⟨c⟩, qui se ad eorum amicitiam adgregauerant ⟨c⟩, meliore condicione . . . se uti uidebant, reliquis rebus eorum gratia dignitateque ⟨c⟩ amplificata Sequani principatum dimiserant: VI 12, 6; quod legibus Haeduorum iis ⟨c⟩, qui summum magistratum obtinerent, ex-

cedere ex finibus non liceret, ne quid de iure aut de legibus ⟨de legibus aut iure β⟩ eorum deminuisse uideretur, ipse in Haeduos proficisci statuit: VII 33, 2; agmen Haeduorum conspicatus immisso equitatu iter eorum moratur: VII 40, 4; Haedui . . . maiorem multitudinem ad arma ⟨c⟩ concitant. interim nuntio allato omnes eorum ⟨eor. omn. β⟩ milites in potestate Caesaris teneri concurrunt ad Aristium: VII 42, 1—6; 43, 1; Litauiccum Bibracte ⟨c⟩ ab Haeduis receptum, quod est oppidum apud eos maximae auctoritatis: VII 55, 4; defectione Haeduorum cognita bellum augetur ⟨c⟩ . . . . quantum . . . pecunia ualent, ad sollicitandas ciuitates nituntur; naeti obsides, quos Caesar apud eos deposuerat, horum supplicio dubitantes territant: VII 63, 1—3; imperant Haeduis atque ⟨c⟩ eorum clientibus . . . milia XXXV: VII 75, 2; ¶ Heluetii: I 7, 1 *u.* **2. A. 𝔟) β) αα)**; Heluetii iam . . . in Haeduorum fines peruenerant. . . . Haedui, cum se suaque ab iis ⟨his *a*⟩ defendere non possent, legatos . . . mittunt: I 11, 1. 2; 12, 2. 3 *u. p. 276* **𝔟𝔟)** *extr.*; in eam partem ituros atque ibi futuros Heluetios, ubi eos Caesar constituisset atque esse uoluisset: I 13, 3.

Massilienses: 1, 34, 3. 4 *u.* **2. B.**; quibus mandatis acceptis Massilienses portas Caesari clauserant; Albicos . . ., qui in eorum fide antiquitus erant . . ., ad se uocauerant: 1, 34, 4; 35, 1 *u.* **2. B.**; cum his agit, ne initium inferendi belli *a Massiliensibus oriatur; debere eos . . . obtemperare. reliqua, quae ad eorum sanandas mentes pertinere arbitrabatur, commemorat: 1, 35, 1. 2; hi modo digressi ⟨c⟩ *a* Massiliensibus recentem eorum ⟨*Oh²l³*; eorumdem *N*; eodem *x*⟩ pollicitationem animis continebant: 1, 57, 4; Massilienses arma . . . proferunt, . . . pecuniam ex publico tradunt. quibus rebus confectis Caesar magis eos pro nomine et uetustate quam pro meritis in se ciuitatis conseruans duas ibi legiones praesidio relinquit ⟨c⟩: 2, 22, 5. 6; ¶ Menapios oppresserunt, qui . . . in suos nicos remigrauerant ⟨c⟩. his interfectis nauibusque eorum occupatis . . . flumen transierunt atque omnibus eorum aedificiis occupatis reliquam partem hiemis se eorum copiis aluerunt: IV 4, 5—7; legati, qui in Menapiorum fines legiones duxerant, omnibus eorum agris uastatis, frumentis succisis, aedificiis ⟨c⟩ incensis . . . se . . . receperunt: IV 38, 3.

eorum fines Neruii attingebant. quorum de natura . . . cum quaereret, sic reperiebat: nullum aditum esse ad eos ⟨nullum esse aditum ad hos β⟩ mercatoribus . . . . cum per eorum fines triduum ⟨c⟩ iter fecisset, inueniebat ex captiuis ⟨eorum *add. B²*β⟩: II 15, 3. 4; 16, 1; quidam ex his . . . nocte ad Neruios peruenerunt atque his ⟨*AQaf*; iis *BMh*; *Fr.*, *Db.*⟩ demonstrarunt: II 17, 2; Neruii antiquitus . . ., quo facilius finitimorum equitatum, si praedandi causa ad eos uenissent ⟨*CC*⟩, impedirent, . . . effecerant, ut: II 17, 4; facile hac oratione Neruiis persuadet. itaque confestim dimissis nuntiis ad Ceutrones, Grudios, . . . Geidumnos, qui omnes sub eorum imperio sunt ⟨c⟩, . . . cogunt: V 38 *extr.*; 39, 1; ¶ Numidae . . . passim consederant. hos oppressos somno et dispersos adorti magnum eorum numerum interficiunt: 2, 38, 4. 5.

praedae loco Parthinos habuerat frumentumque omne conquisitum spoliatis effossisque eorum domibus per equites comportarat ⟨c⟩: 3, 42, 5.

huc ⟨c⟩ (se) iturum ⟨c⟩ per fines Remorum eorumque agros populaturum: V 56, 5; ¶ Romanos pulsos superatosque, castris impedimentisque eorum hostes potitos: II 24, 5; qui ad hunc modum locuti: non (se) existimare Romanos sine ope diuina ⟨c⟩ bellum gerere . . . se suaque omnia eorum potestati permittere dixerunt: II 31, 2. 3; si suam gratiam Romani uelint, posse iis ⟨α; eis β⟩ utiles esse amicos: IV 7, 4; Romani si casu interuenerint ⟨c⟩, fortunae . . . habendam gratiam, quod et paucitatem eorum ex loco superiore cognoscere et uirtutem despicere potuerint, qui . . .: VII 20, 6.

Senones . . . Cauarinum, quem Caesar apud eos regem constituerat, . . . interficere . . . conati . . . expulerunt: V 54, 2; ¶ peius uictoribus Sequanis quam Haeduis uictis accidisse, propterea quod Ariouistus . . . in eorum finibus consedisset: I 31, 10; nihil Sequani respondere . . . . cum ab his ⟨iis *recc.*; *Fr.*⟩ saepius quaereret: I 32, 3; Sequani principatum dimiserant. in eorum locum Remi successerant: VI 12, 6. 7; ¶ Suebi . . . domum reuerti coeperunt. quos Vbii ⟨c⟩ . . . insecuti magnum ex his ⟨iis *Fr.*; ex his magnum β⟩ numerum occiderunt: I 54, 1; IV 1, 3. 4. 7; 2, 2. 4 *u.* **2. A. 𝔟) β)**; fit . . . certior Suebos . . . copias cogere atque iis ⟨c⟩ nationibus, quae sub eorum sint ⟨sunt β⟩ imperio, denuntiare, ut: VI 10, 1; mandat, ut crebros exploratores in Suebos mittant quaeque apud eos gerantur cognoscant: VI 10, 3; ¶ Suessiones . . . fines ⟨c⟩ latissimos feracissimosque agros possidere. apud eos fuisse regem nostra etiam memoria Diuiciacum: II 4, 6. 7; ¶ se trans Rhenum in fines Sugambrorum receperat seque cum iis ⟨hiis *Qa; his h*⟩ coniunxerat: IV 16, 2; Sugambri ⟨*c*⟩ . . . se . . in solitudinem ac siluas abdiderant. Caesar paucos dies in eorum finibus moratus . . . se in fines Vbiorum recepit: IV 18, 4; 19, 1.

Treueri . . . Labienum cum una legione, quae in eorum ⟨Remorum *Schambach*⟩ finibus hiemabat ⟨*c*⟩, adoriri parabant: VI 7, 1; ¶ Trinobantes . . . legatos ad Caesarem mittunt . . . . his ⟨*h; hiis* Q^2a*;* iis α; *Fr.*⟩ Caesar imperat obsides XL . . . Mandubraciumque ad eos mittit: V 20, 1. 2. 4.

(ad alteram partem succedunt Vbii . . . . et ⟨*codd.; edd.;* ei *Paul*⟩ paulo [quam] sunt eiusdem generis [et] ceteris humaniores, propterea quod Rhenum attingunt multumque ad eos mercatores uentitant: IV 3, 3;) Caesar paucos dies in eorum finibus moratus . . . se in fines Vbiorum recepit atque iis ⟨his β; hiis Q^2⟩ auxilium suum pollicitus . . . haec ab iis ⟨his a^2h*;* is B^2a^1⟩ cognouit: IV 19, 1; ¶ Sabinum . . . in fines Venellorum ⟨*c*⟩ peruenit. his ⟨β; hiis Q^2*;* iis α; *Fr., Db.*⟩ praeerat Viridouix: III 17, 1. 2.

𝔟𝔟) hominum: Dioscorides et Serapion . . . ad Achillam peruenerunt. quos ille, cum in conspectum eius uenissent, . . . corripi atque interfici iussit: 3, 109, 4. 5; Achillas . . . occupabat Alexandriam . . . . sed Caesar dispositis per uias cohortibus impetum eius sustinuit: 3, 111, 1; ¶ huic officio oppidoque M.' Acilius ⟨*Achaintre;* Acilius *Faern.;* caninianus *Ox*⟩ legatus praeerat. is naues nostras . . . post oppidum reduxit et ad terram deligauit . . . obiecit . . . coniunxit . . .: 3, 39, 1. 2; ¶ Titurius, cum procul Ambiorigem suos cohortantem conspexisset, interpretem suum Cn. Pompeium ad eum mittit . . . . ille appellatus respondit: V 36, 1; ille cum Cotta saucio communicat, . . . ut . . . cum Ambiorige una conloquantur. sperare ⟨se *add.* β⟩ ab eo de sua ac militum salute impetrari posse: V 36, 3; Ambiorix statim cum equitatu in Aduatucos, qui erant eius regno finitimi, proficiscitur: V 38, 1; quod pro explorato habebat Ambiorigem proelio non esse contenturum ⟨*c*⟩, reliqua eius consilia animo circumspiciebat: VI 5, 3; si aut Ambiorigem aut eius legatos finibus suis recepissent: VI 6, 3; ad ipsum Ambiorigem contendit . . . . magnae fuit fortunae . . . ipsum effugere mortem. sed hoc ⟨. .⟩ factum est, quod . . . comites familiaresque eius angusto in loco paulisper equitum nostrorum uim sustinuerunt: VI 30, 1—3; ¶ erat eo tempore Antonius Brundisii; is ⟨*add. Forchh.; om. Ox;* qui *recc.(?);* *Np.*⟩ uirtute militum confisus scaphas . . . contexit . . .: 3, 24, 1; Pompeius, quia . . . flumen ei transeundum non erat, . . . ad Antonium contendit, atque ubi eum ⟨*Ohl;* eum ubi *af; edd.*⟩ adpropinquare cognouit, idoneum locum nactus ibi copias conlocauit: 3, 30, 4. 5; haec ad Antonium statim per Graecos deferuntur. ille . . . unum diem sese castris tenuit; altero die ad eum peruenit Caesar: 3, 30, 6; ¶ quod Ariouistus . . . Sequanos decedere iuberet, propterea quod . . . Harudum milia hominum XXIIII ad eum uenissent ⟨uen. ad eum *h*⟩: I 31, 10; Ariouistum . . . in eos omnia exempla cruciatusque edere, si qua res non ad nutum aut ad uoluntatem eius facta sit. hominem esse barbarum, iracundum, temerarium; non posse (se) eius imperia diutius sustinere: I 31, 12. 13; haec si enuntiata Ariouisto sint, non dubitare, quin de omnibus obsidibus, qui apud eum sint, grauissimum supplicium sumat: I 31, 15; qui (Sequani) intra fines suos Ariouistum recepissent, quorum oppida omnia in potestate eius ⟨ei A^1⟩ essent: I 32, 5; placuit ei, ut ad Ariouistum legatos mitteret, qui ab eo postularent, uti . . . deligeret. uelle sese de re publica et summis utriusque rebus cum eo agere: I 34, 1; ei legationi Ariouistus respondit: . . . his responsis ad Caesarem relatis ⟨*c*⟩ iterum ad eum Caesar legatos cum his mandatis mittit: I 34, 2; 35, 1; Ariouistum se consule cupidissime populi Romani amicitiam adpetisse. cur hunc tam temere quisquam ab officio discessurum iudicaret? sibi quidem persuaderi . . . eum neque suam neque populi Romani gratiam repudiaturum: I 40, 2. 3; Ariouistus legatos ad eum mittit . . . . non respuit condicionem Caesar, iamque eum ad sanitatem reuerti arbitrabatur . . . magnamque in spem ueniebat pro suis tantis populique Romani in eum beneficiis . . . fore, uti pertinacia desisteret: I 42, 1—3; Ariouistus ex equis ut ⟨*c*⟩ conloquerentur . . . postulauit. ubi ⟨*c*⟩ eo uentum est, Caesar . . . sua senatusque in eum beneficia commemorauit ⟨*c*⟩: I 43, 3. 4; elatum est, qua adrogantia in conloquio Ariouistus usus omni Gallia Romanis interdixisset impetumque **ut* in nostros eius equites fecissent: I 46, 4; biduo post Ariouistus ad Caesarem legatos mittit ⟨*c*⟩ . . . . (Caesar) legatum [e ⟨*c*⟩ suis] sese magno cum periculo ad eum missurum . . . existimabat. commodissimum uisum est C. Valerium Procillum . . . ad eum mittere: I 47, 1. 3. 4; ut, si nellet Ariouistus proelio contendere, ei potestas non deesset: I 48, 3; Ariouistus . . . exercitum castris continuit, equestri proelio cotidie contendit. . . , ubi eum castris se ⟨c⟩ tenere Caesar intellexit: I 48,5; 49,1; ¶ Attius *u.* Varus.

Basilus: VI 29,5 *u.* **2. B.**; Basilus ut imperatum est facit. . . . magno accidit casu, ut . . . incideret priusque eius aduentus ⟨aduentus eius *bcdf; om. ik*⟩ ab hominibus ⟨c⟩ uideretur quam: VI 30,2; ¶ prodit Libo atque ⟨c⟩ excusat Bibulum, quod is iracundia summa erat inimicitiasque habebat etiam priuatas cum Caesare . . . . ob eam causam conloquium uitasse, ne res maximae spei maximaeque utilitatis eius iracundia impedirentur: 3, 16,3; Bibulus . . . uim morbi sustinere non potuit. eo mortuo ad neminem unum summa imperii redit: 3,18,1.2.

ex Afranianis interficiuntur T. Caecilius, primi pili centurio, et praeter eum centuriones IIII: 1,46,5; ¶ Caesari cum id nuntiatum esset . . ., maturat ab urbe proficisci. ubi de eius aduentu Heluetii certiores facti sunt, legatos ad eum mittunt: I 7,1.3; *cf.* **2. B.** (I 7,3;) Caesar . . . respondit . . . . disponit . . . communit . . . . ubi . . . legati ad eum reuerterunt: I 7,4; 8,1—3; qua in re Caesar . . . etiam priuatas iniurias ultus est, quod eius soceri L. Pisonis auum . . . Tigurini . . . interfecerant: I 12,7; hoc proelio facto . . . exercitum traducit. Heluetii repentino eius aduentu commoti, cum id, quod ipsi diebus XX aegerrime confecerant, . . . illum uno die fecisse intellegerent, legatos ad eum mittunt: I 13,1.2; si quid ei a Caesare grauius accidisset, cum ipse eum locum amicitiae apud eum teneret: I 20,4; cum . . . ipse . . . abesset . . ., Considius equo admisso ad eum accurrit: I 22,2; Caesar ad Lingonas litteras nuntiosque misit, . . . ipse . . . eos sequi coepit. Heluetii . . . legatos de deditione ad eum miserunt. qui cum eum in itinere conuenissent seque ad pedes ⟨eius *add. bfhik*⟩ proiecissent: I 26,6; 27,1.2; petierunt, uti sibi concilium totius Galliae . . . indicere idque Caesaris uoluntate facere ⟨*CC*⟩ liceret: sese habere quasdam res, quas ex communi consensu ab eo petere uellent: I 30,4; 31, 1 *u.* **2. B.**; Caesar . . . hac oratione habita concilium dimisit. et secundum ea multae res eum hortabantur, quare sibi eam rem cogitandam . . . putaret: I 33,1.2; quam ob rem placuit ei, ut ad Ariouistum legatos mitteret: I 34,1; si quid ipsi a Caesare opus esset, sese ad eum uenturum fuisse: I 34,2; Caesar . . . ad Ariouistum contendit. cum tridui uiam processisset, nuntiatum est ei . . .: I 37,4.5; 38,1; 39,3 *u.* **2. B.**; princepsque decima legio per tribunos militum ei gratias egit: I 41,2; cognito Caesaris aduentu Ariouistus legatos ad eum mittit: I 42,1; postulauit, ne quem peditem ad conloquium Caesar adduceret: uereri se, ne per insidias ab eo circumueniretur: I 42,4; debere se suspicari . . Caesarem . . . exercitum . . . sui opprimendi causa habere. qui nisi decedat . . ., sese illum non pro amico, sed pro ⟨c⟩ hoste habiturum. quod si eum interfecerit, multis sese nobilibus . . . gratum esse facturum . . .; quorum omnium gratiam atque amicitiam eius morte redimere posset. quod si decessisset . . ., magno se illum praemio remuneraturum et, quaecumque bella geri uellet, sine ullo eius labore et periculo confecturum: I 44,10—13; Ariouistus ad Caesarem legatos mittit ⟨c⟩, uelle se de iis ⟨c⟩ rebus, quae inter eos agi coeptae neque perfectae essent, agere cum eo: I 47,1; praeter castra Caesaris suas copias traduxit et milibus passuum duobus ultra eum castra fecit: I 48, 2; quae quidem res Caesari . . . uoluptatem attulit . . . . item M. Metius repertus et ad eum reductus est: I 53,6.8; cum esset Caesar in citeriore Gallia . . ., crebri ad eum rumores adferebantur litterisque item Labieni certior fiebat: II 1,1; eo cum . . . uenisset (Caesar), Remi . . . ad eum legatos . . . miserunt: II 3, 1; ibi castra posuit. quae res et latus unum castrorum . . . muniebat et post eum ⟨ea *Ciacc.*⟩ quae essent ⟨erant β; *Flod.*⟩ tuta ab hostibus reddebat: II 5,4.5; Iccius . . ., unus ex iis, qui legati . . . ad Caesarem uenerant, nuntium ad eum mittit: II 6,4; manus ad Caesarem tendere et uoce significare coeperunt, sese in eius fidem ac potestatem uenire: II 13,2; post discessum Belgarum dimissis Haeduorum copiis ad eum reuerterat: II 14,1; legatos ad Caesarem miserunt seque ei dediderunt ⟨c⟩: II 28,2; sectionem eius oppidi uniuersam Caesar uendidit. ab iis ⟨c⟩, qui emerant, capitum numerus ad eum relatus est milium quinquaginta trium: II 33, 6.7; Caesar . . ., quod omni Gallia pacata Morini Menapiique supererant, qui in armis essent neque ad eum umquam legatos de pace misissent, . . . eo exercitum adduxit ⟨c⟩: III 28,1; Caesar cum ab hoste non amplius passuum XII milibus abesset, . . . ad eum legati reuertuntur: IV 11,1; quod postridie . . . Germani frequentes . . . ad eum in castra uenerunt: IV 13,4; Caesar iis ⟨c⟩ . . . discedendi potestatem fecit. illi . . . remanere se apud eum uelle dixerunt: IV 15,5; Caesar . . . in fines Sugambrorum ⟨c⟩ contendit ⟨c⟩. interim a compluribus ciuitatibus ad eum legati ueniunt: IV 18,2.3; huc naues . . . iubet (Caesar) conuenire. interim consilio eius cognito et per mercatores perlato ad Britannos a compluribus ⟨eius *add.* β⟩ insulae ciuitatibus ad eum legati ueniunt: IV 21, 4. 5; dum in his locis Caesar . . . moratur, ex magna parte Morinorum ad eum legati uenerunt: IV 22, 1; reliquum exercitum . . . legatis in Menapios atque in eos pagos Morinorum, ab quibus ad eum legati non uenerant, ducendum ⟨c⟩ dedit: IV 22, 5; tempore oportunissimo Caesar auxilium tulit; namque eius aduentu hostes constiterunt, nostri se ex timore receperunt: IV 34, 1; eo cum uenisset (Caesar), . . . iubet. qua re nuntiata Pirustae ⟨c⟩ legatos ad eum mittunt: V 1, 6. 7; e quibus alter, simul atque de Caesaris legionumque aduentu cognitum est, ad eum uenit: V 3, 3; postea quam non nulli principes ex ea ciuitate . . . ad Caesarem uenerunt et de suis priuatim ⟨c⟩ rebus ab eo petere coeperunt: V 3, 5; legatos ad Caesarem mittit: sese idcirco ab suis discedere atque ad eum uenire noluisse, quo: V 3, 6; seseque ⟨c⟩, si Caesar permitteret, ad eum in castra uenturum, suas ciuitatisque fortunas eius fidei permissurum: V 3, 7; Mandubracius adulescens Caesaris fidem secutus ad eum in continentem [Galliam] uenerat: V 20, 1; legatos ad Caesarem mittunt pollicenturque sese ei dedituros: V 20, 2; duobus commeatibus exercitum reportare ⟨c⟩ instituit ⟨c⟩. ac sic accidit, uti . . . ex iis ⟨c⟩, quae inanes ex continenti ad eum remitterentur, . . . perpaucae locum caperent: V 23, 2—4; sese pro Caesaris in se beneficiis plurimum ei confiteri debere, quod eius opera stipendio liberatus esset: V 27, 2; quod cum faciat, et ciuitati sese consulere . . . et Caesari pro eius meritis gratiam referre: V 27, 11; legatos . . ad Caesarem mittant. sperare (se) pro eius iustitia quae petierint impetraturos: V 41, 8; Caesar . . . nuntium . . . ad M. Crassum quaestorem ⟨c⟩ mittit, cuius hiberna aberant ab eo milia passuum XXV: V 46, 1; missis ad Caesarem . . . legatis, cum is ⟨his *AQ*⟩ omnem ⟨c⟩ ad se senatum uenire iussisset, dicto audientes non fuerunt: V 54, 3; Cingetorigem, . . . quem supra demonstrauimus Caesaris secutum fidem ab eo non discessisse ⟨c⟩, hostem iudicat ⟨c⟩: V 56, 3; in Senones ⟨c⟩ proficiscitur magnisque itineribus eo peruenit. cognito eius aduentu Acco, qui princeps eius consilii fuerat, iubet: VI 3 *extr.;* 4, 1; Caesar . . . aedificia uicosque incendit, magno . . . hominum numero potitur. quibus rebus coacti Menapii legatos ad eum pacis petendae causa mittunt. ille . . .: VI 6, 1. 2; Caesar . . . reliquas copias equitatumque traducit. Vbii . . . purgandi sui ⟨c⟩ causa ad eum legatos mittunt: VI 9, 1. 5. 6; diffidens . . . Caesarem fidem seruaturum, quod longius ⟨eum *add.* β⟩ progressum audiebat neque ulla de reditu eius fama adferebatur: VI 36, 1; priusque omnes in unum locum cogit (Caesar) quam de eius aduentu Aruernis nuntiari posset: VII 9, 5; magnam haec res Caesari difficultatem ad consilium capiendum adferebat, . . . ne stipendiariis Haeduorum expugnatis cuncta Gallia deficeret, quod nullum amicis in eo praesidium uideret ⟨*AQB*β; *Schn.;* uideretur *M; rell. edd.*⟩ positum esse ⟨c⟩: VII 10, 1; Vercingetorix . . . obuiam Caesari proficiscitur. ille oppidum . . . Nouiodunum oppugnare instituerat. quo ex oppido cum legati ad eum uenissent, . . . iubet: VII 12, 1—3; oppidani perterriti comprehensos eos, quorum opera plebem concitatam existimabant, ad Caesarem perduxerunt ⟨c⟩ seseque ei dediderunt: VII 13, 2; quin etiam Caesar cum . . . diceret, uniuersi ab eo ne id faceret petebant: VII 17, 4; Caesar . . . exercitum . . . reficit ⟨c⟩. iam prope hieme confecta, cum . . . ad hostem proficisci constituisset, siue eum ex paludibus . . . elicere siue obsidione premere posset, legati ad eum principes Haeduorum ueniunt ⟨c⟩: VII 32, 1. 2; 32, 5 *u.* 2. **B.**; esse non nullo se Caesaris beneficio adfectum, sic tamen, ut iustissimam apud eum causam obtinuerit: VII 37, 4; Eporedorix . . . et una Viridomarus . . ., quem Caesar . . . ex humili loco ⟨c⟩ ad summam dignitatem perduxerat, in equitum numero conuenerant nominatim ab eo euocati: VII 39, 1; admiratus (Caesar) quaerit ex perfugis causam, quorum magnus ad eum cotidie numerus confluebat: VII 44, 2; (munitiones . . . perfecit, ut ne magna quidem multitudine, si ita accidat, † eius discessu ⟨equitum discessu *Göl.;* eius accessu *coni. Np.;* Vercingetorigis arcessitu *Paul;* [eius discessu] *Kran.; Dt.;* [si ita accidat eius discessu] *Whitte; u. CC*⟩ munitionum praesidia circumfundi possent: VII 74, 1;) accelerat Caesar, ut proelio intersit. eius aduentu ex colore uestitus cognito . . . hostes ⟨*CC*⟩ proelium committunt: VII 87, 5; 88, 1; sin Caesarem respiciant atque eius gratiam sequantur: 1, 1, 3; timere Caesarem ereptis ⟨*Np.;* correptis *Ox*⟩ ab eo duabus legionibus, ne ad eius periculum . . . retinere eas ad urbem Pompeius uideretur: 1, 2, 3; ante certam diem Caesar exercitum dimittat; si non faciat, eum aduersus rem publicam facturum uideri: 1, 2, 6. 7; pollicetur L. Piso censor sese iturum ad Caesarem, item L. Roscius praetor, qui de his rebus eum doceant: 1, 3, 6; legati ad Caesarem mittantur, qui uoluntatem senatus ei proponant: 1,3,7; Pompeius ab inimicis Caesaris incitatus . . . totum se ab eius amicitia auerterat: 1,4,4; nec docendi Caesaris propinquis eius spatium datur: 1,5,1; tribuni plebis sese . . ad Caesarem conferunt. is eo tempore erat Rauennae exspectabatque: 1,5,5; alieno esse animo in Caesarem milites neque iis ⟨c⟩ posse persuaderi, uti eum defendant aut sequantur saltem: 1,6,2; Ariminum . . . proficiscitur (Caesar) ibique tribunos plebis, qui ad eum confugerant, conuenit: 1,8,1; Roscius . . . ibi . . consules Pompeiumque inuenit; postulata Caesaris renuntiat. illi deliberata *re* respondent scriptaque ad eum mandata . . . remittunt ⟨c⟩: 1,10,1. 2; Caesar enim aduentare iam iamque et adesse eius equites falso nuntiabantur: 1,14,1; Auximo ⟨c⟩ Caesar progressus ⟨c⟩ omnem agrum Picenum percurrit. cunctae earum regionum praefecturae libentissimis animis eum recipiunt exercitumque eius omnibus rebus iuuant. etiam Cingulo . . . ad eum legati ueniunt: 1,15,1. 2; Caesar . . . reliquas . . copias exspectare instituit. eo triduo legio VIII. ad eum uenit: 1, 18,4. 5; 20,5 *u.* **2. B.**; neque ab eo prius Domitiani milites discedunt quam in conspectum Caesaris deducatur. cum eo de salute sua *agit:* 1,22,2. 3; Caesarisque in se beneficia exponit, quae erant maxima: quod per eum in collegium pontificum uenerat, quod . . .: 1,22,3. 4; non nullae cohortes in agmen Caesaris, aliae ⟨c⟩ in equites incidunt. reducitur ad eum deprensus ex itinere N. ⟨c⟩ Magius: 1,24,4; tametsi . . . admirabatur (Caesar) Magium . . . ad se non remitti, atque ea res saepe temptata etsi impetus eius consiliaque tardabat, tamen . . . in eo perseuerandum putabat: 1,26,2; Caesar iis ciuitatibus, quae ad eius amicitiam accesserant, . . . pecus imperabat: 1,52,4; imperat militibus Caesar, ut naues faciant, cuius generis eum superioribus annis usus Britanniae docuerat: 1, 54,1; interim Oscenses et Calagurritani . . . mittunt ad eum legatos: 1,60,1; transit etiam cohors Illurgauonensis ad eum cognito ciuitatis consilio: 1,60,4; relinquebatur Caesari nihil nisi uti equitatu agmen aduersariorum male haberet et carperet. pons ⟨c⟩ enim ipsius magnum circuitum habebat, ut multo breuiore itinere illi ad Hiberum peruenire possent. equites ab eo missi flumen transeunt: 1,63,2. 3; neque uero id ⟨c⟩ Caesarem fugiebat . . . . idque ex ⟨c⟩ omnibus partibus ab eo flagitabatur: 1,71, 1; ad Caesarem ueniunt seque ei commendant: 1,74,4; magnumque fructum suae pristinae lenitatis . . . Caesar ferebat, consiliumque eius a cunctis probabatur: 1,74,7; Caesar milites aduersariorum . . . conquiri et remitti iubet. sed ex numero tribunorum militum centurionumque non nulli sua uoluntate apud eum remanserunt. quos ille postea magno in honore habuit: 1,77,1. 2; eique negotio Q. Fufium Calenum legatum praeficit (Caesar). hoc eius praescripto . . . ad Varum flumen est iter factum: 1,87,4. 5; praedicauit aduersa Caesarem proelia fecisse, magnum numerum ab eo militum ad Afranium perfugisse: 2,18,3; tradita legione Varro Cordubam ad Caesarem uenit; relatis ad eum publicis cum fide rationibus quod penes eum est pecuniae tradit: 2,20,8; Curio numquam se amisso exercitu, quem a Caesare fidei commissum acceperit, in eius conspectum reuersurum confirmat: 2,42,4; dictatore habente comitia Caesare consules creantur Iulius Caesar et P. Seruilius: is enim erat annus, quo per leges ei ⟨eum *b*⟩ consulem fieri liceret: 3,1,1; quod prius ad continentem uisus ⟨c⟩ est Caesar quam de eius aduentu fama omnino in eas regiones perferretur: 3,7,3; cui ⟨c⟩ rei missis ⟨c⟩ ad Caesarem legatis auxilium ab eo petebant: 3, 9,5; demonstrauimus L. Vibullium Rufum . . . bis in potestatem peruenisse Caesaris atque ab eo esse dimissum: 3,10,1; se atque oppidum Caesari dedidit incolumisque ab eo conseruatus est: 3,11,4; recepto Caesar Orico . . . Apolloniam proficiscitur. eius ⟨*Ofhl;* cuius *a; edd.*⟩ aduentu audito L. Staberius ⟨c⟩, qui ibi praeerat, aquam comportare in arcem ⟨c⟩ atque eam munire . . . coepit: 3,12,1; quoniam primo uenientem Caesarem non prohibuissent, *at reliquos eius exercitus impedirent: 3,25,3; pontones Lissi relinquit hoc consilio, ut . . . aliquam Caesar ad insequendum facultatem haberet, nuntiosque ad eum celeriter mittit: 3,29, 4; Caesar . . . temptandas sibi prouincias . . . existimabat; et cum ad eum ex Thessalia Aetoliaque legati uenissent, . . . misit: 3,34,1. 2; (Caesar) Dyrrachium profectus est . . . . Pompeius enim primo ignorans eius consilium . . . angustiis rei frumentariae compulsum discessisse existimabat; postea . . . castra mouit breuiore itinere se occurrere ei posse sperans: 3,41,3. 4; milia sagittarum circiter XXX in castellum coniecta Caesari renuntiauerunt ⟨c⟩, scutoque ad eum relato Scaeuae centurionis inuenta sunt in eo foramina CXX ⟨c⟩: 3,53,4; nolite, obsecro, committere, quod ante in exercitu Caesaris non accidit, ut rei militaris dedecus admittatur, incolumemque ad eum deferte: 3,64, 4; Caesar . . . reliquit in opere cohortes duas . . .; ipse . . . reliquas cohortes . . . ad legionem Pompei . . . eduxit. neque eum prima opinio fefellit: 3, 67, 3. 4; 75, 2 *u.* 2. C.; celeriter ex conspectu castrorum discessit. neque uero Pompeius cognito consilio eius moram ullam ad insequendum intulit: 3, 75, 2. 3; fama percrebuerat pulsum fugere Caesarem paene omnibus copiis amissis. haec . . . ciuitates non nullas ab eius amicitia auertebat: 3, 79, 4; quae gens paucis ante mensibus ultro ad Caesarem legatos miserat . . . praesidiumque ab eo militum petierat: 3, 80, 1; temptandum *Caesar* existimauit, quidnam Pompeius propositi . . . haberet. itaque . . . aciem . . instruxit. . . . quae res in dies confirmatiorem eius exercitum efficiebat: 3, 84, 1. 2; erat Crastinus euocatus in exercitu Caesaris, qui superiore anno apud eum primum pilum in legione X. duxerat: 3, 91, 1; Pompeius suis praedixerat, ut ⟨*c*⟩ Caesaris impetum exciperent ... aciemque eius distrahi paterentur: 3, 92, 1; Caesar prima luce omnes eos ... arma proicere iussit. quod ubi . . . fecerunt passisque palmis . . . flentes ab eo salutem petiuerunt, consolatus consurgere iussit: 3, 98, 1. 2; de his rebus cum ageretur apud Caesarem isque maxime uellet . . . controuersias regum componere: 3, 109, 1; Achillas ... occupabat Alexandriam praeter eam ⟨*c*⟩ oppidi partem, quam Caesar cum militibus tenebat, primo impetu domum eius inrumpere conatus: 3, 111, 1; Caesar ... ibi praesidium posuit. quibus est rebus effectum, uti tuto frumentum auxiliaque nauibus ad eum supportari possent: 3, 112, 6; ¶ eo L. Caesar adulescens uenit, cuius pater Caesaris erat legatus. is reliquo sermone confecto . . . habere se a Pompeio ad eum priuati officii mandata demonstrat: 1, 8, 2; reliquae Caesaris naues ⟨cognita *add. RSchn.*⟩ eius fuga se Hadrumetum ⟨*c*⟩ receperunt. hunc . . .: 2, 23, 4; ¶ eo Q. ⟨*c*⟩ Calenum misit eique ⟨*Gland.;* et q. *codd.;* et C. *Ciacc.*⟩ Sabinum et Cassium . . . adiungit: 3, 55, 1; ¶ summa imperii traditur Camulogeno Aulerco, qui . . . propter singularem scientiam rei militaris ad eum est honorem euocatus. is cum animaduertisset: VII 57, 3. 4; ¶ (Caninianus: 3, 39, 1. 2 *u.* Acilius;) ¶ memoria tenebat L. Cassium consulem occisum exercitumque eius ab Heluetiis pulsum: I 7, 4; hic pagus . . . L. Cassium consulem interfecerat et eius exercitum sub iugum miserat: I 12, 5; — prius Cassius ad Messanam nauibus aduolauit quam Pomponius de eius aduentu cognosceret: 3, 101, 1; ¶ ad Ciceronis hiberna ⟨*c*⟩ aduolant ⟨*c*⟩ nondum ad eum fama de Titurii morte perlata. huic ⟨*CC*⟩ ...: V 39, 1; ad Ciceronem perfugerat *summamque ei fidem praestiterat: V 45, 2; Ciceronem pro eius merito legionemque conlaudat: V 52, 3; ei legioni castrisque Q. Tullium Ciceronem praeficit ⟨*c*⟩ ducentosque equites ei ⟨β; *om.* α; *edd.*⟩ attribuit: VI 32, 6; ¶ principibus Treuerorum ad se conuocatis hos ⟨eos β⟩ singillatim Cingetorigi conciliauit, quod cum merito eius a se fieri intellegebat, tum ⟨*c*⟩ magni interesse arbitrabatur eius auctoritatem inter suos quam plurimum ualere, cuius tam egregiam in se uoluntatem perspexisset: V 4, 3; in eo concilio Cingetorigem . . . hostem iudicat ⟨*c*⟩ bonaque ⟨*c*⟩ eius publicat: V 56, 3; a Cingetorige atque eius propinquis oratione Indutiomari cognita: V 57, 2; ¶ (nuntiis ad Milonem missis, qui Clodio interfecto eo ⟨*Scal.;* eius *codd.*⟩ nomine erat damnatus: 3, 21, 4;) ¶ senatusque Coelium ab re publica remouendum censuit. hoc decreto eum consul senatu prohibuit et contionari conantem de rostris deduxit. ille ... (Milonem) praemisit. ipse cum Casilinum uenisset unoque tempore signa eius militaria atque arma Capuae essent comprensa ⟨*c*⟩ . . ., patefactis consiliis exclusus Capua et periculum ueritus, quod conuentus arma ceperat atque eum hostis loco habendum existimabat, consilio destitit: 3, 21, 2—5; ¶ rogati tamen ab Commio pro eius hospitio duo milia miserunt ⟨*c*⟩: VII 75, 5; huius opera Commii . . . erat usus in Britannia Caesar; quibus ⟨*c*⟩ ille ⟨*c*⟩ pro meritis ciuitatem eius immunem esse iusserat, iura legesque reddiderat atque ⟨*c*⟩ ipsi Morinos attribuerat: VII 76, 1; ¶ P. Crassus adulescens cum legione septima . . . in Andibus *hiemabat. is . . . praefectos tribunosque militum complures in finitimas ciuitates . . . dimisit: III 7, 2. 3; — Crassum Samarobriuae praeficit ⟨*c*⟩ legionemque ei ⟨β; *om.* α; *edd.*⟩ attribuit: V 47, 2; ¶ erat Crastinus euocatus in exercitu Caesaris. . . . hic . . . inquit . . . . haec cum dixisset, . . . procucurrit, atque eum electi milites circiter CXX uoluntarii ⟨*c*⟩ eiusdem centuriae sunt prosecuti: 3, 91, 1—3; Caesar existimabat eo proelio excellentissimam uirtutem Crastini fuisse optimeque eum de se meritum iudicabat: 3, 99, 2; ¶ non praetereunda oratio Critognati uidetur ⟨*c*⟩ propter eius singularem et ⟨*c*⟩ nefariam crudelitatem. hic . . .: VII 77, 2; ¶ (litteris ab eo (*i. e.* Curione) C. ⟨*Db.;* litteris a fabio c. *fh;* litt. a f. cs. *l*[1]; litt. a f. cum *a;* *u.* *CC*⟩ Caesaris ⟨caesare *a*⟩ consulibus redditis: 1, 1, 1;) quo facto ad Curionem equites reuertuntur captiuosque ad eum reducunt: 2, 38, 5; hortatur Curionem Cn. Domitius . . . et se ab eo non discessurum pollicetur: 2,42,3; ¶ signa ad Curium transferunt atque ad eum transeunt: 1,24,3.

Diuiciacum ad se uocari iubet et ... cum eo conloquitur; ... petit atque hortatur, ut sine eius offensione animi uel ipse de eo causa cognita statuat uel ciuitatem statuere iubeat: I 19,3.5; Diuiciacus ... Caesarem complexus obsecrare coepit, ne .... haec cum ... peteret, Caesar eius dextram prendit: I 20,1.5; *cf.* 2. B. I 20,5; itinere exquisito per Diuiciacum, quod ex *Gallis ei maximam fidem habebat: I 41,4; ipse Diuiciacum Haeduum magnopere cohortatus docet .... his **datis* mandatis eum ab ⟨*c*⟩ se dimittit: II 5,2.3; ¶ cuius legationis Diuico princeps fuit, qui bello Cassiano dux Heluetiorum fuerat. is ita cum Caesare egit: I 13,2.3; ¶ neque enim aliter facere poterit (Dolabella): tanta eius humanitas, is sensus, ea in me est beneuolentia: *ap. Cic. ad Att.* IX 16,3; ¶ eodemque tempore Domitius in Macedoniam uenit, et cum ad eum frequentes ciuitatium ⟨*c*⟩ legationes ⟨*c*⟩ conuenire coepissent, nuntiatum est: 3,36,1; magno impetu tetendit ⟨*c*⟩ ad Domitium, et cum ab eo milia passuum XX afuisset, subito se ad Cassium ... conuertit: 3,36,2; timens Domitio, ne aduentu Pompei praeoccuparetur, ad eum omni celeritate ... ferebatur: 3,78,2; praemissis nuntiis ad Cn. Domitium Caesar ei ⟨*f; caesari a; caesar Ohl; Np., Dt.*⟩ scripsit et quid fieri uellet ostendit: 3,78,5; — Domitius nauibus Massiliam peruenit atque ab iis ⟨*c*⟩ receptus urbi praeficitur; summa ei belli administrandi permittitur. eius imperio ⟨*c*⟩ classem quoque uersus dimittunt: 1,36,1.2; L. Domitius ... in montem refugiens, cum nires eum ⟨ei *f*⟩ lassitudine defecissent, ab equitibus est interfectus: 3,99,4; ¶ Dumnorigi Haeduo ... ut idem conaretur persuadet eique filiam suam in matrimonium dat: I 3,5; legatos ad Dumnorigem Haeduum mittunt, ut eo deprecatore a Sequanis impetrarent: I 9,2; (Dumnorigem) odisse etiam suo nomine Caesarem et Romanos, quod eorum aduentu potentia eius deminuta ... sit: I 18,8; initium eius fugae factum a Dumnorige atque eius equitibus: I 18,10; satis esse causae arbitrabatur, quare in eum aut ipse animaduerteret aut ciuitatem animaduertere iuberet: I 19,1; nam ne eius supplicio Diuiciaci animum offenderet uerebatur: I 19,2; commonefacit, quae ipso praesente in concilio Gallorum de Dumnorige sint dicta, et ostendit, quae separatim quisque de eo apud se dixerit; petit atque hortatur, ut sine eius offensione animi uel ipse de eo causa cognita statuat uel ciuitatem statuere iubeat: I 19,4.5; Dumnorigem ad se uocat, fratrem adhibet; quae ⟨ille *add. Paul*⟩ in eo reprehendat ⟨*c*⟩ ostendit: I 20,6; erat una cum ceteris Dumnorix Haeduus .... hunc secum habere in primis constituerat, quod eum ⟨*om.* β⟩ cupidum rerum nouarum, cupidum imperii, magni animi, magnae inter Gallos auctoritatis cognouerat: V 6,1; deterrendum quibuscumque rebus posset Dumnorigem statuebat; quod longius eius amentiam progredi uidebat, prospiciendum ⟨*c*⟩, ne quid sibi ac rei publicae nocere posset: V 7,1.2; dabat operam, ut in officio Dumnorigem contineret, nihilo tamen setius omnia eius consilia cognosceret ⟨*c*⟩: V 7,3; Dumnorix cum equitibus Haeduorum ... domum discedere coepit. qua re nuntiata Caesar ... magnam partem equitatus ad eum insequendum mittit ⟨*c*⟩ retrahique imperat ⟨*c*⟩: V 7,5.6.

Fabius Paelignus quidam ... Varum nomine appellans requirebat .... paulumque afuit, quin Varum interficeret; quod ille periculum sublato ad eius conatum scuto uitauit: 2,35,2; ¶ Fauonio auxilium ferre contendit. itaque die ac nocte continuato itinere ad eum peruenit: 3,36,7.8.

Galba ... castellis .. compluribus eorum expugnatis missis ad eum undique legatis ... constituit: III 1,4.

Hirrus *u.* Lucilius.

Indutiomarus legatos ad Caesarem mittit. ... Caesar etsi intellegebat, ... quae .. eum res ab instituto consilio deterreret, tamen ... Indutiomarum ad se cum ducentis obsidibus uenire iussit. his ⟨*c*⟩ adductis, in iis ⟨*c*⟩ filio ⟨filiis β⟩ propinquisque eius omnibus, consolatus Indutiomarum ... est: V 3,5; 4,1.2; Indutiomarus nihilo minus copias cogere, exercere ... coepit. ac tantam sibi ... auctoritatem comparauerat, ut undique ad eum legationes concurrerent, gratiam atque amicitiam publice priuatimque peterent: V 55,3.4; Indutiomarus interficitur caputque eius refertur in castra: V 58,6; interfecto Indutiomaro ... ad eius propinquos a Treueris imperium defertur: VI 2,1; ¶ audit Iubam ... restitisse in regno, Saburram, eius praefectum, ... Vticae adpropinquare: 2,38,1; Iuba ... magnam partem eorum interfici iussit ..., cum Varus suam fidem ab eo laedi quereretur: 2,44,2.

Labienus, ut erat ei praeceptum a Caesare, ... nostros exspectabat: I 22,3; Labieno scribit, ut quam plurimas possit ⟨*c*⟩ iis legionibus, quae sint ⟨*Procksch; sunt X; edd.*⟩ apud eum, nanes instituat: V 11, 4; pauci . . . ad T. Labienum legatum . . . perueniunt atque eum de rebus gestis certiorem faciunt: V 37, 7; Labienus . . . caede cohortium cognita, cum omnes ad eum Treuerorum copiae uenissent ⟨c⟩, . . . litteras Caesari remittit. Caesar consilio eius probato . . . ponebat: V 47, 4—48, 1; Labienus . . . equites . . undique euocat; his certam ⟨c⟩ diem conueniendi dicit. interim prope cotidie cum omni equitatu Indutiomarus sub castris eius uagabatur: V 57, 1—3; totius exercitus impedimenta ad Labienum . . . mittit duasque ad eum legiones ⟨*AQβ*; *Schn.*, *Hold.;* legiones ad eum *BM; rell. edd.*⟩ proficisci iubet: VI 5, 6; Labienum . . . adoriri parabant, iamque ab eo non longius bidui ⟨c⟩ uia aberant, cum: VI 7, 2; qua ex frequentia T. Labienus prodit, † summissa ⟨sed is omissa *Madu.*⟩ oratione loqui ⟨*del. Madu.*⟩ de pace atque ⟨*del. Madu.*⟩ altercari cum Vatinio incipit: 3, 19, 5; ¶ id oppidum Lentulus Spinther X cohortibus tenebat; qui . . . incidit in Vibullium Rufum . . . . a quo factus Vibullius certior, quae res in Piceno gererentur, milites ab eo accipit, ipsum dimittit: 1, 15, 3. 4; recepto Firmo ⟨*CC*⟩ expulsoque Lentulo Caesar conquiri milites, qui ab eo discesserant, . . . iubet: 1, 16, 1; Lentulus Spinther . . . cum uigiliis . . . nostris conloquitur: nelle, si sibi fiat potestas, Caesarem conuenire. facta potestate ex oppido mittitur, neque ab eo prius Domitiani milites discedunt quam: 1, 22, 1. 2; ¶ Caninium Rebilum legatum, familiarem necessarium*que* Scribonii Libonis, mittit ad eum conloquii causa: 1, 26, 3; ¶ cum quibusdam adulescentibus conloquitur, quorum erat princeps Litauiccus atque eius fratres ⟨frater *fh*⟩: VII 37, 1; placuit, ut ⟨c⟩ Litauiccus decem illis milibus . . . praeficeretur atque ea † ducenda curaret fratresque eius ad Caesarem praecurrerent: VII 37, 7; Litauiccum obsecrant, ut sibi consulat . . . . ostendit eines Romanos, qui eius praesidii fiducia una erant: VII 38, 6. 9; cum . . . cognouissent Litauiccum Bibracte ⟨c⟩ ab Haeduis receptum, . . . Conuictolitauim magistratum magnamque partem senatus ad eum conuenisse: VII 55, 4; ¶ magnaque inter eos in consilio fuit controuersia, oporteretne Lucilii ⟨*Np.;* l. *f;* luci *Oahl*⟩ Hirri, quod is a Pompeio ad Parthos ⟨c⟩ missus esset, . . . absentis rationem haberi, cum eius necessarii fidem implorarent Pompei, praestaret quod proficiscenti recepisset, ne per eius auctoritatem deceptus uideretur: 3, 82, 5.

N. Magium ⟨*Perizon.;* magnum *M*⟩, Pompei praefectum, deprehendi. scilicet meo instituto usus sum et eum statim missum feci: *ap. Cic. ad Att.* IX 7 *C*, 2; ¶ elam nuntiis ad Milonem missis . . . atque eo in Italiam euocato . . . sibi coniunxit atque eum in Thurinum . . . praemisit: 3, 21, 4.

apud Heluetios longe nobilissimus fuit et ditissimus Orgetorix. is M. Messala et M. ⟨c⟩ Pisone consulibus . . . coniurationem nobilitatis fecit et ciuitati persuasit, ut: I 2, 1; [ad eas res conficiendas] Orgetorix [deligitur. is] sibi legationem ad ciuitates suscepit: I 3, 3; Orgetorix mortuus est, neque abest suspicio, . . . quin ipse sibi mortem consciuerit. post eius mortem nihilo minus Heluetii id, quod constituerant, facere conantur: I 4, 4; 5, 1; ¶ tirones . . . se Otacilio ⟨octacilio *z*⟩ dediderunt. qui omnes ad eum perducti ⟨c⟩ contra religionem iuris iurandi in eius conspectu ⟨c⟩ crudelissime interficiuntur: 3, 28, 4.

(Pompeius: VI 1, 2 *u.* **2. B.;)** Pompeio esse in animo rei publicae non deesse, si senatus sequatur; si cunctetur . . ., nequiquam eius auxilium, si postea uelit, senatum imploraturum: 1, 1, 4; eadem fere . . . Roscius agit cum Caesare sibique Pompeium commemorasse demonstrat. quae res etsi nihil ad leuandas iniurias pertinere uidebantur, tamen idoneos nactus homines, per quos ea, quae uellet, ad eum perferrentur, petit ab utroque, quoniam Pompei mandata ad se detulerint, ne grauentur sua quoque ad eum postulata deferre: 1, 8, 4; 9, 1; reducitur ad eum . . . N. ⟨c⟩ Magius Cremona ⟨*CC*⟩, praefectus fabrum Cn. Pompei. quem Caesar ad eum remittit cum mandatis ⟨*CC*⟩: 1, 24, 4. 5; ciuitates uictae nomen atque imperium absentis Pompei ⟨*Dauis.; om. codd.*⟩ timebant, quae in amicitia manserant ⟨pompei *add. codd.; del. Dauis.*⟩, magnis adfectae beneficiis eum diligebant: 1, 61, 3; Pompeius . . . Dyrrachio timens diurnis eo ⟨c⟩ nocturnisque itineribus contendit. simul [ac] Caesar adpropinquare dicebatur, tantusque terror incidit eius exercitui ⟨c⟩, . . . ut: 3, 13, 1. 2; cum prope Dyrrachium Pompeius constitisset . . ., Labienus procedit iuratque se eum non deserturum eundemque casum subiturum, quemcumque ei ⟨et *hl*⟩ fortuna tribuisset: 3, 13, 3; postulabat Caesar, ut legatos sibi ad Pompeium sine periculo mittere liceret, idque ipsi fore reciperent aut acceptos per se ad eum perducerent: 3, 17, 2; Pompeius, quia . . . flumen ei transeundum non erat, magnis itineribus ad Antonium contendit: 3, 30, 4; ad Pompeium peruenit iuxtaque eum castra posuit et . . . decernendi potestatem Pompeio fecit: 3, 41, 1; uti pabulatione

Pompeium prohiberet equitatumque eius ad rem gerendam inutilem efficeret: 3, 43, 3; exercitum in aciem ... produxit, ... ut paene castris Pompei legiones subiceret, tantumque a uallo eius prima acies aberat, uti: 3, 56, 1; Pompeius ... munitionem ad flumen perduxerat ...; sed is ⟨his *a*⟩ quoque mutato consilio ... eo loco excesserat: 3, 66, 4. 6; interim Pompeius ... V ⟨*c*⟩ legiones ⟨*c*⟩ ... subsidio suis duxit; eodemque tempore equitatus eius nostris equitibus adpropinquabat: 3, 69, 1; Pompeius insidias timens, credo, quod haec praeter spem acciderant eius, qui paulo ante ex castris fugientes suos conspexerat, munitionibus adpropinquare aliquamdiu non audebat equitesque eius angustiis ... ad insequendum tardabantur: 3, 70, 1; Pompeius eo proelio imperator est appellatus .... at Labienus ⟨*c*⟩, cum ab eo impetrauisset, ut sibi captiuos tradi iuberet, omnes ... interfecit: 3, 71, 3. 4; Pompeius confecto eius diei itinere in suis ueteribus castris ... consedit. eius ⟨cuius *O*⟩ milites ... longius progrediebantur: 3, 76, 2; cum eius (Hirri) necessarii fidem implorarent Pompei, praestaret quod proficiscenti recepisset, ne per eius auctoritatem deceptus uideretur: 3, 82, 5; Caesar, cum Pompei castris adpropinquasset, ad hunc modum aciem eius instructam animum aduertit ⟨*c*⟩: 3, 88, 1; has firmissimas se habere Pompeius existimabat .... cohortes CX ⟨*CC*⟩ expleuerat. haec erant milia ⟨*c*⟩ XLV, euocatorum circiter duo, quae ex beneficiariis superiorum exercituum ad eum conuenerant ⟨*c*⟩. ... reliquas cohortes VII castris propinquisque castellis praesidio disposuerat. dextrum cornu eius riuus quidam ... muniebat: 3, 88, 4. 5; ad eum (Ptolomaeum) Pompeius misit, ut pro ... amicitia patris Alexandria reciperetur atque illins opibus in calamitate tegeretur. sed qui ab eo missi erant, ... coeperunt: 3, 103, 3. 4; suum officium Pompeio praestarent ⟨*c*⟩ neue eius fortunam despicerent ⟨*c*⟩: 3, 103, 4; in hoc erant numero complures Pompei milites, quos ex eius exercitu acceptos ... Gabinius ⟨*c*⟩ Alexandriam traduxerat: 3, 103, 5; amici regis ... siue timore adducti, ... ne Pompeius Alexandriam Aegyptumque occuparet, siue despecta eius fortuna ... his, qui erant ab eo missi, palam liberaliter responderunt eumque ad regem uenire iusserunt: 3, 104, 1; ab his liberaliter ipse (Pompeius) appellatus et quadam notitia Septimii productus, quod bello praedonum apud eum ordinem duxerat, nauiculam ... conscendit: 3, 104, 3; cum audisset Pompeium Cypri uisum, coniectans eum Aegyptum iter habere ... Alexandriam peruenit: 3, 106, 1; ¶ prius Cassius ... aduolauit quam Pomponius de eius aduentu cognosceret perturbatumque eum nactus ... onerarias naues ... immisit: 3, 101, 1. 2; ¶ erat in procuratione regni propter aetatem pueri nutricius eius, eunuchus nomine Pothinus. is primum inter suos queri atque indignari coepit: 3, 108, 1; ¶ Procillus *u.* Valerius; ¶ testamento Ptolomaeus populum Romanum obtestabatur. tabulae testamenti unae per legatos eius Romam ⟨*c*⟩ erant allatae: 3, 108, 3. 4; — ibi casu rex erat Ptolomaeus, puer aetate, magnis copiis cum sorore Cleopatra bellum gerens, quam ... expulerat; castraque Cleopatrae non longo spatio ab eius castris distabant. ad eum Pompeius misit, ut ... Alexandria reciperetur atque illius opibus ... tegeretur: 3, 103, 2. 3; sibi placere regem Ptolomaeum atque eius sororem Cleopatram exercitus, quos haberent, dimittere: 3, 107, 2.

Sabinus ... castris sese ⟨*c*⟩ tenebat, cum Viridouix contra eum duorum ⟨*c*⟩ milium spatio consedisset: III 17, 5; tum demum Titurius ... concursare cohortesque disponere, haec tamen ipsa timide atque ut eum ⟨ei *befk*⟩ omnia deficere uiderentur: V 33, 1; ¶ scutoque ad eum relato Scaeuae centurionis inuenta sunt in eo foramina CXX ⟨*c*⟩. quem Caesar ... ab octauis ordinibus ad primipilum se traducere pronuntiauit; eius enim opera ⟨*c*⟩ castellum ... conseruatum esse constabat: 3, 53, 4. 5; ¶ cum in fanum uentum esset adhibitis compluribus ordinis senatorii, quos aduocauerat Scipio, litterae ei redduntur: 3, 33, 1; Scipio biduum ... moratus ad flumen, quod inter eum et Domitii castra fluebat: 3, 37, 1; cum ... Scipionem .. in Macedoniam uenisse constaret, non oblitus pristini instituti Caesar mittit ad eum *A.* Clodium, suum atque illius familiarem, quem ab illo ... commendatum in suorum necessariorum numero habere instituerat. huic dat litteras mandataque ad eum, quorum ⟨*c*⟩ haec erat summa .... haec ad eum mandata Clodius refert: 3, 57, 1. 2. 5; Domitius, *qui* dies complures castris Scipionis castra conlata habuisset, rei frumentariae causa ab eo discesserat: 3, 79, 3; suum cum Scipione honorem partitur classicumque apud eum cani et alterum illi iubet praetorium tendi: 3, 82, 1; ¶ Scribonius *u.* Libo.

erat in Carnutibus summo loco natus Tasgetius, cuius ⟨β; huius *α*; *Fr.*⟩ maiores in sua ciuitate regnum obtinuerant. huic Caesar pro eius uirtute atque in se beneuolentia, quod in omnibus bellis singulari eius opera fuerat usus, maiorum locum restituerat. tertium iam hunc annum regnantem inimici palam multis ex ciuitate auctoribus interfecerunt ⟨sic β; inimicis iam multis palam ex ciuitate et iis auctoribus eum interfecerunt α; u. CC⟩: V 25, 1—3; ¶ Thermus cohortes ex urbe reducit et profugit. milites in itinere ab eo discedunt: 1, 12, 2; ¶ Titurius u. Sabinus; ¶ impetuque multitudinis in C. Trebonium facto et non nullis uulneratis eum de tribunali deturbauit: 3, 21, 2.

commodissimum nisum est C. Valerium Procillum . . ., quod in eo peccandi Germanis causa non esset, ad eum mittere: I 47, 4; C. Valerius Procillus . . . in ipsum Caesarem . . . incidit. quae quidem res Caesari . . . uoluptatem attulit, quod hominem honestissimum prouinciae Galliae, suum familiarem et hospitem, . . . sibi restitutum uidebat ⟨c⟩ neque eius calamitate de tanta uoluptate . . . quicquam fortuna deminuerat. is ⟨hic β⟩ se praesente de se ter sortibus consultum dicebat: I 53, 5—7; ¶ M. Varro . . . cum . . . cognouit . . . atque haec ad eum *elatius atque inflatius Afranius perscribebat ⟨c⟩, se quoque ad motus fortunae mouere coepit: 2, 17, 1. 3; hoc nero magis properare Varro, ut . . . Gades contenderet . . . . progresso ei paulo longius litterae a Gadibus redduntur: 2, 20, 1. 2; Varro . . . certior ab suis factus est praeclusas esse portas. tum . . . ad Caesarem mittit paratum se esse legionem cui iusserit tradere. ille ad eum Sex. Caesarem mittit atque huic tradi iubet: 2, 20, 6. 7; tradita legione Varro Cordubam ad Caesarem uenit, relatis ad eum publicis . . . rationibus quod penes eum est pecuniae tradit: 2, 20, 8; ¶ centuriones Marsi duo . . . ad Attium Varum perfugiunt. hi siue uere quam habuerant opinionem ad eum perferunt, siue etiam auribus Vari seruiunt, . . . confirmant quidem certe: 2, 27, 1. 2; Fabius . . . Varum nomine appellans requirebat, uti unus esse ⟨c⟩ ex eius militibus . . . uideretur. ubi ille . . .: 2, 35, 1; reliquae copiae missis ad Varum noctu legatorum numero centurionibus sese ei dediderunt: 2, 44, 1; ¶ simili ratione ibi Vercingetorix . . . conuocatis suis clientibus facile ⟨c⟩ incendit ⟨c⟩. cognito eius consilio ad arma concurritur: VII 4, 1. 2; omnium consensu ad eum defertur imperium: VII 4, 7; ipse (Vercingetorix) in Bituriges proficiscitur. eius aduentu Bituriges ad Haeduos . . . legatos mittunt: VII 5, 1. 2; Vercingetorix . . . proditionis insimulatus, . . . quod eius discessu Romani tanta oportunitate . . . uenissent, . . . respondit: VII 20, 1; summum esse Vercingetorigem ducem, nec de eius fide dubitandum: VII 21, 1; simul in spem ueniebant eius adfirmatione de reliquis adiungendis ciuitatibus: VII 30, 4; Vercingetorix . . . iubet. his rebus . . . expletur. interim Teutomatus ⟨c⟩ . . . cum magno equitum suorum numero ⟨c⟩ . . . ad eum peruenit: VII 31, 1. 4. 5.

cc) terrarum: qui . . . in Africam peruenerat atque eam sua sponte uacuam occupauerat: 1, 31, 2.

bb) oppidorum: sperans Pompeium aut Dyrrachium compelli aut ⟨ut *aef*⟩ ab eo ⟨?; oppido *Paul*⟩ intercludi posse, quod omnem commeatum . . . eo contulisset: 3, 41, 3.

ee) fluminum: Mosa . . . parte quadam ex Rheno recepta . . . insulam efficit Batauorum neque longius ab eo ⟨oceano *X*⟩ milibus passuum LXXX in Oceanum ⟨rhenum *X*⟩ influit ⟨*sic Ald.; u. c et CC*⟩: IV 10, 2; ¶ quod inter fines Heluetiorum et Allobrogum . . . Rhodanus fluit isque ⟨hisque AB^1M^1⟩ non nullis locis uado transitur: I 6, 2.

𝔅) ad plura subst. pronomen pertinet; a) appellatiua; aa) eiusdem generis: populi Rom. hanc esse consuetudinem, ut socios atque amicos . . . gratia, dignitate, honore auctiores uelit esse; quod nero ad amicitiam populi Romani attulissent, id iis ⟨B^2; eis *a*; his α⟩ eripi quis pati posset? I 43, 8; ¶ frumenti copiam . . . habebant . . . caetrati auxiliaresque nullam . . .; itaque magnus eorum cotidie numerus ad Caesarem perfugiebat: 1, 78, 1. 2; ¶ reliquae legiones cum tribunis militum et primorum ordinum centurionibus egerunt, uti ⟨per eos *add.* B^2β⟩ Caesari satis facerent: I 41, 3; *cf. p. 276* **bb)** legiones; haec eadem centurionibus tribunisque militum mandabant, ut per eos ad Caesarem deferrentur ⟨c⟩: VII 17, 8; milites . . . centuriones ⟨que *add.* O^1fhl⟩ tribunosque militum adire atque obsecrare, ut per eos Caesar certior fieret: 1, 64, 3; ¶ omnes clientes obaeratosque suos . . . eodem conduxit; per eos ne causam diceret se eripuit: I 4, 2; ¶ quid . . . propinquis consanguineisque nostris animi fore existimatis, si . . .? nolite hos ⟨c⟩ uestro auxilio exspoliare ⟨c⟩ . . . . an, quod ad diem non uenerunt, de eorum fide constantiaque dubitatis? . . . si ⟨c⟩ illorum nuntiis confirmari non potestis omni aditu praesaepto, his utimini testibus adpropinquare eorum aduentum: VII 77, 8—11; ¶ equites hostium essedariique . . . cum equitatu nostro in itinere conflixerunt, ita ⟨c⟩ tamen, ut nostri omnibus partibus superiores fuerint atque eos ⟨*AQβ*; omnes *BM; Fr.*⟩ in siluas collesque compulerint: V 15, 1; ¶ milites equitesque in expeditionem misit . . . . his ⟨*M²h; hiis Q²a; iis AQ¹B¹; Fr., Db.; is M¹*⟩ aliquantum itineris progressis . . . equites a Q. Atrio ad Caesarem uenerunt: V 10, 1. 2; ¶ equitesque ab his arcessit et leuis armaturae pedites, qui inter eos proeliari consuerant. eorum aduentu . . . a tribunis militum . . . atque euocatis equos sumit Germanisque distribuit: VII 65, 4. 5; ¶ missis ad eos ab Otacilio ⟨*c*⟩ equitibus circiter CCCC quique eos armati ex praesidio secuti sunt se defenderunt et non nullis eorum interfectis incolumes se ad nostros receperunt: 3, 28, 6; ¶ simul ab sinistro cornu P. Attii equitatus omnis et una lenis armaturae ⟨*c*⟩ interiecti complures, cum se in uallem demitterent ⟨*c*⟩, cernebantur. ad eos Curio equitatum . . . mittit: 2, 34, 2. 3; ¶ expeditos autem ex euocatis **cum* sagittariis funditoribusque . . . disponit. hos certo signo reuocare constituit . . . atque iis ⟨hiis *b;* his *Ox*⟩ expedito loco actuaria nauigia relinquit: 1, 27, 5. 6; ¶ singulis legionibus singulos legatos et quaestorem praefecit, uti ⟨*c*⟩ eos testes suae quisque uirtutis haberet: I 52, 1; ¶ legatis tribunisque militum conuocatis . . . monuit . . ., ad nutum et ad tempus omnes res ab iis ⟨his *β*; hiis *Q*⟩ administrarentur: IV 23, 5; ¶ quod si eum interfecerit, multis sese nobilibus principibusque populi Romani gratum esse facturum. id se ab ipsis per eorum nuntios compertum habere: I 44, 12; ¶ seruos, pastores ⟨seruos pastores *Pluyg.*⟩ armat atque iis ⟨*h; hiis a;* his *Ofl; edd. uett.*⟩ equos attribuit; ex his ⟨iis *Ald.*⟩ circiter CCC equites conficit: 1, 24, 2.

constituit, ut arbitri darentur; per eos fierent aestimationes possessionum et rerum, quanti quaeque earum ante bellum fuisset, atque eae ⟨*Ald.;* hec *f;* ea *NO;* heae *a;* aee *h;* hae *edd.*⟩ creditoribus traderentur: 3, 1, 2.

bb) diuersi generis: niri quantas pecunias ab uxoribus dotis nomine acceperunt ⟨*c*⟩, tantas ex suis bonis . . . cum dotibus communicant. . . . uter ⟨*c*⟩ eorum uita superarit ⟨*c*⟩, ad eum pars utriusque cum fructibus ⟨*c*⟩ superiorum temporum peruenit: VI 19, 1. 2; ¶¶ iumentorum mulorumque: VII 45, 2 *u. p. 272* muli; ¶ obsides, arma, sernos, qui ad eos perfugissent, poposcit. dum ea conquiruntur et conferuntur: I 27, 3. 4; ¶ (in summo iugo duas legiones et omnia auxilia conlocari ⟨*c*⟩ . . . et † interea ⟨inter ea *Fr.*⟩ sarcinas in unum locum conferri . . . iussit: I 24, 2. 3.)

b) nomina propr.:, aa) ciuitatum: ibi Ceutrones et Graioceli ⟨*c*⟩ et Caturiges . . . exercitum prohibere conantur. compluribus his ⟨*Ca;* iis *AQMh; Fr., Hold.*⟩ proeliis pulsis . . . in fines Vocontiorum . . . peruenit: I 10, 5; quod per fines Sequanorum Heluetios traduxisset, quod obsides inter eos dandos curasset: I 19, 1; Heluetios, Tulingos, Latouicos ⟨*c*⟩ in fines suos . . . reuerti iussit . . . . Allobrogibus imperauit, ut iis ⟨his *codd.; Schn., Db., Hold.*⟩ frumenti copiam facerent: I 28, 3; Neruios . . . aduentum . . ibi Romanorum exspectare una cum Atrebatibus ⟨*c*⟩ et Veromanduis . . .; exspectari etiam ab his ⟨iis *Fr.*⟩ Aduatucorum copias: II 16, 2. 4; ipsi erant ex Cimbris Teutonisque prognati, qui . . . impedimentis . . . custodiam ⟨*c*⟩ ex suis ac praesidium ⟨*c*⟩ sex milia hominum una reliquerunt. hi ⟨*MQB²;* hii *AB¹a;* ii *h*⟩ post eorum obitum multos annos a finitimis exagitati . . . delegerunt: II 29, 4. 5; Galbam cum legione duodecima . . . in Nantuates ⟨*c*⟩, Veragros Sedunosque misit. Galba secundis aliquot proeliis factis castellisque compluribus eorum expugnatis . . . constituit: III 1, 1. 4; 29, 3 *u.* **2. A. b) β)**; Cenimagni, Segontiaci, Ancalites, Bibroci, Cassi legationibus missis sese Caesari dedunt. ab his ⟨iis *α; Schn., Fr., Hld., Dt.²*⟩ cognoscit: V 21, 1. 2; Segni Condrusique . . . legatos ad Caesarem miserunt . . . . Caesar . . . si qui ad eos Eburones ex fuga conuenissent, ad se ut reducerentur imperauit; si ita fecissent, fines eorum se uiolaturum negauit: VI 32, 1. 2; reseruatis Haeduis atque ⟨*c*⟩ Aruernis, si per eos cinitates reciperare posset: VII 89, 5.

bb) hominum: cognito Caesaris aduentu ⟨*c*⟩ Ariouistus legatos ad eum mittit . . . . interim saepe ultro citroque cum ⟨*c*⟩ legati ⟨*c*⟩ inter eos mitterentur, Ariouistus postulauit: I 42, 1. 4; ab his fit initium retinendi Silii ⟨*c*⟩ atque Velanii ⟨*c;* et si quos intercipere potuerunt *add. β*⟩, quod per eos suos se obsides . . . reciperaturos existimabant: III 8, 2; (erant in ea legione fortissimi niri . . . T. Pulio ⟨*c*⟩ et L. Vorenus. hi ⟨*α;* ii *h; Ald.;* hii *a*⟩ perpetuas inter se controuersias habebant: V 44, 2;) quod duo magistratum gerant . . . . horum esse alterum Conuictolitauem . . ., alterum Cotum . . . . ciuitatem esse omnem in armis; diuisum senatum, diuisum populum, suas cuiusque eorum clientelas ⟨*u. CC*⟩: VII

32, 3—5; Eporedorix ... et una Viridomarus ... conuenerant nominatim ab eo euocati. his erat inter se ... contentio .... ex his ⟨iis *Np.*⟩ Eporedorix ... rem ad Caesarem defert: VII 39, 1—3; ibi a Viridomaro atque Eporedorige Haeduis appellatus discit ... Litauiccum ad sollicitandos Haeduos profectum; opus esse ipsos ⟨*c*⟩ antecedere .... etsi ... horum ⟨eorum β⟩ discessu maturari ⟨*c*⟩ defectionem ciuitatis existimabat, tamen eos retinendos non censuit ⟨*c*⟩ .... discedentibus his ⟨iis *h*⟩ breuiter sua in Haeduos merita exposuit. ... his datis mandatis eos ab se dimisit ⟨*c*⟩: VII 54, 1—4; eo cum Eporedorix Viridomarusque uenissent, ... existimauerunt .... quam ad spem multum eos adiuuabat, quod Liger ex niuibus creuerat: VII 55, 4. 10; Philippus et Cotta ⟨marcellus *O*[2]; Philippus et Marcellinus collega *Zumpt & Kindsch.*; Paullus et Marcellus *Terpstra;* consules *coni. Np.*; prioris anni consules *Hug*⟩ priuato consilio praetereuntur neque eorum sortes deiciuntur: 1, 6, 5; Roscius cum ⟨*c*⟩ Caesare Capuam peruenit ibique consules Pompeiumque inuenit .... illi deliberata *re* respondent scriptaque ad eum mandata remittunt ⟨*Np.*; permittunt *Na*; per eos remittunt *Ofhl; Db.*⟩: 1, 10, 1. 2; principes uero esse earum partium Cn. Pompeium et C. Caesarem, patronos ciuitatis; quorum alter ... concesserit, alter ... uectigalia .. auxerit. qua re paribus eorum beneficiis parem se quoque uoluntatem tribuere debere et neutrum eorum contra alterum iuuare: 1, 35, 4. 5; haec Afranius Petreiusque et eorum amici pleniora etiam ... Romam ad suos perscribebant: 1, 53, 1; loquuntur ambo ... cum M.' ⟨*c*⟩ Acilio ⟨*c*⟩ et Statio Murco legatis .... postulant, ut sint indutiae, atque ab iis ⟨his *codd.*⟩ impetrant: 3, 15, 6. 7; diuersa sibi ambo consilia capiunt: Caesar, ut quam primum se cum Antonio coniungeret, Pompeius, ut uenientibus in itinere se opponeret ..., eodemque die uterque eorum ex castris statiuis ... exercitum educunt: 3, 30, 2. 3; Cassium Longinum ... in Thessaliam, Caluisium Sabinum ... in Aetoliam misit; maxime eos ... de re frumentaria ut prouiderent hortatus est: 3, 34, 2; erant apud Caesarem ... Allobroges II fratres, Raucillus ⟨*c*⟩ et Egus, Adbucilli filii, ... singulari uirtute homines .... his domi ... amplissimos magistratus mandauerat atque eos extra ordinem in senatum legendos curauerat .... hi ... stipendium .. equitum fraudabant .... quibus illi rebus permoti uniuersi Caesarem adierunt palamque de eorum iniuriis sunt questi et ... addiderunt falsum ab his ⟨iis?⟩ equitum numerum deferri .... Caesar ... multa uirtuti eorum concedens rem totam distulit, illos secreto castigauit, quod: 3, 59 *et* 60, 1; his ⟨iis *P. Manut.*⟩ de causis uterque eorum (*i. e.* Caesar et Pompeius) celeritati studebat: 3, 78; 79, 1; idem hoc L. Lentulo ... et P. Lentulo consulari ac non nullis aliis acciderat Rhodi; qui cum ... in insulam uenissent, oppido ... recepti non erant, missisque ad eos nuntiis, ex ⟨*c*⟩ his locis discederent, ... naues soluerant ⟨*c*⟩: 3, 102, 7.

𝔠𝔠) ciuitatum et hominum: (Dumnorigem) odisse ... Caesarem et Romanos, quod eorum aduentu potentia eius deminuta ... sit: I 18, 8; Germanos atque Ariouistum sibi adiunxerant eosque ad se magnis iacturis pollicitationibusque perduxerant: VI 12, 2; Domitium Massiliensesque de suo aduentu certiores facit eosque magnopere hortatur, ut rursus ... confligant: 2, 3, 3.

𝔠) appellat. et nom. propr.: initium eius fugae factum a Dumnorige atque eius equitibus: eorum fuga reliquum esse equitatum perterritum: I 18, 10; ab his (militibus) primo Marsi dissentire incipiunt ... tantaque inter eos dissensio exsistit, ut: 1, 20, 3. 4; euocat ad se Caesar Massilia ⟨*c*⟩ XV primos. cum his ⟨iis *h;* is *a*⟩ agit .... legati ... renuntiant .... haec dum inter eos aguntur, Domitius nauibus Massiliam peruenit: 1, 35; 36, 1; filia minor Ptolomaei ad ⟨*c*⟩ Achillam sese ex regia traiecit .... sed celeriter est inter eos de principatu controuersia orta: 3, 112, 9. 10.

ββ) pronomen non ad substant. pertinet, sed aut ad alias uoces aut ad enuntiatum superius; 𝔄) masc.; 𝔞) sing.: summam imperii se consulto nulli discedentem tradidisse, ne is ⟨*Q*[1]*M*[3]; his *X*⟩ multitudinis studio ad dimicandum impelleretur: VII 20, 5.

𝔟) plur.; 𝔞𝔞) subi.: hi ⟨ii *hl*⟩ (§ 1—4) bona locupletum diripere, ... regis domum obsidere, regno expellere *alios*, alios arcessere uetere quodam Alexandrini exercitus instituto consuerant: 3, 110, 5; ¶ flentesque proiectae ad pedes suorum omnibus precibus petierunt ⟨*c*⟩, ne .... ubi eos in sententia perstare uiderunt: VII 26, 3. 4; ¶ celeriter nostros perturbauerunt; rursus ⟨iis *add. h;* hiis *add. a*⟩ resistentibus ⟨nostris *add. V.*⟩ consuetudine ⟨*c*⟩ sua ad pedes desiluerunt: IV 12, 1. 2.

𝔟𝔟) obl.: Caesar .. suos facit certiores eosque ad dimicandum animo confirmat: V 49, 4; ipse dux hostium Camulogenus suis aderat atque eos ⟨eosque *a; eos om. A*[1]⟩ cohortabatur ⟨hortabatur β⟩: VII 62, 5; ut uenientibus resistant atque eos propellant: 1, 55, 2; sic belli rationem esse diuisam, ut illi classe naues auxiliaque sua impedirent, ipse ut aqua terraque eos prohiberet: 3, 17, 3; cohortes sinistrum cornu pugnantibus ⟨*c*⟩ etiam tum ac resistentibus in acie Pompeianis circumierunt eosque a tergo sunt *adortae: 3, 93, 6; ¶ optimum factu esse duxerunt . . . frumento commeatuque nostros prohibere et rem in hiemem producere, quod his ⟨iis *X; Fr., Hld.*⟩ superatis aut reditu interclusis neminem postea belli inferendi causa in Britanniam transiturum confidebant: IV 30, 2.

cc) dat.: quorum haec est condicio, ut ⟨*c*⟩ omnibus in uita commodis una cum iis ⟨*c*⟩ fruantur, quorum se amicitiae dediderint; si quid his ⟨*A*[2]*ah(?)*; iis *A*[1]*MB*[3]*; Fr., Db., Hold.*; hiis *Q*; iss *B*[1]⟩ per uim accidat, . . . sibi mortem consciscant: III 22, 2; qua ex parte nostros premi intellexerant, his ⟨*Baef*; iis *AMh*; hiis *Q*⟩ auxilio ex ulterioribus castellis deductos summittebant: VII 81, 6.

bb) gen.: quibus ita est interdictum, . . . his ⟨*c*⟩ omnes decedunt, aditum eorum ⟨β; *Schn.*; *om.* α; *edd. rell.*⟩ sermonemque defugiunt: VI 13, 7; — indicia in priuatos reddebat, qui ⟨reddebat; qui *Db., Dt.*⟩ uerba atque orationem aduersus rem publicam habuissent; eorum ⟨habuissent, eorum *Db., Dt.*⟩ bona in publicum addicebat: 2, 18, 5; — caput: 3, 102, 6 *u.* **2. B.**; — ex omni numero . . . uix DCCC . . . incolumes ad Vercingetorigem peruenerunt. quos ille . . . excepit ueritus, ne qua in castris ex ⟨*om.* β⟩ eorum concursu ⟨conc. eor. β⟩ et misericordia uulgi seditio oreretur: VII 28, 5. 6; — nostri . . . magnum eorum (hostium) numerum occiderunt; per eorum corpora reliquos audacissime transire conantes multitudine telorum reppulerunt: II 10, 2. 3; ut, cum primi eorum cecidissent, proximi iacentibus insisterent atque ex eorum corporibus pugnarent: II 27, 3; — cum diuturnitas oppugnationis neglegentiores Octauianos effecisset, nacti occasionem meridiani temporis discessu eorum . . . in proxima Octauii castra inruperunt: 3, 9, 6; — Massilienses . . . nostros eludebant impetusque eorum decipiebant ⟨*c*⟩: 1, 58, 1; (nostri . . . arma quae possunt arripiunt; alii ex castris sese incitant. fit in hostes impetus ⟨eorum *add. Oz; Dt.; del. Steph.*⟩: 2, 14, 3;) — ueritus, quod ad plures pertinebat, ne ciuitas eorum impulsu deficeret: V 25, 4; — multos in agris inopinantes deprehendit; eorum indicio ad ipsum Ambiorigem contendit: VI 30, 1; — hi nouissimos adorti et multa milia passuum prosecuti magnam multitudinem eorum ⟨ceterorum *Paul*⟩ fugientium conciderunt: II 11, 4; quodcumque addebatur subsidio, id corruptum timore fugientium terrorem et periculum augebat; hominum ⟨horum *edd. uett.*; eorum *Ciacc.*⟩ enim multitudine receptus impediebatur: 3, 64, 2; ut . . . VII milium Pompeianorum impetum . . . sustinere auderent neque magnopere eorum multitudine terrerentur: 3, 84, 4; — pars: 1, 23, 3 *u.* **2. B.**; — panes, cum in conloquiis Pompeiani famem nostris obiectarent, uulgo in eos iaciebant, ut spem eorum minuerent: 3, 48, 2; ¶ eos, qui in monte consederant, . . . arma proicere iussit. quod ubi . . . fecerunt, . . . omnes conseruauit militibusque suis commendauit, ne qui eorum uiolaretur: 3, 98, 1. 2; — interim ii ⟨*c*⟩, qui ad alteram partem oppidi . . . conuenerant, primo exaudito clamore . . . eo contenderunt. eorum ut quisque primus uenerat, sub muro consistebat: VII 48, 1. 2; — summo esse in periculo rem, quod . . . duo magistratum gerant et se uterque eorum legibus creatum esse ⟨*c*⟩ dicat; horum . . .: VII 32, 3.

ee) c. praep.: hos omnes (§ 1. 2) productos a contumeliis militum conuiciisque prohibet; pauca apud eos loquitur: 1, 23, 3; eos, qui in monte consederant, . . . consolatus consurgere iussit et pauca apud eos de lenitate sua locutus . . . omnes conseruauit: 3, 98, 1. 2.

(cum his ⟨iis *h*; is *a*⟩ agit: 1, 35, 1 *u. p. 302* c);) flumen a monte seclusit, ne noctu aquari Pompeiani possent. quo perfecto opere illi de deditione . . . agere coeperunt ⟨*c*⟩. pauci ordinis senatorii, qui se cum iis ⟨his *NOahl*⟩ coniunxerant, nocte fuga salutem petiuerunt: 3, 97, 4. 5.

quo ⟨*c*⟩ lege communi omnes puberes ⟨et *add.* α⟩ armati conuenire consuerunt ⟨*c*⟩. qui ex iis ⟨his β⟩ nouissimus conuenit ⟨*c*⟩, . . . necatur: V 56, 2.

in eos: 1, 23, 3 *u.* **2. B.**; sub ipsis radicibus montis (nostri) constiterant, ut nullum frustra telum in eos mitteretur: 1, 45, 6; panes, cum in conloquiis Pompeiani famem nostris obiectarent, uulgo in eos iaciebant: 3, 48, 2.

in iis: IV 12, 3. 4 *u. p. 266* equites; V 4, 2 *u. p. 273* obsides; VII 3, 1 *u. p. 265* eines.

ubi prima impedimenta nostri exercitus ab iis ⟨*c*⟩, qui in siluis ⟨*c*⟩ abditi latebant, uisa sunt, quod tempus inter eos committendi proelii conuenerat: II 19, 6.

𝔅) neutr.; 𝔞) sing.; 𝔞𝔞) subi.: nuntiatum

est ei Ariouistum . . . ad occupandum Vesontionem . . . contendere. id ne accideret magnopere ⟨c⟩ sibi praecauendum Caesar existimabat: I 38, 1. 2; fore, uti pars cum parte ciuitatis confligat; id ne accidat, positum in eius diligentia atque auctoritate: VII 32, 5; erat in magnis Caesari ⟨c⟩ difficultatibus · res, ne maiorem aestatis partem flumine impediretur . . .; itaque, ne id accideret ⟨accederet B^1M⟩, . . . in occulto restitit: VII 35, 1. 2; relinquebatur, ut . . . quam latissimas regiones praesidiis teneret Caesarisque copias . . . distineret; idque ⟨id quod *N;* quod *f*⟩ accidit: 3, 44, 2; ¶ confieri: VII 58, 2 *u.* **bb)** conficere; ¶ postulabat Caesar, ut legatos sibi ad Pompeium sine periculo mittere liceret, idque ipsi fore reciperent: 3, 17, 2; — erant sententiae, quae conandum omnibus modis castraque Vari oppugnanda censerent, quod id ⟨*Clark.; om. codd. et edd.*⟩ huius modi militum consiliis omnium ⟨*Clark.;* otium *codd. et edd.*⟩ maxime contrarium esse arbitrarentur: 2, 30, 1; — ita . . . paene sine uulnere bellum conficiemus. id autem difficile non est, cum: 3, 86, 4; — rationem esse habendam dicunt, ut Caesar ab exercitu intercludatur. id esse facile, quod: VII 1, 6. 7; omnibus modis huic rei studendum, ut pabulatione et ⟨c⟩ commeatu Romani prohibeantur ⟨c⟩. id esse facile, quod: VII 14, 2. 3 ; — ut esset luna plena, qui dies maritimos aestus maximos in Oceano efficere consueuit, nostrisque id erat incognitum: IV 29, 1; — tantum apud homines barbaros ualuit esse aliquos repertos principes inferendi belli ⟨c⟩, . . . ut . . . nulla fere ciuitas fuerit non suspecta nobis. idque adeo haud scio mirandumne sit: V 54, 4. 5; — id erat perexiguum: 3, 42, 4. 5 *u. p. 268* frumentum; — prouinciis excederent exercitumque dimitterent . . . . hanc unam atque extremam esse pacis condicionem. id uero militibus fuit pergratum et iucundum . . ., ut, qui aliquid ⟨c⟩ insti ⟨c⟩ incommodi exspectauissent, ultro praemium missionis ferrent: 1, 85, 12; 86, 1; — de Cicerone te uideo quiddam scripsisse, quod ego non intellexi; quantum autem coniectura consequebar, id erat eius modi, ut magis optandum quam sperandum putarem: *ap. Cic. ad Q. fr.* II 10 (12), 4; — magnam tamen haec res illis offensionem et contemptionem ad omnes attulit, idque ita esse . . . ex domestico iudicio atque animi conscientia intellegebant: 3, 60, 2; — exercitum modo Rhenum transportaret; id sibi *ad* auxilium spemque ⟨*CC*⟩ reliqui temporis satis futurum: IV 16, 6; fugere in prouinciam Romanos Galliaque excedere: id sibi ad praesentem obtinendam libertatem satis esse: VII 66, 3. 4; ¶ condiciones pacis . . . ab senatu et a populo peti debere. † interea et ⟨id interesse *Madu.*⟩ rei publicae et ipsis placere oportere . . .: 3, 10, 9; ¶ docet, quanto opere rei publicae . . . intersit manus hostium distineri. id fieri posse, si: II 5, 2. 3; sese suo loco (continet) . . . Caesar, si forte timoris simulatione hostes in suum locum elicere posset . . .; si id efficere ⟨fieri β⟩ non posset, ut . . . uallem . . . transiret: V 50, 3; VI 1, 3 *u.* **bb)** augere; ad se cum omnibus copiis ueniret. id ne fieri posset obsidione . . . fiebat: 1, 19, 4; haec noua sit ratio uincendi, ut misericordia et liberalitate nos muniamus. id quem ad modum ⟨eo cum admodum *Med.*[1]⟩ fieri possit non nulla mihi in mentem ueniunt: *ap. Cic. ad Att.* IX 7 *C*, 1; ¶ iusserunt pronuntiari ⟨c⟩, ut impedimenta relinquerent . . . . non sine summo timore et desperatione id factum uidebatur: V 33, 3. 5; relinquebatur, ut ex longinquioribus regionibus . . . naues essent exspectandae. id propter anni tempus longum atque impeditum uidebatur: 1, 29, 2; conati sunt praefectum equitum C. Volusenum interficere . . . . postquam id difficilius ⟨O^2, f^1 *in ras.;* facilius *a;* facinus *NOhl*⟩ uisum est . . ., transierunt: 3, 60, 4. 5.

bb) obi.: (adaugere: VI 1, 3 *u.* augere;) ¶ dixerat, prius quam concurrerent acies, fore, uti exercitus Caesaris pelleretur ⟨c⟩. id cum essent plerique admirati ⟨mirati l^1⟩, . . . inquit: 3, 86, 1. 2; ¶ Heluetii . . . nostros a nouissimo agmine insequi ac lacessere coeperunt. postquam id animum aduertit, . . . subducit: I 23, 3; 24, 1; a dextro cornu uehementer multitudine suorum nostram aciem premebant. id cum animaduertisset P. Crassus adulescens, . . . misit: I 52, 6. 7; cum circumuentus . . . cecidisset ⟨c⟩ atque id frater . . . procul animaduertisset: IV 12, 6; ¶ ut si quid esset in bello detrimenti acceptum, non modo id breui tempore sarciri ⟨β; resarciri α; *edd.*⟩, sed etiam maioribus augeri ⟨adaugeri β⟩ copiis posset: VI 1, 3; ¶ montem, quem a Labieno occupari uoluerit, ab hostibus teneri; id se a Gallicis armis atque insignibus cognouisse: I 22, 2; ¶ si eum interfecerit, multis sese nobilibus . . . gratum esse facturum; id se ab ipsis per eorum nuntios compertum habere: I 44, 12; ¶ consilium ceperunt ⟨c⟩ ex oppido profugere . . . . id silentio noctis conati non magna iactura suorum sese ⟨c⟩ effecturos sperabant ⟨c⟩: VII 26, 1, 2; ¶ Labienus primo uineas agere, cratibus atque aggere paludem explere atque iter munire conabatur. postquam id difficilius confieri ⟨AQ^1a^1h; cum fieri *BM;* confici Q^2⟩ animaduertit ⟨c⟩, . . . peruenit: VII 58, 1. 2; ¶ Boi et Tulingi . . . ex itinere nostros *ab latere aperto adgressi circumuenire ⟨c⟩ et id conspicati Heluetii . . . proelium redintegrare coeperunt: I 25, 6; ¶ etsi summa difficultas faciendi ⟨c⟩ pontis proponebatur, tamen id sibi contendendum aut aliter non traducendum exercitum existimabat: IV 17, 2; ¶ magnum enim quod adferebant uidebatur, et Caesarem id summe sciebant cupere: 3, 15, 8; ¶ efficere *u.* **efficio** *p. 995* β) *(5 loc.);* ¶ cum . . . neque multum aestatis superesset atque id facile extrahi posse intellegeret: V 22, 4; ¶ facere *u.* **facio** *p. 1257—59* δδ) *(33 loc.);* ¶ neque uero id ⟨c⟩ Caesarem fugiebat . . . perterritum exercitum sustinere non posse, praesertim . . . cum in loco aequo atque aperto confligeretur; idque ex ⟨c⟩ omnibus partibus ab eo flagitabatur: 1, 71, 1; ¶ ne propius se castra moueret petierunt. ne id quidem Caesar ab se impetrari posse dixit: IV 9, 1. 2; magnopere ne longius progrederetur ⟨c⟩ orabant. cum id non impetrassent, petebant: IV 11, 1. 2; cum litteras ad senatum miserit, ut omnes ab exercitibus discederent, ne id quidem impetrauisse ⟨*O;* impetrauisset ϰ⟩: 1, 9, 3; ¶ in omnibus ciuitatibus . . . factiones sunt earumque factionum principes ⟨c⟩ sunt qui summam auctoritatem eorum iudicio habere existimantur, quorum ad arbitrium iudiciumque summa omnium rerum consiliorumque redeat. idque ⟨β; *Schn., Db.;* itaque α; *rell. edd.*⟩ eius rei causa antiquitus institutum uidetur, ne: VI 11, 3. 4; neque fas esse existimant ea litteris mandare . . . . id mihi duabus de causis instituisse uidentur: VI 14, 3. 4; ¶ petere contendit, ut in Gallia relinqueretur . . . . postea quam id obstinate sibi negari uidit, . . . coepit: V 6, 3. 4; conloquium petunt et id, si fieri possit, semoto a militibus loco. ubi id a Caesare negatum . . . est: 1, 84, 1. 2; ¶ magno esse usui posse, si haec esset in altitudinem turris elata. id hac ratione perfectum est: 2, 8, 3; ¶ ciuitati persuasit, ut de finibus suis . . . exirent . . . . id hoc facilius eis persuasit, quod: I 2, 1. 3; ¶ ciuitati . . hanc fuisse belli causam, quod repentinae Gallorum coniurationi resistere non potuerit. id se facile ex humilitate sua probare posse, quod: V 27, 4; ¶ Galli se omnes ab Dite patre prognatos praedicant idque ab ⟨c⟩ druidibus proditum dicunt: VI 18, 1; ¶ si hoc sibi remitti uellent, remitterent ipsi de maritimis custodiis; si illud tenerent, se quoque id retenturum: 3, 17, 4; ¶ (resarcire,) sarcire: VI 1, 3 *u.* augere; ¶ aut iterum conloquio diem constitueret aut, si id minus uellet, e ⟨c⟩ suis legatis aliquem ad se mitteret: I 47, 1; ¶ ictum firmitas materiae sustinet, et quidquid incidit, fastigio musculi elabitur. id ubi uident, mutant consilium: 2, 11, 1. 2.

paulo facit humiliores (naues) quam quibus in nostro mari uti consueuimus, atque id eo magis, quod . . . minus magnos ibi fluctus ⟨c⟩ fieri cognouerat: V 1, 2; uincite, inquit, si ita uultis, Sabinus, et id clariore uoce, ut magna pars militum exaudiret: V 30, 1; reliquas omnes munitiones ab ea fossa pedes ⟨c⟩ quadringentos reduxit ⟨deduxit β⟩; id hoc consilio, . . . ne de improuiso . . . hostium ⟨c⟩ multitudo aduolaret: VII 72, 2; conloquium petunt et id: 1, 84, 1 *u. p. 275* ב).

(𝔠𝔠) genet.: uelle se de maximis rebus cum Caesare loqui, si sibi ⟨*recc.;* sibi eius *Ohl; an* sibi eius rei?; ei *a;* eis *Np.; om. f*⟩ facultas detur: 3, 15, 6.)

𝔟𝔟) c. praep.: (conatur tamen eos . . . circummunire, ut . . . repentinas eorum eruptiones demoretur; quo necessario descensuros existimabat. illi et inopia pabuli adducti et quo essent ad iter ⟨*Manut.;* id *codd.; edd.*⟩ expeditiores, omnia sarcinaria iumenta interfici iubent: 1, 81, 5. 6;) necessarium esse existimauit de repentino aduentu Caesaris Pompeium fieri certiorem, uti ad id consilium capere posset: 3, 11, 1.

de ⟨*CC*⟩ quibus insulis non nulli scripserunt dies continuos XXX sub bruma esse noctem. nos nihil de eo percontationibus reperiebamus: V 13, 3. 4.

ex eo: I 20, 2 *u. p. 268* frater.

si impedimentis ⟨c⟩ suis auxilium ferant atque in eo morentur, iter facere ⟨c⟩ non posse: VII 66, 5; ¶ Cotta se ad armatum hostem iturum negat atque in eo perseuerat ⟨constitit β⟩: V 36, 4; haec Caesar ita administrabat, ut condiciones pacis dimittendas non existimaret . . . . omnibus rebus in eo perseuerandum putabat: 1, 26, 2.

𝔟) plur.; 𝔞𝔞) subi.: cum ea (§ 1—5) ita sint, tamen, si obsides ab iis sibi dentur, . . . sese cum iis pacem esse facturum: I 14, 6.

𝔟𝔟) obi.: qui . . . in Africam peruenerat atque eam sua sponte uacuam occupauerat dilectuque habito duas legiones effecerat hominum et locorum notitia et usu eius prouinciae nactus aditus ad ea conanda: 1,31,2; ¶ arma conferri ⟨c⟩, iumenta produci, sescentos obsides dari iubet. ea qui conficeret, C. Trebonium legatum relinquit: VII 11,2.3; ¶ Caesar etsi intellegebat, qua de causa ea (c. 3,6.7) dicerentur quaeque eum res ab instituto consilio deterreret, tamen: V 4,1; illi . . ., etsi ab hoste ea (V 27) dicebantur, tamen non neglegenda existimabant: V 28,1; ¶ dum ea geruntur: IV 32,1; ¶ multi in disciplinam conueniunt . . . . magnum ibi numerum uersuum ediscere dicuntur . . . . neque fas esse existimant ea litteris mandare: VI 14,2.3.

cc) e. praep.: haec quam potest . . . subiectissime exponit. ad ea Caesar respondit: 1, 84,3—5; 85,1.

contra ea (28,3—6) Titurius sero facturos clamitabat, cum: V 29,1; cum superioris etiam ordinis non nulli . . . manendum eo loco et rem proelio committendam existimarent. contra ea Caesar neque satis militibus perterritis confidebat spatiumque interponendum . . . putabat ⟨*u. CC*⟩: 3,74,2.3.

animos confirmauit pollicitusque est sibi eam rem curae futuram. . . . . et secundum ea multae res eum hortabantur, quare sibi eam rem cogitandam et suscipiendam putaret: I 33, 1.2.

b) adduntur alia pronom. uel adiect.; α) ipse: tantum nauium repperit, ut anguste † XV milia ⟨dimidium *Wölff.*⟩ legionariorum militum . . . transportari ⟨c⟩ possent . . . . atque eae ⟨*hl;* heae *af;* hae *O in ras.; edd.*⟩ ipsae copiae hoc infrequentiores [copiae] imponuntur, quod: 3,2,3; ¶ nisi eo ipso ⟨*om. Nl*⟩ tempore quidam nuntii de Caesaris uictoria . . . essent allati: 3,101,3; ¶¶ neque enim temere praeter mercatores illo ⟨c⟩ adit ⟨c⟩ quisquam, neque iis ⟨hiis *Qa;* his *f; Schn.*⟩ ipsis quicquam praeter oram maritimam . . . notum est: IV 20,3; ¶¶ tametsi dextris umeris exsertis animaduertebantur, quod insigne pactum ⟨c⟩ esse consuerat, tamen id ipsum sui fallendi causa milites ab hostibus factum existimabant: VII 50,2.

β) omnis: a P. Crasso, quem cum legione una miserat ad Venetos, Venellos ⟨c⟩, Osismos, Coriosolitas ⟨c⟩, Esuuios ⟨c⟩, Aulercos, Redones ⟨c⟩, . . . certior factus est omnes eas ciuitates in dicionem ⟨c⟩ . . . populi Romani esse redactas ⟨c⟩: II 34; ¶ omnes Galliae ciuitates . . . contra se castra habuisse; eas omnes copias a se uno ⟨c⟩ proelio pulsas ⟨c⟩ ac superatas esse: I 44,3; ¶ rem obtinuit Caesar omnesque eas (§ 2. 3) naues et reliquas, quae erant in naualibus, incendit: 3,111, 6; ¶ (nec prius ille est a propugnatoribus uacuus relictus locus, quam restincto aggere atque omni ⟨ea *add.* α; *om.* β; *Schn.;* ex *Ciacc.; rell. edd.*⟩ parte summotis hostibus finis est pugnandi factus: VII 25,4;) ex his ⟨β; *edd. plur.;* iis *ABM; Fr.;* hiis *Q*⟩ omnibus (§ 2) iudicat rebus . . .: V 52,3; ¶¶ reliquos omnes Belgas in armis esse Germanosque . . . sese cum his coniunxisse, tantumque esse eorum omnium furorem, ut: II 3,4.5; hi . . . multos annos a finitimis exagitati . . . consensu eorum omnium pace facta hunc sibi domicilio locum delegerunt: II 29,5; hos lenis armaturae Lusitani peritique earum regionum caetrati citerioris Hispaniae consectabantur; quibus erat procliue tranare flumen, quod consuetudo eorum omnium est, ut sine utribus ⟨c⟩ ad exercitum non eant: 1,48,7; ¶ ex iis ⟨*ABM; Fr.;* hiis *Q;* his β; *rell. edd.*⟩ omnibus (V 12. (13)) longe sunt humanissimi qui Cantium incolunt: V 14,1; ¶¶ quod per fines Sequanorum Heluetios traduxisset, quod obsides inter eos dandos curasset, quod ea omnia non modo iniussu suo et ciuitatis, sed etiam inscientibus ipsis fecisset: I 19,1.

γ) quinque: duas . . ibi legiones conscribit et tres . . . ex hibernis educit et . . . cum his ⟨*a;* iis *AQ²MCh; Fr., Hold.; is Q¹*⟩ quinque legionibus ire contendit: I 10,3.)

B. pertinet ad enuntiatum relatiuum; a) qui . . . is; α) additur subst.: ut a quo genere hominum uictoriam sperasset, ab eo initio fugae facto paene proditus uideretur: 3, 96,4; ¶ hortatur, cuius imperatoris ductu VIIII annis rem publicam felicissime gesserint . . ., ut eius existimationem dignitatemque ab inimicis defendant: 1,7,6; ¶ quae grauissime adflictae ⟨c⟩ erant naues, earum materia atque aere ad reliquas reficiendas utebatur: IV 31,2; ¶ quae pars ciuitatis Heluetiae insignem calamitatem populo Romano intulerat, ea princeps poenas persoluit: I 12,6; (quaeque ⟨quaque *Np., Db.*⟩ pars ⟨β; parti α; parte *recc.; pr. edd.; Db.*⟩ hostium ⟨host. pars β⟩ confertissima est ⟨manus est *Db.*⟩ nisa, inrumpit ⟨eam (*an* ea?) inrumpit β⟩: V 44,4.)

quod fere fit, quibus quisque in locis miles inueterauerit, ut multum earum regionum consuetudine moueatur: 1,44,3.

β) sine subst.; αα) masc.; 𝔄) sing.: qui horum quid acerbissime crudelissimeque fecerat, is et uir et ciuis optimus habebatur: 3, 32,3.

𝔅) plur.: consuesse enim deos immortales,

quo grauius homines ex commutatione rerum doleant, quos pro scelere eorum ulcisci uelint, his ⟨iis *AQ; Fr., Hold.*⟩ secundiores interdum res . . . concedere: I 14, 5; quorum per fines ⟨per fines quorum *af*⟩ ierant ⟨irent *Ciacc.*⟩, his ⟨iis *AQ; Fr., Db.*⟩ uti conquirerent et reducerent . . . imperauit: I 28, 1; quorum in fines primum Romani exercitum introduxissent, ad eos defendendos undique conuenirent ⟨*CC*⟩: II 10, 4; (V 42, 2 *u. p. 265* captiui; quibus ita ⟨*c*⟩ est interdictum, hi ⟨*AQ*β; *Aim.*; hii *MC;* ii pr. *edd.*⟩ numero impiorum . . . habentur: VI 13, 7;) quod quorum in finibus bellum geratur, eorum opibus subleuentur: VII 14, 6; 2, 18, 5 *u. p. 303* **bb)** bona.

ββ) neutr.: quod antea de conloquio postulasset, id per se fieri licere: I 42, 1; quod uero ad amicitiam populi Romani attulissent, id iis ⟨*c*⟩ eripi quis pati posset? I 43, 8; neu quod iniquitas loci attulisset, id uirtuti ⟨*c*⟩ hostium ⟨*c*⟩ tribuerent: VII 53, 1.

γγ): quo . . . ab ea parte: V 34, 2 *u.* **2. A. a)** pars.

b) quicquid . . . id: (quod ⟨quicquid β⟩ praeterea nauium longarum habebat, ⟨id *add.* β⟩ quaestori ⟨*c*⟩, legatis praefectisque distribuit ⟨*u. CC*⟩: IV 22, 3;) quicquid huc ⟨*c*⟩ circuitus ⟨*c*⟩ ad molliendum cliuum accesserat, id spatium itineris augebat ⟨spatio itineris augebatur β⟩: VII 46, 2; ut quicquid intercederet temporis, id morari reditum in Italiam uideretur: 3, 82, 2.

c) quodcumque . . . id: quodcumque addebatur subsidio, id corruptum ⟨*CC*⟩ timore fugientium terrorem et periculum augebat: 3, 64, 2.

d) uter . . . is: uter ⟨ut β⟩ eorum uita superarit ⟨*c*⟩, ad eum pars utriusque cum fructibus ⟨*c*⟩ superiorum temporum peruenit: VI 19, 2.

2. neque **ad ea, quae antecedunt,** neque **ad** ea, quae sequuntur, **pertinet, sed aut significat** ea, quae animo **obuersantur** (= ὁ ἐκεῖ, ὁ τότε) **aut in oratione obl. respondet** pronomini **tu, uos,** aut **pron. ego, nos orationis rectae; A. = is de quo cogitatur,** ὁ ἐκεῖ, ὁ τότε; **a)** e. **subst.:** quod eo anno frumentum in ⟨*c*⟩ Gallia propter siccitates angustius prouenerat: V 24, 1; ¶ quantam quisque multitudinem in . . . concilio ad id bellum pollicitus sit ⟨*c*⟩: II 4, 4; erant hae ⟨*c*⟩ difficultates belli gerendi, quas supra ostendimus, sed multa Caesarem tamen ⟨*c*⟩ ad id bellum incitabant: III 10, 1; arbitratus id bellum celeriter confici posse eo exercitum adduxit ⟨*c*⟩: III 28, 1; ut . . . omnes . . et animo et opibus in id bellum incumberent: VII 76, 2; concilio ⟨*c*⟩ conuocato id bellum ⟨ex bello *a*[1]*;* et bellum *fh*⟩ se suscepisse ⟨*c*⟩ . . . communis libertatis causa demonstrat et . . .: VII 89, 1; ¶ cum ad oppidum Senonum Vellaunodunum uenisset, . . . oppugnare instituit eoque ⟨β; idque α; *edd.*⟩ biduo (*de uerbis* eo biduo *u. Blatx, Pr. Offenburg 1861)* circumuallauit: VII 11, 1; eo biduo Caesar cum equitibus DCCCC . . . in castra peruenit: 1, 41, 1; parte circiter tertia exercitus eo biduo dimissa: 1, 87, 4; ¶ itaque aes alienum prouinciae eo biennio multiplicatum est: 3, 32, 5; ¶ in eo castello: VI 37, 8 *u. p. 251* castellum; ¶ postea quam non nulli principes ex ea ciuitate . . . ad Caesarem uenerunt: V 3, 5; ¶ concursus: V 10, 3 *u. p. 252* concursus; ¶ eius consilii: VI 44, 2 *u. p. 252* consilium; cum se uel principes eius consilii fore profiterentur: VII 37, 6; ¶ conuentus: 2, 20, 5 *et* 3, 40, 6 *u. p. 253* conuentus; ¶ legio, quae in eo cornu constiterat, locum non ⟨*c*⟩ tenuit: 1, 44, 5; ¶ atque is ⟨his *AQ*β⟩ dies indutiis erat ab his ⟨*c*⟩ petitus: IV 12, 1; aegre is dies sustentatur: V 39, 4; ea dies uenit: VII 3, 1 *u. p. 253* dies; — neque erat quisquam omnium, quin *in* eius diei casu suarum omnium fortunarum euentum consistere existimaret: 2, 5, 4; cupiens eius diei detrimentum sarcire: 3, 67, 2; ut facile existimari posset nihil eos de euentu eius diei timuisse: 3, 96, 1; confecto iusto itinere eius diei, quod proposuerat: 3, 76, 1; confecto eius ⟨eiusdem *O*⟩ diei ⟨die *N*⟩ itinere: 3, 76, 2; duplicatoque eius diei itinere VIII milia passuum ex eo loco procedit: 3, 76, 3; sed haec eius ⟨huius *a*[1]*?*⟩ diei praefertur opinio, ut: 1, 47, 1; per orbem terrarum fama ac litteris uictoriam eius diei concelebrabant ⟨*c*⟩: 3, 72, 4; monuitque eius diei uictoriam in earum cohortium uirtute constare: 3, 89, 3; — eorum dierum consuetudine itineris nostri exercitus perspecta: II 17, 2; — postridie eius diei *et* pridie eius diei *u.* **dies** *p. 896 (7 + 2 loc.); — —* eo die *u.* **dies** *p. 899* **γγ)** *(15 (16) loc.);* (his ⟨β; hiis *Q;* iis *ABM; Fr., Db.*⟩ paucis diebus Aulerci . . . portas clauserunt: III 17, 3;) — dies conloquio dictus est ex eo die quintus: I 42, 3; eodem die castra promouit . . . . postridie eius diei . . . traduxit . . . fecit. . . . ex eo die dies continuos quinque Caesar pro castris suas copias produxit: I 48, (1—)3; — omnium superiorum dimicationum fructum in eo die atque hora docet consistere: VII 86, 3; — namque etiam per eos dies proelium secundum equestre fecit: 3, 84, 5; Trallibus ⟨*c*⟩ in templo Victoriae

... palma per eos dies ... ex pauimento exstitisse ostendebatur: 3,105,5; ¶ reperiebat ..., quod proelium equestre aduersum paucis ante diebus esset factum, initium eius fugae factum a Dumnorige atque eius equitibus: I 18,10; utraque ⟨c⟩ in ea fuga periit ⟨c⟩: I 53,4; ¶ cum ... ex Thessalia Aetoliaque legati uenissent, qui praesidio misso pollicerentur earum gentium ciuitates imperata facturas, ... misit: 3,34,2; ¶ eius generis *u. p. 254* genus *(3 loc.)*; ¶ in ea hora: VII 86,3 *u.* in eo die; ¶ factum eius hostis periculum patrum nostrorum memoria: I 40,5; ¶ a compluribus ⟨eius *add.* β⟩ insulae ciuitatibus ad eum legati ueniunt: IV 21,5; ¶ Orgetorix ... sibi legationem ad ciuitates suscepit. in eo itinere persuadet Castico ..., ut: I 3,3.4; ipse cum Casilinum uenisset ..., patefactis consiliis exclusus Capua ... consilio destitit atque *ab eo itinere sese auertit: 3,21,5; ¶ Vercingetorix castris prope oppidum in monte ⟨in m. β; *Schn. (Db.)*; *om.* α; *rell. edd.*⟩ positis ... copias conlocauerat, atque omnibus eius iugi collibus occupatis ... horribilem speciem praebebat: VII 36,2; constabat inter omnes ... dorsum esse eius iugi prope aequum: VII 44,3; (Pompeiani, quod is mons erat sine aqua, diffisi ei loco relicto monte uniuersi iugis ⟨*Wassius*; iuris *Ox*⟩ eius ⟨eis *Clark.*; *Db.*⟩ Larisam uersus *se* recipere coeperunt: 3,97,2;) ¶ erant in ea legione fortissimi uiri centuriones: V 44,1; ¶ hoc itinere est fons, quo ⟨c⟩ mare succedit longius, lateque is **locus** restagnat: 2,24,4; — Romanos ... perpetuae possessionis (causa) culmina Alpium occupare conari et ea loca finitimae ⟨CC⟩ prouinciae adiungere sibi persuasum habebant: III 2,5; Rhenumque antiquitus traductos propter loci fertilitatem ibi consedisse Gallosque, qui ea loca incolerent, expulisse: II 4,1; si quid ei a Caesare grauius accidisset, cum ipse eum locum amicitiae apud eum teneret: I 20,4; — quae proximae ei loco ex Bruti classe naues erant, in eas impeditas impetum faciunt: 2,6,6; — erat eo loco fossa pedum ⟨c⟩ XV et uallum ⟨CC⟩ contra hostem in altitudinem pedum X: 3,63,1; cum superioris etiam ordinis non nulli ... manendum eo loco et rem proelio committendam existimarent: 3,74,2; cum ... ilii castra defenderent fortissime[que] T. Pulione ⟨c⟩ ... e ⟨eo *f*⟩ loco propugnante: 3,67,5; — constituunt † ipsi ⟨ipsi his *Np.*; iis *Ciacc.*⟩ locis excedere: 1,61,2; — quas (legiones) Narbone circumque ea loca hiemandi causa disposuerat: 1,37,1; — pauloque citra ⟨circa *O*, *l pr.*⟩ eum locum aliis comprehensis collibus munitiones perfecerunt: 3,46,6; — hostes protinus ex eo loco ad flumen Axonam contenderunt: II 9,3; paulum ex eo loco degreditur: 1,72,4; postero die castra ex eo loco mouent: I 15,1; hanc sibi commodissimam belli rationem iudicauit, uti castra ex eo loco moueret semperque esset in itineribus: 3,85,2; neque prius fugere destiterunt quam ad flumen Rhenum milia passuum ex eo loco circiter quinque ⟨CC⟩ peruenerunt ⟨c⟩: I 53,1; quae (naues) ex eo loco *a milibus passuum octo uento tenebantur: IV 22,4; ab his ⟨c⟩ cognoscit non longe ex eo loco oppidum Cassiuellauni abesse: V 21,2; — dies circiter XXV in eo loco commoratus: V 7,3; qui (Corus) magnam partem omnis temporis in his ⟨iis α; *Fr.*, *Db.*⟩ locis ⟨β; *om.* α⟩ flare consueuit: V 7,3; dum ⟨c⟩ haec in his ⟨A^2β; *Fr.*, *Db.*; iis A^1*BM*; *Fr.*, *Db.*; hiis *Q*⟩ locis geruntur: V 22,1; dum in his ⟨iis *BM*; *Fr.*⟩ locis Caesar ... moratur: IV 22,1; acriter in eo loco pugnatum est: II 10,2; neque in eo loco hostis est uisus: V 8,5; ¶ Q. Titurium Sabinum ... in Venellos ⟨c⟩, Coriosolites ⟨c⟩ Lexobiosque mittit, qui eam manum distinendam curet: III 11,4; ¶ in magno impetu maris atque aperto ... omnes fere, qui eo mari uti consuerunt, habent uectigales: III 8,1; ¶ eius modi *u.* **eius modi** *p. 1004* V 33,4; V 29,5; VI 34,7; 1,79,4; ¶ quod eas quoque nationes adire et regiones cognoscere uolebat: III 7,1; Crassum ... in Aquitaniam proficisci iubet, ne ex his ⟨ex eis h^1; ex iis h^2; exiguis a^1⟩ nationibus auxilia in Galliam mittantur: III 11,3; ¶ (ea tota nocte: I 26,5 *u. p. 271 extr.*;) tantus fuit ... terror, ut ea nocte, cum C. Volusenus missus cum equitatu ad ⟨c⟩ castra uenisset, fidem non faceret adesse cum incolumi Caesarem exercitu: VI 41,2; neque uero ⟨*Faern.*; eo *codd.*⟩ tam remisso ac languido animo quisquam omnium fuit, qui ea nocte conquieuerit: 1,21,5; ¶ ex omni ⟨eo *add.* *aefh²ik*; omni ex *Kr.*; *Dt.*⟩ numero, qui fuit circiter milium XL, uix DCCC ... ad Vercingetorigem peruenerunt: VII 28,5; Nasidianae naues ... celeriter .. pugna excesserunt ...; itaque ex eo numero nauium nulla desiderata est: 2,7,2; ¶ eius ordinis: 1,3,1 *u. p. 258* ordo; ¶ certior factus est ... quartam fere ⟨c⟩ partem citra flumen Ararim reliquam esse. ... is pagus appellabatur Tigurinus: I 12,2.4; ¶ eam partem ⟨c⟩: I 52,2 *u. p. 258* pars; alia ex parte oppidi Adiatunnus ... eruptionem facere conatus clamore ab ea parte munitionis ⟨*c*⟩ sublato . . . repulsus: III 22, 1. 4; et quotiens ⟨quo *Paul*⟩ quaeque cohors procurrerat ⟨*c*⟩, ab ea parte magnus numerus hostium cadebat: V 34, 2; interim eam partem nudari necesse erat et ab latere aperto tela recipi ⟨recipere β⟩: V 35, 2; missis ad eos ab Otacilio equitibus, qui eam partem orae maritimae adseruabant, circiter CCCC: 3, 28, 6; uineis eam partem castrorum obtexit: 3, 54, 1; ¶ parentes suos commendabant, si quos ex eo ⟨suo *af*⟩ periculo fortuna seruare potuisset: 2, 41, 8; ¶ Pompeius eo proelio imperator est appellatus: 3, 71, 3; sic enim Caesar existimabat, eo proelio excellentissimam uirtutem Crastini fuisse: 3, 99, 2; — ex eo proelio circiter hominum milia CXXX superfuerunt: I 26, 5; — in eo proelio ex equitibus nostris interficiuntur quattuor et septuaginta: IV 12, 3; in eo proelio cum graui uulnere esset adfectus aquilifer et a ⟨*CC*⟩ uiribus deficeretur, conspicatus † equites nostros . . . inquit: 3, 64, 3; in eo proelio non amplius CC milites desiderauit, sed centuriones, fortes uiros, circiter XXX amisit: 3, 99, 1; ¶ ciues Romanos eius prouinciae sibi . . . tritici *modium CXX milia polliceri coegit: 2, 18, 4; erat edictum Pompei nomine Amphipoli propositum, uti omnes eius prouinciae iuniores . . . iurandi causa conuenirent: 3, 102, 2; ¶ regiones: III 7, 1 *u.* nationes; huius est ciuitatis longe amplissima auctoritas omnis orae maritimae regionum earum: III 8, 1; auxilia ex Britannia, quae contra eas regiones posita est, arcessunt ⟨*haec omnia desunt in* β⟩: III 9, 10; interim Trinobantes, prope firmissima earum regionum ciuitas, . . . legatos ad Caesarem mittunt: V 20,1; omnem agrum Picenum percurrit. cunctae earum regionum praefecturae libentissimis animis eum recipiunt exercitumque eius omnibus rebus iuuant: 1, 15, 1; qui erant pabulandi aut frumentandi causa progressi, hos leuis armaturae Lusitani peritique earum regionum caetrati citerioris Hispaniae consectabantur: 1, 48, 7; prius ad continentem uisus ⟨*c*⟩ est Caesar quam de eius aduentu fama omnino in eas regiones perferretur: 3, 7, 3; sicuti mari portibusque Caesarem prohibebat, ita ipse omni terra earum regionum prohibebatur: 3, 15, 1; cuius prouinciae ab ea parte, quae libera appellabatur, Menedemus, princeps earum regionum, missus legatus omnium suorum excellens studium profitebatur: 3, 34, 4; ignorans eius consilium, quod diuerso ab ea regione itinere profectum uidebat: 3, 41, 4; ¶ pollicitusque est sibi eam rem curae futuram: I 33, 1; secundum ea multae res eum hortabantur, quare sibi eam rem cogitandam et suscipiendam putaret: I 33, 2; ob easque res ex litteris Caesaris dierum ⟨*c*⟩ quindecim supplicatio decreta est, quod ante id tempus accidit nulli: II 35, 4; M. Marcellus, ingressus in eam orationem non oportere ante de ea re ad senatum referri quam dilectus tota Italia habiti . . . essent: 1, 2, 2; ¶ collis nascebatur . . . ab superiore parte siluestris . . . . intra eas siluas hostes in occulto sese continebant: II 18, (2.) 3; ¶ Heluetii ea spe deiecti nauibus iunctis . . . si perrumpere possent conati: I 8, 4; amicitiam populi Romani sibi ornamento et praesidio, non detrimento esse oportere, † idque se hac ⟨*AQ*β; ea *BM; edd.*⟩ spe petisse: I 44, 5; ¶ quantoque eius ⟨*del. Koch*⟩ amplius processerat temporis, tanto erant alacriores ad custodias: 3, 25, 2; — eo ipso tempore . . . allati: 3, 101, 3 *u. p. 309* **b) α)**; (tribuni) post tergum hostium legionem ostenderunt. ne eo quidem tempore quisquam loco cessit: VII 62, (6.) 7; ne iis ⟨his α; *Schn.*⟩ quidem eo tempore, qui quieti ⟨qui eo temp. pacati β; qui *om. AB*[1]⟩ uiderentur, suam salutem recte committi uidebat: VII 6, 4; dicitur eo tempore glorians apud suos Pompeius dixisse: 3, 45, 6; (erat eodem ⟨β; eo α⟩ tempore et materiari et frumentari et tantas munitiones fieri ⟨*CC*⟩ necesse: VII 73, 1;) is eo tempore erat Rauennae exspectabatque suis lenissimis ⟨*c*⟩ postulatis responsa: 1, 5, 5; Pompeius erat eo tempore in Candauia iterque ex Macedonia in hiberna . . . habebat: 3, 11, 2; Caesar eo tempore cum legione una profectus ad . . . rem frumentariam expediendam . . . erat ad Buthrotum: 3, 16, 1; erat eo tempore Antonius Brundisii: 3, 24, 1; proelio decertare . . ., quod eo tempore statuerat ⟨*c*⟩ non esse faciendum: 3, 44, 1; primumque eo tempore Galli castra munire instituerunt ⟨*u. CC*⟩: VII 30, 4; qui eo tempore principatum in ciuitate obtinebat: I 3, 5; ne singulari quidem ⟨*c*⟩ umquam homini eo tempore anni semitae patuerant: VII 8, 3; celeriterque saltus Pyrenaeos occupari iubet, qui eo tempore ab L. Afranio legato praesidiis tenebantur: 1, 37, 1; — nulla fuit ciuitas, quin ad id tempus partem senatus Cordubam ⟨*c*⟩ mitteret: 2, 19, 2; *u. praeterea* **ad** *p. 122* **B.** *(5 loc.)*; — ante id tempus *u.* **ante** *p. 277* **B.** *(4 loc.)*; — Caesar ex eo tempore, dum ad flumen Varum ueniatur, se frumentum daturum pollicetur: 1, 87, 1; — neque post id tempus umquam summis nobiscum copiis hostes contenderunt: V 17, 5; ¶ Caesar primis ⟨a tribus primis *l;* tribus primis *h*[2]*; Ald.*⟩ diebus castra magnis operibus munire . . . reliquasque copias exspectare instituit. eo ⟨eodem *a*[1]⟩ triduo legio VIII. ad eum uenit cohortesque ex nouis Galliae dilectibus XXII equitesque ab rege Norico circiter CCC: 1, 18, 4. 5; *(de uerbis* eo triduo *u. Fr. Blatz, Pr. Offenburg 1861;)* ¶ postero die omnibus eius nici aedificiis incensis in prouinciam reuerti contendit: III 6, 4.

b) sine **subst.**; **α)** **sing.**: quod si quid ei (fratri) a Caesare grauius accidisset, cum ipse eum locum amicitiae apud eum teneret, neminem existimaturum non sua uoluntate factum: I 20, 4; ¶ is = Caesar: I 13, 2; 22, 2; 34, 1; 41, 2 *u. p. 283;* 53, 8; II 14, 1 *u. p. 284;* 1, 8, 1; 60, 1. 4 *u. p. 287;* is = Dumnorix: I 19, 1. 2 *u. p. 291;* = Pompeius: 1, 9, 1 *u. p. 294.*

β) **plur.**: eorum ⟨eius *Ciacc.; del. Kraff.; u. CC*⟩ una pars, quam Gallos obtinere dictum est, initium capit a flumine Rhodano, continetur . . .: I 1, 5; Caesari cum id nuntiatum esset, eos per prouinciam nostram iter facere conari, maturat ab urbe proficisci: I 7, 1; ita sine ullo periculo tantam eorum multitudinem nostri interfecerunt, quantum fuit diei spatium: II 11, 6; Caesar honoris Diuiciaci atque Haeduorum causa sese eos in fidem recepturum et conseruaturum dixit: II 15, 1; nostri celeriter arma ceperunt eosque in siluas reppulerunt: III 28, 4; itaque uastatis omnibus eorum agris, uicis aedificiisque incensis Caesar ⟨*c*⟩ exercitum reduxit ⟨*c*⟩: III 29, 3; Sueborum gens est longe maxima . . . . hi centum pagos habere dicuntur . . . . sed priuati ac separati agri apud eos nihil est: IV 1, 3. 4. 7; (quin etiam iumentis . . . [Germani] importatis non utuntur, sed quae sunt apud eos nata . . ., haec cotidiana exercitatione summi ut sint laboris efficiunt: IV 2, 2; neque eorum moribus turpius quicquam aut inertius habetur quam ephippiis ⟨*c*⟩ uti: IV 2, 4; est . . hoc Gallicae consuetudinis, uti . . . cogant . . . . his rumoribus ⟨*c*⟩ . . . permoti de summis saepe ⟨*c*⟩ rebus consilia ineunt, quorum eos in ⟨*c*⟩ uestigio paenitere necesse est, cum incertis rumoribus ⟨*c*⟩ seruiant et plerique ad uoluntatem eorum ficta respondeant: IV 5, 2. 3; cognouerat enim magnam partem equitatus ab iis ⟨his *codd.; Schn., Hold.*⟩ aliquot diebus ante . . . trans Mosam missam: IV 9, 3; ut tridui mora interposita equites eorum, qui abessent, reuerterentur: IV 11, 4; magnum iis ⟨his *B*[2]β; hiis *Q*⟩ numerum obsidum imperat: IV 22, 2; quibus adductis eos in fidem recepit ⟨*c*⟩: IV 22, 3; huius est longitudo lateris, ut fert illorum ⟨eorum fert β⟩ opinio, septingentorum milium: V 13, 5; 14, 1 *u. p. 310* **β)** ex iis omnibus; 28, 2 *u. p. 275* **bb)** consilium; hostes, postea quam ex nocturno fremitu uigiliisque de profectione eorum ⟨eius β⟩ senserunt, . . . exspectabant: V 32, 1; quo praecepto ab iis ⟨his β⟩ diligentissime obseruato . . . hostes uelocissime refugiebant: V 35, 1; VI 9, 1. 2 *u. p. 278* Germani; in omnibus ciuitatibus . . . factiones sunt earumque factionum principes ⟨*c*⟩ sunt, qui summam auctoritatem eorum iudicio habere existimantur: VI 11, 3; ad eos ⟨*c*⟩ (druides) magnus adulescentium numerus disciplinae causa concurrit, magnoque hi sunt apud eos honore: VI 13, 4; haec poena apud eos est grauissima: VI 13, 6; 13, 8 *u. p. 266* druides; ac paulo supra hanc memoriam serui et clientes, quos ab iis ⟨*h;* hiis *a;* his α; *Aim.; Schn., Hold.*⟩ dilectos esse constabat, iustis funebribus ⟨*c*⟩ confectis una cremabantur: VI 19, 4; agri culturae non student, maiorque pars eorum uictus in lacte, caseo ⟨*c*⟩, carne consistit: VI 22, 1; qui quacumque ⟨*c*⟩ de causa ad eos uenerunt, ab iniuria prohibent: VI 23, 9; ut iure iurando ac fide sanciatur petunt conlatis militaribus signis, quo ⟨*c*⟩ more eorum grauissima ⟨*c*⟩ caerimonia ⟨*c*⟩ continetur ⟨*c*⟩: VII 2, 2; Fabium discessu eorum duabus relictis portis obstruere ceteras: VII 41, 4; uniuersis ciuitatibus, quae Oceanum attingunt quaeque eorum consuetudine Aremoricae appellantur: VII 75, 4; Mandubii, qui eos oppido receperant, . . . exire coguntur: VII 78, 3; concurrunt ⟨concurritur β⟩ his auxiliis uisis; fit ⟨*c*⟩ gratulatio inter eos, atque omnium animi ad laetitiam excitantur: VII 79, 3; haec dum inter eos aguntur, Domitius nauibus Massiliam peruenit atque ab iis ⟨*h;* his *Oafl*⟩ receptus urbi praeficitur; summa ei belli administrandi permittitur. eius . . .: 1, 36, 1; his eos suppliciis ⟨*c*⟩ male ⟨*c*⟩ haberi ⟨*c*⟩ Caesar . . . quam proelio decertare malebat: 1, 81, 5; conatur tamen eos uallo fossaque circummunire, ut quam maxime repentinas eorum eruptiones demoretur; quo necessario descensuros existimabat. illi . . .: 1, 81, 5; res huc deducitur, ut ei, qui habeant domicilium aut possessionem in Hispania ⟨*c*⟩, statim, reliqui ad Varum flumen dimittantur; ne quid eis ⟨ne cui de his *O*⟩ noceatur neu quis inuitus sacramentum ⟨*c*⟩ dicere cogatur a Caesare cauetur: 1, 86, 3. 4; addit etiam, ut *quae quisque eorum in bello amiserit . . . *restituantur: 1, 87, 1; adpulsisque Messanam nauibus atque inde propter repentinum terrorem principum ac senatus fuga facta ex naualibus eorum *unam* deducit: 2, 3, 2; suos cohortatus, quos integros superauissent, ut uictos contemnerent, plenus spei bonae atque animi aduersus eos ⟨eas *Ohl*⟩ proficiscitur: 2, 5, 2; quae res eorum perterritos animos confirmanit: 2, 36, 3; in proxima Octauii castra inruperunt . . . omnibusque eos castris expulerunt et magno numero interfecto reliquos . . . in naues confugere coegerunt: 3, 9, 7; has (naues) . . . Otacilius ⟨*c*⟩ . . . expugnare parabat; simul de deditione eorum agebat et incolumitatem deditis pollicebatur: 3, 28, 2; libenter etiam ex perfugis cognoscebant equos eorum tolerari, reliqua uero iumenta interisse, uti autem ipsos . . .: 3, 49, 3; magnaque inter eos in consilio fuit controuersia: 3, 82, 5; tibi minus commode consulueris, si non fortunae obsecutus uideberis, . . . nec causam secutus — eadem enim tum fuit, cum ab eorum consiliis abesse *te debere* iudicasti: *ap. Cic. ad Att.* X 8 *B*, 1.

B. in oratione obliqua pronomen is respondet pronomini secundae personae orationis rectae (= tu, tuus, uos, uester): sibi esse in animo sine ullo maleficio iter per prouinciam facere . . .; rogare, ut eius uoluntate id sibi facere liceat: I 7, 3; cum ea ita sint, tamen, si obsides ab iis ⟨his *Caf*⟩ sibi dentur, . . . sese cum iis ⟨his *af*⟩ pacem esse facturum: I 14, 6; eos accusat, quod . . . tam propinquis hostibus ab iis ⟨his *AQCa*⟩ non subleuetur, praesertim cum magna ex parte eorum precibus adductus bellum susceperit: I 16, 6; 19, 5 *u. p. 291 sq.* Diuiciacus; tanti eius apud se gratiam esse ostendit, uti et rei publicae iniuriam et suum dolorem eius uoluntati ac precibus condonet: I 20, 5; fratrem adhibet; quae in eo reprehendat ostendit: I 20, 6; (Caesar) obsides, arma, seruos, qui ad eos perfugissent, poposcit: I 27, 3; 30, 4 *u. p. 283* Caesar; ad Caesarem reuerterunt petieruntque, uti sibi secreto [in occulto] de sua omniumque salute cum eo agere liceret: I 31, 1; 34, 1 *u. p. 282* Ariouistus; 34, 2 *u. p. 283* Caesar; haec esse, quae ab eo postularet: I 35, 2; obsides . . . redderet Sequanisque permitteret, ut, quos illi haberent, uoluntate eius reddere illis liceret: I 35, 3; si [id] ita fecisset, sibi populoque Romano perpetuam gratiam atque amicitiam cum eo futuram: I 35, 4; petebat, ut eius uoluntate discedere liceret: I 39, 3; ut quam primum intellegere posset, utrum apud eos pudor atque officium an timor plus ⟨*c*⟩ ualeret: I 40, 14; 42, 4; 44, 10—13; 47, 1; II 13, 2 *u. p. 284;* II 31, 2. 3 *u. p. 280* Romani; se magis consuetudine ⟨*CC*⟩ sua quam merito eorum ciuitatem conseruaturum: II 32, 1; IV 7, 4 *u. p. 280* Romani; sibi nullam cum iis ⟨*h;* is *a;* his *α*; *edd.*⟩ amicitiam esse posse, si: IV 8, 1; huc postero die quam frequentissimi conuenirent, ut de eorum postulatis cognosceret: IV 11, 5; 15, 5 *u. p. 284;* 16, 7 *u. p. 253* exercitus; 23, 5 *u. p. 299* **αα)** legati tribunique; V 3, 6 *et* 7; 20, 2 *u. p. 285;* V 11, 4 *u. p. 292 sq.* Labienus; quorum alter milia passuum circiter quinquaginta, alter paulo amplius ab iis ⟨ab iis *om.* β⟩ absit: V 27, 9; [leuitate armorum et cotidiana exercitatione nihil iis ⟨his α; ex his β⟩ noceri posse: V 34, 4;] errare eos dicunt, si quicquam . . . praesidii sperent: V 41, 5; perscribit in litteris hostes ab se discessisse omnemque ad eum multitudinem conuertisse: V 49, 3; quod beneficio deorum immortalium et uirtute eorum expiato incommodo neque hostibus diutina laetitia ⟨*c*⟩ neque ipsis longior dolor relinquatur: V 52, 6; (ab Cn. Pompeio proconsule petit, quoniam . . . remaneret ⟨*c*⟩, quos ex Cisalpina Gallia consul ⟨*Ciacc.; Hold., Dt.*[2]*;* consulis *X; rell. edd.;* consul is *Rubenius*⟩ sacramento rogauisset, ad signa conuenire . . . iuberet: VI 1, 2;) monet, ut ignes in castris fieri prohibeat, ne qua eius aduentus procul significatio fiat: VI 29, 5; 32, 1. 2 *u. p. 300* **b) αα)**; quos (milites) cum . . paratos uideat . . ., summae se iniquitatis condemnari debere, nisi eorum uitam sua ⟨*c*⟩ *laude habeat cariorem: VII 19, 5; 20, 1 *u. p. 297 extr.;* interea aequum esse ab iis ⟨β; his α; *Schn.*⟩ communis salutis causa impetrari, ut castra munire instituerent: VII 29, 7; id ne accidat, positum in eius diligentia atque auctoritate: VII 32, 5; 43, 1 *u. p. 279* Haedui; quanto opere eorum animi magnitudinem admiraretur, quos ⟨β; quod α⟩ non castrorum munitiones, non altitudo montis, non murus oppidi tardare potuisset, tanto opere licentiam adrogantiamque reprehendere: VII 52, 3; habere se a Pompeio ad eum priuati ⟨*c*⟩ officii mandata demonstrat: 1, 8, 2; 13, 5 *u. p. 276* Auximates; legatosque ex suo numero ad Caesarem mittunt: sese paratos esse . . . L. Domitium uiuum eius potestati ⟨in eius potestatem *Ohl*⟩ tradere: 1, 20, 5; hos omnes productos a contumeliis militum conuiciisque prohibet; pauca apud eos loquitur, quod sibi a parte ⟨aperte *Oael*⟩ eorum gratia relata non sit pro suis in eos maximis beneficiis: 1, 23, 3; (cognoscit) praemissos etiam legatos Massilienses domum, nobiles adulescentes, quos . . . Pompeius erat adhortatus, ne noua Caesaris officia ueterum suorum beneficiorum in eos memoriam expellerent: 1, 34, 3; cum his ⟨*c*⟩ agit, ne initium inferendi belli *a Massiliensibus oriatur; debere eos Italiae totius auctoritatem sequi potius quam unius hominis uoluntati obtemperare: 1, 35, 1; primum agunt gratias omnes omnibus, quod sibi perterritis pridie pepercissent: eorum se beneficio uiuere: 1, 74, 2; dimisso consilio contionem aduocat militum. commemorat, quo sit eorum usus studio ad Corfinium Caesar, ut magnam partem Italiae beneficio atque auctoritate eorum suam fecerit. uos enim . . .: 2, 32, 1; 42, 3 *u. p. 290 extr.*; 44, 2 *u. p. 292* Iuba; 3, 13, 3 *u. p. 294* Pompeius; 3, 17, 3 *u. p. 303* **bb)**; 3, 82, 5 *u. p. 295;* nuntiosque dimissos ad eos, qui se ex fuga in finitimas *ciuitates* recepisse dicerentur, ne Antiochiam adirent; id ⟨c⟩ si fecissent, magno eorum capitis periculo futurum: 3, 102, 6.

C. pron. is locum uidetur obtinere pronominis reflexiui (= e g o, n o s, n o s t e r orationis rectae.) *Cf. Kitt, Pr. Braunsberg 1875 p. 3—9.)*

persuadent . . . finitimis, uti eodem usi consilio oppidis suis uicisque exustis una eum iis ⟨his *X; Hold.*⟩ proficiscantur: I 5, 4; Allobrogibus sese uel persuasuros . . . existimabant uel ui coacturos, ut per suos fines eos ire paterentur: I 6, 3; ita se omni tempore de populo Romano meritos esse, ut paene in conspectu exercitus nostri agri uastari, liberi eorum ⟨orum *A*⟩ in seruitutem abduci . . . non debuerint: I 11, 3; num etiam recentium iniuriarum, quod eo inuito iter per prouinciam per uim temptassent, . . . memoriam deponere posse ⟨c⟩? I 14, 3; (ueniebant) Haedui questum, quod Harudes . . . fines eorum popularentur: I 37, 2; (non se hostem uereri, sed . . . magnitudinem siluarum, quae intercederent inter ipsos atque Ariouistum ⟨quae inter eos atque ariouistum intercederent $B^2\beta$⟩, . . . timere dicebant: I 39, 6;) uelle se de iis ⟨c⟩ rebus, quae inter eos agi coeptae neque perfectae essent, agere cum eo: I 47, 1; quod uererentur, ne omni pacata Gallia ad eos exercitus noster adduceretur: II 1, 2; commeatus ab Remis . . . ut sine periculo ad eum portari possent ⟨c⟩ efficiebat: II 5, 5; (quod his ⟨c⟩ rebus relanguescere animos ⟨eorum *add.* α; *Schn., Fr., Db.; om.* β⟩ et ⟨c⟩ remitti uirtutem ⟨c⟩ existimarent (Neruii): II 15, 4;) II 17, 4 *u. p. 280* Neruii; sese . . . plurimum ei confiteri debere, quod . . . stipendio liberatus esset . . ., quodque ei et ⟨c⟩ filius et fratris filius a ⟨c⟩ Caesare remissi ⟨c⟩ essent: V 27, 2; VI 29, 5 *u.* **2. B.**; in primis rationem esse habendam dicunt, prius quam eorum clandestina consilia efferantur, ut: VII 1, 6; 43, 1 *u. p. 279* Haedui; (74, 1 *u. p. 286* Caesar;) timere Caesarem ereptis ⟨c⟩ ab eo duabus legionibus, ne ad eius periculum reseruare et retinere eas ad urbem Pompeius uideretur: 1, 2, 3; neque exspectant, . . . ut de eorum imperio ad populum feratur: 1, 6, 6; quorum alter agros Volcarum Arecomicorum . . . publice iis ⟨is *a; his Ofhl*⟩ concesserit: 1, 35, 4; (loquuntur . . . eum . . . legatis . . .: uelle se de maximis rebus eum Caesare loqui, si sibi ⟨*recc.;* sibi eius *Ohl;* ei *a;* eis *Np.; om. f*⟩ facultas detur: 3, 15, 6;) tirones . . . iure iurando accepto nihil iis ⟨his *codd.*⟩ nocituros hostes se Otacilio dediderunt: 3, 28, 4; ignesque fieri prohibuit, quo occultior esset eius aduentus: 3, 30, 5; paruoque spatio intermisso, ut . . . quam serissime ⟨c⟩ eius profectio cognosceretur, conclamari iussit: 3, 75, 2.

3. pertinet ad ea, quae sequuntur; **A. sequitur enuntiatum relatiuum; a) i s . . . q u i; aa) pronomini is non additur adiectiuum; α) pronomina is . . . qui referenda sunt ad certa substantiua,** quae **αα) adduntur; 𝔄) singula:** tantae multitudinis aditu ⟨c⟩ perterriti ex iis ⟨his *X; Schn., Hld.*⟩ a e d i f i c i i s, quae trans flumen habuerant, demigrauerunt: IV 4, 3; ¶ partim cum iis ⟨his *X; Schn., Hld.*⟩ quae ⟨partim sumptis quae *Hug*⟩ retinuerant et celauerant a r m i s, partim scutis ex cortice factis . . . eruptionem fecerunt: II 33, 2; ¶ ad ea ⟨*om.* a^1⟩ c a s t r a, quae supra demonstrauimus, contendit: VII 83, 8; ¶ id eane de c a u s a, quam legatis pronuntiarunt ⟨*pr. edd.;* pronuntiarint α; pronuntiauerint β⟩, an perfidia adducti fecerint, . . . non uidetur pro certo esse ponendum ⟨c⟩: VII 5, 6; ¶ et iis ⟨his *codd.*⟩ c e n t u r i o n i b u s, quos in statione ad praetoriam portam ⟨c⟩ posuerat, . . . tuemini, inquit, castra: 3, 94, 6; ¶ mittuntur etiam ad eas c i u i t a t e s legati, quae sunt citerioris Hispaniae finitimae Aquitaniae: III 23, 3; magnas Gallorum copias earum ciuitatum, quae Aremoricae ⟨c⟩ appellantur, oppugnandi sui causa conuenisse: V 53, 6; trans Rhenum in Germaniam mittit ad eas ciuitates, quas superioribus annis pacauerat, equitesque ab his arcessit: VII 65, 4; LX milia ex omni numero deligunt earum ciuitatum ⟨c⟩, quae maximam uirtutis opinionem habebant: VII 83, 4; ut . . . superiores . . haberentur. Caesar iis ciuitatibus ⟨haberentur caesaris ciuit. *af*⟩, quae ad eius amicitiam accesserant, . . . pecus imperabat: 1, 52, (3.) 4; ¶ illi, ut erat imperatum, deuectis ⟨*Paul;* eductis *codd.; edd.*⟩ iis ⟨hiis *Q;* is B^2; IIII β; *Schn.*⟩ c o h o r t i b u s, quae praesidio castris relictae intritae ⟨c⟩ ab labore erant, et longiore itinere circumductis . . . celeriter ad eas quas diximus munitiones peruenerunt: III 26,2; duplicatoque earum cohortium numero, quas cum Q. Titurio amiserat, . . . docuit; VI 1,4; consequuntur ⟨c⟩ hunc centuriones eius cohortis, quae in statione erat: VI 38,3; seque in castra recipiunt et ab iis ⟨*1 det.*; his *Ox*⟩ cohortibus, quae erant in statione ⟨c⟩ ad portas, defenduntur: 1,75,3; neque uero Caesarem fefellit, quin ab iis ⟨his *codd.*⟩ cohortibus, quae contra equitatum in quarta acie conlocatae essent, initium uictoriae oriretur ⟨c⟩: 3,94,3; ¶ ea condicione, quae a Caesare ferretur, se usuros ostendebant: IV 11,3; ¶ at ii ⟨c⟩, qui in iugo constiterant ⟨c⟩, . . . neque in eo quod probauerant consilio permanere . . . neque . . . celeritatem . . . imitari potuerunt ⟨c⟩: VI 40,6; ¶ neque ipsos in his ⟨iis *ed. pr.*; *Fr.*, *Db.*⟩ contentionibus, quas Haedui secum . . . habuissent, auxilio populi Romani usos esse: I 44, 9; ¶ II tigna transuersa iniecerunt . . ., quibus suspenderent ⟨-erunt *af*⟩ eam contignationem, quae turri tegimento esset futura: 2,9,2; ¶ erat in oppido ⟨-dum *Nahl*⟩ multitudo insolens belli . . ., conuentus is ⟨*Grut.*; si *codd.*; *del. Paul*⟩, qui ex uariis generibus constaret, terror ex superioribus proeliis magnus: 2,36,1; ¶ cum iis ⟨his β; *Schn.*⟩ copiis, quas a Caesare acceperat, . . . peruenit: III 17, 1; ut . . . abductum illum a mari atque ab iis ⟨his *codd.*⟩ copiis, quas Dyrrachii comparauerat, [frumento ae commeatu] abstractum . . . secum decertare cogeret: 3,78,3; ¶ ubi ea dies, quam constituerat cum legatis, uenit: I 8,3; ¶ (erant hae ⟨*AQ*β; heae *BM*; eae *Fr.*, *Db.*⟩ difficultates belli gerendi, quas supra ostendimus: III 10,1;) ¶ Labienum . . . cum duabus legionibus et his ⟨*X*; *Schn.*, *Hold.*; iis *recc.*; *rell. edd.*⟩ ducibus, qui iter cognouerant, . . . ascendere iubet: I 21,2; ¶ cum id non impetrassent, petebant, uti ad eos equites, qui agmen antecessissent, praemitteret eosque pugna prohiberet: IV 11,2; 2,42,5 *u. p. 330*; ¶ sed eos exercitus, quos contra se multos iam annos aluerint, nelle dimitti: 1,85,5; ¶ neque iam longe abesse ab iis ⟨his *codd.*; *Schn.*, *Hold.*⟩ quos miserat exploratoribus . . . cognouit: II 5,4; ¶ eo autem frumento, quod flumine Arare nauibus subuexerat, propterea uti minus poterat, quod: I 16,3; ¶ sescentas eius generis, cuius supra demonstrauimus, naues . . . inuenit instructas: V 2,2; ¶ imperio populi Romani (eum) . . . etiam de ea quam habeat gratia desperare: I 18,9; ¶ ea quae secuta est hieme, qui fuit annus Cn. ⟨c⟩ Pompeio, M. ⟨c⟩ Crasso consulibus, Vsipetes . . . transierunt: IV 1,1; ¶ in omni Gallia eorum hominum, qui aliquo ⟨c⟩ sunt numero atque honore, genera sunt duo: VI 13,1; ¶ iis ⟨his *A*; hiis *Qa*[1]⟩ impedimentis, quae secum agere ac portare non poterant, citra flumen Rhenum depositis: II 29,4; ¶ ne . . . ulciscendi Romanos pro iis ⟨his *X*; *Schn.*, *Hld.*⟩ quas acceperint ⟨acceperant *af*⟩ iniuriis occasionem dimittant: V 38,2; ¶ ea autem quae diximus interualla grandibus in fronte ⟨c⟩ saxis efferciuntur ⟨c⟩: VII 23,2; ¶ interea ea legione, quam secum habebat, militibusque, qui ex prouincia conuenerant, . . . murum . . . fossamque perducit: I 8,1; Labienum . . cum iis ⟨*BM*; *om.* β; hiis *Q*[2]; his *AQ*[1]; *Schn.*⟩ legionibus, quas ex Britannia reduxerat, in Morinos . . . misit: IV 38,1; Labieno scribit, ut quam plurimas possit ⟨c⟩ iis ⟨his *A*[2]; hiis *B*[2]*a*⟩ legionibus, quae sint ⟨*Procksch*; sunt *codd.*; *edd.*⟩ apud eum, naues instituat: V 11,4; quam ⟨*CC*⟩ ad ⟨c⟩ diem ei legioni, quae in praesidio relinquebatur, deberi frumentum ⟨c⟩ sciebat: VI 33,4; quod abiuncto ⟨c⟩ Labieno atque iis ⟨hiis *B*[2]*Q*[2]; his *a*⟩ legionibus, quas una miserat, uehementer timebat: VII 56,2; uti . . . Varro cum iis ⟨hiis *b*; is *a(?)*; his *Ox*⟩ quas habebat legionibus omnem ulteriorem Hispaniam tueatur: 1,38,2; legionesque eas transduxerat ⟨c⟩ Curio, quas ⟨*Aldus*; quas curio *z*⟩ superioribus temporibus Corfinio receperat Caesar: 2,28,1; *erat* ciuile bellum . . ., legiones eae ⟨hae *z*; hec *Ob*⟩, quae paulo ante apud aduersarios fuerant: 2,29,3; ¶ sollicitant, ut in ea libertate, quam a maioribus acceperint ⟨β; *Fr.*; acceperant α; *rell. edd.*⟩, permanere quam Romanorum seruitutem perferre malint ⟨c⟩: III 8,4; ¶ cum . . . eos in eo loco, quo tum ⟨c⟩ essent, suum aduentum exspectare iussisset: I 27,2; ultra eum locum, quo in loco Germani consederant, circiter passus sescentos ab his, castris idoneum locum delegit: I 49,1; iter in ea loca facere coepit, quibus in locis esse Germanos ⟨c⟩ audiebat: IV 7,1; tertiae cohortis centuriones ex eo quo stabant loco recesserunt suosque omnes remouerunt: V 43,6; paulo ⟨c⟩ supra eum locum, quo ante exercitum traduxerat, facere pontem instituit: VI 9,3; itaque ⟨c⟩ ea quae fertilissima Germaniae sunt loca circum Hercyniam siluam . . . Volcae ⟨c⟩ Tectosages occupauerunt atque ibi consederunt: VI 24,2; neque sine graui causa eum locum, quem ceperant, dimitti censuerant ⟨c⟩ oportere: 1,44,4; uenitur in eum locum, quem Caesar delegit: 1,84,2; adpellit ad eum locum, qui appellatur Anquillaria ⟨c⟩. hic locus . . .: 2,23,1; ad eum locum, qui appellabatur Palaeste ⟨c⟩, omnibus nauibus ad unam incolumibus milites exposuit: 3,6,3; ¶ duabus ex partibus . . . . una erat proxima portui ⟨c⟩ naualibusque, altera ad partem ⟨portam *Dederich; Dt.*⟩, qua ⟨quae *afh*⟩ est aditus ex Gallia atque Hispania, ad id m a r e, quod adigitur ⟨*Madu.*; adigit *Ox*; adiacet *Np.*; *edd.*; *u. CC*⟩ ad ostium Rhodani: 2,1,2; ¶ noctu ex ⟨ea β⟩ m a t e r i a, quam munitionis causa comportauerant ⟨conportauerunt β⟩, turres . . . excitantur: V 40,2; ¶ ob eas causas ei m u n i t i o n i, quam fecerat, T. Labienum legatum praefecit: I 10,3; celeriter ad eas quas diximus munitiones peruenerunt: III 26, 2; eius munitionis, quae ab Romanis instituebatur, circuitus XI ⟨c⟩ milia passuum tenebat: VII 69,6; ¶ uti ab iis ⟨his *X; Schn., Hold.*⟩ n a t i o n i b u s, quae trans Rhenum incolerent, mitterentur legati ad Caesarem: II 35,1; Suebos . . . copias cogere atque iis ⟨*recc.*; his *X; Schn., Hld.*⟩ nationibus, quae sub eorum sint ⟨sunt β⟩ imperio, denuntiare, ut: VI 10, 1; ¶ ipse iis ⟨hiis *b*; his *x*⟩ n a u i b u s, quas M. Varro quasque Gaditani iussu Varronis fecerant, Tarraconem ⟨c⟩ . . . peruenit: 2,21,4; M. Octauius eum iis ⟨his *codd.*⟩ quas habebat nauibus Salonas peruenit: 3,9,1; ¶ (qui omnes fere † iis ⟨his β; iisdem *Paul*⟩ n o m i n i b u s ciuitatum appellantur, quibus orti ex ciuitatibus eo peruenerunt: V 12,2;) ¶ atque eum quem supra demonstrauimus n u m e r u m expleuerat: 3,4,6; ¶ ne quis aut ⟨c⟩ ex huius iracundia aut ex eo quod meruerat o d i o ⟨*u. CC*⟩ ciuitatis motus exsistat: VI 5, 2; ¶ impeditis hostibus propter ea quae ferebant o n e r a subito . . . eruptionem fieri iubet: III 19,2; ¶ ipse in ⟨*e*; *om. Ox; Np.*⟩ iis ⟨his *Ox*⟩ o p e r i b u s, quae facere instituerat, milites disponit: 1,21,3; ¶ milia sex eius p a g i, qui Verbigenus appellatur . . . contenderunt: I 27,4; reliquum exercitum . . . legatis in Menapios atque in eos pagos Morinorum, a ⟨c⟩ quibus ad eum legati non uenerant, ducendum ⟨c⟩ dedit: IV 22,5; ¶ Aquitania a Garumna ⟨c⟩ flumine ad Pyrenaeos montes et eam p a r t e m Oceani, quae est ad Hispaniam, pertinet: I 1,7; e castris profectus ad eam partem peruenit, quae nondum flumen transierat: I 12,2; se neque sine exercitu in eas partes Galliae uenire audere, quas Caesar possideret neque: I 34,3; certior factus est ex ea parte uici, quam Gallis concesserat, omnes noctu discessisse: III 2,1; conuersis in eam partem nauibus, quo ⟨in quam *a(?)fh*⟩ uentus ferebat: III 15,3; prius quam ea pars Menapiorum, quae citra Rhenum ⟨c⟩ erat, certior fieret: IV 4,7; nuntiauerunt puluerem maiorem, quam consuetudo ferret, in ea parte uideri, quam in partem legio iter fecisset: IV 32,1; contendit, ut eam partem insulae caperet, qua optimum esse egressum . . . cognouerat: V 8,3; Labienum . . . ad Oceanum uersus in eas partes, quae Menapios attingunt, proficisci iubet: VI 33,1; castris ad eam partem oppidi positis Caesar, quae intermissa a flumine et palude ⟨c⟩ aditum . . . angustum habebat, . . . coepit: VII 17,1; ne . . . ea pars, quae minus sibi ⟨c⟩ confideret, auxilia a Vercingetorige arcesseret ⟨c⟩: VII 33,1; ab his primo Marsi dissentire incipiunt eamque oppidi partem, quae munitissima uideretur, occupant: 1,20,3; huius quoque spatii pars ea, quae ad arcem pertinet, . . . longam et difficilem habet oppugnationem: 2, 1,3; ubi nero ea pars turris, quae erat perfecta, tecta atque munita est: 2,9,5; (id ingum est) paulo leniore ⟨c⟩ fastigio ab ea parte, quae ad Vticam uergit: 2,24,3; Iuba . . . peditum eam partem, cui maxime confidebat, Saburrae summittit ⟨c⟩: 2,40,1; cuius prouinciae ab ea parte, quae libera appellabatur, Menedemus, princeps earum regionum, missus legatus omnium suorum excellens studium profitebatur: 3,34,4; cohortes LX . . . ad eam partem munitionum ducit, quae pertinebat ⟨*O*; -bant *x*; *Np., Db.*⟩ ad mare longissimeque a maximis castris Caesaris aberat ⟨*1 rec.*; aberant *Ox; Np., Db.*⟩: 3,62,2; dextrum cornu . . . ea parte, quam proruerat ⟨*Np.*; ex parte qua (quam *Ohl*) proruebat *codd.*⟩, sese recipiebat: 3,69,3; ut . . . eam partem, cui maxime confidebat ⟨fidebat *f*⟩, perterritam animum aduertit ⟨c⟩: 3,94,5; Achillas . . . occupabat Alexandriam praeter eam ⟨*2 dett.*; praeterea *Ox*⟩ oppidi partem, quam Caesar cum militibus tenebat ⟨*u. CC*⟩: 3,111,1; ¶ fit equestre proelium in ea p l a n i t i e, quam intermissam collibus tria milia passuum in ⟨c⟩ longitudinem ⟨c⟩ patere supra demonstrauimus: VII 70,1; ¶ castris ⟨c⟩ positis ⟨c⟩ e regione unius eorum p o n t i u m, quos Vercingetorix rescindendos curauerat: VII 35,2; ¶ memores eorum p r a e c e p t o r u m, quae paulo ante ab suis acceperant, hoc animo decertabant, ut: 2,6,1; ¶ Germani . . . cum ea p r a e d a, quam in siluis deposuerant, trans Rhenum sese receperunt: VI 41,1; ¶ huic bello seruirent eaque quae

⟨*uett. edd.;* ea quae *BMA²Q²; Schn.;* eaque *A¹Q¹h;* atque quae *af*⟩ meruissent praemia ab se deuicta Gallia exspectarent: VII 34, 1; ¶ Sulpicium Rufum legatum cum eo praesidio, quod satis esse arbitrabatur, portum tenere iussit: IV 22, 6; ¶ (pecuniam) societates earum prouinciarum, quas ipse obtinebat, sibi numerare coegerat: 3, 3, 2; ¶ hunc (locum) esse delectum medium fere regionum earum, quas Suebi obtinerent: IV 19, 3; neque iis ⟨*c*⟩ ipsis quicquam praeter oram maritimam atque eas regiones, quae sunt contra Gallias, notum est: IV 20, 3; Cassiuellaunus . . . iis ⟨hiis *Q²a*⟩ regionibus, quibus nos iter facturos cognouerat, pecora atque homines . . . compellebat: V 19, 1; C. Trebonium . . . ad eam regionem, quae ad ⟨*c*⟩ Aduatucos ⟨*c*⟩ adiacet, depopulandam mittit: VI 33, 2; ¶ eo sibi minus dubitationis dari, quod eas res, quas legati Heluetii commemorassent, memoria teneret: I 14, 1; animaduertit . . . Sequanos nihil earum rerum facere, quas ceteri facerent: I 32, 2; nelle se de iis ⟨*h; Fr., Db.;* his *αa; rell. edd.*⟩ rebus, quae inter eos agi coeptae neque perfectae essent, agere cum eo: I 47, 1; uix ut iis ⟨*B²h;* his *a; Schn.; om. α; Db., Hold.*⟩ rebus, quas constituissent, conlocandis atque administrandis tempus daretur: III 4, 1; M. Varro . . . initio cognitis iis ⟨hiis *a;* his *Ofhl*⟩ rebus, quae sunt in Italia gestae, . . . amicissime de Caesare loquebatur: 2, 17, 1; cognitis iis ⟨*1 det.;* hiis *b;* his *Ox*⟩ rebus, quae sunt gestae in citeriore Hispania, bellum parabat: 2, 18, 6; ad proelium egressi Curionis milites iis ⟨his *codd.*⟩ rebus indigebant, quae ad oppugnationem castrorum erant usui: 2, 35, 5; ¶ relinquitur noua religio, ut eo neglecto sacramento, quo tenemini, respiciatis illud, quod deditione ducis . . . sublatum est: 2, 32, 9; ¶ qui erant in muro custodiae causa conlocati, eo signo, quod conuenerat, reuocantur: 1, 28, 3; ¶ Labienus eo supplemento, quod nuper ex Italia uenerat, relicto Agedinci . . . Lutetiam proficiscitur: VII 57, 1; ¶ Sugambri ⟨*c*⟩ ex eo tempore, quo pons institui coeptus est, fuga comparata . . . excesserant: IV 18, 4; ¶ illi eum tumulum, pro quo pugnatum est, magnis operibus muniuerunt ⟨*c*⟩ praesidiumque ⟨*c*⟩ ibi posuerunt: 1, 47, 4; ¶ (compluribus ⟨*c*⟩ iam lapidibus ex illa ⟨ea *recc.; Np., Dt.*⟩ quae suberat turri ⟨terra *Hartz*⟩ subductis . . . pars eius turris concidit: 2, 11, 4.)

𝔅) **plura:** neque in eo quod probauerant consilio permanere . . . neque eam quam prodesse ⟨profuisse β⟩ aliis uim celeritatemque uiderant imitari potuerunt ⟨*c*⟩: VI 40, 6.

ββ) **antecedunt:** uel sibi agros attribuant uel patiantur eos tenere ⟨ten. eos β⟩, quos armis possederint: IV 7, 4; ¶ equites: 2, 42, 5 *u. p. 330* 𝔞) 𝔟𝔟); ¶ heredes erant scripti ex duobus filiis maior et ex duabus filiabus ⟨*b; om. Ox*⟩ ea, quae aetate antecedebat: 3, 108, 3; ¶ harum omnium legionum hiberna praeter eam, quam L. Roscio in pacatissimam et quietissimam partem ducendam dederat, milibus passuum C continebantur: V 24, 7; sibi legiones alias occurrere et eas, quas secum duxerat, in uicem requiescere atque in castra reuerti iussit: 3, 98, 3; ¶ uti . . . neque hoc neque superiore anno ulla ⟨*c*⟩ omnino nanis, quae milites portaret, desideraretur, at ex iis ⟨hiis *Q;* his β⟩, quae inanes . . . ad eum remitterentur, . . . perpaucae locum caperent: V 23, 4; eo die nanes Massiliensium cum iis ⟨hiis *b;* his *Ox*⟩, quae sunt captae, intereunt VIIII: 1, 58, 4; eodem Brutus contendit aueto nauium numero. nam ad eas, quae factae erant Arelate per Caesarem, captiuae Massiliensium accesserant sex. has . . .: 2, 5, 1. in eo fuit numero Valerius ⟨ual. *codd.*⟩ Flaccus, L. filius, eius, qui praetor Asiam obtinuerat: 3, 53, 2.

β) **pronomina is . . . qui non referenda sunt ad certa quaedam subst.; αα) masc.; 𝔄) sing.:** neque is sum, inquit, qui granissime ex uobis mortis periculo ⟨*c*⟩ terrear: V 30, 2; ¶ si uero alteri paulum modo tribuisset fortuna, non esse usurum condicionibus pacis eum, qui superior uideretur, neque fore aequa parte contentum, qui se omnia habiturum confideret: 3, 10, 7; ¶ quantum ei ⟨et *BM*⟩ facultatis ⟨*c*⟩ dari potuit, qui naui ⟨*c*⟩ egredi ac se barbaris committere non auderet: IV 21, 9; ¶ eius, qui: 3, 70, 1 *u. p. 295* Pompeius;) ¶ magni interesse arbitrabatur eius auctoritatem inter suos quam plurimum ualere, cuius tam egregiam in se uoluntatem perspexisset: V 4, 3; ¶ cum tanta multitudine hostium, praesertim eo absente, qui summam imperii teneret, nisi aequo loco . . . legato dimicandum non existimabat: III 17, 7; ¶ neque adhuc . . . repertus est quisquam, qui eo interfecto, cuius se amicitiae deuouisset, mori ⟨*c*⟩ recusaret: III 22, 3; quod facere in eo consuerunt ⟨*c*⟩, cuius orationem adprobant: VII 21, 1.

𝔅) **plural.; 𝔞) nom. ii; 𝔞𝔞) ii . . . qui:** quod . . unum pagum adortus esset, cum ii ⟨hii *a;* hi *Schn.*⟩, qui flumen transissent, suis auxilium ferre non possent, ne ob eam rem . . . ipsos despiceret: I 13, 5; horum uocibus . . . paulatim etiam ii ⟨hi α; *Schn.*, *Hld.*⟩, qui magnum in castris usum habebant, milites centurionesque ⟨*CC*⟩ quique ⟨*c*⟩ equitatui praeerant, perturbabantur: I 39, 5; expeditior erat quam ii ⟨hi *X*; *Schn.*, *Hld.*⟩, qui inter ⟨*c*⟩ aciem uersabantur: I 52, 7; duces uero ii ⟨AQ^1; hi *BM*β⟩ deliguntur, qui una cum Q. Sertorio omnes annos fuerant: III 23, 5; quod ii ⟨hi a^2h⟩, qui frumentandi causa ierant ⟨erant β⟩ trans Mosam ⟨profecti *add.* β⟩, nondum redierant ⟨*u. CC*⟩: IV 12, 1; dum ea geruntur, . . . ii ⟨hi β⟩, qui pro portis castrorum in statione erant, Caesari nuntiauerunt ⟨renuntiauerunt β⟩: IV 32, 1; (quod ⟨ei *add.* α; *edd.*; *om.* β⟩, qui uirtute belli omnibus gentibus praeferebantur, . . . grauissime dolebant: V 54, 5;) quod ii ⟨*Fr.*, *Db.*; hii *a*; hi *αh*; *rell. edd.*⟩, qui se ad eorum amicitiam adgregauerant ⟨*c*⟩, meliore condicione . . . se uti uidebant: VI 12, 6; ii ⟨*h*; hii M^1C; hi AQM^2a; *Schn.*, *Hold.*⟩, qui ⟨*om.* β⟩ propter ueteres inimicitias nullo modo cum Haeduis coniungi poterant, se Remis in clientelam dicabant ⟨*c*⟩: VI 12, 7; consurgunt ii ⟨*AQh*; hii *a*; hi *BM (sec. Fr.)*; *Schn.*, *Hold.*; hi α *(sec. Db.)*; hii *a*; ii *h*; hi α *sec. Hold.*⟩, qui et causam et hominem probant, suumque auxilium pollicentur atque a ⟨*c*⟩ multitudine conlaudantur: VI 23, 7; at ii ⟨hii *AQ*; *om. af*⟩, qui ⟨*om.* β⟩ in iugo constiterant ⟨constiterunt β⟩, . . . neque in eo quod probauerant consilio permanere . . . neque eam quam prodesse ⟨profuisse β⟩ aliis uim celeritatemque niderant imitari potuerunt ⟨β; potuerant α⟩: VI 40, 6; interim ii ⟨hi *αaf*; *Schn.*, *Hold.*⟩, qui ad alteram partem oppidi . . . munitionis causa conuenerant, primo exaudito clamore . . . eo contenderunt. eorum . . .: VII 48, 1; at ii ⟨AQ^1; hi M^2a; hii BM^1Q^2h⟩, qui in ⟨*c*⟩ praesidio contra castra ⟨*c*⟩ Labieni ⟨*c*⟩ erant relicti, eum proelium commissum audissent, subsidio suis ierunt collemque ceperunt neque . . . sustinere potuerunt: VII 62, 8; at ii ⟨*ed. pr.*; hi *X*; *Schn.*, *Hold.*⟩, qui Alesiae obsidebantur, . . . concilio ⟨*c*⟩ coacto de exitu suarum fortunarum ⟨*c*⟩ consultabant: VII 77, 1; constituunt, ut ii ⟨hi α; *Schn.*, *Hold.*; *om.* β⟩, qui ualetudine aut aetate inutiles sint ⟨β; sunt α; *edd.*⟩ bello, oppido excedant: VII 78, 1; ex omnibus partibus et ⟨*om.* β⟩ ii ⟨hi M^2β⟩, qui munitionibus continebantur, et ii ⟨*AQ*; *Schn.* *Fr.*, *Db.*; hi *BM*β; *rell. edd.*⟩, qui ad auxilium conuenerant, clamore et ululatu suorum animos confirmabant: VII 80, 4; at ii ⟨hi M^2β⟩, qui ab ⟨*c*⟩ Alesia ⟨*c*⟩ processerant, maesti . . . se in oppidum receperunt: VII 80, 9; neque ciuitates, quae ad Caesaris amicitiam accesserant, frumentum supportare neque ii, qui pabulatum longius progressi erant, interclusi fluminibus reuerti . . . poterant: 1, 48, 4; sed plerosque ii ⟨hi *Na*; l. *(seu* L.) *hl*⟩, qui receperant, celant noctuque per uallum emittunt: 1, 76, 4; cum uallis aut locus decliuis suberat neque ii ⟨hi *Oz*⟩, qui antecesserant, *laborantibus opem ferre poterant: 1, 79, 3; res huc deducitur, ut ei ⟨illi *f*; *om. O*⟩, qui habeant domicilium aut possessionem in Hispania ⟨-niam *z*⟩, statim, reliqui ad Varum flumen dimittantur: 1, 86, 3; simul ii ⟨hi *codd.*⟩, qui uulnera acceperant, neque acie excedere neque in locum tutum referri poterant: 2, 41, 7; **futurum*, ut . . . ei ⟨ii *f?*⟩, qui ante dimicare timuissent, ultro se proelio offerrent: 3, 73, 6; neque illud me monet, quod ii, qui a me dimissi sunt, discessisse dicuntur, ut mihi rursus bellum inferrent: *ap. Cic. ad Att.* IX 16, 2.

bb) ii, quos: producuntur ii ⟨*A*; hii *Q*; hi *BM*β; *Np.*, *Dt.*, *Hold.*⟩, quos ille edocuerat, quae dici uellet, atque eadem, quae Litauiccus pronuntiauerat, multitudini exponunt: VII 38, 4; equites ex proelio perpauci se recipiunt; sed ii ⟨hi *codd.*⟩, quos ad nouissimum agmen equorum reficiendorum causa substitisse demonstratum est, fuga totius exercitus procul animaduersa sese incolumes in castra conferunt: 2, 42, 5.

b) acc. eos; aa) eos, qui: ita commutata fortuna eos, qui in spem potiundorum castrorum uenerant, undique circumuentos interficiunt: III 6, 2; qui postularent, eos, qui sibi Galliaeque bellum intulissent, sibi dederent: IV 16, 3; ut eos, qui fugerant, persequerentur: V 10, 1; idem facere cogunt eos, qui negotiandi causa ibi constiterant. hos . . .: VII 42, 5; nolite hos ⟨hoc β⟩ uestro auxilio exspoliare ⟨spoliare *(a^1?)h*⟩, qui ⟨eos, qui β⟩ uestrae salutis causa suum periculum neglexerunt: VII 77, 9; eos, qui uenerant, conlaudat atque in oppidum dimittit: 1, 21, 2; ut . . . eos, qui de tertia uigilia exissent, ante horam diei VIIII. consequerentur: 1, 64, 8; eos, qui eruptionem fecerant, in oppidum reiciebant: 2, 2, 6; quid irati grauius de nobis sentire possunt, quam ut eos prodatis, qui se uobis omnia debere iudicant: 2, 32, 4; ¶ quod neque . . . disciplinam efferri uelint neque eos, qui discunt ⟨discant β⟩, litteris confisos minus memoriae studere: VI 14, 4; ut facile existimari posset, nihil eos de euentu eius diei timuisse, qui non necessarias conquirerent uoluptates: 3, 96, 1; ¶ ad nostra castra atque eos, qui in opere occupati erant, contenderunt: II 19, 8; nuntiosque dimissos ad eos, qui se ex fuga in finitimas *ciuitates* recepisse dicerentur: 3, 102, 6; — ut . . . in extrema spe salutis . . . contra eos, qui ex ⟨c⟩ uallo turribusque tela iacerent, pugnari debuit: II 33, 4; neu contra eos arma ferrent, qui eadem essent usi fortuna eademque in obsidione perpessi: 2, 28, 3; — impetuque in eos facto, qui erant in statione pro castris conlocati, acriter pugnauerunt: V 15, 3.

𝔟𝔟) eos, quos; eos, quorum: deorum numero eos solos ducunt, quos cernunt et quorum aperte opibus iuuantur, Solem et Vulcanum et Lunam: VI 21, 2; oppidani .. comprehensos eos, quorum opera plebem concitatam existimabant, ad Caesarem perduxerunt ⟨produx. β; *Fr.*⟩: VII 13, 2.

𝔠) dat. iis; 𝔞𝔞) iis, qui: quod plerumque iis ⟨*om.* β⟩ accidere ⟨accedere *BMQ*⟩ consueuit, qui in ipso negotio consilium capere coguntur: V 33, 1; magna proponit iis ⟨*h;* hiis *a;* his α; *Schn., Hold.*⟩, qui occiderint, praemia: V 58, 5; ne iis ⟨*h;* his α; *Schn., Hold.;* hiis *a*⟩ quidem eo tempore, qui quieti ⟨qui eo temp. pacati β; *Ald.;* qui *om.* *AB*[1]⟩ uiderentur, suam salutem recte committi uidebat: VII 6, 4; iis ⟨his *codd.; Schn., Hold.*⟩, qui primi murum ascendissent ⟨c⟩, praemia proposuit: VII 27, 2; quod legibus Haeduorum iis ⟨is *Q;* his *ABM*β; *Schn., Hold.*⟩, qui summum magistratum obtinerent, excedere ex finibus non liceret: VII 33, 2; capitis poenam iis ⟨his β; *om. fik*⟩, qui non paruerint, constituit: VII 71, 6; addit etiam, ut *quae quisque eorum in bello amiserit, quae sint penes milites suos, iis ⟨his *codd.*⟩, qui amiserant ⟨-rint *f*⟩, *restituantur: 1, 87, 1; placere sibi bello confecto ternas tabellas dari ad iudicandum iis ⟨*h;* is *a;* his *Ofl*⟩, qui ordinis essent senatorii belloque una cum ipsis interfuissent: 3, 83, 3; debebunt Pompeium hortari, ut malit mihi esse amicus quam iis ⟨his *M*⟩, qui et illi et mihi semper fuerunt inimicissimi: *ap. Cic. ad Att.* IX 7 *C*, 2.

𝔟𝔟) iis, quos: ius esse belli, ut, qui uicissent, iis ⟨his *codd.; Schn., Hld.*⟩, quos uicissent, quem ad modum uellent imperarent: I 36, 1; Caesar iis ⟨his α; *Schn., Hold.*⟩, quos in castris retinuerat, discedendi potestatem fecit: IV 15, 4; bona restituit iis ⟨is *hl;* his *Oaf*⟩, quos liberius locutos hanc poenam tulisse cognouerat: 2, 21, 2.

𝔡) gen. eorum; 𝔞𝔞) eorum, qui: ratio confecta erat, qui numerus domo exisset eorum, qui arma ferre possent, et item separatim pueri, senes mulieresque: I 29, 1; eorum, qui domum ⟨c⟩ redierunt, ... repertus est numerus milium C et decem: I 29, 3; adiuuabat ⟨c⟩ etiam eorum consilium, qui rem deferebant, quod: II 17, 4; simul eorum, qui cum impedimentis ueniebant, clamor fremitusque oriebatur: II 24, 3; Cottae quidem atque eorum, qui dissentirent, consilium quem habere ⟨c⟩ exitum? V 29, 7; supplicia eorum, qui in furto aut in ⟨c⟩ latrocinio . . . sint comprehensi, gratiora dis immortalibus esse arbitrantur: VI 16, 5; tertium est genus eorum, qui ⟨earum quae *Aim.*⟩ uri appellantur. hi . . .: VI 28, 1; simul eorum permotus uocibus ⟨permot. uoc. eor. β⟩, qui illins patientiam paene obsessionem appellabant: VI 36, 2; (Romani si casu interuenerint ⟨c⟩, fortunae . . . habendam gratiam, quod et paucitatem eorum . . . cognoscere et uirtutem despicere potuerint, qui dimicare non ausi turpiter se . . . receperint: VII 20, 6;) persequamur eorum mortem, qui indignissime interierunt: VII 38, 8; nihil, inquit, de eorum sententia dicturus sum, qui turpissimam seruitutem deditionis nomine appellant, neque hos . . .: VII 77, 3; qui . . . eorum corporibus, qui aetate ad bellum inutiles ⟨c⟩ uidebantur, uitam tolerauerunt neque se hostibus ⟨c⟩ tradiderunt: VII 77, 12; omnes amici consulum, necessarii Pompei atque eorum ⟨ii *Hotom.*⟩, qui ueteres inimicitias cum Caesare gerebant, in senatum coguntur: 1, 3, 4; ad quos legati mitterentur, his ⟨iis *Ald.*⟩ auctoritatem attribui ⟨c⟩ timoremque eorum, qui mitterent, significari ⟨c⟩: 1, 32, 8; erant plena laetitia et gratulatione omnia *et eorum, qui tanta pericula uitasse et eorum, qui sine uulnere tantas res confecisse uidebantur: 1, 74, 7; quid irati grauius de nobis sentire possunt, quam ut eos prodatis, qui se uobis omnia debere iudicant, in eorum potestatem ueniatis, qui se per uos perisse existimant? 2, 32, 4; prout cuiusque eorum, qui negotiis praeerant, aut natura aut studium ferebat: 3, 61, 3; alii domos bonaque eorum, qui in castris erant Caesaris, petebant: 3, 82, 4.

𝔟𝔟) eorum, quos: VII 52, 3 *u.* **2. B.** *p. 320;* sese omnia de pace expertum ⟨c⟩ nihil adhuc **effecisse;* **id* arbitrari uitio factum eorum, quos esse auctores eius rei uoluisset: 3, 57, 2.

(**𝔠𝔠) eorum, quibus:** V 14, 5 *u.* **𝔟) α**).)

𝔢) abl. iis; 𝔞𝔞) iis, qui: conlaudatis militibus atque iis ⟨hiis *Q*[2]*a*⟩, qui negotio praefuerant, quid fieri uelit ostendit: V 2, 3; Indutiomarus equitatum peditatumque cogere iisque ⟨eisque β⟩, qui per aetatem in armis esse non poterant, in siluam Arduennam abditis . . . bellum parare instituit: V 3, 4; media circiter nocte iis

⟨his Ox⟩, qui [ad]aquandi causa longius a castris processerant, ab equitibus correptis fit ab his certior Caesar: 1, 66, 1.

bb) iis, quos: hortantibus iis ⟨his β⟩, quos ex Tencteris atque ⟨c⟩ Vsipetibus apud se habebant: IV 18, 4.

cc) iis, a quibus: iis ⟨is *afh;* his *Ol*⟩ autem inuitis, a quibus Pharus tenetur, non potest esse . . . introitus in portum: 3, 112, 4.

dd) ab iis, qui: quod . . . a potentioribus atque iis ⟨his *codd.; Schn., Hold.*⟩, qui ad conducendos homines facultates habebant, uulgo regna occupabantur: II 1, 4; ubi prima impedimenta nostri exercitus ab iis ⟨*BM;* his *AQ*β; *Schn.*⟩, qui in siluis ⟨c⟩ abditi latebant, nisa sunt: II 19, 6; ab iis ⟨his *X; Schn., Hold.*⟩, qui emerant, capitum numerus ad eum relatus est milium quinquaginta trium: II 33, 7; neque condiciones accipiendas arbitrabatur ab iis ⟨his *AQ*β; *Schn., Hold.*⟩, qui per dolum . . . petita pace ultro bellum intulissent: IV 13, 1; incolitur . . . maritima pars ab iis ⟨his β⟩, qui praedae ac belli inferendi causa ex Belgio transierunt ⟨β; transierant α; *Schn., Db., Dt., Hold.*⟩: V 12, 2; et ab iis ⟨his β⟩, qui cesserant, et ab iis ⟨his β⟩, qui proximi steterant, circumueniebantur: V 35, 3; hostes re cognita ab iis ⟨his *BM*β⟩, qui Metiosedo ⟨c⟩ fugerant ⟨profugerant β; *Ald.; Schn.*⟩, Lutetiam incendi ⟨c⟩ . . . inbent: VII 58, 6; sermones militum dubii ⟨c⟩ durius accipiebantur, non nulli etiam ab iis ⟨his *codd.*⟩, qui diligentiores uideri uolebant, fingebantur: 2, 29, 4; ab iis ⟨*N;* his *Ox*⟩ Caesar haec facta cognouit, qui sermoni interfuerunt: 3, 18, 5; est etiam ⟨c⟩ genus radicis inuentum ab iis ⟨his *codd.*⟩, qui fuerant † ualeribus: 3, 48, 1.

ee) ex iis, qui: Iccius Remus, . . . unus ⟨c⟩ ex iis ⟨his *X; Schn., Hold.;* duobus *Paul*⟩, qui legati de pace ad Caesarem uenerant: II 6, 4; an non audistis ⟨c⟩ ex iis ⟨his *codd.*⟩, qui per causam ualetudinis remanserunt, cohortes esse Brundisii factas? 3, 87, 4.

ff) ab (cum, ex) iis, quos: Britanniae pars interior ⟨c⟩ ab iis ⟨hiis *Q;* his β⟩ incolitur, quos natos in insula ipsa ⟨c⟩ memoria proditum dicunt: V 12, 1; ¶ qui cum iis ⟨his β⟩ una fuerant, quos primo hostium impetu pulsos dixeram: II 24, 1; ipsi manu facta cum iis ⟨his *codd.*⟩, quos nuper [maximi] liberauerant, in proxima Octauii castra inruperunt: 3, 9, 6; ad Pompeium transierunt cum iis ⟨his *codd.*⟩, quos sui consilii participes habebant: 3, 60, 5; ¶ idoneum quendam hominem et callidum delegit, Gallum, ex iis ⟨his *codd.; Schn., Hld.*⟩, quos auxilii causa secum habebat: III 18, 1.

gg) cum iis, quorum: quorum haec est condicio, ut ⟨c⟩ omnibus in uita commodis una cum iis ⟨his *codd.; Schn., Hold.*⟩ fruantur, quorum se amicitiae dediderint: III 22, 2.

ββ) neutr.; 𝔄) sing.; a) id, quod: magna, id ⟨*om.* β⟩ quod necesse erat accidere, totius exercitus perturbatio facta est: IV 29, 3; etsi nondum eorum consilia cognouerat, tamen . . . fore id, quod accidit, suspicabatur: IV 31, 1; quas (legiones) C. Fabius . . . subsidio nostris miserat suspicatus fore id, quod accidit, ut . . . uterentur: 1, 40, 7; ¶ Caesar — id quod erat — suspicatus aliquid noui ⟨c⟩ a barbaris initum consilii: IV 32, 2; si, id quod magis futurum confidat ⟨c⟩, relictis impedimentis suae saluti consulant: VII 66, 5; ¶ neque id fuit falsum, quod ille in pugnam proficiscens dixerat: 3, 99, 2.

consecutus id, quod animo proposuerat, Caesar receptui cani ⟨c⟩ iussit: VII 47, 1; quod fere libenter homines id, quod uolunt, credunt: III 18, 6; — his rebus celeriter id, quod Auarici deperierat, expletur: VII 31, 4; — facere *u.* **facio** *p. 1259 sq.* εε) *(4 loc.);* — accidisse igitur his . . ., uti eo recurrant et id cupidissime petant, quod paulo ante contempserint: 1, 85, 4; — iamque eum ad sanitatem reuerti arbitrabatur, cum id, quod antea petenti denegasset, ultro polliceretur: I 42, 2.

b) eo, quod: (se) exspectato legitimo tempore consulatus eo fuisse contentum, quod omnibus ciuibus pateret: 1, 32, 2; Caesar ut cognosceret postulatum est, eoque utrique, quod statuit, contenti fuerunt: 1, 87, 3.

c) ad id, quod; in eo, quod: unus quisque . . . ad id, quod ab alio audierat, sui aliquid timoris addebat: 2, 29, 1; ¶ si in eo manerent, quod conuenisset: I 36, 5.

𝔅) plur.; a) ea, quae: Trebonius ea, quae sunt amissa, multo maiore militum studio administrare et reficere instituit: 2, 15, 1; cohortatus, ut ea, quae imperasset, diligenter industrieque administrarent: VII 60, 1; — ea, quae sunt usui ⟨c⟩ ad armandas naues, ex Hispania adportari iubet: V 1, 4; — mittit P. Vatinium . . ., qui ea ⟨*om. l*⟩, quae maxime ad pacem pertinere uiderentur, ageret: 3, 19, 2; — uti ea, quae apud eos gerantur, cognoscant seque de his rebus certiorem faciant: II 2, 3; — constituerunt ea, quae ad proficiscendum pertinerent, comparare: I 3, 1; — huc ea, quae parauerant, conferunt: VII 86, 4; — quod ea, quae citra flumen fuerant, superioribus *diebus* consumpserat: 1,40,1; — agger ... in munitionem ⟨c⟩ coniectus ... ea, quae in terra occultauerant Romani, contegit: VII 85,6; — huic (Marti), eum proelio dimicare constituerunt, ea, quae bello ceperint ⟨ceperunt β⟩, plerumque deuouent: VI 17,3; — principibus Galliae euocatis ⟨c⟩ Caesar ea, quae cognouerat, dissimulanda sibi existimauit: IV 6,5; — non minus se id contendere et laborare, ne ea, quae dixissent, enuntiarentur, quam: I 31, 2; — facere *u.* **facio** *p. 1260 εε) (5 (6) loc.)*; — ne ea, quae accidissent, grauiter ferrent neue his rebus terrerentur: 3,73,2; — si ea, quae in longinquis nationibus geruntur, ignoratis: VII 77,16; — non minus se id contendere ..., ne ea, quae dixissent, enuntiarentur, quam uti ea, quae uellent, impetrarent: I 31,2; — minimeque ad eos mercatores saepe commeant atque ea, quae ad effeminandos animos pertinent, important: I 1,3; — idoneos nactus homines, per quos ea, quae uellet, ad eum perferrentur: 1,9,1; — quam ualde probetis ea, quae apud Corfinium sunt gesta: *ap. Cic. ad Att.* IX 7 *C*, 1; — at interiores, dum ea, quae a Vercingetorige ad eruptionem praeparata erant ⟨*recc.*; *Ald.*; praeparauerant *X*⟩, proferunt, ... cognouerunt: VII 82,3; — maxime ea, quae ad usum nauium pertinent, prouidere instituunt: III 9,3; — quaerit ex solo ea, quae in conuentu dixerat: I 18,2; — reficere: 2,15,1 *u.* administrare; ubi hostes uiderunt ea, quae diu longoque spatio refici non posse sperassent, paucorum dierum opera et labore ita refecta, ut: 2,16,1; — memoria tenerent milites ea, quae pridie sibi ⟨c⟩ confirmassent: 2,34,5; — ne ea, quae rei publicae causa egerit, in suam contumeliam uertat: 1,8,3.

b) iis, quae: infectis iis ⟨is *a*; hiis *l*; his *Ofh*⟩, quae agere destinauerat, ... proficiscitur: 1,33,4.

bb) pronomini is additur adiectiuum; α) omnis; αα) c. subst.: (Viridouix) summam imperii tenebat earum omnium ciuitatum, quae defecerant: III 17,2; ¶ omnem eam materiam, quae erat caesa, conuersam ad hostem conlocabat et pro uallo ad utrumque latus exstruebat: III 29,1; ¶ omnem eam planitiem, quam in longitudinem III ⟨c⟩ milia passuum patere demonstrauimus, complent: VII 79,2; ¶ cum ... ad Caesarem perfugerent ... uniuersi in Epiro atque Aetolia conscripti milites earumque regionum omnium, quae a Caesare tenebantur: 3,61,2; ¶ omnibus rebus iis ⟨his α; *Schn.*, *Hold.*; his reb. β⟩ confectis, quarum rerum causa traducere exercitum constituerat: IV 19,4.

ββ) sine subst.: (Galli concilio principum indicto non omnes ⟨eos *add. Np.*, *Dt.*, *Db.*; *om.* β; hos α; *Schn.*, *Fr.*, *Hold.*⟩, qui arma ferre possent, ... conuocandos statuunt, sed: VII 75,1;) Caesar prima luce omnes eos, qui in monte consederant ⟨qui montem conscenderant *O*⟩, ... descendere atque arma proicere iussit: 3,98,1.

β) tres: praesidio impedimentis legionem quartam decimam reliquit, unam ex his ⟨?; iis *h*⟩ tribus, quas proxime conscriptas ex Italia traduxerat. ei legioni ...: VI 32,5.

b): is ... quo, ubi, unde; α) is ... quo: mulieres quique ... ad pugnam inutiles niderentur ⟨c⟩, in eum locum coniecisse, quo propter paludes exercitui aditus non esset: II 16,5; egressus cum tribus legionibus eum locum petit, quo ⟨qua *AQ*⟩ naues adpelli iusserat: VII 60,4; ¶ ac iam conuersis in eam partem nauibus, quo ⟨in quam *a(?)fh*⟩ uentus ferebat, tanta subito malacia ... exstitit, ut: III 15, 3; ¶¶ qui sunt ex iis ⟨c⟩ nati, eorum habentur liberi, quo ⟨quibus β⟩ primum ⟨c⟩ uirgo ⟨uirgines β⟩ quaeque deducta ⟨ductae β⟩ est ⟨sunt β⟩: V 14,5.

β) is ... ubi: quod is collis, ubi castra posita erant, ... tantum .. in latitudinem patebat, quantum: II 8,3; ¶ ne committeret, ut is locus, ubi constitissent, ex calamitate populi Romani ... nomen caperet: I 13,7; in Carnutes, Andes, Turones, quaeque ⟨c⟩ ciuitates propinquae iis ⟨*recc.*; *Fr.*; his *X*; *rell. edd.*⟩ locis erant, ubi bellum gesserat, legionibus in hiberna ⟨c⟩ deductis ... profectus est: II 35,3; ne saucio quidem eius loci, ubi constiterat, relinquendi ... facultas dabatur: III 4,4; Romanos neque ... neque eorum locorum, ubi bellum gesturi essent, uada, portus, insulas nouisse ⟨c⟩: III 9,6; cum intellegeret in iis ⟨hiis *B*[1]; illis β; his α; *Schn.*, *Hold.*⟩ locis sibi bellum gerendum, ubi paucis ante annis L. Valerius ... exercitu pulso interfectus esset: III 20,1; transeunt Rhenum ... triginta milibus passuum infra eum locum, ubi pons erat perfectus praesidiumque a ⟨c⟩ Caesare relictum: VI 35,6; ipse paulum ⟨c⟩ ex eo loco cum legione progressus, ubi constiterat, euentum pugnae exspectabat: VII 49,3; ¶ si pacem ... cum Heluetiis faceret, in eam partem ituros atque ibi futuros Heluetios, ubi eos Caesar constituisset atque esse uoluisset: I 13,3.

γ) is ... unde: noluit eum locum, unde

Heluetii discesserant, uacare: I 28, 4; in iis ⟨hiis B^1; his α; illis β⟩ locis sibi bellum gerendum, ubi ... Praeconinus ... interfectus esset atque unde L. Mallins ⟨c⟩ proconsul impedimentis amissis profugisset: III 20, 1; eum in eum locum, unde erant egressi ⟨progressi β⟩, reuerti coeperant, ... circumueniebantur: V 35, 3.

B. sequitur enuntiatum finale; a) ut: eo consilio, ut *u.* **consilium** *p. 676* β) *(6 loc.)*; ¶¶ neque nunc id (se) agere, ut ab illis abductum exercitum teneat ipse, ... sed ne illi habeant|, quo contra se uti possint: 1, 85, 11; id contendere et laborare, uti: I 31, 2 *u.* **b)**.

b) ne: idque ⟨c⟩ eius rei causa antiquitus institutum uidetur, ne quis ex plebe contra potentiorem auxilii egeret: VI 11, 4; ¶ non minus se id contendere et laborare, ne ea, quae dixissent, enuntiarentur, quam, uti ea, quae uellent, impetrarent: I 31, 2; — id agere, ne: 1, 85, 11 *u.* **a)**; praesertim cum id agerent, ne eines eum ciuibus armis decertarent: 3, 19, 2.

C. sequitur enuntiatum consecutiuum uel explicatiuum; a) ut: Scipionem ea esse auctoritate, ut non solum libere quae probasset exponere, sed etiam ex magna parte compellare ⟨c⟩ atque errantem regere posset: 3, 57, 3; ¶ sed ea celeritate atque eo ⟨*om.* β⟩ impetu milites ierunt, cum capite solo ex aqua exstarent, ut hostes impetum legionum ... sustinere non possent ripasque dimitterent ac se fugae mandarent: V 18, 5; ¶ id esse consilium Caesaris, ut quos in conspectu Galliae interficere uereretur, hos omnes in Britanniam traductos necaret: V 6, 5; quibus id consilii ⟨-ium *f*⟩ fuisse cognouerint, ut, si flumen transissent, una ex parte ipsi ⟨c⟩, altera Aruerni se circumsisterent: VII 5, 5; ¶ quod apud Germanos ea ⟨*om.* β⟩ consuetudo esset, ut matres familiae eorum sortibus et uaticinationibus ⟨c⟩ declararent ...: I 50, 4; atque in eam se consuetudinem adduxerunt ⟨abduxerunt *BM*⟩, ut locis frigidissimis neque uestitus praeter pelles haberent ⟨habeant *DE; edd. pr.*⟩ quicquam ... et lauarentur ⟨lauantur *codd.*⟩ in fluminibus: IV 1, 10; ¶ eo impetu, ut: V 18, 5 *u.* ea celeritate; ¶ saepe in eum locum uentum est ..., ut ⟨ubi *Freudenberg*⟩ [non] modo uisum ab se Ambiorigem in fuga circumspicerent captiui nec plane etiam abisse ex conspectu contenderent: VI 43, 4; ¶ erant eius modi fere situs oppidorum, ut ... neque pedibus aditum haberent ... neque nauibus: III 12, 1; cum his nauibus nostrae classi eius modi congressus erat, ut una celeritate ... praestaret, reliqua ... illis essent aptiora: III 13, 7; eius modi sunt tempestates ⟨c⟩ consecutae, uti opus necessario intermitteretur et ... sub pellibus milites contineri non possent: III 29, 2; suaque esse eius modi imperia, ut non minus haberet iuris in se multitudo quam ipse in multitudinem: V 27, 3; id erat eius modi, ut magis optandum quam sperandum putarem: *ap. Cic. ad Q. fr.* II 10 (12), 4; ¶ tanta erat operis firmitudo atque ea rerum natura, ut, quo maior uis aquae se incitauisset, hoc artius inligata ⟨c⟩ tenerentur: IV 17, 7; ¶ tanta militum uirtus atque ea praesentia animi fuit, ut ... non modo demigrandi causa de uallo decederet nemo, sed paene ne respiceret quidem quisquam ac tum omnes acerrime ... pugnarent: V 43, 4; ¶ eo tum statu res erat, ut longe principes haberentur Haedui ⟨c⟩, secundum locum dignitatis Remi obtinerent: VI 12, 9.

certior factus est ... montes ... a maxima multitudine ... Veragrorum teneri. id aliquot de causis acciderat, ut subito Galli belli renouandi ... consilium caperent: III 2, 2; (id fuit pergratum, ut: 1, 86, 1 *u. p. 305* **αα)** fuit pergratum.)

⟨eius *add.* β; *Ald.*⟩ in primis rationem esse habendam dicunt, ... ut Caesar ab exercitu intercludatur: VII 1, 6.

b) quin: neque multum abesse ab eo ⟨ab eo *del. Ciacc.*⟩, quin paucis diebus deduci possint ⟨c⟩: V 2, 2.

D. sequitur enuntiatum causale: id ea de causa faciebat, quod cum tanta multitudine hostium ... nisi aequo loco ... legato dimicandum non existimabat: III 17, 7; cuius pater ... ob eam causam, quod regnum adpetebat, a ⟨c⟩ ciuitate erat interfectus: VII 4, 1; ¶ id ea maxime ratione fecit, quod noluit eum locum, unde Heluetii discesserant, nacare I 28, 4; ¶ (oportunissima res ⟨β; oportunissime res α; *Hold.*; oportunissime ea res *Schenkl*⟩ accidit, quod ... Germani ... in castra uenerunt: IV 13, 4.)

sed eo deceptum, quod neque commissum a se intellegeret, quare timeret, neque sine causa timendum putaret: I 14, 2; et ex euentu nauium snarum et ex eo, quod obsides dare intermiserant, ... suspicabatur: IV 31, 1. *Cf.* **eo 2.** *et* **3. A.**

E. sequ. enuntiat. condicion.: quod penes eos ⟨paene in eo *ik; Np.*; paene ex eo *Em. Hoffm.*⟩, si id oppidum retinuissent, summam uictoriae constare intellegebant: VII 21, 3; hunc laborem recusabat nemo, quod eum omnium laborum finem fore existimabant, si hostem Hibero intercludere et frumento ⟨*x*⟩ prohibere potuissent: 1, 68, 3; † eadem ⟨*codd.; Dt.*; id *coniec. Np.*; eodem *F. Hofm.*; eo iam *Hell.*⟩ spectans, si **in* itinere impeditos perterritos deprehendere posset, exercitum e castris eduxit: 3, 75, 3.

F. sequ. acc. c. inf.: dixerat aliquis leniorem sententiam, ut primo M. Marcellus, ingressus in eam orationem ⟨rationem *f*⟩, non oportere ante de ea re ad senatum referri, quam . . . exercitus conscripti essent: 1, 2, 2; ¶ Caesar in eam spem uenerat, se sine pugna . . . rem conficere posse, quod . . . interclusisset: 1, 72, 1.

Caesari cum id nuntiatum esset, eos per prouinciam nostram iter facere conari, maturat ab urbe proficisci: I 7, 1; hos ⟨*c*⟩ (principes) singillatim Cingetorigi conciliauit . . . . id tulit ⟨*c*⟩ factum graniter Indutiomarus, suam gratiam inter suos minni: V 4, 4; (utrisque ad animum ⟨id animo *Fr.*⟩ occurrit, unum esse illud ⟨*c*⟩ tempus, quo maxime contendi conueniat: VII 85, 2;) neque nero id ⟨idem *NOahl*⟩ Caesarem fugiebat, tanto sub oculis accepto detrimento perterritum exercitum sustinere non posse: 1, 71, 1.

G. sequitur interrog. obl.: multa a ⟨*c*⟩ Caesare in eam sententiam dicta sunt, quare negotio desistere non posset: I 45, 1.

H. pronomen is pertinet ad factum, quod statim commemoratur: qui decimae legionis aquilam ferebat, contestatus ⟨*c*⟩ deos, ut ea res legioni feliciter eueniret, . . . in hostes aquilam ferre coepit: IV 25, 3. 4; exercitus equitatusque equitibus Rom. administrantibus, quos ei negotio praefecerat, celeriter transmittitur: VII 61, 2; persuasi equitibus nostris, idque mihi ⟨idque inibi *a*⟩ facturos confirmauerunt, ut . . . adgrederentur: 3, 86, 3.

[**Falso:** item ⟨idē *BQa*; id est *AM*[1]*B*[2]*Q*[2]*h*⟩ populum Romanum uictis . . . ad suum arbitrium imperare consuesse: I 36, 1; reliquos equites ⟨eorum *add.* β⟩ consectati pancos . . . reliquerunt: III 19, 4; tantum esse nomen ⟨apud eos *add.* β⟩ atque opinionem eius ⟨*c*⟩ exercitus Ariouisto pulso . . ., uti: IV 16, 7; quod ea ⟨β; eas α⟩ non posse introrumpere uidebantur: V 51, 4; neque etiam paruulo detrimento illorum locum ⟨eos *add.* β⟩ relinqui uidebat: V 52, 1; magistratus . . . quantum et ⟨β; *Aim.*; ei α⟩ quo loco uisum est agri attribuunt: VI 22, 2; Segusiauisque, qui sunt finitimi ⟨*c*; ei *add.* *αha*[2]; finitimae *a*[1]; finitimei *Np.*⟩ prouinciae, decem milia peditum imperat: VII 64, 4; ipse ⟨*c*⟩ adit ⟨at id *a*[1]*f*; ad id *a*[2]*i*; id *h*⟩ reliquos, cohortatur: VII 86, 3; neque nero ⟨*Faern.*; eo *codd.*⟩ tam remisso . . . animo quisquam omnium fuit, qui: 1, 21, 5; ut tribunos plebis ⟨in ea re *add. codd.; Np., Db.; u. CC*⟩ ex ciuitate expulsos . . . restitueret: 1, 22, 5; HS LX . . . adlatum ad se ab IIuiris ⟨a IIuiris *Ald.*; ab iis (*uel* his) niris *Ox*⟩ Corfiniensibus Domitio reddit: 1, 23, 4; ut . . . nec quicquam omnino relinqueretur, qua aut telis ⟨*Forchh.*; eis *x*; ab eis *N*; uis *O*; ui *1 det.; Np., Dt.*⟩ militibus aut igni operibus noceri posset: 2, 16, 1; aquae et salis copia, cuius magna uis iam ex proximis erat salinis eo congesta. non materia ⟨salinis. ea congesta non materia *af*⟩: 2, 37, 5; qui . . . clementer et moderate ius ⟨moderata eius *x*⟩ dicendum existimabat: 3, 20, 2; omniaque posthaberet ⟨*Ald.*; omniaque post ea quae haberet *Ox*⟩: 3, 33, 1; nulla Thessaliae fuit ciuitas praeter Larisaeos ⟨larisā eos *ahl*⟩, . . . quin: 3, 81, 2; cum ilii celerem in ea re uictoriam, hi ⟨ii *hl*⟩ salutem suam consistere uiderent: 3, 111, 5.]

Id consilii: VII 5, 5; id muneris: 1, 57, 1.

Galba . . . missis ad eum legatis . . . constituit: III 1, 4; — quos pro scelere eorum ulcisci uelint: I 14, 5; quos . . . consecuti magnum numerum eorum occiderunt: III 19, 4; *cf.* IV 35, 3; (V 42, 2;) quibus (legatis) auditis . . . eos domum remittit: IV 21, 6; *cf.* I 16, 5; — cum his propinqui Indutiomari . . . comitati eos . . . excesserunt: VI 8, 8; iis . . . correptis fit ab his certior Caesar: 1, 66, 1; — ad eum Pompeius misit, ut . . . reciperetur atque illins opibus . . . tegeretur: 3, 103, 3; *cf.* 60, 1; 82, 1; — huic Caesar pro eius uirtute . . . restituerat: V 25, 2; — nostri . . in eos impetu facto reppulerunt: V 17, 3.

Is = **talis, tantus** *u.* **3. C.**; *cf.* I 20, 4; II 16, 5; 31, 6; IV 22, 6; V 30, 2; VI 13, 1; 2, 36, 1.

Haec et similia saepius.

eâ: obstructis in speciem portis . . ., quod ea ⟨β; eas α⟩ non posse introrumpere uidebantur: V 51, 4; ¶ posse (se) et andere ea transire flumen, qua traductus esset equitatus: 1, 64, 3.

eo. 1. = ἐκεῖσε; **A. pertinet ad ea, quae antecedunt; a) = ad (in) eum locum, (in fines,) ad eum (eos):** quod omni Gallia pacata Morini Menapiique supererant, qui in armis essent, . . . eo exercitum adduxit ⟨duxit β⟩: III 28, 1; ¶ maturandum sibi censuit, si esset in perficiendis pontibus periclitandum, ut, prius quam essent maiores eo coactae copiae, dimicaret: VII 56, 1; ¶ eum locum uallo fossaque muniuit. cum dies hibernorum complures transissent frumentumque ⟨c⟩ eo comportari iussisset: III (1, 6;) 2, 1; 3, 42, 2 *u.* conuenire; ¶ qua minime arduus ad nostras munitiones ascensus uidebatur, . . . eruptionem fecerunt. celeriter . . . ex proximis castellis eo concursum est: II 33, 3; ¶ trans flumen Apsum ⟨c⟩ positis castris eo copias omnes auxiliaque conduxit: 3, 13, 6; ¶ quod . . . continentes . . siluas ac paludes ⟨c⟩ habebant, eo se suaque omnia contulerunt: III 28, 2; sperans Pompeium . . Dyrrachium compelli . . . posse, quod omnem commeatum totiusque belli apparatum eo contulisset: 3, 41, 3; idoneum locum in agris nactus . . . ibi aduentum exspectare Pompei eoque omnem belli rationem conferre constituit: 3, 81, 3; ¶ castra erant ad bellum ducendum aptissima . . . salis copia, cuius magna uis iam ex proximis erat salinis eo ⟨ea *af*⟩ congesta: 2, 37, 5; ¶ Brutum . . . in Venetos proficisci iubet. ipse eo pedestribus copiis contendit: III 11, 5; crebris nuntiis incitati oppidum a Romanis teneri . . . magno cursu ⟨c⟩ eo contenderunt: VII 48, 1; Dyrrachio timens diurnis eo ⟨*Ohl; om. f;* seu *a*⟩ nocturnisque itineribus contendit: 3, 13, 1; ¶ quo proelio bellum Venetorum totiusque orae maritimae confectum est. nam cum omnis iuuentus, omnes etiam grauioris aetatis . . . eo conuenerant, tum: III 16, 2; hunc ad egrediendum ⟨c⟩ nequaquam idoneum locum ⟨c⟩ arbitratus, dum reliquae naues eo conuenirent, . . . in ancoris exspectauit: IV 23, 4; neque in eo loco hostis est nisus; sed . . . cum magnae manus eo conuenissent, multitudine nauium perterritae . . . discesserunt: V 8, (5.) 6; senatumque omnem . . . ad se Decetiam euocauit. cum prope omnis ciuitas eo conuenisset: VII 33, (2.) 3; interfectis Nouioduni custodibus quique eo negotiandi causa ⟨c⟩ conuenerant: VII 55, 5; (concilium Bibracte indicitur. ⟨eodem *add.* α; *plur. add.; om.* β; *Schn.;* eo *Vrsinus, prob. Db.*⟩ conueniunt undique frequentes: VII 63, (5.) 6;) edito loco . . . castra communit. eo partem nauium longarum conuenire, frumentum commeatumque ab Asia . . . comportari imperat: 3, 42, (1.) 2; ¶ conuertere: VII 67, 4 *u.* ferre; ¶ quas Caesari esse amicas ciuitates arbitrabatur, his grauiora onera iniungebat praesidiaque eo deducebat: 2, 18, 5; ¶ naues . . . Dyrrachio remissae, quae priorem partem exercitus eo deportauerant, Brundisium reuertuntur: 1, 27, 1; ¶ Crassum Samarobriuae praeficit . . ., quod ibi . . . frumentum omne, quod eo tolerandae hiemis causa deuexerat, relinquebat: V 47, 2; ¶ ducere: III 28, 1 *u.* adducere; placuit, ut ⟨c⟩ Litauiccus decem illis milibus, quae Caesari ad bellum mitterentur, praeficeretur atque ea ⟨eo *Paul*⟩ † ducenda ⟨*codd.; edd.; Paul;* traducenda *Pluyg.*⟩ curaret: VII 37, 7; ¶ sine ⟨si uel *Hotom.; Np.*⟩ ad litora Apolloniatium siue ad Labeatium ⟨siue ad Lab. *add. F. Hofm.; om. codd.; Np.*⟩ cursum derigere atque eo naues eicere ⟨*Ald.;* eligere *Nx*⟩ possent: 3, 25, 4; ¶ ferre: III 4, 2 *u.* occurrere; — si qua in parte nostri laborare . . . uidebantur, eo signa inferri ⟨ferri *Paul*⟩ Caesar ⟨caes. inf. β⟩ aciemque conuerti ⟨*a²fh;* constitui α; *edd.*⟩ iubebat: VII 67, 4; proximos colles capere uniuersos atque eo signa inferri ⟨ferre *Paul*⟩ iubet: 2, 42, 1; complures dies **inania* manserant castra; munitiones quidem omnes integrae erant. eo signa ⟨*Ciacc.;* signo *codd.; Np., Dt.*⟩ legionis inlata ⟨*Ciacc.;* lata *Paul;* inlato (*uel* illato) *Ox; Np., Dt.*⟩ speculatores Caesari renuntiarunt ⟨rem nuntiarunt *Np.*⟩: 3, (66, 7;) 67, 1; ¶ naeti portum, qui appellatur Nymphaeum . . ., eo naues introduxerunt: 3, 26, 4; ¶ castris idoneum locum delegit. . . . eo circiter . . . sedecim milia expedita . . . Ariouistus misit: I 49, (1.) 3; ab his ⟨c⟩ castris oppidum Remorum nomine Bibrax aberat milia passuum octo . . . . eo ⟨*del. Hotom.*⟩ de media nocte Caesar . . . sagittarios et funditores . . subsidio oppidanis mittit: II (6, 1;) 7, 1; Caesar in Belgis . . . hiberna constituit. eo duae omnino ciuitates ex Britannia obsides miserunt: IV 38, 4; praesidium Cenabi tuendi causa, quod eo mitterent ⟨in eo mitterent *M;* committerent *h;* inmitterent *Fr.*⟩, comparabant. huc . . .: VII 11, 4; animaduertit ⟨c⟩ collem, qui ab hostibus tenebatur, nudatum hominibus. . . . hac re cognita Caesar mittit complures equitum turmas eo de media nocte; imperat ⟨*Nitsche;* eq. t. eodem med. n.; imperat his (*uel* iis) β; eisdem (eis de *plur. edd.*) media nocte imperat α; *plur. edd.; u. CC*⟩, ut: VII (44, 1;) 45, 1; in Haeduos proficiscitur; ciuitatem recipit. eo legati ab Aruernis missi quae imperaret se facturos pollicentur: VII 90, (1.) 2; Caesari nuntiatur Sulmonenses . . . cupere ea facere, quae uellet . . . . mittit eo M. Antonium eum . . . cohortibus V: 1, 18, (1.) 2; pecuniam omnem . . . in oppidum Gades contulit; eo sex cohortes praesidii causa ex prouincia misit: 2, 18, 2; 3, 22, 2 *u.* uenire; Coelius . . . peruenit Thurios. ubi cum . . . equitibus . . Caesaris Gallis atque Hispanis, qui eo praesidii ⟨*P. Manut.;* praedandi *codd.*⟩ causa missi erant, pecuniam polliceretur, . . . est interfectus: 3, 22, 3; temptandam sibi Achaiam . . . existimabat Caesar. itaque eo Q. ⟨*Nfl; eoque Oah;* eo Q. *Np., Dt.*⟩ Calenum misit: 3, 55, 1; ¶ et quaecumque ⟨β; ut quaeque α; *edd.*⟩ pars castrorum nudata defensoribus premi nidebatur, eo occurrere et auxilium ferre: III 4, 2; ¶ cum . . . eos in eo loco, quo tum essent, suum aduentum exspectare iussisset, paruerunt. eo postquam Caesar peruenit, . . . poposcit: I 27, 2. 3; sententiae dicebantur, ut . . . eruptione facta isdem itineribus, quibus eo peruenissent, ad salutem contenderent: III 3, 3; Britanniae . . . maritima pars ab iis ⟨c⟩ (incolitur), qui . . . ex Belgio transierunt ⟨c⟩, qui omnes fere † iis nominibus ciuitatum appellantur, quibus orti ex ciuitatibus eo peruenerunt: V 12, 2; cum ab hibernis Ciceronis milia passuum abesset ⟨c⟩ circiter ⟨c⟩ LX eoque post horam nonam diei Caesar peruenisset: V 53, 1; eodem die cum legionibus in Senones ⟨c⟩ proficiscitur magnisque itineribus eo peruenit: VI 3, 6; in Lingones contendit, ubi duae legiones hiemabant. eo cum peruenisset, ad reliquas legiones mittit: VII 9, (4.) 5; naeti uacuas ab imperiis Sardiniam Valerius, Curio Siciliam cum exercitibus eo perueniunt ⟨*u. CC*⟩: 1, 31, 1; ¶ quae gens paucis ante mensibus ultro ad Caesarem legatos miserat . . . . sed eo fama iam praecurrerat ⟨c⟩ . . . de proelio Dyrrachino: 3, 80, (1.) 2; ¶ Viennam peruenit. ibi nanctus recentem equitatum, quem multis ante diebus eo praemiserat, . . . in Lingones contendit: VII 9, (3.) 4; ¶ ab oppido autem decliuis locus . . . uergebat in longitudinem ⟨c⟩ *passus circiter CCCC. hac nostris erat receptus, quod eo incitati studio inconsultius processerant: 1, 45, (5.) 6; ¶ ipse in munitione pro castris *considit; eo duces producuntur: VII 89, 4; ¶ cognoscit non longe . . . oppidum Cassiuellauni abesse . . . . eo proficiscitur cum legionibus: V 21, (2.) 4; ¶ quod mons † suberat circiter mille passuum, eo se recipere coeperunt: I 25, 5; in castellum . . . inruperunt *et* quod eo ⟨quo (*pro* et quod eo) *dett.; Voss.*⟩ pulsa legio sese receperat, non nullos ibi repugnantes interfecerunt: 3, 67, 6; ¶ traducere: VII 37, 7 *u.* ducere; ¶ si forte Pompeius naeuam existimans Italiam eo traiecisset exercitum: 3, 29, 3; ¶ planities erat magna et in ea tumulus terrenus . . . . eo, ut erat dictum, ad conloquium uenerunt: I 43, 1; legionem Caesar . . . passibus ducentis ab eo tumulo constituit . . . . Ariouistus . . . praeter se denos ut ⟨c⟩ ad conloquium adducerent ⟨c⟩, postulauit. ubi ⟨c⟩ eo uentum est, Caesar . . . commemorauit ⟨c⟩: I 43, 2(—)4; diebusque circiter quindecim ad fines Belgarum peruenit. eo cum de improuiso celeriusque omni opinione uenisset: II (2, 6;) 3, 1; Caesar . . . ad dextrum cornu profectus . . . sento . . . militi detraeto, quod ipse eo sine sento uenerat, . . . iussit ⟨*u. CC*⟩: II 25, (1.) 2; quod oppidum . . . paucis diebus, quibus eo uentum erat, expugnatum cognouerant: III 23, 2; Caesar . . . ad exercitum proficiscitur. eo cum uenisset, . . . cognouit: IV 6, (1.) 2; huic imperat, quas possit, adeat ciuitates . . . seque ⟨c⟩ celeriter eo ⟨eo cel. β⟩ uenturum nuntiet: IV 21, 8; in Illyricum proficiscitur. . . . eo cum uenisset, ciuitatibus milites imperat: V 1, (5.) 6; inde ad exercitum proficiscitur. eo eum uenisset, . . . inuenit: V 2, (1.) 2; ipse eodem, unde redierat, proficiscitur. eo cum uenisset, maiores iam ⟨c⟩ undique in eum locum copiae Britannorum conuenerant: V 11, (7.) 8; ad flumen Tamesim ⟨c⟩ in fines Cassiuellauni exercitum duxit . . . . eo cum uenisset, animum aduertit ⟨c⟩: V 18, (1.) 2; in Transalpinam Galliam profectus est. eo cum uenisset, magna difficultate adficiebatur, qua ratione ad exercitum peruenire posset: VII 6, (1.) 2; Caesar omnibus consiliis anteuertendum existimauit, ut Narbonem proficisceretur. eo cum uenisset, . . . constituit: VII 7, (3.) 4; Nouiodunum erat oppidum Haeduorum . . . . huc magnum numerum equorum . . . miserat. eo cum Eporedorix Viridomarusque uenissent . . ., existimauerunt: VII 55, (1. 3.) 4; ipse . . . eum locum petit, quo nanes adpelli iusserat. eo cum esset uentum ⟨nent. esset β⟩, exploratores hostium . . . ab nostris opprimuntur: VII (60, 4;) 61, 1; Ariminum . . . proficiscitur ibique tribunos plebis . . . conuenit; . . . eo L. Caesar adulescens nenit: 1, 8, (1.) 2; ipse unum diem ibi . . . moratus Corfinium contendit. eo cum uenisset, cohortes V . . . pontem fluminis interrumpebant: 1, 16, (1.) 2; nuntiatur Afranio magnos commeatus ⟨c⟩ . . . ad flumen constitisse. uenerant eo sagittarii ex Rutenis, equites ex Gallia cum multis carris magnisque impedimentis: 1, 51, 1; pecuniam . . . in oppidum Gades contulit; eo sex cohortes . . . misit Gaiumque Gallonium, . . . qui eo procurandae hereditatis causa uenerat missus a Domitio, oppido Gadibus praefecit: 2, 18, 2; Cordubae conuentus . . . cohortes duas, . . . cum eo casu uenissent, . . . retinuit: 2, 19, 4; gratias agit . . . Gaditanis . . ., tribunis militum centurionibusque, qui eo praesidii causa uenerant, quod eorum consilia . . . confirmassent: 2, 21, 1; Brundisiumque peruenit. eo legiones XII, ⟨et *add. Cellarius*⟩ equitatum omnem uenire iusserat: 3, 2, 1; ipse Oricum reuertitur. eo cum uenisset, euocantur illi ad conloquium: 3, 16, (2.) 3; Cosam in agro Thurino ⟨*u. CC*⟩ oppugnare coepit. eo cum † a Q. Pedio praetore cum legione * * *, lapide ictus ex muro periit ⟨*c; eo* eum Q. Ped. pr. missa legione lap. ict. ex m. periit *F. Hoffm.*: eo cum Q. Pedins praetor cum legione uenisset, l. i. ex m. p. *Kraff.*; *u. CC*⟩: 3, 22, 2.

b) = **in eos (eas):** imponere *u.* **impono** *p. 82* **A. b)** β) *(4 loc.)*; ¶ (deprensis ⟨*c*⟩ nauibus circiter quinquaginta . . . atque eo militibus impositis ⟨β; iniectis α; *edd.*⟩ . . . oppido potitur: VII 58, 4;) has (columellas) inter se capreolis . . . coniungunt, ubi tigna . . . conlocentur. eo super tigna bipedalia iniciunt: 2, 10, 3.

B. pertinet ad ea, quae sequuntur; a) propr.: cognouit . . . ipsum . . . insidiarum ⟨*c*⟩ causa eo ⟨*om.* β⟩ profectum, quo nostros postero die pabulatum uenturos arbitraretur: VII 18, 1; repulsis hostibus eo, quo ⟨quod *A*⟩ Labienum miserat, contendit: VII 87, 3.

b) trsl.: an paenitet uos, quod . . . adduxerim eoque illos compulerim, ut neque pedestri itinere neque nauibus commeatu innari possint: 2, 32, 12; — accidisse igitur his, . . . uti eo recurrant et id cupidissime petant, quod paulo ante contempserint: 1, 85, 4; ¶ in castra inrumpere conantur, nec prius sunt uisi . . . quam castris adpropinquarent, usque eo, ut, qui sub uallo ⟨*c*⟩ tenderent mercatores, recipiendi sui facultatem non haberent: VI 37, 2; summa difficultate rei frumentariae adfecto exercitu . . ., usque eo, ut complures dies frumento milites caruerint et pecore . . . extremam famem sustentarint ⟨*c*⟩: VII 17, 3.

2. eo = διὰ τοῦτο, **ideo:** eo quod: (I 14, 2 *u.* **is** *p. 338* **D.**;) Heluetii, seu quod . . . existimarent . . ., siue eo ⟨*delend. censet Ciacc.*⟩, quod re frumentaria intercludi posse confiderent, . . . nostros . . . lacessere coeperunt: I 23, 3; pelles (erant) pro nelis alutaeque tenuiter confectae, hae ⟨*c*⟩ siue propter lini inopiam ⟨*c*⟩ atque eius usus inscientiam ⟨inscientia β⟩ siue eo ⟨*om.* β⟩, quod est magis ueri simile, quod . . . tanta onera nauium regi nelis non satis commode posse ⟨*c*⟩ arbitrabantur: III 13, 6; (sed hoc ⟨quoque *add.* α; *plur. edd.*; *om.* β; eo *add. ik; Schn., Db.*⟩ factum est, quod aedificio circumdato silua . . . comites . . . paulisper equitum nostrorum uim sustinuerunt: VI 30, 3;) ¶ mercatoribus est aditus magis eo ⟨eo magis β⟩, ut quae bello ceperint quibus uendant habeant, quam quo ullam rem ad se importari desiderent: IV 2, 1; ¶ (II 7, 1 *u.* **1. A. a)** mittere.)

3. eo e. comp. = τοσούτῳ; **A. sequ. quod:** haec eo facilius magnam partem aestatis faciebant, quod nostrae nanes tempestatibus detinebantur summaque erat . . . difficultas nauigandi: III 12, 5; ¶ Heluetii, seu quod timore perterritos Romanos discedere a se existimarent, eo magis, quod pridie . . . proelium non commisissent, siue eo, quod . . . confiderent, . . . coeperunt: I 23, 3; conloquendi Caesari causa nisa non est et eo magis, quod pridie . . . Germani retineri non potuerant ⟨*c*⟩, quin: I 47, 2; reliquum erat certamen positum in uirtute, qua nostri milites facile superabant, atque eo magis, quod in conspectu Caesaris atque omnis exercitus res gerebatur: III 14, 8; (nanes) paulo facit humiliores, quam quibus in nostro mari uti consueuimus, atque id eo magis, quod propter crebras commutationes aestuum minus magnos ibi fluctus ⟨*c*⟩ fieri cognouerat: V 1, 2; cum . . . hostibus spes uictoriae redintegraretur, eo magis, quod deustos pluteos turrium uidebant nec facile adire apertos ad auxiliandum animaduertebant: VII 25, 1; controuersias regum . . . ad se . . . pertinere existimans atque eo magis officio suo conuenire, quod superiore consulatu cum patre Ptolomaeo . . . societas erat facta, ostendit: 3, 107, 2; ¶ eo sibi minus dubitationis dari, quod eas res . . . memoria teneret: I 14, 1; ad hostes contendit, eo minus ueritus nauibus, quod in litore molli . . . deligatas ad ancoras ⟨*c*⟩ relinquebat: V 9, 1; ¶ aggerem cuniculis subtrahebant, eo scientius, quod apud eos magnae sunt ferrariae atque omne genus cuniculorum . . . usitatum est: VII 22, 2.

B. sequ. quo: (respondit) atque eo grauius (se) ferre, quo minus merito populi Romani (res) accidissent ⟨*c*⟩: I 14, 1; in quos eo grauius Caesar uindicandum statuit, quo diligentius in reliquum tempus a barbaris ius legatorum conseruaretur: III 16, 4.

C. non sequitur aliud enuntiat.: se ⟨*c*⟩ in signa manipulosque coiciunt; eo magis timidos perterrent milites: VI 40, 1; in Sicori uadum reperiebatur. iam nero eo magis illi maturandum iter existimabant: 1, 63, 1.

Issa: ibi concitatis Dalmatis reliquisque barbaris Issam ⟨*P. Manut.*; bissam *O*; hissam *x*⟩ a Caesaris amicitia auertit: 3, 9, 1.

iste: animi est ista mollitia ⟨β; molestia α⟩, non uirtus, paulisper inopiam ⟨*c*⟩

ferre non posse: VII 77, 5; ¶ (duae sunt Albae, alia ista, quam nouimus in † Aricia, et alia hic in † Italia. uolentes Romani disseretionem facere istos Albanos dixerunt, illos Albenses: *ap. Pomp. comm. art. Don. (Keil V p. 144); cf. Np. p. 753 sq. adnot.;*) C. Caesar . . . in Dolabellam actionis I. lib. I.: isti ⟨*sic Hertz; actionis in libusti* (*uel* inlibuisti) *codd.; u. CC*⟩, quorum in aedibus fanisque posita et honori erant et ornatu: *ap. Gell.* IV 16, 8.

Isthmus: Rutilius Lupus, qui Achaiam missus a Pompeio obtinebat, Isthmum ⟨sthumum *af;* stumum *Nhl*⟩ praemunire instituit, ut Achaia Fufium prohiberet: 3, 55, 2.

ita. 1. **pertinet ad ea, quae antecedunt; A. non respondet particulae ut, sicut; a)** = eo modo, ea ratione (*cf.* **itaque A.**): munitiones . . . perfecit, ut ne magna quidem multitudine, si ita accidat ⟨accidit *M*[1]*; u. CC*⟩, † eius discessu munitionum praesidia circumfundi possent: VII 74, 1; (reliquas merces commeatusque ad obsidionem urbis, si ⟨ita *add. RSchn.*⟩ accidat ⟨-dant *z*⟩, reseruant: 1, 36, 3;) ¶ ita (§ 5—8) Cassio industria Domitii, Fauonio Scipionis celeritas salutem attulit: 3, 36, 8; ¶ adgredi: 3, 40, 4 *u.* **b)**; ¶ his sunt arbores pro cubilibus: ad eas se adplicant atque ita paulum modo reclinatae quietem capiunt: VI 27, 3; ¶ cogere: 3, 49, 5 *u.* **b)**; ¶ commutare: III 6, 2 *u.* **b)**; ¶ persuasi equitibus nostris, . . . ut . . . circumuenta ab tergo acie prius perturbatum exercitum pellerent quam a nobis telum in hostem iaceretur. ita sine periculo legionum et paene sine uulnere bellum conficiemus: 3, 86, (3.) 4; ¶ reliqui coeunt inter se et . . . sinistras sagis inuoluunt gladiosque destringunt atque ita se a caetratis equitibusque defendunt . . . seque in castra recipiunt: 1, 75, 3; ¶ eum ea ita (§ 1—5) sint, tamen, si obsides ab iis sibi dentur, . . . sese cum iis pacem esse facturum: I 14, 6; magnam tamen haec res illis offensionem et contemptionem ad omnes attulit, idque ita esse . . . etiam ex domestico iudicio atque animi conscientia intellegebant: 3, 60, 2; ¶ ita (§ 1—7) tuto ac sine ullo uulnere ac periculo sex tabulata exstruxerunt: 2, 9, 8; ¶ facere *u.* **facio** *p. 1273* **2. A.** *(3 loc.);* ita (3, 51 *et* 52) uno die VI proeliis factis, . . . cum horum omnium ratio haberetur, ad duo ⟨*c*⟩ milia ⟨*c*⟩ numero ex Pompeianis cecidisse reperiebamus: 3, 53, 1; ¶ ita (§ 1—4) commeatus et qui frumenti causa processerant tuto ad se recipit et rem frumentariam expedire incipit: 1, 54, 5; ¶ si qui aut priuatus ⟨*c*⟩ aut populus eorum decreto non stetit, sacrificiis interdicunt . . . . quibus ita ⟨*om.* β⟩ est interdictum, hi ⟨*c*⟩ numero . . . sceleratorum habentur: VI 13, (6.) 7; ¶ hi nouissimos adorti et multa milia passuum prosecuti magnam multitudinem eorum fugientium conciderunt . . . . ita sine ullo periculo tantam eorum multitudinem nostri interfecerunt, quantum fuit diei spatium: II 11, (4—)6; ¶ illi . . . musculum turrimque latericiam libere incendunt. ita multorum ⟨itaque duorum *Kindsch.*⟩ mensium ⟨*c*⟩ labor hostium perfidia et ui tempestatis puncto temporis interiit: 2, 14, 4; ¶ praeterire . . non potui, quin . . . illum mitterem (ad te) gratiasque agerem; etsi hoc et feci ⟨*c*⟩ saepe et saepius mihi facturus uideor: ita de me mereris: *ap. Cic. ad Att.* IX 6 *A;* ¶ discussa ⟨*c*⟩ niue sex ⟨*c*⟩ in altitudinem ⟨*c*⟩ pedum atque ita uiis ⟨uiis ita *h*⟩ patefactis . . . ad fines Aruernorum peruenit: VII 8, 2; ¶ eos impeditos . . . adgressus magnam partem eorum concidit. . . . ita siue casu siue consilio deorum immortalium . . . ea (pars) princeps poenas persoluit: I 12, (3.) 6; ¶ ita (§ 1. 2) mobilitatem equitum, stabilitatem peditum in proeliis praestant: IV 33, 3; ¶ ita (I 25) ancipiti proelio diu atque acriter pugnatum est: I 26, 1; VII 50, 6 *u.* **b)**; ita (1, 43—46, 3) uario certamine pugnatum est: 1, 46, 4; ¶ recipere: 1, 54, 5 *u.* incipere; se recip.: 1, 75, 3 *u.* defendere; ¶ Crassus . . . tertiam aciem ⟨*c*⟩ laborantibus nostris subsidio misit. ita proelium restitutum est, atque omnes hostes terga uerterunt: I (52, 7;) 53, 1; ¶ Pompeius eo proelio imperator est appellatus. hoc nomen obtinuit atque ita se postea salutari passus *est: 3, 71, 3; ¶ ita (§ 2—4) ⟨itaque *O*⟩ fastigate ⟨*c*⟩ atque ordinatim structo *tecto* . . . musculus . . . contegitur: 2, 10, 5; ¶ L. Plancus . . . locum capit superiorem diuersamque aciem . . . constituit, ne ab equitatu circumueniri posset. ita congressus impari numero magnos impetus legionum equitatusque sustinet: 1, 40, (5.) 6; ¶ hos illi diligenter tuebantur: ita et nouam et repente collectam auctoritatem tenebant: VI 12, 8; ¶ pontem in Arare faciendum curat atque ita exercitum traducit: I 13, 1; ¶ relinquebatur, ut . . . equitatum repellerent, eo summoto repente incitati cursu sese in ualles uniuersi demitterent ⟨*c*⟩ atque ita ⟨item *Paul*⟩ transgressi rursus in locis superioribus consisterent: 1, 79, 4; ¶ eum . . . resisteretur Vincite, inquit, si ita uultis, Sabinus: V 30, 1.

b) = **itaque, cum ea esset (sit) rerum con-**

dicio: I 53, 1 *u.* **a)** restituere; II 11, 6 *u.* **a)** interficere; eruptione facta neque cognoscendi, quid fieret, neque sui colligendi hostibus facultatem relinquunt. ita ⟨itaque *B²h*⟩ commutata fortuna eos, qui in spem potiundorum castrorum uenerant, undique circumuentos interficiunt: III 6, (1.) 2; cum . . . pacatam Galliam existimaret superatis Belgis, expulsis Germanis, uictis in Alpibus Sedunis, atque ita ⟨*om.* β⟩ inita hieme in ⟨*c*⟩ Illyricum profectus esset: III 7, 1; erant eius modi fere situs oppidorum, ut . . . neque pedibus aditum haberent . . . neque nauibus. . . . ita utraque re oppidorum oppugnatio impediebatur: III 12, (1.) 2; accidit, ut esset luna plena, qui dies maritimos aestus maximos . . . efficere consueuit, nostrisque id erat incognitum. ita uno tempore et longas naues . . . aestus complebat ⟨β; compleuerat α; *edd.*⟩ et onerarias . . . tempestas adflictabat: IV 29, (1.) 2; **(**ipse ⟨ita β⟩ conuentibus Galliae citerioris peractis in Illyricum proficiscitur: V 1, 5;**)** hoc (latus) pertinet ⟨*c*⟩ circiter milia passuum quingenta. . . . huius (alterius) est longitudo lateris . . . septingentorum milium. tertium . . . milia passuum octingenta in longitudinem esse existimatur ⟨*c*⟩. ita omnis insula est in circuitu uicies centum milium passuum: V 13, (2. 5.) 7; in medios hostes inrupit duobusque interfectis reliquos . . . paulum ⟨*c*⟩ summouit. conantibus auxiliari suis Frustra, inquit, meae uitae subuenire conamini. . . . proinde abite, dum est facultas. . . . ita pugnans post paulum ⟨*c*⟩ concidit ac suis saluti fuit: VII 50, (5.) 6; interiores . . . prius suos discessisse cognouerunt quam munitionibus adpropinquarent. ita re infecta in oppidum reuerterunt: VII 82, 4; renuntiat, quod consules absint, sine illis non posse agi de compositione. ita saepius rem frustra temptatam Caesar aliquando dimittendam sibi iudicat: 1, 26, (5.) 6; manus ferreas atque harpagones parauerant magnoque numero pilorum, tragularum reliquorumque telorum se instruxerant. ita cognito hostium aduentu suas naues ex portu educunt, cum Massiliensibus confligunt: 1, 57, 2; hac habita oratione nullam in partem ab exercitu Curionis fit significatio, atque ita suas uterque copias reducit: 2, 28, 4; erant per se magna, quae gesserant equites . . .; haec tamen ab ipsis inflatius commemorabantur. . . . multa praeterea spolia proferebantur ⟨*c*⟩. . . . ita spei Curionis militum studia non deerant: 2, 39, (4.) 5; Curio numquam se amisso exercitu . . . in eius (Caesaris) conspectum reuersurum confirmat atque ita proelians interficitur: 2, 42, 4; Calenus . . . litteras a Caesare accipit . . . portus . litoraque omnia classibus aduersariorum teneri. quo cognito . . . naues . . omnes reuocat. una ex his, quae . . . (non) obtemperauit, . . . a Bibulo expugnata est; qui de . . . omnibus . . . supplicium sumit. . . . ita ⟨itaque *b*⟩ in ⟨*c*⟩ exiguo tempore magnoque casu totius exercitus salus constitit: 3, 14, (1—)3; ubi cum . . . equitibus . . Caesaris Gallis atque Hispanis . . . pecuniam polliceretur, ab his est interfectus. ita magnarum initia rerum, quae . . . sollicitam Italiam habebant, celerem et facilem exitum habuerunt: 3, 22, (3.) 4; eam nauem expugnauit, eodemque tempore ex altera parte . . . quattuor biremes . . . in interiorem portum ⟨*c*⟩ traduxit. ita ex utraque parte naues longas adgressus . . . IIII ex his abduxit ⟨*f; add. ahl*⟩, reliquas incendit: 3, 40, (2—)4; ut ⟨*c*⟩ erant loca montuosa et † ad specus angustiae uallium, has sublicis in terram demissis ⟨*c*⟩ praesaepserat terramque adgesserat ⟨*c*⟩, ut aquam contineret ⟨*c*⟩. ita ⟨*Oz;* itaque *recc.(?); edd.*⟩ illi necessario loca sequi demissa ⟨*c*⟩ ac palustria et puteos fodere cogebantur atque hunc laborem ad cotidiana opera addebant: 3, 49, (4.) 5; Pompeianis magnam res ad receptum difficultatem adferebat. . . . ita necessario atque ex tempore capto consilio Pompeius tumulum quendam occupauit: 3, 51, (6—)8; quod eo loco plures erat legiones habiturus, relicto interiore uallo maiorem adiecerat munitionem. ita minora castra inclusa maioribus castelli ⟨*c*⟩ atque arcis locum obtinebant: 3, 66, (4.) 5; is quoque . . . eo loco excesserat. ita complures dies **inania* manserant castra: 3, 66, (6.) 7; ita (3, 66—70) paruae res magnum in utramque partem momentum habuerunt: 3, 70, 2; eodem tempore tertiam aciem Caesar, quae quieta fuerat . . ., procurrere ⟨*c*⟩ iussit. ita cum recentes atque integri defessis successissent, alii autem a tergo adorirentur, sustinere Pompeiani non potuerunt atque uniuersi terga uerterunt: 3, 94, (1.) 2; Caesar . . . reperiebat T. Ampium conatum esse pecunias tollere Epheso ex fano Dianae, . . . sed interpellatum aduentu Caesaris profugisse. ita (*cf.* 3, 33, 1. 2) duobus temporibus Ephesiae pecuniae Caesar auxilium tulit: 3, 105, 1.

B. ita respondet particulae ut, (sicut); a) sicuti . . ita: et, sicuti mari portibusque (Bibulus) Caesarem prohibebat, ita ipse omni terra earum regionum prohibebatur: 3, 15, 1; ut cogerentur sicuti reliquum commeatum, ita ligna atque aquam Corcyra ⟨*c*⟩ . . . supportare: 3, 15, 3.

b) ut . . . **ita; α):** quod ab non nullis Gallis

sollicitarentur, partim qui, ut ⟨*(B?) Q; om. A(B?)Mβ*⟩ Germanos diutius in Gallia uersari noluerant ⟨nollent β⟩, ita populi Romani exercitum hiemare . . . in Gallia moleste ferebant: II 1, 3; sed ut superioris temporis contentionem nostri omnem remiserant, ita proximi diei casu admoniti omnia ad defensionem parauerant: 2, 14, 6; an non, uti corporis uulnera, ita exercitus incommoda sunt tegenda . . .? 2, 31, 6; atque ut nostri perpetuas munitiones † uidebant perductas ex castellis in proxima castella . . ., ita illi interiore spatio perpetuas munitiones efficiebant: 3, 44, 4.

β) ut . . . ita **e. superl.:** eorum (equitum) ut quisque est ⟨*om. Aim.*⟩ genere copiisque ⟨*c*⟩ amplissimus, ita plurimos circum ⟨*c*⟩ se ambactos clientesque habet ⟨habent β⟩: VI 15, 2; dicuntur sententiae graues; ut quisque acerbissime crudelissimeque dixit, ita ⟨quam *add. codd.; Np.; del. Kindscher*⟩ maxime ab inimicis Caesaris conlaudatur: 1, 2, 8.

2. **neque ad ea, quae antecedunt, neque ad ea, quae sequuntur, pertinet:** Morini . . . spe praedae adducti primo non ita magno suorum numero circumsteterunt (milites): IV 37, 1; erat uallis inter duas acies, ut supra demonstratum est, non ita magna ⟨*Ciacc.;* magno *codd.*⟩, at ⟨*Ciacc.;* aut *Ox*⟩ difficili et arduo ascensu: 2, 34, 1; ¶ Fabius, ut imperatum erat, non ita multum moratus in itinere cum legione occurrit: V 47, 3; ut . . . quibus in pugna uitae periculum accideret ⟨-rat *NOx*⟩, non ita multo se reliquorum ciuium fatum antecedere existimarent: 2, 6, 1.

3. **pertinet ad ea, quae sequuntur: A. sequitur oratio obl.:** is ita cum Caesare egit: si pacem populus Romanus cum Heluetiis faceret . . .: I 13, 3; ¶ milites . . . secessionem faciunt atque ita inter se per tribunos ⟨*c*⟩ militum . . . conloquuntur: obsideri se a Caesare: 1, 20, 1; ¶ eas ita dicere: non esse fas Germanos superare, si . . .: I 50, 5; ¶ his Caesar ita respondit: eo sibi minus dubitationis dari, quod . . .: I 14, 1.

B. sequ. ut comparatiuum: (triplicem aciem instruxit legionum quattuor ueteranorum † ita uti supra; sed in ⟨*sic AQ; Schn.;* ita uti supra sed in B^1; ita uti supra se in $B^2M\beta$; *Graeuius; Fr., Db.;* [ita uti supra;] sed in *Np.; Hold.;* [ita uti supra se;] in $Dt.^2$; atque supra se in $Dt.^1$⟩ summo iugo duas legiones . . . conlocari ⟨*X;* conlocaret *Graeuius; Fr., Db.;* conlocauit $Dt.^1$⟩ . . . iussit ⟨*u. CC*⟩: I 24, 2;) cum esset Caesar in citeriore Gallia [in hibernis], ita uti supra ⟨*c*⟩ demonstrauimus: II 1, 1; huius opera Commii, ⟨ita *add.* β; *Schn.*⟩ ut antea ⟨ante β⟩ demonstrauimus, . . . superioribus annis erat usus . . . Caesar: VII 76, 1; — ubi prima impedimenta nostri exercitus . . . nisa sunt, quod tempus inter eos committendi proelii conuenerat, ut ⟨ita ut $B^2\beta$; *Schn., Hold.*⟩ intra siluas aciem ordinesque ⟨ita *add.* α⟩ constituerant atque ipsi sese confirmauerant, subito . . . prouolauerunt: II 19, 6; pugnatumque ab hostibus ita acriter est, ut a niris fortibus . . . pugnari debuit: II 33, 4.

C. sequ. ut consecut.: (flumen Arar) in Rhodanum influit, incredibili lenitate, ita ut oculis in utram partem fluat iudicari non possit: I 12, 1; reliquum spatium . . ., qua flumen intermittit, mons continet magna altitudine, ita ut radices montis ex utraque parte ripae fluminis contingant: I 38, 5; aurigae . . . ex proelio excedunt atque ita currus ⟨*c*⟩ conlocant, ut, si ilii a multitudine hostium premantur, expeditum ad suos receptum habeant: IV 33, 2; ¶ ita se omni tempore de populo Romano meritos esse, ut paene in conspectu exercitus nostri agri uastari, . . . oppida expugnari non debuerint: I 11, 3; ita Heluetios a maioribus suis institutos esse, uti obsides accipere, non dare consuerint: I 14, 7; equites hostium . . . cum equitatu nostro . . . conflixerunt, ita ⟨β; *Schn.; om.* α; *rell. edd.*⟩ tamen, ut nostri omnibus partibus superiores fuerint atque eos ⟨*c*⟩ in siluas . . . compulerint: V 15, 1; ¶ se ita a patribus maioribusque suis didicisse, ut magis uirtute contenderent quam dolo aut insidiis niterentur ⟨*u. CC*⟩: I 13, 6; ita dies circiter quindecim iter fecerunt, uti inter nouissimum hostium agmen et nostrum primum non amplius quinis aut senis milibus passuum interesset: I 15, 5; ita nostri acriter ⟨*c*⟩ in hostes . . . impetum fecerunt itaque hostes repente celeriterque procurrerunt, ut spatium pila ⟨*c*⟩ in hostes coiciendi non daretur: I 52, 3; reliquos in fugam coniecerunt, atque ita perterritos egerunt, ut non prius fuga desisterent quam in conspectum ⟨*c*⟩ agminis nostri uenissent: IV 12, 2; cuius loci haec erat natura atque ⟨*om.* β⟩ ita ⟨adeo β⟩ montibus angustissime ⟨*Paul;* angustis *X; edd.*⟩ mare continebatur, uti ex locis superioribus in litus telum adigi posset: IV 23, 3; reliquas copias . . . misit † captis ⟨ita partitis *P. Thomas;* ita positis *M. Miller;* ita apertis *Deiter;* ita locatis *Novák; u. CC*⟩ quibusdam cohortibus, uti ⟨ut β⟩ numerus legionum constare uideretur: VII 35, 3; huc teretes stipites . . . demittebantur ⟨dimitt. *X*⟩ ita, ut non amplius digitis quattuor ex terra eminerent: VII 73, 6; (et tam ⟨*an* ita *pro* et tam?⟩ paucis diebus magna erat rerum facta commutatio ae se fortuna inclinauerat, ut nostri magna inopia . . . conflictarentur, illi omnibus abundarent rebus superioresque haberentur: 1, 52, 3;) eam (contabulationem) in parietes instruxerunt ⟨-rant *Nhl*⟩ ita, ut capita tignorum extrema parietum structura tegerentur: 2, 9, 1; ubi hostes niderunt ea, quae . . . refici non posse sperassent, paucorum dierum . . . labore ita refecta, ut nullus ⟨*c*⟩ perfidiae . . . locus esset nec quicquam omnino relinqueretur, qua . . . operibus noceri posset, . . . recurrunt: 2, 16, 1; tempestas et nostros texit et naues Rhodias adflixit, ita ut ad unam omnes . . . eliderentur et naufragio interirent et ex magno remigum . . . numero pars ad scopulos adlisa interficeretur, pars ab nostris detraheretur ⟨*c*⟩: 3, 27, 2.

D. ita . . . ut = quidem . . . sed: atque haec Caesar ita administrabat, ut condiciones pacis dimittendas non existimaret: 1, 26, 2.

Ita c. adiect. uel aduerb. *u.* **2.** *p. 351 (4 loc.); praeterea* I 52, 3; II 33, 4; (1, 52, 3.)

Italia: ipse in Italiam magnis itineribus contendit duasque ibi legiones conscribit et tres, quae circum Aquileiam hiemabant, ex hibernis educit: I 10, 3; neque sibi homines feros . . . temperaturos existimabat, quin . . . in pronînciam exirent atque inde in Italiam contenderent: I 33, 4; factum etiam nuper (eius hostis periculum) in Italia seruili tumultu: I 40, 5; cum (Cimbri Teutonique) iter in ⟨per *B²a; om. h*⟩ prouinciam nostram atque Italiam facerent: II 29, 4; quas legationes Caesar, quod in Italiam Illyricumque properabat, inita ⟨*c*⟩ proxima ⟨*c*⟩ aestate ⟨*c*⟩ ad se reuerti iussit: II 35, 2; ipse . . . legionibus in hiberna ⟨*c*⟩ deductis in Italiam profectus est: II 35, 3; cum in Italiam proficisceretur Caesar, Ser. Galbam . . . in Nantuates . . . misit: III 1, 1; discedens ab hibernis Caesar in Italiam, ut quotannis facere consuerat ⟨*c*⟩, legatis imperat . . ., uti: V 1, 1; Caesarem (se) arbitrari profectum in Italiam ⟨italia β⟩: V 29, 2; magni interesse . . . ad opinionem Galliae existimans tantas nideri Italiae facultates, ut, si quid esset in bello detrimenti acceptum, non modo id breni tempore sarciri ⟨*c*⟩, sed etiam maioribus augeri ⟨*c*⟩ copiis posset: VI 1, 3; praesidio impedimentis legionem quartam decimam reliquit, unam ex his tribus, quas proxime conscriptas ex Italia traduxerat: VI 32, 5; frumentoque exercitui prouiso, ut instituerat, in Italiam ad conuentus agendos profectus est: VI 44, 3; quieta Gallia Caesar, ut constituerat, in Italiam ad conuentus agendos proficiscitur. ibi cognoscit de Clodii caede, *de* senatusque consulto certior factus, ut omnes iuniores Italiae coniurarent, dilectum tota prouineia habere instituit: VII 1, 1; his rebus in Italiam ⟨italia *a*⟩ Caesari ⟨*c*⟩ nuntiatis . . . in Transalpinam Galliam profectus est: VII 6, 1; supplementumque, quod ex Italia adduxerat, in Heluios . . . conuenire iubet: VII 7, 5; huc magnum numerum equorum huius belli causa in Italia atque Hispania coemptum ⟨*c*⟩ miserat: VII 55, 3; eo supplemento, quod nuper ex Italia uenerat, relicto Agedinci: VII 57, 1; quod . . . interclusis omnibus itineribus nulla re ex prouineia atque Italia subleuari poterat: VII 65, 4; non oportere ante de ea re ad senatum referri quam dilectus tota Italia habiti . . . essent 1, 2, 2; ad senatum refertur: tota Italia dilectus habeatur: 1, 6, 3; tota Italia dilectus habentur, arma imperantur, pecuniae a municipiis exiguntur, e fanis tolluntur, omnia diuina humanaque iura permiscentur: 1, 6, 8; ne grauentur sua quoque ad eum (Pompeium) postulata deferre, si paruo labore magnas controuersias tollere atque omnem Italiam metu liberare possint: 1, 9, 1; tota Italia dilectus haberi: 1, 9, 4; discedant in Italia omnes ⟨omn. in it. *hl*⟩ ab armis: 1, 9, 5; quo facilius omne Hadriaticum mare **ab* extremis Italiae partibus regionibusque Graeciae in potestate haberet atque ex utraque parte bellum administrare posset: 1, 25, 3; neritusque, ne ille Italiam dimittendam non existimaret, exitus . . . Brundisini portus impedire instituit: 1, 25, 4; Pompeius, siue operibus Caesaris permotus sine etiam quod ab initio ⟨de *add. f*⟩ Italia excedere constituerat, . . . incipit: 1, 27, 2; interea . . . Galliam Italiamque temptari se absente nolebat: 1, 29, 3; Caralitani, simul ad se Valerium mitti audierunt, nondum profecto ex Italia sua sponte Cottam ex oppido eiciunt: 1, 30, 3; debere eos Italiae totius auctoritatem sequi potins quam unius hominis noluntati obtemperare: 1, 35, 1; neque maximi commeatus ⟨*Beroald.;* comitatus *codd.*⟩, qui ex Italia Galliaque ueniebant, in castra peruenire poterant: 1, 48, 4; multi ex Italia ad Cn. Pompeium proficiscebantur: 1, 53, 3; M. Varro . . . cognitis iis ⟨*c*⟩ rebus, quae sunt in Italia gestae, diffidens Pompeianis rebus amicissime de Caesare loquebatur: 2, 17, 1; Caesar, etsi multis necessariisque rebus in Italiam ⟨-ia *Ox*⟩ reuocabatur, tamen constituerat nullam partem belli in Hispaniis relinquere: 2, 18, 7; Caesar . . . duas ibi legiones praesidio relinquit ⟨*c*⟩, ceteras in Italiam mittit; ipse ad urbem proficiscitur:

2, 22, 6; commemorat, quo sit eorum usus studio ad Corfinium Caesar, ut magnam partem Italiae beneficio atque auctoritate eorum suam fecerit: 2, 32, 1; Pompeius enim nullo proelio pulsus uestri facti praeiudicio demotus Italia excessit: 2, 32, 2; Caesar . . . prouinciam Siciliam atque Africam, sine quibus urbem atque Italiam tueri non potest, uestrae fidei commisit: 2, 32, 2; hac uos fortuna atque his ducibus repudiatis Corfiniensem ignominiam, ⟨in *add. codd.;* an *Ald.; del. Ciacc.*⟩ Italiae fugam ⟨*l;* fuga *Oafh*⟩, ⟨an *add. Ox; Ald.*⟩ Hispaniarum deditionem . . . sequimini! 2, 32, 13; cum fides tota Italia ⟨totam italiam *af*⟩ esset angustior neque creditae pecuniae soluerentur, constituit, ut arbitri darentur: 3, 1, 2; legiones effecerat ciuium Romanorum VIIII: V ex Italia, quas traduxerat; unam . . .: 3, 4, 1; Caesar . . . contionatus apud milites, . . . aequo animo mancipia atque impedimenta in Italia relinquerent: 3, 6, 1; satis esse magna utrimque incommoda accepta . . .: illum Italia expulsum amissa Sicilia et Sardinia duabusque Hispaniis et cohortibus in ⟨*add. Vascos.; om. codd.*⟩ Italia atque Hispania ciuium Romanorum centum atque XXX: 3, 10, (4.) 5; (se) neque portas consuli praeclusuros neque sibi indicium sumpturos contra atque omnis Italia populus*que* Rom. iudicauisset: 3, 12, 2; ibique reliquarum ex Italia legionum aduentum exspectare . . . constituit: 3, 13, 5; cuius rei opinio tolli non poterit, cum in Italiam, ex qua profectus sum, reductus existimabor bello perfecto: 3, 18, 4; elam nuntiis ad Milonem missis . . . atque eo in Italiam enocato . . . sibi coniunxit: 3, 21, 4; ita magnarum initia rerum, quae occupatione magistratuum et *imperiorum sollicitam Italiam habebant, celerem et facilem exitum habuerunt: 3, 22, 4; Antonius . . . plerasque nanes in Italiam remittit ad reliquos milites equitesque transportandos: 3, 29, 2; pontones . . . Lissi relinquit hoc consilio, ut, si forte Pompeius naenam existimans Italiam eo traiecisset exercitum, . . . aliquam Caesar ad insequendum facultatem haberet: 3, 29, 3; III cohortes Orici . . . reliquit isdemque custodiam nauium longarum tradidit, quas ex Italia transduxerat: 3, 39, 1; classesque ipsius, quas hieme in Sicilia, Gallia, Italia fecerat, morabantur: 3, 42, 3; quod si fecisset, quietem Italiae, pacem prouinciarum, salutem imperii ⟨*c*⟩ uni omnes acceptam relaturos: 3, 57, 4; habendam fortunae gratiam, quod Italiam sine aliquo uulnere cepissent: 3, 73, 3; ut, si . . . in Italiam transiret ⟨*c*⟩, coniuncto exercitu eum Domitio per Illyricum Italiae subsidio proficisceretur: 3, 78, 4; si ab ora maritima Oricoque ⟨*c*⟩ discedere nollet, quod legiones equitatumque ex Italia exspectaret ⟨*c*⟩: 3, 78, 6; spes uictoriae augetur, adeo ut quidquid intercederet temporis, id morari reditum in Italiam uideretur: 3, 82, 2; multos autumni pestilentia in Italia consumpsit: 3, 87, 3.

[**Falso:** 2, 20, 6 *u.* **Italica**; duae sunt Albae, alia ista, quam nouimus in Aricia ⟨Marsia *coni. Np.*⟩ et alia hic in Italia ⟨Latio *coni. Np.*⟩: *ap. Pomp. comm. art. Don. (gramm. Lat. V p. 144 ed. Keil).*]

Italica: Varro, cum itinere conuerso sese Italicam ⟨*Faernus;* italiam *codd.*⟩ uenturum praemisisset ⟨*Lips.;* promisisset *codd.;* conuerso equites Italicam praemisisset *Ciacc.*⟩, certior ab suis factus est praeclusas esse portas: 2, 20, 6.

Italicus: Caesar . . . de Italicis commeatibus desperans . . . in Epirum rei frumentariae causa . . . L. Canuleium legatum misit: 3, 42, 3.

itaque. A. (itáque) = et ita: ita nostri acriter in hostes signo dato impetum fecerunt itaque hostes repente celeriterque procurrerunt, ut: I 52, 3; (V 3, 7 *u.* **B.**;) (in omnibus ciuitatibus . . . factiones sunt earumque factionum principes ⟨*c*⟩ sunt, qui summam auctoritatem eorum iudicio habere existimantur, quorum ad arbitrium . . . summa omnium rerum consiliorumque redeat. idque ⟨β; *Schn., Db.;* itaque α; *rell. edd.*⟩ eius rei causa antiquitus institutum uidetur, ne quis ex plebe contra potentiorem auxilii egeret: VI 11, (3.) 4.)

B. = ideo, igitur: (Heluetii) legatos ad Dumnorigem Haeduum mittunt, ut eo deprecatore a Sequanis impetrarent. Dumnorix . . . apud Sequanos plurimum poterat et Heluetiis erat amicus . . . et quam plurimas ciuitates suo beneficio habere obstrictas uolebat. itaque rem suscipit et a Sequanis impetrat: I 9, (2—)4; ne eius supplicio Diuiciaci animum offenderet uerebatur. i t a q u e p r i u s q u a m quicquam conaretur, Diuiciacum ad se uocari iubet et . . . cum eo conloquitur: I 19, (2.) 3; Caesar . . . maturandum sibi existimauit, ne, si nona manus Sueborum cum ueteribus copiis Ariouisti sese coniunxisset, minus facile resisti posset. itaque re frumentaria quam celerrime potuit comparata magnis itineribus ad Ariouistum contendit: I 37, (4.) 5; . . . quod non fore dicto audientes neque signa laturi dicantur, nihil se ea re commoneri; . . . itaque se quod in longiorem diem conlaturus fuisset ⟨*c*⟩, repraesentaturum ⟨*c*⟩ et proxima nocte . . . castra moturum: I 40, (12—) 14; amicitiam populi Romani sibi ornamento et praesidio, non detrimento esse oportere, † idque

⟨itaque *Paul*⟩ se hac ⟨c⟩ spe petisse: I 44, 5; quorum aduentu et Remis . . . studium propugnandi accessit et hostibus . . . spes potiundi oppidi discessit. itaque paulisper apud oppidum morati . . . ad castra Caesaris omnibus copiis contenderunt et . . . castra posuerunt: II 7, (2.) 3; neque certa subsidia conlocari neque quid in quaque parte opus esset prouideri neque ab uno omnia imperia administrari poterant. itaque in tanta rerum iniquitate fortunae quoque euentus uarii sequebantur: II 22, (1.) 2; Baculus . . . et . . . Volusenus . . . ad Galbam adcurrunt atque unam esse spem salutis docent, si eruptione facta extremum auxilium experirentur. itaque conuocatis centurionibus celeriter milites certiores facit . . .: III 5, (2.) 3; multa Caesarem tamen ad id bellum incitabant: . . . tot ciuitatum coniuratio, in primis ne hac parte neglecta reliquae nationes sibi idem licere arbitrarentur. itaque cum intellegeret . . . Gallos . . . ad bellum mobiliter celeriterque excitari . . ., prius quam plures ciuitates conspirarent, partiendum sibi ac latins distribuendum exercitum putauit. itaque T. Labienum legatum in Treueros . . . mittit . . . . P. Crassum . . . in Aquitaniam proficisci iubet . . . . Sabinum . . . mittit . . . . D. Brutum . . . in Venetos proficisci iubet. ipse eo . . . contendit: III 10, (1—)3; 11, 1(—5); reliqui neque quo se reciperent neque quem ad modum oppida defenderent habebant. itaque se ⟨c⟩ suaque ⟨c⟩ omnia Caesari dediderunt: III 16, (3.) 4; in quos eo grauius Caesar uindicandum statuit, quo diligentius in reliquum tempus a barbaris ius legatorum conseruaretur. itaque omni senatu necato reliquos sub corona uendidit: III 16, 4; eodem fere tempore P. Crassus cum in Aquitaniam peruenisset, . . . non mediocrem sibi diligentiam adhibendam intellegebat. itaque ⟨ita *a*⟩ re frumentaria prouisa, auxiliis equitatuque comparato . . . in Sotiatium ⟨c⟩ fines exercitum introduxit: III 20, (1.) 2; eius modi sunt ⟨c⟩ tempestates consecutae, uti . . . diutius sub pellibus milites contineri non possent. itaque uastatis omnibus eorum agris . . . exercitum reduxit ⟨β; perduxit α⟩: III 29, (2.) 3; neque eorum moribus turpins quicquam aut inertius habetur quam ephippiis uti. itaque ad quemuis numerum ephippiatorum equitum quamuis pauci adire audent: IV 2, (4.) 5; maximam putant esse laudem quam latissime a suis finibus nacare ⟨c⟩ agros . . . . itaque una ex parte a Suebis circiter milia passuum sescenta ⟨c⟩ agri nacare dicuntur: IV 3, (1.) 2; nauibus transire . . . neque suae neque populi Romani dignitatis esse statuebat. itaque, etsi summa difficultas faciendi ⟨c⟩ pontis proponebatur . . ., tamen id sibi contendendum aut aliter non traducendum exercitum existimabat: IV 17, (1.) 2; magno sibi usui ⟨c⟩ fore arbitrabatur, si modo insulam adisset ⟨c⟩, genus hominum perspexisset, loca, portus, aditus cognouisset; quae omnia fere Gallis erant incognita. neque enim temere praeter mercatores illo ⟨c⟩ adit ⟨c⟩ quisquam neque iis ⟨c⟩ ipsis quicquam praeter oram maritimam atque eas regiones, quae sunt contra Gallias, notum est. itaque uocatis ⟨c⟩ ad se undique mercatoribus neque quanta esset insulae magnitudo neque . . . neque . . . neque qui essent . . . idonei portus reperire ⟨c⟩ poterat: IV 20, (2—)4; optimum factu esse duxerunt rebellione facta frumento commeatuque nostros prohibere. . . . itaque rursus coniuratione facta paulatim ex castris discedere et ⟨c⟩ suos elam ex agris deducere coeperunt: IV 30, 2; at Caesar, etsi nondum eorum consilia cognouerat, tamen . . . fore id, quod accidit, suspicabatur. itaque ad omnes casus subsidia comparabat: IV 31, (1.) 2; nam et frumentum ex agris cotidie in castra conferebat et quae grauissime adflictae erant nanes, earum materia atque aere ad reliquas reficiendas utebatur, et quae ad eas res erant usui, ex continenti comportari ⟨c⟩ iubebat. itaque cum summo studio a militibus administraretur, XII nauibus amissis reliquis ut nauigari ⟨c⟩ **satis* commode posset effecit: IV 31, (2.) 3; sese idcirco ab suis discedere atque ad eum uenire noluisse, quo facilius ciuitatem in officio contineret, ne omnis nobilitatis discessu plebs propter imprudentiam laberetur. itaque esse ⟨c⟩ ciuitatem in sua potestate, seseque . . . ad eum . . . uenturum . . .: V 3, (6.) 7; (statuebat,) quod longius eius (Dumnorigis) amentiam progredi uidebat, prospiciendum, ne quid sibi ac rei publicae nocere posset. itaque dies circiter XXV in eo loco commoratus . . . dabat operam, ut in officio Dumnorigem contineret . . .: V 7, (2.) 3; maxima coorta tempestate prope omnes nanes adflictas atque in litus ⟨c⟩ eiectas esse, quod neque ancorae funesque *sustinerent neque nautae gubernatoresque uim tempestatis pati possent. itaque ex eo concursu nauium magnum esse incommodum acceptum: V 10, (2.) 3; eadem fere, quae ex nuntiis litterisque cognouerat, coram perspicit, sic ut amissis circiter XL nauibus reliquae tamen refici posse magno negotio uiderentur. itaque ex legionibus fabros deligit ⟨c⟩ et ex continenti alios arcessi ⟨c⟩ inbet. . . . scribit . . . . statuit: V 11, (2.) 3; illi (legati) . . ., etsi ab hoste ea dicebantur, tamen non neglegenda existimabant, maximeque hac re permouebantur, quod . . . uix erat credendum. itaque ad consilium rem deferunt: V 28, (1.) 2; facile hac oratione Neruiis persuadet. itaque confestim dimissis nuntiis ad Ceutrones . . . Geidumnos . . . quam maximas manus ⟨c⟩ possunt cogunt ⟨c⟩ et . . . aduolant ⟨c⟩: V (38, 4;) 39, 1; Labienus . . . ne quam occasionem rei bene gerendae dimitteret cogitabat. itaque a Cingetorige . . . oratione Indutiomari cognita . . . nuntios ⟨*om.* β⟩ mittit ⟨circummittit β⟩ ad finitimas ciuitates equitesque undique euocat; . . . dicit: V 57, (1.) 2; Caesar . . . maturius sibi de bello cogitandum putauit. itaque nondum hieme confecta proximis quattuor coactis legionibus de improuiso in fines Neruiorum contendit et . . . coegit: VI (2, 3;) 3, 1; tantis excitati praemiis et sua sponte multi in disciplinam conueniunt et a parentibus propinquisque mittuntur. magnum ibi numerum uersuum ediscere dicuntur. itaque annos non nulli XX ⟨c⟩ in disciplina permanent: VI 14, (2.) 3; fuit antea tempus, cum Germanos Galli uirtute superarent, ultro bella inferrent, . . . trans Rhenum colonias mitterent. itaque ⟨atque β⟩ ea quae fertilissima Germaniae sunt loca . . . Tectosages occupauerunt atque ibi consederunt: VI 24, (1.) 2; hoc ueteres non probant milites, quos . . . una profectos docuimus. itaque inter se cohortati . . . per medios hostes perrumpunt incolumesque . . . in castra perueniunt: VI 40, 4; magnam haec res Caesari difficultatem ad consilium capiendum adferebat. . . . praestare uisum est tamen omnes difficultates perpeti quam tanta contumelia accepta omnium snorum uoluntates alienare. itaque cohortatus Haeduos de supportando commeatu praemittit ad Boios, qui . . . hortentur . . . . ad Boios proficiscitur: VII 10, (1—)3; simili omnem exercitum inopia premi, nec iam nires sufficere cuiusquam nee ferre operis laborem posse. itaque statuisse imperatorem . . . triduo exercitum deducere: VII 20, 11; plusque animo prouidere et praesentire existimabatur (Vercingetorix), quod . . . censuerat. itaque ut reliquorum imperatorum res aduersae auctoritatem minuunt, sic huius ex contrario dignitas incommodo accepto in dies augebatur: VII 30, (2.) 3; erat in magnis Caesari ⟨c⟩ difficultatibus res, ne maiorem aestatis partem flumine impediretur, quod non fere ante autumnum Elauer uado transiri solet. itaque, ne id accideret, . . . in occulto restitit . . . . misit . . . . coepit. . . . reuocauit: VII 35, (1.) 2; eo cum Eporedorix Viridomarusque uenissent et . . . cognouissent, . . . non praetermittendum tantum ⟨c⟩ commodum existimauerunt. itaque interfectis Nouioduni custodibus . . . pecuniam atque equos inter se partiti sunt . . .: VII 55, (4.) 5(—9); Caesar maturandum sibi censuit. . . . itaque admodum magnis diurnis nocturnisque itineribus confectis contra omnium opinionem ad Ligerem uenit . . .: VII 56, (1—)3(—5); tantis subito difficultatibus obiectis ab animi uirtute auxilium petendum uidebat. itaque ⟨β; *Schn.*; *om. rell.*⟩ sub uesperum consilio ⟨c⟩ conuocato cohortatus, ut . . . administrarent, nanes . . . singulas equitibus Rom. attribuit et . . . iubet . . .: VII (59, 6;) 60, 1(—4); qua re ad haec rursus opera addendum Caesar putauit, quo minore numero militum munitiones defendi ⟨c⟩ possent. itaque truncis arborum . . . abscisis . . . perpetuae fossae . . . ducebantur . . .: VII 73, 2(—9); concurrunt ⟨c⟩ his auxiliis uisis; fit ⟨c⟩ gratulatio inter eos, atque omnium animi ad laetitiam excitantur. itaque ⟨atque *AQ*⟩ productis copiis ante oppidum considunt et proximam fossam cratibus integunt atque aggere explent seque . . . comparant: VII 79, (3.) 4; nee tribunis plebis sui periculi deprecandi . . . facultas tribuitur, sed de sua salute septimo die cogitare coguntur . . . . decurritur ad illud extremum . . . senatus consultum . . .: dent operam consules . . ., ne quid res publica detrimenti capiat. haec senatus consulto ⟨*CC*⟩ perscribuntur a. d. VII. Id. Ian. itaque V primis diebus, quibus haberi senatus potuit, . . . et de imperio Caesaris et de amplissimis niris, tribunis plebis, grauissime acerbissimeque decernitur: 1, 5, (1—)4; erat iniqua condicio . . . exercitum Caesaris nelle dimitti, dilectus habere. . . . tempus nero conloquio non dare neque accessurum polliceri magnam pacis desperationem adferebat. itaque ab Arimino M. Antonium cum cohortibus V Arretium mittit; ipse Arimini cum duabus [legionibus] subsistit ibique dilectum habere instituit . . . . occupat: 1, 11, (1—)4; post paulo tamen . . . quae ignorabant de L. Domitii fuga cognoscunt. itaque omnes uno consilio Domitium productum in publicum circumsistunt et custodiunt legatosque . . . ad Caesarem mittunt: 1, 20, (4.) 5; atque haec Caesar ita administrabat, ut condiciones pacis dimittendas non existimaret; ac tametsi magnopere admirabatur Magium, quem ad Pompeium cum mandatis miserat, ad se non remitti . . ., tamen omnibus rebus in eo perseuerandum putabat. itaque Caninium . . ., familiarem necessarium*que* Scribonii Libonis, mittit ad eum conloquii causa: 1, 26, (2.) 3;

Brundisini . . . Pompei contumeliis permoti Caesaris rebus fauebant. itaque cognita Pompei profectione . . . uulgo ex tectis significabant: 1, 28, (1.) 2; interea ueterem exercitum, duas Hispanias confirmari . . ., auxilia, equitatum parari, Galliam Italiamque temptari se absente nolebat. itaque in praesentia Pompei sequendi rationem omittit, in Hispaniam proficisci constituit . . .: 1, (29, 3;) 30, 1; genus erat pugnae militum illorum, ut . . . procurrerent ⟨c⟩, . . . pugnarent. . . . ipsi autem (nostri milites) suos ordines ⟨c⟩ seruare neque ab signis discedere neque . . . eum locum, quem ceperant, dimitti censuerant ⟨CC⟩ oportere. itaque ⟨ita *b*⟩ perturbatis antesignanis legio . . . locum non ⟨c⟩ tenuit atque in proximum collem sese recepit: 1, 44, (1—)5; *nostri* cum ⟨c⟩ minus exercitatis remigibus minusque peritis gubernatoribus utebantur . . ., tum etiam tarditate et grauitate nauium impediebantur: factae enim subito ex umida materia non eundem usum celeritatis habebant ⟨c⟩. itaque, dum locus comminus ⟨c⟩ pugnandi daretur, aequo animo singulas binis nauibus obiciebant atque . . .: 1, 58, (3.) 4; magnum in timorem Afranius Petreiusque perueniunt, ne omnino frumento pabuloque intercluderentur, quod multum Caesar equitatu ualebat. itaque constituunt ipsi ⟨?⟩ *his* locis excedere et in Celtiberiam bellum transferre: 1, 61, 2; iam uero eo magis illi maturandum iter existimabant. itaque duabus auxiliaribus cohortibus Ilerdae praesidio relictis . . . Sicorim transeunt et . . . castra coniungunt ⟨c⟩: 1, 63, 1; quorum . . . uocibus excitatus Caesar, etsi timebat tantae magnitudini ⟨c⟩ fluminis exercitum obicere, conandum tamen . . . iudicat. itaque infirmiores milites . . . deligi iubet. . . . hos eum legione una praesidio castris relinquit; reliquas legiones expeditas educit magnoque numero iumentorum in flumine . . . constituto traducit exercitum: 1, 64, (4.) 5. (6.); frumenti copiam legionarii non nullam ⟨c⟩ habebant . . ., caetrati auxiliaresque nullam. . . . itaque magnus eorum cotidie numerus ad Caesarem perfugiebat: 1, 78, (1.) 2; perpessos (se) omnium rerum inopiam; nunc uero . . . neque corpore *laborem neque animo ignominiam ferre posse. itaque ⟨ita *b*⟩ se uictos confiteri: 1, 84, (4.) 5; tantaque (erat) † multitudo ⟨amplitudo *Paul*⟩ tormentorum, ut eorum uim nullae . . . uineae sustinere possent. asseres enim pedum XII cuspidibus praefixi . . . per IIII ordines cratium in terra defigebantur. itaque pedalibus liguis coniunctis inter se porticus integebantur . . .: 2, 2, (1—)3; eodem Brutus contendit aucto nauium numero. nam ad eas, quae factae erant Arelate . . ., captiuae Massiliensium accesserant sex. has . . . omnibus rebus instruxerat. itaque suos cohortatus . . . plenus spei bonae . . . aduersus eos ⟨c⟩ proficiscitur: 2, 5, (1.) 2; Nasidianae naues nullo usui fuerunt celeriterque pugna excesserunt; non enim has . . . propinquorum praecepta ad extremum uitae periculum adire cogebant. itaque ex eo numero nauium nulla desiderata est: 2, 7, (1.) 2; captam (se) suam urbem uidere; opera perfecta, turrim subrutam: itaque ab defensione desistere: 2, 12, 3 (*Np.* 4); nostri . . . proximi diei casu admoniti omnia ad defensionem parauerant. itaque multis interfectis reliquos infecta re in oppidum reppulerunt: 2, 14, 6; Caesar, etsi multis necessariisque rebus in Italiam ⟨c⟩ reuocabatur, tamen constituerat nullam partem belli in Hispaniis relinquere, quod . . . sciebat. itaque duabus legionibus missis in ulteriorem Hispaniam . . . ipse cum ⟨c⟩ DC equitibus magnis itineribus progreditur ⟨c⟩ edictumque praemittit: 2, (18, 7;) 19, 1; († neque enim ex Marsis Paelignisque ueniebant, ut qui superiore nocte in contuberniis commilitesque nonnulli grauiora sermones militum dubia durius accipiebantur ⟨*sic codd.*; neque enim ex Marsis Paelignisque ueniebant Vticam, qui non [superiore nocte] tuto a Vari in Curionis castra commearent —. Itaque nonnulli grauiores sermones militum [dubia] durius accipiebantur *sic Dt.*⟩: 2, 29, 4;) animus Attianorum . . . nihil de resistendo cogitabat, omnesque se iam ⟨c⟩ ab equitatu circumueniri arbitrabantur. itaque prius quam . . . nostri propius accederent, omnis Vari acies terga uertit seque in castra recepit: 2, 34, 6; sed eum loci natura et munitio castrorum aditum ⟨c⟩ prohibebant ⟨c⟩, tum ⟨c⟩ quod . . . Curionis milites iis ⟨c⟩ rebus indigebant, quae ad oppugnationem castrorum erant usui. itaque Curio exercitum in castra reducit: 2, 35, (5.) 6; erat in oppido ⟨c⟩ multitudo insolens belli . . ., Vticenses pro quibusdam Caesaris in se beneficiis illi amicissimi, . . . terror ex superioribus proeliis magnus. itaque de deditione omnes [in] palam loquebantur et eum P. Attio agebant, ne: 2, 36, (1.) 2; ubi . . . comperit minus V et XX milibus . . . eius (Iubae) copias abesse, . . . sese in Castra Cornelia recepit . . . . castra erant ad bellum ducendum aptissima . . . . non materia . . ., non frumentum . . . deficere poterat. itaque omnium suorum consensu Curio reliquas copias exspectare et bellum ducere parabat: 2, 37, (3—)6; sed tantus fuit omnium terror, ut alii adesse copias Iubae dicerent, alii . . ., alii classem hostium celeriter aduolaturam suspicarentur. itaque perterritis omnibus sibi quisque consulebat: 2, 43, (2.) 3; fiebat aequitate decreti . . ., ut reperiri non possent ⟨c⟩, a quibus initium appellandi nasceretur. nam fortasse inopiam excusare . . . etiam mediocris est animi; integras nero tenere possessiones qui se debere fateantur cuius animi aut cuius impudentiae est? itaque hoc qui postularet reperiebatur nemo: 3, 20, (2—)4; incredibili felicitate auster . . . in Africum se uertit. hic subitam commutationem fortunae uidere licuit: qui modo sibi timuerant, hos tutissimus portus recipiebat ⟨c⟩, qui nostris nauibus periculum intulerant, de suo timere cogebantur. itaque tempore commutato tempestas et nostros texit et naues Rhodias adflixit, ita ut . . .: 3, (26, 5—)27, 2; acerbissime imperatae pecuniae tota prouincia exigebantur . . . . accedebant ad haec granissimae usurae . . . . itaque aes alienum prouinciae eo biennio multiplicatum est: 3, 32, (1—)5; (Scipio) Fauonio auxilium ferre contendit. itaque die ac nocte continuato itinere ad eum peruenit: 3, 36, (7.) 8; ubi illum suis locis se tenere animum ⟨c⟩ aduertit, reducto in castra exercitu aliud sibi consilium capiendum existimauit. itaque postero die . . . Dyrrachium profectus est: 3, 41, (2.) 3; (omnia enim flumina . . . Caesar aut auerterat aut . . . obstruxerat . . . terramque adgesserat ⟨c⟩, ut aquam contineret ⟨c⟩. ita ⟨*Oz; itaque recc.?; edd.*⟩ illi necessario loca sequi . . . palustria et puteos fodere cogebantur: 3, 49, (4.) 5;) temptandam sibi Achaiam . . . existimabat Caesar. itaque ⟨existimabat. caesar itaque *codd.*⟩ eo Q. ⟨c⟩ Calenum misit eique ⟨c⟩ Sabinum et Cassium . . . adiungit: 3, 55, 1; duplicem eo loco fecerat uallum . . . . sed operum magnitudo et continens omnium dierum labor . . . perficiendi spatium non dabat. itaque contra mare transuersum uallum . . . nondum perfecerat: 3, 63, (3—)5; accessere subito . . . Pompeiani . . .; simul . . . in exteriorem ⟨c⟩ uallum tela iaciebant, . . . magnaque multitudo sagittariorum . . . circumfundebatur. multum autem ab ictu lapidum, quod unum nostris erat telum, uiminea tegimenta . . . defendebant. itaque cum omnibus rebus nostri premerentur atque aegre resisterent, animaduersum est uitium munitionis, quod supra demonstratum est atque . . . (Pompeiani nostros) terga uertere coegerunt: 3, 63, (6—)8; quae (cohortes) fugientes conspicatae neque illos suo aduentu confirmare potuerunt neque ipsae ⟨c⟩ hostium impetum tulerunt. itaque quodcumque addebatur subsidio, id corruptum ⟨*CC*⟩ timore fugientium terrorem et periculum augebat: 3, 64, (1.) 2; Caesar a ⟨c⟩ superioribus consiliis depulsus omnem sibi commutandam belli rationem existimauit. itaque uno tempore praesidiis omnibus deductis . . . coactoque in unum locum exercitu contionem . . . habuit hortatusque est, ne: 3, 73, 1; Caesar neque satis militibus perterritis confidebat . . . *et* . . . magnopere rei frumentariae timebat. itaque nulla interposita mora . . . *impedimenta* omnia ⟨c⟩ silentio . . . Apolloniam praemisit . . .: 3, (74, 3;) 75, 1; timens Domitio . . . ad eum omni celeritate . . . ferebatur. totius autem rei consilium his rationibus explicabat, ut . . . cogeret. itaque praemissis nuntiis ad Cn. Domitium Caesar ei ⟨c⟩ scripsit et quid fieri uellet ostendit . . .: 3, 78, (2—)5; quae gens paucis ante mensibus . . . praesidium . . ab eo militum petierat. sed eo fama iam praecurrerat ⟨c⟩ . . . de proelio Dyrrachino, quod multis auxerat ⟨c⟩ partibus. itaque Androsthenes, praetor Thessaliae, cum se uictoriae Pompei comitem esse mallet . . ., omnem ex agris multitudinem . . . in oppidum cogit portasque praecludit et . . . mittit: 3, 80, (1—)3; milites docuit, quantum usum haberet . . . potiri oppido . . . opulento, . . . prius quam auxilia concurrerent. itaque usus singulari militum studio eodem quo uenerat die . . . oppidum . . . expugnauit: 3, 80, (5.) 6; temptandum *Caesar* existimauit, quidnam Pompeius propositi aut uoluntatis ad dimicandum haberet. itaque ex castris exercitum eduxit aciemque instruxit: 3, 84, (1.) 2; his erat rebus effectum, ut equitum mille . . . VII milium Pompeianorum impetum . . . sustinere auderent neque . . . terrerentur. namque ⟨itaque?⟩ etiam per eos dies proelium secundum equestre fecit: 3, 84, (4.) 5; nanes longas occupare hostes conabantur . . .; quas si occupauissent, classe Caesari ⟨c⟩ erepta . . . commeatu auxiliisque Caesarem prohiberent. itaque tanta est contentione actnm, quanta agi debuit, eum illi ⟨c⟩ celerem in ea re uictoriam, hi ⟨c⟩ salutem suam consistere niderent: 3, 111, (4.) 5.

item. A. non respondet particula ut; a) non additur atque, et, que: Haedui . . . legatos ad Caesarem mittunt rogatum auxilium. . . . eodem tempore . . . Ambarri . . . Caesarem certiorem faciunt sese . . . non facile ab oppidis uim hostium prohibere. item Allobroges . . . se ad Caesarem recipiunt et demonstrant sibi praeter agri solum nihil esse reliqui: I 11, (2. 4.) 5; si Haeduis de iniuriis, quas ipsis sociisque eorum intulerint, item si Allobrogibus satis faciant, sese cum iis pacem esse facturum: I 14, 6; ius esse belli, ut, qui uicissent, iis, quos uicissent, quem ad modum uellent imperarent; item ⟨*recc.*; idē *uel* id est *X*⟩ populum Romanum uictis non ad alterius praescriptum, sed ad suum arbitrium imperare consuesse: I 36, 1; legionem Caesar, quam equis deuexerat ⟨*c*⟩, passibus ducentis ab eo tumulo constituit. item equites Ariouisti pari interuallo constiterunt: I 43, 2; C. Valerius Procillus, cum . . . uinctus traheretur, in ipsum Caesarem . . . incidit . . . . item M. Metius repertus et ad eum reductus est: I 53, (5.) 8; sex legiones pro castris in acie constituit. hostes item ⟨et *add.* β⟩ suas copias ex castris eductas instruxerant: II 8, 5; omnes maiores natu ex oppido egressi manus ad Caesarem tendere et noce significare coeperunt, sese in eius fidem . . . uenire . . . . item, eum ad oppidum accessisset . . ., pueri mulieresque ex muro passis manibus suo more pacem ab Romanis petierunt: II 13, (2.) 3; Caesar necessariis rebus imperatis ad cohortandos milites . . . decucurrit ⟨*c*⟩ et ad legionem decimam ⟨*c*⟩ deuenit. milites . . . cohortatus . . . proelii committendi signum dedit. atque in alteram partem item cohortandi causa profectus pugnantibus occurrit: II 21, (1—)4; legionis nonae et decimae milites . . . Atrebates . . . celeriter ex loco superiore in flumen compulerunt . . . . ipsi . . . in locum iniquum progressi rursus resistentes ⟨*c*⟩ hostes redintegrato proelio in fugam coniecerunt ⟨*c*⟩. item alia in parte . . . legiones undecima et octana profligatis Veromanduis . . . ex loco superiore in ipsis fluminis ripis proeliabantur: II 23, (1—)3; Caesar ab decimae legionis cohortatione ad dextrum cornu profectus, ubi suos urgeri . . . uidit, . . . iussit. . . . Caesar cum septimam legionem, quae iuxta constiterat, item urgeri ab hoste uidisset, . . . monuit: II (25, 1;) 26, 1; ibi cum alii fossas complerent, alii multis telis coniectis defensores uallo munitionibusque depellerent auxiliaresque . . . lapidibus telisque subministrandis . . . speciem atque opinionem pugnantium praeberent, cum item ab hostibus constanter ac non timide pugnaretur telaque . . . non frustra acciderent, equites . . . renuntiauerunt: III 25, 1; Caesar ⟨*c*⟩ exercitum . . . in Aulercis Lexouiisque, reliquis item ⟨in *add.* β⟩ ciuitatibus, quae proxime ⟨*c*⟩ bellum fecerant, in hibernis conlocauit: III 29, 3; IV 1, 1 *u.* b) β); tigna bina . . . interuallo pedum duorum inter se iungebat. haec cum . . . adegerat . . ., his item contraria duo ad eundem modum iuncta ⟨*c*⟩ . . . ab inferiore parte . . . statuebat: IV 17, (3—)5; tum nostri cohortati inter se . . . uniuersi ex naui desiluerunt ⟨*c*⟩. hos item ⟨alii *add. Ald.*⟩ ex proximis [primis] nauibus eum conspexissent, subsecuti hostibus adpropinquarunt ⟨*c*⟩: IV 25, (5.) 6; scaphas longarum nauium, item speculatoria nauigia militibus compleri iussit: IV 26, 4; cum his (Menapiis) esse hospitium Ambiorigi sciebat; item per Treueros uenisse Germanis ⟨*c*⟩ in amicitiam cognouerat: VI 5, 4; multaque in ea (silua) genera ferarum nasci constat, quae reliquis in locis nisa non sint . . . . est bos cerui figura . . . . sunt item quae appellantur alces ⟨*c*⟩: VI (25, 5; 26, 1;) 27, 1; Gabalos proximosque pagos Aruernorum in Heluios, item Rutenos Cadurcosque ad fines Volcarum Arecomicorum depopulandos mittit: VII 64, 6; Germani . . . in hostes ⟨*c*⟩ impetum fecerunt eosque propulerunt. quibus in fugam coniectis sagittarii circumuenti interfectique sunt. item ex reliquis partibus nostri cedentes usque ⟨*c*⟩ ad ⟨*c*⟩ castra insecuti ⟨*c*⟩ sui colligendi ⟨*c*⟩ facultatem non dederunt: VII 80, (6—)8; pollicetur L. Piso censor sese iturum ad Caesarem, item L. Roscius praetor, qui de his rebus eum doceant: 1, 3, 6; Vibullius . . . milites ab eo accipit, ipsum dimittit. item ex finitimis regionibus quas potest contrahit cohortes ex dilectibus Pompeianis: 1, 15, (4.) 5; *quae* (cohortes) procul equitatum Caesaris conspicatae . . . signa ad Curium transferunt atque ad eum transeunt. item reliquis itineribus non nullae cohortes in agmen Caesaris, aliae ⟨*c*⟩ in equites incidunt: 1, 24, (3.) 4; cognoscit missum *in Hispaniam* a Pompeio Vibullium Rufum, quem paucis ante diebus Corfinio captum ipse dimiserat; profectum item ⟨dimiserat praefectum; item *al(h?)*⟩ Domitium ad occupandam Massiliam . . . . praemissos etiam . . .: 1, 34, (1.) 2; itaque pedalibus liguis coniunctis inter se porticus integebantur, atque hac agger inter manus proferebatur. antecedebat testudo pedum LX aequandi loci causa, facta item ex fortissimis lignis: 2, 2, (3.) 4; frumenti magnum numerum coegit, quod Massiliensibus, item quod Afranio Petreioque ⟨*c*⟩ mitteret: 2, 18, 1; huc Dardanos, Bessos partim mercennarios, partim imperio aut gratia comparatos, item Macedones, Thessalos ac reliquarum gentium et ciuitatum adiecerat: 3, 4, 6; tirones . . . salo nauseaque confecti . . . se Otacilio dediderunt . . . . at ueteranae legionis milites item ⟨*Of*; idem *Nahl*; itidem *Heins.*⟩ conflictati et tempestatis et sentinae uitiis neque ex pristina uirtute remittendum aliquid putauerunt et . . .: 3, 28, (4.) 5; ciuitatibus tyrannisque magnas imperauerat pecunias, item ⟨que *add. N*⟩ a publicanis suae prouinciae debitam biennii pecuniam exegerat et ab isdem . . . praeceperat: 3, 31, 2; uecturasque frumenti finitimis ciuitatibus discripsit ⟨*c*⟩. item Lisso Parthinisque et omnibus castellis quod esset frumenti conquiri iussit: 3, 42, 4; relicto interiore uallo maiorem adiecerat munitionem. . . . item ab angulo castrorum sinistro munitionem ad flumen perduxerat: 3, 66, (4.) 6; ibi (Pompeius) ab Achilla et Septimio interficitur. item L. Lentulus comprehenditur ab rege et in custodia necatur: 3, 104, 3; * * * item constabat Elide in templo Mineruae . . . . simulacrum Victoriae . . . ad ualuas se templi limenque conuertisse: 3, 105, (1.) 2; Pergamique in occultis ac reconditis ⟨*c*⟩ templi ⟨*c*⟩ . . . tympana sonuerunt. item Trallibus in templo Victoriae . . . palma per eos dies . . . ex pauimento exstitisse ostendebatur: 3, 105, (4.) 5.

b) additur particula copulatiua; α) atque: prorae (erant) admodum erectae atque item puppes, ad magnitudinem fluctuum . . . accommodatae: III 13, 2.

β) et: quibus in tabulis nominatim ratio confecta erat, qui numerus domo exisset eorum, qui arma ferre possent, et item separatim pueri, senes mulieresque: I 29, 1; P. Sextius Baculus, primi pili centurio, . . . et item C. Volusenus . . . ad Galbam adcurrunt ⟨*c*⟩: III 5, 2; Vsipetes Germani et ⟨*om.* β⟩ item Tenceteri . . . Rhenum transierunt: IV 1, 1; — sublicae et ad inferiorem partem fluminis oblique agebantur et aliae item supra pontem mediocri spatio: IV 17, (9.) 10.

γ) que: in eo itinere persuadet Castico . . ., ut regnum in ciuitate sua occuparet, quod pater ante habuerat, itemque Dumnorigi Haeduo . . . ut idem conaretur persuadet: I 3, (4.) 5; cum fides tota Italia esset angustior neque creditae pecuniae soluerentur, constituit, ut arbitri darentur . . . . itemque praetoribus tribunis*que* plebis rogationes ad populum ferentibus non nullos ambitus . . . damnatos . . . in integrum restituit: 3, 1, (2—)4; Vatinius . . . scaphis elicuit naues Laelianas atque . . . quinqueremem et minores duas . . . cepit, itemque per equites dispositos aqua prohibere classiarios instituit: 3, 100, 2.

crebri ad eum rumores adferebantur, litterisque item Labieni certior fiebat omnes Belgas . . . coniurare: II 1, 1; Veneti reliquaeque item ciuitates . . . pro magnitudine periculi bellum parare . . . instituunt: III 9, 3.

B. respondet particula ut: ut ipsi concedi non oporteret, si in nostros fines impetum faceret, sic item nos esse iniquos, quod ⟨*c*⟩ in suo iure se interpellaremus: I 44, 8; ¶ ubi tempus alterius contabulationis uidebatur, tigna item ut primo tecta extremis lateribus instruebant: 2, 9, 7.

iter. A. = *(τὸ ἰέναι,) ἡ πορεία*; **a) subiect.; α):** multi . . . defecerant longumque iter ex Hispania *[magnum] numerum deminuerat ⟨*Nhl; dimin. Oaf*⟩: 3, 2, 3; ¶ erat enim iter a proposito diuersum, contrariamque in partem iri uidebatur: 1, 69, 1; Caesari circuitu maiore iter erat longius, aduerso flumine, ut nado transire posset: 3, 30, 4; ¶ tantusque terror incidit eius exercitui . . ., ut . . . fugae simile iter uideretur: 3, 13, 2.

β): (Pompeius, quia ⟨expedito itinere *add. codd.; edd.*; expedito itinere, quia *Ciacc.*; Pompeius, quod [expedito itinere] *Paul*⟩ flumen ei transeundum non erat, magnis itineribus ad Antonium contendit: 3, 30, 4;) quod multum expedito ⟨expedimento *ah*⟩ itinere antecesserat Caesar: 3, 75, 3.

b) obiect.: iterque accelerat, ut quam maxime ex fuga perterritos adoriri posset: 2, 39, 6; ¶ quod iter ab Arare Heluetii auerterant: I 16, 3; iter ab Heluetiis auertit ac Bibracte ire contendit: I 23, 1; ¶ equitum ⟨*c*⟩ magnam ⟨*c*⟩ partem ad explorandum iter Domitii et cognoscendum praemisit: 3, 38, 2; ¶ quibus litteris acceptis consilium Scipio iterque commutat: 3, 36, 7; ¶ conficere *u.* **conficio** *p. 640 sq. (17 loc.)*; ¶ ideo ⟨*c*⟩ continuato nocte ac die itinere . . . ad Pompeium contendit: 3, 11, 1; itaque die ac nocte continuato itinere ad eum peruenit: 3, 36, 8; ¶ Heluetii . . . commutato consilio atque itinere conuerso nostros . . . lacessere coeperunt: I 23, 3; ut ⟨*CC*⟩ commutato consilio iter in prouinciam conuerteret: VII 56, 2; cum itinere conuerso sese Italicam ⟨*c*⟩ uenturum praemisisset ⟨*c*⟩: 2, 20, 6; ¶ negat se more et exemplo populi Romani posse iter ulli per prouinciam dare: I 8, 3; illud se . . . confirmare, tutum ⟨se *add.* β⟩ iter per ⟨suos *add.* β⟩ fines daturum: V 27, 10; ¶ nullo hoste prohibente aut iter demorante incolumem legionem . . . in Allobroges perduxit: III 6, 5; ¶ praeteruectas . . . . naues uiderant, † ipsi iter secundum eas terra ⟨*1 det.*; terras *Ox*⟩ derexerant ⟨niderant ipsi, et iter sec. eas terra d. *Madu.*; niderant ipsi, ut iter secundo austro derex. *Paul*; ipsi iter s. e. t. d. *interpolatoris esse censet Kraff.*⟩: 3, 30, 1; ¶ differendum est, inquit, iter in praesentia nobis: 3, 85, 4; ¶ exercitum educit duplieatoque eius diei itinere VIII milia passuum ex eo loco procedit: 3, 76, 3; ¶ quantumcumque itineris equitatu efficere poterat, cotidie progrediebatur: 3, 102, 1; ¶ explorare: 3, 38, 2 *u.* cognoscere; ¶ facere *u.* **facio** *p. 1269 sq. (33 loc.)*; ¶ habere *u.* **habeo** *p. 1404* **2.** *(5 loc.)*; 3, 79, 2 *u.* **B. b)** habere; ¶ impedire *u.* **impedio** *p. 62 (7 loc.)*; ¶ intermittere *u.* **intermitto** *p. 221* **B. a)** *(6 loc.)*; ¶ cernebatur . . . non numquam *subsistere extremum agmen atque *iter ⟨*add. Forchh.*⟩ interrumpi ⟨*u. CC*⟩: 1, 64, 1; ¶ iam nero eo magis illi maturandum iter existimabant: 1, 63, 1; ¶ agmen Haeduorum conspicatus immisso equitatu iter eorum moratur atque impedit: VII 40, 4; magna multitudine circumfusa morari atque iter ⟨iter atque *Paul*⟩ impedire incipiunt: 1, 63, 3; ¶ uti ipse . . . mutato itinere ingis Octogesam perueniret: 1, 70, 4; ¶ ipse iter in Macedoniam parare incipit paucisque post diebus est profectus: 3, 33, 2; ¶ (pronuntiatur prima luce ituros ⟨iter *Ciacc.*⟩: V 31, 4;) ¶ proponere: 1, 69, 1 *u.* **a) α)** esse; confecto iusto itinere eius diei, quod proposuerat Caesar, traductoque exercitu . . . consedit: 3, 76, 1; ¶ Cassiuellaunus . . . itinera nostra seruabat paulumque ex uia excedebat: V 19, 1; ¶ ueriti, ne . . . in angustiis tenerentur, iter supprimunt copiasque in castris continent: 1, 66, 2; ¶ quod eo inuito iter per prouinciam per uim temptassent: I 14, 3.

c) accus. spatii: a quibus cum paucorum dierum iter abesset: IV 7, 2; — Hercyniae ⟨*c*⟩ siluae . . . latitudo nouem dierum iter expedito ⟨exped. iter *a*⟩ patet: VI 25, 1; — cum dierum iter LX processerit: VI 25, 4; — iis ⟨*c*⟩ aliquantum itineris progressis . . . equites . . . uenerunt: V 10, 2; ipse eodem . . . proficiscitur biduique iter progressus ad flumen Bagradam peruenit: 2, 24, 1.

d) genet.: Basilum eum omni equitatu praemittit, si quid celeritate itineris atque opportunitate temporis proficere possit ⟨*c*⟩: VI 29, 4; ¶ eorum dierum consuetudine itineris nostri exercitus perspecta: II 17, 2; ¶ hunc omnium inuentorem artium ferunt, hunc uiarum atque itinerum ducem: VI 17, 1; ¶ adhortatus milites, ne necessario tempore itineris labore permoueantur: VII 40, 4; totius diei pugna atque itineris labore defessi rem in posterum diem distulerunt: 1, 65, 5; reliqui uulneribus ex proeliis et labore ac magnitudine itineris confecti consequi non potuerant: 3, 106, 2; ¶ cum . . . omnes sine timore iter facerent usi ⟨*c*⟩ superiorum temporum atque itinerum licentia: 1, 51, 2; ¶ cum sibi quisque primum itineris locum peteret et domum peruenire properaret: II 11, 1; ¶ magnitudo: 3, 106, 2 *u.* labor; ¶ mensura: VI 25, 1 *u.* **B. c)**; ¶ celeriter equitatus ad cotidianum itineris ⟨*del. Ciacc.*⟩ officium reuertitur: 1, 80, 4; ¶ saxa . . . iter impediebant, *ut* . . . subleuati . . alii ab aliis magnam partem itineris conficerent: 1, 68, 2; ¶ eadem usus simulatione itineris placide progrediebatur: VI 8, 2; ¶ spatium *u.* **B. e)** spatium.

Romanos non solum itinerum causa, sed etiam perpetuae possessionis culmina Alpium occupare conari: III 2, 5; interfectis Nouioduni custodibus quique eo negotiandi ⟨aut itineris *add.* β; *Schn.*⟩ causa conuenerant: VII 55, 5.

aliquantum itineris: V 10, 2 *u.* **e)** progredi; ¶ quantumcumque it.: 3, 102, 1 *u.* **b)** efficere.

e) abl.; α): illi itinere totius noctis confecti subsequi non poterant: 2, 39, 6; ¶ haec spectans, . . . in itinere ut aliquam occasionem dimicandi nancisceretur et insolitum ad laborem Pompei exercitum cotidianis itineribus defatigaret: 3, 85, 2; ¶ ut . . . tantum in agris uastandis incendiisque faciendis hostibus noceretur, quantum labore atque itinere legionarii milites efficere poterant: V 19, 3; ¶ (si in ⟨*add.* b^1⟩ itinere impeditos ⟨et *add. V.*⟩ perterritos deprehendere posset: 3, 75, 3.)

β): expedito itinere: 3, (30, 4;) 75, 3 *u.* **a) β)**; ¶ Dyrrachio timens diurnis eo ⟨*c*⟩ nocturnisque itineribus contendit: 3, 13, 1; I 38, 7 *u. infra* magnis itin.; ¶ Vercingetorix . . . magnis itineribus antecessit: VII 35, 6; — ipse in Italiam magnis itineribus contendit: I 10, 3; re frumentaria quam celerrime potuit comparata magnis itineribus ad Ariouistum contendit. cum tridui niam processisset: I 37, 5; huc Caesar magnis nocturnis diurnisque itineribus contendit: I 38, 7; Fabius . . . adhibita celeritate praesidium ex saltu deiecit magnisque itineribus ad exercitum Afranii contendit: 1, 37, 3; Pompeius . . . magnis itineribus ad Antonium contendit: 3, 30, 4; — cum se magnis itineribus extenderet et praegressos consequi cuperet: 3, 77, 3; — eodem die . . . in Senones ⟨*c*⟩ proficiscitur magnisque itineribus eo peruenit: VI 3, 6; Corfinium magnis itineribus peruenit: 1, 15, 6; — ipse cum ⟨*c*⟩ DC equitibus magnis itineribus progreditur ⟨praegr. *Ohl*⟩: 2, 19, 1; — uenit magnis itineribus in Neruiorum fines: V 48, 2; ¶ re nona perturbatus maioribus itineribus Apolloniam petere coepit: 3, 11, 2; ¶ maturat . . . proficisci et quam maximis potest itineribus in Galliam ulteriorem contendit et ad Genauam peruenit: I 7, 1; suis inopinantibus quam maximis potest itineribus Viennam peruenit: VII 9, 3; ¶ Vercingetorix minoribus Caesarem itineribus ⟨itin. caes. β⟩ subsequitur: VII 16, 1; quantumcumque itineris equitatu efficere poterat, cotidie progrediebatur legionemque unam minoribus itineribus subsequi iussit: 3, 102, 1; ¶ nocturnis itin. *u.* diurnis; ¶ hunc cum obliquo itinere caetrati peterent: 1, 70, 5.

γ): (eo itinere sese auertit: 3, 21, 5 *u.* **f) α)**;) ¶ Caesar legiones equitatumque reuocari atque in ⟨*om.* β⟩ itinere resistere ⟨desistere β⟩ iubet: V 11, 1; ¶ intercludere *u.* **intercludo** *p. 206* **β)** *(3 loc.)*; ¶ ne (Sequani) ⟨in *add. af*⟩ itinere Heluetios prohibeant: I 9, 4; ibi Ceutrones et Graioceli et Caturiges locis superioribus occupatis itinere exercitum prohibere conantur: I 10, 4; ut . . . praesidiis . . in angustiis conlocatis exercitum ⟨in *add.* h^1⟩ itinere prohiberent (Afranius et Petreius): 1, 65, 4.

f) c. praep.; α) ab: consilio destitit atque ab ⟨*ego add.; om. codd. et edd.*⟩ eo itinere sese auertit: 3, 21, 5; sed Caesarem Apollonia ⟨-iam *a*⟩ a derecto itinere auerterat ⟨aduert. *h*; — Caesar Apolloniam recto itinere diuerterat *uel* Caesar ab Apollonia rectum iter auerterat *Ciacc.*⟩: 3, 79, 2; ¶ quas (legiones) ab itinere Asiae Syriaeque ad suam potentiam dominatumque conuerterat: 1, 4, 5.

β) ad: milium VI ad iter addito circuitu ⟨*u. CC*⟩: 1, 64, 8; ¶ sine iumentis impedimentisque † ad iter ⟨ab Ilerda *Paul*⟩ profectos uidebant: 1, 69, 2; ¶ quo essent ad iter ⟨*Manut.*; id *codd. et edd.*; ad id *del. Kraff.*⟩ expeditiores, . . . iumenta interfici iubent: 1, 81, 6.

γ) ex itinere *u.* **ex** *p. 1175 sq.* **B. a)** *(8 (9) loc.)*.

δ) in itinere *u.* **in** *p. 130 (21 (23) loc.)*; — esse in itinere *u.* **in** *p. 134 (3 loc.)*

B. = ἡ ὁδός; **a) subi.; α):** erant omnino itinera duo, quibus itineribus domo exire possent: unum per Sequanos, angustum et difficile, inter montem Iuram et flumen Rhodanum, uix qua singuli carri ducerentur . . .; alterum ⟨iter *add. AQ*⟩ per prouinciam nostram, multo facilius atque expeditius: I 6, 1. 2; qua proximum iter in ulteriorem Galliam per Alpes erat, cum his quinque legionibus ire contendit: I 10, 3; erat unum iter ⟨consilium *Ciacc.*⟩, Ilerdam si reuerti uellent, alterum, si Tarraconem peterent: 1, 73, 2; ¶ a milibus passuum V itinera difficilia atque angusta excipiebant: 1, 65, 3; ¶ aditus autem atque itinera duo, quae extra murum ad portum ferebant, maximis defixis trabibus . . . praesaepit: 1, 27, 4; ¶ nam quae ⟨*l*; namque *Oafh*⟩ itinera ad Hiberum atque Octogesam pertinebant, castris hostium oppositis tenebantur: 1, 68, 1.

β): Caesar exploratis regionibus . . . copias castris educit magnoque circuitu nullo certo itinere exercitum ducit ⟨*Ald.*; educit *codd.*⟩: 1, 68, 1; ut altissimis fluminibus atque impeditissimis itineribus ⟨ripis *f*⟩ nullum acciperet incommodum: 3, 77, 2; siluae incertis occultisque ⟨occultatisque β⟩ itineribus ⟨in itineribus β⟩ confertos ⟨confertis *BM*⟩ adire prohibebant: VI 34, 4.

b) obi.: Labienum . . . cum . . . his ⟨*c*⟩ ducibus, qui iter cognouerant, summum iugum montis ascendere iubet: I 21, 2; ¶ pedestria esse itinera concisa aestuariis . . . sciebant: III 9, 4; ¶ ut exploratis itineribus minore cum ⟨*c*⟩ periculo uallem riuumque transiret: V 50, 3; ¶ itinere exquisito per Diuiciacum . . ., ut milium amplius quinquaginta circuitu locis apertis exercitum duceret, . . . profectus est: I 41, 4; ¶ sibi esse in animo . . . iter per prouinciam facere, propterea quod aliud iter haberent nullum: I 7, 3; Pompeius per Candauiam iter in Macedoniam expeditum habebat: 3, 79, 2; ¶ intercludere *u.* **intercludo** *p. 205 sq. (3 loc.)*; ¶ Labienus . . . cratibus atque aggere paludem explere atque iter munire conabatur: VII 58, 1; ¶ circumfundi noctu equitatum Caesaris atque omnia loca atque itinera obsidere ⟨-eri *O*⟩: 1, 67, 3; ¶ causa mittendi fuit, quod iter per Alpes . . . patefieri uolebat: III 1, 2; ¶ Caesar praecepto ⟨*Oud.*; praefecto occupato *x*; praeoccupato *Ald. nep.*; *edd.*; profectus occupato *Ach. Stat.*; profectionis occup. *Hot.*⟩ itinere ad Dyrrachium finem properandi facit: 3, 13, 5; ¶ praesaepire: 1, 27, 4 *u.* **a) α)** ferre; ¶ haec (fama) itinera infesta reddiderat: 3, 79, 4; ¶ tenere: 1, 68, 1 *u.* **a) α)** pertinere.

c) genet.: non se hostem uereri, sed angustias itineris et ⟨*c*⟩ magnitudinem siluarum . . . timere dicebant: I 39, 6; qui suum timorem in rei frumentariae simulationem ⟨*CC*⟩ angustiasque itineris ⟨itinerum $B^2(h?)$⟩ conferrent ⟨c⟩, facere arroganter: I 40, 10; pontis atque itinerum angustiae multitudini ⟨c⟩ fugam intercluserant: VII 11, 8; ¶ (itinerum dux: VI 17, 1 *u.* **A. d)** dux;) ¶ siluae ... latitudo nouem dierum iter expedito patet; non enim aliter finiri potest, neque mensuras itinerum nouerunt: VI 25, 1; ¶ V milia passuum proxima intercedere ⟨intercidere *Ox*⟩ itineris campestris, inde excipere loca aspera et montuosa: 1, 66, 4; ¶ quicquid huc ⟨c⟩ circuitus ⟨c⟩ ad molliendum cliuum accesserat, id spatium itineris augebat ⟨spatio itineris augebatur β⟩: VII 46, 2; neque nero idem profici longo itineris ⟨*an addend.* interiecto?⟩ spatio, cum per alios condiciones ferantur, ac si coram de omnibus condicionibus disceptetur: 1, 24, 6.

d) abl.; α): haec insula ... in mare iactis molibus angusto itinere ut ⟨*Kraff.;* et *codd. et edd.;* angusto it. et ponte *del. Schambach*⟩ ponte cum oppido coniungitur: 3, 112, 2.

β): magno circuitu difficili angustoque ⟨et angusto *N*⟩ itinere Dyrrachium profectus est: 3, 41, 3; quod angusto itinere per aggeres (equitatus) ascendebat ⟨ascenderat *Ciacc.*⟩: 3, 69, 2; ¶ breuiore itinere *u.* **breuis** *p. 424* **1. a)** *(3 loc.);* ¶ (nullo certo itinere: 1, 68, 1 *u.* **a) β)**;) ¶ (commodissimo it.: V 49, 8 *u.* quo itinere;) Caesar ... IIII secum legiones duxit commodioreque itinere Pompeianis occurrere coepit: 3, 97, 3; ¶ abest derecto itinere ab Vtica paulo amplius passus mille: 2, 24, 4; ¶ difficili it.: 3, 41, 3 *u.* angusto it.; ¶ ut incertis temporibus diuersisque itineribus iretur: VII 16, 3; quod diuerso ab ea regione itinere profectum uidebat: 3, 41, 4, ipse diuerso itinere quam potuit occultissime reliquas cohortes ... eduxit: 3, 67, 3; ¶ reliquas (legiones) de quarta uigilia compluribus portis eductas eodem itinere praemisit: 3, 75, 2; I 21, 3; III 3, 3; VII 58, 2 *u.* **idem** *p. 24 extr.;* ¶ expedito itinere: 3, (30, 4;) 75, 3 *u.* **A. a) β)**; ¶ incertis itineribus per siluas ad T. Labienum legatum in hiberna perueniunt: V 37, 7; ¶ *deuectis iis cohortibus ... et longiore itinere circumductis ... peruenerunt: III 26, 2; et longo itinere ab his circumducti ad portum perueniunt: 1, 28, 4; ¶ reuocantur notisque ⟨noctisque *Nx*⟩ itineribus ad naues decurrunt: 1, 28, 3; ¶ (nullo certo itinere: 1, 68, 1 *u.* **a) β)**;) ¶ ut neque pedestri itinere neque nauibus commeatu innari possint: 2, 32, 12; ¶ quibus accidit rebus, ut pluribus dimissi ⟨*Steph.;* dimissis *codd.; Ciacc.*⟩ itineribus ⟨*del. Ciacc.*⟩ a Caesare ad Domitium et a Domitio ad Caesarem nulla ratione iter conficere possent: 3, 79, 5; ¶ erant omnino itinera duo, quibus itineribus domo exire possent: I 6, 1; iter per Alpes, quo magno cum periculo magnisque cum ⟨c⟩ portoriis mercatores ire consuerant, patefieri uolebat: III 1, 2; explorat, quo commodissime ⟨commodissimo β⟩ itinere uallem ⟨β; *Np., Schn.;* nalles α; *rell. edd.*⟩ transire ⟨*X; Np., Schn.;* transiri *rell. edd.*⟩ possit ⟨c⟩: V 49, 8; — eodem itinere, quo (isdem itineribus, quibus) *u.* **idem** *p. 24 extr. (3 loc.);* ¶ exeunt rectoque ad Hiberum itinere contendunt: 1, 69, 4.

γ): abest derecto itinere ab Vtica paulo amplius passus mille. sed hoc itinere est fons, quo ⟨*1 det.;* quod *Ox*⟩ mare succedit longius: 2, 24, 4; ¶ medio fere itinere equites a Fabio missi quanto res in periculo fuerit exponunt: VII 41, 2; ¶ item reliquis itineribus non nullae cohortes in agmen Caesaris ... incidunt: 1, 24, 4.

δ): itinere intercludere *u.* **intercludo** *p. 206* **β)** *(3 loc.).*

e) c. praep.: a derecto itinere auertere: 3, 79, 2 *u.* **A. f) α)**; ¶ de itinere ipsos breui tempore iudicaturos: I 40, 11; ¶ quorum (equitum) nulli ex itinere excedere licebat, quin ... exciperetur: 1, 79, 5; ¶ (incertis occultatisque in itineribus: VI 34, 4 *u.* **a) β)**.)

Viarum atque itinerum: VI 17, 1; — iter Asiae Syriaeque: 1, 4, 5.

Adiect.: aliud: I 7, 3; alterum: I 6, 2; 1, 73, 2; angustum (-a) *u. Vol. I p. 261 sq. (5 loc.);* breuius *ib. p. 424 (3 loc.);* campestre: 1, 66, 4; certum: 1, 68, 1; commodius, ⟨-issimum⟩: 3, 97, 3; ⟨V 49, 8;⟩ cotidiana: 3, 85, 2; derectum: 2, 24, 4; 3, 79, 2; difficile (-ia): I 6, 1; 1, 65, 3; 3, 41, 3; diuersum (-a): VII 16, 3; 1, 69, 1; 3, 41, 4; 67, 3; diurnum (-a): I 38, 7; VII 9, 4; 56, 3; 3, 13, 1; duo: I 6, 1; 1, 27, 4; expeditum: 3, ⟨30, 4;⟩ 75, 3; 79, 2; expeditius: I 6, 2; facilius: I 6, 2; impeditissima: 3, 77, 2; incerta: V 37, 7; VI 34, 4; infesta: 3, 79, 4; iustum: 1, 23, 5; 3, 76, 1; longum: 1, 28, 4; 3, 2, 3; longius: III 26, 2; 3, 30, 4; magnum (-a): II 12, 1; VII 56, 3; *u. praeterea* **A. e) β)** *(11 loc.);* maiora: 3, 11, 2; maxima: I 7, 1; VII 9, 3; medium VII 41, 2; 1, 59, 3; minora: VII 16, 1; 3, 102, 1; nocturnum (-a): I 38, 7; VII 9, 4; 56, 3; 3, 13, 1; 96, 4; nostrum (-a): II 17, 2; V 19, 1; nota: 1, 28, 3; nullum: I 7, 3; 1, 68, 1; obliquum: 1, 70, 5; occulta: VI 34, 4; omne (-ia): IV 4, 5; VII 65, 4; 1, 67, 3; 72, 5; 2, 20, 7; pedestre (-ia): III 9, 4; 2, 32, 12; plura: 3, 79,

5; proximum: I 10, 3; rectum: 1, 69, 4; reliqua: 1, 24, 4; simile: 3, 13, 2; superiora: 1, 51, 2; tutum: V 27, 10; unum: I 6, 1; 1, 73, 2.

iterum: (cum ex alto se aestus incitauisset, quod bis ⟨iterum *Frig.*⟩ accidit ⟨c⟩ semper horarum XII spatio: III 12, 1;) ¶ uti aut iterum conloquio diem constitueret aut: I 47, 1; ¶ cum his Haeduos eorumque clientes semel atque iterum armis contendisse: I 31, 6; ¶ demonstrauimus L. Vibullium Rufum . . . bis in potestatem peruenisse Caesaris atque ab eo esse dimissum, semel ad Corfinium, iterum in Hispania: 3, 10, 1; ¶ si iterum experiri uelint ⟨c⟩, se iterum paratum esse decertare: I 44, 4; ¶ his responsis ad Caesarem relatis ⟨c⟩ iterum ad eum Caesar legatos cum his mandatis mittit: I 35, 1.

(**Itfiuius:** M. † itfiuium ⟨*Med.; Titinium Wsbg.*; Orfium *Vict.*; Furium *Crat.*; Rufum *Crat. margo*; Fuluium *Lahmeyer*⟩, quem mihi commendas, uel regem Galliae faciam uel hnnc Leptae delegabo ⟨*u. CC*⟩: *ap. Cic. ep. ad fam.* VII 5, 2.)

(**itidem:** ueteranae legionis milites item ⟨*Of;* idem *Nahl;* itidem *Heins.*⟩ conflictati et tempestatis et sentinae uitiis neque ex pristina uirtute remittendum aliquid putauerunt et ⟨c⟩: 3, 28, 5.)

Itius (portus). *Cf. Jähns p. 366; praeterea Eccardus, Io. Ge., Diss. de portu Iccio (in Miscell. Lips. VIII (1718) p. 255 sqq.; Morel de Campenelle, Recherches sur le Port Itius (in Travaux de la soc. royale d'émulation d'Abbeville 1828;) de Charnacé, Notice sur portus Itius (in Comptes rendus de l'acad. des inscript. et belles-lettres. T. IV 1860 p. 61—63;) v. Göler, Cäsars Gall. Krieg i. J. 51 v. Chr. 1860 p. IV—VI (I² 128 sqq.); Haigneré, D., Étude sur le portus Itius. Arras 1862; Robitaille, Frç. Jos., Étude comparée des recherches de M. de Saulcy et M. Haigneré sur le portus Itius. Arras 1863; Courtois, A., Est-ce Boulogne ou Wissant qui répond le mieux à la situation du portus Itius. St. Omer 1865; Napoléon III, VII, VIII. (1865); Heller, Philol. 26 (1867) p. 671—73; Desjardin, E., Géogr. de la Gaule romaine. I. (1876) p. 348 sqq.; Wauters, A. Wissant, l'ancien portus Iccius (in Athenaeum belge II 1879.) Rud. Schneider, Pr. Berlin, Königstädt. Gymn. 1888.*

omnes ad portum Itium conuenire iubet, quo ex portu commodissimum in Britanniam traiectum ⟨CC⟩ esse cognouerat, circiter milium passuum XXX [transmissum] a continenti: V 2, 3; his rebus constitutis Caesar ad portum Itium cum legionibus peruenit; ibi cognoscit: V 5, 1. *Cf. qu. sqq. et* IV 22, 4; 23, 1; 28, 1.)

iuba: tanta erat horum (peditum) exercitatione celeritas ⟨c⟩, ut iubis subleuati equorum ⟨*ego;* equorum subleuati *X; edd.*⟩ cursum adaequarent: I 48, 7.

Iuba: refertur etiam de rege Iuba, ut socius sit atque amicus; Marcellus *consul passurum in praesentia negat: 1, 6, 4; subsidio DC equites Numidae ex oppido (Vtica) peditesque CCCC mittuntur a Varo, quos auxilii causa rex Iuba paucis diebus ante Vticam miserat. huic et paternum hospitium cum Pompeio et simultas cum Curione intercedebat, quod tribunus plebis legem promulgauerat, qua lege regnum Iubae publicauerat: 2, 25, 3. 4; haec cum agerentur, nuntii praemissi ab rege Iuba ⟨iuua *h*⟩ uenerunt, qui illum adesse cum magnis copiis dicerent: 2, 36, 3; *cf.* 37, 2. 3; audit Inbam reuocatum finitimo bello et controuersiis Leptitanorum restitisse in regno, Saburram, eius praefectum, cum mediocribus copiis missum Vticae adpropinquare: 2, 38, 1; *cf.* 38, 3 *et* 39, 3; Iuba certior factus a Saburra de nocturno proelio II milia Hispanorum et Gallorum equitum, quos suae custodiae causa circum se habere consuerat, et peditum eam partem, cui maxime confidebat, Saburrae summittit ⟨c⟩. ipse cum reliquis copiis elephantisque LX lentius subsequitur: 2, 40, 1. 2; *cf.* 41, 7; tantus fuit omnium terror, ut alii adesse copias Iubae dicerent, alii cum legionibus instare Varum iamque se puluerem uenientium cernere: 2, 43, 2; quarum ⟨c⟩ cohortium ⟨c⟩ milites ⟨c⟩ postero die ante oppidum Iuba conspicatus suam esse praedicans praedam magnam partem eorum interfici iussit, paucos electos in regnum remisit ⟨praemisit *Hartz*⟩, cum Varus suam fidem ab eo laedi quereretur, neque resistere auderet. ipse equo in oppidum uectus . . . paucis [diebus] quae fieri uellet Vticae constituit atque imperauit diebusque ⟨c⟩ post paucis se in regnum cum omnibus copiis recepit: 2, 44, 2. 3.

(**iubar:** Plinius ait inter cetera etiam istud C. Caesarem dedisse praeceptum, quod neutra nomina ar nominatiuo clausa per i datiuum ablatiuumque singulares ostendant; iubar tamen ab hac regula dissidere. nam ut huic iubari dicimus, ab hoc iubare dicendum est: *Charis. art. gramm. I p. 133 Keil.*)

iubeo. **A.** forma actiua; **a)** sequitur obiect.: (qui (principes Britanniae) post proelium ⟨factum *add.* β⟩ ad Caesarem ⟨ea quae iusserat caesar facienda β⟩ conuenerant: IV 30,1;) *cf.* **B. a).**

b) sequuntur **acc. c. inf.; α) singuli; αα) act.; a):** trium mensum ⟨*c*⟩ molita cibaria sibi quemque domo efferre inbent (Heluetii): I 5,3; satis esse causae arbitrabatur, quare in eum aut ipse animaduerteret aut ciuitatem animaduertere iuberet: I 19,1; (Caesar Diuiciacum) hortatur, ut . . . uel ipse de eo causa cognita statuat uel ciuitatem statuere iubeat: I 19,5; de tertia uigilia T. Labienum . . . summum iugum montis ascendere inbet ⟨inbet asc. *af*⟩: I 21,2; qui, cum . . . eos in eo loco, quo tum essent, suum aduentum exspectare iussisset, paruerunt: I 27,2; Heluetios, Tulingos, Latouicos ⟨*c*⟩ in fines suos, unde erant profecti, reuerti iussit et . . . Allobrogibus imperauit, ut iis ⟨*c*⟩ frumenti copiam facerent; ipsos oppida uicosque, quos incenderant, restituere iussit: I 28,3; quod Ariouistus . . . nunc de altera parte tertia Sequanos decedere iuberet: I 31,10; Labienum legatum cum legionibus tribus subsequi iussit: II 11,3; quos Caesar . . . conseruauit suisque finibus atque oppidis uti iussit et finitimis imperauit, ut: II 28,3; quas legationes Caesar . . . inita ⟨*c*⟩ proxima ⟨*c*⟩ aestate ⟨*c*⟩ ad se reuerti iussit: II 35,2; P. Crassum . . . in Aquitaniam proficisei iubet, ne: III 11,3; D. Brutum . . . Gallicis . . nauibus, quas ex . . . pacatis regionibus conuenire iusserat, praeficit ⟨*c*⟩ et, cum primum posset, in Venetos proficisci iubet: III 11,5; quos . . . retineri iussit; ipse omnes copias castris eduxit equitatumque . . . agmen subsequi iussit: IV 13,6; Sulpicium Rufum legatum cum eo praesidio, quod satis esse arbitrabatur, portum tenere iussit: IV 22,6; interea suos remigrare in agros ⟨in agr. rem. β⟩ iusserunt (hostes): IV 27,7; ciuitatibus milites imperat certumque in locum conuenire iubet: V 1,6; omnes ad portum Itium conuenire iubet: V 2,3; Indutiomarum ad se cum ducentis obsidibus uenire iussit: V 4,1; Caesar praemisso equitatu confestim legiones subsequi iussit: V 18,4; quartam (legionem) in Remis cum T. Labieno in confinio Treuerorum hiemare iussit: V 24,2; peditatumque sese ⟨se *A*β; *om. Np.*⟩ subsequi ⟨sequi *A*⟩ iubet (Ambiorix): V 38,1; cum is (Caesar) omnem ad se ⟨ad se omnem β⟩ senatum uenire iussisset, dicto audientes non fuerunt: V 54,3; cognito eius aduentu Acco . . . inbet in oppida multitudinem conuenire: VI 4,1; Cauarinum cum equitatu Senonum secum proficisci iubet, ne: VI 5,2; duasque ad eum legiones ⟨*AQ*β; leg. ad eum *BM; Np., Fr., Db.*, *Dt.*[1]⟩ proficisci iubet: VI 5,6; (Ambiorix) dimissis . . . nuntiis sibi quemque consulere iussit: VI 31,2; Labienum . . . in eas partes, quae Menapios attingunt, proficisci iubet: VI 33,1; duas legiones in armis excubare iubet: VII 11,6; quas (legiones) expeditas esse iusserat: VII 11,8; suosque ⟨suos quoque β; *Schn.*⟩ languidius in opere uersari iussit et quid fieri uellet ostendit: VII 27,1; Conuictolitauem, qui per sacerdotes . . . esset creatus, potestatem obtinere iussit: VII 33,4; principesque earum ciuitatium ⟨*c*⟩ (Vercingetorix) . . . prima luce cotidie ⟨*c*⟩ ad se conuenire iubebat ⟨iub. conu. β⟩: VII 36,3; longo circuitu easdem omnes iubet petere regiones: VII 45,3; imperat (Vercingetorix) . . . obsides . . .; omnes equites, XV milia numero, celeriter conuenire iubet: VII 64,1; 64,5 *u.* ββ) **a)**; Caesar suum quoque equitatum tripertito diuisum contra hostem ire iubet: VII 67,2; dierum XXX pabulum frumentumque habere omnes ⟨omn. hab. β⟩ conuectum iubet: VII 74,2; quibus ille pro meritis ⟨pro quib. mer. β⟩ ciuitatem eius immunem esse iusserat: VII 76,1; militesque ex nocturno labore sese reficere iussit (Vercassiuellaunus): VII 83,7; turmis equitum et cohortibus uisis, quas se sequi iusserat: VII 88,1; Labienum cum duabus ⟨*c*⟩ legionibus . . . in Sequanos proficisci iubet: VII 90,4; reliquas legiones ex hibernis euocat et subsequi iubet: 1,8,1; gladiatores . . . *spe* libertatis ⟨*c*⟩ confirmat . . . et se sequi iussit (Lentulus): 1,14,4; milites Domitianos sacramentum apud se dicere iubet: 1,23,5; (Pompeius) milites silentio naues conscendere iubet: 1,27,5; eundem, cum Siciliam recepisset, protinus in Africam traducere exercitum iubet: 1,30,2; C. Fabium . . . praemittit celeriterque saltus Pyrenaeos occupari ⟨occupare *Paul*⟩ iubet: 1,37,1; reliquas legiones, quae longius hiemabant, subsequi iubet: 1,37,2; hunc ⟨*c*⟩ (montem) magno cursu (caetratos) concitatos (Afranius) iubet occupare, eo consilio, uti: 1,70,4; relinquebatur ⟨*c*⟩, ut . . . legionum signa consistere iuberent: 1,79,4; Caesar . . . equitatum omnem conuenire iubet: 1,82,2; (Curio) equites sequi iubet sese iterque accelerat: 2,39,6; nauesque triremes duas . . . ad fauces portus prodire iussit (Antonius): 3,24,1; Cn. Domitium Caluinum cum legionibus duabus . . . in Macedoniam proficisci iussit ⟨iubet *O*⟩: 3,34,3; equitatumque . . . confestim decumana porta in castra se recipere iussit: 3,76,1; alteram (legionem) alteri praesidio esse iusserat: 3,89,1; eodem tempore tertiam aciem Caesar . . . procurrere ⟨*edd. pr.;*

praecucurrere *x; praecurrere O*⟩ iussit: 3, 94, 1; Caesar copias suas diuisit partemque legionum in castris Pompei remanere iussit: 3, 97, 3; Caesar . . . progrediebatur legionemque unam minoribus itineribus subsequi iussit: 3, 102, 1; amici regis . . . palam liberaliter responderunt eumque ad regem uenire iusserunt: 3, 104, 1; Caesar . . . cum legione una, quam se ex Thessalia sequi iusserat, et altera, quam ex Achaia . . . euocauerat, . . . Alexandriam peruenit: 3, 106, 1; milites tamen omnes in armis esse iussit ⟨iuss. esse *h*⟩ regemque hortatus est, ut: 3, 109, 3.

b): huc naues undique ex finitimis regionibus et quam superiore aestate ad Veneticum bellum effecerat ⟨*c*⟩ classem iubet conuenire: IV 21, 4; milites equitesque conscendere ⟨*c*⟩ naues iubet: V 7, 4; his militibus Q. Titurium Sabinum et L. Aurunculeium Cottam legatos praeesse ⟨esse β⟩ iussit: V 24, 5; Sabinus quos in praesentia tribunos militum circum se habebat et primorum ordinum centuriones se sequi iubet et . . . iussus arma abicere imperatum facit suisque ut idem faciant imperat: V 37, 1; partem copiarum ex prouincia supplementumque, quod ex Italia adduxerat, in Heluios . . . conuenire iubet: VII 7, 5; 88, 1 *u.* **a)**; eo legiones XII, ⟨et *add. Cellarius*⟩ equitatum omnem uenire iusserat: 3, 2, 1; superius . . institutum . . . seruabat, ut . . . adulescentes atque expeditos ex antesignanis . . . inter equites proeliari iuberet ⟨iubet *af*⟩: 3, 84, 3.

c): centurionibusque nominatim appellatis reliquos cohortatus milites ⟨*del. Eussn.*⟩ signa inferre et manipulos laxare iussit: II 25, 2; equitesque in ulteriorem portum progredi et naues conscendere et se sequi iussit: IV 23, 1; L. Plancum cum legione . . . celeriter in Carnutes proficisci iubet ibique hiemare, quorumque opera cognouerit ⟨β; *Schn., Frig., Db.;* cognouerat α; *rell. edd.*⟩ Tasgetium interfectum, hos comprehensos ad se mittere: V 25, 4; iubet media nocte legionem proficisci celeriterque ad se uenire: V 46, 2; Caesar consulto equites cedere seque in castra recipere iubet; simul . . .: V 50, 5; simul ab Cn. Pompeio proconsule petit . . ., quos ex Cisalpina Gallia *consul sacramento rogauisset, ad signa conuenire et ad se proficisci iuberet: VI 1, 2; unius legionis antesignanos procurrere atque eum tumulum occupare iubet: 1, 43, 3; Curio . . . proximos colles capere uniuersos atque eo signa inferri ⟨ferre *Paul*⟩ iubet: 2, 42, 1; L. Torquatus . . ., cum Graecos murum ascendere atque arma capere iuberet ⟨iussisset *b;* iubet *O*⟩, illi autem se . . . pugnaturos negarent, . . . portas aperuit: 3, 11, 3. 4; tegimenta galeis milites ex uiminibus facere atque aggerem iubet comportare: 3, 62, 1; Caesar prima luce omnes eos, qui in monte consederant, . . . in planitiem descendere atque arma proicere iussit. quod ubi . . . fecerunt, . . . consurgere iussit: 3, 98, 1. (2.)

d): Eporedorigem et Viridomarum . . . inter equites uersari suosque appellare ⟨-ari β⟩ iubet: VII 40, 5.

ββ) pass.; a): prouinciae toti quam maximum potest militum numerum imperat . . .; pontem, qui erat ad Genauam ⟨*c*⟩, iubet rescindi: I 7, 2; Diuiciacum ad se uocari iubet: I 19, 3; castra . . . pedum XII uallo fossaque duodeuiginti pedum muniri ⟨*A; Fr.;* munire *BMQ*β; *rell. edd.*⟩ iubet: II 5, 6; cum dies . . . transissent frumentumque ⟨et frumentum β⟩ eo comportari (Galba) iussisset: III 2, 1; (Sabinus) subito duabus portis eruptionem fieri iubet: III 19, 2; quos sibi Caesar oblatos gauisus ⟨*c*⟩ illos ⟨illico *Paul*⟩ retineri iussit; ipse . . . equitatum . . . subsequi iussit: IV 13, 6; quibus . . . liberaliter respondet ⟨*c*⟩ obsidesque ad se adduci iubet: IV 18, 3; quae ad eas res erant usui ex ⟨*c*⟩ continenti comportari ⟨comparari β⟩ iubebat: IV 31, 2; numerum obsidum . . . duplicauit eosque in continentem adduci iussit: IV 36, 2; ea, quae sunt usui ⟨*c*⟩ ad armandas naues, ex Hispania adportari iubet: V 1, 4; Caesar obsides imperat eosque ad certam diem adduci iubet: V 1, 8; ex legionibus fabros deligit ⟨deligi β⟩ et ex continenti alios arcessi ⟨accersi *Q;* accersiri *uel* arcessiri β⟩ iubet: V 11, 3; (Labienus) quid sui sit consilii proponit et . . . maiore strepitu et tumultu, quam populi Romani fert consuetudo, castra moueri iubet: VI 7, 8; (Vercingetorix) omnibus his ciuitatibus obsides imperat, certum numerum militum ad se celeriter adduci iubet ⟨β; iussit α; *Fr., Db.*⟩, . . . constituit: VII 4, 7; Caesar ex castris equitatum educi iubet, proelium ⟨proeliumque β⟩ equestre committit ⟨committi *Hotom.*⟩: VII 13, 1; fratres Litauicci cum comprehendi iussisset ⟨iussit set *B*[1]⟩, repperit . . . fugisse ⟨*c*⟩: VII 40, 3; 58, 6 *u.* **β) ββ)**; (Labienus) eum locum petit, quo naues adpelli iusserat: VII 60, 4; his (Vercingetorix) praeficit fratrem Eporedorigis bellumque inferri ⟨-re β⟩ Allobrogibus iubet: VII 64, 5; paulum legiones Caesar, quas pro uallo constituerat, promoueri iubet: VII 70, 5; Vercingetorix iubet portas ⟨port. iub. β⟩ claudi, ne: VII 70, 7; (Vercingetorix) frumentum omne ad se referri iubet, . . . constituit: VII 71, 6; (80, 1 *u.* **β) ββ)**;) doluisse se, quod . . . in urbem retraheretur, cuius absentis rationem haberi proximis comitiis populus iussisset: 1,9, 2; (Pompeius) copias undique omnes ex nouis dilectibus ad se cogi iubet: 1,24,2; 37,1 *u.* αα) a); pons . . . paene erat refectus; hunc noctu ⟨*c*⟩ perfici iussit: 1,41,1; castra . . . uallo muniri uetuit, . . . sed a fronte [castra] contra hostem pedum XV fossam fieri iussit: 1,41,4; fossasque ad eandem magnitudinem perfici iubet: 1,42,1; infirmiores milites ex omnibus centuriis deligi iubet: 1,64,5; illi . . . omnia sarcinaria iumenta interfici iubent: 1,81, 6; quarum ⟨*c*⟩ cohortium ⟨*c*⟩ milites ⟨*c*⟩ . . . Iuba conspicatus suam esse praedicans praedam magnam partem eorum interfici iussit: 2,44,2; cum prope Dyrrachium Pompeius constitisset castraque metari iussisset: 3,13,3; Ephesi a fano Dianae depositas antiquitus pecunias Scipio tolli iubebat: 3,33,1; (Scipio) M. Fauonium . . . reliquit castellumque ibi muniri iussit: 3, 36,3; quod esset frumenti conquiri iussit: 3, 42,4; his rebus confectis ⟨*c*⟩ legionem ⟨*Faern.; legiones codd.*⟩ reduci iussit: 3,46,2; castra ⟨*c*⟩ secundum mare iuxta Pompeium muniri ⟨*ego;* munire *codd.; edd.; u. CC*⟩ iussit: 3,65, 4; Labienus ⟨*c*⟩ cum ab eo (Pompeio) impetrauisset, ut sibi captiuos tradi iuberet, omnes . . . interfecit: 3,71,4; legiones sibi alias ex Asia adduci iussit: 3,107,1.

b): s c a p h a s longarum nauium, i t e m speculatoria nauigia militibus compleri iussit: IV 26,4; portas murosque adseruari iubet: 1,21,2; Caesar . . . omnes senatores senatorumque liberos, tribunos militum equitesque Romanos ad se produci iubet: 1,23,1; reliquas cohortes, quas in superioribus castris reliquerat, impedimentaque ad se traduci iubet: 1,42, 5; C. Trebonius . . . euocat; uimina materiamque comportari iubet: 2,1,4; pecunias monimentaque . . . referri in templum iubet: 2,21,3.

c): s a g i t t a r i o s q u e omnes . . . c o n q u i r i e t ad se m i t t i iubet (Vercingetorix): VII 31,4; toto flumine Hibero naues conquiri et Octogesam ⟨conquiri et Oct. *ego;* conquirere totogesma *Nx;* conquirere et Octogesam *O; edd.*⟩ adduci iubent: 1,61,4; Caesar, qui milites aduersariorum ⟨mil. adu. qui *O¹hl*⟩ in castra . . . uenerant, summa diligentia conquiri et remitti iubet: 1,77,1; uti ad Pompeium litteras mitteret, naues reliquas, si uellet, subduci et refici iuberet: 3,23,3; quos ille (Achillas) . . . corripi atque interfici iussit: 3,109,5.

γγ) **act.** et **pass.**: Caesar legiones equitatumque reuocari ⟨reuocare *A*⟩ atque in ⟨*om.* β⟩ itinere resistere ⟨desistere β⟩ iubet: V 11,1; celeriterque (Vercingetorix) impedimenta ex ⟨*c*⟩ castris educi et se subsequi iussit: VII 68,1; (naues conquirere et . . adduci: 1,61,4 *u.* ββ) c).)

β) **plures; αα) act.**: primam et secundam aciem in armis esse ⟨sese tenere β⟩, tertiam castra munire ⟨-ri *A*⟩ iussit: I 49,2; nihilo setius Caesar . . . duas acies hostem propulsare, tertiam opus perficere iussit: I 49,4; equitum partem se ⟨β; *om.* α⟩ sequi, partem circumire exteriores munitiones et ab tergo hostes adoriri iubet: VII 87,4; duas legiones suas antecedere, reliquas subsequi iussit: 1,87,4; ex castris sibi legiones alias occurrere et eas, quas secum duxerat, in uicem requiescere atque in castra reuerti iussit: 3,98,3.

ββ) **pass.**: in summo iugo duas legiones . . . et omnia auxilia conlocari ac totum montem hominibus compleri † et interea sarcinas in unum locum conferri et eum ab iis, qui in superiore acie constiterant, muniri iussit ⟨*u. CC*⟩: I 24,2.3; cum castra moueri ac signa ferri iussisset, non fore dicto audientes milites: I 39,7; naues interim longas aedificari in flumine Ligeri ⟨*c*⟩, . . . remiges ex prouincia institui ⟨instituit β⟩, nautas gubernatoresque comparari iubet: III 9,1; naues longas . . . paulum remoueri ab onerariis nauibus et remis incitari et ad latus apertum hostium constitui atque inde fundis, sagittis, tormentis hostes propelli ac summoueri iussit: IV 25,1; V 11,3 *u.* α) ββ) a); equites cedere seque in castra recipere iubet; simul ex omnibus partibus castra altiore uallo muniri ⟨munire β⟩ portasque obstrui atque in his administrandis rebus quam maxime concursari et cum simulatione agi timoris iubet: V 50,5; simul (Labienus) signa ad hostem conuerti aciemque derigi iubet: VI 8,5; missis . . . legatis de deditione arma conferri ⟨proferri β⟩, iumenta produci, sescentos obsides dari iubet: VII 11,2; arma conferri ⟨proferri β⟩, equos ⟨iumenta *Kellerbauer*⟩ produci, obsides dari iubet: VII 12,3; 13,1 *u.* α) ββ) a); Caesar celeriter sarcinas conferri, arma expediri iussit: VII 18,4; hostes . . . Lutetiam incendi ⟨incendunt β⟩ pontesque eius oppidi rescindi iubent: VII 58,6; si qua in parte nostri laborare . . . uidebantur, eo signa inferri ⟨ferri *Paul*⟩ Caesar ⟨caes. inf. β⟩ aciemque conuerti ⟨*a²fh;* constitui α; *edd.;* conferri *a¹?*⟩ iubebat: VII 67,4; Caesar . . . equitatum ex castris educi ⟨educit β⟩ et proelium committi iubet: VII 80,1; iubet arma tradi, principes produci: VII 89,3; Caesar conquiri milites, qui ab eo discesserant, dilectumque institui iubet: 1,16,1; Caesar scalas parari militesque armari iubet, ne . . . dimittat: 1, 28, 2; signum dari iubet et nasa militari ⟨militaria *codd.*⟩ more conclamari: 1, 66, 2; Caesar . . . crates . . . contra hostem proferri et aduersas locari, intra has . . . fossam tectis militibus obduci iussit locumque in omnes partes quam maxime impediri ⟨-dire a^1⟩. ipse . . . instruxit . . . . his rebus confectis ⟨c⟩ legionem reduci iussit: 3, 46, 1. (2;) Caesar . . . suos per Antonium . . . cohortatus tuba signum dari atque in hostes impetum fieri iussit: 3, 46, 4; Caesar castris munitis scalas musculosque ad repentinam oppugnationem fieri et crates parari iussit: 3, 80, 4; (Pompeius) suum cum Scipione honorem partitur classicumque apud eum cani et alterum illi iubet praetorium tendi: 3, 82, 1.

γγ) act. et **pass.**: Caesar Remos cohortatus . . . omnem senatum ad se conuenire principumque liberos obsides ad se adduci iussit: II 5, 1; sub uesperum ⟨c⟩ Caesar portas claudi militesque ex oppido exire iussit: II 33, 1; cohortes, quae in stationibus erant, secum in eam partem proficisci, ex reliquis duas ⟨c⟩ in stationem cohortes ⟨*om.* β⟩ succedere, reliquas armari et confestim sese ⟨se β⟩ subsequi iussit: IV 32, 2; (V 50, 5 *u.* **β**β); VII 40, 5 *u.* **α) αα) b)**;) prima luce magnum numerum impedimentorum ⟨*CC*⟩ ex castris mulorumque produci deque his ⟨*Dauis.*; neque hiis (*uel* iis) β; atque iis *Ciacc.*; *Fr.*⟩ stramenta detrahi ⟨mulorumque prod. . . . stramenta *om.* α⟩ muliones que cum cassidibus . . . collibus circumuehi iubet: VII 45, 2; (60, 1 *u.* **c) α) αα)**;) † hora X. subsequi pabulatores equitesque reuocari iubet ⟨*u. CC*⟩: 1, 80, 4; 2, 42, 1 *u.* **α) αα) c)**.

c) sequ. infin.; α) subaudiendum est subi. ex iis, quae antecedunt; αα) act.: cum essent expositi milites circiter trecenti . . ., Morini . . . circumsteterunt ac, si sese ⟨c⟩ interfici nollent, arma ponere iusserunt: IV 37, 1; V 1, 6 *u. p. 377;* naues . . . singulas equitibus Rom. attribuit et prima confecta uigilia IIII milia passuum . . . silentio progredi ibique se exspectari ⟨-tare *f recte, ni fallor*⟩ iubet: VII 60, 1; 64, 5 *u. p. 380* **a)**; 1, 8, 1; 14, 4; 37, 1 *u. p. 378;* ille (Curio) unum elocutus, ut memoria tenerent milites ea, quae pridie sibi ⟨c⟩ confirmassent, sequi sese iubet: 2, 34, 5; Caesar, cum suos . . . uulnerari uideret, recipere se iussit et loco excedere: 3, 45, 4; ut, cum Caesar signa fugientium manu prenderet et consistere iuberet, . . . signa dimitterent: 3, 69, 4; omnes eos, qui in monte consederant, . . . arma proicere iussit. quod ubi . . . fecerunt passisque palmis . . . ab eo salutem petiuerunt, consolatus consurgere iussit: 3, 98, 2.

ββ) pass.: magnam partem equitatus ad eum (Dumnorigem) insequendum mittit ⟨c⟩ retrahique imperat ⟨c⟩; si uim faciat neque pareat, interfici iubet: V 7, 7; (VII 40, 3 *u.* **b) α) ββ) a)**; 1, 77, 1 *u.* **b) α) ββ) c)**;) paratum se esse legionem cui iusserit tradere. ille ad eum Sex. Caesarem mittit atque huic tradi ⟨-ere *b*⟩ iubet: 2, 20, 7.

β) subiectum esse nolunt interpretes et grammatici eos, quorum munus et officium est id agere, quod nerbo enuntiati indicatur: V 33, 3; 34, 1; VII 47, 1; 2, 25, 6 *u.* **γ)**; — V 50, 5 *u.* **b) β) ββ)**; II 5, 6; 3, 13, 3 *et* 65, 4 *u.* **b) α) ββ) a)**.

γ) inf. pass. uerborum intransitiuorum: (Titurius et Cotta) iusserunt pronuntiari ⟨*bh; Fr.*; pronuntiare *α(a?)*; *rell. edd.*⟩, ut . . . in orbem consisterent: V 33, 3; duces eorum tota acie pronuntiari ⟨β; *Fr.*; -are α; *rell. edd.*⟩ iusserunt, ne quis ab loco discederet: V 34, 1; Ambiorix pronuntiari iubet, ut procul tela coiciant neu: V 34, 3; concursari . . . agi: V 50, 5 *u.* **b) β) ββ)**; praeconibusque circummissis pronuntiari (hostes) iubent, . . . licere: V 51, 3; Caesar receptui cani ⟨canere β⟩ iussit: VII 47, 1; Curio pronuntiari ⟨*ego*; -iare *codd.*; *edd.*⟩ onerariis nauibus iubet, . . . se in hostium habiturum loco, qui: 2, 25, 6; paruoque spatio intermisso . . . conclamari iussit statimque . . . discessit: 3, 75, 2.

d) subaudiendus est acc. c. inf.: Galli . . . consilium ceperunt ⟨c⟩ ex oppido profugere hortante et iubente Vercingetorige: VII 26, 1; paratum se esse legionem cui iusserit ⟨cuius erit *a*; cui erit f^1⟩ tradere: 2, 20, 7.

B. forma passiua; a) c. obi.: quod iussi sunt (milites), faciunt: III 6, 1.

b) c. inf.: qua re impetrata (Sotiates) arma tradere iussi faciunt ⟨imperatum faciunt *Brandstäter*⟩: III 21, 3; Sabinus . . . iussus arma abicere imperatum facit suisque ut idem faciant imperat: V 37, 1; his (copiis) quam longissime possent progredi ⟨β; *Schn.*, *Db.*; egredi α; *rell. edd.*; proficisci *f*⟩ iussis . . . pontem reficere coepit: VII 35, 4; quod (legionarii) dierum † XXII ab Ilerda frumentum iussi erant efferre: 1, 78, 1.

(Iubo *u.* **Vibo.)**

(Iubulius *u.* **Vibullius.)**

iucundus: id uero militibus fuit pergratum et iucundum . . ., ut, qui aliquid ⟨c⟩ insti ⟨c⟩ incommodi exspectauissent, ultro praemium missionis ferrent: 1,86,1; — Dolabella tuo nihil scito mihi esse iucundius: *ap. Cic. ad Att.* IX 16,3.

index: non nullos ambitus Pompeia lege damnatos . . ., quae iudicia aliis ⟨testes *add. Ciacc.*⟩ audientibus iudicibus, aliis sententiam ferentibus singulis diebus erant perfecta, in integrum restituit: 3,1,4.

iudicium. A. = quaestio et cognitio legibus constituta: iudicia perficere: 3,1,4 *u.* **index**; — et indicia in priuatos reddebat, qui ⟨reddebat; qui *Db., Dt.*⟩ nerba atque orationem aduersus rem publicam habuissent; eorum ⟨habuissent, eorum *Db., Dt.*⟩ bona in publicum addicebat: 2,18,5; — indicium uereri: VI 44,3 *u.* **B. b)**; ¶ Scipionem eadem spes . . . impellit, . . . simul indiciorum metus, adulatio atque ostentatio sui et potentium, qui in re publica iudiciisque tum plurimum pollebant ⟨metus atque ostentatio sui et potentiae, qua in rep. iud. tum plur. pollebat *Madu.; u. CC*⟩: 1,4,3; ¶ die constituta causae dictionis Orgetorix ad indicium omnem suam familiam . . . undique coegit et omnes clientes obaeratosque suos . . . eodem conduxit; per eos, ne causam diceret, se eripuit: I 4,2.

B. = sententia, quam ferunt iudices aut ii, qui iudicum quodam modo loco sunt; arbitrium, disceptatio; a) subi.: neque (se) de summa belli suum indicium, sed imperatoris esse ⟨*om. AQ*⟩ existimauisse: I 41,3.

b) obi.: iud. facere *u.* **C. a)**; ¶ si iudicium senatus obseruari oporteret, liberam debere esse Galliam, quam bello uictam suis legibus uti uoluisset. I 45,3; ¶ neque sibi iudicium (se) sumpturos contra atque omnis Italia populus*que* Rom. iudicauisset: 3,12,2; ¶ non nulli indicium ueriti profugerunt: VI 44,3.

c) dat.: huc omnes undique, qui controuersias habent, conueniunt eorumque (*i. e.* druidum) decretis iudiciisque parent: VI 13,10.

d) genet.: decuriones . . . conueniunt; docent sui iudicii rem non esse: 1,13,1; neque sui iudicii neque suarum esse uirium decernere ⟨*J. Fr. Gron.; Np.;* discernere *codd.; Db., Dt.*⟩, utra pars iustiorem habeat causam: 1,35,3.

e) abl.: statuerat enim prius hos ⟨*O¹h;* hoc *afl*⟩ iudicio populi debere restitui quam suo beneficio nideri receptos: 3,1,6; ¶ depositis armis auxiliisque . . . necessario populi senatusque indicio fore utrumque contentum: 3,10,9; ¶ neque id quod fecerit ⟨*c*⟩ de oppugnatione castrorum aut iudicio aut uoluntate sua fecisse, sed coactu ciuitatis: V 27,3.

f) c. praep.: (principes,) quorum ad arbitrium iudiciumque summa omnium rerum consiliorumque redeat: VI 11,3.

C. = opinio, existimatio; a) obi.: tu explorato ⟨quo et plorato *M¹*⟩ et uitae meae testimonio et amicitiae iudicio neque tutius neque honestius reperies quicquam quam ab omni contentione abesse: *ap. Cic. ad Att.* X 8 *B*, 2; ¶ ei gratias egit, quod de se optimum indicium fecisset: I 41,2; magnaque ex parte iam me una uobiscum de re iudicium facturum confido: 2,31,8.

b) abl.: quod ea res omnium iudicio reprehendebatur: 1,14,5; ¶ earumque factionum principes ⟨*c*⟩ sunt, qui summam auctoritatem eorum iudicio habere existimantur: VI 11,3; *cf.* **B.** *extr.;* cum esse omnium ⟨omn. esse *h*⟩ iudicio inferiores uiderentur: 1,47,2; magnumque fructum suae pristinae lenitatis omnium indicio Caesar ferebat, consiliumque eius a cunctis probabatur: 1,74,7.

c) c. praep.: idque ita esse . . . etiam ex domestico iudicio atque animi conscientia intellegebant: 3,60,2.

D. = uoluntas, consilium: Ambiorix copias suas indicione non conduxerit, quod proelio dimicandum non existimaret ⟨*c*⟩, . . . an tempore exclusus . . . dubium est: VI 31,1; V 27,3 *u.* **B. e)**.

iudico. A. = sententiam ferre, iudicium facere; a) absol.: neque (se) sibi iudicium sumpturos contra atque omnis Italia populus*que* Romanus iudicauisset: 3,12,2; placere sibi bello confecto ternas tabellas dari ad iudicandum iis, qui ordinis essent senatorii belloque una cum ipsis interfuissent, sententiasque de singulis ferrent: 3,83,3(4.)

b) sequitur α) de *u.* **de** *p. 816 (5 loc.)*

β) interrog. obl.: in Rhodanum influit, incredibili lenitate, ita ut oculis in utram partem fluat iudicari non possit: I 12,1; ex quo iudicari posse ⟨posset *X*⟩, quantum haberet in se boni constantia: I 40,6; ex his ⟨*c*⟩ omnibus iudicat rebus, quanto cum periculo et quanta cum ⟨*c*⟩ uirtute res sint administratae: V 52,3; cupiditatem . . militum reprehendit, quod sibi ipsi iudicauissent, quo procedendum aut quid agendum uideretur: VII 52,1.

B. = putare, existimare, censere; sequitur a) acc. c. inf.: neque se iudicare Galliam potius esse Ariouisti quam populi Romani: I 45,1; exspectare uero, dum hostium copiae augerentur . . ., summae dementiae esse iudicabat et . . .

sentiebat; . . . existimabat: IV 13, 2; ne se in hostium numero duceret neue omnium Germanorum . . . unam esse causam iudicaret: VI 32, 1; (Eporedorix Viridomarusque) oppidum, quod a ⟨*c*⟩ se teneri non posse iudicabant, . . . incenderunt: VII 55, 7; ut eos prodatis, qui se nobis omnia debere indicant, in eorum potestatem ueniatis, qui se per uos perisse existimant: 2, 32, 4; eadem enim tum fuit (causa), cum ab eorum consiliis abesse te debere ⟨te debere *om. codd.; edd.;* te debere *uel* te oportere *addend. conic. Wsbg.*⟩ iudicasti: *ap. Cic. ad Att.* X 8 *B*, 1; ¶ ut non nequiquam tantae uirtutis homines iudicari ⟨indicari *M*⟩ deberet ⟨*B*ª; deberent *X*⟩ ausos esse ⟨ausi quod essent β *corr.*⟩ transire latissimum flumen: II 27, 5; multum fortunam in repentino hostium aduentu potuisse iudicauit, multo etiam amplius, quod paene ab ipso uallo . . . barbaros auertisset: VI 42, 1. 2; sic enim Caesar existimabat eo proelio excellentissimam uirtutem Crastini fuisse optimeque eum de se meritum iudicabat: 3, 99, 2; ¶ cur hunc tam temere quisquam ab officio discessurum iudicaret? I 40, 2; etsi te nihil temere, nihil imprudenter facturum iudicaram, tamen . . . scribendum ad te existimaui: *ap. Cic. ad Att.* X 8 *B*, 1; ¶ quod . . . neque has tantularum ⟨*c*⟩ rerum occupationes ⟨sibi *add.* β⟩ Britanniae anteponendas iudicabat: IV 22, 2; ita saepius rem ⟨rem saepius?⟩ frustra temptatam Caesar aliquando dimittendam sibi iudicat et de bello cogitandum ⟨*Ciacc.;* agendum *codd.; edd.*⟩: 1, 26, 6; Caesar, etsi timebat . . . obicere, conandum tamen atque experiendum iudicat: 1, 64, 4.

b) dupl. acc.: quem (locum) ex omni Gallia oportunissimum ac fructuosissimum iudicassent (Heluetii): I 30, 3; hunc pro suis beneficiis Caesar idoneum iudicauerat, quem . . . mitteret: 3, 10, 2; nulla ratione ad pugnam elici posse Pompeium existimans hanc sibi commodissimam belli rationem iudicauit, uti: 3, 85, 2; ¶ cuius rei si exemplum non haberemus, tamen libertatis causa institui et posteris prodi pulcherrimum iudicarem ⟨*haec omnia om.* β⟩: VII 77, 13; ¶ magistratus quae uisa sunt occultant, quaeque ⟨*c*⟩ esse ex usu iudicauerunt ⟨iudicauerint *Aim.*⟩ multitudini produnt: VI 20, 3; ¶ (tantae uirtutis homines: II 27, 5 *u.* **a).)**

C. = declarare, pronuntiare: in eo concilio Cingetorigem, alterius principem factionis, generum suum, . . . hostem iudicat ⟨iudicandum curat β⟩ bonaque ⟨*c*⟩ eius publicat: V 56, 3.

(D. = constituere; c. inf.: *ap. Cic. ad Att.* X 8 *B*, 1 *u.* **B. a).)**

iugerum: militibus in contione agros ex suis possessionibus pollicetur, quaterna ⟨*Glar.; margo Vasc.;* XL *codd.*⟩ in singulos iugera et pro rata parte centurionibus euocatisque: 1, 17, 4.

iugum. A. equorum: uti . . . per temonem percurrere et in iugo insistere ⟨consistere *a*⟩ et se inde ⟨*c*⟩ in currus citissime recipere consuerint: IV 33, 3.

B. seruitutis uel ignominiae signum: memoria tenebat L. Cassium consulem occisum exercitumque eius ab Heluetiis pulsum et sub iugum missum: I 7, 4; hic pagus . . . patrum nostrorum memoria L. Cassium consulem interfecerat et eius exercitum sub iugum miserat: I 12, 5.

C. montium; a) subi., praed.: antecedit ad Castra exploranda Cornelia ⟨*c*⟩. id autem est iugum derectum, eminens in mare, utraque ex parte praeruptum atque asperum, sed tamen paulo leniore ⟨*c*⟩ fastigio ab ea parte, quae ad Vticam uergit. abest derecto itinere ab Vtica paulo amplius passus mille: 2, 24, 3. 4.

b) obi.: Labienum . . . cum duabus legionibus et his ducibus, qui iter cognouerant, summum iugum montis ascendere iubet: I 21, 2; ¶ Germani ab dextro latere summum ⟨idoneum *Geyer*⟩ iugum ⟨snorum subsidium *Paul*⟩ nancti ⟨*c*⟩ hostes loco depellunt: VII 67, 5; ¶ erat ex omnibus castris, quae summum undique iugum tenebant, despectus: VII 80, 2.

c) genet.: omnibus eius ingi collibus occupatis: VII 36, 2; ¶ dorsum esse eius iugi prope aequum: VII 44, 3.

d) abl.: legionem *decimam eodem iugo ⟨luce *Paul;* illo *Göl.*⟩ mittit: VII 45, 5; — hunc (montem) . . . iubet occupare, eo consilio, uti ipse eodem . . . contenderet et mutato itinere iugis Octogesam perueniret: 1, 70, 4; — Pompeiani, quod is mons erat sine aqua, diffisi ei loco relicto monte uniuersi † iuris ⟨*x*; ingis *Wassius; edd.*⟩ eius ⟨eis *Clark.; Db.;* uniuersi locis aequis *Paul;* uniu. iugis illis *Vielh.;* inuiis siluis *Wölff.*⟩ Larisam uersus *se* recipere coeperunt: 3, 97, 2.

e) c. praep.: qui ab ⟨*om.* α; e *Fr.*⟩ decumana porta ac ⟨*c*⟩ summo iugo collis nostros uictores flumen transisse ⟨*c*⟩ conspexerant: II 24, 2.

equitatus . . . ab utroque latere . . . summa in ⟨*Forchh.;* summum *x;* summum in *O; Db.;*

in summum *edd. uett.; Np.*⟩ iugum uirtute conititur: 1, 46, 3.

in summo iugo duas legiones ... et omnia auxilia conlocari ⟨*u. CC*⟩ ... iussit: I 24, 2; ¶ (censent,) ut in ⟨*om. M*⟩ iugo consistant: VI 40, 3; ii, qui in iugo constiterant ⟨constiterunt β⟩, ... neque in ... consilio permanere ... neque ... uim celeritatemque .. imitari potuerunt ⟨*c*⟩: VI 40, 6.

Iulius. 1. adiect.: qui (coloni) lege Iulia Capuam deducti erant: 1, 14, 4.

2. subst. Iulius: dictatore habente comitia Caesare consules creantur Iulius ⟨ipse *G. Sauppe*⟩ Caesar et P. Seruilius: 3, 1, 1; a Venere (sunt) Iulii, cuius gentis familia est nostra: *ap. Suet.* 6.

Iulia: amitae meae Iuliae maternum genus ab regibus ortum, paternum cum diis immortalibus coniunctum est: *ap. Suet.* 6.

iumentum *(semper plurali num.).* **A. subi.:** (frumenta ⟨iumenta *Kraff.*⟩ enim, quae fuerant intra munitiones sata, consumpserant: 3, 58, 3;) ¶ cognoscebant equos eorum tolerari ⟨uix tolerari *P. Manut.*⟩, reliqua uero iumenta interisse: 3, 49, 3; ¶ quae (iumenta) sunt apud eos nata, parua ⟨β; *Np., Dt.*[2]; praua α; *rell. edd.*⟩ atque deformia, haec cotidiana exercitatione summi ut sint laboris efficiunt: IV 2, 2; ¶ sequi: (VI 36, 3 *u.* **D.** uis;) cum . . legiones ... flumen transissent impedimentaque ⟨iumentaque *Paul*⟩ et omnis equitatus sequeretur: 1, 40, 3; ¶ subsidere: VI 36, 3 *u.* **D.** uis.

B. obi.: (coemere: I 3, 1 *u.* **D.** numerus;) ¶ centurionibus et paucis militibus intromissis, qui arma iumentaque conquirerent: VII 12, 4; omnibus undique conquisitis iumentis in castra deportant (frumentum): 1, 60, 3; ¶ (constituere: 1, 64, 6 *u.* **D.** numerus;) ¶ (desiderare: 1, 51, 6 *ib.*;) ¶ (euocare: 2, 1, 4 *ib.* multitudo;) ¶ importare: IV 2, 2 *u.* **E.** uti; ¶ (intercipere: 1, 55, 1 *u.* **D.** numerus;) ¶ et inopia pabuli adducti et quo essent ad *iter expeditiores omnia sarcinaria iumenta interfici iubent: 1, 81, 6; ¶ † omnibus copiis ⟨oppidis *Lips.; Db.; u. CC*⟩ mutatis ad celeritatem iumentis ad Pompeium contendit: 3, 11, 1; ¶ iumentis, quibus maxime Galli delectantur ⟨gallia delectatur β⟩ quaeque impenso ⟨immenso β⟩ parant pretio: IV 2, 2; ¶ multaque erant ... manu sata, quibus interim iumenta pasceret ⟨-rent *O*⟩: 3, 44, 3; ¶ missis ... legatis de deditione arma conferri ⟨*c*⟩, iumenta produci, sescentos obsides dari iubet: VII 11, 2; arma conferri ⟨*c*⟩, equos ⟨iumenta *Kellerbauer*⟩ produci, obsides dari iubet: VII 12, 3; (45, 2 *u.* **D.** numerus;) ¶ quartum iam diem sine pabulo retentis iumentis: 1, 84, 1; ¶ (transportare: V 1, 2 *u.* **D.** multitudo;) ¶ (uocare: 2, 1, 4 *ib.*)

C. dat.: neque iumentis onera deponunt: 1, 80, 2.

D. genet.: ad onera ac ⟨*c*⟩ multitudinem iumentorum transportandam paulo latiores ⟨*c*⟩ (facit naues): V 1, 2; frumenta non solum a ⟨*c*⟩ tanta multitudine iumentorum atque hominum ⟨hom. iumentorumque mult. β⟩ consumebantur, sed etiam: VI 43, 3; ad ea perficienda opera C. Trebonius magnam iumentorum atque hominum multitudinem ex omni prouincia euocat ⟨*Ciacc.;* uocat *codd. et edd.*⟩: 2, 1, 4; ¶ (constituerunt) iumentorum et carrorum quam maximum numerum coemere: I 3, 1; prima luce magnum numerum impedimentorum ⟨iumentorum *Ciacc.*⟩ ex castris mulorumque ⟨*c*⟩ produci deque ⟨*c*⟩ his stramenta ⟨*c*⟩ detrahi ... iubet: VII 45, 2; desiderati sunt eo die ... equites pauci, calonum atque iumentorum ⟨*Eussner;* impedimentorum *codd. et edd.*⟩ non magnus numerus: 1, 51, 6; inopinantes pabulatores ... adgressi magnum numerum iumentorum atque hominum intercipiunt: 1, 55, 1; magnoque numero iumentorum in flumine supra atque infra constituto traducit exercitum: 1, 64, 6; ¶ magna praeterea multitudo calonum, magna uis iumentorum, quae in castris subsederant ⟨subsederat β; *Schn.*⟩, facta potestate sequitur: VI 36, 3.

E. abl.: quibus (iumentis) maxime Galli delectantur ⟨gallia delectatur β⟩: IV 2, 2; ¶ iumentis deportare alqd: 1, 60, 3 *u.* **B.** conquirere; — quin etiam iumentis ... [Germani] importatis ⟨his *add.* α; *Schn.*⟩ non utuntur: IV 2, 2; ¶ magnoque comitatu et multis iumentis uenerant: 3, 61, 1; ¶ (iumentis onera deponere: 1, 80, 2 *u.* **C.**)

F. c. praep.: detrahere de: VII 45, 2 *u.* **D.** numerus.

quod sine iumentis impedimentisque ad iter ⟨sine impedimentis ab Ilerda *Paul*⟩ profectos uidebant: 1, 69, 2.

[**Falso:** subito ui uentorum ⟨ui uent. *1 det.;* iumentorum *Ox*⟩ et aquae magnitudine pons est interruptus: 1, 40, 3.]

iunctura: quantum eorum tignorum iunctura distabat ⟨*u. CC*⟩: IV 17, 6.

Iuncus: refugere ⟨*c*⟩ hoc munus, M. Iunce ⟨*Np.;* uince *VPR; u. CC*⟩ non potui: *ap. Gell.* V 13, 6.

iungo. A. propr.: has (naues) perfectas

carris iunctis deuehit: 1, 54, 3; ¶ lintres: I 12, 1 *u.* rates; ¶ Heluetii . . . nauibus iunctis ratibusque compluribus factis . . . si perrumpere possent conati: I 8, 4; ad eum locum fluminis nauibus iunctis pontem imperant fieri legionesque duas flumen Sicorim transducunt: 1, 61, 4; ¶ (huius generis octoni ordines ducti ⟨β; iuncti α⟩ ternos inter se pedes distabant: VII 73, 8;) ¶ id (flumen) Heluetii ratibus ac lintribus iunctis transibant: I 12, 1; his perfectis . . . alias deinceps pari magnitudine rates iungebat: 1, 25, 8; ¶ tigna bina sesquipedalia . . . interuallo pedum duorum inter se iungebat ⟨iungebant *A*[1]; iungebantur *Q corr.*⟩: IV 17, 3; his item contraria duo ad eundem modum iuncta ⟨diiuncta β⟩ . . . statuebat: IV 17, 5.

B. trsl.: hoc opus . . . ad turrim hostium admouent, ut aedificio iungatur ⟨coniung. *b*⟩: 2, 10, 7; ¶ (nostri perpetuas munitiones † uidebant ⟨*codd.;* iungebant *Faern.; u. CC*⟩ perductas ex castellis in proxima castella: 3, 44, 4; — cum duabus legionibus, quas superioribus diebus traduxerant ⟨*c*⟩, castra coniungunt ⟨*Ofhl;* iungunt *a; edd.*⟩: 1, 63, 1; — ⟨Bituriges eorum discessu statim se ⟨β; *om.* α; *edd.*⟩ cum Aruernis coniungunt ⟨β; iunguntur α; *edd.*⟩: VII 5, 7.)

iunior(es): *de* senatusque consulto certior factus, ut omnes iuniores Italiae coniurarent, dilectum . . . habere instituit: VII 1, 1; erat edictum . . . propositum, uti omnes eius prouinciae iuniores, Graeci ciuesque Romani, iurandi causa conuenirent: 3, 102, 2.

Iunius: mittitur ad eos conloquendi ⟨*c*⟩ causa ⟨*c*⟩ Arpineius ⟨*c*⟩ . . . et Q. Innins ex Hispania quidam, qui iam ante missu Caesaris ad Ambiorigem uentitare consuerat ⟨consuerunt *M;* consueuerant β⟩. apud quos Ambiorix ad ⟨*c*⟩ hunc modum locutus est: V 27, 1; Arpineins et Iunius quae audierant ⟨*c*⟩ ad legatos deferunt: V 28, 1.

Iuppiter: *deorum maxime Mercurium colunt . . . . post hunc Apollinem et Martem et Iouem et Mineruam. de his eandem fere quam reliquae gentes habent opinionem: Apollinem morbos depellere, . . . Iouem imperium caelestium tenere: VI 17, 2.

Iura: (loci natura Heluetii cóntinentur:) altera ex parte monte Iura ⟨iûra *B*⟩ altissimo, qui est inter Sequanos et Heluetios: I 2, 3; unum (iter erat) per Sequanos, angustum et difficile, inter montem Iuram et flumen Rhodanum, uix qua singuli carri ducerentur: I 6, 1; a lacu Lemanno, qui in flumen Rhodanum influit, ad montem Iuram, qui fines Sequanorum ab Heluetiis diuidit, . . . murum . . . fossamque perducit: I 8, 1.

iuro. A. absol.; a): (Haeduos) coactos esse . . . iure iurando ciuitatem obstringere sese neque obsides repetituros neque . . .; unum se esse . . ., qui adduci non potuerit, ut iuraret: I 31, 8; Pompeius idem ⟨item *Paul*⟩ iurauit; nec uero ex reliquis fuit quisquam, qui iurare dubitaret: 3, 87, 6; omnes eius prouinciae iuniores, Graeci ciuesque Romani, iurandi causa conuenirent: 3, 102, 2.

b): (Petreius) princeps in haec nerba iurat ipse; idem ⟨iurat. ipse idem *Oahl*⟩ ius iurandum adigit Afranium; subsequuntur ⟨adigit. afranium subseq. *Oah*⟩ tribuni militum centurionesque: 1, 76, 3.

B. sequitur a) obi.: idem *u.* **idem** *p. 23* **b)** *(4 (3) loc.).*

b) acc. c. inf.: ut . . . (Sequani Haeduos) publice iurare cogerent nihil se ⟨esse *M*⟩ contra Sequanos consilii inituros: VI 12, 4; postulat ⟨*c*⟩, ut iurent ⟨uenirent *af*⟩ omnes se exercitum ducesque non deserturos neque prodituros neque sibi separatim a reliquis consilium capturos. princeps in haec uerba iurat ipse: 1, 76, 2; si uterque in contione statim iurauisset se triduo proximo exercitum dimissurum: 3, 10, 9; Labienus procedit iuratque se eum non deserturum eundemque casum subiturum, quemcumque ei fortuna tribuisset. hoc idem reliqui iurant legati: 3, 13, 3; haec cum dixisset (Labienus), iurauit se nisi uictorem in castra non reuersurum, reliquosque ut idem facerent hortatus est: 3, 87, 6.

ius. A. = quod legibus aut consuetudine sanctum, concessum est; a) subi.: ius esse belli, ut, qui uicissent, iis, quos uicissent, quem ad modum uellent imperarent: I 36, 1; plerique . . . sese ⟨*c*⟩ in seruitutem dicant nobilibus, *quibus* in hos eadem omnia sunt iura, quae dominis in seruos: VI 13, 3.

b) obi.: quae (finitima Gallia) in prouinciam redacta iure et legibus commutatis securibus subiecta perpetua premitur seruitute: VII 77, 16; in se iura magistratuum commutari, ne ex praetura et consulatu, ut semper, sed ⟨*c*⟩ per paucos . . . electi in prouincias mittantur: 1, 85, 9; ¶ quo diligentius in reliquum tempus a barbaris ius legatorum conseruaretur: III 16, 4; ¶ principes regionum atque pagorum inter suos ius dicunt controuersiasque minuunt: VI 23, 5; qui *his* temporibus clementer et moderate ius ⟨moderata eius *z*⟩ dicendum existimabat: 3, 20, 2; ¶ cum ciuitas ob eam rem incitata armis ius suum exsequi conaretur: I 4, 3; ¶ suaque esse eius modi imperia, ut non minus haberet iuris in se multitudo quam ipse in multitudinem: V 27, 3; ¶ omnia diuina humanaque iura ⟨*del. Grut.*⟩ permiscentur: 1, 6, 8; ¶ neque his petentibus ius redditur: VI 13, 7; — quibus ⟨*c*⟩ ille ⟨*c*⟩ pro meritis ciuitatem eius immunem esse iusserat, iura legesque reddiderat: VII 76, 1; ¶ iura, leges, agros, libertatem nobis reliquerunt: VII 77, 14; nec tribunis plebis sui periculi deprecandi neque etiam extremi iuris [intercessione] retinendi, quod L. Sulla reliquerat ⟨*u. CC*⟩, facultas tribuitur: 1, 5, 1; ¶ eos neque conloquii neque indutiarum iura seruasse: 1, 85, 3.

c) genet.: quos . . postea in parem ⟨partem *codd.*⟩ iuris libertatisque condicionem ⟨*a;* conditione *αh*⟩ atque ipsi erant receperunt: I 28, 5; ¶ minus iuris: V 27, 3 *u.* **b)** habere.

d) abl.: si ipse populo Romano non praescriberet, quem ad modum suo iure uteretur: I 36, 2; qui (Suessiones) eodem iure et ⟨*om. fh*⟩ isdem legibus utantur, unum imperium ⟨*c*⟩ unumque ⟨*c*⟩ magistratum cum ipsis habeant: II 3, 5; ¶ stipendium (se) capere iure belli, quod uictores uictis imponere consuerint: I 44, 2; — suo beneficio conseruatos . ., quos iure belli interficere potuisset: VII 41, 1; ¶ sibi placere regem Ptolomaeum atque . . . Cleopatram . . . de controuersiis iure apud se potius quam inter se armis disceptare: 3, 107, 2.

e) c. praep.: ne quid de iure aut de legibus ⟨de legibus aut iure *β*⟩ eorum deminuisse uideretur: VII 33, 2; ¶ cur enim potins Haedui de suo iure et de legibus ad Caesarem disceptatorem ⟨disceptatum *R. Steph.*⟩ quam Romani ad Haeduos ueniant? VII 37, 5.

non oportere se a populo Romano in suo iure impediri: I 36, 2; ¶ nos esse iniquos, quod ⟨*c*⟩ in suo iure se interpellaremus: I 44, 8.

quod ne facias pro iure nostrae amicitiae a te peto: *ap. Cic. ad Att.* X 8 *B*, 1.

B. = iudicium: quascumque postea controuersias inter se milites habuerunt, sua sponte ad Caesarem in ius ⟨in ius *Guilielmus;* intus *z*⟩ adierunt ⟨ad Caes. euntes adferunt *Hartz*⟩: 1, 87, 2.

[**Falso:** completur urbs † et ius comitium: 1, 3, 3; relicto monte uniuersi † iuris eius Larisam uersus *se* recipere coeperunt: 3, 97, 2.]

ius iurandum. A. obi.: tirones . . . iure iurando accepto nihil iis ⟨*c*⟩ nocituros hostes se Otacilio dediderunt: 3, 28, 4; ¶ alqm ius iurandum adigere: VII 67, 1 *u.* **C.** adigere; princeps in haec nerba iurat ipse; idem ⟨iurat. ipse idem *Oahl*⟩ ius iurandum adigit ⟨adiit *l*⟩ Afranium; subsequuntur ⟨adigit. afranium subseq. *Oah*⟩ tribuni militum centurionesque: 1, 76, 3; prouinciam omnem in sua et Pompei nerba ius iurandum adigebat: 2, 18, 5; ¶ inter se fidem et ius iurandum dant: I 3, 8; dato iure iurando ab omnibus, qui aderant, . . . ab concilio ⟨*c*⟩ disceditur: VII 2, 3; ¶ fidem reliquis interponere, ius iurandum ⟨ius iur. *del. Eussner*⟩ poscere, ut quod esse ex usu Galliae intellexissent, communi consilio administrarent: V 6, 6.

B. genet.: crudelitas in supplicio, noua religio iuris iurandi spem praesentis deditionis sustulit mentesque militum conuertit et rem ad pristinam belli rationem redegit: 1, 76, 5; qui omnes . . . contra religionem iuris iurandi in eius conspectu ⟨*c*⟩ crudelissime interficiuntur: 3, 28, 4.

C. abl.: probata re atque omnibus iure iurando ⟨ad iusiurandum *β*; ius iurandum *Ciacc.*⟩ adactis: VII 67, 1; ¶ illud se polliceri et iure iurando confirmare, tutum ⟨se *add. β*⟩ iter per ⟨suos *add. β*⟩ fines daturum: V 27, 10; inuentis non nullis ciuitatibus iure iurando inter se confirmant obsidibusque de pecunia cauent: VI 2, 2; conclamant equites sanctissimo iure iurando confirmari oportere, ne . . .: VII 66, 7; ¶ quorum si principes ac senatus sibi iure iurando fidem fecisset: IV 11, 3; ¶ (Haeduos) coactos esse Sequanis obsides dare . . . et iure iurando ciuitatem obstringere, sese neque obsides repetituros neque auxilium a populo Romano imploraturos neque recusaturos, quo minus . . . essent: I 31, 7; ¶ iure iurando ne quis enuntiaret, nisi quibus communi consilio mandatum esset, inter se sanxerunt: I 30, 5; quoniam in praesentia obsidibus cauere inter se non possint ⟨*c*⟩, ne res efferatur, at ⟨*c*⟩ iure iurando ac fide sanciatur petunt conlatis militaribus signis, quo ⟨*c*⟩ more eorum grauissima ⟨*c*⟩ caerimonia ⟨*c*⟩ continetur ⟨*c*⟩, ne facto initio belli ab reliquis deserantur: VII 2, 2; haec quo facilius certisque condicionibus fiant et iure iurando sanciantur ⟨sanctiatur *af*⟩, . . . propius accedat: 1, 9, 6; ¶

quod solus neque iure iurando neque obsidibus teneretur ⟨*u. CC*⟩: I 31, 9.

D. c. praep.: ad ius iurandum adigere: VII 67, 1 *u.* C. adigere.

iussu: quae (naues) missu ⟨iussu *O; Paul*⟩ Bruti consuetudine cotidiana ad portum excubabant: 2, 22, 3; — quas (naues) M. Varro quasque Gaditani iussu Varronis fecerant: 2, 21, 4; *se* ea, quae faceret, iussu atque imperio facere Pompei; quae mandata ad se per Vibullium delata essent: 3, 22, 1; — qui (C. Fufius Cita) rei frumentariae ⟨causa *add.* β⟩ iussu Caesaris praeerat: VII 3, 1; erant ⟨*c*⟩ Orici Lucretius Vespillo ⟨*c*⟩ et Minucius Rufus cum Asiaticis nauibus XVIII, quibus iussu D. Laelii praeerant ⟨*P. Manut.*; -rat *codd.*⟩: 3, 7, 1; L. Torquatus, qui iussu Pompei oppido praeerat praesidiumque ibi Parthinorum habebat, . . . portas aperuit: 3, 11, 3. 4.

iustitia: quod Diuiciaci fratris summum in populum Romanum studium, summam in se uoluntatem, egregiam fidem, iustitiam, temperantiam cognouerat: I 19, 2; ¶ quae gens ad hoc tempus . . . summam . . habet iustitiae ⟨iustitiam β⟩ et bellicae laudis opinionem: VI 24, 3; ¶ se ⟨*c*⟩ nero, ut operibus ⟨*c*⟩ anteire ⟨*c*⟩ studuerit, sic iustitia et aequitate nelle superare: 1, 32, 8; ¶ sperare (se) pro eius iustitia quae petierint impetraturos: V 41, 8; — ad hunc propter iustitiam prudentiamque summam ⟨suam α; *plur. cdd.*⟩ totius belli ⟨summam *add.* α; *plur. cdd.*⟩ omnium uoluntate deferri: II 4, 7.

iustus. 1. adiect.; A. propr.; a) = quod iustitiae et aequitati respondet: neque sui iudicii . . . esse . . decernere ⟨*c*⟩, utra pars iustiorem habeat causam: 1, 35, 3; ut iustissimam apud eum causam obtinuerit: VII 37, 4.

b) = quod iuri et legibus respondet, legitimus: (et honesti ⟨honestissimi *Paul*⟩ ex iuuentute et cuiusque ⟨iustae *Paul*⟩ aetatis amplissimi ⟨*c*⟩ . . . naues conscenderant: 2, 5, 5;) ¶ si antiquissimum quodque tempus spectari oporteret, populi Romani iustissimum esse in Gallia imperium: I 45, 3.

B. trsl.; a) = quod consuetudini et mori respondet: sic deinceps omne opus contexitur, dum iusta ⟨iuxta *AQ*⟩ muri altitudo expleatur ⟨*c*⟩: VII 23, 4; ¶ (funus: VI 19, 4 *u.* **2.**;) ¶ *eodem die castra mouet iustumque iter conficit: 1, 23, 5; confecto iusto itinere eius diei . . . consedit: 3, 76, 1.

b) = grauis, idoneus: cum ⟨*c*⟩ neque aditum neque causam postulandi iustam haberet: I 43, 5; docebat ⟨*c*⟩ etiam, quam ueteres quamque iustae causae necessitudinis ipsis cum Haeduis intercederent: I 43, 6; multis de causis . . ., quarum illa fuit iustissima, quod . . . suis quoque rebus eos timere uoluit: IV 16, 1.

c) = meritus: ut, qui aliquid ⟨aliqui *z*⟩ iusti ⟨nicti *Ohl*⟩ incommodi exspectauissent, ultro praemium missionis ferrent: 1, 86, 1.

2. ui subst.: serui et clientes, quos ab iis dilectos esse constabat, iustis funebribus ⟨*Lips.; Schn.;* funeribus *X; rell. edd.*⟩ confectis una cremabantur: VI 19, 4.

iuuentus: omnis iuuentus, omnes etiam grauioris aetatis . . . eo conuenerant: III 16, 2; — facile erat . . . prospicere in urbem, ut omnis iuuentus, quae in oppido remanserat, omnesque superioris aetatis . . . ad caelum manus tenderent aut templa deorum immortalium adirent et ante simulacra proiecti uictoriam ab dis exposcerent ⟨*u. CC*⟩: 2, 5, 3; ¶ ea (latrocinia) iuuentutis exercendae ac desidiae minuendae causa fieri praedicant: VI 23, 6; ¶ multa praeterea de sideribus atque eorum motu, de mundi ac terrarum magnitudine, de rerum natura, de deorum immortalium ⟨*c*⟩ ui ⟨*c*⟩ ac potestate disputant et iuuentuti tradunt: VI 14, 6; ¶ et honesti ex iuuentute et cuiusque aetatis amplissimi ⟨*c*⟩ nominatim euocati atque obsecrati naues conscenderant ⟨*u. CC*⟩: 2, 5, 5.

iuuo. A. alqm: (se debere) neutrum eorum contra alterum iuuare: 1, 35, 5.

B. alqm alqa re: orabant ⟨*c*⟩, ut se in seruitutem receptos cibo iuuarent: VII 78, 4; ¶ ut neque pedestri itinere neque nauibus commeatu iuuari (illi) possint: 2, 32, 12; ¶ frumento: II 3, 3 *u.* rebus; petit ab his omnibus, ut se frumento iuuent: 1, 60, 3; ¶ Petraeus ⟨*c*⟩ . . . suis ac suorum opibus Caesarem enixe iuuabat: 3, 35, 2; ¶ ad Lingonas . . . misit, ne eos frumento neue alia re iuuarent: I 26, 6; paratosque (se) esse et obsides dare et imperata facere et oppidis recipere (Romanos, *an* Caesarem?) et frumento ceterisque rebus iuuare: II 3, 3; cunctae earum regionum praefecturae libentissimis animis eum recipiunt exercitumque eius omnibus rebus iuuant: 1, 15, 1; conuentus ciuium Romanorum . . . Antonium recipit ⟨recepit *f*⟩ omnibusque rebus iuuit ⟨luit *a*; init *h*[1]⟩: 3, 29, 1.

deorum numero (Germani) eos solos ducunt, . . . quorum aperte opibus iuuantur: VI 21, 2.

C. intellegendum est obiect.: ne eos frumento neue alia re iuuarent; qui ⟨*CC*⟩ si iuuissent, se eodem loco quo Heluetios habiturum: I 26, 6; *cf.* **B.** rebus II 3, 3; ¶ quod spatii breuitate ⟨*Madu.; breuitas codd.; edd.*⟩ etiam in fugam coniectis aduersariis non multum ad summam uictoria ⟨*Madu.;* uictoriae *codd.; edd.*⟩ iuuare poterat: 1, 82, 3.

iuxta. 1. **aduerb.**: septimam legionem, quae iuxta constiterat, item urgeri ab hoste: II 26, 1.

2. **praep.**: M. Coelius Rufus praetor . . . tribunal suum iuxta C. Trebonii, praetoris urbani, sellam conlocauit: 3, 20, 1; — castra secundum mare . . . iuxta Pompeium muniri ⟨*c*⟩ iussit ⟨*u. CC*⟩: 3, 65, 4; — ad oppidum constitit iuxtaque murum castra posuit: 1, 16, 4; ad Pompeium peruenit iuxtaque eum castra posuit: 3, 41, 1.

K

Kal.: is dies erat a. d. V. Kal. April. L. Pisone, A. Gabinio consulibus: I 6, 4; (his litteris Kal. Ian. in curia consulibus redditis ⟨*sic Vielh.*⟩: 1, 1, 1;) XV. Kal. Maias ex itinere: *ap. Cic. ad Att.* X 8 *B*, 2.

L

L. = Lucius. *Si fides habenda est editoribus, codices plurimis (18 (uel 19) B. Gallici locis omnes plene scriptum habent hoc praenomen, omnibus fere B. Ciuilis locis (40 (uel 41) numero) per notam scriptum. Compendio notatum uidetur in X* I 6, 4; 7, 4; 12, 5. 7 *(bis);* 21, 4; 23, 2; VII 47, 7 *(sed hoc loco in α exstat* labius *pro* L. Fabius;) *ap. Cic. ad Att.* IX 7 *C*, 1; *praeterea errore* I 35, 4 *pro* M. — Lucii *inueniri in a* 3, 96, 1 *dicit Np.* — Lucius *(plene scriptum) est in α, omissum praenomen in β* IV 22, 5 *et* V 37, 5; Lucio *in β, om. in α* V 1, 1. (Lutio *inuenitur in A* VII 65, 1, *in h* V 1, 1; — 1, 13, 4 *errore leuissimo* sl. *pro* l. *scriptum esse in codd. uix dignum est, quod commemoretur.*

Additum est praenomen L. *his nominibus*: Aemilius I 23, 2; Afranius 1, 37, 1; 3, 83, 2; Aurunculeius Cotta II 11, 3; IV 22, 5 ⟨*c*⟩; 38, 3; V 24, 5; 28, 3; 35, 8; 37, 4; Basilus *u.* Minucius; Caecilius Rufus 1, 23, 2; Caesar VII 65, 1; — 1, 8, 2; 2, 23, 3; Canuleius 3, 42, 3; Cassius I 7, 4; 12, 5; Cassius Longinus 3, 34, 2; Cotta *u.* Aurunculeius; Decidius Saxa 1, 66, 3; Domitius V 1, 1 ⟨*c*⟩; 1, 6, 5; 20, 4. 5; 23, 2; 56, 1; 2, 3, 1; 22, 2; 32, 8; 3, 83, 3; 99, 4; Fabius VII 47, 7 ⟨*c*⟩; 50, 3; Flaccus *u.* Valerius; (Labienus I 22, 1;) Lentulus 1, 1, 2; 2, 5; 3, 96, 1; 102, 7; 104, 3; Longinus *u.* Cassius; Lucceius 3, 18, 3; Mallius ⟨*c*⟩ III 20, 1; Manlius 1, 24, 3; Metellus 1, 33, 3; Minucius Basilus VI 29, 4; VII 90, 5; Munatius Plancus V 24, 3; 25, 4; 1, 40, 5; Nasidins 2, 3, 1; 4, 4; Petrosidius V 37, 5 ⟨*c*⟩; Piso I 12, 7; — I 6, 4; 12, 7; 1, 3, 6; — (I 35, 4;) Plancus *u.* Munatius; Praeconinus *u.* Valerius; Pupins 1, 13, 4 ⟨*c*⟩; Roscius V 24, 2. 7; 53, 6; 1, 3, 6; Rubrius 1, 23, 2; Rufus *u.* Caecilius *et* Vibullius; Saxa *u.* Decidius; Septimius 3, 104, 2; (Sertorius 1, 61, 3;) Staberius 3, 12, 1; Sulla I 21, 4; 1, 5, 1; *ap. Cic. ad Att.* IX 7 *C*, 1; Tiburtius 3, 19, 6; Torquatus 3, 11, 3; Valerius Flaccus 3, 53, 2; Valerius Praeconinus III 20, 1; Vibullius Rufus 1, 38, 1; 3, 10, 1; Vorenus V 44, 1.

L *u.* **quinquaginta.**

Labeates: ne occasionem nauigandi dimitterent, siue ⟨si uel *Hotom.; Np.*⟩ ad litora Apolloniatium siue ad Labeatium ⟨siue ad Lab. *add. F. Hofm.; om. codd.; Np.*⟩ cursum derigere atque eo naues eicere ⟨*c*⟩ possent ⟨*u. CC*⟩: 3, 25, 4.

labefacio: Massilienses . . . deiecta turri, labefacta magna parte muri, . . . sese dedere . . . constituunt: 2, 22, 1.

Laberius: eo die Q. Laberius ⟨labienus β; *Oros.*⟩ Durus, tribunus militum, interficitur: V 15, 5.

T. (Atius?) Labienus: ei munitioni, quam fecerat, T. ⟨*om. a*⟩ Labienum legatum praefecit: I 10, 3; de tertia uigilia T. Labienum legatum pro praetore cum duabus legionibus et his ⟨*CC*⟩ ducibus . . . summum iugum montis ascendere iubet . . .: I 21, 2; prima luce, cum summus mons a ⟨lucio (l. *Q*) *add. codd.; del. Np.;* T. *pr. edd.*⟩ Labieno teneretur, . . . neque . . . aut ipsius aduentus aut Labieni cognitus esset, Considius . . . accurrit, dicit montem, quem a Labieno occupari uoluerit, ab hostibus teneri: I 22, 1. 2; Labienus, ut erat ei praeceptum a Caesare, ne proelium committeret, nisi ipsius copiae . . . uisae essent, . . . monte occupato nostros exspectabat proelioque abstinebat: I 22, 3; *cf.* § 4; hibernis Labienum praeposuit: I 54, 3; crebri ad eum rumores adferebantur litterisque item Labieni certior fiebat . . .: II 1, 1; T. ⟨*om.* β⟩ Labienum legatum cum legionibus tribus subsequi iussit: II 11, 3; *cf. qu. sqq.;* T. ⟨*om. h*⟩ Labienus castris hostium potitus et ex loco superiore quae res in nostris castris ⟨*o*⟩ gererentur conspicatus decimam legionem subsidio nostris misit: II 26, 4; T. Labienum legatum in Treueros . . . cum equitatu mittit: III 11, 1; *cf.* § 2; Caesar postero die T. Labienum legatum . . . in Morinos, qui rebellionem fecerant, misit. qui . . . omnes ⟨*c*⟩ fere ⟨*c*⟩ in potestatem Labieni peruenerunt ⟨*c*⟩: IV 38, 1. 2; his rebus gestis Labieno in continenti ⟨*c*⟩ . . . relicto, ut portus tueretur et rem ⟨*c*⟩ frumentariam ⟨*c*⟩ prouideret quaeque in Gallia gererentur ⟨*c*⟩ cognosceret consiliumque pro tempore et pro re caperet, . . . naues soluit: V 8, 1. (2;) Labieno scribit, ut quam plurimas possit ⟨*c*⟩ iis legionibus, quae sint ⟨*c*⟩ apud eum, naues instituat: V 11, 4; uti . . . ex iis ⟨*c*⟩ (nauibus) . . ., quas postea Labienus ⟨lauienus α⟩ faciendas curauerat numero LX, perpaucae locum capereut: V 23, 4; quartam (legionem) in Remis cum T. Labieno in confinio Treuerorum , hiemare iussit: V 24, 2; uelintne . . . milites aut ⟨*c*⟩ ad Ciceronem aut ad Labienum ⟨-onum A^1⟩ deducere, quorum alter . . .: V 27, 9; pauci . . . elapsi ⟨*c*⟩ incertis itineribus per siluas ad T. Labienum legatum in hiberna perueniunt atque eum de rebus gestis certiorem faciunt: V 37, 7; scribit Labieno, si rei publicae commodo facere possit ⟨*c*⟩, cum legione ad fines Neruiorum ueniat: V 46, 4; Labienus interitu Sabini et ⟨*c*⟩ caede cohortium cognita, cum omnes ad eum Treuerorum copiae uenissent ⟨*c*⟩, ueritus, ne, si ⟨*c*⟩ ex hibernis fugae similem profectionem fecisset, hostium impetum sustinere non posset, praesertim quos recenti uictoria efferri sciret, litteras Caesari remittit ⟨*c*⟩, quanto cum periculo legionem ex hibernis educturus esset; rem gestam in Eburonibus perscribit, docet . . .: V 47, 4. 5; interim ad Labienum per Remos incredibili celeritate de uictoria Caesaris fama perfertur, ut, cum ab hibernis Ciceronis milia passuum abesset ⟨*o*⟩ circiter ⟨*c*⟩ LX . . ., ante mediam noctem ad portas castrorum clamor oreretur ⟨*c*⟩, quo clamore significatio uictoriae gratulatioque ab Remis Labieno fieret: V 53, 1; qui (Indutiomarus) postero die castra Labieni oppugnare decreuerat: V 53, 2; (pronuntiat se) castra Labieni oppugnaturum: V 56, 5; Labienus, cum . . . munitissimis castris sese teneret, de suo ac legionis periculo nihil timebat, ne quam occasionem rei bene gerendae dimitteret cogitabat. itaque . . .: V 57, 1(—3); Labienus suos intra munitionem continebat timorisque opinionem quibuscumque poterat rebus augebat: V 57, 4; *cf. qu. sqq.;* subito Labienus duabus portis omnem equitatum emittit: V 58, 4; *cf. qu. sqq.;* totius exercitus impedimenta ad Labienum in Treueros ⟨*u. CC*⟩ mittit duasque ad eum legiones ⟨*o*⟩ proficisci iubet: VI 5, 6; Treueri magnis coactis . . . copiis Labienum . . . adoriri parabant: VI 7, 1; *cf.* § 2; Labienus hostium cognito consilio sperans . . . fore aliquam dimicandi facultatem praesidio ⟨*o*⟩ quinque cohortium impedimentis relicto . . . contra hostem proficiscitur et . . . castra communit: VI 7, 4; erat inter Labienum atque hostem difficili transitu flumen: VI 7, 5; *cf.* § 5. 6; Labienus noctu ⟨*c*⟩ tribunis militum primisque ordinibus conuocatis ⟨*c*⟩ quid sui sit ⟨*o*⟩ consilii proponit: VI 7, 8; *cf. qu. sqq.;* quae fore suspicatus Labienus, ut omnes citra flumen eliceret, eadem usus simulatione itineris placide progrediebatur: VI 8, 2; *cf.* § 3—5; quos Labienus equitatu consectatus magno numero interfecto, compluribus captis paucis post diebus ciuitatem recepit ⟨*c*⟩: VI 8, 7; partito exercitu T. Labienum . . . in eas partes, quae Menapios attingunt, proficisci iubet: VI 33, 1; Labienum Treboniumque hortatur, si rei publicae commodo facere possint, ad eam ⟨*c*⟩ diem reuertantur, ut . . .: VI 33, 5; quattuor legiones in Senones Parisiosque Labieno ducendas dedit: VII 34, 2; quod abiuncto ⟨*c*⟩ Labieno atque iis legionibus, quas una miserat, uehementer timebat: VII 56, 2; Labienus eo supplemento, quod nuper ex Italia uenerat, relicto Agedinci, . . . cum IIII legionibus Lutetiam proficiscitur: VII 57, 1; *cf.* § 2; Labienus primo uineas agere, cratibus atque aggere paludem explere atque iter munire conabatur: VII 58, 1; *cf.* § 2—5; e regione Lutetiae contra Labieni castra considunt: VII 58, 6; tum ⟨*c*⟩ Labienus tanta rerum commutatione longe aliud sibi capiendum consilium atque antea senserat intellegebat . . .: VII 59, 3; *cf.* 59, 4 — 60, 4; 61, 2; reliquas copias contra Labienum duxerunt: VII 61, 5; Labienus milites cohortatus . . . dat signum proelii: VII 62, 2; ii ⟨*c*⟩, qui in ⟨*c*⟩ praesidio contra castra Labieni ⟨β; contra labienum α⟩ erant relicti, . . . subsidio suis ierunt: VII 62, 8; hoc negotio confecto Labienus reuertitur Agedincum, ubi impedimenta totius exercitus relicta erant; inde . . . ad Caesarem peruenit: VII 62, 10; Caesar Labienum cum cohortibus ⟨*o*⟩ sex subsidio laborantibus mittit; imperat . . .: VII 86, 1. 2; repulsis hostibus eo, quo Labienum miserat, contendit: VII 87, 3; Labienus . . . coactis † una de XL cohortibus, quas ex proximis praesidiis deductas fors obtulit, Caesarem per nuntios facit certiorem, quid faciendum existimet: VII 87, 5; T. ⟨*om.* β⟩ Labienum cum duabus ⟨*o*⟩ legionibus et equitatu in Sequanos proficisci iubet; huic M. ⟨*c*⟩ Sempronium Rutilum attribuit: VII 90, 4; etiam Cingulo, quod oppidum Labienus constituerat suaque pecunia exaedificauerat, ad eum legati ueniunt: 1, 15, 2; perterrito etiam tum exercitu princeps Labienus procedit iuratque se eum non deserturum eundemque casum subiturum, quemcumque ei fortuna tribuisset: 3, 13, 3; qua ex frequentia T. Labienus prodit; † summissa oratione loqui de pace atque altercari cum Vatinio incipit: 3, 19, 5; tum Labienus: desinite ergo de compositione loqui; nam nobis nisi Caesaris capite relato pax esse nulla potest: 3, 19, 7; at Labienus ⟨ad labienum *x*⟩, cum ab eo impetranisset, ut sibi captiuos tradi iuberet, omnes productos ⟨*c*⟩ ostentationis, ut uidebatur, causa, quo maior perfugae fides haberetur, commilitones appellans et magna uerborum contumelia interrogans, solerentne ueterani milites fugere, in omnium conspectu interfecit: 3, 71, 4; hunc Labienus excepit et, cum Caesaris copias despiceret, Pompei consilium summis laudibus efferret, . . inquit . . .: 3, 87, 1(—6).

[Falso V 15, 5 *u.* **Laberius**.]

lābor. **A.** propr.: cupas taeda ac pice refertas incendunt easque . . . in musculum deuoluunt. inuolutae ⟨*CC*⟩ labuntur, delapsae . . . longuriis furcisque ab opere remouentur: 2, 11, 2.

B. **trsl.; a):** l a p s u s Indutiomarus nihilo minus copias cogere . . . coepit: V 55, 3. hac spe

b): ne omnis nobilitatis discessu plebs propter imprudentiam laberetur: V 3, 6.

(c): pauci ex proelio elapsi ⟨β; lapsi α; *Np.*⟩ . . . ad T. Labienum legatum . . . perueniunt: V 37, 7.**)**

lăbor. **A.** = πόνος; **a)** subi.: ubi tantos suos labores et apparatus male c e c i d i s s e uiderunt: 2, 15, 1; ¶ operum magnitudo et continens omnium dierum labor . . . perficiendi spatium non d a b a t: 3, 63, 4; ¶ d e e s s e: *ap. Gell.* XIII 3 *u.* **e)** δ**)**; ¶ ita multorum mensium ⟨*c*⟩ labor hostium perfidia et ui tempestatis puncto temporis i n t e r i i t: 2, 14, 4.

b) **obi.:** puteos fodere cogebantur atque hunc laborem ad cotidiana opera a d d e b a n t: 3, 49, 5; ¶ c o n s u m e r e: III 14, 1 *u.* sumere; ¶ ipse . . . in nauibus excubans neque ullum laborem aut munus d e s p i c i e n s: 3, 8, 4; ¶ f e r r e *u.* **fero** *p. 1290 (6 loc.)*; ¶ ut . . . sibi quisque etiam poenae loco grauiores i m p o n e r e t labores: 3, 74, 2; ¶ (i n s u m e r e: III 14, 1 *u.* sumere;) ¶ non i n t e r m i s s o remigandi labore longarum nauium cursum adaequarunt ⟨*c*⟩: V 8, 4; ¶ sed hunc laborem r e c u s a b a t nemo, quod eum omnium laborum finem fore existimabant, si hostem Hibero intercludere . . . potuissent: 1, 68, 3; ¶ hunc . . . locum probarat ⟨*c*⟩, . . quod superioris anni munitiones integrae manebant, ut militum laborem s u b l e u a r e t: VI 32, 5; ¶ intellexit frustra tantum laborem s u m i ⟨consumi *uel* insumi *Paul*⟩: III 14, 1; ¶ ut spe consequendi inlata atque infinito labore s u s c e p t o . . . paene naturam studio uincerent: VI 43, 5; Pompeius primi diei mora inlata et reliquorum dierum frustra labore suscepto . . . finem sequendi fecit: 3, 77, 3.

c) **dat.:** d e e s s e *u.* **e)** δ**)**; ¶ ne labori suo neu periculo p a r c e r e t: 1, 64, 3; ¶ a paruis ⟨*c*⟩ labori ac duritiae s t u d e n t: VI 21, 3; ¶ cohortatur, ne labori s u c c u m b a n t: VII 86, 3.

d) **genet.; α):** diuturni laboris d e t r i m e n t u m ⟨-to *hl*⟩ sollertia et uirtute militum breui reconciliatur ⟨reconcinnatur *Ald.*⟩: 2, 15, 4; ¶ Romani, si rem obtinuerint, f i n e m laborum omnium exspectant: VII 85, 3; 1, 68, 3 *u.* **b)** recusare; quoniam prope ad finem laborum ac periculorum esset peruentum: 3, 6, 1; ¶ sui laboris milites semper euentu belli p r a e m i a petiuerunt: 2, 32, 10; ¶ cum laboris sui periculique t e s t i m o n i u m adferre uellent: 3, 53, 4.

β): nemo erat adeo tardus aut f u g i e n s laboris, quin: 1, 69, 3; ¶ sic sunt animo consternati ⟨confirmati *Np.*⟩ homines i n s u e t i laboris, ut: VII 30, 4.

γ): etsi r e s e r a t m u l t a e o p e r a e a c laboris: V 11, 5.

e) **abl.; α)** **causae:** c o n f e c t u s labore *u.* **conficio** *p. 642* **C.** *(4 loc.)*; ¶ nisi crebris subsidiis ac totius diei labore milites essent ⟨fuissent?⟩ d e f e s s i: VII 88, 6; totius diei pugna atque itineris labore defessi rem in posterum diem distulerunt: 1, 65, 5; ¶ et Cenabensi ⟨*c*⟩ caede et labore operis i n c i t a t i non aetate confectis, non mulieribus, non infantibus pepercerunt: VII 28, 4; ¶ adhortatus milites, ne necessario tempore itineris labore p e r m o u e a n t u r: VII 40, 4; ne grauius permoti milites et defectionis odio et contemptione ⟨*c*⟩ sui et diutino labore omnes puberes interficerent: 2, 13, 3.

uti autem ipsos ualetudine non bona cum angustiis loci et odore taetro ex multitudine cadauerum et cotidianis laboribus insuetos operum, tum: 3, 49, 3.

β) instr.: se superiore anno . . . labore et patientia maximum bellum confecisse: 3, 47, 6; ¶ summo labore militum Caesar continuato diem noctemque opere in flumine auertendo huc iam deduxerat ⟨*Achill. Stat.*; redux. *codd.*; *edd.*⟩ rem, ut: 1, 62, 1; ¶ cum crebro ⟨*o*⟩ integri defessis succederent nostrosque adsiduo labore defatigarent: VII 41, 2; ¶ hos (uros) studiose foueis captos interficiunt. hoc se labore durant adulescentes: VI 28, 3; ¶ quantum labore atque itinere legionarii milites efficere poterant: V 19, 3; ¶ si paruo labore magnas controuersias tollere atque omnem Italiam metu liberare possint: 1, 9, 1; ¶ discussa ⟨*c*⟩ niue sex ⟨*o*⟩ in altitudinem ⟨*c*⟩ pedum atque ita uiis patefactis summo militum sudore ⟨labore β; *Schn.*; sudore ac labore *Oud.*⟩ ad fines Aruernorum peruenit: VII 8, 2; ¶ (**reducere**: 1, 62, 1 *u.* deducere;) ¶ uiderunt ea, quae diu longoque spatio refici non posse sperassent, paucorum dierum opera et labore ita refecta, ut: 2, 16, 1; ¶ tamen continenti labore omnia haec superauerunt et . . . aggerem . . . exstruxerunt: VII 24, 1; labore et perseuerantia nautarum [et] uim tempestatis superari posse sperabat: 3, 26, 3; ¶ tollere: 1, 9, 1 *u.* liberare; ¶ labore et multitudine telorum nostros uicit: 3, 40, 2.

γ) modi: VII 8, 2 *u.* β) patefacere; 1, 62, 1 *ib.* deducere.

δ) limitat.: equidem ⟨et quidem *Non.*⟩ mihi uideor ⟨uidetur *Non.*⟩ pro nostra ⟨*om. Non.*⟩ necessitate non labore, non opera, non industria defuisse ⟨. . . uidetur . . . non labor . . . *uel* uideor . . . non labori, non operae *Quicherat*⟩: *ap. Gell.* XIII 3; *cf. Non. p. 354.*

f) c. praep.; α) ab: ut reliquum tempus a ⟨*om. f*⟩ labore intermitteretur: 1, 32, 1; ¶ quos spes praedandi studiumque bellandi ab agri cultura et cotidiano labore reuocabat: III 17, 4; ¶¶ quae (cohortes) praesidio castris relictae intritae ⟨*ik*; interritae *X*; integrae *f*⟩ ab labore erant: III 26, 2.

β) ad: adhortatus ad laborem milites ⟨mil. ad lab. β⟩ (Alesiam) circumuallare instituit: VII 68, 3; ¶ ne nocturnis quidem temporibus ad laborem militum intermissis: V 11, 6; nulla pars nocturni temporis ad laborem intermittitur: V 40, 5; ¶¶ ut . . . insolitum ad laborem Pompei exercitum cotidianis itineribus ⟨laboribus *N*⟩ defatigaret: 3, 85, 2; ¶ ad omnem laborem animo parati imperio paruerunt: 3, 95, 1.

γ) ex: paulisper intermitterent proelium . . . seque ex labore reficerent ⟨reciperent *a*[1]⟩: III 5, 3; militesque ex nocturno labore sese reficere iussit: VII 83, 7; — exercitum ex labore atque inopia reficit ⟨*c*⟩: VII 32, 1; ¶¶ grauiore morbo ex frigore ac labore implicitus: 3, 18, 1; ¶¶ cum alius discessisset, alius ex diutino labore in ipsis operibus quieti se dedisset: 2, 14, 1.

δ) in labore: in labore pari ac periculo ne unus omnes antecederet: 3, 82, 5.

ε) pro: aliquando pro tantis laboribus fructum uictoriae perciperent: VII 27, 2.

ζ) sine: quaecumque bella geri uellet, sine ullo eius labore et periculo (se) confecturum: I 44, 13.

B. = facultas laboris perferendi: quae (iumenta) sunt apud eos nata, parua ⟨*c*⟩ atque deformia, haec cotidiana exercitatione summi ut sint laboris efficiunt: IV 2, 2.

(**C. = opus:** labor interiit: 2, 14, 4 *u.* **A. a)** interire.)

Labores et apparatus: 2, 15, 1; labor ac duritia: VI 21, 3; frigus ac l.: 3, 18, 1; l., opera, industria: *ap. Gell.* XIII 3; l. atque inopia: VII 32, 1; l. atque iter: V 19, 3; l. aut munus: 3, 8, 4; opera (ac, et) l.: V 11, 5; 2, 16, 1; *cf. supra* industria; l. et patientia: 3, 47, 6; labor(es) . . periculum (-a): I 44, 13; 1, 64, 3; 3, 6, 1; 53, 4; 82, 5; labor et perseuerantia: 3, 26, 3.

Labor belli aut fugae: VI 31, 5; l. itineris: VII 40, 4; 1, 65, 5; 3, 106, 2; l. operis: VII 20, 11; 28, 4; remigandi l.: V 8, 4; ¶ **labor omnium** (paucorum, reliquorum) dierum: 2, 16, 1; 3, 63, 4; 77, 3; totius diei l.: VII 88, 6; (1, 65, 5?) 3, 97, 4; multorum mensium l.: 2, 14, 4.

Adiect.: adsiduus: VII 41, 2; continens: VII 24, 1; 3, 63, 4; 97, 4; cotidianus (-i): III 17, 4; 3, 49, 3; diutinus: 2, 13, 3; 14, 1; diuturnus: 2, 15, 4; grauiores: 3, 74, 2; infinitus: VI 43, 5; multus: V 11, 5; nocturnus: VII 83, 7; omnis: 3, 95, 1; omnes: VII 85, 3; 1, 68, 3; par: 3, 82, 5; paruus: 1, 9, 1; summus: IV 2, 2; VII 8, 2 ⟨*c*⟩; 1, 62, 1; tantus (-i): III 14, 1; VII 27, 2; 2, 15, 1; ullus: I 44, 13; 3, 8, 4.

laboro. A. = id agere, ut: nec minus, quam est pollicitus, Vercingetorix animo laborabat, ut reliquas ciuitates adiungeret: VII

31, 1; non minus se id contendere et laborare, ne ea, quae dixissent, enuntiarentur, quam uti . . . impetrarent: I 31, 2.

B. = **premi, in periculo uersari; a) absol.; α) uerb. finit.:** si qua in parte nostri laborare aut grauius premi uidebantur: VII 67, 4; — illae (naues) adeo grauiter inter se incitatae conflixerunt, ut uehementissime utraque ex concursu laborarent, altera uero . . . tota conlabefieret: 2, 6, 5; ¶ maxime ad superiores munitiones laboratur: VII 85, 4.

β) particip.: cum uallis . . . suberat neque ii, qui antecesserant, morantibus ⟨laborantibus *Ciacc.*⟩ opem ferre poterant: 1, 79, 3; ¶ tertiam aciem ⟨*c*⟩ laborantibus nostris subsidio misit: I 52, 7; VII 85, 1 *u.* summittere; Caesar Labienum cum cohortibus sex ⟨*o*⟩ subsidio laborantibus mittit: VII 86, 1; ¶ succurrit inimicus ilii Vorenus et laboranti subuenit: V 44, 9; ¶ undique suis laborantibus succurrebant: 2, 6, 2; ¶ laborantibus iam suis ⟨suos *M*⟩ Germanos equites circiter CCCC summittit: VII 13, 1; laborantibus nostris Caesar Germanos summittit: VII 70, 2; Caesar . . . laborantibus summittit ⟨subsidium summ. *N*; subsidia mittit *Ciacc.*; auxilium summittit *DEk*⟩: VII 85, 1; Marcellinus * * * cohortes subsidio nostris laborantibus submittit ⟨submisit *f*⟩ ex castris: 3, 64, 1; — quos laborantes conspexerat, his subsidia submittebat: IV 26, 4; ¶ ut neque subsidia ab lateribus submitti neque equites laborantibus usui esse possent: 1, 45, 4.

b) ab, ex re: ne ab re frumentaria duris subuectionibus laboraret: VII 10, 1; illi omnia perpeti parati maximo a re frumentaria laborabant: 3, 9, 5; ¶¶ quos ex aere alieno laborare arbitrabatur, sollicitabat: 3, 22, 1.

labrum. A. propr.: capilloque (Britanni) sunt promisso atque omni parte corporis rasa praeter caput et labrum ⟨et labr. *del. Hartz*⟩ superius: V 14, 3.

B. trsl.: ut eius fossae ⟨*c*⟩ solum tantundem pateret, quantum summae fossae ⟨summa (*om.* fossae) β; summa fossae *Schn.*⟩ labra distarent ⟨distabant β⟩: VII 72, 1; ¶ haec (cornua) studiose conquisita ab labris argento circumcludunt: VI 28, 6.

lac: genus radicis . . ., quod appellatur chara, quod admixtum ⟨mixtum *l pr.*; admixto *Paul*⟩ lacte ⟨*Ohl; Np., Dt.*; lacti *af; Db.*⟩ multum inopiam leuabat: 3, 48, 1; — neque multum frumento, sed maximam partem lacte atque pecore uiuunt: IV 1, 8; interiores plerique frumenta non serunt, sed lacte et carne uiuunt: V 14, 2; ¶ agri culturae non student, maiorque pars eorum uictus in lacte, caseo, ⟨et caseo et β⟩ carne ⟨carneque *Aim.*⟩ consistit: VI 22, 1.

Lacedaemon: sagittarios Creta, Lacedaemone ⟨-demonia *f*⟩, ex Ponto atque Syria reliquisque ciuitatibus III milia ⟨*c*⟩ numero habebat: 3, 4, 3.

(**lacer:** lacer an laceris? ut tener, puer. . . . quod ita dici debere et Caesar de analogia libro II. nec non et Valgius . . . disputant: *Charis. art. gramm. I p. 135 Keil.*)

lacesso. Lacescere *scriptum est in* χ VII 59, 4; *in A* IV 11, 6; *in B* V 17, 1; *in a* IV 34, 2.

A. alqm: rarique (hostes) se ostendere et lenius ⟨lentius β⟩ quam pridie nostros equites proelio lacessere coeperunt: V 17, 1; ¶ hostes *u.* **hostis** *p. 1531 sq.(3 loc.)*; ¶¶ Germanos neque priores populo Romano bellum inferre neque tamen recusare, si lacessantur, quin armis contendant: IV 7, 3; — neue Haeduos iniuria lacesseret neue his sociisque eorum bellum inferret: I 35, 3; ¶¶ si ipsi (praefecti et equitatus) lacesserentur, sustinerent: IV 11, 6; haec prius illi (Ambiorigi) detrahenda auxilia existimabat quam ipsum bello ⟨bellum *BM*⟩ lacesseret: VI 5, 5; — Heluetii . . . nouissimo agmine proelio nostros lacessere coeperunt: I 15, 3; Heluetii . . . nostros a nouissimo agmine insequi ac lacessere coeperunt: I 23, 3.

B. sine obiect.: (ad lacessendum hostem ⟨*add.* β; *om.* α; *edd.*⟩ et ad ⟨*c*⟩ committendum proelium alienum esse tempus arbitratus: IV 34, 2;) ¶ Afranius Petreiusque terrendi causa . . . copias suas . . . producunt et proelio lacessunt: 1, 42, 2; isdem de causis Caesar . . . proelio ⟨amplius *add. O*⟩ non lacessit: 1, 81, 2; constituerat signa inferentibus resistere ⟨desistere χ⟩, prior proelio non lacessere: 1, 82, 5.

lacrima: hi neque uultum fingere neque interdum lacrimas tenere poterant: I 39, 4; ¶ Diuiciacus multis cum lacrimis Caesarem complexus obsecrare coepit: I 20, 1.

lacrimo: Litauiccus . . . conuocatis subito militibus lacrimans Quo proficiscimur, inquit, milites? VII 38, 1.

lacus: (continentur Heluetii ex parte tertia) lacu Lemanno et flumine Rhodano: I 2, 3; ¶ a lacu Lemanno, qui ⟨qua *Hot.*; *u.* *CC*⟩ in flumen Rhodanum influit, ad montem Iuram . . . murum . . . perducit: I 8, 1; qui (Nantuates, Veragri, Seduni) a ⟨*c*⟩ finibus

Allobrogum et lacu Lemanno et flumine Rhodano ad summas Alpes pertinent: III 1, 1.

laedo: neque ab se fidem laesam: VI 9, 6; cum Varus suam fidem ab eo (Iuba) laedi quereretur: 2, 44, 2.

Laelianus: Vatinius ... tectis instructisque scaphis elicuit naues Laelianas: 3, 100, 2; *cf. qu. sqq.*

D. Laelius: praeerat Aegyptiis nauibus Pompeius filius, Asiaticis D. Laelius ⟨lebus *h*⟩ et C. Triarius: 3, 5, 3; erant ⟨*c*⟩ Orici Lucretius Vespillo ⟨*c*⟩ et Minucius Rufus cum Asiaticis nauibus XVIII, quibus iussu D. Laelii praeerant ⟨*c*⟩: 3, 7, 1; hoc confecto negotio (Pompeius filius) D. Laelium ab Asiatica classe abductum reliquit, qui commeatus Byllide ⟨*c*⟩ atque Amantia ⟨*c*⟩ importari in oppidum prohibebat ⟨prohibeat *Np.*⟩: 3, 40, 5; eodem tempore D. Laelius cum classe ad Brundisium uenit eademque ratione, qua factum a Libone antea demonstrauimus, insulam obiectam portui Brundisino tenuit: 3, 100, 1; *cf.* § 2; Laelius tempore anni commodiore usus ad nauigandum onerariis nauibus Corcyra Dyrrachioque aquam suis supportabat neque a proposito deterrebatur neque ante proelium in Thessalia factum cogitum aut ignominia ⟨*c*⟩ amissarum nauium aut necessariarum rerum inopia ex portu insulaque expelli potuit: 3, 100, 3. 4.

(**laetatio:** V 52, 6 *u.* **laetitia A.** *Cf. ZG. 1886, JB. p. 286.*)

laetitia. A. obi.: quod beneficio deorum ... expiato incommodo neque hostibus diutina laetitia ⟨β; laetatio α; *edd.*⟩ neque ipsis longior dolor relinquatur: V 52, 6.

B. abl.: ille perlectam (epistulam) in conuentu militum recitat maximaque omnes laetitia adficit: V 48, 9; ¶ erant plena laetitia et gratulatione omnia, *et eorum, qui tanta pericula uitasse, et eorum, qui sine uulnere tantas res confecisse uidebantur: 1, 74, 7; ¶ haec tum ⟨*Madu.*; cum *codd.*; *edd.*⟩ facta sunt in consilio, magnaque ⟨*Madu.*; magna *codd.*; *edd.*⟩ spe et laetitia omnium discessum est: 3, 87, 7.

C. c. praep.: fit ⟨*c*⟩ gratulatio inter eos, atque omnium animi ad laetitiam excitantur: VII 79, 3.

laetus: qua re concessa laeti ut explorata uictoria ... ad castra pergunt (Galli): III 18, 8; Afraniani milites uisendi causa laeti ⟨loci *O*⟩ ex castris procurrebant: 1, 69, 1.

(**laeuus:** cum se illi identidem in siluas ad suos reciperent ac rursus ex silua ⟨laeua β⟩ in nostros impetum facerent: II 19, 5.)

lamina: tigna bipedalia iniciunt eaque laminis clauisque religant: 2, 10, 3; ¶ (utuntur aut aere aut nummo aureo ⟨*c*⟩ aut taleis ⟨*af*; aliis *ah*; laminis *Faern.*⟩ ferreis ad certum pondus examinatis pro ⟨*c*⟩ nummo ⟨*c*⟩: V 12, 4.)

langueo: nostris languentibus atque animo remissis subito meridiano tempore ... portis se foras † rumpunt: 2, 14, 1.

languidus: neque uero ⟨*c*⟩ tam remisso ac languido animo quisquam omnium fuit, qui ea nocte conquieuerit: 1, 21, 5; ¶ cum ... hostes acrius instarent languidioribusque nostris uallum scindere et fossas complere coepissent: III 5, 1.

languide: suosque ⟨*c*⟩ languidius in opere uersari iussit: VII 27, 1.

(**languor:** omnia excogitantur, quare nec sine periculo maneatur et languore ⟨langore *BMQh*⟩ militum et uigiliis periculum augeatur ⟨*haec omnia del. Paul; u. CC*⟩: V 31, 5.)

lapis. A. subi.: et ab incendio lapis et ab ariete materia defendit: VII 23, 5.

B. obi.: lapides coicere *u.* **coicio** *p. 597 (4 loc.)*; ¶ antecedebat testudo ... conuoluta ⟨*c*⟩ omnibus rebus, quibus ignis iactus et lapides ⟨lapidis *Ciacc.*⟩ defendi possent: 2, 2, 4; ¶ ubi circumiecta multitudine hominum totis moenibus undique in murum lapides iaci coepti sunt: II 6, 2; ¶ compluribus ⟨*b*; cum pluribus *Ox*⟩ iam lapidibus ex illa ⟨*c*⟩ quae suberat turri subductis ... pars eius turris concidit, pars reliqua consequens procumbebat: 2, 11, 4; ¶ cum ... auxiliares lapidibus telisque subministrandis ... speciem ... pugnantium praeberent: III 25, 1.

C. genet.: Trallibus in templo Victoriae ... palma per eos dies [in tecto] inter coagmenta lapidum ex pauimento exstitisse ostendebatur: 3, 105, 5; ¶ (lapidis iactus: 2, 2, 4 *u.* **B.** defendere;) ¶ multum autem ab ictu lapidum, quod unum nostris erat telum, niminea tegimenta ... defendebant: 3, 63, 7.

D. abl.: coria autem, ne rursus igni ac lapidibus corrumpantur, centonibus conteguntur: 2, 10, 6; ¶ ex omni parte lapidibus coniectis deturbati turrisque succensa est: V 43, 7; ¶ lapide ictus ex muro periit ⟨*c*⟩: 3, 22, 2; ¶ fundis, sagittis, lapidibus nostros de uallo proturbare ... parant: VII 81, 2.

laqueus: laqueis falces auertebant: VII 22, 2.

largior: his rebus (Dumnorigem) et suam rem familiarem auxisse et facultates ad largiendum ⟨largundum A^1⟩ magnas comparasse: I 18, 4; — Gallis . . prouinciarum ⟨CC⟩ propinquitas et transmarinarum rerum notitia multa ad copiam atque usus ⟨usum β⟩ largitur: VI 24, 5.

largiter: neque solum domi, sed etiam apud finitimas ciuitates (Dumnorigem) largiter posse: I 18, 6.

largitio. A. obi.: quae res apud milites largitiones auxit; magnis enim iacturis sibi quisque eorum animos conciliabat: 3, 112, 10; ¶ deductis . . . in hiberna legionibus maximas largitiones fecit: 3, 31, 4.

B. genet.: huc pauca ad spem largitionis addidit, quae ⟨quam *Paul*⟩ ab sua liberalitate, si se . . . secuti essent, exspectare deberent: 2, 28, 3.

C. abl.: ne qua aut largitionibus aut . . . falsis nuntiis commutatio fieret uoluntatis: 1, 21, 1; ¶ Lentulus aeris alieni magnitudine . . . et regum appellandorum largitionibus mouetur: 1, 4, 2; ¶ Dumnorix gratia et largitione apud Sequanos plurimum poterat: I 9, 3; ¶ largitione militum uoluntates redemit: 1, 39, 4.

Larinates: (Pompeius) per fines Marrucinorum, Frentanorum, Larinatium in Apuliam peruenit: 1, 23, 5.

Larisa: Scipio discessu exercituum ⟨c⟩ ab ⟨c⟩ Dyrrachio cognito Larisam ⟨*Oahl;* larissam *f*⟩ legiones adduxerat; Pompeius nondum Thessaliae adpropinquabat: 3, 80, 4; Pompeius . . . se ex castris eiecit protinusque equo citato Larisam ⟨larissam *af*⟩ contendit. neque ibi constitit, sed: 3, 96, 3; Pompeiani . . . diffisi ei loco relicto monte uniuersi iugis ⟨*Wassius*, iuris *x*⟩ eius Larisam ⟨larissam *af*⟩ uersus *se* recipere coeperunt: 3, 97, 2; eodemque die (Caesar) Larisam peruenit: 3, 98, 3.

Larisaei: nulla Thessaliae fuit ciuitas praeter Larisaeos ⟨larisã eos *ahl*⟩, qui magnis † exercitibus Scipionis tenebantur ⟨*u. CC*⟩, quin Caesari parerent ⟨CC⟩ atque imperata facerent: 3, 81, 2.

lassitudo: sperabat . . . fore, ut duplicato cursu Caesaris milites exanimarentur ⟨c⟩ et lassitudine conficerentur: 3, 92, 2; milites et animo perterriti et lassitudine confecti . . . de . . fuga . . . cogitabant: 3, 95, 3; — nostros uires lassitudine deficiebant: 2, 41, 7; L. Domitius ex castris in montem refugiens, cum nires eum lassitudine defecissent, ab equitibus est interfectus: 3, 99, 4; — cursu ac lassitudine exanimatos uulneribusque ⟨c⟩ confectos Atrebates . . . compulerunt: II 23, 1; — ibi timore, lassitudine, ui fluminis oppressi perierunt: IV 15, 2.

latebra(e): ut . . . ille latebris aut ⟨ac *dk; Schn.;* siluis aut *add.* β; *Schn.*⟩ saltibus se eriperet et ⟨c⟩ noctu occultatus ⟨c⟩ alias regiones partesque peteret: VI 43, 6.

lateo: ubi prima impedimenta nostri exercitus ab iis, qui in siluis ⟨*AQM;* siluas *B*[1]*; Frig.;* silua *B*[2]β⟩ abditi latebant, uisa sunt: II 19, 6; ¶¶ ut nullum paulo fortins factum latere posset: III 14, 8.

later. A. plur.: quadratas regulas . . . defigunt, quae lateres, qui super musculo ⟨*P. Man.;* musculos *codd.; del. Np.*⟩ struantur, contineant: 2, 10, 4; — super lateres coria inducuntur, ne canalibus aqua immissa lateres diluere possit ⟨c⟩: 2, 10, 6; ¶ eamque contabulationem summam lateribus lutoque constrauerunt ⟨castrauerunt *af*⟩, ne quid ignis hostium nocere posset, centonesque insuper iniecerunt: 2, 9, 3; — ita fastigate ⟨fastigato *x*⟩ atque ordinatim structo tecto ⟨*Oud.; om. codd.*⟩, ut trabes erant in capreolis conlocatae, lateribus ⟨*Of?; Aldus;* in lateribus *x*⟩ et ⟨*recc.; om. x*⟩ luto musculus ⟨-lis *af*⟩, ut ab igni . . . tutus esset, contegitur ⟨*u. CC*⟩: 2, 10, 5; — intra haec tegimenta abditi atque muniti parietes lateribus exstruebant: 2, 9, 6; — tigna item ut primo tecta extremis lateribus instruebant: 2, 9, 7; ¶ (cupae) delapsae ab ⟨c⟩ lateribus longuriis furcisque ab opere remouentur: 2, 11, 2; — super lateres: 2, 10, 6 *u. supra.*

B. sing. ui collect.: si ibi ⟨c⟩ pro castello ac receptaculo turrim ex latere sub muro fecissent: 2, 8, 1.

laterculus *u.* **latericulus.**

latericius. 1. adiect.: aggerem noui generis . . . ex latericiis duobus muris senum pedum crassitudine atque eorum murorum contignatione ⟨c⟩ facere instituerunt: 2, 15, 1; ¶ quem ⟨c⟩ (musculum) a turri latericia ad hostium turrim murumque perducerent: 2, 10, 1; musculus ex turri latericia a nostris . . . defenditur: 2, 11, 3; musculum turrimque latericiam libere incendunt: 2, 14, 4.

2. ui subst. **latericium:** centonesque insuper iniecerunt, ne . . . saxa ex catapultis latericium discuterent: 2, 9, 3.

latericulus: hanc super ⟨*coni. Np.;* insuper *codd.*⟩ contignationem, quantum tectum plutei ac uinearum passum est, latericulo ⟨laterculo *Kran.*⟩ adstruxerunt: 2, 9, 2.

Latinus: (consules, quod ante id tempus accidit numquam, ante Latinas indictas

⟨ante Lat. ind. (A. L. I.) *add. Hell.*⟩ ex urbe proficiscuntur: 1, 6, 7;**)** his rebus et feriis Latinis comitiisque omnibus perficiendis ⟨perfaciendis *af;* perficiundis *Nh*⟩ XI dies tribuit: 3, 2, 1.

(latito: communi enim ⟨*c*⟩ fit uitio naturae, ut inuisitatis ⟨*Elberl.;* inuisis latitatis *Nz;* inusitatis *Db.;* inprouisis *Freudenb.; Dt.;* inuisis latitantibus *O;* inuisis [latitatis] *Np.*⟩ atque incognitis rebus magis confidamus uehementiusque exterreamur: 2, 4, 4.**)**

latitudo. A. propr. (τὸ εὖρος); (a) subi.: fluminis erat altitudo pedum circiter ⟨*o*⟩ trium ⟨latitudo ped. circ. CCC *aut* altitudo ped. circ. XXIX *Ciacc.*⟩: II 18, 3.**)**

b) abl.: mediocri latitudine fossam ... obduci iussit: 3, 46, 1.

c) c. praep.; α) in latitudinem: Neruii ... teneris arboribus incisis atque inflexis ⟨*c*⟩ crebrisque ⟨*c*⟩ in latitudinem ramis enatis ⟨*om.* β⟩ et rubis sentibusque interiectis effecerant, ut: II 17, 4; — *u. praeterea* **in** *p. 103 sq.* β) *(7 loc.).*

β) propter lat.: id (oppidum) ex itinere oppugnare conatus ... propter latitudinem fossae murique altitudinem paucis defendentibus expugnare non potuit: II 12, 2; summa difficultas faciendi ⟨*c*⟩ pontis proponebatur propter latitudinem, rapiditatem altitudinemque fluminis: IV 17, 2.

B. trsl. (= τὸ μῆκος, μέγεθος): huius Hercyniae ⟨*c*⟩ siluae . . . latitudo nouem dierum iter expedito patet: VI 25, 1; ¶ (Aquitaniam,) quae pars, ut ante dictum est, et regionum latitudine et multitudine hominum † ex tertia parte Galliae ⟨*c*⟩ est aestimanda ⟨*u. CC*⟩: III 20, 1.

[Falso: turres ad altitudinem ⟨latitudinem β⟩ ualli . . . parare ac facere coeperunt: V 42, 5; aggerem ... facere instituerunt aequa fere altitudine ⟨*Vascos.;* latitudine *codd.*⟩, atque ille congesticius ex materia fuerat agger: 2, 15, 1.]

Latium: duae sunt Albae, alia ista quam nouimus in † Aricia ⟨Marsia *coni. Np.*⟩ et alia hic in † Italia ⟨Latio *coni. Np.*⟩: *ap. Pomp. comm. art. Don. (gramm. Lat. V p. 144 ed. Keil).*

Latobrigi *u.* **Latouici.**

(lator: decurritur ad illud extremum . . . senatus consultum, quo nisi paene in ipso urbis incendio atque in desperatione omnium salutis † latorum ⟨*codd.;* illata sceleratorum *Koch; Db.;* soluta malorum *Kindsch.;* latronum *cod. Ciacc.;* paucorum *Np.;* togatorum *Hell.;* senatorum *Hug; u. CC*⟩ audacia ⟨latorum audacia *unc. incl. Dt.*⟩ numquam ante descensum ⟨*Kohl.* discessum *codd.*⟩ est: 1, 5, 3.**)**

Latouici. *Cf. Glück p. 112—116; J. Becker ZAW. 1851 p. 130 sq.; 450.* (latobogiorum *exstat in Orosii* (VI 7, 5) *codicibus, sed* latobrogiorum *in cod. R.*)

persuadent Rauracis et Tulingis ⟨*c*⟩ et Latouicis ⟨*A;* lotouicis *Q;* latocibis *M;* latoeucis B^2β; latobicis B^1*;* Latobrigis *Schn., Np., Fr., Db., haud scio an recte*⟩ finitimis ⟨*c*⟩, uti eodem usi consilio oppidis suis uicisque exustis una cum iis proficiscantur: I 5, 4; Heluetios, Tulingos, Latouicos ⟨latobrigos *X;* latouicos *A in marg.;* latobicos *B'uar.*⟩ in fines suos, unde erant profecti, reuerti iussit, et quod omnibus frugibus ⟨*c*⟩ amissis domi nihil erat, quo famem tolerarent, Allobrogibus imperauit, ut iis ⟨*c*⟩ frumenti copiam facerent; ipsos oppida nicosque, quos incenderant, restituere iussit: I 28, 3; summa erat capitum . . . Tulingorum *milium XXXVI, Latouicorum ⟨latobrigorum *codd.*⟩ XIIII, Rauracorum XXIII, Boiorum XXXII: I 29, 2.

latro: hos latrones interficiamus: VII 38, 8; ¶ **(**quo . . . † latorum ⟨*z;* latronum *cod. Ciacc.*⟩ audacia numquam ante descensum ⟨*c*⟩ est: 1, 5, 3;**)** ut potius priuato paucorum et latronum quam regio consilio susceptum bellum uideretur: 3, 109, 6; magnaque praeterea multitudo undique ex Gallia perditorum hominum latronumque conuenerat ⟨*c*⟩, et ⟨*Paul; om. codd.; edd.*⟩ quos spes praedandi studiumque bellandi ab agri cultura et cotidiano labore reuocabat: III 17, 4; ¶ huc accedebant collecti ex praedonibus latronibusque Syriae Ciliciaeque prouinciae finitimarumque regionum: 3, 110, 3.

latrocinium: latrocinia nullam habent infamiam, quae extra fines cuiusque ciuitatis fiunt atque ea iuuentutis exercendae ac desidiae minuendae causa fieri praedicant: VI 23, 6; ¶ supplicia eorum, qui in furto aut in ⟨*om.* β⟩ latrocinio aut aliqua noxia ⟨*c*⟩ sint comprehensi, gratiora dis immortalibus esse arbitrantur: VI 16, 5; non hos palus in ⟨*del. Dt.*[1]*; Db.*⟩ bello latrociniisque natos, non siluae morantur: VI 35, 7.

lātus. A. = εὐρύς (propr.); a) posit.: diebus XXV aggerem latum ⟨longum *coni. Rüstow et Göler*⟩ pedes CCCXXX, altum pedes LXXX exstruxerunt: VII 24, 1; ¶ (inter bina castra . . . unum flumen ⟨tantum *add. codd.; Np.; del. Kran.;* latum *Kindsch.*⟩ intererat Apsus ⟨*c*⟩: 3, 19, 1;) ¶ duas fossas quindecim pedes ⟨pedum *h*⟩ latas eadem altitudine perduxit: VII 72, 3; ¶ storias . . . tres in longitudinem parietum turris latas IIII pedes fecerunt: 2, 9, 4.

b) comp.: ad onera ac ⟨c⟩ multitudinem iumentorum transportandam paulo latiores ⟨altiores β⟩ (facit naues), quam quibus in reliquis utimur ⟨c⟩ maribus: V I, 2; ¶ hunc ex omnibus fere partibus palus . . . cingebat non latior pedibus quinquaginta: VII 19, 1.

c) superl.: (continentur) una ex parte flumine Rheno latissimo atque altissimo: I 2, 3; transire latissimum flumen: II 27, 5.

B. = μακρός, μέγας: ne latos fines parare studeant: VI 22, 3.

quoad licebat latiore uti ⟨c⟩ spatio: 1, 58, 1.

Suessiones suos esse finitimos; fines ⟨B^2β; *Schn.*, *Hold.*; *om.* α; *edd. rell.*⟩ latissimos feracissimosque agros possidere: II 4, 6; **(**ciuitatibus maxima laus est quam latissime ⟨latissimis β⟩ circum se uastatis finibus solitudines habere: VI 23, 1;**)** ¶ ut . . . quam latissimas regiones praesidiis teneret: 3, 44, 2.

late. A. (propr.) = ἐπὶ πολύ; **a)** posit.; α**)**: ab eius summo sicut ⟨se ut *R. Steph.*⟩ palmae ramique ⟨rami quam β⟩ late diffunduntur ⟨diffundunt β; *R. Steph.*⟩: VI 26, 2; ¶ hoc itinere est fons, quo ⟨c⟩ mare succedit longius, ⟨succedit, longe ut *Paul*⟩ lateque is locus restagnat ⟨-et *Paul*⟩: 2, 24, 4; ¶ naues . . . incendit, quod tam late ⟨lata *dett.*⟩ tueri parua manu non poterat: 3, 111, 6; ¶ ut et minus late uagarentur et minus facile finitimis bellum inferre possent: I 2, 4.

β**) longe lateque**: deinde omnibus longe lateque aedificiis incensis se ⟨c⟩ in castra receperunt: IV 35, 3; omnibus arboribus longe lateque in finibus Massiliensium excisis et conuectis: 2, 15, 1; (24, 4 *u.* α**)** restagnare;) stationes litoraque omnia longe lateque classibus occupanit: 3, 8, 4; consumptis omnibus longe lateque frumentis summis erat in angustiis: 3, 47, 5.

b) comp.: partiendum sibi ac latius distribuendum exercitum putauit: III 10, 3; ¶ **(**percrebescere: 3, 79, 4 *u.* **B.;)** ¶ cumque ignis magnitudine uenti latius serperet: 3, 101, 6; ¶ qua spe adducti Germani latius ⟨latius iam β⟩ uagabantur: IV 6, 4; Cassiuellaunus . . . hoc metu latius uagari (equites nostros) prohibebat: V 19, 2; his paucos addit equites, qui latius ⟨cautius β⟩ ostentationis causa uagentur ⟨β; uagarentur α; *edd.*⟩: VII 45, 3.

c) superl.: monet, ut in omnes partes equites quam latissime peruagentur: VII 9, 2; ¶ publice ⟨*CC*⟩ maximam putant esse laudem quam latissime a suis finibus uacare ⟨uagari *BM*β⟩ agros ⟨*om.* β⟩: IV 3, 1; ¶ imperat, ut quam latissime possint ⟨possent *AQ*⟩ uagentur: VII 8, 3; ¶ ciuitatibus maxima laus est quam latissime ⟨latissimis β⟩ circum se uastatis finibus solitudines habere: VI 23, 1.

(B. trsl.: haec ad eum elatius ⟨*Ciacc.*; latius *codd.*; *edd.*⟩ atque inflatius Afranius perscribebat ⟨praescr. *afl*⟩: 2, 17, 3; **de* proelio ad Dyrrachium facto elatius ⟨*Ciacc.*; latius *codd.*; *edd.*⟩ inflatiusque multo, quam res erat gesta, fama percrebuerat ⟨c⟩: 3, 79, 4.**)**

lătus. A. subi.: insula natura triquetra ⟨c⟩, cuius unum latus est contra Galliam: V 13, 1; tertium (latus) est contra septentriones; cui parti nulla est obiecta terra: V 13, 6; hoc (latus) ⟨huic β⟩ milia passuum octingenta in longitudinem esse existimatur ⟨arbitrantur *ae*⟩: V 13, 6; ¶ hoc pertinet ⟨latus tenet β⟩ circiter milia passuum quingenta: V 13, 2; ¶ alterum (latus) uergit ad Hispaniam atque occidentem solem: V 13, 2.

B. obi.: singulaque latera castrorum singulis attribuit legionibus munienda: 1, 42, 1; ¶ sagittarii funditoresque media continebantur acie, equitatus latera cingebat: 1, 83, 2; ¶ quae res et latus unum castrorum ripis fluminis muniebat et: II 5, 5.

C. genet.: huius lateris alter angulus . . . ad orientem solem, inferior ad meridiem spectat: V 13, 1; sed eius angulus alter ⟨*R. Menge*; lateris *codd.*; *edd.*; alter lateris *Paul*⟩ maxime ad ⟨c⟩ Germaniam spectat: V 13, 6; ¶ ex utraque parte lateris deiectus habebat: II 8, 3; ¶ huius est longitudo lateris . . . septingentorum milium: V 13, 5.

D. abl.; a): fossam pedum XX derectis lateribus duxit: VII 72, 1.

(b): ex itinere nostros ab ⟨*ego*; *om. codd.*; *edd.*⟩ latere aperto adgressi circumuenire ⟨c⟩ . . . coeperunt: I 25, 6; quorum pars ab ⟨*ego*; *om. codd.*; *edd.*⟩ aperto latere legiones circumuenire . . . coepit: II 23, 5.**)**

E. c. praep.; a) ab: I 25, 6 *et* II 23, 5 *u.* **D. b)**; *u. praeterea* **ab** *p. 37. 38 (17 loc.)*; hostes neque a ⟨c⟩ fronte ex inferiore loco subeuntes intermittere et ab utroque latere instare . . . uidit: II 25, 1; has (rates) . . . a fronte atque ab utroque latere cratibus ac pluteis protegebat: 1, 25, 9; ¶ (delapsae (cupae taeda ac pice refertae) ab ⟨*Ofhl*; a *a*; *Np.*, *Dt.*⟩ lateribus longuriis furcisque ab opere remouentur: 2, 11, 2.)

b) ad latus *u.* **ad** *p. 117 (3 loc.).*

Adiect.: alterum: V 13, 2; apertum: I 25, 6; II 23, 5; IV 25, 1; 26, 3; V 35, 2; VII 50, 1; 82, 2; 1, 44, 4; 3, 86, 3; 93, 3; derecta: VII 72, 1; dextrum: VII 25, 2; 49, 1; 67, 5; duo: VII 67, 1; singula: 1, 42, 1; tertium: V 13, 6; unum: II 5, 5; V 13, 1; utrumque: II 8, 3; 25, 1; III 29, 1; VII 24, 3; 1, 25, 9; 46, 3.

laudo: qua in re admodum fuit militum uirtus laudanda: V 8, 4; laudat Pompeius ⟨promptos *Pantagathus; u. CC*⟩ atque in posterum confirmat, segniores ⟨*f;* seniores *NOahl*⟩ castigat atque incitat: 1, 3, 1; hoc landans Pompeius idem iurauit: 3, 87, 6.

lauo: in eam se consuetudinem adduxerunt ⟨*c*⟩ (Suebi), ut locis frigidissimis neque uestitus praeter pelles haberent ⟨habeant *DE; edd. pr.*⟩ quicquam ⟨*c*⟩ . . . et lauarentur ⟨*Weissenborn;* lauantur *codd.; Fr.*⟩ in fluminibus: IV 1, 10.

laurea: neque in fascibus insignia laureae praetulit: 3, 71, 3.

laus. A. = **gloria; a) praed.**: publice ⟨rei publicae *RSchn.*⟩ maximam putant esse laudem quam latissime a suis finibus uacare ⟨*c*⟩ agros ⟨*c*⟩: IV 3, 1; ciuitatibus maxima laus est quam latissime ⟨*c*⟩ circum se uastatis finibus solitudines habere: VI 23, 1.

b) obi.: centuriones . . ., ne ante partam ⟨portam *BM*⟩ rei militaris landem ⟨laudem rei mil. *h;* laudis militaris *a*⟩ amitterent, fortissime pugnantes conciderunt: VI 40, 7; ¶ qui diutissime impuberes permanserunt, maximam inter suos ferunt laudem: VI 21, 4; qui plurimos ex his interfecerunt ⟨*c*⟩, . . . magnam ferunt laudem: VI 28, 3; ¶ cum Cimbris . . . pulsis non minorem laudem exercitus quam ipse imperator meritus uidebatur: I 40, 5; ¶ parere: VI 40, 7 *u.* amittere; ¶ tanta uniuersae Galliae consensio fuit . . . pristinae belli laudis recuperandae, ut: VII 76, 2.

c) genet.: utrosque et laudis cupiditas et timor ignominiae ad uirtutem excitabat ⟨*c*⟩: VII 80, 5; ¶ a quibus deductum ac deprauatum Pompeium queritur inuidia atque obtrectatione landis suae, cuius ipse honori et dignitati semper fauerit: 1, 7, 1; ¶ cuius rei magnam partem laudis atque existimationis ad Libonem peruenturam: 1, 26, 4.

d) abl.: cum Caesaris copias despiceret, Pompei consilium summis laudibus efferret: 3, 87, 1; duces uero eorum consilium suum laudibus ferebant ⟨efferebant *Pluyg.*⟩, quod se castris tenuissent: 1, 69, 2. summae se iniquitatis condemnari debere, nisi eorum uitam sua ⟨*o*⟩ laude ⟨*Dauis.;* salute *codd.; edd.*⟩ habeat cariorem: VII 19, 5.

e) c. praep.: satis et ad laudem et ad utilitatem profectum ⟨perfectum *AQβ*⟩ arbitratus: IV 19, 4; ¶¶ ambo incolumes compluribus interfectis summa cum laude sese ⟨*c*⟩ intra munitiones recipiunt: V 44, 13; ¶¶ quos cum sic animo ⟨*o*⟩ paratos uideat ⟨*c*⟩, ut nullum pro sua laude periculum recusent: VII 19, 5; (quem locum tuae probandae ⟨*dik;* pro laude *X; Fr.*⟩ uirtutis ⟨pro laude uirt. tuae *β*⟩ exspectas ⟨*β;* spectas *α; Fr., Db.*⟩: V 44, 3.)

B. = **uirtus, meritum:** quae gens ad hoc tempus . . . summam . . habet iustitiae ⟨*c*⟩ et bellicae laudis opinionem: VI 24, 3; ¶ haec tamen ab ipsis inflatius commemorabantur, ut de suis homines laudibus libenter ⟨*CC*⟩ praedicant: 2, 39, 4.

laxo: (reliquas copias . . . misit † captis ⟨laxatis *Kindsch.*⟩ quibusdam cohortibus, uti ⟨*c*⟩ numerus legionum constare uideretur: VII 35, 3;) ¶ centurionibusque nominatim appellatis reliquos cohortatus milites ⟨*CC*⟩ signa inferre et manipulos laxare iussit: II 25, 2.

(lectus *u.* **lego.)**

legatio. A. quod pertinet ad legatos = πρέσβεις; **a)** = **legati munus,** πρεσβεία, πρέσβευσις: Orgetorix . . . sibi legationem ad ciuitates suscepit: I 3, 3; ¶ maximeque timoris causa pro se quisque id munus legationis recusabat: 1, 33, 1; — qui ab eo missi erant, confecto legationis officio liberius cum militibus regis conloqui coeperunt: 3, 103, 4.

b) = **legati,** πρέσβεις; **α) subi.**: tantam sibi . . . auctoritatem comparauerat, ut undique ad eum legationes concurrerent, gratiam atque amicitiam publice priuatimque peterent: V 55, 4; ¶ cum ad eum frequentes ciuitatium ⟨*c*⟩ legationes ⟨legiones *ah*⟩ conuenire coepissent: 3, 36, 1; ¶ uenerant eo sagittarii . . .; erant praeterea . . . complures honesti adulescentes . . .; erant legationes ciuitatum; erant legati Caesaris: 1, 51, 3; *cf. qu. sqq.;* ¶ ibi totius fere citerioris prouinciae legationes Caesaris aduentum exspectabant: 2, 21, 4; ¶ petere: V 55, 4 *u.* concurrere; ¶ (polliceri: II 35, 1 *u.* β) mittere;) ¶ uti . . . mitterentur legati . . ., qui . . . pollicerentur. quas legationes Caesar . . . inita ⟨*c*⟩ proxima ⟨*c*⟩ aestate ⟨*c*⟩ ad se reuerti iussit: II 35, 2.

β) obi.: legationes ⟨legiones *BM*⟩ in omnes partes circummittuntur: VII 63, 1; reliquas ciuitates circummissis legationibus amicitiae ⟨*Ciacc.*; amicitia *codd.*; *edd.*⟩ Caesaris ⟨*Ox*; Caesari *edd.*⟩ conciliare studebat: 3, 55, 3; ¶ (ciuitates) nuntios legationesque in omnes partes dimittebant et ... explorabant: V 53, 4; dimittit quoque ⟨*c*⟩ uersus legationes; obtestatur: VII 4, 5; ¶ (uti ab iis nationibus ... mitterentur ⟨*o*⟩ legati ⟨legationes *G. Sauppe*⟩ ad Caesarem, qui ⟨quae *B*²β⟩ se obsides daturas, imperata facturas pollicerentur: II 35, 1;) (Veneti et horum finitimi) communem legationem ad P. Crassum mittunt, si uelit suos recipere ⟨*c*⟩, obsides sibi ⟨*c*⟩ remittat: III 8, 5; cognouit missas legationes ab non nullis ciuitatibus ad Germanos inuitatosque eos, uti: IV 6, 3; Cenimagni, Segontiaci, Ancalites, Bibroci, Cassi legationibus missis sese Caesari dedunt: V 21, 1.

γ) **dat.**: ut ... legatos mitteret .... ei legationi Ariouistus respondit: I 34, 2.

δ) **genet.**: legatos ad eum mittunt nobilissimos ciuitatis, cuius legationis Nammeius et Verucloetius principem ⟨principum *X*⟩ locum obtinebant: I 7, 3; ¶ legationis munus: 1, 33, 1 *et* leg. officium: 3, 103, 4 *u.* **a)**; ¶ legatos ad eum mittunt; cuius legationis Diuico princeps fuit: I 13, 2.

ε) **abl.**: circummissis legationibus conciliare: 3, 55, 3 *u.* β) circummittere; ¶ legationibus missis sese dedunt: V 21, 1 *u.* β) mittere; ¶ cum ... uideret ... a ⟨*c*⟩ Treueris Germanos crebris legationibus sollicitari: VI 2, 3; (Haedui) consilia elam de bello inire incipiunt ciuitatesque reliquas legationibus sollicitant: VII 43, 3; (Vercingetorix) nihilo minus clandestinis nuntiis legationibusque Allobrogas ⟨*o*⟩ sollicitat: VII 64, 7.

B. legati = ὑποστρατήγου munus: praeoccupatum sese legatione ⟨-nem *a*¹*l*⟩ ab Cn. Pompeio, teneri obstrictum fide: 2, 17, 2.

legatus. **A.** = πρεσβευτής; **a)** **subi.**; α): (adferre: 3, 108, 4 *u.* **f)** per legatos;) ¶ quas (res) legati Heluetii ⟨leg. Helu. *del. Ciacc.*⟩ commemorassent: I 14, 1; ¶ congredi: IV 11, 1 *u.* petere; ¶ qui (legati) cum eum in itinere conuenissent seque ad pedes ⟨eius *add. bfhik*⟩ proiecissent suppliciterque locuti flentes pacem petissent: I 27, 2; totius fere Galliae legati, principes ciuitatum, ad Caesarem gratulatum conuenerunt: I 30, 1; ¶ demonstrare: V 1, 7 *u.* **c)** mittere ad; ¶ (deprecari: V 6, 2 *et* VI 4, 2 *ib.*;) ¶ dicere: I 7, 3 *et* II 3, 1 *ib.*; qui (legati) ad hunc modum locuti, non (se) existimare ... se suaque omnia eorum potestati permittere dixerunt: II 31, 2. 3; re nuntiata ⟨*CC*⟩ ad suos ⟨illi se *add.* β⟩ quae imperarentur facere dixerunt (legati): II 32, 3; legati haec se ad suos relaturos dixerunt et ... post diem tertium ad Caesarem reuersuros: IV 9, 1; ¶ quod legati eorum (hostium) paulo ante a Caesare discesserant: IV 12, 1; ¶ docere: V 1, 7 *et* VI 9, 6 *u.* **e)** mittere ad; ¶ quorum (Vbiorum) sint legati apud se et de Sueborum iniuriis querantur et a se auxilium petant: IV 8, 3; uenerant eo ... sagittarii ...; erant praeterea ... legationes ciuitatum; erant legati Caesaris. hos omnes flumina continebant: 1, 51, 3; ¶ excusare: IV 22, 1 *u.* uenire ad; ¶ exponere: 3, 19, 3 *u.* uenire; ¶ flere: I 27, 2 *u.* conuenire; ¶ (gratulari: I 30, 1 *ib.*;) ¶ impetrare: IV 11, 1 *u.* petere; ¶ loqui: I 27, 2 *u.* conuenire; II 31, 2 *u.* dicere; ¶ (nuntiare: II 32, 3 *u.* dicere; ¶ orare: IV 11, 1 *u.* petere; VI 32, 1 *u.* **c)** mittere ad; VII 12, 3 *et* 32, 2 *u.* **a)** α) uenire ad;) ¶ ostendere: IV 11, 3 *u.* petere; ¶ petere: I 27, 2 *u.* conuenire; petierunt (legati), uti sibi concilium totius Galliae ... indicere ... liceret: I 30, 4; IV 8, 3 *u.* esse; interea ne propius se castra moueret petierunt (legati): IV 9, 1; qui (legati) in itinere congressi magnopere ne longius progrederetur ⟨*c*⟩ orabant. cum id non impetrassent, petebant, uti ... praemitteret ...; ea condicione ... se usuros ostendebant: IV 11, 1. 3; 18, 3 *u.* **d)** respondere; (VI 6, 2 *u.* **e)** mittere ad;) ¶ polliceri: II 35, 1 *ib.*; IV 21, 5 *et* 22, 1 *u.* **a)** α) uenire ad; obsides daturos quaeque imperasset ⟨sese *add.* β⟩ facturos ⟨esse *add.* α⟩ polliciti sunt (hostes *an* legati?): IV 27, 1; VII 90, 2 *u.* **c)** mittere; 1, 15, 2 *et* 3, 34, 2 *u.* **a)** α) uenire ad; ¶ posse: 3, 19, 3 *u.* uenire; ¶ postulare: I 34, 1 *u.* **c)** mittere ad; ¶ se proicere: I 27, 2 *u.* conuenire; ¶ proponere: 1, 3, 7 *u.* **c)** mittere ad; ¶ (purgare: VI 9, 6; VII 43, 2 *ib.*;) ¶ queri: (I 37, 1 *u.* uenire;) IV 8, 3 *u.* esse; ¶ (recusare: V 6, 2 *u.* **e)** mittere ad;) ¶ referre: (IV 9, 1 *u.* dicere;) euocat ad se Caesar Massilia ⟨*c*⟩ XV primos. cum his agit .... commemorat. cuius orationem legati domum referunt atque ex auctoritate ⟨*CC*⟩ haec Caesari renuntiant: 1, 35, 3; ¶ reuerti: (I 7, 6 *u.* **d)** respondere;) ubi ea dies, quam constituerat cum legatis, uenit et legati ad eum reuerterunt ⟨reuertuntur *a*⟩: I 8, 3; (IV 9, 1 *u.* dicere;) ut erat constitutum, ad eum legati reuertuntur: IV 11, 1; ¶ rogare: I 11, 2 *et* VII 5, 2 *u.* **c)** mittere ad; ¶ (satis facere: V 54, 3 *ib.*;) ¶ uelle: (I 7, 6 *u.* **d)** respondere;) 3,

19,3 *u.* uenire; ¶ haec eodem tempore Caesari mandata referebantur et legati ab Haeduis et a Treueris **u e n i e b a n t**: Haedui questum, quod: I 37,1; legati ab his (Germanis) uenerunt, quorum haec fuit oratio: IV 7,2; 27, 2 *u.* **f)** cum; Varronem . . . uisurum ⟨*c*⟩, quem ⟨*c*⟩ ad modum tuto legati uenire et quae uellent exponere possent ⟨*u. CC*⟩: 3,19,3; — — Iccius Remus, . . . unus ⟨*c*⟩ ex iis, qui legati de pace **a d** Caesarem **u e n e r a n t,** nuntium . . . mittit: II 6,4; interim ⟨in itinere *Hartz*⟩ a compluribus ciuitatibus ad eum legati ueniunt: IV 18,3; a compluribus insulae ⟨*c*⟩ ciuitatibus ad eum legati ⟨legati ad eum *a*⟩ ueniunt, qui pollicentur ⟨pollicerentur β⟩ obsides dare: IV 21,5; ex magna parte Morinorum ad eum legati uenerunt, qui se de superioris temporis consilio excusarent . . . seque ea, quae imperasset, facturos pollicerentur ⟨β; pollicentur α⟩: IV 22, 1; in Menapios atque in eos pagos Morinorum, ab quibus ad eum legati non uenerant, ducendum ⟨*c*⟩ (exercitum) dedit: IV 22,5; eodem die legati ab hostibus missi ad Caesarem de pace uenerunt: IV 36,1; quo ex oppido cum legati ad eum uenissent oratum, ut sibi ignosceret, . . . iubet: VII 12,3; iam prope hieme confecta . . ., legati ad eum principes Haeduorum ueniunt ⟨uenerunt β⟩ oratum, ut . . . subueniat: VII 32,2; etiam Cingulo . . . ad eum legati ueniunt quaeque imperauerit se cupidissime facturos pollicentur: 1,15,2; cum ad eum ex Thessalia Aetoliaque legati uenissent, qui praesidio misso pollicerentur earum gentium ciuitates imperata facturas, . . . misit: 3,34,2.

β) ab c. pass.: quod legati . . . discesserant atque is ⟨*c*⟩ dies indutiis **e r a t a b h i s** ⟨iis β⟩ **p e t i t u s**: IV 12,1.

b) praedicat.: II 6,4 *et* VII 32,2 *u.* **a) α)** uenire ad; a quo missi Dioscorides et Serapion, qui ambo **l e g a t i** Romae **f u e r a n t** . . ., ad Achillam peruenerunt: 3,109,4; ¶ I 7,3 *et* II 3,1 *u.* **c)** mittere ad; 3,34,4 *ib.* mittere.

c) obi.: **a c c i p e r e**: 3,17,2 *u.* mittere ad; 3, 17,5 *u.* recipere; ¶ (**a d h o r t a r i**: 1,34,3 *u.* praemittere;) ¶ tamen quam mitissime potest legatos **a p p e l l a t**: VII 43,4; ¶ hoc facto proelio Caesar neque iam sibi legatos **a u d i e n d o s** neque condiciones accipiendas arbitrabatur: IV 13,1; quibus (legatis) auditis liberaliter pollicitus hortatusque, ut in ea sententia permanerent, eos domum remittit et cum iis una Commium: IV 21,6; ¶ quantum in se facinus admisissent intellegebant: legatos, quod nomen ad omnes nationes sanctum inuiolatumque semper fuisset, retentos ab se et in uincla ⟨*c*⟩ **c o n i e c t o s**: III 9,3; ¶ (**c o n t i n e r e**: 1,51,3 *u.* **a) α)** esse;) ¶ barbari . . . legatos quoque uersum ⟨*c*⟩ **d i m i t t e r e** . . . coeperunt: III 23,2; ¶ (**h o r t a r i**: IV 21,6 *u.* audire;) ¶ interim saepe ultro citroque cum legati ⟨saepe cum leg. ultro citroque β⟩ inter eos **m i t t e r e n t u r,** Ariouistus postulauit: I 42,4; confirmare (Neruios) sese neque legatos missuros neque ullam condicionem pacis accepturos: II 15,6; celeriter (Veneti finitimique) missis legatis per suos principes inter se coniurant: III 8,3; sibi . . . potestatem faceret in Vbios legatos mittendi: IV 11,2; cum ultro in continentem legatis missis pacem ab se petissent: IV 27,5; 36,1 *u. infra* mittere ad; nullum tempus intermiserunt, quin trans Rhenum legatos mitterent: V 55,1; eodem Carnutes legatos obsidesque mittunt: VI 4,5; tertio die missis ex oppido legatis de deditione arma conferri ⟨*c*⟩ . . . iubet: VII 11,2; eo legati ab Aruernis missi quae imperaret se facturos pollicentur: VII 90,2; probat rem senatus de mittendis legatis; sed qui mitterentur non reperiebantur: 1,33,1; cuius prouinciae ab ea parte, quae libera appellabatur, Menedemus, princeps earum regionum, missus legatus omnium suorum excellens studium profitebatur: 3,34,4; quibus modis ad Oricum cum Libone de mittendis legatis contendisset: 3,90,2; illi de deditione missis legatis agere coeperunt ⟨*c*⟩: 3,97,5; — — Heluetii . . . legatos **a d** eum **m i t t u n t** nobilissimos ciuitatis, cuius legationis Nammeius et Verucloetius principem ⟨*c*⟩ locum obtinebant, qui dicerent sibi esse in animo . . .; rogare, ut . . . liceat: I 7,3; (Heluetii) legatos ad Dumnorigem Haeduum mittunt, ut . . . impetrarent: I 9,2; Haedui . . . legatos ad Caesarem mittunt rogatum auxilium: I 11,2; Heluetii . . . legatos ad eum mittunt; cuius legationis Diuico princeps fuit: I 13,2; Heluetii omnium rerum inopia adducti legatos de deditione ad eum miserunt: I 27,1; placuit ei, ut ad Ariouistum legatos mitteret, qui ab eo postularent, uti . . . deligeret . . . . ei legationi Ariouistus respondit: I 34,1. (2;) his responsis ad Caesarem relatis ⟨legatis *X*⟩ iterum ad eum Caesar legatos cum his mandatis mittit: I 35,1; cognito Caesaris aduentu ⟨*o*⟩ Ariouistus legatos ad eum mittit: I 42,1; biduo post Ariouistus ad Caesarem legatos mittit ⟨misit β⟩: I 47,1; 47,1 *et* 3 *u.* **B. d)** mittere; Remi . . . ad eum legatos Iccium ⟨*c*⟩ et Andecumborium ⟨*c*⟩, primos ciuitatis, miserunt, qui dicerent ⟨qui dic. *om.* β⟩

II 3, 1; (Senones) legatos ad Caesarem de deditione mittunt: II 12, 5; maiores natu . . . omnium . . . consensu legatos ad Caesarem miserunt seque ei dediderunt ⟨*c*⟩: II 28, 2; (Aduatuci) inusitata specie commoti legatos ad Caesarem de pace miserunt, qui . . . dixerunt: II 31, 1; uti ab iis ⟨*c*⟩ nationibus, quae trans Rhenum incolerent, mitterentur legati ⟨legationes *G. Sauppe*⟩ ad Caesarem ⟨leg. ad caes. mitt. β⟩, qui ⟨quae B^2β⟩ se obsides daturas, imperata facturas pollicerentur. quas legationes . . .: II 35, 1; Galba . . . (a Nantuatibus, Veragris Sedunisque) missis ad eum undique legatis obsidibusque datis et pace facta constituit: III 1, 4; illi (Sotiates) . . . ubi . . . nihil his rebus profici posse intellexerunt, legatos ad Crassum mittunt, . . . petunt: III 21, 3; mittuntur etiam (a Vocatibus et Tarusatibus) ad eas ciuitates legati, quae . . .; inde auxilia . . . arcessuntur: III 23, 3; Morini Menapiique supererant, qui in armis essent neque ad eum umquam legatos de pace misissent: III 28, 1; qui (Vbii) uni ex Transrhenanis ad Caesarem legatos ⟨*om.* β⟩ miserant, amicitiam fecerant, obsides dederant: IV 16, 5; hostes proelio superati . . . statim ad Caesarem legatos de pace miserunt; . . . polliciti sunt: IV 27, 1; eodem die legati ab hostibus missi ad Caesarem de pace uenerunt: IV 36, 1; Pirustae ⟨*c*⟩ legatos ad eum mittunt, qui doceant nihil . . . publico factum consilio, seseque paratos esse demonstrent ⟨*Ciacc.*; demonstrant *codd.*; *edd.*⟩ . . . satis facere: V 1, 7; ueritus ⟨indutiomarus ueritus β⟩, ne ab omnibus desereretur, Indutiomarus ⟨*om.* β⟩ legatos ad Caesarem mittit: sese . . . noluisse: V 3, 5; neque recusandi aut deprecandi causa legatos ad Caesarem mittere (Haedui) audebant: V 6, 2; interim Trinobantes . . . legatos ad Caesarem mittunt pollicenturque . . .; petunt: V 20, 1; Cassiuellaunus . . . legatos per Atrebatem Commium de deditione ad Caesarem mittit: V 22, 3; si ab armis discedere uelint, se adiutore utantur legatosque ad Caesarem mittant: V 41, 8; (Senones) missis ad Caesarem satis faciendi ⟨*c*⟩ causa legatis, cum is . . . iussisset, dicto audientes non fuerunt: V 54, 3; (Senones) necessario sententia desistunt legatosque deprecandi causa ad Caesarem mittunt; adeunt ⟨*c*⟩ per Haeduos: VI 4, 2; qui (Menapii) uni ex Gallia de pace ad Caesarem legatos numquam miserant: VI 5, 4; quibus rebus coacti Menapii legatos ad eum pacis petendae causa mittunt: VI 6, 2; Vbii . . . purgandi sui ⟨*c*⟩ causa ad eum legatos mittunt, qui doceant . . .; petunt atque orant . . ., pollicentur: VI 9, 6; Segni Condrusique . . . legatos ad Caesarem miserunt oratum, ne: VI 32, 1; eius aduentu Bituriges ad Haeduos . . . legatos mittunt subsidium rogatum: VII 5, 2; (Haedui) legatos ad Caesarem sui purgandi ⟨*o*⟩ gratia mittunt: VII 43, 2; cum . . . cognouissent . . . legatos ad Vercingetorigem de pace et ⟨de *add.* β⟩ amicitia concilianda publice missos: VII 55, 4; mittuntur de his rebus ad Caesarem legati: VII 89, 3; dicuntur . . . sententiae, ut legati ad Caesarem mittantur, qui uoluntatem senatus ei proponant: 1, 3, 7; omnes uno consilio Domitium . . . custodiunt legatosque ex suo numero ad Caesarem mittunt: 1, 20, 5; legatos ad Pompeium de compositione mitti oportere: 1, 32, 8; ad quos legati mitterentur, his auctoritatem attribui ⟨*NO*; attribuit *x*⟩ timoremque eorum, qui mitterent, significari ⟨*NO*; -re *x*⟩: 1, 32, 8; interim Oscenses et Calagurritani . . . mittunt ad eum legatos seseque imperata facturos pollicentur: 1, 60, 1; legatosque de pace primorum ordinum centuriones ad Caesarem mittunt (milites): 1, 74, 3; (2, 44, 1 *u.* **e)** numerus;) cui rei missis ⟨*Np.*; qui remissis *Ox*; qua re missis *Brutus*⟩ ad Caesarem legatis ⟨nuntiis *O*⟩ auxilium ab eo petebant: 3, 9, 5; illi (Apolloniates) ad Caesarem legatos mittunt oppidoque recipiunt: 3, 12, 3; (reliquae finitimae ciuitates totaque Epiros) legatis ad Caesarem missis quae imperaret facturos pollicentur: 3, 12, 4; postulabat Caesar, ut legatos sibi ad Pompeium sine periculo mittere liceret, idque ipsi fore reciperent aut acceptos per se ad eum perducerent: 3, 17, 2; liceretne ciuibus ad ciues de pace ⟨*u. CC*⟩ tuto ⟨*Voss.*; duos *Ofl*; duo *ah*; *del. Ald.*; *Np.*, *Db.*⟩ legatos mittere, quod etiam fugitiuis . . . licuisset: 3, 19, 2; quae gens paucis ante mensibus ultro ad Caesarem legatos miserat, ut suis omnibus facultatibus uteretur, praesidiumque ab eo militum petierat: 3, 80, 1; regemque hortatus est, ut ex suis necessariis quos haberet maximae auctoritatis legatos ad Achillam mitteret . . . . a quo missi Dioscorides et Serapion: 3, 109, 3; ¶ obicere: I 47, 3 *u.* **B. d)** mittere; ¶ perducere: 3, 17, 2 *u.* mittere ad; ¶ cognoscit . . . praemissos etiam legatos ⟨*del. Ciacc.*⟩ Massilienses domum, nobiles ⟨domi nobiles *Ciacc.*⟩ adulescentes, quos ab urbe discedens Pompeius erat adhortatus, ne: 1, 34, 3; ¶ si aut Ambiorigem aut eius legatos finibus suis recepissent: VI 6, 3; *Libo neque legatos Caesaris recipere ⟨accip. *Paul*⟩ neque periculum praestare eorum:

3,17,5; ¶ remittere: IV 21,6 *u.* audire; (3,9,5 *u.* mittere ad;) ¶ retinere: III 9,3 *u.* coicere.

d) dat.: postulauit deinde ⟨*c*⟩ eadem, quae legatis in mandatis dederat: I 43,9; ¶ legatis respondit, diem se ad deliberandum sumpturum; si quid uellent, ad Idus April. reuerterentur: I 7,6; his (legatis) Caesar ita respondit: I 14,1; quibus (legatis) pacem atque amicitiam petentibus liberaliter respondet ⟨*c*⟩: IV 18,3.

e) genet.: quo diligentius in reliquum tempus a barbaris ius legatorum conseruaretur: III 16,4; ¶ reliquae copiae missis ad Varum noctu legatorum numero centurionibus sese ei dediderunt: 2,44,1; ¶ oratio: IV 7,2 *u.* **a)** α) uenire; legatos ad eum mittunt, qui doceant .... percepta oratione ⟨accepta ratione β⟩ eorum Caesar obsides imperat: V 1,8; ¶ periculum: 3,17,5 *u.* **c)** recipere.

f) c. praep.: cum ab his (legatis?) quaereret ..., sic reperiebat: II 4,1.

constituere cum legatis: I 8,3 *u.* **a)** α) reuerti; — cum iis una ... mittit: IV 21,6 *u.* **e)** audire; — una cum his legatis Commius Atrebas uenit: IV 27,2.

tabulae testamenti unae per legatos eius Romam ⟨*c*⟩ erant allatae: 3,108,4.

B. = ὑποστράτηγος; **a) subi.;** α): (adducere: V 46,3 *u.* **c)** δ) ad;) ¶ (adhibere: 3,8,2 *u.* **c)** α);) ¶ (adhortari: V 35,8 *u.* **c)** α);) ¶ (adire: III 11,2 *u.* **d)** mittere;) ¶ (legati) per se quae uidebantur administrabant: II 20,4; ¶ (adoriri: II 11,4 *u.* **c)** β);) ¶ (aedificare: V 1,1 *u.* **d)** praeficere;) ¶ (agere: 2,1,1 *u.* **c)** α); 3,19,2 *u.* **d)** mittere;) 3,51,4 *u.* **f)** partes; ¶ (ascendere: I 21,2 *u.* **c)** β);) ¶ (capere: VII 51,2 *u.* **e)** δ) cum;) ¶ (complere: 3,39,2 *u.* **e)** α);) ¶ (concidere: II 11,4 *u.* **c)** β);) ¶ concurrebant legati, centuriones tribunique militum: 1,71,2; ¶ (conficere: VII 11,3 *u.* **d)** relinquere;) ¶ (coniungere: 3,39,2 *u.* **c)** α);) ¶ (constituere: VII 49,1 *u.* **d)** relinquere;) ¶ continere: (III 11,2 *u.* **d)** mittere;) in primis monet (legatos), ut contineant milites: VII 45, 8; ¶ curare: (III 11,4 *u.* **d)** mittere;) V 1,1 *u.* **d)** praeficere; ¶ (debere: 3,19,3 *u.* **d)** mittere; 3,51,4 *u.* **f)** officium;) ¶ deducere: (II 2,1 *u.* **d)** mittere; IV 22,5 *u.* **c)** γ); VII 81,6 *u.* **e)** α);) quibus rebus commoti legati milites ex opere deducunt ⟨diduc. *Nx*⟩, oppugnatione desistunt; operibus custodias relinquunt: 2,13,1; ¶ (defendere: VII 81,6 *u.* **c)** α);) ¶ ad consilium rem deferunt (legati), magnaque inter eos exsistit ⟨*c*⟩ controuersia: V 28,2; ¶ (deligare: 3,39,2 *u.* **c)** α);) ¶ desistere, (diducere): 2,13,1 *u.* deducere; ¶ dimicare: III 17,7 *u.* γ); ¶ quod ab opere singulisque legionibus singulos ⟨*del. A. Miller*⟩ legatos Caesar discedere nisi munitis castris uetuerat: II 20,3; ¶ (distinere: III 11, 4 *u.* **d)** mittere;) ¶ (ducere: IV 22,5 *u.* **c)** γ); IV 38,3 *u.* **c)** α); V 24,2 *u.* **c)** γ);) ¶ (educere: VII 49,1 *u.* **d)** relinquere;) ¶ (efficere: 3,39,2 *u.* **e)** α);) ¶ illi (legati) repentina re perturbati ... non neglegenda existimabant, maximeque hac re permouebantur, quod ...: V 28,1; ¶ hi (legati) propter propinquitatem et celeritatem hostium nihil iam Caesaris imperium exspectabant: II 20,4; ¶ (habere: VI 1,1 *u.* **c)** δ) per; 1,30,4 *u.* **g)** ζ); 2,34,4 *u.* **c)** α);) ¶ (mandat (Rebilo legato), ut Libonem de conciliandа pace hortetur: 1,26,3;) ¶ (incendere: IV 38,3 *u.* **c)** α);) ¶ (inquit: 2,34,4 *ib.*;) ¶ (instituere: 2,1,1 *ib.*;) ¶ (intellegere: VII 81,6 *ib.*;) ¶ (ire: VII 47,1 *u.* *ib.*;) ¶ hoc idem reliqui iurant legati; tribuni ⟨*af;* hos tribuni *Ohl; Db.*⟩ militum centurionesque sequuntur: 3,13, 4; ¶ (loqui: 3,19,3 *u.* **d)** mittere;) ¶ (neglegere: V 28,1 *u.* existimare;) ¶ (obicere: 3,39,2 *u.* **c)** α);) ¶ obtinere: (VII 83,3 *u.* **c)** α); 1,38,1 *ib.*;) 2,17,2 *u.* **f)** officium; ¶ (occupare: 1,37,1 *u.* **c)** β);) ¶ (opponere: 3,39,2 *u.* **c)** α);) ¶ (pabulari: V 17,2 *u.* **e)** δ) cum;) ¶ (partiri: 1,38,1 *u.* **c)** α);) ¶ posse: V 1,1 *u.* **d)** praeficere; ¶ (praeesse: II 9,4 *u.* **c)** α); V 24,5 *u.* **c)** β); 3,15,6 *u.* **c)** δ) cum; 3,39,1 *u.* **c)** α);) ¶ (prohibere: III 11,2 *u.* **d)** mittere;) ¶ (pronuntiare: 3,19,2 *ib.*;) ¶ (prosequi: II 11,4 *u.* **c)** β);) ¶ (se recipere: IV 38,3 *u.* **c)** α);) ¶ (reducere: 3,39,2 *ib.*;) ¶ (reficere: V 1,1 *u.* **d)** praeficere;) ¶ relinquere: 2,13,1 *u.* deducere; ¶ (scire: 3,15,8 *u.* **e)** δ) cum;) ¶ (submergere: 3,39,2 *u.* **c)** α);) ¶ (subsequi: II 11,3 *u.* **c)** β);) ¶ (succidere: IV 38,3 *u.* **c)** α);) ¶ (summittere: VII 81,6 *ib.*;) ¶ (tenere: IV 22, 6 *u.* **c)** β);) ¶ (terrere: VII 49,2 *u.* **d)** relinquere;) ¶ (tradere: 3,39,2 *u.* **e)** α);) ¶ (transportare: 3,8,2 *ib.*;) ¶ (uastare: IV 38,3 *u.* **c)** α);) ¶ (uidere: VII 49,2 *u.* **d)** relinquere.)

β): administrari a (legatis): IV 23,5 *u.*

d) conuocare; ¶ (exspectari: 2,12,2 *u.* g) β);) ¶ interim ab omnibus legatis quaestoreque ⟨c⟩, quibus legiones tradiderat, certior factus est: V 25,5; (53,6 *u.* d) praeficere;) ¶ ante id tempus fingi a legatis amicisque Caesaris arbitrabantur: 3,101,7; ¶ (opponi: VII 65,1 *u.* c) δ) ab;) ¶ milites . . . a ⟨c⟩ tribunis militum legatisque . . . retinebantur: VII 47,2; quod . . . iudicauissent neque . . . a ⟨c⟩ tribunis militum legatisque retineri potuissent: VII 52,1; ¶ (teneri: 1,37,1 *u.* c) δ) ab.)

γ): cum tanta multitudine hostium . . . nisi aequo loco . . . legato ⟨*del. Ciacc.*⟩ dimicandum non existimabat: III 17,7.

b) praed.: legatos esse: (V 24,5 *u.* c) β);) cuius pater Caesaris erat legatus: 1,8,2; ¶¶ (M. † itfiuium, quem mihi commendas, uel regem Galliae faciam uel hunc Leptae delegabo ⟨*Lamb.;* delega *Med.;* uel tertiae legionis legatum *Manut.;* uel Leptae legatum *Crat.;* uel Leptide legatum *Rutgers.*⟩: *ap. Cic. ad fam.* VII 5,2.

c) appositio; α) nom.: cui (castello) praeerat Q. Titurius legatus: II 9,4; ubi paucis ante annis L. Valerius Praeconinus legatus exercitu pulso interfectus esset: III 20,1; at Q. ⟨c⟩ Titurius et L. Cotta legati, qui in Menapiorum fines legiones duxerant, omnibus eorum agris uastatis, frumentis succisis, aedificiis ⟨que *add.* β⟩ incensis . . . se ⟨o⟩ ad Caesarem receperunt: IV 38,3; L. Cotta legatus omnes cohortes ordinesque adhortans in ⟨c⟩ aduersum ⟨c⟩ os ⟨c⟩ funda uulneratur: V 35,8; (legionisque ⟨c⟩ decimae, quacum erat, continuo ⟨*Göl.;* contionatus *codd.;* quacum iacrat C. Trebonius legatus *Paul*⟩ signa constituit ⟨c⟩: VII 47,1;) M. Antonius et C. Trebonius legati, quibus hae partes ad defendendum obuenerant, qua ex parte nostros premi intellexerant, his ⟨c⟩ auxilio ex ulterioribus castellis deductos summittebant: VII 81,6; haec (castra) C. Antistius Reginus et C. ⟨c⟩ Caninius Rebilus legati cum duabus legionibus obtinebant: VII 83,3; Afranius et Petreius et Varro, legati Pompei, quorum unus Hispaniam citeriorem *tribus legionibus, alter ulteriorem* . . . duabus legionibus, tertius . . . Lusitaniam . . pari numero legionum obtinebat, officia inter se partiuntur, uti: 1,38,1; C. Trebonius legatus . . . aggerem, uineas turresque ad oppidum agere instituit: 2,1,1; hunc ⟨c⟩ Rebilus, legatus Caesaris, quem Curio secum ex Sicilia duxerat, quod magnum habere usum in re militari sciebat, . . inquit: 2,34,4; huic officio praepositus erat Fufius Calenus legatus, qui celeritatem in transportandis legionibus adhiberet: 3,8,2; huic officio oppidoque M.' ⟨c⟩ Acilius ⟨c⟩ legatus praeerat. is naues nostras interiorem in portum ⟨c⟩ . . . reduxit et ad terram deligauit faucibusque portus nauem onerariam submersam obiecit et huic alteram coniunxit; super quas turrim ⟨c⟩ effectam ad ipsum introitum portus opposuit et militibus compleuit tuendamque . . . tradidit: 3,39,1.2.

β) acc.: I 10,3 *u.* d) praeficere; L. Pisonem legatum Tigurini eodem proelio quo Cassium interfecerant: I 12,7; T. Labienum legatum pro praetore cum duabus legionibus . . . summum iugum montis ascendere iubet: I 21,2; II 2,1 *u.* d) mittere; II 5,6 *ib.* relinquere; his ⟨eique (*i. e.* equitatui) β⟩ Q. Pedium et L. Aurunculeium Cottam legatos praefecit. T. Labienum legatum cum legionibus tribus subsequi iussit. hi nouissimos adorti et multa milia passuum prosecuti magnam multitudinem eorum fugientium conciderunt: II 11,3.4; III 11,1 *et* 4 *u.* d) mittere; P. ⟨c⟩ Sulpicium Rufum legatum . . . portum tenere iussit: IV 22,6; IV 38,1 *u.* d) mittere; V 24,3 *ib.* praeficere; his militibus Q. Titurium Sabinum et L. Aurunculeium Cottam legatos praeesse ⟨esse β⟩ iussit: V 24,5; VII 11,3 *et* 40,3 *u.* d) relinquere; VII 87,1 *ib.* mittere; C. Fabium legatum ⟨*om.* β; *Flod.*⟩ et L. Minucium Basilum ⟨c⟩ cum legionibus duabus in Remis conlocat: VII 90,5; 1,26,3 *et* 30,2 *u.* d) mittere; 1,36,5 *ib.* relinquere; C. Fabium legatum cum legionibus III . . . in Hispaniam praemittit celeriterque saltus Pyrenaeos occupari ⟨-pare *Paul*⟩ iubet: 1,37,1; 87,4 *u.* d) praeficere; 2,24,2 *ib.* relinquere; 3,19,2 *et* 42,3 *ib.* mittere.

γ) dat.: reliquum exercitum Q. ⟨c⟩ Titurio Sabino et L. ⟨c⟩ Aurunculeio Cottae legatis in Menapios . . . ducendum ⟨deducendum β⟩ dedit: IV 22,5; ex quibus (legionibus) unam in Morinos ducendam C. Fabio legato dedit: V 24,2.

δ) c. praep.: ab: (V 53,6 *u.* d) praeficere;) praesidia . . ., quae ex ipsa coacta ⟨c⟩ prouincia ab L. Caesare legato ad omnes partes opponebantur: VII 65,1; qui (saltus Pyrenaei) eo tempore ab L. Afranio legato praesidiis tenebantur: 1,37,1; quam (legionem) ex Achaia a Q. ⟨achaia atque *NO*[1]*hl*⟩ Fufio ⟨fusio *Ox*⟩ legato euocauerat: 3,106,1; ¶ per siluas ad T. Labienum legatum in hiberna perueniunt atque eum de rebus gestis certiorem faciunt: V 37,7; alterum (nuntium) ad C. Fabium legatum ⟨*om.* Q⟩ mittit, ut in Atrebatum ⟨c⟩ fines legionem adducat: V 46,3; VII 49,1 *u.* **d)** relinquere; ¶ cum Caesar pabulandi causa tres legiones atque omnem equitatum cum C. Trebonio legato misisset: V 17, 2; Caesar partitis copiis cum C. Fabio legato ⟨*om.* β⟩ et M. Crasso quaestore . . . adit ⟨*c*⟩ tripertito: VI 6, 1; quae (cohortes) ex castris minoribus eductae cum T. Sextio legato ceperant locum ⟨loc. cep. β⟩ superiorem: VII 51, 2; loquuntur ambo ex nauibus cum M.' ⟨*c*⟩ Acilio et Statio Murco legatis, quorum alter oppidi muris, alter praesidiis terrestribus praeerat. . . . postulant, ut sint indutiae, atque ab iis ⟨*c*⟩ impetrant . . . . Caesarem id summe sciebant cupere: 3, 15, 6—8; ¶ per M. Silanum, C. Antistium Reginum, T. Sextium legatos dilectum habere instituit: VI 1, 1; Afranii etiam filius . . . cum Caesare per Sulpicium legatum agebat: 1, 74, 6.

d) obi.: (audire: 3, 19, 3 *u.* mittere;) ¶ commouere: 2, 13, 1 *u.* **a)** α) deducere; ¶ (conlocare: VII 90, 5 *u.* **c)** β);) ¶ interim legatis tribunisque militum conuocatis . . . quae fieri uellet ostendit monuitque, . . . ad nutum et ad tempus omnes res ab iis ⟨*c*⟩ administrarentur. his dimissis . . . constituit: IV 23, 5. 6; ¶ (ducere: 2, 34, 4 *u.* **c)** α);) ¶ (certiorem facere: V 37, 7 *u.* **c)** δ) ad;) ¶ uti eos (legatos) testes suae quisque uirtutis haberet: I 52, 1; ¶ (interficere: I 12, 7 *u.* **c)** β); III 20, 1 *u.* **c)** α);) interfectos esse legatos duo ⟨*c*⟩: V 38, 3; ¶ uti aut iterum conloquio diem constitueret aut . . . ex ⟨*c*⟩ suis legatis ⟨*del. (Dauis.;) Dt., Hold.;* legatum *Dauis.*⟩ aliquem ad se mitteret: I 47, 1; legatum ⟨ex ⟨*c*⟩ suis *add. codd.*; *edd.; del. Vielh.*⟩ sese magno cum periculo ad eum missurum et hominibus feris obiecturum existimabat: I 47, 3; inita ⟨*c*⟩ aestate in ulteriorem ⟨*c*⟩ Galliam qui deduceret Q. Pedium legatum misit: II 2, 1; itaque T. Labienum legatum in Treueros . . . cum equitatu mittit. huic mandat, Remos reliquosque Belgas adeat atque in officio contineat Germanosque . . . prohibeat: III 11, 1. 2; Q. Titurium Sabinum legatum cum legionibus tribus in Venellos ⟨*c*⟩, Coriosolitas ⟨*c*⟩ Lexouiosque mittit, qui eam manum distinendam curet: III 11, 4; Caesar postero die T. Labienum legatum ⟨*om. h*⟩ . . . in Morinos . . . misit: IV 38, 1; (V 17, 2 *u.* **c)** δ) cum;) mittit primo ⟨*c*⟩ Brutum adulescentem cum cohortibus Caesar ⟨*o*⟩, post cum aliis C. Fabium legatum: VII 87, 1; itaque Caninium Rebilum legatum ⟨legat. *hl*[1]⟩, familiarem necessarium*que* Scribonii Libonis, mittit ad eum conloquii causa: 1, 26, 3; mittit in Sardiniam cum legione una Valerium legatum, in Siciliam Curionem pro praetore: 1, 30, 2; mittit P. Vatinium legatum ad ripam ipsam fluminis, qui ea, quae maxime ad pacem pertinere uiderentur, ageret et crebro magna uoce pronuntiaret, liceretne . . . . multa suppliciter locutus *est*, ut de sua atque omnium salute debebat, silentioque ab utrisque militibus auditus: 3, 19, 2. 3; in Epirum rei frumentariae causa Q. Tillium et L. Canuleium legatum ⟨-tos *f*⟩ misit: 3, 42, 3; ¶ monere: IV 23, 5 *u.* conuocare; (VII 45, 8 *u.* **a)** α) continere;) ¶ obicere: I 47, 3 *u.* mittere; ¶ permouere, perturbare: V 28, 1 *u.* **a)** α) existimare; ¶ ei munitioni . . . T. Labienum legatum praefecit: I 10, 3; Caesar singulis legionibus singulos ⟨*del. Miller*⟩ legatos et quaestorem praefecit: I 52, 1; his ⟨eique β⟩ Q. Pedium et L. Aurunculeium Cottam legatos praefecit: II 11, 3; legatis imperat, quos legionibus praefecerat, uti quam plurimas possint ⟨-sent *X; edd.*⟩ hieme naues aedificandas ueteresque reficiendas curent ⟨curarent α; *edd.*⟩: V 1, 1; his (legionibus) M. Crassum quaestorem ⟨*Nk; Ald.;* quintum α; *om.* β⟩ et L. Munatium Plancum et C. Trebonium legatos praefecit: V 24, 3; ab L. Roscio ⟨legato *add.* β; quaestore *add.* α; *Schn.; del. Oud.*⟩, quem legioni tertiae decimae praefecerat, certior factus est: V 53, 6; legatisque, quos singulis legionibus praefecerat, quid fieri uelit ⟨*c*⟩ ostendit: VII 45, 8; duas legiones suas antecedere, reliquas subsequi iussit . . ., eique negotio Q. Fufium Calenum legatum praeficit: 1, 87, 4; ¶ praemittere: 1, 37, 1 *u.* **c)** β);) ¶ (praeponere: 3, 8, 2 *u.* **c)** α);) ¶ in altera parte fluminis Q. Titurium Sabinum legatum cum sex cohortibus relinquit ⟨reliquit *B*[2]β; *Flod.*⟩: II 5, 6; Haedui de consilio legatorum, quos Caesar ad exercitum reliquerat, copias . . . subsidio Biturigibus mittunt: VII 5, 3; ea qui conficeret, C. Trebonium legatum relinquit: VII 11, 3; C. ⟨*c*⟩ Fabium legatum cum legionibus duabus castris praesidio relinquit ⟨reliquit *a*⟩: VII 40, 3; ad T. Sextium legatum, quem minoribus castris praesidio reliquerat, misit, ut cohortes . . . celeriter educeret et sub infimo colle . . . constitueret, ut, si nostros loco depulsos ⟨*c*⟩ uidisset, quo minus libere hostes insequerentur terreret: VII 49, 1. 2; C. Trebonium legatum ad oppugnationem Massiliae relinquit: 1, 36, 5; C. Trebonius legatus, qui ad oppugnationem Massiliae relictus erat, . . . instituit: 2, 1, 1; ibi C. Caninium Rebilum legatum cum legionibus reliquit: 2,24,2; ¶ sequi: 3, 13,4 *u.* a) α) iurare; ¶ (uulnerare: V 35,8 *u.* c) α).)

e) **dat.**: (dare: IV 22,5 *et* V 24,2 *u.* c) γ);) ¶ quod ⟨*c*⟩ praeterea nauium longarum habebat ⟨*c*⟩, quaestori ⟨quaestoribus β⟩, legatis praefectisque distribuit: IV 22,3; ¶ imperare: V 1,1 *u.* d) praeficere; ¶ (mandare: III 11,2 *u.* d) mittere; 1,26,3 *u.* a) α) hortari;) ¶ (obuenire: VII 81,6 *u.* e) α);) ¶ ostendere: (IV 23,5 *u.* d) conuocare;) VII 45,8 *u.* d) praeficere; ¶ id eane de causa, quam legatis pronuntiarunt ⟨*pr. edd.*; pronuntiarint α; pronuntiauerint β⟩, an perfidia adducti fecerint: VII 5,6; ¶ legatisque nostris renuntiant: VII 5,5; ¶ tradere: V 25,5 *u.* a) β) fieri; ¶ (uideri: II 20,4 *u.* a) α) administrare.)

f) **genet.**: de consilio legatorum: VII 5,3 *u.* d) relinquere; ¶ quod detrimentum culpa et temeritate legati sit acceptum: V 52, 6; ¶ neque se ignorare, quod esset officium legati ⟨-to *h pr.*⟩, qui fiduciariam operam obtineret ⟨*u. CC*⟩: 2,17,2; ¶ aliae enim sunt legati partes atque imperatoris: alter omnia agere ad praescriptum, alter libere ad summam rerum consulere debet: 3,51,4; ¶ (pedes: 2,12,2 *u.* g) β);) ¶ temeritas: V 52,6 *u.* culpa.

(quorum alter: 3,15,6 *u.* c) δ) cum; quorum unus: 1,38,1 *u.* c) α).)

g) **c. praep.**; α) **ab**: (euocare a legato: 3, 106,1 *u.* c) δ) ab;) ¶ (impetrare: 3, 15,7 *ib.* cum.)

β) **ad**: Arpineius et Iunius quae audierant ⟨*c*⟩ ad legatos deferunt: V 28,1; ¶ (mittere ad: VII 49,1 *u.* d) relinquere;) ¶ peruenire ad: (V 37,7 *u.* c) δ) ad;) ubi hostes ad legatos exercitumque peruenerunt, uniuersi se ad pedes proiciunt; orant, ut aduentus Caesaris exspectetur: 2,12,2 (*Np.* 3); ¶ ad legatos atque exercitum supplices manus tendunt: 2,11,4 (*Np.* 12,1).

γ) **cum**: consilio cum legatis et quaestore communicato . . . accidit: IV 13,4; ¶ (loqui: 3,15,6 *u.* c) δ) cum;) ¶ (mittere: V 17, 2 *ib.*;) ¶ (partiri: VI 6,1 *ib.*)

δ) **ex**: aliquem ex suis legatis: I 47,1 *u.* d) mittere; *cf. ibid.* I 47,3.

ε) **inter**: exsistere: V 28,2 *u.* a) α) deferre.

ζ) **per**: (agere: 1,74,6 *u.* c) δ) per;) ¶ in Lucanis Bruttiisque per legatos suos ciuium Romanorum dilectus habebat: 1,30,4.

[**Falso**: his responsis ad Caesarem relatis ⟨*f*; legatis *X*⟩ iterum . . . Caesar legatos . . . mittit: I 35,1.]

Legati dicuntur hi a) Caesaris: M.' Acilius: 3,15,6; 39,1; C. Antistius Reginus: VI 1,1; VII 83,3; M. Antonius: VII 81,6; L. Aurunculeius Cotta: II 11,3; IV 22,5; 38,3; V 24,5; 35,8; L. Caesar: VII 65,1; 1,8,2; C. Caninius Rebilus: VII 83,3; 1,26,3; 2,24,2; 34, 4; L. Canuleius: 3,42,3; C. Fabius: V 24,2; 46,3; VI 6,1 ⟨*c*⟩; VII 40,3; 87,1; 90,5 ⟨*c*⟩; 1,37,1; Q. Fufius Calenus: 1,87,4; 3,8,2; 106,1; T. Labienus: I 10,3; 21,2; II 11,3; III 11,1; IV 38,1; V 37,7; L. Munatius Plancus: V 24,3; Q. Pedius: II 2,1; 11,3; (L. Roscius: V 53,6;) T. Sextius: VI 1,1; VII 49,1; 51,2; M. Silanus: VI 1,1; Statius Murcus: 3,15,6; P. Sulpicius Rufus: IV 22,6; 1,74,6; Q. Titurius Sabinus: II 5,6; 9,4; III 11,4; IV 22,5; 38,3; V 24,5; C. Trebonius: V 17,2; 24,3; VII 11,3; (47,1;) 81,6; 1,36,5; 2,1,1; Valerius: 1,30,2; P. Vatinius: 3,19,2.

b) Pompei: L. Afranius: 1,37,1; 38,1; Petreius: 1,38,1; Varro *ib.*

c) aliorum: L. Piso: I 12,7; L. Valerius Praeconinus: III 20,1.

Adiect.: (aliqui: I 47,1; alter: 1,38,1; 3, 15,6;) duo: V 38,3; (3,19,2;) Heluetii: I 14, 1; Massilienses, (nobiles): 1,34,3; (nostri: VII 5,5;) omnes: V 25,5; reliqui: 3,13, 4; singuli: I 52,1; II 20,3; (tertius, unus: 1,38,1.)

legio. **A. subi.**; a): abesse: II 17,2 *u.* uenire in; ¶ conclamant legionis XIII., quae aderat, milites: 1,7,7; (V 48,6; 1,15,6; 3,36,1. 6 *u.* **F.** c) α) adesse;) ¶ (adoriri: II 11,4 *u.* concidere;) ¶ (adpropinquare: 1,51,5 *u.* **D.** signa;) ¶ princepsque decima legio per tribunos militum ei gratias egit, quod de se optimum iudicium fecisset: I 41,2; deinde reliquae legiones cum tribunis ⟨per tribunos β⟩ militum et primorum ordinum centurionibus ⟨-ones β⟩ egerunt, uti ⟨per eos *add.* β⟩ Caesari satis facerent: se neque ⟨*c*⟩ umquam dubitasse neque timuisse neque de summa belli suum iudicium . . . esse existimauisse. eorum satisfactione accepta . . . profectus est: I 41,3. 4; ¶ (amittere: 3,67,3 *u.* esse in;) ¶ antecedere: 1,87,4 *u.* subsequi; ¶ (ascendere: I 21,2 *u.* **F.** c) α) ascendere;) ¶ attingere: VII 51,3 *u.* consistere; ¶ audere: II 17,3 *ib.*; VII 1,7 *u.* **F.** b) peruenire.

circummunire: 3,66,2 *u.* ponere; ¶ claudere: II 19,3 *u.* esse praesidio; ¶ coepisse: II 19,5 *u.* uenire; (1,51,5 *u.* **D.**

signa;) 3,45,2 *u.* occupare; ¶ (cognoscere: II 26,5 *u.* uersari; 2,20,4 *u.* considere;) ¶ conari: 3,69,2 *u.* resistere; ¶ (hi (equitatus et legiones?) nouissimos adorti et multa milia passuum prosecuti magnam multitudinem eorum fugientium conciderunt: II 11,4;) ¶ (se conferre: 2,18,6 *u.* **F. e)** α) se conferre;) ¶ decima legio . . . se . . esse ad bellum gerendum paratissimam confirmauit: I 41,2; ¶ congredi: II 23,3 *u.* proeliari; (1,40,3 *u.* transire;) ¶ tribunos militum monuit, ut paulatim sese legiones coniungerent et conuersa signa in hostes inferrent: II 26,1; ¶ (conquiescere: 1,41,6 *u.* **B.** reducere;) ¶ interea legio XII. Caesarem consequitur: 1,15,3; ¶ his cognitis rebus altera ex duabus legionibus, quae uernacula appellabatur ⟨-atur *bh¹*⟩, ex castris Varronis . . . signa sustulit seseque Hispalim ⟨*N; hispali Ox*⟩ recepit atque in foro et porticibus sine maleficio consedit: 2,20,4; ¶ qua (legione) pulsa impedimentisque direptis futurum, ut reliquae contra consistere non auderent: II 17,3; cum ⟨*c*⟩ in dextro cornu legio duodecima et non magno ab ⟨*om. a*⟩ ea ⟨*om.* β⟩ interuallo septima constitisset: II 23,4; cum septimam legionem, quae iuxta constiterat, item urgeri ab hoste uidisset: II 26,1; (VII 47,1 *u.* **D.** signa;) VII 49,3 *u.* **F. c)** α) progredi; sed intolerantius Gallos insequentes legio decima tardauit, quae pro subsidio paulo aequiore loco constiterat: VII 51,1; legiones, ubi primum planitiem attigerunt, infestis contra hostes ⟨*c*⟩ signis constiterunt ⟨-rant *M*⟩: VII 51,3; primo concursu ab ⟨*c*⟩ dextro cornu, ubi septima legio constiterat, hostes . . . in fugam coiciuntur: VII 62,3; perturbatis antesignanis legio, quae in eo cornu constiterat, locum non tenuit ⟨locum continuit *NOx*⟩ atque in proximum collem sese recepit: 1,44,5; (79,4 *u.* **D.** signa;) prius quam plane legiones ⟨*suspectum Np.*⟩ explicari et consistere possent: 2,26,4; ¶ (contendere: VI 3,1 *u.* **B.** cogere; 2,20,1 *u.* **F. c)** α) contendere;) ¶ (continere: 1,44,5 *u.* consistere;) ¶ conuenire: 1,7,7 *u.* **B.** euocare; ¶ (conuertere: II 26,1 *u.* sese coniungere.)

(depopulari: VI 33,2 *u.* **D.** numerus;) ¶ desistere: V 11,1 *u.* **B.** reuocare; ¶ dimetiri: II 19,5 *u.* uenire; ¶ dimicare: VII 6,3 *u.* **B.** arcessere; ¶ (dimittere: II 19,5 *u.* uenire;) ¶ discedere: VI 39,4 *u.* redire; ¶ (dubitare: I 41,3 *u.* agere.)

egredi: VII 1,7 *u.* **F. b)** peruenire; (VII 60,4 *u.* **F. e)** α) egredi;) 1,40,3 *u.* transire; ¶ erant, ut supra demonstratum est, legiones Afranii III, Petrei duae: 1,39,1; *erat* ciuile bellum . . ., legiones eae ⟨hae *x*⟩, quae paulo ante apud aduersarios fuerant: 2,29,3; — legiones, quas expeditas esse iusserat, portis incensis intromittit atque oppido potitur: VII 11,8; (se esse paratissimam: I 41,2 *u.* confirmare;) se cum sola decima legione iturum, de qua non dubitaret, sibique eam praetoriam cohortem futuram: I 40,15; — inde duae legiones, quae proxime conscriptae erant, totum agmen claudebant praesidioque impedimentis erant: II 19,3; interim milites legionum duarum, quae in nouissimo agmine praesidio impedimentis fuerant, . . . conspiciebantur: II 26,3; alteram (legionem) alteri praesidio esse iusserat: 3,89,1; cum esset legio praesidio Messanae: 3,101,3; — (esse ad: 3,16,1 *u.* **F. e)** α) esse;) — quam plurimas possit ⟨*c*⟩ iis legionibus, quae sint ⟨*Procksch;* sunt *X; edd.*⟩ apud eum, naues instituat: V 11,4; 2,29,3 *u. supra* (esse); — erat omnino in Gallia ulteriore legio una: I 7,2; quod instituto Caesaris semper duae ⟨due semp. β⟩ legiones pro castris excubabant ⟨-barunt β⟩ pluresque partitis temporibus erant in opere: VII 24,5; reliquas cohortes, numero XXXIII, in quibus erat legio nona ⟨non *af*⟩ multis amissis centurionibus deminutoque militum numero, . . . eduxit: 3,67,3; erant in sinistro cornu legiones duae: 3,88,1; ¶ duas legiones in armis excubare iubet: VII 11,6; 24,5 *u.* esse in; ¶ (existimare: I 41,3 *u.* agere.)

castra facere: 1,87,4 *u.* subsequi; — impetum facere: 3,69,2 *u.* resistere; — quam in partem legio iter fecisset: IV 32,1; (1,39,3 *u.* **F. e)** α) facere; — (seditionem facere: 1,87,3 *u.* **A. b)** flagitari; —) (decimam legionem subsidio nostris misit. qui . . . nihil ad celeritatem sibi reliqui fecerunt: II 26,5; ¶ ferre: VII 17,4 *u.* **B.** appellare; ¶ (frumentari: IV 32,1 *u.* **B.** mittere.)

(gerere: I 41,2 *u.* confirmare.)

hiemare *u.* **hiemo** *p. 1497 (8 (11) loc.);* (III 6,5 *u.* **B.** perducere.)

(incendere: VII 11,8 *u.* esse expeditas;) ¶ signa inferre: II 26,1 *u.* sese coniungere; ¶ (instare: 2,43,2 *u.* **F. c)** α) instare;) ¶ (ire: I 10,3; 40,15; VI 33,3; 3,34,2 *u.* **F. e)** α) ire.)

munire: II 19,5 *u.* uenire; (1,42,1 *u.* **C.** attribuere;) 3,45,2 *u.* occupare.

se obicere: 3,66,2 *u.* ponere; ¶ (obtinere: VII 83,3 *u.* **F. e)** α) obtinere;) ¶

(C. Fabium legatum cum legionibus III . . . praemittit celeriterque saltus Pyrenaeos occupari ⟨occupare *Paul*⟩ iubet: 1, 37, 1;) cum legio Caesaris nona praesidium quoddam ⟨praesidio collem *Ciacc.*⟩ occupauisset et munire coepisset: 3, 45, 2; ¶ occurrere: (V 47, 3 *u.* **F.** e) α) occurrere; 1, 40, 4 *u.* **B.** traicere;) 3, 98, 3 *u.* reuerti; ¶ (opprimere: 1, 51, 4 *u.* **F.** e) α) proficisci.)

(pabulari: V 17, 2 *u.* **B.** mittere;) ¶ percipere: VII 27, 2 *u.* **B.** cohortari; ¶ (peruenire *u.* **cum** *p. 760 extr.* peruenire cum legionibus *(6 loc.)*; ¶ (petere: VII 60, 4 *u.* **F.** c) α) egredi;) ¶ superioribus diebus nona ⟨non *a*⟩ Caesaris legio, cum se obiecisset Pompeianis copiis atque opere ⟨*c*⟩, ut demonstrauimus, circummuniret, castra eo loco posuit: 3, 66, 2; ¶ duabus legionibus . . . relictis, ut, si quo opus esset, subsidio duci possent: II 8, 5; V 27, 5 *u.* uenire *extr.*; (V 38, 4 *u.* **B.** opprimere;) 2, 26, 4 *u.* consistere; 3, 8, 1 *u.* **B.** transportare; ¶ (postulare: 1, 87, 3 *u.* **b)** flagitari;) ¶ item alia in parte diuersae duae legiones, ⟨et *add. Ciacc.*⟩ undecima et octaua, profligatis Veromanduis ⟨*c*⟩, quibuscum erant congressae ⟨*ego;* congressi *codd.*; *edd.*⟩, ex loco superiore in ipsis fluminis ripis proeliabantur: II 23, 3; ¶ proficisci: V 46, 2 *u.* uenire ad; impedimenta ad Labienum . . . mittit duasque ad eum legiones ⟨*AQβ*; leg. ad eum *BM*⟩ proficisci iubet: VI 5, 6; (proficisci cum legionibus *u.* **cum** *p. 761 sq. (15 loc.)*;) ¶ (profligare: II 23, 3 *u.* proeliari;) ¶ progredi: VII 45, 5 *u.* **B.** mittere; (VII 49, 3 *u.* **F.** e) α) progredi;) 3, 45, 6 *u.* se recipere; ¶ (prosequi: II 11, 4 *u.* concidere.)

se recipere: 1, 44, 5 *u.* consistere; 2, 20, 4 *u.* considere; si sine maximo detrimento legiones ⟨legio nona *Ciacc.*; legio *Np.*⟩ Caesaris sese recepissent ⟨-set *Ciacc.*; *Np.*⟩ inde, quo temere essent progressae ⟨esset progressa *Ciacc.*; *Np.*⟩: 3, 45, 6; quod eo pulsa ⟨pulso *l*⟩ legio sese receperat ⟨*u. CC*⟩: 3, 67, 6; ¶ redisse primo legiones credunt, quas longius discessisse ex captiuis cognouerant: VI 39, 4; ¶ remanere: 3, 97, 3 *u.* **D.** pars; ¶ (repellere: 1, 79, 4 *u.* **D.** signa;) ¶ requiescere: 3, 98, 3 *u.* reuerti; ¶ cum diuersae legiones ⟨*Ciacc.*; diuersis legionibus *codd.*; *edd.*; diuersis locis legiones *V.*; *u. CC*⟩ aliae alia in parte hostibus resisterent: II 22, 1; V 11, 1 *u.* **B.** reuocare; legio Pompeiana ⟨pompeiana legio *Ohl*⟩ celeris ⟨*c*⟩ spe subsidii confirmata ab decumana porta resistere conabatur ⟨*Steph.*; conatur *codd.*⟩ atque ultro in nostros impetum faciebat: 3, 69, 2; ¶ hac adhibita diligentia ex castris sibi legiones alias occurrere et eas, quas secum duxerat, in uicem requiescere atque in castra reuerti iussit: 3, 98, 3.

(satis facere: I 41, 3 *u.* agere;) ¶ sequi: 3, 106, 1 *u.* **B.** euocare; ¶ (soluere: V 8, 2 *u.* **F.** e) α) soluere;) ¶ Caesar praemisso equitatu confestim legiones subsequi iussit: V 18, 4; reliquas legiones ex hibernis euocat et subsequi iubet: 1, 8, 1; reliquas legiones, quae longius hiemabant, subsequi iubet: 1, 37, 2; duas legiones suas antecedere, reliquas subsequi iussit, ut non longo inter se spatio castra facerent: 1, 87, 4; Caesar . . . progrediebatur legionemque unam minoribus itineribus subsequi iussit: 3, 102, 1; — (subsequi cum legionibus *u.* **cum** *p. 762 (3 loc.)*.)

tardare: VII 51, 1 *u.* consistere; ¶ quem locum XII. ⟨*AQβ*; quintadecima *BM*; *Fr.*⟩ legio tenebat: VII 62, 4; 1, 44, 5 *u.* consistere; 3, 88, 1 *u.* **F.** c) α) tenere; ¶ (timere: I 41, 3 *u.* agere;) ¶ tollere: 2, 20, 4 *u.* considere; ¶ existimabant tribus ⟨*CC*⟩ locis transire legiones: VII 61, 4; huc cum cotidiana consuetudine egressae ⟨*Jurinius*; congressae *codd.*⟩ pabulatoribus praesidio propiore ponte legiones ⟨*Np.*; proprio relegiones *a*; proprio legiones *Ofhl*; propiore *ponte* legiones *Db.*; priores legiones *Kran.*⟩ Fabianae duae flumen transissent: 1, 40, 3; (3, 33, 1 *u.* **F.** c) α) transire;) ¶ tueri: 1, 38, 2 *ib.* tueri; (3, 34, 1 *u.* **B.** deducere.)

interim legiones sex ⟨*om.* β⟩, quae primae ⟨ante β⟩ uenerant, opere dimenso ⟨dimisso β⟩ castra munire coeperunt: II 19, 5; cum duas uenisse legiones missu Caesaris cognoscunt: VI 7, 2; (reliquae (legiones) nondum conuenerant ⟨*Ofhl*; uenerant *Na*; *Np.*, *Dt.*⟩: 1, 7, 7; 39, 3 *u.* **F.** c) α) facere;) (exstinctis rumoribus de auxiliis legionum, quae cum Pompeio per Mauretaniam uenire dicebantur: 1, 60, 5; 2, 43, 2 *u.* **F.** c) α) instare;) — iubet media nocte legionem proficisci celeriterque ad se uenire: V 46, 2; 46, 4 *u.* **F.** c) α) uenire; eo triduo legio VIII. ad eum uenit cohortesque . . . XXII equitesque . . . CCC. quorum aduentu altera castra . . . ponit: 1, 18, 5; neque Brundisio naues legionesque ad Caesarem ueniebant: 3, 25, 1; — neque esse quicquam negotii, cum prima legio in castra uenisset reliquaeque legiones magnum spatium abessent, hanc sub sarcinis adoriri: II 17, 2; — eo legiones XII, equitatum omnem uenire iusserat: 3, 2, 1; (22, 2 *u.* **F.** e) α) *extr.*;) — (auxilio uenire: 3,

51,1 *u.* **F. c) α)** uenire;) ne qua legio alteri ⟨β; alterae α; *edd.; del. Weidner*⟩ legioni subsidio uenire posset: V 27,5; ¶ (legionem subsidio nostris misit. qui cum ex equitum . . . fuga quo in loco res esset quantoque in periculo et castra et legiones et imperator uersaretur cognouissent: II 26,5.)

b) ab c. pass.: Petreius atque Afranius cum stipendium ab legionibus paene seditione facta flagitarentur ⟨*Ald.;* -retur *codd.*⟩, . . . Caesar ut cognosceret postulatum est: 1,87,3; ¶ (nuntiari: VII 62, 6 *u.* **D.** tribuni.)

c) abl. abs.: conferta legione ex omnibus partibus tela coici animaduertit: IV 32,3; ¶ (diuersis legionibus: II 22,1 *u.* **a)** resistere.)

B. obi.: abducere: 1,9,4 *u.* retinere; ¶ accipere: 1,14,3 *u.* disponere; 2,23,1 *u.* transportare; ¶ ad C. Fabium legatum mittit, ut in Atrebatum ⟨*c*⟩ fines legionem adducat: V 46,3; tribus ante exactam hiemem et constitutis et adductis legionibus . . . docnit: VI 1,4; Caesar legiones tres Massiliam adducit: 1,36,4; Scipio . . . Larisam legiones adduxerat: 3,80,4; legiones sibi alias ex Asia adduci iussit, quas ex Pompeianis militibus confecerat: 3,107,1; ¶ Caesar superius institutum seruans X. legionem in dextro cornu, nonam ⟨non iam *a;* IX *h*⟩ in sinistro conlocauerat, tametsi erat ⟨erant *af*⟩ Dyrrachinis proeliis uehementer attenuata ⟨-tae *af*⟩, et huic sic adiunxerat ⟨*ego;* ad *af;* adiunxit *Ohl; edd.*⟩ octauam, ut paene unam ⟨*om. hl*⟩ ex duabus efficeret: 3,89,1; ¶ adoriri: II 17,2 *u.* **A. a)** uenire in; (VI 7,1 *u.* **F. e) β)** adoriri); ¶ cum in opere singulas legiones ⟨singulos legionarios *Pluyg.*⟩ appellaret et, si acerbius inopiam ferrent, se dimissurum oppugnationem diceret: VII 17,4; — *u. praeterea* **appello** *p. 288* **γ)** *(5 loc.);* ¶ si legiones in prouinciam arcesseret ⟨β; arcerseret α; accerseret *Dt.*[1]⟩, se absente in itinere proelio dimicaturas intellegebat: VII 6,3; ¶ attenuare: 3,89,1 *u.* adiungere; ¶ Crassum Samarobriuae praeficit legionemque ei ⟨β; *om.* α; *edd.*⟩ attribuit: V 47,2; prouinciae Q. ⟨*c*⟩ Cassium praeficit; huic IIII legiones attribuit: 2,21,3.

quorum pars *ab aperto latere legiones circumuenire . . . coepit: II 23,5; cum multitudine hostium castra compleri, ⟨nostras *add.* α; *Fr.; del. Np.;* castr. compl. nostra, leg. *a*[2]; *Db., Dt., Hld.;* castr. nostra compl., nostras leg. *B*[2]; *Schn.*⟩, legiones premi et paene circumuentas teneri . . . uidissent: II 24,4; ¶ proximis quattuor coactis legionibus de improuiso in fines Neruiorum contendit: VI 3,1; VII 9,5 *u.* **F. b)** mittere; ¶ legionibusque ⟨legiones β⟩ [intra uineas ⟨*c*⟩] in occulto expeditis ⟨expeditas β⟩ cohortatus ⟨cohortatur β⟩, ut aliquando pro tantis laboribus fructum uictoriae perciperent, . . . signum dedit: VII 27,2; ¶ Brundisium cum legionibus VI peruenit, ueteranis III et ⟨*c*⟩ reliquis, quas ex nouo dilectu confecerat atque in itinere compleuerat: 1,25,1; dilectum habuit tota prouincia, legionibus completis duabus cohortes circiter XXX alarias addidit: 2,18,1; ¶ conficere: 1,25,1 *u.* complere; 3,107,1 *u.* adducere; ¶ confirmare: 3,69,2 *u.* **A. a)** resistere; ¶ Ciliciensis legio coniuncta cum cohortibus ⟨cum coh. *om. Nhl*⟩ Hispanis, quas traductas ab Afranio docuimus, in dextro cornu erant conlocatae. has firmissimas se habere Pompeius existimabat: 3,88,2.3; ¶ Ciceronem pro eius merito legionemque conlaudat: V 52,3; ¶ conlocare *u.* **conloco** *p. 655* **α) αα)** *et* **β) αα)** *(4 + 4 (5) loc.);* ¶ conscribere *u.* **conscribo B.** *p. 664 sq. (9 loc.);* ¶ (conspicere: 1,40,7 *u.* **D.** signa;) ¶ constituere *u.* **constituo** *p. 686 (7 loc.);* VI 1,4 *u.* adducere; ¶ si reliquam partem hiemis uno loco legiones contineret: VII 10,1; ¶ conuertere: 1,4,5 *u.* **D.** infamia; ¶ (corripere: 1,2,3 *u.* retinere;) ¶ (legiones effecerat . . . duas ex Asia, quas Lentulus consul conscribendas curauerat: 3,4,1.)

dare legionem ducendam *u.* **do** *p. 946 (3 loc.);* ¶ celeriter ab opere deductis legionibus aciem instruit: 2,26,3; legiones equitesque ex Syria deduxerat ⟨deduxit *Ciacc.*⟩: 3,31,3; Caesar . . . deducta Orico ⟨*del. Paul*⟩ legione, quam tuendae orae maritimae causa posuerat, . . . existimabat: 3,34,1; interim Pompeius . . . V legiones ⟨*Np.;* V^{ta} legione *af;* V (*uel* V^{tam}) legionem *Ohl*⟩ ab opere deductas ⟨*Np.;* deducta *af;* deductam *Ohl*⟩ subsidio suis duxit: 3,69,1; *u. praeterea* **deduco** *p. 836* **β)** *(3 loc.);* ¶ deligere: I 46,3 *u.* **D.** periculum; (1,80,4 *u.* relinquere;) ¶ depellere: 3,52,2 *u.* **D.** impetus; ¶ quod legionem neque eam ⟨β; tam α⟩ plenissimam detractis cohortibus duabus et compluribus singillatim . . . absentibus ⟨*c*⟩ propter paucitatem despiciebant: III 2,3; ¶ legionem Caesar, quam equis deuexerat ⟨*B*[2]β; uexerat α; *Fr., Hold., Dt.*[2]⟩, passibus ducentis ab eo tumulo constituit: I 43,2; ¶ (dici: 1,60,5 *u.* **A. a)** uenire;) ¶ iter ad legiones habebat, quas a Caesare acceptas in Apulia hibernorum causa disposuerat: 1,14,3; quas (legiones) Narbone ⟨Cabillonae *Ciacc.*⟩ circumque ea loca hiemandi causa ⟨*CC*⟩ disposuerat: 1,37,1; ¶ legiones a praesidio atque impedimentis interclusas maximum flumen distinebat ⟨destinabat *a*⟩: VII 59,5; ¶ coactus est aliter . . . exercitum in hibernis conlocare legionesque in plures ciuitates distribuere: V 24,1; ad hunc modum distributis legionibus facillime inopiae **rei* frumentariae sese mederi posse existimauit: V 24,6; ¶ ducere *u.* **duco** *p. 963 (11 loc.)*.

educere *u.* **educo** *p. 990* **a)** *et* **b)** *(4 loc.) et p. 991 (7 loc.)*; ¶ dilectuque habito duas legiones effecerat: 1,31,2; 3,4,1 *u.* traducere; 3,89,1 *u.* adiungere; ¶ (eligere: 1,80,4 *u.* relinquere;) ¶ eripere: 1,2,3 *u.* retinere; iniuriam in eripiendis legionibus ⟨*Ald.*; legibus *codd.*⟩ praedicat: 1,32,6; ¶ hanc enim (legionem) initio tumultus euocauerat; reliquae nondum conuenerant ⟨*Ofhl*; uenerant *Na*; *Np.*, *Dt.*⟩: 1,7,7; reliquas legiones ex hibernis euocat et subsequi iubet: 1,8,1; Caesar . . . cum legione ⟨-ibus *V.*⟩ una, quam se ex Thessalia sequi iusserat, et altera, quam ex Achaia a Q. ⟨achaia atque *NO¹hl*⟩ Fufio ⟨*c*⟩ legato euocauerat, equitibusque DCCC et nauibus longis . . . Alexandriam peruenit: 3,106, 1; ¶ hanc (legionem) rursus XIII. legionis cohortes exceperunt: VII 51,2; ¶ expedire legionem, legio expedita *u.* **expedio, expeditus** *p. 1226 et 1227 (2 + 7 loc.)*; ¶ explicare: 2,26,4 *u.* **A. a)** consistere; ¶ praeter has (legiones) exspectabat cum Scipione ex Syria legiones II: 3, 4,3; quod legiones ⟨legionem *H. Schneider*⟩ equitatumque ex Italia exspectaret ⟨spectaret *Nx*⟩: 3,78, 6.

facere: 3,4,1 *u.* traducere.

habere *u.* **habeo** *p. 1397 (4 loc.)*; I 42,6 *u.* rescribere; 3,1,4 *u.* **D.** praesidium; (3,62,4 *u.* **F. e) β)** ponere; 3,88,3 *u.* coniungere.)

impositae, ut supra demonstratum est, legiones VII ⟨VI *Np.*; V *Ciacc.*⟩: 3,6,2; Calenus legionibus equitibusque Brundisii in naues impositis . . . naues soluit: 3,14,1; ¶ intercludere: VII 59,5 *u.* distinere; ¶ interficere: V 38,4 *u.* opprimere; ¶ reliquas (legiones et cohortes) inter aciem mediam cornuaque interiecerat ⟨-rant *a*⟩: 3,88,3; ¶ intromittere: VII 11,8 *u.* **A. a)** esse expeditas.

T. Labienus . . . decimam legionem subsidio nostris misit: II 26,4; legione ex consuetudine una frumentatum missa, quae appellabatur septima, . . . nuntiauerunt ⟨*c*⟩: IV 32,1; cum Caesar pabulandi causa tres legiones atque omnem equitatum eum C. Trebonio legato misisset: V 17,2; unam legionem . . . et cohortes V in Eburones . . . misit: V 24,4; legionem X. ⟨*Paul*; unam *X*; *edd.*⟩ eodem iugo ⟨luce *Paul*⟩ mittit et ⟨*om.* β⟩ paulum ⟨*c*⟩ progressam inferiore constituit loco siluisque occultat: VII 45,5; abiuncto ⟨*c*⟩ Labieno atque iis legionibus, quas una miserat, uehementer timebat: VII 56,2; imperat magnum numerum obsidum; legiones ⟨-nem β⟩ in hiberna mittit ⟨mitti β⟩: VII 90,3; quas (legiones) C. Fabius ulteriore ponte subsidio nostris miserat: 1,40, 7; neque enim sex legiones alia de causa missas in Hispaniam septimamque ibi conscriptam: 1, 85,6; duabus legionibus missis in ulteriorem Hispaniam cum Q. Cassio . . . ipse cum ⟨*c*⟩ DC equitibus . . . progreditur ⟨*c*⟩: 2,19,1; duas ibi legiones praesidio relinquit ⟨*c*⟩, ceteras in Italiam mittit: 2,22,6; statimque in Siciliam misit, uti duae legiones reliquusque equitatus ad se mitteretur: 2,37,4; his una legio missa praesidio est: 3,75,1; — (mittere cum legione *u.* **cum** *p. 765 (8 loc.)*; 3,22,2 *u.* **F. c) α)** *extr.*)

occultare: VII 45,5 *u.* mittere; ¶ nullum eius modi casum exspectans, quo nouem oppositis ⟨expositis *AQ*⟩ legionibus ⟨leg. opp. *a*⟩ maximoque equitatu . . . offendi posset: VI 36,2; ¶ ut subito Galli belli renouandi legionisque opprimendae consilium caperent: III 2,2; nihil esse negotii subito oppressam legionem, quae cum Cicerone hiemet, interfici; se ad eam rem ⟨interfici posse; ad eam rem se *ae*⟩ profitetur adiutorem: V 38,4; hanc legionem sperans Caesar se opprimere posse . . . eduxit: 3,67,2; ¶ magna manu Eburones, Neruii, Aduatuci atque horum omnium socii et ⟨*c*⟩ clientes legionem oppugnare incipiunt: V 39,3; ¶ (tribuni) post tergum hostium legionem ostenderunt signaque intulerunt: VII 62,6.

pellere: II 17,3 *u.* **A. a)** consistere; 3,67,6 *ib.* se recipere; ¶ incolumem legionem in Nantuates ⟨*c*⟩, inde in Allobroges perduxit ibique hiemauit: III 6,5; ¶ ponere: 3, 34,1 *u.* deducere; (3,62,4 *u.* **F. e) β)** ponere;) ¶ praemittere: (1,37,1 *ib.* praemittere;) Caesar legiones in Hispaniam praemiserat ⟨praeterm. *l*⟩ ⟨ad *add. codd.*; *del. Np.*; *Db.*, *Dt.*⟩ VI ⟨milia *add. codd. exc. h*; *del. Np.*; *Db.*, *Dt.*⟩: 1, 39,2; reliquas (legiones) de quarta uigilia compluribus portis eductas eodem itinere praemisit: 3,75,2; cum . . . essem in itinere praemissis iam legionibus: *ap. Cic. ad Att.* IX 6 *A;* ¶ premere: II 24, 4 *u.* circumuenire; ¶ legione producta ⟨producta legione β⟩ cognoscit non decimum quemque ⟨*c*⟩ esse reliquum ⟨*c*⟩ militem sine uulnere: V 52, 2; sibi dubitandum non putauit, quin productis legionibus proelio decertaret: 3, 37, 2; ¶ paulum legiones Caesar, quas pro uallo constituerat, promoueri iubet: VII 70, 5.

recipere: 2, 28, 1 *u.* traducere; receptisque omnibus in una castra legionibus suum cum Scipione honorem partitur: 3, 82, 1; ¶ quattuor reliquas ⟨legiones *add. B²β*⟩ in castra maiora reduxit: I 49, 5; breni tempore intermisso in castra legiones reduxit: IV 34, 2; Caesar postero die T. Labienum legatum cum iis ⟨*om.* β; his *AQ*⟩ legionibus, quas ex Britannia reduxerat, in Morinos . . . misit: IV 38, 1; eo celeriter confecto negotio rursus in hiberna legiones reduxit: VI 3, 3; quarum (legionum) aduentu proelium dirimitur ac suas uterque legiones reducit in castra: 1, 40, 7; sub uesperum Caesar intra hanc fossam legiones reducit atque ibi sub armis proxima nocte conquiescit: 1, 41, 6; his rebus confectis ⟨*c*⟩ legionem ⟨*Faern.;* legiones *codd.*⟩ reduci iussit: 3, 46, 2; ¶ (reficere: 1, 80, 4 *u.* relinquere;) ¶ munitis castris duas ibi legiones ⟨leg. ibi β⟩ reliquit et partem auxiliorum: I 49, 5; hoc facto duabus legionibus, quas proxime conscripserat, in castris relictis . . . reliquas sex legiones pro castris in acie constituit: II 8, 5; quam ad ⟨*o*⟩ diem ei legioni, quae in praesidio relinquebatur, deberi frumentum ⟨*o*⟩ sciebat: VI 33, 4; duabus Agedinci legionibus atque impedimentis totius exercitus relictis ad Boios proficiscitur: VII 10, 4; (Caesar † relictis ⟨relictas *a¹; reliquis Hell.;* electis *Pauly;* delectis *Wölff.;* cunctis *Oehl.;* refectis *Becker; Db.;* eductis *Faern.;* expeditis *coni. Np.*⟩ legionibus ⟨impedimentis *Kran.;* impedimentis cum legionibus *Dt.;* munitionibus cum legionibus *Köchly*⟩ subsequitur: 1, 80, 4;) ibi certior . . . factus de postulatis Libonis et Bibuli legionem relinquit ⟨reliq. *NObl*⟩; ipse Oricum reuertitur: 3, 16, 2; — (Labieno in continenti ⟨*c*⟩ cum tribus legionibus et equitum milibus duobus relicto . . . ipse soluit: V 8, 1; ibi C. Caninium Rebilum legatum cum legionibus reliquit: 2, 24, 2;) — praesidio impedimentis legionem quartam decimam reliquit, unam ex his ⟨iis *recc.: Steph.*⟩ tribus, quas proxime conscriptas ex Italia traduxerat: VI 32, 5; Caesar impedimentis in proximum collem deductis duabus ⟨duabusque *h; Ald.*⟩ legionibus praesidio relictis secutus . . . ad Alesiam castra fecit: VII 68, 2; — Caesar . . . duas ibi legiones praesidio relinquit ⟨-liquit *(a?)f*⟩: 2, 22, 6; — (Fabium legatum cum legionibus duabus castris praesidio relinquit ⟨reliquit *a*⟩: VII 40, 3; hos cum legione una praesidio castris relinquit: 1, 64, 6;) ¶ remittere: (V 53, 3 *u.* F. e) β) *extr.*;) Caesar copias suas diuisit partemque legionum in castris Pompei remanere iussit, partem in sua castra remisit, IIII secum legiones duxit: 3, 97, 3; ¶ pollicitum ⟨*c*⟩ se ⟨*o*⟩ in cohortis praetoriae loco decimam legionem habiturum, ad equum rescribere: I 42, 6; ¶ timere Caesarem ereptis ⟨*Np.;* correptis *Ox;* surreptis *Oud.*⟩ ab eo duabus legionibus, ne ad eius periculum reseruare et retinere eas ad urbem Pompeius uideretur: 1, 2, 3; tota Italia dilectus haberi, retineri legiones II, quae ab se simulatione Parthici belli sint abductae: 1, 9, 4; duas in castris legiones retinuit: 3, 75, 2; ¶ Caesar legiones equitatumque reuocari ⟨reuocare *A*⟩ atque in ⟨*om.* β⟩ itinere resistere ⟨desistere β⟩ iubet ⟨*u. CC*⟩: V 11, 1; Caesar ab opere legiones reuocat, equitatum omnem conuenire iubet, aciem instruit: 1, 82, 2.

(spectare: 3, 78, 6 *u.* exspectare;) ¶ exercitum in aciem . . . produxit, . . . ut paene castris Pompei legiones subiceret ⟨subicere *Oahl*⟩: 3, 56, 1; ¶ (surripere: 1, 2, 3 *u.* retinere.)

tenere: II 24, 4 *u.* circumuenire; erat iniqua condicio postulare, ut Caesar . . . in prouinciam reuerteretur, ipsum et prouincias et legiones alienas ⟨absentem *Paul*⟩ tenere: 1, 11, 1; ¶ ab omnibus legatis quaestoreque, quibus ⟨quaestoribusque, quibus *X; u. CC*⟩ legiones tradiderat, certior factus est: V 25, 5; multi ex duabus legionibus, quae sunt traditae a Caesare, arcessuntur: 1, 3, 2; (Varro) ad Caesarem mittit paratum se esse legionem cui iusserit tradere. ille ad eum Sex. Caesarem mittit atque huic tradi iubet. tradita legione Varro Cordubam ad Caesarem uenit: 2, 20, 7. 8; erant in sinistro cornu legiones duae traditae a Caesare initio dissensionis ex senatus consulto: 3, 88, 1; ¶ (reliquit) unam ex his tribus (legionibus), quas proxime conscriptas ex Italia traduxerat: VI 32, 5; celeriter effecto opere legionibusque traductis ⟨β; *om.* α⟩ et loco castris idoneo delecto reliquas copias reuocauit: VII 35, 5; Caesar legionibus transductis ad oppidum constitit: 1, 16, 4; pontem imperant fieri legionesque duas flumen Sicorim transducunt: 1, 61, 4; Sicorim transeunt et cum duabus legionibus, quas superioribus diebus traduxerant ⟨-erunt

NO¹afl⟩, castra coniungunt ⟨*c*⟩: 1, 63, 1; legionesque eas transduxerat Curio, quas ⟨*Aldus;* quas curio *x*⟩ superioribus temporibus Corfinio receperat Caesar: 2, 28, 1; legiones effecerat ciuium Romanorum VIIII: V ex Italia, quas traduxerat; unam ex Cilicia ⟨*c*⟩ ueteranam, quam factam ex duabus gemellam appellabat; unam ex Creta et Macedonia ex ueteranis militibus . . .; duas ex Asia: 3, 4, 1; **(**88, 2 *u.* coniungere;**)** ¶ celeriter suo ponte Afranius . . . legiones IIII ⟨III *a; Np., Dt.*⟩ equitatumque omnem traiecit duabusque ⟨que *om.* a^1h^1⟩ Fabianis occurrit legionibus: 1, 40, 4; huc legionem postea transiecit ⟨*fhl;* transie. c̃. *a;* traiecit *O; Db.;* traicit *Np., Dt.*⟩ atque ex utraque parte pontem instituit ⟨*c*⟩: 1, 54, 4; ¶ satis esse ad duas transportandas legiones existimabat quod ⟨*c*⟩ praeterea nauium longarum habebat: IV 22, 3; quod sine impedimentis Caesar legiones transportauerat: IV 30, 1; C. Curio . . . iam ab initio copias P. Attii Vari despiciens duas legiones ex IIII, quas acceperat a Caesare ⟨*hl;* accep. quas a c. *af;* quas a e. acc. *uulgo; Np., Dt.*⟩, D equites transportabat: 2, 23, 1; naues . . . remittuntur, ut reliquae legiones equitatusque transportari possent: 3, 8, 1; huic officio praepositus erat Fufius Calenus legatus, qui celeritatem in transportandis legionibus adhiberet: 3, 8, 2.

(uehere: I 43, 2 *u.* deuehere;) ¶ equites, cum post se ⟨β; *om.* α; *Frig.*⟩ legiones uiderent, praecipites hostes egerunt: V 17, 3; ¶ urgere: II 26, 1 *u.* **A. a)** consistere.

C. dat.: addere: 2, 18, 1 *u.* **B.** complere; ¶ adiungere: 3, 89, 1 *ib.* adiungere; ¶ (his (legionibus?) Antonianos milites admiscuerat: 3, 4, 2;) ¶ singulaque latera castrorum singulis attribuit legionibus munienda: 1, 42, 1; ¶ huic legioni Caesar et ⟨huic caes. leg. β⟩ indulserat praecipue et propter uirtutem confidebat maxime: I 40, 15; cui (legioni decimae) [quam ⟨quod $α^1$⟩] maxime confidebat ⟨*u. CC*⟩: I 42, 5; (1, 42, 3 *u.* **D.** praesidium;) ¶ legioni deberi frumentum: VI 33, 4 *u.* **B.** relinquere; ¶ (est proelium: I 46, 3 *u.* **D.** periculum;) praesidio esse: 3, 89, 1 *u.* **A. a)** praesidio esse; ¶ ut ea res legioni feliciter eueniret: IV 25, 3; ¶ **(**facere: I 42, 6 *u.* **D.** milites;**)** ¶ indulgere: I 40, 15 *u.* confidere; ¶ occurrere: 1, 40, 4 *u.* **B.** traicere; ¶ qui (Plancus) legionibus praeerat: 1, 40, 5; qui (Antonius) ei legioni praeerat: 3, 46, 4; ¶ Caesar singulis legionibus singulos legatos et quaestorem praefecit: I 52, 1; legatis imperat, quos legionibus praefecerat, uti: V 1, 1; his ⟨*c*⟩ (legionibus) M. Crassum quaestorem ⟨*c*⟩ et L. Munatium Plancum et C. Trebonium legatos praefecit: V 24, 3; ab L. Roscio ⟨legato *add.* β; quaestore *add.* α; *del. Oud.*⟩, quem legioni tertiae decimae praefecerat, certior factus est: V 53, 6; ei legioni castrisque Q. Tullium Ciceronem praeficit ⟨praefecit β⟩ ducentosque equites ei ⟨*c*⟩ attribuit: VI 32, 6; legatisque, quos singulis legionibus praefecerat, quid fieri uelit ⟨*c*⟩ ostendit: VII 45, 8; ¶ timere legionibus: VII 56, 2 *u.* **B.** mittere; ¶ ne qua legio alteri ⟨β; alterae α; *edd.; del. Weidner*⟩ legioni subsidio uenire posset: V 27, 5.

(legioni signa constituere: VII 47, 1 *u.* **D.** signa**)**

D. genet.: triplicem aciem instruxit legionum quattuor ueteranorum ⟨*X;* ueteranarum *Vict.; Np., Dt.*⟩: I 24, 2; acies erat Afraniana duplex legionum ⟨leḡ. *Oal*⟩ V: 1, 83, 1; ¶ simul atque de Caesaris legionumque aduentu cognitum est: V 3, 3; quae res omnem dubitationem aduentus legionum expulit: V 48, 10; (1, 18, 5 *u.* **A. a)** uenire ad;) 1, 40, 7 *u.* **B.** reducere; ibique reliquarum ex Italia legionum aduentum exspectare . . . constituit: 3, 13, 5; ¶ ut neque longius ab agmine legionum discedi Caesar pateretur et: V 19, 3; ¶ acie . . . instructa ⟨*c*⟩ unius legionis antesignanos procurrere . . . iubet: 1, 43, 3; ¶ qui decimae legionis aquilam ferebat, contestatus ⟨obtestatur β⟩ deos, ut ea res legioni feliciter eueniret . . . inquit: IV 25, 3; ¶ auxilia legionum: 1, 60, 5 *u.* **A. a)** uenire; ¶ L. Fabius ⟨*c*⟩, centurio ⟨*om.* β⟩ legionis VIII., . . . murum ascendit: VII 47, 7; M. Petronius ⟨*c*⟩, eiusdem legionis centurio, . . . inquit: VII 50, 4; ¶ constituit . . . ipse cum reliquis eius legionis ⟨regionis *h*⟩ cohortibus in uico Veragrorum . . . hiemare: III 1, 4; duabus . . missis subsidio cohortibus a Caesare atque iis ⟨*c*⟩ primis legionum duarum: V 15, 4; hanc rursus XIII. legionis cohortes exceperunt: VII 51, 2; quinque cohortes . . . castris praesidio relinquit; quinque eiusdem legionis reliquas de media nocte . . . proficisci imperat: VII 60, 3; Caesar cohortes legionis XIII. ex praesidiis deducit ⟨deduci hl^1⟩: 1, 12, 3; mittit eo M. Antonium cum legionis ⟨leg. *a;* legione *Nhl;* -nibus *Of*⟩ XIII. ⟨*Vossius;* VIII *NOx;* XII. *Ciacc.*⟩ cohortibus V: 1, 18, 2; primam aciem quaternae cohortes ex V legionibus tenebant, has subsidiariae ternae et rursus aliae ⟨et r. a. *om. af*⟩ totidem suae cuiusque legionis ⟨legioñ *a*⟩ subsequebantur: 1, 83, 2; ad mare II ⟨*Forchh.;*

nostrae *x; Np.*⟩ cohortes nonae legionis ⟨nona legiones *a;* IXna leḡ. *h;* non̄. leg. *l;* nona legione *f;* nonae legiones *O*⟩ excubuerant ⟨*u. CC*⟩: 3, 63, 6; ¶ Caesar ab decimae legionis cohortatione ad dextrum cornu profectus . . . processit: II 25, 1; ¶ nostri . . . circiter LXX ceciderunt, in his Q. ⟨*c*⟩ Fulginius ex primo hastato ⟨Fulg. primus hastatus *Vascos.*⟩ legionis XIIII.: 1, 46, 4; ¶ Caesar in Belgis omnium legionum hiberna constituit: IV 38, 4; harum . . omnium legionum hiberna praeter eam, quam L. Roscio in pacatissimam et quietissimam partem ducendam dederat, milibus passuum centum continebantur: V 24, 7; ¶ impedimenta omnium legionum Aduatucam contulit: VI 32, 3; Fauonium ⟨*c*⟩ . . . cum cohortibus VIII praesidio impedimentis legionum ⟨*Glar.; legionis codd.*⟩ reliquit: 3, 36, 3; ¶ ut hostes impetum legionum atque equitum sustinere non possent: V 18, 5; magnos impetus legionum ⟨legiones *f;* legionem *a*⟩ equitatusque sustinet: 1, 40, 6; uno loco Volcacius ⟨*c*⟩ Tullus impetum legionis sustinuit cohortibus tribus atque eam loco depulit: 3, 52, 2; impetum legionum tulerunt: 3, 93, 2; ¶ infamia duarum legionum permotus, quas ab itinere Asiae Syriaeque ad suam potentiam dominatumque conuerterat: 1, 4, 5; ¶ cohortes quasdam, quod instar legionis uideretur, . . . in uetera castra duci: 3, 66, 1; ¶ (M. † itfiuium, quem mihi commendas, uel regem Galliae faciam uel hunc Leptae delegabo ⟨*Lamb.;* delega *Med.;* uel tertiae legionis legatum *Manut.*⟩: *ap. Cic. ad fam.* VII 5, 2;) ¶ commodissimum esse statuit omnibus equis Gallis equitibus detractis eo legionarios milites legionis decimae . . . imponere: I 42, 5; non inridicule quidam ex militibus decimae legionis dixit: plus, quam pollicitus esset, Caesarem ⟨ei *add.* α; *Fr.*⟩ facere: I 42, 6; legionis nonae et decimae milites . . . Atrebates . . . in flumen compulerunt: II 23, 1; duodecimae legionis confertos milites sibi ipsos ad pugnam esse impedimento uidit: II 25, 1; 26, 3 *u.* **A. a)** esse praesidio; at milites legionis septimae . . . locum ceperunt: V 9, 7; reliquarum legionum milites ⟨milites leg. *Schn.*⟩ . . . retinebantur: VII 47, 2; conclamant legionis XIII., quae aderat, milites: 1, 7, 7; sed nonae ⟨nouae *Naf*⟩ legionis milites . . . in locum iniquum progrediuntur: 1, 45, 2; at ueteranae legionis milites . . . neque ex pristina uirtute remittendum aliquid putauerunt et ⟨*c*⟩: 3, 28, 5; milites legionis VIIII. ⟨VIIII *del. Grut.; Db.*⟩ subito conspirati pila coniecerunt: 3, 46, 5; ¶ C. Trebonium cum pari legionum numero ad eam regionem . . . depopulandam mittit: VI 33, 2; uti ⟨*c*⟩ numerus legionum constare uideretur: VII 35, 3; Vettonum agrum Lusitaniamque pari numero legionum obtinebat: 1, 38, 1; ¶ etsi opinione trium legionum deiectus ad duas reciderat. ⟨*Pluyg.;* redierat *X; edd.*⟩: V 48, 1; ¶ centuriones, quorum non nulli ex inferioribus ordinibus reliquarum legionum uirtutis causa in superiores erant ordines huius legionis traducti: VI 40, 7; ¶ Caesar copias suas diuisit partemque legionum in castris Pompei remanere iussit, partem in sua castra remisit: 3, 97, 3; ¶ sine ullo periculo ⟨peric. ullo β⟩ legionis ⟨legioni *Ciacc.*⟩ delectae cum ⟨*c*⟩ equitatu proelium fore uidebat: I 46, 3; ab eo de periculis Ciceronis legionisque cognoscitur ⟨*c*⟩: V 45, 5; de suo ac legionis periculo nihil timebat: V 57, 1; ita sine periculo legionum et paene sine uulnere bellum conficiemus: 3, 86, 4; ¶ praesidio legionum addito nostris ⟨*c*⟩ animus ⟨*c*⟩ augetur: VII 70, 3; neque idcirco Caesar opus intermittit confisus praesidio legionum trium: 1, 42, 3; id oppidum C. Considius Longus unius legionis praesidio tuebatur: 2, 23, 4; quibus (temporibus) in urbe ⟨*c*⟩ praesidia legionum Pompeius habuerat: 3, 1, 4; ¶ (eorum satisfactione: I 41, 4 *u.* **A. a)** agere;) ¶ legionisque ⟨β; *Göler;* legionique α; *Np., Fr.*⟩ decimae, quacum erat, continuo ⟨*Göl.;* contionatus *codd.; Schn., Np., Fr.; u. CC*⟩ signa constituit ⟨constiterunt (*uel* constitere) β; *Schn.*⟩: VII 47, 1; commisso . . . proelio signa legionum duarum procul ab utrisque conspiciuntur: 1, 40, 7; seque ad signa legionum recipere coguntur: 1, 43, 5; ubi signa legionum adpropinquare coeperunt: 1, 51, 5; ut . . . legionum signa consistere iuberent magnoque impetu equitatum repellerent: 1, 79, 4; eo signa ⟨*Ciacc.;* signo *codd.; Np., Dt.*⟩ legionis inlata ⟨*e; Ciacc.;* lata *Paul;* inlato (*uel* illato) *Ox; Np., Dt.*⟩ speculatores Caesari renuntiarunt ⟨rem nuntiarunt *Np.*⟩: 3, 67, 1; ¶ expositis omnibus copiis Antonius, quarum erat summa ueteranarum ⟨-norum *O¹e*⟩ trium legionum uniusque tironum et equitum DCCC, . . . naues . . . remittit: 3, 29, 2; ¶ cum septimae legionis ⟨VII. legionis β; a septima legione α⟩ tribunis esset ⟨*o*⟩ nuntiatum, quae in sinistro cornu gererentur, post tergum hostium legionem ostenderunt: VII 62, 6.

quarum (legionum) una ⟨*om. hl*⟩ prima, altera tertia ⟨IV. *Ciacc.*⟩ appellabatur: 3, 88, 1.

E. abl.: legionibus naues instituere: V 11, 4 *u.* **A. a)** esse apud; ¶ quorum unus

Hispaniam citeriorem tribus legionibus, alter ulteriorem ⟨trib. leg., alt. ult. *om. codd.; add. Np.;* quor. un. III leg. Hisp. cit., alter *Aldus*⟩ a saltu Castulonensi ad Anam duabus legionibus, tertius Vettonum agrum Lusitaniamque pari numero legionum obtinebat: 1, 38, 1; ¶ interea ea legione, quam secum habebat, militibusque, qui ex prouincia conuenerant, . . . murum . . . fossamque perducit: I 8, 1; ¶ reliquis (cunctis) legionibus subsequi: 1, 80, 4 *u.* **B.** relinquere; ¶ (tueri: 2, 23, 4 *u.* **D.** praesidium.)

F. c. praep.; a) ab: sic uti ab signis legionibusque non absisterent ⟨[non] abstinerent *Vielh.*⟩: V 17, 2; ¶ ab opere singulisque legionibus singulos legatos Caesar discedere nisi munitis castris uetuerat: II 20, 3; ¶ cum paulum ab legionibus nostros remouissent ⟨*u. CC*⟩: V 16, 2.

non magno ab ea (legione) interuallo: II 23, 4 *u.* **A. a)** consistere.

b) ad: ad legionem decimam deuenit: II 21, 1; ¶ reliquas cohortes . . . ad legionem Pompei castraque minora duplici acie eduxit ⟨duxit *V.*⟩: 3, 67, 3; ¶ ad reliquas legiones mittit priusque omnes in unum locum cogit quam: VII 9, 5; ¶ nullo cum periculo ad proximam legionem (eos) peruenturos: V 29, 6; quod neque legiones audeant absente imperatore ex hibernis egredi neque imperator sine praesidio ad legiones peruenire possit ⟨*c*⟩: VII 1, 7; ¶ opinione trium legionum deiectus ad duas reciderat ⟨*Pluyg.;* redierat *X; edd.*⟩: V 48, 1; ¶ abite . . . uosque ad legionem recipite: VII 50, 6; ¶ quem ad diem Caesar ad impedimenta legionemque reuerti constituerat: VI 35, 1.

M. Aristium, tribunum militum, iter ad legionem facientem . . . educunt: VII 42, 5; — Cn. Pompeius . . . ex urbe profectus iter ad legiones habebat: 1, 14, 3.

c) cum; α): scribit se cum legionibus ⟨legione esse β⟩ profectum celeriter adfore: V 48, 6; Caesaremque adesse cum legionibus duabus nuntiat: 1, 15, 6; nuntiatum est adesse Scipionem cum legionibus ⟨*Glar.;* legione *codd.*⟩: 3, 36, 1; Domitium cum legionibus adesse: 3, 36, 6; ¶ Labienum legatum pro praetore cum duabus legionibus . . . summum iugum montis ascendere iubet: I 21, 2; ¶ ut se cum II legionibus ⟨secum II legiones *O*⟩ Gades conferret: 2, 18, 6; ¶ castra coniungere ⟨*c*⟩ cum leg.: 1, 63, 1 *u.* **B.** traducere; ¶ ut cum legionibus quam primum Gades contenderet: 2, 20, 1; ¶ silentio egressus cum tribus legionibus eum locum petit ⟨petiit *a*⟩: VII 60, 4; ¶ esse cum: VII 47, 1 *u.* **D.** signa; Caesar eo tempore cum legione una profectus ad . . . rem frumentariam expediendam . . . erat ad Buthrotum: 3, 16, 1; ¶ audierat Pompeium per Mauretaniam cum legionibus iter in Hispaniam facere confestimque esse uenturum: 1, 39, 3; ¶ hiemare *u.* **cum** *p. 760 (3 loc.);* ¶ ut alii adesse copias Iubae dicerent, alii cum legionibus instare Varum iamque se puluerem uenientium cernere: 2, 43, 2; ¶ qua proximum iter . . . erat, cum his quinque legionibus ire contendit: I 10, 3; se cum sola decima legione iturum: I 40, 15; ipse cum reliquis tribus ⟨VIII β⟩ (legionibus) ad . . . extremas . . Arduennae partes ire constituit: VI 33, 3; L. Cassium Longinum cum legione tironum, quae appellabatur XXVII., atque equitibus CC in Thessaliam ⟨*f;* thessalum *Nahl*⟩ ire ⟨*Nx; del. Ald.; edd.*⟩, C. Caluisium . . . in Aetoliam iussit ⟨*Paul;* misit *codd.; edd.*⟩: 3, 34, 2; ¶ haec (castra) C. Antistius Reginus et C. ⟨*c*⟩ Caninius Rebilus legati cum duabus legionibus obtinebant: VII 83, 3; ¶ Fabius . . . in itinere cum legione occurrit: V 47, 3; ¶ peruenire cum *u.* **cum** *p. 760 (6 loc.);* ¶ petere: VII 60, 4 *u.* egredi; ¶ ipse cum legionibus expeditis IIII et equitibus DCCC in fines Treuerorum proficiscitur: V 2, 4; Labienum cum duabus ⟨β; duabus cum α; *edd.*⟩ legionibus et equitatu in Sequanos proficisci iubet: VII 90, 4; ad hos opprimendos cum omni equitatu tribusque legionibus Afranius de nocte proficiscitur: 1, 51, 4; Cn. Domitium Caluinum cum legionibus duabus ⟨*om. f*⟩, XI. et XII., et equitibus D in Macedoniam proficisci iussit: 3, 34, 3; *u. praeterea* **cum** *p. 761 sq. (11 loc.);* ¶ ipse paulum ⟨*c*⟩ ex eo loco cum legione progressus, ubi constiterat, euentum pugnae exspectabat: VII 49, 3; ¶ postero ⟨*c*⟩ die ⟨*c*⟩ cum duabus legionibus in occulto restitit: VII 35, 2; ¶ ipse cum quinque legionibus et pari numero equitum . . . soluit: V 8, 2; ¶ subsequi *u.* **cum** *p. 762 (3 loc.);* ¶ mediam aciem Scipio cum legionibus Syriacis tenebat: 3, 88, 1; ¶ mare transisse ⟨-ire *f*⟩ cum legionibus Caesarem: 3, 33, 1; ¶ Varro cum iis ⟨his *Ox*⟩ quas habebat legionibus omnem ulteriorem Hispaniam tueatur: 1, 38, 2; ¶ scribit Labieno, . . . cum legione ad fines Neruiorum ueniat: V 46, 4; 1, 39, 3 *u.* facere; P. Sulla . . . auxilio cohorti uenit cum legionibus duabus: 3, 51, 1; — eo cum a Q.

Pedio praetore cum legione * * * ⟨eo cum Q. Pedius praetor c. leg. uenisset *Kraff.*; ea cum a Q. P. pr. cum leg. teneretur *Gland.*⟩, lapide ictus ex muro periit ⟨*c*; — eo cum Q. Ped. pr. missa legione lap. ict. ex m. periit *F. Hofm.*⟩: 3, 22, 2.

β): Labienum cum una legione, quae in eorum ⟨*CC*⟩ finibus hiemabat ⟨β; hiemauerat α; *edd.*⟩, adoriri parabant: VI 7, 1; ¶ C. Fabium legatum ⟨*c*⟩ et L. Minucium Basilum ⟨*c*⟩ cum legionibus duabus in Remis conlocat: VII 90, 5; ¶ mittere *u.* **cum** *p. 765 (7 (8) loc.)*; ¶ ad eas munitiones Caesar Lentulum Marcellinum quaestorem cum legione VIIII. positum habebat: 3, 62, 4; ¶ C. Fabium legatum cum legionibus III . . . in Hispaniam praemittit: 1, 37, 1; ¶ relinquere *u.* **cum** *p. 765 (4 loc.)*; ¶ Caesar Fabium cum sua legione remittit in hiberna ⟨cum leg. in sua rem. hib. β⟩: V 53, 3.

d) de: dubitare de l.: I 40, 15 *u.* **A. a)** esse praetoriam cohortem; ¶ (indicium facere de: I 41, 2 *ib.* agere.)

e) ex: itaque ex legionibus fabros deligit ⟨deligi β⟩ et ex continenti alios arcessi ⟨*c*⟩ iubet: V 11, 3; ¶ ut paene unam ⟨*om. hl*⟩ (legionem) ex duabus efficeret: 3, 89, 1; ¶ sed electos ⟨delectos *O*⟩ ex omnibus legionibus fortissimos uiros, antesignanos, centuriones, Caesar ei classi attribuerat: 1, 57, 1; ¶ facere ex duabus unam: 3, 4, 1 *u.* **B.** traducere.

complures erant in ⟨*c*⟩ castris ⟨*c*⟩ ex legionibus ⟨omnibus legion.?⟩ aegri relicti: VI 36, 3; ¶ multi ex duabus legionibus . . . arcessuntur ⟨*c*⟩: 1, 3, 2 *u.* **B.** tradere; ¶ qui (milites) ex ueteribus legionibus erant relieti praesidio nauibus ex numero aegrorum: 3, 101, 6; ¶¶ ex quibus (legionibus) unam in Morinos ducendam C. Fabio legato dedit, alteram in Neruios Q. Ciceroni, tertiam in Esuuios L. Roscio: V 24, 2; *cf.* § 3. 4; unam ex his tribus: VI 32, 5 *u.* **B.** relinquere; ¶ duas legiones ex IIII: 2, 23, 1 *u.* **B.** transportare; ¶ altera ex: V 24, 2 *u. s.* una; 2, 20, 4 *u.* **A. a)** considere; ¶ primam aciem quaternae cohortes ex V legionibus ⟨ex quaque legione *Ellebodius*⟩ tenebant: 1, 83, 2; ¶ harum altera nanis CCXX e legione tironum sustulerat, altera ex ueterana paulo minus CC: 3, 28, 3.

f) in legiones: praeterea magnum numerum ex Thessalia, Boeotia, Achaia Epiroque ⟨*c*⟩ supplementi nomine in legiones distribuerat: 3, 4, 2.

g) in legionibus: erant in ea legione fortissimi niri centuriones: V 44, 1; in his erant legionibus hominum milia tria CC: 3, 106, 2; ¶¶ qui superiore anno apud eum primum pilum in legione X. duxerat: 3, 91, 1.

h) inter (intra): inter singulas legiones impedimentorum magnum numerum intercedere: II 17, 2; ¶ impedimenta inter ⟨intra *Np.*⟩ legiones recipiuntur: VII 67, 3; ¶¶ (inter se: 1, 87, 4 *u.* **A. a)** subsequi.)

i) post: post eas (legiones) totius exercitus impedimenta conlocarat: II 19, 3.

k) praeter: V 24, 7 *u.* **D.** hiberna; 3, 4, 3 *u.* **B.** exspectare.

l) sine: quid sine imperatore et sine reliquis legionibus adulescentulo duce efficere possent: III 21, 1.

[**Falso:** legationes ⟨legiones *BM*⟩ in omnes partes circummittuntur: VII 63, 1; cum ad eum frequentes ciuitatium ⟨*c*⟩ legationes ⟨legiones *ah*⟩ conuenire coepissent: 3, 36, 1; cognitis per exploratores regionibus ⟨β; legionibus α⟩: VII 83, 4; Arimini cum duabus ⟨legionibus *add. codd.*; *del. Dauis.*⟩ subsistit: 1, 11, 4.]

Legiones ciuium Rom.: 3, 4, 1; **tironum:** 3, 28, 3; 29, 2; 34, 2; **ueteranorum:** I 24, 2 (?).

Adiect.: alia(e): II 22, 1; 3, 98, 3; 107, 1; alienae: 1, 11, 1 (?); (ali)qua: V 27, 5; altera: V 24, 2; 27, 5; 2, 20, 4; 3, 88, 1; 89, 1 *(bis)*; 106, 1; ceterae: 2, 22, 6; Ciliciensis: 3, 88, 2; conferta: IV 32, 3; (cunctae: 1, 80, 4;) decem: 1, 6, 2; delecta: I 46, 3; diuersae: II 22, 1; 23, 3; duae *u.* **duo** *p. 972—974 (58 (60) loc.)*; duodecim: 3, 2, 1; (eadem: VII 50, 4; 60, 3;) expeditae *u.* **expeditus** *p. 1227 (7 loc.)*; Fabianae: 1, 40, 3. 4; (firmissimae: 3, 88, 3;) gemella: 3, 4, 1; incolumis: III 6, 5; (nostrae: II 24, 4;) nouae: II 2, 1; nouem: VI 36, 2; 1, 6, 2; 3, 4, 1; omnes: IV 38, 4; V 24, 7; VI 32, 3; VII 9, 5; 1, 57, 1; 3, 82, 1; parat(issim)a(e): I 41, 2; 1, 6, 2; plenissima: III 2, 3; plures: VII 24, 5; 3, 66, 4; Pompeiana: 3, 69, 2; prima(e): II 17, 2; 19, 5; (princeps: I 41, 2;) proxima(e): V 29, 6; VI 3, 1; quaeque: 1, 83, 2; quarta: V 24, 2; quattuor: I 24, 2; 49, 5; V 2, 4; VI 3, 1; VII 34, 2; 40, 1; 57, 1; 1, (30, 2;) 40, 4; 2, 21, 3; 23, 1; 3, 97, 3; quinque: I 10, 3; V 8, 2; VI 5, 6; 1, 83, 1. 2; 3, 4, 1; 69, 1; reliquae: I 41, 3; 49, 5; II 8, 5; 17, 2. 3; III 21, 1; VI 33, 3; 40, 7; 44, 3; VII 9, 5; 47, 2; 1, 7, 7; 8, 1; 25, 1; 37, 2; 42, 1; 64, 6; 80, 4 (?); 87, 4; 3, 8, 1; 13, 5; 75, 2; (88, 3;) septem: 3, 6, 2; septima: 1, 85, 6; sex: II 8, 5; 19, 2. 5; VI 44, 3; VII 34, 2; 1, 25, 1; 39, 2; 85, 6; (3, 6, 2;) singulae: I 52,

1; II 17, 2; 20, 3; VII 17, 4; 45, 8; 90, 6; 1, 42, 1; sola: I 40, 15; (sua(e): V 53, 3; 1, 40, 7;) Syriacae: 3, 88, 1; tertia: V 24, 2; tres: I 10, 3; 12, 2; II 11, 3; III 11, 4; V 8, 1; 17, 2; 24, 3; 48, 1; 53, 3; VI 1, 4; 32, 5; 33, 1. (2.) 3; VII 60, 4; 1, 25, 1; (30, 2;) 36, 4; 37, 1; 38, 1; 39, 1; (40, 4;) 42, 3; 43, 3; 51, 4; 3, 29, 2; uernacula: 2, 20, 4; ueterana(e): I 24, 2 (?); 1, 25, 1; 3, 4, 1; 28, 3. 5; 29, 2; ueteres: 3, 101, 6; una: I 7, 2; II 34; IV 32, 1; V 24, 2. 4; VI 7, 1; 32, 5; (VII 45, 5;) 1, 30, 2; 43, 3; 64, 6; 2, 23, 4; 3, 4, 1 *(bis)*; 16, 1; 29, 2; 75, 1; 88, 1; 89, 1; 102, 1; 106, 1.

Legio prima: 3, 88, 1; tertia *ib.*; (quinta: 3, 69, 1;) **VII.**: II 23, 4; 26, 1; III 7, 2; IV 32, 1; V 9, 7; VII 62, 3. 6; **VIII.**: II 23, 3; VII 47, 7; (50, 4;) 1, 18, (2.) 5; 3, 89, 1; **IX.**: II 23, 1; 1, 45, 1. 2; 3, 45, 2. (6?); 46, 5; 62, 4; 63, 6; 66, 2; 67, 3; 89, 1; **X.** *u.* **decimus** *p. 829 sq. (15 loc.)*; **XI.**: II 23, 3; 3, 34, 3; **XII.** *u.* **duodecimus** *p. 979 (6 loc.)*; **XIII.** *u.* **decimus** *p. 830* **B. a)** *(5 (6) loc.)*; **XIV.** *ib.* **b)** *(2 loc.)*; (**XV.**: VII 62, 4;) **XXVII.**: 3, 34, 2.

legionarius. 1. adiect.: P. Crassum cum cohortibus legionariis duodecim . . . in Aquitaniam proficisci iubet: III 11, 3; crebras stationes disponunt equitum et cohortium alariarum legionariasque intericiunt cohortes: 1, 73, 3; ¶ commodissimum esse statuit omnibus equis Gallis equitibus detractis eo legionarios milites legionis decimae . . . imponere: I 42, 5; quo minus multitudine militum legionariorum pro hostium numero ualebat: I 51, 1; equites uero . . . omnibus in locis pugnant ⟨c⟩, quo ⟨c⟩ se legionariis militibus praeferrent: II 27, 2; quantum labore atque itinere legionarii milites efficere poterant: V 19, 3; ut potius in siluis Gallorum uita quam legionarius miles periclitetur ⟨c⟩: VI 34, 8; hi . . . milites se esse legionarios dicunt: VII 20, 10; ut anguste XV milia ⟨LX cohortes *coni. Np.*⟩ legionariorum ⟨-narium *af*⟩ militum, DC ⟨c⟩ equites ⟨*recc.*; milites *x*⟩ transportari ⟨c⟩ possent ⟨*u. CC*⟩: 3, 2, 2.

2. ui subst.: (cum in opere singulas legiones ⟨singulos legionarios *Pluyg.*⟩ appellaret et, si acerbius inopiam ferrent, se dimissurum oppugnationem diceret: VII 17, 4;) frumenti copiam legionarii ⟨-ari *x*⟩ non nullam ⟨*Gryphius*; nonnulli *codd.*⟩ habebant, quod dierum † XXII ab Ilerda frumentum iussi erant efferre, caetrati auxiliaresque nullam: 1, 78, 1; est animaduersum ab legionariis, qui dextram partem operis administrabant, . . . magno sibi esse ⟨*om. hl*⟩ praesidio posse, si . . . turrim ex latere sub muro fecissent. quam primo . . . humilem paruamque fecerunt ⟨fecerant *Ciacc.*⟩. huc se referebant; hinc . . . propugnabant, hinc ad repellendum et prosequendum hostem procurrebant: 2, 8, 1. 2; et legionarii interioris munitionis defensores † scalis admotis tormentis . . . telisque terrebant: 3, 63, 6.

legitimus: docet se nullum extraordinarium honorem adpetisse, sed exspectato legitimo tempore consulatus ⟨*del. Ciacc.*⟩ eo fuisse contentum, quod omnibus ciuibus pateret: 1, 32, 2.

lego: eos extra ordinem in senatum legendos curauerat: 3, 59, 2.

(Bellouacos . . . pollicitos ex eo numero electa ⟨lecta β; milia *add.* B^2β⟩ sexaginta: II 4, 5.)

legumen: non, illis ⟨illi *Clark.*⟩ hordeum cum daretur, non legumina recusabant: 3, 47, 7.

lacus Lemannus *u.* **lacus.**

lembunculus *u.* **lenunculus.**

Lemouices: celeriter sibi Senones, . . . Cadurcos, Turonos, Aulercos, Lemouices, Andos reliquosque omnes, qui Oceanum attingunt, adiungit ⟨c⟩: VII 4, 6; imperant . . . Sequanis, Senonibus, Biturigibus, Santonis, Rutenis, Carnutibus duodena ⟨c⟩ milia; Bellouacis decem; totidem Lemouicibus ⟨tot. Lem. *uncis includ. Np.; Dt.*⟩: VII 75, 3; imperant . . . Atrebatibus IIII (milia); Veliocassis ⟨totidem *add. Np.; Dt.*⟩, Lexouiis ⟨Lemouicibus *Np.; Dt.*⟩ et Aulercis ⟨*om.* β⟩ Eburouicibus ⟨c⟩ terna ⟨*om.* β; *u. CC*⟩: VII 75, 3; quo sunt in numero Coriosolites, Redones, Ambibarii, Caletes, Osismi, ⟨ueneti *add.* β⟩ † Lemouices ⟨*incl. unc. Db.*; Lexouii *Np.; Dt.*; Namnetes *Fr.*⟩, Venelli ⟨Veneti, Vuelli *Schn.*⟩: VII 75, 4; Sedulius ⟨c⟩, dux et princeps Lemouicum ⟨β; remustum α; remorum tum *(B?) C*; remorum M^1; Germanorum *pr. edd.*; Lemouicum Armoricorum *coni. Schn.*⟩ occiditur: VII 88, 4.

lenis. A. propr.: ab oppido autem decliuis locus leni ⟨*Pluyg.*; tenui *codd.*; *edd.*⟩ fastigio uergebat in longitudinem ⟨c⟩ *passus circiter CCCC: 1, 45, 5; id autem est iugum derectum . . ., utraque ex parte praeruptum atque asperum, sed tamen paulo leniore ⟨leuiore *Oaf*⟩ fastigio ab ea parte, quae ad Vticam uergit: 2, 24, 3; ¶ naues XVIII . . . ex superiore portu leni uento soluerunt: IV 28, 1; duriusque cotidie tempus ad transportandum lenioribus ⟨saeuioribus *Wölff.*; *Dt.*⟩ uentis exspectabant ⟨-bat *Wölff.*; *Dt.*⟩: 3, 25, 3; ¶¶

et leni Africo prouectus media circiter nocte uento intermisso cursum non tenuit: V 8, 2.

B. trsl.: exspectabatque suis lenissimis ⟨*N;* leuissimis *Ox*⟩ postulatis responsa: 1, 5, 5; ¶ lenibus atque utinam scriptis adiuncta foret uis: *ap. Sueton. uit. Terent.* 5; ¶ dixerat aliquis leniorem sententiam: 1, 2, 2; ¶¶ ut quam lenissimum me praeberem: *ap. Cic. ad Att.* IX 7 *C*, 1.

leniter. A. propr.: una ex parte leniter adcliuis aditus . . . relinquebatur: II 29, 3; collis erat leniter ⟨*AQ;* leuiter *BM*β; *(X teste Hold.)*⟩ ab infimo adcliuis: VII 19, 1; ¶ paene iniquo loco et leniter ⟨*a;* leuiter *αh*⟩ decliui castra fecerant ⟨*c*⟩: VII 83, 2; ¶ (collis) ex utraque parte lateris deiectus habebat et in ⟨*om.* β⟩ fronte ⟨*c*⟩ leniter fastigatus ⟨castigatus *B*²β; castigatus castratus α⟩ paulatim ad planitiem redibat: II 8, 3.

B. trsl.: si cunctetur (senatus) atque agat lenius ⟨lentius *Ciacc.*⟩: 1, 1, 4; ¶ lenius ⟨lentius β⟩ quam pridie nostros equites proelio lacessere coeperunt: V 17, 1.

lenitas. A. propr.: quod (flumen) . . . in Rhodanum influit, incredibili lenitate, ita ut oculis in utram partem fluat iudicari non possit: I 12, 1.

B. trsl.: magnumque fructum suae pristinae lenitatis omnium iudicio Caesar ferebat: 1, 74, 7; ¶ pauca apud eos de lenitate sua locutus . . . omnes conseruauit: 3, 98, 2.

lente: (agere: 1, 1, 4 *u.* **leniter** B. agere;) ¶ lente atque paulatim proceditur crebroque . . . subsistunt: 1, 80, 1; ¶ (lenius ⟨lentius β⟩ quam pridie nostros equites proelio lacessere coeperunt: V 17, 1;) ¶ ipse cum reliquis copiis elephantisque LX lentius subsequitur: 2, 40, 2.

Lentulus. 1. L. (Cornelius) Lentulus: L. Lentulus consul senatui rei*que* publicae se non defuturum pollicetur, si . . .: 1, 1, 2; *cf. qu. sqq.;* hi omnes conuicio L. Lentuli consulis ⟨*om. f*⟩ correpti exagitabantur. Lentulus sententiam Calidii pronuntiaturum se omnino negauit: 1, 2, 5; (*cf.* § 6; 3, 4; 4, 1;) Lentulus aeris alieni magnitudine et spe exercitus ac prouinciarum et regum appellandorum largitionibus mouetur, seque alterum fore Sullam ⟨Cornelium *Vielh.*⟩ inter suos gloriatur, ad quem summa imperii redeat: 1, 4, 2; V primis diebus, quibus haberi senatus potuit, qua ex die consulatum iniit Lentulus, . . . decernitur: 1, 5, 4; (*cf.* 6, 7; 10, 1. 2. 4;) tantus repente terror inuasit, ut, eum Lentulus consul ad aperiendum aerarium uenisset ad pecuniam Pompeio ex senatus consulto proferendam, protinus . . . profugeret: 1, 14, 1; (*cf.* § 2;) gladiatoresque, quos ibi Caesar in ludo habebat, ad forum productos ⟨*c*⟩ Lentulus *spe* libertatis ⟨*c*⟩ confirmat. . .: 1, 14, 4; *cf. qu. sqq.;* legiones effecerat . . . duas ex Asia, quas Lentulus consul conscribendas curauerat: 3, 4, 1; in castris Pompei uidere licuit . . . L. etiam Lentuli et non nullorum tabernacula protecta hedera . . .: 3, 96, 1; idem hoc L. Lentulo, qui superiore anno consul fuerat, et P. Lentulo consulari ae non nullis aliis acciderat Rhodi; qui . . .: 3, 102, 7; item L. Lentulus comprehenditur ab rege et in custodia necatur: 3, 104, 3.

2. (P. Cornelius) Lentulus Marcellinus: ad eas munitiones Caesar Lentulum Marcellinum ⟨marcellum *a*⟩ quaestorem cum legione VIIII. positum habebat. huic . . .: 3, 62, 4; hoc tumultu nuntiato Marcellinus ⟨marcellus *Oa*⟩ * * * cohortes subsidio nostris laborantibus submittit ex castris: 3, 64, 1; iamque Pompeiani magna caede nostrorum castris Marcellini adpropinquabant: 3, 65, 1.

3. P. (Cornelius) Lentulus Spinther: id oppidum (Asculum) Lentulus Spinther X cohortibus tenebat; qui . . .: 1, 15, 3; *cf. qu. sqq.;* recepto Firmo expulsoque Lentulo Caesar conquiri milites, qui ab eo discesserant, . . . iubet: 1, 16, 1; quid ipsis Corfiniensibus, quid Domitio, quid Lentulo, quid reliquis accideret: 1, 21, 6; quarta uigilia circiter Lentulus Spinther de muro cum uigiliis . . . nostris conloquitur: 1, 22, 1; *cf.* § 2—5; cuius oratione confirmatus Lentulus ut in oppidum reuerti liceat petit; . . . facta potestate discedit: 1, 22, 6; erant quinque ordinis senatorii, ⟨*Dauis.;* quinquaginta (*uel* L) ordines *codd.;* quinquaginta: ordinis senatorii *E. Hoffm.*⟩ L. Domitius, P. ⟨*om. hl*⟩ Lentulus Spinther, L. Caecilius Rufus, Sex. Quintilius Varus quaestor, L. Rubrius: 1, 23, 2; (*cf.* § 3;) iam de sacerdotio Caesaris Domitius, Scipio Spintherque ⟨*Ald.;* spinther, q. *codd. plur.;* spinther et *f*⟩ Lentulus cotidianis contentionibus ad granissimas uerborum contumelias palam descenderunt, cum Lentulus aetatis honorem ostentaret, Domitius . . .: 3, 83, 1; idem hoc L. Lentulo, qui superiore anno consul fuerat, et P. Lentulo consulari . . . acciderat Rhodi; qui . . .: 3, 102, 7.

lenunculus: horum fuga nauium onerariarum magistros incitabat: pauci lenunculi ⟨lembunculi *cod. Ciacc.*⟩ ad officium imperiumque conueniebant: 2, 43, 3.

M. (Aemilius) Lepidus: seseque dictatorem dictum a M. Lepido praetore cognoscit: 2, 21, 5.

Lepontii: Rhenus autem oritur ex Lepontiis, qui Alpes incolunt: IV 10, 3.

Lepta: M. † itfiuium, quem mihi commendas, uel regem Galliae faciam uel hunc Leptae delegabo ⟨c⟩; si uis, tu ⟨uel Leptae legatum, si uis; tu *Crat.*; uel Leptide legatum, si uis; tu *Rutgers.*; uel hunc leptae delega si uis tu *Med.*⟩ ad me alium mitte, quem ornem: *ap. Cic. ad fam.* VII 5, 2.

Leptis *u.* **Lepta.**

Leptitani: Iubam reuocatum finitimo bello et controuersiis Leptitanorum restitisse in regno: 2, 38, 1.

lepus: (Britanni) leporem et gallinam et anserem gustare fas non putant; haec tamen alunt animi uoluptatisque ⟨c⟩ causa: V 12, 6.

Leuaci: dimissis nuntiis ad Ceutrones, Grudios, Leuacos, Pleumoxios, Geidumnos, qui omnes sub eorum (Neruiorum) imperio sunt ⟨c⟩, quam maximas manus ⟨o⟩ possunt cogunt ⟨c⟩ et de improuiso ad Ciceronis ⟨o⟩ hiberna aduolant ⟨c⟩: V 39, 1.

Leuci: frumentum Sequanos, Leucos, Lingones ⟨c⟩ sumministrare: I 40, 11.

leuis. A. propr.: leuis armaturae *u.* **armatura** *p. 309 sq. (11 (12) loc.)*; († per mare ⟨milites leuis armaturae *Ciacc.*⟩ nauibus expositi ⟨c⟩ in auersos ⟨c⟩ nostros impetum fecerunt: 3, 63, 8;) ¶ haec leuibus cratibus terraque inaequat: 1, 27, 4; ¶ carinae ac prima ⟨*Np.*; primum *codd.*⟩ statumina ex ⟨*af*; et *Ohl*; *om. Np.*; *Dt.*⟩ leui materia ⟨primum statumen aluei materia *E. Hoffm.*⟩ fiebant: 1, 54, 2.

B. trsl.; a) = exiguus, mediocris; α) pos.: impellit alios auaritia, alios iracundia et temeritas, . . . ut leuem auditionem habeant pro re comperta: VII 42, 2; ¶ quorum salutem neque propinqui neglegere neque ciuitas leui momento aestimare posset: VII 39, 3; ¶ equestrique eo die proelio leui facto: VII 36, 1; leui facto equestri proelio atque eo ⟨c⟩ secundo in castra exercitum reduxit: VII 53, 2.

β) comp.: maiore commisso delicto . . . necat, leuiore de causa auribus desectis aut singulis effossis oculis domum remittit: VII 4, 10; ¶ (id autem est ingum derectum . . ., sed tamen paulo leniore ⟨leuiore *Oaf*⟩ fastigio ab ea parte, quae ad Vticam uergit: 2, 24, 3;) ¶¶ de meis in uos meritis praedicaturus ⟨c⟩ non sum, quae sunt adhuc et mea uoluntate et nestra exspectatione leuiora: 2, 32, 10.

(**γ) superl.:** exspectabatque suis lenissimis ⟨*Nb*; leuissimis *Ox*⟩ postulatis responsa: 1, 5, 5.)

b) = temerarius, neglegens: postremo quid esse ⟨c⟩ leuius aut turpins quam auctore hoste de summis rebus capere consilium? V 28, 6.

leuiter. A. propr.; (a) pos.: collis erat leniter ⟨*AQ*; leuiter *BMβ (X sec. Hold.)*⟩ ab infimo adcliuis: VII 19, 1; paene iniquo loco et leniter ⟨*a*; leuiter *αh*⟩ decliui castra fecerant ⟨c⟩: VII 83, 2.)

b) comp.: leuiusque casura pila sperabat in loco retentis militibus, quam si ipsi immissis telis occurrissent ⟨c⟩: 3, 92, 2.

B. trsl.: leuiusque tempestatis quam classis periculum aestimauerunt: 3, 26, 4.

leuitas. (A. propr.: leuitate armorum et cotidiana exercitatione nihil iis ⟨c⟩ noceri posse: V 34, 4.)

B. trsl.: qui mobilitate et leuitate animi nouis imperiis studebant: II 1, 3; ¶ nihil se propter inscientiam leuitatemque ⟨et leuitatem β⟩ uulgi grauius de ciuitate iudicare neque de sua in Haeduos beneuolentia deminuere: VII 43, 4.

leuo. A. = expedire, subuenire: quae res etsi nihil ad leuandas iniurias pertinere uidebantur, tamen: 1, 9, 1; ¶ (ipse praesentem inopiam quibus poterat subsidiis tutabatur ⟨leuabat *Kindsch.*; *u. CC*⟩: 1, 52, 4;) genus radicis . . ., quod admixtum lacte ⟨c⟩ multum inopiam leuabat: 3, 48, 1.

B. = liberare: ciuitati sese consulere, quod hibernis leuetur: V 27, 11.

lex. A. subi.: siremps tantum per nominatiuum et ablatiuum declinatur . . . Caesar ergo ⟨caesare ergo *cod.*; Caesar de analogia *Ritschl*; Caesar eius ergo *Huschke*⟩ siremps lex esto quasi sacram uiolauerit dixisse pronuntiandus est ⟨dixit pro nominatiuo esse *Ritschl*; dixit sine e pronuntiandum esse *coni. Keil*⟩: *Charis. art. gramm. I p. 143 sq. Keil*; ¶ cum leges duo ex una familia uiuo utroque non solum magistratus creari uetarent, sed etiam in senatu esse prohiberent: VII 33, 3.

B. obi.: respicite finitimam Galliam, quae in prouinciam redacta iure et legibus commutatis securibus subiecta perpetua premitur seruitute: VII 77, 16; ¶ ibi legem de dictatore ⟨legem dedictionis *af*⟩ latam seseque dictatorem dictum a M. Lepido praetore cognoscit: 2, 21, 5; ¶ (quarum rerum illo tempore nihil factum, ne cogitatum quidem; ⟨nulla lex promulgata, non cum populo agi coeptum, nulla secessio facta *add. codd*; *del.*

Np.; u. CC⟩: 1, 7, 5;) quod (Curio) tribunus plebis legem promulgauerat, qua lege regnum Inbae publicauerat: 2, 25, 4; (Coelins) legem promulgauit, ut sexenni ⟨*c*⟩ die ⟨*c*⟩ sine usuris creditae pecuniae soluantur: 3, 20, 4; (Coelius) ad hominum excitanda studia sublata priore lege duas promulgauit, unam, qua mercedes habitationum annuas conductoribus donauit, aliam ⟨alteram *Faern.*⟩ tabularum nouarum: 3, 21, 1; ¶ ciuitatem eius immunem esse iusserat, iura legesque reddiderat: VII 76, 1; ¶ iura, leges, agros, libertatem nobis reliquerunt: VII 77, 14; ¶ tollere: 3, 21, 1 *u.* promulgare.

C. abl.; a): cogere: V 56, 2 *u.* **c)** consuesse; ¶ in tertium annum profectionem lege confirmant ⟨*CC*⟩: I 3, 2; ¶ qua (lege) donanit: 3, 21, 1 *u.* **B.** promulgare; ¶ superiore consulatu cum patre Ptolomaeo et lege et senatus consulto societas erat facta: 3, 107, 2; ¶ publicare: 2, 25, 4 *u.* **B.** promulgare; ¶ (ciuitates) habent legibus sanctum, si quis ⟨*c*⟩ quid . . . acceperit, uti ad magistratum deferat: VI 20, 1; ¶ quam (Galliam) bello uictam suis legibus ⟨leg. suis *a*⟩ uti uoluisset (senatus): I 45, 3; qui (Suessiones) eodem iure et ⟨*om. fh*⟩ isdem legibus utantur, unum imperium ⟨*c*⟩ unumque ⟨*c*⟩ magistratum cum ipsis habeant: II 3, 5.

b): hi omnes lingua, institutis, legibus inter se differunt: I 1, 2.

c): quo ⟨quod β⟩ lege communi omnes puberes ⟨et *add.* α⟩ armati conuenire consuerunt ⟨coguntur β⟩: V 56, 2; ¶ quod . . . duo magistratum gerant et se uterque eorum legibus creatum esse ⟨*c*⟩ dicat: VII 32, 3; ¶ praetoribus tribunisque ⟨*c*⟩ plebis rogationes ad populum ferentibus non nullos ambitus Pompeia lege damnatos . . . in integrum restituit: 3, 1, 4; ¶ qui (coloni) lege Iulia Capuam deducti erant: 1, 14, 4; ¶ quod legibus Haeduorum iis, qui summum magistratum obtinerent, excedere ex finibus non liceret: VII 33, 2.

D. c. praep.: ne quid de iure aut de legibus ⟨de legibus aut iure β⟩ eorum deminuisse uideretur: VII 33, 2; ¶ cur enim potius Haedui de suo iure et de legibus ad Caesarem disceptatorem quam Romani ad Haeduos ueniant? VII 37, 5.

quotienscumque sit decretum, darent operam magistratus, ne . . ., factum in perniciosis legibus, in ui tribunicia . . .: 1, 7, 5.

is enim erat annus, quo per leges ei consulem fieri liceret: 3, 1, 1.

[**Falso:** iniuriam in eripiendis legionibus ⟨*Ald.;* legibus *codd.*⟩ praedicat: 1, 32, 6.]

Lexouii. Lexouii *semper scriptum est in* β, *in* α *bis:* III 17, 3 *et* VII 75, 3 (*sed h. l.* lixouii); *reliquis tribus locis* (III 9, 10; 11, 4; 29, 3) *in* α *exstat* lexobii. *Verisimile igitur est scribendum esse* Lexouii; *quae quidem scriptura confirmatur Plinii et Orosii codicibus; nam ap. Plin.* IV 107 *unus cod. A (Sillig io teste; Detlefsen tacet) habet* lexobii, *reliqui* lexouii; *ap. Oros.* VI 8, 18 *in omnibus libris exstat littera* u (*in plurimis* lixouios), VI 8, 8 *in uno D* lexobios, *in LPR* lexouios.

socios sibi ad id bellum Osismos, Lexouios, Namnetes, Ambiliatos ⟨*c*⟩, Morinos, Diablintes ⟨*c*⟩, Menapios adsciscunt: III 9, 10; Q. Titurium Sabinum legatum cum legionibus tribus in Venellos ⟨*c*⟩, Coriosolitas ⟨*c*⟩ Lexouiosque mittit: III 11, 4; his paucis diebus Aulerci Eburouices Lexouiique senatu suo interfecto . . . portas clauserunt ⟨*CC*⟩ seque ⟨*c*⟩ cum Viridouice coniunxerunt ⟨*CC*⟩: III 17, 3; in Aulercis Lexouiisque, reliquis item ciuitatibus ⟨*c*⟩, quae proxime ⟨*c*⟩ bellum fecerant, in hibernis (exercitum) conlocauit: III 29, 3; imperant . . . Atrebatibus IIII (milia); Veliocassis ⟨totidem *add. Np.; Dt.*⟩, Lexouiis ⟨Lemouicibus *Np.; Dt.*⟩ et Aulercis ⟨*c*⟩ Eburouicibus ⟨*c*⟩ terna ⟨*c*⟩, . . . XXX uniuersis ciuitatibus, quae Oceanum attingunt quaeque eorum consuetudine Aremoricae ⟨*c*⟩ appellantur, quo sunt in numero Coriosolites, Redones, Ambibarii, Caletes, Osismi, ⟨ueneti *add.* β⟩, † Lemouices ⟨*unc. incl. Db.;* Lexouii *Np.; Dt.;* Namnetes *Fr.*⟩, Venelli ⟨Veneti, Vnelli *Schn.*⟩: VII 75, 3. 4.

libens: cunctae earum regionum praefecturae libentissimis animis eum recipiunt exercitumque eius omnibus rebus iuuant: 1, 15, 1.

libenter: (accipere: VI 4, 3 *u.* dare;) ¶ adpetere: I 44, 5 *u.* recusare; ¶ Clodins . . . primis diebus, ut uidebatur, libenter auditus reliquis ad conloquium non admittitur: 3, 57, 5; ¶ libenter etiam ex perfugis cognoscebant ⟨audiebant *f*⟩ . . .: 3, 49, 3; ¶ quod fere libenter homines id, quod uolunt, credunt: III 18, 6; quae uolumus et credimus libenter et quae sentimus ipsi reliquos sentire speramus: 2, 27, 2; ¶ libenter Caesar petentibus Haeduis dat ueniam excusationemque accipit: VI 4, 3; ¶ de suis homines laudibus libenter ⟨licenter *Paul*⟩ praedicant: 2, 39, 4; ¶ non minus libenter sese ⟨se libenter β⟩ recusaturum populi Romani amicitiam, quam adpetierit: I 44, 5; ¶ consilio uestro utar libenter ⟨lub. *Med.*⟩, et hoc libentius ⟨lub. *Med.*⟩, quod: *ap. Cic. ad Att.* IX 7 *C*, 1.

liber. 1. **adiect.**; **A.** = ἐλεύθερος, αὐτόνομος: saepe clamitans liberum se liberaeque esse ciuitatis ⟨ciu. esse β⟩: V 7, 8; ¶ pars: 3, 34, 4 *u. infra* Macedonia; ¶ magnam imperatam Asiae . . . et liberis Achaiae populis pecuniam exegerat: 3, 3, 2; ¶¶ liberam debere esse Galliam, quam bello uictam suis legibus uti uoluisset (senatus): I 45, 3; ¶ Domitium . . . in Macedoniam proficisci iussit; cuius prouinciae ab ea parte, quae libera appellabatur, Menedemus . . . missus legatus . . . profitebatur: 3, 34, 4; ¶¶ saepe clamitans liberum se liberaeque esse ⟨*o*⟩ ciuitatis: V 7, 8; hortaturque, ut se liberos et imperio natos meminerint: VII 37, 2.

B. = ἀκώλυτος: nado . . . inuento . . ., ut bracchia modo atque umeri ad sustinenda arma liberi ab aqua esse possent: VII 56, 4; ¶ libera ⟨sint *add. Vielh.*⟩ comitia atque omnis res publica senatui populoque Romano permittatur: 1, 9, 5; ¶ quorum discessu liberam naeti milites conloquiorum facultatem uulgo procedunt: 1, 74, 1; non datur libera ⟨ultra *Schnelle; u. CC*⟩ muri defendendi ⟨*c*⟩ facultas ⟨*haec uerba suspecta Grutero unc. incl. Np.*⟩: 2, 11, 3; ¶ Sullam nudata omnibus rebus tribunicia potestate tamen intercessionem liberam reliquisse: 1, 7, 3; ¶ et aquae magna parte et pabulatione libera prohibituri hostes uidebantur: VII 36, 5; ¶ si decessisset ⟨*c*⟩ et liberam possessionem Galliae sibi tradidisset: I 44, 13; ¶ res publica: 1, 9, 5 *u.* comitia; ¶ umeri: VII 56, 4 *u.* bracchia.

2. **liberi ui subst.**; **A.** = οἱ ἐλεύθεροι: in capita singula seruorum ac liberorum tributum imponebatur: 3, 32, 2; — omnem ex agris multitudinem seruorum ac liberorum in oppidum cogit: 3, 80, 3; ¶ de seruis liberisque omnibus ad impuberes supplicium sumit et ad unum ⟨omnes *add. b*⟩ interficit: 3, 14, 3.

B. = τέκνα; **a) subi.**: suos liberos, nisi cum adoleuerunt, ut munus militiae sustinere possint, palam ad se adire ⟨ire *a*⟩ non patiuntur, filiumque puerili aetate in publico in conspectu patris adsistere turpe ducunt: VI 18, 3; *cf.* **c)** abducere *et* dedere *et* **d)** β).

b) praed.: qui ⟨*c*⟩ sunt ex iis nati, eorum habentur liberi, quo ⟨*o*⟩ primum ⟨*c*⟩ uirgo ⟨*c*⟩ quaeque deducta ⟨*c*⟩ est ⟨*c*⟩: V 14, 5.

c) obi.: ut paene in conspectu exercitus nostri agri uastari, liberi eorum in seruitutem abduci . . . non debuerint: I 11, 3; ¶ suos ab se liberos abstractos obsidum nomine dolebant: III 2, 5; multo illa granius aestimari ⟨*c*⟩ debere ⟨*c*⟩, liberos, coniuges in seruitutem abstrahi, ipsos interfici: VII 14, 10; ¶ principumque liberos obsides ad se adduci iussit: II 5, 1; ¶ unum se esse . . ., qui adduci non potuerit, ut . . . liberos suos obsides daret: I 31, 8; ¶ petierunt, ne se et communes liberos hostibus ad supplicium dederent, quos ad capiendam fugam naturae et uirium infirmitas impediret: VII 26, 3; ¶ liberos, uxores suaque omnia in siluis deponerent: IV 19, 2; ¶ uxoresque duxerant, ex quibus plerique liberos habebant: 3, 110, 2; ¶ impedire: VII 26, 3 *u.* dedere; ¶ Ariouistum . . . obsides nobilissimi cuiusque liberos poscere et in eos omnia exempla cruciatusque edere: I 31, 12; ¶ omnes senatores senatorumque liberos . . . ad se produci iubet: 1, 23, 1; ¶ matres familiae . . . more Gallico passum ⟨*c*⟩ capillum ostentare liberosque in conspectum proferre coeperunt: VII 48, 3; ¶ (proicere: 2, 5, 3 *u.* **d)** β).)

d) c. praep.; α) **ad**: ne ad liberos, ne ad parentes, ad uxorem ⟨uxores β⟩ aditum habeat: VII 66, 7.

β) **cum**: facile erat . . . prospicere in urbem, ut . . . omnes . . superioris aetatis cum liberis atque uxoribus . . . ad caelum manus tenderent aut templa . . . adirent et ante simulacra proiecti uictoriam ab dis exposcerent: 2, 5, 3; ¶ (erant praeterea cuiusque generis hominum milia circiter VI cum seruis libertisque ⟨*Hotom.*; liberisque *codd.*; *edd.*⟩; sed nullus ordo, nullum imperium certum, cum suo quisque consilio uteretur: 1, 51, 2;) ¶ Mandubii . . . cum liberis atque uxoribus exire coguntur: VII 78, 3; *cf.* § 4. 5; ¶ uxores habent deni duodenique inter se communes ⟨*o*⟩ et maxime fratres cum fratribus parentesque cum liberis: V 14, 4.

γ) **in c. acc.**: omnia exempla cruciatusque edere: I 31, 12 *u.* **c)** poscere; ¶ uiri in uxores sicuti in liberos uitae necisque habent potestatem: VI 19, 3.

libere. **A.** = **ita ut nemo impediat**; **a) pos.**: aliae . . sunt legati partes atque imperatoris: alter omnia agere ad praescriptum, alter libere ad summam rerum consulere debet: 3, 51, 4; ¶ quo praesidio tuto et libere senatus quae uellet decernere auderet: 1, 2, 2; plerisque uero libere decernendi potestas eripitur: 1, 3, 5; ¶ *erat* ciuile bellum;

genus hominum, cui ⟨*Oud.*; quod *ahl; Db.*⟩ liceret ⟨licere *af*⟩ libere ⟨liberare *f*⟩ facere ⟨cui quod liberet liceret facere *Madu.*⟩ et sequi quod uellet ⟨uel *af*⟩: 2, 29, 3; ¶ museulum turrimque latericiam libere incendunt: 2, 14, 4; ¶ quo minus libere hostes insequerentur: VII 49, 2; ¶ ut libere pabulari ⟨fabulari *ahl;* populari *N*⟩ posset nec minus aditum nauibus haberet: 3, 65, 4; ¶ sequi: 2, 29, 3 *u.* facere; ¶ perterriti uirtute equitum minus libere, minus audacter uagabantur: 1, 59, 2.

b) comp.: munitionem ad flumen perduxerat . . ., quo liberius a ⟨ac sine *Ohl*⟩ periculo milites aquarentur: 3, 66, 6.

B. = audacter: cum equitatus noster liberius praedandi ⟨*o*⟩ uastandique causa se in agros eiecerat ⟨effunderet β⟩: V 19, 2; *cf.* **A. a)** *extr.* 1, 59, 2.

C. = aperte, ingenue; a) pos.: Scipionem ea esse auctoritate, ut non solum libere quae probasset exponere, sed etiam ex magna parte compellare ⟨*Nahl;* compellere *Of?; edd.*⟩ atque errantem regere posset: 3, 57, 3.

b) comp.: confecto legationis officio liberius cum militibus regis conloqui coeperunt: 3, 103, 4; ¶ dicit liberius atque audacius: I 18, 2; ¶ hac impulsi occasione . . . liberius atque audacius de bello consilia inire incipiunt: VII 1, 3; ¶ bona restituit iis, quos liberius locutos hanc poenam tulisse cognouerat: 2, 21, 2.

liberaliter. A. = ita ut homine honesto loco nato dignum est: quod erant honesto loco nati et instructi liberaliter magnoque comitatu . . . uenerant: 3, 61, 1.

B. = comiter, benigne: ab his liberaliter ipse appellatus . . . conscendit: 3, 104, 3; ¶ quibus auditis liberaliter pollicitus hortatusque, ut in ea sententia permanerent, eos domum remittit: IV 21, 6; ¶ Caesar Remos cohortatus liberaliterque oratione prosecutus . . . iussit: II 5, 1; ¶ quibus pacem atque amicitiam petentibus liberaliter respondet ⟨β; -dit α; *edd.*⟩: IV 18, 3; amici regis his, qui erant ab eo missi, palam liberaliter responderunt: 3, 104, 1.

liberalitas: illum . . . beneficio ac liberalitate sua ac senatus ea praemia consecutum: I 43, 5; — haec noua sit ratio uincendi, ut misericordia et liberalitate nos muniamus: *ap. Cic. ad Att.* IX 7 *C*, 1; ¶ pauca ad spem largitionis addidit, quae ab sua liberalitate, si se . . . secuti essent, exspectare deberent: 2, 28, 3; — omniaque ex uictoria et ex sua liberalitate sperarent: 3, 6, 1; — esse Dumnorigem, . . . magna apud plebem propter liberalitatem gratia: I 18, 3.

liberi *u.* **liber 2. B.** *p. 457 sq.*

libero. A. = in libertatem uindicare, liberum reddere: eines Romani . . . seruos . . omnes puberes liberauerunt: 3, 9, 3; ¶¶ ipsi manu facta cum iis ⟨*c*⟩, quos nuper ⟨maximi *add. z;* maxime *f*[2]*; Db.; seclud. Np., Dt.;* nuperrime *Oehl.; u. CC*⟩ liberauerant, in . . . castra inruperunt: 3, 9, 6; ¶ quanta . . . in perpetuum sui liberandi facultas daretur: IV 34, 5; ne sui in perpetuum liberandi atque ulciscendi Romanos . . . occasionem dimittant: V 38, 2; ¶ Sulla . . . liberatis suis hoc fuit contentus neque proelio decertare uoluit: 3, 51, 5.

B. alqm alqa re = exsoluere, leuare: si paruo labore . . . omnem Italiam metu liberare possint: 1, 9, 1; ¶ ut Vbios obsidione liberaret: IV 19, 4; quoniam obsidione liberatum Ciceronem sciebat: V 49, 6; ¶ periculo: 3, 83, 4 *u.* **C.**; ¶ quod eius opera stipendio liberatus esset: V 27, 2.

C. = absoluere: fortasse non se liberari ⟨liberare *a*⟩, sed in aliud tempus reseruari arbitrati . . . constituerunt: 3, 60, 3; ¶ unam fore tabellam, qui liberandos omni periculo censerent, alteram, qui capitis damnarent, tertiam, qui pecunia multarent: 3, 83, 4.

libertas. A. = *ἐλευθερία, αὐτονομία;* **a) obi.:** accipere: III 8, 4 *u.* **d)** *γ*); VII 1, 8 *u.* recuperare; ¶ his Caesar libertatem ⟨lib. caes. *a*⟩ concessit: IV 15, 5; ¶ qua rei familiaris iactura perpetuum imperium libertatemque se ⟨β; *om.* α⟩ consequi uideant: VII 64, 3; ¶ neque dubitare [debeant], quin, si Heluetios superauerint Romani, una cum reliqua Gallia Haeduis libertatem sint erepturi: I 17, 4; ¶ id sibi ad praesentem obtinendam libertatem satis esse: VII 66, 4; ¶ praesertim cum de recuperanda communi libertate consilium initum uideretur: V 27, 6; in acie praestare interfici quam non ueterem belli gloriam libertatemque, quam a maioribus acceperint ⟨β; acceperant α⟩, recuperare: VII 1, 8; et ille suam dignitatem et nos nostram libertatem recuperabimus: 3, 91, 2; ¶ iura, leges, agros, libertatem nobis reliquerunt: VII 77, 14; ¶ tanta uniuersae Galliae consensio fuit libertatis uindicandae et pristinae belli laudis recuperandae, ut: VII 76, 2.

b) dat.: omnes autem homines natura libertati studere ⟨libertatis studiose incitari β⟩ et condicionem seruitutis odisse: III 10, 3; ¶ esse non nullo se Caesaris beneficio adfectum, . . . sed plus communi libertati tribuere: VII 37, 4.

c) gen.: quos . . postea in parem ⟨partem *X*⟩ iuris libertatisque condicionem ⟨conditione *X*⟩, atque ipsi erant, receperunt: I 28, 5; ¶ seruo spe libertatis magnisque persuadet praemiis: V 45, 3; gladiatores . . . ad forum productos ⟨*c*⟩ Lentulus spe ⟨*Np.; om. codd.; Paul*⟩ libertatis ⟨-tati *Oh;* libertate *Paul*⟩ confirmat: 1, 14, 4; pastoresque Domitii ⟨*c*⟩ spe libertatis excitati sub oculis domini ⟨*c*⟩ suam probare operam studebant: 1, 57, 4; ¶¶ libertatis causa *u.* **causa** *p. 488 (3 loc.).*

d) c. praep.; α) de: neu se optime de communi libertate meritum hostibus in cruciatum ⟨de comm. lib. opt. mer. in cruc. host. β⟩ dedant: VII 71, 3.

β) in libertatem uindicare *u.* **in** *p. 109* **a)** *extr. (3 loc.).*

γ) in c. abl.: ut in ea libertate, quam a maioribus acceperint ⟨β; *Fr.;* -perant α; *rell. edd.*⟩, permanere quam Romanorum seruitutem perferre malint ⟨*c*⟩: III 8, 4.

B. = ἀκολασία, **licentia:** quae res et cibi genere et cotidiana exercitatione et libertate uitae . . . nires alit: IV 1, 9.

libertus: quas (naues) Igilii et in Cosano . . . sernis, libertis, colonis suis compleuerat: 1, 34, 2; ¶ erant praeterea cuiusque generis hominum milia circiter VI cum sernis libertisque ⟨*Hotom.;* liberisque *codd.; edd.*⟩: 1, 51, 2.

(**libet:** *erat* cinile bellum; genus hominum, cui ⟨*Oud.*, quia *f;* quod *ahl; Db.*⟩ liceret ⟨licere *af*⟩ libere ⟨liberare *f*⟩ facere ⟨cui quod liberet liceret facere *Madu.*⟩ et sequi quod nellet ⟨*c*⟩: 2, 29, 3.)

(L.) Scribonius Libo: Caninium Rebilum legatum, familiarem necessarium*que* Scribonii ⟨-boni *af*⟩ Libonis, mittit ad eum conloquii causa; mandat, ut Libonem de conciliauda pace hortetur: 1, 26, 3; cuius rei magnam partem landis atque existimationis ad Libonem peruenturam, si illo auctore atque agente ab armis sit discessum: 1, 26, 4; Libo a conloquio Caninii digressus ad Pompeium proficiscitur . . .: 1, 26, 5; praeerat . . . Liburnicae atque Achaicae classi ⟨classis *ahl*⟩ Scribonius ⟨cribonius *hl;* tribonius *O*⟩ Libo et M. Octauius: 3, 5, 3; 9, 1 *u.* **Liburna(e)**; cum . . . se Libo cum Bibulo coniunxisset, loquuntur ambo ex nauibus cum M.' ⟨*c*⟩ Acilio ⟨*c*⟩ et Statio Murco legatis: 3, 15, 6; *cf. qu. sqq.;* ibi certior ab Acilio et Murco per litteras factus de postulatis Libonis et Bibuli legionem relinquit: 3, 16, 2; euocantur illi ad conloquium. prodit Libo atque ⟨*b²; neque* z*; u. CC*⟩ excusat Bibulum, quod: 3, 16, 3; *cf.* 16, 4—17, 4; neque hanc rem ilii ⟨*O¹; Madu.;* illis *z; del. Ald.; edd.*⟩ esse impedimento. Libo ⟨*sic Madu.;* impedimenti loco *codd.; edd.*⟩ neque legatos Caesaris recipere neque periculum praestare eorum, sed totam rem ad Pompeium reicere; unum instare de indutiis uehementissimeque contendere: 3, 17, 5; *cf.* § 6; Vibullius . . . adhibito ⟨que *add. af*⟩ Libone ⟨librone *ahl*⟩ et L. Lucceio ⟨*c*⟩ et Theophane, quibus*cum* communicare de maximis rebus Pompeius consueuerat, de mandatis Caesaris agere instituit: 3, 18, 3; Libo profectus ab Orico cum classe, cui praeerat, nauium L Brundisium nenit insulamque, quae contra portum Brundisinum est, occupauit: 3, 23, 1; *cf. qu. sqq.;* has (triremes) cum audacius progressas Libo uidisset, sperans intercipi posse quadriremes V ad eas misit: 3, 24, 2; qua necessitate et ignominia permotus Libo discessit a Brundisio obsessionemque nostrorum omisit: 3, 24, 4; testibus se militibus uti posse . . ., quibus modis ad Oricum cum Libone de mittendis legatis contendisset: 3, 90, 2; D. Laelius cum classe ad Brundisium uenit eademque ratione, qua factum a Libone antea demonstrauimus, insulam obiectam portui Brundisino tenuit: 3, 100, 1.

libra: nauem . . . pluribus adgressus nauibus, in quibus ad libram ⟨in qu. altiores *Ciacc.*⟩ fecerat turres, . . . nostros uicit: 3, 40, 2.

librilis: fundis librilibus sudibusque, quas in opere disposuerant, ac ⟨*c*⟩ glandibus Gallos ⟨*c*⟩ proterrent: VII 81, 4.

Liburna(e): discessu Liburnarum ⟨Libonis *Paul*⟩ ex Illyrico M. Octauius cum iis ⟨*c*⟩ quas habebat nauibus Salonas peruenit: 3, 9, 1.

Liburnicus: praeerat . . . Liburnicae atque Achaicae classi Scribonius Libo et M. Octauius: 3, 5, 3.

(**licenter:** de suis homines laudibus libenter ⟨licenter *Paul*⟩ praedicant: 2, 39, 4.)

licentia. A. obi.: quod illis (improbis) licentiam timor augeat noster: 2, 31, 4; ¶ at ⟨*c*⟩ etiam ut media nocte proficiscamur addunt, quo maiorem, credo, licentiam habeant qui peccare conentur: 2, 31, 7; ¶ licentiam adrogantiamque (eorum se) reprehendere, quod plus se quam imperatorem de uictoria . . . sentire existimarent: VII 52, 3.

B. gen.: qui (milites) iam in consuetudinem Alexandrinae uitae ac licentiae uenerant et nomen disciplinamque populi Rom. dedidicerant ⟨c⟩: 3, 110, 2.

C. abl.: ueritus, ne militum introitu et ⟨in *Ciacc.*⟩ nocturni temporis licentia oppidum diriperetur: 1, 21, 2; ¶ cum . . . omnes sine timore iter facerent usi ⟨O^2; usu ϰ⟩ superiorum temporum atque itinerum licentia: 1, 51, 2.

liceor: complures annos . . . uectigalia paruo pretio redempta habere (Dumnorigem), propterea quod illo licente ⟨dicente *C*β⟩ contra liceri ⟨*Ald.*; licere α; dicere *C*β⟩ audeat nemo: I 18, 3.

licet. A. additur subi.; a) pronom.: ne . . . reliquae nationes sibi idem licere arbitrarentur: III 10, 2; ¶ liceretne ciuibus ad eines . . . legatos mittere, quod etiam fugitinis ab saltu Pyrenaeo praedonibusque licuisset: 3, 19, 2.

b) infin.; α) non additur datiuus: sed licere, si uelint, in Vbiorum finibus considere: IV 8, 3; ¶ multis in ciuitatibus harum rerum exstructos *cumulos locis consecratis ⟨o⟩ conspicari licet: VI 17, 4; ¶ alins alia causa inlata . . . petebat, ut eius uoluntate discedere liceret: I 39, 3; ¶ (si quidem ex castris egredi non liceret ⟨*haec uerba del. Paul*⟩: VI 36, 2;) ¶ neque longins anno remanere uno in loco colendi ⟨c⟩ causa licet: IV 1, 7; ¶ Lentulus ut in oppidum reuerti liceat petit; . . . facta potestate discedit: 1, 22, 6; ¶ hic subitam commutationem fortunae nidere licuit: 3, 27, 1; in castris Pompei uidere licuit trichilas ⟨c⟩ structas ⟨c⟩ . . .: 3, 96, 1; ¶ quoad licebat latiore uti *Voss.*; ut ϰ⟩ spatio: 1, 58, 1.

β) additur datiuus; αα): petieruntque, uti sibi secreto [in occulto] de sua omniumque salute cum eo agere liceret. ea re impetrata: I 31, 1; ¶ quod legibus Haeduorum iis ⟨c⟩, qui summum magistratum obtinerent, excedere ex finibus non liceret: VII 33, 2; quorum (equitum) nulli ex itinere excedere licebat, quin . . . exciperetur: 1, 79, 5; ¶ rogare (se), ut eius uoluntate id sibi facere liceat: I 7, 3; petierunt, uti sibi concilium totius Galliae in diem certam indicere idque Caesaris noluntate facere liceret ⟨idque *et* facere *del. Hartz*⟩: I 30, 4; *erat* ciuile bellum; genus hominum, cui ⟨*Oud.*; quia *f*; qui *O*; quod *ahl*; *Db.*⟩ liceret ⟨licere *af*⟩ libere ⟨liberare *f*⟩ facere ⟨cui quod liberet liceret facere *Madu.*⟩ et sequi quod nellet ⟨uel *af*⟩: 2, 29, 3; ¶ indicere: I 30, 4 *u.* facere; ¶ postulabat Caesar, ut legatos sibi ad Pompeium sine periculo mittere liceret: 3, 17, 2; liceretne ciuibus ad eiues de pace tuto ⟨c⟩ legatos mittere: 3, 19, 2; ¶ Sequanisque permitteret, ut, quos (obsides) illi haberent, uoluntate eius reddere illis liceret: I 35, 3; ¶ sequi: 2, 29, 3 *u.* facere.

ββ): licere illis incolumibus per se ⟨per se incol. β⟩ ex hibernis discedere et quascumque in ⟨c⟩ partes uelint sine metu proficisci: V 41, 6; (VI 35, 8 *u.* **d)**.)

e) acc. c. inf. (inf. pass.): hic ⟨*Ald.*; his *codd.*⟩ cognosci licuit, quantum esset hominibus praesidii in animi firmitudine: 3, 28, 4; ¶ quod antea de conloquio postulasset, id per se fieri licere: I 42, 1; (3, 1, 1 *u.* **d)**.)

d) dat. et acc. c. inf.: quid uos, inquit, hanc . . . tenuem sectamini praedam, quibus licet iam esse fortunatissimos ⟨*AQ*β; *Schn.*, *Hold.*, *Dt.*[2]; -simis *BM*; *rell. edd.*⟩? VI 35, 8; is enim erat annus, quo per leges ei ⟨eum *b*⟩ consulem fieri liceret: 3, 1, 1.

B. subaudiend. est subiect. (inf.): qui, si per te liceat, perendino die . . . communem cum reliquis belli casum sustineant, non . . . intereant: V 30, 3; respondit, si uelit secum conloqui, licere: V 36, 2; seu quis Gallus seu ⟨c⟩ Romanus uelit ante horam tertiam ad se transire, sine periculo licere; post id tempus non fore potestatem: V 51, 3; sua sponte, dum sine periculo liceret, excederet Gadibus: 2, 20, 3.

Licinius Damasippus: ipse (Iuba) equo in oppidum uectus prosequentibus compluribus senatoribus, quo in numero erat Ser. Sulpicius et Licinius Damasippus, . . . imperauit: 2, 44, 3.

lictor(es): lictoresque habent in urbe et ⟨c⟩ Capitolio priuati ⟨*Steph.*; priuatim *codd.*⟩ contra omnia uetustatis exempla: 1, 6, 7; erat plena ⟨plane *a*⟩ lictorum et † imperiorum ⟨et apparitorum *Forchh.*; et interpretum *Paul*⟩ pronineia, differta † praeceptis ⟨praefectis *Ald.*; praeconibus *Paul*⟩ atque exactoribus, qui praeter imperatas pecunias suo etiam priuato compendio seruiebant. dictitabant enim se domo patriaque expulsos omnibus necessariis egere rebus, ut honesta praescriptione rem turpissimam tegerent: 3, 32, 4.

Liger. *Acc.* ligerim *exstat in X* VII 5, 4, *in* B^2M^2β VII 56, 3, *in* β VII 11, 9; *etiam Hirtius* VIII 27, 2 *scripsit* ligerim; (ligerem *in* α VII 11, 9 *et* 56, 3;) *abl.* ligeri *in* B^2*(a)fh* III 9, 1, *in BM* VII 59, 1; ligere *in* α III 9, 1, *in AQ*β VII 59, 1. *(Orosii codd. optimi habent* ligero VI 8, 10. *Plin.* IV 107 *Silligius edidit* Ligerim, *Detlefs.* Ligerem *nulla scriptu-*

rae discrepantia indicata.) Caesarem constanter aut Ligerim, Ligeri *aut* Ligerem, Ligere *scripsisse ueri simillimum est. Mihi quidem* Ligerim *et* Ligeri *ei tribuendum uidetur.*

naues interim longas aedificari in flumine Ligeri ⟨*c*⟩, quod influit in ⟨*c*⟩ Oceanum, . . . iubet: III 9, 1; qui cum ad flumen Ligerim uenissent, quod Bituriges ab Haeduis diuidit, paucos dies ibi morati neque flumen transire ausi domum reuertuntur: VII 5, 4; *cf.* § 5; quod oppidum Cenabum pons fluminis Ligeris contingebat ⟨β; continebat α⟩: VII 11, 6; *cf.* § 7. (8); exercitum Ligerim ⟨*c*⟩ traducit atque in Biturigum fines peruenit: VII 11, 9; Nouiodunum erat oppidum Haeduorum ad ripas Ligeris oportuno loco positum: VII 55, 1; *cf.* § 8; praesidia custodiasque ad ripas Ligeris disponere . . . coeperunt: VII 55, 9; quod Liger ex niuibus creuerat, ut omnino nado non posse transiri ⟨*c*⟩ uideretur: VII 55, 10; (*cf* 56, 1;) contra omnium opinionem ad Ligerim ⟨*c*⟩ nenit: VII 56, 3; *cf.* § 4; Gallique in conloquiis interclusum itinere ⟨Elauere *de Saulcy*⟩ et Ligeri ⟨*c*⟩ Caesarem inopia frumenti coactum in prouinciam contendisse confirmabant: VII 59, 1.

lignatio: qui (milites) lignationis munitionisque causa in siluas discessissent: V 39, 2.

lignator: subitoque oppressis lignatoribus magna manu ad castra oppugnatum ⟨*c*⟩ uenerunt: V 26, 2.

ligneus: celeriter cines Rom. ligneis effectis turribus his sese munierunt: 3, 9, 3.

lignor: neque lignandi atque ⟨neque *Ol*⟩ aquandi neque naues ad terram *deligandi potestas fiebat: 3, 15, 2; milites . . . alii lignandi ⟨ligandi *a*⟩ pabulandique causa longins progrediebantur: 3, 76, 2.

lignum: pedalibus liguis coniunctis inter se porticus integebantur: 2, 2, 3; — summis angustiis rerum necessariarum premebantur, adeo ut cogerentur sicuti reliquum commeatum ita ligna atque aquam Corcyra ⟨*c*⟩ nauibus onerariis supportare: 3, 15, 3; ¶ omnibus rebus obsessi, . . . aquae, lignorum ⟨ligni *O*[1]*hl*⟩, frumenti inopia, conloquium petunt: 1, 84, 1; ¶ antecedebat testudo pedum LX . . . facta item ex fortissimis ⟨firmissimis *Hotom.*⟩ lignis: 2, 2, 4.

(**ligo:** ut, quo maior uis aquae se incitauisset, hoc artius (tigna) inligata ⟨ligata β⟩ tenerentur: IV 17, 7.)

lilium: scrobes . . . fodiebantur . . . . huc teretes stipites . . . demittebantur ⟨*c*⟩. . . . huius generis octoni ordines ducti ⟨*c*⟩ ternos inter se pedes distabant. id ex similitudine floris lilium appellabant ⟨-abatur β⟩. ante haec taleae ⟨*c*⟩ pedem longae . . . in terram infodiebantur: VII 73, 8. 9.

limen: constabat Elide in templo Mineruae . . . simulacrum Victoriae . . . ad ualuas se templi limenque conuertisse: 3, 105, 2.

linea: alternis trabibus ac saxis, quae rectis lineis suos ordines seruant: VII 23, 5.

Lingones. *Plurimi codd. habent* lingones; *sed* linguon. *inuenitur in* β VII 66, 2, *in af* I 40, 11, *in a* I 26, 5. 6, *in h* VI 44, 3 *et* VII 63, 7; *acc. plur.* (lingo)nas *exstat in X* I 26, 6, *in B*[2]β I 40, 11; *(qua forma etiam Tacitus constanter uidetur usus esse;)* lingones *in X* VII 9, 4. *(Errore* I 26, 5 *in MB*[2] *scriptum est* lingunum, I 26, 6 *in A* ligogonas, VII 66, 2 lignorum *in B*[1]*M*[1], ligonum *in M*[2], lingonem *in Q*[1], linguones *in h*[1].*)*

in fines Lingonum ⟨*c*⟩ die quarto peruenerunt: I 26, 5; Caesar ad Lingonas ⟨*c*⟩ litteras nuntiosque misit, ne eos frumento neue alia re iuuarent; qui ⟨*CC*⟩ si iuuissent, se eodem loco quo Heluetios habiturum: I 26, 6; frumentum Sequanos, Leucos, Lingones ⟨*c*⟩ subministrare: I 40, 11; Mosa profluit ex monte Vosego, qui est in finibus Lingonum: IV 10, 1; duas legiones ad fines Treuerorum, duas in Lingonibus, sex reliquas in Senonum finibus Agedinci in hibernis conlocauit: VI 44, 3; per fines Haeduorum in Lingones contendit, ubi duae legiones hiemabant. . . . eo cum peruenisset, ad reliquas legiones mittit priusque omnes in unum locum cogit, quam: VII 9, 4. 5; ab hoc concilio Remi, Lingones, Treueri afuerunt, illi, quod amicitiam Romanorum sequebantur, Treueri, quod . . .: VII 63, 7; eum Caesar in Sequanos ⟨in S. *om.* β⟩ per extremos Lingonum ⟨*c*⟩ fines iter faceret: VII 66, 2.

lingua: commodissimum uisum est . . . Procillum . . . et propter fidem et propter linguae Gallicae scientiam, qua ⟨*c*⟩ multa ⟨*c*⟩ iam Ariouistus longinqua consuetudine utebatur, . . . mittere: I 47, 4; ¶ qui ipsorum lingua Celtae, nostra Galli appellantur: I 1, 1; — hi omnes lingua, institutis, legibus inter se differunt: I 1, 2.

lingula: erant eius modi fere situs oppidorum, ut posita in extremis lingulis promuntoriisque neque pedibus aditum haberent . . . neque nauibus: III 12, 1.

linter: conquirit etiam lintres ⟨luntres α; lyntres *B*[2]⟩; has magno sonitu remorum incitatas in eandem partem mittit ⟨*o*⟩: VII 60, 4; aut lintribus inuentis sibi salutem reppererunt ⟨*CC*⟩: I 53, 2; — id (flumen) Heluetii ratibus ac lintribus ⟨lintibus *AQ*⟩ iunctis transibant: I 12, 1; ¶ duasque naues cum militibus . . . scaphis lintribusque ⟨lyntr. *a*⟩ reprehendunt: 1, 28, 4.

linum: pelles (erant) pro uelis alutaeque tenuiter confectae, hae ⟨*CC*⟩ siue propter lini inopiam ⟨inop. lini β⟩ atque eius usus inscientiam ⟨*c*⟩ siue: III 13, 6.

lis: (in *is* desinentia longam, cuiuscumque sint generis, Latina ablata *s*, addita *tis* faciunt genetiuum, ut haec lis, litis, hic et haec Samnis, huins Samnitis. sic Caesar de analogia: *Prisc. inst.* VI 64 *in.*;) arbitros inter ciuitates dat, qui litem aestiment poenamque constituant: V 1, 9.

Liscus: conuocatis eorum (Haeduorum) principibus, . . . in his Diuiciaco et Lisco, qui summo magistratui praeerat ⟨praeerant *X*⟩, quem uergobretum appellant Haedui, qui creatur annuus et uitae necisque in suos habet potestatem, grauiter eos accusat: I 16, 5; tum demum Liscus oratione Caesaris adductus quod antea tacuerat proponit: I 17, 1; *cf. qu. sqq.*; Caesar hac oratione Lisci Dumnorigem . . . designari sentiebat; sed quod pluribus praesentibus eas res iactari nolebat, celeriter concilium dimittit, Liscum retinet. quaerit ex solo ea, quae in conuentu dixerat. dicit liberius atque audacius: I 18, 1. 2; *cf. qu. sqq.*

Lissus. *Cf. Db. ad* 3, 28, 1.

nacti portum, qui appellatur Nymphaeum, ultra Lissum milia passuum III, eo naues introduxerunt: 3, 26, 4; nostrae naues duae . . . contra Lissum ⟨lyssum *a*⟩ in ancoris constiterunt: 3, 28, 1; qui (Otacilius Crassus) Lissi praeerat: 3, 28, 2; conuentus ciuium Romanorum, qui Lissum obtinebant, quod oppidum iis ⟨*c*⟩ antea Caesar attribuerat muniendumque curauerat, Antonium recepit ⟨*c*⟩: 3, 29, 1; pontones . . . Lissi relinquit (Antonius): 3, 29, 3; ipse (Pompeius filius) Lissum profectus naues onerarias XXX a M. Antonio relictas intra portum adgressus omnes incendit; Lissum expugnare conatus defendentibus ciuibus Romanis . . . re infecta inde discessit: 3, 40, 6; item Lisso Parthinisque et ⟨*CC*⟩ omnibus castellis quod esset frumenti conquiri iussit: 3, 42, 4; praesidioque Apolloniae cohortibus ⟨cohortium *Nx*⟩ IIII, Lissi I, III Orici relictis . . . iter facere coepit: 3, 78, 5.

Litauiccus. *In plurimis codd. exstat* litauiccus; *sed* litauicus *est in* α VII 40, 7, *in a* VII 37, 7; 39, 3; 42, 1; (litauictus *in A* VII 37, 1; 38, 4 *(Hold. teste)*; lictauiccus *in AQ* VII 38, 6, *in A (teste Frig.)* VII 38, 4; litanins *in a* VII 37, 1; litiuiccus *in BM* VII 40, 6; tali uiccus *in M* VII 37, 7.) *Cf. Glück p. 119—121.*

(Conuictolitauis) cum quibusdam adulescentibus conloquitur, quorum erat princeps Litaniecus atque eius fratres ⟨frater *fh*⟩, amplissima familia nati adulescentes: VII 37, 1; *cf.* § 2—6; placuit, ut ⟨*c*⟩ Litauiccus decem illis milibus, quae Caesari ad bellum mitterentur, praeficeretur atque ea † ducenda curaret fratresque eius ad Caesarem praecurrerent . . . .: VII 37, 7; Litauiccus accepto exercitu, cum milia passuum circiter XXX ⟨*c*⟩ ab Gergonia abesset, conuocatis subito militibus lacrimans Quo proficiscimur, inquit, milites? VII 38, 1. 2; *cf. qu. sqq.*; producuntur ii, quos ille edocuerat, quae dici nellet, atque eadem, quae Litauiccus pronuntiauerat, multitudini exponunt: VII 38, 4; conclamant Haedui et Litauiccum obsecrant, ut sibi consulat: VII 38, 6; *cf.* § 7—10; Eporedorix cognito Litauicci consilio . . . rem ad Caesarem defert: VII 39, 3; *cf. qu. sqq.*; fratres Litauicci cum comprehendi iussisset, paulo ante repperit ad hostes fugisse ⟨*c*⟩: VII 40, 3; his cognitis et Litauicci fraude perspecta Haedui . . . mortem deprecari incipiunt: VII 40, 6; Litauiccus cum suis clientibus . . . Gergouiam profugit ⟨*c*⟩: VII 40, 7; Haedui primis ⟨*c*⟩ nuntiis ab Litauicco acceptis nullum sibi ad cognoscendum spatium relinquunt: VII 42, 1; Litauicci fratrumque bona publicant: VII 43, 2; discit cum omni equitatu Litauiccum ad sollicitandos Haeduos profectum: VII 54, 1; cum . . . coguouissent Litauiccum Bibracte ⟨*c*⟩ ab Haeduis receptum, . . . Conuictolitauem magistratum magnamque partem senatus ad eum conuenisse: VII 55, 4; qui (Cauarillus) post defectionem Litauicci pedestribus copiis praefuerat: VII 67, 7.

litterae. (literae V 11, 2 *inuenitur in a.*)

A. propr. (litterarum formae): in castris Heluetiorum tabulae repertae sunt litteris Graecis confectae: I 29, 1; — hanc (epistulam) Graecis conscriptam litteris mittit, ne intercepta epistula nostra ab hostibus consilia cognoscantur: V 48, 4; — neque fas esse existimant ea litteris mandare, cum in reliquis fere ⟨*o*⟩ rebus, publicis priuatisque rationibus, Graecis litteris utantur ⟨utantur litteris β⟩: VI 14, 3.

B. trsl. (ut γράμματα) = quicquid scriptum est; a) = liber, scriptum: litteris mandare: VI 14, 3 *u.* **A.** *extr.*; ¶ quod neque in uulgum disciplinam efferri uelint neque eos, qui discunt ⟨*c*⟩, litteris confisos minus memoriae studere; quod fere plerisque accidit, ut praesidio litterarum diligentiam in perdiscendo ac memoriam remittant: VI 14, 4.

b) = **epistula; α) subi.**: Scipionem properantem sequi litterae sunt consecutae a M. Fauonio, Domitium cum legionibus adesse neque se praesidium . . . tenere posse: 3, 36, 6.

β) obi.: litteras accipere *u.* **accipio** *p. 78* **β)** *(4 loc.)*; ¶ adferre: **(**V45, 4 *u.* efferre;**)** quibus litteris circiter media ⟨c⟩ nocte ⟨c⟩ Caesar adlatis suos facit certiores: V 49, 4; ¶ **(**cognoscere: VII 90, 8 *u.* **δ)** cognoscere;**)** ¶ huic dat litteras mandataque ad eum, quorum ⟨quarum *NOhl; Db.*⟩ haec erat summa: 3, 57, 2; ¶ seruo . . . persuadet praemiis, ut litteras ad Caesarem deferat: V 45, 3; qui litteras ad Caesarem deferat ⟨referat β⟩: V 49, 2; ¶ dimittere: **(**V 47, 5 *u.* remittere;**)** Milo dimissis circum municipia litteris *se* ea, quae faceret, iussu atque imperio facere Pompei, . . . sollicitabat: 3, 22, 1; simul a Pompeio litteris per omnes prouincias ciuitatesque dimissis ⟨demissis *Oal*⟩ **de* proelio ad Dyrrachium facto . . . fama percrebuerat: 3, 79, 4; ¶ has (litteras) ille in ⟨*om.* β⟩ iaculo inligatas ⟨implicatas *Hoffm.*⟩ effert ⟨adfert β⟩: V 45, 4; ¶ Caesar ad Lingonas litteras nuntiosque misit, ne eos . . . iuuarent . . .: I 26, 6; mittuntur ad Caesarem confestim a ⟨c⟩ Cicerone litterae ⟨nuntiique *add. Eussn.*⟩ magnis propositis praemiis, si ⟨qui *H. J. Müller*⟩ pertulissent: V 40, 1; tanto crebriores litterae nuntiique ad Caesarem mittebantur (a Cicerone): V 45, 1; cum litteras ad senatum miserit, ut omnes ab exercitibus discederent, ne id quidem impetrauisse ⟨c⟩: 1, 9, 3; uti ad Pompeium litteras (Libo) mitteret, naues reliquas, si uellet, subduci . . . iuberet: sua classe auxilia sese Caesaris prohibiturum: 3, 23, 3; ¶ perferre: V 40, 1 *u.* mittere; quibus litteris nuntiisque Romam perlatis magni domum concursus ad Afranium . . . fiebant: 1, 53, 3; ¶ litteris perlectis Domitius . . . pronuntiat: 1, 19, 1; ¶ recitare: 1, 1, 1 *u.* reddere; ¶ litteris ab eo C. ⟨*Db.*; litteris a fabio c. *Ofhl*[2]; litt. a fabio cs. *l*[1]; litt. a fabio cum *a*; [a Fabio C.] *Scal.*; *Np.*; litt. a Gaio *Oud.*; *Dt.*⟩ Caesaris ⟨caesare *a*; *Oud.*; *Dt.*⟩ consulibus redditis ⟨litteris (Caesaris a C. Curione) consulibus redditis *Ciacc.*⟩ aegre ab his impetratum est . . ., ut in senatu recitarentur: 1, 1, 1; progresso ei paulo longius litterae a ⟨*add. O*[2]*bf*[2]; *Ald.*; *Dt.*; *om. x*; *Np.*, *Db.*⟩ Gadibus redduntur, simul atque sit cognitum de edicto Caesaris, consensisse Gaditanos principes cum tribunis cohortium . . ., ut . . . expellerent: 2, 20, 2; litterae ei (Scipioni) redduntur ⟨traduntur *f*⟩ a Pompeio, mare transisse cum legionibus Caesarem: properaret . . . uenire: 3, 33, 1; ¶ referre: V 49, 2 *u.* deferre; ¶ Labienus . . . litteras Caesari remittit ⟨β; mittit *f*; dimittit α⟩, quanto cum periculo legionem . . . educturus esset; rem gestam in Eburonibus perscribit; docet: V 47, 5; ¶ (scribere: 3, 71, 3 *u.* **ε) γγ)**.)

γ) genet.: festinationi meae breuitatique litterarum ignosces: *ap. Cic. ad Att.* IX 6 *A*; ¶ quarum ⟨c⟩ (litterarum) summa: 3, 57, 2 *u.* **β)** dare.

δ) abl.: et crebris Pompei litteris castigabantur, quoniam . . . non prohibuissent, *at . . . impedirent: 3, 25, 3; ¶ **(**† his litteris cognitis ⟨α; *(Np., Db.;) Fr.*; his [litteris] cogn. *Kr.*; *Hld.*; his rebus litt. Caes. cognitis *Faerni liber*; *Schn.*; his rebus ex litteris Caesaris cogn. *Dt.*; huius anni rebus cogn. β⟩ Romae dierum uiginti supplicatio redditur: VII 90, 8;**)** ¶ his nuntiis litterisque commotus Caesar duas legiones . . . nouas conscripsit: II 2, 1; ¶ per orbem terrarum fama ac litteris uictoriam eius diei concelebrabant ⟨c⟩: 3, 72, 4; ¶ hunc . . . quae fieri uellet litteris nuntiisque edocuit: 3, 108, 2; ¶ crebri ad eum rumores adferebantur litterisque item Labieni certior fiebat . . .: II 1, 1; Calenus . . . litteras a Caesare accipit ⟨accep. *l*⟩, quibus est certior factus . . .: 3, 14, 1; ¶ iamque Caesaris in Hispania res secundae in Africam nuntiis ac ⟨c⟩ litteris perferebantur: 2, 37, 2; ¶ gaudeo mehercule uos significare litteris, quam ualde probetis ea, quae apud Corfinium sunt gesta: *ap. Cic. ad Att.* IX 7 *C*, 1; ¶ Fabius finitimarum ciuitatum animos litteris nuntiisque temptabat: 1, 40, 1.

ε) c. praep.; αα) cum: Domitius ad Pompeium . . . peritos regionum . . . cum litteris mittit: 1, 17, 1.

ββ) ex: eadem fere, quae ex nuntiis litterisque ⟨que *om.* β; litterisque *delend. cens. Vielh.*⟩ cognouerat, coram perspicit: V 11, 2; (VII 90, 8 *u.* **δ)** cognoscere;) ¶¶ ob easque res ex litteris Caesaris dierum ⟨c⟩ quindecim supplicatio decreta est: II 35, 4; his rebus gestis ex litteris Caesaris dierum uiginti supplicatio a senatu decreta est: IV 38, 5; ¶ ut nero ex litteris ad senatum referretur ⟨refertur *a*⟩ impetrari non potuit: 1, 1, 1.

γγ) in: perscribit in litteris hostes . . . discessisse: V 49, 3; ¶ in litteris scribit se . . . celeriter adfore; hortatur, ut: V 48, 6; hoc (imperatoris) nomen obtinuit atque ita se postea salutari passus *est* ⟨*add. V.*⟩; sed ⟨neque *Np.*;

edd.⟩ in litteris numquam ⟨*Bergk;* quas *codd.; edd.*⟩ scribere est solitus ⟨hoc nomine abstinuit neque ita se p. sal. passus est neque in litt. praescribere est solitus *Paul*⟩ neque in fascibus insignia laureae praetulit: 3, 71, 3.

δδ) per: ibi ⟨*c*⟩ certior ab Acilio et Murco per litteras factus de postulatis Libonis et Bibuli legionem relinquit: 3, 16, 2; ¶ Caesar enim per litteras Trebonio magnopere mandauerat, ne . . . pateretur: 2, 13, 3.

c) = tabulae publicae: quod ibi impedimenta exercitus, obsides ciuitatum ⟨*c*⟩, litteras publicas frumentumque omne . . . relinquebat: V 47, 2.

(**Fama ac litterae:** 3, 72, 4;) **litterae mandataque:** 3, 57, 2; litterae **nuntiique:** I 26, 6; II 2, 1; V 11, 2; (40, 1;) 45, 1; 1, 40, 1; 53, 3; 2, 37, 2; 3, 108, 2; (rumores . . . litterae: II 1, 1.)

Litterae = epistulae: II 1, 1 (?); 2, 1 (?); V 40, 1; 45, 1; 1, 40, 1; 53, 3; 2, 37, 2; 3, 22, 1; 25, 3; 71, 3; 72, 4; 79, 4; 108, 2 (?).

Litterae ab alqo: (1, 1, 1;) 2, 20, 2 (?); 3, (14, 1;) 33, 1; 36, 6.

Sequ. acc. c. inf. (or. obl.): I 26, 6; V 47, 5; 1, 9, 3; 2, 20, 2; 3, 22, 1; 23, 3; 33, 1; 36, 6.

Adiect.: crebrae: II 1, 1 (?); 3, 25, 3; crebriores: V 45, 1; Graecae: I 29, 1; V 48, 4; VI 14, 3; publicae: V 47, 2.

litus. *Scriptum est* littus *in BMβ* V 9, 1, *in A* IV 26, 2, *in al* 2, 26, 4, *in af* 2, 43, 4, *in a* 2, 23, 3; 3, 8, 4; 15, 2; 25, 4; 73, 3.

A. obi.: claudere: 3, 23, 1 *u.* tenere; ¶ tanta erat completis ⟨totis *add. Paul*⟩ litoribus contentio, qui potissimum . . . conscenderent, ut multitudine atque onere non nulli deprimerentur: 2, 43, 4; ¶ neque sibi nudanda litora et relinquendos portus existimabant: 3, 15, 5; ¶ a Sasonis ad Curici ⟨*c*⟩ portum stationes ⟨a Salonis ad Oricum portus, stationes *Np.; Db.*⟩ litoraque omnia longe lateque classibus occupauit: 3, 8, 4; ¶ qua felicitate ⟨*c*⟩ inter medias hostium classes oppletis non solum portibus, sed etiam litoribus omnes incolumes essent transportati: 3, 73, 3; ¶ est certior factus portus ⟨portum *Naf*⟩ litoraque omnia classibus aduersariorum teneri: 3, 14, 1; praesidiis enim dispositis omnia litora a Caesare tenebantur: 3, 15, 2; praestare arbitrabatur unum locum . . . quam omnia ⟨*Ciacc.;* omnium *codd.*⟩ litora ac portus custodia clausos ⟨classium *Ciacc.;* classis *Paul*⟩ teneri ⟨*recc.;* tueri *x; Paul*⟩: 3, 23, 1; quod tanta diligentia omnia litora a Pompeianis tenebantur: 3, 42, 3; ¶ tueri: 3, 23, 1 *u.* tenere.

B. genet.: moles atque aggerem ab utraque parte litoris iaciebat, quod his locis erat nadosum mare: 1, 25, 5.

C. abl.: aperto ⟨β; *om.* α⟩ ac plano litore naues constituit ⟨*u. CC*⟩: IV 23, 6.

D. c. praep.; a) ab: a litore discesserant: V 8, 6.

b) ad: adpulsaque ad proximum litus trireme: 2, 23, 3; primo uespere omnes scaphas ad litus adpulsas habeant: 2, 43, 1; ¶ siue ⟨si uel *Hotom.; Np.*⟩ ad litora Apolloniatium siue ad Labeatium ⟨siue ad Lab. *add. F. Hofm.; om. codd.; Np.*⟩ cursum derigere atque eo naues eicere ⟨*Ald.;* eligere *Nx*⟩ possent: 3, 25, 4.

c) ex: ubi ex litore aliquos singulares ex naui egredientes conspexerant: IV 26, 2.

d) in litus: uti ex locis superioribus in litus telum adigi posset: IV 23, 3; ¶ maxima coorta tempestate prope omnes naues adflictas atque in litus ⟨β; *Fr.;* litore α; *rell. edd.*⟩ eiectas esse: V 10, 2; (3, 25, 4 *u.* **b**).)

e) in litore: eas (scaphas) in litore pluribus locis separatim disposuit: 3, 24, 1; ¶ (eicere: V 10, 2 *u.* **d**);) ¶ eo minus ueritus nauibus, quod in litore molli atque aperto deligatas ad ancoras ⟨*c*⟩ relinquebat: V 9, 1; ex alto refugerat adpulsaque ad proximum litus trireme constrata et in litore relicta pedibus Hadrumetum profugerat ⟨*c*⟩: 2, 23, 3; postquam in litore relictam nauem conspexit: 2, 23, 5.

f) per litora: quod (equitatus) se per ⟨quod semper *al*⟩ litora celeriter in oppidum recepit ⟨*c*⟩: 2, 26, 4.

locellus: locellum tibi signatum remisi: *ad Pison. ap. Charis. 1 p. 79 Keil.*

loco: Caesar . . . crates ad extremum tumulum contra hostem proferri et aduersas locari . . . iussit: 3, 46, 1.

locuples. 1.: deductis Pergamum atque in locupletissimas urbes in hiberna legionibus: 3, 31, 4; ¶ eos . . . in senatum legendos curauerat agrosque . . . tribuerat locupletesque ex egentibus fecerat: 3, 59, 2.

2.: hi bona locupletum diripere . . . consuerant: 3, 110, 5.

locus. I. Forma: *Pluralis* loci *nusquam apud Caesarem reperitur;* loca *27 locis* (II 4, 1; 19, 5; III 2, 5; 3, 2; 14, 9; 23, 6; IV 7, 1; 20, 2; V 8, 6; 12, 6; VI 24, 2; 34, 3; VII 7, 4; 86, 4; 1, 37, 1; 49, 2; 51, 6; 66, 3. 4; 67, 3; 3, 6, 3; 25, 5; 42, 5; 44, 6; 49, 4. 5; 112, 7;) locorum *et* locis *nonagies fere.*

II. Signif.; A. propr. = τόπος, χώρα, χωρίον, τάξις; **a) subi.:** is ⟨his *ahl*⟩ locus aberat a; nouis Pompei castris circiter passus quingentos: 3, 67, 2; *u. praeterea* **hic** *p. 1429 sq. (3 loc.)*

¶ ne committeret, ut is locus, ubi constitissent, ex calamitate populi Romani et internecione exercitus nomen c a p e r e t aut memoriam proderet: I 13, 7; ¶ reliquos aditus locus ipse per se munitioque d e f e n d i t: VI 37, 5; se ipse defendit: VII 20, 3 *u.* **d)** α) oportunitas; ¶ locus e r a t castrorum editus et paulatim ab imo a d c l i u i s circiter passus mille: III 19, 1; — (dorsum esse eius ingi prope aequum, sed ⟨hunc *add.* α; hunc locum *add. Paul*⟩ siluestre ⟨-strem α; *Paul*⟩ et a n g u s t u m, qua: VII 44, 3;) — quod sunt loca a s p e r a ac ⟨*c*⟩ montuosa: 3, 42, 5; 49, 4 *u.* montuosa; — erant c o n i u n c t a: 1, 64, 1 *u.* **f)** ζ) αα) cernere; — sub montem . . . succedunt. . . . praeruptus ⟨*del. Madu.*⟩ locus erat, utraque ex parte d e r e c t u s ⟨d e i e c t u s *Vielh.*⟩, ac tantum in latitudinem patebat, ut tres instructae cohortes eum locum explerent: 1, 45, 4; — e d i t u s: III 19, 1 *u.* adcliuis; — f e r t i l i s s i m a: VI 24, 2 *u.* **b)** occupare; — praesidia in Rutenis . . ., Tolosatibus circumque Narbonem, quae loca hostibus erant f i n i t i m a, constituit: VII 7, 4; — (uti locum deligerent,) quem ex omni Gallia oportunissimum ac f r u c t u o s i s s i m u m iudicassent: I 30, 3; — hunc ad egrediendum ⟨*c*⟩ nequaquam i d o n e u m locum ⟨loc. neq. idon. β⟩ arbitratus . . . exspectauit: IV 23, 4; — m o n t u o s a: 3, 42, 5 *u.* aspera; ut ⟨*c*⟩ erant loca montuosa et † ad specus ⟨et aspera *Paul*⟩ angustiae uallium ⟨*u. CC*⟩: 3, 49, 4; — haec loca uicinitatibus erant n o t a: VI 34, 3; — o p o r t u n i s s i m u s: I 30, 3 *u.* fructuosissimus; — p r a e r u p t u s: 1, 45, 4 *u.* derectus; — (s i l u e s t r i s: VII 44, 3 *u.* angustus;) — loca sunt t e m p e r a t i o r a quam in Gallia remissioribus frigoribus: V 12, 6; — Caesar . . . infirmis auxiliis proficisci non dubitauerat aeque ⟨*Np.*; atque *codd.*⟩ omnem sibi locum t u t u m fore ⟨*om. fl*⟩ existimans: 3, 106, 3; — — locus ipse e r a t ⟨er. ipse β⟩ p r a e s i d i o barbaris: VI 34, 6; ¶ V milia passuum proxima intercedere ⟨*c*⟩ itineris campestris, inde e x c i p e r e loca aspera et montuosa: 1, 66, 4; ¶ h a b e r e: 2, 23, 2 *u.* **b)** continere; 3, 42, 1 *u.* **e)** ε) edito loco; ¶ ubi cuique ⟨*c*⟩ aut ualles abdita aut locus siluestris aut ⟨locis siluestribus β⟩ palus impedita spem praesidii aut salutis aliquam o f f e r e b a t, consederat: VI 34, 2; ¶ p a t e r e: I 10, 2 *et* VII 28, 1 *u.* **e)** ε) locis patentibus; 1, 45, 4 *u.* esse derectum; ¶ cum . . . nostri (non) longius, quam quem ad finem porrecta ⟨prata *Paul;* ac *add. codd.; del. Morus;* porrecta ac *del. Dt.*[1]⟩ loca aperta ⟨*del. Hotom.; Fr.*⟩ p e r t i n e b a n t, cedentes insequi auderent: II 19, 5; ¶ harum omnium rerum facultates sine ullo periculo pons Ilerdae p r a e b e b a t et loca trans flumen i n t e g r a, quo omnino Caesar adire non poterat: 1, 49, 2; ¶ p r o d e r e: I 13, 7 *u.* capere; ¶ p r o t e g e r e: 3, 42, 1 *u.* **e)** ε) edito loco; ¶ hoc itinere est fons, quo ⟨*c*⟩ mare succedit longius, ⟨succedit, longe ut *Paul*⟩ lateque is locus r e s t a g n a t ⟨-et *Paul*⟩: 2, 24, 4; ¶ cum uallis aut locus decliuis s u b e r a t: 1, 79, 3; ¶ noluit eum locum, unde Heluetii discesserant, u a c a r e: I 28, 4; haec a custodiis ⟨*c*⟩ classium loca maxime uacabant: 3, 25, 5; ¶ ab oppido autem decliuis locus *leni fastigio u e r g e b a t in longitudinem *passus circiter CCCC: 1, 45, 5.

l o c i s f r i g i d i s s i m i s: IV 1, 10 *u.* **e)** ε) loc. frigid.

b) obi.: ut mouendis castris pluribusque a d e u n d i s locis commodiore re frumentaria ⟨*o*⟩ uteretur: 3, 85, 2; ¶ Romanos . . . culmina Alpium occupare conari et ea loca finitimae ⟨finitima *Vossius; Fr., Db.*⟩ prouinciae a d i u n g e r e sibi persuasum habebant: III 2, 5; ¶ antecedebat testudo pedum LX a e q u a n d i loci causa: 2, 2, 4; ¶ a p p e l l a r e *u.* **appello** *p. 287* β) *(3 loc.)*; ¶ (a r b i t r a r i: IV 23, 4 *u.* **a)** esse idoneum;) ¶ ut superioribus diebus suus ⟨β; ut α; *Np., Fr.; om. Db.;* uni *pr. edd.*⟩ cuique erat locus ⟨loc. er. *afik*⟩ a t t r i b u t u s ⟨definitus *ik*⟩: VII 81, 4; ¶ milites . . . testudine facta et ⟨*c*⟩ aggere ad munitiones adiecto locum c e p e r u n t: V 9, 7; *u. praeterea* **capio** *p. 445 sq.* β); *p. 446* **c)** *et* **d)** $(5 + 2 + 3$ *loc.*); ¶ c l a u d e r e: 3, 23, 1 *u.* tenere; ¶ si modo insulam adisset, . . . loca, portus, aditus c o g n o u i s s e t: IV 20, 2; ¶ hoc consedit loco atque eum c o m m u n i u i t omnesque ibi copias continuit: 3, 51, 8; ¶ Caesar loca maxime necessaria c o m p l e x u s ⟨ampl. *Nl*⟩ noctu praemunit ⟨praemuniti *a;* muniti *f;* praemuniit *Np., Db.*⟩: 3, 112, 7; ¶ cum . . . iam omnia fere superiora loca multitudine armatorum c o m p l e t a conspicerentur: III 3, 2; quae pars collis ad orientem solem ⟨*c*⟩ spectabat, hunc omnem locum copiae Gallorum c o m p l e u e r a n t: VII 69, 5; ¶ c o n i u n g e r e: 1, 64, 1 *u.* **f)** ζ) αα) cernere; ¶ c o n s e c r o: VI 13, 10 *u.* **f)** ϑ) αα) considere; VI 17, 4 *u.* **e)** ε) l. consecratis; ¶ c o n s p i c e r e: III 3, 2 *u.* compiere; ¶ c o n t i n e r e: (1, 44, 5 *u.* tenere;) adpellit ad eum locum, qui appellatur Anquillaria. hic locus abest a Clupeis ⟨*CC*⟩ passuum XXII milia ⟨*c*⟩ habetque non incommodam ⟨-da *afl*⟩ aestate ⟨*CC*⟩ stationem et ⟨quae *Ciacc.*⟩ duobus eminentibus promuntoriis continetur: 2, 23, 2; ¶ locum se aequum ⟨se aecum *Victorius; secundum O; se eis f; secum ahl;* se tutum *Ciacc.*⟩ ad dimicandum dedisse: 3, 73, 5; ¶ deligere *u.* **deligo** *p. 853 sq.* **A. b)** *et* **B. a)** *(2 + 9 loc.);* ¶ (non nullos . . . deserto ⟨*A;* desertos *BMQβ; Fr.;* loco *add. Klussmann*⟩ proelio excedere acie ⟨*add. Oud.; om. codd.; edd.*⟩: II 25, 1;) ¶ interiores desperatis campestribus locis propter magnitudinem munitionum loca praerupta † ex ⟨*c*⟩ ascensu temptant: VII 86, 4; ¶ neque ab signis discedere neque sine graui causa eum locum, quem ceperant, dimitti censuerant ⟨*c*⟩ oportere: 1, 44, 4; **(**ut . . . alii † dimissis equis eundem cursum confugerent ⟨*sic codd.;* dimissis locis aequis *(sic Chr. Aem. Lorenz)* eodem cursu fugerent *Dt.*⟩: 3, 69, 4;**)** ¶ rursusque alia pressione ⟨*c*⟩ ad aedificandum sibi locum expediebant: 2, 9, 6; ¶ locus . . . tantum in latitudinem patebat, ut tres instructae cohortes eum locum explerent: 1, 45, 4; ¶ explorare *u.* **exploro** *p. 1233* **a)** *(3 loc.);* ¶ magnisque eum locum munitionibus firmat: VI 29, 3; ¶ antecedit ad Castra exploranda Cornelia ⟨*c*⟩, quod is ⟨his *af*⟩ locus peridoneus castris habebatur: 2, 24, 2; ¶ perpetuam esse paludem, quae . . . illum omnem locum magnopere impediret: VII 57, 4; fossam . . . obduci iussit locumque in omnes partes quam maxime impediri ⟨-dire *a*[1]⟩: 3, 46, 1; *cf.* **impeditus** *p. 64* **B. a)** *(3 loc.);* ¶ (Belgas) propter loci fertilitatem ibi consedisse Gallosque, qui ea loca incolerent, expulisse: II 4, 1; ¶ perpetuas munitiones efficiebant, ne quem ⟨neque *Nx*⟩ locum ⟨ne quo loco *O*⟩ nostri intrare atque ipsos . . . circumuenire possent: 3, 44, 4; ¶ (uti locum deligerent,) quem ex omni Gallia oportunissimum ac fructuosissimum iudicassent: I 30, 3; ¶ sarcinas in unum locum conferri et eum ab his, qui in superiore acie constiterant, muniri iussit: I 24, 3; una ex parte leniter adcliuis aditus . . . relinquebatur; quem locum duplici altissimo muro (Aduatuci) munierant ⟨-runt *aef*⟩: II 29, 3; alteram partem eius nici . . . cohortibus (Galba) attribuit. eum locum uallo fossaque muniuit: III 1, 6; locum nancti egregie et natura et opere munitum: V 9, 4; cognoscit non longe . . . oppidum Cassiuellauni abesse. . . . oppidum autem Britanni uocant, cum siluas impeditas uallo atque fossa munierunt . . . . eo proficiscitur cum legionibus: locum repperit egregie natura atque opere munitum: V 21, 4; certior factus est in hiberna peruentum † locumque hibernis ⟨*del. Vielh.; Hold.*⟩ esse munitum: V 25, 5; et locum castris deligit paludibus siluisque munitum ab Auarico longe milia passuum XVI: VII 16, 1; uehementer ⟨*o*⟩ huic illos ⟨*o*⟩ loco timere nec iam aliter sentire, uno colle ab ⟨*c*⟩ Romanis occupato si alterum amisissent, quin ⟨*c*⟩ paene circumuallati . . . uiderentur. ad hunc muniendum locum ⟨*β; Schn., Db.; om. rell.*⟩ omnes a Vercingetorige euocatos: VII 44, 5; ¶ (hostes) se in siluas abdiderunt locum nancti egregie et natura et opere munitum: V 9, 4; idoneum locum nancisci *u.* **idoneus** *p. 29 (5 loc.);* ¶ nouisse: VII 80, 1 *u.* tenere; ¶ circumfundi noctu equitatum Caesaris atque omnia loca atque itinera obsidere ⟨-eri *O*⟩: 1, 67, 3; ¶ acies erat Afraniana duplex legionum V, tertium ⟨*Ciacc.;* tertia *codd.*⟩ in subsidiis locum alariae cohortes obtinebant ⟨cohortis obtinebat *hl*⟩: 1, 83, 1; ¶ ibi Ceutrones et Graioceli et Caturiges locis superioribus occupatis itinere exercitum prohibere conantur: I 10, 4; quod pridie superioribus locis occupatis proelium non commisissent: I 23, 3; itaque ⟨*c*⟩ ea quae fertilissima Germaniae sunt loca circum Hercyniam siluam . . . Volcae ⟨*c*⟩ Tectosages occupauerunt atque ibi consederunt: VI 24, 2; quotienscumque sit decretum, darent operam magistratus, ne . . ., factum . . . in secessione populi, templis locisque editioribus occupatis: 1, 7, 5; antesignanos . . . eum tumulum occupare iubet. qua re cognita celeriter . . . Afranii cohortes breuiore itinere ad eundem occupandum locum mittuntur: 1, 43, 4; — (collis) tantum aduersus in latitudinem patebat, quantum loci acies instructa occupare (tenere *β*) poterat: II 8, 3; ¶ tamen hnnc (locum) duabus ex partibus oppugnare contendit: V 21, 4; ¶ quod . . . milia hominum XXIIII ad eum uenissent, quibus locus ac sedes pararentur: I 31, 10; ¶ cum sibi quisque primum itineris locum peteret: II 11, 1; quorum . . . pars summum castrorum locum petere coepit: II 23, 5; (Labienus) cum tribus legionibus eum locum petit ⟨petiit *a*⟩, quo ⟨qua *AQ*⟩ naues adpelli iusserat. eo cum esset ⟨*o*⟩ uentum: VII 60, 4; 61, 1; summa exercitus salua locum, quem petant, capi posse: 1, 67, 5; ¶ porrigere: II 19, 5 *u.* **a)** pertinere; ¶ praemunire: 3, 112, 7 *u.* complecti; ¶ quem (locum) domestici belli, ut uidebatur ⟨*c*⟩, causa ⟨*o*⟩ iam ante praeparauerant: V 9, 4; ¶ impedimenta . . . Aduatucam contulit. id castelli nomen est . . . . hunc cum reliquis rebus locum probarat ⟨probaret *Q*[1]*;* probabat *β*⟩, tum ⟨*c*⟩ quod . . . munitiones integrae manebant: VI 32, 5; ¶ ne saucio quidem eius loci, ubi constiterat, relinquendi ac sui recipiendi facultas dabatur: III 4, 4; nec prius ille est a propugnatoribus uacuus relictus locus, quam . . . finis est pugnandi factus: VII 25, 4; neque regredi nostros patiebantur, quod timore adducti locum relinquere uidebantur: 3, 45, 5; qui in uallo constiterant, . . . confecti uulneribus locum reliquerunt: 3, 95, 4; ¶ (reperire: V 21, 4 *u.* munire;) ¶ illi necessario loca sequi demissa ⟨*l;* dimissa *Oafh*⟩ ac palustria et puteos fodere cogebantur: 3, 49, 5; ¶ tantae uirtutis homines . . . ausos esse . . . ascendere altissimas ripas, subire iniquissimum locum: II 27, 5; ¶ interiores desperatis campestribus locis propter magnitudinem munitionum loca praerupta † ex ⟨atque ex β⟩ ascensu ⟨exscensu *Madu.; Hld.*⟩ temptant: VII 86, 4; ¶ tenere: II 8, 3 *u.* occupare *extr.;* omnes enim colles ac loca superiora . . . ab exercitu tenebantur: III 14, 9; sin autem locum tenere uellent, nec uirtuti locus relinquebatur neque: V 35, 4; quem (collem) si tenerent nostri, . . . pabulatione libera prohibituri hostes uidebantur. sed is locus praesidio ab his non nimis firmo tenebatur: VII 36, 6; ab sinistro (cornu), quem locum XII. ⟨*c*⟩ legio tenebat, . . . resistebant: VII 62, 4; ut, si usus ueniat, suum quisque locum teneat et nouerit: VII 80, 1; legio, quae in eo cornu constiterat, locum non tenuit ⟨locum continuit *NOx*⟩ atque in proximum collem sese recepit: 1, 44, 5; quod (Afraniani) . . . sustinuissent et initio locum tumulumque tenuissent ⟨et in. l. tumulumque ten. *om. hl*⟩: 1, 47, 2; praestare arbitrabatur unum locum, qua necessarius nostris erat egressus, quam omnia ⟨*Ciacc.;* omnium *codd.*⟩ litora ac portus custodia clausos teneri ⟨*recc.;* tueri *x;* custodia classis tueri *Paul*⟩: 3, 23, 1; M. Antonius, qui proximum locum praesidiorum tenebat, ea re nuntiata cum cohortibus XII descendens ex loco superiore cernebatur: 3, 65, 2; ¶ tueri: 3, 23, 1 *u.* tenere; ¶ late . . is locus restagnat; quem si qui ⟨*c*⟩ uitare uoluerit ⟨uoluerunt *NO¹x*⟩, sex milium circuitu in oppidum peruenit ⟨-niunt *Nhl*⟩: 2, 24, 4.

e) **dat.; α):** cum eius modi locis esset adpropinquatum: 1, 79, 4; ¶ Pompeiani, quod is mons erat sine aqua, diffisi ei loco . . . Larisam uersus *se* recipere coeperunt: 3, 97, 2; ¶ in extremo ponte turrim . . . constituit praesidiumque cohortium duodecim pontis tuendi causa ponit magnisque eum locum munitionibus firmat. ei loco praesidioque C. Volcacium Tullum ⟨*c*⟩ adulescentem praefecit: VI 29, 3; ¶ semper . . . exspectans, si iniquis locis Caesar se subiceret: 3, 85, 1; ¶ uehementer huic illos loco ⟨h. l. ueh. ill. β⟩ timere: VII 44, 4.

β) : cum legio Caesaris nona praesidium quoddam ⟨praesidio collem *Ciacc.*⟩ occupauisset et munire coepisset, huic loco ⟨huic l. *del. Ciacc.*⟩ propinquum et contrarium collem Pompeius occupauit: 3, 45, 2; ¶ finitimus: I 10, 2 *u.* e) ε) locis patentibus; ¶ quae . . ciuitates propinquae iis ⟨*c*⟩ locis erant, ubi bellum gesserat: II 35, 3; ¶ quae proximae ei loco ex Bruti classe naues erant: 2, 6, 6.

d) **genet.; α):** Caesarem duobus exercitibus et locorum angustiis facile intercludi posse: 1, 17, 1; uti autem ipsos ualetudine non bona cum angustiis loci et odore taetro . . ., tum: 3, 49, 3; non iniquitatem loci atque ⟨in *add. af*⟩ angustias praeoccupatis castris . . . causae fuisse cogitabant: 3, 72, 2; id efficiebant angustiae loci: 3, 112, 7; ¶ iniquum ⟨exiguum β; *Schn.*⟩ loci ⟨*del. Ciacc.*⟩ ad decliuitatem fastigium magnum habet momentum: VII 85, 4; ¶ Rhenumque antiquitus traductos propter loci fertilitatem ibi consedisse: II 4, 1; ¶ hoc se colle interruptis pontibus Galli fiducia loci continebant: VII 19, 2; ¶ munitionem . . . cohortes ignorantia loci sunt secutae: 3, 68, 2; ¶ iniquitas loci *u.* **iniquitas** **A.** *p. 170 sq. (7 loc.);* ¶ nauigationem impeditam propter inscientiam locorum paucitatemque portuum sciebant ⟨*u. CC*⟩: III 9, 4; ¶ neque (Romanos) eorum locorum, ubi bellum gesturi essent, uada, portus, insulas nouisse ⟨*c*⟩: III 9, 6; ¶ (loci munitio: 2, 37, 5 *u.* naturâ l. aptissima;) ¶ loci natura erat haec, quem locum nostri castris delegerant: II 18, 1; in omnibus collibus expositas hostium copias armatas conspexit. cuius loci haec erat natura . . ., uti: IV 23, 3; inde, ut loci cuiusque natura ferebat, ex castello in castellum perducta munitione circumuallare Pompeium instituit: 3, 43, 2; instructo exercitu magis ut loci natura deiectusque ⟨*c*⟩ collis . . . quam ut rei militaris ratio . . . postulabat: II 22, 1; circumuallare loci natura prohibebat: VII 17, 1; sed cum loci natura et ⟨tum *E. Hoffm.*⟩ munitio castrorum aditum prohibebant, tum ⟨*O;* adiri tunc *x;* adiri tunc prohibebat *E. Hoffm.*⟩ quod . . . milites iis rebus indigebant, quae: 2, 35, 5; si mons erat ascendendus, facile ipsa loci natura periculum repellebat, quod ex locis superioribus qui antecesserant suos ascendentes protegebant: 1, 79, 2; — ipse cognita locorum natura ponti castrisque praesidio sex ⟨c⟩ cohortes relinquit ⟨c⟩: 1, 41, 2; fugientes . . . prosequi uetuit, . . quod loci naturam ignorabat: V 9, 8; mittitur L. Decidins . . ., qui loci naturam perspiciat: 1, 66, 3; — castra erant ad bellum ducendum aptissima naturâ loci et ⟨*Markland;* natura et loci *codd.*⟩ munitione et maris propinquitate et aquae et salis copia: 2, 37, 5; quod multum natura loci confidebant: III 9, 3; quod undique loci natura Heluetii continentur ⟨-nerentur *Ciacc.*⟩: I 2, 3; facile se loci natura defensuros dicunt, quod prope ex omnibus partibus flumine et palude circumdata unum habeat et perangustum aditum: VII 15, 5; idque (oppidum) natura loci sic muniebatur, ut magnam ad ducendum bellum daret facultatem: I 38, 4; oppidum et natura loci et manu munitum paucis diebus . . . expugnatum cognouerant: III 23, 2; cum et loci natura et manu munitissimis castris sese teneret: V 57, 1; pars ea, quae ad arcem pertinet, loci natura et uallo altissimo ⟨uallo alt. *Kraff.;* ualle altissima *codd.; edd.*⟩ munita longam et difficilem habet oppugnationem: 2, 1, 3; hoc explorato loco Curio castra Vari conspicit . . . admodum munita natura loci, una ex parte ipso oppido Vtica, altera a theatro . . . substructionibus ⟨c⟩ eius operis maximis: 2, 25, 1; qua . . . fiducia et opere et natura loci munitissima castra expugnari posse confidimus? 2, 31, 2; est autem oppidum et loci natura et † colle ⟨uallo *Oehler*⟩ munitum: 3, 9, 2; oppida incendi oportere, quae non munitione et loci natura ab omni sint periculo tuta: VII 14, 9; — Caesar consilium capit ex loci natura. erant enim . . .: 3, 43, 1; ut . . . reliqua pro loci natura, pro ui tempestatum illis essent aptiora et accommodatiora: III 13, 7; regiones secutus quam potuit aequissimas pro loci natura XIIII milia passuum complexus . . . munitiones . . . perfecit: VII 74, 1; ¶ hominum et locorum notitia et usu eius prouinciae nactus aditus ad ea conanda: 1, 31, 2; ¶ ibi se rursus isdem oportunitatibus loci ⟨loci oport. β; loci *del. Ciacc.*⟩ defendebant: III 12, 4; factum est oportunitate loci . . . et superiorum pugnarum exercitatione, ut: III 19, 3; quod propius Romanos accessisset, persuasum loci oportunitate, qui se ipse sine ⟨*Bentl.;* ipse ut *Kran.;* ipsum *codd.; Schn., Fr., Db.;* ipsius *Em. Hoffm.;* ipsa *coni. Db.*⟩ munitione defenderet: VII 20, 3; constituunt . . . bellum ad Ilerdam propter ipsius loci oportunitatem gerere: 1, 38, 4; adeo loci oportunitate profecit, uti ad Pompeium litteras mitteret: 3, 23, 3; coniectans eum Aegyptum iter habere propter necessitudines regni ⟨*CC*⟩ reliquasque eius loci oportunitates: 3, 106, 1; ¶ portus: III 9, 6 *u.* insulae; ¶ nulla coacta manu loci praesidio freti in siluas paludesque confugiunt: VI 5, 7; ¶ qui propinquitatem loci uideret ⟨uiderent β⟩: VII 19, 3; ¶ cum hae ⟨c⟩ (cohortes) perexiguo intermisso loci ⟨*del. Np.*⟩ spatio inter se constitissent: V 15, 4; temporibusque rerum et spatiis locorum et ⟨c⟩ custodiarum uaria ⟨c⟩ diligentia ⟨c⟩ animaduersa ⟨*u. CC*⟩: 3, 61, 3; ¶ uada: III 9, 6 *u.* insulae.

β): locorum peritos adhibent; ex ⟨c⟩ his superiorum castrorum situs munitionesque cognoscunt: VII 83, 1; ¶¶ quantum loci: II 8, 3 *u.* **b)** occupare.

e) abl.; α) causae: cum . . . hostes loco et numero, nostri uirtute confiderent: VII 50, 1.

β) instr.: neque in eo quod probauerant consilio permanere, ut se loco superiore defenderent, . . . potuerunt: VI 40, 6; ¶ deiecto praesidio potitus loco duas ibi legiones conlocauit: VII 36, 7.

γ) limitat.: erat Romanis nec loco nec numero aequa contentio: VII 48, 4.

δ) separ.: loco cedere *u.* **cedo** *p. 499* e) (*3 loc.*); (ut eorum nemo consisteret omnesque conuersi non solum loco excederent ⟨cederent *Ciacc.*⟩, sed: 3, 93, 5;) ¶ nostri, cum undique premerentur, . . . deiecti sunt loco: VII 51, 1; ¶ loco depellere *u.* **depello** *p. 861 sq.* **A.** *(3 loc.);* ¶ loco excedere *u.* **excedere** *p. 1196 sq.* **b)** *(6 loc.);* ¶ Caesaris impetum exciperent neue ⟨c⟩ se loco mouerent: 3, 92, 1; quorum impetum noster equitatus non tulit, sed paulatim ⟨c⟩ loco motus cessit: 3, 93, 3; ¶ si nostros loco depulsos ⟨pulsos β⟩ uidisset: VII 49, 2.

ε) loci: aequo (aequiore, aequissimo) loco *u.* **aequus** *p. 197* **B. a) α) β) γ)** *(8 loc.);* ¶ alieno loco cum equitatu Heluetiorum proelium committunt: I 15, 2; ¶ subsequi non poterant, atque alii alio loco resistebant: 2, 39, 6; haec reperiebant remedia, ut alio loco ignes facerent, *alio excubarent:* 3, 50, 2; *u. praeterea* **alius** *p. 232 (3 loc.);* ¶ (quod si iniquitatem loci timeret, datum iri ⟨c⟩ iam aequo ⟨iam aequo *Madu.;* tamen aliquo *Ox*⟩ loco pugnandi facultatem: 1, 71, 4;) ¶ duobus praeterea locis pugnatum est. . . . uno loco Volcacius Tullus . . . (legionem) loco depulit; altero Germani ⟨extra *add. Dt.*⟩ munitiones nostras egressi compluribus interfectis sese . . .

incolumes receperunt: 3, 52, 2; ¶ ut . . . locis apertis exercitum duceret: I 41, 4; — ut equitum mille etiam apertioribus locis VII milium ⟨c⟩ Pompeianorum impetum . . . sustinere auderent: 3, 84, 4; ¶ quarum (fossarum) interiorem campestribus ac demissis ⟨dim. *X*⟩ locis aqua . . . compleuit: VII 72, 3; ¶ locis certis horrea constituit: 3, 42, 4; ¶ multis in ciuitatibus harum rerum exstructos *cumulos locis consecratis ⟨cons. loc. β⟩ conspicari licet: VI 17, 4; ¶ necessario paene iniquo loco et leniter ⟨c⟩ decliui castra fecerant ⟨c⟩: VII 83, 2; ¶ etsi (equitatus) deiectis ⟨dilectis *af;* disiectis *h;* diiectis *el*⟩ atque inferioribus locis constiterat: 1, 46, 3; ¶ demissis ⟨c⟩ locis: VII 72, 3 *u.* campestribus l.; ¶ duobus locis: (VII 61, 4 *u.* tribus;) eodem tempore duobus praeterea locis pugnatum est: 3, 52, 1; ¶ ipsum erat oppidum Alesia ⟨c⟩ in ⟨positum in *RSchn.*⟩ colle summo admodum edito loco: VII 69, 1; ibique prope flumen edito natura loco castra posuit: 3, 37, 4; edito loco, qui appellatur Petra aditumque habet nauibus mediocrem atque eas a quibusdam protegit uentis, castra communit: 3, 42, 1; ¶ cum est animaduersum a uenatoribus, quo se recipere consuerint, omnes eo loco aut ab radicibus subruunt aut accidunt arbores: VI 27, 4; erat eo loco fossa pedum ⟨c⟩ XV et uallum: 3, 63, 1; duplicem eo loco fecerat uallum: 3, 63, 3; nona Caesaris legio . . . castra eo loco posuit: 3, 66, 2; quod eo loco plures erat legiones habiturus: 3, 66, 4; 67, 5 *u.* **f) ζ) αα)** propugnare; manendum eo loco et rem proelio committendam: 3, 74, 2; ¶ eodem loco: 2, 33, 4 *u.* quo l.; ¶ his ⟨c⟩ expedito loco actuaria nauigia relinquit: 1, 27, 6; ¶ ut locis frigidissimis neque uestitus praeter pelles haberent ⟨c⟩ quicquam . . . et lauarentur ⟨c⟩ in fluminibus: IV 1, 10; ¶ locis maxime frumentariis: I 10, 2 *u.* patentibus; ¶ hoc loco, his locis *u.* **hic** *p. 1430 extr. (4 loc.);* ¶ loco idoneo: II 8, 3 *u.* oportuno l.; Sabinus idoneo omnibus rebus ⟨reb. omn. β⟩ loco castris sese ⟨c⟩ tenebat: III 17, 5; legiones ex castris eduxit aciemque idoneo loco constituit: VII 53, 1; ad Asparagium Dyrrachinorum peruenit atque ibi idoneo loco castra ponit: 3, 30, 7; progressus milia passuum III loco ⟨in loco *N*⟩ idoneo et occulto omnem exercitum equitatumque conlocauit: 3, 38, 1; ipse idoneis ⟨idoneos *a*[1]⟩ locis funditores instruxit: 3, 46, 2; ¶ militibus autem ignotis locis, impeditis manibus . . . simul et de ⟨c⟩ nauibus desiliendum et in fluctibus consistendum et cum hostibus erat pugnandum: IV 24, 2; ¶ ut numquam illis locis maiores ⟨c⟩ aquas fuisse constaret: 1, 48, 1; ¶ impedito loco, impeditis (-tioribus) locis *u.* **impeditus** *p. 64* **B. a)** *(3 loc.);* ¶ legionem X. ⟨c⟩ . . . paulum ⟨c⟩ progressam inferiore constituit loco siluisque occultat: VII 45, 5; inferioribus locis: 1, 46, 3 *u.* deiectis; ¶ iniquo loco *u.* **iniquus** *p. 171* **A. a) α)** *(12 loc.);* — (impeditos in agmine et sub sarcinis ⟨infirmiore ⟨c⟩ animo *add. codd.; plur. edd.;* iniquiore loco *Vielh.; u. CC*⟩ adoriri cogitabant: III 24, 3;) primos prohibere ascensu atque iniquissimo nostris ⟨β; nostrorum α⟩ loco proelium committere coeperunt: V 32, 2; ¶ quod multis locis apud eos aerariae secturaeque ⟨c⟩ sunt: III 21, 3; expulsi et multis locis Germaniae triennium nagati ad Rhenum peruenerunt: IV 4, 2; saxa multis locis praerupta iter impediebant: 1, 68, 2; — Romanorum manus tantis munitionibus distinetur nec facile pluribus locis occurrit: VII 84, 3; (scaphas) in litore pluribus locis separatim disposuit: 3, 24, 1; ¶ Rhodanus . . . non nullis locis nado transitur: I 6, 2; ¶ cum illi . . . notissimis locis audacter tela coicerent et equos insuefactos incitarent: IV 24, 3; ¶ occulto loco: V 32, 1 *u.* oportuno l.; 3, 38, 1 *u.* idoneo l.; ¶ imperat, ut paulo tumultuosius omnibus ⟨in *add. Nbcd*⟩ locis peruagentur ⟨*af;* peruagarentur *h; Schn.;* uagarentur α; *rell. edd.*⟩: VII 45, 1; equitatumque omnibus locis iniciendi timoris causa ostentare coeperunt: VII 55, 9; omnibus locis fit caedes: VII 67, 7; taleae . . . in terram infodiebantur mediocribusque intermissis spatiis omnibus locis disserebantur: VII 73, 9; pugnatur uno tempore omnibus locis ⟨occurrit *add.* β⟩, atque omnia temptantur: VII 84, 2; Pompeius . . . magnam ex Asia . . ., Phoenice, Aegypto classem coegerat, magnam omnibus locis aedificandam curauerat: 3, 3, 1; postquam non modo hordeum pabulumque omnibus locis herbaeque desectae, sed etiam frons ⟨c⟩ . . . deficiebat: 3, 58, 5; ¶ loco pro castris ad aciem instruendam natura oportuno atque idoneo . . . fossam obduxit ⟨c⟩: II 8, 3; in siluis oportuno atque occulto loco . . . Romanorum aduentum exspectabant: V 32, 1; Nouiodunum erat oppidum Haeduorum ad ripas Ligeris oportuno loco positum: VII 55, 1; castra oportunis locis erant posita ibique castella ⟨VIII castellaque *RMenge*⟩ XXIII facta: VII 69, 7; ¶ magno cum periculo prouinciae futurum, ut homines bellicosos . . . locis patentibus maximeque frumentariis finitimos haberet: I 10, 2; — hostes ... in foro ac locis patentioribus ⟨patentibus β⟩ cuneatim constiterunt: VII 28, 1; ¶ pluribus locis *u.* multis locis; ¶ cum ... eos in eo loco, quo tum ⟨*c*⟩ essent, suum aduentum exspectare iussisset: I 27, 2; quo loco ⟨quorum *ae*⟩ qui celeriter arma capere potuerunt paulisper nostris restiterunt: IV 14, 4; centuriones ex eo quo stabant loco recesserunt suosque omnes remouerunt: V 43, 6; paulo ⟨*c*⟩ supra eum locum, quo ante exercitum traduxerat, facere pontem instituit: VI 9, 3; magistratus ... gentibus cognationibusque hominum ... quantum et ⟨*c*⟩ quo loco uisum est agri ⟨*o*⟩ attribuunt: VI 22, 2; posteroque die productos eodem loco, quo superioribus diebus constiterat ⟨constituerat *Paul*⟩, in acie conlocat: 2, 33, 4; ne quo ⟨neque *x*⟩ loco erumperent Pompeiani ac nostros post tergum adorirentur: 3, 44, 4; — portae quibus locis uidetur eruptionis causa in muro relinquuntur: 2, 15, 4; ¶ quodam loco turri adacta et ⟨*om.* β⟩ contingente ⟨contingentes β⟩ uallum ... centuriones recesserunt: V 43, 6; ¶ quid quoque loco faciendum esset prouidere ⟨*c*⟩: V 33, 3; ¶ remotis locis: VII 1, 4 *u.* siluestribus l.; ¶ semotis locis *u. ib.;* conloquium petunt et id, si fieri possit, semoto a militibus loco: 1, 84, 1; ¶ Cassiuellaunus ... paulum .. ex uia excedebat locisque impeditis ac siluestribus sese ⟨*c*⟩ occultabat: V 19, 1; (VI 34, 2 *u.* **a)** offerre;) indictis inter se principes Galliae conciliis ⟨*c*⟩ siluestribus ac remotis ⟨semotis?⟩ locis queruntur de Acconis morte: VII 1, 4; siluestri loco castris ⟨*c*⟩ positis ⟨*c*⟩ ... in occulto restitit: VII 35, 2; ¶ loco superiore: (VI 40, 6 *u.* β);) noua re perterritus locis superioribus consistit ⟨*Ciacc.;* constitit *codd.; edd.*⟩ aciemque instruit: 1, 65, 1; ¶ ad committendum proelium alienum esse tempus arbitratus suo se loco continuit: IV 34, 2; eo die ... utrique sese ⟨se in β⟩ suo loco continent: V 50, 1; — hic ... auxilia exspectabant et suis locis bellum in hiemem ducere cogitabant: 1, 61, 3; ubi illum suis locis se tenere animum ⟨*c*⟩ aduertit, reducto in castra exercitu aliud sibi consilium capiendum existimanit: 3, 41, 2; cum erant loca Caesari capienda, etsi prohibere Pompeius totis copiis ... non constituerat, tamen suis locis ⟨tamen subito *Paul*⟩ sagittarios funditoresque ⟨*c*⟩ mittebat: 3, 44, 6; aciemque instruxit primo ⟨*c*⟩ suis locis pauloque a castris Pompei longius: 3, 84, 2; relinquebatur, ut se suis ⟨suisque *h*[1]⟩ locis oppido teneret: 3, 109, 2; ¶ existimabant tribus ⟨duobus *Göler*⟩ locis transire legiones: VII 61, 4; ¶ quod flumen uno omnino loco pedibus ... transiri potest. eo cum uenisset: V 18, 1; si reliquam partem hiemis uno ⟨in *add. recc.; Dt.*⟩ loco legiones contineret: VII 10, 1; quid hominum ⟨*c*⟩ milibus LXXX ⟨*c*⟩ uno loco interfectis propinquis ... nostris animi fore existimatis: VII 77, 8; uno loco Volcacius Tullus impetum legionis sustinuit cohortibus tribus atque eam loco depulit; altero ...: 3, 52, 2.

tertiam aciem Caesar, quae quieta fuerat et se ad id tempus loco tenuerat, procurrere ⟨*c*⟩ iussit: 3, 94, 1.

f) c. praep.; α) ab: pedestresque copias paulum ab eo loco abductas ⟨*Paul;* abditas *AQ*β; *edd.;* additas *BM*⟩ in locis superioribus constituunt: VII 79, 2; ¶ pronuntiari ⟨*c*⟩ iusserunt, ne quis ab loco discederet: V 34, 1; ¶ ab eo loco in fines Ambianorum peruenit: II 15, 2; ¶ sublatis ancoris circiter milia passuum septem ab eo loco progressus ⟨est *add. Frig.*⟩ ... naues constituit: IV 23, 6.

β) ad: adpellit ad eum locum, qui appellatur Anquillaria: 2, 23, 1; ¶ omnes Neruii confertissimo agmine ... ad eum locum contenderunt: II 23, 4; ¶ acieque triplici instructa ad eum locum uenit: I 49, 1; Varronem ... ad conloquium uenturum atque una uisurum, quem ad modum ⟨*Elberl.;* una uis utrumque admodum *codd.;* eundem uisurum, quem ad locum *Hell.*⟩ tuto legati uenire ... possent: 3, 19, 3.

ad eum locum, qui appellabatur Palaeste ⟨*c*⟩, ... milites exposuit: 3, 6, 3; ¶ Octogesam. ... id erat oppidum positum ad Hiberum. ... ad eum locum fluminis nauibus iunctis pontem imperant fieri: 1, 61, 4.

(hic locus aequo fere spatio a ⟨*c*⟩ castris Ariouisti et Caesaris ⟨castr. utriusque β⟩ aberat. eo, ut erat dictum, ad conloquium uenerunt: I 43, 1; (V 18, 1 *u.* **e) ε)** uno l.;) VII 61, 1 *u.* **b)** petere; ¶¶ quo (= quem ad locum) adire: 1, 49, 2 *u.* **a)** praebere; ¶ adpellere: VII 60, 4 *u.* **b)** petere; ¶ aditus est: II 16, 5 *u.* **f) η) αα)** coicere.)

γ) circum: quas (legiones) Narbone circumque ea loca hiemandi causa disposuerat: 1, 37, 1.

δ) citra: pauloque citra ⟨*Nx*; circa *O*, *l pr.*⟩ eum locum ⟨morati *add. recc.; Dt.*⟩ aliis comprehensis collibus munitiones perfecerunt: 3, 46, 6.

ε) de: ut de locis superioribus haec decliuia et deuexa cernebantur: VII 88, 1; ¶

cum de loco et ⟨de *add. al; Db.*⟩ tempore eius rei controuersia inferretur: 1, 86, 2.

ζ) ex; αα): ut neque ex inferiore loco satis commode tela adigi ⟨*Madu.; Hold.;* adici *codd.; rell. edd.*⟩ possent et: III 14, 4; uti ex locis superioribus in litus telum adigi posset: IV 23, 3; ¶ praeda ex omnibus locis agebatur: VI 43, 2; milites ... ex inferiore loco aduersus cliuum ⟨*c*⟩ incitati cursu praecipites Pompeianos egerunt ⟨gerunt *ahl*⟩ et terga uertere coegerunt: 3, 46, 5; ¶ partem (obsidum) ex longinquioribus locis arcessitam ⟨*c*⟩ paucis ⟨*c*⟩ diebus sese daturos ⟨*c*⟩ dixerunt: IV 27, 6; ¶ ex superioribus locis, quae ⟨*om. a*⟩ Caesaris castris erant coniuncta, cernebatur ⟨-bantur *Oh*⟩ ... nouissimos illorum premi uehementer: 1, 64, 1; ¶ cogere: 3, 46, 5 *u.* agere; ¶ quod .. paucitatem eorum ex loco superiore cognoscere ... potuerint: VII 20, 6; ¶ e loco superiore in nostros uenientes tela coiciebant: I 26, 3; equites uero ex loco superiore in auersos ⟨*c*⟩ tela coiciebant: 1, 79, 3; ¶ proelium committere: V 9, 3 *u.* prohibere; ¶ (ut se ex loco mouere ⟨β; commouere α; *edd.*⟩ non possent: III 15, 3;) ¶ milites ... Atrebates ... celeriter ex loco superiore in flumen compulerunt: II 23, 1; ¶ ex loco superiore quae res in nostris castris ⟨*o*⟩ gererentur conspicatus: II 26, 4; ¶ hostes protinus ex eo loco ad flumen Axonam contenderunt: II 9, 3; ¶ copias ex locis superioribus in campum deducit ⟨ducit *a; Np., Dt.*⟩: 2, 40, 4; ¶ paulum ex eo loco degreditur: 1, 72, 4; ¶ (statuunt, ut X milia hominum delecta ex omnibus copiis ⟨β; locis α; *Fr., Db.*⟩ in oppidum mittantur ⟨submittantur β; *Schn.*⟩: VII 21, 2;) ¶ M. Antonius ... cum cohortibus XII descendens ex loco superiore cernebatur: 3, 65, 2; omnes ... ex superioribus locis in planitiem descendere ... iussit: 3, 98, 1; ¶ discedere ex loco *u.* **discedo** *p. 924* ββ) *(4 loc.)*; (I 28, 4 *u.* **a)** nacare;) ¶ (ducere: 2, 40, 4 *u.* deducere;) ¶ nostros ex superiore insequentes loco uerebantur: 3, 51, 7; ¶ mittere ex loco *u.* **ex** *p. 1169 (4 loc.)*; ¶ mouere *u. ib. (3 loc.)*; ¶ neque quisquam est ..., qui ... quo ex loco oriatur (ea silua) acceperit: VI 25, 4; ¶ Caesar ex eo loco quintis castris Gergouiam peruenit: VII 36, 1; ¶ ut, si eam paludem Romani perrumpere conarentur, haesitantes premerent ex loco superiore: VII 19, 2; rursus illi ex loco superiore nostros premebant: 1, 45, 3; ¶ VIII milia passuum ex eo loco procedit: 3, 76, 3; ¶ (duae legiones) profligatis Veromanduis ⟨*c*⟩ ... ex loco superiore in ipsis fluminis ripis proeliabantur ⟨*u. CC*⟩: II 23, 3; ¶ progredi ex loco *u.* **ex** *p. 1171 (3 loc.)*; ¶ ilii equitatu atque essedis ad flumen progressi ex loco superiore nostros prohibere et proelium committere coeperunt: V 9, 3; ¶ cum ... illi castra defenderent fortissime[que] T. Pulione ⟨*c*⟩ ... e ⟨eo *f*⟩ loco propugnante: 3, 67, 5; ¶ facile erat ex castris C. Trebonii atque omnibus superioribus locis prospicere in urbem: 2, 5, 3; ¶ quod ex locis superioribus qui antecesserant suos ascendentes protegebant: 1, 79, 2; ¶ ex superiore ⟨*Kreyssig;* superiori *codd.; Db.*⟩ pugnans loco integrosque semper defatigatis submittens ... nostros uicit: 3, 40, 2; ¶ recedere (remouere): V 43, 6 *u.* **e) ε)** quo loco; ¶ hostes neque a ⟨*c*⟩ fronte ex inferiore loco subeuntes intermittere ... uidit: II 25, 1; ¶ quod ex loco superiore terga uertere aduersarios coegissent: 1, 47, 3.

ββ): ad montes se conuertit ... atque ex his locis Ambraciam uersus iter facere coepit: 3, 36, 5; ¶¶ neque prius fugere destiterunt, quam ad flumen Rhenum milia passuum ex eo loco circiter quinque ⟨*CC*⟩ peruenerunt ⟨*c*⟩: I 53, 1; quae (naues) ex eo loco a ⟨*c*⟩ milibus passuum octo neuto tenebantur: IV 22, 4.

γγ): cognoscit non longe ex eo loco oppidum Cassiuellauni abesse: V 21, 2.

δδ): plerique nouas sibi ex loco religiones fingunt: VI 37, 8.

(εε): unde (= quo ex loco) discesserant: I 28, 4 *u.* **a)** nacare; ¶ egredi ⟨progredi β⟩: V 35, 3 *u.* **η) αα)** reuerti; ¶ profugere: III 20, 1 *u.* **ϑ) αα)** gerere; ¶¶ (colles ac loca superiora,) unde erat propinquus despectus in mare: III 14, 9.)

η) in c. acc.; αα): a litore discesserant ac se in superiora loca abdiderant: V 8, 6; ¶ in unum locum cogere *u.* **in** *p. 88 sq. (5 loc.)*; ¶ mulieres (eos) ... in eum locum coniecisse, quo propter paludes exercitui aditus non esset: II 16, 5; ¶ nuntiauerunt manus cogi, exercitum ⟨exercitus *B*²β⟩ in unum locum conduci: II 2, 4; ¶ in unum locum conferre *u.* **in** *p. 89 (5 loc.)*; ¶ neque exercitum sine magno commeatu atque molimento ⟨*c*⟩ in unum locum contrahere (se) posse: I 34, 3; ¶ omnes, qui arma ferre possent, unum in locum conuenirent: IV 19, 2; eo cum uenisset, ciuitatibus milites imperat certumque in locum conuenire iubet: V 1, 6; eo cum uenisset, maiores iam ⟨c⟩ undique in eum locum copiae Britannorum conuenerant: V 11, 8; ¶ dum cupidius instat, in locum delatus ⟨*Paul; Hold.;* deiectus *X; rell. edd.*⟩ inferiorem ⟨inferiorem deiectus β⟩ concidit ⟨c⟩: V 44, 12; ¶ se in castra recipere conati iniquum in ⟨*om.* β⟩ locum demiserunt ⟨dimiserunt *Mh*⟩: VI 40, 6; ubi neminem in aequum locum sese demittere ⟨dimittere *X*⟩ . . . uiderunt: VII 28, 2; ¶ cum Vercingetorix nihilo magis ⟨c⟩ in aequum locum descenderet ⟨-erit *h*⟩: VII 53, 2; ¶ hae ⟨c⟩ (casae) celeriter ignem . . . in omnem locum castrorum ⟨castrorum locum β⟩ distulerunt: V 43, 2; ¶ utrique sese ⟨c⟩ suo loco continent: Galli, quod . . . exspectabant; Caesar, si forte timoris simulatione hostes in suum locum elicere posset: V 50, 3; ¶ ex totis ripis in unum atque angustum locum tela iaciebantur: 1, 50, 2; ¶ concilioque in eum locum Galliae indicto . . . quaestionem habere instituit: VI 44, 1; ¶ exercitum in aciem aequum in locum produxit: 3, 56, 1; ¶ in locum iniquum (-iorem) progredi *u.* **in** *p. 97 (3 loc.);* ¶ nacti enim spatium se in loca superiora receperunt: 1, 51, 6; ¶ qui uulnera acceperant, neque acie excedere neque in locum tutum referri poterant: 2, 41, 7; ¶ cum in eum locum, unde erant egressi ⟨progressi β⟩, reuerti coeperant: V 35, 3; ¶ ut summissis in eundem locum cohortibus defessos reciperet: 1, 45, 8; ¶ uenitur in eum locum, quem Caesar delegit: 1, 84, 2.

ββ): equitibusque delectis iter in ea loca facere coepit, quibus in locis esse Germanos ⟨o⟩ audiebat: IV 7, 1.

(γγ): ille idoneum locum in agris nactus . . . ibi aduentum exspectare Pompei eoque omnem belli rationem conferre constituit ⟨*u. CC*⟩: 3, 81, 3; ¶ eo . . . sedecim milia expedita cum omni equitatu Ariouistus misit: I 49, 3; ¶¶ **huc** . . . conueniunt: VI 13, 10 *u.* **ϑ) αα)** considere.)

ϑ) in c. abl.; αα): dies circiter XXV in eo loco commoratus: V 7, 3; ¶ cum in loco aequo atque aperto confligeretur: 1, 71, 1; ¶ huic permisit . . ., uti in his locis legionem hiemandi causa conlocaret: III 1, 3; ¶ ultra eum locum, quo in loco Germani consederant, circiter passus sescentos ab his, castris idoneum locum delegit: I 49, 1; cognouit, quo in loco hostium copiae consedissent: V 9, 1; certo anni ⟨o⟩ tempore in finibus Carnutum . . . considunt in loco consecrato. huc omnes undique . . . conueniunt: VI 13, 10; ¶ reliquos . . in fugam coiciuut ac ne in locis quidem superioribus consistere patiuntur: III 6, 2; VII 28, 1 *u.* e) ε) loc. patentioribus; ut . . rursus in locis superioribus consisterent: 1, 79, 4; ex iniquo progressi loco in summo constiterant: 3, 51, 6; ¶ pedestresque copias paulum ab eo loco *abductas in locis superioribus constituunt: VII 79, 2; ¶ se ⟨in *add.* β⟩ suo loco continent: V 50, 1 *u.* e) ε) suo loco; (VII 10, 1 *ib.* uno l.;) ¶ esse in loco *u.* **in** *p. 118 (6 loc.);* ¶ exspectare: I 27, 2 *u.* e) ε) quo loco; ¶ Corus, qui magnam partem omnis temporis in his ⟨iis α; *Frig., Db.*⟩ locis ⟨β; *om.* α⟩ flare consueuit: V 7, 3; ¶ cum intellegeret in iis ⟨hiis B^1; illis β; his *AQM*⟩ locis sibi bellum gerendum, ubi paucis ante annis L. Valerius Praeconinus legatus exercitu pulso interfectus esset atque unde L. Manlius ⟨c⟩ proconsul . . . profugisset: III 20, 1; dum ⟨c⟩ haec in his ⟨c⟩ locis geruntur: V 22, 1; ¶ nocturnaque in locis desertis concilia habebant: V 53, 4; ¶ copias omnes in loco edito atque aperto ⟨operto *A*⟩ instruxerunt: VII 18, 3; acieque in ⟨*del. Paul*⟩ locis idoneis instructa ⟨structa *Nx*⟩ . . . antesignanos procurrere . . . iubet: 1, 43, 3; ¶ fugientium multitudine . . . portae castrorum occupantur atque iter impeditur, pluresque in eo loco sine uulnere quam in proelio aut ⟨in *add. Paul*⟩ fuga intereunt: 2, 35, 3; ¶ fere fit, quibus quisque in locis miles inueterauerit, ut multum earum regionum cousuetudine moueatur: 1, 44, 3; ¶ sic neque in loco manere ordinesque seruare neque procurrere . . . tutum uidebatur: 2, 41, 6; ¶ morari *u.* **in** *p. 121 sq. (3 loc.);* ¶ insidias equitum conlocauit quo in loco superioribus fere diebus nostri pabulari consueuerant ⟨c⟩: 3, 37, 5; ¶ frumentum his in ⟨in his β⟩ locis in hiemem prouisum non erat: IV 29, 4; ¶ pugnare *u.* **in** *p. 123 (3 loc.);* ¶ fenestrasque quibus in locis uisum est ad tormenta mittenda in struendo ⟨c⟩ reliquerunt: 2, 9, 8; ¶ neque longius anno remanere uno in loco colendi ⟨β; incolendi α; *edd.*⟩ causa licet: IV 1, 7; ¶ leuiusque casura pila sperabat in loco retentis militibus, quam si ipsi immissis telis occurrissent ⟨c⟩: 3, 92, 2; ¶ (struere: 1, 43, 3 *u.* instruere;) ¶ expeditae cohortes nouissimum agmen claudebant † pluresque ⟨pluribusque *Göl.*⟩ in locis campestribus subsistebant: 1, 79, 1; ¶ comites familiaresque eius angusto in loco paulisper equitum nostrorum uim sustinuerunt: VI 30, 3.

ββ) = ὤν ἐν u. **in** *p. 127* in loco *(5 loc.)*; I 27, 2 *u.* e) ε) quo loco.

γγ) **uerba in loco causam indicant:** equitum nero operam neque in loco palustri desiderari debuisse et illic ⟨*c*⟩ fuisse utilem, quo sint profecti: VII 20, 4.

(δδ): unum in locum conuenirent .... **hic** Romanorum aduentum exspectare atque ibidem ⟨*Paul;* ibi *X; edd.*⟩ decertare constituisse: IV 19, 3; ¶¶ locum castris deligit. . . . **ibi** per certos exploratores in singula diei tempora quae ad Auaricum gererentur ⟨*c*⟩ cognoscebat et ⟨*c*⟩ quid fieri uellet imperabat: VII 16, 2; ¶ ipsi (milites) idoneum locum naeti reliquam noctis partem ibi confecerunt: 3, 28, 6; ¶ ibi conlocauit: VII 36, 7 *u.* e) β); idoneum locum nactus ibi ⟨sibi *af*⟩ copias conlocauit: 3, 30, 5; ¶ considere: II 4, 1 *u.* **d)** α) fertilitas; VI 24, 2 *u.* **b)** occupare; ¶ continere: 3, 51, 8 *ib.* communire; ¶ (decertare: IV 19, 3 *u. s.* hic;) ¶ exspectare: 3, 81, 3 *u.* η) γγ); ¶ facere: VII 69, 7 *u.* e) ε) oportuno l.; ¶ imperare: VII 16, 2 *u.* cognoscere; ¶¶ **ibidem:** IV 19, 3 *u. s.* hic; ¶¶ **qua** erat egressus: 3, 23, 1 *u.* **b)** tenere; ¶¶ **ubi** constitissent: I 13, 7 *u.* **a)** capere; III 4, 4 *u.* **b)** relinquere; paulum ⟨*c*⟩ ex eo loco cum legione progressus, ubi constiterat, euentum pugnae exspectabat: VII 49, 3; ¶ ubi bellum gesserat: II 35, 3 *u.* **c)** β); III 9, 6 *u.* **d)** α) insulae; ¶ ubi interfectus esset: III 20, 1 *u.* αα) gerere; ¶ perficere, relinquere: VI 35, 6 *u.* ι).)

ι) **infra:** transeunt Rhenum . . . triginta milibus passuum infra eum locum, ubi pons erat perfectus praesidiumque a ⟨*c*⟩ Caesare relictum: VI 35, 6.

κ) **inter:** postridie terram attigit Germiniorum ⟨*CC*⟩. saxa inter et ⟨attigit. inter Cerauniorum saxa et *Em. Hoffm.*⟩ alia loca periculosa quietam nactus stationem ... ad eum locum, qui appellabatur Palaeste ⟨*c*⟩, . . . milites exposuit: 3, 6, 3.

λ) **intra:** XV milia passuum *in circuitu amplexus hoc spatio pabulabatur; multaque erant intra eum locum manu sata: 3, 44, 3.

μ) **supra:** VI 9, 3 *u.* e) ε) quo l.; hanc super ⟨*c*⟩ contignationem . . . latericulo adstruxerunt supraque eum locum II tigna transuersa iniecerunt: 2, 9, 2.

ν) **ultra:** I 49, 1 *u.* ϑ) αα) considere; Caesar ⟨*c*⟩ paulo ultra eum locum castra transtulit: 3, 66, 4.

B. trsl.; a) = libri uel narrationis locus, pars: quoniam ad hunc locum peruentum est, non alienum esse uidetur de . . . proponere: VI 11, 1.

b) = condicio, status, fortuna: saepe in eum locum uentum est tanto in omnes partes *dimisso equitatu, ut ⟨ubi *Freudenberg*⟩ [non] modo uisum ab se Ambiorigem in fuga circumspicerent ⟨*c*⟩ captiui nec plane etiam abisse ex conspectu contenderent ⟨*u. CC*⟩: VI 43, 4; ¶ cum ex equitum et calonum fuga quo in loco res esset quantoque in periculo . . . et legiones et imperator uersaretur cognouissent: II 26, 5.

c) = ordo, gradus, numerus, munus, instar; α) **obi.:** cuius legationis Nammeius et Verucloetius principem ⟨*a:* principum *αh*⟩ locum obtinebant: I 7, 3; eo tum statu res erat ⟨*c*⟩, ut longe principes haberentur ⟨*o*⟩ Haedui, secundum locum dignitatis Remi obtinerent: VI 12, 9; ita minora castra inclusa maioribus castelli ⟨-lis *ah*⟩ atque arcis locum obtinebant: 3, 66, 5; ¶ cum ipse eum locum amicitiae apud eum teneret: I 20, 4; in hoc ⟨*c*⟩ tractu oppidi pars erat regiae exigua ... et theatrum coniunctum domui, quod ⟨*del. EHfm.; Db.*⟩ arcis tenebat locum: 3, 112, 8.

β) **abl.;** αα): (nihilo minus tamen agi posse de compositione, ut haec non remitterentur, neque hanc rem illi esse ⟨*O*[1]*; Madu.;* illis esse *z; esse Ald.; edd.*⟩ impedimento. Libo ⟨impedimento. Libo *Madu.;* impedimenti loco *Oz;* impedimenti loco. Ille *Steph.; edd.;* impedimenti loco. Illi *Ald.*⟩: 3, 17, 4;) ¶ habere loco *u.* **habeo** *p. 1406* **D.** *(7 loc.)*.

ββ): alii, quod pridie noctu conclamatum esset in Caesaris castris, argumenti sumebant loco non posse elam exiri: 1, 67, 2; — Commium Atrebatem cum equitatu custodis loco in Menapiis relinquit: VI 6, 4; — hoc se ignominiae laturos loco ⟨loco lat. β⟩, si inceptam oppugnationem reliquissent: VII 17, 6; — reliquos obsidum loco secum ducere decreuerat: V 5, 4; quos (principes Hispaniae) illi ⟨*om. Na; Np., Dt.*⟩ euocauerant et secum in castris habebant obsidum loco: 1, 74, 5; datur obsidis loco Caesari filius Afranii: 1, 84, 2; — ut . . . sibi quisque etiam poenae loco graniores imponeret labores: 3, 74, 2.

γ) **c. praep.;** αα) **in locum:** quod eorum (Romanorum) aduentu . . . Diuiciacus frater in antiquum locum gratiae atque honoris sit restitutus: I 18, 8; ¶ in eorum locum Remi successerant: VI 12, 7.

ββ) **in loco:** pollicitum ⟨*c*⟩ se ⟨*o*⟩ in cohortis praetoriae loco decimam legionem habiturum, ad equum rescribere: I 42, 6; se in hostium habiturum loco, qui non ex ⟨*c*⟩ uestigio ad castra *Cornelia *naues traduxisset ⟨*c*⟩: 2, 25, 6.

d) = dignitas, auctoritas, honor, ordo: huic Caesar pro eius uirtute atque in se beneuolentia . . . maiorum locum restituerat: V 25, 2; ¶ non nullos signiferos ignominia notauit ac loco mouit ⟨monuit *a*⟩: 3, 74, 1; ¶ omnibusque annis de loco ⟨β; *Schn.*, *Db.*; locis α; *rell. edd.*⟩ summis simultatibus contendebant: V 44, 2; — quem (Viridomarum) Caesar . . . ex humili loco ⟨*om.* β⟩ ad summam dignitatem perduxerat ⟨prod. *Oud.*⟩: VII 39, 1; — (cecidit) Q. Fulginius ex primo hastato ⟨Fulg. primus hastatus *Vascos.*⟩ legionis XIIII., qui propter eximiam uirtutem ex inferioribus ordinibus in eum locum peruenerat: 1, 46, 4.

e) = stirps, genus, familia: erat unus intus Neruius, nomine Vertico, loco natus honesto: V 45, 2; quod erant honesto loco nati et instructi liberaliter: 3, 61, 1; — cum pater familiae inlustriore loco natus decessit: VI 19, 3; — erat in Carnutibus summo loco natus Tasgetius, cuius ⟨*c*⟩ maiores in sua ciuitate regnum obtinuerant: V 25, 1; Eporedorix Haeduus, summo loco natus adulescens et summae domi potentiae, et una Viridomarus, pari aetate et gratia, sed genere dispari: VII 39, 1; ¶ hic summo in Aruernis ortus loco et magnae habitus auctoritatis . . inquit: VII 77, 3.

f) = facultas, copia, ansa; α) subi.: cui rationi contra homines barbaros atque imperitos locus fuisset: I 40, 9; qua (ciuitate) traducta locum consistendi Romanis in Gallia non fore: VII 37, 3; hostes uiderunt ea . . . ita refecta, ut nullus ⟨*recc.*; *Steph.*; nullius *Ox*⟩ perfidiae neque eruptioni ⟨-nis *O*⟩ locus esset nec quicquam omnino relinqueretur, qua . . . noceri posset: 2, 16, 1; sentiunt totam urbem . . . circummuniri ⟨*c*⟩ posse, sic ut ipsis consistendi in suis munitionibus locus non esset: 2, 16, 2.

β) obi.: itaque, dum locus comminus ⟨communis *Ox*⟩ pugnandi daretur, aequo animo singulas binis nauibus obiciebant: 1, 58, 4; diductisque nostris paulatim nauibus et ⟨*c*⟩ artificio gubernatorum *et* mobilitati nauium locus dabatur: 2, 6, 2; ¶ quem locum tuae probandae ⟨*dik*; pro laude *X*; *Fr.*⟩ uirtutis ⟨pro laude uirtutis tuae β⟩ exspectas ⟨β; spectas α; *Schn.*, *Db.*, *Fr.*⟩: V 44, 3; ¶ sin autem locum tenere uellent, nec uirtuti locus relinquebatur neque . . . poterant: V 35, 4; neque etiam paruulo detrimento illorum locum ⟨eos *add.* β⟩ relinqui uidebat ⟨locum illum relinqui uolebat *Lambin.*⟩: V 52, 1; ne minimo ⟨minimum *Pluyg.*⟩ quidem casu ⟨casui β⟩ locum relinqui debuisse: VI 42, 1; orare (se) atque obsecrare, si qui locus misericordiae relinquatur, ne ad ultimum supplicium progredi necesse habeat ⟨*c*⟩: 1, 84, 5.

Adiect.: accliuis: III 19, 1; aequus (aequior, aequissimus) *u. uol. I. p. 197 (14 loc.)*; alienus: I 15, 2; (ali)qui: I 34, 1; **(**1, 71, 4;**)** 1, 84, 5; 3, 44, 4; alius (-a): VII 33, 3; **(**1, 71, 4;**)** 2, 9, 4; 39, 6; 3, 6, 3; 50, 2; alter: 3, 52, 2; angustus: VI 30, 3; **(**VII 44, 3;**)** 1, 50, 2; antiquus: I 18, 8; apertus (-a): I 41, 4; II 18, 3; 19, 5; VII 18, 3; 1, 71, 1; apertiora: 3, 84, 4; asper (-a): 1, 66, 4; 3, 42, 5; (49, 4;) campestria: VII 72, 3; 86, 4; 1, 79, 1; certus (-a): V 1, 6; 3, 42, 4; (coniuncta: 1, 64, 1;) consecratus (-a): VI 13, 10; 17, 4; decliuis: IV 33, 3; VII 83, 2; 1, 45, 5; 79, 3; deiectus (-a): 1, (45, 4;) 46, 3; demissa: VII 72, 3; 3, 49, 5; derectus: 1, 45, 4; deserta: V 53, 4; duo: (VII 61, 4;) 3, 52, 1; editus (editiora) *u. uol. I. p. 989 (6 loc.)*; (eius modi: 1, 79, 4;) expeditus: 1, 27, 6; fertilissima: VI 24, 2; finitima: (III 2, 5;) VII 7, 4; frigidissima: IV 1, 10; fructuosissimus: I 30, 3; maxime frumentaria: I 10, 2; honestus: V 45, 2; 3, 61, 1; humilis: VII 39, 1; idoneus (-a) *u. uol. II. p. 29 et 30 (19 loc.)*; ignota: IV 24, 2; impeditus (-a, -ior) *u. uol. II. p. 64 (3 loc.)*; inferior *ib. p. 163 (6 loc.)*; iniquus (-ior, -issimus) *ib. p. 171 sq. (20 (21 loc.)*; inlustrior: VI 19, 3; integra: 1, 49, 2; longinquiora: IV 27, 6; medius: I 34, 1; IV 19, 3; minimus: VI 42, 1 (?); montuosa: 1, 66, 4; 3, 42, 5; 49, 4; multa: III 21, 3; IV 4, 2; 1, 68, 2; *cf.* plura; munitus: V 9, 4; 21, 4; VII 16, 1; maxime necessaria: 3, 112, 7; non nulla: I 6, 2; nota (-issima): VI 34, 3; IV 24, 3; nullus: 2, 16, 1; 3, 36, 2; occultus: V 32, I; 3, 38, 1; omnis: V 43, 2; VII 57, 4; 69, 5; 3, 106, 3; omnia: II 27, 2; III 3, 2; 14, 9; VI 43, 2; **(**VII 21, 2;**)** VII 25, 1; 45, 1; 55, 9; 67, 7; 73, 9; 84, 2; 1, 67, 3; 2, 5, 3; 3, 3, 1; 58, 5; oportunus (-a, -issimus): I 30, 3; II 8, 3; V 32, 1; VII 55, 1; 69, 7; paluster (-ria): VII 20, 4; 3, 49, 5; patentia (-iora): I 10, 2; VII 28, 1; periculosa: 3, 6, 3; peridoneus: 2, 24, 2; plura: VII 84, 3; 3, 24, 1; 85, 2; praeceps: IV 33, 3; praeruptus (-a): VII 86, 4; 1, 45, 4; primus: II 11, 1; princeps: I 7, 3; proximus: 3, 65, 2; (ali)qui *u.* aliqui; quidam: V 43, 6; quisque: V 33, 3; 3, 43, 2; reliqua: VI 25, 5; remota: VII 1, 4; secundus: VI 12,9; semotus: (VII 1,4;) 1,84,1; siluestris (-ia): V 19,1; VI 34,2; VII 1,4; 35, 2; (44,3;) summus: II 23,5; V 25,1; VII 39, 1; 77,3; 3,51,6; superior (-a): I 10,4; 23, 3; 25,2; 26,3; II 23,1.3; 26,4; III 3,2; 4,2; 6, 2; 14,9; 25,1; IV 23,3; V 8,6; 9,3; VI 40,6; VII 19,2; 20,6; 51,2; 79,2; 88,1; 1,40,5; 45, 3; 47,3; 51,6; 64,1; 65,1; 79,2.3.4; 2,5,3; 40, 4; 3,40,2; 51,7; 65,2; 98,1; suus (-a): IV 34, 2; V 50,1.3; VII 80,1; 81,4; 1,61,3; 3,41,2; 44,6; 84,2; 109,2; temperatiora: V 12,6; tertius: 1,83,1; tria: VII 61,4; tutus: 2, 41,7; (3,73,5;) 3,106,3; uacuus: VII 25,4; unus: I 24,3.4; 34,3; II 2,4; 5,4; 25,1; III 16,2; IV 1,7; 19,2; V 18,1; VI 10,1; 17,3; VII 9,5; 10,1; 77,8; 1,50,2; 71,3; 3,23,1; 52, 2; 73,1.

Notione translata numquam plurali usus est Caesar; itaque V 44,2 *recte in* β *scriptum uidetur* de loco.

longe *u.* **longus** *extr.*

longinquitas: eius rei moram temporisque longinquitatem timebat: 1, 29,1.

longinquus. **A.** de loco (= **remotus**); **a) pos.:** quod si ea, quae in longinquis nationibus geruntur, ignoratis, respicite finitimam Galliam: VII 77,16.

b) comp.: calones ad longinquiores ciuitates dimittebat: 1,52,4; multae longinquiores ciuitates ab Afranio desciscunt: 1,60,5; ¶ partem (obsidum) ex longinquioribus locis arcessitam ⟨*c*⟩ paucis ⟨*c*⟩ diebus sese daturos ⟨*c*⟩ dixerunt: IV 27,6; ¶ relinquebatur, ut ex longinquioribus regionibus Galliae . . . naues essent exspectandae: 1,29,2; ¶ ut . . . pecore ex ⟨e β; *Db.*⟩ longinquioribus uicis adacto extremam famem sustentarint ⟨*c*⟩: VII 17,3.

B. de tempore (= **diuturnus**): commodissimum uisum est . . . Procillum . . . et propter fidem et propter linguae Gallicae scientiam, qua multa iam Ariouistus longinqua ⟨qua multum Ar. longa iam *Ciacc.*⟩ consuetudine utebatur ⟨quorum amicitia iam ⟨*o*⟩ ariouistus longinqua ⟨longa *h*⟩ consuet. utebatur, et propter fid. et pr. ling. gall. scientiam β⟩, . . . ad eum mittere: I 47,4; ¶ in quo si non ⟨*c*⟩ praesens periculum, at certe longinqua ⟨longa *efik*⟩ obsidione fames esset timenda ⟨*c*⟩: V 29,7; ¶ se confidere munitionibus oppidi, si celeriter succurratur; longinquam oppugnationem sustinere non posse: 3,80,3.

Longinus *u.* **Cassius 3.** *p. 456.*

longitudo. **A. subi.:** huius est longitudo lateris . . . septingentorum milium: V 13,5.

B. c. praep.; a) in longitudinem *u.* **in** *p. 104* β) *(12 loc.).*

b) propter l.: cum ⟨*c*⟩ propter longitudinem agminis minus ⟨*c*⟩ facile ⟨*c*⟩ omnia ⟨*o*⟩ per se obire et . . . prouidere possent: V 33,3.

longurius. **A. subi.:** quibus ad recipiendum crates derectae ⟨*CC*⟩ longuriique ⟨longurique *a(x?)*⟩ obiecti ⟨obtecti *x*⟩ et institutae fossae magno impedimento fuerunt ⟨*u. CC*⟩: 3,46,5.

B. obi.: obicere (obtegere): 3,46,5 *u.* **A.**; ¶ a castris ⟨*c*⟩ longurios, musculos ⟨*c*⟩, falces reliquaque, quae eruptionis causa parauerat ⟨β; -erant α; *Schn.*⟩, profert: VII 84,1.

C. dat.: (erant magno usui) falces praeacutae insertae ⟨*CC*⟩ adfixaeque longuriis ⟨longuris *X; Hold.*⟩: III 14,5.

D. abl.: haec derecta materia ⟨*c*⟩ iniecta contexebantur ac ⟨*c*⟩ longuriis ⟨longuris β⟩ cratibusque consternebantur: IV 17,8; ¶ (cupae) delapsae ab ⟨*c*⟩ lateribus longuriis furcisque ab opere remouentur: 2,11,2.

longus. **A.** de loco, **spatio; a) pos.; α) non additur, quanta sit rei longitudo:** longo circuitu easdem omnes iubet petere regiones: VII 45,3; ¶ longo itinere ab his circumducti ad portum perueniunt: 1,28, 4; ¶ quod ipse aberat longius, naues interim longas aedificari in flumine Ligeri ⟨*c*⟩ . . . iubet: III 9,1; ad haec cognoscenda . . . C. Volusenum cum naui longa ⟨longa naue β⟩ praemittit: IV 21,1; nauibus circiter LXXX onerariis coactis . . ., quod satis esse ad duas transportandas legiones existimabat quod ⟨quot *DE;* quicquid β⟩ praeterea nauium longarum habebat, ⟨id *add.* β⟩ quaestori ⟨*c*⟩, legatis praefectisque distribuit: IV 22,3; naues longas, quarum et species erat ⟨*c*⟩ barbaris inusitatior et motus ad usum expeditior, paulum remoueri ab onerariis nauibus et remis incitari et ad latus apertum hostium constitui atque inde . . . hostes propelli . . . iussit: IV 25,1; *cf.* § 2; scaphas longarum nauium, item speculatoria nauigia militibus compleri iussit: IV 26,4; uno tempore et longas naues, quibus Caesar exercitum transportandum curauerat quasque in aridum subduxerat, aestus complebat ⟨β; *Schn.;* -uerat α; *rell. edd.*⟩ et onerarias . . . tempestas adflictabat: IV 29,2; sescentas eius generis cuius supra demonstrauimus nanes et longas XXVIII inuenit instructas ⟨structas *Hartz*⟩ neque multum abesse ab eo, quin paucis diebus deduci possint ⟨c⟩: V 2, 2; uectoriis grauibusque nauigiis non intermisso remigandi labore longarum nauium cursum adaequarunt ⟨c⟩: V 8, 4; Cato in Sicilia nanes longas ueteres reficiebat, nouas ciuitatibus imperabat: 1, 30, 4; naues longas Arelate numero XII facere instituit. quibus effectis armatisque ⟨c⟩ diebus ⟨c⟩ XXX . . . adductisque Massiliam his D. Brutum praeficit: 1, 36, 4. 5; Massilienses . . . naues longas expediunt numero XVII, quarum erant XI tectae: 1, 56, 1; nanes longas X Gaditanis ut facerent imperauit, complures praeterea [in] Hispali faciendas curauit: 2, 18, 1; huius aduentum L. Caesar filius cum X longis nauibus ad Clupeam praestolans . . . ueritus[que] nauium multitudinem ex alto refugerat: 2, 23, 3; hunc secutus Marcius Rufus quaestor nauibus ⟨longis *add. Ciacc.*⟩ XII, quas praesidio onerariis nauibus Curio ex Sicilia eduxerat: 2, 23, 5; interim aduentu longarum nauium Curio *pronuntiari onerariis nauibus iubet: 2, 25, 6; neque illi . . . ex portu prodire sunt ausi, cum Caesar omnino XII naues longas praesidio duxisset, in quibus erant constratae ⟨*Vrsin.*; constructae *Nx*⟩ IIII ⟨*Vrsin.*; ille *af;* ilii *Nhl*⟩: 3, 7, 2; III cohortes Orici . . . reliquit isdemque custodiam nauium longarum tradidit, quas ex Italia transduxerat: 3, 39, 1; ex utraque parte naues longas adgressus, quae erant deligatae ad terram atque inanes, IIII ex his abduxit ⟨*f;* add. *Oahl*⟩, reliquas incendit: 3, 40, 4; eo partem nauium longarum conuenire, frumentum . . . comportari imperat: 3, 42, 2; eodem naues, quas demonstrauimus . . . militibus completas quasque ad Dyrrachium naues longas habebat mittit: 3, 62, 3; Caesar . . . cum legione . . . equitibusque DCCC et nauibus longis Rhodiis X et Asiaticis paucis Alexandriam peruenit: 3, 106, 1; magna multitudine naues longas occupare hostes conabantur; quarum erant L auxilio missae ad Pompeium proelioque in Thessalia facto domum redierant, illae triremes ⟨redierant, quadriremes *Paul*⟩ omnes et quinqueremes aptae instructaeque omnibus rebus ad nauigandum; praeter has XXII, quae praesidii causa Alexandriae esse consuerant, constratae ⟨constructae l^1; contraetae O^1⟩ omnes; quas si occupauissent, classe Caesari ⟨c⟩ erepta . . . mare totum in sua potestate haberent: 3, 111, 2—4; ¶ Rhenus . . . longo spatio per fines Nantuatium ⟨c⟩, Heluetiorum, . . . Treuerorum citatus fertur: IV 10, 3; neque nero idem profici longo itineris spatio, . . . ac si coram de omnibus condicionibus disceptetur: 1, 24, 6; (non longe ⟨*Nx;* longo *edd.*⟩ a castris progressi spatio, ut celerem receptum haberent, angustiore ⟨*ego;* angustins *codd.; edd.*⟩ pabulabantur ⟨c⟩: 1, 59, 2;) ut non longo inter se spatio castra facerent: 1, 87, 4; cogebantur Corcyra atque Acarnania longo interiecto nauigationis spatio pabulum supportare: 3, 58, 4; castraque Cleopatrae non longo spatio ab eius castris distabant: 3, 103, 2.

β) **additur, quanta sit longitudo:** (diebus XXV aggerem latum ⟨longum *Rüstow, Göler*⟩ pedes CCCXXX, altum pedes LXXX exstruxerunt: VII 24, 1;) ¶ musculum pedes ⟨ped. *ahl;* pedum *f*⟩ LX ⟨XL *coni. Np.;* XX *Göl.*⟩ longum . . . facere instituerunt: 2, 10, 1; ¶ taleae ⟨taliae *uel* talie *αh*⟩ pedem longae . . . in terram infodiebantur: VII 73, 9; ¶¶ duae primum trabes in solo aeque longae ⟨*a;* longe *fhl*⟩ distantes inter se pedes IIII conlocantur: 2, 10, 2.

b) comp.: longiore circuitu custodias stationesque equitum uitabant: 1, 59, 3; ¶ cohortibus . . . longiore itinere circumductis: III 26, 2; Caesari circuitu maiore iter erat longius: 3, 30, 4; ¶ has trabes ⟨c⟩ paulo longiores atque eminentiores, quam extremi parietes erant, effecerunt ⟨c⟩: 2, 9, 3.

c) sup.: ex castris proficiscuntur . . . longissimo agmine maximisque impedimentis: V 31, 6.

B. de tempore; a) pos.; α) c. subst.: (consuetudo: I 47, 4 *u.* **longinquus B.** consuetudo;) ¶ copiae hoc infrequentiores imponuntur, quod multi . . . defecerant longumque iter ex Hispania *[magnum] numerum deminuerat ⟨c⟩: 3, 2, 3; ¶ hac satis longa interiecta mora: 3, 69, 1; ¶ in quo si non ⟨c⟩ praesens periculum, at certe longinqua ⟨longa *efik*⟩ obsidione fames esset timenda ⟨c⟩: V 29, 7; ¶ pars ea, quae ad arcem pertinet, loci natura . . . munita longam et difficilem habet oppugnationem: 2, 1, 3; ¶ uiderunt ea, quae diu longoque ⟨diu *et* que *del. Paul*⟩ spatio refici non posse sperassent, paucorum dierum opera et labore . . refecta: 2, 16, 1; et longo interposito spatio cum diuturnitas oppugnationis neglegentiores Octauianos effecisset, naeti occasionem . . . inruperunt: 3, 9, 6; satis longo spatio temporis a Dyrrachinis proeliis intermisso: 3, 84, 1.

β) **praedicat. est:** longum esse perterritis Romanis Germanorum auxilium exspectare: VI 8, 1; id propter anni tempus longum atque impeditum uidebatur: 1, 29, 2.

b) comp.: quod . . . neque hostibus diutina

laetitia ⟨c⟩ neque ipsis longior dolor reliquatur: V 52, 6; ¶ iter: 3, 30, 4 *u.* **A. b)** iter; ¶ milites non longiore oratione cohortatus ⟨c⟩, quam uti suae pristinae uirtutis memoriam retinerent: II 21, 2; ¶ dum de condicionibus inter se agunt longiorque consulto ab Ambiorige instituitur sermo ⟨sermo ab A. inst. β⟩: V 37, 2.

C. trsl. (pertinet ad ea, quae **aut locorum aut temporum interuallo remota sunt):** ut quam diutissime longioris fugae consilium occultaret: 3, 102, 3; ¶¶ itaque se, quod in longiorem diem conlaturus fuisset ⟨c⟩, repraesentaturum ⟨c⟩ et proxima nocte . . . castra moturum: I 40, 14.

longe. A. de interuallo locorum; a) longe (longius, longissime) ab; α) pos.; αα) c. uerbis: qui (Santones) non longe a Tolosatium finibus absunt: I 10, 1; neque longe ab oppido castra Vercingetorigis aberant ⟨uercingetorix habebat β⟩: VII 26, 2; ¶ non longe ⟨*Nx*; longo *edd.*⟩ a castris progressi spatio, ut celerem receptum haberent, angustiore ⟨*ego*; angustius *codd.*; *edd.*⟩ pabulabantur ⟨c⟩: 1, 59, 2; ¶ non reiecti et relegati longe a ⟨c⟩ ceteris aut ferro aut fame intereant: V 30, 3.

ββ) absol.: Rhenum transierunt non longe a mari: IV 1, 1; (VII 26, 2 *u.* **αα)** abesse;) supraque eum locum II tigna transuersa iniecerunt non ⟨*Steph.*; ut non *Ox*⟩ longe ab extremis parietibus: 2, 9, 2; ¶ omnes equitatus ⟨o⟩ peditatusque copias Treuerorum tria milia passuum longe ab ⟨c⟩ suis castris consedisse: V 47, 5; locum castris deligit . . . munitum ab Auarico longe milia ⟨milium *AQ*⟩ passuum XVI: VII 16, 1; **(**VII 79, 1 *u.* **β) ββ)**;**)** comperit minus V et XX milibus longe ⟨*del. Ciacc.*⟩ ab Vtica eius copias abesse: 2, 37, 3.

β) comp.; αα) c. uerbis: abesse *u.* **absum B. a)** *p. 45 (4 loc.) et p. 46 extr. et p. 47 (3 loc.)*; ¶ quod ⟨*CC*⟩ se longius a ⟨*Voss.*; *om. codd.*⟩ portibus committere non auderent: 3, 25, 5; ¶ relinquebatur, ut neque longius ab agmine legionum discedi Caesar pateretur et: V 19, 3; ¶ cum paulo longius a castris processisset: IV 32, 3; Romanos . . . magno cum ⟨c⟩ periculo longius ⟨longius magno c. per. *h*⟩ a ⟨c⟩ castris processuros: VII 14, 7; qui [ad]aquandi causa longius a castris processerant: 1, 66, 1; ¶ nostris copiis, quae longius a ⟨c⟩ castris progrediebantur: VII 73, 1; illi (Afranius Petreiusque) non diu commorati nec longius ab infimo colle progressi copias in castra reducunt: 1, 42, 4; extra cotidianam consuetudinem longius a uallo esse aciem Pompei progressam: 3, 85, 3.

ββ) absol.: neque longius ab eo ⟨*Ald.*; Oceano *X*⟩ milibus passuum LXXX in Oceanum ⟨*Ald.*; Rhenum *X*⟩ influit: IV 10, 2; non ⟨*del. Frig.*⟩ longius ⟨β; longe α; *Fr.*⟩ mille passibus ab nostris munitionibus ⟨a nostr. mun. quam mille pass. β⟩ considunt: VII 79, 1; aciemque instruxit primo ⟨c⟩ suis locis pauloque a castris Pompei longius: 3, 84, 2.

γ) superl.: Belgae . . . a cultu atque humanitate prouinciae longissime absunt: I 1, 3; ad eam partem munitionum ducit, quae pertinebat ⟨*O*; -bant *x*; *Np.*, *Db.*⟩ ad mare longissimeque a maximis castris Caesaris aberat ⟨*1 rec.*; aberant *Ox*; *Np.*, *Db.*⟩: 3, 62, 2.

b) longe ex: cognoscit non longe ex eo loco oppidum Cassiuellauni abesse: V 21, 2.

c) non addit. praepos.; α) pos.; αα) longe lateque *u.* **late** *p. 413* **β)** *(4 (5) loc.)*.

ββ) non additur late: neque iam longe abesse (Belgarum copias) ab . . . exploratoribus . . . cognouit: II 5, 4; ¶ **(**duae primum trabes in solo aeque longae ⟨*a*; longe *fhl*⟩ distantes inter se pedes IIII conlocantur: 2, 10, 2;**)** ¶ hanc ⟨c⟩ (siluam) longe introrsus pertinere: VI 10, 5.

β) comp.: abesse *u.* **absum** *p. 45* **A.** *(7 loc.)*; ¶ longius delatus aestu ⟨c⟩ . . . sub sinistra Britanniam relictam conspexit: V 8, 2; ¶ quas (legiones) longius discessisse ex captiuis cognouerant: VI 39, 4; ¶ **(**euocare: VI 34, 4 *u.* seuocare;**)** ¶ reliquas legiones, quae longius hiemabant, subsequi iubet: 1, 37, 2; ¶ cum . . . facerent neque nostri longius, quam . . . loca aperta pertinebant, cedentes insequi auderent: II 19, 5; temere insecuti longius fugientes in locum iniquum progrediuntur: 1, 45, 2; ¶ quod longius erat agger petendus: 1, 42, 1; ¶ qui paulo longius aggeris petendi causa processerant: II 20, 1; magnopere ne longius progrederetur ⟨procederet β⟩ orabant: IV 11, 1; sese non longius milibus passuum quattuor aquationis causa processurum eo die dixit: IV 11, 4; (Sugambri) inuitati praeda longius procedunt: VI 35, 7; dispersosque, cum longius necessario procederent, adoriebatur: VII 16, 3; temptandas sibi prouincias longiusque procedendum existimabat: 3, 34, 1; ¶ si quo erat longius prodeundum aut celerius recipiendum: I 48, 7; ¶ producta longius acie circumuenire nostros . . . contendebant: 1, 58, 1; ex his longius productam unam (nauem) quinqueremem et minores duas in angustiis portus cepit: 3,

100, 2; ¶ profectum longius (Caesarem) reperiunt: VI 35, 7; ¶ ne longius progrederetur ⟨procederet β⟩ orabant: IV 11, 1; constituit non progredi longius: VI 29, 1; diffidens . . . Caesarem fidem seruaturum, quod longius ⟨eum *add.* β⟩ progressum audiebat: VI 36, 1; contineant milites, ne studio pugnandi aut spe praedae longius progrediantur: VII 45, 8; longius progressus, cum agger altiore aqua contineri non posset, rates duplices . . . conlocabat: 1, 25, 6; qui pabulatum longius progressi erant: 1, 48, 4; Petreius atque Afranius . . . perficiundi operis causa longius progrediuntur: 1, 73, 3; progresso ei (Varroni) paulo longius litterae *a* Gadibus redduntur: 2, 20, 2; quibus ex locis cum longius esset progressus (Curio): 2, 41, 1; temptandam sibi Achaiam ac paulo longius progrediendum existimabat Caesar: 3, 55, 1; alii (milites) lignandi pabulandique causa longius progrediebantur: 3, 76, 2; ¶ nostri . . . eos (hostes) in fugam dederunt, neque longius prosequi potuerunt: IV 26, 5; eos (hostes) fugientes longius Caesar prosequi uetuit: V 9, 8; longius prosequi ⟨persequi *ik; noluit add.* β⟩ ueritus . . . eodem die ad Ciceronem peruenit: V 52, 1; neque longius fugientes (hostes) prosequi . . . poterant: 2, 41, 4; insequentes nostros, ne longius prosequerentur, Sulla reuocauit: 3, 51, 2; ¶ pecora . . . propter bellum finitimae ciuitates longius remouerant: 1, 48, 6; ¶ longius impeditioribus locis secuti paucos ex suis deperdiderunt: III 28, 4; ¶ praedae cupiditas multos longius seuocabat ⟨*Paul;* euocabat *X; edd.*⟩: VI 34, 4; ¶ hoc itinere est fons, quo ⟨quod *x*⟩ mare succedit longius, lateque ⟨longe ut lateque *Paul*⟩ is locus restagnat ⟨-et *Paul*⟩: 2, 24, 4.

γ) superl.: qui (Neruii) maxime feri inter ipsos habeantur longissimeque ⟨longissimoque *AQB*⟩ absint: II 4, 8; ¶ his quam longissime possent progredi ⟨β; *Schn., Db.;* proficisci *f;* egredi α; *rell. edd.*⟩ iussis: VII 35, 4.

B. de tempore; longius = diutius: daturum se operam, ne longius triduo a ⟨*c*⟩ castris absit: VII 9, 2; ¶ cum longius eam rem ductum iri existimarent: VII 11, 4; milites . . . dolere hostem ex manibus dimitti, bellum ⟨non *add. O; Np.*⟩ necessario longius duci: 1, 64, 3; longius bellum ductum ⟨duetu *ahl*⟩ iri existimans: 3, 42, 3; ¶ neque longius anno remanere uno in loco colendi ⟨β; incolendi α; *edd.*⟩ causa licet: IV 1, 7; ¶ frumentum ⟨*o*⟩ se ⟨*o*⟩ exigue dierum XXX habere ⟨*c*⟩, sed paulo etiam longius tolerare ⟨tollerari *BMQ*[1]; tolerari *plur. edd.*⟩ posse parcendo: VII 71, 4.

C. trsl.; a) pos.; α) longe alius: ac longe aliam esse nauigationem in concluso mari atque in . . . Oceano: III 9, 7; qui longe alia ratione ac reliqui Galli bellum gerere ⟨*c*⟩ coeperunt ⟨*c*⟩: III 28, 1; docet longe alia ratione esse bellum gerendum, atque antea gestum sit ⟨*o*⟩: VII 14, 2; longe aliud sibi capiendum consilium, atque antea senserat, intellegebat: VII 59, 3.

β) longe c. superl.: huius est ciuitatis longe amplissima auctoritas omnis orae maritimae: III 8, 1; — Sueborum gens est longe maxima et bellicosissima Germanorum omnium: IV 1, 3; — a Bibracte, oppido Haeduorum longe maximo et copiosissimo, non amplius milibus passuum XVIII aberat: I 23, 1; — apud Heluetios longe nobilissimus fuit et ditissimus Orgetorix: I 2, 1; — Carmonenses, quae est longe firmissima totius prouinciae ciuitas: 2, 19, 5; — hic dies nostris longe grauissimus fuit: V 43, 5; — ex iis ⟨*c*⟩ omnibus longe sunt humanissimi qui Cantium incolunt: V 14, 1; — maximus: I 23, 1 *u.* copiosissimus; IV 1, 3 *u.* bellicosissimus; ac longe maximam ea res attulit dimicationem: 3, 111, 2; — nobilissimus: I 2, 1 *u.* ditissimus; — cuius rei sunt longe peritissimi Aquitani: III 21, 3.

ut longe principes haberentur Haedui, secundum locum dignitatis Remi obtinerent: VI 12, 9.

haec ciuitas longe plurimum totius Galliae equitatu ualet: V 3, 1.

γ) longe abesse: si id non fecissent, longe iis fraternum nomen populi Romani afuturum: I 36, 5.

b) comp.: neque longius abesse, quin proxima nocte Sabinus clam ex castris exercitum educat: III 18, 4; recte auguraris ⟨*c*⟩ de me . . . nihil a me abesse longius crudelitate: *ap. Cic. ad Att.* IX 16, 2; ¶ quod longius eius amentiam progredi uidebat: V 7, 2.

c) superl.: I 1, 3 *u.* **A. a) γ).**

C. Considius Longus: Hadrumetum perfugerat. id oppidum C. Considius Longus unius legionis praesidio tuebatur: 2, 23, 4.

loquor. Forma: locuntur *in bl exstat* 3, 15, 6.

A. intr.; a) absol.: Caesar loquendi finem fecit ⟨*c*⟩: I 46, 2; crebraque inter se conloquia milites habebant, neque ullum interim telum per pactiones loquentium traiciebatur: 3, 19, 1; cum Furnium nostrum tantum uidissem neque loqui neque audire meo commodo potuissem:

ap. Cic. ad Att. IX 6 *A;* ¶ bona restituit iis, quos liberius locutos hanc poenam tulisse cognouerat: 2, 21, 2; — qui (legati) cum . . . se . . ad pedes proiecissent suppliciterque locuti flentes pacem petissent: I 27, 2.

b) c. praep.; α) apud: apud quos Ambiorix ad ⟨in β⟩ hunc modum locutus est: V 27, 1; *cf.* **B.** pauca.)

β) cum: Dumnorigi custodes ponit, ut . . . quibuscum loquatur ⟨loquitur *B¹M*⟩ scire possit: I 20, 6; cum . . . se Libo cum Bibulo coniunxisset, loquuntur ambo ex nauibus cum M.' ⟨*c*⟩ Acilio ⟨*c*⟩ et Statio Murco legatis: 3, 15, 6; nelle se de maximis rebus cum Caesare loqui, si sibi ⟨*c*⟩ facultas detur: 3, 15, 6.

γ) de *u.* **de** *p. 816 sq. (8 loc.).*

δ) inter se: milites nero palam inter se loquebantur, quoniam talis occasio uictoriae dimitteretur, etiam cum uellet Caesar, sese non esse pugnaturos: 1, 72, 4.

ε) pro: locutus est pro his Diuiciacus Haeduus: I 31, 3.

e) sequ. orat. obl.: qui (legati) ad hunc modum locuti, non (se) existimare Romanos sine ope diuina ⟨*c*⟩ bellum gerere . . . se suaque omnia eorum potestati permittere dixerunt: II 31, 2. 3; loquitur ⟨in consilio *add. X; plur. edd.;* in concilio *recc.; Np.; del. Paul; Hold.*⟩ palam (Labienus), quoniam Germani adpropinquare dicantur, sese . . . castra moturum: VI 7, 6; in eandem sententiam loquitur Scipio: Pompeio esse in animo . . .: 1, 1, 4; audiente utroque exercitu loquitur Afranius: non esse aut ipsis aut militibus suscensendum, quod . . .: 1, 84, 3(—5;) *praeterea* I 31, 3—16; V 27, 2—11; 1, 72, 4; 2, 17, 2; (36, 2;) 3, 15, 6.

B. transit.: multa suppliciter ⟨simpliciter *Kindsch.*⟩ locutus est ⟨est *1 det.; om. Ox*⟩, ut de sua atque omnium salute debebat, silentioque ab utrisque militibus auditus: 3, 19, 3; quem ingressum in sermonem Pompeius interpellauit et loqui plura prohibuit: 3, 18, 3; ¶ pauca apud eos loquitur ⟨locutus *Ciacc.;* queritur *add. Halbertsma*⟩, quod sibi . . . gratia relata non sit pro suis . . . beneficiis; dimittit omnes incolumes: 1, 23, 3; pauca apud eos de lenitate sua locutus . . . omnes conseruauit: 3, 98, 2.

lorica. *Scriptum est* lurica *in* α V 40, 6, *in bef* VII 72, 4, *in bf* VII 86, 5.

huic (uallo) loricam pinnasque adiecit grandibus cernis eminentibus ad commissuras pluteorum atque aggeris ⟨*c*⟩, qui ⟨ut β⟩ ascensum hostium tardarent: VII 72, 4; — turres contabulantur, pinnae loricaeque ex cratibus attexuntur: V 40, 6; — falcibus uallum ac loricam rescindunt: VII 86, 5.

lubenter *u.* **libenter.**

Lucani: in Lucanis Bruttiisque per legatos suos ciuium Romanorum dilectus habebat (Cato): 1, 30, 4.

Q. Lucanius: Q. Lucanius, eiusdem ordinis, fortissime pugnans, dum circumuento filio subuenit, interficitur: V 35, 7.

L. Lucceius: Vibullius . . . adhibito Libone et L. Lucceio ⟨luceio *z*⟩ et Theophane, quibus*cum* communicare de maximis rebus Pompeius consueuerat, de mandatis Caesaris agere instituit: 3, 18, 3.

Luceria: Pompeius his rebus cognitis, quae erant ad Corfinium gestae, Luceria proficiscitur Canusium atque inde Brundisium: 1, 24, 1.

lucesco (lucisco): Caesar, ubi luxit ⟨illuxit *O*⟩, omnes . . . ad se produci iubet: 1, 23, 1.

Lucilius Hirrus *u.* **Hirrus** *p. 1499.*

Lucius *u.* **L.** *p. 397 sq.*

Lucretius. 1. Q. Lucretius: Caesari nuntiatur Sulmonenses . . . cupere ea facere, quae uellet, sed a Q. Lucretio ⟨lucterio *O*⟩ senatore et Attio Paeligno prohiberi, qui id oppidum VII cohortium praesidio tenebant: 1, 18, 1; Lucretius ⟨lucterius *O*⟩ et Attius de muro se deiecerunt: 1, 18, 3.

2. Lucretius Vespillo: erant ⟨*a¹;* erat *Ofhl*⟩ Orici Lucretius Vespillo ⟨*Gland.;* bispillo *ahl;* uispillo *f*⟩ et Minucius Rufus cum Asiaticis nauibus XVIII, quibus iussu D. Laelii praeerant ⟨*P. Manut.;* -rat *codd.*⟩: 3, 7, 1; neque illi sibi confisi ex portu prodire sunt ausi: 3, 7, 2.

Lucterius. (*Cf. Glück p. 89.*)

Lucterium Cadurcum, summae hominem audaciae, cum parte copiarum in Rutenos mittit (Vercingetorix): VII 5, 1; interim Lucterius ⟨β; lucretius α⟩ Cadurcus in Rutenos missus eam ciuitatem Aruernis conciliat: VII 7, 1; *cf.* § 2(—5); his rebus comparatis represso iam Lucterio et remoto, quod intrare intra praesidia periculosum putabat, in Heluios proficiscitur: VII 8, 1.

luctus: re cognita tantus luctus excepit, ut urbs ab hostibus capta . . . uideretur: 2, 7, 3; ¶ plena erant omnia timoris et luctus: 2, 41, 8.

ludus: gladiatoresque, quos ibi Caesar in ludo habebat, ad forum productos ⟨*c*⟩ Lentulus *spe* libertatis confirmat: 1, 14, 4.

Lugotorix: nostri . . . capto etiam nobili

duce Lugotorige ⟨cingetorige β⟩ suos incolumes reduxerunt: V 22, 2.

luna: eadem nocte accidit, ut esset luna plena, qui dies maritimos aestus maximos in Oceano efficere consueuit: IV 29, 1; non esse fas Germanos superare, si ante nouam ⟨nonam *QB²β*⟩ lunam ⟨luna nonam *h*⟩ proelio contendissent: I 50, 5.

Luna: (Germani) deorum numero eos solos ducunt, quos cernunt et quorum aperte opibus iuuantur, Solem et Vulcanum et Lunam: VI 21, 2.

lunter *u.* **linter.**

Rutilius Lupus: L. Manlius praetor Alba ⟨*c*⟩ cum cohortibus sex profugit, Rutilius ⟨rutulius *al*⟩ Lupus praetor Tarracina ⟨*c*⟩ cum tribus; quae ⟨*c*⟩ . . . relicto praetore signa ad Curium transferunt: 1, 24, 3; quorum cognito aduentu Rutilius Lupus, qui Achaiam missus a Pompeio obtinebat, Isthmum ⟨*c*⟩ praemunire instituit, ut Achaia Fufium prohiberet: 3, 55, 2.

Lusitani: ut . . . pedem referre et loco excedere non turpe existimarent † cum ⟨a *Paul*⟩ Lusitanis reliquisque barbaris *barbaro* genere quodam ⟨*CC*⟩ pugnae adsuefacti: 1, 44, 2; qui erant pabulandi aut frumentandi causa progressi, hos leuis armaturae Lusitani peritique earum regionum caetrati citerioris Hispaniae consectabantur; quibus erat procline tranare flumen, quod consuetudo eorum omnium est, ut sine utribus ⟨*b; Ald.;* utrisque *x*⟩ ad exercitum non eant: 1, 48, 7.

Lusitania: quorum . . . tertius (Petreius) ab Ana Vettonum agrum Lusitaniamque pari numero legionum obtinebat: 1, 38, 1; Petreius ex Lusitania per Vettones cum omnibus copiis ad Afranium proficiscatur: 1, 38, 2; equites auxiliaque toti ⟨*Steph.;* totius *uel* tocius *codd.*⟩ Lusitaniae a Petreio . . . imperantur: 1, 38, 3.

Lutetia. *Codices partim* lutetia, *partim* lutecia, *alii* lucetia, *alii* lucecia *uidentur exhibere. Compluribus autem locis cognosci non posse uidetur, utrum* c *an* t *litteram exarare uoluerit librarius.* Lutetiam *exstat in a* VI 3, 4, *in A* VII 58, 5; luteciam *in α* (lutenciam *in Q¹*) VI 3, 4; lucetia(m) *omnibus locis in f, praeterea in h* VII 57, 1 *et* 58, 5. 6; luceciam *in a* VII 57, 1 *et* 58, 5. 6 (*bis?*). *Quid in rell. codd. exstet, parum uidetur constare; Holder quidem testatur* lutecia (-am, -ae) *inueniri in AQB* VII 57, 1 *et* 58, 3. 6 (*bis*), *in BQ* VII 58, 5; *Frig.* VII 57, 1 *in B inueniri* lucecia *dicit; de rell. locis tacet; uerum tamen ex silentio eius colligi potest,* lutetia *eum in α sibi uidere uisum esse. Ex Dübneri uerbis quid singulis locis in singulis codd. scriptum sit, non perspicitur.*

concilio Galliae primo uere . . . indicto . . . concilium Lutetiam Parisiorum transfert: VI 3, 4; Labienus . . . cum IIII legionibus Lutetiam proficiscitur. id est oppidum Parisiorum, quod ⟨*c*⟩ positum est ⟨*c*⟩ in insula fluminis Sequanae: VII 57, 1; Metiosedum ⟨*c*⟩ peruenit. id est oppidum Senonum in insula Sequanae ⟨*c*⟩ positum, ut paulo ante de Lutetia ⟨lutetiam (*om.* de) *ik; Ald.; u. CC*⟩ diximus: VII 58, 3; exercitum traducit (Labienus) et secundo flumine ad Lutetiam iter facere coepit: VII 58, 5; hostes . . . Lutetiam incendi ⟨incendunt β⟩ pontesque eius oppidi rescindi iubent; ipsi profecti ⟨*c*⟩ a palude ad ⟨*c*⟩ ripas Sequanae e regione Lutetiae contra Labieni castra considunt: VII 58, 6.

lutum: (hoc lutum ⟨hic lutus *E. Baehrens*⟩ atque macellum ἐνικῶς exire memento, Memmius ista macella licet, Caesar luta dicat: *Caper (gramm. Lat. VII p. 101 ed. Keil).*)

eamque contabulationem summam lateribus lutoque construxerunt, ne quid ignis hostium nocere posset: 2, 9, 3; — ut trabes erant in capreolis conlocatae, lateribus ⟨in lateribus *x*⟩ et ⟨*recc.; om. x*⟩ luto ⟨lutoque *Ald., Np., Dt.*⟩ musculus, ut ab igni, qui ex muro iaceretur, tutus esset, contegitur: 2, 10, 5; — quidquid est contignatum cratibus consternitur, crates luto ⟨que *add. O²hl*⟩ integuntur: 2, 15, 2; — (milites, cum toto tempore frigore ⟨luto frigore β⟩ et adsiduis imbribus tardarentur ⟨*c*⟩, tamen: VII 24, 1.)

lux. A. subi.: at ⟨ad *codd.*⟩ lucem multum per se pudorem omnium oculis, multum etiam tribunorum militum et centurionum praesentiam ⟨praesentium *O¹af*⟩ adferre ⟨at luce multum posse pudorem omnium sub oculis, metum etiam . . . *Paul;* at luce multum per se pudorem (pud. *om. Ciacc.*) omnium oculos, multum . . . *Ciacc., Koch*⟩: 1, 67, 4; ¶ cum lux adpeteret ⟨adpareret *b; edd. uett.*⟩, . . . se ad suos receperunt: VII 82, 2; ¶ longius delatus aestu ⟨*c*⟩ orta luce sub sinistra Britanniam relictam conspexit: V 8, 2.

B. abl.; a) luce: legionem *X. eodem iugo ⟨luce *Paul*⟩ mittit: VII 45, 5; 1, 67, 4 *u.* **A.**

b) prima luce: prima luce, cum summus mons a Labieno teneretur . . ., Considius . . . accurrit: I 22, 1; prima luce confirmata re ab exploratoribus omnem equitatum . . . praemisit: II 11, 3; prima luce productis omnibus copiis . . . quid hostes consilii caperent exspectabat: III 24, 1; secunda inita ⟨*c*⟩ cum soluisset uigilia, prima luce terram attigit: V 23, 6;

pronuntiatur prima luce ituros ⟨iter *Ciacc.*⟩: V 31, 4; prima luce sic ex castris proficiscuntur, ut: V 31, 6; prima luce hostium equitatus ad castra accedit: V 50, 4; sese . . . postero die prima luce castra moturum: VI 7, 6; principes . . . prima luce cotidie ⟨*c*⟩ ad se conuenire ⟨*o*⟩ iubebat: VII 36, 3; prima luce magnum numerum impedimentorum . . . produci . . . iubet: VII 45, 2; prima luce et nostri omnes erant transportati et hostium acies cernebatur: VII 62, 1; prima luce ex superioribus locis . . . cernebatur . . . nouissimos illorum premi uehementer: 1, 64, 1; prima luce postridie constituunt proficisci: 1, 67, 6; tertio die prima luce exercitum nado traducit: 3, 37, 1; accessere ⟨*del. Em. Hoffm.*⟩ subito prima luce Pompeiani ⟨exercitus aduentus extitit *add. x; Em. Hoffm.; del. Np.*⟩: 3, 63, 6; Caesar prima luce omnes eos . . . arma proicere iussit: 3, 98, 1; ¶ postero ⟨*c*⟩ die luce prima monet castra: V 49, 5; et luce prima missis ad eos ab Otacilio equitibus . . . se defenderunt: 3, 28, 6.

C. c. praep.: cum a prima luce ad horam octauam pugnaretur ⟨pugnassent *β*⟩: V 35, 5; hoc idem postero die a prima luce faciunt totumque in ea re diem consumunt: 1, 81, 3.

haec quoque per exploratores ante lucem in tanta propinquitate castrorum ad hostes deferuntur: VI 7, 9.

uno fere tempore sub lucem ⟨luce *a*⟩ hostibus nuntiatur in castris Romanorum praeter consuetudinem tumultuari et . . .: VII 61, 3; ille ex castris prima uigilia egressus prope confecto sub lucem itinere post montem se occultauit: VII 83, 7.

luxuria: in castris Pompei uidere licuit . . . non nullorum tabernacula protecta hedera, multaque praeterea, quae nimiam luxuriam et uictoriae fiduciam designarent: 3, 96, 1; — at hi miserrimo ac patientissimo ⟨*c*⟩ exercitu Caesaris luxuriem obiciebant, cui semper omnia ad necessarium usum defuissent: 3, 96, 2; ¶ (Neruios) nihil pati nini reliquarumque rerum ad luxuriam pertinentium ⟨ad luxuriam pertinentium *add. B²β; Schn., Db., Hold.; om. α; rell. edd.*⟩ inferri: II 15, 4.

M

M. = Marcus. *Omnibus belli ciuilis locis, 27 numero, in a (x?) hoc praenomen per notam* (m.) *uidetur scriptum esse* (3, 36, 3 *in a inuenitur* in *pro* m.); *discrepant codd. in B. G. — Compendium* (m. *uel* m̄.) *inueniri uidetur in X his locis:* I 2, 1 (m. messala); 21, 4; 35, 4 (m. messala); V 24, 3 (*sed marcum in B²*); V 46, 1; VI 6, 1; *quibus locis addendi sunt* I 2, 1 (*ubi codd. habent* p̄. m̄. (p. m. *Q*; publio marco *B²M²*) pisone, *unde perperam effinxerunt* Pupio Marco Pisone *Oudendorp.*, M. Pupio Pisone *Holder,*) *et* I 35, 4 (*quo loco* l. *errore exaratum est in X pro* m.). Marcus *exstat in α,* m. *in β* VII 81, 6; marcus *est in α,* m. *in h, omissum est praenomen in a* VII 50, 4; marco (marcum) *in α, omissum in β* IV 1, 1 *et* VII 90, 4; marcum *in M²h,* marium *in α,* m. *in B², om. in a* I 47, 4. *Plene uidetur scriptum esse in X his locis:* I 53, 8; III 7, 4; VI 1, 1; VII 42, 5. (*Errore in x scriptum est* m. *pro* marcius 2, 23, 5, m. *pro* m.' 3, 15, 6.) *Compendium* m. *etiam in cod. Med. Cic. ep. ad fam.* VII 5, 2 *et in Gellii codd.* V 13, 6 *exstat.*

Additum est praenomen M. *his nominibus:* (Acilius 3, 15, 6;) Antonius VII 81, 6; 1, 2, 8; 11, 4; 18, 2; 3, 26, 1; 40, 5; 65, 2; Aristius VII 42, 5; Bibulus 3, 5, 4; 7, 1; 31, 3; Calidius 1, 2, 3; Cato 1, 30, 2; Coelius Rufus 1, 2, 4; 3, 20, 1; Cotta 1, 30, 2; Crassus (*pater*) I 21, 4; IV 1, 1 ⟨*c*⟩; 3, 31, 3; Crassus (*filius*) V 24, 3; 46, 1; VI 6, 1; Fauonius ⟨*c*⟩ 3, 36, 3. 6; Gallus *u.* Trebius; † itfiuius ⟨*u. CC*⟩ *ap. Cic. ad fam.* VII 5, 2; Iuncus ⟨*c*⟩ *ap. Gell.* V 13, 6; Lepidus 2, 21, 5; Marcellus 1, 2, 2; Messala I 2, 1; 35, 4; Met(t)ius ⟨*c*⟩ I 47, 4; 53, 8; Octauius 3, 5, 3; 9, 1; Opimius 3, 38, 4; Petronius ⟨*c*⟩ VII 50, 4 Piso I 2, 1 ⟨*c*⟩; 35, 4 ⟨*c*⟩; Plotius ⟨*c*⟩ 3, 19, 6; Pomponius 3, 101, 1; Rufus *u.* Coelius; (2, 23, 5;) Rutilus *u.* Sempronius; Sacratiuir 3, 71, 1; Sempronius Rutilus ⟨*c*⟩ VII 90, 4 ⟨*c*⟩; Silanus VI 1, 1; (Titius ⟨*c*⟩ I 47, 4;) Trebius Gallus III 7, 4; Varro 2, 17, 1; 21, 4.

M *u.* **mille.**

M.' = Manius. *Duobus locis hoc praenomen ab editoribus receptum est:* loquuntur . . . cum M.' ⟨*Vrsin.*⟩ Acilio ⟨macilio *hl;* m. acilicio *a*⟩ et Statio Murco legatis: 3, 15, 6, *et* huic officio oppidoque M.' Acilius ⟨Manius Acilius *Achaintrius;* Acilius *Faern.;* caninianus *x*⟩ legatus praeerat: 3, 39, 1.

Macedo(nes): huc Dardanos, Bessos . . ., item Macedones, Thessalos ac reliquarum gentium et ciuitatum (equites) adiecerat: 3, 4, 6.

Macedonia: legiones (Pompeius) effecerat . . . VIIII: . . . unam ex Creta et Macedonia ex ueteranis militibus, qui dimissi a superioribus imperatoribus in his prouinciis consederant: 3, 4, 1; ex Macedonia CC (equites) erant, quibus Rhascypolis ⟨c⟩ praeerat, excellenti uirtute: 3, 4, 4; Pompeius erat eo tempore in Candania iterque ex Macedonia in hiberna Apolloniam Dyrrachiumque habebat: 3, 11, 2; ipse (Scipio) iter in Macedoniam parare incipit paucisque post diebus est profectus: 3, 33, 2; Cn. Domitium Caluinum cum legionibus duabus, XI. et XII., et equitibus D in Macedoniam proficisci iussit; cuius prouinciae ab ea parte, quae libera appellabatur, Menedemus, princeps earum regionum, missus legatus omnium suorum excellens studium profitebatur: 3, 34, 3. 4; eodemque tempore Domitius in Macedoniam uenit: 3, 36, 1; *cf. qu. sqq.*; hic (Scipio) nullo in loco Macedoniae moratus magno impetu tetendit ⟨c⟩ ad Domitium: 3, 36, 2; M. Fauonium ad flumen Aliacmonem ⟨c⟩, quod Macedoniam ⟨amacedoniam *h*⟩ a Thessalia diuidit, . . . reliquit: 3, 36, 3; (Caesar postquam Pompeium ad Asparagium esse cognouit, eodem cum exercitu profectus . . . tertio die ⟨macedoniam *add. Ox; del. Forchh.*; in Macedoniam *Np.*⟩ ad Pompeium peruenit iuxtaque eum castra posuit: 3, 41, 1;) haec cum . . . gererentur Scipionemque in Macedoniam uenisse constaret: 3, 57, 1; Pompeius per Candauiam iter in Macedoniam expeditum habebat: 3, 79, 2; utrum auertendae suspicionis causa Pompeius proposuisset (edictum), . . . an nouis dilectibus, si nemo premeret, Macedoniam tenere conaretur, existimari non poterat: 3, 102, 3.

maceria: fossamque ⟨c⟩ et maceriam ⟨*a;* materiam *αh*⟩ sex ⟨*o*⟩ in altitudinem pedum praeduxerant ⟨prod. *β*; perd. *D*⟩: VII 69, 5; — non nulli relictis equis fossam transire et maceriam ⟨materiam *α*⟩ transcendere conantur: VII 70, 5.

macero: unum hoc maceror ac ⟨c⟩ doleo tibi deesse, Terenti: *ap. Suet. uit. Terent.* 5.

machinatio: inridere (Aduatuci) . . ., quod tanta machinatio ab ⟨c⟩ tanto spatio instrueretur ⟨institueretur *β*⟩: II 30, 3; — qui tantae altitudinis machinationes tanta celeritate promouere possent ⟨*u. CC*⟩: II 31, 2; ¶ hoc opus . . . inopinantibus hostibus machinatione nauali ⟨mach. nau. *del. Paul*⟩, phalangis subiectis, ad turrim hostium admouent: 2, 10, 7; — haec cum machinationibus immissa in flumen ⟨c⟩ defixerat festucisque ⟨c⟩ adegerat: IV 17, 4.

macies: corruptis equis macie conandum sibi aliquid Pompeius de eruptione existimauit: 3, 58, 5.

maestus: ii, qui ab ⟨c⟩ Alesia ⟨c⟩ processerant, maesti prope uictoria desperata se in oppidum receperunt: VII 80, 9.

Magetobriga. *Cf. Glück p. 121—131; u. CC.*

ut semel (Ariouistus) Gallorum copias proelio uicerit, quod proelium factum sit ad Magetobrigam ⟨admagetobrige *AQ;* admagetobriae *(B)M, a corr.;* admagetobrio *h;* ad magetobriam *f; Schn., Np.;* Admagetobrigae *Fr., Hold.*⟩: I 31, 12.

magis. A. non sequitur quam aut abl. comp.; a) non additur abl. mensurae; α): quod est magis neri simile: III 13, 6.

β): si, id quod magis futurum confidat ⟨-debat *β*⟩, relictis impedimentis suae saluti consulant: VII 66, 5; communi enim ⟨c⟩ fit uitio naturae, ut inuisitatis ⟨c⟩ atque incognitis rebus magis confidamus uehementiusque exterreamur: 2, 4, 4.

b) add. abl. mensurae; α) eo *u. uol. II. p. 346* **3. A.** *et* **C.** *(6 + 2 loc.).*

β) hoc: quo minus dimicare uellet mouebatur, atque hoc etiam magis, quod . . . non multum . . . *uictoria iuuare poterat: 1, 82, 3; hoc nero magis properare Varro: 2, 20, 1.

γ) nihilo: cum Vercingetorix nihilo magis ⟨*Vascosan.;* nihil ominus *ABMβ*; nichilominus *Q*⟩ in aequum locum descenderet: VII 53, 2.

B. sequitur quam **(uel abl. comp.); a) quam:** se ita a patribus . . . didicisse, ut magis uirtute contenderent quam dolo aut ⟨*Dt.*²*;* uirtute quam dolo contend. aut *codd.; rell. edd.; u. CC*⟩ insidiis niterentur: I 13, 6; Ariouistum . . . magis ratione et consilio quam uirtute uicisse: I 40, 8; instructo exercitu magis ut loci natura deiectusque ⟨c⟩ collis et necessitas temporis quam ut rei militaris ratio atque ordo postulabat: II 22, 1; se magis consuetudine ⟨mansuetudine *Hartz*⟩ sua quam merito eorum ciuitatem conseruaturum: II 32, 1; mercatoribus est aditus magis eo ⟨eo magis *β*⟩, ut quae bello ceperint quibus uendant habeant, quam quo ullam rem ad se importari desiderent: IV 2, 1; si sibi magis honorem tribuere quam ab se salutem accipere uideantur: VII 20, 7; quod perterritus miles in ciuili dissensione timori magis quam religioni consulere consuerit ⟨c⟩: 1, 67, 3; Caesar magis eos pro nomine et netustate quam pro meritis in se ciuitatis conseruans . . . relinquit: 2, 22, 6; milites . . . magis de reliqua fuga quam de castrorum defensione cogitabant: 3, 95, 3; quid . . . bono cini magis conuenit quam abesse a ciuilibus controuersiis? *ap. Cic. ad Att.* X 8 *B*, 2; id erat eius modi, ut magis optandum quam sperandum putarem: *ap. Cic. ad Q. fr.* II 10 (12), 4.

b) abl. compar.: inter aures unum cornu exsistit excelsius magisque derectum his quae nobis nota sunt cornibus: VI 26, 1.

[**Falso**: quid fieri oporteret non minus commode ipsi sibi ⟨magis *add.* β⟩ praescribere quam ab aliis doceri poterant: II 20, 3.]

maxime. 1. = μάλιστα; **A. non additur quam (uel quam possum); a) c. adiect. (respondet superlatiuo)**: qui eo tempore principatum . . . obtinebat ac maxime plebi acceptus erat: I 3, 5; — quarum omnium rerum maxime admirandum uidebatur, quod Germani . . . obtulerant ⟨c⟩: VI 42, 3; — quibus rebus nox maxime aduersaria est: 2, 31, 7; — quod *id huins modi militum consiliis omnium ⟨*Clark.; otium codd.; edd.; u. CC*⟩ maxime contrarium esse arbitrarentur: 2, 30, 1; — qui (Neruii) maxime feri inter ipsos habeantur ⟨c⟩ longissimeque absint: II 4, 8; — ut homines bellicosos . . . locis patentibus maximeque frumentariis finitimos haberet: I 10, 2; iracundia et temeritas, quae maxime illi hominum generi est innata: VII 42, 2; — ut maxime necessario tempore ciuitati subueniat: VII 32, 2; Caesar loca maxime necessaria complexus noctu praemunit ⟨c⟩: 3, 112, 7; — quae quidem res ad negotium conficiendum maxime ⟨maximae *B*β⟩ fuit oportuna ⟨oportunitati β⟩: III 15, 4.

b) c. uerb.: monuitque, ut ⟨c⟩ rei militaris ratio, maxime ⟨que *add.* β⟩ ut maritimae res postularent, . . . ad nutum . . . omnes res ab iis ⟨c⟩ administrarentur: IV 23, 5; — admirari: VI 42, 3 *u.* **a)** admirandus; — *deorum maxime Mercurium colunt: VI 17, 1; — huic legioni ⟨o⟩ Caesar et ⟨c⟩ indulserat praecipue et propter uirtutem confidebat maxime: I 40, 15; cui (legioni) ⟨quam *add. M pr.* (qūa), *B*[2]*Q*[2]*a; edd.*; quod *add. AQ*[1]*B*[1], *M corr.; del. Clark.*; cui qu. max. conf. *del. Paul; Hold.*⟩ maxime confidebat: I 42, 5; perterritis hostibus, quod equitatu, qua maxime parte exercitus confidebant ⟨*Lips.*; quo maxuma parte exerc. confidebat α; quo maxime confidebant β⟩, erant pulsi: VII 68, 3; peditum eam partem, cui maxime confidebat, Saburrae submisit: 2, 40, 1; ut . . . eam partem, cui maxime ⟨atque maximam partem cui *f*⟩ confidebat ⟨fidebat *bf*⟩, perterritam animum ⟨c⟩ aduertit: 3, 94, 5; — ut quisque acerbissime crudelissimeque dixit, ita ⟨quam *add. codd.; Np.; del. Kindscher*⟩ maxime ab inimicis Caesaris conlaudatur: 1, 2, 8; — unum esse illud ⟨o⟩ tempus ⟨c⟩, quo maxime contendi conueniat: VII 85, 2; — nostris militibus cunctantibus, maxime propter altitudinem maris, . . . inquit: IV 25, 3; — quibus (iumentis) maxime Galli delectantur ⟨gallia delectatur β⟩: IV 2, 2; — ex quibus (ferarum generibus) quae maxime differant a ⟨c⟩ ceteris et memoriae ⟨c⟩ prodenda uideantur, haec sunt: VI 25, 5; — exercitus animos alienos esse a Curione maximeque opus esse in conspectum ⟨c⟩ exercitum (?) uenire: 2, 27, 3; — atque hoc maxime ⟨*om.* β⟩ ad uirtutem excitari putant, metu mortis neglecto: VI 14, 5; — id ea maxime ratione fecit, quod noluit eum locum . . . uacare: I 28, 4; — uxores habent deni duodenique inter se communes ⟨o⟩ et maxime fratres cum fratribus parentesque cum liberis: V 14, 4; — Longinum . . . in Thessaliam, Caluisium . . . in Aetoliam misit; maxime ⟨que *add. recc.*⟩ eos, quod erant propinquae regiones, de re frumentaria ut prouiderent hortatus est: 3, 34, 2; — innasci VII 42, 2 *u.* **a)** innatus; — maxime ad superiores munitiones laboratur: VII 85, 4; illi omnia perpeti parati maxime a re frumentaria laborabant: 3, 9, 5; — ut auctoritatem, qua ille maxime apud exteras nationes niti ⟨uti *NO*⟩ uidebatur, minueret: 3, 43, 4; — maxime frumenti commeatusque ⟨c⟩ inopia permotus . . . in prouinciam reuerti contendit: III 6, 4; Cassiuellaunus . . . uastatis finibus, maxime etiam permotus defectione ciuitatum ⟨c⟩, legatos . . . mittit: V 22, 3; non neglegenda existimabant, maximeque hac re permouebantur, quod: V 28, 1; — ea, quae maxime ad pacem pertinere uiderentur, ageret: 3, 19, 2; — ad spem conficiendi negotii maxime probabat ⟨probat *f*⟩ coactis nauibus mare transire: 1, 29, 1; — (memoriae prodere: VI 25, 5 *u.* differre;) — bellum parare et maxime ea, quae ad usum nauium pertinent, prouidere instituunt: III 9, 3; — qui mitterentur non reperiebantur, maximeque timoris causa pro se quisque id munns legationis recusabat: 1, 33, 1; — sed eius (lateris) angulus *alter maxime ad ⟨c⟩ Germaniam spectat: V 13, 6; — haec a custodiis ⟨c⟩ classium loca maxime uacabant: 3, 25, 5; — cum ageretur apud Caesarem isque maxime uellet pro communi amico . . . controuersias regum componere: 3, 109, 1.

c) pertinet ad enuntiatum superius, sequitur quod: quanto erat in dies grauior atque asperior oppugnatio, et maxime quod . . . res ad paucitatem defensorum peruenerat, tanto: V 45, 1; idque adeo hand scio mirandumne sit cum ⟨*om.* β⟩ compluribus aliis de causis tum maxime, quod qui ⟨*c*⟩ uirtute belli omnibus gentibus praeferebantur, tantum se eius opinionis deperdidisse . . . grauissime dolebant: V 54, 5; fuit haec oratio non ingrata Gallis et ⟨*om.* β⟩ maxime, quod ipse animo non defecerat tanto accepto incommodo neque *se* . . . abdiderat et conspectum multitudinis fugerat: VII 30, 1; ut . . . iter in prouinciam conuerteret, id ⟨*c*⟩ ne ⟨*c*⟩ metu ⟨*c*⟩ quidem necessario faciundum ⟨*c*⟩ existimabat, cum **quod* infamia . . . impediebat, tum maxime, quod abiuncto ⟨*c*⟩ Labieno atque . . legionibus . . . uehementer timebat: VII 56, 2; aegre retentis Domitianis militibus est factum, ne proelio contenderetur et maxime, quod riuus difficilibus ripis . . . progressus nostrorum impediebat: 3, 37, 3.

B. additur quam **(**possum**); a)** quam maxime: **(**I 42, 5 *u.* **A. b)** confidere;**)** in his administrandis rebus quam maxime concursari et cum simulatione agi timoris iubet: V 50, 5; **(**1, 2, 8 *u.* **A. b)** conlaudare;**)** conatur tamen eos . . . circummunire, ut quam maxime repentinas eorum eruptiones demoretur: 1, 81, 5; iterque accelerat, ut quam maxime ex fuga perterritos adoriri posset: 2, 39, 6; locumque (iussit) in omnes partes quam maxime impediri ⟨-dire a^1⟩: 3, 46, 1; **(**Pompeius, ut equitatum suum pulsum uidit . . ., aliis quoque ⟨*Np.;* aliisque *af;* aliisque quam maxime *hl*⟩ diffisus acie excessit: 3, 94, 5.**)**

b) quam maxime possum: castra . . . angustiis uiarum quam maxime potest contrahit: V 49, 7; ut . . . quam latissimas regiones praesidiis teneret Caesarisque copias quam maxime posset distineret: 3, 44, 2.

Cum . . . tum maxime *u.* **cum** *p. 799* **A.** *extr. et* **B.** *extr.*

(2. =ἄρτι: in Aulercis Lexouiisque, reliquis item ⟨in *add.* β⟩ ciuitatibus, quae proxime ⟨*aef;* maximae B^1M^1; maxime *AQh; Fr., Db.*⟩ bellum fecerant, in hibernis conlocauit: III 29, 3; ipsi manu facta cum iis ⟨*c*⟩, quos nuper ⟨maximi *add. x;* maxime f^2; *Db.; del. Np., Dt.*⟩ liberauerant, in proxima Octauii castra inruperunt: 3, 9, 6.**)**

magister. A. mag. nanis = ναύαρχος, ναύκληρος: horum fuga nauium onerariarum magistros incitabat ⟨inuitabat *Paul*⟩: pauci lenunculi ad officium imperiumque conueniebant: 2, 43, 3; ¶ magistrisque imperat nauium, ut primo uespere omnes scaphas ad litus adpulsas habeant: 2, 43, 1.

B. trsl. = διδάσκαλος: ut est rerum omnium magister usus: 2, 8, 3.

magistratus. A. = munus publicum; **a) obi.:** Conuictolitauis Haeduus, cui magistratum adiudicatum a Caesare ⟨a caesare adsignatum β⟩ demonstrauimus, . . . conloquitur: VII 37, 1; ¶ quod, cum singuli magistratus antiquitus creari . . . consuessent, duo ⟨nunc *add. Pramm.*⟩ magistratum gerant et se uterque eorum legibus creatum esse ⟨*c*⟩ dicat: VII 32, 3; cuius frater Valetiacus proximo anno eundem magistratum gesserit: VII 32, 4; ¶ (inire: 3, 20, 1 *u.* **c)**;) ¶ his domi . . . amplissimos magistratus mandauerat atque eos extra ordinem in senatum legendos curauerat: 3, 59, 2; ¶ quod legibus Haeduorum iis ⟨*c*⟩, qui summum magistratum obtinerent, excedere ex finibus non liceret: VII 33, 2.

b) dat.: conuocatis eorum principibus . . ., in his Diuiciaco et Lisco, qui summo magistratui ⟨-tu *a*⟩ praeerat ⟨*Ellebodius;* praeerant *X; Hold.; u. CC*⟩, quem uergobretum appellant Haedui, qui creatur annuus et uitae necisque in suos habet potestatem: I 16, 5.

c) gen.: M. Coelius Rufus praetor . . . initio magistratus ⟨inito magistratu *Hot.*⟩ tribunal suum iuxta C. Trebonii, praetoris urbani, sellam conlocauit: 3, 20, 1.

B. = **qui munere publico fungitur; a) subi.; α):** sed magistratus ac principes in annos singulos gentibus cognationibusque hominum . . . quantum . . . uisum est agri attribuunt ⟨attr. agri β⟩ atque anno post alio transire cogunt: VI 22, 2; cum . . . multitudinem . . hominum ex agris magistratus cogerent: I 4, 3; ¶ (Capuae primum sese ⟨esse *Oahl*⟩ confirmant (magistratus?) et colligunt dilectumque colonorum . . . habere instituunt: 1, 14, 4;) ¶ hunc Marcellus collega et plerique magistratus consecuti sunt: 1, 14, 2; ¶ cum singuli magistratus antiquitus creari atque regiam potestatem annum ⟨anunam β⟩ obtinere consuessent: VII 32, 3; ¶ (conuenire: VII 55, 4 *u.* **c)**;) ¶ darent operam magistratus, ne quid res publica detrimenti caperet: 1, 7, 5; ¶ in pace nullus ⟨nullis *AQ*β⟩ est communis magistratus: VI 23, 5; edictumque praemittit, ad quam diem magistratus principesque omnium ciuitatum sibi esse praesto Cordubae uellet: 2, 19, 1; ¶ cum bellum ciuitas aut inlatum defendit aut infert, magistratus, qui ei bello praesint et ⟨*Ciacc.;* ut *codd.; edd.*⟩ uitae necisque habeant potestatem, deliguntur: VI 23, 4; (habere instituunt: 1,14,4 *u.* sese confirmare;) ¶ magistratus quae nisa sunt occultant quaeque ⟨*c*⟩ esse ex usu iudicauerunt multitudini produnt: VI 20,3; ¶ obtiuere: VII 32,3 *u.* consuesse; ¶ occultare: VI 20,3 *u.* iudicare; ¶ esse non nullos, . . . qui priuatim ⟨-ti *Ciacc.*⟩ plus possint ⟨*c*⟩ quam ipsi ⟨ipse *Ciacc.*⟩ magistratus: I 17,1; ¶ praeesse: VI 23,4 *u.* habere; ¶ prodere: VI 20,3 *u.* iudicare; ¶ cum resisteret Seruilius consul reliquique magistratus: 3,21,1.

β): quod a magistratu Haeduorum accusaretur: I 19,1.

b) praed.: magistratus creari: VII 32, 3 *u.* **a)** α) consuesse; cum leges duo ex una familia uiuo utroque non solum magistratus creari uetarent, sed etiam in senatu esse prohiberent: VII 33,3.

c) apposit.: Conuictolitauem magistratum magnamque partem senatus ad eum conuenisse: VII 55,4.

d) obiect.: (creare: VII 32,3 *u.* **a)** α) consuesse; VII 33,3 *u.* **b)**;) ¶ deligere: VI 23,4 *u.* **a)** α) habere; ¶ (Suessiones,) fratres consanguineosque suos, qui eodem iure et ⟨*c*⟩ isdem legibus utantur, unum imperium unumque ⟨imperium unumque *om.* β⟩ magistratum cum ipsis habeant: II 3,5; ¶ Conuictolitauem, qui per sacerdotes more ciuitatis intermissis ⟨intromissis *Dauis.*; intermixtis *Bos*⟩ magistratibus esset creatus, potestatem obtinere iussit: VII 33,4.

(**e) dat.**: uidetur: VI 20,3 *u.* **a)** α) iudicare; VI 22,2 *ib.* attribuere.)

f) gen.: in illa magistratuum ⟨magistratus *af*; -stratū *h*⟩ controuersia alter pro Conuictolitaui, alter pro Coto . . . pugnauerant ⟨*c*⟩: VII 39,2; ¶ in se iura magistratuum commutari, ne ex praetura et consulatu, ut semper, sed ⟨*c*⟩ per paucos . . . electi in prouincias mittantur: 1,85,9; ¶ magnarum initia rerum, quae occupatione magistratuum et imperiorum ⟨*Paul*; temporum *codd.*; *edd.*⟩ sollicitam Italiam habebant, celerem . . . exitum habuerunt: 3,22,4; ¶ celeriter adulescentibus et oratione magistratus et praemio deductis: VII 37,6.

g) c. praep.: obsides ciuitatum ⟨*c*⟩ Bibracte ad magistratum deducendos curauerunt: VII 55,6; — habent legibus sanctum, si quis ⟨*c*⟩ quid de re publica . . . acceperit ⟨*c*⟩, uti ad magistratum deferat ⟨*c*⟩: VI 20,1.

Magius: reducitur ad eum deprensus ⟨*c*⟩ ex itinere N. ⟨*Perizon.*; gn. *uel* cn. *codd.*⟩ Magius Cremona ⟨cremonae *Na*⟩, praefectus fabrum Cn. Pompei. quem Caesar ad eum remittit cum mandatis: 1,24,4.5; magnopere admirabatur Magium, quem ad Pompeium cum mandatis miserat, ad se non remitti: 1,26,2; N. Magium ⟨*Perizon.*; magnum *M*⟩, Pompei praefectum, deprehendi. scilicet ⟨*c*⟩ [et] meo instituto usus sum et eum statim missum feci: *ap. Cic. ad Att.* IX 7 *C*, 2; Pompeius est Brundisii; misit ad me N. ⟨cn. *M*⟩ Magium ⟨magnum *M*[1]⟩ de pace; quae nisa sunt respondi: *ap. Cic. ad Att.* IX 13 *A*, 1.

magnificus: funera sunt pro cultu Gallorum magnifica et sumptuosa: VI 19,4.

magnitudo. A. subi.: multum ad hanc rem probandam adiuuat adulescentia, magnitudo animi, superioris temporis ⟨*recc.*; superioris animi, temporis *NO*[1]*x*⟩ prouentus, fiducia rei bene gerendae: 2,38,2; ¶ operum magnitudo et continens omnium dierum labor . . . perficiendi spatium non dabat: 3,63,4; ¶ neque quanta esset insulae magnitudo . . . reperire ⟨*c*⟩ poterat: IV 20,4; eadem est feminae marisque natura ⟨statura *Paul*⟩, eadem forma magnitudoque cornuum: VI 26,3; ¶ conatus est Caesar reficere pontes, sed nec magnitudo fluminis permittebat neque: 1,50,1; ¶ quae facilia ex difficillimis animi magnitudo ⟨-ine β⟩ redegerat ⟨-rant *B*[2]*a*[1]⟩: II 27,5; ¶ sed magnitudo operum, altitudo muri atque turrium, multitudo tormentorum omnem administrationem tardabat ⟨-bant *O*⟩: 2,2,5.

B. obi.: quanto ⟨*c*⟩ opere eorum animi magnitudinem admiraretur, quos ⟨*c*⟩ non castrorum munitiones, non altitudo montis . . . tardare potuisset, tanto opere licentiam . . . reprehendere: VII 52,3; ¶ nec ⟨*c*⟩ minus se in ⟨*c*⟩ milite modestiam et ⟨*c*⟩ continentiam ⟨*c*⟩ quam uirtutem atque animi magnitudinem desiderare: VII 52,4; ¶ non se hostem uereri, sed angustias itineris, magnitudinem siluarum . . . timere dicebant: I 39,6.

C. dat. (gen.): timebat tantae magnitudini ⟨-inis *Ohl*⟩ fluminis ⟨-ini *O*[2]⟩ exercitum obicere: 1,64,4.

D. abl.; a) causae: reliqui uulneribus ex proeliis et labore ac magnitudine itineris confecti consequi non potuerant: 3,106,2; ¶ hae ⟨*c*⟩ (casae) celeriter ignem comprehenderunt et uenti magnitudine in omnem locum castrorum ⟨*o*⟩ distulerunt: V 43,2; ¶ subito ui uentorum ⟨ui uent. *1 det.*; *pr. edd.*; iumentorum *Ox*⟩ et aquae magnitudine pons est interruptus ⟨interrutus *h*⟩| et reliqua multitudo equitum interclusa: 1, 40, 3; ¶ Lentulus aeris alieni magnitudine et ... regum appellandorum largitionibus mouetur: 1,4,2; ¶ magnitudine operum ... et celeritate Romanorum permoti legatos ... mittunt: II 12,5; ¶ ut sint reliquis documento et magnitudine poenae perterreant alios: VII 4, 10; ¶ cum aut ⟨*c*⟩ aere alieno aut magnitudine tributorum aut iniuria potentiorum premuntur: VI 13,2; ¶ (redigere: II 27, 5 *u.* **A.** redigere;) ¶ cumque ignis magnitudine uenti latius serperet: 3, 101, 6; ¶¶ quod illis prohibere erat facile cum ipsius fluminis natura atque aquae magnitudine, tum ⟨*c*⟩ quod: 1,50,2.

b) instr.: summae diligentiae summam imperii seueritatem addit, magnitudine supplicii dubitantes cogit: VII 4,9; ¶ si quando magnitudine operis forte superati ... suis fortunis ⟨*o*⟩ desperare ⟨*o*⟩ coeperant: III 12,3; ¶ igne nautas dominosque nauium interfecit magnitudine poenae reliquos terreri ⟨deterrere *Ohl*⟩ sperans: 3,8,3.

c) limitat.: harum (alcium) est consimilis capris figura ..., sed ⟨*c*⟩ magnitudine paulo antecedunt: VI 27,1; ¶ hi sunt magnitudine paulo infra elephantos: VI 28,1.

d) qualitat.: quae res ... et uires alit et immani corporum magnitudine homines efficit ⟨*c*⟩: IV 1,9; alii immani magnitudine ⟨magnitudine immani β⟩ simulacra habent ⟨*c*⟩: VI 16,4; ¶ siluam esse ibi ⟨*o*⟩ infinita magnitudine: VI 10,5; ¶ qui ingenti magnitudine corporum Germanos ... esse praedicabant: I 39,1; quae (silua) ingenti magnitudine per medios fines Treuerorum ... ad initium Remorum pertinet: V 3,4; ¶ alias deinceps pari magnitudine rates iungebat: 1,25,8; ¶¶ in hac sunt insula domicilia Aegyptiorum et uicus oppidi magnitudine: 3,112,3.

E. e. praep.: prorae (erant) admodum erectae, atque item puppes, ad magnitudinem fluctuum tempestatumque adcommodatae: III 13,2; — pedum XV fossam fieri iussit .... fossasque ad eandem magnitudinem perfici iubet: 1,42,1.

multa ... de mundi ac terrarum magnitudine ... disputant et iuuentuti tradunt: VI 14,6.

nam plerumque omnibus ⟨*c*⟩ Gallis prae magnitudine corporum suorum breuitas nostra contemptui est: II 30,4.

pro magnitudine periculi bellum parare ... instituunt: III 9,3.

quod naues propter magnitudinem nisi in alto constitui non poterant: IV 24,2; multarumque gentium fines propter magnitudinem attingit (silua): VI 25,3; quibus propter magnitudinem castrorum perpetuo esset isdem ⟨*c*⟩ in uallo permanendum: VII 41,2; erat a septentrionibus collis, quem propter magnitudinem circuitus opere circumplecti non potuerant ⟨*c*⟩ nostri: VII 83, 2; desperatis campestribus locis propter magnitudinem munitionum loca praerupta ... temptant: VII 86,4.

magnopere. *Inuenitur* magno opere *in hl* 1,44,1, *in B²h* I 38,2 *(recep. Fr.)*, *in h* VII 57,4, *in B¹(f¹?)* II 5,2, *in f* IV 26,1; *reliquis 9 locis in X (x) exstat* magnopere.

tametsi magnopere admirabatur Magium ... ad se non remitti: 1,26,2; ¶ ipse Diuiciacum Haeduum magnopere cohortatus docet, quanto opere rei publicae ... intersit manus hostium distineri: II 5,2; ¶ magnopere sese confidere demonstrat ... fore, ut: 1,26,4; ¶ eosque magnopere hortatur, ut ... confligant: 2,3,3; ¶ perpetuam esse paludem, quae ... ilium omnem locum magnopere impediret: VII 57,4; ¶ per litteras Trebonio magnopere mandauerat, ne ... pateretur: 2,13,3; ¶ in itinere congressi magnopere ne longius progrederetur ⟨*c*⟩ orabant: IV 11,1; Vbii ... magnopere orabant, ut sibi auxilium ferret, quod grauiter ... premerentur: IV 16,5; ¶ nostri tamen ... magnopere perturbabantur ⟨*M*²β; perturbantur α⟩: IV 26,1; ¶ id ne accideret, magnopere sibi praecauendum Caesar existimabat: I 38,2; ¶ ut ... ordines suos non magnopere ⟨*c*⟩ seruarent, rari dispersique pugnarent: 1,44,1; ¶ ut ... VII milium Pompeianorum impetum ... sustinere auderent neque magnopere eorum multitudine terrerentur: 3,84,4; ¶ Caesar neque satis militibus perterritis confidebat ... *et* † relictis munitionibus magnopere rei frumentariae timebat: 3,74,3; ¶ ne ob eam rem aut suae magnopere uirtuti tribueret aut ipsos despiceret: I 13,5.

magnus. I. **Forma:** optimus, maximus, ut mediam i litteram, quae ueteribus u fuerat, acciperent C. primum Caesaris inscriptione traditur factum: *Quintil. inst. or.* I 7,21.

Maxumus *exstat in AB* V 10,2, *in BM*

VII 68, 3, *in B* V 37, 4 *et* 43, 4; *reliquis (63) locis editores receperunt* maximus, *nulla codicum discrepantia indicata.*

II. Signif.; A. = μέγας; **a)** pos.; α) c. subst.: summaque erat nasto atque aperto mari, magnis aestibus, raris ⟨mari magno, aestibus raris *BM*⟩ ac prope nullis portibus difficultas nauigandi: III 12, 5; — qui, etsi ⟨*CC*⟩ magno aestu — nam ⟨aestu nati *h pr.*; aestu nā *h corr.*; aestu fatigati, nam *Ol*⟩ ad meridiem res erat perducta — tamen . . . paruerunt: 3, 95, 1; ¶ magnum ire agmen aduerso flumine: VII 61, 3; ¶ reliquum spatium . . . mons continet magna altitudine: I 38, 5; Pharus est in insula turris magna altitudine, mirificis operibus exstructa: 3, 112, 1; ¶ eum ⟨*c*⟩ cupidum . . . imperii, magni animi, magnae inter Gallos auctoritatis cognouerat: V 6, 1; hostium impetum magno animo sustineant: VII 10, 3; discedentem . . . cohortantur, magno sit animo: 2, 33, 2; ¶ (ascensus: 2, 34, 1 *u.* uallis;) ¶ qua ex re fieri, uti earum rerum memoria magnam sibi auctoritatem magnosque spiritus in re militari sumerent: II 4, 3; quod erat ciuitas magna inter Belgas auctoritate atque hominum ⟨*c*⟩ multitudine praestabat: II 15, 1; quorum aduentu magna cum auctoritate et magna cum hominum multitudine bellum gerere conantur: III 23, 4; magnae auctoritatis: V 6, 1; 35, 6; 54, 2; VII 77, 3 *u.* **auctoritas** *p. 366* c); legati Romae fuerant magnamque apud patrem Ptolomaeum auctoritatem habuerant: 3, 109, 4; regem ut in sua potestate haberet Caesar efficit magnam ⟨*Vasc.*; magnamque *Ox*⟩ regium nomen apud suos auctoritatem habere existimans: 3, 109, 6; ¶ magnos equitatus magnaque auxilia exspectabant: 1, 61, 3; cum . . . cognouit, copias Petrei cum exercitu Afranii esse coniunctas, magna auxilia conuenisse, magna esse in spe atque exspectari ⟨magnam esse spem atque exspectationem *Ciacc.*⟩: 2, 17, 3; nuntiant magna auxilia equitum peditumque . . . Vticam uenire: 2, 26, 2.

ciuitates . . . magnis adfectae beneficiis eum diligebant: 1, 61, 3; quod magna esse Pompei beneficia et magnas clientelas in citeriore prouincia sciebat: 2, 18, 7.

fit magna caedes: VII 70, 5; 88, 3; Pompeiani magna caede nostrorum . . . adpropinquabant non mediocri terrore inlato reliquis cohortibus: 3, 65, 1; ¶ magnam calamitatem pulsos accepisse: I 31, 6; depopulata Gallia Cimbri magnaque inlata calamitate . . . excesserunt: VII 77, 14; ¶ *ut* magno accidit casu, ut in ipsum incautum etiam . . . incideret . . ., sic magnae fuit fortunae omni militari instrumento . . . erepto . . . ipsum effugere mortem: VI 30, 2; quod saepe in bello paruis momentis magni casus intercederent: 1, 21, 1; *in* exiguo tempore magnoque casu totius exercitus salus constitit: 3, 14, 3; ¶ pons ⟨*c*⟩ enim ipsius magnum circuitum habebat: 1, 63, 2; magno circuitu *u.* **circuitus** *p. 529 extr. et 530 (3 loc.)*; ¶ magnis quinque ciuitatibus ad amicitiam adiunctis: 1, 60, 5; ¶ Pompeius . . . magnam ex Asia Cycladibusque insulis, Corcyra, . . . Aegypto classem coegerat, magnam omnibus locis aedificandam curauerat: 3, 3, 1; ¶ summa auctoritas antiquitus erat in Haeduis magnaeque eorum erant ⟨*c*⟩ clientelae: VI 12, 2; 2, 18, 7 *u.* beneficia; ¶ hominem summae potentiae et magnae cognationis: VII 32, 4; ¶ (comitatus: I 34, 3; 1, 51, 1 *u.* commeatus;) erant . . . instructi liberaliter magnoque comitatu et multis iumentis uenerant: 3, 61, 1; ¶ neque exercitum sine magno commeatu ⟨comitatu *Ciacc.*⟩ atque molimento ⟨emolumento *uel simil. X*⟩ in unum locum contrahere (se) posse: I 34, 3; nuntiatur Afranio magnos commeatus ⟨*Beroald.*; comitatus *codd.*⟩ . . . ad flumen constitisse: 1, 51, 1; ¶ paucis diebus magna erat rerum facta commutatio: 1, 52, 3; (magna celeriter commutatio rerum: 1, 60, 4;) fortuna . . . paruis momentis magnas rerum commutationes efficit: 3, 68, 1; ¶ (concursus: VII 48, 1 *u.* cursus;) quibus litteris . . . Romam perlatis magni domum concursus ad Afranium magnaeque gratulationes fiebant: 1, 53, 3; ¶ (Volusenus,) uir et consilii magni et uirtutis: III 5, 2; ¶ contemptio: 3, 60, 2 *u.* offensio; ¶ magnaque inter eos exsistit controuersia ⟨controuersia orta est *afik*⟩: V 28, 2; si paruo labore magnas controuersias tollere . . . possint: 1, 9, 1; magnaque inter eos in consilio fuit controuersia: 3, 82, 5; ¶ magna cum contumelia uerborum nostros ad pugnam euocant: V 58, 2; magna uerborum contumelia interrogans: 3, 71, 4; ¶ cum se maior ⟨*om.* β⟩ pars agminis in magnam conuallem demisisset ⟨*c*⟩: V 32, 2; 2, 27, 4 *u.* uallis; ¶ ne pabuli quidem satis magna copia suppetebat: I 16, 2; quorum (principum) magnam copiam in castris habebat: I 16, 5; uti . . . locum . . domicilio ex magna copia deligerent: I 30, 3; nauium magnam copiam . . . pollicebantur: IV 16, 8; cuius (taxi) magna in Gallia Germaniaque copia est: VI 31, 5; cuius (pecoris) magna erat copia a ⟨c⟩ Mandubiis compulsa ⟨a mand. comp. copia β⟩: VII 71, 7; multum erat frumentum prouisum . . .; magna copia pabuli suppetebat: 1, 49, 1; remigum, gubernatorum magna copia suppetebat ⟨u. CC⟩: 2, 4, 1; eius (generis radicis) erat magna copia: 3, 48, 2; — ex quibus (ciuitatibus) exercitum magnasque copias coegerat: III 17, 2; magnis copiis coactis equitatuque . . . agmen nostrum adorti: III 20, 3; haec ciuitas longe plurimum totius Galliae equitatu ualet magnasque habet copias peditum: V 3, 1; animum ⟨c⟩ aduertit ad alteram fluminis ripam magnas esse copias hostium instructas: V 18, 2; (quantasuis ⟨magnas etiam *add. ah; Np.;* etiam magnas *add. a*⟩ copias ⟨etiam *add. Schn.; Dt., Hold.*⟩ Germanorum sustineri posse munitis hibernis: V 28, 4;) certior factus est magnas Gallorum copias . . . conuenisse: V 53, 6; Treueri magnis coactis peditatus equitatusque copiis Labienum . . . adoriri parabant: VI 7, 1; magnisque coactis copiis aduersarios suos . . . expellit: VII 4, 4; magnae ex finitimis ciuitatibus copiae conuenerunt: VII 57, 2; illum adesse cum magnis copiis: 2, 36, 3; 3, 81, 2 *u.* exercitus; Ptolomaeus . . . magnis copiis cum sorore Cleopatra bellum gerens: 3, 103, 2; ¶ Allobroges crebris . . . dispositis praesidiis magna cum ⟨*om. AQ*⟩ cura et diligentia suos fines tuentur: VII 65, 3; ¶ huc magno cursu contenderunt: III 19, 1; praemissis equitibus magno cursu ⟨β; *Schn.;* concursu α; *rell. edd.;* (conuersu *A;* concurso *B*[1])⟩ eo contenderunt: VII 48, 1; hunc ⟨c⟩ magno cursu concitatos iubet occupare: 1, 70, 4.

tempus uero conloquio non dare . . . magnam pacis desperationem adferebat: 1, 11, 3; ¶ bis magno cum detrimento repulsi: VII 83, 1; uideri proelium defugisse ⟨c⟩ magnum detrimentum adferebat: 1, 82, 2; magnisque ultro inlatis detrimentis eos . . . reiciebant: 2, 2, 6; si accepto magno detrimento ab oppugnatione castrorum discedimus: 2, 31, 3; non . . . recordabantur, quam paruulae saepe causae . . . magna detrimenta intulissent: 3, 72, 4; ¶ magna difficultate adficiebatur, qua ratione ad exercitum peruenire posset: VII 6, 2; magnam haec res Caesari difficultatem ad consilium capiendum adferebat: VII 10, 1; erat in magnis Caesari ⟨c⟩ difficultatibus res: VII 35, 1; quae res magnas difficultates exercitui Caesaris attulit: 1, 48, 3; erat res in magna difficultate, summisque angustiis rerum necessariarum premebantur: 3, 15, 3; Pompeianis magnam ⟨*P. Manut.;* magna *codd.*⟩ res ad receptum difficultatem adferebat: 3, 51, 6; ¶ magnamque res diligentiam requirebat: VI 34, 3; VII 65, 3 *u.* cura; hanc ego . . . multos per annos magna diligentia defendi: 3, 64, 3; ¶ qua ex parte ⟨CC⟩ homines bellandi cupidi magno dolore adficiebantur: I 2, 4; magno esse Germanis dolori Ariouisti mortem ⟨CC⟩: V 29, 3; quae etsi magno cum dolore omnes ferebant: VII 15, 2; magno dolore Haedui ferunt ⟨c⟩ se deiectos principatu: VII 63, 8; ut magno cum dolore infidelitatis suspicionem sustinere uiderentur: 2, 33, 1.

(emolumentum: I 34, 3 *u.* commeatus;) ¶ cum XXV cohortibus magnoque equitatu contra hostem proficiscitur: VI 7, 4; hic magnos equitatus magnaque auxilia exspectabant: 1, 61, 3; ¶ qui (Larisaei) magnis † exercitibus Scipionis tenebantur ⟨magis exercitibus Sc. ten. *Hartz;* magnis beneficiis Sc. t. *Koch;* magnis coerciti copiis Sc. ten. *Madu.;* qui . . . teneb. *del. Paul*⟩: 3, 81, 2; auctis copiis Pompei duobusque magnis exercitibus coniunctis . . . spes uictoriae augetur: 3, 82, 2; ¶ exspectatio: (2, 17, 3 *u.* auxilia;) magna utrimque multitudo conuenit, magnaque erat exspectatio eius rei: 3, 19, 4; Scipio suspicatus fore, ut . . . aut inuitus dimicare cogeretur aut magna cum infamia castris se contineret ⟨CC⟩, qui magna ⟨cum *add. 2 dett.; Dt.*⟩ exspectatione uenisset, temere progressus turpem habuit exitum: 3, 37, 4.

natura loci sic muniebatur, ut magnam ad ducendum bellum daret facultatem: I 38, 4; — his rebus et suam rem familiarem auxisse et facultates ad largiendum magnas comparasse: I 18, 4; alteri non magnis facultatibus . . . celeriter quod habuerunt consumpserunt: VII 17, 2; ¶ fama: 3, 36, 1 *u.* opinio; ¶ quod apud eos magnae sunt ferrariae: VII 22, 2; ¶ magna fiducia ad nostras naues procedunt: 1, 56, 3; ¶ omnes, qui aderant, magno fletu auxilium a Caesare petere coeperunt: I 32, 1; 2, 12, 4 (*Np.* 5) *u.* misericordia; ¶ propter crebras commutationes aestuum minus magnos ibi fluctus ⟨fluctus ibi β⟩ fieri cognouerat: V 1, 2; ¶ fortuna: VI 30, 2 *u.* casus; ¶ magnumque fructum suae pristinae lenitatis omnium indicio Caesar ferebat: 1, 74, 7.

ipsum esse Dumnorigem, summa audacia, magna apud plebem propter liberalitatem gratia: I 18, 3; ¶ magni domum concursus ad Afranium magnaeque gratulationes fiebant: 1, 53, 3.

ad eos ⟨c⟩ magnus adulescentium numerus disciplinae causa concurrit, magnoque hi sunt apud eos honore: VI 13, 4; quos ille postea magno in honore habuit: 1, 77, 2; pecus ⟨CC⟩ nero, cuius rei summa erat ex Epiro copia, magno in honore habebant: 3, 47, 7.

Germanos ... ad se magnis iacturis pollicitationibusque perduxerant: VI 12,2; id silentio noctis conati non magna iactura suorum sese ⟨c⟩ effecturos sperabant ⟨c⟩: VII 26, 2; magnis enim iacturis sibi quisque eorum animos conciliabat: 3, 112, 10; ¶ magno coorto imbri ⟨c⟩ non inutilem hanc ad capiendum consilium tempestatem arbitratus est ⟨c⟩: VII 27, 1; ¶ Gallis magno ad pugnam erat impedimento, quod: I 25, 3; institutae fossae magno impedimento fuerunt: 3, 46, 5; — uenerant eo ... equites ex Gallia cum multis carris magnisque impedimentis: 1, 51, 1; ¶ in magno impetu maris atque aperto ... omnes fere ... habent uectigales ⟨u. CC⟩: III 8, 1; congressus impari numero magnos impetus legionum equitatusque sustinet: 1, 40, 6; — magno impetu u. **impetus** *p. 80* β) *(4 loc.)*; ¶ ex eo concursu nauium magnum esse incommodum acceptum: V 10, 3; dispersosque ... adoriebatur magnoque incommodo adficiebat: VII 16, 3; satis esse magna utrimque incommoda accepta: 3, 10, 4; quae res nota erat Pompeio ... magnumque nostris attulerat incommodum: 3, 63, 5; ¶ infamia: 3, 37, 4 *u.* exspectatio; ¶ magnam Caesarem iniuriam facere, qui suo aduentu uectigalia sibi deteriora faceret: I 36, 4; ¶ ut nostri magna inopia necessariarum rerum conflictarentur: 1, 52, 3; meminerant ad Alesiam magnam se inopiam perpessos, multo etiam maiorem ad Auaricum maximarum [se] gentium uictores discessisse ⟨u. CC⟩: 3, 47, 6; ¶ cum ⟨c⟩ in dextro cornu legio duodecima et non magno ab ⟨*om.* a⟩ ea ⟨*om.* β⟩ interuallo septima constitisset: II 23, 4; ut numquam conferti, sed rari magnisque interuallis proeliarentur: V 16, 4; ¶ et magno itinere confecto ⟨*del. Np.*⟩ ad oppidum Nouiodunum contendit: II 12, 1; itaque admodum magnis diurnis nocturnisque itineribus confectis contra omnium opinionem ad Ligerim ⟨c⟩ uenit: VII 56, 3; magnis itineribus *u.* **iter** *p. 370* β) *et 371 (11 loc.)*.

laetitia: 3, 87, 7 *u.* spes; ¶ qui plurimos ex his (uris) interfecerunt ⟨c⟩ ... magnam ferunt laudem: VI 28, 3.

cum magnae ⟨magna *AQ*⟩ manus eo conuenissent: V 8, 6; subitoque oppressis lignatoribus magna manu ad castra oppugnatum ⟨c⟩ uenerunt: V 26, 2; magnam manum Germanorum conductam Rhenum transisse: V 27, 8; magna manu Eburones, Neruii, Aduatuci ... legionem oppugnare incipiunt: V 39,3; et magna coacta manu in prouinciam Narbonem uersus eruptionem ⟨CC⟩ facere contendit: VII 7, 2; ¶ haec ... ut ab hominibus doctis magna cum misericordia fletuque pronuntiantur: 2, 12, 4 (*Np.* 5); ¶ molimentum: I 34, 3 *u.* commeatus; ¶ iniquum ⟨exiguum β; *Schn.*⟩ loci ad decliuitatem fastigium magnum habet momentum: VII 85, 4; hoc pugnae tempus magnum attulit nostris ad salutem momentum: 1, 51, 6; ita paruae res magnum in utramque partem momentum habuerunt: 3, 70, 2; ¶ ut milium VI ... addito circuitu magnaque ad uadum ⟨CC⟩ fluminis mora interposita eos ... consequerentur: 1, 64, 8; ¶ in Galliam magnam eorum multitudinem uenire populo Romano periculosum uidebat: I 33, 3; magnam multitudinem eorum fugientium conciderunt ⟨u. CC⟩: II 11, 4; armorum magna multitudine de muro in fossam ... iacta: II 32, 4; magnaque praeterea multitudo undique ex Gallia perditorum hominum latronumque conuenerat ⟨c⟩: III 17, 4; quorum aduentu magna cum auctoritate et magna cum hominum multitudine bellum gerere conantur: III 23, 4; Vsipetes Germani et ⟨c⟩ item Tencteri magna cum multitudine hominum flumen Rhenum transierunt: IV 1, 1; his rebus celeriter magna multitudine ⟨-tudo *AQ*⟩ peditatus equitatusque coacta ad castra uenerunt: IV 34, 5; cum magna multitudine hostium premeretur: V 37, 5; ut magna multitudine circumfusa ... stirps ac nomen ciuitatis tollatur: VI 34, 8; magna praeterea multitudo calonum, magna uis iumentorum ... sequitur: VI 36, 3; quorum cum magna multitudo conuenisset: VII 48, 3; ut ne magna quidem multitudine, si ita accidat, ... munitionum praesidia circumfundi possent: VII 74, 1; equites ... magna multitudine circumfusa ... iter impedire incipiunt: 1, 63, 3; C. Trebonius magnam iumentorum atque hominum multitudinem ex omni pronineia *euocat: 2, 1, 4; ut ... magna multitudine nauium et tutius et facilius in Siciliam receptus daretur: 2, 30, 3; magna utrimque multitudo conuenit: 3, 19, 4; leuis armaturae magna multitudine missa ... munitiones impediebat: 3, 45, 3; magnaque multitudo sagittariorum ab utraque parte circumfundebatur: 3, 63, 6; pluribus uiis pugnabatur, et magna multitudine naues longas occupare hostes conabantur: 3, 111, 2; ¶ magnisque eum locum munitionibus firmat: VI 29, 3; Pompeius noctu magnis additis munitionibus reliquis diebus turres exstruxit: 3, 54, 1; tametsi erant munitiones castrorum magnae: 3, 67, 4; ¶ quod magnis muneribus datis gladiatoriae familiae reliquias ⟨c⟩ habebat: 3, 21, 4.

contra haec Pompeius naues magnas onerarias . . . adornabat: 1, 26, 1; scaphas nauium magnarum circiter LX cratibus pluteisque contexit: 3, 24, 1; ¶ ut amissis circiter ⟨c⟩ XL nauibus reliquae tamen refici posse ⟨sine *add. Pluyg.*⟩ magno negotio uiderentur: V 11, 2; ¶ ab ea parte magnus numerus hostium cadebat: V 34, 2; — ad eos ⟨c⟩ magnus adulescentium numerus disciplinae causa concurrit: VI 13, 4; — quaerit ex perfugis causam, quorum magnus ad eum cotidie numerus confluebat: VII 44, 2; — quo satis magnus hominum pecorisque numerus conuenerit: V 21, 2; magnus undique numerus celeriter conuenit: VI 34, 9; cotidie enim magnus undique nauium numerus conueniebat: 3, 47, 4; — hominum est infinita multitudo creberrimaque aedificia . . ., pecorum ⟨pecoris β⟩ magnus numerus ⟨numerus ingens β⟩: V 12, 3; (sagittariosque omnes, quorum erat permagnus ⟨magnus *AQ*⟩ numerus in Gallia ⟨in gallia numerus β⟩, conquiri . . . iubet: VII 31, 4;) erant . . . complures adulescentes et magnus numerus equitum Romanorum et decurionum: 1, 23, 2; — inter singulas legiones impedimentorum magnum numerum intercedere: II 17, 2; — itaque magnus eorum cotidie numerus ad Caesarem perfugiebat: 1, 78, 2; aduersa Caesarem proelia fecisse, magnum numerum ab eo militum ad Afranium perfugisse ⟨prof. *Of*⟩: 2, 18, 3; — hac re significari magnum numerum ciuitatum suam uim sustinere non posse ⟨potuisse β⟩: IV 3, 1; — se cohortesque amplius XXX magnumque numerum senatorum atque equitum Romanorum in periculum esse uenturum: 1, 17, 2; — — magno numero nauium adpulso . . . sua deportabant omnia ⟨o⟩: III 12, 3; — (Dumnorigem) magnum numerum equitatus suo sumptu semper alere et circum se habere: I 18, 5; — magno pecoris atque hominum numero capto: VI 3, 2; magnus numerus capitur atque interficitur: VII 88, 7; — coemere: VII 55, 3 *u.* mittere; — cogere *u.* **cogo** *p. 582 (3 loc.)*; — magnoque numero iumentorum in flumine supra atque infra constituto traducit exercitum: 1, 64, 6; — (longumque iter ex Hispania ⟨magnum *add. codd.; edd.; ego del.*⟩ numerum deminuerat ⟨*Nhl;* dimin. *Oaf*⟩: 3, 2, 3;) — desiderati sunt . . . equites pauci, calonum atque *iumentorum non magnus numerus: 1, 51, 6; — magnum numerum frumenti commeatusque diripit: VII 38, 9; — praeterea magnum numerum ex Thessalia . . . Epiroque ⟨c⟩ supplementi nomine in legiones distribuerat: 3, 4, 2; — magnum ibi numerum uersuum ediscere dicuntur: VI 14, 3; — hoc spatio magno cratium, scalarum, harpagonum numero effecto . . . ad . . . munitiones accedunt: VII 81, 1; — habere *u.* **habeo** *p. 1398 (5 loc.)*; — magnum iis numerum obsidum imperat: IV 22, 2; imperat magnum numerum obsidum: VII 90, 2; — magnum numerum sagittariorum, magnum Albicorum . . . imponunt: 1, 56, 2; magnum numerum leuis armaturae et sagittariorum . . . in . . . naues actuarias imponit: 3, 62, 2; — multae praeustae sudes, magnus muralium pilorum numerus instituitur: V 40, 6; — pabulatores . . . adgressi ⟨iam *add. Na;* quam *add. Ohl; del. Np.*⟩ magnum ⟨permagnum *Paul*⟩ numerum iumentorum atque hominum intercipiunt: 1, 55, 1; — interficere *u.* **interficio** *p. 211 (9 loc.)*; — huc magnum numerum equorum huius belli causa in Italia atque Hispania coemptum ⟨*AQ*β; coemptus *BM;* coemptos *M*[2]*; Fr.*⟩ miserat: VII 55, 3; — quos (Suebos) Vbii ⟨c⟩ . . . insecuti magnum ex his ⟨ex his magnum β⟩ numerum occiderunt ⟨*u. CC*⟩: I 54, 1; hostes impeditos nostri in flumine adgressi magnum eorum numerum occiderunt: II 10, 2; quos (hostes) . . . milites nostri consecuti magnum numerum eorum occiderunt: III 19, 4; hostes . . . terga uerterunt magnusque eorum numerus est occisus: IV 37, 4; hostes in fugam dat . . . magnumque ex iis ⟨c⟩ numerum occidit atque omnes armis exuit: V 51, 5; — prima luce magnum numerum impedimentorum ⟨*CC*⟩ ex castris mulorumque produci . . . iubet: VII 45, 2; — magnus ibi numerus pecoris repertus, multique in fuga sunt comprehensi atque interfecti: V 21, 6; — magnum hostium numerum pauci sustinuere: 1, 51, 5; — — (milites) Morini . . . non ita magno suorum numero circumsteterunt: IV 37, 1; — harpagones parauerant magnoque numero pilorum, tragularum reliquorumque telorum se instruxerant: 1, 57, 2; — magno pecoris atque hominum numero potitur: VI 6, 1; multos ex fuga dispersos excipiunt, magno pecoris numero . . . potiuntur: VI 35, 6; — — interim Teutomatus . . . cum magno equitum suorum numero ⟨num. eq. suor. β⟩ et quos ex Aquitania conduxerat ad eum peruenit: VII 31, 5; P. Crassum cum cohortibus legionariis duodecim et magno numero equitatus in Aquitaniam proficisci iubet: III 11, 3; — ut . . . ex magno remigum propugnatorumque numero pars ad scopulos adlisa interficeretur, pars: 3,27,2; ut ex magno Gallorum equitum ⟨equitatus β⟩ numero non nullos Gallicis ⟨c⟩ rebus fauere natura cogebat: VI 7,7; tanta erat ... contentio, qui potissimum ex magno numero conscenderent, ut multitudine atque onere non nulli deprimerentur: 2,43,4.

magnam tamen haec res illis offensionem et contemptionem ad omnes attulit: 3,60,2; ¶ quam rem et paucis contigisse et ⟨a romanis *add.* B²β⟩ pro magnis ⟨maximis β⟩ hominum ⟨CC⟩ officiis consuesse tribui docebat: I 43, 4; ¶ militibus ... impeditis manibus, magno et graui onere armorum oppressis ⟨pressis β; *del. Madu.*⟩ ... de ⟨c⟩ nauibus desiliendum ... erat: IV 24,2; ¶ nuntiatum est adesse Scipionem cum legionibus ⟨c⟩ magna ⟨et *add. V.*⟩ opinione et fama omnium: 3, 36,1; ¶ conamur opus magnum et multorum dierum propter altitudinem maris: *ap. Cic. ad Att.* IX 14,1; — castra magnis operibus munire ... instituit: 1,18,4; illi eum tumulum, pro quo pugnatum est, magnis operibus muniuerunt ⟨c⟩: 1,47,4; omnia enim flumina ... Caesar aut auerterat aut magnis operibus obstruxerat: 3,49,4; aditus duos ... magnis operibus praemuniuit: 3,58,1; — magno opere *u.* **magnopere.**

palus erat non magna inter nostrum atque hostium exercitum: II 9,1; ¶ Conuictolitanem ⟨c⟩ magistratum magnamque partem senatus ad eum conuenisse: VII 55,4; — perexigua pars illius exercitus superest; magna pars deperiit: 3,87,3; — pelles ..., quarum propter exiguitatem magna est corporis pars aperta: IV 1,10; — clariore uoce, ut magna pars militum exaudiret: V 30,1; — interfectos esse legatos duo ⟨c⟩ magnamque partem exercitus interisse demonstrat: V 38, 3; horum omnium pars magna in fossis ... oppressa ... sine ullo uulnere interiit ⟨interit *ahl*⟩: 3,71,2; — cuius rei magnam partem laudis atque existimationis ad Libonem peruenturam: 1,26,4; — tertio die magna iam pars operis Caesaris ⟨CC⟩ processerat: 1, 82,1; — — paruis renonum ⟨c⟩ tegimentis utuntur, magna corporis parte nuda: VI 21,5; — — cohortesque secum abducere ⟨c⟩ conatus *a magna parte militum deseritur: 1,15,3; — — eos impeditos et inopinantes adgressus magnam partem eorum ⟨eor. part. *af*⟩ concidit: I 12,3; — huc Caesar ... suorum atque exercitus impedimentorum magnam partem contulerat: VII 55,2; — magna parte militum confecta uulneribus: V 45,1; *ut* ... subleuati .. alii ab aliis magnam partem itineris conficerent: 1,68,2; — magnam partem diei consumere *u.* **consumo** *p. 703 extr., 704 (3 loc.)*; — perterritis oppidanis, quorum magna pars erat ad bellum ⟨ad b. erat β⟩ euocata: VII 58,4; — commemorat ..., ut magnam partem Italiae beneficio atque auctoritate eorum suam fecerit: 2,32,1; — quarum rerum magnam partem temporis ⟨c⟩ breuitas ... impediebat: II 20,2; — quarum (insularum) pars magna a feris barbarisque nationibus incolitur: IV 10,4; — transire conantes insecuti gladiis magnam partem eorum impeditam interfecerunt: II 23,1; magna parte exercitus nostri interfecta multo minorem superesse .. partem: V 55,1; quarum cohortium milites ... Iuba conspicatus suam esse praedicans praedam magnam partem eorum interfici iussit; paucos ... remisit: 2,44,2; — labefacta magna parte muri ⟨labefacto magna ex parte muro *Ciacc.*⟩: 2,22,1; — cognouerat enim magnam partem equitatus ab iis ⟨c⟩ ... trans Mosam missam: IV 9,3; magnam partem equitatus ad eum insequendum mittit ⟨misit β⟩: V 7,6; — equitum ⟨*Np.*; equitatum *codd.*⟩ magnam ⟨*f*; *Np.*; magnamque *Oahl*⟩ partem ⟨lenis armaturae *add. V.*⟩ ad explorandum iter Domitii ... praemisit: 3,38,2; — subito consilium profectionis ceperant magna ⟨in *add. a*¹⟩ parte impedimentorum et sarcinarum relicta: 3,76,2; — magnam partem Galliae ⟨gallorum β⟩ in officio tenuit: V 54,1; — ut magnam partem clientium ab Haeduis ad se traducerent: VI 12,3; — equitum magnam partem flumen traiecit: 1,55,1; — — haec eo facilius magnam partem aestatis faciebant, quod: III 12,5; qui (Corus) magnam partem omnis temporis in his ⟨c⟩ locis ⟨c⟩ flare consueuit: V 7,3; — — qui cum magnae partis harum ⟨o⟩ regionum tum etiam Britanniae imperium obtinuerit: II 4,7; — — et aquae magna parte ⟨aqua magnam partem *Clark.*⟩ et pabulatione libera prohibituri hostes uidebantur: VII 36,5; — — repperit consules Dyrrachium profectos cum magna parte exercitus: 1,25,2; — magna ex (ex magna?) parte *u.* **ex** *p. 1193 sq.* **E.** *(4 (5) loc.)*; — — ex magna parte Morinorum ad eum legati uenerunt: IV 22,1; ¶ magnam imperatam Asiae, Syriae regibusque omnibus ... et liberis Achaiae populis pecuniam exegerat, magnam ⟨*Ald.*; magnas *codd.*⟩ societates earum prouinciarum, quas ipse obtinebat, sibi numerare coegerat: 3,3,2; quo facto ciuitatibus tyrannisque magnas imperanerat pecunias ⟨copias *O*⟩: 3,31,2; ¶ periculum: (I 39,2 *u.* usum habere;) erat magni periculi res tantulis ⟨*c*⟩ copiis iniquo loco dimicare: V 49,6; tum magno erat in periculo res: 1,79,3; id ⟨*c*⟩ si fecissent, magno eorum capitis periculo futurum: 3,102,6; magno cum periculo *u.* **cum** *p. 771 (7 loc.);* ¶ magna, id ⟨*c*⟩ quod necesse erat accidere, totius exercitus perturbatio facta est: IV 29,3; ¶ planities erat magna et in ea tumulus terrenus satis grandis: I 43,1; qui niens positus in ualle non magna adiecta planitie altissimis montibus undique continetur: III 1,5; ¶ pollicitationes: III 18,2 *et* 26,1 *u.* praemia; VI 12,2 *u.* iacturae; ¶ tum magni ponderis saxa . . . in muro conlocabant ⟨*c*⟩: II 29,3; in castris Pompei uidere licuit . . . magnum ⟨magnas l^1⟩ argenti pondus expositum: 3,96,1; aeris magno pondere ad militarem usum in naues imposito: 3,103,1; ¶ quo (itinere) magno cum periculo magnisque cum ⟨*om.* β⟩ portoriis mercatores ire consuerant ⟨*c*⟩: III 1,2; ¶ incolumesque cum magna praeda eodem ponte in castra reuertuntur: 1, 55,3; ¶ mittuntur ad Caesarem confestim a ⟨*c*⟩ Cicerone litterae magnis propositis praemiis, si pertulissent ⟨*u. CC*⟩: V 40,1; magna proponit iis ⟨*c*⟩, qui occiderint, praemia: V 58,5; Domitius ad Pompeium in Apuliam peritos regionum magno proposito praemio cum litteris mittit: 1,17,1; — cui (Antiocho) magna Pompeius praemia tribuit ⟨-uerat?⟩: 3,4, 5; praemiaque rei pecuniariae magna (his) tribuerat: 3,59,2; — — exsules damnatosque tota Gallia magnis praemiis ad se allicere coepit: V 55,3; — ut magnis praemiis pollicitationibusque suos excitarent: III 26, 1; — huic magnis praemiis pollicitationibusque persuadet, uti ⟨*c*⟩ ad hostes transeat: III 18,2; hic ⟨*c*⟩ seruo spe libertatis magnisque persuadet praemiis, ut litteras ad Caesarem deferat: V 45,3; tum cuidam ex equitibus Gallis magnis praemiis persuadet ⟨suadet β⟩, uti ad Ciceronem epistulam deferat ⟨*CC*⟩: V 48,3; — magno se illum praemio remuneraturum: I 44,13; — — non sine magna spe magnisque praemiis domum propinquosque reliquisse: I 44,2; ¶ magno sibi esse ⟨*om. hl*⟩ praesidio posse, si: 2,8,1.

ita magnarum initia rerum . . . celerem et facilem exitum habuerunt: 3,22,4; (51,6 *u.* difficultas;) ¶ ex magnis rupibus nactus planitiem in hac ⟨*c*⟩ . . . aciem instruit: 1, 70,3.

(magnae societates: 3,3,2 *u.* pecunia;) ¶ magna adfectus sollicitudine hoc nuntio Caesar . . . legiones . . . educit: VII 40,1; ¶ has (lintres) magno sonitu remorum incitatas in eandem partem mittit ⟨*o*⟩: VII 60,4; ¶ cum . . . reliquae . . legiones magnum spatium ⟨magno spatio a^1⟩ abessent: II 17,2; incredibili celeritate magno spatio paucis diebus confecto: III 29,2; ¶ magnam se habere spem . . . Ariouistum finem iniuriis facturum: I 33,1; magnamque in spem ueniebat . . . fore, uti pertinacia desisteret: I 42,3; non sine magna spe magnisque praemiis (se) domum propinquosque reliquisse: I 44,2; 2,17,3 *u.* auxilia; magna spe et laetitia omnium discessum est: 3,87,7; ¶ spiritus: II 4,3 *u.* auctoritas; ¶ secunda uigilia magno cum strepitu ac tumultu castris egressi: II 11,1; ¶ magno militum studio paucis diebus opus ⟨*o*⟩ efficitur: VI 9,4; haec magno studio agebat: 1, 30,4.

quod magna subito erat ⟨*om. BM;* erat subito β⟩ coorta tempestas: VII 61,1; ¶ erat . . . terror ex superioribus proeliis magnus: 2,36,1; magnumque nostris terrorem iniecit: 3,23,2; ¶ magnum in timorem Afranius Petreiusque perueniunt: 1,61,2; in castris Curionis magnus † omnium incessit timor: 2,29,1; magnusque incesserat timor sagittarum: 3,44,7; ¶ tumultus: II 11, 1 *u.* strepitus; reliquas (cohortes) . . . aduerso flumine magno tumultu proficisci imperat: VII 60,3.

trans uallem ⟨magnam *add.* β; *Schn.*⟩ et riuum multitudinem hostium conspicatur: V 49,5; quod satis magna ⟨magnae β⟩ nalles intercedebat ⟨-bant β⟩: VII 47,2; facit idem Curio, atque una ualle ⟨atque conualle *Paul*⟩ non magna interiecta suas uterque copias instruit: 2,27,4; erat uallis inter duas acies, ut supra demonstratum est, non ita magna ⟨*Ciacc.:* magno *codd.*⟩, at ⟨*Ciacc.;* aut *Ox*⟩ difficili et arduo ascensu: 2,34,1; ¶ magna uis eorum (urorum) est ⟨est eorum *aef*⟩ et magna uelocitas: VI 28,2; ¶ secundo magnoque uento ignem operibus inferunt: 2,14,1; Cassius . . . magno uento et secundo completas onerarias naues taeda . . . in Pomponianam classem immisit: 3,101,2; ¶ esse homines feros magnaeque ⟨que *om.* β⟩ uirtutis: II 15, 5; III 5,2 *u.* consilium; ¶ magna uis eorum (urorum) est ⟨est eorum *aef*⟩: VI 28,2; praeteruectosque Dyrrachium magna ui uenti nihilo setius sequebatur: 3,26,3; in occupandis praesidiis magna ui uterque nitebatur ⟨*c*⟩: 3, 45,1; — magna praeterea multitudo calonum, magna uis iumentorum . . . sequitur: VI 36, 3; ex minoribus nauibus magna uis eminus missa telorum multa nostris . . . uulnera inferebant ⟨-bat?⟩: 2, 6, 3; eodemque tempore uis magna pulueris cernebatur: 2, 26, 2; aquae et salis copia, cuius magna uis iam ex proximis erat salinis eo congesta: 2, 37, 5; ¶ ex ipsa re magnam capio uoluptatem: *ap. Cic. ad Att.* IX 16, 2; ¶ hoc cum uoce magna dixisset: IV 25, 4; Fabius . . . magna uoce Varum nomine appellans requirebat: 2, 35, 1; crebro magna noce pronuntiaret: 3, 19, 2; ¶ qui (Remi) magno nobis **usui** ad bellum gerendum erant: II 9, 5; una erat magno usui res praeparata a nostris: III 14, 5; tamen magno sibi usui ⟨usui sibi β⟩ fore arbitrabatur, si: IV 20, 2; quae res magno usui nostris fuit: IV 25, 1; ad haec sustinenda magno usui fuisse tormenta ⟨tomenta *Hotom.*⟩: VII 41, 3; inuentum est magno esse usui posse, si: 2, 8, 3; — — qui ex urbe amicitiae causa Caesarem secuti ⟨magnum periculum miserabantur, quod *add.* $AQB^2\beta$⟩ non magnum ⟨periculum miserabantur *add.* B^1⟩ in re militari usum habebant: I 39, 2; qui magnum in castris usum habebant, milites centurionesque quique ⟨*c*⟩ equitatui praeerant: I 39, 5; Rebilus, legatus Caesaris, quem Curio secum ex Sicilia duxerat, quod magnum habere usum in re militari sciebat, . . inquit: 2, 34, 4; magnum ⟨*Ciacc.; hunc codd.; edd.*⟩ usum rei militaris habebant: 3, 110, 6.

β) sine subst.: erant per se magna quae gesserant equites: 2, 39, 4; — magnum enim quod adferebant uidebatur, et Caesarem id summe sciebant cupere: 3, 15, 8; ¶ suorumque tormentorum usum ⟨*c*⟩, quibus ipsi magna sperauissent ⟨superan. *O*⟩, *spatii *propinquitate interire: 2, 16, 3; ¶ cuiusque auctoritas in his regionibus magni ⟨magna *f?*⟩ habebatur: IV 21, 7; — magni interest *u.* **interest** *p. 224 sq. (3 loc.).*

b) comp.; α) non add. abl. mensurae: ut numquam illis locis maiores ⟨maioris *ahl*⟩ aquas fuisse constaret: 1, 48, 1; ¶ quattuor reliquas ⟨legiones *add.* $B^2\beta$⟩ in castra maiora reduxit: I 49, 5; paulumque a maioribus castris ⟨*om.* β⟩ progressus aciem instruxit: I 50, 1; fossamque duplicem duodenum pedum a maioribus castris ad minora perduxit: VII 36, 7; raros milites . . . ex maioribus castris in minora traducit: VII 45, 7; ita minora castra inclusa maioribus castelli ⟨-lis *ah*⟩ atque arcis locum obtinebant: 3, 66, 5; nostri . . . primo in maiora castra, post etiam in castellum . . . inruperunt: 3, 67, 6; in castellum, quod erat inclusum maioribus castris, inruperunt: 3, 67, 6; ¶ Caesari circuitu maiore iter erat longius: 3, 30, 4; ¶ id tamen se celeriter maioribus commodis sanaturum ⟨sarturum *coni. Schn.*⟩: VII 29, 5; ¶ cum maiore in dies contemptione Indutiomarus ad castra accederet: V 58, 1; ¶ maiores iam ⟨*c*⟩ undique in eum locum copiae Britannorum conuenerant: V 11, 8; ut, si quid esset in bello detrimenti acceptum, non modo id breui tempore sarciri ⟨*c*⟩, sed etiam maioribus augeri ⟨adaugeri β⟩ copiis posset: VI 1, 3; prius quam essent maiores eo coactae copiae: VII 56, 1; maioribus enim coactis copiis reuersuros (Romanos): VII 66, 4; ¶ nam maiore commisso delicto igni ⟨*c*⟩ atque omnibus tormentis necat: VII 4, 10; ¶ ueritus, ne . . . deiecti ⟨*CC*⟩ uiderentur maiusque detrimentum caperetur: 3, 46, 4; sibique ipsos multitudine atque angustiis maius attulisse detrimentum, quam ab hoste accepissent: 3, 72, 3; ¶ eandem naeti tempestatem maiore cum fiducia ad alteram turrim ⟨*c*⟩ . . . pugnauerunt: 2, 14, 5; (3, 25, 2 *u.* β) δδ);) ¶ maioribus itineribus Apolloniam petere coepit: 3, 11, 2; ¶ cum maiores manus hostium adiunctis Germanis conuenissent: V 29, 1; ¶ multis de causis Caesar maiorem Galliae motum exspectans . . . instituit: VI 1, 1; ipse maiorem Galliae motum exspectans . . . consilia inibat: VII 43, 5; ¶ ne maior multitudo Germanorum Rhenum traducatur: I 31, 16; IV 20, 4 *u.* nanis; maiorem multitudinem ad ⟨*c*⟩ arma ⟨*c*⟩ concitant: VII 42, 6; ¶ quod eo loco plures erat legiones habiturus, relicto interiore uallo maiorem adiecerat munitionem: 3, 66, 4; ¶ neque qui essent ad maiorum ⟨maiorem *E; Kraff.*⟩ nauium ⟨nauigium β⟩ multitudinem idonei portus reperire ⟨*c*⟩ poterat: IV 20, 4; ¶ maiori tamen parti placuit . . . castra defendere: III 3, 4; cum se maior ⟨*om.* β⟩ pars agminis in magnam conuallem demisisset ⟨*c*⟩: V 32, 2; agri culturae non student, maiorque pars eorum uictus in . . . carne consistit: VI 22, 1; ne maiorem aestatis partem flumine impediretur: VII 35, 1; ¶ ut . . . alias regiones partesque peteret non maiore equitum praesidio quam quattuor: VI 43, 6; ¶ nuntiauerunt puluerem maiorem, quam consuetudo ferret, in ea parte uideri: IV 32, 1; ¶ nec maiore ratione bellum administrari posse: VII 21, 1; ¶ ubi quae ⟨ubique α; ubi β; ubicunque *DE; Np., Dt.*[1]⟩ maior atque inlustrior incidit res: VII 3, 2; ¶ ut maiore spatio temporis interiecto militum mentes sanarentur: 2,30,3; ¶ maioremque spem maturitate frumentorum proponi uidebant: 3,49,6; ¶ quo facilius hostibus timoris det ⟨o⟩ suspicionem, maiore strepitu et tumultu, quam populi Romani fert consuetudo, castra moueri iubet: VI 7,8; ¶ hinc, si qua maior oppresserat uis, propugnabant: 2,8,2.

β) add. abl. mensurae; αα) hoc: bellum parare . . . instituunt, hoc maiore spe, quod multum natura loci confidebant: III 9,3.

ββ) multo: multo maior alacritas studiumque pugnandi maius exercitui iniectum est: I 46,4; ¶ hostes postero die multo maioribus coactis copiis castra oppugnant: V 40,3; ¶ meminerant (milites) ad Alesiam magnam se inopiam perpessos, multo etiam maiorem ad Auaricum maximarum [se] gentium uictores discessisse ⟨u. CC⟩: 3,47,6; ¶ studium: I 46,4 u. alacritas; Trebonius ea, quae sunt amissa, multo maiore militum studio administrare et reficere instituit: 2,15,1.

γγ) quo: id quo ⟨β; id quod α; et quo Np.⟩ maiore faciant animo, copias se omnes pro castris habiturum: VII 66,6; ¶ Labienus . . . captiuos . . . omnes productos ostentationis, ut uidebatur, causa, quo maior perfugae fides haberetur, . . . interfecit: 3,71,4; ¶ at ⟨c⟩ etiam ut media nocte proficiscamur addunt, quo maiorem, credo, licentiam habeant qui peccare conentur: 2,31,7; ¶ expediti naues conscenderent, quo maior numerus militum posset imponi: 3,6,1; ¶ ut, quo maior uis aquae se incitauisset, hoc artins inligata ⟨c⟩ tenerentur: IV 17,7.

δδ) tanto: quantoque eius amplius processerat temporis, tanto erant alacriores ad custodias qui classibus praeerant maioremque fiduciam prohibendi habebant: 3,25,2.

c) superl.; α) non additur quam (potest): qui dies maritimos aestus maximos in Oceano efficere consueuit: IV 29,1; ¶ quod est oppidum apud eos maximae ⟨magnae h⟩ auctoritatis: VII 55,4; ex suis necessariis quos haberet maximae auctoritatis legatos . . . mitteret: 3,109,3; ¶ hi (asseres) maximis ballistis missi per IIII ordines cratium in terra defigebantur: 2,2,2; ¶ una aestate duobus maximis bellis confectis: I 54,2; labore et patientia (se) maximum bellum confecisse: 3,47,6; ¶ Caesarisque in se beneficia exponit, quae erant maxima: 1,22,3; quod sibi a parte ⟨c⟩ eorum gratia relata non sit pro suis in eos maximis beneficiis: 1,23,3; quarum (Hispaniarum) erat altera maximis beneficiis Pompei deuincta: 1,29,3; ¶ cohortes LX ex maximis castris praesidiisque deductas . . . ducit: 3,62,2; quae (pars) . . . longissime . . a maximis castris Caesaris aberat ⟨c⟩: 3,62,2; ¶ hostes maximo clamore . . . turres testudinesque agere . . . coeperunt: V 43,3; ¶ neque maximi commeatus ⟨*Beroald.*; comitatus *codd.*⟩ . . . in castra peruenire poterant: 1,48,4; ¶ si sine maximo detrimento legiones ⟨c⟩ Caesaris sese recepissent: 3,45,6; ¶ ac longe maximam ea res attulit dimicationem: 3,111,2; ¶ nouem oppositis legionibus maximoque equitatu: VI 36,2; ¶ quod ex *Gallis ei maximam fidem habebat: I 41,4; ¶ legiones a praesidio . . . interclusas maximum flumen distinebat: VII 59,5; ¶ Sueborum gens est longe maxima et bellicosissima Germanorum omnium: IV 1,3; meminerant (milites) ad Alesiam magnam se inopiam perpessos, multo etiam maiorem ad Auaricum maximarum [se] gentium uictores discessisse: 3,47,6; ¶ ex castris proficiscuntur . . . longissimo agmine maximisque impedimentis: V 31,6; ¶ (epistulam) recitat maximaque omnes laetitia adficit: V 48,9; ¶ deductis . . . in locupletissimas urbes in hiberna legionibus maximas largitiones fecit: 3,31,4; ¶ publice ⟨CC⟩ maximam putant esse laudem quam latissime a suis finibus nacare ⟨c⟩ agros ⟨c⟩: IV 3,1; qui diutissime impuberes permanserunt, maximam ⟨maxime A⟩ inter suos ferunt laudem: VI 21,4; ciuitatibus maxima laus est quam latissime ⟨c⟩ circum se uastatis finibus solitudines habere: VI 23,1; ¶ (certior factus est) montes . ., qui impenderent, a maxima multitudine Sedunorum et Veragrorum teneri: III 2,1; cum undique ⟨c⟩ flamma torrerentur maximaque telorum multitudine premerentur: V 43,4; ¶ intellegebant maximas nationes, quae proelio contendissent, pulsas superatasque esse: III 28,2; ¶ ut eo die maximus numerus hostium uulneraretur atque interficeretur ⟨u. CC⟩: V 43,5; ¶ quam rem et paucis contigisse et ⟨a romanis *add.* B²β⟩ pro magnis ⟨maximis β⟩ hominum ⟨CC⟩ officiis consuesse tribui docebat: I 43,4; ¶ quae ciuitas in Gallia maximam habet opinionem uirtutis: VII 59,5; quae (ciuitates) maximam uirtutis opinionem habebant: VII 83,4; ¶ quae quidem res ad negotium conficiendum maxime ⟨maximae β⟩ fuit oportuna ⟨oportunitati β⟩: III 15,4; ¶ a Bibracte, oppido Haeduorum longe maximo et copiosissimo, non amplius milibus passuum XVIII aberat: I 23, 1; quod est oppidum maximum Sequanorum: I 38, 1; oppidum Auaricum, quod erat maximum munitissimumque in ⟨c⟩ finibus Biturigum: VII 13, 3; ¶ hac audita pugna maxima pars Aquitaniae sese Crasso dedidit: III 27, 1; neque multum frumento, sed maximam partem lacte atque pecore uiuunt: IV 1, 8; quorum (Eburonum) pars maxima est inter Mosam ac ⟨c⟩ Rhenum: V 24, 4; ibi L. Cotta pugnans interficitur cum maxima parte militum: V 37, 4; (equitatu, qua maxime parte exercitus confidebant ⟨*Lips.*; quo maxuma p. exerc. confidebat α; quo maxime confidebant β⟩, erant pulsi: VII 68, 3;) quorum (inimicorum) ipse maximam partem illo adfinitatis tempore iniunxerat Caesari ⟨c⟩: 1, 4, 4; cuius operis maxima parte effecta . . . reuertuntur: 1, 18, 6; ¶ apertos cuniculos . . . pice feruefacta et maximi ponderis saxis morabantur: VII 22, 5; ¶ praesidia: 3, 62, 2 *u.* castra; ¶ (Auximo Caesar progressus ⟨*sic recc.*; maximo caes. progressu *x*⟩ omnem agrum Picenum percurrit: 1, 15, 1;) ¶ nelle se de maximis rebus cum Caesare loqui: 3, 15, 6; quibus*cum* communicare de maximis rebus Pompeius consueuerat: 3, 18, 3; ¶ quae (silua) est totius Galliae maxima: VI 29, 4; ¶ ne res maximae spei maximaeque utilitatis eius iracundia impedirentur: 3, 16, 3; ¶ castra . . . conspicit . . . munita . . . altera (ex parte) a theatro, quod est ante oppidum, substructionibus ⟨substrat. *Na*; substract. *Ofhl*⟩ eius operis maximis: 2, 25, 1; ¶ superiore nocte maxima coorta tempestate prope omnes naues adflictas . . . esse: V 10, 2; ¶ ut se ex maximo timore colligerent. 3, 65, 2; ¶ itinera duo, quae . . . ad portum ferebant, maximis defixis trabibus atque iis ⟨c⟩ praeacutis praesaepit: 1, 27, 4; ¶ ipsi erant transcendendae ualles maximae ac difficillimae: 1, 68, 2; ¶ septimo oppugnationis die maximo coorto uento . . . coeperunt: V 43, 1; ¶ hunc ad quaestus pecuniae mercaturasque habere uim maximam arbitrantur: VI 17, 1; frumenti uim maximam ex Thessalia . . . comparauerat: 3, 5, 1; ¶ utilitas: 3, 16, 3 *u.* spes.

β) additur quam (possum); αα) quam maximus: ut quam plurimos colles quam maximo ⟨maxime *a*⟩ circuitu occuparet: 3, 45, 1; ¶ (constituerunt) iumentorum et carrorum quam maximum numerum coemere, sementes quam maximas facere: I 3, 1; ¶ imperat, ut quam latissime possint ⟨possent *AQ*⟩ uagentur et ⟨ut *beh*⟩ quam maximum hostibus terrorem inferant: VII 8, 3.

ββ) quam maximum (-is, *sim.*) potest (possunt): maturat . . . proficisci et quam maximis potest itineribus in Galliam ulteriorem contendit: I 7, 1; suis inopinantibus quam maximis potest itineribus Viennam peruenit: VII 9, 3; ¶ quam maximas manus possunt ⟨poss. man. β⟩ cogunt ⟨c⟩: V 39, 1; ¶ prouinciae toti quam maximum potest militum numerum imperat: I 7, 2; ¶ quam ⟨quas *Db. errore*; qui *l*⟩ maximas potuerunt pecunias mutuati . . . ad Pompeium transierunt: 3, 60, 5; ¶ oppidani saxa quam maxima possunt uectibus promouent: 2, 11, 1.

B. maior(es) = *πρεσβύτερος (πρόγονοι)*; **a)** = *πρεσβύτερος*; **1. adiect.:** heredes erant scripti ex duobus filiis maior et ex duabus *filiabus* ea, quae aetate antecedebat: 3, 108, 3.

2. ui subst. maiores natu (= *πρεσβύτεροι, γεραίτεροι*): omnes maiores natu ex oppido egressi manus ad Caesarem tendere et uoce significare coeperunt . . .: II 13, 2; maiores natu, quos una cum pueris mulieribusque in aestuaria ac paludes coniectos ⟨collectos *X*⟩ dixeramus, . . . cum uictoribus nihil impeditum, uictis nihil tutum arbitrarentur, omnium . . . consensu legatos ad Caesarem miserunt seque ei dediderunt ⟨dederunt β⟩ et in commemoranda ciuitatis calamitate ex sescentis ad tres senatores . . . sese redactos esse dixerunt: II 28, 1. 2; (Germani) omnibus principibus maioribusque natu adhibitis ad eum in castra uenerunt: IV 13, 4; *cf. qu. sqq.*

b) maiores = *οἱ πρόγονοι*; **α) subi.:** (mei consilii est) facere, quod nostri maiores nequaquam pari bello Cimbrorum Teutonumque fecerunt; qui in oppida compulsi ac simili inopia subacti eorum corporibus, qui aetate ad bellum inutiles ⟨o⟩ uidebantur, uitam tolerauerunt neque se hostibus tradiderunt ⟨hostibus se tr. β⟩: VII 77, 12; — cuius ⟨β; huius α; *Frig.*⟩ (Tasgetii) maiores in sua ciuitate regnum obtinuerant: V 25, 1; cuius (Cauarini) frater Moritasgus aduentu in Galliam Caesaris cuiusque maiores regnum obtinuerant ⟨moritasgus ante cuiusque mai. r. obt. ante aduentum caes. in galliam *a*⟩: V 54, 2.

ita Heluetios a maioribus suis institutos esse, uti obsides accipere, non dare consuerint: I 14, 7; — quod Germanorum consuetudo [haec] sit a maioribus tradita, quicumque bellum inferant, resistere neque deprecari: IV 7, 3.

β) **obi.:** compellere, subigere: VII 77, 12 *u.* α) facere.

γ) **gen.:** huic Caesar pro eius uirtute . . .

maiorum locum restituerat: V 25, 2; — de Accone . . . grauiore sententia pronuntiata more ⟨pronuntiat amore *BM;* pronuntiat ac more *M²*⟩ maiorum supplicium sumpsit: VI 44, 2.

δ) e. praep.: reliquas . . ciuitates sollicitant, ut in ea libertate, quam a maioribus acceperint ⟨β; *Fr.;* -rant α; *rell. edd.*⟩, permanere quam Romanorum seruitutem perferre malint ⟨*c*⟩: III 8, 4; in acie praestare interfici, quam non ueterem belli gloriam libertatemque, quam a maioribus acceperint ⟨β; acceperant α⟩, recuperare: VII 1, 8; — se ita a patribus maioribusque suis didicisse, ut magis uirtute contenderent ⟨*o*⟩ quam dolo aut insidiis niterentur: I 13, 6.

[Falso: magnus *pro* Magius *bis in cod. Med., u.* **Magius**; ipsi manu facta cum iis ⟨*c*⟩, quos nuper ⟨maximi *add. x;* maxime *f²; Db.; del. Np., Dt.;* nuperrime *Oehl.;* manumissos *recc.*⟩ liberauerant, in proxima Octauii castra inruperunt ⟨*u. CC*⟩: 3, 9, 6.]

maiestas: Alexandriae . . . concursum ad se fieri uidet, quod fasces anteferrentur. in hoc omnis multitudo maiestatem regiam minui praedicabat: 3, 106, 4; ¶ nulla tamen uox ⟨*o*⟩ est ⟨*o*⟩ ab ⟨*c*⟩ iis audita populi Romani maiestate et superioribus uictoriis indigna: VII 17, 3.

Maius: XV. Kal. Maias ex itinere: *ap. Cic. ad Att.* X 8 *B*, 2.

malacia: tanta subito malacia ⟨malatia *AM;* malicia *a¹e*⟩ ac ⟨*c*⟩ tranquillitas exstitit, ut se (naues) ex loco mouere ⟨*c*⟩ non possent: III 15, 3.

maleficium. A. gen.: se non maleficii causa ex prouincia egressum, sed uti se a contumeliis inimicorum defenderet: 1, 22, 5.

B. c. praep.; a) ab: finitimis imperauit, ut ab iniuria et maleficio se suosque prohiberent: II 28, 3; ¶ neque homines inimico animo data facultate per prouinciam itineris faciundi temperaturos ab iniuria et maleficio existimabat: I 7, 5.

b) sine: (legio) sese . . Hispalim ⟨*c*⟩ recepit atque in foro et porticibus sine maleficio consedit: 2, 20, 4; — sibi esse in animo sine ullo maleficio iter per prouinciam facere: I 7, 3; — (obsides dent) Heluetii, ut sine maleficio et iniuria transeant: I 9, 4.

(Mallius *u.* **1. L. Manlius.)**

malo. A. non sequitur quam; **a)** additur **obi.:** (si pace uti uelint ⟨si pacem mallent β⟩, iniquum esse de stipendio recusare: I 44, 4.)

b) additur infin.: quibus saluis atque incolumibus rem obtinere malebat: 1, 72, 3.

B. sequitur quam; **additur a) infin.:** regnum illum Galliae malle Caesaris concessu quam ipsorum habere beneficio: VII 20, 2; — ciuitates sollicitant, ut in ea libertate, quam a maioribus acceperint ⟨*c*⟩, permanere quam Romanorum seruitutem perferre malint ⟨β; mallent α; *edd.*⟩: III 8, 4.

b) acc. c. inf.: cum (Androsthenes) se uictoriae Pompei comitem esse mallet quam socium Caesaris in rebus aduersis: 3, 80, 3; nihil enim malo quam et me mei similem esse et illos sui: *ap. Cic. ad Att.* IX 16, 2.

c) inf. et acc. c. inf.: qui (inimici) . . . recusarent atque omnia permisceri mallent ⟨uellent *f*⟩ quam imperium exercitusque dimittere: 1, 32, 5; •his eos suppliciis ⟨*a?;* supplices *Ofhl; Np., Db.*⟩ male ⟨malis *O; Np., Db.*⟩ haberi ⟨*Nx;* habere *cd; Np., Db.; om. O*⟩ Caesar et ⟨*om. Ohl*⟩ necessariam subire deditionem quam proelio decertare malebat: 1, 81, 5.

d) nom. c. inf.: debebunt Pompeium hortari, ut malit mihi esse amicus quam iis, qui et illi et mihi semper fuerunt inimicissimi: *ap. Cic. ad Att.* IX 7 *C*, 2.

mālus. A.: qui (funes) antemnas ad malos destinabant ⟨*Q²a;* distinebant *ABMh*⟩: III 14, 6.

B.: nostrarum turrium altitudinem . . . commissis suarum turrium malis ⟨alis *Ciacc.*⟩ adaequabant: VII 22, 4.

mălus ui subst.; **(A. masc.:** quo . . . † latorum ⟨*codd.;* soluta malorum *Kindsch.*⟩ audacia numquam ante descensum ⟨*c*⟩ est: 1, 5, 3.**)**

B. neutr. malum; a) dat.: praesenti malo aliis malis remedia dabantur ⟨remediabantur *uel* medebantur *Madu.*⟩: 1, 81, 3; — his tantis malis haec subsidia succurrebant, . . . quod . . .: 3, 70, 1.

b) abl.: 1, 81, 3 *u.* **a)**; Massilienses ⟨-sibus *ahl*⟩ omnibus defessi ⟨-sis *a*⟩ malis . . . sese dedere sine fraude constituunt: 2, 22, 1; — **(**1, 81, 5 *u.* **malo B. c);)** — quo malo perterriti subito oppidani saxa . . . promouent: 2, 11, 1.

male. A. pos.: ubi tantos suos labores et apparatus male cecidisse uiderunt: 2, 15, 1; ¶ quibuscumque exercitus dicto audiens non fuerit, aut male re gesta fortunam defuisse aut: I 40, 12; (postulauit etiam L. Afranium proditionis exercitus Acutius . . ., quod ⟨bellum male *add. Koch*⟩ gestum in Hispania diceret

⟨*u. CC*⟩: 3, 83, 2;) ¶ uti equitatu agmen aduersariorum male haberet et carperet: 1, 63, 2; his eos suppliciis ⟨*a?; supplices Ofhl; Np., Db.*⟩ male ⟨malis *O; Np., Db.*⟩ haberi ⟨*Nx;* habere *cd; Np., Db.; om. O*⟩ Caesar . . . quam proelio decertare malebat: 1, 81, 5.

B. comp.: sed peius uictoribus Sequanis quam Haeduis uictis accidisse: I 31, 10.

mancipium: (narie etiam scriptitatum est mancupium, aucupium, manubiae, si quidem C. Caesar per i scripsit, ut apparet ex titulis ipsius: *Vel. Long. (gramm. Lat. ed. Keil VII p. 67;)* aequo animo mancipia atque impedimenta in Italia (milites) relinquerent: 3, 6, 1.

mando. A. = imperare; a) alqd: iure iurando ne quis enuntiaret, nisi quibus communi consilio mandatum esset, inter se sanxerunt: I 30, 5; ¶ (his datis ⟨*add. RSchn.; om. codd.; edd.*⟩ mandatis eum ab ⟨*c*⟩ se dimittit: II 5, 3;) — haec eadem centurionibus tribunisque militum mandabant, ut per eos ad Caesarem deferrentur ⟨*c*⟩: VII 17, 8.

b) ut: his (Procillo et Metio) mandauit, ut quae diceret Ariouistus cognoscerent et ad se referrent: I 47, 5; huic (Voluseno) mandat, ut ⟨uti β⟩ exploratis omnibus rebus ad se quam primum reuertatur: IV 21, 2; mandat, ut crebros exploratores in Suebos mittant quaeque apud eos gerantur cognoscant: VI 10, 3; discedentibus (equitibus Vercingetorix) mandat, ut suam quisque eorum ciuitatem adeat omnesque ⟨*c*⟩, qui . . . arma ferre possint ⟨β; possent α⟩, ad bellum cogant: VII 71, 2; mandat, ut Libonem de concilianda pace hortetur; in primis ut ipse cum Pompeio conloqueretur postulat: 1, 26, 3.

c) ne: Caesar enim per litteras Trebonio magnopere mandauerat, ne per uim oppidum expugnari pateretur: 2, 13, 3.

d) sequ. coniunct.: huic mandat, Remos reliquosque Belgas adeat atque in officio contineat Germanosque . . ., si per uim nauibus flumen transire conentur, prohibeat: III 11, 2.

B. = tradere: his domi ob has cansas amplissimos magistratus mandauerat: 3, 59, 2; ¶ neque fas esse existimant ea litteris mandare, cum in reliquis fere ⟨*o*⟩ rebus . . . Graecis litteris ⟨*o*⟩ utantur: VI 14, 3; ¶ se fugae mandare *u.* **fuga** *p. 1344* **C. a)** *(4 loc.).*

mandatum. A. obi.: acceptis mandatis Roscius . . . Capuam peruenit . . .; postulata Caesaris renuntiat: 1, 10, 1; quos . . . Pompeius erat adhortatus, ne noua Caesaris officia ueterum suorum beneficiorum . . . memoriam expellerent. quibus mandatis acceptis Massilieuses portas Caesari clauserant: 1, 34, 4; ¶ dare *u.* **do** *p. 943 (5 loc.);* ¶ deferre *u.* **defero** *p. 843* **B. b) α)** *(3 loc.);* ¶ habere se a Pompeio ad eum priuati ⟨priuatim *Nae*⟩ officii mandata demonstrat: 1, 8, 2; ¶ cum ad eos oratoris modo Caesaris ⟨ad eos imperatoris *Madu.*⟩ mandata deferret ⟨perferret β⟩: IV 27, 3; quod sua mandata perferre non oportuno tempore ad Pompeium uererentur: 3, 57, 2; ¶ haec eodem tempore Caesari mandata referebantur et legati ab Haeduis . . . ueniebant: I 37, 1; haec ad eum mandata Clodius refert: 3, 57, 5; ¶ ilii deliberata *re* respondent scriptaque ad eum mandata per eosdem remittunt ⟨*sic Hot.;* per eos remittunt *Ofhl; Db.;* mandata permittunt *Na;* mandata remittunt *Np., Dt.*⟩, quorum haec erat summa: 1, 10, 2.

B. genet.: mandatorum summa *u.* **hic** *p. 1487* **B. a)** *(3 loc.).*

C. abl.: profectum aliquid ⟨*c*⟩ Vibullii ⟨*c*⟩ mandatis existimabatur: 3, 15, 8.

D. c. praep.; a) cum: mittere, remittere cum mandatis *u.* **cum** *p. 770* **3.** *(4 loc.).*

b) de: non minus necessarium esse existimanit de repentino aduentu Caesaris Pompeium fieri certiorem, uti ad id consilium capere posset, quam ⟨*Ciacc.;* antequam *codd.; edd.*⟩ de mandatis agi ⟨inciperet *add. codd.;* inciperetur *Np.; edd.; del. Ciacc.*⟩: 3, 11, 1; adhibito Libone . . . de mandatis Caesaris agere instituit: 3, 18, 3.

c) in: postulauit deinde ⟨*c*⟩ eadem, quae legatis in mandatis dederat: I 43, 9.

(Mandrubacius *u.* Mandubracius.)

Mandubii. *(Cf. Glück p. 133.)*

Alesiam, quod est oppidum Mandubiorum, iter facere coepit: VII 68, 1; pecus, cuius magna erat copia a ⟨*c*⟩ Mandubiis ⟨manduuiis α⟩ compulsa ⟨a mand. comp. copia β⟩, uiritim distribuit: VII 71, 7; Mandubii, qui eos oppido receperant, eum liberis atque uxoribus exire coguntur. hi . . .: VII 78, 3; *cf.* § 4.

Mandubracius. *In A* V 20, 3 *exstat* mandubratium, *quod receperunt Schn. et Fr., probat Glück p. 132—134. Sed* mandubracius *exstat in* α V 20, 1 *et* 4, *in BMQ* V 20, 3, *in AB²a* V 22, 5; mandubragio *est in B¹MQ* V 22, 5; mandrubacius *in* β V 20, 4, *in h* V 20, 1, *in a* V 20, 3; mandrubatius(?) *in a* (mandrusbatius *in f*) V 20, 1; mandrobacium *in h* V 20, 3; mandobracio *in h* V 22, 5.

ex qua (Trinobantium ciuitate) Mandubracius adulescens Caesaris fidem secutus ad eum in continentem [Galliam] uenerat, cuius pater in ea ciuitate regnum obtinuerat ⟨c⟩ interfectusque erat a Cassiuellauno, ipse fuga mortem uitauerat: V 20, 1; petunt (Trinobantes), ut Mandubracium ab iniuria Cassiuellauni defendat atque in ciuitatem mittat, qui praesit imperiumque obtineat: V 20, 3; his ⟨c⟩ Caesar imperat obsides XL frumentumque exercitui Mandubraciumque ad eos mittit: V 20, 4; interdicit atque imperat Cassiuellauno, ne Mandubracio neu Trinobantibus noceat ⟨bellum faciat β⟩: V 22, 5.

mane: Varus postero ⟨postera *Ox*⟩ die mane legiones ex castris educit: 2, 27, 4; ¶ castris positis postero die mane copias ante frontem castrorum instruit ⟨*dett.*; struit *z*⟩: 3, 37, 1; ¶ (omnia excogitantur, quare nec sine periculo maneatur ⟨mane eatur *Hartz*⟩ et languore militum et uigiliis periculum augeatur ⟨*u. CC*⟩: V 31, 5;) ¶ postridie eius diei mane tripertito milites ⟨c⟩ equitesque in expeditionem misit: V 10, 1; ¶ media nocte silentio profectus ad hostium castra mane peruenit: VII 18, 2; ¶ postridie eius diei mane ... Germani frequentes ... ad eum in castra uenerunt: IV 13, 4; Caesar ... parna parte noctis itinere intermisso mane Dyrrachium nenit: 3, 41, 5.

maneo. A. propr.; a) opp. discedere; α) abs.: facilem esse rem, seu maneant seu proficiscantur, si modo unum omnes sentiant: V 31, 2; (omnia excogitantur, quare nec sine periculo maneatur ⟨mane eatur *Hartz*⟩ et languore militum et uigiliis periculum augeatur ⟨*u. CC*⟩: V 31, 5.)

β) additur, ubi maneatur: reliqui, qui domi manserunt ⟨remanserunt *h*; remanserint *af*⟩, se atque illos alunt: IV 1, 5; ¶ totam hiemem ipse ad exercitum manere decreuit: V 53, 3; ¶ sic neque in loco manere ordinesque sernare neque procurrere ... tutum uidebatur: 2, 41, 6; ¶ cum superioris etiam ordinis non nulli ... manendum eo loco et rem proelio committendam existimarent: 3, 74, 2.

b) opp. tolli, dirui: interea manerent indutiae, dum ab illo rediri posset: 3, 16, 5; ¶ quod superioris anni munitiones integrae manebant: VI 32, 5; ¶¶ ita complures dies inania ⟨*add. Madu.*; *om. codd.*; *edd.*; uacua *add. Ciacc.*⟩ manserant castra; munitiones quidem omnes integrae erant: 3, 66, 7.

B. trsl.: manere in amicitia, fide, officio *al. u.* **in** *p. 135 (5 loc.)*.

(**manibiae** *u.* **mancipium.**)

(**Manilius** *u.* **1. L. Manlius.**)

manipularis: L. Fabius ⟨c⟩, centurio ⟨*om.* β⟩ legionis VIII., ... tres suos nactus manipulares atque ab iis subleuatus murum ascendit, hos ⟨eos β⟩ ipse rursus singulos exceptans in murum extulit: VII 47, 7; M. Petronius (centurio) ... manipularibus suis, qui illum secnti ⟨o⟩ erant, .. inquit: VII 50, 4; centuriones Marsi duo ex castris Curionis ⟨c⟩ cum manipularibus suis XXII ad Attium Varum perfugiunt: 2, 27, 1; sequimini me, inquit, manipulares mei qui fuistis et nestro imperatori quam consueuistis ⟨*Ciacc.*; constituistis *codd.*; *edd.*⟩ operam date: 3, 91, 1.

manipulus. A. subi.: ut paucis mutatis centurionibus idem ordines manipulique constarent: 2, 28, 1.

B. obi.: flens Petreius manipulos circumit militesque appellat: 1, 76, 1; ¶ si continere ⟨contineri β⟩ ad signa manipulos nellet ⟨β; uellent α; *Fr.*⟩, ut instituta ratio et consuetudo exercitus Romani postulabat, locus ipse ⟨o⟩ erat praesidio barbaris: VI 34, 6; ¶ (reliquas copias ... misit † captis quibusdam cohortibus ⟨maniplis singulis demptis cohortibus *coni. Np.*⟩: VII 35, 3;) ¶ centurionibusque nominatim appellatis reliquos cohortatus milites ⟨*del. Eussn.*⟩ signa inferre et manipulos laxare iussit: II 25, 2.

C. c. praep.: hinc celeriter deiecti se in signa ⟨in signa se β⟩ manipulosque coiciunt: VI 40, 1.

Manius *u.* **M.'** *p. 506.*

1. L. Manlius. *In* α *inuenitur* mallius, *quod receperunt edd.; in af est* manlius, *in h* manilius, *quorum alterutrum, cum etiam Orosii codd.* (V 23, 4) *partim* manlius, *partim* manilius *habeant et in Liuii epitome (lib. 90) idem nominetur* L. Manlius, *sine dubio probandum est. Quod in Plutarchi codd. (Sert. 12, 4) scriptum exstat Λόλλιον (ortum illud errore ex Μάλλιον), nullius est momenti; nam et Manlii et Mallii Graecis sunt Μάλλιοι. Veri similius tamen uidetur, cum et codicum* α *scriptura et Plutarchi illud Λόλλιος propius ad* Manlii *quam ad* Manilii *nomen accedat et* Manlius *exstet in Liuii periocha, h. l. cum codd. af scribendum esse* Manlius.

cum intellegeret (P. Crassus) in iis ⟨c⟩ locis sibi bellum gerendum, ... unde L. Manlius proconsul impedimentis amissis profugisset: III 20, 1.

2. L. Manlius Torquatus: L. Manlius praetor Alba ⟨albam *Ox*⟩ cum cohortibus sex profugit: 1, 24, 3; quo (Oricum) cum uenisset, L. Torquatus, qui iussu Pompei oppido praeerat praesidiumque ibi Parthinorum habebat, conatus portis clausis oppidum defendere, cum Graecos . . . arma capere iuberet, ilii autem se . . . pugnaturos negarent, . . . portas aperuit et se atque oppidum Caesari dedidit incolumisque ab eo conseruatus est: 3, 11, 3. 4.

mansuefacio: (uri) adsuescere ad homines et mansuefieri ⟨*AQ*β; mansueti fieri *BM; Aim., Fr.*⟩ ne paruuli quidem excepti possunt: VI 28, 4.

mansuetudo. A. obi.: audire: II 31, 4 *u.* C.

B. abl.: se magis consuetudine ⟨mansuetudine *Hartz*⟩ sua quam merito eorum ciuitatem conseruaturum: II 32, 1; ¶ petere . . . etiam pro his Haeduos, ut sua ⟨*om.* β⟩ clementia ac mansuetudine in eos utatur: II 14, 5.

C. c. praep.: si forte pro sua clementia ac mansuetudine, quam ipsi ab aliis audirent, statuisset Aduatucos esse conseruandos: II 31, 4.

(mansuetus *u.* **mansuefacio.)**

(Mantinea: qui (Laelius) commeatus Byllide atque Amantia ⟨*Vascos.*; mantinea *codd.*⟩ importari in oppidum prohibebat: 3, 40, 5.**)**

(**manubiae** *u.* **mancipium.**)

manus. A. propr.; a) subi.: impeditis manibus: IV 24, 2 *u.* **b)** impedire.

b) obi.: tantaque inter eos dissensio exsistit, ut manum conserere atque armis dimicare conentur: 1, 20, 4; ¶ militibus autem ignotis locis, impeditis manibus . . . cum hostibus erat pugnandum: IV 24, 2; ¶ hic ⟨*c*⟩ casus . . . gladium educere conanti dextram moratur manum: V 44, 8; ¶ quae (mulieres) in ⟨*c*⟩ proelium proficiscentes ⟨milites *add.* *B*²β⟩ passis ⟨passī *h*⟩ manibus flentes implorabant: I 51, 3; pueri mulieresque ex muro passis manibus suo more pacem ab Romanis petierunt: II 13, 3; matres familiae . . . pectore nudo prominentes passis manibus obtestabantur ⟨*o*⟩ Romanos, ut: VII 47, 5; ¶ omnes maiores natu . . . manus ad Caesarem tendere et uoce significare coeperunt: II 13, 2; Haedui manus tendere et ⟨*c*⟩ deditionem significare et proiectis armis mortem deprecari incipiunt ⟨*u. CC*⟩: VII 40, 6; quae (matres familiae) paulo ante Romanis de muro ⟨de m. *om.* β⟩ manus tendebant: VII 48, 3; ut omnis iuuentus . . . omnesque superioris ⟨*c*⟩ aetatis cum liberis atque uxoribus . . . aut . . . ad caelum manus ⟨*om. a*⟩ tenderent aut . . . ante simulacra proiecti uictoriam ab dis exposcerent: 2, 5, 3; hostes . . . ad legatos atque exercitum supplices manus tendunt: 2, 11, 4 (12, 1 *Np.*).

c) abl.; α): ut ipsis consistendi in suis munitionibus locus non esset, cum paene inaedificata [in] muris ab exercitu nostro moenia uiderentur ac telum manu coiceretur: 2, 16, 2; ¶ quibusnam manibus aut quibus uiribus . . . tanti oneris turrim ⟨*c*⟩ in muro ⟨*c*⟩ sese conlocare *posse* confiderent ⟨*u. CC*⟩: II 30, 4; ¶ ille . . . resistere ac se manu defendere . . . coepit: V 7, 8; ¶ manibus sagulisque ⟨*c*⟩ terram exhaurire cogebantur ⟨*c*⟩: V 42, 3; ¶ eum Caesar signa fugientium manu prenderet et consistere iuberet: 3, 69, 4; ¶ reperti sunt complures nostri milites ⟨*c*⟩, qui in phalanga ⟨*c*⟩ insilirent et ⟨*c*⟩ scuta manibus reuellerent: I 52, 5; ¶ sic nostros contempserunt, ut . . . alii uallum manu scindere, alii fossas complere inciperent: V 51, 4; ¶ et uoce et manibus uniuersi ex uallo . . . significare coeperunt, ut: 1, 86, 2; ¶ ne pulcherrimam prope totius Galliae ⟨*o*⟩ urbem . . . suis manibus succendere cogerentur: VII 15, 4.

β): multi ut diu iactato bracchio praeoptarent scutum ⟨scuta e *AQ;* scute *B*¹⟩ manu emittere: I 25, 4.

d) c. praep.; α) ex: e manu emittere: I 25, 4 *u.* **e)** β) emittere.

β) inter: pedalibus lignis . . . porticus integebantur, atque hac agger inter manus proferebatur: 2, 2, 3.

γ) per: non nullae de muris ⟨*c*⟩ per manus demissae ⟨*c*⟩ sese ⟨*c*⟩ militibus ⟨*o*⟩ tradebant: VII 47, 6; ¶ relinquit animus Sextium grauibus acceptis uulneribus ⟨*c*⟩; aegre per manus traditus ⟨*RSchn.;* tractus *X; edd.*⟩ seruatur: VI 38, 4; quidam . . . Gallus per ⟨qui per β; *Schn.*⟩ manus seui ac picis traditas glebas in ignem e regione turris proiciebat, . . . concidit: VII 25, 2; saxa . . . iter impediebant, *ut* arma per manus necessario traderentur ⟨traher. *f*²⟩ militesque inermes ⟨*c*⟩ subleuatique alii ab aliis magnam partem itineris conficerent: 1, 68, 2.

B. trsl.; a) proxime accedit ad uim propriam; α) = potestas: ex manibus dimittere *u.* **ex** *p. 1180 (4 loc.)*; ¶ hominem honestissimum prouinciae Galliae . . . ereptum e ⟨ex β⟩ manibus hostium sibi restitutum uidebat ⟨*c*⟩: I, 53, 6; ut Teutomatus ⟨*c*⟩ . . .

uix se ex manibus praedantium militum eriperet: VII 46, 5.

β) = **propinquitas:** ut paene uno tempore et ⟨c⟩ ad siluas et in flumine et iam ⟨*om.* β⟩ **in manibus** nostris ⟨et iam in m. n. *del. Paul*⟩ hostes uiderentur: II 19, 7.

γ) **manus dare (de uictis):** tandem dat Cotta ⟨precibus *add. Deiter*⟩ permotus manus ⟨manum *A*⟩; superat sententia Sabini: V 31, 3.

(δ) = **fortitudo:** quoniam fieret dimicandi potestas, ut saepe cogitauissent, neu suam neu ⟨*Elberl.;* ne usu manu *O¹x;* ne usu manuque *edd.*⟩ reliquorum opinionem fallerent: 3, 86, 5.)

ε) = **hominum opera:** oppidum et natura loci et manu munitum paucis diebus . . . expugnatum cognouerant: III 23, 2; cum et loci natura et manu ⟨*om. h*⟩ munitissimis castris sese teneret: V 57, 1; ¶ multaque erant intra eum locum manu sata, quibus ⟨*(h)l;* manus atque a quibus *af;* manu facta quibus *O*⟩ interim iumenta pasceret: 3, 44, 3.

b) **manus ferrea (= harpago)** *u.* **ferreus** *p. 1294 (3 loc.).*

c) **manus = copiae, exercitus, exercitus pars;** α) **subi.:** se abdere: V 8, 6 *u.* conuenire; ¶ adesse: V 27, 8 *u.* transire; ¶ adferre: VI 35, 3 *u.* esse; ¶ si noua manus Sueborum cum ueteribus copiis Ariouisti sese coniunxisset: I 37, 4; ¶ cum magnae ⟨magna *AQ*⟩ manus eo conuenissent, multitudine nauium perterritae . . . discesserant ac se in superiora loca abdiderant: V 8, 6; cum maiores manus hostium adiunctis Germanis conuenissent: V 29, 1; ¶ discedere: V 8, 6 *u.* conuenire; ¶ erat, ut supra demonstrauimus, manus certa nulla, non oppidum, non praesidium ⟨c⟩, quod se armis defenderet, sed in ⟨o⟩ omnes partes dispersa multitudo: VI 34, 1; dissipatis ac perterritis hostibus . . . manus erat nulla, quae paruam modo causam timoris adferret: VI 35, 3; ¶ fugere: VI 8, 1 *u.* β) adoriri; ¶ Romanorum manus tantis munitionibus distinetur nec facile pluribus locis occurrit: VII 84, 3; ¶ progredi: VII 61, 5 *u.* β) mittere; ¶ magnam manum Germanorum conductam Rhenum transisse; hanc adfore biduo: V 27, 8; ¶ (quaeque ⟨quaque *Np., Db.*⟩ pars ⟨β; parti α; parte *recc.; pr. edd.; Db.*⟩ hostium ⟨o⟩ confertissima est ⟨manus est *Db.*⟩ nisa inrumpit ⟨c⟩: V 44, 4.)

β) **obi.:** ut tantis copiis tam exiguam manum praesertim fugientem atque impeditam adoriri non audeant: VI 8, 1; ¶ cogere *u.* **cogo** *p. 582 (6 loc.);* ¶ conducere: V 27, 8 *u.* α) transire; ¶ uti aduersariorum manus diduceret ⟨dedue. *Of*⟩: 3, 40, 2; ¶ dimittendae plures manus diducendique erant milites: VI 34, 5; ¶ distinere *u.* **distineo A.** *p. 934 (5 loc.);* ¶ ipsi manu facta cum iis ⟨c⟩, quos nuper [maximi] liberauerant, in proxima Octauii castra inruperunt: 3, 9, 6; ¶ (impedire: VI 8, 1 *u.* adoriri;) ¶ praesidio . . . relicto et parua manu Metiosedum uersus missa, quae tantum progrederetur ⟨β; -diatur α; *edd.;* -diebatur *Q¹*⟩, quantum naues processissent, reliquas copias contra Labienum duxerunt: VII 61, 5; ¶ perterrere: V 8, 6 *u.* α) conuenire.

γ) **abl.:** magna manu Eburones, Neruii . . . legionem oppugnare incipiunt: V 39, 3; ¶ naues . . . incendit, quod tam late tueri parua manu non poterat: 3, 111, 6; ¶ subitoque oppressis lignatoribus magna manu ad castra oppugnatum ⟨oppugnanda β⟩ uenerunt: V 26, 2.

Adiect.: certa: VI 34, 1; dextra: V 44, 8; exigua: VI 8, 1; ferrea(e) *u. uol. I. p. 1294 (3 loc.);* impedita: VI 8, 1; magna(e): V 8, 6; 26, 2; 27, 8; 39, 3; VII 7, 2; maiores: V 29, 1; maximae: V 39, 1; (nostrae: II 19, 7;) noua: I 37, 4; nulla: VI 5, 7; 34, 1; 35, 3; parua: VII 61, 5; 3, 111, 6; plures: VI 34, 5; (suae: VII 15, 4;) supplices(?): 2, 11, 4.

Marcellinus *u.* **Lentulus 2.** *p. 452* (*et* **Marcellus 1.**)

1. (C. Claudius) Marcellus: Philippus et Cotta ⟨marcellus *O²;* Philippus et Marcellinus collega *Pighius; Kindsch.;* Paullus et Marcellus *Pantagathus;* consules *coni. Np.;* prioris anni consules *Hug*⟩ priuato consilio praetereuntur neque eorum sortes deiciuntur: 1, 6, 5.)

2. C. (Claudius) Marcellus: refertur etiam de rege Iuba, ut socius sit atque amicus; Marcellus consul ⟨*Madu.;* non *x;* nero *recc.; edd.*⟩ passurum in praesentia negat: 1, 6, 4; hunc (Lentulum consulem) Marcellus collega et plerique magistratus consecuti sunt: 1, 14, 2; praeerat . . . nauibus . . . Rhodiis C. Marcellus cum C. Coponio ⟨c⟩: 3, 5, 3.

3. M. (Claudius) Marcellus: dixerat aliquis leniorem sententiam, ut primo M. Marcellus, ingressus in eam orationem, non oportere ante de ea re ad senatum referri, quam dilectus tota Italia habiti . . . essent . . .: 1, 2, 2; Marcellus perterritus conuiciis a sua sententia discessit: 1, 2, 5.

Marcius. 1. Ancus Marcius *et* **Mar-**

cius Rex: ab Anco Marcio sunt Marcii Reges, quo nomine fuit mater: *ap. Sueton.* 6.

2. Marcius Rufus: hunc secutus Marcius ⟨*Np.;* m. *codd.*⟩ Rufus quaestor nauibus XII, quas praesidio onerariis nauibus Curio ex Sicilia eduxerat, postquam in litore relictam nauem conspexit, hanc remuleo ⟨*c*⟩ abstraxit; ipse ad [e.] Curionem cum classe redit: 2, 23, 5; Curio Marcium ⟨*Oa(?)hl;* martium *(a?)f*⟩ Vticam nauibus praemittit: 2, 24, 1; his rebus cognitis Marcius ⟨martius *x*⟩ Rufus quaestor in castris relictus a Curione cohortatur suos, ne animo deficiant: 2, 43, 1; *cf. qu. sqq.*

Marcoman(n)i: Germani suas copias castris eduxerunt generatimque constituerunt ⟨*c*⟩ paribus ⟨*c*⟩ interuallis, Harudes ⟨*c*⟩, Marcomanos ⟨marcomannos $B^2M^2\beta$⟩, Triboces ⟨*c*⟩, Vangiones, Nemetes, Sedusios, Suebos: I 51, 2.

Marcus *u.* **M.** *p. 505 sq.*

mare. A. subi.; a): adiacere: 2, 1, 2 *u.* **B.** adigere; ¶ quod his locis erat nadosum mare: 1, 25, 5; ¶ hoc itinere est fons, quo ⟨*c*⟩ mare succedit longius: 2, 24, 4.

b): summaque erat uasto atque aperto mari, magnis aestibus, raris ⟨mari magno, aestibus raris *BM*⟩ ac prope nullis portibus difficultas nauigandi: III 12, 5.

B. obi.: duabus ex partibus . . . . una erat proxima portui . . ., altera ad portam ⟨*c*⟩, qua ⟨*c*⟩ est aditus ex Gallia atque Hispania, ad id mare, quod adigitur ⟨*Madu.;* adigit *Ox;* adiacet *Np.; edd.;* uergit *Ciacc.*⟩ ad ostium Rhodani: 2, 1, 2; ¶ (concludere: III 9, 7 *u.* **G. e)**;) ¶ ita ⟨*c*⟩ montibus angustissime ⟨*Paul;* angustis *X; edd.*⟩ mare continebatur, uti: IV 23, 3; ¶ extruso mari aggere ac molibus: III 12, 3; ¶ quo facilius omne Hadriaticum mare *ab extremis Italiae partibus regionibusque Graeciae in potestate haberet: 1, 25, 3; classe Caesari ⟨*c*⟩ erepta portum ac mare totum in sua potestate haberent: 3, 111, 4; ¶ quod insuetus nauigandi mare timeret: V 6, 3; ¶ maxime probabat coactis nauibus mare transire et Pompeium sequi, prius quam ille sese transmarinis auxiliis confirmaret: 1, 29, 1; ut mare transire Caesarem prohiberet, eiusque rei causa omni ora maritima classem disposuerat: 3, 5, 2; mare transisse ⟨-ire *f*⟩ cum legionibus Caesarem: 3, 33, 1.

C. acc. pend. ex adiect.: P. Crassus adulescens cum legione septima proximus mare Oceanum in Andibus hiemabat ⟨*c*⟩: III 7, 2.

(D. dat.: influere: IV 1, 1 *u.* **G. a)** longe.**)**

E. gen.: nostris militibus cunctantibus, maxime propter altitudinem maris: IV 25, 3; conamur opus magnum et multorum dierum propter altitudinem maris: *ap. Cic. ad Att.* IX 14, 1; ¶ in magno impetu maris atque aperto ⟨*u. CC*⟩ . . . omnes fere, qui eo mari uti consuerunt, habent uectigales: III 8, 1; ¶ castra erant ad bellum ducendum aptissima natura loci ⟨*c*⟩ . . . et maris propinquitate: 2, 37, 5.

F. abl.: Massilia enim fere tribus ex ⟨*o*⟩ oppidi partibus mari adluitur; reliqua quarta est, quae aditum habeat ab terra: 2, 1, 3; ¶ mari uti: III 8, 1 *u.* **E.** impetus; ¶¶ sicuti (Bibulus) mari portibusque Caesarem prohibebat, ita ipse omni terra earum regionum prohibebatur: 3, 15, 1.

G. c. praep.; a) a: ut . . . abductum illum a mari . . . pari condicione belli secum decertare cogeret: 3, 78, 3; ¶ neque a mari Dyrrachioque discedere uolebat: 3, 44, 1; ¶¶ Rhenum transierunt non longe a mari, quo ⟨cui β⟩ Rhenus influit: IV 1, 1; neque longius a mari passibus CCC (castra) aberant: 3, 66, 3; ¶¶ cuius fines a maritimis ciuitatibus flumen diuidit, quod appellatur Tamesis, a mari circiter milia passuum LXXX: V 11, 8.

b) ad: omnia enim flumina atque omnes riuos, qui ad mare pertinebant ⟨perfluebant *Hell.*⟩, Caesar aut auerterat aut . . . obstruxerat: 3, 49, 4; ad eam partem munitionum ducit, quae pertinebat ⟨*O;* -bant *x; Np., Db.*⟩ ad mare: 3, 62, 2; ¶ comitatu equitum XXX ad mare peruenit: 3, 96, 4; ¶ exercitum reducit ad mare: V 23, 1.

ad Cantium, quod esse ad mare supra demonstrauimus: V 22, 1; 2, 1, 2 *u.* **B.** adigere; ut ad mare II ⟨*c*⟩ cohortes nonae legionis excubuerant ⟨nostrae cohortis nonae leg. excubiae erant *Madu.*⟩: 3, 63, 6; ¶ cohortibus decem ad mare relictis: V 9, 1.

c) contra: itaque contra mare transuersum ⟨conuersum *Paul*⟩ uallum . . . nondum perfecerat: 3, 63, 5.

d) in mare: id autem est iugum derectum eminens in mare: 2, 24, 3; ¶ in longitudinem passuum DCCCC in mare iactis molibus . . . cum oppido coniungitur: 3, 112, 2; ¶ (influere: IV 1, 1 *u.* **a)** longe;) ¶¶ unde erat propinquus despectus in mare: III 14, 9.

e) in mari: paulo facit humiliores (naues), quam quibus in nostro mari uti consueuimus: V 1, 2; (naues facit) paulo latiores ⟨*c*⟩, quam quibus in reliquis utimur maribus ⟨in rel. mar. uti adsueuerant β⟩: V 1, 2; ¶ ac longe aliam esse nauigationem in concluso ⟨uastissimo *add. afi*⟩ mari atque in uastissimo ⟨*om.* β⟩ atque ⟨*om. AQ*β⟩ apertissimo ⟨*om. AQ*⟩ Oceano perspiciebant ⟨*c*⟩: III 9, 7.

(f) **per mare**: inter duos uallos, qua perfectum opus non erat, ⟨per mare *add. codd.; Np., Dt.;* Pompeiani e *Paul;* *del. Nicas.*⟩ nauibus expositi ⟨expositis *Ox;* nauibus expos. *del. Dt.*⟩ in auersos ⟨*c*⟩ nostros impetum fecerunt: 3, 63, 8.)

g) **secundum mare**: cum animaduertisset Pompeium extra munitiones egressum [castra] secundum mare manere ⟨*add. Paul; om. codd.; edd.*⟩, ut . . . haberet, commutata ratione belli . . . *castra* iuxta Pompeium muniri ⟨*c*⟩ iussit ⟨*u. CC*⟩: 3, 65, 4.

maritimus. *Inuenitur* maritumus *in* α*h* IV 23, 5, *in BMh* III 16, 1, *in AQB* V 14, 1, *in ABM* V 12, 2, *in AQB²* V 12, 5, *in a* IV 29, 1, *in h* II 34; (*in reliquis libris uidetur exstare* maritimus.) *In X inueniri uidetur* maritimus III 8, 1. 5; IV 20, 3; V 11, 8. *In B. Ciu.* maritumus *habet a 9 locis:* 3, 5, 2 (ora); 5, 4; 11, 2; 17, 4; 24, 4; 28, 6; 34, 1; 78, 4. 6; maritimus 3, 5, 2 (oppidis) *et* 3, 39, 1; *reliqui B. Ciuilis codd. quid habeant non constat.*

A. = quod ad mare pertinet: ut esset luna plena, qui dies maritimos aestus maximos in Oceano efficere consueuit: IV 29, 1; ¶ remitterent ipsi de maritimis ⟨marinis *f*⟩ custodiis: 3, 17, 4; ¶ toti tamen officio maritimo M. Bibulus praepositus cuneta administrabat: 3, 5, 4; ¶ ut maritimae res postularent: IV 23, 5.

B. = ad mare situs: quae sunt maritimae ciuitates Oceanumque attingunt: II 34; cuius fines a maritimis ciuitatibus flumen diuidit, quod appellatur Tamesis, a mari circiter milia passuum LXXX: V 11, 8; ¶ hiemare Dyrrachii ⟨*c*⟩, Apolloniae ⟨*c*⟩ omnibusque oppidis maritimis constituerat: 3, 5, 2; ¶ huius est ciuitatis longe amplissima auctoritas omnis orae maritimae regionum earum: III 8, 1; omni ora maritima celeriter ad suam sententiam perducta: III 8, 5; quo proelio bellum Venetorum totiusque orae maritimae confectum est: III 16, 1; neque iis ipsis quicquam praeter oram maritimam atque eas regiones, quae sunt contra Gallias, notum est: IV 20, 3; omni ora maritima classem disposuerat: 3, 5, 2; ne Caesar orae maritimae ciuitates occuparet: 3, 11, 2; ut equitibus per oram maritimam ⟨ora maritima *N*ϰ⟩ ab Antonio dispositis aquari prohiberentur: 3, 24, 4; qui (equites) eam partem orae maritimae adseruabant: 3, 28, 6; deducta Orico legione, quam tuendae orae maritimae causa ⟨*om. f*⟩ posuerat: 3, 34, 1; deductis orae maritimae praesidiis Caesar . . . III cohortes Orici oppidi tuendi causa reliquit: 3, 39, 1; si . . . se ⟨*c*⟩ omni maritima ora excludere conaretur: 3, 78, 4; si ab ora maritima Oricoque ⟨*c*⟩ discedere nollet: 3, 78, 6; ¶ Britanniae pars interior ⟨*c*⟩ ab iis incolitur, quos natos in insula ipsa ⟨*c*⟩ memoria proditum dicunt, maritima pars ab iis, qui . . . ex Belgio transierunt ⟨*c*⟩: V 12, 2; ¶ nascitur ibi plumbum album in mediterraneis regionibus, in maritimis ferrum: V 12, 5; sunt humanissimi qui Cantium incolunt, quae regio est maritima omnis: V 14, 1.

Marius: cum Cimbris et Teutonis a C. Mario pulsis non minorem laudem exercitus quam ipse imperator meritus uidebatur: I 40, 5. [commodissimum uisum est . . . Procillum . . . mittere et *M.* ⟨*B²*; marium α; marcum *M²fh; om. a*⟩ Metium ⟨*c*⟩: I 47, 4.]

Marrucini: per fines Marrucinorum, Frentanorum, Larinatium in Apuliam peruenit: 1, 23, 5; ad eos Curio equitatum et duas Marrucinorum cohortes mittit: 2, 34, 3.

Mars. A.: maxime Mercurium colunt. . . . post hnnc Apollinem et Martem et Iouem et Mineruam. de his eandem fere quam reliquae gentes habent opinionem: Apollinem morbos depellere, . . . Martem bella regere ⟨gerere *h*⟩. huic, cum proelio dimicare constituerunt, ea, quae bello ceperint ⟨*c*⟩, plerumque deuouent: VI 17, 2. 3. *Cf. qu. sqq.*

B.: ut, qui propinquitatem loci uideret ⟨*c*⟩, paratos prope aequo Marte ad dimicandum existimaret ⟨*c*⟩: VII 19, 3.

(**Marsia:** duae sunt Albae, alia ista quam nouimus in Aricia ⟨Marsia *coni. Np.*⟩ et alia hic in Italia ⟨Latio *coni. Np.*⟩: *ap. Pomp. comm. art. Don. (gramm. Lat. V p. 144 ed. Keil).*)

Marsi: Domitius per se circiter XX cohortes Alba ⟨Albam *Göler*⟩, ex Marsis et Paeliguis, finitimis ab regionibus coegerat: 1, 15, 7; ab his primo Marsi dissentire incipiunt: 1, 20, 3; *cf. qu. sqq.;* proxima nocte centuriones Marsi duo ex castris Curionis ⟨*c*⟩ cum manipularibus suis XXII ad Attium Varum perfugiunt: 2, 27, 1; † neque enim ex Marsis Paelignisque ueniebant, ut qui superiore nocte in contuberniis commilitesque nonnulli grauiora sermones militum dubia durius accipiebantur ⟨*sic codd.; u. CC*⟩: 2, 29, 4.

Martius: (completur urbs † et ius ⟨ϰ; campus Martius *Hell.*⟩ comitium tribunis ⟨*c*⟩, centurionibus ⟨*c*⟩, euocatis ⟨*c*⟩: 1, 3, 3;) ¶ a. d. VII. Idus Martias Brundisium ueni: *ap. Cic. ad Att.* IX 13 *A*, 1. [*Cf.* **Marcius.**]

mas: eadem est feminae marisque natura ⟨statura *Paul*⟩, eadem forma magnitudoque cornuum: VI 26, 3.

Massilia. *Cf. Ed. Rouby, Le siége de Marseille. Par. 1875 (Spectateur militaire 1874); J. Gilles, Marseille 49 ans avant Jésus-Christ. Par. 1875; Stoffel, Histoire de Jules César. Guerre ciuile. Par. 1887. I. p. 77—79.*

cognoscit . . . profectum item Domitium ad occupandam Massiliam nauibus actuariis septem: 1, 34, 2; *cf.* § 3; qui (Albici) . . . montes . . supra Massiliam incolebant: 1, 34, 4; *cf.* § 5; euocat ad se Caesar Massilia ⟨*Of;* massiliam *ahl*⟩ XV primos: 1, 35, 1; *cf.* § 3. 5; haec dum inter eos aguntur, Domitius nauibus Massiliam peruenit atque ab iis ⟨*c*⟩ receptus urbi praeficitur: 1, 36, 1; *cf. qu. sqq.;* quibus iniuriis permotus Caesar legiones tres Massiliam adducit: 1, 36, 4; *cf. qu. sqq.;* quibus (nauibus) effectis . . . adductisque Massiliam his D. Brutum praeficit; C. Trebonium legatum ad oppugnationem Massiliae relinquit: 1, 36, 5; hae (naues) ad insulam, quae est contra Massiliam, stationes obtinebant: 1, 56, 3; qui (Trebonius) ad oppugnationem Massiliae relictus erat: 2, 1, 1; Massilia enim fere tribus ex ⟨*o*⟩ oppidi ⟨*del. Ciacc.*⟩ partibus mari adluitur: 2, 1, 3; hac adiuncta ad reliquas naues cursum Massiliam uersus perficit: 2, 3, 3; at ex reliquis (nauibus) una praemissa Massiliam huius nuntii perferendi gratia cum iam adpropinquaret urbi, omnis sese multitudo ⟨*c*⟩ effudit: 2, 7, 3; cum Caesarem ad Massiliam detineri cognouit: 2, 17, 3; pedibusque Narbonem atque inde Massiliam peruenit. ibi . . .: 2, 21, 5.

Cf. omnia, quae 2, 1—2, 16 *et* 2, 22 *narrantur.*

Massiliensis. 1. adiect.: cognoscit . . . praemissos etiam legatos ⟨*del. Ciacc.*⟩ Massilienses domum, nobiles ⟨domi nobiles *Ciacc.*⟩ adulescentes, quos . . .: 1, 34, 3.

2. ui subst.: quibus mandatis acceptis Massilienses portas Caesari clauserant . . .: 1, 34, 4; cum his agit, ne initium inferendi belli a ⟨*c*⟩ Massiliensibus oriatur: 1, 35, 1; dum haec ad Ilerdam geruntur, Massilienses usi L. Domitii consilio naues longas expediunt . . .: 1, 56, 1; ita cognito hostium aduentu suas naues ex portu educunt, cum Massiliensibus confligunt: 1, 57, 2; hi modo digressi ⟨*c*⟩ *a* Massiliensibus recentem eorum ⟨*c*⟩ pollicitationem animis continebant: 1, 57, 4; ipsi Massilienses et celeritate nauium et scientia gubernatorum confisi nostros eludebant . . .: 1, 58, 1. (2); eo die naues Massiliensium cum iis ⟨*c*⟩, quae sunt captae, intereunt VIIII: 1, 58, 4; L. Nasidius . . . L. Domitio Massiliensibusque subsidio missus freto Siciliae . . . peruehitur: 2, 3, 1; praemissaque clam nauicula Domitium Massiliensesque ⟨-sisque *a*⟩ de suo aduentu certiores facit . . .: 2, 3, 3; Massilienses post superius incommodum ueteres . . . naues refecerant summaque industria armauerant . . .: 2, 4, 1; Tauroenta, quod est castellum Massiliensium, . . . perueniunt: 2, 4, 5; dextra pars attribuitur Massiliensibus, sinistra Nasidio: 2, 4, 5; ad eas (naues), quae factae erant Arelate per Caesarem, captiuae Massiliensium accesserant sex: 2, 5, 1; commisso proelio Massiliensibus res nulla ad uirtutem defuit . . .: 2, 6, 1; ex Massiliensium classe V sunt depressae, IIII captae, una cum Nasidianis profugit: 2, 7, 2; Massilienses tamen nihilo setius ad defensionem urbis reliqua apparare coeperunt. 2, 7, 4; temptauerunt hoc idem Massilienses ⟨tempt. h. i. Mass. *del. Paul*⟩ postero die . . .: 2, 14, 5; omnibus arboribus longe lateque in finibus Massiliensium excisis et conuectis: 2, 15, 1; frumenti magnum numerum coegit, quod Massiliensibus, item quod Afranio Petreioque ⟨*c*⟩ mitteret: 2, 18, 1; Massilienses ⟨-sibus *ahl*⟩ omnibus defessi ⟨-sis *a*⟩ malis, rei frumentariae ad summam inopiam adducti, bis proelio nauali ⟨*o*⟩ superati . . . sese dedere sine fraude constituunt: 2, 22, 1; paucis ante diebus L. Domitius cognita Massiliensium ⟨-ibus *af*⟩ uoluntate . . . profectus est: 2, 22, 2; Massilienses arma tormentaque ex oppido . . . proferunt, naues ex portu naualibusque educunt, pecuniam ex publico tradunt . . .: 2, 22, 5.

Cf. omnia, quae 1, 34—36, 1, 56—58, 2, 1—16, 2, 22 *narrantur.*

matara: non nulli inter carros *raedasque mataras ⟨matares *Glück p. 134—136*⟩ ac tragulas subiciebant ⟨abicieb. *Ciacc.*⟩ nostrosque uulnerabant: I 26, 3.

mater. A. subi.: (capere: VII 26, 3 *u.* **B.** dedere;) ¶ ubi (matres familiae) eos in sententia perstare uiderunt, . . . conclamare et significare de fuga Romanis coeperunt: VII 26, 4; matres familiae . . . suos obtestari et more Gallico passum ⟨sparsum *β*⟩ capillum ostentare liberosque in conspectum proferre coeperunt: VII 48, 3; ¶ conclamare: VII 26, 4 *u.* coepisse; ¶ quod apud Germanos ea ⟨*c*⟩ consuetudo esset, ut matres familiae eorum sortibus et ⟨*c*⟩ uaticinationibus declararent, utrum proelium committi ex usu esset necne. eas ita dicere: I 50, 4. 5; ¶ nam ab Anco Marcio sunt Marcii Reges, quo nomine fuit mater: *ap. Suet.* 6; ¶ flere: VII 26, 3 *u.* petere; ¶ matres familiae de muro uestem argentumque iactabant et pectore nudo prominentes passis manibus obtestabantur ⟨o⟩ Romanos: VII 47, 5; ¶ obtestari: VII 47, 5 *u.* iactare; VII 48, 3 *u.* coepisse; ¶ ostentare: VII 48, 3 *u.* coepisse; ¶ (pandere: VII 47, 5 *u.* iactare;) ¶ cum matres ⟨matris A^1⟩ familiae repente in publicum procurrerunt ⟨procurrerant β⟩ flentesque proiectae ad pedes suorum omnibus precibus petierunt ⟨petiuerunt β⟩, ne: VII 26, 3; ¶ procurrere: VII 26, 3 *u.* petere; ¶ proferre: VII 48, 3 *u.* coepisse; ¶ prominere: VII 47, 5 *u.* iactare; ¶ significare: VII 26, 4 *u.* coepisse; ¶ matres familiae, quae paulo ante Romanis de ⟨c⟩ muro ⟨c⟩ manus tendebant: VII 48, 3; ¶ non nullae de muris ⟨c⟩ per manus demissae ⟨c⟩ sese ⟨c⟩ militibus ⟨o⟩ tradebant: VII 47, 6; ¶ uidere: VII 26, 4 *u.* coepisse.

B. obi.: (Dumnorigem) huius potentiae causa matrem in Biturigibus ⟨c⟩ homini illic nobilissimo ac potentissimo conlocasse: I 18, 6; ¶ (petierunt (matres familiae), ne se et communes liberos hostibus ad supplicium dederent, quos ⟨quas *Dbce*⟩ ad capiendam fugam naturae et uirium infirmitas impediret: VII 26, 3;) ¶ demittere: VII 47, 6 *u.* **A.** tradere; ¶ (impedire: VII 26, 3 *u.* dedere;) ¶ proicere: VII 26, 3 *u.* **A.** petere.

(**C. dat.**: (matres familiae) obtestabantur ⟨o⟩ Romanos, ut sibi parcerent, neu, sicut Auarici fecissent, ne a ⟨c⟩ mulieribus quidem atque infantibus abstinerent: VII 47, 5.)

D. gen.: instructa classe omnium seniorum, matrum familiae, uirginum precibus et fletu excitati . . . naues conscendunt: 2, 4, 3.

E. c. praep.: (Dumnorigem) sororem ex matre et propinquas suas nuptum in alias ciuitates conlocasse: I 18, 7.

materia. *Nom.* materia *quinquies inuenitur*, materies *nusquam; acc.* materiam III 29, 1; 2, 1, 4; 37, 4; materiem *in* α, materiam *in* β VII 24, 4; *gen.* materiae *bis* (materiei *nusquam*); *abl.* materia *ter in X, quinquies in z;* materia *in* α, materie *in* β IV 17, 8.

A. subi.: diebus decem, quibus materia coepta erat comportari, omni opere ⟨ponte β⟩ effecto: IV 18, 1; ¶ quod et ab incendio lapis et ab ariete materia defendit: VII 23, 5; ¶ aquae et salis copia, cuius magna uis iam ex proximis erat salinis eo congesta. non materia ⟨salinis. ea congesta non materia *af*⟩ multitudine arborum . . . deficere poterat: 2, 37, 6; ¶ materia cuiusque generis ut in Gallia est praeter fagum atque ⟨c⟩ abietem: V 12, 5; ¶ posse: VII 23, 5 *u.* **B.** distrahere; 2, 37, 6 *u.* **A.** deficere.

B. obi.: omnem eam materiam, quae erat caesa, conuersam ad hostem conlocabat et pro uallo ad utrumque latus exstruebat: III 29, 1; quibus (nauibus) effectis . . . diebus XXX, a ⟨c⟩ qua die materia caesa est: 1, 36, 5; ¶ comportare *u.* **comporto** *p. 625 (3 loc.);* ¶ huc frumentum comportare, [castra munire,] materiam conferre coepit: 2, 37, 4; ¶ conlocare, conuertere: III 29, 1 *u.* caedere; ¶ quae (materia) perpetuis trabibus *pedum *quadragenum plerumque introrsus reuincta neque perrumpi neque distrahi potest: VII 23, 5; ¶ exstruere: III 29, 1 *u.* caedere; ¶ alii faces atque aridam materiam ⟨materiem α; *edd.*⟩ de muro in aggerem eminus iaciebant: VII 24, 4; ¶ haec derecta materia ⟨materie β⟩ iniecta contexebantur ⟨conteg.?⟩: IV 17, 8; ¶ perrumpere, reuincire: VII 23, 5 *u.* distrahere.

C. gen.: ictum firmitas materiae sustinet: 2, 11, 1; ¶ ubi aut spatium inter muros aut imbecillitas materiae postulare uideretur, pilae interponuntur, trauersaria tigna iniciuntur: 2, 15, 2.

D. abl.: materia contexere ⟨contegere?⟩: IV 17, 8 *u.* **B.** inicere; ¶ turres excitare: V 40, 2 *u.* **E.**; ¶ (carinae ac prima ⟨c⟩ statumina ex ⟨*af;* et *Ohl; om. N; Np., Dt.*⟩ leui materia fiebant: 1, 54, 2;) ¶ (nauibus) parum clauis aut materia atque armamentis instructis ad reliquas armandas reficiendasque utuntur: 1, 36, 2; ¶ apertos cuniculos praeusta et praeacuta materia et pice feruefacta et maximi ponderis saxis morabantur: VII 22, 5; ¶ quae grauissime adflictae ⟨o⟩ erant naues, earum materia atque aere ad reliquas reficiendas utebatur: IV 31, 2.

E. c. praep.: noctu ex ⟨ea β⟩ materia, quam munitionis causa comportauerant ⟨c⟩, turres admodum ⟨*CC*⟩ centum XX excitantur: V 40, 2; ¶ facere ex *u.* **ex** *p. 1181* **B. a) α)** *(3 loc.);* ¶¶ aggerem . . . facere instituerunt aequa fere altitudine ⟨c⟩ atque ille congesticius ex materia fuerat agger: 2, 15, 1.

[Falso materiam *scriptum est in* αh *pro* maceriam VII 69, 5.]

materior: erat eodem ⟨c⟩ tempore et

materiari et frumentari et tantas munitiones fieri ⟨tueri *Schn.; Db.*⟩ necesse deminutis nostris copiis ⟨*o*⟩: VII 73, 1.

maternus: amitae meae Iuliae maternum genus ab regibus ortum, paternum cum diis immortalibus coniunctum est: *ap. Suet.* 6.

Matisco: Q. Tullium Ciceronem et P. Sulpicium Cauilloni ⟨*c*⟩ et Matiscone in Haeduis ad Ararim rei frumentariae causa conlocat: VII 90, 7.

matrimonium: Dumnorigi . . . filiam suam in matrimonium dat: I 3, 5; — Dumnorix . . . ex ea ciuitate Orgetorigis filiam in matrimonium duxerat: I 9, 3.

Matrona: Gallos ab Aquitanis Garumna flumen, a Belgis Matrona et Sequana diuidit: I 1, 2.

maturesco *u.* **frumentum** *p. 1342* **B. a)** *(2 (3) loc.).*

maturitas: maioremque spem maturitate frumentorum proponi uidebant: 3, 49, 6; ¶ neque (frumenta) multum a maturitate aberant: 1, 48, 5.

maturo. A. intrans.: quibus rebus Caesar uehementer commotus maturandum sibi existimauit: I 37, 4; quibus rebus cognitis Caesar maturandum sibi censuit: VII 56, 1.

B. transit.; a) sequ. obi.: atque horum ⟨*c*⟩ discessu maturari ⟨*fhk*; maturandi *a*; admaturari *α*; *edd.*⟩ defectionem ciuitatis existimabat: VII 54, 2; ¶ iam nero eo magis illi maturandum iter existimabant: 1, 63, 1.

b) sequ. inf.: maturat ab urbe proficisci: I 7, 1; — flumen Axonam . . . exercitum traducere maturauit: II 5, 4.

maturus. A. = πρῷος: etsi in his locis, quod omnis Gallia ad septentriones ⟨*c*⟩ uergit, maturae sunt hiemes: IV 20, 1.

B. = πέπων, ὡραῖος: frumenta *u.* **frumentum** *p. 1342* **B. a)** *(3 loc.).*

mature. A. = ἐν καιρῷ: neque Bibulus impeditis nauibus dispersisque remigibus satis mature occurrit: 3, 7, 3.

B. = πρῴ; **a). comp.; α):** quibus rebus cognitis Caesar . . . maturius sibi de bello cogitandum putauit: VI 2, 3; — si ⟨*c*⟩ maturius ex hibernis educeret ⟨si . . . educeret *om. af*⟩, ne ab re frumentaria duris subuectionibus laboraret: VII 10, 1.

β): Caesar . . . maturius paulo, quam tempus anni postulabat, in hiberna in Sequanos exercitum deduxit: I 54, 2; — illi necessario maturius, quam constituerant, castra ponunt: 1, 65, 3; — Caesar, ne grauiori bello occurreret, maturius, quam consuerat ⟨*c*⟩, ad exercitum proficiscitur: IV 6, 1.

b) superl.: quibus rebus quam maturrime occurrendum putabat: I 33, 4.

Mauretania. *Codd.* 1, 6, 3 *omnes uidentur habere* mauritania *(quod omn. locis recep. edd.)*; 1, 39, 3 *et* 60, 5 *(et in B. Alex. et B. Afr.) l habet* mauretania.

tota Italia dilectus habeatur; Faustus Sulla propere ⟨*CC*⟩ in Mauretaniam mittatur ⟨mittitur *x*⟩: 1, 6, 3; audierat Pompeium per Mauretaniam cum legionibus iter in Hispaniam facere: 1, 39, 3; exstinctis rumoribus de auxiliis legionum, quae cum Pompeio per Mauretaniam uenire dicebantur: 1, 60, 5.

maxime *u. p. 509 sqq.*

Q. Fabius Maximus: bello superatos esse Aruernos et Rutenos ab Q. Fabio Maximo ⟨maxumo *B*[1]*M*⟩: I 45, 2.

(meatus: Galli . . . omnia uada ac † saltus ⟨meatus *Madu.*⟩ eius paludis obtinebant: VII 19, 2.**)**

(Mecletodunum *u.* **Metiosedum.)**

medeor: ad hunc modum distributis legionibus facillime inopiae *rei ⟨*add. RSchn.*⟩ frumentariae sese mederi posse existimauit: V 24, 6; ¶ (praesenti malo aliis malis remedia dabantur ⟨remediabantur *uel* medebantur *Madu.*⟩: 1, 81, 3.)

mediocris: qui (locus) . . . aditum . . habet nauibus mediocrem: 3, 42, 1; ¶ inopiam excusare . . . et difficultates auctionandi proponere etiam mediocris est animi: 3, 20, 3; ¶ Saburram . . . cum mediocribus copiis missum Vticae adpropinquare: 2, 38, 1; ¶ non mediocrem sibi diligentiam adhibendam intellegebat: III 20, 1; ¶ castris prope oppidum positis ⟨*c*⟩ mediocribus circum se interuallis separatim singularum ciuitatum ⟨*c*⟩ copias conlocauerat: VII 36, 2; ¶ intra has (crates) mediocri latitudine fossam . . . obduci iussit: 3, 46, 1; ¶ neue . . . multis . . secundis proeliis unum aduersum et id mediocre opponerent: 3, 73, 2; ¶ sublicae et ad inferiorem partem fluminis oblique agebantur . . . et aliae item supra pontem mediocri spatio: IV 17, 10; mediocri spatio relicto Pulio pilum in hostes immittit ⟨*c*⟩: V 44, 6; colles mediocri interiecto spatio . . . oppidum cingebant: VII 69, 4; taleae . . . in terram infodiebantur ⟨*c*⟩ mediocribusque ⟨que *om.* *β*⟩ intermissis spatiis omnibus locis disserebantur: VII 73, 9; ¶ Pompeiani . . . castris Marcellini adpropinquabant non mediocri terrore inlato reliquis cohortibus: 3, 65, 1.

mediocriter: tantus subito timor omnem exercitum occupauit, ut non mediocriter omnium mentes animosque perturbaret: I 39, 1.

Mediomatrici. *Cf. Glück p. 137 sq.*

Rhenus ... longo spatio per fines Nantuatium ⟨c⟩, Heluetiorum, Sequanorum, Mediomatricum ⟨-icorum β⟩, Tribocorum ⟨*om.* β⟩, Treuerorum citatus fertur: IV 10, 3; imperant ... Ambianis, Mediomatricis, Petrocoriis, Neruiis, Morinis, Nitiobrogibus quina milia ⟨.V̄. β⟩: VII 75, 3.

mediterraneus: nascitur ibi plumbum album in mediterraneis regionibus, in maritimis ferrum: V 12, 5.

medius. **A.** = in medio situs: aliquem locum medium utriusque ⟨utrisque *Ciacc.*⟩ conloquio deligeret: I 34, 1; hunc (locum) esse delectum medium fere regionum earum, quas Suebi obtinerent: IV 19, 3; ¶ in finibus Carnutum, quae regio totius Galliae media habetur, considunt: VI 13, 10.

B. = media pars (rei). *Cf. O. Riemann, RPh. V p. 104—107.*

duplici acie instituta, auxiliis in mediam aciem coniectis ⟨c⟩ ... exspectabat: III 24, 1; sagittarii funditoresque media continebantur acie, equitatus latera cingebat: 1, 83, 2; mediam aciem Scipio cum legionibus Syriacis tenebat: 3, 88, 1; reliquas inter aciem ⟨acies *af*⟩ mediam ⟨medias *f*⟩ cornuaque interiecerat: 3, 88, 3; sinistro cornu Antonium, dextro P. Sullam, media ⟨in media *O*⟩ acie Cn. Domitium praeposuerat: 3, 89, 2; ¶ tantum ab equitum suorum *auxilio aberant, ... ut eos superioribus perterritos proeliis in medium reciperent agmen: 1, 79, 5; ¶ ipsos se ... ex media caede fugisse ⟨*CC*⟩: VII 38, 5; ¶ recordari debere, qua felicitate ⟨c⟩ inter medias hostium classes ... incolumes essent transportati: 3, 73, 3; ¶ interim in colle medio triplicem aciem instruxit: I 24, 2; a medio fere colle in longitudinem ⟨c⟩ ... sex pedum murum ... praeduxerant: VII 46, 3; Afranius copias educit et in medio colle sub castris constituit: 1, 41, 2; ¶ in hoc medio cursu est insula, quae appellatur Mona: V 13, 3; ¶ quae (silua) ingenti magnitudine per medios fines Treuerorum a flumine Rheno ad initium Remorum pertinet: V 3, 4; hoc (castellum) fere est in mediis Eburonum finibus: VI 32, 4; ¶ est bos cerui figura, cuius a media fronte inter aures unum cornu exsistit: VI 26, 1; ¶ per medios hostes perrumpunt: VI 40, 4; simul in medios hostes inrupit: VII 50, 5; ¶ medio fere itinere equites a Fabio missi quanto res in periculo fuerit exponunt: VII 41, 2; procul equitatu uiso ex medio itinere proiectis sarcinis fugiebant: 1, 59, 3; ¶ iubet media nocte legionem proficisci: V 46, 2; quibus rebus cognitis media nocte silentio profectus ad hostium castra mane peruenit: VII 18, 2; Galli ... media nocte ⟨med. nocte *om.* β⟩ silentio ex castris egressi ad campestres munitiones accedunt: VII 81, 1; at ⟨c⟩ etiam ut media nocte proficiscamur addunt: 2, 31, 7; — media circiter nocte (circiter media nocte ⟨mediam noctem β⟩) *u.* **circiter** *p. 529* **B.** *(3 loc.)*; — Eporedorix cognito Litauicci consilio media fere ⟨*om. a*⟩ nocte rem ad Caesarem defert: VII 39, 3; — res disputatione ad mediam noctem perducitur: V 31, 3; — ut ... ante mediam noctem ad portas castrorum clamor oreretur ⟨c⟩: V 53, 1; Cenabenses paulo ante mediam noctem silentio ex oppido egressi flumen transire coeperunt: VII 11, 7; — de media nocte *u.* **de** *p. 822* **2.** *(5 loc.)*; — idoneam tempestatem nactus ⟨c⟩ paulo post mediam noctem naues soluit: IV 36, 3; ¶ quorum mediam orationem ⟨media oratione *hl*⟩ interrumpunt subito undique tela immissa: 3, 19, 6; ¶ in hoc fere medio spatio tumulus erat paulo editior: 1, 43, 1; Caesar ... a medio fere spatio suos per Antonium ... cohortatus tuba signum dari ... iussit: 3, 46, 4; cursum represserunt et ad medium fere spatium constiterunt: 3, 93, 1.

nono genere pugnae perterritis nostris per medios audacissime perruperunt: V 15, 4.

mehercule: gandeo mehercule uos significare litteris, quam ualde probetis ea, quae apud Corfinium sunt gesta: *ap. Cic. ad Att.* IX 7 *C*, 1.

Meldi(-ae?): cognoscit LX naues, quae in Meldis factae erant, tempestate reiectas cursum tenere non potuisse ⟨*u. CC*⟩: V 5, 2.

melior *u.* **bonus** *p. 421 sq.* **B.** condicio *et* tempus.

Mel(l)odunum *u.* **Metiosedum.**

membrum: militibus ... impeditis manibus, magno ... onere armorum oppressis ⟨c⟩ ... cum hostibus erat pugnandum, cum illi ... omnibus membris expeditis ⟨expediti *BM; Db., Fr.*⟩ notissimis locis audacter tela coicerent: IV 24, 3; ¶ quorum (simulacrorum) contexta uiminibus membra uiuis hominibus complent: VI 16, 4.

memini. **A.** = reminisci: quod ... alio se ⟨c⟩ in hiberna consilio uenisse (Galba) meminerat, aliis occurrisse rebus uiderat: III

6, 4; hortaturque (Litauiccum atque eius fratres,) ut se liberos et imperio natos meminerint: VII 37, 2; recordabantur enim (milites) eadem ⟨c⟩ se . . . in Hispania perpessos labore et patientia maximum bellum confecisse; meminerant ad Alesiam magnam se inopiam perpessos . . . uictores discessisse: 3, 47, 6.

B. = mentionem fecisse: eundem Achillam, cuius supra meminimus, omnibus copiis praefecit ⟨c⟩: 3, 108, 2.

memor: Auximatibus agit gratias seque eorum facti memorem fore pollicetur: 1, 13, 5; sed memores eorum praeceptorum, quae paulo ante ab suis acceperant, hoc animo decertabant (Massilienses), ut: 2, 6, 1.

memoria. A. propr.; a) = recordatio; α) subi.: debere: *ap. Gell.* V 13, 6 *u.* β) retinere; ¶ quorum in consilio omnium nestrum consensu pristinae residere uirtutis ⟨uirt. resid. β⟩ memoria uidetur: VII 77, 4.

β) obi.: delere: *ap. Gell.* V 13, 6 *u.* retinere; ¶ quod si ueteris contumeliae obliuisci nellet, num etiam recentium iniuriarum . . . memoriam ⟨*AQ;* memoria *MC*β⟩ deponere posse ⟨posset *AQ*⟩? I 14, 3; obsecrare milites coepit, ne primam ⟨*O¹f;* prima *O²ahl;* primi *b; Scal.*⟩ sacramenti, quod apud Domitium . . . dixissent, memoriam deponerent: 2, 28, 2; ¶ ne noua Caesaris officia ueterum snorum beneficiorum in eos memoriam expellerent: 1, 34, 3; ¶ ne committeret, ut is locus . . . ex calamitate populi Romani . . . nomen caperet aut memoriam proderet ⟨memoria proderetur *Faern.*, *Vrsin.*⟩: I 13, 7; ¶ milites non longiore oratione cohortatus ⟨c⟩, quam uti suae pristinae uirtutis memoriam retinerent, . . . signum dedit: II 21, 2; Labienus milites cohortatus, ut suae pristinae uirtutis et ⟨tot *add.* β⟩ secundissimorum proeliorum retinerent memoriam ⟨mem. ret. β⟩, . . . dat signum proelii: VII 62, 2; — nam neque hominum morte memoria deleri debet, quin a proximis retineatur, neque clientes sine summa infamia deseri possunt: *ap. Gell.* V 13, 6.

γ) abl.; αα): ut neque beneficiis neque amicitiae memoria moueretur ⟨*ego;* -rentur *X; edd.*⟩: VII 76, 2; — qua ex re fieri, uti earum rerum memoria magnam sibi auctoritatem magnosque spiritus in re militari sumerent: II 4, 3.

ββ): quod memoria tenebat L. Cassium consulem occisum exercitumque eius ab Heluetiis pulsum et sub ingum missum: I 7, 4; quod eas res, quas legati Heluetii commemorassent, memoria teneret: I 14, 1; unum elocūtus, ut memoria tenerent milites ea, quae pridie sibi ⟨c⟩ confirmassent, sequi sese iubet: 2, 34, 5.

γγ): accidit inspectantibus nobis quod dignum memoria uisum praetereundum non existimauimus: VII 25, 1.

δδ): neque adhuc hominum memoria repertus est quisquam, qui . . . mori ⟨c⟩ recusaret: III 22, 3.

b) = uis (facultas) reminiscendi (memoriae): fere plerisque accidit, ut praesidio litterarum diligentiam in perdiscendo ac memoriam remittant: VI 14, 4; ¶ (quod nolint) eos, qui discunt ⟨c⟩, litteris confisos minus memoriae studere: VI 14, 4.

c) = (posteritatis memoria,) posteritas: quae (ferarum genera) maxime differant a ⟨c⟩ ceteris et memoriae ⟨memoria β⟩ prodenda uideantur, haec sunt: VI 25, 5; quibus rebus neque tum respondendum Caesar existimauit neque nunc ut memoriae ⟨memoria *b*⟩ prodantur ⟨*N;* -datur *Ox*⟩ satis causae putamus: 3, 17, 1.

B. trsl.; a) = fama: Britanniae pars interior ⟨c⟩ ab iis ⟨c⟩ incolitur, quos natos in insula ipsa ⟨β; ipsi α; *edd.*⟩ memoria proditum dicunt: V 12, 1; (VI 25, 5 *u.* **A. c)**.)

b) = aetas, tempora: hominum memoria (= *iis temporibus, quorum homines meminerunt, quae amplectitur hominum memoria*): III 22, 3 *u.* **A. a) γ) δδ)**; ¶ hic pagus unus, cum domo exisset, patrum nostrorum memoria L. ⟨cum d. exisset patr. n. memoria, L. *plur. edd.*⟩ Cassium consulem interfecerat et eius exercitum sub ingum miserat: I 12, 5; factum (esse) eius hostis periculum patrum nostrorum memoria: I 40, 5; solosque esse, qui patrum nostrorum memoria omni Gallia uexata Teutonos Cimbrosque intra fines ⟨o⟩ suos ingredi prohibuerint ⟨c⟩: II 4, 2; confines erant hi Senonibus ciuitatemque patrum memoria coniunxerant: VI 3, 5; ¶ apud eos fuisse regem nostra etiam memoria Diuiciacum, totius Galliae potentissimum: II 4, 7.

ac paulo supra hanc memoriam serui et clientes . . . una cremabantur: VI 19, 4.

Menander: tu quoque tu in summis ⟨c⟩, o ⟨c⟩ dimidiate Menander, poneris, et merito, puri sermonis amator: *ap. Suet. uita Terent.* 5.

Menapii. III 28, 1 *in A*β *scriptum est* menapique (II 4, 9 *in a¹f* menaptios, *in Q¹* manepios).

quindecim milia (polliceri) Atrebates, Ambianos decem milia, Morinos XXV milia, Menapios VII milia ⟨.VIIII. *af; Oros.*; .VIII. *h*⟩; Caletos X milia: II 4, 9; socios sibi ad id bellum Osismos, Lexouios, Namnetes, Ambiliatos ⟨ambianos β⟩, Morinos, Diablintes, Menapios adsciscunt: III 9, 10; quod omni Gallia pacata Morini ⟨uni *add. Paul*⟩ Menapiique supererant, qui in armis essent: III 28, 1; *cf. qu. sqq.* III 28 *et* 29; ad Rhenum peruenerunt. quas regiones Menapii incolebant et ⟨hi β⟩ ad utramque ripam fluminis agros, aedificia uicosque habebant: IV 4, 2; *cf.* § 3; cum neque ui contendere propter inopiam nauium neque elam transire propter custodias Menapiorum possent: IV 4, 4; inscios inopinantesque Menapios oppresserunt: IV 4, 5; *cf.* § 6; prius quam ea pars Menapiorum, quae citra Rhenum ⟨*c*⟩ erat, certior fieret: IV 4, 7; *cf. qu. sqq.*; in Menapios atque in eos pagos Morinorum, ab quibus ad eum legati non uenerant, (exercitum) ducendum ⟨*c*⟩ dedit: IV 22, 5; Q. Titurius et L. Cotta legati, qui in Menapiorum fines legiones duxerant, omnibus eorum agris uastatis, frumentis succisis, aedificiis ⟨*c*⟩ incensis, quod Menapii se omnes in densissimas siluas abdiderant, se ⟨*o*⟩ ad Caesarem receperunt: IV 38, 3; cum undique bellum parari uideret, Neruios, Aduatucos, ⟨ac *add.* α⟩ Menapios adiunctis Cisrhenanis omnibus Germanis esse in armis: VI 2, 3; erant Menapii propinqui Eburonum finibus, perpetuis paludibus siluisque muniti, qui uni ex Gallia de pace ad Caesarem legatos numquam miserant. cum his . . .: VI 5, 4; *cf. qu. sqq.*; ne desperata salute aut se in Menapios ⟨menapiis β⟩ abderet aut: VI 5, 5; ipse cum legionibus expeditis quinque in Menapios proficiscitur. illi . . .: VI 5, 6; *cf.* § 7; quibus rebus coacti Menapii legatos ad eum pacis petendae causa mittunt: VI 6, 2; *cf.* § 3; Commium Atrebatem cum equitatu custodis loco in Menapiis relinquit: VI 6, 4; Caesar postquam ex Menapiis in Treueros neuit, . . . constituit: VI 9, 1; T. Labienum cum legionibus tribus ad Oceanum nersus in eas partes, quae Menapios attingunt, proficisci iubet: VI 33, 1.

mendacium: ut, si peracto consulatu ⟨*c*⟩ Caesaris ⟨*c*⟩ non profectus ⟨*c*⟩ esset, nulla tamen m e n d a c i i r e l i g i o n e obstrictus uideretur: 1, 11, 2; ¶ nuntios tota ciuitate Haeduorum dimittit; eodem ⟨in eodem β⟩ m e n d a c i o de caede equitum et principum p e r m o u e t ⟨*N*; permonet *X*; permanet *B*[1]*?k*; *Ald.*⟩: VII 38, 10.

Menedemus: cuius prouinciae (*i. e.* Macedoniae) ab ea parte, quae libera appellabatur, Menedemus, princeps earum regionum, missus legatus omnium snorum excellens studium profitebatur: 3, 34, 4.

mens. A. = **animus (mentes militum = milites); a) subi.:** ut ad bella suscipienda Gallorum alacer ac promptus est animus, sic m o l l i s a c m i n i m e r e s i s t e n s ad calamitates perferendas mens eorum e s t: III 19, 6; ¶ quorum (Allobrogum) mentes nondum ⟨*o*⟩ ab ⟨*c*⟩ superiore bello r e s e d i s s e ⟨residisse *B*; redisse *MQ*⟩ sperabat: VII 64, 7.

b) obi.: hac oratione habita mirum in modum c o n u e r s a e s u n t omnium mentes: I 41, 1; noua religio iuris iurandi spem . . . sustulit mentesque militum conuertit: 1, 76, 5; ¶ omnium oculis mentibusque ad pugnam i n t e n t i s . . . peruenerunt: III 26, 2; ¶ omnia enim plerumque, quae absunt, uehementius hominum mentes p e r t u r b a n t: VII 84, 5; ¶ reliqua, quae ad eorum s a n a n d a s mentes pertinere arbitrabatur, commemorat: 1, 35, 2; ut maiore spatio temporis interiecto militum mentes sanarentur: 2, 30, 3.

B. = **cogitatio; a) obi.:** sic omnino ⟨omnium β⟩ animos timor praeoccupauerat ⟨*c*⟩, ut paene a l i e n a t a mente deletis omnibus copiis equitatum ⟨tantum *add.* β⟩ se ex fuga recepisse dicerent: VI 41, 3; ¶ tantus subito timor omnem exercitum occupauit, ut non mediocriter omnium mentes animosque p e r t u r b a r e t: I 39, 1.

b) abl.: totus e t m e n t e e t a n i m o in bellum Treuerorum et Ambiorigis i n s i s t i t: VI 5, 1; — tanta erat summae ⟨*c*⟩ rerum exspectatio, ut alins in aliam partem m e n t e a t q u e a n i m o t r a h e r e t u r, quid . . . Lentulo, quid reliquis accideret: 1, 21, 6.

c) c. praep.: id quem ad modum fieri possit non nulla mihi i n m e n t e m u e n i u n t et multa reperiri possunt: *ap. Cic. ad Att.* IX 7 *C*, 1.

mensis. *Genet. plur.* m e n s i u m *inuenitur in AQM*[2]β VI 18, 2, *in B*[2]*M*[2]β I 5, 3, *in af* 2, 14, 4; m e n s u m *in* α I 5, 3, *in M*[1]*B*[2] VI 18, 2, *in hl* 2, 14, 4; m e n s u u m *(quod recepit Hld.) in B*[1] VI 18, 2 (*in O* 2, 14, 4).

A. subi.: m u l t i iam m e n s e s e r a n t ⟨transierant *recc.*⟩ et hiems praecipitauerat, neque Brundisio naues . . . ueniebant: 3, 25, 1.

B. acc. temp.: cum multos menses castris se ac paludibus tenuisset neque sui potestatem fecisset: I 40, 8.

C. genet.: trium mensium ⟨*c*⟩ molita c i b a r i a sibi quemque domo efferre iubent: I 5, 3; ¶ (legem promulgauit, ut sexenni die ⟨*P. Manut.*; sexies seni dies *z*; sex mensium die *Voss.*⟩

sine usuris creditae pecuniae soluantur: 3, 20, 4;) ¶ dies natales et mensium ⟨*c*⟩ et annorum initia sic obseruant, ut noctem dies subsequatur: VI 18, 2; ¶ ita multorum ⟨itaque duorum *Kindsch.*⟩ mensium ⟨*c*⟩ labor hostium perfidia et ui tempestatis puncto temporis interiit: 2, 14, 4.

D. abl.: octano (duodecimo) mense: 1, 5, 2 *u.* **E.**; ¶¶ quod paucis mensibus ante Harudum milia hominum ⟨*CC*⟩ XXIIII ad eum uenissent: I 31, 10; — quae gens paucis ante mensibus ultro ad Caesarem legatos miserat: 3, 80, 1; quam (sororem Cleopatram) paucis ante mensibus per suos propinquos atque amicos regno expulerat: 3, 103, 2.

E. c. praep.: quod illi turbulentissimi superioribus temporibus tribuni plebis post ⟨*om. codd.; add. Dt.*⟩ octo ⟨octauo *f; Ald., Np.;* duodecimo *Ciacc.; Db.*⟩ denique menses ⟨mense *Ald.; Ciacc., Np., Db.; u. CC*⟩ uariarum ⟨*c*⟩ actionum respicere ac timere consuerant ⟨*c*⟩: 1, 5, 2.

mensura: neque mensuras itinerum nouerunt: VI 25, 1; ¶ certis ex aqua mensuris breuiores esse quam in continenti noctes ⟨*o*⟩ uidebamus: V 13, 4.

mentio: mentionem facere alcs (rei) *u.* **facio** *p. 1271 (3 loc.).*

mercator. **A.** subi.: (adire: IV 20, 3 *u.* **E.**;) ¶ cognoscere: IV 5, 2 *u.* **B.**; ¶ minimeque ad eos mercatores saepe commeant ⟨mercatores commetant *Bergk*⟩ atque ea, quae ad effeminandos animos pertinent, important: I 1, 3; ¶ (congredi: I 39, 1 *u.* dicere;) ¶ iter per Alpes, quo magno cum periculo magnisque cum ⟨*om.* β⟩ portoriis mercatores ire consuerant ⟨consueuerant *af*⟩, patefieri uolebat: III 1, 2; ¶ (Galli ac mercatores) saepe numero sese cum his congressos ne uultum quidem atque aciem oculorum dicebant ⟨*om. Fr., Db.*⟩ ferre potuisse: I 39, 1; ¶ ut, qui sub uallo ⟨*c*⟩ tenderent mercatores, recipiendi sui facultatem non haberent: VI 37, 2; ¶ importare: I 1, 3 u. commeare; (IV 2, 1 *u.* **C.**;) ¶ (inferre: II 15, 4 *u.* **C.**;) ¶ ire: III 1, 2 *u.* consuesse; ¶ (perferre: IV 21, 5 *u.* **E.**;) ¶ (posse: I 39, 1 *u.* dicere;) ¶ Gallorum ac mercatorum, qui ingenti magnitudine corporum Germanos . . . esse praedicabant: I 39, 1; ¶ pronuntiare: IV 5, 2 *u.* **B.**; ¶ (se recipere,) tendere: VI 37, 2 *u.* habere; ¶ uenire: IV 5, 2 *u.* **B.**; ¶ multumque ad eos mercatores uentitant: IV 3, 3.

B. obi.: est enim hoc Gallicae consuetudinis, uti . . . mercatores in oppidis uulgus circumsistat quibusque ex regionibus ueniant quasque ibi res cognouerint pronuntiare cogat ⟨β; cogant α; *edd.*⟩: IV 5, 2; ¶ uocatis ⟨euocatis β; *Whitte*⟩ ad se undique mercatoribus: IV 20, 4.

C. dat.: nullum aditum ⟨*o*⟩ esse ad eos ⟨*c*⟩ mercatoribus; nihil pati uini . . . inferri: II 15, 4; mercatoribus est aditus magis ⟨*o*⟩ eo, ut quibus uendant habeant, quam quo ullam rem ad se importari desiderent: IV 2, 1; ¶ neque iis ipsis (*i. e.* mercatoribus) quicquam praeter oram maritimam . . . notum est: IV 20, 3; ¶ (uendere: IV 2, 1 *u.* aditus est.)

D. gen.: ex percontatione nostrorum uocibusque Gallorum ac mercatorum . . . timor omnem exercitum occupauit: I 39, 1.

E. c. praep.: consilio eius cognito et per mercatores perlato ad Britannos: IV 21, 5.

neque enim temere praeter mercatores illo adit ⟨illo adiit α; adit ad illos β⟩ quisquam: IV 20, 3.

mercatura: hunc (Mercurium) ad quaestus pecuniae mercaturasque habere uim maximam arbitrantur: VI 17, 1.

mercennarius: huc Dardanos, Bessos partim mercennarios ⟨*afh;* (mercenarios *Ol?*)⟩, partim imperio aut gratia comparatos . . . adiecerat: 3, 4, 6.

merces. **A.**: factum esse, uti ab Aruernis Sequanisque Germani mercede arcesserentur ⟨accersirentur mercede *a*⟩: I 31, 4.

B.: (legem promulgauit,) qua mercedes habitationum annnas conductoribus donanit: 3, 21, 1.

Mercurius: deorum ⟨*Paul;* deum *X; edd.*⟩ maxime Mercurium colunt. huius sunt plurima simulacra, hunc omnium inuentorem artium ferunt, hnnc uiarum atque itinerum ducem, hnnc ad quaestus pecuniae mercaturasque habere uim maximam arbitrantur. post hnnc Apollinem . . .: VI 17, 1.

mereo(r). **A.** = stipendia mer.: sic se complures annos illo imperante meruisse, ut nullam ignominiam acciperent: VII 17, 5.

B. = **dignum** esse: cum Cimbris et Teutonis a C. Mario pulsis non minorem laudem exercitus quam ipse imperator meritus uidebatur: I 40, 5; ¶ ne quis . . . ex eo quod meruerat ⟨eo quod mer. *del. Apitz; Vielh.*⟩ odio ciuitatis motus exsistat: VI 5, 2; ¶ quae meruissent praemia ab se deuicta Gallia exspectarent: VII 34, 1.

C. mereri c. aduerb. = ὠφελεῖν, εὐεργετεῖν: bene, optime mereri *u.* **bene** *p. 423*

a) *et* **b)** *(3 + 4 loc.)*; ¶ ita se omni tempore de populo Romano meritos esse, ut paene in conspectu exercitus nostri agri uastari . . . non debuerint: I 11, 3; hoc et feci ⟨*c*⟩ saepe et saepius mihi facturus uideor: ita de me mereris: *ap. Cic. ad Att.* IX 6 *A;* ¶ quem Caesar, ut erat de se meritus et de re publica, . . . ab octauis ordinibus ad primipilum se traducere pronuntiauit: 3, 53, 5.

meritum. **A.** = **dignitas; a) abl.:** se magis consuetudine ⟨mansuetudine *Hartz*⟩ sua quam merito eorum ciuitatem conseruaturum: II 32, 1; quod cum merito eius a se fieri intellegebat, tum ⟨*c*⟩ magni interesse arbitrabatur . . .: V 4, 3.

b) c. praep.: Ciceronem pro eius merito legionemque conlaudat: V 52, 3.

B. = **beneficium; a) subi.:** sunt leuiora: 2, 32, 10 *u.* **e)** α).

b) obi.: discedentibus his breuiter sua in Haeduos merita exposuit: quos et quam humiles accepisset . . . et quam in fortunam quamque in amplitudinem † deduxisset ⟨et in eam fort. amplitudinemque duxisse β⟩: VII 54, 3. 4; ¶ sua in illos merita proponit: VII 71, 3.

e) c. praep.; α) de: qui de meis in uos meritis praedicaturus ⟨*Steph.;* praeiudicaturus *codd.*⟩ non sum, quae sunt adhuc et mea uoluntate et nestra exspectatione leuiora: 2, 32, 10.

β) **pro:** (sese) Caesari pro eius meritis gratiam referre: V 27, 11; huius opera Commii . . . fideli atque utili superioribus annis erat usus . . . Caesar; quibus ille pro meritis ⟨pro quib. mer. β⟩ ciuitatem eius immunem esse iusserat . . .: VII 76, 1; Caesar magis eos pro nomine et uetustate quam pro meritis in se ciuitatis conseruans duas ibi legiones praesidio relinquit: 2, 22, 6.

C. = **culpa:** eo grauius (se) ferre, quo minus merito populi Romani accidissent: I 14, 1.

merito = iure: tu quoque tu in summis ⟨*c*⟩, o ⟨*c*⟩ dimidiate Menander, poneris, et merito, puri sermonis amator: *ap. Suet. uita Terent.* 5.

meridianus: nacti occasionem meridiani temporis discessu ⟨meridiano tempore discessus *Ciacc.*⟩ eorum . . . in proxima Octauii castra inruperunt: 3, 9, 6; — accessum est ad Britanniam omnibus nauibus meridiano fere tempore: V 8, 5; subito meridiano tempore, cum alius discessisset, alius ex diutino labore in ipsis operibus quieti se dedisset, arma nero omnia reposita contectaque essent, portis se † foras rumpunt: 2, 14, 1; Caesar meridiano fere tempore signo profectionis dato exercitum educit: 3, 76, 3.

meridies. **A. diei partem significat; a) subi.:** cum iam meridies ⟨ad meridiem β⟩ adpropinquare uideretur: VII 83, 8; ¶ adeundi tempus definiunt, cum meridies ⟨*Q; uett. edd.;* meridie *ABM*β; *Schn.*⟩ esse uideatur: VII 83, 5.

b) abl.: sed meridie . . . repente ex omnibus partibus ⟨*c*⟩ ad pabulatores aduolauerunt: V 17, 2; Teutomatus . . . subito in tabernaculo oppressus, ut ⟨ubi *N*⟩ meridie conquieuerat: VII 46, 5; (VII 83, 5 *u.* **a)**.)

c) e. praep.; α) a: cum a meridie prope ad solis occasum dubia uictoria pugnaretur: VII 80, 6.

β) **ad:** (VII 83, 8 *u.* **a)**;) magno aestu — nam ad meridiem res erat perducta: 3, 95, 1.

γ) **circiter:** circiter meridiem exercitum in castra reduxit: I 50, 2.

B. caeli regionem signif.: huius lateris alter angulus, qui est ad Cantium, . . . ad orientem solem, inferior ad meridiem spectat: V 13, 1.

meritum *u.* **mereo** *p. 563.*

merx: frumenti quod inuentum est in publicum conferunt; reliquas merces commeatusque ad obsidionem urbis . . . reseruant: 1, 36, 3.

M. (Valerius) Messala: is M. Messala [et] M. ⟨*c*⟩ Pisone consulibus . . . coniurationem nobilitatis fecit . . .: I 2, 1; quoniam M. Messala ⟨messalla *B*[1]⟩, M. ⟨*c*⟩ Pisone consulibus senatus censuisset, uti: I 35, 4.

Messana: L. Nasidius . . . freto Siciliae . . . peruehitur adpulsisque Messanam nauibus atque inde propter repentinum terrorem principum ac senatus fuga facta ex naualibus eorum *unam* deducit: 2, 3, 2; cum esset Caesaris classis diuisa in duas partes, dimidiae parti praeesset P. Sulpicius praetor Vibone ⟨*c*⟩ . . ., dimidiae M. Pomponius ad Messanam, prius Cassius ad Messanam ⟨prius Cass. ad Mess. *om. af*⟩ nauibus aduolauit, quam Pomponius de eius aduentu cognosceret: 3, 101, 1; tantusque eo facto timor incessit, ut cum esset legio praesidio Messanae, uix oppidum defenderetur . . . . sed oportunissime nuntiis adlatis oppidum est ⟨*c*⟩ defensum: 3, 101, 3. 4.

(messis: (tribuni pl.) de sua salute septimo die cogitare coguntur, quod illi turbulentissimi superioribus temporibus tribuni pl. † octo denique menses uariarum actionum ⟨peracta denique messe nefariarum actionum *Hell.*⟩ respicere ac timere consuerant ⟨*c*⟩: 1, 5, 2.**)**

met (nosmet): quasi nero, inquit ille, . . . non necesse sit nobis Gergouiam contendere et cum Aruernis nosmet coniungere: VII 38, 7.

L. (Caecilius) Metellus: subicitur etiam L. Metellus tribunus plebis ab inimicis Caesaris, qui hanc rem distrahat reliquasque res, quascumque agere instituerit, impediat. cuius cognito consilio . . .: 1, 33, 3.

metior *u.* **frumentum** *p. 1339 (3 loc.).*

Metiosedum. VII 58, 2 metiosedum *est in a corr., fk,* (meliosedum *in a pr.,*) metiosedem *in h*[3], mellodunum *in AQB*[1]*h*[1], melledunum *in B corr., M* (melodunum *in a*[2]); 58, 6 metiosedo *in* β, melloduno *in AQ* (belló duno *in Q pr.*), am&clo done *in B*[1], am & dodone *in M,* ameclo done *in B*[2]*;* 60, 1 metiosedo *in AQ*β, ameclodone *in M pr.,* ameliodone *in M corr.,* amedodone *in B;* 61, 5 manu metiosedum *in AQ*β, manum etlosedum *in B,* manu et losedum *in M.* — *Np. et Fr. scripserunt* Melodunum; *Vielh. Caesarem scripsisse* Mecletodunum *opinatur.*

eodem quo uenerat itinere Metiosedum ⟨*c*⟩ peruenit. id est oppidum Senonum in insula ⟨silua *add. ABM*⟩ Sequanae ⟨sequane *AQ;* sequana *BM*β⟩ positum: VII 58, 2. 3; hostes re cognita ab iis, qui ⟨*AQ*β; qui a *BM*⟩ Metiosedo ⟨*c*⟩ fugerant ⟨profugerant β; *Schn.*⟩, Lutetiam incendi ⟨*c*⟩ . . . iubent: VII 58, 6; naues, quas Metiosedo ⟨*AQ*β; a m. *BM*⟩ deduxerat, singulas equitibus Romanis attribuit: VII 60, 1; parua manu Metiosedum uersus missa . . . reliquas copias contra Labienum duxerunt: VII 61, 5.

M. Metius: commodissimum uisum est . . . Procillum . . . ad eum (Ariouistum) mittere et M. ⟨*B*[2]*; om. a;* marium α; marcum *M*[2]*fh*⟩ Metium ⟨*M*[1]*fh;* titium *ABM*[1]*;* titum *Q;* mettium *B*[2]*a*⟩, qui hospitio Ariouisti utebatur: I 47, 4; *cf.* § 5. 6; item M. Metius ⟨mettius *B*[2]⟩ repertus et ad eum reductus est: I 53, 8.

meto: dispersos depositis armis in metendo occupatos subito adorti: IV 32, 5.

metor: cum . . . Pompeius constitisset castraque metari iussisset: 3, 13, 3.

Metropolis: castra mouit et Metropolim uenit: 3, 80, 6.

Metropolitae: Metropolitae primo ⟨*c*⟩ . . . isdem permoti rumoribus portas clauserunt murosque armatis compleuerunt, sed postea casu ciuitatis Gomphensis ⟨*c*⟩ cognito . . . portas aperuerunt. quibus diligentissime conseruatis conlata fortuna Metropolitum cum casu Gomphensium nulla Thessaliae fuit ciuitas . . ., quin Caesari parerent ⟨*CC*⟩: 3, 81, 1. 2.

metus. A. = **timor; a) subi.:** Scipionem eadem spes . . . impellit, . . . simul iudiciorum metus: 1, 4, 3.

b) obi.: (at lucem multum per se ⟨luce multum posse *Paul*⟩ pudorem . . ., multum ⟨metum *Paul*⟩ etiam tribunorum mil. . . . praesentiam adferre: 1, 67, 4;) ¶ ut Germanis metum iniceret: IV 19, 4; ¶ hoc maxime ⟨*c*⟩ ad uirtutem excitari putant, metu mortis neglecto: VI 14, 5; ¶ ne omnino metum reditus sui barbaris tolleret: VI 29, 2; metus e ciuitate tollatur: 1, 9, 5.

c) abl.; α) causae: Cassiuellaunus . . . omnibus ⟨*c*⟩ uiis ⟨*c*⟩ . . . essedarios ex siluis emittebat et magno cum periculo nostrorum equitum cum iis confligebat atque hoc metu latius uagari prohibebat: V 19, 2; nam ut . . . iter in prouinciam conuerteret, id ne metu quidem ⟨*recc.;* ut ne metu quidem α; ut nemo tunc quidem β⟩ necessario faciundum ⟨*c*⟩ existimabat: VII 56, 2; ut . . . alii ⟨ex *add. codd.; Np., Db.; del. Dt.*⟩ metu etiam signa dimitterent: 3, 69, 4.

β) instr.: huius modi res aut pudore aut metu tenentur ⟨tolluntur *Kindsch.*⟩; quibus rebus nox ⟨lux *Kindsch.*⟩ maxime aduersaria est: 2, 31, 7.

γ) separat.: si paruo labore . . . omnem Italiam metu liberare possint: 1, 9, 1.

d) c. praep.; α) (ex: 3, 69, 4 *u.* **c) α).)**

β) sine: de Germanorum discessu . . . certiores facti sine metu trans Rhenum in suos uicos remigrauerant ⟨*c*⟩: IV 4, 6; licere illis incolumibus ⟨*o*⟩ per se . . . quascumque in ⟨*c*⟩ partes uelint sine metu proficisci: V 41, 6.

B. metu = **metu oblato, timore iniecto:** principes Galliae sollicitare . . . hortarique coepit, uti ⟨*c*⟩ in continenti remanerent; metu territare ⟨m. t. *om.* β⟩: non sine causa fieri, ut Gallia omni nobilitate spoliaretur: V 6, 5; (19, 2 *u.* **A. c) α).**)

meus: amitae meae Iuliae maternum genus ab regibus ortum . . . est: *ap. Suet.* 6; ¶ cum Furnium nostrum tantum uidissem neque loqui neque audire meo commodo potuissem: *ap. Cic. ad Att.* IX 6 *A;* ¶ quid ergo mei consilii est? VII 77, 12; rationem consilii mei accipite: 3, 86, 2; ¶ meum factum probari abs te triumpho gaudio ⟨*c*⟩: *ap. Cic. ad Att.* IX 16, 2; si non fortunae obsecutus uideberis . . . nec causam secutus . . ., sed meum aliquod factum condemnauisse: *ap. Cic. ad Att.* X 8 *B,* 1; ¶ festinationi meae breuitatique litterarum ignosces: *ap. Cic. ad Att.*

IX 6 *A;* ¶ scilicet meo ⟨et meo *M;* et *del. Man.*⟩ instituto usus sum et eum statim missum feci: *ap. Cic. ad Att.* IX 7 *C*, 2; ¶ sequimini me, inquit, manipulares mei qui fuistis: 3, 91, 1; ¶ qui de meis in uos meritis praedicaturus ⟨*c*⟩ non sum, quae sunt adhuc et mea uoluntate et nestra exspectatione leuiora: 2, 32, 10; ¶ nestrum nobis beneficium remitto, mihi meum nomen restituite ⟨*af;* restituite nomen *Ohl; Db.*⟩, ne ad contumeliam honorem dedisse uideamini: 2, 32, 14; ¶ ego certe meum rei publicae atque imperatori officium praestitero: IV 25, 3; ¶ iam duo praefecti fabrum Pompei in meam potestatem uenerunt: *ap. Cic. ad Att.* IX 7 *C*, 2; ¶ ego fratribus atque omnibus meis propinquis interfectis dolore prohibeor: VII 38, 3; ¶ consilio nestro utar libenter et hoc libentius, quod mea sponte facere constitueram, ut quam lenissimum me praeberem: *ap. Cic. ad Att.* IX 7 *C*, 1; ¶ frustra, inquit, meae uitae subuenire conamini, quem iam sanguis uiresque deficiunt: VII 50, 6; tu explorato et uitae meae testimonio et amicitiae indicio neque tutius neque honestius reperies quicquam quam: *ap. Cic. ad Att.* X 8 *B*, 2; ¶ uoluntas: 2, 32, 10 *u.* meritum.

miles. A. subi.; a): (abigere: VII 17, 3 *u.* carere;) ¶ (accedere: 3, 110, 3 *u.* E. colligere;) ¶ (accipere: IV 37, 3 *u.* occidere; V 9, 7 *u.* expellere; 1, 45, 2 *u.* progredi;) ¶ admodum fuit militum uirtus laudanda, qui uectoriis grauibusque nauigiis non intermisso remigandi labore longarum nauium cursum adaequarunt ⟨-quauerint β⟩: V 8, 4; ¶ (adferre: 1, 87, 2 *u.* adire; cum (milites?) laboris sui periculi*que* testimonium adferre uellent, milia sagittarum circiter XXX in castellum coniecta Caesari renuntiauerunt ⟨*dett.; Db., Dt.;* renumerauerunt *NOfhl;* remun. *a;* numeranerunt *Ciacc.;* enum. *Koch*⟩: 3, 53, 4;) ¶ (adicere: V 9, 7 *u.* capere;) ¶ (adigere: VII 17, 3 *u.* carere;) ¶ totis uero castris milites circulari . . ., centuriones ⟨*c*⟩ tribunosque militum adire atque obsecrare, ut per eos Caesar certior fieret, ne labori suo neu periculo parceret: 1, 64, 3; quascumque postea controuersias inter se milites habuerunt, sua sponte ad Caesarem in ius ⟨in ius *Guilielmus;* intus *z;* euntes *Hartz*⟩ adierunt ⟨adferunt *Hartz*⟩: 1, 87, 2; ¶ adnare: 2, 44, 1 *u.* peruenire; ¶ neque finem prius sequendi (milites) fecerunt, quam muro oppidi portisque adpropinquarunt ⟨-arent β⟩: VII 47, 3; nostri milites . . . constiterunt, ne consumptis niribus adpropinquarent: 3, 93, 1; ¶ nostri milites dato signo cum infestis pilis ⟨*c*⟩ procucurrissent ⟨procurrissent *Ol*⟩ atque animum aduertissent ⟨animadu. *Ol; Np., Dt.*⟩ non concurri a Pompeianis, . . . cursum represserunt: 3, 93, 1; ¶ agere: (VII 52, 1 *u.* indicare;) illins denique exercitus milites (officium suum praestitisse), qui per se de concilianda pace egerint, qua in re omnium suorum uitae consulendum putarint: 1, 85, 2; — milites . . . et ex inferiore loco aduersus cliuum ⟨*c*⟩ incitati cursu praecipites Pompeianos egerunt ⟨gerunt *ahl*⟩ et terga uertere coegerunt: 3, 46, 5; ¶ (animaduertere: 3, 93, 1 *u.* aduertere;) ¶ quo liberius a ⟨*c*⟩ periculo milites aquarentur: 3, 66, 6; ¶ (omnesque (milites?) se iam ⟨iam se *Ohl*⟩ ab equitatu circumueniri arbitrabantur: 2, 34, 6;) ¶ (arcessere: 3, 110, 5 *u.* consuescere;) ¶ ardere: 3, 90, 4 *u.* F. a) dare; ¶ arripere: V 33, 6 *u.* G. b) quisque; ¶ milites positis scalis muros ascendunt, sed moniti a Brundisinis, ut uallum caecum fossasque caueant, subsistunt: 1, 28, 4; ¶ (milites . . . obsecrare, . . . ne . . . parceret: paratos esse sese, posse et andere ⟨posse et aud. *del. Paul*⟩ ea transire flumen, qua traductus esset equitatus: 1, 64, 3;) ¶ audire: I 39, 7 *u.* ferre; (VII 47, 2 *u.* E. retinere; 2, 12, 1 *ib.* auertere;) ¶ (augere: 3, 110, 5 *u.* consuescere.)

at milites legionis septimae testudine facta et ⟨*om.* β⟩ aggere ad munitiones adiecto locum ceperunt: V 9, 7; (VII 46, 5 *u.* G. a) manus;) 1, 44, 1 *ib.* pugna; 3, 76, 2 *u.* relinquere; milites . . . soluerunt impetuque facto in Cassianam classem quinqueremes ⟨*c*⟩ duas . . . ceperunt: 3, 101, 6; ¶ ut complures dies frumento milites caruerint et pecore ex ⟨*c*⟩ longinquioribus uicis adacto ⟨abacto *Ciacc.*⟩ extremam famem sustentarint ⟨*Whitte;* -rent *codd.; edd.*⟩: VII 17, 3; ¶ cauere: 1, 28, 4 *u.* ascendere; ¶ (eo magis timidos perterrent milites. alii ⟨perterrent. milites alii *Fussn.*⟩ cuneo facto ut celeriter perrumpant censent, . . . reliquos sernari posse confidunt; alii, ut in iugo consistant atque eundem omnes ferant casum: VI 40, 2. 3;) ¶ sinistro cornu milites, cum ex uallo Pompeium adesse et suos fugere cernerent, . . . sibi consulebant: 3, 69, 4; ¶ totis nero castris milites circulari et dolere hostem ex manibus dimitti: 1, 64, 3; ¶ cum sua quisque miles circumspiceret, quid secum portare posset ⟨-sit β⟩, quid ex instrumento hibernorum relinquere cogeretur: V 31, 4; ¶ circumuehi: 3, 63, 6 *u.* iacere;

¶ (circumuenire: III 6,2 *u.* interficere;) ¶ (et noce et manibus uniuersi (milites?) ex uallo, ubi constiterant, significare coeperunt, ut statim dimitterentur: 1,86,2;) ¶ hunc ex primo ordine pauci Caesaris consecuti milites consistere coegerunt: 1,13,3; ueteranae legionis milites . . . tractandis condicionibus et simulatione deditionis extracto primo noctis tempore gubernatorem in terram nauem eicere cogunt: 3,28,5; 46,5 *u.* agere; ¶ cogitare: (2,34,6 *u.* **G. a)** animus;) 3,95,3 *u.* **E.** perterrere; ¶ cognoscere: VII 38,2 *u.* **C.**; (2,12,1 *u.* **E.** auertere;) libenter etiam (milites) ex perfugis cognoscebant ⟨audiebant *f*⟩ equos eorum tolerari: 3,49,3; ¶ cohortari: VI 40,4 *u.* **F. a)** praeponere; discedentem . . . uniuersi cohortantur, . . . (ne) dubitet . . . suam fidem uirtutemque experiri: 2,33,2; ¶ ipsi (milites) . . . in locum iniquum progressi rursus resistentes ⟨*c*⟩ hostes redintegrato proelio in fugam coniecerunt ⟨dederunt β⟩: II 23, 2; (milites) ex hominum milibus amplius triginta . . . plus tertia parte interfecta reliquos perterritos in fugam coiciunt: III 6,2; milites legionis VIIII. ⟨VIIII. *del. Grut.; Db.*⟩ subito conspirati ⟨constipati *Faern.*⟩ pila coniecerunt: 3,46,5; ¶ (committere: II 21,2 *u.* **E.** perturbare;) ¶ legionis nonae et decimae milites . . . pilis emissis . . . Atrebates . . . celeriter ex loco superiore in flumen compulerunt: II 23,1; ¶ illi (milites) subito ex omnibus partibus euolauerunt murumque celeriter compleuerunt: VII 27,3; (3,63,6 *u.* iacere;) ¶ tegimenta galeis milites ex uiminibus facere atque aggerem iubet comportare: 3,62,1; ¶ (tantaque inter eos (milites?) dissensio exsistit, ut manum conserere atque armis dimicare conentur: 1,20,4;) ¶ (conciliare: 1,85,2 *u.* agere;) ¶ conclamant legionis XIII. . . . milites . . . sese paratos esse imperatoris sui tribunorumque plebis iniurias defendere: 1,7,7; Caesar . . . contionatus apud milites . . . conclamantibus omnibus, imperaret quod nellet, quodcumque imperauisset se aequo animo esse facturos, . . . naues soluit: 3,6,2; ¶ cum ad arma milites concurrissent uehementerque ibi pugnatum esset: III 22,4; 1,44,1 *u.* **G. a)** pugna; ¶ (conferre: II 25,1 *u.* esse impedimento;) ¶ conficere: (VI 39,1 *u.* exaudire;) 1,68,2 *u.* **E.** subleuare; ipsi (milites) idoneum locum naeti reliquam noctis partem ibi confecerunt: 3,28,6; (3,47,6 *u.* recordari;) ¶ (confidere: VI 40,2 *u.* censere;) ¶ confirmare: 2,34,5 *u.* tenere; ¶ conflictari: 3,28,5 *u.* putare; ¶ (protinusque omnes (milites?) ducibus usi centurionibus tribunisque militum in altissimos montes . . . confugerunt: 3,95,4;) ¶ milites . . . ita inter se per tribunos ⟨*c*⟩ militum . . . conloquuntur: 1,20,1; ¶ cum reliqua administrarentur centurionibus et paucis militibus intromissis, qui arma iumentaque conquirerent: VII 12,4; milites . . . procedunt et quem quisque in castris notum aut municipem habebat conquirit atque euocat: 1,74,1; ¶ milites equitesque conscendere naues ⟨*c*⟩ iubet: V 7,4; his paratis rebus milites silentio naues conscendere iubet: 1,27,5; cum omnes milites naues conscendissent: 1,27,6; contionatus apud milites, . . . impedimenta in Italia relinquerent, ipsi expediti naues conscenderent: 3, 6,1; milites . . . sua sponte naues conscenderunt et a terra soluerunt: 3,101,6; ¶ consequi: III 19,4 *u.* occidere; (VII 47,3 *u.* existimare;) 1,13,3 *u.* cogere; 1,64,8 *u.* **J. h)**; ¶ (conserere: 1,20,4 *u.* conari;) ¶ conseruare: 1,84,3 *u.* **F. a)** suscensere; ¶ (legionem effecerat) unam ex Creta et Macedonia ex ueteranis militibus, qui dimissi a superioribus imperatoribus in his prouinciis consederant: 3,4,1; ¶ milites, ut in sinistra parte acie constiterant, . . . compulerunt: II 23,1; IV 24,2 *u.* pugnare; (VI 40, 3 *u.* censere;) VII 52,1 *u.* **E.** retinere; (1,86,2 *u.* coepisse;) sed nostri milites . . . usu periti ac superioribus pugnis exercitati sua sponte cursum represserunt et ad medium fere spatium constiterunt: 3,93,1; (neque nero diutius qui in uallo constiterant (milites?) multitudinem telorum sustinere potuerunt, sed confecti uulneribus locum reliquerunt: 3,95,4;) ¶ (conspirare: 3,46,5 *u.* coicere;) ¶ consuescere: 1,67,3 *u.* **E.** perterrere; (hi (milites?) regum ⟨*c*⟩ amicos ad mortem ⟨*c*⟩ deposcere, hi ⟨*c*⟩ bona locupletum diripere, stipendii ⟨*c*⟩ augendi causa regis domum obsidere, regno expellere *alios*, alios arcessere uetere quodam Alexandrini exercitus instituto consuerant: 3, 110,5;) ¶ consulere: 1,67,3 *u.* **E.** perterrere; (1,85,2 *u.* agere;) sinistro cornn milites . . . eodem quo uenerant receptu ⟨*Vascos.*; receptui *codd.*⟩ sibi consulebant: 3,69,4; ¶ (consumere: 3,93,1 *u.* adpropinquare;) ¶ deiectis ⟨a^1; disiectis *ah*; *edd.*⟩, ut diximus, antemnis . . . milites summa ui transcendere in hostium naues contendebant: III 15,1; quibus ex nauibus cum essent expositi milites circiter trecenti atque in castra contenderent, Morini . . . non ita magno suorum numero circumsteterunt ⟨-stiterunt M^2a⟩: IV 37, 1; ¶ milites disponit . . . perpetuis uigiliis stationibusque, ut contingant inter se atque ⟨*c*⟩ omnem munitionem expleant: 1, 21, 3; ¶ interim sub musculo milites uectibus infima saxa turris . . . conuellunt: 2, 11, 3; ¶ dum milites, quos imperauerat, conuenirent: I 7, 6; 8, 1 *u.* **H. a)** perducere; ciuitatibus milites imperat certumque in locum conuenire iubet: V 1, 6; ¶ (modo conscripti (milites?) atque usus militaris imperiti ad tribunum militum centurionesque ora conuertunt; quid ab his praecipiatur exspectant: VI 39, 2;) ¶ atque ⟨*c*⟩ nostris militibus cunctantibus, maxime propter altitudinem maris, . . . inquit: IV 25, 3.

in fugam dare: II 23, 2 *u.* coicere; ¶ (milites . . . ita inter se . . . conloquuntur: . . . debere se suae salutis rationem habere: 1, 20, 2;) ¶ (tanta militum uirtus . . . fuit, ut . . . non modo † demigrandi ⟨restinguendi *Ciacc.*⟩ causa de uallo decederet nemo, sed paene ne respiceret quidem quisquam, ac tum omnes acerrime fortissimeque pugnarent: V 43, 4;) ¶ ex Gabinianis militibus, qui iam in consuetudinem Alexandrinae uitae ac licentiae uenerant et nomen disciplinamque populi Romani dedidicerant ⟨*Ald.;* dedicerant *O;* didicerant *z*⟩ uxoresque duxerant, ex quibus plerique liberos habebant: 3, 110, 2; ¶ cum illi (milites) orbe facto sese defenderent: IV 37, 2; 1, 6, 2 *u.* **F. a)** persuadere; (1, 7, 7 *u.* conclamare;) milites . . . luce prima missis ad eos ab Otacilio equitibus . . . se defenderunt: 3, 28, 6; 40, 6 *u.* **E.** mittere; 3, 110, 4 *u.* **G. a)** consensus; ¶ defetisci: VII 88, 6 *u.* esse defessum; ¶ (deicere: III 15, 1 *u.* contendere;) ¶ si omnino turris concidisset, non posse ⟨posset *fhl;* possent *N*⟩ milites contineri, quin spe ⟨*c*⟩ praedae in urbem inrumperent urbemque delerent: 2, 12, 4 (*Np.* 5); ¶ (demigrare: V 43, 4 *u.* decedere;) ¶ deponere: 2, 28, 2 *u.* **E.** obsecrare; (3, 76, 2 *u.* relinquere;) ¶ (deposcere: 3, 110, 5 *u.* consuescere;) ¶ desilire: IV 24, 2 *u.* pugnare; (25, 3 *u.* **C.**;) ¶ cum militibus regis conloqui coeperunt eosque hortari, ut suum officium Pompeio praestarent ⟨-staret NO^1x⟩ neue eius fortunam despicerent ⟨-ret NO^1x⟩: 3, 103, 4; ¶ (destringere: I 25, 2 *u.* facere;) ¶ non inridicule quidam ex militibus decimae legionis dixit: I 42, 6; milites Domitianos sacramentum apud se dicere iubet: 1, 23, 5; 2, 28, 2 *u.* **E.** obsecrare; ¶ (dimicare: 1, 20, 4 *u.* conari;) ¶ dimittere: (3, 49, 2 *u.* **G. a)** uox;) 3, 97, 1 *u.* **E.** occupare; ¶ (diripere: 3, 31, 4 *u.* **E.** confirmare; 3, 80, 6 *u.* **F. a)** concedere; 3, 110, 5 *u.* consuescere;) ¶ praeterea accidit, quod fieri necesse erat, ut uulgo milites ab signis discederent: V 33, 6; milites, qui lignationis munitionisque causa in siluas discessissent: V 39, 2; milites in itinere ab eo discedunt ac domum reuertuntur: 1, 12, 2; 13, 4 *u.* **G. a)** pars; Caesar conquiri milites, qui ab eo discesserant, . . . iubet: 1, 16, 1; neque ab eo prius Domitiani milites discedunt, quam: 1, 22, 2; (3, 47, 6 *u.* meminisse;) ¶ (discere: 3, 110, 2 *u.* dediscere;) ¶ (disicere: I 25, 2 *u.* facere; III 15, 1 *u.* contendere;) ¶ dolere: 1, 64, 3 *u.* circulari; ¶ ipsi (milites) transire flumen non dubitauerunt: II 23, 2; ¶ ducere: 3, 110, 2 *u.* dediscere.

efficere: IV 35, 3 *u.* occidere; quantum labore atque itinere legionarii milites efficere poterant: V 19, 3; ¶ (reliqui (milites?) se in castra recipiunt, unde erant egressi: V 37, 4;) 2, 35, 5 *u.* indigere; ¶ (emittere: I 25, 2 *u.* perfringere; II 23, 1 *u.* compellere;) ¶ (eniti: 2, 34, 5 *u.* **E.** subleuare;) ¶ (enumerare: 3, 53, 4 *u.* adferre;) ¶ milites . . . dato signo ex castris erumperent atque omnem spem salutis in uirtute ponerent: III 5, 3; ¶ esse Corfinii: 1, 20, 1 *u.* facere; — esse penes: 1, 76, 4 *u.* **E.** producere; — esse in castello: 3, 53, 3 *ib.* uulnerare; — esse dicto audientem: I 39, 7 *u.* ferre; — nisi crebris subsidiis ac totius diei labore milites essent ⟨fuissent?⟩ defessi: VII 88, 6; — (esse paratos: VII 19, 5 *u.* **E.** uidere; 1, 7, 7 *u.* conclamare; 1, 64, 3 *u.* andere; 1, 71, 2 *u.* **G. a)** animus;) — esse participes: 3, 82, 1 *u.* nelle; — cognoscit non decimum quemque ⟨quemquam *β*⟩ esse reliquum ⟨relictum *β*⟩ militem sine uulnere: V 52, 2; — (esse praedam: 2, 44, 2 *u.* **E.** remittere;) — ubi suos urgeri signisque in unum locum conlatis duodecimae legionis confertos milites sibi ipsos ad pugnam esse impedimento uidit: II 25, 1; — alieno esse animo: 1, 6, 2 *u.* **F. a)** persuadere; — milites tamen omnes in armis esse iussit ⟨iuss. esse *h*⟩: 3, 109, 3; — in hoc erant numero complures Pompei milites: 3, 103, 5; ¶ euocare: 1, 74, 1 *u.* conquirere; ¶ euolare: VII 27, 3 *u.* complere; ¶ exaudire: V 30, 1 *u.* **G. a)** pars; interim confecta frumentatione milites nostri clamorem exaudiunt: VI 39, 1; (VII 47, 2 *u.* **E.** retinere;) clare, ut milites exaudirent, Tuemini, inquit, castra: 3, 94, 6; ¶ excedere: 1, 44, 2 *u.* **E.** premere; ¶ milites certiores facit, paulisper intermitterent proelium ac tantum modo tela missa exciperent seque ex labore reficerent ⟨reciperent a^1⟩: III 5, 3; duasque naues cum militibus . . . scaphis lintribusque reprehendunt, reprehensas ⟨deprehendunt, deprehensas *O*⟩ excipiunt (milites): 1, 28, 4; ¶ sub uesperum ⟨*c*⟩ Caesar portas claudi militesque ex oppido exire iussit: II 33, 1; uniuersique, et oppidani et milites, obuiam gratulantes Antonio exierunt: 1, 18, 2; ¶ existimare: VI 8, 3 *u.* **C.**; sed (milites) elati spe celeris uictoriae . . . nihil adeo arduum sibi esse ⟨*om.* β⟩ existimauerunt ⟨existimabant β⟩, quod non uirtute consequi possent: VII 47, 3; id ipsum sui fallendi causa milites ab hostibus factum existimabant: VII 50, 2; (licentiam (eorum se) adrogantiamque reprehendere, quod plus se quam imperatorem de uictoria atque exitu rerum sentire existimarent: VII 52, 3;) Labienus milites cohortatus, ut suae pristinae uirtutis . . . retinerent memoriam ⟨mem. ret. β⟩ atque ipsum Caesarem, cuius ductu saepe numero hostes superassent ⟨-asset B^1⟩, praesentem ⟨*c*⟩ adesse existimarent: VII 62, 2; 1, 44, 2 *u.* **E.** premere; ¶ (milites locum ceperunt) eosque ex siluis expulerunt paucis uulneribus acceptis: V 9, 7; (3, 110, 5 *u.* consuescere;) ¶ explere: 1, 21, 3 *u.* contingere; ¶ indignantes milites ⟨indignatis militibus *a*⟩ Caesar, quod conspectum suum hostes perferre ⟨*c*⟩ possent . . ., et signum proelii exposcentes edocet: VII 19, 4; 3, 90, 4 *u.* **F. a)** dare; ¶ exspectare: VI 39, 2 *u.* conuertere; atque omnes milites intenti ⟨omnium militum int. animi β; *Schn.*⟩ pugnae ⟨*o*⟩ prouentum exspectabant: VII 80, 2; 1, 86, 1 *u.* **F. b)** iucundus; ¶ exstare: V 18, 5 *u.* ire; ¶ (milites) diebus XXV aggerem . . . altum pedes LXXX exstruxerunt: VII 24, 1; ¶ (extrahere: 3, 28, 5 *u.* cogere;) ¶ (exuere: III 6, 3 *u.* se recipere.)

ea (phalange) disiecta gladiis destrictis in eos impetum fecerunt (milites): I 25, 2; (milites) quod iussi sunt faciunt ac subito omnibus portis eruptione facta neque cognoscendi quid fieret neque sui colligendi hostibus facultatem relinquunt: III 6, 1; (IV 37, 2 *u.* defendere; V 9, 7 *u.* capere; VI 40, 2 *u.* censere;) VII 47, 3 *u.* adpropinquare; diuulgato Domitii consilio milites, qui erant Corfinii, primo ⟨*c*⟩ uesperi secessionem faciunt: 1, 20, 1; (41, 4 *u.* **E.** prohibere;) 1, 54, 1 *u.* **F. a)** imperare; (2, 13, 4 *u.* ferre;) 2, 15, 1 *u.* instituere; (3, 6, 2 *u.* conclamare;) omnes fere milites aut ex coactis aut . . . ex coriis tunicas aut tegimenta fecerant, quibus tela uitarent: 3, 44, 7; 62, 1 *u.* comportare; (3, 101, 6 *u.* capere;) ¶ non fore dicto audientes milites neque propter timorem signa laturos: I 39, 7; (milites . . . confirmat: quod detrimentum . . . sit acceptum, hoc aequiore animo ferundum ⟨*c*⟩ docet, quod: V 52, 6; VI 40, 3 *u.* censere;) 1, 86, 1 *u.* **F. b)** iucundus; quod se facturos (milites) minabantur, aegreque tunc sunt retenti, quin **in* oppidum inrumperent, grauiterque eam rem tulerunt: 2, 13, 4; 28, 3 *u.* **E.** obsecrare; (3, 31, 4 *u.* **G. a)** uox;) militesque adhortatus, ut aequo animo laborem ferrent: 3, 41, 5; sed tamen haec singulari patientia milites ferebant: 3, 47, 6; 73, 2 *u.* **E.** terrere; 3, 101, 6 *ib.* relinquere; — ferri: 2, 12, 1 *u.* **E.** auertere; ¶ fugere: 3, 71, 4 *u.* solere; ¶ (fundere: III 6, 3 *u.* se recipere.)

gerere: (3, 46, 5 *u.* agere;) (3, 97, 1 *u.* **E.** occupare;) ¶ gratulari: 1, 18, 2 *u.* exire.

habere: I 39, 5 *u.* **E.** perturbare; V 33, 6 *u.* **G. b)** quisque; VI 8, 3 *u.* **C.**; (1, 20, 2 *u.* debere;) 1, 74, 1 *u.* conquirere; 1, 87, 2 *u.* adire; crebraque inter se conloquia milites habebant, neque ullum interim telum per pactiones loquentium traiciebatur: 3, 19, 1; pecus ⟨*CC*⟩ uero . . . magno in honore (milites) habebant: 3, 47, 7; milites . . . neriti, ne angustiis intercluderentur, cum extra et intus hostem haberent, . . . sibi consulebant: 3, 69, 4; 110, 2 *u.* dediscere; ¶ illi . . . administrantibus M. Antonio et Fufio Caleno multum ipsis militibus hortantibus neque ullum periculum pro salute Caesaris recusantibus . . . naues soluunt: 3, 26, 1.

simul nauibus circumuecti milites ⟨*del. Paul*⟩ in exteriorem ⟨*c*⟩ uallum tela iaciebant, fossaeque ⟨fossasque *Paul*⟩ aggere complebantur ⟨-plebant *Paul*⟩: 3, 63, 6; ¶ (incendere: IV 35, 3 *u.* se recipere;) ¶ ad proelium egressi Curionis milites iis ⟨*c*⟩ rebus indigebant, quae: 2, 35, 5; ¶ indignari: VII 19, 4 *u.* exposcere; ¶ centurionibusque nominatim appellatis reliquos cohortatus milites ⟨*del. Eussn.*⟩ signa inferre et manipulos laxare iussit: II 25, 2; (2, 2, 6 *u.* reicere;) ¶ milites nostri pristini diei perfidia incitati in castra inruperunt: IV 14, 3; ne sub ipsa profectione milites **in* oppidum inrumperent: 1, 27, 3; 2, 12, 4 *u.* delere; 2, 13, 4 *u.* ferre; ¶ insequi: II 23, 1 *u.* interficere; 1, 45, 2 *u.* progredi; ¶ insilire: I 52, 5 *u.* **E.** reperire; ¶ (milites) aggerem noui generis . . . facere instituerunt: 2, 15, 1; ¶ cum . . . premerentur (milites) suaque omnia impedimenta atque omnes fortunas conflagrare intellegerent: V 43, 4; ¶ milites . . . (Atrebates) transire conantes insecuti gladiis magnam partem eorum impeditam interfecerunt: II 23, 1; eos . . . undique circumuentos interficiunt (milites): III 6, 2; (*cf.* coicere III 6, 2;) 2, 13, 3 *u.* E. permouere; (3, 28, 6 *u.* se recipere;) ¶ (interire: 1, 64, 7 *u.* E. subleuare;) ¶ intermittere: III 5, 3 *u.* excipere; (V 8, 4 *u.* adaequare; 3, 93, 1 *u.* mittere;) ¶ interpellare: 2, 33, 1 *u.* E. permouere; ¶ inueterascere: 1, 44, 3 *u.* E. mouere; ¶ ea celeritate atque eo ⟨c⟩ impetu milites iernnt, cum capite solo ex aqua exstarent, ut: V 18, 5; (1, 87, 2 *u.* adire; 3, 31, 4 *u.* G. a) uox;) ¶ cupiditatemque militum reprehendit, quod sibi ipsi iudicauissent, quo procedendum aut quid agendum uideretur: VII 52, 1; ¶ iurare: 1, 76, 3 *u.* E. producere.

laxare: II 25, 2 *u.* inferre; ¶ (lignari: 3, 76, 2 *u.* progredi;) ¶ milites nero palam inter se loquebantur, quoniam talis occasio uictoriae dimitteretur, etiam cum nellet Caesar, sese non esse pugnaturos: 1, 72, 4; 3, 19, 1 *u.* habere.

meminerant (milites) ad Alesiam magnam se inopiam perpessos, multo etiam maiorem ad Auaricum maximarum [se] gentium uictores discessisse ⟨*u.* CC⟩: '3, 47, 6; ¶ optime mereri: 1, 72, 2 *u.* E. uulnerare; ¶ minari: 2, 13, 4 *u.* ferre; ¶ mittere: (I 25, 2 *u.* perfringere;) nostri milites . . . paruo . . intermisso temporis spatio ac rursus renouato cursu pila miserunt celeriterque . . . gladios strinxerunt: 3, 93, 1; (95, 3 *u.* E. perterrere.)

nancisci: 1, 74, 1 *u.* procedere; 3, 28, 6 *u.* conficere; ¶ (milites,) si sese interfici nollent, arma ponere iusserunt: IV 37, 1; ¶ numerare: 3, 53, 4 *u.* adferre.

obsecrare: 1, 64, 3 *u.* adire; ¶ obsidere: 3, 110, 5 *u.* consuescere;) ¶ quos impeditos ⟨c⟩ integris uiribus milites nostri consecuti magnum numerum eorum occiderunt: III 19, 4; quos tanto spatio secnti (nostri milites), quantum ⟨c⟩ cursu et uiribus efficere potuerunt, complures ex iis occiderunt: IV 35, 3; (nostri milites) paucis uulneribus acceptis complures ex his occiderunt: IV 37, 3; ¶ occurrere: 3, 92, 2 *u.* E. retinere; ¶ (omittere: 3, 95, 3 *ib.* perterrere;) ¶ opponere: 3, 73, 2 *u.* E. terrere; ¶ Caesar . . . milites cohortatus est, ut beneficio fortunae uterentur castraque oppugnarent: 3, 95, 1.

(pabulari: 3, 76, 2 *u.* progredi;) ¶ (et Cenabensi ⟨c⟩ caede et labore operis incitati . . . non mulieribus, non infantibus pepercerunt (milites?): VII 28, 4;) ¶ qui (milites), etsi magno aestu — nam ⟨aestu fatigati, nam *Ol*⟩ ad meridiem res erat perducta — tamen ad omnem laborem animo parati imperio paruerunt: 3, 95, 1; ¶ reliquos . . . in fugam coiciunt ac ne in locis quidem superioribus consistere patiuntur (milites): III 6, 2; ¶ ubi (milites) . . . suam uirtutem inrisui fore perdoluerunt . . ., aggerem noui generis . . . facere instituerunt: 2, 15, 1; ¶ milites e loco superiore pilis missis ⟨emissis *Ciacc.*⟩ facile hostium phalangem perfregerunt: I 25, 2; ¶ perfugere: 2, 18, 3 *u.* G. a) numerus; cum paene cotidie a Pompeio ad Caesarem perfugerent, uulgo uero uniuersi ⟨*del. Ciacc.*⟩ in Epiro atque Aetolia conscripti milites: 3, 61, 2; ¶ ut potius in siluis Gallorum uita quam legionarius miles periclitetur ⟨-taretur β⟩: VI 34, 8; ¶ perire: VI 40, 8 *u.* G. a) pars; ¶ (milites . . . conloquuntur: obsideri se a Caesare . . .; ducem suum Domitium, cuius spe atque fiducia permanserint, . . . fugae consilium capere: 1, 20, 2;) ¶ (perpeti: 3, 47, 6 *u.* recordari *et* meminisse;) ¶ perrumpere: (VI 40, 2 *u.* censere;) VI 40, 4 *u.* F. a) praeponere; ¶ persequi: V 10, 1 *u.* E. mittere; ¶ (perterrere: III 6, 2 *u.* coicere;) ¶ incolumesque (milites) ad unum omnes in castra perueniunt: VI 40, 4; 40, 8 *u.* G. a) pars; milites dato signo celeriter ad munitionem perueniunt eamque transgressi trinis castris potiuntur: VII 46, 4; reliqui (milites) ad Caesarem perueniunt, atque una cum iis deprensus L. ⟨c⟩ Pupius . . . adducitur: 1, 13, 4; (milites) longo itinere ab his circumducti ad portum perueniunt: 1, 28, 4; ut pauci milites patresque ⟨c⟩ familiae ⟨milites tribunique militum *Paul*⟩, qui aut gratia aut misericordia ualerent aut **ad* naues adnare possent, recepti in Siciliam incolumes peruenirent. reliquae copiae . . .: 2, 44, 1; ¶ petere: (II 20, 1 *u.* E. arcessere;) V 33, 6 *u.* G. b) quisque; VI 8, 3 *u.* C.; sui laboris milites semper euentu belli praemia petiuerunt: 2, 32, 10; ¶ ponere: III 5, 3 *u.* erumpere; IV 37, 1 *u.* nolle; (1, 28, 4 *u.* ascendere;) ¶ portare: V 31, 4 *u.* circumspicere; ¶ quod (milites) superioribus proeliis exercitati quid fieri oporteret non minus commode ipsi sibi praescribere quam ab aliis doceri poterant: II 20, 3; quo facilius (milites) gladiis uti possent: II 25, 2; uti . . . diutius sub pellibus milites contineri non possent: III 29, 2; IV 35, 3 *u.* occidere; V 19, 3 *u.* efficere; V 31, 4 *u.* circumspicere; (VII 47, 3 *u.* existimare;) VII 52, 1 *u.* E. retinere; (1, 64, 3 *u.* andere;) 2, 12, 4 *u.* delere; 2, 44, 1 *u.* peruenire; 3, 2, 2 *u.* E. transportare; (3, 95, 4 *u.* consistere;) ¶ potiri: VII 46, 4 *u.* peruenire; stetisse per Trebonium, quo minus oppido potirentur (milites) uidebatur: 2, 13, 4; (quibus rebus effectis cohortatus milites docuit, quantum usum haberet . . . potiri oppido pleno atque opulento: 3, 80, 5;) ¶ praedari: VII 46, 5 *u.* G. a) manus; ¶ praeponere: 3, 73, 2 *u.* E. terrere; ¶ praescribere: II 20, 3 *u.* posse; ¶ praestare: VI 8, 3 *u.* C.; reliquos enim omnes officium suum praestitisse: *se*, qui . . .; exercitum suum, qui . . .; illins denique exercitus milites, qui: 1, 85, 2; 3, 103, 4 *u.* despicere; ¶ probare: VI 40, 4 *u.* proficisci; ¶ procedere: II 20, 1 *u.* E. arcessere; (VII 52, 1 *u.* iudicare;) quorum discessu liberam nacti milites conloquiorum facultatem uulgo procedunt: 1, 74, 1; ¶ procurrere: 1, 44, 1 *u.* G. a) pugna; primo Afraniani milites ⟨mane *Kindsch.*⟩ uisendi causa laeti ex castris procurrebant contumeliosisque uocibus prosequebantur ⟨perseq. *f;* nostros sequebantur *Kindsch.*⟩: 1, 69, 1; 3, 93, 1 *u.* adnertere; ¶ (prodere: IV 25, 3 *u.* C.;) ¶ (in contuberniis centuriones militesque ⟨*H. Schneider;* in contub. commilitesque *codd.*⟩ non nulli grauiora proferebant ⟨*add. Heller*⟩: 2, 29, 4;) ¶ (quae (mulieres) in proelium proficiscentes ⟨milites *add.* $B^2\beta$⟩ passis manibus flentes implorabant: I 51, 3;) hoc ueteres non probant milites, quos sub uexillo una profectos docuimus: VI 40, 4; VII 38, (1.) 2 *u.* C.; ¶ progredi: II 23, 2 *u.* coicere; his ⟨*c*⟩ (*i. e.* militibus equitibusque) aliquantum itineris progressis . . . equites a Q. Atrio . . . uenerunt: V 10, 2; (VII 40, 4 *u.* E. permouere;) monet, ut contineant milites, ne studio pugnandi aut spe praedae longius progrediantur: VII 45, 8; nonae ⟨*c*⟩ legionis milites elati studio, dum sarcire acceptum detrimentum uolunt, temere insecuti longius fugientes in locum iniquum progrediuntur et sub montem ⟨*c*⟩ . . . succedunt: 1, 45, 2; eius milites, quod ab opere integris munitionibus uacabant, alii lignandi pabulandique causa longius progrediebantur, alii: 3, 76, 2; ¶ properare: V 33, 6 *u.* G. b) quisque; 2, 39, 3 *u.* C.; ¶ (eos fugientes longius Caesar prosequi (milites) uetuit: V 9, 8;) 1, 69, 1 *u.* procurrere; eum eleeti ⟨laeti *Paul*⟩ milites circiter CXX uoluntarii ⟨uoluntariae *hl*⟩ eiusdem centuriae sunt prosecuti: 3, 91, 3; ¶ pugnare: (III 24, 5 *u.* E. efficere;) militibus autem . . . impeditis manibus, magno et grani onere armorum oppressis ⟨pressis β; *del. Madu.*⟩ simul et de ⟨*c*⟩ nauibus desiliendum et in fluctibus consistendum et cum hostibus erat pugnandum: IV 24, 2; interim nostri milites impetum hostium sustinuerunt atque amplius horis quattuor fortissime pugnauerunt: IV 37, 3; V 43, 4 *u.* decedere; (VII 45, 8 *u.* progredi;) 1, 44, 1 *u.* G. a) pugna; (1, 72, 4 *u.* loqui;) 2, 28, 3 *u.* E. obsecrare; (2, 41, 3 *u.* F. a) deesse;) ¶ putare: 1, 85, 2 *u.* agere; ueteranae legionis milites item ⟨*Of;* idem *Nahl;* itidem *Heins.*⟩ conflictati et tempestatis et sentinae uitiis neque ex pristina uirtute remittendum aliquid putauerunt et ⟨*c*⟩: 3, 28, 5.

sic omnibus hostium copiis fusis armisque exutis (milites) se in ⟨*c*⟩ castra ⟨*c*⟩ munitionesque ⟨*c*⟩ suas recipiunt: III 6, 3; (nostri milites) omnibus longe lateque aedificiis incensis se in castra receperunt: IV 35, 3; (V 37, 4 *u.* egredi; VII 52, 1 *u.* E. retinere;) hinc se recipere cum uellent (milites), rursus illi ex loco superiore nostros premebant: 1, 45, 3; (ueteranae legionis milites) non nullis eorum interfectis incolumes se ad nostros receperunt: 3, 28, 6; ¶ recordabantur enim (milites) eadem ⟨*c*⟩ se superiore anno in Hispania perpessos labore et patientia maximum bellum confecisse: 3, 47, 6; ¶ recusare: VII 19, 5 *u.* E. uidere; 3, 26, 1 *u.* hortari; non, illis ⟨illi *Clark.*⟩ hordeum cum daretur, non legumina recusabant: 3, 47, 7; ¶ (redintegrare: II 23, 2 *u.* coicere;) ¶ referre: 1, 44, 2 *u.* E. premere; ¶ se reficere: III 5, 3 *u.* excipere; militesque ⟨que *om.* a^1⟩ ex nocturno labore sese reficere iussit: VII 83, 7; ¶ refugere: 3, 95, 3 *u.* E. perterrere; ¶ eruptiones fiebant . . . ignesque aggeri . . . inferebantur; quae facile nostri milites repellebant magnisque ultro inlatis detrimentis eos, qui eruptionem fecerant, in oppidum reiciebant: 2, 2, 6; ¶ reliquere: III 6, 1 *u.* facere; V 31, 4 *u.* circumspicere; contionatus apud milites, . . . aequo animo mancipia atque impedimenta in Italia relinquerent: 3, 6, 1; alii (milites), quod subito consilium profectionis ceperant magna parte impedimentorum et sarcinarum relicta, ad haec repetenda inuitati propinquitate superiorum castrorum depositis in contubernio armis uallum relinquebant: 3, 76, 2; (95, 4 *u.* consistere;) ¶ (remigare: V 8, 4 *u.* adaequare;) ¶ (remittere: 3, 28, 5 *u.* putare;) ¶ renouare: 3, 93, 1 *u.* mittere;) ¶ (renumerare, renuntiare: 3, 53, 4 *u.* adferre;) ¶ repellere: 2, 2, 6 *u.* reicere; ¶ (repetere: 3, 76, 2 *u.* relinquere;) ¶ reprehendere: 1, 28, 4 *u.* excipere; ¶ reprimere: 3, 93, 1 *u.* consistere; ¶ (resistere: 2, 34, 6 *u.*

G. a) animus;) ¶ (respicere, restinguere: V 43, 4 *u.* decedere;) ¶ milites non longiore oratione ⟨est *add.* $B^a\beta$⟩ cohortatus, quam uti suae pristinae uirtutis memoriam retinerent: II 21, 2; VII 62, 2 *u.* existimare; ¶ reuellere: I 52, 5 *u.* **E.** reperire; ¶ reuerti: 1, 12, 2 *u.* discedere.

sarcire: 1, 45, 2 *u.* progredi; ¶ (sentire: VII 52, 3 *u.* existimare;) ¶ sequi: IV 35, 3 *u.* occidere; (VII 47, 3 *u.* adpropinquare;) 1, 6, 2 *u.* **F. a)** persuadere; (1, 69, 1 *u.* procurrere;) 2, 34, 5 *u.* tenere; (3, 76, 3 *u.* **E.** impedire;) ¶ seruare: 1, 44, 1 *u.* **G. a)** pugna; ¶ (significare: 1, 86, 2 *u.* coepisse;) ¶ solere: 1, 67, 4 *u.* **E.** continere; solerentne ueterani milites fugere: 3, 71, 4; ¶ soluere: 3, 101, 6 *u.* conscendere; ¶ (milites) expediti naues conscenderent . . . omniaque ex uictoria et ex sua liberalitate sperarent: 3, 6, 1; ¶ stringere: 3, 93, 1 *u.* mittere; ¶ (submouere: VI 40, 8 *u.* **G. a)** pars;) ¶ subsistere: 1, 28, 4 *u.* ascendere; ¶ succedere: 1, 45, 2 *u.* progredi; ¶ reliquum erat certamen positum in uirtute, qua nostri milites facile superabant: III 14, 8; VII 24, 1 *u.* **E.** tardare; VII 62, 2 *u.* existimare; ¶ supportare: 2, 15, 3 *u.* **E.** tegere; ¶ sustentare: VII 17, 3 *u.* carere; ¶ sustinere: II 21, 2 *u.* **E.** perturbare; IV 37, 3 *u.* pugnare; 2, 33, 1 *u.* **E.** permouere; (3, 95, 4 *u.* consistere.)

tenere: VI 8, 3 *u.* **C.**; ille unum elocutus, ut memoria tenerent milites ea, quae pridie sibi ⟨*c*⟩ confirmassent, sequi sese ⟨*c*⟩ inbet et praecurrit ante omnes: 2, 34, 5; (3, 111, 1 *u.* **J. e)** tenere;) ¶ (tractare: 3, 28, 5 *u.* cogere;) ¶ tradere: 1, 76, 1 *u.* **E.** obsecrare; ¶ transcendere: III 15, 1 *u.* contendere; ¶ transgredi: VII 46, 4 *u.* peruenire; ¶ transire: II 23, 2 *u.* dubitare; (1, 64, 3 *u.* andere;) ante id tempus nemo aut miles aut eques a Caesare ad Pompeium transierat: 3, 61, 2; ¶ tribuere: VII 53, 1 *u.* **E.** permouere; ¶ (tueri: 3, 39, 2 *u.* **H. b)**.)

uacare: 3, 76, 2 *u.* progredi; ¶ ualere: 2, 44, 1 *u.* peruenire; ¶ nelle: (IV 25, 3 *u.* **C.**;) 1, 45, 2 *u.* progredi; 1, 45, 3 *u.* se recipere; 1, 84, 3 *u.* **F. a)** suscensere; (3, 53, 4 *u.* adferre;) Scipionis milites cohortatur, ut parta iam uictoria praedae ac praemiorum uelint esse participes: 3, 82, 1; ¶ uenire: 1, 77, 1 *u.* **E.** remittere; 3, 69, 4 *u.* consulere; 3, 110, 2 *u.* dediscere; ¶ uereri: 3, 69, 4 *u.* habere; ¶ uersari: 3, 110, 4 *u.* **G. a)** consensus; ¶ ubi tantos suos labores . . . malo cecidisse uiderunt . . ., aggerem noui generis . . . facere instituerunt (milites): 2, 15, 1; 39, 3 *u.* **C.**; ¶ uideri: 2, 33, 1 *u.* **E.** permouere; ¶ (uisere: 1, 69, 1 *u.* procurrere;) ¶ uitare: 3, 44, 7 *u.* facere; ¶ (uiuere: 3, 49, 2 *u.* **G. a)** uox;) ¶ uti: II 25, 2 *u.* posse; 3, 95, 1 *u.* oppugnare; (3, 95, 4 *u.* confugere;) ¶ uulnerare: I 52, 5 *u.* **E.** reperire.

b) a c. pass.: cum summo studio a militibus administraretur: IV 31, 3; ¶ silentioque ab utrisque militibus auditus (est): 3, 19, 3; ¶ circumueniri: 2, 35, 2 *u.* interfici; ¶ haec (tragula) . . . tertio die a quodam milite conspicitur, dempta ad Ciceronem defertur: V 48, 8; ¶ deseri: 1, 15, 3 *u.* **G. a)** pars; ¶ (impediri: 3, 46, 1 *u.* **E.** tegere;) ¶ parsque ibi . . . a militibus, pars . . . ab equitibus est interfecta: VII 28, 3; Fabius a proximis militibus circumuentus interficitur ⟨interf. circ. *a?*⟩: 2, 35, 2; ¶ (intermitti: VII 24, 2 *u.* **E.** hortari;) ¶ (obduci: 3, 46, 1 *ib.* tegere;) ¶ cum . . . omnes uiae ab Afranianis militibus equitibusque obsiderentur . . ., imperat militibus Caesar: 1, 54, 1; ¶ quod . . . equites . . eius † angustis portis atque his a ⟨*c*⟩ Caesaris militibus occupatis ad insequendum tardabantur: 3, 70, 1; ¶ (pugnari: III 22, 4 *u.* **a)** concurrere;) ¶ (restitui: 1, 87, 1 *u.* **J. k)**; ¶ (uiolari: 3, 98, 2 *u.* **F. a)** commendare.

c) abl. abs.: cupidissimis omnibus: VII 40, 4 *u.* **E.** permouere; ¶ ne quis inermibus imprudentibusque militibus ab latere impetus fieri posset: III 29, 1.

B. praedicat.: hi ⟨*c*⟩ . . . milites se esse legionarios dicunt: VII 20, 10; (2, 35, 1 *u.* **J. f)** unus;) ¶ equidem me Caesaris militem dici uolui: 2, 32, 14.

C. uocatiuus: (desilite, inquit, commilitones ⟨β; milites α; *edd.*⟩, nisi uultis aquilam hostibus prodere: IV 25, 3;) habetis, inquit, milites, quam petistis facultatem: hostem impedito atque iniquo loco tenetis; praestate eandem nobis ducibus uirtutem, quam saepe numero imperatori praestitistis, atque ⟨*c*⟩ illum ⟨*c*⟩ adesse ⟨*o*⟩ existimate: VI 8, 3; Litauiccus . . . conuocatis subito militibus lacrimans Quo proficiscimur, inquit, milites? . . . haec ab his ⟨*c*⟩ cognoscite: VII 38, 1. 2; uidetisne, inquit, milites, captiuorum orationem cum perfugis conuenire? . . . proinde ad praedam, ad gloriam properate, ut iam de praemiis uestris . . . cogitare incipiamus: 2, 39, 3; non frustrabo uos, milites: *ap. Diomed. art. gramm. I p. 400 Keil.*

D. apposito: I 39, 5 *u.* **E.** perturbare; 1, 18, 2 *u.* **A. a)** exire.

E. obiect.: (abripere: 1, 64, 7 *u.* subleuare;) ¶ Vibullius . . . milites ab eo accipit, ipsum dimittit: 1, 15, 4; 3, 103, 5 *u.* traducere; ¶ (adducere: VII 4, 7 *et* 31, 4 *u.* **G. a)** numerus;) ¶ adficere: V 48, 9 *ib.* conuentus; ¶ adhortari *u.* **adhortor** *p. 161* **c) d) e)** *(3 loc.)*; ¶ his Antonianos milites admiscuerat: 3, 4, 2; ¶ adoriri: VII 22, 4 *u.* occupare; ¶ adsuefacere: 1, 44, 2 *u.* premere; ¶ animaduertere: VII 45, 7 *u.* traducere; ¶ appellare: V 33, 2 *u.* **G. a)** officium; 1, 76, 1 *u.* obsecrare; — 2, 28, 3 *ib.*; ¶ ab opere reuocandi (erant) milites, qui paulo longius aggeris petendi causa processerant arcessendi: II 20, 1; ¶ Caesar scalas parari militesque armari iubet: 1, 28, 2; ¶ audite Romanos milites: VII 20, 8; ¶ omnis administratio belli consistit militesque auersi a proelio ad studium audiendi et cognoscendi feruntur: 2, 12, 1 (*Np.* 2); ¶ auferre: 1, 64, 7 *u.* subleuare.

sed plerosque (milites) ii, qui receperant, celant noctuque per uallum emittunt: 1, 76, 4; ¶ circumducere: 1, 28, 4 *u.* **A. a)** peruenire; ¶ (circumsistere: IV 37, 1 *ib.* contendere;) ¶ his ⟨*c*⟩ (militibus) circumuentis . . . legionem oppugnare incipiunt: V 39, 3; (VI 40, 8 *u.* **G. a)** pars; 2, 34, 6 *u.* **A. a)** arbitrari;) ¶ coercere: 1, 67, 4 *u.* continere; ¶ cogere: V 31, 4 *u.* **A. a)** circumspicere; ¶ cohortari *u.* **cohortor** *p. 596* **b) α) αα)** *et* **β) γγ)** *(7 + 4 loc.)*; ¶ (huc accedebant (milites?) collecti ex praedonibus latronibusque: 3, 110, 3,) ¶ (conciliare: 3, 112, 10 *u.* **G. a)** animus;) ¶ conficere: (V 45, 1 *u.* **G. a)** pars;) fore, ut duplicato cursu Caesaris milites exanimarentur ⟨*Ald.*; existimarentur quod *Oafh*; existimarent quod *l*⟩ et lassitudine conficerentur: 3, 92, 2; 95, 3 *u.* perterrere; (3, 95, 4 *u.* **A. a)** consistere;) Caesar milites cohortatus [est], etsi totius diei continenti labore erant confecti . . ., seclusit: 3, 97, 4; ¶ confirmare: (VII 53, 3 *u.* **G. a)** animus;) et confirmandorum militum causa diripiendas his ciuitates dedit: 3, 31, 4; *u. praeterea* **confirmo** *p. 646* **β)** *(3 loc.)*; ¶ conflictari: 3, 28, 5 *u.* **A. a)** putare; ¶ conlaudatis militibus . . . quid fieri uelit ostendit: V 2, 3; Caesar milites Attianos conlaudat, Pupium dimittit: 1, 13, 5; ¶ necessario augustins milites conlocauit: V 23, 5; (2, 33, 4 *u.* producere;) ¶ conquirere: 1, 16, 1 *u.* **A. a)** discedere; 1, 77, 1 *u.* remittere; ¶ conscribere: (VI 39, 2 *u.* **A. a)** conuertere;) 3, 61, 2 *ib.* perfugere; ¶ magnamque res diligentiam requirebat non in summa exercitus tuenda . . ., sed in singulis militibus conseruandis: VI 34, 3; ¶ postero die contione habita . . . milites consolatur et confirmat: V 52, 5; VII 19, 6 *u.* reducere; ¶ conspicari: 2, 44, 2 *u.* remittere; ¶ interim milites legionum duarum . . . proelio nuntiato cursu incitato ⟨incitati *Hotom.*⟩ in summo colle ab hostibus conspiciebantur: II 26, 3; quos (milites) ubi Afranius procul uisos ⟨*del. Ciacc.*⟩ cum Petreio conspexit: 1, 65, 1; ¶ (constipare: 3, 46, 5 *u.* **A. a)** coicere;) ¶ (constituere: 2, 33, 4 *u.* producere;) ¶ quibus rebus coerceri milites et in officio contineri soleant: 1, 67, 4; 2, 12, 4 *u.* **A. a)** delere; *u. praeterea* **contineo** *p. 711* **αα)** *(4 loc.)*; ¶ Litauiccus accepto exercitu . . . conuocatis subito militibus . . . inquit: VII 38, 1.

uelintne . . . eductos ex hibernis milites aut ⟨*c*⟩ ad Ciceronem aut ad Labienum deducere: V 27, 9; Caesar . . . milites in proxima municipia deducit: 1, 32, 1; legati milites ex opere deducunt ⟨did. *Nx*⟩, oppugnatione desistunt: 2, 13, 1; ¶ itaque infirmiores milites ex omnibus centuriis deligi inbet, quorum aut animus aut uires uidebantur sustinere non posse: 1, 64, 5; eoque milites delectos imposuit: 3, 24, 1; ¶ (deprehendere: 1, 28, 4 *u.* **A. a)** excipere;) ¶ desiderare *u.* **desidero** *p. 869* **B. a)** *(3 loc.)*; ¶ dimittendae plures manus diducendique erant milites: VI 34, 5; (2, 13, 1 *u.* deducere;) ¶ dimittere: (1, 86, 2 *u.* **A. a)** coepisse;) 3, 4, 1 *ib.* considere; ¶ dispergere: 1, 44, 1 *u.* **G. a)** pugna; ¶ milites disponit non certis spatiis intermissis, . . . sed perpetuis uigiliis stationibusque: 1, 21, 3; ¶ docere: II 20, 3 *u.* **A. a)** posse; 3, 80, 5 *ib.* potiri; ¶ (ducere: 3, 31, 4 *u.* **G. a)** uox.)

edocere: VII 19, 4 *u.* **A. a)** exposcere; ¶ educere: V 27, 9 *u.* deducere; ¶ efferre: VII 47, 3 *u.* **A. a)** existimare; 1, 45, 2 *ib.* progredi; ¶ cum . . . hostes nostros milites alacriores ad pugnandum effecissent ⟨-sset *β*⟩: III 24, 5; ¶ eligere: 2, 44, 2 *u.* remittere; 3, 91, 3 *u.* **A. a)** prosequi; ¶ emittere: 1, 76, 4 *u.* celare; ¶ exanimare: 3, 92, 2 *u.* conficere; ¶ excipere: (1, 28, 4 *u.* **A. a)** excipere;) 1, 64, 7 *u.* subleuare; ¶ exercere: II 20, 3 *u.* **A. a)** posse; 3, 93, 1 *ib.* consistere; ¶ (expedire: 3, 6, 1 *ib.* sperare;) ¶ exponere *u.* **expono** *p. 1234* α) *(8 loc.)*; ¶ exterrere: 1,41,4 *u.* prohibere.

itaque conuocatis centurionibus celeriter milites certiores facit, paulisper intermitterent proelium: III 5,3; ¶ (fallere: VII 50,2 *u.* **A. a)** existimare;) ¶ ferre: 2,12,1 *u.* auertere; ¶ frustrare: *ap. Diomed. (I p. 400 Keil) u.* **C.** *extr.*

cum . . . Caesar . . . excubaret militesque hortaretur, ne quod omnino tempus ab opere intermitteretur: VII 24,2; (3,73,2 *u.* terrere;) 3,103,4 *u.* **A. a)** despicere.

(immittere: II 33,6 *u.* intromittere;) ¶ quibus (militibus) ad sequendum impeditis . . . procedit: 3,76,3; ¶ imperare *u.* **impero** *p. 76* **B.** *(4 (6) loc.)*; ¶ implorare: I 51,3 *u.* **A. a)** proficisci; ¶ imponere: 3,6,1 *u.* **G. a)** numerus; *praeterea u.* **impono** *p. 82* **A. b) β)** *(3 loc.)*; ¶ incitare: (II 26,3 *u.* conspicere;) IV 14,3 *u.* **A. a)** inrumpere; (VII 28,4 *ib.* parcere;) 3,46,5 *ib.* agere; ¶ (deprensis ⟨*c*⟩ nauibus circiter ⟨*o*⟩ quinquaginta . . . atque eo militibus impositis ⟨β; iniectis α; *edd.*⟩ . . . oppido potitur: VII 58,4;) ¶ accidit, . . . ut non nulli milites . . . repentino equitum aduentu interciperentur ⟨interficerentur β⟩: V 39,2; ¶ intercludere: 3,69,4 *u.* **A. a)** habere; ¶ interficere *u.* **interficio** *p. 210 sq. (5 (9) loc.)*; (IV 37, 1 *u.* **A. a)** nolle;) ¶ refractis portis . . . atque intromissis ⟨inmissis β⟩ militibus nostris sectionem eius oppidi . . . uendidit: II 33, 6; VII 12,4 *u.* **A. a)** conquirere; ¶ inuitare: 3,76,2 *ib.* relinquere; ¶ (iubere: III 6,1 *ib.* facere.)

mane tripertito milites ⟨milite α⟩ equitesque in expeditionem misit, ut eos, qui fugerant, persequerentur: V 10,1; etiam Cingulo . . . legati ueniunt quaeque imperauerit se cupidissime facturos pollicentur; milites imperat: mittunt: 1,15,2; Lissum expugnare conatus defendentibus ciuibus Romanis . . . militibusque, quos praesidii causa miserat Caesar, . . . re infecta inde discessit: 3,40,6; ¶ monere: 1,28,4 *u.* **A. a)** ascendere; ¶ fere fit, quibus quisque in locis miles inueterauerit, ut multum ⟨militum *a?*⟩ earum regionum consuetudine moueatur: 1,44,3.

militesque appellat, neu se neu Pompeium ⟨*c*⟩, imperatorem suum, aduersariis ad supplicium tradant obsecrat: 1,76,1; Quintilius circumire ⟨*c*⟩ aciem Curionis atque obsecrare milites coepit, ne primam ⟨*c*⟩ sacramenti, quod apud Domitium . . . dixissent, memoriam deponerent neu contra eos arma ferrent, qui eadem essent usi fortuna . . ., neu pro his pugnarent, a quibus *cum* contumelia perfugae appellarentur: 2,28,2. 3; ¶ (obsidere: 1,20,2 *u.* **A. a)** permanere;) ¶ milites occupatos in opere ⟨in op. occ. β⟩ adoriebantur: VII 22,4; Caesar castris potitus a militibus contendit, ne in praeda occupati reliqui negotii gerendi facultatem dimitterent: 3,97,1; ¶ opprimere: IV 24,2 *u.* **A. a)** pugnare.

adhortatus milites, ne necessario tempore itineris labore permoueantur, cupidissimis omnibus progressus milia passuum XXV . . . impedit: VII 40,4; confirmatis militibus, ne ob hanc causam animo permouerentur neu, quod iniquitas loci attulisset, id uirtuti ⟨*c*⟩ hostium ⟨*c*⟩ tribuerent . . ., legiones . . . eduxit: VII 53,1; ne grauius permoti milites et defectionis odio et contemptione ⟨*c*⟩ sui et diutino labore omnes puberes interficerent: 2,13,3; qua oratione permoti milites crebro etiam dicentem ⟨*c*⟩ interpellabant, ut magno cum dolore infidelitatis suspicionem sustinere uiderentur: 2,33,1; ¶ (hic nero nulla munitio est, quae perterritos (milites?) recipiat: VI 39,2;) (calones) eo magis timidos perterrent milites ⟨*CC*⟩: VI 40,1; quod perterritus miles in ciuili dissensione timori magis quam religioni consulere consuerit ⟨*c*⟩: 1,67,3; Caesar neque satis militibus perterritis confidebat spatiumque interponendum ad recreandos animos putabat *et*: 3,74,3; nam qui *ex* acie refugerant ⟨fugerant *f*⟩ milites et animo perterriti et lassitudine confecti missis ⟨omissis *Paul*⟩ plerique armis signisque militaribus magis de reliqua fuga quam de castrorum defensione cogitabant: 3, 95,3; ¶ paulatim etiam ii ⟨*c*⟩, qui magnum in castris usum habebant, milites centurionesque ⟨*CC*⟩ . . ., perturbabantur: I 39,5; milites . . . cohortatus . ., uti . . . retinerent neu perturbarentur animo hostiumque impetum fortiter sustinerent, . . . proelii committendi signum dedit: II 21,2; ¶ uti . . . neque hoc neque superiore anno ulla ⟨*c*⟩ omnino nauis, quae milites portaret, desideraretur: V 23,3; ¶ praemittere: 2,44,2 *u.* remittere; ¶ (praeoccupare: 2,34,6 *u.* **G. a)** animus;) ¶ premere: IV 24,2 *u.* **A. a)** pugnare; ut (milites), cum undique ⟨*c*⟩ flamma torrerentur maximaque telorum multitudine premerentur, . . . fortissime pugnarent: V 43,4; ut (milites) . . ., si premerentur, pedem referre et loco excedere non turpe existimarent † cum Lusitanis reliquisque barbaris *barbaro* genere quodam pugnae adsuefacti: 1,44,2; ¶ centuriatim producti milites idem iurant: 1,76,

3; edicunt, penes quem quisque sit Caesaris miles, ut producat ⟨*Nx;* producatur *O; Np., Dt.*⟩; productos palam in praetorio interficiunt: 1, 76, 4; (posteroque die (milites?) productos eodem loco, quo superioribus diebus constiterat (constituerat *Paul*), in acie conlocat: 2, 33, 4;) ¶ ne in opere faciundo milites repentino hostium incursu exterrerentur atque opere prohiberentur: **1, 41, 4.**

recipere: (VI 39, 2 *u.* perterrere; 1, 76, 4 *u.* celare;) 2, 44, 1 *u.* **A. a)** peruenire; ¶ sic milites consolatus ⟨consolatos α⟩ eodem die reducit in castra: VII 19, 6; ¶ huic rei quod satis esse uisum est militum reliquit ⟨relinquit *B*⟩: V 2, 3; hos (milites) cum legione una praesidio castris relinquit: 1, 64, 6; milites, qui ex ueteribus legionibus erant relicti praesidio nauibus ex numero aegrorum, ignominiam non tulerunt: 3, 101, 6; quos (milites) . . . Gabinius Alexandriam traduxerat belloque confecto apud Ptolomaeum . . . reliquerat: 3, 103, 5; Alexandriae . . . e naue egrediens clamorem militum audit, quos rex in oppido praesidii causa reliquerat: 3, 106, 4; — V 52, 2 *u.* **A. a)** esse reliquum; ¶ Caesar qui milites aduersariorum ⟨mil. adu. qui *O¹hl*⟩ in castra per tempus conloquii uenerant, summa diligentia conquiri et remitti iubet: 1, 77, 1; quarum ⟨quorum *Ohl*⟩ cohortium ⟨*b;* cohortes *Ox*⟩ milites ⟨-tum *Ohl;* milites militum *af*⟩ postero die ante oppidum Iuba conspicatus suam esse praedicans praedam magnam partem eorum interfici iussit, paucos electos in regnum remisit ⟨praemisit *Hartx*⟩: 2, 44, 2; ¶ reperti sunt complures nostri milites ⟨*om.* β⟩, qui in phalanga ⟨*c*⟩ insilirent et ⟨*c*⟩ scuta manibus reuellerent et desuper uulnerarent ⟨et des. uuln. *del. Dittenb.*⟩: I 52, 5; ¶ reliquarum legionum milites ⟨milites leg. *Schn.*⟩ non exaudito audito β⟩ sono tubae . . . tamen a ⟨*c*⟩ tribunis militum legatisque . . . retinebantur: VII 47, 2; reprehendit, quod . . . (milites) iudicauissent neque signo recipiendi dato ⟨*o*⟩ constitissent neque a ⟨*c*⟩ tribunis militum legatisque retineri potuissent: VII 52, 1; aegre retentis Domitianis militibus est factum, ne proelio contenderetur: 3, 37, 3; leuiusque casura pila sperabat in loco retentis militibus, quam si ipsi immissis telis occurrissent ⟨occucurrissent *a; Np., Dt.*⟩: 3, 92, 2; — 2, 13, 4 *u.* **A. a)** ferre; ¶ (Caesari erant) ab opere reuocandi milites: II 20, 1.

ne Varus quidem Attius dubitat copias producere, siue sollicitandi milites ⟨militis *af;* siue sollic. milit. *om. hl*⟩ siue aequo loco dimicandi detur occasio, ne facultatem praetermittat: 2, 33, 5; ¶ pauci ⟨*O²;* paucis *O¹x*⟩ ex his militibus † arma in flumine ⟨*x;* ablati flumine *Db.;* arrepti in flumine *O;* ui fluminis abrepti *Ald.;* abr. ui fl. *Np., Dt.*⟩ ab equitatu excipiuntur ac subleuantur; interit tamen nemo: 1, 64, 7; *ut* arma per manus necessario traderentur militesque inermes ⟨*c*⟩ subleuatique alii ab aliis magnam partem itineris conficerent: 1, 68, 2; (ut in ascensu nisi subleuati a suis primi (milites?) non facile eniterentur: 2, 34, 5;) ¶ hos (milites) subsecuti calones equitesque eodem impetu militum uirtute seruantur: VI 40, 5.

milites, cum toto tempore frigore ⟨*c*⟩ et adsiduis imbribus tardarentur ⟨*A*β; tradarentur *Q;* traderentur *BM*⟩, tamen continenti labore omnia haec superauerunt: VII 24, 1; 52, 3 *u.* **G. a)** animus; ¶ sub tecto ⟨*c*⟩ miles dextra ac sinistra muro tectus ⟨textus *hl*⟩, aduersus plutei obiectu ⟨*c*⟩, operi quaecumque sunt usui sine periculo supportat: 2, 15, 3; fossam tectis militibus obduci iussit locumque in omnes partes quam maxime impediri: 3, 46, 1; ¶ nuntio allato omnes eorum ⟨eor. omn. β⟩ milites in potestate Caesaris teneri concurrunt: VII 43, 1; ¶ coactoque in unum locum exercitu contionem apud milites habuit hortatusque est, ne ea . . . graniter ferrent neue his rebus terrerentur multisque secundis proeliis unum aduersum et id mediocre opponerent ⟨praepon. *Paul*⟩: 3, 73, 1. 2; ¶ torrere: V 43, 4 *u.* premere; ¶ Caesar . . . raros milites, ne ⟨β; qui α⟩ ex oppido animaduerterentur ⟨-retur β⟩, ex maioribus castris in minora traducit: VII 45, 7; in hoc erant numero complures Pompei milites, quos ex eius exercitu acceptos in Syria ⟨*c*⟩ Gabinius Alexandriam traduxerat: 3, 103, 5; ¶ nuntiatur . . . paulo infra milites nauibus transportari: VII 61, 3; has (naues) perfectas carris iunctis deuehit . . . militesque his ⟨*c*⟩ nauibus flumen transportat continentemque ripae collem improuiso occupat: 1, 54, 3; tantum nauium repperit, ut anguste XV milia ⟨LX cohortes *coni. Np.*⟩ legionariorum ⟨-rium *af*⟩ militum, DC ⟨*Ciacc.;* D *Ox*⟩ equites ⟨*recc.;* milites *Ox*⟩ transportari ⟨*Dt.;* -are *Ox; Np., Db.*⟩ possent: 3, 2, 2; Antonius . . . plerasque naues in Italiam remittit ad reliquos milites equitesque transportandos: 3, 29, 2; ¶ nuntios . . . mittit, quibus regionibus exercitum exposuisset et quid ⟨qui *af*⟩ militum transuexisset: 3, 29, 4.

(quos cum sic animo paratos uideat ⟨β; uideret α⟩, ut nullum pro sua laude periculum recusent: VII 19, 5;) 1, 65, 1 *u.* conspicere; ¶ (uincere: 1, 86, 1 *u.* **F. b)** iucundus;) ¶ cur uulnerari pateretur optime meritos de se ⟨mer. de se *Ofhl;* de se meritos *V.; Np., Dt.*⟩ milites ⟨cur uuln. . . . . milites *om. a*⟩? 1, 72, 2; uulnerantur tamen complures, . . . centuriones militesque non nulli: 3, 19, 6; in castello nemo fuit omnino ⟨omnium *f*⟩ militum, quin ⟨qui non *Of*⟩ uulneraretur: 3, 53, 3.

F. dat.; a) pendet ex uerbis: omnes conseruauit militibusque suis commendauit, ne qui eorum uiolaretur: 3, 98, 2; ¶ ea praeda militibus concessa: VI 3, 2; oppidum . . . expugnauit et ad diripiendum militibus concessit: 3, 80, 6; ¶ confidere: 3, 74, 3 *u.* **E.** perterrere; ¶ praemia proposuit militibusque signum dedit: VII 27, 2; 3, 31, 4 *u.* **E.** confirmare; 3, 47, 7 *u.* **A. a)** recusare; hac habita oratione exposcentibus militibus et studio pugnae ardentibus tuba signum dedit: 3, 90, 4; ¶ ne militibus quidem ut defessis neque equitibus ut . . . labore confectis studium ad pugnandum uirtusque deerat: 2, 41, 3; ¶ scuto ab nouissimis uni ⟨*del. Vielh.*⟩ militi ⟨*del. cens. Dt.*⟩ detracto . . . in primam aciem processit: II 25, 2; ¶ militibus aequa facta aestimatione pecuniam pro his rebus dissoluit ⟨soluit *O*⟩: 1, 87, 1; ¶ praedam militibus donat, exercitum Ligerim ⟨*c*⟩ traducit: VII 11, 9; ¶ (esse impedimento: II 25, 1 *u* **A. a)** esse impedimento;) legatos esse: V 24, 5 *u.* praeesse; ¶ quaeque ad eam rem usui sint militibus imperat: VII 11, 5; imperat militibus Caesar, ut naues faciant: 1, 54, 1; ¶ cuius ⟨*c*⟩ aduentu spe inlata militibus ac redintegrato animo . . . hostium impetus tardatus est: II 25, 3; ¶ diem instare, quo die frumentum militibus metiri oporteret: I 16, 5; ¶ nostris militibus spem minuit: V 33, 5; ¶ qua aut telis ⟨*Forchh.;* eis *x;* ui *Np., Dt.*⟩ militibus aut igni operibus noceri posset: 2, 16, 1; ¶ mittit rogatum, ut sibi militibusque parcat: V 36, 1; ¶ alieno esse animo in Caesarem milites neque iis ⟨his *codd.*⟩ posse persuaderi, uti eum defendant aut sequantur saltem: 1, 6, 2; ¶ militibus in contione agros ex suis possessionibus pollicetur, quaterna ⟨*c*⟩ in singulos iugera: 1, 17, 4; ¶ his militibus Q. Titurium Sabinum et L. Aurunculeium Cottam legatos praeesse ⟨esse β⟩ iussit: V 24, 5; ¶ equites . . . omnibus in locis pugnant ⟨*c*⟩, quo ⟨*c*⟩ se legionariis militibus praeferrent ⟨*u. CC*⟩: II 27, 2; ¶ (milites) inter se cohortati duce C. Trebonio . . ., qui iis erat praepositus, per medios hostes perrumpunt: VI 40, 4; ¶ (milites consolatur . . ., quod beneficio deorum immortalium et uirtute eorum expiato incommodo neque hostibus diutina laetitia ⟨*c*⟩ neque ipsis longior dolor relinquatur: V 52, 6;) ¶ non esse aut ipsis aut militibus suscensendum, quod fidem erga imperatorem suum Cn. Pompeium conseruare uoluerint ⟨*O*²*;* uoluerunt *x*⟩: 1, 84, 3; ¶ non nullae de muris ⟨*c*⟩ per manus demissae sese militibus ⟨militibus se β⟩ tradebant: VII 47, 6; (3, 39, 2 *u.* **H. b)**.)

b) pend. ex adiect.: (arduus: VII 47, 3 *u.* **A. a)** existimare;) ¶ id nero militibus fuit pergratum et iucundum . . ., ut qui aliquid ⟨aliqui *x*⟩ iusti ⟨uicti *Ohl*⟩ incommodi exspectauissent, ultro praemium missionis ferrent: 1, 86, 1.

G. genet.; a) pendet ex subst.: (adrogantia: VII 52, 3 *u.* animus;) ¶ animus: V 43, 4 *u.* uirtus; (quanto opere ⟨*c*⟩ eorum (*i. e.* militum) animi magnitudinem admiraretur, quos ⟨β; quod α⟩ non castrorum munitiones, non altitudo montis, non murus oppidi tardare potuisset, tanto opere licentiam adrogantiamque reprehendere: VII 52, 3; satis ad Gallicam ostentationem minuendam militumque animos confirmandos factum existimans: VII 53, 3; 80, 2 *u.* **A. a)** exspectare; 1, 64, 5 *u.* **E.** deligere; omnium esse militum paratissimos animos: 1, 71, 2; sed praeoccupatus animus Attianorum militum timore ⟨*hl;* tempore *af;* timore tempore *O*⟩ et fuga et caede snorum nihil de resistendo cogitabat: 2, 34, 6; (3, 74, 3 *u.* **E.** perterrere;) quo (spatio temporis) satis perspectum habere militum ⟨*om. l;* militem *f*⟩ animum ⟨*N; om. Ox*⟩ uideretur: 3, 84, 1; magnis enim iacturis sibi quisque eorum (militum) animos conciliabat: 3, 112, 10; ¶ quae (tela) ille obtectus armis militum uitauit: 3, 19, 6; ¶ (commemorat, quo sit eorum (*i. e.* militum) usus studio ad Corfinium Caesar, ut magnam partem Italiae beneficio atque auctoritate eorum suam fecerit: 2, 32, 1.)

clamor: 3, 106, 4 *u.* **E.** relinquere; ¶ (cohortes: 2, 44, 2 *ib.* remittere; 3, 2, 2 *ib.* transportare;) ¶ operis munitione et militum concursu et telis repulsi hoc conatu destiterunt: I 8, 4; ut ultro militum concursu ac uocibus sibi parcere ⟨*o*⟩ cogeretur: V 40, 7; 3, 110, 4 *u.* consensus; ¶ conloquia militum interrumpit: 1, 75, 2; ¶ si quis a domino prehenderetur, consensu ⟨concursu *Ald.*⟩ militum eripiebatur, qui uim suorum, quod in simili culpa uersabantur, ipsi pro suo periculo defendebant: 3, 110, 4; ¶ quod **id* huius modi militum consiliis *omnium maxime contrarium esse arbitrarentur: 2,30,1; ¶ quorum pars deprehensa in conspectu nostrorum militum cum cruciatu necabatur: V 45,1; (VII 19,4 *u.* A. a) exposcere;) ¶ (contemptio: 2,13,3 *u.* E. permouere;) ¶ dimisso consilio contionem aduocat militum: 2,32,1; ¶ hos omnes productos a contumeliis militum conuiciisque prohibet: 1, 23,3; ¶ ille perlectam in conueutu militum recitat maximaque omnes laetitia adficit: V 48, 9; ¶ quoniam . . . (non) facile totum corpus ⟨c⟩ corona militum cingeretur: VII 72, 2; ¶ Caesar contione aduocata temeritatem cupiditatemque militum ⟨tem. mil. cupiditatemque β⟩ reprehendit: VII 52,1.

satis esse magna utrimque incommoda accepta . . . *se* morte Curionis et detrimento Africani ⟨c⟩ exercitus tanto militumque deditione ad Curictam ⟨c⟩: 3,10,5; ¶ ut potius in nocendo aliquid praetermitteretur ⟨c⟩, . . . quam cum aliquo militum detrimento noceretur: VI 34,7; ¶ quod facere Pompeius discessu militum non potuit: 3,76,3; ¶ (dux: 1,20,2 *u.* A. a) permanere.)

ut primus excursus uisque militum infringeretur: 3,92,2; ¶ exercitatio: III 19, 3 *u.* uirtus.

(fides: 2,33,2 *u.* A. a) cohortari;) ¶ (fortunae: V 43,4 *u.* A. a) intellegere.)

(impedimenta: V 43,4 *u.* A. a) intellegere;) ¶ (imperator: 1,7,7 *u.* A. a) conclamare; 1,84,3 *u.* F. a) suscensere;) ¶ cum . . . fortiter . . impetum nostrorum militum sustinerent: II 11,4; diutius nostrorum militum impetum hostes ferre non potuerunt: IV 35,2; hostes paulisper morati militum nostrorum impetum non tulerunt: V 21,5; neque nostrorum militum uictorum ⟨β; uictorumque α⟩ impetum sustinere potuerunt: VII 62,8; tertia (pars) uacabat ⟨c⟩ ad incursum atque impetum militum relicta: 1,82,4; ¶ incursus: 1,82,4 *u.* impetus; ¶ Trinobantibus defensis atque ab omni militum iniuria prohibitis: V 21,1; Brundisini Pompeianorum militum iniuriis . . . permoti Caesaris rebus fauebant: 1,28,1; ¶ ne militum introitu et nocturni temporis licentia oppidum diriperetur: 1,21,2.

ne nocturnis quidem temporibus ad laborem militum intermissis: V 11,6; ut militum laborem subleuaret: VI 32,5; uiis patefactis summo militum sudore ⟨labore β⟩ ad fines Aruernorum peruenit: VII 8,2; summo labore militum Caesar continuato diem noctemque opere in flumine auertendo huc iam deduxerat ⟨c⟩ rem, ut: 1,62,1; (64,3 *u.* A. a) adire; 2,32,10 *ib.* petere;) ¶ (omnia excogitantur, quare nec sine periculo maneatur et languore ⟨langore *MQh*⟩ militum et uigiliis periculum augeatur ⟨*u. CC*⟩: V 31,5;) ¶ (licentia: VII 52, 3 *u.* animus.)

tanta fuit in castris capiendis celeritas, ut Teutomatus ⟨c⟩ . . . uix se ex manibus praedantium militum eriperet: VII 46,5; ¶ noua religio iuris iurandi spem . . . sustulit mentesque militum conuertit: 1,76,5; ut maiore spatio temporis interiecto militum mentes sanarentur: 2,30,3; ¶ milia: 3,2,2 *u.* E. transportare; ¶ quo minus multitudine militum legionariorum pro hostium numero ualebat: I 51,1; ipsos se inter multitudinem militum occultasse: VII 38,5.

prouinciae toti quam maximum potest militum numerum imperat: I 7,2; certum numerum militum ad se celeriter adduci inbet ⟨c⟩: VII 4,7; ut deminutae copiae redintegrarentur, imperat certum numerum militum ciuitatibus, quem et quam ante diem in castra adduci uelit: VII 31,4; quo minore numero militum munitiones defendi ⟨o⟩ possent: VII 73,2; magnum numerum ab eo militum ad Afranium perfugisse ⟨prof. *Of*⟩: 2,18,3; expediti naues conscenderent, quo maior numerus militum posset imponi ⟨*u. CC*⟩: 3,6,1; numero militum praestabant: 3,44,5; cum ipsi numero equitum militumque ⟨peditumque *f*⟩ praestarent: 3,47, 2; integras atque incolumes copias Caesar ⟨c⟩ inferiore ⟨-ores *Oahl*⟩ militum ⟨-tes *a*[1]⟩ numero continebat: 3,47,3; in quibus erat legio nona multis amissis centurionibus deminutoque ⟨c⟩ militum numero: 3,67,3; ut dato nomine militum essent ⟨c⟩ numero: 3,110,4.

et in appellandis cohortandisque militibus imperatoris et in pugna militis officia praestabat: V 33,2; ¶ contra opinionem enim militum famamque omnium uideri proelium ⟨c⟩ defugisse ⟨c⟩ magnum detrimentum adferebat: 1,82,2.

ut magna pars militum exaudiret: V 30,1; ibi L. Cotta pugnans interficitur cum maxima parte militum: V 37,4; quod magna parte militum confecta uulneribus res ad paucitatem defensorum peruenerat: V 45,1; militum pars horum uirtute summotis hostibus praeter spem incolumis in castra peruenit, pars a barbaris circumuenta periit: VI 40,8; non nulla pars militum domum discedit: 1,13,4; cohortesque secum abducere ⟨c⟩ conatus *a magna parte militum deseritur: 1,15,3; 2,44,2 *u.* E. remittere; ¶ cum . . . paucitatem militum ex castrorum exiguitate cognoscerent: IV 30, 1; barbari nuntios . . . dimiserunt paucitatemque nostrorum militum suis praedicauerunt: IV 34, 5; non illi paucitatem nostrorum militum . . . causae fuisse cogitabant: 3, 72, 2; his copiis fidens Achillas paucitatemque militum Caesaris despiciens occupabat Alexandriam: 3, 111, 1; ¶ (periculum: 1, 64, 3 *u.* A. a) adire;) ¶ (praemium: 2, 39, 3 *u.* C.;) ¶ praesidiumque ab eo militum petierat: 3, 80, 1; ¶ genus erat pugnae militum illorum, ut magno impetu primo procurrerent ⟨concurrerent *hl*⟩, audacter locum caperent, ordines suos non magnopere ⟨*c*⟩ seruarent, rari dispersique pugnarent: 1, 44, 1.

ut suae ac militum saluti consulat: V 27, 7; quod ad militum salutem pertineat: V 36, 2; sperare (se) ab eo de sua ac militum salute impetrari posse: V 36, 3; ¶ neque se umquam abuti militum sanguine: 3, 90, 3; ¶ his difficultatibus . . . erant subsidio scientia atque usus militum: II 20, 3; ¶ sermones militum dubii ⟨*c*⟩ durius accipiebantur ⟨*u. CC*⟩: 2, 29, 4; ¶ diuturni laboris detrimentum ⟨*c*⟩ sollertia et uirtute militum breni reconciliatur: 2, 15, 4; ¶ singulari militum studio in summa omnium ⟨*o*⟩ rerum inopia circiter sescentas . . . naues . . . inuenit instructas: V 2, 2; nota atque instituta ratione magno militum studio paucis diebus opus ⟨*o*⟩ efficitur: VI 9, 4; Caesar summo studio militum ante ortum solis in castra peruenit: VII 41, 5; quorum (militum) studio et uocibus excitatus Caesar . . . experiendum iudicat: 1, 64, 4; ea, quae sunt amissa, multo maiore militum studio administrare et reficere instituit: 2, 15, 1; (32, 1 *u.* auctoritas;) ita spei Curionis militum studia non deerant: 2, 39, 5; usus singulari militum studio . . . oppidum . . . expugnauit: 3, 80, 6; ¶ sudor: VII 8, 2 *u.* labor.

(tela: I 8, 4 *u.* concursus;) ¶ temeritas: VII 52, 1 *u.* cupiditas.

tribunus militum; α) subi.; αα): (accurrere: III 5, 2 *u.* β);) ¶ (adferre: I 39, 3 *u.* dicere;) ¶ (adseruare: 1, 21, 4 *u.* γ) circummittere; ¶ agere: (I 41, 2 *u.* η) δδ);) III 14, 3 *u.* δ) constare; ¶ cauere: 1, 21, 4 *u.* γ) circummittere; ¶ cognoscere: III 14, 4 *u.* δ) constare; ¶ compluresque tribuni militum *et* centuriones ad Caesarem ueniunt seque ei commendant: 1, 74, 4; ¶ concurrebant legati, centuriones tribunique militum: 1, 71, 2; ¶ confirmare: 2, 21, 1 *u.* δ) agere; ¶ (confugere: 3, 95, 4 *u.* ζ);) ¶ (conloqui: 1, 20, 1 *u.* η) δδ);) ¶ (hic (timor) primum ortus est a tribunis militum, praefectis reliquisque, qui ex urbe amicitiae causa Caesarem secuti non magnum ⟨*c*⟩ in re militari usum habebant; quorum alius alia causa inlata ⟨allata *Ciacc.*⟩, quam sibi ad proficiscendum necessariam esse diceret, petebat, ut eius uoluntate discedere liceret; non nulli pudore adducti, ut timoris suspicionem uitarent, remanebant: I 39, 3;) ¶ docere: (III 5, 2 *u.* β); V 28, 3 *u.* existimare;) quantasuis [magnas etiam] copias Germanorum sustineri posse munitis hibernis docebant (tribuni militum et centuriones): V 28, 4; ¶ L. Aurunculeius compluresque tribuni militum et primorum ordinum centuriones nihil temere agendum . . . existimabant ⟨docebant β⟩: V 28, 3; ¶ (facere: VII 42, 5 *u.* β);) ¶ (hi (tribuni militum?) neque uultum fingere neque interdum lacrimas tenere poterant: I 39, 4;) ¶ (inferre: I 39, 3 *u.* dicere; incerto nunc etiam ⟨*o*⟩ exitu uictoriae . . . (septimae legionis tribuni) post tergum hostium legionem ostenderunt signaque intulerunt: VII 62, 6;) ¶ insistere: III 14, 3 *u.* δ) constare; ¶ (interficere: 3, 104, 2 *u.* β);) ¶ (abditi in tabernaculis (tribuni militum?) aut suum fatum querebantur aut cum familiaribus suis commune periculum miserabantur: I 39, 4;) ¶ obseruare: 1, 21, 4 *u.* γ) circummittere; ¶ (occurrere: III 5, 2 *u.* β);) ¶ (ostendere: VII 62, 6 *u.* inferre;) ¶ (petere: I 39, 3 *u.* dicere; III 7, 3 *u.* γ) dimittere;) ¶ (posse: I 39, 4 *u.* fingere;) ¶ (proficisci: I 39, 3 *u.* dicere;) ¶ (queri: I 39, 4 *u.* miserari;) ¶ remanere: (I 39, 3 *u.* dicere;) 1, 77, 2 *u.* ε) αα) numerus; ¶ satis facere: I 41, 3 *u.* η) γγ); ¶ Sabinus quos in praesentia tribunos militum circum se habebat et primorum ordinum centuriones se sequi iubet: V 37, 1; hoc idem reliqui iurant legati; tribuni ⟨*af; hos* tribuni *Ohl; Db.*⟩ militum centurionesque sequuntur: 3, 13, 4; ¶ idem ius iurandum adigit Afranium; subsequuntur ⟨adigit. afranium subseq. *Oah*⟩ tribuni militum centurionesque: 1, 76, 3; ¶ (tenere: I 39, 4 *u.* fingere;) ¶ uenire: 1, 74, 4 *u.* commendare; 2, 21, 1 *u.* δ) agere; ¶ (uitare: I 39, 3 *u.* dicere.)

ββ) a e. pass.: administrari: IV 23, 5 *u.* γ) conuocare; ¶ praecipi: VI 39, 2 *u.* η) ββ); ¶ reliquarum legionum milites . . . a ⟨*c*⟩ tribunis militum legatisque . . . retinebantur: VII 47, 2; reprehendit, quod . . .

neque . . . constitissent neque a ⟨c⟩ tribunis militum legatisque retineri potuissent: VII 52, 1.

β) appositio: Baculus . . . et item C. Volusenus, tribunus militum, uir et consilii magni et uirtutis, ad Galbam accurrunt ⟨occurrunt β⟩ atque unam esse spem salutis docent: III 5, 2; eo die Q. Laberius ⟨labienus β⟩ Durus, tribunus militum, interficitur: V 15, 5; M. Aristium, tribunum militum, iter ad legionem facientem ... ex oppido Cauillono ⟨c⟩ educunt: VII 42, 5; Achillam . . . et L. Septimium, tribunum militum, ad interficiendum Pompeium miserunt: 3, 104, 2.

γ) obi.: (abdere: I 39, 4 *u.* α) αα) miserari;) ¶ (adducere: I 39, 3 *ib.* dicere;) ¶ milites circulari . . .; centuriones ⟨c⟩ tribunosque militum adire atque obsecrare, ut per eos Caesar certior fieret: 1, 64, 3; ¶ centuriones singillatim tribunosque militum appellat: V 52, 4; ¶ tribunos ⟨tribunum *Ne;* trib. *ahl*⟩ militum et praefectos ⟨praefectum *Ne;* praefect. *ahl*⟩ circummittit atque hortatur, non solum ab eruptionibus caueant, sed etiam singulorum hominum occultos exitus adseruent ⟨obseruent *hl*⟩: 1, 21, 4; ¶ cogere: VI 7, 8 *u.* conuocare; ¶ interim legatis tribunisque militum conuocatis ... quae fieri uellet ostendit monuitque, . . . ad nutum et ad tempus omnes res ab iis administrarentur: IV 23, 5; Labienus noctu ⟨c⟩ tribunis militum primisque ordinibus conuocatis ⟨coactis β⟩ quid sui ⟨o⟩ sit consilii proponit: VI 7, 8; ¶ desiderauit . . . tribunos militum et centuriones XXXII: 3, 71, 1; ¶ praefectos tribunosque militum complures in finitimas ciuitates frumenti ⟨commeatusque petendi *add.* β(?)⟩ causa dimisit: III 7, 3; his (legatis tribunisque militum) dimissis et uentum et aestum ... nactus secundum . . . progressus: IV 23, 6; ¶ (educere: VII 42, 5 *u.* β);) ¶ habere: V 37, 1 *u.* α) αα) sequi; quos (tribunos militum centurionesque) ille postea magno in honore habuit; centuriones in ⟨c⟩ priores ⟨c⟩ ordines, equites Rom. ⟨eq. r. *ahl;* tribunos *Voss.*⟩ in tribunicium restituit honorem: 1, 77, 2; ¶ hortari: 1, 21, 4 *u.* circummittere; ¶ (interficere: V 15, 5 *u.* β);) ¶ (mittere: 3, 104, 2 *u.* β);) ¶ tribunos militum monuit, ut paulatim sese legiones coniungerent: II 26, 1; IV 23, 5 *u.* conuocare; ¶ obsecrare: 1, 64, 3 *u.* adire; ¶ omnes senatores senatorumque liberos, tribunos militum equitesque Romanos ad se produci iubet: 1, 23, 1; ¶ (restituere: 1, 77, 2 *u.* habere.)

δ) dat.: gratias agit . . . tribunis militum centurionibusque, qui eo praesidii causa uenerant, quod eorum consilia sua uirtute confirmassent ⟨c⟩: 2, 21, 1; ¶ neque satis Bruto, qui classi praeerat, uel tribunis militum centurionibusque, quibus singulae naues erant attributae, constabat, quid agerent aut quam rationem pugnae insisterent. rostro enim noceri non posse cognouerant: III 14, 3. 4; ¶ haec eadem centurionibus tribunisque militum mandabant, ut per eos ad Caesarem deferrentur ⟨c⟩: VII 17, 8.

ε) genet.; αα): ex numero tribunorum militum centurionumque non nulli sua uoluntate apud eum remanserunt: 1, 77, 2; ¶ lucem multum per se pudorem omnium oculis, multum etiam tribunorum militum et centurionum praesentiam ⟨praesentium O^1af⟩ adferre ⟨*u. CC*⟩: 1, 67, 4; ¶ (horum (tribunorum militum?) uocibus ac timore paulatim etiam ... milites ... perturbabantur: I 39, 5;) ¶ quorum (centurionum tribunorumque mil.) egregiam fuisse uirtutem testimonio Ciceronis cognouerat: V 52, 4.

(ββ): quorum alius: I 39, 3 *u.* α) αα) dicere.)

ζ) abl.: protinusque omnes ducibus usi centurionibus tribunisque militum in altissimos montes . . . confugerunt: 3, 95, 4.

η) c. praep.; αα) ab: hic (timor) primum ortus est a tribunis militum, praefectis reliquisque, qui: I 39, 2; ¶ a tribunis militum reliquisque [sed et] equitibus Romanis atque euocatis equos sumit: VII 65, 5; simul a tribunis militum centurionibusque ⟨tribus militum centurionibus *f*⟩ mutuas pecunias sumpsit: 1, 39, 3.

ββ) ad: modo conscripti atque usus militaris imperiti ad tribunum ⟨tribunos *bf*⟩ militum centurionesque ora conuertunt: quid ab his praecipiatur exspectant: VI 39, 2.

γγ) cum: deinde reliquae legiones cum tribunis ⟨per tribunos $B^2\beta$⟩ militum et primorum ordinum centurionibus ⟨centuriones $B^2\beta$⟩ egerunt, uti ⟨per eos *add.* $B^2\beta$⟩ Caesari satis facerent: I 41, 3.

δδ) per: princepsque decima legio per tribunos militum ei gratias egit: I 41, 2; (41, 3 *u.* γγ);) — milites ... ita inter se per tribunos ⟨tribunum *Nx*⟩ militum centurionesque atque honestissimos sui generis conloquuntur: 1, 20, 1; — deferri: VII 17, 8 *u.* δ) mandare; — certiorem fieri: 1, 64, 3 *u.* γ) adire; — satis facere: I 41, 3 *u.* γγ).

(uigiliae: V 31, 5 *u.* languor;) ¶ uirtus: (II 21, 2 *u.* A. a) retinere;) factum est . . .

uirtute militum et superiorum pugnarum exercitatione, ut: III 19, 3; qua in re admodum fuit militum uirtus laudanda: V 8, 4; tanta militum uirtus atque ea praesentia animi fuit, ut: V 43, 4; (V 52, 6 *u.* **F. a)** relinquere;) calones ⟨*o*⟩ equitesque eodem impetu militum uirtute seruantur: VI 40, 5; singulari militum nostrorum uirtuti consilia cuiusque ⟨*c*⟩ modi Gallorum occurrebant: VII 22, 1; (62, 2 *u.* **A. a)** existimare; 2, 15, 1 *ib.* perdolescere;) 2, 15, 4 *u.* sollertia; (2, 33, 2 *u.* **A. a)** cohortari;) *is* uirtute militum confisus scaphas . . . contexit: 3, 24, 1; ¶ et militum uires inopia frumenti deminuerat: 1, 52, 2; 64, 5 *u.* **E.** deligere; — uis: 3, 92, 2 *u.* excursus; ¶ (summae se iniquitatis condemnari debere, nisi eorum (*i. e.* militum) uitam sua *laude habeat cariorem: VII 19, 5;) ¶ cognita militum uoluntate Ariminum . . . proficiscitur: 1, 8, 1; largitione militum uoluntates redemit: 1, 39, 4; ¶ ut . . . etiam nostrorum militum uocibus non nihil carperetur: III 17, 5; (cum . . . hostes nostros milites alacriores ad pugnandum effecissent ⟨*c*⟩ atque omnium uoces audirentur: III 24, 5;) V 40, 7 *u.* concursus; 1, 64, 4 *u.* studium; non nullae militum uoces cum audirentur, sese, contra hostem si ducerentur, ituros, contra ciuem et consulem arma non laturos: 3, 31, 4; crebraeque uoces militum in uigiliis conloquiisque audiebantur, prius se cortice ex arboribus uicturos, quam Pompeium e manibus dimissuros: 3, 49, 2; ¶ usus: II 20, 3 *u.* scientia; ¶ postea quam in uulgus militum ⟨equitum *h*⟩ elatum est: I 46, 4; ¶ cum et propter uulnera militum et propter sepulturam occisorum nostri . . . eos sequi non potuissent: I 26, 5.

b) ex pron.: nemo militum: 3, 53, 3 *u.* **E.** uulnerare; ¶ accidit . . ., ut . . . quae . . quisque eorum (militum) carissima haberet, ab impedimentis petere atque arripere properaret: V 33, 6; ¶ quid militum: 3, 29, 4 *u.* **E.** transuehere; ¶ quod militum: V 2, 3 *u.* **E.** relinquere.

H. abl.; a): (noctu militibus ac sagittariis in terram ⟨*c*⟩ expositis praesidium equitum deiecit: 3, 23, 2;) ¶ ea legione, quam secum habebat, militibusque, qui ex prouincia conuenerant, . . . murum . . . fossamque perducit: I 8, 1; ¶ (Caesar hostibus in pugna occupatis militibus ⟨que *add. codd.; del. Scal.*⟩ expositis Pharum ⟨*c*⟩ prehendit: 3, 112, 5;) ¶ testibus se militibus uti posse, quanto studio pacem petisset . . .: 3, 90, 2.

b): scaphas longarum nauium, item speculatoria nauigia militibus compleri iussit: IV 26, 4; (completur urbs † et ius ⟨militibus *coni. Np.*⟩ comitium ⟨*c*⟩ tribunis ⟨*c*⟩, centurionibus ⟨*c*⟩, euocatis ⟨*c*⟩: 1, 3, 3;) turrim ⟨*c*⟩ . . . opposuit et militibus compleuit tuendamque ad omnes repentinos casus tradidit: 3, 39, 2; eodem naues, quas demonstrauimus aggere et leuis armaturae militibus completas . . ., mittit: 3, 62, 3.

J. c. praep.; a) ab: ne quam noctu oppidani a ⟨*c*⟩ militibus iniuriam acciperent: II 33, 1; ¶ nulla tamen uox est ab iis ⟨ex iis uox est *β*⟩ audita populi R. maiestate . . . indigna: VII 17, 3; ¶ contendere: 3, 97, 1 *u.* **E.** occupare; ¶ (desiderare: VII 52, 4 *u.* **h)**;) ¶ ab his (militibus) primo Marsi dissentire incipiunt: 1, 20, 3; ¶ conloquium petunt . . . semoto a militibus loco: 1, 84, 1.

b) ad: mittere ad: 3, 28, 6 *u.* **A. a)** defendere; ¶ (ad unum omnes: VI 40, 4 *u.* **A. a)** peruenire; milites ad unum omnes interficiuntur: 2, 42, 5.)

(c) ante: praecurrere ante omnes: 2, 34, 5 *u.* **A. a)** tenere.)

d) apud: Caesar apud milites contionatur: 1, 7, 1; Caesar . . . contionatus apud milites . . . naues soluit: 3, 6, 1; — contionem habere apud: 3, 73, 1 *u.* **E.** terrere; ¶ quae res apud milites largitiones auxit: 3, 112, 10.

e) cum: una cum iis deprensus . . . adducitur: 1, 13, 4 *u.* **A. a)** peruenire; ¶ liberius cum militibus regis conloqui coeperunt: 3, 103, 4; ¶ duasque naues cum militibus, quae ad moles Caesaris adhaeserant, scaphis lintribusque reprehendunt, reprehensas ⟨deprehendunt, deprehensas *O*⟩ excipiunt: 1, 28, 4; ¶ quam (oppidi partem) Caesar cum militibus tenebat: 3, 111, 1; ¶¶ (atque ⟨ut qui *codd.*⟩ iis ⟨*om. codd.*⟩ superioris necessitudo contubernii ⟨superiore nocte in coutuberniis *codd.*⟩ cum militibusque nonnullis grauior erat ⟨commilitesque nonnulli grauiora *codd.*⟩ *Iw. Müller*: 2, 29, 4.)

f) ex: audire ex: VII 17, 3 *u.* **a)** audire; ¶ quas (legiones) ex Pompeianis militibus confecerat: 3, 107, 1; ¶ milia XX in armis habebat. haec constabant ex Gabinianis militibus, qui iam in consuetudinem Alexandrinae uitae ac licentiae uenerant: 3, 110, 2; ¶ efficere ex: 3, 4, 1 *u.* **A. a)** considere; ¶¶ pauci ex: 1, 64, 7 *u.* **E.** subleuare; ¶ quidam ex: I 42, 6 *u.* **A. a)** dicere; ¶ uti unus esse ⟨*c*⟩ ex eius militibus . . . uideretur: 2,35,1; ¶ (ex quibus (militibus) L. Petrosidius . . . occiditur: V 37,5.)

g) in c. acc.: in singulos: 1,17,4 *u.* F. a) polliceri.

h) in c. abl.: nec ⟨*c*⟩ minus se in ⟨β; ab α; *edd.*⟩ milite modestiam et ⟨*c*⟩ continentiam ⟨*c*⟩ quam uirtutem atque animi magnitudinem desiderare: VII 52,4; ¶ tantum fuit in militibus studii, ut . . . magna . . . mora interposita eos, qui de tertia uigilia exissent, ante horam diei VIIII. consequerentur: 1, 64,8.

(i) inter: inter eos: 1,20,4 *u.* A. a) conari; — inter se: VI 40,4 *u.* F. a) praeponere; 1, 20,1 *u.* A. a) conloqui; 1,21,3 *ib.* contingere; 1,72,4 *ib.* loqui; 1,87,2 *ib.* adire; 3,19,1 *ib.* habere.)

k) penes: addit etiam, ut *quae ⟨quod *x; edd.*⟩ quisque eorum ... amiserit, quae sint penes milites suos, iis ⟨*c*⟩, qui amiserant, restituantur ⟨*Paul;* restituat *codd.;* restit uatur *Steph.; edd.*⟩: 1, 87,1.

l) sine: quod (nauis) erat sine militibus: 3, 14,2.

[Falso: ut . . . adulescentes atque expeditos ex antesignanis electos mutatis ⟨*sic Madu.;* electis milites *codd.;* milites *del. Np.; edd.*⟩ ad pernicitatem armis inter equites proeliari iuberet: 3,84,3.]

Milites . . . equites: II 27,2; V 7,4; 10,1; VI 40,5; VII 28,3; 1,54,1; 64,3.(7); 2,41,3; 3,2,2; 29,2; 47,2; 61,2; 71,1; — **milites ac sagittarii:** 3,23,2.

Adiect.: Afraniani: 1,54,1; 69,1; alacriores: III 24,5, (alii: VI 40,2; 1,68,2; 3,76, 2;) Antoniani: 3,4,2; Attiani: 1,13,5; 2, 34,6; complures: I 52,5; 1,80,5; 3,103,5; 106,5; conferti: II 25,1; (cupidissimi: VII 40,4;) decimus quisque: V 52,2; defessi: VII 88,6; 2,41,3; delecti: 3,24,1; Domitiani: 1,22,2; 23,5; 3,37,3; electi: 2,44,2; 3,91,3; expediti: 3,6,1; Gabiniani: 3,110,2; (imperiti: VI 39,2;) imprudentes: III 29,1; incolumes: VI 40,4; 2,44,1; 3,28,6; inermes: III 29,1; 1,68,2; infirmiores: 1,64,5; intenti: VII 80,2; laeti: 1,69,1; (3,91,3;) legionarius, -ii: VI 34,8; — I 42,5; 51,1; II 27,2; V 19,3; VII 20,10; 3,2,2; nemo: (V 43,4; 3, 53,3;) 3,61,2; non nulli: V 39,2; (2,29,4;) 3,19,6; (nostri: I 52,5; II 11,4; 33,6; III 14, 8; 17,5; 19,4; 24,5; IV 14,3; 25,3; 34,5; 35, 2; 37,3; V 21,5; 33,5; 45,1; VI 39,1; VII 22, 1; 62,8; 2,2,6; 3,72,2; 93,1;) omnes: (V 43, 4; 48,9;) VI 40,(3.) 4; VII (40,4;) 43,1; 80,2; 1,27,6; 71,2; 2,(34,5.6;) 42,5; 3,(6,2;) 44,7; 76,1; (95,4;) 109,3; parati: (VII 19,5; 1,7,7; 64,3;) 3,95,1; participes: 3,82,1; pauci: VII 12,4; 1,13,3; 64,7; 2,44,1.2; periti: 3, 93,1; plerique: (1,76,4;) 3,95,3; (110,2;) Pompeiani: 1,28,1; 3,107,1; (primi: 2,34, 5;) proximi: 2,35,2; quidam: (I 42,6;) V 48,8; (quisquam: V 43,4; (52,2;)) quisque: V 31,4; (33,6;) 52,2; 1,44,3; (74,1;) 76,4; rari: VII 45,7; 1,44,1; reliquus, -i: V 52, 2; — II 25,2; (V 37,4; VI 40,2;) 1,13,4; 3, 29,2; Romani: VII 20,8; singuli: VI 34,3; (1,17,4;) (sui: 1,87,1; 3,98,2;) timidi: VI 40,1; ueterani: 3,4,1; 71,4; ueteres: VI 40,4; uictores: VII 62,8; uniuersi: (1,86, 3; 2,33,2;) 3,61,2; unus: II 25,2; 2,35,1; uoluntarii: 3,91,3; utrique: 3,19,3.

Numer.: **CXX:** 3,91,3; **CC:** 1,46,5; 3,99, 1; **CCC:** IV 37,1; **DCC:** VII 51,4; **DCCCCLX:** 3,71,1; XV milia(?): 3,2,2.

militaris: cohortemque postea duplici stipendio, frumento, ueste ⟨*c*⟩, cibariis ⟨*c*⟩ militaribusque donis amplissime donauit: 3,53,6; ¶ ut et militare institutum seruaretur et quam serissime ⟨*c*⟩ eius profectio cognosceretur, conclamari iussit: 3,75,2; ¶ magnae fuit fortunae omni militari instrumento, quod circum se habebat, erepto . . . ipsum effugere mortem: VI 30,2; ¶ signum dari inbet et uasa militari ⟨militaria *codd.*⟩ more conclamari: 1,66,2; uasisque militari ⟨-ribus *a*[1]⟩ more conclamatis progressus milia passuum III . . . exercitum . . . conlocauit: 3,38,1; exercitum cum militari* more ad pugnam cohortaretur: 3,90,1.

nolite, obsecro, committere, quod ante in exercitu Caesaris non accidit, ut rei militaris dedecus admittatur: 3,64,4; — ardere Galliam tot contumeliis acceptis sub populi Romani imperium redactam superiore gloria ⟨-orem gloriam β⟩ rei militaris exstincta ⟨-tam β⟩: V 29,4; — centuriones . . . ne ante partam ⟨portam *BM*⟩ rei militaris laudem ⟨laudem rei militaris *h;* laudis militaris *a*⟩ amitterent, fortissime pugnantes conciderunt: VI 40,7; — instructo exercitu magis ut loci natura . . . quam ut rei militaris ratio atque ordo postulabat: II 22,1; ut ⟨*c*⟩ rei militaris ratio, maxime ⟨*c*⟩ ut maritimae res postularent: IV 23,5; — summamque scientiam rei militaris habere existimabantur: III 23,5; propter singularem scientiam rei militaris ad eum est honorem euocatus ⟨*CC*⟩: VII 57,3; — uita omnis in uenationibus atque in studiis rei militaris consistit: VI 21,3; — nullo etiam nunc usu rei militaris percepto: VI 40, 6; erant cum Achilla *eae copiae, ut neque numero neque genere hominum neque usu rei militaris contemnendae uiderentur: 3, 110, 1; magnum ⟨*Ciacc.*; hunc *z*; *edd.*⟩ usum rei militaris habebant: 3, 110, 6; ¶ neque enim . . . alia de causa . . . submissos duces rei militaris peritos: 1, 85, 6; seu quid a peritioribus rei militaris desiderari uidebatur: 3, 61, 3; qui rei militaris peritissimus habebatur: I 21, 4; ¶¶ qui ex urbe amicitiae causa Caesarem secuti non magnum in re militari usum habebant: I 39, 2; uti . . . magnam sibi auctoritatem magnosque spiritus in re militari sumerent: II 4, 3; multum cum in omnibus rebus tum in re militari potest fortuna: VI 30, 2; quem Curio secum ex Sicilia duxerat, quod magnum habere usum in re militari sciebat: 2, 34, 4; qui . . intra praesidia Pompei fuissent neque operam in re militari praestitissent: 3, 83, 3.

armis abiectis siguisque militaribus relictis se ex ⟨*c*⟩ castris eiecerunt: IV 15, 1; ut iure iurando ac fide sanciatur petunt conlatis militaribus signis, quo ⟨*c*⟩ more eorum grauissima ⟨*c*⟩ caerimonia ⟨*c*⟩ continetur ⟨*c*⟩: VII 2, 2; tectis insignibus suorum occultatisque signis militaribus raros milites . . . traducit: VII 45, 7; signa militaria LXXIIII ad Caesarem referuntur: VII 88, 4; cum . . . signa eius militaria atque arma Capuae essent comprensa ⟨*c*⟩: 3, 21, 5; signaque sunt militaria sex relata: 3, 53, 2; signaque sunt militaria amissa $\overline{\text{XXXII}}$: 3, 71, 2; milites . . . missis plerique armis signisque militaribus . . de reliqua fuga . . . cogitabant: 3, 95, 3; signaque militaria ex proelio ad Caesarem sunt relata CLXXX et aquilae VIIII: 3, 99, 4; ¶ (uasa: 1, 66, 2 *u.* mos;) ¶ modo conscripti atque usus militaris imperiti ad tribunum militum centurionesque ora conuertunt: VI 39, 2; — Pompeius . . . aeris magno pondere ad militarem usum in naues imposito . . . Pelusium peruenit: 3, 103, 1.

militia: ne ⟨*c*⟩ suis sint ad detrectandam militiam receptacula: VII 14, 9; ¶ suos liberos, nisi cum adoleuerunt, ut munus militiae sustinere possint, palam ad se adire non patiuntur: VI 18, 3; — druides . . . militiae uacationem omniumque rerum habent immunitatem ⟨*u. CC*⟩: VI 14, 1.

mille. I. Forma. *Singularis* mille *plerumque plene scriptus esse uidetur in X et z; sed* ∞ *inuenitur in h corr. et* l^2 2, 35, 6; $\overline{\text{M}}$. CC tos *in a exstare dicit Frig.*, .CC (*omisso* $\overline{\text{M}}$) *Holder* VII 46, 1 *(eodem loco in AQ scriptum est* mil CC *teste Hold.)*; *additum est* M *a Napoleone* I 38, 5 *post* pedum, *a Köchlyo* 1, 39, 2 *post* hominum; mil. *est in Nahl* 2, 24, 4.

Pluralis (milia, milium, milibus) *saepe in codicibus aut omnibus aut quibusdam compendio indicatur. Compendiorum autem uel notarum tria (uel quattuor) inueniuntur genera; nam aut lineola super numerorum notas posita significantur milia, aut littera* m̃. (*uel* .m̃. *uel* $\overline{\text{M}}$. *uel* ∞) *aut tribus litteris* mil. (*uel* mił). *Atque lineola quidem in B. Gall. libris supra adposita inuenitur in X (in uno B errore omissa est)* VII 64, 1; .$\overline{\text{V}}$. *est in αh*, .V. mil. (mił?) *in a* IV 12, 1; *item in Qβ inuenitur eius modi lineola, quae omissa est in ABM* VII 75, 3. 4; 76, 3; *praeterea exstat in β, omissa est in α* VII 75, 3 (.$\overline{\text{X}}$. β; decem α) *et* 83, 4; .$\overline{\text{II}}$. *est in* β, ∞ ∞ *in B pr. (quod perperam intellectum in BM demutatum est in* XX, *omissum in AQ)* VII 75, 5; — *in β inuenitur lineola, in α plene scriptum est* milia II 4, 9 *(bis?) et* VII 64, 4 *et* VII 74, 1; .$\overline{\text{XII}}$. *et* .$\overline{\text{V}}$. *exstat in* β, duodena milia *et* quina milia *in α* VII 75, 3; .$\overline{\text{XV}}$. *in* β, quindecim milium *in α* II 30, 2; *lineola est in* β, milia *in BMQ*, mił. *in A* II 4, 9; *lineola in h* (β?), milia *in α* II 29, 4; *lineola in a*, milia *in rell.* (?) II 4, 9 *et* VII 90, 3; *lineola in a*, milibus *in rell.* (?) VII 68, 2; *lineola in h*, milium *in αa* V 42, 4; .$\overline{\text{C}}$. *in h*, C. mił *in a*, centum milium *in α* V 13, 7; .$\overline{\text{X}}$. *in h*, .X. mił *in a*, .X. m̃ *in AQ*, X. *in* B^1M^1 (*in B supra adpositum est* m, *in M* milia) VII 21, 2; $\overline{\text{VIII}}$. *est in* QB^2M^2, VIII *in* AB^1M^1, milibus VIII. *in* β VII 76, 3; ¶ *littera* .m̃. (*uel* m̃) *uel* $\overline{\text{M}}$ *reperitur in α* VII 40, 4; 60, 1; 69, 3 (VII 40, 4 *in a est* mił (*in h* milia?); VII 60, 1 *et* 69, 3 *in* β milia *uidetur exstare*); VII 21, 2 *et* 69, 6 m̃. *est in AQ (quod* VII 69, 6 *omissum est in* B^1M^1; *in (a?)h inuenitur* mił; *quid* VII 21, 2 *in rell. codd. scriptum sit, supra dixi)*; — — ∞ ∞ *in B pr. exstare* VII 75, 5 *supra commemoraui;* ¶ mił *est in* β, milia (milium, milibus) *in α* VII 79, 2; III 26, 6; V 32, 1; mił *est in a*, milium *in α*, mille *in h* II 33, 7; mił *in a*, milia *in* M^3, milibus *in recc.*, milium *(falso) in α* V 53, 7; mił *in* B^2h, milib. *in a*, *omiss. in α* II 13, 2; mił *in h*, (milia *in αa?*) I 49, 3; mil' (*an* mił?) *in AB*, milibus *in a* (milia *in QMh?*) I 2, 5; mił (*uel* mil. (?)) *esse in A* II 4, 9, *in a* IV 12, 1 *et* V 13, 7 *et* VII 21, 2 *et* 40, 4, *in h (a?)* VII 69, 6 *supra dixi;* ¶ (milia *est in* B^3β, *om. in α* II 4, 5; milibus *in a*, milia *in αh* I 53, 1; milia *in BM*β, milium *in AQ* VII 16, 1;) ¶ *plene uidetur scriptum esse in X* milia *his 45 locis:* I 4, 2; 8, 1; 21, 1; 22, 5; 26, 5; 27, 4; 29, 2 *(ter)*; 29, 3; 31, 5. 10; 48, 5; II 4, 5. 7. 9 *(ter)*.

10; 6,1; 11,4; 16,1; IV 1,4; 3,2; 23,6; 37, 2; V 9,2; 11,8; 13,2.6; 27,9; 46,1; 47,1.5; 49,1.5; 53,1; VI 35,5; VII 34,1; 38,1; 39,3; 66,2; 70,1; 71,3; 75,2; milium *his 13 locis:* I 15,1; 29,3 *(ubi Db. errore* millia *scripsit)*; 31, 5; 41,4; III 17,5; IV 14,1; 15,3; V 2,3; 5,3; 13,5; 49,7; VII 3,3; 28,5; milibus *his 24 loc.:* I 15,5; 23,1; 25,6; 41,5; 48,1.2; II 7,3.4; 28, 2; 33,5; III 6,2; IV 10,2; 11,1.4; 22,4; V 8, 1; 19,1; 24,7; VI 7,3; 29,4; 35,6; 36,2; VII 37,7; 77,8.

Plurimis belli ciuilis locis non satis ex editorum apparatu critico potest cognosci, quid in singulis codd. exstet. Lineola uidetur inueniri in fhl, omissa esse in a 3,4,3; *in h plerumque lineola supra adposita* milia *indicari Db. dicit* 2,23,2; *in cod. f semper fere uidetur inueniri* mille *(pro* milia *et sim.), cf.* 1,48,3; 54,3; 61, 4; 2,39,2; 3,26,4; 36,2; 37,2; *saepius compendio* (mil. *uel* mil?) *usos esse librarios commemorat Db., ut* 3,37,2; 84,4; 97,3; *in eiusdem aut in Nipperdei editione commemoratur* mil. (*an* mil?) *exstare in ahl* 1,61,4 *et* 64,8 *et* 3,89,2, *in afl* 2,23,2, *in hl* 1,54,3, *in al* 2, 39,2, *in a* 3,2,2 *(omiss. in h) et* 38,1 *et* 63,4 *et* 76,3 *et* 106,2; (milla *est in a,* nulla *in rell.* 1,39,2; *in h bis omissum esse* milia 2,18,4 *dicit Db.;* 3,84,4 *in hl est* mille, *in a* milia (*pro* milium.) *Cf. ZG. 1885, JB. XI p. 198.*

II. Signif.; A. sing.; a) ui adiectiui: exercitum ... reducit suis omnibus praeter Fabium incolumibus, ex numero a d u e r s a r i o r u m circiter DC interfectis ac mille ⟨*om. af;* ∞ *h int. uers. ead. m., l*[3]*, Paris. 5768;* CC *Of;* multis *E. Hoffm.*⟩ uulneratis ⟨deuulneratis *l*[1]⟩: 2,35,6; ¶ (✝ huic optimi generis h o m i n u m ⟨M *add. Köchly*⟩ ex Aquitanis ... *adiecerat:* 1,39,2;) ¶ cum ... ipse ab hostium castris non longius mille et quingentis p a s s i b u s abesset: I 22,1; quod mons ✝ suberat ⟨aberat *Prammer*⟩ circiter mille passuum ⟨passus?; spatio *add. Dt.*⟩: I 25,5; locus erat castrorum ... paulatim ab imo adcliuis circiter passus mille: III 19,1; et mille passuum intermisso spatio castra communit: VI 7,4; oppidi murus ⟨*c*⟩ a ⟨*c*⟩ planitie ... recta regione, si nullus amfractus intercederet, mille CC ⟨mille *om.* *(a?)fh*⟩ passus aberat: VII 46,1; non longius ⟨*c*⟩ mille ⟨D *ik; Ald.*⟩ passibus ab nostris munitionibus ⟨a nostr. mun. quam mille pass. β⟩ considunt: VII 79,1; abest derecto itinere ab Vtica paulo amplius passus ⟨pass. *Nahl*⟩ mille ⟨mil. *Nahl*⟩: 2,24,4; ¶ quod (spatium) est non amplius p e d u m M ⟨*add. Napol.; Hold.*⟩ sescentorum: I 38,5.

b) ui subst.: ut e q u i t u m ⟨equites *O; V.*⟩ m i l l e etiam apertioribus locis VII milium ⟨*c*⟩ Pompeianorum impetum, cum *esset usus, sustinere auderent neque magnopere eorum multitudine terrerentur: 3,84,4; ¶ (1,39,2 *u.* **a)** homines;) 2,35,6 *ib.* aduersarii.

B. plur.; a) subi.: ad duo ⟨*a pr., f;* duorum *O, a corr., hl; Np., Db.*⟩ milia ⟨*codd.;* milium *Np., Db.*⟩ numero ⟨*om. f*⟩ ex Pompeianis c e c i d i s s e reperiebamus: 3,53,1; ex Pompeiano exercitu circiter milia XV cecidisse uidebantur: 3,99,3; ¶ si ⟨*c*⟩ se tot hominum milia cum hostibus c o n i u n x e r i n t, quorum salutem neque propinqui neglegere neque ciuitas leui momento aestimare posset: VII 39,3; ¶ milia XX in armis habebat. haec c o n s t a b a n t ex Gabinianis militibus ...: 3,110,2; ¶ circiter hominum milia sex ... siue timore perterriti, ne armis traditis supplicio adficerentur, siue spe salutis inducti, quod in tanta multitudine dediticiorum suam fugam aut occultari aut omnino ignorari posse existimarent, prima nocte e castris Heluetiorum egressi ad Rhenum finesque Germanorum c o n t e n d e r u n t: I 27,4; ¶ c o n u e n i r e: III 26,6 *u.* **g)** α) numerus; celeriter ad clamorem hominum circiter milia sex conuenerunt: IV 37,2; VII 64,1 *u.* **c)**; 3,88,4 *u.* **b)**; ¶ (c o n u e r t e r e *ib.*;) ¶ (e g r e d i: I 27,4 *u.* contendere;) ¶ e s s e: (I 29,2 *u.* **g)** β);) summa omnium fuerunt ad milia CCCLXVIII: I 29,3; equitum milia erant sex ⟨erant .VI. milia *a*⟩, totidem numero pedites: I 48,5; (V 13,6 *u.* **g)** β);) erant ... legiones Afranii III ... equitumque ⟨*c*⟩ utriusque prouinciae ⟨*CC*⟩ circiter V milia: 1,39,1; erant praeterea cuiusque generis hominum milia circiter VI cum seruis libertisque ⟨*c*⟩: 1,51,2; 3,88,4 *u.* **b)**; in his erant legionibus hominum milia tria CC ⟨mil. III CC *a*⟩: 3,106,2; erant ⟨*c*⟩ praeterea equitum milia duo: 3,110,5; ¶ e x i s t i m a r e: I 27,4 *u.* contendere; ¶ V milia passuum proxima i n t e r c e d e r e ⟨intercidere *Ox*⟩ itineris campestris, inde excipere loca aspera et montuosa: 1,66,4; ¶ milia hominum delecta LXXX ⟨XXXX *Göl.*⟩ una-secum ⟨LXXX delecta secum β⟩ i n t e r i t u r a demonstrat: VII 71,3; ¶ ex eo proelio circiter hominum milia CXXX superfuerunt eaque tota nocte continenter i e r u n t ...; in fines Lingonum die quarto p e r u e n e r u n t: I 26,5; ¶ p o s s e: 3,2,2 *u.* **d)** transportare; ¶ s u p e r e s s e: I 26,5 *u.* ire; ¶ (t r a d e r e: I 27,4 *u.* contendere;) ¶ horum primo circiter milia XV Rhenum t r a n s i s s e: I 31,5; ¶ quod paucis mensibus ante Harudum milia hominum ⟨*del. Ciacc.*⟩ XXIIII ad eum u e n i s s e n t, quibus locus ac sedes pararentur: I 31, 10; ex Pompeiano exercitu . . . in deditionem uenerunt amplius milia XXIIII: 3, 99, 3; ¶ u i d e r i: 3, 99, 3 *u.* cadere.

b) praedicat.: ex his qui arma ferre possent, (erant) ad milia nonaginta duo: I 29, 2; haec ⟨*A; Em. Hoffm.; Db., Dt., Hld.*; hae *BMβ*; *Np., Schn., Fr.*⟩ erant armata ⟨*Np., Em. Hoffm., Db., Dt.*; armatae *X*; *Schn., Fr., Hld.*⟩ circiter milia LX: V 49, 1; haec erant milia ⟨numero milia *hl*⟩ XLV, euocatorum circiter duo, quae ex beneficiariis superiorum exercituum ad eum conuenerant ⟨conuerterant *Ox*⟩; quae tota acie disperserat ⟨dispertierat?⟩: 3, 88, 4.

c) appositio: Orgetorix ad iudicium omnem suam familiam, ad hominum milia decem, undique coegit: I 4, 2; omnes equites, XV milia ⟨*om. B*⟩ numero, celeriter conuenire iubet: VII 64, 1.

d) obiect.: castellis enim XXIIII effectis XV milia passuum **in* circuitu a m p l e x u s hoc spatio pabulabatur: 3, 44, 3; ¶ Pompeius . . . aeris magno pondere . . . in naues imposito duobusque milibus hominum a r m a t i s . . . Pelusium peruenit: 3, 103, 1; *u. praeterea* **armatus** *p. 310 (3 loc.;)* ¶ c o g e r e: I 4, 2 *u.* e); cogunt equitum duo milia Sugambri: VI 35, 5; coactis equitum milibus VIII ⟨β; milibus *om. AB¹M¹*; $\overline{\text{VIII}}$. *QB²M²*⟩ et peditum circiter CCL ⟨CCXXXX *AQ; Fr.*; CXXXX *B¹*; CCXL *M; Db.*; CCL β; *Oros., Flor., Polyaen.*⟩ haec in Haeduorum finibus recensebantur, numerusque inibatur: VII 76, 3; ¶ milia sagittarum circiter XXX ⟨centum ac triginta *Suet. Caes. 68*⟩ in castellum c o n i e c t a ⟨contexta *a*⟩ Caesari numerauerunt ⟨*Ciacc.*; renumerauerunt *NO¹fhl; Np.*; remuner. *a*; renuntiau. *recc.(?); Db., Dt.*; enumer. *Koch*⟩: 3, 53, 4; ¶ XIIII milia ⟨*c*⟩ passuum c o m p l e x u s . . . munitiones . . . perfecit: VII 74, 1; 3, 63, 4 *u.* **g) α)** munitiones; ¶ hos ⟨*c*⟩ posse c o n f i c e r e armata milia centum: II 4, 5; Condrusos, Eburones, Caerosos ⟨*c*⟩, Caemanos ⟨*c*⟩ . . . arbitrari (se) ad XL milia ⟨conficere posse; *an* polliceri?⟩: II 4, 10; ¶ d e l i g e r e *u.* **deligo** *p. 853* **A. a)** *(3 loc.;)* ¶ d i s p e r g e r e (dispertire?): 3, 88, 4 *u.* **b)**; ¶ d i s p o n e r e: VII 34, 1 *u.* mittere; ¶ d u c e r e: VII 37, 7 *u.* mittere; ¶ ex quibus (pagis) quotannis singula milia armatorum bellandi causa ex ⟨*c*⟩ finibus e d u c u n t: IV 1, 4; ¶ e l i g e r e: II 4, 5 *u.* polliceri; ¶ (e n u m e r a r e: 3, 53, 4 *u.* coicere;) ¶ e x p e d i r e: I 49, 3 *u.* mittere; ¶ h a b e r e *u.* **habeo** *p. 1397 (4 loc.)*; ¶ Haeduis Segusiauisque . . . decem milia peditum i m p e r a t: VII 64, 4; imperant Haeduis atque ⟨*c*⟩ eorum clientibus . . . milia XXXV; parem numerum Aruernis . . .; Sequanis, Senonibus, Biturigibus, Santonis, Rutenis, Carnutibus duodena milia ⟨.$\overline{\text{XII}}$. β⟩; Bellouacis decem ⟨α; .$\overline{\text{X}}$. β⟩; [totidem Lemouicibus;] octona Pictonibus et Turonis ⟨*c*⟩ et Parisiis et Heluetiis; sena Andibus ⟨s. A. *Em. Hoffm.; Db., Hold.; Dt.²*; senonibus *X*⟩, Ambianis, Mediomatricis, Petrocoriis, Neruiis, Morinis; Nitiobrogibus quinque ⟨quina α⟩ milia ⟨.$\overline{\text{V}}$. β⟩; Aulercis Cenomanis ⟨*c*⟩ totidem; Atrebatibus IIII; Veliocassis ⟨*c*⟩ *totidem;* Lemouicibus ⟨*c*⟩ et ⟨*c*⟩ Aulercis ⟨*c*⟩ Eburouicibus ⟨*c*⟩ terna ⟨*om.* β⟩; Rauracis et Bois ⟨*c*⟩ *bina;* XXX uniuersis ciuitatibus, quae . . . Aremoricae ⟨*c*⟩ appellantur ⟨*u. CC*⟩: VII 75, 2—4; ¶ (i n d u c e r e: I 27, 4 *u.* **a)** contendere;) ¶ Caesar . . . circiter tribus milibus hostium ⟨*om.* β⟩ ex nouissimo agmine i n t e r f e c t i s altero die ad Alesiam castra fecit: VII 68, 2; quid hominum ⟨*c*⟩ milibus LXXX ⟨LXXXX α; XXXX *Göl.*⟩ uno loco interfectis propinquis consanguineisque nostris animi fore existimatis: VII 77, 8; ¶ (l e g e r e: II 4, 5 *u.* polliceri;) ¶ eo circiter hominum numero ⟨*om. fh*⟩ sedecim milia ⟨mil. XVI. *h*⟩ expedita cum omni equitatu Ariouistus m i s i t: I 49, 3; statuunt, ut X milia ⟨*c*⟩ hominum delecta ex omnibus copiis ⟨*c*⟩ in oppidum mittantur ⟨submittantur β; *Schn.*⟩: VII 21, 2; cohortatus Haeduos, ut . . . equitatum . . omnem et peditum milia X ⟨.X. milia *a*⟩ sibi celeriter mitterent, quae in praesidiis rei frumentariae causa disponeret: VII 34, 1; placuit, ut ⟨*c*⟩ Litauiccus decem illis milibus, quae Caesari ad bellum mitterentur, praeficeretur atque † ea ducenda ⟨ea traducenda *Pluyg.*; eo ducenda *Paul*⟩ curaret: VII 37, 7; rogati tamen ab Commio pro eius hospitio (Bellouaci) duo milia ⟨una *add.* α; *edd.*; duo milia *om. AQ*⟩ miserunt: VII 75, 5; ¶ n u m e r a r e: 3, 53, 4 *u.* coicere; ¶ o c c i s i s ad hominum milibus ⟨milia *DEf*⟩ quattuor reliqui in oppidum reiecti sunt: II 33, 5; ¶ (p e r t e r r e r e: I 27, 4 *u.* **a)** contendere;) ¶ Bellouacos . . . posse conficere armata milia centum; p o l l i c i t o s ex eo numero electa ⟨lecta β; milia *add. B²β*⟩ sexaginta: II 4, 5; (Suessiones) oppida habere numero XII, polliceri milia armata quinquaginta; totidem Neruios . . .; quindecim milia Atrebates, Ambianos decem milia, Morinos XXV milia, Menapios VII milia ⟨.$\overline{\text{VIIII}}$. *af; Oros.*; .$\overline{\text{VIII}}$. *h*⟩, Caletos X milia,

Veliocasses ⟨c⟩ et Veromanduos totidem, Aduatucos ⟨c⟩ XVIIII ⟨c⟩ milia: II 4, 7. (8.) 9; 4, 10 *u.* conficere; ciues Romanos eius prouinciae sibi ad rem publicam administrandam HS ⟨c⟩ CLXXX et argenti pondo ⟨*O;* p. *x*⟩ XX milia, tritici modium ⟨*Hotom.;* modios *codd.; edd.*⟩ CXX milia polliceri coegit: 2, 18, 4; ¶ Caesar legiones in Hispaniam praemiserat ⟨praeterm. *l*⟩ [ad] VI [milia]; auxilia peditum V milia ⟨*coniec. Np.;* peditum nulla *(a)fhl*⟩, equitum III milia, *quae* omnibus superioribus bellis habuerat, et parem ex Gallia numerum ⟨*u. CC*⟩: 1, 39, 2; ¶ recensere: VII 76, 3 *u.* cogere; ¶ captiuorum circiter XX milia ⟨milia .XX. *h*⟩ Haeduis Aruernisque reddit ⟨reddidit β⟩: VII 90, 3; ¶ qui (Cimbri Teutonique) . . . custodiam ⟨c⟩ ex suis ac praesidium ⟨c⟩ sex milia hominum una reliquerunt: II 29, 4; Labieno in continenti ⟨c⟩ cum tribus legionibus et equitum milibus duobus relicto . . . ipse soluit: V 8, 1; Cassiuellaunus . . . dimissis amplioribus copiis milibus circiter quattuor essedariorum relictis . . . seruabat: V 19, 1; ¶ (renumerare: 3, 53, 4 *u.* coicere;) ¶ submittere: VII 21, 2 *u.* mittere; Iuba . . . II milia Hispanorum et Gallorum equitum . . . et peditum . . partem . . . Saburrae submittit ⟨*Nhl;* -misit *Oaf; edd.*⟩: 2, 40, 1; ¶ tenere: V 13, 2 *u.* e) pertinere; eius munitionis, quae ab Romanis instituebatur, circuitus XI ⟨X β⟩ milia ⟨*om. B¹M¹;* mil *h;* milium *bcfk*⟩ passuum teuebat ⟨patebat *coni. Dt.*⟩: VII 69, 6; ¶ traducere: VII 37, 7 *u.* mittere; ¶ tantum nauium repperit, ut anguste XV milia ⟨LX cohortes *coni. Np.; u. CC*⟩ legionariorum ⟨c⟩ militum, DC ⟨c⟩ equites ⟨c⟩ transportari ⟨*Dt.;* -are *Ox; Np., Db.*⟩ possent: 3, 2, 2.

e) acc. spatii (mensurae); α) milia passuum; αα): ab his castris oppidum Remorum nomine Bibrax aberat milia passuum octo: II 6, 1; cum . . . ab eo oppido Caesar cum exercitu circiter milia ⟨*om.* α; milib. *a;* mil *B²h*⟩ passuum quinque abesset: II 13, 2; inueniebat ex captiuis ⟨c⟩ Sabim flumen a ⟨c⟩ castris suis non amplius milia passuum decem abesse: II 16, 1; quorum alter milia passuum circiter quinquaginta, alter paulo amplius ab ⟨c⟩ iis ⟨c⟩ absit: V 27, 9; cuius hiberna aberant ab eo milia passuum XXV: V 46, 1; cum ab hibernis Ciceronis milia passuum abesset circiter LX ⟨milia pass. LX (XL *h*) abesset β⟩: V 53, 1; copias . . . conuenisse neque longius milia ⟨*M²;* milium α; mil *a;* milibus *recc.*⟩ passuum octo ab hibernis suis afuisse ⟨fuisse β⟩: V 53, 7; cum milia passuum circiter XXX ⟨XL β⟩ ab Gergouia abesset: VII 38, 1; 1, 16, 2 *u.* esse; id erat oppidum positum ad Hiberum miliaque ⟨mil. V *codd.*⟩ passuum a castris aberat XXX ⟨*Göl.;* XX *Ox; Np., Db.;* — positum ab Hibero milia V passuum; a castris aberat XX *F. Hofm.*⟩: 1, 61, 4; hic locus abest a Clupeis ⟨*CC*⟩ passuum ⟨pass. *Oahl;* passibus *f*⟩ XXII milia ⟨.XXII. *h;* XXII mil. *rell.(?)*⟩: 2, 23, 2; cum ab eo milia passuum XX afuisset ⟨c⟩: 3, 36, 2; ¶ has (naues) perfectas carris iunctis deuehit noctu milia ⟨c⟩ passuum a castris XXII: 1, 54, 3; ¶ pontes effecerat duos distantes inter se milia passuum IIII: 1, 40, 1; ¶ (esse: V 13, 6 *u.* g) β); V 53, 7 *u.* abesse; qui (pons) erat ⟨aberat *Ald.*⟩ ab oppido milia passuum circiter III: 1, 16, 2;) ¶ qui (fines) in longitudinem milia ⟨mil' *AB;* milibus *a*⟩ passuum CCXL, in latitudinem CLXXX patebant: I 2, 5; ante id ⟨c⟩ oppidum planities circiter milia passuum ⟨.m̄. p̄. α⟩ III in longitudinem patebat: VII 69, 3; (69, 6 *u.* d) tenere;) quam (planitiem) intermissam collibus tria milia passuum in longitudinem ⟨in long. *om.* β⟩ patere supra demonstrauimus: VII 70, 1; quam (planitiem) in longitudinem III ⟨quattuor α; tria *B²*⟩ milia passuum ⟨mil. pass̄. .III. β⟩ patere demonstrauimus: VII 79, 2; ¶ ea legione . . . milia passuum XVIIII ⟨c⟩ murum in altitudinem pedum sedecim fossamque perducit: I 8, 1; ¶ hoc pertinet ⟨latus tenet β⟩ circiter milia passuum quingenta: V 13, 2; ¶ (positum esse: 1, 61, 4 *u.* abesse;) ¶ procedere: V 47, 1 *u.* progredi; duplicatoque eius diei itinere VIII milia passuum ⟨passum *a*⟩ ex eo loco procedit: 3, 76, 3; ¶ sublatis ancoris circiter milia passuum septem ab eo loco progressus ⟨est *add. Frig.*⟩ . . . naues constituit: IV 23, 6; ipse noctu progressus milia passuum circiter ⟨c⟩ XII hostium copias conspicatus est: V 9, 2; eo die milia passuum XX procedit ⟨progreditur β⟩: V 47, 1; et circiter milia passuum quattuor progressus . . . multitudinem hostium conspicatur: V 49, 5; cupidissimis omnibus progressus milia passuum ⟨p̄. *ABM;* pas̄ *a*⟩ XXV . . . moratur: VII 40, 4; naues . . . singulas equitibus Rom. attribuit et prima confecta uigilia IIII milia passuum secundo flumine silentio progredi . . . iubet: VII 60, 1; milia enim ⟨*an addend.* p̄. (= passuum)?⟩ progressi IIII . . . montem excelsum capiunt: 1, 80, 2; progressus milia ⟨mil. *al;* mille *f*⟩ passuum ⟨passus *afl*⟩ VI equites conuenit: 2, 39, 2; uasisque militari ⟨c⟩ more conclamatis progressus milia passuum III ⟨mil. III pass. *a*⟩ loco idoneo . . . exercitum equitatumque conlocauit: 3, 38, 1; Caesar . . . Pompeianis occurrere coepit et progressus milia passuum VI aciem instruxit: 3, 97, 3; ¶ hi nouissimos adorti et multa milia passuum prosecuti magnam multitudinem . . . conciderunt: II 11, 4; ¶ una ex parte a Suebis ⟨c⟩ circiter milia passuum sescenta ⟨centum β⟩ agri uacare dicuntur: IV 3, 2.

ββ): certior factus hostes sub monte consedisse milia passuum ab ipsius castris octo . . . misit: I 21, 1; hostes sequitur et milia passuum tria ab eorum castris castra ponit: I 22, 5; cuius fines a maritimis ciuitatibus flumen diuidit, quod appellatur Tamesis, a mari circiter milia passuum LXXX: V 11, 8; circiter milia passuum X ab Romanis trinis castris Vercingetorix consedit: VII 66, 2; — docet omnes equitatus ⟨o⟩ peditatusque copias Treuerorum tria milia passuum longe ab ⟨c⟩ suis castris consedisse: V 47, 5; locum castris deligit . . . munitum ab Auarico longe milia ⟨milium *AQ*⟩ passuum XVI: VII 16, 1; ¶ neque prius fugere destiterunt, quam ad flumen Rhenum milia ⟨milibus *a*⟩ passuum ex eo loco circiter quinque ⟨quinquaginta *Oros.*; *Np.*, *Db.*⟩ peruenerunt ⟨c⟩: I 53, 1; ¶ nacti portum, qui appellatur Nymphaeum, ultra Lissum milia ⟨milibus *Wesenb.*⟩ passuum III, eo naues introduxerunt: 3, 26, 4.

β) milia (*om. uoce* passuum): 1, 80, 2 *u.* α) αα) progredi.

f) dat.: parare: I 31, 10 *u.* a) uenire; ¶ praeficere: VII 37, 7 *u.* d) mittere.

g) genet.; α) pend. ex subst.: (una ex parte leniter adcliuis aditus ⟨c⟩ in latitudinem ⟨c⟩ non amplius ducentorum pedum ⟨ducentorum milium pedum *B*²; pedum .C̅C̅. β⟩ relinquebatur: II 29, 3;) ¶ cum esset inter bina castra campus circiter milium passuum VI ⟨III *pr. edd.*⟩: 3, 37, 2; ¶ castra: V 49, 7 *u.* β); ¶ ut milium amplius quinquaginta ⟨XC *Göl.*⟩ circuitu locis apertis exercitum duceret: I 41, 4; tantum fuit in militibus studii, ut milium VI ad iter addito [ad uadum] circuitu . . . consequerentur: 1, 64, 8; sex milium circuitu in oppidum peruenit ⟨c⟩: 2, 24, 4; ¶ equitatus: I 15, 1 *et* V 5, 3 *u.* numerus; ¶ ut equitum mille etiam apertioribus locis VII milium ⟨mille *hl*; milia *a*⟩ Pompeianorum impetum . . . sustinere auderent: 3, 84, 4; ¶ quod oppidum a Corfinio VII milium interuallo abest: 1, 18, 1; sex milium passuum ⟨passus *afl*⟩ interuallo a Saburra consederat: 2, 38, 3; ¶ celeriter octo milium itinere confecto . . . peruenit: IV 14, 1; ¶ minus horis tribus milium † passuum ⟨.p̄. α; pedum *Napol.*⟩ XV in circuitu ⟨circuitum α; *Fr.*⟩ munitionem perfecerunt ⟨decem milium in circuitu munitionem pedum XV perfecerunt β⟩: V 42, 4; quod ⟨quot *hl*⟩ milium ⟨*ego*; milia *fhl*; mil. *a*⟩ passuum in circuitu XVII ⟨XVIII *l*⟩ munitiones ⟨*del. Oud.*; *edd.*; munitione *Clark.*⟩ erat complexus: 3, 63, 4; ¶ equitatumque omnem, ad numerum quattuor milium, . . . praemittit: I 15, 1; eorum, qui domum ⟨c⟩ redierunt, censu habito . . . repertus est numerus milium ⟨millia *Db. errore*⟩ C et decem: I 29, 3; nunc esse in Gallia ad centum et XX milium numerum: I 31, 5; capitum numerus ad eum relatus est milium ⟨mille *h*⟩ quinquaginta trium: II 33, 7; ex milium L numero ⟨ex num. mil. L β⟩, quae ex Aquitania Cantabrisque conuenisse constabat, uix quarta parte relicta: III 26, 6; eodem equitatus ⟨o⟩ totius Galliae conuenit, numero milium quattuor: V 5, 3; ¶ (salus: VII 39, 3 *u.* a) coniungere;) ¶ cum Viridouix contra eum duorum ⟨β; duum α; *edd.*⟩ milium spatio consedisset: III 17, 5; castra . . . cum essent inter flumina duo, Sicorim et Cingam, spatio milium XXX: 1, 48, 3; confecto iam labore exercitu XVI milium spatio constitit: 2, 41, 1; ¶ quo ex portu commodissimum in Britanniam traiectum esse cognouerat, circiter milium passuum XXX ⟨transmissum *add. codd.*; *del.* *Faernus*; transmissu *Paul*; *u. CC*⟩ a continenti: V 2, 3; ¶ postea uallo passuum ⟨.p̄. β; pedum α; *Np.*; duodecim *add. B*²β⟩ in circuitu ⟨circuitum *BM*⟩ quindecim milium crebrisque castellis circummuniti oppido sese continebant: II 30, 2.

β) esse c. genet.: quarum omnium rerum ⟨*CC*⟩ summa erat capitum Heluetiorum milium ⟨*ego*; milia *X*; *edd.*⟩ CCLXIII, Tulingorum milium ⟨milia *X*; *edd.*⟩ XXXVI, Latouicorum ⟨c⟩ XIIII, Rauracorum XXIII, Boiorum XXXII: I 29, 2; quorum (equitum) erat V milium numerus, cum ipsi non amplius octingentos ⟨c⟩ equites haberent: IV 12, 1; cum hostium numerus capitum CCCCXXX ⟨CCCCXL *Oros.*⟩ milium fuisset: IV 15, 3; huius est longitudo lateris, ut fert ⟨o⟩ illorum ⟨c⟩ opinio, septingentorum milium: V 13, 5; hoc (latus) ⟨huic β⟩ milium ⟨*ego*; milia *X*; *edd.*⟩ passuum octingentorum ⟨DCCC *ego*; octingenta *X*; *edd.*⟩ in longitudinem esse existimatur ⟨arbitrantur *ae*⟩: V 13, 6; ita omnis insula est in circuitu uicies centum ⟨centenum *Dt.*²⟩ milium passuum: V 13, 7; castra . . . etsi erant exigua per se, uix hominum milium septem: V 49, 7; quod spatium est milium passuum ⟨*om.* β⟩ circiter centum LX: VII 3, 3; ex omni ⟨c⟩ numero, qui fuit circiter milium XL ⟨XL miliū β⟩: VII 28, 5; cohortes in acie LXXX ⟨CC⟩ constitutas habebat, quae summa erat ⟨*om. el*⟩ milium ⟨milia *O*; mil. *ahl*⟩ XXII: 3, 89, 2.

h) abl.; α) instr.: qui (Boi et Tulingi) hominum milibus circiter XV agmen hostium claudebant et nouissimis praesidio erant: I 25, 6; ¶ harum tamen omnium legionum hiberna . . . milibus passuum centum continebantur: V 24, 7; ¶ quem Caesar . . . donatum ⟨donauit numum *Em. Hoffm.*⟩ milibus ⟨militibus *a*⟩ CC . . . ab octauis ordinibus ad primipilum se traducere pronuntiauit: 3, 53, 5.

β) mensurae: transeunt Rhenum nauibus ratibusque triginta milibus passuum infra eum locum, ubi: VI 35, 6; ¶ et milibus passuum duobus ultra eum castra fecit: I 48, 2. certior factus est Ariouisti copias a nostris milibus passuum quattuor et uiginti abesse: I 41, 5; castra promouit et milibus passuum sex a Caesaris castris sub monte consedit: I 48, 1.

γ) abl. comp.: amplius milibus . . *u.* **amplius** *p. 256 (6 loc., except.* VII 73, 6;) ¶ neque longius ab eo ⟨c⟩ milibus passuum LXXX in Oceanum ⟨c⟩ influit: IV 10, 2; tamen sese non longius milibus passuum quattuor . . . processurum eo die dixit: IV 11, 4; ¶ comperit minus V et XX milibus longe ab Vtica eius copias abesse: 2, 37, 3.

i) c. praep.; α) ab: et a ⟨c⟩ milibus passuum minus duobus castra posuerunt: II 7, 3; quae (naues) ex eo loco a ⟨c⟩ milibus passuum octo uento tenebantur: IV 22, 4; in siluis opportuno atque occulto loco a milibus passuum circiter duobus ⟨mil̄ pas̄s circiter duorum β⟩ Romanorum aduentum exspectabant: V 32, 1; positis castris a milibus passuum quindecim auxilia Germanorum exspectare constituunt: VI 7, 3; suberant enim montes atque a milibus passuum V itinera difficilia atque angusta excipiebant: 1, 65, 3.

β) ad *u.* **ad** *p. 141 extr. et 142* 3, 53, 1; I 4, 2; 29, 2. 3; II 4, 10; **(**1, 39, 2.**)**

γ) cum: V 8, 1 *u.* **d)** relinquere.

δ) ex: ex hominum milibus LX uix ad quingentos, qui arma ferre possent, sese redactos esse dixerunt: II 28, 2; ex hominum milibus amplius triginta . . . plus tertia parte interfecta reliquos perterritos in fugam coiciunt: III 6, 2.

ε) in: nullum eius modi casum exspectans, quo . . . in milibus passuum tribus offendi posset, . . . mittit: VI 36, 2.

Milia = milia passuum: I 41, 4; (II 30, 2;) III 17, 5; IV 14, 1; V 13, 5; VI 29, 4; 1, 18, 1; 48, 3; 64, 8; 80, 2; 2, 24, 4; 37, 3; 41, 1.

milia = milia hominum: I 15, 1; 29, 2. 3; 31, 5; II 4, 5. 7. 9. 10; (33, 7;) III 26, 6; (IV 12, 1;) V 5, 3; 49, 1; VII 28, 5; 37, 7; 75, 2. 3. 4. 5; 83, 4; 3, (53, 1;) 88, 4; 89, 2; (99, 3;) 110, 1.

milia = milia sestertium: 3, 53, 5.

Milia armatorum: IV 1, 4; capitum: I 29, 2; IV 15, 3; captiuorum VII 90, 3; equitum (VII 64, 1 *et*) *u.* **eques** *p. 1032 sq. (12 loc.)*; essedariorum: V 19, 1; *ap. Philarg. ad Verg. Georg.* III 204; euocatorum: 3, 88, 4; hominum *u.* **homo** *p. 1508 sq. (19 loc.)*; hostium: VII 68, 2 ⟨c⟩; militum: 3, 2, 2; modium: 2, 18, 4 ⟨c⟩; passuum: I 2, 5; 8, 1; 15, 5; 21, 1; 22, 5; 23, 1; 41, 5; 48, 1. 2; 53, 1; II 6, 1; 7, 3. 4; 11, 4; 13, 2; 16, 1; 30, 2 ⟨c⟩; IV 3, 2; 10, 2; 11, 1. 4; 22, 4; 23, 6; V 2, 3; 9, 2; 11, 8; 13, 2. 6. 7; 24, 7; 27, 9; 32, 1; 42, 4; 46, 1; 47, 1. 5; 49, 5; 53, 1. 7; VI 7, 3; 35, 6; 36, 2; VII 3, 3 ⟨c⟩; 16, 1; 38, 1; 40, 4; 60, 1; 66, 2; 69, 3. 6; 70, 1; 74, 1; 79, 2; 1, 16, 2; 40, 1; 54, 3; 61, 4; 65, 3; 66, 4; 2, 23, 2; 38, 3; 39, 2; 3, 26, 4; 36, 2; 37, 2; 38, 1; 44, 3; 63, 4; 76, 3; 97, 3; peditum: VII 34, 1; 64, 4; 76, 3; 1, 39, 2; pedum: (II 30, 2 ⟨c⟩;) 1, 82, 4; Pompeianorum: 3, 84, 4; (*cf.* 3, 53, 1; 99, 3;) pondo: 2, 18, 4; sagittarum: 3, 53, 4; (sagittariorum: 3, 4, 3;) — (Germanorum: I 31, 5;) Harudum: I 31, 10; Heluetiorum, Tulingorum, Latouicorum ⟨c⟩, Rauracorum, Boiorum: I 29, 2.

Adiect.: armata *u.* **armatus** *p. 310 (3 loc.)*; delecta: VII 71, 3; electa ⟨c⟩: II 4, 5; expedita: I 49, 3; illa: VII 37, 7; lecta ⟨c⟩: II 4, 5; multa: II 11, 4; *ap. Philarg. ad Verg. Georg.* III 204; proxima: 1, 66, 4, tot: VII 39, 3.

Numer.: **II** *u.* **duo** *p. 974 sq. (13 (14) loc.)*; **III**: I 22, 5; V 47, 5; VI 36, 2; VII 68, 2; 69, 3; 70, 1; 79, 2 ⟨c⟩; 1, 16, 2; 39, 2; 3, 4, 3; 26, 4; 38, 1; 106, 2; **IIII**: I 15, 1; II 33, 5; IV 11, 4; V 5, 3; 19, 1; 49, 5; VII 60, 1; 75, 3; 1, 40, 1; 80, 2; **V**: I 53, 1 (?); II 13, 2; IV 12, 1; VII 75, 3; 1, 39, 1. 2 ⟨c⟩; (61, 4?;) 65, 3; 66, 4; **VI**: I 27, 4; 48, 1. 5; II 29, 4; IV 37, 2; 1, **(**39, 2;**)** 51, 2; 64, 8; 2, 24, 4; 38, 3; 39, 2; 3, 37, 2; 97, 3; **VII**: II 4, 9 ⟨c⟩; IV 23, 6; V 49, 7; 1, 18, 1; 3, 4, 3; 84, 4; **VIII**: I 21, 1; II 6, 1; 7, 4; IV 14, 1; 22, 4; V 53, 7; VII 76, 3; 3, 76, 3; **VIIII**: II 4, 9 ⟨c⟩; **X** *u.* **decem** *p. 826 (12 loc.)*; **XI**: VII 69, 6 ⟨c⟩; **XII**: IV 11, 1; V 9, 2; **(**VII 75, 3;**)** **XIIII**: I 29, 2; VII 74, 1; **XV**: I 25, 6; 31, 5; II 4, 9; 30, 2; V 42, 4 ⟨c⟩; VI 7, 3; VII 64, 1; 3, 2, 2 (?); 44, 3; 99, 3; **XVI**: I 49, 3; VII 16, 1; 2, 41, 1; **XVII**: 3, 63, 4; **XVIII**: I 23, 1; **XVIIII**: I 8, 1; II 4, 9;

XX: V 47, 1; VII 90, 3; (1, 61, 4;) 2, 18, 4; 3, 36, 2; 110, 1; **XXII**: 1, 54, 3; 2, 23, 2; 3, 89, 2; **XXIII**: I 29, 2; **XXIIII**: I 31, 10; 41, 5; 3, 99, 3; **XXV**: II 4, 9; V 46, 1; VII 40, 4; 2, 37, 3; **XXX**: III 6, 2; V 2, 3; VI 35, 6; VII 38, 1 ⟨c⟩; 75, 4; 1, 48, 3; 61, 4 ⟨c⟩; 3, 53, 4; **XXXII**: I 29, 2; **XXXV**: VII 75, 2; **XXXVI**: I 29, 2; **XL**: II 4, 10; VII 28, 5; 38, 1 ⟨c⟩; **XLV**: 3, 88, 4; **L**: I 41, 4; 53, 1 (?); II 4, 7; III 26, 6; V 27, 9; **LIII**: II 33, 7; **LX**: II 4, 5; 28, 2; V 49, 1; 53, 1; VII 83, 4; **LXXX**: IV 10, 2; V 11, 8; VII 71, 3; 77, 8; **LXXXXII**: I 29, 2; **C**: II 4, 5; IV 3, 2 ⟨c⟩; V 24, 7; **CX**: I 29, 3; VII 77, 8 (?); **CXX**: I 31, 5; 2, 18, 4; **CXXX**: I 26, 5; **CLX**: VII 3, 3; **CLXXX**: I 2, 5; **CC**: (II 29, 3;) 3, 53, 5; **CCXL**: I 2, 5; (VII 76, 3;) **CCL**: VII 76, 3; **CCLXIII**: I 29, 2; **CCCLXVIII**: I 29, 3; **CCCCXXX(X)**: IV 15, 3; **D**: V 13, 2; VI 29, 4; **DC**: IV 3, 2 ⟨c⟩; **DCC**: V 13, 5; **DCCC**: V 13, 6; **|XX|**: V 13, 7.

singula milia: IV 1, 4; bina: VII 75, 3 (?); terna: VII 75, 3; quina: I 15, 5; VII 75, 3 (?); sena: I 15, 5; VII 75, 3 ⟨c⟩; octona: VII 75, 3; duodena: VII 75, 3 ⟨c⟩.

MCC: VII 46, 1; **MD**: I 22, 1; **MDC**: I 38, 5 ⟨c⟩; **MMMCC**: 3, 106, 2.

Milia . . . **perterriti** . . . **inducti**: I 27, 4.

Milo: nuntiis ad Milonem missis, qui Clodio interfecto eo ⟨c⟩ nomine erat damnatus, atque eo in Italiam euocato, quod magnis muneribus datis gladiatoriae familiae reliquias ⟨c⟩ habebat, sibi coniunxit atque eum in Thurinum ad sollicitandos pastores praemisit: 3, 21, 4; interim Milo dimissis circum municipia litteris *se* ea, quae faceret, iussu atque imperio facere Pompei, quae mandata ad se per Vibullium delata essent, quos ex aere alieno laborare arbitrabatur sollicitabat. apud quos cum proficere nihil posset, quibusdam solutis ergastulis Cosam ⟨*CC*⟩ in agro Thurino ⟨*CC*⟩ oppugnare coepit. . . . lapide ictus ex muro periit: 3, 22, 1. 2.

minae: sic uocibus consulis, terrore praesentis exercitus, minis amicorum Pompei plerique compulsi inuiti et coacti Scipionis sententiam sequuntur: 1, 2, 6.

Minerua: (Galli) maxime Mercurium colunt . . .; post hunc Apollinem et Martem et Iouem et Mineruam. de his eandem fere quam reliquae gentes habent opinionem: Apollinem morbos depellere, Mineruam operum atque artificiorum initia tradere: VI 17, 2; constabat Elide in templo Mineruae . . . simulacrum Victoriae, quod ante ipsam Mineruam conlocatum esset et ante ad simulacrum Mineruae spectauisset, ad ualuas se templi limenque conuertisse: 3, 105, 2.

ministro: uix ut iis ⟨c⟩ rebus, quas constituissent, conlocandis atque administrandis ⟨ministrandis β⟩ tempus daretur: III 4, 1.

minor, -ari: ne . . . milites omnes puberes interficerent, quod se facturos minabantur: 2, 13, 4.

minor, minimus; minus, minime *u.* **paruus.**

Minucius. 1. L. Minucius Basilus *u.* **Basilus** *p. 400 sq.*

2. Minucius Rufus: erant ⟨c⟩ Orici Lucretius Vespillo ⟨c⟩ et Minucius ⟨-tius *a*⟩ Rufus cum Asiaticis nauibus XVIII, quibus iussu D. Laelii praeerant ⟨*P. Manut.*; -rat *codd.*⟩, M. Bibulus . . .: 3, 7, 1; sed neque illi sibi confisi ex portu prodire sunt ausi . . ., neque Bibulus . . .: 3, 7, 2.

minuo. A. transit.: ut reliquorum imperatorum res aduersae auctoritatem minuunt, sic huius ex contrario dignitas incommodo accepto in dies augebatur: VII 30, 3; ut auctoritatem, qua ille maxime apud exteras nationes niti uidebatur, minueret: 3, 43, 4; ¶ (nam etiam Caesaris beneficium † mutauerat ⟨minuerat *Ciacc.*⟩ consuetudo: 2, 29, 3;) ¶ quibus rebus controuersias minui posse sperarent: V 26, 4; sed principes regionum atque pagorum inter suos ius dicunt controuersiasque minuunt: VI 23, 5; ¶ ea iuuentutis exercendae ac desidiae ⟨desidiam *AQ*⟩ minuendae causa fieri praedicant: VI 23, 6; ¶ quibus opibus ac neruis non solum ad minuendam gratiam, sed paeue ad perniciem suam uteretur: I 20, 3; id tulit ⟨o⟩ factum grauiter Indutiomarus, suam gratiam inter suos minui: V 4, 4; ¶ quod fasces anteferrentur. in hoc omnis multitudo maiestatem regiam minui praedicabat: 3, 106, 4; ¶ satis ad Gallicam ostentationem minuendam . . . factum existimans: VII 53, 3; ¶ (quod consilium) et nostris militibus spem minuit et hostes ⟨c⟩ ad pugnam ⟨c⟩ alacriores ⟨c⟩ effecit ⟨c⟩: V 33, 5; ut spem eorum (nostri) minuerent: 3, 48, 2; ¶ paulum ex eo loco degreditur, ut timorem aduersariis minuat ⟨muniat a^1l^1⟩: 1, 72, 4; hoc . . ad timorem nouarum tabularum tollendum minuendumque ⟨-ue *coni. Db.*⟩ . . . esse aptissimum existimauit: 3, 1, 3; ¶ ut . . . his defensoribus earum rerum uis minueretur: IV 17, 10.

B. intrans.: quod rursus minuente aestu naues in nadis adflictarentur: III 12, 1.

mirificus: Pharus est in insula turris magna altitudine, mirificis operibus exstructa: 3, 112, 1.

miror. **A. absol.**: eius rei quae causa esset miratus ex ipsis quaesiit: I 32, 2; (admiratus ⟨miratus *Paul; Hold.*⟩ quaerit ex perfugis causam: VII 44, 2.)

B. alqd: idque adeo haud scio mirandumne sit: V 54, 5.

mirus: hac oratione habita mirum in modum conuersae sunt omnium mentes: I 41, 1; ¶ sibi autem mirum uideri, quid in sua Gallia . . . Caesari . . . negotii esset: I 34, 4.

miser. **A. = miserandus, misericordia dignus; a) adiect.**: unam ut in miseris rebus spem reliquam salutis esse arbitratus: 2, 42, 1; ¶ hoc esse miseriorem et grauiorem fortunam Sequanorum quam reliquorum, quod: I 32, 4; ¶ at hi miserrimo ac patientissimo ⟨*Ald.;* potentissimo *codd.*⟩ exercitu Caesaris luxuriem obiciebant, cui semper ⟨*CC*⟩ omnia ad necessarium usum defuissent: 3, 96, 2.

b) ui subst.: ut in miseros ac supplices usus misericordia uideretur: II 28, 3.

B. = exiguus, tenuis: quid uos, inquit, hanc ⟨*om. A*⟩ miseram ac tenuem sectamini praedam, quibus licet iam esse fortunatissimos ⟨*c*⟩?: VI 35, 8.

miseratio: nulli omnium has partes uel querimoniae uel miserationis minus conuenisse: 1, 85, 1.

misericordia. **A.** = ἔλεος; **a) obi.**: plerumque in summo periculo timor misericordiam non recipit: VII 26, 4.

b) dat.: orare atque obsecrare, si qui locus misericordiae relinquatur, ne ad ultimum supplicium progredi necesse habeat ⟨*c*⟩: 1, 81, 5.

c) abl.; α) causae: datur petentibus uenia dissuadente primo Vercingetorige, post concedente et precibus ipsorum et misericordia uulgi: VII 15, 6; indutiarum quodam genere misericordia facto aduentus Caesaris exspectatur: 2, 13, 2; mouebatur etiam misericordia ciuium, quos interficiendos uidebat: 1, 72, 3; VII 28, 6 *u.* **d)**.

β) instr.: haec noua sit ratio uincendi, ut misericordia et liberalitate nos muniamus: *ap. Cic. ad Att.* IX 7 *C*, 1; — ut in miseros ac supplices usus misericordia uideretur: II 28, 3.

d) c. praep.: ne qua in castris **ex** ⟨*om.* β⟩ eorum ⟨*o*⟩ concursu et misericordia uulgi seditio oreretur: VII 28, 6; ¶¶ sic omnium ordinum partes in misericordia constitisse, ipsos duces a pace abhorruisse: 1, 85, 3.

B. = misericordia concitata: accidit, ut pauci milites patresque familiae, qui aut gratia aut misericordia ualerent . . ., in Siciliam incolumes peruenirent: 2, 44, 1; ¶ haec atque eiusdem generis complura ut ab hominibus doctis magna cum misericordia fletuque pronuntiantur: 2, 12, 4 (*Np.* 5).

miseror: miserantur communem Galliae fortunam: VII 1, 5; ¶ hi . . ., ut extremo uitae tempore homines facere consuerunt, aut suam mortem miserabantur aut parentes suos commendabant: 2, 41, 8; ¶ (reliquisque, qui ex urbe amicitiae causa Caesarem secuti ⟨magnum periculum miserabantur, quod *add. AQ(B²)*β⟩ non magnum ⟨periculum miserabantur *add. B¹*⟩ in re militari usum habebant: I 39, 2;) cum familiaribus suis commune periculum miserabantur ⟨-rebantur *A¹a*⟩: I 39, 4.

missio: ut, qui aliquid ⟨*c*⟩ insti ⟨*c*⟩ incommodi exspectauissent, ultro praemium missionis ferrent: 1, 86, 1.

missu: hunc conspicatae naues, quae missu ⟨iussu *O; Paul*⟩ Bruti consuetudine cotidiana ad portum excubabant, sublatis ancoris sequi coeperunt: 2, 22, 3; duas uenisse legiones missu Caesaris cognoscunt: VI 7, 2; C. Arpineius . . . et Q. Iunius . . ., qui iam ante missu ⟨iussu *1 det.;* missi *A*⟩ Caesaris ad Ambiorigem uentitare consuerat ⟨consuerunt *M;* -rant *A²;* consueuerant β⟩: V 27, 1.

(Mithilae *u.* **Mytilenae.)**

(mitigo: Caesar . . . praesentem inopiam quibus poterat subsidiis ⟨subsidium *a¹*⟩ tutabatur ⟨mitigabat *coni. Db.*⟩: 1, 52, 4.)

mitissime: tamen quam mitissime potest legatos appellat: VII 43, 4.

mitto. (**I. Forma**: missit *scriptum est in B¹* I 24, 1; 49, 3; 50, 2; II 2, 1; misserunt *in B¹* I 27, 1; mississe *in B* VI 32, 1; mississet *in A* V 17, 2; mississent *in (A?)B:* III 28, 1; *reliquis (32) locis belli Gallici et omnibus (20) locis belli ciuilis (et uno epistularum loco) in omnibus codd. uidetur inueniri* misit, miserat, misisse, *sim.*)

II. Signif.; 1. propr.; A. = *πέμπειν*; **a) non additur auxilio, subsidio, praesidio; α) add. obiect.; αα) appellatiuum**: (adulescentem: I 47, 4 *u.* **ββ) a)** Metium; VII 87, 1 *ib.* Brutum;) ¶ auxilia *u.* **auxilium** *p. 395 (8 loc.).*

confirmant legatosque de pace primorum ordinum centuriones ad Caesarem mittunt (milites): 1, 74, 3; reliquae copiae missis ad Varum noctu legatorum numero centurionibus sese ei dediderunt: 2, 44, 1; ¶ Cicero . . . septimo die . . . quinque cohortes frumentatum in proximas segetes mittit ⟨*om.* β⟩, quas inter et castra unus omnino collis intererat ⟨misit *add.* β⟩: VI 36, 1. 2; *u. (praeterea)* **cohors** *p. 590 extr. et 591 (6 (15) loc.);* ¶ fuit antea tempus, cum . . . Galli . . . propter hominum multitudinem agrique inopiam trans Rhenum colonias mitterent: VI 24, 1; ¶ copias *u.* **copia** *p. 737 (3 (4) loc.);* (VII 5, 1 *u.* ββ) a) Lucterium; 2, 38, 1 *ib.* Saburram.)

hanc (epistulam) Graecis conscriptam litteris mittit: V 48, 4; ¶ equites Treueri . . ., qui auxilii causa a ⟨c⟩ ciuitate ad Caesarem missi ⟨miss. ad caes. β⟩ uenerant: II 24, 4; cum . . . (nostri) una ex parte ⟨*CC*⟩ Hispanis equitibus emissis ⟨missis β⟩ equestri proelio superiores fuissent: V 26, 3; *u. praeterea* **eques** *p. 1029 (10 (13) loc.);* — (V 27, 1 *u.* ββ) a) Arpineium; 2, 18, 2 *ib.* Gallonium;) ¶ equitatum *u.* **equitatus** *p. 1045 (12 (22) loc.);* ¶ (equos: VII 55, 3 *u.* numerum;) ¶ memoria teuebat L. Cassium consulem occisum exercitumque eius ab Heluetiis pulsum et sub iugum missum: I 7, 4; hic pagus . . . L. Cassium consulem interfecerat et eius exercitum sub iugum miserat: I 12, 5; ¶ neque iam longe abesse (Belgarum copias) ab iis quos miserat exploratoribus et ab Remis cognouit: II 5, 4; mandat (Vbiis), ut crebros exploratores in Suebos mittant quaeque apud eos gerantur cognoscant: VI 10, 3.

(cum . . . signa eius militaria atque arma Capuae essent comprensa et familia Neapoli uisa, quae proditionem oppidi appararet ⟨*sic Dt.;* uisaque proditione oppidi apparere *x;* missa, quae proditionem opp. appararet *F. Hofm.; Db.; u. CC*⟩: 3, 21, 5;) ¶ (familiarem: V 27, 1 *u.* ββ) a) Arpineium; 1, 26, 3 *ib.* Caninium; 2, 18, 2 *ib.* Gallonium;) 3, 57, 1 *ib.* Clodium; ¶ filium: (I 47, 4 *ib.* Metium;) quodque ei et ⟨*om.* β⟩ filius et fratris filius a ⟨c⟩ Caesare remissi ⟨missi *AM*β⟩ essent, quos Aduatuci obsidum numero missos apud se in . . . catenis tenuissent: V 27, 2; 3, 4, 3 *u.* ββ) a) Sadalam; CCC Tarcondarius Castor et Domnilaus ex Gallograecia dederant; horum alter una uenerat, alter filium miserat: 3, 4, 5; ¶ frumentum: V 20, 4 *u.* obsides; (Varro) frumenti magnum numerum coegit, quod Massiliensibus, item quod Afranio Petreioque ⟨c⟩ mitteret: 2, 18, 1; ¶ funditores: 3, 44, 6 *u.* sagittarios.

CC (equites) ex Syria a Commageno Antiocho, cui magna Pompeius praemia tribuit, missi erant, in his ⟨tribuit. Missi erant in his *Ox*⟩ plerique hippotoxotae: 3, 4, 5; ¶ (eo circiter hominum numero ⟨c⟩ sedecim milia expedita cum omni equitatu Ariouistus misit: I 49, 3; VII 5, 1 *u.* ββ) a) Lucterium; statuunt, ut X milia ⟨c⟩ hominum delecta ex omnibus copiis ⟨c⟩ in oppidum mittantur ⟨submittantur β; *Schn.*⟩: VII 21, 2; 3, 104, 2 *u.* ββ) a) Achillam.)

hoc inito consilio totius exercitus impedimenta ad Labienum in Treueros ⟨in Tr. *del. Schambach*⟩ mittit duasque ad eum legiones ⟨o⟩ proficisci iubet: VI 5, 6; (reliquas copias cum omnibus impedimentis, ut consueuerat, misit † captis quibusdam cohortibus: VII 35, 3;) ¶ post paulo tamen internuntiis ultro citroque missis quae ignorabant . . . cognoscunt: 1, 20, 4; ¶ interpretem: V 36, 1 *u.* ββ) a) Pompeium.

legationem *u.* **legatio** *p. 417* β) *(3 (4) loc.);* ¶ legatos (πρέσβεις) *u.* **legatus** *p. 420—422 (63 (66) loc.);* ¶ legatum (ὑποστράτηγον) *u.* **legatus** *p. 427 sq. (11 (12) loc.);* ¶ legionem *u.* **legio** *p. 437 sq. (10 (22) loc.);* ¶ conquirit (Labienus) etiam lintres ⟨luntres α⟩; has magno sonitu remorum incitatas in eandem partem mittit ⟨mitt. in eand. p. β⟩: VII 60, 4; ¶ cum litteras ad senatum miserit ⟨-rat *a*[1]⟩, ut omnes ab exercitibus discederent: 1, 9, 3; (17, 1 *u.* γγ) peritos;) *u. praeterea* **litterae** *p. 469 (4 loc.).*

(hostes) parua manu Metiosedum uersus missa, quae tantum progrederetur ⟨c⟩, quantum naues processissent, reliquas copias contra Labienum duxerunt: VII 61, 5; ¶ milia *u.* **mille** *p. 604 (5 loc.);* ¶ milites *u.* **miles** *p. 583 (3 loc.);* ¶ leuis armaturae magna multitudine missa tormentisque prolatis munitiones impediebat (Pompeius): 3, 45, 3; ¶ sua . . . beneficia commemorauit, quod rex appellatus esset a senatu, quod amicus, quod munera amplissime ⟨tam amplissima *B*[2]β; amplissima?⟩ missa: I 43, 4.

eodem (Pompeius) naues, quas demonstrauimus aggere et leuis armaturae militibus completas, quasque ad Dyrrachium nanes longas habebat, mittit: 3, 62, 3; ¶ (necessarium: 1, 26, 3 *u.* ββ) a) Caninium; regemque hortatus est, ut ex suis necessariis quos haberet maximae auctoritatis legatos ad Achillam mitteret: 3, 109, 3; ¶ nobilissimos: I 7, 3 *u.* γγ) nobilissimos; ¶ huc magnum numerum equorum huius belli causa in Italia atque Hispania coemptum ⟨*AQ*β; coemptus *BM;* coemptos *M*[2]; *Fr.*⟩ miserat: VII 55, 3; (VI 33, 2 *u.* ββ) a) Trebonium;) ¶ Caesar ad Lingonas litteras nuntiosque misit, ne eos frumento . . . iuuarent: I 26, 6; Iccius Remus . . . nuntium ⟨nuntios *Whitte*⟩ ad eum mittit, nisi subsidium sibi submittatur ⟨mittatur β⟩, sese diutius sustinere non posse: II 6, 4; ad quos (Sugambros) cum Caesar nuntios misisset, qui postularent . . ., responderunt: IV 16, 3; Cassiuellaunus ad Cantium . . ., quibus regionibus quattuor reges praeerant . . ., nuntios mittit atque his ⟨*c*⟩ imperat: V 22, 1; mittuntur ad Caesarem confestim a ⟨*c*⟩ Cicerone litterae ⟨nuntiique *add. Eussn.*⟩ magnis propositis praemiis, si pertulissent; obsessis omnibus uiis missi intercipiuntur: V 40, 1; quanto erat in dies grauior . . . oppugnatio . . ., tanto crebriores litterae nuntiique ad Caesarem mittebantur (a Cicerone): V 45, 1; Caesar acceptis litteris . . . statim nuntium in Bellouacos ad M. Crassum quaestorem ⟨*c*⟩ mittit; . . . iubet: V 46, 1; alterum (nuntium) ad C. Fabium legatum mittit, ut . . . legionem adducat: V 46, 3; (Labienus) oratione Indutiomari cognita, quam in concilio habuerat, nuntios ⟨*om.* β⟩ mittit ⟨circummittit β⟩ ad finitimas ciuitates equitesque undique euocat: V 57, 2; Caesar nuntiis ad ciuitatem Haeduorum missis, qui . . . docerent . . ., castra ad Gergouiam mouet ⟨*c*⟩: VII 41, 1; (Coelius) elam nuntiis ad Milonem missis . . . atque eo in Italiam euocato . . . sibi coniunxit: 3, 21, 4; (Antonius) pontones Lissi relinquit . . . nuntiosque ad eum celeriter mittit, quibus regionibus exercitum exposuisset: 3, 29, 4; ille (Antonius) missis ad Caesarem nuntiis unum diem sese castris tenuit: 3, 30, 6; Androsthenes . . . ad Scipionem Pompeiumque nuntios mittit, ut sibi subsidio ueniant . . .: 3, 80, 3; (Rhodi) portu recepti non erant missisque ad eos nuntiis, ex ⟨*c*⟩ his locis discederent, contra uoluntatem suam ⟨*c*⟩ naues soluerant ⟨*c*⟩: 3, 102, 7; Pothinus, cum ad Achillam nuntios ⟨nuntians *a*[1]⟩ mitteret hortareturque, ne negotio desisteret . . ., deprehensis . . internuntiis a Caesare est interfectus: 3, 112, 11.

maxima pars Aquitaniae sese Crasso dedidit ⟨*c*⟩ obsidesque ultro misit ⟨obtulit β⟩: III 27, 1; eo duae omnino ciuitates ex Britannia obsides miserunt, reliquae neglexerunt: IV 38, 4; illi (Trinobantes) imperata celeriter fecerunt, obsides ad numerum frumentumque ⟨*c*⟩ miserunt: V 20, 4; eodem Carnutes legatos obsidesque mittunt: VI 4, 5; — (V 27, 2 *u.* filium.)

altera ex parte Gabalos proximosque pagos Aruernorum in Heluios, item ⟨in *add. ae*⟩ Rutenos Cadurcosque ad fines Volcarum Arecomicorum depopulandos mittit: VII 64, 6; ¶ tum demum Ariouistus partem suarum copiarum, quae castra minora oppugnaret, misit: I 50, 2; cognouerat enim magnam partem equitatus ab iis ⟨*c*⟩ aliquot diebus ante praedandi frumentandique causa ad Ambiuaritos trans Mosam missam: IV 9, 3; magnam partem equitatus ad eum insequendum mittit ⟨misit β⟩ retrahique imperat ⟨imperauit *bcefk*⟩: V 7, 6; nulla fuit ciuitas, quin ad id ⟨*CC*⟩ tempus partem senatus Cordubam ⟨cordubae *Oz*⟩ mitteret: 2, 19, 2; — (III 1, 1 *u.* ββ) **a)** Galbam; VII 5, 1 *ib.* Lucterium;) ¶ (Suebos) iis ⟨*c*⟩ nationibus, quae sub eorum sint ⟨*c*⟩ imperio, denuntiare, ut auxilia peditatus equitatusque mittant: VI 10, 1; ¶ cohortatus Haeduos, ut . . . equitatum . . omnem et peditum milia X sibi celeriter mitterent: VII 34, 1; subsidio DC equites . . . peditesque CCCC mittuntur a Varo, quos auxilii causa rex Iuba paucis diebus ante Vticam miserat: 2, 25, 3; nuntiant magna auxilia equitum peditumque ab rege missa Vticam uenire: 2, 26, 2; ¶ (praefectum: 2, 38, 1 *u.* ββ) **a)** Saburram; 3, 104, 2 *ib.* Achillam;) ¶ (Carnutes) praesidium Cenabi tuendi causa, quod eo mitterent ⟨in eo mitterent *M;* inmitterent *Fr.;* cōmitterent *h*⟩, comparabant: VII 11, 4; cum . . . legati uenissent, qui praesidio misso pollicerentur earum gentium ciuitates imperata facturas, . . . misit: 3, 34, 2; ¶ in reliquas prouincias praetores ⟨praetorii *Pighius*⟩ mittuntur ⟨*u. CC*⟩: 1, 6, 6; ¶ (primos: II 3, 1 *u.* ββ) **a)** Iccium;) ¶ (principem: 3, 34, 4 *ib.* Menedemum.)

has (triremes) . . . sperans intercipi posse quadriremes V ad eas misit: 3, 24, 2.

sagittariosque omnes . . . conquiri et ad se mitti iubet: VII 31, 4; etsi prohibere Pompeius totis copiis et dimicare non constituerat, tamen suis locis sagittarios funditoresque ⟨que *om. Nhl*⟩ mittebat: 3, 44, 6; ¶ (soror: I 53, 4 *u.* uxor;) ¶ nisi subsidium sibi submittatur ⟨mittatur β; *Flod.*⟩, sese diutius sustinere non posse: II 6, 4; Caesar . . . laborantibus submittit ⟨subsidium summ. *N;* subsidia mittit *Ciacc.;* auxilium summittit *DEk*⟩: VII 85, 1.

(tribunum: 2, 19, 1 *u.* ββ) **a)** Cassium; 3, 104, 2 *ib.* Achillam;) ¶ hac re cognita Caesar mittit complures equitum turmas eo de ⟨eo de *ci; Ald.;* eodem β; eisdem α⟩ media nocte; imperat, ut: VII 45, 1.

duae fuerunt Ariouisti uxores, una Sueba ⟨*c*⟩ natione . . ., altera Norica, regis Voccionis ⟨*c*⟩ soror, quam in Gallia duxerat, a fratre missam ⟨missa *h*⟩: I 53, 4.

ββ) **nom. propr.; α) hominum:** ipsi (amici regis) elam consilio inito Achillam [in], praefectum regium, [singium] singulari hominem audacia, et L. Septimium, tribunum militum, ad interficiendum Pompeium miserunt: 3,104, 2; — Andecumborium ⟨c⟩: II 3,1 *u.* Iccium; — Antistium: VII 90,6 *u.* Caninium; — ab Arimino M. Antonium cum cohortibus V Arretium mittit: 1,11,4; mittit eo M. Antonium cum legionis ⟨c⟩ XIII. ⟨c⟩ cohortibus V: 1,18,2; — mittitur ad eos conloquendi causa ⟨coni. causa *om.* β⟩ C. Arpineius ⟨c⟩, eques Romanus, familiaris Q. Titurii, et Q. Iunius ex Hispania quidam, qui iam ante missu ⟨missi *A*⟩ Caesaris ad Ambiorigem uentitare consuerat ⟨-uerant β⟩: V 27,1; — Attius ad Antonium deductus petiit ⟨c⟩, ut ad Caesarem mitteretur: 1,18,3; — mittit ⟨caesar mittit β⟩ primo ⟨c⟩ Brutum adulescentem cum cohortibus Caesar ⟨*om.* β⟩, post cum aliis C. Fabium legatum: VII 87,1; — ille (Caesar) ad eum Sex. Caesarem mittit atque huic (legionem) tradi iubet: 2,20,7; — itaque eo Q. ⟨c⟩ Calenum misit eique ⟨c⟩ Sabinum et Cassium cum cohortibus adiungit: 3,55,1; — L. Cassium Longinum cum legione tironum . . . atque equitibus CC in Thessaliam ire ⟨*f; Paul;* in thessalum ire *Nahl;* in thessaliam *Ald.; edd.*⟩, C. Caluisium Sabinum cum cohortibus V paucisque equitibus in Aetoliam iussit ⟨*Paul;* misit *codd.; edd.*⟩: 3,34,2; — C. Antistium Reginum in Ambiuaretos, T. Sextium in Bituriges, C. Caninium Rebilum in Rutenos cum singulis legionibus mittit: VII 90,6; itaque Caninium Rebilum legatum, familiarem necessarium*que* Scribonii Libonis, mittit ad eum conloquii causa: 1,26,3; — Caesar . . . in Epirum rei frumentariae causa Q. Tillium et L. Canuleium legatum ⟨-tos *f*⟩ misit: 3,42,3; — L. Cassium: 3,34,2 *u.* Caluisium; — itaque duabus legionibus missis in ulteriorem Hispaniam cum Q. Cassio, tribuno plebis, ipse . . . magnis itineribus progreditur ⟨c⟩: 2,19,1; — non oblitus pristini instituti Caesar mittit ad eum *A.* Clodium, suum atque illius familiarem: 3, 57,1; — eos domum remittit et cum iis ⟨c⟩ una Commium . . . mittit: IV 21,7; — quem (P. Crassum) cum legione una miserat ad Venetos, Venellos ⟨c⟩, Osismos, Coriosolitas ⟨c⟩, Esuuios ⟨c⟩, Aulercos, Redones ⟨c⟩: II 34; — certior factus . . . omnium . . esse Iguuinorum optimam erga se uoluntatem Curionem cum tribus cohortibus, quas Pisanri et Arimini ⟨c⟩ habebat, mittit: 1,12,1; mittit in Sardiniam cum legione una Valerium legatum, in Siciliam Curionem pro praetore ⟨c⟩ cum legionibus II ⟨c⟩: 1,30,2; — mittitur L. Decidius Saxa cum paucis, qui loci naturam perspiciat: 1,66, 3; — a quo (rege) missi Dioscorides et Serapion . . . ad Achillam peruenerunt. quos ille . . ., prius quam . . . cuius rei causa missi essent cognosceret, corripi atque interfici iussit: 3,109,4. 5; — Fabium: VII 87,1 *u.* Brutum; — Faustum: 1,6,3 *u.* Sullam; — cum Furnium nostrum tantum uidissem . . ., praeterire tamen non potui, quin et scriberem ad te et illum mitterem gratiasque agerem: *ap. Cic. ad Att.* IX 6 *A;* — Ser. Galbam cum legione duodecima et parte equitatus in Nantuates ⟨c⟩, Veragros Sedunosque misit. . . . causa mittendi fuit, quod iter per Alpes . . . patefieri uolebat: III 1,1. 2; — Gaiumque Gallonium, equitem Romanum, familiarem Domitii, qui eo procurandae hereditatis causa uenerat missus a Domitio, oppido Gadibus praefecit: 2,18,2; — Gallum: III 7,4 *u.* Terrasidium; — Hirrum: 3,82,5 *u.* Lucilium; — Remi . . . ad eum legatos Iccium ⟨siccium *X*⟩ et Andecumborium ⟨c⟩, primos ciuitatis ⟨c⟩, miserunt: II 3,1; — Iunium: V 27,1 *u.* Arpineium; — itaque T. Labienum legatum in Treueros . . . cum equitatu mittit ⟨misit *a*⟩: III 11,1; Caesar postero die T. Labienum legatum cum iis ⟨c⟩ legionibus, quas ex Britannia reduxerat, in Morinos . . . misit: IV 38,1; (quod abiuncto ⟨c⟩ Labieno atque iis legionibus, quas una miserat, uehementer timebat: VII 56,2;) eo, quo Labienum miserat, contendit: VII 87,3; — Longinum: 3,34,2 *u.* Caluisium; — oporteretne Lucilii ⟨luci *x*⟩ Hirri, quod is a Pompeio ad Parthos ⟨c⟩ missus esset, proximis comitiis praetoriis absentis rationem haberi: 3, 82,5; — coacto exercitu Lucterium Cadurcum, summae hominem audaciae, cum parte copiarum in Rutenos mittit (Vercingetorix): VII 5,1; interim Lucterius Cadurcus in Rutenos missus eam ciuitatem Aruernis conciliat: VII 7,1; — Lupum: 3,55,2 *u.* Rutilium; — magnopere admirabatur Magium, quem ad Pompeium cum mandatis miserat, ad se non remitti: 1,26,2; Pompeius est Brundisii; misit ad me N. ⟨c⟩ Magium ⟨magnum *M*[1]⟩ de pace: *ap. Cic. ad Att.* IX 13 *A*, 1; — petunt, ut Mandubracium . . . defendat atque in ciuitatem mittat, qui praesit . . .: V 20,3; his ⟨c⟩ Caesar imperat obsides XL . . . Mandubraciumque ad eos mittit: V 20,4; — cuius prouinciae ab ea parte, quae libera appellabatur, Menedemus, princeps earum regionum, missus legatus omnium suorum excellens studium profitebatur: 3, 34, 4; — commodissimum uisum est C. Valerium Procillum, C. Valerii Caburi filium, summa uirtute et humanitate adulescentem, . . . ad eum mittere et ⟨una *add.* *B²a*(β?)⟩ M. ⟨*c*⟩ Metium ⟨titium *ABM;* titum *Q;* mettium *B²a*⟩: I 47, 4; — inita ⟨*c*⟩ aestate in ulteriorem ⟨*c*⟩ Galliam qui deduceret Q. Pedium legatum misit: II 2, 1; (eo cum a Q. Pedio praetore cum legione * * *, lapide ictus ex muro periit ⟨eo cum Q. Ped. pr. missa legione lap. ict. ex m. p. *F. Hofm.*⟩: 3, 22, 2; — Q. Titurius . . . interpretem suum Cn. Pompeium ad eum mittit rogatum, ut: V 36, 1; — Procillum: I 47, 4 *u.* Metium; — Rebilum: VII 90, 6; 1, 26, 3 *u.* Caninium; — Reginum: VII 90, 6 *ib.;* — Rufum *u.* Vibullium; — Rutilius Lupus, qui Achaiam missus a Pompeio obtinebat, Isthmum ⟨*c*⟩ praemunire instituit: 3, 55, 2; — Sabinum: III 11, 4 *u.* Titurium; — 3, 34, 2 *u.* Caluisium; — audit Iubam . . . restitisse in regno, Saburram, eius praefectum, cum mediocribus copiis missum Vticae adpropinquare: 2, 38, 1; — ad eundem numerum Cotys ⟨*c*⟩ ex Thracia dederat et Sadalam ⟨*c*⟩ filium ⟨una *add. Paul*⟩ miserat: 3, 4, 3; — Saxam: 1, 66, 3 *u.* Decidius; — Septimium: 3, 104, 2 *u.* Achillam; — Serapionem: 3, 109, 4. 5 *u.* Dioscoridem; — Sextium: VII 90, 6 *u.* Caninium; — (Silium: III 7, 4 *u.* Terrasidium;) — ad senatum refertur: tota Italia dilectus habeatur; Faustus Sulla propere ⟨pro praetore *P. Man.*⟩ in Mauretaniam mittatur ⟨mittitur *x*⟩: 1, 6, 3; — quo in numero est ⟨erat *Ald.*⟩ T. Terrasidius missus in Esuuios ⟨*c*⟩, M. Trebius Gallus in Coriosolitas ⟨*c*⟩, Q. Velanius cum T. Silio ⟨*c*⟩ in Venetos: III 7, 4; — Tillium: 3, 42, 3 *u.* Canuleium; — (Titium: I 47, 4 *u.* Metium; —) Q. Titurium Sabinum legatum cum legionibus tribus in Venellos ⟨*c*⟩, Coriosolitas Lexouiosque mittit: III 11, 4; — Trebium: III 7, 4 *u.* Terrasidium; — (cum Caesar pabulandi causa tres legiones atque omnem equitatum cum C. Trebonio legato misisset: V 17, 2;) C. Trebonium cum pari legionum numero ad eam regionem . . . depopulandam mittit: VI 33, 2; — Valerium: I 47, 4 *u.* Metium; — 1, 30, 2 *u.* Curionem; Caralitani simul ad se Valerium mitti audierunt, . . . Cottam ex oppido eiciunt: 1, 30, 3; — mittit P. Vatinium legatum ad ripam ipsam fluminis, qui . . . ageret et crebro magna uoce pronuntiaret, liceretne ciuibus ad ciues de pace tuto ⟨*c*⟩ legatos mittere: 3, 19, 2; — Velanium: III 7, 4 *u.* Terrasidium; — maxime ad superiores munitiones laboratur, quo Vercassiuellaunum missum ⟨*om. M*⟩ demonstrauimus: VII 85, 4; — incidit in Vibullium Rufum missum a Pompeio in agrum Picenum confirmandorum hominum causa: 1, 15, 4; cognoscit missum ⟨in Hispaniam *add. Ald.; Dt.; om. codd.; Np., Db.*⟩ a Pompeio Vibullium ⟨*c*⟩ Rufum: 1, 34, 1; L. Vibullii Rufi, quem a Pompeio missum in Hispaniam ⟨hispania *x*⟩ demonstratum est: 1, 38, 1; hunc (L. Vibullium Rufum) pro suis beneficiis Caesar idoneum iudicauerat, quem cum mandatis ad Cn. Pompeium mitteret: 3, 10, 2; — cum C. Volusenus missus cum equitatu ad ⟨*c*⟩ castra uenisset: VI 41, 2.

b) populorum: Cadurcos, Gabalos: VII 64, 6 *u.* **αα)** pagos; — ab ⟨*c*⟩ dextra ⟨*o*⟩ parte alio ascensu eodem tempore Haeduos ⟨*AQβ*; ad haeduos *BM*⟩ mittit: VII 45, 10; subito sunt Haedui uisi . . ., quos Caesar ab ⟨*c*⟩ dextra parte alio ascensu manus distinendae causa miserat: VII 50, 1; — Rutenos: VII 64, 6 *u.* **αα)** pagos.

γγ) adiect. et pronom.; a) adiect. (partic.): compluribus singillatim, qui commeatus petendi ⟨cum commeatu *uel* commeatu petito *Bergk*⟩ causa missi erant, absentibus ⟨*c*⟩: III 2, 3; — ne ex praetura et consulatu, ut semper, sed ⟨*c*⟩ per paucos probati et electi in prouincias mittantur: 1, 85, 9; — et sua sponte multi in disciplinam conueniunt et a parentibus propinquisque mittuntur: VI 14, 2; — Heluetii . . . legatos ad eum mittunt nobilissimos ciuitatis: I 7, 3; — (paucos: 1, 66, 3 *u.* **ββ) a)** Decidius; —) Domitius ad Pompeium in Apuliam peritos regionum magno proposito praemio cum litteris mittit, qui petant atque orent, ut sibi subueniat: 1, 17, 1; ¶ primos: II 3, 1 *u.* **ββ) a)** Iccium.

b) pronom.: ex ⟨*c*⟩ suis legatis ⟨*CC*⟩ aliquem ad se mitteret: I 47, 1; — tu ad me alium mitte, quem ornem: *ap. Cic. ad fam.* VII 5, 2; — quorumque opera cognouerit ⟨*c*⟩ Tasgetium interfectum, hos comprehensos ad se mittere (Plancum iubet): V 25, 4; — qui ab eo missi erant, . . . liberius cum militibus regis conloqui coeperunt: 3, 103, 4; amici regis . . . iis ⟨*c*⟩, qui erant ab eo missi, palam liberaliter responderunt: 3, 104, 1; — probat rem senatus de mittendis legatis; sed qui mitterentur non reperiebantur: 1, 33, 1.

δδ) enuntiatum, quod obiecti munere fungitur: ex quibus qui hoc spatio dierum conualuerant, circiter trecenti, sub uexillo una mittuntur: VI 36, 3; luce prima missis ad eos ab Otacilio equitibus . . . circiter CCCC quique eos armati ex praesidio secuti sunt, se defenderunt: 3, 28, 6; quos haberet maximae auctoritatis: 3, 109, 3 *u.* *αα*) necessarios; — qualis esset natura montis et qualis ⟨*c*⟩ in circuitu ascensus qui cognoscerent ⟨*a pr.*; cognosceret *X*⟩ misit: I 21, 1; interim ad praefectos, qui . . . antecesserant, mittit, qui nuntiarent, ne hostes proelio lacesserent: IV 11, 6.

β) subaudiendum est obiect.; αα) non sequ. ut uel acc. c. inf.: III 1, 2 *u.* *α*) **ββ) a)** Galbam; (qui (Vbii) uni ex Transrhenanis ad Caesarem legatos ⟨*om.* β⟩ miserant, amicitiam fecerant, obsides dederant: IV 16, 5;) V 40, 1 *u.* *α*) *αα*) nuntios; ad reliquas legiones mittit priusque omnes in unum locum cogit, quam: VII 9, 5; trans Rhenum in Germaniam mittit ad eas ciuitates, quas . . . pacauerat, equitesque ab his arcessit: VII 65, 4; milites imperat; mittunt: 1, 15, 2; eodem fere tempore missi ad Pompeium ⟨a pompeio *a*; *edd.*⟩ reuertuntur: 1, 18, 6; ad quos legati mitterentur, his auctoritatem attribui ⟨*c*⟩ timoremque eorum, qui mitterent, significari ⟨*c*⟩: 1, 32, 8; his pontibus pabulatum mittebat: 1, 40, 1; postulatis Caesaris cognitis missuros (se) ad Pompeium, atque illum reliqua per se acturum: 3, 16, 5.

ββ) sequitur **a)** ut: ad T. Sextium legatum . . . misit, ut cohortes . . . celeriter educeret et . . . constitueret: VII 49, 1; statimque (Curio) in Siciliam misit, uti duae legiones reliquusque equitatus ad se mitteretur: 2, 37, 4; ad eum Pompeius misit, ut pro . . . amicitia patris Alexandria reciperetur atque illius opibus . . . tegeretur: 3, 103, 3.

b) acc. c. inf.: tum uero omni interclusus itinere (Varro) ad Caesarem mittit, paratum se esse legionem . . . tradere: 2, 20, 7.

b) additur: auxilio, praesidio, subsidio: auxilio mittere *u.* **auxilium** *p. 392 γ*) *(3 loc.)*; ¶ his (impedimentis) una legio missa praesidio est: 3, 75, 1; ¶ tertiam aciem ⟨partem *B²β*⟩ laborantibus nostris subsidio misit: I 52, 7; — duabusque missis subsidio cohortibus a Caesare atque his ⟨*c*⟩ primis legionum duarum, . . . perruperunt: V 15, 4; Caesar Labienum cum cohortibus sex ⟨*o*⟩ subsidio laborantibus mittit: VII 86, 1; cohortibusque caetratis ⟨*P. Manut.*; centuriatis *codd.*⟩ subsidio missis scienter in duas partes sese distribuunt: 1, 55, 2; — Haedui de consilio legatorum . . . copias equitatus peditatusque subsidio Biturigibus mittunt: VII 5, 3; — eodemque tempore his rebus subsidio DC equites Numidae ⟨*c*⟩ ex oppido peditesque CCCC mittuntur a Varo: 2, 25, 3; — Numidas et Cretas sagittarios et funditores Baleares ⟨que *add.* *B²β*⟩ subsidio oppidanis mittit: II 7, 1; — T. Labienus . . . decimam legionem subsidio nostris misit: II 26, 4; quas (legiones) C. Fabius ulteriore ponte subsidio nostris miserat: 1, 40, 7; — L. Nasidius ab Cn. Pompeio cum classe nauium XVI . . . L. Domitio Massiliensibusque subsidio missus freto Siciliae . . . peruehitur: 2, 3, 1.

B. = *προιέναι*, *ἀφιέναι*; **a)** = **iacere, coicere:** asseres enim pedum XII cuspidibus praefixi atque hi maximis ballistis missi per IIII ordines cratium in terra defigebantur: 2, 2, 2; ¶ milites e loco superiore pilis missis ⟨emissis *Ciacc.*⟩ facile hostium phalangem perfregerunt: I 25, 2; mediocri spatio relicto Pulio pilum in hostes immittit ⟨mittit β⟩ atque unum . . . traicit: V 44, 6; nostri milites . . . paruo . . intermisso temporis spatio ac rursus renouato cursu pila miserunt celeriterque . . . gladios strinxerunt: 3, 93, 1; (Pompeiani) et tela missa exceperunt et impetum legionum tulerunt et ordines ⟨*c*⟩ conseruarunt pilisque missis ad gladios redierunt: 3, 93, 2; ¶ nostri primo . . . fortiter repugnare ⟨*c*⟩ neque ullum frustra telum ex loco superiore mittere: III 4, 2; milites certiores facit, paulisper intermitterent proelium ac tantum modo tela missa exciperent. III 5, 3; ut neque ex inferiore loco satis commode tela adigi ⟨*c*⟩ possent et missa a ⟨*c*⟩ Gallis grauius acciderent: III 14, 4; cum . . . non timide pugnaretur telaque ex loco superiore missa non frustra acciderent ⟨β; accedere *AQB*; accederent *M*⟩: III 25, 1; sub ipsis radicibus montis constiterant, ut nullum frustra telum in eos mitteretur: 1, 45, 6; simul ex minoribus nauibus magna uis eminus missa telorum multa nostris [de improuiso] imprudentibus atque impeditis uulnera inferebant ⟨-bat?⟩: 2, 6, 3; ne aut tela tormentis immissa ⟨missa *Ohl*⟩ tabulationem perfringerent aut saxa ex catapultis latericium discuterent: 2, 9, 3; nullum ex muro, nullum a nostris mittitur telum: 2, 13, 2; qui (tumulus) tantum aberat a nostro castello, ut telum tormentumue ⟨*O¹hl*; tormentum *a*; tormento *recc.*; *Np.*, *Db.*⟩ missum adigi non posset: 3, 51, 8; tela missa exceperunt . . . pilisque missis ad gladios redierunt: 3, 93, 2; ¶ fenestrasque . . . ad tormenta mittenda in struendo ⟨*c*⟩ reliquerunt: 2, 9, 8; 3, 51, 8 *u.* telum; ¶ Gallus periculum ueritus, ut erat praeceptum, tragulam mittit: V 48, 7; ¶ uim telorum: 2, 6, 3 *u.* telum.

(b) = ui immittere: si arborum trunci siue naues ⟨trabes *RSchn.*⟩ deiciendi operis causa

⟨*c*⟩ essent a barbaris immissae ⟨*Ciacc.*; missae *X; edd.*⟩: IV 17, 10.)

C. = διαλύειν, ἀπολύειν, **dimittere**, emittere, **missum** facere; **a) alqd:** milites et animo perterriti et lassitudine confecti missis ⟨omissis *Paul*⟩ plerique armis signisque militaribus . . . de . . fuga . . . cogitabant: 3, 95, 3.

b) alqm: (secunda uigilia silentio equitatum 'dimittit ⟨β; *Schn.*; emittit *M*[a]; *Fr.*, *Db.*; mittit α; *rell. edd.*⟩: VII 71, 5; — complures: III 2, 3 *u.* **A. a)** α) γγ) **a)** complures;) ¶¶ Lentulus Spinther . . . facta potestate ex oppido mittitur ⟨emittitur *Paul*⟩: 1, 22, 2; ¶¶ misso ad uesperum senatu omnes, qui sunt eius ordinis, a Pompeio euocantur: 1, 3, 1; ¶¶ iam duo praefecti fabrum Pompei in meam potestatem uenerunt et a me missi sunt: *ap. Cic. ad Att.* IX 7 *C*, 2; N. Magium ⟨*c*⟩, Pompei praefectum, deprehendi; scilicet ⟨*c*⟩ meo instituto usus sum et eum statim missum feci: *ap. Cic. ad Att.* IX 7 *C*, 2.

2. trsl.; A. = edere: haec Scipionis oratio . . . ex ipsius ore Pompei mitti uidebatur: 1, 2, 1; ¶ Afranianos contra multis rebus sui timoris signa misisse ⟨emisisse *Paul;* dedisse *Madu.*; edidisse *Kindsch.*; *u. CC*⟩: 1, 71, 3.

(**B. = omittere:** qua ex frequentia T. Labienus prodit; † summissa oratione loqui de pace atque altercari cum Vatinio incipit ⟨*sic codd.*; *Np.*; sed missa orat. de pace loqui atque . . . *Terpstra*; *Kran.*; sed missa or. d. p. loqui elate atque . . . *Dt.*; [summissa oratione] loqui de p. atque . . . *Db.*; sed omissa orat. de p. altercari . . . *Oud.*⟩: 3, 19, 5.)

[**Falso:** Caesar frustra diebus aliquot consumptis, ne reliquum tempus amittat ⟨*Np.*; mittat *Nahl;* omittat *O*⟩, . . . proficiscitur: 1, 33, 4; — cur etiam secundo proelio aliquos ex suis amitteret ⟨*O*[a]; mitteret *Nx*⟩? 1, 72, 2.]

Additur A. quo alqd mittatur: ad *u.* **ad** *p. 98—102 (108 (110) loc.;)* — (contra: VI 9, 2; —) in *u.* **in** *p. 93 sq. (38 (43) loc.); praeterea* VII 60, 4; 1, 70, 4; — sub (iugum): I 7, 4; 12, 5; — trans: IV 9, 3; V 55, 1; VI 24, 1; VII 65, 4; — uersus: VII 61, 5; ¶ Arretium *et sim.*: 1, 11, 4; 2, 19, 2; 25, 3; ¶ eo *u.* **eo** *uol. II. p. 342 sq. (10 (11) loc.);* — eodem *u.* **eodem** *uol. II. p. 28 (3 (4) loc.);* — huc: VII 55, 3; 2, 25, 3; — quo: VII 85, 4; 87, 3; — ultro citroque: I 42, 4; 1, 20, 4.

B. unde: ab: 1, 11, 4; 25, 2; (VII 45, 10; 50, 1;) — ex *u.* **ex** *p. 1169 (17 loc.);* ¶ (Neapoli: 3, 21, 5.)

C. quo consilio: ad *u.* **ad** *p. 132 (6 loc.); praeterea* VII 37, 7; — causâ: II 24, 4; III 2, 3; IV 9, 3; (17, 10;) V 6, 2; 17, 2; 27, 1; 54, 3; VI 4, 2; 6, 2; 9, 6; VII 50, 1; 1, 15, 4; 26, 3; 2, 18, 2; 25, 3; 3, 22, 3; 40, 6; 42, 3; 109, 5; — de *u.* **de** *p. 819 sq.* legatos mittere *(15 loc.); praeterea ap. Cic. ad Att.* IX 13 *A*, 1; — gratiâ: VII 43, 2; — in: V 10, 1; VI 14, 2; 2, 41, 2; ¶ supinum: I 11, 2; IV 32, 1; V 36, 1; VI 32, 1; 36, 2; VII 5, 2; 1, 40, 1; ¶ qui c. coniunctiuo: I 7, 3; 21, 1; 24, 1; 34, 1; 49, 3; 50, 2; II 2, 1; 3, 1; 35, 1; III 11, 4; IV 11, 6; 16, 3; V 1, 7; 20, 3; VI 9, 6; VII 34, 1; 41, 1; 61, 5; 1, 3, 7; 17, 1; 66, 3; 3, 19, 2; (21, 5;) *ap. Cic. ad fam.* VII 5, 2; — ut *uel* coniunctiuus imperatiuus (hortatiuus): I 9, 2; 26, 6; 47, 1; III 8, 5; V 10, 1; 46, 3; VII 49, 1; 1, 9, 3; 2, 25, 3; 37, 4; 3, 23, 3; 80, 1. 3; 102, 7; 103, 3; ¶ cum mandatis (litteris): I 35, 1; 1, 26, 2; 3, 10, 2; — 1, 17, 1; ¶ alqm legatum (propraetore, legatorum *uel* obsidum numero): I 7, 3; (47, 1;) II 3, 1; 1, 74, 3; 3, 34, 4; 109, 3; — (1, 6, 3; —) V 27, 2; 2, 44, 1.

D. quo itinere: per: 1, 61, 1; ¶ alio ascensu: VII 45, 10; 50, 1; (magno circuitu: 1, 61, 1;) breuiore itinere: 1, 43, 4; eodem iugo (?): VII 45, 5; his pontibus, ulteriore ponte: 1, 40, 1. 7.

E. quid nuntietur: I 42, 1; 47, 1; II 6, 4; V 3, 5; 2, 20, 7; 3, 23, 3; 29, 4; 80, 3.

F. cui alqd mittatur: II 6, 4 ⟨*c*⟩; (V 27, 2;) VI 9, 2; 32, 1; VII 34, 1; 63, 7; (85, 1;) 2, 18, 1; auxilio, praesidio, subsidio alci mittere: I 18, 10; 52, 7; II 7, 1; 26, 4; IV 37, 2; VII 5, 3; 86, 1; 1, 40, 7; 2, 3, 1; 25, 3; 3, 75, 1.

Aduerbia: amplissime(?): I 40, 4; celeriter: III 8, 3; VII 34, 1; 1, 43, 4; 3, 29, 4; elam: 3, 21, 4; confestim: V 40, 1; eminus: 2, 6, 3; frustra: III 4, 2; 1, 45, 6; iterum: I 35, 1; numquam (III 28, 1;) VI 5, 4; propere: 1, 6, 3; publice: VII 55, 4; saepe: I 42, 4; (semper: 1, 61, 1;) statim: IV 27, 1; V 46, 1; 2, 37, 4; *ad Att.* IX 7 *C*, 2; tuto(?): 3, 19, 2; ultro: III 27, 1; IV 27, 5; 3, 80, 1; (*cf.* ultro citroque;) umquam: III 28, 1; una: IV 21, 7; VI 36, 3; VII 56, 2; (75, 5;) 3, 4, 3 ⟨*c*⟩; undique: III 1, 4.

mobilis: quod (Galli) sunt in consiliis capiendis mobiles et nouis plerumque rebus student: IV 5, 1.

mobiliter: omnes fere Gallos nouis rebus studere et ad bellum mobiliter celeriterque excitari: III 10, 3.

mobilitas. A. propr.: ita mobilitatem equitum, stabilitatem peditum in proeliis praestant: IV 33, 3; ¶ diductisque nostris paulatim nauibus et artificio gubernatorum *et* mobilitati nauium locus dabatur: 2, 6, 2.

B. trsl.: qui mobilitate et leuitate animi nouis imperiis studebant: II 1, 3.

moderate: qui (Trebonius) *his* temporibus clementer et moderate ius ⟨moderata eius *z*⟩ dicendum existimabat: 3, 20, 2.

moderor. A.: uti in decliui ac praecipiti loco incitatos equos sustinere et breui moderari ac flectere . . . consuerint: IV 33, 3.

B.: ne tanta multitudine confusa nec moderari ⟨ne emoderari α⟩ nec discernere suos . . . possent: VII 75, 1.

modestia: nec ⟨*c*⟩ minus se in ⟨β; ab α; *edd.*⟩ milite modestiam et continentiam ⟨et cont. *om.* β⟩ quam uirtutem atque animi magnitudinem desiderare: VII 52, 4.

modius: ciues Romanos eius prouinciae sibi . . . tritici modium ⟨*Hot.;* modios *codd.; edd.*⟩ CXX milia polliceri coegit: 2, 18, 4; ¶ iamque ad denarios ⟨*c*⟩ L in singulos modios annona peruenerat: 1, 52, 2.

modo. A. = **tantum, solum, tantum modo; a) non additur non; α) modo (non addita coniunctione); αα) c. subst.:** neque ⟨*c*⟩ erat omnium quisquam, qui aspectum modo ⟨*om.* β⟩ tantae multitudinis sustineri posse arbitraretur: VII 76, 5; ¶ uado . . . inuento pro rei necessitate oportuno, ut bracchia modo atque umeri ad sustinenda arma liberi ab aqua esse possent: VII 56, 4; ¶ illi ubi praeter spem quos ⟨modo *add. Hartz*⟩ fugere credebant infestis signis ad se ire uiderunt ⟨*c*⟩, impetum modo ⟨*del. Hartz; an* nostrorum?⟩ ferre non potuerunt: VI 8, 6; ¶ nulla interposita mora sauciorum modo et aegrorum habita ratione *impedimenta* omnia ⟨*c*⟩ silentio . . . praemisit: 3, 75, 1.

ββ) c. adiect. (numeral.): manus erat nulla, quae paruam modo causam timoris adferret: VI 35, 3; ne paruum modo detrimentum in contentione propter iniquitatem loci accideret ⟨*c*⟩: VII 52, 2; ¶ Cicero ad haec unum modo respondit: V 41, 7.

γγ) c. aduerb.: (inusitato genere tormentorum permoti barbari constiterunt ac paulum ⟨modo *add. codd.; edd.; ego del.; an scribend.* etiam?⟩ pedem rettulerunt: IV 25, 2;) ad eas (arbores) se adplicant atque ita paulum ⟨paulo *B*[1]*;* paululum *Aim.*⟩ modo reclinatae quietem capiunt: VI 27, 3; si uero alteri paulum ⟨paululum *O*⟩ modo tribuisset fortuna, non esse usurum condicionibus pacis eum, qui superior uideretur: 3, 10, 7.

δδ) c. pronom.: cuius modo ⟨*Ald.;* cuius modi *codd.;* cuiuscuius *Grut.*⟩ rei nomen reperiri poterat, hoc satis esse ad cogendas pecunias uidebatur: 3, 32, 2.

εε) c. uerb.: nam de equitibus hostium, quin nemo eorum progredi modo ⟨*om.* β⟩ extra agmen audeat, ne ⟨*c*⟩ ipsos quidem ⟨*c*⟩ debere dubitare: VII 66, 6; ¶¶ perfacile esse . . . pabulationibus . . Romanos prohibere, aequo modo animo sua ipsi frumenta corrumpant aedificiaque incendant: VII 64, 3; — orabant, ut sibi auxilium ferret . . .; uel si id facere occupationibus rei publicae ⟨*c*⟩ prohiberetur, exercitum modo Rhenum transportaret: IV 16, 6.

β) si modo: magno sibi usui ⟨*o*⟩ fore arbitrabatur, si modo insulam adisset, ⟨β; adisset et α; *Schn.*, *Np.*, *Hold.*⟩ genus hominum perspexisset, loca, portus, aditus cognouisset: IV 20, 2; facilem esse rem, seu maneant seu proficiscantur, si modo unum omnes sentiant ac probent: V 31, 2.

b) additur non; α) non modo . . . sed: populi Romani hanc esse consuetudinem, ut socios atque amicos non modo sui nihil deperdere, sed gratia, dignitate, honore auctiores uelit esse: I 43, 8.

β) non modo . . ., sed etiam *u.* **etiam** *p. 1150* e) *(5 loc.).*

γ) non modo (non) . . ., sed ne **quidem:** propter frigora . . . non modo frumenta in agris matura non erant, sed ne pabuli quidem satis magna copia suppetebat: I 16, 2; — ut instar muri hae saepes munimentum ⟨*c*⟩ praeberent, quo non modo non ⟨*del. a*[2]*; Schn., Fr., Dt., Hold.*⟩ intrari, sed ne perspici quidem posset ⟨*B*[2]β; possit α⟩: II 17, 4; — tanta militum uirtus . . . fuit, ut . . . non modo † demigrandi causa de uallo decederet nemo, sed paene ne respiceret quidem quisquam, ac tum omnes acerrime fortissimeque pugnarent: V 43, 4; ¶ ac non modo defesso ex pugna excedendi, sed ne saucio quidem . . . sui recipiendi facultas dabatur: III 4, 4.

B. modo = **paulo ante:** modo conscripti atque usus militaris imperiti ad tribunum militum centurionesque ora conuertunt: VI 39, 2; — (credebant: VI 8, 6 *u.* **A. a) α) αα)** impetum;) — atque hi modo digressi ⟨degressi *a?fhl*⟩ *a* Massiliensibus recentem eorum ⟨*c*⟩ pollicitationem animis continebant: 1, 57, 4; — qui modo sibi timuerant, hos tutissimus portus recipiebat: 3, 27, 1; — saepe in eum locum uentum est . . ., ut modo ⟨*ik:* non modo *X*⟩ uisum ab se Ambiorigem in fuga circumspicerent ⟨*c*⟩ captiui: VI 43, 4.

Non tantum (sed etiam) *nusquam exstat in Caesaris scriptis.*

modus. A. = μέτρον **(mensura):** earum (nauium) modum formamque demonstrat ⟨monstrauit β⟩: V 1, 2; — neque quisquam agri modum certum aut fines habet proprios: VI 22, 2.

B. = τρόπος **(genus, ratio); a) genet.:** uno enim excepto, quem alius modi atque omnes natura finxit, suos quisque habet caros: *in Anticat. priore ap. Prisc. inst.* VI 36. 82; VII 20 *extr.;* XIII 12; ¶ (cuius modo ⟨*Ald.;* cuiusmodi *codd.;* cuiuscuius *Grut.*⟩ rei nomen reperiri poterat, hoc satis esse ad cogendas pecunias uidebatur: 3, 32, 2;) ¶ singulari militum nostrorum uirtuti consilia cuiusque modi ⟨huiuscemodi β⟩ Gallorum occurrebant: VII 22, 1; ¶ eius modi *u.* **eius modi** *p. 1004 (11 loc.);* ¶ huius modi *u.* **huius modi** *p. 1543 (4 loc.);* ¶ (huiusce modi: VII 22, 1 *u.* cuiusque modi.)

b) abl.; α): cum ad eos oratoris modo Caesaris mandata ⟨ad eos imperatoris mandata *ik; Madu.*⟩ deferret ⟨perferret β⟩: IV 27, 3; — haec (tigna) cum machinationibus immissa in flumen ⟨*c*⟩ defixerat festucisque ⟨*c*⟩ adegerat, non sublicae modo derecte ad perpendiculum, sed prone ac fastigate: IV 17, 4.

β): hoc cum esset modo pugnatum continenter horis quinque: 1, 46, 1; temptemus, hoc modo si possimus ⟨*Petrarcha;* possumus *codd.; Klotz, Wsbg.*⟩ omnium uoluntates recuperare et diuturna uictoria uti. *ap. Cic. ad Att.* IX 7 *C*, 1; ¶ qui ⟨*c*⟩ propter ueteres inimicitias nullo modo cum Haeduis coniungi poterant: VI 12, 7; ¶ Vercingetorix, cum ad suos redisset, proditionis insimulatus, quod castra . . . mouisset, quod . . .; tali modo accusatus ad haec respondit: VII 20, (1.) 2; ueteres . . . naues refecerant . . . piscatoriasque adiecerant atque contexerant . . .; has sagittariis tormentisque compleuerunt. tali modo instructa classe . . . naues conscendunt: 2, 4, (2.) 3; . . . tali dum pugnatur modo, lente atque paulatim proceditur: 1, (79.) 80, 1; . . . tali modo uastatis ⟨factis β; *Flod.*⟩ regionibus ⟨religionibus β; legionibus *Flod.*⟩ exercitum Caesar . . . reducit: VI 44, 1.

erant sententiae, quae conandum omnibus modis castraque Vari oppugnanda censerent: 2, 30, 1; omnibus modis huic rei studendum, ut pabulatione et ⟨*c*⟩ commeatu Romani prohibeantur ⟨*c*⟩: VII 14, 2; ¶ testibus se militibus uti posse . . ., quibus modis ad Oricum cum Libone de mittendis legatis contendisset: 3, 90, 2.

c) c. praep.; α) ad: ad eundem (hunc) modum, quem ad modum *u.* **ad** *p. 142 extr. et 143 (14 loc.).*

β) in *u.* **in** *p. 113 sq.* **f)** *(3 loc.).*

Quo modo *non exstat ap. Caes.*

moenia. I. Forma: Caesar . . . quadrigas . . . pluratiuo semper numero dicendas putat, sicut [circa] arma et moenia et comitia et inimicitias: *ap. Gell.* XIX 8, 4.

II. Signif.; A. moenia oppidi; a) obi.: reliquis partibus simul ex ⟨et *Ciacc.*⟩ terra scalis et ⟨ex *O*⟩ classe ⟨telis ex classe *Paul*⟩ moenia oppidi temptans . . . nostros uicit: 3, 40, 2.

b) dat.: extruso mari aggere ac molibus atque his ⟨*c*⟩ oppidi moenibus adaequatis . . . desperare coeperant: III 12, 3; ¶ ubi uero (turrim) moueri et adpropinquare moenibus ⟨muris β⟩ uiderunt: II 31, 1; apertos cuniculos . . . morabantur moenibusque adpropinquare prohibebant ⟨*haec omnia om. BM*⟩: VII 22, 5; ¶ ubi circumiecta multitudine hominum totis moenibus undique in murum lapides iaci coepti sunt murusque defensoribus nudatus est: II 6, 2.

c) abl.: post horam nonam oppidum altissimis moenibus oppugnare adgressus ante solis occasum expugnauit: 3, 80, 6; ¶¶ neque se . . . pati posse C. Caesarem . . . tantis rebus gestis oppido moenibusque prohiberi: 1, 13, 1.

B. = **agger, opera:** ut ipsis consistendi in suis munitionibus locus non esset, cum paene inaedificata [in] muris ab exercitu nostro moenia ⟨media *a*(?)⟩ uiderentur ac telum manu coiceretur: 2, 16, 2.

moles. A. subi.: efficere: 3, 40, 4 *u.* **B.** obicere.

B. obi.: si . . . extruso mari aggere ac molibus atque his ⟨isdem β⟩ oppidi moenibus adaequatis suis fortunis ⟨*o*⟩ desperare ⟨*o*⟩ coeperant: III 12, 3; ¶ qua fauces erant angustissimae portus, moles ⟨molem *bf*⟩ atque aggerem ab utraque parte litoris iaciebat, quod his locis erat uadosum mare: 1, 25, 5; haec insula . . . a superioribus regibus ⟨*c*⟩ in longitudinem passuum DCCCC in mare iactis molibus angusto itinere *ut ponte cum oppido coniungitur: 3, 112, 2; ab utroque portus cornu moles ⟨-is *Bait.*⟩ iacimus: *ap. Cic. ad Att.* IX 14, 1; ¶ eodemque tempore ex ⟨et *al*⟩ altera parte mole tenui naturali ⟨naturaliter *Np.*⟩ obiecta, quae ⟨*Madu.; Np.;* molem tenuit naturalem obiectamque *codd.*⟩ paene insulam oppidum effecerat, quattuor biremes ... in interiorem portum ⟨*c*⟩ traduxit: 3,40,4; ¶ (tenere: 3,40,4 *u.* obicere.)

C. genet.: rates duplices quoque ⟨*c*⟩ uersus pedum XXX e regione molis conlocabat: 1, 25,6.

D. abl.: (molibus coniungere: 3,112,2 *u.* **B.** iacere;) ¶ extrudere: III 12,3 *ib.* adaequare; ¶¶ traducere mole: 3,40,4 *ib.* obicere.

E. c. praep.: quae (naues) ad moles Caesaris adhaeserant: 1,28,4.

(molestia: animi est ista mollitia ⟨β; molestia α⟩, non uirtus, paulisper inopiam ⟨*o*⟩ ferre non posse: VII 77,5.)

moleste: populi Romani exercitum hiemare atque inueterascere in Gallia moleste ferebant: II 1,3.

molimentum: neque exercitum (se) sine magno commeatu atque molimento ⟨*Faern.;* emolumento β; *Fr.;* emulomento *AB,Qcorr.;* emolomento *M;* emulumento *Qpr.;* emolimento *f; (Schn.)*⟩ in unum locum contrahere posse: I 34,3.

mollio: quicquid huc ⟨*c*⟩ circuitus ⟨*c*⟩ ad molliendum ⟨moliendum *MQC*⟩ cliuum accesserat, id spatium ⟨*c*⟩ itineris augebat ⟨*c*⟩: VII 46,2.

mollis. A. de loco (= leniter adcliuis): has (columellas) inter se capreolis molli fastigio coniungunt: 2,10,3; ¶ (naues) in litore molli atque aperto deligatas ad ancoras ⟨*c*⟩ relinquebat: V 9,1.

B. de animo (= imbecillus): ut ad bella suscipienda Gallorum alacer ac promptus est animus, sic mollis ac minime resistens ad calamitates perferendas mens eorum est: III 19,6.

mollitia (-ties): animi est ista mollitia ⟨β; molestia α⟩, non uirtus, paulisper inopiam ⟨*o*⟩ ferre non posse: VII 77,5; ¶ cui rei propter animi mollitiem studere omnes uideret, quod diutius laborem ferre non possent: VII 20,5.

molo: trium mensium ⟨*c*⟩ molita cibaria sibi quemque domo efferre iubent: I 5,3.

momentum. A. obi.: hoc pugnae tempus magnum attulit nostris ad salutem momentum: nacti enim spatium se in loca superiora receperunt: 1,51,6; — iniquum ⟨exiguum β; *Schn.*⟩ loci ad decliuitatem fastigium magnum habet momentum: VII 85,4; ita parnae res magnum in utramque partem momentum habuerunt: 3,70,2.

B. abl.: fortuna ... paruis momentis magnas rerum commutationes efficit: 3,68,1; ¶ quod saepe in bello paruis momentis magni casus intercederent: 1,21,1; ¶¶ tantum ... Brutus celeritate nauis enisus est, ut paruo momento antecederet: 2,6,4; ¶¶ tot hominum milia ..., quorum salutem neque propinqui neglegere neque ciuitas leui momento aestimare posset: VII 39,3.

Mona: in hoc medio cursu est insula, quae appellatur Mona: V 13,3.

moneo. A. alqm: quos (gladiatores) postea monitus ab suis, quod ea res omnium iudicio reprehendebatur, circum familias ⟨*c*⟩ conuentus Campaniae custodiae causa (Lentulus) distribuit: 1,14,5.

B. alqd: Fabius ... Varum nomine appellans requirebat, uti unus esse ⟨*c*⟩ ex eius militibus et mouere aliquid uelle ⟨uelle aliquid *a; Np.*⟩ ac dicere uideretur: 2,35,1.

C. sequ. acc. c. inf.: singulas cohortes ... opposuit et quid fieri uellet ostendit monuitque eius diei uictoriam in earum cohortium uirtute constare: 3,89,3.

D. sequ. ut: Dumnorigem ad se uocat ...; monet, ut in reliquum tempus omnes suspiciones uitet: I 20,6; tribunos militum monuit, ut paulatim sese legiones coniungerent et conuersa signa in hostes inferrent: II 26,1; (se) mouere, orare Titurium pro hospitio, ut suae ac militum saluti consulat: V 27,7; si adire non possit, monet, ut tragulam cum epistula ... intra munitionem castrorum abiciat: V 48,5; L. Minucium Basilum cum omni equitatu praemittit ...; monet, ut ignes in castris fieri prohibeat: VI 29,5; Brutum ... copiis praeficit ⟨*c*⟩; hunc monet, ut in omnes partes equites quam latissime peruagentur; daturum se operam, ne: VII 9,2; legatisque ... quid fieri uelit ⟨*c*⟩ ostendit; in primis monet, ut contineant milites, ... proponit: VII 45,8; milites ... muros ascendunt, sed moniti a Brundisinis, ut uallum caecum fossasque caueant, subsistunt: 1,28,4; illos secreto castigauit, quod quaestui equites haberent, monuitque, ut ex sua amicitia omnia exspectarent et ex praeteritis suis officiis reliqua sperarent: 3,60,1.

E. sequ. coniunctiuus: legatis tribunisque militum conuocatis ... quae fieri uellet ostendit monuitque, ut ⟨*c*⟩ ... maritimae res postularent, ut quae ... haberent, ad nutum et ad tempus omnes res ab iis administrarentur: IV 23,5.

monimentum: pecunias monimentaque, quae ex fano Herculis conlata erant in priuatam domum, referri in templum iubet: 2, 21, 3.

mons. *Acc. plur.* montis *inuenitur in codd. al* 1, 70, 2, *in a corr.* 3, 95, 4; montes *in omnibus codd. uidetur exstare 8 rell. locis.*

A. subi.: abesse: I 25, 5 *u.* subesse; ¶ cingere: 3, 36, 5 *u.* **F. b)** se conuertere; ¶ reliquum spatium . . ., qua flumen intermittit, mons continet magna altitudine: I 38, 5; ¶ mons ⟨*om.* α; *Fr.*, *Db.*⟩ Cebenna, qui Aruernos ab Heluiis discludit: VII 8, 2; ¶ diuidere: I 8, 1 *u.* **F. b)** perducere; ¶ est in finibus: IV 10, 1 *u.* **F. e)** profluere; — est inter: I 2, 3 *u.* **E.**; erat excelsissimus: 1, 70, 4 *u.* **F. f)** mittere; — erat sine aqua: 3, 97, 2 *u.* **C.** relinquere; ¶ etsi mons ⟨β; *om.* α; *Fr.*, *Db.*⟩ Cebenna . . . durissimo tempore anni altissima niue iter impediebat: VII 8, 2; indignitas rei et oppositus mons Cebenna uiarumque difficultas impediebat: VII 56, 2; ¶ mons autem altissimus impendebat: I 6, 1; III 2, 1 *u.* **C.** tenere; ¶ pertinere: 3, 95, 4 *u.* **F. f)** confugere; ¶ pedem referre et, quod mons † suberat ⟨aberat *Pramm.*⟩ circiter mille passuum ⟨spatio *add. Dt.*[2]; *an* aberat circ. m. passus?⟩, eo se recipere coeperunt: I 25, 5; suberant enim montes atque a milibus passuum V itinera difficilia atque angusta excipiebant: 1, 65, 3; ¶ quos non siluae montesque texerunt, ab equitatu sunt interfecti: VII 62, 9.

B. appos.: circa montem Amanum: 3, 31, 1; — mons Cebenna ⟨*c*⟩: VII 8, 2 *et* 56, 2; — monte Iura: I 2, 3; inter montem Iuram: I 6, 1; ad montem Iuram: I 8, 1; — ex monte Vosego: IV 10, 1; ¶ ad Pyrenaeos montes: I 1, 7.

C. obi.: quod montem gladiis destrictis ascendissent: 1, 47, 3; si mons erat ascendendus, facile ipsa loci natura periculum repellebat, quod ex locis superioribus qui antecesserant suos ascendentes protegebant: 1, 79, 2; ¶ attingere: 1, 70, 2 *u.* petere; ¶ capto monte et succedentibus nostris Boi et Tulingi . . . nostros . . . circumuenire ⟨*c*⟩ . . coeperunt: I 25, 6; uehementiusque peragitati ab equitatu montem excelsum capiunt ibique una ⟨?⟩ fronte contra hostem castra muniunt: 1, 80, 2; ¶ montem opere circummunire instituit: 3, 97, 2; ¶ auxilia conlocari ac totum montem hominibus compleri ⟨*u. CC*⟩ . . . iussit: I 24, 2; ¶ hunc (montem) murus circumdatus arcem efficit et cum oppido coniungit: I 38, 6; ¶ qui (Albici) in eorum fide antiquitus erant montesque supra Massiliam incolebant: 1, 34, 4; ¶ hos montes intrare cupiebant ⟨*Np.*; intra se recipiebant *codd.*; intrasse cupiebant *EHoffm.*; hos intra montes se recipiebant *Ald.*⟩, ut equitatum effugerent Caesaris: 1, 65, 4; ¶ dicit montem, quem a Labieno occupari uoluerit, ab hostibus teneri: I 22, 2; Labienus . . . monte occupato ⟨montem occupat *a*⟩ nostros exspectabat proelioque abstinebat: I 22, 3; erat in celeritate omne positum certamen, utri prius angustias montesque occuparent: 1, 70, 1; hunc (montem) ⟨huc *hl*⟩ magno cursu concitatos iubet occupare, eo consilio, uti ipse eodem omnibus copiis contenderet: 1, 70, 4; ¶ opponere: VII 56, 2 *u.* **A.** impedire; ¶ si priores montes, quos petebant, attigissent: 1, 70, 2; hunc (montem) cum obliquo itinere caetrati peterent: 1, 70, 5; ut . . . omnes . . . protinus incitati fuga montes altissimos peterent: 3, 93, 5; ¶ Pompeiani, quod is ⟨his *h*⟩ mons erat sine aqua, diffisi ei loco relicto monte uniuersi † iuris ⟨iugis *Wassius*; *CC*⟩ eius ⟨eis *Clark.*, *Db.*⟩ Larisam uersus *se* recipere coeperunt: 3, 97, 2; ¶ hunc montem flumen subluebat: 3, 97, 4; ¶ cum summus mons a [L.] Labieno teneretur: I 22, 1; montem, quem a Labieno occupari uoluerit, ab hostibus teneri: I 22, 2; Caesar cognouit et montem a suis teneri et Heluetios castra mouisse: I 22, 4; certior factus est . . . omnes noctu discessisse montesque, qui impenderent, a maxima multitudine Sedunorum et Veragrorum teneri: III 2, 1.

D. genet.: quos ⟨*c*⟩ non castrorum munitiones, non altitudo montis, non murus oppidi tardare potuisset: VII 52, 3; ¶ Labienum . . . cum duabus legionibus . . . summum iugum montis ascendere iubet: I 21, 2; 3, 97, 2 *u.* **C.** relinquere; ¶ qualis esset natura montis et qualis ⟨*c*⟩ in circuitu ascensus qui cognoscerent ⟨*c*⟩ misit: I 21, 1; a medio fere colle in longitudinem ⟨*c*⟩, ut natura montis ferebat, . . . murum . . . praeduxerant Galli: VII 46, 3; ¶ ut radices ⟨eius *add. B*[2]*aef*⟩ montis ex utraque parte ripae fluminis contingant: I 38, 5; erat e regione oppidi collis sub ipsis radicibus montis . . . ex omni parte circumcisus: VII 36, 5; ab infimis ⟨infirmis *a*⟩ radicibus montis intermissis circiter passibus CCCC castra facere constituit: 1, 41, 3; copias suas ad infimas montis radices producunt: 1, 42, 2; sub ipsis radicibus montis constiterant: 1, 45, 6; Pompeius, qui castra in colle habebat, ad infimas radices montis aciem instruebat: 3, 85, 1.

E. abl.: undique loci natura Heluetii continentur: una ex parte flumine Rheno . . ., altera ex parte monte Iura altissimo, qui est inter Sequanos et Heluetios: I 2, 3; — qui uicus positus in ualle non magna adiecta planitie altissimis montibus undique continetur: III 1, 5; cuius loci haec erat natura atque ⟨c⟩ ita ⟨adeo β⟩ montibus angustissime ⟨*Paul;* augustis *X; edd.;* montium angustiis *f*⟩ mare continebatur, uti: IV 23, 3.

(praesidiis montibus dispositis: 1, 72, 5 *u.* **F. g)** disponere.)

F. c. praep.; a) ab: munitione flumen a monte seclusit: 3, 97, 4.

b) ad: Cassius cognito Scipionis aduentu . . . ad montes se conuertit, qui Thessaliam cingunt: 3, 36, 5; ¶ a lacu Lemanno . . . ad montem Iuram, qui fines Sequanorum ab Heluetiis diuidit, . . . murum . . . perducit: I 8, 1; ¶ Aquitania a Garumna ⟨c⟩ flumine ad Pyrenaeos montes . . . pertinet: I 1, 7.

(eodem contendere: 1, 70, 4 *u.* **C.** occupare;) ¶ (eo se recipere: I 25, 5 *u.* **A.** subesse.)

c) aduersus: gladiis destrictis impetum aduersus montem in cohortes faciunt: 1, 46, 1.

d) circa: Scipio detrimentis quibusdam circa montem Amanum acceptis imperatorem se appellauerat: 3, 31, 1.

e) ex: cum ipsi ex montibus in uallem decurrerent et tela coicerent: III 2, 4; ¶ Mosa profluit ex monte Vosego, qui est in finibus Lingonum: IV 10, 1; ¶ tempestas . . . ex omnibus montibus niues proluit ⟨profluit *f*⟩: 1, 48, 2.

f) in c. acc.: paucis amissis sese in proximos montes conferunt: 1, 51, 5; ¶ protinusque omnes . . . in altissimos montes, qui ad castra pertinebant, confugerunt: 3, 95, 4; ¶ ex eo loco IIII caetratorum cohortes in montem, qui erat in conspectu omnium excelsissimus, mittit: 1, 70, 4; ¶ qui (Heluetii) in montem sese receperant: I 25, 6; alteri se, ut coeperant, in montem receperunt ⟨*u. CC*⟩: I 26, 1; ¶ L. Domitius ex castris in montem refugiens . . . est interfectus: 3, 99, 4.

g) in c. abl.: omnes eos, qui in monte consederant ⟨qui montem conscenderant *O*⟩, ex superioribus locis in planitiem descendere . . . iussit: 3, 98, 1; ¶ Pompeiani in quodam monte constiterunt: 3, 97, 4; ¶ Caesar praesidiis in ⟨*recc.; om. Ox; Np.*⟩ montibus dispositis . . . castra communit: 1, 72, 5; ¶ positum esse in monte *u.* **in** *p. 123 (3 loc.).*

(ibi muniunt: 1, 80, 2 *u.* **C.** capere.)

h) inter: unum (iter erat) per Sequanos, angustum et difficile, inter montem Iuram et flumen Rhodanum, uix qua singuli carri ducerentur: I 6, 1.

(**i) intra:** se recipere intra m.: 1, 65, 4 *u.* **C.** intrare.)

k) post: prope confecto sub lucem itinere post montem se occultauit: VII 83, 7.

l) sub montem: in locum iniquum progrediuntur et sub montem ⟨monte *Nx*⟩, in quo erat oppidum positum Ilerda, succedunt: 1, 45, 2.

m) sub monte: hostes sub monte consedisse milia passuum ab ipsius castris octo: I 21, 1; milibus passuum sex a Caesaris castris sub monte consedit: I 48, 1.

Adiect.: altissimus, -i: I 2, 3; 6, 1; VII 36, 1; — III 1, 5; 3, 93, 5; 95, 4; (angusti: IV 23, 3;) excelsus, -issimus: 1, 80, 2; — 1, 70, 4; omnes: 1, 48, 2; proximi: 1, 51, 5; quidam: 3, 97, 4; summus: I 22, 1; totus: I 24, 2; ¶ magna altitudine: I 38, 5.

(**monstro:** earum (nauium) modum formamque demonstrat ⟨monstrauit β⟩: V 1, 2.)

montanus. **1. adiect.:** neque multum Albici nostris uirtute cedebant, homines asperi et montani et ⟨c⟩ exercitati in armis: 1, 57, 3.

2. ui subst.: praemiserat . . . CCCC ⟨c⟩ optimi generis hominum ex Aquitanis montanisque, qui Galliam prouinciam attingunt: 1, 39, 2; ¶ ab scientia gubernatorum atque artificiis ad uirtutem montanorum confugiebant: 1, 58, 2.

montuosus: V milia passuum proxima intercedere ⟨c⟩ itineris campestris, inde excipere loca aspera et montuosa: 1, 66, 4; quod sunt loca aspera ac ⟨c⟩ montuosa: 3, 42, 5; ut ⟨c⟩ erant loca montuosa et † ad specus angustiae uallium, has ⟨aspera, augustas uallium fauces *Paul*⟩ praesaepserat: 3, 49, 4.

(**monumentum** *u.* **monimentum.**)

mora. **A.** subi.: nullam exoriri moram posse, quo minus, cum uenisset, si imperata non facerent ad nutum, e uestigio diriperentur: 2, 12, 3 (*Np.* 4).

B. obi.: neque uero Pompeius cognito consilio eius moram ullam ad insequendum intulit: 3, 75, 3; Pompeius ⟨c⟩ primi diei mora inlata et reliquorum dierum frustra labore suscepto . . . quarto ⟨c⟩ die finem sequendi fecit: 3, 77, 3; ¶ interim Pompeius hac satis longa interiecta mora et re nuntiata V ⟨c⟩ legiones ⟨c⟩ . . . subsidio suis duxit: 3,

69,1; ¶ interponere *u.* **interpono B. a)** *p. 223 (5 loc.);* ¶ etsi ... maxime probabat coactis nauibus mare transire ..., tamen eius rei moram temporisque longinquitatem timebat: 1,29,1.

C. genet.: spem nacti morae ⟨more *Oa*⟩ discessu ⟨disc. more *f*⟩ nostrorum equitum iter facere incipiunt: 1,80,3.

D. abl.: quod mora reliquorum spatium nactum illum effugere nolebat: V 58,4; ¶ latum ab X tribunis plebis contra dicentibus inimicis, Catone uero acerrime repugnante et pristina consuetudine dicendi mora dies extrahente ⟨catonem ... repugnantem ... extrahentem *Ox*⟩, ut: 1,32,3.

E. c. praep.: qui se suaque omnia sine mora dediderunt: II 15,2; (tum suo more ⟨suo more *del. RSchn.*; sine mora *Hartz*⟩ conclamauerunt, uti ⟨*c*⟩ aliqui ex nostris ad conloquium prodiret: V 26,4; paucas cohortes reliquit; † hora X. subsequi pabulatores equitesque reuocari iubet ⟨sine mora reuocari pabul. equitesque subsequi iubet *Köchly; u. CC*⟩: 1, 80,4.)

morbus: (habent opinionem) Apollinem morbos depellere: VI 17,2; ¶ Bibulus multos dies terra prohibitus et grauiore morbo ex frigore ac labore implicitus, cum neque curari posset neque susceptum officium deserere uellet, uim morbi sustinere non potuit. eo mortuo: 3,18,1; ¶ qui sunt adfecti grauioribus morbis ... pro uictimis homines immolant: VI 16,2.

(**mordeo:** M. Tullius et C. Caesar mordeo memordi, pungo pepugi, spondeo spepondi dixerunt: *Gell.* VI (VII) 9,15.)

Morini: Ambianos (polliceri) decem milia, Morinos ⟨morenos *BM*[1]⟩ XXV milia: II 4,9; socios sibi ad id bellum Osismos, Lexouios, Namnetes, Ambiliatos ⟨*c*⟩, Morinos, Diablintes ⟨*c*⟩, Menapios adsciscunt: III 9,10; quod omni Gallia pacata Morini ⟨uni *add. Paul*⟩ Menapiique supererant, qui in armis essent: III 28,1; *cf.* III 28.29; ipse cum omnibus copiis in Morinos proficiscitur, quod inde erat breuissimus in Britanniam traiectus: IV 21,3; *cf. qu. sqq.;* ex magna parte Morinorum ad eum legati uenerunt: IV 22,1; *cf. qu. sqq.;* reliquum exercitum ... Sabino et ... Cottae legatis in Menapios atque in eos pagos Morinorum, a ⟨*c*⟩ quibus ad eum legati non uenerant, ducendum ⟨*c*⟩ dedit: IV 22,5; milites ... Morini, quos Caesar in Britanniam proficiscens pacatos reliquerat, spe praedae adducti primo non ita magno suorum numero circumsteterunt ...: IV 37,1; T. Labienum ... in Morinos, qui rebellionem fecerant, misit. qui, cum propter siccitates ⟨*c*⟩ paludum quo se reciperent non haberent, quo perfugio ⟨*o*⟩ superiore anno erant ⟨*c*⟩ usi, omnes ⟨*c*⟩ fere ⟨*c*⟩ in potestatem Labieni peruenerunt ⟨*c*⟩: IV 38,1.2; ex quibus (legionibus) unam in Morinos ducendam C. Fabio legato dedit: V 24,2; imperant ... sena ⟨*c*⟩ (milia) Andibus ⟨*c*⟩, Ambianis, Mediomatricis, Petrocoriis, Neruiis, Morinis: VII 75,3; quibus ille ⟨*c*⟩ pro ⟨*o*⟩ meritis ciuitatem eius (Commii) immunem esse iusserat, iura legesque reddiderat atque ⟨*c*⟩ ipsi Morinos ⟨quae ipse morinis *AQ*⟩ attribuerat: VII 76,1.

morior: Orgetorix mortuus est, neque abest suspicio ..., quin ipse sibi mortem consciuerit: I 4,3 (4); neque adhuc hominum memoria repertus est quisquam, qui eo interfecto, cuius se amicitiae deuouisset, mori ⟨mortem *β*⟩ recusaret: III 22,3; omnibus druidibus praeest unus ...; hoc mortuo .. si qui ex reliquis excellit dignitate, succedit: VI 13,9; Bibulus ... grauiore morbo ... implicitus ... uim morbi sustinere non potuit. eo mortuo ad neminem unum summa imperii redit: 3,18,2; hanc (aquilam) ego, inquit, et uiuus multos per annos magna diligentia defendi et nunc moriens eadem fide Caesari restituo: 3,64,3; faciam, inquit (Crastinus), hodie, imperator, ut aut uiuo mihi aut mortuo gratias agas: 3, 91,3.

Moritasgus: Cauarinum, quem Caesar apud eos regem constituerat, cuius frater Moritasgus aduentu in Galliam Caesaris cuiusque maiores regnum obtinuerant ⟨moritásgus ante cuiusq. mai. r. obt. ante aduentum caes. in galliam *a*⟩, interficere publico consilio conati ... expulerunt: V 54,2.

moror. 1. intrans.; A. = cessare, cunctari, diutius commorari; a) abs.: illo tamen ⟨*c*⟩ potius utendum consilio, si res cogat atque auxilia morentur, quam ... pacis subeundam condicionem: VII 78,2; ¶ quod ... omnia litora a Pompeianis tenebantur classesque ipsius, quas hieme in Sicilia, Gallia, Italia fecerat, morabantur: 3,42,3; ¶¶ Fabius, ut imperatum erat, non ita multum moratus in itinere cum legione occurrit: V 47,3; ¶ cum uallis aut locus decliuis suberat neque ii ⟨*c*⟩, qui antecesserant, morantibus ⟨laborantibus *Ciacc.*⟩ opem ferre poterant: 1,79,3.

b) in alqa re: si impedimentis ⟨*b*; pedites *X; edd.*⟩ suis auxilium ferant (Romani) atque in eo morentur, iter facere ⟨*c*⟩ non posse: VII 66,5; ¶ interiores ... diutius in his rebus administrandis morati prius suos discessisse cognouerunt, quam: VII 82, 4.

(e) in alqo loco: hic (Scipio) nullo in loco Macedoniae moratus magno impetu tetendit ⟨c⟩ ad Domitium: 3, 36, 2.)

B. = uersari, commorari; a) additur, quo loco; α) ad: Scipio biduum in ⟨*edd. uett.; om. codd.; Np.*⟩ castris statiuis moratus ad flumen . . . Aliacmonem, tertio die . . . exercitum uado traducit: 3, 37, 1; ¶ dum ⟨c⟩ paucos dies ad Vesontionem rei frumentariae commeatusque causa moratur: I 39, 1.

β) apud: (hostes) paulisper apud oppidum morati agrosque Remorum depopulati . . . ad castra Caesaris . . . contenderunt: II 7, 3; ¶ neque nostros exercitus propter frumenti ⟨o⟩ inopiam diutius apud se morari posse confidebant: III 9, 5.

(γ) citra: nostri . . . quietissime *se* receperunt pauloque citra ⟨circa *O, l pr.*⟩ eum locum ⟨morati *add. recc.; Dt.*⟩ aliis comprehensis collibus munitiones perfecerunt: 3, 46, 6.)

δ) in *u.* **in** *p. 121 sq. (7 loc.).*

(ε) castris statiuis: 3, 37, 1 *u.* α).)

ζ) ibi *u.* **ibi** *p. 13 (3 loc.).*

b) abs.: hostes paulisper morati militum nostrorum impetum non tulerunt seseque alia ⟨o⟩ ex parte oppidi eiecerunt: V 21, 5; — his (Bellouacis) persuaderi ut diutius morarentur neque suis auxilium ferrent non poterat: II 10, 5; — (Pompeius filius) Lissum expugnare conatus defendentibus ciuibus Romanis . . . militibusque, quos praesidii causa miserat Caesar, triduum moratus paucis in oppugnatione amissis re infecta inde discessit: 3, 40, 6; — cum et propter uulnera militum et propter sepulturam occisorum nostri triduum morati eos sequi non potuissent: I 26, 5.

2. transit. (= tardare, impedire); A. alqm; a): omnem equitatum, qui nouissimum agmen moraretur, praemisit: II 11, 3; (1, 63, 3 *u.* **C.**;) ¶ sed exercitum Caesaris uiarum difficultates tardabant, Afranii copias equitatus Caesaris insequens morabatur: 1, 70, 1.

b): non hos (Sugambrorum equites) palus in ⟨c⟩ bello latrociniisque natos, non siluae morantur: VI 35, 7; — Caesar (Afranianos) . . . rursus conantes progredi insequitur et moratur: 1, 65, 2; — ne haec quidem res ⟨*om. abcf; Np.*⟩ Curionem ad spem ⟨ad spem *del. Ciacc.*⟩ morabatur ⟨-bantur *bc; Np.*⟩: 2, 39, 6.

B. alqd: apertos ⟨*CC*⟩ cuniculos praeusta et praeacuta materia et pice feruefacta et maximi ponderis saxis morabantur moenibusque adpropinquare prohibebant ⟨*haec omnia om. BM*⟩: VII 22, 5; ¶ (Curio) praemittit equites, qui primum impetum sustineant ac morentur: 2, 26, 3; ¶ agmen Haeduorum conspicatus immisso equitatu iter eorum moratur atque impedit: VII 40, 4; 1, 63, 3 *u.* **C.**; ¶ auertit hic ⟨c⟩ casus uaginam et gladium educere conanti ⟨c⟩ dextram moratur manum, impeditumque ⟨c⟩ hostes circumsistunt: V 44, 8; ¶ ut, quidquid intercederet temporis, id morari reditum in Italiam uideretur: 3, 82, 2; ¶ ut, quidquid intercederet temporis, hoc omne ⟨omni *af;* homini *Ohl;* omnibus *Paul*⟩ uictoriam ⟨-ia *Ox*⟩ morari uideretur ⟨uteretur *Ox*⟩: 2, 39, 5.

C. omisso obiecto: equites . . . sese ad nouissimum agmen ostendunt et magna multitudine circumfusa morari atque iter ⟨iter atque *Paul*⟩ impedire incipiunt: 1, 63, 3.

Additur: sub armis: 1, 41, 2; ¶ diutius: II 10, 5; III 9, 5; VII 82, 4; interea, quoad . . .: V 24, 8; non ita multum: V 47, 3; paulisper: II 7, 3; V 21, 5; 1, 41, 2; ¶ unum diem: 1, 16, 1; biduum: VII 9, 1; 3, 37, 1; triduum: I 26, 5; 3, 40, 6; paucos dies *u.* **dies** *p. 894* α) *(4 loc.).*

mors. A. subi.: magno esse Germanis dolori Ariouisti mortem ⟨sortem *Cluuerius*⟩ et superiores nostras uictorias: V 29, 3.

B. obi.: Orgetorix mortuus est, neque abest suspicio . . ., quin ipse sibi mortem consciuerit: I 4, 4; quorum (solduriorum) haec est condicio, ut ⟨c⟩ . . ., si quid his ⟨c⟩ (quorum se amicitiae dediderint) per uim accidat, aut eundem casum una ferant aut sibi mortem consciscant: III 22, 2; ¶ Haedui . . . proiectis armis mortem deprecari incipiunt: VII 40, 6; ¶ magnae fuit fortunae . . . raedis equisque comprehensis ipsum effugere mortem ⟨*del. Ciacc.*⟩: VI 30, 2; ¶ hi (qui uulnera acceperant) de sua salute desperantes, ut extremo uitae tempore homines facere consuerunt, aut suam mortem miserabantur aut: 2, 41, 8; ¶ persequamur eorum mortem, qui indignissime interierunt: VII 38, 8; ¶ neque adhuc . . . repertus est quisquam, qui eo interfecto, cuius se amicitiae deuouisset, mori ⟨mortem β⟩ recusaret: III 22, 3; ¶ ipse fuga mortem uitauerat: V 20, 1.

C. dat.: qui se ultro morti offerant, facilius reperiuntur ⟨c⟩, quam qui dolorem patienter ferant: VII 77, 5.

D. gen.: hoc maxime ⟨c⟩ ad uirtutem excitari putant, metu mortis neglecto: VI 14, 5;

¶ neque is sum, inquit, qui grauissime ex nobis mortis ⟨in *add.* β⟩ periculo terrear: V 30, 2.

E. abl.; a): satis esse magna utrimque incommoda accepta . . .: *se* morte Curionis et detrimento Africani ⟨*c*⟩ exercitus tanto: 3, 10, 5; ¶ neque hominum morte memoria deleri debet: *ap. Gell.* V 13, 6; ¶ quorum omnium gratiam atque amicitiam eius morte redimere posset: I 44, 12; ¶ seu morte sua Romanis satis facere seu uiuum tradere uelint: VII 89, 2.

b): edocet, quanto detrimento et quot nirorum fortium morte necesse sit constare uictoriam: VII 19, 4.

F. c. praep.; a) ad: hi regum ⟨*c*⟩ amicos ad mortem ⟨morem *Nx*⟩ deposcere . . . consuerant: 3, 110, 5.

b) de: addunt etiam de Sabini morte: V 41, 4; ¶ Alexandriae de Pompei morte cognoscit: 3, 106, 4; ¶ principes Galliae . . . queruntur de Acconis morte; posse hunc casum ad ipsos recidere: VII 1, 4.

ad Ciceronis ⟨*o*⟩ hiberna aduolant ⟨*c*⟩ nondum ad eum fama de Titurii morte perlata: V 39, 1; — illo incommodo de Sabini morte perlato omnes fere Galliae ciuitates de bello consultabant: V 53, 4; — cum pater familiae inlustriore loco natus decessit, eius propinqui conueniunt et, de morte ⟨de morte *del. Ciacc.*⟩ si res in suspicionem uenit, de uxoribus . . . quaestionem habent: VI 19, 3.

c) post: post eius mortem nihilo minus Heluetii id, quod constituerant, facere conantur: I 5, 1; in primis hoc uolunt persuadere non interire animas, sed ab aliis post mortem transire ad alios: VI 14, 5.

mos. A. sing.; a) abl. modi; α) c. adiect.: quae (casae) more Gallico stramentis erant tectae: V 43, 1; matres familiae . . . suos obtestari et more Gallico passum ⟨*c*⟩ capillum ostentare liberosque in conspectum proferre coeperunt: VII 48, 3; ¶ militari more *u.* **militaris** *p. 598 (3 loc.);* ¶ pueri mulieresque ex muro passis manibus suo more pacem ab Romanis petierunt: II 13, 3; tum suo more ⟨suo more *del. RSchn.*; sine mora *Hartz*⟩ conclamauerunt, uti ⟨*c*⟩ aliqui ex nostris ad conloquium prodiret: V 26, 4; tum nero suo more uictoriam conclamant atque ululatum tollunt: V 37, 3; conclamat omnis multitudo et suo more armis concrepat, quod facere in eo consuerunt ⟨*c*⟩, cuius orationem adprobant: VII 21, 1; — Suebos . . . more suo concilio habito nuntios in omnes partes dimisisse: IV 19, 2.

β) c. gen.: qui (Conuictolitauis) per sacerdotes more ciuitatis intermissis magistratibus esset creatus: VII 33, 4; ¶ armatum concilium indicit ⟨*c*⟩. hoc more Gallorum est initium belli: V 56, 2; quibus (clientibus) more Gallorum nefas est etiam in extrema fortuna deserere patronos: VII 40, 7; ¶ de Accone . . . grauiore sententia pronuntiata more ⟨pronuntiat amore *BM*⟩ maiorum supplicium sumpsit: VI 44, 2; ¶ negat se more et exemplo populi Romani posse iter ulli per prouinciam dare: I 8, 3; ¶ quaeque ibi ⟨*c*⟩. naues imprudentia aut tempestate paulum suo cursu decesserunt, has more praedonum diripere consuerunt: 3, 112, 3.

(γ) om. adiect. uel genet.: signum dari iubet et nasa militari ⟨militaria *codd.*⟩ more conclamari: 1, 66, 2.)

b) abl. causae: iure iurando ac fide sanciatur petunt conlatis militaribus signis, quo ⟨β; quod α⟩ more eorum grauissima caerimonia continetur ⟨-imae -niae -nentur β⟩: VII 2, 2.

B. plur.; a) abl.; α): moribus suis Orgetorigem ex uinclis causam dicere coegerunt: I 4, 1; ¶ neque eorum (Sueborum) moribus turpins quicquam aut inertius habetur quam ephippiis ⟨*c*⟩ uti: IV 2, 4.

β): ipsi (Vbii) propter propinquitatem [quod] Gallicis sunt moribus adsuefacti: IV 3, 3.

b) c. praep.: non alienum esse uidetur de Galliae Germaniaeque moribus et quo differant hae nationes inter sese proponere: VI 11, 1; ¶ quorum (*i. e.* Neruiorum) de natura moribusque Caesar ⟨*c*⟩ cum quaereret, sic reperiebat: II 15, 3.

[**Falso:** cum incertis rumoribus ⟨moribus α⟩ seruiant: IV 5, 3; hi regum ⟨rerum *Nx*⟩ amicos ad mortem ⟨morem *Nx*⟩ deposcere . . . consuerant: 3, 110, 5.]

Mosa. *Cf. Düntzer, Caesars Bericht über den Lauf der Maas (JRh. X 1847 p. 53—60); Dederich, Julius Caesar am Rhein. (Paderborn 1870.) § 1 et 5.*

cognouerat enim magnam partem equitatus . . . ad Ambiuaritos trans Mosam missam: IV 9, 3; Mosa profluit ex monte Vosego, qui est in finibus Lingonum, et parte quadam ex Rheno recepta, quae appellatur Vacalus, insulam [quae] efficit Batauorum [in Oceanum influit] neque longius ab eo ⟨*c*⟩ milibus passuum LXXX in Oceanum ⟨*c*⟩ influit: IV 10, 1. 2; ii, qui frumentandi causa ierant ⟨*c*⟩ trans Mosam, nondum redierant ⟨*u. CC*⟩: IV 12, 1; cum ad confluentem Mosae ⟨Mosellae *Cluuerius*⟩ ⟨et Rheni *add. X; edd.; del. Bergk*⟩ peruenissent, se in flumen praecipitauerunt: IV 15, 2; quam (partem equitatus) supra commemoraui praedandi frumentandique causa Mosam transisse: IV 16, 2; in Eburones, quorum pars maxima est inter Mosam ac ⟨et β⟩ Rhenum: V 24, 4; ipse cum reliquis tribus ⟨*c*⟩ ad flumen Scaldem ⟨Sabim *Steph.*⟩, quod influit in Mosam ⟨Calbem, quod influit in Mosellam *Bergk*⟩, extremasque Arduennae partes ire constituit: VI 33, 3.

(**Mosella** *u.* **Mosa** IV 15, 2 *et* VI 33, 3.)

motus. A. propr.: quarum (nauium longarum) et species erat ⟨*c*⟩ barbaris inusitatior et motus ad usum expeditior: IV 25, 1; ¶ quae ⟨*c*⟩ (maritimae res) celerem atque instabilem motum haberent: IV 23, 5; ¶ et nauium figura et ⟨*c*⟩ remorum motu et inusitato genere tormentorum permoti barbari constiterunt: IV 25, 2; ¶ multa praeterea de sideribus atque eorum motu ... disputant et iuuentuti tradunt: VI 14, 6.

B. trsl.; a) = inclinatio, fluctuatio: se quoque ad motus fortunae mouere coepit: 2, 17, 3.

b) = seditio, tumultus, rebellio; α) subi.: quod tanti motus Galliae exstiterant: V 53, 3; ne quis aut ⟨*c*⟩ ex huius iracundia aut ex ... odio ciuitatis motus exsistat: VI 5, 2; ¶ ne quis ab his subito motus oreretur ⟨*c*⟩: VI 9, 5.

β) obi.: multis de causis Caesar maiorem Galliae motum exspectans ... dilectum habere instituit: VI 1, 1; ipse maiorem Galliae motum exspectans, ne ab omnibus ciuitatibus ⟨*c*⟩ circumsisteretur, consilia inibat: VII 43, 5; ¶ quod, cum ipse abesset, motum Galliae uerebatur: V 5, 4.

γ) abl.: addunt ... retineri urbano motu Caesarem neque in tantis dissensionibus ad exercitum uenire posse: VII 1, 2.

δ) c. praep.; αα) de: iam de Haeduorum defectione et ⟨*c*⟩ secundo Galliae motu rumores adferebantur: VII 59, 1; ¶ neque ullum fere ... tempus ... intercessit, quin aliquem de consiliis ⟨*c*⟩ ac motu Gallorum nuntium acciperet: V 53, 5.

ββ) propter: cum constituisset ⟨*c*⟩ hiemare ⟨*c*⟩ in continenti propter repentinos Galliae motus: V 22, 4.

moueo. 1. = (ex) loco mouere, promouere, amouere; A. propr.; a): castra *u.* **castra** *p. 462 (22 loc.)*; ¶ quorum impetum noster equitatus non tulit, sed paulatim ⟨*recc.;* paulo *a*[1]; paulum *Ofhl*⟩ loco motus cessit: 3, 93, 3; ¶ (rates: 1, 25, 7 *u.* **2. A.**;) ¶ (quibusnam manibus aut quibus uiribus praesertim homines ⟨*c*⟩ tantulae staturae ... tanti oneris turrim ⟨turrem β⟩ in muro ⟨muros α⟩ sese conlocare ⟨posse *add. Dt.*[2]; turrim moturos sese *Döhner; Dt.*[1]⟩ confiderent? II 30, 4;) ubi uero moueri (turrim) et adpropinquare moenibus ⟨*c*⟩ uiderunt: II 31, 1.

b): tanta ... tranquillitas exstitit, ut (naues) se ex loco mouere ⟨β; commouere α; *edd.*⟩ non possent: III 15, 3; Pompeius suis praedixerat, ut ⟨*c*⟩ Caesaris impetum exciperent neue ⟨*c*⟩ se loco mouerent: 3, 92, 1.

B. trsl.: non nullos signiferos ignominia notauit ac loco mouit ⟨monuit *a*⟩: 3, 74, 1.

2. = quatere, concutere, agitare; A. propr.: has (rates) quaternis ancoris ex IIII angulis destinabat ⟨*c*⟩, ne fluctibus mouerentur: 1, 25, 7.

B. trsl.; a) = inclinare: haec (Varro) omnibus ferebat sermonibus neque se in ullam partem mouebat: 2, 17, 2; postea nero, cum ... cognouit ... atque haec ad eum ... inflatius Afranius perscribebat ⟨*c*⟩, se quoque ad motus fortunae mouere coepit: 2, 17, 3.

b) = animum alcs commouere; α): (si quos aduersum proelium et fuga Gallorum commoueret ⟨moueret *A*[1]⟩, hos ... reperire posse: I 40, 8;) ¶ neque illud me mouet, quod ii, qui a me dimissi sunt, discessisse dicuntur, ut mihi rursus bellum inferrent: *ap. Cic. ad Att.* IX 16, 2.

β): tanta ... Galliae consensio fuit ..., ut neque beneficiis neque amicitiae memoria (Commins) moueretur ⟨*ego;* mouerentur *X; edd.*⟩ omnesque et animo et opibus in id bellum incumberent: VII 76, 2; ¶ quod fere fit, quibus quisque in locis miles inueterauerit, ut multum earum regionum consuetudine moueatur: 1, 44, 3; ¶ Catonem ueteres inimicitiae Caesaris incitant .... Lentulus aeris alieni magnitudine et spe exercitus ac prouinciarum et regum appellandorum largitionibus mouetur ...; Scipionem eadem spes prouinciae ... impellit: 1, 4, 2 (3); ¶ mouebatur (Caesar) etiam misericordia ciuium, quos interficiendos uidebat: 1, 72, 3.

γ): (Caesar) eisdem *[de] causis, quae sunt cognitae, quo minus dimicare uellet mouebatur: 1, 82, 3.

Mouere (castra, se) ex (loco): I 15, 1; III 15, 3; VII 8, 5; 3, 85, 2; **loco:** 3, 92, 1; 93, 3; — 3, 74, 1; — **ab** oppido: 3, 80, 6; ¶ **ad** Gergouiam: VII 41, 1; **in** Haeduos: VII 53, 3; **in** ⟨*c*⟩ Aruernos **uersus**: VII 8, 5; — in ullam partem: 2, 17, 2; **propius** alqm: IV 9, 1; VII 18, 1; 20, 1.

Aduerb.: multum: 1, 44, 3; statim: 3, 80, 6; ¶ maiore strepitu ac tumultu: VI 7, 8.

(mulculus: a ⟨*c*⟩ castris ⟨*CC*⟩ longurios, musculos ⟨*AQ;* mulculos *BM*β⟩, falces, reliquaque, quae eruptionis causa parauerat ⟨*c*⟩, profert: VII 84, 1.**)**

mulier. **A.** **subi.**: flere, implorare (pandere): I 51, 3 *u.* **B.** imponere; ¶ pueri mulieresque ex muro passis manibus suo more pacem . . . petierunt: II 13, 3; ¶¶ nominatim ratio confecta erat, qui numerus domo exisset eorum, qui arma ferre possent, et item separatim pueri, senes mulieresque: I 29, 1.

B. obi.: (Neruios) mulieres quique per aetatem ad pugnam inutiles ⟨*c*⟩ uiderentur, in eum locum coniecisse, quo . . . exercitui aditus non esset: II 16, 5; ¶ pueris mulieribusque in muro dispositis ⟨depos. *ah*⟩ . . . ipsi . . . in proxima Octauii castra inruperunt: 3, 9, 6; ¶ eo mulieres imposuerunt, quae in ⟨*c*⟩ proelium proficiscentes ⟨milites *add.* B^2β⟩ passis manibus flentes implorabant, ne se in seruitutem Romanis traderent: I 51, 3.

C. dat.: non aetate confectis, non mulieribus, non infantibus pepercerunt: VII 28, 4.

D. gen.: praesectis omnium mulierum crinibus tormenta effecerunt: 3, 9, 3; ¶ reliqua multitudo puerorum mulierumque . . . passim fugere coepit: IV 14, 5.

E. abl.: abstinere: VII 47, 5 *u.* **F. a).**

F. c. praep.; a) ab: obtestabantur Romanos, ut sibi parcerent neu, sicut Auarici fecissent, ne a ⟨*om.* β⟩ mulieribus quidem atque infantibus abstinerent: VII 47, 5.

b) cum: quos una cum pueris mulieribusque in aestuaria ac paludes coniectos ⟨*c*⟩ dixeramus: II 28, 1.

mulio: deque his (mulis) stramenta detrahi mulionesque ⟨calonesque *f*⟩ cum cassidibus equitum specie ac simulatione collibus circumuehi iubet. his paucos addit equites. . . . longo circuitu easdem omnes iubet petere regiones: VII 45, 2. 3.

multiplico: itaque aes alienum promuciae eo biennio multiplicatum est: 3, 32, 5.

multitudo. **A.** = **(magnus)** numerus *(genet. aut additur aut ex iis, quae antecedunt, intellegendus est);* **a) subi.; α)**: (adprobare: VII 21, 1 *u.* **B. a) α)** conclamare;) ¶ ne de improuiso aut noctu ad ⟨*c*⟩ munitiones hostium multitudo ⟨mult. host. β⟩ aduolaret aut interdiu tela in nostros operi destinatos coicere possent ⟨posset β⟩: VII 72, 2; ¶ (arbitrari: V 44, 10 *u.* **B. a) α)** conuertere;) ¶ circumfundi *u.* **circumfundo** **A.** *p. 533 (3 loc.)*; ¶ at reliqua multitudo puerorum mulierumque . . . passim fugere coepit; ad quos consectandos Caesar equitatum misit: IV 14, 5; ¶ nam cum ⟨namque β; *Flod.*⟩ tanta multitudo lapides ac tela coicereut ⟨coiciebant β; *Flod.*⟩, in ⟨ut in β; *Flod.*⟩ muro consistendi potestas erat ⟨esset β; *Flod.*⟩ nulli: II 6, 3; VII 72, 2 *u.* aduolare; ¶ conclamare, concrepare, cousuesse: VII 21, 1 *u.* **B. a) α)** conclamare; ¶ interim omnis ex fuga Suessionum multitudo in oppidum proxima nocte conuenit: II 12, 4; magnaque praeterea multitudo undique ex Gallia perditorum hominum latronumque conuenerat ⟨conuenerant *MQ*⟩: III 17, 4; quorum cum magna multitudo conuenisset: VII 48, 3; **(**VII 63, 6 *u.* **B. d)** suffragia;**)** quo cum esset postero die uentum, magna utrimque multitudo conuenit: 3, 19, 4; ¶ (conuertere: V 44, 10 *u.* **B. a) α)** conuertere; ¶ (hominum in Britannia) est infinita multitudo creberrimaque aedificia . . ., pecorum ⟨*c*⟩ magnus numerus ⟨numerus ingens β⟩: V 12, 3; tanti erant antiquitus in oppido omnium rerum ad bellum apparatus tantaque multitudo ⟨amplitudo *Paul*⟩ tormentorum, ut: 2, 2, 1; ¶ (facere: VII 21, 1 *u.* **B. a) α)** conclamare;) ¶ fugere: IV 14, 5 *u.* coepisse; ¶ posse: V 42, 4 *u.* **b)** cognoscere; VII 72, 2 *u.* aduolare; ¶ equites . . . uniuersi procucurrerunt ⟨*c*⟩ omnisque multitudo sagittariorum se profudit: 3, 93, 3; ¶ magna praeterea multitudo calonum, magna uis iumentorum, quae in castris subsederant ⟨subsederat β; *Schn.*⟩, facta potestate sequitur: VI 36, 3; ¶ magnitudo operum, altitudo muri atque turrium, multitudo tormentorum omnem administrationem tardabat ⟨-bant *O*⟩: 2, 2, 5; ¶ in Galliam magnam eorum (Germanorum) multitudinem uenire populo Romano periculosum uidebat: I 33, 3.

β) a c. pass.: ne a multitudine equitum dextrum cornu circumueniretur: 3, 89, 3; ¶ neque ab tanta multitudine coniecta tela conferti ⟨*c*⟩ uitare ⟨*c*⟩ poterant: V 35, 4; ¶ frumenta non solum a ⟨β; *Schn., Hold., Dt.*[2]; *om.* α; *rell. edd.*⟩ tanta multitudine iumentorum atque hominum ⟨hom. iumentorumque mult. β⟩ consumebantur, sed etiam: VI 43, 3; ¶ M. Petronius ⟨*c*⟩, . . . cum portas excidere conatus esset, a ⟨*om.* β⟩ multitudine oppressus . . . inquit: VII 50, 4; ¶ si illi a multitudine hostium premantur: IV 33, 2; hoc cum esset modo pugnatum . . . nostrique grauius a multitudine premerentur: 1, 46, 1; ¶ (certior factus est) montes . ., qui impenderent, a maxima multitudine Sedunorum et Veragrorum teneri: III 2, 1.

b) obi.: circumfundere *u.* **circumfundo A.** *p. 533 (3 loc.;)* ¶ ubi circumiecta multitudine hominum totis moenibus undique in murum lapides iaci coepti sunt: II 6, 2; ¶ cogere *u.* **cogo** *p. 582 (3 loc.);* ¶ qua quidem ex re hominum multitudo cognosci potuit ⟨pot. cogn. β⟩: V 42, 4; ¶ conuertere: V 49, 3 *u.* **B. b)** conuertere; ¶ hi nouissimos adorti . . . magnam multitudinem eorum ⟨*CC*⟩ fugientium conciderunt: II 11, 4; ¶ multis utrimque interfectis maiorem multitudinem ad arma ⟨β; *Schn.;* armatorum α; *rell. edd.*⟩ concitant: VII 42, 6; ¶ ne tanta multitudine confusa nec moderari nec discernere suos . . . possent: VII 75, 1; ¶ (consectari: IV 14, 5 *u.* **a) α)** coepisse;) ¶ trans uallem ⟨magnam *add.* β⟩ et riuum multitudinem hostium conspicatur: V 49, 5; ¶ erat . . . manus certa nulla, . . . non praesidium ⟨*c*⟩, quod se armis defenderet, sed in ⟨*o*⟩ omnes partes dispersa multitudo: VI 34, 1; ¶ C. Trebonius magnam iumentorum atque hominum multitudinem ex omni prouincia euocat ⟨*Ciacc.;* uocat *codd.; edd.*⟩: 2, 1, 4; ¶ armorum magna multitudine de muro in fossam . . . iacta . . . pace sunt usi: II 32, 4; ¶ aquae magnitudine pons est interruptus et reliqua multitudo equitum interclusa: 1, 40, 3; ¶ sine ullo periculo tantam eorum multitudinem nostri interfecerunt, quantum fuit diei spatium: II 11, 6; ¶ lenis armaturae magna multitudine missa . . . munitiones impediebat: 3, 45, 3; ¶ quantam quisque multitudinem in communi Belgarum concilio ad id bellum pollicitus sit ⟨*c*⟩: II 4, 4; ¶ quod quingentis equitibus tantam multitudinem equitum propulerant: I 15, 3; ¶ neque uero diutius qui in uallo constiterant multitudinem telorum sustinere potuerunt: 3, 95, 4; ¶ ne maior multitudo Germanorum Rhenum traducatur: I 31, 16; ne quam multitudinem hominum amplius trans Rhenum in Galliam traduceret: I 35, 3; quod multitudinem Germanorum in Galliam traducat, id se sui muniendi . . . causa facere: I 44, 6; ¶ ad onera ac ⟨β; ad α; *Np.*⟩ multitudinem iumentorum transportandam paulo latiores ⟨*c*⟩ (facit naues): V 1, 2; ¶ ueritus[que] nauium multitudinem ex alto refugerat: 2, 23, 3; ¶ (uocare: 2, 1, 4 *u.* euocare.)

c) dat.: neque ullos in Gallia uacare agros, qui dari tantae praesertim multitudini sine iniuria possint: IV 8, 2; ¶ exponere: VII 38, 4 *u.* **B. c)** exponere; ¶ quod pontis atque itinerum angustiae multitudini ⟨β; multitudinis α; *edd.*⟩ fugam intercluserant: VII 11, 8.

d) gen.: tantae multitudinis aditu ⟨aduentu β⟩ perterriti . . . demigrauerunt: IV 4, 3; ¶ neque ⟨*c*⟩ erat omnium quisquam, qui aspectum modo ⟨*om.* β⟩ tantae multitudinis sustineri posse arbitraretur: VII 76, 5; ¶ **(**fuga: VII 11, 8 *u.* **c);)** ¶ studium: VII 20, 5 *u.* **B. d)**.

e) abl.; α) causae: sibique ipsos multitudine atque angustiis maius attulisse detrimentum, quam ab hoste accepissent: 3, 72, 3; — **(**consumi: VI 43, 3 *u.* **a) β)** consumi;**)** — ut . . . magna multitudine nauium et tutius et facilius in Siciliam receptus daretur: 2, 30, 3; — castra erant ad bellum ducendum aptissima . . . aquae et salis copia, cuius magna uis . . . erat . . eo congesta. non materia multitudine arborum, non frumentum, cuius erant plenissimi agri, deficere poterat: 2, 37, 6; — tanta erat completis litoribus contentio, qui potissimum ex magno numero conscenderent, ut multitudine atque onere non nulli deprimerentur: 2, 43, 4; — hostes ⟨*c*⟩ in fugam coniecti se ipsi multitudine impediunt: VII 70, 3; hac ⟨ac *afl*⟩ fugientium multitudine ac turba portae castrorum occupantur atque iter impeditur: 2, 35, 3; hominum ⟨eorum *Ciacc.*⟩ enim multitudine receptus impediebatur: 3, 64, 2; — **(**multitudine oppressus: VII 50, 4 *u.* **a) β)** opprimi;**)** — cum magnae manus eo conuenissent, multitudine nauium perterritae . . . discesserant: V 8, 6; tirones enim multitudine nauium perterriti . . . se Otacilio dediderunt: 3, 28, 4; — quod (hostes) tantum multitudine poterant: II 8, 4; — quod erat ciuitas magna inter Belgas auctoritate atque hominum ⟨omnes B^2β⟩ multitudine praestabat: II 15, 1; — a dextro cornu uehementer multitudine suorum nostram aciem premebant: I 52, 6; (II 24, 4 *u.* **β)** complere;) cum (Petrosidius) magna multitudine hostium premeretur: V 37, 5; cum undique ⟨*c*⟩ flamma torrerentur maximaque telorum multitudine premerentur: V 43, 4; cum . . . nostros multitudine premi uiderent: VII 80, 4; — dum longius a ⟨*c*⟩ munitione aberant ⟨*o*⟩ Galli ⟨*o*⟩, plus multitudine telorum proficiebant: VII 82, 1; — multa huc minora nauigia addunt, ut ipsa multitudine nostra classis terreatur. magnum numerum sagittariorum, magnum Albicorum . . . imponunt: 1, 56, 2; ut . . . VII milium Pompeianorum impetum . . . sustinere auderent neque magnopere eorum multitudine terrerentur: 3, 84, 4; — quo ⟨c⟩ minus multitudine militum legionariorum pro hostium numero ualebat: I 51, 1; quodque Pompeius multitudine equitum ualebat: 3, 43, 2; — multitudine sagittarum atque omnis generis ⟨omni genere β⟩ telorum multos uulneratos: VII 41, 3.

β) instr.: ut ne magna quidem multitudine . . . munitionum praesidia circumfundi possent: VII 74, 1; — cum multitudine hostium castra compleri, [nostras ⟨c⟩] legiones premi et paene circumuentas teneri . . . uidissent: II 24, 4; cum . . . omnia fere superiora loca multitudine armatorum completa conspicerentur: III 3, 2; — multitudine telorum ex turribus propugnantes deturbant: VII 86, 5; — dari: 2, 30, 3 *u.* **α)** dari; — (equites . . . sese ad nouissimum agmen ostendunt et magna multitudine circumfusa morari atque iter ⟨*CC*⟩ impedire incipiunt: 1, 63, 3;) 3, 45, 3 *u.* **b)** mittere; — occupari: 2, 35, 3 *u.* **α)** impedire; simul enim diductis copiis pluribus uiis pugnabatur, et magna multitudine naues longas occupare hostes conabantur: 3, 111, 2; — posse: II 8, 4 *u.* **α)** posse; — premere *u.* **α)** premere *(4 loc.)*; — proficere: VII 82, 1 *u.* **α)** proficere; — reliquos audacissime transire conantes multitudine telorum reppulerunt: II 10, 3; — circumuentum teneri: II 24, 4 *u.* complere, — terrere: 1, 56, 2 *u.* **α)** terrere; — (ut magna multitudine circumfusa pro tali facinore stirps ac nomen ciuitatis tollatur: VI 34, 8;) — alteram nauem . . . pluribus ⟨multis *l*⟩ adgressus nauibus . . . labore et multitudine telorum nostros uicit: 3, 40, 2.

γ) limitat.: (Aquitaniam,) quae pars, ut ante dictum est, et regionum latitudine et multitudine hominum † ex tertia parte Galliae ⟨c⟩ est aestimanda: III 20, 1; — posse (II 8, 4) *et* praestare (II 15, 1) *et* ualere (I 51, 1; 3, 43, 2) *u.* **α)** (posse, praestare, ualere).

f) c. praep.; α) ad: neque qui essent ad maiorum ⟨maiorem *E*⟩ nauium ⟨nauigium β⟩ multitudinem ⟨multitudines a^1f^1; multitudinis a^2f^2h⟩ idonei portus reperire ⟨c⟩ poterat: IV 20, 4.

β) cum: cum eorum exiguus numerus cum tanta multitudine Numidarum conferretur: 2, 39, 4; ¶ ne cum tanta multitudine uno tempore confligendum sit: II 5, 2; ¶ quod cum tanta multitudine hostium . . . nisi aequo loco . . . legato dimicandum non existimabat: III 17, 7.

quorum aduentu magna cum auctoritate et magna cum ⟨?⟩ hominum multitudine bellum gerere conantur: III 23, 4; — Vsipetes Germani et ⟨c⟩ item Tencteri magna cum ⟨?⟩ multitudine hominum flumen Rhenum transierunt: IV 1, 1.

γ) ex: uti autem ipsos ualetudine non bona cum angustiis loci et odore taetro ex multitudine cadauerum, . . . tum: 3, 49, 3.

δ) in c. abl.: quod in tanta multitudine dediticiorum suam fugam aut occultari aut omnino ignorari posse existimarent: I 27, 4.

ε) inter: ipsos se inter multitudinem militum occultasse: VII 38, 5; (*cf.* **B. e) δ)**.)

ζ) prae: animaduertit collem . . . nudatum hominibus, qui superioribus diebus uix prae multitudine cerni poterat ⟨-tuerat?⟩: VII 44, 1.

η) pro: pro multitudine autem hominum et pro gloria belli atque fortitudinis angustos se fines habere arbitrabantur: I 2, 5.

ϑ) propter: Caesar primo et propter multitudinem hostium et propter eximiam opinionem uirtutis proelio supersedere statuit: II 8, 1; etsi propter multitudinem et ueterem belli gloriam paucitatemque nostrorum se tuto dimicaturos existimabant: III 24, 2; fuit antea tempus, cum . . . Galli . . . propter hominum multitudinem agrique inopiam trans Rhenum colonias mitterent: VI 24, 1.

B. = uulgus, populus, uniuersus exercitus; a) subi.; α): (adprobare: VII 21, 1 *u.* conclamare;) ¶ (arbitrari: V 44, 10 *u.* conuertere;) ¶ (cognoscere: 2, 7, 3 *u.* se effundere;) ¶ conclamat ⟨clamat *A*⟩ omnis multitudo et suo more armis concrepat, quod facere in eo consuerunt ⟨-uerant β⟩, cuius orationem adprobant: VII 21, 1; ¶ ut . . . interscinderent, omnis uero ex castris multitudo ad restinguendum concurreret: VII 24, 5; ¶ conferre: I 17, 2 *u.* **b)** deterrere; ¶ (consuesse: VII 21, 1 *u.* conclamare;) ¶ Acco . . . iubet in oppida multitudinem conuenire: VI 4, 1; ¶ ad hunc se confestim a Pulione omnis multitudo conuertit; illum uerūto ⟨c⟩ transfixum ⟨c⟩ arbitrantur ⟨c⟩: V 44, 10; ¶ debere: I 17, 2 *u.* **b)** deterrere; ¶ omnis sese multitudo ⟨ad cognoscendum *add. Ohl*⟩ effudit: 2, 7, 3; ¶ erat in oppido ⟨c⟩ multitudo insolens belli diuturnitate otii: 2, 36, 1; ¶ (facere: VII 21, 1 *u.* conclamare;) ¶ suaque esse eius modi imperia, ut non minus haberet iuris in se multitudo quam ipse in multitudinem: V 27, 3; ¶ in hoc omnis multitudo maiestatem regiam minui praedicabat: 3, 106, 4; ¶ (restinguere: VII 24, 5 *u.* concurrere.)

β): consurgunt ... suumque auxilium pollicentur atque a ⟨*c*⟩ multitudine conlaudantur: VI 23, 7; ¶ opprimi: VII 50, 4 *u.* **A. a)** β) opprimi.

b) obi.: hostes ab se discessisse omnemque ad eum multitudinem conuertisse: V 49, 3; ¶ hos seditiosa atque improba oratione multitudinem deterrere, ne frumentum conferant, quod [praestare] debeant: I 17, 2.

c) dat.: eadem, quae Litauiccus pronuntiauerat, multitudini exponunt: VII 38, 4; ¶ intercludere: VII 11, 8 *u.* **A. c)**; ¶ magistratus quae uisa sunt occultant, quaeque ⟨*c*⟩ esse ex usu iudicauerunt, multitudini produnt ⟨ex usu iudicauerunt multitudini(s), produnt *Kraff.*⟩: VI 20, 3.

d) genet.: crebrae continuis diebus ex concursu multitudinis concitationes fiebant: 3, 106, 5; ¶ in conspectu multitudinis omnibus cruciatibus adfectus necatur: V 56, 2; quod ipse animo non defecerat ... neque *se* in occultum abdiderat et conspectum multitudinis fugerat: VII 30, 1; ¶ (fuga: VII 11, 8 *u.* **A. c)**;) ¶ impetuque multitudinis in C. Trebonium facto ... eum de tribunali deturbauit: 3, 21, 2; ¶ ne is ⟨*c*⟩ multitudinis studio ad dimicandum impelleretur: VII 20, 5; ¶ conueniunt undique frequentes. multitudinis suffragiis ⟨*ik;* frequentes multitudines. suffragiis *X*⟩ res permittitur: VII 63, 6.

e) c. praep.; α) **ab**: sperare (se) a multitudine impetrari posse, quod ad militum salutem pertineat: V 36, 2.

β) **ex**: Pulio pilum in hostes immittit ⟨*c*⟩ atque unum ex multitudine procurrentem traicit: V 44, 6.

γ) **in c. acc.**: eius rei culpam in multitudinem contulerunt ⟨β; coniecerunt α; *cdd.*⟩: IV 27, 4; ¶ ius in: V 27, 3 *u.* **a)** α) habere.

δ) **intra**: illi ... silentio adgressi ⟨*c*⟩ uniuersi ⟨*Np.;* uniuersas *codd.*⟩ intra ⟨*Oh;* inter *Nafl*⟩ multitudinem sagittas coiciebant ⟨silentio adducti in uniuersos intra munitionem sag. coic. *Paul*⟩: 3, 50, 1.

C. = **pluralis**: num tu harum rerum natura accidere arbitraris, quod unam terram ac plures terras et ... imperium et imperia dicamus, neque quadrigas in unam ⟨?⟩ nominis figuram redigere neque harenam multitudinis appellatione ⟨in multit. appellationem *Gron.*⟩ conuertere possimus? *ap. Gell.* XIX 8, 8.

(**Multitudines**: VII 63, 6.)

Constructio κατὰ σύνεσιν: II 6, 3; (IV 14, 5; V 44, 10; VII 21, 1;) VII 72, 2 ⟨*c*⟩.

Adiect.: (ali)qua: I 35, 3; (frequentes: VII 63, 6;) infinita: VI 2, 3; insolens (belli): 2, 36, 1; (ipsa: 1, 56, 2;) magna *u.* **magnus** *p. 522 (19 loc.)*; maior: I 31, 16; (IV 20, 4;) VII 42, 6; maxima: III 2, 1; V 43, 4; omnis: II 12, 4; V 44, 10; 49, 3; VII 21, 1; 24, 5; 2, 7, 3; 3, 80, 3; 93, 3; 106, 4; quanta: II 4, 4; reliqua: IV 14, 5; 1, 40, 3; tanta: I 15, 3; 27, 4; II 5, 2; 6, 3; 11, 6; III 17, 7; IV 4, 3; 8, 2; V 35, 4; VI 43, 3; VII 75, 1; 76, 5; 2, 2, 1; 39, 4.

multo, -are: exposuit, quos et quam humiles (Haeduos) accepisset, compulsos ⟨*c*⟩ in oppida, multatos agris, omnibus ereptis copiis ⟨sociis β⟩, ... obsidibus summa cum contumelia extortis: VII 54, 4; — unam fore tabellam, qui liberandos omni periculo censerent, alteram, qui capitis damnarent, tertiam, qui pecunia ⟨-niam *O¹a¹l¹*⟩ multarent: 3, 83, 4.

multus. 1. adiect.; **A. pertinet ad numerum** (= **magnus numerus, magna copia**); **a) posit.**; α) **subst. additur plurali numero**: (aduersarii: 2, 35, 6 *u.* **2. A. a)** α) αα) sese recipere *et* **2. A. a)** β) uulnerare;) ¶ cuius pater regnum in Sequanis multos annos obtinuerat: I 3, 4; cum tantopere de potentatu inter se multos annos contenderent: I 31, 4; multos annos a finitimis exagitati: II 29, 5; quos (exercitus) contra se multos iam annos aluerint: 1, 85, 5; qui principatum in ciuitate ⟨*c*⟩ multis annis ⟨multos annos *Wsbg*⟩ obtinuerat: 3, 59, 1; hanc (aquilam) ... uiuus multos per annos magna diligentia defendi: 3, 64, 3; ¶ hos cum Suebi multis saepe bellis experti ... expellere non potuissent: IV 3, 4; ¶ multisque capitibus in Oceanum influit: IV 10, 5; ¶ uenerant eo ... equites ex Gallia cum multis carris magnisque impedimentis: 1, 51, 1; ¶ multis de causis Caesar statuit sibi Rhenum esse transeundum: IV 16, 1; multis de causis Caesar maiorem Galliae motum exspectans ... instituit: VI 1, 1; eius rei multas adferunt causas: VI 22, 3; ¶ in quibus erat legio nona multis amissis centurionibus: 3, 67, 3; ¶ multis in ciuitatibus harum rerum exstructos *cumulos ... conspicari licet: VI 17, 4; multae longinquiores ciuitates ab Afranio desciscunt et Caesaris amicitiam sequuntur: 1, 60, 5; ¶ damnati: 3, 110, 3 *u.* exsules;

¶ quem (equitatum) multis ante diebus eo praemiserat: VII 9, 4; Bibulus multos dies terra prohibitus . . . sustinere non potuit: 3, 18, 1; conamur opus magnum et multorum dierum: *ap. Cic. ad Att.* IX 14, 1; ¶ equi: (2, 39, 5 *u.* spolia;) quam maximas potuerunt pecunias mutuati . . . multis coemptis equis ad Pompeium transierunt: 3, 60, 5; ¶ (omnes ⟨β; *Schn.;* multos α; *Fr., Db.; del. Whitte; Np., Dt., Hld.*⟩ equites Haeduorum interfectos: VII 38, 5; 2, 39, 5 *u.* spolia;) ¶ multi praeterea capitis damnati exsulesque conuenerant: 3, 110, 3; ¶ submersamque nanem remulco multisque contendens funibus adduxit: 3, 40, 1; ¶ Galli: I 25, 4 *u.* **2. A.** a) α) αα) iactare; (VII 13, 2 *ib.* β) amittere;) (3, 2, 3 *ib.* α) αα) deficere;) ¶ multaque in ea (silua) genera ferarum nasci constat: VI 25, 5; ¶ hinc se flectit sinistrorsus . . . multarumque gentium fines propter magnitudinem attingit: VI 25, 3; ¶ (homines: 2, 39, 5 *u.* spolia;) ¶ (tamen tot ⟨tam multis β⟩ incommodis conflictati multis uulneribus acceptis resistebant: V 35, 5;) ¶ (inimici: V 25, 3 *u.* **2. A.** a) α) ββ);) ¶ in plures diffluit ⟨c⟩ partes multis ingentibusque insulis effectis: IV 10, 4; ¶ magnoque comitatu et multis iumentis uenerant: 3, 61, 1; ¶ Diuiciacus multis ⟨multum *af*⟩ cum lacrimis Caesarem complexus obsecrare coepit: I 20, 1; ¶ multis locis *u.* **locus** *p. 482 (3 loc.)*; ¶ (itaque multis (Massiliensibus?) interfectis reliquos . . . reppulerunt: 2, 14, 6;) ¶ cum multos menses castris se . . . tenuisset: I 40, 8; ita multorum ⟨itaque duorum *Kindsch.*⟩ mensium ⟨c⟩ labor hostium perfidia . . . puncto temporis interiit: 2, 14, 4; multi iam menses erant . . ., neque Brundisio naues . . . ueniebant: 3, 25, 1; ¶ hi nouissimos adorti et multa milia passuum prosecuti magnam multitudinem . . . conciderunt: II 11, 4; multa milia equitum atque essedariorum habet: *Philargyr. ad Verg. Georg.* III 204; ¶ multa huc minora nauigia addunt, ut ipsa multitudine nostra classis terreatur: 1, 56, 2; ¶ nobiles: I 44, 12 *u.* principes; ¶ hos (Numidas) adorti magnum eorum numerum interficiunt; multi perterriti profugiunt: 2, 38, 5; ¶ eo fama iam praecucurrerat ⟨c⟩ . . . de proelio Dyrrachino, quod multis auxerat ⟨c⟩ partibus: 3, 80, 2; quoniam numero multis partibus esset inferior: 3, 84, 3; ¶ quod si eum interfecerit, multis sese nobilibus principibusque populi Romani gratum esse facturum: I 44, 12; ¶ Gallis . . . prouinciarum propinquitas . . . multa ad copiam largitur, paulatim adsuefacti superari multisque uicti proeliis ne se quidem ipsi cum illis uirtute comparant: VI 24, 6; hortatusque est, ne . . . his rebus terrerentur multisque secundis proeliis unum aduersum et id mediocre opponerent: 3, 73, 2; ¶ secundum ea multae res eum hortabantur: I 33, 2; multae res ad hoc consilium Gallos hortabantur: III 18, 6; etsi multis iam rebus perfidiam Haeduorum ⟨o⟩ perspectam habebat: VII 54, 2; Afranianos contra multis rebus sui timoris signa misisse ⟨CC⟩: 1, 71, 3; etsi multis necessariisque rebus in Italiam ⟨c⟩ reuocabatur: 2, 18, 7; ¶ multa praeterea spolia *proferebantur, capti homines equique ⟨*Ciacc.;* equitesque *codd.*⟩ producebantur: 2, 39, 5; ¶ multae praeustae sudes, magnus muralium pilorum numerus instituitur: V 40, 6; ¶ cum . . . alii multis telis coniectis defensores uallo munitionibusque depellerent: III 25, 1; ¶ easque (turres) multis tormentis et omni genere telorum completas ad opera Caesaris adpellebat: 1, 26, 1; ¶ auxiliis equitatuque comparato, multis praeterea uiris fortibus Tolosa et Narbone ⟨c⟩ . . . nominatim euocatis . . . exercitum introduxit: III 20, 2; ¶ suas copias Ariouistus multis et ⟨c⟩ inlatis et acceptis uulneribus in castra reduxit: I 50, 3; cum circumuentus multis uulneribus acceptis cecidisset ⟨c⟩: IV 12, 6; tamen tot ⟨tam multis β⟩ incommodis conflictati multis uulneribus acceptis resistebant: V 35, 5; M. Petronius . . . sibi desperans multis iam ⟨c⟩ uulneribus acceptis . . . inquit: VII 50, 4; prospectu tenebris adempto multa utrimque uulnera accipiuntur: VII 81, 5; multis undique uulneribus acceptis . . . se ad suos receperunt: VII 82, 2; — P. Sextio Baculo ⟨c⟩, fortissimo uiro, multis grauibusque uulneribus confecto: II 25, 1; quod primum hostium impetum multis ultro uulneribus inlatis fortissime sustinuerint: V 28, 4; magna uis eminus missa telorum multa nostris . . . impeditis uulnera inferebant: 2, 6, 3.

β) **subst. singulari numero:** hae reuinciuntur ⟨c⟩ introrsus ⟨c⟩ et multo aggere uestiuntur: VII 23, 2; ¶ multum erat frumentum prouisum et conuectum superioribus temporibus, multum ex omni prouincia comportabatur; magna copia pabuli suppetebat: 1, 49, 1; ¶ ad alteram turrim ⟨c⟩ aggeremque eruptione pugnauerunt multumque ignem intulerunt: 2, 14, 5; ¶ etsi res erat multae operae ac laboris: V 11, 5; ¶ pudor: 1, 67, 4 *u.* **2. B. a)** α) ββ).

b) comparat.: (qui complures ⟨cum piures

codd.; Hold.⟩ annos Sueborum uim sustinuerunt: IV 4, 1;) ¶ hoc ubi uno auctore ad plures permanauerat atque alins alii tradiderat, plures auctores eius rei uidebantur: 2, 29, 2; ¶ nam plura castella Pompeius pariter distinendae manus causa temptauerat: 3, 52, 1; ¶ Tarraco ⟨*c*⟩ aberat longius; quo spatio plures rem posse casus recipere intellegebant: 1, 78, 4; ¶ prius quam plures ciuitates conspirarent: III 10, 3; coactus est aliter ... exercitum in hibernis conlocare legionesque in plures ciuitates distribuere: V 24, 1; ¶ ilii pluribus submissis ⟨*c*⟩ cohortibus repelluntur: V 15, 5; expeditae cohortes nouissimum agmen claudebant pluresque ⟨pluriesque *Ciacc.*; pluribusque *Terpstra; u. CC*⟩ in locis campestribus subsistebant: 1, 79, 1; ¶ postremo et plures ⟨complures *O*⟩ intermittere dies et praeter consuetudinem omnium noctu *instituerant pabulari: 1, 59, 3; ¶ hoc mortuo aut ⟨*c*⟩ si qui ex reliquis (druidibus) excellit dignitate, succedit, aut, si sunt plures pares ⟨par. plur. β⟩, ... contendunt: VI 13, 9; ¶ (hostes: IV 26, 3 *u.* **2. A. b) α) αα)**;) ¶ quibus accidit rebus, ut pluribus dimissi ⟨*Steph.*; dimissis *codd.; Ciacc.*⟩ itineribus ⟨*del. Ciacc.*⟩ a Caesare ad Domitium et a Domitio ad Caesarem nulla ratione iter conficere possent: 3, 79, 5; ¶ quod instituto Caesaris semper duae ⟨*o*⟩ legiones pro castris excubabant ⟨*c*⟩ pluresque ⟨duaeque *ik*⟩ partitis temporibus erant in opere: VII 24, 5; quod eo loco plures erat legiones habiturus: 3, 66, 4; ¶ Romanorum manus tantis munitionibus distinetur nec facile pluribus locis occurrit: VII 84, 3; (1, 79, 1 *u.* cohortes;) eas (scaphas) in litore pluribus locis separatim disposuit: 3, 24, 1; ut mouendis castris pluribusque adeundis locis commodiore re ⟨*o*⟩ frumentaria uteretur: 3, 85, 2; ¶ dimittendae plures manus diducendique erant milites: VI 34, 5; ¶ (compluribus ⟨cumpluribus *B*; cum pluribus *Aβ*⟩ nauibus fractis reliquae cum ⟨*om.* β⟩ essent ... ad nauigandum inutiles: IV 29, 3;) producta longius acie circumuenire nostros aut pluribus nauibus adoriri singulas ... contendebant: 1, 58, 1; alteram nanem ... pluribus ⟨multis *l*⟩ adgressus nauibus ... labore et multitudine telorum nostros uicit: 3, 40, 2; ¶ in plures diffluit ⟨*c*⟩ partes multis ingentibusque insulis effectis: IV 10, 4; ¶ eruptionem ex oppido pluribus portis summa ui facere conabantur: VII 73, 1; ¶ Gallis magno ad pugnam erat impedimento, quod pluribus eorum scutis uno ictu pilorum transfixis ... neque euellere neque ... pugnare poterant: I 25, 3; ¶ quod unam terram ac plures terras ... dicamus: *ap. Gell.* XIX 8, 8; ¶ haec cum pluribus nerbis fiens a Caesare peteret: I 20, 5; ¶ simul enim diductis copiis pluribus uiis pugnabatur, et magna multitudine nanes longas occupare hostes conabantur: 3, 111, 2.

c) superl.; α) plurimi: ut quisque est genere copiisque ⟨*c*⟩ amplissimus, ita plurimos circum ⟨*c*⟩ se ambactos clientesque habet ⟨*c*⟩: VI 15, 2; ¶ quod et naues habent Veneti plurimas ... et: III 8, 1; ¶ cuius imperatoris duetu ... rem publicam felicissime gesserint plurimaque proelia secunda fecerint: 1, 7, 6; ¶ huins sunt plurima ⟨plura *A*⟩ simulacra: VI 17, 1; ¶ qui plurimos ex his (uris) interfecerunt ⟨*c*⟩ ..., magnam ferunt landem: VI 28, 3.

β) quam plurimi: nonis rebus studebat et quam plurimas ciuitates suo beneficio habere obstrictas uolebat: I 9, 3; ¶ relinquebatur, ut extremam rationem belli sequens quam plurimos colles occuparet: 3, 44, 2; magna ui uterque nitebatur: Caesar, ut quam angustissime Pompeium contineret, Pompeius, ut quam plurimos colles quam maximo circuitu occuparet: 3, 45, 1; ¶ naues in Venetiam ... quam plurimas possunt cogunt: III 9, 9; legatis imperat, ... uti quam plurimas *possint hieme naues aedificandas ueteresque reficiendas curent ⟨*c*⟩: V 1, 1; Labieno scribit, ut quam plurimas possit ⟨*c*⟩ iis legionibus, quae sint ⟨*c*⟩ apud eum, naues instituat: V 11, 4.

B. pertinet ad tempus (= magna pars): multo denique die per exploratores Caesar cognouit: I 22, 4; ¶ ad multam ⟨mediam *Plutarch.*⟩ noctem etiam ad impedimenta pugnatum est: I 26, 3; quos equitatus apertissimis campis consectatus ... multa nocte se in castra recepit ⟨*c*⟩: III 26, 6; quos ille multa iam nocte silentio ⟨*c*⟩ ex ⟨*c*⟩ fuga ⟨*c*⟩ excepit: VII 28, 6.

C. pertinet ad usum (= frequens): commodissimum uisum est ... Procillum ... et propter fidem et propter linguae Gallicae scientiam, qua multa iam Ariouistus longinqua consuetudine utebatur ⟨quorum amicitia iam ariouistus longinqua consuetudine utebatur et propter fidem et propter linguae Gallicae scientiam β⟩, ... ad eum mittere: I 47, 4.

2. ui subst.; A. masc. (plur.); a) posit.; α) subi.; αα): tantis excitati praemiis et sua sponte multi in disciplinam conueniunt et a parentibus propinquisque mittuntur. magnum ibi numerum uersuum ediscere dicuntur: VI 14, 3; ¶ multi ex suis finibus egressi se suaque omnia alienissimis crediderunt: VI 31, 4; ¶ eae ⟨c⟩ ipsae copiae hoc infrequentiores [copiae] imponuntur, quod multi Gallicis ⟨pr. edd.; galli codd.⟩ tot bellis defecerant: 3, 2, 3; ¶ (dicuntur ediscere: VI 14, 3 u. conuenire;) ¶ magna pars (illius exercitus) deperiit . . .; multos autumni pestilentia in Italia consumpsit, multi domum discesserunt, multi sunt relicti in continenti: 3, 87, 3; ¶ (ediscere: VI 14, 3 u. conuenire;) ¶ egredi: VI 31, 4 u. credere; ¶ Gallis magno . . . erat impedimento, quod . . . (non) satis commode pugnare poterant, multi ut diu iactato bracchio praeoptarent scutum ⟨c⟩ manu emittere et nudo corpore pugnare: I 25, 4; ¶ multi ex Italia ad Cn. Pompeium proficiscebantur, alii, ut . . ., alii, ne . . . uiderentur: 1, 53, 3; ¶ ex numero aduersariorum . . . mille ⟨c⟩ uulneratis, qui omnes discessu Curionis multique praeterea per simulationem uulnerum ex castris in oppidum propter timorem sese recipiunt: 2, 35, 6; ¶ multi praeterea in finitimas ciuitates refugerunt: 3, 99, 3.

ββ) **abl. abs.**: tertium iam hunc annum regnantem inimici ⟨β; inimicis *Np., Dt.*[1]; inimicis iam α; inimicissimi *Paul; Hold.*⟩ palam multis ⟨β; multis palam α; *edd.*⟩ ex ciuitate ⟨et iis *add.* α; *Np., Dt.*[1]; necis *Oud.*; caedis *Dauis.*⟩ auctoribus ⟨eum *add.* α; *Np., Fr., Dt.*[1]⟩ interfecerunt ⟨*u. CC*⟩: V 25, 3.

β) **obi.**: eorum impetum Galli sustinere non potuerunt atque in fugam coniecti multis amissis se ad agmen receperunt: VII 13, 2; ¶ multi ex duabus legionibus, quae sunt traditae a Caesare, arcessuntur ⟨c⟩: 1, 3, 2; ¶ magnus ibi numerus pecoris repertus multique in fuga sunt comprehensi atque interfecti: V 21, 6; ¶ consumere: 3, 87, 3 u. α) αα) discedere; ¶ celeriter contraque omnium opinionem confecto itinere multos in agris inopinantes deprehendit; eorum indicio ad ipsum Ambiorigem contendit: VI 30, 1; ¶ multos ex fuga dispersos excipiunt, magno pecoris numero . . . potiuntur: VI 35, 6; ¶ euocare: (VI 34, 4 u. seuocare;) multi undique ex ueteribus Pompei exercitibus spe praemiorum atque ordinum euocantur: 1, 3, 2; ¶ interficere u. **interficio** *p. 214 C. (5 loc.)*; ¶ mittere: VI 14, 3 u. α) αα) conuenire; ¶ relinquere: 3, 87, 3 *ib.* discedere; ¶ praedae cupiditas multos longius seuocabat ⟨*Paul*; euocabat *X; edd.*⟩: VI 34, 4; ¶ multitudine sagittarum atque omnis ⟨c⟩ generis ⟨c⟩ telorum multos uulneratos: VII 41, 3; (ex numero aduersariorum circiter DC interfectis ac mille ⟨*om. plur. codd.*; ∞ *h int. uers. ead. m., l*[3], *Paris. 5768*; CC *Oe*; multis *E. Hoffm.*⟩ uulneratis ⟨deuulneratis *l*[1]⟩: 2, 35, 6;) Pompeius . . . sagittarios funditoresque mittebat, quorum magnum habebat numerum, multique ex nostris uulnerabantur: 3, 44, 6.

(γ) **genet.**: eorum indicio: VI 30, 1 u. β) deprehendere.)

δ) **c. praep.**: quod ea res ad multos pertinebat: VII 43, 3.

b) compar.; α) subi.; αα): hostes . . . incitatis equis impeditos adoriebantur, plures paucos circumsistebant: IV 26, 3; ¶ pluresque in eo loco sine uulnere quam in proelio aut fuga intereunt: 2, 35, 3.

ββ): quod pluribus praesentibus eas res iactari nolebat: I 18, 1.

β) **obi.**: (dimittere: 3, 79, 5 u. **1. A. b)** itinera;) ¶ postea quam agros . . . Gallorum homines feri ac barbari adamassent, traductos plures: I 31, 5.

(γ) **genet.**: eorum impulsu: V 25, 4 u. δ).)

δ) **c. praep.**: hoc ubi uno auctore ad plures permanauerat atque alius alii tradiderat, plures auctores eius rei uidebantur: 2, 29, 2; ¶ ueritus, quod ad plures ⟨res *add. Pluyg.*⟩ pertinebat, ne ciuitas eorum impulsu deficeret: V 25, 4.

B. neutr.; a) sing.; α) posit.; αα) subi.: neque multum abesse ab eo, quin paucis diebus deduci (naues) possint: V 2, 2; neque multum afuit, quin etiam castris expellerentur: 2, 35, 4; ¶¶ cum . . . neque multum aestatis superesset atque id facile extrahi posse intellegeret: V 22, 4; neque multum ad solis occasum temporis ⟨*om. O*[1]*f*⟩ supererat ⟨supererat temp. *Nl*⟩: 3, 51, 7.

ββ) **obi.**: multum cum in omnibus rebus tum in re militari potest fortuna: VI 30, 2; multum fortunam in repentino hostium aduentu potuisse iudicauit, multo etiam amplius, quod paene ab ipso uallo . . . barbaros auertisset: VI 42, 1. (2;) lucem ⟨luce *Paul*⟩ multum per se ⟨luce multum posse *Paul*⟩ pudorem omnium oculis, multum ⟨metum *Paul*⟩ etiam tribunorum militum et centurionum praesentiam ⟨praesentium *O*[1]*af*⟩ adferre: 1, 67, 4; ¶ sic et ad subeundum periculum et ad uitandum multum ⟨tumultum β⟩ fortuna ualuit: VI 30, 4; multum ad terrendos nostros ualet clamor, qui . . . exstitit ⟨c⟩: VII 84, 4; magnum in timorem . . . perueniunt . . ., quod multum Caesar equitatu ualebat: 1, 61, 2.

β) **compar.; αα)** plus quam: plus, quam

pollicitus esset, Caesarem ⟨c⟩ facere: I 42, 6; ¶ esse non nullos, quorum auctoritas apud plebem plurimum ualeat, qui priuatim plus possint ⟨c⟩, quam ipsi magistratus: I 17, 1; ¶ quod plus se quam imperatorem de uictoria atque exitu rerum sentire existimarent: VII 52, 3.

nec quemquam ex eo plus quam se doloris capere: I 20, 2.

ββ) non sequ. quam; a) obi.: plusque animo prouidere et praesentire existimabatur: VII 30, 2; ¶ dum longius a ⟨c⟩ munitione ⟨c⟩ aberant Galli, plus multitudine telorum proficiebant: VII 82, 1; ¶ esse non nullo se Caesaris beneficio adfectum . . .; sed plus communi libertati tribuere: VII 37, 4; ¶ utrum apud eos pudor atque officium an timor plus ⟨*B²β; om. α; edd.*⟩ ualeret: I 40, 14.

b) genet.: possessiones redemi easque postea pluris ⟨plus *MB²*⟩ uenditas: *ap. Diomed. art. gramm. I 368 Keil.*

γ) superl. (obi.): sese pro Caesaris in se beneficiis plurimum ei confiteri debere: V 27, 2; ¶ qui in re publica iudiciisque tum plurimum pollebant ⟨*u. CC*⟩: 1, 4, 3; sanctitas regum, qui plurimum inter homines pollent: *ap. Suet.* 6; ¶ non esse dubium, quin totius Galliae plurimum Heluetii possent: I 3, 7; Dumnorix gratia et largitione apud Sequanos plurimum poterat: I 9, 3; cum ipse gratia plurimum domi atque in reliqua Gallia, ille minimum propter adulescentiam posset: I 20, 2; qui (Haedui) et sua uirtute et populi Romani hospitio atque amicitia plurimum ante in Gallia potuissent: I 31, 7; tamen se plurimum nauibus posse: III 9, 6; quae (fortuna) plurimum potest cum in reliquis rebus tum praecipue in bello: 3, 68, 1; ¶ esse non nullos, quorum auctoritas apud plebem plurimum ualeat, qui priuatim plus possint ⟨c⟩, quam ipsi magistratus: I 17, 1; plurimum inter eos Bellouacos et uirtute et auctoritate et hominum numero ualere: II 4, 5; quo ⟨c⟩ (equitatu Sotiates) plurimum ualebant: III 20, 3; haec ciuitas longe plurimum totius Galliae equitatu ualet magnasque habet copias peditum: V 3, 1; magni interesse arbitrabatur eius auctoritatem inter suos quam plurimum ualere, cuius tam egregiam in se uoluntatem perspexisset: V 4, 3.

b) plural.; α) posit.; αα) subi.: designare: 3, 96, 1 *u.* ββ) uidere; ¶ sed multa Caesarem tamen ⟨tamen multa caes. β⟩ ad id bellum incitabant: iniuria ⟨c⟩ retentorum equitum Romanorum, rebellio facta post deditionem, defectio datis obsidibus, tot ciuitatum ⟨c⟩ coniuratio, in primis ne . . . reliquae nationes sibi idem licere arbitrarentur: III 10, 1. (2;) ¶ posse: *ap. Cic. ad Att.* IX 7 *C*, 1 *u.* ββ) reperire.

ββ) obi.: multa rumore adfingebantur ⟨*Np.; multarum rumore orat fingebant a; multa rumore fingebant f; multa rumor fingebat Ohl; multa rumor adfingebat (Steph.; Db., Dt.)*⟩: 1, 53, 2; ¶ simul animaduertit multa undique portari atque agi plenissimis uiis, quae repentini tumultus timore ex agris in urbem conferantur: 2, 25, 2; ¶ et multa uirtuti eorum concedens rem totam distulit: 3, 60, 1; ¶ conferre: 2, 25, 2 *u.* agere; ¶ multa a ⟨c⟩ Caesare in eam sententiam dicta sunt: I 45, 1; ¶ multa praeterea de sideribus atque eorum motu, de . . . deorum immortalium ⟨c⟩ ui ⟨o⟩ ac potestate disputant et iuuentuti tradunt: VI 14, 6; ¶ multa praeterea generatim ad auaritiam excogitabantur: 3, 32, 1; ¶ fingere: 1, 53, 2 *u.* adfingere; ¶ Gallis . . . transmarinarum rerum notitia multa ad copiam atque usus ⟨c⟩ largitur: VI 24, 5; ¶ multa suppliciter locutus est: 3, 19, 3; ¶ portare: 2, 25, 2 *u.* agere; ¶ Ariouistus ad postulata Caesaris pauca respondit, de suis uirtutibus multa praedicauit: I 44, 1; ¶ id quem ad modum fieri possit non nulla mihi in mentem ueniunt et multa reperiri possunt: *ap. Cic. ad Att.* IX 7 *C*, 1; ¶ multaque ⟨frumentaque *Paul*⟩ erant intra eum locum manu sata, quibus interim iumenta pasceret: 3, 44, 3; ¶ tradere: VI 14, 6 *u.* disputare; ¶ in castris Pompei uidere licuit . . . non nullorum tabernacula protecta hedera, multaque praeterea, quae nimiam luxuriam et uictoriae fiduciam designarent: 3, 96, 1.

γγ) abl.: quibus pasceret: 3, 44, 3 *u.* ββ) serere.)

β) compar.: quem ingressum in sermonem Pompeius interpellauit et loqui plura prohibuit: 3, 18, 3.

3. ui aduerb. (= ualde, frequenter, diu); A. pos.; a) multum: neque frumenta in † hibernis erant neque ⟨ex hibernis erant nouaque *E. Hoffm.*⟩ multum a maturitate aberant: 1, 48, 5; ¶ adiuuare *u.* **adiuuo** *p. 167 sq. (5 loc.)*; ¶ quod multum expedito ⟨c⟩ itinere antecesserat Caesar: 3, 75, 3; ¶ neque multum Albici nostris uirtute cedebant: 1, 57, 3; neque multum cedebant uirtute nostris ⟨*u. CC*⟩: 2, 6, 3; ¶ quod multum natura loci confidebant: III 9, 3; quibus (auxiliaribus) ad pugnam non multum Crassus confidebat: III 25, 1; ¶ cum . . . omnia trepidantius . . . ageret . . . multumque cum suis consiliandi causa secreto praeter consnetudinem conloqueretur: 1, 19, 2; ¶ multum autem ab ictu lapidum . . . uiminea tegimenta galeis imposita defendebant: 3, 63, 7; ¶ differre *u.* **differo** *p. 905* **B.** a) V 14, 1; VI 21, 1; 28, 5; ¶ multumque sunt in uenationibus: IV 1, 8; ¶ ilii . . . administrantibus M. Antonio et Fufio Caleno multum ipsis militibus hortantibus . . . nanes soluunt: 3, 26, 1; ¶ quod spatii *breuitate etiam in fugam coniectis aduersariis non multum ad summam *uictoria iuuare poterat: 1, 82, 3; ¶ quod (genus radicis) admixtum lacte ⟨*c*⟩ multum inopiam leuabat: 3, 48, 1; ¶ Fabius . . . non ita multum moratus in itinere cum legione occurrit: V 47, 3; ¶ fere fit, quibus quisque in locis miles inueterauerit, ut multum ⟨militum *a?*⟩ earum regionum consuetudine moueatur: 1, 44, 3; ¶ quod Rhenum attingunt multumque ad eos mercatores uentitant: IV 3, 3; ¶ neque multum frumento, sed maximam partem lacte atque pecore uiuunt: IV 1, 8.

b) multo; α) c. comparat.: castra a cohortibus . . . industrie defendebantur, multo etiam acrius a Thracibus barbarisque auxiliis: 3, 95, 2; ¶ multum fortunam . . . potuisse iudicauit, multo etiam amplius, quod . . . auertisset: VI 42, 2; ¶ pons ⟨*c*⟩ enim ipsius magnum circuitum habebat, ut multo breniore itinere illi ad Hiberum peruenire possent: 1, 63, 2; ¶ **de* proelio ad Dyrrachium facto elatius ⟨*Ciacc.;* latins *codd.; edd.*⟩ inflatiusque multo, quam res erat gesta, fama percrebuerat ⟨*c*⟩: 3, 79, 4; ¶ alterum (iter erat) per prouinciam nostram, multo facilius atque expeditius: I 6, 2; ¶ multo etiam grauius quod sit destitutus queritur ⟨*u. CC*⟩: I 16, 6; qui iam ante inimico in nos animo ⟨*o*⟩ fuisset, multo grauius hoc dolore exarsit: V 4, 4; haec si grania aut acerba uideantur, multo illa grauius aestimari ⟨*c*⟩ debere ⟨*c*⟩, liberos, coniuges in seruitutem abstrahi, ipsos interfici: VII 14, 10; ¶ (Suebi Vbios) uectigales sibi fecerunt ac multo humiliores infirmioresque redegerunt: IV 3, 4; ¶ erat multo inferior numero nauium Brutus: 1, 57, 1; ¶ inflatius (latins): 3, 79, 4 *u.* elatius; ¶ maior *u.* **magnus** *p. 531* **ββ)** *(4 (5) loc.)*; ¶ magna parte exercitus nostri interfecta multo minorem superesse . . partem: V 55, 1.

β) c. uerb.: ut . . . quibus in pugna uitae periculum accideret ⟨*c*⟩, non ita multo se reliquorum ciuium fatum antecedere existimarent: 2, 6, 1.

γ) c. aduerb. (post): neque multo post Caesar . . . deductis quibusdam cohortibus ex praesidiis eodem uenit: 3, 65, 3; neque multo post de proelio facto in Thessalia cognitum est: 3, 101, 7.

B. comp. (plus): ex hominum milibus amplins triginta . . . plus tertia parte interfecta reliquos perterritos in fugam coiciunt: III 6, 2.

[**Falso:** compluribus ⟨*b;* cum pluribus *Ox*⟩ iam lapidibus . . . subductis . . . pars eius turris concidit: 2, 11, 4; *cf.* **1. A. b)** annos IV 4, 1.]

mulus: prima luce magnum numerum impedimentorum ⟨iumentorum *Ciacc.*⟩ ex castris mulorumque produci deque his ⟨*Dauis.*, neque hiis (*uel* iis) β; atque iis *Ciacc.; Fr.*⟩ stramenta detrahi ⟨*uerba:* mulorumque prod. . . . stramenta *om.* α⟩ mulionesque cum cassidibus equitum specie . . . collibus circumuehi iubet: VII 45, 2.

L. Munatius Plancus. *In AQ scriptum est* manacium *(teste Hold.;* munacium *teste Frig.; Db.* munacium *in Q*, manacium *in A esse dicit)*, *in BM* municium, *in* β munatium V 24, 3.

his (legionibus) M. Crassum quaestorem ⟨*c*⟩ et L. Munatium Plancum et C. Trebonium legatos praefecit: V 24, 3; L. Plancum cum legione ex Belgio celeriter in Carnutes proficisci iubet ibique hiemare . . .: V 25, 4; cuius adueutu nuntiato L. Plancus, qui legionibus praeerat, . . . locum capit superiorem diuersamque aciem in duas partes constituit, ne ab equitatu circumueniri posset: 1, 40, 5; *cf.* § 6. 7.

mundus: multa praeterea de sideribus atque eorum motu, de mundi ac terrarum magnitudine, de rerum natura . . . (druides) disputant et iuuentuti tradunt: VI 14, 6.

municeps. A.: neque se neque reliquos municipes pati posse C. Caesarem imperatorem . . . oppido moenibusque prohiberi: 1, 13, 1.

B.: quem quisque in castris notum aut municipem habebat, conquirit atque euocat: 1, 74, 1.

municipium. A. subi.: *erant* . . . municipia etiam diuersis ⟨aduersis *1 det.; Np.*⟩ partibus coniuncta ⟨*u. CC*⟩: 2, 29, 4; ¶ uos enim uestrumque factum, inquit, omnia ⟨*o*⟩ deinceps municipia sunt secuta: 2, 32, 2.

B. obi.: coniungere: 2, 29, 4 *u.* **A.**

C. genet.: duumuiris municipiorum omnium imperat, ut naues conquirant Brundisiumque deducendas curent: 1, 30, 1; ¶ diffisus municipii ⟨municipum *N*⟩ uoluntati ⟨*Steph.*; -tatis *x*; -tate *O*⟩ Thermus cohortes ex urbe reducit: 1, 12, 2; confisus municipiorum uoluntatibus Caesar cohortes ... ex praesidiis deducit ⟨*c*⟩: 1, 12, 3; ¶¶ cum quosdam eius municipii sollicitaret: 3, 22, 3.

D. c. praep.: pecuniae a municipiis exiguntur: 1, 6, 8.

Milo dimissis circum municipia litteris ... quos ex aere alieno laborare arbitrabatur sollicitabat: 3, 22, 1.

et ex finitimis municipiis frumentum comportare ... instituit: 1, 18, 4; ¶ (erat) magnus numerus equitum Romanorum et decurionum, quos ex municipiis Domitius euocauerat: 1, 23, 2.

milites in proxima municipia deducit; ipse ad urbem proficiscitur: 1, 32, 1.

munimentum: effecerant, ut instar muri hae saepes munimentum ⟨*aef*; munimentis *α*; *Fr.*; munimenta iis *Rösch*; *Hold.*; munimenta *Q*[3]; *Np.*, *Db.*, *Dt.*[2]⟩ praeberent, quo non modo non intrari, sed ne perspici quidem posset ⟨*c*⟩: II 17, 4.

munio. **A. = munitionem efficere, exstruere (abs.):** neque erat facile nostris uno tempore propugnare et munire: 3, 45, 3; 67, 2 *u.* **munitio D.**

B. = munitionibus atque operibus firmare: L. Staberius ⟨*c*⟩ ... aquam comportare in arcem atque eam munire ... coepit: 3, 12, 1; ¶ Fauonium ⟨*c*⟩ ad flumen Aliacmonem ... reliquit castellumque ibi muniri iussit: 3, 36, 3; ¶ castra *u.* **castra** *p. 462 sq. (21 loc.)*; ¶ (ad hunc (collem?) muniendum ⟨locum *add.* β; *Schn.*, *Db.*⟩ omnes a Vercingetorige euocatos: VII 44, 5;) ¶ quoad legiones conlocatas ⟨*c*⟩ munitaque hiberna cognouisset: V 24, 8; quantasuis ... copias Germanorum sustineri posse munitis hibernis docebant: V 28, 4; ¶ singulaque latera castrorum singulis attribuit legionibus munienda: 1, 42, 1; ¶ locum *u.* **locus** *p. 475 sq. (5 (8) loc.)*; ¶ (Veneti reliquaeque ciuitates) his initis consiliis oppida muniunt, frumenta ex agris in oppida comportant: III 9, 8; Iguuium Thermum praetorem cohortibus V tenere, oppidum munire: 1, 12, 1; Lissum obtinebant, quod oppidum iis ⟨*c*⟩ antea Caesar attribuerat muniendumque curauerat: 3, 29, 1; ¶ cum legio Caesaris nona praesidium quoddam occupauisset et munire coepisset, huic loco propinquum et contrarium collem Pompeius occupauit nostrosque opere prohibere coepit: 3, 45, 2; ¶ ripa autem erat acutis sudibus praefixisque ⟨*c*⟩ munita: V 18, 3; ¶ oppidum autem Britanni uocant, cum siluas impeditas uallo atque fossa munierunt ⟨-ierint *M*[2]*a*[2]⟩: V 21, 3; ¶ illi eum tumulum ... magnis operibus muniuerunt ⟨*ahl*; munierunt *f*; *Np.*, *Dt.*⟩ praesidiumque ⟨*c*⟩ ibi posuerunt: 1, 47, 4.

C. = tueri, tegere, defendere; a) alqd: dextrum cornu eius riuus quidam impeditis ripis muniebat: 3, 88, 5; ¶ quae res et latus unum castrorum ripis fluminis muniebat et post eum quae essent ⟨*c*⟩ tuta ab hostibus reddebat: II 5, 5; ¶ idque (oppidum) natura loci sic muniebatur, ut magnam ad ducendum bellum daret facultatem: I 38, 4; ¶ ubi nero ea pars turris, quae erat perfecta, tecta atque munita ⟨tecto munita *Paul*⟩ est ab omni ictu hostium: 2, 9, 5.

b) alqm; α): erant Menapii propinqui Eburonum finibus, perpetuis paludibus siluisque muniti: VI 5, 4; ¶ quibus (Aruernis) oppressis inopinantibus, quod se Cebenna ut muro munitos existimabant: VII 8, 3; sed celeriter ciues Romani ligueis effectis turribus his ⟨*c*⟩ sese munierunt: 3, 9, 3.

β): quod multitudinem Germanorum in Galliam traducat, id se sui ⟨suos *h*⟩ muniendi, non Galliae impugnandae ⟨*c*⟩ causa facere: I 44, 6; ¶ haec noua sit ratio uincendi, ut misericordia et liberalitate nos muniamus: *ap. Cic. ad Att.* IX 7 *C*, 1.

D. = aggere exstructo efficere: Labienus primo uineas agere, cratibus atque aggere paludem explere atque iter munire conabatur: VII 58, 1.

munitus ui adiect. (= tutus); A) posit.: castra Vari conspicit ... admodum munita natura loci, una ex parte ipso oppido Vtica, altera a ⟨*del. Paul*⟩ theatro ..., substructionibus ⟨*c*⟩ eius operis maximis, aditu ad castra difficili et angusto: 2, 25, 1; ¶ erat e regione oppidi cōllis sub ipsis radicibus montis egregie munitus atque ex omin parte circumcisus: VII 36, 5; ¶ se in siluas abdiderunt locum nacti ⟨*c*⟩ egregie et natura et opere munitum: V 9, 4; locum reperit egregie natura atque opere munitum: V 21, 4; et locum castris deligit paludibus siluisque munitum: VII 16, 1; ¶ sua omnia in unum oppidum egregie natura munitum contulerunt: II 29, 2; *cf.* § 3; quod oppidum et natura loci et manu munitum paucis diebus ... expugnatum cognouerant: III 23,

2; cognoscit non longe ex eo loco oppidum Cassiuellauni abesse siluis paludibusque munitum: V 21, 2; est autem oppidum et loci natura et † colle ⟨uallo *Oehl.*⟩ munitum: 3, 9, 2; ¶ huius quoque spatii pars ea, quae ad arcem pertinet, loci natura et uallo altissimo ⟨*Kraff.; ualle altissima codd.; edd.*⟩ munita longam et difficilem habet oppugnationem: 2, 1, 3.

intra haec tegimenta abditi atque muniti (milites) parietes lateribus exstruebant: 2, 9, 6.

B. superl.: Labienus cum et loci natura et manu ⟨*om: h*⟩ munitissimis ⟨-umis *AQB*⟩ castris sese teneret, de suo ac legionis periculo nihil timebat: V 57, 1; qua ... fiducia et opere et natura loci munitissima castra expugnari posse confidimus? 2, 31, 2; ¶ oppidum Auaricum, quod erat maximum munitissimumque in ⟨*c*⟩ finibus Biturigum: VII 13, 3; ¶ eamque oppidi partem, quae munitissima uideretur, occupant: 1, 20, 3.

munitio. *(Cf. Göl.² II p. 247. 249.)*

A. = ὁ χαρακισμός, ἡ χαράκωσις, τὸ τειχίζειν **(muniendi actus** *uel* **labor); a) obi.:** impedire *u.* **B. c)** impedire.

b) dat.: quod magna parte diei consumpta munitioni castrorum tempus relinqui nolebat: V 9, 8.

c) gen.: munitionis causa: (V 40, 2 *u.* **B. e) β)**;) qui ad alteram partem oppidi, ut supra demonstrauimus, munitionis causa conuenerant: VII 48, 1; ¶ **(**speciem munitionis praebere: 3, 67, 2 *u.* **D.)**

d) abl.: quae copiae nostros terrerent ⟨*c*⟩ et munitione ⟨munitiones *a*⟩ prohiberent: I 49, 3.

e) c. praep.; α) ad: omnes illo ad munitionem ⟨β; *Schn., Hold., Dt.²;* illo munitionum α; *rell. edd.;* munitionum *del. Kran.*⟩ copiae traducuntur: VII 45, 6.

β) in c. abl.: imprudentibus nostris atque occupatis in munitione castrorum subito se ex siluis eiecerunt: V 15, 3.

B. = **id quod muniendo efficitur, opera, uallum; a) subi.; α): (**abesse: 3, 62, 2 *u.* **e) α)** pars;**)** ¶ aegre portas nostri tuentur; reliquos aditus locus ipse per se munitioque defendit: VI 37, 5; ¶ hic nero nulla munitio est, quae perterritos recipiat: VI 39, 2; — coniunctam esse: 3, 68, 3 *u.* **e)** proruere; complures dies **inania* manserant castra; munitiones quidem omnes integrae erant: 3, 66, 7; tametsi erant munitiones castrorum magnae, tamen ... Pompeianos ex uallo deturbauit: 3, 67, 4; ¶ interpellare: 3, 70, 2 *u.* **e)** perducere; ¶ quod superioris anni munitiones integrae manebant: VI 32, 5; ¶ pertinere: **(**3, 62, 2 *u.* **e) α)** pars;**)** munitionem, quam ⟨quae *ahl*⟩ pertinere ⟨pertingere *Ohl*⟩ a castris ad flumen supra demonstrauimus, dextri Caesaris cornu ⟨*c*⟩ cohortes ignorantia loci sunt secutae: 3, 68, 2; ¶ posse: VII 52, 3 *u.* tardare; VII 73, 2 *u.* **e)** defendere; ¶ cum loci natura et ⟨tum *E. Hoffm.*⟩ munitio castrorum aditum prohibebant, tum ⟨*O;* adiri tunc *x;* adiri tunc prohibebat *E. Hoffm.*⟩: 2, 35, 5; ¶ recipere: VI 39, 2 *u.* esse; ¶ quanto opere eorum animi magnitudinem admiraretur, quos ⟨*c*⟩ non castrorum munitiones, non altitudo montis, non murus oppidi tardare potuisset: VII 52, 3.

β): quod (milites) ab opere integris munitionibus uacabant: 3, 76, 2.

b) praed.: cum portam quaererent castrorumque eam munitionem esse arbitrarentur: 3, 68, 2.

c) obi.: Pompeius noctu magnis additis munitionibus reliquis diebus turres exstruxit: 3, 54, 1; ¶ relicto interiore uallo maiorem adiecerat ⟨obiecerat *Ol*¹⟩ munitionem: 3, 66, 4; ¶ institutas turres, testudines munitionesque hostium admiratur: V 52, 2; ¶ pars .. regiae ... et theatrum ..., quod arcis tenebat locum .... has munitiones insequentibus auxit diebus, ut pro muro obiectas haberet: 3, 112, 8; ¶ equitum partem ... circumire exteriores munitiones ... iubet: VII 87, 4; ¶ ex ⟨*c*⟩ his superiorum castrorum situs munitionesque cognoscunt: VII 83, 1; ¶ quod ⟨*c*⟩ milium ⟨*ego;* milia *x; edd.*⟩ passuum in circuitu XVII munitiones ⟨*del. Oud.; edd.;* munitione *Clark.*⟩ erat complexus: 3, 63, 4; ¶ transuersum uallum, qui has duas munitiones coniungeret ⟨*l det.; Ciacc.;* contingeret *Ox; Paul*⟩, nondum perfecerat: 3, 63, 5; 68, 3 *u.* proruere; ¶ contingere: 3, 63, 5 *u.* coniungere; ¶ deducere: VII 72, 2 *u.* reducere; ¶ ad haec rursus opera addendum Caesar putauit, quo minore numero militum munitiones defendi ⟨def. mun. β⟩ possent: VII 73, 2; ¶ dicere: III 26, 2 *u.* **g) β) αα)** peruenire; ¶ efficere: 3, 44, 4 *u.* perducere; ¶ altero (loco) Germani ⟨extra *add. Dt.*⟩ munitiones nostras egressi ⟨intra mun. nostr. ingressi *Paul*⟩ compluribus interfectis sese ad suos incolumes receperunt: 3, 52, 2; ¶ *in* iis operibus ... milites disponit ... perpetuis uigiliis stationibusque, ut contingant inter se atque ⟨c⟩ omnem munitionem expleant: 1, 21,3; ¶ facere: I 10,3 *u.* **d)** praeficere; erat eodem ⟨c⟩ tempore et materiari et frumentari et tantas munitiones fieri ⟨tueri *Schn.; Db.*⟩ necesse deminutis nostris ⟨o⟩ copiis: VII 73,1; ¶ habere: (3,44,4 *u.* perducere;) 3,112,8 *u.* augere; ¶ illi impediendae ⟨impediente a^1⟩ reliquae ⟨*Forchh.;* rei quae *x;* rei *O*⟩ munitionis ⟨munitiones a^1⟩ causa ⟨*O; Forchh.;* fiebat causa *af;* causa fiebat *hl; pr. edd.;* — rei [quae munitionis fiebat] causa *Faern.; Np.*⟩ hora circiter VIIII. . . . legiones educunt ⟨c⟩: 1,82,1; primum sagittariis funditoribusque circumiectis, postea lenis armaturae magna multitudine missa tormentisque prolatis munitiones ⟨munitionem *Paul*⟩ impediebat: 3,45,3; ¶ instituere: VII 69,6 *u.* **e)** α) circuitus; 1,83,4 *u.* perficere; ¶ (iungere: 3,44,4 *u.* perducere;) ¶ obicere: 3,112,8 *u.* augere; ¶ ex castello in castellum perducta munitione circumuallare Pompeium instituit: 3,43,2; ut nostri perpetuas munitiones † uidebant ⟨*Ox;* habebant *Hotomanni cod.; Dt.;* uolebant *Madu.;* iungebant *Faern.;* perpetua munitione prouidebant *Koch; Db.*⟩ perductas ⟨munitiones perducebant *Ciacc.*⟩ ex castellis in proxima castella ⟨perducta ex cast. i. pr. cast. *del. Koch; Db.*⟩, . . . ita illi interiore spatio perpetuas munitiones efficiebant. sed illi operibus uincebant: 3,44,4. (5;) (Pompeius) ab angulo castrorum sinistro munitionem ad flumen perduxerat circiter *passuum CCCC: 3,66,6; munitiones enim a castris ad flumen perductae ⟨productae *O*⟩ expugnatis iam castris Pompei propriam ⟨*CC*⟩ expeditamque ⟨c⟩ Caesaris uictoriam interpellauerunt: 3,70,2; ¶ cum neque opus ⟨c⟩ hibernorum munitionesque plene essent perfectae: III 3,1; (Nerui) minus horis tribus milium pedum ⟨*Nap.;* p̃. α; passuum *edd. plur.*⟩ XV in circuitu ⟨c⟩ munitionem perfecerunt ⟨decem milium in circuitu munitionem pedum XV perfecerunt β⟩: V 42,4; prius quam munitiones ab ⟨c⟩ Romanis perficiantur: VII 71,1; his rebus perfectis . . . XIIII milia passuum complexus pares ⟨β; pari α⟩ eiusdem generis munitiones, diuersas ab his, contra exteriorem hostem perfecit: VII 74,1; obsideri se a Caesare; opera munitionesque prope esse perfectas: 1,20,2; postero die munitiones institutas Caesar parat perficere: 1,83,4; pauloque citra eum locum aliis comprehensis collibus munitiones (nostri) perfecerunt: 3,46,6; castra . . . *muniri iussit. qua perfecta munitione animaduersum est: 3,66,1; ¶ Galli, nisi perfregerint munitiones, de omni salute desperant: VII 85,3; ¶ nulla munitione perrupta . . . se ad suos receperunt: VII 82,2; ¶ illi animaduerso ⟨c⟩ uitio castrorum tota nocte munitiones proferunt castraque castris conuertunt: 1,81,3; ¶ prohibere: (I 49,3 *u.* **A. d)**;) neque munitiones Caesaris prohibere poterat: 3,44,1; ¶ his (munitionibus) prorutis ⟨*Faern.;* proruptis *X*⟩ prius in hostium castris constiterunt, quam: III 26,3; cum esset animaduersum coniunctam ⟨coniuncta *Nx*⟩ esse flumini (munitionem), prorutis ⟨*Ciacc.;* (*uel* perruptis *uel* potiti); prout his *Ox*⟩ munitionibus defendente nullo transcenderunt: 3,68,3; ¶ reliquas omnes munitiones ab ea fossa pedes ⟨*CC*⟩ quadringentos ⟨pedibus CCCC β⟩ reduxit ⟨deduxit β⟩: VII 72,2; ¶ (Caesar † relictis legionibus ⟨relictis munitionibus cum legionibus *Köchly*⟩ subsequitur: 1,80,4;) relictis munitionibus sese in castra Cornelia recepit: 2,37,3; (Caesar neque satis militibus perterritis confidebat . . . *et* † relictis ⟨retentis *Ciacc.;* refectis *Paul*⟩ munitionibus magnopere rei frumentariae timebat: 3,74,3; ¶ sequi: 3,68,2 *u.* **a)** α) pertinere; ¶ transgredi: VII 46,4 *u.* **g)** β) αα) peruenire; ¶ (tueri: VII 73,1 *u.* facere;) ¶ (uidere: 3,44,4 *u.* perducere.)

d) dat.: prius suos discessisse cognouerunt, quam munitionibus adpropinquarent: VII 82,4; Pompeius insidias timens . . . munitionibus adpropinquare aliquamdiu non audebat: 3, 70,1; ¶ ei munitioni, quam fecerat, T. Labienum legatum praefecit: I 10,3.

e) gen.; α): eius munitionis, quae ab Romanis instituebatur, circuitus XI ⟨c⟩ milia ⟨c⟩ passuum teuebat: VII 69,6; ¶ legionarii interioris munitionis defensores . . . tormentis cuiusque generis telisque ⟨*CC*⟩ terrebant: 3,63,6; ¶ (fossae: 3,71,2 *u.* **g)** η) opprimere;) ¶ Caesar haec genera munitionis instituit: VII 72,1; ¶ desperatis campestribus locis propter magnitudinem munitionum loca praerupta . . . temptant: VII 86,4; ¶ clamore ab ea parte munitionis ⟨eruptionis β⟩ sublato: III 22,4; omni exercitu ad utramque partem munitionum ⟨-ionis β⟩ disposito: VII 80,1; cohortes LX ex maximis castris praesidiisque deductas ad eam partem munitionum ducit, quae pertinebat ⟨*O;* -bant *x; Np., Db.*⟩ ad mare longissimeque a maximis castris Caesaris aberat ⟨*rec.;* aberant *Ox; Np., Db.*⟩: 3,62,2; ¶ munitiones . . . perfecit, ut ne magna quidem multitudine, si ita accidat † eius discessu, munitionum praesidia circumfundi possent: VII 74,1; ¶ animaduersum est uitium munitionis, quod supra demonstratum est, atque inter duos uallos, qua perfectum opus non erat, . . . expositi in auersos ⟨c⟩ nostros impetum fecerunt atque ex utraque munitione deiectos terga uertere coegerunt: 3, 63, 8.

β): ex ⟨c⟩ materia, quam munitionis causa comportauerant ⟨c⟩, turres . . . excitantur: V 40, 2; (1, 82, 1 *u.* c) impedire.)

(γ): illo munitionum: VII 45, 6 *u.* **A.** e) α).)

f) abl.; α) causae: neque idcirco Caesar opus intermittit confisus praesidio legionum trium et munitione fossae: 1, 42, 3; se confidere munitionibus oppidi, si celeriter succurratur: 3, 80, 3; ¶ Romanorum manus tantis munitionibus distinetur: VII 84, 3; ¶¶ castra erant ad bellum ducendum aptissima natura loci et ⟨*Markland;* natura et loci *codd.*⟩ munitione ⟨mutatione *a ead. m. corr.*⟩: 2, 37, 5; ¶ erat noua et inusitata belli ratio cum tot castellorum numero tantoque spatio et tantis munitionibus et toto obsidionis genere, tum: 3, 47, 1; ¶ oppida incendi oportere, quae non munitione et loci natura ab omni sint periculo tuta: VII 14, 9.

β) **instr.**: circumuallare: 3, 43, 2 *u.* **c)** perducere; ¶ complecti: 3, 63, 4 *u.* **c)** complecti; ¶ commodissimum esse statuit omnes naues subduci et cum castris una munitione coniungi: V 11, 5; ¶ et ⟨c⟩ ii, qui munitionibus continebantur, et ii, qui ad auxilium conuenerant: VII 80, 4; ¶ (defendere: VII 20, 3 *u.* **g) λ)**;) ¶ in extremo ponte turrim . . . constituit praesidiumque . . . ponit magnisque eum locum munitionibus firmat: VI 29, 3; ¶ (prouidere: 3, 44, 4 *u.* e) perducere;) ¶ operis munitione et militum concursu et telis repulsi hoc conatu destiterunt: I 8, 4; ¶ tamen munitione flumen a monte seclusit, ne noctu aquari Pompeiani possent. quo perfecto opere . . .: 3, 97, 4.

γ) **separat.**: cum alii ⟨c⟩ fossas complerent, alii multis telis coniectis defensores uallo munitionibusque depellerent: III 25, 1.

δ) **qualit.**: alter conuersus in contrariam partem erat uallus humiliore paulo munitione: 3, 63, 2.

g) c. praep.; α) ab: dum longius *a munitione ⟨ad munitionem α⟩ aberant Galli ⟨l. aber. g. ab mun. β⟩: VII 82, 1; ¶ desperata salute copias a munitionibus reducunt: VII 88, 5; ¶¶ colle exteriore occupato non longius ⟨c⟩ mille passibus ab nostris munitionibus ⟨a nostr. mun. quam mille pass. β⟩ considunt: VII 79, 1.

β) **ad; αα)**: accedere ad m. *u.* **accedo A. a) β)** *p. 70 (4 loc.)*; ¶ milites . . . testudine facta et ⟨c⟩ aggere ad munitiones adiecto ⟨adacto *Ciacc.*⟩ locum ceperunt: V 9, 7; ¶ ne de improuiso aut noctu ad ⟨*AM³;* aut *BM¹Q;* in β⟩ munitiones hostium ⟨o⟩ multitudo aduolaret aut interdiu tela in nostros operi destinatos coicere possent ⟨c⟩: VII 72, 2; ¶ celeriter ad eas quas diximus munitiones peruenerunt: III 26, 2; milites dato signo celeriter ad munitionem perueniunt eamque transgressi trinis castris potiuntur: VII 46, 4.

(quo missum: VII 85, 4 *u.* **δδ)** laborare;) (eodem (*i. e.* ad munitiones) naues . . . mittit 3, 62, 3.)

ββ): qua minime arduus ad nostras munitiones ascensus uidedatur: II 33, 2.

γγ): Germani acrius usque ad munitiones ⟨muros β⟩ sequuntur ⟨persequuntur β⟩: VII 70, 4.

δδ): cum animaduertissent . . . cohortes nostras ad munitiones excubare, silentio adgressi ⟨aduersi *ahl; om. f*⟩ uniuersi intra multitudinem ⟨silentio adducti in uniuersos intra munitionem *Paul*⟩ sagittas coiciebant: 3, 50, 1; ¶ uno die VI proeliis factis, tribus ad Dyrrachium, tribus ad munitiones: 3, 53, 1; ¶ maxime ad superiores munitiones laboratur, quo Vercassiuellaunum missum demonstrauimus: VII 85, 4; ¶ ad eas munitiones Caesar Lentulum Marcellinum quaestorem cum legione VIII. positum habebat. 3, 62, 4; ¶ cum acerrime ad munitiones ⟨munitionem β⟩ pugnaretur: V 44, 3.

γ) **de**: 3, 69, 3 *u.* **δ)** praecipitare.

δ) **ex**: nostros . . . ex utraque munitione deiectos ⟨delectos *e;* deletos *a*⟩ terga uertere coegerunt: 3, 63, 8; ¶ plerique ex his, ne in angustias inciderent, ex ⟨*add. Np.*⟩ X ⟨de decem *Oehl.*⟩ pedum munitione se ⟨*Np.;* munitionesse *a;* munitionis se *fhl*⟩ in fossas praecipitabant ⟨*P. Manut.;* praecipitant *codd.*⟩: 3, 69, 3; ¶ (procedere: V 44, 4 *u.* **ε)** procedere;) ¶¶ utrimque clamore sublato excipit rursus ex uallo ⟨ualle β⟩ atque omnibus munitionibus clamor: VII 88, 2.

ε) extra: egredi *u.* **egredior** *p. 1002* **γγ)** *(4 loc.)*; ¶ procedit extra munitiones ⟨β; procedit ex castris munitiones α⟩: V 44, 4; uix agmen nouissimum extra munitiones processerat: VI 8, 1; ¶¶ non illi . . . ancipitem terrorem intra extraque munitiones . . . causae fuisse cogitabant: 3, 72, 2.

ζ) in c. acc.: (aduolare: VII 72, 2 *u.* β) αα);) ¶ agger ab uniuersis in munitionem ⟨munitione β⟩ coniectus et ascensum dat Gallis et: VII 85, 6; ¶ sic omnibus hostium copiis fusis armisque exutis se in castra munitionesque ⟨se intra munitiones β⟩ suas recipiunt: III 6, 3; silentio exercitum eduxit et se in antiquas munitiones recepit: 3, 54, 2.

η) in c. abl.: ipse in munitione pro castris consedit; eo duces producuntur: VII 89, 4; ¶ reliqui sese confirmant tantum, ut in munitionibus consistere audeant speciemque defensorum praebeant: VI 38, 5; desperata expugnatione castrorum, quod nostros iam constitisse in munitionibus uidebant: VI 41, 1; ut ipsis consistendi in suis munitionibus locus non esset: 2, 16, 2; ¶ quid ergo? Romanos ⟨c⟩ in ⟨*om. AQ*⟩ illis ulterioribus munitionibus animine ⟨c⟩ causa cotidie exerceri putatis? VII 77, 10; ¶ pars magna in fossis munitionibusque ⟨munitionis *Ciacc.*⟩ et fluminis ripis oppressa . . . interiit ⟨c⟩: 3, 71, 2.

seu quid in munitionibus perfectum non erat, seu quid a peritioribus rei militaris desiderari uidebatur: 3, 61, 3.

ϑ) intra: si adire non possit, monet, ut tragulam cum epistula ad ammentum deligata intra munitionem ⟨munitiones β⟩ castrorum abiciat: V 48, 5; ¶ uallumque ex castris ad aquam ducere incipiunt, ut intra munitionem et ⟨ut *a; om. b*⟩ sine timore et sine stationibus aquari possent: 1, 73, 3; ¶ nostris uero etiam de ⟨c⟩ uallo deductis propius accedunt et tela intra munitionem ex omnibus partibus coiciunt: V 51, 2; 3, 50, 1 *u.* β) δδ) excubare; ¶ Labienus suos intra munitionem ⟨munitiones *ef*⟩ continebat: V 57, 4; (militesque omnes intra uallum castrorum ⟨nali. castr. *Ofhl; castrorum a;* castra munitionem *b*[1]*;* castrorum munitionem *b*[2]*c*[1]*; Np.*⟩ continuit: 3, 76, 1;) ¶ non minus qui intra munitiones erant perturbantur Galli ⟨*o*⟩: VII 70, 6; ¶ ipsi . . . propugnabant nostrosque intra munitiones ingredi prohibebant: V 9, 6; 3, 52, 2 *u.* c) egredi; ¶ ne intra munitionem opprimeretur: 3, 69, 3; ¶ recipere, se recipere *u.* **intra** *p. 226* α) *(3 loc.);* ¶ Vercingetorix ab radicibus collis suos intra munitiones reduxit: VII 51, 4; ¶ frumenta ⟨*CC*⟩ enim, quae fuerant intra munitiones sata, consumpserant: 3, 58, 3; ¶¶ terror: 3, 72, 2 *u.* ε) *extr.*

ι) per: hostes undique circumuenti . . . sese per munitiones deicere ⟨eicere *RSchn.*⟩ et fuga salutem petere contenderunt ⟨c⟩: III 26, 5.

κ) pro: cratesque pro munitione obiectas propulerunt: 3, 46, 3.

λ) sine: quod propius Romanos accessisset, persuasum loci oportunitate, qui se ipse sine ⟨ipse sine *Bentl.;* ipse ut *Kran.;* ipsum *codd.; Schn., Fr., Db.;* ipsius *Em. Hoffm.;* ipsa *coni. Db.*⟩ munitione defenderet: VII 20, 3.

C. = materia quaeque ad munitiones perficiendas necessaria sunt (??): qui (milites) lignationis munitionisque causa in siluas discessissent: V 39, 2.

(**D. = munitores, munientes:** reliquit . . . cohortes duas, quae speciem munitorum ⟨*uel* munientium *ego;* munitionis *codd.; edd.*⟩ praeberent: 3, 67, 2.)

Adiect.: antiquae: 3, 54, 2; campestres: VII 81, 1; 83, 8; diuersae: VII 74, 1; duae: 3, 63, 5; exteriores: VII 87, 4; humilior: 3, 63, 2; integrae: VI 32, 5; 3, 66, 7; 76, 2; interior: 3, 63, 6; magnae: VI 29, 3; 3, 54, 1; 67, 4; maior: 3, 66, 4; (nostrae: II 33, 2; VII 79, 1; 3, 52, 2;) nulla: VI 39, 2; VII 82, 2; omnis: 1, 21, 3; omnes: VII 72, 2; 88, 2; 3, 66, 7; pares: VII 74, 1; perpetuae: 3, 44, 4 *(bis);* reliqua, -ae: 1, 82, 1; — VII 72, 2; (suae: III 6, 3; 2, 16, 2;) superiores: VII 85, 4; tantae: VII 73, 1; 84, 3; 3, 47, 1; ulteriores: VII 77, 10; una: V 11, 5; utraque: 3, 63, 8.

munitor: 3, 67, 2 *u.* **munitio D.**

munus. A. = officium, negotium; a) obi.: uel pro hospitio regis Nicomedis uel pro horum necessitate, quorum res ⟨*CC*⟩ agitur, defugere ⟨refugere *Hertz*⟩ hoc munus, M. Iunce ⟨c⟩, non potui: *ap. Gell.* V 13, 6; ¶ electos ex omnibus legionibus fortissimos uiros . . . Caesar ei classi attribuerat, qui sibi id muneris depoposcerant: 1, 57, 1; ¶ in nauibus excubans neque ullum laborem aut munus despiciens: 3, 8, 4; ¶ maximeque timoris causa pro se quisque id munus legationis recusabat: 1, 33, 1; ¶ refugere *u.* defugere; ¶ cum adoleuerunt, ut munus militiae sustinere possint: VI 18, 3.

b) gen.: id muneris: 1, 57, 1 *u.* a) deposcere.

c) abl.: quidam . . . Gallus . . . seui ac picis traditas glebas in ignem . . . proiciebat; . . . concidit. hunc ex proximis unus iacentem transgressus eodem illo munere fungebatur: VII 25, 3.

B. = ludi gladiatorii: quod magnis muneribus datis gladiatoriae ⟨-toribus *a, sed ead.*

m. corr.⟩ familiae reliquias ⟨*c*⟩ habebat: 3, 21, 4.

C. = **donum**: sua . . . beneficia commemorauit ⟨*c*⟩, quod rex appellatus esset a senatu, quod amicus, quod munera amplissime ⟨tam amplissima *B²β*; *an* amplissima?⟩ missa: I 43, 4; ¶ (etiam Caesaris beneficium † mutauerat ⟨beneficia imminuerat *Madu.* (*Iurinius*)⟩ consuetudo, qua offerrentur ⟨munera *add. Oehler; Db.;* munerum consuetudo, quae off. *E. Hoffm.;* [qua offerrentur] *Dt.*⟩: 2, 29, 3;) ¶ conati sunt . . . Volusenum interficere, . . . ut cum munere aliquo perfugisse ad Pompeium uiderentur: 3, 60, 4.

muralis: (magno usui erant) falces praeacutae insertae adfixaeque longuriis, non absimili forma muralium ⟨ruralium *Nc*⟩ falcium: III 14, 5; ¶ multae praeustae sudes, magnus muralium pilorum numerus instituitur: V 40, 6; ex uallo ac turribus traiecti pilis muralibus interibant ⟨*c*⟩: VII 82, 1.

Statius Murcus: loquuntur ambo ex nauibus cum M.' ⟨*c*⟩ Acilio ⟨*c*⟩ et Statio ⟨statilio *f*⟩ Murco legatis, quorum alter oppidi muris, alter praesidiis terrestribus praeerat: 3, 15, 6; *cf.* § 7. 8; certior ab Acilio et Murco per litteras factus de postulatis Libonis et Bibuli legionem relinquit; ipse Oricum reuertitur: 3, 16, 2.

murus. *Cf. Göl. I² p. 7; de* muris Gallicis *u. de Caumont in Extr. du Bull. monumental publié à Caen 1868; A. Eberz, ZAW. 1847 p. 597—604; JJ. 73, 59—62; G. Lahmeyer, JJ. 71, 511—521; J. Lattmann, JJ. 73, 252—263 et Ph. 15, 638—661; Lipsius Poliorc. III 5 p. 149—151 (ed. a. 1605); R. Menge, Ph. 31, 547—550; A. Zestermann, JJ. 83, 509—518.*

A. subi.: alio ascensu eodem tempore Haeduos ⟨*AQβ*; ad haeduos *BM*⟩ mittit. oppidi murus ⟨mittit ad opp. muros *AQ*; mittit opp. muros *B(M?)*; Murus oppidi *β*⟩ a ⟨*c*⟩ planitie atque initio ascensus . . . mille CC passus aberat: VII 46, 1; ¶ hunc (montem) murus circumdatus arcem efficit et cum oppido coniungit: I 38, 6; ¶ muri autem omnes Gallici hac fere forma sunt ⟨muris aut. omnibus gallicis haec f. f. est *β*⟩: VII 23, 1; ¶ posse: VI 35, 9 *u.* **B.** cingere; quos ⟨*c*⟩ non castrorum munitiones, non altitudo montis, non murus ⟨muros *BM*⟩ oppidi tardare potuisset: VII 52, 3; tardare: VII 46, 3 *u.* **B.** praeducere.

B. obi.: eos . . . in oppidum dimittit, portas murosque adseruari iubet: 1, 21, 2; ¶ ascendere *u.* **ascendo** *p. 314 (6 loc.)*; ¶ si prius, quam murum aries attigisset, se dedidissent ⟨*c*⟩: II 32, 1; ¶ praesidii tantum est, ut ne murus ⟨numerus *αh*; ne murus *acdfk*⟩ quidem cingi possit neque quisquam egredi extra munitiones audeat: VI 35, 9; ¶ circumdare: I 38, 6 *u.* **A.** coniungere; ¶ portas claudere, murum complere coeperunt: VII 12, 5; subito ex omnibus partibus euolauerunt murumque celeriter compleuerunt: VII 27, 3; Metropolitae . . . portas clauserunt murosque armatis compleuerunt: 3, 81, 1; ¶ totum autem murum ex omni parte turribus contabulauerant: VII 22, 3; ¶ cum is ⟨*c*⟩ (agger) murum hostium paene contingeret: VII 24, 2; ¶ non datur libera muri ⟨*del. Ciacc.*⟩ defendendi ⟨-dundi *hl*⟩ facultas ⟨*u. CC*⟩: 2, 11, 3; ¶ iis ⟨*c*⟩, qui primi murum ascendissent ⟨excendissent *β*⟩, praemia proposuit: VII 27, 2; ¶ (labefacere: 2, 22, 1 *u.* **D.** pars;) ¶ ubi circumiecta multitudine hominum totis moenibus undique in murum lapides iaci coepti sunt murusque defensoribus nudatus est: II 6, 2; ¶ interea ea legione . . . milia ⟨milium?⟩ passuum XVIIII ⟨*c*⟩ murum in altitudinem pedum sedecim fossamque perducit: I 8, 1; ¶ a medio fere colle in longitudinem ⟨*c*⟩, ut natura montis ferebat, ex grandibus saxis sex pedum murum, qui ⟨quo *β*⟩ nostrorum ⟨*c*⟩ impetum tardaret ⟨tardarent *β*⟩, praeduxerant Galli: VII 46, 3; ¶ muros, portas, classem ⟨*c*⟩ reficiebant: 1, 34, 5; ¶ testudine facta portas succendunt ⟨*CC*⟩ murumque subruunt: II 6, 2.

C. dat.: ubi uero moueri (turrim) et adpropinquare moenibus ⟨muris *β*⟩ uiderunt: II 31, 1; cum iam muro turres adpropinquassent ⟨turris -asset *β*⟩: VII 18, 1; neque finem prius sequendi fecerunt, quam muro oppidi ⟨opp. mur. *β*⟩ portisque adpropinquarunt ⟨-arent *β*⟩: VII 47, 3; ¶ Curio castra Vari ⟨*c*⟩ conspicit muro oppidoque coniuncta: 2, 25, 1; ¶ muris est forma: VII 23, 1 *u.* **A.** esse; ¶ ut ipsis consistendi in suis munitionibus locus non esset, cum paene inaedificata ⟨aedif. *O*⟩ muris ⟨*Gemoll;* in muris *codd.; edd.*⟩ ab exercitu nostro moenia uiderentur: 2, 16, 2; ¶ quorum alter oppidi muris ⟨oppidis maritimis *Paul*⟩, alter praesidiis terrestribus praeerat: 3, 15, 6.

D. gen.: id (oppidum) . . . propter latitudinem fossae murique altitudinem paucis defendentibus expugnare non potuit: II 12, 2; sic ut prope summam muri aggerisque altitudinem acerui armorum adaequarent ⟨*c*⟩: II 32, 4; sic deinceps omne opus contexitur, dum insta muri altitudo expleatur ⟨compleatur β⟩: VII 23, 4; magnitudo operum, altitudo muri atque turrium . . . omnem administrationem tardabat: 2, 2, 5; ¶ aggerem noui generis . . . ex latericiis duobus muris senum pedum crassitudine atque eorum murorum contignatione ⟨*Np.;* -ionem *codd.*⟩ facere instituerunt: 2, 15, 1; ¶ effecerant, ut instar muri hae saepes munimentum ⟨*c*⟩ praeberent: II 17, 4; ¶ Massilienses . . . deiecta turri, labefacta magna parte muri ⟨labefacto magna ex parte muro *Ciacc.*⟩ . . . sese dedere sine fraude constituunt: 2, 22, 1.

E. abl.; a) instr.: sentiunt totam urbem, qua sit aditus ab terra, muro turribusque circummuniri ⟨*Aicardus; Np., Db.;* circumiri *codd.; Dt.*⟩ posse: 2, 16, 2; ¶ quem locum duplici altissimo muro munierant ⟨-runt *aef*⟩: II 29, 3; quod se Cebenna ut muro munitos existimabant: VII 8, 3; ¶ tardare: VII 46, 3 *u.* **B.** praeducere; ¶ sub tecto ⟨*c*⟩ miles dextra ac sinistra muro tectus ⟨textus *hl*⟩ . . . supportat: 2, 15, 3.

b) separat.: hostes re noua perterriti muro turribusque deiecti in foro . . . constiterunt: VII 28, 1; ¶ (deuoluere: 2, 11, 1 *u.* **F. c)** praecipitare;) ¶ (praecipitare: VII 50, 3 *u.* **F. b)** praecipitare; 2, 11, 1 *u.* **F. c)** praecipitare;) ¶ (prohibere: 2, 14, 3 *u.* **F. b)** prohibere;) ¶ (tendere: 2, 5, 3 *u.* **F. c)** tendere.)

c) loci: eodemque tempore toto muro clamore sublato duabus portis . . . eruptio fiebat: VII 24, 3; ubi neminem in aequum locum sese demittere ⟨*c*⟩, sed toto undique muro circumfundi uiderunt: VII 28, 2.

F. c. praep.; a) ad; α): quem ⟨*c*⟩ (musculum) a turri latericia ad hostium turrim murumque perducerent: 2, 10, 1; ¶ quos (captiuos) Caesar ad murum producendos curauerat: 3, 81, 1.

β): Germani acrius usque ad munitiones ⟨muros β⟩ sequuntur ⟨persequuntur β⟩: VII 70, 4; ¶ superiorem partem collis usque ad murum oppidi densissimis castris compleuerant: VII 46, 3.

γ): Brundisium ueni; ad murum castra posui: *ap. Cic. ad Att.* IX 13 *A*, 1.

b) de: Lentulus Spinther de muro cum uigiliis custodibusque nostris conloquitur: 1, 22, 1; ¶ Lucretius et Attius de muro se deiecerunt: 1, 18, 3; ¶ non nullae de muris ⟨muro β⟩ per manus demissae ⟨dimissae α⟩ sese ⟨*c*⟩ militibus tradebant: VII 47, 6; ¶ cupas taeda ac pice refertas incendunt easque de muro in musculum ⟨de m. in musc. *del. Eussn.*⟩ deuoluunt: 2, 11, 2; ¶ alii faces atque aridam materiem ⟨*c*⟩ de muro in aggerem eminus iaciebant: VII 24, 4; armorum magna multitudine de muro in fossam . . . iacta: II 32, 4; ¶ matres familiae de muro uestem argentumque iactabant et pectore nudo prominentes passis manibus obtestabantur ⟨*o*⟩ Romanos: VII 47, 5; ¶ L. Fabius centurio quique una murum ascenderant ⟨*c*⟩ circumuenti atque interfecti de ⟨β; *om.* α; *Np., Dt., Hld.*⟩ muro praecipitabantur ⟨praecipitantur β; *Schn.*⟩: VII 50, 3; ¶ nostri . . . arripiunt . . . . fit in hostes impetus [eorum], sed de ⟨*add. E. Hoffm.;* e *add. Ciacc.; Np.; om. codd.; Dt.*⟩ muro sagittis tormentisque fugientes persequi prohibentur: 2, 14, 3; ¶ quae (matres familiae) paulo ante Romanis de muro ⟨de m. *om.* β⟩ manus tendebant: VII 48, 3.

c) ex: parique condicione ex muro ac turribus bellandi data: 2, 16, 3; ¶ (deuoluere: 2, 11, 1 *u.* praecipitare;) ¶ ut ab igni, qui ex muro iaceretur, tutus esset: 2, 10, 5; ¶ lapide ictus ex muro periit ⟨*c*⟩: 3, 22, 2; ¶ (Aduatuci) primum inridere ex muro atque increpitare uocibus: II 30, 3; ¶ nullum ex muro, nullum a nostris mittitur telum: 2, 13, 2; ¶ pueri mulieresque ex muro passis manibus suo more pacem ab Romanis petierunt: II 13, 3; ¶ oppidani saxa . . . uectibus promouent praecipitataque e ⟨*ego; om. codd.; edd.*⟩ muro in musculum deuoluunt: 2, 11, 1; ¶ (prohibere 2, 14, 3 *u.* **b)** prohibere;) ¶ hostes ex muro ac turribus submouentur: 2, 11, 3; ¶ ut . . . cum liberis atque uxoribus † publicis ⟨ex publ. *recc.*⟩ custodiis quae ⟨*uel* custodiisque⟩ aut muro ⟨*codd.;* aut supplicis ex muro *coni. Np.;* [publicis custodiisque] aut in muro *Db.* (in muro *F. Hofm.*); publicisque custodiis aut ex muro *Ald.; Dt.*⟩ ad caelum manus tenderent aut: 2, 5, 3.

aggerem noui generis . . . ex latericiis duobus muris seuum pedum crassitudine atque eorum murorum contignatione ⟨*c*⟩ facere instituerunt: 2, 15, 1.

d) extra: quae (itinera) extra murum ad portum ferebant: 1, 27, 4.

e) in c. acc.: tres suos nactus manipulares atque ab iis subleuatus murum ascendit, hos ⟨*c*⟩ ipse rursus singulos exceptans in murum extulit: VII 47, 7; ¶ ubi . . . undique in murum lapides iaci coepti sunt: II 6, 2.

f) in c. abl.: conlocare in muro *u.* **in** *p. 115 (3 loc.)*; ¶ in muro consistendi potestas erat ⟨*c*⟩ nulli: II 6, 3; ¶ (pueris mulieribusque in muro dispositis ⟨depositis *ah*⟩ . . . inruperunt: 3, 9, 6;) ¶ Antiochiae . . . bis tantus exercitus clamor et signorum sonus exauditus est, ut in muris armata ciuitas discurreret: 3, 105, 3; ¶ disponere *u.* **in** *p. 117 (5 loc.)*; ¶ (inaedificare: 2 16, 2 *u.* **C.** inaedificare;) ¶ portae quibus locis uidetur eruptionis causa in muro reliuquuntur: 2, 15, 4.

(in muro: 2, 5, 3 *u.* **e)** tendere.)

g) inter: ubi aut spatium inter muros aut imbecillitas materiae postulare uideretur, pilae interponuntur: 2, 15, 2.

h) intra: intra oppida ac muros ⟨murosque β⟩ compelluntur: VII 65, 2.

i) iuxta: Caesar . . . ad oppidum constitit iuxtaque murum castra posuit: 1, 16, 4.

k) pro: hanc ⟨*c*⟩ (siluam) . . . pro natino muro obiectam Cheruscos ab Suebis Suebosque ab Cheruscis . . . prohibere: VI 10, 5; has munitiones insequentibus auxit diebus, ut pro muro obiectas haberet: 3, 112, 8.

l) sub c. acc.: (quibus uiribus praesertim homines ⟨*o*⟩ tantulae staturae . . . tanti oneris turrim ⟨*c*⟩ in muro ⟨*Q*¹? β; muros α⟩ sese conlocare ⟨sub muros esse conlaturos *Vielh.; u. CC*⟩ confiderent? II 30, 4;) ¶ ilii sub murum se recipiunt ibique musculum turrimque latericiam libere incendunt: 2, 14, 4; ¶ submotis sub murum cohortibus . . . facilis est nostris receptus datus: 1, 46, 2.

m) sub c. abl.: eorum ut quisque primus uenerat, sub muro consistebat: VII 48, 2, hostem . . . se . . ad oppidum Ilerdam recipere et sub muro consistere cogit: 1, 45, 1; ¶¶ sub muro quae ⟨muroque β⟩ pars collis ad orientem solem ⟨*c*⟩ spectabat, hunc omnem locum copiae Gallorum compleuerant: VII 69, 5; si ibi ⟨*c*⟩ pro castello ac receptaculo turrim ex latere sub muro fecissent: 2, 8, 1; (14, 4 *u.* **l)** se recipere.)

Adiect.: altissimus: II 29, 3; duo: 2, 15, 1; duplex: II 29, 3; Gallici: VII 23, 1; latericii: 2, 15, 1; natiuus: VI 10, 5; omnes: VII 23, 1; totus: VII 22, 3; 24, 3; 28, 2.

musculus. *Cf. Rüstow² p. 141 sqq.; Göl. II³ p. 258 sqq.*

A. subi.: tutus esset: 2, 10, 5 *u.* **B.** contegere.

B. obi.: ut trabes erant in capreolis conlocatae, lateribus ⟨in lateribus *x*⟩ et ⟨*recc.; om. x*⟩ luto musculus ⟨-lis *a*¹*f*⟩, ut ab igni, qui ex muro iaceretur, tutus esset, contegitur ⟨*u. CC*⟩: 2, 10, 5; ¶ musculus ex turri latericia a nostris telis tormentisque defenditur: 2, 11, 3; ¶ musculum pedes ⟨*c*⟩ LX ⟨XL *coni. Np.*; XX *Göl.*⟩ longum ex materia bipedali, quem ⟨quae *afl*⟩ a turri latericia ad hostium turrim murumque perducerent, facere instituerunt: 2, 10, 1; Caesar castris munitis scalas musculosque ad repentinam oppugnationem fieri et crates parari iussit. quibus rebus effectis . . .: 3, 80, 4; ¶ illi sub murum se recipiunt ibique musculum turrimque latericiam libere incendunt: 2, 14, 4; ¶ a castris ⟨β; *Schn.*; a *om.* α; cratis *Vrs.*; *edd.*; e castris *P. Man.*; rastros *Glar.*⟩ longurios, musculos ⟨*AQ*; mulculos *BM*β⟩, falces, reliquaque, quae eruptionis causa parauerat ⟨β; -erant α; *Schn.*⟩, profert: VII 84, 1; ¶ perducere: 2, 10, 1 *u.* facere; ¶ proferre: VII 84, 1 *u.* parare; ¶ has (columellas) . . . coniungunt, ubi tigna, quae musculi tegendi causa ponant, conlocentur: 2, 10, 3.

C. gen.: quidquid incidit, fastigio musculi elabitur: 2, 11, 1; ¶ musculum . . . facere instituerunt; cuius musculi haec erat forma: 2, 10, 1; ¶ ad extremum musculi tectum ⟨tectique *af*⟩ trabesque extremas quadratas regulas . . . defigunt: 2, 10, 4.

D. c. praep.; a) in c. acc.: oppidani saxa . . . uectibus promouent praecipitataque *e muro in musculum deuoluunt: 2, 11, 1; cupas taeda ac pice refertas incendunt easque de muro in musculum deuoluunt: 2, 11, 2.

b) sub c. abl.: interim sub musculo milites uectibus infima saxa turris hostium . . . conuellunt: 2, 11, 3.

c) super: quadratas regulas . . . defigunt, quae lateres, qui super musculo ⟨*P. Man.*; musculos *codd.*; *del. Np.*⟩ struantur, contineant: 2, 10, 4.

mutatio: castrorum autem mutatio quid habet nisi turpem fugam et desperationem omnium et alienationem exercitus? 2, 31, 4; ¶ Massilienses . . . graui etiam pestilentia conflictati ex diutina conclusione et mutatione uictus . . . constituunt: 2, 22, 1.

mutilus: (alces) magnitudine paulo antecedunt (capras) mutilaeque sunt cornibus: VI 27, 1.

muto. A. = rem in aliam rem conuertere, efficere, ut res aliqua fiat alia: (nam etiam Caesaris beneficia imminuerat ⟨*Madu. (Iurinius)*; beneficium mutauerat *codd.*; *edd.*⟩ consuetudo, qua offerrentur: 2, 29, 3;) ¶ (consilium *u.* **consilium** *p. 674 (3 loc.)*;)

¶ simul perfecto ponte celeriter fortuna mutatur: 1,59,1; ¶ iter: 1,70,4 *u.* **B.** iter; ¶¶ (quid iniquitas loci habeat incommodi proponit; hoc una celeritate posse uitari ⟨β; mutari α; *edd.*⟩: VII 45,9;) ¶ omniaque sunt subito mutata: 3,69,1.

B. = alcs rei loco aliam rem eligere, sumere, capere: ut . . . adulescentes atque expeditos ex antesignanis electos ⟨*Madu.*; electis *x*; *edd.*⟩ mutatis ⟨*Madu.*; milites *codd.*; *del. Np.*; *edd.*⟩ ad pernicitatem armis ⟨*suspectum Oud.*⟩ inter equites proeliari iuberet: 3, 84,3; ¶ legiones eas transduxerat . . ., quas . . . Corfinio receperat Caesar, adeo ut paucis mutatis centurionibus idem ordines manipulique constarent: 2,28,1; ¶ consilium *u.* **consilium** *p. 674 (3 loc.)*; ¶ uti ipse eodem . . . contenderet et mutato itinere ingis Octogesam perueniret: 1,70,4; ¶ continuato nocte ac die itinere atque † omnibus copiis mutatis ad celeritatem iumentis ad Pompeium contendit: 3,11,1; ¶ qui (Rufus) sententiam Calidii paucis fere mutatis rebus ⟨uerbis *uett. edd.*; *del. Ciacc.*⟩ sequebatur: 1,2,4.

mutuor: quam maximas potuerunt pecunias mutuati, proinde ac . . . fraudata restituere uellent, multis coëmptis equis ad Pompeium transierunt: 3,60,5.

mutuus: simul a tribunis militum centurionibusque mutuas pecunias sumpsit; has exercitui distribuit: 1,39,3; a publicanis . . . pecuniam exegerat et ab isdem insequentis anni mutuam praeceperat: 3,31,2; ciuibus Romanis . . . certae pecuniae imperabantur, mutuasque illas ex senatus consulto ⟨*Aldus*; mutuasque ex illo se consulto *codd.*⟩ exigi dictitabant: 3, 32,6.

(**mutuo:** Pompeius . . . pecunia societatis sublata et a quibusdam priuatis ⟨mutuo *add. Ciacc.*⟩ sumpta . . . Pelusium peruenit: 3, 103,1.)

Mytilenae: uocatis ad se Amphipoli hospitibus . . . cognito Caesaris aduentu ex eo loco discessit et Mytilenas ⟨mithilas *x*⟩ paucis diebus neuit: 3,102,4.

N

N. = **Numerius.** *Cf.* **Cn.** *p. 563 extr. et 564. Tribuitur hoc praenomen uni* Magio.

nam. 1. coniunctio causalis uel explicatiua: is pagus appellabatur Tigurinus; nam omnis ciuitas Heluetia in quattuor pagos diuisa est ⟨*u. CC*⟩: I 12,4; interim cotidie Caesar Haeduos frumentum, quod essent publice polliciti, flagitare. nam propter frigora . . . non modo frumenta in agris matura non erant, sed ne pabuli quidem satis magna copia suppetebat . . .: I 16,(1.) 2; reperiebat etiam in quaerendo Caesar, quod proelium equestre aduersum paucis ante diebus esset factum, initium eius fugae factum a Dumnorige atque eius equitibus; nam equitatui, quem auxilio Caesari Haedui miserant, Dumnorix praeerat: I 18,10; his omnibus rebus unum repugnabat, quod Diuiciaci fratris summum in populum Romanum studium, summam in se uoluntatem . . . cognouerat; nam ne eius supplicio Diuiciaci animum offenderet uerebatur: I 19,2; diutius cum sustinere nostrorum impetus non possent, alteri se . . . in montem receperunt, alteri ad impedimenta . . . se contulerunt. nam hoc toto proelio . . . auersum ⟨*c*⟩ hostem nidere nemo potuit ⟨*u. CC*⟩: I 26, (1.) 2; Caesar . . . suis . . imperauit, ne quod omnino telum in hostes reicerent. nam etsi sine ullo ⟨*o*⟩ periculo legionis . . . proelium fore uidebat, tamen committendum non putabat, ut pulsis hostibus dici posset eos ab ⟨*c*⟩ se per fidem in conloquio circumuentos: I 46, (2.) 3; ubi circumiecta multitudine . . . undique in murum lapides iaci coepti sunt murusque defensoribus nudatus est, testudine facta . . . murum . . subruunt. quod tum facile fiebat. nam cum ⟨namque β; *Flod.*⟩ tanta multitudo lapides ac tela coicerent ⟨coiciebant β; *Flod.*⟩, in ⟨ut in β; *Flod.*⟩ muro consistendi potestas erat ⟨esset β; *Flod.*⟩ nulli: II 6,(2.) 3; pro his Diuiciacus — nam post discessum Belgarum dimissis Haeduorum copiis ad eum reuerterat — facit uerba: II 14,1; trans id flumen omnes Neruios consedisse aduentumque ibi Romanorum exspectare una cum Atrebatibus ⟨*c*⟩ et Veromanduis, finitimis suis — nam his utrisque persuaserant, uti eandem belli fortunam experirentur: II 16,(2.) 3; ratio ordoque agminis aliter se habebat, ac Belgae ad Neruios detulerant. nam quod hostibus ⟨*c*⟩ adpropinquabat, consuetudine sua Caesar sex legiones expedítas ducebat . . .: II 19,(1.) 2; milites . . . cursu ac lassitudine exanimatos uulneribusque confectos Atrebates — nam his ⟨*c*⟩ ea pars obuenerat — celeriter . . . in flumen compulerunt: II 23,1; quibusnam manibus aut quibus uiribus praesertim homines tantulae staturae — nam plerumque omnibus ⟨c⟩ Gallis prae magnitudine corporum suorum breuitas nostra contemptui est — tanti oneris turrim ⟨c⟩ in muro ⟨c⟩ sese conlocare *posse* ⟨CC⟩ confiderent: II 30, 4; tanta subito malacia ⟨c⟩ ac ⟨c⟩ tranquillitas exstitit, ut (naues) se ex loco mouere ⟨c⟩ non possent. quae quidem res ad negotium conficiendum maxime ⟨c⟩ fuit oportuna ⟨c⟩; nam singulas nostri consectati expugnauerunt: III 15, (3—)5; quo proelio bellum Venetorum totiusque orae maritimae confectum est. nam cum omnis iuuentus, omnes etiam grauioris aetatis . . . eo conuenerant, tum nauium quod ubique fuerat in ⟨o⟩ unum locum coegerant; quibus amissis reliqui neque quo se reciperent neque quem ad modum oppida defenderent habebant: III 16, (1—)3; ciuitatesque omnes se statim Titurio dediderunt. nam ut ad bella suscipienda Gallorum alacer ac promptus est animus, sic mollis ac minime resistens ad calamitates perferendas mens eorum est: III 19, (5.) 6; qui longe alia ratione ac reliqui Galli bellum gerere ⟨c⟩ coeperunt ⟨c⟩. nam ⟨*om.* β⟩ quod intellegebant maximas nationes, quae proelio contendissent, pulsas superatasque esse, continentesque siluas ac paludes ⟨c⟩ habebant, eo se suaque omnia contulerunt: III 28, (1.) 2; at reliqua multitudo puerorum mulierumque — nam ⟨namque β⟩ cum omnibus suis domo excesserant Rhenumque transierant — passim fugere coepit: IV 14, 5; naues longas . . . paulum remoueri . . . et remis incitari et ad latus apertum hostium constitui . . . atque inde fundis, sagittis, tormentis hostes propelli ac submoueri iussit; quae res magno usui nostris fuit. nam et nauium figura et ⟨c⟩ remorum motu et inusitato genere tormentorum permoti barbari constiterunt ac paulum [modo] pedem rettulerunt: IV 25, (1.) 2; itaque ad omnes casus subsidia comparabat. nam et frumentum ex agris cotidie in castra conferebat, et quae grauissime adflictae erant naues, earum materia atque aere ad reliquas reficiendas utebatur et . . . iubebat: IV 31, 2; suos ab hostibus premi atque aegre sustinere et conferta legione ex omnibus partibus tela coici animaduertit. nam quod omni ex reliquis partibus demesso frumento pars ⟨o⟩ una erat reliqua, suspicati hostes huc nostros esse uenturos noctu in siluis delituerant; tum dispersos depositis armis in metendo occupatos subito adorti . . . reliquos . . . perturbauerant, simul equitatu atque essedis circumdederant: IV 32, (3.) 4. (5;) quem (locum) domestici belli, ut uidebatur ⟨c⟩, causa ⟨o⟩ iam ante praeparauerant; nam crebris arboribus succisis omnes introitus erant praeclusi: V 9, (4.) 5; quod consilium, etsi in eius modi casu reprehendendum non est, tamen incommode accidit; nam et nostris militibus spem minuit et hostes ⟨c⟩ ad pugnam ⟨c⟩ alacriores ⟨c⟩ effecit ⟨c⟩: V 33, (4.) 5; at barbaris consilium non defuit. nam duces eorum tota acie pronuntiari ⟨c⟩ iusserunt, ne quis ab loco discederet . . .: V 34, 1; † erant et uirtute et numero ⟨studio *Vielh.*⟩, pugnandi pares nostri. tametsi ⟨tamen etsi β; nam etsi *Vielh.*⟩ ab duce et a fortuna deserebantur, tamen omnem spem salutis in uirtute ponebant et quotiens ⟨CC⟩ quaeque cohors procurrerat ⟨c⟩, ab ea parte magnus numerus hostium cadebat: V 34, 2; qua quidem ex re hominum multitudo cognosci ⟨o⟩ potuit; nam minus horis tribus milium pedum ⟨c⟩ XV ⟨c⟩ in circuitu ⟨c⟩ munitionem perfecerunt: V 42, 4; quod tanti motus Galliae exstiterant, totam hiemem ipse ad exercitum manere decreuit. nam illo incommodo de Sabini morte perlato omnes fere Galliae ciuitates de bello consultabant . . .: V 53, (3.) 4; Labienus . . . magno numero interfecto . . . paucis post diebus ciuitatem recepit ⟨c⟩. nam Germani, qui auxilio ueniebant, percepta Treuerorum fuga sese domum receperunt ⟨c⟩: VI 8, 7; in omni Gallia eorum hominum, qui aliquo ⟨c⟩ sunt numero atque honore, genera sunt duo; nam plebes paene seruorum habetur loco . . .: VI 13, 1; magnoque hi (druides) sunt apud eos honore. nam fere de omnibus controuersiis publicis priuatisque constituunt . . .: VI 13, (4.) 5; Germani multum ab hac consuetudine differunt. nam neque druides habent, qui rebus diuinis praesint, neque sacrificiis student . . .: VI 21, 1; multum cum in omnibus rebus tum in re militari potest fortuna. nam *ut* magno accidit casu, ut in ipsum incautum etiam atque imparatum incideret . . ., sic magnae fuit fortunae omni militari instrumento . . . erepto raedis equisque comprehensis ipsum effugere mortem: VI 30, 2; magnamque res diligentiam requirebat non in summa exercitus tuenda — nullum enim poterat uniuersis *a perterritis ac dispersis periculum accidere — sed in singulis militibus conseruandis. quae tamen ex parte res ad salutem exercitus pertinebat. nam et praedae cupiditas multos longius *seuocabat et siluae incertis occultisque ⟨c⟩* itineribus ⟨c⟩ confertos adire prohibebant: VI 34, (3.) 4; celeriter ad omnes Galliae ciuitates fama perfertur. nam ubi quae ⟨c⟩ maior atque inlustrior incidit res, clamore per agros regionesque significant; hunc ⟨c⟩ alii deinceps excipiunt et proximis tradunt; ut tum accidit. nam quae

Cenabi oriente sole gesta essent, ante primam confectam uigiliam in finibus Aruernorum audita sunt: VII 3, 2. 3; summae diligentiae summam imperii seueritatem addit, magnitudine supplicii dubitantes cogit; nam maiore commisso delicto igni ⟨c⟩ atque omnibus tormentis necat, leuiore de causa auribus desectis aut singulis effossis oculis domum remittit: VII 4, (9.) 10; magna difficultate adficiebatur, qua ratione ad exercitum peruenire posset. nam si legiones in prouinciam arcesseret, se absente in itinere proelio dimicaturas intellegebat; si ipse ad exercitum contenderet, ne iis ⟨c⟩ quidem eo tempore, qui quieti ⟨c⟩ uiderentur, suam salutem recte committi uidebat: VII 6, (2.) 3. (4;) aggerem apparare, nineas agere, turres duas constituere coepit; nam circumuallare loci natura prohibebat: VII 17, 1; singulari militum nostrorum uirtuti consilia cuiusque ⟨c⟩ modi Gallorum occurrebant, ut est summae genus sollertiae atque ad omnia imitanda ... aptissimum. nam et laqueis falces auertebant ... et aggerem cuniculis subtrahebant ...: VII 22, (1.) 2; id tamen (incommodum) se celeriter maioribus commodis sanaturum ⟨CC⟩; nam quae ab reliquis Gallis ciuitates dissentirent, has sua diligentia adiuncturum atque unum consilium totius Galliae effecturum: VII 29, (5.) 6; haec ab his ⟨c⟩ cognoscite, qui ex ipsa caede fugerunt; nam ego fratribus atque omnibus meis propinquis interfectis dolore prohibeor quae gesta sunt pronuntiare: VII 38, 3; haec cogitanti accidere nisa est facultas bene gerendae ⟨o⟩ rei. nam cum in minora castra operis perspiciendi causa uenisset, animaduertit ...: VII 44, 1 *sqq.*; maturandum sibi censuit, ... ut prius, quam essent maiores eo coactae copiae, dimicaret. nam ut ... iter in prouinciam conuerteret, id ⟨c⟩ ne ⟨c⟩ metu ⟨c⟩ quidem necessario faciundum existimabat ⟨*u. CC*⟩: VII 56, (1.) 2; neque iam ut aliquid adquireret ..., sed ut incolumem exercitum Agedincum reduceret cogitabat. namque ⟨nam cum (cumque *a*[1]) β⟩ altera ex ⟨o⟩ parte Bellouaci ... instabant, alteram ⟨c⟩ Camulogenus parato atque instructo exercitu tenebat; tum ⟨β; cum α⟩ legiones a praesidio atque impedimentis interclusas maximum flumen distinebat: VII 59, (4.) 5; suas quoque copias in tres partes distribuerunt. nam praesidio e regione castrorum relicto et parua manu Metiosedum uersus missa ... reliquas copias contra Labienum duxerunt: VII 61, (4.) 5; proinde *in* agmine impeditos adoriantur ⟨c⟩. si *impedimentis suis auxilium ferant atque in eo morentur, iter facere ⟨c⟩ non posse; si ... relictis impedimentis suae saluti consulant, et usu rerum necessariarum et dignitate spoliatum iri. nam de equitibus hostium, quin nemo eorum progredi modo ⟨c⟩ extra agmen audeat, ne ⟨c⟩ ipsos quidem debere dubitare: VII 66, (4—)6; (atque ego hanc sententiam probarem — ⟨nam *add.* β⟩ tantum apud me ⟨ap. me tantum β⟩ dignitas potest —, si nullam praeterquam uitae nostrae iacturam fieri uiderem: VII 77, 6;) cuius rei si exemplum non haberemus, tamen libertatis causa institui et posteris prodi pulcherrimum indicarem. nam quid illi simile bello fuit? VII 77, 13; Caesar exploratis regionibus ... magno .. circuitu nullo certo itinere exercitum ducit ⟨c⟩. nam quae ⟨*bl;* namque *Oafh*⟩ itinera ad Hiberum atque Octogesam pertinebant, castris hostium oppositis tenebantur: 1, 68, 1; relinquebatur, ut ... equitatum repellerent, eo summoto repente incitati cursu sese in nalles uniuersi demitterent ⟨c⟩ atque ita transgressi rursus in locis superioribus consisterent. nam tantum ab equitum snorum *auxilio aberant, ... ut eos superioribus perterritos proeliis in medium reciperent agmen ultroque eos tuerentur: 1, 79, (4.) 5; id nero militibus fuit pergratum et iucundum, ut ex ipsa significatione cognosci potuit, ut, qui aliquid ⟨c⟩ iusti ⟨c⟩ incommodi exspectauissent, ultro praemium missionis ferrent. nam cum de loco et tempore ⟨c⟩ eius rei controuersia inferretur, et uoce et manibus uniuersi ex uallo ... significare coeperunt, ut statim dimitterentur: 1, 86, (1.) 2; eodem Brutus contendit aucto nauium numero. nam ad eas, quae factae erant Arelate per Caesarem, captiuae Massiliensium accesserant sex: 2, 5, 1; neque erat quisquam omnium, quin *in* eius diei casu snarum omnium fortunarum euentum consistere existimaret. nam et honesti ex iuuentute et cuiusque aetatis amplissimi ⟨c⟩ ... naues conscenderant: 2, 5, (4.) 5; Trebonius ea, quae sunt amissa, multo maiore militum studio administrare et reficere instituit. nam ubi tantos suos labores et apparatus male cecidisse niderunt ..., aggerem noui generis ... facere instituerunt: 2, 15, 1; hi siue uere quam habuerant opinionem ad eum perferunt, siue etiam auribus Vari seruiunt, — nam quae ⟨namque *af*⟩ uolumus, *ea credimus libenter, et quae sentimus ipsi, reliquos sentire speramus — confirmant quidem certe: 2, 27, 2; (in castris Curionis magnus † omnium incessit timor animis. is ⟨*Voss.; Db.;* timor; nam is (his *af;* iis *hl*) *codd.; Dt.;* timor: [nam] is *Np.*⟩ uariis ⟨narns *Oaf*⟩ hominum sermonibus celeriter augetur. unus quisque enim ...: 2, 29, 1;)

erat cinile bellum . . .; legiones eae ⟨c⟩, quae paulo ante apud aduersarios fuerant: nam etiam Caesaris beneficia ⟨c⟩ imminuerat ⟨c⟩ cousuetudo, qua offerrentur ⟨*u. CC*⟩: 2, 29, 3; castrorum autem mutatio quid habet nisi turpem fugam et desperationem omnium et alienationem exercitus? nam neque pudentes ⟨c⟩ suspicari oportet sibi parum credi neque improbos scire sese timeri: 2, 31, 4; desinite ergo de compositione loqui; nam nobis nisi Caesaris capite relato pax esse nulla potest: 3, 19, 7; fiebat aequitate decreti et humanitate Treboui ⟨c⟩, . . . ut reperiri non possent ⟨c⟩, a quibus initium appellandi nasceretur. nam fortasse inopiam excusare et calamitatem aut propriam suam aut temporum queri et difficultates auctionandi proponere etiam mediocris est animi; integras nero tenere possessiones qui se debere fateantur cuius animi aut cuius impudentiae est? 3, 20, (2.) 3; haec eodem fere tempore Caesar atque Pompeius cognoscunt. nam praeteruectas Apolloniam Dyrrachiumque nanes niderant, † ipsi iter secundum eas terra ⟨c⟩ derexerant, sed quo essent [eae] delatae primis diebus ignorabant. cognitaque re diuersa sibi ambo consilia capiunt: 3, 30, 1. (2;) nuntiatum est adesse Scipionem cum legionibus ⟨c⟩ magna opinione et fama omnium; nam plerumque in nouitate fama *rem* antecedit ⟨*u. CC*⟩: 3, 36, 1; erat noua et inusitata belli ratio cum tot castellorum numero . . . et toto obsidionis genere, tum etiam reliquis rebus. nam quicumque alterum obsidere conati sunt, perculsos atque infirmos hostes . . . continuerunt, cum ipsi numero equitum militumque praestarent; . . . at ⟨c⟩ tum integras atque incolumes copias Caesar ⟨c⟩ inferiore ⟨c⟩ militum numero continebat, cum illi omnium rerum copia abundarent; cotidie enim . . .: 3, 47, (1.) 2. (3;) Pompeianis magnam ⟨c⟩ res ad receptum difficultatem adferebat. nam ex iniquo progressi loco in summo constiterant . . .: 3, 51, 6; eodem tempore duobus praeterea locis pugnatum est — nam plura castella Pompeius pariter distinendae manus causa temptauerat, ne ex proximis praesidiis succurri posset —: uno loco . . ., altero: 3, 52, 1. (2;) quos Pompeius, quod . . . nonum et praeter consuetudinem acciderat, omnia sua praesidia circumduxit atque ostentauit. nam ante id tempus nemo aut miles aut eques a Caesare ad Pompeium transierat: 3, 61, (1.) 2; quae res . . . magnum . . nostris attulerat incommodum. nam ut ad mare II ⟨c⟩ cohortes nonae legionis excubuerant, accessere subito . . . Pompeiani ⟨*u. CC*⟩ . . .: 3, 63, (5.) 6; neque eum prima opinio fefellit. nam et peruenit prius quam Pompeius sentire posset et . . . celeriter adgressus Pompeianos ex uallo deturbauit: 3, 67, 4; neque uero Pompeiani huic rei defuerunt. nam et tela missa exceperunt et impetum legionum tulerunt et ordines ⟨c⟩ conseruarunt pilisque missis ad gladios redierunt: 3, 93, 2; qui, etsi magno aestu — nam ⟨aestu nati *h pr.*; aestu nã *h ead. m.*; aestu fatigati, nam *Ol*⟩ ad meridiem res erat perducta — tamen ad omnem laborem animo parati imperio paruerunt: 3, 95, 1; castra a cohortibus, quae ibi praesidio erant relictae, industrie defendebantur, multo etiam acrius a Thracibus barbarisque auxiliis. nam qui *ex* acie refugerant milites et animo perterriti et lassitudine confecti missis plerique armis signisque militaribus . . . de . . fuga . . . cogitabant: 3, 95, (2.) 3; neque multo post de proelio facto in Thessalia cognitum est, ut ipsis Pompeianis fides fieret: nam ante id tempus fingi a legatis amicisque Caesaris arbitrabantur: 3, 101, 7; amitae meae Iuliae maternum genus ab regibus ortum, paternum cum diis immortalibus coniunctum est. nam ab Anco Marcio sunt Marcii Reges, quo nomine fuit mater; a Venere Iulii, cuius gentis familia est nostra: *ap. Suet.* 6; uel pro hospitio regis Nicomedis uel pro horum necessitate, quorum *de* re agitur, refugere ⟨c⟩ hoc munus . . . non potui. nam neque hominum morte memoria deleri debet, quin a proximis retineatur, neque clientes sine summa infamia deseri possunt: *ap. Gell.* V 13, 6.

2. **additur interrogatiuis:** quibusnam manibus aut quibus uiribus praesertim homines ⟨c⟩ tantulae staturae . . . tanti oneris turrim ⟨c⟩ in muro ⟨c⟩ sese conlocare *posse* confiderent: II 30, 4; ¶ hi perpetuas inter se controuersias habebant, quinam ⟨uter alteri β⟩ anteferretur: V 44, 2; ¶ temptandum *Caesar* existimauit, quidnam Pompeius propositi aut uoluntatis ad dimicandum haberet: 3, 84, 1; ¶¶ quonam haec omnia nisi ad suam perniciem pertinere? 1, 9, 4.

Nammeius. *Cf. Glück p. 140.*

cuius legationis Nammeius ⟨nameius *h*; namprocius *f*⟩ et Verucloetius principem ⟨c⟩ locum obtinebant: I 7, 3.

Namnetes. *Cf. Glück p. 140.*

socios sibi ad id bellum Osismos, Lexouios, Namnetes ⟨namnetos *A*[1]⟩, Ambiliatos ⟨c⟩, Morinos, Diablintes ⟨c⟩, Menapios adsciscunt: III 9, 10; (quae (ciuitates) . . . Aremoricae ⟨c⟩ appellantur, quo sunt in numero Coriosolites ⟨c⟩, Redones ⟨c⟩, Ambibarii ⟨c⟩, Caletes ⟨c⟩, Osismi,

⟨neneti *add.* β⟩ † Lemouices ⟨*del. Db.; Lexouii Np.; Dt.;* Namnetes *Fr.*⟩, Venelli ⟨Veneti, Vnelli *Schn.*⟩: VII 75, 4.**)**

namque. *(Semper, ut uidetur, ante uocales.)*

id ne accideret magnopere sibi praecauendum Caesar existimabat. namque omnium rerum, quae ad bellum usui erant, summa erat in eo oppido facultas ⟨*c*⟩: I 38, (2.) 3; **(**II 6, 3 *u.* **nam 1.;)** haec eo facilius magnam partem aestatis faciebant, quod nostrae naues tempestatibus detinebantur summaque erat . . . difficultas nauigandi. namque ipsorum naues ad hunc modum factae armataeque erant: III (12, 5;) 13, 1; **(**IV 14, 5 *u.* **nam 1.;)** quibus rebus perturbatis nostris . . . tempore oportunissimo Caesar auxilium tulit; namque eius aduentu hostes constiterunt, nostri se ⟨*c*⟩ ex timore receperunt: IV 34, 1; haec eadem ratio est in summa totius Galliae: namque omnes ciuitates in ⟨*o*⟩ partes ⟨*o*⟩ diuisae sunt duas: VI 11, 5; VII 59, 5 *u.* **nam 1.**; **(**(erant) . . . municipia etiam diuersis partibus coniuncta: namque ⟨neque enim *codd.*⟩ ex Marsis Paelignisque ueniebant ii ⟨ut *codd.*⟩, qui superiore nocte perfugerant ⟨*om. codd.*⟩ — *sic h. l. constituunt Terpstra et E. Hoffm.*: 2, 29, 4;**)** at ⟨*c*⟩ etiam ut media nocte proficiscamur addunt, quo maiorem, credo, licentiam habeant qui peccare conentur. namque huius modi res aut pudore aut metu tenentur; quibus rebus nox maxime aduersaria est: 2, 31, 7; his erat rebus effectum, ut equitum mille . . . VII milium Pompeianorum impetum . . . sustinere auderent neque magnopere eorum multitudine terrerentur. namque ⟨itaque?⟩ etiam per eos dies proelium secundum equestre fecit: 3, 84, (4.) 5; Pompeius quoque, ut postea cognitum est, suorum omnium hortatu statuerat proelio decertare. namque ⟨atque?⟩ etiam in consilio superioribus diebus dixerat, prius quam concurrerent acies, fore, uti exercitus Caesaris pelleretur ⟨*c*⟩: 3, 86, 1; ex Pompeiano exercitu . . . in deditionem uenerunt amplius milia XXIIII. namque etiam cohortes, quae praesidio in castellis fuerant, sese Sullae dediderunt: 3, 99, 3; scribendum ad te existimaui et pro nostra beneuolentia petendum, ne quo progredereris proclinata ⟨*c*⟩ iam re, quo integra etiam progrediendum tibi non existimasses. namque et amicitiae grauiorem iniuriam feceris et tibi minus commode consulueris, si: *ap. Cic. ad Att.* X 8 *B*, 1.

[**Falso:** nam quae ⟨*l;* namque *Oafh*⟩ itinera ad Hiberum atque Octogesam pertinebant, castris hostium oppositis tenebantur: 1, 68, 1.]

nanciscor. **Forma:** nancisceretur 3, 85, 2; nacti erant VI 35, 10; *reliquis locis participio usus est Caesar.* Nanctus *inuenitur in codd. A et Bpr.* VII 9, 4; *in Bpr.* (nantus *in A*) IV 36, 3 *et* VII 32, 1 *et* VII 67, 5; *in Bpr.* IV 23, 6 *et* IV 35, 1 *et* V 9, 4. *His 7 locis Frig. et Hold. receperunt* nanctus (-i); *Np. et Dt.* IV 23, 6 *et* 35, 1 *scripserunt* nactus, *reliquis 5 locis* nanctus. *Reliquis 9 belli Gallici locis in omnibus codd. uidetur exstare* nactus; *in bello ciuili omnibus (31) locis omnes codd. uidentur exhibere* nactus, *quam formam semper receperunt Schn. et Db.*

A. sequ. obiect.; a) alqd: dilectuque habito duas legiones (Attius Varus) effecerat hominum et locorum notitia et usu eius prouinciae nactus aditus ad ea conanda: 1, 31, 2; ¶ aestum: IV 23, 6 *u.* uentum; ¶ illi (Caesariani) . . . nacti austrum naues soluunt: 3, 26, 1; ¶ hanc nactus appellationis causam Quintilius circumire aciem Curionis atque obsecrare milites coepit, ne: 2, 28, 2; ¶ summamque ibi copiam frumenti et reliqui commeatus nactus ⟨*c*⟩ exercitum . . . reficit ⟨*c*⟩: VII 32, 1; exercitum traduxit frumentumque in agris et pecoris copiam nactus repleto his rebus exercitu iter . . . facere instituit: VII 56, 5; ¶ Pompeius, iam cum intra uallum nostri uersarentur, equum nactus detractis insignibus imperatoriis ⟨*c*⟩ . . . se ex castris eiecit: 3, 96, 3; ¶ quorum discessu liberam nacti milites conloquiorum facultatem uulgo procedunt: 1, 74, 1; si quando nostri facultatem nacti ferreis manibus iniectis nauem ⟨*c*⟩ religauerant: 2, 6, 2; ¶ frumentum: VII 56, 5 *u.* copiam; ¶ Bibulus . . . inanibus (nauibus) occurrit et nactus circiter XXX in eas indiligentiae ⟨*c*⟩ suae ac doloris iracundiam ⟨*c*⟩ erupit omnesque incendit: 3, 8, 3; hic (Libo) repentino aduentu naues onerarias quasdam nactus incendit et unam frumento onustam abduxit: 3, 23, 2; ¶ qui (Ariouistus) nauiculam deligatam ad ripam nactus ea profugit: I 53, 3; ¶ quinque intermissis diebus alteram noctem subnubilam nactus . . . tertia inita uigilia silentio exercitum eduxit: 3, 54, 2; ¶ cum diuturnitas oppugnationis neglegentiores Octauianos effecisset, (ciues Romani) nacti occasionem meridiani temporis discessu ⟨meridiano tempore discessus *Ciacc.*⟩ eorum . . . in proxima Octauii castra inruperunt: 3, 9, 6; in itinere ut aliquam occasionem dimicandi nancisceretur: 3, 85, 2; ¶ Germani quam nacti erant praedam in occulto relinquunt: VI 35, 10; ¶ quod mora reliquorum spatium nactum illum (Indutiomarum) effugere nolebat: V 58, 4; hoc pugnae tempus magnum attulit nostris ad salutem momentum: nacti enim spatium se in loca superiora receperunt: 1, 51, 6; Pompeius annuum spatium ad comparandas copias nactus . . . magnam . . . classem coegerat: 3, 3, 1; ¶ sese subito proripiunt . . . et spem nacti morae ⟨more / *Oa*⟩ discessu ⟨disc. more *f*⟩ nostrorum equitum iter facere incipiunt: 1, 80, 3; ¶ saxa inter et alia loca periculosa quietam nactus stationem . . . milites exposuit: 3, 6, 3; ¶ (subsidium: VII 67, 5 *u.* **b)** iugum;) ¶ his constitutis rebus nactus idoneam ad nauigandum tempestatem tertia fere uigilia (naues) soluit: IV 23, 1; ipse idoneam tempestatem nactus ⟨*c*⟩ paulo post mediam noctem naues soluit: IV 36, 3; tandem idoneam nactus ⟨nact. idon. β⟩ tempestatem milites equitesque conscendere nanes ⟨*c*⟩ iubet: V 7, 4; (Massilienses) eandem nacti tempestatem maiore cum fiducia ad alteram turrim ⟨*c*⟩ . . . pugnauerunt multumque ignem intulerunt: 2, 14, 5; L. Domitius . . . nauibus III comparatis . . . nactus turbidam tempestatem profectus est: 2, 22, 2; ¶ et uentum et aestum uno tempore nactus ⟨*c*⟩ secundum . . . sublatis ancoris: IV 23, 6; (Massilienses) nacti idoneum uentum ex portu exeunt: 2, 4, 5; Caesar Brundisium ad suos seuerius scripsit, naeti idoneum uentum ne occasionem nauigandi dimitterent: 3, 25, 4; Cassius . . . secundum nactus uentum onerarias nanes . . . praeparatas ad incendium immisit: 3, 101, 5.

b) locum: (legionisque ⟨*c*⟩ decimae, quacum erat, continuo ⟨*Göler;* contionatus *codd.; Schn., Np., Fr.;* cliuom nactus *Heller; Hold.*⟩ signa constituit ⟨*c*⟩. VII 47, 1,) ¶ Afranius . . . collem quendam nactus ibi constitit: 1, 70, 3; ¶ tandem Germani ab dextro latere summum iugum ⟨snorum subsidium *Paul*⟩ nacti ⟨*c*⟩ hostes loco depellunt: VII 67, 5; ¶ (hostes) se in siluas abdiderunt locum nacti ⟨*c*⟩ egregie et natura et opere munitum: V 9, 4; idoneum locum n. *u.* **idoneus** *p. 29 (5 loc.)*; ¶ (Caesar) ex magnis rupibus nactus planitiem in hac ⟨*c*⟩ contra hostem aciem instruit: 1, 70, 3; ¶ nostri . . . nacti portum, qui appellatur Nymphaeum, . . . eo nanes introduxerunt: 3, 26, 4.

c) alqm: deinde adiutores quosdam consilii ⟨*c*⟩ sui nactus ex regis amicis exercitum . . . Alexandriam euocauit: 3, 108, 2; ¶ haec et superiorum annorum consuetudine ab ⟨*c*⟩ nobis ⟨*c*⟩ cognouerant ⟨*c*⟩ et quosdam ⟨quos clam *Fr.;* quos *Whitte; Dt.*⟩ de exercitu naeti ⟨β; *Schn.;* habebant α; *rell. edd.*⟩ captinos ab his docebantur: V 42, 2; ¶ ibi ⟨inde β⟩ nactus ⟨*c*⟩ recentem equitatum . . . in Lingones contendit: VII 9, 4; ¶ tamen nactus ⟨*c*⟩ equites circiter XXX . . . legiones in acie . . . constituit: IV 35, 1; ¶ tamen idoneos nactus homines, per quos ea, quae uellet, . . . perferrentur, petit ab utroque: 1, 9, 1; ¶ L. Fabius ⟨*c*⟩ centurio ⟨*c*⟩ . . . tres suos nactus manipulares atque ab iis subleuatus murum ascendit: VII 47, 7; ¶ (Haedui) nacti obsides, quos Caesar apud eos deposuerat, horum supplicio dubitantes territant: VII 63, 3; ¶ nostri . . ., ne frustra reliquos exspectarent, duas nacti turmas exceperunt: 3, 38, 4.

(Pompeius) eadem celeritate paucos suos ex fuga nactus nocturno itinere non intermisso comitatu equitum XXX ad mare peruenit: 3, 96, 4.

B. sequ. dupl. acc.: nacti uacuas ab imperiis Sardiniam Valerius, Curio Siciliam cum exercitibus eo perueniunt ⟨*u. CC*⟩: 1, 31, 1; prius Cassius . . . aduolauit, quam Pomponius de eius aduentu cognosceret, perturbatumque eum nactus nullis custodiis . . . onerarias naues . . . in Pomponianam ⟨*c*⟩ classem immisit: 3, 101, 2.

Nantuates. III 1, 1 *scriptum est* in nantuates *in* M^2, in nantuatis *in* B^1M^1, inantuatis *in* $AQB^2β$; III 1, 4 in antuatibus *est in X;* III 6, 5 in antuatis *in αh,* in antuantis *in* a^1, in antuatos *in* B^2; IV 10, 3 nantuatium *habent AQ,* nantuantium *B,* nantuantium *M,* nãnetũ *h,* nemetum *af.*

cum in Italiam proficisceretur Caesar, Ser. Galbam cum legione XII et parte equitatus in Nantuates, Veragros Sedunosque misit, qui a ⟨*c*⟩ finibus Allobrogum et lacu Lemanno et flumine Rhodano ad summas Alpes pertinent: III 1, 1; *cf.* § 2—4; constituit cohortes duas in Nantuatibus conlocare: III 1, 4; incolumem legionem in Nantuates, inde in Allobroges perduxit: III 6, 5; Rhenus . . . longo spatio per fines Nantuatium, Heluetiorum, Sequanorum, Mediomatricum ⟨*c*⟩, Tribocorum ⟨*c*⟩, Treuerorum citatus fertur: IV 10, 3.

Narbo: auxiliis equitatuque comparato, multis praeterea uiris fortibus Tolosa et Narbone ⟨narbonae α; carcasone et narbona β⟩, quae sunt ciuitates Galliae prouinciae finitimae [ex] his regionibus, nominatim euocatis in Sotiatium ⟨*c*⟩ fines exercitum introduxit: III 20, 2; Lucterius . . . magna coacta manu in prouinciam Narbonem ⟨-nam β⟩ uersus eruptionem ⟨*CC*⟩ facere contendit. qua re nuntiata Caesar omnibus consiliis anteuertendum existimauit, ut Narbonem ⟨-nam β⟩ proficisceretur. eo cum uenisset, timentes confirmat, praesidia in Rutenis prouincialibus, Volcis Arecomicis, Tolosatibus circumque Narbonem ⟨-nam β⟩, quae loca hostibus erant finitima, constituit: VII 7, 2—4; quas (legiones) Narbone ⟨Cabillonae *Ciacc.*⟩ circumque ea loca hiemandi causa disposuerat: 1, 37, 1; Tarracone discedit pedibusque Narbonem ⟨-nam *Ob*⟩ atque inde Massiliam peruenit: 2, 21, 5.

nascor. **A.** propr.; **a)** de hominibus; **α)** ex, in: uxores habent deni duodenique inter se communes et maxime fratres cum fratribus parentesque cum liberis; sed qui ⟨*c*⟩ sunt ex iis nati, eorum habentur liberi, quo ⟨*c*⟩ primum uirgo ⟨*c*⟩ quaeque deducta ⟨*c*⟩ est ⟨*c*⟩: V 14, 5; ¶ Britanniae pars interior ⟨*c*⟩ ab iis incolitur, quos natos in insula ipsa ⟨β; ipsi α; *edd.*⟩ memoria proditum dicunt: V 12, 1; non hos palus in ⟨*del. Dt.*[1]*; Db.*⟩ bello latrociniisque natos ⟨notos *Q*[2]⟩, non siluae morantur: VI 35, 7.

β) natus (amplissima) familia, genere, loco: alterum (esse) Cotum, antiquissima familia natum atque ipsum hominem summae potentiae et magnae cognationis: VII 32, 4; quorum erat princeps Litauiccus atque eius fratres ⟨*c*⟩, amplissima familia nati adulescentes: VII 37, 1; ¶ (interficitur) Piso Aquitanus, amplissimo genere natus: IV 12, 4; ¶ loco honesto, inlustriore, summo *u.* **locus** *p. 491* e) *(5 loc.)*.

γ) imperio natus: hortaturque, ut se liberos et ⟨in *add. QM*[2]⟩ imperio natos meminerint: VII 37, 2.

b) de bestiis: multaque in ea (silua) genera ferarum nasci constat: VI 25, 5; quin etiam iumentis . . . importatis non utuntur, sed quae sunt apud eos nata . . ., haec . . . summi ut sint laboris efficiunt: IV 2, 2.

c) de rebus, quae natura gignuntur: nascitur ibi plumbum album in mediterraneis regionibus, in maritimis ferrum: V 12, 5.

B. trsl.; **a)**: ab eo flumine pari adcliuitate ⟨*c*⟩ collis nascebatur aduersus huic et contrarius: II 18, 2.

b): ne qua oriatur pecuniae cupiditas, qua ex re factiones dissensionesque ⟨diuisionesque *M*⟩ nascuntur: VI 22, 3; ¶ fiebat . . . humanitate Trebonii ⟨*c*⟩, . . . ut reperiri non possent ⟨*c*⟩, a quibus initium appellandi nasceretur: 3, 20, 2; ¶ ne profectio nata ab ⟨*c*⟩ timore defectionis similisque ⟨*c*⟩ fugae uideretur: VII 43, 5.

Nasidianus: sed Nasidianae naues nullo usui fuerunt celeriterque pugna excesserunt . . .: 2, 7, 1; ex Massiliensium classe (naues) V sunt depressae, IIII captae, una cum Nasidianis profugit: 2, 7, 2.

Nasidius: L. Nasidius ab Cn. Pompeio cum classe nauium XVI . . . L. Domitio Massiliensibusque subsidio missus freto Siciliae imprudente atque inopinante Curione peruehitur adpulsisque Messanam nauibus . . . ex naualibus eorum *unam* deducit: 2, 3, 1. 2; *cf.* § 3; adueutus enim L. Nasidii summa spe et uoluntate ciuitatem compleuerat: 2, 4, 4; nacti idoneum uentum ex portu exeunt et Tauroenta . . . ad Nasidium perueniunt: 2, 4, 5; *cf. qu. sqq.;* dextra pars attribuitur Massiliensibus, sinistra Nasidio: 2, 4, 5; *cf.* **Nasidianus.**

Nasua: pagos centum Sueborum ad ripas Rheni consedisse, qui Rhenum transire conarentur; his praeesse Nasuam et Cimberium fratres: I 37, 3.

natalis: dies natales et mensium ⟨*c*⟩ et annorum initia sic obseruant, ut noctem dies subsequatur: VI 18, 2.

natio. **A.** subi.; **a)**: multa Caesarem . . . incitabant . . ., in primis, ne hac parte neglecta reliquae nationes sibi idem licere arbitrarentur: III 10, 2; ¶ confidere: III 27, 2 *u.* neglegere; ¶ contendere: III 28, 2 *u.* **B.** pellere; ¶ (dare: II 35, 1 *u.* **b)**;) ¶ non alienum esse uidetur de Galliae Germaniaeque moribus et quo differant hae nationes inter sese proponere: VI 11, 1; ¶ natio est omnium ⟨α; *Aim.;* omnis β; *Np., Fr.*⟩ Gallorum admodum dedita religionibus: VI 16, 1; Suebos . . . copias cogere atque iis ⟨*c*⟩ nationibus, quae sub eorum sint ⟨sunt β⟩ imperio, denuntiare, ut auxilia peditatus equitatusque mittant: VI 10, 1; ¶ (existimari: IV 10, 5 *u.* **b)** incoli;) ¶ facere: (II 35, 1 *u.* **b)**;) III 27, 2 *u.* neglegere; ¶ habere: IV 20, 4 *u.* incolere; ¶ incolere: II 35, 1 *u.* **b)** mitti; neque quanta esset insulae magnitudo neque quae aut quantae nationes incolerent neque quem usum belli haberent aut quibus institutis uterentur . . . reperire ⟨*c*⟩ poterat: IV 20, 4; ¶ mittere: VI 10, 1 *u.* esse; ¶ paucae ultimae nationes anni tempore confisae . . . hoc ⟨*c*⟩ facere neglexerunt: III 27, 2; ¶ uiuere: IV 10, 5 *u.* **b)** incoli; ¶ uti: IV 20, 4 *u.* incolere.

b): quarum (insularum) pars magna a feris barbarisque nationibus incolitur, ex quibus sunt, qui ⟨quae?⟩ piscibus atque ⟨*c*⟩ ouis auium uiuere existimantur: IV 10, 4. 5; ¶ uti ab iis ⟨his *codd.*⟩ nationibus, quae trans Rhenum incolerent, mitterentur legati ad Caesarem, qui ⟨quae *B*²β⟩ se obsides daturas, imperata facturas pollicerentur: II 35, 1.

B. obi.: quod eas quoque nationes adire et regiones cognoscere uolebat: III 7, 1; ¶ ne ex his nationibus auxilia in Galliam mittantur ac/tantae nationes coniungantur: III 11, 3; ¶ (dedere: VI 16, 1 *u.* **A. a)** esse;) ¶ intellegebant maximas nationes, quae proelio contendissent, pulsas superatasque esse: III 28, 2.

C. dat.: denuntiare: VI 10, 1 *u.* **A. a)** esse.

D. abl.: duae fuerunt Ariouisti uxores, una Sueba natione: I 53, 4.

E. c. praep.; a) ad: (legatos,) quod nomen ad ⟨apud *ef*⟩ omnes nationes sanctum inuiolatumque semper fuisset: III 9, 3; tantum esse nomen atque opinionem eius ⟨*c*⟩ exercitus ... hoc nouissimo proelio facto etiam ad ultimas Germanorum nationes: IV 16, 7.

b) apud: ut auctoritatem, qua ille maxime apud exteras nationes niti uidebatur, minueret: 3, 43, 4; (*cf.* **a)** III 9, 3.)

c) ex: P. Crassum ... in Aquitaniam proficisci inbet, ne ex his ⟨*c*⟩ nationibus auxilia in Galliam mittantur: III 11, 3; — IV 10, 5 *u.* **A. b).**

d) in c. abl.: si ea, quae in longinquis nationibus geruntur, ignoratis: VII 77, 16.

natiuus: hanc ⟨*c*⟩ (siluam) longe introrsus pertinere et pro natino muro obiectam Cheruscos ab Suebis ... prohibere: VI 10, 5.

natura. A. locorum; a) additur genetiuus loci (locorum) *u.* **locus** *p. 478 sq. (25 loc.).*

b) non additur genet. loci; α): id (frumentum) erat perexiguum cum ipsius agri natura, quod sunt loca aspera ac ⟨*c*⟩ montuosa ..., tum quod: 3, 42, 5; ¶ ut secundum naturam fluminis procumberent: IV 17, 4; quod illis prohibere erat facile cum ipsius fluminis natura atque aquae magnitudine, tum quod: 1, 50, 2; ¶ qualis esset natura montis et qualis ⟨*c*⟩ in circuitu ascensus: I 21, 1; a medio fere colle in longitudinem ⟨*c*⟩, ut natura montis ferebat, ... murum ... praeduxerant Galli: VII 46, 3.

β): ibique prope flumen edito natura loco castra posuit: 3, 37, 4; ¶ loco pro castris ad aciem instruendam natura opportuno atque idoneo, quod ..., fossam obduxit ⟨*c*⟩: II 8, 3; ¶ procul ab aqua et natura iniquo loco castra ponunt: 1, 81, 1; ¶ sua omnia in unum oppidum egregie natura munitum contulerunt: II 29, 2; se in siluas abdiderunt locum nacti ⟨*c*⟩ egregie et natura et opere munitum: V 9, 4; locum repperit egregie natura atque opere munitum: V 21, 4; ¶ insula natura triquetra ⟨triquadra (triquatra) β; utrique α⟩ (est): V 13, 1.

B. natura rerum: ut ex magno Gallorum equitum ⟨*c*⟩ numero non nullos Gallicis ⟨*c*⟩ rebus fauere natura cogebat: VI 7, 7; — tanta erat operis firmitudo atque ea rerum natura, ut: IV 17, 7; — uno enim excepto, quem alius modi atque omnes natura finxit, suos quisque habet caros: *ap. Prisc. inst.* VI 36. 82; VII 20 *extr.;* XIII 12; ¶ num tu harum rerum natura accidere arbitraris, quod unam terram ac plures terras et urbem et urbes et imperium et imperia dicamus, neque quadrigas in unam ⟨?⟩ nominis figuram redigere ... possimus? *ap. Gell.* XIX 8, 8; — omnes autem homines natura libertati ⟨*c*⟩ studere ⟨*c*⟩ et condicionem seruitutis odisse: III 10, 3; ¶ multa praeterea de sideribus atque eorum motu, de mundi ac terrarum magnitudine, de rerum natura, de deorum immortalium ⟨*c*⟩ ui ⟨*o*⟩ ac potestate disputant et iuuentuti tradunt: VI 14, 6.

C. natura animantium; a) bestiarum: eadem est feminae marisque natura ⟨statura *Paul, recte ut uidetur*⟩, eadem forma magnitudoque cornuum: VI 26, 3.

b) hominum; α) = corporis uires: ut ... infinito labore suscepto ... paene naturam studio uincerent: VI 43, 5; ¶ se et communes liberos ..., quos ad capiendam fugam naturae et uirium infirmitas impediret: VII 26, 3.

β) = ingenium, mores: custodiarum naria ⟨*c*⟩ diligentia animaduersa, prout cuiusque eorum, qui negotiis praeerant, aut natura aut studium ferebat: 3, 61, 3; ¶ communi .. fit uitio naturae, ut inuisitatis ⟨*c*⟩ atque incognitis rebus magis confidamus uehementiusque exterreamur: 2, 4, 4; ¶ quorum de natura moribusque Caesar ⟨*c*⟩ cum quaereret, sic reperiebat: II 15, 3.

naturalis: ex ⟨*c*⟩ altera parte mole tenui naturali ⟨naturaliter *Np.*⟩ obiecta ⟨*coniec. (Np.) Madu.;* molem tenuit naturalem obiectam *codd.; Db̄., Dt.*⟩, quae ⟨*c*⟩ paeue insulam oppidum effecerat, quattuor biremes subiectis scutulis ... in interiorem portum ⟨*c*⟩ traduxit ⟨*u. CC*⟩: 3, 40, 4.

naturaliter: quod est quaedam animi incitatio atque alacritas naturaliter innata omnibus: 3,92,3; ¶ (obiectus: 3,40,4 *u.* **naturalis.**)

natu(s) *u.* **maiores natu** *p. 534 2. (3 loc.).*

naualis. 1. **adiect.:** coactis omnibus copiis castra naualia de improuiso adoriantur atque oppugnent: V 22,1; ¶ hoc opus . . . inopinantibus hostibus machinatione nauali, phalangis subiectis, ad turrim hostium admouent: 2,10,7; ¶ Massilienses ⟨*c*⟩ . . . bis proelio nauali ⟨nau. proel. *a; Np., Dt.*⟩ superati . . . constituunt: 2,22,1; ¶ sic uno tempore et de nauali pugna Sabinus et de Sabini uictoria Caesar est ⟨*c*⟩ certior factus: III 19,5.

2. **ui subst. naualia. A. obi.:** tueri: 3, 111,6 *u.* **C. c).**

B. dat.: duabus ex partibus . . . . una erat proxima portui ⟨*c*⟩ naualibusque: 2,1,2.

C. c. praep.; a) ad: theatrum . . . arcis tenebat locum aditusque habebat ad portum et ad reliqua ⟨regia *Morus;* regiae *Paul*⟩ naualia: 3,112,8.

b) ex: L. Nasidius . . . adpulsis . . Messanam nauibus atque inde propter repentinum terrorem principum ac senatus fuga facta ex naualibus ⟨nauibus *O; pr. edd.*⟩ eorum *unam* deducit: 2,3,2; ¶ Massilienses . . . naues ex portu naualibusque educunt: 2,22, 5; ¶ Massilienses . . . ueteres ad eundem numerum ex naualibus productas naues refecerant: 2,4,1.

c) in: omnesque eas naues et reliquas, quae erant in naualibus, incendit, quod tam late ⟨quod naualia *Paul*⟩ tueri parua manu non poterat: 3,111,6.

naufragium: tempestas . . . naues Rhodias adflixit, ita ut ad unam omnes . . . eliderentur et naufragio interirent: 3,27,2.

nauicula: nauiculam paruulam conscendit cum paucis suis; ibi ab Achilla et Septimio interficitur: 3,104,3; — qui (Ariouistus) nauiculam deligatam ad ripam nactus ea profugit: I 53,3; — praemissaque ⟨permissaque *a*⟩ clam nauicula Domitium Massiliensesque de suo aduentu certiores facit: 2,3,3.

nauigatio: longe aliam esse nanigationem in concluso mari atque in uastissimo ⟨*c*⟩ atque ⟨*c*⟩ apertissimo ⟨*c*⟩ Oceano perspiciebant ⟨*c*⟩: III 9,7; ¶ nauigationem impeditam propter inscientiam locorum paucitatemque portuum sciebant ⟨*u. CC*⟩: III 9,4; quod Corus ⟨*c*⟩ uentus nauigationem impediebat: V 7,3; — quod propinqua die aequinoctii infirmis nauibus hiemi nauigationem subiciendam non existimabat: IV 36,2; ¶ cogebantur Corcyra atque Acarnania longo interiecto nauigationis spatio pabulum supportare: 3,58,4; ¶ uti ex ⟨*c*⟩ tanto nauium numero tot nauigationibus neque hoc neque superiore anno ulla ⟨*c*⟩ omnino nanis, quae milites portaret, desideraretur: V 23,3; ¶ ne anni tempore a ⟨*om.* β⟩ nauigatione excluderetur, quod aequinoctium suberat: V 23,5; — biduoque et nocte in ⟨*Ciacc.;* noctibus tribus *codd.; edd.*⟩ nauigatione consumptis adpellit: 2,23,1.

nauigium: ex his unum ipsius nauigium contendit et fugere perseuerauit auxilioque tempestatis ⟨*c*⟩ ex conspectu abiit ⟨abit *Ohl*⟩, duo perterrita concursu nostrarum nauium sese in portum receperunt: 2 22,4; ¶ multa huc minora nauigia addunt, ut ipsa multitudine nostra classis terreatur: 1,56,2; — scaphas longarum nauium, item speculatoria nauigia militibus compleri iussit: IV 26,4; — his cum funes . . . comprehensi adductique erant, nauigio remis incitato praerumpebantur ⟨*c*⟩: III 14,6; — hos . . . reuocare constituit, cum omnes milites nanes conscendissent, atque iis ⟨*c*⟩ expedito loco actuaria nauigia relinquit: 1,27,6; — has (naues) scaphis minoribusque nauigiis compluribus submissis ⟨summisso *a;* sumptis *O*⟩ Otacilius Crassus . . . expugnare parabat: 3,28,2; ¶ qui uectoriis grauibusque nauigiis non intermisso remigandi labore longarum nauium cursum adaequarunt ⟨-auerint β⟩: V 8,4.

[**Falso:** qui essent ad maiorum nauium ⟨nauigium β⟩ multitudinem idonei portus: IV 20,4.]

nauigo: nanes habent Veneti plurimas, quibus in Britanniam nauigare consuerunt: III 8,1; — etesiis tenebatur, qui nauigantibus Alexandria sunt ⟨fiunt *x; flant Paul*⟩ aduersissimi uenti: 3,107,1; — XII nauibus amissis reliquis ut nauigari ⟨nauigare β⟩ satis ⟨*add. RSchn.; om. X; edd.*⟩ commode posset effecit: IV 31,3.

summaque erat uasto atque aperto mari, magnis aestibus, raris ac prope nullis portibus difficultas **nauigandi:** III 12,5; — (Calenus legionibus equitibusque Brundisii in naues impositis, ut erat praeceptum a Caesare, quantum ⟨quam tum *1 det.; Faern.*⟩ nauium facultatem habebat ⟨cum primum nauigandi facultatem habuit *Ciacc.*⟩, nanes soluit: 3,14,1;) — ad suos seuerius scripsit, nacti idoneum uentum ne occasionem nauigandi dimitterent, siue ad litora Apolloniatium *siue ad Labeatium* cursum derigere atque eo naues eicere ⟨*c*⟩ possent: 3,25,4; ¶ quod insuetus nauigandi mare timeret: V 6,3.

naues longas . . ., quarum erant L auxilio missae ad Pompeium . . ., illae triremes omnes et quinqueremes aptae instructaeque omnibus rebus **ad nauigandum:** 3,111,3; — Laelius tempore anni commodiore usus ad nauigandum onerariis nauibus Corcyra Dyrrachioque aquam suis supportabat: 3,100,3; — nactus idoneam ad nauigandum tempestatem tertia fere uigilia ⟨naues *add.* β⟩ soluit: IV 23, 1; — compluribus ⟨*c*⟩ nauibus fractis reliquae cum ⟨*c*⟩ essent funibus, ancoris reliquisque armamentis amissis ad nauigandum inutiles: IV 29,3; — reliquas (naues) paratas ad nauigandum atque omnibus rebus instructas innenit: V 5,2.

nauis. I. **Forma:** *Acc. sing.* nauim *exstat in af* 2,6,2, *quo loco edd. receperunt* nanem; 3,40,1 *Np. et Dt. scripserunt* nauim, *quamquam in Ox inuenitur* nanem. *Reliquis quoque 7 locis* (2,6,4; 23,5; 3,28,5; 39,2; 40, 2.3; 96,4) *in Ox exstat* nanem. — *Abl. sing.* naui *est in X* IV 25,4.5; 26,1; 27,3; naue *in x* 1,58,4; 2,32,12; 3,106,4; naui *in* α, naue *in* β IV 21,1.9; 26,2. — **(***Nom. plur.* nanis *exstat in hl* 2,6,4.**)** — *Acc. pl.* nauis *inuenitur in al* 1,56,1; *in a* IV 25,1; V 11,4; 1,26,1; 2,4,1; 5,5; 22,5; 3,111,2; (1,28,3 *Dt. errore scripsit* nauis.) *Reliquis 23 belli Gallici et 54 belli ciuilis locis omnes codd. habere uidentur* naues. (IV 23,1 *in* α *scriptum est* solnit, *in* β naues solnit; IV 29,4 nanes *est in* α, eas *in* β.)

II. Signif.; A. subi.; a): huc accedebant XVIII ⟨VIII *A*⟩ onerariae naues: IV 22,4; ad eas (naues), quae factae erant Arelate per Caesarem, captiuae Massiliensium accesserant sex: 2,5,1; ¶ adhaerescere: 1,28,4 *u.* **B. a)** excipere; ¶ non enim has (nanes) aut conspectus patriae aut propinquorum praecepta ad extremum uitae periculum adire cogebant: 2,7,1; ¶ adpropinquare *u.* **adpropinquo** *p. 178* β) *(2 (3) loc.);* ¶ (amittere: IV 29,3 *u.* **B. a)** frangere;) ¶ (qua re animaduersa quae proximae ei loco ex Bruti classe nanes erant in eas impeditas impetum faciunt celeriterque ambas deprimunt: 2,6,6;) ¶ (attingere: IV 23,2 *u.* **F. d)** attingere.)

sed ⟨*c*⟩ ex iis ⟨his β⟩ (nauibus) onerariae duae eosdem quos reliquae ⟨β; reliqui α; *edd.*⟩ portus ⟨portus quos reliquae β⟩ capere non potuerunt et paulo infra delatae sunt: IV 36, 4; V 23,4 *u.* **B. a)** remittere; 3,28,1 *u.* consistere; ¶ cum singulas binae ac ternae naues circumsteterant ⟨circumsisterent β⟩: III 15,1; ¶ hunc conspicatae naues, quae missu Bruti consuetudine cotidiana ad portum excubabant, sublatis ancoris sequi coeperunt: 2,22,3; ¶ (cognoscere: 2,23,4 *u.* se recipere;) ¶ **(**se commouere: III 15,3 *u.* se mouere;**)** .¶ (conficere: 3,28,1 *u.* consistere;) ¶ illae (naues triremes) adeo graniter inter se incitatae conflixerunt, ut uehementissime utraque ex concursu laborarent, altera nero praefracto ⟨*c*⟩ rostro tota conlabefieret: 2,6,5; ¶ accedebat, ut, cum saeuire uentus coepisset et se ⟨saeuire uentus coepisset et *om.* β; et se *om.* α⟩ uento dedissent (naues), et tempestatem ferrent facilius et in uadis consisterent tutius et ab aestu relictae ⟨β; rei relictae α⟩ nihil saxa et cantes ⟨*c*⟩ timerent: III 13,9; 14,2 *u.* proficisci; nostrae naues duae tardius cursu confecto in noctem coniectae cum ignorarent, quem locum reliquae cepissent, contra Lissum in ancoris constiterunt: 3,28,1; ¶ conspicataeque naues triremes ⟨nauis triremis *hl*⟩ duae nanem D. Bruti, quae ex insigni ⟨*c*⟩ facile agnosci ⟨-ere *af*⟩ poterat, duabus ex partibus sese in eam incitauerunt ⟨*ego;* -uerant *codd.; edd.*⟩: 2,6,4; 22,3 *u.* coepisse; ¶ consueuisse: 3,111, 3 *u.* **B. a)** occupare; ¶ (Gallicis nauibus,) quas ex Pictonibus ⟨*c*⟩ et Santonis reliquisque pacatis regionibus conuenire iusserat: III 11, 5; huc nanes undique ex finitimis regionibus . . . iubet conuenire: IV 21,4; dum reliquae naues eo conuenirent, ad horam nonam in ancoris exspectauit: IV 23,4; (atque omnes (nanes?) ad portum Itium conuenire iubet: V 2,3;) et partem nauium longarum conuenire . . . imperat: 3,42,2; 47,4 *u.* **D. a)** numerus.

se dare: III 13,9 *u.* consistere; ¶ quaeque ibi ⟨*Oehl.;* quae qui ubique *a;* quaeque ubique *fhl;* quaeque *O*[1]*;* quaeque ibi cumque *Np.; Db., Dt.*⟩ nanes imprudentia aut tempestate paulum suo cursu decesserunt, has more praedonum diripere consuerunt: 3,112,3; ¶ cum ⟨et *add.* β⟩ equites et naues et frumentum Romanis deesse intellegerent: IV 30,1; ¶ (deicere: IV 17,10 *u.* **B. a)** immittere;) ¶ non nullae tempestate deperierant naues: V 23,2; ¶ deportare: 1,27,1 *u.* **B. a)** remittere; ¶ deprimere: 2,6,6 *ib.* deprimere; ¶ (derigere: 3,30,1 *u.* **B. a)** uidere.)

neque enim naues erant aliae, quibus reportari possent: IV 29,4; — quarum (nauium) erant XI tectae: 1,56,1; Cassius . . . omnes naues incendit XXXV ⟨*del. Ciacc.*⟩, e quibus erant XX constratae ⟨rost constratae *ah;* rostratae *NOl*⟩: 3,101,2; — in quibus erant: 2,3,1 *u.* **D. a)** classis; 3,7,2 *u.* **B. a)** ducere; — omnesque eas naues et reliquas, quae erant in naualibus, incendit: 3,111, 6; — Alexandriae esse: 3,111,3 *u.* **B. a)** occupare; (Orici esse: 3,7,1 *u.* **C. a)** praeesse;) — nauium quod ubique fuerat in ⟨*o*⟩ unum locum coegerant: III 16,2; — erant inanes: 3,40,4 *u.* **B. a)** abducere; inutiles: IV 29,3 *ib.* frangere; proximae: 2,6,6 *u.* **A. a)** animaduertere; — satis esse: IV 22,3 *u.* **B. a)** contrahere; — — sed Nasidianae naues nullo usui fuerunt celeriterque pugna excesserunt: 2,7,1; — quod (nauis) erat sine militibus: 3,14,2; ¶ excedere: 2,7,1 *u.* (usui) esse; ¶ ipsorum naues ad hunc modum factae armataeque erant: carinae aliquanto planiores quam nostrarum nauium, quo facilius uada ac decessum aestus excipere possent: III 13,1; ¶ excubare: 2,22,3 *u.* coepisse; ¶ (exspectare: VII 60,1 *u.* progredi;) ¶ quarum rerum omnium nostris nauibus casus erat ⟨erant β⟩ extimescendus ⟨extimescendi β⟩: III 13,9.

impetum facere: 2,6,6 *u.* **A. a)** animaduertere; ¶ ferre: III 13,9 *u.* consistere; ¶ fieri *u.* **B. a)** facere.

habere: 1,58,3 *u.* **D. a)** granitas; (neque ullus flare uentus poterat, quin (naues?) aliqua ex parte secundum cursum haberent ⟨*b;* haberet *Ox*⟩: 3,47,4.)

(ancoras iacere: IV 28,3 *u.* petere;) ¶ ignorare: 3,28,1 *u.* consistere; ¶ se incitare: 2,6,4 *u.* conspicari; ¶ eo die naues Massiliensium cum iis ⟨his *Ox*⟩, quae sunt captae, intereunt VIIII ⟨Massiliensium Domitiique sunt captae VI, intereunt VIIII *Paul ingeniose*⟩: 1,58,4; ut (naues) ad unam omnes constratae numero XVI eliderentur et naufragio interirent: 3,27,2.

laborare: 2,6,5 *u.* confligere.

tanta . . . tranquillitas exstitit, ut (naues) se ex loco mouere ⟨β; commouere α; *edd.*⟩ non possent: III 15,3.

(nauigare: IV 29,3 *u.* **B. a)** frangere; reliquas (naues) paratas ad nauigandum atque omnibus rebus instructas inuenit: V 5,2; quarum (nauium) erant L auxilio missae ad Pompeium . . ., illae triremes omnes et quinqueremes aptae instructaeque omnibus rebus ad nauigandum: 3,111,3;) ¶ neque enim his (nauibus) nostrae rostro nocere poterant — tanta in iis ⟨his *X*⟩ erat firmitudo: III 13,8.

una ex his (nauibus), quae perseuerauit neque imperio Caleni obtemperauit, quod erat sine militibus priuatoque consilio administrabatur, delata ⟨-leta *a*⟩ Oricum atque a Bibulo expugnata est: 3,14,2; ¶ hae ⟨hec *h;* haec *O¹l*⟩ (naues) ad insulam, quae est contra Massiliam, stationes obtinebant: 1, 56,3; ¶ offendere: 3,8,2 *u.* prouehi.

(naues totae (erant) factae ex robore ad quamuis uim et contumeliam perferendam: III 13,3; 2,7,3 *u.* **B. a)** praemittere;) ¶ perseuerare: 3,14,2 *u.* obtemperare; ¶ ut perpaucae (naues) ex omni numero noctis interuentu ad terram peruenerint ⟨peruenirent *aef;* -erunt *Q*⟩: III 15,5; quae (naues) omnes incolumes ad ⟨*c*⟩ continentem peruenerunt: IV 36,4; (3,9,1 *et* 106,1 *u.* **F. d) α)** peruenire;) ¶ quae tamen (naues) ancoris iactis cum fluctibus complerentur, necessario aduersa nocte in altum prouectae continentem petierunt: IV 28,3; quae (naues) omnes citeriorem Hispaniam petiuerunt: 2,7,2; ¶ portare: V 23,3 *u.* **D. a)** numerus; ¶ posse: III 13,1 *u.* excipere; III 13,6 *u.* **D. a)** onus; III 13,8 *u.* nocere; III 15,3 *u.* mouere; IV 22,4 *u.* uenire; quod naues propter magnitudinem nisi in alto constitui non poterant: IV 24,2; IV 28,2 *u.* proficisci; IV 36,4 *u.* capere; V 2,2 *u.* **B. a)** deducere; V 5,2 *ib.* reicere; V 11,2 *ib.* reficere; 2,6,4 *u.* conspicari; (3,2,2 *u.* **B. a)** reperire;) 3,24,2 *ib.* uidere; ¶ praeteruehi: 3,30, 1 *u.* **B. a)** uidere; ¶ quae (manus) tantum progrederetur ⟨*c*⟩, quantum naues processissent: VII 61,5; ¶ nauesque triremes duas, quas Brundisii faciendas curauerat, per causam exercendorum remigum ad fauces portus prodire iussit: 3,24,1; ¶ circiter CCXX ⟨ducentas XX α; *Hold.*⟩ naues eorum paratissimae atque omni genere armorum ornatissimae profectae ⟨progressae *Oros.; (Ciacc.)*⟩ ex portu ⟨e portu prof. β⟩ nostris aduersae constiterunt: III 14,2; tanta tempestas subito coorta est, ut nulla earum (nauium) cursum tenere posset, sed aliae eodem, unde erant profectae, referrentur, aliae . . . deicerentur: IV 28,2; cognoscit LX naues . . . eodem, unde erant profectae, reuertisse: V 5,2; ¶ ex Massiliensium classe (naues) V sunt depressae, IIII captae, una cum Nasidianis profugit: 2,7,2; ¶ progredi: (III 14,2 *u.* proficisci; IIII milia passuum secundo flumine silentio progredi (naues?) ibique se exspectari ⟨-tare *f*⟩ iubet: VII 60,1;) 3,24,2 *u.* **B. a)** uidere; ¶ prouehi: IV 28,3 *u.* petere; serius a terra prouectae ⟨prof. *b*⟩ naues neque usae nocturna aura in redeundo offenderunt: 3,8,2.

reliquae Caesaris nanes ⟨cognita *add. RSchn.*⟩ eius fuga se Hadrumetum receperunt: 2,23, 4; ¶ redire: (3,8,2 *u.* prouehi;) 3,111, 3 *u.* **B. a)** occupare; ¶ (relinquere: 2, 25,7 *u.* transire;) ¶ reuerti: V 5,2 *u.* proficisci; 1,27,1 *u.* **B. a)** remittere.

sequi: 2,22,3 *u.* coepisse; ¶ naues XVIII, de quibus supra demonstratum est, quae equites sustulerant, ex superiore portu leni nento soluerunt: IV 28,1; ¶ onerariis nauibus . . ., quae stabant ad Vticam numero circiter CC: 2,25,6; ¶ supportare: 3,47,4 *u.* **D. a)** numerus.

cursum tenere: IV 28,2 *u.* proficisci; V 5, 2 *u.* **B. a)** reicere; ¶ timere: III 13,9 *u.* consistere; ¶ tollere: IV 28,1 *u.* soluere; (2,22,3 *u.* coepisse; 2,25,7 *u.* transire;) harum ⟨horum *a*⟩ altera nanis (nauium *Paul*) CCXX e legione tironum sustulerat, altera ex ueterana paulo minus CC: 3,28,3; ¶ (temporis puncto sublatis ancoris omnes (nanes ?) Vticam relinquunt ⟨*Ohl; reliquerunt af*⟩ et quo imperatum est transeunt: 2,25,7;) ¶ (transportare: IV 16,8 *u.* **D. a)** copia; IV 22,3 *u.* **B. a)** contrahere; IV 29,2 *u.* **B. a)** subducere; 3,2,2 *ib.* reperire; 3,29,2 *ib.* remittere.)

quae (nanes) ex eo loco a ⟨*c*⟩ milibus passuum octo uento tenebantur, quo minus in eundem portum uenire possent: IV 22,4; neque Brundisio nanes legionesque ad Caesarem ueniebant: 3,25,1; ¶ uideri: V 11,2 *u.* **B. a)** reficere; ¶ uti: 3,8,2 *u.* prouehi.

b): impeditis nauibus: 3,7,3 *u.* **B. a)** impedire; omnibus nauibus ad unam incolumibus milites exposuit: 3,6,3; propinqua die aequinoctii infirmis nauibus hiemi nauigationem subiciendam non existimabat: IV 36,2.

B. accus.; a) obi.: an paenitet uos, quod . . . ex portu sinuque aduersariorum CC nanes oneratas ⟨onerarias *b; Np.*⟩ abduxerim ⟨*Ciacc.; Dt.;* addux. *x; Np., Db.*⟩: 2,32,12; hic repentino aduentu naues onerarias quasdam nactus incendit et unam frumento onustam abduxit ⟨abducit *l*⟩: 3,23,2; submersamque nauem ⟨nanim *V.; Np., Dt.*⟩ remulco multisque contendens funibus abduxit ⟨*edd. uett.;* adduxit *x; edd.*⟩: 3,40,1; ita ex utraque parte naues longas adgressus, quae erant deligatae ⟨delegatae *a*⟩ ad terram atque inanes, IIII ex his abduxit ⟨*bf;* add. *ahl*⟩, reliquas incendit: 3,40,4; ¶ abstrahere: 2,23,5 *u.* relinquere; ¶ biduum tempestate retentus nauibusque aliis additis actuariis in Ciliciam . . . peruenit: 3,102,5; ¶ adducere: 1,36,5 *u.* **C. a)** praeficere; toto flumine Hibero naues conquiri et Octogesam ⟨*Hotom.;* conquirere totogesma *Nx;* conquirere et Octogesam *O; edd.*⟩ adduci iubent: 1,61,4; (2,32,12) *et* (3,40,1.4 *u.* abducere;) ¶ quod rursus minuente aestu nanes in nadis adflictarentur: III 12,1; ita uno tempore et longas naues . . . aestus complebat ⟨β; compleuerat α; *edd.*⟩ et onerarias . . . tempestas adflictabat: IV 29,2; ¶ adfligere *u.* **adfligo** *p. 158 sq. (3 loc.);* ¶ adgredi *u.* **adgredior** *p. 160* **δ)** *(3 loc.);* ¶ (Massilienses) ueteres . . . nanes refecerant . . . piscatoriasque adiecerant atque contexerant, ut essent ab ictu telorum remiges tuti: 2,4,2; ¶ hac (naui) adiuncta ad reliquas nanes cursum Massiliam uersus perficit: 2,3,3; ¶ administrare: 3,14,2 *u.* **A. a)** obtemperare; ¶ Massilienses . . . producta longius acie circumuenire nostros aut pluribus nauibus adoriri singulas . . . contendebant: 1,58,1; ¶ contra haec Pompeius nanes magnas onerarias, quas in portu Brundisino deprehenderat, adornabat: 1,26,1; ¶ adpellere *u.* **adpello** *p. 175 (3 (4) loc.);* ¶ adplicatisque nostris ad terram nauibus ⟨circiter XL *h. l. add. Np.; Dt.*⟩ . . . nanes . . . immisit: 3,101,5; ¶ naues interim longas aedificari in flumine Ligeri ⟨*c*⟩ . . . iubet: III 9,1; V 1,1 *u.* reficere; ¶ agnoscere: 2,6,4 *u.* **A. a)** conspicari; ¶ amittere *u.* **amitto** *p. 254 (4 loc.);* ¶ armare *u.* **armo** *p. 310* **A.** *(5 loc.);* ¶ attribuere *u.* **attribuo** *p. 362 sq. (3 loc.).* capere *u.* **capio** *p. 445* **ββ)** *(4 loc.),* ¶ circumsistere: III 15,1 *u.* **A. a)** circumsistere; ¶ cogere: 2,7,1 *ib.* adire; — *u. praeterea* **cogo** *p. 582 (6 loc.);* ¶ coicere: 3,28,1 *u.* **A. a)** consistere; ¶ fiamma ab utroque cornu comprensa ⟨*recc.;* compressa *Nx;* comprensae *Pluyg.*⟩ naues sunt ⟨*om. af*⟩ combustae quinque: 3,101,5; ¶ in insula frumento nauibusque comparatis bellum duci non difficile existimabat: 2,18,6; L. Domitius . . . nauibus III comparatis, ex quibus duas familiaribus suis attribuerat, unam ipse conscenderat, . . . profectus est: 2,22,2; ¶ compellere: 1,58,4 *u.* **D. a)** pars; ¶ complere: IV 29,2 *u.* adflictare; *u. praeterea* **compleo** *p. 621* **A. b)** *(6 loc.);* ¶ comprendere: 3,101,5 *u.* comburere; ¶ coniungere: V 11,5 *u.* subducere; deprehensis ⟨*c*⟩ nauibus circiter quinquaginta ⟨circ. L *om.* β⟩ celeriterque coniunctis atque eo militibus impositis ⟨β; iniectis α; *edd.*⟩ . . . oppido potitur: VII 58, 4; 3, 39, 2 *u.* obicere; ¶ conlabefacere: 2, 6, 5 *u.* **A. a)** confligere; ¶ conquirere: 1, 30, 1 *u.* deducere; 1, 61, 4 *u.* adducere; ¶ conscendere *u.* **conscendo** *p. 663 sq. (10 loc.)*; ¶ nam singulas (naues) nostri consectati expugnauerunt: III 15, 5; ¶ conspicari: 2, 6, 4 *u.* **A. a)** conspicari; ¶ conspicere: 2, 23, 5 *u.* relinquere; ¶ consternere (naues constratae) *u.* **consterno** *p. 685 (4 (5) loc.)*; *cf.* **D. a)** classis 2, 3, 1; ¶ constituere *u.* **constituo** *p. 686 (3 loc.)*; ¶ (construere: 3, 7, 2 *u.* ducere;) ¶ contegere: 2, 4, 2 *u.* adicere; ¶ eadem de causa (naues) minus commode copulis ⟨*c*⟩ continebantur: III 13, 8; ut se cum II legionibus Gades conferret, naues frumentumque omne ibi contineret: 2, 18, 6; ¶ nauibus circiter octoginta ⟨β; *Oros.*; octingentis octoginta α⟩ onerariis coactis contractisque ⟨constratisque *Em. Hoffm.*; *Db.*; *om. Fr.*⟩, quod ⟨quot *edd. pr.*; *Db.*, *Np.*⟩ satis esse ad duas transportandas legiones existimabat quod ⟨quot *DE*; quicquid β⟩ praeterea nauium longarum habebat, ⟨id *add.* β⟩ quaestori ⟨quaestoribus β⟩, legatis praefectisque distribuit: IV 22, 3; ¶ ac iam conuersis in eam partem nauibus, quo ⟨*c*⟩ uentus ferebat, tanta subito malacia ac ⟨*c*⟩ tranquillitas exstitit, ut: III 15, 3.

neque multum abesse ab eo, quin paucis diebus deduci (naues) possint ⟨possent *recc.*; *pr. edd.*; *Frig.*⟩: V 2, 2; his ⟨iis α⟩ (nauibus) deductis . . . duobus commeatibus exercitum reportare ⟨*c*⟩ instituit ⟨*c*⟩: V 23, 2; naues, quas Metiosedo ⟨*c*⟩ deduxerat, singulas equitibus Romanis attribuit: VII 60, 1; duumuiris municipiorum omnium imperat, ut naues conquirant ⟨inquirant *f*⟩ Brundisiumque deducendas curent: 1, 30, 1; onerarias naues, quas ubique ⟨ubi *a*⟩ possunt, deprehendunt atque in portum deducunt: 1, 36, 2; L. Nasidius . . . freto Siciliae . . . peruehitur adpulsisque Messanam nauibus . . . ex naualibus ⟨nauibus *O*; *pr. edd.*⟩ eorum unam ⟨O^2; nauem *N*; *om.* *z*⟩ deducit: 2, 3, 2; ¶ deferre *u.* **defero** *p. 843* **d)** *(3 loc.)*; ¶ ut . . . aliae (naues) ad inferiorem partem insulae . . . magno suo ⟨*c*⟩ cum periculo deicerentur: IV 28, 2; ¶ deligare *u.* **deligo** *p. 852 (5 loc.)*; ¶ certas sibi deposcit naues Domitius atque has colonis pastoribusque . . . complet: 1, 56, 3; ¶ deprehendere *u.* **deprehendo** *p. 865* **b)** *(3 (4) loc.)*; ¶ deprimere *u.* **deprimo** *p. 865 sq. (3 loc.)*; ¶ desiderare *u.* **desidero** *p. 870* **b) α)** *(3 loc.)*; ¶ quod nostrae naues tempestatibus detinebantur ⟨detenebantur A^1BM⟩: III 12, 5; ¶ has (naues) perfectas carris iunctis deuehit noctu milia passuum a castris XXII: 1, 54, 3; ¶ diductisque ⟨ded. *Ofh*⟩ nostris paulatim nauibus et ⟨*c*⟩ artificio gubernatorum *et* mobilitati nauium locus dabatur: 2, 6, 2; ¶ diripere: 3, 112, 3 *u.* **A. a)** decedere; ¶ distribuere: IV 22, 3 *u.* contrahere; huc accedebant XVIII ⟨VIII *A*⟩ onerariae naues, . . . has equitibus distribuit ⟨tribuit β⟩: IV 22, 4; ¶ cum Caesar omnino XII naues longas praesidio duxisset, in quibus erant constratae ⟨*Vrsin.*; constructae *Nx*⟩ IIII ⟨*Vrsin.*; ille *af*; illi *Nhl*⟩: 3, 7, 2.

educere *u.* **educo** *p. 991 (4 loc.)*; ¶ efficere: 1, 36, 5 *u.* **C. a)** praeficere; ¶ eicere *u.* **eicio** *p. 1004* **C.** *(3 loc.)*; ¶ elicere: 3, 100, 2 *u.* producere; ¶ elidere: 3, 27, 2 *u.* **A. a)** interire; ¶ (ne occasionem nauigandi dimitterent, siue ad litora Apolloniatium *siue ad Labeatium* cursum derigere atque eo naues eicere ⟨*Ald.*; eligere *Nz*⟩ possent: 3, 25, 4;) ¶ duasque naues cum militibus, quae ad moles Caesaris adhaeserant, scaphis lintribusque reprehendunt, reprehensas ⟨deprehendunt, deprehensas *O*⟩ excipiunt: 1, 28, 4; ¶ expedire: 1, 56, 1 *u.* tegere; nacti idoneum uentum ex portu exeunt et Tauroenta . . . perueniunt ibique naues expediunt: 2, 4, 5; ¶ expugnare *u.* **expugno** *p. 1236 (5 loc.)*; ¶ quas (naues) cum aliquamdiu Caesar frustra exspectasset: V 23, 5; relinquebatur, ut ex longinquioribus regionibus Galliae Picenique et a freto naues essent exspectandae: 1, 29, 2.

ad celeritatem onerandi subductionisque ⟨*c*⟩ paulo facit humiliores (naues), quam quibus in nostro mari uti consueuimus: V 1, 2; ad onera ac ⟨*c*⟩ multitudinem iumentorum transportandam paulo latiores ⟨altiores β⟩ (facit naues), quam: V 1, 2; has (naues) omnes actuarias imperat fieri, quam ad rem multum humilitas adiuuat ⟨*c*⟩: V 1, 3; *u. praeterea* **facio** *p. 1252 (12 loc.)*; ¶ compluribus ⟨cumpluribus *AB*; cum pluribus β⟩ nauibus fractis reliquae cum ⟨*om.* β⟩ essent funibus, ancoris reliquisque armamentis amissis ad nauigandum inutiles: IV 29, 3.

habere *u.* **habeo** *p. 1397 sq. (5 loc.)*.

immittere *u.* **immitto** *p. 54 sq.* **A. b)** *(3 loc.)*; ¶ impedire: 2, 6, 6 *u.* **A. a)** animaduertere; neque Bibulus impeditis ⟨impedimentis *af*⟩ nauibus dispersisque remigibus satis mature occurrit: 3, 7, 3; sic belli rationem esse diuisam, ut ilii classe ⟨c⟩ naues auxiliaque sua impedirent, ipse ut aqua terraque eos prohiberet: 3, 17, 3; ¶ imperare: 1, 30, 4 *u.* reficere; ¶ incendere *u.* **incendo** *p. 145 (6 loc.)*; ¶ (naues longas) remis incitari et ad latus apertum hostium constitui . . . iussit: IV 25, 1; 2, 6, 5 *u.* **A. a)** configere;' ¶ Labieno scribit, ut quam plurimas possit ⟨β; posset α; *edd.*⟩ iis legionibus, quae *sint apud eum, naues instituat: V 11, 4; ¶ singulari militum studio in summa omnium ⟨o⟩ rerum inopia circiter sescentas eius generis cuius supra demonstrauimus naues et longas XXVIII inuenit instructas ⟨structas *Hartz*⟩: V 2, 2; *u. praeterea* **instruo** *p. 192* **C. a)** *(4 loc.)*; ¶ intercipere: 3, 24, 2 *u.* uidere; ¶ naeti portum . . . eo naues introduxerunt: 3, 26, 4; ¶ inuenire *u.* **inuenio** *p. 229* β) *(3 loc.)*; ¶ Heluetii ea spe deiecti nauibus iunctis ratibusque compluribus factis . . . si perrumpere possent conati . . . telis repulsi hoc conatu destiterunt: I 8, 4; ad eum locum fluminis nauibus iunctis pontem imperant fieri legionesque duas flumen Sicorim transducunt: 1, 61, 4.

(si arborum trunci siue naues ⟨trabes *RSchn.*⟩ deiciendi operis causa ⟨c⟩ essent a barbaris immissae ⟨*Ciacc.*; missae *X*; *edd.*⟩: IV 17, 10;) eodem naues ⟨*del. Ciacc.*⟩, quas demonstrauimus aggere et leuis armaturae militibus completas quasque ad Dyrrachium naues longas habebat mittit: 3, 62, 3; 111, 3 *u.* occupare.

nancisci: 3, 8, 3 *u.* **C. a)** occurrere; 3, 23, 2 *u.* abducere.

aequo animo singulas binis nauibus obiciebant: 1, 58, 4; faucibusque portus nauem onerariam submersam obiecit et huic alteram coniunxit: 3, 39, 2; ¶ his interfectis nauibusque eorum occupatis . . . (Vsipetes et Tencteri) flumen transierunt: IV 4, 7; magna multitudine naues longas occupare hostes conabantur; quarum erant L auxilio missae ad Pompeium proelioque in Thessalia facto domum redierant, illae triremes ⟨redierant, quadriremes *Paul*⟩ omnes et quinqueremes, aptae instructaeque omnibus rebus ad nauigandum; praeter has XXII, quae praesidii causa Alexandriae esse consuerant, constratae ⟨constructae *l*[1]; contractae *O*[1]⟩ omnes; quas si occupauissent, classe Caesari ⟨c⟩ erepta portum ac mare totum in sua potestate haberent: 3, 111, 2. 3. 4; ¶ onerare: 2, 32, 12 *u.* abducere.

dum in his locis Caesar nauium parandarum causa moratur: IV 22, 1; ¶ omnesque incolumes naues perduxit: V 23, 6; ¶ perficere: 1, 54, 3 *u.* deuehere; ¶ (polliceri: IV 16, 8 *u.* **D. a)** copia;) ¶ alteram nauem, quae erat ad custodiam ab Acilio posita, pluribus ⟨multis *l*⟩ adgressus nauibus . . . nostros uicit: 3, 40, 2; ¶ praemittere: (IV 21, 1 *u.* **F. d)** β);) ex reliquis (nauibus) una praemissa Massiliam huius nuntii perferendi gratia cum iam adpropinquaret urbi, omnis sese multitudo effudit ⟨c⟩: 2, 7, 3; ¶ secundum nactus uentum onerarias naues [circiter XL] praeparatas ad incendium immisit: 3, 101, 5; ¶ producere: 2, 4, 1 *u.* reficere; Vatinius . . . scaphis elicuit naues Laelianas atque ex his longius productam unam quinqueremem et minores duas in angustiis portus cepit: 3, 100, 2; ¶ protegere: 3, 42, 1 *u.* **E. a)** *extr.*

is naues nostras interiorem in portum ⟨*Ciacc.*; partem *codd.*⟩ post oppidum reduxit et ad terram deligauit: 3, 39, 2; ¶ referre: IV 28, 2 *u.* **A. a)** proficisci; ¶ omnia deerant, quae ad reficiendas naues ⟨eas β⟩ erant usui ⟨usui sunt β⟩: IV 29, 4; quae grauissime adflictae erant ⟨erant afflictae β⟩ naues, earum materia atque aere ad reliquas reficiendas utebatur: IV 31, 2; legatis imperat, . . . uti quam plurimas *possint hieme naues ⟨naues hieme *h*⟩ aedificandas ueteresque reficiendas curent ⟨β; curarent α; *edd.*⟩: V 1, 1; ut amissis circiter ⟨c⟩ XL nauibus reliquae tamen refici posse magno negotio uiderentur: V 11, 2; exercitum reducit ad mare, naues inuenit refectas: V 23, 1; (23, 4 *u.* remittere;) Cato in Sicilia naues longas ueteres reficiebat, nouas ciuitatibus imperabat: 1, 30, 4; onerarias naues . . . deducunt, parum clauis aut materia atque armamentis instructis ad reliquas armandas reficiendasque utuntur: 1, 36, 2; Massilienses post superius incommodum ueteres ad eundem numerum ⟨*u. CC*⟩ ex naualibus productas naues refecerant summaque industria armauerant: 2, 4, 1; has (naues) superioribus diebus refecerat atque omnibus rebus instruxerat: 2, 5, 1; huius aduentum L. Caesar filius cum X longis nauibus ad Clupeam ⟨c⟩ praestolans, quas naues Vticae ex praedonum bello subductas P. Attius reficiendas huius belli causa curauerat, . . . refugerat: 2, 23, 3; uti ad Pompeium litteras mitteret, naues reliquas, si uellet, subduci et refici iuberet: sua classe auxilia sese Caesaris prohibiturum: 3, 23, 3; ¶ (regere: III 13, 6 *u.* **D. a)** onus;) ¶ ibi cognoscit LX naues, quae in Meldis factae erant, tempestate reiectas cursum tenere non potuisse: V 5, 2; 23, 4 *u.* remittere; ¶ si quando nostri facultatem nacti ferreis manibus iniectis nauem ⟨c⟩ religauerant, undique suis laborantibus succurrebant: 2, 6, 2; (neque lignandi atque aquandi neque naues ad terram deligandi ⟨*Pluyg.*; religandi *codd.*; *edd.*⟩ potestas fiebat: 3, 15, 2;) ¶ relinquere: III 13, 9 *u.* **A. a)** consistere; ad hostes contendit eo minus ueritus nauibus, quod in litore molli atque aperto deligatas ad ancoras ⟨c⟩ relinquebat: V 9, 1; postquam in litore relictam nauem conspexit, hanc remulco ⟨c⟩ abstraxit: 2, 23, 5; ipse Lissum profectus naues onerarias XXX a M. Antonio relictas intra portum adgressus omnes incendit: 3, 40, 5; ¶ uti . . . ex iis (nauibus), quae inanes ex continenti ad eum remitterentur, . . . perpaucae locum caperent, reliquae fere omnes reicerentur ⟨β; reficerentur α⟩: V 23, 4; naues a consulibus Dyrrachio remissae, quae priorem partem exercitus eo deportauerant, Brundisium reuertuntur: 1, 27, 1; expositis militibus naues eadem nocte Brundisium a Caesare remittuntur, ut reliquae legiones equitatusque transportari possent: 3, 8, 1; expositis ⟨c⟩ omnibus copiis Antonius . . . plerasque naues in Italiam remittit ad reliquos milites equitesque transportandos; pontones, quod est genus nauium Gallicarum, Lissi relinquit: 3, 29, 2 (3); ¶ naues longas . . . paulum remoueri ab onerariis nauibus . . . iussit: IV 25, 1; ¶ sed tantum nauium repperit, ut anguste XV milia ⟨*CC*⟩ legionariorum militum, DC ⟨c⟩ equites ⟨*recc.*; milites *z*⟩ transportari ⟨*Dt.*; -re *codd.*; *Np.*, *Db.*⟩ possent: 3, 2, 2; ¶ reprehendere: 1, 28, 4 *u.* excipere; ¶ iniecta manu ferrea et retenta utraque naue diuersi pugnabant atque in hostium naues transcendebant: 1, 58, 4; ¶ se in portum recipit nauesque omnes reuocat: 3, 14, 2.

nactus idoneam ad nauigandum tempestatem tertia fere uigilia ⟨naues *add.* β⟩ soluit: IV 23, 1; ipse idoneam tempestatem nactus ⟨c⟩ paulo post mediam noctem naues soluit: IV 36, 3; ipse . . . ad ⟨c⟩ solis occasum ⟨c⟩ naues soluit: V 8, 2; Pompeius sub noctem naues soluit: 1, 28, 3; Caesar, ut Brundisium uenit, contionatus apud milites . . . II. Non. Ian. naues soluit ⟨soluunt *Na*⟩: 3, 6, 2; Calenus legionibus equitibusque Brundisii in naues impositis, ut erat praeceptum a Caesare, quantum ⟨quam tum *1 det.*; *Faern.*⟩ nauium facultatem habebat ⟨cum primum nauigandi facultatem habuit *Ciacc.*⟩, naues soluit: 3, 14, 1; illi . . . administrantibus M. Antonio et Fufio Caleno . . . nacti austrum naues soluunt: 3, 26, 1; contra uoluntatem suam ⟨suas *z*⟩ naues soluerant ⟨*Vasc.*; soluerunt *Nhl*; *edd.*; soluerent *af*⟩: 3, 102, 7; ¶ struere: V 2, 2 *u.* instruere; ¶ longas naues, quibus Caesar exercitum transportandum curauerat ⟨*u. CC*⟩ quasque in aridum subduxerat, aestus complebat ⟨c⟩: IV 29, 2; commodissimum esse statuit omnes naues subduci et cum castris una munitione coniungi: V 11, 5; subductis nauibus castrisque egregie munitis easdem copias quas ⟨c⟩ ante praesidio nauibus relinquit ⟨c⟩: V 11, 7; subductis nauibus concilioque Gallorum Samarobriuae peracto . . . coactus est . . . distribuere: V 24, 1; quas naues Vticae ex praedonum bello subductas P. Attius reficiendas huius belli causa curauerat: 2, 23, 3; naues reliquas, si uellet, subduci et refici iuberet: 3, 23, 3; ¶ submergere: 3, 39, 2 *u.* obicere; 3, 40, 1 *u.* abducere.

Massilienses usi L. Domitii consilio naues longas expediunt numero XVII, quarum erant XI tectae: 1, 56, 1; ut . . . ex pellibus, quibus erant tectae naues, nocturnum excipere rorem cogerentur: 3, 15, 4; ¶ tenere: IV 22, 4 *u.* **A. a)** uenire; ¶ se in hostium habiturum loco qui non ex uestigio ad castra Cornelia *naues traduxisset ⟨*ego*; corneliana traduxisset *af*; corneliana uela duxisset *Ohl*; uela direx. *Steph.*; *Np.*; Cornelia naues traduxissent *Paul*⟩: 2, 25, 6; 3, 39, 1 *u.* **D. a)** custodia; ¶ tribuere: IV 22, 4 *u.* distribuere.

quae (naues) cum adpropinquarent Britanniae et ex castris uiderentur: IV 28, 2; (nauium,) quae cum annotinis priuatisque, quas sui quisque commodi causa ⟨c⟩ fecerat, amplius octingentae uno ⟨una β⟩ erant uisae tempore ⟨uisae. timore β⟩: V 8, 6; has (naues triremes) cum audacius progressas Libo uidisset, sperans intercipi posse quadriremes V ad eas misit: 3, 24, 2; praeteruectas Apolloniam Dyrrachiumque naues uiderant, † ipsi iter secundum eas terra ⟨*1 det.*; terras *Oz*⟩ derexerant ⟨uiderant ipsi, ut iter secundo austro derexerant *Paul*⟩: 3, 30, 1.

(**b) accus. significat, quo conuertatur alqd:** naues adnare: 2, 44, 1 *u.* **F. b) α)** adnare.)

C. dat.; a) pendet ex uerbis: quae (quadriremes) cum nauibus nostris adpropinquassent ⟨*recc.*; propinqu. *Oz*⟩, nostri ueterani in portum refugiebant: 3, 24, 2; ¶ coniungere: 3, 39, 2 *u.* **B. a)** obicere; ¶ cum omnis Gallicis nauibus spes in uelis armamentisque consisteret: III 14, 7; ¶ iis ⟨c⟩ autem inuitis . . . non potest esse propter angustias nauibus introitus in portum: 3, 112,

4; ¶ qui nostris nauibus periculum intulerant, de suo timere cogebantur: 3,27,1; ¶ nocere: III 13,8 *u.* **A. a)** nocere; ¶ obicere: 1,58,4 *u.* **B.** a) obicere; ¶ Bibulus . . . sperans alieni se parti onustarum nauium occurrere posse inanibus occurrit et nactus circiter XXX in eas indiligentiae ⟨*c*⟩ suae ac doloris iracundiam ⟨*c*⟩ erupit omnesque incendit: 3,8,3; ¶ sic omnibus rebus instructa classe magna fiducia ad nostras naues procedunt, quibus praeerat D. Brutus: 1,56, 3; praeerat Aegyptiis nauibus Pompeius filius, Asiaticis D. Laelius et C. Triarius, Syriacis C. Cassius, Rhodiis C. Marcellus cum C. Coponio ⟨*c*⟩, Liburnicae atque Achaicae classi ⟨*c*⟩ Scribouins Libo et M. Octauius: 3,5,3; erant ⟨*a*¹; erat *rell.*⟩ Orici Lucretius Vespillo ⟨*c*⟩ et Minucius Rufus cum Asiaticis nauibus XVIII, quibus iussu D. Laelii praeerant ⟨*P. Manut.*; -rat *codd.*⟩, M. Bibulus cum nauibus CX Corcyrae: 3,7,1; ¶ D. Brutum adulescentem classi Gallicisque nauibus . . . praeficit ⟨praefecit β⟩: III 11,5; praesidio nauibusque ⟨β; *Np.*, *Dt.*; que *om.* α; *rell. edd.*⟩ Q. ⟨*om.* β⟩ Atrium praefecit: V 9,1; quibus (nauibus) effectis armatisque diebus XXX . . . adductisque Massiliam his D. Brutum praeficit: 1,36,5; ¶ interim aduentu longarum nauium Curio pronuntiari ⟨*ego*; -are *codd.*; *edd.*⟩ onerariis nauibus iubet: 2,25,6; ¶ (propinquare: 3,24,2 *u.* adpropinquare;) ¶ uereri: V 9,1 *u.* **B. a)** relinquere.

b) pendet ex **gerund.**: III 13,9 *u.* **A. a)** extimescere.

c) pendet ex subst.: hunc secutus Marcius ⟨*c*⟩ Rufus quaestor nauibus ⟨longis *add. Ciacc.*⟩ XII, quas praesidio onerariis nauibus Curio ex Sicilia eduxerat: 2,23,5; — cohortibus decem ad mare relictis et equitibus trecentis, qui praesidio nauibus essent: V 9,1; — easdem copias quas ⟨quae β⟩ ante praesidio nauibus ⟨fuerant *add.* β⟩ relinquit ⟨*hk*; reliquit α*a*; *edd.*⟩: V 11,7; qui (milites) ex ueteribus legionibus erant relicti praesidio nauibus ex numero aegrorum: 3,101,6.

D. genet.; a) pendet ex subst.: Pompeius . . . aduentu nauium profectionem parare incipit: 1,27,2; 2,25,6 *u.* **C. a)** pronuntiare; ¶ aes: IV 31,2 *u.* **B.** a) reficere; ¶ carinae aliquanto planiores (erant) quam nostrarum nauium: III 13,1; (*cf.* corpus 1,54,2;) ¶ Massilienses et celeritate nauium et scientia gubernatorum confisi nostros eludebant: 1, 58,1; tantum . . . Brutus celeritate nanis enisus est, ut paruo momento antecederet: 2,6,4; ¶ L. Nasidius . . . cum classe nauium XVI, in quibus pancae erant aeratae ⟨constratae *Paul*⟩, L. Domitio Massiliensibusque subsidio missus freto Siciliae . . . peruehitur: 2,3,1; Libo profeetus ab Orico cum classe cui praeerat nauium L Brundisium uenit: 3,23,1; ¶ ex eo concursu nauium magnum esse incommodum acceptum: V 10,3; duo (nauigia) perterrita concursu nostrarum nauium sese in portum receperunt: 2,22,4; ¶ nauium magnam copiam ad transportandum exercitum pollicebantur: IV 16,8; (haec quo facilius Pompeio probari possent, omnes suas terrestres urbiumque ⟨nauiumque *coni. Np.*; *Db.*⟩ copias dimissurum ⟨dimissurus *afh*⟩ *codd.*; *Np.*; *haec omnia del. Hug*): 3,10,10;) ¶ carinae ac prima ⟨*c*⟩ statumina ex ⟨*c*⟩ leui materia fiebant; reliquum corpus nauium uiminibus contextum coriis integebatur: 1,54,2; ¶ qui uectoriis granibusque nauigiis non intermisso remigandi labore longarum nauium cursum adaequarunt ⟨*c*⟩: V 8,4; ¶ isdemque (cohortibus) custodiam nauium longarum tradidit, quas ex Italia transduxerat: 3,39,1; ¶ (has (naues) . . . Otacilius . . . expugnare parabat; simul de deditione eorum ⟨earum *Paul*⟩ agebat et incolumitatem deditis pollicebatur: 3,28,2;) ¶ omnes (naues) incendit eodemque igne nautas dominosque nauium interfecit: 3,8,3; ¶ et ex euentu nauium snarum ⟨*del. Ciacc.*⟩ et ex eo, quod obsides dare intermiserant, . . . suspicabatur: IV 31,1; ¶ Romanos neque ullam facultatem habere nauium neque: III 9,6; (magno numero nauium adpulso, cuius rei summam facultatem habebant: III 12,3;) 3, 14,1 *u.* **B. a)** soluere; ¶ et nauium figura et ⟨*c*⟩ remorum motu . . . permoti barbari constiterunt: IV 25,2; ¶ earum (nauium) modum formamque demonstrat ⟨*c*⟩: V 1,2; ¶ (naues faciant, cuius generis eum superioribus annis usus Britanniae docuerat: 1,54,1;) pontones, quod est genus nauium Gallicarum, Lissi relinquit: 3,29,3; ¶ tarditate et grauitate nauium impediebantur: factae enim subito ex umida materia non eundem usum celeritatis habebant ⟨*Oud.*; habuerant *Ox*⟩: 1, 58,3; ¶ quo commodius ab impetu nanium incendiisque defenderet: 1,25,10; ¶ cum neque ui contendere propter inopiam nauium neque elam transire . . . possent: IV 4,4; neque certum inueniri poterat, obtinendine Brundisii causa ibi remansisset . . ., an inopia nauium ibi restitisset: 1,25,3; (hoc unum ⟨inopia nauium *add. codd.*; *del. Hotom.*⟩ Caesari ad celeritatem conficiendi belli defuit: 3,2,2;)

¶ magistrisque imperat nauium, ut primo uespere omnes scaphas ad litus adpulsas habeant: 2, 43, 1; horum fuga nauium onerariarum magistros incitabat: pauci lenunculi . . . conueniebant: 2, 43, 3; ¶ materia: IV 31, 2 *u.* **B.** a) reficere; ¶ diductisque ⟨*c*⟩ nostris paulatim nauibus et artificio gubernatorum *et* mobilitati nauium locus dabatur: 2, 6, 2; ¶ modus: V I, 2 *u.* forma; ¶ naues longas, quarum et species erat ⟨*om.* α⟩ barbaris inusitatior et motus ad usum ⟨usus ad motum *Ciacc.*⟩ expeditior: IV 25, 1; ¶ neque qui essent ad maiorum ⟨maiorem *E*⟩ nanium ⟨nauigium β⟩ multitudinem idonei portus reperire ⟨*c*⟩ poterat: IV 20, 4; cum magnae manus eo conuenissent, multitudine nauium perterritae . . . discesserant: V 8, 6; ueritus[que] nauium multitudinem ex alto refugerat: 2, 23, 3; ut . . . magna multitudine nauium et tutius et facilius in Siciliam receptus daretur: 2, 30, 3; tirones enim multitudine nauium perterriti . . . se Otacilio dediderunt: 3, 28, 4; ¶ nautae: 3, 8, 3 *u.* dominus; ¶ magno numero nauium adpulso . . . sua deportabant omnia ⟨*o*⟩: III 12, 3; sic accidit, uti ex ⟨*c*⟩ tanto nauium numero tot nauigationibus neque hoc neque superiore anno ulla ⟨nulla β⟩ omnino nauis, quae milites portaret, desideraretur: V 23, 3; erat multo inferior numero nauium Brutus: 1, 57, 1; eodem Brutus contendit aucto nauium numero: 2, 5, 1; itaque ex eo numero nauium nulla desiderata est: 2, 7, 2; cotidie enim magnus undiqne nauium numerus conueniebat, quae commeatum supportarent: 3, 47, 4; ¶ tantas tempestates Oceani tantosque impetus uentorum sustineri ⟨*c*⟩ ac tanta onera nauium regi nelis non satis commode posse ⟨*om.* β⟩ arbitrabantur: III 13, 6; ¶ magno numero Albicorum . . . interfecto partem ⟨partim *hl*⟩ nauium deprimunt, non nullas cum hominibus capiunt, reliquas in portum compellunt: 1, 58, 4; 3, 8, 3 *u.* **C.** a) occurrere; 3, 42, 2 *u.* **A.** a) conuenire; ¶ scaphas longarum nauium, item speculatoria nauigia militibus compleri iussit: IV 26, 4; scaphas nauium magnarum ⟨longarum?⟩ circiter LX cratibus pluteisque contexit: 3, 24, 1; ¶ species: IV 25, 1 *u.* motus; ¶ (statumen: 1, 54, 2 *u.* corpus;) ¶ tarditas: 1, 58, 3 *u.* grauitas; ¶ ea, quae ad usum nauium pertinent, prouidere instituunt: III 9, 3; ut . . . his ereptis omnis usus nauium uno tempore eriperetur: III 14, 7.

b) pendet ex numeral.: quarum **XI**: 1, 56, 1 *u.* **B.** a) tegere; ¶ L: 3, 111, 3 *ib.* occupare; ¶¶ altera: 3, 28, 3 *u.* **A.** a) tollere; ¶ nulla: IV 28, 2 *ib.* proficisci.

c) pendet ex neutro **pronominum uel adiectiuorum:** (quicquid nauium: IV 22, 3 *u.* **B.** a) contrahere;) ¶ quid ubique habeat frumenti et ⟨*c*⟩ nauium ostendit: 2, 20, 8; ¶ quod: III 16, 2 *u.* **A.** a) esse; IV 22, 3 *u.* **B.** a) contrahere; ¶ tantum: 3, 2, 2 *u.* **B.** a) reperire.

E. abl.; a) instr.: accessum est ad Britanniam omnibus nauibus meridiano fere tempore: V 8, 5; ¶ nauibus adgredi: 3, 40, 2 *u.* **B.** a) ponere; ¶ adoriri: 1, 58, 1 *ib.* adoriri; ¶ prius Cassius ad Messanam nauibus aduolauit, quam Pomponius de eius aduentu cognosceret: 3, 101, 1; ¶ frumenti quod subito potuerunt nauibus auexerunt: VII 55, 8; ¶ simul nauibus circumuecti milites in exteriorem ⟨*c*⟩ uallum tela iaciebant: 3, 63, 6; ¶ ne nauibus nostri circumuenirentur: 3, 63, 3; ¶ exponere: (3, 6, 3 *u.* **A.** b);) inter duos uallos, qua perfectum opus non erat, ⟨per mare *add. codd.; Np., Dt.; del. Nicas.;* Pompeiani *Paul*⟩ nauibus expositi ⟨expositis *Ox;* nauibus expos. *del. Dt.*⟩ in auersos ⟨*c*⟩ nostros impetum fecerunt: 3, 63, 8; confestimque ad Pharum nauibus milites exposuit: 3, 111, 6; ¶ ut neque pedestri itinere neque nauibus commeatu innari possint: 2, 32, 12; ¶ nanes habent Veneti plurimas, quibus in Britanniam nauigare consuerunt: III 8, 1; XII nauibus amissis reliquis ut nauigari ⟨nauigare β⟩ **satis* commode posset effecit: IV 31, 3; ¶ Domitius nauibus ⟨cum nauibus *Paul; an* nauibus VII?⟩ Massiliam peruenit: 1, 36, 1; ipse iis ⟨his *Ox*⟩ nanibus, quas M. Varro quasque Gaditani iussu Varronis fecerant, Tarraconem ⟨*c*⟩ paucis diebus peruenit: 2, 21, 4; ¶ tamen se plurimum nauibus posse: III 9, 6; ¶ Curio Marcium Vticam nauibus praemittit: 2, 24, 1; ¶ cognoscit . . . profectum etiam Domitium ad occupandam Massiliam nauibus actuariis septem: 1, 34, 2; ¶ paucis intermissis diebus rursum eum (equitatum) nauibus ad se intra munitiones recipit ⟨recepit *h*⟩: 3, 58, 2; ¶ reportare: IV 29, 4 *u.* **A.** a) esse; obsecrant, ut in Siciliam nauibus reportentur: 2, 43, 1; ¶ sequi: 2, 23, 5 *u.* **C.** c); ¶ (subicere: IV 36, 2 *u.* **A.** b);) ¶ quod (frumentum) flumine Arare nauibus subuexerat: I 16, 3; ¶ ut cogerentur sicuti reliquum commeatum, ita ligna atque aquam Corcyra ⟨-ram *NOahl*⟩ nauibus onerariis supportare: 3, 15, 3; frumentumque exercitui nauibus supportabat (Pompeius): 3, 44, 1; Laelius tempore anni commodiore usus ad nauigandum onerariis nauibus Corcyra Dyrrachioque aquam suis supportabat: 3, 100, 3; quibus est rebus effectum, uti tuto frumentum auxiliaque nauibus ⟨*om. Nl*⟩ ad eum supportari possent: 3, 112, 6; ¶ si per uim nauibus flumen transire conentur: III 11, 2; sed nauibus transire ⟨se *add.* β⟩ neque satis tutum esse arbitrabatur, neque: IV 17, 1; transeunt Rhenum nauibus ratibusque: VI 35, 6; maxime probabat coactis nauibus mare transire et Pompeium sequi: 1, 29, 1; ¶ transportare: IV 29, 2 *u.* **B. a)** subducere; nuntiatur . . . paulo infra milites nauibus transportari: VII 61, 3; has (naues) perfectas carris iunctis deuehit . . . militesque his ⟨iis *hl*⟩ nauibus flumen ⟨flumine a^1⟩ transportat: 1, 54, 3; ¶ hic uenientem Vticam nauibus Tuberonem portu atque oppido prohibet: 1, 31, 3; ¶ ad celeritatem onerandi subductionisque ⟨*c*⟩ paulo facit humiliores (naues), quam quibus in nostro mari uti consueuimus: V 1, 2; paulo latiores ⟨*c*⟩ (facit naues), quam quibus in reliquis utimur maribus ⟨in rel. mar. uti adsueuerant β⟩: V 1, 2; (nauibus) parum clanis aut materia atque armamentis instructis ad reliquas armandas reficiendasque utuntur: 1, 36, 2.

erant eius modi fere situs oppidorum, ut . . . neque pedibus aditum haberent . . . neque nauibus: III 12, 1; edito loco, qui appellatur Petra aditumque habet nauibus mediocrem atque eas a quibusdam protegit uentis: 3, 42, 1; ut libere pabulari ⟨*c*⟩ posset nec minus aditum nauibus haberet: 3, 65, 4.

b') separ.: (desilire: IV 24, 2 *u.* **F. c)**;) ¶ qui naui ⟨ex naue β⟩ egredi ac se barbaris committere non auderet: IV 21, 9; nostros nauibus egredi prohibebant: IV 24, 1.

F. c. praep.; a) ab: naues longas . . . paulum remoueri ab onerariis nauibus . . . iussit: IV 25, 1.

b) ad; α): accedere ad: 2, 5, 1 *u.* **A. a)** accedere; ¶ adiungere ad: 2, 3, 3 *u.* **B. a)** adiungere; ¶ ut pauci milites patresque familiae, qui aut gratia aut misericordia ualerent aut ad ⟨*(Ciacc.); Paul; om. codd.; edd.*⟩ naues adnare ⟨adiuuare *f*⟩ possent, . . . peruenirent: 2, 44, 1; ¶ notisque ⟨*c*⟩ itineribus ad naues decurrunt: 1, 28, 3; ¶ mittere: 3, 24, 2 *u.* **B. a)** uidere; ¶ procedere: 1, 56, 3 *u.* **C. a)** praeesse; ¶ ipse ad naues reuertitur: V 11, 1.

β): (naues) ad unam omnes: 3, 6, 3 *u.* **A. b)**; 3, 27, 2 *u.* **A. a)** interire.

(γ): nauibus circiter LXXX ⟨*c*⟩ onerariis coactis . . . (has) distribuit ⟨*c*⟩. huc accedebant XVIII onerariae naues: IV 22, 4; — multa huc minora nauigia addunt, ut ipsa multitudine nostra classis terreatur: 1, 56, 2.)

(c) aduersus: plenus spei bonae atque animi aduersus eos ⟨eas *Ohl*⟩ proficiscitur: 2, 5, 2.)

d) cum; α): ipse hora diei circiter ⟨*o*⟩ quarta cum primis nauibus Britanniam attigit: IV 23, 2; ¶ esse cum: 3, 7, 1 *u.* **C. a)** praeesse; ¶ peruenire c.: 1, 36, 1 *u.* **E. a)** peruenire; M. Octauius cum iis ⟨his *codd.*⟩ quas habebat nauibus Salonas peruenit: 3, 9, 1; Caesar . . . cum legione . . . equitibusque DCCC et nauibus longis Rhodiis X et Asiaticis paucis Alexandriam peruenit: 3, 106, 1; ¶ praestolari: 2, 23, 3 *u.* **B. a)** reficere; ¶ profugere: 2, 7, 2 *u.* **A. a)** profugere.

β): ad haec cognoscenda . . . C. Volusenum cum naui longa ⟨longa naue β⟩ praemittit: IV 21, 1.

γ): cum his nauibus nostrae classi ⟨*c*⟩ eius modi congressus erat ⟨*c*⟩, ut una celeritate et pulsu remorum ⟨*c*⟩ praestaret: III 13, 7.

δ): V 8, 6 *et* 1, 58, 4 *u.* **cum** *p. 766* **A. c)**.

e) de: simul et de ⟨*om.* β⟩ nauibus desiliendum et in fluctibus consistendum . . . erat: IV 24, 2; ¶¶ de quibus (nauibus) supra demonstratum est: IV 28, 1.

f) ex; α): nostri . . . uniuersi ex ⟨e β⟩ naui desiluerunt ⟨desilierunt β⟩: IV 25, 5; ¶ egredi *u.* **egredior** *p. 1002 sq.* **b) β) ββ)** *(4 loc.)*; ¶ quibus ex nauibus cum essent expositi milites circiter trecenti: IV 37, 1; 3, 63, 8 *u.* **E. a)** exponere; ¶ loquuntur ambo ex nauibus cum . . . legatis: 3, 15, 6; ¶ ex minoribus nauibus magna uis eminus missa telorum multa nostris . . . uulnera inferebant: 2, 6, 3; ¶ minusque peritis gubernatoribus utebantur, qui repente ex onerariis nauibus erant producti: 1, 58, 3; ¶ se ex naui ⟨ex naui se β⟩ proiecit atque in hostes aquilam ferre coepit: IV 25, 4.

β): una ex (nauibus): 2, 7, 3 *u.* **B. a)** praemittere; 2, 22, 2 *ib.* comparare; ex his (nauibus) unum ipsius nauigium . . . ex conspectu abiit ⟨*c*⟩, duo . . . sese in portum receperunt: 2, 22, 4; 3, 14, 2 *u.* **A. a)** obtemperare; 3, 100, 2 *u.* **B. a)** producere; ¶ duae: IV 36, 4 *u.* **A. a)** capere; 2, 22, 2 *u.* **B. a)** comparare; 2, 22, 4 *u.* una; ¶ IIII: 3, 40, 4 *u.* **B. a)** abducere; ¶ **XX**: 3, 101, 2 *u.* **A. a)** esse; ¶¶ perpaucae: V 23, 4 *u.* **B. a)** remittere.

γ): hos item ⟨alii *add. Ald.*⟩ ex proximis

[primis] nauibus cum conspexissent, subsecuti hostibus adpropinquarunt ⟨c⟩: IV 25, 6; alius alia ex naui quibuscumque signis occurrerat se adgregabat: IV 26, 1.

δ): turribus autem excitatis tamen has altitudo puppium ex barbaris nauibus superabat: III 14, 4.

(ε): naues longas . . . constitui atque inde fundis, sagittis, tormentis hostes propelli ac submoueri iussit: IV 25, 1.)

g) in c. acc.; α): reliquos atque ipsum Octauium in naues confugere coegerunt: 3, 9, 7; ¶ (tandem idoneam ⟨o⟩ nactus tempestatem milites equitesque conscendere ⟨in *add.* α; *edd.; om.* β⟩ naues iubet: V 7, 4;) ¶ imponere *u.* **impono** *p. 82* **b) α)** *(3 loc.);* ¶ milites summa ui transcendere in hostium naues contendebant: III 15, 1; 1, 58, 4 *u.* **B. a)** retinere.

β): erumpere in: 3, 8, 3 *u.* **C. a)** occurrere; ¶ sese incitare: 2, 6, 4 *u.* **A. a)** conspicari; ¶ impetum facere: 2, 6, 6 *u.* **A. a)** animaduertere.

(γ): eo imponere ⟨inicere α; *edd.*⟩: VII 58, 4 *u.* **B. a)** coniungere; expediti naues conscenderent, quo maior numerus militum posset imponi: 3, 6, 1.)

h) in c. abl.; α): esse in: III 13, 8 *u.* **A. a)** nocere; 2, 3, 1 *u.* **D. a)** classis; 3, 7, 2 *u.* **B. a)** ducere; ¶ grauissima hieme in nauibus excubans: 3, 8, 4; ¶ alteram nauem . . . pluribus ad gressus nauibus, in quibus ad libram ⟨in qu. altiores *Ciacc.*⟩ fecerat turres, . . . nostros uicit: 3, 40, 2.

(β): naues magnas onerarias . . . adornabat. ibi turres cum ternis tabulatis erigebat: 1, 26, 1.)

i) praeter: praeter has: 3, 111, 3 *u.* **B. a)** occupare.

(**k) secundum:** 3, 30, 1 *u.* **B. a)** uidere.)

l) super: super quas (naues) ⟨qua *P. Manut.*⟩ turrim ⟨c⟩ effectam ad ipsum introitum portus opposuit et militibus compleuit tuendamque . . . tradidit: 3, 39, 2.

Adiect.: actuariae *u. uol. I. p. 92 (4 loc.);* aduersae: III 14, 2; Aegyptiae: 3, 5, 3; aeratae: 2, 3, 1; alia(e): IV 26, 1; — IV 28, 2 *(bis);* 29, 4; 3, 102, 5; altera: 2, 6, 5; 3, 28, 3 *(bis);* 39, 2; 40, 2; (altiores: V 1, 2;) ambae: 2, 6, 6; annotinae: V 8, 6; aptae: 3, 111, 3; Asiaticae: 3, 5, 3; 7, 1; 106, 1; barbarae: III 14, 4; captiuae: 2, 5, 1; certae: 1, 56, 3; complures: III 15, 2; IV 29, 3; 2, 18, 1; constratae *u.* **consterno** *p. 685 (5 loc.);* frumentaria: 3, 96, 4; Gallicae: III 11, 5; 14, 7; 3, 29, 3; humiliores: V 1, 2; impeditae: 2, 6, 6; 3, 7, 3; inanes: V 23, 4; 3, 8, 3; 40, 4; incolumes: IV 36, 4; V 23, 6; 3, 6, 3; infirmae: IV 36, 2; (instructae: V 5, 2; 1, 36, 2; 3, 111, 3;) inutiles: IV 29, 3; Laelianae: 3, 100, 2; latiores: V 1, 2; longa(e) *u.* **longus** *p. 494 sq. (22 loc.);* magnae: 1, 26, 1; 3, 24, 1 (?); maiores: IV 20, 4; minores: 2, 6, 3; 3, 100, 2; Nasidianae: 2, 7, 1. 2; nonnullae: V 23, 2; 1, 58, 4; (nostrae: III 12, 5; 13, 1. 8. 9; 14, 2; 1, 56, 3; 2, 6, 2; 22, 4; 3, 24, 2; 27, 1; 28, 1; 39, 2; 101, 5;) nouae: 1, 30, 4; nulla: IV 28, 2; (V 23, 3;) 2, 7, 2; 32, 12; omnes: IV 36, 4; V 1, 3; (2, 3;) 8, 5; 10, 2; 11, 5; 13, 1; 23, 4. 6; 1, 29, 1; 2, 7, 2; (25, 7;) 3, 6, 3; 8, 3; 14, 2; 27, 2; 40, 5; 101, 2; 111, 3 *(bis);* 111, 6; onerariae: IV 22, 3. 4; 25, 1; 29, 2; 36, 4; 1, 26, 1; 36, 2; 58, 3; 2, 23, 5; 25, 6; (32, 12?;) 43, 3; 3, 15, 3; 23, 2; 39, 2; 40, 5; 100, 3; 101, 2. 5; onusta(e): 3, 23, 2; — 3, 8, 3; ornatissimae: III 14, 2; paratae: V 5, 2; paratissimae: III 14, 2; paucae: 2, 3, 1; 3, 106, 1; perpaucae: III 15, 5; V 23, 4; piscatoriae: 2, 4, 2; pleraeque: 3, 29, 2; plures: (IV 29, 3;) 1, 58, 1; 3, 40, 2; plurimae: III 8, 1; 9, 9; V 1, 1; 11, 4; primae: IV 23, 2; (25, 6;) priuatae: V 8, 6; proximae: IV 25, 6; 2, 6, 6; quadriremes: 3, (24, 2;) 111, 3 ⟨c⟩; quaedam: 3, 23, 2; quinqueremis, -es: 3, 100, 2; — 3, 111, 3; reliquae: IV 23, 4; 29, 3; 31, 2. 3; 36, 4; V 5, 2; 11, 2; 23, 4; 1, 36, 2; 58, 4; 2, 3, 3; 7, 3; 23, 4; 3, 23, 3; 28, 1; 40, 4; 111, 6; Rhodiae: 3, 5, 3; 27, 2; 106, 1; (rostratae: 3, 101, 2; suae: IV 31, 1; 1, 57, 2; 3, 17, 3; (102, 7;) Syriacae: 3, 5, 3; tectae: 1, 56, 1; tota(e): 2, 6, 5; — III 13, 3; triremes: 2, 6, 4; 3, 24, 1; (101, 6?;) 111, 3 ⟨c⟩; ueteres: V 1, 1; 1, 30, 4; 2, 4, 1; ulla: V 23, 3; utraque: 1, 58, 4; 2, 6, 5.

Numeri: **I**: 2, 3, 2 ⟨c⟩; 7, 2. 3; 22, 2; 3, (6, 3;) 14, 2; 23, 2; (27, 2;) 100, 2; **II** *u.* **duo** *p. 975 (7 loc.);* **III**: 2, 22, 2; **IIII**: 2, 7, 2; 3, 7, 2; 40, 4; **V**: 2, 7, 2; 3, (24, 2;) 101, 5; **VI**: 1, 58, 4 ⟨c⟩; 2, 5, 1; **VII**: 1, 34, 2 (36, 1?); **VIIII**: 1, 58, 4; **X**: 2, 18, 1; 23, 3; 3, 106, 1; **XI**: 1, 56, 1; **XII** *u.* **duodecim** *p. 978 (4 loc.);* **XVI**: 2, 3, 1; 3, 27, 2; **XVII**: 1, 56, 1; **XVIII**: IV 22, 4; 28, 1; 3, 7, 1; **XX**: 3, 101, 2; **XXII**: 3, 111, 3; **XXVIII**: V 2, 2; **XXX**: 3, 8, 3; 40, 5; **XXXV**: 3, 101, 2; **XL**: V 11, 2 (3, 101, 5?); **L**: VII 58, 4; 3, 23, 1; 111, 3; **LX**: V 5, 2; 23, 4; **LXXX**: IV 22, 3 ⟨c⟩; **CX**: 3, 7, 1; **CC**: 2, 25, 6; 32, 12; **CCXX**: III 14, 2; **DC**: V 2, 2; **DCCC**: V 8, 6; (**DCCCLXXX**: IV 22, 3.)

singulae: III 14, 3; 15, 1. 5; VII 60, 1; 1,

58,1.4; binae: III 15,1; 1,58,4; ternae: III 15,1.

nano: cum pro se quisque in conspectu imperatoris etiam in ⟨*c*⟩ extremis suis rebus operam nanare cuperet: II 25,3.

Naupactus: Caluisius . . . summa omnium Aetolorum receptus uoluntate, praesidiis ⟨a praesidiis *Np.; Db.*⟩ aduersariorum Calydone et Naupacto deiectis ⟨*Ciacc.;* relictis *x; Np., Db.*⟩ omni Aetolia potitus est: 3,35,1.

nausea: tirones enim multitudine nauium perterriti et salo nauseaque ⟨salona usiaque *ahl*⟩ confecti iure iurando accepto . . . se Otacilio dediderunt: 3,28,4.

nauta: quod neque ancorae funesque *sustinerent neque nautae gubernatoresque uim tempestatis pati possent: V 10,2; ¶ remiges ex prouincia institui ⟨*c*⟩, nautas gubernatoresque comparari iubet: III 9,1; — omnes (naues) incendit eodemque igne nautas dominosque nauium interfecit: 3,8,3; ¶ labore et perseuerantia nautarum [et] uim tempestatis superari posse sperabat: 3,26,3.

nauticus: scientia atque usu nauticarum rerum reliquos ⟨*ed. pr.;* rerum nauticarum ceteros β; rerum *om.* α⟩ antecedunt: III 8,1.

1. ne. I. ne e. coni. = modus prohibitiuus; A. c. coni. praes.: imperat, si sustinere non possit ⟨*c*⟩, deductis cohortibus eruptione pugnet ⟨*c*⟩; id nisi necessario ne faciat: VII 86,2; nelle Pompeium se Caesari purgatum; ne ea, quae rei publicae causa egerit, in suam contumeliam uertat: 1,8,3.

B. c. coni. impf.: quod improuiso unum pagum adortus esset, . . . ne ob eam rem aut suae magnopere uirtuti tribueret aut ipsos despiceret: I 13,5; qua re ne committeret, ut: I 13,7; 26,6 *u. p. 729* γγ) nuntius; I 35,3 *u. p. 728* ββ) postulare; I 42,4 *et* 43,9 *u. p. 724* a) postulare; si forte . . . statuisset Aduatucos esse conseruandos, ne se armis despoliaret: II 31,4; VII 15,4 *u. p. 724* a) procumbere; concurrebant legati, centuriones tribunique militum: ne dubitaret proelium committere: 1,71,2; 3,25,4 *u. p. 724* a) scribere; 3,102,6 *u. p. 724* b) nuntius.

II. uoluntatem et consilium significat; A. non additur ut; a) non respondet alia particula; α) non pendet ex certis quibusdam uocibus, sed ad totum enuntiatum pertinet; αα) non sequitur pronomen indefin. quis; a) c. coni. praes.: docet, quanto opere rei publicae . . . intersit manus hostium distineri, ne cum tanta multitudine uno tempore confligendum sit: II 5,2; Crassum . . . in Aquitaniam proficisci iubet, ne ex his nationibus auxilia in Galliam mittantur ac tantae nationes coniungantur: III 11,3; hanc (epistulam) Graecis conscriptam litteris mittit, ne intercepta epistula nostra ab hostibus consilia cognoscantur: V 48,4; petunt atque orant, ut ⟨*om.* β⟩ sibi ⟨*o*⟩ parcat, ne communi odio Germanorum innocentes pro nocentibus poenas pendant: VI 9,7; in primis monet, ut contineant milites, ne studio pugnandi aut spe praedae longius progrediantur: VII 45,8; Vercingetorix iubet ⟨*o*⟩ portas claudi, ne castra nudentur: VII 70,7; *ne* autem ⟨*c*⟩ cum periculo ex castris egredi cogatur ⟨cogantur *e*[1]*; Fr.*⟩, dierum XXX pabulum frumentumque habere ⟨*o*⟩ omnes conuectum iubet: VII 74,2; 1,8,3 *u.* I. A.; HS LX . . . Domitio reddit, ne continentior in uita hominum quam in pecunia fuisse uideatur, etsi . . . constabat: 1,23,4; Caesar frustra diebus aliquot consumptis, ne reliquum tempus amittat ⟨*Np.;* mittit *Nahl;* dimittat *Paul*⟩, infectis iis, quae agere destinauerat, . . . proficiscitur: 1,33,4; Caesar in campis exercitum reficit ⟨*b;* refecit *Ox*⟩, ne defessum proelio obiciat: 1,65,2; in se iura magistratuum commutari, ne ex praetura et consulatu, ut semper, sed ⟨*c*⟩ per paucos probati et electi in prouincias mittantur: 1,85,9; super lateres coria inducuntur, ne canalibus aqua immissa lateres diluere possit ⟨*b;* posset *Ox; edd.*⟩: 2,10,6; coria autem, ne rursus igni ac lapidibus corrumpantur, centonibus conteguntur: 2,10,6; an non, uti corporis uulnera, ita exercitus incommoda sunt tegenda, ne spem aduersariis augeamus? 2,31,6; mihi meum nomen ⟨*o*⟩ restituite, ne ad contumeliam honorem dedisse uideamini: 2,32,14; ne Varus quidem [Attius] dubitat copias producere, siue sollicitandi milites ⟨*c*⟩ siue aequo loco dimicandi detur occasio, ne facultatem praetermittat: 2,33,5.

b) c. coni. impf.: I 4,2 *u. p. 725* δδ) se eripere; noluit eum locum, unde Heluetii discesserant, uacare, ne propter bonitatem agrorum Germani . . . in Heluetiorum fines transirent et finitimi Galliae prouinciae Allobrogibusque essent: I 28,4; Caesar . . . maturandum sibi existimauit, ne, si noua manus Sueborum cum ueteribus copiis Ariouisti sese coniunxisset, minus facile resisti posset: I 37,4; ne diutius commeatu prohiberetur, ultra eum locum . . . castris idoneum locum delegit: I 49,1; castella constituit ibique tormenta conlocauit, ne, cum aciem instruxisset, hostes . . . ab lateribus pugnantes suos circumuenire possent: II 8,4; quae (quisque) prima signa conspexit, ad haec constitit, ne in quaerendis ⟨c⟩ suis ⟨c⟩ pugnandi ⟨o⟩ tempus dimitteret: II 21, 6; multa Caesarem . . . incitabant: . . . tot ciuitatum coniuratio, in primis, ne hac parte neglecta reliquae nationes sibi idem licere arbitrarentur: III 10, 2; cohortibus . . . longiore itinere circumductis, ne ex hostium castris conspici possent: III 26, 2; Caesar, ne grauiori bello occurreret, maturins, quam consuerat ⟨c⟩, ad exercitum proficiscitur: IV 6, 1; sese idcirco ab suis discedere . . . noluisse, quo facilius ciuitatem in officio contineret, ne omnis nobilitatis discessu plebs propter imprudentiam laberetur: V 3, 6; tamen, ne aestatem in Treueris consumere cogeretur omnibus ad Britannicum bellum rebus ⟨o⟩ comparatis, Indutiomarum ad se . . . uenire iussit: V 4, 1; quas cum aliquamdiu Caesar frustra exspectasset, ne anni tempore a ⟨c⟩ nauigatione excluderetur, quod aequinoctium suberat, necessario augustins milites conlocauit . . .: V 23, 5; haec prius ilii detrahenda auxilia existimabat, quam ipsum bello lacesseret, ne desperata salute aut se in Menapios ⟨c⟩ abderet aut cum Transrhenanis congredi cogeretur ⟨conaretur *E*; congrederetur *Hartz*⟩: VI 5, 5; centuriones . . ., ne ante partam ⟨c⟩ rei militaris laudem ⟨o⟩ amitterent, fortissime pugnantes conciderunt: VI 40, 7; summam imperii se consulto nulli discedentem tradidisse, ne is ⟨c⟩ multitudinis studio ad dimicandum impelleretur ⟨inpelletur α⟩: VII 20, 5; 26, 5 *u. p. 727 εε)*

b) timor; non ignorans, quanta ex dissensionibus incommoda oriri consuessent, ne tanta et tam coniuncta populo Romano ciuitas . . . ad nim atque arma descenderet ⟨β; discederet α⟩ atque ea pars, quae minus sibi ⟨c⟩ confideret, auxilia a Vercingetorige arcesseret, huic rei praeuertendum existimauit: VII 33, 1; itaque, ne id accideret, siluestri loco castris ⟨c⟩ positis ⟨c⟩ . . . in occulto restitit: VII 35, 2; Vercingetorix re cognita, ne contra suam noluntatem dimicare cogeretur, magnis itineribus antecessit: VII 35, 6; ipse maiorem Galliae motum exspectans, ne ab omnibus ciuitatibus ⟨c⟩ circumsisteretur, consilia inibat, quem ad modum a ⟨c⟩ Gergouia discederet ac rursus omnem exercitum contraheret, ne ⟨nec *Nitsche*⟩ profectio nata ab ⟨c⟩ timore defectionis similisque ⟨*efk; Schn.;* similis α; *rell. edd.*⟩ fugae uideretur: VII 43, 5; tectis insignibus snorum occultatisque signis militaribus raros milites, ne ⟨β; qui α⟩ ex oppido animaduerterentur ⟨-retur β; qui ex opp. non aduerterentur *coni. Oud.*; *u. CC*⟩; ex maioribus castris in minora traducit: VII 45, 7; cum ⟨c⟩ sine duce et sine equitatu deprehensis hostibus exploratam uictoriam dimisisset, ne ⟨neque *h*⟩ parnum modo detrimentum in contentione propter iniquitatem loci accideret ⟨acciperet β⟩: VII 52, 2; eos retinendos non censuit ⟨c⟩, ne aut inferre iniuriam uideretur aut daret ⟨β; *Schn., Db.;* dare α; *rell. edd.*⟩ timoris aliquam ⟨o⟩ suspicionem: VII 54, 2; huc illi stipites demissi ⟨c⟩ et ab infimo reuincti, ne reuelli possent, ab ramis eminebant: VII 73, 3; non omnes ⟨c⟩, qui arma ferre possent, . . . conuocandos statuunt, sed certum numerum cuique ciuitati ⟨c⟩ imperandum, ne tanta multitudine confusa nec moderari ⟨ne emoderari α⟩ nec discernere suos nec ⟨ne *AQ*⟩ frumentandi ⟨c⟩ rationem ⟨c⟩ habere possent: VII 75, 1; has (rates) quaternis ancoris ex IIII angulis destinabat ⟨c⟩, ne fluctibus mouerentur: 1, 25, 7; has (rates) terra atque aggere integebat, ne ⟨*om.* O^1x; ut O^2b⟩ aditus atque incursus ⟨*CC*⟩ ad defendendum impediretur: 1, 25, 9; quo facilius impetum Caesaris tardaret, ne sub ipsa profectione milites **in* oppidum inrumperent, portas obstruit . . .: 1, 27, 3; Plancus . . . locum capit superiorem diuersamque aciem . . . constituit, ne ab equitatu circumueniri posset: 1, 40, 5; castra facere constituit et, ne in opere faciundo milites repentino hostium incursu exterrerentur atque opere prohiberentur, uallo muniri uetuit: 1, 41, 4; Caesar, ne semper magno circuitu per pontem equitatus esset mittendus, . . . fossas . . . facere instituit: 1, 61, 1; centonesque insuper iniecerunt, ne aut tela tormentis immissa ⟨c⟩ tabulationem perfringerent aut saxa . . . latericium discuterent: 2, 9, 3; **(**10, 6 *u.* **a);)** ne per uim oppidum expugnari pateretur, ne grauius permoti milites et defectionis odio et contemptione ⟨c⟩ sui et diutino labore omnes puberes interficerent: 2, 13, 3; hoc nero magis properare Varro, ut cum legionibus quam primum Gades contenderet, ne itinere aut traiectu intercluderetur: 2, 20, 1; statuerat enim prius hos ⟨c⟩ indicio populi debere restitui, quam suo beneficio nideri receptos, ne aut ingratus in referenda gratia aut arrogans in praeripiendo ⟨c⟩ populi beneficio ⟨o⟩ uideretur: 3, 1, 6; maioribus itineribus Apolloniam petere coepit, ne Caesar orae maritimae ciuitates occuparet: 3, 11, 2; ob eam causam (Bibulum) conloquium uitasse, ne res maximae spei maximaeque utilitatis eius iracundia impedirentur: 3, 16, 3; ab hoc profectus initio, ne frustra ingressus turpem causam uideretur, legem promulgauit: 3, 20, 4; cuius aduentu cognito Pompeius, ne duobus circumcluderetur exercitibus, ex eo loco discedit: 3,

30, 7; nostri cognitis [hostium] insidiis, ne frustra reliquos exspectarent, duas nacti turmas exceperunt: 3, 38, 4; insequentes nostros, ne longius prosequerentur ⟨progrederentur *N*⟩, Sulla reuocauit: 3, 51, 2; Sulla . . . liberatis suis hoc fuit contentus neque proelio decertare uoluit, . . . ne imperatorias sibi partes sumpsisse uideretur: 3, 51, 5; plura castella Pompeius pariter distinendae manus causa temptauerat, ne ex proximis praesidiis succurri posset: 3, 52, 1; dextrum cornu . . . terrore equitum animaduerso, ne intra munitionem opprimeretur, ea ⟨*c*⟩ parte, quam ⟨*c*⟩ proruerat ⟨*c*⟩, sese recipiebat: 3, 69, 3; ac plerique ex his, ne in angustias inciderent, *ex* X pedum munitione ⟨*c*⟩ se in fossas praecipitabant ⟨*P. Manut.;* praecipitant *codd.*⟩: 3, 69, 3; cum eius necessarii fidem implorarent Pompei, praestaret, quod proficiscenti recepisset ⟨*c*⟩, ne per eius auctoritatem deceptus uideretur: 3, 82, 5; nostri milites . . . sua sponte cursum represserunt et ad medium fere spatium constiterunt, ne ⟨ut non *O*⟩ consumptis uiribus adpropinquarent: 3, 93, 1; munitione flumen a monte seclusit, ne noctu aquari Pompeiani possent: 3, 97, 4; Caesar . . . persequendum sibi Pompeium existimauit, quascumque ⟨*c*⟩ in partes ⟨*c*⟩ se ⟨*c*⟩ ex fuga recepisset, ne rursus copias comparare ⟨-araret *a*⟩ alias et bellum renouare posset: 3, 102, 1.

ββ) sequitur pron. indefinitum; a): (omnes) aditum eorum ⟨*c*⟩ sermonemque defugiunt, ne quid ex contagione ⟨*c*⟩ incommodi accipiant: VI 13, 7; quod legibus Haeduorum iis ⟨*c*⟩, qui summum magistratum obtinerent, excedere ex finibus non liceret, ne quid de iure ⟨*o*⟩ aut de ⟨*c*⟩ legibus eorum deminuisse uideretur, ipse in Haeduos proficisci statuit: VII 33, 2; eam (contabulationem) in parietes instruxerunt ita, ut capita tignorum extrema parietum structura tegerentur, ne quid emineret, ubi ignis hostium adhaeresceret: 2, 9, 1; eamque contabulationem summam lateribus lutoque constrauerunt, ne quid ignis hostium nocere posset: 2, 9, 3; pueris mulieribusque in muro dispositis ⟨depos. *ah*⟩, ne quid cotidianae consuetudinis desideraretur, ipsi . . . inruperunt: 3, 9, 6.

b): C. Fabium legatum ⟨*c*⟩ et L. Minucium Basilum ⟨*c*⟩ cum legionibus duabus in Remis conlocat, ne quam a ⟨*c*⟩ finitimis Bellouacis calamitatem accipiant: VII 90, 5; — Pompeius in suas prouincias proficisceretur, ne qua ⟨neque *Oz*⟩ esset armorum causa: 1, 2, 3; — magni interesse arbitrabatur quam primum oppido potiri cohortesque ad se in castra traducere, ne qua aut largitionibus aut animi confirmatione aut falsis nuntiis commutatio fieret uoluntatis: 1, 21, 1; — his constitutis rebus et consilio cum legatis et quaestore communicato, ne quem diem pugnae praetermitteret, oportunissima ⟨*c*⟩ res accidit: IV 13, 4; — quibus in ⟨*o*⟩ castellis ⟨*c*⟩ interdiu stationes ponebantur ⟨*c*⟩, ne qua subito eruptio fieret: VII 69, 7; — Caesar scalas parari militesque armari iubet, ne quam ⟨neque *O*⟩ rei gerendae facultatem dimittat ⟨-tant *O*⟩: 1, 28, 2; — cum ad oppidum Senonum Vellaunodunum uenisset, ne quem ⟨neque *h*⟩ post se hostem relinqueret, quo ⟨quod *MQ; an* et quo?⟩ expeditiore re frumentaria uteretur, oppugnare instituit: VII 11, 1; — siluas caedere instituit, et ne quis inermibus imprudentibusque militibus ab latere impetus fieri posset, omnem eam materiam, quae erat caesa, conuersam ad hostem conlocabat et pro uallo . . . exstruebat: III 29, 1; — sub uesperum ⟨*c*⟩ Caesar portas clandi militesque ex oppido exire iussit, ne quam noctu oppidani a ⟨*c*⟩ militibus iniuriam acciperent: II 33, 1; — (legionesque pro castris constituit, ne qua subito inruptio ab hostium peditatu fiat ⟨ne . . . fiat *del. Paul*⟩: VII 70, 2;) — omnibus hibernis Caesaris oppugnandis hnnc esse dictum diem, ne qua legio alteri ⟨*c*⟩ legioni subsidio uenire posset: V 27, 5; — ut nostri perpetuas munitiones † uidebant perductas ex castellis in proxima castella, ne quo ⟨neque *z; quod* ne quo *Em. Hoffm.*⟩ loco erumperent Pompeiani ac nostros post tergum adorirentur ⟨timebant *add. codd.; Em. Hoffm.; del. Faernus*⟩, ita illi interiore spatio perpetuas munitiones efficiebant, ne quem ⟨neque *Nz*⟩ locum ⟨ne quo loco *O*⟩ nostri intrare atque ipsos a tergo circumuenire possent: 3, 44, 4; — Cauarinum cum equitatu Senonum secum proficisci iubet, ne quis aut ⟨*om.* β⟩ ex huins iracundia aut ex eo quod meruerat odio ciuitatis motus exsistat: VI 5, 2; firmo in Treueris ad pontem praesidio ⟨*o*⟩ relicto, ne quis ab his subito motus oreretur ⟨*c*⟩, reliquas copias equitatumque traducit: VI 9, 5; — monet, ut ignes in castris fieri prohibeat, ne qua eius aduentus procul significatio fiat: VI 29, 5; — omnemque aeiem suam raedis et carris circumdederunt, ne qua spes in fuga relinqueretur: I 51, 2; — ipse . . . in nauibus excubans neque ullum laborem aut munns despiciens neque ⟨ne quod *Oud.; Np., Db.*⟩ subsidium exspectans, si in Caesaris complexum ⟨exspectanti Caesari in conspectum *Np.; Db.*⟩ uenire posset, * * *: 3, 8, 4; — oppidum, quod a ⟨*c*⟩ se teneri non posse iudicabant, ne cui

⟨Aβ; quo *BMQ;* quoi *Oud.; Np., Hld.*⟩ esset usui Romanis, incenderunt: VII 55, 7.

β) pendet ex certis uocibus; αα) imperandi, hortandi, orandi, sim.; a) uerbis: adhortari *u.* **adhortor** e) *p. 161 (3 loc.);* ¶ cum his agit, ne initium inferendi belli a ⟨c⟩ Massiliensibus oriatur: 1, 35, 1; de deditione omnes iam ⟨c⟩ palam loquebantur et cum P. Attio agebant, ne sua pertinacia omnium fortunas perturbari uellet: 2, 36, 2; ¶ cohortari *u.* **cohortor** *p. 595 sq.* β) *et p. 597 εε) (2 + 3 (4) loc.);* ¶ Caesar . . . a militibus contendit, ne in praeda occupati reliqui negotii gerendi facultatem dimitterent: 3, 97, 1; ¶ deprecari: II 31, 4 *u.* petere; ¶ hortari *u.* **hortor** *p. 1516* β) *et p. 1517 sq.* δδ) *(1 (3) + 2 loc.);* ¶ imperare *u.* **impero** *p. 75* γ) *(4 loc.);* ¶ quae (mulieres) in proelium proficiscentes ⟨c⟩ passis manibus flentes implorabant, ne se in s eruitutem Romanis traderent: I 51, 3; ¶ interdicitque omnibus, ne quemquam interficiant: VII 40, 4; ¶ Caesar enim per litteras Trebonio magnopere mandauerat, ne per uim oppidum expugnari pateretur, ne: 2, 13, 3; ¶ mittit qui nuntiarent, ne hostes proelio lacesserent, et si ipsi lacesserentur, sustinerent, quoad ipse . . . accessisset: IV 11, 6; ¶ Diuiciacus multis cum lacrimis Caesarem complexus obsecrare coepit, ne quid granins in fratrem statueret: I 20, 1; 1, 84, 5 *u.* orare; ¶ qui (legati) in itinere congressi magnopere ne longius progrederetur ⟨procederet β⟩ orabant: IV 11, 1; comprehendunt utrumque et orant, ne sua dissensione et pertinacia rem in summum periculum deducant: V 31, 1; (Eporedorix) orat, ne patiatur ciuitatem prauis adulescentium consiliis ab amicitia populi Romani deficere: VII 39, 3; itaque se nietos confiteri: orare atque obsecrare, si qui locus misericordiae relinquatur, ne ad ultimum supplicium progredi necesse habeat ⟨*hl;* habeant *Oaf; edd.*⟩: 1, 84, 5; ¶ unum (se) petere ac deprecari: si forte . . . statuisset Aduatucos esse conseruandos, ne se armis despoliaret: II 31, 4; interea ne propius se castra moueret (legati) petierunt ⟨petiuerunt *af*⟩: IV 9, 1; uniuersi ab eo ne id faceret petebant: VII 17, 4; flentesque proiectae ad pedes snorum (matres familiae) omnibus precibus petierunt ⟨petiuerunt β⟩, ne se et communes liberos hostibus ad supplicium dederent, quos . . .: VII 26, 3; petit ab utroque, quoniam Pompei mandata ad se detulerint, ne grauentur sua quoque ad eum postulata deferre: 1, 9, 1; scribendum ad te existimaui et pro nostra beneuolentia petendum, ne quo progredereris proclinata ⟨c⟩ iam re, quo integra etiam progrediendum tibi non existimasses: *ap. Cic. ad Att.* X 8 *B*, 1; quod ne facias pro iure nostrae amicitiae a te peto: *ap. Cic. ad Att.* X 8 *B*, 1; ¶ Ariouistus postulauit, ne quem peditem ad conloquium Caesar adduceret: I 42, 4; postulauit deinde ⟨c⟩ eadem, quae legatis in mandatis dederat: ne aut Haeduis aut eorum sociis bellum inferret; obsides redderet; si nullam partem Germanorum domum remittere posset, at ne quos amplius Rhenum transire pateretur: I 43, 9; ¶ Labienus, ut erat ei praeceptum a Caesare, ne proelium committeret, nisi ipsius copiae prope hostium castra uisae essent, ut undique . . . impetus fieret, . . . proelio . . abstinebat: I 22, 3; ¶ procumbunt omnibus Gallis ad pedes Bituriges, ne pulcherrimam prope totius Galliae ⟨o⟩ urbem . . . suis manibus succendere cogerentur: VII 15, 4; ¶ duces eorum tota acie pronuntiari ⟨β; *Fr.;* -are α; *rell. edd.*⟩ iusserunt, ne quis ab loco discederet: V 34, 1; ¶ Caesar Brundisium ad suos seuerius scripsit, nacti idoneum uentum ne occasionem nauigandi dimitterent, siue . . . *siue* . . . possent: 3, 25, 4.

b) uerbis et nominibus coniunctis: cognoscit . . . arcem captam esse . . . nuntiosque dimissos ad eos, qui se . . . in finitimas *ciuitates* recepisse dicerentur, ne Antiochiam adirent: 3, 102, 6.

ββ) nitendi, prouidendi, sanciendi, sim.; a) uerbis: liceretne ciuibus ad cines . . . legatos mittere . . ., praesertim cum id agerent, ne ciues cum ciuibus armis decertarent? 3, 19, 2; ¶ cauere: VII 2, 2 *u.* sancire; ¶ Labienus de suo . . . periculo nihil timebat, ne quam occasionem rei bene gerendae dimitteret cogitabat: V 57, 1; ¶ sanctissimo iure iurando confirmari oportere, ne tecto recipiatur, ne ad liberos, ne ad parentes, ad uxorem ⟨c⟩ aditum habeat, qui non bis ⟨c⟩ per agmen hostium perequitarit ⟨c⟩: VII 66, 7; ¶ id ne accideret, magnopere ⟨c⟩ sibi praecauendum Caesar existimabat: I 38, 2; ¶ (statuebat,) quod longius eius amentiam progredi uidebat, prospiciendum ⟨Qβ; perspiciendum *ABM*⟩, ne quid sibi ac rei publicae nocere posset: V 7, 2; ¶ quem turpiter se ex fuga ⟨c⟩ recipientem ne qua ciuitas suis finibus recipiat a me prouisum est: VII 20, 12; ¶ iure iurando ne quis enuntiaret, nisi quibus communi consilio mandatum esset, inter se sanxerunt: I 30, 5; quoniam in praesentia obsidibus cauere inter se non possint ⟨c⟩, ne res efferatur, at ⟨c⟩ iure iurando ac fide sanciatur petunt, conlatis militaribus signis . . ., ne facto initio belli ab reliquis deserantur: VII 2, 2.

b) **subst.**: dare operam *u.* **do** *p. 943:* VII 9, 2; 1, 5, 3; 1, 7, 5.

γγ) faciendi, efficiendi; a) uerbis: id ne fieri posset, obsidione atque circummunitione oppidi ⟨o⟩ fiebat: 1, 19, 4; aegre retentis Domitianis militibus est factum, ne proelio contenderetur: 3, 37, 3; ¶ id ne accidat, positum in eius diligentia atque auctoritate: VII 32, 5.

b) **subst.**: (reliquas munitiones reduxit,) id hoc consilio, quoniam . . esset . . . complexus nec facile . . . cingeretur, ne de improuiso aut noctu ad ⟨c⟩ munitiones hostium ⟨o⟩ multitudo aduolaret aut interdiu tela in nostros operi destinatos coicere possent ⟨posset β⟩: VII 72, 2; ¶ idque ⟨β; *Db.;* itaque α; *rell. edd.*⟩ eius rei causa antiquitus institutum uidetur, ne quis ex plebe contra potentiorem auxilii egeret: VI 11, 4.

δδ) impediendi, recusandi, sim.: continere, ne: VII 45, 8 *u. p. 718* **a)**; ¶ hos seditiosa atque improba oratione multitudinem deterrere, ne frumentum conferant: I 17, 2; Caesarem uel auctoritate sua atque exercitus uel recenti uictoria uel nomine populi Romani deterrere posse, ne maior multitudo Germanorum Rhenum traducatur: I 31, 16; ¶ omnes clientes obaeratosque suos . . . conduxit; per eos, ne causam diceret, se eripuit: I 4, 2; ¶ (nam ut ⟨ne *Elberl.; Np.*⟩ commutato consilio iter in prouinciam conuerteret, id ne metu ⟨ut nemo non tum *Np.*⟩ quidem necessario faciundum ⟨c⟩ existimabat, cum quod ⟨*Steph.; om. codd.; edd.*⟩ infamia atque indignitas rei et oppositus mons Cebenna uiarumque difficultas impediebat, tum maxime quod: VII 56, 2;) ¶ praecauere: I 38, 2 *u.* ββ) **a)** praecauere; ¶ cum . . . reliqui in labore pari ac periculo ne unus omnes antecederet recusarent: 3, 82, 5.

εε) timendi; a) uerbis: cum alius ⟨c⟩ alii subsidium ferret ⟨c⟩ neque timerent, ne auersi ⟨c⟩ ab hoste circumuenirentur: II 26, 2; timere Caesarem ereptis ⟨c⟩ ab eo duabus legionibus, ne ad eius periculum reseruare et retinere eas ad urbem Pompeius uideretur: 1, 2, 3; (3, 44, 4 *u. p. 722* **b)** locus;) hoc enim superioribus diebus timens Caesar, ne nauibus nostri circumuenirentur, duplicem eo loco fecerat uallum: 3, 63, 3; timens Domitio, ne aduentu Pompei praeoccuparetur, ad eum omni celeritate . . . ferebatur: 3, 78, 2; timens, ne a multitudine equitum dextrum cornu circumueniretur, celeriter ex tertia ⟨c⟩ acie singulas cohortes detraxit: 3, 89, 3; ¶ nam ne eius supplicio Diuiciaci animum offenderet uerebatur: I 19, 2; uereri se, ne per insidias ab eo circumueniretur: I 42, 4; coniurandi has esse causas: primum, quod uererentur, ne omni pacata Gallia ad eos exercitus noster adduceretur: II 1, 2; ueritus ⟨indutiomarus ueritus β⟩, ne ab omnibus desereretur, Indutiomarus ⟨*om.* β⟩ legatos ad Caesarem mittit: V 3, 5; ueritus, quod ad plures pertinebat, ne ciuitas eorum impulsu deficeret: V 25, 4; ueritus, ne noctu ex oppido profugerent, duas legiones in armis excubare iubet: VII 11, 6; ubi . . . (hostes) uiderunt, ueriti, ne omnino spes fugae tolleretur, abiectis armis ⟨o⟩ ultimas oppidi partes . . . petiuerunt: VII 28, 2; quos . . . excepit (Vercingetorix) ueritus, ne qua in castris ex ⟨c⟩ eorum concursu et misericordia uulgi seditio oreretur: VII 28, 6; qua re animaduersa reliqui ne circumuenirentur ⟨Qβ; circumir. *ABM; edd.*⟩ ueriti se fugae mandant: VII 67, 6; (Galli) ueriti, ne ab latere aperto ex superioribus castris eruptione circumuenirentur, se ad suos receperunt: VII 82, 2; tamen ueritus, ne militum introitu et nocturni temporis licentia oppidum diriperetur, eos, qui uenerant, conlaudat atque . . . dimittit, portas . . . adseruari iubet: 1, 21, 2; illi exaudito clamore ueriti, ne noctu impediti sub onere confligere cogerentur aut ne ab equitatu Caesaris in angustiis tenerentur, iter supprimunt: 1, 66, 2; quod cum animaduertisset Caesar, ueritus, ne non reducti, sed deiecti ⟨*CO*⟩ uiderentur maiusque detrimentum caperetur, . . . tuba signum dari . . . iussit: 3, 46, 4; milites . . . ueriti, ne angustiis intercluderentur, cum extra et intus hostem haberent, . . . sibi consulebant: 3, 69, 4; — Labienus . . . ueritus, ne ⟨*om.* β; *Np.*⟩, si ⟨β; *om.* α; *Fr., Db.*⟩ ex hibernis ⟨si *add. Db.*⟩ fugae ⟨si *add. Fr.*⟩ similem profectionem fecisset, ⟨ut *add.* α; *Np.*⟩ hostium impetum sustinere non ⟨*om. Np.*⟩ posset, . . . remittit: V 47, 4; ueritusque, ne ille Italiam dimittendam non existimaret, exitus . . . Brundisini portus impedire instituit: 1, 25, 4; 3, 46, 4 *u. s.*

b) subst. et uerbis coniunctis: magnam difficultatem ad consilium capiendum adferebat, si reliquam partem hiemis uno loco legiones contineret, ne stipendiariis Haeduorum expugnatis cuncta Gallia deficeret . . .; si ⟨sin β⟩ maturius ex hibernis educeret, ne ab re frumentaria duris subuectionibus laboraret: VII

10,1; erat in magnis Caesari ⟨β; *Schn., Db.;* caesaris α; *rell. edd.*⟩ difficultatibus res, ne maiorem aestatis partem flumine impediretur: VII 35,1; ¶ amici regis . . . sine timore adducti, ut postea praedicabant, sollicitato exercitu regio ne Pompeius Alexandriam Aegyptumque occuparet, siue despecta eius fortuna . . . palam liberaliter responderunt: 3,104,1; — (hominum milia sex) sine timore perterriti, ne armis traditis supplicio adficerentur, sine . . . inducti . . . contenderunt: I 27,4; quo⟨?⟩ timore perterriti Galli, ne ab equitatu Romanorum niae praeoccuparentur, consilio destiterunt: VII 26,5; — magnum in timorem Afranius Petreiusque perueniunt, ne omnino frumento pabuloque intercluderentur: 1,61,2.

b) respondet alia particula; α) ut; αα): multi ex Italia ad Cn. Pompeium proficiscebantur, alii, ut principes talem nuntium attulisse, alii, ne euentum belli exspectasse aut ⟨ut *fhl*⟩ ex omnibus nouissimi uenisse uiderentur: 1,53,3; his de causis uterque eorum celeritati studebat, et suis ut esset auxilio *et* ad opprimendos aduersarios ne occasioni ⟨*c*⟩ temporis deesset: 3,79,1; — sed ne omnino metum reditus sui barbaris tolleret atque ut eorum auxilia tardaret, reducto exercitu partem ultimam pontis . . . rescindit: VI 29,2.

ββ): neque nunc id (se) agere, ut ab illis abductum exercitum teneat ipse, . . . sed ne illi habeant quo contra se uti possint: 1,85, 11; ¶ non minus se id contendere et laborare, ne ea, quae dixissent, enuntiarentur, quam uti ea, quae uellent, impetrarent: I 31,2; ¶ simul denuntiauit, ut essent animo parati in posterum et, quoniam fieret dimicandi potestas, ut saepe cogitauissent, ne ⟨neu *Elberl.*⟩ suam neu ⟨*sic Elberl.;* ne usu mann *Oafh;* ne usu manuque *(l?) edd.;* ne suam omniumque *Markl.*⟩ reliquorum opinionem fallerent: 3,86,5; ¶ petere atque orare: VI 9,7 *u. p. 718* **a)**.

γγ): eius rei multas adferunt causas: ne ⟨quod neque β⟩ adsidua consuetudine capti studium belli gerendi agri cultura commutent; ne latos fines parare studeant potentiores *atque humiliores possessionibus expellant; ne accuratius ad frigora atque aestus uitandos aedificent; ne qua ⟨neque *Ma*⟩ oriatur pecuniae cupiditas, qua ex re factiones dissensionesque nascuntur; ut animi aequitate plebem contineant, cum: VI 22,3.4; ¶ obsidesque uti inter sese dent perficit ⟨*c*⟩: Sequani, ne itinere Heluetios prohibeant, Heluetii, ut sine maleficio et iniuria transeant: I 9,4; ¶ tali instructa acie tenere uterque propositum uidebatur: Caesar, ne ⟨*add. Np.;* ut *add. uett. edd.*⟩ nisi coactus proelium committeret ⟨committere *Oaf;* non committere *hl;* non committeret *uett. edd.*⟩, ille, ut opera Caesaris impediret: 1,83,3.

β) neue, neu; αα): oppida incendi oportere, quae non munitione et loci natura ab omni sint periculo tuta, ne ⟨β; neu α; *edd.*⟩ suis sint ad detrectandam militiam receptacula, neu Romanis proposita ad copiam commeatus praedamque tollendam: VII 14,9; fidem ab imperatore de Petrei atque Afranii uita petunt, ne quod in se scelus concepisse neu suos prodidisse uideantur: 1,74,3.

ββ): ne quid iis ⟨*c*⟩ noceatur neu quis inuitus sacramentum ⟨*c*⟩ dicere cogatur, a Caesare cauetur: 1,86,4; ¶ (concilio connocato consolatus cohortatusque est, ne se admodum animo demitterent, ne ⟨nene *bf; Schn.*⟩ perturbarentur incommodo: VII 29,1;) ¶ omnes conseruauit militibusque suis commendauit, ne qui ⟨quis *b*⟩ eorum uiolaretur neu quid sui desiderarent: 3,98,2; ¶ ad extremam ⟨*c*⟩ orationem ⟨*c*⟩ confirmatis militibus, ne ob hanc causam animo permouerentur neu, quod iniquitas loci attulisset, id uirtuti ⟨*c*⟩ hostium ⟨*c*⟩ tribuerent . . ., legiones . . . eduxit: VII 53,1; ¶ denuntiare: 3,86,5 *u.* **α) ββ)** denuntiare; ¶ hortatusque est, ne ea, quae accidissent, grauiter ferrent nene his rebus terrerentur multisque secundis proeliis unum aduersum et id mediocre opponerent ⟨praepon. *Paul*⟩: 3,73,2; cum ad Achillam nuntios mitteret hortareturque, ne negotio desisteret nene ⟨neu *N*⟩ animo deficeret: 3,112,11; ¶ interdicit atque imperat Cassiuellauno, ne Mandubracio neu Trinobantibus noceat ⟨bellum faciat β⟩: V 22, 5; ¶ Quintilius circumire aciem Curionis atque obsecrare milites coepit, ne primam ⟨*c*⟩ sacramenti, quod apud Domitium atque apud se quaestorem dixissent, memoriam deponerent neu contra eos arma ferrent, qui eadem essent usi fortuna eademque in obsidione perpessi, neu pro his pugnarent, a quibus *cum* contumelia perfugae appellarentur: 2,28, 2.3; ¶ Segni Condrusique . . . legatos ad Caesarem miserunt oratum, ne se in hostium numero duceret neue omnium Germanorum . . . unam esse causam iudicaret: VI 32,1; ¶ haec esse, quae ab eo postularet: primum, ne quam multitudinem hominum amplius trans Rhenum in Galliam traduceret; deinde obsides . . . redderet Sequanisque permitteret, ut . . .

reddere illis liceret; nene Haeduos iniuria lacesseret neue his sociisque eorum bellum inferret: I 35,3; ¶ (Pompeius suis praedixerat, ut ⟨ne *Nhl;* neu *O*⟩ Caesaris impetum exciperent neue ⟨neque *hl*⟩ se loco mouerent aciemque eius distrahi paterentur: 3,92,1.)

γγ); milites . . . centuriones ⟨*c*⟩ tribunosque militum adire atque obsecrare, ut per eos Caesar certior fieret, ne labori suo neu periculo parceret: 1,64,3; ¶ Caesar ad Lingonas litteras nuntiosque misit, ne eos frumento nene alia re iuuarent: I 26,6.

γ) **quod:** duabus de causis . . ., quarum una ⟨*c*⟩ erat, quod auxilia contra se Treueris miserant, altera, ne ad eos Ambiorix ⟨*o*⟩ receptum ⟨*o*⟩ haberet: VI 9,2.

B. uti ne: tantumque a uallo eius prima acies aberat, uti ne telum ⟨*c*⟩ tormentumue ⟨*c*⟩ adigi ⟨*CC*⟩ posset: 3,56,1.

[**Falso:** VII 75,1 *u. p. 720;* neque ⟨*ego;* ne *Nahl;* nec *edd.*⟩ quibus rationibus superare possent, sed quem ad modum uti uictoria deberent cogitabant: 3,83,5.]

ne . . . aut: VII 33,2; 45,8; 1,53,3; 2,20,1; ne (. . .) **aut . . . aut:** I 43,9; VII 54,2; 2,9,3; 3,1,6; — I 13,5; VI 5,2.5; VII 72,2; 1,21,1 *(ter);* ¶ **ne . . . ne:** 3,56,1; ¶ **ne . . . ac (atque):** III 11,3; VI 22,3; VII 33,1; 1,41,4; 3,44,4 *(bis);* — (V 7,2; 38,2; VI 22,3; VII 33,1; 1,25,9; 2,10,6;) ¶ ne . . . et: I 28,4; 3,102,1; — (V 31,1; VII 26,3; 28,6; 33,1; 1,2,3; 21,2; 85,9;) — ne . . . et (= sed ut): IV 11,6; ¶ **ne . . . que:** VII 43,5; (1,61,2;) 3,(16,3;) 46,4; 73,2; — ne . . . que (= sed ut): 1,19,1; ¶ **ne . . . nec . . . nec . . . nec.** VII 75,1, ¶ **ne . . . ne:** VII 29,1; VII 66,7 *(ter);* VI 22,3 *(quater);* — ne . . . **aut** ne: 1,66,2; ¶ **ne . . . neu . . . neu:** I 35,3; 2,28,2.3.

2. ne . . quidem. *Cf. W. Grossmann, De particulis ne . . . quidem. P. I. Pr. Allenstein 1884. (p. 9 et tab. III.)*

A. non antecedit non modo, sed; a) singulae uoces interpositae sunt; *α*) substant.: qui . . . milites . . . continuisset ac ne calonem quidem quemquam extra munitionem egredi passus esset: VI 36,1; — sese unis Suebis concedere, quibus ne dii quidem immortales pares esse possint ⟨*c*⟩: IV 7,5; — deorum numero . . . ducunt . . . Solem et Vulcanum et Lunam, reliquos ne fama quidem ⟨nec fama *Aim.*⟩ acceperunt: VI 21,2; — id ne metu quidem ⟨*recc.; uett. edd.; Steph.;* id ne tum quidem *Aldus;* ut ne metu quidem *α*; *Dt.*[1], *Hld.;* ut nemo tunc quidem *β*; ut nemo tum quidem *Fr.;* ut non nemo tunc quidem *Ciacc.; Schn., Db.;* ut nemo non tum quidem *(Ciacc.;) Np., Dt.*[2]⟩ necessario faciundum ⟨*c*⟩ existimabat: VII 56,2; — ne militibus quidem ut defessis neque equitibus ut paucis et ⟨*c*⟩ labore confectis studium ad pugnandum uirtusque deerat: 2,41,3; — mulieribus: VII 47,5 *u.* **b**); — praesidii tantum est, ut ne murus ⟨numerus *αh;* ne murus *afk*⟩ quidem cingi possit neque quisquam egredi extra munitiones audeat: VI 35,9; — sese ne obsidibus quidem datis pacem Ariouisti redimere potuisse ⟨*c*⟩: I 37,2; — cuius consensui ne orbis quidem terrarum possit obsistere: VII 29,6; — sese cum his congressos ne uultum quidem atque aciem oculorum dicebant ferre potuisse: I 39,1.

tantumque esse eorum omnium furorem, ut ne Suessiones quidem, fratres consanguineosque snos, . . . deterrere potuerint, quin cum his consentirent: II 3,5; — ne ⟨nec *af*⟩ Varus quidem ⟨Attius *add. Ox; edd.; ego del.*⟩ dubitat copias producere: 2,33,5; — ne Vorenus quidem sese ⟨*c*⟩ uallo continet, sed . . . subsequitur: V 44,5.

β) **adiect.:** munitiones . . . perfecit, ut ne magna quidem multitudine . . . munitionum praesidia circumfundi possent: VII 74,1; — ne minimo ⟨minimum *Pluyg.*⟩ quidem casu ⟨*c*⟩ locum relinqui debuisse: VI 42,1; — in his rebus circiter dies X consumit ne nocturnis quidem temporibus ad laborem militum intermissis: V 11,6; ipse Cicero, cum tenuissima ualetudine esset, ne nocturnum quidem sibi tempus ad quietem relinquebat: V 40,7; — (uri) mansuefieri ⟨*c*⟩ ne paruuli quidem excepti possunt: VI 28,4; — propter iniquitatem loci . . . ne primum quidem posse ⟨*o*⟩ impetum suum sustineri existimabant: III 2,4; ut ne primum ⟨*Ciacc.;* unum *X; edd.*⟩ quidem nostrorum impetum ferrent ac ⟨et *β*⟩ statim terga uerterent: III 19,3; — quod se Cebenna ut muro munitos existimabant ac ne singulari quidem ⟨*om. β*⟩ umquam homini eo tempore anni semitae patuerant: VII 8,3; — (**unus:** III 19,3 *u.* **primus.**)

γ) **pronom.:** ne ⟨nec *af*⟩ haec quidem res ⟨*c*⟩ Curionem ad spem morabatur ⟨*c*⟩: 2,39,6; — hac ⟨*c*⟩ (ratione) ne ipsum quidem sperare nostros exercitus capi posse: I 40,9; de equitibus hostium, quin nemo eorum progredi modo ⟨*c*⟩ extra agmen audeat, ne ipsos quidem debere ⟨*sic β; Schn.;* et ipsos quidem non debere *α*; *plur. edd.*⟩ dubitare: VII 66,6; — ne id quidem Caesar ab se impetrari posse dixit: IV 9,2; si ipse ad exercitum contenderet, ne iis ⟨his *α*;

Schn.⟩ quidem eo tempore, qui ⟨*o*⟩ quieti ⟨*c*⟩ uiderentur, suam salutem recte committi uidebat: VII 6, 4; ne eo quidem tempore quisquam loco cessit, sed circumuenti omnes interfectique sunt: VII 62, 7; cum litteras ad senatum miserit, ut omnes ab exercitibus discederent, ne id quidem impetrauisse ⟨*O;* impetrauisset *x*⟩: 1, 9, 3; — nunc . . . ne se quidem ipsi cum illis uirtute comparant: VI 24, 6; — qui (euentus belli) qualis sit futurus, ne uos quidem dubitatis: 2, 32, 10.

δ) nerb.: quarum rerum illo tempore nihil factum, ne ⟨*Na;* nec *fhl*⟩ cogitatum quidem ⟨*u. CC*⟩: 1, 7, 5; — et noctu ne ⟨*1 det.; Steph.;* neque *Ox*⟩ conclamatis quidem nasis flumen transiit ⟨*c*⟩: 3, 37, 4.

ε) aduerb.: ubi ne tum quidem eos prodire intellexit, . . . exercitum in castra reduxit: I 50, 2; ne ⟨*om. af*⟩ tum quidem insecutis hostibus tertio die . . . pontem ⟨*c*⟩ reficit ⟨*c*⟩: VII 53, 4; (56, 2 *u.* **α)** metu.)

b) plures uoces interpositae sunt: reliquos . . in fugam coiciunt ac ne in locis quidem superioribus consistere patiuntur: III 6, 2; — obtestabantur Romanos, ut sibi parcerent, neu, sicut Auarici fecissent, ne a ⟨*om.* β⟩ mulieribus quidem atque infantibus abstinerent: VII 47, 5; — quod soli ne in occulto quidem queri neque auxilium implorare auderent: I 32, 4; — — ut, si quid aduersi accidisset, ne ad conandum quidem sibi quicquam reliqui fore uiderent: 2, 5, 5.

B. non modo (non) . . . sed ne . . quidem *u.* **modo** *p. 628* **γ)** *(4 loc.)*

ne . . quidem . . . neque: I 32, 4; (VI 35, 9;) 2, 41, 3; ¶ ne . . quidem . . . atque: I 39, 1; III 4, 4; VII 47, 5; — ne quidem ac (= sed): III 19, 3 ⟨*c*⟩; V 43, 4.

3. -nĕ. A. non respondet alia particula interrogatiua; a) in interrogatione directa: quid ergo? Romanos ⟨β; romanorum animos α⟩ in illis ulterioribus munitionibus animine ⟨β; sine α; *Fr.*⟩ causa cotidie exerceri putatis? VII 77, 10; proximaque respiciens signa Videtisne, inquit, milites, captiuorum orationem cum perfugis conuenire? 2, 39, 3.

b) in interrogat. obliqu.: Labienus . . . captinos . . . magna uerborum contumelia interrogans, solerentne ueterani milites fugere, in omnium conspectu interfecit: 3, 71, 4; — mittit P. Vatinium . . ., qui . . . magna noce pronuntiaret, liceretne ciuibus ad eines de pace tuto ⟨*c*⟩ legatos mittere: 3, 19, 2; — deinde **de* imperatoris fide ⟨*c*⟩ quaerunt, rectene se illi sint commissuri: 1, 74, 2; — idque adeo haud scio mirandumne sit: V 54, 5; — — ipsorum esse consilium, uelintne prius quam finitimi sentiant eductos ex hibernis milites aut ⟨*om.* β⟩ ad Ciceronem aut ad Labienum deducere: V 27, 9; — magnaque inter eos in consilio fuit controuersia, oporteretne Lucilii ⟨*c*⟩ Hirri . . . proximis comitiis praetoriis absentis rationem haberi: 3, 82, 5.

B. respondet alia particula interrogatiua; a) an *u.* **an** *p. 257* **b)** *(5 loc.).*

b) ne: neque interesse, ipsosne interficiant impedimentisne exuant: VII 14, 8.

c) utrum: ut . . . declararent, utrum proelium committi ex usu esset necne: I 50, 4.

Neapolis: cum . . . signa eius (Coelii) militaria atque arma Capuae essent comprensa et familia Neapoli nisa, quae proditionem oppidi appararet ⟨*sic Dt.;* N., uis atque proditio oppidi appareret *Np.;* N. uisaque proditione oppidi apparere *Ox;* N. nisa proditionem opp. apparare *Kran.;* N., missa, quae proditionem opp. appararet *F. Hofm.; Db.*⟩: 3, 21, 5.

nec *u.* **neque.**

necessarius. A. de rebus; a) = **quo carere non possumus; α) attribut.:** Caesar loca maxime necessaria complexus ⟨ampl. *Nl*⟩ noctu praemuniit ⟨*c*⟩: 3, 112, 7; ¶ Caesar necessariis rebus imperatis ad cohortandos milites . . . decucurrit ⟨*c*⟩: II 21, 1; si . . . (Romani) relictis impedimentis suae saluti consulant, et usu rerum necessariarum ⟨necessarium *BM*⟩ et dignitate spoliatum iri: VII 66, 5; ut nostri magna inopia necessariarum rerum conflictarentur, illi omnibus abundarent rebus: 1, 52, 3; erat res in magna difficultate, summisque angustiis rerum necessariarum premebantur: 3, 15, 3; se domo patriaque expulsos omnibus necessariis egere rebus: 3, 32, 4; neque . . . aut ignominia ⟨*c*⟩ amissarum nauium aut necessariarum rerum inopia ex portu insulaque expelli potuit: 3, 100, 4; ¶ (nostros) necessarii nictus inopia coactos fugere atque ad Ilerdam reuerti: 1, 69, 1; ¶ ut facile existimari posset nihil eos de euentu eius diei timuisse, qui non necessarias conquirerent uoluptates: 3, 96, 1; ¶ at hi miserrimo ac patientissimo ⟨*c*⟩ exercitu Caesaris luxuriem obiciebant, cui semper omnia ad necessarium usum ⟨uictum *recc.; prob. Voss.*⟩ defuissent: 3, 96, 2.

β) praedicat.: Vibullius ⟨*c*⟩ *expositus Corcyrae non minus necessarium esse existimanit de repentino aduentu Caesaris Pompeium fieri certiorem, . . . quam: 3, 11, 1.

b) = **quod euitari non potest:** qui (Pompeius) omnibus rebus *imparatissimus non necessarium bellum suscepisset: 1, 30, 5; ¶ his eos suppliciis ⟨c⟩ male ⟨c⟩ haberi ⟨c⟩ Caesar et ⟨c⟩ necessariam subire deditionem quam proelio decertare malebat: 1, 81, 5; ¶ praestare arbitrabatur unum locum, qua necessarins nostris erat egressus, quam omnia ⟨c⟩ litora ac portus custodia clausos teneri ⟨c; *u. CC*⟩: 3, 23, 1; ¶ pecunia ad necessarios sumptus conrogata . . . discessit: 3, 102, 4.

c) = **grauis, instans (zwingend, dringend):** quorum alins alia causa inlata, quam sibi ad proficiscendum necessariam esse diceret, petebat, ut: I 39, 3; ¶ quin etiam quod necessariam ⟨necessario *recc.; Schn., Np., Fr.*⟩ rem coactus ⟨necessaria re *rec.; Db.;* necessario rem [coactus] *Faern.*⟩ Caesari enuntiarit, intellegere sese, quanto id cum periculo fecerit: I 17, 6; Plancus . . . necessaria re coactus locum capit superiorem: 1, 40, 5; etsi multis necessariisque rebus in Italiam ⟨c⟩ reuocabatur: 2, 18, 7; ¶ quod . . . tam necessario tempore, tam propinquis hostibus ab iis ⟨c⟩ non subleuetur: I 16, 6; ueniunt ⟨c⟩ oratum, ut maxime necessario tempore ciuitati subueniat: VII 32, 2; adhortatus milites, ne necessario tempore itineris labore permoueantur: VII 40, 4.

B. de hominibus; a) adiect.: quod . . . arma . . cum hominibus necessariis et consanguineis contulerint queruntur: 1, 74, 2.

b) ui subst.: cum eius necessarii ⟨necessari *a*⟩ fidem implorarent Pompei: 3, 82, 5; ¶ eodem tempore, **quo* Haedui, Ambarri, necessarii et consanguinei Haeduorum, Caesarem certiorem faciunt . . .: I 11, 4; Caninium Rebilum legatum, familiarem necessariumque ⟨que *om. Ox*⟩ Scribonii Libonis, mittit ad eum conloquii causa: 1, 26, 3; ¶ omnes amici consulum, necessarii Pompei atque eorum, qui ueteres inimicitias cum Caesare gerebant, in senatum coguntur; quorum uocibus et concursu . . .: 1, 3, 4; ¶ Caesar mittit ad eum *A.* Clodium, suum atque illins familiarem, quem ab illo traditum initio et commendatum in snorum necessariorum numero habere instituerat: 3, 57, 1; ¶ regemque hortatus est, ut ex ⟨*om. f*⟩ suis necessariis quos haberet maximae auctoritatis legatos ad Achillam mitteret: 3, 109, 3.

necessario: (addere: 3, 49, 5 *u.* cogere;) ¶ ita necessario atque ex tempore capto consilio Pompeius tumulum quendam occupauit: 3, 51, 8; ¶ quin etiam quod necessariam ⟨necessaria *M;* necessario *recc.; Faern.; Schn., Np., Frig.*⟩ rem coactus ⟨*del. Faern.*⟩ Caesari enuntiarit, intellegere sese, quanto id cum periculo fecerit: I 17, 6; ita ilii necessario loca sequi demissa ⟨c⟩ ac palustria et puteos fodere cogebantur atque hnnc laborem ad cotidiana opera addebant: 3, 49, 5; ut . . . obsesso Scipione necessario illum suis auxilium ferre cogeret: 3, 78, 4; ¶ saepe flauerant uenti, quibus necessario committendum existimabat: 3, 25, 1; ¶ quoniam tantum esset necessario spatium ⟨spatio α; spatium nec. esset β⟩ complexus: VII 72, 2; ¶ quibus (funibus) abscisis ⟨c⟩ antemnae necessario concidebant: III 14, 7; ¶ necessario augustins milites conlocauit: V 23, 5; ¶ neque ad explorandum idoneum locum castris neque ad progrediendum data facultate consistunt necessario et procul ab aqua et natura iniquo loco castra ponunt: 1, 81, 1; ¶ neutrum horum (fluminum) transiri poterat, necessarioque omnes his angustiis continebantur: 1, 48, 3; ¶ res tamen ab Afranianis ⟨c⟩ huc erat necessario deducta ⟨ducta *Na*⟩, ut: 1, 70, 2; ¶ quo necessario descensuros existimabat: 1, 81, 5; ¶ necessario sententia desistunt: VI 4, 2; ¶ milites circulari et dolere hostem ex manibus dimitti, bellum ⟨non *add. O; Np.*⟩ necessario longius duci: 1, 64, 3; ¶ tum demum ⟨c⟩ necessario Germani suas copias castris eduxerunt: I 51, 2; ¶ enuntiare: I 17, 6 *u.* cogere; ¶ depositis armis auxiliisque, quibus nunc confiderent, necessario populi senatusque iudicio fore utrumque contentum: 3, 10, 9; ¶ id ⟨c⟩ ne ⟨c⟩ metu ⟨c⟩ quidem necessario faciundum ⟨c⟩ existimabat: VII 56, 2; erat a septentrionibus collis, quem propter magnitudinem circuitus opere circumplecti non potuerant ⟨c⟩ nostri: necessario ⟨que *add.* β; *Schn.*⟩ paene iniquo loco et leniter ⟨c⟩ declini castra fecerant ⟨β; *Schn.;* fecerunt α; *rell. edd.*⟩: VII 83, 2; imperat, si sustinere non possit ⟨c⟩, deductis cohortibus eruptione pugnet ⟨c⟩; id nisi necessario ne faciat: VII 86, 2; ¶ eius modi sunt tempestates ⟨o⟩ consecutae, uti opus necessario intermitteretur: III 29, 2; ¶ occupare: 3, 51, 8 *u.* capere; ¶ petere: IV 28, 3 *u.* prouehi; pabulum secari ⟨c⟩ non posse; necessario dispersos hostes ex aedificiis petere: VII 14, 4; ¶ illi necessario maturius, quam constituerant, castra ponunt: 1, 65, 3; 81, 1 *u.* consistere; ¶ dispersosque, cum longius necessario procederent, adoriebatur: VII 16, 3; ¶ quae tamen (naues) ancoris iactis cum fluctibus complerentur, necessario aduersa nocte in altum prouectae continentem petierunt ⟨c⟩: IV 28, 3; ¶ ipse enim necessario etesiis tenebatur: 3, 107, 1; ¶ saxa . . . iter impediebant, *ut* arma per manus necessario ⟨-aria a^1⟩ traderentur: 1, 68, 2; ¶ cum propius erat necessario uentum, . . . ad uirtutem montanorum confugiebant: 1, 58, 2.

necesse. A. necesse est; **a) subiect. est pronom. (omiss. infin.):** huic ⟨*CC*⟩ quoque accidit, quod fuit necesse, ut non nulli milites . . . interciperentur ⟨c⟩: V 39, 2.

b) subi. est infin.: VII 73, 1 *u.* e).

c) subiect. est acc. c. inf.: saepe . . . consilia ineunt, quorum eos in ⟨c⟩ uestigio paenitere necesse est: IV 5, 3; magna, id ⟨*om.* β⟩ quod necesse erat accidere, totius exercitus perturbatio facta est: IV 29, 3; praeterea accidit, quod fieri necesse erat, ut uulgo milites ab signis discederent: V 33, 6; interim eam partem nudari necesse erat et ab latere aperto tela recipi ⟨recipere β⟩: V 35, 2; quae sit necesse accidere uictis: VII 14, 10; edocet, quanto detrimento et quot uirorum fortium morte necesse sit constare uictoriam: VII 19, 4; erat eodem ⟨c⟩ tempore et materiari et frumentari et tantas munitiones fieri ⟨tueri *Schn.; Db.*⟩ necesse ⟨*om. ik*⟩ deminutis ⟨c⟩ nostris ⟨o⟩ copiis: VII 73, 1; castra . . . uallo muniri uetuit, quod eminere et procul uideri necesse erat: 1, 41, 4; quibusdam de causis, quas commemorari necesse non est, eo loco excesserat: 3, 66, 6; magna pars (exercitus) deperiit, quod accidere tot proeliis fuit necesse: 3, 87, 3.

d) dat. c. infin.; α) additur inf.: quasi uero, inquit ille, consilii sit res ac non necesse sit nobis Gergouiam contendere et cum Aruernis nosmet coniungere: VII 38, 7; Caesari ad saucios deponendos . . ., praesidium urbibus relinquendum necesse erat adire ⟨ire O^1a^1f⟩ Apolloniam: 3, 78, 1.

β) subaudiend. est inf.: his rebus tantum temporis tribuit, quantum erat properanti necesse: 3, 78, 2.

B. necesse habeo: orare (se) atque obsecrare, si qui locus misericordiae relinquatur, ne ad ultimum supplicium progredi necesse habeat ⟨*hl;* habeant *Oaf; edd.*⟩: 1, 84, 5.

necessitas. A. = ἀνάγκη: instructo exercitu magis ut loci natura deiectusque ⟨c⟩ collis et necessitas temporis quam ut rei militaris ratio atque ordo postulabat: II 22, 1; ¶ si qua esset imposita dimicandi necessitas: 3, 77, 1; ¶ qua necessitate adductus Diuiciacus auxilii petendi causa Romam ad senatum profectus imperfecta ⟨c⟩ re redierat: VI 12, 5; — qua necessitate et ignominia permotus Libo discessit: 3, 24, 4; — quod abesse a periculo uiderentur neque ulla necessitate neque imperio continerentur: II 11, 5; ¶ nado per equites inuento pro rei necessitate oportuno: VII 56, 4.

B. = χρεία: id ⟨c⟩ bellum se suscepisse ⟨o⟩ non suarum necessitatum ⟨-tatium *BM; Np., Fr.*⟩, sed communis libertatis causa demonstrat: VII 89, 1.

C. = οἰκειότης, **necessitudo:** uel pro hospitio regis Nicomedis uel pro horum necessitate, quorum *de* re agitur, refugere ⟨c⟩ hoc munus . . . non potui: *ap. Gell.* V 13, 6; equidem ⟨et quidem *Non.*⟩ mihi uideor ⟨uidetur *Non.*⟩ pro nostra ⟨*om. Non.*⟩ necessitate non labore, non opera, non industria defuisse: *ap. Gell.* XIII 3, 5; *cf. Non. p.* 354.

necessitudo: (aeque ⟨neque *codd.*⟩ enim ex Marsis Paelignisque ueniebant atque ⟨ut qui *codd.*⟩ iis ⟨*om. codd.*⟩ superioris necessitudo contubernii ⟨superiore nocte in contuberniis *codd.*⟩ cum militibusque nonnullis grauior erat ⟨commilitesque nonnulli grauiora *codd. — Sic h. l. constit. Iw. Müller*⟩: 2, 29, 4;) — necessitudinem quidem sibi nihilo minorem cum Caesare intercedere: 2, 17, 2; ¶ docebat ⟨c⟩ etiam, quam ueteres quamque iustae causae necessitudinis ipsis cum Haeduis intercederent: I 43, 6; ¶ semper se rei publicae commoda priuatis necessitudinibus habuisse potiora: 1, 8, 3; ¶ Scipionem eadem spes prouinciae atque exercituum impellit, quos se pro necessitudine partiturum cum Pompeio arbitrabatur ⟨c⟩: 1, 4, 3; — coniectans eum (Pompeium) **in* Aegyptum iter habere propter necessitudines regni: 3, 106, 1.

necne: ut . . . declararent, utrum proelium committi ex usu esset necne: I 50, 4.

neco: quorum (nuntiorum) pars deprehensa in conspectu nostrorum militum cum cruciatu necabatur ⟨necabantur *Qbf*⟩: V 45, 1; ¶ itaque omni senatu necato reliquos sub corona uendidit: III 16, 4.

item L. Lentulus comprehenditur ab rege et in custodia necatur: 3, 104, 3; — is (Valerius Procillus) . . . de se . . . consultum dicebat, utrum igni statim necaretur ⟨cremaretur *Ca*⟩ an in aliud tempus reseruaretur: I 53, 7.

id esse consilium Caesaris, ut, quos in conspectu Galliae interficere uereretur, hos omnes in Britanniam traductos necaret: V 6, 5; — qui ex iis nouissimus conuenit ⟨nenit β⟩, in conspectu multitudinis omnibus cruciatibus adfectus necatur: V 56, 2; — magnitudine supplicii dubitantes cogit. nam maiore commisso delicto igni ⟨c⟩ atque omnibus tormentis necat: VII 4, 10.

necubi: discedentem . . . uniuersi cohortantur, magno sit animo, necubi ⟨ne ubi *hl;* nec ibi *f;* ne *O*[1]*;* neu *O*[2]*; Paul*⟩ dubitet proelium committere et suam fidem uirtutemque experiri: 2, 33, 2; castra ponebat ⟨c⟩ dispositis exploratoribus, necubi effecto ponte Romani copias traducerent: VII 35, 1.

nefarius: non praetereunda oratio Critognati uidetur ⟨*o*⟩ propter eius singularem et ⟨ac β⟩ nefariam crudelitatem: VII 77, 2; ¶ an dubitamus, quin nefario facinore admisso Romani iam ad nos interficiendos concurrant? VII 38, 8; ¶ quid enim est illis optatius, quam uno tempore et nos circumuenire et uos nefario scelere obstringere? 2, 32, 3.

(**nefarie:** ut tribunos plebis iniuria ⟨*Faern.;* in ea re *codd.;* nefarie *Kindsch.*⟩ ex ciuitate expulsos in suam dignitatem restitueret: 1, 22, 5.)

nefas: quibus (clientibus) more Gallorum nefas est etiam in extrema fortuna deserere patronos: VII 40, 7.

neglego (= non curo). A. = omittere, spernere; a) alqd: praeterea salutis causa rei familiaris commoda neglegenda: VII 14, 5; ¶ nihil hunc ⟨c⟩ se absente pro sano facturum arbitratus, qui praesentis imperium neglexisset: V 7, 7; ¶ atque hoc maxime ⟨c⟩ ad uirtutem excitari putant, metu mortis neglecto: VI 14, 5; ¶ nolite hos ⟨c⟩ uestro auxilio exspoliare ⟨c⟩, qui ⟨c⟩ uestrae salutis causa suum periculum neglexerunt: VII 77, 9; ¶ neque saepe accidit, ut neglecta quispiam religione aut capta apud ⟨c⟩ se ⟨c⟩ occultare aut posita tollere auderet: VI 17, 5; ¶ ut eo neglecto sacramento, quo tenemini, respiciatis illud, quod deditione ducis . . . sublatum est: 2, 32, 9; ¶ tot hominum milia . . ., quorum salutem neque propinqui neglegere neque ciuitas leni momento aestimare posset: VII 39, 3.

etsi ab hoste ea dicebantur, tamen non neglegenda existimabant: V 28, 1.

b) c. inf.: pancae ultimae nationes . . . hoc ⟨c⟩ facere neglexerunt: III 27, 2; ¶¶ eo duae omnino ciuitates ex Britannia obsides miserunt, reliquae neglexerunt: IV 38, 4.

B. = inultum impunitumque ferre, dimittere: se Haeduorum iniurias non neglectorum: I 35, 4; 36, 6; ¶ ne hac parte neglecta reliquae nationes sibi idem licere arbitrarentur: III 10, 2.

neglegens: cum diuturnitas oppugnationis neglegentiores Octauianos effecisset: 3, 9, 6.

nego. A. = οὔ φάναι (sequ. acc. c. inf.): negat se more et exemplo populi Romani posse iter ulli per prouinciam dare et, si uim facere conentur, prohibiturum ostendit: I 8, 3; ¶ Cotta se ad armatum hostem iturum negat atque in eo perseuerat ⟨c⟩: V 36, 4; Caesar . . . imperauit; si ita fecissent, fines eorum se uiolaturum negauit: VI 32, 2; Lentulus sententiam Calidii pronuntiaturum se omnino negauit: 1, 2, 5; refertur etiam de rege Iuba, ut socius sit atque amicus; Marcellus *consul passurum in praesentia negat: 1, 6, 4; L. Torquatus . . . cum Graecos . . . arma capere iuberet, illi autem se ⟨*om. a*⟩ contra imperium populi Romani pugnaturos ⟨esse *add. recc.; Np., Dt.; om. Ox*⟩ negarent, . . . portas aperuit: 3, 11, 4; obsides ab Apolloniatibus exigere coepit. illi nero daturos se negare neque portas consuli praeclusuros neque sibi indicium sumpturos contra atque omnis Italia . . . iudicauisset: 3, 12, 2.

B. = ἀπαρνεῖσθαι, ἀνανεύειν: postea quam id obstinate sibi negari uidit: V 6, 4; ubi id a Caesare negatum et, palam si conloqui uellent, concessum est: 1, 84, 2; ¶ non facile Gallos Gallis negare potuisse: V 27, 6.

negotiator: duobusque milibus hominum armatis, partim quos ex familiis societatum delegerat, partim a negotiatoribus coegerat, . . . Pelusium peruenit: 3, 103, 1.

negotior: consensu omnium Antiochensium ciuiumque Romanorum, qui illic negotiarentur, arcem ⟨c⟩ captam esse: 3, 102, 6; ¶ negotiandi causa *u.* **causa** *p. 491 (3 loc.).*

negotium. I. Forma. *Codices semper habere uidentur* negotium (*nisi quod in Q* V 38, 4 *scriptum est* negoticii) et negotiari; *sed* VII 3, 1 *in B exstat* negociandi.

II. Signif.; A. = munus, res; a) subi.: I 34, 4 *u.* **e).**

b) praed.: ut . . . si quando quid Pompeius tardius aut consideratius faceret, unius esse negotium diei, sed illum delectari imperio . . . dicerent: 3, 82, 3.

e) obi.: conficere negotium *u.* **conficio** *p. 641 (8 loc.);* ¶ conclamant omnes occasionem negotii bene gerendi amittendam non esse: III 18, 5; ne in praeda occupati reliqui negotii gerendi facultatem dimitterent: 3, 97, 1.

d) dat.: non deest negotio Curio suosque hortatur, ut: 2,41,3; ¶ conlaudatis militibus atque iis, qui negotio praefuerant: V 2,3; prout cuiusque eorum, qui negotiis praeerant, aut natura aut studium ferebat: 3,61, 3; ¶ exercitus equitatusque equitibus Romanis administrantibus, quos ei negotio praefecerat, celeriter transmittitur: VII 61, 2; duas legiones suas antecedere, reliquas subsequi iussit, . . . eique negotio Q. Fufium Calenum legatum praeficit: 1,87,4.

e) gen.: sibi autem mirum uideri, quid in sua Gallia . . . aut Caesari aut omnino populo Romano negotii esset: I 34,4.

f) abl.: multa a ⟨c⟩ Caesare in eam sententiam dicta sunt, quare negotio desistere non posset: I 45,1; cum ad Achillam nuntios mitteret . . ., ne negotio desisteret: 3,112,11.

g) c. praep.: quod plerumque iis ⟨c⟩ accidere consueuit, qui in ipso negotio consilium capere coguntur: V 33,1.

B. = difficultas, labor; a) gen.: nihil esse negotii ⟨-tio *M*⟩ subito oppressam legionem . . . interfici ⟨posse *add.* β⟩: V 38,4; qui prior has angustias occupauerit, ab hoc hostem prohiberi ⟨*b;* prohibere *z*⟩ nihil esse negotii: 1,66, 4; ¶ neque esse quicquam negotii, cum prima legio in castra uenisset reliquaeque legiones magnum spatium abessent, hanc sub sarcinis adoriri: II 17,2.

b) abl. (c. praep.): ut amissis circiter ⟨c⟩ XL nauibus reliquae tamen refici posse ⟨sine *add. Pluyg.*⟩ magno negotio uiderentur: V 11,2.

C. = mandatum: dat negotium Senonibus reliquisque Gallis, qui finitimi Belgis erant, uti ea, quae apud eos gerantur, cognoscant seque de his rebus certiorem faciant: II 2,3.

Nemetes. *Cf. Glück p. 16 sq.*

Germani suas copias castris eduxerunt generatimque constituerunt ⟨c⟩ paribus ⟨c⟩ interuallis, Harudes ⟨c⟩, Marcomanos ⟨c⟩, Triboces ⟨c⟩, Vangiones, Nemetes, Sedusios, Suebos: I 51,2; ((Rhenus) longo spatio per fines Nantuatium ⟨nemetum *af;* namnetum *h*⟩, Heluetiorum, Sequanorum, Mediomatricum ⟨c⟩, Tribocorum, Treuerorum citatus fertur: IV 10,3;) oritur (Hercynia silua) ab Heluetiorum et Nemetum et Rauracorum finibus: VI 25,2.

nemo. A. non sequitur quin; a) subi.: quod illo licente ⟨dicente β⟩ contra liceri ⟨licere α; dicere β⟩ audeat nemo: I 18,3; quorum progredi ausus est nemo: V 43,6; nam de equitibus hostium, quin nemo eorum progredi modo ⟨*om.* β⟩ extra agmen audeat, ne ⟨c⟩ ipsos quidem debere dubitare: VII 66,6; ¶ ut eorum nemo consisteret omnesque conuersi non solum loco excederent, sed protinus incitati fuga montes altissimos peterent: 3,93,5; ¶ neminem secum sine sua pernicie contendisse: I 36,6; ¶ ut . . . non modo . . . de uallo decederet nemo, sed paene ne respiceret quidem quisquam, ac tum omnes acerrime fortissimeque pugnarent: V 43,4; ¶ refractis portis, cum iam defenderet nemo: II 33,6; ¶ ubi neminem in aequum locum sese demittere ⟨dimittere *X*⟩, sed toto undique muro circumfundi uiderunt: VII 28,2; ¶ exercitui . . . tantus incessit . . . dolor . . ., ut nemo aut tribuni aut centurionis ⟨c⟩ imperium desideraret et sibi quisque etiam poenae loco grauiores imponeret labores simulque omnes arderent cupiditate pugnandi: 3, 74,2; ¶ (dicere: I 18,3 *u.* audere;) ¶ *proxima nocte aquandi causa nemo egreditur ex castris: 1,81,4; ¶ reliquum quidem in terris esse neminem, quem non superare possint: IV 7,5; ¶ si quid ei a Caesare grauius accidisset, cum ipse eum locum amicitiae apud eum teneret, neminem existimaturum non sua uoluntate factum: I 20,4; (ut . . . iter in prouinciam conuerteret, id ne metu quidem ⟨*recc.;* ut ne metu quidem α; ut nemo tunc quidem β; ut nemo tum quidem *Fr.;* ut non nemo tunc quidem *Ciacc.; Schn., Db.;* ut nemo non tum quidem *(Ciacc.;) Np.*⟩ necessario faciundum ⟨c⟩ existimabat: VII 56,2;) ¶ pauci ablati ⟨c⟩ flumine ab equitatu excipiuntur ac subleuantur; interit tamen nemo: 1, 64,7; ¶ liceri: I 18,3 *u.* audere; ¶ hoc toto proelio . . . auersum ⟨c⟩ hostem uidere nemo potuit ⟨potuit nemo *Q*⟩: I 26,2; ¶ utrum auertendae suspicionis causa Pompeius proposuisset (edictum), . . . an nouis dilectibus, si nemo premeret, Macedoniam tenere conaretur, existimari non poterat: 3,102,3; ¶ progredi: V 43,6 *et* VII 66,6 *u.* audere; ¶ hunc laborem recusabat nemo, quod eum omnium laborum finem fore existimabant, si hostem Hibero intercludere . . . potuissent: 1, 68,3; ¶ sic uti ⟨c⟩ omnino pugnandi causa resisteret nemo: V 51,5; ¶ quod si praeterea nemo sequatur, tamen se eum sola decima legione iturum: I 40,15; ¶ his ⟨c⟩ superatis aut reditu interclusis neminem postea belli inferendi causa in Britanniam transiturum confidebant: IV 30,2; nam ante id tempus nemo aut miles aut eques a Caesare ad Pompeium transierat: 3,61,2; ¶ uidere: I 26,2 *u.* posse.

b) obi.: proximo die ... uniuersas ad aquam copias educunt, pabulatum emittitur ⟨mittitur *O*⟩ nemo: 1,81,4; ¶ quod neminem dignitate secum exaequari uolebat: 1,4,4; ¶ hoc qui postularet reperiebatur nemo: 3, 20,4.

c) dat.: si id sit factum, se nociturum nemini: 1,85,12.

d) c. praep.: eo mortuo ad neminem unum summa imperii redit, sed separatim suam quisque classem ad arbitrium suum administrabat: 3,18,2.

B. nemo est, quin: nemo est tam ⟨tam *om.* α; tam est *Fr.*⟩ fortis, quin ⟨qui non *bk*⟩ rei nouitate perturbetur ⟨*u. CC*⟩: VI 39,3; nemo erat adeo tardus aut fugiens laboris, quin statim castris exeundum atque occurrendum putaret: 1,69,3; in castello nemo fuit omnino ⟨omnium *f*⟩ militum, quin ⟨qui non *Of*[1]; qui *Nb*⟩ uulneraretur: 3,53,3.

nemo miles, eques: 3,61,2; **nemo unus:** 3, 18,2; ¶ **nemo . . . et** (= sed): 3,74,2; — **nemo . . . que** (= sed): 3,93,5.

(**nemo non:** VII 56,2 *u.* **nemo A. a)** existimare.)

nequaquam: hunc ad egrediendum ⟨*c*⟩ nequaquam idoneum locum ⟨loc. neq. idon. β⟩ arbitratus . . . exspectauit: IV 23,4; — (mei consilii est) facere, quod nostri maiores nequaquam pari bello Cimbrorum Teutonumque fecerunt: VII 77,12; — Caesaris copiae nequaquam erant tantae, ut iis ⟨*c*⟩, extra oppidum si esset dimicandum, confideret: 3,109,2.

neque, nec. I. **Forma:** *Ante a litteram* **neque:** a: II 25,1 ⟨*om.* β⟩; (V 48,8 *et* VII 52, 1 *in* β;) 3,44,1; 100,3; ab: II 22,1; V 3,3; 16,1; 35,4; 48,8 ⟨a β⟩; VI 9,6; VII 52,1 ⟨a β⟩; 1,22,2; 44,4; abest: I 4,4; accessurum: 1,11,3; acie: 2,41,7; ad: III 28,1; V 2,4; VII 77,3; 1,50,1; 81,1 *bis;* adeo: 1,8,3; adfectum: 1,31,3; adhuc: III 22,3; aditum: I 43,5; (adsidua: VI 22,3 β;) aggeres: VII 87,5; agri: IV 1,6; aliqua: 1,85,5; aliter: V 29,2; VI 11,4; amicitiae: VII 76,2; amplius: 3,10,3; ancorae: V 10,2; animo: 1, 84,4; ante: 1,11,2; 3,100,4; arma: IV 14,2; audere: 3,43,4; audierant: II 12,5; audire: *ap. Cic. ad Att.* IX 6 *A;* auxilia: VI 9,6; auxilium: I 31,7; 32,4; ¶ **nec** *nusquam.*

b; **neque** belli: IV 22,2; bello: I 44,9; beneficiis: VII 76,2; Bibulus: 3,7,3; Brundisio: 3,25,1; ¶ **nec** *nusquam.*

c; neque causam: I 43,5; certa: II 22,1; certum: 1,25,3; ciuitas: VII 39,3; ciuitates: 1,48,4; elam: IV 4,4; clientes: *ap. Gell.* V 13,6; cognoscendi: III 6,1; cohortationes: 2,42,1; commeatus: III 3,2; commissum: I 14,2; commissurum: VII 47,7; (conclamatis: 3,37,4;) condiciones: IV 13,1; conloquii: 1,85,3; conloquium: I 42,5; consequi: 3,75,3; consilii: IV 14, 2; consistendi: V 17,4; contra: II 3,2; corpore: 1,84,4; creditae: 3,1,2; cuiusquam: VII 75,5; curari: 3,18,1; ¶ **nec** causam: *ap. Cic. ad Att.* X 8 *B,* 1; ¶ **neque** contra α, **nec** contra β: II 13,2.

d; **neque** dant: V 44,6; de: I 35,2; 41,3; III 3,1; VII 43,4; denuntiatione: 3,9,2; deprecari: IV 7,3; diem: V 38,1; diiudicari: V 44,14; distrahi: VII 23,5; diurno: VII 9,4; druides: VI 21,1; dubitare: I 17,4; ¶ **nec** dabat: VII 62,4; de: VII 21,1; discernere: VII 75,1; docendi: 1,5,1.

e; neque eam: III 2,3 ⟨β; tam α⟩; VI 40, 6; eius: I 53,6; emi: I 16,6; enim: I 31,11; II 17,4; III 13,8; IV 20,3; 29,4; VII 77,15; 1,85, 6; (86,2?;) 2,29,4(?); (3,51,2?;) *ad Att.* IX 16,3; eorum: I 36,5; III 9,6; IV 2,4; 1,6,5; eos: VI 14,4; equites: 1,45,4; equitibus: 2,41, 3; erat: 2,5,4; 3,45,3; eruptioni: 2,16,1; esse: II 17,2; (esset: 1,2,3;) etiam: V 52, 1; 1,5,1; euellere: I 25,3; eum: 3,67,4; ex: I 16,6; III 14,4; V 28,3; VI 34,6; ⟨2,41,7 *h;*⟩ 3,28,5; (excusat: 3,16,3;) exercitum: I 34,3; exspectant: 1,6,6; ¶ neque eburones α; **nec** eburones *a*[1]; ne eb. *h:* V 29, 2; neque erat α; nec erat β: VII 76,5.

f; neque facultas: 3,60,5; fas: VI 14,3; ferae: VI 28,2; finem: V 17,3; VII 47,3; 66,4; firmiter: IV 26,1; flumen: VII 5,4; fore: 3,10,7; fortunam: VII 61,2; fossae: VII 87,5; (fronte: II 25,1;) frumenta: 1, 48,5; frustra: 3,92,3; ¶ **nec** facile: VII 25,1; 72,2 ⟨ne *ak*⟩; 84,3; ferre: VII 20,11; nec ⟨ne *AQ*⟩ frumentandi ⟨*c*⟩: VII 75,1; fuit: VII 28,3; 40,2.

g; **neque** genere: 3,110,1.

h; **neque** (hac: *ap. Suet. uit. Ter.* 5;) hanc: I 31,11; 3,17,4; harenam: *ap. Gell.* XIX 8, 8; has: IV 22,2; (hi: 1,79,3;) his: I 36,5 ⟨iis *plur. edd.*⟩; (III 14,1 ⟨β; iis α⟩;) VI 13,7; 1,6,2 ⟨iis *edd.*⟩; hoc: V 23,3; homines: I 7, 5; homini: VI 28,2; hominum: *ap. Gell.* V 13,6; honestius: *ap. Cic. ad Att.* X 8 *B,* 2; honos: VI 13,7; hos: VII 77,3; hostes: VI 7,5; hostibus: V 52,6; hostis: III 28,3; hostium: III 14,1; ¶ (ne ⟨nec *af*⟩ haec quidem: 2,39,6.)

i; **neque** ibi: 3,96,4; id: V 27,3; 3,99,2; idcirco: 1,42,3; ii: 1,48,4; ⟨hi *Ox*⟩ 1,79,3;

(iis ⟨*plur. edd.;* his *X*⟩: I 36,5;) iis ⟨his β⟩: III 14,1; iis ⟨his *Qaf*⟩: IV 20,3; (VII 45,2;) iis ⟨*edd.;* his *x*⟩: 1,6,2; illi ⟨IIII *x*⟩: 3,7,2; illos: 3,64,1; illud: *ap. Cic. ad Att.* IX 16, 2; imperator: VII I,7; imperio: II 11,1.5; V 2,4; 3,14,2; improbos: 2,31,4; in: I 45, 2; V 8,5; VI 14,4; 40,6; VII 1,2; 20,4; 29, 2; 2,41,6.7; 3,71,3 *(bis?)*; (*ap. Suet. uit. Terent.* 5;) incolumi: VI 41,3; indutiarum: 1,85,3; insequi: V 16,1; inter: VII 23,3; interdum: I 39,4; interesse: VII 14,8; ipsae ⟨-i *hl*⟩: 3,64,1; ipse: VI 7,5; ipsis: V 52,6; ipsos ⟨ipsis *αh*⟩: I 44,9; is: V 30,2; iter: 3,13,2; ¶ nec *nusquam.*

j; neque iam: II 5,4; IV 13,1; VII 59,4; iumentis: 1,80,2; iure iurando: I 31,9; ¶ nec iam: VII 20,11; 44,4; 85,6.

l; neque legatos: II 15,6; 3,17,5; legiones: VII 1,7; lignandi: 3,15,2; (loco: 3, 44,4; locum *ib.;*) longe: VII 26,2; longius: III 18,4; IV 1,7; 10,2; 26,5; V 19,3; 53,7; 2,41,4; 3,66,3; loqui: *ap. Cic. ad Att.* IX 6 *A;* ¶ nec loco: VII 48,4; longius: 1, 42,4.

m; neque magnopere: 3,84,4; maximi: 1,48,4; mensuras: VI 25,1; minus: 3,32,6; multo: 3,65,3; 101,7; multum: IV 1,8; V 2,2; 14,1; 22,4; 1,48,5; 57,3; 2,6,3; 35,4; 3,51,7; munitiones: 3,44,1; ¶ nec magnitudo: 1,50,1; maiore: VII 21,1; minimam: 1,70,5; minus: VII 31,1; 3,65,4; nec ⟨non β⟩ minus: VII 52,4; nec moderari ⟨β; ne emoderari α⟩: VII 75,1.

n; neque naues: 3,15,2; nauibus: III 12, 1; 2,32,12; nautae: V 10,2; noctem: V 38, 1; nocturno: VII 9,4; nostri: II 19,5; nostrorum: VII 62,8; nostros: II 10,4; III 9, 5; numero: 3,110,1; nunc: 1,85,5.11; 3,17, 1; ¶ nec (necessarii: 1,69,1;) numero: VII 48,4.

o; neque obsides: I 31,7; obsidibus: I 31,9; omni: 1,86,2; operam: 3,83,3; opus ⟨*c*⟩: III 3,1; ordines: IV 26,1; 1,71,3; ordinibus: 3,101,2; ¶ nec *nusquam.*

p; neque pareat: V 7,7; pedestri: 2,32, 12; pedibus: III 12,1; perfectae: I 47,1; periculum: 3,17,5; perrumpi: VII 23,5; pollicitationibus: 3,9,2; populi: I 40,3; 45,1; IV 17,1; portas: 3,12,2; post: IV 22, 2; V 17,5; preces: 2,42,1; priores: IV 7,3; pro: *ap. Charis. (I p. 126 Keil);* sernare neque procurrere ⟨*hl;* seruarent. quae procurrere *af*⟩: 2,41,6; prodituros: 1,76,2; proelio: IV 16,2; 3,51,5; propinqui: VII 39,3; propter: I 39,7; III 13,8; pudentes ⟨prudentes (-is) *x*⟩: 2,31,4; ¶ nec plane: VI 43,4; pontes: 1,54,1; prius: VI 37,2; VII 25,4; ¶ neque ⟨nec β⟩ prius: I 53,1; (neu ⟨ne *h;* nec *a*⟩ propius: V 34,3.)

q; neque quadrigas: *ap. Gell.* XIX 8,8; quae: IV 20,4; quam: VI 37,6; quanta: IV 20,4; (quattuor: 3,7,2;) quem: IV 20,4; quemadmodum: III 16,3; quemquam: VI 23,2; qui: IV 20,4; quid: II 22,1; quietis: VI 27,2; quisquam: VI 22,2; 3,69,4; neque ⟨ne *A*⟩ quisquam: VI 35,9; quo: III 16,3; VI 37,6; ¶ nec quemquam: I 20,2; quicquam: 2,16, 1; ¶ neque ⟨α; nec β⟩ quisquam: VI 25,4; neque ⟨ne *Nahl;* nec *edd.*⟩ quibus: 3,83,5.

r; neque recte: VII 80,5; recusandi: V 6,2; recusaturos: I 31,7; regredi: 3,45,5; reliquos: 1,13,1; rem publicam: 3,90,3; resistere: 2,44,2; ¶ nee ⟨neque *f*⟩ ratio: IV 1,6.

s; neque sacrificiis: VI 21,1; saepe: VI 17,5; salutem: I 42,5; satis: III 14,3; IV 17,1; 3,74,3; se: I 45,1; II 3,2; VII 30,1(?); 77,12; 1,13,1; 32,8; 2,17,2 *(bis)*; 3,36,6; 90, 3; (neue ⟨*Oaf;* neque *hl*⟩ se: 3,92,1;) senatus: 1,1,3; si: VI 27,2; sibi: I 33,4; V 56, 1; 1,76,2; 3,12,2; 15,5; signa: I 40,12; IV 26,1; 1,71,3; signo: VII 52,1; sine: I 14,2; 34,3; 1,44,4; 2,32,2; sinistra: I 25,3; solum: I 18,6; stipendium: I 45,2; suae: IV 17,1; suam: I 40,3; 45,1; VI 8,1; suarum: 1,35, 3; submissos: 1,85,6; subsidia: 1,45,4; subsidio: III 3,2; neque ⟨ne quod *Np., Db.*⟩ subsidium: 3,8,4; sui: I 40,8; III 6,1; V 17,4; 1,35,3; suis: II 10,5; suo: 1,19,3; superiore: V 23,3; susceptum: 3,18,1; ¶ nec sine: V 31,5; 1,71,4; solis: VII 21,3; stultitia: VII 77,9.

t; neque tam: I 44,9; (III 2,3;) tamen IV 7,3; V 55,2; VII 63,8; tanti: 2,31,8 *bis;* tanto: VII 45,4; temere: 3,87,2; tempus (III 3,1;) 3,60,1; timerent: II 26,2; timuisse: I 41,3; tormento: 2,9,4; tot: 1,85, 6(?); tributa: VI 14,1; tum: 3,17,1; tutius: *ap. Cic. ad Att.* X 8 *B*, 2; ¶ nec (tractu: 3,112,8;) tribunis: 1,5,1.

u; neque ulla: II 11,5; IV 29,2 ⟨nequa *BM*⟩; 32,1; VI 36,1; 3,72,4; ullam: I 32,3; II 15, 6; III 9,6; 3,17,6; ullos: IV 8,2; ullum: II 25,1; III 4,2; V 53,5; VII 36,4; 3,8,4; 19,1; 26,1; ullus: 3,47,4; usae: 3,8,2; usu: 3, 110,1; ut: I 22,1; ¶ neque ⟨β; nec α⟩ umquam: I 41,3.

v; neque nero: 1,21,5 ⟨eo *x*⟩; 24,6; 71,1; 2, 6,3; 25,5; 3,26,3; 51,2; 75,3; 93,2; 94,3; 95,4; nerum: IV 8,1; uestitus: IV 1,10; ui: IV

4,4; uictoriam: *ap. Cic. ad Att.* IX 7 *C*, 1; uiderant: II 12,5; uultum: I 39,4; ¶ (ne ⟨nec *af*⟩ Varus quidem: 2,33,5;) nec ⟨*h corr., f?; om. al, h pr.;* neque?⟩ uehementius: 2,41,4; nero: 3,87,6; uires: VII 85, 6; uirtuti: V 35,4.

Cf. de formis neque *et* nec *Np. Spicileg. crit. in Cornel. Nep. p. 31.*

II. Signif.; 1. non respondet alia particula copulatiua; A. neque sequitur **sed**, neque **additur enim, iam, tamen, uero,** neque **in enuntiato negatiuo reperitur quisquam, ullus, umquam; a)** neque semel positum; **α) antecedit alia negatio; αα) non:** quod fratres ⟨*c*⟩ Haeduos appellatos diceret, non se tam barbarum neque tam imperitum esse rerum, ut non sciret neque bello Allobrogum proximo Haeduos Romanis auxilium tulisse neque . . .: I 44,9; ¶¶ tempus nero conloquio non dare neque accessurum polliceri magnam pacis desperationem adferebat: 1,11,3; quoniam reliqui crudelitate odium effugere non potuerunt neque uictoriam dintins tenere praeter unum L. Sullam, quem imitaturus non sum: *ap. Cic. ad Att.* IX 7 *C*, 1; — illi non diu commorati nec longius ab infimo colle progressi copias in castra reducunt: 1,42,4; ¶ concedendum non putabat, neque homines inimico animo . . . temperaturos ab iniuria et maleficio existimabat: I 7,5; ¶ fuit haec oratio non ingrata Gallis et ⟨*c*⟩ maxime, quod ipse animo non defecerat tanto accepto incommodo neque se in occultum abdiderat et conspectum multitudinis fugerat: VII 30,1; ¶ non nulli etiam Caesari nuntiabant ⟨*c*⟩, cum . . . iussisset, non fore dicto audientes milites neque propter timorem signa laturos: I 39,7; quod non fore dicto audientes neque signa laturi dicantur, nihil se ea re commoueri: I 40,12; ¶¶ non enim aliter finiri potest, neque mensuras itinerum nouerunt: VI 25, 1; rescripserat sese rem in summum periculum deducturum non esse, neque suo consilio aut uoluntate Domitium se in oppidum Corfinium contulisse: 1,19,3; si nero alteri paulum modo tribuisset fortuna, non esse usurum condicionibus pacis eum, qui superior uideretur, neque fore aequa parte contentum, qui se omnia habiturum confideret: 3,10,7.

ββ) nihil: priuati ae separati agri apud eos nihil est, neque longius anno remanere uno in loco colendi ⟨*c*⟩ causa licet: IV 1,7; Aurunculeius compluresque . . . centuriones nihil temere agendum neque ex hibernis iniussu Caesaris discedendum existimabant ⟨*c*⟩: V 28, 3; nihil se propter inscientiam leuitatemque ⟨*c*⟩ uulgi grauius de ciuitate indicare neque ⟨quicquam *add. Pluyg.*⟩ de sua in Haeduos beneuolentia deminuere: VII 43,4; nihil adeo arduum sibi esse existimauerunt, quod non uirtute consequi possent, neque finem prius sequendi fecerunt, quam muro . . . adpropinquarunt ⟨*c*⟩: VII 47,3.

γγ) nullus: egressi nullo certo ordine neque imperio . . . fecerunt, ut: II 11,1; Cassius . . . perturbatum . . eum nactus nullis custodiis neque ordinibus certis . . . onerarias naues . . . immisit: 3,101,2; quod unum genus tegimenti aliis locis erant experti nullo telo neque tormento traici posse: 2, 9,4; — hostes uiderunt ea . . . ita refecta, ut nullus ⟨*recc.; Steph.;* nullius *Ox*⟩ perfidiae neque eruptioni ⟨-nis *O*⟩ locus esset nec quicquam omnino relinqueretur: 2,16,1; ¶ sibi nullam cum iis amicitiam esse posse, si in Gallia remanerent; neque nerum esse, qui suos fines tueri non potuerint, alienos occupare: IV 8,1.

δδ) ne . . . quidem: ne militibus quidem ut defessis neque equitibus ut . . . labore confectis studium ad pugnandum uirtusque deerat: 2,41,3; — quod soli ne in occulto quidem queri neque auxilium implorare auderent: I 32,4.

εε) neque: neque suae neque populi Romani dignitatis esse statuebat: IV 17,1; ¶ neque suam neque populi Romani cousuetudinem pati, uti optime meritos ⟨*c*⟩ socios desereret; neque se iudicare Galliam potius esse Arionisti quam populi Romani: I 45,1.

ζζ) nolle: nolite hos ⟨*c*⟩ nestro auxilio exspoliare ⟨*c*⟩, qui uestrae salutis causa suum periculum neglexerunt, nec stultitia ac temeritate nestra aut animi ⟨*o*⟩ imbecillitate omnem Galliam prosternere et perpetuae seruituti subicere ⟨*c*⟩: VII 77,9.

ηη) numquam: hoc nomen obtinuit atque ita se postea salutari passus *est* ⟨*add. Madu.; om. codd.; edd.*⟩, sed ⟨*codd.; Bergk; Madu.;* neque *Np.; edd.*⟩ in litteris numquam ⟨*Bergk; Madu.;* quas *z; edd.*⟩ scribere ⟨sed neque in litteris praescribere *Paul*⟩ est solitus neque in fascibus insignia laureae praetulit: 3,71,3.

β) non antecedit alia negatio; αα) neque **ad totum enuntiatum pertinet; 𝔄) subiectum enuntiatorum idem est; coniunguntur 𝔞) praesentia; 𝔞𝔞):** in illum ⟨*c*⟩ uniuersi ⟨*o*⟩ tela coiciunt neque dant regrediendi ⟨*c*⟩ facultatem: V 44, 6; ... in reliquas prouincias praetores mittuntur ⟨*u. CC*⟩. neque exspectant, ... ut de eorum imperio ad populum feratur, paludatique notis nuncupatis exeunt: 1, 6, 6; contra hostem castra muniunt neque iumentis onera deponunt: 1, 80, 2; (prodit Libo atque ⟨*b*²; *Ald.*; neque *Ox*⟩ excusat Bibulum, quod is ... inimicitias .. habebat etiam priuatas cum Caesare: 3, 16, 3.)

bb): si uim faciat neque pareat, interfici iubet: V 7, 7.

cc): quod Germanorum consuetudo [haec] sit ..., quicumque bellum inferant resistere neque deprecari: IV 7, 3; Caesarem ... debere et studium et iracundiam suam rei publicae dimittere neque adeo grauiter irasci inimicis, ut ⟨*c*⟩: 1, 8, 3; erat iniqua condicio ... polliceri se in prouinciam iturum neque ante quem diem iturus *esset definire: 1, 11, 2; debere utrumque pertinaciae finem facere et ab armis discedere neque amplius fortunam periclitari: 3, 10, 3; — sese in eius fidem ac potestatem uenire neque ⟨nec β⟩ contra populum Romanum armis contendere: II 13, 2; retineri urbano motu Caesarem neque in tantis dissensionibus ad exercitum uenire posse: VII 1, 2; illum a Caesare obsideri neque audere proelio dimicare: 3, 43, 4.

b) imperf.; aa): quod dictum ⟨*CC*⟩ Haedui grauiter ferebant neque ⟨tamen neque (neque tamen?) *Ciacc.*⟩ recusandi aut deprecandi causa legatos ad Caesarem mittere audebant: V 6, 2; illi autem hoc acrius instabant neque regredi nostros patiebantur: 3, 45, 5.

bb): cum alius ⟨aliis *DEef*⟩ alii subsidium ferret ⟨ferrent β⟩ neque timerent, ne auersi ⟨*c*⟩ ab hoste circumuenirentur: II 26, 2; Iuba ... magnam partem eorum interfici iussit..., cum Varus suam fidem ab eo laedi quereretur neque resistere auderet: 2, 44, 2; ¶ ut equitum mille ... VII milium Pompeianorum impetum ... sustinere auderent neque magnopere eorum multitudine terrerentur: 3, 84, 4; ¶ his persuaderi, ut diutius morarentur neque suis auxilium ferrent, non poterat: II 10, 5; (Ambiorix pronuntiari iubet, ut procul tela coiciant neu ⟨ne *h*; nec *a*⟩ propius accedant et quam in partem Romani impetum fecerint cedant: V 34, 3;) Pompeius suis praedixerat, ut ⟨ne *Nhl*; neu *O*⟩ Caesaris impetum exciperent neue ⟨neque *hl*⟩ se loco mouerent aciemque eius distrahi paterentur: 3, 92, 1.

c) perf.; aa): nostri acriter in eos impetu facto reppulerunt neque finem sequendi fecerunt, quoad ... egerunt: V 17, 3; subsidio suis ierunt collemque ceperunt neque nostrorum militum uictorum ⟨*c*⟩ impetum sustinere potuerunt: VII 62, 8; qui ... eorum corporibus, qui aetate ad bellum inutiles ⟨*o*⟩ uidebantur, uitam tolerauerunt neque se hostibus tradiderunt ⟨hostibus se tr. β⟩: VII 77, 12; Sulla ... liberatis suis hoc fuit contentus neque proelio decertare uoluit, ... ne ... uideretur: 3, 51, 5; equitatumque praemisit ad nouissimum agmen demorandum, neque consequi potuit: 3, 75, 3; ¶ una ex his (nauibus), quae perseuerauit neque imperio Caleni obtemperauit, ... expugnata est: 3, 14, 2.

bb): quam (partem) supra commemoraui praedandi frumentandique causa Mosam transisse neque proelio interfuisse: IV 16, 2.

cc): paucos dies ibi morati neque flumen transire ausi domum reuertuntur: VII 5, 4; sed serius a terra prouectae naues neque usae nocturna aura in redeundo offenderunt: 3, 8, 2.

d) ppf.; aa): quod properans noctem diei coniunxerat neque iter intermiserat: 3, 13, 2.

bb): cum multos menses castris se ac paludibus tenuisset neque sui potestatem fecisset: I 40, 8; ¶ nelle se de iis ⟨*c*⟩ rebus, quae inter eos agi coeptae neque perfectae essent, agere cum eo: I 47, 1; sententiasque de singulis ferrent, qui Romae remansissent quique intra praesidia Pompei fuissent neque operam in re militari praestitissent: 3, 83, 3.

e) fut.: se suosque omnes in officio futuros ⟨*c*⟩ neque ab amicitia populi Romani defecturos confirmauit: V 3, 3; maioribus enim coactis copiis (Romanos) reuersuros neque finem bellandi facturos: VII 66, 4; se sibi consilium capturum neque senatus auctoritati obtemperaturum: 1, 1, 3.

f) diuersa tempora; aa): druides a bello abesse consuerunt neque tributa una ⟨umquam β⟩ cum reliquis pendunt: VI 14, 1.

bb): excitari se Auaricensibus praemiis neque commissurum, ut prius quisquam murum ascenderet: VII 47, 7.

𝔅) subiecta sunt diuersa; coniunguntur a) praesentia; aa): Philippus et Cotta ⟨*u. CC*⟩ priuato consilio praetereuntur neque eorum sortes deiciuntur: 1, 6, 5; Afranius Petreiusque ... copias suas ... producunt et proelio lacessunt. neque idcirco Caesar opus intermittit ⟨intermisit *Na*¹⟩: 1, 42, 3; atque ego cum ex ipsa re magnam capio uoluptatem, tum meum factum probari abs te triumpho gaudio ⟨*c*⟩. neque illud me monet, quod ...: *ap. Cic. ad Att.* IX 16, 2.

bb): praestare ⟨c⟩ . . . Gallorum quam Romanorum imperia perferre ⟨c⟩; neque dubitare [debeant], quin, si Heluetios superanerint Romani, . . . Haeduis libertatem sint erepturi: I 17, 4; longum esse perterritis Romanis Germanorum auxilium exspectare, neque suam pati dignitatem, ut . . . adoriri non audeant: VI 8, 1; cognitum compertumque sibi alieno esse animo in Caesarem milites, neque his ⟨iis *edd.*⟩ posse persuaderi, uti: 1, 6, 2; legatos ad Pompeium de compositione mitti oportere; neque se reformidare, quod in senatu Pompeius paulo ante dixisset: 1, 32, 8; necessitudinem quidem sibi nihilo minorem cum Caesare intercedere; neque se ignorare, quod esset officium legati: 2, 17, 2; nihilo minus tamen agi posse de compositione, ut haec non remitterentur, neque hanc rem illi ⟨c⟩ esse *impedimento: 3, 17, 4; Domitium cum legionibus adesse neque se praesidium, ubi constitutus esset, sine auxilio Scipionis tenere posse: 3, 36, 6.

b) impf.; aa): locus ipse ⟨o⟩ erat praesidio barbaris, neque ex occulto insidiandi et dispersos circumueniendi singulis deerat audacia: VI 34, 6; haec procul ex oppido uidebantur, ut erat a Gergonia despectus in castra, neque tanto spatio certi quid esset explorari poterat: VII 45, 4; tormentisque prolatis munitiones impediebat; neque erat facile nostris uno tempore propugnare et munire: 3, 45, 3; ¶ cum uallis aut locus decliuis suberat neque ii ⟨hi *Ox*⟩, qui antecesserant, morantibus opem ferre poterant, equites nero ex loco superiore . . . tela coiciebant, tum magno erat in periculo res: 1, 79, 3; ¶ quod in conspectu omnium res gerebatur neque recte ac ⟨aut *h; Fr.*⟩ turpiter factum ⟨c⟩ celari poterat ⟨β; *om.* α⟩: VII 80, 5.

bb): cum alins ⟨c⟩ alii subsidium ferret ⟨c⟩ neque timerent: II 26, 2 *u.* 𝔄) b) bb); eum in his angustiis res esset atque omnes niae ab Afranianis . . . obsiderentur nec pontes perfici possent, imperat: 1, 54, 1; cum fides tota Italia esset angustior neque creditae pecuniae soluerentur, constituit: 3, 1, 2; ¶ quod certe inde decedendum esset Afranio nec sine aqua permanere posset: 1, 71, 4; ¶ sic fortuna . . . utrumque uersauit, ut alter alteri inimicus auxilio salutique esset neque diiudicari posset, uter ntri uirtute anteferendus uideretur: V 44, 14; ¶ lenibus atque utinam scriptis adiuncta foret uis, comica ut aequato uirtus polleret honore cum Graecis neue ⟨*Roth;* neque *codd. plur.*; neque in *EZ; edd.*⟩ hac despectus parte iaceres! *ap. Sueton. uit. Terent.* 5; (qui censebat, ut Pompeius in suas prouincias proficisceretur, ne qua ⟨neque *Ox*⟩ esset armorum causa: 1, 2, 3.)

c) perf.: accessum est ad Britanniam omnibus nauibus meridiano fere tempore, neque in eo loco hostis est uisus: V 8, 5; reliquas cohortes . . . ad legionem Pompei . . . duplici acie eduxit. neque eum prima opinio fefellit: 3, 67, (3.) 4; (1, 70, 5 *u.* e) aa).)

d) ppf.: ad quarum initium siluarum cum Caesar ⟨o⟩ peruenisset castraque munire instituisset neque hostis interim nisus esset, . . . subito . . . euolauerunt: III 28, 3.

e) tempora diuersa; aa): legiones expeditas quattuor equitatumque omnem ex castris educit. nec fuit spatium tali tempore ad contrahenda castra: VII 40, (1.) 2; equitatus Caesaris in cohortes impetum facit ⟨*Ohl;* fecit *b; Np., Dt.*; *om. af*⟩; nec minimam ⟨nimiam *af*⟩ partem temporis equitum uim caetrati sustinere potuerunt, omnesque ab iis ⟨c⟩ circumuenti . . . interficiuntur: 1, 70, 5.

bb): Orgetorix mortuus est, neque abest suspicio, . . . quin ipse sibi mortem consciuerit: I 4, 4.

cc): intellexit ultro ad se ueniri, altera ex parte Senones Carnutesque conscientia facinoris instigari ⟨c⟩, altera Neruios Aduatucosque bellum Romanis parare, neque sibi uoluntariorum copias defore, si . . . progredi coepisset: V 56, 1.

dd): Romanos aut inopiam non laturos aut magno cum ⟨c⟩ periculo longius a ⟨c⟩ castris processuros; neque interesse, ipsosne interficiant impedimentisne exuant: VII 14, (7.) 8.

ee): CCXX ⟨c⟩ naues eorum . . . nostris aduersae constiterunt; neque satis Bruto . . . uel tribunis militum . . . constabat, quid agerent: III 14, (2.) 3; repperit . . . Pompeium remanere Brundisii cum cohortibus uiginti; neque certum inueniri poterat, obtinendine Brundisii causa ibi remansisset . . . an inopia nauium ibi restitisset: 1, 25, (2.) 3; ¶ postquam id difficilius ⟨c⟩ uisum est neque facultas perficiendi dabatur, . . . transierunt: 3, 60, 5.

ff): multi iam menses erant et hiems praecipitauerat, neque Brundisio naues legionesque . . . ueniebant: 3, 25, 1.

gg): cum summus mons a Labieno teneretur, ipse ab hostium castris non longius mille et quingentis passibus abesset neque, ut postea ex captiuis comperit, aut ipsius aduentus aut Labieni cognitus esset: I 22, 1.

hh): significare coeperunt, ut statim dimitterentur; neque ⟨neque enim?⟩ omni interposita fide firmum esse posse, si in aliud tempus differretur: 1, 86, 2.

ii): Caesar epistularum ad Ciceronem Neque, inquit, pro canto ac diligente se castris continuit: *Charis. ed. Keil I p. 126.*

ββ) particula copulatiua (que) ad totum enuntiatum pertinet, negatio ad singulas uoces; A) subiectum enuntiatorum idem est; coniunguntur a) praesentia; aa): Mosa . . . parte quadam ex Rheno recepta, quae appellatur Vacalus, insulam [quae] efficit Batauorum [in Oceanum influit] neque longius ab eo ⟨c⟩ milibus passuum LXXX in Oceanum ⟨c⟩ influit: IV 10, (1.) 2; longe sunt humanissimi qui Cantium incolunt, quae regio est maritima omnis, neque multum a ⟨c⟩ Gallica differunt consuetudine: V 14, 1; statuunt, ut X milia ⟨c⟩ hominum delecta ex omnibus copiis ⟨c⟩ in oppidum mittantur ⟨c⟩, nee solis Biturigibus communem salutem committendam censent: VII 21, (2.) 3; Romanorum manus tantis munitionibus distinetur nec facile pluribus locis occurrit: VII 84, 3.

bb): licentiam (eorum se) adrogantiamque reprehendere, quod . . . existimarent; nec ⟨non β⟩ minus se in ⟨c⟩ milite modestiam et ⟨c⟩ continentiam ⟨c⟩ quam uirtutem atque animi magnitudinem desiderare: VII 52, (3.) 4.

b) impf.; aa): et in Galliam magnam eorum multitudinem uenire populo Romano periculosum uidebat, neque sibi homines feros ac barbaros temperaturos ⟨c⟩ existimabat, quin . . . contenderent: I 33, (3.) 4; nauigationem impeditam propter inscientiam locorum paucitatemque portuum sciebant, neque nostros exercitus propter frumenti ⟨c⟩ inopiam diutius apud se morari posse confidebant: III 9, (4.) 5; quas tamen difficultates patienter atque aequo animo ferebant neque sibi nudanda litora et relinquendos portus existimabant: 3, 15, 5; haec (castra) siluam quandam contingebant neque longius a mari passibus CCC aberant: 3, 66, 3; ¶ eum . . . hostibus spes uictoriae redintegraretur, eo magis, quod deustos pluteos turrium uidebant nec facile adire apertos ad auxiliandum animaduertebant: VII 25, 1.

bb): quoniam . . . hanc sibi populoque Romano gratiam referret, ut in conloquium uenire inuitatus grauaretur neque de communi re *discendum sibi et cognoscendum putaret: I 35, 2; sic omnino ⟨c⟩ animos timor praeoccupauerat ⟨c⟩, ut paene alienata mente deletis omnibus copiis equitatum ⟨tantum *add.* β⟩ se ex fuga recepisse dicerent neque incolumi exercitu Germanos castra oppugnaturos fuisse contenderent: VI 41, 3; saepe in eum locum uentum est, ut . . . Ambiorigem . . . circumspicerent captiui nee plané etiam abisse ex conspectu contenderent: VI 43, 4; Pompeium extra munitiones egressum . . ., ut libere pabulari ⟨c⟩ posset nec minus aditum nauibus haberet: 3, 65, 4; 3, 84, 4 *u.* αα) **A) b) bb).**

c) perf.; aa): ita proelium restitutum est, atque omnes hostes terga uerterunt, neque ⟨nec β⟩ prius fugere destiterunt, quam ad flumen Rhenum . . . peruenerunt ⟨c⟩: I 53, 1; nostri . . . eos in fugam dederunt, neque longius prosequi potuerunt, quod: IV 26, 5; ¶ hostes, ubi . . . spem se fefellisse intellexerunt neque nostros in locum iniquiorem progredi pugnandi causa uiderunt atque ipsos res frumentaria deficere coepit, . . . constituerunt: II 10, 4.

bb): certior factus est magnas Gallorum copias . . . oppugnandi sui causa conuenisse neque longius milia ⟨c⟩ passuum octo ab hibernis suis afuisse ⟨c⟩: V 53, (6.) 7.

d) diuersa tempora: haec (tragula) casu ad turrim ⟨c⟩ adhaesit neque ab ⟨c⟩ nostris biduo animaduersa tertio die a quodam milite conspicitur, dempta ad Ciceronem defertur: V 48, 8; in castra inrumpere conantur, nec prius sunt uisi . . ., quam castris adpropinquarent: VI 37, 2; omnibus interfui proeliis neque temere incognitam rem pronuntio ⟨pronunciatio *hl;* pronuntiabo *Paul*⟩: 3, 87, 2.

B) subiecta enuntiatorum diuersa sunt; coniunguntur a) praes.: itaque annos non nulli XX ⟨c⟩ in disciplina permanent. neque fas esse existimant ea litteris mandare: VI 14, 3; facta potestate ex oppido mittitur, neque ab eo prius Domitiani milites discedunt, quam . . . deducatur: 1, 22, 2; ¶ uincite, inquit, si ita uultis . . .; neque is sum, inquit, qui granissime . . . mortis periculo ⟨c⟩ terrear: V 30, (1.) 2.

b) impf.; aa): nostros ex superiore insequentes loco uerebantur; neque multum ad solis occasum temporis supererat: 3, 51, 7; ¶ longius prosequi ueritus, quod siluae paludesque intercedebant neque etiam paruulo detrimento illorum locum ⟨c⟩ relinqui uidebat: V 52, 1.

bb): cum se ilii identidem in siluas . . . reciperent ac rursus ex silua in nostros impetum facerent neque nostri longius, quam quem ad fiuem porrecta [ac] loca aperta pertinebant, cedentes insequi auderent: II 19, 5.

c) perf.: exanimato altero ⟨c⟩ successit tertius et tertio quartus, nec prius ille est a propugnatoribus uacuus relictus locus, quam . . . finis est pugnandi factus: VII 25, (3.) 4; uos enim uestrumque factum, inquit, omnia ⟨o⟩ deinceps municipia sunt secuta, neque sine causa et Caesar amicissime de nobis et illi grauissime iudicauerunt: 2, 32, 2; cuius aduentus Pompeianos compressit nostrosque firmauit, ut se . . . colligerent. neque multo post Caesar . . . eodem uenit: 3, 65, (2.) 3; interfectus est etiam fortissime pugnans Crastinus . . . gladio in os aduersum coniecto. neque id fuit falsum, quod ille in pugnam proficiscens dixerat: 3, 99, (1.) 2; praeterea duae sunt depressae ⟨c⟩ triremes. neque multo post de proelio facto in Thessalia cognitum est: 3, 101, (6.) 7.

𝔡) diuersa tempora; 𝔞𝔞): multis in ciuitatibus harum rerum exstructos *cumulos . . . conspicari licet; neque saepe accidit, ut neglecta quispiam religione aut capta apud ⟨c⟩ se ⟨c⟩ occultare aut posita tollere auderet, grauissimumque . . .: VI 17, (4.) 5; pluresque in eo loco sine uulnere quam in proelio aut fuga intereunt, neque multum afuit, quin etiam castris expellerentur, ac . . .: 2, 35, (3.) 4; hanc (animi incitationem atque alacritatem) non reprimere, sed augere imperatores debent; neque frustra antiquitus institutum est, ut signa undique concinerent clamoremque uniuersi tollerent: 3, 92, 3.

𝔟𝔟): pugnatum est utrimque fortissime atque acerrime; neque multum Albici nostris uirtute cedebant: 1, 57, 3; itaque aes alienum prouinciae eo biennio multiplicatum est. neque minus ob eam causam ciuibus Romanis eius prouinciae . . . certae pecuniae imperabantur, mutuasque . . .: 3, 32, (5.) 6.

𝔠𝔠): cum constituisset ⟨c⟩ hiemare ⟨c⟩ in continenti propter repentinos Galliae motus neque multum aestatis superesset atque id facile extrahi posse intellegeret: V 22, 4; ¶ quoniam tantum esset necessario ⟨o⟩ spatium ⟨c⟩ complexus nec ⟨ne *ak*⟩ facile totum opus ⟨c⟩ corona militum cingeretur: VII 72, 2.

𝔡𝔡): consolatus cohortatusque est (Vercingetorix). . . . fuit haec oratio non ingrata Gallis. . . . simul in spem ueniebant . . .; et sic sunt animo consternati ⟨*CC*⟩ . . ., ut omnia . . . sibi patienda ⟨c⟩ existimarent. nec minus, quam est pollicitus, Vercingetorix animo laborabat, ut reliquas ciuitates adiungeret: VII (29—)31, 1.

𝔢) modi diuersi: quibus angustiis ipse Caesar . . . prematur docet, neque longius abesse, quin proxima nocte Sabinus clam ex castris exercitum educat: III 18, 4; ¶ sescentas eius generis . . . naues et longas XXVIII inuenit instructas ⟨c⟩ neque multum abesse ab eo, quin paucis diebus deduci possint: V 2, 2.

γγ) neque is: quod legionem neque eam ⟨β; tam α⟩ plenissimam . . . propter paucitatem despiciebant: III 2, 3.

b) neque bis positum; α) antecedit alia negatio; αα) non: Haeduis se obsides redditurum non esse neque his ⟨*codd.*; iis *plur. edd.*⟩ neque eorum sociis iniuria ⟨c⟩ bellum inlaturum, si: I 36, 5; docent sui iudicii rem non esse; neque se neque reliquos municipes pati posse C. Caesarem imperatorem . . . oppido moenibusque prohiberi: 1, 13, 1; ¶ postulat ⟨c⟩, ut iurent omnes se exercitum ducesque non deserturos neque prodituros neque sibi separatim a reliquis consilium capturos: 1, 76, 2.

ββ) nihil: nihil, inquit, de eorum sententia dicturus sum, qui turpissimam seruitutem deditionis nomine appellant, neque hos habendos ciuium loco neque ad concilium adhibendos ⟨o⟩ censeo: VII 77, 3.

γγ) negare: obsides ab Apolloniatibus exigere coepit. illi uero daturos se negare neque portas consuli praeclusuros neque sibi iudicium sumpturos contra atque omnis Italia . . . iudicauisset: 3, 12, 2.

β) non antecedit alia negatio; coniunguntur inter se αα) enuntiatorum partes; 𝔄) substantiua: Ambiorix statim cum equitatu in Aduatucos . . . proficiscitur neque noctem neque diem intermittit, peditatumque sese ⟨c⟩ subsequi iubet: V 38, 1; magna uis eorum (urorum) est ⟨o⟩ et magna uelocitas, neque ⟨et neque β⟩ homini neque ferae, quam conspexerunt ⟨c⟩, parcunt: VI 28, 2; intellegere se diuisum esse populum *Romanum* in partes duas ⟨o⟩. neque sui iudicii neque suarum esse uirium decernere ⟨c⟩, utra pars iustiorem habeat causam: 1, 35, 3; prohiberi (se) aqua, prohiberi ingressu, neque corpore *laborem neque animo ignominiam ferre posse: 1, 84, 4.

𝔅) uerba; 𝔞) praes.: mutilaeque sunt cornibus et crura sine nodis articulisque ⟨c⟩ habent, neque quietis causa procumbunt neque, si quo adflictae casu conciderunt, erigere sese ⟨c⟩ ac ⟨β; aut α; *edd.*⟩ subleuare possunt: VI

27, (1.) 2; ¶ totis ⟨o⟩ trepidatur castris atque alins ex alio causam tumultus quaerit; neque quo signa ferantur neque quam in partem quisque conueniat prouident: VI 37, 6; ¶ cum Furnium nostrum tantum uidissem neque loqui neque audire meo commodo potuissem: *ap. Cic. ad Att.* IX 6 *A;* — cum . . . accidisset ac iam . . . conspicerentur neque subsidio ueniri neque commeatus supportari interclusis itineribus possent: III 3, 2; intellexit frustra tantum laborem sumi neque hostium fugam captis oppidis reprimi neque iis ⟨his β⟩ noceri posse: III 14, 1; num tu harum rerum natura accidere arbitraris, quod unam terram ac ⟨c⟩ plures terras et urbem et urbes et imperium et imperia dicamus, neque quadrigas in unam nominis figuram redigere neque harenam multitudinis appellatione conuertere possimus? *ap. Gell.* XIX 8, 8; — ipsi autem suos ordines ⟨c⟩ sernare neque ab signis discedere ⟨consuerant *add. Paul*⟩ neque sine grani causa eum locum, quem ceperant, dimitti censuerant ⟨c⟩ oportere: 1, 44, 4.

𝔟) perf.: se suaque omnia in fidem atque in ⟨c⟩ potestatem populi Romani permittere, neque se eum Belgis reliquis ⟨o⟩ consensisse neque contra populum Romanum ⟨c⟩ coniurasse, paratosque esse . . .: II 3, 2.

𝔠) ppf.: quibus populus Romanus ignouisset neque in prouinciam redegisset neque stipendium imposuisset: I 45, 2; cupiditatem militum reprehendit, quod sibi ipsi iudicauissent, quo procedendum . . . uideretur, neque signo recipiendi dato ⟨o⟩ constitissent neque ab ⟨a β⟩ tribunis militum legatisque retineri potuissent: VII 52, 1.

𝔡) gerund.: omnia litora a Caesare tenebantur, neque lignandi atque ⟨neque *Ol*⟩ aquandi neque naues ad terram *deligandi potestas fiebat: 3, 15, 2.

𝔢) tempora diuersa: Laelius . . . aquam suis supportabat neque a proposito deterrebatur, neque ante proelium in Thessalia factum cognitum aut ignominia ⟨-niam *hl*⟩ amissarum nanium aut necessariarum rerum inopia ex portu insulaque expelli potnit: 3, 100, 3. 4.

𝔈) aduerb. et subst.: accidisse igitur his . . ., uti . . . id cupidissime petant, quod paulo ante contempserint. neque nunc se illorum humilitate ⟨*Ald.;* humanitate *codd.*⟩ neque aliqua temporis oportunitate postulare, quibus rebus opes augeantur suae; sed eos exercitus, quos contra se multos iam annos aluerint, nelle dimitti: 1, 85, (4.) 5.

ββ) tota euuntiata: summum esse Vercingetorigem ducem, nec de eius fide dubitandum nec maiore ratione bellum administrari posse: VII 21, 1.

c) neque ter positum: neutrum horum (fluminum) transiri poterat necessarioque omnes his angustiis continebantur. neque ciuitates, quae ad Caesaris amicitiam accesserant, frumentum supportare neque ii ⟨supportarent quod hi (*uel* ii) *af*⟩, qui pabulatum longius progressi erant, interclusi fluminibus reuerti neque maximi commeatus ⟨c⟩, qui ex Italia Galliaque ueniebant, in castra peruenire poterant: 1, 48, (3.) 4.

B. aut sequitur **sed,** aut additur **enim, iam, tamen, uero,** aut **quisquam, ullus, umquam in enuntiato negatiuo inuenitur;** **a) neque . . . sed; α) neque semel positum;** **αα) non antecedit alia negatio:** magnum numerum equitatus (Dumnorigem) . . . semper alere et circum se habere, neque solum domi, sed etiam apud finitimas ciuitates largiter posse: I 18, 6.

sese pro Caesaris in se beneficiis plurimum ei confiteri debere, quod . . .; neque id, quod fecerit ⟨c⟩ de oppugnatione castrorum, aut indicio aut uoluntate sua fecisse, sed coactu ciuitatis; suaque . . .: V 27, (2.) 3; ¶¶ cum ⟨c⟩ equitatu nihil possent — neque enim ad hoc tempus ei rei student, sed quicquid possunt, pedestribus nalent copiis: II 17, 4; agri culturae non student, maiorque pars eorum uictus in lacte ⟨c⟩, caseo ⟨c⟩, carne consistit. neque quisquam agri modum certum aut fines habet proprios, sed magistratus ae principes in annos singulos gentibus cognationibusque hominum . . . quantum . . . uisum est agri attribuunt atque . . . cogunt: VI 22, (1.) 2; hic uenientem Vticam nauibus Tuberonem portu atque oppido prohibet neque adfectum ualetudine filium exponere in terram ⟨c⟩ patitur, sed sublatis ancoris excedere eo loco cogit: 1, 31, 3; ¶ parsque ibi . . . a militibus, pars iam egressa portis ab equitibus est interfecta. nec fuit quisquam, qui praedae studeret; sie ⟨sed *D; Paul*⟩ et Ccnabensi ⟨c⟩ caede et labore operis incitati non aetate confectis, non mulieribus, non infantibus pepercerunt: VII 28, 3. 4; Pompeius . . . se ex castris eiecit protinusque . . . Larisam contendit. neque ibi constitit, sed eadem celeritate . . . ad mare peruenit nauemque frumentariam conscendit: 3, 96, (3.) 4; ¶ peditatu, quem antea habuerat ⟨c⟩, se fore contentum dicit neque fortunam temptaturum aut acie ⟨c⟩ dimicaturum, sed, quoniam abundet equitatu, perfacile esse factu frumentationibus pabulationibusque Romanos prohibere: VII 64, 2; ¶ omnes aut de honoribus suis aut de praemiis pecuniae aut de persequendis inimicitiis agebant neque ⟨*ego;* ne *NO²ahl;* nec *edd.*⟩ quibus rationibus superare possent, sed quem ad modum uti uictoria deberent cogitabant: 3, 83, 5; ¶ alius insuper ordo additur, ut idem illud interuallum seruetur neque inter se contingant trabes, sed paribus *intermissis spatiis singulae singulis saxis interiectis arte contineantur: VII 23, 3; tum ⟨*c*⟩ Labienus . . . longe aliud sibi capiendum consilium . . . intellegebat, neque iam ut aliquid adquireret proelioque hostes lacesseret, sed ut incolumem exercitum Agedincum reduceret cogitabat: VII 59, (3.) 4; — quae tamen omnia et se tulisse patienter et esse laturum; neque nunc id agere, ut ab illis abductum exercitum teneat ipse, quod tamen sibi difficile non sit, sed ne illi habeant, quo contra se uti possint: 1, 85, 11; *u. praeterea* **b) δ) ββ)** *p. 759 (4 loc.).*

ββ) antecedit alia negatio: non uirtute neque in acie uicisse Romanos, sed artificio quodam et scientia oppugnationis: VII 29, 2; ¶ tibi minus commode consulueris, si non fortunae obsecutus uideberis . . . nec causam secutus . . ., sed meum aliquod factum condemnauisse: *ap. Cic. ad Att.* X 8 *B*, 1; ¶ neque longius anno remanere uno in loco colendi ⟨*c*⟩ causa licet. neque multum frumento, sed maximam partem lacte atque pecore uiuunt: IV 1, (7.) 8; (II 17, 4 *et* VI 22, 2 *u.* αα).)

β) neque bis positum: 1, 85, 5 *u.* **A. b) β) αα) C).**

γ) neque ter positum: his de causis aguntur omnia raptim ⟨*c*⟩ atque turbate; nec docendi Caesaris propinquis eius spatium datur nec tribunis plebis sui periculi deprecandi neque etiam extremi iuris [intercessione] retinendi . . . facultas tribuitur, sed de sua salute septimo die cogitare coguntur: 1, 5, 1. 2.

b) neque enim, neque iam, neque tamen, neque uero; α) neque enim; αα) neque semel positum *u.* **enim** *p. 1014* II 17, 4; (IV 29, 4; V 52, 1;) VII 77, 15; *ad Att.* IX 16, 3; *u. praeterea* **δ) αα)** 3, 51, 2; — 1, 86, 2 *u.* **A. a) β) αα) B) c) hh).**

ββ) neque bis positum: futurum esse paucis annis, uti . . . omnes Germani Rhenum transirent; neque enim conferendum esse Gallicum eum ⟨*u. CC*⟩ Germanorum agro, neque hanc consuetudinem uictus cum illa comparandam: I 31, 11; ut una celeritate . . . (nostra classis) praestaret, reliqua . . . illis essent . . . accommodatiora. neque enim iis ⟨*c*⟩ nostrae rostro nocere poterant — tanta in iis ⟨*c*⟩ erat firmitudo — neque propter altitudinem facile telum adigebatur et . . .: III 13, (7.) 8; quae omnia fere Gallis erant incognita. neque enim temere praeter mercatores illo ⟨*c*⟩ adit ⟨*c*⟩ quisquam neque iis ⟨his *Qaf*⟩ ipsis quicquam praeter oram maritimam . . . notum est: IV 20, 3.

γγ) neque ter positum: (se) eos exercitus, quos contra se multos iam annos aluerint, nelle dimitti. neque enim sex legiones alia de causa missas in Hispaniam septimamque ibi conscriptam, neque † tot tantasque classes paratas neque submissos duces rei militaris peritos. nihil horum . . .: 1, 85, (5.) 6.

β) neque iam *u.* **iam** *p. 8 extr. et p. 9 (5 (6) loc.).*

γ) neque tamen: V 55, 2 *u.* **c) β) αα)** ciuitas; Haedui . . . queruntur fortunae commutationem et Caesaris indulgentiam ⟨*o*⟩ in se requirunt, neque tamen suscepto bello suum consilium ab ⟨*c*⟩ reliquis separare audent: VII 63, 8.

δ) neque uero; αα) non sequitur sed; a) neque semel positum: hortatur, non solum ab eruptionibus caueant, sed etiam singulorum hominum occultos exitus obseruent ⟨*c*⟩. neque nero ⟨*Faern. „e uet. libro"*; eo *codd.*⟩ tam remisso ae languido animo quisquam omnium fuit, qui ea nocte conquieuerit: 1, 21, (4.) 5; interesse rei publicae et ⟨*c*⟩ communis salutis se cum Pompeio conloqui; neque nero idem profici longo itinere spatio, cum per alios condiciones ferantur, ac si coram . . . disceptetur: 1, 24, (5.) 6; erat occasio bene gerendae rei. neque uero id ⟨*c*⟩ Caesarem fugiebat tanto sub oculis accepto detrimento perterritum exercitum sustinere non posse: 1, 71, 1; cuius aduentu facile sunt repulsi Pompeiani. neque nero ⟨enim *Paul*⟩ conspectum aut impetum nostrorum tulerunt, primisque deiectis reliqui se uerterunt et loco cesserunt: 3, 51, (1.) 2; hoc landans Pompeius idem iurauit; nec nero ex reliquis fuit quisquam, qui iurare dubitaret: 3, 87, 6; nostri milites . . . rursus renouato cursu pila miserunt celeriterque . . . gladios strinxerunt. neque uerŏ Pompeiani huic rei defuerunt ⟨-rant *af*⟩: 3, 93, (1.) 2; sustinere Pompeiani non potuerunt atque uniuersi terga uerterunt. neque nero Caesarem fefellit, quin ab iis ⟨*c*⟩ cohortibus . . . initium uictoriae oriretur ⟨*c*⟩: 3, 94, (2.) 3.

b) neque uero . . . neque: si quando nostri

... nauem ⟨c⟩ religauerant, undique suis laborantibus succurrebant. neque nero coniuncti Albici ⟨c⟩ comminus pugnando ⟨c⟩ deficiebant neque multum cedebant uirtute nostris ⟨u. CC⟩: 2, 6, (2.) 3.

ββ) sequitur sed: concurrunt equites inter se; neque nero primum impetum nostrorum Numidae ferre potuerunt, sed interfectis circiter CXX reliqui se in castra ... receperunt: 2, 25, 5; idem auster increbuit ⟨c⟩ nostrisque praesidio fuit. neque nero ille ob eam causam conatu desistebat, sed labore et perseuerantia nautarum [et] uim tempestatis superari posse sperabat: 3, 26, (2.) 3; celeriter ex conspectu castrorum discessit. neque nero Pompeius cognito consilio eius moram ullam ad insequendum intulit, sed † eadem ⟨*codd.; Dt.;* eodem die *Paul; u. CC*⟩ spectans, si **in* itinere impeditos perterritos deprehendere posset, exercitum e castris eduxit equitatumque praemisit: 3, 75, (2.) 3; milites ... magis de reliqua fuga quam de castrorum defensione cogitabant. neque nero diutius qui in uallo constiterant multitudinem telorum sustinere potuerunt, sed confecti uulneribus locum reliquerunt, protinusque ... confugerunt: 3, 95, (3.) 4.

e) neque quisquam, neque ullus, neque umquam; α) neque quisquam; αα) sequitur qui (quin): multarumque gentium fines propter magnitudinem attingit (Hercynia silua); neque ⟨nec β⟩ quisquam est huins Germaniae, qui se aut [audisse aut] adisse ad initium eius ⟨c⟩ siluae dicat ... aut quo ex loco oriatur acceperit: VI 25, (3.) 4; nec fuit quisquam, qui praedae studeret: VII 28, 3; omnes alacres et fiduciae ⟨c⟩ pieni ad Alesiam proficiscuntur neque ⟨nec β⟩ erat omnium quisquam, qui aspectum modo ⟨*om.* β⟩ tantae multitudinis sustineri posse arbitraretur: VII 76, 5; neque nero ⟨c⟩ tam remisso ac languido animo quisquam omnium fuit, qui ea nocte conquienerit: 1, 21, 5; Pompeius idem iurauit; nec nero ex reliquis fuit quisquam, qui iurare dubitaret: 3, 87, 6; ¶ facile erat ... prospicere in urbem, ut omnis iuuentus ... omnesque superioris aetatis ... ante simulacra proiecti uictoriam ab dis exposcerent. neque erat quisquam omnium, quin ⟨qui non *O*⟩ *in* eius diei casu snarum omnium fortunarum euentum consistere existimaret: 2, 5, (3.) 4; ¶¶ quorum (solduriorum) haec est condicio, ut ⟨c⟩ ..., si quid his ⟨c⟩ per uim accidat, aut eundem casum una ferant aut sibi mortem consciscant; neque adhuc hominum memoria repertus est quisquam, qui eo interfecto, cuius se amicitiae deuouisset, mori ⟨c⟩ recusaret: III 22, (2.) 3.

ββ) non sequitur pron. relat.; 𝔄) masc.; 𝔞) subi.: neque enim temere praeter mercatores illo adit ⟨illo adiit α; *Frig.;* adit ad illos β⟩ quisquam neque: IV 20, 3; — (excitari se Auaricensibus praemiis neque commissurum, ut prius quisquam murum ascenderet: VII 47, 7; —) praesidii tantum est, ut ne murus ⟨c⟩ quidem cingi possit neque ⟨ne *A*⟩ quisquam egredi extra munitiones audeat: VI 35, 9; — ut ... etiam signa dimitterent, neque quisquam omnino ⟨omnium *Manut.*⟩ consisteret ⟨consistere *a*⟩: 3, 69, 4; — reliqui resistebant, nec dabat suspicionem fugae quisquam: VII 62, 4; — egredi: VI 35, 9 *u.* andere; — neque quisquam agri modum certum aut fines habet proprios: VI 22, 2.

scire se illa esse uera, nec quemquam ex eo plus quam se doloris capere: I 20, 2; — hoc proprium uirtutis existimant expulsos ⟨c⟩ agris finitimos cedere neque quemquam prope ⟨c⟩ audere consistere: VI 23, 2; — VII 20, 11 *u.* 𝔟).

𝔟) genet.: se suo nomine ... bellum gesturos dicebant neque cuiusquam imperio obtemperaturos: VII 75, 5; — simili omnem exercitum inopia premi, nec iam nires sufficere cuiusquam ⟨cuiquam *recc.*⟩ nec ferre operis laborem posse: VII 20, 11.

𝔅) neutr.: neque iis ⟨c⟩ ipsis quicquam praeter oram maritimam ... notum est: IV 20, 3; — inter singulas legiones impedimentorum magnum numerum intercedere neque esse quicquam negotii, eum prima legio in castra uenisset..., hanc sub sarcinis adoriri: II 17, 2; ¶ quod ... suum familiarem et hospitem ereptum e manibus hostium sibi restitutum uidebat ⟨c⟩ neque eius calamitate de tanta uoluptate et gratulatione quicquam fortuna deminuerat ⟨c⟩: I 53, 6; (nihil se propter inscientiam lenitatemque ⟨c⟩ uulgi grauius de ciuitate iudicare neque ⟨quicquam *add. Pluyg.*⟩ de sua in Haeduos beneuolentia deminuere: VII 43, 4;) — neque eorum moribus turpins quicquam aut inertius habetur quam ephippiis ⟨c⟩ uti: IV 2, 4; — hostes uiderunt ea ... ita refecta, ut nullus ⟨c⟩ perfidiae neque eruptioni locus esset nec quicquam omnino relinqueretur, qua aut telis ⟨c⟩ militibus aut igni operibus noceri posset: 2, 16, 1.

β) neque ullus; αα) non respondet neque: neque nerum esse, qui suos fines tueri non potuerint, alienos occupare; neque ullos in Gallia nacare agros, qui dari tantae praesertim multitudini sine iniuria possint: IV 8, (1.) 2; — suos enim quisque opprimi et circumueniri non patitur, neque, aliter si faciat ⟨faciant β⟩, ullam inter suos habet ⟨habent *f;* habeant *k;* haberet *M*[1]*;* habeat *1 det.*⟩ auctoritatem: VI 11, 4; — nullum tempus intermiserunt, quin trans Rhenum legatos mitterent, ciuitates sollicitarent, pecunias pollicerentur, . . . dicerent. neque tamen ulli ciuitati Germanorum persuaderi potuit, ut Rhenum transiret: V 55, 2; — proinde ac si uirtute uicissent neque ulla commutatio rerum posset accidere, per orbem terrarum . . . uictoriam eius diei concelebrabant ⟨*c*⟩: 3, 72, 4; — (neque enim umquam ⟨β; *Schn., Db.;* ulla α; *rell. edd.*⟩ alia condicione bella gesserunt: VII 77, 15;) 3, 17, 6 *u.* spes; — principes . . . cotidie ad se conuenire iubebat, seu quid communicandum seu quid administrandum uideretur, neque ullum fere diem intermittebat, quin equestri proelio . . . periclitaretur ⟨*c*⟩: VII 36, (3.) 4; — ita uno tempore et longas naues . . . aestus complebat ⟨*c*⟩ et onerarias . . . tempestas adflictabat, neque ⟨nequa *BM*⟩ ulla nostris facultas aut administrandi aut auxiliandi dabatur: IV 29, 2; — quod longius progressum ⟨*c*⟩ audiebat neque ulla de reditu eius fama adferebatur: VI 36, 1; — neque nero Pompeius cognito consilio eius moram ullam ad insequendum intulit: 3, 75, 3; — haec omnibus ferebat sermonibus neque se in ullam partem mouebat: 2, 17, 2; — multum ipsis militibus hortantibus neque ullum periculum pro salute Caesaris recusantibus naeti austrum naues soluunt: 3, 26, 1; — quem ⟨*c*⟩ ubi Caesar intellexit praesentis . . . inopiae uitandae causa omnem orationem instituisse neque ullam spem aut condicionem pacis adferre, . . . sese recepit: 3, 17, 6; — rem esse in angusto uidit neque ullum esse subsidium, quod submitti posset: II 25, 1; — legione . . . una frumentatum missa, quae appellabatur septima, neque ulla ad id tempus belli suspicione interposita: IV 32, 1; — nostri primo integris uiribus fortiter repugnare ⟨*c*⟩ neque ullum frustra telum ex loco superiore mittere: III 4, 2; crebraque inter se conloquia milites habebant, neque ullum interim telum per pactiones loquentium traiciebatur: 3, 19, 1; — nocturnaque in locis desertis concilia (ciuitates) habebant. neque ullum fere totius hiemis tempus sine sollicitudine Caesaris intercessit, quin: V 53, (4.) 5; — cotidie enim magnus undique nauium numerus conueniebat, quae commeatum supportarent, neque ullus flare uentus poterat, quin aliqua ex parte secundum cursum haberent ⟨*c*⟩: 3, 47, 4; — cum ab his saepius quaereret neque ullam omnino uocem exprimere posset, idem Diuiciacus Haeduus respondit: I 32, 3.

ββ) **respondet alterum neque:** quibus ita est interdictum, . . . his omnes decedunt, . . . ne quid ex contagione ⟨*c*⟩ incommodi accipiant, neque his petentibus ius redditur neque honos ullus communicatur: VI 13, 7; — ipse . . . in nauibus excubans neque ullum laborem aut munus despiciens neque ⟨ne quod *Oud.; Np., Db.*⟩ subsidium exspectans, si in Caesaris complexum ⟨exspectanti Caesari in conspectum *Np., Db.*⟩ uenire posset * * *: 3, 8, 4; — quod abesse a periculo uiderentur neque ulla necessitate neque imperio continerentur: II 11, 5.

γ) **neque umquam:** protinus quae undique conuenerant auxilia discesserunt neque post id tempus umquam summis nobiscum copiis hostes contenderunt: V 17, 5; ¶¶ (druides a bello abesse consuerunt neque tributa una ⟨umquam β⟩ cum reliquis pendunt: VI 14, 1;) — Romani . . . quid uolunt nisi . . . quos fama nobiles potentesque bello cognouerunt, . . . his aeternam iniungere seruitutem? neque enim umquam ⟨β; *Schn., Db.;* ulla α; *rell. edd.*⟩ alia condicione bella gesserunt: VII 77, 15; — testibus se militibus uti posse . . ., quibus modis ad Oricum cum Libone de mittendis legatis contendisset. neque se umquam abuti militum sanguine neque rem publicam alterutro exercitu priuare uoluisse: 3, 90, (2.) 3; ¶ Morini Menapiique supererant, qui in armis essent neque ad eum umquam legatos de pace misissent: III 28, 1.

2. respondet alia particula copulatiua; A. neque; a) neque . . . neque; opponuntur inter se α) singulae uoces; αα) subst.: quod solus neque iure iurando neque obsidibus teneretur ⟨*u. CC*⟩: I 31, 9; erant eius modi fere situs oppidorum, ut . . . neque pedibus aditum haberent . . . neque nauibus: III 12, 1; neque noctem neque diem: V 38, 1 *u.* **1. A. b) β) αα) 𝔄)**; neque homini neque ferae: VI 28, 2 *ib.;* erat Romanis nec loco nec numero aequa contentio: VII 48, 4; Labienus, postquam neque aggeres neque fossae uim ⟨*c*⟩ hostium sustinere poterant, . . . Caesarem . . . facit ⟨*c*⟩ certiorem: VII 87, 5; neque sui iudicii neque suarum esse uirium: 1, 35, 3; quod uix equitum incursus sustinerent conlatisque in unum locum signis conferti neque ordines neque signa seruarent: 1, 71, 3; eos neque conloquii neque indutiarum iura sernasse et homines imperitos . . . crudelissime interfecisse: 1, 85, 3; — (neque in litteris . . . neque in fascibus: 3, 71, 3 *u. p. 746* ηη);) neque (se) corpore *laborem neque animo ignominiam ferre posse: 1, 84, 4; quod . . . expiato incommodo neque hostibus diutina laetitia ⟨c⟩ neque ipsis longior dolor relinquatur: V 52, 6; ¶ Curio ubi perterritis omnibus neque cohortationes suas neque preces andiri intellegit, . . . iubet: 2, 42, 1; — an paenitet uos, quod . . . eo . . illos compulerim, ut neque pedestri itinere neque nauibus commeatu innari possint? 2, 32, 12; — illum, cum ⟨c⟩ neque aditum neque causam postulandi instam haberet, beneficio ac liberalitate sua ac senatus ea praemia consecutum: I 43, 5; conuentum Salonis cum neque pollicitationibus neque denuntiatione ⟨-onibus *hl*⟩ periculi permouere posset, oppidum oppugnare instituit: 3, 9, 2; — tanta uniuersae Galliae consensio fuit . . . pristinae belli landis recuperandae, ut neque beneficiis neque amicitiae memoria *moueretur omnesque ⟨que *om. h*⟩ et animo et opibus in id bellum incumberent: VII 76, 2; — sic neque agri cultura nec ⟨neque *f*⟩ ratio atque ⟨neque *C*⟩ usus belli intermittitur: IV 1, 6; — qua re neque tanti sum animi, ut sine spe castra oppugnanda censeam, neque tanti timoris, ut ipse ⟨spe *Ciacc.*⟩ deficiam, atque . . . arbitror: 2, 31, 8.

ββ) pronom. et subst.: sibi quidem persuaderi . . . eum neque suam neque populi Romani gratiam repudiaturum: I 40, 3; multa a ⟨c⟩ Caesare in eam sententiam dicta sunt, quare negotio desistere non posset: ⟨et *add.* α; *Schn.*, *Np.*, *Dt.*[1]⟩ neque suam neque populi Romani consuetudinem pati, uti . . . desereret: I 45, 1.

γγ) adiect.: nactus ⟨c⟩ recentem equitatum . . . neque diurno neque nocturno itinere intermisso . . . in Lingones contendit: VII 9, 4; tu explorato et uitae meae testimonio et amicitiae iudicio neque tutius neque honestius reperies quicquam quam ab omni contentione abesse: *ap. Cic. ad Att.* X 8 *B*, 2; ¶ sic accidit, uti . . . tot nauigationibus neque hoc neque superiore anno ulla ⟨nulla β⟩ omnino nanis, quae milites portaret, desideraretur, at . . .: V 23, 3.

δδ) aduerb.: quibus rebus neque tum respondendum Caesar existimauit neque nunc ut memoriae prodantur ⟨*N;* -datur *x*⟩ satis causae putamus ⟨*u. CC*⟩: 3, 17, 1; (1, 85, 5 *u. p. 755* **C**).)

εε) uerba; a) praes.; aa): Gallis . . . erat impedimento, quod . . ., cum ferrum se inflexisset ⟨c⟩, neque euellere neque sinistra impedita satis commode pugnare poterant: I 25, 3; hi neque uultum fingere neque interdum lacrimas tenere poterant: I 39, 4; eum neque ui contendere propter inopiam nauium neque elam transire propter custodias Menapiorum possent: IV 4, 4; at ii ⟨c⟩, qui in iugo constiterant ⟨c⟩ . . . neque in eo quod probauerant consilio permanere . . . neque eam quam prodesse ⟨c⟩ aliis uim celeritatemque niderant imitari potuerunt ⟨c⟩, sed: VI 40, 6; sed neque longius fugientes prosequi neque ⟨*ego; om. a(h)l;* nec *edd.*⟩ uehementius equos incitare poterant: 2, 41, 4; — sic neque in loco manere ordinesque seruare neque ⟨seruarent. quae *af*[1]⟩ procurrere et casum subire tutum uidebatur: 2, 41, 6; ¶ quod, cum neque emi neque ex agris sumi *possit (frumentum), . . . ab iis ⟨c⟩ non subleuetur: I 16, 6; quae (materia) . . . introrsus reuincta neque perrumpi neque distrahi potest: VII 23, 5; ¶ ii ⟨c⟩, qui uulnera acceperant, neque ⟨ex *add. h*[1]⟩ acie excedere neque in locum tutum referri poterant: 2, 41, 7.

bb): nam neque druides habent, qui rebus diuinis praesint, neque sacrificiis student: VI 21, 1.

cc): id esse facile, quod neque legiones audeant absente imperatore ex hibernis egredi neque imperator sine praesidio ad legiones peruenire possit ⟨c⟩: VII 1, 7; ¶ neque quo signa ferantur neque quam in partem quisque conueniat ⟨contendat?⟩ prouident: VI 37, 6.

dd): *Libo neque legatos Caesaris recipere neque periculum praestare eorum, sed totam rem ad Pompeium reicere: 3, 17, 5; ¶ praeterea se neque sine exercitu in eas partes Galliae uenire audere, quas Caesar possideret, neque exercitum sine magno commeatu atque molimento ⟨c⟩ in unum locum contrahere posse: I 34, 3; se plurimum nauibus posse [quam], Romanos neque ullam facultatem habere nauium neque eorum locorum, ubi bellum gesturi essent, nada, portus, insulas nouisse ⟨nosse β⟩: III 9, 6; Germanos neque priores populo Romano bellum inferre neque tamen recusare, si lacessantur, quin armis contendant: IV 7, 3; ¶ nam neque pudentes ⟨*dett.;* prudentis *x*⟩ suspicari oportet sibi parum credi neque improbos scire sese timeri: 2, 31, 4; — duabus de causis, quod neque in uulgum ⟨*CC*⟩ disciplinam efferri uelint neque eos, qui discunt ⟨c⟩, litteris confisos minus memoriae studere: VI 14, 4; — ut neque subsidia ab lateribus submitti neque equites laborantibus usui esse possent: 1, 45, 4; ¶ tot hominum milia . . ., quorum salutem neque propinqui neglegere neque ciuitas leni momento aestimare posset: VII 39, 3.

b) impf.; aa): quod (Caesar) neque conloquium interposita causa tolli uolebat neque salutem suam Gallorum equitatui committere audebat: I 42, 5; quod hi neque ad concilia ueniebant neque imperio parebant Germanosque Transrhenanos sollicitare dicebantur: V 2, 4; hoc neque ipse transire habebat ⟨o⟩ in animo neque hostes transituros existimabat: VI 7, 5; tempus autem ⟨o⟩ erat difficillimum, quo neque frumenta † in hibernis erant neque ⟨ex hibernis erant nouaque *E. Hoffm.*⟩ multum a maturitate aberant ac ⟨c⟩ ciuitates exinanitae: 1, 48, 5; Pompeius neque a mari Dyrrachioque discedere uolebat . . . neque munitiones Caesaris prohibere poterat, nisi proelio decertare uellet: 3, 44, 1.

bb): quibus amissis reliqui neque quo se reciperent neque quem ad modum oppida defenderent habebant: III 16, 3; cum neque curari posset neque susceptum officium deserere nellet: 3, 18, 1; sed eo deceptum, quod neque commissum a se intellegeret, quare timeret, neque sine causa timendum putaret: I 14, 2; quod neque ancorae funesque *sustinerent neque nantae gubernatoresque nim tempestatis pati possent: V 10, 2; quod neque insequi cedentes possent neque ab signis discedere auderent: V 16, 1.

c) perf.: quae ⟨c⟩ (cohortes) fugientes conspicatae neque illos suo aduentu confirmare potuerunt neque ipsae ⟨ipsi *hl*⟩ hostium impetum tulerunt: 3, 64, 1; ¶ ut non sciret neque bello Allobrogum proximo Haeduos Romanis auxilium tulisse neque ipsos ⟨ipsis *αh*⟩ in his contentionibus, quas Haedui secum . . . habuissent, auxilio populi Romani usos esse: I 44, 9; qui (legati) doceant neque auxilia ex sua ciuitate ⟨ex sua ciuit. aux. β⟩ in Treueros missa neque ab se fidem laesam: VI 9, 6.

d) ppf.: magnitudine operum, quae neque niderant ante Galli neque audierant: II 12, 5; ¶ cum neque opus ⟨tempus *B²β*⟩ hibernorum munitionesque plene essent perfectae neque de frumento reliquoque commeatu satis esset prouisum: III 3, 1.

e) fut.: confirmare sese neque legatos missuros neque ullam condicionem pacis accepturos: II 15, 6; ¶ Caesarem (se) arbitrari profectum in Italiam; neque aliter Carnutes interficiundi Tasgetii consilium fuisse capturos, neque ⟨nec *a¹*; ne *h*⟩ Eburones, si ille adesset, tanta contemptione ⟨c⟩ nostri ad castra uenturos esse: V 29, 2.

f) gerundium et gerundiuum: eruptione facta neque cognoscendi quid fieret neque sui colligendi hostibus facultatem relinquunt: III 6, 1; magnoque ⟨c⟩ eorum numero ⟨o⟩ interfecto neque sui colligendi neque consistendi aut ex essedis ⟨c⟩ desiliendi ⟨neque consist. . . . desil. *om. AQ*⟩ facultatem dederunt: V 17, 4; neque consilii ⟨consilium β⟩ habendi neque arma capiendi spatio dato perturbantur: IV 14, 2; ¶ tum nero neque ad explorandum idoneum locum castris neque ad progrediendum data facultate consistunt: 1, 81, 1; ¶ hoc facto proelio Caesar neque iam sibi legatos audiendos neque condiciones accipiendas arbitrabatur: IV 13, 1.

β) tota enuntiata: 1, 5, 1 *u.* **1. B. a) γ)**; nam neque hominum morte memoria deleri debet, quin a proximis retineatur, neque clientes sine summa infamia deseri possunt: *ap. Gell.* V 13, 6; ¶ sin autem locum tenere uellent, nec uirtuti locus relinquebatur neque ab tanta multitudine coniecta tela conferti uitare ⟨a confertis uitari β⟩ poterant: V 35, 4; conatus est Caesar reficere pontes, sed nec magnitudo fluminis permittebat neque ad ripam dispositae cohortes aduersariorum perfici patiebantur: 1, 50, 1; ¶ sed neque illi ⟨*Jurin.*; IIII *af*; quattuor *Nhl*⟩ sibi confisi ex portu prodire sunt ausi, . . . neque Bibulus impeditis nauibus dispersisque remigibus satis mature occurrit: 3, 7, 2. 3.

I 31, 11; III 13, 8; IV 20, 3 *u.* **1. B. b) α) ββ)**; sed nauibus transire ⟨se *add.* β⟩ neque satis tutum esse arbitrabatur neque suae neque populi Romani dignitatis esse statuebat: IV 17, 1.

b) neque . . . neque . . . neque: erant cum Achilla *eae copiae, ut neque numero neque genere hominum neque usu rei militaris contemnendae uiderentur: 3, 110, 1; ¶ neque certa subsidia conlocari neque quid in quaque parte opus esset prouideri neque ab uno omnia imperia administrari poterant: II 22, 1; nostri tamen, quod neque ordines sernare neque firmiter insistere neque signa subsequi poterant atque alins alia ex naui quibuscumque signis occurrerat se adgregabat, magnopere perturbabantur: IV 26, 1; ne tanta multitudine confusa nec moderari ⟨ne emoderari α⟩ nec discernere suos nec ⟨ne *AQ*⟩ frumentandi rationem ⟨β; frumenti rationem *f; Ald., Schn., Db.*; frumentationem α⟩ habere possent: VII 75, 1; 1, 48, 4 *u.* **1. A. e)**; ¶ quod neque post tergum hostem relinquere uolebat neque belli gerendi propter anni tempus facultatem habebat neque has tantularum ⟨*c*⟩ rerum occupationes ⟨sibi *add.* β⟩ Britanniae anteponendas iudicabat: IV 22, 2; ¶ se neque ⟨*B*²β; *Np., Dt.*; nec α; *rell. edd.*⟩ umquam dubitasse neque timuisse neque de summa belli suum indicium, sed imperatoris esse existimauisse: I 41, 3; 1, 85, 6 *u.* **1. B. b) α) γγ)**; ¶ coactos esse . . . iure iurando ciuitatem obstringere sese neque obsides repetituros neque auxilium a populo Romano imploraturos neque recusaturos, quo minus perpetuo sub illorum dicione atque imperio essent: I 31, 7.

e) neque . . . neque . . . neque . . . neque: uocatis ⟨*c*⟩ ad se undique mercatoribus neque quanta esset insulae magnitudo neque quae aut quantae nationes incolerent neque quem usum belli haberent aut quibus institutis uterentur neque qui essent ad maiorum nauium multitudinem idonei portus reperire ⟨*c*⟩ poterat: IV 20, 4.

B. neque . . . et: hostes neque a ⟨*om.* β⟩ fronte ex inferiore loco subeuntes intermittere et ab utroque latere instare et rem esse in angusto uidit: II 25, 1; *u. praeterea* **et** *p. 1139 extr. et 1140 (11 loc.).*

[Falso: Afraniani . . . contumeliosis . . nocibus prosequebantur ⟨nos nee *add. h*; nec *add. aefl*; nostros *Morus; Db.; del. Ald.*⟩: necessarii uictus inopia coactos fugere: 1, 69, 1; — ne quo ⟨neque *z*⟩ loco erumperent: 3, 44, 4; perpetuas munitiones efficiebant, ne quem ⟨neque *z*⟩ locum nostri intrare . . . possent: 3, 44, 4; — ne ⟨nec *af*⟩ Varus quidem [Attius] dubitat: 2, 33, 5; ne ⟨nec *af*⟩ haec quidem res ⟨*c*⟩ Curionem . . . morabatur: 2, 39, 6; — eius rei multas adferunt causas: ne ⟨quod neque β⟩ adsidua consuetudine capti studium belli gerendi agri cultura commutent; ne . . . ne . . . ne qua ⟨neque *Ma; Aim.*⟩ oriatur pecuniae cupiditas: VI 22, 2. 3; — noctu ne ⟨*Steph.*; neque *Ox*⟩ conclamatis quidem nasis flumen transiit ⟨*c*⟩: 3, 37, 4; — magnum numerum . . . mulorum . . produci deque his ⟨*Dauis.*; neque hiis *uel* iis β⟩ stramenta detrahi . . . iubet: VII 45, 2; — in hoc tractu ⟨*Faern.*; nec tractu *codd.*; haec tractu *Np.*; nec tractus *E. Hfm.; Db.*⟩ oppidi pars erat regiae ⟨regia *O; E. Hfm.; Db.*⟩ exigua: 3, 112, 8.]

Neque . . . **aut:** (III 14, 3;) IV 2, 4; 20, 4 *(bis)*; V 6, 2; 17, 4; VI 22, 2; **(**27, 2;**)** VII 64, 2; 77, 9; 80, 5 ⟨*c*⟩; 1, 19; 3; 3, 8, 4; 17, 6; 51, 2; — neque aut . . . aut: I 22, 1; IV 29, 2; V 27, 3; (VI 17, 5; 25, 4; 2, 16, 1;) 3, 100, 4; ¶ ne . . . **nec** . . . **nec** . . . **nec**: VII 75, 1; ¶ **nec . . . atque (ac)**: I 34, 3; IV 1, 6; VI 27, 2 ⟨*c*⟩; (VII 77, 9;) VII 80, 5 ⟨*c*⟩; 1, 21, 5; 3, 15, 2; — neque . . . **et:** I 7, 5; 35, 2; (53, 6;) VI 34, 6; VII 30, 1; 77, 9; 2, 41, 6; 3, 15, 5; — neque . . . que: III 3, 1 *(bis)*; V 10, 2 *(bis)*; VII 52, 1; (59, 4;) 1, 85, 6 *(bis)*; 2, 41, 6; 3, 25, 1; 100, 4.

Particula copulatiua ui aduersat.: (neque . . . atque: IV 26, 1; 2, 31, 8;) **neque . . . et:** (V 34, 3 ⟨*c*⟩;) 1, 85, 3; neque . . . **que:** (V 2, 4;) 1, 6, 6; 70, 5; 3, 51, 2; (74, 3; 92, 1 ⟨*c*⟩.)

ut *(finale)* . . . neque: II 10, 5; (V 34, 3 ⟨*c*⟩;) **(**1, 2, 3;**)** 3, 92, 1; *ap. Suet. uit. Ter.* 5 ⟨*c*⟩.

neque etiam: V 52, 1; 1, 5, 1; (1, 58, 3.)

neque = et . . . **non:** I 7, 5; IV 1, 8; (VII 47, 3;) 1, 42, 4; *u. praeterea p. 751 sqq.* **ββ)**.

neque = neque tamen, sed non: I 47, 1; II 19, 5; IV 26, 5; V 6, 2; (V 8, 5;) VII 5, 4; 23, 3; 45, 4; 62, 8; 76, 2; (77, 12;) 1, 11, 2; (35, 3;) 42, 3; 2, 44, 2; 3, 25, 1; 75, 3; 83, 3; *ap. Gell.* XIX 8, 8.

nequedum: minus exercitatis remigibus minusque peritis gubernatoribus utebantur, qui repente ex onerariis nauibus erant producti nequedum etiam ⟨neque etiam dum *O*⟩ uocabulis armamentorum ⟨*c*⟩ cognitis ⟨nequedum . . . cognitis *del. Paul*⟩: 1, 58, 3.

ne . . . quidem *u. p. 729 sqq.*

nequiquam. A. = frustra: si cunctetur (senatus) atque agat lenius, nequiquam eius (*i. e.* Pompei) auxilium, si postea uelit, senatum imploraturum: 1, 1, 4.

B. = temere: ut non nequiquam ⟨nequicquam *B*¹*f*⟩ tantae uirtutis homines iudicari deberet ⟨deberent *X*⟩ ausos esse ⟨ausi quod essent β *corr.*⟩ transire latissimum flumen: II 27, 5.

Neruicus: quem (Baculum) Neruico proelio compluribus confectum uulneribus diximus: III 5, 2.

Neruius, -ii; A. sing.: erat unus intus Neruius, nomine Vertico, loco natus honesto, qui . . .; hic . . .: V 45, 2.

B. plur.: (Suessiones) polliceri milia armata quinquaginta; totidem Neruios ⟨neruos *A pr.*⟩, qui maxime feri inter ipsos habeantur longissimeque absint: II 4, 8; eorum (Ambianorum) fines Neruii attingebant: II 15, 3; *cf. qu. sqq.;* trans id flumen (Sabim) omnes Neruios consedisse aduentumque ibi Romanorum exspectare una cum Atrebatibus ⟨*c*⟩ et Veromanduis, finitimis suis: II 16, 2; *cf. qu. sqq.;* quidam ex his . . . nocte ad Neruios peruenerunt: II 17, 2; *cf. qu. sqq.;* Neruii antiquitus, cum equitatu nihil possent — neque enim ad hoc tempus ei rei student, sed quicquid possunt, pedestribus ualent copiis — quo facilius finitimorum equitatum, si praedandi causa ad eos uenissent, impedirent, teneris arboribus incisis atque inflexis ⟨*c*⟩ crebrisque ⟨*c*⟩ in latitudinem ramis enatis ⟨*c*⟩ et rubis sentibusque interiectis effecerant, ut instar muri hae saepes munimentum ⟨*c*⟩ praeberent: II 17, 4; his rebus cum iter agminis nostri impediretur, non omittendum sibi ⟨*c*⟩ consilium Neruii existimauerunt: II 17, 5; ratio ordoque agminis aliter se habebat, ac Belgae ad Neruios detulerant: II 19, 1; omnes Neruii confertissimo agmine duce Boduognato . . . ad eum locum contenderunt: II 23, 4; *cf.* § 5; hoc proelio facto et prope ad internecionem gente ac nomine Neruiorum redacto: II 28, 1; *cf. qu. sqq.;* cum (Aduatuci) omnibus copiis auxilio Neruiis uenirent: II 29, 1; se id, quod in Neruiis ⟨neruios $B^2\beta$; *Fr.*⟩ fecisset, facturum: II 32, 2; *cf. omnia, quae* II 15, 3—28, 3 *narrantur;* ex quibus (legionibus) unam . . . ducendam Fabio . . . dedit, alteram in Neruios Q. Ciceroni: V 24, 2; re demonstrata Aduatucisque concitatis postero die in Neruios peruenit hortaturque . . .: V 38, 2; facile hac oratione Neruiis ⟨nernis *A*⟩ persuadet: V 38, 4; *cf.* 39, 1; magna manu Eburones, Neruii, Aduatuci atque horum omnium socii et ⟨*c*⟩ clientes legionem oppugnare incipiunt: V 39, 3; duces principesque Neruiorum . . . conloqui (cum Cicerone) sese uelle dicunt: V 41, 1; ab hac spe repulsi Neruii uallo pedum X ⟨*c*⟩ et fossa pedum XV hiberna cingunt: V 42, 1; *cf. qu. sqq.;* scribit Labieno, . . . cum legione ad fines Neruiorum ueniat: V 46, 4; uenit magnis itineribus in Neruiorum fines. ibi . . .: V 48, 2; *cf. omnia, quae* V 38—52 *narrantur;* intellexit . . . Nernios Aduatucosque bellum Romanis parare: V 56, 1; hac re cognita omnes Eburonum et Neruiorum quae conuenerant copiae discedunt: V 58, 7; cum undique bellum parari uideret, Neruios, Aduatucos, Menapios ⟨*c*⟩ adiunctis Cisrhenanis omnibus Germanis esse in armis: VI 2, 3; proximis quattuor coactis legionibus de improuiso in fines Neruiorum contendit: VI 3, 1; *cf.* § 2. 3; per Arduennam siluam, quae est totius Galliae maxima atque ab ⟨*c*⟩ ripis Rheni finibusque Treuerorum ad Neruios ⟨Remos *Bergk*⟩ pertinet: VI 29, 4; imperant . . . sena ⟨*c*⟩ (milia) Andibus ⟨*c*⟩, Ambianis, Mediomatricis, Petrocoriis, Neruiis, Morinis: VII 75, 3.

neruus. **A.** **propr.:** hoc ali ⟨*Aldus;* hoc alii α; alii hoc β⟩ staturam, ali nires ⟨*Aldus; edd.;* alii hoc uires β; ali hoc nires *Schn.;* alii nires α; [ali] uires *Paul*⟩ neruosque confirmari putant: VI 21, 4.

B. trsl.: quibus opibus ac nernis non solum ad minuendam gratiam, sed paene ad perniciem suam uteretur: I 20, 3.

neu, neue. **I.** **Forma.** *Ante uocales (et h) semper (8 (10) locis) inuenitur* neue, *ante consonantes 18 (23) locis* neu, *uno* (VI 20, 1) neue, *uno* (3, 92, 1) *in af* neue, *in hl* neque.

II. Signif.; A. antecedit ne *u.* **ne** *p. 728 sq. (14 (15) loc.).*

B. antecedit ut; a) pendent ex uerbis ut *et* **neu:** milites non longiore oratione ⟨est *add.* $B^2\beta$⟩ cohortatus, quam uti suae pristinae uirtutis memoriam retinerent neu perturbarentur animo hostiumque impetum fortiter sustinerent, . . . signum dedit: II 21, 2; ¶ simul denuntiauit, ut essent animo parati in posterum, et quoniam fieret dimicandi potestas, ut saepe cogitauissent, ne suam neu ⟨neu s. n. *Elberl.;* ne usu manuque *l (?); edd.;* ne usu manu O^1afh; ne suam omniumque *Paul*⟩ reliquorum opinionem fallerent: 3, 86, 5; ¶ cum militibus regis conloqui coeperunt eosque hortari, ut suum officium Pompeio praestarent ⟨praestaret NO^1x⟩ neue eius fortunam despicerent ⟨-ret NO^1x⟩: 3, 103, 4; ¶ obsecrant, ut suis fortunis consulat neu se ab hostibus diripi patiatur ⟨*sic* β; consulat neue ab hostibus diripiantur *BMQ; Np., Fr.;* cons. neue ab omnibus diripiantur *A;* cons., ne ab host. diripiantur *Ditt.*⟩: VII 8, 4; ¶ obtestabantur Romanos, ut sibi parcerent neu, sicut Auarici fecissent, ne a ⟨*c*⟩ mulieribus quidem atque infantibus abstinerent: VII 47, 5; obtestaturque ⟨*c*⟩, ut suae salutis rationem habeant neu se optime ⟨*o*⟩ de communi libertate meritum hostibus ⟨*o*⟩ in cruciatum dedant: VII 71, 3; ¶ Pompeius suis praedixerat, ut ⟨ne *Nhl;* neu *O*⟩ Caesaris impetum exciperent neue ⟨neque *hl*⟩ se loco mouerent aciemque eius distrahi paterentur: 3, 92, 1; ¶ Ambiorix pronuntiari inbet, ut procul tela coiciant neu ⟨ne *h;* nec *a*⟩ propius accedant et quam in ⟨*o*⟩ partem Romani impetum fecerint cedant: V 34, 3; ¶ ciuitates . . . habent legibus sanctum, si quis ⟨*om.* β⟩ quid de re publica . . . fama acceperit ⟨-rint β⟩, uti ad magistratum deferat ⟨deferant β⟩ neue cum quo alio communicet ⟨-nicent β⟩: VI 20,1.

b) non antecedit unde **pendeant ut** *et* **neu:** sublicae . . . agebantur, ut, si . . . naues deiciendi operis causa ⟨*c*⟩ essent . . . immissae ⟨*c*⟩, his defensoribus earum rerum uis minueretur neu ponti nocerent: IV 17,10; (pares ⟨*c*⟩ eiusdem generis munitiones . . . contra exteriorem hostem perfecit, ut ne magna quidem multitudine . . . munitionum praesidia circumfundi possent; ac ne ⟨*Lippert; Dt.*; ne *om. codd.*; ut *h*; aut *αa*; neu *Ald.*; *Schn.*; ne autem *Hand; Db.*⟩ cum periculo ex castris egredi cogatur, dierum XXX pabulum frumentumque habere ⟨*o*⟩ omnes conuectum iubet: VII 74,2;) has munitiones insequentibus auxit diebus, ut pro muro obiectas haberet neu dimicare inuitus cogeretur: 3,112,8; lenibus atque utinam scriptis adiuncta foret uis, comica ut aequato uirtus polleret honore cum Graecis neue ⟨*Roth; neque codd. plur.*; neque in *EZ; edd.*⟩ hac despectus parte iaceres! *ap. Suet. uit. Terent.* 5.

C. antecedit coniunctiuus (imperat.): ne . . . traduceret; deinde obsides . . . redderet Sequanisque permitteret, ut quos illi haberent . . . reddere illis liceret, neue Haeduos iniuria lacesseret neue his sociisque ⟨-ue *Faern.; Whitte*⟩ eorum bellum inferret: I 35,3; praecipit atque interdicit, unum omnes petant ⟨*c*⟩ Indutiomarum ⟨*c*⟩ neu quis quem ⟨quisquam alium β⟩ prius uulneret, quam illum interfectum uiderit ⟨*c*⟩: V 58,4; interea manerent indutiae, dum ab illo rediri posset, neue ⟨ne uel *a*⟩ alter alteri noceret: 3,16,5.

D. neu . . . neu: (praeterea oppida incendi oportere, quae non . . . ab omni sint periculo tuta, ne ⟨β; neu α; *edd.*⟩ suis sint ad detrectandam militiam receptacula, neu Romanis proposita ad copiam commeatus praedamque tollendam: VII 14,9.)

militesque appellat, neu se neu Pompeium ⟨*c; CC*⟩ imperatorem suum aduersariis ad supplicium tradant obsecrat: 1,76,1.

neue . . . **que:** (I 35,3; VII 14,9; 3,86,5 ⟨*c*⟩;) 3,73,2; ¶ neue . . . que **(= sed):** II 21,2; 3,92,1; — neue . . . et **(= sed):** V 34,3.

neuter. 1. adiect.: castra . . . cum essent inter flumina duo, Sicorim et Cingam, spatio milium XXX, neutrum horum transiri poterat: 1,48,3.

2. **ui subst.; A.** sing.: principes uero esse earum partium Cn. Pompeium et C. Caesarem. . . . qua re paribus eorum beneficiis parem se quoque uoluntatem tribuere debere et neutrum eorum contra alterum iuuare aut urbe aut ⟨*c*⟩ portibus recipere: 1,35,5; ¶ VII 63,7 *u.* **B.**

B. plur.: palus erat non magna inter nostrum atque hostium exercitum . . . . ubi neutri transeundi initium faciunt, . . . Caesar suos . . . reduxit: II 9,2; ¶ reliquis oppidi partibus sic est pugnatum, ut aequo proelio discederetur et neutri pellerentur: 3,112,7; ¶ quae fuit causa, quare toto abessent bello et neutris ⟨neutri β⟩ auxilia mitterent: VII 63,7.

(neutiquam: nam ut . . . iter in prouinciam conuerteret, id ne metu quidem ⟨*recc.; Steph.*; ut ne metu quidem α; ut nemo tunc quidem β; id neutiquam *Heller*⟩ necessario faciundum ⟨*c*⟩ existimabat: VII 56,2.)

nex (genet.): (tertium iam hunc annum regnantem inimici palam multis ex ciuitate auctoribus interfecerunt ⟨*sic* β; inimicis iam multis palam ex ciuitate et iis ⟨necis (*pro* et iis) *Oud.*⟩ auctoribus eum interfecerunt α; *u. CC*⟩: V 25,3;) ¶ uitae necisque potestatem habere *u.* **habeo** *p. 1398 extr. et 1399 (3 loc.).*

Nicomedes: uel pro hospitio regis Nicomedis uel pro horum necessitate, quorum *de* re ⟨*c*⟩ agitur, refugere ⟨*c*⟩ hoc munus, M. Iunce ⟨*c*⟩, non potui: *ap. Gell.* V 13,6.

nihil. A. ui subst.; a) non pendet genetiuus ex uoce nihil, neque **additur adiectiuum; α) non sequitur** nisi; **αα) subi.:** recte auguraris ⟨*c*⟩ de me — bene enim tibi cognitus sum — nihil a me abesse longius crudelitate: *ap. Cic. ad Att.* IX 16,2; ¶ constare: VII 5,6 *u.* **B. a)** constare; ¶ omnibus frugibus ⟨*c*⟩ amissis domi nihil erat, quo ⟨qui B^1⟩ famem tolerarent: I 28,3; elati . . . superiorum temporum secundis proeliis nihil adeo arduum sibi esse ⟨*om.* β⟩ existimauerunt ⟨existimabant β⟩, quod non uirtute consequi possent, neque . . . fecerunt: VII 47,3; sed tamen nihil est, quod potius faciamus: *ap. Cic. ad Att.* IX 14,1; — quod, unde agger omnino comportari posset, nihil erat reliquum: 2,15,1; — Dolabella tuo nihil scito mihi esse iucundius: *ap. Cic. ad Att.* IX 16,3; cum uictoribus nihil impeditum, uictis nihil tutum arbitrarentur: II 28,1; dilectus circa ⟨*c*⟩ urbem intermittuntur; nihil citra Capuam tutum esse omnibus uidetur: 1,14,4; ¶ posse: III 21,3 *u.* **ββ)** proficere; ¶ uideri: 1,14,4 *u.* esse *extr.*; 3,87,7 *u.* **ββ)** confirmare.

ββ) obi.: tribuni militum et . . . centuriones nihil temere agendum neque ex hibernis iniussu Caesaris discedendum existimabant ⟨c⟩: V 28, 3; ¶ arbitrari: II 28, 1 *u.* αα) esse; ¶ plebes paene seruorum habetur loco, quae nihil audet ⟨*Q;* aut et *A;* habet *MC; Aim.; Fr.*⟩ per se ⟨per se nihil audet β⟩, nullo ⟨c⟩ adhibetur consilio ⟨c⟩: VI 13, 1; quibus omnibus ⟨o⟩ rebus sublatus nihil contra se regem ausurum ⟨*O;* nisurum *x; Db.*⟩ existimabat: 2, 37, 2; ¶ ne se in hostium numero duceret . . .; nihil se de bello cogitauisse, nulla Ambiorigi auxilia misisse: VI 32, 1; sed praeoccupatus animus Attianorum militum timore ⟨c⟩ . . . et caede suorum nihil de resistendo cogitabat, omnesque . . . arbitrabantur: 2, 34, 6; ¶ infirmitatem Gallorum ueritus . . . nihil his committendum existimauit: IV 5, 1; — magna parte diei consumpta, cum . . . pugnaretur, nihil ⟨nihilo *h*⟩, quod ipsis esset indignum, committebant: V 35, 5; ¶ quod de re tanta et a tam perito imperatore ⟨et *add. a*⟩ nihil frustra confirmari uidebatur: 3, 87, 7; ¶ nihil, inquit, de eorum sententia dicturus sum, qui turpissimam seruitutem deditionis nomine appellant, neque . . . censeo: VII 77, 3; ¶ efficere: 3, 57, 2 *u.* proficere; ¶ existimare: VII 47, 3 *u.* αα) esse; ¶ facere *u.* **facio** *p. (1262 extr.) 1263:* IV 1, 9; V 7, 7; VII 43, 1; (3, 57, 2;) *ap. Cic. ad Att.* X 8 *B*, 1; ¶ nihil enim malo quam et me mei similem esse et illos sui: *ap. Cic. ad Att.* IX 16, 2; ¶ (niti: 2, 37, 2 *u.* audere;) ¶ cum ⟨c⟩ equitatu nihil possent: II 17, 4; ¶ ubi diligentia nostrorum nihil his rebus profici posse intellexerunt: III 21, 3; statuisse imperatorem, si nihil in oppugnatione oppidi profecissent ⟨profecisset β⟩, triduo exercitum deducere: VII 20, 11; apud quos cum proficere nihil posset: 3, 22, 2; sese omnia de pace expertum ⟨experta *Nx*⟩ nihil adhuc *effecisse; id* ⟨eff.; id *add. Madu.;* profecisse, idque *add. (Ciacc.) Paul; om. codd.; edd.*⟩ arbitrari uitio factum eorum, quos esse auctores eius rei uoluisset: 3, 57, 2; ubi nihil profici equitatu cognouit: 3, 58, 2; ¶ tum demum Titurius, ⟨ut *add.* β⟩ qui nihil ante prouidisset, trepidare et concursare: V 33, 1; ¶ nihil Sequani respondere, sed in eadem tristitia taciti permanere ⟨c⟩: I 32, 3; ¶ quod deditione facta obsidibusque acceptis nihil de bello timendum existimauerat: III 3, 1; nihil timentibus nostris, quod legati eorum paulo ante a Caesare discesserant . . ., impetu facto: IV 12, 1; Labienus . . . de suo ac legionis periculo nihil timebat: V 57, 1; ut facile existimari posset nihil eos de euentu eius diei timuisse: 3, 96, 1; ¶ in se ⟨etiam *add. Na; edd.*⟩ aetatis excusationem nihil ualere, quod ⟨quin *Madu.*⟩ superioribus bellis probati ad † obtinendos exercitus euocentur: 1, 85, 9.

β) sequitur nisi: inter se coniurant, nihil nisi communi consilio acturos eundemque omnes fortunae exitum esse laturos: III 8, 3; ¶ sese tamen hoc esse . . . animo, ut nihil nisi hiberna recusent atque hanc inueterascere consuetudinem nolint: V 41, 5; ¶ relinquebatur Caesari nihil nisi ⟨ni *f*⟩ uti equitatu agmen aduersariorum male haberet et carperet: 1, 63, 2; ¶ nos nihil de eo percontationibus ⟨c⟩ reperiebamus, nisi certis ex aqua mensuris breuiores esse quam in continenti noctes ⟨o⟩ uidebamus ⟨*om.* β⟩: V 13, 4.

b) nihil c. genetiuo: sed priuati ac separati agri apud eos nihil est: IV 1, 7; ¶ ut . . . publice iurare cogerent nihil se ⟨esse *M*⟩ contra Sequanos consilii inituros: VI 12, 4; ¶ nihil horum ⟨quorum *a*⟩ ad pacandas Hispanias, nihil ad usum prouinciae prouisum: 1, 85, 7; ¶ nihil esse negotii subito oppressam legionem, quae cum Cicerone hiemet, interfici: V 38, 4; qui prior has angustias occupauerit, ab hoc hostem prohiberi ⟨*b¹;* prohibere *x*⟩ nihil esse negotii: 1, 66, 4; ¶ sibi praeter agri solum nihil esse reliqui: I 11, 5; — qui . . . nihil ad celeritatem sibi reliqui fecerunt: II 26, 5; ¶ ut alii adesse copias Iubae dicerent, alii cum legionibus instare Varum iamque se puluerem uenientium cernere, quarum rerum nihil omnino acciderat: 2, 43, 2; — quarum rerum a nostris propter paucitatem fieri nihil poterat: III 4, 1; haec . . . expiata . . . Gracchorum casibus docet; quarum rerum illo tempore nihil factum, ne ⟨*Na;* nec *Ofhl*⟩ cogitatum quidem: 1, 7, 5; — animaduertit Caesar unos ⟨c⟩ ex omnibus Sequanos nihil earum rerum facere, quas ceteri facerent: I 32, 2; doceant nihil earum rerum publico factum consilio: V 1, 7; — (Neruios) nihil pati uini reliquarumque rerum ad ⟨c⟩ luxuriam ⟨c⟩ pertinentium ⟨c⟩ inferri: II 15, 4; ¶ quibus ad consilia capienda nihil spatii dandum existimabat: IV 13, 3; ¶ populi Romani hanc esse consuetudinem, ut socios . . . non modo sui nihil deperdere, sed gratia, dignitate, honore auctiores uelit esse: I 43, 8; ¶ uini: II 15, 4 *u.* rerum *extr.*

c) nihil c. adiectiu.: si nihil esset ⟨nil sit β⟩ durius, nullo cum periculo ad proximam legionem peruenturos: V 29, 6; ¶ si . . . uideberis . . . meum aliquod factum condemnauisse; quo mihi grauius abs te nil ⟨nihil M^2; *Wsbg.*⟩ accidere potest: *ap. Cic. ad Att.* X 8 *B*, 1; (VII 43, 4 *u.* **B. a)** iudicare.)

B. ui aduerbii; a) nihil (= non, minime): cogitare: VI 32, 1 *et* 2, 34, 6 *u.* **A. a) α) ββ);** ¶ quod non fore dicto audientes neque signa laturi dicantur, nihil se ea re commoueri: I 40, 12; ¶ id eane de causa, quam legatis pronuntiarunt ⟨*c*⟩, an perfidia adducti fecerint, quod nihil nobis constat, non uidetur pro certo esse ponendum ⟨*c*⟩: VII 5, 6; ¶ hi propter propinquitatem ⟨*o*⟩ et celeritatem ⟨*o*⟩ hostium nihil iam Caesaris imperium exspectabant ⟨spectabant β⟩: II 20, 4; ¶ nihil se propter inscientiam leuitatemque ⟨et leuitatem β⟩ uulgi grauius de ciuitate iudicare neque ⟨quicquam *add. Pluyg.*⟩ de sua in Haeduos beneuolentia deminuere: VII 43, 4; ¶ [leuitate armorum et cotidiana exercitatione nihil iis ⟨his α; ex his β⟩ noceri posse: V 34, 4;] ipsi uero nihil ⟨nichil *Q;* non β⟩ nocitum iri: V 36, 2; tirones . . . iure iurando accepto nihil iis ⟨his *codd.*⟩ nocituros hostes se Otacilio dediderunt: 3, 28, 4; ¶ quae res etsi nihil ad leuandas iniurias pertinere uidebantur, tamen: 1, 9, 1; ¶ accedebat, ut . . . ab aestu relictae ⟨*c*⟩ nihil saxa et cantes ⟨*c*⟩ timerent: III 13, 9.

b) nihilo; α) nihilo magis: legiones ex castris eduxit aciemque idoneo loco constituit. cum Vercingetorix nihilo ⟨nichilo *Q*⟩ magis ⟨*Vascosan.;* minus *codd.*⟩ in aequum locum descenderet, . . . exercitum reduxit: VII 53, (1.) 2.

β) nihilo minor: necessitudinem quidem sibi nihilo minorem cum Caesare intercedere; neque . . .: 2, 17, 2.

γ) nihilo minus: post eius mortem nihilo minus Heluetii id, quod constituerant, facere conantur: I 5, 1; hac spe lapsus Indutiomarus nihilo minus copias cogere, exercere, a finitimis equos parare, exsules damnatosque . . . ad se allicere coepit: V 55, 3; (VII 53, 2 *u.* α);) bellumque inferri ⟨*c*⟩ Allobrogibus iubet. . . . ⟨ac *add. Ciacc.*⟩ nihilo minus clandestinis nuntiis legationibusque Allobrogas ⟨*c*⟩ sollicitat: VII 64, (5.) 7; si hoc sibi remitti uellent, remitterent ipsi de maritimis custodiis; si illud tenerent, se quoque id retenturum. nihilo minus tamen agi posse de compositione, ut haec non remitterentur, neque hanc rem illi ⟨*c*⟩ esse impedimento ⟨*c*⟩: 3, 17, 4; conatus tamen nihilo minus est aliis rationibus per conloquia ⟨*u. CC*⟩ de pace agere: 3, 18, 5.

(δ) nihilo sequius: ut, cum . . . iuberet, alii † dimissis equis eundem cursum confugerent ⟨*sic codd.;* nihilo sequins eundem cursum conficerent *M. Haupt; u. CC*⟩ alii [ex] metu etiam signa dimitterent: 3, 69, 4.)

ε) nihilo setius: sedecim milia . . . Arionistus misit, quae copiae nostros . . . munitione prohiberent. nihilo setius Caesar, ut ante constituerat, duas acies hostem propulsare, tertiam opus perficere iussit: I 49, (3.) 4; . . . ac nihilo setius sublicae et ad inferiorem partem fluminis oblique agebantur . . . et: IV 17, 9; his adductis . . . consolatus Indutiomarum hortatusque est, uti in officio maneret. nihilo ⟨nihil β⟩ tamen setius principibus Treuerorum ad se conuocatis hos ⟨*c*⟩ singillatim Cingetorigi conciliauit: V 4, 3; dabat operam, ut in officio Dumnorigem contineret, nihilo tamen setins omnia eius consilia cognosceret ⟨-re *AQ*β⟩: V 7, 3; re cognita tantus luctus excepit, ut urbs ab hostibus capta eodem uestigio uideretur. Massilienses tamen nihilo setius ⟨segnius bf^2⟩ ad defensionem urbis reliqua apparare coeperunt: 2, 7, (3.) 4; praeteruectosque Dyrrachium magna ui uenti nihilo setius ⟨segnius *O*⟩ sequebatur: 3, 26, 3.

[**Falso:** *In BM saepius scriptum est* nihil *pro* nostri.]

Nihil . . . neque: V 28, 3; VII 43, 4; 47, 3; 77, 3; nihil . . . ne . . quidem: 1, 7, 5; ¶ nihil . . . que (= neque): II 15, 4; (VII 43, 4;) nihil . . . et (= neque): III 13, 9; ¶ nihil . . . que (= sed): 2, 34, 6; ¶ nihil iam: II 20, 4; ¶ nihil praeter: I 11, 5; ¶ (etiam nihil: 1, 85, 9;) ¶ nihil earum rerum *u. p. 774* **b);** ¶ Dolabella nihil est iucundius: *ap. Cic. ad Att.* IX 16, 3.

nihilominus *u.* **nihil** *p. 775* **γ)** *(5 loc.).*

nimis: is locus praesidio ab his non nimis ⟨minus B^1*(?)*⟩ firmo tenebatur. tamen silentio ⟨non nimis tamen firmo tenebatur. silentio *Hotom.; simil. Schn.*⟩: VII 36, 6.

nimius: accidisse igitur his, quod plerumque hominum ⟨-ibus *O*⟩ nimia pertinacia atque arrogantia accidere soleat, uti: 1, 85, 4; ¶ in castris Pompei uidere licuit . . . non nullorum tabernacula protecta hedera multaque praeterea, quae nimiam luxuriam et uictoriae fiduciam designarent: 3, 96, 1; ¶ factum imprudentia Biturigum et nimia obsequentia reliquorum, uti hoc incommodum acciperetur: VII 29, 4.

[**Falso:** nimiam *pro* minimam *in af* 1, 70, 5.]

nisi. A. coniunctio condicional.; a) c. ind.: desilite, inquit, commilitones ⟨*c*⟩, nisi uultis aquilam hostibus prodere: IV 25, 3.

b) c. coni.; α) praes.: nisi omnia consentiant inter se, non potest fieri, ut nominis similitudo sit: *ap. Pompei. comm. art. Don. (gramm. Lat. ed. Keil V p. 198).*

nuntium . . . mittit, nisi subsidium sibi submittatur ⟨mittatur *x; Flod.*⟩, sese diutius sustinere non posse: II 6, 4; pro uita hominis nisi ⟨*fh; Aim.; om. a;* non nisi α⟩ hominis uita ⟨*AQβ*; uita hominis *BM; Aim.; Fr.*⟩ reddatur, non posse ⟨aliter *add.* β⟩ deorum immortalium numen placari arbitrantur: VI 16, 3; — summae se iniquitatis condemnari debere, nisi eorum uitam sua ⟨*o*⟩ *laude habeat cariorem: VII 19, 5; ¶ qui nisi decedat atque exercitum deducat ex his regionibus, sese illum non pro amico, sed pro ⟨*c*⟩ hoste habiturum: I 44, 11; — non posse (se) eius imperia diutius sustinere. nisi ⟨si *add. BQ, A corr., M corr.; Np., Fr., Db., Hld.; om. A pr., M pr.,* β; *Schn., Dt.*⟩ quid in Caesare populoque Romano sit auxilii, omnibus Gallis idem esse faciendum, quod Heluetii fecerint: I 31, 14.

β) perf.: Galli, nisi perfregerint munitiones, de omni salute desperant; Romani, si rem obtinuerint, finem laborum omnium exspectant: VII 85, 3; ¶ obsides . . . ad certam diem adduci iubet. nisi ita fecerint, sese bello ciuitatem persecuturum demonstrat: V 1, 8; mittit, qui petant atque orent, ut sibi subueniat. . . . quod nisi fecerit, se cohortesque amplius XXX magnumque numerum senatorum atque equitum Romanorum in periculum esse uenturum: 1, 17, (1.) 2.

γ) impf.: Pompeius neque . . . discedere uolebat, . . . neque munitiones Caesaris prohibere poterat, nisi proelio decertare uellet: 3, 44, 1.

δ) ppf.; αα): erat ei praeceptum a Caesare, ne proelium committeret, nisi ipsius copiae prope hostium castra uisae essent: I 22, 3.

ββ): fit protinus hac re audita ex castris Gallorum fuga. quod nisi crebris subsidiis ac totius diei labore milites essent ⟨fuissent?⟩ defessi, omnes hostium copiae deleri potuissent: VII 88, (5.) 6; ¶ ut . . . uix oppidum defenderetur, et nisi eo ipso tempore quidam nuntii de Caesaris uictoria . . . essent allati, existimabant plerique futurum fuisse, uti amitteretur: 3, 101, 3.

B. ui aduerbii; a) spectat ad negationem; α) ne: iure iurando ne quis enuntiaret, nisi quibus communi consilio mandatum esset, inter se sanxerunt: I 30, 5; imperat, si sustinere non possit, deductis cohortibus eruptione pugnet ⟨*c*⟩; id nisi necessario ne faciat: VII 86, 2; tali instructa acie tenere uterque propositum uidebatur: Caesar, ne nisi ⟨*Np.*; ut nisi *rec.; uett. edd.;* nisi *Ox*⟩ coactus proelium committeret ⟨committere *Oaf;* non committere *hl*; non committeret *uett. edd.*⟩, ille, ut opera Caesaris impediret: 1, 83, 3.

β) nihil *u.* **nihil** *p. 774* **β)** *(4 loc.).*

γ) non: ipsum erat oppidum Alesia ⟨*c*⟩ in colle summo admodum edito loco, ut nisi obsidione expugnari non posse ⟨posse non β⟩ uideretur: VII 69, 1; iurauit se nisi uictorem in castra non reuersurum: 3, 87, 6; — quod naues propter magnitudinem nisi in alto constitui non poterant: IV 24, 2; de re publica nisi per concilium loqui non conceditur: VI 20, 3; ¶ eius rei testimonium ⟨*c*⟩ esse, quod nisi rogatus non uenerit: I 44, 6; 1, 83, 3 *u.* α); adeoque erat impedita uallis, ut in ascensu nisi subleuati a suis primi non facile eniterentur: 2, 34, 5; ¶ quod cum tanta multitudine hostium . . . nisi aequo loco aut opportunitate aliqua data legato dimicandum non existimabat: III 17, 7; ¶ suos liberos, nisi cum adoleuerunt, ut munus militiae sustinere possint, palam ad se adire non patiuntur: VI 18, 3.

δ) nullus: sed deditionis nullam esse condicionem nisi armis traditis: II 32, 2; nobis nisi Caesaris capite relato pax esse nulla ⟨non *O*⟩ potest: 3, 19, 7.

ε) numquam: extremum atque ultimum senatus consultum, quo nisi paene in ipso urbis incendio atque in ⟨*om. f*⟩ desperatione omnium salutis † latorum audacia numquam ante descensum ⟨*o*⟩ est: 1, 5, 3.

ζ) uetare: quod ab opere singulisque legionibus singulos legatos Caesar discedere nisi munitis castris uetuerat: II 20, 3.

b) antecedit uox interrogatiua: Romani uero quid petunt ⟨*CC*⟩ aliud aut quid uolunt nisi inuidia adducti quos fama nobiles potentesque bello cognouerunt, horum in agris ciuitatibusque considere atque his aeternam iniungere seruitutem? VII 77, 15; castrorum autem mutatio quid habet nisi turpem fugam et desperationem omnium et alienationem exercitus? 2, 31, 4; quonam haec omnia nisi ad suam perniciem pertinere? 1, 9, 4.

(c) nisi si: I 31, 14 *u.* **A. b) α)** *extr.*)

Nitiobriges (-broges?). *In X* nitiobriges *fuit* VII 7, 2, nitiobroges *tribus reliquis locis uidetur fuisse. Nam* VII 7, 2 in nitiobriges *exstat in BMQa*, iniciobriges *in A,* ininitiobries *in h;* VII 31, 5 nitiobrogum *est in*

ABM²ah², niciobrogum *in Q*, nitiobrigum *in h¹*, nitiobrugum *in M¹*; VII 46, 5 nitiobrogum *uidetur inueniri in X;* VII 75, 3 nitiobrigibus *est in B pr.*, nithiobrigibus *in h*, nitiobrogibus *in AM*, nithiobrogibus *in af*, nitiobrugibus *in Q*. — *Reliqui scriptores* Nitiobriges *hunc populum dicere uidentur. Sed cf. Plin.* IV 109.

progressus in Nitiobriges et Gabalos ab utrisque obsides accipit ⟨*c*⟩: VII 7, 2; Teutomatus ⟨*c*⟩, Ollouiconis ⟨*c*⟩ filius, rex Nitiobrigum ⟨*c*⟩, cuius pater ab senatu nostro amicus erat appellatus, cum magno equitum suorum numero ⟨*o*⟩ et quos ex Aquitania conduxerat ad eum (Vercingetorigem) peruenit: VII 31, 5; ut Teutomatus ⟨*c*⟩, rex Nitiobrigum ⟨*c*⟩, subito in tabernaculo oppressus . . . uix se ex manibus praedantium militum eriperet: VII 46, 5; imperant . . . sena (milia) Andibus ⟨sena And. *Em. Hoffm.*; senonibus *X*⟩, Ambianis, Mediomatricis, Petrocoriis, Neruiis, Morinis; Nitiobrogibus quinque ⟨quina milia α; .V̄. β⟩: VII 75, 3.

nitor. **(trsl.) A.** = **contendere, moliri, laborare; a) abs.:** ((nostri) non eadem alacritate ac studio, quo in pedestribus uti proeliis consuerant, utebantur ⟨nitebantur *k; Schn., Np.*⟩: IV 24, 4;) tamen uirtute et patientia (nostri) nitebantur atque omnia uulnera sustinebant: 1, 45, 6.

b) alqd: (quibus omnibus rebus ⟨*o*⟩ sublatus nihil contra se regem ausurum ⟨*O;* nisurum *z; Db.*⟩ existimabat: 2, 37, 2.)

c) c. inf.: (gladiis caespites ⟨*c*⟩ circumcidere, manibus sagulisque ⟨*c*⟩ terram exhaurire cogebantur ⟨β; *Schn., Hld.;* nitebantur *recc.; Np., Db.;* uidebantur α; *Fr.*⟩: V 42, 3;) perrumpere nituntur (barbari): VI 37, 10.

d) ut: in occupandis praesidiis magna ui uterque nitebatur ⟨*N;* uidebatur *z;* utebatur *O*⟩: Caesar, ut quam angustissime Pompeium contineret, Pompeius, ut quam plurimos colles quam maximo circuitu occuparet: 3, 45, 1.

e) ad: quantum (Haedui) gratia, auctoritate, pecunia ualent, ad sollicitandas ciuitates nituntur ⟨utuntur *RSchn.*⟩: VII 63, 2.

B. = **alqa re confidere:** ut auctoritatem, qua ille maxime apud exteras nationes niti ⟨uti *NO*⟩ uidebatur, minueret: 3, 43, 4; — se ita a patribus maioribusque suis didicisse, ut magis uirtute contenderent ⟨*o*⟩ quam dolo aut insidiis niterentur: I 13, 6.

nix: discussa ⟨discissa β⟩ niue sex in altitudinem pedum ⟨in altit. pedum VI β⟩ atque ita uiis patefactis . . . ad fines Aruernorum peruenit: VII 8, 2; — (tempestas) ex omnibus montibus niues ⟨niuis *O*⟩ proluit ⟨profluit *f*⟩ ac summas ripas fluminis superauit: 1, 48, 2; ¶ etsi mons ⟨*c*⟩ Cebenna . . . durissimo tempore anni altissima niue iter impediebat, tamen discussa ⟨*c*⟩ niue . . . peruenit: VII 8, 2; ¶ quod Liger ex niuibus creuerat, ut omnino nado non posse transiri ⟨*c*⟩ uideretur: VII 55, 10.

nobilis. **A.** **fama:** (dux: V 22, 2 *u.* **B. a) α)** dux;) ¶ Romani . . . quid uolunt nisi inuidia adducti quos fama nobiles potentesque bello cognouerunt, horum in agris ciuitatibusque considere atque his aeternam iniungere seruitutem? VII 77, 15.

B. **genere; a) adiect.; α) pos.:** praemissos etiam legatos Massilienses domum, nobiles adulescentes: 1, 34, 3; ¶ capto etiam nobili duce Lugotorige ⟨*c*⟩: V 22, 2.

β) superl.: (Dumnorigem) matrem in Biturigibus homini illic nobilissimo ac potentissimo conlocasse: I 18, 6; ¶ tres nobilissimi Haedui capti ad Caesarem perducuntur: VII 67, 7; ¶ apud Heluetios longe nobilissimus fuit et ditissimus Orgetorix: I 2, 1.

b) ui subst.; α) pos.: quod si eum interfecerit, multis sese nobilibus principibusque populi Romani gratum esse facturum. id se ab ipsis per eorum nuntios compertum habere, quorum omnium gratiam atque amicitiam eius morte redimere posset: I 44, 12; — plerique, cum . . . iniuria potentiorum premuntur, sese ⟨*o*⟩ in seruitutem dicant ⟨addicunt *Aim.*⟩ nobilibus, quibus in hos ⟨Nobilibus in hos *AQ;* nobilibus; quibus in hos *Dt.²; Db., Hold.;* quibus *om. rell.*⟩ eadem omnia sunt iura, quae dominis in seruos: VI 13, 2. 3.

β) superl.: (Haeduos) coactos esse Sequanis obsides dare nobilissimos ciuitatis ⟨nob. ciu. *del. Vielh.*⟩: I 31, 7; ¶ nominatim ex omnibus ciuitatibus nobilissimo quoque euocato: 1, 39, 2; ¶ (Heluetii) legatos ad eum mittunt nobilissimos ciuitatis: I 7, 3; ¶¶ Ariouistum . . . obsides nobilissimi cuiusque liberos poscere: I 31, 12.

nobilitas. **A.** = **nobile genus:** Petraeus ⟨*c*⟩, summae nobilitatis adulescens, suis ac suorum opibus Caesarem enixe iuuabat: 3, 35, 2; ¶ Iccius Remus, summa nobilitate et gratia inter suos, . . . nuntium . . . mittit: II 6, 4.

B. = **homines nobiles:** omnis noster equitatus, omnis nobilitas interiit ⟨periit *h*⟩: VII 38, 2; ¶ (Haeduos) omnem nobilitatem, omnem senatum, omnem equitatum amisisse: I 31, 6; — omni nobilitate Haeduorum interfecta tantum poteutia antecesserant, ut: VI 12, 3; ¶ regni cupiditate inductus coniurationem nobilitatis fecit et ciuitati persuasit, ut: I 2, 1; — ne omnis nobilitatis discessu plebs propter imprudentiam laberetur: V 3, 6; ¶ non sine causa fieri, ut Gallia omni nobilitate spoliaretur: V 6, 5.

noceo. A. neque datiuus neque neutr. pronom. (uel adiect.) additur: rostro enim noceri non posse cognouerant: III 14, 4; ut potius in nocendo aliquid praetermitteretur ⟨omitteretur β⟩, . . . quam cum aliquo militum detrimento noceretur ⟨noceret *AQ*⟩: VI 34, 7.

B. additur neutrum pronominis (adiectiui); a) nihil *u.* **nihil** *p. 775* **B. a)** *(3 loc.)*.

b) quid: (statuebat,) quod longius eius (Dumnorigis) amentiam progredi uidebat, prospiciendum ⟨*c*⟩, ne quid sibi ac rei publicae nocere ⟨noceri *a*⟩ posset: V 7, 2; ne quid iis ⟨eis *codd.*⟩ noceatur neu quis inuitus sacramentum ⟨*c*⟩ dicere cogatur, a Caesare cauetur: 1, 86, 4; ne quid ignis hostium nocere posset: 2, 9, 3.

c) tantum: relinquebatur, ut . . . tantum in agris uastandis incendiisque faciendis hostibus noceretur, quantum: V 19, 3.

C. non additur neutr. pron. (uel adiect.); additur datiuus; a): intellexit . . . neque hostium fugam captis oppidis reprimi neque iis ⟨*c*⟩ noceri posse: III 14, 1; ¶ neque (Caesarem debere) adeo grauiter irasci inimicis, ut ⟨*c*⟩, cum illis nocere se speret, rei publicae noceat: 1, 8, 3; ¶ ut . . . nec quiequam omnino relinqueretur, qua aut telis ⟨*Forchh.*; eis *x*; ab eis *N*; uis *O*; ui *1 det.*; *Np.*, *Dt.*⟩ militibus aut igni ⟨-nis *O*⟩ operibus noceri ⟨-re *O*⟩ posset: 2, 16, 1; ¶ neque enim iis ⟨*c*⟩ (nauibus) nostrae rostro nocere poterant: III 13, 8; ¶ ut . . . his défensoribus earum rerum uis minueretur neu ponti nocerent: IV 17, 10.

b): interea manerent indutiae, . . . neue alter alteri noceret: 3, 16, 5; ¶ si id sit factum, se nociturum nemini: 1, 85, 12; ¶¶ interdicit atque imperat Cassiuellauno, ne Mandubracio neu Trinobantibus noceat ⟨bellum faciat β⟩: V 22, 5.

nocens: ne communi odio Germanorum innocentes pro nocentibus poenas pendant: VI 9, 7.

noctu. A. non opponitur interdiu: militesque ex oppido exire iussit, ne quam noctu oppidani a ⟨*c*⟩ militibus iniuriam acciperent: II 33, 1; ¶ Pompeius noctu magnis additis munitionibus reliquis diebus turres exstruxit: 3, 54, 1; ¶ munitione flumen a monte seclusit, ne noctu aquari Pompeiani possent: 3, 97, 4; ¶ (cogere: VI 7, 8 *u.* conuocare;) ¶ quaecumque ad proximi diei oppugnationem opus sunt, noctu comparantur: V 40, 5; ¶ quod pridie noctu conclamatum esset *in* Caesaris castris: 1, 67, 2; ¶ ueriti, ne noctu impediti sub onere confligere cogerentur: 1, 66, 2; ¶ paucis diebus interpositis noctu insidias equitum conlocauit: 3, 37, 5; ¶ Labienus noctu ⟨nocte *Q*β⟩ tribunis militum primisque ordinibus conuocatis ⟨coactis β⟩ quid sui sit ⟨*o*⟩ consilii proponit: VI 7, 8; ¶ suspicati hostes huc nostros esse uenturos noctu in siluis delituerant: IV 32, 4; ¶ has (naues) perfectas carris iunctis deuehit noctu milia passuum a castris XXII: 1, 54, 3; ¶ consilium capit omnem ab ⟨*c*⟩ se equitatum noctu dimittere ⟨demittere α⟩: VII 71, 1; ¶ ex ea parte uici, quam Gallis concesserat, omnes noctu discessisse: III 2, 1; ¶ plerosque ii ⟨*c*⟩, qui receperant, celant noctuque per uallum emittunt: 1, 76, 4; ¶ noctu . . . turres admodum centum XX excitantur: V 40, 2; ¶ et noctu ⟨nocte *N*⟩ militibus ac sagittariis in terram ⟨*c*⟩ expositis praesidium equitum deiecit: 3, 23, 2; ¶ iamque hoc ⟨*c*⟩ facere noctu apparabant, cum: VII 26, 3; plerique censebant, ut noctu iter facerent: 1, 67, 1; ¶ magnum numerum leuis armaturae et sagittariorum aggeremque omnem noctu in scaphas et naues actuarias imponit: 3, 62, 2; ¶ aegre ad noctem oppugnationem sustinent. noctu ⟨nocte β⟩ ad unum omnes desperata salute se ipsi interficiunt: V 37, 6; ¶ reliquae copiae missis ad Varum noctu legatorum numero centurionibus sese ei dediderunt: 2, 44, 1; ¶ praeter consuetudinem omnium noctu *instituerant pabulari: 1, 59, 3; ¶ pons, qui fuerat tempestate interruptus, paene erat refectus; hunc nocte ⟨*a*; noctu *Ofhl*; *Db.*⟩ perfici iussit: 1, 41, 1; ¶ ut . . . ille latebris aut ⟨*c*⟩ saltibus se eriperet et ⟨ut β⟩ noctu occultatus ⟨occupatus β⟩ alias regiones partesque peteret: VI 43, 6; ¶ Caesar loca maxime necessaria complexus noctu ⟨nocte *f*⟩ praemuniit ⟨*c*⟩: 3, 112, 7; ¶ Indutiomarus . . . noctu profngit copiasque omnes in Treueros reducit: V 53, 2; ueritus, ne noctu ex oppido profugerent, duas legiones in armis excubare iubet: VII 11, 6; ¶ ipse noctu progressus milia passuum circiter ⟨*c*⟩ XII hostium copias conspicatus est: V 9, 2; ¶

et noctu ne ⟨c⟩ conclamatis quidem nasis flumen transiit ⟨c⟩: 3,37,4.

B. opponitur interdiu, *u.* **interdiu** *p. 207 (6 loc.).*

nocturnus. A. non opponitur diurnus: serius a terra prouectae naues neque usae nocturna aura in redeundo offenderunt: 3,8,2; ¶ nocturnaque in locis desertis concilia habebant: V 53,4; ¶ postea quam ex nocturno fremitu uigiliisque de profectione eorum ⟨c⟩ senserunt: V 32,1; ¶ nocturno itinere non intermisso . . . ad mare peruenit: 3,96,4; ¶ militesque ex nocturno labore sese reficere iussit: VII 83,7; ¶ nocturnaque proelia esse uitanda: 1,67,3; certior factus . . . de nocturno proelio: 2,40,1; ¶ accidit, ut . . . ex pellibus, quibus erant tectae naues, nocturnum excipere rorem cogerentur: 3,15,4; ¶ in his rebus circiter dies X consumit ne nocturnis quidem temporibus ad laborem militum intermissis: V 11,6; — nulla pars nocturni temporis ad laborem intermittitur: V 40,5; Cicero . . . ne nocturnum quidem sibi tempus ad quietem relinquebat: V 40,7; ne militum introitu et ⟨in *Ciacc.*⟩ nocturni temporis licentia oppidum diriperetur: 1,21,2.

B. opponitur diurnus, *u.* **diurnus** *p. 940 (5 loc.).*

nodus: (alces) crura sine nodis articulisque ⟨c⟩ habent: VI 27,1. *(Cf. qu. sqq.)*

nolo. A. c. inf.: nolite, obsecro, committere, . . . ut rei militaris dedecus admittatur, incolumemque ad eum deferte (aquilam): 3,64,4; ¶ (officium suum praestitisse *se*,) qui etiam bona condicione, et loco et tempore aequo, confligere noluerit ⟨*Ald.*; noluerint *z*⟩: 1,85,2; ¶ a quibus discedere nolebat: I 16,3; sese idcirco ab suis discedere atque ad eum uenire noluisse, quo facilius ciuitatem in officio contineret: V 3,6; si ab ora maritima Oricoque ⟨c⟩ discedere nollet: 3,78,6; ¶ noli, inquit, existimare, Pompei, hunc esse exercitum, qui Galliam Germaniamque deuicerit: 3,87,2; ¶ nolite hos ⟨c⟩ uestro auxilio exspoliare ⟨spoliare *h*⟩, qui ⟨c⟩ uestrae salutis causa suum periculum neglexerunt, nec stultitia ac temeritate uestra aut animi imbecillitate ⟨o⟩ omnem Galliam prosternere et perpetuae seruituti subicere ⟨addicere β; *Schn.*⟩: VII 77,9; ¶ (longius prosequi ⟨noluit *add.* β⟩ ueritus . . . omnibus suis incolumibus copiis ⟨c⟩ eodem die ad Ciceronem peruenit: V 52,1;) ¶ quod saepius fortunam temptare Galba nolebat: III 6,4; ¶ uenire: V 3,6 *u.* discedere.

B. c. nom. c. inf.: (Aulerci Lexouiique) senatu suo interfecto, quod auctores belli esse nolebant, portas clauserunt: III 17,3.

C. c. acc. c. inf.: quod pluribus praesentibus eas res iactari nolebat, celeriter concilium dimittit: I 18,1; id ea maxime ratione fecit, quod noluit eum locum, unde Heluetii discesserant, uacare: I 28,4; qui ut ⟨*BQ; om. AM*β⟩ Germanos diutius in Gallia uersari noluerant ⟨nollent β⟩, ita populi Romani exercitum hiemare atque inueterascere in Gallia moleste ferebant: II 1,3; si sese ⟨se si β⟩ interfici nollent, arma ponere iusserunt: IV 37,1; ut nihil nisi hiberna recusent atque hanc inueterascere consuetudinem nolint: V 41,5; quod mora reliquorum spatium nactum illum effugere nolebat: V 58,4; interea ueterem exercitum, ⟨uetere exercitu *Elberl.*⟩ duas Hispanias confirmari . . ., auxilia, equitatum parari, Galliam Italiamque temptari se absente nolebat: 1,29,3.

nomen. A. propr. (ὄνομα); a) subi.: si id non fecissent, longe iis ⟨c⟩ fraternum nomen populi Romani afuturum: I 36,5; ¶ (legatos,) quod nomen ad ⟨apud *ef*⟩ omnes nationes sanctum inuiolatumque semper fuisset: III 9,3; Caesaris autem erat in barbaris nomen obscurius: 1,61,3; satis esse: 3, 32,2 *u.* e) reperire; ¶ magnam[que] regium nomen apud suos auctoritatem habere existimans: 3,109,6; ¶ posse, uideri: 3,32,2 *u.* e) reperire.

b) praed.: impedimenta . . . Aduatucam contulit. id castelli nomen est: VI 32,3.

c) obiect.: (accipere: 3,112,1 *u.* capere;) ¶ ne committeret, ut is locus, ubi constitissent, ex calamitate populi Romani et internecione exercitus nomen caperet aut memoriam proderet: I 13,7; Pharus est in insula turris magna altitudine . . ., quae nomen ab insula cepit ⟨coepit *fhl*; accepit *a*; *edd.*⟩: 3,112,1; ¶ fugitiuis omnibus nostris certus erat Alexandriae receptus certaque uitae condicio, ut dato nomine militum essent ⟨c⟩ numero: 3,110,4; ¶ Pompeius eo proelio imperator est appellatus. hoc nomen obtinuit atque ita se postea salutari passus *est, sed ⟨neque *Np.*; *edd.*⟩ in litteris numquam ⟨*Bergk*; quas *codd.*; *edd.*⟩ scribere est solitus neque in fascibus insignia laureae praetulit: 3,71,3; ¶ prope ad internecionem gente ac nomine ⟨gente agnomine *BM*⟩ Neruiorum redacto: II 28,1; ¶ cuius modo ⟨c⟩ rei nomen reperiri poterat, hoc satis esse ad cogendas pecunias uidebatur: 3,32,2; ¶

mihi meum nomen restituite ⟨*af;* restituite nomen *Ohl; Db.*⟩, ne ad contumeliam honorem dedisse uideamini: 2, 32, 14; ¶ scribere: 3, 71, 3 *u.* obtinere; ¶ ciuitates uictae nomen atque imperium absentis Pompei ⟨*Dauis.; om. codd.*⟩ timebant: 1, 61, 3; ¶ ut magna multitudine circumfusa pro tali facinore stirps ac nomen ciuitatis tollatur: VI 34, 8.

d) abl.: quantas pecunias ab uxoribus dotis nomine acceperunt ⟨*c*⟩: VI 19, 1; ¶ Fabius Paelignus quidam . . . magna uoce Varum nomine appellans requirebat: 2, 35, 1; — Condrusos, Eburones, Caerosos ⟨*c*⟩, Caemanos ⟨*c*⟩, qui uno nomine Germani appellantur: II 4, 10; *u. praeterea* **appello** *p. 286* **B. a)** *(3 loc.);* ¶ ab Anco Marcio sunt Marcii Reges, quo nomine fuit mater: *ap. Suet.* 6.

ab his ⟨*c*⟩ castris oppidum Remorum, nomine Bibrax, aberat milia passuum octo: II 6, 1; erat unus intus Neruius, nomine Vertico: V 45, 2; erat in procuratione regni propter aetatem pueri nutricius eius, eunuchus, nomine Pothinus: 3, 108, 1.

(= specie, simulatione:) suos ab se liberos abstractos obsidum nomine dolebant: III 2, 5; ex reliquis captiuis toto exercitui capita singula praedae nomine distribuit: VII 89, 5; magnum numerum ex Thessalia, Boeotia, Achaia Epiroque ⟨*c*⟩ supplementi nomine in legiones distribuerat: 3, 4, 2.

B. trsl.; a) grammat. = nomen substantiuum: num tu harum rerum natura accidere arbitraris, quod unam terram ac plures terras . . . dicamus, neque quadrigas in unam ⟨?⟩ nominis figuram redigere . . . possimus? *ap. Gell.* XIX 8, 8; — (nisi omnia consentiant inter se, non potest fieri, ut nominis similitudo sit: *ap. Pompei. comm. art. Don. (gramm. Lat. ed. Keil V p. 198).*)

b) = (nominis claritas,) fama, gloria: tantum esse nomen ⟨apud eos *add.* β⟩ atque opinionem eius exercitus ⟨exercitus Romani β⟩ Ariouisto pulso et hoc nouissimo proelio facto etiam ad ultimas Germanorum nationes, uti opinione et amicitia populi Romani tuti esse *possent: IV 16, 7; ¶ nomen capere: I 13, 7 *u.* **A. c)** capere; — qui (Gabiniani milites) iam in consuetudinem Alexandrinae uitae ac licentiae uenerant et nomen disciplinamque populi Romani dedidicerant ⟨*Ald.;* didicerant *x*⟩: 3, 110, 2; ¶ Caesarem uel auctoritate sua atque exercitus uel recenti uictoria uel nomine populi Romani deterrere posse, ne: I 31, 16; ¶ huius ⟨*c*⟩ te paene principem copiae atque inuentorem bene de nomine ac dignitate populi Romani meritum esse existimare debemus: *ap. Cic. Brut.* 253; — Caesar magis eos pro nomine et uetustate quam pro meritis in se ciuitatis conseruans duas ibi legiones praesidio relinquit: 2, 22, 6.

c) = crimen, causa: qui (Milo) Clodio interfecto eo ⟨*Scal.;* eius *codd.;* caedis *Paul*⟩ nomine erat damnatus: 3, 21, 4.

d) suo nomine = sua sponte: (Dumnorigem) odisse etiam suo nomine Caesarem et Romanos: I 18, 8; quod se suo nomine atque arbitrio cum Romanis bellum gesturos ⟨*c*⟩ dicerent ⟨β; *Schn.;* dicebant α; *rell. edd.*⟩: VII 75, 5.

(**= suo arbitrio:**) praeesse autem (Scipionem) suo nomine exercitui, ut praeter auctoritatem uires quoque ad coercendum haberet: 3, 57, 3.

e) nomine alcs (= iussu; *an* **= nomine subscripto?):** erat edictum Pompei nomine Amphipoli propositum, uti omnes . . . iurandi causa conuenirent: 3, 102, 2.

nominatim: centurionibusque nominatim appellatis reliquos cohortatus milites signa inferre et manipulos laxare iussit: II 25, 2; ¶ (tabulae repertae sunt,) quibus in tabulis nominatim ratio confecta erat, qui numerus domo exisset . . .: I 29, 1; ¶ auxiliis equitatuque comparato, multis praeterea uiris fortibus Tolosa et Narbone ⟨*c*⟩ . . . nominatim euocatis in Sotiatium ⟨*c*⟩ fines exercitum introduxit: III 20, 2; his adductis, in iis filio ⟨*c*⟩ propinquisque eius omnibus, quos nominatim euocauerat: V 4, 2; Eporedorix Haeduus . . . et una Viridomarus . . . in equitum numero conuenerant nominatim ab eo euocati: VII 39, 1; equitum III milia . . . habuerat et parem ex Gallia numerum . . . nominatim ex omnibus ciuitatibus nobilissimo quoque euocato: 1, 39, 2; et honesti ex iuuentute et cuiusque aetatis amplissimi ⟨*c*⟩ nominatim euocati atque obsecrati naues conscenderant: 2, 5, 5.

nomino. A.: collis ab summo aequaliter decliuis ad flumen Sabim, quod supra nominauimus, uergebat: II 18, 1.

B.: taleae . . . in terram infodiebantur . . .; quos stimulos nominabant: VII 73, 9.

non. 1. non respondet alia negatio; A. non opponitur aliud enuntiati membrum; a) non additur enim; α) in enuntiatis non interrogatiuis; pertinet αα) ad subst. (c. praep.): quaerunt, rectene se illi sint commissuri, et quod non ab initio fecerint armaque ⟨arma qui *a;* arma *f;* arma quod *Ohl*⟩ cum hominibus necessariis et consanguineis contulerint queruntur: 1, 74, 2.

ββ) ad adiect.; a) pos.: (erant magno usui)

falces praeacutae insertae adfixaeque longuriis, non absimili forma muralium falcium: III 14, 5; ¶ si se inuito Germanos in Galliam transire non aequum existimaret: IV 16, 4; ¶ quoniam ad hunc locum peruentum est, non alienum esse uidetur . . . proponere: VI 11, 1; ¶ uti autem ipsos ualetudine non bona: 3, 49, 3; ¶ bellum duci non difficile existimabat: 2, 18, 6; ¶ hic locus abest a Clupeis passuum XXII milia ⟨*c*⟩ habetque non incommodam ⟨-da *afl*⟩ aestate stationem et duobus eminentibus promunturiis continetur: 2, 23, 2; ¶ fuit haec oratio non ingrata Gallis et ⟨*om.* β⟩ maxime, quod: VII 30, 1; ¶ ut non iniquo loco posse dimicari uideretur: 3, 85, 3; ¶ magno coorto imbre ⟨*c*⟩ non inutilem hanc ad capiendum consilium tempestatem arbitratus est ⟨est *om.* β; *Schn.*⟩ . . . suosque ⟨suos quoque β; *Schn.*⟩ . . . iussit: VII 27, 1; ¶ (non longo . . . spatio: 1, 59, 2 *u.* **εε) a)** longe;) duas legiones suas antecedere, reliquas subsequi iussit, ut non longo inter se spatio castra facerent: 1, 87, 4; castraque Cleopatrae non longo spatio ab eius castris distabant: 3, 103, 2; ¶ quorum alteri, quod nullo studio agebant, non multum adiuuabant, alteri non magnis facultatibus . . . celeriter quod habuerunt consumpserunt: VII 17, 2; id silentio noctis conati non magna iactura snorum sese ⟨*c*⟩ effecturos sperabant ⟨*c*⟩: VII 26, 2; cum ⟨*c*⟩ in dextro cornu legio duodecima et non magno ab ⟨*c*⟩ ea ⟨*c*⟩ interuallo septima constitisset: II 23, 4; desiderati sunt . . . equites pauci, calonum atque *iumentorum non magnus numerus: 1, 51, 6; palus erat non magna inter nostrum atque hostium exercitum: II 9, 1; qui uicus positus in nalle non magna adiecta planitie altissimis montibus undique continetur: III 1, 5; una nalle ⟨conualle *Paul*⟩ non magna interiecta suas uterque copias instruit: 2, 27, 4; qui . . . Caesarem secuti non magnum in re militari usum habebant: I 39, 2; ¶ P. Crassus . . . non mediocrem sibi diligentiam adhibendam intellegebat: III 20, 1; iamque Pompeiani . . . adpropinquabant non mediocri terrore inlato reliquis cohortibus: 3, 65, 1; ¶ qui omnibus rebus imparatissimus ⟨*c*⟩ non necessarium bellum suscepisset: 1, 30, 5; ut facile existimari posset nihil eos de euentu eius diei timuisse, qui non ⟨quin *O*⟩ necessarias conquirerent uoluptates: 3, 96, 1; ¶ quod sua mandata perferre non oportuno tempore ad Pompeium uererentur: 3, 57, 2.

b) compar.; aa) sequ. quam: milites non longiore oratione ⟨est *add.* B^2β⟩ cohortatus, quam uti suae pristinae uirtutis memoriam retinerent: II 21, 2; ¶ ut . . . alias regiones partesque peteret non maiore equitum praesidio quam quattuor: VI 43, 6; ¶ cum Cimbris et Teutonis a C. Mario pulsis non minorem laudem exercitus quam ipse imperator meritus uidebatur: I 40, 5; quae quidem res Caesari non minorem quam ipsa uictoria uoluptatem attulit: I 53, 6; non minore animo ac fiducia, quam ⟨qua *add. Paul*⟩ ante dimicauerant, naues conscendunt: 2, 4, 3.

bb) non sequitur quam: hunc . . . palus difficilis . . . cingebat non latior pedibus quinquaginta: VII 19, 1.

γγ) ad numeral.: legione ⟨*o*⟩ producta cognoscit non decimum quemque ⟨quemquam β⟩ esse reliquum ⟨relictum β⟩ militem sine uulnere: V 52, 2.

δδ) ad pronom.: renuntiauerunt non eadem esse diligentia ab decumana porta castra munita facilemque aditum habere: III 25, 2; non ⟨omnes *h*⟩ eadem alacritate ac studio, quo in pedestribus uti proeliis consuerant, utebantur: IV 24, 4; factae enim subito ex umida materia non eundem usum celeritatis (naues) habebant ⟨*Oud.*; habuerant *Ox*⟩: 1, 58, 3.

εε) ad aduerbia; a) posit.: quod non adeo sit imperitus rerum, ut: V 27, 4; ¶ ingressus in eam orationem, non oportere ante ⟨antea a^1⟩ de ea re ad senatum referri, quam dilectus tota Italia habiti . . . essent: 1, 2, 2; ¶ non facile *u.* **facile** *p. 1249* **a) β) γγ)** *(8 loc.)*; ¶ quod non fere ante autumnum Elauer nado transiri solet: VII 35, 1; ¶ cum . . . tela . . ex loco superiore missa non frustra acciderent ⟨β; accedere(nt) α⟩: III 25, 1; ¶ quod cum fieret, non inridicule quidam ex militibus decimae legionis dixit: I 42, 6; ¶ non ita *u.* **ita** *p. 351* 2. *(4 loc.)*; ¶ qui non longe a Tolosatium finibus absunt: I 10, 1; Rhenum transierunt non longe a mari: IV 1, 1; cognoscit non longe ex eo loco oppidum Cassiuellauni abesse: V 21, 2; alias non longe ⟨*x*; longo *edd.*⟩ a castris progressi spatio, ut celerem receptum haberent, angustiore ⟨*ego*; angustius *codd.*; *edd.*⟩ pabulabantur ⟨*O*; pabulautur *x*⟩: 1, 59, 2; II tigna transuersa iniecerunt non ⟨*Steph.*; ut non *x*⟩ longe ab extremis parietibus: 2, 9, 2; ¶ ut . . . audacter locum caperent, ordines suos non magnopere ⟨magno opere *hl*⟩ seruarent, rari dispersique pugnarent: 1, 44, 1; ¶ tantus subito timor omnem exercitum occupauit, ut non mediocriter omnium mentes animosque perturbaret: I 39, 1; ¶ quibus ad pugnam non multum Crassus confidebat: III 25, 1; alteri, quod nullo studio agebant, non multum adiuuabant: VII 17, 2; spatii *breuitate etiam in fugam coniectis aduersariis non multum ad summam *uictoria iuuare poterat: 1, 82, 3; ¶ (milites . . . dolere hostem ex manibus dimitti, bellum ⟨non *add. O; Np.*⟩ necessario longius duci: 1, 64, 3;) ¶ ut non nequiquam tantae uirtutis homines iudicari deberet ⟨*c*⟩ ausos ⟨*c*⟩ esse ⟨*c*⟩ transire latissimum flumen . . .: II 27, 5; ¶ is locus praesidio ab his non nimis firmo tamen ⟨*c*⟩ tenebatur: VII 36, 6; ¶ ac tanta onera nauium regi nelis non satis commode posse ⟨*om.* β⟩ arbitrabantur: III 13, 6; ¶ cum item ab hostibus constanter ac non timide pugnaretur: III 25, 1.

b) comp.; aa) sequitur quam: quod non longius hostes aberant, quam quo telum adigi ⟨*c*⟩ posset: II 21, 3; colle exteriore occupato non ⟨*del. Frig.*⟩ longius ⟨β; longe α; *Fr.*⟩ mille passibus ab nostris munitionibus ⟨a nostr. mun. quam mille passibus β⟩ considunt: VII 79, 1; ¶ intellegere sese . . . eam rem non minus ex usu terrae Galliae quam populi Romani accidisse: I 30, 2; non minus se id contendere et laborare, ne ea, quae dixissent, enuntiarentur, quam uti . . . impetrarent: I 31, 2; non minus libenter sese ⟨se libenter β⟩ recusaturum populi Romani amicitiam quam adpetierit: I 44, 5; quid fieri oporteret non minus commode ipsi sibi ⟨magis *add.* β⟩ praescribere quam ab aliis doceri poterant: II 20, 3; nec ⟨non β⟩ minus se in ⟨*c*⟩ milite modestiam et continentiam ⟨et cont. *om.* β⟩ quam uirtutem atque animi magnitudinem desiderare: VII 52, 4; praesertim cum non minus esset imperatoris consilio superare quam gladio: 1, 72, 2; Vibullius ⟨*c*⟩ *expositus Corcyrae non minus necessarium esse existimauit de repentino aduentu Caesaris Pompeium fieri certiorem, uti ad id consilium capere posset, quam ⟨*Ciacc.;* antequam *x; edd.*⟩ de mandatis agi ⟨inciperet *add. codd.;* inciperetur *Np.; Db., Dt.; del. Ciacc.*⟩: 3, 11, 1; — suaque esse eius modi imperia, ut non minus haberet iuris in se multitudo quam ipse in multitudinem: V 27, 3; ¶ his rebus adducti non prius Viridouicem reliquosque duces ex concilio dimittunt, quam ab his sit concessum: III 18, 7; ita perterritos egerunt, ut non prius fuga desisterent, quam in conspectum ⟨*c*⟩ agminis nostri uenissent: IV 12, 2; perspecto urbis situ . . . de oppugnatione ⟨*c*⟩ desperauit, de obsessione ⟨*uerba* desper. de obsess. *om.* α⟩ non prius agendum constituit, quam rem frumentariam expedisset: VII 36, 1.

bb) non sequitur quam: inueniebat . . . Sabim flumen a ⟨*c*⟩ castris suis non amplius milia passuum decem abesse: II 16, 1; reliquum spatium, quod est non ⟨non est *af*⟩ amplius pedum *mille* sescentorum: I 38, 5; aditus in latitudinem ⟨*c*⟩ non amplius ducentorum ⟨*o*⟩ pedum relinquebatur: II 29, 3; cum ipsi non amplius octingentos equites haberent: IV 12, 1; nostri non amplius XX omnibus sunt proeliis desiderati: 3, 53, 2; in eo proelio non amplius CC milites desiderauit: 3, 99, 1; *u. praeterea* **amplius** *p. 256 extr.* I 15, 5; 23, 1; IV 11, 1; VII 73, 6; (1, 82, 4;) — cum se bis expertos dicerent, Ariouisti bello et Tencterorum transitu; non esse amplius fortunam temptaturos ⟨temptandam β⟩: V 55, 2; ¶ cum . . . ipse ab hostium castris non longius mille et quingentis passibus abesset: I 22, 1; tamen sese non longius milibus passuum quattuor . . . processurum eo die dixit: IV 11, 4; iamque ab eo non longius bidui ⟨*o*⟩ uia aberant: VI 7, 2; — constituit non progredi longius: VI 29, 1; VII 79, 1 *u.* **aa)** longius; ¶ non minus qui intra munitiones erant perturbantur Galli ⟨*o*⟩: VII 70, 6.

ζζ) ad uerba; a) non additur ut, neque si, neque quasi: nolite, obsecro, committere, quod ante in exercitu Caesaris non accidit, ut rei militaris dedecus admittatur: 3, 64, 4; ¶ haec ad eum mandata Clodius refert, ac primis diebus . . . libenter auditus reliquis ad conloquium non admittitur: 3, 57, 5; ¶ (ut (Lentulus consul) . . . protinus ⟨non *add. Halbertsma*⟩ aperto sanctiore aerario ex urbe profugeret: 1, 14, 1;) ¶ quantum ei facultatis dari potuit, qui naui ⟨*o*⟩ egredi ac se barbaris committere non auderet: IV 21, 9; qui dimicare non ausi turpiter se in castra receperint: VII 20, 6; haec . . . loca maxime uacabant, quod ⟨quom *Np.*⟩ se longius *a* portibus committere non auderent ⟨-bant *f*⟩: 3, 25, 5; quod Pompeius . . . munitionibus adpropinquare aliquamdiu non audebat equitesque eius . . . tardabantur: 3, 70, 1; ¶ audire: VII 47, 2 *u.* exaudire.

cedere: V 56, 3 *u.* discedere; ¶ tamen eos retinendos non censuit ⟨β; *Schn.;* constituit α; *rell. edd.*⟩: VII 54, 2; ¶ (neque enim ex Marsis Paelignisque ueniebant Vticam, qui non [superiore nocte] tuto a Vari in Curionis castra commearent ⟨*sic Dt.*⟩: 2, 29, 4;) ¶ quod pridie superioribus locis occupatis proelium non commisissent: I 23, 3; ¶ (complere: VII 75, 5 *u.* conferre;) ¶ (concertare: VI 5, 3 *u.* contendere;) ¶

eum . . . procucurrissent atque animum ⟨c⟩ aduertissent non concurri a Pompeianis: 3, 93, 1; ¶ Ambiorix copias suas iudicione non conduxerit, . . . an tempore exclusus . . . dubium est: VI 31, 1; ¶ ex his Bellouaci suum numerum non contulerunt ⟨β; compleuerunt α; *edd.*⟩: VII 75, 5; ¶ quod ciuitatem temere ad suscipiendum bellum adduci posse non confidebant: VII 37, 6; ¶ cum uultus Domitii eum oratione non consentiret atque omnia trepidantius . . . ageret . . . multumque eum suis . . . secreto . . . conloqueretur, concilia conuentusque hominum fugeret, res diutius tegi . . . non potuit: 1, 19, 2; ¶ constituere: (VII 54, 2 *u.* censere;) etsi prohibere Pompeius totis copiis et dimicare non constituerat: 3, 44, 6; ¶ quod pro explorato habebat Ambiorigem proelio non esse contenturum ⟨β; concertaturum *AQM*²; *edd.*; concertaturum tenturum *BM*⟩: VI 5, 3; ¶ cunctari: III 23, 7 *u.* existimare.

ut se sub ipso uallo constipauerant recessumque primis ultimi non dabant: V 43, 5; nostri cedentes usque ⟨c⟩ ad ⟨c⟩ castra insecuti ⟨c⟩ sui colligendi ⟨o⟩ facultatem non dederunt: VII 80, 8; non datur libera muri defendendi ⟨c⟩ facultas ⟨*u.* CC⟩: 2, 11, 3; sed operum magnitudo et continens omnium dierum labor . . . perficiendi spatium non dabat: 3, 63, 4; ¶ (nam de equitibus hostium, quin nemo eorum progredi modo ⟨c⟩ extra agmen audeat, ne ipsos quidem debere ⟨β; *Schn.*; et (*del. Whitt.*; *Dt.*) ipsos quidem non debere α; *rell. edd.*⟩ dubitare: VII 66, 6;) ¶ Afranianos contra multis rebus sui timoris signa misisse: quod suis non subuenissent, quod de colle non decederent ⟨*O*²; recederent *O*¹*Nx*⟩, quod uix equitum incursus sustinerent: 1, 71, 3; ¶ cum . . . quaereret Caesar, quam ob rem Ariouistus proelio non decertaret: I 50, 4; ¶ at barbaris consilium non defuit: V 34, 1; (copias se omnes pro castris habiturum et terrori ⟨terrorem *bik*⟩ hostibus ⟨hostium β⟩ futurum ⟨non defuturum β⟩: VII 66, 6;) L. Lentulus consul senatui reique ⟨que *om. ahl*⟩ publicae se non defuturum pollicetur, si: 1, 1, 2; Pompeio esse in animo rei publicae non deesse, si senatus sequatur: 1, 1, 4; (sin timore defugiant, illis ⟨illi *O*⟩ se oneri non futurum ⟨defuturum *O*⟩ et per se rem publicam administraturum: 1, 32, 7;) ita spei Curionis militum studia non deerant: 2, 39, 5; non deest negotio Curio suosque hortatur, ut: 2, 41, 3; ¶ (derigere: 2, 25, 6 *u.* traducere;) ¶ Petreius nero non deserit sese: 1, 75, 2; Labienus procedit iuratque se eum non deserturum eundemque casum subiturum: 3, 13, 3; ¶ illi finitimos Germanos sollicitare et pecuniam polliceri non desistunt: VI 2, 1; non desistit ⟨*recc.*; destitit *X*; *edd.*⟩ tamen atque in agris habet dilectum egentium ac perditorum: VII 4, 3; de re frumentaria Boios atque Haeduos adhortari non destitit ⟨distitit α; desistit β⟩: VII 17, 2; ¶ sese suas exercitusque fortunas in dubium non deuocaturum et postero die . . . castra moturum: VI 7, 6; ¶ Cingetorigem, . . . quem supra demonstrauimus Caesaris secutum fidem ab eo non discessisse ⟨cessisse β⟩, hostem iudicat ⟨c⟩: V 56, 3; hortatur Curionem Cn. Domitius . . ., ut . . . contendat, et se ab eo non discessurum pollicetur: 2, 42, 3; ille a uallo ⟨c⟩ non discedere perseuerauit: 3, 37, 2; ¶ haec si enuntiata Ariouisto sint, non dubitare, quin de omnibus obsidibus . . . supplicium sumat: I 31, 15; se cum sola decima legione iturum, de qua non dubitaret, sibique eam praetoriam cohortem futuram: I 40, 15; ipsi transire flumen non dubitauerunt et . . . coniecerunt: II 23, 2; uix agmen . . . processerat, cum Galli . . . flumen transire et iniquo loco committere proelium non dubitant: VI 8, 1; (uehementer ⟨o⟩ huic illos ⟨o⟩ loco timere nec iam aliter sentire, uno colle ab ⟨c⟩ Romanis occupato si alterum amisissent, quin ⟨non dubitari quin β⟩ paene circumuallati . . . uiderentur: VII 44, 4;) sed Caesar confisus fama rerum gestarum infirmis auxiliis proficisci non dubitauerat aeque ⟨*Np.*; atque *codd.*⟩ omnem sibi locum tutum fore existimans: 3, 106, 3; ¶ (ducere: 2, 25, 6 *u.* traducere.)

quibuscumque exercitus dicto audiens non fuerit: I 40, 12; et missis ad Caesarem . . . legatis, cum is omnem ⟨o⟩ ad se senatum uenire iussisset, dicto audientes non fuerunt: V 54, 3; — mulieres . . . in eum locum coniecisse, quo propter paludes exercitui aditus non esset: II 16, 5; qui cogitasset ⟨c⟩ haec posse in itinere accidere atque ob eam causam profectionis auctor non fuisset: V 33, 2; et propter . . . et quod in eo peccandi Germanis causa non esset: I 47, 4; respondit: non esse consuetudinem populi Romani ⟨ullam *add.* β⟩ accipere ab hoste armato condicionem: V 41, 7; quoniam ad id tempus facultas conloquendi non fuerit atque ipse ⟨c⟩ Brundisium sit uenturus: 1, 24, 5; non esse fas Germanos superare, si: I 50, 5; in occultis ac reconditis templi, quo praeter sacerdotes adire fas non est: 3, 105, 4; qua (ciuitate) traducta locum consistendi Romanis in Gallia non fore: VII 37, 3; post id tempus non fore potestatem: V 51, 3; — illis se oneri non futurum: 1, 32, 7 *u.* deesse; — hoc cum in speciem uarietatemque opus deforme non est alternis trabibus ac saxis, . . . tum: VII 23, 5; qui si alicuius iniuriae sibi conscius fuisset, non fuisse difficile cauere: I 14, 2; neque nunc id (se) agere, ut . . . exercitum teneat ipse, quod tamen sibi difficile non sit, sed: 1, 85, 11; id autem difficile non est, cum . . . ualeamus: 3, 86, 4; non esse dubium, quin totius Galliae plurimum Heluetii possent: I 3, 7; ubi nostros non esse inferiores intellexit: II 8, 3; quibusdam de causis, quas commemorari necesse non est, eo loco excesserat: 3, 66, 6; oppida incendi oportere, quae non munitione et loci natura ab omni sint periculo tuta: VII 14, 9; (3, 26, 4 *u.* **B. e) α) ββ)**;) — — amittendam non esse: III 18, 5 *u.* **B. c) β)**; non esse faciendum, imitaturus non sum, passus non est, perfectum non erat *(bis)*, praedicaturus non sum, prouisum non erat, non esse pugnaturos, recepti non erant, relata non sit, reprehendendum non est, secuti non sunt, non esse . . . suscensendum, transeundum non erat, non esse uenturum, nisa non est, nisa non sint *u.* facere, imitari, pati, *rell.;* non esse amplius . . temptaturos ⟨*c*⟩: V 55, 2 *u.* **εε) b) bb)** amplius *extr.;* ¶ ac ⟨at β; *Schn., Fr., Db.*⟩ reliquarum legionum milites non exaudito ⟨audito β⟩ sono tubae . . . tamen . . . retinebantur: VII 47, 2; ¶ (Massilienses . . . nostros eludebant impetusque eorum decipiebant ⟨*Np.;* excipiebant *codd.;* non excipiebant *Kran.; Db.*⟩: 1, 58, 1;) ¶ ad hunc modum locuti: non ⟨se *add.* B^2β⟩ existimare Romanos sine ope diuina ⟨*o*⟩ bellum gerere: II 31, 2; — Ambiorix copias suas iudicione non conduxerit, quod proelio dimicandum non existimaret ⟨*D; Paul;* existimarit *X; edd.*⟩, an: VI 31, 1; tum uero dubitandum non existimanit, quin . . . proficisceretur: II 2, 5; accidit inspectantibus nobis, quod dignum memoria uisum praetereundum non existimauimus: VII 25, 1; scribendum ad te existimaui . . ., ne quo progredereris proclinata ⟨*c*⟩ iam re, quo integra etiam progrediendum tibi non existimasses: *ap. Cic. ad Att.* X 8 *B,* 1; quod . . . hiemi nauigationem subiciendam non existimabat: IV 36, 2; qui hanc temptandam fortunam non existimabant: VII 4, 2; — — non cunctandum existimauit, quin pugna decertaret: III 23, 7; etsi ab hoste ea dicebantur, tamen non neglegenda existimabant, maximeque . . . permouebantur: V 28, 1; cum . . . impediretur, non omittendum ⟨sibi *add.* β⟩ consilium Neruii existimauerunt: II 17, 5; non praetermittendum tantum ⟨*c*⟩ commodum existimauerunt: VII 55, 4; tamen id sibi contendendum aut aliter non traducendum exercitum existimabat: IV 17, 2; ¶ Caesar non exspectandum sibi statuit, dum: I 11, 6.

proelio decertare . ., quod eo tempore statuerat non esse faciendum ⟨fac. n. e. stat. *hl*⟩: 3, 44, 1; ¶ militum nostrorum impetum non tulerunt seseque alia ex ⟨*o*⟩ parte oppidi eiecerunt: V 21, 5; Romanos aut inopiam non laturos aut magno cum ⟨*c*⟩ periculo longius . . . processuros: VII 14, 7; (3, 31, 4 *u.* **B. c) α) γγ)**;) ¶ non frustrabo uos, milites: *ap. Diomed. art. gramm. I p. 400 Keil,* qui ⟨et β⟩ cum propter siccitates ⟨*c*⟩ paludum quo se reciperent non haberent: IV 38, 2.

reuersus ille euentus belli non ignorans ⟨ignarus M^2*; pr. edd.*⟩ unum . . . questus . . . iudicauit: VI 42, 1; tamen non ignorans, quanta ex dissensionibus incommoda oriri consuessent, . . . existimauit: VII 33, 1; ¶ odium effugere non potuerunt neque uictoriam diutius tenere praeter unum L. Sullam, quem imitaturus non sum: *ap. Cic. ad Att.* IX 7 *C,* 1; ¶ cum id non impetrassent, petebant: IV 11, 2; ¶ (quod deditione facta nostros praesidia deducturos ⟨non inducturos B^3β⟩ aut denique indiligentius seruaturos crediderant: II 33, 2;) ¶ de Cicerone te uideo quiddam scripsisse, quod ego non intellexi: *ap. Cic. ad Q. fr.* II 10 (12), 4; ¶ septimo die, cum iter non intermitteret, ab exploratoribus certior factus est: I 41, 5; qui uectoriis grauibusque nauigiis non intermisso remigandi labore longarum nauium cursum adaequarunt ⟨*c*⟩: V 8, 4; interea, quoad fides esset data . . ., non intermissuros consules Pompeiumque dilectus: 1, 10, 4; nocturno itinere non intermisso comitatu equitum XXX ad mare peruenit: 3, 96, 4.

sed isdem de causis Caesar . . . proelio ⟨amplius *add. O*⟩ non lacessit et ⟨*del. Paul*⟩ eo die tabernacula statui passus non est: 1, 81, 2; ¶ qui illius patientiam paene obsessionem appellabant, si quidem ex castris egredi non liceret ⟨*u. CC*⟩: VI 36, 2; quod legibus Haeduorum iis, qui summum magistratum obtinerent, excedere ex finibus non liceret: VII 33, 2.

se Haeduorum iniurias non neglecturum: I 35, 4 *et* 36, 6; V 28, 1 *u.* existimare; ¶ ipsi uero nihil ⟨non β⟩ nocitum iri, inque eam ⟨in quam β⟩ rem se suam fidem interponere: V 36, 2.

cum . . . constaret, non oblitus pristini instituti Caesar mittit ad eum *A.* Clodium: 3, 57, 1; ¶ omittere: II 17, 5 *u.* existimare *extr.;* ¶ si ipse . . . non praescriberet . . ., non oportere se a populo Romano in suo iure impediri: I 36, 2; ut ipsi concedi non oporteret, si . . . impetum faceret, sic item nos esse iniquos, quod: I 44, 8; exspectari diutius non oportere, quin ad castra iretur: III 24, 5; 1, 2, 2 *u.* εε) **a)** ante.

praestare ⟨*c*⟩ omnes perferre acerbitates quam non ciuibus Romanis, qui Cenabi . . . interissent, parentarent ⟨-are *Ciacc.*⟩: VII 17, 7; ¶ capitis poenam iis, qui non paruerint ⟨paruerunt *AQ*[1]⟩, constituit: VII 71, 6; ¶ **(**uinum ad se omnino ⟨*o*⟩ importari non sinunt ⟨patiuntur β⟩: IV 2, 6;**)** 1, 81, 2 *u.* lacessere; ¶ confirmari oportere, ne tecto recipiatur, ne ad liberos, ne ad parentes, ad uxorem ⟨*c*⟩ aditum habeat, qui non bis ⟨*om.* *AQ*β⟩ per agmen hostium perequitarit ⟨β; -tasset α; *edd.*⟩: VII 66, 7; ¶ seu quid in munitionibus perfectum non erat: 3, 61, 3; inter duos uallos, qua perfectum opus non erat: 3, 63, 8.

non haec omnia fortuito ⟨fortuitu *A*[1]*MB*[a]⟩ aut sine consilio accidere potuisse: VII 20, 2; — ubi . . . sentiunt . . . parique condicione ex muro ac turribus bellandi data se uirtute ⟨*CC*⟩ nostris adaequare non posse intellegunt: 2, 16, 3; — quo omnino Caesar adire non poterat: 1, 49, 2; — iis impedimentis, quae secum agere ac portare non poterant, . . . depositis: II 29, 4; — quod equites cursum tenere atque insulam capere non potuerant ⟨*Lipsius;* potuerunt *X*⟩: IV 26, 5; sed ⟨*om.* β⟩ ex iis ⟨*c*⟩ (nauibus) onerariae duae eosdem quos reliquae ⟨*c*⟩ portus ⟨*o*⟩ capere non potuerunt et paulo infra delatae sunt: IV 36, 4; — et quoniam in praesentia obsidibus cauere inter se non possint ⟨β; possent α⟩, ne res efferatur, at ⟨β; aut α; ut *Ald.; edd.*⟩ iure iurando . . . sanciatur petunt: VII 2, 2; — quem (collem) propter magnitudinem circuitus opere circumplecti non potuerant ⟨poterant β⟩ nostri: VII 83, 2; — reliqui uulneribus ex proeliis et labore ac magnitudine itineris confecti consequi non potuerant: 3, 106, 2; — quoniam ciuitati consulere non possent ⟨*bdik;* posset *rell.*⟩: V 3, 5; — condiciones pacis, quoniam antea conuenire non potuissent, . . . a populo peti debere: 3, 10, 8; — cum se suaque ab iis defendere non possent: I 11, 2; a quibus se defendere traditis armis non possent: II 31, 5; — (defugere *u.* refugere;) — multa a ⟨*c*⟩ Caesare in eam sententiam dicta sunt, quare negotio desistere non posset: I 45, 1; — effugere: *ap. Cic. ad Att.* IX 7, *C,* 1 *u.* imitari; — qui per aetatem in armis esse non poterant: V 3, 4; iis autem inuitis, a quibus Pharus ⟨*c*⟩ tenetur, non potest esse propter angustias nauibus introitus in portum: 3, 112, 4; qui tamen pares esse nostro exercitui non potuerint: I 40, 7; uidetisne . . . exiguas esse copias missas, quae paucis equitibus pares esse non potuerint ⟨-erunt *O*⟩: 2, 39, 3; — hos cum Suebi . . . propter amplitudinem grauitatemque ciuitatis finibus expellere non potuissent: IV 3, 4; — id (oppidum) . . . propter latitudinem fossae murique altitudinem paucis defendentibus expugnare non potuit: II 12, 2; — si impedimentis ⟨*c*⟩ suis auxilium ferant atque in eo morentur, iter facere ⟨confici β⟩ non posse: VII 66, 5; quod facere Pompeius discessu militum non potuit: 3, 76, 3; — cum ii, qui flumen transissent, suis auxilium ferre non possent: I 13, 5; diutius nostrorum militum impetum hostes ferre non potuerunt ae terga uerterunt: IV 35, 2; impetum modo⟨?⟩ ferre non potuerunt: VI 8, 6; cum laborem ⟨aut *add.* β; *Np.*⟩ belli aut fugae ferre non posset: VI 31, 5; quod diutius laborem ferre non possent: VII 20, 5; animi est ista mollitia ⟨*c*⟩, non uirtus, paulisper inopiam ⟨*o*⟩ ferre non posse: VII 77, 5; cum (pars) altera ⟨*c*⟩ alteri auxilium ferre non posset: 3, 72, 2; — cum a ⟨*c*⟩ proximis impetrare non possent, ulteriores temptant: VI 2, 2; — quod ea ⟨*c*⟩ non posse introrumpere nidebantur: V 51, 4; — qua (uia) Sequanis inuitis propter angustias ire non poterant: I 9, 1; — his cum sua sponte persuadere non possent ⟨poterant *X*⟩: I 9, 2; — portare: II 29, 4 *u.* agere; — praeterire tamen non potui, quin: *ap. Cic. ad Att.* IX 6 *A;* — pro horum necessitate, quorum de ⟨*c*⟩ re agitur, refugere ⟨defugere *Carrio*⟩ hoc munns, M. Iunce ⟨*c*⟩, non potui: *ap. Gell.* V 13, 6; — quod repentinae Gallorum coniurationi resistere non potuerit: V 27, 4; an, qui incolumes resistere non potuerunt, perditi resistant ⟨*CC*⟩? 2, 32, 6; — **(**secare: VII 14, 4 *u. infra* secari;**)** — cum et propter uulnera militum et propter sepulturam occisorum nostri triduum morati eos sequi non potuissent: I 26, 5; quod non nulli cum probarent, periculi causa sequi non potuerunt: *ap. Cic. ad Att.* X 8 *B,* 2; — quoniam, inquit, me una uobiscum seruare non possum: VII 50, 4; — at illi itinere totius noctis confecti subsequi non poterant, atque alii alio loco resistebant: 2, 39, 6; — diutius cum sustinere nostrorum impetus non possent ⟨*u. CC*⟩: I 26, 1;

non posse ⟨se *add. Pluyg.*⟩ eius imperia diutius sustinere ⟨sustineri *B*[2]⟩: I 31, 13; nisi subsidium sibi submittatur ⟨*c*⟩, sese diutius sustinere non posse: II 6, 4; magnum numerum ciuitatum suam uim sustinere non posse ⟨potuisse β⟩: IV 3, 1; eorum impetum Galli sustinere non potuerunt atque in fugam coniecti . . . se . . . receperunt: VII 13, 2; quorum aut animus aut nires uidebantur sustinere non posse: 1, 64, 5; ut non posse ⟨possent *af*⟩ inopiam diutius sustinere confiderent: 1, 69, 2; neque uero id ⟨*c*⟩ Caesarem fugiebat tanto sub oculis accepto detrimento perterritum exercitum sustinere non posse: 1, 71, 1; Bibulus . . . cum neque curari posset neque susceptum officium deserere uellet, uim morbi sustinere non potuit: 3, 18, 1; se confidere munitionibus oppidi, si celeriter succurratur; longinquam oppugnationem sustinere non posse: 3, 80, 3; sustinere Pompeiani non potuerunt atque uniuersi terga uerterunt: 3, 94, 2; — tenere: IV 26, 5 *u.* capere; cognoscit LX nanes . . . tempestate reiectas cursum tenere non potuisse atque eodem, unde erant profectae, reuertisse: V 5, 2; ubi propositum tenere non potuit: 3, 42, 1; — (transire: VII 55, 10 *u. infra* transiri;) — neque uerum esse, qui suos fines tueri non potuerint, alienos occupare: IV 8, 1; sine quibus urbem atque Italiam tueri non potest: 2, 32, 2; naues . . . incendit, quod tam late ⟨quod naualia *Paul*⟩ tueri parua manu non poterat: 3, 111, 6.

unum se esse . . ., qui adduci non potuerit, ut: I 31, 8; — sine illis non posse agi de compositione: 1, 26, 5; — hos a se coerceri non posse: I 17, 5; confici: VII 66, 5 *u. s.* facere; — cum agger altiore aqua contineri non posset: 1, 25, 6; si omnino turris concidisset, non posse ⟨posset *fhl*⟩ milites contineri, quin: 2, 12, 4 (*Np.* 5); — dissimulari: 1, 19, 2 *u.* tegi; — argumenti sumebant loco non posse elam exiri ⟨exire *l*[1]⟩: 1, 67, 2; — sed utrum auertendae suspicionis causa Pompeius proposuisset (edictum) . . ., an nouis dilectibus . . . Macedoniam tenere conaretur, existimari non poterat: 3, 102, 3; — nuntiabantur haec eadem Curioni, sed aliquamdiu fides fieri non poterat: 2, 37, 1; nisi omnia consentiant inter se, non potest fieri, ut nominis similitudo sit: *ap. Pompei. (gramm. Lat. ed. Keil V p. 198)*; — quibus (impedimentis) amissis bellum geri non possit: VII 14, 8; — ut uero ex litteris ad senatum referretur, impetrari non potnit: 1, 1, 1; — rostro enim noceri non posse cognouerant: III 14, 4; — his persuaderi, ut diutius morarentur neque suis auxilium ferrent, non poterat: II 10, 5; — pro uita hominis nisi ⟨*fh*; non nisi α⟩ hominis ⟨*o*⟩ uita reddatur, non posse ⟨aliter *add.* β⟩ deorum immortalium numen placari arbitrantur: VI 16, 3; — cum propter publicas occupationes poni non potuissent: 3, 108, 4; — quae diu longoque spatio refici non posse sperassent: 2, 16, 1; — quod pridie eius diei Germani retineri non potuerant ⟨*Scal.*; poterant *X*; *Np.*, *Fr.*, *Db.*⟩, quin: I 47, 2; — pabulum secari ⟨secare β⟩ non posse: VII 14, 4; — (sustineri: I 31, 13 *u. s.* sustinere;) — res diutius tegi dissimularique non potuit: 1, 19, 2; — quod (oppidum) a ⟨*c*⟩ se teneri non posse iudicabant: VII 55, 7; — cuius rei opinio tolli non poterit: 3, 18, 4; — Liger ex niuibus creuerat, ut omnino uado non posse transiri ⟨-ire β⟩ uideretur: VII 55, 10.

qui de meis in uos meritis praedicaturus ⟨*Steph.*; praeiudicaturus *x*⟩ non sum: 2, 32, 10; ¶ ac ⟨apud quos β; *Schn.*⟩ uariis dictis sententiis ⟨*o*⟩ . . . non praetereunda oratio Critognati uidetur ⟨uid. or. crit. β⟩: VII 77, 2; ¶ praetermittere: VII 55, 4 *u.* existimare *extr.*; ¶ re frumentaria (se) non premi: V 28, 5; ¶ hoc ueteres non probant milites: VI 40, 4; hoc consilium Caesaris plerisque non probabatur: 1, 72, 4; ¶ progredi: VI 29, 1 *u.* εε) b) bb) longius; ¶ frumentum his in ⟨*o*⟩ locis in hiemem prouisum non erat: IV 29, 4; ¶ quoniam talis occasio uictoriae dimitteretur, etiam cum uellet Caesar, sese non esse pugnaturos: 1, 72, 4; ¶ leporem et gallinam et anserem gustare fas non putant: V 12, 6; hospitem ⟨*c*⟩ uiolare ⟨*c*⟩ fas non putant: VI 23, 9; — tamen committendum non putabat, ut: I 46, 3; Caesar . . . concedendum non putabat: I 7, 4; Domitius tum quoque sibi dubitandum non putauit, quin: 3, 37, 2; reliquam partem exercitus, quod paulo aberat longius, non putat exspectandam ⟨exercendam β⟩: V 46, 4.

(recedere: 1, 71, 3 *u.* decedere;) ¶ quod plerumque in summo periculo timor misericordiam non recipit: VII 26, 4; qui, cum . . . uenissent, oppido ac portu recepti non erant, missisque ad eos nuntiis . . . naues *soluerant: 3, 102, 7; ¶ in acie praestare interfici, quam non ueterem belli gloriam libertatemque . . . recuperare: VII 1, 8; ¶ non recusare se, quin nullius usus imperator existimaretur, si: 3, 45, 6; ¶ quod sibi a parte ⟨*c*⟩ eorum gratia relata non sit pro suis . . . beneficiis: 1, 23, 3; ¶ magnopere admirabatur Magium, quem ad Pompeium . . . miserat, ad se non remitti: 1, 26, 2; ¶ sed qui mitterentur non reperiebantur, maximeque: 1, 33, 1; ¶ quod consilium etsi in eius modi casu reprehendendum non est, tamen: V 33, 4; 3, 51, 4 *u.* nideri; ¶ non respuit condicionem Caesar, iamque . . . arbitrabatur: I 42, 2; ¶ (retinere: VII 54, 2 *u.* censere.)

qui . . . secuti non sunt, in desertorum . . . numero ducuntur: VI 23, 8; ¶ in se uno non seruari, quod sit omnibus datum semper imperatoribus: 1, 85, 10; ¶ (sinere: IV 2, 6 *u.* pati;) ¶ solere: VII 35, 1 *u.* εε) a) fere; ¶ (duriusque cotidie tempus ad transportandum lenioribus ⟨*CC*⟩ uentis exspectabant ⟨non spectabat *Np.*⟩: 3, 25, 3;) ¶ (statuere: I 11, 6 *u.* exspectare; 3, 44, 1 *u.* facere;) ¶ agri culturae non student, maiorque pars eorum uictus in lacte . . . consistit: VI 22, 1; ¶ qui inter annos XIIII tectum non subissent: I 36, 7; ¶ eos accusat, quod . . . tam propinquis hostibus ab iis non subleuetur: I 16, 6; ¶ subuenire: 1, 71, 3 *u.* decedere; ¶ non esse aut ipsis aut militibus suscensendum: 1, 84, 3.

quos non siluae montesque texerunt, ab equitatu sunt interfecti: VII 62, 9; ¶ et leni Africo prouectus media circiter nocte uento intermisso cursum non tenuit. et longius delatus aestu orta luce . . . conspexit: V 8, 2; itaque perturbatis antesignanis legio . . . locum non tenuit ⟨locum continuit *NOx*⟩ atque in proximum collem sese recepit: 1, 44, 5; quoniam propositum non tenuerat: 3, 65, 4; ¶ traducere: IV 17, 2 *u.* existimare *extr.;* se in hostium habiturum loco, qui non ex uestigio ad castra Cornelia *naues traduxisset ⟨Cornelia naues trad. *ego;* corneliana trad. *af;* corneliana uela duxisset *Ohl;* Corneliana uela direxisset *Steph.; Np.*⟩: 2, 25, 6; ¶ quia . . . flumen ei transeundum non erat: 3, 30, 4.

uterque cum equitatu ueniret: alia ratione sese ⟨*c*⟩ non esse uenturum: I 42, 4; a ⟨*c*⟩ quibus ad eum legati non uenerant: IV 22, 5; cum . . . uideret . . . Senones ⟨*c*⟩ ad imperatum non uenire et cum Carnutibus finitimisque ciuitatibus consilia communicare: VI 2, 3; an, quod ad diem non uenerunt, de eorum fide constantiaque dubitatis? VII 77, 10; ¶ Considium timore perterritum quod non uidisset pro niso sibi renuntiauisse: I 22, 4; ¶ conloquendi Caesari causa uisa non est: I 47, 2; multaque in ea (silua) genera ferarum nasci constat, quae reliquis in locis nisa non sint: VI 25, 5; — (V 51, 4 *et* VII 55, 10 *et* 1, 64, 5 *u.* posse (introrumpere *et* transiri *et* sustinere;) — id eane de causa . . . an perfidia adducti fecerint, . . . non uidetur pro certo esse ponendum ⟨β; proponendum α; *Np.*⟩: VII 5, 6; cuius consilium reprehendendum non ⟨non repr. *hl*⟩ uidetur: 3, 51, 4; — non praetereunda . . . uidetur: VII 77, 2 *u.* praeterire.

b) ut . . . **non; aa):** quod consuetudo eorum omnium est, ut sine utribus ad exercitum non eant: 1, 48, 7; — qua pulsa impedimentisque direptis futurum, ut reliquae contra consistere non auderent: II 17, 3; — sed fiebat aequitate decreti . . ., ut reperiri non possent ⟨*Steph.;* posset *x*⟩, a quibus initium appellandi nasceretur: 3, 20, 2; — neque suam pati dignitatem, ut tantis copiis tam exiguam manum . . . adoriri non audeant: VI 8, 1.

bb): ita se omni tempore de populo Romano meritos esse, ut paene in conspectu exercitus nostri agri uastari, liberi eorum in seruitutem abduci, oppida expugnari non debuerint: I 11, 3; in Rhodanum influit incredibili lenitate, ita ut oculis in utram partem fluat iudicari non ⟨uix *Aim.*⟩ possit: I 12, 1; ita nostri acriter ⟨*o*⟩ in hostes . . . impetum fecerunt itaque hostes repente celeriterque procurrerunt, ut spatium pila in hostes coiciendi non daretur: I 52, 3; haec Caesar ita administrabat, ut condiciones pacis dimittendas non existimaret: 1, 26, 2.

cc): ad pabulatores aduolauerunt, sic uti ab signis legionibusque non ⟨*del. Vielh.*⟩ absisterent ⟨abstinerent *Vielh.*⟩: V 17, 2; sentiunt totam urbem . . . muro . . . circummuniri ⟨*c*⟩ posse, sic ut ipsis consistendi in suis munitionibus locus non esset: 2, 16, 2.

dd): non se tam barbarum neque tam imperitum esse rerum, ut non sciret neque bello Allobrogum proximo Haeduos Romanis auxilium tulisse neque . . .: I 44, 9.

ee): ipse autem Ariouistus tantos sibi spiritus, tantam adrogantiam sumpserat, ut ferendus non uideretur: I 33, 5; tanta subito malacia ac ⟨*c*⟩ tranquillitas exstitit, ut se ex loco mouere ⟨*c*⟩ non possent: III 15, 3; tantus fuit . . . terror, ut ea nocte, cum C. Volusenus missus cum equitatu ad ⟨*c*⟩ castra uenisset, fidem non faceret adesse cum incolumi Caesarem exercitu: VI 41, 2; — qui (tumulus) tantum aberat a nostro castello, ut telum tormentumue ⟨*c*⟩ missum adigi non posset: 3, 51, 8; his rebus tantum fiduciae ac spiritus Pompeianis accessit, ut non de ratione belli cogitarent, sed uicisse iam sibi ⟨*c*⟩ uiderentur: 3, 72, 1.

ff): eius modi sunt tempestates consecutae, uti opus necessario intermitteretur et continuatione imbrium diutius sub pellibus milites contineri non possent: III 29, 2; ¶ ea celeritate atque eo ⟨*om.* β⟩ impetu milites iernut . . ., ut hostes impetum legionum atque equitum sustinere non possent ripasque dimitterent ac se fugae mandarent: V 18, 5; ¶ nec prius sunt uisi . . ., quam castris adpropinquarent, usque eo, ut qui sub nailo tenderent mercatores recipiendi sui facultatem non haberent: VI 37, 2; ¶ (huc iam *deduxerat rem, ut equites . . . possent atque auderent flumen transire, pedites nero . . . cum altitudine aquae tum etiam rapiditate fluminis ad transeundum impedirentur ⟨*O;* non impedir. *x*⟩: 1, 62, 2;) res . . . huc erat . . . deducta, ut . . . impedimenta totius exercitus cohortesque in castris relictas seruare non possent: 1, 70, 2.

gg): aciem instructam habuit, ut, si uellet Ariouistus proelio contendere, ei potestas non deesset: I 48, 3; primipilo . . . uulneribus confecto, ut iam se sustinere non posset: II 25, 1; genus erat pugnae militum illorum, ut . . . rari dispersique pugnarent, si premerentur, pedem referre et loco excedere non turpe existimarent: 1, 44, 2; nihilo minus tamen agi posse de compositione, ut haec non remitterentur: 3, 17, 4.

c) si non; aa): si ⟨*om.* β⟩ illorum nuntiis confirmari non potestis omni aditu praesaepto, his utimini testibus: VII 77, 11; ¶ si qui aut priuatus ⟨*c*⟩ aut populus eorum decreto non stetit, sacrificiis interdicunt: VI 13, 6.

bb): praestare ⟨*c*⟩, si iam principatum Galliae obtinere non possint ⟨*Hot.;* possent *X*⟩, Gallorum quam Romanorum imperia perferre ⟨*c*⟩: I 17, 3; persuadet, uti . . . epistulam deferat. . . . si adire non possit, monet, ut tragulam . . . intra munitionem castrorum abiciat: V 48, 5; imperat, si sustinere non possit ⟨*X; Schn.;* posset *recc.; rell. edd.*⟩, deductis cohortibus eruptione pugnet ⟨β; pugnaret α; *edd.*⟩; id nisi necessario ne faciat: VII 86, 2; ante certam diem Caesar exercitum dimittat; si non faciat, eum aduersus rem publicam facturum uideri: 1, 2, 6. 7; ¶ (Ariouistum) obsides . . . poscere et in eos omnia exempla cruciatusque edere, si qua res non ad nutum aut ad uoluntatem eius facta sit: I 31, 12.

cc): (si . . . non possent: I 17, 3 *u.* ββ);) si [id] ita fecisset, sibi populoque Romano perpetuam . . . amicitiam cum eo futuram; si non impetraret, sese . . . Haeduorum iniurias non neglecturum: I 35, 4; si ipse populo Romano non praescriberet, quem ad modum suo iure uteretur, non oportere se a pop. R. in suo iure impediri: I 36, 2; (Caesar sese suo loco continet,) ut citra uallem pro castris proelio contenderet; si id efficere ⟨fieri β⟩ non posset, ut exploratis itineribus . . . transiret: V 50, 3; (VII 86, 2 *u.* ββ);) nullam exoriri moram posse, quo minus, cum uenisset, si imperata non facerent ⟨-ret *af*⟩ ad nutum, e uestigio diriperentur: 2, 12, 3 (*Np.* 4); recordari debere, qua felicitate ⟨*c*⟩ . . . omnes incolumes essent transportati. si non ⟨transportatis in *ahl;* transportati. sin *f*⟩ omnia caderent secunda, fortunam ⟨*c*⟩ esse industria ⟨*c*⟩ subleuandam: 3, 73, 4; ¶ neque (se) iis ⟨*c*⟩ neque eorum sociis iniuria bellum inlaturum, si . . . stipendium . . quotannis penderent; si id non fecissent, longe iis ⟨*c*⟩ fraternum nomen populi Romani afuturum: I 36, 5; ut, si peracto consulatu ⟨*c*⟩ Caesaris non ⟨*c*⟩ profectus ⟨*c*⟩ esset, nulla tamen mendacii religione obstrictus uideretur ⟨*u. CC*⟩: 1, 11, 2; Gaditanos principes . . . denuntiauisse Gallonio, ut . . . excederet Gadibus; si id non fecisset, *se sibi ⟨*c*⟩ consilium capturos: 2, 20, 3.

dd): cuius rei si exemplum non haberemus, tamen libertatis causa institui et posteris prodi pulcherrimum iudicarem ⟨*tot. hoc enunt. om.* β⟩: VII 77, 13.

d) quasi non: quasi nero, inquit ille, consilii sit res ac non necesse sit nobis Gergouiam contendere: VII 38, 7; quid proficimus, si accepto magno detrimento ab oppugnatione castrorum discedimus? quasi non et ⟨*c*⟩ felicitas rerum gestarum exercitus beneuolentiam imperatoribus et res aduersae odia concilient ⟨*Ohl;* colligent *af;* colligant *edd.*⟩: 2, 31, 3.

ηη) ad praepos.: non sine magna spe magnisque praemiis domum (se) propinquosque reliquisse: I 44, 2; metu ⟨*c*⟩ territare ⟨*c*⟩: non sine causa fieri, ut Gallia omni nobilitate spoliaretur: V 6, 5; quod non sine summo timore et desperatione id factum uidebatur: V 33, 5.

β) in enuntiatis interrogatiuis: an non, uti corporis uulnera, ita exercitus incommoda sunt tegenda, ne spem aduersariis augeamus? 2, 31, 6; an nero in Hispania res gestas Caesaris non audistis? duos pulsos exercitus, . . . duas receptas prouincias? 2, 32, 5; an non audistis ⟨*h;* exaudistis *NOafl*⟩ ex iis ⟨*c*⟩, qui per causam ualetudinis remanserunt, cohortes esse Brundisii factas? 3, 87, 4; ¶ nonne extremam pati fortunam paratos proiecit ille? non ⟨*Ohl;* nonne *af; edd.*⟩ sibi elam nobis salutem fuga petiuit? non ⟨*hl;* nonne *af; edd.*⟩ proditi per illum Caesaris beneficio estis conseruati? 2, 32, 8.

(I 50, 4 *et* VI 31, 1 *u.* α) ζζ) a) decertare *et* conducere.)

b) non enim *u.* **enim** *p. 1014 sq. (3 loc.).*

B. opponitur aliud membrum; a) non . . . sed; α) negationi non additur modo *uel* **solum; opponuntur inter se αα) subst. (et pron.):** non hostem auctorem (se), sed rem spectare ⟨exspectare *BM*⟩: V 29, 3; ob eam causam spatia ⟨c⟩ omnis temporis non numero dierum, sed noctium finiunt: VI 18, 2; non uirtute neque in acie uicisse Romanos, sed artificio quodam et scientia oppugnationis: VII 29, 2; ¶ id ⟨c⟩ bellum se suscepisse ⟨o⟩ non suarum necessitatum ⟨c⟩, sed communis libertatis causa demonstrat: VII 89, 1; ¶ erat . . . manus certa nulla, non oppidum, non praesidium ⟨*Qcorr.;* praedium *rell.*⟩, quod se armis defenderet, sed in ⟨o⟩ omnes partes dispersa multitudo: VI 34, 1; ¶ sese illum non pro amico, sed pro ⟨*B*²β; *om.* α; *edd.*⟩ hoste habiturum: I 44, 11; quibus esset persuasum non ab hoste, sed ab homine amicissimo Ambiorige consilium datum: V 31, 6; ¶ item ⟨c⟩ populum Romanum uictis non ad alterius praescriptum, sed ad suum arbitrium imperare consuesse: I 36, 1; ¶ non sese Gallis, sed Gallos sibi bellum intulisse: I 44, 3; putares non ab illis Catonem, sed illos a Catone deprehensos: *ap. Plin. epist.* III 12, 3.

ββ) aduerb.: haec . . . defixerat festucisque ⟨c⟩ adegerat, non sublicae modo derecte ad perpendiculum, sed prone ac fastigate: IV 17, 4.

γγ) uerba: eius rei testimonium ⟨c⟩ esse, quod nisi rogatus non uenerit et quod bellum non intulerit, sed ⟨inlatum *add. Ciacc.*⟩ defenderit: I 44, 6; in primis hoc uolunt persuadere, non interire animas, sed ab aliis post mortem transire ad alios: VI 14, 5; quorum primum impetum equites hostium non tulerunt, sed admissis ⟨c⟩ equis ad suos refugerunt: 2, 34, 3; Caesar ueritus, ne non reducti, sed deiecti ⟨*NOx;* reiecti *edd.*⟩ uiderentur maiusque detrimentum caperetur: 3, 46, 4; quo pudore adducti et fortasse non se liberari, sed in aliud tempus reseruari arbitrati discedere a nobis . . . constituerunt: 3, 60, 3; hanc (alacritatem) non reprimere, sed augere imperatores debent: 3, 92, 3; quorum impetum noster equitatus non tulit, sed paulatim ⟨c⟩ loco motus cessit: 3, 93, 3; milites . . . ignominiam non tulerunt, sed sua sponte naues conscenderunt et a terra soluerunt impetuque facto . . . ceperunt: 3, 101, 6; tibi minus commode consulueris, si non fortunae obsecutus uideberis . . . nec causam secutus . . ., sed meum aliquod factum condemnauisse: *ap. Cic. ad Att.* X 8 *B*, 1.

δδ) plures enuntiatorum partes: non se hostem uereri, sed angustias itineris et ⟨c⟩ magnitudinem siluarum . . . aut rem frumentariam, ut satis commode supportari posset, timere dicebant: I 39, 6; quin etiam iumentis . . . [Germani] importatis ⟨c⟩ non utuntur, sed quae sunt apud eos nata, . . . haec cotidiana exercitatione summi ut sint laboris efficiunt: IV 2, 2; interiores plerique frumenta non serunt, sed lacte et carne uiuunt pellibusque sunt uestiti: V 14, 2; magnamque res diligentiam requirebat non in summa exercitus tuenda, . . . sed in singulis militibus conseruandis: VI 34, 3; Galli concilio principum indicto non omnes ⟨c⟩, qui arma ferre possent, ut censuit Vercingetorix, conuocandos statuunt, sed certum numerum cuique ciuitati ⟨c⟩ imperandum: VII 75, 1; his rebus tantum fiduciae . . . Pompeianis accessit, ut non de ratione belli cogitarent, sed uicisse iam sibi ⟨c⟩ uiderentur: 3, 72, 1; non denique communes belli casus recordabantur ⟨c⟩, quam paruulae saepe causae . . . magna detrimenta intulissent . . ., sed proinde ae si uirtute uicissent neque ulla commutatio rerum posset accidere, per orbem terrarum . . . uictoriam eius diei concelebrabant: 3, 72, 4; quid ergo? syngraphae non sunt, sed ⟨non sunt? Sed *Np.*⟩ res aliena est: *ap. Iul. Rufinian.* § 8 *(rhet. Lat. min. ed. Halm p. 40);* ¶ transisse Rhenum sese non sua sponte, sed rogatum et accersitum a Gallis: I 44, 2; ¶ milites disponit non certis spatiis intermissis, ut erat superiorum dierum consuetudo, sed perpetuis uigiliis stationibusque: 1, 21, 3; ¶ se non maleficii causa ex prouincia egressum, sed uti se a contumeliis inimicorum defenderet: 1, 22, 5.

β) non modo (solum) . . . sed; αα): non modo . . ., sed etiam *u.* **etiam** *p. 1150* **e)** *(5 loc.);* **non modo . . ., sed** *et* **non modo (non) . . ., sed ne . . quidem** *u.* **modo** *p. 628* **b) α)** *et* **γ)** *(1 + 4 loc.).*

ββ) non solum . . ., sed; a): non solum . . ., sed etiam *u.* **etiam** *p. 1146* **c)** *et p. 1150* **f)** *(7 + 7 loc.).*

b) non solum . . ., sed: quibus opibus ac neruis non solum ad minuendam gratiam, sed paene ad perniciem suam uteretur: I 20, 3; (frumenta non solum a ⟨c⟩ tanta multitudine iumentorum atque hominum ⟨hom. iumentorumque mult. β⟩ consumebantur, sed etiam ⟨*om.* β⟩ anni tempore atque imbribus procubuerant: VI 43, 3;) exposuit . . ., quam ⟨c⟩ in fortunam quamque ⟨c⟩ in ⟨c⟩ amplitudinem (Haeduos) † deduxisset ⟨c⟩, ut non solum in pristinum statum redissent, sed omnium temporum dignitatem et gratiam antecessisse uiderentur: VII 54, 4; non solum urbibus, sed paene uicis castellisque singulis *singuli* cum imperio praeficiebantur: 3, 32, 3; ut eorum nemo consisteret omnesque conuersi non solum loco excederent ⟨cederent *Ciacc.*⟩, sed protinus incitati fuga montes altissimos peterent: 3, 93, 5.

b) non . . . at *u.* **at** *p. 320* **B. a)** (V 29, 7; VII 2, 2; 3, 25, 3) *et* **B. b)**.

c) non additur particula aduersatiua; α) antecedit membrum illud, quod opponitur negatiuo; opponuntur inter se αα) subst.: amicitiam populi Romani sibi ornamento et praesidio, non detrimento esse oportere: I 44, 5; quod aestiuum tempus instantis belli, non quaestionis esse arbitratur ⟨c⟩: VI 4, 3; occasionis esse rem ⟨rem esse β⟩, non proelii: VII 45, 9; animi est ista mollitia ⟨β; molestia α⟩, non uirtus, paulisper inopiam ⟨o⟩ ferre non posse: VII 77, 5.

ββ) uerba: ita Heluetios . . . institutos esse, uti obsides a c c i p e r e, n o n d a r e consuerint: I 14, 7; qui portus ab Africo tegebatur, ab austro non erat tutus: 3, 26, 4; ¶ id se s u i m u n i e n d i, n o n G a l l i a e i m p u g n a n d a e ⟨oppugnandae β⟩ c a u s a facere: I 44, 6.

γγ) plures enuntiatorum partes: qui, si per te liceat, perendino die cum proximis hibernis coniuncti communem cum reliquis belli casum sustineant, non reiecti et relegati longe a ⟨c⟩ ceteris aut ferro aut fame intereant: V 30, 3; constituerat signa inferentibus resistere ⟨desistere κ⟩, prior proelio non lacessere: 1, 82, 5; esse, contra hostem si ducerentur, ituros, contra ciuem et consulem arma non laturos: 3, 31, 4.

β) antecedit membrum negatiuum: conciamant omnes occasionem negotii bene gerendi amittendam non esse, ad castra iri oportere: III 18, 5.

2. respondet alia negatio; A. antecedit; a) n i s i . . . **n o n** *u.* **nisi** *p. 778* **γ)** *(8 (9) loc.)*.

b) n e m o (. . .) n o n: si quid ei a Caesare grauius accidisset, . . . neminem existimaturum non sua uoluntate factum: I 20, 4; (nam ut commutato consilio iter in prouinciam conuerteret, id ⟨c⟩ ne metu quidem ⟨ut nemo non tum quidem *(Ciacc.;) Oud.*, *Np.*⟩ necessario faciundum ⟨c⟩ existimabat: VII 56, 2.)

c) n u l l u s . . . n o n: ut praeter Haeduos et Remos . . . n u l l a fere ciuitas fuerit n o n suspecta nobis: V 54, 4; ¶¶ (V 40, 5 *et* VI 34, 1 *u.* **B. a) α)**;) ¶ quo edicto . . . peruulgato n u l l a fuit c i u i t a s, quin . . . mitteret, n o n c i n i s Romanus paulo notior, quin ad diem conueniret: 2, 19, 2; (quarum rerum illo tempore nihil factum, ne cogitatum quidem; ⟨nulla lex promulgata, non cum populo agi coeptum, nulla secessio facta *add. codd.; del. Np.; u. CC*⟩: 1, 7, 5.)

d) n e . . . n o n: ueritus, ne ⟨*om.* β; *Np.*⟩, si ⟨β; *om.* α; *Fr.*, *Db.*⟩ ex hibernis ⟨si *add. Db.*⟩ fugae ⟨si *add. Fr.*⟩ similem profectionem fecisset, ⟨ut *add.* α; *Np.; om.* β⟩ hostium impetum sustinere non ⟨*om. Np.*⟩ posset: V 47, 4; uerituque, ne ille Italiam dimittendam non existimaret, exitus . . . portus impedire instituit: 1, 25, 4; 3, 46, 4 *u. p. 803* **γγ)**.

e) n e m o . . . q u i n o n; n i h i l . . . q u o d n o n: reliquum quidem in terris esse n e m i n e m, q u e m n o n superare possint: IV 7, 5; ¶ n i h i l adeo arduum sibi esse existimauerunt, q u o d n o n uirtute consequi possent: VII 47, 3.

B. sequitur; a) non (anaphora); α) non bis positum: nulla pars nocturni temporis ad laborem intermittitur; non aegris, non uulneratis facultas quietis datur: V 40, 5; erat . . . manus certa nulla, non oppidum, non praesidium ⟨*Qcorr.*; praedium *rell.*⟩, quod se armis defenderet, sed in ⟨o⟩ omnes partes dispersa multitudo: VI 34, 1; non hos palus in ⟨*CC*⟩ bello latrociniisque natos, non siluae morantur: VI 35, 7; castra erant . . . aptissima aquae et salis copia, cuius magna uis iam ex proximis erat salinis eo congesta. non materia ⟨salinis. ea congesta non materia *af*⟩ multitudine arborum, non frumentum . . . deficere poterat: 2, 37, 6; non, illis ⟨illi *Clark.*⟩ hordeum cum ⟨quin *Paul*⟩ daretur, non legumina recusabant: 3, 17, 7.

β) non ter positum: sic ⟨sed *D*⟩ et Cenabensi ⟨c⟩ caede et labore operis incitati non aetate confectis, non mulieribus, non infantibus pepercerunt: VII 28, 4; quanto opere eorum animi magnitudinem admiraretur, quos ⟨β; quod α⟩ non castrorum munitiones, non altitudo montis, non murus oppidi tardare potuisset, tanto opere . . .: VII 52, 3; equidem mihi uideor pro nostra necessitate non labore, non opera, non industria defuisse ⟨*u. CC*⟩: *ap. Gell.* XIII 3; *cf. Non. p. 354.*

γ) non saepius positum: non illi paucitatem nostrorum militum, non iniquitatem loci atque angustias praeoccupatis castris et ancipitem ⟨angustias, non praeocc. castris ancipitem *Ciacc.*⟩ terrorem intra extraque munitiones, non abscisum in duas partes exercitum, cum altera ⟨c⟩ alteri auxilium ferre non posset, causae fuisse cogitabant. non ad haec addebant non

[ex] concursu acri ⟨*c*⟩ facto, non proelio dimicatum .... non denique communes belli casus recordabantur ⟨*c*⟩: 3, 72, 2—4.

b) neque: suos enim quisque opprimi et circumueniri non patitur, neque, aliter si faciat ⟨*c*⟩, ullam inter suos habet auctoritatem: VI 11, 4; non uirtute neque in acie uicisse Romanos, sed artificio quodam et scientia oppugnationis: VII 29, 2; *u. praeterea* **neque** *p. 745* **αα)** *(11 loc.) et p. 754* **b)** **α)** **αα)** *(3 loc.)*

c) non nemo, non nihil, non nullus non numquam *u.* **nonnemo, nonnihil, nonnullus, nonnumquam.**

[Falso: saepe in eum locum uentum est ..., ut modo ⟨*ik;* non modo *X*⟩ uisum ab se Ambiorigem in fuga circumspicerent ⟨*c*⟩ captiui: VI 43, 4; Marcellus consul ⟨*Madu.;* non *z*⟩ passurum in praesentia negat: 1, 6, 4; acerbitatem inimicorum docet, qui ⟨*c*⟩ quod ab altero ⟨alterorum *a;* altero non *hl*⟩ postularent, in se recusarent: 1, 32, 5; tenere uterque propositum uidebatur: Caesar, ne ⟨*Np.; om. z*⟩ nisi coactus proelium committeret ⟨committere *af;* non committere *hl*⟩, ille, ut opera Caesaris impediret: 1, 83, 3; reliquas cohortes, numero XXXIII, in quibus erat legio nona ⟨non *af*⟩ multis amissis centurionibus: 3, 67, 3.]

ac non: III 4, 4; 5, 1; 25, 1; VII 38, 7; — (II 29, 4; III 13, 6; IV 21, 9; 26, 5; V 18, 5; 33, 2; VII 17, 2; 2, 32, 2; 3, 57, 5; 93, 1; 102, 7;) ¶ **et non:** III 29, 2; V 8, 2; 1, 81, 2; 2, 42, 3; — (I 47, 4; II 23, 4; IV 38, 2; V 12, 6; 54, 3; VI 2, 1; 8, 1; 11, 4; VII 66, 6; 1, 44, 2; 3, 31, 4; 44, 6; 63, 4;) — **(**VII 66, 6;**)** ¶ **que non:** V 43, 5; — (I 11, 2; III 18, 7; V 17, 2; VI 7, 2. 6; VII 23, 5; 1, 1, 2; 19, 2; 70, 2; 76, 2; 2, 16, 3; 23, 2; 3, 13, 3; 103, 2.)

non . . . atque: 1, 24, 5; — (= neque): IV 24, 4; (VI 11, 2; VII 48, 4;) 2, 4, 3; 3, 72, 2; ¶ **non** . . . et (= neque): (I 31, 2;) V 30, 3; 33, 3. 5; VII 14, 9; 3, 72, 2; ¶ **non . . . que:** (V 28, 1; 1, 33, 1; 3, 70, 1;) — (= neque): I 44, 2; VII 1, 8; 62, 9; 1, 10, 4; (3, 58, 5.)

non . . . atque (= sed): IV 35, 2; V 5, 2; VII 4, 3; 13, 2; 1, 19, 2; 44, 5; 2, 39, 6; 3, 94, 2; ¶ **non** . . . et (= sed): II 23, 2; IV 36, 4; (V 8, 2;) VI 2, 3; 7, 6; 1, 32, 7; ¶ **non . . . que** (= sed): V 18, 5; 21, 5; (VI 22, 1;) 1, 74, 2; 2, 41, 3; 3, 13, 3; (102, 7.)

etiam . . . **non:** (IV 2, 2;) 1, 72, 4; 82, 3; (*ap. Cic. ad Att.* X 8 *B*, 1; — quoque . . . **non:** 3, 37, 2.

non . . . aut (— aut): I 31, 12; (V 30, 3;) VII 20, 2; 1, 84, 3; 2, 7, 1; ¶ (aut (— **aut**) . . . **non:** III 17, 7; VI 31, 5; 1, 64, 5.)

Nonae: Caesar ut Brundisium uenit . . ., II. Non. Ian. naues soluit: 3, 6, 2.

nonaginta: numeroque cohortes CX ⟨XC *Ciacc.*⟩ expleuerat: 3, 88, 3; ¶ (ut milium amplius quinquaginta ⟨XC *Göl.*⟩ circuitu locis apertis exercitum duceret: I 41, 4;) **(**quid hominum ⟨*c*⟩ milibus LXXX ⟨$B^2M^1\beta$; LXXXX *α*⟩ uno loco interfectis propinquis consanguineisque nostris animi fore existimatis: VII 77, 8;**)** — ex his qui arma ferre possent (erant) ad milia nonaginta duo ⟨*α*; .XCII. *h; om. a*⟩: I 29, 2.

nondum: Pompeius nondum Thessaliae adpropinquabat: 3, 80, 4; ¶ etsi nondum eorum consilia cognouerat: IV 31, 1; ¶ itaque nondum hieme confecta ... in fines Neruiorum contendit: VI 3, 1; ¶ ampliores copias, quae nondum conuenerant, exspectabant: V 50, 2; hanc enim (legionem) initio tumultus euocauerat; reliquae nondum conuenerant ⟨*fhl;* uenerant *Na.; Np., Dt.*⟩: 1, 7, 7; ¶ ad Ciceronis hiberna ⟨*o*⟩ aduolant ⟨*c*⟩ nondum ad eum fama de Titurii morte perlata: V 39, 1; ¶ nondum opere castrorum perfecto equites ex statione nuntiant: 2, 26, 2; uallum, qui has duas munitiones coniungeret ⟨*c*⟩, nondum perfecerat: 3, 63, 5; ¶ qua de causa discederent, nondum perspexerat: II 11, 2; ¶ simul ad se Valerium mitti audierunt, nondum profecto ex Italia sua sponte Cottam ex oppido eiciunt: 1, 30, 3; ¶ quod ii, qui frumentandi causa ierant ⟨*c*⟩ trans Mosam, nondum redierant ⟨*u. CC*⟩: IV 12, 1; ¶ Allobrogas ⟨*c*⟩ sollicitat, quorum mentes nondum ab superiore bello ⟨a sup. b. nond. *β*⟩ resedisse ⟨residisse *B;* redisse *MQ*⟩ sperabat: VII 64, 7; ¶ ad eam partem peruenit, quae nondum flumen transierat: I 12, 2; ¶ uenire: **(**1, 7, 7 *u.* conuenire;**)** cum stipendium . . . flagitarentur, cuius illi diem nondum uenisse dicerent: 1, 87, 3; ¶ quod nondum bono animo in populum Romanum uiderentur: I 6, 3.

nongenti: eo biduo Caesar cum equitibus DCCCC, quos sibi ⟨*c*⟩ praesidio reliquerat, in castra peruenit: 1, 41, 1; — haec insula ... a superioribus *regibus in longitudinem passuum DCCCC in mare iactis molibus angusto itinere *ut ponte cum oppido coniungitur: 3, 112, 2; ¶ duobus his . . . proeliis Caesar ⟨*c*⟩ desiderauit milites **DCCCCLX**: 3, 71, 1.

nonne: uosne uero L. Domitium an uos Domitius deseruit? nonne extremam pati fortunam paratos proiecit ille? non ⟨*Ohl;* nonne *af; edd.*⟩ sibi elam nobis salutem fuga petiuit?

non ⟨*hl;* nonne *af; edd.*⟩ proditi per illum Caesaris beneficio estis conseruati? 2,32,8.

(**non nemo:** nam ut . . . iter in prouinciam conuerteret, id ne metu quidem ⟨*sic recc.;* ut ne metu quidem α; ut nemo tunc quidem β; ut non nemo tunc quidem *Ciaccon.; Schn., Db.*⟩ necessario faciundum ⟨*c*⟩ existimabat: VII 56,2.)

non nihil: ut iam non solum hostibus in contemptionem Sabinus ueniret, sed etiam nostrorum militum uocibus non nihil carperetur: III 17,5.

(**non nisi:** quod, pro uita hominis nisi ⟨*fh; Aim.;* non nisi α; *om. a*⟩ hominis ⟨*o*⟩ uita reddatur, non posse ⟨aliter *add.* β⟩ deorum immortalium numen placari arbitrantur: VI 16,3.)

non nullus. 1. adiect.; A. sing.: esse non nullo se Caesaris beneficio adfectum: VII 37,4; ¶ frumenti copiam legionarii non nullam ⟨*Gryphius;* nonnulli *codd.*⟩ habebant, . . . caetrati auxiliaresque nullam: 1,78,1; ¶ deseritur a suis Varus; non nulla pars militum domum discedit; reliqui: 1,13,4; submotis sub murum cohortibus ac non nulla parte propter terrorem in oppidum compulsis facilis est nostris receptus datus: 1,46,2.

B. plur.; a) c. appellat.: centuriones, quorum non nulli ex inferioribus ordinibus reliquarum legionum uirtutis causa in superiores erant ordines huins legionis traducti, . . . conciderunt: VI 40,7; sed ex numero tribunorum militum centurionumque non nulli sua uoluntate apud eum remanserunt: 1,77,2; compluresque milites, etiam non nulli centuriones, interficiuntur: 1,80,5; (in contuberniis centuriones militesque ⟨*H. Schneider;* in contub. commilitesque *codd.*⟩ nonnulli grauiora proferebant ⟨*add. Heller*⟩: 2,29,4;) uulnerantur tamen complures, in his Cornelius Balbus, M. Plotins, L. Tiburtius, centuriones militesque non nulli: 3,19,6; ¶ missas legationes ab non nullis ciuitatibus ad Germanos: IV 6,3; inuentis non nullis ciuitatibus iure iurando inter se confirmant: VI 2,2; haec (fama) ciuitates non nullas ab eius amicitia auertebat: 3,79,4; ¶ item reliquis itineribus non nullae cohortes in agmen Caesaris, aliae ⟨aliam *x*⟩ in equites incidunt: 1,24,4; ¶ (commilites: 2,29,4 *u.* centuriones *et* milites;) ¶ ut ex magno Gallorum equitum ⟨equitatus β⟩ numero non nullos ⟨gallos *add.* α; *Schn.*⟩ Gallicis rebus fauere natura cogebat: VI 7,7; ¶ (legionarii: 1,78,1 *u.* **A.** copia;) ¶ ut multitudine atque onere non nulli (lenunculi) deprimerentur, reliqui . . . tardarentur: 2,43,4; ¶ Rhodanus . . . non nullis locis uado transitur: I 6,2; ¶ matres familiae . . . obtestabantur . . . Romanos . . .; non nullae de muris ⟨*c*⟩ per manus demissae ⟨dimissae α⟩ sese ⟨*c*⟩ militibus ⟨*o*⟩ tradebant: VII 47,6; ¶ huic ⟨*CC*⟩ quoque accidit, . . . ut non nulli milites . . . repentino equitum aduentu interciperentur ⟨*c*⟩: V 39,2; (aeque ⟨neque *codd.*⟩ enim ex Marsis Paelignisque ueniebant atque ⟨ut qui *codd.*⟩ iis ⟨*om. codd.*⟩ superioris necessitudo contubernii ⟨superiore nocte in contuberniis *codd.*⟩ cum militibusque nonnullis grauior erat ⟨commilitesque nonnulli grauiora *codd.* — *Sic h. l. constit. Iw. Müller*⟩: 2,29,4; *cf.* centuriones 2,29,4;) 3,19,6 *u.* centuriones; ¶ quod et captiuorum magnum numerum habebat et non nullae tempestate deperierant naues: V 23,2; partem ⟨partim *hl*⟩ nauium deprimunt, non nullas cum hominibus capiunt, reliquas in portum compellunt: 1,58,4; ¶ ac non nullae eius rei praetermissae occasiones Caesari uidebantur: 3,25,1; ¶ postea quam non nulli principes ex ea ciuitate . . . ad Caesarem uenerunt: V 3,5; ¶ quo in consilio ⟨*c*⟩ . . . prope iam desperatà salute non nullae huius ⟨*c*⟩ modi sententiae dicebantur, ut: III 3,2.3; ¶ sermones militum dubii ⟨*N;* dubius l^1; dubia *afh*⟩ durius accipiebantur, non nulli etiam ab iis ⟨his *codd.*⟩, qui diligentiores uideri uolebant, fingebantur: 2,29,4; ¶ hac habita contione non nullos signiferos ignominia notauit ac loco mouit 3,74,1; ¶ tribuni: 1,77,2 *u.* centuriones; ¶ ac non nullae militum uoces cum audirentur: 3,31,4; ¶ Calenus Delphos, Thebas, [et] Orchomenum uoluntate ipsarum ciuitatium recepit, non nullas urbes ⟨*del. Ciacc.*⟩ per uim expugnauit, reliquas ciuitates circummissis legationibus *amicitiae Caesaris ⟨*c*⟩ conciliare studebat: 3,55,3.

b) c. nom. propr.: quod ab non nullis Gallis sollicitarentur: II 1,3; *cf.* **2. a)** β) II 1,4; (VI 7,7 *u.* **a)** equites;) VII 70,6 *u.* **2. A. b)** perterrere.

2. ui subst.; A. masc.; a) subi.; α): cogitare: 1,22,6 *u.* **b)** perterrere; ¶ fit magna caedes: non nulli relictis equis fossam transire et maceriam ⟨*c*⟩ transcendere conantur: VII 70,5; conari, consulere: 1,22,6 *u.* **b)** perterrere; ¶ ac non nulli protinus eodem cursu in oppidum contenderunt: 2,35,4; ¶ (deserere: II 25,1 *u.* excedere;) ¶ si, ut ⟨*c*⟩ cogitata praeclare eloqui possent, non nulli studio et usu elaborauerunt: *ap.*

Cic. Brut. 253; ¶ esse non nullos, quorum auctoritas apud plebem plurimum ualeat, qui priuatim plus possint ⟨*c*⟩ quam ipsi magistratus: I 17, 1; ¶ reliquos esse tardiores et non nullos ab ⟨*c*⟩ nouissimis deserto ⟨*A; desertos rell.*⟩ proelio excedere **acie* ac tela uitare . . . uidit ⟨*u. CC*⟩: II 25, 1; ¶ cum superioris etiam ordinis ⟨superiores . . . ordines *Oud.*⟩ non nulli ratione permoti manendum eo loco et rem proelio committendam existimarent: 3, 74, 2; ¶ facere: 3, 1, 5 *u.* **b)** restituere; ¶ inrumpere: VII 70, 6 *u.* **b)** perterrere; ¶ non nulli etiam Caesari nuntiarant ⟨renuntiabant $B^2\beta$⟩: I 39, 7; ¶ offerre: 3, 1, 5 *u.* **b)** restituere; ¶ itaque annos non nulli XX ⟨*c*⟩ in disciplina permanent: VI 14, 3; ¶ posse: I 17, 1 *u.* esse; *ap. Cic. Brut.* 253 *u.* elaborare; *ap. Cic. ad Att.* X 8 *B*, 2 *u.* probare; ¶ quod non nulli cum probarent ⟨comprob. M^1⟩, periculi causa sequi non potuerunt: *ap. Cic. ad Att.* X 8 *B*, 2; ¶ non nulli indicium ueriti profugerunt. quibus cum aqua atque igni interdixisset: VI 44, 3; ¶ (relinquere: VII 70, 5 *u.* conari;) ¶ non nulli pudore adducti, ut timoris suspicionem uitarent, remanebant: I 39, 3; ¶ renuntiare: I 39, 7 *u.* nuntiare; ¶ repugnare: 3, 67, 6 *u.* **b)** interficere; ¶ de quibus insulis non nulli scripserunt dies continuos XXX sub bruma esse noctem: V 13, 3; ¶ sequi *u.* probare; ¶ et (quod) non nulli inter carros *raedasque mataras ac tragulas subiciebant nostrosque uulnerabant: I 26, 3; ¶ (sufficere: 3, 1, 5 *u.* **b)** restituere;) ¶ transcendere, transire: VII 70, 5 *u.* conari; ¶ uereri: VI 44, 3 *u.* profugere; ¶ uitare: I 39, 3 *u.* remanere; II 25, 1 *u.* excedere; ¶ uulnerare: I 26, 3 *u.* subicere.

β): dicuntur etiam ab non nullis sententiae, ut: 1, 3, 7; ¶ quod ab non nullis Gallis sollicitarentur . . .; ab non nullis etiam, quod in Gallia a potentioribus . . . uulgo regna occupabantur: II 1, 4.

b) obl.: adducere: I 39, 3 *u.* **a)** α) remanere; ¶ compluribus interfectis cupidius insecuti non nullos ex suis amiserunt: V 15, 2; ¶ cogere: 1, 22, 6 *u.* perterrere; ¶ damnare: 3, 1, 4 *u.* restituere; ¶ et non nullis eorum interfectis incolumes se ad nostros receperunt: 3, 28, 6; inruperunt *et* quod eo pulsa legio sese receperat, non nullos ibi repugnantes interfecerunt: 3, 67, 6; ¶ permouere: 3, 74, 2 *u.* **a)** α) existimare; ¶ perturbantur Galli: ueniri ⟨*c*⟩ ad se confestim existimantes ad arma conclamant; non nulli perterriti in oppidum inrumpunt: VII 70, 6; adeo esse perterritos non nullos, ut suae uitae durius consulere cogitent ⟨*Ciacc.; cogantur x; edd.; conentur Madu.*⟩: 1, 22, 6; ¶ itemque praetoribus tribunis*que* plebis rogationes ad populum ferentibus non nullos ambitus Pompeia lege damnatos . . . in integrum restituit, qui se illi initio ciuilis belli obtulerant, si sua opera in bello uti uellet, proinde aestimans, ac si usus esset, quoniam sui fecissent ⟨*Beroald.*; suffecissent *codd.*⟩ potestatem: 3, 1, 4. 5; ¶ et non nullis uulneratis eum de tribunali deturbauit: 3, 21, 2.

c) dat.: idem hoc L. Lentulo . . . et P. Lentulo consulari ae non nullis aliis acciderat Rhodi; qui cum ⟨*c*⟩ . . . sequerentur . . .: 3, 102, 7; ¶ interdicere: VI 44, 3 *u.* **a)** α) profugere.

d) gen.: quorum auctoritas: I 17, 1 *u.* **a)** α) esse; ¶ uidere licuit . . . L. etiam Lentuli et non nullorum tabernacula protecta hedera: 3, 96, 1.

B. neutr.: id quem ad modum fieri possit non nulla mihi in mentem ueniunt et multa reperiri possunt: *ap. Cic. ad Att.* IX 7 *C*, 1; ¶ (in contuberniis centuriones militesque ⟨in contuberniis commilitesque *codd.*⟩ nonnulli grauiora: sermones militum: dubia durius accipiebantur, nonnulla ⟨nonnulli *codd.*⟩ etiam ab iis, qui diligentiores uideri uolebant, fingebantur ⟨*Sic H. Schneider*⟩: 2, 29, 4.)

non numquam: Heluetii . . . audacius subsistere non numquam et ⟨subsistere, non numquam ex *Whitte; Fr.*⟩ nouissimo agmine proelio nostros lacessere coeperunt: I 15, 3; ¶ uadis Rhodani, qua minima altitudo fluminis erat, non numquam interdiu, saepius noctu si perrumpere possent conati: I 8, 4; ac non ⟨*om. Q*⟩ numquam opera nostra Galli temptare atque eruptionem ex oppido pluribus portis summa ui facere conabantur: VII 73, 1; ¶ si sunt plures pares, suffragio druidum ⟨adlegitur *add.* β⟩, non numquam etiam armis de principatu contendunt: VI 13, 9; ¶ cernebatur . . . nouissimos illorum premi uehementer ac non numquam ⟨ac nunc quam *hl*⟩ subsistere ⟨*Vascos.*; sustinere *x; edd.*⟩ extremum agmen atque **iter* interrumpi, alias inferri ⟨*CC*⟩ signa: 1, 64, 1.

nonus: ad horam nonam in ancoris exspectauit: IV 23, 4; ut, cum . . . eo . . post horam nonam diei Caesar peruenisset, ante mediam noctem ad portas castrorum clamor oreretur ⟨*c*⟩: V 53, 1; tantum fuit in militibus studii, ut . . . eos, qui de tertia uigilia exissent, ante horam diei VIIII. ⟨„VIIII *uel* nonam *codd.*" *Db.; IIII. Göl.*⟩ consequerentur: 1, 64, 8; hora circiter VIIII. ⟨„VIIII *uel* IX *uel* nona *Ox*" *Db.*⟩ signo dato legiones educunt ⟨*c*⟩: 1, 82, 1; usus singulari militum studio eodem quo uenerat die post horam nonam oppidum altissimis moenibus oppugnare adgressus ante solis occasum expugnauit: 3, 80, 6; ¶ legionis nonae et decimae milites . . . Atrebates . . . celeriter ex loco superiore in flumen compulerunt: II 23, 1; Caesar . . . cohortatus suos legionem nonam ⟨non eam *l*[1]; nouam *Na*⟩ subsidio ducit: 1, 45, 1; sed nonae ⟨nouae *Naf*⟩ legionis milites elati studio . . . in locum iniquum progrediuntur: 1, 45, 2; cum legio Caesaris nona ⟨noua *O*⟩ praesidium quoddam occupauisset et munire coepisset: 3, 45, 2; (non recusare se, quin nullius usus imperator existimaretur, si sine maximo detrimento legiones ⟨legio nona *Ciacc.*; legio *Np.*⟩ Caesaris sese recepissent ⟨-set *Ciacc.; Np.*⟩ inde, quo temere essent progressae ⟨esset progressa *Ciacc.; Np.*⟩: 3, 45, 6;) milites legionis VIIII. ⟨VIIII. *del. Grut.; Db.;* sono *Faern.*⟩ subito conspirati pila coniecerunt et . . .: 3, 46, 5; ad eas munitiones Caesar Lentulum Marcellinum quaestorem cum legione VIIII. positum habebat: 3, 62, 4; ut ad mare II ⟨*Forchh.*; nostrae *x*; *Np.*⟩ cohortes nonae legionis ⟨nona legiones *a*; IX[na] leg. *h*; non̄ leg. *l*; nona legione *f*⟩ excubuerant ⟨*CC*⟩: 3, 63, 6; superioribus diebus nona ⟨non *a*; IX[a] *h*⟩ Caesaris legio, cum se obiecisset Pompeianis copiis atque opere ⟨*c*⟩ . . . circummuniret, castra eo loco posuit: 3, 66, 2; reliquas cohortes, numero XXXIII, in quibus erat legio nona ⟨non *af*⟩ multis amissis centurionibus deminutoque militum numero, . . . eduxit: 3, 67, 3; Caesar superius institutum seruans X. legionem in dextro cornu, nonam ⟨non iam *a*; IX *h*⟩ in sinistro conlocauerat, tametsi . . .: 3, 89, 1; ¶ (non esse fas Germanos superare, si ante nouam ⟨nonam *QB*[2]β⟩ lunam proelio contendissent: I 50, 5.)

Noreia: qui (Boi) trans Rhenum incoluerant et in agrum Noricum transierant Noreiamque oppugnarant ⟨-bant *Kraff.*⟩: I 5, 4.

Noricus: ager Noricus: I 5, 4 *u.* **Noreia**; ¶ eo triduo legio VIII. ad eum uenit . . . equitesque ab rege Norico circiter CCC: 1, 18, 5; ¶¶ duae fuerunt Ariouisti uxores, una Sueba natione . . ., altera Norica ⟨norici *B*[2]*a*[1]⟩, regis Voccionis ⟨*c*⟩ soror . . .: I 53, 4.

nos *u.* **ego B.** *p. 1000 sq.*

nosco: hanc unam gratiam potentiamque nouerunt (Galli): VI 15, 2; ¶ neque (Romanos) eorum locorum, ubi bellum gesturi essent, uada, portus, insulas nouisse ⟨nosse β⟩: III 9, 6; ¶ ut, si usus ueniat, suum quisque locum teneat et nouerit: VII 80, 1; ¶ neque mensuras itinerum nouerunt (Germani): VI 25, 1; ¶ hunc facilem et cotidianum nouisse sermonem nunc pro relicto est habendum ⟨*u. CC*⟩: *ap. Cic. Brut.* 253; ¶¶ (duae sunt Albae, alia ista, quam nouimus in † Aricia et alia hic in † Italia: *gramm. Lat. V p. 144 ed. Keil.*)

nosmet *u.* **-met** *p. 565.*

noster. A. non additur aliud adiectiuum; 1. adiect.; a) c. appell.: a dextro cornu uehementer multitudine suorum nostram aciem premebant: I 52, 6; — equitatus hostium ab utroque cornu circumire aciem nostram et auersos ⟨*c*⟩ proterere incipit: 2, 41, 5; equitesque Pompei . . . se turmatim explicare aciemque nostram a latere aperto circumire coeperunt: 3, 93, 3; ¶ sed nostro aduentu permoti Britanni hunc toti bello . . . praefecerant: V 11, 9; — celeritate aduentus nostri et discessu suorum neque consilii habendi neque arma capiendi spatio dato perturbantur: IV 14, 2; ¶ his rebus cum iter agminis nostri impediretur: II 17, 5; in itinere agmen nostrum ⟨nostrorum β⟩ adorti . . . commiserunt: III 20, 3; ut non prius fuga desisterent, quam in conspectum ⟨*c*⟩ agminis nostri uenissent: IV 12, 2; ¶ ut omni tempore . . . principatum Haedui tenuissent, prius etiam quam nostram amicitiam adpetissent: I 43, 7; quod ne facias, pro iure nostrae amicitiae a te peto: *ap. Cic. ad Att.* X 8 *D*, 1; ¶ omnem Galliam respiciamus, quam ad nostrum auxilium ⟨consilium *AQ*⟩ concitauimus: VII 77, 7.

scribendum ad te existimaui et pro nostra beneuolentia petendum, ne: *ap. Cic. ad Att.* X 8 *B*, 1; ¶ amplitudo cornuum et figura et species multum a ⟨*c*⟩ nostrorum boum cornibus differt: VI 28, 5; ¶ plerumque omnibus ⟨*c*⟩ Gallis prae magnitudine corporum suorum breuitas nostra contemptui est: II 30, 4.

qui (tumulus) tantum aberat a nostro castello, ut: 3, 51, 8; ¶ quod (flumen) esse post nostra castra demonstratum est: II 9, 3; eadem . . celeritate aduerso colle ad nostra castra . . . contenderunt: II 19, 8; eum . . . hostes in nostris castris uersari uidissent: II 24, 2; quae res in nostris castris ⟨castr. nostr. *a(h?)*⟩ gererentur conspicatus: II 26, 4; — (cum multitudine hostium castra compleri, [nostras *add.* α; *Fr.; del. Np.*⟩ legiones ⟨castra compl. nostra, leg. a^2; *Db., Dt.;* castr. nostra compl., nostras leg. B^2; *Schn.*⟩ premi et paene circumuentas teneri . . . uidissent: II 24, 4;) ¶ cum his nauibus nostrae classi ⟨classis B^1M^1⟩ eius modi congressus erat ⟨*c*⟩, ut una celeritate et pulsu remorum ⟨*c*⟩ praestaret: III 13, 7; multa huc minora nauigia addunt, ut ipsa multitudine nostra classis terreatur: 1, 56, 2; ¶ (ut ad mare II ⟨*Forchh.;* nostrae *x; Np.*⟩ cohortes nonae legionis excubuerant ⟨*CC*⟩: 3, 63, 6;) — cum animaduertissent , . . nocte cohortes nostras ad munitiones excubare: 3, 50, 1; ¶ quid hominum ⟨*c*⟩ milibus LXXX ⟨*c*⟩ uno loco interfectis propinquis consanguineisque nostris animi fore existimatis: VII 77, 8; ¶ ab iisdem nostra consilia quaeque in castris gerantur hostibus enuntiari: I 17, 5; ne intercepta epistula nostra ab hostibus consilia cognoscantur: V 48, 4; ¶ quod homines barbari et nostrae consuetudinis imperiti bellum populo Romano fecissent: IV 22, 1; ¶ hic dies de nostris controuersiis iudicabit: V 44, 3; ¶ erat eodem ⟨*c*⟩ tempore et materiari et frumentari et tantas munitiones fieri necesse deminutis nostris copiis ⟨cop. nostr. β⟩: VII 73, 1; — Ariouisti copias a nostris milibus passuum quattuor et uiginti abesse: I 41, 5; ¶ Spinther de muro cum uigiliis custodibusque nostris conloquitur: 1, 22, 1.

diligentiam quidem nostram ⟨uestram *N*⟩ aut, quem ad finem adhuc res ⟨*om. Nhl*⟩ processit, fortunam ⟨processit fortuna *Nhl*⟩ cur praeteream? 2, 32, 11.

ipsi confertissima acie reiecto nostro equitatu phalange facta sub primam nostram aciem successerunt: I 24, 5; quorum impetum noster equitatus non tulit, sed . . .: 3, 93, 3; — postea uero quam equitatus noster in conspectum uenit: IV 37, 4; equites hostium essedariique acriter proelio cum equitatu nostro ⟨non B^1M^1⟩ in itinere conflixerunt: V 15, 1; cum equitatus noster liberius praedandi ⟨*o*⟩ uastandique causa se in agros eiecerat ⟨*c*⟩: V 19, 2; equitatus autem noster ab utroque latere . . . summa ⟨*c*⟩ in ⟨*c*⟩ iugum uirtute conititur . . .: 1, 46, 3; cernebatur equitatus nostri proelio nouissimos illorum premi: 1, 64, 1; nuntiantur aquatores ab equitatu premi nostro: 1, 73, 2; ¶ impetumque in nostros equites fecerunt: II 19, 6; hostes, ubi primum nostros equites conspexerunt . . ., impetu facto celeriter nostros perturbauerunt: IV 12, 1; lenius ⟨*c*⟩ quam pridie nostros equites proelio lacessere coeperunt: V 17, 1; magno cum periculo nostrorum equitum cum iis confligebat: V 19, 2; hostium equitatus ad castra accedit proeliumque cum nostris equitibus committit: V 50, 4; qui suis . . . succurrerent et nostrorum equitum impetus sustinerent: VII 80, 3; spem naeti morae discessu nostrorum equitum iter facere incipiunt: 1, 80, 3; eodemque tempore equitatus eius nostris equitibus adpropinquabat: 3, 69, 1; — equites nostri: I 53, 3 *u.* 2. a) α) interficere; equites nostri cum funditoribus sagittariisque flumen transgressi cum hostium equitatu proelium commiserunt: II 19, 4; eodem tempore equites nostri leuisque armaturae pedites . . . aduersis hostibus occurrebant: II 24, 1; in eo proelio ex equitibus nostris interficiuntur quattuor et septuaginta: IV 12, 3; comites familiaresque eius angusto in loco paulisper equitum nostrorum uim sustinuerunt: VI 30, 3; (aquilifer . . . conspicatus † equites ⟨perterritos *Paul*⟩ nostros . . . inquit: 3, 64, 3;) persuasi equitibus nostris . . ., ut . . . dextrum Caesaris cornu ab latere aperto adgrederentur . . .: 3, 86, 3; ¶ qui tamen pares esse nostro exercitui non potuerint: I 40, 7; hac ⟨*c*⟩ (ratione) ne ipsum quidem sperare nostros exercitus capi posse: I 40, 9; eorum dierum consuetudine itineris nostri exercitus perspecta: II 17, 2; ubi prima impedimenta nostri exercitus ab iis . . . nisa sunt: II 19, 6; neque nostros exercitus propter frumenti ⟨*o*⟩ inopiam diutius apud se morari posse confidebant: III 9, 5; (principes) aduentu nostri exercitus perterriti ad Caesarem uenerunt: V 3, 5; — ut paene in conspectu exercitus nostri ⟨nisi *h*⟩ agri uastari, liberi eorum in seruitutem abduci, oppida expugnari non debuerint: I 11, 3; quod uererentur, ne omni pacata Gallia ad eos exercitus noster adduceretur: II 1, 2; primo aduentu exercitus nostri crebras ex oppido excursiones faciebant: II 30, 1; magna parte exercitus nostri interfecta multo minorem superesse . . partem: V 55, 1; cum paene inaedificata [in] muris ab exercitu nostro moenia uiderentur: 2, 16, 2; — palus erat non magna inter nostrum atque hostium exercitum: II 9, 1.

cuius gentis familia est nostra: *ap. Suet.* 6; ¶ ut ipsi concedi non oporteret, si in nostros fines impetum faceret, sic: I 44, 8; — depopulata Gallia Cimbri . . . finibus quidem ⟨*om.* β⟩ nostris aliquando excesserunt atque alias terras petierunt ⟨*c*⟩: VII 77, 14; ¶ fortuna: 2, 32, 11 *u.* diligentia.

quod omnibus fere Gallicis ⟨*o*⟩ bellis hostibus nostris inde subministrata auxilia intellegebat: IV 20, 1.

qui minus facile eam rem ⟨in *add. BM*⟩ imperio nostro consequi poterant: II 1, 4; ¶ (murum, qui ⟨*c*⟩ nostrorum ⟨nostrum α; *Hold.*⟩ impetum tardaret ⟨*c*⟩, praeduxerant: VII 46, 3;) ¶ Cassiuellaunus . . . itinera nostra seruabat: V 19, 1.

reuertuntur legatisque nostris renuntiant: VII 5, 5; ¶ (nostrae legiones: II 24, 4 *u.* castra;) ¶ et ille suam dignitatem et nos nostram libertatem recuperabimus: 3, 91, 2; ¶ qui ipsorum lingua Celtae, nostra Galli appellantur: I 1, 1.

(mei consilii est) facere quod nostri maiores nequaquam pari bello Cimbrorum Teutonumque fecerunt: VII 77, 12; ¶ ut paene uno tempore et ⟨*c*⟩ ad siluas et in flumine et iam ⟨*c*⟩ in manibus nostris hostes uiderentur ⟨*u. CC*⟩: II 19, 7; ¶ (naues) facit humiliores, quam quibus in nostro mari uti consueuimus: V 1, 2; ¶ apud eos fuisse regem nostra etiam memoria Diuiciacum: II 4, 7; ¶ cum . . . fortiter . . impetum nostrorum militum sustinerent: II 11, 4; qua (uirtute) nostri milites facile superabant: III 14, 8; ut iam non solum hostibus in contemptionem Sabinns ueniret, sed etiam nostrorum militum uocibus non nihil carperetur: III 17, 5; cum sua cunctatione atque opinione timoris ⟨timidiores *X*⟩ hostes nostros milites alacriores ad pugnandum effecissent: III 24, 5; atque ⟨at β⟩ nostris militibus cunctantibus . . . inquit: IV 25, 3; barbari nuntios . . . dimiserunt paucitatemque nostrorum militum suis praedicauerunt: IV 34, 5; diutius nostrorum militum impetum hostes ferre non potuerunt: IV 35, 2; interim nostri milites impetum hostium sustinuerunt atque . . . fortissime pugnauerunt et . . .: IV 37, 3; nam et nostris militibus spem minuit et hostes ⟨*c*⟩ ad pugnam ⟨*c*⟩ alacriores ⟨*c*⟩ effecit ⟨*c*⟩: V 33, 5; pars deprehensa in conspectu nostrorum militum cum cruciatu necabatur: V 45, 1; collem ceperunt neque nostrorum militum uictorum ⟨β; uictorumque α⟩ impetum sustinere potuerunt: VII 62, 8; quae facile nostri milites repellebant . . .: 2, 2, 6; non illi paucitatem nostrorum militum, non iniquitatem loci . . . causae fuisse cogitabant: 3, 72, 2; sed nostri milites dato signo cum infestis pilis ⟨*c*⟩ procucurrissent . . ., cursum represserunt . . .: 3, 93, 1; — refractis portis . . . atque intromissis ⟨inmissis β⟩ militibus nostris . . . uendidit: II 33, 6; quos impeditos ⟨*c*⟩ integris uiribus milites nostri consecuti magnum numerum eorum occiderunt: III 19, 4; milites nostri pristini diei perfidia incitati in castra inruperunt: IV 14, 3; hostes paulisper morati militum nostrorum impetum non tulerunt: V 21, 5; interim confecta frumentatione milites nostri ⟨non *BM*⟩ clamorem exaudiunt: VI 39, 1; singulari militum nostrorum uirtuti consilia cuiusque ⟨*c*⟩ modi Gallorum occurrebant: VII 22, 1; ¶ qua minime arduus ad nostras munitiones ascensus uidebatur: II 33, 2; non longius ⟨*c*⟩ mille passibus ab nostris munitionibus ⟨a nostr. mun. quam mille pass. β⟩ considunt: VII 79, 1; — altero (loco) Germani *extra* munitiones nostras egressi . . . sese ad suos incolumes receperunt: 3, 52, 2.

quod nostrae naues tempestatibus detinebantur: III 12, 5; carinae aliquanto planiores (erant) quam nostrarum nauium: III 13, 1; quarum rerum omnium nostris nauibus casus erat ⟨*c*⟩ extimescendus ⟨*c*⟩: III 13, 9; magna fiducia ad nostras naues procedunt: 1, 56, 3; diductisque ⟨*c*⟩ nostris paulatim nauibus et artificio gubernatorum *et* mobilitati nauium locus dabatur: 2, 6, 2; unum ipsius nauigium . . . ex conspectu abiit, duo perterrita concursu nostrarum nauium sese in portum receperunt: 2, 22, 4; qui nostris nauibus periculum intulerant, de suo timere cogebantur: 3, 27, 1; Cassius . . . profectus est Vibonem adplicatisque nostris ⟨nostri *Oud.*⟩ ad terram nauibus [propter eundem timorem] pari atque antea ratione ⟨egerunt. Cassius *add. x; Oud.*⟩ . . . onerarias naues [circiter XL] praeparatas ad incendium immisit: 3, 101, 5; — quae cum nauibus nostris adpropinquassent: 3, 24, 2; is naues nostras ⟨nostri *af*⟩ interiorem in portum ⟨*c*⟩ . . . reduxit et . . .: 3, 39, 2; — neque enim iis ⟨*c*⟩ (nauibus) nostrae rostro nocere poterant: III 13, 8; circiter CCXX ⟨*c*⟩ naues eorum paratissimae atque omni genere armorum ornatissimae profectae ⟨*o*⟩ ex ⟨*c*⟩ portu nostris aduersae constiterunt: III 14, 2; ¶ equidem mihi uideor pro nostra ⟨*om. Non.*⟩ necessitate non labore, non opera, non industria defuisse: *ap. Gell.* XIII, 3; *cf. Non. p. 354.*

qua ⟨quam *BM*[1]; quiam *A;* quia *Q;* qua β; qua nostrum *Fr.; Hold.*⟩ erat nostrum opus ⟨β; *Schn.;* opus erat α; *edd.*⟩ intermissum: VII 71, 5; — ac non numquam opera nostra ⟨II[a] *B*[1]*M*[1]⟩ Galli temptare . . . conabantur: VII 73, 1.

patrum nostrorum memoria *u.* **memoria** *p. 558* **B. b)** *(3 loc.)*; ¶ (pedites: II 24, 1 *u.* equites nostri;) ¶ propinqui

. . . nostri: VII 77, 8 *u.* consanguinei; quibus (clientibus) etiam a propinquis nostris opem ferre instituimus: *ap. Gell.* V 13, 6; ¶ flumine Rhodano, qui prouinciam nostram ab Heluetiis diuidit: I 2, 3; alterum (iter erat) per prouinciam nostram: I 6, 2; cum id nuntiatum esset, eos per prouinciam nostram iter facere conari: I 7, 1; praesertim cum Sequanos a prouincia nostra Rhodanus diuideret: I 33, 4; cum iter in ⟨per *B²a; om. h*⟩ prouinciam nostram atque Italiam facerent: II 29, 4; — prouinciam suam hanc ⟨*o*⟩ esse Galliam, sicut ⟨*c*⟩ illam nostram: I 44, 8.

equites Treueri . . . desperatis nostris rebus ⟨*om.* β⟩ domum contenderunt: II 24, 4.

cuius auus in ciuitate sua regnum obtinuerat, amicus ab ⟨*c*⟩ senatu nostro appellatus: IV 12, 4; cuius pater ab senatu nostro amicus erat appellatus: VII 31, 5; ¶ simul atque (Sulmonenses) signa nostra uiderunt: 1, 18, 2.

quod illis licentiam timor augeat noster ⟨nostris *hl*⟩, his studia deminuat: 2, 31, 4; ¶ et nostrarum turrium altitudinem . . . adaequabant: VII 22, 4.

quae cum nauibus nostris *ad*propinquassent, nostri ueterani in portum refugiebant, illi . . . incautius sequebantur: 3, 24, 2; ¶ uigiliae: 1, 22, 1 *u.* custodes; ¶ si nullam praeterquam uitae nostrae iacturam fieri uiderem: VII 77, 6.

b) c. nom. propr.: cum Furnium nostrum tantum uidissem neque loqui neque audire meo commodo potuissem: *ap. Cic. ad Att.* IX 6 *A.*

2. ui subst.; a) subi.; α): nostri, ut superioribus diebus suus ⟨*c*⟩ cuique erat locus attributus, ad munitiones accedunt: VII 81, 4; prius quam telum *adigi posset aut nostri propius accederent: 2, 34, 6; ¶ (addere: 3, 44, 4 *u.* uidere;) ¶ adgredi: II 9, 1 *u.* transire; II 10, 2 *u.* occidere; ¶ (administrare: IV 29, 2 *u.* **e)** α) dare;) ¶ nostri . . . eo naues introduxerunt . . . leuiusque tempestatis quam classis periculum aestimauerunt ⟨existimauerunt?⟩: 3, 26, 4; ¶ (agere: VII 88, 3 *u.* gerere;) ¶ (nostri) compluribus interfectis cupidius insecuti non nullos ex suis amiserunt: V 15, 2; (VII 51, 1 *u.* **b)** premere; 3, 37, 7 *et* 46, 6 *u.* **a)** α) se recipere;) ¶ arbitrari: 1, 44, 4 *u.* **b)** perturbare; ¶ arripere: 2, 14, 3 *ib.* permouere; ¶ cum celeriter nostri arma cepissent uallumque ascendissent atque una ex parte ⟨*u. CC*⟩ Hispanis equitibus emissis ⟨missis β⟩ equestri proelio superiores fuissent: V 26, 3; nostri autem, quod iniquo loco atque impari congressi numero ⟨quod *add. hl*⟩ quinque horis proelium sustinuissent, quod montem gladiis destrictis ⟨*Nal;* distr. *fh*⟩ ascendissent: 1, 47, 3; ¶ equestribus proeliis quid hostis uirtute posset et quid nostri auderent periclitabatur ⟨*c*⟩: II 8, 2; eum . . . impetum facerent neque nostri longius . . . cedentes insequi auderent: II 19, 5; quod neque insequi cedentes possent neque ab signis discedere auderent (nostri): V 16, 1; ¶ (audire: III 26, 4 *u.* coepisse;) ¶ (auxiliari: IV 29, 2 *u.* **e)** α) dare.)

cadere: 1, 46, 4 *u.* **b)** uulnerare; ¶ nostri celeriter arma ceperunt eosque in siluas reppulerunt: III 28, 4; (V 22, 2 *u.* reducere;) V 26, 3 *u.* ascendere; 1, 44, 4 *u.* censere; 1, 58, 4 *u.* deprimere; 3, 38, 4 *u.* deducere; ¶ ipsi autem (nostri) suos ordines ⟨ordine *hl*⟩ seruare neque ab signis discedere ⟨consuerant *add. Paul*⟩ neque sine graui causa eum locum, quem ceperant, dimitti censuerant ⟨consuerant *Of; Np.*⟩ oportere: 1, 44, 4; ¶ quem (collem) propter magnitudinem circuitus opere circumplecti non potuerant ⟨poterant β⟩ nostri: VII 83, 2; ¶ circumuenire: (II 10, 3 *u.* interficere;) illi . . . perpetuas munitiones efficiebant, ne quem ⟨*c*⟩ locum nostri intrare atque ipsos a tergo circumuenire possent: 3, 44, 4; ¶ tum uero clamore ab ea parte audito nostri ⟨nihil *AQB¹*⟩ redintegratis uiribus . . . acrius impugnare coeperunt: III 26, 4; ¶ (nostri) impetum . . . in cohortes faciunt paucisque deiectis reliquos sese conuertere cogunt: 1, 46, 1; nostri . . ., quod ex loco superiore terga uertere aduersarios coegissent atque in oppidum compulissent: 1, 47, 3; ¶ cohortari: IV 25, 5 *u.* desilire; ¶ (coicere: I 52, 3 *u.* facere; 3, 37, 7 *u.* se recipere;) ¶ se colligere: 3, 65, 2 *u.* **b)** firmare; ¶ (hostes ⟨nostri *Jurinius; Np., Fr.*⟩ proelium committunt: VII 88, 1;) ¶ ut nostri omnibus partibus superiores fuerint atque eos ⟨*c*⟩ in siluas collesque compulerint: V 15, 1; 1, 47, 3 *u.* cogere; 1, 58, 4 *u.* deprimere; ¶ (comprehendere: 3, 46, 6 *u.* perficere;) ¶ cum inrumpere nostri conarentur, illi castra defenderent: 3, 67, 5; ¶ nostri celeriter ad arma concurrunt, uallum conscendunt: V 39, 3; ¶ cum . . . hostes loco et numero, nostri uirtute confiderent: VII 50, 1; ¶ ut nostri magna inopia necessariarum rerum conflictarentur, illi omnibus abundarent rebus: 1, 52, 3; ¶ congredi: 1, 47, 3 *u.* ascendere; ¶ conscendere: V 39, 3 *u.*

concurrere; ¶ consectari: III 15,5 *u.* expugnare; ¶ consequi: I 53,3 *u.* interficere; (VII 80,8 *u.* dare;) ¶ consistere: IV 26,5 *u.* dare; quod nostros iam constitisse in munitionibus uidebant: VI 41,1; quod sub ipsis radicibus montis (nostri) constiterant, ut nullum frustra telum in eos mitteretur: 1,45, 6; ¶ consuesse: IV 24,4 *u.* **b)** perterrere; 1,44,4 *u.* censere; quo in loco superioribus fere diebus nostri pabulari consueuerant ⟨-suerant *a; Np., Dt.*⟩: 3,37,5; ¶ (consumere: 1, 46,1 *u.* **b)** premere;) ¶ conuerti: 1,64, 2 *ib.* propellere; ¶ cum Sotiates ⟨*c*⟩ . . . putarent, nostri ⟨nihil *MB*⟩ autem quid sine imperatore et sine reliquis legionibus adulescentulo duce efficere possent perspici cuperent: III 21, 1.

nostri, simul in arido constiterunt, suis omnibus consecutis in hostes impetum fecerunt atque eos in fugam dederunt neque longins prosequi potuerunt, quod: IV 26,5; item ex reliquis partibus nostri cedentes usque ad ⟨*pr. edd.;* usque in α; *Fr.;* ad β⟩ castra insecuti ⟨consecuti β⟩ sui colligendi facultatem ⟨*o*⟩ non dederunt: VII 80,8; ¶ quod deditione facta nostros praesidia deducturos ⟨non inducturos *B*²β⟩ aut denique indiligentius ⟨*c*⟩ seruaturos crediderant: II 33,2; reliquos omnes earum turmarum (nostri) aut interfecerunt aut captos ad Domitium deduxerunt: 3,38,4; ¶ (deicere: 1,46,1 *u.* cogere;) ¶ quem locum nostri castris delegerant: II 18,1; ¶ nostri . . . compluribus interfectis longius impeditioribus locis secnti paucos ex suis deperdiderunt ⟨disperdiderunt *af*⟩: III 28,4; ¶ (deponere: IV 32,5 *u.* **b)** perturbare;) ¶ (nostri) magno numero Albicorum et pastorum interfecto partem ⟨partim *hl*⟩ nauium deprimunt, non nullas cum hominibus capiunt, reliquas in portum compellunt: 1,58,4; ¶ tum nostri cohortati ⟨hortati *A*⟩ inter se, ne tantum dedecus admitteretur, uniuersi ex ⟨*c*⟩ naui desiluerunt ⟨desilierunt β⟩: IV 25,5; ¶ desistere: II 11,6 *u.* se recipere; ¶ (destringere: 1,46,1 *u.* **b)** premere; 1,47,3 *u.* ascendere;) ¶ discedere: V 16,1 *u.* audere; 1,44,4 *u.* censere; 1,47,3 *u.* existimare; 3,46,6 *u.* se recipere; ¶ disponere: VII 81,4 *u.* proterrere.

efficere: III 21,1 *u.* cupere; ¶ reliquis copiis subsecuti nostros nauibus egredi prohibebant: IV 24,1; ¶ (emittere: V 26,3 *u.* ascendere; VII 88,3 *u.* gerere;) ¶ intellectum est nostros propter grauitatem armorum ⟨*c*⟩ . . . minus aptos esse ad huius generis hostem: V 16,1; ubi nostros non esse inferiores intellexit: II 8,3; († erant ⟨esse *Db.*⟩ et uirtute et numero ⟨studio *Dauis.*⟩ pugnandi ⟨pugnando *N; Np.;* pugnantium *Db.*⟩ pares. nostri tametsi ⟨pares nostri. tametsi *Np., Schn., Fr.*⟩: V 34,2;) parati in armis erant: II 9,1 *u.* transire; superiores esse: V 15,1 *u.* compellere; V 26,3 *u.* ascendere; ¶ (excidere: 3,67,6 *u.* inrumpere;) ¶ nostri cognitis † hostium insidiis, ne frustra reliquos exspectarent, duas naeti turmas ⟨hostium turmas *Ald.*⟩ exceperunt: 3,38,4; ¶ *excubare:* 3,50,2 *u.* reperire; ¶ ut se utrique superiores discessisse existimarent: Afraniani, quod . . . coegissent, nostri autem, quod . . . compulissent: 1,47,1.3; (3,26,4 *u.* aestimare;) ¶ nam singulas nostri consectati expugnauerunt: III 15,5; ¶ exspectare: 3,38,4 *u.* excipere.

ita nostri acriter ⟨*o*⟩ in hostes signo dato impetum fecerunt itaque hostes repente . . . procurrerunt, ut spatium pila in hostes coiciendi non daretur: I 52,3; IV 26,5 *u.* dare; nostri acriter in eos impetu facto reppulerunt neque finem sequendi fecerunt, quoad: V 17,3; (22,2 *u.* reducere;) necessario ⟨*c*⟩ (nostri) paene iniquo loco . . . castra fecerant ⟨β; *Schn.;* fecerunt α; *rell. edd.*⟩: VII 83,2; 1,46,1 *u.* **b)** premere; (3,37,6 *u.* ferre;) 3,50,2 *u.* reperire; ¶ (nostri) eo occurrere et auxilium ferre: III 4, 2; sed nostri fortiter impetum eorum tulerunt celeriterque ad suos quisque ordines rediit ⟨*c*⟩ atque ultro uniuersi in hostes impetum fecerunt: 3,37,6; ¶ fugere: 1,69,1 *u.* **b)** prosequi; 2,42,2 *u.* peruenire; 3,64,1 *u.* **e)** α) submittere.

nostri omissis ⟨emissis β⟩ pilis gladiis rem gerunt ⟨agunt β⟩: VII 88,3.

habere: (3,44,4 *u.* uidere;) 3,46,6 *u.* se recipere.

iacere: 3,48,2 *u.* **c)** α) obiectare; ¶ celeriter nostri ⟨nostri cel. β⟩ clamore sublato pila in hostes immittunt: VI 8,6; ¶ impugnare: III 26,4 *u.* coepisse; ¶ (sese incitare: 2,14,3 *u.* **b)** permouere;) ¶ (inducere: II 33,2 *u.* deducere;) ¶ ingredi: V 9,6 *u.* **b)** prohibere; ¶ (inicere: 1,58,4 *u.* pugnare; 2,6,2 *u.* religare;) ¶ ¶ inniti: II 27,1 *u.* redintegrare; ¶ inrumpere: 3,67,5 *u.* conari; sed tamen nostri uirtute uicerunt excisoque ericio primo in maiora castra, post etiam in castellum . . . inruperunt et . . . non nullos ibi repugnantes interfecerunt: 3,67,6; ¶ insequi: II 19,5 *u.* audere; Sotiates ⟨*c*⟩ . . . equitatu suo pulso atque insequentibus nostris subito pedestres copias ... ostenderunt: III 20, 4; V 15, 2 *u.* amittere; V 16, 1 *u.* andere; VII 80, 8 *u.* dare; 1, 64, 2 *u.* **b)** propellere; 3, 51, 2 *ib.* reuocare; 3, 51, 7 *ib.* uereri; ¶ insistere: IV 26, 1 *u.* **b)** perturbare; ¶ (instituere: 3, 44, 4 *u.* uidere;) ¶ reliquos omnes equitatu consecuti ⟨consecuti equites β⟩ nostri interfecerunt: I 53, 3; nostri ... primos ⟨*c*⟩, qui transierant, equitatu circumuentos interfecerunt: II 10, 3; II 11, 6 *u.* se recipere; (III 28, 4 *u.* deperdere; V 15, 2 *u.* amittere; V 22, 2 *u.* reducere; 1, 58, 4 *u.* deprimere; 2, 14, 6 *u.* repellere; 3, 37, 7 *u.* se recipere;) 3, 38, 4 *u.* deducere; (3, 46, 6 *u.* se recipere;) 3, 67, 6 *u.* inrumpere; ¶ intrare: 3, 44, 4 *u.* circumuenire; ¶ nostri ... naeti portum ... eo naues introduxerunt: 3, 26, 4; ¶ (iungere: 3, 44, 4 *u.* uidere.)

laborare: I 52, 7 *u* **c)** α) mittere; VII 67, 4 *u.* **b)** premere; VII 70, 2 *et* 3, 64, 1 *u.* **c)** α) submittere; ¶ interiectisque aliquot diebus nostris languentibus atque animo remissis subito ... portis se foras † rumpunt: 2, 14, 1.

(metere: IV 32, 5 *u.* **b)** perturbare;) ¶ minuere: 3, 48, 2 *u.* e) α) obiectare; ¶ nostri ⟨*om. AQ;* non *M*⟩ primo integris uiribus fortiter repugnare ⟨propugnare β⟩ neque ullum frustra telum ex loco superiore mittere: III 4, 2; (V 26, 3 *u.* ascendere;) ¶ cum et propter uulnera militum et propter sepulturam occisorum nostri triduum morati eos sequi non potuissent: I 26, 5; ¶ munire: 3, 45, 3 *u.* **c)** β) facilis.

nancisci: 1, 51, 6 *u.* se recipere; 2, 6, 2 *u.* religare; 3, 26, 4 *u.* introducere; 3, 38, 4 *u.* excipere; ¶ niti: (IV 24, 4 *u.* **b)** perterrere;) tamen uirtute et patientia (nostri) nitebantur atque omnia uulnera sustinebant: 1, 45, 6.

itaque, dum locus comminus ⟨*c*⟩ pugnandi daretur, aequo animo singulas binis nauibus obiciebant (nostri): 1, 58, 4; ¶ hostes impeditos nostri in flumine adgressi magnum eorum numerum occiderunt: II 10, 2; ¶ acies instructa a nostris, qui castra occupauerant, cernebatur: 3, 69, 1; ¶ occurrere: III 4, 2 *u.* ferre; ¶ (omittere: VII 88, 3 *u.* gerere.)

pabulari: (VII 18, 1 *u.* uenire;) 3, 37, 5 *u.* consuesse; ¶ sed ut superioris temporis contentionem ⟨*c*⟩ nostri omnem remiserant, ita proximi diei casu admoniti omnia ad defensionem parauerant: 2, 14, 6; ¶ aliis comprehensis collibus munitiones perfecerunt: 3, 46, 6; ¶ cum ... nostros ... defatigarent, quibus propter magnitudinem castrorum perpetuo esset isdem ⟨*c*⟩ in uallo permanendum: VII 41, 2; ¶ persequi: 2, 14, 3 *u.* **b)** prohibere; ¶ tum nero ad summam desperationem nostri perueniunt et partim fugientes ab equitatu interficiuntur, partim integri procumbunt: 2, 42, 2; ¶ nostri tametsi ⟨*c*⟩ ab duce et a fortuna deserebantur, tamen omnem spem salutis ⟨*o*⟩ in uirtute ponebant: V 34, 2; ¶ posse: I 26, 5 *u.* morari; III 21, 1 *u.* cupere; IV 26, 1 *u.* **b)** perturbare; IV 26, 5 *u.* dare; V 16, 1 *u.* audere; VII 83, 2 *u.* circumplecti; 2, 14, 3 *u.* **b)** permouere; 3, 44, 4 *u.* circumuenire; ¶ diu cum esset pugnatum, impedimentis castrisque nostri potiti sunt: I 26, 4; ¶ procedere: 1, 45, 6 *u.* **c)** α) esse (receptum); ¶ procumbere: (II 27, 1 *u.* redintegrare;) 2, 42, 2 *u.* peruenire; ¶ neque nostros in locum iniquiorem progredi pugnandi causa uiderunt: II 10, 4; 3, 51, 2 *u.* **b)** reuocare; ¶ prohibere: VII 36, 5 *u.* tenere; ¶ propugnare: III 4, 2 *u.* mittere; 3, 45, 3 *u.* **c)** β) facilis; ¶ prosequi: IV 26, 5 *u.* dare; (3, 51, 2 *u.* **b)** reuocare;) ¶ (nostri) fundis librilibus sudibusque, quas in opere disposuerant, ac ⟨*c*⟩ glandibus Gallos ⟨*o*⟩ proterrent: VII 81, 4; ¶ (prouidere: 3, 44, 4 *u.* uidere;) ¶ pugnare: (II 10, 4 *u.* progredi; VII 84, 4 *u.* **b)** terrere; 1, 58, 4 *u.* obicere;) (nostri) obiciebant atque iniecta manu ferrea et retenta utraque naue diuersi pugnabant atque in hostium nanes transcendebant: 1, 58, 4; (3, 37, 4 *u.* **d)** studium.)

ita sine ullo periculo tantam eorum multitudinem nostri interfecerunt, quantum fuit diei spatium, sub occasumque solis sequi ⟨*B*²β; *om.* α; *edd.*⟩ destiterunt seque in castra, ut erat imperatum, receperunt: II 11, 6; nostri ad unum omnes incolumes perpaucis uulneratis ex tanti belli timore ... se in castra receperunt: IV 15, 3; (nostri) aliis submissis subsidiis terga uertere seque ad signa legionum recipere coguntur: 1, 43, 5; hoc pugnae tempus magnum attulit nostris ad salutem momentum: nacti enim spatium se in loca superiora receperunt: 1, 51, 6; ex his circiter LXXX interfectis, reliquis in fugam coniectis ⟨nostri *add. V.*⟩ duobus amissis in castra se receperunt: 3, 37, 7; funditores instruxit, ut praesidio nostris se recipientibus essent: 3, 46, 2; nostri uero, qui satis habebant sine detrimento discedere, compluribus interfectis V omnino suorum amissis quietissime *se* receperunt: 3, 46, 6; — eius aduentu hostes constiterunt, nostri se ex timore ⟨ex timore se *h;* se *om. af*⟩ receperunt: IV 34, 1; ¶ ut nostri, etiam qui uulneribus confecti procubuissent, scutis innixi proelium redintegrarent: II 27, 1; ¶ nostri eruptione facta multis eorum interfectis, capto etiam nobili duce Lugotorige ⟨c⟩ suos incolumes reduxerunt: V 22, 2; ¶ illi . . . instabant neque regredi nostros patiebantur, quod timore adducti locum relinquere uidebantur: 3, 45, 5; ¶ si quando nostri facultatem nacti ferreis manibus iniectis nauem ⟨c⟩ religauerant: 2, 6, 2; ¶ relinquere: 3, 45, 5 *u.* regredi; ¶ remittere: 2, 14, 6 *u.* parare; ¶ nostri . . . reliquos audacissime transire conantes multitudine telorum reppulerunt: II 10, 3; III 28, 4 *u.* capere; V 17, 3 *u.* facere; (nostri) multis interfectis reliquos infecta re in oppidum reppulerunt: 2, 14, 6; ¶ quibus rebus nostri usu docti haec reperiebant remedia, ut alio loco ignes facerent, *alio excubarent:* 3, 50, 2; ¶ repugnare: III 4, 2 *u.* mittere; ¶ (rursus ⟨iis *uel* his *add.* β⟩ resistentibus ⟨nostris *add. V.*⟩ consuetudine ⟨o⟩ sua ad pedes desiluerunt: IV 12, 2;) 3, 63, 8 *u.* **b)** premere; ¶ ¶ (retinere: 1, 58, 4 *u.* pugnare;) ¶ reuerti: 1, 69, 1 *u.* **b)** prosequi.

sequi: I 26, 5 *u.* morari; II 11, 6 *u.* se recipere; III 28, 4 *u.* deperdere; (V 17, 3 *u.* facere;) ¶ seruare: II 33, 2 *u.* deducere; IV 26, 1 *u.* **b)** perturbare; 1, 44, 4 *u.* censere; ¶ subsequi: IV 26, 1 *u.* **b)** perturbare; ¶ succedere: I 25, 6 *u.* **b)** adgredi; ¶ sustinere: 1, 45, 6 *u.* niti; 1, 47, 3 *u.* ascendere.

quem (collem) si tenerent nostri, et aquae magna parte et pabulatione libera prohibituri hostes uidebantur: VII 36, 5; ¶ nihil timentibus nostris . . . impetu facto celeriter nostros perturbauerunt: IV 12, 1; nostri usi fortunae beneficio tamen impetum classis timebant: 3, 26, 4; ¶ (tollere: VI 8, 6 *u.* immittere;) ¶ transcendere: 1, 58, 4 *u.* pugnare; ¶ hanc (paludem) si nostri transirent hostes exspectabant; nostri autem, si ab illis initium transeundi fieret, ut impeditos adgrederentur, parati in armis erant: II 9, 1; qui (calones) ab ⟨c⟩ decumana porta ac ⟨c⟩ summo iugo collis nostros uictores flumen transisse ⟨transire β; *Schn., Fr.*⟩ conspexerant: II 24, 2; ¶ aegre portas nostri ⟨nihil *BM;* nostri portas *h*⟩ tuentur: VI 37, 5.

uenire: I 26, 3 *u.* e) ζ) coicere; suspicati hostes huc nostros esse uenturos noctu in siluis delituerant: IV 32, 4; Vercingetorigem . . . eo profectum, quo nostros postero die pabulatum uenturos arbitraretur: VII 18, 1; ¶ iam cum intra uallum nostri uersarentur: 3, 96, 3; ¶ terga uertere: 1, 43, 5 *u.* se recipere; 1, 47, 2 *u.* **b)** cogere; 3, 63, 8 *u.* e) ζ) *extr.;* ¶ quod (nostri) suum periculum in aliena uident uirtute ⟨c⟩ constare: VII 84, 4; (atque ut nostri ⟨qui *add. Vasc.*⟩ perpetuas munitiones † uidebant ⟨*codd.;* habebant *Hotomanni cod.; Dt.;* iungebant *Faern.;* addebant *Weber;* instituebant *Paul;* perpetua munitione prouidebant *Koch; Db.*⟩ perductas ex castellis in proxima castella ⟨perducta ex c. in pr. cast. *uncis incl. Koch; Db.*⟩, ne quo loco erumperent Pompeiani ac nostros post tergum adorirentur ⟨timebant *add. codd.; del. Faern.*⟩, ita illi . . . perpetuas munitiones efficiebant: 3, 44, 4;) ¶ uideri: VII 36, 5 *u.* tenere; VII 67, 4 *u.* **b)** premere; 3, 45, 5 *u.* regredi; ¶ uincere: 3, 67, 6 *u.* inrumpere; ¶ uti: IV 24, 4 *(bis) u.* **b)** perterrere; nostri ⟨*Ald.; om. codd.*⟩ cum ⟨c⟩ minus exercitatis remigibus minusque peritis gubernatoribus utebantur, . . . tum etiam tarditate et grauitate nauium impediebantur: 1, 58, 3; 3, 26, 4 *u.* timere.

β) a c. pass.: haec (tragula) . . . adhaesit neque ab ⟨a β⟩ nostris biduo animaduersa tertio die a quodam milite conspicitur: V 48, 8; ¶ cerni: 3, 69, 1 *u.* α) occupare; ¶ qui una procurrerant leuis armaturae ⟨c⟩ circumueniebantur atque interficiebantur ab nostris: 2, 34, 3; ¶ nullo ab nostris dato responso . . . discedunt: V 58, 3; ¶ musculus ex turri latericia a nostris telis tormentisque defenditur: 2, 11, 3; ¶ ut . . . pars ad scopulos adlisa interficeretur, pars ab nostris detraheretur ⟨*dett.;* distrah. *x*⟩: 3, 27, 2; ¶ quarum rerum a nostris propter paucitatem fieri nihil poterat: III 4, 4; ¶ interfici: 2, 34, 3 *u.* circumueniri; ¶ nullum ex muro, nullum a nostris mittitur telum: 2, 13, 2; ¶ etsi, quantum ratione prouideri poterat, ab nostris occurrebatur: VII 16, 3; ¶ exploratores hostium . . . inopinantes . . . ab nostris opprimuntur: VII 61, 1; ¶ una erat magno usui res praeparata a nostris: III 14, 5; ¶ eadem ratione qua pridie ab nostris ⟨a nostr. ead. rat. q. pr. β⟩ resistitur: V 40, 4; ¶ cum iam pecus atque extrema impedimenta ab nostris tenerentur: III 29, 2.

γ) abl. abs.: imprudentibus nostris: V 15, 3 *u.* **b)** occupare; ¶ cum . . . hostes acrius instarent languidioribusque nostris uallum scindere . . . coepissent: III 5, 1.

b) obi.: (adaequare: 2, 16, 3 *u.* **c)** α) adaequare;) ¶ adducere: 3, 45, 5 *u.* **a)** α) regredi; ¶ (adequitare: I 46, 1 *u.* e) ζ) coicere;) ¶ capto monte et succedentibus nostris Boi ⟨c⟩ et Tulingi ... ex itinere nostros *ab latere aperto adgressi circumuenire ⟨Qh; circumuenere rell.⟩ ... coeperunt: I 25, 6; ¶ admonere: 2, 14, 6 u. a) α) parare; ¶ hi ⟨c⟩ nostros disiectos adorti proelium renouarunt: III 20, 4; IV 32, 5 u. perturbare; 3, 44, 4 u. a) α) uidere; ¶ auertere: 3, 63, 8 u. e) ζ) extr.

circumdare: IV 32, 5 u. perturbare; ¶ (circumire: 1, 44, 4 ib.;) ¶ circumuenire: I 25, 6 u. adgredi; Massilienses ... producta longius acie circumuenire nostros aut pluribus nauibus adoriri singulas ... contendebant: 1, 58, 1; timens Caesar, ne nauibus nostri ⟨nostris a⟩ circumuenirentur, duplicem ... fecerat uallum: 3, 63, 3; ¶ cogere: 1, 43, 5 u. a) α) se recipere; quod (Afraniani) ... locum tumulumque tenuissent ... et nostros primo congressu terga uertere coegissent: 1, 47, 2; 69, 1 u. prosequi; 3, 63, 8 u. e) ζ) extr.; ¶ (conficere: II 27, 1 u. a) α) redintegrare;) ¶ quae res et hostes ad insequendum tardabat et nostros spe auxilii confirmabat: VII 67, 4; 3, 64, 1 u. c) α) submittere; ¶ conflictare: 1, 52, 3 u. a) α) conflictari; ¶ conspicari: 3, 64, 1 u. c) α) submittere; ¶ ac sic nostros contempserunt, ut ... fossas complere inciperent: V 51, 4; ¶ quae (tempestates) et nostros in castris continerent et hostem a pugna prohiberent: IV 34, 4; ¶ conuertere: 1, 64, 2 u. propellere.

hostes ... aciem .. iniquo loco constituunt, nostris nero etiam de ⟨c⟩ uallo deductis propius accedunt: V 51, 2; ¶ cum crebro ⟨o⟩ integri defessis succederent nostrosque adsiduo labore defatigarent: VII 41, 2; ¶ cum ... pugnaretur ac non solum uires, sed etiam tela nostros ⟨N. Heinsius; nostris X; Schn., Hold.⟩ deficerent: III 5, 1; nostros ⟨nostris a⟩ uires lassitudine deficiebant: 2, 41, 7; ¶ deicere: VII 51, 1 u. premere; 3, 63, 8 u. e) ζ) extr.; ¶ si nostros loco depulsos ⟨pulsos β⟩ uidisset: VII 49, 2; ¶ deserere: V 34, 2 u. a) α) ponere; ¶ nostri non amplius XX omnibus sunt proeliis desiderati: 3, 53, 2; ¶ desperare: II 24, 4 u. A. 1. a) res; ¶ destinare: VII 72, 2 u. e) ε) coicere; ¶ disicere: III 20, 4 u. adoriri; ¶ dispersis in opere nostris subito ... euolauerunt et in nostros impetum fecerunt: III 28, 3; IV 32, 5 u. perturbare; ¶ docere: 3, 50, 2 u. a) α) reperire.

Massilienses ... scientia gubernatorum confisi nostros eludebant impetusque eorum decipiebant ⟨Np.; excipiebant codd.⟩: 1, 58, 1; ¶ equites ... magna cum contumelia uerborum nostros ad pugnam euocant: V 58, 2; ¶ Labienus ... monte occupato nostros exspectabat: I 22, 3.

cuius aduentus Pompeianos compressit nostrosque firmauit, ut se ex maximo timore colligerent: 3, 65, 2.

impedire: 1, 58, 3 u. a) α) uti; 2, 6, 3 u. c) α) inferre; ¶ incitare: 1, 45, 6 u. e) α) esse (receptum); ¶ Heluetii ... itinere conuerso nostros a nouissimo agmine insequi ac lacessere coeperunt: I 23, 3; hostem insolenter atque acriter nostros insequentem supprimit: 1, 45, 1; ¶ commeatibus nostros intercludere instituunt ⟨c⟩: III 23, 6; ¶ interficere: (IV 32, 5 u. perturbare;) 2, 42, 2 u. a) α) peruenire.

Heluetii ... nouissimo agmine proelio nostros lacessere coeperunt: I 15, 3; 23, 3 u. insequi.

occupare: IV 32, 5 u. perturbare; at illi intermisso spatio imprudentibus nostris atque occupatis in munitione castrorum subito se ex siluis eiecerunt: V 15, 3; ¶ ut duces aduersariorum ... beneficio fortunae ad nostros opprimendos uterentur: 1, 40, 7.

pellere: VII 49, 2 u. depellere; ¶ nostri repentina fortuna permoti arma quae possunt arripiunt; alii ex castris sese incitant: 2, 14, 3; ¶ quae copiae nostros terrerent ⟨perterrerent $B^2β$⟩ et munitione prohiberent: I 49, 3; quibus rebus nostri perterriti atque huius omnino generis ⟨o⟩ pugnae imperiti non eadem alacritate ac studio, quo in pedestribus uti proeliis consuerant, utebantur ⟨nitebantur 1 det.; Schn., Np.⟩: IV 24, 4; nono genere pugnae perterritis ⟨pertemptis ABM; peremptis Q⟩ nostris per medios audacissime perruperunt: V 15, 4; hi similitudine armorum uehementer nostros perterruerunt: VII 50, 2; ¶ at hostes ... impetu facto celeriter nostros perturbauerunt: IV 12, 1; nostri tamen, quod neque ordines seruare neque firmiter insistere neque signa subsequi poterant, ... magnopere perturbabantur ⟨$M^2β$; perturbantur α⟩: IV 26, 1; tum dispersos (nostros) depositis armis in metendo occupatos subito adorti paucis interfectis reliquos incertis ordinibus perturbauerant, simul equitatu atque essedis circumdederant: IV 32, 5; quibus rebus perturbatis nostris nouitate pugnae tempore oportunissimo Caesar auxilium tulit: IV 34, 1; inopinantes nostri re noua perturbantur: VI 37, 3; haec tum ratio nostros perturbauit insuetos huius generis pugnae: circumiri enim sese ab aperto latere procurrentibus singulis arbitrabantur: 1,44,4; ¶ nostri, cum undique premerentur, XLVI centurionibus amissis deiecti sunt loco: VII 51,1; si qua in parte nostri laborare aut grauius premi uidebantur: VII 67,4; cum suos pugna ⟨*c*⟩ superiores esse ⟨*c*⟩ Galli ⟨*o*⟩ confiderent et nostros multitudine premi uiderent: VII 80,4; qua ex parte nostros premi intellexerant, iis ⟨*c*⟩ auxilio ex ulterioribus castellis deductos submittebant: VII 81,6; rursus illi ex loco superiore nostros premebant: 1,45,3; hoc cum esset modo pugnatum continenter horis quinque nostrique grauius a multitudine premerentur, consumptis omnibus telis gladiis destrictis ⟨*c*⟩ impetum aduersus montem in cohortes faciunt: 1,46,1; Pompeiani hoc insolentius atque audacius nostros premere et instare coeperunt: 3,46,3; cum omnibus rebus nostri premerentur atque aegre resisterent ⟨-tere *a*⟩, animaduersum est: 3,63,8; ¶ prohibere: I 49,3 *u.* perterrere; ut ... agros Remorum popularentur ... commeatuque nostros prohiberent: II 9,5; IV 24,1 *u.* **a)** α) egredi; optimum factu esse duxerunt rebellione facta frumento commeatuque nostros prohibere: IV 30,2; illi equitatu atque essedis ad flumen progressi ex loco superiore nostros prohibere et proelium committere coeperunt: V 9,3; ipsi ex siluis rari propugnabant nostrosque intra munitiones ingredi prohibebant: V 9,6; hic consedit nostrosque transitu prohibere instituit: VII 57,4; fit in hostes impetus ⟨eorum *add. Ox; Dt.*; nostrorum *Paul*⟩, sed de muro fugientes persequi prohibentur (nostri): 2,14,3; propinquum ... collem Pompeius occupauit nostrosque opere prohibere coepit ⟨*u. CC*⟩: 3,45,2; ¶ cernebatur ... uniuersarum cohortium impetu ⟨impetum *x*⟩ nostros propelli, dein rursus conuersos ⟨*b;* conuerso *x*⟩ insequi: 1,64,2; ¶ Afraniani ... procurrebant contumeliosisque uocibus prosequebantur ⟨nos nec *add. h;* nec *add. afl;* nostros *Morus; Db.; del. Ald.*⟩: necessarii uictus inopia coactos fugere atque ad Ilerdam reuerti: 1,69,1; ¶ subito clamore sublato ... fundis, sagittis, lapidibus nostros de uallo proturbare ⟨pert. *Ma*⟩ reliquaque ... parant administrare: VII 81,2.

remittere: 2,14,1 *u.* a) α) languere; ¶ cum paulum ab legionibus nostros remouissent: V 16,2; ¶ quod prius in tumulum Afraniani uenerant, nostri repelluntur: 1,43,5; conloquia militum interrumpit, nostros repellit a castris, quos deprendit ⟨*c*⟩ interficit: 1,75,2; ¶ sed insequentes nostros, ne longius progrederentur ⟨*N;* prosequerentur *x; edd.*⟩, Sulla reuocauit: 3,51,2.

nostri ... auxilium ferre, sed hoc superari, quod: III 4,3.

itaque tempore commutato tempestas et nostros ⟨nostras *f*⟩ texit et naues Rhodias adflixit: 3,27,2; ¶ terrere: I 49,3 *u.* perterrere; multum ad terrendos nostros ualet clamor, qui post tergum pugnantibus exstitit ⟨*c*⟩: VII 84,4.

si per decliue sese reciperent, nostros ex superiore insequentes loco uerebantur: 3,51,7; ¶ uidere: VII 49,2 *u.* depellere; ¶ labore et multitudine telorum nostros uicit: 3,40,2; ¶ non nulli inter carros *raedasque mataras ac tragulas subiciebant nostrosque uulnerabant: I 26,3; (IV 15,3 *u.* **a)** α) se recipere;) nostri in primo congressu circiter LXX ceciderunt, ... uulnerantur ⟨-ratur *af*⟩ amplius DC: 1,46,4.

c) dat.; pendet α) **ex uerbis:** ubi ... se uirtute nostris ⟨uirtutem nostris *Madu.; an* uirtute nostros?⟩ adaequare non posse intellegunt: 2,16,3; ¶ adferre: 1,51,6 *u.* **a)** α) se recipere; quae res nota erat Pompeio ... magnumque nostris attulerat ⟨-lit *V.*⟩ incommodum: 3,63,5; eadem res celeritate insequentium tardata nostris salutem attulit: 3,70,2; ¶ cum iam nostris ⟨*NO*[1]*l*[2]*;* nostri *x*⟩ remissiore uento adpropinquasset ⟨*Vascos.;* -assent *Ox*⟩: 3,26,2; ¶ praesidio legionum addito nostris ⟨et nostris β⟩ animus ⟨β; animis α⟩ augetur; hostes ⟨et hostes β⟩: VII 70,3; ¶ neque multum Albici nostris uirtute cedebant: 1,57,3; neque multum (Albici) cedebant uirtute nostris ⟨*u. CC*⟩: 2,6,3; ¶ neque ulla nostris facultas aut administrandi aut auxiliandi dabatur: IV 29,2; — (locum: 1,58,4 *u.* **a)** α) obicere;) — facilis est nostris receptus datus: 1,46,2; equitatus autem noster ... commodiorem ac tutiorem nostris receptum dat: 1,46,3; — (spatium dare: I 52,3 *u.* **a)** α) facere;) ¶ (deficere: III 5,1 *u.* **b)** deficere;) ¶ cum iam nostris ⟨*c*⟩ remissiore uento adpropinquasset ⟨*c*⟩, idem auster increbuit ⟨*c*⟩ nostrisque praesidio fuit: 3,26,2; 46,2 *u.* **a)** α) se recipere; — quae res magno usui nostris fuit: IV 25,1; — — qua necessarius nostris erat egressus: 3,23,1; — hac nostris erat receptus, quod eo incitati studio inconsultius processerant: 1,45,6; — quod unum nostris erat telum: 3,63,7; ¶ magna uis eminus missa telorum multa nostris [de improuiso] imprudentibus atque impeditis uulnera inferebant ⟨-bat?⟩: 2,6,3; ¶ magnumque nostris terrorem iniecit: 3,23,2; ¶ tertiam aciem ⟨c⟩ laborantibus nostris subsidio misit: I 52, 7; Labienus . . . decimam legionem subsidio nostris misit: II 26, 4; quas (legiones) C. Fabius ulteriore ponte subsidio nostris miserat: 1, 40, 7; ¶ ex hoc (genere radicis) effectos panes, cum in conloquiis Pompeiani famem nostris obiectarent, uulgo in eos iaciebant, ut spem eorum minuerent: 3, 48, 2; ¶ qui celeriter arma capere potuerunt, paulisper nostris restiterunt: IV 14, 4; ¶ laborantibus nostris Caesar Germanos submittit: VII 70, 2; 81, 6 *u.* b) premere; Marcellinus * * * cohortes subsidio nostris laborantibus submittit ⟨submisit *f*⟩ ex castris; quae fugientes conspicatae neque illos suo aduentu confirmare potuerunt neque: 3, 64, 1; ¶ nec iam arma nostris nec uires suppetunt: VII 85, 6.

β) ex **adiect.**: neque erat facile nostris uno tempore propugnare et munire: 3, 45, 3; ¶ hic dies nostris longe grauissimus fuit: V 43, 5; ¶ luna plena, qui dies maritimos aestus maximos in Oceano efficere consueuit, nostrisque id erat incognitum: IV 29, 1; ¶ atque iniquissimo nostris ⟨β; nostrorum α⟩ loco proelium committere coeperunt: V 32, 2; ¶ secundiore equitum proelio nostris Caesar suos in castra reduxit: II 9, 2.

cum . . . hostes loco et numero, nostri uirtute confiderent, subito sunt Haedui uisi ab ⟨c⟩ latere nostris aperto: VII 50, 1.

γ) **c. gerund.**: VII 41, 2 *u.* a) α) permanere.

d) genet.: agmen: III 20, 3 *u.* 1. a) agmen; ¶ alacritas: 3, 37, 4 *u.* studium; ¶ iamque Pompeiani magna caede nostrorum castris Marcellini adpropinquabant: 3, 65, 1; ¶ conspectus: 3, 51, 2 *u.* impetus; ¶ ubi diligentia nostrorum nihil his rebus profici posse intellexerunt: III 21, 3; ¶ diutius cum sustinere nostrorum impetus non possent ⟨*u. CC*⟩: I 26, 1; ut ne *primum quidem nostrorum impetum ferrent: III 19, 3; murum, qui ⟨quo β⟩ nostrorum ⟨nostrum *X; Hold.*⟩ impetum tardaret ⟨tardarent β⟩, praeduxerant: VII 46, 3; quod . . . comminus tum diu stetissent et nostrorum impetum sustinuissent: 1, 47, 2; 1, 58, 1 *u.* b) eludere; (2, 14, 3 *ib.* prohibere;) neque nero primum impetum nostrorum Numidae ferre potuerunt: 2, 25, 5; Numidae integri celeritate impetum nostrorum effugiebant: 2, 41, 6; neque nero conspectum aut impetum nostrorum tulerunt: 3, 51, 2; ¶ Libo discessit a Brundisio obsessionemque nostrorum omisit: 3, 24, 4; ¶ propter . . . ueterem belli gloriam paucitatemque nostrorum se tuto dimicaturos existimabant: III 24, 2; ¶ ex percontatione nostrorum uocibusque Gallorum ac mercatorum . . . timor omnem exercitum occupauit: I 39, 1; ¶ riuus difficilibus ripis subiectus castris Scipionis progressus nostrorum impediebat; quorum studium alacritatemque pugnandi cum cognouisset Scipio: 3, 37, 3. 4.

e) c. praep.; α) ab: haec et superiorum annorum consuetudine ab nobis ⟨a nostris β⟩ cognouerant ⟨-uerunt β⟩ et: V 42, 2.

β) **ad**: adequitare ad n.: I 46, 1 *u.* ζ) coicere; ¶ incolumes se ad nostros receperunt: 3, 28, 6.

γ) **cum**: paruulisque proeliis cum nostris contendebant: II 30, 1.

δ) **de**: pauci de nostris cadunt: I 15, 2.

ε) **ex**: conclamauerunt, uti ⟨c⟩ aliqui ex nostris ad conloquium prodiret: V 26, 4; ¶ multique ex nostris uulnerabantur: 3, 44, 6.

ζ) **in c. acc.**: e loco superiore in nostros uenientes tela coiciebant: I 26, 3; nuntiatum est equites Ariouisti propius tumulum accedere et ad ⟨*om.* β⟩ nostros adequitare, lapides telaque in nostros coicere: I 46, 1; Germani retineri non potuerant ⟨c⟩, quin in nostros tela coicerent: I 47, 2; ut . . . ex tumulo tela in nostros coicerent et pila intercepta remitterent: II 27, 4; ne . . . interdiu tela in nostros operi destinatos coicere possent ⟨c⟩: VII 72, 2; ¶ mittere: 1, 45, 6 *u.* a) α) consistere; ¶ (remittere: II 27, 4 *u.* coicere;) ¶¶ qua adrogantia . . . interdixisset impetumque *ut* in nostros eius equites fecissent: I 46, 4; cum . . illi identidem . . . ex silua ⟨c⟩ in nostros impetum facerent: II 19, 5; dispersis in opere nostris subito ex omnibus partibus siluae euolauerunt et in nostros impetum fecerunt: III 28, 3; ululatum tollunt impetuque in nostros facto ordines perturbant: V 37, 3; nauibus expositi ⟨c⟩ in auersos ⟨*Faern.*; aduersos *x*⟩ nostros ⟨nostri *a?*⟩ impetum fecerunt atque ex utraque munitione deiectos terga uertere coegerunt: 3, 63, 8; legio Pompeiana . . . resistere conabatur atque ultro in nostros impetum faciebat: 3, 69, 2.

B. additur aliud adiect. (numer.); a) complures: reperti sunt complures nostri milites ⟨*om.* β⟩, qui in phalanga ⟨c⟩ insilirent et . . .: I 52, 5; ¶ subfossis ⟨c⟩ equis compluribusque nostris deiectis reliquos in fugam coniecerunt: IV 12, 2.

b) duo: nostrae naues duae tardius cursu confecto in noctem coniectae cum ignorarent . . ., in ancoris constiterunt: 3, 28, 1.

c) omnis; α): omnis noster equitatus,

omnis nobilitas interiit ⟨periit *h*⟩: VII 38, 2; omnisque noster equitatus eas cohortes est secutus: 3, 68, 3; ¶ fugitiuis omnibus nostris certus erat Alexandriae receptus certaque uitae condicio, ut . . .: 3, 110, 4; ¶ omnes nostras pabulationes frumentationesque obseruabat: VII 16, 3.

β): (nostri ad unum omnes incolumes perpaucis uulneratis ex tanti belli timore . . . se in castra receperunt: IV 15, 3;) ¶ dum haec geruntur, nostris omnibus occupatis qui erant in agris reliqui discesserunt ⟨*u. CC*⟩: IV 34, 3; — prima luce et nostri omnes erant transportati et hostium acies cernebatur: VII 62, 1; ¶ in ea re omnium nostrorum intentis animis: III 22, 1.

d) primus: phalange facta sub primam nostram aciem successerunt: I 24, 5; ¶ uti inter nouissimum hostium agmen et nostrum primum non amplius . . . senis milibus passuum interesset: I 15, 5.

e) superior: magno esse Germanis dolori Ariouisti mortem et superiores nostras uictorias: V 29, 3.

(**f) uniuersi:** IV 25, 5 *u.* **A. 2. a)** α) desilire; 3, 37, 6 *u. p. 822* ferre.)

notitia: quod . . . Gallis . . prouinciarum ⟨*CC*⟩ propinquitas et transmarinarum rerum notitia multa ad copiam atque usus ⟨*c*⟩ largitur: VI 24, 5; ¶ intra annum uero uicesimum feminae ⟨uiri *add. Nitsche*⟩ notitiam habuisse in turpissimis habent rebus: VI 21, 5; ¶ hominum et locorum notitiâ et usu eius prouinciae nactus aditus ad ea conanda: 1, 31, 2; — ab his liberaliter ipse appellatus et quadam notitia Septimii productus . . . nauiculam paruulam conscendit: 3, 104, 3.

noto: nouum in re publica introductum exemplum queritur, ut tribunicia intercessio armis notaretur ⟨uetaretur *Madu.*⟩ atque opprimeretur: 1, 7, 2; ¶ non nullos signiferos ignominia notauit ac loco mouit: 3, 74, 1.

notus. 1. adiect.; A. pos.: cornu exsistit excelsius magisque derectum his quae nobis nota sunt cornibus: VI 26, 1; ¶ Caesar ⟨*c*⟩ desiderauit milites DCCCCLX et equites *** Tuticanum Gallum, senatoris filium, notos equites Romanos C. Fleginatem Placentia . . . ⟨*u. CC*⟩: 3, 71, 1; ¶ apud eos magnae sunt ferrariae atque omne genus cuniculorum notum atque usitatum est: VII 22, 2; ¶ reuocantur notisque ⟨noctisque *Nx*⟩ itineribus ad naues decurrunt: 1, 28, 3; ¶ haec loca uicinitatibus erant nota: VI 34, 3; ¶ nota atque instituta ratione magno militum studio paucis diebus opus ⟨*o*⟩ efficitur: VI 9, 4; ¶ quae res nota erat Pompeio, delata per Allobrogas perfugas: 3, 63, 5; ¶ (semita: V 19, 2 *u.* uia;) ¶ Hercyniam siluam, quam Eratostheni et quibusdam Graecis fama notam ⟨siluam, quae erat hostheni . . . nota β⟩ esse uideo: VI 24, 2; ¶ hostes uero notis omnibus uadis, ubi . . . egredientes conspexerant, incitatis equis impeditos adoriebantur: IV 26, 2; ¶ omnibus ⟨omnes β⟩ uiis ⟨notis *add.* β; *Schn.*, *Db.*⟩ semitisque essedarios ex siluis emittebat: V 19, 2.

neque iis ipsis quicquam praeter oram maritimam . . . notum est: IV 20, 3.

B. comp.: nulla fuit ciuitas, quin . . . mitteret, non ciuis Romanus paulo notior, quin ad diem conueniret: 2, 19, 2.

C. superl.: cum illi . . . omnibus membris expeditis ⟨*c*⟩ notissimis locis audacter tela coicerent: IV 24, 3.

2. ui subst.: quem quisque in castris notum aut municipem habebat, conquirit atque euocat: 1, 74, 1; ¶ hi suos notos hospitesque quaerebant, per quem quisque eorum aditum commendationis haberet ad Caesarem: 1, 74, 5.

nouem. A. non additur alius numerus: cuius imperatoris ductu VIIII ⟨*a;* nouem *Db.*⟩ annis rem publicam felicissime gesserint plurimaque proelia secunda fecerint, omnem Galliam Germaniamque pacauerint: 1, 7, 6; ¶ signaque militaria ex proelio ad Caesarem sunt relata CLXXX et aquilae VIIII: 3, 99, 4; ¶ Hercyniae ⟨*c*⟩ siluae . . . latitudo nouem dierum iter expedito patet: VI 25, 1; diebusque in ea re consumptis VIIII naues . . . reuertuntur: 1, 27, 1; ¶ nullum eius modi casum exspectans, quo nouem oppositis legionibus ⟨leg. oppos. *a*⟩ maximoque equitatu . . . offendi posset: VI 36, 2; (legiones habere sese paratas X ⟨IX *Np.*⟩: 1, 6, 2;) legiones effecerat ciuium Romanorum VIIII: V ex Italia . . .; unam ex Cilicia ⟨*c*⟩ . . .; unam ex Creta et Macedonia . . .; duas ex Asia: 3, 4, 1; ¶ polliceri . . . Menapios VIIII milia ⟨.VIIII. *af; Oros.;* .VIII. *h;* VII milia α; *edd.*⟩: II 4, 9; ¶ eo die naues Massiliensium cum iis, quae sunt captae, intereunt VIIII ⟨*u. CC*⟩: 1, 58, 4; ¶ (Neruii uallo pedum X ⟨β; *Oros.;* IX *ABM; edd.;* XI *Q*⟩ et fossa pedum ⟨*c*⟩ XV hiberna cingunt: V 42, 1.)

(**B. decem (et) nouem:** milia passuum XVIIII ⟨*ego;* decem nouem *X; edd.;* decem et nouem *C; Fr.*⟩ murum . . . perducit: I 8, 1; polliceri . . . Aduatucos ⟨*c*⟩ XVIIII milia

⟨XVIIII. β; decem et VIIII milia *BMQ;* decem et nouem milia *A*⟩: II 4, 9.)

Nouiodunum. **A. Biturigum:** ille oppidum Biturigum positum in uia Nouiodunum ⟨bitur. pos. i. u. nouiod. (nobiodunum *a*) β; *om.* α; Bitur. pos. in uia *del. Oud., Fr.*⟩ oppugnare instituerat. quo ex oppido . . .: VII 12, 2; *cf. qu. sqq. c.* 12 *et* 13; Vercingetorix tot continuis incommodis Vellaunoduni, Cenabi, Nouioduni acceptis suos ad concilium conuocat: VII 14, 1.

B. Haeduorum: Nouiodunum ⟨nouiodonum *BM*[1]; Nouio dinum *Qpr.*⟩ erat oppidum Haeduorum ad ripas Ligeris oportuno loco positum. huc . . .: VII 55, 1; *cf.* § 2—4; interfectis Nouioduni ⟨nouiodum *B*[1]; -dunis *B*[2]⟩ custodibus quique eo negotiandi ⟨aut itineris *add.* β; *Schn.*⟩ causa conuenerant pecuniam atque equos inter se partiti sunt: VII 55, 5; *cf.* § 6. 7.

C. Suessionum: in fines Suessionum . . . exercitum duxit et magno itinere confecto ⟨*CC*⟩ ad oppidum Nouiodunum contendit: II 12, 1; *cf.* § 2—5 *et* 13, 1.

nouitas. **A. abl.:** uis magna pulueris cernebatur, et uestigio temporis primum agmen erat in conspectu. nouitate rei Curio permotus praemittit equites: 2, 26, 3; ¶ deprensis ⟨*c*⟩ nauibus circiter ⟨*c*⟩ quinquaginta ⟨*c*⟩ celeriterque . . . militibus impositis ⟨*c*⟩ et rei nouitate perterritis oppidanis . . . sine contentione oppido potitur: VII 58, 4; ¶ quibus rebus perturbatis nostris ⟨in *add. Schenkl*⟩ nouitate pugnae tempore oportunissimo Caesar auxilium tulit: IV 34, 1; nemo est tam ⟨*c*⟩ fortis, quin rei nouitate perturbetur ⟨*u. CC*⟩: VI 39, 3.

B. c. praep.: nam plerumque in nouitate ⟨rei *add. Dt.*⟩ fama rem ⟨*add. Ciacc.; Np.; om. codd.; Dt.*⟩ antecedit ⟨*codd.; Db., Dt.;* excedit *Np.;* fama antecellit *Madu.*⟩: 3, 36, 1; (*cf.* **A.** IV 34, 1.)

nouus. **A.** propr.: discedere a nobis et nouam temptare fortunam nouasque amicitias experiri constituerunt: 3, 60, 3; ¶ ita et nouam et repente collectam auctoritatem tenebant: VI 12, 8; ¶ is ⟨*c*⟩ locus aberat *a* nouis Pompei castris circiter passus quingentos: 3, 67, 2; ¶ ueteribus clientelis restitutis, nouis per Caesarem ⟨per Caesarem, nouis *Vielh.*⟩ comparatis: VI 12, 6; ¶ Caesar . . . suspicatus, aliquid noui ⟨nouum β⟩ a barbaris initum consilii: IV 32, 2; cum ex significatione Gallorum noui aliquid ab iis iniri consilii ⟨cons. iniri β⟩ intellexissent: VII 12, 6; ¶ legio VIII. ad eum uenit cohortesque ex nouis Galliae dilectibus XXII 1, 18, 5; copias undique omnes ex nouis dilectibus ⟨dilectis *l*⟩ ad se cogi iubet: 1, 24, 2; quas (legiones) ex nouo dilectu confecerat atque in itinere compleuerat: 1, 25, 1; utrum auertendae suspicionis causa Pompeius proposuisset (edictum), . . . an nouis dilectibus, si nemo premeret, Macedoniam tenere conaretur, existimari non poterat: 3, 102, 3; ¶ fortuna: 3, 60, 3 *u.* amicitiae; ¶ (tempus autem ⟨*o*⟩ erat difficillimum, quo neque frumenta † in hibernis erant neque ⟨ex hibernis erant nouaque *E. Hoffm.*⟩ multum a maturitate aberant: 1, 48, 5;) ¶ qui mobilitate et leuitate animi nouis imperiis studebant: II 1, 3; ¶ Caesar duas legiones in citeriore Gallia nouas conscripsit: II 2, 1; ¶ non esse fas Germanos superare, si ante nouam ⟨nonam *QB*[2]β⟩ lunam proelio contendissent: I 50, 5; ¶ si noua manus Sueborum cum ueteribus copiis Ariouisti sese coniunxisset: I 37, 4; ¶ Cato in Sicilia naues longas ueteres reficiebat, nouas ciuitatibus imperabat: 1, 30, 4; ¶ ne noua Caesaris officia ueterum suorum beneficiorum in eos memoriam expellerent: 1, 34, 3; ¶ haec noua sit ratio uincendi, ut misericordia et liberalitate nos muniamus: *ap. Cic. ad Att.* IX 7 *C*, 1; ¶ plerique nouas sibi ex loco religiones fingunt: VI 37, 8; crudelitas in supplicio, noua religio iuris iurandi spem praesentis deditionis sustulit: 1, 76, 5; relinquitur noua religio ⟨*om. a*⟩, ut eo neglecto sacramento, quo tenemini, respiciatis illud, quod deditione ducis et capitis deminutione sublatum est: 2, 32, 9; ¶ cupiditate regni adductus nouis rebus studebat: I 9, 3; cum intellegeret omnes fere Gallos nouis rebus studere et ad bellum mobiliter celeriterque excitari: III 10, 3; quod sunt in consiliis capiendis mobiles et nouis plerumque rebus student: IV 5, 1; — (esse Dumnorigem) summa audacia, magna apud plebem propter liberalitatem gratia, cupidum rerum nouarum: I 18, 3; quod eum ⟨*c*⟩ cupidum rerum nouarum, cupidum imperii, magni animi, magnae inter Gallos auctoritatis cognouerat: V 6, 1; ¶ hoc . . ad timorem nouarum tabularum tollendum minuendumque . . . esse aptissimum existimauit: 3, 1, 3; — (leges) duas promulgauit, unam, qua . . . donauit, aliam tabularum nouarum: 3, 21, 1.

B. trsl.; a) posit. (= inusitatus, inauditus): nouum in re publica introductum exemplum queritur, ut tribunicia intercessio armis . . . opprimeretur: 1, 7, 2; ¶ nouo genere pugnae perterritis ⟨c⟩ nostris ... perruperunt: V 15, 4; in se noui generis imperia constitui: 1, 85, 8; aggerem noui generis atque inauditum ex latericiis duobus muris ... facere instituerunt: 2, 15, 1; in nouo genere belli nouae ab utrisque bellandi rationes reperiebantur: 3, 50, 1; ¶ erat noua et inusitata belli ratio: 3, 47, 1; 50, 1 *u.* genus; *cf.* **A.** ratio; ¶ inermes cum infulis se porta foras uniuersi proripiunt, ad legatos ... supplices manus tendunt. qua noua re oblata omnis administratio belli consistit: 2, 12, 1 (*Np.* 2); quos ubi Afranius procul nisos ... conspexit, noua re perterritus locis superioribus consistit: 1, 65, 1; — hostes re noua perterriti ... in foro ... cuneatim constiterunt: VII 28, 1; inopinantes nostri re noua perturbantur: VI 37, 3; sed re noua perturbatus maioribus itineribus Apolloniam petere coepit: 3, 11, 2; ¶ noua atque inusitata specie commoti legatos ad Caesarem de pace miserunt: II 31, 1.

quodque nonum et praeter consuetudinem acciderat: 3, 61, 1.

b) superl. (= extremus, ultimus). *Cf. O. Riemann, RPh. V 103—105.*

1. adiect.; α) c. subst.: equitatu praemisso, qui nouissimum agmen carperet ⟨caperet *Of*⟩ atque impediret: 1, 78, 5; — expeditae cohortes nouissimum agmen claudebant: 1, 79, 1; — de media nocte missus equitatus nouissimum agmen consequitur: VII 88, 7; statimque egressus et nouissimum agmen consecutus celeriter ex conspectu castrorum discessit: 3, 75, 2; — equitatumque praemisit ad nouissimum agmen demorandum, neque consequi potuit: 3, 75, 3; — qui cupidius nouissimum agmen insecuti alieno loco ... proelium committunt: I 15, 2; — omnem equitatum, qui nouissimum agmen moraretur, praemisit: II 11, 3; — cum ab equitatu nouissimum agmen premeretur: 1, 70, 3; ¶ Heluetii ... audacius subsistere non numquam et nouissimo agmine proelio nostros lacessere coeperunt: I 15, 3; ¶ Heluetii ... itinere conuerso nostros a nouissimo agmine insequi ac lacessere coeperunt: I 23, 3; — equites ... repente sese ad nouissimum agmen ostendunt: 1, 63, 3; pugnatur acriter ad nouissimum agmen: 1, 80, 5; ii ⟨c⟩, quos ad nouissimum agmen equorum reficiendorum causa substitisse demonstratum est: 2, 42, 5; — circiter tribus milibus hostium ⟨c⟩ ex nouissimo agmine interfectis altero die ad Alesiam castra fecit: VII 68, 2; — quae (legiones) in nouissimo agmine praesidio impedimentis fuerant: II 26, 3; — uti inter nouissimum hostium agmen et nostrum primum non amplius ... senis milibus passuum interesset: I 15, 5.

uix agmen nouissimum extra munitiones processerat: VI 8, 1.

tantum esse nomen ... eius ⟨c⟩ exercitus ... hoc nouissimo proelio facto etiam ad ultimas Germanorum nationes, uti: IV 16, 7.

β) sine subst.: qui ex iis nouissimus conuenit ⟨uenit β⟩, ... omnibus cruciatibus adfectus necatur: V 56, 2; alii, ut principes talem nuntium attulisse, alii, ne ... ex omnibus nouissimi uenisse uiderentur: 1, 53, 3.

2. ui subst.; α) obi.: hi nouissimos adorti et multa milia passuum prosecuti magnam multitudinem eorum fugientium conciderunt: II 11, 4; ¶ consecutus equitatus nonissimos ⟨nouissimos *a pr.;* nouissimo *a corr.*⟩ proelio detinebat: 3, 75, 4; ¶ subito se ostenderunt nouissimosque premere et primos prohibere ascensu ... coeperunt: V 32, 2; cernebatur equitatus nostri proelio nouissimos illorum premi uehementer ac non numquam subsistere ⟨*Vascos.;* sustinere *x; edd.*⟩ extremum agmen: 1, 64, 1.

β) dat.: qui ... agmen hostium claudebant et nouissimis praesidio erant: I 25, 6.

γ) c. praep.: reliquos esse tardiores et non nullos ab ⟨a B^2β⟩ nouissimis deserto ⟨c⟩ proelio excedere *acie ⟨*u. CC*⟩ ac tela uitare: II 25, 1; scuto ab nouissimis uni militi detracto ... in primam aciem processit: II 25, 2.

nox. A. subi.: de quibus ⟨quibus (in) *Eussn.*⟩ insulis non nulli scripserunt dies continuos XXX sub bruma esse noctem: V 13, 3; — huius modi rec aut pudore aut metu tenentur; quibus rebus nox maxime aduersaria est: 2, 31, 7; — certis ex aqua mensuris breuiores esse quam in continenti noctes ⟨noct. qu. i. cont. β⟩ uidebamus ⟨c⟩: V 13, 4; ¶ cum finem oppugnandi nox fecisset: II 6, 4; ¶ etsi totius diei continenti labore erant confecti noxque iam suberat: 3, 97, 4.

B. obi.: quod properans noctem diei coniunxerat neque iter intermiserat: 3, 13, 2; ¶ biduoque et nocte in ⟨*Ciacc.;* noctibus tribus *x; edd.*⟩ nauigatione consumptis adpellit: 2, 23, 1; ¶ dum ea ... conferuntur, nocte intermissa ⟨nocte int. *spuria iudico*⟩ circiter hominum milia sex ... prima nocte e castris Heluetiorum egressi ad Rhenum ... contenderunt: I 27, 4; proficiscitur neque noctem neque diem intermittit: V 38, 1; ¶ quinque intermissis diebus alteram ⟨*del. Ciacc.*⟩ noctem subnubilam nactus ... tertia inita uigilia silentio exercitum eduxit: 3, 54, 2; ¶ dies natales et mensium ⟨c⟩ et annorum initia sic obseruant, ut noctem dies subsequatur: VI 18, 2.

C. acc. temporis: ipse ad ancoram unam ⟨*a;* una *fhl*⟩ noctem ⟨*ego;* nocte *x;* una nocte *edd.*⟩ constitit: 3, 102, 4; ¶ diem noctemque *u.* **dies** *p. 894* **δ)** *(3 (5) loc.);* ¶ quibus litteris circiter media nocte ⟨mediam noctem β⟩ Caesar adlatis suos facit certiores: V 49, 4.

D. genet.: **(**tribusque horis ⟨noctis *add. codd.; del. Göler*⟩ exercitui ad quietem datis castra ad Gergouiam monet ⟨*c*⟩: VII 41, 1;**)** ¶ ut perpaucae (naues) ex omni numero noctis interuentu ad terram peruenerint ⟨*c*⟩, cum ab hora fere quarta usque ad solis occasum pugnaretur: III 15, 5; ¶ illi itinere totius noctis confecti subsequi non poterant: 2, 39, 6; ¶ spatia ⟨*c*⟩ omnis temporis non numero dierum, sed noctium finiunt: VI 18, 2; ¶ **(**ex eo proelio circiter hominum milia CXXX superfuerunt eaque tota nocte continenter iernut ⟨nullam partem noctis itinere intermisso *add. X, et plur. edd. cum sequentibus ea coniungentes; del. Dt.*[1]*, Köchly*⟩; in fines Lingonum die quarto peruenerunt ⟨*u. CC*⟩: I 26, 5;**)** consumitur uigiliis reliqua pars noctis: V 31, 4; cum in omnibus locis consumpta iam reliqua parte noctis pugnaretur: VII 25, 1; idoneum locum nacti reliquam noctis partem ibi confecerunt et luce prima missis . . . equitibus . . . se defenderunt: 3, 28, 6; Caesar . . . parua parte noctis itinere intermisso mane Dyrrachium uenit: 3, 41, 5; ¶ id silentio noctis conati non magna iactura suorum sese ⟨*c*⟩ effecturos sperabant ⟨*c*⟩: VII 26, 2; silentio noctis Caesar ex castris egressus . . . deiecto praesidio potitus loco duas ibi legiones conlocauit: VII 36, 7; ¶ extracto primo noctis tempore gubernatorem in terram nauem eicere cogunt: 3, 28, 5.

E. abl.; a) nocte: quidam ex his . . . nocte ad Neruios peruenerunt: II 17, 2; aegre ad noctem oppugnationem sustinent, noctu ⟨nocte β⟩ ad unum omnes desperata salute se ipsi interficiunt: V 37, 6; loquitur . . . sese . . . postero die prima luce castra moturum . . . . Labienus noctu ⟨nocte *Q*β⟩ tribunis militum primisque ordinibus conuocatis ⟨*c*⟩ quid sui sit ⟨*o*⟩ consilii proponit: VI 7, (6.) 8; pons . . . paene erat refectus; hunc nocte ⟨*a;* noctu *fhl; Db.*⟩ perfici iussit: 1, 41, 1; equites missi nocte iter conficiunt: 2, 38, 4; cum animaduertissent ex ignibus nocte ⟨noctu *Paul*⟩ cohortes nostras ad munitiones excubare: 3, 50, 1; Pompeius noctu ⟨nocte?⟩ magnis additis munitionibus reliquis diebus turres exstruxit: 3, 54, 1; pauci ordinis senatorii . . . nocte fuga salutem petiuerunt: 3, 97, 5.

b) additur die: continuato nocte ac die ⟨noctem ac diem *Paul*⟩ itinere . . . ad Pompeium contendit: 3, 11, 1; itaque die ac nocte ⟨diem ac noctem?⟩ continuato itinere ad eum peruenit: 3, 36, 8.

c) additur adiectiuum (*uel* numer.): quae (naues) . . . necessario aduersa nocte in altum prouectae continentem petierunt ⟨*c*⟩: IV 28, 3; ¶ tantus fuit . . . terror, ut ea nocte eum C. Volusenus missus cum equitatu ad ⟨*c*⟩ castra uenisset, fidem non faceret adesse cum incolumi Caesarem exercitu: VI 41, 2; neque uero ⟨*c*⟩ tam remisso ac languido animo quisquam omnium fuit, qui ea nocte conquieuerit: 1, 21, 5; — ea tota nocte: I 26, 5 *u.* **D.** pars; ¶ eadem nocte accidit, ut esset luna plena: IV 29, 1; expositis militibus naues eadem nocte Brundisium a Caesare remittuntur: 3, 8, 1; ¶ media nocte *u.* **medius** *p. 556 (8 loc.);* ¶ quos equitatus apertissimis campis consectatus . . . multa nocte se in castra recepit ⟨*c*⟩: III 26, 6; quos ille multa iam nocte silentio ⟨*c*⟩ ex ⟨*c*⟩ fuga ⟨*c*⟩ excepit: VII 28, 6; ¶ circiter hominum milia sex . . . prima nocte e castris Heluetiorum egressi ad Rhenum . . . contenderunt: I 27, 4; **(**1, 81, 4 *u.* proxima n.;**)** equitatum omnem prima nocte ad castra hostium mittit: 2, 38, 3; *impedimenta* omnia ⟨*c*⟩ silentio prima nocte ⟨noctis *h pr.*⟩ ex castris Apolloniam praemisit: 3, 75, 1; postero die Caesar similiter praemissis prima nocte impedimentis de quarta uigilia ipse egreditur: 3, 77, 1; ¶ se . . . proxima nocte de quarta uigilia castra moturum: I 40, 14; interim omnis ex fuga Suessionum multitudo in oppidum proxima nocte conuenit: II 12, 4; neque longius abesse, quin proxima nocte Sabinus clam ex castris exercitum educat: III 18, 4; sub uesperum Caesar intra hanc fossam legiones reducit atque ibi sub armis proxima nocte conquiescit. postero die . . .: 1, 41, 6; hoc idem postero die a prima luce faciunt totumque in ea re diem consumunt. . . . proxima ⟨*Paul;* prima *Ox; edd.*⟩ nocte aquandi causa nemo egreditur ex castris; proximo ⟨postero *N*⟩ die . . .: 1, 81, (3.) 4; posteroque die . . . castra ponit. . . . proxima nocte centuriones Marsi duo . . . ad Attium Varum perfugiunt: 2, (26, 1;) 27, 1; ¶ nuntiarent superiore nocte maxima coorta tempestate prope omnes naues adflictas atque in litus ⟨*c*⟩ eiectas esse: V 10, 2; (aeque ⟨neque *codd.*⟩ enim ex Marsis Paelignisque ueniebant, ut qui superiore nocte *perfugerant* ⟨*u. CC*⟩: 2, 29, 4;) ¶ tota nocte: I 26, 5 *u.* **D.** pars; illi animaduerso ⟨*c*⟩ uitio castrorum tota nocte munitiones proferunt: 1, 81, 3; ¶ omni hoc itinere una nocte equitatu confecto . . . Menapios oppresserunt: IV 4, 5; nocte una intromissis equitibus . . . omnes suos custodiis intra castra continuit: V 58, 1; (3, 102, 4 *u.* C.)

F. c. praep.; a) ad: illi aegre ad noctem oppugnationem sustinent: V 37, 6; ¶ res disputatione ad mediam noctem perducitur: V 31, 3; ¶ ad multam noctem ⟨*μέσας νύκτας Plut.*⟩ etiam ad impedimenta pugnatum est: I 26, 3.

b) ante: ut, cum . . . eo . . post horam nonam diei Caesar peruenisset, ante mediam noctem ad portas castrorum clamor oreretur ⟨*c*⟩: V 53, 1; Cenabenses paulo ante mediam noctem silentio ex oppido egressi flumen transire coeperunt: VII 11, 7.

c) de nocte, de media nocte *u.* **de** *p. 822* 2. *(6 loc.).*

d) in noctem: nostrae naues duae tardius cursu confecto in noctem coniectae . . . in ancoris constiterunt: 3, 28, 1; — spe enim conficiendi negotii prope in noctem rem deduxerant ⟨*z;* duxerant *O; Np., Dt.*⟩: 3, 51, †.

e) post: ipse idoneam tempestatem nactus ⟨*c*⟩ paulo post mediam noctem naues soluit: IV 36, 3.

f) sub: Pompeius sub noctem naues soluit: 1, 28, 3.

[**Falso:** reuocantur notisque ⟨noctisque *Nx*⟩ itineribus ad naues decurrunt: 1, 28, 3.]

(noxa) noxia: supplicia eorum, qui in furto aut in ⟨*om.* β⟩ latrocinio aut aliqua ⟨alia *RSchn.*⟩ noxia ⟨*A¹Qaf; Np.;* noxa *BMh; rell. edd.*⟩ sint comprehensi, gratiora dis immortalibus esse arbitrantur: VI 16, 5.

nubo: ipsum ex Heluetiis uxorem habere, sororem ex matre et propinquas suas nuptum in alias ciuitates conlocasse: I 18, 7.

nudo. A. corpus: ut Teutomatus ⟨*c*⟩ . . . subito in tabernaculo oppressus, ut meridie conquieuerat, superiore corporis parte ⟨parte corp. β⟩ nudata ⟨nuda β⟩ uulnerato equo uix se ex manibus praedantium militum eriperet: VII 46, 5.

B. locum (= **deductis copiis defensoribus spoliare); a) non add. abl.:** at totis ⟨β; attonitis α⟩ fere ⟨castris *h. l. habet* β⟩ a fronte et ab sinistra parte nudatis castris . . . Nerui . . . ad eum locum contenderunt: II 23, 4; Vercingetorix iubet ⟨*o*⟩ portas claudi, ne castra nudentur: VII 70, 7; ¶ neque sibi nudanda litora et relinquendos portus existimabant: 3, 15, 5; ¶ interim eam partem nudari necesse erat et ab latere aperto tela recipi ⟨recipere β⟩: V 35, 2.

b) add. abl.: animaduertit collem, qui ab hostibus tenebatur, nudatum hominibus, qui superioribus diebus uix prae multitudine cerni poterat: VII 44, 1; ¶ ubi . . . undique in murum lapides iaci coepti sunt murusque defensoribus nudatus est: II 6, 2; ¶ et ⟨*c*⟩ quaecumque ⟨*c*⟩ pars castrorum nudata defensoribus premi uidebatur, eo occurrere et auxilium ferre: III 4, 2.

C. trsl. (= spoliare): Sullam nudata ⟨non data *f*⟩ omnibus rebus tribunicia potestate tamen intercessionem liberam reliquisse: 1, 7, 3.

nudus. A. propr.: pellibus aut paruis renonum ⟨*c*⟩ tegimentis utuntur, magna corporis parte nuda: VI 21, 5; ut Teutomatus ⟨*c*⟩ . . ., ut meridie conquieuerat, superiore corporis parte nudata ⟨parte corp. nuda β⟩ uulnerato equo uix se ex manibus praedantium militum eriperet: VII 46, 5; ¶ matres familiae . . . pectore nudo prominentes passis manibus obtestabantur ⟨*o*⟩ Romanos: VII 47, 5.

B. = **scuto non tectus, apertus:** multi ut . . . praeoptarent scuta ⟨*c*⟩ e ⟨*c*⟩ manu emittere et nudo corpore pugnare: I 25, 4.

nullus. Forma: *Datiuus* nulli II 6, 3; 35, 4; VII 20, 5; 1, 79, 5; 85, 1; — nullo ⟨α; nulli β⟩ consilio: VI 13, 1; nullo usui ⟨*an* usu? *abl.*⟩ 2, 7, 1; — *genet.* nullius (2, 16, 1;) 3, 45, 6; — *ablat.* defendente nullo: 3, 68, 3; (nullo hoste III 6, 5.)

A. non additur nisi, praeter, praeterquam, non; a) neque qui, quin neque sed **sequitur; α) add. subst.; αα) singulari numero:** nullum aditum esse ad eos ⟨nullum esse aditum ad hos β⟩ mercatoribus; nihil pati uini . . . inferri: II 15, 4; ¶ oppidi murus ⟨*c*⟩ . . . recta regione, si nullus amfractus intercederet, mille CC passus aberat: VII 46, 1; ¶ sibi nullam cum iis ⟨*c*⟩ amicitiam esse posse, si in Gallia remanerent: IV 8, 1; ¶ cum ei rei nullum reperiretur auxilium: III 15, 2; nihil horum ad pacandas Hispanias, nihil ad usum prouinciae prouisum, quae propter diuturnitatem pacis nullum auxilium desiderarit: 1, 85, 7; ¶ plebes paene seruorum habetur loco, quae nihil ⟨*o*⟩ audet ⟨*c*⟩ per se, nullo ⟨α; *Aim.;* nulli β⟩ adhibetur consilio ⟨concilio β⟩: VI 13, 1; ¶ sed nulla ⟨his *add.* β⟩ ferramentorum copia, quae esset ⟨sunt β⟩ ad hunc usum idonea, ... cogebantur ⟨c⟩: V 42, 3; frumenti copiam legionarii non nullam ⟨*Gryphius;* nonnulli *codd.*⟩ habebant, . . . caetrati auxiliaresque nullam ⟨*om. O*⟩: 1, 78, 1; ¶ (disciplina: IV 1, 9 *u.* officium;) ¶ nulla interposita dubitatione legiones . . . ex castris educit: VII 40, 1; ¶ ut nullum paulo fortins factum latere posset: III 14, 8; ¶ ac nullo hoste prohibente aut iter demorante incolumem legionem . . . in Allobroges perduxit: III 6, 5; ¶ sic se complures annos illo imperante meruisse, ut nullam ignominiam acciperent ⟨c⟩, nusquam infecta ⟨c⟩ re discederent: VII 17, 5; ¶ imperium se a ⟨c⟩ Caesare per proditionem nullum desiderare, quod habere uictoria posset ⟨c⟩: VII 20, 7; II 11, 1 *et* 1, 51, 2 *u.* ordo; ¶ ut altissimis fluminibus atque impeditissimis itineribus nullum acciperet incommodum: 3, 77, 2; ¶ latrocinia nullam habent infamiam, quae extra fines cuiusque ciuitatis fiunt: VI 23, 6; ¶ sibi esse in animo sine ullo maleficio iter per prouinciam facere, propterea quod aliud iter haberent nullum: I 7, 3; magnoque circuitu nullo certo itinere exercitum ducit ⟨c⟩: 1, 68, 1; ¶ (quarum rerum illo tempore nihil factum, ne cogitatum quidem; ⟨nulla lex promulgata, non cum populo agi coeptum, nulla secessio facta *add. codd.; del. Np.*⟩: 1, 7, 5;) ¶ hostes uiderunt ea . . . ita refecta, ut nullus ⟨*Steph.;* nullius *x*⟩ perfidiae neque eruptioni ⟨-nis *O*⟩ locus esset nec quicquam omnino relinqueretur, qua . . . noceri posset: 2, 16, 1; hic nullo in loco Macedoniae moratus magno impetu tetendit ⟨c⟩ ad Domitium: 3, 36, 2; ¶ ilii nulla coacta manu loci praesidio freti in siluas paludesque confugiunt: VI 5, 7; ¶ qui ⟨c⟩ propter ueteres inimicitias nullo modo cum Haeduis coniungi poterant: VI 12, 7; ¶ nullam exoriri moram posse, quo minus, cum uenisset, si imperata non facerent ad nutum, e uestigio diriperentur: 2, 12, 3 (*Np.* 4); — recepto Caesar Orico nulla interposita mora Apolloniam proficiscitur: 3, 12, 1; itaque nulla interposita mora sauciorum modo et aegrorum habita ratione *impedimenta* . . . Apolloniam praemisit: 3, 75, 1; ¶ multis undique uulneribus acceptis nulla munitione perrupta . . . se ad suos receperunt: VII 82, 2; ¶ itaque ex eo numero nauium nulla desiderata est: 2, 7, 2; an paenitet uos, quod saluum atque incolumem exercitum nulla omnino naue desiderata traduxerim? 2, 32, 12; ¶ cuius rei nulla est occultatio: VI 21, 5; ¶ quod a pueris nullo officio aut disciplina adsuefacti nihil omnino contra uoluntatem faciant: IV 1, 9; ¶ egressi nullo certo ordine neque imperio: II 11, 1; erant praeterea cuiusque generis hominum milia circiter VI . . ., sed nullus ordo, nullum imperium certum, eum suo quisque consilio uteretur: 1, 51, 2; tota auxilia regis impedita ac perturbata, quod nullo ordine et sine timore iter fecerant, in fugam coiciunt ⟨c⟩: 2, 26, 4; ¶ (hominum milia CXXX superfuerunt eaque tota nocte continenter ierunt [nullam partem noctis itinere intermisso]; in fines Lingonum die quarto peruenerunt: I 26, 5;) si nullam partem Germanorum domum remittere posset, at ne quos amplius Rhenum transire pateretur: I 43, 9; nulla pars nocturni temporis ad laborem intermittitur; non aegris, non uulneratis facultas quietis datur: V 40, 5; constituerat nullam partem belli in Hispaniis relinquere: 2, 18, 7; hac habita oratione nullam in partem ab exercitu Curionis fit significatio: 2, 28, 4; ¶ si nihil ⟨c⟩ esset ⟨c⟩ durius, nullo cum periculo ad proximam legionem peruenturos: V 29, 6; nullum enim poterat uniuersis *a* perterritis ac dispersis periculum accidere: VI 34, 3; se nullum periculum communis salutis causa recusare: VII 2, 1; quos cum sic animo ⟨o⟩ paratos uideat ⟨c⟩, ut nullum pro sua laude periculum recusent: VII 19, 5; ¶ sed potestatem eius rei (se) nullam habere: 3, 16, 4; ¶ confirmatur ⟨c⟩ opinio barbaris . . . nullum esse intus praesidium: VI 37, 9; ne cuncta Gallia deficeret, quod nullum amicis in eo praesidium uideret ⟨c⟩ positum ⟨o⟩ esse ⟨c⟩: VII 10, 1; ¶ Pompeius enim nullo proelio pulsus uestri facti praeiudicio demotus Italia excessit: 2, 32, 2; ¶ tanta diligentia omnes . . . continuit, ut nulla ratione ea res enuntiari aut ad Treueros perferri posset: V 58, 1; quibus interclusis exercitu Caesaris auxilium ferri nulla ratione poterat: 1, 70, 2; quibus accidit rebus, ut . . . nulla ratione iter conficere possent: 3, 79, 5; **ille* nulla ratione ad pugnam elici posse Pompeium existimans hanc sibi commodissimam belli rationem iudicauit, uti: 3, 85, 2; — quod nobis quidem nulla ratione factum a Pompeio uidetur ⟨c⟩: 3, 92, 3; ¶ ut, si peracto consulatu ⟨c⟩ Caesaris ⟨c⟩ non ⟨c⟩ profectus ⟨c⟩ esset, nulla tamen mendacii religione obstrictus uideretur: 1, 11, 2; ¶ at Cotta . . . nulla in re communi saluti deerat: V 33, 2; omnia experti Galli, quod res nulla successerat, postero die consilium ceperunt ⟨c⟩ . . . profugere: VII 26, 1; interclusis omnibus itineribus nulla ⟨in *add. a*⟩ re ex prouincia atque Italia subleuari poterat: VII 65,

4; ¶ nullo ab nostris dato responso, ubi uisum est, sub uesperum . . . discedunt: V 58, 3; ¶ contra in dissensione ⟨c⟩ nullam se salutem perspicere: V 31, 2; ¶ (secessio: 1, 7, 5 *u.* lex;) ¶ Haedui primis ⟨c⟩ nuntiis ab Litauicco acceptis nullum sibi ad cognoscendum spatium relinquunt: VII 42, 1; Caesar Pompeianis . . . intra ⟨c⟩ uallum compulsis nullum spatium perterritis *dari oportere existimans milites cohortatus est, ut: 3, 95, 1; ¶ quorum alteri, quod nullo studio agebant, non multum adiuuabant, alteri non magnis facultatibus . . . celeriter quod habuerunt consumpserunt: VII 17, 2; ¶ ut nullum frustra telum in eos mitteretur: 1, 45, 6; quod unum genus tegimenti aliis locis erant experti nullo telo neque tormento traici posse: 2, 9, 4; nullum ex muro, nullum a nostris mittitur telum: 2, 13, 2; ¶ hoc animo decertabant, ut nullum aliud tempus ad conandum habituri niderentur et quibus in pugna uitae periculum accideret ⟨c⟩, non ita multo se reliquorum ciuium fatum antecedere existimarent: 2, 6, 1; ¶ tertium (latus) est contra septentriones, cui parti nulla est obiecta terra; sed eius angulus *alter maxime ad ⟨c⟩ Germaniam spectat: V 13, 6; ¶ summa difficultate rei frumentariae adfecto exercitu . . . nulla tamen uox est ab iis ⟨ex iis uox est β⟩ audita populi Romani maiestate et superioribus uictoriis indigna: VII 17, 3; ¶ at ii, qui in ingo constiterant, nullo etiam nunc usu rei militaris percepto neque . . . in . . . consilio permanere . . . neque . . . imitari potuerunt: VI 40, 6; sed Nasidianae naues nullo usui ⟨usu?⟩ fuerunt celeriterque pugna excesserunt: 2, 7, 1; non recusare se, quin nullius usus imperator existimaretur, si sine maximo detrimento legiones Caesaris sese recepissent: 3, 45, 6.

ββ) **plural.**: nihil se de bello cogitauisse, nulla Ambiorigi auxilia misisse: VI 32, 1; (praemiserat . . . auxilia peditum V milia ⟨*Np.*; peditum nulla *x*⟩: 1, 39, 2;) ¶ Cassius . . . aduolauit . . . perturbatumque eum nactus nullis custodiis neque ordinibus certis . . . onerarias naues . . . in Pomponianam ⟨c⟩ classem immisit: 3, 101, 2; ¶ castra . . ., etsi erant exigua per se, . . . praesertim nullis cum impedimentis, tamen . . . quam maxime potest contrahit: V 49, 7; ¶ Numidae enim ⟨c⟩ quadam barbara consuetudine nullis ordinibus passim consederant: 2, 38, 4; 3, 101, 2 *u.* custodiae; ¶ summaque erat uasto atque aperto mari, magnis aestibus, raris ⟨mari magno, aestibus raris *BM*⟩ ac prope nullis portibus difficultas nauigandi: III 12, 5; ¶ ut eorum (tormentorum) uim nullae contextae uiminibus uineae sustinere possent: 2, 2, 1.

β) **ui subst.; αα) subi.**: prorutis ⟨c⟩ munitionibus defendente nullo transcenderunt: 3, 68, 3.

ββ) **dat.**: ex litteris Caesaris dierum ⟨c⟩ quindecim supplicatio decreta est, quod ante id tempus accidit nulli: II 35, 4; ¶ Caesar respondit: nulli omnium has partes uel querimoniae uel miserationis minus conuenisse: 1, 85, 1; ¶ nam cum ⟨namque β⟩ tanta multitudo lapides ac tela coicerent ⟨coiciebant β⟩, in ⟨ut in β⟩ muro consistendi potestas erat ⟨esset β⟩ nulli ⟨nulla *a*⟩: II 6, 3; nullis ⟨c⟩ est: VI 23, 5 *u.* **b) β) magistratus;** ¶ summam imperii se consulto nulli discedentem tradidisse, ne is . . . impelleretur: VII 20, 5.

(γγ) **genet.**: 2, 16, 1 *u.* α) αα) locus.)

b) sequitur α) qui, quin; αα) qui: Cicero . . . nullum eius modi casum ⟨causam *MQ*⟩ exspectans, quo nouem oppositis legionibus . . . in milibus passuum tribus offendi posset, . . . mittit ⟨c⟩: VI 36, 2; ¶ dissipatis ac perterritis hostibus, ut demonstrauimus, manus erat nulla, quae paruam modo causam timoris adferret: VI 35, 3; ¶ hic uero nulla munitio est, quae perterritos recipiat: VI 39, 2.

ββ) **quin:** quo edicto tota prouincia peruulgato nulla fuit ciuitas, quin ⟨quae non *O*⟩ ad *[id] tempus partem senatus Cordubam ⟨c⟩ mitteret, non ciuis Romanus paulo notior, quin ad diem conueniret: 2, 19, 2; coniata fortuna Metropolitum cum casu Gomphensium nulla Thessaliae fuit ciuitas praeter Larisaeos ⟨c⟩, qui † magnis exercitibus Scipionis tenebantur, quin Caesari pareret atque imperata faceret ⟨*Dt.*; parerent . . . facerent *x*; *Np.*, *Db.*⟩: 3, 81, 2; ¶ equitum . . .; quorum nulli ex itinere excedere licebat, quin ab equitatu Caesaris exciperetur: 1, 79, 5; ¶ Treueri uero atque Indutiomarus totius hiemis nullum tempus intermiserunt, quin trans Rhenum legatos mitterent, ciuitates sollicitarent, pecunias pollicerentur, . . . dicerent. . . . neque tamen ulli ciuitati Germanorum persuaderi potuit, ut: V 55, 1. (2;) nullum intercedebat tempus, quin extremi cum equitibus proeliarentur: 1, 78, 5.

β) **sed:** docet se nullum extraordinarium honorem adpetisse, sed exspectato legitimo tempore consulatus eo fuisse contentum, quod omnibus ciuibus pateret: 1, 32, 2; ¶ in pace nullus ⟨nullis *AQ*β⟩ est communis magistratus, sed principes regionum atque pagorum inter suos ius dicunt controuersiasque minuunt: VI 23,5; ¶ erat, ut supra demonstrauimus, manus certa nulla, non oppidum, non praesidium ⟨c⟩, quod se armis defenderet, sed in ⟨o⟩ omnes partes dispersa multitudo: VI 34,1; ¶ tanta tempestas subito coorta est, ut nulla earum (nauium) cursum tenere posset, sed aliae eodem, unde erant profectae, referrentur, aliae ... deicerentur: IV 28,2; ¶ commisso proelio Massiliensibus res nulla ad uirtutem defuit, sed memores eorum praeceptorum ... hoc animo decertabant, ut: 2,6,1.

B. nullus nisi, nullus praeter(quam), nullus non; a) nullus nisi: sed deditionis nullam esse condicionem nisi armis traditis: II 32, 2; ¶ nam nobis nisi Caesaris capite relato pax esse nulla ⟨non *O*⟩ potest: 3,19,7.

b) nullus praeterquam: ego hanc sententiam probarem ..., si nullam praeterquam uitae nostrae iacturam fieri uiderem: VII 77,6.

(**c) nullus praeter:** 3,81,2 *u.* **A. b)** α) ββ); V 54,4 *u.* **d).**)

d) nullus ... non: ut praeter Haeduos et Remos ... nulla fere ciuitas fuerit non suspecta nobis: V 54,4.

[**Falso:** uti ex ⟨c⟩ tanto nauium numero tot nauigationibus neque hoc neque superiore anno ulla ⟨nulla β⟩ omnino nauis, quae milites portaret, desideraretur: V 23,3.]

(**Ac nullus:** III 6,5; 12,5;) ¶ nullus ... et: 2,6,1; — nullus ... que: 2,7,1; ¶ **nullus ... aut:** III 6,5; IV 1,9; V 58,1; ¶ nullus ... neque: II 11,1; 2,9,4; 16,1; 3,101, 2; nullus ... non (... non): V 40,5; VI 34,1; **(**1,7,5;**)** 2,19,2; — nullus ... nihil: II 15,4; — nullus ... nusquam: VII 17, 5; — nihil ... nullus: VI 13,1; 32,1; ¶ nullus ... nullus: 1,51,2; 2,13,2; **(**1,7,5;**)** ¶ nullum enim: VI 34,3; ¶¶ nullum aliud: I 7,3; 2,6,1.

num: num tu harum rerum natura accidere arbitraris, quod unam terram ac plures terras et urbem et urbes et imperium et imperia dicamus, neque quadrigas in unam nominis figuram redigere neque harenam *in* multitudinis appellationem ⟨c⟩ conuertere possimus? *ap. Gell.* XIX 8,8; ¶ quod si ueteris contumeliae obliuisci uellet, num ⟨non *f*⟩ etiam recentium iniuriarum ... memoriam deponere posse ⟨posset *AQ*⟩? I 14,3.

numen: pro uita hominis nisi ⟨c⟩ hominis ⟨o⟩ uita reddatur, non posse ⟨aliter *add.* β⟩ deorum immortalium numen placari arbitrantur: VI 16,3.

numero. A. (propr.) = numerum inire, zählen: constabat Elide in templo Mineruae repetitis atque numeratis ⟨*ego; enumeratis* x; *edd.*⟩ diebus, quo die proelium secundum Caesar fecisset, simulacrum Victoriae ... se ... conuertisse: 3,105,2; ¶ cum laboris sui periculi*que* testimonium adferre uellent, milia sagittarum circiter XXX in castellum coniecta Caesari numerauerunt ⟨*Ciacc.;* renumerauerunt x; *Np.;* renuntiauerunt *recc.; Db., Dt.*⟩: 3,53,4.

B. (trsl.) = **soluere, zahlen:** magnam imperatam ... Achaiae populis pecuniam exegerat, magnam ⟨*Ald.;* magnas *codd.*⟩ societates earum prouinciarum ... sibi numerare coegerat: 3,3,2.

numerus. A. propr.; a) = ἀριθμός, πλῆθος; **α) subi.:** ab ea parte magnus numerus hostium cadebat: V 34,2; ¶ ad eos ⟨c⟩ magnus adulescentium numerus disciplinae causa concurrit: VI 13,4; ¶ quaerit ex perfugis causam, quorum magnus ad eum cotidie numerus confluebat: VII 44, 2; ¶ † captis quibusdam cohortibus, uti ⟨c⟩ numerus legionum constare uideretur: VII 35,3; ¶ quo satis magnus hominum pecorisque numerus conuenerit: V 21,2; magnus undique numerus celeriter conuenit: VI 34,9; cotidie enim magnus undique nauium numerus conueniebat, quae commeatum supportarent: 3,47,4; ¶ (depopulari: VI 33, 2 *u.* **δ) ββ) b)** mittere;) ¶ nunc esse in Gallia ad centum et XX milium numerum: I 31,5; hominum est infinita multitudo creberrimaque aedificia ..., pecorum magnus numerus ⟨pecoris numerus ingens β⟩: V 12,3; sagittariosque omnes, quorum erat permagnus ⟨magnus *AQ*⟩ numerus in Gallia ⟨in gallia numerus β⟩, conquiri ... iubet: VII 31,4; erant ... praeterea filius Domitii aliique complures adulescentes et magnus numerus equitum Romanorum et decurionum: 1,23,2; — (nostros equites,) quorum erat V milium ⟨$\overline{V}$ α⟩ numerus, cum ipsi non amplius octingentos equites haberent: IV 12,1; cum hostium numerus capitum CCCCXXX ⟨c⟩ milium fuisset: IV 15, 3; ex omni ⟨c⟩ numero, qui fuit circiter milium ⟨o⟩ XL: VII 28,5; ¶ nominatim ratio confecta erat, qui numerus domo exisset eorum, qui arma ferre possent: I 29,1; ¶ inter singulas legiones impedimentorum magnum numerum intercedere: II 17,2; ¶ itaque magnus eorum (caetratorum auxiliariumque) cotidie numerus ad Caesarem perfugiebat: 1,78,2; aduersa Caesarem proelia fecisse, magnum numerum ab eo militum ad Afranium perfugisse ⟨prof. *Of*⟩: 2, 18, 3; ¶ (peruenire (VII 31, 5) *et* proficisci (III 11, 3) *u.* δ) ββ) α);) ¶ hac re significari magnum numerum ciuitatum suam nim sustinere non posse ⟨potuisse β⟩: IV 3, 1; 3, 6, 1 *u.* β) imponere; ¶ (soluere: V 8, 2 *u.* β) relinquere;) ¶ sustinere: IV 3, 1 *u.* posse; ¶ quem numerum barbarorum ad castra uenisse constabat: III 6, 2; se cohortesque amplius XXX magnumque numerum senatorum atque equitum Romanorum in periculum esse uenturum: 1, 17, 2; ¶ uideri: VII 35, 3 *u.* constare.

β) obi.: certum numerum militum ad se celeriter adduci iubet ⟨*c*⟩: VII 4, 7; imperat certum numerum militum ciuitatibus, quem et quam ante diem in castra adduci uelit: VII 31, 4; ¶ magno numero nauium adpulso . . . sua deportabant omnia ⟨*o*⟩: III 12, 3; ¶ magnum numerum equitatus suo sumptu semper alere et circum se habere: I 18, 5; ¶ augere *u.* **augeo** *p. 375* **b)** *(3 loc.)*; ¶ magno pecoris atque hominum numero capto . . . in deditionem uenire . . . coegit: VI 3, 2; equitatus nouissimum agmen consequitur; magnus numerus capitur atque interficitur, reliqui ex fuga in ciuitates discedunt: VII 88, 7; ¶ constituerunt . . . iumentorum et carrorum quam maximum numerum coemere, sementes quam maximas facere: I 3, 1; huc magnum numerum equorum huins belli causa in Italia atque Hispania coemptum ⟨*AQ*β; coemptus *BM;* coemptos *M*[2]*; Fr.*⟩ miserat: VII 55, 3; ¶ cogere *u.* **cogo** *p. 582 (3 loc.)*; ¶ (compiere: VII 75, 5 *u.* conferre;) ¶ ex his Bellouaci suum numerum non contulerunt ⟨β; compleuerunt α; *edd.*⟩: VII 75, 5; — praesertim cum eorum (equitum) exiguus numerus cum tanta multitudine Numidarum conferretur: 2, 39, 4; ¶ magnoque numero iumentorum in flumine supra atque infra constituto traducit exercitum: 1, 64, 6; ¶ falsum ab his equitum numerum deferri, quorum stipendium auerterent: 3, 59, 4; ¶ eae ipsae copiae hoc infrequentiores imponuntur, quod . . . longum . . iter ex Hispania ⟨magnum *add. x; edd.; ego del.*⟩ numerum deminuerat ⟨*Nhl;* dimin. *af*⟩: 3, 2, 3; reliquas cohortes, numero XXXIII, in quibus erat legio nona multis amissis centurionibus deminutoque ⟨*l;* diminutoque *Oafh*⟩ militum numero: 3, 67, 3; ¶ demonstrare: 3, 4, 6 *u.* explere; ¶ desiderati sunt eo die sagittarii circiter CC, equites pauci, calonum atque iumentorum ⟨*Eussn.;* impedimentorum *x; edd.*⟩ non magnus numerus: 1, 51, 6; ¶ (magno coacto *equitum* numero ex finitimis ciuitatibus in omnes partes dimittit: VI 43, 1;) ¶ magnum ⟨continuo magnum β; *Schn.*⟩ numerum frumenti commeatusque diripit: VII 38, 9; ¶ praeterea magnum numerum ex Thessalia, Boeotia, Achaia Epiroque ⟨*c*⟩ supplementi nomine in legiones distribuerat: 3, 4, 2; ¶ his Caesar numerum obsidum, quem ante ⟨*c*⟩ imperauerat, duplicauit: IV 36, 2; duplicatoque earum cohortium numero, quas cum Q. Titurio amiserat, . . . docuit: VI 1, 4; ¶ magnum ibi numerum uersuum ediscere dicuntur: VI 14, 3; ¶ Galli . . . magno cratium, scalarum, harpagonum numero effecto . . . ad . . munitiones accedunt: VII 81, 1; ¶ equitum peditumque certum numerum a ciuitatibus Siciliae exigebat: 1, 30, 4; ¶ atque eum quem supra demonstrauimus numerum expleuerat: 3, 4, 6; (88, 3 *u.* γ) γγ) c) cohortes;) ¶ habere *u.* **habeo** *p. 1398 (5 (6) loc.)*; ¶ imperare *u.* **impero B.** *p. 76 sq. (7 loc.)*; ¶ magnum numerum sagittariorum, magnum Albicorum . . . imponunt: 1, 56, 2; expediti naues conscenderent, quo maior numerus militum posset imponi ⟨*u. CC*⟩: 3, 6, 1; magnum numerum leuis armaturae et sagittariorum . . . in scaphas et naues actuarias imponit: 3, 62, 2; ¶ multae praeustae sudes, magnus muralium pilorum numerus instituitur: V 40, 6; ¶ magnum numerum iumentorum atque hominum intercipiunt: 1, 55, 1; ¶ interficere *u.* **interficio** *p. 211 (10 loc.)*; ¶ mittere: VII 55, 3 *u.* coemere; ¶ occidere *u.* **magnus** *p. 524 (5 loc.)*; ¶ (parare: 1, 39, 2 *u.* praemittere;) ¶ praemiserat . . . auxilia peditum V milia ⟨*coniec. Np.;* peditum nulla *x*⟩, equitum III milia, *quae* omnibus superioribus bellis habuerat, et parem ex Gallia numerum, quam ⟨quamquam *af;* quem *O; Db.*⟩ ipse pacauerat ⟨parauerat *O; Db.*⟩: 1, 39, 2; ¶ prima luce magnum numerum impedimentorum ex castris mulorumque produci . . . iubet: VII 45, 2; ¶ ab iis ⟨*c*⟩, qui emerant, capitum numerus ad eum relatus est milium quinquaginta trium: II 33, 7; ¶ ipse cum quinque legionibus et pari numero equitum, quem in continenti reliquerat ⟨relinquebat β⟩, . . . soluit: V 8, 2; ¶ eorum, qui domum ⟨*c*⟩ redierunt, . . . repertus est numerus milium C et decem: I 29, 3; magnus ibi numerus pecoris repertus, multique in fuga sunt comprehensi atque interfecti: V 21, 6; ¶ magnum hostium numerum pauci sustinuere:

1, 51, 5; ¶ hic dies . . . hunc habuit euentum, ut . . . maximus numerus hostium ⟨hostium numerus *f; Steph.*⟩ uulneraretur atque interficeretur: V 43, 5.

γ) **abl.; αα) causae:** cum . . . hostes loco et numero, nostri uirtute confiderent: VII 50, 1.

ββ) **instr.:** (milites) Morini . . . non ita magno suorum numero circumsteterunt: IV 37, 1; ¶ ita congressus impari numero magnos impetus legionum equitatusque sustinet: 1, 40, 6; quod iniquo loco atque impari congressi numero ⟨numero quod *hl*⟩ quinque horis proelium sustinuissent: 1, 47, 3; ¶ integras atque incolumes copias Caesar ⟨*c*⟩ inferiore ⟨-ores *Oahl*⟩ militum ⟨-tes *a*[1]⟩ numero continebat: 3, 47, 3; ¶ quo minore numero militum munitiones ⟨*o*⟩ defendi possent: VII 73, 2; ¶ spatia ⟨*c*⟩ omnis temporis non numero dierum, sed noctium finiunt: VI 18, 2; ¶ harpagones parauerant magnoque numero pilorum, tragularum reliquorumque telorum se instruxerant: 1, 57, 2; ¶ Vettonum agrum Lusitaniamque pari numero legionum obtinebat: 1, 38, 1; ¶ magno pecoris atque hominum numero potitur: VI 6, 1; multos ex fuga dispersos excipinnt, magno pecoris numero, cuius sunt cupidissimi barbari, potiuntur: VI 35, 6.

γγ) **limitat.; a):** erant cum Achilla *eae copiae, ut neque numero neque genere hominum neque usu rei militaris contemnendae uiderentur: 3, 110, 1; ¶ quod et numero militum praestabant et: 3, 44, 5; cum ipsi numero equitum militumque praestarent: 3, 47, 2; ¶ plurimum inter eos Bellouacos et uirtute et auctoritate et hominum numero ualere: II 4, 5.

b): erat Romanis nec loco nec numero aequa contentio: VII 48, 4; ¶ erat multo inferior numero nauium Brutus: 1, 57, 1; quoniam numero multis partibus esset inferior: 3, 84, 3; ¶ erat noua et inusitata belli ratio cum tot castellorum numero tantoque spatio . . ., tum etiam reliquis rebus: 3, 47, 1; ¶ (erant ⟨esse *Db.*⟩ et uirtute et † numero ⟨studio *Vielh.; u. CC*⟩ pugnandi (pugnando *Nb; Np.;* pugnantium *Db.*⟩ pares: V 34, 2.)

c): reliquas cohortes, numero XXXIII, . . . ad legionem Pompei . . . eduxit: 3, 67, 3; reliquas inter aciem mediam cornuaque interiecerat numeroque cohortes ⟨numerumque cohortium *Paul*⟩ CX ⟨XC *Ciacc.*⟩ expleuerat: 3, 88, 3; ¶ eodem equitatus ⟨*o*⟩ totius Galliae conuenit numero milium quattuor: V 5, 3; ¶ omnes equites, XV milia ⟨*om. B*⟩ numero, celeriter conuenire iubet: VII 64, 1; sed hi (equites) erant numero CC, reliqui in itinere substiterant: 2, 41, 3; ¶ eo circiter hominum numero ⟨*om. fh*⟩ sedecim milia expedita eum omni equitatu Ariouistus misit: I 49, 3; ¶ haec erant milia ⟨numero milia *hl*⟩ XLV, euocatorum circiter duo: 3, 88, 4; ¶ equitum milia erant sex, totidem numero pedites uelocissimi ac fortissimi: I 48, 5; ¶ ad duo ⟨*a*[1]*f;* duorum *O, a corr., hl; Np., Db.*⟩ milia ⟨*x;* milium *Np., Db.*⟩ numero ⟨*om. f*⟩ ex Pompeianis cecidisse reperiebamus: 3, 53, 1; ¶ sagittarios Creta, Lacedaemone, ex Ponto atque Syria reliquisque ciuitatibus III milia ⟨*om. x*⟩ numero habebat: 3, 4, 3.

quas (naues) postea Labienus faciendas curauerat numero LX: V 23, 4; naues longas Arelate numero XII facere instituit: 1, 36, 4; Massilienses . . . naues longas expediunt numero XVII, quarum erant XI tectae: 1, 56, 1; onerariis nauibus . . ., quae stabant ad Vticam numero circiter CC: 2, 25, 6; ut ad unam omnes constratae numero XVI eliderentur et naufragio interirent: 3, 27, 2; ¶ oppida sua omnia, numero ad duodecim, . . . incendunt: I 5, 2; oppida (Suessiones) habere numero XII, polliceri milia armata quinquaginta: II 4, 7.

saepe numero *u.* **saepenumero.**

δδ) **deorum numero ducere:** deorum numero eos solos ducunt, quos cernunt et quorum aperte opibus iuuantur, Solem et Vulcanum et Lunam: VI 21, 2.

δ) **c. praep.; αα) ad:** ad quemuis numerum ephippiatorum equitum quamuis pauci adire audent: IV 2, 5; ¶ illi imperata celeriter fecerunt, obsides ad numerum frumentumque ⟨*c*⟩ miserunt: V 20, 4; ¶ ad numerum, ad eundem numerum *u.* **ad** *p. 141 et 142* **c)** *(3 + 2 loc.).*

ββ) **cum; a):** Teutomatus ⟨*c*⟩ . . . cum magno equitum suorum numero ⟨num. eq. s. *β*⟩ et quos ex Aquitania conduxerat ad eum peruenit: VII 31, 5; — P. Crassum cum cohortibus legionariis duodecim et magno numero equitatus in Aquitaniam proficisci iubet: III 11, 3; — soluere: V 8, 2 *u.* β) relinquere.

b): C. Trebonium cum pari legionum numero ad eam regionem . . . depopulandam mittit: VI 33, 2.

γγ) **de:** de numero eorum omnia se habere explorata Remi dicebant: II 4, 4; ¶ diffidens de numero dierum Caesarem fidem seruaturum: VI 36, 1.

δδ) ex; **a)**: duces hostium LX milia ⟨*c*⟩ ex omni numero deligunt: VII 83, 4; ¶ pollicitos ex eo numero electa ⟨lecta β; milia *add. B*²β⟩ sexaginta: II 4, 5; ¶ quartae aciei, quam instituerat sex cohortium ⟨*Faern.*; ex cohortibus *af*; ex cohortium numero *Ohl*; *Db.*⟩, dedit signum: 3, 93, 4.

b): legatosque ex suo numero ad Caesarem mittunt: 1, 20, 5; ¶ ut . . . interirent et ex magno remigum propugnatorumque numero pars ad scopulos adlisa interficeretur, pars ab nostris detraheretur ⟨*c*⟩: 3, 27, 2; — ex milium L numero ⟨ex num. mil. L β⟩, quae ex Aquitania . . . conuenisse constabat, uix quarta parte relicta: III 26, 6.

c): Segni Condrusique ex gente et numero Germanorum, . . . legatos ad Caesarem miserunt: VI 32, 1.

d): ut ex magno Gallorum equitum ⟨equitatus β⟩ numero non nullos ⟨gallos *add.* α⟩ Gallicis rebus fauere natura cogebat: VI 7, 7; sed ex numero tribunorum militum centurionumque non nulli sua uoluntate apud eum remanserunt: 1, 77, 2; ¶ itaque ex eo numero nauium nulla desiderata est: 2, 7, 2; ¶ pauci ex tanto numero se incolumes ⟨*o*⟩ in castra recipiunt: VII 88, 4; ¶ ut perpaucae ex omni numero noctis interuentu ad terram peruenerint ⟨*c*⟩: III 15, 5; oppido potitur perpaucis ex hostium numero desideratis: VII 11, 8; ¶ tanta erat completis litoribus contentio, qui potissimum ex magno numero conscenderent, ut: 2, 43, 4; milites, qui ex ueteribus legionibus erant relicti praesidio nauibus ex numero aegrorum, ignominiam non tulerunt: 3, 101, 6; ¶ uti ex ⟨*c*⟩ tanto nauium numero tot nauigationibus neque hoc neque superiore anno ulla ⟨nulla β⟩ omnino nanis, quae milites portaret, desideraretur: V 23, 3.

e): ex numero aduersariorum circiter DC interfectis ac mille ⟨*c*⟩ uulneratis: 2, 35, 6; ¶ denique ex omni ⟨eo *add.* β; omni ex *Kr.*; *Dt.*⟩ numero . . . uix DCCC . . . incolumes ad Vercingetorigem peruenerunt: VII 28, 5; (DCCC ex seruis suis pastorumque suorum ⟨suarum *a*¹⟩ numero ⟨*add. E. Hoffm.*; *Db.*; *om. codd.*; — ex seruis pastoribusque suis suorumque *Lips.*; *Dt.*; *u. CC*⟩ coegerat: 3, 4, 4.)

f): erant . . . ex equitum numero: 3, 59, 1 *u.* **B. a)**.

εε) **in numero**: Eporedorix Haeduus . . . et una Viridomarus . . . in equitum numero conuenerant nominatim ab eo euocati: VII 39, 1; ¶ qui ex his secuti non sunt, in desertorum ac proditorum numero ducuntur: VI 23, 8; ne se in hostium numero duceret: VI 32, 1; ¶ esse in numero *u.* **in** *p. 139* **A)** *(6 loc.)*; ¶ reductos in hostium numero habuit: I 28, 1; Caesar mittit ad eum *A.* Clodium, . . . quem ab illo traditum initio et commendatum in suorum necessariorum numero habere instituerat: 3, 57, 1; ¶ praefectos tribunosque militum complures in finitimas ciuitates frumenti ⟨*c*⟩ causa dimisit; quo in numero est T. Terrasidius missus in Esuuios ⟨*c*⟩ . . .: III 7, (3.) 4.

ζζ) **pro**: quod ⟨*c*⟩ minus multitudine militum legionariorum pro hostium numero ualebat: I 51, 1.

b) = **dinumeratio**: haec in Haeduorum finibus recensebantur, numerusque inibatur ⟨inibantur *BM*⟩: VII 76, 3.

B. trsl.; **a)** = **locus**: erant apud Caesarem ⟨in *add. f*; *Dt.*; ex *hl*; *om. a*⟩ equitum numero Allobroges II fratres: 3, 59, 1; fugitiuis omnibus nostris certus erat Alexandriae receptus certaque uitae condicio, ut dato nomine militum essent numero; si ⟨esset numero si *NOaf*; esse numero; quorum si *hl*⟩ quis a domino prehenderetur, . . . eripiebatur: 3, 110, 4; ¶ habere numero *u.* **habeo 3. D.** *p. 1406 sq. (3 loc.)*; ¶ quos Aduatuci obsidum numero missos apud se in . . . catenis tenuissent: V 27, 2; reliquae copiae missis ad Varum noctu legatorum numero centurionibus sese ei dediderunt: 2, 44, 1.

b) = **dignitas**: in omni Gallia eorum hominum, qui ⟨in *add.* β⟩ aliquo sunt numero atque honore, genera sunt duo: VI 13, 1.

[**Falso**: ut ne murus ⟨numerus *αh*; ne murus *afλ*⟩ quidem cingi posslt: VI 35, 9.]

Numerus aduersariorum: 2, 35, 6; adulescentium: VI 13, 4; aegrorum: 3, 101, 6; Albicorum: 1, 56, 2; 58, 4; lenis armaturae: 3, 62, 2; auxiliarium: 1, 78, 2; barbarorum: III 6, 2; caetratorum: 1, 78, 2; calonum: 1, 51, 6; capitum: II 33, 7; captiuorum: V 23, 2; carrorum: I 3, 1; castellorum: 3, 47, 1; centurionum: 1, 77, 2; ciuitatum: IV 3, 1; clientium: I 4, 2; cohortium: VI 1, 4; (3, 93, 4 ⟨*c*⟩;) commeatus: VII 38, 9; eratium: VII 81, 1; decurionum: 1, 23, 2; deorum: VI 21, 2; desertorum: VI 23, 8; dierum: VI 18, 2; 36, 1; equitatus: I 18, 5; III 11, 3; VI 7, 7 ⟨*c*⟩; equitum: 1, 17, 2; 23, 2; *u. praeterea* **eques** *p. 1033 (15 loc.)*; equorum: VII 55, 3; frumenti: VII 38, 9; 2, 18, 1; funditorum: 3, 44, 6; Germanorum: VI 32, 1; harpagonum: VII 81, 1; hominum *u.* **homo** *p. 1510 (5 loc.)*; hostium *u.* **hostis**

p. 1539 (16 loc.); impedimentorum: II 17, 2; VII 45, 2; (1, 51, 6;) impiorum: VI 13, 7; iumentorum *u.* **iumentum** *p. 390 (5 loc.)*; legatorum: 2, 44, 1; legionum: VI 33, 2; VII 35, 3; 1, 38, 1; militum *u.* **miles** *p. 590 (11 loc.)*; mulorum: VII 45, 2; nauium *u.* **nauis** *p. 711 (6 loc.)*; necessariorum: 3, 57, 1; noctium: VI 18, 2; Numidarum: 2, 38, 5; obaeratorum: I 4, 2; obsidum: IV 22, 2; 36, 2; V 27, 2; VII 90, 2; pastorum: 1, 58, 4; (3, 4, 4;) pecoris: V 12, 3 ⟨*c*⟩; 21, 2. 6; VI 3, 2; 6, 1; 35, 6; peditum: 1, 30, 4; 2, 26, 4; perfugarum: VII 44, 2; pilorum: V 40, 6; 1, 57, 2; proditorum: VI 23, 8; propugnatorum: 3, 27, 2; remigum: 3, 27, 2; sagittariorum: VII 31, 4; 1, 56, 2; 3, 44, 6; 62, 2; scalarum: VII 81, 1; sceleratorum: VI 13, 7; senatorum: 1, 17, 2; seruorum: 3, 82, 3; (suorum: IV 37, 1; VII 48, 2;) telorum: 1, 57, 2; tragularum: 1, 57, 2; tribunorum: 1, 77, 2; uersuum: VI 14, 3.

Adiect.: aliqui: VI 13, 1; certus: VII 4, 7; 31, 4; 75, 1; 1, 30, 4; exiguus: 2, 39, 4; falsus: 3, 59, 4; idem: 2, 4, 1; 3, 4, 3; impar: 1, 40, 6; 47, 3; inferior: 3, 47, 3; ingens ⟨*c*⟩: V 12, 3; magnus *u.* **magnus** *p. 523—525 (63 loc.)*; maior: 3, 6, 1; maximus: I 3, 1; 7, 2; V 43, 5; minor: VII 73, 2; omnis: III 15, 5; VII 28, 5; 83, 4; par: V 8, 2; VI 33, 2; VII 75, 2; 1, 38, 1; 39, 2; permagnus: VII 31, 4; quiuis: IV 2, 5; suus: VII 75, 5; 1, 20, 5; tantus: V 23, 3; VII 88, 4.

Numida(e): Caesar ... Numidas et Cretas sagittarios et funditores Baleares ⟨que *add.* *B*²β⟩ subsidio oppidanis mittit: II 7, 1; *Caesar* ... omnem equitatum et leuis armaturae Numidas, funditores sagittariosque pontem traducit: II 10, 1; cum ... calones, equites, funditores, Numidas diuersos dissipatosque in omnes partes fugere uidissent: II 24, 4; eodemque tempore his rebus subsidio DC equites Numidae ⟨-diae *af*⟩ ex oppido peditesque CCCC mittuntur a Varo, quos auxilii causa rex Iuba paucis diebus antè Vticam miserat: 2, 25, 3; neque uero primum impetum nostrorum Numidae ferre potuerunt, sed interfectis circiter CXX reliqui se in castra ad oppidum receperunt: 2, 25, 5; equites ... inopinantes hostes adgrediuntur. Numidae enim ⟨*c*⟩ quadam barbara consuetudine nullis ordinibus passim consederant: 2, 38, 4; *cf.* § 5; erant per se magna, quae gesserant equites, praesertim cum eorum exiguus numerus cum tanta multitudine Numidarum conferretur: 2, 39, 4; cum cohortes ex acie procucurrissent, Numidae integri celeritate impetum nostrorum effugiebant rursusque ad ordines suos se recipientes circumibant et ab acie excludebant: 2, 41, 6.

nummus: (quem Caesar, ut erat de se meritus et de re publica, donatum ⟨donauit numum *Em. Hoffm.*⟩ milibus CC conlaudatumque ⟨*Dt.*; atque *codd.*⟩ ab octauis ordinibus ad primipilum se traducere pronuntiauit: 3, 53, 5;) ¶ (Britanni) utuntur [aut aere] aut nummo aureo ⟨aereo β; *Schn.*; aut nummo aureo *del. plur. edd.*; *u. CC*⟩ aut taleis ⟨*c*⟩ ferreis ad certum pondus examinatis pro nummo ⟨pro nummo *om.* β⟩: V 12, 4.

numquam. A. non additur negatio, neque sequitur particula aduers.: quod ante id tempus accidit numquam ⟨*u. CC*⟩: 1, 6, 7; ¶ numquam ante hoc tempus exercitum populi Romani Galliae prouinciae finibus egressum ⟨fines ingressum β⟩: I 44, 7; ¶ tanta enim tempestas cooritur, ut numquam illis locis maiores ⟨*c*⟩ aquas fuisse constaret: 1, 48, 1; ¶ qui uni ex Gallia de pace ad Caesarem legatos numquam miserant: VI 5, 4; ¶ at Curio numquam se amisso exercitu, quem a Caesare ... acceperit ⟨*c*⟩, in eius conspectum reuersurum confirmat: 2, 42, 4; ¶ ita se postea salutari passus est ⟨*add. V.*⟩, sed ⟨*x*; *Bergk*; neque *Np.*; *edd.*⟩ in litteris numquam ⟨*Bergk*; quas *x*; *edd.*⟩ scribere est solitus neque in fascibus insignia laureae praetulit: 3, 71, 3.

B. a) numquam ... nisi: decurritur ad illud extremum atque ultimum senatus consultum, quo nisi paene in ipso urbis incendio atque in desperatione omnium salutis † latorum audacia numquam ante descensum ⟨*Kohl*; discessum *x*⟩ est: 1, 5, 3.

b) non numquam *u.* **non numquam** *p. 812.*

c) numquam ... sed: accedebat huc, ut numquam conferti, sed rari magnisque interuallis proeliarentur: V 16, 4; sibi numquam placuisse Auaricum defendi, cuius rei testes ipsos haberet, sed factum imprudentia Biturigum ..., uti hoc incommodum acciperetur: VII 29, 4.

nunc. *Cf. Knoke, Pr. Bernburg 1881 p. 5. 9.*

A. non additur etiam; a) in narrat.: fuit antea tempus, cum Germanos Galli uirtute superarent.... nunc, quod ⟨α; quoniam β; quoque *N*; *Schn.*, *Db.*; quidem *recc.*; *Aim.*; *Np.*⟩ in eadem inopia, egestate patientiaque ⟨*CC*⟩ Germani permanent, eodem ... cultu corporis utuntur, Gallis autem ... transmarinarum rerum notitia multa ad copiam ... largitur, paulatim adsuefacti superari . . . ne se quidem ipsi cum illis uirtute comparant: VI 24, (1.) 5. 6; ¶ hunc facilem et cotidianum nouisse sermonem nunc pro relicto est habeudum ⟨*u. CC*⟩: *ap. Cic. Brut.* 253; ¶ disciplina in Britannia reperta atque inde in Galliam translata esse ⟨*c*⟩ existimatur, et nunc qui diligentius eam rem cognoscere uolunt, plerumque illo discendi causa proficiscuntur: VI 13, (11.) 12; ¶ quibus rebus neque tum respondendum Caesar existimauit neque nunc ut memoriae prodantur ⟨*N;* -datur *x*⟩ satis causae putamus ⟨*u. CC*⟩: 3, 17, 1; ¶ hanc ego, inquit, et ninus multos per annos magna diligentia defendi et nunc moriens eadem fide Caesari restituo: 3, 64, 3.

b) in or. obl.: quae tamen omnia et se tulisse patienter et esse laturum; neque nunc id agere, ut ab illis abductum exercitum teneat ipse, . . . sed ne illi habeant: 1, 85, 11; ¶ depositis armis auxiliisque, quibus nunc confiderent, necessario populi senatusque iudicio fore utrumque contentum: 3, 10, 9; ¶ horum primo circiter milia XV Rhenum transisse; postea quam agros . . . adamassent, traductos plures; nunc esse in Gallia ad centum et XX milium numerum: I 31, 5; apud eos fuisse regem . . . Diuiciacum . . .; nunc esse regem Galbam: II 4, 7; ¶ quod, cum singuli magistratus antiquitus creari . . . consuessent, duo ⟨nunc *add. Pramm.*⟩ magistratum gerant: VII 32, 3; ¶ quibus quoniam pro pietate ⟨*c*⟩ satis fecerit, habere nunc se rationem officii pro beneficiis Caesaris: V 27, 7; ¶ quod Ariouistus . . . occupauisset et nunc de altera parte tertia Sequanos decedere iuberet: I 31, 10; ¶ neque nunc se illorum humilitate ⟨*c*⟩ neque aliqua temporis oportunitate postulare, quibus rebus opes augeantur suae: 1, 85, 5; ¶ perpessos (se) omnium rerum inopiam, nunc uero paene ut feras ⟨*c*⟩ circummunitos prohiberi aqua, prohiberi ingressu, neque corpore *laborem neque animo ignominiam ferre posse: 1, 84, 4.

B. etiam nunc *u.* **etiam** *p. 1142* **b)**.

nuncupo: paludatique notis nuncupatis exeunt: 1, 6, 6.

nuntio. Nunciata *inuenitur in B^1Q* II 32, 3; nunciatur (-tum, -ta) *in B^1* I 23, 2 *et* 38, 1 *et* II 29, 1; nunciato *in A* I 54, 1; nunciauerunt *in Q* IV 32, 1. *Reliquis locis in omnibus codd. uidetur scriptum esse* nuntiare (*littera* t.)

A. sequ. obiect.; a) subst.: cuius aduentu nuntiato L. Plancus . . . locum capit superiorem: 1, 40, 5; ¶ milites . . . proelio nuntiato cursu incitato in summo colle ab hostibus conspiciebantur: II 26, 3; hoc proelio nuntiato *u.* **hic** *p. 1434 sq. (3 loc.)*; ¶ hac pugna nuntiata, cum . . . uictis nihil tutum arbitrarentur, . . . legatos ad Caesarem miserunt: II 28, 1; Aduatuci . . . hac pugna nuntiata ex itinere domum reuerterunt: II 29, 1; ¶ re nuntiata ⟨renuntiata *Paul; Hld.*⟩ ad suos ⟨illi se *add.* β⟩ quae imperarentur facere dixerunt: II 32, 3; (eo signa legionis inlata ⟨*Ciacc.;* signo leg. inlato *x; Np., Dt.*⟩ speculatores Caesari renuntiarunt ⟨rem nuntiarunt *Np.*⟩: 3, 67, 1;) interim Pompeius hac satis longa interiecta mora et re nuntiata V ⟨*c*⟩ legiones ⟨*c*⟩ ab opere deductas ⟨*c*⟩ subsidio suis duxit: 3, 69, 1; — ea res per fugitiuos L. Aemilii . . . hostibus nuntiatur: I 23, 2; M. Antonius . . . ea re nuntiata cum cohortibus XII descendens . . . cernebatur: 3, 65, 2; — his rebus in Italiam Caesari ⟨caesar *h; Fr.*⟩ nuntiatis . . . profectus est: VII 6, 1; — Morini (milites nostros) . . . circumsteterunt ac, si sese ⟨*c*⟩ interfici nollent, arma ponere iusserunt. . . . qua re nuntiata Caesar omnem ex castris equitatum suis auxilio misit ⟨*o*⟩: IV 37, (1.) 2; ciuitatibus milites imperat certumque in locum conuenire iubet. qua re nuntiata Pirustae ⟨*c*⟩ legatos ad eum mittunt: V 1, (6.) 7; Dumnorix . . . domum discedere coepit. qua re nuntiata Caesar . . . omnibus rebus postpositis magnam partem equitatus ad eum insequendum mittit ⟨*c*⟩: V 7, (5.) 6; Lucterius in prouinciam Narbonem ⟨*c*⟩ uersus eruptionem facere contendit. qua re nuntiata Caesar omnibus consiliis anteuertendum existimauit, ut Narbonem ⟨*c*⟩ proficisceretur: VII 7, (2.) 3; Cenabenses . . . ex oppido egressi flumen transire coeperunt. qua re per exploratores nuntiata Caesar ⟨β; caesari α⟩ . . . oppido potitur: VII 11, (7.) 8; copias omnes in loco edito atque aperto instruxerunt. qua re nuntiata Caesar celeriter sarcinas conferri, arma expediri iussit: VII 18, (3.) 4; duae se acies ab duobus lateribus ostendunt, una a ⟨*c*⟩ primo agmine iter impedire coepit. qua re nuntiata Caesar suum quoque equitatum tripertito diuisum contra hostem ire iubet: VII 67, (1.) 2; — quibus rebus (1, 12 *et* 13) Romam ⟨romae *f*⟩ nuntiatis tantus repente terror inuasit, ut: 1, 14, 1; quibus rebus (1, 74) nuntiatis Afranius ⟨*Kindsch.;* afranio *Ox; edd.*⟩ ab instituto opere discedit: 1, 75, 1; ¶ hoc tumultu nuntiato Marcellinus * * * cohortes subsidio nostris laborantibus submittit: 3, 64, 1.

b) pron.: hoc primum ⟨proelium *Paul*⟩ Caesari ad Ilerdam nuntiatur: 1, 59, 1; ¶ Caesari cum id·nuntiatum esset, eos per prouinciam nostram iter facere conari, maturat ab urbe proficisci: I 7, 1; ¶ nuntiabantur haec eadem Curioni, sed aliquamdiu fides fieri non poterat: 2, 37, 1.

B. sequitur **de**: priusque omnes (legiones) in unum locum cogit, quam de eius aduentu Aruernis nuntiari posset: VII 9, 5.

C. sequ. acc. c. inf.; a) act. uerbi nuntiandi: hi constanter omnes nuntiauerunt manus cogi, exercitum ⟨exercitus $B^2β$⟩ in unum locum conduci: II 2, 4; ii, qui pro portis castrorum in statione erant, Caesari nuntiauerunt ⟨renuntiauerunt β⟩ puluerem maiorem, quam consuetudo ferret, in ea parte uideri, quam in partem legio iter fecisset: IV 32, 1; Caesaremque adesse cum legionibus duabus nuntiat (Vibullius): 1, 15, 6; equites ex statione nuntiant magna auxilia equitum peditumque ab rege missa Vticam uenire: 2, 26, 2; (Vibullius) ad Pompeium contendit, ut ⟨*Ofl²*; et *ahl; edd.*⟩ adesse Caesarem nuntiaret ⟨*x*; nuntiauit *Np.; Dt.;* nuntiat *Db.*⟩: 3, 11, 1; ¶ equites . . . uenerunt, qui nuntiarent superiore nocte maxima coorta tempestate prope omnes naues adflictas atque in litus ⟨*c*⟩ eiectas esse: V 10, 2; ¶ non nulli etiam Caesari nuntiabant ⟨*recc.; Np.;* renuntiabant $B^2β$; nuntiarant α; *plur. edd.*⟩, cum castra moueri ac signa ferri iussisset, non fore dicto audientes milites neque propter timorem signa laturos: I 39, 7; huic (Commio) imperat, quas possit adeat ciuitates . . . seque ⟨*c*⟩ celeriter eo ⟨*o*⟩ uenturum nuntiet: IV 21, 8.

b) pass. uerbi nuntiandi: conantibus, prius quam id effici posset, adesse Romanos nuntiatur: VI 4, 1; uno fere tempore sub lucem hostibus nuntiatur in castris Romanòrum praeter consuetudinem tumultuari et magnum ire agmen aduerso flumine sonitumque remorum in eadem parte exaudiri ⟨audiri β⟩ et paulo infra milites nauibus transportari: VII 61, 3; interim Caesari nuntiatur Sulmonenses . . . cupere ea facere, quae uellet, sed a Q. Lucretio senatore et Attio Paeligno prohiberi: 1, 18, 1; nuntiatur ⟨-antur a^1⟩ Afranio magnos commeatus ⟨*c*⟩, qui iter habebant ⟨habeant *hl*⟩ ad Caesarem, ad flumen constitisse: 1, 51, 1; ¶ cum tridui uiam processisset, nuntiatum est ei Ariouistum cum suis omnibus copiis ad occupandum Vesontionem . . . contendere triduique niam a ⟨*c*⟩ suis finibus processisse ⟨*c*⟩: I 38, 1; dum haec in conloquio geruntur, Caesari nuntiatum est equites Ariouisti propius tumulum accedere et ad ⟨*c*⟩ nostros adequitare, lapides telaque in nostros coicere: I 46, 1; cum ad eum frequentes ciuitatium ⟨*c*⟩ legationes ⟨*c*⟩ conuenire coepissent, nuntiatum est adesse Scipionem cum legionibus ⟨*c*⟩ magna opinione et fama omnium: 3, 36, 1; ¶ I 7, 1 *u.* **A. b)**.

D. sequitur nom. c. inf.: haec consiliantibus iis ⟨*c*⟩ nuntiantur ⟨nuntiatur *O*⟩ aquatores ab equitatu premi nostro. qua re cognita: 1, 73, 2; subito exercitus regius equitatusque omnis uenire Alexandriam nuntiatur: 3, 109, 1; ¶ Caesar enim aduentare iam iamque et ⟨*om. Of*⟩ adesse eius equites falso nuntiabantur ⟨-batur *l*⟩: 1, 14, 1; eodem fere tempore pons in Hibero prope effectus nuntiabatur et in Sicori uadum reperiebatur: 1, 62, 3; ¶ hoc adeo ⟨*c*⟩ celeriter fecit, ut ⟨*om. ahl*⟩ simul adesse ⟨abisse *M. Haupt; Np.*⟩ et uenire ⟨uenisse *O*⟩ nuntiaretur: 3, 36, 3.

E. sequ. interrog. obl.: eum septimae legionis ⟨a septima legione α⟩ tribunis esset nuntiatum ⟨nunt. ess. β⟩, quae in sinistro cornu gererentur, post tergum hostium legionem ostenderunt: VII 62, 6.

F. sequ. ne et coniunct. imperat.: ad praefectos . . . mittit qui nuntiarent, ne hostes proelio lacesserent, et si ipsi lacesserentur, sustinerent, quoad ipse cum exercitu propius accessisset: IV 11, 6.

nuntius. I. Forma: nuncio *est in AQ* VII 40, 1; nuncios *in Qa* VI 34, 8; nuncius (-os) *in Q* V 57, 2 *et* VI 30, 2.

II. Significatio; A. = is, qui nuntiat; a) subiect.: dicere: 2, 36, 3 *u.* uenire; ¶ nuntiis ad ciuitatem Haeduorum missis, qui suo beneficio conseruatos docerent, quos iure belli interficere potuisset: VII 41, 1; ¶ hortari: 2, 36, 3 *u.* uenire; ¶ mittuntur ad Caesarem confestim a ⟨*c*⟩ Cicerone litterae ⟨nuntiique *add. Eussn.*⟩ magnis propositis praemiis, si ⟨*CC*⟩ pertulissent: V 40, 1; VII 8, 4 *u.* **d)** perferri; ¶ ad quos cum Caesar nuntios misisset, qui postularent, eos, qui sibi Galliaeque bellum intulissent, sibi dederent, responderunt: IV 16, 3; ¶ isdem ducibus usus, qui nuntii ab Iccio ⟨*c*⟩ uenerant: II 7, 1; postea quam certiores nuntii de exercitu Romanorum uenerint ⟨uenerant *M; pr. edd.;* uenerunt *a*⟩: VI 10, 4; haec cum agerentur, nuntii praemissi ab rege Iuba uenerunt, qui illum adesse cum magnis copiis dicerent et de custodia ac defensione urbis hortarentur: 2, 36, 3.

b) obi.: (deprehendere: V 45, 1 *u.* **c)**;) ¶ dimittere *u.* **dimitto A.** *p. 916 (8 loc.)*; ¶ mittere *u.* **mitto** *p. 616 et 617 (16 loc.)*;

¶ (necare: V 45, 1 *u.* **c**);) ¶ praemittere: 2, 36, 3 *u.* **a)** uenire; itaque praemissis nuntiis ad Cn. Domitium Caesar ei ⟨*c*⟩ scripsit et quid fieri uellet ostendit: 3, 78, 5.

c) gen.: tanto crebriores litterae nuntiique ad Caesarem mittebantur; quorum pars deprehensa in conspectu nostrorum militum cum cruciatu necabatur: V 45, 1.

d) abl.: his nuntiis litterisque commotus Caesar duas legiones in citeriore Gallia nouas conscripsit: II 2, 1; ¶ haec se certis ⟨haec secretis *O¹hl*⟩ nuntiis, certis auctoribus comperisse: 2, 18, 3; ¶ si ⟨*c*⟩ illorum nuntiis confirmari non potestis omni aditu praesaepto, his utimini testibus adpropinquare eorum aduentum: VII 77, 11; ¶ hunc . . . quae fieri nellet litteris nuntiisque edocuit: 3, 108, 2; ¶ Indutiomari Treueri nuntiis impulsi suos concitauerunt: V 26, 2; ¶ ii . . . primo exaudito clamore, inde etiam crebris nuntiis incitati, oppidum a Romanis teneri, praemissis equitibus magno cursu ⟨*c*⟩ eo contenderunt: VII 48, 1; ¶ celeriter haec fama ac ⟨*om.* β⟩ nuntiis ⟨*dett.;* nuntii *X; Hld., Dt.²*⟩ ad Vercingetorigem perferuntur ⟨-ferunt β⟩: VII 8, 4; iamque Caesaris in Hispania res secundae in Africam nuntiis ac ⟨*c*⟩ litteris perferebantur: 2, 37, 2; ¶ nihilo minus clandestinis nuntiis legationibusque Allobrogas ⟨*c*⟩ sollicitat: VII 64, 7; ¶ Fabius finitimarum ciuitatum animos litteris nuntiisque temptabat: 1, 40, 1.

e) c. praep.; α) cum: exit cum nuntio Crassus: V 46, 3.

β) ex: eadem fere, quae ex nuntiis litterisque ⟨que *om.* β⟩ cognouerat, coram perspicit: V 11, 2.

γ) per: id se ab ipsis per eorum nuntios compertum habere: I 44, 12; ¶ Labienus . . . Caesarem per nuntios facit ⟨*o*⟩ certiorem, quid faciendum existimet: VII 87, 5.

B. = id, quod nuntiatur; a) subi.: uenire: VI 10, 4 *u.* **A. a)** uenire.

b) obi.: accipere *u.* **accipio** *p. 79* **αα)** *(3 loc.);* ¶ adferre *u.* **adfero** *p. 155* **b)** *(7 loc.);* ¶ Metropolim uenit, sic ut nuntios ⟨nuntius *x*⟩ expugnati oppidi famamque ⟨que *om. f*⟩ antecederet ⟨antecedere *a*⟩: 3, 80, 6; ¶ Iccius Remus . . . nuntium ⟨nuntios *Ald.*⟩ ad eum mittit: nisi subsidium sibi submittatur ⟨*c*⟩, sese diutius sustinere non posse: II 6, 4; ¶ perferre: VII 8, 4 *u.* **A. d)** perferri; quibus litteris nuntiisque Romam perlatis magni domum concursus ad Afranium . . . fiebant: 1, 53, 3; ex reliquis (nauibus) una praemissa Massiliam huius nuntii perferendi gratia cum iam adpropinquaret urbi, omnis sese multitudo . . . effudit: 2, 7, 3.

c) abl.: magna adfectus sollicitudine hoc nuntio Caesar . . . legiones expeditas quattuor . . . educit: VII 40, 1; ¶ ne qua aut largitionibus aut animi confirmatione aut falsis nuntiis commutatio fieret uoluntatis: 1, 21, 1; *cf.* **A. d).**

(d) c. praep.: neque ullum . . . tempus . . . intercessit, quin aliquem de consiliis ⟨*c*⟩ ac motu Gallorum nuntium acciperet. in his ab L. Roscio ⟨*c*⟩ . . . certior factus est: V 53, (5.) 6.)

Nuntii . . . litterae *u.* **litterae** *extr.;* — **nuntii legationesque:** V 53, 4; VII 64, 7; — **fama** . . . **nuntii:** VI 30, 2; VII 8, 4; 3, 80, 6.

Adiect.: aliqui: V 53, 5; alter: V 46, 3; certi: 2, 18, 3; certiores: VI 10, 4; clandestini: VII 64, 7; crebri: VII 48, 1; crebriores: V 45, 1; falsi: 1, 21, 1; (hic *5 loc.*); primi ⟨trini β⟩: VII 42, 1; quidam: 3, 101, 3; talis: 1, 53, 3.

nuper: factum etiam nuper (eius hostis periculum) in Italia seruili tumultu: I 40, 5; ¶ ipsi manu facta cum iis ⟨*c*⟩, quos nuper ⟨maximi *add. x;* nuperrime *Oehl.*⟩ liberauerant, in proxima Octauii castra inruperunt: 3, 9, 6; ¶ qui (Allobroges) nuper pacati ⟨pacti *MB²h*⟩ erant: I 6, 2; ¶ Haedui (ueniebant) questum, quod Harudes, qui nuper in Galliam transportati essent, fines eorum popularentur: I 37, 2; ¶ eo supplemento, quod nuper ex Italia uenerat, relicto Agedinci: VII 57, 1.

nusquam: sic se complures annos illo imperante meruisse, ut nullam ignominiam accipereut, nusquam infecta ⟨*c*⟩ re discederent: VII 17, 5.

nutricius: erat in procuratione regni propter aetatem pueri nutricius eius, eunuchus nomine Pothinus. is . . .: 3, 108, 1; (Pothinus ⟨nutricius pueri et procurator regni, in parte (partem *a;* partes *h¹*) Caesaris *add. codd.; Np., Dt.; del. F. Hfm., Db.*⟩, cum ad Achillam nuntios mitteret . . ., a Caesare est interfectus: 3, 112, 11.)

nutus. A. propr.: centuriones . . . nutu uocibusque hostes, si introire uellent, uocare coeperunt: V 43, 6.

B. trsl.: ad nutum *u.* **ad** *p. 142* **d)** *(3 loc.).*

Nymphaeum: nacti portum, qui appellatur Nymphaeum ⟨nympheum *a*⟩, ultra Lissum milia passuum III, eo naues introduxerunt: 3, 26, 4; *cf. qu. sqq.*

O

o: tu quoque, tu in summis, o ⟨*Steph.*; tu in summisso *A*; tam submisso *DEZ*; non tam summisso *BCFG*⟩ dimidiate Menander, poneris: *ap. Suet. uita Terent.* 5.

ob: ob eam causam *(10 loc.)*; ob eas causas *(1 loc.)*; ob hanc causam *(1 loc.)*; ob has causas *(2 loc.)*; quam ob causam *(1 loc.) u.* **causa** *p. 495 γ) (15 loc.)*; ¶ ob eam rem *u.* **is** *p. 263 (3 loc.)*; ob easque res ex litteris Caesaris dierum ⟨*c*⟩ quindecim supplicatio decreta est: II 35, 4; — — quam ob rem (I 33) placuit ei, ut ad Ariouistum legatos mitteret: I 34, 1; — cum ex captiuis quaereret Caesar, quam ob rem Ariouistus proelio non decertaret, hanc reperiebat causam: I 50, 4; ¶ (hoc cum in ⟨ob *Hotom.*⟩ speciem uarietatemque opus deforme non est . . ., tum: VII 23, 5;) ¶ (sed tanta erat . . . contentio . . ., ut . . . non nulli (lenunculi) deprimerentur, reliqui hoc timore ⟨ob timorem *hl*⟩ propius adire tardarentur: 2, 43, 4.)

obaeratus: omnes clientes obaeratosque suos, quorum magnum numerum habebat, eodem conduxit; per eos ne causam diceret se eripuit: I 4, 2.

obc. *u.* **occ.**

obduco: ab utroque latere eius collis transuersam fossam obduxit ⟨duxit β⟩ circiter passuum quadringentorum: II 8, 3; Caesar . . . intra has (crates) mediocri latitudine fossam tectis militibus obduci iussit locumque in omnes partes quam maxime impediri: 3, 46, 1.

obeo: cum ⟨*c*⟩ propter longitudinem agminis minus facile ⟨*Aldus*; minus facere α; non facile β; minus *Fr.*⟩ omnia per se ⟨per se omnia β⟩ obire et . . . prouidere possent, iusserunt: V 33, 3.

obf. *u.* **off.**

obicio. A. = opponere, ponere contra; **a) propr.; α)** = aut sui defendendi aut hostes adgrediendi causa opponere; **αα)** res: quod pro uallo carros obiecerant ⟨abiec. B^1M^1⟩ et e loco superiore in nostros uenientes tela coiciebant: I 26, 3; ¶ Pompeiani hoc insolentius . . . instare coeperunt cratesque pro munitione obiectas propulerunt, ut fossas transcenderent: 3, 46, 3; ¶ (Pompeius) obstructis ⟨extructis O^1hl; *Wölffel*; *Dt.*; destructis *coni. Oud.*⟩ omnibus ⟨rebus *add. Np.*⟩ castrorum portis ⟨partibus *Wölffel*; *Dt.*⟩ et ⟨fossis *add. Ciacc.*⟩ ad impediendum obiectis ⟨obtectis terra *Heins.*; obtectis *Wölffel*; *Dt.*⟩ ericiis ⟨*add. Freudenberg*; *Db.*; obicibus *add. Paul*; *om. rell.*⟩ . . . exercitum eduxit: 3, 54, 2; erat obiectus portis ericius: 3, 67, 5; ¶ (fossas: 3, 54, 2 *u.* ericium;) ¶ quibus ad recipiendum crates derectae ⟨*c*⟩ longuriique obiecti ⟨obtecti *x*⟩ et institutae fossae magno impedimento fuerunt: 3, 46, 5; ¶ has munitiones insequentibus auxit diebus, ut pro muro obiectas haberet neu dimicare inuitus cogeretur: 3, 112, 8; ¶ aequo animo singulas (naues) binis nauibus obiciebant: 1, 58, 4; faucibusque portus nauem onerariam submersam obiecit: 3, 39, 2; ¶ (obices: 3, 54, 2 *u.* ericium;) ¶ (siluam) hanc ⟨β; ac α⟩ longe introrsus pertinere et pro natino muro obiectam Cheruscos ab Suebis Suebosque ab Cheruscis [iniuriis incursionibusque] prohibere: VI 10, 5.

ββ) homines: quam ob causam cunctum equitatum, sagittarios funditoresque omnes ⟨in *add. V.*⟩ sinistro cornu obiecerat ⟨adiecerat?⟩: 3, 88, 5; ¶ superioribus diebus nona Caesaris legio, cum se obiecisset Pompeianis copiis . . ., castra eo loco posuit: 3, 66, 2.

β) obiectum esse = natura positum esse e regione uel ante **(alqd), vorgelagert sein, vorliegen:** insula *u.* **insula** *p. 193* C. *(3 loc.)*; ¶ ex ⟨*c*⟩ altera parte mole tenui naturali obiecta, quae ⟨*Np.*, *Madu.*; molem tenuit naturaliter obiectamque *x*⟩ paene insulam oppidum effecerat, quattuor biremes . . . traduxit ⟨*u. CC*⟩: 3, 40, 4; ¶ (ad Aeginium, quod est adiectum appositumque ⟨*Madu.*; obiectum oppositumque *x*; quod est oppidum oppositum *Np.*⟩ Thessaliae, Caesari uenienti occurrit: 3, 79, 7;) ¶ silua: VI 10, 5 *u.* **α) αα)** silua; in castra inrumpere conantur, nec prius sunt uisi obiectis ab ea parte siluis, quam castris adpropinquarent: VI 37, 2; ¶ tertium (latus) est contra septentriones; cui parti nulla est obiecta terra: V 13, 6.

b) trsl.: tantis subito difficultatibus obiectis ab animi uirtute auxilium petendum uidebat: VII 59, 6; ¶ non . . . recordabantur, quam paruulae saepe causae uel falsae suspicionis uel terroris repentini uel obiectae religionis magna detrimenta intulissent: 3, 72, 4.

B. = **exponere, proicere:** timebat tantae magnitudini ⟨-inis *Ohl*⟩ fluminis ⟨-ini O^2⟩ exercitum obicere: 1, 64, 4; Caesar in campis exercitum reficit ⟨*c*⟩, ne defessum proelio obiciat: 1, 65, 2; ¶ legatum . . . sese magno cum periculo ad eum missurum et hominibus feris obiecturum existimabat: I 47, 3; ¶ ut ipsa fortuna illum (Domitium) obicere Pompeio uideretur: 3, 79, 3.

C. = opprobrio dare: at hi miserrimo ac patientissimo ⟨*c*⟩ exercitu ⟨exercitui *O*²; *Db.*⟩ Caesaris luxuriem obiciebant, cui semper omnia ad necessarium usum defuissent: 3, 96, 2.

obiectatio: idque ita esse cum ex aliorum obiectationibus ⟨obiectionibus *a pr.*⟩, tum etiam ex domestico indicio atque animi conscientia intellegebant: 3, 60, 2.

obiecto: cum in conloquiis Pompeiani famem nostris obiectarent: 3, 48, 2.

obiectus, us: sub tecto ⟨texto *NO*¹*hl*⟩ miles dextra ac sinistra muro tectus ⟨textus *hl*⟩, aduersus plutei obiectu ⟨*Ald.*; obiecto *z*⟩ operi quaecumque sunt usui sine periculo supportat: 2, 15, 3.

(**obiex:** 3, 54, 2 *u.* **obicio A. a) α) αα)** ericium.)

obitus: hi post eorum obitum multos annos a finitimis exagitati . . . delegerunt: II 29, 5.

obliquus: hunc cum obliquo itinere caetrati peterent: 1, 70, 5; ¶ ante ⟨β; *om.* α⟩ hos ⟨β; quos α; *plur. edd.*⟩ obliquis ⟨*M*²β; obliquos α⟩ ordinibus in quincuncem dispositis scrobes trium ⟨*c*⟩ in altitudinem pedum ⟨*c*⟩ fodiebantur ⟨*o*⟩: VII 73, 5.

oblique: sublicae et ad inferiorem partem fluminis oblique ⟨obliquae *M*²*f*⟩ agebantur . . . et: IV 17, 9.

obliuiscor: quod si ueteris contumeliae obliuisci uellet, num etiam recentium iniuriarum . . . memoriam deponere posse? I 14, 3; ¶ cohortatus Haeduos, ut controuersiarum ac dissensionis ⟨dissensionum β⟩ obliuiscerentur: VII 34, 1; ¶ non oblitus pristini instituti Caesar mittit ad eum *A.* Clodium: 3, 57, 1.

obp. *u.* **oppono.**

obs. Forma: opsides *inuenitur in A* VII 11, 2 *et* 55, 2, *in B*¹ (obpides *in A*) II 15, 1, *in Q* III 23, 2; opsessis *in A* III 24, 2; *reliquis locis omnes codd. habere uidentur* obsides, obsidere, obseruare, obstruere, *sim.*

(**obscuro:** illum ueruto transfixum arbitrantur ⟨*sic* β; illum nero obscurantur ⟨opinantur *Fr.*⟩ occisum: V 44, 11.)

obscurus: Caesaris autem erat in barbaris nomen obscurius: 1, 61, 3.

obsecro. A. abs.: nolite, obsecro ⟨quaeso *N*⟩, committere, quod ante in exercitu Caesaris non accidit, ut rei militaris dedecus admittatur, incolumemque (aquilam) ad eum deferte: 3, 64, 4.

B. alqm: nam et honesti ex iuuentute et cuiusque aetatis amplissimi ⟨*c*⟩ nominatim euocati atque obsecrati naues conscenderant: 2, 5, 5.

C. ut; a) alqm, ut: quem (Vercingetorigem) perterriti omnes Arueni circumsistunt atque obsecrant, ut suis fortunis consulat neu se ab hostibus diripi patiatur ⟨*sic* β; consulat neue ab hostibus diripiantur α; *Np.*, *Fr.*; cons., ne ab hostibus diripiantur *Ditt.*⟩: VII 8, 4; conelamant Haedui et Litauiccum obsecrant, ut sibi consulat: VII 38, 6; milites . . . centuriones ⟨*c*⟩ tribunosque militum adire atque obsecrare, ut per eos Caesar certior fieret, ne labori suo neu periculo parceret: 1, 64, 3.

b) non add. obi.: cum eo de salute sua *agit*, orat atque obsecrat, ut sibi parcat: 1, 22, 3; illi orant atque obsecrant, ut in Siciliam nauibus reportentur: 2, 43, 1.

D. ne: Diuiciacus multis cum lacrimis Caesarem complexus obsecrare coepit, ne quid grauius in fratrem statueret: I 20, 1; Quintilius circumire aciem Curionis atque obsecrare milites coepit, ne primam ⟨*c*⟩ sacramenti, quod apud Domitium . . . dixissent, memoriam deponerent neu contra eos arma ferrent, qui eadem essent usi fortuna eademque in obsidione perpessi, neu pro his pugnarent, a quibus *cum* contumelia perfugae appellarentur: 2, 28, 3; ¶¶ itaque se uictos confiteri: orare atque obsecrare, si qui locus misericordiae relinquatur, ne ad ultimum supplicium progredi necesse habeat ⟨*hl*; habeant *af*; *edd.*⟩: 1, 84, 5.

E. neu: militesque appellat, neu se neu Pompeium [absentem] imperatorem suum aduersariis ad supplicium tradant obsecrat: 1, 76, 1; VII 8, 4 *u.* **C. a)**; 2, 28, 3 *u.* **D.**

obsequentia: factum imprudentia Biturigum et nimia obsequentia reliquorum, uti hoc incommodum acciperetur: VII 29, 4.

obsequor: tibi minus commode consulueris, si non fortunae obsecutus uideberis ⟨*Wsbg.*; ut deberes *codd.*; uidebere *Vict.*: fueris, ut debes *ed. Jenson.*⟩: *ap. Cic. ad Att.* X 8 *B*, 1.

obseruo. A. = τηρεῖν: ⟨ut *add.* β⟩ dies natales et mensium ⟨*c*⟩ et annorum initia sic (Galli) obseruant ⟨obseruent *Aa*¹⟩, ut noctem dies subsequatur: VI 18, 2; ¶ hortatur, non solum ab eruptionibus caueant, sed etiam singulorum hominum occultos exitus obseruent

⟨*hl;* adseruent *af; edd.*⟩: 1,21,4; ¶ omnes nostras pabulationes frumentationesque obseruabat (Vercingetorix): VII 16,3.

B. = **rationem habere**: si indicium senatus obseruari oporteret, liberam debere esse Galliam: I 45,3; ¶ quo praecepto ab iis diligentissime obseruato . . . hostes uelocissime refugiebant: V 35,1.

obses. A. subi.: (se) non dubitare, quin de omnibus obsidibus, qui apud eum sint, grauissimum supplicium sumat: I 31,15; eorumque obsides esse apud Ariouistum ac Sequanos intellegebat: I 33,2; ¶ (uenire: V 4,1 *u.* **F. a)**.)

B. obi.: accipere *u.* **accipio** *p. 77* **a)** α**)** *(2 (3) loc.) et p. 78* α**)** *(4 (5) loc.)*; ¶ quibus pacem atque amicitiam petentibus liberaliter respondet ⟨*c*⟩ obsidesque ad se adduci iubet: IV 18,3; his Caesar numerum obsidum, quem ante imperauerat, duplicauit eosque in continentem adduci iussit: IV 36,2; *u. praeterea* **adduco** *p. 148* α**)** *(4 loc.)*; ¶ (arcessere: IV 27,6 *u.* **D.** pars;) ¶ huc Caesar omnes obsides Galliae, frumentum, pecuniam publicam, suorum atque exercitus impedimentorum magnam partem contulerat: VII 55,2; (conferre, conquirere: I 27,4 *u.* poscere;) ¶ custodire: VI 4,4 *u.* tradere; ¶ dare *u.* **do** *p. 946 sq. (24 loc.)*; ¶ (ipse ⟨*c*⟩ imperat reliquis ciuitatibus obsides diemque ⟨*Hotom.; Np., Fr., Dt.;* denique *X; Schn., Db.;* dedendique *E. Hoffm.*⟩ ei rei ⟨ei rei *om. E. Hoffm.*⟩ constituit ⟨diem *add. codd.; Schn., Db., E. Hoffm.*⟩: VII 64,1;) ¶ obsides ciuitatum ⟨*c*⟩ Bibracte ad magistratum deducendos curauerunt: VII 55,6; ¶ nacti obsides, quos Caesar apud eos deposuerat, horum supplicio dubitantes territant: VII 63,3; ¶ L. Staberius ⟨*c*⟩ . . . arcem . . . munire obsidesque ab Apolloniatibus exigere coepit: 3,12,1; ¶ exposuit, quos et quam humiles accepisset, compulsos in oppida, multatos agris, omnibus ereptis copiis ⟨*c*⟩, imposito stipendio, obsidibus summa cum contumelia extortis: VII 54,4; ¶ habere: I 35,3 *u.* reddere; ¶ imperare *u.* **impero** *p. 77 (7 loc.)*; ¶ mittere *u.* **mitto** *p. 617 (4 loc.)*; ¶ nancisci: VII 63,3 *u.* deponere; ¶ maxima pars Aquitaniae sese Crasso dedidit ⟨*c*⟩ obsidesque ultro misit ⟨obtulit β⟩: III 27,1; ¶ eo postquam Caesar peruenit, obsides, arma, seruos, qui ad eos perfugissent, poposcit. dum ea conquiruntur et conferuntur: I 27,3.4; quod erat ciuitas magna inter Belgas auctoritate atque hominum ⟨*c*⟩ multitudine praestabat, sescentos obsides poposcit: II 15,1; ¶ quod per eos suos se obsides, quos Crasso dedissent, recuperaturos existimabant: III 8,2; ¶ deinde obsides, quos haberet ab Haeduis, redderet: I 35,3; Haeduis se obsides redditurum non esse: I 36,5; obsides redderet: I 43,9; aduentu Caesaris facta commutatione rerum obsidibus Haeduis redditis . . . Sequani principatum dimiserant: VI 12,6; ¶ quod ibi impedimenta exercitus, obsides ciuitatum, litteras publicas . . . relinquebat: V 47,2; ¶ si uelit suos recipere ⟨*c*⟩, obsides sibi ⟨*om.* β⟩ remittat: III 8,5; ¶ sese neque obsides repetituros neque: I 31,7; ¶ reliquos omnes obsidibus, armis, perfugis traditis in deditionem accepit: I 28,2; his (obsidibus) traditis omnibusque armis ex oppido conlatis ... in fines Ambianorum peruenit: II 15,2; obsidibus imperatis centum hos Haeduis custodiendos tradit ⟨tradidit *a*⟩: VI 4,4; (VII 12,4 *u.* **D.** pars;) ¶ (nelle: VI 9,7 *u.* **D. b)**.)

C. praedicati loco: Caesar obsidibus acceptis primis ciuitatis atque ipsius Galbae regis duobus filiis . . . accepit: II 13,1; ut . . . traducerent obsidesque ab iis ⟨*c*⟩ principum filios acciperent: VI 12,4; ¶ principumque liberos obsides ad se adduci iussit: II 5,1; ¶ coactos esse Sequanis obsides dare nobilissimos ciuitatis ⟨*u. CC*⟩: I 31,7; qui adduci non potuerit, ut iuraret aut liberos suos obsides daret: I 31,8; ¶ Ariouistum . . . crudeliter imperare, obsides nobilissimi cuiusque liberos poscere et in eos omnia exempla cruciatusque edere: I 31,12.

D. genet.; a): obsidum loco *u.* **locus** *p. 490* β**)** ββ**)** *(3 loc.)*; ¶ suos ab se liberos abstractos obsidum nomine dolebant: III 2,5; ¶ magnum iis ⟨*c*⟩ numerum obsidum imperat: IV 22,2; 36,2 *u.* **B.** adducere; imperat magnum numerum obsidum: VII 90,2; — quos Aduatuci obsidum numero missos apud se in seruitute et catenis tenuissent: V 27,2; ¶ obsidesque imperauit; quorum illi partem statim ⟨stat. p. β⟩ dederunt, partem ex longinquioribus locis arcessitam ⟨*c*⟩ paucis ⟨*c*⟩ diebus sese daturos ⟨*c*⟩ dixerunt: IV 27,6; parte iam obsidum tradita cum reliqua administrarentur ⟨*c*⟩: VII 12,4; ¶ supplicium: VII 63,3 *u.* **B.** deponere.

b): si amplius obsidum ⟨obsidium *AQ*⟩ uelit dari, ⟨*sic* β; uellet, dare α⟩ pollicentur: VI 9,7.

E. abl.: iure iurando inter se confirmant obsidibusque de pecunia cauent: VI 2,2; quoniam in praesentia obsidibus cauere inter se non possint ⟨c⟩, ne res efferatur: VII 2, 2; ¶ quod solus neque iure iurando neque obsidibus teneretur ⟨u. CC⟩: I 31, 9.

F. c. praep.; a) cum: Indutiomarum ad se cum ducentis obsidibus uenire iussit: V 4, 1.

b) de: I 31, 15 *u.* **A.** esse.

(c) in c. acc.: I 31, 12 *u.* C. *extr.*)

d) in c. abl.: his (obsidibus) adductis, in iis filio ⟨filiis β⟩ propinquisque eius omnibus, quos nominatim euocauerat: V 4, 2.

Adiect. (numer.): omnes: I 31, 15; VII 55, 2; (sui: III 8, 2;) ¶ **XL:** V 20, 4; **C:** VI 4, 4; **CC:** V 4, 1; **DC:** II 15, 1; VII 11, 2.

obsessio: Libo discessit a Brundisio obsessionemque ⟨obsidion. *O*⟩ nostrorum omisit: 3, 24, 4; ¶ qui illius patientiam paene ⟨plane *a*⟩ obsessionem appellabant: VI 36, 2; ¶ perspecto urbis situ ... de oppugnatione ⟨β; expugnatione α; *edd.*⟩ desperauit, de obsessione ⟨desper., de obsess. β; *om.* α; *Schn.*⟩ non prius agendum constituit, quam rem frumentariam expedisset: VII 36, 1.

obsideo. A. propr.; a) = obsidione clausum tenere; α) alqd: hi ⟨c⟩ ... stipendii ⟨c⟩ augendi causa regis domum obsidere ... consuerant: 3, 110, 5; ¶ postero die Curio obsidere Vticam ualloque circummunire instituit: 2, 36, 1.

β) alqm: (ut ne magna quidem multitudine, si ita accidat, † eius discessu ⟨artins obsessa *Hell.*⟩ munitionum praesidia circumfundi possent: VII 74, 2;) ¶¶ ut, si ... Apolloniam Oricumque oppugnare et se ⟨c⟩ omni maritima ora excludere conaretur, obsesso Scipione necessario illum suis auxilium ferre cogeret: 3, 78, 4; ¶¶ nam quicumque alterum obsidere conati sunt, perculsos atque infirmos hostes ... aut aliqua offensione permotos continuerunt: 3, 47, 2; — (hos) repugnantes diem noctemque obsident: VII 42, 6; — cum fama per orbem terrarum percrebuisset, illum a Caesare obsideri neque audere proelio dimicare: 3, 43, 4; — at ii ⟨c⟩, qui Alesiae obsidebantur, ... concilio coacto de exitu suarum fortunarum ⟨o⟩ consultabant: VII 77, 1; qua significatione qui in oppido obsidebantur de suo aduentu cognoscere possent: VII 81, 2; — obsideri se a Caesare; opera munitionesque prope esse perfectas: 1, 20, 2.

b) = occupatum tenere: circumfundi noctu equitatum Caesaris atque omnia loca atque itinera obsidere ⟨-eri *O*⟩: 1, 67, 3; ¶ animaduertit ... hostem et uagari et nias obsidere: III 23, 7; tutins esse arbitrabantur obsessis uiis commeatu intercluso sine ullo ⟨c⟩ uulnere uictoria potiri: III 24, 2; obsessis omnibus uiis missi intercipiuntur: V 40, 1; cum ... omnes uiae ab Afranianis militibus equitibusque obsiderentur: 1, 54, 1.

B. trsl. = premere, urgere: tandem (Afraniani) omnibus rebus obsessi, quartum iam diem sine pabulo retentis iumentis, aquae, lignorum ⟨c⟩, frumenti inopia, conloquium petunt: 1, 84, 1.

obsidio. A. propr.; a) subi.: reliquas merces commeatusque ad obsidionem urbis, si ⟨*O; om. x*⟩ accidat ⟨*O;* -dant *x;* si ita accidat *RSchn.*⟩, reseruant: 1, 36, 3.

b) obi.: Galli ... obsidionem relinquunt, ad Caesarem ... contendunt: V 49, 1.

c) gen.: causa autem obsidionis haec fere esse consueuit, ut frumento hostes prohiberent: 3, 47, 3; ¶ erat noua et inusitata belli ratio cum tot castellorum numero tantoque spatio et tantis munitionibus et toto obsidionis genere, tum etiam reliquis rebus: 3, 47, 1.

d) abl.: in quo si non ⟨c⟩ praesens periculum, at ⟨c⟩ certe longinqua ⟨longa *efik*⟩ obsidione fames esset timenda ⟨pertimescenda *efik*⟩: V 29, 7.

ipsum erat oppidum Alesia ⟨c⟩ in colle summo ..., ut nisi obsidione expugnari non ⟨o⟩ posse uideretur: VII 69, 1; — id ne fieri posset, obsidione atque circummunitione oppidi ⟨*ego;* opp. circ. *x; edd.*⟩ fiebat: 1, 19, 4; — siue eum (hostem) ex paludibus siluisque elicere siue obsidione premere posset: VII 32, 2; Octauius quinis castris oppidum circumdedit atque uno tempore obsidione et oppugnationibus eos premere coepit: 3, 9, 4.

quoniam obsidione liberatum Ciceronem sciebat: V 49, 6.

e) c. praep.: qui a prima obsidione ad Ciceronem perfugerat: V 45, 2.

ad obsidionem: 1, 36, 3 *u.* **a).**

qui (Parthi) paulo ante M. Crassum imperatorem interfecerant et M. Bibulum in obsidione habuerant: 3, 31, 3; ¶ ne ... contra eos arma ferrent, qui eadem essent usi fortuna eademque in obsidione perpessi: 2, 28, 3.

B. trsl.: ut Vbios obsidione (*cf.* § 1) liberaret: IV 19, 4.

obsigno: tabulae testamenti ... alterae eodem exemplo relictae atque obsignatae Alexandriae proferebantur: 3, 108, 4; ¶ [uulgo totis castris testamenta obsignabantur: I 39, 5.]

obsisto: cuius (Galliae) consensui ne orbis quidem terrarum possit obsistere: VII 29, 6.

(obsopio: quorum alter accepto uulnere occupatus ⟨sopitus *JFGron.;* obsopitus *Dauis.*⟩ per suos pro occiso sublatus . . . est: 3, 109, 5.)

obstinate: postea quam id obstinate sibi negari uidit: V 6, 4.

obstringo. A. = **obligare:** (Haeduos coactos esse) iure iurando ciuitatem obstringere sese neque obsides repetituros neque auxilium a populo Romano imploraturos neque recusaturos, quo minus perpetuo sub illorum dicione atque imperio essent: I 31, 7; — quam plurimas ciuitates suo beneficio habere obstrictas uolebat: I 9, 3; ¶ praeoccupatum sese legatione ab Cn. Pompeio, teneri obstrictum fide: 2, 17, 2.

B. = **capere, irretire:** ut, si peracto consulatu ⟨c⟩ Caesaris ⟨c⟩ non ⟨c⟩ profectus ⟨c⟩ esset, nulla tamen mendacii religione obstrictus uideretur: 1, 11, 2; ¶ quid enim est illis optatius, quam uno tempore et nos circumuenire et uos nefario scelere obstringere? 2, 32, 3.

obstruo: omnia enim flumina atque omnes riuos, qui ad mare pertinebant, Caesar aut auerterat aut magnis operibus obstruxerat: 3, 49, 4; ¶ simul ex omnibus partibus castra altiore uallo muniri ⟨c⟩ portasque obstrui . . . iubet: V 50, 5; ut obstructis in speciem portis singulis ordinibus caespitum, quod ea ⟨c⟩ non posse introrumpere uidebantur, alii uallum manu scindere, alii fossas compiere inciperent: V 51, 4; Fabium discessu eorum duabus relictis portis obstruere ceteras pluteosque uallo addere: VII 41, 4; quo facilius impetum Caesaris tardaret, ne sub ipsa profectione milites *in oppidum inrumperent, portas obstruit, nicos plateasque inaedificat, [ac] fossas transuersas uiis praeducit: 1, 27, 3; alteram noctem subnubilam nactus obstructis ⟨obstruxit *a;* extructis *O'hl; Wölffel; Dt.*⟩ omnibus ⟨rebus *add. Np.*⟩ castrorum portis ⟨partibus *Wölffel; Dt.*⟩ et ad impediendum obiectis *ericiis* . . . exercitum eduxit: 3, 54, 2.

obt. Forma: *In X (uel z) uidetur scriptum esse* obtegere 3, 19, 6; (46, 5;) 54, 1; obtemperare IV 21, 5; 1, 1, 3; 35, 1; obtestari VII 4, 5; 47, 5; 48, 3; 71, 3; 3, 108, 3; (*in* β IV 25, 3 ⟨c⟩;) obtinere VII 37, 4; 1, 25, 3; 30, 2; 31, 2; 38, 1; 56, 3; 83, 1; 85, 8; 2, 17, 2; 3, 3, 2; 29, 1; 53, 2; 55, 2; 59, 1; 66, 5; obtrectatio 1, 7, 1; (obtulit *in* β III 27, 1 ⟨c⟩.)

Sed optemperare *inuenitur in AB* VII 75, 5; (*in AQ* I 33, 4;) *in a* 3, 14, 2; optinere *in X (?)* I 1, 5; 3, 4; 17, 3; II 4, 7; *in Bβ* VII 19, 2; *in AQa* VII 32, 3; *in AQB* IV 19, 3; V 20, 3; *in AQB*[2] I 3, 5; *in Aa* I 7, 3; *in AB* VII 85, 3; *in AQ* I 3, 6; IV 12, 4; VI 12, 9; VII 33, 2. 4; *in A* I 18, 9; V 25, 1; VII 66, 4; 83, 3; *in A corr.* VII 4, 1; *in B* I 35, 4; *in Q* V 20, 1; 54, 2; VI 12, 4; *in a* 1, 72, 3; 85, 9; 3, 71, 3; 111, 6; — optuli *in X (?)* II 21, 1; IV 12, 6; *in Ah* VI 42, 3; *in B* VII 87, 5; in *a* 3, 1, 5.

obtego: (quibus ad recipiendum crates derectae ⟨c⟩ longuriique ⟨longurique *z*⟩ obiecti ⟨obtecti *z*⟩ et institutae fossae magno impedimento fuerunt: 3, 46, 5;) ¶ Pompeius . . . turres exstruxit et in altitudinem pedum XV effectis operibus nineis eam ⟨omnem *Paul*⟩ partem castrorum ⟨*om. Nl*⟩ obtexit: 3, 54, 1; (obstructis ⟨extructis *O'hl; Wölffel; Dt.*⟩ omnibus castrorum portis ⟨partibus *Wölffel; Dt.*⟩ et ad impediendum obiectis ⟨obtectis *Wölffel; Dt.*⟩ *ericiis* ⟨*add. Freudenberg; Db.; om. rell.*⟩ . . . exercitum eduxit: 3, 54, 2.)

quorum mediam ⟨c⟩ orationem ⟨c⟩ interrumpunt subito undique tela immissa; quae ille (Vatinius) obtectus armis militum uitauit: 3, 19, 6.

obtempero: se sibi consilium capturum neque senatus auctoritati obtemperaturum: 1, 1, 3; ¶ imperio *u.* **imperium** *p. 69* **b)** *(3 loc.);* ¶ debere eos Italiae totius auctoritatem sequi potius quam unius hominis uoluntati obtemperare: 1, 35, 1.

[**Falso:** neque sibi homines feros ac barbaros temperaturos ⟨obtemperaturos *X*⟩ existimabat, quin . . . contenderent: I 33, 4.]

obtestor. A. alqm: matres familiae . . . suos obtestari et more Gallico . . . liberos . . in conspectum proferre coeperunt: VII 48, 3.

B. (alqm,) ut: qui decimae legionis aquilam ferebat, contestatus ⟨obtestatur β⟩ deos, ut ea res legioni feliciter eueniret; Desilite, inquit: IV 25, 3; (Vercingetorix) dimittit quoque ⟨c⟩ uersus legationes; obtestatur, ut in fide maneant: VII 4, 5; matres familiae . . . pectore nudo prominentes passis manibus obtestabantur Romanos ⟨rom. obt. β⟩, ut sibi parcerent neu, sicut Auarici fecissent, ne a ⟨c⟩ mulieribus quidem atque infantibus abstinerent: VII 47, 5; (Vercingetorix) sua in illos merita proponit obtestaturque ⟨que *om.* β⟩, ut suae salutis rationem habeant neu se optime ⟨o⟩ de communi libertate meritum hostibus ⟨o⟩ in cruciatum dedant: VII 71, 3; haec uti fierent per omnes deos perque ⟨per quae *fh*⟩ foedera, quae Romae fecisset, eodem testamento Ptolomaeus populum Romanum obtestabatur: 3,108,3.

C. neu: VII 47,5 *et* 71,3 *u.* B.

obtineo. **A.** = **possidēre, in potestate habere, (occupatum) tenere, praeesse; a):** agrum: 1,38,1 *u.* **b)** Lusitaniam; ¶ haec (castra) C. Antistius Reginus et C. ⟨*c*⟩ Caninius Rebilus legati cum duabus legionibus obtinebant: VII 83,3; ¶ in se ⟨*c*⟩ aetatis excusationem nihil ualere, quod ⟨*CC*⟩ superioribus bellis probati ad † obtinendos exercitus euocentur: 1,85,9; ¶ qui (Diniciacus) cum magnae partis harum ⟨*o*⟩ regionum tum etiam Britanniae imperium obtinuerit: II 4,7; petunt, ut Mandubracium . . . in ciuitatem mittat, qui praesit imperiumque obtineat: V 20,3; ¶ cuius legationis Nammeius et Verucloetius principem ⟨*a*¹*; principum αh*⟩ locum obtinebant: I 7,3; eo tum statu res erat, ut longe principes haberentur ⟨*o*⟩ Haedui, secundum locum dignitatis Remi obtinerent: VI 12,9; — acies erat Afraniana duplex legionum V, tertium ⟨*Ciacc.; tertia z*⟩ in subsidiis locum alariae cohortes obtinebant ⟨cohortis obtinebat *hl*⟩: 1,83,1; — ita minora castra inclusa maioribus castelli ⟨-lis *ah*⟩ atque arcis locum obtinebant: 3,66,5; ¶ quod legibus Haeduorum iis ⟨*c*⟩, qui summum magistratum obtinerent, excedere ex finibus non liceret: VII 33,2; ¶ neque se ignorare, quod esset officium legati, qui fiduciariam operam ⟨prouinciam *Ciacc.*⟩ obtineret ⟨*u. CC*⟩: 2,17,2; ¶ quam (partem) Gallos obtinere dictum est: I 1,5; ¶ eum singuli magistratus antiquitus creari atque regiam potestatem annum ⟨annuam β⟩ obtinere consuessent: VII 32,3; ¶ qui (Dumnorix) eo tempore principatum in ciuitate obtinebat ⟨optineret *A*¹⟩ ac maxime plebi acceptus erat: I 3,5; si iam principatum Galliae obtinere (Haedui) non possint ⟨*c*⟩: I 17,3; Vercingetorix, . . . cuius pater principatum Galliae totius obtinuerat et ob eam causam, quod regnum adpetebat, a ⟨*c*⟩ ciuitate erat interfectus ⟨*c*⟩: VII 4,1; Adbucilli filii, qui principatum in ciuitate ⟨ciuitatem *Nal*⟩ multis annis obtinuerat: 3,59,1; ¶ uti quicumque Galliam prouinciam obtineret, . . . Haeduos . . . defenderet: I 35,4; quod (Attius) paucis ante annis ex ⟨*c*⟩ praetura eam prouinciam obtinuerat: 1,31,2; in se noui generis imperia constitui, ut idem ad portas urbanis praesideat ⟨*c*⟩ rebus et duas bellicosissimas prouincias absens tot annos ⟨*c*⟩ obtineat: 1,85,8; magnam ⟨*c*⟩ (pecuniam) societates earum prouinciarum, quas ipse obtinebat, sibi numerare coegerat: 3,3,2; ¶ hunc (locum) esse delectum medium fere regionum earum, quas Suebi obtinerent: IV 19,3; ¶ Castico, Catamantaloedis filio, Sequano, cuius pater regnum in Sequanis multos annos obtinuerat et a senatu . . . amicus appellatus erat: I 3,4; cuius auus in ciuitate sua regnum obtinuerat, amicus ab ⟨*c*⟩ senatu nostro appellatus: IV 12,4; cuius pater in ea ciuitate regnum obtinuerat ⟨tenuerat β⟩ interfectusque erat a Cassiuellauno: V 20,1; cuius ⟨*c*⟩ maiores in sua ciuitate regnum obtinuerant: V 25,1; Cauarinum, quem Caesar apud eos regem constituerat, cuius frater Moritasgus aduentu in Galliam Caesaris cuiusque maiores regnum obtinuerant: V 54,2; ¶ hae ⟨*c*⟩ (naues) ad insulam, quae est contra Massiliam, stationes obtinebant: 1,56,3; ¶ generatimque distributi [in ciuitates] (Galli) omnia uada ac † saltus eius ⟨salicta eius *Heller;* transitus *coni. Np.; u. CC*⟩ paludis ⟨certis custodiis *add.* β; *Schn.*⟩ obtinebant: VII 19,2.

b): qui (Rutilius Lupus) Achaiam missus a Pompeio obtinebat: 3,55,2; ¶ Valerius Flaccus, L. filius, eius, qui praetor Asiam obtinuerat: 3,53,2; ¶ quorum unus Hispaniam citeriorem *tribus legionibus, alter ulteriorem* a saltu Castulonensi ad Anam duabus legionibus, tertius ab Ana Vettonum agrum Lusitaniamque pari numero legionum obtinebat: 1,38,1; ¶ Sardiniam obtinebat M. Cotta, Siciliam M. Cato; Africam sorte Tubero obtinere debebat: 1,30,2.

c): conuentus ciuium Romanorum, qui Lissum obtinebant, quod oppidum iis antea Caesar attribuerat . . ., Antonium recipit: 3,29,1.

B. = occupare: quod ipse suae ciuitatis imperium obtenturus esset: I 3,6; ¶ ut . . . partem finitimi agri per uim occupatam ⟨*c*⟩ possiderent Galliaeque totius principatum obtinerent: VI 12,4; ¶ (Dumnorigem,) si quid accidat Romanis, summam in spem per Heluetios regni obtinendi uenire: I 18,9.

C. = retinere **(id, quod possidemus):** esse non nullo se Caesaris beneficio adfectum, sic tamen, ut iustissimam apud eum causam obtinuerit: VII 37,4; ¶ id sibi ad praesentem obtinendam libertatem satis esse: VII 66,4; ¶ Pompeius eo proelio imperator est appellatus. hoc nomen obtinuit atque ⟨hoc nomine abstinuit neque *Paul; u. CC*⟩ ita se postea salutari passus *est:* 3,71,3; ¶ Conuictolitauem, qui per sacerdotes more ciuitatis . . . esset creatus, potestatem obtinere iussit: VII 33,4; ¶ principatum: I 17,3 *u.* **A.** principatum; ¶ Galli, nisi perfregerint munitiones, de omni salute desperant; Romani, si rem obtinuerint, finem laborum omnium exspectant: VII 85, 3; quibus (ciuibus) saluis atque incolumibus rem obtinere malebat: 1, 72, 3; naues longas occupare hostes conabantur.... sed rem obtinuit Caesar: 3, 111, 6.

neque certum inueniri poterat, obtinendine Brundisii causa ibi remansisset (Pompeius) . . . an inopia nauium ibi restitisset: 1, 25, 3.

obtrectatio: a quibus (inimicis) deductum ac deprauatum Pompeium queritur inuidia atque obtrectatione ⟨obtract. *O*⟩ laudis suae: 1, 7, 1.

obuenio: nam his ⟨*c*⟩ ea pars obuenerat: II 23, 1; quae cuique ciuitati pars castrorum ab initio obuenerat: VII 28, 6; legati, quibus hae partes ad defendendum obuenerant ⟨uenerant *AQ*⟩: VII 81, 6; ¶ Scipioni obuenit Syria, L. Domitio Gallia: 1, 6, 5.

obuiam: Sulmonenses portas aperuerunt uniuersique, et oppidani et milites, obuiam gratulantes Antonio exierunt: 1, 18, 2; ¶ Vercingetorix, ubi de Caesaris aduentu cognouit, oppugnatione ⟨*c*⟩ desistit ⟨*c*⟩ atque obuiam Caesari proficiscitur: VII 12, 1; ¶ cuneatim constiterunt hoc animo, ut, si qua ex parte obuiam ⟨contra *add. X; Np., Schn., Db.; del. Faern.*⟩ ueniretur, acie instructa depugnarent: VII 28, 1.

occasio. A. subi.: erat occasio bene gerendae rei: 1, 71, 1; breuem consulendi esse occasionem: V 29, 1; ¶ uideri: 3, 25, 1 *u.* **B.** praetermittere.

B. obi.: conclamant omnes occasionem ⟨occassionem *B*⟩ negotii bene gerendi amittendam non esse; ad castra iri oportere: III 18, 5; ¶ siue sollicitandi milites ⟨*c*⟩ siue aequo loco dimicandi detur occasio, ne facultatem praetermittat: 2, 33, 5; ¶ dimittere *u.* **dimitto** *p. 918* ββ) *(4 loc.)*; ¶ cum diuturnitas oppugnationis neglegentiores Octauianos effecisset, nacti occasionem meridiani temporis discessu ⟨meridiano tempore discessus *Ciacc.*⟩ eorum . . . in proxima Octauii castra inruperunt: 3, 9, 6; in itinere ut aliquam occasionem dimicandi nancisceretur: 3, 85, 2; ¶ ac non nullae eius rei praetermissae occasiones Caesari uidebantur: 3, 25, 1; ¶ at hostes sine fide tempus atque occasionem fraudis ac doli quaerunt: 2, 14, 1; ¶ simus ad dimicandum parati. non facile occasionem postea reperiemus: 3, 85, 4.

C. dat.: uterque eorum celeritati studebat, et suis ut esset auxilio *et* ad opprimendos aduersarios ne occasioni ⟨*fhl;* occasione *a*⟩ temporis deesset: 3, 79, 1.

D. gen.: occasionis esse rem ⟨rem esse β⟩, non proelii: VII 45, 9.

E. abl.: hac impulsi occasione . . . audacius de bello consilia inire incipiunt: VII 1, 3; ¶ fore . . ., ut duces aduersariorum occasione et beneficio fortunae ad nostros opprimendos uterentur: 1, 40, 7.

occasus (solis). A. tempus significat; a) abl.: acriter utrimque usque ad uesperum pugnatum est. solis occasu suas copias Ariouistus . . . in castra reduxit: I 50, 3; V 8, 2 *u.* **b)** α) αα).

b) c. praep.; α) ad; αα): ipse . . . ad ⟨*om.* β⟩ solis occasum ⟨occasu β⟩ naues soluit: V 8, 2.

ββ): cum a meridie prope ad solis occasum dubia uictoria pugnaretur: VII 80, 6; producitur tum ⟨*c*⟩ res, aciesque ad solis occasum continentur: 1, 83, 3; neque multum ad solis occasum temporis supererat: 3, 51, 7.

γγ): cum ab hora fere quarta usque ad solis occasum pugnaretur: III 15, 5.

β) ante: post horam nonam oppidum altissimis moenibus oppugnare adgressus ante solis occasum expugnauit: 3, 80, 6.

γ) sub: sub occasumque ⟨occasu *aefk*⟩ solis sequi ⟨*c*⟩ destiterunt seque in castra . . . receperunt: II 11, 6.

B. caeli regionem significat: ut . . . aliae (naues) ad inferiorem partem insulae, quae est propius solis occasum ⟨*u. CC*⟩, magno suo ⟨*c*⟩ cum periculo deicerentur: IV 28, 2; ¶ Aquitania . . . spectat inter occasum solis et septentriones: I 1, 7.

occĭdo. A.: alterum (latus) uergit ad Hispaniam atque occidentem solem: V 13, 2.

B.: Cottaeque et Titurii calamitatem, qui in eodem occiderint castello ⟨in eo castello occiderint β; in eodem cast. consederint *Paul*⟩, ante oculos ponunt: VI 37, 8; — (dum cupidius instat (Vorenus), in locum *delatus inferiorem ⟨*o*⟩ concidit ⟨occidit *M; Fr.*⟩: V 44, 12.)

occīdo. A.: L. ⟨*c*⟩ Petrosidius aquilifer . . . aquilam intra uallum proiecit, ipse pro castris fortissime ⟨*o*⟩ pugnans occiditur: V 37, 5; ¶ quartae cohortis omnibus centurionibus occisis signiferoque ⟨*c*⟩ interfecto, signo amisso, reliquarum cohortium omnibus fere centurionibus aut uulneratis aut occisis: II 25, 1; ¶ memoria tenebat L. Cassium consulem occisum exercitumque eius ab Heluetiis pulsum: I 7, 4; ¶ Sedulius ⟨*c*⟩, dux et princeps Lemouicum ⟨*c*⟩, occiditur: VII 88,

4; ¶ fuerunt ⟨c⟩ duae filiae: harum ⟨c⟩ altera occisa, altera capta est: I 53, 4; ¶ occisis ad hominum milibus quattuor reliqui in oppidum reiecti sunt: II 33, 5; ¶ magnum numerum *u.* **magnus** *p. 524 (5 loc.)*; ¶ principem: VII 88, 4 *u.* ducem.

B.: Cassium: I 7, 4 *u.* **A.** consulem; — Indutiomarum: V 58, 5 *u.* **D.**; — Petrosidium: V 37, 5 *u.* **A.** *init.*; — Pulionem: V 44, 11 *u.* **C.** illum; — Sedulium: VII 88, 4 *u.* **A.** ducem.

C.: quorum alter accepto uulnere occupatus per suos pro occiso sublatus, alter ⟨acc. uuln. . . . subl., alter *om. af*⟩ interfectus est: 3, 109, 5; ¶ quos . . . secuti . . . complures ex iis ⟨c⟩ occiderunt: IV 35, 3; et paucis uulneribus acceptis complures ex his occiderunt: IV 37, 3; ¶ illum ueruto transfixum arbitrantur ⟨*sic* β; illum nero obscurantur (opinantur *Fr.*) occisum α; *Fr.*; illum ueruto arbitrantur occisum *plur. edd.*⟩: V 44, 11; ¶ redeuntes equites quos possunt consectantur atque occidunt: V 58, 6.

D.: cum et propter uulnera militum et propter sepulturam occisorum nostri triduum morati eos sequi non potuissent: I 26, 5; ¶ magna proponit iis ⟨c⟩, qui occiderint (Indutiomarum), praemia: V 58, 5.

occultatio: intra annum uero uicesimum feminae notitiam habuisse in turpissimis habent rebus; cuius rei nulla est occultatio, quod ⟨*u. CC*⟩: VI 21, 5.

occulto. A. propr.; **a)**: reliqua pars scrobis ad occultandas insidias uiminibus ac uirgultis ⟨c⟩ integebatur ⟨c⟩: VII 73, 7; ¶ (siluae incertis occultisque ⟨occultatisque in β⟩ itineribus confertos adire prohibebant: VI 34, 4;) ¶ legionem *X. . . . paulum progressam inferiore cònstituit loco siluisque occultat: VII 45, 5; ¶ tectis insignibus suorum occultatisque signis militaribus raros milites . . . traducit: VII 45, 7.

b): Cassiuellaunus . . . paulum . . ex uia excedebat locisque impeditis ac siluestribus sese ⟨se β⟩ occultabat: V 19, 1; qui proximi ⟨c⟩ Oceano fuerunt, hi ⟨his β; *Np.*⟩ insulis ⟨*A*β; in siluis *BM;* in insulis *Qf*⟩ sese occultauerunt, quas aestus efficere consuerunt ⟨c⟩: VI 31, 3; si qui etiam in praesentia se ⟨*om. h*⟩ occultassent: VI 43, 3; ipsos se inter multitudinem militum occultasse: VII 38, 5; ille . . . prope confecto sub lucem itinere post montem se occultauit: VII 83, 7.

c): ut . . . ille (Ambiorix) latebris aut ⟨ac *dk; Schn.;* siluis aut *add.* β; *Schn.*⟩ saltibus se eriperet et ⟨ut β⟩ noetu occultatus ⟨occupatus β⟩ alias regiones partesque peteret: VI 43, 6.

d): neque saepe accidit, ut neglecta quispiam religione aut capta apud se ⟨apud se *om.* β⟩ occultare aut posita tollere auderet: VI 17, 5; ¶ agger ab uniuersis in munitionem ⟨c⟩ coniectus . . . ea, quae in terra ⟨terram *Ndik*⟩ occultauerant Romani, contegit: VII 85, 6.

B. trsl. (= celare, dissimulare): ut quam diutissime longioris fugae consilium occultaret (Pompeius): 3, 102, 3; ¶ in tanta multitudine dediticiorum suam fugam aut occultari aut omnino ignorari posse: I 27, 4; ¶¶ si . . . haec explorata habeamus, quae de exercitus alienatione dicuntur, . . . quanto haec dissimulari ⟨l^1; -are *x; Np., Db.*⟩ et occultari ⟨-are *O*⟩ quam per nos confirmari praestet? 2, 31, 5; ¶ magistratus quae uisa sunt occultant, quaeque ⟨c⟩ esse ex usu iudicauerunt, multitudini produnt: VI 20, 3.

occultus. 1. ui adiect.; a) pos.: non solum ab eruptionibus caueant, sed etiam singulorum hominum occultos exitus obseruent ⟨c⟩: 1, 21, 4; ¶ siluae incertis occultisque ⟨occultatisque in β⟩ itineribus confertos adire prohibebant: VI 34, 4; ¶ in siluis opportuno atque occulto loco . . . Romanorum aduentum exspectabant: V 32, 1; progressus milia passuum III loco ⟨in loco *N*⟩ idoneo et occulto omnem exercitum equitatumque conlocauit: 3, 38, 1; (105, 4 *u.* **2. B.**)

b) comp.: ignesque fieri prohibuit, quo occultior esset eius aduentus: 3, 30, 5.

2. ui subst.; A. sing.; a) ex occulto: neque ex occulto insidiandi et dispersos circumueniendi singulis deerat audacia: VI 34, 6.

b) in occultum: quod ipse animo non defecerat . . . neque se in occultum abdiderat et conspectum multitudinis fugerat: VII 30, 1.

c) in occulto *u.* **in** *p. 142* **g)** *(7 loc.)*.

B. plur.: Pergamique in occultis ⟨locis *add. Paul*⟩ ac reconditis ⟨*NOhl;* recognitis *af*⟩ templi ⟨*recc.;* templis *x*⟩, quo praeter sacerdotes adire fas non est, quae Graeci ἄδυτα appellant, tympana sonuerunt: 3, 105, 4.

occulte. A. pos.: quid ⟨c⟩ quoque ⟨c⟩ pacto agi placeat occulte inter se constituunt: VII 83, 5; ¶ Petreius cum paucis equitibus occulte ad exploranda loca proficiscitur: 1, 66, 3.

B. superl.: ipse diuerso itinere quam potuit occultissime reliquas cohortes . . . eduxit: 3, 67, 3.

occupatio: neque has tantularum ⟨*c*⟩ rerum occupationes ⟨sibi *add.* β⟩ Britanniae anteponendas iudicabat: IV 22, 2; ¶ ita magnarum initia rerum, quae occupatione magistratuum et imperiorum ⟨*Paul; temporum* ϰ; *edd.*⟩ sollicitam Italiam habebant, celerem et facilem exitum habuerunt: 3, 22, 4; — si id facere occupationibus rei publicae ⟨β; populi Romani α; *Fr., Db.*⟩ prohiberetur: IV 16, 6; ¶ tabulae testamenti . . ., cum propter publicas occupationes poni non potuissent, apud Pompeium sunt depositae: 3, 108, 4.

occupo. A. = potiri, capere; a) propr.; α): atque omnibus eorum aedificiis occupatis reliquam partem hiemis se eorum copiis aluerunt (Vsipetes et Tencteri): IV 4, 7; ¶ (agrum: I 31, 10 *et* VI 12, 4 *u.* partem;) ¶ (angiportum: 3, 70, 1 *u.* portam;) ¶ angustias *u.* **angustiae** *p. 260* b) *(3 loc.)*; ¶ paucisque intermissis diebus eadem ⟨haec *add. NOhl*⟩ (castra) Pompeius occupauerat: 3, 66, 4; acies instructa a nostris, qui castra occupauerant, cernebatur: 3, 69, 1; ¶ ne Caesar orae maritimae ciuitates occuparet: 3, 11, 2; ¶ collem *u.* **collis** *p. 601 extr. et 602 (7 loc.)*; *cf.* praesidium 3, 45, 2; ¶ Romanos non solum itinerum causa, sed etiam perpetuae possessionis culmina Alpium occupare conari . . . sibi persuasum habebant: III 2, 5; ¶ neque uerum esse, qui suos fines tueri non potuerint, alienos occupare: IV 8, 1; ¶ Libo . . . Brundisium uenit insulamque, quae contra portum Brundisinum est, occupauit: 3, 23, 1; ¶ (Caesar praecepto ⟨*Oud.*; praefecto occupato ϰ; profectus occupato *Ach. Stat.*; profectionis occup. *Hot.*; praeoccupato *Ald. nep.*; *edd.*⟩ itinere ad Dyrrachium finem properandi facit: 3, 13, 5;) ¶ a Sasonis ⟨ϰ; salonis *recc.*; *Np., Db.*⟩ ad Curici ⟨*Momms.*; corici *NO*ϰ; Oricum *Np.*; *Db.*⟩ portum ⟨portus, *Np., Db.*⟩ stationes litoraque omnia longe lateque classibus occupauit: 3, 8, 4; ¶ loca (-um) *u.* **locus** *p. 476 (5 loc.)*; ¶ montem *u.* **mons** C. *p. 634 (4 loc.)*; ¶ naues *u.* **nauis** *p. 705 (3 loc.)*; ¶ huc Caesar . . . contendit occupatoque oppido ibi praesidium conlocat: I 38, 7; ¶ quod Ariouistus . . . tertiam . . partem agri Sequani, qui esset optimus totius Galliae, occupauisset: I 31, 10; ut . . . partem finitimi agri per uim occupatam ⟨-atum β⟩ possiderent Galliaeque totius principatum obtinerent: VI 12, 4; Marsi . . . eam . . oppidi partem, quae munitissima uideretur, occupant: 1, 20, 3; (quo facilius omne Hadriaticum mare ab ⟨*add. Paul;* occupatis *add. Pluyg.*⟩ extremis Italiae partibus regionibusque Graeciae in potestate haberet: 1, 25, 3;) ¶ centuriones . . . gladiis destrictis portas occupauerunt suosque omnes incolumes receperunt: VII 12, 6; (quod . . . equites . . eius angustiis atque his ⟨angustis portis atque his *codd.*; angustiis portisque *Ald.*; angiportis atque uiis *Landgraf;* portis *del. Np.*⟩ a ⟨*c*⟩ Caesaris militibus occupatis ad insequendum tardabantur: 3, 70, 1;) ¶ (portus: 3, 8, 4 *u.* litora;) ¶ in occupandis praesidiis magna ui uterque nitebatur ⟨*c*⟩: 3, 45, 1; cum legio Caesaris nona praesidium quoddam ⟨praesidio collem *Ciacc.*⟩ occupauisset et munire coepisset, huic loco propinquum et contrarium collem Pompeius occupauit: 3, 45, 2; ¶ (regiones: 1, 25, 3 *u.* partes;) ¶ persuadet Castico . . ., ut regnum in ciuitate sua occuparet, quod pater ante habuerat: I 3, 4; et regno occupato ⟨*del. Ciacc.*⟩ per tres potentissimos . . . populos totius Galliae sese potiri posse sperant: I 3, 8; quod in Gallia a potentioribus atque iis ⟨*c*⟩, qui ad conducendos homines facultates habebant, uulgo regna occupabantur: II 1, 4; ¶ C. Fabium . . . praemittit celeriterque saltus Pyrenaeos occupari ⟨-are *Paul*⟩ iubet, qui eo tempore ab L. Afranio legato praesidiis tenebantur: 1, 37, 1; ¶ stationes: 3, 8, 4 *u.* litora; ¶ quotienscumque sit decretum, darent operam magistratus . . ., factum . . . in ui tribunicia, in secessione populi, templis locisque editioribus occupatis: 1, 7, 5; ¶ quem (tumulum) si occupauisset Caesar et communisset ⟨*c*⟩: 1, 43, 2; unius legionis antesignanos procurrere atque eum tumulum occupare iubet: 1, 43, 3; Pompeius tumulum quendam occupauit: 3, 51, 8; ¶ (uias: 3, 70, 1 *u.* portas.)

β): sollicitato exercitu regio ne Pompeius Alexandriam Aegyptumque occuparet: 3, 104, 1; — qui (Attius) . . . in Africam peruenerat atque eam sua sponte uacuam occupauerat: 1, 31, 2; — cum omnem Galliam (Germani) occupauissent, ut ante Cimbri Teutonique fecissent: I 33, 4.

Alexandriam: 3, 104, 1 *u. s.* Aegyptum; his copiis fidens Achillas paucitatemque militum Caesaris despiciens occupabat Alexandriam praeter eam ⟨*c*⟩ oppidi partem, quam Caesar cum militibus tenebat: 3, 111, 1; — ipse . . . Pisaurum, Fanum, Anconam singulis cohortibus occupat: 1, 11, 4; — profectum item Domitium ad occupandam ⟨-dum *O*⟩ Massiliam nauibus actuariis septem: 1, 34, 2; — Ariouistum cum suis omnibus copiis ad occupandum Vesontionem . . . contendere: I 38,1.

γ) : quorum alter accepto uulnere occupatus ⟨sopitus *J. F. Gron.; obsopitus Dauis.; del. Madu.*⟩ per suos pro occiso sublatus, alter ⟨acc. uulu. occ. p. s. p. o. subl., alter *om. af*⟩ interfectus est: 3,109,5.

b) **trsl.**: sic omnino ⟨omnium β; *Schn.*⟩ animos timor praeoccupauerat ⟨occupauerat β⟩, ut paene alienata mente . . . equitatum tantum ⟨*c*⟩ se ex fuga recepisse dicerent: VI 41,3; ¶ tantus subito timor omnem exercitum occupauit, ut non mediocriter omnium mentes animosque perturbaret: I 39,1.

B. = **explere, implere**: (collis) tantum . . . in latitudinem patebat, quantum loci acies instructa occupare ⟨tenere β⟩ poterat: II 8,3; ¶ non enim amplius pedum milibus duobus *a castris castra distabant: † hinc ⟨horum *Paul*⟩ duas partes acies occupabant duae, tertia uacabat ⟨uagabatur *Ohl*⟩ ad incursum atque impetum militum relicta: 1,82,4; ¶ fugientium multitudine ac turba portae castrorum occupantur atque iter impeditur: 2,35,3.

C. = **distinere** (*semper ptc.* **occupatus**): dum haec geruntur, nostris ⟨hostes nostris *Hug*⟩ omnibus occupatis qui erant in agris reliqui ⟨quae erant in agr. relicta *Göl.; u. CC*⟩ discesserunt: IV 34,3.

occupatus in alqa re *u.* **in** *p. 135 (8 loc.)*.

[**Falso**: ut . . . ille latebris aut saltibus ⟨*c*⟩ se eriperet et ⟨ut β⟩ noctu occultatus ⟨occupatus β⟩ alias regiones partesque peteret: VI 43,6.]

occurro. **A.** propr.; **a)** **animo non infesto;** *α*) **alci**: eodem tempore equites nostri leuisque armaturae pedites, . . . cum se in castra reciperent, aduersis hostibus occurrebant: II 24,1; ¶ Bibulus . . . sperans alicui se parti onustarum nauium occurrere posse inanibus occurrit: 3,8,3; ¶ alius alia ex naui quibuscumque signis occurrerat se adgregabat: IV 26,1.

(Domitius) ad Aeginium . . . Caesari uenienti occurrit: 3,79,7; ¶ ex castris sibi legiones alias occurrere . . . iussit: 3, 98,3.

in alteram partem item cohortandi causa profectus pugnantibus occurrit: II 21,4.

β) **omisso datiuo**: Fabius . . . non ita multum moratus in itinere cum legione occurrit: V 47,3.

γ) **aliquo** (= **auxilio currere**): quaecumque ⟨*c*⟩ pars castrorum nudata defensoribus premi uidebatur, eo (nostri) occurrere et auxilium ferre: III 4,2; ut quo primum occurreretur ⟨β; *Schn.; curreretur α; rell. edd.*⟩ aut cui rei ferretur auxilium uix ratio iniri posset: VII 24,4.

b) **animo infesto;** *α*) **alci**: Afranius . . . legiones IIII ⟨*c*⟩ equitatumque omnem traiecit duabusque ⟨que *om. a¹h¹*⟩ Fabianis occurrit legionibus: 1,40,4; ¶ (parti nauium: 3,8,3 *u.* **a)** *α*) nauibus;) ¶ leuiusque casura pila sperabat in loco retentis militibus, quam si ipsi immissis telis occurrissent ⟨occucurrissent *a; Np., Dt.*⟩: 3,92,2.

Caesar . . . IIII secum legiones duxit commodioreque itinere Pompeianis occurrere coepit: 3,97,3; ¶ (Pompeius) castra mouit breuiore itinere se occurrere ⟨?⟩ ei posse sperans: 3,41,4; ¶ tanta rerum commutatio est facta, ut nostri, etiam qui uulneribus confecti procubuissent, . . . proelium redintegrarent, tum ⟨*om.* β⟩ calones perterritos hostes conspicati etiam inermes armatis occurrerunt ⟨occurrerent β; *Schn., Np.*⟩: II 27,1; — hostes terga uertunt ⟨*c*⟩; fugientibus ⟨que *add. a*⟩ equites occurrunt: VII 88,3.

β) **abs.**: Romanorum manus tantis munitionibus distinetur nec facile pluribus locis occurrit: VII 84,3; nemo erat adeo . . . fugiens laboris, quin statim castris exeundum atque occurrendum putaret: 1,69,3; neque Bibulus impeditis nauibus dispersisque remigibus satis mature occurrit: 3,7,3.

B. **trsl.;** **a)** = **inuenire,** **incidere in**: Caesar, ne grauiori bello occurreret, maturius, quam consuerat ⟨*c*⟩, ad exercitum proficiscitur: IV 6,1; ¶ alio se ⟨*c*⟩ in hiberna consilio uenisse meminerat, aliis ⟨se *add. h*⟩ occurrisse rebus uiderat: III 6,4.

b) = **obsistere, anteuertere**: quibus rebus quam maturrime occurrendum putabat: I 33,4; ¶ singulari militum nostrorum uirtuti consilia cuiusque ⟨*c*⟩ modi Gallorum occurrebant: VII 22,1.

etsi, quantum ratione prouideri poterat, ab nostris occurrebatur, ut incertis temporibus diuersisque itineribus iretur: VII 16,3.

c) = **in mentem uenire**: utrisque ⟨utrimque *B¹*⟩ ad animum ⟨ad omnia *ik; Ald.;* id animo *Fr.*⟩ occurrit unum esse illud tempus ⟨illud e. t. praedicat β⟩, quo maxime contendi conueniat: VII 85,2.

[**Falso**: pugnatur uno tempore omnibus locis ⟨occurrit *add.* β⟩ atque omnia temptantur: VII 84,2.]

(**occurso**: illum ueruto transfixum arbitrantur ⟨β; illum uero obscurantur occisum α⟩. gladio comminus rem gerit Vorenus ⟨uorenus gl. rem comm. gerit β; — illic uero obcursat gladio comminusque rem gerit uorenus *recc.; pr. edd.;* illic nero obcursat ocius gladio comminusque rem gerit Vorenus *Schn.*⟩: V 44, 11.)

Oceanus. **A.** acc.: Oceanum attingere *u.* **attingo** *p. 361 (3 loc.); (cf.* **D.**;) ¶ (in flumine Ligeri, quod influit in ⟨*om.* β⟩ Oceanum: III 9, 1;) ¶ P. Crassus adulescens cum legione septima proximus mare Oceanum ⟨mari oceano *recc.*⟩ in Andibus *hiemabat: III 7, 2.

B. dat.: (Rhenus) ubi Oceano adpropinquat ⟨β; adpropinquauit α; *edd.*⟩, in plures diffluit ⟨*c*⟩ partes: IV 10, 4; ¶ qui proximi ⟨hinc proximi β⟩ Oceano ⟨oceanum *ik*⟩ fuerunt, hi ⟨*c*⟩ insulis ⟨*c*⟩ sese occultauerunt, quas aestus efficere consuerunt ⟨*c*⟩: VI 31, 3.

C. gen.: Aquitania a Garumna ⟨*c*⟩ flumine ad Pyrenaeos montes et eam partem Oceani, quae est ad Hispaniam, pertinet: I 1, 7; ¶ tantas tempestates Oceani tantosque impetus uentorum sustineri ⟨*c*⟩ non satis commode posse ⟨*c*⟩ arbitrabantur: III 13, 6.

D. abl.: † eorum una pars, quam Gallos obtinere dictum est, initium capit a flumine Rhodano, continetur Garumna ⟨*c*⟩ flumine, Oceano, finibus Belgarum, attingit etiam ⟨oceanum fin. belgarum attingit. etiam *X*⟩ ab Sequanis et Heluetiis flumen Rhenum: I 1, 5.

E. c. praep.; a) ab: (Mosa . . . parte quadam ex Rheno recepta, quae appellatur Vacalus, insulam [quae] efficit Batauorum [in Oceanum influit] neque longius ab eo ⟨*Ald.;* Oceano *X*⟩ milibus passuum LXXX in Oceanum ⟨*Ald.;* Rhenum *X*⟩ influit: IV 10, 2.)

b) ad: equites auxiliaque . . . Celtiberiae, Cantabris barbarisque omnibus, qui ad Oceanum pertinent, ab Afranio imperantur: 1, 38, 3; ¶ Labienum cum legionibus tribus ad Oceanum uersus in eas partes, quae Menapios attingunt, proficisci iubet: VI 33, 1.

c) in c. acc.: influere *u.* **in** *p. 92 (3 loc.).*

d) in c. abl.: luna plena, qui dies maritimos aestus maximos in Oceano efficere consueuit: IV 29, 1; ¶ longe aliam esse nauigationem in concluso ⟨uastissimo *add. afi*⟩ mari atque in uastissimo ⟨*om.* β⟩ atque ⟨*om. AQ*β⟩ apertissimo ⟨*om. AQ; Fr.*⟩ Oceano perspiciebant ⟨respiciebant β⟩: III 9, 7.

Ocelum. *Cf. Bertrand, les voies romaines en Gaule, in Rev. archéol. 1863 p. 344; Heller, Ph. 22 p. 142.*

ab Ocelo ⟨ocoelo *M;* ocaelo *a*⟩, quod est ⟨oppidum *add. RSchn.*⟩ citerioris prouinciae extremum, in fines Vocontiorum ulterioris prouinciae die septimo peruenit: I 10, 5.

(ocius *u.* **occurso.)**

(Octacilius *u.* **Otacilius.)**

Octauiani: cum diuturnitas oppugnationis neglegentiores Octauianos effecisset, nacti occasionem meridiani temporis discessu eorum . . . in proxima Octauii castra inruperunt . . . omnibusque eos castris expulerunt et magno numero interfecto reliquos atque ipsum Octauium in naues confugere coegerunt: 3, 9, 6. 7.

M. Octauius: praeerat . . . Liburnicae atque Achaicae classi Scribonius Libo. et M. Octauius: 3, 5, 3; discessu Liburnarum ⟨*CC*⟩ ex Illyrico M. Octauius cum iis ⟨*c*⟩ quas habebat nauibus Salonas peruenit. ibi concitatis Dalmatis reliquisque barbaris Issam ⟨*c*⟩ a Caesaris amicitia auertit. conuentum Salonis cum neque pollicitationibus neque denuntiatione ⟨*c*⟩ periculi permouere posset, oppidum oppugnare instituit: 3, 9, 1. 2; quorum cognita sententia Octauius quinis castris oppidum circumdedit atque uno tempore obsidione et oppugnationibus eos premere coepit: 3, 9, 4; ipsi . . . in proxima Octauii ⟨-aui *a*⟩ castra inruperunt . . . omnibusque eos castris expulerunt et magno numero interfecto reliquos atque ipsum Octanium in naues confugere coegerunt: 3, 9, 6. 7; tantis detrimentis acceptis ⟨*c*⟩ Octauius desperata oppugnatione oppidi Dyrrachium sese ad Pompeium recipit ⟨*c*⟩: 3, 9, 8.

octauus: (haec senatus consulto perscribuntur a. d. VII. ⟨**VIII** *O*[1]; *Ciacc.*⟩ Id. Ian.: 1, 5, 4;) ¶ cum a prima luce ad horam octauam pugnaretur ⟨*c*⟩: V 35, 5; ¶ alia in parte diuersae duae legiones, undecima et octaua, . . . proeliabantur: II 23, 3; L. Fabius ⟨*c*⟩, centurio ⟨*om.* β⟩ legionis VIII., . . . tres suos nactus manipulares . . . murum ascendit: VII 47, 7; (mittit eo M. Antonium cum legionis ⟨legione *Nhl;* -nibus *Of*⟩ XIII. ⟨*Vossius;* VIII *NOx*⟩ cohortibus V: 1, 18, 2;) eo triduo legio VIII. ad eum uenit: 1, 18, 5; legionem . . . nonam in sinistro (cornu) conlocauerat . . . et huic sic *adiunxerat octauam, ut paene unam ⟨*om. hl*⟩ ex duabus efficeret, atque alteram alteri praesidio esse iusserat: 3, 89, 1; ¶ (quod illi turbulentissimi superioribus temporibus tribuni plebis post ⟨*add. Dt.*⟩ octo ⟨octano *f; Ald., Np.;* duodecimo *Ciacc.; Db.*⟩ denique menses ⟨mense *Ald.; Np., Db.*⟩ uariarum ⟨suarum *recc.; Np., Db.*⟩ actionum respicere ac timere consuerant ⟨*c*⟩: 1, 5, 2;) ¶ quem Caesar . . . ab octauis ordinibus ad primipilum ⟨primum pilum *Ald.*⟩ se traducere pronuntiauit: 3, 53, 5.

octingenti: cum ipsi non amplius octingentos ⟨DCCC *a;* CCCCtos *f;* M.CCC *h*⟩ equites haberent: IV 12, 1; ipse cum legionibus expeditis IIII et equitibus DCCC in fines Treuerorum proficiscitur: V 2, 4; Haeduis Segusiauisque ... decem milia peditum imperat; huc addit equites DCCC ⟨octingentos *BM*⟩: VII 64, 4; DCCC (equites) ex seruis suis pastorumque suorum *numero* coegerat: 3, 4, 4; quarum erat summa ueteranarum ⟨-norum *O¹a*⟩ trium legionum uniusque tironum et equitum DCCC: 3, 29, 2; Caesar ... cum legione ... equitibusque DCCC ... Alexandriam peruenit: 3, 106, 1; ¶ hoc (latus) ⟨huic β⟩ milia passuum octingenta in longitudinem esse existimatur ⟨arbitrantur β⟩: V 13, 6; ¶ (nauibus circiter LXXX ⟨β; *Oros.; octingentis octoginta A corr., BM; octingentis octingenta A pr.;* .DCCC. LXXX *Q*⟩ onerariis coactis: IV 22, 3;) nauium, quae cum annotinis priuatisque ... amplius octingentae ⟨.DCCCC. *af;* DC *Oros.*⟩ uno erant nisae tempore: V 8, 6.

ex omni ⟨*c*⟩ numero ... uix DCCC ⟨octoginta *Orosius*⟩, qui primo clamore audito se ex oppido eiecerant ⟨*c*⟩, ... ad Vercingetorigem peruenerunt: VII 28, 5.

octo. **A. non additur alius numerus:** (castra oportunis locis erant posita ibique castella ⟨posita VIII castellaque *RMenge*⟩ uiginti tria facta: VII 69, 7;) ¶ Fauonium ⟨*c*⟩ ad flumen Aliacmonem ... cum cohortibus VIII ⟨IV *Ciacc.*⟩ praesidio impedimentis legionum ⟨*c*⟩ reliquit: 3, 36, 3; ¶ quod dierum | XXII ⟨VIII *Göl.*⟩ ab Ilerda frumentum iussi erant efferre: 1, 78, 1; ¶ (ipse cum reliquis tribus ⟨VIII β⟩ (legionibus) ad flumen Scaldem ⟨*CC*⟩ ... ire constituit: VI 33, 3;) ¶ menses: 1, 5, 2 *u.* **octauus** (mensis); ¶ hostes sub monte consedisse milia passuum ab ipsius castris octo: I 21, 1; ab his ⟨*c*⟩ castris oppidum Remorum nomine Bibrax aberat milia passuum octo: II 6, 1; quae castra ... amplius milibus passuum octo in latitudinem patebant: II 7, 4; celeriter octo milium itinere confecto: IV 14, 1; quae (naues) ex eo loco a ⟨*c*⟩ milibus passuum octo uento tenebantur: IV 22, 4; copias ... conuenisse neque longius milia ⟨*M²;* milium α; milibus *recc.*⟩ passuum octo ab hibernis suis afuisse ⟨*c*⟩: V 53, 7; coactis equitum milibus VIII ⟨β; milibus *om. AB¹M¹;* VIII. *QB²M²*⟩ et peditum circiter CCL ⟨*c*⟩ haec in Haeduorum finibus recensebantur: VII 76, 3; duplicatoque eius diei itinere VIII milia ⟨mil. *a*⟩ passuum ex eo loco procedit: 3, 76, 3.

(**B.** additur alius numerus *u.* **duodeseptuaginta, duodetriginta, duodeuiginti** *p. 979 et 980.*)

Octodurus. *Cf. Glück p. 133; F. de Saulcy, Rev. arch. N. S. III p. 439 sqq.; IV p. 1 sqq.*

constituit (Galba) ... ipse cum reliquis eius legionis cohortibus in uico Veragrorum, qui appellatur Octodurus ⟨octodorus *B²a*⟩, hiemare. qui uicus positus in ualle non magna adiecta planitie altissimis montibus undique continetur: III 1, 4. 5; *cf. qu. sqq. c.* 1—6.

octogeni: quae (turres) pedes LXXX inter se distarent: VII 72, 4.

Octogesa. *Cf. Rud. Schneider, Ilerda. Berl. 1886. p. 36 sqq; Stoffel, Hist. de J. César I. p. 272 sq.*

toto flumine Hibero naues conquiri et Octogesam ⟨*Hotom.;* conquirere totogesma *Nx;* conquirere et octogesam *O; edd.*⟩ adduci iubent. id erat oppidum positum ad Hiberum miliaque ⟨mil. V *x*⟩ passuum a castris aberat XXX ⟨*Göl.;* XX *x; Np., Db.*⟩: 1, 61, 4; nam quae ⟨*c*⟩ itinera ad Hiberum atque Octogesam ⟨otogesam *Nahl*⟩ pertinebant, castris hostium oppositis tenebantur: 1, 68, 1; uti ipse ... mutato itinere iugis Octogesam ⟨otogensam *al;* octogensam *(a?)fh*⟩ perueniret: 1, 70, 4.

octogies: eines Romanos eius prouinciae sibi ad rem publicam administrandam **HS** ⟨CH *x*⟩ **CLXXX** ⟨LXXXX *O*⟩ et argenti pondo ⟨*c*⟩ XX milia ... polliceri coegit: 2, 18, 4.

octoginta. **A. non add. alius numerus:** erant ... legiones Afranii III ..., praeterea scutatae citerioris prouinciae et caetratae [ulterioris Hispaniae] cohortes circiter LXXX: 1, 39, 1; cohortes in acie LXXX ⟨LXX *h;* LXXV *Np.*⟩ constitutas habebat, quae summa erat milium XXII: 3, 89, 2; ¶ neque longius ab *eo milibus passuum LXXX in *Oceanum influit: IV 10, 2; cuius fines a maritimis ciuitatibus flumen diuidit, quod appellatur Tamesis, a mari circiter milia passuum LXXX: V 11, 8; milia hominum delecta LXXX ⟨XXXX *Göl.*⟩ una secum ⟨.LXXX. delecta secum β⟩ interitura demonstrat: VII 71, 3; quid hominum ⟨*c*⟩ milibus LXXX ⟨*B²M²*β; LXXXX α; XXXX *Göl.*⟩ uno loco interfectis propinquis ... nostris animi fore existimatis? VII 77, 8; ¶ nauibus circiter LXXX ⟨β; *Oros.;* octingentis octoginta α⟩ onerariis coactis: IV 22, 3; ¶ aggerem latum pedes CCCXXX, altum pedes LXXX ⟨XXXX *Göl.*⟩ exstruxerunt: VII 24, 1; (quae (turres) pedes LXXX inter se distarent: VII 72, 4;) aggerem in altitudinem pedum LXXX exstruit: 2, 1, 4.

(denique ex omni ⟨c⟩ numero ... uix DCCC ⟨octoginta *Orosius*⟩ ... incolumes ad Vercingetorigem peruenerunt: VII 28, 5;) ex his circiter **LXXX** interfectis ... in castra se receperunt: 3, 37, 7.

B. add. alius numerus: signaque militaria ex proelio ad Caesarem sunt relata **CLXXX** et aquilae VIIII: 3, 99, 4.

octoni: imperant ... octona (milia) Pictonibus et Turonis ⟨c⟩ et Parisiis et Heluetiis: VII 75, 3; ¶ huius generis octoni ordines ducti ⟨c⟩ ternos inter se pedes distabant: VII 73, 8.

oculus. A. propr.; a) subi.: at luce ⟨*Ciacc.;* ad lucem *x*⟩ multum per se pudorem ⟨*del. Ciacc.?*⟩ omnium oculos ⟨*Ciacc.;* oculis *x*⟩, multum etiam tribunorum militum et centurionum praesentiam ⟨praesentium *O¹af*⟩ adferre ⟨at lucem mult. p. se pud. omn. oculis *edd.;* at luce multum posse pudorem omnium sub oculis, metum *Paul*⟩: 1, 67, 4; ¶ omnium oculis mentibusque ad pugnam intentis celeriter ad ... munitiones peruenerunt: III 26, 2.

b) obi.: quattuorque ex una cohorte centuriones oculos amiserunt: 3, 53, 3; ¶ leuiore de causa auribus desectis aut singulis effossis oculis domum remittit: VII 4, 10; ¶ intendere: III 26, 2 *u.* **a)**.

c) gen.: sese ... ne uultum quidem atque aciem oculorum dicebant ferre potuisse: I 39, 1.

(**d) dat.:** 1, 67, 4 *u.* **a)**.)

e) abl.: quod (flumen) ... in Rhodanum influit incredibili lenitate, ita ut oculis in utram partem fluat iudicari non possit: I 12, 1.

f) c. praep.: cum **sub oculis** omnium ac pro castris dimicaretur: V 16, 1; pastoresque Domitii ⟨c⟩ spe libertatis excitati sub oculis domini ⟨dominis *hl*⟩ suam probare operam studebant: 1, 57, 4; (1, 67, 4 *u.* **a)**;) neque nero id ⟨c⟩ Caesarem fugiebat, tanto sub oculis accepto detrimento perterritum exercitum sustinere non posse: 1, 71, 1.

B. trsl.: Cottaeque et Titurii calamitatem, qui in eodem ⟨c⟩ occiderint castello ⟨o⟩, ante oculos ponunt: VI 37, 8.

odi: omnes autem homines natura libertati ⟨c⟩ studere ⟨c⟩ et condicionem seruitutis odisse: III 10, 3; ¶ fauere et cupere (Dumnorigem) Heluetiis propter eam adfinitatem, odisse etiam suo nomine Caesarem et Romanos: I 18, 8.

odium. A. obi.: quasi non et ⟨c⟩ felicitas rerum gestarum exercitus beneuolentiam imperatoribus et res aduersae odia concilient ⟨*Ohl;* colligent *af;* colligant *edd.*⟩: 2, 31, 3; ¶ quoniam reliqui crudelitate odium effugere non potuerunt: *ap. Cic. ad Att.* IX 7 *C*, 1; ¶ merere: VI 5, 2 *u.* **C.**

B. abl.: orant, ut ⟨c⟩ sibi parcat ⟨o⟩, ne communi odio Germanorum innocentes pro nocentibus poenas pendant: VI 9, 7; ¶ ne per uim oppidum expugnari pateretur, ne grauius permoti milites et defectionis odio et contemptione ⟨c⟩ sui et dintino labore omnes puberes interficerent: 2, 13, 3.

C. c. praep.: ne quis aut ⟨c⟩ ex huius iracundia aut ex eo quod meruerat odio ciuitatis motus exsistat ⟨*u. CC*⟩: VI 5, 2.

odor: uti autem ipsos ualetudine non bona cum angustiis loci et odore taetro ex multitudine cadauerum ..., tum: 3, 49, 3.

offendo. A. = laedere: ne eius supplicio Diuiciaci animum offenderet uerebatur: I 19, 2.

B. = improbare alqd in alqo: at, credo, [si] Caesarem probatis, in ⟨*N;* iam *x*⟩ me offenditis: 2, 32, 10.

C. = calamitatem accipere: serius a terra prouectae naues neque usae nocturna aura in redeundo offenderunt: 3, 8, 2; ¶ nullum eius modi casum exspectans, quo nouem oppositis legionibus maximoque equitatu, dispersis ac paene deletis hostibus in milibus passuum tribus offendi posset: VI 36, 2; non .. recordabantur ..., quotiens uel ducis uitio uel culpa tribuni in exercitu ⟨exercitum *Nx*⟩ esset offensum: 3, 72, 4.

offensio. A.: petit atque hortatur, ut sine eius offensione animi uel ipse de eo causa cognita statuat uel ciuitatem statuere iubeat: I 19, 5.

B.: magnam tamen haec res illis offensionem et contemptionem ad omnes attulit ⟨intulit *l¹*⟩: 3, 60, 2.

C.: quicumque alterum obsidere conati sunt, perculsos atque infirmos hostes adorti aut proelio superatos aut aliqua ⟨alia *Kraff.*⟩ offensione permotos continuerunt: 3, 47, 2.

offero. A. alqm, alqd = παρέχειν, παραδιδόναι; a) alqm; α): coactis † una XL ⟨c⟩ cohortibus, quas ex proximis praesidiis deductas fors obtulit: VII 87, 5; ¶ maxima pars Aquitaniae sese Crasso dedidit obsidesque ultro misit ⟨obtulit *β*; detulit *f*⟩: III 27, 1; ¶ Caesar necessariis rebus imperatis ad cohortandos milites, quam ⟨in *add. X; edd.;*

ego del.⟩ partem fors obtulit, decucurrit ⟨*c*⟩: II 21, 1; ¶ Germani frequentes omnibus principibus maioribusque natu adhibitis ad eum in castra uenerunt.... quos sibi Caesar oblatos gauisus ⟨β; grauius α⟩ illos ⟨*CC*⟩ retineri iussit: IV 13, 6.

β) se: quoniam sit fortunae ⟨*o*⟩ cedendum, ad utramque rem se illis offerre, seu morte sua Romanis satis facere seu uiuum tradere uelint: VII 89, 2; non nullos ambitus ... damnatos ... in integrum restituit, qui ⟨quod *Ciacc.*⟩ se illi initio ⟨*c*⟩ ciuilis belli obtulerant, si sua opera in bello uti uellet: 3, 1, 5.

b) alqd: quod Germani ... ad castra Romanorum delati optatissimum Ambiorigi beneficium obtulerant ⟨*A(?); Ald., Schn.;* obtulerant beneficium β; benef. obtulerunt *A(?)QB; plur. edd.;* benef. obtinuerunt *M*⟩: VI 42, 3; Caesaris beneficia imminuerat ⟨*Jurinius;* beneficium mutauerat *x*⟩ consuetudo, qua offerrentur ⟨offerentur *Nl*¹*;* munera *add. Oehler; Db.;* munerum consuetudo, quae off. *E. Hoffm.;* [qua offerrentur] *Dt.*⟩: 2, 29, 3; ¶ Petreius atque Afranius oblata facultate in castra sese referunt: 1, 72, 5; ¶ (munera: 2, 29, 3 *u.* beneficium;) ¶ omnium consensu ad eum defertur imperium. qua oblata potestate omnibus his ciuitatibus obsides imperat: VII 4, 7; ¶ ubi cuique ⟨*c*⟩ aut ualles abdita aut locus siluestris aut ⟨locis siluestribus β⟩ palus impedita spem praesidii aut salutis aliquam offerebat, consederat: VI 34, 2; hac ⟨*add. HJMüller; om. X; edd.*⟩ oblata ⟨oblecta *M*¹*;* obiecta *M*²⟩ spe ⟨oblata tanta spe *Paul*⟩ Germani ... praedam in occulto relinquunt; ipsi ...: VI 35, 10; ¶ sic terror oblatus ⟨*recc.;* terrore oblato *x; edd.*⟩ a ducibus, crudelitas in supplicio, noua religio iuris iurandi spem praesentis deditionis sustulit: 1, 76, 5.

B. se offerre *et* **offerri = occurrere; a) se:** frater ... incitato equo se hostibus obtulit atque interfectus ⟨*o*⟩ est: IV 12, 6; qui se ultro morti offerant facilius reperiuntur ⟨*c*⟩ quam qui dolorem patienter ferant: VII 77, 5; *futurum*, ut ... ii ⟨*c*⟩, qui ante dimicare timuissent, ultro se proelio offerrent: 3, 73, 6.

b) offerri: hostes ... ad legatos atque exercitum supplices manus tendunt. qua noua re oblata omnis administratio belli consistit: 2, 12, 1 (*Np.* 2).

officina: armorum officinas in urbe instituerant: 1, 34, 5.

officium. A. notione obiectiua = munus, negotium, beneficium; a) = munus (negotium), quod uel susceptum uel mandatum tueri (uel conficere) debemus (Pflicht); α) eorum, qui imperium (magistratum, legationem) obtinent (= Stellung); αα) praed.: neque se ignorare, quod esset officium legati ⟨-to *h pr.*⟩, qui fiduciariam operam obtineret ⟨*u. CC*⟩: 2, 17, 2.

ββ) obi.: Bibulus ... grauiore morbo ... implicitus, cum neque curari posset neque susceptum officium deserere uellet, uim morbi sustinere non potuit: 3, 18, 1.

γγ) dat.: controuersias regum ad populum Romanum et ad se, quod esset consul, pertinere existimans atque eo magis officio suo conuenire, quod superiore consulatu cum patre Ptolomaeo ... societas erat facta: 3, 107, 2; ¶ III cohortes Orici oppidi tuendi causa reliquit isdemque custodiam nauium longarum tradidit. ... huic officio oppidoque M.' Acilius ⟨*c*⟩ legatus praeerat: 3, 39, 1; ¶ toti tamen officio maritimo M. Bibulus praepositus cuncta administrabat: ad hunc summa imperii respiciebat: 3, 5, 4; naues ... Brundisium a Caesare remittuntur, ut reliquae legiones equitatusque transportari possent. huic officio praepositus erat Fufius Calenus legatus, qui celeritatem in transportandis legionibus adhiberet: 3, 8, (1.) 2.

β) eorum, qui alterius imperio parere debent (= fides, obsequium); αα) ab: cur hunc (Ariouistum) tam temere quisquam ab officio discessurum iudicaret? I 40, 2.

ββ) in: in officio continere *u.* **contineo** *p. 713* **c)** *(4 loc.);* ¶ se suosque omnes in officio futuros ⟨confirmat *add.* β⟩ neque ab amicitia populi Romani defecturos confirmauit: V 3, 3; ¶ consolatus Indutiomarum hortatusque est, uti in officio maneret: V 4, 2; ¶ Cingetorigi, quem ab initio permansisse in officio demonstrauimus, principatus atque imperium est traditum: VI 8, 9; ¶ Caesar principibus cuiusque ciuitatis ad se euocatis ⟨*c*⟩ ... magnam partem Galliae ⟨gallorum β⟩ in officio tenuit: V 54, 1.

γ) aliorum; αα) obi.: qui ab eo missi erant, confecto legationis officio liberius eum militibus regis conloqui coeperunt: 3, 103, 4; ¶ Afranius et Petreius et Varro, legati Pompei, ... officia inter se partiuntur, uti Petreius ... cum omnibus copiis ad Afranium proficiscatur, Varro ... ulteriorem Hispaniam tueatur: 1, 38, 1. (2); ¶ ego certe meum rei publicae atque imperatori officium praestitero: IV 25, 3; in appellandis cohortandisque militibus imperatoris et in pugna militis officia praestabat (Cotta): V 33, 2; reliquos enim omnes officium suum praestitisse: se ⟨*Ald.; om. codd.*⟩, qui . . .; exercitum suum, qui . . .; illius denique exercitus milites, qui: 1, 85, 2; cum militibus regis conloqui coeperunt eosque hortari, ut suum ⟨si uim *a*⟩ officium Pompeio praestarent ⟨praestaret *NO*¹*x*⟩: 3, 103, 4.

ββ) **dat.**: sed satis iam fecisse (se) officio satisque supplicii tulisse: 1, 84, 3.

γγ) **gen.**: quibus quoniam pro pietate ⟨*c*⟩ satis fecerit, habere nunc se rationem officii pro beneficiis Caesaris: V 27, 7.

δδ) **abl.**: quod ⟨*c*⟩ a pueris nullo officio aut disciplina adsuefacti nihil omnino contra uoluntatem faciant: IV 1, 9.

εε) **c. praep.**: celeriter equitatus ad cotidianum itineris ⟨*del. Ciacc.*⟩ officium reuertitur: 1, 80, 4; — pauci lenunculi ad officium imperiumque ⟨que *om. a*⟩ conueniebant: 2, 43, 3.

b) = **munus, quod ultro offerimus et praestamus, beneficium (Gefälligkeit, Dienstleistung); α) subi.**: quos . . . Pompeius erat adhortatus, ne noua Caesaris officia ueterum suorum beneficiorum in eos memoriam expellerent: 1, 34, 3.

β) **obi.**: exercitum cum militari more ad pugnam cohortaretur suaque in eum perpetui temporis officia ⟨-ium *a*¹⟩ praedicaret, in primis commemorauit: 3, 90, 1.

γ) **gen.**: habere se a Pompeio ad eum priuati ⟨priuatim *Nae*⟩ officii mandata demonstrat: 1, 8, 2; ¶ uos autem incerta ⟨*c*⟩ uictoria Caesarem secuti diiudicata iam belli fortuna uictum sequamini, cum uestri officii praemia percipere debeatis? 2, 32, 6.

δ) **c. praep.; αα) ex**: monuitque, ut ex sua amicitia omnia exspectarent et ex praeteritis suis officiis reliqua sperarent: 3, 60, 1.

ββ) **pro**: quam rem et paucis contigisse et pro magnis ⟨et a romanis pro maximis (*B*²)β⟩ hominum ⟨omnino *Paul; post* paucis *transponit Kran.*⟩ officiis consuesse tribui docebat: I 43, 4; quos (Haeduos et Remos) praecipuo semper honore Caesar habuit, alteros pro uetere ac perpetua erga populum Romanum fide, alteros pro recentibus Gallici belli officiis: V 54, 4.

B. notione subiectiua (= Pflichtgefühl, officii conscientia): ut quam primum intellegere posset, utrum apud eos pudor atque officium an timor plus ⟨*c*⟩ ualeret: I 40, 14; ¶ facere (eos) arroganter, cum aut de officio imperatoris desperare aut praescribere uiderentur ⟨*c*⟩: I 40, 10.

Ollouico: interim Teutomatus ⟨*c*⟩, Ollouiconis ⟨allouiconis β⟩ filius, rex Nitiobrogum, . . . cum magno equitum suorum numero et quos ex Aquitania conduxerat ad eum (Vercingetorigem) peruenit: VII 31, 5.

omitto. A. propr.: nostri omissis ⟨emissis β⟩ pilis gladiis rem gerunt ⟨*c*⟩: VII 88, 3.

B. trsl.: his rebus cum iter agminis nostri impediretur, non omittendum ⟨obmittend. *Ak*⟩ ⟨sibi *add.* β; *Schn., Np., Dt.*⟩ consilium Neruii existimauerunt ⟨*c*⟩: II 17, 5; ¶ Libo discessit a Brundisio obsessionemque ⟨obsidion. *O*⟩ nostrorum omisit: 3, 24, 4; ¶ qua ex frequentia T. Labienus prodit; † summissa oratione loqui de pace atque altercari cum Vatinio incipit ⟨*sic codd.; Np.;* sed omissa orat. de p. altercari . . . *Oud.*⟩: 3, 19, 5; ¶ itaque in praesentia Pompei sequendi rationem omittit, in Hispaniam proficisci constituit: 1, 30, 1; ¶ cohortatus Haeduos, ut . . . omnibus omissis ⟨his *uel* iis *add. codd.; Schn., Fr., Db.; del. Beroald.*⟩ rebus huic bello seruirent: VII 34, 1.

ut potius in nocendo aliquid praetermitteretur ⟨omitteretur β⟩, . . . quam cum aliquo militum detrimento noceretur: VI 34, 7.

omnino. A. = **plane, prorsus; a) auget uim negationis**: suisque imperauit, ne quod omnino telum in hostes reicerent: I 46, 2; cum . . . milites . . . hortaretur, ne quod omnino tempus ab opere intermitteretur: VII 24, 2; 1, 61, 2; VI 29, 2; VII 28, 2 *u.* **b) γ)**; ¶ Lentulus sententiam Calidii pronuntiaturum se omnino negauit: 1, 2, 5; ¶ sic uti ⟨*c*⟩ omnino pugnandi causa resisteret nemo: V 51, 5; sed in castello nemo fuit omnino ⟨omnium *f*⟩ militum, quin ⟨qui non *Of*⟩ uulneraretur: 3, 53, 3; ¶ neque se cum Belgis reliquis consensisse neque contra populum Romanum ⟨omnino *add.* β; *Flod.*⟩ coniurasse: II 3, 2; ¶ quod ⟨*c*⟩ a pueris nullo officio aut disciplina adsuefacti nihil omnino contra uoluntatem faciant: IV 1, 9; quod unde agger omnino ⟨*post* nihil *transponit Terpstra*⟩ comportari posset, nihil erat reliquum, omnibus arboribus longe lateque in finibus Massiliensium excisis et conuectis: 2, 15, 1; quarum rerum nihil omnino acciderat: 2, 43, 2; ¶ [uinum ad se omnino ⟨omn. ad se β⟩ importari non sinunt ⟨patiuntur β⟩: IV 2, 6;] Liger ex niuibus creuerat, ut omnino uado non posse transiri ⟨-ire β⟩ uideretur: VII 55, 10; quo omnino Caesar adire non poterat: 1, 49, 2; ¶ an paenitet uos, quod saluum atque incolumem exercitum nulla omnino naue desiderata traduxerim? 2, 32, 12; ¶ ut nullus ⟨*c*⟩ perfidiae . . . locus esset nec quicquam omnino relinqueretur, qua . . . noceri posset: 2, 16, 1; — ut . . . signa dimitterent neque quisquam omnino ⟨omnium *Manut.*⟩ consisteret: 3, 69, 4; ¶ cum ab his saepius quaereret neque ullam omnino uocem exprimere posset: I 32, 3; uti ex ⟨c⟩ tanto nauium numero tot nauigationibus neque hoc neque superiore anno ulla ⟨nulla β⟩ omnino nauis, quae milites portaret, desideraretur: V 23, 3.

b) in enuntiato non negatiuo; α): praeter consuetudinem omnium ⟨omnino *Paul*⟩ noctu *instituerant pabulari: 1, 59, 3.

β): quae quidem ego aut omnino falsa aut certe minora opinione esse confido: 2, 31, 5; ¶ quibus rebus nostri perterriti atque huius omnino generis ⟨o⟩ pugnae imperiti non eadem alacritate . . . utebantur ⟨c⟩: IV 24, 4.

γ): docent, si omnino turris concidisset, non posse ⟨c⟩ milites contineri, quin . . . inrumperent: 2, 12, 4 (*Np.* 5); ¶ quod . . . suam fugam aut occultari aut omnino ignorari posse existimarent: I 27, 4; ¶ magnum in timorem Afranius Petreiusque perueniunt, ne omnino frumento pabuloque intercluderentur: 1, 61, 2; ¶ ne omnino metum reditus sui barbaris tolleret: VI 29, 2; ueriti, ne omnino spes fugae tolleretur: VII 28, 2.

B. = si omnia animo complectimur, in uniuersum; additur a) numeris: erat omnino in Gallia ulteriore legio una: I 7, 2; quod flumen uno omnino loco pedibus, atque hoc aegre, transiri potest: V 18, 1; quas inter (segetes) et castra unus omnino collis intererat: VI 36, 2; ¶ erant omnino itinera duo, quibus itineribus domo exire possent: I 6, 1; co duae omnino ciuitates ex Britannia obsides miserunt, reliquae neglexerunt: IV 38, 4; ¶ nostri . . . compluribus interfectis **V** omnino suorum amissis quietissime *se* receperunt: 3, 46, 6; ¶ castra mouet . . . **VII** omnino dies ad Corfinium commoratus: 1, 23, 5; ¶ cum Caesar omnino **XII** naues longas praesidio duxisset: 3, 7, 2; ¶ diebus omnino **XVIII** ⟨c⟩ trans Rhenum consumptis: IV 19, 4.

quod omnino biduum supererat, cum exercitui frumentum metiri oporteret: I 23, 1.

b) aliis uocibus: sibi autem mirum uideri, quid in sua Gallia . . . aut Caesari aut omnino populo Romano negotii esset: I 34, 4; (quam rem et paucis contigisse et pro magnis ⟨c⟩ hominum ⟨omnino *Paul*⟩ officiis consuesse tribui docebat: I 43, 4;) sic omnino ⟨omnium β; *Schn.*⟩ animos timor praeoccupauerat ⟨occupauerat β⟩, ut: VI 41, 3; 2, 15, 1 *u.* **A. a)** nihil; prius ad continentem nisus ⟨c⟩ est Caesar, quam de eius aduentu fama omnino ⟨*om. f*⟩ in eas regiones perferretur: 3, 7, 3.

omnis. I. Forma. *Acc. plur.* omnis *his locis in his codd. inueniri editores dicunt:* III 8, 3 *et* VI 34, 1 *et* VII 16, 3 *et* 29, 3 *in X(?);* VII 9, 2 *in αa;* VI 34, 1 *in AQβ;* I 51, 1 *et* VI 43, 4 *et* VII 18, 3 *in α;* VII 14, 4 *in AQa;* VII 10, 2 *et* 36, 1 *in Ba;* II 3, 4 *in B²β;* II 5, 4 *in B²a;* V 53, 2 *in B¹;* V 2, 3 *in afk;* IV 13, 6 *et* VI 27, 4 *et* 35, 4 *et* VII 17, 7 *et* 45, 3 *et* 1, 85, 2 *in a;* II 1, 1 (*et* V 19, 2) *in h;* I 44, 3 *in B²; ap. Prisc.* VI 36. — *Reliquis locis (65 belli Gallici, 38 belli ciuilis) omnes codd. uidentur habere* omnes.

II. Signif.; 1. non additur pronomen neque adi. reliquus; A. ui adiectiui; a) singulari numero; α) pertinet ad singula subst.; αα) appellatiua; a) additur subst.: Caesar paene omni acie perterrita . . . legionem nonam subsidio ducit: 1, 45, 1; omnis Vari acies terga uertit seque in castra recepit: 2, 34, 6; ¶ si ⟨c⟩ illorum nuntiis confirmari non potestis omni aditu praesaepto: VII 77, 11; ¶ magnitudo operum, . . . multitudo tormentorum omnem administrationem tardabat: 2, 2, 5; qua noua re oblata omnis administratio belli consistit: 2, 12, 1 (*Np.* 2); ¶ Auximo ⟨c⟩ Caesar progressus ⟨c⟩ omnem agrum Picenum percurrit: 1, 15, 1; ¶ magnum numerum . . . sagittariorum aggeremque omnem noctu in scaphas . . . imponit: 3, 62, 2; ¶ quod omnem apparatum belli, tela, arma, tormenta ibi conlocauerat: 3, 44, 1.

cum uideat omne ad se bellum translatum: VII 8, 4.

erat in celeritate omne positum certamen: 1, 70, 1; ¶ nam omnis ciuitas Heluetia in quattuor pagos diuisa est ⟨*u.* CC⟩: I 12, 4; unum se esse ex omni ciuitate Haeduorum, qui: I 31, 8; cum prope omnis ciuitas eo conuenisset: VII 33, 3; — ciuitatem esse omnem ⟨omn. esse *a*⟩ in armis: VII 32, 5; ¶ ab oppido et ponte et commeatu omni, quem in oppidum contulerant ⟨-rat *ahl*⟩, se interclusurum aduersarios confidebat: 1, 43, 2; ¶ neque honestius reperies quicquam quam ab omni contentione abesse: *ap. Cic. ad Att.* X 8 *B*, 2; — ut superioris temporis ⟨superiore tempore *Ciacc.*⟩ contentionem ⟨contempt. *Ohl*⟩ nostri omnem remiserant, ita proximi diei casu admoniti omnia ad defensionem parauerant: 2, 14, 6; ¶ quos ex omni copia singuli singulos suae ⟨o⟩ salutis causa delegerant: I 48, 5.

quae res omnem dubitationem aduentus legionum expulit: V 48, 10.

(Haeduos) omnem nobilitatem, omnem senatum, omnem equitatum amisisse: I 31, 6; eo ... sedecim milia expedita cum omni equitatu Ariouistus misit: I 49, 3; omnem equitatum et leuis armaturae Numidas, funditores sagittariosque pontem traducit: II 10, 1; omnem equitatum, qui nouissimum agmen moraretur, praemisit: II 11, 3; qui (praefecti) cum omni equitatu antecesserant: IV 11, 6; Caesar omnem ex castris equitatum suis auxilio ⟨o⟩ misit: IV 37, 2; cum Caesar pabulandi causa tres legiones atque omnem equitatum cum C. Trebonio legato misisset: V 17, 2; prope cotidie cum omni equitatu Indutiomarus sub castris eius uagabatur: V 57, 3; subito Labienus duabus portis omnem equitatum emittit: V 58, 4; Minucium ⟨c⟩ Basilum cum omni equitatu praemittit: VI 29, 4; quod cum omni equitatu discessisset: VII 20, 1; discit cum omni equitatu Litauiccum ad sollicitandos Haeduos profectum: VII 54, 1; fugato omni equitatu Vercingetorix copias ⟨c⟩ reduxit: VII 68, 1; consilium capit omnem ab ⟨c⟩ se equitatum noctu dimittere ⟨c⟩: VII 71, 1; cum ... legiones ... flumen transissent impedimentaque ⟨iumentaque *Paul*⟩ et omnis equitatus sequeretur: 1, 40, 3; ad hos opprimendos cum omni equitatu tribusque legionibus Afranius ... proficiscitur: 1, 51, 4; — equitatumque omnem, ad numerum quattuor milium, quem ex omni prouincia ... coactum habebat, praemittit: I 15, 1; equitatumque omnem ante se mittit: I 21, 3; equitatumque omnem et peditum milia X sibi celeriter mitterent: VII 34, 1; legiones expeditas quattuor equitatumque omnem ex castris educit: VII 40, 1; legiones IIII ⟨c⟩ equitatumque omnem traiecit: 1, 40, 4; legiones reuocat, equitatum omnem conuenire iubet: 1, 82, 2; equitatuque omni fere incolumi ... magnum peditum numerum interficiunt: 2, 26, 4; simul ab sinistro cornu P. Attii equitatus omnis et una leuis armaturae ⟨c⟩ interiecti complures ... cernebantur: 2, 34, 2; equitatum omnem prima nocte ad castra hostium mittit: 2, 38, 3; eo legiones XII, equitatum omnem uenire iusserat: 3, 2, 1; subito exercitus regius equitatusque omnis uenire Alexandriam nuntiatur: 3, 109, 1; ¶ tantus subito timor omnem exercitum occupauit, ut: I 39, 1; in conspectu Caesaris atque omnis exercitus res gerebatur: III 14, 8; omnemque exercitum discessisse cognoscunt: VI 35, 7; simili omnem exercitum inopia premi, nec iam uires sufficere cuiusquam: VII 20, 11; consilia inibat, quem ad modum ... rursus omnem exercitum contraheret ⟨c⟩: VII 43, 5; Caesar omni exercitu ad utramque partem munitionum ⟨c⟩ disposito ... equitatum ex castris educi ⟨c⟩ ... iubet: VII 80, 1; postero die omnem exercitum intra fossam continet: 1, 42, 1; grauis autumnus ... omnem exercitum ualetudine temptauerat: 3, 2, 3; atque idem omnis exercitus iurat: 3, 13, 4; sic ... exercitum constituebat, ut tertia acies uallum contingeret, omnis quidem instructus exercitus telis ex uallo abiectis ⟨c⟩ protegi posset: 3, 56, 2; quo minus omnis deleretur exercitus: 3, 70, 1; — exercitui ⟨exercitu *Np.*⟩ quidem omni tantus incessit ex incommodo dolor: 3, 74, 2; ¶ quin paene circumuallati atque omni exitu et pabulatione interclusi uiderentur: VII 44, 4.

neque omni interposita fide firmum esse posse: 1, 86, 2; ¶ omnis fortuna: III 8, 3 *u.* **B. a) α) αα) 𝔅)** ferre; ¶ quod omni ex reliquis partibus demesso frumento pars ⟨o⟩ una erat reliqua: IV 32, 4; consumpto omni frumento ... consultabant: VII 77, 1; quod Afranius paene omne frumentum ante Caesaris aduentum Ilerdam conuexerat: 1, 48, 5; — frumentum omne, praeterquam ⟨c⟩ quod secum portaturi erant, comburunt: I 5, 3; quod ibi impedimenta exercitus, obsides ciuitatum, litteras publicas frumentumque omne, quod eo ... deuexerat, relinquebat: V 47, 2; frumentum omne ad se referri iubet: VII 71, 6; ut ... naues frumentumque omne ibi contineret: 2, 18, 6; frumentumque omne conquisitum ... comportarat: 3, 42, 5.

circiter CCXX ⟨c⟩ naues eorum paratissimae atque omni genere armorum ornatissimae ... nostris aduersae constiterunt: III 14, 2; quod apud eos magnae sunt ferrariae atque omne genus cuniculorum notum atque usitatum est: VII 22, 2; multitudine sagittarum atque omnis generis ⟨omni genere β⟩ telorum multos uulneratos: VII 41, 3; easque (turres) multis tormentis et omni genere telorum completas ad opera Caesaris adpellebat: 1, 26, 1; Caesaris exercitus *cum optima ualetudine summaque aquae copia utebatur, tum commeatus omni genere praeter frumentum abundabat: 3, 49, 6.

ubi nero ea pars turris ... munita est ab omni ictu hostium: 2, 9, 5; ¶ Trinobantibus ... ab omni militum iniuria prohibitis: V 21, 1; ¶ magnae fuit fortunae omni militari instrumento, quod circum se habebat, erepto ... ipsum effugere mortem: VI 30, 2; ¶ ita omnis insula est in circuitu uicies centum milium passuum: V 13, 7;

¶ omni ad Hiberum intercluso itinere . . . castra communit: 1, 72, 5; tum uero omni interclusus itinere ad Caesarem mittit: 2, 20, 7; ¶ omnis iuuentus, omnes etiam grauioris aetatis . . . eo conuenerant: III 16, 2; ut omnis iuuentus, quae in oppido remanserat, omnesque superioris aetatis cum liberis atque uxoribus . . . ad caelum manus tenderent: 2, 5, 3.

ad omnem laborem animo parati imperio paruerunt: 3, 95, 1; ¶ celeriter ignem comprehenderunt et uenti magnitudine in omnem locum castrorum ⟨castrorum locum β⟩ distulerunt: V 43, 2; infirmis auxiliis proficisci non dubitauerat aeque ⟨*Np.*; atque *codd.*⟩ omnem sibi locum tutum fore existimans: 3, 106, 3.

quo facilius omne Hadriaticum mare . . . in potestate haberet: 1, 25, 3; ¶ interim omnis ex fuga Suessionum multitudo in oppidum . . . conuenit: II 12, 4; ad hunc se confestim a Pulione omnis multitudo conuertit: V 44, 10; hostes ab se discessisse omnemque ad eum multitudinem conuertisse: V 49, 3; conclamat omnis multitudo et suo more armis concrepat: VII 21, 1; ut . . . interscinderent, omnis uero ex castris multitudo ad restinguendum concurreret: VII 24, 5; omnis sese multitudo ⟨ad cognoscendum *add. Ohl*⟩ effudit: 2, 7, 3; Androsthenes . . . omnem ex agris multitudinem seruorum ac liberorum in oppidum cogit: 3, 80, 3; equites . . . uniuersi procucurrerunt ⟨*c*⟩ omnisque multitudo sagittariorum se profudit: 3, 93, 3; in hoc omnis multitudo maiestatem regiam minui praedicabat: 3, 106, 4; ¶ milites disponit . . ., ut contingant inter se atque ⟨ aeque *fhl*⟩ omnem ⟨*om. l*⟩ munitionem expleant. 1, 21, 3.

natio omnis: VI 16, 1 *u.* 𝔟) α) ββ) 𝔞) Galli; ¶ omnis nobilitas: I 31, 6 *u.* equitatus; ne omnis nobilitatis discessu plebs propter imprudentiam laberetur: V 3, 6; non sine causa fieri, ut Gallia omni nobilitate spoliaretur: V 6, 5; omni nobilitate Haeduorum interfecta: VI 12, 3; (omnis noster equitatus, omnis nobilitas interiit ⟨periit *h*⟩: VII 38, 2;) ¶ ut perpaucae ex omni numero noctis interuentu ad terram peruenerint ⟨*c*⟩: III 15, 5; denique ex omni ⟨eo *add.* β; omni ex *Kr., Dt.*⟩ numero, qui fuit circiter milium XL, uix DCCC . . . incolumes ad Vercingetorigem peruenerunt: VII 28, 5; duces hostium LX milia ⟨*c*⟩ ex omni numero deligunt: VII 83, 4.

eo cum de improuiso celeriusque omni ⟨omnium *E; Flod.*⟩ opinione uenisset: II 3, 1; ¶ quae . . . cum omni opere coniunctae uim fluminis exciperent: IV 17, 9; diebus decem . . . omni opere ⟨ponte β⟩ effecto exercitus traducitur: IV 18, 1; sic deinceps omne opus contexitur: VII 23, 4; ¶ huius est ciuitatis longe amplissima auctoritas omnis orae maritimae regionum earum: III 8, 1; omni ora maritima celeriter ad suam sententiam perducta: III 8, 5; eiusque rei causa omni ora maritima classem disposuerat: 3, 5, 2; si . . . se ⟨*c*⟩ omni maritima ora excludere conaretur: 3, 78, 4; ¶ quem ⟨*c*⟩ ubi Caesar intellexit praesentis periculi atque inopiae uitandae causa omnem orationem ⟨rationem *Ofh*[1]⟩ instituisse: 3, 17, 6.

capilloque sunt promisso atque omni parte corporis rasa praeter caput et labrum superius: V 14, 3; tum ex omni parte lapidibus coniectis deturbati turrisque succensa est: V 43, 7; (speculatoribus in omnes partes ⟨omnem partem β⟩ dimissis explorat: V 49, 8;) totum autem murum ex omni parte turribus contabulauerant: VII 22, 3; nec prius . . . quam restincto aggere atque omni ⟨ea *add.* α; ex *Ciacc.*; *om.* β; *Schn.*⟩ parte summotis hostibus finis est pugnandi factus: VII 25, 4; erat e regione oppidi collis . . . egregie munitus atque ex omni parte circumcisus: VII 36, 5; exploratores hostium, ut omni fluminis parte erant dispositi, inopinantes . . . ab nostris opprimuntur: VII 61, 1; Pompeius . . . uineis eam ⟨omnem *Paul*⟩ partem castrorum obtexit: 3, 54, 1; ¶ pecuniam omnem omniaque ornamenta ex fano Herculis in oppidum Gades contulit: 2, 18, 2; ¶ quae (oppida) non munitione et loci natura ab omni sint periculo tuta: VII 14, 9; qui liberandos omni periculo censerent: 3, 83, 4; ¶ (omnis pons: IV 18, 1 *u.* opus;) ¶ stipendiumque equitum fraudabant et praedam omnem domum auertebant: 3, 59, 3; ¶ (omne praesidium: II 11, 5 *u.* B. a) α) αα) 𝔄) ponere;) ¶ equitatumque omnem ad numerum quattuor milium, quem ex omni prouincia et Haeduis atque eorum sociis coactum habebat, praemittit: I 15, 1; quod omnem prouinciam consentire intellegebat: 1, 30, 3; multum (frumentum) ex omni prouincia comportabatur: 1, 49, 1; magnam iumentorum atque hominum multitudinem ex omni prouincia *euocat: 2, 1, 4; consentire omnem citeriorem prouinciam: 2, 17, 3; — prouinciam omnem in sua et Pompei uerba ius iurandum adigebat: 2, 18, 5; prouinciam enim omnem Caesaris rebus fauere cognouerat: 2, 18, 6.

quod fuit illis conandum atque omni ratione efficiendum: 1, 65, 5; qua re omni ratione esse interdiu perrumpendum: 1, 67, 5; —

Caesar a ⟨c⟩ superioribus consiliis depulsus omnem sibi commutandam belli rationem existimauit: 3, 73, 1; eoque omnem belli rationem conferre constituit: 3, 81, 3; ¶ libera ⟨sint *add. Vielh.*⟩ comitia atque omnis res publica senatui populoque Romano permittatur: 1, 9, 5.

cum . . . recentes defessis succederent omnemque Galliae salutem in illo uestigio temporis positam arbitrarentur: VII 25, 1; Galli, nisi perfregerint munitiones, de omni salute desperant: VII 85, 3; ¶ omnis senatus: I 31, 6 *u.* equitatus; Caesar Remos cohortatus . . . omnem senatum ad se conuenire . . . iussit: II 5, 1; itaque omni senatu necato reliquos sub corona uendidit: III 16, 4; cum is omnem ad se ⟨ad se omn. β⟩ senatum uenire iussisset: V 54, 3; — in Haeduos proficisci statuit senatumque omnem et quos inter controuersia esset ad se Decetiam euocauit: VII 33, 2; ¶ atque inferiore omni spatio uacuo relicto superiorem partem collis . . . castris compleuerant: VII 46, 3; ¶ cum in una uirtute omnis spes salutis ⟨*om.* β⟩ consisteret: II 33, 4; erumperent atque omnem spem salutis in uirtute ponerent: III 5, 3; cum omnis Gallicis nauibus spes in uelis armamentisque consisteret: III 14, 7; omni spe impetrandi adempta: V 6, 4; Cassiuellaunus . . . omni deposita spe ⟨spe depos. β⟩ contentionis . . . itinera nostra seruabat: V 19, 1; tamen omnem spem salutis ⟨salutis spem β⟩ in uirtute ponebant: V 34, 2; quod omnem spem hostes in celeritate ponebant: V 39, 4; quod omnem rei frumentariae fluminisque Hiberi spem dimiserant: 1, 73, 1; — suosque hortatur, ut spem omnem in uirtute reponant: 2, 41, 3.

ita se omni tempore de populo Romano meritos esse, ut: I 11, 3; ut omni tempore totius Galliae principatum Haedui tenuissent: I 43, 7; Bellouacos omni tempore in fide atque amicitia ciuitatis Haeduae ⟨*o*⟩ fuisse: II 14, 2; qui (corus) magnam partem omnis temporis in his ⟨c⟩ locis ⟨c⟩ flare consueuit: V 7, 3; ob eam causam spatia ⟨spatium β⟩ omnis temporis non numero dierum, sed noctium finiunt: VI 18, 2; ¶ ipse omni terra ⟨ipse ora maritima *Paul*⟩ earum regionum prohibebatur: 3, 15, 1.

uita omnis in uenationibus atque in studiis rei militaris consistit: VI 21, 3; ¶ ut . . . his ereptis omnis usus nauium uno tempore eriperetur: III 14, 7.

b) antecedit subst.: post hos opus in occulto a III. acie fiebat. sic omne ⟨opus *add. f*⟩ prius est perfectum, quam: 1, 41, 5.

ββ) nom. propr.: Caluisius . . . summa omnium Aetolorum receptus uoluntate, praesidiis aduersariorum Calydone et Naupacto deiectis ⟨c⟩ omni Aetolia potitus est: 3, 35, 1; ¶ quem (locum) ex omni Gallia oportunissimum ac fructuosissimum iudicassent: I 30, 3; cum omnem Galliam occupauissent: I 33, 4; qua arrogantia in conloquio Ariouistus usus omni Gallia Romanis interdixisset: I 46, 4; ne omni pacata Gallia ad eos exercitus noster adduceretur: II 1, 2; qui patrum nostrorum memoria omni Gallia uexata Teutonos Cimbrosque intra fines suos ingredi prohibuerint: II 4, 2; his rebus gestis omni Gallia pacata tanta huius belli ad barbaros opinio perlata est, uti: II 35, 1; quod omni Gallia pacata Morini ⟨uni *add. Paul*⟩ Menapiique supererant: III 28, 1; quod omnis Gallia ad septentriones ⟨c⟩ uergit: IV 20, 1; omnem esse in armis Galliam ⟨o. gall. esse i. a. β⟩: V 41, 3; in omni Gallia eorum hominum, qui aliquo ⟨c⟩ sunt numero . . ., genera sunt duo: VI 13, 1; in consilio capiendo omnem Galliam respiciamus, quam ad nostrum auxilium concitauimus: VII 77, 7; nolite . . . temeritate uestra aut animi imbecillitate ⟨o⟩ omnem Galliam prosternere et perpetuae seruituti subicere ⟨c⟩: VII 77, 9; — Gallia est omnis diuisa in partes tres: I 1, 1; Caesarem . . . deterrere posse . . . Galliamque omnem ab Ariouisti iniuria posse defendere: I 31, 16; si Gallia omnis cum Germanis consentiret ⟨consentiat β⟩: V 29, 6; ¶ uti . . . Varro cum iis ⟨c⟩ quas habebat legionibus omnem ulteriorem Hispaniam tueatur: 1, 38, 2; ¶ si paruo labore magnas controuersias tollere atque omnem Italiam metu liberare possint: 1, 9, 1; neque (se) sibi indicium sumpturos contra atque omnis Italia populus*que* Romanus iudicauisset: 3, 12, 2.

β) pertinet ad plura (bina) subst.: quod omnem commeatum totiusque belli apparatum eo contulisset: 3, 41, 3; ¶ ad eum omni ⟨omne (omnem?) *a*⟩ celeritate et studio incitatus ferebatur: 3, 78, 2; ¶ loco idoneo et occulto omnem exercitum equitatumque conlocauit: 3, 38, 1; — exercitus . . equitatusque omnis: 3, 109, 1 *u.* α) αα) a) equitatus; ¶ (omni exitu et pabulatione: VII 44, 4 *u.* α) αα) a) exitus;) ¶¶ cuius imperatoris ductu . . . omnem Galliam Germaniamque pacauerint: 1, 7, 6.

b) plural. num.; α) pertinet ad singula subst.; αα) appellat.; a) additur substant.: praestare ⟨c⟩ omnes perferre acerbitates, quam: VII 17, 7; ¶ quae (urbs) posita in altissimo monte omnes aditus difficiles habebat: VII 36, 1; ¶ postero die omnibus eius uici aedificiis incensis in prouinciam reuerti contendit: III 6, 4; atque omnibus eorum aedificiis occupatis reliquam partem hiemis se eorum copiis aluerunt: IV 4, 7; deinde omnibus longe lateque aedificiis incensis se ⟨o⟩ in castra receperunt: IV 35, 3; omnes uici atque omnia aedificia, quae quisque conspexerat, incendebantur, ⟨pecora interficiebantur *add.* β⟩, praeda ex omnibus locis agebatur: VI 43, 2; ¶ itaque uastatis omnibus eorum agris, uicis aedificiisque incensis Caesar ⟨c⟩ exercitum reduxit ⟨c⟩: III 29, 3; omnibus eorum agris uastatis, frumentis succisis, aedificiis ⟨que *add.* β⟩ incensis . . . se . . . receperunt: IV 38, 3; ¶ omnes alarios ⟨alarios omnes β⟩ in conspectu hostium pro castris minoribus constituit: I 51, 1; ¶ omnes amici consulum, necessarii Pompei atque eorum, qui ueteres inimicitias cum Caesare gerebant, in senatum coguntur; quorum . . .: 1, 3, 4; ¶ qui una cum Q. Sertorio omnes annos fuerant: III 23, 5; omnibusque annis de loco ⟨c⟩ summis simultatibus contendebant: V 44, 2; ¶ omnes eo loco aut ab radicibus subruunt aut accidunt arbores: VI 27, 4; nihil erat reliquum omnibus arboribus longe lateque in finibus Massiliensium excisis et conuectis: 2, 15, 1; ¶ his traditis omnibusque armis ex oppido conlatis . . . in fines Ambianorum peruenit: II 15, 2; — armisque omnibus ex oppido traditis in deditionem Suessiones accepit: II 13, 1; cum alius discessisset, alius . . . quieti se dedisset, arma uero omnia reposita contectaque essent: 2, 14, 1; arma omnia priuata ac publica in domum Gallonii contulit: 2, 18, 2; ¶ hunc omnium inuentorem artium ferunt: VI 17, 1; ¶ in summo iugo duas legiones . . . et omnia auxilia conlocari . . . iussit ⟨*u.* *CC*⟩: I 24, 2; desperatis omnibus auxiliis portas aperuit: 3, 11, 4.

equites auxiliaque . . . Celtiberiae, Cantabris barbarisque omnibus, qui ad Oceanum pertinent, ab Afranio imperantur: 1, 38, 3; ¶ quod omnibus fere Gallicis bellis ⟨bellis gallicis β⟩ hostibus nostris inde subministrata auxilia intellegebat: IV 20, 1; quod in omnibus bellis singulari eius opera fuerat usus: V 25, 2; praemiserat . . . equitum III milia, *quae* omnibus superioribus bellis habuerat: 1, 39, 2; quorum opera Caesar omnibus Gallicis ⟨gallis *Oahl*⟩ bellis ⟨*om.* *l*⟩ optima fortissimaque erat usus: 3, 59, 1.

frumentum ex finitimis regionibus atque ⟨ex *add.* *O*[1]*; edd.;* in *afh; om.* *l*⟩ omnibus castellis in urbem conuexerant: 1, 34, 5; item Lisso Parthinisque et omnibus castellis quod esset frumenti conquiri iussit ⟨*u.* *CC*⟩: 3, 42, 4; ¶ erat ex omnibus castris, quae summum undique iugum tenebant, despectus: VII 80, 2; omnibusque eos castris expulerunt: 3, 9, 7; ¶ itaque ad omnes casus subsidia comparabat: IV 31, 2; seque ad eruptionem atque omnes casus comparant: VII 79, 4; turrim ⟨c⟩ . . . militibus compleuit tuendamque ad omnes repentinos casus tradidit: 3, 39, 2; ¶ cum omnibus de causis Caesar pacatam Galliam existimaret: III 7, 1; ¶ infirmiores milites ex omnibus centuriis deligi iubet: 1, 64, 5; ¶ quartae cohortis omnibus centurionibus occisis: II 25, 1; reliquarum cohortium omnibus fere centurionibus aut uulneratis aut occisis: II 25, 1; hoc casu aquila conseruatur omnibus primae cohortis centurionibus interfectis praeter principem priorem: 3, 64, 4; ¶ se . . . eo fuisse contentum, quod omnibus ciuibus pateret: 1, 32, 2; ¶ omnes Galliae ciuitates ad se oppugnandum ⟨c⟩ uenisse ac contra se castra habuisse: I 44, 3; eodem equitatus ⟨o⟩ totius Galliae conuenit . . . principesque ex omnibus ciuitatibus: V 5, 3; omnes fere Galliae ciuitates de bello consultabant: V 53, 4; nocte una intromissis equitibus omnium finitimarum ciuitatum ⟨c⟩ . . . tanta diligentia omnes suos . . . continuit: V 58, 1; in Gallia non solum in omnibus ciuitatibus atque in omnibus pagis partibusque ⟨*del.* *Dauis.; Np., Fr.*⟩, sed paene etiam in ⟨β; *om.* α; *Np.*⟩ singulis domibus factiones sunt: VI 11, 2; namque omnes ciuitates in partes diuisae ⟨o⟩ sunt ⟨o⟩ duas ⟨o⟩: VI 11, 5; celeriter ad omnes Galliae ciuitates fama perfertur: VII 3, 2; ipse maiorem Galliae motum exspectans, ne ab omnibus ciuitatibus ⟨*om.* β⟩ circumsisteretur, consilia inibat: VII 43, 5; nominatim ex omnibus ciuitatibus nobilissimo quoque euocato: 1, 39, 2; ad quam diem magistratus principesque omnium ciuitatum sibi esse praesto Cordubae uellet: 2, 19, 1; — ciuitatesque omnes se statim Titurio dediderunt: III 19, 5; ¶ ibi in omnibus collibus expositas hostium copias armatas conspexit: IV 23, 2; atque omnibus eius iugi collibus occupatis, qua *dispici poterat, horribilem speciem praebebat: VII 36, 2; ¶ his rebus et feriis Latinis comitiisque omnibus perficiendis ⟨c⟩ XI dies tribuit: 3, 2, 1; ¶ ut ⟨c⟩ omnibus in uita commodis una cum iis ⟨c⟩ fruantur: III 22, 2; ¶ si coram de omnibus condicionibus disceptetur: 1,24,6; ¶ ut . . . omnia eius consilia cognosceret ⟨c⟩: V 7,3; Caesar omnibus consiliis anteuertendum existimauit, ut Narbonem proficisceretur: VII 7,3; ¶ fere de omnibus controuersiis publicis priuatisque constituunt: VI 13,5; fore, uti per conloquia omnes controuersiae componantur: 1, 9,6; ¶ ut de finibus suis cum omnibus copiis exirent: I 2,1; ipse triduo intermisso cum omnibus copiis eos sequi coepit: I 26,6; postquam omnes Belgarum copias in unum locum coactas ad se uenire uidit: II 5,4; omnibus uicis aedificiisque . . . incensis ad castra Caesaris omnibus copiis contenderunt: II 7,3; Caesar equitatu praemisso subsequebatur omnibus copiis: II 19,1; subito omnibus copiis prouolauerunt impetumque in nostros equites fecerunt: II 19,6; cum omnibus copiis auxilio Neruiis uenirent: II 29,1; omnibus copiis repente ⟨c⟩ ex oppido eruptionem fecerunt: II 33,2; sic omnibus hostium copiis fusis armisque exutis se . . . recipiunt: III 6,3; productis omnibus copiis . . . quid hostes consilii caperent exspectabat: III 24,1; ipse omnes copias castris eduxit: IV 13,6; ipse cum omnibus copiis in Morinos proficiscitur: IV 21,3; imperat, uti coactis omnibus copiis castra naualia de improuiso adoriantur: V 22,1; cum omnes ad eum Treuerorum copiae uenissent ⟨conuenissent β⟩: V 47,4; docet omnes equitatus peditatusque ⟨Aβ; ped. equitatusque *BMQ*⟩ copias Treuerorum tria milia passuum longe ab ⟨c⟩ suis castris consedisse: V 47,5; ad Caesarem omnibus copiis contendunt: V 49,1; hac re cognita omnes Eburonum et Neruiorum quae conuenerant copiae discedunt: V 58,7; sic omnino ⟨omnium β⟩ animos timor praeoccupauerat ⟨c⟩, ut paene alienata mente deletis omnibus copiis equitatum tantum ⟨c⟩ se ex fuga recepisse dicerent: VI 41,3; statuunt, ut X milia hominum delecta ex omnibus copiis ⟨β; locis α; *Fr., Db.*⟩ in oppidum mittantur ⟨c⟩: VII 21,2; atque omnes illo ad ⟨c⟩ munitionem ⟨c⟩ copiae traducuntur: VII 45,6; exposuit, quos et quam humiles accepisset, . . . multatos agris, omnibus ereptis copiis ⟨sociis β⟩, imposito stipendio: VII 54,4; inde ⟨c⟩ cum omnibus copiis ad Caesarem peruenit: VII 62,10; cum omnibus copiis ad Alesiam perueniunt: VII 79,1; omnes hostium copiae deleri potuissent: VII 88,6; ad se cum omnibus copiis ueniret: 1,19,4; uti Petreius ex Lusitania per Vettones cum omnibus copiis ad Afranium proficiscatur: 1,38,2; postero die omnibus copiis triplici instructa acie ad Ilerdam proficiscitur: 1,41,2; duabus auxiliaribus cohortibus Ilerdae praesidio relictis omnibus copiis Sicorim transeunt: 1,63,1; albente caelo omnes copias castris educit: 1,68, 1; atque omnes copiae paucis praesidio relictis cohortibus exeunt rectoque ad Hiberum itinere contendunt: 1,69,4; uti ipse eodem omnibus copiis contenderet et . . . Octogesam perueniret: 1,70,4; rex omnibus ⟨*af;* cum omnibus *hl; Db.*⟩ copiis *sequebatur: 2,38,3; Curio cum omnibus copiis quarta uigilia exierat cohortibus V castris praesidio relictis: 2,39,1; se in regnum cum omnibus copiis recepit: 2,44,3; continuato nocte ac die itinere atque ⟨omnibus copiis *add. codd.; del. Np.;* omnibus oppidis *Lips.; Db.;* omnibus coponis *Madu.;* omnibus hospitiis *Paul; h. l. del. Ald.*⟩ mutatis ad celeritatem iumentis ad Pompeium contendit, ut ⟨c⟩ adesse Caesarem ⟨omnibus copiis *h. l. add. Ald.*⟩ nuntiaret ⟨c⟩: 3,11,1; expositis ⟨c⟩ omnibus copiis Antonius, quarum erat summa . . ., plerasque naues in Italiam remittit: 3,29,2; Pompeius . . . discedit omnibusque copiis ad Asparagium Dyrrachinorum peruenit: 3,30,7; eductis omnibus copiis acie instructa decernendi potestatem Pompeio fecit: 3,41,1; postero die omnibus copiis magno circuitu difficili angustoque itinere Dyrrachium profectus est: 3,41,3; hoc consedit loco atque eum communiuit omnesque ibi copias continuit: 3,51,8; ipse ut omnibus copiis Domitium adgrederetur: 3,78,6; pulsum fugere Caesarem paene omnibus copiis amissis: 3,79,4; eundem Achillam, cuius supra meminimus, omnibus copiis praefecit ⟨c⟩: 3, 108,2; — noctu profugit copiasque omnes in Treueros reducit: V 53,2; copias omnes in loco edito atque aperto instruxerunt: VII 18, 3; copias se omnes pro castris habiturum: VII 66,6; copias omnes, quas pro oppido conlocauerat, in oppidum recipit ⟨c⟩: VII 71,8; copias undique omnes ex nouis dilectibus ad se cogi iubet: 1,24,2; ¶ omnibus coponis: 3,11,1 *u.* copiis; ¶ quod . . . Sequanis . . . omnes cruciatus essent perferendi: I 32,5; in conspectu multitudinis omnibus cruciatibus adfectus necatur: V 56,2.

haec uti fierent per omnes deos perque foedera . . . Ptolomaeus populum Romanum obtestabatur: 3,108,3; ¶ Cicero, qui omnes ⟨per omnes β⟩ superiores dies praeceptis Caesaris . . . milites in castris continuisset: VI 36,1; omnibus deinceps diebus Caesar exercitum in aciem . . . produxit: 3,56,1; continens omnium dierum labor . . . perficiendi spatium non dabat: 3,63,4; ¶ praestare uisum est tamen omnes difficultates perpeti quam: VII 10, 2; ¶ omnium superiorum dimicationum fructum in eo die atque hora docet consistere: VII 86, 3.

omnes ⟨β; *Schn.; multos* α; *del. Whittius; Np., Dt., Hold.*⟩ equites Haeduorum interfectos, quod conlocuti cum Aruernis dicerentur: VII 38, 5; omnes equites, XV milia numero, celeriter conuenire iubet: VII 64, 1; — at equites Haedui ad Caesarem omnes reuertuntur: V 7, 9; equites plerumque omnes tela intra uallum coiciebant: V 57, 3; ¶ commodissimum esse statuit omnibus equis Gallis equitibus detractis eo legionarios ⟨*o*⟩ milites legionis decimae . . . imponere: I 42, 5; ¶ essedarii: V 19, 2 *u.* β) uiae; ¶ lictoresque habent in urbe et ⟨*c*⟩ Capitolio priuati ⟨*c*⟩ contra omnia uetustatis exempla: 1, 6, 7.

sibi omnes fere finitimos esse inimicos ac suae uirtuti inuidere: II 31, 5; ¶ omnia enim flumina atque omnes riuos, qui ad mare pertinebant, Caesar aut auerterat aut magnis operibus obstruxerat: 3, 49, 4; ¶ non exspectandum sibi statuit, dum omnibus fortunis sociorum consumptis in Santonos Heluetii peruenirent: I 11, 6; (cum . . . premerentur suaque omnia impedimenta atque omnes fortunas conflagrare intellegerent: V 43, 4;) ¶ quod omnibus frugibus ⟨*M*β; fructibus *AQB*⟩ amissis domi nihil erat, quo famem tolerarent: I 28, 3; ¶ ipse autem consumptis omnibus longe lateque frumentis summis erat in angustiis: 3, 47, 5.

qui uirtute belli omnibus gentibus praeferebantur: V 54, 5.

circumitis ⟨*c*⟩ omnibus hibernis . . . inuenit: V 2, 2; omnibus hibernis Caesaris oppugnandis hunc esse dictum diem: V 27, 5; ¶ omnes autem homines natura libertati ⟨*c*⟩ studere ⟨*c*⟩ et condicionem seruitutis odisse: III 10, 3; ¶ (omnibus hospitiis: 3, 11, 1 *u.* copiis;) ¶ atque omnes hostes terga uerterunt: I 53, 1.

reliquas copias cum omnibus impedimentis, ut consueuerat, misit: VII 35, 3; hos continuo *in* itinere adorti omnibus impedimentis exuunt: VII 42, 6; quinque eiusdem legionis reliquas (cohortes) de media nocte cum omnibus impedimentis . . . proficisci imperat: VII 60, 3; ponti castrisque praesidio sex ⟨*c*⟩ cohortes relinquit ⟨*c*⟩ atque omnia impedimenta: 1, 41, 2; — sauciorum modo et aegrorum habita ratione *impedimenta* ⟨*O in marg.; om. z*⟩ omnia ⟨omni *NO¹hl*⟩ silentio . . . Apolloniam praemisit: 3, 75, 1; ¶ in se uno non seruari, quod sit omnibus datum semper imperatoribus: 1, 85, 10; ¶ neque ab uno omnia imperia administrari poterant: II 22, 1; ¶ omnes iniuriae: V 1, 7 *u.* rationes; ¶ crebris arboribus succisis omnes introitus erant praeclusi: V 9, 5; ¶ interclusis omnibus itineribus nulla re ex prouincia . . . subleuari poterat: VII 65, 4; ¶ atque omnibus undique conquisitis iumentis in castra deportant: 1, 60, 3; omnia sarcinaria iumenta interfici iubent: 1, 81, 6; ¶ ut omnes iuniores Italiae coniurarent: VII 1, 1; uti omnes eius prouinciae iuniores, Graeci ciuesque Romani, iurandi causa conuenirent: 3, 102, 2; ¶ omnia diuina humanaque iura ⟨*del. Grut.*⟩ permiscentur: 1, 6, 8.

quod eum omnium laborum finem fore existimabant, si . . . potuissent: 1, 68, 3; — Romani, si rem obtinuerint, finem laborum omnium exspectant: VII 85, 3; ¶ interim ab omnibus legatis quaestoreque, quibus ⟨quaestoribusque quibus *X; quibusque Em. Hoffm.*⟩ legiones tradiderat, certior factus est: V 25, 5; ¶ Caesar in Belgis omnium legionum hiberna constituit: IV 38, 4; impedimenta omnium legionum Aduatucam contulit: VI 32, 3; electos ex omnibus legionibus fortissimos uiros . . . ei classi attribuerat: 1, 57, 1; receptisque omnibus in una castra legionibus suum cum Scipione honorem partitur: 3, 82, 1; ¶ praesidiis enim dispositis omnia litora a Caesare tenebantur: 3, 15, 2; quod tanta diligentia omnia litora a Pompeianis tenebantur: 3, 42, 3; ¶ equites uero . . . omnibus in locis pugnant ⟨*c*⟩: II 27, 2; cum . . . iam omnia fere superiora loca multitudine armatorum completa conspicerentur: III 3, 2; praeda ex omnibus locis agebatur: VI 43, 2; (VII 21, 2 *u.* omnes copiae;) cum in omnibus locis consumpta iam reliqua parte noctis pugnaretur: VII 25, 1; facile erat ex castris C. Trebonii atque omnibus superioribus locis prospicere in urbem: 2, 5, 3; omnibus locis *u.* **locus** *p. 482 (7 loc.).*

omnes maiores natu ex oppido egressi manus ad Caesarem tendere . . . coeperunt: II 13, 2; ¶ Massilienses ⟨*c*⟩ omnibus defessi malis, rei frumentariae ad summam inopiam adducti . . . sese dedere . . . constituunt: 2, 22, 1; ¶ paulum in aquam progressi omnibus membris expeditis ⟨expediti *BM*⟩: IV 24, 3; ¶ nuntio allato omnes eorum ⟨eor. omn. β⟩ milites in potestate Caesaris teneri concurrunt: VII 43, 1; atque omnes milites intenti ⟨omnium militum int. animi β; *Schn.*⟩ pugnae ⟨*o*⟩ prouentum exspectabant: VII 80, 2; cum omnes milites naues conscendissent: 1, 27, 6; omnium esse militum paratissimos animos: 1, 71, 2; atque omnes fere milites ... tunicas aut tegimenta fecerant: 3, 44, 7; — milites ad unum omnes interficiuntur: 2, 42, 5; militesque omnes intra uallum ⟨*c*⟩ castrorum continuit: 3, 76, 1; milites tamen omnes in armis esse iussit: 3, 109, 3; ¶ omnibus modis huic rei studendum, ut: VII 14, 2; erant sententiae, quae conandum omnibus modis castraque Vari oppugnanda censerent, quod id ⟨*om. codd.; add. Clark.;* in *Clark.; Dt.*⟩ huius modi militum consiliis omnium ⟨*Clark.;* otium *x; edd.*⟩ maxime contrarium esse arbitrarentur: 2, 30, 1; ¶ tempestas ... ex omnibus montibus niues proluit: 1, 48, 2; ¶ praesectis omnium mulierum crinibus tormenta effecerunt: 3, 9, 3; ¶ uos enim uestrumque factum, inquit, omnia ⟨*fhl;* omnia, inquit *Na; edd.*⟩ deinceps municipia sunt secuta: 2, 32, 2; — duumuiris municipiorum omnium imperat, ut naues conquirant: 1, 30, 1; ¶ excipit rursus ex uallo ⟨*c*⟩ atque omnibus munitionibus clamor: VII 88, 2; — munitiones quidem omnes integrae erant: 3, 66, 7; ¶ muri autem omnes Gallici hac fere forma sunt ⟨muris aut. omnibus gallicis haec f. f. est *β*⟩: VII 23, 1.

quod nomen ad omnes nationes sanctum inuiolatumque semper fuisset: III 9, 3; ¶ accessum est ad Britanniam omnibus nauibus meridiano fere tempore: V 8, 5; maxima coorta tempestate prope omnes naues adflictas atque in litus ⟨*c*⟩ eiectas esse: V 10, 2; commodissimum esse statuit omnes naues subduci et cum castris una munitione coniungi: V 11, 5; quo fere omnes ex Gallia naues adpelluntur: V 13, 1; omnesque incolumes naues perduxit: V 23, 6; quod omnibus coactis nauibus Pompeius praesentem facultatem insequendi sui ademerat: 1, 29, 1; ad eum locum ... omnibus nauibus ad unam incolumibus milites exposuit: 3, 6, 3; Cassius ... naues ... immisit atque omnes naues incendit XXXV, e quibus erant XX constratae ⟨*c*⟩: 3, 101, 2; — se in portum recipit nauesque omnes reuocat: 3, 14, 2.

(se) non dubitare, quin de omnibus obsidibus, qui apud eum sint, grauissimum supplicium sumat: I 31, 15; huc Caesar omnes obsides Galliae, frumentum, pecuniam publicam, suorum atque exercitus impedimentorum magnam partem contulerat: VII 55, 2; ¶ hiemare Dyrrachii ⟨*c*⟩, Apolloniae ⟨*c*⟩ omnibusque oppidis maritimis constituerat: 3, 5, 2; (11, 1 *u.* omnes copiae;) — quorum oppida omnia in potestate eius essent: I 32, 5; ¶ conuocato consilio ⟨*c*⟩ omniumque ⟨omnium *A*⟩ ordinum ad id consilium ⟨*c*⟩ adhibitis centurionibus uehementer eos incusauit: I 40, 1; sic omnium ordinum partes in misericordia constitisse: 1, 85, 3; ¶ pecuniam omnem omniaque ornamenta ex fano Herculis in oppidum Gades contulit: 2, 18, 2.

primo per omnes partes perequitant: IV 33, 1; ut nostri omnibus partibus superiores fuerint: V 15, 1; haec in omnibus Eburonum partibus gerebantur: VI 35, 1; in omnibus partibus incendia conspiciuntur: VII 15, 2; quae (praesidia) ex ipsa coacta ⟨*c*⟩ prouincia ab L. Caesare legato ad omnes partes opponebantur: VII 65, 1; pugnatur una ⟨tunc *add. β; Schn.*⟩ omnibus in ⟨*om. a*[1]*;* in omnibus *h*⟩ partibus: VII 67, 3; (3, 54, 2 *u.* portae;) compluresque milites huius ⟨in uiis *Madu.*⟩ urbis omnibus partibus interficiebantur: 3, 106, 5; — dispersis in opere nostris subito ex omnibus partibus siluae euolauerunt: III 28, 3; conferta legione ex omnibus partibus tela coici animaduertit: IV 32, 3; repente ex omnibus partibus ⟨*om. α*⟩ ad pabulatores aduolauerunt: V 17, 2; tela intra munitionem ex omnibus partibus coiciunt: V 51, 2; postea *dispecta paucitate ex omnibus partibus impetum faciunt: VI 39, 4; illi subito ex omnibus partibus euolauerunt: VII 27, 3; iam ex omnibus partibus subito Antonianae scaphae ... se in hostes incitauerunt: 3, 24, 3; cum suos ex omnibus partibus uulnerari uideret: 3, 45, 4; *u. praeterea* **ex** *p. 1176 sq. (8 loc.);* — in omnes partes *u.* **in** *p. 102 (11 loc.);* ¶ frumentum omne ... comburunt, ut ... paratiores ad omnia pericula subeunda essent: I 5, 3; ¶ Vercingetorix ⟨*c*⟩ omnibus interruptis eius fluminis pontibus ab altera fluminis ⟨*c*⟩ parte ⟨*o*⟩ iter facere coepit: VII 34, 3; ¶ subito omnibus portis eruptione facta: III 6, 1; Caesar omnibus portis eruptione facta equitatuque emisso celeriter hostes in fugam dat ⟨*o*⟩: V 51, 5; obstructis ⟨extructis *O*[1]*hl; Wölffel; Dt.*⟩ omnibus ⟨rebus *add. Np.*⟩ castrorum portis ⟨partibus *Wölffel; Dt.*⟩ ... exercitum eduxit: 3, 54, 2; ¶ quietam nactus stationem et portus omnes timens ⟨timentes *a*⟩, quod teneri ab aduersariis arbitrabantur, ... milites exposuit: 3, 6, 3; ¶ uno tempore praesidiis omnibus deductis et oppugnatione dimissa ... contionem ... habuit: 3, 73, 1; ¶ ille omnibus primo precibus ⟨omn. prec. primo *β*⟩ petere contendit, ut: V 6, 3; Catuuolcus ... omnibus precibus detestatus Ambiorigem

. . . se exanimauit: VI 31, 5; flentesque proiectae ad pedes suorum omnibus precibus petierunt ⟨c⟩, ne: VII 26, 3; flentes omnibus precibus orabant ⟨c⟩, ut: VII 78, 4; ¶ nostri non amplius XX omnibus sunt proeliis desiderati: 3, 53, 2; omnibus interfui proeliis: 3, 87, 2; ¶ his ⟨c⟩ adductis, in iis filio ⟨filiis β⟩ propinquisque eius omnibus, quos nominatim euocauerat: V 4, 2; ¶ errare, si qui in bello omnes secundos rerum prouentus exspectent: VII 29, 3; ¶ dimisit ⟨c⟩ enim circum omnes propinquas prouincias atque inde auxilia euocauit: 3, 112, 6; ¶ quo ⟨c⟩ lege communi omnes puberes ⟨et add. α⟩ armati conuenire consuerunt ⟨c⟩: V 56, 2; ne . . . milites . . . omnes puberes interficerent: 2, 13, 3.

paratos (se) . . . omnibus rationibus ⟨om. β⟩ de iniuriis satis facere: V 1, 7; 1, 26, 2 *u.* res; ¶ frumentum commeatumque ab Asia atque omnibus regionibus, quas tenebat, comportari imperat: 3, 42, 2; — Volusenus perspectis regionibus ⟨*om. a;* rebus *Paul*⟩ omnibus ⟨*om.* β⟩ . . . quinto die ad Caesarem reuertitur: IV 21, 9; ¶ omnibus rebus ad profectionem comparatis diem dicunt, qua die ad ripam Rhodani omnes conueniant: I 6, 4; cui summam omnium rerum fidem habebat: I 19, 3; Heluetii omnium rerum inopia adducti legatos . . . miserunt: I 27, 1; namque omnium rerum, quae ad bellum usui erant, summa erat in eo oppido facultas ⟨c⟩: I 38, 3; Sabinus idoneo omnibus rebus ⟨reb. omn. β⟩ loco castris sese ⟨c⟩ tenebat: III 17, 5; hostes . . . desperatis omnibus rebus . . . fuga salutem petere *contenderunt: III 26, 5; qui omnibus rebus subito perterriti . . . perturbantur: IV 14, 2; mandat, ut ⟨c⟩ exploratis omnibus rebus ad se quam primum reuertatur: IV 21, 2; monuitque, . . . ad nutum et ad tempus omnes res ab iis administrarentur: IV 23, 5; singulari militum studio in summa omnium rerum ⟨rer. omn. β⟩ inopia circiter sescentas . . . naues . . . inuenit instructas: V 2, 2; ne aestatem in Treueris consumere cogeretur omnibus ad Britannicum bellum rebus ⟨omn. reb. ad br. b. β⟩ comparatis: V 4, 1; reliquas (naues) paratas ad nauigandum atque omnibus rebus instructas inuenit: V 5, 2; Caesar intermissa profectione atque omnibus rebus postpositis . . . mittit: V 7, 6; druides . . . militiae uacationem omniumque rerum habent immunitatem ⟨*u. CC*⟩: VI 14, 1; in desertorum . . . numero ducuntur, omniumque his rerum postea fides derogatur: VI 23, 8; multum cum in omnibus rebus tum in re militari potest fortuna: VI 30, 2; quam (ciuitatem) ipse semper aluisset omnibusque rebus ornasset: VII 33, 1; cohortatus Haeduos, ut . . . omnibus omissis ⟨his *uel* iis *add. codd.; Schn., Fr., Db.; del. Beroald.*⟩ rebus huic bello seruirent: VII 34, 1; Sullam nudata omnibus rebus tribunicia potestate tamen intercessionem liberam reliquisse: 1, 7, 3; eum recipiunt exercitumque eius omnibus rebus iuuant: 1, 15, 1; tamen omnibus rebus ⟨rationibus *Ciacc.*⟩ in eo perseuerandum putabat: 1, 26, 2; qui (Pompeius) omnibus rebus imparatissimus ⟨*N;* imperatissimis *Ox;* imperitissimus *l²;* imparatissimis *b, edd.*⟩ non necessarium bellum suscepisset: 1, 30, 5; exercitus Afranii omnium rerum abundabat copia: 1, 49, 1; ut nostri magna inopia necessariarum rerum conflictarentur, illi omnibus abundarent rebus superioresque haberentur: 1, 52, 3; sic omnibus rebus instructa classe magna fiducia ad nostras naues procedunt: 1, 56, 3; tandem omnibus rebus obsessi, quartum iam diem sine pabulo retentis iumentis, aquae, lignorum ⟨c⟩, frumenti inopia, conloquium ⟨c⟩ petunt: 1, 84, 1; perpessos (se esse) omnium rerum inopiam: 1, 84, 4; tanti erant antiquitus in oppido omnium rerum ad bellum apparatus: 2, 2, 1; antecedebat testudo . . ., conuoluta ⟨euoluta *Ohl*⟩ omnibus rebus, quibus ignis iactus et lapides defendi possent: 2, 2, 4; has (naues) . . . refecerat atque omnibus rebus instruxerat: 2, 5, 1; quae res omnium rerum ⟨*om. f*⟩ copia compleuit exercitum: 2, 25, 7; conuentus ciuium Romanorum . . . Antonium recepit ⟨c⟩ . . . omnibusque rebus iuuit: 3, 29, 1; se . . . expulsos omnibus necessariis egere rebus: 3, 32, 4; cum illi omnium rerum copia abundarent: 3, 47, 3; (54, 2 *u.* portae;) hi cognitis omnibus rebus, seu quid in munitionibus perfectum non erat, seu quid a peritioribus rei militaris desiderari uidebatur, temporibusque rerum et spatiis locorum . . . animaduersis . . ., haec ad Pompeium omnia detulerunt ⟨c⟩: 3, 61, 3; cum omnibus rebus nostri premerentur: 3, 63, 8; quibus rebus effectis cohortatus milites docuit, quantum usum haberet ad subleuandam omnium rerum inopiam potiri oppido pleno: 3, 80, 5; Caesar omnibus rebus ⟨*om. h¹*⟩ relictis persequendum sibi Pompeium existimauit: 3, 102, 1; quarum (nauium) erant L auxilio missae ad Pompeium . . ., illae triremes ⟨*CC*⟩ omnes et quinqueremes, aptae instructaeque omnibus rebus ad nauigandum: 3, 111, 3; ut tuo consilio, gratia, dignitate, ope omnium rerum uti possim: *ap. Cic. ad Att.* IX 6 *A;* ut tuis consiliis atque opibus . . . in omnibus rebus utar: *ap. Cic. ad*

Att. IX 16,3; — rebus omnibus: (IV 21,9 *u.* regiones;) III 17,5 *et* V 2,2 *u. s.* omnes res; ut ... his deducto exercitu rerum omnium inopia pereundum uideretur: VI 43,3; ut est rerum omnium magister usus: 2,8,3; quod de consilii sententia summam belli rerumque omnium Pompeio permiserint: 3,16,4; ¶ omnes riuos: 3,49,4 *u.* flumina.

sagittariosque omnes, quorum erat permagnus numerus ⟨*o*⟩ in Gallia, conquiri et ad se mitti iubet: VII 31,4; ¶ (imperat,) ut primo uespere omnes scaphas ad litus adpulsas habeant: 2,43,1; ¶ reperiebat T. Ampium ... eius .. rei causa senatores omnes ex prouincia euocasse ⟨*c*⟩: 3,105,1; ¶ haec omnibus ferebat sermonibus: 2,17, 2; ¶ ciues Romani ... ad extremum auxilium descenderunt seruosque omnes puberes liberauerunt et praesectis omnium mulierum crinibus tormenta effecerunt: 3,9,3; ¶ omnibus sociis: VII 54,4 *u.* omnes copiae; ¶ monet, ut in reliquum tempus omnes suspiciones uitet: I 20,6.

consumptis omnibus telis gladiis destrictis ⟨*c*⟩ impetum ... faciunt: 1,46,1; ¶ ut non solum in pristinum statum redissent, sed omnium temporum dignitatem et gratiam antecessisse uiderentur: VII 54,4; omnium temporum iniurias inimicorum in se commemorat: 1,7,1; ¶ igni ⟨*c*⟩ atque omnibus tormentis excruciatas interficiunt: VI 19,3; maiore commisso delicto igni ⟨*c*⟩ atque omnibus tormentis necat: VII 4,10.

hostes uero notis omnibus nadis ... incitatis equis impeditos adoriebantur: IV 26,2; ¶ obsessis omnibus uiis missi intercipiuntur: V 40,1; cum in his angustiis res esset atque omnes uiae ab Afranianis ... obsiderentur: 1, 54,1; ¶ omnes uici: VI 43,2 *u.* aedificia; ¶ uirtute et patientia nitebantur atque omnia uulnera sustinebant: 1,45,6.

b) antecedit substantiuum: nec minimam partem temporis equitum uim caetrati sustinere potuerunt omnesque ab iis ⟨*c*⟩ circumuenti .. interficiuntur: 1,70,5; ¶ Labienus ⟨*c*⟩ cum ab eo impetrauisset, ut sibi captiuos tradi iuberet, omnes productos ⟨*c*⟩ ... commilitones appellans ... in omnium conspectu interfecit: 3,71,4; ¶ tanta ui in Pompei equites impetum fecerunt, ut eorum nemo consisteret omnesque conuersi non solum loco excederent, sed protinus incitati fuga montes altissimos peterent: 3,93,5; ¶ hostes in fugam dat ... magnumque ex iis ⟨*c*⟩ numerum occidit atque omnes armis exuit: V 51,5; ¶ ad reliquas legiones mittit priusque omnes in unum locum cogit, quam: VII 9,5; ¶ hoc ueteres non probant milites, quos ... una profectos docuimus. itaque ... per medios hostes perrumpunt incolumesque ad unum omnes in castra perueniunt: VI 40,4; VII 40,4 *et* 3,6,2 *u.* **B. a) α) αα) 𝔇)**; — V 48,9 *u.* **B. a) α) ββ)** adficere; ¶ Curio *pronuntiari onerariis nauibus inbet, ... se in hostium habiturum loco qui non ex ⟨*c*⟩ uestigio ad castra *Cornelia *naues traduxisset ⟨*c*⟩. qua pronuntiatione facta temporis puncto sublatis ancoris omnes Vticam relinquunt ⟨*c*⟩ et quo imperatum est transeunt: 2,25,(6.)7; Bibulus ... inanibus (nauibus) occurrit et ... in eas *in*diligentiae suae ac doloris iracundiam ⟨*c*⟩ erupit omnesque incendit: 3,8,3; tempestas ... naues Rhodias adflixit, ita ut ad unam omnes constratae numero XVI eliderentur et naufragio interirent: 3,27,2; naues onerarias XXX a M. Antonio relictas intra portum adgressus omnes incendit: 3,40,5; (erant) praeter has (naues) XXII, quae praesidii causa Alexandriae esse consuerant, constratae ⟨*c*⟩ omnes: 3,111, 3; ¶ idem principes ciuitatum ... ad Caesarem reuerterunt petieruntque, ut ...; ea re impetrata sese omnes flentes Caesari ad pedes proiecerunt: I 31,(1.)2.

ββ) nom. propr.; 𝔞) add. subst.: Caluisius ... summa omnium Aetolorum receptus uoluntate ... omni Aetolia potitus est: 3,35,1; ¶ quem perterriti omnes Aruerni circumsistunt atque obsecrant, ut: VII 8,4; ¶ omnes Belgas, quam tertiam esse Galliae partem dixeramus, contra populum Romanum coniurare obsidesque inter se dare: II 1,1; quod si fecerit, Haeduorum auctoritatem apud omnes Belgas amplificaturum: II 14,6; ¶ omnes uero se Britanni nitro ⟨*c*⟩ inficiunt: V 14,2; ¶ nisi ⟨*c*⟩ quid in Caesare ... sit auxilii, omnibus Gallis idem esse faciendum, quod: I 31,14; nam plerumque omnibus ⟨hominibus *recc.; Np.*⟩ Gallis ⟨gallicis *MQ*⟩ prae magnitudine corporum suorum breuitas nostra contemptui est: II 30,4; cum intellegeret omnes fere Gallos nouis rebus studere et ad bellum mobiliter celeriterque excitari: III 10,3; natio est omnium ⟨omnis *β*; *Fr., Np.*⟩ Gallorum admodum dedita religionibus: VI 16,1; procumbunt omnibus Gallis ad pedes Bituriges, ne pulcherrimam prope totius Galliae ⟨*o*⟩ urbem ... suis manibus succendere cogerentur: VII 15,4; quae (uictoria) iam esset sibi atque omnibus Gallis explorata: VII 20,7; — Galli se omnes ab Dite patre prognatos praedicant: VI

18, 1; ¶ futurum esse paucis annis, uti omnes ex Galliae finibus pellerentur atque omnes Germani Rhenum transirent: I 31, 11; Neruios, Aduatucos, Menapios ⟨c⟩ adiunctis Cisrhenanis omnibus Germanis esse in armis: VI 2, 3; (quod, ut supra demonstrauimus, minime homines ⟨*Dauis.; omnes X; edd.;* omnium *Lips.; del. Apitz.*⟩ Germani agri culturae student: VI 29, 1;) ne se in hostium numero duceret neue omnium Germanorum, qui essent citra Rhenum, unam esse causam iudicaret: VI 32, 1; — Sueborum gens est longe maxima et bellicosissima Germanorum omnium: IV 1, 3; ¶ omniumque esse Iguuinorum optimam erga se uoluntatem: 1, 12, 1; ¶ quod Menapii se omnes in densissimas siluas abdiderant: IV 38, 3; ¶ trans id flumen omnes Neruios consedisse aduentumque ibi Romanorum exspectare: II 16, 2; omnes Nerui confertissimo agmine . . . ad eum locum contenderunt: II 23, 4; ¶ fit ab Vbiis certior Suebos omnes in ⟨o⟩ unum locum copias cogere atque . . . denuntiare: VI 10, 1; referunt: Suebos omnes, postea quam . . . uenerint, cum omnibus suis sociorumque copiis . . . ad extremos fines se recepisse: VI 10, 4.

b) antecedit subst.: cum Galli . . . iniquo loco committere proelium non dubitant. quae fore suspicatus Labienus, ut omnes citra flumen eliceret, . . . placide progrediebatur: VI 8, (1.) 2; ¶ T. Labienum . . . in Morinos . . . misit. qui cum propter siccitates ⟨c⟩ paludum quo se reciperent non haberent, . . . omnes fere ⟨omnes fere *om.* β⟩ in potestatem Labieni peruenerunt ⟨uenerunt β⟩: IV 38, (1.) 2.

β) pertinet ad plura subst.: omnibus uicis aedificiisque, quo ⟨β; *Flod.;* quos α; *edd.*⟩ adire potuerant ⟨poterant β; *Flod.*⟩, incensis ad castra Caesaris omnibus copiis contenderunt: II 7, 3; omnibus uicis aedificiisque incensis frumentisque succisis ⟨c⟩ se . . . recepit: IV 19, 1; (III 29, 3 *et* IV 38, 3 *u.* α) αα) **a)** agri;) ¶ cognoscit consensu omnium Antiochensium ⟨antiocensium *codd.*⟩ ciuiumque Romanorum, qui illic negotiarentur, arcem ⟨c⟩ captam esse: 3, 102, 6; ¶ trans flumen Apsum ⟨c⟩ positis castris eo copias omnes auxiliaque conduxit: 3, 13, 6; ¶ ciues: 3, 102, 6 *u.* Antiochenses; ¶ a Pompeio litteris per omnes prouincias ciuitatesque dimissis *de proelio ad Dyrrachium facto . . . fama percrebuerat ⟨c⟩: 3, 79, 4; ¶ L. Cotta legatus omnes cohortes ordinesque adhortans funda . . . uulneratur: V 35, 8; ¶ omnes enim colles ac loca superiora, unde erat propinquus despectus in mare, ab exercitu tenebantur: III 14, 9; ¶ quorum ad arbitrium iudiciumque summa omnium rerum consiliorumque redeat: VI 11, 3; ¶ Haeduos a ⟨c⟩ Caesare in seruitutem redactos omnes ⟨omnes redactos β⟩ indignitates contumeliasque perferre: II 14, 3; ¶ copiae: 3, 13, 6 *u.* auxilia; ¶ cruciatus: I 31, 12 *u.* exempla; ¶ dynastae: 3, 3, 2 *u.* reges; ¶ equites: 1, 23, 1 *u.* senatores; ¶ Ariouistum . . . obsides . . . poscere et in eos omnia exempla cruciatusque edere: I 31, 12; ¶ (filii: V 4, 2 *u.* α) αα) **a)** propinqui;) ¶ (frumenta: IV 38, 3 *u.* α) αα) **a)** agri;) ¶ quibus submotis omnes sagittarii funditoresque destituti inermes sine praesidio interfecti sunt: 3, 93, 5; — quam ob causam cunctum equitatum, sagittarios funditoresque omnes sinistro cornu obiecerat ⟨?⟩: 3, 88, 5; ¶ indignitates: II 14, 3 *u.* contumeliae; ¶ circumfundi noctu equitatum Caesaris atque omnia loca atque itinera obsidere: 1, 67, 3; ¶ liberi: 1, 23, 1 *u.* senatores; qui de seruis liberisque omnibus ad impuberes supplicium sumit et ad unum ⟨omnes *add. b*⟩ interficit: 3, 14, 3; ¶ praestare arbitrabatur unum locum . . . quam omnia ⟨*Ciacc.;* omnium *codd.*⟩ litora ac portus custodia clausos ⟨*CC*⟩ teneri ⟨c⟩: 3, 23, 1; — a Sasonis ⟨*z;* salonis *recc.; Np., Db.*⟩ ad Curici ⟨*Momms.;* corici *NOafl;* coryci *h;* Oricum *Np., Db.*⟩ portum ⟨portus, *Np., Db.*⟩ stationes litoraque omnia longe lateque classibus occupauit: 3, 8, 4; est certior factus portus ⟨portum *Naf*⟩ litoraque omnia classibus aduersariorum teneri: 3, 14, 1; ¶ loca: III 14, 9 *u.* colles; 1, 67, 3 *u.* itinera; ¶ omnibus principibus maioribusque natu adhibitis: IV 13, 4; ¶ tali modo instructa classe omnium seniorum, matrum familiae, uirginum precibus et fletu excitati . . . naues conscendunt: 2, 4, 3; ¶ (meatus: VII 19, 2 *u.* uada;) ¶ (necessarii: 1, 3, 4 *u.* α) αα) **a)** amici;) ¶ obaerati: I 4, 2 *u.* clientes; ¶ ordines: V 35, 8 *u.* cohortes; ¶ in omnibus pagis partibusque: VI 11, 2 *u.* α) αα) **a)** omnes ciuitates; ¶ omnibus pollicitationibus ac praemiis deposcunt, qui belli initium ⟨c⟩ faciant ⟨c⟩: VII 1, 5; ¶ populi: 3, 3, 2 *u.* reges; ¶ portus: (3, 8, 4;) 3, 14, 1 *et* 23, 1 *u.* litora; ¶ praemia: VII 1, 5 *u.* pollicitationes; ¶ principes: IV 13, 4 *u.* maiores; ¶ prouinciae: 3, 79, 4 *u.* ciuitates; ¶ (quaestores: V 25, 5 *u.* α) αα) **a)** legati;) ¶ res: VI 11, 3 *u.* consilia; ¶ magnam imperatam Asiae, Syriae regibusque omnibus et dynastis et tetrarchis et liberis Achaiae populis pecuniam exegerat: 3, 3, 2; ¶ sagittarii: 3, 88, 5 *et* 93, 5 *u.* funditores; ¶ (salicta, saltus: VII 19, 2 *u.* uada;) ¶ semitae: V 19, 2 *u.* uiae; ¶ ubi luxit, omnes senatores senatorumque liberos, tribunos militum equitesque Romanos ad se produci iubet: 1, 23, 1; ¶ seniores: 2, 4, 3 *u.* matres; ¶ serui: 3, 14, 3 *u.* liberi; ¶ stationes: 3, 8, 4 *u.* litora; ¶ tetrarchae: 3, 3, 2 *u.* reges; ¶ (transitus: VII 19, 2 *u.* uada;) ¶ tribuni: 1, 23, 1 *u.* senatores; ¶ generatimque distributi [in ciuitates] omnia uada ac † saltus eius ⟨salicta eius *Heller;* meatus eius *Madu.;* transitus *coni. Np.*⟩ paludis ⟨eius paludis *unc. includ. Dt.*⟩ . . . obtinebant: VII 19, 2; ¶ Cassiuellaunus . . . omnibus ⟨omnes uel -is β⟩ uiis ⟨notis *add.* β; *Schn., Db.*⟩ semitisque essedarios ex siluis emittebat: V 19, 2; ¶ uici: II 7, 3 *et* IV 19, 1 *u.* aedificia; (III 29, 3 *u.* α) αα) 𝔞) agri;) ¶ uirgines: 2, 4, 3 *u.* matres.

B. ui substantiui; a) non sequitur pron. relatiuum; α) masc. (omnes); αα) subi.; 𝔄) nominatiuus: facile erat . . . prospicere in urbem, ut omnis iuuentus, quae in oppido remanserat, omnesque superioris aetatis cum liberis atque uxoribus . . . ad caelum manus tenderent aut templa deorum immortalium adirent et ante simulacra proiecti uictoriam ab dis exposcerent: 2, 5, 3; ¶ agere: 1, 74, 2 *u.* γγ) agere; de deditione omnes palam ⟨*c*⟩ loquebantur et cum P. Attio agebant, ne sua pertinacia omnium fortunas perturbari uellet: 2, 36, 2; postremo omnes aut de honoribus suis aut de praemiis pecuniae aut de persequendis inimicitiis agebant *neque quibus rationibus superare possent, sed quem ad modum uti uictoria deberent cogitabant: 3, 83, 5; ¶ praeoccupatus animus Attianorum militum . . . nihil de resistendo cogitabat, omnesque se iam ⟨iam se *Ohl*⟩ ab equitatu circumueniri arbitrabantur: 2, 34, 6; ¶ exercitui quidem omni tantus incessit ex incommodo dolor . . ., ut nemo . . . centurionis ⟨*c*⟩ imperium desideraret et sibi quisque . . . grauiores imponeret labores simulque omnes arderent cupiditate pugnandi: 3, 74, 2; ¶ itaque omnes uno consilio Domitium productum in publicum circumsistunt et custodiunt legatosque ex suo numero ad Caesarem mittunt: 1, 20, 5; ¶ cogitare: 3, 83, 5 *u.* agere; ¶ conclamant omnes occasionem negotii bene gerendi amittendam non esse: III 18, 5; ¶ confidere: VII 15, 2 *u.* ferre; ¶ protinusque omnes ⟨omnibus *f*⟩ ducibus usi centurionibus tribunisque militum in altissimos montes . . . confugerunt: 3, 95, 4; ¶ omnibus rebus ad profectionem comparatis diem dicunt, qua die ad ripam Rhodani omnes conueniant: I 6, 4; atque omnes ad portum Itium conuenire iubet: V 2, 3; ¶ custodire: 1, 20, 5 *u.* circumsistere; ¶ quibus ita ⟨*c*⟩ est interdictum, . . . his ⟨ab his β⟩ omnes decedunt ⟨discedunt *bei*⟩: VI 13, 7; ¶ (desperare: V 37, 6 *u.* interficere;) ¶ cum litteras ad senatum miserit, ut omnes ab exercitibus discederent, ne id quidem impetrauisse ⟨*c*⟩: 1, 9, 3; discedant in Italia omnes ⟨omn. in it. *hl*⟩ ab armis: 1, 9, 5; ¶ quo paratiores essent ad insequendum omnes: 1, 81, 2; ¶ exposcere: 2, 5, 3 *u.* adire; ¶ cum suo quisque consilio uteretur atque omnes sine timore iter facerent usi ⟨*O*²*;* usu *x*⟩ superiorum temporum atque itinerum licentia: 1, 51, 2; ¶ censent . . ., ut in ingo consistant atque eundem omnes ferant casum: VI 40, 3; quae etsi magno cum dolore omnes ferebant, tamen hoc sibi solacii proponebant, quod . . . confidebant ⟨sperabant β⟩: VII 15, 2; ¶ tanta uniuersae Galliae consensio fuit . . ., ut (Commins) neque beneficiis neque amicitiae memoria *moueretur omnesque ⟨que *om. h*⟩ et animo et opibus in id bellum incumberent: VII 76, 2; ¶ illi . . . noctu ⟨*c*⟩ ad unum omnes desperata salute se ipsi interficiunt: V 37, 6; ¶ postulat ⟨*c*⟩, ut iurent ⟨uenirent *af*⟩ omnes se exercitum ducesque non deserturos neque prodituros neque sibi separatim a reliquis consilium capturos: 1, 76, 2; ¶ loqui: 2, 36, 2 *u.* agere; ¶ mittere: 1, 20, 5 *u.* circumsistere; ¶ omnem equitatum emittit; praecipit atque interdicit, proterritis ⟨*c*⟩ hostibus . . . unum omnes petant ⟨β; -terent α; *edd.*⟩ Indutiomarum ⟨*c*⟩: V 58, 4; cum unum omnes peterent, . . . Indutiomarus interficitur: V 58, 6; ¶ cum . . . priores . . . exaudito clamore perturbatis ordinibus omnes ⟨omne *Eussn.*⟩ in fuga sibi praesidium ponerent: II 11, 5; ¶ facilem esse rem, seu maneant seu proficiscantur, si modo unum omnes sentiant ac probent: V 31, 2; multitudinis ⟨*c*⟩ suffragiis res permittitur. ad unum omnes Vercingetorigem probant imperatorem: VII 63, 6; ¶ omnes alacres et fiduciae ⟨*c*⟩ pleni ad Alesiam proficiscuntur, neque ⟨*c*⟩ erat omnium quisquam, qui: VII 76, 5; ¶ proponere: VII 15, 2 *u.* ferre; ¶ ut . . . paene ne respiceret quidem quisquam ac tum omnes acerrime fortissimeque pugnarent: V 43,4; ¶ relinquere: 2,25,7 *u.* A. b) α) αα) b) naues; tantusque terror incidit eius exercitui . . ., ut paene omnes ex ⟨*c*⟩ Epiro finitimisque regionibus signa relinquerent, complures arma proicerent: 3,13,2; ¶ ut re confecta omnes curam et diligentiam remittunt: 2,13,2; ¶ sentire: V 31,2 *u.* probare; ¶ sperare: VII 15,2 *u.* ferre; ¶ tendere: 2,5,3 *u.* adire; ¶ transire: 2,25,7 *u.* A. b) α) αα) b) naues; ¶ uti: 1,51,2 *u.* facere; 3,95,4 *u.* confugere.

B) acc.: certior factus est ex ea parte nici, quam Gallis concesserat, omnes noctu discessisse: III 2,1; ¶ inter se coniurant, nihil nisi communi consilio acturos eundemque omnes ⟨*Ciacc.; omnis X; edd.*⟩ fortunae exitum esse laturos: III 8,3; ¶ dierum XXX pabulum frumentumque habere omnes ⟨omn. hab. β⟩ conuectum iubet: VII 74,2; ¶ existimabant tribus locis transire legiones atque omnes perturbatos defectione Haeduorum fugam parare: VII 61,4; ¶ longo circuitu easdem omnes iubet petere regiones: VII 45,3; ¶ quod si fecisset, quietem Italiae, pacem prouinciarum, salutem imperii ⟨*c*⟩ uni omnes acceptam relaturos: 3,57,4; ¶ hac ⟨*c*⟩ re ad consilium ⟨*c*⟩ delata ubi omnes idem sentire intellexit, posterum diem pugnae constituit: III 23,8; ¶ cui rei propter animi mollitiem studere omnes uideret, quod diutius laborem ferre non possent: VII 20,5.

C) a c. pass.: ab omnibus circumsisti: VII 43,5 *u.* A. b) α) αα) a) ciuitates; ¶ ueritus, ne ab omnibus desereretur, Indutiomarus ⟨*c*⟩ legatos ad Caesarem mittit: V 3,5; ¶ ut . . . prius . . eius aduentus ab omnibus ⟨*AQβ*; hominibus *BM; Schn., Fr., Db., Hold.*⟩ uideretur, quam fama ac nuntius ⟨*c*⟩ adferretur: VI 30,2.

D) abl. abs.: Caesar . . . contionatus apud milites . . . conclamantibus omnibus, imperaret quod uellet, . . . naues soluit: 3,6,2; ¶ adhortatus milites, ne . . . itineris labore permoueantur, cupidissimis omnibus progressus . . . agmen Haeduorum conspicatus immisso equitatu iter eorum moratur atque impedit interdicitque omnibus, ne quemquam interficiant: VII 40,4; ¶ Crassus . . . cohortatus suos omnibus cupientibus ad hostium castra contendit: III 24,5.

E) dat. c. gerund.: dandam omnibus operam, ut acceptum incommodum uirtute sarciretur: 3,73,5.

ββ) obi.: ille (epistulam) perlectam in contentu militum recitat maximaque omnes laetitia adficit: V 48,9; ¶ probata re atque omnibus iure iurando ⟨*c*⟩ adactis . . duae se acies . . . ostendunt: VII 67,1; ¶ panico enim uetere atque hordeo corrupto omnes alebantur: 2,22,1; ¶ cum . . . reliqui in labore pari ac periculo ne unus omnes antecederet recusarent: 3,82,5; ¶ ne eo quidem tempore quisquam loco cessit, sed circumuenti omnes interfectique sunt: VII 62,7; ¶ (ut nostri omnibus partibus superiores fuerint atque eos ⟨*AQβ*; omnes *BM; Frig.*⟩ in siluas collesque compulerint: V 15,1;) ¶ pauca apud eos de lenitate sua locutus, quo minore essent timore, omnes conseruauit: 3,98,2; ¶ neutrum horum (fluminum) transiri poterat, necessarioque omnes his angustiis continebantur: 1,48,3; ¶ pauca apud eos loquitur . . .; dimittit omnes incolumes: 1,23,3; ¶ dimittit ⟨*o*⟩ ad finitimas ciuitates nuntios Caesar ⟨*o*⟩; omnes euocat ⟨β; ad se uocat α; *edd.*⟩ spe praedae ad diripiendos Eburones: VI 34,8; ad Germanos peruenit fama diripi Eburones atque ultro omnes ad praedam euocari: VI 35,4; ad hunc muniendum locum ⟨*c*⟩ omnes ⟨homines *Ditt.*⟩ a Vercingetorige euocatos: VII 44,5; ¶ uno enim excepto, quem alius modi atque omnes natura finxit, suos quisque habet caros: *ap. Prisc. inst.* VI 36 *et saepius;* ¶ interficere: VII 62,7 *u.* circumuenire; ¶ futurum esse paucis annis, uti omnes ex Galliae finibus pellerentur atque omnes Germani Rhenum transirent: I 31,11; tantum profecerunt, ut equestri proelio commisso pellerent omnes compluresque interficerent: 3,75,5; ¶ tali timore ⟨tempore β⟩ omnibus perterritis confirmatur ⟨*c*⟩ opinio barbaris, . . . nullum esse intus praesidium: VI 37,9; Curio ubi perterritis ⟨-itus *a*⟩ omnibus neque cohortationes suas neque preces audiri intellegit, . . . proximos colles capere uniuersos . . . iubet: 2,42,1; itaque perterritis omnibus sibi quisque consulebat: 2,43,3; ¶ perturbare: VII 61,4 *u.* αα) B) parare; ¶ (quod erat ciuitas magna inter Belgas auctoritate atque hominum ⟨omnes *B²β*⟩ multitudine praestabat: II 15,1;) ¶ Domitium . . . proiectis omnibus fugae consilium capere: 1,20,2; 2,5,3 *u.* αα) A) adire; ¶ recordari (eos) debere, qua felicitate ⟨*c*⟩ inter medias hostium classes oppletis . . . litoribus omnes incolumes essent transportati: 3,73,3; ¶ (uocare: VI 34,8 *u.* euocare.)

γγ) dat.: tantum apud homines barbaros

ualuit esse aliquos repertos principes inferendi belli tantamque omnibus ⟨omnium β; *Flod.*⟩ uoluntatum ⟨*AQM*[a]; uoluntatem *BM;* uoluntatis β; *Flod.*⟩ commutationem attulit, ut praeter Haeduos et Remos ... nulla fere ciuitas fuerit non suspecta nobis: V 54, 4; ¶ primum agunt gratias omnes omnibus, quod sibi perterritis pridie pepercissent: 1, 74, 2; omnibus generatim gratias agit: ciuibus Romanis, quod . . .; Hispanis, quod . . .; Gaditanis, quod . . .; tribunis . . ., quod . . .: 2, 21, 1; ¶ quod omnibus constabat hiemari ⟨c⟩ in Gallia oportere: IV 29, 4; ¶ est quaedam animi incitatio atque alacritas naturaliter innata omnibus, quae ⟨qui *recc.; Faern.*⟩ studio pugnae incenditur ⟨incenduntur *recc.; Faern.*⟩: 3, 92, 3; ¶ interdicere: VII 40, 4 *u.* αα) 𝔇); ¶ omnibus his resistitur omnibusque oratio consulis, Scipionis, Catonis opponitur: 1, 4, 1; ¶ perfacile esse, cum uirtute omnibus praestarent, totius Galliae imperio potiri: I 2, 2; ¶ nihil citra Capuam tutum esse omnibus uidetur: 1, 14, 4.

δδ) **genet.; 𝔄):** tantus subito timor omnem exercitum occupauit, ut non mediocriter omnium mentes animosque perturbaret: I 39, 1; at omnium impeditis animis ⟨an. imp. β⟩ Dumnorix . . . domum discedere coepit: V 7, 5; etsi omnium animi ad ulciscendum ardebant: VI 34, 7; sic omnino ⟨omnium β; *Schn.*⟩ animos timor praeoccupauerat ⟨occupauerat β⟩, ut: VI 41, 3; fit gratulatio inter eos, atque omnium animi ad laetitiam excitantur: VII 79, 3; in castris Curionis magnus omnium ⟨ordinum *H. Schneider*⟩ incessit timor animis. is ⟨*Voss.; Db.;* timor, nam is (his *af;* iis *hl*) *codd.; Dt.*⟩ uariis hominum sermonibus celeriter augetur: 2, 29, 1; atque omnium animi intenti esse ad pacem uidebantur: 3, 19, 4; ¶ omnium consensu ad eum defertur imperium: VII 4, 7; omnium consensu hac sententia probata . . . urbes Biturigum incenduntur: VII 15, 1; ¶ quod in conspectu omnium res gerebatur: VII 80, 5; cohortes in montem, qui erat in conspectu omnium excelsissimus, mittit: 1, 70, 4; Labienus . . . captiuos . . . interrogans, solerentne ueterani milites fugere, in omnium conspectu interfecit: 3, 71, 4; ¶ postremo et plures intermittere dies et praeter consuetudinem omnium ⟨omnino *Paul*⟩ noctu *instituerant pabulari: 1, 59, 3; ¶ castrorum autem mutatio quid habet nisi turpem fugam et desperationem omnium et alienationem exercitus? 2, 31, 4; ¶ hisque omnium domus patent: VI 23, 9; ¶ Caesar primum suo, deinde omnium ex conspectu ⟨ex consp. *del. Ciacc.*⟩ remotis equis, ut aequato omnium ⟨*del. Scal.*⟩ periculo spem fugae tolleret, cohortatus suos proelium commisit: I 25, 1; ¶ ne Vorenus quidem sese ⟨c⟩ uallo continet, sed omnium ueritus existimationem subsequitur: V 44, 5; ¶ contra opinionem enim militum famamque omnium ⟨hominum *Paul*⟩ uideri proelium ⟨c⟩ defugisse ⟨c⟩ magnum detrimentum adferebat: 1, 82, 2; nuntiatum est adesse Scipionem cum legionibus ⟨c⟩ magna opinione et fama omnium: 3, 36, 1; ¶ fortunae: 2, 36, 2 *u.* αα) 𝔄) agere; ¶ quod ea res omnium indicio reprehendebatur: 1, 14, 5; cum esse omnium ⟨omn. esse *h*⟩ indicio inferiores uiderentur: 1, 47, 2; magnumque fructum suae pristinae lenitatis omnium indicio Caesar ferebat, consiliumque eius a cunctis probabatur: 1, 74, 7; ¶ *magna*que* spe et laetitia omnium discessum est: 3, 87, 7; ¶ (**litora: 3, 23, 1 *u.* A. b) β) litora;**) ¶ mentes: I 39, 1 *u.* animi; hac oratione habita mirum in modum conuersae sunt omnium mentes: I 41, 1; omnium oculis mentibusque ad pugnam intentis . . . peruenerunt: III 26, 2; cum sub oculis omnium ac pro castris dimicaretur: V 16, 1; *luce multum per se pudorem omnium *oculos, multum etiam tribunorum militum et centurionum praesentiam ⟨c⟩ adferre: 1, 67, 4; ¶ celeriter contraque omnium opinionem confecto itinere multos . . . inopinantes deprehendit: VI 30, 1; admodum magnis diurnis nocturnisque itineribus confectis contra omnium opinionem ad Ligerim ⟨c⟩ uenit: VII 56, 3; commutata omnium et uoluntate et opinione consensu summo ⟨*Hotom.;* suo *x; an* suorum omnium?⟩ constituit Curio, . . . proelio rem committere: 2, 33, 3; 3, 36, 1 *u.* fama; auctis copiis Pompei . . . pristina omnium confirmatur opinio et spes uictoriae augetur: 3, 82, 2; ¶ periculum: I 25, 1 *u.* equi; ¶ (**portus: 3, 23, 1 *u.* A. b) β) litora;**) ¶ petieruntque, uti sibi secreto [in occulto] de sua omniumque salute cum eo agere liceret: I 31, 1; hic diffisus suae atque omnium saluti inermis ex tabernaculo prodit: VI 38, 2; quo nisi paene in ipso urbis incendio atque in desperatione omnium salutis . . . numquam ante descensum ⟨c⟩ est: 1, 5, 3; multa suppliciter locutus *est,* ut de sua atque omnium salute debebat: 3, 19, 3; ¶ spes: 3, 87, 7 *u.* laetitia; ¶ summa omnium fuerunt ad milia CCCLXVIII: I 29, 3; ¶ sed tantus fuit omnium terror, ut alii adesse copias Iubae dicerent, alii . . .: 2, 43, 2; ¶

ad hunc propter iustitiam prudentiamque summam ⟨c⟩ totius belli omnium uoluntate deferri: II 4, 7; V 54, 4 *u.* γγ) adferre; Curio summa omnium uoluntate Iguuium recipit: 1, 12, 2; 2, 33, 3 *u.* opinio; temptemus, hoc modo si possimus ⟨c⟩ omnium uoluntates recuperare: *ap. Cic. ad Att.* IX 7 *C*, 1; ¶ cum . . . omnium noces audirentur, exspectari diutius non oportere: III 24, 5.

𝔅): nulli omnium ⟨hominum *b*⟩ has partes uel querimoniae uel miserationis minus conuenisse: 1, 85, 1; ¶ neque ⟨c⟩ erat omnium quisquam, qui . . . arbitraretur: VII 76, 5; neque nero ⟨c⟩ tam remisso ac languido animo quisquam omnium fuit, qui ea nocte conquieuerit: 1, 21, 5; neque erat quisquam omnium, quin . . . existimaret: 2, 5, 4; (ut . . . signa dimitterent neque quisquam omnino ⟨omnium *Manut.*⟩ consisteret: 3, 69, 4.)

ℭ): minime omnium: VI 29, 1 *u.* **A. b) α) ββ)** Germani.

εε) c. praep.: magnam tamen haec res illis offensionem et contemptionem a d omnes attulit: 3, 60, 2.

ille unum elocutus, ut memoria tenerent milites ea, quae pridie sibi ⟨c⟩ confirmassent, sequi sese ⟨c⟩ inbet et praecurrit ante omnes: 2, 34, 5.

ne euentum belli exspectasse aut ⟨c⟩ ex omnibus nouissimi uenisse uiderentur: 1, 53, 3; — principesque ex omnibus bellum (se) facturos pollicentur: VII 2, 1; — animaduertit Caesar unos ⟨c⟩ ex omnibus Sequanos nihil earum rerum facere, quas ceteri facerent: I 32, 2.

constabat inter omnes . . . : VII 44, 3.

β) neutr.; αα) subi.: ut omnia contra opinionem acciderent ⟨acciderant *ABM*; accederent β⟩: III 9, 6; omnia enim secundissima nobis, aduersissima illis accidisse uidentur: *ap. Cic. ad Att.* X 8 *B*, 1; ¶ si non omnia caderent secunda: 3, 73, 4; ¶ nisi omnia consentiant inter se: *ap. Pompei. comm. art. Don. (gramm. Lat. ed. Keil V p. 198)*; ¶ cui (exercitui) semper omnia ad necessarium usum defuissent: 3, 96, 2; ¶ timide atque ut eum omnia deficere uiderentur: V 33, 1; ¶ qui . . . interrogatus omnia sibi esse ad bellum apta ac parata confirmauisset: 1, 30, 5; ut quam integerrima essent ad pacem omnia: 1, 85, 2; — erant plena laetitia et gratulatione omnia: 1, 74, 7; plena erant omnia timoris et luctus: 2, 41, 8; omniaque erant tumultus, timoris, fugae plena ⟨plenū *ah*⟩: 3, 69, 4; ¶ nideri: V 33, 1 *u.* deficere; *ap. Cic. ad Att.* X 8 *B*, 1 *u.* accidere.

ββ) obi.: agere *u.* **ago** *p. 218* **α)** *(4 loc.)*; ¶ accidit, ut . . . clamore et fletu omnia complerentur: V 33, 6; ¶ qui se nobis omnia debere iudicant: 2, 32, 4; ¶ [omnia excogitantur, quare nec sine periculo maneatur et . . . periculum augeatur: V 31, 5;] ¶ (constituunt, ut . . . excedant atque omnia prius experiantur ⟨expediantur α⟩, quam ad ⟨c⟩ Critognati sententiam ⟨c⟩ descendant ⟨c⟩: VII 78, 1;) ¶ experiri *u.* **experior** *p. 1230* **β)** *(5 loc.)*; ¶ de numero eorum omnia se habere explorata Remi dicebant: II 4, 4; ¶ monuitque, ut ex sua amicitia omnia exspectarent et ex praeteritis suis officiis reliqua sperarent: 3, 60, 1; ¶ neque fore aequa parte contentum, qui se omnia habiturum confideret: 3, 10, 7; (*cf.* explorare;) ¶ acies instructa . . . cernebatur, omniaque sunt subito mutata: 3, 69, 1; ¶ cum ⟨c⟩ propter longitudinem agminis minus ⟨c⟩ facile ⟨c⟩ omnia per se ⟨per se omnia β⟩ obire . . . possent: V 33, 3; ¶ ut superioris temporis contentionem ⟨c⟩ nostri omnem remiserant, ita proximi diei casu admoniti omnia ad defensionem parauerant: 2, 14, 6; ¶ sed tamen ad omnia se descendere paratum atque omnia pati rei publicae causa: 1, 9, 5; ¶ qui (inimici) . . . omnia permisceri mallent quam imperium exercitusque dimittere: 1, 32, 5; ¶ illi omnia perpeti parati maxime a re frumentaria laborabant: 3, 9, 5; ¶ proinde omnia in uictoria posita ⟨esse *add.* β⟩ existimarent: V 34, 1; ¶ properaret ad se cum exercitu uenire omniaque posthaberet ⟨*Ald.*; omniaque post ea quae haberet *x*⟩: 3, 33, 1; ¶ ut omnia postponere uideretur: VI 3, 4; ¶ expediti naues conscenderent . . . omniaque ex uictoria et ex sua liberalitate sperarent: 3, 6, 1; ¶ pugnatur uno tempore omnibus locis ⟨c⟩ atque omnia temptantur: VII 84, 2.

γγ) genet.: omnium maxime: 2, 30, 1 *u.* **A. b) α) αα) a)** modi.

δδ) c. praep.: sed tamen ad omnia se descendere paratum . . . rei publicae causa: 1, 9, 5.

b) sequitur pron. relatiuum; α) masc.; αα) omnes, qui; 𝔄): hac oratione ab Diuiciaco habita omnes, qui aderant, magno fletu auxilium a Caesare petere coeperunt: I 32, 1; atque omnes, qui arma ferre possent, unum in locum conuenirent: IV 19, 2; huc omnes undique, qui controuersias habent, conueniunt eorumque decretis iudiciisque parent: VI 13, 10.

𝔅): misso ad uesperum senatu omnes, qui sunt eius ordinis, a Pompeio euocantur: 1, 3, 1.

ℭ): omnes fere, qui eo mari uti consuerunt, habent uectigales: III 8, 1; mandat, ut suam quisque eorum ciuitatem adeat omnesque ⟨que *om.* β⟩, qui per aetatem arma ferre possint ⟨β; possent α⟩, ad bellum cogant: VII 71, 2; Galli concilio principum indicto non omnes ⟨eos *add. Np., Db., Dt.;* hos *add.* α; *Schn., Fr., Hold.; om.* β⟩, qui arma ferre possent, . . . conuocandos statuunt, sed: VII 75, 1.

ββ) **omnes, in quibus:** cum omnis iuuentus, omnes etiam grauioris aetatis, in quibus aliquid consilii aut dignitatis fuit, eo conuenerant, tum: III 16, 2.

γγ) **omnium, qui:** maiores natu . . . omnium, qui supererant, consensu legatos ad Caesarem miserunt: II 28, 2.

δδ) **ab omnibus, qui:** dato iure iurando ab omnibus, qui aderant, tempore eius rei constituto ab concilio ⟨*c*⟩ disceditur: VII 2, 3.

β) **neutr.; αα) omnia, quae; 𝔄):** et omnia deerant, quae ad reficiendas nanes ⟨*c*⟩ erant ⟨*c*⟩ usui ⟨*o*⟩: IV 29, 4; omnia enim plerumque, quae absunt, uehementius hominum mentes perturbant: VII 84, 5.

𝔅): omniaque, quae ⟨omnia quaeque *X*⟩ postulassent, ab ⟨*c*⟩ se fore parata: IV 6, 3.

ℭ): omniaque, quae ⟨β; omnia quaeque α⟩ uiuis cordi fuisse arbitrantur, in ignem inferunt: VI 19, 4.

𝔇): ut est summae genus sollertiae atque ad omnia imitanda et efficienda, quae a ⟨*c*⟩ quoque traduntur ⟨tradantur *afk*⟩, aptissimum: VII 22, 1; ut omnia, quae imperarentur, sibi patienda ⟨et perferenda *add.* β; *Schn.* (*Db.*)⟩ existimarent: VII 30, 4.

2. additur aut pronomen aut adiectiuum reliqui; A. pronomen; a) non sequitur relatinum; α) hic: Ariouistus his omnibus diebus exercitum castris continuit: I 48, 4; — sub muro quae ⟨muroque *Aβ*⟩ pars collis ad orientem solem ⟨*c*⟩ spectabat, hunc omnem locum copiae Gallorum compleuerant: VII 69, 5; — alterum genus est equitum. hi, cum est usus atque aliquod bellum incidit . . ., omnes in bello uersantur: VI 15, 1; — id esse consilium Caesaris, ut, quos in conspectu Galliae interficere uereretur, hos omnes in Britanniam traductos necaret: V 6, 5; — ut, quidquid intercederet temporis, hoc omne ⟨omni *af;* homini *Ohl*⟩ uictoriam ⟨-ia *Ox*⟩ morari uideretur ⟨uteretur *Ox*⟩: 2, 39, 5; *u. praeterea* **hic** *p. 1477—1480* ζ) *(35 loc.).*

β) **idem:** *quibus* in hos eadem omnia sunt iura, quae dominis in seruos: VI 13, 3.

γ) **ille:** quae (palus) influeret in Sequanam atque illum omnem locum magnopere impediret: VII 57, 4; ¶ nanes longas . . ., quarum erant L auxilio missae ad Pompeium . . ., illae triremes ⟨quadriremes (*pro* illae tr.) *Paul*⟩ omnes et quinqueremes: 3, 111, 3.

δ) **is:** (denique ex omni ⟨eo *add. ah*[2]⟩ numero, qui fuit circiter milium XL ⟨*o*⟩, uix DCCC . . . ad Vercingetorigem peruenerunt: VII 28, 5;) *u. praeterea* **is** *p. 309 sq.* β) *(10 loc.).*

ε) **qui; αα) pertinent haec uerba ad certa quaedam subst.; 𝔄):** ex iis ⟨*c*⟩ omnibus longe sunt humanissimi, qui Cantium incolunt, quae regio est maritima omnis: V 14, 1; ¶ in castris Heluetiorum tabulae repertae sunt . . ., quibus in tabulis nominatim ratio confecta erat, qui numerus domo exisset eorum, qui arma ferre possent et item separatim pueri, senes mulieresque. quarum omnium rerum ⟨rationum *Paul;* numerorum *Walther;* quorum omnium *Pramm.; u. CC*⟩ summa erat capitum Heluetiorum *milium CCLXIII: I 29, (1.) 2; quarum omnium rerum maxime admirandum uidebatur, quod: VI 42, 3; — quibus omnibus rebus permoti equites Treueri ⟨*c*⟩ . . . domum contenderunt: II 24, 4; quibus omnibus rebus hostes inuitati copias traducunt: V 51, 1; quibus omnibus rebus ⟨rebus omn. *a; Np., Dt.*⟩ sublatus nihil contra se regem ausurum ⟨*c*⟩ existimabat: 2, 37, 2; — quarum rerum omnium nostris nauibus casus erat ⟨*c*⟩ extimescendus ⟨*c*⟩: III 13, 9.

𝔅): deiectisque ⟨*c*⟩ defensoribus, qui omnes scaphis excepti refugerunt ⟨*Ciacc.;* refugerant *x; edd.*⟩, eam nanem expugnauit: 3, 40, 3; ¶ quod si eum interfecerit, multis sese nobilibus principibusque populi Romani gratum esse facturum . . .; quorum omnium gratiam atque amicitiam eius morte redimere posset: I 44, 12; ¶ naues soluit, quae omnes incolumes ad ⟨*c*⟩ continentem peruenerunt: IV 36, 4; ex Massiliensium classe (naues) V sunt depressae, IIII captae, una cum Nasidianis profugit; quae omnes citeriorem Hispaniam petiuerunt: 2, 7, 2; ¶ tirones . . . se Otacilio dediderunt; qui omnes ad eum perducti ⟨*c*⟩ . . . crudelissime interficiuntur: 3, 28, 4; ¶¶ (Morinos . . .; qui . . . omnes: IV 38, 2 *u. p. 913* 𝔟).)

ββ) **non pertinet ad certum aliquod subst.; 𝔄) masc.; 𝔞) subi.:** dimissis nuntiis ad Ceutrones, Grudios, Leuacos, Pleumoxios, Geidumnos, qui omnes sub eorum imperio sunt ⟨continebantur β⟩, quam maximas manus ⟨o⟩ possunt cogunt ⟨c⟩: V 39,1; ¶ Curio exercitum ... reducit suis omnibus ... incolumibus, ex numero aduersariorum circiter DC interfectis ac mille uulneratis; qui omnes discessu Curionis multique praeterea per simulationem uulnerum ... in oppidum ... sese recipiunt: 2,35,6.

b) obi.: Britanniae pars ... maritima ab iis ⟨c⟩ (incolitur), qui praedae ... causa ex Belgio transierunt ⟨c⟩, qui omnes fere iis ⟨CC⟩ nominibus ciuitatum appellantur, quibus orti ex ciuitatibus eo peruenerunt: V 12,(1.) 2; ¶ ut ... ex magno remigum propugnatorumque numero pars ad scopulos adlisa interficeretur, pars ab nostris detraheretur ⟨c⟩; quos omnes conseruatos Caesar domum remisit: 3, 27,2.

B) neutr.; a) subi.: quae omnia fere Gallis erant incognita: IV 20,2.

b) obi.: quae omnia ab his diligenter ad diem facta sunt: II 5,1; ¶ quae tamen omnia et se tulisse patienter et esse laturum: 1,85,11.

ζ) meus: ego fratribus atque omnibus meis propinquis interfectis dolore prohibeor ... pronuntiare: VII 38,3.

η) noster *u.* **noster** *p. 832 sq.* **e)** *(8 loc.).*

ϑ) suus; αα) c. subst.; A) sing.: Germani suas copias castris eduxerunt ... omnemque aciem suam raedis et carris circumdederunt: I 51,2; ¶ Orgetorix ad indicium omnem suam familiam, ad hominum milia decem, undique coegit: I 4,2.

B) plur.: Heluetii cum omnibus suis carris secuti impedimenta in unum locum contulerunt: I 24,4; ¶ et omnes clientes obaeratosque suos, quorum magnum numerum habebat, eodem conduxit: I 4,2; ¶ nuntiatum est ei Ariouistum cum suis omnibus copiis ad occupandum Vesontionem ... contendere: I 38,1; omnibus suis incolumibus copiis ⟨*om.* β⟩ eodem die ad Ciceronem peruenit: V 52,1; Suebos omnes ... cum omnibus suis sociorumque copiis, quas coegissent, ... se recepisse: VI 10, 4; [haec quo facilius Pompeio probari possent, omnes suas terrestres urbiumque ⟨nauiumque *coni. Np.*⟩ copias dimissurum ⟨dimissurus *afh*⟩: 3,10,10]; ¶ quae gens ... legatos miserat, ut suis omnibus facultatibus uteretur: 3,80,1; ¶ huc omnes suas fortunas exercitus Romanorum contulit: VI 35,8; neque erat quisquam omnium, quin *in* eius diei casu suarum omnium fortunarum euentum consistere existimaret: 2,5,4; ¶ cum ... premerentur suaque omnia impedimenta atque omnes fortunas conflagrare intellegerent: V 43,4; ¶ oppida sua omnia, numero ad duodecim, uicos ad quadringentos, reliqua priuata aedificia incendunt, frumentum omne ... comburunt: I 5, 2; ¶ quos Pompeius ... omnia sua praesidia ⟨sua *repetit a*⟩ circumduxit: 3, 61,1.

ββ) sine subst.; A) masc.; a) subi.: se suosque omnes in officio futuros ⟨confirmat *add.* β⟩ neque ab amicitia populi Romani defecturos confirmauit: V 3,3; ¶¶ nostri, simul in arido constiterunt, suis omnibus consecutis in hostes impetum fecerunt: IV 26,5; ¶ omnibus suis incolumibus: V 52,1 *u.* αα) **B)** copiae; Curio exercitum in castra reducit suis omnibus praeter Fabium incolumibus: 2,35,6; ¶ his constitutis rebus ⟨omnibus *add.* β⟩ suis inopinantibus quam maximis potest itineribus Viennam peruenit: VII 9,3.

b) obi.: tanta diligentia omnes suos custodiis intra castra continuit, ut: V 58,1; — ibi copias conlocauit suosque omnes castris ⟨c⟩ continuit: 3,30,5; ¶ centuriones ... portas occupauerunt suosque omnes incolumes receperunt: VII 12,6; ¶ tertiae cohortis centuriones ex eo quo stabant loco recesserunt suosque omnes remouerunt: V 43,6.

c) gen.: consensu suorum omnium: 2, 33,3 *u. p. 920* opinio; — itaque omnium suorum consensu Curio reliquas copias exspectare et bellum ducere parabat: 2,37,6; ¶ Pompeius quoque, ut postea cognitum est, suorum omnium hortatu statuerat proelio decertare: 3,86,1; ¶ Menedemus, princeps earum regionum, missus legatus omnium suorum excellens studium profitebatur: 3, 34,4; ¶ illius denique exercitus milites (officium suum praestitisse), qui per se de concilianda pace egerint, qua in re omnium suorum uitae consulendum putarint: 1,85, 2; ¶ praestare uisum est tamen omnes difficultates perpeti quam tanta contumelia accepta omnium suorum uoluntates alienare: VII 10,2.

d) c. praep.: nam ⟨c⟩ cum omnibus suis domo excesserant Rhenumque transierant: IV 14,5.

B) neutr. (obi.): sua omnia conferre *u.* **confero** *p. 638* **A. b)** *(4 loc.);* ¶ multi ex suis finibus egressi se suaque omnia alienissimis crediderunt: VI 31,4; ¶ qui se suaque omnia sine mora dediderunt: II 15, 2; itaque se ⟨*om.* β⟩ suaque ⟨sua β⟩ omnia Caesari dediderunt ⟨dederunt α⟩: III 16, 4; ¶ nuntios dimisisse, uti de oppidis demigrarent, liberos, uxores suaque omnia in siluis deponerent: IV 19, 2; ¶ magno numero nauium adpulso . . . sua deportabant omnia ⟨omn. sua deport. β⟩ seque in proxima oppida recipiebant: III 12, 3; ¶ finibus suis excesserant suaque omnia exportauerant seque in . . . siluas abdiderant: IV 18, 4; ¶ qui ⟨*c*⟩ dicerent ⟨*c*⟩ se suaque omnia in fidem atque in ⟨*c*⟩ potestatem populi Romani permittere: II 3, 2; qui . . . se suaque omnia eorum potestati permittere dixerunt: II 31, 3.

ι) uos: quorum in consilio omnium uestrum consensu pristinae residere ⟨*o*⟩ uirtutis memoria uidetur: VII 77, 4.

b) sequitur pron. relatiuum: omnes ii, qui *u.* **is** *p. 335 sq.* **bb)** *(7 loc.).*

B. reliqui omnes; a) additur subst.: haec genera munitionis instituit . . . . reliquas omnes munitiones ab ea fossa pedes quadringentos ⟨pedibus CCCC β⟩ reduxit ⟨deduxit β⟩: VII 72, (1.) 2; ¶ ante id ⟨*c*⟩ oppidum planities circiter milia passuum III in longitudinem patebat. reliquis ex omnibus partibus colles . . . oppidum cingebant: VII 69, (3.) 4; ¶ (Dumnorigem) complures annos portoria reliquaque omnia Haeduorum uectigalia paruo pretio redempta habere: I 18, 3; ¶¶ Remi . . . legatos . . . miserunt, qui ⟨*c*⟩ dicerent ⟨*c*⟩ se suaque omnia in fidem atque in ⟨*c*⟩ potestatem populi Romani permittere. . . . reliquos omnes Belgas in armis esse: II 3, (2—)4.

b) non add. subst.; α): uti . . . ex iis (nauibus), quae inanes ex continenti ad eum remitterentur, . . . perpaucae locum caperent, reliquae fere omnes reicerentur ⟨β; reficerentur α⟩: V 23, 4.

β): nulli omnium has partes uel querimoniae uel miserationis minus conuenisse. reliquos enim omnes officium suum praestitisse: *se,* qui . . .; exercitum suum, qui . . .; illius denique exercitus milites, qui: 1, 85, 2.

reductos in hostium numero habuit; reliquos omnes obsidibus, armis, perfugis traditis in deditionem accepit: I 28, 2; — celeriter sibi Senones, . . . Andos reliquosque omnes, qui Oceanum attingunt, adiungit ⟨β; adiungunt α⟩: VII 4, 6; — *unus *fugit M. Opimius, praefectus equitum; reliquos omnes earum turmarum aut interfecerunt aut captos ad Domitium deduxerunt: 3, 38, 4; — perpauci . . . sibi salutem reppererunt. in his fuit Ariouistus, qui nauiculam . . . nactus ea profugit; reliquos omnes equitatu consecuti ⟨consecuti equites β⟩ nostri interfecerunt: I 53, 3.

omnes = nihil nisi: VII 29, 3.

onerarius: nauibus circiter octoginta ⟨*c*⟩ onerariis coactis contractisque ⟨*CC*⟩: IV 22, 3; huc accedebant XVIII onerariae naues: IV 22, 4; naues longas . . . paulum remoueri ab onerariis nauibus . . . iussit: IV 25, 1; uno tempore et longas naues . . . aestus complebat ⟨*c*⟩ et onerarias . . . tempestas adflictabat: IV 29, 2; ex iis ⟨*c*⟩ onerariae duae eosdem quos reliquae ⟨*c*⟩ portus ⟨*o*⟩ capere non potuerunt: IV 36, 4; contra haec Pompeius naues magnas onerarias, quas in portu Brundisino deprehenderat, adornabat: 1, 26, 1; onerarias naues, quas ubique possunt, deprehendunt atque in portum deducunt: 1, 36, 2; qui (remiges gubernatoresque) repente ex onerariis nauibus erant producti: 1, 58, 3; quas (naues) praesidio onerariis nauibus Curio ex Sicilia eduxerat: 2, 23, 5; aduentu longarum nauium Curio *pronuntiari onerariis nauibus iubet: 2, 25, 6; (2, 32, 12 *u.* **onero**;) horum fuga nauium onerariarum magistros incitabat; pauci lenunculi . . . conueniebant: 2, 43, 3; ut cogerentur sicuti reliquum commeatum ita ligna atque aquam Corcyra ⟨*c*⟩ nauibus onerariis supportare: 3, 15, 3; hic repentino aduentu naues onerarias quasdam nactus incendit et unam frumento onustam abduxit: 3, 23, 2; faucibusque portus nauem onerariam submersam obiecit et huic alteram coniunxit: 3, 39, 2; Lissum profectus naues onerarias XXX a M. Antonio relictas intra portum adgressus omnes incendit: 3, 40, 5; Laelius . . . onerariis nauibus Corcyra Dyrrachioque aquam suis supportabat: 3, 100, 3; Cassius . . . magno uento et secundo completas onerarias naues taeda et pice et stuppa . . . in Pomponianam classem immisit: 3, 101, 2; secundum nactus uentum onerarias naues [circiter XL] praeparatas ad incendium immisit: 3, 101, 5.

onero: ad celeritatem onerandi *subductionisque paulo facit humiliores (naues): V 1, 2; ¶ an paenitet uos, quod . . . ex portu sinuque aduersariorum CC naues oneratas ⟨onerarias *b; Np.*⟩ abduxerim ⟨*c*⟩: 2, 32, 12.

onus. A. propr.; a) subi.: posse: III 13, 6 *u.* **b)** regere.

b) obi.: castra muniunt neque iumentis onera deponunt: 1, 80, 2; ¶ impeditis hostibus propter ea quae ferebant onera subito . . .

eruptionem fieri iubet: III 19, 2; ¶ quorum erant . . . corpora insueta ad onera portanda: 1, 78, 2; ¶ tanta onera nauium regi uelis non satis commode posse ⟨*om.* β⟩ arbitrabantur: III 13, 6; ¶ ad onera ac ⟨*c*⟩ multitudinem iumentorum transportandam paulo latiores ⟨*c*⟩ (facit naues): V 1, 2.

c) gen.: quibusnam manibus aut quibus niribus praesertim homines ⟨*o*⟩ tantulae staturae . . . tanti oneris turrim ⟨*c*⟩ in muro ⟨*c*⟩ sese conlocare *posse* confiderent: II 30, 4.

d) abl.: ut multitudine atque onere non nulli (lenunculi) deprimerentur: 2, 43, 4; ¶ militibus autem . . . impeditis manibus, magno et grani onere armorum oppressis ⟨pressis β; *del. Madu.*⟩ . . . cum hostibus erat pugnandum: IV 24, 2.

e) c. praep.: propter onera: III 19, 2 *u.* **b)** ferre; ¶ ueriti, ne noctu impediti sub onere confligere cogerentur: 1, 66, 2.

B. trsl.; a) obi.: his (ciuitatibus) grauiora onera iniungebat: 2, 18, 5.

b) dat.: sin timore defugiant, illis ⟨illi *O*⟩ se oneri non futurum ⟨defuturum *O*⟩ et per se rem publicam administraturum: 1, 32, 7.

(**c) gen.:** druides . . . militiae uacationem omniumque rerum ⟨onerum *C. F. Heinrich*⟩ habent immunitatem ⟨*u. CC*⟩: VI 14, 1.)

onustus: Bibulus . . . sperans alicui se parti onustarum nauium occurrere posse inanibus occurrit: 3, 8, 3; naues onerarias quasdam nactus incendit et unam frumento onustam abduxit: 3, 23, 2.

opera. A. = labor, contentio: etsi res erat multae operae ac laboris: V 11, 5; ¶ uiderunt ea, quae diu longoque spatio refici non posse sperassent, paucorum dierum opera et labore ita refecta, ut: 2, 16, 1.

B. = industria, studium, officium, munus (Thätigkeit, Dienstleistung); a) subi.: equitum nero operam neque in loco palustri desiderari debuisse et illic ⟨β; illis α⟩ fuisse utilem, quo sint profecti: VII 20, 4.

b) obi.: dare operam *u.* **do** *p. 943 (7 loc.)*; ¶ desiderare: VII 20, 4 *u.* **a)**; ¶ eum pro se quisque in conspectu imperatoris etiam in ⟨*c*⟩ extremis suis rebus operam nanare cuperet: II 25, 3; uestro imperatori quam *consueuistis operam date ⟨nauate *Paul*⟩: 3, 91, 1; ¶ neque se ignorare, quod esset officium legati, qui fiduciariam operam obtineret ⟨*u. CC*⟩: 2, 17, 2; ¶ qui . . intra praesidia Pompei fuissent neque operam in re militari praestitissent: 3, 83, 3; ¶ sub oculis domini ⟨*c*⟩ suam probare operam studebant: 1, 57, 4.

c) abl.; α): eos, quorum opera plebem concitatam existimabant: VII 13, 2; ¶ eius enim opera ⟨ope *NOx*⟩ castellum magna ex parte conseruatum esse constabat: 3, 53, 5; ¶ cuius opera sine uestro sanguine tantum exercitum uictorem fame ⟨paene *add.* β; *Schn.*⟩ consumptum uidetis: VII 20, 12; ¶ quorumque opera cognouerit ⟨*c*⟩ Tasgetium interfectum, hos comprehensos ad se mittere (iubet): V 25, 4; ¶ quod eius opera stipendio liberatus esset: V 27, 2; ¶ cuius opera proditum exercitum C. Antonii demonstrauimus: 3, 67, 5; ¶ quod in omnibus bellis singulari eius opera fuerat usus: V 25, 2; huius opera Commii . . . fideli atque utili superioribus annis erat usus in Britannia Caesar ⟨*u. CC*⟩: VII 76, 1; qui se ilii initio ⟨*c*⟩ ciuilis belli obtulerant, si sua opera in bello ⟨in b. *del. Ciacc.*⟩ uti uellet: 3, 1, 5; homines, quorum opera Caesar omnibus Gallicis ⟨*c*⟩ bellis optima fortissimaque erat usus: 3, 59, 1.

β): equidem mihi uideor pro nostra necessitate non labore, non opera, non industria defuisse ⟨. . . uidetur . . . non labor . . . *uel* uideor . . . non labori, non operae . . . *Quicherat*⟩: *ap. Gell.* XIII 3.

[**Falso:** eum (legio) se obiecisset Pompeianis copiis atque opere ⟨opera *NOhl*⟩, ut demonstrauimus, circummuniret: 3, 66, 2.]

M. Opimius: unus fugit ⟨*Roscher;* in his fuit *x; edd.*⟩ M. Opimius, praefectus ⟨*c*⟩ equitum ⟨*c*⟩: 3, 38, 4.

opinio. I. Forma: oppinio *inuenitur in α* II 35, 1; *in AQB(α?)* VII 59, 5; *in AQ* II 3, 1; 8, 1; 24, 4; III 3, 2; 18, 1; 25, 1; IV 16, 7 *bis;* V 13, 5; VII 56, 3; *in A* III 24, 5; VII 83, 4; *in a* 3, 29, 3.

II. Signif.; A. = existimatio, (exspectatio, suspicio,) ὑπόληψις; a) subi.: neque eum prima opinio fefellit: 3, 67, 4; tantum se opinionem fefellisse, ut a quo genere hominum uictoriam sperasset, ab eo initio fugae facto paene proditus uideretur: 3, 96, 4; ¶ huius est longitudo lateris, ut fert illorum ⟨eorum fert β⟩ opinio, septingentorum milium: V 13, 5; ¶ posse: 3, 18, 4 *u.* **b)** tollere.

b) obi.: Curio ad superiorem spem addita praesentis temporis opinione hostes fugere arbitratus copias . . . deducit ⟨*c*⟩: 2, 40, 4; ¶ (omnibus perterritis confirmatur ⟨adfirmatur β⟩ opinio barbaris, ut ex captino audierant, nullum esse intus praesidium: VI 37, 9;) ¶ multumque eorum opinionem adiuuabat, quod . . . uidebant: 1, 69, 2; ¶ Labienus suos . . . continebat timorisque opinionem quibuscumque poterat rebus augebat: V 57, 4; ¶ quo facto commutata omnium et uoluntate et opinione . . . constituit Curio . . . proelio rem committere: 2, 33, 3; ¶ confirmare *u.* **confirmo** *p. 647* **b)** α) *(3 loc.)*; ¶ si forte Pompeius naenam existimans Italiam eo traiecisset exercitum, quae opinio erat edita in uulgus: 3, 29, 3; ¶ unus quisque enim opiniones fingebat et ad id, quod ab alio audierat, sui aliquid timoris addebat: 2, 29, 1; ¶ de his eandem fere quam reliquae gentes habent opinionem: Apollinem morbos depellere . . .: VI 17, 2; hi siue uere quam habuerant opinionem ad eum perferunt, siue: 2, 27, 2; ¶ tantamque opinionem timoris praebuit, ut iam ad uallum castrorum hostes accedere auderent: III 17, 6; ut . . . auxiliares . . . lapidibus telisque subministrandis . . . speciem atque opinionem pugnantium praeberent: III 25, 1; ¶ sed haec eius diei praefertur ⟨praeferebatur?⟩ opinio, ut se utrique superiores discessisse existimarent: 1, 47, 1; ¶ cuius rei opinio tolli non poterit, cum in Italiam . . . reductus existimabor: 3, 18, 4.

c) abl.; α): qua opinione adductus Varus . . . mane legiones ex castris educit: 2, 27, 4; — cum sua cunctatione atque opinione timoris ⟨timidiores *X; cum spe* cunctantiores atque opinione timidiores *Linker*⟩ hostes nostros milites alacriores ad pugnandum effecissent ⟨-sset β⟩: III 24, 5; — quod haec de Vercingetorige usu ⟨*c*⟩ uentura opinione praeceperat: VII 9, 1.

β): etsi opinione trium legionum deiectus ad duas *reciderat: V 48, 1.

γ): eo cum de improuiso celeriusque omni ⟨omnium *E; Flod.*⟩ opinione uenisset: II 3, 1; — quae quidem ego aut omnino falsa aut certe minora opinione esse confido: 2, 31, 5; — cum . . . minus opinione sua efficeret ⟨*c*⟩: 3, 21, 1; (opinione timidiores: III 24, 5 *u.* α).)

d) c. praep.; α) contra *u.* **contra** *p. 719* C. *(4 loc.)*.

β) praeter: cum tantum repentini periculi praeter opinionem ⟨opinationem *A*[1]⟩ accidisset: III 3, 2; quod praeter opinionem consuetudinemque acciderat: 1, 45, 1.

B. = **bona existimatio, fama, gloria; a) subi.:** Treueri, quorum inter Gallos uirtutis opinio est ⟨opin. est uirt. β⟩ singularis: II 24, 4; — tantum esse nomen ⟨apud eos *add.* β⟩ atque opinionem eius exercitus ⟨exercitus romani β⟩ Ariouisto pulso et hoc nouissimo proelio facto etiam ad ultimas Germanorum nationes, uti opinione et ⟨opin. et *del. Vielh.*⟩ amicitia populi Romani tuti esse *possent: IV 16, 7.

b) obi.: auctis copiis Pompei . . . pristina omnium confirmatur opinio et spes uictoriae augetur: 3, 82, 2; ¶ deperdere: V 54, 5 *u.* e); ¶ ne suam neu ⟨neu suam neu *Elberl.*; ne usu manuque *l?*; *edd.*; ne usu manu *O*[1]*afh*⟩ reliquorum opinionem fallerent: 3, 86, 5; ¶ habere *u.* **habeo** *p. 1398* (VI 24, 3; VII 59, 5; VII 83, 4;) ¶ his rebus gestis omni Gallia pacata tanta huius belli ad barbaros opinio perlata ⟨prolata *A*⟩ est, uti: II 35, 1; ¶ ut famam opinionemque hominum teneret: 3, 56, 2.

c) genet.: qui uirtute belli omnibus gentibus praeferebantur, tantum se eius opinionis deperdidisse, ut populi ⟨*c*⟩ Romani ⟨*c*⟩ imperia perferrent, grauissime dolebant: V 54, 5.

d) abl.: opinione tutus: IV 16, 7 *u.* a); ¶¶ nuntiatum est adesse Scipionem cum legionibus ⟨*c*⟩ magna ⟨et *add. V.*⟩ opinione et fama omnium: 3, 36, 1.

e) c. praep.; α) ad: magni interesse etiam in reliquum tempus ad opinionem Galliae existimans, tantas nideri Italiae facultates, ut: VI 1, 3.

(β) **contra:** contra opinionem enim militum famamque omnium nideri proelium ⟨*c*⟩ defugisse ⟨*c*⟩ magnum detrimentum adferebat: 1, 82, 2.)

γ) propter: Caesar primo et propter multitudinem hostium et propter eximiam opinionem uirtutis proelio supersedere statuit: II 8, 1.

Opiniones: 2, 29, 1; ¶ opinio . . . fama: 1, 82, 2; 3, 36, 1; 56, 2; nomen atque opinio: IV 16, 7; species atque opinio: III 25, 1; ¶ opinio **huius belli:** II 35, 1; eius diei: 1, 47, 1; eius exercitus: IV 16, 7; iustitiae, bellicae laudis: VI 24, 3; trium legionum: V 48, 1; populi Romani: IV 16, 7; pugnantium: III 25, 1; cuius rei: 3, 18, 4; praesentis temporis: 2, 40, 4; timoris: III 17, 6; 18, 1; 24, 5 ⟨*c*⟩; V 57, 4; uirtutis: II 8, 1; 24, 4; VII 59, 5; 83, 4; ¶ *sequitur acc. c. inf.:* VI 17, 2; 37, 9.

Adiect.: (ea: V 54, 5; eadem: VI 17, 2;) eximia: II 8, 1; (haec: III 18, 1; 1, 47, 1;) magna: 3, 36, 1; maxima: VII 59, 5; 83, 4; omnis: II 3, 1; prima: 3, 67, 4; pristina: 3, 82, 2; (quae: 2, 27, 4; 3, 29, 3;) singularis: II 24, 4; (sua: 3, 21, 1; 86, 5;) summa: VI 24, 3; tanta: II 35, 1; III 17, 6; IV 16, 7.

(**opinor:** illum ueruto transfixum arbitrantur ⟨*sic* β; illum nero arbitrantur (*N;* obscurantur α; opinantur *Fr.; Hold.*) occisum α; *edd.*⟩: V 44, 11.)

oportet. A. c. acc. c. inf.: damnatum poenam sequi oportebat, ut igni cremaretur: I 4, 1; (intellexit) diem instare, quo die frumentum militibus metiri oporteret: I 16, 5; biduum supererat, cum exercitui frumentum metiri oporteret: I 23, 1; si quid ille se uelit, illum ad se uenire oportere: I 34, 2; non oportere se ⟨sese *AQ*⟩ a populo Romano in suo iure impediri: I 36, 2; amicitiam populi Romani sibi ornamento et praesidio, non detrimento esse oportere: I 44, 5; si antiquissimum quodque tempus spectari ⟨spectare *AQ*⟩ oporteret: I 45, 3; si indicium senatus obseruari oporteret, liberam debere esse Galliam: I 45, 3; quid fieri oporteret non minus commode ipsi sibi praescribere ⟨*c*⟩ quam ab aliis doceri poterant: II 20, 3; uicos atque aedificia incendi oportere: VII 14, 5; praeterea oppida incendi oportere, quae non . . . ab omni sint periculo tuta: VII 14, 9; legatos ad Pompeium de compositione mitti oportere: 1, 32, 8; ipsi autem suos ordines ⟨*c*⟩ seruare neque ab signis discedere ⟨consuerant *add. Paul*⟩ neque sine graui causa eum locum, quem ceperant, dimitti censuerant ⟨consuerant *Of?; Np.*⟩ oportere: 1, 44, 4; neque pudentes ⟨*c*⟩ suspicari oportet sibi parum credi neque improbos scire sese timeri: 2, 31, 4; id interesse rei publicae ⟨*sic Madu.;* interea et rei publicae *x; edd.*⟩ et ipsis placere oportere: 3, 10, 9; magnaque . . . fuit controuersia, oporteretne Lucilii ⟨*c*⟩ Hirri . . . proximis comitiis praetoriis absentis rationem haberi: 3, 82, 5; Caesar . . . nullum spatium perterritis dari ⟨*ego;* dare *x; edd.*⟩ oportere existimans milites cohortatus est, ut: 3, 95, 1; cum ab eorum consiliis abesse te debere ⟨te debere *om. codd.; edd.;* te debere *uel* te oportere *addend. cens. Wsbg.*⟩ iudicasti: *ap. Cic. ad Att.* X 8 *B*, 1.

B. c. inf. pass.: ut ipsi concedi non oporteret, si in nostros fines impetum faceret, sic item nos esse iniquos, quod: I 44, 8; [quod erat insigne, cum ad arma concurri oporteret: II 20, 1;] conclamant omnes occasionem negotii bene gerendi amittendam non esse, ad castra iri oportere: III 18, 5; cum . . . omnium uoces audirentur, exspectari diutius non oportere, quin ad castra iretur: III 24, 5; omnibus constabat hiemari ⟨β; hiemare α⟩ in Gallia oportere: IV 29, 4; conclamant equites sanctissimo iure iurando confirmari oportere, ne: VII 66, 7; ingressus in eam orationem, non oportere ante de ea re ad senatum referri, quam dilectus tota Italia habiti . . . essent: 1, 2, 2.

C. c. inf. act.: I 16, 5 *et* 23, 1 *et* 1, 44, 4 (*et* 3, 10, 9 *et* 95, 1) *u.* A.; (IV 29, 4 *u.* B.)

D. abs.: paucis clam conuocatis alio loco, alio tempore atque oportuerit fratrem a fratre renuntiatum: VII 33, 3.

oportunitas. I. Forma: *In cod. B aut semper aut plerumque uidetur scriptum esse* opportunitas *et* opportunus, *reliqui codd. plurimis locis* oportun. *habere uidentur. Hold. quidem* oportun. *inueniri testatur in X* III 12, 4 *et* 15, 4 *et* IV 22, 2; *in Qβ* IV 13, 4; *in AQ* III 17, 7 *et* IV 34, 1 *et* V 32, 1 *et* VII 20, 1. 3 *et* VII 69, 7; *in A* VII 23, 5 *et* 55, 1 *et* 56, 4; *etiam* I 30, 3 *et* II 8, 3 *et* III 19, 3 *et* VI 29, 4 oportun. *exstare in X ex Holderi silentio uidetur colligi posse. In cod. a eandem formam inueniri his locis Np. dicit:* 1, 85, 5; 2, 34, 4; 3, 23, 3; 36, 8; 57, 2; 101, 4; 106, 1.

II. Signif.; A. propr. = oportunitas loci *u.* **locus** *p. 479 sq. (6 loc.).*

B. trsl.; a) oportunitas temporis; α) additur genet. temporis: neque nunc se illorum humilitate ⟨*c*⟩ neque aliqua temporis oportunitate postulare, quibus rebus opes augeantur suae: 1, 85, 5; — Basilum . . . praemittit, si quid celeritate itineris atque oportunitate temporis proficere possit: VI 29, 4; — quid dubitas uti temporis oportunitate? 2, 34, 4.

β) non additur genet. temporis: quod eius discessu Romani tanta oportunitate et celeritate uenissent: VII 20, 1; — III 17, 7 *u.* b).

b) = commoditas, commodum: cum tanta multitudine hostium . . . nisi aequo loco aut oportunitate aliqua data legato dimicandum non existimabat: III 17, 7; — (hoc opus) ad utilitatem et defensionem urbium summam habet oportunitatem: VII 23, 5; ¶ quae quidem res ad negotium conficiendum maxime fuit oportuna ⟨maximae fuit oportunitati β⟩: III 15, 4.

oportunus. A. propr., de loco; a) posit.: loco oportuno (-is -is) *u.* **locus** *p. 482 (4 loc.);* ¶ uado per equites inuento pro rei necessitate oportuno, ut bracchia modo atque umeri ad sustinenda arma liberi ab aqua esse possent: VII 56, 4.

b) superl.: uti . . . locum . . . deligerent, quem ex omni Gallia oportunissimum ac fructuosissimum iudicassent: I 30, 3.

B. trsl.; a) de tempore; α) pos.: ad eum peruenit tam oportuno tempore, ut: 3, 36, 8; quod sua mandata perferre non oportuno tempore ad Pompeium uererentur: 3, 57, 2.

β) superl.: perturbatis nostris nouitate pugnae

tempore oportunissimo ⟨-ime B^1⟩ Caesar auxilium tulit: IV 34, 1.

b) de rebus = commodus, secundus: quae quidem res ad negotium conficiendum maxime fuit oportuna ⟨maximae fuit oportunitati β⟩: III 15, 4; oportunissima ⟨β; opportunissime α⟩ res ⟨*delend. cens. Np.;* oportunissime ea res *Schenkl*⟩ accidit, quod postridie . . . Germani frequentes . . . in castra uenerunt: IV 13, 4.

oportune: hoc ⟨*c*⟩ sibi Caesar satis oportune ⟨sat. oport. caesar β⟩ accidisse arbitratus . . . imperat: IV 22, 2; ¶ (oportunissime accidit: IV 13, 4 *u.* **oportunus** *extr.*) — sed oportunissime nuntiis adlatis oppidum est ⟨oppidum fuit *codd.;* oppidumst *Np.;* fuit *del. Madu.*⟩ defensum: 3, 101, 4.

oppidanus. 1. adiect.: ex perfugis ⟨profugis *f*⟩ quibusdam oppidanis audit Inbam . . . restitisse in regno: 2, 38, 1.

2. ui subst.; A. subi.: ne quam noctu oppidani a ⟨*c*⟩ militibus iniuriam acciperent: II 33, 1; ¶ capere: VII 12, 5 *u.* conspicere; ¶ celare: II 33, 2 *u.* facere; ¶ claudere, coepisse, complere: VII 12, 5 *u.* conspicere; ¶ comprehendere: VII 13, 2 *u.* **C.** perterrere; ¶ L. Torquatus, . . . cum Graecos . . . arma capere iuberet, illi autem se . . . pugnaturos negarent, oppidani autem etiam sua sponte Caesarem recipere conareutur, . . . portas aperuit: 3, 11, 4; ¶ quem simul atque oppidani conspexerunt atque in spem auxilii uenerunt, clamore sublato arma capere, portas claudere, murum complere coeperunt: VII 12, 5; ¶ quod deditione facta nostros . . . indiligentius ⟨*c*⟩ seruaturos crediderant (oppidani): II 33, 2; ¶ dedere: VII 13, 2 *u.* **C.** perterrere; ¶ deuoluere: 2, 11, 1 *ib.;* (oppidani) cupas taeda ac pice refertas incendunt easque de muro in musculum deuoluunt: 2, 11, 2; ¶ Sulmonenses . . . portas aperuerunt uniuersique, et oppidani et milites, obuiam gratulantes Antonio exierunt: 1, 18, 2; ¶ quorum opera plebem concitatam existimabant (oppidani): VII 13, 2; ¶ illi (oppidani) ante inito . . . consilio . . . partim cum iis ⟨his *X;* partim sumptis *Hug*⟩ quae retinuerant et celauerant armis, partim scutis ex cortice factis aut uiminibus intextis, quae subito . . . pellibus induxerant, . . . omnibus copiis repente ⟨*c*⟩ ex oppido eruptionem fecerunt: II 33, 2; ¶ gratulari: 1, 18, 2 *u.* exire; ¶ incendere: 2, 11, 2 *u.* deuoluere; ¶ inducere (inire, intexere): II 33, 2 *u.* facere; ¶ id ubi uident (oppidani), mutant consilium: 2, 11, 2; ¶ perducere: VII 13, 2 *u.* **C.** perterrere; ¶ posse (praecipitare): 2, 11, 1 *ib.;* ¶ producere: VII 13, 2 *ib.;* ¶ promouere: 2, 11, 1 *ib.;* ¶ recipere: 3, 11, 4 *u.* conari; ¶ (refercire: 2, 11, 2 *u.* deuoluere;) ¶ retinere: II 33, 2 *u.* facere; ¶ (tollere,) uenire: VII 12, 5 *u.* conspicere; ¶ uidere: 2, 11, 2 *u.* mutare.

B. appositio: 1, 18, 2 *u.* **A.** exire.

C. obi.: (euocare: VII 58, 4 *u.* perterrere;) ¶ quibus profligatis rursus oppidani perterriti comprehensos eos . . . ad Caesarem perduxerunt ⟨produxerunt β; *Fr.*⟩ seseque ei dediderunt: VII 13, 2; rei nouitate perterritis oppidanis, quorum magna pars erat ⟨*o*⟩ ad bellum euocata, . . . oppido potitur: VII 58, 4; quo malo perterriti subito oppidani saxa quam maxima possunt uectibus promouent praecipitataque **e* muro in musculum deuoluunt: 2, 11, 1.

D. dat.: Numidas et Cretas sagittarios et funditores Baleares ⟨*c*⟩ subsidio oppidanis mittit: II 7, 1.

E. genet.: pars (oppidanorum): VII 58, 4 *u.* **C.** perterrere.

oppidum. A. subi.: ab his ⟨*c*⟩ castris oppidum Remorum, nomine Bibrax, aberat milia passuum octo: II 6, 1; cognoscit non longe ex eo loco oppidum Cassiuellauni abesse siluis paludibusque munitum: V 21, 2; Sulmonenses, quod oppidum a Corfinio VII milium interuallo abest, cupere ea facere, quae uellet: 1, 18, 1; 61, 4 *u.* **D.** ponere; ¶ idque ⟨idemque *Paul*⟩ (oppidum) natura loci sic muniebatur, ut magnam ad ducendum bellum daret facultatem: I 38, 4; ¶ ut . . . liberi eorum in seruitutem abduci, oppida expugnari non debuerint: I 11, 3; ¶ defendere: VI 34, 1 *u.* esse; ¶ erat, ut supra demonstrauimus, manus certa nulla, non oppidum, non praesidium ⟨*c*⟩, quod se armis defenderet: VI 34, 1; VII 69, 1 *u.* **D.** ponere; — quorum oppida omnia in potestate eius essent: I 32, 5; — ad oppidum Auaricum, quod erat maximum munitissimumque in ⟨a β⟩ finibus Biturigum atque agri fertilissima regione, profectus est: VII 13, 3; est autem oppidum et loci natura et † colle ⟨uallo *Oehl.*⟩ munitum: 3, 9, 2; praeterea oppida incendi oportere, quae non munitione et loci natura ab omni sint periculo tuta: VII 14, 9; id (oppidum) . . . oppugnare conatus, quod uacuum ab defensoribus esse audiebat: II 12, 2; — ne ⟨*c*⟩ suis sint ad detrectandam militiam receptacula, neu Romanis proposita ad copiam commeatus praedamque tollendam: VII 14, 9. 10; — usui esse: VII 55, 7 *u.* **D.** tenere; ¶ quod (oppidum) cum ex omnibus in circuitu partibus altissimas rupes deiectusque ⟨*c*⟩ haberet: II 29, 3; III 12, 1 *u.* **D.** ponere; ¶ posse: VII 55, 7 *u.* **D.** tenere; VII 69, 1 *u.* **D.** ponere; ¶ uideri: VII 69, 1 *ib.*

B. praed.; a): extremum oppidum Allobrogum est proximumque Heluetiorum finibus Genaua ⟨*c*⟩: I 6, 3; ab ⟨oppido *add. Walther*⟩ Ocelo, quod est oppidum ⟨*RSchn.; om. X et edd.*⟩ citerioris prouinciae extremum, in fines Vocontiorum . . . peruenit: I 10, 5; Ariouistum . . . ad occupandum Vesontionem, quod est oppidum maximum Sequanorum, contendere: I 38, 1; VII 55, 1 *u.* **D.** ponere; Litauiccum Bibracte ⟨*c*⟩ ab Haeduis receptum, quod est oppidum apud eos maximae auctoritatis: VII 55, 4; 57, 1 *et* 58, 3 *u.* **D.** ponere; protinusque Alesiam, quod est oppidum ⟨oppidum est *a*⟩ Mandubiorum, iter facere coepit: VII 68, 1; 1, 61, 4 *u.* **D.** ponere; (3, 79, 7 *u.* **D.** opponere;) Gomphos peruenit, quod est oppidum primum Thessaliae uenientibus ab Epiro: 3, 80, 1.

b): oppidum autem Britanni uocant, cum siluas impeditas uallo atque fossa munierunt: quo incursionis ⟨*c*⟩ hostium uitandae ⟨*c*⟩ causa conuenire consuerunt: V 21, 3.

C. appositio; a): a Bibracte, oppido Haeduorum longe maximo et copiosissimo, non amplius milibus passuum XVIII aberat: I 23, 1; — Buthrotum oppidum: 3, 16, 1 *u.* **D.** opponere; — Gorgobinam, Boiorum oppidum: VII 9, 6 *u.* **D.** oppugnare; Oricum oppidum: 3, 39, 1 *u.* **D.** tueri.

b): ex oppido Alesia: VII (69, 1;) 79, 3; ad oppid. Auaricum: VII 13, 3; in oppidum Bratuspantium: II 13, 2; ex oppido Cauillono: VII 42, 5; oppidum Cenabum: VII 11, 6; in oppidum Corfinium: 1, 19, 3; oppido Gadibus: 2, 18, 2; in oppidum Gades *ib.;* ex oppido Gergouia: VII 4, 2; ad opp. Gergouiam: VII 34, 2; inter opp. Ilerdam: 1, 43, 1; ad opp. Ilerdam: 1, 45, 1; oppidum Ilerda: 1, 45, 2; ad opp. Nouiodunum: II 12, 1; (ab **oppido* Ocelo: I 10, 5;) ad opp. Senonum Vellaunodunum: VII 11, 1; ipso oppido Vtica: 2, 25, 1.

D. obi.: adicere, adponere: 3, 79, 7 *u.* opponere; ¶ ut . . . uix oppidum defenderetur, et nisi . . . nuntii de Caesaris uictoria . . . essent allati, existimabant plerique futurum fuisse, uti amitteretur: 3, 101, 3; ¶ Lissum obtinebant, quod oppidum iis ⟨*c*⟩ antea Caesar attribuerat muniendumque curauerat: 3, 29, 1; ¶ neque hostium fugam captis oppidis reprimi: III 14, 1; ¶ quod flumen Dubis ⟨*c*⟩ ut circino circumductum paene totum oppidum cingit: I 38, 4; reliquis ex omnibus partibus colles mediocri interiecto spatio pari altitudinis fastigio oppidum cingebant: VII 69, 4; ¶ Octauius quinis castris oppidum circumdedit: 3, 9, 4; ¶ reliquis diebus oppidum uallo castellisque circummunire ⟨*N; circumuenire x; edd.*⟩ instituit: 1, 18, 6; ¶ (circumuallare: VII 11, 1 *u.* oppugnare;) ¶ oppidum . . . expugnauit et ad diripiendum militibus concessit: 3, 80, 6; ¶ etiam Cingulo, quod oppidum Labienus constituerat suaque pecunia exaedificauerat, . . . legati ueniunt: 1, 15, 2; ¶ quod oppidum Cenabum pons fluminis Ligeris contingebat ⟨β; continebat α; *-Np., Dt.*[1]⟩: VII 11, 6; ¶ L. Torquatus . . . portas aperuit et se atque oppidum Caesari dedidit ⟨dedit *O*⟩: 3, 11, 4; ¶ defendere *u.* **defendo** *p. 840 sq.* β) *(5 loc.); cf. p. 841* **b);** ¶ cunctis oppidis castellisque desertis sua omnia in unum oppidum . . . contulerunt: II 29, 2; ¶ diripere *u.* **diripio** *p. 920* **B. a)** *(3 loc.);* ¶ quae (moles) paene insulam oppidum effecerat: 3, 40, 4; ¶ exaedificare: 1, 15, 2 *u.* constituere; ¶ expugnare *u.* **expugno** *p. 1236 sq. (10 loc.);* ¶ uti eodem usi consilio oppidis suis uicisque exustis una cum iis ⟨*c*⟩ proficiscantur: I 5, 4; ¶ (Suessiones) oppida habere numero XII: II 4, 7; — (gratias agit) ciuibus Romanis, quod oppidum in sua potestate studuissent habere: 2, 21, 1; ¶ incendere *u.* **incendo** *p. 145 (5 loc.);* ¶ (inrumpere: 1, 27, 3 *et* 2, 13, 4 *u.* **H. i)** inrumpere;) ¶ munire *u.* **munio** *et* **munitus** *p. 663—665 (3 + 4 (+ 1) loc.);* I 38, 4 *u.* **A.** dare; ¶ obicere: 3, 79, 7 *u.* opponere; ¶ huc Caesar . . . contendit occupatoque oppido ibi praesidium conlocat: I 38, 7; ¶ erat ad Buthrotum ⟨*c*⟩, oppidum oppositum ⟨oppid. oppos. *Oud.;* oppidum *codd.;* oppositum *marg. Vascos.; Np., Db., Dt.*⟩ Corcyrae; ibi ⟨ubi *af*⟩ certior . . . factus de postulatis Libonis . . . legionem relinquit: 3, 16, 1. 2; (ad Aeginium ⟨*c*⟩, quod est adiectum appositumque ⟨*sic Madu.;* obiectum oppositumque *x;* obiectum [oppositumque] *Em. Hoffm.; Db., Dt.;* quod est oppidum oppositum *Np.*⟩ Thessaliae, Caesari uenienti occurrit: 3, 79, 7;) ¶ id (oppidum) ex itinere magno impetu Belgae oppugnare coeperunt: II 6, 1; id (oppidum) ex itinere oppugnare conatus . . . propter latitudinem fossae . . . paucis defendentibus expugnare non potnit: II 12, 2; *cf.* § 3; Crassus ex itinere oppidum Sotiatium ⟨*c*⟩ oppugnare coepit: III 21, 2; inde profectus Gorgobinam, Boiorum oppidum, ... oppugnare instituit: VII 9, 6; altero die cum ad oppidum Senonum Vellaunodunum uenisset, . . . oppugnare instituit eoque ⟨β; idque α; *edd.*⟩ biduo circumuallauit: VII 11, 1; ille oppidum Biturigum positum in uia Nouiodunum ⟨bitur. pos. i. u. nouiod. β; *om.* α; Bitur. pos. in uia *uncis includ. Oud.*, *om. Fr.*⟩ oppugnare instituerat: VII 12, 2; (M. Octauius) conuentum Salonis cum . . . permouere (non) posset, oppidum ⟨obpidum *h*⟩ oppugnare instituit: 3, 9, 2; post horam nonam oppidum altissimis moenibus oppugnare adgressus ante solis occasum expugnauit: 3, 80, 6; ¶ erant eius modi fere situs oppidorum, ut posita in extremis lingulis promunturiisque neque pedibus aditum haberent . . . neque nauibus: III 12, 1; ille oppidum Biturigum positum in uia Nouiodunum ⟨bitur. p. in u. nouiod. *om.* α⟩ oppugnare instituerat: VII 12, 2; Nouiodunum erat oppidum Haeduorum ad ripas Ligeris oportuno loco positum: VII 55, 1; Lutetiam proficiscitur. id est oppidum Parisiorum, quod positum est ⟨quod *et* est *om.* β⟩ in insula fluminis Sequanae: VII 57, 1; Metiosedum ⟨*c*⟩ peruenit. id est oppidum Senonum ⟨item *add. Nitsche*⟩ in insula ⟨*c*⟩ Sequanae ⟨sequane *AQ;* sequana *BM*β⟩ positum, ut paulo ante de Lutetia diximus ⟨*u. CC*⟩: VII 58, 3; ipsum erat oppidum Alesia ⟨*om.* β⟩ in ⟨positum in *RSchn.*⟩ colle summo admodum edito loco, ut nisi obsidione expugnari non posse ⟨posse non β⟩ uideretur: VII 69, 1; — sub montem ⟨*c*⟩, in quo erat oppidum positum Ilerda, succedunt: 1, 45, 2; naues . . . Octogesam ⟨*c*⟩ adduci inbent. id erat oppidum positum ad Hiberum miliaque ⟨mil. V ϰ⟩ passuum a castris aberat XXX ⟨*Göl.; XX ϰ; Np., Db.*⟩: 1, 61, 4; ¶ hostibus eadem de causa spes potiundi oppidi discessit: II 7, 2; ¶ proponere: VII 14, 10 *u.* **A.** esse (receptacula); ¶ quod eo oppido recepto ciuitatem Biturigum se in potestatem redacturum confidebat: VII 13, 3; (recepto Firmo ⟨oppido *cod. Vrsini; l*[2]*;* Asculo *Ald.; Np., Dt.*⟩ expulsoque Lentulo Caesar . . . iubet: 1, 16, 1;) ¶ ipsos oppida uicosque, quos incenderant, restituere iussit: I 28, 3; ¶ si id oppidum retinuissent: VII 21, 3; ¶ crebris nuntiis incitati oppidum a Romanis teneri ⟨opp. a R. teneri *del. Pluyg.*⟩ . . . magno cursu ⟨*c*⟩ eo contenderunt: VII 48, 1; oppidum, quod a ⟨*c*⟩ se teneri non posse iudicabant, ne cui ⟨*c*⟩ esset usui Romanis, incenderunt: VII 55, 7; **Auximum** . . proficiscitur; quod oppidum Attius cohortibus introductis tenebat: 1, 12, 3; Asculum Picenum proficiscitur. id oppidum Lentulus Spinther X cohortibus tenebat: 1, 15, 3; qui (Lucretius et Attius) id oppidum VII cohortium praesidio tenebant: 1, 18, 1; ¶ Cordubae conuentus . . . cohortes duas . . . tuendi oppidi causa apud se retinuit: 2, 19, 4; Hadrumetum *profugerat. id oppidum C. Considius Longus unius legionis praesidio tuebatur: 2, 23, 4; Caesar . . . III cohortes Orici oppidi tuendi causa reliquit 3, 39, 1.

E. dat.: quem (pontem) oppido castrisque coniunctum habebat: 1, 40, 4; Curio castra Vari ⟨*c*⟩ conspicit muro oppidoque coniuncta: 2, 25, 1; ¶ defensores oppido idonei deliguntur: VII 15, 6; ¶ qui (Iccius) tum oppido praeerat ⟨*DEk;* praefuerat *X; edd.*⟩: II 6, 4; Oricum proficiscitur. quo cum uenisset, L. Torquatus, qui iussn Pompei oppido praeerat praesidiumque ibi Parthinorum habebat, . . . portas aperuit: 3, 11, 3. 4; loquuntur . . . cum M.' Acilio et Statio Murco legatis, quorum alter oppidi muris ⟨oppidis maritimis *Paul*⟩, alter praesidiis terrestribus praeerat: 3, 15, 6; huic officio oppidoque M.' Acilius ⟨*c*⟩ legatus praeerat: 3, 39, 1; ¶ Gaiumque Gallonium . . . oppido Gadibus praefecit: 2, 18, 2.

F. genet.: Carmonenses, quae est longe firmissima totius ⟨oppidi *add. a*⟩ prouinciae ciuitas, deductis tribus in arcem oppidi ⟨*om. a(f)*⟩ cohortibus a Varrone praesidio per se cohortes eiecit ⟨*c*⟩: 2, 19, 5; ¶ id ne fieri posset, obsidione atque circummunitione oppidi ⟨*ego;* opp. circ. *ϰ; edd.*⟩ fiebat: 1, 19, 4; ¶ in hac sunt insula domicilia Aegyptiorum et uicus oppidi magnitudine: 3, 112, 3; ¶ his ⟨*c*⟩ (molibus) oppidi moenibus adaequatis: III 12, 3; moenia oppidi temptans: 3, 40, 2; ¶ se confidere munitionibus oppidi, si celeriter succurratur; longinquam oppugnationem sustinere non posse: 3, 80, 3; ¶ oppidi murus ⟨murus oppidi β⟩ a planitie . . . mille CC passus aberat: VII 46, 1; superiorem partem collis usque ad murum oppidi densissimis castris compleuerant: VII 46, 3; neque finem prius sequendi fecerunt, quam muro oppidi ⟨opp. muro β⟩ portisque adpropinquarunt ⟨*c*⟩: VII 47, 3; quos ⟨*c*⟩ non castrorum munitiones, non altitudo montis, non murus oppidi tardare potuisset: VII 52, 3; 3, 15, 6 *u.* **E.** praeesse; ¶ obsidio: 1, 19, 4 *u.* circummunitio; ¶ utraque re oppidorum oppugnatio impediebatur: III 12, 2; quae ad oppugnationem pertinebant oppidi ⟨oppidi pertinebant β; *Schn.*⟩: VII 19, 6; si nihil in oppugnatione oppidi ⟨*om. h*⟩ profecissent ⟨*c*⟩: VII 20, 11; Octauius desperata oppugnatione oppidi Dyrrachium sese ... recipit ⟨*c*⟩: 3, 9, 8; (80, 3 *u.* munitiones;) ¶ alia ex parte oppidi Adiatunnus ... eruptionem facere conatus: III 22, 1; seseque alia ⟨*o*⟩ ex parte oppidi eiecerunt: V 21, 5; castris ad eam partem oppidi positis: VII 17, 1; qua esset aditus ad alteram partem oppidi ⟨opp. part. β⟩: VII 44, 3; qui ad alteram partem oppidi ... munitionis causa conuenerant: VII 48, 1; altera castra ad alteram oppidi partem ponit: 1, 18, 5; eamque oppidi partem, quae munitissima uideretur, occupant: 1, 20, 3; occupabat Alexandriam praeter eam ⟨*dett.*; praeterea *x*⟩ oppidi partem, quam Caesar ... tenebat: 3, 111, 1; — ultimas oppidi partes ⟨portas *Paul*⟩ ... petiuerunt: VII 28, 2; (Massilia enim fere tribus ex ⟨ex tribus *Np.*, *Dt.*; oppidi *add. x*; *edd.*; *del. Ciacc.*⟩ partibus mari adluitur: 2, 1, 3;) reliquis oppidi partibus sic est pugnatum, ut: 3, 112, 7; ¶ Lutetiam incendi ⟨*c*⟩ pontesque eius oppidi rescindi iubent: VII 58, 6; ¶ quidam ante portam oppidi Gallus ... picis .. glebas in ignem ... proiciebat: VII 25, 2; (28, 2 *u.* partes;) VII 47, 3 *u.* murus; ¶ cum ... (esset) familia Neapoli uisa, quae proditionem oppidi appararet ⟨*sic Dt.*; uisaque proditione oppidi apparere *x*; *u. CC*⟩: 3, 21, 5; ¶ erat e regione oppidi collis: VII 36, 5; ¶ sectionem eius oppidi uniuersam Caesar uendidit: II 33, 6; ¶ erant eius modi fere situs oppidorum, ut: III 12, 1; ¶ in hoc tractu ⟨*Faern.*; nec tractu *codd.*; haec tractu *Np.*; nec tractus *EHoffm.*; *Db.*⟩ oppidi pars erat regiae ⟨regia *O*; *Db.*, *EHoffm.*⟩ exigua: 3, 112, 8.

G. abl.; a): uallo ... crebrisque castellis circummuniti oppido sese ⟨*c*⟩ continebant: II 30, 2; ¶ castra ... conspicit ... admodum munita natura loci, una ex parte ipso oppido Vtica, altera: 2, 25, 1; ¶ legiones ... intromittit atque oppido ⟨-dum *a*⟩ potitur: VII 11, 8; sine contentione oppido potitur: VII 58, 4; magni interesse arbitrabatur quam primum oppido potiri: 1, 21, 1; stetisse per Trebonium, quo minus oppido potirentur, uidebatur: 2, 13, 4; docuit, quantum usum haberet ad subleuandam omnium rerum inopiam potiri oppido pleno atque opulento, simul reliquis ciuitatibus huius urbis exemplo inferre terrorem: 3, 80, 5; ¶ paratosque (se) esse ... imperata facere et oppidis recipere et frumento ceterisque rebus iuuare: II 3, 3; Mandubii, qui eos oppido receperant, cum liberis atque uxoribus exire coguntur: VII 78, 3; (Apolloniates) ad Caesarem legatos mittunt oppidoque recipiunt: 3, 12, 3; qui cum ... in insulam uenissent, oppido ac portu recepti non erant: 3, 102, 7; ¶ relinquebatur, ut se suis locis oppido teneret: 3, 109, 2; Pompeius se oppido tenet: *ap. Cic. ad Att.* IX 14, 1; ¶ quos Caesar ... diligentissime conseruauit suisque finibus atque oppidis uti iussit: II 28, 3.

b): hiemare Dyrrachii ⟨*Steph.*; dyrrachium *NOx*⟩, Apolloniae ⟨*O*; -nia *x*⟩ omnibusque oppidis maritimis constituerat: 3, 5, 2; — (continuato nocte ac die itinere atque ⟨omnibus copiis *add. codd.*; *del. Np.*; omnibus oppidis *Lips.*; *Db.*; *u. CC*⟩ mutatis ad celeritatem iumentis ad Pompeium contendit: 3, 11, 1.)

c): constituunt, ut ii ⟨*c*⟩, qui ualetudine aut aetate inutiles sint ⟨*c*⟩ bello, oppido exeedant: VII 78, 1; ¶ (fugere: 3, 29, 1 *u.* **H. g) α)** fugere;) ¶ neque se ... pati posse C. Caesarem imperatorem ... tantis rebus gestis oppido moenibusque prohiberi: 1, 13, 1; hic uenientem Vticam nauibus Tuberonem portu atque oppido prohibet: 1, 31, 3.

H. c. praep.; a) ab; α): cum ... ab eo oppido Caesar cum exercitu circiter milia ⟨*c*⟩ passuum quinque abesset: II 13, 2; neque longe ab oppido castra Vercingetorigis aberant ⟨uercingetorix habebat β⟩: VII 26, 2; cohortes V praemissae a Domitio ex oppido pontem fluminis interrumpebant, qui aberat ⟨*Ald.*; erat *x*; *edd.*⟩ ab oppido milia passuum circiter III: 1, 16, 2; ¶ ab oppido et ponte et commeatu omni, quem in oppidum contulerant ⟨*c*⟩, se interclusurum aduersarios confidebat: 1, 43, 2; ¶ oppidum ... expugnauit ... statimque ab oppido castra mouit et Metropolim uenit: 3, 80, 6; ¶ (ab **oppido* Ocelo ... peruenit: I 10, 5 *u.* **B. a)**;) ¶ sese depopulatis agris non facile ab oppidis uim hostium prohibere: I 11, 4; ¶ ab oppido autem decliuis locus *leni fastigio uergebat in longitudinem *passus circiter CCCC: 1, 45, 5.

β): longe a: VII 26, 2 *u.* **α)** abesse.

b) ad; α): cum ad oppidum accessisset castraque ibi poneret: II 13, 3; ¶ celeriter uineis ad oppidum actis: II 12, 5; duabus ex partibus aggerem, uineas turresque ad oppidum agere instituit: 2, 1, 1; ¶ magno itinere confecto ⟨*CC*⟩ ad oppidum Nouiodunum contendit: II 12, 1; ¶ sex (legiones) ipse in Aruernos ad oppidum Gergouiam secundum flumen Elauer duxit: VII 34, 2; ¶ Caesar ad oppidum Auaricum . . . profectus est: VII 13, 3; ¶ hostem . . . terga uertere seque ad oppidum Ilerdam recipere . . . cogit: 1, 45, 1; reliqui se in castra ad oppidum receperunt: 2, 25, 5; ¶ uenire: VII 11, 1 *u.* **D.** oppugnare.

β): Caesar legionibus transductis ad oppidum constitit iuxtaque murum castra posuit: 1, 16, 4.

(γ): qui id oppidum . . . tenebant. mittit eo M. Antonium cum . . . cohortibus V: 1, 18, 2; ¶ ibi certior factus . . . relinquit: 3, 16, 2 *u.* **D.** opponere; — ponere: II 13, 3 *u.* α) accedere.)

c) ante *u.* **ante** *p. 276* **b)** *(6 loc.).*

d) apud: paulisper apud oppidum morati: II 7, 3.

e) cum: hunc (montem) murus circumdatus arcem efficit et cum oppido coniungit: I 38, 6; haec insula . . . angusto itinere *ut ponte cum oppido coniungitur: 3, 112, 2.

f) de: uti de oppidis demigrarent: IV 19, 2.

g) ex; α): raros milites, ne ⟨*c*⟩ ex oppido animaduerterentur ⟨-retur β⟩, ex maioribus castris in minora traducit: VII 45, 7; ¶ omnibusque armis ex oppido conlatis ab eo loco in fines Ambianorum peruenit: II 15, 2; ¶ conspicati ex oppido caedem et fugam suorum . . . copias . . . reducunt: VII 88, 5; ¶ M. Aristium . . . fide ⟨*o*⟩ data ex oppido Cauillono educunt: VII 42, 5; dat tuba signum suis Vercingetorix atque ex oppido educit: VII 81, 3; Varus praesidium, quod introduxerat, ex oppido educit ac profugit: 1, 13, 2; ¶ egredi *u.* **egredior** *p. 1002* **a)** β) ββ) *(3 loc.);* ¶ sua sponte Cottam ex oppido eiciunt: 1, 30, 3; — qui primo clamore andito se ex oppido eiecerant ⟨β; *Fr., Db.;* eiecerunt α; *rell. edd.*⟩: VII 28, 5; qui longius aberant . . . sese ⟨*c*⟩ ex oppido eiecerunt: VII 47, 4; ¶ portas claudi militesque ex oppido exire iussit: II 33, 1; ¶ expellitur ex oppido Gergouia: VII 4, 2; ut Gallonium ex oppido expellerent, urbem insulamque Caesari seruarent: 2, 20, 2; ¶ Otacilius sibi timens ex ⟨*Np.; om. codd.; Db.*⟩ oppido fugit: 3, 29, 1; ¶ tertio die missis ex oppido legatis de deditione . . . iubet: VII 11, 2; facta potestate ex oppido mittitur ⟨emittitur *Paul*⟩: 1, 22, 2; subsidio DC equites Numidae ⟨*c*⟩ ex oppido peditesque CCCC mittuntur: 2, 25, 3; ¶ ex eo oppido pons ad Heluetios pertinet: I 6, 3; ¶ cohortes V praemissae a Domitio ex oppido pontem fluminis interrumpebant: 1, 16, 2; ¶ Massilienses arma tormentaque ex oppido, ut est imperatum, proferunt: 2, 22, 5; ¶ profugere *u.* **ex** *p. 1171 (3 loc.);* ¶ cum ex oppido eruptione puguaretur, foris tantae copiae . . . cernerentur: VII 76, 5; ¶ quo ex oppido cum legati ad eum uenissent: VII 12, 3; prius quam subsidio ex oppido ueniri posset ⟨uenire possent β⟩: VII 36, 7; ¶ haec procul ex oppido uidebantur, ut erat a Gergonia despectus in castra: VII 45, 4.

β): erat ex oppido Alesia despectus in campum: VII 79, 3; ¶ eruptio *u.* **ex** *p. 1174 sq. (3 loc.);* (VII 76, 5 *u.* α) pugnare;) ¶ crebras ex oppido excursiones faciebant: II 30, 1.

γ): armisque omnibus ex oppido traditis in deditionem Suessiones accepit: II 13, 1.

h) extra: ut iis (copiis), extra oppidum si esset dimicandum, confideret: 3, 109, 2.

i) in oppidum; α): omnem ex agris multitudinem seruorum ac liberorum in oppidum cogit portasque praecludit: 3, 80, 3; ¶ exposuit, quos et quam humiles accepisset, compulsos in oppida, multatos agris: VII 54, 4; qui in oppida compulsi ae simili inopia subacti . . . uitam tolerauerunt: VII 77, 12; submotis sub murum cohortibus ac non nulla parte propter terrorem in oppidum compulsis facilis est nostris receptus datus: 1, 46, 2; quod . . . terga uertere aduersarios coegissent atque in oppidum compulissent: 1, 47, 3; ¶ oppida muniunt, frumenta ex agris in oppida comportant: III 9, 8; ¶ conferre *u.* **in** *p. 89 (6 loc.);* ¶ non nulli protinus eodem cursu in oppidum contenderunt: 2, 35, 4; ¶ interim omnis ex fuga Suessionum multitudo in oppidum proxima nocte conuenit: II 12, 4; inbet in oppida multitudinem conuenire: VI 4, 1; ¶ eos, qui uenerant, conlaudat atque in oppidum dimittit, portas murosque adseruari iubet: 1, 21, 2; ¶ qui commeatus Byllide ⟨*c*⟩ atque Amantia ⟨*c*⟩ importari in oppidum prohibebat ⟨prohibeat *Np.*⟩: 3, 40, 5; ¶ non nulli perterriti in oppidum inrumpunt: VII 70, 6; ne sub ipsa profectione milites in ⟨*add. Paul; om. x; edd.*⟩ oppidum inrumperent, portas obstruit: 1, 27, 3; aegreque tunc sunt retenti, quin in ⟨*ego; om. x; edd.*⟩ oppidum inrumperent: 2, 13, 4; ¶ inuehi: 2, 44, 3 *u.* nehi; ¶ statuunt, ut X milia hominum delecta . . . in oppidum mittantur ⟨submittantur β; *Schn.*⟩: VII 21, 2; ¶ sex milium circuitu in oppidum peruenit ⟨-niunt *Nhl*⟩:

2, 24, 4; ¶ copias omnes, quas pro oppido conlocauerat, in oppidum recipit ⟨β; *Fr.;* recepit α; *rell. edd.*⟩: VII 71, 8; — se recipere *u.* **in** *p. 97 (5 loc.);* ¶ silentio exercitum in oppidum reducit: 2, 35, 7; ¶ reliqui in oppidum reiecti sunt: II 33, 5; eos, qui eruptionem fecerant, in oppidum reiciebant: 2, 2, 6; ¶ repulsus in oppidum tamen ... impetrauit: III 22, 4; multis interfectis reliquos infecta re in oppidum reppulerunt: 2, 14, 6; ¶ ita re infecta in oppidum reuerterunt: VII 82, 4; Lentulus ut in oppidum reuerti liceat petit: 1, 22, 6; ¶ submittere: VII 21, 2 *u.* mittere; ¶ ipse equo in oppidum uectus ⟨inuectus *Ciacc.*⟩ ... quae fieri uellet Vticae constituit: 2, 44, 3.

β): pecuniam ... in oppidum Gades contulit; eo sex cohortes praesidii causa ex proincia misit: 2, 18, 2; ¶ Nouiodunum erat oppidum Haeduorum ad ripas Ligeris ... positum. huc Caesar omnes obsides ... contulerat; huc magnum numerum equorum ... miserat. eo cum Eporedorix Viridomarusque uenissent: VII 55, 2—4; ¶ cognoscit non longe ... oppidum Cassiuellauni abesse ..., quo satis magnus hominum pecorisque numerus conuenerit: V 21, 2; 21, 3 *u.* **B. b).)**

k) in oppido; α): esse *u.* **in** *p. 118 (3 loc.);* ¶ expugnato in itinere oppido Parthinorum, in quo Pompeius praesidium habebat: 3, 41, 1; ¶ quos (milites) rex in oppido praesidii causa reliquerat: 3, 106, 4; ¶ facile erat ... prospicere in urbem, ut omnis iuuentus, quae in oppido remanserat, omnesque superioris aetatis ... ad caelum manus tenderent: 2, 5, 3; ¶ (armorum) circiter parte tertia ... celata atque in oppido retenta: II 32, 4.

β) in oppido = ὢν (ὄντες) ἐν τῇ πόλει *u.* **in** *p. 127 (3 loc.).*

(γ): ibi conlocat: I 38, 7 *u.* **D.** occupare; — ibi habebat: 3, 11, 3 *u.* **E.** praeesse.)

l) inter: erat inter oppidum Ilerdam et proximum collem ⟨*Vascos.;* in oppido ilerda et proximo colle *codd.*⟩ ... planitia ⟨c⟩: 1, 43, 1.

m) intra: Heluii ... intra oppida ac muros ⟨murosque β⟩ compelluntur: VII 65, 2.

n) per: ex castris cohortes per oppidum crebro submittebantur: 1, 45, 7.

o) post: is naues nostras interiorem in portum ⟨c⟩ post oppidum reduxit: 3, 39, 2.

p) pro: copias omnes, quas pro oppido conlocauerat, in oppidum recipit ⟨c⟩: VII 71, 8.

q) prope: Vercingetorix castris prope oppidum positis ⟨c⟩ ... separatim singularum ciuitatum ⟨c⟩ copias conlocauerat: VII 36, 2; exercitum ⟨o⟩ Vticam ducit et prope oppidum castra ponit: 2, 26, 1.

Oppida nominantur haec: Alesia: VII 68, 1; 69, 1. 3. 4; 70, 6; 71, 8 *(bis);* 73, 1; 76, 5; 78, 1. 3; 79, 3. 4; 80, 9; 81, 2. 3; 82, 4; 84, 1; 88, 5; Alexandria: 3, 106, 4; 109, 2 *(bis);* 111, 1; 112, 2. 7. 8; Apollonia: 3, 12, 3; Asculum Picenum: 1, 15, 3 *(bis);* Auaricum: VII 13, 3 *(bis);* 15, 6; 17, 1; 19, 6; 20, 11; 21, 2. 3; 25, 2; 26, 1. 2; 28, 2. 5; Auximum: 1, 12, 3; 13, 1. 2; Bibracte: I 23, 1; VII 55, 4; Bibrax: II 6, 1. 4; 7, 2. 3; 10, 4; Bratuspantium: II 13, 2 *(ter)* 3; 15, 2; Brundisium: 1, 27, 3; *ap. Cic. ad Att.* IX 14, 1; Buthrotum: 3, 16, 1; Caralis: 1, 30, 3; (Carmo: 2, 19, 5;) Cauillonum: VII 42, 5; Cenabum: VII 11, 5—9 *(sexies);* Cingulum: 1, 15, 2; Corduba: 2, 19, 4; Corfinium: 1, 16, 2 *(bis)* 3. 4; 18, 5. 6; 19, 1. 3. 4; 20, 3; 21, 1. 2 *(bis);* 22, 2. 6; Gades: 2, 18, 2 *(bis);* 20, 2; Genaua ⟨c⟩: I 6, 3 *(bis);* Gergouia: VII 4, 2; 34, 2; 36, 2. 5. 7; 44, 3; 45, 4. 7; 46, 1. 3; 47, 3. 4; 48, 1 *(bis);* 52, 3; Gomphi: 3, 80, 1. 3 *(bis)* 5. 6 *(ter);* Gorgobina: VII 9, 6; Hadrumetum: 2, 23, 4; Hispalis: 2, 21, 1; Iguuium: 1, 12, 1; Ilerda: 1, 40, 4; 43, 1. 2 *(bis);* 45, 1. 2. 5. 7; 46, 2; 47, 3; Lissus: 3, 29, 1 *(bis);* Lutetia: VII 57, 1; 58, 6; Massilia: 2, 1, 1 (3); 2, 1. 6 *(bis);* 5, 3; 13, 3. 4 *(bis);* 14, 6; 22, 5; Messana: 3, 101, 3. 4; Metiosedum ⟨c⟩: VII 58, 3. 4; Neapolis: 3, 21, 5; Nouiodunum: II 12, 1. 2. 4. 5; 13, 1; — VII 12, 2. 3. 6; — 55, 1. 7; (Ocelum: I 10, 5 ⟨c⟩;) Octogesa: 1, 61, 4; Oricum: 3, 11, 3 *(bis)* 4; 15, 6 (?); 39, 1 *(bis)* 2; 40, 2. 4. 5; Rhodus: 3, 102, 7; Salonae: 3, 9, 2 *(bis)* 4. 8; (Sulmo: 1, 18, 1 *(bis);*) Vellaunodunum: VII 11, 1. 2; Vesontio: I 38, 1—7 *(quinquies);* Vtica: 1, 31, 3; 2, 24, 4; 25, 1 *(ter)* 3. 5; 26, 1. 4; 35, 4. 6. 7; 36, 1; 44, 2. 3. *Cf.* **urbs** *extr.*

Oppidum Aduatucorum: II 29, 2; 30, 1. 2; 32, 4 *(bis);* 33, 1. 2. 5. 6; Allobrogum: I 6, 3; Biturigum: VII 12, 2; 13, 3; Boiorum: VII 9, 6; Cassiuellauni: V 21, 2. 5; Haeduorum: I 23, 1; VII 55, 1. 4; Mandubiorum: VII 68, 1; 78, 3; Parisiorum: VII 57, 1; Parthinorum: 3, 41, 1; Remorum: II 6, 1; 10, 4; Senonum: VII 11, 1; 58, 3; Sequanorum: I 38, 1; Sotiatium ⟨c⟩: III 21, 2; 22, 1. 4; 23, 2; Suessionum: II 12, 1. 4; Thessaliae: 3, 80, 1; ¶ **oppida** Aduatucorum: II 29, 2; Ambarrorum: I 11, 4; (Eburonum: VI 34, 1;) Gallorum: IV 5, 2; VII 14, 9; 77, 12; Haeduorum: I 11, 3; VII 54, 4; Heluetiorum: I 5, 2; 28, 3; Heluiorum: VII 65, 2; Latouicorum: I 5, 4; 28, 3; Neruiorum: II 28, 3;

Rauracorum: I 5, 4; Remorum: II 3, 3; Senonum: VI 4, 1; Sequanorum: I 32, 5; Sueborum: IV 19, 2; Suessionum: II 4, 7; Tulingorum: I 5, 4; 28, 3; Vbiorum: VI 10, 2; Venetorum et orae maritimae: III 9, 8 *(bis)*; 12, 1. 2. 3 *(bis)*; 14, 1 *(bis)*; 16, 3.

Adiect.: complura: III 14, 1; copiosissimum: I 23, 1; cuncta: II 29, 2; extremum: I 6, 3; 10, 5 ⟨*c*⟩; (ipsum: VII 69, 1; 2, 25, 1;) maritima: 3, 5, 2; *15, 6; maximum: I 23, 1; 38, 1; VII 13, 3; munitum: II 29, 2; III 23, 2; V 21, 2; 3, 9, 2; munitissimum: VII 13, 3; omnia: I 5, 2; 32, 5; 3, 5, 2; **(**11, 1;**)** opulentum, plenum: 3, 80, 5; primum: 3, 80, 1; proximum, -a: I 6, 3; III 12, 3; (sua: I 5, 2. 4; II 28, 3;) totum: I 38, 4; tuta: VII 14, 9; uacuum: II 12, 2; unum: II 29, 2; ¶ maximae auctoritatis: VII 55, 4; altissimis moenibus: 3, 80, 6.

XII: I 5, 2; II 4, 7.

Oppius: Caesar Oppio, Cornelio sal.: *ap. Cic. ad Att.* IX 7 *C;* Caesar Oppio, Cornelio ⟨que *add. Petrarcha, edd. pr., Schütz*⟩ sal.: *ap. Cic. ad Att.* IX 13 *A*, 1.

oppleo: recordari (eos) debere, qua felicitate ⟨*c*⟩ inter medias hostium classes oppletis non solum portibus, sed etiam litoribus omnes incolumes essent transportati: 3, 73, 3.

oppono. Forma: obponebantur *scriptum est in A pr.* VII 65, 1; — obprimendae *in A* III 2, 2; obprimeretur *in a* 1, 7, 2; obpugnatione *in AB* VI 39, 4; obpugnationis *in B pr.* V 43, 1; obpugnare (-nandi, -naturum) *in B* VII 11, 1; II 6, 4; V 56, 5; obpugnare *in a* 3, 78, 4; (opugnatio *in a* 2, 13, 1; opugnare *in B* II 6, 1;) *reliquis locis* opponere, opprimere, oppugnatio, oppuguare *in codd. uidetur exstare.*

Signif.; A. propr.; a) = obicere (defendendi causa), ἀντιτάττειν: ex his (cohortibus) quartam (aciem) instituit equitatuique opposuit: 3, 89, 3; ¶ quae ⟨*c*⟩ itinera ad Hiberum atque Octogesam pertinebant, castris hostium oppositis tenebantur: 1, 68, 1; ¶ huic suos Caesar equites opposuit: 3, 75, 5; ¶ nullum eius modi casum exspectans, quo nouem oppositis ⟨expositis *AQ*⟩ legionibus ⟨leg. oppos. *a*⟩ maximoque equitatu, . . . paene deletis hostibus . . . offendi posset: VI 36, 2; ¶ praesidia cohortium duarum et uiginti, quae ex ipsa coacta ⟨*c*⟩ prouincia ab L. Caesare legato ad omnes partes opponebantur: VII 65, 1; ¶ super quas turrim ⟨*c*⟩ effectam ad ipsum introitum portus opposuit et militibus compleuit: 3, 39, 2.

ut (Pompeius) uenientibus in itinere se opponeret, [et] si imprudentes ex insidiis adoriri posset: 3, 30, 2.

b) oppositus = situs contra: (equitesque eius † angustis portis ⟨angustiis oppositis *Wölff.; u. CC*⟩ . . . ad insequendum tardabantur: 3, 70, 1;**)** ¶ indignitas rei et oppositus mons Cebenna uiarumque difficultas impediebat: VII 56, 2; ¶ erat ad Buthrotum ⟨*c*⟩, oppidum oppositum ⟨oppid. oppos. *Oud.;* oppidum *x;* oppositum (*omissa uoce* oppidum) *Vascos.; edd.*⟩ Corcyrae: 3, 16, 1; **(**ad Aeginium, quod est adiectum appositumque ⟨*Madu.;* obiectum oppositumque *x;* obieetum [oppositumque] *E. Hoffm.; Db., Dt.;* quod est oppidum oppositum *Np.*⟩ Thessaliae, Caesari uenienti occurrit: 3, 79, 7.**)**

B. trsl.; a) = ἀντιτιϑέναι: (quae (tribunicia intercessio) superioribus annis sine ⟨*add. Hotom.*⟩ armis esset restituta ⟨quae sup. ann. armis esset opposita *F. Hofm.*⟩: 1, 7, 2;**)** ¶ omnibus his resistitur omnibusque oratio ⟨*om. a*⟩ consulis, Scipionis, Catonis opponitur: 1, 4, 1.

b) = comparare: hortatusque est, ne ea, quae accidissent, graniter ferrent neue his rebus terrerentur multisque secundis proeliis unum aduersum et id mediocre opponerent ⟨praeponerent *Paul*⟩: 3, 73, 2.

oppositus ui adiectiui *u.* **oppono A. b).**

opportunitas, opportunus (-e) *u.* **oportunitas, oportunus, -e.**

opprimo. A. propr. = premendo granare et impedire, obruere: militibus autem ignotis locis, impeditis manibus, magno et graui onere armorum oppressis ⟨pressis β; *del. Madu.; Hold.*⟩ . . . de nauibus desiliendum . . . et cum hostibus erat pugnandum: IV 24, 2; ¶ horum omnium pars magna in fossis munitionibusque et fluminis ripis oppressa suorum in ⟨*om. V.*⟩ terrore ac fuga sine ullo uulnere interiit ⟨*c*⟩: 3, 71, 2; ¶ plerique *ex* X pedum munitione se in fossas praecipitabant, primisque oppressis reliqui per horum corpora salutem sibi atque exitum pariebant: 3, 69, 3; — Germani . . . reliqui se in flumen praecipitauerunt atque ibi timore, lassitudine, ui fluminis oppressi perierunt: IV 15, 2.

B. trsl.; a) = graniter premere et uexare: se . . . ex prouincia egressum . . ., ut se et populum Romanum factione ⟨*c*⟩ paucorum oppressum in libertatem uindicaret: 1, 22, 5; — suos enim quisque opprimi et circumueniri non patitur: VI 11, 4; — hos (Numidas) oppressos somno et dispersos adorti magnum eorum numerum interficiunt: 2, 38, 5.

b) = **superare, prosternere, delere; α) alqm:** a d u e r s a r i o s: 3, 79, 1 *u.* **e)** aduersarios; ¶ dextrum c o r n u . . . terrore equitum animaduerso, ne intra munitionem opprimeretur, . . . sese recipiebat: 3, 69, 3; ¶ hanc l e g i o n e m sperans Caesar se opprimere posse . . . reliquit in opere cohortes duas: 3, 67, 2; ¶¶ M. P e t r o n i u s . . . c e n t u r i o, cum portas excidere conatus esset, a ⟨*om.* β⟩ multitudine oppressus ac sibi ⟨*c*⟩ desperans . . . inquit: VII 50, 4; ¶ ad h o s opprimendos cum omni equitatu tribusque legionibus Afranius de nocte proficiscitur imprudentesque . . . adgreditur: 1, 51, 4; ¶ debere se suspicari simulata Caesarem amicitia, quod exercitum ⟨*CC*⟩ in Gallia habeat, s u i o p p r i m e n d i causa habere: I 44, 10.

β) alqd: ut tribunicia i n t e r c e s s i o armis notaretur ⟨*CC*⟩ atque ⟨potestas *add. Hell.*⟩ opprimeretur: 1, 7, 2.

c) = **subito superuenire:** uterque eorum celeritati studebat, et suis ut esset auxilio *et* ad opprimendos a d u e r s a r i o s ne occasioni ⟨*c*⟩ temporis deesset: 3, 79, 1; ¶ e x p l o r a t o r e s hostium . . . inopinantes . . . ab nostris opprimuntur: VII 61, 1; ¶ ut subito Galli belli renouandi l e g i o n i s que opprimendae consilium caperent: III 2, 2; nihil esse negotii subito oppressam legionem, quae cum Cicerone hiemet, interfici: V 38, 4; ¶ subitoque oppressis l i g n a t o r i b u s (Ambiorix et Catuuolcus) magna manu ad castra oppugnatum ⟨*c*⟩ uenerunt: V 26, 2.

quibus (A r u e r n i s) oppressis inopinantibus . . . equitibus imperat, ut: VII 8, 3; — inscios inopinantesque M e n a p i o s oppresserunt (Vsipetes et Tencteri): IV 4, 5; ¶ ut T e u t o m a t u s ⟨*c*⟩, r e x Nitiobrogum, subito in tabernaculo oppressus, ut meridie conquieuerat, . . . uix se ex manibus praedantium militum eriperet: VII 46, 5; ¶ ut duces aduersariorum occasione et beneficio fortunae ad n o s t r o s opprimendos uterentur: 1, 40, 7.

huc se referebant; hinc ⟨*ante* propugnabant *transponit Paul*⟩, si q u a m a i o r o p p r e s s e r a t u i s, propugnabant: 2, 8, 2.

oppugnatio. *Cf. Rüstow*[2] *p. 138. 141 sqq.; Göler II p. 260 sqq.*

A. = **προσβολὴ καὶ πολιορκία; a) subi.:** quanto e r a t in dies g r a u i o r atque a s p e r i o r oppugnatio . . ., tanto crebriores litterae . . . ad Caesarem mittebantur: V 45, 1.

b) obiect.: Octauius d e s p e r a t a oppugnatione ⟨expugnatione *Paul*⟩ oppidi Dyrrachium sese . . . recipit ⟨*c*⟩: 3, 9, 8; ¶ castris ante oppidum positis diei tempore exclusus in posterum oppugnationem d i f f e r t quaeque ad eam rem usui sint militibus imperat: VII 11, 5; ¶ si acerbius inopiam ferrent, se d i m i s s u r u m oppugnationem: VII 17, 4; praesidiis omnibus deductis et oppugnatione dimissa . . . contionem . . . habuit: 3, 73, 1; ¶ huius quoque spatii pars ea, quae ad arcem pertinet, . . . longam et difficilem h a b e t oppugnationem: 2, 1, 3; ¶ utraque re oppidorum oppugnatio i m p e d i e b a t u r: III 12, 2; his tot rebus impedita oppugnatione milites . . . tamen . . . omnia haec superauerunt: VII 24, 1; ¶ hoc se ignominiae laturos ⟨*o*⟩ loco, si i n c e p t a m oppugnationem r e l i q u i s s e n t: VII 17, 6; ¶ illi aegre ad noctem oppugnationem s u s t i n e n t: V 37, 6; longinquam ⟨que *add. a*⟩ oppugnationem (se) sustinere non posse: 3, 80, 3.

c) gen.: septimo oppugnationis d i e maximo coorto uento . . . coeperunt: V 43, 1; ¶ cum d i u t u r n i t a s oppugnationis neglegentiores Octauianos effecisset: 3, 9, 6; ¶ [hic fuit oppugnationis e x i t u s: 3, 9, 8;] ¶ s c i e n t i a: VII 29, 2 *u.* **B.**

d) abl.; α): Octauius quinis castris oppidum circumdedit atque uno tempore obsidione et o p p u g n a t i o n i b u s eos p r e m e r e coepit: 3, 9, 4.

β): oppugnatione d e s i s t e r e *u.* **desisto** *p. 871* **a)** *(3 loc.).*

e) c. praep.; α) ab: Vercingetorix, ubi de Caesaris aduentu cognouit, ⟨ab *add.* β⟩ oppugnatione d e s i s t i t ⟨β; destitit α; *edd.*⟩: VII 12, 1; ¶ quid proficimus, si accepto magno detrimento ab oppugnatione castrorum d i s c e d i m u s ? 2, 31, 3; ¶ desperata re hostes suos ab oppugnatione ⟨ab opp. suos β⟩ r e d u x e r u n t: V 26, 3.

β) ad; αα): reliquaque, quae ⟨*c*⟩ ad oppugnationem p e r t i n e b a n t oppidi ⟨oppidi pertinebant β; *Schn.*⟩, administrare instituit: VII 19, 6; crates proicere, fundis, sagittis, lapidibus nostros de uallo proturbare ⟨*c*⟩ reliquaque, quae ⟨*c*⟩ ad oppugnationem pertinent, parant ⟨*c*⟩ administrare: VII 81, 2.

ββ): turres uineasque ad oppugnationem urbis a g e r e . . . instituit: 1, 36, 4; ¶ quaecumque ad proximi diei oppugnationem o p u s s u n t, noctu comparantur: V 40, 5; — milites iis ⟨*c*⟩ rebus indigebant, quae ad oppugnationem castrorum e r a n t u s u i: 2, 35, 5; ¶ Caesar castris munitis scalas musculosque ad repentinam oppugnationem f i e r i et crates parari iussit: 3, 80, 4; ¶ C. Trebonium legatum ad oppugnationem Massiliae r e l i n q u i t: 1, 36,

5; C. Trebonius legatus, qui ad oppugnationem Massiliae relictus erat: 2,1,1.

γ) **de:** perspecto urbis situ . . . de oppugnatione ⟨β; expugnatione α; *edd.*⟩ desperauit, de obsessione ⟨*uerba* desper. de obsess. *habent* β; *om.* α *et Schn.*⟩ non prius agendum constituit, quam rem frumentariam expedisset: VII 36,1; ¶ neque id, quod fecerit ⟨fecerint β⟩ de oppugnatione castrorum, aut indicio aut uoluntate sua fecisse: V 27,3; ¶¶ tum primum adlato nuntio de oppugnatione Vellaunoduni: VII 11,4.

δ) **in c. abl.:** Lissum expugnare conatus defendentibus ciuibus Romanis . . . militibusque . . . triduum moratus paucis in oppugnatione amissis re infecta inde discessit: 3,40,6; ¶ statuisse imperatorem, si nihil in oppugnatione oppidi profecisset ⟨β; profecissent α; *edd.*⟩, triduo exercitum deducere: VII 20,11.

B. = oppugnandi ratio, ars: Gallorum eadem atque Belgarum oppugnatio est haec: ubi ⟨est. haec ubi *BM;* est. Ac ubi *AQ;* est. hac ubi *B*²*;* est. At ubi β⟩ circumiecta multitudine . . . murus .. defensoribus nudatus est, . . . subruunt: II 6,2; ¶ non uirtute neque in acie uicisse Romanos, sed artificio quodam et scientia oppugnationis, cuius rei fuerint ipsi imperiti: VII 29,2.

oppugno. A. alqd; a) additur obi.; α): tum demum Ariouistus partem snarum copiarum, quae ⟨ut β⟩ castra minora oppugnaret ⟨-rent *h*⟩, misit: I 50,2; Cassiuellaunus . . . iis ⟨*c*⟩ (regibus) imperat, uti coactis omnibus copiis castra naualia de improuiso adoriantur atque oppugnent: V 22,1; magna manu ad castra oppugnatum ⟨oppugnanda β⟩ uenerunt: V 26, 2; *u. praeterea* **castra** *p. 464 (8 loc.);* ¶ omnibus hibernis Caesaris oppugnandis hunc esse dictum diem: V 27,5; Caesaris reliquorumque hiberna oppugnari: V 41,3; ¶ tamen hunc (locum) duabus ex partibus oppugnare contendit: V 21,4; ¶ oppidum *u.* **oppidum** *p. 938 sq. (8 loc.).*

β)**:** ut . . ., si Apolloniam Oricumque (Pompeius) oppugnare ⟨expugnare *f*⟩ . . . conaretur, obsesso Scipione necessario illum suis auxilium ferre cogeret: 3,78,4; — (Milo) Cosam ⟨Consentiam *Paul*⟩ in agro Thurino ⟨Compsam in a. Hirpino *F. Hofm.*⟩ oppugnare ⟨exp. *N*⟩ coepit: 3,22,2; — Gorgobinam, Boiorum oppidum, . . . (Vercingetorix) oppugnare instituit: VII 9,6; — qui (Boi) . . . in agrum Noricum transierant Noreiamque oppugnarant ⟨-abant *Kraff.*⟩: I 5,4; ille oppidum Biturigum ⟨*c*⟩ positum ⟨*c*⟩ in ⟨*c*⟩ nia ⟨*c*⟩ Nouiodunum ⟨*c*⟩ oppugnare instituerat: VII 12,2; — Oricum: 3,78,4 *u.* Apolloniam; — Vellaunodunum: VII 11,1 *u.* **b**).

b) omisso obiecto: cum finem oppugnandi nox fecisset: II 6,4; castris munitis uineas agere quaeque ad oppugnandum usui erant comparare coepit: II 12,3; V 26,2 *u.* **a) α)** castra; cum ad oppidum Senonum Vellaunodunum uenisset, . . . oppugnare instituit: VII 11,1.

B. alqm: magna manu Eburones, Neruii, Aduatuci atque horum omnium socii et ⟨*c*⟩ clientes legionem oppugnare incipiunt: V 39,3.

quod multitudinem Germanorum in Galliam traducat, id se sui muniendi, non Galliae impugnandae ⟨oppugnandae β⟩ causa facere: I 44,6; ¶ omnes Galliae ciuitates ad se oppugnandum ⟨expugnandum β⟩ uenisse ac contra se castra habuisse: I 44,3; magnas Gallorum copias . . . oppugnandi sui causa conuenisse: V 53,6.

ops. A. sing.: cum uallis . . . suberat neque ii ⟨*c*⟩, qui antecesserant, morantibus ⟨laborantibus *Ciacc.*⟩ opem ferre poterant: 1,79,3; quibus (clientibus) etiam a propinquis nostris opem ferre instituimus: *ap. Gell.* V 13,6; ¶ (eius enim opera ⟨ope *NOx*⟩ castellum magna ex parte conseruatum esse constabat: 3,53, 5;) — ut tuo consilio, gratia, dignitate, ope omnium rerum uti possim: *ap. Cic. ad Att.* IX 6 *A;* ¶ non (se) existimare Romanos sine ope diuina ⟨deorum β⟩ bellum gerere: II 31,2.

B. plur.; a) = auxilium: deorum numero eos solos ducunt, quos cernunt et quorum aperte opibus iuuantur: VI 21,2.

b) = facultates, copiae, potentia; α) subi.: et celeritate et copiis docuit, quid populi Romani disciplina atque opes ⟨opus *M*⟩ possent: VI 1,4.

β) **obi.:** ut animi aequitate plebem contineant, cum suas quisque opes cum potentissimis aequari uideat: VI 22,4; ¶ neque nunc se . . . postulare quibus rebus opes augeantur suae: 1,85,5.

γ) **abl.; αα):** ut, si . . . superauissent, uel domesticis opibus uel externis auxiliis de salute urbis confiderent: 2,5,5.

ββ)**:** (se ⟨si *x*⟩ nero, ut operibus ⟨opibus *x*⟩ anteire ⟨anteiri *Ox*⟩ studuerit, sic iustitia et aequitate nelle superare: 1,32,8;) — innari: VI 21,2 *u.* **a)**; Petraeus ⟨*c*⟩, summae nobilitatis adulescens, suis ac snorum opibus Caesarem enixe iuuabat: 3,35,2; — in illa magistratuum ⟨c⟩ controuersia alter pro Connietolitaui, alter pro Coto summis opibus pugnauerat ⟨β; -uerant α; *edd.*⟩: VII 39, 2; — quod quorum in finibus bellum geratur, eorum opibus subleuentur: VII 14, 6; — quorum auxiliis atque opibus, si qua bella inciderint, sustentare consuerint: II 14, 6; — ut . . . illins (Ptolomaei) opibus ⟨operibus *a*⟩ in calamitate tegeretur: 3, 103, 3; — quibus opibus ac nernis non solum ad minnendam gratiam, sed paene ad perniciem suam uteretur: I 20, 3; tu nelim mihi ad urbem praesto sis, ut tuis consiliis atque opibus, ut consueui, in omnibus rebus utar: *ap. Cic. ad Att.* IX 16, 3.

γγ): ut . . . omnes . . et animo et opibus in id bellum incumberent: VII 76, 2.

optimus, -e *u.* **bonus, bene** *p. 421—23.*

opto: id erat eius modi, ut magis optandum quam sperandum putarem: *ap. Cic. ad Q. fr.* II 10 (12), 4; — quoniam fieret dimicandi potestas, ut saepe cogitauissent ⟨optauissent *Dauis.*⟩: 3, 86, 5.

optatus: quid enim est illis optatius quam . . . nos circumuenire et uos nefario scelere obstringere? 2, 32, 3; ¶ ad castra Romanorum delati optatissimum Ambiorigi beneficium ⟨o⟩ obtulerant ⟨c⟩: VI 42, 3.

opulentus: docuit, quantum usum haberet ad subleuandam omnium rerum inopiam potiri oppido pleno atque opulento: 3, 80, 5.

opus, -eris. **A. abstract.** = **opera, labor, munus, negotium,** τὸ ἐργάζεσθαι, ἐργασία, ἐπιτήδευμα; **a) obi.:** summo labore militum Caesar continuato diem noctemque opere in flumine auertendo huc iam *deduxerat rem, ut: 1, 62, 1; ¶ castra facere constituit et, ne in opere faciundo milites repentino hostium incursu exterrerentur atque opere prohiberentur, uallo muniri uetuit: 1, 41, 4; prima et secunda acies in armis . . . permanebat; post hos ⟨hoc *z*⟩ opus in occulto a III. acie fiebat: 1, 41, 4; ¶ Afranius Petreiusque terrendi causa atque operis impediendi copias suas . . . producunt: 1, 42, 2; tenere uterque propositum uidebatur: Caesar, *ne* . . . proelium committeret ⟨c⟩, ille, ut opera Caesaris impediret: 1, 83, 3; ¶ instituere *u.* **B. a)** β) instituere; ¶ eius modi sunt tempestates ⟨o⟩ consecutae, uti opus necessario intermitteretur: III 29, 2; neque idcirco Caesar opus intermittit ⟨intermisit *Na*[1]⟩ confisus . . . munitione fossae: 1, 42, 3; ¶ nallum . . . ad aquam ducere incipiunt, ut . . . sine stationibus aquari possent. id opus inter se Petreius atque Afranius partiuntur: 1, 73, 3; ¶ perficere: III 3, 1 *u.* **B. a)** β) perficere; ¶ perspicere: VII 44, 1 *ib.* perspicere.

b) dat.: ne . . . tela in nostros operi destinatos coicere possent ⟨c⟩: VII 72, 2; ¶ miles . . . operi quaecumque sunt usui sine periculo supportat: 2, 15, 3.

c) gen.; α): nec iam nires sufficere cuiusquam nec ferre operis laborem posse: VII 20, 11; Cenabensi ⟨c⟩ caede et labore operis incitati non . . . infantibus pepercerunt: VII 28, 4; ¶ in praesentia ⟨c⟩ similem rationem operis instituit: 1, 42, 1.

β): uti autem ipsos ualetudine non bona cum angustiis loci et odore taetro . . . et cotidianis laboribus insnetos operum, tum: 3, 49, 3.

d) abl.; α): magno (quanto, tanto) opere *u.* **magnopere, quantopere, tantopere.**

β): se ⟨si *z*⟩ nero, ut operibus ⟨opibus *z*⟩ anteire ⟨anteiri *z*⟩ studuerit, sic iustitia et aequitate nelle superare: 1, 32, 8.

γ): prohibere: 1, 41, 4 *u.* **a)** facere; cum legio Caesaris nona praesidium quoddam occupauisset et munire coepisset, . . . contrarium collem Pompeius occupauit nostrosque opere prohibere coepit: 3, 45, 2.

e) c. praep.; α) **ab:** celeriter ab opere deductis legionibus aciem instruit: 2, 26, 3; Pompeius . . . V legiones ab opere deductas ⟨*sic Np.*; V^ta legione ab op. deducta *af;* V (*uel* V^tam) legionem ab opere deductam *Ohl*⟩ subsidio suis duxit: 3, 69, 1; ¶ quam quisque ab opere in partem casu deuenit: II 21, 6; ¶ quod ab opere singulisque legionibus singulos legatos Caesar discedere nisi munitis castris uetuerat: II 20, 3; ¶ ne quod omnino tempus ab opere intermitteretur: VII 24, 2; ¶ ab opere reuocandi (erant) milites: II 20, 1; Caesar ab opere legiones reuocat, . . . aciem instruit: 1, 82, 2; ¶ quod (milites) ab opere ⟨operibus *N*⟩ integris munitionibus uacabant: 3, 76, 2; (est etiam genus radicis inuentum ab iis, qui fuerant † ualeribus ⟨fuerant uacui ab operibus *Koch;* uacabant ab operibus *F. Hofm.*⟩: 3, 48, 1.)

β) **ad:** puteos fodere cogebantur atque hunc laborem ad cotidiana opera addebant: 3, 49, 5.

γ) **in c. abl.;** αα): in his operibus consiliisque biduum consumitur: 1, 82, 1; ¶ quod instituto Caesaris semper duae ⟨o⟩ legiones pro castris excubabant ⟨c⟩ pluresque partitis temporibus erant in opere: VII 24, 5; ¶

ad nostra castra atque eos, qui in opere occupati erant, contenderunt: II 19, 8; milites occupatos in opere ⟨in op. occ. β⟩ adoriebantur: VII 22, 4; ¶ suosque ⟨c⟩ languidius in opere uersari iussit: VII 27, 1; diem noctemque in opere uersantur: VII 77, 11.

ββ): cum in opere singulas legiones appellaret: VII 17, 4; — dispersis in opere nostris subito . . . impetum fecerunt: III 28, 3.

B. concret. = id quod labore et opera efficitur; a) opus (opera) militum (plerumque = munitiones, agger, *sim.*); α) subi.: quae circum essent opera: 2, 10, 1 *u.* β) tueri; ¶ (procedere: 1, 82, 1 *u.* δ) pars.)

β) obi.: hoc opus (= musculum) . . . perficiunt subitoque inopinantibus hostibus machinatione nauali, phalangis subiectis, ad turrim hostium admouent, ut aedificio iungatur: 2, 10, 7; ¶ audire: II 12, 5 *u.* δ) magnitudo; ¶ quoniam tantum esset necessario ⟨o⟩ spatium ⟨c⟩ complexus nec ⟨c⟩ facile totum corpus ⟨opus *afik; Schn.; om. h*⟩ corona militum cingeretur: VII 72, 2; ¶ conamur opus magnum et multorum dierum propter altitudinem maris: *ap. Cic. ad Att.* IX 14, 1; ¶ (conficere: 3, 97, 5 *u.* perficere;) ¶ si arborum trunci siue naues ⟨*CC*⟩ deiciendi ⟨disiciendi *Geyer*⟩ operis (= pontis) causa ⟨c⟩ essent a barbaris *immissae: IV 17, 10; ¶ derigere: VII 27, 1 *u.* perficere; ¶ interim legiones sex ⟨c⟩, quae primae ⟨c⟩ uenerant, opere dimenso ⟨dimisso β⟩ castra munire coeperunt: II 19, 5; ¶ turres . . . ad opera Caesaris adpellebat, ut rates perrumperet atque opera ⟨*del. Paul*⟩ disturbaret: 1, 26, 1; ¶ efficere *u.* **efficio** *p. 994 (4 (6) loc.)*; ¶ facere *u.* **facio** *p. 1252 sq. (4 loc.)*; ¶ impedire *u.* **A.** a) impedire; ¶ opere instituto fit equestre proelium: VII 70, 1; 1, 75, 1 *u.* ζ) αα) discedere; ¶ qua erat nostrum opus ⟨*sic* β; *Schn.;* qua (quam *BM*[1]; quiam *A;* quia *Q;* qua nostrum *Fr.; Hld.*) opus erat α; *rell. edd.*⟩ intermissum, . . . equitatum dimittit ⟨c⟩: VII 71, 5; ¶ iungere: 2, 10, 7 *u.* admouere; ¶ murum . . . fossamque perducit. eo opere perfecto praesidia disponit, castella communit: I 8, 2; duas acies hostem propulsare, tertiam opus perficere iussit: I 49, 4; cum neque opus ⟨tempus *B*[2]β⟩ hibernorum munitionesque plene essent perfectae: III 3, 1; (Caesar promota turri derectisque ⟨*αh;* perfectisque *afik; Whitte*⟩ operibus, quae facere instituerat, . . . iussit: VII 27, 1;) obsideri se a Caesare; opera munitionesque prope esse perfectas: 1, 20, 2; opus in occulto a III. acie fiebat. sic omne ⟨opus *add. f*⟩ prius est perfectum, quam intellegeretur ab Afranio castra muniri: 1, 41, 5; erat difficile eodem tempore rapidissimo flumine opera perficere et tela uitare: 1, 50, 3; id opus inter se Petreius atque Afranius partiuntur ipsique perficiundi ⟨*ahl;* -iendi *Obf*⟩ operis causa longius progrediuntur: 1, 73, 3; ad ea perficienda opera C. Trebonius . . . nimina materiamque comportari iubet: 2, 1, 4; hoc opus omne tectum nineis ad ipsam turrim perficiunt: 2, 10, 7; captam (se) suam urbem uidere, opera perfecta, turrim subrutam: 2, 12, 3 (*Np.* 4); nondum opere castrorum perfecto equites . . . nuntiant: 2, 26, 2; inter duos uallos, qua perfectum opus non erat, . . . impetum fecerunt: 3, 63, 8; munitione flumen a monte seclusit. . . . quo ⟨iam *add. Ald.*⟩ perfecto ⟨confecto *h*⟩ opere illi de deditione missis legatis agere coeperunt ⟨c⟩: 3, 97, 5; ¶ cum in minora castra operis perspiciendi causa uenisset: VII 44, 1; ¶ tegere: 2, 10, 7 *u.* perficere; ¶ non numquam opera nostra ⟨u[a] *BM*⟩ Galli temptare atque eruptionem . . . facere conabantur: VII 73, 1; ¶ ubi ex ea turri quae circum essent opera tueri se posse sunt ⟨o⟩ confisi: 2, 10, 1; ¶ uidere: II 12, 5 *u.* δ) magnitudo.

γ) dat.: quae deesse operi uidebantur, perficiuntur: V 40, 2; ¶ hostes . . . secundo magnoque neuto ignem operibus inferunt: 2, 14, 1; ¶ ut . . . (nihil) relinqueretur, qua aut telis ⟨c⟩ militibus aut igni ⟨-nis *O*⟩ operibus noceri ⟨-re *O*⟩ posset: 2, 16, 1; ¶ legati milites ex opere deducunt ⟨diduc. *x*⟩, oppugnatione desistunt; operibus ⟨operis *Na*⟩ custodias relinquunt: 2, 13, 1.

δ) gen.: tanta erat operis (= pontis) firmitudo atque ea rerum natura, ut: IV 17, 7; ¶ magnitudine operum, quae neque niderant ante Galli neque audierant, et celeritate Romanorum permoti legatos ad Caesarem de deditione mittunt: II 12, 5; si quando magnitudine operis forte superati . . . suis fortunis ⟨o⟩ desperare ⟨o⟩ coeperant: III 12, 3; sed magnitudo operum, altitudo muri atque turrium, multitudo tormentorum omnem administrationem tardabat: 2, 2, 5; sed operum magnitudo et continens omnium dierum labor . . . perficiendi spatium non dabat: 3, 63, 4; ¶ operis munitione et militum concursu et telis repulsi hoc conatu destiterunt: I 8, 4; ¶ oppidum uallo castellisque circummunire ⟨c⟩ instituit. cuius operis maxima parte effecta . . . reuertuntur: 1, 18, 6; prope dimidia parte operis a Caesare effecta . . . naues . . . reuertuntur: 1, 27, 1; tertio die magna iam pars operis Caesaris ⟨-ri *Paul*⟩ processerat: 1, 82, 1; ab legionariis, qui dextram partem operis administrabant: 2, 8, 1; ¶ exitus administrationesque Brundisini portus impedire instituit. quorum operum haec erat ratio: 1, 25, 4; ¶ castra ... conspicit ... admodum munita natura loci, una ex parte ipso oppido Vtica, altera a theatro, quod est ante oppidum, substructionibus ⟨substrat. *Na;* substract. *Ofhl*⟩ eius operis maximis: 2, 25, 1.

ε) abl.; αα): nona Caesaris legio, cum se obiecisset Pompeianis copiis atque opere ⟨opera *NOhl*⟩, ut demonstrauimus, circummuniret, castra eo loco posuit: 3, 66, 2; montem opere circummunire instituit: 3, 97, 2; — quem (collem) propter magnitudinem circuitus opere circumplecti non potuerant nostri: VII 83, 2; — castra magnis operibus munire ... instituit: 1, 18, 4; illi eum tumulum ... magnis operibus muniuerunt ⟨*c*⟩: 1, 47, 4; — se in siluas abdiderunt locum nancti egregie et natura et opere munitum: V 9, 4; locum reperit egregie natura atque opere munitum: V 21, 4; qua ... fiducia et opere et natura loci munitissima castra expugnari posse confidimus? 2, 31, 2; — omnia enim flumina atque omnes riuos ... Caesar aut auerterat aut magnis operibus obstruxerat: 3, 49, 4; — Pompeius siue operibus Caesaris permotus siue etiam quod ... constituerat, aduentu nauium profectionem parare incipit: 1, 27, 2; — aditus duos ... magnis operibus praemuniuit castellaque his locis posuit: 3, 58, 1.

ββ): quantum opere processerant et castra protulerant, tanto aberant ab aqua longius: 1, 81, 3; — ut nostri perpetuas munitiones instituebant ⟨*c*⟩, ita illi interiore spatio perpetuas munitiones efficiebant. ... sed illi operibus uincebant: 3, 44, 5.

γγ): turres toto opere circumdedit: VII 72, 4; — (disponere: 1, 21, 3 *u.* **ζ) εε)** disponere.)

ζ) c. praep.; αα) ab: *Afranius ab instituto opere discedit seque in castra recipit: 1, 75, 1; ¶ (cupae) delapsae ab lateribus longuriis furcisque ab opere remouentur: 2, 11, 2.

ββ) ad: pluteos ad alia opera abduxerunt: 2, 9, 5; ¶ ad haec rursus opera addendum Caesar putauit: VII 73, 2; ¶ turres ... omni genere telorum completas ad opera Caesaris adpellebat ⟨-labat *Oae*⟩: 1, 26, 1; ¶¶ cum is (agger) murum hostium paene contingeret et ⟨*c*⟩ Caesar ad opus consuetudine excubaret militesque hortaretur, ne quod omnino tempus ab opere intermitteretur: VII 24, 2.

γγ) cum: quae (sublicae) pro ariete subiectae et cum omni opere coniunctae uim fluminis exciperent: IV 17, 9.

δδ) ex: deducere ex: 2, 13, 1 *u.* **γ)** reliquere.

εε) in c. abl.: meridiano tempore, cum alius discessisset, alius ex diutino labore in ipsis operibus quieti se dedisset: 2, 14, 1; ¶ fundis librilibus sudibusque, quas in opere disposuerant, ... Gallos ⟨*c*⟩ proterrent: VII 81, 4; ipse in ⟨*e; om. x; Np.*⟩ iis ⟨*c*⟩ operibus, quae facere instituerat, milites disponit: 1, 21, 3; ¶ reliquit in opere cohortes duas: 3, 67, 2.

b) opus (opera) artificum: hoc cum in speciem uarietatemque opus (= murus) deforme non est alternis trabibus ac saxis ..., tum ad utilitatem et defensionem urbium summam habet oportunitatem: VII 23, 5; ¶ sic deinceps omne opus contexitur, dum insta muri altitudo expleatur ⟨*c*⟩: VII 23, 4; ¶ (habent opinionem) Mineruam operum atque artificiorum initia tradere: VI 17, 2; ¶ Pharus est in insula turris magna altitudine, mirificis operibus exstructa: 3, 112, 1.

[**Falso:** pecora, quod secundum poterat esse inopiae ⟨in opere *Ox*⟩ subsidium: 1, 48, 6.]

Adiect.: alia: 2, 9, 5; cotidiana: 3, 49, 5; deforme: VII 23, 5; (ipsa: 2, 14, 1;) magnum, -a: *ad Att.* IX 14, 1; — 1, 18, 4; 47, 4; 3, 49, 4; 58, 1; *cf.* **magnopere**; mirifica: 3, 112, 1; nostrum, -a: VII 71, 5 ⟨*c*⟩; — VII 73, 1; omne: IV 17, 9; 18, 1; VII 23, 4; 1, 41, 5; 2, 10, 7; quanto (tanto) opere = quantopere, tantopere; totum: VII 72, 2 ⟨*c*⟩ *et* 4; ¶ multorum dierum: *ad Att.* IX 14, 1.

opus est. A. abs.: huic permisit, si opus esse arbitraretur, uti ... conlocaret: III 1, 3; sese, cum opus esset, signum proelii daturum et quod rem postulare cognouisset imperaturum: 2, 40, 3.

B. additur a) nominat.: si quid ipsi a Caesare opus esset, sese ad eum uenturum fuisse: I 34, 2; neque quid in quaque parte opus esset prouideri neque ab uno omnia imperia administrari poterant: II 22, 1; — quaecumque ad proximi diei oppugnationem opus sunt, noctu comparantur: V 40, 5.

b) abl.; α): quid mihi, inquit, aut uita aut ciuitate opus est, quam beneficio Caesaris habere uidebor? 3, 18, 4.

β): ut praesidium quam amicissimum, si quid opus facto esset, haberet: I 42, 5.

e) (acc. e.) inf.; α): opus esse ipsos ⟨et ipsos β; *Schn.*⟩ antecedere ad confirmandam ciuitatem: VII 54, 1; ¶ maximeque opus esse in conspectum ⟨*c*⟩ exercitus ⟨*ego; exercitum x; edd.;* exercitui *Pluyg.; del. Paul*⟩ uenire et conloquendi dare facultatem: 2, 27, 3.

β) intellegend. est (acc. e.) inf.: ut, si quo opus esset, subsidio duci possent: II 8, 5.

ora (maritima). A. regionem significat; a) subi.: (nota est: IV 20, 3 *u.* e) praeter.)

b) obi.: deducta Orico legione, quam tuendae orae maritimae causa posuerat: 3, 34, 1.

c) gen.: ne Caesar orae maritimae ciuitates occuparet: 3, 11, 2; ¶ qui (equites) eam partem orae maritimae adseruabant: 3, 28, 6; ¶ deductis orae maritimae praesidiis Caesar . . . III cohortes Orici oppidi tuendi causa reliquit: 3, 39, 1.

d) abl.: si . . . se ⟨*c*⟩ omni maritima ora excludere conaretur: 3, 78, 4; ¶¶ omni ora maritima classem disposuerat: 3, 5, 2.

e) c. praep.: si ab ora maritima Oricoque ⟨*c*⟩ discedere nollet: 3, 78, 6.

ut equitibus per oram maritimam ⟨per ora maritima *Nx*⟩ ab Antonio dispositis aquari prohiberentur: 3, 24, 4.

neque iis ipsis quicquam praeter oram maritimam . . . notum est: IV 20, 3.

B. = qui oram maritimam incolunt: omni ora maritima celeriter ad suam sententiam perducta communem legationem . . . mittunt: III 8, 5; — tueri *u.* A. b); ¶ huius est ciuitatis longe amplissima auctoritas omnis orae maritimae regionum earum: III 8, 1; — quo proelio bellum Venetorum totiusque orae maritimae confectum est: III 16, 1.

oratio (= uerba, uoces; contio); A. subi.: uidetisne . . . captiuorum orationem cum perfugis conuenire? 2, 39, 3; ¶ legati . . . uenerunt, quorum haec fuit oratio: IV 7, 2; — fuit haec oratio non ingrata Gallis: VII 30, 1; ¶ uideri: VII 77, 2 *u.* B. praeterire; 1, 2, 1 *ib.* mittere.

B. obi.: quod facere in eo consuerunt ⟨*c*⟩, cuius orationem adprobant: VII 21, 1; ¶ a Cingetorige atque eius propinquis oratione Indutiomari cognita, quam in concilio habuerat, nuntios ⟨*c*⟩ mittit ⟨*c*⟩: V 57, 2; ¶ (hac habita contione ⟨oratione *h*[1]⟩ non nullos signiferos ignominia notauit: 3, 74, 1;) *u. praeterea* **habeo** 2. *p. 1404 sq. (8 loc.)*; ¶ quem ⟨*c*⟩ ubi Caesar intellexit praesentis periculi atque inopiae uitandae causa omnem orationem ⟨rationem *Ofh*[1]⟩ instituisse: 3, 17, 6; ¶ cuius orationem Caesar interpellat: 1, 22, 5; ¶ quorum mediam orationem ⟨media oratione *hl*⟩ interrumpunt subito undique tela immissa: 3, 19, 6; ¶ haec Scipionis oratio . . . ex ipsius ore Pompei mitti uidebatur: 1, 2, 1; ¶ Labienus prodit; sed is omissa ⟨*sic Madu.;* prodit, summissa *x;* sed missa *Terpstra;* sed superbissima *Fleischer*⟩ oratione [loqui] de pace [atque] altercari cum Vatinio incipit ⟨*u. CC*⟩: 3, 19, 5; ¶ omnibus his resistitur omnibusque oratio ⟨*om. a*⟩ consulis, Scipionis, Catonis opponitur: 1, 4, 1; ¶ percepta oratione ⟨accepta ratione β⟩ eorum Caesar obsides imperat: V 1, 8; ¶ uariis dictis ⟨*o*⟩ sententiis . . . non praetereunda oratio Critognati uidetur ⟨uid. or. crit. β⟩ propter eius singularem et ⟨*c*⟩ nefariam crudelitatem: VII 77, 2; ¶ cuius orationem legati domum referunt: 1, 35, 3.

C. gen.: crudelitas eius (orationis?): VII 77, 2 *u.* B. praeterire; ¶ sed exitus fuit orationis: IV 8, 1; ¶ Caesar initio orationis sua senatusque in eum beneficia commemorauit ⟨praedicauit *B*[2]β⟩: I 43, 4.

D. abl.: hac oratione adducti inter se fidem et ius iurandum dant: I 3, 8; tum demum Liscus oratione Caesaris adductus quod antea tacuerat proponit: I 17, 1; (VII 37, 6 *u.* deducere;) — idoneos homines deligebat, quorum quisque aut oratione subdola aut amicitia facillime capere posset ⟨*AQ;* capi posset β; posset *BM*⟩: VII 31, 2; — milites non longiore oratione ⟨est *add. B*[2]β⟩ cohortatus, quam uti . . . retinerent, . . . signum dedit: II 21, 2; — oratione confirmatis: VII 53, 1 *u.* E. ad; cuius oratione confirmatus Lentulus . . . petit: 1, 22, 6; — celeriter adulescentibus et oratione magistratus et praemio deductis ⟨adductis *Faern.*⟩: VII 37, 6; — Caesar hac oratione Lisci Dumnorigem . . . designari sentiebat: I 18, 1; — hos seditiosa atque improba oratione multitudinem deterrere: I 17, 2; — (simili ratione ⟨oratione *Paul*⟩ ibi Vercingetorix . . . conuocatis suis clientibus facile incendit ⟨facere intendit β⟩: VII 4, 1;) — (summissa oratione loqui: 3, 19, 5 *u.* B. omittere;) — quorum oratione permotus Varus . . . profugit: 1, 13, 2; qua oratione permoti milites crebro etiam dicentem ⟨*c*⟩ interpellabant: 2, 33, 1; cum superioris etiam ordinis non nulli ratione ⟨oratione *V.*⟩ permoti . . . rem proelio committendam existimarent: 3, 74, 2; — facile hac oratione Neruiis persuadet: V 38, 4; — Caesar Remos cohortatus liberaliterque oratione prosecutus . . . iussit: II 5, 1.

E. c. praep.: hac habita contione et ad extremam orationem ⟨ad extremum oratione β; *Schn.; oratione om. Clark.*⟩ confirmatis militibus . . . legiones . . . eduxit: VII 53, 1.

cum uultus Domitii cum oratione non consentiret: 1, 19, 2.

dixerat aliquis leniorem sententiam, ut primo M. Marcellus, ingressus in eam orationem ⟨rationem *f*⟩, non oportere ante . . . ad senatum referri, quam: 1, 2, 2.

Verba atque orationem habere: 2, 18, 5.

Adiect.: extrema: VII 53, 1; improba: I 17, 2; ingrata: VII 30, 1; longior: II 21, 2; media: 3, 19, 6; omnis: 3, 17, 6; seditiosa: I 17, 2; (similis: VII 4, 1;) subdola: VII 31, 2; (submissa: 3, 19, 5.)

orator: hunc illi e naui egressum, cum ad eos oratoris modo Caesaris mandata ⟨ad eos imperatoris mandata *ik; Madu.*⟩ deferret ⟨perferret β⟩, comprehenderant: IV 27, 3.

orbis. A. militum: cum illi (milites) orbe facto sese defenderent: IV 37, 2; ¶ cum quaepiam ⟨*om.* β⟩ cohors ex orbe excesserat atque impetum fecerat, hostes uelocissime refugiebant: V 35, 1; — iusserunt pronuntiari ⟨*c*⟩, ut impedimenta relinquerent atque in orbem consisterent: V 33, 3.

B. terrarum: cuius consensui ne orbis quidem terrarum possit obsistere: VII 29, 6; ¶ per orbem terrarum fama ac litteris uictoriam eius diei concelebrabant ⟨*c*⟩: 3, 72, 4; cum fama per orbem terrarum percrebuisset: 3, 43, 4.

Orchomenus: Calenus Delphos, Thebas, [et] Orchomenum ⟨*Ald.;* orcomeneum *x;* orcomeum *h*[1]⟩ uoluntate ipsarum ciuitatium ⟨*c*⟩ recepit: 3, 55, 3.

Orcynia (silua): Hercyniam ⟨*c*⟩ siluam, quam Eratostheni et quibusdam Graecis fama notam esse uideo, quam illi Orcyniam ⟨orciniam *h; Aim.*⟩ appellant: VI 24, 2.

(**ordeum** *u.* **hordeum.**)

ordinatim: fastigate ⟨fastigato *x*⟩ atque ordinatim structo tecto ⟨*Oud.; om. codd.; u. CC*⟩: 2, 10, 5.

ordo. *Cf. Rüstow p. 5. 6.*

1. propr. = στοῖχος, στίχος; **A. rerum; a) subi.:** huius generis (*i. e.* stipitum) octoni ordines ducti ⟨β; iuncti α⟩ ternos inter se pedes distabant: VII 73, 8; ¶ quini erant ⟨β; *om.* α⟩ ordines (stipitum) coniuncti inter se atque implicati ⟨complic. β⟩: VII 73, 4.

perturbatumque eum nactus nullis custodiis neque (nauium?) ordinibus certis ⟨neque ord. cert. *del. Paul*⟩ . . . onerarias naues . . . in Pomponianam ⟨*c*⟩ classem immisit: 3, 101, 2.

b) obi.: his (trabibus et saxis) conlocatis et coagmentatis ⟨*c*⟩ alius insuper ordo additur: VII 23, 3; ¶ complicare, coniungere: VII 73, 4 *u.* **a)** esse; ¶ ante ⟨*c*⟩ hos ⟨*c*⟩ obliquis ⟨*M*[2]β; obliquos α⟩ ordinibus in quincuncem dispositis scrobes trium ⟨*c*⟩ in altitudinem ⟨*c*⟩ pedum fodiebantur: VII 73, 5; ¶ ducere: VII 73, 8 *u.* a) distare; ¶ implicare: VII 73, 4 *ib.* esse; ¶ (iungere: VII 73, 8 *ib.* distare;) ¶ alternis trabibus ac saxis, quae rectis lineis suos ordines seruant: VII 23, 5.

c) abl.: obliquis ordinibus: VII 73, 5 *u.* **b)** disponere; ¶ obstructis in speciem portis singulis ordinibus caespitum: V 51, 4.

d) c. praep.: asseres enim pedum XII cuspidibus praefixi atque hi maximis ballistis missi per IIII ordines cratium in terra defigebantur: 2, 2, 2.

B. hominum (militum), τάξις; **a) subi.; α):** cum primi ordines hostium transfixi pilis ⟨*c*⟩ concidissent, tamen acerrime reliqui resistebant: VII 62, 4.

β) abl. abs.: paucis interfectis reliquos incertis ordinibus perturbauerant: IV 32, 5; — Numidae enim ⟨*c*⟩ quadam barbara consuetudine nullis ordinibus passim consederant: 2, 38, 4.

b) obi.: dat suis signum Saburra, aciem constituit et circumire ordines atque hortari incipit: 2, 41, 2; ¶ impetum legionum tulerunt et ordines ⟨suos *add. Nhl*⟩ conseruarunt ⟨ordines suos seruarunt?⟩: 3, 93, 2; ¶ ut intra siluas aciem ordinesque constituerant: II 19, 6; ¶ hortari: 2, 41, 2 *u.* circumire; ¶ (cum) priores . . . exaudito clamore perturbatis ordinibus omnes in fuga sibi praesidium ponerent: II 11, 5; (essedarii) ipso terrore equorum et strepitu rotarum ordines plerumque perturbant: IV 33, 1; impetuque in nostros facto ordines perturbant: V 37, 3; ¶ quod (nostri) neque ordines seruare neque firmiter insistere neque signa subsequi poterant: IV 26, 1; ut (milites illi) . . . audacter locum caperent, ordines suos non magnopere ⟨*c*⟩ seruarent, rari dispersique pugnarent: 1, 44, 1; ipsi autem (nostri) suos ordines ⟨ordine *hl*⟩ seruare neque ab signis discedere . . . censuerant ⟨*c*⟩ oportere: 1, 44, 4; quod . . . conferti (Afraniani) neque ordines neque signa seruarent: 1, 71, 3; sic neque in loco manere ordinesque sernare neque ⟨seruarent. quae *af*[1]⟩ procurrere . . . tutum uidebatur: 2, 41, 6; 3, 93, 2 *u.* conseruare; ¶ transfigere: VII 62, 4 *u.* **a) α)**.

c) c. praep.: Numidae . . . impetum nostrorum effugiebant rursusque ad ordines suos se recipientes circumibant ⟨*c*⟩ et ab acie excludebant: 2, 41, 6; ¶ nostri fortiter impetum eorum tulerunt celeriterque ad suos quisque ordines rediit ⟨*f; Dt.;* redit *afh; Np., Db.*⟩: 3, 37, 6.

ut . . . acies (aduersariorum) . . distenderetur atque in suis ordinibus dispositi ⟨dispositis *a*[1]⟩ dispersos adorirentur ⟨*c*⟩: 3, 92, 2.

2. trsl.; A. concr.; a) = centuria (inde metonym. etiam ipsos centuriones et locum, quem obtinent centuriones, significat;) α) = centuria; αα) subi.: ut paucis mutatis centurionibus idem ordines manipulique constarent: 2, 28, 1.

ββ) obi.: L. Cotta legatus omnes cohortes ordinesque adhortans . . . uulneratur: V 35, 8; ¶ L. Pupius, primi pili centurio, adducitur, qui hunc eundem ordinem in exercitu Cn. Pompei antea duxerat ⟨ante adduxerat *f*⟩: 1, 13, 4; quod (Septimius) bello praedonum apud eum ordinem duxerat: 3, 104, 3; ¶ (IIII caetratorum cohortes ⟨ordines *h*[1]⟩ in montem . . . mittit: 1, 70, 4.)

γγ) gen.: primorum (omnium) ordinum centuriones *u.* **β) ββ)**.

δδ) c. praep.: hunc ex primo ordine pauci Caesaris consecuti milites consistere coegerunt: 1, 13, 3; — V 44, 1 *u.* **β) αα)**.

β) = locus (gradus), quem obtinent centuriones (Officierstelle, Charge, Rangclasse); αα) dat.: erant in ea legione fortissimi uiri centuriones, qui primis ⟨iam primis *β*; primis iam *Fr.*⟩ ordinibus adpropinquarent: V 44, 1; ¶ 1, 77, 2 *u.* **γγ) C)**.

ββ) gen.: conuocato consilio ⟨*c*⟩ omniumque ordinum ad id consilium ⟨*c*⟩ adhibitis centurionibus: I 40, 1; reliquae legiones cum ⟨*c*⟩ tribunis ⟨*c*⟩ militum et primorum ordinum centurionibus ⟨*c*⟩ egerunt: I 41, 3; L. Aurunculeius compluresque tribuni militum et primorum ordinum centuriones nihil temere agendum . . . existimabant ⟨*c*⟩: V 28, 3; Sabinus quos in praesentia tribunos militum circum se habebat et primorum ordinum centuriones se sequi iubet: V 37, 1; legatosque de pace primorum ordinum centuriones ad Caesarem mittunt: 1, 74, 3; ¶ multi undique ex ueteribus Pompei exercitibus spe praemiorum atque ordinum euocantur: 1, 3, 2.

cum superioris etiam ordinis ⟨superiores . . . ordines *mauult Oud.*⟩ non nulli . . . rem proelio committendam existimarent: 3, 74, 2; ¶ Baluentio, qui . . . primum pilum duxerat ⟨*c*⟩, . . femur . . traicitur. Q. Lucanius, eiusdem ordinis, . . . interficitur: V 35, 7.

γγ) c. praep.; A) ab: quem (Scaeuam centurionem) Caesar . . . ab octauis ordinibus ad primipilum ⟨primum pilum *Ald.*⟩ se traducere pronuntiauit: 3, 53, 5.

B) ex: Q. Fulginius (primus hastatus) . . ., qui propter eximiam uirtutem ex inferioribus ordinibus in eum locum peruenerat: 1, 46, 4; ¶ centuriones, quorum non nulli ex inferioribus ordinibus reliquarum legionum uirtutis causa in superiores erant ordines huius legionis traducti: VI 40, 7; ¶¶ Fabius Paelignus quidam ex infimis ordinibus de exercitu Curionis . . . requirebat: 2, 35, 1.

C) in c. acc.: VI 40, 7 *u.* **B)**; ¶ centuriones in priores ordines ⟨in pr. ord. *Ciacc.;* ampliores ordines *x;* ampliori ordini *Lips.*⟩, equites Romanos ⟨tribunos *Vossius*⟩ in tribunicium restituit honorem: 1, 77, 2.

γ) = centuriones; αα) subi.: constare: 2, 28, 1 *(sec. Rüst. p. 5 sq. c) u.* **α) αα)**; ¶ (existimare: 3, 74, 2 *u.* **β) ββ)** *extr.*)

cum a Cotta primisque ordinibus acriter resisteretur: V 30, 1.

ββ) obi.: adhortari: V 35, 8 *(sec. Rüst.) u.* **α) ββ)**; ¶ Labienus noctu ⟨*c*⟩ tribunis militum primisque ordinibus conuocatis ⟨coactis *β*⟩ quid sui sit ⟨*o*⟩ consilii proponit: VI 7, 8.

γγ) gen.: (in castris Curionis magnus omnium ⟨ordinum *H. Schneider*⟩ incessit timor: 2, 29, 1.)

b) = homines eiusdem dignitatis; α): erant complures honesti adulescentes, senatorum filii et ordinis equestris: 1, 51, 3.

β): cum in fanum uentum esset ⟨uenisset *Paul*⟩ adhibitis compluribus ordinis senatorii ⟨*Ohl;* senatorii ordinis *V.; Np., Dt.; af totum h. loc. om.*⟩, quos aduocauerat Scipio: 3, 33, 1; — pauci ordinis senatorii, qui se cum iis ⟨*c*⟩ coniunxerant, nocte fuga salutem petiuerunt: 3, 97, 5; — erant quinque ordinis senatorii, ⟨*Dauis.;* quinquaginta ordines *codd.;* quinquaginta: ordinis senatorii *EHoffm.*⟩ L. Domitius, P. Lentulus Spinther, L. Caecilius Rufus, Sex. Quintilius Varus quaestor, L. Rubrius: 1, 23, 2; — — placere sibi . . . tabellas dari ad iudicandum iis, qui ordinis essent senatorii: 3, 83, 3; — misso ad nesperum senatu omnes, qui sunt eius ordinis, a Pompeio euocantur: 1,3,1.

γ): sic omnium ordinum partes in misericordia constitisse, ipsos duces a pace abhorruisse: 1,85,3.

B. abstr.; a) = κόσμος, εὐταξία, σύνταξις; α) **subi.; αα)**: erant praeterea cuiusque generis hominum milia circiter VI cum seruis libertisque ⟨c⟩; sed nullus ordo, nullum imperium certum, cum suo quisque consilio uteretur: 1,51,2; ¶ sed ratio ordoque agminis aliter se habebat ac Belgae ad Neruios detulerant: II 19,1; ¶ instructo exercitu magis ut . . . necessitas temporis quam ut rei militaris ratio atque ordo postulabat: II 22,1.

ββ): egressi nullo certo ordine neque imperio, cum sibi quisque primum itineris locum peteret . . ., fecerunt, ut: II 11,1; — quod nullo ordine et sine timore iter fecerant: 2, 26,4.

β) **abl.**: (suos ordines ⟨ordine *hl*⟩ seruare: 1,44,4 *u.* 1. **B. b)** seruare.)

γ) **c. praep.**: his . . . amplissimos magistratus mandauerat atque eos extra ordinem ⟨ordines *a corr.*⟩ in senatum legendos curanerat: 3,59,2.

b) = **dignitas** *u.* **A. b)** α) *et* β); — superioris ordinis non nulli: 3,74,2 *u.* **A. a)** β) ββ) *extr.*

Adiect.: alius: VII 23,3; amplior(es): 1, 77,2 ⟨c⟩; certus, -i: II 11,1; — 3,101,2; equester: 1,51,3; (hic: 1,13,4; idem: V 35, 7; 1,13,4; 2,28,1;) incerti: IV 32,5; inferiores: VI 40,7; 1,46,4; infimi: 2,35,1; (is: 1,3,1;) nullus, -i: II 11,1; 1,51,2; 2,26,4; — 2,38,4; 3,101,2; obliqui: VII 73,5; octaui: 3,53,5; octoni: VII 73,8; omnes: I 40,1; V 35,8; 1,85,3; primus, -i: 1,13,3; — I 41,3; V 28,3; 30,1; 37,1; 44,1; VI 7,8; VII 62,4; 1,74,3; — priores: 1,77,2 ⟨c⟩; quattuor: 2,2,2; quini: VII 73,4; (reliqui: VII 62,4;) senatorius: 1,23,2; 3,33,1; 83,3; 97,5; singuli: V 51,4; (sui: VII 23,5; 1,44,1.4; 2,41, 6; 3,37,6; 92,2; 93,2 ⟨c⟩;) superior, -ores: 3,74,2; — VI 40,7.

(**Orfius** *u.* **Itfiuius.**)

Orgetorix. *(In cod. A semper* orgentorix *scriptum esse dicit Np., sed errare uidetur.)*

apud Heluetios longe nobilissimus fuit et ditissimus Orgetorix: I 2,1; *cf. qu. sqq.* § 1—3; his rebus adducti et auctoritate Orgetorigis permoti constituerunt ea, quae ad proficiscendum pertinerent, comparare: I 3,1; [ad eas res conficiendas] Orgetorix [deligitur. is] sibi legationem ad ciuitates suscepit: I 3,3; *cf.* § 4—8; moribus suis Orgetorigem ex uinclis ⟨c⟩ causam dicere coegerunt; damnatum poenam sequi oportebat, ut igni cremaretur: I 4,1; die constituta causae dictionis ⟨*CC*⟩ Orgetorix ad iudicium omnem suam familiam . . . undique coegit: I 4,2; *cf. qu. sqq.*; cum ciuitas ob eam rem incitata armis ius suum exsequi conaretur multitudinemque hominum ex agris magistratus cogerent, Orgetorix mortuus est, neque abest suspicio, . . . quin ipse sibi mortem consciuerit: I 4,3.4; *cf.* 5,1; Dumnorix . . . Heluetiis erat amicus, quod ex ea ciuitate Orgetorigis filiam in matrimonium duxerat: I 9,3; ibi Orgetorigis filia ⟨filiae B^2β⟩ atque unus e filiis captus est I 26,4.

(**Oricius**: si ab ora maritima Oricoque ⟨*Np.*; coriciaque *x*; oriciaque O^1; *Db.*; corcyraque O^2; *V.*⟩ discedere nollet: 3,78,6.)

Oricum. *Cf. Stoffel, Histoire de Jules César I (141;) 345 sq.*

erant ⟨c⟩ Orici Lucretius Vespillo ⟨c⟩ et Minucius Rufus cum Asiaticis nauibus XVIII: 3,7,1; (hoc confecto negotio (Bibulus) a Sasonis ⟨*x*; salonis *recc.*; *Np., Db.*⟩ ad Curici ⟨*Momms.*; corici *NOafl*; coryci *h*; orici *recc.*; Oricum *Np., Db.*⟩ portum stationes ⟨portus, stationes *Np.*; *Db.*⟩ litoraque omnia longe lateque classibus occupauit: 3,8,4;) (Caesar) expositis militibus eodem die Oricum ⟨orscum *a?hl*⟩ proficiscitur. quo cum uenisset, L. Torquatus, qui iussu Pompei oppido praeerat praesidiumque ibi Parthinorum ⟨c⟩ habebat, conatus portis clausis oppidum defendere, cum . . . oppidani . . . sua sponte Caesarem recipere conarentur, . . . portas aperuit et se atque oppidum Caesari dedidit: 3,11,3.4; recepto Caesar Orico nulla interposita mora Apolloniam proficiscitur: 3,12,1; Pompeius cognitis his rebus, quae erant Orici atque Apolloniae gestae ⟨c⟩, Dyrrachio timens . . eo . . . contendit: 3,13,1; (nauis) una . . . delata Oricum ⟨orcum a^1⟩ atque a Bibulo expugnata est: 3,14,2; Bibulus, ut supra demonstratum est, erat ⟨ierat *l*; *om. a*⟩ *cum* classe ad Oricum: 3,15,1; ipse (Caesar) Oricum reuertitur: 3, 16,2; *cf. qu. sqq.*; Libo profectus ab Orico cum classe . . . nauium L Brundisium uenit: 3,23, 1; Caesar . . . deducta Orico ⟨origo *ah*⟩ legione . . . temptandas sibi prouincias . . . existimabat: 3,34,1; deductis orae maritimae praesidiis Caesar . . . III cohortes Orici oppidi tuendi causa reliquit: 3,39,1; *cf. qu. sqq.*; Cn. Pompeius filius, qui classi Aegyptiae praeerat, ad ⟨*del. Ciacc.*⟩ Oricum uenit: 3,40,1; *cf.* § 2—5; si Apolloniam Oricumque oppugnare et se ⟨c⟩

omni maritima ora excludere conaretur (Pompeius): 3, 78, 4; praesidioque Apolloniae cohortibus ⟨cohortium *Nx*⟩ IIII, Lissi I, III Orici relictis . . . iter facere coepit: 3, 78, 5; si ab ora maritima Oricoque ⟨*Np.;* coriciaque *x;* oriciaque O^1*; Db.;* corcyraque O^2*; V.*⟩ discedere nollet (Caesar): 3, 78, 6; testibus se militibus uti posse . . ., quibus modis ad Oricum cum Libone de mittendis legatis contendisset: 3, 90, 2.

orior. **I. Forma:** oreretur *ah,* oriretur Q^2a*:* VII 28, 6; oreretur *AQBh(?),* oriretur MA^2B^2a*:* VI 9, 5; oreretur α, oriretur $A^2Q^2M^2$β: V 53, 1; oreretur *hl,* oriretur *af:* 3, 94, 3.

II. Signif.; A. propr.; a) = ἀνατέλλειν, **de sole:** quae Cenabi oriente sole gesta essent, ante primam confectam uigiliam in finibus Aruernorum audita sunt: VII 3, 3; ¶ Belgae . . . spectant in *septentriones et orientem solem: I 1, 6; huius lateris alter angulus . . . ad orientem solem, inferior ad meridiem spectat: V 13, 1; quae ⟨*c*⟩ pars collis ad orientem solem ⟨*om.* β⟩ spectabat: VII 69, 5; ¶ longius delatus aestu ⟨*c*⟩ orta luce sub sinistra Britanniam relictam conspexit: V 8, 2; ¶ (in fines Lingonum die quarto ⟨orto *Hug*⟩ peruenerunt: I 26, 5.)

b) = ἄρχεσθαι **(initium capere), de fluminibus, siluis, finibus:** oritur (Hercynia silua) ab Heluetiorum et Nemetum et Rauracorum ⟨*c*⟩ finibus . . ., pertinet ad fines Dacorum: VI 25, 2; — Belgae ab extremis Galliae finibus oriuntur, pertinent ad inferiorem partem fluminis Rheni: I 1, 6; ¶ Rhenus autem oritur ex Lepontiis, qui Alpes incolunt: IV 10, 3; — neque quisquam est . . ., qui se aut adisse ⟨*c*⟩ ad initium eius siluae dicat . . . aut quo ex loco oriatur acceperit: VI 25, 4.

c) ortum esse = γεγονέναι, **de hominibus (et ciuitatibus):** amitae meae Iuliae maternum genus ab regibus ortum . . . est: *ap. Suet.* 6; — plerosque Belgas esse ortos a ⟨*c*⟩ Germanis: II 4, 1; ¶ qui omnes fere iis ⟨*CC*⟩ nominibus ciuitatum appellantur, quibus orti ex ciuitatibus eo peruenerunt: V 12, 2; ¶ hic summo in Aruernis ortus loco et magnae habitus auctoritatis . . inquit: VII 77, 3.

B. trsl.; a) abs.: clamor oritur *u.* **clamor** *p. 556 sq. (3 loc.);* ¶ (magnaque inter eos exsistit controuersia ⟨controuersia orta est *afik*⟩: V 28, 2;) sed celeriter est inter eos de principatu controuersia orta: 3, 112, 10; ¶ ne qua ⟨*c*⟩ oriatur pecuniae cupiditas, qua ex re factiones dissensionesque nascuntur: VI 22, 3; ¶ simul eorum, qui cum impedimentis ueniebant, clamor fremitusque oriebatur: II 24, 3.

b) oriri ab: initium oritur *u.* **initium** *p. 172* **a)** *(3 loc.);* ¶ firmo in Treueris . . . praesidio ⟨*o*⟩ relicto, ne quis ab his subito motus oreretur: VI 9, 5; ¶ hic (timor) primum ortus est a tribunis militum, praefectis reliquisque, qui: I 39, 2.

c) oriri ex: non ignorans, quanta ex dissensionibus incommoda oriri consuessent: VII 33, 1; ¶ ueritus, ne qua in castris ex ⟨*om.* β⟩ eorum concursu ⟨concursu eorum β⟩ et misericordia uulgi seditio oreretur: VII 28, 6.

d) oriri alqa re: VII 28, 6 *u.* **c)**.

(**oriens:** VII 69, 5 *u.* **orior A. a)**.)

ornamentum. **A. concr.:** pecuniam omnem omniaque ornamenta ex fano Herculis in oppidum Gades contulit: 2, 18, 2.

B. abstr.: amicitiam populi Romani sibi ornamento et praesidio, non detrimento esse oportere: I 44, 5; urbem, quae et ⟨β; *Schn.; om.* α; *rell. edd.*⟩ praesidio et ornamento sit ciuitati ⟨ciuitatis β⟩: VII 15, 4.

ornatus: quorum in aedibus fanisque posita et honori erant et ornatu: *ap. Gell.* IV 16, 8.

orno: quam (ciuitatem) ipse semper aluisset omnibusque rebus ornasset: VII 33, 1; ¶ ad me alium mitte, quem ornem: *ap. Cic. ad fam.* VII 5, 2.

ornat(issim)us: circiter CCXX ⟨*c*⟩ naues eorum paratissimae atque omni genere armorum ornatissimae . . . nostris aduersae constiterunt: III 14, 2.

oro. **A. abs.:** consolatus rogat, finem orandi ⟨orandi finem *a*⟩ faciat: I 20, 5.

B. oro, ut; a): (se) monere, orare Titurium pro hospitio, ut suae ac militum saluti consulat: V 27, 7.

b): Vbii autem . . . magnopere orabant, ut sibi auxilium ferret, quod grauiter ab Suebis premerentur; uel, si id facere . . . prohiberetur, exercitum modo Rhenum transportaret: IV 16, 5. 6; (Vbii) petunt atque orant, ut ⟨*om.* β⟩ sibi parcat ⟨parcat sibi β⟩, ne communi odio Germanorum innocentes pro nocentibus poenas pendant: VI 9, 7; eum legati ad eum uenissent oratum, ut sibi ignosceret suaeque uitae consuleret, . . . iubet: VII 12, 3; legati ad eum principes Haeduorum ueniunt ⟨uenerunt β⟩ oratum, ut maxime necessario tempore ciuitati subueniat: VII 32, 2; hi (Mandubii) . . . flentes omnibus precibus orabant ⟨β; orant *Schn., Db.*⟩, ut se in seruitutem receptos cibo iuuarent: VII 78, 4; Domitius ad Pompeium . . . peritos regionum . . . mittit, qui petant atque orent, ut sibi subueniat: 1,17,1; cum eo (Lentulus) de salute sua *agit*, orat atque obsecrat, ut sibi parcat: 1,22,3; (hostes) uniuersi se ad pedes proiciunt; orant, ut aduentus Caesaris exspectetur. captam suam urbem uidere; opera perfecta, turrim subrutam: itaque ab defensione desistere: 2,12,2. 3 (*Np.* 3. 4); illi orant atque obsecrant, ut in Siciliam nauibus reportentur: 2,43,1.

C. oro, **ne** *u.* **ne** *p. 723 (4 loc.); u. praeterea* **D.** VI 32,1.

D. **sequitur ne** — **neue**: Segni Condrusique . . . legatos ad Caesarem miserunt oratum, ne se in hostium numero duceret neue omnium Germanorum . . . unam esse causam iudicaret: VI 32,1.

E. **sequ. coniunctiuus**: IV 16,6 *et* VI 9,7 *u.* **B. b)**.

ortus: Caesar summo studio militum ante ortum solis in castra peruenit: VII 41,5.

ōs. **A.** = στόμα: haec Scipionis oratio . . . ex ipsius ore Pompei mitti uidebatur: 1,2,1.

B. = πρόσωπον: modo conscripti atque usus militaris imperiti ad tribunum militum centurionesque ora conuertunt: VI 39,2; ¶ interfectus est etiam fortissime pugnans Crastinus, . . . gladio in os aduersum coniecto: 3,99,1; — L. Cotta legatus omnes cohortes ordinesque adhortans in ⟨*om.* β⟩ aduersum ⟨aduersus β⟩ os ⟨hos β⟩ funda uulneratur: V 35,8.

Oscenses: interim Oscenses et Calagurritani, qui erant cum ⟨cum *del. Ciacc.*⟩ Oscensibus contributi, mittunt ad eum legatos seseque imperata facturos pollicentur. hos . . .: 1,60,1.

Osismi. *Haec forma inuenitur in X* II 34, *in AQβ* III 9,10, *in h* VII 75,4; — ossismi *est in α* VII 75,4, *in BM* III 9,10; — (osissimi *est in a* VII 75,4.)

quem (P. Crassum) cum legione una miserat ad Venetos, Venellos ⟨*c*⟩, Osismos, Coriosolitas ⟨*c*⟩, Esuuios ⟨*c*⟩, Aulercos, Redoues ⟨*c*⟩, quae sunt maritimae ciuitates Oceanumque attingunt: II 34; (Veneti) socios sibi ad id bellum Osismos, Lexouios, Namnetes, Ambiliatos ⟨*c*⟩, Morinos, Diablintes ⟨*c*⟩, Menapios adsciscunt: III 9,10; quae (ciuitates) Oceanum attingunt quaeque eorum consuetudine Aremoricae ⟨*c*⟩ appellantur, quo sunt in numero Coriosolites, Redoues, Ambibarii, Caletes, Osismi, ⟨neneti *add.* β⟩, † Lemouices ⟨Lexouii *Np.; Dt.;* Namnetes *Fr.*⟩, Venelli ⟨Veneti, Vnelli *Schn.*⟩: VII 75,4.

ostendo. **A. propr.; a) adsciscit obi.; α)**: (Litauiccus) ostendit eines Romanos, qui eius praesidii fiducia una erant: VII 38,9; ¶ (Sotiates) primum equestre proelium commiserunt, deinde . . . subito pedestres copias, quas in conualle in insidiis conlocauerant, ostenderunt: III 20,4; ¶ incerto etiam ⟨*o*⟩ nunc exitu uictoriae . . . (tribuni) post tergum hostium legionem ostenderunt signaque intulerunt: VII 62,6.

β): rarique (hostes) se ostendere . . . coeperunt: V 17,1; (hostes) ex utraque parte eius uallis subito se ⟨*om.* β⟩ ostenderunt: V 32,2; postero die in tres partes distributo equitatu duae se acies ab duobus lateribus ostendunt: VII 67,1; eodemque tempore equitatus ad campestres munitiones accedere et reliquae copiae pro castris sese ostendere coeperunt: VII 83,8; equites . . . repente sese ad nouissimum agmen ostendunt: 1,63,3.

b) adsciscit nom. (acc.?) c. inf.: Trallibus ⟨*c*⟩ in templo Victoriae . . . palma ⟨palmam *Paul*⟩ per eos dies [in tecto] inter coagmenta lapidum ex pauimento exstitisse ostendebatur: 3,105,5.

B. trsl.; sequitur a) obi.: erant hae ⟨*c*⟩ difficultates belli gerendi, quas supra ostendimus: III 10,1; ¶¶ Pompeius eadem illa, quae per Scipionem ostenderat, agit: 1,6,1.

b) acc. c. inf.: rogat, finem orandi faciat; tanti eius apud se gratiam esse ostendit ⟨*del. Ciacc.*⟩, uti: I 20,5; controuersias regum ad populum Romanum et ad se . . . pertinere existimans . . . ostendit sibi placere regem Ptolomaeum atque eius sororem Cleopatram exercitus, quos haberent, dimittere: 3,107,2; ¶ negat se more . . . populi Romani posse iter ulli per prouinciam dare et, si uim facere conentur, prohibiturum ostendit: I 8,3; ea condicione, quae a Caesare ferretur, se usuros ostendebant (legati): IV 11,3.

c) interrog. obl.; α) coni. praes.: quae in eo reprehendat ⟨-dit *Mβ*⟩ ostendit; . . . proponit: I 20,6; iubet; quid sui consilii sit ostendit: I 21,2; quid ubique habeat frumenti et ⟨*c*⟩ nauium ostendit: 2,20,8. *Cf.* **γ)**.

β) coni. pf.: commonefacit . . . et ostendit, quae separatim quisque de eo apud se dixerit: I 19,4.

γ) coni. impf.: quaeque in Treueris gererentur ostendit (Cingetorix): V 3,3; regem hortatus est, ut . . . legatos ad Achillam mitteret et quid esset suae uoluntatis ostenderet: 3,109,3; quid fieri nellet (uelit) ostendit *u.* **facio** *p. 1262* **ϑϑ)** *(6 loc.)*; legatis tribunisque militum conuocatis et ⟨c⟩ quae ex Voluseno cognouisset ⟨c⟩ et quae fieri nellet ostendit: IV 23, 5.

Monstrandi *uerbo Caesar nusquam uidetur usus esse.*

ostentatio. **A.** propr.: his pancos addit equites, qui latins ⟨cantins β⟩ ostentationis causa uagentur ⟨c⟩: VII 45, 3.

B. trsl.: Scipionem eadem spes ... impellit, ... simul iudiciorum metus, adulatio atque ostentatio sui et potentium, qui in re publica iudiciisque tum plurimum pollebant ⟨metus atque ostentatio sui et potentiae, qua ... pollebat *Madu.*⟩: 1, 4, 3; ¶ satis ad Gallicam ostentationem minuendam ... factum existimans in Haeduos mouit castra: VII 53, 3; ¶ Labienus ... captiuos ... omnes productos ostentationis, ut uidebatur, causa, quo maior perfugae fides haberetur, ... interfecit: 3, 71, 4.

ostento. **A.** propr.: matres familiae ... suos obtestari et more Gallico passum ⟨sparsum β⟩ capillum ostentare liberosque in conspectum proferre coeperunt: VII 48, 3; ¶ ipsi ... praesidia custodiasque ad ripas Ligeris disponere equitatumque omnibus locis iniciendi timoris causa ostentare coeperunt: VII 55, 9; ¶¶ addunt etiam de Sabini morte; Ambiorigem ostentant fidei faciundae ⟨c⟩ causa: V 41, 4; — quos (Roucillum et Egum) Pompeius ... omnia sua praesidia circumduxit atque ostentauit: 3, 61, 1.

B. trsl.: ut ... qui iniquitatem condicionis perspiceret, inani simulatione (Gallos) sese ostentare cognosceret: VII 19, 3; ¶ cum Lentulus aetatis honorem ostentaret, Domitius urbanam gratiam dignitatemque iactaret ⟨proferret *f*⟩: 3, 83, 1.

ostiarium: columnaria, ostiaria, frumentum, milites, arma, remiges, tormenta, uecturae imperabantur: 3, 32, 2.

ostium: altera (pars erat) ad portam ⟨c⟩, qua ⟨c⟩ est aditus ex Gallia atque Hispania, ad id mare, quod adigitur ⟨*Madu.*; adigit *x*; adiacet *edd.*⟩ ad ostium Rhodani: 2, 1, 2.

Otacilius *u.* **Crassus** *p. 752.*

otiosus: Pompeius annuum spatium ... nactus, quod uacuum a bello atque ab hoste otiosum ⟨uacuus ... otiosus *Ciacc.*⟩ fuerat: 3, 3, 1.

otium. **A.** propr.: (erant sententiae, quae conandum omnibus modis castraque Vari oppugnanda censerent, quod id ⟨*om. codd.; add. Clark.*⟩ huius modi militum consiliis omnium ⟨*Clark.*; otium *x*; quod in huiusm. mil. cons. otium *edd.*⟩ maxime contrarium esse arbitrarentur: 2, 30, 1.)

B. trsl. = **pax:** erat in oppido ⟨c⟩ multitudo insolens belli diuturnitate otii: 2, 36, 1; ¶ si qua hominum aequitate res ad otium deduci posset: 1, 5, 5; id sibi ad praesentem obtinendam libertatem satis esse; ad reliqui temporis pacem atque otium parum profici: VII 66, 4.

[Falso: qui se illi initio ⟨*Steph.*; in otio (*uel* ocio) *codd.*⟩ ciuilis belli obtulerant: 3, 1, 5.]

ouum: ex quibus sunt qui piscibus atque ⟨qui *add.* β⟩ ouis auium ninere existimantur: IV 10, 5.

P

P. = Publius. *Plene uidetur scriptum esse* publius *in X* I 52, 7; II 34; III 5, 2; 8, 5; 20, 1; publium *in BM*β, pullium *in AQ* VII 90, 7; publius *in* α, .P. *in a* (β?) III 7, 2; publins *est in* α, *omissum est* (p.) *in* β III 11, 3 *et* VI 38, 1 *et (sed* puplium *in Q)* IV 22, 6; *nota* (p. *uel* P. *uel* p̃.) *uidetur inueniri in X* II 25, 1 (*et* I 2, 1;) *in a (x?)* 2, 23, 1. 3; 34, 2; 36, 2; 3, 1, 1; 19, 2; 51, 1; 89, 2; 101, 1; 102, 7; p. *est in AQ, omissum est in BM*β I 21, 4; p. *in a (f?), omiss. in hl* 1, 23, 2; p. *exstat in h, non exstat in* α*a* VII 1, 1.

Additur hoc praenomen his nominibus: Attius Varus: 2, 23, 1. 3; 34, 2; 36, 2; Baculus *u.* Sextius; (Clodius: VII 1, 1 ⟨c⟩;) Considius: I 21, 4 ⟨c⟩; Crassus: I 52, 7; II 34; III 7, 2; 8, 5; 11, 3 ⟨c⟩; 20, 1; Lentulus Spinther: 1, 23, 2 ⟨c⟩; Lentulus consularis: 3, 102, 7; (Piso: I 2, 1;) Rufus *u.* Sulpicius; Seruilius: 3, 1, 1; Sextius Baculus: II 25, 1 ⟨c⟩; III 5, 2; VI 38, 1 ⟨c⟩; Spinther *u.* Lentulus; Sulla (Sylla): 3, 51, 1; 89, 2; Sulpicius Rufus: IV 22, 6 ⟨c⟩; VII 90, 7; 3, 101, 1; Varus *u.* Attius; Vatinius: 3, 19, 2.

p. (p̃.) *u.* **passus, pes, pondo, populus, (praetor,) (praefectus,) res publica.**

pabulatio. **A.** obi.: omnes nostras pabulationes frumentationesque obseruabat: VII 16, 3.

B. abl.: quin ... omni exitu et pabulatione interclusi uiderentur: VII 44, 4; ¶ (premere: 1, 78, 1 *u.* prohibere;) ¶ satis habebat in praesentia hostem rapinis, pabulationibus ⟨*del. Paul*⟩ populationibusque prohibere ⟨*u. CC*⟩: I 15, 4; omnibus modis huic rei studendum, ut pabulatione et ⟨β; aut α; ac *Fr., Db.*⟩ commeatu Romani prohibeantur ⟨prohiberentur β⟩: VII 14, 2; (nostri) et aquae magna parte et pabulatione libera prohibituri hostes uidebantur: VII 36, 5; perfacile esse factu frumentationibus pabulationibusque Romanos prohibere: VII 64, 2; prohibebantur ⟨*Paul; premebantur z; edd.*⟩ Afraniani pabulatione, aquabantur aegre: 1, 78, 1; uti pabulatione Pompeium prohiberet equitatumque eius ad rem gerendam inutilem efficeret: 3, 43, 3; quo facilius equitatum Pompeianum . . . contineret et pabulatione prohiberet: 3, 58, 1.

C. c. praep.: quos (seruos) in pabulatione paucis ante diebus exceperat: VII 20, 9.

pabulator: paucas cohortes relinquit; † hora X. subsequi pabulatores equitesque reuocari iubet ⟨reliquas hora X. subsequi, pabulatores equitesque reuoc. iub. *Wölff.; sine mora reuocari pabulatores equitesque subsequi inbet Köchly*⟩: 1, 80, 4; ¶ qui inopinantes pabulatores et sine ullo dissipatos timore adgressi magnum numerum iumentorum atque hominum intercipiunt: 1, 55, 1; ¶ huc cum cotidiana consuetudine egressae ⟨*Jurinius*; congressae *codd.*; congressis *F. Hofm.*⟩ pabulatoribus praesidio propiore ⟨*c*⟩ *ponte* legiones Fabianae duae flumen transissent: 1, 40, 3; ¶ repente ex omnibus partibus ⟨*c*⟩ ad pabulatores aduolauerunt: V 17, 2.

pabulor: (illi) non longe ⟨*Nz*; longo *edd.*⟩ a castris progressi spatio, ut celerem receptum haberent, angustiore ⟨*ego*; angustins *z*; *edd.*⟩ pabulabantur ⟨*O*; pabulantur *z*⟩: 1, 59, 2; XV milia passuum *in* circuitu amplexus hoc spatio pabulabatur (Pompeius): 3, 44, 3; — praeter consuetudinem omnium (Afraniani) noctu *instituerant pabulari: 1, 59, 3; quo in loco superioribus fere diebus nostri pabulari consueuerant ⟨*c*⟩: 3, 37, 5; Pompeium extra munitiones egressum, ut libere pabulari ⟨fabulari *ahl*; populari *N*⟩ posset: 3, 65, 4; ¶ pabulandi causa *u.* **causa** *p. 491 (5 loc.)*; equitatumque per causam pabulandi emissum confestim decumana porta in castra se recipere iussit: 3, 76, 1; ¶ quo nostros postero die pabulatum uenturos arbitraretur: VII 18, 1; his pontibus pabulatum mittebat: 1, 40, 1; qui pabulatum longius progressi erant: 1, 48, 4; uniuersas ad aquam copias educunt, pabulatum emittitur ⟨mittitur *O*⟩ nemo: 1, 81, 4.

pabulum. A. subi.: postquam non modo hordeum pabulumque omnibus locis herbaeque desectae, sed etiam frons ⟨*Cellar.*; fructus *codd.*; frondes *Faern.*⟩ ex arboribus deficiebat ⟨-bant *N; Faern.*⟩: 3, 58, 5; ¶ posse: VII 14, 4 *u.* B. secare.

B. obi.: cognouit Vercingetorigem consumpto pabulo castra mouisse: VII 18, 1; ¶ desecare: 3, 58, 5 *u.* A.; ¶ dierum XXX pabulum frumentumque habere omnes ⟨omn. hab. β⟩ conuectum iubet: VII 74, 2; ¶ pabulum ⟨paululum *M*[1]⟩ secari ⟨secare β⟩ non posse; necessario dispersos hostes ex aedificiis petere: VII 14, 4; ¶ cogebantur Corcyra atque Acarnania longo interiecto nauigationis spatio pabulum supportare: 3, 58, 4; *cf. qu. sqq.*

C. gen.: non modo frumenta in agris matura non erant, sed ne pabuli quidem satis magna copia suppetebat: I 16, 2; cum primum pabuli copia esse inciperet: II 2, 2; (frumentum) multum ex omni prouincia comportabatur; magna copia pabuli suppetebat: 1, 49, 1; ¶ quod castra mouisset, factum inopia pabuli: VII 20, 3; inopia pabuli adducti . . . omnia sarcinaria iumenta interfici iubent: 1, 81, 6; erat summa inopia pabuli, adeo ut foliis ex arboribus strictis et teneris harundinum radicibus contusis equos alerent; frumenta enim . . .: 3, 58, 3.

D. abl.: ne omnino frumento pabuloque intercluderentur: 1, 61, 2.

E. c. praep.: quartum iam diem sine pabulo retentis iumentis: 1, 84, 1.

(**paciscor:** dextris umeris exsertis animaduertebantur, quod insigne † pacatum ⟨*X; Vielh.*; pacatorum *Klussmann, Georges*; pacis Gallis *Koch*; pacatis *Ald.*; pactum *Hell.; Dt*[1].⟩ esse consuerat: VII 50, 2.)

paco. A.: Caesar . . . in Germaniam mittit ad eos ciuitates, quas superioribus annis pacauerat: VII 65, 4; ¶ hac ⟨*c*⟩ parte Galliae pacata totus et mente et animo in bellum . . . insistit: VI 5, 1; ¶ quas (naues) ex Pictonibus et Santonis reliquisque pacatis regionibus conuenire iusserat: III 11, 5.

B.: inter fines Heluetiorum et Allobrogum, qui nuper pacati ⟨pacti *MB*[2]*h*⟩ erant, Rhodanus fluit: I 6, 2; ¶ Morini, quos Caesar in Britanniam proficiscens pacatos reliquerat: IV 37, 1.

C.: ne omni pacata Gallia ad eos exercitus noster adduceretur: II 1, 2; his rebus gestis omni Gallia pacata tanta huins belli ad barbaros opinio perlata est, uti: II 35, 1; cum omnibus de causis Caesar pacatam Galliam existimaret: III 7,1; quod omni Gallia pacata Morini Menapiique supererant, qui in armis essent: III 28,1; cuius imperatoris duetu . . . omnem Galliam Germaniamque pacauerint: 1, 7,6; parem ex Gallia numerum, quam ⟨quamquam *af;* quem *O; Db.*⟩ ipse pacauerat ⟨parauerat *O; Db.*⟩: 1,39,2; ¶ Germaniam: 1,7,6 *u.* Galliam; ¶ nihil horum ad pacandas Hispanias, nihil ad usum prouinciae prouisum, quae propter diuturnitatem pacis nullum auxilium desiderarit: 1,85,7; quod duas Hispanias bellicosissimorum hominum peritissimis atque exercitatissimis ducibus pacauissent: 3,73,3.

pacatus (ui adiectiui). A. pos.: ne iis ⟨*c*⟩ quidem eo tempore, qui quieti ⟨qui eo temp. pacati β; *Ald.;* qui *om. AB*[1]⟩ uiderentur, suam salutem recte committi uidebat: VII 6, 4; ¶ (dextris umeris exsertis animaduertebantur, quod insigne † pacatum ⟨*u.* **paciscor**⟩ esse consuerat: VII 50,2.) *Cf.* **paco A.** regio III 11,5; **B.** IV 37,1; **C.** Gallia III 7,1.

B. superl.: quam (legionem) L. Roscio in pacatissimam et quietissimam partem ducendam dederat: V 24,7.

pactio: crebraque inter se conloquia milites habebant, neque ullum interim telum per pactiones loquentium traiciebatur: 3,19,1.

[**Falso:** ut se et populum Romanum factione ⟨pactione *hl*⟩ paucorum oppressum in libertatem uindicaret: 1,22,5.]

(**Pactius:** primipilo P. Sextio Baculo ⟨baccio *B*[2]; pactio β⟩ . . . multis grauibusque uulneribus confecto: II 25,1.)

pactum: quid ⟨*c*⟩ quoque ⟨*Q; Ald.;* quoquo *ABMa;* quo *h*⟩ pacto agi placeat occulte inter se constituunt: VII 83,5; (ut, si pacto Caesar stetisset, ipse non profectus esset ⟨*sic Vielh.;* ut, si pacto conseruato a Caesare non profectus esset *Hug;* ut, si peracto cons. caesaris cons. praefectus esset *x*⟩: 1,11,2.)

Padus: quam (legionem) proxime trans Padum conscripserat: V 24,4.

Paelignus. *Codd. semper uidentur habere* pelignus.

nuntiatur Sulmonenses . . . cupere ea facere, quae uellet, sed a Q. Lucretio senatore et Attio Paeligno prohiberi, qui . . .: 1,18,1; — Fabius Paelignus quidam ex infimis ordinibus de exercitu Curionis primum agmen fugientium consecutus magna noce Varum nomine appellans requirebat: 2,35,1; ¶ Domitius per se circiter XX cohortes Alba, ex Marsis et Paelignis, finitimis ab regionibus coegerat: 1,15,7; † neque enim ex Marsis Paelignisque ueniebant: 2,29,4.

(**Paemani:** Condrusos, Eburones, Caerosos ⟨*c*⟩, Caemanos ⟨β; *Oros.;* paemanos α; *edd.*⟩, qui uno nomine Germani appellantur, (se) arbitrari ad XL milia (conficere posse): II 4,10.)

paene. Forma: *Si quid dandum est Holderi silentio, duobus locis* (I 20,3 *et* V 43,4) *in omnibus codd. (X) inuenitur* paene, *reliquis locis aut omnes codd. aut complures habent* pene. *Omnibus belli ciuilis locis in cod. a exstare* pene *testatur Np.;* 1,5,3 *in ahl scriptum esse* pene *dicit Db.* — Poene *est in A* I 11,3; 38,4; VII 77,8; 83,2; *in h* 3,56,1.

A. c. subst.; a): castella: 3,32,3 *u.* **B.** singuli; ¶ quae (moles) paene insulam ⟨*codd.; edd.;* paeneinsulam *Dt.*⟩ oppidum effecerat: 3,40,4; ¶ huius ⟨*c*⟩ te paene principem copiae atque inuentorem bene de nomine ac dignitate populi Romani meritum esse existimare debemus: *ap. Cic. Brut.* 253; ¶ qui illins patientiam paene ⟨plane *a*⟩ obsessionem appellabant: VI 36,2; ¶ cum stipendium ab legionibus paene seditione facta flagitarentur ⟨*c*⟩: 1,87,3; ¶ plebes paene seruorum habetur loco: VI 13,1; ¶ (quod penes eos ⟨paene in eo *ik; Np.;* paene ex eo *Em. Hoffm.*⟩, si id oppidum retinuissent, summam uictoriae constare intellegebant: VII 21,3;) ¶ nici: 3,32,3 *u.* **B.** singuli.

b): perpessos (se) omnium rerum inopiam, nunc nero paene ut feras ⟨*Vossius;* feminas *codd.*⟩ circummunitos prohiberi aqua, prohiberi ingressu: 1,84,4; ¶¶ si paene in ipsis cadaueribus proelio decèrtare cogentur: VII 77,8; ¶ ita se omni tempore de populo Romano meritos esse, ut paene in conspectu exercitus nostri . . . oppida expugnari non debuerint: I 11,3; ¶ quo nisi paene in ipso urbis incendio atque in desperatione omnium salutis . . . numquam ante descensum ⟨*c*⟩ est: 1,5,3; ¶ in Gallia non solum in omnibus ciuitatibus atque in omnibus pagis partibusque ⟨*CC*⟩, sed paene etiam in ⟨β; *om.* α; *Np.*⟩ singulis domibus factiones sunt: VI 11,2; ¶ quibus opibus ac nernis non solum ad minuendam gratiam, sed paene ad perniciem suam uteretur: I 20,3; ¶ multum fortunam . . . potuisse iudicauit, multo etiam amplius, quod paene ab ipso uallo portisque castrorum barbaros auertisset: VI 42,2; ¶ ita sine periculo legionum et paene sine uulnere bellum conficiemus: 3,86,4.

B. c. adiect.: scio me, inquit, paene incredibilem rem polliceri: 3, 86, 2; ¶ necessario ⟨c⟩ paene iniquo loco et leniter ⟨c⟩ decliui castra fecerant ⟨c⟩: VII 83, 2; ¶ Caesar paene omni acie perterrita . . . legionem nonam subsidio ducit: 1, 45, 1; Afranius paene omne frumentum . . . Ilerdam connexerat: 1, 48, 5; ut paene omnes ex ⟨c⟩ Epiro finitimisque regionibus signa relinquerent: 3, 13, 2; pulsum fugere Caesarem paene omnibus copiis amissis: 3, 79, 4; ¶ singuli: VI 11, 2 *u.* **A. b)** domus; non solum urbibus, sed paene uicis castellisque singulis ⟨*om. Db.*⟩ singuli ⟨*add. Oehler; om. codd.; Np., Dt.*⟩ cum imperio praeficiebantur: 3, 32, 3; ¶ flumen Dubis ⟨c⟩ ut circino circumductum paene totum oppidum cingit: I 38, 4; ¶ ut paene uno tempore et ⟨c⟩ ad siluas et in flumine et iam ⟨c⟩ in manibus nostris hostes uiderentur ⟨*u. CC*⟩: II 19, 7; huic (legioni) sic *adiunxerat ⟨c⟩ octauam, ut paene unam ⟨*om. hl*⟩ ex duabus efficeret: 3, 89, 1.

C. c. aduerb.: cum paene cotidie a Pompeio ad Caesarem perfugerent: 3, 61, 2.

D. c. uerbis: ut paene alienata mente deletis omnibus copiis equitatum tantum ⟨c⟩ se ex fuga recepisse dicerent: VI 41, 3; ¶ quin paene circumuallati atque omni exitu et pabulatione interclusi uiderentur: VII 44, 4; ¶ cum . . . legiones premi et paene circumuentas teneri . . . uidissent: II 24, 4; ¶ ut paene bellum confectum uideretur: 1, 53, 2; ¶ cuius opera . . . tantum exercitum uictorem fame ⟨paene *add.* β; *Schn.*⟩ consumptum uidetis: VII 20, 12; ¶ cum is murum hostium paene contingeret: VII 24, 2; ¶ ut paene terga conuerterent: 1, 80, 5; ¶ nullum eius modi casum exspectans, quo . . . dispersis ac paene deletis hostibus . . . offendi posset: VI 36, 2; ¶ his (fossis) paene effectis magnum in timorem Afranius Petreiusque perueniunt: 1, 61, 2; ¶ cum paene inaedificata [in] muris ab exercitu nostro moenia uiderentur: 2, 16, 2; ¶ intercludere: VII 44, 4 *u.* circumuallare; ¶ quibus rebus paene perfectis aduentu Curionis cognito queritur: 1, 30, 5; ¶ ut a quo genere hominum uictoriam sperasset, ab eo initio fugae facto paene proditus uideretur: 3, 96, 4; ¶ pons, qui fuerat tempestate interruptus, paene ⟨neque *Ciacc.*⟩ erat refectus: 1, 41, 1; ¶ ut . . . non modo . . . de uallo decederet nemo, sed paene ne respiceret quidem quisquam: V 43, 4; ¶ ut paene castris Pompei legiones subiceret ⟨subicere *Oahl*⟩: 3, 56, 1; ¶ ut . . . qui se summam a ⟨c⟩ Caesare gratiam inituros putarent, paene naturam studio uincerent: VI 43, 5.

(**paeninsula:** mole ⟨c⟩ tenui ⟨c⟩ naturali ⟨c⟩ obiecta ⟨c⟩, quae ⟨c⟩ paene insulam ⟨*codd.; edd.;* paeninsulam *Hofm.*⟩ oppidum effecerat: 3, 40, 4.)

paenitet. Forma: penitere *scriptum est in AQ*β IV 5, 3, in *a* 2, 32, 12. 14.

A.: saepe . . consilia ineunt, quorum eos in uestigio paenitere necesse est: IV 5, 3; uos me imperatoris nomine appellauistis. cuius si uos paenitet, uestrum nobis beneficium remitto: 2, 32, 14.

B.: an paenitet uos, quod ⟨quia *f*⟩ saluum atque incolumem exercitum . . . traduxerim? quod classem hostium primo impetu adueniens profligauerim? quod bis per biduum equestri proelio superauerim? quod ex portu sinuque aduersariorum CC naues oneratas abduxerim ⟨c⟩ eoque illos compulerim, ut: 2, 32, 12.

pagus. *Cf. F. Dahn, Die Könige der Germanen I. p. 10 sqq.; 41 sq.; Mommsen, Die keltischen pagi (Hermes XVI p. 449 sq.)*

A. regionem significat: eius pagi, qui appellatur: I 27, 4 *u.* **B. b)** appellare; — (pagos habere, ex quibus educunt: IV 1, 4 *ib.* habere;) ¶ principes . . . pagorum: VI 23, 5 *u.* **B. d)** principes; ¶ in quattuor pagos diuisa: I 12, 4 *u.* **B.** e) γ); — in omnibus pagis: VI 11, 2 *u.* **B.** e) δ).)

B. eos significat, qui certam aliquam regionem incolunt; a) subi.: (ueniebant questum) pagos centum Sueborum ad ripas Rheni consedisse, qui Rhenum transire conarentur: I 37, 3; ¶ hic pagus unus, cum domo exisset, patrum nostrorum memoria L. Cassium consulem interfecerat et eius exercitum sub ingum miserat: I 12, 5.

b) obi.: quod improuiso unum pagum adortus esset: I 13, 5; ¶ is pagus appellabatur Tigurinus: I 12, 4; hominum milia sex eius pagi, qui Verbigenus appellatur, . . . egressi ad Rhenum . . . contenderunt: I 27, 4; ¶ hi (Suebi) centum pagos habere dicuntur, ex quibus quotannis singula milia armatorum bellandi causa ex ⟨suis ex β⟩ finibus educunt: IV 1, 4; ¶ Gabalos proximosque pagos Aruernorum in Heluios . . . mittit: VII 64, 6.

c) dat.: his (Sueborum pagis) praeesse Nasuam et Cimberium fratres: I 37, 3.

d) genet.: homines eius pagi: I 27, 4 *u.* **b)** appellare; ¶ sed principes regionum atque pagorum inter suos ius dicunt controuersiasque minuunt: VI 23, 5.

e) c. praep.; α) ab: reliquum exercitum ... legatis in Menapios atque in eos pagos Morinorum, ab ⟨a *f*⟩ quibus ad eum legati non uenerant, ducendum ⟨deducendum β⟩ dedit: IV 22, 5.

β) ex: ex quibus (pagis) educunt: IV 1, 4 *u.* b) habere.

γ) in pagos: (de)ducere: IV 22, 5 *u.* α); ¶ nam omnis ciuitas Heluetia in quattuor pagos ⟨partes uel pagos *af*⟩ diuisa est ⟨*u. CC*⟩: I 12, 4.

δ) in pagis: in Gallia non solum in omnibus ciuitatibus atque in omnibus pagis partibusque ⟨partibusque *del. Dauis.; Np., Fr.*⟩, sed paene etiam in ⟨*c*⟩ singulis domibus factiones sunt: VI 11, 2.

Palaeste. *Cf. Stoffel, Hist. de Jules César I p. 329 sq.*

postridie terram attigit Germiniorum ⟨*CC*⟩. saxa inter et alia loca periculosa quietam nactus stationem ... ad eum locum, qui appellabatur Palaeste ⟨*Glandorp.;* pharsalia *codd.*⟩, omnibus nauibus ad unam incolumibus milites exposuit: 3, 6, 3.

palam: suos liberos, nisi cum adoleuerunt, ... palam ad se adire non patiuntur: VI 18, 3; ¶ conloquium petunt ... semoto a militibus loco. ubi id a Caesare negatum et, palam si conloqui uellent, concessum est: 1, 84, 2; ¶ iamque inter se palam de praemiis ac de ⟨*c*⟩ sacerdotiis contendebant in annosque consulatum definiebant: 3, 82, 4; ¶ iam de sacerdotio Caesaris Domitius, Scipio Spintherque ⟨*c*⟩ Lentulus cotidianis contentionibus ad grauissimas uerborum contumelias palam descenderunt ⟨-erant *Voss.*⟩: 3, 83, 1; ¶ (Caesar ... rem totam distulit ⟨rem palam dispulit *Ciacc.*⟩, illos secreto castigauit: 3, 60, 1;) ¶ uterque ... exercitum educunt, Pompeius elam et noctu, Caesar palam atque interdiu: 3, 30, 3; ¶ tertium iam hunc annum regnantem inimici palam multis ex ciuitate auctoribus interfecerunt ⟨*sic* β; inimicis iam multis palam ex ciuitate et iis auctoribus eum interfecerunt α; *u. CC*⟩: V 25, 3; productos palam in praetorio interficiunt: 1, 76, 4; ¶ loquitur [in consilio] palam, ... sese ... postero die prima luce castra moturum: VI 7, 6; milites nero palam inter se loquebantur ... sese non esse pugnaturos: 1, 72, 4; itaque de deditione omnes ⟨in *add.* *x; iam Voss.; Dt.; om. O*⟩ palam loquebantur et cum P. Attio agebant: 2, 36, 2; ¶ Caesarem adierunt palamque de eorum iniuriis sunt questi: 3, 59, 4; ¶ amici regis ... iis ⟨*c*⟩, qui erant ab eo missi, palam liberaliter responderunt eumque ad regem uenire iusserunt; ipsi clam consilio inito Achillam ... ad interficiendum Pompeium miserunt: 3, 104, 1. (2); ¶ ille ignominia et dolore permotus palam se proficisci ad Caesarem simulauit; elam nuntiis ad Milonem missis ... eum in Thurinum ... praemisit: 3, 21, 4.

(multis palam auctoribus: V 25, 3 *u. s.* interficere.)

palma. A. = παλάμη; a) propr.: quod ubi sine recusatione fecerunt passisque palmis proiecti ad terram flentes ab eo salutem petiuerunt: 3, 98, 2.

b) trsl.: est bos cerui figura, cuius a media fronte inter aures unum cornu exsistit ...; ab eius summo sicut ⟨se ut *R. Steph.*⟩ palmae ramique ⟨rami quam β; que *om. Aim.; Whitte*⟩ late diffunduntur ⟨diffundunt β; *R. Steph.*⟩: VI 26, 2.

B. = φοῖνιξ: Trallibus in templo Victoriae ... palma ⟨palmam *Paul*⟩ per eos dies [in tecto] inter coagmenta lapidum ex pauimento exstitisse ostendebatur: 3, 105, 5; ¶ (VI 26, 2 *u.* A. b.)

paludatus: neque exspectant, ... ut de eorum imperio ad populum feratur, paludatique uotis nuncupatis exeunt. consules ⟨exeunt consules *x*⟩: 1, 6, 6.

palus. A. subi.: hunc (collem) ex omnibus fere partibus palus difficilis atque impedita cingebat non latior pedibus quinquaginta: VII 19, 1; ¶ palus ⟨paulus $B^1M^1Q^1$⟩ erat non magna inter nostrum atque hostium exercitum: II 9, 1; cum animaduertisset perpetuam esse paludem, quae influeret in Sequanam atque illum omnem locum magnopere impediret: VII 57, 4; ¶ longius prosequi ueritus ⟨*c*⟩, quod siluae paludesque intercedebant: V 52, 1; palus, quae perpetua ⟨perpetua quae β; *Oud.*⟩ intercedebat, Romanos ad insequendum tardabat: VII 26, 2; ¶ non hos palus ⟨paludes *Paul*⟩ in bello latrociniisque natos, non siluae morantur: VI 35, 7; ¶ ubi cuique ⟨*c*⟩ aut nalles abdita aut locus siluestris aut ⟨locis siluestribus β⟩ palus impedita ⟨paul̄ impedim̄ra *A*⟩ spem praesidii aut salutis aliquam offerebat, consederat: VI 34, 2; ¶ tardare: VII 26, 2 *u.* intercedere.

B. obi.: Labienus ... cratibus atque aggere paludem explere atque iter munire conabatur: VII 58, 1; ¶ quod intellegebant ... continentesque siluas ac paludes ⟨quas *add.* β⟩ habebant, eo se suaque omnia contulerunt: III 28, 2; ¶ (palus impedita: VI 34, 2 *et*

VII 19, 1 *u.* **A.** offerre *et* cingere;) ¶ si eam paludem Romani perrumpere conarentur: VII 19, 2; ¶ **(**proicere, prospicere: VII 58, 6 *u.* **E. a)**;**)** ¶ hanc (paludem) si nostri transirent, hostes exspectabant: II 9, 1.

C. gen.: omnia uada ac † saltus eius ⟨salicta eius *Heller; transitus eius coni. Np.; u. CC*⟩ paludis ⟨eius paludis *unc. includ. Dt.*; certis custodiis *add.* β; *Schn.*⟩ obtinebant: VII 19, 2; ¶ qui ⟨*c*⟩ eum propter siccitates ⟨siccitatem β⟩ paludum quo se reciperent non haberent, quo perfugio ⟨*c*⟩ superiore ⟨*o*⟩ anno ⟨*o*⟩ erant ⟨*c*⟩ usi: IV 38, 2.

D. abl.; a): quod prope ex omnibus partibus flumine et palude circumdata (urbs) unum habeat et perangustum aditum: VII 15, 5; ¶ cognoscit non longe ex eo loco oppidum Cassiuellauni abesse siluis paludibusque munitum: V 21, 2; erant Menapii . . . perpetuis paludibus siluisque muniti: VI 5, 4; locum castris deligit paludibus siluisque munitum: VII 16, 1; ¶ **(**praesaepire, protegere: VII 58, 6 *u.* **E. a)**;**)** ¶ eum multos menses castris se ac paludibus tenuisset: I 40, 8.

b) intermissa: VII 17, 1 *u.* **E. a)**.

E. c. praep.; a) ab: castris ad eam partem oppidi positis Caesar, quae intermissa a ⟨*del.?*⟩ flumine et a paludibus ⟨et palude β⟩ aditum . . . angustum habebat: VII 17, 1; ¶ ipsi profecti a ⟨ab *h*⟩ palude ⟨β; prospecta palude α; proiecta pal. *Np.*; praesepti pal. *Em. Hoffm.*; *Db.*; protecti pal. *Ciacc.*⟩ ad ripas ⟨in ripas *h*; in ripa *a*; ac ripis *Ciacc.*⟩ Sequanae e ⟨*c*⟩ regione Lutetiae contra Labieni castra considunt: VII 58, 6.

b) ex: siue eum (hostem) ex paludibus siluisque elicere siue obsidione premere posset: VII 32, 2.

c) in c. acc.; α): quos (maiores natu) una cum pueris mulieribusque in aestuaria ac paludes coniectos ⟨collectos *X*⟩ dixeramus: II 28, 1; ¶ illi nulla coacta manu loci praesidio freti in siluas paludesque confugiunt suaque eodem conferunt: VI 5, 7; ¶ quorum pars in Arduennam siluam, pars in continentes paludes profugit: VI 31, 2.

(β): **eo(dem)** (se) **conferunt** (contulerunt): III 28, 2 *et* VI 5, 7 *u.* **B.** habere *et* **E. c) α)** confugere.)

d) propter: mulieres quique per aetatem ad pugnam inutiles ⟨*c*⟩ uiderentur, in eum locum coniecisse, quo propter paludes ⟨paludis *AQB*[1]⟩ exercitui aditus non esset: II 16, 5.

paluster: equitum nero operam neque in loco palustri desiderari debuisse et: VII 20, 4; ita illi necessario loca sequi demissa ⟨*c*⟩ ac palustria et puteos fodere cogebantur: 3, 49, 5.

pando: matres familiae . . . suos obtestari et more Gallico passum ⟨pausum *Q*[2]; sparsum β⟩ capillum ostentare . . . coeperunt: VII 48, 3; ¶ passis manibus *u.* **manus** *p. 541* **b)** *(3 loc.)*; ¶ quod ubi sine recusatione fecerunt passisque palmis proiecti ad terram flentes ab eo salutem petiuerunt: 3, 98, 2.

panicum: (pecus ⟨panicum *R. Steph.*⟩ uero, cuius rei summa erat ex Epiro copia, magno in honore habebant: 3, 47, 7;**)** — Massilienses . . . grani . . pestilentia conflictati ex diutina conclusione et mutatione uictus — panico enim uetere atque hordeo corrupto omnes alebantur, quod ad huius modi casus antiquitus paratum in publicum contulerant: 2, 22, 1.

panis: (panium Caesar de analogia libro II. dici debere ait: *Charis. art. gramm. I p. 141 Keil; cf. ibid. p. 90.*)

ex hoc (genere radicis) effectos panes, cum in conloquiis Pompeiani famem nostris obiectarent, uulgo in eos iaciebant: 3, 48, 2; ¶ id (genus radicis) ad similitudinem panis effingebant ⟨*ego*; efficiebant *z*; *edd.*; *haec omnia del. Vielh., Paul*⟩: 3, 48, 1.

par. A. = ἴσος, ὅμοιος; **a) non sequitur atque aut qui:** ab eo flumine pari adcliuitate ⟨decliuitate *B*[2]β⟩ collis nascebatur: II 18, 2; ¶ Eporedorix Haeduus, summo loco natus adulescens et summae domi potentiae, et una Viridomarus, pari aetate et gratia, sed genere dispari: VII 39, 1, ¶ (mei consilii est) facere quod nostri maiores nequaquam pari bello Cimbrorum Teutonumque fecerunt: VII 77, 12; ¶ qua re paribus eorum beneficiis parem se quoque uoluntatem tribuere debere et neutrum eorum contra alterum iuuare: 1, 35, 5; ¶ dum pari certamine res geri potuit, magnum hostium numerum pauci sustinuere: 1, 51, 5; ¶ ubi hostes . . . sentiunt . . . parique condicione ex muro ac turribus bellandi data se uirtute nostris adaequare non posse intellegunt: 2, 16, 3; ut . . . abductum illum a mari . . . pari condicione belli secum decertare cogeret: 3, 78, 3; ¶ decliuitas: II 18, 2 *u.* adcliuitas; ¶ colles mediocri interiecto spatio pari altitudinis fastigio oppidum cingebant: VII 69, 4; ¶ gratia: VII 39, 1 *u.* aetas; ¶ item equites Ariouisti pari interuallo constiterunt: I 43, 2; Germani suas copias castris eduxerunt generatimque constituerunt ⟨instituerunt B^2β⟩ paribus ⟨paribusque B^2β⟩ interuallis, Harudes ⟨c⟩, Marcomanos ⟨c⟩, Triboces ⟨c⟩, . . . Suebos: I 51, 2; trabes derectae . . . paribus interuallis, distantes inter se binos pedes, in solo conlocantur: VII 23, 1; ¶ cum . . . reliqui in labore pari ac periculo ne unus omnes antecederet recusarent: 3, 82, 5; ¶ his perfectis conlocatisque alias deinceps pari magnitudine rates iungebat: 1, 25, 8; ¶ his rebus perfectis . . . pares ⟨β; pari α; paris *Oud.; Np., Hold.*⟩ eiusdem generis munitiones, diuersas ab his, contra exteriorem hostem perfecit: VII 74, 1; ¶ Labienum cum legionibus tribus . . . proficisci iubet; C. Trebonium cum pari legionum numero ad eam regionem . . . depopulandam mittit: VI 33, 2; imperant Haeduis . . . milia XXXV; parem numerum Aruernis: VII 75, 2; quorum unus Hispaniam citeriorem *tribus legionibus*, *alter ulteriorem* . . . duabus legionibus, tertius . . . Vettonum agrum Lusitaniamque pari numero legionum obtinebat: 1, 38, 1; praemiserat . . . equitum III milia, *quae* omnibus superioribus bellis habuerat, et parem ex Gallia numerum: 1, 39, 2; ¶ [equestris autem proelii ratio et cedentibus et insequentibus par atque idem periculum inferebat: V 16, 3;] 3, 82, 5 *u.* labor; ¶ ut . . . (non) inter se contingant trabes, sed paribus intermissis ⟨c⟩ spatiis singulae singulis saxis interiectis arte contineantur: VII 23, 3; ¶ uoluntas: 1, 35, 5 *u.* beneficia.

hoc unum esse tempus de pace agendi, dum sibi uterque confideret et pares ambo uiderentur: 3, 10, 7; ¶ hoc mortuo aut ⟨c⟩ si qui ex reliquis excellit dignitate, succedit, aut, si sunt plures pares ⟨par. plur. β⟩, suffragio druidum ⟨c⟩, non numquam etiam armis de principatu contendunt: VI 13, 9.

b) sequitur **α)** atque: quos . . postea in parem ⟨*ed. Junt.*; partem *X*⟩ iuris libertatisque condicionem ⟨*a*; conditione *αh*⟩, atque ipsi erant, receperunt: I 28, 5; ¶ adplicatisque nostris ad terram nauibus [propter eundem timorem] pari atque antea ratione [egerunt. cassius] secundum nactus uentum . . . naues . . . immisit: 3, 101, 5; ¶ sed pari spatio transmissus atque ex Gallia est in Britanniam: V 13, 2.

β) qui: ipse cum quinque legionibus et pari numero equitum, quem in continenti reliquerat ⟨relinquebat β⟩, . . . soluit: V 8, 2.

B. par alci = ἀντίπαλος: uidetisne . . . exiguas esse copias missas, quae paucis equitibns pares esse non potuerint? 2, 39, 3; ¶ sese unis Suebis concedere, quibus ne dii quidem immortales pares esse possint ⟨c⟩: IV 7, 5.

qui (Germani) tamen pares esse nostro exercitui non potuerint: I 40, 7; — † erant et uirtute et numero pugnandi pares. nostri tametsi ⟨pares nostri. tametsi *Np.; Fr.; u. CC*⟩: V 34, 2.

pariter: plura castella Pompeius pariter distinendae manus causa temptauerat, ne ex proximis praesidiis succurri posset: 3, 52, 1.

paratus *u. p. 988 sq.*

parce: frumentum parce et paulatim metiri instituit: VII 71, 8.

parco. A. = **parce uti:** frumentum ⟨*o*⟩ se ⟨*o*⟩ exigue dierum XXX habere, sed paulo etiam longius tolerare ⟨c⟩ posse parcendo: VII 71, 4.

B. = **abstinere, uti nolle:** milites . . . centuriones ⟨c⟩ tribunosque militum . . . obsecrare, ut per eos Caesar certior fieret, ne labori suo neu periculo parceret: 1, 64, 3.

C. = **incolumem conseruare alqm; a):** ciuibus parcere: 3, 10, 6 *u.* **b)** *extr.;* ¶ (uri) neque homini neque ferae, quam conspexerunt ⟨c⟩, parcunt: VI 28, 2; ¶ Cenabensi ⟨c⟩ caede et labore operis incitati non aetate confectis, non mulieribus, non infantibus pepercerunt: VII 28, 4; ¶ militibus: V 36, 1 *u.* **b)**; ¶ rei publicae: 3, 10, 6 *ib.*

b): mittit rogatum, ut sibi militibusque parcat: V 36, 1; petunt atque orant, ut ⟨*om.* β⟩ sibi parcat ⟨parc. sibi β⟩, ne communi odio Germanorum innocentes pro nocentibus poenas pendant: VI 9, 7; obtestabantur Romanos, ut sibi parcerent, neu, sicut Auarici fecissent, ne a ⟨c⟩ mulieribus quidem atque infantibus abstinerent: VII 47, 5; cum eo de salute sua *agit*, orat atque obsecrat, ut sibi parcat: 1, 22, 3; agunt gratias omnes omnibus, quod sibi perterritis pridie pepercissent: eorum se beneficio uiuere: 1, 74, 2; proinde sibi ⟨ciuibus *Paul*⟩ ac rei publicae parcerent: 3, 10, 6.

D. = **ualetudini consulere:** ut (Cicero) nltro militum concursu ac uocibus sibi parcere ⟨parc. sibi β⟩ cogeretur: V 40, 7.

parens. A. sing.: Afranii etiam filius adulescens de sua ac parentis sui salute cum Caesare per Sulpicium legatum agebat: 1, 74, 6.

B. plur.: uxores habent deni duodenique inter se communes ⟨*o*⟩ et maxime fratres cum fratribus parentesque cum liberis: V 14, 4; ¶ et sua sponte multi in disciplinam conueniunt et a parentibus propinquisque mittuntur: VI 14, 2; ¶ hi . . ., ut extremo uitae tempore homines facere consuerunt, aut suam mortem miserabantur aut parentes suos commendabant: 2,41,8; ¶ ne tecto recipiatur, ne ad liberos, ne ad parentes, ad uxorem ⟨c⟩ aditum habeat, qui non bis ⟨c⟩ per agmen hostium perequitarit ⟨c⟩: VII 66,7.

parento: praestare ⟨c⟩ omnes perferre acerbitates quam non ciuibus Romanis, qui Cenabi perfidia Gallorum interissent, parentarent ⟨paterentur *A; parentare Ciacc.*⟩: VII 17,7.

pareo. A. abs.: cum . . . eos (Heluetios) in eo loco, quo tum essent, suum aduentum exspectare iussisset, paruerunt: I 27,2; si uim faciat (Dumnorix) neque pareat, interfici iubet: V 7,7; capitis poenam iis, qui non paruerint ⟨paruerunt *AQ*[1]⟩, constituit: VII 71,6.

B. alci: huc omnes undique, qui controuersias habent, conueniunt eorumque (*i. e.* druidum) decretis iudiciisque parent: VI 13, 10; ¶ quod hi (Treueri) neque ad concilia ueniebant neque imperio parebant: V 2,4; qui (milites) . . . ad omnem laborem animo parati imperio paruerunt: 3,95,1.

nulla Thessaliae fuit ciuitas . . ., quin Caesari pareret atque imperata faceret ⟨*edd. uett.; Dt.;* parerent . . . facerent *x; Np., Db.*⟩: 3,81, 2; — inuiti summae spei adulescentes Eporedorix et Viridomarus Vercingetorigi parent: VII 63,9.

paries. A. subi.: has trabes ⟨c⟩ paulo longiores atque eminentiores, quam extremi parietes erant, effecerunt ⟨c⟩: 2,9,3.

B. obi.: cum inter eam ⟨interea *x*⟩ contiguationem parietes exstruerentur: 2,9,3; intra haec tegimenta abditi atque muniti parietes lateribus exstruebant: 2,9,6.

C. gen.: patebat haec (turris) quoque ⟨c⟩ uersus pedes XXX, sed parietum crassitudo pedes V: 2,8,2; ¶ storias autem ex funibus ancorariis tres in ⟨ad *Paul*⟩ longitudinem parietum turris latas IIII pedes fecerunt: 2,9,4; ¶ structura 2,9,1 *u.* **D.** *extr.*

D. c. praep.: supraque eum locum II tigna transuersa iniecerunt [ut] non longe ab extremis parietibus: 2,9,2.

ubi turris altitudo perducta est ad ⟨*Ald.;* ut *x*⟩ contabulationem ⟨*Ald.;* -ionis *x*⟩, eam ⟨*Ald.;* causa *x*⟩ in parietes instruxerunt ⟨-erant *Nhl;* intra parietes incluserant *Ciacc.*⟩ ita, ut capita tignorum extrema parietum structura tegerentur: 2,9,1.

pario: exitum sibi: 3,69,3 *u.* salutem; ¶ centuriones . . . ne ante partam ⟨portam *BM*⟩ rei militaris laudem ⟨land. rei mil. *h;* laudis militaris *a*⟩ amitterent, fortissime pugnantes conciderunt: VI 40,7; ¶ perpauci . . . lintribus inuentis sibi salutem reppererunt ⟨pepererunt *Heinsius; Np.*⟩: I 53,2; primisque oppressis reliqui per horum corpora salutem sibi atque exitum pariebant: 3,69,3; ¶ hostes maximo clamore sicuti ⟨insecuti quasi *β*⟩ parta iam atque explorata uictoria . . . uallum ascendere coeperunt: V 43,3; munitiones . . . ad flumen perductae expugnatis iam castris Pompei propriam ⟨prope iam *Voss.;* partam iam *(Ciacc.,) Pluyg.*⟩ expeditamque ⟨que *om. NOfhl; Voss.*⟩ Caesaris uictoriam interpellauerunt: 3,70,2; siue ipsorum perturbatio siue error aliquis siue etiam fortuna partam ⟨partem *af*⟩ iam ⟨una *add. a*[1]⟩ praesentemque uictoriam interpellauisset: 3,73,5; Scipionis milites cohortatur, ut parta iam uictoria praedae ac praemiorum uelint esse participes: 3,82,1.

Parisii: concilio Galliae primo uere . . . indicto, cum . . ., concilium Lutetiam Parisiorum ⟨parisaeorum *BM*⟩ transfert. confines erant hi Senonibus ciuitatemque patrum memoria coniunxerant, sed ab hoc consilio afuisse existimabantur: VI 3,4.5; celeriter sibi Senones, Parisios, Pictones, Cadurcos, Turonos, Aulercos, Lemouices, Andos, reliquosque omnes, qui Oceanum attingunt, (Vercingetorix) adiungit ⟨c⟩: VII 4,6; *cf. qu. sqq.;* quattuor legiones in Senones Parisiosque ⟨parasiosque *BM*⟩ Labieno ducendas dedit: VII 34,2; Lutetiam proficiscitur. id est oppidum Parisiorum ⟨parasiorum *B*[1]⟩, quod ⟨c⟩ positum est ⟨c⟩ in insula fluminis Sequanae: VII 57,1; imperant . . . octona (milia) Pictonibus et Turonis ⟨c⟩ et Parisiis et Heluetiis: VII 75,3.

paro. A. = παρασκευάζειν, ἑτοιμάζειν; **a) c. obiecto; α) obi. est subst.:** bellum *u.* **bellum** *p. 406 (6 loc.);* ¶ barbari . . . legatos . . . dimittere, coniurare, obsides inter se dare, copias parare coeperunt: III 23,2; ¶ Caesar castris munitis scalas musculosque ad repentinam oppugnationem fieri et crates parari iussit. quibus rebus effectis . . .: 3,80,4; ¶ reliquisque ⟨c⟩ diebus turres ad altitudinem ⟨c⟩ ualli, falces testudinesque, quas idem captiui docuerant, parare ac facere coeperunt: V 42,5; ¶ existimabant . . . omnes perturbatos defectione Haeduorum fugam parare: VII 61,4; ¶ hi manus ferreas atque harpagones parauerant magnoque numero pilorum, tragularum reliquorumque telorum se instruxerant: 1,57,2; ¶ ipse iter in Macedoniam parare incipit paucisque post diebus est profectus: 3, 33, 2; ¶ manus ferreas: 1, 57, 2 *u.* harpagones; ¶ dum in his locis Caesar nauium parandarum causa moratur: IV 22, 1; ¶ Pompeius . . . aduentu nauium profectionem parare incipit: 1, 27, 2; ¶ his paratis rebus (1, 27, 3. 4) milites silentio naues conscendere iubet: 1, 27, 5; tegimenta galeis milites ex uiminibus facere atque aggerem iubet comportare. his paratis rebus magnum numerum leuis armaturae . . . in scaphas . . . imponit: 3, 62, 2; ¶ Caesar scalas parari militesque armari iubet: 1, 28, 2; ¶ testudines (turres): V 42, 5 *u.* falces.

β) **obi. est neutr. pl. pronominis (adiect.)**: dum haec parat atque administrat: 1, 37, 1; ¶ omnia haec iam pridem contra se parari: 1, 85, 8; ¶ nostri . . . proximi diei casu admoniti omnia ad defensionem parauerant: 2, 14, 6; ¶ a ⟨*om.* α; *edd.*⟩ castris ⟨cratis *Vrsin.; plur. edd.;* rastros *Glar.*⟩ longurios, musculos ⟨*c*⟩, falces, reliquaque, quae ⟨reliqua quaeque *BMQ*⟩ eruptionis causa parauerat ⟨β; -erant α; *Schn.*⟩, profert: VII 84, 1; huc ea, quae parauerant, conferunt: VII 86, 4.

hortaturque eos, ne animo deficiant quaeque usui ad defendendum oppidum sint parent: 1, 19, 1.

γ) **se parare**: Fabium . . . pluteos . . uallo addere et se in posterum diem similemque ⟨similem ad β; *Schn.*⟩ casum apparare ⟨parare β; *Schn.*⟩: VII 41, 4.

b) **c. inf.**: his rationibus auxilia Galliae exspectare et bellum parat administrare ⟨adm. par. β⟩: VII 71, 9; (Galli) crates proicere, fundis, sagittis, lapidibus nostros de uallo proturbare ⟨pert. *Ma;* deturb. *hik*⟩ reliquaque, quae ⟨*c*⟩ ad oppugnationem pertinent, parant ⟨parent β⟩ administrare: VII 81, 2; ¶ Treueri magnis coactis . . . copiis Labienum cum una legione, quae in eorum finibus hiemabat ⟨*c*⟩, adoriri parabant: VI 7, 1; ¶ omnium suorum consensu Curio reliquas copias exspectare et bellum ducere parabat: 2, 37, 6; ¶ has (naues) . . . Otacilius Crassus, qui Lissi praeerat, expugnare ⟨.X. *add. a*⟩ parabat: 3, 28, 2; ¶ exspectare: VII 71, 9 *u.* administrare; 2, 37, 6 *u.* ducere; ¶ postero die munitiones institutas Caesar parat perficere; illi uadum fluminis Sicoris temptare, si transire possent: 1, 83, 4; ¶ proicere, proturbare: VII 81, 2 *u.* administrare.

B. = κτᾶσθαι: interea . . . duas Hispanias confirmari . . ., auxilia, equitatum parari, Galliam Italiamque temptari se absente nolebat: 1, 29, 3; neque enim sex legiones alia de causa missas in Hispaniam septimamque ibi conscriptam neque † tot tantasque classis paratas ⟨tantaque auxilia parata *coni. Np.*; cohortes alasque paratas *Madu.*⟩ neque submissos duces rei militaris peritos: 1, 85, 6; ¶ copiam: 1, 78, 2 *u.* frumentum; ¶ Indutiomarus nihilo minus copias cogere, exercere, a finitimis equos parare, exsules damnatosque . . . ad se allicere coepit: V 55, 3; ¶ ne latos fines parare studeant potentiores **at*que humiliores possessionibus expellant: VI 22, 3; ¶ frumenti copiam legionarii non nullam ⟨*c*⟩ habebant, . . . caetrati auxiliaresque nullam; quorum erant et facultates ad parandum ⟨prandium *x*⟩ exiguae et: 1, 78, 2; ¶ Massilienses . . . panico . . uetere atque hordeo corrupto omnes alebantur, quod ad huius modi casus antiquitus paratum in publicum contulerant: 2, 22, 1; ¶ quibus (iumentis) maxime Galli ⟨*c*⟩ delectantur ⟨*c*⟩ quaeque impenso ⟨immenso β⟩ parant pretio: IV 2, 2; ¶ quod . . . Harudum milia hominum XXIIII ad eum uenissent, quibus locus ac sedes pararentur: I 31, 10; ¶ (praemiserat . . . auxilia peditum V milia . . . et parem ex Gallia numerum, quam ⟨quamquam *af;* quem *O; Db.*⟩ ipse pacauerat ⟨parauerat *O; Db.*⟩, nominatim . . . nobilissimo quoque enecato: 1, 39, 2;) ¶ panicum: 2, 22, 1 *u.* hordeum; ¶ sedes: I 31, 10 *u.* locum.

paratus (ui adiectiui). **A.** = **perfectus**; a) **abs.**: omniaque, quae ⟨omnia quaeque *X*⟩ postulassent, ab ⟨*c*⟩ se fore parata: IV 6, 3.

b) **paratus ad**: reliquas (naues) paratas ad nauigandum atque omnibus rebus instructas inuenit: V 5, 2; ¶ qui . . . interrogatus omnia sibi esse ad bellum apta ac parata confirmauisset: 1, 30, 5.

B. = **promptus, propensus; a) paratus ad** *u.* **ad** *p. 130 sq.* γ) *(9 loc.).*

b) **c. inf.**: sese paratos esse portas aperire quaeque imperauerit facere et L. Domitium uiuum eius potestati ⟨*c*⟩ tradere: 1, 20, 5; ¶ neque se . . . contra populum Romanum coniurasse, paratosque esse et obsides dare et imperata facere et oppidis recipere et frumento ceterisque rebus iuuare: II 3, 3; ¶ si iterum experiri uelint ⟨*c*⟩, se iterum paratum esse decertare: I 44, 4; ¶ conclamant . . . milites . . . sese paratos esse imperatoris sui tribunorumque plebis iniurias defendere: 1, 7, 7; ¶ sed tamen ad omnia se descendere paratum atque omnia pati rei publicae causa: 1, 9, 5; ¶ facere: II 3, 3 *u.* dare; V 1, 7 *u.* satisfacere; 1, 20, 5 *u.* aperire; ¶

iuuare: II 3, 3 *u.* dare; ¶ pati: 1, 9, 5 *u.* descendere; nonne extremam pati fortunam paratos proiecit ille? 2, 32, 8; ¶ illi omnia perpeti parati maxime a re frumentaria laborabant: 3, 9, 5; ¶ recipere: II 3, 3 *u.* dare; ¶ qui (legati) doceant nihil earum rerum publico factum consilio seseque paratos esse *demonstrent omnibus rationibus ⟨c⟩ de iniuriis satis facere: V 1, 7; ¶ tradere: 1, 20, 5 *u.* aperire; (Varro) ad Caesarem mittit paratum se ⟨sese *N(a)f*⟩ esse legionem cui iusserit tradere: 2, 20, 7; ¶ paratos esse sese, posse et andere ⟨posse et andere *del. Paul*⟩ ea transire flumen, qua traductus esset equitatus: 1, 64, 3.

c) sic paratus, ut: Galli . . . omnia uada . . . obtinebant, sic animo parati, ut, si eam paludem Romani perrumpere conarentur, haesitantes premerent: VII 19, 2; quos cum sic animo paratos ⟨par. an. β⟩ uideat ⟨c⟩, ut nullum pro sua laude periculum recusent: VII 19, 5; (Afranius) se . . in castra recipit sic paratus, ut uidebatur, ut quicumque accidisset casus, hnnc quieto et aequo animo ferret: 1, 75, 1.

C. = ad pugnandum paratus; a) pos.: altera ex ⟨o⟩ parte Bellouaci . . . instabant, alteram ⟨altera β⟩ Camulogenus parato atque instructo exercitu tenebat: VII 59, 5; ¶ legiones habere sese paratas X ⟨IX *Np.*⟩: 1, 6, 2.

nostri autem, si ab illis initium transeundi fieret, ut impeditos adgrederentur, parati in armis erant: II 9, 1; ¶ 1, 64, 3 *u.* **B. b)** *extr.;* ¶ simul denuntiauit, ut essent animo parati in posterum: 3, 86, 5.

b) superl.: omnium esse militum paratissimos animos: 1, 71, 2; ¶ circiter CCXX ⟨c⟩ naues eorum paratissimae atque omni genere armorum ornatissimae profectae ⟨o⟩ ex ⟨c⟩ portu nostris aduersae constiterunt: III 14, 2.

pars. I. Forma: *Gen. plur.:* Caesar in analogicis: harum partum: *Charis. art. gramm. I p. 141 Keil; sed* partium *est in codd.* 1, 35, 4, partum *nusquam. — Acc. plur.* partis VI 34, 1 *in X exstare dicit Hold.; Frig. h. l.* partis *dicit inueniri in AQβ*, partes *in BM; praeterea* partis *est in α* VI 43, 4, *in AB* VI 33, 3, *in AQ* VI 32, 3, *in a (teste Np.)* I 1, 1; *reliquis 23 locis belli Gallici in X uidetur exstare* partes.

In B. Ciuili 12 locis acc. pl. reperitur; duobus locis (1, 85, 1 *et* 3) *in a est* partis, *reliquis uidetur esse* partes; *ceteri codd. quid habeant editorum nemo indicat.* (*Acc. sg.* partim *est in hl* 1, 58, 4.)

II. Signif.; 1. = μέρος (portio, membrum); A. propr.; a) subi.; α): abesse: V 46, 4 *u.* **c) α)** exspectare; 3, 62, 2 *u.* **g) β) αα)** ducere; ¶ equitum partem se ⟨*sic β, sed bcdik* se partem; se *om.* α⟩ sequi, partem circumire exteriores munitiones et ab tergo hostes adoriri inbet: VII 87, 4; ¶ ne tanta . . . ciuitas . . . ad . . . arma descenderet ⟨c⟩ atque ea pars, quae minus sibi ⟨c⟩ confideret, auxilia a Vercingetorige arcesseret ⟨accesseret *BM*⟩: VII 33, 1; ¶ etsi ⟨c⟩ pars aliqua circumuenta ceciderit, at reliquos seruari posse confidunt: VI 40, 2; ¶ uariis dictis ⟨o⟩ sententiis, quarum ⟨quorum β⟩ pars deditionem, pars, dum nires suppeterent, eruptionem censebat: VII 77, 2; ¶ circumire: VII 87, 4 *u.* adoriri; ¶ quorum (Neruiorum) pars *ab aperto latere legiones circumuenire, pars summum castrorum locum petere coepit: II 23, 5; ¶ (cognoscere: 3, 38, 2 *u.* **c) α)** praemittere;) ¶ repentina ruina pars eius turris concidit, pars reliqua consequens procumbebat: 2, 11, 4; ¶ confidere: VII 33, 1 *u.* arcessere; ¶ fore, uti pars cum parte ciuitatis confligat: VII 32, 5; ¶ quod illa pars equitatus Vsipetum et Tencterorum ... post fugam suorum se trans Rhenum in fines Sugambrorum receperat seque cum iis coniunxerat: IV 16, 2; ¶ consequi: 2, 11, 4 *u.* concidere; ¶ maiorque pars eorum uictus in lacte, caseo ⟨c⟩, carne ⟨c⟩ consistit: VI 22, 1; ¶ contingere: VI 29, 2 *u.* **c) α)** rescindere; ¶ partem copiarum ex prouincia supplementumque . . . in Heluios . . . conuenire iubet: VII 7, 5; cum . . . cognouissent . . . Conuictolitauem magistratum magnamque partem senatus ad eum conuenisse: VII 55, 4; eo partem nauium longarum conuenire, frumentum . . . comportari imperat: 3, 42, 2; ¶ maxima pars Aquitaniae sese Crasso dedidit ⟨dedit *AQ*⟩ obsidesque ultro misit ⟨obtulit β⟩: III 27, 1; ¶ cum se maior ⟨*om.* β⟩ pars agminis in magnam conuallem demisisset ⟨dimisisset *X*⟩, ex utraque parte eius uallis subito se ⟨c⟩ ostenderunt: V 32, 2; ¶ perexigua pars illins exercitus superest; magna pars deperiit: 3, 87, 3; ¶ (dimittere *u.* demittere;) ¶ deseritur a suis Varus; non nulla pars militum domum discedit; reliqui . . .: 1, 13, 4; ¶ ultimas oppidi partes ⟨portas *Paul*⟩ continenti ⟨c⟩ impetu ⟨c⟩ petiuerunt parsque ibi, cum angusto exitu portarum se ipsi premerent, a militibus, pars iam egressa portis ab equitibus est interfecta: VII 28, 3; ¶ in hoc tractu ⟨*Faern.;* nec tractu *x;* haec tractu *Np.;* nec tractus

EHoffm.; Db.⟩ oppidi pars erat regiae ⟨regia *O; Db., EHoffm.*⟩ exigua, in quam ipse habitandi causa initio erat inductus: 3, 112, 8; — quae (pars) est ad Hispaniam: I 1, 7 *u.* **g) β) ββ)** pertinere; prius quam ea pars Menapiorum, quae citra Rhenum ⟨qui in suis sedibus *add.* β⟩ erat ⟨*ah;* erant *a*⟩, certior fieret: IV 4, 7; — in Eburones, quorum pars maxima est inter Mosam ac ⟨*c*⟩ Rhenum, . . . misit: V 24, 4; — est propins solis occasum: IV 28, 2 *u.* **g) β) αα)** deicere; — — pelles . . ., quarum propter exiguitatem magna est corporis pars aperta: IV 1, 10; — a dextro cornu, quod eam partem ⟨part. eam β⟩ minime firmam hostium esse animaduerterat, proelium commisit: I 52, 2; reliquam esse: I 12, 2 *u.* **e) α)** traducere; ¶ ut magna pars militum exaudiret: V 30, 1; ¶ (explorare: 3, 38, 2 *u.* **e) α)** praemittere;) ¶ non abscisum ⟨abscissum *V.*⟩ in duas partes ⟨partis *V.*⟩ exercitum, cum altera ⟨*N;* alter *x*⟩ alteri auxilium ferre non posset, causae fuisse cogitabant: 3, 72, 2; ¶ (cognouerat enim magnam partem equitatus ab iis ⟨*c*⟩ aliquot diebus ante praedandi frumentandique causa ad Ambiuaritos trans Mosam missam: IV 9, 3; 16, 2 *u.* interesse;) ¶ huius quoque spatii pars ea, quae ad arcem pertinet, loci natura et *uallo *altissimo munita longam et difficilem habet oppugnationem: 2, 1, 3; ¶ quae pars ciuitatis Heluetiae insignem calamitatem populo Romano intulerat, ea princeps poenas persoluit: I 12, 6; ¶ (magnam partem equitatus ad eum insequendum mittit ⟨misit β⟩ retrahique imperat ⟨*c*⟩: V 7, 6;) ¶ illa pars equitatus . . ., quam supra commemoraui praedandi frumentandique causa Mosam transisse neque proelio interfuisse, . . . se . . . receperat: IV 16, 2; ¶ interfectos esse legatos duo ⟨*c*⟩ magnamque partem exercitus interisse demonstrat: V 38, 3; horum omnium pars magna in fossis munitionibusque et fluminis ripis oppressa snorum in terrore ac fuga sine ullo uulnere interiit ⟨interit *ahl*⟩: 3, 71, 2; ¶ mittere: III 27, 1 *u.* dedere; ¶ nam his ⟨*c*⟩ ea pars (aciei?) obuenerat: II 23, 1; quae cuique ciuitati pars castrorum ab initio obuenerat: VII 28, 6; ¶ offerre: III 27, 1 *u.* dedere; ¶ tum demum Ariouistus partem snarum copiarum, quae ⟨ut β⟩ castra minora oppugnaret ⟨-rent *bh*⟩, misit: I 50, 2; ¶ perire: VI 40, 8 *u.* peruenire; ¶ persoluere: I 12, 6 *u.* inferre; ¶ pertinere: 2, 1, 3 *u.* habere; 3, 62, 2 *u.* **g) β) αα)** ducere ¶ militum pars horum uirtute summotis hostibus praeter spem incolumis in castra peruenit, pars a barbaris circumuenta periit: VI 40, 8; — cuius rei magnam partem landis atque existimationis ad Libonem peruenturam: 1, 26, 4; ¶ petere: II 23, 5 *u.* coepisse; ¶ posse: 3, 72, 2 *u.* ferre; ¶ (praedari: IV 9, 3 *u.* frumentari; IV 16, 2 *u.* interesse;) ¶ tertio die magna iam pars operis Caesaris ⟨-ri *Paul*⟩ processerat: 1, 82, 1; ¶ procumbere: 2, 11, 4 *u.* concidere; ¶ (proficisci: 1, 25, 2 *u.* **g) γ) αα)**;) ¶ sibi quemque consulere iussit. quorum pars in Arduennam siluam, pars in continentes paludes profugit: VI 31, 2; ¶ se recipere: IV 16, 2 *u.* coniungere; — recipere: V 35, 2 *u.* **c) α)** nudare; ¶ cum pars hominum in agris remaneret, pars etiam in castra uentitaret: IV 32, 1; isdem sublicis, quarum pars inferior integra remanebat, pontem reficere coepit: VII 35, 4; 3, 97, 3 *u.* **c) α)** remittere; ¶ sequi: VII 87, 4 *u.* adoriri; ¶ sub muro quae ⟨muroque β⟩ pars collis ad orientem solem ⟨*c*⟩ spectabat ⟨quae pars collium in circuitu uacabat *Ciacc.*⟩, hunc omnem locum copiae Gallorum compleuerant: VII 69, 5; ¶ quin . . . magna parte exercitus nostri interfecta multo minorem superesse dicerent partem: V 55, 1; 3, 87, 3 *u.* deperire; ¶ cum legionibus tribus . . . ad eam partem peruenit, quae nondum flumen transierat: I 12, 2; IV 16, 2 *u.* interesse; ¶ non enim amplius pedum milibus duobus ab castris castra distabant: † hinc ⟨= huius spatii?⟩ duas partes acies occupabant duae; tertia uacabat ⟨uagabatur *Ohl*⟩ ad incursum atque impetum militum relicta: 1, 82, 4; ¶ uentitare: IV 32, 1 *u.* remanere; ¶ uideri: III 4, 2 *u.* **e) α)** premere; quaeque ⟨quaque *Np.; Db.*⟩ pars ⟨β; parti *α*; parte *recc.; pr. edd.; Db.*⟩ hostium ⟨host. pars β⟩ confertissima est ⟨manus est *Db.*⟩ nisa, inrumpit ⟨eam inrumpit β⟩: V 44, 4; Marsi . . . eam . . oppidi partem, quae munitissima uideretur, occupant: 1, 20, 3.

β) a c. pass.: cohortesque secum abducere ⟨*c*⟩ conatus a ⟨*add. (recc.;) Scal.*⟩ magna parte militum deseritur: 1, 15, 3; ¶ cuius prouinciae ab ea parte, quae libera appellabatur, Menedemus, princeps earum regionum, missus legatus omnium snorum excellens studium profitebatur: 3, 34, 4.

γ) abl. abs.: pellibus aut paruis renonum ⟨*c*⟩ tegimentis utuntur, magna corporis parte nuda: VI 21, 5; VII 46, 5 *u.* **e) α)** nudare; ¶ exigua parte aestatis reliqua Caesar . . . in Britanniam proficisci contendit ⟨*o*⟩: IV 20, 1.

b) praed.: omnes Belgas, quam tertiam esse Galliae partem dixeramus, . . . coniurare: II 1, 1; 3, 112, 8 *u.* **a) α)** esse; ¶ (Aquitaniam,) quae pars ⟨*del. Dt.*⟩, ut ante dictum est, et regionum latitudine et multitudine hominum † ex ⟨pro *Metzger*⟩ tertia parte Galliae ⟨gallia *AQB*⟩ est aestimanda ⟨hominum est tertia pars G. aestim. (*uel* existimanda *Hug.*; *Dt.*⟩: III 20, 1.

c) accus.; α) obi.: adlidere: 3, 27, 2 *u.* detrahere; ¶ qui (equites) eam partem orae maritimae adseruabant: 3, 28, 6; ¶ appellare: IV 10, 1 *u.* recipere; 3, 34, 4 *u.* **a) β)**; ¶ arcessere: IV 27, 6 *u.* dare; ¶ attribuere: III 1, 6 *u.* relinquere; VII 34, 2 *ib.*; dextra pars (nauium?) attribuitur Massiliensibus, sinistra Nasidio: 2, 4, 5; ¶ fossas . . . facere instituit, quibus partem aliquam Sicoris auerteret: 1, 61, 1; ¶ ut eam partem insulae caperet, qua optimum esse egressum superiore aestate cognouerat: V 8, 3; ¶ celare: II 32, 4 *u.* retinere; ¶ circumuenire: VI 40, 2 *u.* **a) α)** cadere; VI 40, 8 *ib.* peruenire; ¶ inferiore omni spatio uacuo relicto superiorem partem collis usque ad murum oppidi densissimis castris compleuerant: VII 46, 3; ¶ concedere: III 1, 6 *u.* relinquere; III 2, 1 *u.* **g) ε) αα)** discedere; ¶ eos impeditos et inopinantes adgressus magnam partem eorum ⟨eor. part. *af*⟩ concidit: I 12, 3; ¶ huc Caesar . . . suorum atque exercitus impedimentorum magnam partem contulerat: VII 55, 2; ¶ quod magna parte militum confecta uulneribus res ad paucitatem defensorum peruenerat: V 45, 1; — ut . . . subleuati . . alii ab aliis magnam partem itineris conficerent: 1, 68, 2; reliquam noctis partem ibi confecerunt: 3, 28, 6; ¶ partem (diei, noctis) consumere *u.* **consumo** *p. 704 (5 loc.)*; ¶ obsidesque imperauit; quorum illi partem statim ⟨stat. part. β⟩ dederunt, partem ex longinquioribus locis arcessitam paucis ⟨*c*⟩ diebus sese daturos ⟨esse *add.* β⟩ dixerunt: IV 27, 6; ¶ quae (naues) priorem partem exercitus eo deportauerant: 1, 27, 1; ¶ deprehendere: V 45, 1 *u.* necare; ¶ magno numero Albicorum et pastorum interfecto partem ⟨partim *hl*⟩ nauium deprimunt, non nullas cum hominibus capiunt, reliquas in portum compellunt: 1, 58, 4; ¶ ut . . . ex magno remigum propugnatorumque numero pars ad scopulos adlisa interficeretur, pars ab nostris detraheretur ⟨*dett.*; distrah. *x*⟩: 3, 27, 2; ¶ parte circiter tertia exercitus eo biduo dimissa . . . iussit: 1, 87, 4; ibi reliqua pars exercitus dimissa est: 1, 87, 5; ¶ cuius operis maxima parte effecta . . . reuertuntur: 1, 18, 6; prope dimidia parte operis a Caesare effecta . . . naues . . . reuertuntur: 1, 27, 1; ¶ quorum (oppidanorum) magna pars erat ad bellum ⟨ad b. erat β⟩ euocata: VII 58, 4; ¶ reliquam partem exercitus, quod paulo aberat longius, non putat exspectandam ⟨exercendam β⟩: V 46, 4; ¶ certiorem facere: IV 4, 7 *u.* **a) α)** esse citra; ut (Caesar) magnam partem Italiae beneficio atque auctoritate eorum suam fecerit: 2, 32, 1; ¶ quarum rerum magnam partem temporis ⟨*c*⟩ breuitas et successus ⟨*c*⟩ hostium impediebat: II 20, 2; Atrebates . . . transire conantes insecuti gladiis magnam partem eorum impeditam interfecerunt: II 23, 1; (VII 73, 7 *u.* integere;) ¶ incolere *u.* **incolo** *p. 150* **A. a)** *(4 loc.)*; ¶ quorum (inimicorum) ipse maximam partem illo adfinitatis tempore iniunxerat Caesari ⟨*c*⟩: 1, 4, 4; ¶ (inrumpere: V 44, 4 *u.* **a) α)** uideri;) ¶ reliqua pars scrobis ad occultandas insidias uiminibus ac uirgultis ⟨β; uinculis α⟩ integebatur ⟨β; tegebatur *AQ*; impediebatur *BM*⟩: VII 73, 7; ¶ interficere *u.* **interficio** *p. 211 (6 (7) loc.)*; ¶ nulla pars nocturni temporis ad laborem intermittitur: V 40, 5; ¶ Massilienses . . . deiecta turri, labefacta magna parte muri ⟨labefacto magna ex parte muro *Ciacc.*⟩ . . . sese dedere . . . constituunt: 2, 22, 1; ¶ (tertiam aciem ⟨partem *B*[2]β⟩ laborantibus nostris subsidio misit: I 52, 7;) *u. praeterea* **mitto** *p. (617 et) 618 (4 (6) loc.)*; ¶ munire: 2, 1, 3 *u.* **a) α)** habere; 2, 9, 5 *u.* perficere; ¶ quorum (nuntiorum) pars deprehensa in conspectu nostrorum militum cum cruciatu necabatur ⟨necabantur *Qbf*⟩: V 45, 1; ¶ nudare: III 4, 2 *u.* premere; interim eam partem (exercitus) nudari necesse erat et ab latere aperto tela recipi ⟨recipere β⟩: V 35, 2; ut Teutomatus . . . subito in tabernaculo oppressus, ut meridie conquieuerat, superiore corporis parte ⟨p. corp. β⟩ nudata ⟨nuda β⟩ uulnerato equo uix se ex manibus praedantium militum eriperet: VII 46, 5; ¶ nineis eam partem castrorum ⟨*om. Nl*⟩ obtexit: 3, 54, 1; (obstructis ⟨extructis *O*[1]*hl*; *Wölffel*; *Dt.*⟩ omnibus castrorum portis ⟨partibus *Wölffel*; *Dt.*⟩ et ad impediendum obiectis ⟨obtectis *Wölffel*; *Dt.*;⟩ *ericiis* ⟨*om. Wölff.*; *Dt.*⟩ . . . exercitum eduxit: 3, 54, 2;) ¶ occupare *u.* **occupo** *p. 879 sq. (4 loc.)*; — 1, 82, 4 *u.* **a) α)** uacare; ¶ Caesar . . . ad cohortandos milites, quam ⟨in *add. X*; *edd.*;

del. Kran.⟩ partem fors obtulit, decucurrit ⟨c⟩: II 21, 1; ¶ opprimere: 3, 71, 2 u. a) α) interire; ¶ hac ⟨ac *AQB*⟩ parte Galliae pacata . . . in bellum . . . Ambiorigis insistit: VI 5, 1; ¶ ubi uero ea pars turris, quae erat perfeeta, tecta atque munita ⟨tecto munita *Paul*⟩ est ab omni ictu hostium: 2, 9, 5; ¶ ut (Pompeius) equitatum suum pul⟨sum uidi atque eam partem, cui maxime atque mtaximam partem cui *f*⟩ confidebat ⟨fidebat *bf*⟩, perterritam animum aduertit: 3, 94, 5; ¶ ultimas oppidi partes ⟨portas *Paul*⟩ continenti ⟨continuo β⟩ impetu ⟨*om.* β⟩ petiuerunt parsque ibi . . . est interfecta: VII 28, 2; ¶ se neque sine exercitu in eas partes Galliae uenire andere, quas Caesar possideret, neque: I 34, 3; ut . . . partem finitimi agri per uim occupatam ⟨occupatum β⟩ possiderent: VI 12, 4; ¶ Scipio . . . equitum ⟨*Np.;* equitatum *Ox*⟩ magnam. ⟨*f;* magnamque *Oahl*⟩ partem ⟨lenis armaturae *add. V.*⟩ ad explorandum iter Domitii et cognoscendum praemisit: 3, 38, 2; ¶ et quaecumque ⟨*sic* β; ut quaeque α; *edd.*⟩ pars castrorum nudata defensoribus premi nidebatur, eo occurrere et auxilium ferre: III 4, 2; ¶ dextrum cornu . . . ea (munitionum?) parte, quam proruerat ⟨*Np.; sed* ea parte *iam Dauis.*, quam proruerat *iam Ciacc. coniec.;* ex parte qua (quam *Ohl*) proruebat *Ox*⟩, sese recipiebat: 3, 69, 3; ¶ capilloque sunt promisso atque ⟨*del. Miller*⟩ omni parte corporis rasa praeter caput et labrum superius: V 14, 3; ¶ Mosa profluit ex monte Vosego . . . et parte quadam ex Rheno recepta, quae appellatur Vacalus, insulam [quae] efficit Batauorum: IV 10, 1; ¶ duas ibi legiones reliquit et partem auxiliorum: I 49, 5; alteram partem eius nici Gallis [ad hiemandum] concessit, alteram nacnam ab his ⟨c⟩ relictam cohortibus attribuit: III 1, 6; quos equitatus . . . consectatus ex milium L numero ⟨o⟩ . . . uix quarta parte relicta . . . se . . . recepit ⟨c⟩: III 26, 6; equitatus partem illi attribuit, partem sibi reliquit: VII 34, 2; 1, 82, 4 *u.* **a) α)** nacare; Caesar . . . constituerat nullam partem belli in Hispaniis relinquere: 2, 18, 7; quod subito consilium profectionis ceperant magna ⟨in *add.* a[1]⟩ parte impedimentorum et sarcinarum relicta: 3, 76, 2; ¶ si nullam partem Germanorum domum remittere posset: I 43, 9; Caesar copias suas diuisit partemque legionum in castris Pompei remanere iussit, partem in sua castra remisit, IIII secum legiones duxit: 3, 97, 3; ¶ partem ultimam pontis, quae ripas Vbiorum contingebat, in longitudinem pedum ducentorum rescindit: VI 29, 2; ¶ armorum magna multitudine de muro . . . iacta . . . et tamen circiter parte tertia, ut postea perspectum ⟨c⟩ est, celata atque in oppido retenta: II 32, 4; ¶ Iuba . . . peditum eam partem, cui maxime confidebat, Saburrae submittit ⟨c⟩: 2, 40, 1; ¶ tegere: (VII 73, 7 *u.* integere;) 2, 9, 5 *u.* perficere; ¶ magnam partem Galliae ⟨gallorum β⟩ in officio tenuit: V 54, 1; **Achillas** . . . occupabat Alexandriam praeter eam ⟨*dett.;* praeterea *Ox;* praeterea eam *Vielh.*⟩ oppidi partem, quam Caesar cum militibus tenebat: 3, 111, 1; ¶ parte iam obsidum tradita . . . equitatus hostium procul nisus est: VII 12, 4; ¶ certior factus est tres iam partes copiarum Heluetios id flumen traduxisse, quartam fere ⟨nero β⟩ partem citra flumen Ararim reliquam esse: I 12, 2; ibi nadis repertis partem suarum copiarum ⟨o⟩ traducere ⟨c⟩ conati sunt: II 9, 4; — tantum potentia antecesserant, ut magnam partem clientium ab Haeduis ad se traducerent: VI 12, 3; ¶ eodem die equitum magnam partem flumen traiecit: 1, 55, 1; Caesar Germanos leuis armaturae equitumque partem flumen traicit: 1, 83, 5; ¶ a Pirustis ⟨c⟩ finitimam partem prouinciae incursionibus uastari audiebat: V 1, 5.

β) acc. temporis: haec eo facilius magnam partem aestatis faciebant, quod: III 12, 5; (corus,) qui magnam partem omnis temporis in his ⟨c⟩ locis ⟨c⟩ flare consueuit: V 7, 3; ¶ ne maiorem aestatis partem flumine impediretur: VII 35, 1; ¶ nec minimam ⟨nimiam *af*⟩ partem temporis equitum uim caetrati sustinere potuerunt: 1, 70, 5; ¶ (tota nocte continenter ierunt [nullam partem noctis itinere intermisso]; in fines Lingonum die quarto peruenerunt: I 26, 5;) ¶ Caesar . . . parua parte ⟨paruam partem?⟩ noctis itinere intermisso mane Dyrrachium nenit: 3, 41, 5; ¶ omnibus eorum aedificiis occupatis reliquam partem hiemis se eorum copiis aluerunt: IV 4, 7; si reliquam partem hiemis uno loco legiones contineret: VII 10, 1.

γ) acc. aduerbialis: magnam partem: VII 36, 5 *u.* **f) γ)**; ¶ neque multum frumento, sed maximam partem lacte atque pecore uiuunt: IV 1, 8; ¶ submotis sub murum cohortibus ac non nulla parte ⟨non nullam partem *Paul*⟩ propter terrorem in oppidum compulsis facilis est nostris receptus datus: 1, 46, 2.

d) dat.: confidere: 2,40,1 *u.* **c)** α) submittere; 3,94,5 *ib.* perterrere; ¶ auxilium ferre: 3,72,2 *u.* **a)** α) ferre; ¶ Bibulus . . . sperans alieni se parti onustarum nauium occurrere posse inanibus occurrit: 3,8,3; ¶ maiori tamen parti placuit . . . castra defeudere: III 3,4; ¶ cum esset Caesaris classis diuisa in duas partes, dimidiae parti praeesset P. Sulpicius praetor Vibone ⟨*c*⟩ ad fretum, dimidiae M. Pomponius ad Messanam: 3,101,1.

e) **gen.; α):** qui eum magnae partis harum ⟨*o*⟩ regionum tum etiam Britanniae imperium obtinuerit: II 4,7; ¶ Catuuolcus, rex dimidiae partis Eburonum, . . . se exanimauit: VI 31,5.

β): Gallia est omnis diuisa in partes tres, quarum unam incolunt Belgae, aliam ⟨alteram *Hotom.*⟩ Aquitani, tertiam qui . . . Celtae . . . appellantur: I 1,1.

f) abl.; α) causae: equitatu, qua maxime parte exercitus confidebant ⟨*Lips.*; quo maxuma parte exerc. confidebat α; quo maxime confidebant β⟩, erant pulsi: VII 68,3.

β) instr.: neque fore aequa parte contentum, qui se omnia habiturum confideret: 3, 10,7.

(magna parte militum deseritur: 1,15, 3 *u.* **a)** β).)

γ) separat.: et aquae magna parte ⟨aqua magnam partem *Clark.*⟩ et pabulatione libera (nostri) prohibituri hostes uidebantur: VII 36,5.

δ) loci: ut (exploratores) omni fluminis parte erant dispositi: VII 61,1; — compluresque milites huius urbis omnibus partibus interficiebantur: 3,106,5; ¶ qua (parte?) est egressus: V 8,3 *u.* **c)** α) capere; ¶ reliquis oppidi partibus sic est pugnatum, ut: 3,112,7.

ε) temporis: parua parte noctis: 3,41,5 *u.* **c)** β) paruam partem.

ζ) aduerb. (?): non nulla parte submotis: 1,46,2 *u.* **c)** γ) non nullam partem.

g) c. praep.; α) ab: collis . . . passus circiter ducentos infimus apertus, ab ⟨*c*⟩ superiore parte siluestris: II 18,2; clamore ab ea parte munitionis ⟨eruptionis β⟩ sublato: III 22,4.

β) ad; αα): ut . . . aliae (naues) ad inferiorem partem insulae, quae est propius solis occasum, magno *suo cum periculo deicerentur: IV 28,2; ¶ cohortes LX . . . ad eam partem munitionum ducit, quae pertinebat ⟨*O*; -bant *x*; *Np.*, *Db.*⟩ ad mare longissimeque a maximis castris Caesaris aberat ⟨*rec.*; aberant *x*; *Np.*, *Db.*⟩: 3,62,2; ¶ ad flumen Scaldem ⟨*CC*⟩ . . . extremasque Arduennae partes ire constituit: VI 33,3; ¶ peruenire: I 12,2 *u.* **a)** α) transire.

ββ): Belgae . . . pertinent ad inferiorem partem fluminis Rheni: I 1,6; Aquitania a Garumna ⟨*c*⟩ flumine ad Pyrenaeos montes et eam partem Oceani, quae ⟨qua *BM*⟩ est ⟨*om.* Q^2β; *Aim.*⟩ ad Hispaniam, pertinet: I 1,7.

γγ): sublicae et ad inferiorem partem fluminis oblique agebantur . . . et: IV 17,9.

δδ): eo occurrere et auxilium ferre: III 4,2 *u.* **c)** α) premere; ¶ eodem naues . . . mittit: 3,62,3; ¶ huc nostros esse uenturos: IV 32,4; ¶ quo cum paucis equitibus profectum Ambiorigem audiebat: VI 33,3.

γ) cum; αα): repperit consules Dyrrachium profectos cum magna parte exercitus: 1, 25,2.

ββ): ibi L. Cotta pugnans interficitur cum maxima parte militum; reliqui . . .: V 37, 4; ¶ Ser. Galbam cum legione duodecima et parte equitatus in Nantuates ⟨*c*⟩ . . . misit: III 1,1; Lucterium . . . cum parte copiarum in Rutenos mittit: VII 5,1.

γγ): confligere eum: VII 32,5 *u.* **a)** α) confligere.

δ) de: quod Ariouistus . . . nunc de altera parte tertia Sequanos decedere iuberet: I 31,10.

ε) ex; αα): (Vercingetorix ex arce ⟨parte β⟩ Alesiae suos conspicatus ex oppido egreditur: VII 84,1;) ¶ certior factus est ex ea parte uici, quam Gallis concesserat, omnes noctu discessisse: III 2,1; ¶ subito ex omnibus partibus siluae euolauerunt: III 28, 3; ¶ ex omnibus urbis partibus orto clamore: VII 47,4; ¶ ex magna parte Morinorum ad eum legati uenerunt: IV 22,1.

alia ex parte oppidi Adiatunnus . . . eruptionem facere conatus: III 22,1.

ββ): quae tamen ex parte ⟨?⟩ res ad salutem exercitus pertinebat: VI 34,3.

(γγ): ex tertia parte Galliae est aestimanda: III 20,1 *u.* **b)**.)

δδ): magna ex parte *u.* **ex** *p. 1193 sq.* E. *(4 (5) loc.).*

ζ) in c. acc.; αα): uenire in: I 34,3 *u.* **e)** α) possidere.

ββ): abscidere in duas partes: 3,72,2 *u.* **a)** α) ferre; ¶ (Rhenus) ubi Oceano adpropinquat ⟨*c*⟩, in plures diffluit ⟨β; defluit α; *edd.*⟩ partes multis ingentibusque insulis effectis: IV 10,4; ¶ distribuere *u.* **dis-**

tribuo *p. 935 sq.* **B.** *(4 loc.)*; ¶ diuidere *u.* **diuido** *p. 939 sq.* **A. b)** *(4 (6) loc.)*.

η) in c. abl.: ut in sinistra parte acie constiterant: II 23, 1; ¶ haec in omnibus Eburonum partibus gerebantur: VI 35, 1; (Pothinus ⟨nutricius pueri et procurator regni, in parte (partem *a*; partes *h*¹) Caesaris *add. codd.*; *Np.*, *Dt.*; *del. FHofm.*; *Db.*⟩, eum ad Achillam nuntios mitteret . . ., a Caesare est interfectus: 3, 112, 11.)

ϑ) praeter: praeter eam . . partem: 3, 111, 1 *u.* e) α) tenere.

(**ι) pro:** III 20, 1 *u.* **b)**.)

B. per emphasin dictum; a) = pars terrae, pars finium, ora, regio, tractus (Landstrich); α) subi.: † eorum ⟨*CC*⟩ una pars, quam Gallos obtinere dictum est, initium capit a flumine Rhodano, continetur Garumna ⟨*c*⟩ flumine, Oceano, finibus Belgarum, attingit etiam ⟨oceanum fin. belg. attingit. etiam *X*⟩ ab Sequanis et Heluetiis flumen Rhenum, uergit ad septentriones: I 1, 5; VI 33, 1 *u.* γ) γγ) proficisci; ¶ initium capere: I 1, 5 *u.* attingere; ¶ quod omni ex reliquis partibus demesso frumento pars una ⟨una pars β⟩ erat reliqua: IV 32, 4; ¶ uergere: I 1, 5 *u.* attingere.

β) obi.: (Aquitaniam,) quae pars ⟨*del. Dinter*⟩, ut ante dictum est, et regionum latitudine et multitudine hominum ex tertia parte Galliae ⟨gallia *AQB*⟩ est aestimanda ⟨hominum est tertia pars Galliae aest. (*uel* existimanda) *Hug*; *Dt.*; pro tertia parte Galliae est aest. *Metzger*; *u. CC*⟩: III 20, 1; ¶ appellare: 3, 34, 4 *u.* **A. a) β)** mittere; ¶ continere: I 1, 5 *u.* α) attingere; ¶ (multa Caesarem incitabant:) tot ciuitatum coniuratio, in primis ne hac parte neglecta reliquae nationes sibi idem licere arbitrarentur: III 10, 2; ¶ obtinere: I 1, 5 *u.* α) attingere; ¶ (occupare: 1, 25, 3 *u.* γ) αα);) ¶ pacare: VI 5, 1 *u.* **A.** e) α) pacare; ¶ ut . . . noctu occultatus ⟨*c*⟩ alias regiones partesque peteret: VI 43, 6; ¶ possidere: I 34, 3 *u.* **A.** e) α) possidere.

γ) c. praep.; αα) ab: quo facilius omne Hadriaticum mare *ab ⟨*add. Paul*; occupatis *Pluyg.*⟩ extremis Italiae partibus regionibusque Graeciae in potestate haberet: 1, 25, 3.

ββ) ex: uenire ex: IV 22, 1 *u.* **A. g) ε) αα)** uenire; ¶ IV 32, 4 *u.* α) *extr.*

γγ) in c. acc.: quam (legionem) L. Roscio in pacatissimam et quietissimam partem ducendam dederat: V 24, 7; ¶ in eam partem ituros atque ibi futuros Heluetios, ubi eos Caesar constituisset: I 13, 3; ¶ licere illis incolumibus . . . discedere et quascumque in ⟨β; *om.* α⟩ partes uelint sine metu proficisci: V 41, 6; Labienum . . . ad Oceanum uersus in eas partes, quae Menapios attingunt, proficisci iubet: VI 33, 1; ¶ persequendum sibi Pompeium existimauit, quascumque in partes ⟨quacumque (quacunque *a*) in parte *af*⟩ se ⟨*om. Oh*¹*l*¹⟩ ex fuga recepisset: 3, 102, 1; ¶ uenire: I 34, 3 *u.* **A. e) α)** possidere.

qui uideant, quas in partes hostes iter faciant: I 15, 1; nuntiauerunt puluerem maiorem, quam consuetudo ferret, in ea parte uideri, quam in partem legio iter fecisset: IV 32, 1.

δδ) in c. abl.; 𝔄): in Gallia non solum in omnibus ciuitatibus atque in omnibus pagis partibusque ⟨partibusque *del. Dauis.*; *Np.*, *Fr.*⟩, sed paene etiam in ⟨*c*⟩ singulis domibus factiones sunt: VI 11, 2; ¶ gerere: VI 35, 1 *u.* **A. g) η)** gerere.

𝔅): in ea parte uideri: IV 32, 1 *u.* γγ) *extr.*

b) = locus (Stelle, Punct); α) subi.: obuenire: II 23, 1 *u.* **A. a) α)** obuenire; legati, quibus hae partes ad defendendum obuenerant ⟨uenerant *AQ*⟩: VII 81, 6; ¶ quae ⟨qua *N*; *Oud.*⟩ minime nisa pars firma est ⟨min. p. f. esset β⟩, huc concurritur: VII 84, 2.

β) obi.: capere: V 8, 3 *u.* **A.** e) α) capere; ¶ (defendere: VII 81, 6 *u.* α) obuenire.)

γ) abl.: ea parte . . . se recipiebat: 3, 69, 3 *u.* **A. c) α)** proruere; ¶ restincto aggere atque omni ⟨ea *add.* α; ex *Ciacc.*; *edd.*; *om.* β; *Schn.*⟩ parte submotis hostibus finis est pugnandi factus: VII 25, 4; omni fluminis parte dispositi: VII 61, 1 *u.* **A. f) δ)** omni p.; — ut nostri omnibus partibus superiores fuerint atque eos ⟨*c*⟩ in siluas collesque compulerint: V 15, 1; ¶ (qua (parte?): V 8, 3 *u.* **A. e) α)** capere;) ¶ et reliquis partibus † simul ex terra scalis et classe moenia oppidi temptans: 3, 40, 2.

δ) c. praep.; αα) ab: clamore ab ea parte audito nostri . . . aerius impugnare coeperunt: III 26, 4; — quotiens ⟨quo *Paul*⟩ quaeque cohors procurrerat ⟨*c*⟩, ab ea parte magnus numerus hostium cadebat: V 34, 2; — ab ea parte . . . sublato: III 22, 4 *u.* **A. g) α)**; ¶ binis utrimque fibulis ab extrema parte distinebantur ⟨*c*⟩: IV 17, 6.

ββ) ad: (huc concurritur: VII 84, 2 *u.* α) uideri.)

γγ) ex; 𝔄): tum ex omni parte lapidibus coniectis deturbati turrisque succensa est: V 43, 7; ¶ euolare: III 28, 3 *u.* **A. g) ε)**

αα) euolare; illi subito ex omnibus partibus euolauerunt: VII 27, 3; ¶ oriri: VII 47, 4 *u.* **A. g) ε) αα)** oriri; ¶ (submouere: VII 25, 4 *u.* **B. b) γ)** omni p.;) ¶ uenire: 3, 37, 4 *u.* **δδ)** redire.

𝔅): totum autem murum ex omni parte turribus contabulauerant: VII 22, 3; ¶ legati . . . qua ex parte nostros premi intellexerant, his ⟨*c*⟩ auxilio ex ulterioribus castellis deductos submittebant: VII 81, 6; ¶ (quid quaque ex parte geratur: VII 85, 1 *u.* **εε) 𝔄)** gerere.)

δδ) in c. acc.: neque quo signa ferantur neque quam in partem quisque conueniat prouident: VI 37, 6; ¶ (quam [in] partem fors obtulit decucurrit: II 21, 1 *u.* **A. e) α)** offerre;) ¶ quam quisque ab opere in partem casu deuenit quaeque prima ⟨*o*⟩ signa conspexit, ad haec constitit: II 21, 6; ¶ (quod aut quam in partem aut quo consilio ducerentur sibi quaerendum . . . putarent: I 40, 1;) ¶ cohortes . . . secum in eam partem proficisci . . . iussit: IV 32, 2; ¶ flumen transiit ⟨*c*⟩ atque in eandem partem, ex qua uenerat, rediit ⟨*c*⟩ ibique prope flumen edito natura loco castra posuit: 3, 37, 4.

procul tela coiciant . . . et quam in ⟨in quam β⟩ partem Romani impetum fecerint, cedant: V 34, 3; hi quamcumque in partem impetum fecerant, hostes loco cedere cogebant 2, 41, 4; ¶ iter facere: IV 32, 1 *u.* **2. A. e) ε).**

εε) in c. abl.; 𝔄): neque quid in quaque parte opus esset prouideri (poterat): II 22, 1; ¶ Germani una in parte confertis turmis in hostes ⟨*c*⟩ impetum fecerunt eosque propulerunt: VII 80, 6; ¶ Caesar idoneum locum nactus quid quaque in ⟨β; *Fr.*; qua ex α; quaque ex *rell. edd.*⟩ parte geratur cognoscit: VII 85, 1; ¶ si qua in parte nostri laborare aut grauius premi uidebantur, eo signa inferri ⟨*o*⟩ Caesar aciemque conuerti ⟨*c*⟩ iubebat: VII 67, 4; ¶ item alia in parte diuersae duae legiones . . . in ipsis fluminis ripis proeliabantur: II 23, 3; ¶ pugnatur una ⟨*c*⟩ omnibus in ⟨*om.* a^1; — in omnibus *h*⟩ partibus: VII 67, 3; ¶ eum *diuersae *legiones aliae alia in parte hostibus resisterent: II 22, 1.

𝔅): *u.* **in** *p. 127 (3 loc.).*

ℭ): (ibi castra posuit: 3, 37, 4 *u.* **δδ)** redire.)

c) = rata pars, portio (Antheil): niri ⟨*c*⟩ quantas pecunias ab uxoribus dotis nomine acceperunt ⟨*c*⟩, tantas ex suis bonis aestimatione facta cum dotibus communicant . . . . uter ⟨*c*⟩ eorum uita superauit ⟨*c*⟩, ad eum pars utriusque cum fructibus ⟨fructu β⟩ superiorum temporum peruenit: VI 19, 2; ¶ aequa parte contentum: 3, 10, 7 *u.* **A. f) β)**; ¶ militibus . . . agros . . . pollicetur, quaterna ⟨*c*⟩ in singulos iugera et pro rata parte centurionibus euocatisque: 1, 17, 4.

C. trsl.; a) = factio; α) subi.; αα): neque sui iudicii neque suarum esse uirium decernere ⟨*c*⟩, utra pars iustiorem habeat causam: 1, 35, 3.

ββ): responsum est ab altera parte A. Varronem profiteri: 3, 19, 3.

β) dat.: municipia etiam diuersis ⟨aduersis *Np.*⟩ partibus (erant) coniuncta: 2, 29, 4.

γ) gen.: principes nero esse earum partium Cn. Pompeium et C. Caesarem: 1, 35, 4.

δ) c. praep.: omnes (Galliae) ciuitates in partes diuisae sunt duas ⟨diu. s. in duas part. β⟩. cum Caesar in Galliam uenit, alterius factionis principes erant Haedui, alterius Sequani: VI 11, 5; (12, 1;) intellegere se diuisum esse populum *Romanum* in partes duas ⟨duas part. *a*; *Np.*, *Dt.*⟩: 1, 35, 3.

b) = munus, officium, propositum; α) subi.: sic omnium ordinum partes in misericordia constitisse: 1, 85, 3; ¶ nulli omnium has partes uel querimoniae uel miserationis minus conuenisse: 1, 85, 1; ¶ aliae enim sunt legati partes atque imperatoris: 3, 51, 4.

β) obi.: certasque cuique partes ad custodiam urbis attribuit: 1, 17, 3; ¶ ne imperatorias sibi partes sumpsisse uideretur: 3, 51, 5.

2. = latus, regio (Seite, Richtung); A. propr.; a) subi.: duabus ex partibus. . . . una erat proxima portui ⟨*c*⟩ naualibusque, altera ad portam ⟨*Dederich*; *Dt.*; partem *x*; *Np.*, *Db.*⟩, qua ⟨quae *afh*⟩ est aditus ex Gallia atque Hispania: 2, 1, 2; Massilia enim fere tribus ex ⟨ex tribus *recc.(?)*; *Np.*, *Dt.*; oppidi *add. codd.*; *edd.*; *del. Ciacc.*⟩ partibus mari adluitur; reliqua quarta est, quae aditum habeat ab terra: 2, 1, 3; castris ad eam partem oppidi positis Caesar, quae intermissa a flumine et a ⟨*om.* β⟩ paludibus ⟨palude β⟩ aditum . . . angustum habebat, . . . coepit: VII 17, 1; ¶ obuenire: II 23, 1 *u.* **1. A. a) α)** obuenire; ¶ easque (storias) ex tribus partibus, quae ad ⟨qua *af*⟩ hostes uergebant ⟨urgebant *f*; perurguebant α⟩, . . . religauerunt: 2, 9, 4; (id ingum est) paulo leniore ⟨*c*⟩ fastigio ab ea parte, quae ad Vticam uergit: 2, 24, 3.

b) obi.: qui (legionarii) dextram partem operis

administrabant: 2,8,1; ¶ attribuere: 2,4,5 *u.* **1. A. e) α)** attribuere; ¶ intermittere: VII 17,1 *u.* **a)** habere; ¶ ac rursus aliam in partem fugam ⟨aliam partem fuga *Ciacc.*⟩ petebant: II 24,1; ¶ namque ⟨*c*⟩ altera ex parte ⟨ex alt. p. β⟩ Bellouaci ... instabant, alteram ⟨altera β⟩ Camulogenus parato atque instructo exercitu tenebat: VII 59,5.

c) dat.: tertium (latus) est contra septentriones; cui parti nulla est obiecta terra: V 13,6.

d) abl.: (intellexit ultro ad se ueniri, altera ex parte Senones Carnutesque conscientia facinoris instigari, altera Neruios Aduatucosque bellum Romanis parare: V 56,1; ut ... una ex parte ipsi ⟨ipsi ex parte β⟩, altera Aruerni se circumsisterent: VII 5,5; castra ... conspicit ... admodum munita natura loci, una ex parte ipso oppido Vtica, altera a theatro ...: 2,25,1;) ¶ (idque ex ⟨*om. hl*⟩ omnibus partibus ab eo flagitabatur: 1,71,1;) ¶ (qua est aditus: 2,1,2 *u.* **a)** esse;) — (qua parte ... confertissima manus est nisa, inrumpit: V 44,4 *u.* **1. A. a) α)** nideri;) ¶ ((continentur) una ex parte flumine Rheno ...; altera ex parte monte Iura ...; tertia lacu Lemanno et flumine Rhodano: I 2,3.)

e) c. praep.; α) ab: quod sibi a parte ⟨aperte *Oael*⟩ eorum gratia relata non sit pro suis ... beneficiis: 1,23,3; *u. praeterea* **ab** *p. 38 (14 (15) loc.).*

β) ad: qui ad alteram partem oppidi ... munitionis causa conuenerant: VII 48,1; ¶ qua esset aditus ad alteram partem oppidi ⟨opp. part. β⟩: VII 44,3; *u. praeterea* **ad** *p. 118 (8 loc.).*

γ) ex; αα): quo facilius omne Hadriaticum mare *ab extremis Italiae partibus regionibusque Graeciae in potestate haberet atque ex utraque parte bellum administrare posset: 1,25,3; ¶ repente ex omnibus partibus ⟨β; *om.* α⟩ ad pabulatores aduolauerunt: V 17,2; ¶ conferta legione ex omnibus partibus tela coici animaduertit: IV 32,3; V 43,7 *u.* **1. B. b) δ) γγ) 𝔄)** coicere; tela intra munitionem ex omnibus partibus coiciunt: V 51,2; ¶ seseque alia ex ⟨ex alia β⟩ parte oppidi eiecerunt: V 21,5; ¶ conspicataeque nanes triremes duae nanem D. Bruti ... duabus ex partibus sese in eam *incitauerunt: 2,6,4; iam ex omnibus partibus subito Antonianae scaphae signo dato se in hostes incitauerunt: 3,24,3; ¶ atque ex utraque parte pontem instituit, ⟨institutum *Ofhl*⟩ biduo perficit: 1,54,4; ¶ si qua ex parte obuiam [contra] ueniretur: VII 28,1; ¶ cum suos ex omnibus partibus uulnerari uideret: 3,45,4.

postea *dispecta paucitate ex omnibus partibus impetum faciunt: VI 39,4.

ββ): *u.* **ex** *p. 1176—78 (39 (40) loc.).*

δ) in c. acc.: (is naues nostras ⟨*c*⟩ interiorem in portum ⟨*Ciacc.*; partem *codd.*⟩ post oppidum reduxit: 3,39,2;) ¶ (quattuor biremes ... in interiorem portum ⟨*Ciacc.*; partem *codd.*; *Np.*, *Dt.*⟩ traduxit: 3,40,4;) ¶¶ L. Plancus ... locum capit superiorem diuersamque aciem in duas partes ⟨in duas part. *delend. uidetur Ciacc.*⟩ constituit: 1,40,5; *u. praeterea* **in** *p. 102 sq.* **a)** *et p. 103* **ββ)** *(22 (25) + 5 loc.).*

ε) in c. abl.: et in altera parte fluminis Q. Titurium ... relinquit ⟨*c*⟩: II 5,6; ¶ nuntiauerunt puluerem maiorem, quam consuetudo ferret, in ea parte nideri, quam in partem legio iter fecisset: IV 32,1.

ζ) per: primo per omnes partes perequitant: IV 33,1.

B. trsl.; a) propius accedit ad notionem propriam: in aliam, nullam, ullam, utramque partem *u.* **in** *p. 109 sq.* **b)** *(7 loc.)*; ¶ (in utraque parte *ib.* V 29,6; 30,1.)

b) = ratio, respectus, modus (Hinsicht, Beziehung); α) abl.: lenibus atque utinam scriptis adiuncta foret uis, comica ut aequato uirtus polleret honore cum Graecis neue ⟨*Roth*; neque *codd.*; neque in *edd.*⟩ hac despectus parte iaceres! *ap. Suet. uit. Terent.* 5; ¶ eo fama iam praecurrerat ⟨*c*⟩ ... de proelio Dyrrachino, quod multis auxerat ⟨auxerant *Ofhl*⟩ partibus: 3,80,2; quoniam numero multis partibus esset inferior: 3,84,3; ¶ omnibus partibus: V 15,1 *u.* **1. B. b) γ)** omnibus part.

β) c. praep.: magna ex parte, qua ex parte *u.* **ex** *p. 1193 sq.* **E.** *(5 (6) loc.).*

(in hac parte: *ap. Suet. u.* **α)** hac parte.)

[**Falso:** quos ... postea in parem ⟨partem *X*⟩ iuris libertatisque condicionem ⟨*a*; conditione *αh*⟩, atque ipsi erant, receperunt: I 28,5.]

Pars ... pars: II 23,5; IV 27,6; 32,1; VI 31,2; 40,8; VII 28,3; 34,2; 77,2; 87,4; 2,11,4; 3,27,2; (87,3;) 97,3; — (pars cum parte: (V 55,1;) VII 32,5;) — **pars ... non nullae ...** reliquae: 1,58,4.

Pars aciei: II 23,1; aestatis: III 12,5; IV 20,1; VII 35,1; agminis: V 32,2; agri: I 31,10; VI 12,4; aquae: VII 36,5 ⟨*CC*⟩; Aquitaniae: III 27,1; Arduennae: VI 33,3; armorum: II 32,4; Atrebatum: II 23,1; auxiliorum: I 49,5; belli: 2,18,7; Britanniae: V 12,1; castrorum: III 4,2; VII 28,6; 3,54, 1; ciuitatis: I 12,6; VII 32,5; (33,1;) clientium: VI 12,3; collis: (II 18,2;) VII 46,3; 69,5; copiarum *u.* **copia(e)** *p. 739 (5 loc.)*; corporis *u.* **corpus** *p. 746 sq. (4 loc.)*; diei: V 9,8; 35,5; 58,2; Eburonum: V 24, 4; VI 31,2.5; 35,1; equitatus *u.* **equitatus** *p. 1048 (6 loc.)*; equitum *u.* **eques** *p. 1033 sq. (4 loc.)*; exercitus *u.* **exercitus** *p. 1214 (9 (10) loc.)*; existimationis: 1,26,4; fluminis *u.* **flumen** *p. 1319 (5 loc.)*; Galliae: I (1,1;) 34,3; II 1,1; III 20,1; V 54,1 ⟨*c*⟩; VI 5,1; (Gallorum: V 54,1 ⟨*c*⟩;) Germanorum: I 43,9; Heluetiorum: I 12,2.3; hiemis: IV 4,7; VII 10,1; hominum: III 6,2; IV 32,1; hostium: I 52,2; (III 26,6;) V 44, 4; (VII 28,3;) impedimentorum: VII 55,2; 3,76,2; inimicorum: 1,4,4; insulae, -arum: IV 28,2; V 8,3; — IV 10,4; Italiae: 1,25,3; 2,32,1; itineris: 1,68,2; laudis: 1,26,4; legionum: 3,97,3; litoris: 1,25,5; Menapiorum: IV 4,7; militum: (II 21,1;) *u. praeterea* **miles** *p. 590 (7 loc.)*; Morinorum: IV 22,1; munitionis, -num: III 22, 4 ⟨*c*⟩; — VII 80,1 ⟨*c*⟩; 3,62,2; muri: 2,22, 1; nauium: 1,58,4; 3,8,3; 42,2; Neruiorum: II 23,5; noctis *u.* **nox** *p. 839 (4 (5) loc.)*; nuntiorum: V 45,1; obsidum: IV 27, 6; VII 12,4; Oceani: I 1,7; operis *u.* **opus** *p. 956 sq. (4 loc.)*; oppidanorum: VII 58,4; oppidi *u.* **oppidum** *p. 941 (10 (11) loc.)*; orae: 3,28,6; peditum: 2,40,1; pontis: IV 18,2; VI 29,2; propugnatorum: 3,27,2; prouinciae: V 1,5, 3,34,4; regiae: 3,112, 8 (?); regionum: II 4,7; remigum: 3,27,2; rerum: II 20,2; Rheni: I 1,6; (IV 10,1;) sarcinarum: 3,76,2; scrobis: VII 73,7; senatus: VII 55,4; 2,19,2; sententiarum: VII 77,2; Sicoris: 1,61,1; siluae: III 28,3; spatii: 2,1,3; sublicarum: VII 35,4; temporis: V 7,3; 40,5; 1,70,5; turris: 2,9,5; 11,4; uallis: V 32,2; uici: III 1,6; 2,1; uictus: VI 22,1; urbis: VII 47,4; 3,106,5; — — horum omnium: 3,71,2.

Adiect.: (aduersae: 2,29,4;) aequa: 3, 10,7; alia, -ae: II 22,1; 24,3; 1,21,6; *u. praeterea* **alius** *p. 232 (7 loc.)*; aliqua *u.* **aliquis** *p. 228 (4 loc.)*; *cf.* qua; altera: I 2,3; 31,10; 3,72,2 *(bis)*; *u. praeterea* **alter** *p. 239 sq. et p. 241 extr., 242 (13 + 3 (6) loc.)*; aperta: IV 1,10; certae: 1,17,3; confertissima: V 44,4; contraria: IV 17,7; 1,69,1; 3,63,2; dextra *u.* **dexter** *p. 882 (4 loc.)*; dimidia: VI 31,5; 1,27,1; 3,101,1 *(bis)*; diuersae: 2, 29,4; duae *u.* **duo** *p. 975 sq. (13 loc.)*; (eadem: VII 60,4; 61,3; 3,37,4;) exigua: IV 20,1; 3,112,8; extrema, -ae: IV 17,6; — VI 33,3; 1,25,3; finitima: V 1,5; firma: I 52,2; VII 84,2; imperatoriae: 3,51,5; incolumis: VI 40,8; inferior: I 1,6; IV 17,5. 9; 28,2; (V 12,1;) VII 35,4; integra: VII 35, 4; interior: V 12,1; (3,39,2; 40,4;) (libera: 3,34,4;) magna: I 16,6; V 9,8; 35,5; 58,2; 2,31,8; 3,53,5; 57,3; *u. praeterea* **magnus** *p. 525 sq. (35 loc.)*; maior *u.* **magnus** *p. 530 (4 loc.)*; maritima: V 12,2; maxima *u.* **magnus** *p. 533 (6 (7) loc.)*; minima: 1, 70,5; minor: V 55,1; multae: 3,80,2; 84, 3; munit(issim)a: 1,20,3; 2,1,3; non nulla: 1,13,4; 46,2; nuda: VI 21,5; VII 46,5 ⟨*c*⟩; nulla *u.* **nullus** *p. 844 (4 (5) loc.)*; omnis *u.* **omnis** *p. 898 (6 (8) loc.)*; omnes *u.* **omnis** *p. 908 (15 (16) + 8 + 11 loc.)*; *praeterea* VI 11,2; pacatissima: V 24,7; parua: 3, 41,5; perexigua: 3,87,3; plures: IV 10,4; (princeps: I 12,6;) prior: 1,27,1; proxima: 2,1,2; (ali)qua: VII 28,1; 67,4; (quaecumque: III 4,2; V 41,6; 2,41,4; 3,102,1; quaedam: IV 10,1; quaeque: II 22,1; VII 85,1;) quarta: I 12,2; III 26,6; 2,1,3; quietissima: V 24,7; rata: 1,17,4; reliqua, -ae: I 12,2; IV 4,7; 20,1; 32,4; V 31,4; 46, 4; VII 10,1; 25,1; 73,7; 1,87,5; 2,1,3; 11,4; 3,28,6; — IV 32,4; VI 37,4; VII 69,4; 80,8; 3,40,2; 112,7; sinistra: II 23,1.4; 2,4,5; 3,94,4; superior: II 18,2; VII 46,3.5; tertia: I 1,1; 2,3; 31,10 *(bis)*; (52,7;) II 1,1; 32,4; III 6,2; 20,1; 1,82,4; 87,4; tres: I 1,1; 12, 2; VI 32,3; VII 61,4; 67,1; 2,1,3; 9,4; uacua: III 1,6; ulla: 2,17,2; ultima, -ae: VI 29,2; — VII 28,2; una: I 1,1.5; 2,3; II 29, 3; IV 3,2; 32,4; V 26,3; VII 5,5; 80,6; 2,1, 2; 25,1; 3,45,3; utra: I 12,1; 1,35,3; utraque: I 38,5; II 8,3; IV 18,2; V 29,6; 30,1; 32,2; VII 80,1; 1,25,3.5; 45,4; 54,4; 86,3; 2,24,3; 3,40,4; 63,6; 70,2.

Parthi: finitimis hostibus Parthis ⟨partis *fh*; parchis *a*⟩ post se relictis, qui paulo ante M. Crassum imperatorem interfecerant et M. Bibulum in obsidione habuerant, legiones equitesque ex Syria deduxerat: 3,31,3; quod is (Lucilius Hirrus) a Pompeio ad Parthos ⟨arthos *Nahl*⟩ missus esset: 3,82,5.

Parthicus: retineri legiones II, quae ab se simulatione Parthici ⟨partici *a*⟩ belli sint abductae: 1,9,4; summamque ⟨*c*⟩ in sollicitudinem ⟨*c*⟩ ac timorem ⟨*c*⟩ Parthici ⟨parchici *a*(?)⟩ belli prouincia cum uenisset ac non nullae militum uoces eum audirentur, sese, contra hostem si ducerentur, ituros, contra . . . consulem arma non laturos: 3, 31, 4.

Parthini: qui (L. Torquatus) iussu Pompei oppido praeerat praesidiumque ibi Parthinorum ⟨partin. *codd.*⟩ habebat: 3, 11, 3; *cf. qu. sqq.;* Caesar . . . expugnato in ⟨*c*⟩ itinere oppido Parthinorum ⟨*f;* partinorum *ahl*⟩, in quo Pompeius praesidium habebat, . . . ad Pompeium peruenit: 3, 41, 1; item † Lisso Parthinisque ⟨*l?;* partinisque *afh*⟩ et omnibus castellis quod esset frumenti conquiri iussit: 3, 42, 4; Pompeius . . . superioribus diebus praedae loco Parthinos habuerat frumentumque omne conquisitum spoliatis effossisque eorum domibus . . . comportarat: 3, 42, 5.

particeps: ad Pompeium transierunt cum iis ⟨*c*⟩, quos sui consilii participes habebant: 3, 60, 5; ¶ Scipionis milites cohortatur, ut parta iam uictoria praedae ac praemiorum uelint esse participes: 3, 82, 1.

partim: quod ab non nullis Gallis sollicitarentur, partim qui, ut ⟨*c*⟩ Germanos diutius in Gallia uersari noluerant ⟨nollent β⟩, ita populi Romani exercitum . . . inueterascere in Gallia moleste ferebant, partim qui mobilitate et leuitate animi nouis imperiis studebant: II 1, 3; illi . . . partim cum iis ⟨*c*⟩, quae retinuerant et celauerant armis, partim scutis ex cortice factis aut uiminibus intextis . . . eruptionem fecerunt: II 33, 2; petere contendit, ut in Gallia relinqueretur, partim quod insuetus nauigandi mare timeret, partim quod religionibus impediri ⟨*o*⟩ sese diceret: V 6, 3; ad summam desperationem nostri perueniunt et partim fugientes ab equitatu interficiuntur, partim ⟨partem *a*⟩ integri procumbunt: 2, 42, 2; huc Dardanos, Bessos partim mercennarios, partim imperio aut gratia comparatos, item Macedones . . . adiecerat: 3, 4, 6; duobusque milibus hominum armatis, partim quos ⟨quos part. *Ciacc.*⟩ ex familiis societatum delegerat, partim a negotiatoribus coegerat, . . . Pelusium peruenit: 3, 103, 1.

[Falso: partem ⟨partim *hl*⟩ nauium deprimunt, non nullas cum hominibus capiunt: 1, 58, 4.]

(Partini *u.* **Parthini.)**

partior: reliquas copias . . . misit † captis ⟨partitis *Vielh.;* ita partitis *P. Thomas*⟩ quibusdam cohortibus, uti ⟨*c*⟩ numerus legionum constare uideretur: VII 35, 3; ¶ Caesar partitis copiis eum C. Fabio legato ⟨*c*⟩ et M. Crasso quaestore . . . adit ⟨*c*⟩ tripertito: VI 6, 1; ¶ (Eporedorix Viridomarusque) pecuniam atque equos inter se partiti sunt: VII 55, 5; ¶ prius quam plures ciuitates conspirarent, partiendum sibi ac latius distribuendum exercitum putauit: III 10, 3; partito exercitu T. Labienum cum legionibus tribus ad Oceanum uersus . . . proficisci iubet, C. Trebonium cum pari legionum numero . . . mittit, ipse cum reliquis tribus ⟨*c*⟩ . . . ire constituit: VI 33, 1(—3); Scipionem eadem spes prouinciae atque exercituum impellit, quos se pro necessitudine partiturum eum Pompeio ⟨quae secum pro nec. partiturum Pompeium *Ciacc.*⟩ arbitrabatur ⟨*c*⟩: 1, 4, 3; ¶ receptisque omnibus in una castra legionibus suum cum Scipione honorem partitur classicumque apud eum cani et alterum illi iubet praetorium tendi: 3, 82, 1; ¶ Afranius et Petreius et Varro, legati Pompei, . . officia inter se partiuntur, uti Petreius . . . cum omnibus copiis ad Afranium proficiscatur, Varro . . . ulteriorem Hispaniam tueatur: 1, 38, 2; ¶ id opus inter se Petreius atque Afranius partiuntur: 1, 73, 3; ¶ pecuniam: VII 55, 5 *u.* equos; ¶ (prouincias: 1, 4, 3 *u.* exercitum;) ¶ instituto Caesaris semper duae ⟨*o*⟩ legiones pro castris excubabant ⟨*c*⟩ pluresque partitis temporibus erant in opere: VII 24, 5.

parum: cui rei parum diligenter ab iis ⟨*c*⟩ erat prouisum: III 18, 6; ¶¶ neque pudentes ⟨*c*⟩ suspicari oportet sibi parum credi: 2, 31, 4; ¶ onerarias naues . . . deducunt, parum clauis aut materia atque armamentis instructis ad reliquas armandas reficiendasque utuntur: 1, 36, 2; ¶ ad reliqui temporis pacem atque otium parum profici: VII 66, 4.

paruulus. A. propr.: nauiculam paruulam conscendit: 3, 104, 3.

B. trsl.; a) = leuis, mediocris: non denique communes ⟨*c*⟩ belli casus recordabantur ⟨*c*⟩, quam ⟨quamque *Ciacc.*⟩ paruulae saepe causae uel falsae suspicionis uel terroris repentini uel obiectae religionis magna detrimenta intulissent: 3, 72, 4; ¶ neque etiam paruulo detrimento illorum locum ⟨*c*⟩ relinqui uidebat: V 52, 1; ¶ paruulisque proeliis cum nostris contendebant: II 30, 1; eo die paruulis equestribus proeliis ad aquam factis utrique sese ⟨*c*⟩ suo loco continent: V 50, 1.

b) = non multorum annorum, pullus, puerulus: mansuefieri ⟨*c*⟩ ne paruuli quidem excepti possunt (uri): VI 28, 4; ¶ (a paruis ⟨β; ab paruulis α; *edd.;* apparuulis *A*⟩ labori ac duritiae student (Germani): VI 21, 3.)

paruus. A. **positiuus; a) propr.:** quae (iumenta) sunt apud eos nata, parua ⟨β; *Np., Dt.*[2]; prana α; *rell. edd.*⟩ atque deformia, haec cotidiana exercitatione summi ut sint laboris efficiunt: IV 2, 2; ¶ pellibus aut paruis renonum ⟨*c*⟩ tegimentis utuntur, magna corporis parte nuda: VI 21, 5; ¶ quam (turrim) primo ad repentinos incursus humilem paruamque fecerunt: 2, 8, 1.

b) trsl.; α) = mediocris, modicus: manus erat nulla, quae paruam modo causam timoris adferret: VI 35, 3; ¶ ne parnum modo detrimentum in contentione . . . accideret ⟨*c*⟩: VII 52, 2; ¶ si paruo labore magnas controuersias tollere . . . possint: 1, 9, 1; ¶ parua manu Metiosedum uersus missa . . . reliquas copias contra Labienum duxerunt: VII 61, 5; quod tam late ⟨quod naualia *Paul*⟩ tueri parua manu non poterat: 3, 111, 6; ¶ momentum *u.* **momentum** B. *p. 632 (3 loc.)*; ¶ Caesar . . . parua parte ⟨paruam partem?⟩ noctis itinere intermisso mane Dyrrachium uenit: 3, 41, 5; ¶ (Dumnorigem) portoria reliquaque omnia Haeduorum uectigalia paruo pretio redempta habere: I 18, 3; ¶ ita parnae res magnum in utramque partem momentum habuerunt: 3, 70, 2; ¶ paruoque spatio intermisso . . . conclamari iussit: 3, 75, 2; paruoque intermisso temporis spatio ac rursus renouato cursu pila miserunt: 3, 93, 1.

β) (ad aetatem pertinet) = puerulus: a paruis ⟨β; ab paruulis α; *edd.*; apparuulis *A*⟩ labori ac duritiae student (Germani): VI 21, 3.

B. comp. minor; a) ui adiectiui; α) propr.; αα) c. appellat.: cum in minora castra operis perspiciendi causa uenisset: VII 44, 1; quem minoribus castris praesidio reliquerat: VII 49, 1; ita minora castra inclusa maioribus castelli ⟨-lis *ah*⟩ atque arcis locum obtinebant: 3, 66, 5; — partem snarum copiarum, quae ⟨*c*⟩ castra minora oppugnaret, misit: I 50, 2; omnes ⟨*o*⟩ alarios . . . pro castris minoribus constituit: I 51, 1; quae (cohortes) ex castris minoribus eductae cum T. Sextio legato ceperant locum ⟨*o*⟩ superiorem: VII 51, 2; reliquas cohortes . . . ad legionem Pompei castraque ⟨minora *add. x; edd.; del. Hug*⟩ duplici acie eduxit: 3, 67, 3; — fossamque duplicem . . . a maioribus castris ad minora perduxit: VII 36, 7; raros milites . . . ex maioribus castris in minora traducit: VII 45, 7; ¶ complures praeterea minores obiectae ⟨*c*⟩ insulae existimantur: V 13, 3; V 13, 2 *u.* ββ); ¶ multa huc minora nauigia addunt: 1, 56, 2; has (naues) scaphis minoribusque nauigiis compluribus submissis Otacilius . . . expugnare parabat: 3, 28, 2; ¶ ex minoribus nauibus magna uis eminus missa telorum multa nostris . . . uulnera inferebant: 2, 6, 3; — scaphis elicuit nanes Laelianas atque ex his longins productam unam quinqueremem et minores duas in angustiis portus cepit: 3, 100, 2.

ββ) c. nom. propr.: qua ex parte est Hibernia ⟨insula *add.* β⟩, dimidio minor, ut existimatur, quam Britannia: V 13, 2.

β) trsl.; αα) = angustior, tenuior, breuior; 𝔄) non additur abl. mensurae: non minore animo ae fiducia, quam ⟨qua *add. Paul*⟩ ante dimicauerant, nanes conscendunt: 2, 4, 3; ¶ interiore spatio minorem circuitum habebant: 3, 44, 5; ¶ copia *u.* 𝔅) c) copia; ¶ fiducia: 2, 4, 3 *u.* animus; ¶ Vercingetorix minoribus Caesarem itineribus ⟨itin. caes. β⟩ subsequitur: VII 16, 1; legionemque unam minoribus itineribus subsequi iussit: 3, 102, 1; ¶ cum . . . non minorem laudem exercitus quam ipse imperator meritus uidebatur: I 40, 5; ¶ ut exploratis itineribus minore cum ⟨*om.* β⟩ periculo uallem riuumque transiret: V 50, 3; ¶ quae quidem res Caesari non minorem quam ipsa uictoria uoluptatem attulit: I 53, 6.

quae quidem ego aut omnino falsa aut certe minora opinione esse confido: 2, 31, 5.

𝔅) additur abl. mensurae; a) multo: magna parte exercitus nostri interfecta multo minorem superesse . . partem: V 55, 1.

b) nihilo: necessitudinem quidem sibi nihilo minorem cum Caesare intercedere: 2, 17, 2.

c) quo: (Caesar iis ciuitatibus, quae ad eius amicitiam accesserant, quod ⟨*Steph.*; quo *codd.*⟩ minor erat frumenti copia, pecus imperabat: 1, 52, 4; cogebantur . . . pabulum supportare, quodque ⟨*det.*; quoque *x*; *Dt.*⟩ erat eius rei minor copia, hordeo adaugere: 3, 58, 4;) ¶ ad haec rursus opera addendum Caesar putauit, quo minore numero militum munitiones defendi possent: VII 73, 2; ¶ circumuallare Pompeium instituit, haec spectans ⟨*c*⟩, . . . quo minore periculo undique frumentum commeatumque exercitui supportare posset: 3, 43, 2; ¶ pauca apud eos de lenitate sua locutus, quo minore essent timore, omnes conseruauit: 3, 98, 2.

ββ) = minor natu: interim filia minor Ptolomaei regis . . . ad ⟨*c*⟩ Achillam sese ex regia traiecit: 3, 112, 9.

b) ui subst.; α) sequ. genet.: eo sibi minus dubitationis dari, quod: I 14, 1; — suaque esse eius modi imperia, ut non minus haberet iuris in se multitudo quam ipse in multitudinem: V 27, 3.

β) **non sequ. genet.**: eum ... minus opinione sua efficeret ⟨-cere *ahl*⟩: 3, 21, 1; ¶ quod ⟨*P. Manut.*; quo *X*; *Schn.*, *Fr.*, *Hld.*⟩ minus multitudine militum legionariorum pro hostium numero ualebat: I 51, 1; eum per se minus ualerent, ... Ariouistum sibi adiunxerant: VI 12, 2.

C. superl. **minimus; a) adiect.**: qua minima altitudo fluminis erat: I 8, 4; ¶ ne minimo ⟨minimum *Pluyg.*⟩ quidem casu ⟨casui β⟩ locum relinqui debuisse: VI 42, 1; ¶ nec minimam ⟨nimiam *af*⟩ partem temporis equitum uim caetrati sustinere potuerunt: 1, 70, 5.

b) ui subst.; α): ut quam minimum spatii ad se colligendos armandosque ⟨*c*⟩ Romanis daretur: III 19, 1.

β): cum ipse gratia plurimum domi atque in reliqua Gallia, ille minimum propter adulescentiam posset: I 20, 2.

minus (aduerb.). **A. ui comparatiui; a) sequitur quam; α) non minus quam** *u.* **non** *p. 789* **b)** *(7 loc.).*

β) **nec minus quam**: nec minus, quam est pollicitus, Vercingetorix animo laborabat, ut: VII 31, 1; nec ⟨non β⟩ minus se in ⟨*c*⟩ milite modestiam ... quam uirtutem ... desiderare: VII 52, 4.

b) non sequitur quam; α) additur negatio: non minus qui intra munitiones erant perturbantur Galli ⟨*o*⟩: VII 70, 6; — (Vibullius ⟨*c*⟩ *expositus Corcyrae non minus necessarium esse existimauit ... Pompeium fieri certiorem ... [ante]quam de mandatis agi [inciperet] ⟨*u. CC*⟩: 3, 11, 1;) ¶ neque minus ob eam causam ciuibus Romanis ... certae peenniae imperabantur: 3, 32, 6; ut libere pabulari ⟨*c*⟩ posset nec minus aditum nauibus haberet: 3, 65, 4; ¶ nulli omnium has partes uel querimoniae uel miserationis minus conuenisse: 1, 85, 1.

β) **non additur negatio; αα) additur abl. mensurae; 𝔄) eo minus**: ad hostes contendit eo minus ueritus nauibus, quod: V 9, 1.

𝔅) nihilo minus *u.* **nihil** *p. 775 γ) (5 (6) loc.).*

ℭ) **paulo minus**: *u.* ββ) 𝔅) *extr. (2 loc.).*

𝔇) **quo minus**: atque eo grauius (eas res se) ferre, quo minus merito populi Romani accidissent: I 14, 1.

Coniunctionem quo minus *u. s. u.* **quominus.**

ββ) **non additur abl. mensurae; minus pertinet 𝔄) ad adiect.**: minus exercitatus, minus peritus: 1, 58, 3 *u.* **B. a)** exercitatus; ¶ propter crebras commutationes aestuum minus magnos ibi fluctus ⟨*o*⟩ fieri cognouerat: V 1, 2; ¶ qui se ex his minus timidos existimari uolebant: I 39, 6.

𝔅) **ad numeral.**: a ⟨*c*⟩ milibus passuum minus duobus castra posuerunt: II 7, 3; nam minus horis tribus milium pedum ⟨*c*⟩ XV ⟨*c*⟩ in circuitu ⟨*c*⟩ munitionem perfecerunt: V 42, 4; comperit minus V et XX milibus longe ab Vtica eius copias abesse: 2, 37, 3; ¶ eo die milites sunt paulo ⟨paulum α⟩ minus septingenti ⟨milites paulo minus .DCC. sunt β⟩ desiderati: VII 51, 4; harum altera nanis CCXX e legione tironum sustulerat, altera ex ueterana paulo minus CC: 3, 28, 3.

ℭ) **ad aduerb.** *u.* **B. b).**

B. = **non ita (multum), parum; pertinet a) ad adiect.**: intellectum est nostros propter grauitatem armorum ⟨*c*⟩ ... minus aptos esse ad huius generis hostem: V 16, 1; ¶ quod ualetudine minus commoda utebatur: 3, 62, 4; ¶ *nostri* cum ⟨quo *af*; qui *Nhl*; quom *Elberl.*; *Np.*⟩ minus exercitatis remigibus minusque peritis gubernatoribus utebantur, ... tum: 1, 58, 3; ¶ quod ⟨*c*⟩ minus idoneis equis utebantur: VII 65, 5; ¶ minus peritus: 1, 58, 3 *u.* exercitatus.

b) ad aduerb.: illi perterriti uirtute equitum minus libere, minus audacter uagabantur: 1, 59, 2; ¶ eadem de causa minus commode copulis ⟨*c*⟩ continebantur: III 13, 8; animaduertit ... ob eam causam minus commode frumentum commeatumque sibi supportari: III 23, 7; et amicitiae grauiorem iniuriam feceris et tibi minus commode consulueris, si: *ap. Cic. ad Att.* X 8 *B*, 1; ¶ minus facile *u.* **facile** *p. 1248* β) αα) *(4 loc.)*; ¶ fiebat, ut et minus late uagarentur et minus facile finitimis bellum inferre possent: I 2, 4; ¶ minus libere: 1, 59, 2 *u.* audacter.

c) ad uerba: ne ... ea pars, quae minus sibi ⟨*c*⟩ confideret, auxilia a Vercingetorige arcesseret: VII 33, 1; ¶ eo autem frumento, quod flumine Arari ⟨*c*⟩ nauibus subuexerat, propterea uti minus poterat, quod: I 16, 3; (cum ⟨*c*⟩ propter longitudinem agminis minus facile ⟨*sic Aldus*; minus facere α; non facile β; minus *Fr.*⟩ omnia per se obire et ... prouidere possent: V 33, 3;) ¶ quod neque in uulgum disciplinam efferri uelint neque eos, qui discunt ⟨*c*⟩, litteris confisos minus memoriae studere: VI 14, 4.

C. = **non**: eo consilio, ut, si possent, castellum . . . expugnarent pontemque interscinderent, si minus potuissent ⟨*del. Hot.*⟩, agros Remorum popularentur: II 9, (4.) 5; uti aut iterum conloquio diem constitueret aut, si id minus uellet, ex ⟨*c*⟩ suis legatis aliquem ad se mitteret: I 47, 1.

minime. A. ui superlat.; a) c. adiect.: qua minime arduus ad nostras munitiones ascensus uidebatur: II 33, 2; ¶ quod eam ⟨*o*⟩ partem minime firmam hostium esse animaduerterat: I 52, 2; quas (cohortes) minime firmas ad dimicandum esse existimabat: VII 60, 2; quae minime nisa pars firma est ⟨min. p. f. esset β⟩, huc concurritur: VII 84, 2.

b) c. uerb.: quod, ut supra demonstrauimus, minime homines ⟨*Dauis.; omnes X; edd.;* omnium *Lips.; del. Apitz.*⟩ Germani agri culturae student: VI 29, 1.

B. = nequaquam, nullo modo: quod a cultu atque humanitate prouinciae longissime absunt minimeque ad eos mercatores saepe commeant ⟨mercat. commetant *Bergk*⟩: I 1, 3; ¶ mollis ac minime resistens ad calamitates perferendas mens eorum est: III 19, 6; — (ut ... iter in prouinciam conuerteret, id ne metu quidem ⟨*Steph.;* ut ne metu quidem α; ut nemo tunc quidem β; id minime tum quidem *Dauis.*⟩ necessario faciundum existimabat: VII 56, 2.)

pasco: multaque erant intra eum locum manu sata, quibus interim iumenta pasceret 3, 44, 3.

passim: Numidae enim ⟨*c*⟩ quadam barbara consuetudine nullis ordinibus passim consederant: 2, 38, 4; ¶ reliqua multitudo puerorum mulierumque . . . passim fugere coepit: IV 14, 5.

passus. *In B. Gall. plerumque plene uidetur scriptum esse* passus, passuum, passibus; *sed* p̃ *inuenitur in* α (passuum *in* β) VII 69, 3, p̃ *in AB,* P *in M,* paš *in a* (passuum *in Qh?*) VII 40, 4; p̃ *in* α, pedū *in B²*, (passuum *om. in* β) V 42, 4; ⟨p̄ (= pedum) *in* β, pedum *in* α II 30, 2.⟩

pass. *uel* pass̄. (*uel similiter*) *scriptum exstat in* β (passuum *in* α) IV 3, 2; V 13, 7; 32, 1; 53, 1; VII 79, 2; *in a* II 18, 2 (= passus); VII 40, 4 (= passuum); *in h* VII 69, 6 (= passuum); — (passum *est in Apr.*, passuum *in rell.* I 23, 1; passerum *in Apr.* I 15, 5;) passuum *om. fh* VII 3, 3.

In B. Ciu. fere constanter pro genet. in f scriptum esse passus *dicit Db. ad* 1, 40, 1; *idem cod. habet* passibus (*pro* passuum) 1, 54, 3; 61, 4; 2, 23, 2; — pass. (*uel* paš.) *est in Nahl pro* passus (*an* passibus?) 2, 24, 4; pass. *in Oahl pro* passuum 2, 23, 2; *item, ut uidetur,* 3, 37, 2 *et* 97, 3; pass. (= passuum) *in hl* 1, 54, 3 *et* 61, 4; *in ah* 2, 38, 3 (passus *errore in fl*); *in a* 3, 38, 1 *et* 63, 4; pass. (= passuum) *in h,* passus *in afl* 2, 39, 2; passum (*pro* passuum) *in a* 3, 76, 3; — *omiss. est* passuum *in af* 1, 43, 1. — *Plene scriptum est in* x, *si quid tribuendum est Dübneri silentio,* passus 3, (66, 6 *et*) 67, 2; passuum 1, 16, 2; (45, 5;) 65, 3; 66, 4; 3, 44, 3; 112, 2; passibus 1, 41, 3; 3, 66, 3.

A. obi.: ab infimis radicibus montis intermissis circiter passibus CCCC castra facere constituit: 1, 41, 3.

B. acc. spatii (mensurae); a): I 25, 5 *u.* **C. c)** spatium; hic ⟨*c*⟩ locus ab hoste circiter passus sescentos . . . aberat: I 49, 3; oppidi murus a ⟨*c*⟩ planitie atque initio ascensus recta regione . . . mille CC passus aberat: VII 46, 1; abest derecto itinere ab Vtica paulo amplius passus ⟨pass. *Nahl;* passibus?⟩ mille ⟨mil. *Nahl*⟩: 2, 24, 4; is ⟨*c*⟩ locus aberat *a* nouis Pompei castris circiter passus quingentos: 3, 67, 2; ¶ (perducere: 3, 66, 6 *u.* **C. c)** munitio;) ¶ ab oppido autem decliuis locus *leni fastigio uergebat in longitudinem ⟨-ne *hl*⟩ passus ⟨*ego;* passuum x; *edd.*⟩ circiter CCCC: 1, 45, 5.

b): locus erat castrorum editus et paulatim ab imo adcliuis circiter passus mille: III 19, 1; ¶ collis nascebatur . . ., passus ⟨passibus *B²*⟩ circiter ducentos ⟨ducentis *B²*⟩ infimus apertus, ab superiore parte siluestris: II 18, 2.

c): ultra eum locum . . . circiter passus sescentos ab his, castris idoneum locum delegit: I 49, 1.

C. gen.; a): transuersam fossam obduxit ⟨*c*⟩ circiter passuum quadringentorum: II 8, 3; ¶ (in longitudinem passuum CCCC: 1, 45, 5 *u.* **B. a)** uergere.)

b): milia; α): (esse: V 13, 6 *u.* δ) ββ);) ¶ renuntiat: V milia passuum proxima intercedere ⟨intercidere *Ox*⟩ itineris campestris: 1, 66, 4.

β): castellis enim XXIIII effectis XV milia passuum *in circuitu amplexus ⟨compl. *Paul*⟩ hoc spatio pabulabatur: 3, 44, 3; ¶ regiones secutus quam potuit aequissimas . . . XIIII milia passuum complexus . . . munitiones . . . perfecit: VII 74, 1; 3, 44, 3 *u.* amplecti; quod ⟨*c*⟩ milium ⟨*ego;* milia x; *edd.; Clark.*⟩ passuum in circuitu XVII munitiones ⟨*del. Oud.; edd.;* munitione *Clark.*⟩ erat complexus: 3, 63, 4; ¶ hoc pertinet ⟨latus tenet β⟩ circiter milia passuum quingenta: V 13, 2; eius munitionis ... circuitus XI ⟨c⟩ milia passuum teuebat ⟨patebat *coni. Dt.*⟩: VII 69, 6.

γ): Ariouisti copias a nostris milibus ⟨milia *ego*⟩ passuum quattuor et uiginti abesse: I 41, 5; *u. praeterea* **mille** e) *α*) *p. 605—607 (32 (35) + 8 loc.)*.

δ) *αα*): cum esset inter bina castra campus circiter milium passuum VI: 3, 37, 2; ¶ sex milium passuum ⟨passus *bfl*⟩ interuallo a Saburra consederat: 2, 38, 3; ¶ (minus horis tribus milium pedum ⟨*Napol.*; passuum *edd.*; p̃. *α*⟩ XV in circuitu ⟨c⟩ munitionem perfecerunt ⟨decem milium in circuitu munitionem pedum XV perfecerunt *β*; *u. CC*⟩: V 42, 4; 3, 63, 4 *u.* *β*) complecti; ¶ quo ex portu commodissimum in Britanniam traiectum esse cognouerat, circiter milium passuum XXX [transmissum] a continenti: V 2, 3; ¶ (postea uallo pedum ⟨*α*; *Schn., Np.*; p̄. *β*; passuum *plur. edd.*⟩ XII ⟨*B*[2]*β*; *Schn., Np.*; *om. α et plur. edd.*⟩ in circuitu quindecim milium crebrisque castellis circummuniti oppido sese continebant ⟨*u. CC*⟩: II 30, 2.)

ββ): hoc (latus) ⟨huic *β*⟩ milium ⟨*ego*; milia *X*; *edd.*⟩ passuum *octingentorum in longitudinem esse existimatur ⟨arbitrantur *ae*⟩: V 13, 6; ita omnis insula est in circuitu uicies centum milium passuum: V 13, 7; quod spatium est milium passuum ⟨*om. bdfhk*⟩ circiter centum LX: VII 3, 3.

ε) *αα*): harum tamen omnium legionum hiberna ... milibus passuum centum continebantur: V 24, 7.

ββ): (cum ... ab eo oppido Caesar ... circiter milia ⟨*om. α*; milib. *a*; mil *h*⟩ passuum quinque abesset: II 13, 2;) *u. praeterea* **mille** *p. 609* **h**) *β*) *(4 loc.)*.

γγ): amplius milibus passuum .. *u.* **amplius** *p. 256 (4 loc.)*; *praeterea* (inueniebat) Sabim flumen a ⟨c⟩ castris suis non amplius milia ⟨milibus?⟩ passuum decem abesse: II 16, 1; ¶ neque longius ab *eo milibus passuum LXXX in *Oceanum influit: IV 10, 2; sese non longius milibus passuum quattuor aquationis causa processurum: IV 11, 4; copias ... conuenisse neque longius milibus ⟨*recc.*; milium *α*; mil *a*; milia *M*[2]; *edd.*⟩ passuum octo ab hibernis suis afuisse ⟨fuisse *β*⟩: V 53, 7.

ζ): a milibus passuum .. *u.* **mille** *p. 609* **i**) *α*) *(5 loc.)*.

nullum eius modi casum exspectans, quo ... in milibus passuum tribus offendi posset: VI 36, 2.

e): haec insula ... a superioribus regibus ⟨c⟩ in longitudinem passuum DCCCC in mare iactis molibus ... cum oppido coniungitur: 3, 112, 2; ¶ ab angulo castrorum sinistro munitionem ad flumen perduxerat circiter passuum ⟨*ego*; passus *x*; *edd.*⟩ CCCC: 3, 66, 6; ¶ erat inter ⟨c⟩ oppidum ⟨c⟩ Ilerdam ⟨c⟩ et proximum ⟨c⟩ collem ⟨c⟩ ... planitia ⟨c⟩ circiter passuum ⟨*om. af*⟩ CCC: 1, 43, 1; ¶ pedem referre et, quod mons † suberat ⟨aberat *Pr.*⟩ circiter mille passuum ⟨spatio *add. Dt.*[2]; *Hold.*; *om. X*; *rell. edd.*; *an* quod mons aberat e. m. passus?⟩, eo se recipere coeperunt: I 25, 5; et mille passuum intermisso spatio castra communit: VI 7, 4.

D. abl.: amplius passibus M: 2, 24, 4 *u.* **B.** a) abesse; ¶ cum ... ab hostium castris non longius mille et quingentis passibus abesset: I 22, 1; non ⟨*del. Fr.*⟩ longius ⟨*β*; longe *α*; *Fr.*⟩ mille passibus ab nostris munitionibus ⟨a nostr. mun. quam mille passib. *β*⟩ considunt: VII 79, 1; neque longius a mari passibus CCC aberant: 3, 66, 3.

legionem Caesar, quam equis deuexerat ⟨c⟩, passibus ducentis ab eo tumulo constituit: I 43, 2.

pastor. A. subi.: pastoresque Domitii ⟨*Db.*; indomiti *codd.*; *Np.*, *Dt.*⟩ spe libertatis excitati sub oculis domini ⟨dominis *hl*⟩ suam probare operam studebant: 1, 57, 4.

B. obi.: adducere: 1, 56, 3 *u.* **E.**; ¶ seruos, pastores ⟨seruos pastores *Pluyg.*⟩ armat (Pompeius) atque iis ⟨c⟩ equos attribuit; ex his circiter CCC equites conficit: 1, 24, 2; ¶ excitare: 1, 57, 4 *u.* **A.**; ¶ eum in Thurinum ad sollicitandos pastores praemisit: 3, 21, 4.

C. dat.: iis attribuit: 1, 24, 2 *u.* **B.** armare.

D. gen.: magno numero Albicorum et pastorum interfecto partem ⟨c⟩ nauium deprimunt: 1, 58, 4; DCCC ex seruis suis pastorumque suorum ⟨suarum *a ante corr.*⟩ numero ⟨*add. E. Hoffm.*; *Db.*; *om. codd.*; — ex seruis pastoribusque suis suorumque *Lips.*; (*Np.*;) *Dt.*; ex seruis suis pastoribusque amicorumque suorum *Madu.*; ex seruis pastoribusque suis *Ciacc.*⟩ coegerat: 3, 4, 4.

E. abl.: has (naues Domitius) colonis pastoribusque, quos secum adduxerat, complet: 1, 56, 3.

F. c. praep.: cogere ex: 3, 4, 4 *u.* **D.**; ¶ conficere ex: 1, 24, 2 *u.* **B.** armare.

patefacio. A.: portis patefactis eo die pace sunt usi (Aduatuci): II 32, 4.

B.: causa mittendi fuit, quod iter per Alpes, quo magno cum periculo magnisque cum ⟨c⟩

portoriis mercatores ire consuerant, patefieri uolebat: III 1, 2; ¶ discussa ⟨c⟩ niue sex ⟨o⟩ in altitudinem ⟨c⟩ pedum atque ita uiis ⟨uiis ita *h*⟩ patefactis summo militum sudore ⟨c⟩ ad fines Aruernorum peruenit: VII 8, 2.

C.: ipse cum . . . signa eius militaria atque arma Capuae essent comprensa ⟨c⟩ . . ., patefactis consiliis exclusus Capua . . . consilio destitit: 3, 21, 5.

pateo. A. = **apertum esse (trsl.); a)**: qui quacumque ⟨c⟩ de causa ad eos uenerunt, ab ⟨c⟩ iniuria prohibent, sanctos habent, hisque omnium domus patent uictusque communicatur: VI 23, 9; ¶ quod se Cebenna ut muro munitos existimabant ac ne singulari quidem ⟨c⟩ umquam homini eo tempore anni semitae patuerant: VII 8, 3.

b): se nullum extraordinarium honorem adpetisse, sed exspectato legitimo tempore consulatus eo fuisse contentum, quod omnibus ciuibus pateret: 1, 32, 2.

B. = **pertinere, extendi, porrigi; a) non additur in latitudinem, in longitudinem**: (eius munitionis, quae ab Romanis instituebatur, circuitus XI ⟨X β⟩ milia passuum tenebat ⟨patebat *coni. Dt.*⟩: VII 69, 6;) ¶ crassitudo: 2, 8, 2 *u.* turris; ¶ huius Hercyniae ⟨c⟩ siluae . . . latitudo nouem dierum iter expedito patet: VI 25, 1; ¶ ad extremum musculi tectum . . . quadratas regulas IIII patentes digitos defigunt: 2, 10, 4; ¶ ut eius fossae ⟨*om.* β⟩ solum ⟨*om. AQ*⟩ tantundem pateret, quantum summae ⟨c⟩ fossae ⟨c⟩ labra distarent ⟨c⟩: VII 72, 1; ¶ patebat haec (turris) quoque ⟨c⟩ uersus pedes XXX, sed parietum crassitudo pedes V: 2, 8, 2.

b) patere in latitudinem *u.* **in** *p. 103 sq.* **β)** *(5 loc.)*; patere in longitudinem *u.* **in** *p. 104 (5 loc.)*.

patens (ui adiectiui): intellegebat magno cum periculo prouinciae futurum, ut homines bellicosos, populi Romani inimicos, locis patentibus maximeque frumentariis finitimos haberet: I 10, 2; — muro turribusque deiecti in foro ac locis patentioribus ⟨patentibus β⟩ cuneatim constiterunt: VII 28, 1.

pater. A. propr.; a) subi.: adnare: 2, 44, 1 *u.* peruenire; ¶ adpetere: VII 4, 1 *u.* obtinere; ¶ cum pater familiae ⟨familias *Aim.*⟩ inlustriore loco natus decessit, eius propinqui conueniunt: VI 19, 3; ¶ cuius (L. Caesaris) pater Caesaris erat legatus: 1, 8, 2; ¶ persuadet Castico . . ., ut regnum in ciuitate sua occuparet, quod pater ante habuerat: I 3, 4; ¶ nasci: VI 19, 3 *u.* decedere; ¶ persuadet Castico, Catamantaloedis filio, Sequano, cuius pater regnum in Sequanis multos annos obtinuerat et a senatu populi Romani amicus appellatus erat: I 3, 4; cuius pater in ea ciuitate regnum obtinuerat ⟨tenuerat β⟩ interfectusque erat a Cassiuellauno: V 20, 1; Vercingetorix, . . . cuius pater principatum Galliae totius obtinuerat et ob eam causam, quod regnum adpetebat, a ⟨c⟩ ciuitate erat interfectus ⟨interdictus *hik*⟩: VII 4, 1; ¶ accidit, ut pauci milites patresque ⟨patrisque *x*⟩ familiae, qui aut gratia aut misericordia ualerent aut **ad* naues adnare possent, recepti in Siciliam incolumes peruenirent: 2, 44, 1; ¶ posse: 2, 44, 1 *u.* peruenire; ¶ tenere: V 20, 1 *u.* obtinere; ¶ ualere: 2, 44, 1 *u.* peruenire.

b) appos.; α): hi (milites) . . . Ptolomaeum patrem in regnum reduxerant: 3, 110, 6.

β): in testamento Ptolomaei patris heredes erant scripti ⟨c⟩ ex duobus filiis maior et ex duabus *filiabus* ea, quae aetate antecedebat: 3, 108, 3.

γ): quos (milites) . . . Alexandriam traduxerat belloque confecto apud Ptolomaeum, patrem pueri, reliquerat: 3, 103, 5; qui ambo . . . magnam . . apud patrem Ptolomaeum auctoritatem habuerant: 3, 109, 4; ¶ superiore consulatu cum patre Ptolomaeo et lege et senatus consulto societas erat facta: 3, 107, 2.

c) obi.: appellare: I 3, 4 *u.* **a)** obtinere; cuius (Teutomati) pater ab senatu nostro amicus erat appellatus: VII 31, 5; ¶ cuius (Procilli) pater a C. Valerio Flacco ciuitate donatus erat: I 47, 4; ¶ interficere: V 20, 1 *et* VII 4, 1 *u.* **a)** obtinere; ¶ recipere: 2, 44, 1 *u.* **a)** peruenire; ¶ (reducere: 3, 110, 6 *u.* **b) α)**.)

d) genet.: filiumque puerili aetate in publico in conspectu patris adsistere turpe ducunt: VI 18, 3; ¶ ad eum (Ptolomaeum) Pompeius misit, ut pro hospitio atque amicitia patris Alexandria reciperetur: 3, 103, 3; ¶ patrum (nostrorum) memoria *u.* **memoria** *p. 558* **B. b)** *(4 loc.)*; ¶ propinqui: VI 19, 3 *u.* **a)** decedere; ¶ (testamentum: 3, 108, 3 *u.* **b) β)**.)

e) c. praep.: se ita a patribus maioribusque suis didicisse: I 13, 6.

(relinquere **apud**: 3, 103, 5 *u.* **b) γ)**; auctoritatem habere apud: 3, 109, 4 *ib.*)

societatem facere **cum**: 3, 107, 2 *u.* **b) γ)**.

B. Dis pater: Galli se omnes ab Dite patre prognatos praedicant: VI 18, 1.

(C. patres = maiores *u.* **memoria** *p. 558* B. b) *(4 loc.).*)

paternus: amitae meae Iuliae maternum genus ab regibus ortum, paternum cum diis immortalibus coniunctum est: *ap. Suet.* 6; ¶ huic et paternum hospitium cum Pompeio et simultas cum Curione intercedebat: 2, 25, 4.

patiens *u. p. 1021.*

patientia. A. = καρτερία: recordabantur ... se superiore anno ... labore et patientia maximum bellum confecisse: 3, 47, 6; — tamen uirtute et patientia nitebantur atque omnia uulnera sustinebant: 1, 45, 6; — sed tamen haec singulari patientia milites ferebant: 3, 47, 6; ¶ in eadem inopia, egestate patientiaque ⟨*Aldus;* patientia, qua ante *Hell.; Hold.;* patientia qua *codd.; Schn., Fr., Db.*⟩ Germani permanent: VI 24, 4.

B. = εὐπείθεια: eorum ⟨*o*⟩ permotus uocibus, qui illins patientiam paene obsessionem appellabant: VI 36, 2.

C. = πρᾳότης, φιλοφροσύνη: patientiam proponit suam, cum de exercitibus dimittendis ultro ⟨*c*⟩ postulauisset; in quo iacturam dignitatis atque honoris ipse facturus esset: 1, 32, 4.

patior. A. = ferre, perferre: fortunam *u.* **fortuna** *p. 1326* b) *(3 loc.);* ¶ quod neque ancorae funesque *sustinerent neque nautae gubernatoresque uim tempestatis pati possent: V 10, 2.

ut omnia, quae imperarentur, sibi patienda ⟨et perferenda *add.* β; *Schn.; prob. Db.*⟩ existimarent: VII 30, 4; sed tamen ad omnia se descendere paratum atque omnia pati rei publicae causa: 1, 9, 5.

B. = sinere, concedere; a) sequitur acc. c. inf.; α) act.; αα): (Allobroges sese) ui coacturos, ut per suos fines eos ire paterentur: I 6, 3; a Sequanis impetrat, ut per fines suos Heluetios ire patiantur: I 9, 4; ne quos amplius Rhenum transire pateretur: I 43, 9; quod suos liberos, nisi cum adoleuerunt, ... palam ad se adire non patiuntur (Galli): VI 18, 3; qui (Cicero) ... ne calonem quidem quemquam extra munitionem egredi passus esset: VI 36, 1; orat, ne patiatur ciuitatem prauis adulescentium consiliis ab amicitia populi Romani deficere: VII 39, 3; aut ipse propins accedat aut se patiatur accedere: 1, 9, 6; illi autem hoc acrius instabant neque regredi nostros patiebantur: 3, 45, 5.

ββ): reliquos .. in fugam coiciunt ac ne in locis quidem superioribus consistere patiuntur: III 6, 2; hic (Attius) ... Tuberonem portu atque oppido prohibet neque adfectum ualetudine filium exponere in terra ⟨*c*⟩ patitur, sed ... cogit: 1, 31, 3.

γγ): uel sibi agros attribuant uel patiantur eos tenere ⟨tenere eos β⟩, quos armis possederint: IV 7, 4.

β) pass.; αα): quod nero ad amicitiam populi Romani attulissent, id iis ⟨*c*⟩ eripi quis pati posset? I 43, 8; (Neruios) nihil pati uini reliquarumque rerum ad ⟨*c*⟩ luxuriam ⟨*c*⟩ pertinentium ⟨*c*⟩ inferri: II 15, 4; [uinum ad se omnino ⟨omnino ad se β⟩ importari non sinunt ⟨paciuntur β⟩: IV 2, 6;] suos enim quisque opprimi et circumueniri non patitur: VI 11, 4; obsecrant, ut suis fortunis consulat neu se ab hostibus diripi patiatur ⟨*sic* β; consulat neue ab hostibus diripiantur α; cons., ne ab hostibus diripiantur *Ditt.*⟩: VII 8, 4; neque se neque reliquos municipes pati posse C. Caesarem imperatorem bene de re publica meritum tantis rebus gestis oppido moenibusque prohiberi: 1, 13, 1; cur uulnerari pateretur optime meritos de se milites? 1, 72, 2; eo die tabernacula statui passus non est: 1, 81, 2; Trebonio magnopere mandauerat, ne per uim oppidum expugnari pateretur: 2, 13, 3; hoc nomen obtinuit atque ita se postea salutari passus est ⟨*add. V.*⟩, sed ⟨neque *Np.; edd.*⟩ in litteris numquam ⟨*Bergk;* quas *x; edd.*⟩ scribere est solitus ...: 3, 71, 3; Pompeius suis praedixerat, ut ⟨*c*⟩ Caesaris impetum exciperent ... aciemque eius distrahi paterentur 3, 92, 1.

ββ): conatus est Caesar reficere pontes, sed nec magnitudo fluminis permittebat neque ad ripam dispositae cohortes aduersariorum perfici patiebantur: 1, 50, 1.

γγ): relinquebatur, ut neque longius ab agmine legionum discedi Caesar pateretur et: V 19, 3; qui si improbasset, cur ferri passus esset ⟨pass' *a*⟩? si ⟨et si *ahl*⟩ probasset, cur ... prohibuisset? 1, 32, 3.

b) sequitur **ut**: neque suam neque populi Romani consuetudinem pati, uti optime meritos ⟨*c*⟩ socios desereret: I 45, 1; neque suam pati dignitatem, ut tantis copiis tam exiguam manum ... adoriri non audeant: VI 8, 1.

c) abs. (subaudiendus est acc. c. inf.); α): refertur etiam de rege Iuba, ut socius sit atque amicus; Marcellus *consul passurum in praesentia negat: 1, 6, 4.

β): Caesar ... secutus hostes ⟨*c*⟩, quantum diei tempus est passum, circiter tribus milibus ⟨*c*⟩ ex nouissimo agmine interfectis altero die ad Alesiam castra fecit: VII 68, 2; hanc [in]super contignationem, quantum tectum plutei ac uinearum passum est, latericulo adstruxerunt: 2,9,2; ubi quantum storiarum demissio patiebatur, tantum eleuarant ⟨c⟩: 2,9,6.

patien(tissimu)s: at hi miserrimo ac patientissimo ⟨*Ald.;* potentissimo *codd.*⟩ exercitui ⟨c⟩ Caesaris luxuriem obiciebant, cui semper omnia ad necessarium usum defuissent: 3,96,2.

patienter: qui se ultro morti offerant, facilius reperiuntur ⟨c⟩, quam qui dolorem patienter ferant: VII 77,5; quae tamen omnia et se tulisse patienter et esse laturum: 1,85,11; quas tamen difficultates patienter atque aequo animo ferebant: 3,15,5.

patria: non enim has aut conspectus patriae aut propinquorum praecepta ad extremum uitae periculum adire cogebant: 2,7,1; ¶ se domo patriaque expulsos omnibus necessariis egere rebus: 3,32,4.

patrius: (Neruios) incusare reliquos Belgas, qui se populo Romano dedidissent ⟨c⟩ patriamque ⟨et patriam β⟩ uirtutem proiecissent: II 15,5.

patronus: principes uero esse earum partium Cn. Pompeium et C. Caesarem, patronos ciuitatis: 1,35,4; ¶ quibus (clientibus) more Gallorum nefas est etiam in extrema fortuna deserere patronos: VII 40,7.

patruus: (Vercingetorix) prohibetur ⟨*del. Ald.*⟩ a ⟨c⟩ Gobannitione, patruo suo, reliquisque principibus . . ., expellitur ex oppido Gergouia: VII 4,2.

pauci. **1. adiect.; A.:** futurum esse paucis annis, uti: I 31,11; ubi paucis ante ⟨antea *a*⟩ annis L. Valerius . . . interfectus esset: III 20,1; quod paucis ante annis ex ⟨c⟩ praetura eam prouinciam obtinuerat: 1,31,2; ¶ ut paucis mutatis centurionibus idem ordines manipulique constarent: 2,28,1; ¶ cum paucis conlocuti clientibus suis . . . conati sunt . . . Volusenum interficere: 3,60,4; ¶ omnes copiae paucis praesidio relictis cohortibus exeunt: 1,69,4; praesidio impedimentis paucas cohortes relinquit: 1,80,4; ¶ illi imperata faciunt et paucis diebus intermissis referunt: VI 10,4; Pompeius, ubi nihil profici equitatu cognouit, paucis intermissis diebus rursum eum nauibus . . . recipit: 3,58,2; (Caesar) castra transtulit paucisque intermissis diebus eadem ⟨c⟩ Pompeius occupauerat: 3,66,4; — ibi . . . castra posuit. paucis diebus interpositis noctu insidias equitum conlocauit: 3,37,5; — paucos dies morari *u.* **dies** *p. 894* **α)** *(4 loc.);* — a quibus cum paucorum dierum iter abesset: IV 7,2; — hostes uiderunt ea, quae diu longoque spatio refici non posse sperassent, paucorum dierum opera et labore ita refecta, ut: 2,16,1; — paucis diebus *u.* **dies** *p. 900 sq.* **ββ)** *(9 (10) loc.);* — paucis ante diebus *u.* **ante** *p. 275* **β)** *(4 loc.);* — quos auxilii causa rex Iuba paucis diebus ante Vticam miserat: 2,25,3; — paucis post diebus (diebus post paucis) *u.* **dies** *p. 902* **δδ)** *(7 loc.);* ¶ quo in loco cum paucis equitibus esse dicebatur: VI 30,1; quo cum paucis equitibus profectum Ambiorigem audiebat: VI 33,3; his paucos addit equites: VII 45,3; ii ⟨c⟩ (equites) . . . magnum hostium numerum pauci sustinuere: 1,51,5; desiderati sunt eo die sagittarii circiter CC, equites pauci, calonum atque impedimentorum non magnus numerus: 1,51,6; Petreius cum paucis equitibus occulte ad exploranda loca proficiscitur: 1,66,3; eum . . . praetoria cohorte caetratorum barbarisque equitibus paucis, beneficiariis suis, . . . improuiso ad uallum aduolat: 1,75,2; uidetisne . . . exiguas esse copias missas, quae paucis ⟨diebus *add. a*⟩ equitibus pares esse non potuerint? 2,39,3; ne militibus quidem ut defessis neque equitibus ut paucis et ⟨*om. af*⟩ labore confectis studium ad pugnandum . . . deerat: 2,41,3; hortatur Curionem Cn. Domitius . . . cum paucis equitibus circumsistens, ut: 2,42,3; Sabinum cum cohortibus V paucisque equitibus in Aetoliam misit: 3,34,2; ¶ ipse arcano cum paucis familiaribus suis ⟨suis fam. *f*⟩ conloquitur: 1,19,2; ¶ pauci lenunculi ⟨lembunculi *Ciacc. cod.*⟩ ad officium imperiumque conueniebant: 2,43,3; ¶ paucis mensibus ante, paucis ante mensibus *u.* **mensis** *p. 561* **D.** *(3 loc.);* ¶ centurionibus et paucis militibus intromissis: VII 12,4; hunc ex primo ordine pauci Caesaris consecuti milites consistere coegerunt: 1,13,3; pauci ⟨O^2; paucis *x*⟩ ex his militibus . . . ab equitatu excipiuntur: 1,64,7; ut pauci milites patresque ⟨patrisque *x*⟩ familiae . . . in Siciliam incolumes peruenirent: 2,44,1; quarum cohortium milites . . . Iuba conspicatus . . . magnam partem eorum interfici iussit, pancos electos in regnum *praemisit: 2,44,2; ¶ paucae ultimae nationes . . . hoc ⟨c⟩ facere neglexerunt: III 27,2; ¶ Nasidius . . . cum classe nauium XVI, in quibus paucae erant aeratae, . . . peruehitur: 2,3,1; Caesar . . . cum . . . nauibus longis Rhodiis X et Asiaticis paucis Alexandriam peruenit: 3,106,1; ¶ patres familiae: 2,44,1 *u.* milites; ¶ in magno impetu maris atque aperto, paucis portibus interiectis, quos tenent ipsi, omnes fere . . . habent uectigales: III 8, 1; ¶ qui (Rufus) sententiam Calidii paucis fere mutatis rebus ⟨nerbis *edd. uett.; del. Ciacc.*⟩ sequebatur: 1, 2, 4; ¶ secundum flumen paucae stationes equitum nidebantur: II 18, 3; ¶ bucinatore in castris et paucis ad speciem tabernaculis ⟨-li *x*⟩ relictis . . . exercitum . . . reducit: 2, 35, 7; ¶ et ⟨*c*⟩ paucis turmis praesidio ad impedimenta dimissis reliquos equites ad latera disponit: VI 8, 5; ¶ uerba: 1, 2, 4 *u.* res; paucis eum esset in utramque partem nerbis disputatum: 1, 86, 3; ¶ et paucis uulneribus acceptis complures ex his occiderunt: IV 37, 3; eosque ex siluis expulerunt paucis uulneribus acceptis: V 9, 7.

B.: ii . . . pauci: 1, 51, 5 *u.* **A.** equites; ¶ eadem celeritate paucos suos ex fuga naetus . . . ad mare peruenit: 3, 96, 4; nauiculam paruulam conscendit cum paucis suis: 3, 104, 3.

2. ui subst.; A. masc.; a) subi.: ad quemuis numerum ephippiatorum equitum quamuis pauci adire audent: IV 2, 5; ¶ proelium committunt, et pauci de nostris cadunt: I 15, 2; ¶ coniungere: 3, 97, 5 *u.* petere; ¶ id (oppidum) . . . propter . . . muri . . altitudinem paucis defendentibus expugnare non potuit: II 12, 2; ¶ euadere: III 19, 4 *u.* **b)** relinquere; ¶ pauci ex proelio elapsi ⟨β; lapsi α; *Np.*⟩ . . . ad T. Labienum . . . perueniunt atque eum de rebus gestis certiorem faciunt: V 37, 7; ¶ pauci ordinis senatorii, qui se cum iis ⟨*c*⟩ coniunxerant, nocte fuga salutem petiuerunt: 3, 97, 5; ¶ pauci ex tanto numero se incolumes ⟨*o*⟩ in castra recipiunt: VII 88, 4.

b) obi.: paucis amissis sese in proximos montes conferunt: 1, 51, 5; triduum moratus paucis in oppugnatione amissis re infecta inde discessit: 3, 40, 6; ¶ plures paucos circumsistebant: IV 26, 3; ¶ cum . . . ciuitas . . . conuenisset doceretur que paucis ⟨doceretur perpaucis *AQ*⟩ elam conuocatis . . . fratrem a fratre renuntiatum: VII 33, 3; ¶ impetum . . . in cohortes faciunt paucisque deiectis ⟨delectis *a*⟩ reliquos sese conuertere cogunt: 1, 46, 1; ¶ compluribus interfectis longins impeditioribus locis seenti paucos ex suis deperdiderunt ⟨disperdiderunt *af*⟩: III 28, 4; ¶ paucis interfectis reliquos incertis ordinibus perturbauerant: IV 32, 5; paucisque utrimque interfectis Caesar loca maxime necessaria complexus noetu praemuniit ⟨*c*⟩: 3, 112, 7; ¶ reliquos equites ⟨*c*⟩ consectati paucos, qui ex fuga euaserant, reliquerunt: III 19, 4.

c) dat.: quam rem et paucis contigisse et: I 43, 4.

d) genet.: (quo . . . † latorum ⟨*codd.; paucorum coni. Np.*⟩ audacia numquam ante descensum ⟨*c*⟩ est: 1, 5, 3;) ¶ ut potius priuato paucorum et latronum quam regio consilio susceptum bellum uideretur: 3, 109, 6; ¶ ut se et populum Romanum factione ⟨pactione *hl*⟩ paucorum oppressum in libertatem uindicaret: 1, 22, 5.

e) c. praep.: relictus in itinere cum paucis incidit in Vibullium Rufum: 1, 15, 4; — mittitur L. Decidius Saxa cum paucis, qui loci naturam perspiciat ⟨-iant *O*⟩: 1, 66, 3.

(ut) per paucos probati et eleeti in pronincias mittantur: 1, 85, 9.

B. neutr.; a) obi.: pauca addere *u.* **addo** *p. 147* **B. a) α) αα)** *et* **δδ)** *(1 + 3 loc.);* ¶ pauca eiusdem generis addit cum excusatione Pompei coniuncta: 1, 8, 4; ¶ pauca apud eos loquitur, **queritur* ⟨locutus queritur *Paul*⟩, quod sibi a parte eorum gratia relata non sit: 1, 23, 3; consurgere iussit et pauca apud eos de lenitate sua locutus . . . omnes conseruauit: 3, 98, 2; ¶ (paucis mutatis: 1, 2, 4 *u.* **1. A.** res;) ¶ Ariouistus ad postulata Caesaris pauca respondit, de suis uirtutibus multa praedicauit: I 44, 1.

b) abl.: ipse equo in oppidum uectus . . . paucis ⟨diebus *add. codd.; del. Jurin.;* paucis diebus *del. Paul*⟩ quae fieri nellet Vticae constituit atque imperauit: 2, 44, 3.

paucitas. A. subi.: non illi paucitatem nostrorum militum . . . causae fuisse cogitabant: 3, 72, 2.

B. obi.: eum . . . paucitatem militum ex castrorum exiguitate cognoscerent: IV 30, 1; quod et paucitatem eorum ex loco superiore cognoscere et uirtutem despicere potuerint: VII 20, 6; ¶ his copiis fidens Achillas paucitatemque militum Caesaris despiciens occupabat Alexandriam: 3, 111, 1; ¶ postea dispecta ⟨*Paul; Hold.;* despecta *X; edd. rell.*⟩ paucitate ex omnibus partibus impetum faciunt: VI 39, 4; ¶ barbari nuntios . . . dimiserunt paucitatemque nostrorum militum suis praedicauerunt: IV 34, 5.

C. c. praep.; a) ad: magna parte militum confecta uulneribus res ad paucitatem defeusorum peruenerat: V 45, 1.

b) propter: legionem neque eam ⟨*c*⟩ plenissimam detractis cohortibus duabus et compluribus singillatim . . . absentibus ⟨*c*⟩ propter paucitatem despiciebant: III 2, 3; quarum rerum a nostris propter paucitatem fieri nihil poterat: III 4, 4; nauigationem impeditam propter inscientiam locorum paucitatemque portuum sciebant ⟨*u. CC*⟩: III 9, 4; etsi propter multitudinem et ueterem belli gloriam paucitatemque nostrorum se tuto dimicaturos existimabant: III 24, 2; cum essent infirmi ad resistendum propter paucitatem hominum crebris confecti uulneribus: 3, 9, 3.

pauimentum: palma per eos dies [in tecto] inter coagmenta lapidum ex pauimento exstitisse ostendebatur: 3, 105, 5.

paulatim. A. = sensim; a) de tempore: (Galli) paulatim ⟨qui paulatim *Aim.*⟩ adsuefacti superari ... ne se quidem ipsi cum illis uirtute comparant: VI 24, 6; ¶ imperat, ut simulatione timoris paulatim cedant ac pedem referant: 2, 40, 3; quorum impetum noster equitatus non tulit, sed paulatim ⟨*recc.; paulo a¹; paulum fhl*⟩ loco motus cessit: 3, 93, 3; ¶ paulatim circumuentus interficitur: V 37, 2; ¶ tribunos militum monuit, ut paulatim sese legiones coniungerent et conuersa signa in hostes inferrent: II 26, 1; ¶ paulatim autem Germanos consuescere Rhenum transire ... populo R. periculosum uidebat: I 33, 3; ¶ diductisque ⟨ded. *Ofh*⟩ nostris paulatim nauibus ... mobilitati nauium locus dabatur: 2, 6, 2; ¶ aurigae interim paulatim ⟨paulum β⟩ ex proelio excedunt: IV 33, 2; ¶ frumentum parce et paulatim metiri instituit: VII 71, 8; ¶ horum uocibus ac timore paulatim etiam ii ⟨*c*⟩ ... perturbabantur: I 39, 5; ¶ tali dum pugnatur modo, lente atque paulatim proceditur: 1, 80, 1; ¶ pedem referre: 2, 40, 3 *u.* cedere; ¶ ubi paulatim retorqueri agmen ad dextram ⟨*c*⟩ conspexerunt: 1, 69, 3.

b) de loco (= molliter, leniter): collis ... in ⟨*c*⟩ fronte ⟨*c*⟩ leniter fastigatus ⟨*c*⟩ paulatim ad planitiem redibat: II 8, 3.

locus erat castrorum editus et paulatim ab imo adcliuis circiter passus mille: III 19, 1; — scrobes ... fodiebantur paulatim angustiore ad infimum fastigio: VII 73, 5.

B. = singillatim, singuli (deinceps): rursus coniuratione facta paulatim ex castris discedere et ⟨*c*⟩ suos elam ex agris deducere coeperunt: IV 30, 2.

paulisper: animi est ista mollitia ⟨*c*⟩, non uirtus, paulisper inopiam ⟨in. paul. β⟩ ferre non posse: VII 77, 5; ¶ paulisper intermitterent proelium: III 5, 3; ¶ itaque paulisper apud oppidum morati ... contenderunt: II 7, 3; hostes paulisper morati militum nostrorum impetum non tulerunt: V 21, 5; ibi paulisper sub armis moratus facit aequo loco pugnandi potestatem: 1, 41, 2; ¶ hic paulisper est pugnatum: 3, 67, 5; ¶ qui celeriter arma capere potuerunt, paulisper nostris restiterunt: IV 14, 4; ¶ angusto in loco paulisper equitum nostrorum uim sustinuerunt: VI 30, 3; paulisper una proelium sustinent: VI 38, 3.

(Paullus: Philippus et Cotta ⟨Paullus et Marcellus *Terpstra; u. CC*⟩ priuato consilio praetereuntur neque eorum sortes deiciuntur: 1, 6, 5.**)**

paululum: quod is collis ... paululum ex planitie editus tantum ... patebat, quantum: II 8, 3; ¶ duobusque interfectis reliquos a porta paulum ⟨paululum β⟩ submouit: VII 50, 5.

paulum. 1. ui subst.; A. subi.: paulumque ⟨paululumque *f*⟩ afuit ⟨*f; affuit l; fuit a; abfuit Oh*⟩, quin Varum interficeret: 2, 35, 2; ¶ ut ... paene naturam studio uincerent semperque paulum ad summam felicitatem defuisse uideretur: VI 43, 5.

B. obi.: quod ibi paulum frumenti reliquerant: 1, 78, 3; ¶ si uero alteri paulum ⟨paululum *O*⟩ modo tribuisset fortuna, non esse usurum condicionibus pacis eum, qui superior uideretur: 3, 10, 7.

C. c. praep.: ita pugnans post paulum ⟨paululum *afk*⟩ concidit: VII 50, 6.

2. ui aduerbii; A. paulum; a) c. uerbis: pedestresque copias paulum ⟨paulo *AQ*; paululum *af*⟩ ab eo loco abductas ⟨*Paul*; abditas *AQβ*; *edd.*; additas *BM*; adductas *N*⟩ in locis superioribus constituunt: VII 79, 2; ¶ quaeque ⟨*c*⟩ ibi ⟨*c*⟩ naues imprudentia aut tempestate paulum ⟨paulo *a*⟩ suo cursu decesserunt: 3, 112, 3; ¶ ille in sua sententia perseuerat et paulum ⟨paululum *O*⟩ ex eo loco degreditur: 1, 72, 4; ¶ aurigae interim paulatim ⟨paulum β⟩ ex proelio excedunt: IV 33, 2; Cassiuellaunus ... itinera nostra seruabat paulumque ex uia excedebat: V 19, 1; ¶ paulum quidem intermissa flamma ... centuriones recesserunt: V 43, 6; ¶ (quorum impetum noster equitatus non tulit, sed paulatim ⟨*recc.; paulo a¹; paulum fhl*⟩ loco motus cessit: 3, 93, 3;) ¶ tum praemissis paulum impedimentis ... inquit: VI 8, 3; ¶ paulumque a maioribus castris ⟨*c*⟩ progressus aciem instruxit: I 50, 1; cum illi aut ex arido aut paulum in aquam progressi ... tela coicerent: IV 24, 3; legionem *X. eodem iugo mittit et ⟨*om.* β⟩ paulum ⟨paulo *AQa*[1]; paululum *f*⟩ progressam inferiore constituit loco: VII 45, 5; ipse paulum ⟨paululum *af*⟩ ex eo loco cum legione progressus ... euentum pugnae exspectabat: VII 49, 3; naues solnit paulumque a portu progressus litteras a Caesare accipit: 3, 14, 1; ¶ paulum ⟨paululum *a*⟩ legiones Caesar, quas pro uallo constituerat, promoueri iubet: VII 70, 5; ¶ uno interfecto reliquos paulum propellit: V 44, 11; ¶ ad eas (arbores) se adplicant atque ita paulum ⟨paulo *B*[1]; paululum *Aim.*⟩ modo reclinatae quietem capiunt: VI 27, 3; ¶ barbari constiterunt ac paulum ⟨modo *add. X; edd.; ego del.; an* etiam?⟩ pedem rettulerunt: IV 25, 2; ¶ naues longas ... paulum remoueri ab onerariis nauibus ... iussit: IV 25, 1; cum paulum ab legionibus nostros remouissent ⟨*u. CC*⟩: V 16, 2; ¶ duobusque (hostibus) interfectis reliquos a porta paulum ⟨paululum β⟩ submouit: VII 50, 5; ¶ cuius ⟨*c*⟩ aduentu spe inlata militibus ... paulum ⟨paululum *a*⟩ hostium impetus tardatus est: II 25, 3.

b) c. adiect.: tigna bina sesquipedalia paulum ab imo praeacuta ... inter se iungebat: IV 17, 3.

(**c) c. aduerb.**: paulum minus: VII 51, 4 *u.* **B. a)** minus; paulum supra: VI 9, 3 *u.* **B. b)** α) supra.**)**

B. paulo; **a) c. comparatiuo**: quae (legio) pro subsidio paulo aequiore loco constiterat: VII 51, 1; ¶ **(**paulo altiores: V 1, 2 *u.* latiores;**)** ¶ quorum alter milia passuum circiter quinquaginta, alter paulo amplius ab ⟨*c*⟩ iis ⟨*c*⟩ absit: V 27, 9; abest derecto itinere ab Vtica paulo amplius passus ⟨*c*⟩ mille ⟨*c*⟩: 2, 24, 4; ¶ in hoc fere medio spatio tumulus erat paulo editior: 1, 43, 1; ¶ p. eminentiores: 2, 9, 3 *u.* longiores; ¶ ut nullum paulo fortius factum latere posset: III 14, 8; ¶ et paulo [quam] sunt eiusdem generis [et] ceteris humaniores ⟨*u. CC*⟩: IV 3, 3; ¶ ad celeritatem onerandi subductionisque (naues) paulo facit humiliores, quam quibus ... uti consueuimus: V 1, 2; — alter ... erat uallus humiliore paulo munitione: 3, 63, 2; ¶ quod paulo incautius custodias in muro dispositas uidebat: VII 27, 1; ¶ (naues) ad onera ac ⟨*c*⟩ multitudinem iumentorum transportandam paulo latiores ⟨altiores β⟩ (facit), quam: V 1, 2; ¶ id autem est ingum ... utraque ex parte praeruptum atque asperum, sed tamen paulo leniore ⟨leuiore *Oaf*⟩ fastigio ab ea parte, quae ad Vticam uergit: 2, 24, 3; ¶ has trabes ⟨*c*⟩ paulo longiores atque eminentiores, quam extremi parietes erant, effecerunt ⟨*c*⟩: 2, 9, 3; — qui paulo longius aggeris petendi causa processerant: II 20, 1; cum paulo longius a castris processisset: IV 32, 3; progresso ei paulo longius litterae a Gadibus redduntur: 2, 20, 2; temptandam sibi Achaiam ac paulo longius progrediendum existimabat: 3, 55, 1; — quod paulo aberat longius: V 46, 4; frumentum ⟨*o*⟩ se ⟨*c*⟩ exigue dierum XXX habere ⟨*c*⟩, sed paulo etiam longius tolerare ⟨*c*⟩ posse parcendo: VII 71, 4; aciemque instruxit primo ⟨*c*⟩ suis locis pauloque a castris Pompei longius: 3, 84, 2; ¶ duobus maximis bellis confectis maturius paulo, quam tempus anni postulabat, in hiberna ... exercitum deduxit: I 54, 2; ¶ eo die milites sunt paulo ⟨paulum α⟩ minus septingenti ⟨milites paulo minus .DCC. sunt β⟩ desiderati: VII 51, 4; altera (nanis sustulerat) ex ueterana (legione) paulo minus CC: 3, 28, 3; ¶ nulla fuit ciuitas, quin ... mitteret, non cinis Romanus paulo notior, quin ad diem conueniret: 2, 19, 2; ¶ pauloque habuit post id factum Caesar quietiorem Galliam ⟨galliam quietiorem β⟩: V 58, 7; ¶ a quibus cum paulo tardius esset administratum: IV 23, 2; ¶ imperat, ut paulo tumultuosius omnibus locis uagentur ⟨*c*⟩: VII 45, 1.

b) c. uocibus, in quibus notio comparatiuo similis inest; α) aduerb. et praepos.: Cenabenses paulo ante mediam noctem silentio ex oppido egressi flumen transire coeperunt: VII 11, 7; paulo ante tertiam uigiliam est animaduersum fumare aggerem: VII 24, 2; — *u. praeterea* **ante** *p. 275* **c)** α) *(12 loc.)*; ¶ pauloque citra ⟨circa *Ol pr.*⟩ eum locum aliis comprehensis collibus munitiones perfecerunt: 3, 46, 6; ¶ hi sunt magnitudine paulo infra elephantos: VI 28, 1; — duae (naues) eosdem ... portus ⟨*o*⟩ capere non potuerunt et paulo infra delatae sunt: IV 36, 4; nuntiatur ... magnum ire agmen aduerso flumine ... et paulo infra milites nauibus transportari: VII 61, 3; ¶ idoneam tempestatem nactus paulo post mediam noctem naues solnit: IV 36, 3; — Libo ... ad Pompeium proficiscitur, paulo post renuntiat: 1, 26, 5; — — ipse post paulo ⟨paulo post *af*; post paulum *recc.*; *Whitte*⟩ silentio egressus ... eum locum petit: VII 60, 4; ab his primo Marsi dissentire incipiunt ..., post paulo tamen internuntiis ... missis ... de L. Domitii fuga cognoscunt:

1, 20, 4; ¶ his constitutis rebus paulo ⟨*efk; Wesenbg.*; paulum α *(X??); edd.*⟩ supra eum locum . . . facere pontem instituit: VI 9, 3; ac paulo supra hanc memoriam serui et clientes . . . una cremabantur: VI 19, 4; ¶ post . . . Caesar paulo ultra eum locum castra transtulit: 3, 66, 4.

β) uerbis: harum (alcium) est consimilis capris figura et uarietas pellium, sed magnitudine paulo antecedunt: VI 27, 1; ¶ (legionem *X. . . . mittit et ⟨*c*⟩ paulum ⟨paulo *AQa*; paululum *f*⟩ progressam inferiore constituit loco: VII 45, 5.)

pauor: prius quam se hostes ⟨*o*⟩ ex terrore ⟨pauore β⟩ ae fuga reciperent: II 12, 1.

pax. A. subi.: desinite ergo de compositione loqui; nam nobis nisi Caesaris capite relato pax esse nulla ⟨non *O*⟩ potest: 3, 19, 7.

B. obi.: accipere: 3, 57, 4 *u.* referre; ¶ conciliare *u.* **concilio B.** *p. 628 (3 loc.)*; ¶ constituerunt . . . cum proximis ciuitatibus pacem et amicitiam confirmare: I 3, 1; his rebus pace confirmata . . . leni nento soluerunt: IV 28, 1; ¶ facere *u.* **facio** *p. 1255* **c)** *(4 loc.)*; ¶ malle: I 44, 4 *u.* **D.**; ¶ qui (legati) cum eum in itinere conuenissent . . . suppliciterque locuti flentes pacem petissent: I 27, 2; pueri mulieresque ex muro passis manibus suo more pacem ab Romanis petierunt: II 13, 3; neque condiciones accipiendas arbitrabatur ab iis ⟨*c*⟩, qui per dolum atque insidias petita pace ultro bellum intulissent: IV 13, 1; quibus (legatis) pacem atque amicitiam petentibus liberaliter respondet ⟨*c*⟩ obsidesque ad se adduci iubet: IV 18, 3; in potonda ⟨impotonda *BM*⟩ pace eius rei culpam in multitudinem contulerunt ⟨*c*⟩ et . . . ut ignosceretur petiuerunt: IV 27, 4; cum ultro in continentem legatis missis pacem ab se petissent: IV 27, 5; quibus rebus coacti Menapii legatos ad eum pacis petendae ⟨pet. pac. *a*⟩ causa mittunt: VI 6, 2; — testibus se militibus uti posse, quanto studio pacem petisset: 3, 90, 2; ¶ sese ne obsidibus quidem datis pacem Ariouisti redimere potuisse ⟨*c*⟩: I 37, 2; ¶ quod si fecisset, quietem Italiae, pacem pronínciarum, salutem imperii ⟨*c*⟩ uni omnes acceptam relaturos: 3, 57, 4.

C. gen.: sèse neque legatos missuros neque ullam condicionem pacis accepturos: II 15, 6; illo tamen ⟨*c*⟩ potius utendum consilio . . . quam aut ⟨*c*⟩ deditionis aut ⟨*c*⟩ pacis subeundam condicionem: VII 78, 2; hanc unam atque extremam esse pacis condicionem: 1, 85, 12; quem ubi Caesar intellexit . . . neque ullam spem aut condicionem pacis adferre: 3, 17, 6; — ut condiciones pacis dimittendas non existimaret: 1, 26, 2; non esse nsurum condicionibus pacis eum, qui superior uideretur: 3, 10, 7; condiciones pacis, quoniam antea conuenire non potuissent, Romae ab senatu et a populo peti debere: 3, 10, 8; ¶ tempus nero conloquio non dare . . . magnam pacis desperationem adferebat: 1, 11, 3; ¶ nihil horum ad pacandas Hispanias, nihil ad usum prouinciae prouisum, quae propter diuturnitatem pacis nullum auxilium desiderarit: 1, 85, 7; ¶ spes: 3, 17, 6 *u.* condicio.

D. abl.: si pace uti uelint ⟨si pacem mallent β⟩, iniquum esse de stipendio recusare: I 44, 4; portis patefactis eo die pace sunt usi: II 32, 4.

E. c. praep.; a) ab: omnium ordinum partes in misericordia constitisse, ipsos duces a pace abhorruisse: 1, 85, 3.

b) ad: ea, quae maxime ad pacem pertinere uiderentur, ageret: 3, 19, 2; ¶ omnium animi intenti esse ad pacem uidebantur: 3, 19, 4.

ut quam integerrima essent ad pacem omnia: 1, 85, 2; id sibi ad praesentem obtinendam libertatem satis esse; ad reliqui temporis pacem atque otium parum profici: VII 66, 4.

c) de: hoc unum esse tempus de pace ageudi, dum pares ambo uiderentur: 3, 10, 7; conatus tamen nihilo minus est aliis rationibus per conloquia de pace agere: 3, 18, 5; ¶ † summissa oratione loqui de pace atque altercari cum Vatinio incipit ⟨*sic codd.*; *Np.*; sed missa orat. de pace loqui atque *Terpstra*; *Kran.*; sed missa or. d. p. loqui elate atque *Dt.*; [summissa oratione] loqui de p. atque *Db.*; sed omissa oratione de p. altercari *Oud.*⟩: 3, 19, 5; ¶ Pompeius . . . misit ad me N. ⟨*c*⟩ Magium ⟨*c*⟩ de pace: *ap. Cic. ad Att.* IX 13 *A*, 1; ¶ legatos mittere de pace *u.* **de** *p. 820 (7 (8) loc.)*; ¶ unus ⟨*c*⟩ ex iis, qui legati de pace ad Caesarem uenerant: II 6, 4; eodem die legati ab hostibus missi ad Caesarem de pace uenerunt: IV 36, 1.

sese omnia de pace expertum ⟨experta *Nx*⟩ nihil adhuc **effecisse*: 3, 57, 2.

d) in pace: in pace nullus ⟨nullis *AQβ*⟩ est communis magistratus: VI 23, 5.

pecco: quo maiorem, credo, licentiam habeant, qui peccare conentur: 2, 31, 7; — quod in eo peccandi Germanis causa non esset: I 47, 4.

(Pectones *u.* **Pictones.)**

pectus: matres familiae . . . pectore

nudo prominentes passis manibus obtestabantur ⟨o⟩ Romanos: VII 47, 5; — ut . . . pedites . . tantum modo umeris ac summo pectore exstarent ⟨c⟩: 1, 62, 2.

(**pecuarius**: cohortemque postea duplici stipendio, frumento, neste, cibariis ⟨*Cuiac.*; frumento uespeciariis *uel* frumentone speciariis *x*; frumentariis, pecuariis *Wölffel*; *Dt.*; frumentoque et pecuariis *Hell.*⟩ militaribusque donis amplissime donauit: 3, 53, 6.)

pecunia. **A.** subi.: HS LX . . . Domitio reddit, . . . etsi eam pecuniam publicam esse ⟨esse publ. *h*⟩ constabat datamque a Pompeio in stipendium: 1, 23, 4; 2, 20, 8 *u.* **B.** tradere.

B. obi.: niri ⟨c⟩ quantas pecunias ab uxoribus dotis nomine acceperunt ⟨acceperint *fh*⟩, tantas ex suis bonis aestimatione facta cum dotibus communicant: VI 19, 1; ¶ cuius modo ⟨c⟩ rei nomen reperiri poterat, hoc satis esse ad cogendas pecunias uidebatur: 3, 32, 2; ¶ communicare: VI 19, 1 *u.* accipere; ¶ conferre *u.* **confero** *p. 637 (3 loc.)*; ¶ et pecunia ad necessarios sumptus conrogata . . . discessit: 3, 102, 4; ¶ credere: 3, 1, 2 *et* 20, 4 *u.* soluere; ¶ ad senatum refertur . . ., pecunia uti ex aerario Pompeio detur: 1, 6, 3; 23, 4 *u.* **A.**; ¶ a ⟨c⟩ publicanis suae prouinciae debitam biennii pecuniam exegerat: 3, 31, 2; ¶ deponere: 3, 33, 1 *u.* tollere; ¶ militibus aequa facta aestimatione pecuniam pro his rebus dissoluit ⟨solnit *O*⟩: 1, 87, 1; ¶ distribuere: 1, 39, 3 *u.* sumere; ¶ exigere *u.* **exigo** *p. 1217 sq. (5 loc.)*; ¶ imperare *u.* **impero** *p. 77 (6 loc.)*; ¶ quam ⟨quas *Db. typothetarum errore*; qui *l*⟩ maximas potuerunt pecunias mutuati . . . ad Pompeium transierunt: 3, 60, 5; ¶ magnam imperatam . . . Achaiae populis pecuniam exegerat, magnam ⟨*Ald.*; magnas *codd.*⟩ societates earum pronindiarum, quas ipse obtinebat, sibi numerare coegerat: 3, 3, 2; ¶ pecuniam atque equos inter se partiti sunt: VII 55, 5; ¶ (Treueri atque Indutiomarus) nullum tempus intermiserunt, quin . . . ciuitates sollicitarent, pecunias pollicerentur: V 55, 1; illi (Indutiomari propinqui) finitimos Germanos sollicitare et pecuniam polliceri non desistunt: VI 2, 1; (Vercingetorix) horum principibus pecunias, ciuitati autem imperium totius prouinciae pollicetur: VII 64, 8; pecunias, quas erant in publicum Varroni eines Romani polliciti, remittit ⟨-tti *af*⟩: 2, 21, 2; cum (Coelius) . . . equitibus . . Caesaris Gallis atque Hispanis . . . pecuniam polliceretur: 3, 22, 3; ¶ a publicanis . . . pecuniam exegerat et ab isdem insequentis anni mutuam praeceperat: 3, 31, 2; ¶ cum Lentulus consul ad aperiendum aerarium uenisset ad pecuniam ⟨que *add. hl*⟩ Pompeio ⟨pompeii *hl*⟩ ex senatus consulto proferendam: 1, 14, 1; ¶ pecunias monimentaque, quae ex fano Herculis coulata erant in priuatam domum, referri in templum iubet: 2, 21, 3; ¶ remittere: 2, 21, 2 *u.* polliceri; ¶ cum fides tota Italia esset angustior neque creditae pecuniae soluerentur: 3, 1, 2; legem promulgauit, ut sexenni ⟨c⟩ die ⟨c⟩ sine usuris creditae pecuniae soluantur ⟨-uerentur?⟩: 3, 20, 4; ¶ simul a tribunis militum centurionibusque mutuas pecunias sumpsit, has exercitui distribuit: 1, 39, 3; 3, 103, 1 *u.* tollere; 3, 105, 1 *u.* **D. a)** summa; ¶ tota Italia . . . arma imperantur, pecuniae a municipiis exiguntur, e fanis tolluntur: 1, 6, 8; Ephesi a fano Dianae depositas antiquitus pecunias Scipio tolli iubebat: 3, 33, 1; Pompeius . . . pecunia societatis sublata et a ⟨c⟩ quibusdam priuatis sumpta ⟨mutuo sumpta *Ciacc.*⟩ et aeris magno pondere ad militarem usum in naues imposito . . . Pelusium peruenit: 3, 103, 1; reperiebat T. Ampium ⟨c⟩ conatum esse pecunias tollere Epheso ex fano Dianae: 3, 105, 1; ¶ relatis ad eum publicis cum fide rationibus quod penes eum est pecuniae tradit ⟨-didit *f*⟩: 2, 20, 8; Massilienses . . ., ut est imperatum, . . . pecuniam ex publico tradunt: 2, 22, 5.

C. dat.: haec res Ephesiae pecuniae salutem attulit: 3, 33, 2; — ita duobus temporibus Ephesiae pecuniae Caesar auxilium tulit: 3, 105, 1.

D. gen.; a): ne qua oriatur pecuniae ⟨reguandi *Hartz*⟩ cupiditas, qua ex re factiones dissensionesque nascuntur: VI 22, 3; ¶ fructus: VI 19, 2 *u.* ratio; ¶ omnes aut de honoribus suis aut de praemiis pecuniae aut de persequendis inimicitiis agebant: 3, 83, 5; ¶ hunc ad quaestus pecuniae mercaturasque habere uim maximam arbitrantur: VI 17, 1; ¶ huius omnis pecuniae coniunctim ratio habetur fructusque seruantur: VI 19, 2; ¶ reperiebat T. Ampium conatum esse pecunias tollere Epheso . . . eiusque rei causa senatores omnes ex prouincia euocasse, ut his testibus in summa ⟨summam *Nhl*; sumenda *Ciacc.*⟩ pecuniae ⟨-nia *Ciacc.*⟩ uteretur: 3, 105, 1.

b): quod pecuniae: 2, 20, 8 *u.* **B.** tradere.

E. abl.: quod oppidum Labienus constituerat suaque pecunia exaedificauerat: 1, 15, 2;

¶ unam fore tabellam, qui liberandos omni periculo censerent, alteram, qui capitis damnarent, tertiam, qui pecunia ⟨-niam $O^1a^1l^1$⟩ multarent: 3,83,4; ¶ Conuictolitauis . . . sollicitatus ab Aruernis pecunia . . . conloquitur: VII 37,1; ¶ quantum gratia, auctoritate, pecunia ⟨auctoritate pecuniae *a*⟩ ualent, ad sollicitandas ciuitates nituntur ⟨*CC*⟩: VII 63,2.

F. c. praep.: iure iurando inter se confirmant obsidibusque de pecunia ⟨obsidibusque et pec. *Ciacc.*⟩ cauent: VI 2,2.

HS LX . . . Domitio reddit, ne continentior in uita hominum quam in pecunia fuisse uideatur: 1,23,4.

(qui praeter imperatas pecunias suo etiam priuato compendio seruiebant: 3,32,4.)

Adiect.: certae: 3,32,6; (ea: 1,23,4;) Ephesia: 3,33,2; 105,1; (haec: VI 19,2;) magna, -ae: 3,3,2 *(bis)*; — 3,31,2; maximae: 3,60,5; mutua, -ae: 3,31,2; — 1,39,3; 3,32,6; omnis: VI 19,2; 2,18,2; publica: VII 55,2; 1,23,4; quantae: VI 19,1; (sua: 1,15,2;) tantae: VI 19,1.

pecuniarius: (cohortemque postea duplici stipendio, frumento, ueste, cibariis ⟨*Cuiac.*; frumento uespeciariis *uel* frumentone speciariis *x*; frumentoque et pecuniariis *Koch*⟩ militaribusque donis amplissime donauit: 3,53,6;) ¶ his . . . agros . . in Gallia ex hostibus captos praemiaque rei pecuniariae magna tribuerat locupletesque ex egentibus fecerat: 3,59,2.

pecus, oris. (**A.** subi.: esse, posse: 1,48,6 *u.* **B.** remouere.)

B. obi.: ut complures dies frumento milites caruerint et pecore ex ⟨*c*⟩ longinquioribus uicis adacto ⟨abacto *Ciacc.*⟩ extremam famem *sustentarint: VII 17,3; ¶ Cassiuellaunus . . . pecora atque homines ex agris in siluas compellebat: V 19,1; (VII 71,7 *u.* distribuere;) ¶ Vbiis imperat, ut pecora deducant: VI 10,2; ¶ pecus, cuius magna erat copia a ⟨*c*⟩ Mandubiis compulsa ⟨a mand. comp. copia *β*⟩, uiritim distribuit: VII 71,7; ¶ non *illi ⟨*c*⟩ hordeum cum daretur, non legumina recusabant; pecus ⟨panicum *R. Steph.*⟩ uero, cuius rei summa erat ex Epiro copia, magno in honore habebant: 3,47,7; ¶ Caesar iis ciuitatibus . . ., quod ⟨*c*⟩ minor erat frumenti copia, pecus imperabat: 1,52,4; ¶ (omnia aedificia . . . incendebantur, ⟨pecora interficiebantur *add.* *β*⟩, praeda ex omnibus locis agebatur: VI 43,2;) ¶ pecora, quod secundum poterat esse inopiae ⟨*b*; in opere *x*⟩ subsidium, propter bellum finitimae ciuitates longius remouerant: 1,48,6; ¶ inopia adductos (se) clam ex castris exisse, si quid frumenti aut pecoris in agris reperire possent ⟨*c*⟩: VII 20,10; ¶ cum iam pecus atque extrema impedimenta ab nostris tenerentur: III 29,2.

C. gen.; a): frumentumque in agris et pecoris copiam nactus repleto his rebus exercitu iter . . . facere instituit: VII 56,5; 71,7 *u.* **B.** distribuere; (3,47,7 *ib.* habere;) ¶ hominum est infinita multitudo . . ., pecorum ⟨pecoris *β*⟩ magnus numerus ⟨numerus ingens *β*⟩: V 12,3; quo satis magnus hominum pecorisque numerus conuenerit: V 21,2; magnus ibi numerus pecoris repertus (est): V 21,6; magno pecoris atque hominum numero capto atque ea praeda militibus concessa . . . (Neruios) in deditionem uenire . . . coegit: VI 3,2; aedificia uicosque incendit, magno pecoris atque hominum numero potitur: VI 6,1; multos ex fuga dispersos excipiunt, magno pecoris numero, cuius sunt cupidissimi barbari, potiuntur: VI 35,6.

b): si quid pecoris: VII 20,10 *u.* **B.** reperire.

c): pecoris cupidissimi: VI 35,6 *u.* **a)** *extr.*

D. abl.: pecore famem sustentare: VII 17,3 *u.* **B.** adigere; ¶ neque multum frumento, sed maximam partem lacte atque pecore uiuunt: IV 1,8.

pedalis: itaque pedalibus lignis coniunctis inter se porticus integebantur: 2,2,3; ¶ transtra (erant) ex ⟨*c*⟩ pedalibus in altitudinem trabibus confixa clauis ferreis: III 13,4.

pedes. A. subi.: tanta erat horum (peditum) exercitatione celeritas, ut iubis subleuati equorum ⟨*CC*⟩ cursum adaequarent: I 48,7; ¶ (cedere: 2,40,3 *u.* **E.** copiae;) ¶ si qui grauiore uulnere accepto equo deciderat, circumsistebant (pedites): I 48,6; ¶ hi (pedites), si quid erat durius, concurrebant: I 48,6; ¶ consuesse: VII 65,4 *u.* **C.** arcessere; ¶ (si . . . (pedites?) relictis impedimentis suae saluti consulant, et usu rerum necessariarum et dignitate spoliatum iri: VII 66,5;) ¶ equitum milia erant sex, totidem numero pedites uelocissimi ac fortissimi: I 48,5; qui (pedites) cum iis ⟨*c*⟩ una fuerant, quos . . . pulsos dixeram: II 24,1; ¶ huc iam *deduxerat rem, ut equites . . . possent atque auderent flumen transire, pedites nero tantum modo umeris ac summo pectore exstarent ⟨*b; extare x; Np., Db.*⟩ et cum altitudine aquae tum etiam rapiditate fluminis ad transeundum [non] impedirentur: 1, 62, 2; ¶ si † pedites ⟨*X; edd.; impedimentis b;* pedites impedimentis *Koch*⟩ suis auxilium ferant atque in eo morentur, iter facere ⟨confici β⟩ non posse: VII 66, 5; ¶ eodem tempore equites nostri leuisque armaturae pedites, . . . cum se in castra reciperent, aduersis hostibus occurrebant ac rursus aliam in partem ⟨*CC*⟩ fugam petebant: II 24, 1; ¶ proeliari: VII 65, 4 *u.* C. arcessere; ¶ (pedem referre: 2, 40, 3 *u.* E. copiae;) ¶ (reliuquere: VII 66, 5 *u.* consulere;) ¶ (transire: 1, 62, 2 *u.* exstare;) ¶ (uenire: 2, 26, 2 *u.* E. auxilia.)

(**B. praedic.**: ex essedis desiliunt et pedibus ⟨pedites β⟩ proeliantur: IV 33, 1.)

C. obi.: postulauit, ne quem peditem ad conloquium Caesar adduceret: I 42, 4; ¶ equitesque ab his arcessit et leuis armaturae pedites, qui inter eos proeliari consuerant: VII 65, 4; ¶ (cogere: VII 76, 3 *u.* E. milia;) ¶ quos (pedites) ex omni copia singuli singulos suae salutis causa delegerant: I 48, 5; ¶ (disponere: VII 34, 1 *u.* E. milia;) ¶ (exigere: 1, 30, 4 *ib.* numerus;) ¶ (habere: V 3, 1 *ib.* copiae; 1, 39, 2 *ib.* milia;) ¶ impedire: 1, 62, 2 *u.* A. exstare; ¶ (imperare: VII 64, 4 *u.* E. milia;) ¶ (instruere: 2, 40, 3 *ib.* copiae;) ¶ (interficere: 2, 26, 4 *ib.* numerus;) ¶ mittere *u.* **mitto** *p. 618 (4 loc.);* ¶ (praemittere: 1, 39, 2 *u.* E. milia;) ¶ (recensere: VII 76, 3 *u.* E. milia;) ¶ (spoliare: VII 66, 5 *u.* A. consulere;) ¶ subleuare: I 48, 7 *ib.* adaequare; ¶ (submittere: 2, 40, 1 *u.* E. pars.)

D. dat.: (confidere: 2, 40, 1 *u.* E. pars;) ¶ (imperare: 2, 40, 3 *ib.* copiae;) ¶ praeficere: VII 64, 5 *ib.* milia.

E. gen.: eorum (equitum et lenis armaturae peditum) aduentu . . . a tribunis militum . . . atque euocatis equos sumit Germanisque distribuit: VII 65, 5; ¶ magna auxilia equitum peditumque ab rege missa Vticam uenire: 2, 26, 2; ¶ celeritas: I 48, 7 *u.* A. adaequare; ¶ haec ciuitas longe plurimum totius Galliae equitatu nalet magnasque habet copias peditum: V 3, 1; Saburra copias equitum peditumque instruit atque his imperat, ut simulatione timoris paulatim cedant ac pedem referant: 2, 40, 3; ¶ equitatum . . omnem et peditum milia X sibi celeriter mitterent, quae in praesidiis rei frumentariae causa disponeret: VII 34, 1; Haeduis Segusiauisque . . . decem milia peditum imperat; huc addit equites octingentos. his praeficit fratrem Eporedorigis: VII 64, 4. 5; coactis equitum milibus ⟨*c*⟩ VIII et peditum ⟨pedum *BM*⟩ circiter CCL haec in Haeduorum finibus recensebantur: VII 76, 3; Caesar legiones in Hispaniam praemiserat [ad] VI [milia], auxilia peditum V milia ⟨*Np.;* peditum nulla *codd.*⟩, equitum III milia, *quae* ⟨*om. Np., Dt.*⟩ omnibus superioribus bellis habuerat, et parem ex Gallia numerum: 1, 39, 2; ¶ equitum peditumque certum numerum a ciuitatibus Siciliae exigebat: 1, 30, 4; tota auxilia regis . . . in fugam coiciunt equitatuque omni fere incolumi . . . magnum peditum numerum interficiunt: 2, 26, 4; ¶ Iuba . . . II milia . . . equitum . . . et peditum eam partem, cui maxime confidebat, Saburrae submittit ⟨*c*⟩: 2, 40, 1; ¶ ita mobilitatem equitum, stabilitatem peditum in proeliis praestant: IV 33, 3.

F. c. praep.: ad eos (pedites) se equites recipiebant: I 48, 6.

cum his (peditibus) in proeliis uersabantur (equites): I 48, 5.

pedester. A.: cum ⟨*c*⟩ equitatu nihil possent — neque enim ad hoc tempus ei rei student, sed quicquid possunt, pedestribus nalent copiis: II 17, 4; ipse eo pedestribus copiis contendit: III 11, 5; equitatu suo pulso . . . subito pedestres ⟨pedestris β⟩ copias, quas in conualle in insidiis conlocauerant, ostenderunt: III 20, 4; fugientes ⟨*c*⟩ (equites) usque ad flumen, ubi Vercingetorix cum pedestribus copiis consederat, persequuntur: VII 67, 5; qui (Cauarillus) post defectionem Litauicci pedestribus copiis praefuerat: VII 67, 7; equitatu . . . educto omnem eam planitiem . . . complent pedestresque copias paulum ⟨*c*⟩ ab eo loco *abductas in locis superioribus constituunt: VII 79, 2.

B.: pedestria esse itinera concisa aestuariis: III 9, 4; ut neque pedestri itinere neque nauibus commeatu iuuari possint: 2, 32, 12; ¶ non eadem alacritate ac studio, quo in pedestribus uti proeliis consuerant, utebantur ⟨*CC*⟩: IV 24, 4.

peditatus. A. subi.; a): cum equitatu . . . proficiscitur (Ambiorix) . . . peditatumque sese ⟨*c*⟩ subsequi ⟨sequi *A*⟩ iubet: V 38, 1.

b): (legionesque pro castris constituit, ne qua subito inruptio ab hostium peditatu fiat ⟨ne . . . fiat . . *add. X; edd.; del. Paul*⟩: VII 70, 2.)

B. obi.: at Indutiomarus equitatum peditatumque cogere . . . instituit: V 3, 4; ¶ habere: VII 64, 2 *u.* **D.**

C. gen.: ut auxilia peditatus equitatusque mittant: VI 10, 1; ¶ docet omnes equitatus peditatusque ⟨*A*β; ped. equitatusque *BMQ; Fr., Db., Dt.*⟩ copias Treuerorum tria milia passuum longe ab ⟨*c*⟩ suis castris consedisse: V 47, 5; Treueri magnis coactis peditatus equitatusque copiis Labienum . . . adoriri parabant: VI 7, 1; Haedui . . . copias equitatus peditatusque subsidio Biturigibus mittunt: VII 5, 3; *cf. qu. sqq.;* cum . . . foris tantae copiae equitatus peditatusque cernerentur: VII 76, 5; ¶ celeriter magna multitudine peditatus equitatusque coacta ad castra uenerunt: IV 34, 5.

D. abl.: peditatu, quem antea habuerat ⟨habuerit *aef*⟩, se fore contentum dicit: VII 64, 2; ¶ sed peditatu dumtaxat procul ad speciem utitur, equites in aciem mittit ⟨*c*⟩: 2, 41, 2.

Q. Pedius: duas legiones . . . conscripsit et inita ⟨*c*⟩ aestate in ulteriorem ⟨*c*⟩ Galliam qui deduceret Q. Pedium legatum misit: II 2, 1; his ⟨*c*⟩ Q. Pedium et L. Aurunculeium Cottam legatos praefecit: II 11, 3; eo cum ⟨tum *N*⟩ a Q. ⟨aque *a*⟩ Pedio praetore cum legione * * *, lapide ictus ex muro periit ⟨*c;* eo cum Q. Ped. pr. missa legione lap. ict. ex m. periit *F. Hofm.; u. CC*⟩: 3, 22, 2.

peius *u.* **male B.** *p. 537 (1 loc.).*

(Pelignus *u.* **Paelignus.)**

pellis. A. subi.: pelles (erant) pro uelis alutaeque tenuiter confectae, hae ⟨*CC*⟩ siue propter lini ⟨*o*⟩ inopiam atque eius usus inscientiam ⟨*c*⟩ siue eo ⟨*c*⟩ . . ., quod tantas tempestates Oceani tantosque impetus uentorum sustineri ⟨*c*⟩ ac tanta onera nauium regi nelis non satis commode posse ⟨*c*⟩ arbitrabantur: III 13, 6.

(**B. obi.:** habere: IV 1, 10 *u.* **E. b).**)

C. gen.: pelles . . ., quarum propter exiguitatem magna est corporis pars aperta: IV 1, 10; — harum (alcium) est consimilis capris figura et uarietas pellium: VI 27, 1.

D. abl.: quae (scuta) subito, ut temporis exiguitas postulabat, pellibus induxerant: II 33, 2; ¶ tegere: 3, 15, 4 *u.* **E. a);** ¶ interiores . . . lacte et carne uiuunt pellibusque sunt uestiti: V 14, 2; ¶ et pellibus aut paruis renonum ⟨*c*⟩ tegimentis utuntur, magna corporis parte nuda: VI 21, 5.

E. c. praep.; a) ex: accidit, ut difficilioribus usi tempestatibus ex pellibus, quibus erant tectae naues, nocturnum excipere rorem cogerentur: 3, 15, 4.

b) praeter: ut locis frigidissimis neque uestitus praeter pelles ⟨pellis *X*⟩ haberent ⟨habeant *DE; edd. pr.*⟩ quicquam . . . et lauarentur ⟨lauantur *X*⟩ in fluminibus: IV 1, 10.

c) sub: uti . . . continuatione imbrium diutius sub pellibus ⟨suppellibus *BMa*⟩ milites contineri non possent: III 29, 2; — ibique . . . sub pellibus hiemare constituit. hoc idem Pompeius fecit: 3, 13, 5.

pello. A. = expellere: (recepto Firmo ⟨*CC*⟩ expulsoque ⟨recepto Firmo ex itinere pulsoque *EHoffm.*⟩ Lentulo Caesar conquiri milites . . . iubet: 1, 16, 1;**)** ¶ futurum esse paucis annis, uti omnes ex Galliae finibus pellerentur atque omnes Germani Rhenum transirent: I 31, 11; ¶ si nostros loco depulsos ⟨pulsos β⟩ uidisset: VII 49, 2.

B. = uincere, fugare; a): cum hostium acies ⟨acies host. *a*⟩ a ⟨*om.* β⟩ sinistro cornu pulsa atque in fugam coniecta ⟨*c*⟩ esset: I 52, 6; ¶ eas omnes copias a se uno ⟨uno a se β⟩ proelio pulsas ⟨fusas *B*²β⟩ ac superatas esse: I 44, 3; ¶ equitatum *u.* **equitatus** *p. 1046 (3 loc.);* ¶ his (equitibus nostris) facile pulsis ac proturbatis ⟨perturbatis *B*²β⟩ incredibili celeritate ad flumen decucurrerunt: II 19, 7; ¶ exercitum *u.* **exercitus** *p. 1209 (sq.) (5 loc.);* ¶ hostes *u.* **hostis** *p. 1532 (4 loc.);* ¶ qua (legione) pulsa impedimentisque direptis futurum, ut reliquae contra consistere non auderent: II 17, 3; quod eo pulsa ⟨pulso *l*⟩ legio sese receperat: 3, 67, 6; ¶ intellegebant maximas nationes, quae proelio contendissent, pulsas superatasque esse: III 28, 2.

b): Haeduos . . . magnam calamitatem pulsos accepisse: I 31, 6; — Heluii sua sponte cum finitimis proelio congressi pelluntur et . . . intra oppida . . . compelluntur: VII 65, 2; — Romanos pulsos superatosque, castris impedimentisque eorum hostes potitos ciuitati renuntiauerunt: II 24, 5; — — cum Cimbris et Teutonis a C. Mario pulsis non minorem laudem exercitus quam ipse imperator meritus uidebatur: I 40, 5; — Ceutrones et Graioceli ⟨*c*⟩ et Caturiges . . . itinere exercitum prohibere conantur. compluribus his ⟨*c*⟩ proeliis pulsis . . . in fines Vocontiorum . . . peruenit: I 10, 5.

c): tantum esse nomen . . . eius ⟨*c*⟩ exercitus Ariouisto pulso . . ., uti: IV 16, 7; — fama percrebruerat pulsum fugere Caesarem paene omnibus copiis amissis: 3, 79, 4; — Pompeius enim nullo proelio pulsus uestri facti praeiudicio demotus Italia excessit: 2,32,2.

d): ut aequo proelio discederetur et neutri pellerentur ⟨repell. *f*⟩: 3,112,7; — ut equestri proelio commisso pellerent omnes compluresque interficerent: 3,75,5; — qui ⟨*c*⟩ cum iis una fuerant, quos primo hostium impetu pulsos dixeram: II 24,1.

(**peluis**: ne illa quidem ratio recepta est, quam C. Caesar ponit in femininis, ut puppim, restim, peluim ⟨puluim *cod.*; puppi, resti, pelui *Np.*⟩ * * *: *Charis. art. gramm.* I *p.* 122, 30 *Keil.*)

Pelusium: Pompeius deposito adeundae Syriae consilio ... Pelusium peruenit. ibi ...: 3,103,1; (Pothinus) exercitum a Pelusio ⟨pulesio *z*⟩ elam Alexandriam euocauit: 3,108,2.

pendo. A. propr. (= soluo): si in eo manerent, quod conuenisset, stipendiumque quotannis penderent: I 36,5; quod (stipendium) sua uoluntate ad id tempus pependerint ⟨perpenderint *B*[1]; dependerint *B*[3]β⟩: I 44,4; quod (stipendium) Aduatucis finitimis suis pendere consuesset: V 27,2; ¶ druides a bello abesse consuerunt neque tributa una ⟨umquam β⟩ cum reliquis pendunt: VI 14,1; ¶ quid ⟨β; quod *AQB*; quot *M*⟩ in annos singulos uectigalis populo Romano Britannia penderet constituit: V 22,4.

B. trsl.: orant, ut ⟨*c*⟩ sibi parcat ⟨*o*⟩, ne communi odio Germanorum innocentes pro nocentibus poenas pendant: VI 9,7.

penes: quod penes eos ⟨paene in eo *ik*; *Np.*; paene ex eo *Em. Hoffm.*⟩, si id oppidum retinuissent, summam uictoriae constare intellegebant: VII 21,3; ¶ edicunt, penes quem quisque sit Caesaris miles, ut producat ⟨*c*⟩: 1,76,4; addit etiam, ut *quae quisque eorum in bello amiserit, quae sint penes milites suos, iis ⟨*c*⟩, qui amiserint ⟨*c*⟩, *restituantur: 1,87,1; quod penes eum est pecuniae tradit: 2,20,8.

penitus: Suebos ... cum omnibus suis sociorumque copiis, quas coegissent, penitus ad extremos fines se recepisse: VI 10,4.

(**pensio**: legem promulgauit, ut sexenni die ⟨*sic P. Manut.*; sexies seni dies *codd.*; sex pensionibus *Ald.*; *u. CC*⟩ sine usuris creditae pecuniae soluantur ⟨?⟩: 3,20,4.)

per. I. **Conlocatio**: multos per annos: 3, 64,3; quorum per fines ⟨per fines quorum *af*⟩: I 28,1; *reliquis locis (50 fere numero) praepositio* per *primum obtinet locum:* per fines Haeduorum, per suos fines, per fines suos, per eorum fines, *sim.*

II. Signif.; 1. de loco; A. = διά τινος (= **ab altera parte extrema usque ad alteram partem); a) per mediam aliquam rem (= durch); α) pendet ex uerbis**: itinere (non) intermisso per fines Haeduorum in Lingones contendit: VII 9,4; ¶ asseres enim pedum XII cuspidibus praefixi atque hi maximis ballistis missi per IIII ordines cratium in terra defigebantur: 2,2,2; ¶ (Rhenus) longo spatio per fines Nantuatium ⟨*c*⟩, Heluetiorum, Sequanorum, Mediomatricum ⟨*c*⟩, Tribocorum ⟨*c*⟩, Treuerorum citatus fertur: IV 10,3; ¶ quod (flumen) per fines Haeduorum et Sequanorum in Rhodanum influit: I 12,1; ¶ ire per fines *u.* **eo** *p. 1017* **a) γ)** *(4 loc.)*; ¶ (castra ex Biturigibus monet in ⟨β; per α; *om. Fr., Db.*; per Boios in *Vielh.*⟩ Aruernos uersus: VII 8,5;) ¶ qui non bis ⟨*c*⟩ per agmen hostium perequitarit ⟨β; -tasset α; *edd.*⟩: VII 66,7; ¶ nono genere pugnae perterritis ⟨*c*⟩ nostris per medios audacissime perruperunt: V 15,4; per medios hostes perrumpunt: VI 40,4; ¶ quae (silua Arduenna) ingenti magnitudine per medios fines Treuerorum a flumine Rheno ad initium Remorum pertinet: V 3,4; ¶ pauci ... incertis itineribus per siluas ad T. Labienum legatum in hiberna perueniunt: V 37,7; et per fines Marrucinorum, Frentanorum, Larinatium in Apuliam peruenit: 1,23,5; celeriter Petreius per Vettones ad Afranium peruenit: 1,38,4; ¶ ipse ... ad bellum Ambiorigis profectus ⟨profectus *del. Faern.*; profecturus *Th. Bentl.*; proficiscens *Voss.*⟩ per Arduennam siluam ... L. Minucium Basilum cum omni equitatu praemittit: VI 29,4; ¶ proficisci: (VI 29, 4 *u.* praemittere;) uti Petreius ex Lusitania per Vettones cum omnibus copiis ad Afranium proficiscatur: 1,38,2; ut ... coniuncto exercitu cum Domitio per Illyricum Italiae subsidio proficisceretur: 3,78,4; ¶ ex castris cohortes per oppidum crebro submittebantur: 1,45,7; ¶ Heluetii iam per angustias et fines Sequanorum suas copias traduxerant: I 11,1; quod per fines Sequanorum Heluetios traduxisset: I 19,1; ¶ quae (auxilia legionum) cum Pompeio per Mauretaniam uenire dicebantur: 1,60,5.

(inter duos uallos, qua perfectum opus non erat, † per mare ⟨*codd.*; *Np.*, *Dt.*; *del. Nicas.*; Pompeiani *Paul*; per mare = per mare uecti *esse censet Hand Turs. IV 430*⟩ nauibus expositi ⟨expositis *Ox*; nauibus expos. *del. Dt.*⟩ in auersos ⟨*c*⟩ nostros impetum fecerunt: 3, 63,8.)

β) **pendet ex subst.:** negat se more et exemplo populi Romani posse iter ulli per prouinciam dare: I 8, 3; tutum ⟨se *add.* β⟩ iter per ⟨suos *add.* β⟩ fines daturum: V 27, 10; — erant omnino itinera duo, quibus ... exire possent: unum per Sequanos ..., alterum ⟨iter *add.* *AQ*⟩ per prouinciam nostram: I 6, 1; qua proximum iter in ulteriorem Galliam per Alpes erat: I 10, 3; — iter facere per *u.* **facio** *p. 1270 (uers. 31—51, 9 (10) loc.)*; — Pompeius per Candauiam iter in Macedoniam expeditum habebat: 3, 79, 2; — quod iter per Alpes ... patefieri uolebat: III 1, 2; — quod eo inuito iter per prouinciam per uim temptassent: I 14, 3; ¶ relinquebatur una per Sequanos uia: I 9, 1.

b) = per summam aliquam rem, per rei superficiem (über — hin (weg)); α) pendet ex uerbis: quod angusto itinere (equitatus) per aggeres ascendebat ⟨-derat *Ciacc.*⟩: 3, 69, 2; ¶ hostes undique circumuenti ... se per munitiones deicere ⟨eicere *RSchn.*⟩ et fuga salutem petere *contenderunt: III 26, 5; ¶ plerosque ii ⟨*c*⟩, qui receperant, celant noctuque per uallum emittunt: 1, 76, 4; ¶ ne semper magno circuitu per pontem equitatus esset mittendus: 1, 61, 1; ¶ uti ... per temonem percurrere et in iugo insistere ⟨consistere *a*⟩ et se inde ⟨*o*⟩ in currus citissime recipere consuerint: IV 33, 3; ¶ si per decline sese reciperent, nostros ex superiore insequentes loco uerebantur: 3, 51, 7; ¶ per eorum corpora reliquos audacissime transire conantes multitudine telorum reppulerunt: II 10, 3.

β) **pend. ex subst. c. uerbis coniunctis:** erat per decline receptus ⟨receptum *NOx*⟩: 3, 45, 4; — primisque oppressis reliqui per horum corpora salutem sibi atque exitum pariebant: 3, 69, 3.

B. = ἀνά, κατά: dimissis per agros nuntiis sibi quemque consulere iussit: VI 31, 2; ubi quae ⟨*c*⟩ maior atque inlustrior incidit res, clamore per agros regionesque significant: VII 3, 2; ¶ Caesar significatione per castella fumo facta ... eodem uenit: 3, 65, 3; ¶ a Pompeio litteris per omnes prouincias ciuitatesque dimissis ⟨demissis *Oal*⟩ fama percrebruerat: 3, 79, 4; ¶ quod se per ⟨quod semper *al*⟩ litora celeriter in oppidum (equitatus) recepit ⟨recipit *afh*⟩: 2, 26, 4; ¶ per manus tradere *u.* **manus** *p. 542 γ) (3 loc.)*; ¶ ut equitibus per oram maritimam ⟨ora maritima *Nx*⟩ ab Antonio dispositis aquari prohiberentur: 3, 24, 4; ¶ cum fama per orbem terrarum percrebruisset: 3, 43, 4; per orbem terrarum fama ac litteris uictoriam eius diei concelebrabant ⟨-brant *Ofl*[1]⟩: 3, 72, 4; ¶ primo per omnes partes perequitant et tela coiciunt: IV 33, 1; ¶ Caesar dispositis per uias ⟨uiam *N*⟩ cohortibus impetum eius sustinuit: 3, 111, 1.

2. de tempore; A. significat totum tempus expleri: hanc (aquilam) ... uiuus multos per annos magna diligentia defendi: 3, 64, 3; ¶ auster, qui per biduum flauerat, in Africum se uertit: 3, 26, 5; ¶ Cicero, qui omnes ⟨per omnes β⟩ superiores dies praeceptis Caesaris ... milites in castris continuisset: VI 36, 1.

B. significat aliquid incidere in tempus aliquod (= inter, innerhalb): an paenitet uos ..., quod bis per biduum equestri proelio superauerim? 2, 32, 12; ¶ (per concilium: VI 20, 3 *u.* **3. A. c) α)**;) ¶ namque etiam per eos dies proelium secundum equestre fecit: 3, 84, 5; ¶ palma per eos dies [in tecto] inter coagmenta lapidum ex pauimento exstitisse ostendebatur: 3, 105, 5; ¶ qui ⟨*o*⟩ milites aduersariorum in castra per tempus conloquii uenerant: 1, 77, 1.

3. trsl.; A. = opera, auxilio; a) per alqm (= adiuuante alqo, hominum opera): nisi eo ipso tempore quidam nuntii de Caesaris uictoria per dispositos equites essent allati: 3, 101, 3; tabulae testamenti unae per legatos eius Romam ⟨*c*⟩ erant allatae: 3, 108, 4; ¶ legatosque deprecandi causa ad Caesarem mittunt; adeunt ⟨mittunt ad eum *BM*⟩ per Haeduos: VI 4, 2; ¶ princepsque decima legio per tribunos militum ei gratias egit: I 41, 2; Afranii etiam filius adulescens de sua ac parentis sui salute cum Caesare per Sulpicium legatum agebat: 1, 74, 6; testibus se militibus uti posse ..., quae per Vatinium in conloquiis, quae per A. Clodium ⟨*c*⟩ cum Scipione egisset 3, 90, 2; ¶ cognoscere per exploratores *u.* **explorator** *p. 1232* **C. c)** *(7 loc.)*; — hac re statim Caesar per speculatores cognita ... exercitum ... continuit: II 11, 2; — per quos (Brundisinos) re cognita Caesar ... iubet: 1, 28, 2; ¶ Caesar ... suos per Antonium, qui ei legioni praeerat, cohortatus tuba signum dari ... iussit: 3, 46, 4; ¶ ueteribus clientelis restitutis, nouis per Caesarem ⟨rest. p. Caes., nouis *Vielh.*⟩ comparatis ..., reliquis rebus eorum gratia dignitateque ⟨*c*⟩ amplificata Sequani principatum dimiserant: VI 12, 6; ¶ id se ab ipsis per eorum nuntios compertum habere: I 44, 12;

postea quam per ⟨*om. AQ*⟩ exploratores pontem fieri comperissent: IV 19, 2; postquam per Vbios exploratores comperit Suebos sese ⟨*c*⟩ ... recepisse: VI 29, 1; ¶ frumentumque omne conquisitum spoliatis effossisque eorum domibus per equites comportarat ⟨*c*⟩: 3, 42, 5; ¶ celeriter confecto per suos dilectu . . . docuit: VI 1, 4; ¶ quanto haec dissimulari ⟨*c*⟩ et occultari quam per nos confirmari praestet? 2, 31, 5; ¶ celeriter missis legatis per suos principes inter se coniurant: III 8, 3; ¶ cotidianis interpretibus remotis per C. Valerium Troucillum ⟨*c*⟩ . . . cum eo conloquitur: I 19, 3; milites . . . inter se per tribunos ⟨tribunum *Nx*⟩ militum centurionesque atque honestissimos sui generis conloquuntur: 1, 20, 1; ¶ (conquirere: 3, 42, 5 *u.* comportare;) ¶ qui (Conuictolitauis) per sacerdotes more ciuitatis intermissis magistratibus esset creatus: VII 33, 4; ¶ quod, cum ipse gratia plurimum domi atque in reliqua Gallia, ille minimum propter adulescentiam posset, per se creuisset: I 20, 2; ¶ haec eadem centurionibus tribunisque militum mandabant, ut per eos ad Caesarem deferrentur ⟨-ferantur β⟩: VII 17, 8; haec quoque per exploratores ante lucem in tanta propinquitate castrorum ad hostes deferuntur: VI 7, 9; quae res nota erat Pompeio, delata per Allobrogas perfugas: 3, 63, 5; — haec ad Antonium statim per Graecos deferuntur: 3, 30, 6; — quae mandata ad se per Vibullium ⟨*c*⟩ delata essent: 3, 22, 1; ¶ (effodere: 3, 42, 5 *u.* comportare;) ¶ ne ex praetura et consulatu, ut semper, sed ⟨*c*⟩ per paucos probati et electi in prouincias mittantur: 1, 85, 9; ¶ omnes clientes obaeratosque suos ... eodem conduxit; per eos, ne causam diceret, se eripuit: I 4, 2; ¶ quam (sororem) paucis ante mensibus per suos propinquos atque amicos regno expulerat: 3, 103, 2; ¶ itinere exquisito per Diuiciacum . . . profectus est: I 41, 4; ¶ constituit, ut arbitri darentur; per eos **fierent** aestimationes possessionum et rerum: 3, 1, 2; si quis appellauisset de aestimatione et de solutionibus, quae per arbitrum fierent: 3, 20, 1; — crebrae etiam ⟨*c*⟩ per Albicos eruptiones fiebant ex oppido, ignesque aggeri et turribus inferebantur: 2, 2, 6; — nam ad eas (naues), quae factae erant Arelate per Caesarem, captiuae Massiliensium accesserant sex: 2, 5, 1; — certiorem fieri per exploratores *u.* **explorator** *p. 1233 (4 loc.)*; milites . . . centuriones ⟨*c*⟩ tribunosque militum adire atque obsecrare, ut per eos Caesar certior fieret, ne labori suo ... parceret: 1, 64, 3; Caesarem per nuntios facit ⟨*o*⟩ certiorem, quid faciendum existimet: VII 87, 5; ¶ cum per alios condiciones ferantur: 1, 24, 6; ¶ hi suos notos hospitesque quaerebant, per quem quisque eorum aditum commendationis haberet ad Caesarem: 1, 74, 5; — per M. Silanum, C. Antistium Reginum, T. Sextium legatos dilectum habere instituit: VI 1, 1; in Lucanis Bruttiisque per legatos suos ciuium Romanorum dilectus habebat: 1, 30, 4; — habere prouinciam: 1, 22, 4 *u.* uenire; ¶ inferri: 2, 2, 6 *u.* facere (eruptiones); ¶ uadoque per equites inuento . . . exercitum traduxit: VII 56, 4; ¶ Cassiuellaunus . . . legatos per Atrebatem Commium de deditione ad Caesarem mittit: V 22, 3; ¶ qua re per exploratores nuntiata Caesar ⟨*c*⟩ legiones . . . intromittit: VII 11, 8; ea res per fugitiuos L. Aemilii . . . hostibus nuntiatur: I 23, 2; ¶ summam in spem per Heluetios regni obtinendi (eum) uenire: I 18, 9; ¶ (occupari: 3, 109, 5 *u.* tolli;) ¶ Pompeius eadem illa, quae per Scipionem ostenderat, agit: 1, 6, 1; ¶ idoneos nactus homines, per quos ea, quae uellet, ad eum perferrentur: 1, 9, 1; consilio eius cognito et per mercatores perlato ad Britannos ... legati ueniunt: IV 21, 5; interim ad Labienum per Remos incredibili celeritate de uictoria Caesaris fama perfertur: V 53, 1; ¶ qui se per uos perisse existimant: 2, 32, 4; ¶ regno occupato per tres potentissimos ac firmissimos populos totius Galliae sese potiri posse sperant: I 3, 8; ¶ probari: 1, 85, 9 *u.* eligi; ¶ nonne ⟨*c*⟩ ... proditi per illum Caesaris beneficio estis conseruati? 2, 32, 8; ¶ itemque per equites dispositos aqua prohibere classiarios instituit: 3, 100, 2; ¶ quod per eos suos se obsides . . . reciperaturos existimabant: III 8, 2; reseruatis Haeduis atque ⟨*c*⟩ Aruernis, si per eos ciuitates reciperare posset: VII 89, 5; ¶ Aetolia, Acarnania, Amphilochis per Cassium Longinum et ⟨*c*⟩ Caluisium Sabinum . . . receptis ... longius progrediendum existimabat: 3, 55, 1; ¶ si per populum Romanum stipendium remittatur et dediticii subtrahantur: I 44, 5; — illi deliberata *re* respondent scriptaque ad eum mandata per eosdem remittunt ⟨*Hotom.; per* eos remittunt *fhl; Db.;* permittunt *Na;* remittunt *Np., Dt.*⟩: 1, 10, 2; ¶ restituere: VI 12, 6 *u.* comparare; ¶ legiones cum tribunis militum et primorum ordinum centurionibus egerunt, uti ⟨per eos *add.* B^{3}β⟩ Caesari satis facerent: I 41, 3; ¶ (spoliari: 3, 42, 5 *u.* comportare;) ¶ subleuari: 1, 22, 4 *u.* uenire; ¶ subtrahi: I 44, 5 *u.* remitti; ¶ quorum alter accepto uulnere occupatus ⟨sopitus *J. F. Gron.; ob-sopitus Dauis.; del. Madu.*⟩ per suos pro occiso sublatus, alter ⟨acc. uuln. occ. p. s. p. o. subl., alter *om. af*⟩ interfectus est: 3, 109, 5; ¶ item per Treueros uenisse (eum) Germanis ⟨*c*⟩ in amicitiam cognouerat: VI 5, 4; quod per eum in collegium pontificum uenerat, quod prouinciam Hispaniam ex praetura habuerat, quod in petitione consulatus erat subleuatus: 1, 22, 4.

b) c. uerb. obtestandi (= deorum auxilio): haec uti fierent, per omnes deos perque ⟨per quae *fh*⟩ foedera, quae Romae fecisset, eodem testamento Ptolomaeus populum Romanum obtestabatur: 3, 108, 3.

c) per alqd; α): de re publica nisi per concilium loqui non conceditur: VI 20, 3; ¶ fore, uti per conloquia omnes controuersiae componantur: 1, 9, 6; conatus tamen nihilo minus est aliis rationibus per conloquia ⟨*CC*⟩ de pace agere: 3, 18, 5; ¶ ea res est Heluetiis per indicium enuntiata: I 4, 1; ¶ non nullae (matres familiae) de muris ⟨*c*⟩ per manus demissae ⟨dimissae *α*⟩ sese ⟨*c*⟩ militibus ⟨*o*⟩ tradebant: VII 47, 6; (relinquit animus Sextium . . .; aegre per manus traditus ⟨*RSchn.; tractus X; edd.*⟩ seruatur: VI 38, 4.)

β): praestaret, quod proficiscenti recepisset, ne per eius auctoritatem deceptus uideretur: 3, 82, 5; ¶ eos neque conloquii neque indutiarum iura seruasse et homines imperitos et per conloquium deceptos crudelissime interfecisse: 1, 85, 3; ¶ committendum non putabat, ut pulsis hostibus dici posset, eos ab se per fidem ⟨perfide *Pluyg.; cf. Usener JJ. 117, 74; Paulus, Württemb. Korresp. Blatt 1886 p. 480*⟩ in conloquio circumuentos: I 46, 3.

γ): doluisse se, quod populi ⟨*c*⟩ Romani ⟨*c*⟩ beneficium ⟨*c*⟩ sibi per contumeliam ab inimicis extorqueretur: 1, 9, 2; ¶ sibi praestare . . . quamuis fortunam a populo Romano pati quam ab his per cruciatum ⟨cruciatus *β*⟩ interfici, inter quos dominari consuessent: II 31, 6; ¶ qui per dolum atque insidias petita pace ultro bellum intulissent: IV 13, 1; — uereri se, ne per insidias ab eo circumueniretur: I 42, 4; ¶ Caesar enim per litteras Trebonio magnopere mandauerat, ne per uim oppidum expugnari pateretur: 2, 13, 3; ibi ⟨*c*⟩ certior ab Acilio et Murco per litteras factus de postulatis Libonis et Bibuli legionem relinquit: 3, 16, 2; ¶ imperium se a ⟨*c*⟩ Caesare per proditionem nullum desiderare, quod habere uictoria posset ⟨*c*⟩: VII 20, 7; ¶ indutiisque per scelus uiolatis suam uirtutem irrisui fore perdoluerunt: 2, 15, 1; ¶ praestare dicebant per uirtutem in pugna belli fortunam experiri quam desertos et circumuentos ab suis grauissimum supplicium perpeti: 2, 30, 2; ¶ si quid iis ⟨*c*⟩ per uim accidat: III 22, 2; mandauerat, ne per uim oppidum expugnari pateretur: 2, 13, 3; non nullas urbes per uim expugnauit, reliquas ciuitates circummissis legationibus amicitiae ⟨*Faern.; -tia x; edd.*⟩ Caesaris ⟨*x; Caesari N; edd.*⟩ conciliare studebat: 3, 55, 3; ut . . . partem finitimi agri per uim occupatam ⟨*c*⟩ possiderent: VI 12, 4; quod eo inuito iter per prouinciam per uim temptassent: I 14, 3; si per uim nauibus flumen transire conentur: III 11, 2.

d) per se; α) = sua sponte, suo arbitrio, sine alterius ope; αα) de hominibus: legati . . . nihil iam Caesaris imperium exspectabant ⟨*c*⟩, sed per se quae uidebantur administrabant: II 20, 4; illis se oneri non futurum et per se rem publicam administraturum: 1, 32, 7; ¶ illins denique exercitus milites (officium suum praestitisse), qui per se de concilianda pace egerint: 1, 85, 2; (se) postulatis Caesaris cognitis missuros ad Pompeium, atque illum reliqua per se acturum hortantibus ipsis: 3, 16, 5; ¶ plebes paene seruorum habetur loco, quae nihil audet ⟨habet *MC; Aim.; Fr.*⟩ per se ⟨per se nihil audet *β*⟩: VI 13, 1; ¶ simul ipse Cordubae conuentus per se portas Varroni clausit, custodias uigiliasque in turribus muroque disposuit, cohortes duas . . . retinuit: 2, 19, 3; ¶ cum his (cohortibus) ad Domitium . . . peruenit . . . . Domitius per se circiter XX cohortes . . . coegerat: 1, 15, 7; ¶ disponere: 2, 19, 3 *u.* claudere; ¶ (Carmonensium ciuitas) deductis tribus in arcem oppidi ⟨*c*⟩ cohortibus a Varrone praesidio per se cohortes eiecit ⟨*O*[2]; iniecit *O*[1]*x*⟩ portasque praeclusit: 2, 19, 5; ¶ cum ⟨*c*⟩ propter longitudinem agminis minus ⟨*c*⟩ facile ⟨*c*⟩ omnia per se ⟨per se omnia *β*⟩ obire et quid quoque loco faciendum esset prouidere ⟨scire *β*⟩ possent: V 33, 3; ¶ postulabat Caesar, ut legatos sibi ad Pompeium sine periculo mittere liceret, idque ipsi fore reciperent aut acceptos per se ad eum perducerent: 3, 17, 2; ¶ praecludere: 2, 19, 5 *u.* eicere; ¶ prouidere: V 33, 3 *u.* obire; ¶ retinere: 2, 19, 3 *u.* claudere; ¶ (scire: V

33, 3 *u.* obire;) ¶ reliqua, ut poterant, incommoda per se ⟨per se incomm. *O*⟩ sustinebant: 3, 9, 5; ¶ cum per se minus ualerent, . . . Germanos atque Ariouistum sibi adiunxerant: VI 12, 2.

ββ) **de rebus**: aegre portas nostri tuentur; reliquos aditus locus ipse per se munitioque defendit: VI 37, 5; — at ⟨ad *codd.*⟩ luce ⟨*Ciacc.; lucem x; edd.*⟩ multum per se pudorem omnium oculos ⟨*Ciacc.; oculis x; edd.*⟩, multum etiam tribunorum militum et centurionum praesentiam ⟨praesentium O^1af⟩ adferre ⟨*u. CC*⟩: 1, 67, 4; — turris tectum per se ipsum pressionibus ⟨*c*⟩ ex contignatione prima suspendere ac tollere coeperunt: 2, 9, 5.

β) **per se = si ipsam rem spectamus, nulla aliarum rerum ratione habita**: haec (castra), etsi erant exigua per se, uix hominum milium septem, praesertim nullis cum impedimentis, tamen angustiis uiarum quam maxime potest contrahit: V 49, 7; — Bellouaci autem ⟨*c*⟩ defectione Haeduorum cognita, qui iam ⟨*c*⟩ ante erant ⟨erant ante β⟩ per se infideles, manus cogere . . . coeperunt: VII 59, 2; — erant per se magna quae gesserant equites, praesertim cum eorum exiguus numerus cum tanta multitudine Numidarum conferretur, haec tamen ab ipsis inflatius commemorabantur: 2, 39, 4.

B. = propter; a): per aetatem *u.* **aetas** *p. 203* **c)** *(3 loc.)*; ¶ crebraque inter se conloquia milites habebant, neque ullum interim telum per pactiones loquentium traiciebatur: 3, 19, 1; ¶ cum primum per anni tempus potuit, ad exercitum contendit: III 9, 2.

b): is enim erat annus, quo per leges ei ⟨eum *b*⟩ consulem fieri liceret: 3, 1, 1; ¶ quod antea de conloquio postulasset, id per se fieri licere: I 42, 1; licere illis incolumibus per se ⟨per se inc. β⟩ ex hibernis discedere et quascumque in ⟨*c*⟩ partes uelint sine metu proficisci: V 41, 6; ¶ qui, si per te liceat, perendino die cum proximis hibernis coniuncti communem cum reliquis belli casum sustineant, non . . . intereant: V 30, 3.

c): cognouit per ⟨*recc.?; om. x*⟩ Afranium stare, quo minus proelio dimicaretur: 1, 41, 3; quod stetisse per Trebonium, quo minus oppido potirentur, uidebatur ⟨-bantur *af*⟩: 2, 13, 4.

d): per causam *u.* **causa** *p. 496* **1. B.** *(4 loc.)*; ¶ qui omnes discessu Curionis multique praeterea per simulationem uulnerum ex castris in oppidum propter timorem sese recipiunt: 2, 35, 6.

C. respondet ablatiuo modi, *u.* **3. A. c) γ).**

Repetita est praepositio per *semel:* per omnes deos perque foedera: 3, 108, 3; **non repetita** *5 + 2 + 3 + 1 loc.* (per dolum atque insidias; per angustias et fines; per agros regionesque; per M. Silanum, C. Antistium Reginum, T. Sextium legatos.)

peragito: milia enim progressi IIII nehementiusque peragitati ab equitatu montem excelsum capiunt: 1, 80, 2.

perago: concilioque Gallorum Samarobriuae peracto . . . coactus est: V 24, 1; peragit concilium Caesar equitesque imperat ciuitatibus: VI 4, 6; ¶ † si peracto ⟨protracto *Hell.*⟩ consulatu ⟨cons. *Nafh;* cos. *l;* proconsulatu *Gland.;* postulatu *EHoffm.*⟩ Caesaris ⟨Caesar *EHoffm.*⟩ non ⟨cons. *Nafl;* cons. non *h; om. EHoffm.*⟩ profectus ⟨*N;* praefectus *x*⟩ esset ⟨peracto caesaris consulatu pompeius profectus non esset O^2*; Oud.;* si peracto delectu non profectus esset *Vielh.;* si peracto consilio n. p. e. *Kran.; u. CC*⟩: 1, 11, 2; ¶ ipse ⟨*c*⟩ conuentibus Galliae citerioris peractis in Illyricum proficiscitur: V 1, 5; his ⟨*c*⟩ confectis rebus conuentibusque ⟨conuentisque *AQ*⟩ peractis in citeriorem Galliam reuertitur: V 2, 1.

perangustus: quod (urbs) prope ex omnibus partibus flumine et palude circumdata unum habeat et perangustum aditum: VII 15, 5; (ut ⟨*c*⟩ erant loca montuosa et † ad specus angustiae ⟨et aditus perangusti *Dt.; u. CC*⟩ uallium: 3, 49, 4.)

percello: quicumque alterum obsidere conati sunt, perculsos atque infirmos hostes [adorti] aut proelio superatos aut aliqua offensione permotos continuerunt: 3, 47, 2.

percipio. A. = capere, sibi parare: cohortatus, ut aliquando pro tantis laboribus fructum uictoriae perciperent: VII 27, 2; ¶ cum uestri officii praemia percipere debeatis: 2, 32, 6; ¶ ii . . . nullo etiam nunc usu rei militaris percepto ⟨*del. Ciacc.*⟩ neque in . . . consilio permanere . . . neque . . . imitari potuerunt: VI 40, 6; qui cotidiana consuetudine usum quoque eius generis proeliorum perciperent: 3, 84, 3.

B. = audire, cognoscere: Germani, qui auxilio ueniebant, percepta Treuerorum fuga sese domum receperunt ⟨*c*⟩: VI 8, 7; ¶ percepta ⟨accepta β⟩ oratione ⟨ratione β⟩ eorum Caesar obsides imperat: V 1, 8.

percontatio: nos nihil de eo percontationibus ⟨percunctat. β; percunctati omnino *Ciacc.*⟩ reperiebamus: V 13, 4; ¶ ex percontatione ⟨percunct. *h*⟩ nostrorum uocibusque Gallorum ac mercatorum . . . timor omnem exercitum occupauit: I 39, 1.

percrebresco: cum fama per orbem terrarum percrebruisset ⟨*bf;* percrebuisset *ahl?*⟩, illum a Caesare obsideri neque andere proelio dimicare: 3, 43, 4; **de* proelio ad Dyrrachium facto *elatius inflatiusque multo, quam res erat gesta, fama percrebruerat ⟨*fl;* percrebuerat *ah?*⟩, pulsum fugere Caesarem paene omnibus copiis amissis: 3, 79, 4.

(percunctatio *u.* **percontatio.)**

percurro: uti . . . per temonem percurrere et in iugo insistere ⟨consistere *a*⟩ . . . consuerint: IV 33, 3; ¶ Auximo ⟨*c*⟩ Caesar progressus ⟨*c*⟩ omnem agrum Picenum percurrit: 1, 15, 1.

percutio: unum ex multitudine procurrentem traicit; quo percusso et ⟨*c*⟩ exanimato hunc scutis protegunt hostes ⟨*c*⟩: V 44, 6.

perdisco: fere plerisque accidit, ut praesidio litterarum diligentiam in perdiscendo ac memoriam remittant: VI 14, 4.

perdo: an qui incolumes resistere non potuerunt, perditi resistant? 2, 32, 6.

perditus ui adiect. (subst.): magnaque praeterea multitudo undique ex Gallia perditorum hominum latronumque conuenerat ⟨*c*⟩: III 17, 4.

in agris habet dilectum egentium ac perditorum: VII 4, 3.

perdolesco: ubi . . . indutiis . . per scelus uiolatis suam uirtutem irrisui fore perdoluerunt: 2, 15, 1.

perduco. A. = διάγειν, προσάγειν, **promouere; a) propr.: (**itaque uastatis omnibus eorum agris . . . Caesar ⟨*c*⟩ exercitum reduxit ⟨β; perduxit α⟩: III 29, 3;**)** ¶ postulabat Caesar, ut legatos sibi ad Pompeium sine periculo mittere liceret, . . . aut acceptos per se ad eum perducerent: 3, 17, 2; ¶ nullo hoste prohibente . . . incolumem legionem in Nantuates ⟨*c*⟩, inde in Allobroges perduxit: III 6, 5; ¶ musculum pedes LX longum ex materia bipedali, quem ⟨quae *afl*⟩ a turri latericia ad hostium turrim murumque perducerent, facere instituerunt: 2, 10, 1; ¶ prima luce terram attigit omnesque incolumes naues perduxit: V 23, 6; ¶ qui (tirones) omnes ad eum perducti ⟨*O;* producti *Nx*⟩ contra religionem iuris iurandi in eius conspectu ⟨*c*⟩ crudelissime interficiuntur: 3, 28, 4.

tres nobilissimi Haedui capti ad Caesarem perducuntur ⟨produc. *Fr.*⟩: Cotus . . . et Cauarillus . . . et Eporedorix: VII 67, 7; ¶¶ oppidani . . comprehensos eos, quorum opera plebem concitatam existimabant, ad Caesarem perduxerunt ⟨produxerunt *Q*β; *Fr.*⟩: VII 13, 2.

b) trsl.; α): Germanos atque Ariouistum sibi adiunxerant eosque ad se magnis iacturis pollicitationibusque perduxerant: VI 12, 2.

β): *u.* **ad** *p. 126* (*4 loc. except.* 2, 9, 1.)

B. = **trahere, extrahere** (**μηκύνειν**)**:** ad meridiem res erat perducta: 3, 95, 1; res disputatione ad mediam noctem perducitur: V 31, 3.

C. = τείνειν, (οἰκοδομεῖν,) **facere, instituere:** fossam (-as) *u.* **fossa** *p. 1329* **B.** *(3 (4) loc.);* ¶ (fossamque ⟨*c*⟩ et maceriam ⟨materiam α⟩ sex in altitudinem pedum praeduxerant ⟨prod. β; perd. *D; M. Miller*⟩: VII 69, 5;) ¶ munitionem (-nes) *u.* **munitio** *p. 667 (4 loc.);* ¶ ea legione, quam secum habebat, . . . milia passuum XVIIII ⟨*c*⟩ murum in altitudinem pedum sedecim fossamque perducit: I 8, 1; ¶ (musculum: 2, 10, 1 *u.* **A. a)** musculum;) ¶ ubi ⟨*c*⟩ turris altitudo perducta ⟨perfecta *h pr.*⟩ est ad ⟨*Ald.;* ut *x*⟩ contabulationem ⟨*Ald.;* -ionis *x*⟩ eam ⟨*Ald.;* causa *x*⟩ in parietes instruxerunt ⟨*c*⟩ ita, ut: 2, 9, 1.

perendinus: qui, si per te liceat, perendino die cum proximis hibernis coniuncti communem cum reliquis belli casum sustineant: V 30, 3.

pereo. A. = **interfici: (**omnis noster equitatus, omnis nobilitas interiit ⟨periit *h*⟩: VII 38, 2;**)** ¶ militum pars . . . incolumis in castra peruenit, pars a barbaris circumuenta periit: VI 40, 8; ¶ duae fuerunt Ariouisti uxores . . ., utraque ⟨β; *Schn., Db., Hold., Hug;* utraeque α; *rell. edd.*⟩ in ea fuga periit; ⟨β; perierunt α; *edd.;* periit; fuerunt *Hug; Hold.*⟩ duae filiae: harum altera occisa, altera capta est: I 53, 4.

Germani . . . reliqui se in flumen praecipitauerunt atque ibi timore, lassitudine, ui fluminis oppressi perierunt: IV 15, 2; ¶¶ (Milo) lapide ictus ex muro periit ⟨*recc.; edd.;* perit *x*⟩: 3, 22, 2; ¶ ut, si qui etiam in praesentia se occultassent, tamen his . . . rerum omnium inopia pereundum uideretur: VI 43, 3.

B. = **incidere in calamitatem:** qui se per uos perisse existimant: 2, 32, 4.

perequito: equitatus . . noster . . . inter duas acies perequitans commodiorem ac tutiorem nostris receptum dat: 1, 46, 3; — ne ad liberos, ne ad parentes, ad uxorem ⟨c⟩ aditum habeat, qui non bis ⟨*om. AQ*β⟩ per agmen hostium perequitarit ⟨β; -tasset α; *edd.*⟩: VII 66, 7; primo per omnes partes perequitant (essedarii) et tela coiciunt: IV 33, 1.

perexiguus. A.: perexigua pars illius exercitus superest; magna pars deperiit: 3, 87, 3; ¶ cum hae ⟨c⟩ (cohortes) perexiguo intermisso loci spatio inter se constitissent: V 15, 4.

B.: id (frumentum) erat perexiguum cum ipsius agri natura, . . . tum ⟨c⟩, quod: 3, 42, 5.

perfacilis: perfacile esse, cum uirtute omnibus praestarent, totius Galliae imperio potiri: I 2, 2; — perfacile factu ⟨factum *MCh*⟩ esse illis probat conata perficere, propterea quod: I 3, 6; sed quoniam abundet equitatu, perfacile esse factu ⟨factum a^2⟩ frumentationibus pabulationibusque Romanos prohibere: VII 64, 2.

perfero. A. = adferre, deferre (nuntiare): interim consilio eius cognito et per mercatores perlato ad Britannos . . . legati ueniunt: IV 21, 5; ¶ famam *u.* **fama** *p. 1279* b) *(7 loc.)*; ¶ nam illo incommodo de Sabini morte perlato omnes fere Galliae ciuitates de bello consultabant: V 53, 4; ¶ mittuntur ad Caesarem confestim a ⟨c⟩ Cicerone litterae ⟨nuntiique *add. Eussn.*⟩ magnis propositis praemiis, si ⟨qui *H. J. Müller*⟩ pertulissent: V 40, 1; quibus litteris nuntiisque Romam perlatis magni domum concursus ad Afranium magnaeque gratulationes fiebant: 1, 53, 3; ¶ cum (Commius) ad eos oratoris modo Caesaris mandata deferret ⟨perferret β⟩: IV 27, 3; quod sua mandata perferre non oportuno tempore ad Pompeium uererentur: 3, 57, 2; ¶ nuntium (-ios) *u.* **nuntius** *p. 861 sq.* B. b) *(3 loc.)*; ¶ his rebus gestis . . . tanta huius belli ad barbaros opinio perlata ⟨prolata *A*⟩ est, uti: II 35, 1; hi siue uere quam habuerant opinionem ad eum perferunt, siue etiam auribus Vari seruiunt, . . . confirmant quidem certe: 2, 27, 2; ¶ ut nulla ratione ea res enuntiari aut ad Treueros perferri posset: V 58, 1; eae res in Galliam Transalpinam celeriter perferuntur: VII 1, 2; iamque Caesaris in Hispania res secundae in Africam nuntiis ac ⟨c⟩ litteris perferebantur: 2, 37, 2.

idoneos nactus homines, per quos ea, quae uellet, ad eum perferrentur, petit ab utroque: 1, 9, 1; celeriter haec fama ac ⟨*om.* β⟩ nuntiis ⟨*recc.*; nuntii *X*; *Hold.*, *Dt.*²⟩ ad Vercingetorigem perferuntur ⟨perferunt β⟩: VII 8, 4.

B. = perpeti, tolerare: praestare ⟨c⟩ omnes perferre acerbitates quam non ciuibus Romanis . . . parentarent: VII 17, 7; ¶ mollis ac minime resistens ad calamitates perferendas mens eorum est: III 19, 6; ¶ indignantes milites . ., quod conspectum suum ⟨sui *A*⟩ hostes perferre ⟨ferre β⟩ possent tantulo spatio interiecto: VII 19, 4; ¶ Haeduos a ⟨c⟩ Caesare in seruitutem redactos omnes ⟨omnes red. β⟩ indignitates contumeliasque perferre: II 14, 3; naues totae factae ex robore ad quamuis uim et contumeliam perferendam: III 13, 3; ¶ quod . . . Sequanis . . . omnes cruciatus essent perferendi: I 32, 5; ¶ praestare ⟨c⟩, si iam principatum Galliae (Haedui) obtinere non possint ⟨c⟩, Gallorum quam Romanorum imperia perferre ⟨praeferre *af*; *Np.*, *Db.*⟩: I 17, 3; tantum se eius opinionis deperdidisse, ut populi Romani ⟨β; a populo Romano α; *edd.*⟩ imperia perferrent ⟨praef. *Ma*¹⟩, grauissime dolebant (Galli): V 54, 5; ¶ indignitates: II 14, 3 *u.* contumelias; ¶ ut in ea libertate, quam a maioribus acceperint ⟨c⟩, permanere quam Romanorum seruitutem perferre malint ⟨c⟩: III 8, 4; ¶ uim: III 13, 3 *u.* contumeliam.

ut (homines insueti laboris) omnia, quae imperarentur, sibi patienda ⟨et perferenda *add.* β; *Schn.* *(Db.)*⟩ existimarent: VII 30, 4.

perficio. A. aliquid; a) pertinet ad concreta; α) additur obiect.; αα) subst.: fossasque ad eandem magnitudinem perfici iubet: 1, 42, 1; ¶ munitiones (-nem) *u.* **munitio** *p. 667 (8 loc.)*; ¶ imperat . . ., ut naues faciant. . . . has perfectas carris iunctis deuehit noctu milia passuum . . . XXII: 1, 54, 3; ¶ opus (opera) *u.* **opus** *p. 955 sq. (14 loc.)*; ¶ ubi uero ea pars turris, quae erat perfecta, tecta atque munita est ab omni ictu hostium: 2, 9, 5; ¶ infra eum locum, ubi pons erat perfectus: VI 35, 6; si esset in perficiendis pontibus periclitandum: VII 56, 1; pons, qui fuerat tempestate interruptus, paene erat refectus; hunc nocte ⟨c⟩ perfici iussit: 1, 41, 1; conatus est Caesar reficere pontes, sed nec magnitudo fluminis permittebat neque ad ripam dispositae cohortes aduersariorum perfici patiebantur: 1, 50, 1; cum in his angustiis res esset . . . nec pontes perfici possent: 1, 54, 1; ex utraque parte pontem instituit, ⟨institutum *Ofhl*⟩ biduo perficit: 1, 54, 4; simul perfecto ponte celeriter fortuna mutatur: 1, 59, 1; perfecto ponte, . . . expedita re frumentaria, . . . multae longinquiores ciuitates ab Afranio desciscunt: 1,60,5; ¶ rates duplices . . . conlocabat. . . . his perfectis conlocatisque alias deinceps pari magnitudine rates iungebat: 1,25,8; ¶ his rebus (= munitionis generibus) perfectis . . . pares ⟨c⟩ eiusdem generis munitiones . . . contra exteriorem hostem perfecit: VII 74,1; ¶ (turrim: 2,9,5 *u.* partem;) ¶ contra mare transuersum uallum, qui has duas munitiones coniungeret ⟨c⟩, nondum perfecerat: 3,63,5.

ββ) **pronom. (*uel* totum enuntiatum):** seu quid in munitionibus perfectum non erat, seu quid a peritioribus rei militaris desiderari uidebatur: 3,61,3; ¶ quae deesse operi uidebantur perficiuntur: V 40,2.

β) **subaudiendum est obiect.:** sed operum magnitudo et continens omnium dierum labor . . . perficiendi spatium non dabat: 3,63,4.

b) pertinet ad abstract.; α) additur obiect.; αα) subst.: cuius rei opinio tolli non poterit, cum in Italiam, ex qua profectus sum, reductus existimabor bello perfecto. ab iis ⟨his *x*; existimabor. bello perfecto ab iis *edd.*⟩ Caesar haec facta cognouit, qui sermoni interfuerunt: 3,18,4. 5; ¶ comitia: 3,2,1 *u.* res; ¶ perfacile factu ⟨c⟩ esse illis probat conata perficere: I 3,6; ¶ hac adiuncta ad reliquas naues cursum Massiliam uersus perficit: 2,3,3; ¶ ferias: 3,2,1 *u.* res; ¶ quae indicia aliis audientibus iudicibus, aliis sententiam ferentibus singulis diebus erant perfecta: 3,1,4; ¶ partem: 2,9,5 *u.* **A. a) α) αα)** partem; ¶ nelle se de iis ⟨c⟩ rebus, quae inter eos agi coeptae neque perfectae essent, agere cum eo: I 17,1; quibus rebus paene perfectis aduentu Curionis cognito queritur: 1,30,5; his rebus et feriis Latinis comitiisque omnibus perficiendis ⟨perfaciendis *af;* perficiundis *Nh*⟩ XI dies tribuit: 3,2,1.

ββ) **pron.:** inuentum est magno esse usui posse, si haec esset in altitudinem turris elata. id hac ratione perfectum est: 2,8,3.

β) **subaudiend. est obiect.:** celeriter adulescentibus et oratione magistratus et praemio deductis . . . ratio perficiendi quaerebatur: VII 37,6; conati sunt . . . Volusenum interficere. postquam id difficilius ⟨O^2f^1; facilius *a;* facinus *NOhl;* facinus difficilius *Paul*⟩ uisum est neque facultas perficiendi dabatur: 3,60,5.

(satis et ad laudem et ad utilitatem profectum ⟨perfectum *AQ*β⟩ arbitratus: IV 19,4.)

B. ut: obsidesque uti inter sese dent perficit ⟨perfecit *MC*β⟩: I 9,4; quibus rebus perfectum est, ut altissimis fluminibus atque impeditissimis itineribus nullum acciperet incommodum: 3,77,2.

perfidia: etsi multis iam rebus perfidiam Haeduorum ⟨haed. perf. caesar β⟩ perspectam habebat: VII 54,2; — renuntiant se Biturigum perfidiam ueritos reuertisse, quibus id consilii fuisse cognouerint, ut, si flumen transissent, una ex parte ipsi, altera Aruerni se circumsisterent: VII 5,5; ¶ ut nullus ⟨*Steph.;* nullius *x*⟩ perfidiae neque eruptioni ⟨-nis *O*⟩ locus esset: 2,16,1; ¶ id eane de causa, quam legatis pronuntiarunt ⟨c⟩, an perfidia adducti fecerint, . . . non uidetur pro certo esse ponendum ⟨c⟩: VII 5, 6; — milites nostri pristini diei perfidia incitati in castra inruperunt: IV 14,3; — ciuibus Romanis, qui Cenabi perfidia Gallorum interissent: VII 17,7; ita multorum mensium ⟨c⟩ labor hostium perfidia et ui tempestatis puncto temporis interiit: 2,14,4; — mane eadem et ⟨*om.* β⟩ perfidia et simulatione usi Germani ⟨simul. et perf. germani usi β⟩ frequentes . . . in castra uenerunt: IV 13,4.

(**perfide:** committendum non putabat, ut pulsis hostibus dici posset eos ab se per fidem ⟨perfide (*Hot.*,) *Pluyg.*⟩ in conloquio circumuentos: I 46,3.)

(**perfluo:** omnia enim flumina atque omnes riuos, qui ad mare pertinebant ⟨perfluebant *Hell.*⟩, Caesar aut auerterat aut: 3,49,4.)

perfringo: Galli, nisi perfregerint munitiones, de omni salute desperant: VII 85,3; ¶ milites . . . pilis missis facile hostium phalangem perfregerunt. ea disiecta . . .: I 25,2; ¶ ne aut tela tormentis immissa ⟨c⟩ tabulationem ⟨tribulationem *af;* tabulatum *Paul*⟩ perfringerent aut saxa ex catapultis latericium discuterent: 2,9,3.

perfuga. A. obi.: neu pro his pugnarent, a quibus *cum* contumelia perfugae appellarentur: 2,28,3; ¶ reliquos omnes obsidibus, armis, perfugis traditis in deditionem accepit: I 28,2.

B. dat.: quo maior perfugae (*i. e.* Labieno) ⟨eorum fugae *coni. Ciacc.*⟩ fides haberetur: 3,71,4.

C. gen.: (ad hoc consilium Gallos hortabatur) superiorum dierum Sabini cunctatio, perfugae confirmatio: III 18,6; ¶ numerus: VII 44,2 *u.* **D. c)** *extr.*

D. c. praep.; a) ab: his ⟨c⟩ rebus cognitis a captiuis perfugisque ⟨perf. captiuisque β⟩ Caesar . . . iussit: V 18,4.

b) cum: uidetisne . . . captiuorum orationem

cum perfugis ⟨profugis *bf*⟩ conuenire? 2, 39, 3.

c) ex: ex perfugis ⟨profugis *bf*⟩ quibusdam oppidanis audit Iubam ... restitisse in regno: 2, 38, 1; ¶ quibus rebus cognitis ex perfugis et ⟨*om. h*⟩ captiuis ⟨q. reb. ex perf. et capt. cognitis β⟩ Caesar haec genera munitionis instituit: VII 72, 1; libenter etiam ex perfugis ⟨profugis *b*⟩ cognoscebant ⟨audiebant *f*⟩ ... iumenta interisse: 3, 49, 3; ¶ admiratus quaerit ex perfugis ⟨profugis *a*⟩ causam, quorum magnus ad eum cotidie numerus confluebat: VII 44, 2.

d) per: quae res nota erat Pompeio, delata per Allobrogas perfugas: 3, 63, 5.

e) pro: qui ubi pro perfuga ad eos uenit: III 18, 3.

perfugio. **A. additur, quo; a) ad alqm** *u.* **ad** *p. 103 (9 (10) loc.)*

(b): Litauiccus cum suis clientibus ... Gergouiam profugit ⟨perfugit β⟩: VII 40, 7; — L. Caesar ... pedibus Hadrumetum profugerat ⟨*Oud.*; perfugerat *x; edd.*⟩: 2, 23, 3.)

(B. absol.: † neque enim ex Marsis Paelignisque ueniebant, ut qui superiore nocte ⟨perfugerant *add. Terpstra;* ad Varum perfug. *coni. Np.*⟩: 2, 29, 4.)

perfugium: qui cum propter siccitates ⟨*c*⟩ paludum quo se reciperent non haberent, quo perfugio superiore anno erant usi ⟨*sic* β; *Schn.;* quo superiore anno perfuerant usi α; quo superiore anno perfugio fuerant usi *Weissenborn; Np., Fr., Db.;* quo sup. a. perf. erant usi *Dt., Hold.*⟩: IV 38, 2.

Pergamum: deductis Pergamum atque in locupletissimas urbes in hiberna legionibus maximas largitiones fecit: 3, 31, 4; Pergamique ⟨que *om. recc.; Np., Dt.*⟩ in occultis ac reconditis ⟨*c*⟩ templi ⟨*c*⟩ ... tympana sonuerunt: 3, 105, 4.

pergo: (cum uterque utrimque perrexisset ⟨*Paul;* exisset α⟩ exercitus, in conspectu fereque e regione *Caesaris castra ponebat ⟨*Vielh.;* ponebant α; *u. CC*⟩: VII 35, 1;) ¶ laeti ut explorata uictoria ... ad castra pergunt: III 18, 8.

pergratus: id uero militibus fuit pergratum et iucundum ..., ut qui aliquid ⟨*c*⟩ iusti ⟨*c*⟩ incommodi exspectauissent, ultro praemium missionis ferrent: 1, 86, 1.

periclitor. **A. = temptare, experiri;** **a) alqd:** cur denique fortunam periclitaretur: 1, 72, 2; debere utrumque ... ab armis discedere neque amplius fortunam periclitari: 3, 10, 3.

b) sequ. interrog. obl.: cotidie tamen equestribus proeliis quid hostis uirtute posset et quid nostri auderent periclitabatur ⟨periclitatur *B*[1]*;* sollicitationibus exquirebat *B*[2]β⟩: II 8, 2; neque ullum fere diem intermittebat, quin equestri proelio interiectis sagittariis quid in quoque esset animi ac uirtutis suorum periclitaretur ⟨β; *Schn., Db.;* perspiceret *recc.; Np., Fr., Dt.*[2]*;* perspiceretur α; *Dt.*[1]*, Hold.*⟩: VII 36, 4.

B. = in periculum uenire: ut potius in siluis Gallorum uita quam legionarius miles periclitetur ⟨periclitaretur β⟩: VI 34, 8; ¶ si esset in perficiendis pontibus periclitandum: VII 56, 1.

periculosus: saxa inter et alia loca periculosa quietam nactus stationem ... milites exposuit: 3, 6, 3.

intrare intra praesidia periculosum putabat: VII 8, 1; — in Galliam magnam eorum multitudinem uenire populo Romano periculosum uidebat: I 33, 3.

periculum. **I. Forma:** periclum *inuenitur in AQB* IV 21, 1; *reliquis locis in omnibus codd.* periculum *uidetur exstare.*

II. Signif.; A. = πεῖρα: factum ⟨esse *add. A*[1]⟩ eius hostis periculum patrum nostrorum memoria ..., factum etiam nuper in Italia seruili tumultu: I 40, 5; ad haec cognoscenda, prius quam periculum faceret, ... C. Volusenum ... praemittit: IV 21, 1.

B. = κίνδυνος; a) subi.: cum tantum repentini periculi praeter opinionem accidisset: III 3, 2; nullum enim poterat uniuersis *a* perterritis ac dispersis periculum accidere: VI 34, 3; ut ... quibus in pugna uitae periculum accideret ⟨-rat *NOx*⟩, non ita multo se reliquorum ciuium fatum antecedere existimarent: 2, 6, 1; ¶ quod suum periculum in aliena uident uirtute ⟨*c*⟩ constare: VII 84, 4; ¶ posse: VI 34, 3 *u.* accidere.

b) obi.: omnium ex conspectu remotis equis, ut aequato omnium ⟨*del. Scal.*⟩ periculo spem fugae tolleret: I 25, 1; ¶ leuiusque tempestatis quam classis periculum aestimauerunt ⟨existimau.?⟩: 3, 26, 4; ¶ augere: (V 31, 5 *u.* f) ι);) quodcumque addebatur subsidio ⟨-dii *Paul*⟩, id ... terrorem et periculum augebat ⟨adaugebat *O*⟩: 3, 64, 2; ¶ nec tribunis plebis sui periculi deprecandi neque etiam extremi iuris [intercessione] retinendi ... facultas tribuitur: 1, 5, 1; ¶ ut ⟨*c*⟩, si essent hostes pulsi, celeritate periculum effugerent: IV 35, 1; ¶ existimare: 3, 26, 4 *u.* aestimare; ¶ [equestris autem proelii ratio et cedentibus et insequentibus par atque idem periculum inferebat: V 16,3;] qui nostris nauibus periculum intulerant, de suo timere cogebantur: 3,27,1; ¶ (qui ex urbe amicitiae causa Caesarem secuti ⟨magnum periculum miserabantur, quod *add.* $AQ(B^2)\beta$⟩ non magnum ⟨periculum miserabantur *add.* B^1⟩ in re militari usum habebant: I 39,2;) cum familiaribus suis commune periculum miserabantur: I 39,4; ¶ qui uestrae salutis causa suum periculum neglexerunt: VII 77,9; ¶ (pertimescere: V 29,7 *u.* timere;) ¶ *Libo neque legatos Caesaris recipere neque periculum praestare eorum, sed totam rem ad Pompeium reicere: 3,17,5; ¶ profitentur Carnutes se nullum periculum communis salutis causa recusare: VII 2,1; quos (milites) eum sic animo paratos ⟨o⟩ uideat ⟨c⟩, ut nullum pro sua laude periculum recusent ⟨recusarent *aliq. recc.;* recussasent *A*⟩: VII 19,5; multum ipsis militibus hortantibus neque ullum periculum pro salute Caesaris recusantibus . . . naues soluunt: 3,26,1; ¶ si mons erat ascendendus, facile ipsa loci natura periculum repellebat: 1,79,2; ¶ ut . . . paratiores ad omnia pericula subeunda essent: I 5,3; VI 30,4 *u.* uitare; ¶ in quo si non ⟨c⟩ praesens periculum, at ⟨c⟩ certe longinqua ⟨c⟩ obsidione fames esset timenda ⟨pertimescenda *befik*⟩: V 29,7; ¶ Gallus periculum neritus, ut erat praeceptum, tragulam mittit: V 48,7; (Caelius) exclusus Capua et periculum ueritus, quod conuentus arma ceperat atque eum hostis loco habendum existimabat, consilio destitit: 3,21,5; ¶ sic et ad subeundum periculum et ad uitandum multum ⟨tumultum β⟩ fortuna ualuit: VI 30,4; ut (Afraniani), si priores montes . . . attigissent, ipsi periculum uitarent, impedimenta . . . seruare non possent: 1,70,2; eorum, qui tanta pericula uitasse . . . uidebantur: 1,74,7; paulumque afuit ⟨c⟩, quin Varum interficeret; quod ille periculum sublato ad eius conatum sento uitauit: 2,35,2; quem ⟨c⟩ (Libonem) ubi Caesar intellexit praesentis periculi atque inopiae uitandae causa omnem orationem ⟨c⟩ instituisse: 3,17,6; Domitius . . . hostium beneficio periculum uitauit: 3,79,7.

c) dat.: (eripere: IV 12,5 *u.* **f)** ε);) ¶ ne labori suo neu periculo parceret: 1,64,3.

d) gen.; α): conuentum Salonis cum neque pollicitationibus neque denuntiatione ⟨-onibus *hl*⟩ periculi permouere posset, oppidum oppugnare instituit: 3,9,2; ¶ quoniam prope ad finem laborum ae periculorum esset peruentum: 3,6,1; ¶ pro magnitudine periculi bellum parare . . . instituunt: III 9,3; ¶ proinde habeat rationem posteritatis et periculi sui ⟨*u. CC*⟩: 1,13,1; ¶ cum laboris sui periculi*que* testimonium adferre uellent: 3,53,4.

β): quod non nulli cum probarent, periculi causa sequi non potuerunt: *ap. Cic. ad Att.* X 8 *B*, 2.

γ): tantum periculi: III 3,2 *u.* **a)** accidere.

δ): erat magni periculi res tantulis ⟨c⟩ copiis iniquo loco dimicare: V 49,6.

e) abl.; α): repentino periculo exterriti sinistras sagis inuoluunt gladiosque destringunt: 1,75,3; ¶ neque is sum, inquit, qui grauissime ex uobis mortis ⟨in *add.* β⟩ periculo terrear: V 30,2; ¶ deposcunt, qui belli initium faciant ⟨faciat β⟩ et sui capitis periculo Galliam in libertatem uindicent ⟨uindicet β⟩: VII 1,5.

β): (Romanos . . . magno cum ⟨*om.* α; *Np., Dt., Hld.*⟩ periculo longius a ⟨c⟩ castris processuros: VII 14,7;) id ⟨c⟩ si fecissent, magno eorum capitis ⟨capiti?⟩ periculo futurum ⟨adfuturum *a*⟩: 3,102,6; ¶ (ut exploratis itineribus minore eum ⟨*om.* β⟩ periculo uallem riuumque transiret: V 50,3;) quo minore periculo undique frumentum commeatumque exercitui supportare posset: 3,43,2; ¶ sui capitis periculo: VII 1,5 *u.* α).

γ): unam fore tabellam, qui liberandos omni periculo censerent, alteram, qui capitis damnarent: 3,83,4.

f) c. praep.; α) ab: quod abesse a periculo uiderentur: II 11,5; ¶¶ quo liberius a ⟨ae sine *Ohl*⟩ periculo ⟨quo liberius [ae sine periculo] *Paul*⟩ milites aquarentur: 3,66,6; — quae (oppida) non munitione et loci natura ab omni sint periculo tuta: VII 14,9.

β) ad: non enim has (naues) aut conspectus patriae aut propinquorum praecepta ad extremum uitae periculum adire cogebant: 2,7,1; ¶¶ timere Caesarem, . . . ne ad eius periculum reseruare et retinere eas (legiones) ad urbem Pompeius uideretur: 1,2,3.

γ) cum: *ne* autem ⟨c⟩ cum periculo ex castris egredi cogatur: VII 74,2.

magno (minore, nullo, quanto) cum periculo *u.* **cum** *p. 771 sq. (12 loc.).*

δ) de: ab eo de periculis Ciceronis legionisque cognoscitur ⟨cognoscit β⟩: V 45,5; ¶¶ Labienus . . . de suo ae legionis periculo nihil timebat: V 57,1; 3,27,1 *u.* **b)** inferre.

ε) ex: hic eum fratri intercluso ab hostibus

auxilium ferret, illum ex ⟨*om.* β⟩ periculo eripuit: IV 12, 5; parentes suos commendabant, si quos ex eo ⟨suo *af*⟩ periculo fortuna seruare potuisset: 2, 41, 8.

ζ) in c. acc.: orant, ne sua dissensione et pertinacia rem in summum periculum deducant: V 31, 1; uestrae . . . uitae prospiciam, quos cupiditate gloriae adductus in periculum deduxi: VII 50, 4; sese rem in summum periculum deducturum non esse: 1, 19, 3; ¶ se cohortesque amplius XXX magnumque numerum senatorum atque equitum Romanorum in periculum esse uenturum: 1, 17, 2.

η) in c. abl.: esse in periculo *u.* **in** *p. 134 extr. (5 loc.);* ¶ cum . . . quo in loco res esset quantoque in periculo ⟨impericulo *ABM*⟩ et castra et legiones et imperator uersaretur cognouissent: II 26, 5; qui sunt adfecti grauioribus morbis quique in proeliis periculisque uersantur: VI 16, 2.

(in ⟨*c*⟩ periculo terrear: V 30, 2 *u.* **e) α)**;) plerumque in summo periculo timor misericordiam non recipit: VII 26, 4; cum . . . reliqui in labore pari ac ⟨atque *f*⟩ periculo ne unus omnes antecederet recusarent: 3, 82, 5.

ϑ) pro: si quis, a domino prehenderetur, consensu militum eripiebatur, qui uim snorum, quod in simili culpa uersabantur, ipsi pro suo periculo defendebant: 3, 110, 4.

ι) sine: quoniam propius accessisset seque id sine periculo facere posse existimaret ⟨*c*⟩: I 42, 1; commeatus ab Remis reliquisque cinitatibus ut sine periculo ad eum portari possent ⟨*c*⟩ efficiebat: II 5, 5; [omnia excogitantur, quare nee sine periculo maneatur ⟨mane eatur *Hartz*⟩ et languore militum et uigiliis periculum augeatur: V 31, 5;] seu quis Gallus seu Romanus ⟨*c*⟩ uelit ante horam tertiam ad se transire, sine periculo licere: V 51, 3; ut . . . ipsi sine periculo ac timore Hiberum copias traducerent: 1, 65, 4; miles . . . operi quaecumque sunt usui, sine periculo supportat: 2, 15, 3; sua sponte, dum sine periculo liceret, exeederet Gadibus: 2, 20, 3; postulabat Caesar, ut legatos sibi ad Pompeium sine periculo mittere liceret: 3, 17, 2; (66, 6 *u.* **α)**;) ita sine periculo legionum et paene sine uulnere bellum conficiemus: 3, 86, 4; ¶ se . . . quaecumque bella geri uellet, sine ullo eius labore et periculo confecturum: I 44, 13; etsi sine ullo periculo ⟨peric. ullo β⟩ legionis ⟨-oni *Ciacc.*⟩ delectae eum ⟨*c*⟩ equitatu proelium fore uidebat: I 46, 3; ita sine ullo periculo tantam eorum multitudinem nostri interfecerunt, quantum fuit diei spatium: II 11, 6; harum omnium rerum facultates sine ullo periculo pons Ilerdae praebebat et loca trans flumen integra: 1, 49, 2; ita tuto ae sine ullo uulnere ac periculo sex tabulata exstruxerunt: 2, 9, 8.

Adiect.: commune: I 39, 4; extremum: 2, 7, 1; (idem: V 16, 3;) leuius(?): 3, 26, 4; magnum: (I 39, 2;) V 49, 6; 1, 79, 3; 3, 102, 6; *u. praeterea* **cum** *p. 771 (7 loc.);* minus: V 50, 3; 3, 43, 2; nullum: V 29, 6; VI 34, 3; VII 2, 1; 19, 5; omne: VII 14, 9; 3, 83, 4; omnia: I 5, 3; par: (V 16, 3;) 3, 82, 5; praesens: V 29, 7; 3, 17, 6; quantum: I 17, 6; II 26, 5; V 47, 5; 48, 2; 52, 3; VI 39, 1; VII 41, 2; repentinum: III 3, 2; 1, 75, 3; summum: V 31, 1; VII 26, 4; 32, 3; 1, 19, 3; (suum: V 57, 1; VII 77, 9; 84, 4; 1, 5, 1; 13, 1; 64, 3; 3, 27, 1; 53, 4; 110, 4;) tanta: 1, 74, 7; ullum: I 44, 13; 46, 3; II 11, 6; 1, 49, 2; 2, 9, 8; 3, 26, 1.

peridoneus: quod is locus peridoneus castris habebatur: 2, 24, 2.

peritus. A. absol.; a) pos.: (nostri) minus exercitatis remigibus minusque peritis gubernatoribus utebantur: 1, 58, 3; ¶ de re tanta et a tam perito imperatore nihil frustra confirmari uidebatur: 3, 87, 7; ¶ nostri milites . . . usu periti ae superioribus pugnis exercitati sua sponte cursum represserunt: 3, 93, 1.

b) superl.: quod duas Hispanias bellicosissimorum hominum peritissimis atque exercitatissimis ducibus pacauissent: 3, 73, 3.

B. peritus alcs rei: Galli . . . locorum peritos adhibent; ex ⟨*c*⟩ his superiorum castrorum situs munitionesque cognoscunt: VII 83, 1; ¶ Domitius ad Pompeium in Apuliam peritos regionum magno proposito praemio . . . mittit: 1, 17, 1; hos lenis armaturae Lusitani peritique earum regionum caetrati citerioris Hispaniae consectabantur: 1, 48, 7; ¶ neque enim sex legiones alia de causa missas in Hispaniam . . . neque submissos duces rei militaris peritos: 1, 85, 6; — seu quid in munitionibus perfectum non erat, seu quid a peritioribus rei militaris desiderari uidebatur: 3, 61, 3; — qui (Considius) rei militaris peritissimus habebatur et in exercitu L. Sullae et postea in M. Crassi fuerat: I 21, 4; — (cuniculis actis,) cuius rei sunt longe peritissimi Aquitani: III 21, 3.

perlego: ille perlectam (epistulam) in conuentu militum recitat: V 48, 9; ¶ litteris perlectis Domitius dissimulans in consilio pronuntiat Pompeium celeriter subsidio uenturum: 1, 19, 1.

perluo: quod et promiscue in fluminibus perluuntur et: VI 21, 5.

permagnus: quorum (sagittariorum) erat permagnus ⟨magnus *AQ*⟩ numerus in Gallia ⟨in gallia numerus β⟩: VII 31, 4.

permaneo. A. propr.; a) de hominibus: cum . . . nostros . . . defatigarent, quibus propter magnitudinem castrorum perpetuo esset isdem in uallo permanendum: VII 41, 2; ¶ Britanniae . . . maritima pars ab iis ⟨*c*⟩ (incolitur), qui . . . ex Belgio transierunt ⟨*c*⟩ et bello inlato ibi permanserunt ⟨remanserunt β⟩ atque agros colere coeperunt: V 12, 2.
ducem suum Domitium, cuius spe atque fiducia permanserint, proiectis omnibus fugae consilium capere: 1, 20, 2.

b) de rebus: hae permanserunt aquae dies complures: 1, 50, 1.

B. trsl.; a): qui diutissime impuberes permanserunt, maximam inter suos ferunt laudem: VI 21, 4.
quod certe inde decedendum esset Afranio nec sine aqua permanere posset: 1, 71, 4.

b) permanere in alqa re *u.* **in** *p. 135 sq. (8 (9) loc.).*

permano: hoc ubi uno auctore ad plures permanauerat atque alius alii tradiderat, plures auctores eius rei uidebantur: 2, 29, 2.

permisceo. A. (propr.): sic cum suis fugientibus permixti, quos non siluae montesque texerunt, ab equitatu sunt interfecti: VII 62, 9.

B. trsl.: omnia diuina humanaque iura ⟨*del. Grut.*⟩ permiscentur: 1, 6, 8; — inimicorum, qui . . . omnia permisceri mallent quam imperium exercitusque dimittere: 1, 32, 5.

permitto. A. = παραδιδόναι **(überlassen, übertragen); a):** comitia: 1, 9, 5 *u.* rem publicam; ¶ seseque ⟨*c*⟩, si Caesar permitteret, ad eum in castra uenturum, suas ciuitatisque fortunas eius fidei permissurum: V 3, 7; ¶ conueniunt undique frequentes. multitudinis ⟨*ik; frequentes multitudines. X*⟩ suffragiis res permittitur: VII 63, 6; ¶ libera ⟨sint *add. Vielh.*⟩ comitia atque omnis res publica senatui populoque Romano permittatur: 1, 9, 5; ¶ maiores . . . copiae Britannorum conuenerant summa imperii bellique administrandi communi consilio permissa Cassiuellauno: V 11, 8; Commius reliquique ⟨*c*⟩ duces, quibus summa imperii permissa erat: VII 79, 1; Domitius . . . urbi praeficitur; summa ei belli administrandi permittitur: 1, 36, 1; quod de consilii ⟨consulum *Elberl.*⟩ sententia summam ⟨summa *Ol*⟩ belli rerumque omnium Pompeio permiserint: 3, 16, 4.

b): legatos . . . miserunt, qui . . . se suaque omnia eorum (Romanorum) potestati permittere dixerunt: II 31, 3; — qui dicerent se suaque omnia in fidem atque in ⟨*c*⟩ potestatem populi Romani permittere: II 3, 2.

B. = ἐφιέναι, ἐᾶν **(erlauben); a) alqd:** ea re permissa diem concilio constituerunt: I 30, 5.

b) ut: obsides . . . redderet Sequanisque permitteret, ut quos illi haberent uoluntate eius reddere illis liceret: I 35, 3; huic permisit, si opus esse arbitraretur, uti in his locis legionem hiemandi causa conlocaret: III 1, 3.

c) abs.: seseque ⟨*c*⟩, si Caesar permitteret, ad eum in castra uenturum: V 3, 7; — conatus est Caesar reficere pontes, sed nec magnitudo fluminis permittebat neque ad ripam dispositae cohortes aduersariorum perfici patiebantur: 1, 50, 1.

(permoneo: nuntios tota ciuitate Haeduorum dimittit; eodem ⟨in eodem β⟩ mendacio de caede equitum et principum permouet ⟨*recc.; permonet X; permanet B*[1]*?k; Ald.*⟩: VII 38, 10.**)**

permoueo. A. = grauius animo commouere; a) de uniuerso totius animi motu; α) non additur abl. causae: tandem dat Cotta ⟨precibus *add. Deiter*⟩ permotus manus; superat sententia Sabini: V 31, 3.

β) additur abl. causae: conuentum Salonis cum neque pollicitationibus neque denuntiatione ⟨-onibus *hl*⟩ periculi permouere posset, oppidum oppugnare instituit: 3, 9, 2; ¶ qua oratione permoti milites crebro etiam dicentem ⟨*c*⟩ interpellabant, ut magno cum dolore infidelitatis suspicionem sustinere uiderentur: 2, 33, 1; ¶ maximeque hac re permouebantur (legati), quod: V 28, 1.

b) de certis quibusdam grauioribus animi motibus; α) = perturbare, obstupefacere: confirmatis militibus, ne ob hanc causam animo permouerentur, . . . legiones . . . eduxit: VII 53, 1.
celeritate: II 12, 5 *u.* **B.** celeritate; ¶ defectione: V 22, 3 *u.* **B.** defectione; ¶ et nauium figura et remorum motu et inusitato genere tormentorum permoti barbari constiterunt ac paulum [modo] pedem rettulerunt: IV 25, 2; ¶ nostri repentina fortuna permoti arma quae possunt arripiunt: 2, 14, 3; ¶ genere, motu: IV 25, 2 *u.* figura; ¶ quicumque alterum obsidere conati sunt, perculsos atque infirmos hostes

*[adorti] aut proelio superatos aut aliqua ⟨alia *Kraff.*⟩ offensione permotos continuerunt: 3,47,2.

β) = **exacerbare, irritare:** ne grauius permoti milites et defectionis odio et contemptione ⟨contentione *x*⟩ sui et dintino labore omnes puberes interficerent: 2,13,3; ¶ Brundisini Pompeianorum militum iniuriis atque ipsius Pompei contumeliis permoti Caesaris rebus fauebant: 1,28,1; ¶ ille (Coelius) ignominia et dolore permotus palam se proficisci ad Caesarem simulauit: 3,21,4; ¶ ignominia: 3,21,4 *u.* dolore; ¶ iniuriis: 1,28,1 *u.* contumeliis; 1,36,4 *u.* **B.** iniuriis; ¶ adhortatus milites, ne necessario tempore itineris labore permoueantur: VII 40,4; 2,13,3 *u.* contemptione; ¶ (Litauiccus) nuntios tota ciuitate Haeduorum dimittit; eodem ⟨in eodem β⟩ mendacio de caede equitum et principum permouet ⟨*recc.;* permonet *X;* permanet *(B¹)k; Ald.*⟩: VII 38,10; ¶ odio: 2,13,3 *u.* contemptione; ¶ rebus: 3,59,4 *u.* **B.** rebus.

B. = **adducere, impellere** *(semper particip.)*: sed nostro aduentu permoti Britanni hunc toti bello imperioque praefecerant: V 11,9; ¶ his rebus adducti et auctoritate Orgetorigis permoti constituerunt (Heluetii): I 3,1; ¶ his rumoribus ⟨β; rebus α; *edd.*⟩ atque auditionibus permoti de summis saepe rebus consilia ineunt (Galli): IV 5,3; ¶ (Suessiones) magnitudine operum ... et celeritate Romanorum permoti legatos ad Caesarem de deditione mittunt: II 12,5; ¶ Cassiuellaunus . . . tot detrimentis acceptis, uastatis finibus, maxime etiam permotus defectione ciuitatum ⟨*c*⟩, legatos ... mittit: V 22,3; ¶ etsi te nihil . . . imprudenter facturum indicaram, tamen permotus hominum fama seribendum ad te existimaui: *ap. Cic. ad Att.* X 8 *B*, 1; ¶ qua necessitate et ignominia permotus Libo discessit: 3,24,4; ¶ simul infamia duarum legionum permotus ... rem ad arma deduci studebat (Pompeius): 1,4,5; ¶ quibus iniuriis permotus Caesar legiones tres Massiliam adducit: 1,36,4; ¶ maxime frumenti commeatusque ⟨*c*⟩ inopia permotus . . . in prouinciam reuerti contendit (Galba): III 6,4; ¶ magnitudine: II 12,5 *u.* celeritate; ¶ necessitate: 3,24,4 *u.* ignominia; ¶ nouitate rei Curio permotus praemittit equites: 2,26,3; ¶ Pompeius siue operibus Caesaris permotus siue etiam quod . . . excedere constituerat, . . . incipit: 1,27,2; ¶ quorum oratione permotus Varus . . . profugit: 1,13,2; 3,74,2 *u.* ratione; ¶ precibus: V 31,3 *u.* **A. a)** α); quorum ille (Vercingetorix) precibus permotus castra ex Biturigibus mouet: VII 8,5; ¶ cum superioris etiam ordinis non nulli ratione ⟨oratione *V.*⟩ permoti . . . rem proelio committendam existimarent: 3,74,2; ¶ quibus omnibus rebus permoti equites Treueri ⟨*c*⟩ . . . desperatis nostris rebus ⟨*om.* β⟩ domum contenderunt: II 24,4; (IV 5,3 *u.* auditionibus;) his rebus permotus Q. Titurius . . . ad eum mittit: V 36,1; quibus rebus permotus Caesar Brundisium ad suos seuerius scripsit: 3,25,4; quibus illi (equites) rebus permoti uniuersi Caesarem adierunt: 3,59,4; ¶ rumoribus: IV 5,3 *u.* auditionibus; Metropolitae primo ⟨*c*⟩ eodem usi consilio isdem permoti rumoribus portas clauserunt: 3,81,1; ¶ (Cicero) simul eorum permotus uocibus ⟨permot. uoc. eor. β⟩, qui illins patientiam paene obsessionem appellabant, . . . mittit ⟨*c*⟩: VI 36,2.

permulceo: eorumque (principum) animis permulsis et confirmatis equitatuque imperato bellum cum Germanis gerere constituit: IV 6,5.

permulti: erant enim circum castra Pompei permulti editi atque asperi colles: 3,43,1.

pernicies: quonam haec omnia nisi ad suam perniciem pertinere? 1,9,4; — quibus opibus ac neruis non solum ad minnendam gratiam, sed paene ad perniciem suam uteretur: I 20,3; ¶ neminem secum sine sua pernicie ⟨perniciae *A;* perneciae *Bpr.*⟩ contendisse: I 36,6.

perniciosus: quotienscumque sit deeretum, darent operam magistratus, ne quid res publica detrimenti caperet, ... factum in perniciosis legibus: 1,7,5.

pernicitas: ut . . . adulescentes atque expeditos ex antesignanis electos ⟨*Madu.;* electis *x; edd.*⟩ mutatis ⟨*Madu.;* milites *x; del. Np.; edd.*⟩ ad pernicitatem armis ⟨*suspectum Oud.*⟩ inter equites proeliari iuberet: 3,84,3.

perpauci. 1. adiect.: equites ex proelio perpauci se recipiunt: 2,42,5; ¶ ut (naues) perpaucae ex omni numero noctis interuentu ad terram peruenerint ⟨*c*⟩: III 15,5; ut . . . ex iis (nauibus), quae inanes ex continenti ad eum remitterentur . . ., perpaucae locum caperent, reliquae fere omnes reicerentur ⟨*c*⟩: V 23,4; ¶ ex quibus (principibus) perpaucos ⟨paucos *AQ*⟩, quorum in se fidem perspexerat, relinquere in Gallia, reliquos obsidum loco secum ducere decreuerat: V 5, 4.

2. ui subst.; A. subi.: ibi perpauci aut uiribus confisi tranare ⟨tra(ns)natare β⟩ contenderunt aut lintribus inuentis sibi salutem reppererunt ⟨pepererunt *Heinsius; Np.*⟩: I 53, 2; — mons autem altissimus impendebat, ut facile perpauci prohibere possent: I 6, 1; — (nostri . . . duas naeti turmas exceperunt, quarum perpauci fuga se ad suos receperunt ⟨quarum perp. f. se ad s. rec. *add. Freudenberg; Db.; om. codd.; Np.;* quarum perp. f. salutem sibi reppererunt *add. Kraffert, Hell., Dt.*⟩: 3, 38, 4.)

B. obi.: oppido potitur perpaucis ex hostium numero desideratis, quin cuncti ⟨*c*⟩ caperentur: VII 11, 8; ¶ nostri ad unum omnes incolumes perpaucis uulneratis ex tanti belli timore . . . se . . . receperunt: IV 15, 3.

perpendiculum: haec (tigna) cum machinationibus immissa in flumen ⟨-mine β⟩ defixerat festucisque ⟨*c*⟩ adegerat, non sublicae modo derecte ad perpendiculum, sed prone ⟨*c*⟩ ac fastigate ⟨*c*⟩: IV 17, 4.

perpetior: praestare uisum est tamen omnes difficultates perpeti quam: VII 10, 2; ¶ satis (se) . . . supplicii tulisse: perpessos omnium rerum inopiam; nunc uero paene ut feras ⟨*c*⟩ circummunitos prohiberi aqua, prohiberi ingressu, neque corpore *laborem neque animo ignominiam ferre posse: 1, 84, 4; meminerant (milites) ad Alesiam magnam se inopiam perpessos, multo etiam maiorem ad Auaricum maximarum ⟨se *add. codd.; Db.; del. Dauis.*⟩ gentium uictores discessisse: 3, 47, 6; ¶ praestare dicebant per uirtutem in pugna belli fortunam experiri quam desertos et circumuentos ab suis grauissimum supplicium perpeti: 2, 30, 2.

neu contra eos arma ferrent, qui eadem essent usi fortuna eademque in obsidione perpessi: 2, 28, 3; recordabantur enim eadem ⟨eandem *Nahl*⟩ se superiore anno in Hispania ⟨inopiam *add.* Nl^2⟩ perpessos labore et patientia maximum bellum confecisse: 3, 47, 6; ¶ illi omnia perpeti parati maxime a re frumentaria laborabant: 3, 9, 5.

perpetuus. 1. adiect.; A. de loco: perpetuae fossae quinos pedes altae ducebantur: VII 73, 2; ¶ ut nostri perpetuas munitiones † uidebant ⟨perpetua munitione prouidebant *Koch; Db.*⟩ perductas ex castellis in proxima castella ⟨perducta ex e. in pr. cast. *uncis incl. Koch; Db.*⟩, . . . ita illi interiore spatio perpetuas munitiones efficiebant: 3, 44, 4; ¶ erant Menapii propinqui Eburonum finibus, perpetuis paludibus siluisque muniti: VI 5, 4; et palus, quae perpetua ⟨perpetua, quae β⟩ intercedebat, Romanos ad insequendum tardabat: VII 26, 2; cum animaduertisset perpetuam esse paludem, quae influeret in Sequanam atque illum omnem locum magnopere impediret: VII 57, 4; ¶ siluae: VI 5, 4 *u.* paludes; ¶ milites disponit non certis spatiis intermissis, . . . sed perpetuis uigiliis stationibusque ⟨perp. stationibus *l*⟩, ut contingant inter se atque ⟨aeque *fhl*⟩ omnem munitionem expleant: 1, 21, 3; ¶ (trabes derectae † perpetuae ⟨XIIII pedum *R. Menge*⟩ in longitudinem paribus interuallis distantes inter se binos pedes in solo conlocantur: VII 23, 1;) quae (materia) perpetuis trabibus *pedum *quadragenum plerumque introrsus reuincta neque perrumpi neque distrahi potest: VII 23, 5; ¶ uigiliae: 1, 21, 3 *u.* stationes.

B. de tempore: si [id] ita fecisset, sibi populoque Romano perpetuam gratiam atque amicitiam cum eo futuram: I 35, 4; ¶ hi perpetuas inter se controuersias habebant: V 44, 2; ¶ (quos (Haeduos) praecipuo semper honore Caesar habuit) pro uetere ac perpetua erga populum Romanum fide: V 54, 4; ¶ gratia: I 35, 4 *u.* amicitia; ¶ qua rei familiaris iactura perpetuum imperium libertatemque se ⟨*c*⟩ consequi nideant: VII 64, 3; ¶ Romanos non solum itinerum causa, sed etiam perpetuae possessionis culmina Alpium occupare conari: III 2, 5; ¶ nolite . . . animi imbecillitate ⟨*o*⟩ omnem Galliam prosternere et perpetuae seruituti subicere ⟨*c*⟩: VII 77, 9; quae (finitima Gallia) in prouinciam redacta . . . securibus subiecta perpetua premitur seruitute: VII 77, 16; ¶ exercitum cum militari more ad pugnam cohortaretur suaque in eum perpetui ⟨perpetuum *a*⟩ temporis officia ⟨-ium a^1⟩ praedicaret: 3, 90, 1; ¶ suam innocentiam perpetua uita, felicitatem ⟨uitae felicitate *αa;* perpetuam uitae felicitatem *h*⟩ Heluetiorum bello esse perspectam: I 40, 13.

2. ui subst.: in perpetuum *u.* **in** *p. 105* **c)** *(3 loc.).*

perpetuo: neque (se) recusaturos, quo minus perpetuo sub illorum dicione atque imperio essent: I 31, 7; — cum . . . nostros . . . defatigarent, quibus propter magnitudinem castrorum perpetuo esset isdem in uallo permanendum: VII 41, 2.

perquiro: aditus uiasque in Suebos perquirit: VI 9, 8.

perrumpo. A. propr. (= perfringere): quae (materia) perpetuis trabibus *pedum *quadragenum plerumque introrsus reuincta neque perrumpi neque distrahi potest: VII 23, 5.

B. trsl. (= penetrare per); a) transit.: (his (munitionibus) prorutis ⟨*Faern.*; proruptis *X*; perruptis *recc.*⟩ prius in hostium castris constiterunt, quam: III 26, 3;) multis undique uulneribus acceptis nulla munitione perrupta . . . (Galli) se ad suos receperunt: VII 82, 2; ¶ si eam paludem Romani perrumpere conarentur: VII 19, 2; ¶ (Pompeius) turres . . . ad opera Caesaris appellebat, ut rates perrumperet atque opera ⟨*del. Paul*⟩ disturbaret: 1, 26, 1.

b) intr.; α) per: (equites hostium essedariique) nouo genere pugnae perterritis ⟨*c*⟩ nostris per medios audacissime perruperunt seque inde incolumes receperunt: V 15, 4; (ueteres milites) inter se cohortati duce C. Trebonio . . . per medios hostes perrumpunt incolumesque . . . in castra perueniunt: VI 40, 4.

β) abs.: Heluetii . . . nauibus iunctis ratibusque compluribus factis, alii nadis Rhodani . . . si perrumpere possent conati . . . telis repulsi hoc conatu destiterunt: I 8, 4; confirmatur ⟨*c*⟩ opinio barbaris . . . nullum esse intus praesidium. perrumpere nituntur: VI 37, (9.) 10; alii cuneo facto ut celeriter perrumpant censent: VI 40, 2; qua re omni ratione esse interdiu perrumpendum: 1, 67, 5.

perscribo. A. = accurate scribere, litteris narrare; a) alqd: Labienus . . . litteras Caesari remittit ⟨*c*⟩, quanto cum periculo legionem . . . educturus esset; rem gestam in Eburonibus perscribit; docet . . .: V 47, 5.

haec Afranius Petreiusque et eorum amici pleniora etiam atque uberiora Romam ad suos perscribebant: 1, 53, 1; cum . . . haec ad eum elatius ⟨*Ciacc.*; latius *x*; *edd.*⟩ atque inflatius Afranius perscribebat ⟨praescr. *afl*⟩: 2, 17, 3.

b) sequ. acc. c. inf.: (Cicero) perscribit in litteris hostes ab se discessisse omnemque ad eum multitudinem conuertisse: V 49, 3.

B. = in tabulas publicas referre: de reliquis rebus senatus consulta perscribuntur ⟨praescrib. *Oe*⟩: 1, 6, 5; — haec senatus consulto ⟨senatus consulta *Elberl.*⟩ perscribuntur a. d. VII. Id. Ian.: 1, 5, 4.

persequor. A. propr.; a) alqm: in ipsum Caesarem hostes ⟨hostis α; hostium B^2β⟩ equitatu ⟨equitatum AQB^2β⟩ persequentem ⟨insequentem a^2h⟩ incidit: I 53, 5; (hostes) fugientes ⟨que *add.* β⟩ usque ad flumen, ubi Vercingetorix . . . consederat, persequuntur ⟨-secuntur *ABM*⟩ compluresque interficiunt: VII 67, 5; fit in hostes impetus [eorum], sed *de* muro sagittis tormentisque fugientes persequi prohibentur: 2, 14, 3.

Caesar omnibus rebus relictis persequendum sibi Pompeium existimauit, quascumque in partes ⟨*c*⟩ se ⟨*c*⟩ ex fuga recepisset: 3, 102, 1. postridie . . . mane tripertito milites ⟨*c*⟩ equitesque in expeditionem misit, ut eos, qui fugerant, persequerentur: V 10, 1.

b) omisso obiecto: hostes . . . coartantur ⟨*c*⟩. Germani acrius usque ad munitiones ⟨*c*⟩ sequuntur ⟨persecuntur β⟩: VII 70, 4.

B. trsl.; a) = adgredi, uexare: nisi ita fecerint, sese bello ciuitatem persecuturum demonstrat: V 1, 8; ¶ si pacem populus Romanus cum Heluetiis faceret, in eam partem ituros . . . Heluetios, ubi eos Caesar . . . esse uoluisset; sin bello persequi perseueraret, reminisceretur . . . pristinae uirtutis Heluetiorum: I 13, 4.

b) = ulcisci: postremo omnes aut de honoribus suis aut de praemiis pecuniae aut de persequendis inimicitiis ⟨inimicis *O*⟩ agebant: 3, 83, 5; ¶ hortatur (Haeduos), ut simili ratione, atque ipse fecerit, suas iniurias persequantur: VII 38, 10; ¶ proinde, si quid in nobis animi est ⟨*o*⟩, persequamur eorum mortem, qui indignissime interierunt atque hos latrones interficiamus: VII 38, 8.

perseuerantia: labore et perseuerantia nautarum [et] uim ⟨nautarum impetum *Paul*⟩ tempestatis superari posse sperabat: 3, 26, 3.

perseuero. A. absol.: naues omnes reuocat. una ex his, quae perseuerauit neque imperio Caleni obtemperauit, a Bibulo expugnata est: 3, 14, 2.

B. pers. in alqa re: ille in sua sententia perseuerat: 1, 72, 4; ¶ Cotta se ad armatum hostem iturum negat atque in eo perseuerat ⟨constitit β⟩: V 36, 4; ut condiciones pacis dimittendas non existimaret. ac tametsi . . . tardabat, tamen omnibus rebus in eo perseuerandum putabat: 1, 26, 2.

C. c. inf.: ille (Scipio) a uallo ⟨*c*⟩ non discedere perseuerauit: 3, 37, 2; ¶ unum ipsius nauigium contendit et fugere perseuerauit . . ., duo . . . sese in portum receperunt: 2, 22, 4; ¶ sin bello persequi perseueraret: I 13, 4.

persoluo: quae pars ciuitatis Heluetiae insignem calamitatem populo Romano intulerat, ea princeps poenas persoluit: I 12, 6.

perspicio. A. propr.; a) = oculis pene-

trare: collis nascebatur . . . ab ⟨*c*⟩ superiore parte siluestris, ut non facile introrsus perspici posset ⟨*c*⟩: II 18, 2; ¶ ut instar muri hae saepes munimentum ⟨*c*⟩ praeberent, quo ⟨quod *a*⟩ non modo non intrari, sed ne perspici quidem posset ⟨*c*⟩: II 17, 4.

b) = accurate inspicere, oculis perlustrare alqd: mittitur L. Decidius Saxa cum paucis, qui loci naturam perspiciat ⟨-iant *O*⟩: 1, 66, 3; ¶ cum in minora castra operis perspiciendi causa uenisset, animaduertit ⟨*c*⟩: VII 44, 1; ¶ Volusenus perspectis regionibus ⟨*om. a*⟩ omnibus ⟨*c*⟩ . . . ad Caesarem reuertitur quaeque ibi perspexisset renuntiat: IV 21, 9; ¶ Gergouiam peruenit equestrique eo die proelio leui facto perspecto urbis situ . . . de oppugnatione ⟨*c*⟩ desperauit: VII 36, 1; ad Alesiam castra fecit. perspecto urbis situ perterritisque hostibus . . . Alesiam ⟨*c*⟩ circumuallare instituit: VII 68, 3.

c) = oculis animaduertere; α): eadem fere, quae ex nuntiis litterisque ⟨*c*⟩ cognouerat, coram perspicit: V 11, 2; ¶ quae: IV 21, 9 *u.* **b)** regiones.

β): (armorum) circiter parte tertia, ut postea perspectum ⟨compertum *B*[3]β⟩ est, celata atque in oppido retenta: II 32, 4.

B. trsl.; a) alqd: sibi . . persuaderi cognitis suis postulatis atque aequitate condicionum ⟨et condicione *B*[2]*h*⟩ perspecta eum neque . . . neque . . . repudiaturum: I 40, 3; ¶ satis longo spatio temporis a Dyrrachinis proeliis intermisso, quo ⟨*c*⟩ satis perspectum ⟨perspectis *a*[1]; perfectum *f*⟩ habere militum ⟨*om. l;* militem *f*⟩ animum ⟨*N; V.; om. Ox*⟩ uideretur, . . . Caesar existimauit. 3, 84, 1; ¶ quidam ex his, ut postea ex captiuis cognitum est, eorum dierum consuetudine itineris nostri exercitus perspecta nocte ad Neruios peruenerunt: II 17, 2; ¶ suam innocentiam perpetua uita, felicitatem ⟨*Riccius;* uitae felicitate *αa;* perpetuam uitae felicitatem *h*⟩ Heluetiorum bello esse perspectam: I 40, 13; ¶ perpaucos, quorum in se fidem perspexerat, relinquere . . . decreuerat: V 5, 4; ¶ his cognitis et Litauicci fraude perspecta Haedui manus tendere . . . incipiunt: VII 40, 6; ¶ si modo insulam adisset ⟨*c*⟩, genus hominum perspexisset, loca, portus, aditus cognouisset: IV 20, 2; ¶ ut, qui propinquitatem loci uideret ⟨*c*⟩, (Gallos) paratos prope aequo Marte ad dimicandum existimaret ⟨*c*⟩, qui iniquitatem condicionis perspiceret, inani simulatione sese ostentare cognosceret: VII 19, 3; ¶ innocentiam: I 40, 13 *u.* felicitatem; ¶ etsi multis iam rebus perfidiam Haeduorum ⟨haed. perf. caesar β⟩ perspectam habebat atque . . . existimabat, tamen: VII 54, 2; ¶ hac re perspecta Crassus . . . ad hostium castra contendit: III 24, 5; ¶ cuius tam egregiam in se uoluntatem perspexisset: V 4, 3.

b) sequ. acc. c. inf.; α): (Veneti reliquaeque ciuitates) longe aliam esse nauigationem in concluso mari atque in uastissimo ⟨*c*⟩ atque ⟨*c*⟩ apertissimo ⟨*c*⟩ Oceano perspiciebant ⟨respiciebant β⟩: III 9, 7.

β): contra in dissensione ⟨-nem α⟩ nullam se salutem perspicere: V 31, 2.

c) sequ. interrog. obl.: quod qua de causa discederent nondum perspexerat: II 11, 2; cum Sotiates . . . putarent, nostri autem quid sine imperatore et sine reliquis legionibus adulescentulo duce efficere possent perspici cuperent: III 21, 1; (neque ullum fere diem intermittebat, quin equestri proelio . . . quid in quoque esset animi ac uirtutis suorum periclitaretur ⟨β; perspiceret *recc.; Np., Fr., Dt.*[2]; perspiceretur α; *Dt*[1]., *Hold.*⟩: VII 36, 4.)

[**Falso:** (statuebat,) quod longius eius amentiam progredi uidebat, prospiciendum ⟨*Q*β; perspiciendum *ABM; Whitte*⟩, ne quid sibi ac rei publicae nocere posset: V 7, 2.]

persto: ubi eos in sententia ⟨praesentia *A*⟩ perstare ⟨praestare *AQ*[1]*B*[1]*f*⟩ uiderunt: VII 26, 4.

persuadeo. A. = προτρέπειν; a) propr. (i. e. uerbis); α) alci: his (Sequanis) cum sua sponte persuadere (Heluetii) non possent ⟨poterant *X*⟩, legatos ad Dumnorigem Haeduum mittunt, ut eo deprecatore a Sequanis impetrarent: I 9, 2; facile hac oratione Neruiis persuadet (Ambiorix): V 38, 4.

β) alci alqd: ciuitati persuasit (Orgetorix), ut . . . exirent. . . . id hoc facilius eis persuasit, quod: I 2, 3.

γ) alci, ut; αα): (Orgetorix) ciuitati persuasit, ut de finibus suis cum omnibus copiis exirent: I 2, 1; neque tamen ulli ciuitati Germanorum persuaderi potuit, ut Rhenum transiret: V 55, 2; ¶ tum cuidam ex equitibus Gallis magnis praemiis persuadet ⟨suadet β⟩, uti ⟨ut *Q*⟩ ad Ciceronem epistulam deferat ⟨ref. *Paul*⟩: V 48, 3; persuasi equitibus nostris . . ., ut, cum propius sit accessum, dextrum Caesaris cornu ab latere aperto adgrederentur et circumuenta ab tergo acie prius perturbatum exercitum pellerent, quam a nobis telum in hostem iaceretur: 3, 86, 3; ¶ finitimis: I 5, 4 *u.* ββ); ¶ (Sabinus) idoneum quendam hominem et cal-

lidum delegit, Gallum .... huic magnis praemiis pollicitationibusque persuadet, uti ⟨ut β⟩ ad hostes transeat: III 18, 2; ¶ alieno esse animo in Caesarem milites neque iis ⟨his *codd.*⟩ posse persuaderi, uti eum defendant aut sequantur saltem: 1, 6, 2; ¶ hic (Vertico) ⟨huic *bhk*⟩ seruo spe libertatis magnisque persuadet praemiis, ut litteras ad Caesarem deferat: V 45, 3.

ββ): Allobrogibus sese uel persuasuros ... existimabant uel ui coacturos, ut per suos fines eos ire paterentur: I 6, 3; — his (Bellouacis) persuaderi, ut diutius morarentur neque suis auxilium ferrent, non poterat: II 10, 5; — (Heluetii) persuadent Rauracis et Tulingis ⟨*c*⟩ et Latouicis ⟨*c*⟩ finitimis ⟨*c*⟩, uti eodem usi consilio oppidis suis uicisque exustis una cum iis ⟨*c*⟩ proficiscantur: I 5, 4; — nam his utrisque (Atrebatibus et Veromanduis) persuaserant (Neruii), uti eandem belli fortunam experirentur: II 16, 3.

γγ): in eo itinere (Orgetorix) persuadet Castico, Catamantaloedis filio, Sequano, ... ut regnum in ciuitate sua occuparet, quod pater ante habuerat: I 3, 4; — itemque Dumnorigi Haeduo, fratri Diuiciaci, qui ... maxime plebi acceptus erat, ut idem conaretur persuadet ⟨*del. Hotom.*⟩: I 3, 5.

b) trsl. (non uerbis, sed alia ratione): quod propius Romanos accessisset, persuasum loci oportunitate, qui se ipse ⟨*c*⟩ sine ⟨*c*⟩ munitione defenderet: VII 20, 3.

B. = πίστιν ἐμποιεῖν (sequ. acc. c. inf.); a) alci: sic ex castris proficiscuntur, ut quibus esset persuasum non ab hoste, sed ab homine amicissimo Ambiorige ⟨*CC*⟩ consilium datum: V 31, 6; ¶ sibi quidem persuaderi ⟨-dere *A*⟩ cognitis suis postulatis ... eum neque suam neque populi Romani gratiam repudiaturum: I 40, 3; Romanos ... occupare conari et ea loca finitimae ⟨finitima *Vossius; Fr., Db.*⟩ prouinciae adiungere sibi persuasum habebant: III 2, 5; postremo quis hoc sibi persuaderet sine certa spe ⟨*c*⟩ Ambiorigem ad eius modi consilium descendisse? V 29, 5.

b) non additur datiuus: in primis hoc uolunt persuadere (druides) non interire animas, sed ab aliis post mortem transire ad alios: VI 14, 5.

perterrefacio: Veneti reliquaeque item ciuitates cognito Caesaris aduentu ⟨certiores facti *add. X; del. edd.;* perterrefacti *Paul*⟩, simul quod quantum in se facinus admisissent intellegebant, ... bellum parare ... instituunt: III 9, 3.

perterreo. a): Caesar paene omni acie perterrita ... cohortatus suos legionem nonam subsidio ducit: 1, 45, 1; ¶ quibus rebus perterritis animis aduersariorum Caesar ... instituit: 1, 61, 1; quae res eorum perterritos animos confirmauit: 2, 36, 3; ¶ quibus rebus perterritos ⟨-tis *a;* -tus *l*⟩ eines ⟨-ibus *N*⟩ Romanos ⟨rom̃. *codd.*⟩ eius prouinciae ... coegit: 2, 18, 4; ¶ eorum fuga reliquum esse equitatum perterritum: I 18, 10; quod recenti proelio perterritum (equitatum) esse existimabat: IV 13, 6; ¶ equites *u.* **eques** *p. 1029 (3 loc.);* ¶ neque ... Caesarem fugiebat tanto sub oculis accepto detrimento perterritum exercitum sustinere non posse: 1, 71, 1; perterrito etiam tum exercitu princeps Labienus procedit: 3, 13, 3; ¶ hominum milia sex ... siue timore perterriti, ne armis traditis supplicio adficerentur, siue spe salutis inducti ... contenderunt: I 27, 4; ¶ hostes (hostem) *u.* **hostis** *p. 1532 (7 loc.);* ¶ cum magnae manus eo conuenissent, multitudine nauium perterritae ... discesserant: V 8, 6; ¶ milites *u.* **miles** *p. 584 (5 loc.);* ¶ ex his unum ipsius nauigium ... ex conspectu abiit, duo perterrita concursu nostrarum nauium sese in portum receperunt: 2, 22, 4; ¶ oppidanos *u.* **oppidanus** C. *p. 936 (3 loc.);* ¶ ut (Pompeius) ... eam partem, cui maxime confidebat, perterritam animum ⟨*c*⟩ aduertit: 3, 94, 5; ¶ postea quam non nulli principes ex ea ciuitate et familiaritate ⟨*c*⟩ Cingetorigis adducti et aduentu nostri exercitus perterriti ad Caesarem uenerunt: V 3, 5; ¶ tirones enim multitudine nauium perterriti et salo ⟨*c*⟩ nauseaque ⟨*c*⟩ confecti ... se Otacilio dediderunt: 3, 28, 4.

b): quem perterriti omnes Aruerni circumsistunt atque obsecrant: VII 8, 4; — quo ⟨?⟩ timore perterriti Galli, ne ab equitatu Romanorum niae praeoccuparentur, consilio destiterunt: VII 26, 5; VII 70, 6 *u.* **e)** non nulli; — qui (Germani) omnibus rebus subito perterriti et celeritate aduentus nostri et discessu suorum neque consilii habendi neque arma capiendi spatio dato perturbantur ...: IV 14, 2; — tantae multitudinis aditu ⟨aduentu β⟩ perterriti (Menapii) ex iis ⟨*c*⟩ aedificiis ... demigrauerunt: IV 4, 3; — Numidas: 2, 38, 5 *u.* **e)** multi; — seu quod timore perterritos Romanos discedere a se existimarent: I 23, 3; longum esse perterritis Romanis Germanorum auxilium exspectare: VI 8, 1; — quos (Suebos) Vbii ⟨*c*⟩, qui proximi Rhenum incolunt, perterritos [senserunt,] insecuti magnum ⟨o⟩ · ex his ⟨c⟩ numerum occiderunt ⟨u. CC⟩: I 54, 1.

e): Caesar Pompeianis ex fuga intra ⟨c⟩ uallum compulsis nullum spatium perterritis *dari oportere existimans milites cohortatus est, ut: 3, 95, 1.

d): quos ubi Afranius ... conspexit, noua re perterritus locis superioribus *consistit: 1, 65, 1; — tum ⟨c⟩ timore perterritus Cassius cognito Scipionis aduentu ... ad montes se conuertit: 3, 36, 5; — cognouit ... Considium timore perterritum quod non uidisset pro uiso sibi renuntiauisse: I 22, 4; — ille (Cotta) perterritus, quod omnem prouinciam consentire intellegebat, ex Sardinia ... profugit: 1, 30, 3; — Marcellus perterritus conuiciis a sua sententia discessit: 1, 2, 5; — quibus rebus perterritus Varro, cum ... sese Italicam ⟨c⟩ uenturum praemisisset ⟨c⟩, certior ... factus est praeclusas esse portas: 2, 20, 6.

e): aliique aliam in partem perterriti ferebantur: II 24, 3; ut ... magnitudine poenae perterreant alios: VII 4, 10; ¶ illi perterriti uirtute equitum minus libere, minus audacter uagabantur: 1, 59, 2; ¶ hos (Numidas) oppressos somno ... adorti magnum eorum numerum interficiunt; multi perterriti profugiunt: 2, 38, 5; ¶ perturbantur Galli: ueniri ⟨c⟩ ad se confestim existimantes ad arma conclamant; non nulli perterriti in oppidum inrumpunt: VII 70, 6; adeo esse perterritos non nullos, ut suae uitae durius consulere *cogitent: 1, 22, 6; ¶ nostros *u.* **noster** *p. 828 (4 loc.)*; ¶ omnes *u.* **omnis** *p. 918 (3 loc.)*; ¶ ex hominum milibus amplius triginta ... plus tertia parte interfecta reliquos perterritos in fugam coiciunt: III 6, 2; compluribusque nostris (equitibus?) deiectis reliquos in fugam coniecerunt atque ita perterritos egerunt, ut: IV 12, 2; ¶ (calones) se in signa manipulosque coiciunt; eo magis timidos perterrent milites ⟨perterrent. Milites *Eussner*⟩: VI 40, 1.

qui longius aberant, repentino tumultu perterriti, cum hostem ⟨c⟩ intra portas esse existimarent, sese ⟨c⟩ ex oppido eiecerunt: VII 47, 4.

f): nullum enim poterat uniuersis *a perterritis ae dispersis periculum accidere: VI 34, 3; hic uero nulla munitio est, quae perterritos recipiat: VI 39, 2; agunt gratias omnes omnibus, quod sibi perterritis pridie pepercissent: 1, 74, 2; equites sequi iubet sese iterque accelerat, ut quam maxime ex fuga perterritos adoriri posset: 2, 39, 6; si *in itinere impeditos ⟨et *add. V.*⟩ perterritos deprehendere posset: 3, 75, 3.

(**pertimesco:** in quo si non ⟨c⟩ praesens periculum, at ⟨c⟩ certe longinqua ⟨c⟩ obsidione fames esset timenda ⟨pertimescenda *bdefik*⟩: V 29, 7.)

pertinacia: debere utrumque pertinaciae finem facere et ab armis discedere neque amplius fortunam periclitari: 3, 10, 3; ¶ accidisse igitur his quod plerumque hominum nimia pertinacia atque arrogantia accidere soleat, uti: 1, 85, 4; — orant, ne sua dissensione et pertinacia rem in summum periculum deducant: V 31, 1; — cum P. Attio agebant, ne sua pertinacia omnium fortunas perturbari uellet: 2, 36, 2; — — fore, uti pertinacia desisteret: I 42, 3.

pertineo. A. propr.; a) pertinere ad *u.* **ad** *p. 113 (15 loc.).*

b) non additur ad: hoc pertinet ⟨latus tenet β⟩ circiter milia passuum quingenta V 13, 2; — (siluam) hanc ⟨β; ac α⟩ longe introrsus pertinere: VI 10, 5.

B. trsl.; a) pertinere ad *u.* **ad** *p. 129 sq. (13 loc.) et p. 133 (4 loc.).*

b) c. aduerb.: quod .. tam diu se impune iniurias *intulisse admirarentur, eodem pertinere: I 14, 4; — haec omnia Caesar eodem illo pertinere arbitrabatur, ut tridui mora interposita equites eorum, qui abessent, reuerterentur: IV 11, 4; ¶ quonam haec omnia nisi ad suam perniciem pertinere? 1, 9, 4.

Pertinere a ... ad *u.* **ab** *p. 12 (5 loc.)*; — **ex** ... ad: I 6, 3; — **per:** V 3, 4.

(**pertingo:** munitionem, quam ⟨quae *ahl*⟩ pertinere ⟨pertingere *Ohl*⟩ a castris ad flumen supra demonstrauimus: 3, 68, 2.)

perturbatio: siue ipsorum perturbatio siue error aliquis siue etiam fortuna partam iam praesentemque uictoriam interpellauisset: 3, 73, 5; ¶ compluribus nauibus fractis ... magna, id ⟨c⟩ quod necesse erat accidere, totius exercitus perturbatio facta est: IV 29, 3.

perturbo. A. propr. (= ordines turbare); a) obi. est subst.: itaque perturbatis antesignanis legio ... locum non ⟨c⟩ tenuit ⟨c⟩: 1, 44, 5; ¶ equites[que] committunt proelium et ... tota auxilia regis impedita ae perturbata, quod nullo ordine et sine timore iter fecerant, in fugam coiciunt ⟨c⟩: 2, 26, 4; ¶ (his (equitibus) facile pulsis ac proturbatis ⟨perturbatis B^aβ; turbatis *f*⟩ incredibili celeritate ad flumen decucurrerunt: II 19, 7;) ¶ persuasi equitibus nostris ..., ut ... circumnenta ab tergo acie prius perturbatum exercitum ⟨*om. O*⟩ pellerent, quam: 3,86,3; ¶ ordines *u.* **ordo** *p. 962* **B. b)** *(3 loc.)*.

b) obi. est pron.: nostros *u.* **noster** *p. 828 (sq.) (6 loc.)*; ¶ dispersos ... subito adorti paucis interfectis reliquos incertis ordinibus perturbauerant ⟨-erunt *bf*⟩: IV 32,5.

B. trsl.; a) = euertere: eum P. Attio agebant, ne sua pertinacia omnium fortunas perturbari uellet: 2,36,2.

b) = animum alcs confundere; α) obi. est subst.; αα): tantus subito timor omnem exercitum occupauit, ut non mediocriter omnium mentes animosque perturbaret: I 39,1; ¶ horum uocibus ac timore paulatim etiam ii ⟨*c*⟩, qui magnum in castris usum habebant, milites centurionesque quique ⟨*B*ᵃβ; ut quisque α⟩ equitatui praeerant, perturbabantur: I 39,5; ¶ postero die duces aduersariorum perturbati, quod omnem rei frumentariae fluminisque Hiberi spem dimiserant, de reliquis rebus consultabant: 1,73,1; ¶ atque hostibus primo aspectu perturbatis incolumem exercitum traduxit: VII 56,4; ¶ illi (legati) repentina re perturbati ... non neglegenda existimabant: V 28,1; ¶ mentes: I 39,1 *u.* animos; omnia enim plerumque, quae absunt, uehementius hominum mentes perturbant: VII 84,5; ¶ milites: I 39,5 *u.* centuriones; milites non longiore oratione cohortatus ⟨*c*⟩, quam uti suae pristinae uirtutis memoriam retinerent neu perturbarentur animo ..., signum dedit: II 21,2.

ββ): non minus qui intra munitiones erant perturbantur Galli ⟨galli pert. β; *Schn.*⟩; ... non nulli perterriti in oppidum inrumpunt: VII 70,6.

γγ): Pompeius ... re noua perturbatus maioribus itineribus Apolloniam petere coepit: 3,11,2; ¶ Cassius ... aduolauit ... perturbatumque eum (Pomponium) nactus nullis custodiis neque ordinibus certis ... onerarias naues ... in Pomponianam ⟨*c*⟩ classem immisit: 3,101,2.

β): existimabant tribus locis transire legiones atque omnes perturbatos defectione Haeduorum fugam parare: VII 61,4; ¶ nemo est tam ⟨*c*⟩ fortis, quin rei nouitate perturbetur ⟨*u. CC*⟩: VI 39,3; ¶¶ ii, qui ... habebant ... quique .. praeerant: I 39,5 *u.* **αα)** centuriones.

postero die concilio conuocato consolatus cohortatusque est, ne se admodum animo demitterent, ne perturbarentur incommodo: VII 29,1.

c) perturbari = perterritum dubitare: qui (Germani) omnibus rebus subito perterriti et celeritate aduentus nostri et discessu suorum neque consilii habendi neque arma capiendi spatio dato perturbantur, copiasne aduersus hostem ducere ⟨*c*⟩ an castra defendere an fuga salutem petere praestaret: IV 14,2.

peruagor: hunc monet, ut in omnes partes equites quam latissime peruagentur: VII 9,2; hac re cognita Caesar mittit complures equitum turmas eo ⟨*c*⟩ de ⟨*c*⟩ media nocte; imperat, ut paulo tumultuosius omnibus locis peruagentur ⟨*af;* peruagarentur *h;* uagarentur α; *edd.*⟩: VII 45,1.

peruehor: interim L. Nasidius ... freto Siciliae imprudente atque inopinante Curione peruehitur ⟨proueh. *Dederich*⟩: 2,3,1.

peruenio. A. propr.; a) peruenire ad *u.* **ad** *p. 104 sq. (42 loc.)*.

b) peruenire in *u.* **in** *p. 95 (28 loc.)*.

c) Alexandriam, sim.: Caesar ... eum legione ... equitibusque DCCC et nauibus longis Rhodiis X et Asiaticis paucis Alexandriam peruenit: 3,106,1; ¶ his datis mandatis Brundisium cum legionibus VI peruenit: 1,25,1; ab urbe proficiscitur Brundisiumque peruenit. eo legiones XII, equitatum omnem uenire ⟨conuen. *Paul*⟩ iusserat: 3,2,1; ¶ acceptis mandatis Roscius cum ⟨*fhl;* a *a; edd.*⟩ Caesare Capuam peruenit ibique consules Pompeiumque inuenit: 1,10,1; ¶ (Vibullius) cum his ad Domitium Ahenobarbum Corfinium magnis itineribus peruenit: 1,15,6; ¶ biduum tempestate retentus ... in Ciliciam ⟨siciliam *a*¹⟩ atque inde Cyprum peruenit. ibi...: 3,102,5; ¶ Caesar ex eo loco quintis castris Gergouiam peruenit: VII 36,1; ¶ coniuncto exercitu Caesar Gomphos peruenit: 3,80,1; ¶ eodemque die Larisam peruenit: 3,98,3; ¶ Domitius nauibus Massiliam peruenit: 1,36,1; Tarracone discedit pedibusque Narbonem atque inde Massiliam peruenit. ibi ...: 2,21,5; ¶ silentio e castris tertia uigilia egressus eodem quo uenerat itinere Metiosedum ⟨*c*⟩ peruenit: VII 58,2; ¶ Narbonem: 2,21,5 *u.* Massiliam; ¶ uti ipse eodem omnibus copiis contenderet et mutato itinere iugis Octogesam perueniret: 1,70,4; ¶ Pompeius deposito adeundae Syriae consilio ... Pelusium peruenit. ibi ...: 3,103,1; ¶ M. Octauius cum iis ⟨*c*⟩ quas habebat nauibus Salonas peruenit. ibi ...: 3,9,1; ¶ ipse iis ⟨*c*⟩ nauibus, quas ... Gaditani ... fecerant, Tarraconem ⟨-nam *af*⟩ paucis diebus peruenit. ibi ...: 2,21,4;

¶ **ex** portu exeunt et Tauroenta . . . ad Nasidium perueniunt ibique nanes expediunt: 2,4,5; ¶ Coelius profectus, ut dictitabat, ad Caesarem peruenit Thurios. ubi cum . . .: 3,22,3; ¶ suis inopinantibus quam maximis potest itineribus Viennam peruenit. ibi . . .: VII 9,3.

d) domum: cum sibi quisque primum itineris locum peteret et domum peruenire properaret: II 11,1.

e) eo, huc: eo *u.* **is** *p. 343 (7 loc.);* ¶ huc biduo peruenit: VII 11,5; — III 19,1 *u.* **f)**.

f) subaudiendum est, quo quis peruenerit: huc magno cursu contenderunt, ut quam minimum spatii ad se colligendos . . . Romanis daretur, exanimatique peruenerunt: III 19,1; reliquas cohortes . . . ad legionem Pompei castraque minora . . . eduxit neque eum prima opinio fefellit. nam et peruenit, prius quam Pompeius sentire posset, et: 3,67,4.

B. trsl.; a) peruenire ad alqm, ad alqd *u.* **ad** *p. 127 (7 loc.).*

b) peruenire in *u.* **in** *p. 107 (6 loc.).*

Peruenit annona (ad *uel* in): 1,52,2; commeatus: 1,48,4; existimatio: 1,26,4; fama: VI 35,4; laus: 1,26,4; (nauis: III 15,5; IV 36,4;) pecunia: VI 19,2; res: V 45,1; VII 6,1; res publica: *ap. Cic. ad Att.* IX 7 *C*, 2.

Peruenire ad Labienum **in** hiberna: V 37,7; (3,41,1;) **ad** Domitium **Corfinium:** 1,15,6; 2,4,5; — **ab** Ocelo: I 10,5; II 15,2; — **ex** eo loco: VII 36,1; ex inferioribus ordinibus: 1, 46,4; ex fuga: 1,31,2; — **inde:** VII 62,10; 2, 21,5; 3,102,5; — **per:** V 37,7; 1,23,5; 38,4; — **trans:** VI 35,1.

Aduerb.: celeriter: III 26,2; VII 46,4; 1, 38,4.

peruulgo: quo edicto tota prouincia peruulgato nulla fuit ciuitas, quin . . . mitteret: 2,19,2.

pes. A. propr.; a) obi.: tandem uulneribus defessi (Galli) et pedem referre et . . . eo se recipere coeperunt: I 25,5; inusitato genere tormentorum permoti barbari constiterunt ac paulum [modo] pedem rettulerunt: IV 25,2; ut (milites illi) . . ., si premerentur, pedem referre et loco excedere non turpe existimarent: 1,44,2; Saburra copias equitum peditumque instruit atque his imperat, ut simulatione timoris paulatim cedant ac pedem referant: 2,40,3.

b) abl.: quod illi . . . ex essedis desilirent et pedibus dispari proelio contenderent ⟨*u. CC*⟩: V 16,2; ¶ L. Caesar filius . . . ex alto refugerat adpulsaque ad proximum litus trireme . . . pedibus Hadrumetum ⟨*c*⟩ profugerat ⟨*O; Oud.;* perfugerat *x; edd.*⟩: 2, 23,3; ¶ Tarracone discedit pedibusque Narbonem atque inde Massiliam peruenit: 2, 21,5; ¶ equestribus proeliis saepe ex equis desiliunt ae pedibus proeliantur: IV 2,3; (essedarii) ex essedis desiliunt et pedibus ⟨pedites *β*⟩ proeliantur: IV 33,1; ¶ quod flumen uno omnino loco pedibus, atque hoc aegre, transiri potest: V 18,1.

erant eius modi fere situs oppidorum, ut . . . neque pedibus aditum haberent . . . neque nauibus: III 12,1.

c) c. praep.; α) ad: consuetudine ⟨*o*⟩ sua ad pedes desiluerunt: IV 12,2; ¶ procumbunt omnibus Gallis ad pedes Bituriges, ne . . . cogerentur: VII 15,4; ¶ (se) proicere ad pedes *u.* **ad** *p. 106 extr., 107 (4 loc.).*

(**β) in:** hostes ex omnibus partibus signo dato decurrere, lapides ⟨in pedes *B²β*⟩ gaesaque ⟨*c*⟩ in uallum coicere: III 4,1.)

B. trsl. (mensuram significat); a) obi.: confirmandi et stabiliendi causa singuli ab infimo solo pedes ⟨.III. *add. β*⟩ terra exculcabantur, reliqua pars scrobis ad occultandas insidias uiminibus ac uirgultis ⟨*c*⟩ integebatur ⟨*c*⟩: VII 73,7.

b) acc. mensurae; pendet α) ex uerbis: distare *u.* **disto** C. *p. 934 sq. (4 loc.);* ¶ (fodere: VII 73,5 *u.* **c) α)** scrobes;) ¶ patebat haec (turris) quoque ⟨*c*⟩ uersus pedes XXX, sed parietum crassitudo pedes ⟨pedum *O*⟩ V: 2,8,2; ¶ reliquas omnes munitiones ab ea fossa pedes ⟨passus *Guischard*⟩ quadringentos ⟨pedibus CCCC *β*⟩ reduxit ⟨deduxit *β*⟩: VII 72,2; ¶ (reuincire: VII 23,5 *u.* **c) α)** trabes.)

β) ex adiect.: altus: VII 24,1 *u.* latus; perpetuae fossae quinos pedes altae ducebantur: VII 73,2; ¶ diebus XXV aggerem latum ⟨longum *coni. Rüstow, Göler*⟩ pedes CCCXXX, altum pedes LXXX ⟨XXXX *Göl.*⟩ exstruxerunt: VII 24,1; duas fossas quindecim ⟨*om. A*⟩ pedes ⟨pedum *h*⟩ latas eadem altitudine perduxit: VII 72,3; storias autem ex funibus ancorariis tres in longitudinem parietum turris latas IIII pedes fecerunt: 2,9,4; ¶ longus: (VII 24,1 *u.* latus;) ante haec taleae ⟨*c*⟩ pedem longae ferreis hamis infixis ⟨*c*⟩ totae in terram infodiebantur: VII 73,9; musculum pedes ⟨*recc.;* ped. *ahl;* pedum *f*⟩ LX ⟨XL *coni. Np.;* XX *Göl.*⟩ longum ex materia bipedali . . . facere instituerunt: 2,10,1.

c) genet.; α): una ex parte leniter adcliuis

aditus ⟨additus β⟩ in latitudinem ⟨altitudinem α⟩ non amplius ducentorum pedum ⟨pedum. $\overline{CC}$ B^aβ⟩ relinquebatur: II 29, 3; ¶ post eas ⟨c⟩ aggerem ac uallum XII pedum exstruxit: VII 72, 4; aggerem in altitudinem pedum LXXX exstruit: 2, 1, 4; ¶ asseres enim pedum XII cuspidibus praefixi . . . per IIII ordines cratium in terra defigebantur: 2, 2, 2; ¶ inque eis (trabibus) columellae pedum in altitudinem V defiguntur: 2, 10, 2; ¶ aggerem noui generis . . . ex latericiis duobus muris senum pedum crassitudine . . . facere instituerunt: 2, 15, 1; ¶ castra in altitudinem ⟨-dine X⟩ pedum XII uallo fossaque duodeuiginti pedum muniri ⟨c⟩ iubet: II 5, 6; Nerui uallo pedum X ⟨β; *Oros.; IX ABM; edd.; XI Q*⟩ et fossa pedum ⟨.p̄. α⟩ XV hiberna cingunt: V 42, 1; fossamque duplicem duodenum pedum a maioribus castris ad minora perduxit: VII 36, 7; fossam pedum XX derectis lateribus duxit: VII 72, 1; contra hostem pedum ⟨pedes *l*⟩ XV fossam fieri iussit: 1, 41, 4; fossas pedum ⟨pedes *l*⟩ XXX in latitudinem complures facere instituit: 1, 61, 1; erat eo loco fossa pedum ⟨pedes *x*⟩ XV et uallum ⟨uallus *Ald.*⟩ contra hostem in altitudinem pedum ⟨pedes *f*⟩ X, tantundemque eius ualli agger in latitudinem ⟨altitud. *NOx*⟩ patebat: 3, 63, 1; ¶ tigna bina . . . interuallo pedum duorum inter se iungebat: IV 17, 3; duo ad eundem modum iuncta ⟨c⟩ interuallo pedum quadragenum ⟨.XL. β⟩ ab inferiore parte . . . statuebat: IV 17, 5; ¶ partem ultimam pontis, quae ripas Vbiorum contingebat, in longitudinem pedum ducentorum rescindit: VI 29, 2; ¶ fossamque ⟨c⟩ et maceriam ⟨materiam *αh*⟩ sex in altitudinem ⟨in alt. VI β⟩ pedum praeduxerant ⟨c⟩: VII 69, 5; ¶ non enim amplius pedum milibus duobus ab castris castra distabant: 1, 82, 4; minus horis tribus milium pedum ⟨*Nap.; Hold.; Dt.*[2]; .p̄. α; passuum *rell. edd.*⟩ XV in circuitu ⟨circuitum α; *Fr.*⟩ munitionem perfecerunt ⟨decem milium in circuitu munitionem pedum XV perfecerunt β⟩: V 42, 4; ex ⟨*add. Np.*⟩ X ⟨de decem *Oehl.*⟩ pedum munitione ⟨c⟩ se in fossas praecipitabant ⟨c⟩: 3, 69, 3; ¶ milia passuum XVIIII ⟨c⟩ murum in altitudinem pedum sedecim fossamque perducit: I 8, 1; a medio fere colle in longitudinem ⟨c⟩, ut natura montis ferebat, ex grandibus saxis sex pedum murum . . . praeduxerant Galli: VII 46, 3; ¶ discussa ⟨c⟩ niue sex in altitudinem pedum ⟨in altitudinem ⟨c⟩ pedum VI β⟩ atque ita uiis patefactis . . . ad fines Aruernorum peruenit: VII 8, 2; ¶ et in altitudinem pedum XV effectis operibus nineis eam partem castrorum obtexit: 3, 54, 1; ¶ rates duplices quoque ⟨c⟩ uersus pedum ⟨p. *afh (compendio); om. el*⟩ XXX e regione molis conlocabat: 1, 25, 6; ¶ scrobes trium in altitudinem ⟨c⟩ pedum fodiebantur ⟨scrob. in alt. trium pedum fod. *h;* fodieb. scrob. in alt. pedum trium *a;* scrobes tres in altitudinem pedes fodiebantur α; *edd.*⟩: VII 73, 5; ¶ ab eo intermisso spatio pedum DC alter conuersus in contrariam partem erat uallus: 3, 63, 2; ¶ antecedebat testudo pedum LX aequandi loci causa: 2, 2, 4; ¶ trabes derectae † perpetuae ⟨XIIII pedum *R. Menge*⟩ in longitudinem paribus interuallis . . . in solo conlocantur: VII 23, 1; quae (materia) perpetuis trabibus pedum quadragenum ⟨*Hotom.;* pedes quadragenos *X; edd.*⟩ plerumque introrsus reuincta neque perrumpi neque distrahi potest: VII 23, 5; ¶ uallum: II 5, 6 *u.* fossa; postea uallo pedum ⟨α; *Schn., Np., Hld., Dt.*[2]; .p̄. β; passuum *Fr., Db., Dt.*[1]⟩ XII ⟨B^2β; *Schn., Np.; om.* α; *rell. edd.*⟩ in circuitu ⟨c⟩ quindecim milium crebrisque castellis circummuniti oppido sese ⟨c⟩ continebant: II 30, 2; V 42, 1 *u.* fossa; VII 72, 4 *u.* agger; castra muniunt ⟨c⟩ uallo pedum XII: 1, 61, 4; 3, 63, 1 *u.* fossa.

β): quod (spatium) est non amplius pedum *mille* sescentorum: I 38, 5; fluminis erat altitudo pedum circiter ⟨circiter pedum β⟩ trium: II 18, 3.

d) abl.: hunc . . . palus . . . cingebat non latior pedibus quinquaginta: VII 19, 1.

pedibus CCCC deduxit: VII 72, 2 *u.* **b) α)** reducere.

pestilentia. A. morbum significat: Massilienses . . . crebris eruptionibus fusi, graui etiam pestilentia conflictati ex diutina conclusione et mutatione uictus, . . . sese dedere sine fraude constituunt: 2, 22, 1.

B. = caeli (et locorum) grauitas: multos autumni pestilentia in Italia consumpsit: 3, 87, 3.

petitio: quod in petitione consulatus erat subleuatus: 1, 22, 4.

peto. I. Forma: petiuit *est in x* 2, 32, 8; petistis *in X* VI 8, 3; petiuerunt *in X* IV 27, 4 *et* VII 28, 2, *in x* 2, 7, 2 *et* 32, 10 *et* 3, 97, 5; petierunt *in X* I 30, 4 *et* 31, 1 *et* II 13, 3; petierunt *in αh,* petiuerunt *in af* IV 9, 1; petierunt *in AQ*β, petiuerunt *in M,* petuerunt *in B* VI 8, 6; petierunt *in* α, petiuerunt *in* β IV 28, 3 *et* VII 26, 3 *et* 77, 14; petiuerunt *in ahl,* petierunt *in f* 3, 98, 2;

petierint *in X* V 41, 8; petisse *in X* I 44, 5; petierat *in x* 3, 80, 1; petisset *in x* 3, 90, 2; petissent *in X* I 27, 2 *et* IV 13, 5 *et* 27, 5.

II. Signific.; semper = capere *uel* **consequi conor; A. corporis uirium contentione; a) locum, regionem (= peruenire studeo ad); α):** quae (naues) . . . necessario aduersa nocte in altum prouectae continentem petierunt ⟨*c*⟩: IV 28, 3; ¶ ut domo emigrent (Galli), aliud domicilium, alias sedes remotas a Germanis petant: I 31, 14; ¶ locum *u.* **locus** *p. 476 (4 loc.);* ¶ montem, montes *u.* **mons** *p. 634* C. *(3 loc.);* ¶ partem: II 24, 1 *u.* **c) β)** fugam; partes: VI 43, 6 *u.* regiones; abiectis ⟨*o*⟩ armis ultimas oppidi partes ⟨portas *Paul*⟩ continenti ⟨continuo β⟩ impetu ⟨*om.* β⟩ petiuerunt: VII 28, 2; ¶ portas: VII 28, 2 *u.* partes; ¶ ut . . . (Ambiorix) noctu occultatus ⟨*c*⟩ alias regiones partesque peteret non maiore equitum praesidio quam quattuor: VI 43, 6; longo circuitu easdem omnes iubet petere regiones: VII 45, 3; ¶ sedes: I 31, 14 *u.* domicilium; ¶ cum . . . ipsi densiores siluas peterent: III 29, 2; (hostes) in fugam coniecti proximas siluas petierunt ⟨*c*⟩: VI 8, 6; ¶ Cimbri . . . finibus quidem ⟨*c*⟩ nostris aliquando excesserunt atque alias terras petierunt ⟨*c*⟩: VII 77, 14.

β): quae (naues) omnes citeriorem Hispaniam petiuerunt: 2, 7, 2.

Pompeius . . . maioribus itineribus Apolloniam petere coepit: 3, 11, 2; — erat unum iter, Ilerdam si reuerti uellent, alterum, si Tarraconem peterent: 1, 73, 2.

γ) (= incolendi causa deligere): domicilia Gallorum, qui uitandi aestus causa plerumque siluarum ac ⟨*c*⟩ fluminum petunt propinquitates: VI 30, 3.

b) alqm (= adgredi): praecipit . . ., unum omnes petant ⟨β; -terent α; *edd.*⟩ Indutiomarum ⟨*om.* β⟩: V 58, 4; — cum unum omnes peterent, . . . deprehensus ⟨*c*⟩ Indutiomarus interficitur: V 58, 6.

c) alqd; α) obiect. est subst. concret. (= adportare): qui paulo longius aggeris petendi causa processerant, (erant) arcessendi: II 20, 1; quod longius erat agger petendus: 1, 42, 1; ¶ detractis cohortibus duabus et compluribus singillatim, qui commeatus petendi causa ⟨commeatu petito *Bergk*⟩ missi erant, absentibus ⟨*om.* α; *edd.*⟩: III 2, 3; **(**praefectos tribunosque militum complures in finitimas ciuitates frumenti ⟨commeatusque petendi *add. (a?) h*⟩ causa dimisit: III 7, 3;**)** ¶ pabulum secari ⟨*c*⟩ non posse; necessario dispersos hostes ex aedificiis petere: VII 14, 4.

accidit, ut . . . discederent, quaeque ⟨*c*⟩ quisque eorum carissima haberet, ab impedimentis petere atque arripere properaret: V 33, 6.

β) obi. est subst. abstr. (= quaerere, sequi): ac rursus aliam in partem fugam ⟨aliam partem fuga *Ciacc.*⟩ petebant (equites peditesque): II 24, 1; ¶ fuga salutem petere *u.* **fuga** *p. 1345* E. **a)** *(6 loc.).*

B. animi contentione; a) precibus (= orare); α) absol.: Boios petentibus Haeduis, quod egregia uirtute erant cogniti, ut in finibus suis conlocarent concessit: I 28, 5; cum id, quod antea petenti denegasset, ultro polliceretur: I 42, 2; (II 12, 5 *u.* **δ)**;) quod contra, atque esset dictum et ipsi petissent, proelium pridie commisissent: IV 13, 5; libenter Caesar petentibus Haeduis dat ueniam excusationemque accipit: VI 4, 3; quibus ita ⟨*c*⟩ est interdictum, hi ⟨*c*⟩ numero . . . sceleratorum habentur, . . . neque his petentibus ius redditur neque honos ullus communicatur: VI 13, 7; datur petentibus (Biturigibus) uenia dissuadente primo Vercingetorige, post concedente et precibus ipsorum et misericordia uulgi: VII 15, 6.

β) alqd; αα): amicitiam populi Romani sibi ornamento et praesidio, non detrimento esse oportere, † idque se hac ⟨ea *BM; edd.*⟩ spe petisse ⟨ideoque se eam petisse *Zucker*⟩: I 44, 5; quibus (legatis) pacem atque amicitiam petentibus liberaliter respondet ⟨*c*⟩: IV 18, 3; ut undique ad eum legationes concurrerent, gratiam atque amicitiam publice priuatimque peterent: V 55, 4; ¶ auxilium *u.* **auxilium** *p. 392* **β)** *(4 loc.; excipiendus est locus* VII 59, 6;) ¶ **(**commeatum petere: III 2, 3 *u.* **A. c) α)** commeatum;**)** ¶ tandem omnibus rebus obsessi . . . conloquium ⟨-quia *af*⟩ petunt et id, si fieri possit, semoto a militibus loco: 1, 84, 1; ¶ quod legati eorum paulo ante a Caesare discesserant atque is ⟨*c*⟩ dies indutiis erat ab his ⟨iis β⟩ petitus: IV 12, 1; ¶ his prouocati ⟨*c*⟩ sermonibus (milites) fidem ab imperatore de Petrei atque Afranii uita petunt: 1, 74, 3; ¶ gratiam: V 55, 4 *u.* amicitiam; ¶ (ius: VI 13, 7 *u.* α);) ¶ pacem *u.* **pax** *p. 1029 (7 loc.);* ¶ quae gens paucis ante mensibus ultro ad Caesarem legatos miserat . . . praesidiumque ab eo militum petierat: 3, 80, 1; ¶ sese habere quasdam res, quas ex communi consensu ab eo petere uellent: I 30, 4; ¶ ubi . . . passis . . palmis proiecti ad terram flentes ab eo salutem petiuerunt, consolatus consurgere iussit: 3, 98, 2.

ββ): haec cum pluribus uerbis flens a Caesare peteret, Caesar eius dextram prendit: I 20, 5; ¶ (id: I 44, 5 *u.* αα) amicitiam;) ¶ sperare (se) pro eius iustitia quae petierint impetraturos: V 41, 8; ¶ unum (se) petere ac deprecari . . ., ne: II 31, 4.

γ) **de:** postea quam (non nulli principes) . . . de suis priuatim ⟨priuatis β⟩ rebus ab eo petere coeperunt: V 3, 5.

δ) **ut:** petit atque hortatur, ut sine eius offensione animi uel ipse de eo causa cognita statuat uel ciuitatem statuere iubeat: I 19, 5; (28, 5 *u.* α);) (totius fere Galliae legati, principes ciuitatum,) petierunt, uti sibi concilium totius Galliae . . . indicere idque Caesaris uoluntate facere liceret ⟨*u. CC*⟩ . . . . ea re permissa . . .: I 30, 4; (idem principes reuerterunt) petieruntque, uti sibi secreto [in occulto] de sua omniumque salute cum eo agere liceret. ea re impetrata . . .: I 31, 1; quorum (tribunorum militum, praefectorum reliquorumque'. . .) alius alia causa inlata . . . petebat, ut eius uoluntate discedere liceret: I 39, 3; legatos . . . mittunt et petentibus Remis, ut conseruarentur, impetrant: II 12, 5; petere non solum Bellouacos, sed etiam pro his Haeduos, ut sua ⟨*c*⟩ clementia ac mansuetudine in eos utatur: II 14, 5; (Sotiates) legatos ad Crassum mittunt seque in deditionem ut recipiat petunt. qua re impetrata . . .: III 21, 3; legati . . . orabant. cum id non impetrassent, petebant, uti ad . . equites . . . praemitteret eosque pugna prohiberet sibique ut ⟨uti *f*⟩ potestatem faceret in Vbios legatos mittendi: IV 11, 2; (hostes) in petenda pace eius rei culpam in multitudinem contulerunt ⟨*c*⟩ et propter imprudentiam ut ignosceretur petiuerunt: IV 27, 4; ille (Dumnorix) omnibus primo precibus ⟨omn. prec. primo β⟩ petere contendit, ut in Gallia relinqueretur: V 6, 3; (Trinobantes legatos mittunt;) petunt, ut Mandubracium ab iniuria Cassiuellauni defendat atque in ciuitatem mittat: V 20, 3; (Vbii legatos mittunt;) petunt atque orant, ut ⟨*om.* β⟩ sibi parcat ⟨parcat sibi β⟩, ne communi odio Germanorum innocentes pro nocentibus poenas pendant: VI 9, 7; ((Carnutes) quoniam in praesentia obsidibus cauere inter se non possint ⟨*c*⟩, ne res efferatur, at ⟨β; ut *a*[2]*; Ald.; edd.;* aut α⟩ iure iurando ac fide sanciatur petunt: VII 2, 2;) petunt a Vercingetorige Haedui, ut ⟨*om. M*⟩ ad se ueniat rationesque belli gerendi communicet. re impetrata . . .: VII 63, 4; Domitius ad Pompeium . . . peritos regionum . . . mittit, qui petant atque orent, ut sibi subueniat: 1, 17, 1; Attius ad Antonium deductus petiit ⟨*Procksch;* petit *x; edd.*⟩, ut ad Caesarem mitteretur: 1, 18, 3; cuius oratione confirmatus Lentulus ut in oppidum reuerti liceat petit; . . . facta potestate discedit: 1, 22, 6; petit ab his omnibus, ut se frumento iuuent. pollicentur: 1, 60, 3; in primis a te peto, quoniam confido me celeriter ad urbem uenturum, ut te ibi uideam: *ap. Cic. ad Att.* IX 6 *A.*

ε) **sequitur coniunctiuus:** simul ab Cn. ⟨*c*⟩ Pompeio proconsule petit ⟨petiit?⟩, quoniam ipse ad urbem eum imperio . . . remaneret ⟨*c*⟩, quos ex Cisalpina Gallia consul ⟨*c*⟩ sacramento rogauisset, ad signa conuenire et ad se proficisci iuberet: VI 1, 2; 9, 7 *u.* δ); VII 2, 2 *ib.*

ζ) peto, ne *u.* **ne** *p. 723 sq. (7 loc.).*

b) **alia ratione (= expetere, postulare, optare); α):** tantis subito difficultatibus obiectis ab animi uirtute auxilium petendum uidebat: VII 59, 6; ¶ alii domos bonaque eorum, qui in castris erant Caesaris, petebant: 3, 82, 4; ¶ condiciones pacis, quoniam antea conuenire non potuissent, Romae ab senatu et a populo peti debere: 3, 10, 8; ¶ domos: 3, 82, 4 *u.* bona; ¶ habetis, inquit, milites, quam petistis facultatem: VI 8, 3; ¶ (ius: VI 13, 7 *u.* **a)** α);) ¶ testibus se militibus uti posse, quanto studio pacem petisset: 3, 90, 2; ¶ sui laboris milites semper euentu belli praemia petiuerunt: 2, 32, 10.

β): accidisse igitur his . . ., uti eo recurrant et id cupidissime petant, quod paulo ante contempserint: 1, 85, 4.

Romani nero quid petunt ⟨adpetunt *Paul*⟩ aliud aut quid uolunt nisi inuidia adducti quos . . . potentes . . . cognouerunt, horum in agris ciuitatibusque considere atque his aeternam iniungere seruitutem: VII 77, 15.

Petere atque arripere: V 33, 6; — **petere ac deprecari:** II 31, 4; petere atque hortari: I 19, 5; p. atque orare: VI 9, 7; 1, 17, 1; (IV 11, 1. 2;) — p. atque uelle: VII 77, 15.

petere ab: V 33, 6; VII 59, 6; *u. praeterea* **ab** *p. 18 (19 (20) loc.);* petere ex: VII 14, 4; — II 13, 3.

petere longo circuitu: VII 45, 3; continenti impetu: VII 28, 2 ⟨*c*⟩; obliquo itinere, maioribus itineribus: 1, 70, 5; 3, 11, 2; ¶ **noctu:** VI 43, 6; nocte: 3, 97, 5; ¶ **ex communi consensu:** I 30, 4; per dolum atque insidias: IV 13, 1; ¶ **flen(te)s:** I 20, 5; — I 27, 2; VII 26, 3; 3, 98, 2; magno fletu: I 32, 1; suo more: II 13, 3; omnibus precibus: V 6, 3; VII 26, 3; quanto studio: 3, 90, 2; pluribus uerbis: I 20, 5.

Aduerb.: continuo ⟨*c*⟩: VII 28, 2; cupidissime: 1, 85, 4; longius: 1, 42, 1; necessario: VII 14, 4; plerumque: VI 30, 3; protinus: 3, 93, 5; publice priuatimque: V 55, 4; semper: 2, 32, 10; simul: VI 1, 2; ultro: IV 27, 5(?); 3, 80, 1(?).

Petra. *Cf. W. Möhring, GP. Kreuznach 1858 p. 18—21.*

edito loco, qui appellatur Petra aditumque habet nauibus mediocrem atque eas a quibusdam protegit uentis, castra communit: 3, 42, 1; *cf.* 42, 2—54; 56; 58—74.

Petraeus: Petraeus ⟨*M. Haupt; petreus cod. Ciacc.; petreius x*⟩, summae nobilitatis adulescens, suis ae snorum opibus Caesarem enixe iuuabat: 3, 35, 2.

Petreius. *Genetiui forma uidetur esse* Petreii *etiam in a* (1, 39, 1; 74, 3; 2, 17, 3).

aduentu L. Vibullii Rufi . . . Afranius et Petreius et Varro, legati Pompei, quorum unus . . ., alter . . ., tertius ab Ana Vettonum agrum Lusitaniamque pari numero legionum obtinebat, officia inter se partiuntur, uti Petreius ex Lusitania per Vettones cum omnibus copiis ad Afranium proficiscatur, Varro . . . ulteriorem Hispaniam tueatur: 1, 38, 1. 2; his rebus constitutis equites auxiliaque toti ⟨*c*⟩ Lusitaniae a Petreio . . . imperantur: 1, 38, 3; quibus coactis celeriter Petreius per Vettones ad Afranium peruenit, constituuntque communi consilio bellum ad Ilerdam . . . gerere: 1, 38, 4; erant, ut supra demonstratum est, legiones Afranii III, Petrei duae: 1, 39, 1; quo cognito a Petreio et Afranio ex aggere atque cratibus . . . Afranius . . . legiones IIII ⟨*c*⟩ equitatumque omnem traiecit: 1, 40, 4; Afranius Petreiusque ⟨petroniusque *a*[1]⟩ terrendi causa atque operis impediendi copias suas . . . producunt et proelio lacessunt: 1, 42, 2; *cf.* § 4; erat inter ⟨*c*⟩ oppidum ⟨*c*⟩ Ilerdam ⟨*c*⟩ et proximum ⟨*c*⟩ collem ⟨*c*⟩, ubi castra Petreius ⟨preteins *a*⟩ atque Afranius habebant, planitia ⟨*c*⟩: 1, 43, 1; haec Afranius Petreiusque et eorum amici pleniora etiam atque uberiora Romam ad suos perscribebant: 1, 53, 1; his paene effectis magnum in timorem Afranius Petreiusque perueniunt: 1, 61, 2; *cf. qu. sqq.;* cum de tertia uigilia Petreius atque Afranius castra mouissent: 1, 63, 3; quos ubi Afranius procul nisos cum Petreio conspexit, noua re perterritus . . . consistit ⟨*c*⟩: 1, 65, 1; *cf.* § 3 *sqq.;* postero die Petreius cum paucis equitibus occulte ad exploranda loca proficiscitur: 1, 66, 3; *cf.* § 4; disputatur in consilio a ⟨*c*⟩ Petreio atque Afranio et tempus profectionis quaeritur: 1, 67, 1; Petreius atque Afranius oblata facultate in castra sese referunt: 1, 72, 5; id opus inter se Petreius atque Afranius partiuntur ipsique perficiundi ⟨*c*⟩ operis causa longius progrediuntur: 1, 73, 3; *cf.* 74, 1; fidem ab imperatore de Petrei atque Afranii uita petunt: 1, 74, 3; Petreius nero non deserit sese: 1, 75, 2; *cf. qu. sqq.;* quibus rebus confectis fiens Petreius manipulos circumit militesque appellat: 1, 76, 1; *cf.* § 2. 3; Petreius atque Afranius cum stipendium ab legionibus paene seditione facta flagitarentur ⟨*c*⟩, . . . Caesar ut cognosceret postulatum est ⟨*c*⟩: 1, 87, 3; (cognouit) copias Petrei cum exercitu Afranii esse coniunctas: 2, 17, 3; frumenti magnum numerum coegit, quod Massiliensibus, item quod Afranio Petreioque ⟨pompeioque *Ox*⟩ mitteret: 2, 18, 1. *Cf. omnia, quae* 1, 38—55 *et* 1, 59—87 *narrantur.*

[Falso petreius *scriptum est in x* (*pro* Petraeus) 3, 35, 2 *in dhik* (*pro* Petronius) VII 50, 4.]

Petrocorii: imperant . . . † Senonibus ⟨*X; sena (milia) Andibus Em. Hoffm.; Db.*⟩, Ambianis, Mediomatricis, Petrocoriis, Neruiis, Morinis; Nitiobrogibus quina milia ⟨V β⟩: VII 75, 3.

Petronius: M. Petronius ⟨pretor *a*[1]; petreins *dhik*⟩, eiusdem legionis centurio, cum portas excidere conatus esset, a ⟨*c*⟩ multitudine oppressus ac sibi ⟨*c*⟩ desperans . . . inquit: VII 50, 4; *cf. qu. sqq.* (§ 4—6).

Petrosidius: ex quibus L. ⟨*om.* β⟩ Petrosidius aquilifer, eum . . . premeretur, aquilam intra uallum proiecit, ipse pro castris fortissime ⟨*c*⟩ pugnans occiditur: V 37, 5.

phalanga: hoc opus . . . perficiunt subitoque . . . machinatione nauali ⟨mach. nau. *del. Paul*⟩, phalangis subiectis, ad turrim hostium admouent: 2, 10, 7.

phalanx. A. obi.: ea (phalange) disiecta gladiis destrictis in eos impetum fecerunt: I 25, 2; ¶ ipsi confertissima acie ⟨conf. acie *del. Paul*⟩ reiecto nostro equitatu phalange facta sub primam nostram aciem successerunt: I 24, 5; Germani celeriter ex consuetudine sua phalange facta impetus gladiorum exceperunt: I 52, 4; ¶ milites e loco superiore pilis missis facile hostium phalangem perfregerunt: I 25, 2.

B. c. praep.: reperti sunt complures nostri milites, qui in phalanga ⟨*ego;* phalangā *B*[2]β; phalangas α; *edd.*⟩ insilirent et scuta manibus reuellerent et desuper uulnerarent ⟨*u. CC*⟩: I 52, 5.

(phanum *u.* **fanum.)**

Pharos *u.* **Pharus.**

(Pharsalia: ad eum locum, qui appellabatur Palaeste ⟨*Glandorp.;* pharsalia *codd.*⟩, omnibus nauibus ad unam incolumibus milites exposuit: 3, 6, 3.**)**

Pharus: confestimque ad Pharum nauibus milites exposuit: 3, 111, 6; Pharus est in insula turris magna altitudine, mirificis operibus exstructa; quae nomen ab insula cepit ⟨*c*⟩: 3, 112, 1; *cf.* § 2. 3; iis ⟨*c*⟩ autem inuitis, a quibus Pharus ⟨pharos *Nh*⟩ tenetur, non potest esse propter angustias nauibus introitus in portum: 3, 112, 4; hoc tum neritus Caesar hostibus in pugna occupatis militibus[que] expositis Pharum ⟨pharon *Nhl*⟩ prehendit atque ibi praesidium posuit: 3, 112, 5.

Philippus. 1.: Philippus et Cotta ⟨Philippus et Marcellinus collega *Kindsch.; u. CC*⟩ priuato consilio praetereuntur neque eorum sortes deiciuntur: 1, 6, 5.

2.: de Fausto impedit Philippus ⟨phylippus *a*⟩, tribunus plebis: 1, 6, 4.

Phoenice: Pompeius . . . magnam ex Asia Cycladibusque insulis, Corcyra, Athenis, Ponto, Bithynia, Syria, Cilicia, Phoenice, Aegypto classem coegerat, magnam omnibus locis aedificandam curauerat: 3, 3, 1.

Phoenices: isdem fere temporibus Cassius cum classe Syrorum et Phoenicum et Cilicum in Siciliam uenit: 3, 101, 1.

Picenum: dilectumque toto Piceno circummissis senatoribus habebat (Attius): 1, 12, 3; a quo factus Vibullius certior, quae res in Piceno gererentur, milites ab eo accipit: 1, 15, 4; relinquebatur, ut ex longinquioribus regionibus Galliae Picenique et a freto naues essent exspectandae: 1, 29, 2.

Picenus: Auximo ⟨*c*⟩ Caesar progressus ⟨*c*⟩ omnem agrum Picenum ⟨picenatium *f*[1]⟩ percurrit: 1, 15, 1; *cf. qu. sqq.;* incidit in Vibullium Rufum missum a Pompeio in agrum Picenum confirmandorum hominum causa: 1, 15, 4.

cum his duabus (legionibus) Asculum Picenum proficiscitur. id oppidum . . .: 1, 15, 3.

Pictones: (Gallicis nauibus,) quas ex Pictonibus ⟨pectonibus *X; Hold.; cf.* VIII 26, 1⟩ et Santonis reliquisque pacatis regionibus conuenire iusserat: III 11, 5; celeriter sibi Senones, Parisios, Pictones, Cadurcos, Turonos, Aulercos, Lemouices, Andos reliquosque omnes, qui Oceanum attingunt, adiungit ⟨*c*⟩: VII 4, 6; imperant . . . octona (milia) Pictonibus et Turonis ⟨*c*⟩ et Parisiis et Heluetiis: VII 75, 3.

pietas: non facile Gallos Gallis negare potuisse, praesertim eum de recuperanda communi libertate consilium initum uideretur. quibus quoniam pro pietate ⟨*Q;* proprietate *ABM*β⟩ satis fecerit, habere nunc se rationem officii pro beneficiis Caesaris: V 27, 7.

pignus: a tribunis militum centurionibusque mutuas pecunias sumpsit; has exercitui distribuit. quo facto duas res consecutus est, quod pignore animos centurionum deuinxit et largitione militum uoluntates redemit: 1, 39, (3.) 4.

pila: ubi aut spatium inter muros aut imbecillitas materiae postulare uideretur, pilae interponuntur, trauersaria tigna iniciuntur: 2, 15, 2.

pilum. *Cf. v. Göler, Die Kämpfe bei Dyrrhachium u. Pharsalus. Karlsr. 1854 p. 142 sqq.;* [2]*II p. 220—222; Rüstow*[2] *p. 12 sq.; Köchly, über das römische pilum, Verh. d. 21. Philol.-Vers. Lpz. 1863; J. Quicherat, Le pilum de l'infanterie romaine. Par. 1866. (Extr. des Mémoires de la soc. impér. des antiquaires de France.) Cf. Rev. crit. II p. 77—80.*

A. subi.: leuiusque casura pila sperabat ⟨pilas parebat *a*⟩ in loco retentis militibus quam si ipsi immissis telis occurrissent ⟨*c*⟩: 3, 92, 2.

B. obi.: ut spatium pila in hostes ⟨in h. pila β⟩ coiciendi non daretur: I 52, 3; milites legionis VIIII. subito conspirati pila coniecerunt: 3, 46, 5; ¶ emittere *u.* **emitto** *p. 1008* **B.** *(3 loc.);* ¶ mediocri spatio relicto Pulio pilum in hostes immittit ⟨mittit β⟩ atque unum ex multitudine procurrentem traicit: V 44, 6; celeriter ⟨*o*⟩ nostri clamore sublato pila in hostes immittunt: VI 8, 6; ¶ intercipere: II 27, 4 *u.* remittere; ¶ mittere *u.* **mitto** *p. 624* **B. a)** *(4 loc.);* ¶ nostri omissis ⟨emissis β⟩ pilis gladiis rem gerunt ⟨*c*⟩: VII 88, 3; ¶ reiectis ⟨relictis *B*[2]β⟩ pilis comminus gladiis pugnatum est: I 52, 4; ¶ ut . . . qui superessent ut ex tumulo tela in nostros coicerent et pila ⟨pilaque *h*⟩ intercepta remitterent: II 27, 4.

C. gen.: pluribus eorum scutis uno ictu pilorum transfixis et conligatis, cum ferrum se inflexisset ⟨infixisset *X*⟩, neque euellere neque sinistra impedita satis commode pugnare poterant: I 25, 3; ¶ multae praeustae sudes, magnus muralium pilorum numerus instituitur: V 40, 6; harpagones parauerant magnoque numero pilorum, tragularum reliquorumque telorum se instruxerant: 1, 57, 2.

D. abl.: ex uallo ac turribus traiecti pilis muralibus interibant ⟨*c*⟩: VII 82, 1; ¶ cum primi ordines hostium transfixi pilis ⟨β; *Schn.;* telis α; *rell. edd.*⟩ concidissent: VII 62, 4.

nostri milites dato signo cum infestis pilis ⟨*om. hl;* signis *N; Ciacc.*⟩ procucurrissent atque animum aduertissent non concurri a Pompeianis, ... cursum represserunt: 3, 93, 1.

[Falso: milites ... ex inferiore loco aduersus cliuum ⟨*P. Manut.;* pilum *codd.;* tumulum *Faern.*⟩ incitati cursu praecipites Pompeianos egerunt ⟨*c*⟩: 3, 46, 5.]

pilus. A. = **triariorum manipulus; a) obi.:** (qui (Baluentius) superiore anno primum pilum duxerat ⟨deduxerat β⟩: V 35, 6;) ¶ primum pilum ducere *u.* **duco** *p. 964* (β) *(3 loc.).*

b) gen.: P. Sextius Baculus, primi pili centurio, ... et item C. Volusenus ... ad Galbam adcurrunt ⟨*c*⟩: III 5, 2; deprensus ⟨*c*⟩ L. ⟨*c*⟩ Pupins, primi pili centurio, adducitur, qui hunc eundem ordinem in exercitu Cn. Pompei antea duxerat ⟨ante adduxerat *f*⟩: 1, 13, 4; ex Afranianis interficiuntur T. Caecilius, primi pili centurio, et praeter eum centuriones IIII: 1, 46, 5.

c) c. praep.: quem Caesar ... ab octauis ordinibus ad primipilum ⟨primum pilum *Ciacc.*⟩ se traducere pronuntiauit: 3, 53, 5.

(**B.** = **pili centurio:** in his primipilo ⟨primo pilo β⟩ P. Sextio Baculo ⟨*c*⟩, fortissimo niro, multis grauibusque uulneribus confecto: II 25, 1.)

pinna: huic (uallo) loricam pinnasque adiecit: VII 72, 4; — turres contabulantur, pinnae loricaeque ⟨*c*⟩ ex cratibus attexuntur: V 40, 6.

(piratae *u.* **Pirustae.)**

Pirustae: quod a Pirustis ⟨piratis *a*[1]; pyratis *h*⟩ finitimam partem prouinciae incursionibus uastari audiebat: V 1, 5; qua re nuntiata Pirustae ⟨pyratae β; pirustatae *Q*[1]⟩ legatos ad eum mittunt, qui doceant ...: V 1, 7.

Pisaurum: Pisaurum ⟨pisarum *a*[1]⟩, Fanum, Anconam singulis cohortibus occupat: 1, 11, 4; Curionem cum tribus cohortibus, quas Pisauri et Arimini ⟨*c*⟩ habebat, mittit: 1, 12, 1.

piscatorius: ueteres ... naues refecerant ... piscatoriasque adiecerant atque contexerant ...: has sagittariis tormentisque compleuerunt ⟨*u. CC*⟩: 2, 4, 2.

piscis: ex quibus sunt qui piscibus atque ⟨*c*⟩ ouis auium uiuere existimantur: IV 10, 5.

Piso. 1. L. Piso; A.: Caesar ... etiam priuatas iniurias ultus est, quod eius soceri L. Pisonis auum, L. Pisonem legatum, Tigurini eodem proelio quo Cassium interfecerant: I 12, 7.

B.: is dies erat a. d. V. Kal. April. L. Pisone, A. Gabinio consulibus: I 6, 4; 12, 7 *u.* **A.**; pollicetur L. Piso censor sese iturum ad Caesarem: 1, 3, 6; *cf. qu. sqq.*

[Falso I 35, 4 *u.* **2.**]

2. M. (Pupius) Piso: is M. Messala [et] M. ⟨p̄. m̄. *X;* Pupio Marco *Oud.;* M. Pupio *Hold.; Dt.*[2]*;* publio marco *B*[2]*M*[2]⟩ Pisone consulibus ... coniurationem nobilitatis fecit: I 2, 1; quoniam M. Messala, M. ⟨*Ciacc.;* l. *X*⟩ Pisone consulibus senatus censuisset, uti: I 35, 4.

3. Piso Aquitanus: interficiuntur LXXIIII, in his ⟨*c*⟩ uir fortissimus Piso Aquitanus, amplissimo genere natus, cuius auus in ciuitate sua regnum obtinuerat, amicus ab senatu nostro appellatus: IV 12, 4; *cf.* § 5. 6.

pix: apertos cuniculos praeusta et praeacuta materia et pice feruefacta et maximi ponderis saxis morabantur: VII 22, 5; — alii ... picem reliquasque ⟨*c*⟩ res, quibus ignis excitari potest, fundebant: VII 24, 4; ¶ quidam ante portam oppidi Gallus per ⟨*c*⟩ manus seui ac picis traditas glebas ⟨globos *Ber.*⟩ in ignem ... proiciebat: VII 25, 2; ¶ Cassius ... completas onerarias naues taeda et pice et stuppa reliquisque rebus, quae sunt aptae ⟨*c*⟩ ad incendia, in Pomponianam classem immisit: 3, 101, 2; — cupas taeda ae pice refertas incendunt easque de muro in musculum deuoluunt: 2, 11, 2.

pl. *u.* **plebs.**

Placentia: Caesar desiderauit milites DCCCCLX et equites * * * Tuticanum Gallum, senatoris filium, notos equites Romanos C. Fleginatem Placentia ... ⟨*Np.;* DCCCCLX et notos equites r. flegmatem tuticanum gallum, senatoris filium, e. flegmatem placentia *z*⟩: 3, 71, 1.

placeo. A. = **ἀρέσκειν:** condiciones pacis ... ab senatu et a populo peti debere. id interesse ⟨*sic Madu.;* debere. interea et *z; edd.*⟩ rei publicae et ipsis placere oportere. si ⟨*Madu.;* oportere, si *edd.*⟩ uterque in contione statim iurauisset se triduo proximo exercitum dimissurum: 3, 10, 9.

B. = **δοκεῖν; sequ. a) inf.:** maiori tamen parti placuit hoc reseruato ⟨*c*⟩ ad extremum *casum consilio interim rei euentum experiri et castra defendere: III 3, 4.

b) acc. c. inf.: deliberatur ⟨*c*⟩ de Auarico in communi concilio, incendi placeat ⟨β; placeret α; *edd.*⟩ an defendi: VII 15, 3; sibi numquam placuisse Auaricum defendi: VII 29, 4; reliqua qua ratione agi placeat constituunt: VII 37, 7; quid ⟨qui β⟩ quoque ⟨*c*⟩ pacto agi placeat occulte inter se constituunt: VII 83,5; L. Domitius in consilio dixit placere sibi bello confecto ternas tabellas dari ad iudicandum iis ⟨c⟩, qui ordinis essent senatorii belloque una cum ipsis interfuissent, sententiasque de singulis ferrent ⟨ferri *Paul*⟩, qui Romae remansissent quique . . . praestitissent: 3,83,3; ostendit sibi placere regem Ptolomaeum atque eius sororem Cleopatram exercitus, quos haberent, dimittere et de controuersiis iure apud se potius quam inter se armis disceptare: 3,107,2.

c) ut: quam ob rem placuit ei, ut ad Ariouistum legatos mitteret: I 34,1; placuit, ut ⟨uti β; *Schn.*⟩ Litauiccus decem illis milibus, quae Caesari ad bellum mitterentur, praeficeretur atque ea † ducenda curaret fratresque eius ad Caesarem praecurrerent: VII 37,7.

d) coniunctiuus: 3,83,3 *u.* **b).**

placide: eadem usus simulatione itineris placide progrediebatur: VI 8,2.

placo: pro uita hominis nisi ⟨c⟩ hominis ⟨o⟩ uita reddatur, non posse ⟨aliter *add.* β⟩ deorum immortalium numen placari arbitrantur: VI 16,3.

Plancus *u.* **Munatius.**

plane: ut . . . Ambiorigem . . . circumspicerent captiui nec plane etiam abisse ex conspectu contenderent: VI 43,4; ¶ prius quam plane legiones explicari et consistere possent: 2,26,4; ¶ prius . . . constiterunt quam plane ab his ⟨c⟩ uideri aut quid rei gereretur cognosci posset: III 26,3.

planities. Forma: *Vtrum* planities *an* planicies *in codd. plerumque exstet, parum constat.* Planities *probatur Schneidero, Frigellio, Dübnero,* planicies *Nipperdeio, Dintero, Holdero; mihi* planicies *nullo modo ferri posse uidetur. Nulla librorum discrepantia indicata Np. et Hold. ediderunt* planicies (-em) I 43,1 *et* II 8,3; *Hold. dicit* planicies *esse in AQB* VII 69,3; planicies *esse in AQ,* planities *in B* II 8,3 *et* VII 46,1 *et* 51,3 *et* 70,1 *et* 79,2 *idem testatur;* III 1,5 *in Baf est* planitie, *in A teste Np.* planiciae, *teste Hold.* planitiae. *In B. Ciu.* 1,43,1 *in ahl inueniri* planicia *dicit Db., cui repugnat Np., cum in cod. a* planitia *exstare dicit. Duobus reliquis locis* (1,70,3 *et* 3,98,1) *in a uidetur scriptum esse* planities.

A. subi.: planities erat magna et in ea tumulus terrenus satis grandis: I 43,1; erat inter oppidum Ilerdam et proximum collem ⟨*Vascos.*; in oppido ilerda et proximo colle *z*⟩ . . . planitia ⟨planities *edd.*⟩ circiter passuum CCC: 1,43,1; ¶ patere *u.* **in** *p. 104 uersu 15—22 (3 loc.).*

B. obi.: qui uicus positus in ualle non magna adiecta planitie altissimis montibus undique continetur: III 1,5; ¶ ubi primum (legiones) planitiem attigerunt: VII 51,3; ¶ postero die equitatu ex castris educto omnem eam planitiem, quam in longitudinem III ⟨c⟩ milia passuum patere demonstrauimus, complent: VII 79,2; ¶ fit equestre proelium in ea planitie, quam intermissam collibus tria milia passuum in ⟨c⟩ longitudinem ⟨c⟩ patere supra demonstrauimus: VII 70,1; ¶ Caesar . . ex magnis rupibus nactus planitiem in hac ⟨*Steph.*; hanc *z*⟩ contra hostem aciem instruit: 1,70,3.

C. c. praep.; a) ab: oppidi murus ⟨c⟩ a ⟨β; ab *BM*; *edd.*; at *AQ*⟩ planitie atque initio ascensus recta regione . . . mille CC passus aberat: VII 46,1.

b) ad: collis . . . leniter fastigatus ⟨c⟩ paulatim ad planitiem redibat: II 8,3.

c) ex: quod is collis, ubi castra posita erant, paululum ex planitie editus tantum aduersus in latitudinem patebat, quantum: II 8,3.

d) in c. acc.: omnes . . . ex superioribus locis in planitiem descendere . . . iussit: 3,98,1; ¶ (1,70,3 *u.* **B.** nancisci.)

e) in c. abl.: esse in: I 43,1 *u.* **A.**; ¶ fit proelium: VII 70,1 *u.* **B.** intermittere; ¶ instruere: 1,70,3 *ib.* nancisci.

planus: aperto ⟨β; *om.* α⟩ ac plano litore naues constituit: IV 23,6; ¶ carinae (erant) aliquanto planiores quam nostrarum nauium: III 13,1.

platea: portas obstruit, uicos plateasque inaedificat, [ac] fossas transuersas uiis praeducit: 1,27,3; (ut . . . eum liberis atque uxoribus † publicis custodiis quae (*uel* custodiisque) aut muro ⟨ex plateis uestibulisque aut ex muro *Vielh.*⟩ ad caelum manus tenderent: 2,5,3.)

plebs. A. Romana (semper tribunus plebis); tribunus est **a) subi.; α):** (tribuni plebis) de sua salute septimo die cogitare coguntur: 1,5,2; ¶ profugiunt statim ex urbe tribuni plebis seseque ad Caesarem conferunt: 1,5,5; ¶ Ariminum . . . proficiscitur ibique tribunos plebis, qui ad eum confugerant, conuenit: 1,8,1; ¶ quod illi turbulentissimi superioribus temporibus tribuni plebis *post* octo ⟨CC⟩ denique menses uariarum ⟨c⟩ actionum ⟨toto den. emenso spatio suarum act. *Momms.*⟩ respicere ac timere consuerant ⟨consuerat *afh*⟩: 1,5,2; ¶ dent operam consules, praetores, tribuni plebis ⟨pr., tr. pl. *ahl;* P. R. tr. pl. *Obef*⟩ quique *pro* coss. ⟨*c*⟩ sint ⟨*c*⟩ ad urbem, ne quid res publica detrimenti capiat: 1, 5, 3; ¶ (deprecari: 1,5,1 *u.* e);) ¶ distrahere: 1,33,3 *u.* c) α); ¶ itemque praetoribus tribunis*que* ⟨PR. (*uel* P. R.) trib. ϰ⟩ plebis rogationes ad populum ferentibus non nullos . . . damnatos . . . in integrum restituit: 3,1,4; ¶ impedire: 1,6,4 *et* 33,3 *u.* c) α); ¶ intercedere: 1,2,8 *ib.;* ¶ profugere: 1, 5,5 *u.* conferre; ¶ huic . . . simultas cum Curione intercedebat, quod tribunus plebis legem promulgauerat, qua lege regnum Inbae publicauerat: 2,25,4; ¶ respicere: 1,5,2 *u.* consuesse; ¶ (retinere: 1,5,1 *u.* e);) ¶ timere: 1,5,2 *u.* consuesse.

β): latum ab X tribunis plebis ⟨ab octribus plebis *a;* ab X trib.; pplis *f*⟩ . . ., ut sui ratio absentis haberetur: 1,32,3.

b) praedic.: 2,25,4 *u.* **a)** α) promulgare.

c) apposit.; α) nom.: intercedit M. Antonius, Q. Cassius, tribuni plebis: 1,2,8; de Fausto impedit Philippus, tribunus plebis: 1, 6,4; subicitur etiam L. Metellus, tribunus plebis, ab inimicis Caesaris, qui hanc rem distrahat reliquasque res, quascumque agere instituerit, impediat. cuius cognito consilio . . .: 1,33,3.

β) **abl.:** duabus legionibus missis in ulteriorem Hispaniam cum Q. Cassio, tribuno plebis, ipse eum ⟨*c*⟩ DC equitibus . . . progreditur ⟨*c*⟩: 2,19,1; ¶ et de imperio Caesaris et de amplissimis niris, tribunis plebis, grauissime acerbissimeque decernitur: 1, 5, 4.

d) obi.: iniuriam in eripiendis legionibus ⟨*c*⟩ praedicat, crudelitatem et insolentiam in circumscribendis tribunis plebis: 1,32,6; ¶ cogere: 1,5,2 *u.* **a)** α) cogitare; ¶ conuenire: 1,8,1 *ib.* confugere; ¶ se . . . ex prouincia egressum . . ., ut tribunos plebis *iniuria ex ciuitate expulsos in suam dignitatem restitueret: 1,22,5; ¶ subicere: 1,33,3 *u.* c) α).

e) **dat.:** nec tribunis plebis sui periculi deprecandi neque etiam extremi iuris [intercessione] retinendi . . . facultas tribuitur: 1, 5,1.

f) gen.: consilium: 1,33,3 *u.* c) α); ¶ litteris . . . Caesaris ⟨*c*⟩ consulibus redditis aegre ab his impetratum est summa tribunorum plebis contentione, ut in senatu recitarentur: 1,1,1; ¶ sese paratos esse imperatoris sui tribunorumque plebis iniurias defendere: 1,7,7.

g) c. praep.: eum, de *u.* c) β).

B. aliorum populorum; a) subi.: (admittere: VII 42,4 *u.* **b)** impellere;) ¶ andere (habere): VI 13,1 *u.* **b)** habere; ¶ ne omnis nobilitatis discessu plebs ⟨pleps *A*⟩ propter imprudentiam laberetur: V 3,6; ¶ reuerti: VII 42,4 *u.* **b)** impellere.

b) obi.: adhibere: VI 13,1 *u.* habere; ¶ eos, quorum opera plebem concitatam existimabant: VII 13,2; ¶ ut animi aequitate plebem contineant, cum suas quisque opes cum potentissimis aequari uideat: VI 22,4; ¶ nam plebes ⟨plebs *Aimoin.*⟩ paene seruorum habetur loco, quae nihil audet ⟨*Q;* aut et *A;* habet *MC; Aim.; Fr.*⟩ per se ⟨per se nihil audet β⟩, nullo ⟨α; *Aim.;* nulli β⟩ adhibetur consilio ⟨concilio β⟩: VI 13,1; ¶ adiuuat rem proclinatam ⟨*c*⟩ Conuictolitauis plebemque ⟨que *om.* β⟩ ad furorem impellit, ut facinore admisso ad sanitatem reuerti pudeat ⟨pudeat reuerti β⟩: VII 42,4.

c) dat.: qui eo tempore principatum in ciuitate obtinebat ac maxime plebi acceptus erat: I 3,5.

d) c. praep.; α) apud: esse non nullos, quorum auctoritas apud plebem plurimum ualeat, qui priuatim plus possint ⟨*c*⟩, quam ipsi magistratus: I 17,1; ¶ ipsum esse Dumnorigem, summa audacia, magna apud plebem propter liberalitatem gratia: I 18,3.

β) **ex:** ne quis ex plebe contra potentiorem auxilii egeret: VI 11,4.

[**Falso:** completur urbs † et ius comitium tribunis, centurionibus, euocatis ⟨*Lips. & Oud.;* tr. pl. centurio euocat ϰ⟩: 1,3,3.]

plenus. A. = refertus, repletus; a) propr.; α) **c. gen.; αα) pos.:** (ille idoneum locum in agris nactus ⟨plenis frumentorum *add. Kergel; Db.;* copia frumentorum *addendum censet Np.*⟩: 3,81,3;) ¶ erat plena ⟨plane *a*⟩ lictorum et † imperiorum ⟨apparitorum *Forchh.;* interpretum *Paul*⟩ prouincia, differta praefectis ⟨*c*⟩ atque exactoribus: 3,32,4.

ββ) **superl.:** non materia multitudine arborum, non frumentum, cuius erant plenissimi agri, deficere poterat: 2,37,6.

β) **abs.; αα) pos.:** docuit, quantum usum haberet ad subleuandam omnium rerum inopiam potiri oppido pleno atque opulento: 3, 80,5.

ββ) **superl.:** animaduertit multa undique portari atque agi plenissimis uiis: 2,25,2.

b) trsl.: omnes alacres et fiduciae ⟨fiducia β⟩ pleni ad Alesiam proficiscuntur: VII 76,5; — suos cohortatus . . . plenus spei bonae atque animi aduersus eos ⟨*c*⟩ proficiscitur (Brutus): 2, 5, 2; ¶ omnia erant plena . . . *u.* **omnis** *p. 921 extr. (3 loc.).*

B. = **integer:** eadem nocte accidit, ut esset luna plena: IV 29, 1.

quod legionem neque eam ⟨β; tam α⟩ plenissimam, detractis cohortibus duabus et compluribus singillatim . . . absentibus ⟨*c*⟩, propter paucitatem despiciebant: III 2, 3.

C. plenior = **auctus:** haec Afranius Petreiusque et eorum amici pleniora etiam atque uberiora Romam ad suos perscribebant: 1, 53, 1.

plene: cum neque opus ⟨*c*⟩ hibernorum munitionesque plene ⟨plenae *A(B?)*⟩ essent perfectae neque: III 3, 1.

plerique. A. ui adiectiui; a): CC (equites) ex Syria a Commageno Antiocho . . . missi erant, in his plerique hippotoxotae: 3, 4, 5; ¶ hunc Marcellus collega et plerique magistratus consecuti sunt: 1, 14, 2; ¶ mercatores: IV 5, 3 *u.* **B. a) α)** respondere; ¶ qui *ex* acie refugerant milites et animo perterriti et lassitudine confecti missis plerique armis signisque militaribus . . . de . . fuga . . . cogitabant: 3, 95, 3; ex Gabinianis militibus, qui iam in consuetudinem Alexandrinae uitae ac licentiae uenerant . . . uxoresque duxerant, ex quibus plerique liberos habebant: 3, 110, 2; ¶ *expositis* omnibus copiis Antonius . . . plerasque naues in Italiam remittit: 3, 29, 2; ¶ uiatores: IV 5, 3 *u.* **B. a) α)** respondere.

b): plerosque Belgas esse ortos a ⟨*c*⟩ Germanis . . .: II 4, 1; ¶¶ (Britanni) interiores plerique frumenta non serunt, sed lacte et carne uiuunt pellibusque sunt uestiti: V 14, 2.

B. ui subst.; a) masc.; α) subi.: in consilio . . . dixerat . . . . id cum essent plerique admirati ⟨mirati *l*[1]⟩, . . . inquit: 3, 86, 2; ¶ disputatur in consilio . . . plerique censebant, ut noctu iter facerent: 1, 67, 1; ¶ plebes paene seruorum habetur loco . . .; plerique, cum aut ⟨*c*⟩ aere alieno aut magnitudine tributorum aut iniuria potentiorum premuntur, sese ⟨*o*⟩ in seruitutem dicant ⟨addicunt *Aim.*⟩ nobilibus: VI 13, 2; ¶ hae copiae . . . in citeriore Gallia sunt refectae, et plerique sunt ex coloniis ⟨*c*⟩ Transpadanis: 3, 87, 5; ¶ at plerique existimant, si acrius insequi uoluisset, bellum eo die potuisse finiri ⟨*c*⟩: 3, 51, 3; nisi eo ipso tempore quidam nuntii . . . essent allati, existimabant plerique futurum fuisse, uti (oppidum) amitteretur: 3, 101, 3; ¶ fingere: (IV 5, 3 *u.* respondere;) alius castra iam ⟨*o*⟩ capta pronuntiat, alius . . . uictores barbaros uenisse contendit; plerique nouas sibi ex loco religiones fingunt Cottaeque et Titurii calamitatem . . . ante oculos ponunt: VI 37, (7.) 8; ¶ (incidere: 3, 69, 3 *u.* praecipitare;) ¶ ponere: VI 37, 8 *u.* fingere; ¶ dextrum cornu . . . sese recipiebat, ac plerique ex his, ne in angustias inciderent, *ex* X pedum munitione ⟨*c*⟩ se in fossas praecipitabant ⟨*P. Manut.;* praecipitant *z*⟩: 3, 69, 3; ¶ remittere: VI 14, 4 *u.* γ); ¶ est enim ⟨*c*⟩ hoc Gallicae consuetudinis, uti ⟨*c*⟩ et uiatores etiam inuitos consistere cogant et . . . quaerant et mercatores in oppidis uulgus circumsistat quibusque ex regionibus ueniant . . . pronuntiare cogat ⟨*c*⟩. his . . . auditionibus permoti . . . consilia ineunt, quorum eos . . . paenitere necesse est, cum incertis rumoribus ⟨*c*⟩ seruiant et plerique ⟨cum incerta, ut eorum auribus seruiant, et plerumque *Ciacc.*⟩ ad uoluntatem eorum ficta respondeant: IV 5, 3; ¶ uocibus consulis, terrore praesentis exercitus, minis amicorum Pompei plerique compulsi inuiti et coacti Scipionis sententiam sequuntur: 1, 2, 6; ¶ (municipia etiam diuersis partibus (erant) coniuncta; aeque ⟨*coni. Np.; Madu.;* neque *codd.; Dt.;* plerique *H. Schneider*⟩ enim ex Marsis Paelignisque ueniebant: 2, 29, 4.)

β) obi.: sed plerosque ii ⟨*c*⟩, qui receperant, celant noctuque per uallum emittunt: 1, 76, 4; ¶ cogere, compellere: 1, 2, 6 *u.* **α)** sequi; ¶ emittere: 1, 76, 4 *u.* celare; ¶ (premere: VI 13, 2 *u.* **α)** dicare.)

γ) dat.: quod fere plerisque accidit, ut praesidio litterarum diligentiam in perdiscendo ac memoriam remittant: VI 14, 4; ¶ quorum uocibus et concursu terrentur infirmiores, dubii confirmantur, plerisque uero libere decernendi potestas eripitur: 1, 3, 5; ¶ hoc consilium Caesaris plerisque non probabatur: 1, 72, 4.

b) neutr.: ut celeritate reliquas res conficeret, qua pleraque erat consecutus: VII 12, 3.

plerumque: accidere: III 26, 4 *et* V 33, 1 *et* 3, 32, 5 *u.* consuesse; 1, 85, 4 *u.* solere; ¶ nam plerumque in nouitate ⟨rei *add. Dt.*⟩ fama rem ⟨*add. Ciacc.; Np.; om. codd.; Dt.*⟩ antecedit ⟨*codd.; Db., Dt.;* excedit *Np.;* fama antecellit *Madu.;* nam pler. rei nouitatem fama antecedit *Paul*⟩: 3, 36, 1; ¶ quod illi etiam consulto plerumque cederent et . . . ex essedis desilirent et pedibus dispari proelio contenderent ⟨*u. CC*⟩: V 16, 2; ¶ equites plerumque omnes tela intra uallum coiciebant: V 57, 3; ¶ nostri redintegratis uiribus, quod plerumque in spe uictoriae accidere consueuit, acrius impugnare coeperunt: III 26, 4; quo plerumque genere in proeliis uti consuerunt: IV 24, 1; quod plerumque iis ⟨*om.* β⟩ accidere ⟨accedere *BMQ*⟩ consueuit, qui in ipso negotio consilium capere coguntur: V 33, 1; accedebant ad haec grauissimae usurae, quod in bello plerumque accidere consueuit uniuersis imperatis pecuniis: 3, 32, 5; ¶ contendere, desilire: V 16, 2 *u.* cedere; ¶ huic (Marti), cum proelio dimicare constituerunt, ea, quae bello ceperint ⟨*c*⟩, plerumque deuouent: VI 17, 3; ¶ nam plerumque omnibus ⟨*CC*⟩ Gallis prae magnitudine corporum suorum breuitas nostra contemptui est: II 30, 4; ¶ (excedere: 3, 36, 1 *u.* antecedere;) ¶ ut plerumque in calamitate ex amicis inimici exsistunt: 3, 104, 1; ¶ (cum incertis rumoribus ⟨*c*⟩ seruiant et plerique ⟨cum incerta, ut eorum auribus seruiant et plerumque *Ciacc.*⟩ ad uoluntatem eorum ficta respondeant: IV 5, 3;) ¶ ipso terrore equorum et strepitu rotarum ordines plerumque perturbant: IV 33, 1; omnia enim plerumque, quae ⟨quae pler. *a*⟩ absunt, uehementius hominum mentes perturbant: VII 84, 5; ¶ qui (Galli) uitandi aestus causa plerumque siluarum ac ⟨*c*⟩ fluminum petunt propinquitates: VI 30, 3; ¶ qui diligentius eam rem cognoscere uolunt, plerumque illo discendi causa proficiscuntur: VI 13, 12; ¶ quod plerumque in summo periculo timor misericordiam non recipit ⟨recepit *A*⟩: VII 26, 4; ¶ quae (materia) perpetuis trabibus *pedum *quadragenum plerumque introrsus reuincta neque perrumpi neque distrahi potest: VII 23, 5; ¶ accidisse igitur his, quod plerumque hominum ⟨-ibus *O*⟩ nimia pertinacia atque arrogantia accidere soleat, uti: 1, 85, 4; ¶ quod sunt in consiliis capiendis mobiles et nouis plerumque rebus student: IV 5, 1; ¶ quibuscum ⟨*c*⟩ saepe numero Heluetii congressi non solum in suis ⟨*c*⟩, sed etiam in illorum ⟨*c*⟩ finibus plerumque superarint ⟨superassent *B*²β⟩: I 40, 7; ¶ uti: IV 24, 1 *u.* consuesse; quod sunt loca aspera ac ⟨*c*⟩ montuosa ac plerumque frumento utuntur importato: 3, 42, 5.

Pleumoxii: confestim dimissis nuntiis ad Ceutrones, Grudios, Leuacos, Pleumoxios ⟨pleumoximos *BM*⟩, Geidumnos, qui omnes sub eorum (Neruiorum) imperio sunt ⟨continebantur β⟩, quam maximas manus ⟨*o*⟩ possunt cogunt ⟨*c*⟩: V 39, 1.

Plotius: uulnerantur tamen complures, in his Cornelius Balbus, M. Plotius ⟨plocius *Na?l*⟩, L. Tiburtius, centuriones militesque non nulli: 3, 19, 6.

plumbum: nascitur ibi plumbum album in mediterraneis regionibus: V 12, 5.

(**pluries:** expeditae cohortes nouissimum agmen claudebant pluresque ⟨pluriesque *Ciacc.*⟩ in locis campestribus subsistebant: 1, 79, 1; *cf. Reisig-Haase p. 213, not. 257.*)

plus, plures, plurimi, plurimum *u.* **multus.**

pluteus. A. subi.: uti uno tempore agger, plutei, testudo, turris, tormenta flammam ⟨*c*⟩ conciperent et prius haec omnia consumerentur, quam: 2, 14, 2.

B. obi.: ubi uero ea pars turris . . . munita est ab omni ictu hostium, pluteos ad alia opera abduxerunt: 2, 9, 5; ¶ Fabium . . . (portas) obstruere ceteras pluteosque uallo ⟨ualle *B*¹*M*¹⟩ addere: VII 41, 4; ¶ (consumere: 2, 14, 2 *u.* **A.**;) ¶ quod deustos pluteos turrium ⟨*del. Köchly*⟩ uidebant nec facile adire apertos ad auxiliandum animaduertebant: VII 25, 1.

C. gen.: huic loricam pinnasque adiecit grandibus cernis eminentibus ad commissuras pluteorum atque aggeris ⟨aggeres α⟩: VII 72, 4; ¶ miles dextra ac sinistra muro tectus ⟨*c*⟩, aduersus plutei obiectu ⟨*Ald.*; obiecto *codd.*⟩ operi quaecumque sunt usui sine periculo supportat: 2, 15, 3; ¶ hanc super ⟨*c*⟩ contignationem, quantum tectum plutei ac uinearum passum est, latericulo adstruxerunt: 2, 9, 2.

D. abl.: scaphas nauium magnarum circiter LX cratibus pluteisque contexit: 3, 24, 1; ¶ has (rates) . . . a fronte atque ab utroque latere cratibus ac pluteis protegebat: 1, 25, 9.

poculum: haec (urorum cornua) studiose conquisita ab labris argento circumcludunt atque in amplissimis epulis pro poculis utuntur: VI 28, 6.

poena. A. (**propr.**) = multa, merces: a Pirustis ⟨*c*⟩ finitimam partem prouinciae incursionibus uastari audiebat . . . . arbitros inter ciuitates dat, qui litem aestiment poenamque constituant: V 1, (5.) 9.

B. (trsl.) = τιμωρία, ζημία, δίκη; **a) subi.:** (druides sacrificiis interdicunt.) haec poena apud eos est grauissima: VI 13, 6; ¶

damnatum poenam sequi oportebat, ut igni cremaretur: I 4, 1.

b) obl.: si quod est admissum ⟨*o*⟩ facinus, si caedes facta, si de hereditate, de finibus controuersia est, idem decernunt ⟨*c*⟩, praemia poenasque constituunt: VI 13, 5; capitis poenam iis, qui non paruerint ⟨*c*⟩, constituit: VII 71, 6; ¶ bona restituit iis ⟨*c*⟩, quos liberius locutos hanc poenam tulisse cognonerat: 2, 21, 2; ¶ orant, ut ⟨*c*⟩ sibi parcat ⟨*o*⟩, ne communi odio Germanorum innocentes pro nocentibus poenas pendant: VI 9, 7; ¶ quae pars ciuitatis Heluetiae insignem calamitatem populo Romano intulerat, ea princeps poenas persoluit: I 12, 6; ¶ tametsi ⟨*c*⟩ pro ueteribus Heluetiorum iniuriis populi Romani ab his poenas bello repetisset: I 30, 2.

c) gen.: ut . . . sibi quisque etiam poenae loco grauiores imponeret labores: 3, 74, 2; ¶ magnitudine supplicii dubitantes cogit; nam maiore commisso delicto igni ⟨*c*⟩ atque omnibus tormentis necat, leuiore de causa auribus desectis aut singulis effossis oculis domum remittit, ut sint reliquis documento et magnitudine poenae perterreant alios: VII 4, 10; igne nautas dominosque nauium interfecit magnitudine poenae reliquos terreri ⟨deterrere *Ohl*⟩ sperans: 3, 8, 3; ¶ contaminati facinore et . . . timore poenae exterriti consilia clam de bello inire incipiunt: VII 43, 3.

(**pollen**: haec pollis, pollinis, sic Charisius; Probus autem et Caesar hoc pollen, pollinis declinauerunt: *Prisc. inst.* VI 66.)

polleo: lenibus atque utinam scriptis adiuncta foret uis, comica ut aequato uirtus polleret honore cum Graecis: *ap. Suet. uit. Terent.* 5.

qui in re publica iudiciisque tum plurimum pollebant ⟨*u. CC*⟩: 1, 4, 3; regum, qui plurimum inter homines pollent: *ap. Suet.* 6.

pollex: transtra (erant) . . . confixa clauis ferreis digiti pollicis crassitudine: III 13, 4.

polliceor. A. sequ. obiect.; a) subst.: (Domitius) militibus in contione agros ex suis possessionibus pollicetur, quaterna ⟨*Glar.*; XL *codd.*⟩ in singulos iugera et pro rata parte centurionibus euocatisque: 1, 17, 4; ¶ iis ⟨*c*⟩ auxilium suum pollicitus, si ab Suebis premerentur, haec ab iis cognouit: IV 19, 1; consurgunt ii, qui et causam et hominem probant, suumque auxilium pollicentur: VI 23, 7; ¶ nauium magnam copiam ad transportandum exercitum pollicebantur (Vbii): IV 16, 8; ¶ interim cotidie Caesar Haeduos frumentum, quod essent publice polliciti, flagitare: I 16, 1; ¶ horum principibus pecunias, ciuitati autem imperium totius prouinciae pollicetur (Vercingetorix): VII 64, 8; ¶ simul (Otacilius) de deditione eorum agebat et incolumitatem deditis pollicebatur: 3, 28, 2; ¶ (iugera: 1, 17, 4 *u.* agros;) ¶ milia *u.* **mille** *p. 604 sq. (3 (11) loc.)*; ¶ (ciues Romanos eius prouinciae sibi . . . tritici modium ⟨*Hot.*; modios *x*⟩ CXX milia polliceri coegit: 2, 18, 4;) ¶ quod . . . quantam quisque multitudinem in communi Belgarum concilio ad id bellum pollicitus sit ⟨esset β⟩ cognouerint ⟨*c*⟩: II 4, 4; ¶ pecuniam (-ias) *u.* **pecunia** *p. 1031 sq. (5 loc.)*; ¶ scio me, inquit, paene incredibilem rem polliceri: 3, 86, 2; ¶ triticum: 2, 18, 4 *u.* modios.)

b) pron.: cum id, quod antea petenti denegasset (Ariouistus), ultro polliceretur: I 42, 2; ¶ illud: V 27, 10 *u.* **B. a) α)**; ¶ uti ea, quae polliceantur, facturos intellegat: I 14, 6; quoad fides esset data Caesarem facturum quae polliceretur: 1, 10, 4.

B. sequ. acc. c. inf. a) futuri; α): animos nerbis confirmauit pollicitusque est sibi eam rem curae futuram: I 33, 1; plus, quam pollicitus esset, Caesarem ⟨*c*⟩ facere: pollicitum se ⟨esse *B*[2]β⟩ in cohortis ⟨se *add.* β⟩ praetoriae loco decimam legionem habiturum, ad equum rescribere: I 42, 6; uti ab iis ⟨*c*⟩ nationibus, quae trans Rhenum incolerent, mitterentur ⟨*o*⟩ legati ad Caesarem, qui ⟨quae *B*[3]β⟩ se obsides daturas, imperata facturas pollicerentur: II 35, 1; legati uenerunt, qui se . . . excusarent . . . seque ea, quae imperasset, facturos pollicerentur ⟨β; pollicentur α⟩: IV 22, 1; hostes . . . legatos de pace miserunt; obsides daturos quaeque imperasset ⟨sese *add.* β⟩ facturos ⟨esse *add.* α; *edd.*⟩ polliciti sunt: IV 27, 1; Trinobantes . . . legatos ad Caesarem mittunt pollicenturque sese ei dedituros atque imperata facturos: V 20, 2; illud se polliceri et iure iurando confirmare tutum ⟨se *add.* β⟩ iter per ⟨suos *add.* β⟩ fines daturum: V 27, 10; profitentur Carnutes se nullum periculum communis salutis causa recusare principesque ex omnibus bellum facturos pollicentur: VII 2, 1; eo legati ab Aruernis missi quae imperaret se facturos pollicentur: VII 90, 2; L. Lentulus consul senatui rei*que* publicae se non defuturum ⟨defeusurum *f*⟩ pollicetur, si audacter ac ⟨*c*⟩ fortiter sententias dicere uelint; sin Caesarem respiciant . . ., se sibi consilium capturum neque . . . obtemperaturum: 1, 1, 2 (3); pollicetur L. Piso censor sese iturum ad Caesarem, item L. Roscius praetor, qui de his rebus eum doceant: 1, 3, 6;

erat iniqua condicio ... polliceri se in prouinciam iturum neque ante quem diem iturus *esset definire: 1, 11, 2; tempus uero conloquio non dare neque accessurum polliceri magnam pacis desperationem adferebat: 1, 11, 3; etiam Cingulo ... ad eum legati ueniunt quaeque imperauerit se cupidissime facturos pollicentur. milites imperat; mittunt: 1, 15, 2; interim Oscenses et Calagurritani ... mittunt ad eum legatos seseque imperata facturos pollicentur: 1, 60, 1; Caesar ex eo tempore, dum ad flumen Varum ueniatur, se frumentum daturum pollicetur: 1, 87, 1; hortatur Curionem Cn. Domitius ..., ut ... contendat, et se ab eo non discessurum pollicetur: 2, 42, 3; hos sequuntur Byllidenses, Amantini et reliquae finitimae ciuitates totaque Epiros et legatis ad Caesarem missis quae imperaret facturos pollicentur: 3, 12, 4; cum ... ex Thessalia Aetoliaque legati uenissent, qui praesidio misso pollicerentur earum gentium ciuitates imperata facturas: 3, 34, 2.

β): Auximatibus agit gratias seque eorum facti memorem fore pollicetur: 1, 13, 5; Coelius Rufus ..., si quis appellauisset de aestimatione et de solutionibus ..., fore auxilio pollicebatur ⟨pollicetabatur *h*[1]⟩: 3, 20, 1.

b) praesentis: legati ueniunt, qui polliceantur ⟨pollicerentur β⟩ obsides dare atque imperio populi Romani obtemperare: IV 21, 5; VI 9, 7 *u.* C.

C. abs.: plus, quam pollicitus esset, Caesarem facere ⟨*c*⟩: I 42, 6; quibus auditis liberaliter pollicitus hortatusque, ut in ea sententia permanerent, eos domum remittit: IV 21, 6; si amplius obsidum uelit ⟨β; *Fr.*, *Dt.*⟩ dari, ⟨β; nellet, dare α; *plur. edd.*⟩ pollicentur (Vbii): VI 9, 7; nec minus, quam est pollicitus, Vercingetorix animo laborabat, ut: VII 31, 1; petit ab his omnibus, ut se frumento iuuent. pollicentur, atque ... deportant: 1, 60, 3; illi orant atque obsecrant, ut in Siciliam nauibus reportentur. pollicetur (Marcius) magistrisque imperat nauium, ut ... omnes scaphas ad litus adpulsas habeant: 2, 43, 1.

pollicitatio. A. obi.: hi modo digressi ⟨*c*⟩ *a* Massiliensibus recentem eorum ⟨*Oh*[2]*l*[2]; eodem *z*⟩ pollicitationem animis continebant: 1, 57, 4.

B. abl.: laborabat, ut reliquas ciuitates adiungeret atque earum principes ⟨*sic* β; *Schn.*; atque eas α; *rell. edd.*⟩ donis pollicitationibusque ⟨β; bonis pollicitationibus α; *Fr.*, *Db.*⟩ alliciebat ⟨allicebat *Aaf; Schn.*⟩: VII 31, 1; ¶ omnibus pollicitationibus ac praemiis deposcunt, qui belli initium ⟨*c*⟩ faciant ⟨*c*⟩: VII 1, 5; ¶ cohortatus, ut magnis praemiis pollicitationibusque suos excitarent: III 26, 1; ¶ hos praemiis pollicitationibusque incitant: 1, 56, 2; ¶ hunc ⟨incitatum *add. z; Np.*, *Db.*; incitatum a *add. Vielh.*; *Dt.*⟩ suis et regis inflatum ⟨*om.* *O*[1]; *del. Forchh.*⟩ pollicitationibus quae fieri nellet litteris nuntiisque edocuit: 3, 108, 2; ¶ Germanos atque Ariouistum sibi adiunxerant eosque ad se magnis iacturis pollicitationibusque perduxerant: VI 12, 2; ¶ conuentum Salonis cum neque pollicitationibus neque denuntiatione ⟨-onibus *hl*⟩ periculi permouere posset, oppidum oppugnare instituit: 3, 9, 2; ¶ huic magnis praemiis pollicitationibusque persuadet, uti: III 18, 2.

Pompeianus. 1. adi.: ab isdem (est) acies Pompeiana a sinistra parte [erat] circumita atque initium fugae factum: 3, 94, 4; ¶ ut progrederetur a castris suis collibusque Pompeianis aciem subiceret: 3, 84, 2; ¶ cum se (nona Caesaris legio) obiecisset Pompeianis copiis atque opere ⟨*c*⟩ ... circummuniret: 3, 66, 2; ¶ ex finitimis regionibus quas potest contrahit cohortes ex dilectibus Pompeianis: 1, 15, 5; ¶ quo facilius equitatum Pompeianum ad Dyrrachium contineret et pabulatione prohiberet: 3, 58, 1; ¶ hoc idem fere atque eadem de causa Pompeiani exercitus duces faciebant: 1, 40, 2; (accessere ⟨*del. Em. Hoffm.*⟩ subito prima luce Pompeiani ⟨exercitus aduentus extitit *add. z; Em. Hoffm.*; *del. Np.*⟩: 3, 63, 6;) ex Pompeiano exercitu circiter milia XV cecidisse uidebantur, sed in deditionem uenerunt amplius milia XXIIII: 3, 99, 3; ¶ legio Pompeiana ⟨pompeiana legio *Ohl*⟩ celeris ⟨*c*⟩ spe subsidii confirmata ab decumana porta resistere conabatur ⟨*c*⟩ ...: 3, 69, 2; ¶ Brundisini Pompeianorum ⟨pompeiorum *a*⟩ militum iniuriis atque ipsius Pompei contumeliis permoti Caesaris rebus fauebant. itaque cognita Pompei profectione concursantibus illis atque in ea re occupatis uulgo ex tectis significabant: 1, 28, 1. 2; legiones sibi alias ex Asia adduci iussit, quas ex Pompeianis militibus confecerat: 3, 107, 1; ¶ M. Varro ... diffidens Pompeianis rebus amicissime de Caesare loquebatur: 2, 17, 1; Hegesaretos ⟨*c*⟩, ueteris homo potentiae, Pompeianis rebus studebat: 3, 35, 2.

2. ui subst.: quod tanta diligentia omnia litora a Pompeianis tenebantur: 3, 42, 3; ne quo ⟨*c*⟩ loco erumperent Pompeiani ac nostros post tergum adorirentur: 3, 44, 4; *cf. qu. sqq.* §. 4. 5; Pompeiani hoc insolentius atque audacius nostros premere et instare coeperunt cratesque pro munitione obiectas propulerunt, ut fossas transcenderent ⟨*u. CC*⟩: 3, 46, 3; praecipites Pompeianos egerunt ⟨*c*⟩ et terga uertere coegerunt: 3, 46, 5; *cf. qu. sqq.* § 5. 6; cum in conloquiis Pompeiani famem nostris obiectarent: 3, 48, 2; *cf. qu. sqq. et* 49, 3. 5; cuius aduentu facile sunt repulsi Pompeiani: 3, 51, 1; *cf.* § 2; Pompeianis magnam ⟨*c*⟩ res ad receptum difficultatem adferebat: 3, 51, 6; *cf.* § 6. 7; ad duo ⟨*c*⟩ milia numero ex Pompeianis cecidisse reperiebamus, euocatos centurionesque complures: 3, 53, 1; accessere subito . . . Pompeiani (*cf.* **1.** exercitus): 3, 63, 6; inter duos uallos, qua perfectum opus non erat, Pompeiani ⟨*Paul;* per mare *x; Np., Dt.; del. Nicas.*⟩ nauibus expositi ⟨expositis *Ox;* nauibus expos. *del. Dt.*⟩ in auersos ⟨*c*⟩ nostros impetum fecerunt . . .: 3, 63, 8; iamque Pompeiani magna caede nostrorum castris Marcellini adpropinquabant . . .: 3, 65, 1; cuius aduentus Pompeianos compressit: 3, 65, 2; sinistro cornu, ubi erat ipse, celeriter adgressus Pompeianos ex uallo deturbauit: 3, 67, 4; *cf.* § 5; his rebus tantum fiduciae ac spiritus Pompeianis accessit, ut non de ratione belli cogitarent, sed uicisse iam sibi ⟨*c*⟩ uiderentur: 3, 72, 1; *cf.* §. 2—4; ut equitum mille etiam apertioribus locis VII milium ⟨*c*⟩ Pompeianorum impetum . . . sustinere auderent: 3, 84, 4; nostri milites . . . eum . . . animum aduertissent non concurri a Pompeianis, . . . cursum represserunt: 3, 93, 1; neque nero Pompeiani huic rei defuerunt ⟨*c*⟩: 3, 93, 2; *cf. qu. sqq.;* cohortes sinistrum ⟨*c*⟩ cornu pugnantibus ⟨*c*⟩ etiam tum ae resistentibus in acie Pompeianis circumierunt eosque a tergo sunt *adortae: 3, 93, 6; sustinere Pompeiani non potuerunt atque uniuersi terga uerterunt: 3, 94, 2; Caesar Pompeianis ex fuga intra ⟨*c*⟩ uallum compulsis nullum spatium perterritis *dari oportere existimans milites cohortatus est, ut: 3, 95, 1; Pompeiani, quod is mons erat sine aqua, diffisi ei loco relicto monte uniuersi . . . Larisam uersus *se* recipere coeperunt: 3, 97, 2; Caesar . . . IIII secum legiones duxit commodioreque itinere Pompeianis occurrere coepit: 3, 97, 3; qua re animaduersa Pompeiani in quodam monte constiterunt: 3, 97, 4; munitione flumen a monte seclusit, ne noetu aquari Pompeiani possent: 3, 97, 4; *cf.* § 5 (*et* 98, 1—3); neque multo post de proelio facto in Thessalia cognitum est, ut ipsis Pompeianis fides fieret: 3, 101, 7; *cf. qu. sqq.*

[**Falso:** Cassius . . . onerarias naues . . . in Pomponianam ⟨*O*²*;* pompeianam *x*⟩ classem immisit: 3, 101, 2.]

Pompeius. 1. adi.: non nullos ambitus Pompeia lege damnatos illis temporibus, quibus in urbe ⟨*c*⟩ praesidia legionum Pompeius habuerat, . . . in integrum restituit: 3, 1, 4.

2. subst.; A. Cn. Pompeius (Magnus). *Praenomen* Cn. *additur his locis:* Cn. Pompeius 1, 14, 3; Cn. Pompei VII 6, 1; 1, 13, 4; 24, 4; Cn. Pompeium 1, 35, 4; 53, 3; 84, 3; 3, 10, 2 *(bis);* Cn. Pompeio, M. Crasso consulibus ⟨*sic α;* Pompeio et Crasso consulibus *β*⟩ IV 1, 1; ab Cn. ⟨*a;* gneo *AQ;* negeo *BM;* C. *h*¹⟩ Pompeio proconsule VI 1, 2; a Cn. Pompeio 1, 30, 5; ab Cn. Pompeio 2, 3, 1; 17, 2.

a) nominat. Pompeius *exstat his locis:* VI 1, 4.

1, 2, 1 (Pompeiusque); 2, 3 *(bis);* 3, 1 (laudat Pompeius ⟨promptos *Pantagathus, Cornelissen*⟩ atque . . . confirmat); 4, 4 (ipse Pompeius); 6, 1; 9, 5; 14, 3; 19, 3; 24, 1; 26, 1; 27, 2; 28, 3; 29, 1; 32, 8; 33, 2; 34, 3.

2, 32, 2.

3, 1, 4; 3, 1; 4, 5; 11, 2; 13, 1. 3. 6; 18, 3 *(bis);* 29, 3; 30, 1. 2. 3. 4. 7; 41, 1. 4; 42, 1. 5; 43, 2; 44, 1. 6; 45, 1. 2. 6; 51, 8; 52, 1; 54, 1; 56, 1. 2; 58, 2. 5; 61, 1; 66, 4; 67, 4; 69, 1; 70, 1; 71, 3; 75, 3; 76, 2. 3; 77, 3; 78, 3. 6; 79, 2; 80, 4; 82, 1. 3; 84, 1; 85, 1; 86, 1; 87, 6; 88, 1 (ipse erat Pompeius); 88, 3; 92, 1; 94, 5; 96, 3; 102, 3; 103, 1. 3; 104, 1.

ap. Cic. ad Att. IX 13 *A*, 1; IX 14, 1.

b) genet. (**Forma** pompei *inuenitur in α* ⟨pōpeij *in a*, ponpei *in h teste Fr.*, ponpeii *in h teste Hold.*⟩ VII 6, 1; *in a* **1,** 2, 6; 3, 2. 4; 29, 3; 30, 1; **3,** 19, 1; 22, 1; 56, 1; 67, 3; 70, 2; 79, 6; 80, 3; 81, 3; (82, 2?;) 82, 5; 83, 1. 3; 84, 2; 85, 2. 3; 87, 1; 88, 1; 93, 3 *(bis).* 5; 96, 1; 97, 3; 103, 5; 106, 4; *reliquis (20) locis uidetur scriptum esse* pompeii. *Quid reliqui belli ciuilis codd. habeant ignoramus.*)

Exstat genetiuus his locis: VII 6, 1.

1, 2, 1 (ipsius . . Pompei); 2, 6; 3, 2. 4; 8, 4; 9, 1; 13, 4; **(**14, 1 *u.* **c);)** 24, 4; 28, 1 (ipsius Pompei); 28, 2; 29, 3; 30, 1; 38, 1; 61, 3 (ciuitates uictae nomen atque imperium absentis Pompei ⟨*Dauis; om. codd.*⟩ timebant, quae in amicitia manserant ⟨pompeii *add. codd.; del. Dauis.*⟩ magnis adfectae beneficiis eum diligebant).

2, 18, 5. 7.

3, 10, 1; 11, 3; **(**16, 4 ⟨Pompeii *add. codd.; Np.; del. Elberl.*⟩ summam ⟨suam *Lips.; Forchh.*⟩ suam ⟨*om. codd.; Np.; add. Kran.*⟩

esse ae fuisse semper uoluntatem, ut componeretur ⟨*c*⟩ atque ab armis discederetur;) 19, 1; 22,1 ((se) ea, quae faceret, iussu atque imperio facere Pompei, quae ⟨pompeique *a*⟩ mandata ad se per Vibullium ⟨*c*⟩ delata essent;) 25,3; 41,5; 43,1; 56,1; 67,2.3; 70,2; 78,2; 79,6; 80,3; 81,3; 82,2.5; 83,1.3; 84,2; 85,2.3; 87,1; 88,1; 93,3 *(bis)*. 5; 96,1; 97,3; 102,2; 103,5; 106,4.

ap. Cic. ad Att. IX 7 *C*, 2 *(bis); priore loco in M¹* pompeium.

c) datiuus: 1, 1,4; 6,3; 14,1 ⟨pompeio *af; pompeii hl.*⟩

(**2**, 18,1 (Petreioque ⟨pompeioque *Ox.*⟩)

3, [10, 10;] 16,4; 41,1; 63,5; 79,3; 103,4.

d) accus.: 1, 7,1.4; 8,3.4; 10,1 (Pompeiumque); 10,3.4 (Pompeiumque); 17,1; 18,6 (missi ad Pompeium ⟨*Ofhl; missi a pompeio a; edd.*⟩ reuertuntur); 19,1; 25,2; 26,2.5; 29,1; 32,8; 35,4; 39,3; 53,3; 76,1 (neu se neu Pompeium ⟨*Na;* pompeium absentem *Ofhl;* [Pompeium] *Terpstra; Db.*⟩, imperatorem suum, aduersariis ad supplicium tradant obsecrat); 84,3.

3, 9,8; 10,2 *(bis)*; 11,1 *(bis)*; 16,5; 17,2.5; 23,3; 29,1; 41,1 *(bis)*. 3; 43,2.3; 45,1; 49,2; 57,2; 60,4.5; 61,2.3; 65,4 *(bis)*; 69,4; 79,6; 80,3 (Pompeiumque); 83,2; 84,5; 85,2 (Pompeium ⟨pompeius *a?f*⟩); 89,2; 102,1.7; 104,2; 106,1 (Pompeium *om. l*); 108,4; 111,3.

ap. Cic. ad Att. IX 7 *C*, 1.2.

e) uocat.: 3, 87,2.

f) abl.: IV 1,1; VI 1,2 (ab Cn. Pompeio proconsule).

1, 3,1; 4,3; 8,2; 15,4; (18,6 *u.* **d)**;) 23,4; 24,5; 26,3; 30,5; 32,3 (ipso consule Pompeio); 34,1; 38,1; 60,5.

2, 3,1; 17,2; 25,4.

3, (5,3 Coponio ⟨pomponio *x;* pompeio *Oh¹*⟩;) 33,1; 55,2; 61,2; 79,4; 82,5; 92,3.

Ad hunc Pompeium pertinent IV 1,1; VI 1, 2.4; VII 6,1; — **1**, 1,4; 2,1 *(bis)*. 3 *(bis)*. 6; 3,1 *(bis?)*. 2.4; 4,3.4(5); 6,1.(2.)3; 7,1.4; 8, 2.3.4 *(bis)*; 9,1(—)5(6); 10,1.(2.)3.4; (11,1 —3;) 13,4; 14,1.3; 15,4; 17,1(2); 18,6; 19, 1.3(4); 23,4; 24,1.(2.)4.5(6); 25,2(—4); 26, 1.2.3.(4.)5; 27,2(—6); 28,1.2.3; 29,1 *(bis)*. 3; 30,1.5; 32,3(—6). 8 *(bis)*; 33,(1.)2; 34,1. 3; 35,(1.)4(5); 38,1 *(bis)*; 39,3; 53,3; 60,5; 61,3; 76,1; 84,3; — **2**, 3,1; 17,2; 18,5. 7; 25,4; 32,2; — **3**, 1,4; 3,1(—4,4); 4,5 (6—5,4); 9,8; 10,1.2 *(bis)* (—9) (**10**); 11,1 *(bis)*. 2,3; 13,1.(2.)3.6; 16,4 (*bis*). 5; 17,2.5; 18,3 *(bis)* (4); 19,1; 22,1; 23,3; 25,3; 29,1.3; 30,1.2.3.4.(5.)7; 33,1(2); 41,1 *(quater)*. (2.)3. 4.5; 42,1.(2.)5; 43,1.2 (*bis*). 3.(4); 44,1(—5). 6; 45,1 *(bis)*. 2.(3.5.)6; 49,2; 51,8; 52,1; 54,1 (2); 55,2; 56,1 *(bis)*. 2; 57,2(3); 58,2.5; 60,4. 5; 61,1.2 *(bis)*. 3; (62,1—3;) 63,5; 65,4 *(bis)*; 66,4(6); 67,2.3.4; 69,1.4; 70,1.2; 71,3(4); 75,3; 76,2.3; 77,3; 78,2.3.6; 79,(1.)2.3.4.6 *(bis)*; 80,3 *(bis)*. 4; 81,3; 82,1.2.3.5 *(bis)*; 83, 1.2.3; 84,1.2.5; 85,1.2 *(bis)*. 3; 86,1(—5); 87, 1.2.6; 88,1 (*bis*). 3(—5); 89,2; 92,1.(2.)3; 93, 3 (*bis*). 5; 94,5(—7); 96,1.3(4); 97,3; 102,1.2. 3(—6). 7; 103,1.3.4.5; 104,1.2(3); 106,1.4; 108,4; 111,3; — *ap. Cic. ad Att.* IX 7 *C*, 1.2 *(ter)*; 13 *A*, 1; 14,1.

B. Cn. Pompeius filius: (equites) D ex Gabinianis Alexandria, Gallos Germanosque, ... Pompeius filius cum classe adduxerat: 3,4,4; praeerat Aegyptiis nauibus Pompeius filius: 3, 5,3; quibus cognitis rebus Cn. Pompeius filius, qui classi Aegyptiae praeerat, ad Oricum uenit: 3,40,1; *cf. qu. sqq.* § 1—6.

C. Cn. Pompeius: *Cf. Np. Phil. I p. 670.* his rebus permotus Q. Titurius ... interpretem suum Cn. Pompeium ad eum mittit rogatum, ut: V 36,1.

M. Pomponius; Pomponianus: cum esset Caesaris classis diuisa in duas partes, dimidiae parti praeesset P. Sulpicius ..., dimidiae M. Pomponius ad Messanam, prius Cassius ad Messanam ⟨prius cass. ad mess. *om. af*⟩ nauibus aduolauit, quam Pomponius de eius aduentu cognosceret, perturbatumque eum nactus nullis custodiis neque ordinibus certis ... onerarias naues ... in Pomponianam ⟨*O²*; pompeianam *Ox*⟩ classem immisit atque omnes naues incendit XXXV: 3,101,1.2.

[**Falso:** praeerat ... nauibus ... Rhodiis C. Marcellus cum C. Coponio ⟨*Vrsin.;* pomponio *afh²l;* pompeio *Oh¹*⟩: 3,5,3.]

pondo: eines Romanos eius prouinciae sibi ad rem publicam administrandam HS ⟨*c*⟩ CLXXX et argenti pondo ⟨*O;* .p. *x*⟩ XX milia ... polliceri coegit: 2,18,4.

pondus. A. propr. (= σταθμός, σήκωμα): utuntur aut aere aut nummo aureo ⟨aereo *β*⟩ aut taleis ⟨*c*⟩ ferreis a d c e r t u m p o n d u s e x a m i n a t i s pro nummo ⟨pro nummo *om. β; u. CO*⟩: V 12,4.

B. trsl.; a) = **grauitas**, βάρος: tum m a g n i p o n d e r i s s a x a et praeacutas trabes in muro conlocabant ⟨*c*⟩: II 29,3; apertos cuniculos praeusta et praeacuta materia et pice feruefacta et m a x i m i p o n d e r i s s a x i s morabantur: VII 22,5; ¶ huc eum se consuetudine reclinauerunt (alces), infirmas arbores p o n d e r e a d f l i g u n t atque una ipsae concidunt: VI 27,5.

b) = **uis, copia,** πλῆθος: in castris Pompei uidere licuit . . . magnum argenti pondus expositum: 3, 96, 1; ¶ Pompeius . . . pecunia societatis sublata et a ⟨c⟩ quibusdam priuatis sumpta et aeris magno pondere ad militarem usum in naues imposito . . . Pelusium peruenit: 3, 103, 1.

pono. A. = **conlocare, constituere; a) propr.; pertinet α) ad res; αα):** Caesar . . . aditus duos . . . magnis operibus praemuniuit castellaque his locis posuit ⟨impos. *O*⟩: 3, 58, 1; ¶ castra *u.* **castra** *p. 464 sq. (28 loc.)*; ¶ alteram nauem, quae erat ad custodiam ab Acilio posita, pluribus adgressus nauibus . . . nostros uicit: 3, 40, 2; ¶ milites positis scalis muros ascendunt: 1, 28, 4; ¶ tabulae testamenti unae per legatos eius Romam ⟨c⟩ erant allatae, ut in aerario ponerentur — hae, cum propter publicas occupationes poni non potuissent, apud Pompeium sunt depositae: 3, 108, 4; ¶ has (columellas) inter se capreolis molli fastigio coniungunt, ubi tigna, quae musculi tegendi causa ponant, conlocentur: 2, 10, 3.

ββ): isti ⟨c⟩, quorum in aedibus fanisque posita et honori erant et ornatu: *ap. Gell.* IV 16, 8; — neque saepe accidit, ut neglecta quispiam religione aut capta apud ⟨c⟩ se ⟨c⟩ occultare aut posita tollere auderet: VI 17, 5.

β) ad terras et oppida (positum esse = situm esse); αα): auxilia ex Britannia, quae contra eas regiones posita est, arcessunt ⟨*haec omnia om.* β⟩: III 9, 10; ¶ quod Gallia sub septentrionibus, ut ante dictum est, posita est: I 16, 2.

ββ): oppidum *u.* **oppidum** *p. 939 (7 (8) loc.)*; ¶ qui niens positus in nalle non magna adiecta planitie altissimis montibus undique continetur: III 1, 5; ¶ perspecto urbis situ, quae posita in altissimo monte omnes aditus difficiles habebat: VII 36, 1.

γ) ad homines; αα) = constituere: iis ⟨c⟩ centurionibus, quos in statione ad praetoriam portam ⟨ad praetorium *af*⟩ posuerat: 3, 94, 6; ¶ Caesar . . . deducta Orico legione, quam tuendae orae maritimae causa posuerat, . . . existimabat: 3, 34, 1; (62, 4 *u.* quaestorem;) ¶ ibi praesidium ponit et in altera parte fluminis Q. Titurium Sabinum legatum eum sex cohortibus relinquit ⟨c⟩: II 5, 6; in extremo ponte turrim . . . constituit praesidiumque cohortium duodecim pontis tuendi causa ponit: VI 29, 3; ilii eum tumulum . . . muniuerunt ⟨c⟩ praesidiumque ⟨que *om. Naf*⟩ ibi posuerunt: 1, 47, 4; Pharum ⟨c⟩ prehendit atque ibi praesidium posuit: 3, 112, 5; ¶ ad eas munitiones Caesar Lentulum Marcellinum quaestorem cum legione VIIII. positum habebat: 3, 62, 4; ¶ quibus in castellis ⟨in quibus (*om.* east.) *bdhik*⟩ interdiu stationes ponebantur ⟨dispon. β⟩, ne qua subito eruptio fieret: VII 69, 7.

ββ) = adponere, dare: Dumnorigi custodes ponit, ut quae agat, quibuscum loquatur scire possit: I 20, 6.

b) trsl.; α) = reponere (*plerumque* positum esse = contineri, niti): Caesar . . . unum communis salutis ⟨communi saluti *f; Schn., Fr.*; communi salute β⟩ auxilium in celeritate ponebat ⟨ponebant *AM*[1]⟩: V 48, 1; ¶ reliquum erat certamen positum in uirtute: III 14, 8; erat in celeritate omne positum certamen, utri prius angustias montesque occuparent: 1, 70, 1; ¶ (eum) priores . . . exaudito clamore perturbatis ordinibus omnes ⟨omne *Eussn.*⟩ in fuga sibi praesidium ponerent ⟨sumerent *h*⟩: II 11, 5; ne cuncta Gallia deficeret, quod nullum amicis ⟨*om. a*⟩ in eo praesidium uideret ⟨*AQB; Schn., Hold., Dt.*[2]; uideretur *M; rell. edd.*⟩ positum esse ⟨praes. pos. uideret β⟩: VII 10, 1; ¶ nec fuit spatium . . . ad contrahenda castra, quod res posita in celeritate uidebatur: VII 40, 2; ¶ eum Sotiates ⟨c⟩ superioribus uictoriis freti in sua ⟨*om. B*[1]⟩ uirtute totius Aquitaniae salutem positam putarent: III 21, 1; si Gallia omnis cum Germanis consentiret ⟨c⟩, unam esse in celeritate positam salutem: V 29, 6; cum . . . recentes defessis succederent omnemque Galliae salutem in illo uestigio temporis positam arbitrarentur: VII 25, 1; ¶ erumperent atque omnem spem salutis in uirtute ponerent: III 5, 3; nostri . . . omnem spem salutis ⟨sal. spem β⟩ in uirtute ponebant: V 34, 2; quod omnem spem hostes in celeritate ponebant: V 39, 4.

proinde omnia in uictoria posita ⟨esse *add.* β⟩ existimarent: V 34, 1; ¶ id ne accidat, positum in eius diligentia atque auctoritate: VII 32, 5.

β) = numerare: tu quoque tu in summis, o ⟨*Steph.*; tu in summisso *cod. reg.*⟩ dimidiate Menander, poneris, et merito, puri sermonis amator: *ap. Suet. uita Terent.* 5.

γ) = proponere: Cottaeque et Titurii calamitatem . . . ante oculos ponunt: VI 37, 8; ¶¶ id eane de causa, quam legatis pronuntiarunt ⟨c⟩, an perfidia adducti fecerint, . . . non uidetur pro certo esse ponendum

⟨β; proponendum α; *Np.*, *Hold.*, *Dt.*[2]⟩: VII 5, 6.

B. = **abicere, deponere:** ac, si ⟨*o*⟩ sese ⟨*c*⟩ interfici nollent, arma ponere iusserunt: IV 37, 1.

Ponere ad *u.* **ad** *p. 121 extr. et 122 (8 loc);* **ante** oculos: VI 37, 8; ante oppidum: VII 11, 5; **contra** eas regiones: III 9, 10; e regione: VII 35, 1. 2; **in** (aedibus, monte, *sim.*) *u.* **in** *p. 122 sq. (13 (14) loc.);* **iuxta:** 1, 16, 4; 3, 41, 1; **prope** (flumen, oppidum): VII 36, 2; 2, 26, 1; 3, 37, 4; **sub** septentrionibus: I 16, 2; **trans** flumen: 3, 13, 6; — **procul** ab aqua: 1, 81, 1; — (edito, eo, idoneo, iniquo, oportuno, siluestri) **loco:** VII 35, 2; 55, 1; (69, 1;) 1, 81, 1; 3, 30, 7; 37, 4; 66, 2; (his, oportunis) **locis:** VII 69, 7; 3, 58, 1; — **ibi** *u.* **ibi** *p. 14 (8 loc.);* **ubi:** II 8, 3; ¶ **ponere, positum esse in alqa re** *(trsl.) u.* **in** *p. 136 (14 loc.);* ¶ **ad custodiam:** 3, 40, 2; **in statione:** 3, 94, 6; ¶ **pro certo:** VII 5, 6.

Aduerb.: interdiu: VII 69, 7; necessario maturius: 1, 65, 3.

pons. *De ponte a Caesare in Rheno flumine facto cf. M. Jähns p. 365 sq.; praeterea Thomann, Pr. Zürich 1874 p. 8 sqq.; Rud. Maxa in ÖZ 1880 p. 481 sqq.; Wirth in BB. 1880 p. 297 sqq.; ibid. 1881 p. 24 sqq.; R. Schneider in BPhW. 1884 p. 161 sqq.; A. Schleussinger, Studie zu Caesars Rheinbrücke. Münch. 1884; (cf. Heller, Ph. A. XIV p. 531 sqq.; R. Menge, PhR. V p. 524 sqq.); Widmann in Gymnasium 1885 p. 367 sqq.; R. Menge in Ph. XLIV p. 279 sqq.*

A. subi.: cohortes V praemissae a Domitio ex oppido pontem fluminis interrumpebant, qui aberat ⟨*Ald.*; erat *x*; *edd.*⟩ ab oppido milia passuum circiter III: 1, 16, 2; ¶ (coeptus est: IV 18, 4 *u.* **B. a)** instituere;) ¶ quod oppidum Cenabum pons fluminis Ligeris contingebat ⟨β; continebat α; *Np.*, *Dt.*[1]⟩: VII 11, 6; ¶ in Sicori ⟨*c*⟩ flumine pontes effecerat duos distantes inter se milia passuum IIII: 1, 40, 1; ¶ esse: I 7, 2 *u.* **B. a)** rescindere; in eo flumine pons erat. ibi praesidium ponit: II 5, 6; (1, 16, 2 *u.* abesse;) ¶ pons ⟨post *Ox*⟩ enim ipsius magnum circuitum habebat: 1, 63, 2; ¶ (eodem fere tempore pons in Hibero prope effectus nuntiabatur: 1, 62, 3;) ¶ ex eo oppido pons ad Heluetios pertinet: I 6, 3; ¶ eum . . . omnes uiae ab Afranianis . . . obsiderentur nee pontes perfici possent: 1, 54, 1; ¶ harum omnium rerum facultates sine ullo periculo pons Ilerdae praebebat et loca trans flumen integra: 1, 49, 2.

B. accusat.; a) obi.: coniungere: 1, 40, 4 *u.* **E.** traicere; ¶ (diebus decem . . . omni opere ⟨ponte β⟩ effecto exercitus traducitur: IV 18, 1;) *u. praeterea* **efficio** *p. 994 (4 (5) loc.);* ¶ facere *u.* **facio** *p. 1253 (6 loc.);* ¶ habere: 1, 40, 4 *u.* **E.** traicere; ¶ ex eo tempore, quo pons institui coeptus est: IV 18, 4; ex utraque parte pontem instituit, ⟨institutum *Ofhl*⟩ biduo perficit: 1, 54, 4; ¶ interrumpere *u.* **interrumpo** *p. 224* **A.** *(6 loc.);* ¶ ut . . . castellum . . . expugnarent pontemque interscinderent: II 9, 4; ¶ perficere *u.* **perficio** *p. 1052 sq. (8 loc.);* ¶ (dispositis exploratoribus, necubi effecto ⟨refecto *Vielh.*⟩ ponte Romani copias traducerent: VII 35, 1;) isdem sublicis, quarum pars inferior integra remanebat, pontem reficere coepit. celeriter effecto opere . . .: VII 35, 4; tertio die ad flumen Elauer ⟨*c*⟩ pontem ⟨β; *Schn.*; pontes α; *edd. rell.*⟩ reficit ⟨fecit *af*; effecit *hk*⟩ eoque ⟨atque β⟩ exercitum traducit ⟨-duxit β⟩: VII 53, 4; refecto ⟨refacto *A*⟩ ponte, quem superioribus diebus hostes resciderant, exercitum traducit: VII 58, 5; pons, qui fuerat tempestate interruptus, paene ⟨neque *Ciacc.*⟩ erat refectus; hunc nocte ⟨*c*⟩ perfici iussit: 1, 41, 1; conatus est Caesar reficere pontes, sed nec magnitudo fluminis permittebat neque ad ripam dispositae cohortes aduersariorum perfici patiebantur: 1, 50, 1; ¶ pontem, qui erat ad Genauam, iubet rescindi: I 7, 2; se in Galliam recepit pontemque rescidit: IV 19, 4; unius eorum pontium, quos Vercingetorix rescindendos curauerat: VII 35, 2; refecto ponte, quem superioribus diebus hostes resciderant: VII 58, 5; hostes . . . Lutetiam incendi ⟨incendunt β⟩ pontesque eius oppidi rescindi iubent: VII 58, 6; ¶ in extremo ponte turrim . . . constituit praesidiumque cohortium duodecim pontis tuendi causa ponit magnisque eum locum munitionibus firmat: VI 29, 3.

(b) acc. loci (suspensus ex praepos. trans): traducere: II 10, 1 *u.* **E.** traducere.)

C. dat.: ut . . . his defensoribus earum rerum uis minueretur neu ponti nocerent: IV 17, 10; ¶ ponti castrisque praesidio sex ⟨*c*⟩ cohortes relinquit ⟨*c*⟩: 1, 41, 2.

D. gen.; a): quod pontis atque itinerum angustiae multitudini ⟨*c*⟩ fugam intercluserant: VII 11, 8; ¶ ad utramque partem pontis firmo praesidio relicto: IV 18, 2; reducto exercitu partem ultimam pontis . . . rescindit:

VI 29, 2; ¶ rationem pontis hanc instituit: IV 17, 2.

b): castris ⟨*c*⟩ positis ⟨*c*⟩ e regione unius eorum pontium, quos: VII 35, 2.

E. abl.: haec insula . . . in mare iactis molibus angusto itinere ut ⟨*Kraff.; et x; edd.*⟩ ponte ⟨ang. it. et p. *del. Schambach*⟩ eum oppido coniungitur: 3, 112, 2; ¶ his ⟨is *a*⟩ pontibus pabulatum mittebat: 1, 40, 1; quas (legiones) C. Fabius ulteriore ponte subsidio nostris miserat: 1, 40, 7; ¶ incolumesque cum magna praeda eodem ponte in castra reuertuntur: 1, 55, 3; ¶ omnem equitatum et leuis armaturae Numidas, funditores sagittariosque ponte ⟨*RSchn.;* pontem *X; edd.*⟩ traducit: II 10, 1; VII 53, 4 (*et* 58, 5) *u.* **B.** reficere; ¶ celeriter suo ⟨suos *l*⟩ ponte Afranius, quem oppido castrisque coniunctum habebat, legiones IIII ⟨*c*⟩ equitatumque omnem traiecit: 1, 40, 4; ¶ cum cotidiana consuetudine egressae ⟨*c*⟩ pabulatoribus praesidio propiore ponte legiones ⟨*Np.;* proprio relegiones *a;* proprio legiones *fhl;* [propiore *ponte*] legiones *Db.*⟩ Fabianae duae flumen transissent: 1, 40, 3.

F. c. praep.; a) ab: ab oppido et ponte et commeatu omni . . . se interclusurum aduersarios confidebat: 1, 43, 2; ¶ celeriter Domitiani a ponte repulsi se in oppidum receperunt: 1, 16, 3.

b) ad; α): firmo in Treueris ad pontem praesidio ⟨praes. ad p. *β*⟩ relicto . . . reliquas copias . . . traducit: VI 9, 5.

β): ibi cum antecursoribus Caesaris proelio commisso . . . se . . . receperunt: 1, 16, 3; ¶ ponere: II 5, 6 *u.* **A.** esse.

c) in ponte: atque in extremo ponte turrim ⟨*c*⟩ . . . constituit: VI 29, 3.

d) per: ne semper magno circuitu per pontem equitatus esset mittendus: 1, 61, 1.

e) supra: sublicae et ad inferiorem partem fluminis oblique agebantur . . . et aliae item supra pontem mediocri spatio: IV 17, 10.

Adiect.: ambo: 1, 48, 2; duo: 1, 40, 1; extremus: VI 29, 3; (hi: 1, 40, 1; idem: 1, 55, 3; omnis: IV 18, 1;) omnes: VII 34, 3; propior: 1, 40, 3 ⟨*c*⟩; (suus: 1, 40, 4;) ulterior: 1, 40, 7; unus: VII 35, 2.

pontifex: quod per eum in collegium pontificum uenerat: 1, 22, 4.

ponto: pontones, quod est genus nauium Gallicarum, Lissi relinquit: 3, 29, 3; (*cf.* 3, 40, 5 naues onerarias XXX.)

Pontus: Pompeius . . . magnam ex Asia Cycladibusque insulis, Corcyra, Athenis, Ponto, Bithynia, Syria, Cilicia, Phoenice, Aegypto classem coegerat: 3, 3, 1; sagittarios Creta, Lacedaemone, ex Ponto atque Syria reliquisque ciuitatibus III *milia* numero habebat: 3, 4, 3.

populatio: Caesar . . . satis habebat in praesentia hostem rapinis, pabulationibus populationibusque ⟨populationibus *del. Oud.;* pabulationibus *del. Hot.*⟩ prohibere: I 15, 4.

populor: agros *u.* **ager** *p. 208* **b)** *(4 loc.);* ¶ quod Harudes . . . fines eorum popularentur: I 37, 2.

pŏpulus. *In codicibus AQB (et M?) plerumque uerba* populus Romanus (-li -ni, -lo -no, -lum -num) *notata, non perscripta esse uidentur; usi autem sunt librarii litteris* p r (*uel* PR *uel* p. r. *uel* P. R. *uel* .P.R.), *sed ita, ut plerumque lineola* (- *uel* ~) *aut super utramque litteram aut super alteram utram aut super ambas* (P̄R̄ *uel similiter*) *addita sit. In cod. B* (*raro in Q*) *non raro casus indicatur littera* i *aut* o *aut* ū *super uersum adscripta; non numquam super notam* P. R. *adiectae sunt litterae* li ni, lo no, lū nū. VI 7, 8 *in ABM exstat* pri (= populi Romani). *In cod. A inuenitur* V 27, 4 populus romañ; *in eodem cod.* I 35, 2 pōp. rōm. (*an* rom.?) *et* V 3, 3 populi .r.; *in BQ* V 3, 3 populi r̄; *in AQ* I 19, 2 populū .r̄.; *in β* V 54, 5 .pr. *et* V 41, 5 pōp. r. (populumque romanum *in α*); *in h* I 44, 7 popl̄s r̄. *et* VI 7, 8 .p̄. r̄.; *in a scriptum est* V 29, 4 proprium (*pro* populi Romani) *et* VI 7, 8 prefert (*pro his uerbis:* populi Romani fert). *Reliquis belli Gallici locis quid exstet in libris a et h nemo editorum indicat. In primi libri belli Gallici capitibus 42 prioribus Holder, cum reliquis locis accuratissime typis expresserit, quibus notis codicum AQB librarii usi sint, nullam* (*si a tribus locis* I 30, 2 (*bis*) *et* 35, 2 *discesseris*) *scripturae discrepantiam significauit; sed cum minime ueri simile sit, in prioribus illis 42 capitibus belli Gallici nusquam, reliquis locis fere semper librarios usos esse nota, non dubito, quin incuria et neglegentia Holder illud indicare omiserit. De belli ciuilis codicum scriptura nihil constat nisi* 3, 12, 2 *in a esse* p. r. *et* 1, 9, 2 *in x reperiri* pro (= populi Romani).

A. pertinet ad populum Romanum; a) additur adiect. Romanus; **α) subi.; αα):** (accipere: V 41, 7 *u.* **δ) αα)** consuetudo;) ¶ (cauere: I 14, 2 *u.* esse;) ¶ item ⟨*c*⟩ populum Romanum uictis non ad alterius praescriptum, sed ad suum arbitrium imperare consuesse: I 36, 1; ¶ qui (populus R.) si alicuius iniuriae sibi conscius fuisset, non fuisse difficile cauere: I 14, 2; — eius rei populum Romanum esse testem: I 14, 7; ¶ si pacem populus Romanus cum Heluetiis faceret: I 13, 3; ¶ quibus populus Romanus ignouisset neque in prouinciam redegisset neque stipendium imposuisset: I 45, 2; ¶ imperare: I 36, 1 *u.* consuesse; ¶ imponere: I 45, 2 *u.* ignoscere; ¶ intellegere: I 14, 2 *u.* β) decipere; ¶ neque (se) sibi indicium sumpturos contra, atque omnis Italia populus*que* Romanus iudicauisset: 3, 12, 2; ¶ posse: V 27, 4 *u.* β) superare; ¶ putare: I 14, 2 *u.* β) decipere; ¶ redigere: I 45, 2 *u.* ignoscere; ¶ timere: I 14, 2 *u.* β) decipere; ¶ nelle: I 43, 8 *u.* δ) αα) consuetudo; ¶ se prius in Galliam uenisse quam populum ⟨-lus *h*⟩ Romanum: I 44, 7; ¶ uti: I 36, 2 *u.* γ) αα) praescribere.

ββ): non oportere se ⟨*c*⟩ a populo Romano in suo iure impediri: I 36, 2.

β) **obi.:** sed eo deceptum (populum R.), quod neque commissum a se intellegeret, quare timeret, neque sine causa timendum putaret: I 14, 2; ¶ intellegere se diuisum esse populum Romanum ⟨Rom. *om. Ox*⟩ in partes duas ⟨*o*⟩: 1, 35, 3; ¶ haec uti fierent, per omnes deos perque ⟨*c*⟩ foedera, quae Romae fecisset, eodem testamento Ptolomaeus populum Romanum ⟨ptolomaeus pater *NO*⟩ obtestabatur: 3, 108, 3; ¶ opprimere: 1, 22, 5 *u.* uindicare; ¶ quod non adeo sit imperitus rerum, ut suis copiis populum Romanum ⟨populus romañ *A*⟩ superari ⟨se superare β⟩ posse confidat: V 27, 4; ¶ se . . . ex prouincia egressum . . ., ut se et populum Romanum factione ⟨pactione *hl*⟩ paucorum oppressum in libertatem uindicaret: 1, 22, 5; ¶ qua uoce et quo senatus consulto populus Romanus ad arma sit uocatus: 1, 7, 5.

γ) **dat.; αα):** ne tanta et tam coniuncta populo Romano ciuitas . . . ad uim atque arma descenderet ⟨*c*⟩: VII 33, 1; ¶ (Neruios) increpitare atque incusare reliquos Belgas, qui se populo Romano dedidissent ⟨*M*[2]; dedidissent *a;* dedissent *αh*⟩: II 15, 5; ¶ sibi autem mirum uideri, quid in sua Gallia . . . aut Caesari aut omnino populo Romano negotii esset: I 34, 4; si [id] ita fecisset, sibi populoque Romano perpetuam gratiam atque amicitiam cum eo futuram: I 35, 4; ¶ quod homines barbari et nostrae consuetudinis imperiti bellum populo Romano fecissent: IV 22, 1; ciuitatem ignobilem atque humilem Eburonum sua sponte populo Romano bellum facere ausam uix erat credendum: V 28, 1; ¶ quae pars ciuitatis Heluetiae insignem calamitatem populo Romano intulerat, ea princeps poenas persoluit: I 12, 6; — (Bellouacos) impulsos ab suis principibus . . . et ab Haeduis defecisse et populo Romano bellum intulisse: II 14, 3; Germanos neque priores populo Romano bellum inferre neque tamen recusare, si lacessantur, quin armis contendant: IV 7, 3; ¶ Caesar . . . quid ⟨*c*⟩ in annos singulos uectigalis populo Romano Britannia penderet constituit: V 22, 4; ¶ libera ⟨sint *add. Vielh.*⟩ comitia atque omnis res publica senatui populoque Romano permittatur: 1, 9, 5; ¶ (id interesse rei publicae ⟨*Madu.;* interea et rei publicae *x; edd.;* interea et populo Rom. *Pluyg.*⟩ et ipsis placere oportere, si: 3, 10, 9;) ¶ si ipse populo Romano non praescriberet, quem ad modum suo iure uteretur: I 36, 2; ¶ quoniam . . . hanc sibi populoque Romano gratiam referret, ut in conloquium uenire inuitatus grauaretur: I 35, 2.

ββ): coniunctus: VII 33, 1 *u.* αα) coniungere; ¶ in Galliam magnam eorum (Germanorum) multitudinem uenire populo Romano periculosum uidebat: I 33, 3.

δ) **gen.; αα):** qui et sua uirtute et populi Romani hospitio atque amicitia plurimum ante in Gallia potuissent: I 31, 7; Ariouistum se consule cupidissime populi Romani amicitiam adpetisse: I 40, 2; quod uero ad amicitiam populi Romani attulissent, id iis ⟨*c*⟩ eripi quis pati posset? I 43, 8; amicitiam populi Romani sibi ornamento et praesidio, non detrimento esse oportere: I 44, 5; non minus libenter ⟨*o*⟩ sese ⟨*c*⟩ recusaturum populi Romani amicitiam, quam adpetierit: I 44, 5; uti opinione et amicitia populi Romani tuti esse possent ⟨*c*⟩: IV 16, 7; se suosque omnes in officio futuros ⟨*c*⟩ neque ab amicitia populi Romani defecturos confirmauit: V 3, 3; ne patiatur ciuitatem prauis adulescentium consiliis ab amicitia populi Romani deficere: VII 39, 3; ¶ Haeduos ceterosque amicos populi Romani defenderet: I 35, 4; ¶ neque ipsos ⟨*c*⟩ in his contentionibus . . . auxilio populi Romani usos esse: I 44, 9; ¶ quoniam tanto suo populique Romani beneficio adfectus . . . hanc sibi populoque Romano gratiam referret: I 35, 2; in spem ueniebat pro suis tantis populique Romani in eum beneficiis cognitis suis postulatis fore, uti pertinacia desisteret: I 42, 3; doluisse se, quod populi Romani beneficium ⟨P. R. beneficium *d;* pro beneficio *x*⟩ sibi per contumeliam ab inimicis extorqueretur: 1, 9, 2; ¶ ne committeret, ut is locus, ubi constitissent, ex calamitate populi Romani et internecione exercitus nomen caperet: I 13, 7; ¶ populi Romani hanc esse consuetudinem, ut socios atque amicos non modo sui nihil deperdere, sed gratia, dignitate, honore auctiores uelit esse: I 43, 8; neque suam neque populi Romani consuetudinem pati, uti optime meritos ⟨c⟩ socios desereret: I 45, 1; hi consuetudine populi Romani loca capere, castra munire, commeatibus nostros intercludere instituunt: III 23, 6; non esse consuetudinem populi Romani ⟨ullam *add.* β⟩ accipere ab hoste armato condicionem: V 41, 7; maiore strepitu et tumultu, quam populi Romani fert consuetudo, castra moneri iubet: VI 7, 8; ¶ finitimisque (se) imperaturum, ne quam dediticiis populi Romani iniuriam inferrent: II 32, 2; ¶ certior factus est omnes eas ciuitates in dicionem ⟨β; *Np.*, *Dt.*; deditionem α; *rell. edd.*⟩ potestatemque populi Romani esse ⟨o⟩ redactas: II 34; ¶ nauibus transire . . . neque suae neque populi Romani dignitatis esse statuebat: IV 17, 1; te . . . bene de nomine ac dignitate populi Romani meritum esse existimare debemus: *ap. Cic. Brut.* 253; ¶ docuit, quid populi Romani disciplina atque opes ⟨opus *M*⟩ possent: VI 1, 4; qui (milites) iam in consuetudinem Alexandrinae uitae ac licentiae uenerant et nomen disciplinamque populi Romani dedidicerant ⟨*Ald.*; didicerant *x*⟩: 3, 110, 2; ¶ negat se more et exemplo populi Romani posse iter ulli per prouinciam dare: I 8, 3; ¶ numquam ante hoc tempus exercitum populi Romani Galliae prouinciae finibus ⟨c⟩ egressum ⟨c⟩: I 44, 7; ita populi Romani exercitum hiemare atque inueterascere in Gallia moleste ferebant: II 1, 3; et posse et andere populi Romani exercitum Rhenum transire: IV 16, 1; ¶ dicerent se suaque omnia in fidem atque in ⟨*om.* β⟩ potestatem populi Romani permittere: II 3, 2; quas possit, adeat ciuitates horteturque, ut ⟨c⟩ populi Romani fidem sequantur: IV 21, 8; ¶ eum neque suam neque populi Romani ⟨*om. h*⟩ gratiam repudiaturum: I 40, 3; ¶ hospitium: I 31, 7 *u.* amicitia; ¶ (Dumnorigem) imperio populi Romani non modo de regno, sed etiam de ea quam habeat gratia desperare: I 18, 9; quod in tanto imperio populi Romani turpissimum sibi et rei publicae esse arbitrabatur: I 33, 2; populi Romani iustissimum esse in Gallia imperium: I 45, 3; populi Romani imperium Rhenum finire: IV 16, 4; qui polliceantur ⟨c⟩ obsides dare atque imperio populi Romani obtemperare: IV 21, 5; ardere Galliam tot contumeliis acceptis sub populi Romani imperium redactam: V 29, 4; qui iam ante se populi Romani imperio subiectos dolerent: VII 1, 3; eum Graecos . . . arma capere iuberet, illi autem se contra imperium populi Romani pugnaturos negarent: 3, 11, 4; — tantum se eius opinionis deperdidisse, ut populi Romani ⟨.pr. β; a populo Romano α; *edd.*⟩ imperia perferrent ⟨c⟩, grauissime dolebant: V 54, 5; ¶ reminisceretur et ueteris incommodi populi Romani et pristinae uirtutis Heluetiorum: I 13, 4; ¶ magno cum periculo prouinciae futurum, ut homines bellicosos, populi Romani inimicos, locis patentibus . . . finitimos haberet: I 10, 2; ¶ tametsi ⟨c⟩ pro neteribus Heluetiorum iniuriis populi Romani ⟨pop. *R. del. Pr.*⟩ ab his poenas bello repetisset: I 30, 2; ¶ nulla tamen uox ⟨o⟩ est ⟨o⟩ ab ⟨c⟩ iis audita populi Romani maiestate et superioribus uictoriis indigna: VII 17, 3; ¶ eo grauius ferre, quo minus merito populi Romani accidissent ⟨c⟩: I 14, 1; ¶ mos: I 8, 3 *u.* exemplum; ¶ multis sese nobilibus principibusque populi Romani gratum esse facturum: I 44, 12; ¶ Caesarem uel auctoritate sua . . . uel nomine populi Romani deterrere posse, ne: I 31, 16; longe iis ⟨c⟩ fraternum nomen populi Romani afuturum: I 36, 5; 3, 110, 2 *u.* disciplina; *ap. Cic. Brut.* 253 *u.* dignitas; ¶ (si id facere occupationibus rei publicae ⟨β; populi Romani α; *Frig.*, *Db.*⟩ prohiberetur, exercitum modo Rhenum transportaret: IV 16, 6;) ¶ opes: VI 1, 4 *u.* disciplina; ¶ opinio: IV 16, 7 *u.* amicitia; ¶ potestas: II 3, 2 *u.* fides; II 34 *u.* dicio; ¶ principes: I 44, 12 *u.* nobiles; ¶ cuius pater . . . a senatu populi Romani amicus appellatus erat: I 3, 4; ¶ eam rem non minus ex usu terrae Galliae quam populi Romani accidisse: I 30, 2.

ββ): neque se iudicare Galliam potins esse Ariouisti quam populi Romani: I 45, 1.

ε) c. praep.; αα) ab: sese neque obsides repetituros neque auxilium a populo Romano imploraturos: I 31, 7; ¶ sibi praestare . . . quamuis fortunam a populo Romano pati, quam . . . interfici: II 31, 6; ¶¶ (imperia perferre: V 54, 5 *u.* **δ) αα)** imperium *extr.*)

ββ) ad: controuersias regum ad populum Romanum et ad se, quod esset consul, pertinere existimans . . . ostendit sibi placere . . .: 3, 107, 2.

γγ) contra: omnes Belgas . . . contra populum Romanum coniurare: II 1, 1; neque se cum Belgis reliquis consensisse neque contra populum Romanum ⟨omnino *add.* β⟩ coniurasse: II 3, 2; ¶ neque ⟨*c*⟩ (sese) contra populum Romanum armis contendere: II 13, 2.

δδ) de: ita se omni tempore de populo Romano meritos esse, ut: I 11, 3.

εε) erga: (quos praecipuo semper honore Caesar habuit) pro uetere ac perpetua erga populum Romanum fide: V 54, 4.

ζζ) in c. acc.: quod nondum bono animo in populum Romanum uiderentur: I 6, 3; sese tamen hoc esse in Ciceronem populumque Romanum ⟨cicerone pōp. r. β⟩ animo, ut: V 41, 5; ¶ quod Diuiciaci fratris summum in populum Romanum ⟨*om. CM*β⟩ studium ... cognouerat: I 19, 2.

ηη) in c. abl.: nisi ⟨*c*⟩ quid in Caesare populoque Romano sit auxilii: I 31, 14.

θθ) per: si per populum Romanum stipendium remittatur et dediticii subtrahantur: I 44, 5.

b) non additur Romanus; α) subi.: doluisse se, quod ... in urbem retraheretur, cuius absentis rationem haberi proximis comitiis populus iussisset: 1, 9, 2.

β) gen.: cur se ⟨*c*⟩ uti populi beneficio prohibuisset? 1, 32, 3; ne ... arrogans in praeripiendo ⟨praecip. *fl*⟩ populi beneficio ⟨benef. pr. pop. *af*⟩ uideretur: 3, 1, 6; ¶ statuerat enim prius hos ⟨*c*⟩ iudicio populi debere restitui, quam suo beneficio nideri receptos ⟨*c*⟩: 3, 1, 6; necessario populi senatusque indicio fore utrumque contentum: 3, 10, 9; ¶ quotienscumque sit decretum, darent operam magistratus, ne ..., factum in perniciosis legibus, in ui tribunicia, in secessione populi templis locisque editioribus occupatis. 1, 7, 5.

γ) c. praep.: condiciones pacis ... Romae ab senatu et a populo peti debere: 3, 10, 8. neque exspectant, ... ut de eorum imperio ad populum feratur: 1, 6, 6; praetoribus ⟨*c*⟩ tribunisque ⟨*c*⟩ plebis rogationes ad populum ferentibus non nullos ... damnatos ... in integrum restituit: 3, 1, 4.

(quarum rerum illo tempore nihil factum, ne cogitatum quidem; [nulla lex promulgata, non cum populo agi coeptum, nulla secessio facta *add. codd.; del. Np.*]: 1, 7, 5.**)**

B. ad alios populos pertinet; a) subi.: si qui aut priuatus ⟨priuati β⟩ aut populus eorum (druidum) decreto non stetit, sacrificiis interdicunt: VI 13, 6.

b) obi.: ciuitatem esse omnem in armis; diuisum senatum, diuisum populum, suas ⟨in suas *ik; Scal.*⟩ cuiusque eorum clientelas ⟨*u. CC*⟩: VII 32, 5.

c) dat.: magnam imperatam Asiae, Syriae regibusque omnibus et dynastis et tetrarchis et liberis Achaiae populis pecuniam exegerat: 3, 3, 2; ¶ tributis quibusdam populis ⟨*hl;* publicis *af; edd.*⟩ priuatisque praemiis reliquos in posterum bona spe complet: 2, 21, 2.

d) c. praep.: regno occupato per tres potentissimos ac firmissimos populos totius Galliae sese potiri posse sperant: I 3, 8.

(**pōpulus:** C. Caesar de analogia II: fagos, populos, ulmos: *ap. Charis. art. gramm. I p. 130 Keil.*)

porrigo: cum ... nostri (non) longius, quam quem ad finem porrecta ⟨ae *add. X; Schn.;* porrecta ac *del. A. Hug; Dt.*[1], *Hold.;* prata ac *Paul*⟩ loca aperta ⟨*u. CC*⟩ pertinebant, cedentes insequi auderent: II 19, 5.

porro: neque (se) id, quod fecerit ⟨*c*⟩ de oppugnatione castrorum, aut indicio aut uoluntate sua fecisse, sed coactu ciuitatis .... ciuitati porro hanc fuisse belli causam, quod ... resistere non potuerit: V 27, 4.

porta. A. obi.: eos, qui uenerant, ... in oppidum dimittit ⟨remittit?⟩, portas murosque adseruari iubet: 1, 21, 2; ¶ aperire *u.* **aperio** *p. 283 (4 loc.)*; ¶ Curio castra Vari ⟨*c*⟩ conspicit muro oppidoque coniuncta ad portam, quae appellatur bellica ⟨Belica *Hartz*⟩: 2, 25, 1; ¶ ego reliquas portas circumeo et castrorum praesidia confirmo: 3, 94, 6; ¶ claudere *u.* **claudo** *p. 560 sq. (8 loc.)*; ¶ (defendere: II 33, 6 *u.* refringere;) ¶ eum portas excidere conatus esset: VII 50, 4; ¶ Caesar ⟨*c*⟩ legiones, quas expeditas esse iusserat, portis incensis intromittit: VII 11, 8; ¶ obstruere *u.* **obstruo** *p. 871 (5 loc.)*; ¶ gladiis destrictis portas ⟨-tis *M*[1]*a*[1]⟩ occupauerunt: VII 12, 6; (equitesque eius angustiis atque his ⟨augustis portis atque his *codd.;* angustiis portisque *Ald.;* portis *del. Np.;* angiportis atque uiis *Landgraf*⟩ a ⟨*c*⟩ Caesaris militibus occupatis ad insequendum tardabantur: 3, 70, 1;) — hac ⟨*c*⟩ fugientium multitudine ae turba portae castrorum occupantur atque iter impeditur: 2, 35, 3; ¶ portis patefactis eo die pace sunt usi: II 32, 4; ¶ abiectis armis ⟨*o*⟩ ultimas oppidi partes ⟨portas *Paul*⟩ continenti ⟨*c*⟩ impetu ⟨*c*⟩ petiuerunt: VII 28, 2; ¶ (Carmonensium ciuitas) per se cohortes eiecit ⟨*c*⟩ portasque praeclusit: 2, 19, 5; certior ab suis factus est praeclusas esse portas: 2, 20, 6; illi nero (obsides) daturos se negare neque portas consuli praeclusuros: 3, 12, 2; Androsthenes ⟨*c*⟩, praetor Thessaliae, omnem ex agris multitudinem ... in oppidum cogit portasque ⟨que *om. f*⟩ praecludit: 3,80, 3; ¶ cum portam quaererent castrorumque eam munitionem esse arbitrarentur: 3,68, 2; ¶ muros, portas, classem ⟨*c*⟩ reficiebant: 1,34,5; ¶ postridie eius diei refractis portis, cum iam defenderet nemo, atque intromissis ⟨*c*⟩ militibus nostris sectionem eius oppidi uniuersam Caesar uendidit: II 33, 6; ¶ Fabium discessu eorum duabus relictis portis obstruere ceteras: VII 41,4; hostes ... se ipsi multitudine impediunt atque angustioribus portis relictis ⟨reiecti *Paul; u. CC*⟩ coartantur ⟨*c*⟩: VII 70,3; portae, quibus locis uidetur, eruptionis causa in muro relinquuntur: 2,15,4; ¶ testudine facta portas ⟨portis *Flod.*⟩ succendunt ⟨succedunt *Flod.; Schn., Np., Db.;* [portas] succedunt *Dt.*[1]⟩ murumque subruunt: II 6,2; ¶ aegre portas nostri ⟨nostri portas *h*⟩ tuentur; reliquos aditus locus ipse per se munitioque defeudit: VI 37,5.

B. dat.: neque finem prius sequendi fecerunt, quam muro ⟨*o*⟩ oppidi portisque adpropinquarunt ⟨-arent β⟩: VII 47,3; ¶ erat obiectus portis ⟨portae *Göl.*⟩ ericius: 3, 67,5.

C. gen.: cum angusto exitu portarum se ipsi premerent: VII 28,3.

D. abl.; pendet a) ex nerbis: reliquas (legiones) de quarta uigilia compluribus portis eductas eodem itinere praemisit: 3,75,2; ¶ parsque ibi, eum angusto exitu portarum se ipsi premerent, a militibus, pars iam egressa portis ab equitibus est interfecta: VII 28,3; ¶ Pompeius ... decumana porta se ex castris eiecit ⟨deiecit *f*⟩: 3,96,3; ¶ cum celeriter nostri arma cepissent ... atque una ex parte ⟨atque decumana porta *Paul*⟩ Hispanis equitibus emissis ⟨missis β⟩ equestri proelio superiores fuissent: V 26,3; (51,5 *u.* **b)** eruptio;) subito Labienus duabus portis omnem equitatum emittit: V 58,4; ¶ subito meridiano tempore ... portis se ⟨*del. Apitz, Kreyss., Dt.*⟩ † foras rumpunt ⟨erumpunt *recc.; edd.;* proripiunt *coni. Dt.*⟩: 2,14,1; hostes ... inermes cum infulis se ⟨infulsisse *af*⟩ porta foras uniuersi proripiunt: 2,11,4 (12,1 *Np.*); ¶ equitatumque per causam pabulandi emissum confestim decumana porta in castra se recipere iussit: 3,76,1; ¶ **(**portis tardari: 3,70,1 *u.* **A.** occupare.**)**

b) ex subst.: est aditus: 2,1,2 *u.* **E. b) α)** esse; ¶ subito omnibus portis eruptione facta ... relinquunt: III 6,1; subito duabus portis eruptionem fieri iubet: III 19,2; tum Caesar omnibus portis eruptione facta equitatuque emisso celeriter hostes in fugam dat ⟨*o*⟩: V 51,5; eodemque tempore toto muro clamore sublato duabus portis ab utroque latere turrium eruptio fiebat: VII 24,3; non numquam ... Galli ... eruptionem ex oppido pluribus portis summa ui facere conabantur: VII 73,1.

E. c. praep.; a) ab; α): quod paene ab ipso uallo portisque castrorum barbaros auertisset: VI 42,2; ¶ qui (calones) ab ⟨*om.* α; e *Frig.*⟩ decumana porta ac ⟨*c*⟩ summo iugo collis nostros uictores flumen transisse ⟨*c*⟩ conspexerant: II 24,2; ¶ duobusque interfectis reliquos a porta paulum ⟨*c*⟩ submouit: VII 50,5.

β): ab decumana porta *u.* **ab** *p. 38 (3 loc.).*

b) ad; α): ab iis ⟨*c*⟩ cohortibus, quae erant in statione ⟨*c*⟩ ad portas, defenduntur: 1,75,3; duabus ex partibus .... una erat proxima portui naualibusque, altera ad portam ⟨*Dederich; Dt.;* partem *z; Np., Db.*⟩, qua ⟨quae *afh*⟩ est aditus ex Gallia atque Hispania: 2, 1,2; ¶ Pompeius se oppido tenet. nos ad portas castra habemus: *ap. Cic. ad Att.* IX 14,1; ¶ ut ... ante mediam noctem ad portas castrorum clamor oreretur ⟨*c*⟩: V 53, 1; ¶ quos (centuriones) in statione ad praetoriam portam ⟨ad praetorium *af*⟩ posuerat: 3,94,6; ¶ ut idem ad portas urbanis praesideat ⟨*Ald.;* praesidia *codd.*⟩ rebus et duas bellicosissimas prouincias absens ... obtineat: 1,85,8.

β): castra .. conspicit .. ad portam: 2,25,1 *u.* **A.** appellare.

γ): (hic (= ad portas?) paulisper est pugnatum: 3,67,5.)

c) ante: (centuriones ... ne ante partam ⟨portam *BM*⟩ rei militaris laudem amitterent, fortissime pugnantes conciderunt: VI 40,7;**)** quidam ante portam oppidi Gallus per ⟨*c*⟩ manus seui ae picis traditas glebas in ignem ... proiciebat: VII 25,2.

d) in c. abl.: capit arma a proximis atque in porta consistit: VI 38,2; ¶ cum iam esset agmen in portis: 3,85,4.

e) intra: cum hostem ⟨*c*⟩ intra portas esse existimarent: VII 47,4.

f) pro: qui pro ⟨por *B*[1]⟩ portis castrorum in statione erant: IV 32,1.

[**Falso:** frumentumque omne conquisitum ... per equites ⟨importa *add. a;* in porta *add. fh*⟩ comportarat: 3,42,5.]

Adiect.: (angustae: 3,70,1;**)** angustiores: VII 70, 3; bellica (Belica): 2, 25, 1; ceterae: VII 41, 4; complures: 3, 75, 2; decumana: II 24, 2; III 25, 2; (V 26, 3;) VI 37, 1; 3, 69, 2; 76, 1; 96, 3; duae: III 19, 2; V 58, 4; VII 24, 3; 41, 4; omnes: III 6, 1; V 51, 5; 3, 54, 2; plures: VII 73, 1; praetoria: 3, 94, 6; reliquae: 3, 94, 6; *ultimae: VII 28, 2.

porticus. **A.**: (legio uernacula) sese . . Hispalim ⟨c⟩ recepit atque in foro et porticibus ⟨-ubus *O*⟩ sine maleficio consedit: 2, 20, 4.

B.: pedalibus lignis coniunctis inter se porticus integebantur atque hac agger inter manus proferebatur: 2, 2, 3.

porto. **A. obi. est subst.**: et commeatus ab Remis reliquisque ciuitatibus ut sine periculo ad eum portari possent ⟨posset α; *Np.*⟩ efficiebat: II 5, 5; ¶ frumentum omne, praeterquam ⟨c⟩ quod secum portaturi erant, comburunt: I 5, 3; ¶ iis ⟨c⟩ impedimentis, quae secum agere ac portare non poterant, citra flumen Rhenum depositis: II 29, 4; ¶ uti . . . neque hoc neque superiore anno ulla ⟨c⟩ omnino nanis, quae milites portaret, desideraretur: V 23, 3; ¶ caetrati auxiliaresque . . ., quorum erant . . . corpora insueta ad onera portanda: 1, 78, 2.

B. obi. est adiect. uel pron.: animaduertit multa undique portari atque agi plenissimis uiis, quae repentini tumultus timore ex agris in urbem conferantur: 2, 25, 2; ¶ cum sua quisque miles circumspiceret, quid secum portare posset ⟨c⟩, quid ex instrumento hibernorum relinquere cogeretur: V 31, 4.

portorium: (Dumnorigem) complures annos portoria reliquaque omnia Haeduorum uectigalia paruo pretio redempta habere, propterea quod illo licente ⟨c⟩ contra liceri ⟨c⟩ audeat nemo: I 18, 3; ¶ quo (itinere) magno cum periculo magnisque cum ⟨*om.* β⟩ portoriis mercatores ire consuerant ⟨c⟩: III 1, 2.

portus. **A. subi.; a)**: neque qui essent ad maiorum nauium ⟨c⟩ multitudinem idonei portus reperire ⟨c⟩ poterat: IV 20, 4; erat tutus: 3, 26, 4 *u.* **B.** tegere; ¶ qui modo sibi timuerant, hos tutissimus portus recipiebat ⟨reiciebat *NOx*⟩: 3, 27, 1.

b) abl. abs.: summaque erat uasto atque aperto mari, magnis aestibus, raris ⟨mari magno, aestibus raris *BM*⟩ ae prope nullis portibus difficultas nauigandi: III 12, 5.

B. obi.: appellare: 3, 26, 4 *u.* nancisci; ¶ (naues) onerariae duae eosdem ⟨duos *add. A*⟩ quos reliquae ⟨β; reliqui α; *edd.*⟩ portus ⟨eosd. port. quos rel. β⟩ capere non potuerunt et paulo infra delatae sunt: IV 36, 4; ¶ claudere: 3, 23, 1 *u.* tenere; ¶ si modo insulam adisset ⟨c⟩, genus hominum perspexisset, loca, portus, aditus cognouisset: IV 20, 2; ¶ haec insula obiecta Alexandriae portum efficit: 3, 112, 2; ¶ classe Caesari ⟨c⟩ erepta portum ae mare totum in sua potestate haberent: 3, 111, 4; ¶ intericere: III 8, 1 *u.* tenere; ¶ nacti portum, qui appellatur Nymphaeum, ultra Lissum milia passuum III, eo naues introduxerunt: 3, 26, 4; ¶ neque (Romanos) eorum locorum, ubi bellum gesturi essent, nada, portus, insulas nouisse ⟨nosse β⟩: III 9, 6; ¶ (occupare: 3, 8, 4 *u.* **F. b) γ)**;) ¶ qua felicitate ⟨c⟩ inter medias hostium classes oppletis non solum portibus, sed etiam litoribus omnes incolumes essent transportati ⟨c⟩: 3, 73, 3; ¶ neque sibi nudanda litora et relinquendos portus existimabant: 3, 15, 5; ¶ qui portus ab Africo tegebatur, ab austro non erat tutus: 3, 26, 4; ¶ in magno impetu maris atque aperto paucis portibus interiectis, quos tenent ipsi, omnes fere, qui eo mari uti consuerunt, habent uectigales: III 8, 1; Sulpicium Rufum legatum eum eo praesidio, quod satis esse arbitrabatur, portum tenere ⟨tueri *RSchn.*⟩ iussit: IV 22, 6; quietam nactus stationem et portus omnes timens ⟨timentes *a*⟩, quod teneri ab aduersariis arbitrabantur ⟨-batur *recc.*⟩, . . . milites exposuit: 3, 6, 3; est certior factus portus ⟨portum *Naf*⟩ litoraque omnia classibus aduersariorum teneri: 3, 14, 1; praestare arbitrabatur unum locum, qua necessarius nostris erat egressus, quam omnia ⟨*Ciacc.*, omnium *x*⟩ litora ac portus custodia clausos ⟨*aut delend. aut* classium *scribend. cens. Ciacc.*⟩ teneri ⟨*recc.*; tueri *x*; custodia classis tueri *Paul*⟩: 3, 23, 1; ¶ timere: 3, 6, 3 *u.* tenere; ¶ tueri: IV 22, 6 *u.* tenere; (Labieno relicto,) ut portus tueretur et rem ⟨c⟩ frumentariam ⟨c⟩ prouideret: V 8, 1; 3, 23, 1 *u.* tenere.

C. dat.: insulam obiectam portui Brundisino tenuit: 3, 100, 1; ¶ duabus ex partibus . . . . una erat proxima portui ⟨portu *af*⟩ naualibusque: 2, 1, 2.

D. gen.: administratio: 1, 25, 4 *u.* exitus; ¶ (nauem) quinqueremem et minores duas in angustiis portus cepit: 3, 100, 2; ¶ ab utroque portus cornu moles iacimus: *ap. Cic. ad Att.* IX 14, 1; ¶ exitus administrationesque ⟨*CC*⟩ Brundisini portus impedire instituit: 1, 25, 4; ¶ fauces *u.* **faux** *p. 1285 (3 loc.)*; ¶ turrim effectam ad ipsum introitum portus opposuit: 3, 39, 2; ¶ nauigationem impeditam propter inscientiam locorum paucitatemque portuum sciebant ⟨*u. CC*⟩: III 9, 4.

E. abl.: hic uenientem Vticam nauibus Tuberonem portu atque oppido prohibet: 1, 31, 3; sicuti mari portibusque ⟨que *om. l*⟩ Caesarem prohibebat, ita: 3, 15, 1; ¶¶ se . . . debere . . neutrum eorum contra alterum iuuare aut urbe aut ⟨*c*⟩ portibus ⟨porticus *a;* portubus *O*⟩ recipere: 1, 35, 5; oppido ac portu recepti non erant: 3, 102, 7.

F. c. praep.; a) ab: paulumque a portu progressus litteras a Caesare accipit: 3, 14, 1; ¶¶ quod se longins a ⟨*Voss.; om. codd.*⟩ portibus committere non auderent: 3, 25, 5.

b) ad; α): omnes ad portum Itium conuenire iubet: V 2, 3; ¶ aditus autem atque itinera duo, quae extra murum ad portum ferebant, . . . trabibus . . . praesaepit: 1, 27, 4; ¶ Caesar ad portum Itium eum legionibus peruenit: V 5, 1; longo itinere ab his circumducti ad portum perueniunt: 1, 28, 4.

quod (theatrum) arcis tenebat locum aditusque habebat ad portum et ad *regia naualia: 3, 112, 8.

β): quae (naues) . . . consuetudine cotidiana ad portum excubabant: 2, 22, 3; ¶ eodemque tempore pugnatum est ad portum: 3, 111, 2.

γ): hoc confecto negotio a Sasonis ⟨*x; salonis recc.; Np., Db.*⟩ ad Curici ⟨*Momms.;* corici *NOafl;* coryci *h;* orici *recc.;* Oricum *Np.; Db.*⟩ portum stationes ⟨portus, stationes *Np.; Db.*⟩ litoraque omnia longe lateque classibus occupauit: 3, 8, 4.

c) contra: insulamque, quae contra portum Brundisinum est, occupauit: 3, 23, 1.

d) ex; α): an paenitet uos, . . . quod ex portu sinuque aduersariorum CC naues oneratas abduxerim ⟨*Ciacc.; Dt.;* addux. *x; Np., Db.*⟩: 2, 32, 12; ¶ naues ex portu educere *u.* **educo** *p. 991* naues 1, 57, 2; 2, 22, 5; 3, 26, 2; ¶ nacti idoneum uentum ex portu exeunt: 2, 4, 5; ¶ neque . . . aut ignominia ⟨*c*⟩ amissarum nauium aut necessariarum rerum inopia ex ⟨*om. f*⟩ portu insulaque expelli potuit: 3, 100, 4; ¶ neque illi ⟨*c*⟩ sibi confisi ex portu prodire sunt ausi: 3, 7, 2; ¶ circiter CCXX ⟨*c*⟩ naues eorum . . . profectae ex portu ⟨e port. prof. *β*⟩ nostris aduersae constiterunt: III 14, 2; ¶ naues XVIII . . . ex superiore portu leni uento soluerunt: IV 28, 1.

β): quo ex portu commodissimum in Britanniam traiectum esse cognouerat: V 2, 3.

e) in portum; α): partem ⟨*c*⟩ nauium deprimunt, . . . reliquas in portum compellunt: 1, 58, 4; ¶ onerarias naues . . . deprehendunt atque in portum deducunt: 1, 36, 2; ¶ equitesque in ulteriorem portum progredi . . . iussit: IV 23, 1; ¶ ex his unum ipsius nauigium . . . ex conspectu abiit, duo perterrita concursu nostrarum nauium sese in portum receperunt: 2, 22, 4; quo cognito se in portum recipit ⟨recep. *Of*⟩: 3, 14, 2; ¶ is naues nostras interiorem in portum ⟨*Ciacc.;* partem *codd.*⟩ post oppidum reduxit: 3, 39, 2; ¶ nostri ueterani in portum refugiebant: 3, 24, 2; ¶ quattuor biremes subiectis scutulis impulsas uectibus in interiorem portum ⟨*Ciacc.;* partem *codd.; Np., Dt.*⟩ traduxit ⟨*u. CC*⟩: 3, 40, 4; ¶ uento tenebantur, quo minus in eundem portum uenire possent: IV 22, 4.

β): non potest esse propter angustias nauibus introitus in portum: 3, 112, 4.

γ): eo introduxerunt: 3, 26, 4 *u.* **B.** nancisci; ¶ eodem equitatus totius Galliae conuenit: V 5, 3; ¶ quo simul atque intro est itum: 3, 26, 5.

f) in portu; α): quas (naues) in portu Brundisino deprehenderat: 1, 26, 1.

β): ibi cognoscit LX naues . . . cursum tenere non potuisse: V 5, 2.

g) intra: naues onerarias XXX a M. Antonio relictas intra portum adgressus omnes incendit: 3, 40, 5.

Adiect.: Brundisinus: 1, 25, 4; 26, 1; 3, 23, 1; 100, 1; (idem: IV 22, 4; iidem: IV 36, 4;) idonei: IV 20, 4; interior: 3, 39, 2; 40, 4; Itius: V 2, 3; 5, 1; nulli: III 12, 5; omnes: 3, 6, 3; — 3, 14, 1; 23, 1; pauci: III 8, 1; rari: III 12, 5; superior: IV 28, 1; tutus: 3, 26, 4; tutissimus: 3, 27, 1; ulterior: IV 23, 1.

posco. A. subi. sunt homines: (Caesar) obsides, arma, seruos, qui ad eos perfugissent, poposcit: I 27, 3; ¶ fidem reliquis interponere, ius iurandum ⟨*del. Eussner*⟩ poscere, ut quod esse ex usu Galliae intellexissent, communi consilio administrarent: V 6, 6; ¶ Ariouistum . . . obsides nobilissimi cuiusque liberos poscere: I 31, 12; ¶ obsides: I 27, 3 *u.* arma; (I 31, 12 *u.* liberos;) quod erat ciuitas magna inter Belgas auctoritate atque hominum ⟨*c*⟩ multitudine praestabat, sescentos obsides poposcit: II 15, 1; ¶ seruos: I 27, 3 *u.* arma.

B. subi. est res (usus): addunt ipsi et

adfingunt rumoribus Galli, quod res poscere uidebatur: VII 1, 2; ¶ ad quos se celeriter, cum usus est ⟨poscit β⟩, recipiunt: IV 2, 3.

possessio. A. abstr. (= τὸ κεκτῆσθαι, τὸ κτήσασθαι): filia minor Ptolomaei regis naenam possessionem regni sperans ad ⟨c⟩ Achillam sese ex regia traiecit: 3, 112, 9; — quod si decessisset ⟨c⟩ et liberam possessionem Galliae sibi tradidisset: I 44, 13; ¶ Romanos non solum itinerum causa, sed etiam perpetuae possessionis culmina Alpium occupare conari: III 2, 5.

B. concr. (= κτῆμα, ἀγροί); a) subi.: esse: 3, 1, 2 *u.* c).

b) obi.: Allobroges, qui trans Rhodanum uicos possessionesque habebant, fuga se ad Caesarem recipiunt et demonstrant sibi praeter agri solum nihil esse reliqui: I 11, 5; qui habeant domicilium aut possessionem in Hispania ⟨-niam *x*⟩: 1, 86, 3; ¶ C. Caesar: possessiones redemi easque postea pluris ⟨c⟩ uenditas: *ap. Diomed. art. gramm.* I 368 *(Keil)*; ¶ integras nero tenere possessiones qui se debere fateantur, cuius animi aut cuius impudentiae est? 3, 20, 3.

c) gen.: per eos (arbitros) flerent aestimationes possessionum et rerum, quanti quaeque earum ante bellum fuisset, atque eae ⟨c⟩ creditoribus traderentur: 3, 1, 2.

d) abl.: ne . . . potentiores . . . humiliores possessionibus expellant: VI 22, 3.

e) c. praep.; α) ex: militibus in contione agros ex suis possessionibus pollicetur: 1, 17, 4.

β) in c. acc.: cur in suas possessiones ueniret? I 44, 8.

possideo: Suessiones suos esse finitimos; fines ⟨B^2β; *Schn., Hold.; om. α et rell. edd.*⟩ latissimos feracissimosque agros possidere ⟨poss. agr. *af*⟩: II 4, 6; ¶ se neque sine exercitu in eas partes Galliae uenire andere, quas Caesar possideret, neque: I 34, 3; ut . . . partem finitimi agri per uim occupatam ⟨-tum β⟩ possiderent (Sequani): VI 12, 4.

possido: uel sibi agros attribuant uel patiantur eos ⟨o⟩ tenere, quos armis possederint: IV 7, 4.

possum. 1. uerbum plenum ac iustum est (= ualere, pollere); coniungitur A. c. acc. (neutr.): multum fortunam in repentino hostium aduentu potuisse iudicauit, multo etiam amplius, quod paene ab ipso uallo portisque castrorum barbaros auertisset: VI 42, 1. 2; ¶ eum ipse gratia plurimum domi atque in reliqua Gallia, ille minimum propter adulescentiam posset: I 20, 2; ¶ multum *u.* **multus** *p. 658* B. a) α) ββ) *(3 loc.)*; — esse non nullos, quorum auctoritas apud plebem plurimum ualeat, qui priuatim plus possint ⟨*AQ;* possent *MC*β⟩, quam ipsi magistratus: I 17, 1; — plurimum *u.* **multus** *p. 659* γ) *(6 loc.)*; ¶ cum ⟨c⟩ equitatu (Neruii) nihil possent — neque enim ad hoc tempus ei rei student, sed quicquid possunt, pedestribus nalent copiis: II 17, 4; ¶ hic quantum in bello fortuna possit et quantos adferat casus cognosci potnit: VI 35, 2; *cum* quantum in bello fortuna posset iam ipsi incommodis suis satis essent documento: 3, 10, 6; ¶ quicquid: II 17, 4 *u.* nihil; ¶ intellecturum, quid inuicti Germani . . . uirtute possent: I 36, 7; quae ciuitates quantaeque in armis essent et quid in bello possent: II 4, 1; equestribus proeliis quid hostis uirtute posset ⟨posset uirtute *a*⟩ et quid nostri auderent periclitabatur ⟨c⟩: II 8, 2; et celeritate et copiis docuit, quid populi Romani disciplina atque opes possent: VI 1, 4; exposuit ⟨c⟩, quid iniquitas loci posset: VII 52, 2; ¶ ut, si quid possent, de indutiis fallendo impetrarent: IV 13, 5; ¶ quod (hostes) tantum multitudine poterant: II 8, 4; atque ego hanc sententiam probarem — ⟨nam *add.* β⟩ tantum apud me ⟨ap. me tantum (multum *ik*) β⟩ dignitas potest —, si . . . niderem: VII 77, 6.

B. c. aduerb.: neque solum domi, sed etiam apud finitimas ciuitates largiter posse (Dumnorigem): I 18, 6.

2. uerbum auxiliare; A. additur infinitiuus; a) non additur particula non; α) adduntur inf. act.; αα) singuli: qui cogitasset ⟨c⟩ haec posse in itinere accidere: V 33, 2; nullum enim poterat uniuersis **a* perterritis ac dispersis periculum accidere: VI 34, 3; non haec omnia fortuito aut sine consilio accidere potuisse: VII 20, 2; proinde ac si uirtute uicissent neque ulla commutatio rerum posset accidere: 3, 72, 4; quo mihi granins abs te nil ⟨c⟩ accidere potest: *ap. Cic. ad Att.* X 8 *B*, 1; ¶ omnibus uicis aedificiisque, quo ⟨c⟩ adire poterant ⟨poterant β; *Flod.*⟩, incensis: II 7, 3; uicos atque aedificia incendi oportere hoc spatio [a boia] quoque uersus ⟨c⟩, quo pabulandi causa adire posse uideantur: VII 14, 5; ¶ quo facilius omne Hadriaticum mare . . . in potestate haberet atque ex utraque parte bellum administrare posset: 1, 25, 3; ¶ qui (milites patresque familiae) aut gratia aut misericordia ualerent aut **ad* naues adnare ⟨adiuuare *f*⟩ possent: 2, 44, 1; ¶ ut quam

maxime ex fuga perterritos adoriri posset: 2, 39, 6; si imprudentes ex insidiis adoriri posset ⟨possit a^1⟩: 3, 30, 2; ¶ ut intra munitionem et sine timore et sine stationibus aquari possent: 1, 73, 3; ne noctu aquari Pompeiani possent: 3, 97, 4.

qui celeriter arma capere potuerunt, paulisper nostris restiterunt: IV 14, 4; reuertantur, ut rursus communicato consilio . . . aliud initium belli ⟨c⟩ capere possint ⟨β; *Np.;* possent α; *plur. edd.*⟩: VI 33, 5; idoneos homines deligebat, quorum quisque aut oratione subdola aut amicitia facillime capere posset ⟨*sic AQ;* capi posset β; posset *BM*⟩: VII 31, 2; necessarium esse existimauit de repentino aduentu Caesaris Pompeium fieri certiorem, uti ad id consilium capere posset: 3, 11, 1; ¶ (censere: 2, 32, 4 *u.* sentire;) ¶ ne . . . hostes, quod tantum multitudine poterant, ab lateribus pugnantes suos circumuenire possent: II 8, 4; ¶ qua significatione qui in oppido obsidebantur de suo aduentu cognoscere possent: VII 81, 2; ¶ ne de improuiso aut noctu ad ⟨c⟩ munitiones hostium multitudo aduolaret aut interdiu tela in nostros operi destinatos coicere possent ⟨posset β⟩: VII 72, 2; ¶ ut tuto ab repentino hostium incursu etiam singuli commeare possent: VII 36, 7; ¶ hos ⟨eos β⟩ posse conficere armata milia centum: II 4, 5; Caesar in eam spem uenerat, se sine pugna et sine uulnere suorum rem conficere posse: 1, 72, 1; ut pluribus dimissi ⟨c⟩ itineribus a Caesare ad Domitium et a Domitio ad Caesarem nulla ratione iter conficere possent: 3, 79, 5; eum in spem uenero de compositione aliquid me posse ⟨*Lamb.; om. codd. et edd.*⟩ conficere ⟨aliq. me confic. *del. Vrsin.; Bait.*⟩: *ap. Cic. ad Att.* IX 13 *A*, 1; ¶ quae (cohortes) fugientes conspicatae neque illos suo aduentu confirmare potuerunt neque ipsae ⟨c⟩ hostium impetum tulerunt: 3, 64, 1; ¶ quibusnam manibus . . . homines tantulae staturae . . . tanti oneris turrim ⟨c⟩ in muro ⟨c⟩ sese conlocare *posse* ⟨*add. Dt.*[2]⟩ confiderent: II 30, 4; ¶ reliquas copias Heluetiorum ut consequi posset: I 13, 1; qui minus facile eam rem ⟨in *add. BM*⟩ imperio nostro consequi poterant: II 1, 4; nihil adeo arduum sibi esse existimauerunt, quod non uirtute consequi possent: VII 47, 3; equitatumque praemisit ad nouissimum agmen demorandum, neque consequi potuit: 3, 75, 3; ¶ neque exercitum sine magno commeatu . . . in unum locum contrahere (se) posse: I 34, 3.

negat se more et exemplo populi Romani posse iter ulli per prouinciam dare: I 8, 3; ¶ Caesarem . . . deterrere posse . . . Galliamque omnem ab Ariouisti iniuria posse defendere: I 31, 16; ¶ non materia multitudine arborum, non frumentum . . . deficere poterat: 2, 37, 6; ¶ quod si ueteris contumeliae obliuisci nellet, num etiam recentium iniuriarum . . . memoriam ⟨c⟩ deponere posse ⟨posset *AQ*⟩? I 14, 3; ¶ si **in* itinere impeditos ⟨et *add. V.*⟩ perterritos deprehendere posset: 3, 75, 3; ¶ Caesarem . . . nomine populi Romani deterrere posse, ne: I 31, 16; ut ne Suessiones quidem . . . deterrere potuerint, quin: II 3, 5; ¶ super lateres coria inducuntur, ne canalibus aqua immissa lateres diluere possit ⟨*b;* posset *z; edd.*⟩: 2, 10, 6.

eum . . . nostri . . quid sine imperatore et sine reliquis legionibus adulescentulo duce efficere possent perspici cuperent: III 21, 1; (nostri milites) tanto spatio secuti quantum ⟨c⟩ cursu et uiribus efficere potuerunt: IV 35, 3; quantum labore atque itinere legionarii milites efficere poterant: V 19, 3; quantumcumque itineris equitatu efficere poterat, cotidie progrediebatur: 3, 102, 1; ¶ si forte timoris simulatione hostes in suum locum elicere posset: V 50, 3; ¶ *ut* cogitata praeclare eloqui possent non nulli studio et usu elaborauerunt: *ap. Cic. Brut.* 253; ¶ neque omni interposita fide firmum esse posse, si in aliud tempus differretur: 1, 86, 2; ut bracchia modo atque umeri ad sustinenda arma liberi ab aqua esse possent: VII 56, 4; sese unis Suebis concedere, quibus ne dii quidem immortales pares esse possint ⟨possent *AQ; Fr., Dt.*[1]⟩: IV 7, 5; uti opinione et amicitia populi Romani tuti esse possent ⟨*Whitte;* possint *X; edd.*⟩: IV 16, 7; — si suam gratiam Romani uelint, posse iis utiles esse amicos: IV 7, 4; — sibi nullam cum iis ⟨c⟩ amicitiam esse posse, si in Gallia remanerent: IV 8, 1; nobis nisi Caesaris capite relato pax esse nulla ⟨non *O*⟩ potest: 3, 19, 7; pecora, quod secundum poterat esse inopiae ⟨c⟩ subsidium, . . . remouerant: 1, 48, 6; — trauersaria tigna iniciuntur, quae firmamento esse possint ⟨-unt *f*⟩: 2, 15, 2; est animaduersum . . . magno sibi esse ⟨*om. hl*⟩ praesidio posse, si: 2, 8, 1; inuentum est magno esse usui posse, si: 2, 8, 3; ¶ quo facilius (naues?) uada ac decessum aestus excipere possent: III 13, 1; ¶ erant omnino itinera duo, quibus itineribus domo exire possent: I 6, 1; ¶ nullam exoriri moram posse, quo minus . . . diriperentur: 2, 12, 3 (*Np.* 4); ¶ cum ab his saepius quaereret neque ullam omnino uocem exprimere posset: I 32, 3.

(fabulari: 3, 65, 4 *u.* pabulari;) ¶ quoniam propius accessisset seque id sine periculo facere posse existimaret ⟨*c*⟩: I 42, 1; neque enim aliter facere poterit: *ap. Cic. ad Att.* IX 16, 3; — uti . . ., quod commodo rei publicae facere posset, Haeduos . . . defenderet: I 35, 4; scribit Labieno, si rei publicae commodo facere possit ⟨*a; Fr.;* posset α; *rell. edd.;* poss. fac. β⟩, . . . ueniat: V 46, 4; Labienum Treboniumque hortatur, si rei publicae ⟨*c*⟩ commodo facere possint, ad eam ⟨*c*⟩ diem reuertantur: VI 33, 5; ¶ qui numerus domo exisset eorum, qui arma ferre possent: I 29, 1; ex his qui arma ferre possent ad milia nonaginta duo (erant): I 29, 2; ex hominum milibus LX uix ad quingentos, qui arma ferre possent, sese redactos esse dixerunt: II 28, 2; omnes, qui arma ferre possent, unum in locum conuenirent: IV 19, 2; omnesque ⟨*c*⟩, qui per aetatem arma ferre possint ⟨β; possent α⟩, ad bellum cogant: VII 71, 2; non omnes ⟨*c*⟩, qui arma ferre possent, ut censuit Vercingetorix, conuocandos statuunt: VII 75, 1; — saepe numero sese cum his congressos ne uultum quidem atque aciem oculorum dicebant ferre potuisse: I 39, 1; VII 19, 4 *u.* perferre; nec iam nires sufficere cuiusquam nee ferre operis laborem posse: VII 20, 11; quo facilius subsidium prouinciae ferre ⟨β; ferri α; *edd.*⟩ posset: VII 66, 2; cum uallis . . . suberat neque ii ⟨*c*⟩, qui antecesserant, morantibus opem ferre poterant: 1, 79, 3; neque (se) corpore *laborem neque animo ignominiam ferre posse: 1, 84, 4; neque nero primum impetum nostrorum Numidae ferre potuerunt: 2, 25, 5, ¶ (finire: 3, 51, 3 *u.* β) αα) finiri;) ¶ neque ullus flare uentus poterat, quin . . . haberent ⟨*c*⟩: 3, 47, 4.

imperium se a ⟨*c*⟩ Caesare per proditionem nullum desiderare, quod habere uictoria posset ⟨possit β⟩: VII 20, 7; satis esse magna utrimque incommoda accepta, quae pro disciplina et praeceptis habere possent ⟨-sint *Naf*⟩: 3, 10, 4.

(impetrare: V 36, 3 *u.* β) αα) impetrari;) ¶ his rebus fiebat, ut et minus late uagarentur et minus facile finitimis bellum inferre possent: I 2, 4; ¶ quod neque insequi cedentes possent neque ab signis discedere auderent: V 16, 1; ¶ se . . . castra moturum, ut quam primum intellegere posset, utrum . . . officium an timor plus ⟨*c*⟩ ualeret: I 40, 14; ¶ ut spatium intercedere posset, dum milites . . . conuenirent: I 7, 6; ¶ (ab his fit initium retinendi Silii ⟨*c*⟩ atque Velanii ⟨et si quos intercipere potuerunt *add.* β⟩: III 8, 2;) ¶ qui (nuntii) suo beneficio conseruatos docerent, quos iure belli interficere potuisset: VII 41, 1; ¶ inuenire: 1, 25, 3 *u.* β) αα) inueniri; ¶ quod spatii *breuitate etiam in fugam coniectis aduersariis non multum ad summam *uictoria iuuare poterat: 1, 82, 3.

res gerebatur, ut nullum paulo fortins factum latere posset: III 14, 8.

facillime inopiae **rei* frumentariae sese mederi posse existimauit: V 24, 6; ¶ neque nostros exercitus propter frumenti ⟨*o*⟩ inopiam diutius apud se morari posse confidebant: III 9, 5.

nauigare: IV 31, 3 *u.* β) αα) nauigari; ¶ non facile Gallos Gallis negare potuisse: V 27, 6; ¶ neque enim iis ⟨*c*⟩ nostrae rostro nocere poterant: III 13, 8; statuebat . . . prospiciendum ⟨*c*⟩, ne quid sibi ac rei publicae nocere ⟨-ri *a*⟩ posset: V 7, 2; eamque contabulationem . . . luto . . construerunt ⟨*c*⟩, ne quid ignis hostium nocere posset: 2, 9, 3.

(se) unum consilium totius Galliae effecturum, cuius consensui ne orbis quidem terrarum possit ⟨posset?⟩ obsistere: VII 29, 6; ¶ tantum . . . patebat, quantum loci acies instructa occupare ⟨tenere β⟩ poterat: II 8, 3; ¶ Bibulus . . . sperans alieni se parti onustarum nauium occurrere posse inanibus occurrit: 3, 8, 3; castra mouit breuiore itinere se occurrere ei posse sperans: 3, 41, 4; ¶ hanc legionem sperans Caesar se opprimere posse . . . reliquit: 3, 67, 2.

eum animaduertisset Pompeium extra munitiones egressum, ut libere pabulari ⟨fabulari *ahl;* populari *N*⟩ posset nec minus aditum nauibus haberet ⟨-re *Vielh.*⟩: 3, 65, 4; ¶ quod uero ad amicitiam populi Romani attulissent, id iis ⟨*c*⟩ eripi quis pati posset? I 43, 8; quod neque ancorae funesque *sustinerent neque nantae gubernatoresque uim tempestatis pati possent: V 10, 2; neque se neque reliquos municipes pati posse C. Caesarem . . . oppido . . . prohiberi: 1, 13, 1; ¶ indignantes milites Caesar, quod conspectum suum hostes perferre ⟨ferre β⟩ possent tantulo spatio interiecto, . . . edocet: VII 19, 4; ¶ quod certe inde decedendum esset Afranio nec sine aqua permanere posset: 1, 71, 4; ¶ conuentum Salonis cum neque pollicitationibus neque denuntiatione ⟨*c*⟩ periculi permouere posset, . . . instituit: 3, 9, 2; ¶ alii nadis Rhodani . . . si perrumpere possent conati . . . telis repulsi hoc conatu destiterunt: I 8, 4; ¶

quod neque legiones audeant absente imperatore ex hibernis egredi neque imperator sine praesidio ad legiones peruenire possit ⟨β; posset α⟩: VII 1, 7; magna difficultate adficiebatur, qua ratione ad exercitum peruenire posset: VII 6, 2; pons ⟨c⟩ enim ipsius magnum circuitum habebat, ut multo breuiore itinere illi ad Hiberum peruenire possent: 1, 63, 2; ¶ cum sua quisque miles circumspiceret, quid secum portare posset ⟨possit β⟩, quid ... relinquere cogeretur: V 31, 4; ¶ totius Galliae sese potiri posse sperant: I 3, 8; ¶ ut esset, ubi tegimenta praependere possent: 2, 9, 3; ¶ id se facile ex humilitate sua probare posse: V 27, 4; ¶ L. Minucium ⟨c⟩ Basilum cum omni equitatu praemittit, si quid celeritate itineris atque oportunitate temporis proficere possit ⟨*k; Np.;* posset *X; rell. edd.*⟩: VI 29, 4; apud quos cum proficere nihil posset: 3, 22, 2; ¶ mons autem altissimus impendebat, ut facile perpauci prohibere possent: I 6, 1; castella communit, quo facilius, si se inuito transire conarentur, prohibere possit ⟨posset *M²h; Fr.*⟩: I 8, 2; Pompeius neque ... discedere uolebat, ... neque munitiones Caesaris prohibere poterat: 3, 44, 1; ¶ non (se) existimare Romanos sine ope dinina ⟨c⟩ bellum gerere, qui tautae altitudinis machinationes tanta celeritate promouere ⟨et ex propinquitate pugnare *add. B²β*⟩ possent ⟨promouerent, ut ex prop. pugu. poss. *Ciacc.*⟩: II 31, 2; ¶ nostri ... eos in fugam dederunt, neque longius prosequi potuerunt, quod equites cursum tenere atque insulam capere non potuerant ⟨*Lipsius;* potuerunt *X*⟩: IV 26, 5; ¶ (pugnare: II 31, 2 *u.* promouere.)

posse hunc casum ad ipsos recidere ⟨hunc cas. ad i. rec. posse β⟩ demonstrant: VII 1, 4; ¶ reseruatis Haeduis atque ⟨c⟩ Aruernis, si per eos ciuitates reciperare ⟨*A¹QB¹h;* recup. *MB²;* recuperari *a*⟩ posset: VII 89, 5; ¶ quo spatio plures rem posse casus recipere intellegebant: 1, 78, 4; ¶ sese ne obsidibus quidem datis pacem Ariouisti redimere potuisse ⟨potuissent *MB²β*⟩: I 37, 2; quorum omnium gratiam atque amicitiam eius morte redimere posset: I 44, 12; ¶ si nullam partem Germanorum domum remittere posset, at ne ... pateretur: I 43, 9; ¶ si quos ... commoueret, hos ⟨hoc α⟩, si quaererent, reperire ⟨*B³a;* repperiri *αh*⟩ posse: I 40, 8; neque qui essent ... idonei portus reperire ⟨-iri *AQBa*⟩ poterat: IV 20, 4; circumfunduntur ex reliquis hostes ⟨o⟩ partibus, si quem aditum reperire possint ⟨β; possent α; *edd.*⟩: VI 37, 4; inopia adductos (se) elam ex castris exisse, si quid frumenti aut pecoris in agris reperire possent ⟨possint, β⟩: VII 20, 10.

Dumnorigi custodes ponit, ut quae agat, quibuscum loquatur scire possit ⟨posset *a¹*⟩: I 20, 6; ¶ prius ad hostium castra peruenit, quam quid ageretur Germani sentire possent ⟨possent sentire β⟩: IV 14, 1; quid irati grauius † de nobis sentire ⟨grauius uobis censere *Paul*⟩ possunt, quam ut eos prodatis, qui: 2, 32, 4; peruenit prius quam Pompeius sentire posset: 3, 67, 4; ¶ parentes suos commendabant, si quos ex eo ⟨c⟩ periculo fortuna sernare potuisset: 2, 41, 8; ¶ reliquum quidem in terris esse neminem, quem non superare possint: IV 7, 5; V 27, 4 *u.* **β) αα)** superari; *neque quibus rationibus superare possent, sed quem ad modum uti uictoria deberent cogitabant: 3, 83, 5; ¶ circumuallare Pompeium instituit ..., quo minore periculo undique frumentum commeatumque exercitui supportare posset: 3, 43, 2; ¶ suos liberos, nisi eum adoleuerunt, ut munns militiae sustinere possint, palam ad se adire non patiuntur: VI 18, 3; legatos mittunt subsidium rogatum, quo facilius hostium copias sustinere possint ⟨*αh;* possent *af*⟩: VII 5, 2; castra munire instituerent, quo facilius repentinos hostium impetus sustinerent ⟨sustinere possent β⟩: VII 29, 7; collem ceperunt neque nostrorum militum uictorum ⟨c⟩ impetum sustinere potuerunt: VII 62, 8; postquam neque aggeres neque fossae uim ⟨c⟩ hostium sustinere poterant: VII 87, 5; nec minimam partem temporis equitum uim caetrati sustinere potuerunt: 1, 70, 5; tanta (erat) multitudo ⟨*CC*⟩ tormentorum, ut eorum uim nullae contextae uiminibus uineae sustinere possent: 2, 2, 1; neque nero diutius qui in uallo constiterant multitudinem telorum sustinere potuerunt: 3, 95, 4.

quos ⟨c⟩ non castrorum munitiones, non altitudo montis, non murus oppidi tardare potuisset: VII 52, 3; ¶ tenere: II 8, 3 *u.* occupare; tanta tempestas subito coorta est, ut nulla earum cursum tenere posset: IV 28, 2; sacramento quidem uos tenere qui potuit, cum: 2, 32, 9; neque se praesidium, ubi constitutus esset, sine auxilio Scipionis tenere posse: 3, 36, 6; ¶ frumentum ⟨o⟩ se ⟨o⟩ exigue dierum XXX habere, sed paulo etiam longius tolerare ⟨*Aβ; Schn., Hold., Dt.²;* tollerari *BMQ¹;* tolerari *rell. edd.*⟩ posse parcendo: VII 71, 4; ¶ cum intellegerent et posse et andere populi Romani exercitum Rhenum transire: IV 16, 1; explorat, quo commodissime ⟨c⟩ itinere uallem transire ⟨*sic* β; *Np.*, *Schn.*; nalles transire α; nalles transiri *plur. edd.*⟩ possit ⟨posset β⟩: V 49, 8; huc iam *deduxerat rem, ut equites, etsi difficulter atque aegre fiebat, possent tamen atque auderent flumen transire, pedites nero tantum modo umeris ae summo pectore exstarent ⟨*b*; extare *x*; *Np.*, *Db.*⟩: 1, 62, 1. 2; paratos esse sese; posse et andere ⟨posse et aud. *del. Paul*⟩ ea transire flumen, qua traductus esset equitatus: 1, 64, 3; illi uadum fluminis Sicoris temptare, si transire possent: 1, 83, 4; Caesari circuitu maiore iter erat longius, aduerso flumine, ut uado transire posset: 3, 30, 4; ¶ (transportare: 3, 2, 2 *u.* β) αα) transportari;) ¶ ex ea turri quae circum essent opera tueri se posse sunt confisi: 2, 10, 1.

quae (naues) . . . uento tenebantur, quo minus in eundem portum uenire possent: IV 22, 4; omnibus hibernis Caesaris oppugnandis hunc esse dictum diem, ne qua legio alteri ⟨*c*⟩ legioni subsidio uenire posset: V 27, 5; tribus horis Aduatucam uenire ⟨conuenire *a*⟩ potestis ⟨ueniri potest *ik*⟩: VI 35, 8; retineri urbano motu Caesarem neque in tantis dissensionibus ad exercitum uenire posse: VII 1, 2; (36, 7 *u.* β) αα) ueniri;) ipse . . . in nauibus excubans neque ullum laborem aut munns despiciens neque ⟨ne quod *Oud.*; *Np.*, *Db.*⟩ subsidium exspectans, si in Caesaris complexum ⟨expectanti Caesari in conspectum *Np.*; *Db.*⟩ uenire posset ⟨ueniret *f*⟩: 3, 8, 4; ¶ hoc toto proelio . . . auersum ⟨*c*⟩ hostem nidere nemo potuit ⟨potuit nemo *Q*⟩: I 26, 2; ¶ neque ab tanta multitudine coniecta tela conferti uitare ⟨a confertis uitari β⟩ poterant: V 35, 4; ¶ eo autem frumento . . . propterea uti minus poterat, quod: I 16, 3; manipulos laxare iussit, quo facilius gladiis uti possent: II 25, 2; ne illi habeant, quo contra se uti possint: 1, 85, 11; testibus se militibus uti posse, quanto studio pacem petisset: 3, 90, 2; a te peto . . ., ut te ibi uideam, ut tuo consilio, gratia, dignitate, ope omnium rerum uti possim: *ap. Cic. ad Att.* IX 6 *A*.

ββ) **adduntur plures infinitiui:** tot hominum milia . . ., quorum salutem neque propinqui neglegere neque ciuitas leui momento aestimare posset: VII 39, 3; ¶ cum Furnium nostrum tantum uidissem neque loqui neque audire meo commodo potuissem: *ap. Cic. ad Att.* IX 6 *A*; ¶ perpetuas munitiones efficiebant, ne quem ⟨neque *Nx*⟩ locum nostri intrare atque ipsos a tergo circumuenire possent: 3, 44, 4; ¶ quod et paucitatem eorum ex loco superiore cognoscere et uirtutem despicere potuerint: VII 20, 6; ¶ persequendum sibi Pompeium existimauit, . . . ne rursus copias comparare ⟨-araret *a*⟩ alias et bellum renouare posset: 3, 102, 1; ¶ Scipionem ea esse auctoritate, ut non solum libere quae probasset exponere, sed etiam ex magna parte compellare ⟨*Nahl*; -lere *edd.*⟩ atque errantem regere ⟨corrig. *f*⟩ posset: 3, 57, 3; ¶ cum neque ui contendere propter inopiam nauium neque elam transire propter custodias Menapiorum possent: IV 4, 4; ¶ prius quam illi aut conuenire aut profugere possent: VI 3, 2; ¶ quod . . . imperium et imperia dicamus, neque quadrigas in unam nominis figuram redigere neque harenam multitudinis appellatione ⟨*CC*⟩ conuertere possimus: *ap. Gell.* XIX 8, 8; ¶ ne occasionem nauigandi dimitterent, sine ad litora Apolloniatium *siue ad Labeatium* cursum derigere atque eo naues eicere ⟨*Ald.*; eligere *x*⟩ possent: 3, 25, 4; ¶ despicere: VII 20, 6 *u.* cognoscere; ¶ ne tanta multitudine confusa nec moderari ⟨ne emoderari α⟩ nec discernere suos nee frumentandi ⟨*c*⟩ rationem ⟨*c*⟩ habere possent: VII 75, 1; ¶ eicere: 3, 25, 4 *u.* derigere; ¶ eum . . . ad hostem proficisci constituisset, siue eum ex paludibus siluisque elicere sine obsidione premere posset: VII 32, 2; ¶ (eligere: 3, 25, 4 *u.* derigere;) ¶ (emoderari: VII 75, 1 *u.* discernere;) ¶ neque, si quo adflictae casu conciderunt, erigere sese ⟨*c*⟩ ac ⟨β; aut α; *edd.*⟩ subleuare possunt (alces): VI 27, 2; ¶ quod . . . neque euellere neque sinistra impedita satis commode pugnare poterant (Galli): I 25, 3; ¶ copias cogere . . . coeperunt, si ab ⟨*c*⟩ re frumentaria Romanos excludere aut adductos inopia in ⟨*c*⟩ prouinciam ⟨*c*⟩ expellere ⟨prouincia excludere β⟩ possent ⟨*uerba*: aut add. inop. ex prou. exp. *del. Morus*; *Schn.*, *Db.*, *Hold.*⟩: VII 55, 9; ¶ Varronem . . . uisurum ⟨*c*⟩, quem ⟨*c*⟩ ad modum tuto legati uenire et quae uellent exponere possent: 3, 19, 3; 57, 3 *u.* compellare; ¶ (exstare: 1, 62, 2 *u.* αα) transire;) ¶ hi neque uultum fingere neque interdum lacrimas tenere poterant: I 39, 4; ¶ habere: VII 75, 1 *u.* discernere; ¶ ii ⟨*c*⟩, qui in iugo constiterant ⟨*c*⟩, . . . neque in eo quod probauerant consilio permanere . . . neque eam, quam prodesse ⟨*c*⟩ aliis nim celeritatemque niderant, imitari potuerunt ⟨β; potuerant α⟩: VI 40, 6; ¶ (equites) neque longius fugientes prosequi neque ⟨*c*⟩ uehementius equos incitare poterant: 2, 41, 4; ¶

nostri tamen, quod neque ordines sernare neque firmiter insistere neque signa subsequi poterant, ... magnopere perturbabantur ⟨c⟩: IV 26, 1; ¶ eum omnium laborum finem fore existimabant, si hostem Hibero intercludere et frumento ⟨c⟩ prohibere potuissent: 1, 68, 3; ¶ intrare: 3, 44, 4 u. circumuenire; ¶ petit ..., ne grauentur sua quoque ad eum postulata deferre, si paruo labore magnas controuersias tollere atque omnem Italiam metu liberare possint: 1, 9, 1; ¶ loqui: *ap. Cic. ad Att.* IX 6 *A u.* audire; ¶ moderari: VII 75, 1 *u.* discernere; ¶ neglegere: VII 39, 3 *u.* aestimare; ¶ eum ⟨quod β⟩ propter longitudinem agminis minus ⟨c⟩ facile ⟨c⟩ omnia ⟨o⟩ per se obire et quid quoque loco faciendum esset prouidere ⟨scire β⟩ possent ⟨poterant *ik*⟩: V 33, 3; ¶ permanere: VI 40, 6 *u.* imitari; ¶ neque ciuitates ... frumentum supportare neque ii ⟨supportarent quod hi (*uel* ii) *af*⟩, qui pabulatum longius progressi erant, interclusi fluminibus reuerti neque maximi commeatus ⟨c⟩, qui ex Italia Galliaque ueniebant, in castra peruenire poterant: 1, 48, 4; ¶ premere: VII 32, 2 *u.* elicere; ¶ profugere: VI 3, 2 *u.* conuenire; ¶ prohibere: 1, 68, 3 *u.* intercludere; ¶ prosequi: 2, 41, 4 *u.* incitare; ¶ prouidere: V 33, 3 *u.* obire; ¶ pugnare: I 25, 3 *u.* euellere; ¶ temptemus hoc modo si possimus ⟨*Petrarcha;* possumus *codd.; Klotz, Wsbg.*⟩ omnium uoluntates recuperare et diuturna uictoria uti: *ap. Cic. ad Att.* IX 7 *C*, 1; ¶ redigere: *ap. Gell.* XIX 8, 8 *u.* conuertere; ¶ regere: 3, 57, 3 *u.* compellare; ¶ renouare: 3, 102, 1 *u.* comparare; ¶ reuerti: 1, 48, 4 *u.* peruenire; ¶ (scire: V 33, 3 *u.* obire;) ¶ seruare: IV 26, 1 *u.* insistere; ¶ subleuare: VI 27, 2 *u.* erigere; ¶ subsequi: IV 26, 1 *u.* insistere; ¶ supportare: 1, 48, 4 *u.* peruenire; ¶ tenere: I 39, 4 *u.* fingere; ¶ tollere: 1, 9, 1 *u.* liberare; ¶ transire: IV 4, 4 *u.* contendere: 1, 62, 1 *u.* αα) transire; ¶ uenire: 3, 19, 3 *u.* exponere; ¶ uti: *ap. Cic. ad Att.* IX 7 *C*, 1 *u.* recuperare.

β) **adduntur infinitiui passini; αα) singuli:** (abici *u.* adigi;) ¶ quod ciuitatem temere ad suscipiendum bellum adduci posse non confidebant: VII 37, 6; ¶ (adici *u.* adigi;) ¶ quod non longius hostes aberant, quam quo telum adigi ⟨*Madu.;* adici α; abici β⟩ posset: II 21, 3; ut neque ex inferiore loco satis commode tela adigi ⟨*Madu.;* adici *X*⟩ possent et missa ab ⟨c⟩ Gallis granins acciderent: III 14, 4; ita ... mare continebatur, uti ex locis superioribus in litus telum adigi posset: IV 23, 3; prius quam telum adigi ⟨*Faern.;* adici *cod. Vrsini; Dt.;* abici *x; Np., Db.*⟩ posset aut nostri propius accederent: 2, 34, 6; tantumque a uallo eius prima acies aberat, uti ne telum tormentumue ⟨*Steph.;* telo tormentone *x; edd.*⟩ adigi ⟨*codd.; Steph.;* adici *Scal.; edd.*⟩ posset ⟨tela tormentane adigi possent *Ciacc.*⟩: 3, 56, 1; ¶ nec maiore ratione bellum administrari posse: VII 21, 1; ¶ nihilo minus tamen agi posse de compositione: 3, 17, 4; ¶ quae (nanis D. Bruti) ex insigni ⟨c⟩ facile agnosci ⟨-ere *af*⟩ poterat: 2, 6, 4; ¶ uti ... prius haec omnia consumerentur, quam quem ad modum accidisset animaduerti posset: 2, 14, 2.

hac ⟨c⟩ ne ipsum quidem sperare nostros exercitus capi posse: I 40, 9; (VII 31, 2 *u.* α) αα) capere;) summa exercitus salua locum, quem petant, capi posse: 1, 67, 5; ¶ quod in conspectu omnium res gerebatur neque recte ac ⟨aut *h; Fr.*⟩ turpiter factum ⟨β; *om.* α⟩ celari poterat ⟨β; *om.* α; poterat celari *coni. Db.*⟩: VII 80, 5; ¶ qui (collis) superioribus diebus uix prae multitudine cerni poterat: VII 44, 1; ¶ praesidii tantum est, ut ne murus ⟨ut numerus α; ut ne murus β⟩ quidem cingi possit: VI 35, 9; ¶ munitiones ... perfecit, ut ne magna quidem multitudine ... munitionum praesidia circumfundi possent: VII 74, 1; ¶ sentiunt totam urbem, qua sit aditus ab terra, muro turribusque circummuniri ⟨*Aicardus; Np., Db.;* circumiri *x; Dt.*⟩ posse: 2, 16, 2; ¶ diuersamque aciem ... (Plancus) constituit, ne ab equitatu circumueniri posset: 1, 40, 5; ¶ qua quidem ex re hominum multitudo cognosci potuit ⟨pot. cogn. β⟩: V 42, 4; hic quantum in bello fortuna possit et quantos adferat casus cognosci potnit: VI 35, 2; ut ex ipsa significatione cognosci potnit: 1, 86, 1; ¶ quod unde agger omnino comportari posset, nihil erat reliquum: 2, 15, 1; ¶ arbitratus id bellum celeriter confiei posse eo exercitum adduxit ⟨c⟩: III 28, 1; ¶ qui ⟨c⟩ propter ueteres inimicitias nullo modo cum Haeduis coniungi poterant: VI 12, 7; ¶ cohortibus ... longiore itinere circumductis, ne ex hostium castris conspici possent: III 26, 2; ¶ Bibulus ..., eum neque curari posset neque susceptum officium deserere nellet, uim morbi sustinere non potnit: 3, 18, 1.

neque ullos in Gallia uacare agros, qui dari tantae praesertim multitudini sine iniuria possint: IV 8, 2; quantum ei facultatis dari potuit, qui naui ⟨c⟩ egredi . . . non auderet: IV 21, 9; ¶ neque multum abesse ab eo, quin paucis diebus deduci (naues) possint ⟨possent *recc.; Frig.*⟩: V 2, 2; sperans . . . imperitos homines inopia cibariorum adductos ad iniquam ⟨c⟩ pugnandi condicionem posse deduci: VI 10, 2; exspectabat . . . responsa, si qua hominum aequitate res ad otium deduci posset: 1, 5, 5; ¶ ad haec rursus opera addendum Caesar putauit, quo minore numero militum munitiones defendi ⟨def. mun. β⟩ possent: VII 73, 2; antecedebat testudo . . . conuoluta ⟨c⟩ omnibus rebus, quibus ignis iactus et lapides defendi possent: 2, 2, 4; ¶ hos ⟨c⟩ omnes cotidie ab equitibus ⟨c⟩ deleri ⟨β; diligi *AQM;* deligi *B;* deici *coni. Oud.*⟩ posse: VII 14, 4; omnes hostium copiae deleri potuissent: VII 88, 6; ¶ neque hominum morte memoria deleri debet, . . . neque clientes sine summa infamia deseri possunt: *ap. Gell.* V 13, 6; ¶ (despici: VII 36, 2 *u.* dispici;) ¶ committendum non putabat, ut pulsis hostibus dici posset eos . . . circumuentos: I 46, 3; ¶ ut . . . esset neque diiudicari posset, uter utri uirtute anteferendus uideretur: V 44, 14; ¶ ut non iniquo loco posse dimicari ⟨dimicare a^1⟩ uideretur: 3, 85, 3; ¶ omnibus eius iugi collibus occupatis, qua dispici ⟨*Vielh.; Hold.;* despici *X; rell. edd.*⟩ poterat, horribilem speciem praebebat: VII 36, 2; ¶ duabus legionibus . . . relictis, ut, si quo opus esset, subsidio duci possent: II 8, 5.

prius quam id effici posset: VI 4, 1; ¶ sperans Scipionem ad pugnam elici posse: 3, 38, 1; nulla ratione ad pugnam elici ⟨eligi *u*⟩ posse Pompeium existimans: 3, 85, 2; ¶ picem reliquasque ⟨c⟩ res, quibus ignis excitari potest, fundebant: VII 24, 4; ¶ in castris Pompei uidere licuit . . . multa . . ., quae nimiam . . . uictoriae fiduciam designarent, ut facile existimari posset nihil eos . . . timuisse: 3, 96, 1; ¶ neque (Laelius) . . . inopia ex portu insulaque expelli potuit: 3, 100, 4; ¶ neque tanto spatio certi quid esset explorari poterat: VII 45, 4; ¶ qua . . . fiducia et opere et natura loci munitissima castra expugnari posse confidimus? 2, 31, 2; ¶ eum . . . neque multum aestatis superesset atque id facile extrahi posse intellegeret: V 22, 4.

ferri: (VII 66, 2 *u.* α) αα) ferre;) quibus interclusis exercitu Caesaris auxilium ferri nulla ratione poterat: 1, 70, 2; ¶ id fieri posse, si . . . introduxerint: II 5, 3; quarum rerum a nostris propter paucitatem fieri nihil poterat: III 4, 4; ne quis inermibus imprudentibusque militibus ab latere impetus fieri posset: III 29, 1; id ne fieri posset, obsidione . . . fiebat: 1, 19, 4; conloquium petunt et id, si fieri possit, semoto a militibus loco: 1, 84, 1; id quem ad modum ⟨eo cum admodum M^1⟩ fieri possit, non nulla mihi ⟨c⟩ in mentem ueniunt et multa reperiri possunt: *ap. Cic. ad Att.* IX 7 *C*, 1; ¶ non enim aliter finiri potest: VI 25, 1; plerique existimant, si aerius insequi uoluisset, bellum eo die potuisse finiri ⟨*hl; Db.;* finire *af; Np., Dt.*⟩: 3, 51, 3.

dum pari certamine res geri potuit: 1, 51, 5.

V primis diebus, quibus haberi senatus potuit: 1, 5, 4.

ne id quidem Caesar ab se impetrari posse dixit: IV 9, 2; sperare (se) a multitudine impetrari posse, quod ad militum salutem pertineat: V 36, 2; sperare ⟨se *add.* β⟩ ab eo de sua ac militum salute impetrari ⟨impetrare *AQk; Schn.*⟩ posse: V 36, 3; ¶ expediti naues conscenderent, quo maior numerus militum posset imponi ⟨quo . . . imponi *del. Paul*⟩: 3, 6, 1; ¶ ut . . . cui rei ferretur auxilium uix ratio iniri posset: VII 24, 4; ¶ has (triremes) cum audacius progressas Libo uidisset, sperans intercipi posse quadriremes V ad eas misit: 3, 24, 2; ¶ quod re frumentaria intercludi posse confiderent, nostros . . . lacessere coeperunt: I 23, 3; ¶ (nihil esse negotii subito oppressam legionem, quae cum Cicerone hiemet, interfici; se ad eam rem ⟨interfici posse; ad eam rem se β⟩ profitetur adiutorem: V 38, 4;) ¶ neque certum inueniri ⟨-ire *Paul*⟩ poterat, obtinendine Brundisii causa ibi remansisset . . . an inopia nauium ibi restitisset: 1, 25, 3; ¶ ex quo iudicari posse ⟨posset *X; Hold.*⟩, quantum haberet in se boni constantia: I 40, 6; ¶ an paenitet uos, quod . . . eo . . illos compulerim, ut neque pedestri itinere neque nauibus commeatu innari possint? 2, 32, 12.

quibus rebus controuersias minui posse sperarent: V 26, 4; ¶ (mutari: VII 45, 9 *u.* uitari.)

XII nauibus amissis reliquis ut nauigari ⟨nauigare β⟩ *satis commode posset effecit: IV 31, 3; ¶ noceri: III 14, 1 *u.* β) β) noceri; [leuitate armorum et cotidiana exercitatione nihil iis ⟨c⟩ noceri posse: V 34, 4;] (ut nihil) omnino relinqueretur, qua aut telis ⟨c⟩ militibus aut igni operibus noceri posset: 2, 16, 1; ¶ priusque omnes in unum locum cogit, quam de eius aduentu Aruernis nuntiari posset ⟨potuisset *a pr.*⟩: VII 9, 5.

nullum eius modi casum exspectans, quo ... in milibus passuum tribus offendi posset, ... mittit ⟨*c*⟩: VI 36, 2.

eum ... omnes uiae ... obsiderentur nec pontes perfiei possent: 1, 54, 1; ¶ collis nascebatur ... ab ⟨*c*⟩ superiore parte siluestris, ut non facile introrsus perspici posset ⟨*QB*²β; possit *ABM*⟩: II 18, 2; ¶ neque tamen ulli ciuitati Germanorum persuaderi potuit, ut: V 55, 2; alieno esse animo in Caesarem milites neque iis ⟨*c*⟩ posse persuaderi, uti: 1, 6, 2; ¶ commeatus ab Remis reliquisque ciuitatibus ut sine periculo ad eum portari possent ⟨*B*²β; *Flod.*; posset α; *Np.*⟩ efficiebat: II 5, 5; ¶ [haec quo facilius Pompeio probari possent: 3, 10, 10]; ¶ ubi diligentia nostrorum nihil his rebus profici posse intellexerunt: III 21, 3; ¶ sic ... exercitum constituebat, ut tertia acies uallum contingeret, omnis quidem instructus exercitus telis ex uallo abiectis ⟨*c*⟩ protegi posset: 3, 56, 2; ¶ quantum diligentia prouideri poterat, prouidebatur: VI 34, 7; quantum ratione prouideri poterat, ab nostris occurrebatur: VII 16, 3.

manerent indutiae, dum ab illo rediri posset: 3, 16, 5; ¶ ut amissis circiter ⟨*c*⟩ XL nauibus reliquae tamen refici posse magno negotio uiderentur: V 11, 2; ¶ (reperiri: I 40, 8 *et* IV 20, 4 *u.* α) αα) reperire;) cuius modo ⟨*c*⟩ rei nomen reperiri poterat: 3, 32, 2; id ⟨*c*⟩ quem ⟨*c*⟩ ad modum fieri possit, non nulla mihi ⟨*c*⟩ in mentem ueniunt et multa reperiri possunt: *ap. Cic. ad Att.* IX 7 *C*, 1; ¶ neque enim naues erant aliae, quibus reportari possent: IV 29, 4; ¶ ne ... minus facile resisti posset: I 37, 4; duplicem ... fecerat uallum, ut, si ancipiti proelio dimicaretur, posset resisti: 3, 63, 3; ¶ reprehendit, quod ... neque ab ⟨*c*⟩ tribunis militum legatisque retineri potuissent: VII 52, 1; ¶ stipites ... ab infimo reuincti, ne reuelli possent, ab ramis eminebant: VII 73, 3.

at reliquos seruari posse confidunt: VI 40, 2; ¶ quod (Caesar) ... nulla re ex prouincia atque Italia subleuari poterat: VII 65, 4; ¶ neque ullum esse subsidium, quod submitti posset: II 25, 1; ¶ plura castella Pompeius ... temptauerat, ne ex proximis praesidiis succurri posset: 3, 52, 1; ¶ ut suis copiis populum Romanum superari ⟨se superare β⟩ posse confidat: V 27, 4; labore et perseuerantia nautarum [et] uim ⟨nautarum impetum *Paul*⟩ tempestatis superari posse sperabat ⟨se uim t. superare p. sperabant *O*⟩: 3, 26, 3; ¶ (se) rem frumentariam, ut satis commode supportari posset, timere dicebant: I 39, 6; quibus est rebus effectum, uti tuto frumentum auxiliaque nauibus ad eum supportari possent: 3, 112, 6; ¶ ne primum quidem posse impetum suum ⟨imp. s. posse β⟩ sustineri ⟨sustinere *BM*⟩ existimabant: III 2, 4; quantasuis ⟨*c*⟩ copias Germanorum sustineri posse munitis hibernis docebant: V 28, 4; neque ⟨*c*⟩ erat omnium quisquam, qui aspectum modo ⟨*c*⟩ tantae multitudinis sustineri ⟨-nere *BMk*⟩ posse arbitraretur: VII 76, 5.

(tolerari: VII 71, 4 *u.* α) αα) tolerare;) ¶ quod unum genus tegimenti aliis locis erant experti nullo telo neque tormento traici posse: 2, 9, 4; ¶ quod flumen uno omnino loco pedibus, atque hoc aegre, transiri potest: V 18, 1; (V 49, 8 *u.* α) αα) transire;) neutrum horum (fluminum) transiri poterat: 1, 48, 3; ¶ tantum nauium repperit, ut anguste XV milia legionariorum ⟨*c*⟩ militum, DC ⟨*c*⟩ equites ⟨*c*⟩ transportari ⟨*uett. edd.*; *Dt.*; -are *x*; *Np.*, *Db.*⟩ possent ⟨*u. CC*⟩: 3, 2, 2; naues ... remittuntur, ut reliquae legiones equitatusque transportari possent: 3, 8, 1.

ex castris egressus, prius quam subsidio ex oppido ueniri posset ⟨uenire possent β⟩: VII 36, 7; posse prius ad angustias ueniri, quam sentiretur ⟨*c*⟩: 1, 67, 1; ¶ uitari: V 35, 4 *u.* α) αα) uitare; hoc una celeritate posse uitari ⟨β; mutari α; *edd.*; euitari *Paul*⟩: VII 45, 9.

ββ) plures: adaugeri: VI 1, 3 *u.* augeri; ¶ neque certa subsidia conlocari neque quid in quaque parte opus esset prouideri neque ab uno omnia imperia administrari poterant: II 22, 1; ¶ ut, si quid esset in bello detrimenti acceptum, non modo id breui tempore sarciri ⟨β; *Hold.*, *Dt.*²; resarciri α; *rell. edd.*; resarcire *Kraff.*⟩, sed etiam maioribus augeri ⟨adaugeri β⟩ copiis posset: VI 1, 3; ¶ prius ... constiterunt, quam plane ab his ⟨*c*⟩ uideri aut quid rei gereretur cognosci posset: III 26, 3; ¶ sperans Pompeium aut Dyrrachium compelli aut ⟨ut *aef*⟩ † ab eo intercludi posse: 3, 41, 3; ¶ conlocari: II 22, 1 *u.* administrari; ¶ quae (materia) ... plerumque introrsus reuincta neque perrumpi neque distrahi potest: VII 23, 5; ¶ eos accusat, quod, cum neque emi neque ex agris sumi possit ⟨*D*; posset *X*; *edd.*⟩, tam necessario tempore ... ab iis ⟨*c*⟩ non subleuetur: I 16, 6; ¶ tanta diligentia omnes ... continuit, ut nulla ratione ea res enuntiari aut ad Treueros perferri posset: V 58, 1; ¶ quod

. . . suam fugam aut occultari aut omnino ignorari posse existimarent: I 27, 4; ¶ Caesarem duobus exercitibus et locorum angustiis facile intercludi posse frumentoque prohiberi: 1, 17, 1; 3, 41, 3 *u.* compelli; ¶ ut instar muri hae saepes munimentum ⟨*c*⟩ praeberent, quo non modo non ⟨*CC*⟩ intrari, sed ne perspici quidem posset ⟨*B*²β; possit α⟩: II 17, 4; ¶ frustra tantum laborem sumi neque hostium fugam captis oppidis reprimi neque iis noceri posse: III 14, 1; ¶ occultari: I 27, 4 *u.* ignorari: ¶ perferri: V 58, 1 *u.* enuntiari; ¶ perrumpi: VII 23, 5 *u.* distrahi; ¶ perspici: II 17, 4 *u.* intrari; ¶ prohiberi: 1, 17, 1 *u.* intercludi; ¶ prouideri: II 22, 1 *u.* administrari; ¶ tantas tempestates Oceani tantosque impetus uentorum sustineri ⟨sustinere α⟩ ac tanta onera nauium regi uelis non satis commode posse ⟨*om.* β⟩ arbitrabantur: III 13, 6; ¶ reprimi: III 14, 1 *u.* noceri; ¶ **(**resarciri,**)** sarciri: VI 1, 3 *u.* augeri; ¶ sumi: I 16, 6 *u.* emi; ¶ eum . . . neque subsidio ueniri neque commeatus supportari interclusis itineribus possent: III 3, 2; ¶ sustineri: III 13, 6 *u.* regi; ¶ ueniri: III 3, 2 *u.* supportari; ¶ uideri: III 26, 3 *u.* cognosci.

γ) adduntur infin. act. et pass.: sed adsuescere ad homines et mansuefieri ⟨*AQ*β; mansueti fieri *BM; Aim.; Fr.*⟩ ne paruuli quidem excepti possunt (uri): VI 28, 4; ¶ **(**augeri: VI 1, 3 *u.* β**)** ββ**)** augeri;**)** ¶ prius quam plane legiones explicari et consistere possent: 2, 26, 4; ¶ quod . . . quid fieri oporteret non minus commode ipsi sibi ⟨magis *add.* β⟩ praescribere quam ab aliis doceri poterant: II 20, 3; ¶ praeruptus locus erat, . . . ut neque subsidia ab lateribus submitti neque equites laborantibus usui esse possent: 1, 45, 4; ¶ qui uulnera acceperant, neque acie excedere neque in locum tutum referri poterant: 2, 41, 7; ¶ explicari: 2, 26, 4 *u.* consistere; ¶ **(**mansueti fieri,**)** mansuefieri: VI 28, 4 *u.* adsuescere; ¶ praescribere: II 20, 3 *u.* doceri; ¶ referri: 2, 41, 7 *u.* excedere; ¶ **(**resarcire: VI 1, 3 *u.* β**)** ββ**)** augeri;**)** ¶ submitti: 1, 45, 4 *u.* esse.

b) additur non (non posse): quoniam reliqui crudelitate odium effugere non potuerunt neque uictoriam diutius tenere praeter unum L. Sullam, quem imitaturus non sum: *ap. Cic. ad Att.* IX 7 *C*, 1.

Labienus . . . ueritus, ne, si ⟨ne, si *Schn.;* ne α; si β⟩ ex hibernis fugae similem profectionem fecisset, hostium impetum sustinere **non** posset ⟨ueritus, si . . . fecisset, ut ⟨α; *om.* β⟩ host. imp. sust. posset *Np., Dt.*¹⟩: V 47, 4; ¶¶ quod naues propter magnitudinem nisi in alto constitui **non** poterant: IV 24, 2; — ipsum erat oppidum Alesia ⟨*c*⟩ in colle summo . . ., ut nisi obsidione expugnari non posse ⟨posse non β⟩ uideretur: VII 69, 1; ¶¶ si adire **non** possit, monet, ut tragulam . . . intra munitionem castrorum abiciat: V 48, 5; — si id efficere ⟨fieri β⟩ non posset: V 50, 3; — praestare ⟨*c*⟩, si iam principatum Galliae obtinere non possint ⟨*Hotom.;* possent *X*⟩, Gallorum quam Romanorum imperia perferre ⟨*c*⟩: I 17, 3; — imperat, si sustinere non possit ⟨*X; Schn.;* posset *recc.; rell. edd.*⟩, deductis cohortibus eruptione pugnet ⟨*c*⟩: VII 86, 2; ¶ si ⟨*om.* β⟩ illorum nuntiis confirmari non potestis omni aditu praesaepto, his utimini testibus: VII 77, 11; — fieri: V 50, 3 *u. supra* efficere; ¶¶ tanta . . . exstitit, ut se ex loco mouere ⟨β; commouere α; *edd.*⟩ **non** possent: III 15, 3; — res . . . huc erat . . . deducta, ut . . . impedimenta totius exercitus cohortesque in castris relictas seruare non possent: 1, 70, 2; — primipilo . . . uulneribus confecto, ut iam se sustinere non posset: II 25, 1; eo . . ., ut hostes impetum legionum atque equitum sustinere non possent: V 18, 5; ¶ tantum aberat a nostro castello, ut telum tormentumue ⟨*c*⟩ missum adigi non posset: 3, 51, 8; — uti . . . diutius sub pellibus milites contineri non possent: III 29, 2; — ita ut oculis in utram partem fluat iudicari non possit: I 12, 1; — flebat . . . humanitate Trebonii ⟨*c*⟩, . . . ut reperiri non possent ⟨*Steph.;* posset *x*⟩, a quibus initium appellandi nasceretur: 3, 20, 2; *u. praeterea* **non** *p. 795—798 (79 loc.).*

B. intellegendus est infinitiuus; a): ipse, cum primum per anni tempus potuit, ad exercitum contendit: III 9, 2; Brutum . . classi praeficit et, cum primum possit ⟨*ego;* posset *X; edd.*⟩, in Venetos proficisci iubet: III 11, 5.

b): ob eam causam (se) quam diu potuerit tacuisse: I 17, 6.

c) α): consedit et quam aequissimo loco potest ⟨potest loco β⟩ castra communit: V 49, 6; regiones secutus quam potuit aequissimas pro loci natura . . . munitiones . . . perfecit: VII 74, 1; ¶ quam maximum (-as, -a, -is) potest *u.* **magnus** *p. 534* ββ**)** *(6 loc.);* ¶ naues in Venetiam . . . quam plurimas possunt cogunt: III 9, 9; legatis imperat, . . . uti quam plurimas possint ⟨*ego;* possent *X; edd.*⟩ hieme naues aedificandas ueteresque reficiendas curent ⟨β; curarent α; *edd.*⟩: V 1, 1; Labieno scribit, ut quam plurimas possit ⟨β; posset α; *edd.*⟩ iis legionibus . . . naues instituat: V 11, 4.

β): re frumentaria quam celerrime potuit comparata . . . ad Ariouistum contendit: I 37, 5; ¶ equitibus imperat, ut quam latissime possint ⟨possent *AQM²; Schn.*⟩ uagentur et ⟨ut *beh*⟩ quam maximum hostibus terrorem inferant: VII 8, 3; ¶ his ⟨*c*⟩ quam longissime possent progredi ⟨*c*⟩ iussis . . . coepit: VII 35, 4; ¶ castra . . . angustiis uiarum quam maxime potest contrahit: V 49, 7; relinquebatur, ut . . . quam latissimas regiones praesidiis teneret Caesarisque copias quam maxime posset distineret: 3, 44, 2; ¶ tamen quam mitissime potest legatos appellat: VII 43, 4; ¶ quam proxime potest hostium castris castra communit: 1, 72, 5; ¶¶ haec quam potest demississime ⟨demisiss. *codd.*⟩ et subiectissime exponit: 1, 84, 5; ¶ diuerso itinere quam potuit occultissime reliquas cohortes . . . eduxit: 3, 67, 3.

d): nostri . . . arma quae possunt arripiunt: 2, 14, 3; — huic imperat, quas possit adeat ciuitates: IV 21, 8; — ex finitimis regionibus quas potest contrahit cohortes: 1, 15, 5; — frumenti quod subito potuerunt nauibus auexerunt, reliquum . . . corruperunt: VII 55, 8; — onerarias naues, quas ubique ⟨ubi *a*⟩ possunt, deprehendunt: 1, 36, 2; — praesentem inopiam quibus poterat subsidiis ⟨subsidium *a¹*⟩ tutabatur ⟨*CC*⟩: 1, 52, 4; ¶ redeuntes equites quos possunt consectantur atque occidunt: V 58, 6.

e): coercendum atque deterrendum quibuscumque rebus posset Dumnorigem statuebat: V 7, 1; Labienus . . . timoris . . opinionem quibuscumque poterat rebus augebat: V 57, 4.

f): ipse equo uulnerato deiectus, quoad potuit, fortissime restitit: IV 12, 5.

g): eo consilio, ut, si possent, castellum . . . expugnarent pontemque interscinderent; si minus potuissent, agros Remorum popularentur: II 9, 4. 5; Massilienses . . . remos transcurrentes detergere ⟨*Oh²;* deterrere *z*⟩, si possent, contendebant: 1, 58, 1; ¶ (si quid possent: IV 13, 5 *u.* **1. A.** si quid.)

h): reliqua, ut poterant, incommoda per se sustinebant: 3, 9, 5.

post. **1. aduerb.; A. respondet primo (-um):** datur petentibus uenia dissuadente primo Vercingetorige, post concedente et precibus ipsorum et misericordia uulgi: VII 15, 6; quod re integra primo incendendum Auaricum, post deserendum censuerat: VII 30, 2; mittit primum ⟨*AQaf;* primo *BMh; edd.*⟩ Brutum adulescentem cum cohortibus Caesar ⟨*o*⟩, post cum aliis C. Fabium legatum; postremo ipse . . . adducit: VII 87, 1; nostri . . . uicerunt excisoque ericio primo ⟨primum?⟩ in maiora castra, post etiam in castellum . . . inruperunt: 3, 67, 6; ¶ ab his primo ⟨-um?⟩ Marsi dissentire incipiunt . . .; post paulo tamen internuntiis ultro citroque missis . . . de L. Domitii fuga cognoscunt: 1, 20, 3. 4.

B. non respondet primo (-um); a) additur abl. mensurae; α) subst.: hi rursus in uicem anno post in armis sunt, illi domi remanent: IV 1, 5; magistratus . . . in annos singulos gentibus cognationibusque hominum . . . quantum . . . uisum est agri ⟨*o*⟩ attribuunt atque anno post ⟨post annum *Aim.*⟩ alio transire cogunt: VI 22, 2; ¶ biduo post Ariouistus ad Caesarem legatos mittit ⟨*o*⟩: I 47, 1; ¶ paucis post diebus (diebus post paucis) *u.* **dies** *p. 902* **δδ)** *(7 loc.).*

β) adiect.: cuius aduentus Pompeianos compressit . . . neque multo post Caesar . . . deductis quibusdam cohortibus ex praesidiis eodem uenit: 3, 65, 3; duae sunt depressae ⟨*c*⟩ triremes. neque multo post de proelio facto in Thessalia cognitum est: 3, 101, 7; ¶¶ Libo . . . ad Pompeium proficiscitur. paulo post renuntiat: 1, 26, 5; ¶ mittit. ipse post paulo ⟨paulo post *af;* post paulum *recc.; uett. edd.*⟩ silentio egressus . . . petit: VII 60, 4; (1, 20, 4 *u.* **A.** *extr.*)

b) non additur abl. mens.: milites certiores facit, paulisper intermitterent proelium . . .; post dato signo ex ⟨*c*⟩ castris erumperent: III 5, 3; superioribus diebus nona Caesaris legio . . . castra eo loco posuit . . . . post mutato consilio . . . Caesar ⟨*c*⟩ paulo ultra eum locum castra transtulit: 3, 66, 4.

2. praep.; A. de loco; a) c. subst.: quod (flumen) esse post nostra castra demonstratum est: II 9, 3; ¶ post eas ⟨postea *af(h?)*⟩ (fossas) aggerem ac uallum XII pedum exstruxit: VII 72, 4; ¶ post eas (legiones) totius exercitus impedimenta conlocarat: II 19, 3; ¶ prope confecto sub lucem itinere post montem se occultauit: VII 83, 7; ¶ naues nostras interiorem in portum ⟨*c*⟩ post oppidum reduxit: 3, 39, 2; ¶ animaduersum est . . . cohortes quasdam . . . esse post siluam: 3, 66, 1; ¶ ne . . . Pompeiani .. nostros post **tergum adorirentur:** 3, 44, 4; — Germani post tergum ⟨terga *af; posterga a;* postergum *B;* post ergum *Q*⟩ clamore audito . . . se ex castris eiecerunt: IV 15, 1; — repente post ⟨hostium *add. Paul*⟩ tergum ⟨postergum *B;* post hergum *Q*[1]⟩ equitatus cernitur: VII 88, 3; — multum ad terrendos nostros ualet clamor, qui post tergum ⟨postergum *BQ*⟩ pugnantibus exstitit ⟨*c*⟩: VII 84, 4; — post tergum ⟨ergum *BQ*⟩ hostium legionem ostenderunt: VII 62, 6; — neque post tergum ⟨postergū *Q;* post ergum *B*⟩ hostem relinquere uolebat: IV 22, 2.

b) c. pron.: quae res . . . post **eum** quae essent ⟨erant β; *Flod.*⟩ tuta ab hostibus reddebat: II 5, 5; ¶ prima et secunda acies in armis . . . permanebat; post **hos** ⟨*rec.;* hoc *x*⟩ opus in occulto a III. acie fiebat: 1, 41, 4; ¶ ne quem post **se** ⟨posset *a*⟩ hostem relinqueret: VII 11, 1; finitimis hostibus Parthis post se ⟨posse *a*⟩ relictis . . . legiones . . . deduxerat: 3, 31, 3; — equites, cum post se ⟨β; *om. α; Frig.*⟩ legiones niderent, praecipites hostes egerunt: V 17, 3.

B. de tempore; a) c. subst.: (Caesarem incitabat) rebellio facta post **deditionem**, defectio datis obsidibus: III 10, 2; ¶ qui (Cauarillus) post **defectionem** Litauicci pedestribus copiis praefuerat: VII 67, 7; ¶ post diem *u.* **dies** *p. 903* ϑ) *(3 loc.);* ¶ nam post **discessum** Belgarum dimissis Haeduorum copiis ad eum reuerterat: II 14, 1; tantus fuit etiam post discessum hostium terror, ut: VI 41, 2; ¶ pauloque habuit post id **factum** Caesar quietiorem Galliam ⟨*o*⟩: V 58, 7; ¶ illa pars . . . post **fugam** suorum se trans Rhenum . . . receperat: IV 16, 2; ¶ ut, cum . . . eo . . post **horam** nonam diei Caesar peruenisset, ante mediam noctem . . . clamor oreretur ⟨*c*⟩: V 53, 1; eodem quo uenerat die post horam nonam oppidum altissimis moenibus oppugnare adgressus ante solis occasum expugnauit: 3, 80, 6; ¶ Massilienses post superius **incommodum** ueteres . . . naues refecerant: 2, 4, 1; ¶ quod illi turbulentissimi superioribus temporibus tribuni plebis post ⟨*om. codd.; add. Dt.*⟩ octo denique **menses** uariarum actionum respicere ac timere consuerant ⟨*u. CC*⟩: 1, 5, 2; ¶ post eius **mortem** nihilo minus Heluetii id, quod constituerant, facere conantur: I 5, 1; non interire animas, sed ab aliis post mortem transire ad alios: VI 14, 5; ¶ paulo post mediam **noctem** naues soluit: IV 36, 3; ¶ hi post eorum **obitum** multos annos a finitimis exagitati . . . delegerunt: II 29, 5; ¶ principes Britanniae, qui post **proelium** ⟨factum *add.* β⟩ ad Caesarem ⟨*c*⟩ conuenerant: IV 30, 1; ¶ neque post id **tempus** umquam summis nobiscum copiis hostes contenderunt: V 17, 5; seu quis Gallus seu ⟨*c*⟩ Romanus uelit ante horam tertiam ad se transire, sine periculo licere; post id tempus non fore potestatem: V 51, 3.

b) c. adi.: ita pugnans post **paulum** ⟨paululum *afk*⟩ concidit: VII 50, 6; (60, 4 *u.* **1. B. a)** β).)

C. de ordine ac dignitate: maxime Mercurium colunt . . .; post hunc Apollinem et Martem et Iouem et Mineruam: VI 17, 2.

[**Falso:** pons ⟨post *X*⟩ enim ipsius magnum circuitum habebat: 1, 63, 2; omniaque posthaberet ⟨*Ald.;* omniaque post ea quae haberet *x*⟩: 3, 33, 1.]

postea. A. absol.: postea uero *quam Caesarem ad Massiliam detineri cognouit . . . quaeque postea **acciderant**, de angustiis ad Ilerdam rei frumentariae, accepit: 2, 17, 3; ¶ ut postea **cognitum est** (cognouit) *u.* **cognosco 1.** *p. 571 (4 loc.);* ¶ ut postea **comperit** (compertum est) *u.* **comperio A.** *p. 619 (3 loc.);* ¶ quas (naues) postea Labienus faciendas **curauerat:** V 23, 4; ¶ qui . . . secuti non sunt, in desertorum . . . numero ducuntur, omniumque his rerum postea fides **derogatur:** VI 23, 8; ¶ quos postea, monitus ab suis . . . circum familias ⟨*c*⟩ conuentus Campaniae custodiae causa **distribuit:** 1, 14, 5; ¶ cohortemque postea duplici stipendio, frumento, ueste ⟨*c*⟩, cibariis ⟨*c*⟩ militaribusque donis amplissime **donauit:** 3, 53, 6; ¶ qui (Considius) . . . in exercitu L. Sullae et postea in M. Crassi **fuerat:** I 21, 4; ¶ (duas fossas . . . perduxit; . . . post eas ⟨postea *af(h?)*⟩ aggerem ac uallum XII pedum **exstruxit:** VII 72, 4;) ¶ (tribuni militum centurionesque) non nulli sua uoluntate apud eum remanserunt. quos ille postea magno in honore **habuit:** 1, 77, 2; quascumque postea controuersias inter se milites habuerunt, sua sponte ad Caesarem in ius ⟨*c*⟩ adierunt: 1, 87, 2; ¶ (illi ante inito, ut ⟨postea *add. Pramm.*⟩ **intellectum est,** consilio . . . eruptionem fecerunt: II 33, 2;) ¶ hoc nomen obtinuit atque ita se postea salutari **passus** *est,* sed ⟨*c*⟩ in litteris *numquam scribere est solitus neque in fascibus insignia laureae praetulit: 3, 71, 3; ¶ circiter parte tertia, ut postea **perspectum** ⟨compertum β⟩ est, celata: II 32, 4; ¶ amici regis . . . timore adducti, ut postea **praedicabant,**

sollicitato exercitu regio ne Pompeius Alexandriam Aegyptumque occuparet, . . . palam liberaliter responderunt: 3, 104, 1; ¶ quibus illi agros dederunt quosque postea in parem ⟨c⟩ iuris libertatisque condicionem ⟨c⟩, atque ipsi erant, receperunt: I 28, 5; ¶ castigato Scipione a Fauonio, ut postea confecto bello reperiebamus: 3, 57, 5; non facile occasionem postea reperiemus: 3, 85, 4; ¶ hunc (collem) . . . communit. huc legionem postea transiecit ⟨c⟩ atque ex utraque parte pontem instituit: 1, 54, 4; ¶ his ⟨c⟩ superatis , . . neminem postea belli inferendi causa in Britanniam transiturum confidebant: IV 30, 2; ¶ si cunctetur (senatus) atque agat lenius, nequiquam eius (*i. e.* Pompei) auxilium, si postea uelit, senatum imploraturum: 1, 1, 4; ¶ possessiones redemi easque postea ⟨*om. B*⟩ pluris ⟨plus *MB*²⟩ uenditas: *ap. Diomed. art. gramm. I 368 Keil.*

B. antecedunt aliae uoces, quibus tempus significatur; a) primo **(-um):** I 31, 5 *u.* **posteaquam A. a)**; redisse primo legiones credunt, quas longius discessisse ex captiuis cognouerant; postea *dispecta paucitate ex omnibus partibus impetum faciunt: VI 39, 4; quam (turrim) primo ad repentinos incursus humilem paruamque fecerunt. . . . postea uero . . . inuentum est magno esse usui posse, si haec esset in altitudinem turris elata: 2, 8, 1. 3; Pompeius enim primo ignorans eius consilium . . . angustiis rei frumentariae compulsum discessisse existimabat; postea per exploratores certior factus postero die castra mouit: 3, 41, 4; Metropolitae primo ⟨*a*¹*; primum fhl; edd.*⟩ eodem usi consilio . . . portas clauserunt murosque armatis compleuerunt, sed postea casu ciuitatis Gomphensis ⟨c⟩ cognito . . . portas aperuerunt: 3, 81, 1; ¶ primum ⟨primo?⟩ sagittariis funditoribusque circumiectis, postea leuis armaturae magna multitudine missa tormentisque prolatis munitiones impediebat: 3, 45, 3; **(**81, 1 *u. supra* (primo . . . postea).**)**

b) aliae **uoces:** quod quos aliquamdiu inermes ⟨c⟩ sine causa timuissent, hos postea armatos ac uictores superassent: I 40, 6; ¶ ac primo aduentu exercitus nostri crebras ex oppido excursiones faciebant paruulisque proeliis cum nostris contendebant; postea uallo pedum XII ⟨c⟩ in circuitu quindecim milium crebrisque castellis circummuniti oppido sese ⟨c⟩ continebant: II 30, (1.) 2.

C. sequitur **a)** quam *u.* **posteaquam. (b)** cum: 2, 17, 3 *u.* **posteaquam A. b).)**

posteaquam. A. antecedit **a)** primo: Morini . . . spe praedae adducti primo non ita magno suorum numero (milites) circumsteterunt . . . . postea uero quam equitatus noster in conspectum uenit, hostes abiectis armis terga uerterunt: IV 37, 1. 4; ille omnibus primo precibus ⟨omn. prec. primo β⟩ petere contendit, ut in Gallia relinqueretur. . . . postea quam id obstinate sibi negari uidit, omni spe impetrandi adempta principes Galliae ⟨c⟩ sollicitare ⟨c⟩, seuocare ⟨c⟩ singulos ⟨c⟩ hortarique coepit, uti: V 6, 3. 4; ¶ horum primo ⟨primum *A*⟩ circiter milia XV Rhenum transisse; postea quam agros et cultum et copias Gallorum homines feri ac barbari adamassent, traductos plures: I 31, 5.

b) initio: M. Varro in ulteriore Hispania initio . . . diffidens Pompeianis rebus amicissime de Caesare loquebatur; . . . postea uero quam ⟨*Paul;* cum *x; edd.*⟩ Caesarem ad Massiliam detineri cognouit . . . quaeque postea acciderant, de angustiis ad Ilerdam rei frumentariae, accepit atque haec ad eum *elatius atque inflatius Afranius perscribebat ⟨praescr. *afl*⟩, se quoque ad motus fortunae mouere coepit: 2, 17, 1. 3.

B. non antecedit uox, qua tempus significetur; a) c. ind. pf.: postea quam in uulgus militum elatum est, qua adrogantia in conloquio Ariouistus usus omni Gallia Romanis interdixisset . . ., multo maior alacritas studiumque pugnandi maius exercitui iniectum est: I 46, 4; bellum parare instituit. sed ⟨et β⟩ postea quam non nulli principes ex ea ciuitate . . . ad Caesarem uenerunt et de suis prinatim ⟨c⟩ rebus ab eo petere coeperunt, . . . legatos ad Caesarem mittit: V 3, 5; at hostes, postea quam ex nocturno fremitu uigiliisque de profectione eorum ⟨c⟩ senserunt, conlocatis insidiis bipertito in siluis . . . Romanorum aduentum exspectabant et ⟨c⟩ . . . coeperunt: V 32, 1; dum longius . . . aberant ⟨o⟩ Galli, plus multitudine telorum proficiebant; postea quam propius successerunt ⟨-rant *a;* accesserunt *RSchn.*⟩, aut se ⟨c⟩ stimulis inopinantes induebant aut . . . transfodiebantur aut . . . interibant ⟨c⟩: VII 82, 1.

b) c. coni. (or. obl.): Suebos omnes, postea quam certiores nuntii de exercitu Romanorum uenerint ⟨uenerant *M; pr. edd.;* uenerunt *a*⟩, cum omnibus . . . copiis, quas coegissent, penitus ad extremos fines se recepisse: VI 10, 4; ¶ Suebos, postea quam per exploratores pontem fieri comperissent, more suo concilio habito nuntios in omnes partes dimisisse: IV 19, 2.

posteritas: proinde habeat rationem posteritatis ⟨potestatis *Koch; paucitatis Wölff.;* posteri status *Hell.;* in posterum ciuitatis *E. Hoffm.*⟩ et ⟨rationem, dum potestas sit, *Jurin.*⟩ periculi sui: 1, 13, 1.

posterus. 1. adiect.: ubi omnes idem sentire intellexit, posterum diem pugnae constituit: III 23, 8; Fabium . . . se in posterum diem similemque ⟨similem ad β; *Schn.*⟩ casum apparare ⟨parare β; *Schn.*⟩: VII 41, 4; totius diei pugna atque itineris labore defessi rem in posterum diem distulerunt: 1, 65, 5.

postero die *u.* **dies** *p. 897 sq.* **ββ)** *(39 loc.);* ¶ **(**status: 1, 13, 1 *u.* **posteritas.)**

2. ui subst.; A. sing.; a) masc. (subaudiend. est dies): diei tempore exclusus in posterum ⟨diem *add. Pluyg.*⟩ oppugnationem differt: VII 11, 5; denuntiauit, ut essent animo parati in posterum ⟨diem *add. Cobet*⟩: 3, 86, 5.

b) neutr.: laudat promptos ⟨*Pantagathus;* Pompeius *x; edd.*⟩ atque in posterum confirmat, segniores ⟨*c*⟩ castigat: 1, 3, 1; tributis quibusdam populis ⟨*c*⟩ priuatisque praemiis reliquos in posterum bona spe complet: 2, 21, 2.

B. plur. masc.: cuius rei si exemplum non haberemus, tamen libertatis causa institui et posteris prodi pulcherrimum indicarem ⟨cuius rei . . . iudicarem *om.* β⟩: VII 77, 13.

postremo. A. in enumerandis rationibus aut factis: rem esse testimonio, quod primum hostium impetum . . . sustinuerint; re frumentaria non premi; interea . . . conuentura subsidia; postremo quid esse ⟨*c*⟩ leuius aut turpins, quam auctore hoste de summis rebus capere consilium? V 28, 6; non hostem auctorem (se), sed rem spectare; subesse Rhenum; magno esse Germanis dolori Ariouisti mortem et superiores nostras uictorias; ardere Galliam . . . superiore ⟨*c*⟩ gloria ⟨*c*⟩ rei militaris exstincta ⟨*c*⟩. postremo quis hoc sibi persuaderet sine certa spe ⟨*c*⟩ Ambiorigem ad eius modi consilium descendisse? V 29, 5; rationem esse habendam dicunt, . . . ut Caesar ab exercitu intercludatur. id esse facile, quod neque legiones audeant . . . egredi neque imperator sine praesidio ad legiones peruenire possit ⟨*c*⟩. postremo in acie praestare interfici, quam non ueterem belli gloriam libertatemque . . . recuperare: VII 1, 8; scribendum ad te existimaui et . . . petendum, ne quo progredereris proclinata ⟨*c*⟩ iam re, quo integra etiam progrediendum tibi non existimasses. namque et amicitiae grauiorem iniuriam feceris et tibi minus commode consulueris. . . . postremo quid niro bono et quieto et bono ciui magis conuenit quam abesse a ciuilibus controuersiis? *ap. Cic. ad Att.* X 8 *B,* 2; ¶ mittit primum ⟨primo *BMh; edd.*⟩ Brutum adulescentem cum cohortibus Caesar ⟨*o*⟩, post cum aliis C. Fabium legatum, postremo ipse, cum uehementius pugnaretur, integros ⟨*c*⟩ subsidio adducit: VII 87, 2; illi perterriti . . . minus audacter uagabantur, alias non longe ⟨*c*⟩ a castris progressi . . . pabulabantur ⟨*c*⟩, alias longiore circuitu custodias stationesque equitum uitabant aut . . . fugiebant. postremo et plures intermittere dies et praeter consuetudinem omnium noctu *instituerant pabulari: 1, 59, 3.

B. in comprehendendis iis, quae dicta sunt (= quid multa? omnino): erant sententiae, quae conandum omnibus modis castraque Vari oppugnanda censerent, quod . . . arbitrarentur; postremo praestare dicebant ⟨*del. Grut.*⟩ per uirtutem in pugna belli fortunam experiri, quam desertos et circumuentos ab suis grauissimum supplicium perpeti: 2, 30, 2; iam de sacerdotio Caesaris Domitius, Scipio Spintherque Lentulus . . . ad grauissimas uerborum contumelias palam descenderunt. . . . postulauit etiam L. Afranium proditionis exercitus Acutius ⟨*c*⟩ Rufus apud Pompeium . . . . et L. Domitius in consilio dixit placere sibi . . . . postremo omnes aut de honoribus suis aut de praemiis pecuniae aut de persequendis inimicitiis agebant *neque . . .: 3, 83, 5.

posthabeo: properaret ad se cum exercitu uenire omniaque posthaberet ⟨*Ald.;* omniaque post ea quae haberet *x;* omniaque reliqua posthaberet *Paul*⟩: 3, 33, 1.

postpono: Caesar intermissa profectione atque omnibus rebus postpositis . . . mittit: V 7, 6; ¶ ut omnia postponere ⟨post ponere *Hold.*⟩ uideretur, concilium . . . transfert: VI 3, 4.

postquam. A. c. ind. perf.; in apodosi sequ. a) praes.: nostros . . . lacessere coeperunt. postquam id animum aduertit, copias suas Caesar in proximum collem subducit ⟨-xit?⟩ equitatumque misit: I 24, 1; Caesar postquam per Vbios exploratores comperit Suebos sese ⟨*c*⟩ in siluas recepisse, . . . constituit non progredi longius: VI 29, 1; Labienus primo . . . iter munire conabatur. postquam id difficilius confieri ⟨*c*⟩ animaduertit ⟨animum adu.- β⟩, silentio e castris . . . egressus . . . Metiosedum ⟨*c*⟩ peruenit: VII 58, 2; (2, 23, 5 *u.* **b).**)

b) perf.: I 24, 1 *u.* **a)**; eo postquam Caesar peruenit, obsides, arma, sernos, qui ad eos perfugissent, poposcit: I 27, 3; postquam omnes Belgarum copias in unum locum coactas ad se uenire uidit neque iam longe abesse . . . cognouit, flumen Axonam . . . exercitum traducere maturauit atque ibi castra posuit: II 5, 4; quod postquam barbari fieri animaduerterunt, expugnatis compluribus nauibus . . . fuga salutem petere contenderunt ⟨contendebant β⟩: III 15, 2; Caesar postquam ex Menapiis in Treueros uenit, duabus de causis Rhenum transire constituit: VI 9, 1; (29, 1 *et* VII 58, 2 *u.* **a)**;) Marcius ⟨*c*⟩ Rufus quaestor, . . . postquam in litore relictam nauem conspexit, hanc remulco ⟨*c*⟩ abstraxit; ipse rediit ⟨*ego;* redit *x; edd.*⟩: 2, 23, 5; Caesar, postquam Pompeium ad Asparagium esse cognouit, eodem cum exercitu profectus . . . tertio die [macedoniam] ad Pompeium peruenit iuxtaque eum castra posuit et . . . fecit: 3, 41, 1; primum conati sunt praefectum equitum C. Volusenum interficere . . .; postquam id difficilius ⟨*c*⟩ uisum est neque facultas perficiendi dabatur, quam maximas potuerunt pecunias mutuati . . . ad Pompeium transierunt: 3, 60, 5.

c) impf.: III 15, 2 *u.* **b)**.

B. c. ind. impf.: Labienus, postquam neque aggeres neque fossae uim ⟨*c*⟩ hostium sustinere poterant, . . . Caesarem . . . facit ⟨*o*⟩ certiorem: VII 87, 5; cogebantur Corcyra . . . pabulum supportare . . . hordeo(que) adaugere . . . . sed postquam non modo hordeum pabulumque omnibus locis herbaeque desectae, sed etiam frons ⟨*c*⟩ ex arboribus deficiebat, . . . existimanit: 3, 58, 5; 60, 5 *u.* **A. b)**.

postremo *u. p. 1149 sq.* . . .

postridie. A. non add. genet.: (postero die ⟨postridie β⟩ cum duabus legionibus in occulto restitit: VII 35, 2;) haec uincit ⟨*c*⟩ in consilio sententia, et prima luce postridie constituunt proficisci: 1, 67, 6; impositae, ut supra demonstratum est, legiones VII. postridie ⟨postpridie *Ox*⟩ terram attigit Germiniorum ⟨*c*⟩: 3, 6, 2; tertio die . . . castra posuit et postridie ⟨postera die *N;* postero die *l*¹⟩ eductis omnibus copiis . . . decernendi potestatem Pompeio fecit: 3, 41, 1.

hunc (consulem) Marcellus collega et plerique magistratus consecuti sunt Cn. Pompeius pridie eius diei ⟨postridie Idus *Ciacc.*⟩ ex urbe profectus iter ad legiones habebat: 1, 14, 3.)

B. adduntur uerba eius **diei** *u.* **dies** *p. 896 (7 loc.).*

postulatum *(semper numero plur.);* **A. obiect.:** postulatis cognitis *u.* **cognosco** *p. 573 (3 loc.);* ¶ quoniam Pompei mandata ad se detulerint, ne grauentur sua quoque ad eum postulata deferre: 1, 9, 1; ¶ acceptis mandatis Roscius Capuam peruenit ibique consules Pompeiumque inuenit; postulata Caesaris renuntiat ⟨nuntiat *f*⟩: 1, 10, 1.

B. dat.: exspectabatque suis lenissimis ⟨*Nb;* leuissimis *Ox*⟩ postulatis responsa: 1, 5, 5.

C. c. praep.: Ariouistus ad postulata ⟨postolata *A*⟩ Caesaris pauca respondit: I 44, 1. ibi ⟨*c*⟩ certior ab Acilio et Murco per litteras factus de postulatis Libonis et Bibuli legionem relinquit: 3, 16, 2; — conuenirent, ut de eorum postulatis cognosceret: IV 11, 5.

postulo. A. = flagitare, poscere (subi. sunt homines); a) sequitur α) obi.; αα) subst.: Romam (se) ad senatum uenisse auxilium postulatum: I 31, 9; ¶ (L. Piso censor et L. Roscius praetor) sex dies ad eam rem conficiendam spatii postulant ⟨-labant *l*⟩: 1, 3, 6; ¶ (Bellouacos esse) pollicitos . . . electa ⟨*c*⟩ (milia) sexaginta totiusque belli imperium sibi postulare: II 4, 5.

ββ) pron.: postulauit ⟨postolauit *B*¹⟩ deinde ⟨*c*⟩ eadem, quae legatis in mandatis dederat: I 43, 9; ¶ itaque hoc qui postularet reperiebatur nemo: 3, 20, 4; ¶ quod antea de conloquio postulasset ⟨postol. *BM*⟩, id per se fieri licere: I 42, 1; acerbitatem inimicorum docet, qui ⟨*c*⟩ quod ab altero ⟨alterorum *a;* altero non *hl*⟩ postularent, in se recusarent: 1, 32, 5; — haec esse, quae ab eo postularet: I 35, 2; omniaque, quae ⟨omnia quaeque *X*⟩ postulassent, ab ⟨*c*⟩ se fore parata: IV 6, 3.

β) de: patientiam proponit suam, cum de exercitibus dimittendis ultro ⟨*l;* ultra *afh*⟩ postulauisset; in quo iacturam . . . honoris ipse facturus esset: 1, 32, 4.

γ) enuntiatum; αα) enunt. relatiuum: neque nunc se illorum humilitate ⟨*c*⟩ neque aliqua temporis oportunitate postulare, quibus rebus opes augeantur suae: 1, 85, 5.

ββ) ut: placuit ei, ut legatos mitteret, qui ab eo postularent ⟨postulant *Ciacc.*⟩, uti aliquem locum medium utriusque conloquio deligeret: I 34, 1; Ariouistus ex equis ut ⟨ut ex equis β⟩ conloquerentur et praeter se denos ut ⟨*om.* β; *del. Pr.*⟩ ad conloquium adducerent ⟨-ret α⟩ postulauit: I 43, 3; erat iniqua condicio postulare, ut Caesar Arimino excederet atque in prouinciam reuerteretur, ipsum et prouincias et legiones † alienas tenere; exercitum Caesaris nelle dimitti, dilectus habere: 1, 11, 1; mandat, ut Libonem de concilianda pace hortetur; in primis ut ipse cum Pompeio conloqueretur postulat: 1, 26, 3; pro quibus rebus hortatur ac postulat, ut rem publicam suscipiant atque una secum administrent: 1, 32, 7; (Petreius) postulat ⟨O^2; *pr. edd.*; postulant *x*⟩, ut iurent ⟨uenirent *af*⟩ omnes: 1, 76, 2; Petreius atque Afranius, cum stipendium ab legionibus paene seditione facta flagitarentur ⟨*Ald.*; -retur *x*; *FHofm.*⟩, . . . Caesar ut cognosceret postulatum est ⟨est *om. a*; postularunt *FHofm.*⟩: 1, 87, 3; interim (Libo et Bibulus) postulant, ut sint indutiae, atque ab iis ⟨*c*⟩ impetrant: 3, 15, 7; postulabat Caesar, ut legatos sibi ad Pompeium sine periculo mittere liceret, idque ipsi fore reciperent aut acceptos per se ad eum perducerent: 3, 17, 2.

γγ) ne (neue): haec esse, quae ab eo postularet: primum ne quam multitudinem hominum amplius trans Rhenum in Galliam traduceret; deinde obsides . . . redderet Sequanisque permitteret, ut . . .; neue Haeduos iniuria lacesseret neue . . . bellum inferret: I 35, 3; *u. praeterea* **ne** *p. 724* **a)** *(3 (2) loc.).*

δδ) coniunctiuus: I 35, 3 *u.* γγ); postulauit . . ., ne aut Haeduis aut eorum sociis bellum inferret; obsides redderet: I 43, 9; cum . . nuntios misisset, qui postularent, eos, qui sibi Galliaeque bellum intulissent, sibi dederent: IV 16, 3; 3, 17, 2 *u.* ββ).

εε) acc. c. inf.: cur sui quicquam esse imperii aut potestatis trans Rhenum postularet? IV 16, 4.

b) abs.: illum (Ariouistum), cum ⟨*c*⟩ neque aditum neque causam postulandi instam haberet, beneficio ac liberalitate . . . senatus ea praemia consecutum: I 43, 5.

B. = requirere (subi. sunt res); a): maturius paulo, quam tempus anni postulabat, in hiberna . . . exercitum deduxit: I 54, 2.

b): sese, cum opus esset, signum proelii daturum et quod rem postulare cognouisset imperaturum: 2, 40, 3.

c): ubi aut spatium inter muros aut imbecillitas materiae postulare uideretur, pilae interponuntur: 2, 15, 2.

d): instructo exercitu magis ut loci natura deiectusque ⟨delectusque *X*⟩ collis et necessitas temporis quam ut rei militaris ratio atque ordo postulabat: II 22, 1; quae (scuta) subito, ut temporis exiguitas postulabat, pellibus induxerant: II 33, 2; monuitque, ut ⟨uti β⟩ rei militaris ratio, maxime ⟨que *add.* β⟩ ut maritimae res postularent, . . . ad nutum et ad tempus omnes res ab iis administrarentur: IV 23, 5; si continere ⟨*c*⟩ ad signa manipulos uellet ⟨*c*⟩, ut instituta ratio et consuetudo exercitus Romani postulabat, locus ipse ⟨*o*⟩ erat praesidio barbaris: VI 34, 6.

C. = accusare: postulauit etiam L. Afranium proditionis exercitus Acutius ⟨*c*⟩ Rufus apud Pompeium: 3, 83, 2.

Postumus: huic (Lentulo Marcellino), quod ualetudine minus commoda utebatur, Fuluium Postumum ⟨postumium *Of*⟩ adiutorem submiserat: 3, 62, 4.

potens. 1. adiect.; A. attribut. (superlat.): (at hi miserrimo ac patientissimo ⟨*Ald.*; potentissimo *x*⟩ exercitui ⟨*c*⟩ Caesaris luxuriem obiciebant, cui semper omnia ad necessarium usum defuissent: 3, 96, 2;) ¶ (Dumnorigem) huius potentiae causa matrem in Biturigibus ⟨*c*⟩ homini illic nobilissimo ac potentissimo conlocasse: I 18, 6; ¶ regno occupato per tres potentissimos ac firmissimos populos totius Galliae sese potiri posse sperant: I 3, 8.

B. praedicat. (posit.): quos fama nobiles potentesque bello cognouerunt: VII 77, 15.

2. ui subst.; A. posit.: Scipionem . . . impellit . . . iudiciorum metus, adulatio atque ostentatio sui et potentium, qui in re publica iudiciisque tum plurimum pollebant ⟨ostentatio sui atque adulatio potentium *Vielh.*; i. metus atque ostentatio sui et potentiae, qua . . . pollebat *Madu.*⟩: 1, 4, 3.

B. comp.; a) sing.: ne quis ex plebe contra potentiorem auxilii egeret: VI 11, 4.

b) plur.: ne latos fines parare studeant potentiores atque ⟨*HJMüller*; potentioresque *X*; *edd.*⟩ humiliores ⟨potentiores humilioresque *Paul*⟩ possessionibus expellant: VI 22, 3; ¶ quod in Gallia a potentioribus atque iis ⟨*c*⟩, qui ad conducendos homines facultates habebant, uulgo regna occupabantur: II 1, 4; ¶ cum aut ⟨*c*⟩ aere alieno aut magnitudine tributorum aut iniuria potentiorum premuntur: VI 13, 2.

C. superl.; a) sing.: apud eos fuisse regem nostra etiam memoria Diuiciacum, totius Galliae potentissimum, qui cum magnae partis harum regionum, tum etiam Britanniae imperium obtinuerit: II 4, 7.

b) plur.: ut animi aequitate plebem contineant, cum suas quisque opes cum potentissimis aequari uideat: VI 22, 4.

potentatus: hi cum tantopere de potentatu inter se multos annos contenderent: I 31, 4.

potentia. A. obi.: (Dumnorigem) odisse . . . Romanos, quod eorum aduentu potentia eius deminuta et Diuiciacus frater in antiquum locum gratiae atque honoris sit restitutus: I 18, 8; ¶ ut quisque est genere copiisque amplissimus, ita plurimos circum ⟨c⟩ se ambactos clientesque habet ⟨c⟩. hanc unam gratiam potentiamque nouerunt: VI 15, 2.

B. gen.; (a): ostentatio potentiae: 1, 4, 3 *u.* **potens 2. A.)**

b): Vercingetorix, . . . summae potentiae adulescens, cuius pater principatum Galliae totius obtinuerat: VII 4, 1; Cotum, antiquissima familia natum atque ipsum hominem summae potentiae et magnae cognationis: VII 32, 4; Eporedorix Haeduus, summo loco natus adulescens et summae domi potentiae, et una Viridomarus, pari aetate et gratia: VII 39, 1; — Hegesaretos ⟨c⟩, ueteris homo potentiae, Pompeianis rebus studebat: 3, 35, 2.

c): (Dumnorigem non solum) domi, sed etiam apud finitimas ciuitates largiter posse, atque huius potentiae causa matrem in Biturigibus ⟨c⟩ homini illic nobilissimo ac potentissimo conlocasse: I 18, 6.

C. abl.: proeliis nero compluribus factis secundis . . . tantum potentia antecesserant (Sequani), ut . . . Galliae . . totius principatum obtinerent: VI 12, 3.

D. c. praep.: quas (duas legiones) ab itinere Asiae Syriaeque ad suam potentiam dominatumque conuerterat (Pompeius): 1, 4, 5.

potestas. A. = **uis, dicio, imperium, manus; a) subi.:** esse: IV 16, 4 *u.* **d) β).**

b) obi.: habere *u.* **habeo** *p. 1398 sq. (4 loc.);* ¶ Sullam nudata ⟨non data *f*⟩ omnibus rebus tribunicia potestate tamen intercessionem liberam reliquisse: 1, 7, 3; ¶ cum singuli magistratus antiquitus ereari atque regiam potestatem annum ⟨annuam β⟩ obtinere consuessent: VII 32, 3; Conuictolitauem, qui per sacerdotes more ciuitatis intermissis magistratibus esset creatus, potestatem obtinere iussit: VII 33, 4; ¶ omnium consensu ad eum defertur imperium. qua oblata potestate omnibus his ciuitatibus obsides imperat, . . . inbet ⟨c⟩, . . . constituit: VII 4, 7; ¶ (nouum in re publica introductum exemplum queritur, ut tribunicia intercessio armis notaretur atque ⟨potestas *add. Hell.*⟩ opprimeretur: 1, 7, 2.)

c) dat.: se suaque omnia eorum potestati permittere dixerunt: II 31, 3; ¶ sese paratos esse . . . L. Domitium uiuum eius potestati ⟨in eius potestatem *Ohl*⟩ tradere: 1, 20, 5.

d) gen.; α): (habeat rationem potestatis: 1, 13, 1 *u.* **posteritas.)**

β): cur sui quicquam esse imperii aut potestatis trans Rhenum postularet? IV 16, 4.

e) c. praep.; α) de: multa praeterea . . . de deorum immortalium ui ⟨de ui deorum β⟩ ac potestate disputant et iuuentuti tradunt: VI 14, 6.

β) in c. acc.: qui dicerent se suaque omnia in fidem atque in ⟨*om.* β⟩ potestatem populi Romani permittere: II 3, 2; ¶ qui (Morini) . . . omnes ⟨*om.* β⟩ fere ⟨*om.* β⟩ in potestatem Labieni peruenerunt ⟨uenerunt β; conuen. *Q*⟩: IV 38, 2; demonstrauimus L. Vibullium ⟨c⟩ Rufum, Pompei praefectum, bis in potestatem peruenisse Caesaris: 3, 10, 1; ¶ in pot. redigere *u.* **in** *p. 107 (3 loc.);* ¶ tradere: 1, 20, 5 *u.* **c);** ¶ uenire *u.* **in** *p. 108 sq. (6 loc.).*

γ) in c. abl.: esse in potestate *u.* **in** *p. 134 extr. et sq. (3 loc.);* ¶ in (sua) potest. habere *u.* **habeo** *p. 1401* **δδ)** *(5 loc.);* ¶ nuntio allato, omnes ⟨o⟩ eorum milites in potestate Caesaris teneri, concurrunt ad Aristium: VII 43, 1.

B. = **facultas, occasio, copia, uenia; a) subi.:** aciem instructam habuit, ut, si uellet Ariouistus proelio contendere, ei potestas non deesset: I 48, 3; ¶ nam cum ⟨namque β; *Flod.*⟩ tanta multitudo lapides ac tela coicerent ⟨coiciebant β; *Flod.*⟩, in ⟨ut in β; *Flod.*⟩ muro consistendi potestas erat ⟨esset β; *Flod.*⟩ nulli ⟨nulla *a*⟩: II 6, 3; post id tempus non fore potestatem: V 51, 3; (1, 13, 1 *u.* **posteritas.**)

b) obi.: constituit Curio, cum primum sit data potestas, proelio rem committere: 2, 33, 3; ¶ plerisque uero libere decernendi potestas eripitur: 1, 3, 5; ¶ facere *u.* **facio** *p. 1255 sq.* **b)** *(17 (15) loc.).*

dicio ⟨deditio α⟩ **potestasque:** II 34; fides atque (ac) potestas: II 3, 2; 13, 2; imperium (aut) potestas: IV 16, 4; (VII 4, 7; 2, 32, 9;) uis ac potestas: VI 14, 6.

Adiect.: aliena: 2, 32, 9; (annua: VII 32, 3; nulla: 3, 16, 4; regia: VII 32, 3; tribunicia: 1, 7, 3; — (mea *semel;* sua *sexies*).

Pothinus: erat in procuratione regni propter aetatem pueri nutricius eius, eunuchus nomine Pothinus ⟨photinus *a*⟩. is . . .: 3, 108, 1 (*et* 2); haec dum apud hostes geruntur, Pothinus ⟨*hl;* plato pothinus *a*[1]*;* photinus *Of*⟩, [nutricius pueri et procurator regni, in parte ⟨c⟩ Caesaris], cum ad Achillam nuntios mitteret . . ., indicatis deprehensisque internuntiis a Caesare est interfectus: 3, 112, 11.

potior. A. c. abl.; a): carris: I 26, 4 *u.* impedimentis; ¶ castris *u.* **castra** *p. 469* a) *(6 loc.)*; ¶ diu cum esset pugnatum, impedimentis castrisque ⟨carrisque *Paul*⟩ nostri potiti sunt: I 26, 4; Romanos pulsos superatosque, castris impedimentisque eorum hostes potitos ciuitati renuntiauerunt: II 24, 5; ¶ imperio *u.* **imperium** *p. 72* ε) ββ) *(2 (3) loc.)*; ¶ Caesar . . . deiecto ⟨*c*⟩ praesidio potitus loco duas ibi legiones conlocauit: VII 36, 7; ¶ magno pecoris atque hominum numero potitur: VI 6, 1; magno pecoris numero, cuius sunt cupidissimi barbari, potiuntur: VI 35, 6; ¶ oppido *u.* **oppidum** *p. 941* G. *(5 loc.)*; ¶ tutius esse arbitrabantur obsessis uiis commeatu intercluso sine ullo ⟨*c*⟩ uulnere uictoria potiri: III 24, 2.

b): Caluisius . . . summa omnium Aetolorum receptus uoluntate, praesidiis ⟨*c*⟩ aduersariorum Calydone et Naupacto deiectis ⟨*c*⟩ omni Aetolia potitus est: 3, 35, 1.

B. c. gen.: regno occupato ⟨*del. Ciacc.*⟩ per tres potentissimos ac firmissimos populos totius Galliae sese potiri ⟨imperio *add. A*[3]; *Vielh.*⟩ posse sperant: I 3, 8.

C. (c. acc.) gerundiuum: eos, qui in spem ⟨qui spe *Ciacc.*⟩ potiundorum ⟨potiendorum *B*[2]*h*; pociendorum *a*⟩ castrorum uenerant, undique circumuentos interficiunt: III 6, 2; ¶ (oppida incendi oportere, . . . ne (sint) . . . Romanis proposita ad copiam commeatus praedamque tollendam ⟨potiendam *Madu.*⟩: VII 14, 9;) ¶ et hostibus eadem de causa spes potiundi ⟨potiendi *Apr.*, *B*[2]⟩ oppidi discessit: II 7, 2.

potior, -ius: semper se rei publicae commoda priuatis necessitudinibus habuisse potiora: 1, 8, 3; ¶ sibi semper primam ⟨rei publicae *add. recc.*; *edd.*; P. R. *a*; *om. Nfhl*; reipubl. prim. *uett. edd.*⟩ fuisse dignitatem uitaque potiorem: 1, 9, 2.

potius, potissimum. A. comp.; a) non sequitur quam: nihil est, quod potins faciamus: *ap. Cic. ad Att.* IX 14, 1.

b) sequ. quam: neque se iudicare Galliam potins esse Ariouisti quam populi Romani: I 45, 1; optimum esse domum suam quemque reuerti, . . . ut potius in suis quam in alienis finibus decertarent: II 10, 4; quantum diligentia prouideri poterat, prouidebatur, ut potins in nocendo aliquid praetermitteretur ⟨omitteretur β⟩, . . . quam cum aliquo militum detrimento noceretur ⟨noceret *AQ*⟩: VI 34, 7; (Caesar) omnes euocat ⟨*c*⟩ spe praedae ad diripiendos Eburones, ut potius in siluis Gallorum uita quam legionarius miles periclitetur ⟨*c*⟩: VI 34, 8; cur enim potins Haedui de suo iure et de legibus ad Caesarem disceptatorem quam Romani ad Haeduos ueniant? VII 37, 5; illo tamen ⟨*c*⟩ potius utendum consilio, . . . quam aut ⟨*c*⟩ deditionis aut ⟨*c*⟩ pacis subeundam condicionem: VII 78, 2; debere eos Italiae totius auctoritatem sequi potius quam unius hominis uoluntati obtemperare: 1, 35, 1; quod esset acceptum detrimenti, cuiusuis potius quam suae culpae debere tribui: 3, 73, 4; sibi placere regem Ptolomaeum atque . . . Cleopatram . . . de controuersiis iure apud se potius quam inter se armis disceptare: 3, 107, 2; regem ut in sua potestate haberet Caesar *effecit magnam regium nomen apud suos auctoritatem habere existimans et ut potins priuato paucorum et latronum quam regio consilio susceptum bellum uideretur: 3, 109, 6.

B. superl.: tanta erat completis litoribus contentio, qui potissimum ex magno numero conscenderent, ut . . . non nulli deprimerentur: 2, 43, 4.

PR. *u.* **praefectus, praetor (populus).**

prae. A. comparatur res cum re: plerumque omnibus ⟨hominibus *recc.*; *Np.*, *Hold.*, *Dt.*[2]⟩ Gallis ⟨*c*⟩ prae magnitudine corporum snorum breuitas nostra contemptui est: II 30, 4.

B. causam significat: animaduertit collem . . . nudatum hominibus, qui superioribus diebus uix prae multitudine cerni poterat: VII 44, 1.

praeacuo, -cutus: truncis arborum aut ⟨*CC*⟩ admodum firmis ramis abscisis atque horum delibratis ac praeacutis cacuminibus perpetuae fossae . . . ducebantur: VII 73, 2; ¶ (erant magno usui) falces praeacutae insertae adfixaeque longuriis: III 14, 5; ¶ apertos cuniculos praeusta et praeacuta materia et pice feruefacta . . . morabantur: VII 22, 5; ¶ huc teretes stipites . . . ab summo praeacuti et praeusti demittebantur ⟨*c*⟩: VII 73, 6; fossas transuersas uiis praeducit atque ibi sudes stipitesque praeacutos defigit: 1, 27, 3; ¶ tigna bina sesquipedalia paulum ab imo praeacuta . . . inter se iungebat: IV 17, 3; ¶ magni ponderis saxa et praeacutas trabes in muro conlocabant ⟨*c*⟩: II 29, 3; aditus autem . . . maximis defixis trabibus atque eis praeacutis praesaepit: 1, 27, 4.

praebeo. A. = suppeditare: harum omnium rerum facultates sine ullo periculo pons Ilerdae praebebat et loca trans flumen integra: 1, 49, 2; ¶ effecerant, ut instar muri hae saepes munimentum ⟨c⟩ praeberent: II 17, 4.

B. = efficere, excitare: tantamque opinionem timoris (Sabinus) praebuit, ut iam ad uallum castrorum hostes accedere auderent: III 17, 6; 25, 1 *u.* speciem; ¶ cum . . . auxiliares . . . lapidibus telisque subministrandis et ad ⟨c⟩ aggerem caespitibus comportandis speciem atque opinionem pugnantium praeberent: III 25, 1; reliqui sese confirmant tantum, ut in munitionibus consistere audeant speciemque defensorum praebeant: VI 38, 5; (Vercingetorix) omnibus eius ingi collibus occupatis . . . horribilem speciem praebebat ⟨*u. CC*⟩: VII 36, 2; reliquit in opere cohortes duas, quae speciem munientium ⟨*ego;* munitionis *x; edd.*⟩ praeberent: 3, 67, 2.

C. se praebere = se praestare: mea sponte facere constitueram, ut quam lenissimum me praeberem: *ap. Cic. ad Att.* IX 7 *C*, 1.

praecaueo: id ne accideret, magnopere ⟨c⟩ sibi praecauendum Caesar existimabat: I 38, 2.

praecedo: Heluetii quoque reliquos Gallos uirtute praecedunt ⟨preced. *AQB*⟩: I 1, 4.

praeceps. A. pertinet ad homines: calones . . . praedandi causa egressi . . . praecipites fugae sese mandabant: II 24, 2; ¶ equites . . . praecipites hostes egerunt: V 17, 3; milites . . . praecipites Pompeianos egerunt ⟨gerunt *ahl*⟩ et terga uertere coegerunt: 3, 46, 5.

B. pertinet ad loca: uti in declini ac praecipiti loco incitatos equos sustinere . . . consuerint: IV 33, 3.

praeceptum: non enim has (naues) aut conspectus patriae aut propinquorum praecepta ad extremum uitae periculum adire cogebant: 2, 7, 1; ¶ quo praecepto ab iis ⟨c⟩ diligentissime obseruato . . . hostes uelocissime refugiebant: V 35, 1; ¶ memores eorum praeceptorum, quae paulo ante ab suis acceperant, hoc animo decertabant, ut: 2, 6, 1; ¶ qui (Cicero) omnes ⟨c⟩ superiores dies praeceptis Caesaris cum ⟨c⟩ summa diligentia milites in castris continuisset: VI 36, 1; ¶ satis esse magna utrimque incommoda accepta, quae pro disciplina et praeceptis habere possent ⟨c⟩, ut reliquos casus timerent: 3, 10, 4.

[Falso: erat . . . prouincia differta praefectis ⟨*Ald.;* praeceptis *x;* praeconibus *Paul*⟩ atque exactoribus: 3, 32, 4.]

praecido: funes . . . praerumpebantur ⟨c⟩. quibus abscisis ⟨praecisis β⟩ antemnae necessario concidebant: III 14, 7.

praecipio. A. = ante capere, ante occupare; a) propr.: statuerat enim prius hos ⟨c⟩ iudicio populi debere restitui quam suo beneficio uideri receptos ⟨c⟩, ne . . . arrogans in praeripiendo ⟨praecip. *fl*⟩ populi beneficio ⟨benef. pr. pop. *af*⟩ uideretur: 3, 1, 6; ¶ Caesar praecepto ⟨*Ciacc.;* praefecto occupato *x;* praeoccupato *Ald. nep.;* profectus occupato *Ach. Stat.;* profectionis occup. *Hot.*⟩ itinere ad Dyrrachium finem properandi facit: 3, 13, 5; ¶ a publicanis . . . pecuniam exegerat (Scipio) et ab isdem insequentis anni mutuam praeceperat ⟨percep. *O*⟩: 3, 31, 2.

b) trsl. (= animo anticipare): iam animo uictoriam praecipiebant: 3, 87, 7; ¶ quod haec de Vercingetorige usu ⟨usus *ah*⟩ uentura (Caesar) opinione praeceperat ⟨perceperat *M²h*⟩: VII 9, 1.

B. = praescribere, imperare; a) absol.: Labienus, ut erat ei praeceptum a Caesare, ne proelium committeret, nisi ipsius copiae . . . uisae essent, . . . nostros exspectabat: I 22, 3; Gallus periculum ueritus, ut erat praeceptum, tragulam mittit: V 48, 7; milites . . . ab ⟨c⟩ tribunis militum legatisque, ut erat a Caesare praeceptum, retinebantur: VII 47, 2; Calenus legionibus equitibusque Brundisii in naues impositis, ut erat praeceptum a Caesare, . . . naues soluit: 3, 14, 1; nostri milites . . . pila miserunt celeriterque, ut erat praeceptum a Caesare, gladios strinxerunt: 3, 93, 1.

b) sequitur α) obi.: modo conscripti . . . ad tribunum militum centurionesque ora conuertunt: quid ab his praecipiatur exspectant: VI 39, 2.

β) enuntiatum αα) interrogat.: (Indutiomarus) quae fieri uelit praecipit ⟨β; praecepit α⟩: V 56, 5; et quid a quoque fieri uelit ⟨uellet *a¹f;* uellit *a corr.*⟩ praecipit ⟨-cepit *af*⟩: 3, 62, 3.

ββ) finale: Labienus . . . equitatum emittit; praecipit atque interdicit, proterritis ⟨c⟩ hostibus atque in fugam coniectis . . . unum omnes petant ⟨β; -terent α; *edd.*⟩ Indutiomarum ⟨c⟩, neu quis ⟨c⟩ quem ⟨c⟩ prius uulneret, quam illum interfectum uiderit ⟨c⟩: V 58, 4; — ne . . . committeret: I 22, 3 *u.* a).

praecipito. A. transit. (= deicere); a): eodem tempore L. Fabius centurio quique una murum ascenderant circumuenti atque interfecti de ⟨β; *om.* α; *Np., Dt., Hold.*⟩ muro praecipitabantur ⟨-tantur *afik;*

Schn.⟩: VII 50, 3; ¶ oppidani saxa quam maxima possunt uectibus promouent praecipitataque e ⟨*ego;* de *Paul; om. x; edd.*⟩ muro in musculum deuoluunt: 2, 11, 1.

b): reliqua fuga desperata . . . reliqui se ⟨*del. Vsener*⟩ in flumen praecipitauerunt: IV 15, 2; plerique ex his, ne in angustias inciderent, ex ⟨*add. Np.*⟩ X ⟨de decem *Oehl.*⟩ pedum munitione se ⟨*Np.;* munitionesse a^1*;* munitionis se *rell.;* se *del. Vsener*⟩ in fossas praecipitabant ⟨*P. Manut.;* praecipitant *x*⟩: 3, 69, 3.

B. intrans. (= ad finem uergere): multi iam menses erant et hiems praecipitauerat, neque Brundisio naues . . . ueniebant: 3, 25, 1.

praecipuus: quos (Haeduos et Remos) praecipuo semper honore Caesar habuit: V 54, 4.

praecipue: huic legioni Caesar et indulserat ⟨huic caes. leg. induls. β⟩ praecipue ⟨-puae A^1B^1⟩ et propter uirtutem confidebat maxime: I 40, 15; quod ⟨*c*⟩ semper Haeduorum ciuitati praecipue ⟨-uae *B*⟩ indulserat: VII 40, 1; ¶ quae (fortuna) plurimum potest cum in reliquis rebus tum praecipue in bello: 3, 68, 1.

praeclare: ut ⟨*c*⟩ cogitata praeclare eloqui possent, non nulli studio et usu elaborauerunt: *ap. Cic. Brut.* 253.

praecludo: crebris arboribus succisis omnes introitus erant praeclusi: V 9, 5; ¶ portas *u.* **porta** *p. 1118 sq.* **A.** *(4 loc.)*.

praeco: praeconibusque circummissis pronuntiari (hostes) iubent: V 51, 3; ¶ erat plena lictorum et apparitorum ⟨*c*⟩ prouincia, differta praefectis ⟨*Ald.,* praeceptis *x;* praeconibus *Paul*⟩ atque exactoribus, qui . . .: 3, 32, 4.

Praeconinus: ubi paucis ante annis L. Valerius Praeconinus legatus exercitu pulso interfectus esset: III 20, 1.

praecurro. A. = προτρέχειν: milites nostri clamorem exaudiunt; praecurrunt equites; . . . cognoscunt: VI 39, 1; — placuit, ut . . . fratres . . eius ad Caesarem praecurrerent: VII 37, 7; — Curio . . . milites . . . sequi sese iubet et praecurrit ante omnes: 2, 34, 5; ¶ Gomphos peruenit . . . . sed eo fama iam praecucurrerat ⟨*fl, h corr.;* praecurrerat *a, h pr.; edd.*⟩, de proelio Dyrrachino: 3, 80, 2.

B. = φθάνειν: ut, si quid ⟨*c*⟩ etiam de sua salute ab Haeduis iniretur consilii, celeritate praecurreret: VII 9, 4.

[**Falso:** tertiam aciem Caesar . . . procurrere ⟨*edd. pr.;* praecucurrere *x;* praecurrere *O*⟩ iussit: 3, 94, 1.]

praeda. A. subi.: illorum esse praedam atque illis reseruari ⟨*c*⟩ quaecumque Romani reliquissent: V 34, 1.

B. praed.: quarum cohortium milites . . Iuba conspicatus suam ⟨sua *f*⟩ esse praedicans praedam ⟨praede *a;* praedae *f*⟩ magnam partem eorum interfici iussit: 2, 44, 2.

C. obi.: praeda ex omnibus locis agebatur: VI 43, 2; ¶ stipendiumque equitum fraudabant et praedam omnem domum auertebant ⟨aduert. *l*⟩: 3, 59, 3; ¶ magno pecoris atque hominum numero capto atque ea praeda militibus concessa . . . in deditionem uenire . . . coegit: VI 3, 2; ¶ Germani . . . cum ea praeda, quam in siluis deposuerant, . . . sese receperunt: VI 41, 1; ¶ Galli cohortati inter se, ne speratam ⟨paratam *aut* insperatam tantam *Ciacc.*⟩ praedam ex manibus dimitterent: VI 8, 1; ¶ oppidum diripit atque incendit, praedam militibus donat: VII 11, 9; ¶ quanta ⟨-tae *h*⟩ praedae faciendae . . . facultas daretur, si Romanos castris expulissent, demonstrauerunt: IV 34, 5; ¶ Germani quam nacti erant praedam in occulto relinquunt: VI 35, 10; ¶ (potiri: VII 14, 9 *u.* tollere;) ¶ relinquere: VI 35, 10 *u.* nancisci; ¶ quid uos, inquit, hanc ⟨*om. A*⟩ miseram ac tenuem sectamini praedam, quibus licet iam esse fortunatissimos ⟨*c*⟩? VI 35, 8; ¶ sperare: VI 8, 1 *u.* dimittere; ¶ oppida incendi oportere, . . . ne ⟨*c*⟩ . . . (sint) Romanis proposita ad copiam commeatus praedamque tollendam ⟨*del. Ciacc.;* potiendam *Madu.*⟩. VII 14, 9.

D. dat.: nec fuit quisquam, qui praedae studeret: VII 28, 3; ¶ in duas partes sese distribuunt, alii ut praedae praesidio sint, alii ut uenientibus resistant: 1, 55, 2.

E. gen.; a): praedae cupiditas multos longius *seuocabat: VI 34, 4; ¶ huc equitatum mittit, ut diriperet atque haberet loco praedae: 2, 25, 3; Pompeius superioribus diebus praedae loco Parthinos habuerat: 3, 42, 5; ¶ ex reliquis captiuis toto exercitui ⟨*c*⟩ capita singula praedae nomine distribuit: VII 89, 5; ¶ Morini . . . spe praedae adducti . . . (milites) circumsteterunt: IV 37, 1; (Caesar) omnes euocat ⟨β; ad se uocat α; *edd. plur.*⟩ spe praedae ad diripiendos Eburones: VI 34, 8; ne (milites) studio pugnandi aut spe praedae longius progrediantur: VII 45, 8; non posse ⟨*c*⟩ milites contineri, quin spe ⟨h^2*;* se *x*⟩ praedae in urbem inrumperent: 2, 12, 4 (*Np.* 5).

b): incolitur . . . maritima pars (Britanniae) ab iis ⟨*c*⟩, qui praedae ⟨*u. CC*⟩ ac belli inferendi causa ex Belgio transierunt ⟨*c*⟩: V 12, 2.

c): Scipionis milites cohortatur, ut parta iam uictoria praedae ac praemiorum uelint esse participes: 3, 82, 1.

F. abl.: inuitati praeda longius procedunt: VI 35, 7.

G. c. praep.; a) ad: ad Germanos peruenit fama diripi Eburones atque ultro omnes ad praedam euocari: VI 35, 4; ¶ proinde ad praedam, ad gloriam properate: 2, 39, 3. (VII 14, 9 *u.* **C.** tollere).

b) cum: sese recipere cum pr.: VI 41, 1 *u.* **C.** deponere; — incolumesque cum magna praeda eodem ponte in castra reuertuntur: 1, 55, 3.

c) in c. abl.: ne in praeda occupati reliqui negotii gerendi facultatem dimitterent: 3, 97, 1.

praedĭco. A. = profiteri, (palam *uel* **magna uoce) commemorare (hervorheben); a) abs.**: (amici regis) timore adducti, ut postea praedicabant: 3, 104, 1.

b) sequitur α) obi.: Caesar initio orationis sua senatusque in eum beneficia commemorauit ⟨praedicauit *B*²β⟩: I 43, 4; ¶ acerbitatem inimicorum docet . . .; iniuriam in eripiendis legionibus ⟨*c*⟩ praedicat, crudelitatem et insolentiam in circumscribendis tribunis plebis; condiciones a se latas . . . commemorat: 1, 32, 6; ¶ exercitum cum militari more ad pugnam cohortaretur suaque in eum perpetui ⟨perpetuum *a*⟩ temporis officia ⟨-ium *a*¹⟩ praedicaret, in primis commemorauit: 3, 90, 1; ¶ interim barbari nuntios . . . dimiserunt paucitatemque nostrorum militum suis praedicauerunt et . . . demonstrauerunt: IV 34, 5.

β) acc. c. inf.: qui (Galli ac mercatores) ingenti magnitudine corporum Germanos, incredibili uirtute atque exercitatione in armis esse praedicabant: I 39, 1; Galli se omnes ab Dite patre prognatos praedicant idque ab ⟨*c*⟩ druidibus proditum dicunt: VI 18, 1; ea (latrocinia) iuuentutis exercendae ac desidiae minuendae causa fieri praedicant (Germani): VI 23, 6; saepe ex tribunali praedicauit (Varro) aduersa Caesarem proelia fecisse, magnum numerum ab eo militum ad Afranium perfugisse: haec se . . . comperisse: 2, 18, 3; quarum cohortium milites . . . Iuba conspicatus suam esse praedicans praedam . . . iussit: 2, 44, 2; Alexandriae . . . concursum ad se fieri uidet, quod fasces anteferrentur. in hoc omnis multitudo maiestatem regiam minui praedicabat: 3, 106, 4.

B. = gloriari; a) de: Ariouistus ad postulata Caesaris pauca respondit, de suis uirtutibus multa praedicauit: I 44, 1; qui de meis in uos meritis praedicaturus ⟨*Steph.*; praeiudicaturus *x*⟩ non sum: 2, 32, 10; haec tamen ab ipsis inflatius commemorabantur, ut de suis homines laudibus libenter ⟨licenter *Paul*⟩ praedicant: 2, 39, 4.

b) alqd: multa: I 44, 1 *u.* **a)**.

c) c. acc. c. inf.: VI 18, 1 *u.* **A. b) β)**.

[**Falso**: utrisque ad animum occurrit unum esse illud tempus ⟨illud e. t. praedicat β⟩, quo maxime contendi conueniat: VII 85, 2.]

praedīco: Pompeius suis praedixerat, ut ⟨ne *Nhl*⟩ Caesaris impetum exciperent neue ⟨neque *hl*⟩ se loco mouerent aciemque eius distrahi paterentur: 3, 92, 1.

(praedium: erat . . . manus certa nulla, non oppidum, non praesidium ⟨*Q corr.*; praedium *rell.*⟩, quod se armis defenderet: VI 34, 1.**)**

praedo: liceretne ciuibus ad eines . . . legatos mittere, quod etiam fugitiuis ab saltu Pyrenaeo praedonibusque ⟨que *om. b; Dauis.*⟩ licuisset: 3, 19, 2; ¶ quas naues Vticae ex praedonum bello subductas P. Attius reficiendas . . . curauerat: 2, 23, 3; (Septimius) bello praedonum apud eum ordinem duxerat 3, 104, 3; — has (naues) more praedonum diripere consuerunt: 3, 112, 3; ¶ huc accedebant collecti ex praedonibus latronibusque Syriae Ciliciaeque prouinciae finitimarumque regionum: 3, 110, 3.

praedor: ut Teutomatus ⟨*c*⟩ . . . uix se ex manibus praedantium militum eriperet: VII 46, 5; — quos spes praedandi studiumque bellandi ab agri cultura et cotidiano labore reuocabat: III 17, 4; — quo facilius finitimorum equitatum, si praedandi causa ad eos uenissent ⟨-et *Ald.; Fr.*⟩, impedirent: II 17, 4; calones . . . praedandi causa egressi . . . praecipites fugae sese mandabant: II 24, 2; magnam partem equitatus ab iis ⟨*c*⟩ aliquot diebus ante praedandi frumentandique causa ad Ambiuaritos trans Mosam missam: IV 9, 3; quam (partem equitatus) supra commemoraui praedandi frumentandique causa Mosam transisse: IV 16, 2; (Britanniae . . . maritima pars ab iis (incolitur), qui praedae ⟨praedandi *Kraff.*⟩ ac belli inferendi causa ex Belgio transierunt ⟨*c*⟩: V 12, 2;) cum equitatus noster liberius praedandi uastandique ⟨uastandi praedandique β⟩ causa se in agros eiecerat ⟨*c*⟩: V 19, 2; (cum . . . equitibus Caesaris Gallis atque Hispanis, qui eo praesidii ⟨*P. Manut.*; praedandi *x*⟩ causa missi erant, pecuniam polliceretur: 3, 22, 3.)

praeduco: fossamque ⟨que *om.* β⟩ et maceriam ⟨materiam α⟩ sex ⟨*o*⟩ in altitudinem pedum (copiae Gallorum) praeduxerant ⟨prod. β; perd. *D*⟩: VII 69, 5; uicos plateasque inaedificat, [ac] fossas transuersas uiis praeducit: 1, 27, 3; ¶ maceriam: VII 69, 5 *u.* fossam; ¶ a medio fere colle in longitudinem ⟨*c*⟩, ut natura montis ferebat, ex grandibus saxis sex pedum murum ... praeduxerant ⟨perdux. *M*[2]⟩ Galli: VII 46, 3.

praefectura: cunctae earum regionum praefecturae libentissimis animis eum recipiunt exercitumque eius omnibus rebus iuuant: 1, 15, 1.

praefectus. *De praefectis u. Maduig, Quelques remarques sur les officiers dits* praefecti *pendant les derniers temps de la république romaine: RPh. 2 (1878) p. 177—187.*

A. praefectus equitum; a) additur equitum *u.* **eques** *p. 1034 (7 loc.).*

b) non additur uox equitum: interim ad praefectos, qui cum omni equitatu antecesserant, mittit qui nuntiarent, ne hostes proelio lacesserent, et si ipsi lacesserentur, sustinerent, quoad ipse cum exercitu propius accessisset: IV 11, 6.

B. praefectus fabrum; a) additur genet. fabrum: reducitur ad eum deprensus ex itinere N. ⟨*c*⟩ Magius Cremona, praefectus fabrum Cn. Pompei. quem Caesar ad eum remittit: 1, 24, 4; iam duo praefecti fabrum Pompei in meam potestatem uenerunt et a me missi sunt. si uolent grati esse, debebunt Pompeium hortari, ut: *ap. Cic. ad Att.* IX 7 *C*, 2.

b) non additur fabrum: N. Magium ⟨*Perizon.*; magnum *M*⟩, Pompei ⟨pompeium *M*[1]⟩, praefectum, deprehendi. scilicet meo instituto usus sum et eum statim missum feci: *ap. Cic. ad Att.* IX 7 *C*, 2; demonstrauimus L. Vibullium ⟨*c*⟩ Rufum, Pompei praefectum ⟨fabrum *add. P. Manut.*⟩, bis in potestatem peruenisse Caesaris atque ab eo esse dimissum: 3, 10, 1.

C. alii praefecti; a) Romanorum; α): qui praesunt negotiis bellicis: hic (timor) primum ortus est a tribunis militum, praefectis reliquisque, qui ex urbe amicitiae causa Caesarem secuti non magnum in re militari usum habebant; quorum ...: I 39, 2; is ... praefectos tribunosque militum complures in finitimas ciuitates frumenti causa dimisit: III 7, 3; quod ⟨*c*⟩ praeterea nauium longarum habebat, quaestori ⟨*c*⟩, legatis praefectisque distribuit: IV 22, 3; tribunos ⟨*c*⟩ militum et praefectos ⟨praefectum *Ne*; praefect. *ahl*⟩ circummittit atque hortatur, non solum ab eruptionibus caueant, sed etiam ... obseruent ⟨*c*⟩: 1, 21, 4.

β) qui praesunt aliis negotiis: erat plena lictorum et † imperiorum ⟨et apparitorum *Forchh.*⟩ prouincia, differta praefectis ⟨?; *sic Ald.*; praeceptis *x*; praeconibus *Paul*⟩ atque exactoribus, qui ...: 3, 32, 4.

b) aliorum populorum: coactis equitum milibus ⟨*c*⟩ VIII et peditum circiter CCL ⟨*c*⟩ haec ... recensebantur, numerusque inibatur; praefecti constituebantur; Commio Atrebati, Viridomaro et Eporedorigi Haeduis, Vercassiuellauno Aruerno ... summa imperii traditur ⟨praef. constituebantur commius atrebas, uiridomarus et eporedorix hedui; uercassiuellauno ... traditur β⟩: VII 76, 3; audit Iubam ... restitisse in regno, Saburram, eius praefectum, cum mediocribus copiis missum Vticae adpropinquare: 2, 38, 1; ipsi clam consilio inito Achillam [in], praefectum regium, [singium] singulari hominem audacia, et L. Septimium ... ad interficiendum Pompeium miserunt: 3, 104, 2.

[**Falso:** cognoscit missum a Pompeio Vibullium Rufum, quem paucis ante diebus Corfinio captum ipse dimiserat; profectum item ⟨dimiserat praefectum; item *al(h?)*⟩: 1, 34, 1. 2.]

praefero. A. = prae se ferre, ante ferre; a) propr.: neque in fascibus insignia laureae (Pompeius) praetulit: 3, 71, 3; ¶ (multa praeterea spolia proferebantur ⟨*Hotom.*; praef. *x*; *edd.*⟩, capti homines equique ⟨*c*⟩ producebantur: 2, 39, 5.)

b) trsl.: sed haec eius diei praefertur ⟨-ferebatur?⟩ opinio, ut se utrique superiores discessisse existimarent: Afraniani, quod ...; nostri autem, quod ...: 1, 47, 1.

B. = anteponere, praeponere: (praestare ⟨*c*⟩, si iam principatum Galliae obtinere non possint ⟨*c*⟩, Gallorum quam Romanorum imperia perferre ⟨*αh*; praeferre *af*; *Np.*⟩: I 17, 3;) ¶ qui ⟨*c*⟩ uirtute belli omnibus gentibus praeferebantur: V 54, 5; ¶ equites uero ... omnibus in locis † pugnant ⟨pugnae β⟩, quo ⟨*om.* β; pugnant quo *del. Np.*; *u. CC*⟩ se legionariis militibus praeferrent: II 27, 2.

praeficio. Additur datiuus A. appellatiui: Britanni hunc (Cassiuellaunum) toti bello imperioque praefecerant: V 11, 9; ¶ castellis: 3, 32, 3 *u.* urbi; ¶ castris *u.* **castra** *p. 466 uers. 1. sqq. (4 loc.)*; ei legioni castrisque Q. Tullium Ciceronem praeficit ⟨praefecit *h* (β *sec. Hold.*)⟩: VI 32, 6; altera castra ... ponit; his castris Curionem praefecit ⟨-ficit *ego*⟩: 1, 18, 5; ¶ D. Brutum adulescentem classi Gallicisque nauibus ... praeficit ⟨-fecit β⟩: III 11, 5; ¶ copiis *u.* **copiae** *p. 738* e) *(3 loc.)*; ¶ omnem equitatum ... praemisit; his ⟨eique β⟩ Q. Pedium et L. Aurunculeium Cottam legatos praefecit: II 11, 3; ¶ (Vercingetorix) decem milia peditum imperat; huc addit equites octingentos. his praeficit fratrem Eporedorigis: VII 64, (4.) 5; ¶ imperio: V 11, 9 *u.* bello; ¶ Caesar singulis legionibus singulos ⟨*del. A. Miller*⟩ legatos et quaestorem praefecit ⟨praefacit M^1; praeficit M^2⟩: I 52, 1; *u. praeterea* **legio** *p. 441 extr. et 442 (5 loc.)*; ¶ ei loco praesidioque C. Volcacium ⟨*c*⟩ Tullum ⟨*c*⟩ adulescentem praefecit: VI 29, 3; ¶ placuit, ut ⟨*c*⟩ Litauiccus decem illis milibus, quae Caesari ad bellum mitterentur, praeficeretur atque ea † ducenda ⟨eo ducenda *Paul;* ea traducenda *Pluyg.*⟩ curaret: VII 37, 7; 64, 5 *u.* equitibus; ¶ ei munitioni, quam fecerat, T. Labienum legatum praefecit: I 10, 3; ¶ nauibus *u.* **nauis** *p. 709* C. a) *(3 loc.)*; ¶ exercitus equitatusque equitibus Romanis administrantibus, quos ei negotio praefecerat, celeriter transmittitur: VII 61, 2; eique negotio Q. Fufium Calenum legatum praeficit: 1, 87, 4; ¶ Gaiumque Gallonium, equitem Romanum, familiarem Domitii, qui eo ... uenerat missus a Domitio, oppido Gadibus praefecit: 2, 18, 2; ¶ peditibus: VII 64, 5 *u.* equitibus; ¶ *ei praesidio nauibusque ⟨β; *Np., Dt.;* que *om. rell.*⟩ Q. ⟨*om.* β; nauibus quintum α⟩ Atrium praefecit: V 9, 1; VI 29, 3 *u.* loco; ¶ prouinciae Q. ⟨que *Nx*⟩ Cassium praeficit; huic IIII legiones attribuit: 2, 21, 3; ¶ uicis: 3, 32, 3 *u.* urbi; ¶ Domitius nauibus Massiliam peruenit atque ab iis ⟨*c*⟩ receptus urbi praeficitur; summa ei belli administrandi permittitur: 1, 36, 1; non solum urbibus, sed paene uicis castellisque singulis ⟨*om. Db.*⟩ singuli ⟨*add. Oehler; om. codd.; Np., Dt.*⟩ cum imperio praeficiebantur: 3, 32, 3.

B. nom. propr.: Gadibus: 2, 18, 2 *u.* **A.** oppido; ¶ Crassum Samarobriuae praeficit ⟨-fecit *edd. pr.; Fr.*⟩ legionemque ei ⟨*c*⟩ attribuit: V 47, 2.

C. pronom.: his: II 11, 3 *u.* **A.** equitatui; VII 64, 5 *ib.* equitibus.

[Falso: ut, si peracto cons. caesaris cons. ⟨cons. non *h*⟩ praefectus esset ⟨*sic codd.; u. CC*⟩: 1, 11, 2; Caesar praecepto ⟨praefecto occupato *x*⟩ itinere ad Dyrrachium finem properandi facit: 3, 13, 5.]

praefigo. A.: ripa autem erat acutis sudibus praefixisque ⟨que *om. BM; Np., Fr., Db., Dt.*⟩ munita, eiusdemque generis sub aqua defixae sudes flumine tegebantur: V 18, 3.

B.: asseres enim pedum XII cuspidibus praefixi ... per IIII ordines cratium in terra defigebantur: 2, 2, 2.

praefringo: illae (triremes) adeo graniter inter se incitatae conflixerunt, ut uehementissime utraque ex concursu laborarent, altera uero praefracto ⟨NO^2hl; praefecto *a;* praesecto *f;* praerupto O^1⟩ rostro tota conlabefieret: 2, 6, 5.

praegredior: (duabus legionibus missis in ulteriorem Hispaniam cum Q. Cassio ... ipse cum ⟨*om. af; Np.*⟩ DC equitibus magnis itineribus progreditur ⟨praegr. *Ohl; Paul*⟩: 2, 19, 1;) cum se magnis itineribus extenderet et praegressos ⟨progressos O^1⟩ consequi cuperet: 3, 77, 3.

praeiudicium: his ducibus repudiatis Corfiniensem ignominiam, [in] Italiae fugam ⟨fuga an *x*⟩, Hispaniarum deditionem, [in] Africi belli praeiudicia, sequimini! ⟨ignominiam, an It. fugam, an H. d., A. b. pr., sequemini? *E. Hoffm.*⟩ 2, 32, 13; ¶ Pompeius enim nullo proelio pulsus uestri facti praeiudicio demotus Italia excessit: 2, 32, 2.

(**praeiudico:** qui de meis in uos meritis praedicaturus ⟨*Steph.;* praeiudicaturus *x*⟩ non sum: 2, 32, 10.)

praemetuo: Caesar cum iniquo loco pugnari hostiumque augeri ⟨*o*⟩ copias uideret, praemetuens suis ad T. Sextium legatum ... misit: VII 49, 1.

praemitto. A. sequitur obiect.; a) alqm; α) appellat.: adulescentes: 1, 34, 3 *u.* legatos; ¶ Caesar legiones in Hispaniam praemiserat ⟨praeterm. *l*⟩ [ad] VI [milia], auxilia peditum ⟨praemis. VI. ad illa auxilia ped. *E. Hoffm.*⟩ V milia ⟨*coniec. Np.;* peditum nulla *x*⟩, equitum III milia, *quae* omnibus superioribus bellis habuerat, et parem ex Gallia numerum ⟨*sic R. Menge; u. CC*⟩: 1, 39, 2; ¶ his rebus cognitis exploratores centurionesque praemittit, qui locum idoneum ⟨*o*⟩ castris deligant: II 17, 1; ¶ cohortes V praemissae a Domitio ex oppido pontem fluminis interrumpebant: 1, 16, 2; ¶ equitatum *u.* **equitatus** *p. 1046 (9 (10) loc.)*; ¶ equites *u.* **eques** *p. 1029 extr. et 1030 (4 (6) loc.)*; ¶ barbari consilio Romanorum cognito praemisso equitatu et essedariis reliquis copiis subsecuti nostros . . . prohibebant: IV 24, 1; ¶ exploratores: (I 21, 4 *u.* β) Considium;) II 17, 1 *u.* centuriones; ¶ impedimenta *u.* **impedimentum** *p. 58* **b)** *(3 loc.)*; ¶ (cognoscit) praemissos etiam legatos ⟨*del. Ciacc.*⟩ Massilienses domum, nobiles adulescentes ⟨*u. CC*⟩: 1, 34, 3; 37, 1 *u.* β) Fabium; ¶ legiones *u.* **legio** *p. 438 sq. (3 (4) loc.)*; ¶ quarum cohortium milites . . . Iuba conspicatus suam esse praedicans praedam magnam partem eorum interfici iussit, paucos electos in regnum praemisit ⟨*Hartz; remisit x; edd.*⟩: 2, 44, 2; ¶ nuntii praemissi ab rege Iuba uenerunt, qui illum adesse cum magnis copiis dicerent et de custodia ac defensione urbis hortarentur: 2, 36, 3; itaque praemissis nuntiis ad Cn. Domitium Caesar ei ⟨*c*⟩ scripsit et quid fieri uellet ostendit: 3, 78, 5; ¶ Scipio ad sequendum paratus equitum ⟨*Np.*; equitatum *x*⟩ magnam ⟨*f*; magnamque *ahl*⟩ partem ⟨lenis armaturae *add. V.*⟩ ad explorandum iter Domitii et cognoscendum praemisit: 3, 38, 2.

β) **nom. propr.:** Basilum *u.* Minucium; — una cum his legatis Commins Atrebas uenit, quem supra demonstraueram a Caesare in Britanniam praemissum: IV 27, 2; — P. ⟨*c*⟩ Considius . . . cum exploratoribus praemittitur: I 21, 4; — dum haec parat atque administrat, C. Fabium legatum cum legionibus III . . . in Hispaniam praemittit. . . . reliquas legiones . . . subsequi iubet: 1, 37, 1; — Curio Marcium ⟨*c*⟩ Vticam nauibus praemittit; ipse eodem . . . proficiscitur: 2, 24, 1; — (quem (Magium) Caesar ad eum (Pompeium) remittit ⟨praem. *Kindsch.*⟩ cum mandatis **his*: 1, 24, 5;) — clam nuntiis ad Milonem missis . . . atque eo in Italiam euocato . . . sibi coniunxit atque eum in Thurinum ad sollicitandos pastores praemisit: 3, 21, 4; — ipse . . . ad bellum Ambiorigis profectus ⟨*CC*⟩ . . . L. Minucium ⟨*c*⟩ Basilum cum omni equitatu praemittit: VI 29, 4; — ad haec cognoscenda . . . idoneum esse arbitratus C. Volusenum cum naui longa ⟨longa naue β⟩ praemittit: IV 21, 1.

b) alqd: edictumque praemittit, ad quam diem magistratus principesque omnium ciuitatum sibi esse praesto Cordubae uellet: 2, 19, 1; ¶ nauem: (IV 21, 1 *u.* **a)** β) Volusenum;) ex reliquis (nauibus) una praemissa Massiliam huius nuntii perferendi gratia cum iam adpropinquaret urbi, omnis sese multitudo . . . effudit: 2, 7, 3; ¶ (Nasidius) cursum Massiliam uersus perficit praemissaque ⟨permissaque *a*⟩ clam nauicula Domitium Massiliensesque de suo aduentu certiores facit: 2, 3, 3.

c) enuntiatum: cohortatus Haeduos de supportando commeatu praemittit ad Boios, qui de suo aduentu doceant hortenturque, ut: VII 10, 3.

B. non additur obiect.; a): petebant, uti ad eos equites, qui agmen antecessissent, praemitteret eosque pugna prohiberet: IV 11, 2.

b): Varro, cum itinere conuerso sese Italicam ⟨*Faernus*; italiam *x*⟩ uenturum praemisisset ⟨*Lips.*; pronuntiasset *Faern.*; promisisset *x*; cum it. conu. equites Italicam praemis. *Ciacc.*⟩, certior ab suis factus est praeclusas esse portas: 2, 20, 6.

praemium. A. obi.: (attribuere: 2, 21, 2 *u.* tribuere;) ¶ Conuictolitauis Haeduus . . . sollicitatus ab Aruernis pecunia cum quibusdam adulescentibus conloquitur . . . . cum his praemium ⟨primum *Nb*⟩ communicat hortaturque, ut: VII 37, 2; ¶ Caesar . . . sua senatusque in eum (Ariouistum) beneficia commemorauit ⟨*c*⟩, quod rex appellatus esset . . ., quod amicus, quod munera amplissima ⟨*c*⟩ missa; . . . illum . . . beneficio ac liberalitate sua ac senatus ea praemia consecutum: I 43, 5; ¶ si quod est admissum ⟨*o*⟩ facinus, si caedes facta, si de hereditate, de finibus controuersia est, idem (druides) decernunt ⟨*c*⟩, praemia poenasque constituunt: VI 13, 5; ¶ huic bello seruirent eaque ⟨*c*⟩ quae ⟨*c*⟩ meruissent praemia ab se deuicta Gallia exspectarent: VII 34, 1; ¶ id uero militibus fuit pergratum . . ., ut qui aliquid ⟨*c*⟩ insti ⟨*c*⟩ incommodi exspectauissent, ultro praemium missionis ferrent: 1, 86, 1; ¶ mereri: VII 34, 1 *u.* exspectare; ¶ uos autem incerta ⟨*c*⟩ uictoria Caesarem secuti diiudicata iam belli fortuna uictum sequamini, cum uestri officii praemia percipere debeatis? 2, 32, 6; ¶ sui laboris milites semper euentu belli praemia petiuerunt: 2, 32, 10; ¶ mittuntur ad Caesarem confestim a ⟨*c*⟩ Cicerone litterae magnis propositis praemiis, si ⟨qui *HJMüller*; si qui *Paul*⟩ pertulissent: V 40, 1; (Labienus) magna proponit iis ⟨*c*⟩, qui occiderint (Indutiomarum), praemia: V 58, 5; iis ⟨*c*⟩, qui primi murum ascendissent ⟨*c*⟩, praemia proposuit: VII 27, 2; Domitius ad Pompeium . . . peritos regionum magno proposito praemio cum litteris mittit: 1, 17, 1; ¶ tributis ⟨attrib. *Pluyg.*⟩ quibusdam populis ⟨*hl*; publicis *af*; *edd.*⟩ priuatisque ⟨publice priuatimque *Ciacc.*⟩ praemiis reliquos in posterum bona spe complet: 2,21,2; CC (equites) ex Syria a Commageno Antiocho, cui magna Pompeius praemia tribuit ⟨-nerat?⟩, missi erant: 3,4,5; his . . . agros . . in Gallia ex hostibus captos praemiaque rei pecuniariae magna tribuerat locupletesque ex egentibus fecerat: 3, 59,2.

B. gen.: multi undique ex ueteribus Pompei exercitibus spe praemiorum atque ordinum euocantur: 1,3,2.

Scipionis milites cohortatur, ut parta iam uictoria praedae ac praemiorum uelint esse participes: 3,82,1.

C. abl.: Indutiomarus . . . exsules damnatosque tota Gallia magnis praemiis ad se allicere coepit: V 55,3; ¶ celeriter adulescentibus et oratione magistratus et praemio deductis ⟨adductis *Faern.*⟩ . . . ratio perficiendi quaerebatur: VII 37,6; ¶ omnibus pollicitationibus ac praemiis deposcunt, qui belli initium ⟨*c*⟩ faciant ⟨*c*⟩: VII 1,5; ¶ praemiis excitare *u.* **excito** *p. 1200* **b) α)** *(3 loc.)*; ¶ hos praemiis pollicitationibusque incitant: 1,56,2; ¶ huic magnis praemiis pollicitationibusque persuadet, uti ⟨*c*⟩ ad hostes transeat: III 18,2; hic ⟨*c*⟩ seruo spe libertatis magnisque persuadet praemiis, ut litteras ad Caesarem deferat: V 45,3; cuidam ex equitibus Gallis magnis praemiis persuadet ⟨suadet β⟩, uti ad Ciceronem epistulam deferat: V 48,3; ¶ magno se illum praemio remuneraturum: I 44,13; ¶ (suadere: V 48,3 *u.* persuadere.)

D. e. praep.: omnes aut de honoribus suis aut de praemiis pecuniae aut de persequendis inimicitiis agebant: 3,83,5; — proinde ad praedam, ad gloriam properate, ut iam de praemiis uestris et de referenda gratia cogitare incipiamus: 2,39,3; — iamque inter se palam de praemiis ⟨praeturis *Markland;* prouinciis *Kraff.;* imperiis *Paul*⟩ ac de ⟨*c*⟩ sacerdotiis contendebant: 3,82,4.

non sine magna spe magnisque praemiis domum propinquosque (se) reliquisse: I 44,2.

praemunio: Caesar . . . aditus duos . . . magnis operibus praemuniuit ⟨perm. *O*⟩ castellaque his locis posuit: 3,58,1; ¶ Caesar loca maxime necessaria complexus noctu praemuniit ⟨*Np.; Db.;* praemunit *hl; Dt.;* praemuniti *a;* muniti *f*⟩: 3,112,7.

Lupus, qui Achaiam . . . obtinebat, Isthmum ⟨sthumum *af;* stumum *Nhl*⟩ praemunire instituit, ut Achaia Fufium prohiberet: 3,55,2.

praeoccupo. A. = antea occupare; **a) propr.**: non illi . . . iniquitatem loci atque angustias praeoccupatis castris et ancipitem ⟨angustias, non praeoccupatis castris ancipitem *Ciacc.*⟩ terrorem . . . causae fuisse cogitabant: 3,72,2; ¶ Curio . . . proximos colles capere uniuersos . . . iubet. hos quoque praeoccupat missus a Saburra equitatus: 2,42,1; ¶ (Caesar praecepto ⟨*Ciacc.;* praefecto occupato *x;* praeoccupato *Ald. nep.*⟩ itinere ad Dyrrachium finem properandi facit: 3,13,5;) ¶ ne ab equitatu Romanorum uiae praeoccuparentur: VII 26,5.

b) trsl.; α) = **(ante) capere, corripere**: sic omnino ⟨omnium β; *Schn.*⟩ animos timor praeoccupauerat ⟨occupauerat β⟩, ut paene alienata mente . . . dicerent: VI 41,3; sed praeoccupatus animus Attianorum militum timore ⟨*hl;* tempore *af*⟩ et fuga et caede suorum nihil de resistendo cogitabat: 2,34,6.

β) = **conciliare, obstringere**: praeoccupatum sese legatione ⟨-nem *a*[1]*l*⟩ ab Cn. Pompeio, teneri obstrictum fide: 2,17,2.

B. = opprimere: timens Domitio, ne aduentu Pompei praeoccuparetur, ad eum omni celeritate . . . ferebatur: 3,78,2.

praeopto: multi (Galli) ut diu iactato bracchio praeoptarent scuta ⟨*c*⟩ e ⟨*c*⟩ manu emittere et nudo corpore pugnare: I 25,4.

praeparo: falces: III 14,5 *u.* rem; ¶ (hostes) se in siluas abdiderunt locum naeti egregie . . . munitum, quem domestici belli, ut uidebatur ⟨*c*⟩, causa ⟨*o*⟩ iam ante praeparauerant; nam crebris arboribus succisis omnes introitus erant praeclusi: V 9,4 (5); ¶ Cassius . . . secundum nactus uentum onerarias naues [circiter XL] praeparatas ad incendium immisit: 3,101,5; ¶ una erat magno usui res praeparata a nostris, falces praeacutae insertae adfixaeque longuriis: III 14,5; — re frumentaria praeparata ⟨comparata *b; prob. Oud.*⟩ confirmatisque militibus . . . temptandum Caesar existimauit: 3,84,1.

dum ea, quae a Vercingetorige ad eruptionem praeparata erant ⟨*Ald.;* praeparauerant *X*⟩, proferunt: VII 82,3.

praependeo: easque (storias) ex tribus partibus . . . in ⟨*c*⟩ eminentibus ⟨*c*⟩ trabibus circum turrim ⟨*c*⟩ praependentes religauerunt: 2, 9,4; ¶ ut esset, ubi tegimenta praependere ⟨-dĕre?⟩ possent ad defendendos ictus ac repellendos: 2, 9,3.

praepono. A. alqm alci rei: sinistro cornu Antonium, dextro P. Sullam, media ⟨in media *O*⟩ acie ⟨*an* mediae aciei?⟩ Cn. Domitium praeposuerat: 3,89,2; ¶ hibernis Labienum praeposuit: I 54, 3; ¶ ueteres milites . . . duce C. Trebonio, equite Romano, qui iis ⟨c⟩ erat praepositus, . . . perrumpunt: VI 40, 4; ¶ toti tamen officio maritimo M. Bibulus praepositus cuncta administrabat: ad hunc summa imperii respiciebat: 3, 5, 4; huic officio praepositus erat Fufius Calenus legatus: 3, 8, 2.

B. non additur datiuus: 3, 89, 2 *u.* **A.** aciei.

praeripio: ne aut ingratus in referenda gratia aut arrogans in praeripiendo ⟨praecip. *fl*⟩ populi beneficio ⟨benef. pr. pop. *af*⟩ uideretur: 3, 1, 6.

praerumpo: his (falcibus) cum funes, qui antemnas ad malos destinabant ⟨c⟩, comprehensi adductique erant, nauigio remis incitato praerumpebantur ⟨prorump. β⟩. quibus abscisis ⟨praecisis β⟩ antemnae necessario concidebant: III 14, 6.

praeruptus (ui adiect.): id autem est iugum derectum, eminens in mare, utraque ex parte praeruptum atque asperum, sed tamen paulo leniore ⟨c⟩ fastigio ab ea parte, quae ad Vticam uergit: 2, 24, 3; ¶ interiores desperatis campestribus locis propter magnitudinem munitionum loca praerupta † ex ⟨atque ex β⟩ ascensu temptant: VII 86, 4; praeruptus ⟨*del. Madu.*⟩ locus erat, utraque ex parte derectus ⟨deiectus *Vielh.*⟩: 1, 45, 4; ¶ erat inter Labienum atque hostem difficili transitu flumen ripisque praeruptis: VI 7, 5; ¶ ipsi erant transcendendae nalles maximae ac difficillimae; saxa multis locis praerupta iter impediebant: 1, 68, 2.

praesaepio: si ⟨c⟩ illorum nuntiis confirmari non potestis omni aditu praesaepto ⟨praerepto *a*⟩: VII 77, 11; aditus autem atque itinera duo . . . maximis defixis trabibus atque eis praeacutis praesaepit: 1, 27, 4; ut ⟨c⟩ erant loca montuosa et † ad specus angustiae uallium, has ⟨aditus perangusti uallium, has *Dt.*²; aspera, angustias uallium [has] *Paul*⟩ sublicis in terram demissis ⟨c⟩ praesaepserat terramque adgesserat ⟨c⟩, ut aquam contineret ⟨c⟩: 3, 49, 4; ¶ (ipsi profecti a palude ⟨β; prospecta palude α; praesepti pal. *Em. Hoffm.; Db.*⟩ ad ⟨c⟩ ripas ⟨c⟩ Sequanae . . . considunt: VII 58, 6.)

praescribo: qui suum timorem in . . . angustias . . itineris conferrent ⟨c⟩, facere arroganter, cum aut de officio imperatoris desperare aut praescribere ⟨ei *add. Eussn.*⟩ uiderentur ⟨auderent *B*²β⟩: I 40, 10.

si ipse populo Romano non praescriberet, quem ad modum suo iure uteretur: I 36, 2; (milites) superioribus proeliis exercitati quid fieri oporteret non minus commode ipsi sibi ⟨magis *add.* β⟩ praescribere quam ab aliis doceri poterant: II 20, 3.

[**Falso:** haec ad eum *elatins atque inflatius Afranius perscribebat ⟨praescr. *afl*⟩: 2, 17, 3.]

praescriptio: ut honesta praescriptione rem turpissimam tegerent: 3, 32, 4.

praescriptum: duas legiones suas antecedere, reliquas subsequi iussit. hoc eius praescripto ex Hispania ad Varum flumen est iter factum: 1, 87, 5; ¶ aliae enim sunt legati partes atque imperatoris. alter omnia agere ad praescriptum, alter libere ad summam rerum consulere debet: 3, 51, 4; — populum Romanum uictis non ad alterius praescriptum, sed ad suum arbitrium imperare consuesse: I 36, 1.

praeseco: ciues Romani . . . praesectis omnium mulierum crinibus tormenta effecerunt: 3, 9, 3.

praesens. 1. adiect.: A. pertinet ad homines; a): (centuriones, tribuni pl.: 1, 67, 4 *u.* **praesentia A. a)**;) ¶ (Ariouistus) exercitu suo praesente conclamauit: I 47, 6; sic uocibus consulis, terrore praesentis ⟨*del. Dauis.*⟩ exercitus . . . plerique . . . coacti Scipionis sententiam sequuntur: 1, 2, 6.

b): ipsum Caesarem, cuius ductu saepe numero hostes superassent, praesentem ⟨*om.* β⟩ adesse existimarent: VII 62, 2; ut Caesar praesens constituerat: 3, 20, 1; — commonefacit, quae ipso praesente in concilio *[Gallorum] de Dumnorige sint dicta: I 19, 4; nihil hunc ⟨c⟩ se absente pro sano facturum arbitratus, qui praesentis imperium neglexisset: V 7, 7; ¶ quod pluribus praesentibus eas res iactari nolebat: I 18, 1; — is ⟨c⟩ se praesente de se ter sortibus ⟨c⟩ consultum dicebat: I 53, 7.

B. pertinet ad res: *terror *oblatus a ducibus, crudelitas in supplicio, noua religio iuris iurandi spem praesentis deditionis sustulit: 1, 76, 5; ¶ omnibus coactis nauibus Pompeius praesentem facultatem insequendi sui ademerat: 1, 29, 1; ¶ annona creuit; quae fere res non solum inopia praesenti ⟨*Dauis.*; praesentis *x*; *edd.*; inopia *del. Ciacc.*; inopia non •solum pr. *Ellebodius*⟩, sed etiam futuri temporis timore ingrauescere consueuit: 1, 52, 1; ipse praesentem inopiam quibus poterat subsidiis tutabatur ⟨*CC*⟩: 1, 52, 4; quem ⟨c⟩ ubi Caesar intellexit praesentis periculi atque inopiae uitandae causa omnem orationem ⟨c⟩ instituisse: 3, 17, 6; ¶ id sibi ad praesentem obtinendam libertatem satis esse; ad reliqui temporis pacem atque otium parum profici: VII 66,4; ¶ et praesenti malo aliis malis remedia dabantur ⟨medebantur *uel* remediabantur *Madu.*⟩: 1,81,3; ¶ in quo si non ⟨*c*⟩ praesens periculum, at ⟨*c*⟩ certe longinqua obsidione fames esset timenda: V 29,7; 3,17,6 *u.* inopia; ¶ **(**tempus: 1, 52,1 *ib.;***)** Curio ad superiorem spem addita praesentis temporis opinione . . . copias . . . deducit ⟨*c*⟩: 2,40,4; ¶ siue ipsorum perturbatio siue error aliquis siue etiam fortuna partam ⟨partem *af*⟩ iam ⟨una *add.* *a*[1]⟩ praesentemque uictoriam interpellauisset: 3,73,5. (2. **ui subst.**: in praesentia *u.* **in** *p. 131.*)

praesentia. A. propr.; **a)** = τὸ παρεῖναι, ἡ παρουσία: *luce multum per se pudorem omnium *oculos, multum etiam tribunorum militum et centurionum praesentiam ⟨praesertium *O*[1]*af*⟩ adferre ⟨*u. CC*⟩: 1,67,4.

b) = ὁ παρὼν χρόνος: **(**quod longius erat agger petendus, in praesentia ⟨praesentiam *bhl*⟩ similem rationem operis instituit: 1,42, 1;**)** ¶ in praesentia (= ἐν τῷ παρόντι) *u.* **in** *p. 131 (8 loc.).*

B. trsl.: tanta militum uirtus atque ea praesentia animi fuit, ut: V 43,4.

praesentio: Senones . . . Cauarinum . . . interficere publico consilio conati, cum ille praesensisset ac ⟨*c*⟩ profugisset, . . . expulerunt: V 54,2; plusque animo prouidere et praesentire (Vercingetorix) existimabatur, quod . . . censuerat: VII 30,2.

praesertim. A. **ui causali; a) additur cum** *u.* **cum** *p. 793* **b)** *(6 loc.).*

b) non additur cum: ueritus, ne ⟨*c*⟩ . . . hostium impetum sustinere non ⟨*c*⟩ posset, praesertim quos recenti uictoria efferri sciret: V 47,4; ¶ neque suam pati dignitatem, ut tantis copiis tam exiguam manum praesertim fugientem atque impeditam adoriri non audeant: VI 8,1; neque . . . Caesarem fugiebat . . . perterritum exercitum sustinere non posse, praesertim circumdatum undique equitatu ⟨equitatum *Oaf*⟩, cum in loco aequo atque aperto confligeretur: 1,71,1; — cum tanta multitudine hostium, praesertim eo absente, qui summam imperii teneret, nisi aequo loco aut oportunitate aliqua data legato dimicandum non existimabat: III 17,7; — neque ⟨*c*⟩ erat omnium quisquam, qui aspectum modo ⟨*c*⟩ tantae multitudinis sustineri posse arbitraretur, praesertim ancipiti proelio: VII 76,5; ¶ quibusnam manibus aut quibus uiribus praesertim homines ⟨hom. praes. β⟩ tantulae staturae . . . tanti oneris turrim ⟨*c*⟩ in muro ⟨*c*⟩ sese conlocare *posse* confiderent ⟨*u. CC*⟩: II 30,4; neque ullos in Gallia uacare agros, qui dari tantae praesertim multitudini sine iniuria possint: IV 8,2; castra . . ., etsi erant exigua per se, uix hominum milium septem, praesertim nullis cum impedimentis, tamen angustiis uiarum quam maxime potest contrahit: V 49,7.

B. ui condicionali: erant per se magna, quae gesserant equites, praesertim cum eorum exiguus numerus cum tanta multitudine Numidarum conferretur ⟨-fertur?⟩: 2,39,4; III 17,7 (*et* VII 76,5 *et* IV 8,2) *u.* **A. b).**

praesideo: in se noui generis imperia constitui, ut idem ad portas urbanis praesideat ⟨*Ald.;* praesidia *x*⟩ rebus et duas bellicosissimas prouincias absens tot annos ⟨*c*⟩ obtineat: 1,85,8.

praesidium. A. = auxilium, subsidium, tutela, custodia; βοήθεια; **a) subi.**: esse: 3, 28,4 *u.* **d)** β); ¶ **(**uideri: VII 10,1 *u.* **b)** pono.**)**

b) obi.: legionesque pro castris constituit. . . . praesidio legionum addito nostris ⟨*c*⟩ animus ⟨*c*⟩ augetur: VII 70,3; ¶ cum . . . priores . . . perturbatis ordinibus omnes ⟨omne *Eussn.*⟩ in fuga sibi praesidium ⟨subsidium *ik*⟩ ponerent: II 11,5; ne . . . cuncta Gallia deficeret, quod nullum amicis in eo praesidium uideret ⟨*AQB*β; *Schn., Hold., Dt.*[2]*;* uideretur *M; rell. edd.*⟩ positum esse ⟨praes. pos. uideret β⟩: VII 10,1; ¶ sperare: V 41,5 *u.* **d)** β).

e) dat.: (Carmonensium ciuitas) deductis ⟨*an* ductis *uel* inductis?⟩ tribus in arcem oppidi ⟨*o*⟩ cohortibus a Varrone praesidio per se cohortes eiecit ⟨*O*[2]*;* iniecit *Ox*⟩: 2,19,5; ¶ paucis turmis praesidio ad impedimenta dimissis ⟨*an* missis (*uel* praemissis)?⟩ reliquos equites ad latera disponit: VI 8,5; ¶ reliquas cohortes VII ⟨in *add. a; Np., Dt.*⟩ castris propinquisque castellis praesidio disposuerat: 3, 88,4; ¶ ducere(?): 2,19,5 *u.* deducere; cum Caesar omnino XII naues longas praesidio duxisset: 3,7,2; ¶ quas (naues) praesidio onerariis nauibus Curio ex Sicilia eduxerat: 2,23,5; ¶ huc cum cotidiana consuetudine egressae ⟨*Jurinius;* congressae *codd.*⟩ pabulatoribus praesidio propiore ⟨*c*⟩ *ponte* legiones Fabianae duae flumen transissent: 1,40,3; ¶ qui (Boi et Tulingi) . . . agmen hostium claudebant et nouissimis praesidio erant: I 25,6; amicitiam populi Romani sibi ornamento et praesidio, non detrimento esse oportere: I 44, 5; duae legiones, quae proxime conscriptae erant, totum agmen claudebant praesidioque impedimentis erant: II 19, 3; milites legionum duarum, quae in nouissimo agmine praesidio impedimentis fuerant: II 26, 3; cohortibus decem ad mare relictis et equitibus trecentis, qui praesidio nauibus essent: V 9, 1; easdem copias quas ⟨quae β⟩ ante praesidio nauibus ⟨fuerant *add.* β⟩ relinquit ⟨*c*⟩: V 11, 7; locus ipse erat ⟨er. ipse β⟩ praesidio barbaris: VI 34, 6; urbem, quae et ⟨β; *Schn.; om.* α; *rell. edd.*⟩ praesidio et ornamento sit ciuitati ⟨ciuitatis β⟩: VII 15, 4; Labienus eo supplemento, quod nuper ex Italia uenerat, relicto Agedinci, ut esset impedimentis praesidio, . . . Lutetiam proficiscitur: VII 57, 1; in duas partes sese distribuunt, alii ut praedae praesidio sint, alii ut uenientibus resistant: 1, 55, 2; est animaduersum ab legionariis . . ., magno sibi esse ⟨*om. hl*⟩ praesidio posse, si ibi ⟨*c*⟩ pro castello ac receptaculo turrim ex latere sub muro fecissent: 2, 8, 1; (castra ad flumen Apsum ponit in finibus Apolloniatium, † ut castellis uigiliisque bene meritae ciuitates tutae essent praesidio ⟨*codd.;* praesidio *del. P. Manut.; edd.;* prouidet (*pro* praesidio) *uel simile uerbum substituendum cens. Schnelle;* sine praesidio *Madu.;* ut cast. uigiliisque b. mer. ciuitati esset praesidio *Faern.;* ut uicis castellisque bene meritae ciuitatis esset praesidio *Ciacc.;* castellis uicisque bene mer. ciuitatis ut esset praesidio *Paul*⟩: 3, 13, 5;) idem auster increbruit ⟨*c*⟩ nostrisque praesidio fuit: 3, 26, 2; idoneis locis funditores instruxit, ut praesidio nostris se recipientibus essent: 3, 46, 2; alteram (legionem) alteri praesidio esse iusserat: 3, 89, 1; etiam cohortes, quae praesidio in ⟨*om. N*⟩ castellis fuerant, sese Sullae dediderunt: 3, 99, 3; ut, cum esset legio praesidio Messanae, uix oppidum defenderetur: 3, 101, 3; ¶ inducere (?): 2, 19, 5 *u.* deducere; ¶ mittere(?): VI 8, 5 *u.* dimittere; his (impedimentis) una legio missa praesidio est: 3, 75, 1; ¶ praemittere(?): VI 8, 5 *u.* dimittere; ¶ postridie eius diei Caesar praesidium ⟨praesidio B^2β⟩ utrisque castris quod satis esse uisum est reliquit: I 51, 1; *u. praeterea* **castra** *p. 466* **b)** *(8 (9) loc.)*; — impedimentis *u.* **impedimentum** *p. 59* **c)** *(3 loc.)*; — nauibus praesidio rel. V 11, 7 *u. s.* esse; qui (milites) ex ueteribus legionibus erant relicti praesidio nauibus ex numero aegrorum: 3, 101, 6; — ipse cognita locorum natura ponti castrisque praesidio sex cohortes ⟨ex cohortis *Nx*⟩ relinquit ⟨*Ohl;* reliquit *af*⟩: 1, 41, 2; — — eo biduo Caesar cum equitibus DCCCC, quos sibi ⟨*O, f?;* ibi *ahl*⟩ praesidio reliquerat, in castra peruenit: 1, 41, 1; — praesidioque Apoloniae cohortibus ⟨cohortium *Nx; Paul*⟩ IIII, Lissi I, III Orici relictis ⟨-cto *Paul*⟩ . . . iter facere coepit: 3, 78, 5; duabus auxiliaribus cohortibus Ilerdae praesidio relictis omnibus copiis Sicorim transeunt: 1, 63, 1; — — duas ibi legiones praesidio relinquit ⟨reliquit *(a?)f*⟩: 2, 22, 6; castra a cohortibus, quae ibi praesidio erant relictae, industrie defendebantur: 3, 95, 2; — — praesidio relinquere (*non additur* cui *neque* ubi): **(**II 29, 4 *u.* **B. b)** α**)** relinquere; qui in ⟨a^1; *om.* αh; *edd.*⟩ praesidio ⟨praesidio *del. Paul*⟩ contra castra Labieni ⟨β; contra labienum α⟩ erant relicti: VII 62, 8;**)** Caesar impedimentis in proximum collem † deductis duabus ⟨*c*⟩ legionibus praesidio relictis secutus hostes ⟨*c*⟩ . . . castra fecit: VII 68, 2; omnes copiae paucis praesidio relictis cohortibus exeunt: 1, 69, 4.

d) genet.; α): ostendit ciues Romanos, qui eius praesidii fiducia una erant: VII 38, 9; ¶ ubi cuique ⟨*c*⟩ aut ualles abdita aut locus ⟨*c*⟩ siluestris ⟨*c*⟩ aut palus impedita spem praesidii aut ⟨praesidiaue *a*⟩ salutis aliquam offerebat, consederat: VI 34, 2.

β**):** hic ⟨*c*⟩ cognosci licuit, quantum esset hominibus praesidii in animi firmitudine: 3, 28, 4; ¶ errare eos dicunt, si quicquam ab his ⟨*c*⟩ praesidii sperent, qui suis rebus diffidant: V 41, 5.

γ**):** praesidii causa *u.* **causa** *p. 488 sq. (7 loc.)*.

e) abl.: neque idcirco Caesar opus intermittit ⟨*c*⟩ confisus praesidio legionum trium et munitione fossae: 1, 42, 3; ¶ illi nulla coacta manu loci praesidio freti in siluas paludesque confugiunt: VI 5, 7.

ante . . . quam . . . exercitus conscripti essent, quo praesidio tuto et ⟨tutus?⟩ libere senatus quae uellet decernere auderet: 1, 2, 2; fere plerisque accidit, ut praesidio litterarum diligentiam in perdiscendo ac memoriam remittant: VI 14, 4.

f) c. praep.: quibus (equitibus) submotis omnes sagittarii funditoresque destituti inermes sine praesidio ⟨destituti, inermes, sine pr. *Db.;* destituti [inermes] suo praes. *Paul*⟩ interfecti sunt: 3, 93, 5.

B. = milites, qui custodiae causa loco alqo positi sunt; manus; φρουρά, φρουροί; **a) subi.; α):** defendere: VI 34, 1 *u.* esse; ¶ erat, ut supra demonstrauimus, manus certa nulla, non oppidum, non praesidium ⟨*Q corr.;*

praedium *X*⟩, quod se armis defenderet: VI 34,1; — confirmatur ⟨*c*⟩ opinio barbaris . . ., nullum esse intus praesidium: VI 37,9; — praesidii tantum est: VI 35,9 *u.* **d)** β); — satis esse: I 51,1 *u.* **b)** α) relinquere: IV 22, 6 *u.* **f)** β); ¶ posse: VII 74,1 *u.* **b)** α) circumfundere; ¶ uideri: I 51,1 *ib.* relinquere.

β): (Caluisius . . . summa omnium Aetolorum receptus uoluntate, praesidiis ⟨a praesidiis *Np.*, *Db.*⟩ aduersariorum Calydone et Naupacto deiectis ⟨*Ciacc.*; relictis *x*; *Np.*, *Db.*⟩ omni Aetolia potitus est: 3,35,1.)

b) acc.; α) obiect.: munitiones . . . perfecit, ut ne magna quidem multitudine . . . munitionum praesidia circumfundi possent: VII 74,1; ¶ cogere: VII 65,1 *u.* prouidere; ¶ qui (Carnutes) . . . praesidium Cenabi tueudi causa quod eo mitterent ⟨in eo mitterent *M;* immitterent *Fr.*⟩, comparabant: VII 11,4; ¶ ego reliquas portas circumeo et castrorum praesidia confirmo: 3, 94, 6; ¶ occupatoque oppido ibi praesidium conlocat: I 38,7; ut equitatum effugerent Caesaris praesidiisque in angustiis conlocatis exercitum itinere prohiberent, ipsi . . . Hiberum copias traducerent: 1, 65, 4; ¶ praesidia in Rutenis prouincialibus, Volcis Arecomicis, Tolosatibus circumque Narbonem . . . constituit: VII 7,4; ¶ quas Caesari ⟨*c*⟩ esse amicas ciuitates arbitrabatur, his grauiora onera iniungebat praesidiaque eo deducebat: 2,18,5; [haec quo facilius Pompeio probari possent, omnes suas terrestres urbiumque copias dimissurum ⟨dimissurus *afh*⟩ *codd.; Np.;* ⟨omnes suas terrestres copias urbiumque praesidia deducturum *Paul*⟩: 3,10,10]; *u. praeterea* **deduco** *p. 835* **b)** α) *(3 loc.);* ¶ deicere *u.* **deicio** *p. 848* **b)** *(4 loc.);* ¶ disponere *u.* **dispono** *p. 931 (6 loc.);* ¶ Varus praesidium, quod introduxerat, ex oppido educit ac profugit: 1,13,2; ¶ gratias agit . . . Hispanis, quod praesidia expulissent: 2,21,1; ¶ habere *u.* **habeo** *p. 1399 (4 loc.);* ¶ (immittere: VII 11, 4 *u.* comparare;) ¶ (quod deditione facta nostros praesidia deducturos ⟨non inducturos *B*²β⟩ aut denique indiligentius ⟨*c*⟩ seruaturos crediderant: II 33,2;) ¶ introducere: 1,13,2 *u.* educere; ¶ mittere: VII 11,4 *u.* comparare; cum . . . legati uenissent, qui praesidio misso pollicerentur earum gentium ciuitates imperata facturas: 3,34,2; ¶ opponere: VII 65,1 *u.* prouidere; ¶ quae gens . . . legatos miserat, ut suis omnibus facultatibus uteretur, praesidiumque ab eo militum petierat: 3,80,1; ¶ ibi praesidium ponit et in altera parte fluminis Q. Titurium . . . cum sex cohortibus relinquit ⟨*c*⟩: II 5,6; in extremo ponte turrim . . . constituit praesidiumque cohortium duodecim pontis tuendi causa ponit magnisque eum locum munitionibus firmat: VI 29,3; ilii eum tumulum . . . magnis operibus muniuerunt ⟨*c*⟩ praesidiumque ⟨que *om. Naf*⟩ ibi posuerunt: 1,47,4; Pharum ⟨*c*⟩ prehendit atque ibi praesidium posuit: 3, 112,5; ¶ ad hos omnes casus prouisa erant ⟨erant prouisa β⟩ praesidia cohortium duarum et uiginti, quae ex ipsa coacta ⟨*AQ*β; *Schn.*, *Db.*, *Hold.; om. BM; rell. edd.*⟩ prouincia ab L. Caesare legato ad omnes partes opponebantur: VII 65,1; ¶ Caesar praesidium ⟨-dio *B*²β⟩ utrisque castris quod satis esse uisum est reliquit: I 51,1; qui (Cimbri Teutonique) . . . impedimentis . . . citra flumen Rhenum depositis custodiam ⟨custodiae *B*²β⟩ ex suis ac praesidium ⟨praesidio *B*²β; *Schn.;* praesidia *Q*⟩ sex milia hominum una reliquerunt: II 29,4; animaduertit . . . hostem . . . nias obsidere et castris satis praesidii reliuquere: III 23,7; Caesar ad utramque partem pontis firmo praesidio relicto in fines Sugambrorum contendit ⟨*c*⟩: IV 18,2; Labienus . . . praesidio quinque cohortium ⟨.V. coh. praes. β; praes. coh. quinque *edd. uett.; Db.*⟩ impedimentis relicto cum XXV cohortibus magnoque equitatu contra hostem proficiscitur: VI 7,4; firmo in Treueris ad pontem praesidio ⟨pr. ad pont. β⟩ relicto . . . reliquas copias equitatumque traducit: VI 9,5; infra eum locum, ubi pons erat perfectus praesidiumque a ⟨*c*⟩ Caesare relictum: VI 35,6; nam praesidio e regione castrorum relicto et parua manu Metiosedum uersus missa . . . reliquas copias contra Labienum duxerunt: VII 61,5; proximo die praesidio in castris relicto uniuersas ad aquam copias educunt: 1,81,4; Caesari ad . . . socios confirmandos, praesidium urbibus relinquendum necesse erat adire ⟨*c*⟩ Apolloniam: 3, 78, 1; (praesidioque Apolloniae cohortibus ⟨cohortium *Nx; Paul*⟩ IIII, Lissi I, III Orici relictis ⟨-cto *Paul*⟩ . . . iter facere coepit: 3, 78,5.)

β) **acc. pendet ex praepositione uerbi compositi:** quos Pompeius . . . omnia sua praesidia ⟨sua *repetit a*⟩ circumduxit atque ostentauit: 3,61,1.

c) dat.: quorum (legatorum) alter oppidi muris ⟨oppidis maritimis *Paul*⟩, alter praesidiis terrestribus praeerat: 3,15,6; ¶ Caesar

. . . cohortibus decem ad mare relictis et equitibus trecentis, qui praesidio nauibus essent, . . . contendit. . . . ei ⟨*Kraff.; et X; edd.*⟩ praesidio nauibusque ⟨β; *Np., Dt.;* que *om.* α *et rell. edd.*⟩ Q. ⟨*om.* β⟩ Atrium praefecit ⟨-fecerat *Ciacc.*⟩: V 9, 1; praesidiumque cohortium duodecim . . . ponit magnisque eum locum munitionibus firmat. ei loco praesidioque C. Volcacium ⟨*c*⟩ Tullum ⟨*c*⟩ adulescentem praefecit: VI 29, 3.

d) genet.; α): (praesidii fiducia: VII 38, 9 *u.* **A. d) α)** fiducia.)

β): satis praesidii: III 23, 7 *u.* **b) α)** reliuquere; ¶ praesidii tantum est, ut ne ⟨*c*⟩ murus ⟨*c*⟩ quidem cingi possit neque quisquam egredi extra munitiones audeat: VI 35, 9.

e) abl.; α): confisus praesidio: 1, 42, 3 *u.* **A. e).**

β): (detinere: VII 69, 7 *u.* tenere;) ¶ sed is locus praesidio ab his, non nimis firmo tamen ⟨*o*⟩, tenebatur: VII 36, 6; haec eadem (castella) noctu excubitoribus ac firmis praesidiis tenebantur ⟨detineb. β⟩: VII 69, 7; qui (Q. Lucretius senator et Attius Paelignus) id oppidum VII cohortium praesidio tenebant: 1, 18, 1; qui (saltus Pyrenaei) eo tempore ab L. Afranio legato praesidiis tenebantur: 1, 37, 1; (2, 23, 4 *u.* tueri;) hos (colles) primum praesidiis tenuit castellaque ibi communiit ⟨*c*⟩: 3, 43, 1; relinquebatur, ut . . . quam latissimas regiones (Pompeius) praesidiis teneret: 3, 44, 2; ¶ id oppidum C. Considius Longus unius legionis praesidio tuebatur ⟨tenebat?⟩: 2, 23, 4.

γ): ut . . . alias regiones partesque peteret non maiore equitum ⟨equitatum B^1a⟩ praesidio quam quattuor, quibus solis uitam suam committere audebat: VI 43, 6.

δ): destituti suo praesidio: 3, 93, 5 *u.* **A. f).**

f) c. praep.; α) ab: legiones a praesidio atque impedimentis interclusas maximum flumen distinebat: VII 59, 5.

β) cum: Sulpicium Rufum legatum cum eo praesidio, quod satis esse arbitrabatur, portum tenere ⟨tueri *RSchn.*⟩ iussit: IV 22, 6; (erat aeger in ⟨β; *Schn., Fr.;* cum α; *rell. edd.*⟩ praesidio relictus P. ⟨*c*⟩ Sextius Baculus: VI 38, 1.)

γ) ex: missis ad eos ab Otacilio equitibus . . . circiter CCCC quique eos armati ex praesidio secuti sunt: 3, 28, 6.

δ) sine: quod neque legiones audeant absente imperatore ex hibernis egredi neque imperator sine praesidio ad legiones peruenire possit ⟨*c*⟩: VII 1, 7; (3, 13, 5 *u.* **A. c)** esse; 3, 93, 5 *u.* **A. f).**)

C. = locus munitus (qui copiis tenetur); φρούριον; (a) subi.: esse: VI 34, 1 *u.* **B. a)** esse.)

b) acc.; α): munire: 3, 45, 2 *u.* occupare; ¶ in occupandis praesidiis magna ui uterque nitebatur ⟨*c*⟩: 3, 45, 1; cum legio Caesaris nona praesidium quoddam ⟨praesidio collem *Ciacc.*⟩ occupauisset et munire coepisset, huic loco propinquum et contrarium collem Pompeius occupauit: 3, 45, 2; ¶ neque se praesidium, ubi constitutus esset, sine auxilio Scipionis tenere posse: 3, 36, 6.

β): circumducere: 3, 61, 1 *u.* **B. b) β).**

c) dat.: praeesse: 3, 15, 6 *u.* **B. e).**

d) gen.: qui (M. Antonius) proximum locum praesidiorum tenebat: 3, 65, 2.

e) c. praep.; α) ab: qui tamen fontes a quibusdam praesidiis aberant longius: 3, 49, 5; ¶ intercludere: VII 59, 5 *u.* **B. f) α).**

β) ex: deducere cohortes ex praesidiis *u.* **deduco** *p. 835* **b) δ)** cohortes *(4 loc.)*; ¶ unum, quod cohortes ex statione et praesidio essent emissae, questus: VI 42, 1; ¶ plura castella Pompeius pariter distinendae manus causa temptauerat, ne ex proximis praesidiis succurri posset: 3, 52, 1.

γ) in c. abl.; αα): equitatum omnem et peditum milia X sibi . . mitterent, quae in praesidiis rei frumentariae causa disponeret: VII 34, 1; ¶ consensisse Gaditanos principes cum tribunis cohortium, quae essent ibi in praesidio: 2, 20, 2; ¶ Hirrum cum sex cohortibus, quas ibi in praesidio habuerat, excipit: 1, 15, 5; ¶ in praesidio relinquere *u.* **in** *p. 124 med. (3 loc.).*

ββ): ubi constitutus esset: 3, 36, 6 *u.* **b)** tenere.

δ) intra: sententiasque de singulis ferrent, qui Romae remansissent quique intra praesidia Pompei fuissent neque operam in re militari praestitissent: 3, 83, 3; ¶ quod intrare (Lucterius) intra praesidia periculosum putabat: VII 8, 1.

[Falso: 1, 85, 8 *u.* **praesideo**.]

Adiect.: amicissimum: I 42, 5; crebra: VII 65, 3; firmum (-a): IV 18, 2; VI 9, 5; VII 36, 6; — VII 69, 7; magnum: 2, 8, 1; maius: VI 43, 6; maxima: 3, 62, 2; nullum: VI 37, 9; VII 10, 1; omne (-nia): II 11, 5 (?); — 3, 61, 1; 73, 1; proxima: VII 87, 5; 3, 52, 1; quoddam (quaedam): 3, 45, 2; — 3, 49, 5; (suum (-a): 3, 93, 5 (?); 3, 61, 1;) terrestria: 3, 15, 6.

praesto sum: qui (Ambiorix et Catuuolcus) cum ad fines regni sui Sabino Cottaeque praesto fuissent frumentumque in hiberna comportauissent: V 26, 2; edictumque praemittit, ad quam diem magistratus principesque omnium ciuitatum sibi esse praesto Cordubae uellet: 2, 19, 1; tu nelim mihi ad urbem praesto sis, ut tuis consiliis atque opibus . . . in omnibus rebus utar: *ap. Cic. ad Att.* IX 16, 3.

praesto, -are. A. intrans.; a) = antecellere, meliorem, superiorem esse: cum his nauibus nostrae classi ⟨*c*⟩ eius modi congressus erat ⟨*c*⟩, ut una celeritate et pulsu remorum ⟨incitatione *add.* β⟩ praestaret: III 13, 7; — quod erat ciuitas magna inter Belgas auctoritate atque hominum ⟨omnes B^aβ⟩ multitudine praestabat: II 15, 1; — illi (Pompeiani) operibus uincebant, quod et numero militum praestabant et: 3, 44, 5; hostes . . . continuerunt, cum ipsi numero equitum militumque praestarent: 3, 47, 2.

perfacile esse, cum uirtute omnibus (Heluetii) praestarent, totius Galliae imperio potiri: I 2, 2.

b) praestat = melius, **praestantius est; α) sequitur** quam: hos seditiosa atque improba oratione multitudinem deterrere, ne frumentum conferant, quod debeant; praestare, si ⟨*sic Heller; Hold., Dt.*²; quod praestare debeant. si *X; Np., Fr., Db.;* quod praestare debeat, si *Herzog; Schn.;* [quod] praestare [debeant], si *Lippert;* quod praestare dicant, si *Faern.*⟩ iam principatum Galliae obtinere non possint ⟨possent *X*⟩, Gallorum quam Romanorum imperia perferre ⟨praeferre *af; Np., Db.*⟩ neque dubitare [debeant], quin: I 17, 2. 3; sibi praestare, si in eum casum deducerentur, quamuis fortunam a populo Romano pati quam ab his ⟨*c*⟩ per cruciatum ⟨*c*⟩ interfici, inter quos dominari consuessent: II 31, 6; postremo in acie praestare interfici quam non ueterem belli gloriam libertatemque, quam a maioribus acceperint ⟨*c*⟩, recuperare: VII 1, 8; praestare uisum est tamen omnes difficultates perpeti quam tanta contumelia accepta omnium suorum uoluntates alienare: VII 10, 2; praestare ⟨β; praestaret α⟩ omnes perferre acerbitates quam non ciuibus Romanis, qui Cenabi perfidia Gallorum interissent, parentarent ⟨-tare *Ciacc.*⟩: VII 17, 7; postremo praestare dicebant per uirtutem in pugna belli fortunam experiri quam desertos et circumuentos ab suis grauissimum supplicium perpeti: 2, 30, 2; quod si iam haec explorata habeamus, quae de exercitus alienatione dicuntur, . . . quanto haec dissimulari ⟨l^1; -are *rell.; Np., Db.*⟩ et occultari ⟨-are *O*⟩ quam per nos confirmari ⟨dissimulare . . . occultare . . . confirmare *Paul*⟩ praestet? 2, 31, 5; quod praestare arbitrabatur unum locum . . . quam omnia ⟨*c*⟩ litora ac portus custodia clausos ⟨classis *Paul*⟩ teneri ⟨*recc.;* tueri *x; Paul*⟩: 3, 23, 1.

β) non sequitur quam: perturbantur, copiasne aduersus hostem ducere ⟨educere β⟩ an castra defendere an fuga salutem petere praestaret: IV 14, 2.

B. transit.; a) = cauere, spondere: postulabat Caesar, ut legatos sibi ad Pompeium sine periculo mittere liceret, idque ipsi fore reciperent. . . . *Libo neque legatos Caesaris recipere neque periculum praestare eorum: 3, 17, (2.) 5.

b) = exsequi, facere, seruare, exhibere: qui (Vertico) a prima obsidione ad Ciceronem perfugerat summamque ⟨*Paul; Hold., Dt.*²; suamque *X; rell. edd.*⟩ ei fidem praestiterat: V 45, 2; ¶ ita mobilitatem equitum, stabilitatem peditum in proeliis praestant (essedarii): IV 33, 3; ¶ officium *u.* **officium** *p. 890 sq.* γ) αα) *(4 loc.);* ¶ qui . . intra praesidia Pompei fuissent neque operam in re militari praestitissent: 3, 83, 3; ¶ stabilitatem: IV 33, 3 *u.* mobilitatem; ¶ hostes etiam in extrema spe salutis tantam uirtutem praestiterunt, ut: II 27, 3; praestate eandem nobis ducibus uirtutem, quam saepe numero imperatori praestitistis: VI 8, 4.

cum . . . fidem implorarent Pompei, praestaret, quod proficiscenti recepisset, ne per eius auctoritatem deceptus uideretur: 3, 82, 5.

(c) = suppeditare: frumentum: I 17, 2 *u.* **A. b)** α).**)**

[Falso: ubi eos in sententia perstare ⟨praestare *AQB¹f*⟩ uiderunt: VII 26, 4.]

praestolor: huius aduentum L. Caesar filius cum X longis nauibus ad Clupeam praestolans . . . ueritus[que] nauium multitudinem ex alto refugerat: 2, 23, 3.

praesum. A. additur dat.; a): magistratus, qui ei bello praesint et ⟨*Ciacc.;* ut *X; edd.*⟩ uitae necisque habeant potestatem, deliguntur: VI 23, 4; ¶ cui (castello) praeerat Q. Titurius legatus: II 9, 4; ¶ quibus (castris hostium) praeerat Saburra: 2, 38, 3; quaerit, quis castris ad Bagradam praesit; respondent Saburram: 2, 39, 2; ¶ classi *u.* **classis** *p. 559* C. *(6 loc.);* ¶ qui (Cauarillus) post defectionem Litauicci pedestribus copiis praefuerat: VII 67, 7; ¶ his autem omnibus druidibus praeest unus, qui summam inter eos habet auctoritatem: VI 13, 8; ¶ equitatui *u.* **equitatus** *p. 1047* C. *(4 loc.);* ¶ ex Macedonia CC (equites) erant, quibus Rhascypolis ⟨c⟩ praeerat: 3, 4, 4; ¶ praeesse autem (Scipionem) suo nomine exercitui, ut praeter auctoritatem uires quoque ad coercendum haberet: 3, 57, 3; ¶ qui (Plancus) legionibus praeerat: 1, 40, 5; qui (Antonius) ei legioni praeerat: 3, 46, 4; ¶ Diuiciaco et Lisco, qui summo magistratui praeerat ⟨*Ellebodius;* praeerant *X; Hold.; defend. Mowat et Serrure*⟩, quem uergobretum appellant Haedui, qui . . . uitae necisque in suos habet potestatem: I 16, 5; ¶ his militibus Q. Titurium Sabinum et L. Aurunculeium Cottam legatos praeesse ⟨esse β⟩ iussit: V 24, 5; ¶ loquuntur . . . eum M.' Acilio ⟨c⟩ et Statio Murco legatis, quorum alter † oppidi muris ⟨oppidis maritimis *Paul*⟩, alter praesidiis terrestribus praeerat: 3, 15, 6; ¶ nauibus *u.* **nauis** *p. 709* **C. a)** *(3 loc.);* ¶ conlaudatis militibus atque iis, qui negotio praefuerant: V 2, 3; prout cuiusque eorum, qui negotiis praeerant, aut natura aut studium ferebat: 3, 61, 3; ¶ huic officio oppidoque M.' ⟨c⟩ Acilius ⟨c⟩ legatus praeerat: 3, 39, 1; ¶ oppido *u.* **oppidum** *p. 940* **E.** *(4 loc.);* ¶ his (Sueborum pagis) praeesse Nasuam et Cimberium fratres: I 37, 3; ¶ cum esset Caesaris classis diuisa in duas partes, dimidiae parti praeesset P. Sulpicius praetor Vibone ⟨-nem *Nx*⟩ ad fretum, dimidiae M. Pomponius ad Messanam: 3, 101, 1; ¶ praesidiis: 3, 15, 6 *u.* muris; ¶ quibus regionibus quattuor reges praeerant, Cingetorix, Caruilius, Taximagulus, Segouax: V 22, 1; ¶ neque druides habent, qui rebus diuinis praesint: VI 21, 1; — C. Fufium Citam, honestum equitem Romanum, qui rei frumentariae ⟨causa *add.* β⟩ iussu Caesaris praeerat, interficiunt: VII 3, 1; ¶ (urbi: 3, 12, 1 *u.* **B. a)** *extr.*)

b): his ⟨c⟩ (Venellis) praeerat Viridouix ac summam imperii tenebat earum omnium ciuitatum: III 17, 2.

c): qui (Vatinius) Brundisio ⟨-sii *recc., recte, ni fallor*⟩ praeerat: 3, 100, 2.

B. non additur datiuus; a) additur, ubi quis praesit: Brundisii: 3, 100, 2 *u.* **A. c)**; — qui (Otacilius Crassus) Lissi praeerat: 3, 28, 2. *Cf.* 3, 26, 2 *et* 3, 101, 1 (Dyrrachii, Vibone.)

eius ⟨c⟩ aduentu audito L. Staberius ⟨c⟩, qui ibi ⟨urbi *Kindscher*⟩ praeerat, . . . coepit: 3, 12, 1.

b) absol.: petunt, ut Mandubracium . . . in ciuitatem mittat, qui praesit imperiumque obtineat: V 20, 3.

praeter. A. propr. (vorbei an): postridie eius diei praeter castra Caesaris suas copias traduxit: I 48, 2.

B. trsl.; a) = ausser; α) = πλήν, χωρίς; αα) pertinet ad negationem: Allobroges . . . demonstrant sibi praeter agri solum nihil esse reliqui: I 11, 5; ¶ in occultis ac reconditis templi, quo praeter sacerdotes adire fas non ⟨nulli *Paul*⟩ est, quae Graeci ἄδυτα appellant: 3, 105, 4; (*ap. Cic. ad Att.* IX 7 *C*, 1 *u.* **ββ)** reliqui;) ¶ ut praeter Haeduos et Remos . . . nulla fere ciuitas fuerit non suspecta nobis: V 54, 4; nulla Thessaliae fuit ciuitas praeter Larisaeos ⟨c⟩ . . ., quin Caesari pareret ⟨c⟩ atque imperata faceret ⟨c⟩: 3, 81, 2; 105, 4 *u.* non; ¶ ut locis frigidissimis neque uestitus praeter pelles haberent quicquam ⟨*om.* β⟩ . . . et: IV 1, 10; neque enim temere praeter mercatores illo ⟨c⟩ adit ⟨c⟩ quisquam neque iis ⟨c⟩ ipsis quicquam praeter oram maritimam atque eas regiones, quae sunt contra Gallias, notum est: IV 20, 3.

ββ) pertinet ad aliam uocem: frumentum omne, praeterquam ⟨praeter *B*²β, *recte, ni fallor*⟩ quod secum portaturi erant, comburunt: I 5, 3; capilloque sunt promisso atque omni parte corporis rasa praeter caput et labrum ⟨et labr. *del. Hartz*⟩ superius: V 14, 3; harum tamen omnium legionum hiberna praeter eam, quam L. Roscio in pacatissimam et quietissimam partem ducendam dederat, milibus passuum centum continebantur: V 24, 7; Curio exercitum in castra reducit suis omnibus praeter Fabium incolumibus: 2, 35, 6; commeatus omni genere praeter frumentum abundabat: 3, 49, 6; hoc casu aquila conseruatur omnibus primae cohortis centurionibus interfectis praeter principem priorem: 3, 64, 4; ¶ materia cuiusque generis ut in Gallia est praeter fagum atque ⟨et β⟩ abietem: V 12, 5; ¶ cum reliqui praeter Senones, Carnutes ⟨senonas et carnutas β⟩ Treuerosque uenissent: VI 3, 4; quoniam reliqui crudelitate odium effugere non potuerunt neque uictoriam diutius tenere praeter unum L. Sullam: *ap. Cic. ad Att.* IX 7 *C*, 1.

β) = πρός (abgesehen von): Ariouistus ex equis ut conloquerentur et praeter se denos ut ⟨c⟩ ad conloquium adducerent ⟨c⟩ postulauit: I 43, 3; ex Afranianis interficiuntur T. Caecilius, primi pili centurio, et praeter eum centuriones IIII, milites amplius CC: 1, 46, 5; legiones effecerat ciuium Romanorum VIIII . . . . praeterea magnum numerum . . . supplementi nomine in legiones distribuerat; his Antonianos milites admiscuerat. praeter has exspectabat cum Scipione ex Syria legiones II: 3, 4, (1. 2.) 3; qui praeter imperatas pecunias suo etiam priuato compendio seruiebant: 3, 32, 4; praeesse autem suo nomine (Scipionem) exercitui, ut praeter auctoritatem uires quoque ad coercendum haberet: 3, 57, 3; Achillas . . . occupabat Alexandriam praeter eam ⟨*dett.*; praeterea *x*; praeterea eam *Vielh.*⟩ oppidi partem, quam Caesar cum militibus tenebat: 3, 111, 1; naues longas occupare hostes conabantur; quarum erant L auxilio missae ad Pompeium . . .; praeter has XXII, quae praesidii causa Alexandriae esse consuerant: 3, 111, 3.

b) = **contra,** *παρά*: praeter consuetudinem *u.* **consuetudo** *p. 697 extr. et 698 (5 loc.)*; ¶ cum tantum repentini periculi praeter opinionem ⟨opinationem A^1⟩ accidisset: III 3, 2; Caesar paene omni acie perterrita, quod ⟨?⟩ praeter opinionem consuetudinemque acciderat, cohortatus suos legionem nonam subsidio ducit: 1, 45, 1; ¶ ubi praeter spem quos fugere credebant infestis signis ad se ire uiderunt ⟨*c*⟩: VI 8, 6; militum pars horum uirtute submotis hostibus praeter spem incolumis in castra peruenit: VI 40, 8; quod haec praeter spem acciderant eius: 3, 70, 1.

praeterea: si quid ille se uelit, illum ad se uenire oportere. praeterea se neque sine exercitu in eas partes Galliae uenire audere, quas Caesar possideret, neque . . ..: I 34, 3; quod si praeterea nemo sequatur, tamen se cum sola decima legione iturum: I 40, 15; his ⟨*c*⟩ paucis diebus Aulerci Eburouices Lexouiique . . . se ⟨*c*⟩ . . cum Viridouice coniunxerunt; magnaque praeterea multitudo undique ex Gallia perditorum hominum latronumque conuenerat ⟨*c*⟩: III 17, 4; auxiliis equitatuque comparato, multis praeterea uiris fortibus Tolosa et Narbone ⟨*c*⟩ . . . nominatim euocatis in Sotiatium ⟨*c*⟩ fines exercitum introduxit: III 20, 2; quod satis esse ad duas transportandas legiones existimabat quod ⟨quicquid β⟩ praeterea nauium longarum habebat ⟨*u. CC*⟩: IV 22, 3; in hoc medio cursu est insula, quae appellatur Mona. complures praeterea minores obiectae ⟨*c*⟩ insulae existimantur: V 13, 3; quod consilium . . . incommode accidit ⟨cecidit?⟩ . . . . praeterea accidit, quod fieri necesse erat, ut uulgo milites ab signis discederent . . .: V 33, 6; in primis hoc uolunt persuadere non interire animas . . . . multa praeterea de sideribus atque eorum motu, de mundi ac terrarum magnitudine, de rerum natura, de deorum immortalium ⟨*c*⟩ ui ⟨*o*⟩ ac potestate disputant et iuuentuti tradunt: VI 14, 6; qui hoc spatio dierum conualuerant . . ., sub uexillo una mittuntur; magna praeterea multitudo calonum, magna uis iumentorum . . . sequitur: VI 36, 3; pabulum secari ⟨*c*⟩ non posse; necessario dispersos hostes ex aedificiis petere: hos ⟨*c*⟩ omnes cotidie ab equitibus ⟨*c*⟩ deleri ⟨*c*⟩ posse. praeterea salutis ⟨*CC*⟩ causa rei familiaris commoda neglegenda; uicos atque aedificia incendi oportere . . . . praeterea oppida incendi oportere, quae non . . . ab omni sint periculo tuta: VII 14, 5. 9; legiones habere sese paratas X; praeterea cognitum compertumque sibi alieno esse animo in Caesarem milites: 1, 6, 2; erant quinque ⟨*c*⟩ ordinis ⟨*c*⟩ senatorii ⟨*c*⟩. . . . praeterea filius Domitii aliique complures adulescentes et magnus numerus equitum Romanorum et decurionum: 1, 23, 2; erant . . . legiones Afranii III, Petrei duae, praeterea scutatae citerioris prouinciae et caetratae [ulterioris Hispaniae] cohortes circiter LXXX equitumque utriusque prouinciae circiter V milia: 1, 39, 1; uenerant eo sagittarii ex Rutenis, equites ex Gallia cum multis carris magnisque impedimentis . . . . erant praeterea cuiusque generis hominum milia circiter VI eum seruis libertisque ⟨*c*⟩: 1, 51, 2; naues longas X Gaditanis ut facerent imperauit, complures praeterea [in] Hispali faciendas curauit: 2, 18, 1; qui omnes discessu Curionis multique praeterea per simulationem uulnerum . . . in oppidum propter timorem sese recipiunt: 2, 35, 6; haec tamen ab ipsis inflatius commemorabantur . . . . multa praeterea spolia *proferebantur, capti homines equique ⟨*c*⟩ producebantur: 2, 39, 5; legiones effecerat . . . VIIII. . . . praeterea magnum numerum ex Thessalia, Boeotia, Achaia Epiroque ⟨*c*⟩ supplementi nomine in legiones distribuerat; his Antonianos milites admiscuerat. praeter has exspectabat . . .: 3, 4, 2; acerbissime imperatae pecuniae tota prouincia exigebantur. multa praeterea generatim ad auaritiam excogitabantur: 3, 32, 1; ciuibus Romanis . . . pecuniae imperabantur . . ., publicanis . . . insequentis anni uectigal promutuum. praeterea Ephesi a fano Dianae depositas antiquitus pecunias Scipio tolli iubebat: 3, 33, 1; eodem tempore duobus praeterea locis pugnatum est: 3, 52, 1; in castris Pompei uidere licuit . . . non nullorum tabernacula protecta hedera multaque praeterea, quae nimiam luxuriam et uictoriae fiduciam designarent: 3, 96, 1; ex Pompeiano exercitu circiter milia XV cecidisse uidebantur, sed in deditionem uenerunt amplius milia XXIIII. multi praeterea in finitimas ciuitates refugerunt: 3, 99, 3; milites . . . quinqueremes ⟨*c*⟩ duas, in quarum altera erat Cassius, ceperunt .... praeterea ⟨praeteriit *a*⟩ duae sunt depressae ⟨*c*⟩ triremes: 3, 101, 6; milia XX in armis habebat. haec constabant ex Gabinianis militibus .... huc accedebant collecti ex praedonibus latronibusque Syriae Ciliciaeque prouinciae finitimarumque regionum. multi praeterea ⟨multi. Praeterea *l*⟩ capitis damnati exsulesque conuenerant .... hi ... consuerant. erant ⟨*om. NO¹hl*⟩ praeterea equitum milia duo: 3, 110, (2.) 3. 5; (Achillas ... occupabat Alexandriam praeter eam ⟨*dett.; praeterea x; praeterea eam Vielh.*⟩ oppidi partem, quam Caesar cum militibus tenebat: 3, 111, 1.)

praetereo. A. propius accedit ad uim propriam, de tempore (= transire, abire, effluere): qui Alesiae obsidebantur, praeterita die, qua auxilia ⟨*o*⟩ suorum exspectauerant, ... consultabant: VII 77, 1.

monuitque, ut ... ex praeteritis suis officiis reliqua sperarent: 3, 60, 1; ¶ monet, ut in reliquum tempus omnes suspiciones uitet; praeterita se Diuiciaco fatri condonare dicit: I 20, 6.

B. trsl.; a) alqm (= neglegere, rationem non habere): Philippus et Cotta ⟨marcellus *O²*; — Philippus et Marcellinus collega *(Pighius) Kindsch.*; Paullus et Marcellus *Pantagathus*; consules *coni. Np.*; prioris anni consules *Hug*⟩ priuato consilio praetereuntur neque eorum sortes deiciuntur: 1, 6, 5.

b) alqd (= silentio praetermittere): diligentiam quidem nostram aut, quem ad finem adhuc res ⟨*om. Nhl*⟩ processit, fortunam ⟨processit fortuna *Nhl*⟩ eur praeteream? 2, 32, 11; ¶ non praetereunda oratio Critognati uidetur ⟨uid. or. crit. *β*⟩ propter eius singularem et ⟨*c*⟩ nefariam crudelitatem: VII 77, 2.

accidit inspectantibus nobis quod dignum memoria uisum praetereundum ⟨praetermittendum *ik; edd. uett.*⟩ non existimauimus: VII 25, 1.

c) sequ. quin: cum ... properarem ..., praeterire tamen non potui, quin et scriberem ad te et illum (Furnium) mitterem gratiasque agerem: *ap. Cic. ad Att.* IX 6 *A*.

praetermitto. A. = dimittere, non uti; a): Eporedorix Viridomarusque ... non praetermittendum tantum ⟨instans tantum *β*⟩ commodum existimauerunt: VII 55, 4; ¶ ne quem diem pugnae praetermitteret: IV 13, 4; ¶ ne Varus quidem [Attius] dubitat copias producere, siue sollicitandi milites siue ... dimicandi detur occasio, ne facultatem praetermittat: 2, 33, 5; ¶ non nullae eius rei praetermissae occasiones Caesari uidebantur: 3, 25, 1.

b): ut potius in nocendo aliquid praetermitteretur ⟨omitteretur *β*⟩, ... quam cum aliquo militum detrimento noceretur ⟨*c*⟩: VI 34, 7.

B. = omittere, neglegere (c. inf.): reliqua studio itineris conficiendi quaerere praetermittit: 2, 39, 3.

praeterquam: ego hanc sententiam probarem, ... si nullam praeterquam uitae nostrae iacturam fieri uiderem: VII 77, 6; — frumentum omne, praeterquam ⟨praeter *B²β*⟩ quod secum portaturi erant, comburunt: I 5, 3.

praeteruehor: illi ... naues soluunt atque altero die Apolloniam ⟨dyrrachium *add. x*; Dyrrhachiumque *add. edd. uett.; del. Elberl.*⟩ praeteruehuntur: 3, 26, 1; — praeteruectosque Dyrrachium magna ui uenti nihilo setius sequebatur: 3, 26, 3; — nam praeteruectas ⟨-missas *f*⟩ Apolloniam Dyrrachiumque naues uiderant: 3, 30, 1.

praetor. A. Romanorum; a) subi.; α): (agere: 1, 8, 4 *u.* c) α);) ¶ (conlocare: 3, 20, 1 *ib.*;) ¶ dent operam consules, praetores, tribuni plebis ⟨pr., tr. pl. *ahl*; P. R. tr. pl. *Obef*⟩ quique *pro* eoss. ⟨*c*⟩ sint ⟨*c*⟩ ad urbem, ne quid res publica detrimenti capiat: 1, 5, 3; ¶ (demonstrare: 1, 8, 4 *u.* c) α);) ¶ itemque praetoribus tribunisque ⟨PR. (*uel* P. R.) trib. *x*⟩ plebis rogationes ad populum ferentibus non nullos ambitus ... damnatos ... in integrum restituit: 3, 1, 4; ¶ (munire: 1, 12, 1 *u.* c) β);) ¶ (polliceri: 1, 3, 6 *et* 3, 20, 1 *u.* c) α);) ¶ (postulare: 1, 3, 6 *ib.*;) ¶ (praeesse: 3, 101, 1 *ib.*;) ¶ (profugere: 1, 24, 3 *ib.*;) ¶ (suscipere: 3, 20, 1 *ib.*;) ¶ (tenere: 1, 12, 1 *u.* c) β); ¶ (uenire: 3, 22, 2 *u.* c) δ).)

β): dici a praetore: 2, 21, 5 (*et* teneri a pr.: 3, 22, 2) *u.* e) δ).

b) praed.: in eo fuit numero Valerius ⟨*c*⟩ Flaccus, L. filius, eius, qui praetor Asiam obtinuerat: 3, 53, 2.

c) appos.; α) nom.: pollicetur L. Piso censor sese iturum ad Caesarem, item L. Roscius praetor, qui de his rebus eum doceant: sex dies ad eam rem conficiendam spatii postulant: 1, 3, 6; eadem fere ... praetor Roscius agit eum Caesare sibique Pompeium commemorasse demonstrat: 1, 8, 4; L. Manlius praetor Alba ⟨*c*⟩ cum cohortibus sex profugit, Rutilius Lupus praetor Tarracina ⟨*c*⟩ eum tribus: 1, 24, 3; isdem temporibus M. Coelius Rufus praetor causa debitorum suscepta initio magistratus tribunal suum iuxta C. Trebonii, praetoris urbani, sellam conlocauit et . . . fore auxilio pollicebatur: 3, 20, 1; cum esset Caesaris classis diuisa in duas partes, dimidiae parti praeesset P. Sulpicius praetor Vibone ⟨*c*⟩ ad fretum, dimidiae M. Pomponius ad Messanam: 3, 101, 1.

β) **acc.**: certior factus Iguuium Thermum praetorem cohortibus V tenere, oppidum munire: 1, 12, 1.

γ) **genet.**: 3, 20, 1 *u.* α).

δ) **abl.**: seseque dictatorem dictum a M. Lepido praetore ⟨PR. uel P. R. *z*⟩ cognoscit: 2, 21, 5; eo cum a Q. ⟨aque *a*⟩ Pedio praetore cum legione * * * ⟨eo cum Q. Pedins praetor eum legione uenisset *Kraff.*; ea eum a Q. Pedio praetore cum legione teneretur *Gland.*⟩, lapide ictus ex muro periit ⟨eo cum Q. Pedio pr. missa legione lap. ict. ex m. periit *F. Hofm.*⟩: 3, 22, 2.

d) obi.: in reliquas prouincias praetores ⟨praetorii *Pighius*⟩ mittuntur ⟨*u. CC*⟩: 1, 6, 6; ¶ L. Manlius praetor Alba ⟨*c*⟩ eum cohortibus sex profugit, Rutilius Lupus praetor Tarracina ⟨*c*⟩ eum tribus; *quae* procul equitatum Caesaris conspicatae . . . relicto praetore ⟨relictis praetoribus *Basiner*⟩ signa ad Curium transferunt: 1, 24, 3.

e) c. praep.: (cum praetore mittere: 3, 22, 2 *u.* c) δ).)

Labienum legatum pro praetore ⟨propere *Hot.*⟩ eum duabus legionibus . . . summum ingum montis ascendere iubet: I 21, 2; Faustus Sulla propere ⟨pro praetore *P. Man.*⟩ in Mauretaniam mittatur ⟨mittitur *z*⟩: 1, 6, 3; mittit in Sardiniam cum legione una Valerium legatum, in Siciliam Curionem pro praetore ⟨*N*; pro PR. *hl*; prop. R. *a*; pro populo romano *f*⟩ eum legionibus II ⟨*c*⟩: 1, 30, 2.

B. aliarum ciuitatum (= στρατηγός, ταγός): itaque Androsthenes, praetor Thessaliae, . . . omnem ex agris multitudinem seruorum ac liberorum in oppidum cogit portasque praecludit et . . . nuntios mittit: 3, 80, 3.

praetorius. 1. adiect.; A. = ad praetorem (magistratum) pertinens: fuit controuersia, oporteretne Lucilii ⟨*c*⟩ Hirri . . . proximis comitiis praetoriis absentis rationem haberi: 3, 82, 5; ¶ prouinciae priuatis decernuntur, duae consulares, reliquae praetoriae ⟨*u. CC*⟩: 1, 6, 5.

B. = ad imperatorem pertinens: se cum sola decima legione iturum, . . . sibique eam praetoriam cohortem futuram: I 40, 15; (Caesarem) pollicitum ⟨esse *add.* *B*²β⟩ se in cohortis ⟨in cohortis se β⟩ praetoriae loco decimam legionem habiturum, ad equum rescribere: I 42, 6; armat familiam: cum hac et praetoria cohorte ⟨praetoriam cohortem *Oa*⟩ caetratorum . . . ad uallum aduolat: 1, 75, 2; ¶ (pecunias monimentaque, quae ex fano Herculis conlata erant in priuatam ⟨praetoriam *Paul*⟩ domum, referri in templum iubet: 2, 21, 3;) ¶ quos (centuriones) in statione ad praetoriam portam ⟨ad praetorium *af*⟩ posuerat: 3, 94, 6.

2. ui subst.; A. masc. praetorii: illum (Pompeium) delectari imperio et consulares praetoriosque seruorum habere numero: 3, 82, 3; — in reliquas prouincias praetores ⟨praetorii *Pighius*⟩ mittuntur ⟨*u. CC*⟩: 1, 6, 6.

B. neutr. praetorium; a) obi.: suum cum Scipione honorem partitur classicumque apud eum cani et alterum illi iubet praetorium tendi: 3, 82, 1.

b) c. praep.: (quos (centuriones) in statione ad praetoriam portam ⟨ad praetorium *af*⟩ posuerat: 3, 94, 6.)

haec cum dixisset (Pompeius), se in praetorium contulit . . . euentum exspectans: 3, 94, 7; — fit celeriter concursus in praetorium: 1, 76, 1.

productos palam in praetorio interficiunt: 1, 76, 4.

praetura: (iamque inter se palam de praemiis ⟨praeturis *Markland*⟩ ac de ⟨*c*⟩ sacerdotiis contendebant in annosque consulatum definiebant: 3, 82, 4;) ¶ quod (Lentulus Spinther) prouinciam Hispaniam ex praetura ⟨praefectura *a*⟩ habuerat: 1, 22, 4; quod (Attius Varus) paucis ante annis ex ⟨*O*²; et *z*⟩ praetura eam prouinciam obtinuerat: 1, 31, 2; in se iura magistratuum commutari, ne ex praetura et consulatu, ut semper, sed ⟨*c*⟩ per paucos probati et electi in prouincias mittantur: 1, 85, 9; quod is (Bibulus) . . . inimicitias . . habebat etiam priuatas cum Caesare ex aedilitate et praetura ⟨consulatu *Beroald.*; praetura consulatuque *Paul*⟩ conceptas ⟨conc. et praeterea *l*⟩: 3, 16, 3.

praeuerto: ne tanta et tam coniuncta populo Romano ciuitas, quam ipse semper . . . ornasset, ad uim atque arma descenderet ⟨*c*⟩ atque ea pars, quae minus sibi ⟨*c*⟩ confideret, auxilia a Vercingetorige arcesseret, huic rei praeuertendum existimauit: VII 33, 1. 2.

(praeuro) praeustus: apertos cuniculos praeusta et praeacuta materia et pice feruefacta . . . morabantur: VII 22, 5; ¶ huc teretes stipites feminis crassitudine ab summo praeacuti et praeusti demittebantur ⟨c⟩: VII 73, 6; ¶ multae praeustae sudes, magnus muralium pilorum numerus instituitur: V 40, 6.

(**prandium:** caetrati auxiliaresque . . ., quorum erant et facultates ad parandum ⟨prandium *x*⟩ exiguae et: 1, 78, 2.)

(**pratum:** cum . . . nostri (non) longius, quam quem ad finem porrecta ⟨ac *add. X; prata ac Paul; u. CC*⟩ loca aperta pertinebant, cedentes insequi auderent: II 19, 5.)

prauus: orat, ne patiatur ciuitatem prauis adulescentium consiliis ab amicitia populi Romani deficere: VII 39, 3; ¶ (quae (iumenta) sunt apud eos nata, parua ⟨β; *Np., Dt.*²; prana α; *rell. edd.*⟩ atque deformia, haec cotidiana exercitatione summi ut sint laboris efficiunt: IV 2, 2.)

preces *u.* **prex.**

prehendo, prendo. A. = comprehendere: haec cum pluribus uerbis flens a Caesare peteret, Caesar eius dextram prendit: I 20, 5; ¶ fugitiuis omnibus nostris certus erat Alexandriae receptus certaque uitae condicio, ut dato nomine militum essent numero; si ⟨esset numero si *NOaf;* esse numero; quorum si *hl*⟩ quis a domino prehenderetur ⟨compreh. *f;* prehendebatur *O*⟩, consensu ⟨concursu *Ald.*⟩ militum eripiebatur: 3, 110, 4; ¶ cum Caesar signa fugientium manu prenderet ⟨prehend. *V.*⟩ et consistere iuberet: 3, 69, 4.

B. = **celeriter occupare**: Caesar hostibus in pugna occupatis militibus[que] expositis Pharum ⟨pharon *Nhl*⟩ prehendit ⟨compreh. *O*⟩ atque ibi praesidium posuit: 3, 112, 5.

premo. A. **propr.**: (militibus autem . . . magno et grani onere armorum oppressis ⟨pressis β; *del. Madu.*⟩ . . . erat pugnandum: IV 24, 2.)

cum angusto exitu portarum se ipsi premerent: VII 28, 3.

B. trsl. = uexare, urgere; a) add. obi.; α): (hostes) a dextro cornu uehementer multitudine suorum nostram aciem premebant: I 52, 6; ¶ eum ab equitatu nouissimum agmen premeretur, ante se hostem uideret: 1, 70, 3; ¶ nuntiantur aquatores ab equitatu premi nostro: 1, 73, 2; ¶ Octauius quinis castris oppidum circumdedit atque uno tempore obsidione et oppugnationibus eos (ciues Rom.) premere coepit: 3, 9, 4; ¶ si illi (essedarii) a multitudine hostium premantur: IV 33, 2; ¶ simili omnem exercitum inopia premi, nec iam uires sufficere cuiusquam nec ferre operis laborem posse: VII 20, 11; ¶ eum . . . ad hostem proficisci constituisset, siue eum ex paludibus siluisque elieere siue obsidione premere posset: VII 32, 2; ¶ cum multitudine hostium castra ⟨nostra *add.* β⟩ compleri, ⟨nostras *add.* α⟩ legiones premi et paene circumuentas teneri . . . uidissent: II 24, 4; ¶ eum undique ⟨β; ubique α; *Fr.*⟩ flamma torrerentur maximaque telorum multitudine premerentur (milites): V 43, 4; (ut milites illi,) si premerentur, pedem referre et loco excedere non turpe existimarent: 1, 44, 2; ¶ et quaecumque ⟨*sic* β; ut quaeque α; *edd.*⟩ pars castrorum nudata defensoribus premi uidebatur, eo occurrere et auxilium ferre: III 4, 2.

β): ut, si eam paludem Romani perrumpere conarentur, haesitantes premerent ex loco superiore: VII 19, 2; — quod (Vsipetes et Tencteri) ab ⟨c⟩ Suebis complures annos exagitati bello premebantur et agri cultura prohibebantur: IV 1, 2; — quod (Treueri) . . . a ⟨c⟩ Germanis premebantur: VII 63, 7; — Vbii . . . orabant, ut sibi auxilium ferret, quod grauiter ab Suebis premerentur: IV 16, 5; iis (Vbiis) auxilium suum pollicitus, si ab Suebis premerentur: IV 19, 1.

(γ): prohibebantur ⟨*Paul;* premebantur *x; edd.*⟩ Afraniani pabulatione, aquabantur aegre: 1, 78, 1.)

δ): erat res in magna difficultate, summisque angustiis rerum necessariarum premebantur: 3, 15, 3.

ε): quae (finitima Gallia) in prouinciam redacta iure et legibus commutatis securibus subiecta perpetua premitur seruitute: VII 77, 16.

ζ): quibus angustiis ipse Caesar a Venetis prematur ⟨-mebatur *ae*⟩ docet: III 18, 3; — cum (Petrosidius) magna multitudine hostium premeretur: V 37, 5.

η): nostros *u.* **noster** *p. 829 (8 loc.);* ¶ hostes . . . subito se ⟨c⟩ ostenderunt nonissimosque premere et primos prohibere ascensu . . . coeperunt: V 32, 2; cernebatur equitatus nostri proelio nouissimos illorum premi uehementer: 1, 64, 1; ¶ plerique, eum aut ⟨c⟩ aere alieno aut magnitudine tributorum aut iniuria potentiorum premuntur, sese ⟨o⟩ in seruitutem dicant nobilibus: VI 13, 2; ¶ re frumentaria (se) non premi: V 28, 5; ¶ suos ab hostibus premi atque aegre sustinere . . . animaduertit: IV 32, 3.

b) abs.: utrum auertendae suspicionis causa Pompeius proposuisset (edictum) . . ., an nouis dilectibus, si nemo premeret, Macedoniam tenere conaretur, existimari non poterat: 3, 102, 3.

Premi aere alieno: VI 13, 2; angustiis: III 18, 3; 3, 15, 3; bello (?): IV 1, 2; iniuria: VI 13, 2; inopia: VII 20, 11; magnitudine tributorum: VI 13, 2; multitudine (hostium, suorum, telorum): I 52, 6; II 24, 4; V 37, 5; 43, 4; VII 80, 4; obsidione: VII 32, 2; 3, 9, 4; (onere armorum: IV 24, 2;) oppugnationibus: 3, 9, 4; (pabulatione: 1, 78, 1;) proelio: 1, 64, 1; re frumentaria: V 28, 5; omnibus rebus: 3, 63, 8; seruitute: VII 77, 16.

Aduerb.: audacius: 3, 46, 3; grauiter: IV 16, 5; grauius: VII 67, 4; 1, 46, 1; insolentius: 3, 46, 3; uehementer: I 52, 6; 1, 64, 1; undique: (V 43, 4;) VII 51, 1.

prendo *u.* **prehendo.**

(prensio *u.* **pressio.)**

pressio: rursusque alia pressione ⟨prensione *x*; — aliam prensionem *O*⟩ ad aedificandum sibi locum expediebant: 2, 9, 6; — turris tectum per se ipsum pressionibus ⟨prensionibus *Ohl*⟩ ex contignatione prima suspendere ac tollere coeperunt: 2, 9, 5.

pretium: quibus (iumentis) maxime Galli ⟨*c*⟩ delectantur ⟨*c*⟩ quaeque impenso ⟨immenso β⟩ parant pretio: IV 2, 2; — (Dumnorigem) complures annos portoria reliquaque omnia Haeduorum uectigalia paruo pretio redempta habere: I 18, 3.

(prex,) preces. A. propr. (= rogatio); **a) obi.:** ubi (Curio) perterritis omnibus neque cohortationes suas neque preces andiri intellegit: 2, 42, 1.

b) dat.: uti et rei publicae iniuriam et suum dolorem eius uoluntati ac precibus condonet: I 20, 5.

c) abl.; α) causae: praesertim eum magna ex parte eorum precibus adductus bellum susceperit: I 16, 6; — omnium seniorum, matrum familiae, uirginum precibus et fletu excitati, extremo tempore ciuitati subuenirent, . . . naues conscendunt: 2, 4, 3; — tandem dat Cotta ⟨precibus *add. Deiter*⟩ permotus manus; superat sententia Sabini: V 31, 3; quorum ille precibus permotus castra ex Biturigibus mouet: VII 8, 5; — — datur petentibus nenia dissuadente primo Vercingetorige, post concedente et precibus ipsorum et misericordia uulgi: VII 15, 6.

β) instr.: hi . . . flentes omnibus precibus orabant ⟨β; orant α; *Schn., Db.*⟩, ut se in seruitutem receptos cibo iuuarent: VII 78, 4; — ille omnibus primo precibus ⟨omn. prec. primo β⟩ petere contendit, ut in Gallia relinqueretur: V 6, 3; flentesque proiectae ad pedes suorum omnibus precibus petierunt ⟨-uerunt β⟩, ne se . . . dederent: VII 26, 3.

B. = detestatio: Catuuolcus . . . omnibus precibus detestatus Ambiorigem . . . taxo . . . se exanimauit: VI 31, 5.

pridem: omnia haec iam pridem contra se parari: 1, 85, 8.

pridie. A. non additur genet.: quod pridie superioribus locis occupatis proelium non commisissent: I 23, 3; postridie eius diei mane . . . Germani frequentes . . . ad eum in castra uenerunt . . . sui purgandi ⟨*o*⟩ causa, quod contra, atque esset dictum et ipsi petissent, proelium pridie commisissent: IV 13, 5; postero die . . . hostes . . . lenius ⟨*c*⟩ quam pridie nostros equites proelio lacessere coeperunt: V 17, 1; hostes postero die . . . fossam complent. eadem ratione qua pridie ab nostris ⟨a nostr. ead. r. q. pr. β⟩ resistitur: V 40, 4; quod pridie noctu conclamatum esset *in* Caesaris castris: 1, 67, 2; agunt gratias omnes omnibus, quod sibi perterritis pridie pepercissent: 1, 74, 2; memoria tenerent milites ea, quae pridie sibi ⟨*c*⟩ confirmassent: 2, 34, 5.

B. add. genet.: quod pridie eius diei ⟨*u. CC*⟩ Germani retineri non potuerant ⟨*c*⟩, quin in nostros tela coicerent: I 47, 2; hunc . . . plerique magistratus consecuti sunt. Cn. Pompeius pridie eius diei ⟨postridie Idus *Ciacc.*⟩ ex urbe profectus iter ad legiones habebat: 1, 14, 3.

primipilus: reliquarum cohortium omnibus fere centurionibus aut uulneratis aut occisis, in his primipilo ⟨primo pilo β⟩ P. Sextio Baculo ⟨*c*⟩, fortissimo uiro, multis grauibusque uulneribus confecto, ut iam se sustinere non posset: II 25, 1; quem (Scaeuam centurionem) Caesar, ut erat de se meritus et de re publica, . . . ab octauis ordinibus ad primipilum ⟨primum pilum *Ald. nep.*⟩ se traducere pronuntiauit: 3, 53, 5.

primo, primum, primus *u.* **prior.**

princeps. 1. adiect.; A. attrib.: legatos . . . mittunt nobilissimos ciuitatis, cuius legationis Nammeius et Verucloetius principem ⟨a^1; principum *αh*; *defend. RMenge*⟩ locum obtinebant: I 7, 3.

B. praed.; a): multi . . . ad Cn. Pompeium proficiscebantur, alii, ut principes talem nuntium attulisse, alii, ne . . . ex omnibus nouissimi uenisse uiderentur: 1, 53, 3; — princepsque decima legio per tribunos militum ei gratias egit . . ., deinde reliquae legiones eum tribunis militum et primorum ordinum centurionibus egerunt, uti: I 41, 2. 3; — principesque ex omnibus bellum (se) facturos pollicentur (Carnutes): VII 2, 1; — princeps in haec uerba iurat ipse (Petreius); idem ius iurandum adigit Afranium: 1, 76, 3; — quae pars ciuitatis Heluetiae insignem calamitatem populo Romano intulerat, ea princeps poenas persoluit: I 12, 6; — perterrito etiam tum exercitu princeps Labienus procedit iuratque: 3, 13, 3.

b): eo tum statu res erat ⟨c⟩, ut longe principes haberentur Haedui ⟨haed. hab. β⟩, secundum locum dignitatis Remi obtinerent: VI 12, 9.

2. subst. *Cf. G. Braumann, Die Principes der Gallier und Germanen bei Caesar und Tacitus. Pr. Berlin, Friedr. Wilh. Gymn. 1883.*

A. = homo nobilis(simus); primores ciuitatis; a) subi.; α): (duces principesque Neruiorum) addunt etiam de Sabini morte; Ambiorigem ostentant fidei faciundae ⟨c⟩ causa: V 41, 4; ¶ (agere: I 31, 1 *u.* petere;) ¶ magistratus ac principes in annos singulos gentibus cognationibusque ⟨c⟩ hominum . . . quantum et quo loco uisum est agri attribuunt ⟨attrib. agri β⟩ atque anno post alio transire cogunt: VI 22, 2; ¶ (Britanni) suos remigrare ⟨o⟩ in agros iusserunt, principesque undique conuenire ⟨conuenere β⟩ et se ciuitatesque suas Caesari commendare coeperunt ⟨commendarunt β⟩: IV 27, 7; itaque (principes Britanniae) rursus coniuratione facta paulatim ex castris discedere et ⟨c⟩ suos clam ex agris deducere coeperunt: IV 30, 2; posteaquam non nulli principes ex ea (Treuerorum) ciuitate et familiaritate ⟨c⟩ Cingetorigis adducti et aduentu nostri exercitus perterriti ad Caesarem uenerunt et de suis priuatim ⟨pri natis β⟩ rebus ab eo petere coeperunt: V 3, 5; ¶ cogere: VI 22, 2 *u.* attribuere; ¶ cum (principes Britanniae) . . . paucitatem militum ex castrorum exiguitate cognoscerent: IV 30, 1; ¶ (duces principesque Neruiorum) facta potestate eadem, quae Ambiorix cum Titurio egerat, commemorant: V 41, 2; ¶ commendare: IV 27, 7 *u.* coepisse; ¶ quod (principes Britanniae) his ⟨c⟩ superatis . . . neminem postea belli inferendi causa in Britanniam transiturum confidebant: IV 30, 2; ¶ principes Britanniae . . . inter se conlocuti . . . optimum factu ⟨c⟩ esse duxerunt rebellione facta frumento commeatuque nostros prohibere et rem in hiemem producere: IV 30, 1. 2; (V 41, 1 *u.* dicere;) ¶ consensisse Gaditanos principes cum tribunis cohortium . . ., ut Gallonium ex oppido expellerent, urbem insulamque Caesari seruarent. hoc inito consilio denuntiauisse Gallonio, ut . . . excederet Gadibus; si id non fecisset, sibi ⟨c⟩ consilium capturos: 2, 20, 2. 3; ¶ (totius fere Galliae legati, principes ciuitatum,) ea re permissa diem concilio constituerunt et iure iurando ne quis enuntiaret . . . inter se sanxerunt: I 30, 5; ¶ bello Heluetiorum confecto totius fere Galliae legati, principes ciuitatum, ad Caesarem gratulatum conuenerunt: I 30, 1; IV 27, 7 *u.* coepisse; principes Britanniae, qui post proelium ⟨c⟩ ad Caesarem ⟨ea quae iusserat caesar facienda β⟩ conuenerant: IV 30, 1; eodem equitatus ⟨o⟩ totius Galliae conuenit . . . principesque ex omnibus ciuitatibus; ex quibus perpaucos ⟨paucos *AQ*⟩, quorum in se fidem perspexerat, relinquere in Gallia, reliquos obsidum loco secum ducere decreuerat: V 5, 3. 4; principesque earum ciuitatium ⟨c⟩, quos sibi ad consilium ⟨o⟩ capiendum delegerat, prima luce cotidie ⟨c⟩ ad se conuenire iubebat ⟨iub. conu. β⟩: VII 36, 3; ¶ deducere: IV 30, 2 *u.* coepisse; ¶ (deficere: V 54, 1 *u.* **d)** uocare;) ¶ demonstrare: VII 1, 4 *u.* queri; ¶ denuntiare: 2, 20, 3 *u.* consentire; ¶ deposcere: VII 1, 5 *u.* queri; ¶ dicere: II 14, 3 *u.* **β)** impelli; duces principesque Neruiorum . . . conloqui sese uelle dicunt: V 41, 1; (duces principesque Neruiorum) errare eos dicunt, si quicquam . . . praesidii sperent: V 41, 5; in pace nullus ⟨nullis *AQ*β⟩ est communis magistratus, sed principes regionum atque pagorum inter suos ius dicunt controuersiasque minuunt: VI 23, 5; ubi quis ex principibus in concilio dixit ⟨dixerit *Aim.*⟩ se ducem fore, qui sequi uelint profiteantur, consurgunt ii ⟨c⟩, qui: VI 23, 7; VII 1, 4 *u.* queri; ¶ discedere: IV 30, 2 *u.* coepisse; ¶ ducere: IV 30, 1 *u.* conloqui; ¶ esse: I 31, 1 *u.* reuerti; edictumque praemittit, ad quam diem magistratus principesque omnium ciuitatum sibi esse praesto Cordubae uellet: 2, 19, 1; ¶ existimare: VII 4, 2 *u.* **β)** prohiberi; ¶ expellere: 2, 20, 2 *u.* consentire; ¶ facere: (I 30, 4 *u.* petere;) quorum (Vbiorum) si principes ac senatus sibi iure iurando fidem fecisset ⟨fecissent M^3Q^2; *Fr.*⟩: IV 11, 3; (30, 1 *u.* conuenire; 30, 2 *u.* coepisse *et* conloqui; V 41, 4 *u.* addere;) ¶ flere: I 31, 2 *u.* proicere; ¶ (gratulari: I 30, 1 *u.* conuenire;) ¶ (duces principesque Neruiorum,) qui aliquem sermonis aditum causamque amicitiae cum Cicerone habebant: V 41, 1; 1, 74, 5 *u.* quaerere; ¶ (impetrare: I 31, 2 *u.* proicere;) ¶ (indicere: I 30, 4 *u.* petere; VII 1, 4 *u.* queri;) ¶ (inire: 2, 20, 3 *u.* consentire;) ¶ principes Britanniae . . ., cum equites ⟨*c*⟩ et naues et frumentum Romanis deesse intellegerent: IV 30, 1; ¶ minuere: VI 23, 5 *u.* dicere; ¶ miserari: VII 1, 5 *u.* queri; ¶ (orare: VII 32, 2 *u.* uenire;) ¶ ostentare: V 41, 4 *u.* addere; ¶ petierunt (legati, principes ciuitatum), uti sibi concilium totius Galliae in diem certam indicere idque ⟨*del. Hartz*⟩ Caesaris uoluntate facere ⟨*del. Hartz*⟩ liceret: I 30, 4; principes . . . reuerterunt petieruntque, uti sibi secreto [in occulto] de sua omniumque salute eum eo agere liceret: I 31, 1; V 3, 5 *u.* coepisse; ¶ (producere: IV 30, 2 *u.* conloqui;) ¶ profiteri: 3, 34, 4 *u.* **e) α)**; ¶ (prohibere: IV 30, 2 *u.* conloqui;) ¶ (ea re impetrata (principes ciuitatum) sese omnes flentes Caesari ad pedes proiecerunt: I 31, 2;) ¶ hi (principes Hispaniae) suos notos hospitesque quaerebant, per quem quisque eorum aditum commendationis haberet ad Caesarem: 1, 74, 5; ¶ indictis inter se principes Galliae conciliis ⟨*c*⟩ siluestribus ac remotis locis queruntur de Acconis morte; posse ⟨*o*⟩ hunc casum ad ipsos recidere demonstrant; miserantur communem Galliae fortunam; omnibus pollicitationibus ac praemiis deposcunt, qui belli initium ⟨*c*⟩ faciant ⟨*c*⟩. . . . ⟨eius *add.* β; *Ald.*⟩ in primis rationem esse habendam dicunt, prius quam eorum clandestina consilia efferantur, ut: VII 1, 4—6; ¶ (Dumnorix) principes Galliae sollicitare, seuocare ⟨*B;* reuocare *AQM*⟩ singulos ⟨pr. galliae singulos sollicitare, reuocare β⟩ hortarique coepit, uti ⟨*c*⟩ in continenti remanerent; metu territare ⟨m. terr. *om.* β⟩: V 6, 4. 5; ¶ idem principes ciuitatum, qui ante fuerant ⟨fuerant *del. Scal.;* qui ante fuer. *del. Ciacc.*⟩, ad Caesarem reuerterunt: I 31, 1; ¶ sancire: I 30, 5 *u.* constituere; ¶ seruare: 2, 20, 2 *u.* consentire; ¶ uenire: V 3, 5 *u.* coepisse; legati ad eum principes Haeduorum ueniunt ⟨uenerunt β⟩ oratum, ut: VII 32, 2.

β) a c. pass.: expelli: VII 4, 2 *u.* prohiberi; ¶ idem hoc fit a principibus Hispaniae, quos illi ⟨*c*⟩ euocauerant et secum in castris habebant obsidum loco: 1, 74, 5; ¶ Bellouacos . . . impulsos ab suis principibus, qui dicerent Haeduos . . . omnes indignitates . . . perferre, . . . populo Romano bellum intulisse: II 14, 3; ¶ prohibetur ⟨*om. Nik; Ald.*⟩ a ⟨*c*⟩ Gobannitione, patruo suo, reliquisque principibus, qui hanc temptandam fortunam non existimabant, expellitur ex oppido Gergouia: VII 4, 2.

b) praedicat.: cum quibusdam adulescentibus conloquitur, quorum erat princeps Litaniecus atque eius fratres ⟨frater *fh*⟩, amplissima familia nati adulescentes: VII 37, 1.

e) appositio; α) nomin.: I 30, 1 *u.* **a) α)** conuenire; Sedulius ⟨*c*⟩, dux et princeps Lemouicum ⟨β; remustum α⟩, occiditur: VII 88, 4; Menedemus, princeps earum regionum, missus legatus omnium suorum excellens studium profitebatur: 3, 34, 4.

β) acc.: per C. Valerium Troucillum ⟨*c*⟩, principem Galliae prouinciae, familiarem suum, cui summam omnium rerum fidem habebat, cum eo conloquitur: I 19, 3.

γ) abl.: C. Valerio Domnotauro ⟨*c*⟩, . . . principe ciuitatis, compluribusque aliis interfectis intra oppida . . . compelluntur (Heluii): VII 65, 2.

d) obi.: accusare: I 16, 5 *u.* conuocare; ¶ adducere: V 3, 5 *u.* **a) α)** coepisse; ¶ Germani frequentes omnibus principibus maioribusque natu adhibitis . . . in castra uenerunt: IV 13, 4; ¶ laborabat, ut reliquas ciuitates adiungeret atque earum principes ⟨*sic* β; *Schn.;* atque eas α; *rell. edd.*⟩ donis ⟨*c*⟩ pollicitationibusque ⟨*c*⟩ alliciebat ⟨allicebat *Aaf; Schn.*⟩: VII 31, 1; ¶ (cohortari: V 54, 1 *u.* uocare;) ¶ conciliare: V 4, 3 *u.* conuocare; ¶ conuocatis eorum principibus . . . grauiter eos accusat: I 16, 5; nihilo ⟨*c*⟩ tamen setius principibus Treuerorum ad se conuocatis hos ⟨eos β⟩ singillatim Cingetorigi conciliauit: V 4, 3; ¶ deligere: VII 36, 3 *u.* **a) α)** conuenire; ¶ ut procul in uia dispositis familiaribus suis principibusque ciuitatum disparandos deducendosque ad suos curaret ⟨*CC*⟩: VII 28, 6; ¶ ducere: V 5, 4 *u.* **a) α)** conuenire; ¶ euocare: IV 6, 5 *et* V 54, 1 *u.* uocare; 1, 74, 5 *u.* **a) β)** fieri; ¶ habere: 1, 74, 5 *ib.;* ¶ hortari: V 6, 4 *u.* **a) α)** remanere; ¶ principes ciuitatis, Eporedorix et Viridomarus, insimulati proditionis ab Romanis indicta causa interfecti sunt: VII 38, 2; interficere: VII 65, 2 *u.* **e) γ)**; ¶ mittere: 3, 34, 4 *u.* **e) α)**; ¶ occidere: VII 88, 4 *ib.;* ¶ (Germani frequentes omnibus principibus . . . adhibitis . . . uenerunt. . . . quos sibi Caesar oblatos gauisus ⟨*c*⟩ illos ⟨illico *Bergk*⟩ retineri iussit: IV 13, 6;) ¶ perterrere: V 3, 5 *u.* **a) α)** coepisse; ¶ iubet arma tradi, principes produci: VII 89, 3; ¶ relinquere: V 5, 4 *u.* **a) α)** conuenire; ¶ retinere: IV

13, 6 *u.* offerre; ¶ (reuocare,) seuocare, sollicitare: V 6, 4 *u.* a) α) remanere; ¶ territare: V 6, 5 *ib.*; V 54, 1 *u.* uocare; ¶ principibus Galliae euocatis ⟨β; ad se euocatis *Geyer;* uocatis α⟩ Caesar ea, quae cognouerat, dissimulanda sibi existimauit: IV 6, 5; Caesar principibus cuiusque ciuitatis ad se euocatis ⟨uocatis β⟩ alios ⟨*e;* alias *X; edd.*⟩ territando, cum ⟨*delend. cens. Oud.*⟩ se scire quae fierent denuntiaret, alios ⟨*e;* alias *X; edd.*⟩ cohortando ⟨*sic Ald.;* denuntiaret *om.* β; *Oud.;* cum se sc. q. f. al. coh. denuntiaret α; cum sciret deficere, alias coh. β⟩, magnam partem Galliae ⟨*c*⟩ in officio tenuit: V 54, 1.

e) **dat.; α)**: (licet: I 30, 4 *et* 31, 1 *u.* **a) α)** petere;) ¶ horum principibus pecunias, ciuitati autem imperium totius prouinciae pollicetur: VII 64, 8; ¶ (uideri: VI 22, 2 *u.* **a) α)** attribuere.)

β): (fidem habere: I 19, 3 *u.* **c) β)**.)

γ): quod si eum interfecerit, multis sese nobilibus principibusque populi Romani gratum esse facturum: I 44, 12.

f) genet.; α): quorum (nobilium principumque) omnium gratiam atque amicitiam eius morte redimere posset: I 44, 12; ¶ eorumque (principum Galliae) animis permulsis et confirmatis . . . bellum cum Germanis gerere constituit: IV 6, 5; ¶ eodem ⟨*c*⟩ mendacio de caede equitum et principum permouet ⟨*c*⟩: VII 38, 10; ¶ Galli concilio principum indicto . . . statuunt: VII 75, 1; ¶ (consilia: VII 1, 6 *u.* **a) α)** queri;) ¶ conuocatis eorum principibus, quorum magnam copiam in castris habebat, in his Diuiciaco et Lisco: I 16, 5; ¶ fides: V 5, 4 *u.* **a) α)** conuenire; ¶ ut . . . obsides . . ab iis ⟨*c*⟩ principum filios acciperent: VI 12, 4; ¶ L. Nasidius . . . adpulsis . . Messanam nauibus atque inde propter repentinum terrorem principum ac senatus fuga facta ex naualibus eorum *nauem* deducit: 2, 3, 2; ¶ gratia: I 44, 12 *u.* amicitia; ¶ Caesar Remos cohortatus . . . omnem senatum ad se conuenire principumque liberos obsides ad se adduci iussit: II 5, 1; ¶ id se ab ipsis (nobilibus principibusque) per eorum nuntios compertum habere: I 44, 12.

β): quisque: 1, 74, 5 *u.* **a) α)** quaerere.

g) c. praep.; α) ab: compertum habere: I 44, 12 *u.* **f) α)** *extr.*

β) **ad**: (recidere ad: VII 1, 4 *u.* **a) α)** queri.)

γ) **ex**: ex quibus perpaucos: V 5, 4 *u.* **a) α)** conuenire; — quis ex: VI 23, 7 *ib.* dicere.

δ) **in**: in his: I 16, 5 *u.* **f) α)** copia.

ε) **per**: (Veneti finitimique) celeriter missis legatis per suos principes inter se coniurant: III 8, 3; ¶ conloqui per: I 19, 3 *u.* **e) β)**.

ζ) **pro**: locutus est pro his (principibus ciuitatum) Diuiciacus Haeduus: I 31, 3.

B. = dux, caput; a) subi.: (cedere, discedere, sequi: V 56, 3 *u.* **c)**.)

b) praed.: legatos . . . mittunt; cuius legationis Diuico princeps fuit, qui bello Cassiano dux Heluetiorum fuerat: I 13, 2; in omnibus ciuitatibus . . . factiones sunt earumque factionum principes sunt ⟨sunt principes β⟩ qui summam auctoritatem eorum iudicio habere existimantur, quorum ad arbitrium iudiciumque summa omnium rerum consiliorumque redeat: VI 11, 3; alterius factionis principes erant Haedui, alterius Sequani: VI 12, 1; principes uero esse earum partium Cn. Pompeium et C. Caesarem, patronos ciuitatis: 1, 35, 4.

c) appos.: Cingetorigem, alterius principem factionis, generum suum, quem supra demonstrauimus Caesaris secutum fidem ab eo non discessisse ⟨cessisse β⟩, hostem iudicat ⟨*c*⟩: V 56, 3.

(**d) obi.**: iudicare: V 56, 3 *u.* **c)**.)

e) genet.: (arbitrium iudiciumque: VI 11, 3 *u.* **b)**;) ¶ (principum locum: I 7, 3 *u.* **1. A.)**

C. = auctor, inuentor; a) praed.: consilii principem esse *u.* **consilium** *p. 675* **d) α)** *(4 loc.)*; ¶ esse aliquos ⟨aliq. esse *h*⟩ repertos principes inferendi belli ⟨bell. inf. β⟩: V 54, 4.

b) appos.: huius ⟨*Jahn;* cuius *codd.*⟩ te paene principem copiae atque inuentorem bene de nomine ac dignitate populi Romani meritum esse existimare debemus: *ap. Cic. Brut.* 253.

D. = centurio principum: hoc casu aquila conseruatur omnibus primae cohortis centurionibus interfectis praeter principem priorem: 3, 64, 4.

Dux et **princeps**: VII 88, 4; duces principesque: V 41, 1; equitatus principesque: V 5, 3; equites et principes: VII 38, 10; magistratus (ac) principes: VI 22, 2; 2, 19, 1; nobiles principesque: I 44, 12; principes ac senatus: (II 5, 1;) IV 11, 3; 2, 3, 2.

Princeps (principes) **adulescentium**: VII 37, 1; inferendi belli: V 54, 4; ciuitatis (-um): I 30, 1; 31, 1; V 54, 1; VII 28, 6; 31, 1 ⟨*c*⟩; 36, 3; 38, 2; 65, 2; 2, 19, 1; consilii *u.* **consilium** *p. 675* **d) α)** *(4 loc.)*; copiae: *ap. Cic. Brut.* 253; factionis (-um): V 56, 3; VI 11,

3; 12,1; legationis: I 13,2; partium: 1,35, 4; populi Rom.: I 44,12; Galliae prouinciae: I 19,3; earum regionum: 3,34,4; regionum atque pagorum: VI 23,5; — Allobrogum: VII 64,8; (Bellouacorum: II 14, 3;) Britanniae: IV 30,1; Galliae: IV 6,5; V 6,4; VII 1,4; — (I 19,3;) Haeduorum: (I 16,5;) VII 32,2; Hispaniae: 1,74,5; Lemonicum ⟨c⟩: VII 88,4; Neruiorum: V 41,1; Treuerorum: V (3,5;) 4,3; Vbiorum: IV 11,3; (Venetorum et finitimorum: III 8,3.)

Adiect.: alii ⟨c⟩ ... alii ⟨c⟩: V 54,1; Gaditani: 2,20,2; (idem: I 31,1;) multi: I 44,12; non nulli: V 3,5; omnes: I (31,2;) 44,12; IV 13,4; perpauci: V 5,4; (prior: 3,64,4;) reliqui: V 5,4; VII 4,2; singuli: V 6,4; (sui: II 14,3; III 8,3.)

principatus. A. obi.: obsidibus Haeduis redditis, ueteribus clientelis ⟨o⟩ restitutis ... Sequani principatum dimiserant ⟨amiserant *Paul*⟩: VI 12,6; ¶ ut (Sequani) ... partem finitimi agri ... possiderent Galliaeque totius principatum obtinerent: VI 12,4; *u. praeterea* **obtineo** *p. 873 (4 loc.)*; ¶ harum (factionum) alterius principatum tenere Haeduos, alterius Aruernos: I 31,3; ut omni tempore totius Galliae principatum Haedui tenuissent: I 43,7; ¶ Cingetorigi ... principatus atque imperium est traditum: VI 8,9.

B. abl.: magno dolore Haedui ferunt ⟨c⟩ se deiectos ⟨sed eiectus B^1M^1⟩ principatu: VII 63,8.

C. c. praep.: in ea ciuitate duo de principatu inter se contendebant, Indutiomarus et Cingetorix: V 3,2; si sunt plures pares, suffragio druidum ⟨adlegitur *add.* β⟩, non numquam etiam armis de principatu contendunt: VI 13,9; ¶¶ his erat inter se de principatu contentio: VII 39,2; ¶ sed celeriter est inter eos de principatu controuersia orta: 3,112,10.

prior (prius, prius quam), primus (primum, primo).

I. compar. prior (adiect.); A. pertinet ad locum; a) ui adiect.: interiores, dum ea, quae ... praeparata ⟨c⟩ erant, proferunt, priores fossas explent, ... cognouerunt: VII 82,3.

b) ui subst.: hi nouissimos adorti ... magnam multitudinem ... conciderunt, cum ab extremo agmine ad quos uentum erat ... impetum nostrorum militum sustinerent, priores, quod abesse a periculo uiderentur neque ulla necessitate neque imperio continerentur, exaudito clamore perturbatis ordinibus omnes in fuga sibi praesidium ponerent: II 11,(4.) 5.

B. pertinet ad tempus; a) ui attributi: (Philippus et Cotta ⟨consules *coni. Np.*; prioris anni consules *Hug*⟩ priuato consilio praetereuntur: 1,6,5;) ¶ prioris commeatus expositis militibus: V 23,4; ¶ sublata priore lege duas promulgauit: 3,21,1; ¶ centuriones in priores ordines ⟨in pr. ord. *Ciacc.*; ampliores ordines *x*; ampliori ordini *Lips.*⟩, equites Romanos in tribunicium restituit honorem: 1,77,2; ¶ prioris sacramenti mentionem faciunt: 2,32,7.

b) ui praedicati: Germanos neque priores populo Romano bellum inferre neque: IV 7,3; qui prior has angustias occupauerit, ab hoc hostem prohiberi ⟨c⟩ nihil esse negotii: 1,66, 4; res tamen ab Afranianis huc erat necessario deducta, ut, si priores montes, quos petebant, attigissent, ... impedimenta ... seruare non possent: 1,70,2; confecit prior iter Caesar: 1, 70,3; constituerat signa inferentibus resistere ⟨c⟩, prior proelio non lacessere: 1,82,5.

C. pertinet ad ordinem uel dignitatem: (huc cum cotidiana consuetudine egressae ⟨c⟩ pabulatoribus praesidio propiore *ponte* legiones ⟨*sic Np.*; proprio relegiones *a*; proprio legiones *fhl*; priores legiones *Kran.*⟩ Fabianae duae flumen transissent: 1,40,3;) ¶ quae (naues) priorem partem exercitus eo deportauerant: 1,27,1; ¶ aquila conseruatur omnibus primae cohortis centurionibus interfectis praeter principem priorem: 3,64,4.

prius (aduerb.); 1. = πρότερον; **A. non sequitur quam:** neque (se) commissurum, ut prius quisquam murum ascenderet: VII 47, 7; — atque omnia prius experienda arbitror: 2,31,8; — erat in celeritate omne positum certamen, utri prius angustias montesque occuparent: 1,70,1; — quod prius in tumulum Afraniani uenerant, nostri repelluntur: 1,43,5.

B. sequitur quam; a) non sequitur uerbum: se prius ⟨sepins *h*; superius *A*⟩ in Galliam uenisse quam populum Romanum: I 44,7.

b) sequitur uerbum; *cf. Kitt, GPr. Braunsberg 1875 p. 17 sq.; Ilg, Württemb. Korrespond. Blatt 33, S. 463—69;* **α) prius ... quam αα) c. ind. (perf.):** neque ⟨c⟩ prius fugere destiterunt (hostes), quam ad flumen Rhenum ... peruenerunt ⟨*h*; peruenerint *α*; *Hold.*; peruenerent a^1; -nirent a^2⟩: I 53,1; nec prius ille est a propugnatoribus uacuus relictus locus, quam restincto aggere ... finis est pugnandi factus: VII 25,4; neque finem prius ⟨prius finem *Schn.*⟩ sequendi fecerunt, quam muro ⟨o⟩ oppidi portisque adpropinquarunt ⟨-arent β⟩: VII 47,3.

ββ) c. coni.; a) praes.: constituunt, ut ...

omnia prius experiantur ⟨expediantur α⟩, quam ad ⟨c⟩ Critognati ⟨c⟩ sententiam ⟨c⟩ descendant ⟨*Aldus;* descidant β; discedant α⟩: VII 78, 1; neque ab eo prius Domitiani milites discedunt, quam in conspectum Caesaris deducatur: 1, 22, 2.

𝔟) perf.: (I 53, 1 *u.* αα);) non prius Viridouicem reliquosque duces ex concilio dimittunt, quam ab his sit concessum, arma ⟨c⟩ uti ⟨c⟩ capiant ⟨c⟩ et ad castra contendant: III 18, 7; neu quis quem ⟨quisquam alium β⟩ prius uulneret, quam illum interfectum uiderit ⟨*AQ,Bpr.;* uideret *B corr.; M*β⟩: V 58, 4.

𝔠) imperf.: (I 53, 1 *u.* αα);) his prorutis ⟨c⟩ prius in hostium castris constiterunt, quam plane ab his ⟨c⟩ uideri aut quid rei gereretur cognosci posset: III 26, 3; prius ad hostium castra peruenit, quam quid ageretur Germani sentire possent ⟨poss. sent. β⟩: IV 14, 1; (V 58, 4 *u.* 𝔟);) haec prius illi detrahenda auxilia existimabat, quam ipsum bello ⟨c⟩ lacesseret: VI 5, 5; magno accidit casu, ut in ipsum incautum etiam . . . incideret priusque eius aduentus ab hominibus ⟨c⟩ uideretur, quam fama ac nuntius ⟨aduentus *add.* β⟩ adferretur: VI 30, 2; nec prius sunt uisi obiectis ab ea parte siluis, quam castris adpropinquarent: VI 37, 2; ad reliquas legiones mittit priusque omnes in unum locum cogit, quam de eius aduentu Aruernis nuntiari posset ⟨potuisset *a pr.*⟩: VII 9, 5; 47, 3 *u.* α); interiores . . . prius suos discessisse cognouerunt, quam munitionibus adpropinquarent: VII 82, 4; sic omne (opus) prius est perfectum, quam intellegeretur ab Afranio castra muniri: 1, 41, 5; posse prius ad angustias ueniri, quam sentiretur ⟨ rentur κ⟩: 1, 67, 1; uti . . . prius haec omnia consumerentur, quam quem ad modum accidisset animaduerti posset: 2, 14, 2; quod prius ad continentem uisus ⟨usus *x*⟩ est Caesar, quam de eius aduentu fama omnino in eas regiones perferretur: 3, 7, 3; persuasi equitibus nostris, . . . ut . . . circumuenta ab tergo acie prius perturbatum exercitum pellerent, quam a nobis telum in hostem iaceretur: 3, 86, 3; prius Cassius ad Messanam ⟨prius cass. ad mess. *om. af*⟩ nauibus aduolauit, quam Pomponius de eius aduentu cognosceret: 3, 101, 1.

𝔡) ppf.: ut omni tempore totius Galliae principatum Haedui tenuissent, prius etiam, quam nostram amicitiam adpetissent: I 43, 7; ut non prius fuga desisterent, quam in conspectum ⟨c⟩ agminis nostri uenissent: IV 12, 2; de obsessione ⟨c⟩ non prius agendum constituit, quam rem frumentariam expedisset: VII 36, 1.

β) priusquam, semper c. coni.; **αα) praes.:** uelintne, prius quam finitimi sentiant, . . . milites . . . ad Labienum deducere: V 27, 9; ac prius quam id faciat, castra Labieni (se) oppugnaturum: V 56, 5; in primis rationem esse habendam dicunt, prius quam eorum clandestina consilia efferantur, ut Caesar . . . intercludatur: VII 1, 6; Vercingetorix, prius quam munitiones ab ⟨c⟩ Romanis perficiantur, consilium capit omnem . . . equitatum noctu dimittere ⟨c⟩: VII 71, 1; hunc (collem) celeriter, prius quam ab aduersariis sentiatur, communit: 1, 54, 4.

ββ) impf.: itaque prius quam quicquam conaretur, Diuiciacum ad se uocari iubet: I 19, 3; Caesar, prius quam se hostes ⟨o⟩ ex terrore ⟨c⟩ ac fuga reciperent, in fines Suessionum . . . exercitum duxit: II 12, 1; prius quam plures ciuitates conspirarent, partiendum sibi ac latius distribuendum exercitum putauit: III 10, 3; prius quam ea pars Menapiorum . . . certior fieret, flumen transierunt: IV 4, 7; ad haec cognoscenda, prius quam ⟨prius qui *Ciacc.*⟩ periclum ⟨c⟩ faceret, . . . C. Volusenum . . . praemittit: IV 21, 1; et prius quam illi aut conuenire aut profugere possent, . . . in deditionem uenire atque obsides sibi dare coegit: VI 3, 2; conantibus, prius quam id effici posset, adesse Romanos nuntiatur: VI 4, 1; ex castris egressus, prius quam subsidio ex oppido ueniri posset ⟨uenire possent β⟩, . . . potitus loco duas ibi legiones conlocauit: VII 36, 7; Caesar etsi . . . maxime probabat coactis nauibus mare transire et Pompeium sequi, prius quam ille sese transmarinis auxiliis confirmaret, tamen: 1, 29, 1; equitesque committunt proelium et, prius quam plane legiones ⟨*CC*⟩ explicari et consistere possent, tota auxilia regis . . . in fugam coiciunt ⟨c⟩: 2, 26, 4; itaque prius quam telum adigi ⟨c⟩ posset aut nostri propius accederent, omnis Vari acies terga uertit: 2, 34, 6; peruenit, prius quam Pompeius sentire posset: 3, 67, 4; milites docuit, quantum usum haberet . . . id fieri celeriter, prius quam auxilia concurrerent: 3, 80, 5; dixerat, prius quam concurrerent acies, fore, uti exercitus Caesaris pelleretur ⟨c⟩: 3, 86, 1; quos ille, cum in conspectum eius uenissent, prius quam audiret ⟨adiret *Oafh; om. l*⟩ aut cuius rei causa missi essent cognosceret, corripi atque interfici iussit: 3, 109, 5.

γγ) ppf.: se . . . ciuitatem conseruaturum, si, prius quam murum aries attigisset, se dedidissent ⟨c⟩: II 32, 1; ut, prius quam essent maiores eo coactae copiae, dimicaret: VII 56, 1.

2. = μᾶλλον, **potius:** statuerat enim prius hos ⟨O^1h; hoc *afl*⟩ indicio populi debere restitui, quam suo beneficio uideri receptos ⟨receptas *hl*⟩: 3, 1, 6; crebraeque uoces militum in uigiliis conloquiisque audiebantur, prius se cortice ex arboribus uicturos, quam Pompeium e manibus dimissuros: 3, 49, 2.

II. superl. **primus. A.** = princeps, πρῶτος; **(opponitur secundo, tertio, reliquis;) a) pertinet ad locum; 1. ui adiectiui; α) attribut.:** phalange facta sub primam nostram aciem successerunt: I 24, 5; Romani conuersa signa bipertito intulerunt: prima et secunda acies, ut uictis ac submotis resisteret, tertia, ut uenientes sustineret: I 25, 7; primam et secundam aciem in armis esse ⟨c⟩, tertiam castra munire iussit: I 49, 2; in primam aciem processit: II 25, 2; prima et secunda acies in armis, ¶ ut ab initio constituta erat, permanebat; post hos ⟨c⟩ opus in occulto a III. acie fiebat: 1, 41, 4; sed primam aciem quaternae cohortes ex V legionibus tenebant: 1, 83, 2; tantumque a uallo eius prima acies aberat, uti: 3, 56, 1; ¶ uti inter nouissimum hostium agmen et nostrum primum non amplius . . . senis milibus passuum interesset: I 15, 5; una (acies) a ⟨c⟩ primo agmine iter impedire coepit: VII 67, 1; uestigio temporis primum agmen erat in conspectu: 2, 26, 2; Fabius Paelignus . . . primum agmen fugientium consecutus: 2, 35, 1; cum primum agmen Pompei procul cerneretur: 3, 41, 5; ¶ ut simul Domitiani exercitus puluis cerneretur et primi antecursores Scipionis uiderentur: 3, 36, 8; ¶ ubi prima impedimenta nostri exercitus ... nisa sunt: II 19, 6; ¶ neque esse quicquam negotii, cum prima ⟨primum *h*⟩ legio in castra uenisset reliquaeque legiones magnum spatium abessent, hanc sub sarcinis adoriri: II 17, 2; ¶ cum sibi quisque primum itineris locum peteret: II 11, 1; ¶ hora . . . quarta cum primis nauibus Britanniam attigit: IV 23, 2; (hos item ex proximis ⟨primis *add. X; Schn., Fr.; del. Hot.; rell. edd.;* primi *Madu.*⟩ nauibus cum conspexissent, subsecuti hostibus adpropinquarunt ⟨c⟩: IV 25, 6;) ¶ Gomphos peruenit, quod est oppidum primum Thessaliae uenientibus ab Epiro: 3, 80, 1; ¶ cum primi ordines hostium transfixi pilis ⟨c⟩ concidissent: VII 62, 4; hunc ex primo ordine pauci Caesaris consecuti milites consistere coegerunt: 1, 13, 3; ¶ (calones in proximum ⟨primum β⟩ tumulum procurrunt: VI 40, 1;) ¶ qui cum essent progressi primaeque turmae ⟨turbae *af*⟩ insidias intrauissent: 3, 38, 3.

β) **ui praedicati:** hi (Segusiani) sunt extra prouinciam trans Rhodanum primi: I 10, 5; (3, 80, 1 *u.* α) oppidum;) ¶ haec cum dixisset (Crastinus), primus ex dextro cornu proeucurrit: 3, 91, 3; — legiones sex ⟨*om.* β⟩, quae primae ⟨ante β⟩ uenerant, . . . castra munire coeperunt: II 19, 5.

2. ui subst.; α) subi.: ut, cum primi eorum (hostium) cecidissent ⟨*om.* β⟩, proximi iacentibus insisterent: II 27, 3; ¶ (conspicere: IV 25, 6 *u.* **1.** α) nauis;) ¶ adeoque erat impedita uallis, ut in ascensu nisi subleuati a suis primi ⟨-mis h^1⟩ non facile eniterentur: 2, 34, 5; ¶ ubi . . . conspexerunt iamque primos superare regionem castrorum animum aduerterunt: 1, 69, 3; ¶ primos ⟨primosque β⟩, qui transierant, equitatu circumuentos interfecerunt: II 10, 3.

β) **obi.:** circumuenire: II 10, 3 *u.* α) transire; ¶ neque . . . impetum nostrorum tulerunt, primisque deiectis reliqui se uerterunt: 3, 51, 2; ¶ interficere: II 10, 3 *u.* α) transire; ¶ primisque oppressis reliqui per horum corpora salutem sibi atque exitum pariebant: 3, 69, 3; ¶ nouissimosque premere et primos prohibere ascensu . . . coeperunt: V 32, 2; ¶ subleuare: 2, 34, 5 *u.* α) eniti.

γ) **dat.:** ut se sub ipso uallo constipauerant (hostes) recessumque primis ultimi non dabant: V 43, 5.

δ) **gen.:** per horum corpora: 3, 69, 3 *u.* β) opprimere.

b) pertinet ad tempus; α) attribut.: hostibus primo aspectu perturbatis incolumem exercitum traduxit: VII 56, 4; ¶ qui primo clamore audito se ex oppido eiecerant ⟨c⟩: VII 28, 5; primo exaudito clamore, inde etiam crebris nuntiis incitati . . . magno cursu ⟨c⟩ eo contenderunt: VII 48, 1; ¶ impetum modo ferre non potuerunt ac primo concursu in fugam coniecti proximas siluas petierunt ⟨c⟩: VI 8, 6; primo concursu ab ⟨c⟩ dextro cornu . . . hostes ⟨c⟩ pelluntur ⟨c⟩: VII 62, 3; ¶ nostri in primo congressu circiter LXX ceciderunt: 1, 46, 4; quod . . . nostros primo congressu terga uertere coegissent: 1, 47, 2; ¶ turris tectum per se ipsum pressionibus ⟨c⟩ ex contignatione prima suspendere ac tollere coeperunt: 2, 9, 5; ¶ primis diebus *u.* **dies** *p. 901 (4 loc.);* Pompeius ⟨c⟩ primi diei mora inlata et reliquorum dierum frustra labore suscepto . . . quarto ⟨c⟩ die finem sequendi fecit: 3, 77, 3; ¶ ut primus excursus uisque militum infringeretur: 3, 92,

2; ¶ (hora: 1,20,1 *u.* **B. b)** uesper;) ¶ quos primo hostium impetu pulsos dixeram: II 24,1; ne primum quidem posse impetum suum ⟨imp. suum posse β⟩ sustineri ⟨*c*⟩ existimabant: III 2,4; ut ne primum ⟨*Ciacc.*; unum *X*; *edd.*⟩ quidem nostrorum impetum ferrent: III 19,3; quod primum hostium impetum multis ultro uulneribus inlatis fortissime sustinuerint: V 28,4; ac uix primum impetum cohors in statione sustinet: VI 37,3; neque nero primum impetum nostrorum Numidae ferre potuerunt: 2,25,5; praemittit equites, qui primum impetum sustineant ac morentur: 2, 26,3; an paenitet uos . . ., quod classem hostium primo impetu adueniens profligauerim? 2,32,12; quorum primum impetum equites hostium non tulerunt: 2,34,3; primoque impetn unam ex his *quadriremibus . . . ceperunt: 3,24,3; Achillas . . . occupabat Alexandriam . . . primo impetu domum eius (Caesaris) inrumpere conatus: 3,111,1; ¶ lux *u.* **lux** *p. 504—506* **B. b)** *et* **C.** *(20 loc.)*; ¶ obsecrare milites coepit, ne primam ⟨ *O¹f*; prima *O²ahl*; primi *b*; *Scal.*; *del. Ciacc.*⟩ sacramenti, quod apud Domitium atque apud se quaestorem dixissent, memoriam deponerent: 2, 28,2; ¶ Haedui primis ⟨trinis β⟩ nuntiis ab ⟨*c*⟩ Litauicco acceptis nullum sibi ad cognoscendum spatium relinquunt: VII 42,1; ¶ neque eum prima opinio fefellit: 3,67,4; ¶ sacramentum: 2,28,2 *u.* memoria; ¶ carinae ac prima ⟨*Np.*; primum *x*⟩ statumina ex ⟨*af*; et *Ohl*; *om. Ncd*; *Np.*, *Dt.*⟩ leui ⟨primum statumen aluei *EHoffm.*; atque ima statumina ex l. *Paul*⟩ materia fiebant; reliquum corpus nauium uiminibus contextum coriis integebatur: 1,54,2; ¶ simulatione deditionis extracto primo noctis tempore gubernatorem in terram nanem eicere cogunt: 3,28,5; ¶ quae Cenabi oriente sole gesta essent, ante primam confectam uigiliam in finibus Arnernorum audita sunt: VII 3,3; et prima confecta uigilia IIII milia passuum . . . progredi . . . iubet: VII 60,1; ille ex castris prima uigilia egressus prope confecto sub lucem itinere post montem se occultauit: VII 83,7.

β) ui praedicati: iis ⟨*c*⟩, qui primi ⟨primu *B*⟩ murum ascendissent ⟨excendissent β⟩, praemia proposuit: VII 27,2; — procurrere: 3,91,3 *et* uenire: II 19,5 *u.* **a) 1. β)**; eorum ut quisque primus uenerat, sub muro consistebat: VII 48,2; ¶ quam quisque ab opere in partem casu deuenit quaeque prima signa ⟨signa prima β⟩ conspexit, ad haec constitit: II 21,6.

e) pertinet ad ordinem uel dignitatem; 1. ui adiect.; α) attribut.: duabusque missis subsidio cohortibus a Caesare atque iis ⟨his *Np.*⟩ primis legionum duarum: V 15,4; hoc casu aquila conseruatur omnibus primae cohortis centurionibus interfectis praeter principem priorem: 3,64,4; ¶ nostri in primo congressu circiter LXX ceciderunt, in his Q. ⟨*c*⟩ Fulginius ex primo hastato ⟨Fulg. primus hastatus *Vascos.*⟩ legionis XIIII.: 1,46,4; ¶ cum a Cotta primisque ordinibus acriter resisteretur: V 30,1; qui (centuriones) primis ⟨iam primis β; *Schn.*; primis iam *Fr.*⟩ ordinibus adpropinquarent: V 44,1; Labienus noctu ⟨*c*⟩ tribunis militum primisque ordinibus conuocatis ⟨*c*⟩ quid sui sit ⟨*o*⟩ consilii proponit: VI 7,8; primorum ordinum centuriones *u.* **ordo** *p. 963* **2. A. a) β) ββ)** centuriones *(4 loc.)*; ¶ pilus *u.* **pilus** *p. 1089 (8 loc.)*.

β) ui praed.: sibi semper primam ⟨rei publicae *add. recc. et edd.*; P. R. *add. a*; *om. Nfhl*; *Hot.*, *Madu.*; reipubl.. prim. *uett. edd.*⟩ fuisse dignitatem ⟨sibi semp. rempublicam fuisse dignitate *Pluyg.*⟩ uitaque potiorem: 1,9, 2; — quarum (legionum) una ⟨*om. hl*⟩ prima, altera tertia appellabatur: 3,88,1.

2. ui subst.: legatos Iccium ⟨*c*⟩ et Andecumborium ⟨*c*⟩, primos ciuitatis ⟨suae *add. B²β*; *Flod.*⟩, miserunt: II 3,1; Caesar obsidibus acceptis primis ciuitatis atque ipsius Galbae regis duobus filiis . . . ducit: II 13,1; euocat ad se Caesar Massilia ⟨*Of*; massiliam *ahl*; massiliae *rec.*⟩ XV primos. cum his agit: 1,35,1; ¶¶ in primis (imprimis) *u.* **in** *p. 139 extr. et 140 (11 loc.)*.

B. ui partitiua; (opponitur aliis eiusdem rei partibus; prima nox = prima noctis pars, initium noctis;) *cf. O. Riemann, RPh. V 103—107*; **a) pertinet ad locum:** primos Eburonum fines adeunt: VI 35,6.

b) pertinet ad tempus: ac primo aduentu exercitus nostri crebras ex oppido excursiones faciebant . . .; postea: II 30,1; Caluisius primo aduentu summa omnium Aetolorum receptus uoluntate . . . omni Aetolia potitus est: 3,35, 1; ¶ prima luce, luce prima, a prima luce *u.* **lux** *p. 504—506* **B. b)** *et* **C.** *(20 loc.)*; ¶ prima nocte *u.* **nox** *p. 840* **c)** *(4 (5) loc.)*; ¶ qui a prima obsidione ad Ciceronem perfugerat: V 45,2; ¶ concilio Galliae primo nere . . . indicto: VI 3,4; ¶ milites . . . primo ⟨*f*; *Paul*; prima *ahl*; *edd.*⟩ uesperi secessionem faciunt: 1,20,1; magistrisque imperat nauium, ut primo uespere omnes scaphas ad litus adpulsas habeant: 2,43,1.

primum (aduerb.); **1.** = zuerst (πρῶτον, ἀρχήν); **A.** non additur **cum, ubi, quam**; **a)** enumerantur res uel argumenta; sequuntur **α)** singulae noces; **αα)** deinde *u.* **deinde** B. *p. 850 (6 loc.).*

ββ) inde: hos (colles) primum praesidiis tenuit castellaque ibi *communiit. inde, ut loci cuiusque natura ferebat, ex castello in castellum perducta munitione circumuallare Pompeium instituit: 3,43,1.2.

γγ) post *u.* **post** *p. 1144* **A.** *(3 (?) loc.).*

δδ) postea: primum ⟨primo?⟩ sagittariis funditoribusque circumiectis, postea lenis armaturae magna multitudine missa ... munitiones impediebat: 3,45,3; **(**Metropolitae primo ⟨*a*[1]; primum *x; edd.*⟩ eodem usi consilio ... portas clauserunt murosque armatis compleuerunt, sed postea casu ciuitatis Gomphensis ⟨*c*⟩ cognito ... portas aperuerunt: 3,81,1.**)**

εε) tum: id aliquot de causis acciderat, ut subito Galli belli renouandi ... consilium caperent: primum, quod legionem neque eam ⟨*c*⟩ plenissimam ... propter paucitatem despiciebant, tum etiam, quod propter iniquitatem loci ... ne primum quidem posse impetum suum sustineri ⟨*c*⟩ existimabant; accedebat, quod suos ab se liberos abstractos obsidum nomine dolebant: III 2,3—5.

β) enuntiata: hic (timor) primum ortus est a tribunis militum, praefectis reliquisque, qui ... non magnum ⟨*c*⟩ in re militari usum habebant. ... horum uocibus ae timore paulatim etiam ii ⟨*c*⟩, qui magnum in castris usum habebant, ... perturbabantur: I 39,2.5; eos incusauit: primum quod aut quam in partem aut quo consilio ducerentur sibi quaerendum aut cogitandum putarent: I 40,1; *cf. qu. sqq.;* ubi ... turrim ⟨*c*⟩ procul constitui uiderunt, primum inridere ex muro atque increpitare uocibus, quod tanta machinatio ab ⟨*c*⟩ tanto spatio instrueretur ⟨*c*⟩. ... ubi nero moneri et adpropinquare moenibus ⟨*c*⟩ uiderunt, ... legatos ... miserunt: II 30,3; 31,1; duae primum trabes in solo ... conlocantur ...: 2,10,2; *cf. qu. sqq.;* primum conati sunt praefectum equitum C. Volusenum interficere .... postquam id difficilius ⟨*c*⟩ uisum est ..., ad Pompeium transierunt: 3,60,4.5; 84,2 *u.* **primo A. f)**; ab his enim primum equitatus est pulsus, ab isdem factae caedes sagittariorum ae funditorum, ab isdem acies Pompeiana a sinistra parte [erat] circumita atque initium fugae factum: 3,94,4.

b) non enumerantur res uel argumenta: quorum in fines primum Romani exercitum introduxissent, ad eos defendendos undique conuenirent: II 10,4; naues in Venetiam, ubi Caesarem primum ⟨esse *add.* α; *edd.*⟩ bellum gesturum constabat, quam plurimas possunt cogunt: III 9,9; qui sunt ex iis ⟨*c*⟩ nati, eorum habentur liberi, quo ⟨quibus β⟩ primum ⟨primo *B*β⟩ uirgo quaeque deducta est ⟨uirgines quaeque ductae sunt β⟩: V 14,5; ut quo primum occurreretur ⟨β; *Schn.;* curreretur α; *rell. edd.*⟩ aut cui rei ferretur auxilium uix ratio iniri posset: VII 24,4; hoc primum ⟨?; proelium *Paul*⟩ Caesari ad Ilerdam nuntiatur; simul perfecto ponte celeriter fortuna mutatur: 1,59,1; Alexandriae de Pompei morte cognoscit atque ibi primum e naue egrediens clamorem militum audit: 3,106,4.

B. primum additur uocibus **cum, ubi, — quam; a) cum primum**: his rebus celeriter administratis ipse, cum primum per anni tempus potuit, ad exercitum contendit: III 9,2; (Calenus legionibus equitibusque Brundisii in naues impositis, ut erat praeceptum a Caesare, quantum nauium facultatem habebat ⟨cum primum nauigandi facultatem habuit *Ciacc.*⟩, naues soluit: 3,14,1;) ¶ ipse, cum primum pabuli copia esse inciperet, ad exercitum nenit: II 2,2; — Brutum ... classi ... praeficit ⟨*c*⟩ et, cum primum posset ⟨possit?⟩, in Venetos proficisci iubet: III 11,5; — constituit Curio, cum primum sit data potestas, proelio rem committere: 2,33,3.

b) ubi primum: at hostes, ubi primum nostros equites conspexerunt ..., impetu facto celeriter nostros perturbauerunt: IV 12,1; legiones, ubi primum planitiem attigerunt, infestis contra hostes ⟨*c*⟩ signis constiterunt: VII 51,3; Vibullius ..., ubi primum e re uisum est ⟨e re uisumst *Elberl.; Np.;* rursus *codd.;* reuersus est *2 dett.*⟩, adhibito Libone ⟨*c*⟩ ... agere instituit: 3,18,3; — quae (classis) ubi conuenit ac primum ab hostibus nisa est, ... naues ... constiterunt: III 14,2.

c) quam primum: ut quam primum intellegere posset, utrum apud eos pudor atque officium an timor plus ⟨*c*⟩ ualeret: I 40,14; huic mandat, ut ⟨*c*⟩ exploratis omnibus rebus ad se quam primum reuertatur: IV 21,2; C. Trebonium legatum relinquit, ipse ut quam primum iter faceret ⟨conficeret β; *Schn.; u. CC*⟩: VII 11,3; magni interesse arbitrabatur quam primum oppido potiri cohortesque ad se in castra traducere: 1,21,1; hoc nero magis properare Varro, ut cum legionibus quam primum

Gades contenderet: 2, 20, 1; ut quam primum se eum Antonio coniungeret: 3, 30, 2; ut aut illum quam primum traicere quod habet Brundisii copiarum cogamus aut exitu ⟨c⟩ prohibeamus: *ap. Cic. ad Att.* IX 14, 1.

2. = **zum ersten Mal** (τὸ πρῶτον): qui tum primum adlato nuntio de oppugnatione Vellaunoduni . . . praesidium Cenabi tuendi causa . . . comparabant: VII 11, 4; primumque eo tempore Galli castra munire instituerunt ⟨*u. CC*⟩: VII 30, 4; Capuae primum sese ⟨c⟩ confirmant et colligunt: 1, 14, 4.

primo. A. sequuntur certae quaedam uoces; **a)** post *u.* **post 1. A.** *p. 1143 extr. et 1144 (5 loc.).*

b) postea *u.* **postea** *p. 1147* **B. a)** *(4 (5) loc.).*

c) posteaquam *u.* **posteaquam** *p. 1147 extr. et 1148 (3 loc.).*

d) postquam: Labienus primo uineas agere, cratibus atque aggere paludem explere atque iter munire conabatur. postquam id difficilius confieri ⟨c⟩ animaduertit ⟨c⟩, silentio . . . egressus . . . Metiosedum peruenit: VII 58, 1. 2.

e) inde: VII 48, 1 *u.* **primus** *p. 1208* **A. b) α)** clamor.

f) aliae uoces: aciemque instruxit primo ⟨*Na;* primum *b; V.; Db.;* primus *O¹fhl*⟩ suis locis pauloque a castris Pompei longius, continentibus nero diebus, ut progrederetur a castris suis collibusque Pompeianis aciem subiceret: 3, 84, 2; ¶ crebris Pompei litteris castigabantur, quoniam primo uenientem Caesarem non prohibuissent, *at reliquos eius exercitus impedirent: 3, 25, 3.

g) tota enuntiata: Caesar primo . . . proelio supersedere statuit, cotidie tamen equestribus proeliis . . . periclitabatur ⟨c⟩. ubi nostros non esse inferiores intellexit, . . . tormenta conlocauit. . . . hoc facto . . . sex legiones . . . in acie constituit: II 8, 1—5; nostri primo integris uiribus fortiter repugnare ⟨c⟩ . . . . cum iam amplius horis ⟨o⟩ sex continenter pugnaretur ac non solum nires, sed etiam tela nostros ⟨c⟩ deficerent, . . . adcurrunt ⟨c⟩: III 4, 2; 5, 1. 2; genus hoc est ex essedis pugnae: primo per omnes partes perequitant et tela coiciunt atque ipso . . . strepitu rotarum ordines plerumque perturbant, et cum se inter equitum turmas insinuauerunt, ex essedis desiliunt et pedibus ⟨c⟩ proeliantur. aurigae interim . . . IV 33, 1. 2; dixerat aliquis leniorem sententiam, ut primo ⟨primum?⟩ M. Marcellus, ingressus in eam orationem . . .; ut M. Calidius, qui censebat . . .; ut M. Rufus, qui . . . sequebatur: 1, 2, 2—4; genus erat pugnae militum illorum, ut magno impetu primo procurrerent ⟨concurrerent *hl*⟩, audacter locum caperent, . . . rari dispersique pugnarent; si premerentur, pedem referre . . . non turpe existimarent: 1, 44, 1. 2; ac primo Afraniani milites uisendi causa laeti ex castris procurrebant contumeliosisque nocibus prosequebantur *nostros . . . . sed ubi paulatim retorqueri agmen . . . conspexerunt . . ., nemo erat adeo tardus . . ., quin: 1, 69, 1. 3.

B. non sequuntur certae noces aut tota enuntiata: (V 14, 5 *u.* **primum** *p. 1212* **A. b)**;) ubi tempus alterius contabulationis nidebatur, tigna item ut primo ⟨-ma *l*⟩ tecta extremis lateribus instruebant: 2, 9, 7.

pristinus. A. = **prior, superior:** Catone . . acerrime repugnante et pristina consuetudine dicendi mora dies extrahente ⟨catonem . . . repugnantem . . . extrahentem *x*⟩: 1, 32, 3; Allobroges . . . seu pristina sua consuetudine, quod una in Gallia bella gesserant, seu gloria elati cuncta . . . exposuerunt: 3, 79, 6; ¶ hoc unum ad pristinam fortunam Caesari ⟨caes. ad pr. fort. *h*⟩ defuit: IV 26, 5; ¶ non oblitus pristini instituti Caesar mittit ad eum *A.* Clodium: 3, 57, 1; ¶ tanta uniuersae Galliae consensio fuit libertatis uindicandae et pristinae belli landis recuperandae, ut: VII 76, 2; ¶ auctis copiis Pompei . . . pristina omnium confirmatur opinio et spes uictoriae augetur: 3, 82, 2; ¶ noua religio iuris iurandi . . . rem ad pristinam belli rationem redegit: 1, 76, 5; ¶ ut non solum in pristinum statum redissent, sed omnium temporum dignitatem et gratiam antecessisse uiderentur: VII 54, 4; ¶ reminisceretur et ueteris incommodi populi Romani et pristinae uirtutis Heluetiorum: I 13, 4; milites non longiore oratione cohortatus ⟨c⟩, quam uti suae pristinae uirtutis memoriam retinerent: II 21, 2; hortatur, ut pristinam uirtutem retineat: V 48, 6; milites cohortatus, ut suae pristinae uirtutis et secundissimorum ⟨c⟩ proeliorum retinerent memoriam ⟨o⟩: VII 62, 2; quorum in consilio omnium uestrum consensu pristinae residere uirtutis ⟨uirt. resid. β⟩ memoria nidetur: VII 77, 4; ueteranae legionis milites . . . neque ex pristina uirtute remittendum aliquid putauerunt et ⟨c⟩: 3, 28, 5.

B. = **hesternus:** milites nostri pristini diei perfidia incitati in castra inruperunt: IV 14, 3; ¶ magnumque fructum suae pristinae lenitatis omnium indicio Caesar ferebat: 1, 74, 7.

priuatus. 1. ui adiectiui: uicos ad quadringentos, reliqua priuata aedificia incendunt: I 5, 2; *cf. RSchn. in BPhW. IV 1381;* ¶ sed priuati ac separati agri apud eos nihil est: IV 1, 7; ¶ arma omnia priuata ac publica in domum Gallonii contulit: 2, 18, 2; ¶ qui praeter imperatas pecunias suo etiam priuato compendio seruiebant: 3, 32, 4; ¶ Philippus et Cotta ⟨*u. CC*⟩ priuato consilio praetereuntur neque eorum sortes deiciuntur: 1, 6, 5; (nauis) erat sine militibus priuatoque consilio administrabatur: 3, 14, 2; ut potius priuato paucorum et latronum quam regio consilio susceptum bellum uideretur: 3, 109, 6; ¶ fere de omnibus controuersiis publicis priuatisque constituunt (druides): VI 13, 5; ¶ pecunias monimentaque, quae ex fano Herculis coniata erant in priuatam ⟨praetoriam *Paul*⟩ domum, referri in templum iubet: 2, 21, 3; ¶ inimicitiasque habebat (Bibulus) etiam priuatas cum Caesare ex aedilitate et praetura ⟨*CC*⟩ conceptas: 3, 16, 3; ¶ qua in re Caesar non solum publicas, sed etiam priuatas iniurias ultus est: I 12, 7; ¶ nauium, quae cum annotinis priuatisque, quas sui quisque commodi ⟨*o*⟩ causa ⟨*c*⟩ fecerat, amplius octingentae uno ⟨*c*⟩ erant uisae tempore ⟨*c*⟩: V 8, 6; ¶ semper se rei publicae commoda priuatis necessitudinibus habuisse potiora: 1, 8, 3; ¶ habere se a Pompeio ad eum priuati ⟨priuatim *Nae*⟩ officii mandata demonstrat: 1, 8, 2; ¶ **(**praemia: 2, 21, 2 *u.* **2. B. b);)** ¶ cum in reliquis fere ⟨*o*⟩ rebus, publicis priuatisque rationibus ⟨*del. Miller*⟩, Graecis litteris ⟨*o*⟩ utantur: VI 14, 3; ¶ res: V 3, 5 *u.* **priuatim**; ¶ (druides) sacrificia publica ac priuata procurant: VI 13, 4.

2. ui subst.; A. sing.: si qui ⟨quis *C; Aim.*⟩ aut priuatus ⟨priuati β⟩ aut populus eorum decreto non stetit, sacrificiis interdicunt: VI 13, 6; ¶ sacramento quidem uos tenere qui potuit (Domitius), cum proiectis fascibus et deposito imperio priuatus et captus ipse in alienam uenisset potestatem? 2, 32, 9.

B. plur.; a) subi.: lictoresque habent in urbe et ⟨*P. Man.;* ex *z*⟩ Capitolio priuati ⟨*Steph.;* priuatim *z*⟩ contra omnia uetustatis exempla ⟨*u. CC*⟩: 1, 6, 7; 2, 18, 5 *u.* **d)** *extr.;* ¶ **(**stare: VI 13, 6 *u.* **A.)**

b) dat.: prouinciae priuatis decernuntur, duae consulares, reliquae praetoriae: 1, 6, 5; ¶ tributis ⟨attributis *Pluygers*⟩ quibusdam populis ⟨*hl;* publicis *af; edd.*⟩ priuatisque ⟨publice priuatimque *Ciacc.*⟩ praemiis reliquos in posterum bona spe complet: 2, 21, 2.

c) gen.: bona: 2, 18, 5 *u.* **d)** *extr.*

d) e. praep.: quas (naues) Igilii et in Cosano a priuatis coactas seruis, libertis, colonis suis compleuerat: 1, 34, 2; — Pompeius . . . pecunia societatis sublata et a ⟨*om. Oaf*⟩ quibusdam priuatis sumpta . . . Pelusium peruenit: 3, 103, 1.

indicia in priuatos reddebat, qui ⟨reddebat; qui *Db.; Dt.*⟩ uerba atque orationem aduersus rem publicam habuissent; eorum ⟨habuissent, eorum *Db.; Dt.*⟩ bona in publicum addicebat: 2, 18, 5.

priuatim: (habere: 1, 6, 7 *u.* **priuatus 2. B. a)** habere; 1, 8, 2 *u.* **priuatus 1.** officium;**)** eadem ratione priuatim ac publice quibusdam ⟨quibus quaedam *Ox*⟩ ciuitatibus ⟨*del. Paul*⟩ habitis honoribus Tarracone discedit: 2, 21, 5; ¶ postea quam non nulli principes . . . ad Caesarem uenerunt et de suis priuatim ⟨priuatis β⟩ rebus ab eo petere coeperunt: V 3, 5; ut undique ad eum legationes concurrerent, gratiam atque amicitiam publice priuatimque peterent: V 55, 4; ¶ esse non nullos, quorum auctoritas apud plebem plurimum ualeat, qui priuatim ⟨priuati *Ciacc.*⟩ plus possint ⟨*c*⟩ quam ipsi magistratus: I 17, 1; ¶ (tribuere: 2, 21, 2 *u.* **priuatus 2. B. b)**.)

priuo: neque (se) rem publicam alterutro exercitu priuare uoluisse: 3, 90, 3.

pro. I. Conlocatio: quibus ille pro meritis ⟨*sic* α; *edd.;* pro quibus meritis β⟩: VII 76, 1; (pro quibus rebus: 1, 32, 7;) — *rell. locis praepos. primum semper obtinet locum:* pro castris minoribus *et simil. 2 locis;* pro communi amico, pro his rebus, *sim. 14 loc.;* pro portis castrorum *et sim. 12 loc.;* pro rei necessitate *et sim. 9 loc.;* pro magnis hominum officiis, pro Caesaris in se beneficiis, pro iis quas acceperint iniuriis, pro suis tantis populique Romani in eum beneficiis, *sim. 11 loc.*

II. Signific.; A. propr., de loco (= πρό, ἔμπροσθεν); a) = ante; indicatur α) ubi quid factum sit: pro castris *u.* **castra** *p. 479* **o)** (*16 loc. exc.* I 48, 3); ¶ (pro munitione: 3, 46, 3 *u.* **B. b) β) αα)** obicere;) ¶ copias omnes, quas pro oppido conlocauerat, in oppidum recipit ⟨*c*⟩: VII 71, 8; ¶ ii, qui pro portis castrorum in statione erant, Caesari nuntiauerunt ⟨*c*⟩: IV 32, 1; ¶ paulum legiones Caesar, quas pro uallo constituerat, promoueri iubet: VII 70, 5.

β) quo quid motum, ductum sit: dies continuos quinque Caesar pro castris suas copias produxit: I 48, 3.

b) = in, in priore (anteriore) rei parte

(vorn auf): hac re pro suggestu pronuntiata ... proficiscitur: VI 3, 6.

B. trsl.; a) = ὑπέρ (defendendi, tuendi causa): pacem ab Romanis petierunt. pro his Diuiciacus ... facit uerba: II (13, 3;) 14, 1; ¶ petere non solum Bellouacos, sed etiam pro his ⟨iis *BM*⟩ Haeduos, ut sua clementia ... in eos utatur: II 14, 5; ¶ in illa magistratuum ⟨*c*⟩ controuersia alter pro Conuictolitaui, alter pro Coto summis opibus pugnauerant ⟨pugnauerat β⟩: VII 39, 2; eum tumulum, pro quo pugnatum est, magnis operibus muniuerunt: 1, 47, 4; neu pro his pugnarent, a quibus *cum* contumelia perfugae appellarentur: 2, 28, 3; ¶¶ quos cum sic animo paratos ⟨*o*⟩ uideat ⟨*c*⟩, ut nullum pro sua laude periculum recusent: VII 19, 5; multum ipsis militibus hortantibus neque ullum periculum pro salute Caesaris recusantibus ... naues soluunt: 3, 26, 1.

b) = ἀντί; α) = loco (uice) alcs; αα) pendet ex uerbis: pelles (erant) pro nelis alutaeque tenuiter confectae: III 13, 6; his (alcibus) sunt arbores pro cubilibus: VI 27, 3; ¶ omnem eam materiam, quae erat caesa, conuersam ad hostem conlocabat et pro uallo ad utrumque latus exstruebat: III 29, 1; ¶ qui sunt adfecti grauioribus morbis ... aut pro uictimis homines immolant aut se immolaturos nouent: VI 16, 2; ¶ locutus est pro his Diuiciacus Haeduus: I 31, 3; ¶ ne ... innocentes pro nocentibus poenas pendant: VI 9, 7; ¶ homines immolant ..., quod, pro uita hominis nisi ⟨*c*⟩ hominis ⟨*o*⟩ uita reddatur, non posse ⟨*c*⟩ deorum immortalium numen placari arbitrantur: VI 16, 3; ¶ utuntur aut aere aut nummo aureo ⟨aereo β; *u. CC*⟩ aut taleis ⟨*c*⟩ ferreis ad certum pondus examinatis pro nummo ⟨pro nummo *om.* β⟩: V 12, 4; haec (cornua urorum) ... ab labris argento circumcludunt atque in amplissimis epulis pro poculis utuntur: VI 28, 6.

ββ) pro consule, pro praetore: dent operam consules, praetores, tribuni plebis quique pro ⟨*om. x; add. Pantagathus*⟩ coss. ⟨cons. *ahl;* consules *Oef;* proconsules *Manut.*⟩ sint ⟨sunt *Ohl; om. aef*⟩ ad urbem, ne: 1, 5, 3; ¶ pro praetore *u.* **praetor** *p. 1191* e) *(2 (3) loc.)*.

γγ): ancorae pro funibus ferreis catenis (erant) reuinctae: III 13, 5.

β) = ut, tamquam, quasi; ὡς; αα) pendet ex uerbis: quae (legio) pro subsidio paulo aequiore loco constiterat: VII 51, 1; ¶ pro nallo exstruere: III 29, 1 *u.* α) αα) exstruere; ¶ magno sibi esse praesidio posse, si ibi ⟨*om. Ohl*⟩ pro castello ac receptaculo turrim ex latere sub muro fecissent: 2, 8, 1; ¶ habere pro *u.* **habeo** *p. 1407 extr. et 1408 (5 loc.);* ¶ quod pro uallo carros obiecerant: I 26, 3; hanc ⟨*c*⟩ (siluam) ... pro natiuo muro obiectam Chernseos ab Suebis Suebosque ab Cheruscis [iniuriis incursionibusque] prohibere: VI 10, 5; Pompeiani ... instare coeperunt cratesque pro munitione obiectas propulerunt, ut fossas transcenderent: 3, 46, 3; has munitiones insequentibus auxit diebus, ut pro muro obiectas haberet: 3, 112, 8; ¶ id eane de causa ... an perfidia adducti fecerint, ... non uidetur pro certo esse ponendum ⟨β; proponendum α; *Np.*, *Hold.*⟩: VII 5, 6; ¶ quae (sublicae) pro ariete ⟨pariete *Victorius*⟩ subiectae et cum omni opere coniunctae uim fluminis exciperent: IV 17, 9.

ββ) non pendet ex certis uerbis: cum (Caesar) ... maxime uellet pro communi amico atque arbitro ⟨-trio a^1⟩ controuersias regum componere: 3, 109, 1; — Caesar epistularum ad Ciceronem Neque, inquit, pro cauto ac diligente se castris continuit: *Charis. ed. Keil* I p. 126; — quorum alter accepto uulnere occupatus ⟨*CC*⟩ per suos pro occiso sublatus, alter ⟨alter ... subl. *om. af*⟩ interfectus est: 3, 109, 5; — qui ubi pro perfuga ad eos uenit: III 18, 3; — qui (milites) uim snorum, quod in simili culpa uersabantur, ipsi pro suo periculo defendebant: 3, 110, 4; — nihil hunc ⟨*c*⟩ se absente pro sano facturum arbitratus, qui praesentis imperium neglexisset: V 7, 7; — Considium timore perterritum quod non uidisset pro niso sibi renuntiauisse: I 22, 4.

γ) = compensandi causa: militibus aequa facta aestimatione pecuniam pro his rebus dissoluit ⟨solnit *O*⟩: 1, 87, 1; ¶ (esse: III 13, 6 *u.* α) αα) esse;) ¶ reddere: IV 16, 3 *ib.* reddere.

III 13, 5 *u.* α) γγ).

c) = διά, propter, gratia; α) pendet ex uerbis: (conlaudare: V 52, 3 *u.* d) α) αα) pro merito;) ¶ sese pro Caesaris in se beneficiis plurimum ei confiteri debere: V 27, 2; ¶ quam rem et paucis contigisse et pro magnis ⟨et a romanis pro maximis (B^3)β⟩ hominum ⟨omnino *Paul*⟩ officiis consuesse tribui docebat: I 43, 4; ¶ consuesse enim deos immortales, ... quos pro scelere eorum ulcisci uelint, his secundiores interdum res ... concedere: I 14, 5; ne ... ulciscendi Romanos pro iis ⟨his α⟩ quas acceperint ⟨acceperant *af*⟩ iniuriis occasionem dimittant: V 38, 2.

β) pendet ex subst.: ut aliquando pro tantis

laboribus fructum uictoriae perciperent: VII 27,2; ¶ et ciuitati sese consulere ... et Caesari pro eius meritis gratiam referre: V 27,11; quod sibi a parte ⟨c⟩ eorum gratia relata non sit pro suis in eos maximis beneficiis: 1,23,3; ¶ Haeduos et Remos, quos praecipuo semper honore Caesar habuit, alteros pro uetere ac perpetua erga populum Romanum fide, alteros pro recentibus Gallici belli officiis: V 54,4; ¶ habere nunc se rationem officii pro beneficiis Caesaris: V 27, 7; ¶ tametsi ⟨c⟩ pro ueteribus Heluetiorum iniuriis populi Romani ab his poenas bello repetisset: I 30,2.

γ) pend. ex adiect.: (erant) Vticenses pro quibusdam Caesaris in se beneficiis illi amicissimi: 2,36,1.

δ) **non pendet ex certis quibusdam uocibus:** (pro ... beneficiis: I 42,3 *u.* **d) α) αα)** pro beneficiis; 3,10,2 *ib.;* ¶ pro ... beneuolentia: V 25,2 *u.* p. uirtute; ¶ ut magna multitudine circumfusa pro tali facinore stirps ac nomen ciuitatis tollatur: VI 34, 8; ¶ quibus ille pro meritis ⟨pro quib. mer. β⟩ ciuitatem eius immunem esse iusserat, iura legesque reddiderat atque ⟨c⟩ ipsi Morinos attribuerat: VII 76,1; Caesar magis eos (Massilienses) pro nomine et uetustate quam pro meritis in se ciuitatis conseruans duas ibi legiones praesidio relinquit ⟨c⟩: 2,22,6; ¶ huic Caesar pro eius uirtute atque in se beneuolentia ... maiorum locum restituerat: V 25,2.

d) = κατά; α) = secundum; αα) c. subst.: ad eum (Ptolomaeum) Pompeius misit, ut pro ⟨eius *add. O*⟩ hospitio atque amicitia patris Alexandria reciperetur atque illius opibus in calamitate tegeretur: 3,103,3; ¶ magnamque in spem ueniebat, pro suis tantis populique Romani in eum beneficiis cognitis suis postulatis fore, uti pertinacia desisteret: I 42, 3; hunc pro suis beneficiis Caesar idoneum iudicauerat, quem cum mandatis ad Cn. Pompeium mitteret: 3,10,2; ¶ scribendum ad te existimaui et pro nostra beneuolentia petendum, ne quo progredereris: *ap. Cic. ad Att.* X 8 *B*, 1; ¶ si forte pro sua clementia ac mansuetudine ... statuisset Aduatucos esse conseruandos: II 31,4; ¶ Caesarem quoque pro sua dignitate debere et studium et iracundiam suam rei publicae dimittere: 1,8, 3; ¶ pro hospitio *u.* **hospitium** *p. 1518 extr. et 1519 (4 loc.);* ¶ quod ne facias, pro iure nostrae amicitiae a te peto: *ap. Cic. ad Att.* X 8 *B*, 1; ¶ sperare ⟨se *add.* β⟩ pro eius iustitia, quae petierint, impetraturos: V 41,8; ¶ (quem locum tuae probandae ⟨*dik;* pro laude *X; Fr.*⟩ uirtutis ⟨pro laude uirt. tuae β⟩ exspectas ⟨β; spectas α; *Schn., Db., Fr.*⟩: V 44,3;) ¶ pro magnitudine periculi bellum parare ... instituunt: III 9,3; ¶ pro ... mansuetudine: II 31,4 *u.* p. clementia; ¶ Ciceronem pro eius merito legionemque conlaudat: V 52,3; ¶ ut ... reliqua pro loci natura, pro ui tempestatum illis essent aptiora et accommodatiora: III 13,7; ¶ uel pro hospitio regis Nicomedis uel pro horum necessitate, quorum de ⟨c⟩ re ⟨c⟩ agitur, refugere ⟨c⟩ hoc munns ... non potui: *ap. Gell.* V 13, 6; equidem mihi uideor pro nostra necessitate non labore, non opera, non industria defuisse: *ap. Gell.* XIII 3; ¶ Scipionem eadem spes prouinciae atque exercituum impellit, quos se pro necessitudine partiturum cum Pompeio arbitratur ⟨*CC*⟩: 1,4,3; ¶ militibus ... agros ... pollicetur, quaterna ⟨c⟩ in singulos iugera et pro rata parte centurionibus euocatisque: 1,17,4; ¶ quibus quoniam pro pietate ⟨*Q;* proprietate *ABM*β⟩ satis fecerit, habere nunc se rationem officii pro beneficiis Caesaris: V 27,7; ¶ ut ... quae .. in Gallia gererentur ⟨c⟩ cognosceret consiliumque pro tempore et pro re ⟨se *M*⟩ caperet: V 8,1; pro quibus rebus hortatur ac postulat, ut rem publicam ... una secum administrent: 1,32,7; ¶ pro tempore: V 8,1 *u.* p. re; ¶ pro ... ui: III 13,7 *u.* p. natura.

ββ) **pro se:** cum pro se quisque in conspectu imperatoris etiam in ⟨c⟩ extremis suis rebus operam nanare cuperet: II 25,3; maximeque timoris causa pro se quisque id munns legationis recusabat: 1,33,1.

β) **= si ratio habetur, ὡς πρός, ὡς ἐν:** regiones secutus quam potuit aequissimas pro loci natura XIIII milia passuum complexus ... munitiones ... perfecit: VII 74,1; — pro multitudine autem hominum et pro gloria belli atque fortitudinis angustos se fines habere arbitrabantur: I 2,5; — funera sunt pro cultu Gallorum magnifica et sumptuosa: VI 19,4; — minus multitudine militum legionariorum pro hostium numero ualebat: I 51,1; — uado per equites inuento pro rei necessitate oportuno, ut bracchia modo atque umeri ad sustinenda arma liberi ab aqua esse possent: VII 56,4.

[**Falso:** doluisse se, quod populi Romani beneficium ⟨P. R. beneficium *d;* pro beneficio *x*⟩ sibi per contumeliam ... extorqueretur: 1,9,2.]

Repetita est praepositio: pro tempore et pro re: V 8, 1; pro multitudine autem hominum et pro gloria belli atque fortitudinis: I 2, 5; — uel pro hospitio regis .. uel pro horum necessitate: *ap. Gell.* V 13, 6; — non pro amico, sed pro ⟨*om.* α; *plur. edd.*⟩ hoste habiturum: I 44, 11; — magis .. pro nomine et uetustate, quam pro meritis . . . ciuitatis: 2, 22, 6; — (alter pro, alter pro: V 54, 4; VII 39, 2;) — pro loci natura, pro ui tempestatum: III 13, 7; ¶ **non repetita est praep.:** pro castello ac receptaculo: 2, 8, 1; pro sua clementia ac mansuetudine: II 31, 4; pro cauto ac diligente: *ap. Charis.* I 126; — pro communi amico atque arbitro: 3, 109, 1; pro hospitio atque amicitia patris: 3, 103, 3; pro eius uirtute atque in se beneuolentia: V 25, 2; — pro disciplina et praeceptis: 3, 10, 4; pro nomine et uetustate: 2, 22, 6.

probo. A. = laudare, comprobare, assentiri; (probari = placere ;) a) sequitur obiect.; α) alqd ; αα) obi. est subst.: consurgunt ii, qui et causam et hominem probant . . . atque a ⟨*c*⟩ multitudine conlaudantur: VI 23, 7; ¶ consilium *u.* **consilium** *p. 674 (7 loc.);* IV 21, 7 *u.* uirtutem; ¶ cum his mihi res *est, qui eruptionem probant: VII 77, 4; ¶ meum factum probari abs te triumpho gaudio ⟨*c*⟩: *ap. Cic. ad Att.* IX 16, 2; ¶ hunc cum reliquis rebus locum probarat ⟨probaret Q^1M^2; probabat β⟩, tum ⟨*c*⟩ quod: VI 32, 5; ¶ probata re atque omnibus iure iurando ⟨*c*⟩ adactis postero die . . . duas se acies . . . ostendunt: VII 67, 1; probat rem senatus de mittendis legatis: 1, 33, 1; multum ad hanc rem probandam adiuuat adulescentia, magnitudo animi ⟨*o*⟩, superioris temporis prouentus, fiducia rei bene gerendae: 2, 38, 2; ¶ omnium consensu hac ⟨ae *BM;* haec *af*⟩ sententia probata . . . urbes Biturigum incenduntur: VII 15, 1; atque ego hanc sententiam probarem, . . . si . . . uiderem: VII 77, 6; ¶ cuius et uirtutem et consilium probabat: IV 21, 7.

ββ) obi. est pronom. (uel numerale): gaudeo mehercule uos significare litteris, quam ualde probetis ea, quae apud Corfinium sunt gesta: *ap. Cic. ad Att.* IX 7 *C,* 1; ¶ hoc ueteres non probant milites: VI 40, 4; — [haec quo facilius Pompeio probari possent, omnes suas terrestres urbiumque copias dimissurum ⟨*c; u. CC*⟩: 3, 10, 10;] ¶ quod non nulli cum probarent ⟨comprob. M^1⟩, periculi causa sequi non potuerunt: *ap. Cic. ad Att.* X 8 *B,* 2; — Scipionem ea esse auctoritate, ut non solum libere quae probasset exponere, sed etiam . . . compellare ⟨*c*⟩ . . . posset: 3, 57, 3; ¶ facilem esse rem, . . . si modo unum omnes sentiant ac probent: V 31, 2.

β) alqm: hominem: VI 23, 7 *u.* **α) αα)** causam; ¶ at, credo, [si] Caesarem probatis, in ⟨*c*⟩ me offenditis: 2, 32, 10; ¶¶ in se iura magistratuum commutari, ne ex praetura et consulatu, ut semper, sed ⟨*Ald.;* fit *af;* sit *hl*⟩ per pancos probati et eleeti in prouincias mittantur: 1, 85, 9; in se aetatis excusationem nihil ualere, † quod ⟨quom *Np.;* quin *Madu.*⟩ superioribus bellis probati ⟨fracti *uel* debilitati *Heller;* prostrati *Kraff.*⟩ ad obtinendos ⟨conficiendos *Paul*⟩ exercitus euocentur: 1, 85, 9.

γ) dupl. acc.: ad unum omnes Vercingetorigem probant imperatorem: VII 63, 6.

b) sequitur infin.: Caesar etsi ad spem conficiendi negotii maxime probabat ⟨probat *f*⟩ coactis nauibus mare transire et Pompeium sequi, . . . tamen: 1, 29, 1.

c) intellegendum est obi.: latum ab X tribunis plebis . . ., ut sui ratio absentis haberetur ipso consule Pompeio; qui si improbasset, cur ferri passus esset ⟨*c*⟩? si probasset, cur ⟨*c*⟩ se ⟨*c*⟩ uti populi beneficio prohibuisset? 1, 32, 3.

B. = praestare (efficere, ut probetur): pastoresque Domitii ⟨*c*⟩ spe libertatis excitati sub oculis domini ⟨*c*⟩ suam probare operam studebant: 1, 57, 4; ¶ quem locum tuae probandae ⟨*dik;* pro laude α; *Fr.*⟩ uirtutis ⟨pro laude uirtutis tuae β⟩ exspectas ⟨β; spectas α; *Schn., Db., Fr.*⟩: V 44, 3.

C. = demonstrare, argumentis confirmare; sequ. a) obi.: id se facile ex humilitate sua probare posse: V 27, 4.

b) acc. c. inf.: perfacile factu ⟨*c*⟩ esse illis probat ⟨illis probat *del. Hotom.*⟩ conata perficere: I 3, 6.

procedo. A. propr.; a) absol.: quorum discessu liberam naeti milites conloquiorum facultatem uulgo procedunt: 1, 74, 1; ¶ perterrito etiam tum exercitu princeps Labienus procedit iuratque se eum non deserturum: 3, 13, 3; ¶ commeatus et qui frumenti causa processerant tuto ad se recipit: 1, 54, 5; ¶ tali dum pugnatur modo, lente atque paulatim proceditur, crebroque, ut sint auxilio suis, subsistunt: 1, 80, 1.

b) additur α) spatium: neque ⟨*c*⟩ quisquam est . . ., qui se aut ⟨*c*⟩ adisse ad initium eius ⟨*c*⟩ siluae dicat, cum dierum iter LX processerit, aut: VI 25, 4; ¶ longius *u.* **longe** *p. 498* **c) β)** *(6 loc.);* longius a castris *u.* **longe** *p. 497* **β) αα)** *(3 loc.)*; ¶ eo die milia passuum XX procedit ⟨progreditur β⟩: V 47, 1; duplicatoque eius diei itinere VIII milia ⟨mil. *a*⟩ passuum ex eo loco procedit: 3, 76, 3; ¶ parua manu . . . missa, quae tantum progrederetur ⟨*c*⟩, quantum naues processissent: VII 61, 5; ¶ cum tridui uiam processisset: I 38, 1; Ariouistum . . . contendere triduique niam a ⟨*om.* β⟩ suis finibus processisse ⟨*B*²β; profecisse α; *edd.; u. CC*⟩: I 38, 1.

β) unde procedatur; αα) ab: ii, qui ab Alesia ⟨qui alesiae β⟩ processerant, maesti . . . se in oppidum receperunt: VII 80, 9.

ββ) ex: (V 44, 4 *u.* **γ) ββ)**;) 3, 76, 3 *u.* **α)** milia.

γ) quo procedatur; αα) ad: magna fiducia ad nostras naues (Massilienses) procedunt: 1, 56, 3.

ββ) extra: haec cum ⟨*c*⟩ dixisset (Pulio), procedit extra munitiones ⟨*sic* β; ex castris munitiones α⟩ quaeque pars ⟨β; parti α⟩ hostium confertissima est uisa, inrumpit ⟨*c; procedit ex castris munitionisque qua parte acies host. conf. est u., inr. Vielh.*⟩: V 44, 4; uix agmen nouissimum extra munitiones processerat, cum: VI 8, 1.

γγ) in: sento ab nouissimis uni militi detracto . . . in primam aciem processit: II 25, 2.

δδ) eo, quo: hac nostris erat receptus, quod eo incitati studio inconsultius processerant: 1, 45, 6; ¶ cupiditatem militum reprehendit, quod sibi ipsi iudicauissent, quo procedendum aut quid agendum uideretur: VII 52, 1.

δ) quo consilio: aquationis causa: IV 11, 4; frumenti causa: 1, 54, 5; — [ad]aquandi causa: 1, 66, 1; aggeris petendi causa: II 20, 1.

B. trsl.; a) de opere iisque, qui in opere faciendo occupati sunt: tertio die magna iam pars operis Caesaris ⟨-ri *Paul*⟩ processerat: 1, 82, 1; ¶ sed quantum opere (Afraniani) processerant et castra protulerant, tanto aberant ab aqua longius: 1, 81, 3.

b) de tempore: quantoque eius ⟨*del. Koch*⟩ amplius processerat temporis, tanto erant alacriores: 3, 25, 2.

c) de rebus: diligentiam quidem nostram aut, quem ad finem adhuc res ⟨*om. Nhl*⟩ processit, fortunam ⟨processit fortuna *Nhl*⟩ cur praeteream? 2, 32, 11.

Aduerb.: inconsultius: 1, 45, 6; lente: 1, 80, 1; longius *9 loc.*; necessario: VII 16, 3; paulatim: 1, 80, 1; (uulgo: 1, 74, 1.)

C. Valerius Procillus: (cotidianis interpretibus remotis per C. Valerium Troucillum ⟨*Hold.*; troaucillum *αh*; traucillum *A corr.*, *af*; Procillum *Manut.*; *edd.*⟩, principem Galliae prouinciae, familiarem suum, cui summam omnium rerum fidem habebat, cum eo conloquitur: I 19, 3;) commodissimum uisum est C. ⟨*om.* β⟩ Valerium ⟨ual *h*; uL *B*²*a*⟩ Procillum ⟨*X*; trouicillum *f*⟩, C. Valeri ⟨conualeri *MQ*⟩ Caburi filium, summa uirtute et humanitate adulescentem, cuius pater a C. Valerio Flacco ciuitate donatus erat, et propter fidem et propter linguae Gallicae scientiam, qua multa iam Ariouistus longinqua consuetudine utebatur ⟨*u. codd.*⟩, et quod in eo peccandi Germanis causa non esset, ad eum mittere: I 47, 4; *cf.* § 5. 6; C. Valerius ⟨ual *h*⟩ Procillus ⟨*X*; trouicillus *f*⟩, cum a custodibus in fuga trinis catenis uinctus traheretur, in ipsum Caesarem hostes ⟨*c*⟩ equitatu ⟨*c*⟩ persequentem incidit: I 53, 5; *cf.* § 6. 7.

proclino: adiuuat rem proclinatam ⟨inclinatam β⟩ Conuictolitauis plebemque ⟨*c*⟩ ad furorem impellit: VII 42, 4; ne quo progredereris proclinata ⟨*CM*; inclinata *al.*⟩ iam re, quo integra etiam progrediendum tibi non existimasses: *ap. Cic. ad Att.* X 8 *B*, 1.

procliuis: quibus erat procline tranare flumen: 1, 48, 7.

proconsul: unde L. Manlius ⟨*c*⟩ proconsul impedimentis amissis profugisset: III 20, 1; ¶ simul ab Cn. Pompeio proconsule petit . . ., quos ex Cisalpina Gallia *consul sacramento rogauisset, . . . ad se proficisci iuberet: VI 1, 2.

procul. A. = πόρρωθεν: cum . . . id frater, qui iam proelio excesserat, procul animaduertisset ⟨animum aduertisset *Mfi*⟩: IV 12, 6; fuga totius exercitus procul animadnersa sese incolumes in castra conferunt: 2, 42, 5; ¶ cum primum agmen Pompei procul cerneretur: 3, 41, 5; ¶ Ambiorix pronuntiari inbet, ut procul tela coiciant neu ⟨*c*⟩ propius accedant: V 34, 3; ¶ cum procul Ambiorigem suos cohortantem conspexisset: V 36, 1; signa legionum duarum proeul ab utrisque conspiciuntur: 1, 40, 7; ¶ barbari signa procul conspicati oppugnatione desistunt: VI 39, 4; quae (cohortes) procul equitatum Caesaris conspicatae . . . signa ad Curium transferunt: 1, 24, 3; ¶ fumi incendiorum procul uidebantur: V 48, 10; equitatus hostium procul nisus est: VII 12, 4; haec procul ex oppido uidebantur, ut erat a Gergouia despectus in castra, neque tanto spatio certi quid esset explorari poterat: VII 45, 4; castra . . .

uallo muniri uetuit, quod eminere et procul uideri necesse erat: 1,41,4; aut aliquo accepto detrimento aut procul equitatu uiso . . . fugiebant: 1,59,3; quos ubi Afranius procul nisos ⟨*del. Ciacc.*⟩ cum Petreio conspexit: 1,65,1; ¶ sed peditatu dumtaxat procul ad speciem utitur, equites in aciem immittit ⟨*c*⟩: 2,41,2.

monet, ut ignes in castris fieri prohibeat, ne qua eius aduentus procul significatio fiat: VI 29,5.

B. = πόῤῥω; **a) procul ab:** postero die procul a castris hostes in collibus constiterunt: V 17,1; — consistunt necessario et procul ab aqua et natura iniquo loco castra ponunt: 1,81,1.

b) non additur ab: ubi uineis actis aggere exstructo turrim ⟨*c*⟩ procul constitui niderunt: II 30,3; — ut procul in uia dispositis familiaribus suis principibusque ciuitatum disparandos deducendosque ad suos curaret: VII 28,6.

procumbo. A. de hominibus; a): procumbunt omnibus Gallis ad pedes Bituriges, ne pulcherrimam prope totius Galliae ⟨*o*⟩ urbem . . . succendere cogerentur: VII 15,4.

b): ut nostri, etiam qui uulneribus confecti procubuissent ⟨-erant *f*⟩, scutis innixi proelium redintegrarent: II 27,1; ad summam desperationem nostri perueniunt et partim fugientes ab equitatu interficiuntur, partim integri procumbunt: 2,42,2.

B. de bestiis: neque quietis causa (alces) procumbunt neque, si quo adflictae casu conciderunt, erigere sese ⟨*c*⟩ ac ⟨*c*⟩ subleuare possunt: VI 27,2.

C. de rebus; a): frumenta . . . anni tempore atque imbribus procubuerant: VI 43,3.

b): compluribus ⟨*c*⟩ iam lapidibus ex illa ⟨*c*⟩ quae suberat turri subductis repentina ruina pars eius turris concidit, pars reliqua consequens procumbebat: 2,11,4; ¶ haec (tigna) cum machinationibus immissa in flumen ⟨*c*⟩ defixerat . . ., non sublicae modo derecte ⟨*c*⟩ ad perpendiculum, sed prone ⟨*c*⟩ ac fastigate ⟨*c*⟩, ut secundum naturam fluminis procumberent: IV 17,4.

procuratio: amici regis, qui propter aetatem eius in procuratione ⟨curatione *a; Np., Dt.*⟩ erant regni, . . . liberaliter responderunt: 3,104,1; erat in procuratione regni propter aetatem pueri nutricius eius, eunuchus, nomine Pothinus: 3,108,1.

(**procurator:** Pothinus ⟨nutricius pueri et procurator regni, in parte ⟨*c*⟩ Caesaris *add. x; Np., Dt.; del. FHofm.; Db.*⟩, cum ad Achillam nuntios mitteret, . . . a Caesare est interfectus: 3,112,11.)

procuro: qui (Gallonius) eo procurandae hereditatis causa uenerat: 2,18,2; ¶ ilii (druides) rebus diuinis intersunt, sacrificia publica ac priuata procurant, religiones interpretantur: VI 13,4.

procurro. A. abs.; a): eodem tempore tertiam aciem Caesar, quae quieta fuerat et se ad id tempus loco tenuerat, procurrere ⟨*edd. pr.; praecucurrere x; praecurrere Ob*⟩ iussit: 3,94,1; — acieque in locis idoneis instructa ⟨*c*⟩ unius legionis antesignanos procurrere atque eum tumulum occupare iubet: 1,43,3; — et quotiens ⟨quo *Paul*⟩ quaeque cohors procurrerat ⟨procurreret β; *Schn.*⟩, ab ea parte magnus numerus hostium cadebat: V 34,2; illae ⟨ille *uel* illae *x;* illi *O²; Np., Dt.*⟩ (cohortes) celeriter procucurrerunt ⟨procurr. *Obl*⟩ infestisque signis . . . impetum fecerunt: 3,93,5; ¶ eodem tempore equites ab sinistro Pompei cornu, ut erat imperatum, uniuersi procucurrerunt ⟨procurrerunt *Obl*⟩ omnisque multitudo sagittariorum se profudit: 3,93,3; ¶ ita nostri acriter ⟨*o*⟩ in hostes signo dato impetum fecerunt itaque hostes repente celeriterque procurrerunt, ut: I 52,3; ¶ genus erat pugnae militum illorum, ut magno impetu primo procurrerent ⟨concurrerent *hl*⟩, audacter locum caperent, ordines suos non magnopere ⟨*c*⟩ seruarent, rari dispersique pugnarent: 1,44,1; sed nostri milites dato signo cum infestis pilis ⟨*om. hl*; signis *N; Ciacc.*⟩ procucurrissent ⟨procurrissent *Obl*⟩ atque animum aduertissent non concurri a Pompeianis, . . . cursum represserunt: 3,93,1.

b): (Crastinus) primus ex dextro cornu procucurrit ⟨procurrit *O*⟩: 3,91,3.

c): relicti ab his (equitibus) qui una procurrerant leuis armaturae ⟨-ra *x*⟩ circumueniebantur atque interficiebantur ab nostris: 2,34,3; ¶ circumiri enim sese ab aperto latere procurrentibus singulis arbitrabantur: 1,44,4; ¶ (Pulio pilum in hostes immittit ⟨*c*⟩ atque unum ex multitudine procurrentem traicit: V 44,6.)

d): sic neque in loco manere ordinesque seruare neque ⟨seruarent. quae *af¹*⟩ procurrere et casum subire tutum uidebatur: 2,41,6.

B. additur, a) unde procurratur; α) ab: 3,93,3 *u.* **A. a)** equites.

β) ex *u.* **ex** *p. 1170 (4 loc.).*

γ) hinc: hinc ad repellendum et prosequendum hostem procurrebant: 2,8,2.

b) quo; α) extra: unamque cohortem, quae

temere ante ceteras extra aciem procurrerat, seclusam ab reliquis circumueniunt: 1, 55, 3.

β) in: iamque . . . apparabant, cum matres familiae repente in publicum procurrerunt ⟨procurrerant β⟩: VII 26, 3; ¶ calones in proximum ⟨primum β⟩ tumulum procurrunt: VI 40, 1.

γ) quo: V 34, 2 *u.* **A. a)** cohors.

prodeo. A. de singulis hominibus: hic (Baculus) diffisus suae atque omnium saluti inermis ex tabernaculo prodit; uidet . . .; VI 38, 2; — qua ex frequentia T. Labienus prodit, . . . altercari cum Vatinio incipit: 3, 19, 5; — euocantur ilii ad conloquium; prodit Libo atque ⟨*c*⟩ excusat Bibulum: 3, 16, 3; ¶ tum suo more conclamauerunt, uti ⟨*c*⟩ aliqui ex nostris ad conloquium prodiret: V 26, 4.

B. de militibus: ubi ne tum quidem eos (hostes) prodire intellexit, . . . exercitum in castra reduxit: I 50, 2; ¶ sed rationem consilii mei accipite, quo firmiore animo in ⟨*om. x; an* ad?⟩ proelium ⟨proelio *Nhl*⟩ prodeatis: 3, 86, 2; ¶ si quo erat longius prodeundum aut celerius recipiendum: I 48, 7.

C. de nauibus et classium ducibus: sed neque illi ⟨*Jurin.; IIII af;* quattuor *Nhl*⟩ sibi confisi ex portu prodire sunt ausi, . . . neque Bibulus . . . satis mature occurrit: 3, 7, 2; ¶ nauesque triremes duas . . . per causam exercendorum remigum ad fauces portus prodire iussit: 3, 24, 1.

proditio. A. (subi.) obi.: cum . . . signa eius militaria . . . Capuae essent comprensa et familia Neapoli nisa, quae proditionem oppidi appararet ⟨*sic Dt.;* neapoli uisaque proditione oppidi apparere *x;* Neapoli, uis atque proditio oppidi appareret *Np.;* N. nisa proditionem opp. apparare *Kran.;* N. missa, quae proditionem opp. appararet *F. Hofm.; Db.;* Neap., ut uis atque proditio opp. appareret *Pluyg.;* Neap. uisa esset proditionem opp. apparare *Koch;* Neap. iussa[que] prod. opp. apparare *Paul*⟩: 3, 21, 5.

B. gen.: proditionis insimulare *u.* **insimulo** *p. 185 sq. (3 loc.);* ¶ postulauit etiam L. Afranium proditionis exercitus Acutius ⟨*c*⟩ Rufus apud Pompeium: 3, 83, 2.

C. e. praep.: imperium se a ⟨*c*⟩ Caesare per proditionem nullum desiderare, quod habere uictoria posset ⟨*c*⟩: VII 20, 7.

proditor: qui ex his secuti non sunt, in desertorum ac proditorum numero ducuntur: VI 23, 8.

prodo. A. = tradere, edere, patefacere; a) non additur memoria(e): cuius rei si exemplum non haberemus, tamen libertatis causa institui et posteris prodi pulcherrimum indicarem ⟨cuius rei . . . indicarem *om.* β⟩: VII 77, 13; ¶ ne committeret, ut is locus . . . ex calamitate populi Romani et internecione exercitus nomen caperet aut memoriam proderet ⟨memoria proderetur *Faern.*⟩: I 13, 7.

Galli se omnes ab Dite patre prognatos praedicant idque ab ⟨ex β⟩ druidibus proditum dicunt: VI 18, 1; ¶ magistratus quae nisa sunt occultant, quaeque ⟨*c*⟩ esse ex usu iudicauerunt multitudini produnt: VI 20, 3.

b) memoriae, memoria prodere *u.* **memoria** *p. 558* **A. c)** *et* **B. a)** *(3 loc.).*

B. = deserere, destituere, proicere: desilite, inquit, commilitones ⟨*c*⟩, nisi uultis aquilam hostibus ⟨*om. h*⟩ prodere: IV 25, 3; ¶ iurent omnes se exercitum ducesque non deserturos neque proditurós neque sibi separatim a reliquis consilium capturos: 1, 76, 2; cuius (Pulionis) opera proditum exercitum C. Antonii demonstrauimus: 3, 67, 5.

quid irati grauius † de nobis sentire possunt, quam ut eos prodatis, qui se nobis omnia debere iudicant: 2, 32, 4; ¶ (Cato) queritur in contione sese proiectum ac proditum a Cn. Pompeio: 1, 30, 5; desertos enim se ac proditos a nobis dicunt. . . . nosne nero L. Domitium an uos Domitius deseruit? nonne extremam pati fortunam paratos proiecit ille? non ⟨*c*⟩ sibi elam nobis salutem fuga petiuit? non ⟨*c*⟩ proditi per illum Caesaris beneficio estis conseruati? 2, 32, 7. 8; ¶ ne quod in se scelus concepisse neu suos prodidisse uideantur: 1, 74, 3; ¶¶ ut a quo genere hominum uictoriam sperasset, ab eo initio fugae facto paene proditus uideretur: 3, 96, 4.

produco. A. = προάγειν, (ἐξάγειν,) παριστάναι; **a) = in conspectum (hominum) adducere; obi. est α) appellat.:** Labienus ⟨*c*⟩, cum ab eo impetrauisset, ut sibi captiuos tradi iuberet, omnes productos ⟨*Steph.;* reductos *x*⟩ ostentationis, ut uidebatur, causa . . ., in omnium conspectu interfecit: 3, 71, 4; casu cinitatis Gomphensis ⟨*c*⟩ cognito ex captiuis, quos Caesar ad murum producendos curauerat: 3, 81, 1; ¶ ipse in munitione pro castris consedit; eo duces producuntur: VII 89, 4; ¶ equites: 1, 23, 1 *u.* senatores; (2, 39, 5 *u.* equos;) ¶ arma conferri ⟨proferri β⟩, equos ⟨iumenta *Kellerbauer*⟩ produci, obsides dari iubet: VII 12, 3; multa praeterea spolia *proferebantur, capti homines equique ⟨*Ciacc.;* equitesque *x*⟩ producebantur: 2, 39, 5; ¶

gladiatoresque, quos ibi Caesar in ludo habebat, ad forum productos ⟨deductos *Na; Np.*⟩ Lentulus *spe* libertatis confirmat: 1, 14, 4; ¶ homines: 2, 39, 5 *u.* equos; ¶ (impedimenta: VII 45, 2 *u.* numerum;) ¶ missis ex oppido legatis de deditione arma conferri ⟨proferri β⟩, iumenta produci, sescentos obsides dari iubet: VII 11, 2; 12, 3 *u.* equos; (45, 2 *u.* numerum;) ¶ (Caesar) munitiones . . hostium admiratur; legione producta ⟨producta legione β⟩ cognoscit non decimum quemque ⟨*c*⟩ esse reliquum ⟨*c*⟩ militem sine uulnere: V 52, 2; ¶ liberos: 1, 23, 1 *u.* senatores; ¶ milites *u.* **miles** *p. 584 extr. et 585 (3 (4) loc.)*; ¶ (mulos: VII 45, 2 *u.* numerum;) ¶ Massilienses post superius incommodum ueteres ad eundem numerum ex naualibus productas naues refecerant: 2, 4, 1; ¶ prima luce magnum numerum impedimentorum ⟨iument. *Ciacc.*⟩ ex castris mulorumque produci deque ⟨*c*⟩ his ⟨*c*⟩ stramenta detrahi . . . iubet ⟨*uerba* mulorumque . . . stramenta *om.* α⟩: VII 45, 2; ¶ iubet arma tradi, principes produci: VII 89, 3; *cf.* duces; ¶ Caesar . . . omnes senatores senatorumque liberos, tribunos militum equitesque Romanos ad se produci iubet: 1, 23, 1; *cf.* γ) hos omnes; ¶ audite (inquit) Romanos milites. producit seruos, quos in pabulatione . . . exceperat et fame . . . excruciauerat: VII 20, 9; ¶ tirones . . . iure iurando accepto . . . se Otacilio dediderunt. qui omnes ad eum perducti ⟨*O;* producti *Nx*⟩ contra religionem iuris iurandi in eius conspectu ⟨*c*⟩ crudelissime interficiuntur: 3, 28, 4; ¶ tribunos: 1, 23, 1 *u.* senatores.

β) **nom. propr.:** (tres nobilissimi Haedui capti ad Caesarem perducuntur ⟨produc. *Fr.*⟩: Cotus . . . et Cauarillus . . . et Eporedorix: VII 67, 7;) — itaque omnes uno consilio Domitium productum in publicum circumsistunt: 1, 20, 5.

γ) **pron.:** oppidani perterriti comprehensos eos, quorum opera plebem concitatam existimabant, ad Caesarem perduxerunt ⟨produxerunt *Q*β; *Fr.*⟩: VII 13, 2; producuntur ii ⟨*A;* hii *Q;* hi *BM; Np., Dt.*⟩, quos ille edocuerat, quae dici uellet: VII 38, 4; ¶ hos omnes productos a contumeliis militum conuiciisque prohibet: 1, 23, 3.

b) = **ex castris educere; α):** copias *u.* **copia** *p. 737 (7 loc.)*; ¶ omnibus deinceps diebus Caesar exercitum in aciem ⟨omnium deinceps caesar exercituum aciem *O*⟩ aequum in locum produxit, si Pompeius proelio decertare uellet, ut: 3, 56, 1; ¶ Domitius tum quoque sibi dubitandum non putauit, quin productis legionibus proelio decertaret: 3, 37, 2; ¶ (numerum: VII 45, 2 *u.* a) α) numerum.)

β): constituit . . . proelio rem committere, posteroque die productos eodem loco, quo superioribus diebus constiterat, in acie conlocat: 2, 33, 4.

c) = **prouehere, promouere:** Vatinius . . . scaphis elicuit naues Laelianas atque ex his longius productam unam quinqueremem et minores duas in angustiis portus cepit: 3, 100, 2.

d) = **commouere (alqm, ut prodeat) (?), elicere (?):** (Pompeius) ab his liberaliter ipse appellatus et quadam notitia Septimii productus . . . nauiculam paruulam conscendit: 3, 104, 3.

e) = **traducere (?):** minus exercitatis remigibus minusque peritis gubernatoribus utebantur, qui repente ex onerariis nauibus erant producti ⟨traducti?⟩: 1, 58, 3.

B. = μηκύνειν, **extendere, distendere, dilatare; a):** Massilienses . . . quoad licebat latiore uti ⟨*c*⟩ spatio, producta longius acie circumuenire nostros aut pluribus nauibus adoriri singulas . . . contendebant: 1, 58, 1.

b): optimum factu esse duxerunt . . . rem in hiemem producere: IV 30, 2; producitur tum ⟨*c*⟩ res, aciesque ad solis occasum continentur: 1, 83, 3.

(**C.** = τείνειν, οἰκοδομεῖν, **facere:** fossamque ⟨*c*⟩ et maceriam ⟨materiam α⟩ sex ⟨*o*⟩ in altitudinem pedum praeduxerant ⟨prod. β⟩: VII 69, 5.)

Producere ad *u.* **ad** *p. 105 sq. (5 (6) loc.)*; — in aciem aequum in locum: 3, 56, 1; in publicum: 1, 20, 5; — rem in hiemem: IV 30, 2; — eo: VII 89, 4; — **pro castris:** I 48, 3; ¶ **ex** *u.* **ex** *p. 1170 (3 loc.)*.

Aduerb.: centuriatim: 1, 76, 3; longius: 1, 58, 1; 3, 100, 2; repente: 1, 58, 3.

proelior. A.: (essedarii) cum se inter equitum turmas insinuauerunt, ex essedis desiliunt et pedibus ⟨pedites β⟩ proeliantur: IV 33, 1; ¶ (duae legiones) profligatis Veromanduis ⟨*c*⟩, quibuscum erant *congressae, ex loco superiore in ipsis fluminis ripis proeliabantur: II 23, 3.

(Suebi) equestribus proeliis saepe ex equis desiliunt ac pedibus proeliantur: IV 2, 3; ¶¶ Curio numquam se amisso exercitu . . . reuersurum confirmat atque ita proelians interficitur: 2, 42, 4; ¶¶ accedebat huc, ut numquam (illi) conferti, sed rari magnisque interuallis proeliarentur: V 16, 4.

B.: nullum intercedebat tempus, quin extremi eum equitibus proeliarentur: 1, 78, 5.

C. inter equites *u.* **inter** *p. 201* a) α) *(3 loc.).*

proelium. A. subi.; a): si quos aduersum proelium et fuga Gallorum commoueret ⟨moneret *A*[1]⟩: I 40, 8; ¶ etsi sine ullo periculo ⟨*o*⟩ legionis ⟨-ni *Ciacc.*⟩ delectae ⟨commissum *add.* *B*[2]β⟩ cum equitatu proelium fore uidebat: I 46, 3; ¶ proelium fit *u.* **facio** *p. 1271 sq. (20 (21) loc.)*; ¶ unum hoc proelium superest; quo confecto et ille suam dignitatem et nos nostram libertatem recuperabimus: 3, 91, 2.

b) abl. abs.: reliquis oppidi partibus sic est pugnatum, ut aequo proelio discederetur et neutri pellerentur: 3, 112, 7; ¶ neque ⟨*c*⟩ erat omnium quisquam, qui aspectum modo ⟨*c*⟩ tantae multitudinis sustineri posse arbitraretur, praesertim ancipiti proelio, cum ex oppido eruptione pugnaretur, foris tantae copiae . . . cernerentur: VII 76, 5; ¶ cur etiam secundo proelio aliquos ex suis amitteret ⟨*c*⟩? 1, 72, 2; — ubi neutri transeundi initium faciunt, secundiore equitum proelio nostris Caesar suos in castra reduxit: II 9, 2.

B. obi.: eo fama iam praecucurrerat ⟨*c*⟩, quam supra docuimus, de proelio Dyrrachino, quod multis auxerat ⟨auxerant *Ofhl*⟩ partibus: 3, 80, 2; ¶ neque ante proelium in Thessalia factum cognitum . . . ex portu insulaque expelli potuit: 3, 100, 4; ¶ committere *u.* **committo** 2. A. a) *p. 609 sq. (34 (35) loc.)*; ¶ conficere: 3, 91, 2 *u.* A. a) superesse; ¶ contra opinionem enim militum famamque omnium uideri proelium defugisse ⟨*Hotom.*; proelio diffug. *x*⟩ magnum detrimentum adferebat: 1, 82, 2; ¶ non nullos ab ⟨*c*⟩ nouissimis deserto ⟨*A*; desertos *BMQ*β; *Fr.*; desperato *Paul*; deserto loco *Klussmann*⟩ proelio excedere *acie ⟨*add. Oud.*⟩ ac tela uitare: II 25, 1; ¶ quarum (legionum) aduentu proelium dirimitur ac suas uterque legiones reducit in castra: 1, 40, 7; ¶ facere *u.* **facio** *p. 1271 sq. (24 (25) loc.)*; ¶ milites certiores facit, paulisper intermitterent proelium . . . seque ex labore reficerent: III 5, 3; ¶ hoc proelio trans Rhenum nuntiato Suebi . . . domum reuerti coeperunt: I 54, 1; milites . . . proelio nuntiato cursu incitato in summo colle ab hostibus conspiciebantur: II 26, 3; Cassiuellaunus hoc proelio nuntiato tot detrimentis acceptis . . . legatos . . . mittit: V 22, 3; hoc primum ⟨proelium *Paul*⟩ Caesari ad Ilerdam nuntiatur: 1, 59, 1; ¶ opponere (praeponere): 3, 73, 2 *u.* C. *extr.*; ¶ Heluetii . . . rursus instare et proelium redintegrare coeperunt: I 25, 6; (milites) rursus ⟨*c*⟩ resistentes hostes redintegrato proelio in fugam coniecerunt ⟨*c*⟩: II 23, 2; ut nostri, etiam qui uulneribus confecti procubuissent, scutis innixi proelium redintegrarent ⟨redint. proel. *Q*⟩: II 27, 1; ¶ hi ⟨*c*⟩ nostros disiectos adorti proelium renouarunt: III 20, 4; ¶ ita proelium restitutum est: I 53, 1; restituto proelio ac repulsis hostibus eo, quo Labienum miserat, contendit: VII 87, 3; ¶ (centuriones eius cohortis, quae in statione erat,) paulisper una proelium sustinent: VI 38, 3; quod (nostri) iniquo loco atque impari congressi numero ⟨*c*⟩ quinque horis proelium sustinuissent: 1, 47, 3; ¶ nocturnaque proelia esse uitanda: 1, 67, 3.

C. dat.: proelio rem committere *u.* **committo** *p. 611* B. a) *(3 loc.)*; ¶ proelio (-iis) interesse *u.* **intersum** *p. 224* B. a) *(3 loc.)*; ¶ Caesar . . . exercitum reficit ⟨*c*⟩, ne defessum proelio obiciat: 1, 65, 2; ¶ **futurum*, ut . . . ei, qui ante dimicare timuissent, ultro se proelio offerrent: 3, 73, 6; ¶ hortatusque est, ne . . . his rebus terrerentur multisque secundis proeliis unum aduersum et id mediocre opponerent ⟨praepon. *Paul*⟩: 3, 73, 2.

D. genet.; a): superius . . institutum . . . seruabat, ut . . . expeditos . . . inter equites proeliari iuberet, qui cotidiana consuetudine usum quoque eius generis proeliorum perciperent: 3, 84, 3; ¶ milites cohortatus, ut suae pristinae uirtutis et ⟨tot *add.* β; *Schn.*⟩ secundissimorum proeliorum retinerent memoriam ⟨mem. ret. β⟩ . . ., dat signum proelii: VII 62, 2; ¶ [equestris autem proelii ratio et cedentibus et insequentibus par atque idem periculum inferebat: V 16, 3;] uno die VI proeliis factis, . . . cum horum omnium ratio haberetur ⟨iniretur *Ciacc.*⟩, ad duo ⟨*c*⟩ milia ⟨*c*⟩ numero ex Pompeianis cecidisse reperiebamus: 3, 53, 1; ¶ indignantes milites . . . et signum proelii exposcentes edocet: VII 19, 4; Labienus milites cohortatus . . . dat signum proelii: VII 62, 2; sese, cum opus esset, signum proelii daturum: 2, 40, 3.

b): occasionis esse rem ⟨rem esse β⟩, non proelii: VII 45, 9.

E. abl.; a) causae: accidere: 3, 87, 3 *u.* d) tot proeliis; ¶ (appellare: 3, 71, 3 *u.* d) eo proelio;) ¶ X. legionem in dextro cornu, nonam in sinistro conlocauerat, tametsi erat Dyrrachinis proeliis uehementer attenuata

⟨erat . . . attenuata *NOhl;* erant attenuatae *af*⟩: 3, 89, 1; ¶ quantum iam apud eos (Gallos) hostes uno proelio auctoritatis essent consecuti sentiebat: IV 13, 3; ¶ (desiderare: 3, 53, 2 *u.* **d)** omnibus proel.; 3, 71, 1 *ib.* duobus pr.;) ¶ elati spe celeris uictoriae et hostium fuga et ⟨c⟩ superiorum temporum secundis proeliis nihil adeo arduum sibi esse ⟨c⟩ existimauerunt ⟨c⟩, quod: VII 47, 3; ¶ frangi: I 31, 7 *u.* **b)** frangere; ¶ quod fuit roboris duobus proeliis Dyrrachinis interiit: 3, 87, 5; ¶ quod (equitatum) recenti proelio perterritum esse existimabat: IV 13, 6; ut eos (equites) superioribus perterritos proeliis in medium reciperent agmen: 1, 79, 5; ¶ quo proelio sublati Heluetii . . . nouissimo agmine proelio ⟨*del. Grut.*⟩ nostros lacessere coeperunt: I 15, 3.

b) instr.: (pro explorato habebat Ambiorigem proelio non esse contenturum ⟨β; concertaturum *AQM²; edd.;* concertaturum tenturum *BM*⟩: VI 5, 3;) ¶ quo proelio bellum Venetorum totiusque orae maritimae confectum est: III 16, 1; ¶ equites hostium essedariique acriter proelio cum equitatu nostro in itinere conflixerunt: V 15, 1; ¶ Heluii sua sponte cum finitimis proelio congressi ⟨-sis *B*⟩ pelluntur: VII 65, 2; ¶ consequi: IV 13, 3 *u.* **a)** consequi; ¶ contendere *u.* **contendo** *p. 707 extr. et 708 (13 loc.);* ¶ decertare *u.* **decerto B.** *p. 828 sq. (8 loc.);* ¶ equitatus nouissimos ⟨nouissimo *a corr.*⟩ proelio detinebat ⟨distinebat *Ciacc.*⟩: 3, 75, 4; ¶ dimicare *u.* **dimico B.** *p. 914 sq. (8 loc.);* ¶ quod (milites) superioribus proeliis exercitati quid fieri oporteret . . . ipsi sibi praescribere ⟨c⟩ . . . poterant: II 20, 3; ¶ (exquirere: II 8, 2 *u.* periclitari;) ¶ cum his Haeduos . . . armis contendisse, quibus proeliis calamitatibusque fractos . . . coactos esse . . .: I 31, 7; ¶ fundere: I 44, 3 *u.* superare; ¶ quo proelio sublati Heluetii . . . audacius subsistere non numquam et nouissimo agmine proelio ⟨*del. Grut.*⟩ nostros lacessere coeperunt: I 15, 3; nuntiarent, ne hostes proelio lacesserent et si ipsi lacesserentur, sustinerent, quoad: IV 11, 6; lenius ⟨c⟩ quam pridie nostros equites proelio lacessere coeperunt: V 17, 1; neque iam ut aliquid adquireret proelioque hostes lacesseret . . . cogitabat: VII 59, 4; Afranius Petreiusque . . . copias suas ad infimas montis radices producunt et proelio lacessunt: 1, 42, 2; isdem de causis Caesar . . . proelio ⟨amplius *add. O*⟩ non lacessit: 1, 81, 2; constituerat signa inferentibus resistere ⟨c⟩, prior proelio non lacessere: 1, 82, 5; ¶ compluribus his ⟨c⟩ proeliis pulsis . . . in fines Vocontiorum . . . peruenit: I 10, 5; 44, 3 *u.* superare; Pompeius enim nullo proelio pulsus uestri facti praeiudicio demotus Italia excessit: 2, 32, 2; ¶ cotidie tamen equestribus proeliis quid hostis uirtute posset et quid nostri auderent periclitabatur ⟨sollicitationibus exquirebat *B²β*⟩: II 8, 2; neque ullum fere diem intermittebat, quin equestri proelio interiectis sagittariis quid in quoque esset animi ac uirtutis suorum periclitaretur ⟨β; *Schn., Db.;* perspiceret *recc.; Np., Fr., Dt.²;* perspiceretur α; *Dt.¹, Hold.*⟩: VII 36, 4; ¶ (perspicere: VII 36, 4 *u.* periclitari;) ¶ cernebatur equitatus nostri proelio nouissimos illorum premi uehementer: 1, 64, 1; ¶ ita ancipiti proelio diu atque acriter pugnatum est: I 26, 1; ¶ eas omnes copias a se uno ⟨uno a se β⟩ proelio pulsas ⟨fusas *B²β*⟩ ac superatas esse: I 44, 3; hostes proelio superati . . . legatos de pace miserunt: IV 27, 1; Massilienses ⟨c⟩ . . . bis proelio nauali ⟨nau. proel. *a; Np., Dt.*⟩ superati . . . sese dedere sine fraude constituunt: 2, 22, 1; an paenitet uos . . ., quod bis per biduum equestri proelio superauerim? 2, 32, 12; quicumque alterum obsidere conati sunt, perculsos atque infirmos hostes [adorti] aut proelio superatos . . . continuerunt: 3, 47, 2; ¶ ut semel (Ariouistus) Gallorum copias proelio uicerit, quod proelium factum sit ad Magetobrigam ⟨c⟩: I 31, 12; (Galli) paulatim adsuefacti superari multisque uicti proeliis ne se quidem ipsi cum illis uirtute comparant: VI 24, 6; quos ⟨c⟩ (Boios) ibi ⟨c⟩ Heluetico proelio uictos ⟨uictor *AQ*⟩ Caesar conlocauerat: VII 9, 6.

cum . . . Hispanis equitibus emissis ⟨c⟩ equestri proelio superiores fuissent: V 26, 3.

c) separat.: Labienus . . . nostros exspectabat proelioque abstinebat: I 22, 3; ¶ (diffugere: 1, 82, 2 *u.* **B.** defugere;) ¶ excedere *u.* **excedo** *p. 1197* β) *(4 loc.);* ¶ Caesar primo et propter multitudinem hostium et propter eximiam opinionem uirtutis proelio supersedere statuit: II 8, 1.

d) temp.: duobus his unius diei proeliis Caesar ⟨c⟩ desiderauit milites DCCCCLX et equites ⟨c⟩ * * *: 3, 71, 1; ¶ Pompeius eo proelio imperator est appellatus: 3, 71, 3; Caesar existimabat eo proelio excellentissimam uirtutem Crastini fuisse: 3, 99, 2; ¶ quod eius soceri L. Pisonis auum, L. Pisonem legatum, Tigurini eodem proelio quo Cassium interfecerant: I 12, 7; ¶ equestribus proeliis saepe ex equis desiliunt ac pedibus proeliantur: IV 2, 3; ¶ hoc proelio: I 26, 2 *u.* toto pr.; his proeliis: 3, 71, 1 *u.* duobus pr.; ¶ quem (Baculum) Neruico proelio compluribus confectum uulneribus diximus: III 5, 2; ¶ nostri non amplius XX omnibus sunt proeliis desiderati: 3, 53, 2; ¶ quo: I 12, 7 *u.* eodem pr.; ¶ cuius mentionem superioribus proeliis fecimus: VI 38, 1; ¶ magna pars (illius exercitus) deperiit, quod accidere tot proeliis fuit necesse: 3, 87, 3; ¶ nam hoc toto proelio, cum ab hora septima ad uesperum pugnatum sit, auersum ⟨*c*⟩ hostem uidere nemo potuit: I 26, 2.

F. c. praep.; a) a: militesque auersi a proelio ad studium audiendi et cognoscendi feruntur: 2, 12, 1 (*Np.* 2); ¶ Caesar suos a proelio ⟨a proel. suos *af*⟩ continebat: I 15, 4.

satis longo spatio temporis a Dyrrachinis proeliis intermisso: 3, 84, 1.

b) ad: quod ad proelium egressi Curionis milites iis rebus indigebant, quae: 2, 35, 5; ¶ prodire: 3, 86, 2 *u.* **e)**; ¶ quae (mulieres) in ⟨ad β⟩ proelium proficiscentes ⟨milites *add.* B²β⟩ passis manibus flentes implorabant: I 51, 3.

c) de: differendum est, inquit, iter in praesentia nobis et de proelio cogitandum, sicut ⟨*c*⟩ semper depoposcimus. animo simus ⟨*c*⟩ ad dimicandum parati: 3, 85, 4; ¶ neque multo post de proelio facto in Thessalia cognitum est: 3, 101, 7; ¶ Iuba certior factus a Saburra de nocturno proelio II milia . . . equitum . . . Saburrae submittit ⟨*c*⟩: 2, 40, 1.

simul a Pompeio litteris per omnes prouincias ciuitatesque dimissis ⟨*c*⟩ de ⟨*add. Scal.; om. x; edd.*⟩ proelio ad Dyrrachium facto *elatius inflatiusque multo, quam res erat gesta, fama percrebruerat ⟨*c*⟩: 3, 79, 4; 80, 2 *u.* **B.** augere; ¶ litterae: 3, 79, 4 *u.* fama.

d) ex; α): pauci ex proelio elapsi ⟨β; lapsi *α*; *Np.*⟩ . . . ad T. Labienum . . . perueniunt: V 37, 7; ¶ aurigae interim paulatim ⟨*c*⟩ ex proelio excedunt: IV 33, 2; ¶ ¶ (labi: V 37, 7 *u.* elabi;) ¶ equites ex proelio perpauci se recipiunt: 2, 42, 5; ¶ signaque militaria ex proelio ad Caesarem sunt relata CLXXX et aquilae VIIII: 3, 99, 4; ¶ ex eo proelio circiter hominum milia CXXX superfuerunt: I 26, 5.

β): erat in oppido . . . terror ex superioribus proeliis magnus: 2, 36, 1; — reliqui uulneribus ex proeliis et labore ac magnitudine itineris confecti consequi non potuerant: 3, 106, 2.

e) in c. acc.: quo firmiore animo in ⟨*om. x; ad?*⟩ proelium ⟨proelio *Nhl*⟩ prodeatis: 3, 86, 2; ¶ proficisci: I 51, 3 *u.* **b)** proficisci.

f) in c. abl.; α): cum his in proeliis uersabantur: I 48, 5; qui sunt adfecti grauioribus morbis quique in proeliis periculisque uersantur, aut pro uictimis homines immolant aut se immolaturos nouent: VI 16, 2.

β): *u.* **in** *p. 131 (8 loc.)*.

γ): crebraque ob eam causam proelia fiebant. in his (proeliis?) cum legio Caesaris nona praesidium quoddam occupauisset et munire coepisset, . . . Pompeius . . nostros . . opere prohibere coepit: 3, 45, 2.

g) post: qui (principes) post proelium ⟨factum *add.* β⟩ ad Caesarem ⟨*c*⟩ conuenerant: IV 30, 1.

Adiect. et numer.: aduersum (-a) *u.* **aduersus** *p. 189* **B. a)** *(4 loc.)*; aequum: 3, 112, 7; aliquot: III 1, 4; anceps: I 26, 1; VII 76, 5; (1, 40, 7;) 3, 63, 3; complura: I 10, 5; VI 12, 3; cotidiana: I 1, 4; crebra: 3, 45, 1; dispar: V 16, 2; duo: 3, 71, 1; 87, 5; Dyrrachinum (-na): 3, 80, 2; 84, 1; 87, 5; 89, 1; equestre (-ria) *u.* **equester** *p. 1039 sq. (18 loc.)*; Helueticum: VII 9, 6; leue: VII 36, 1; 53, 2; mediocre: 3, 73, 2; multa: VI 24, 6; 3, 73, 2; nanale: 2, 22, 1; Neruicum: III 5, 2; nocturnum (-na): 1, 67, 3; 2, 40, 1; nouissimum: IV 16, 7; nullum: 2, 32, 2; omnia: 3, 53, 1. 2; 87, 2; paruula: II 30, 1; V 50, 1; pedestria: IV 24, 4; plurima: 1, 7, 6; recens: IV 13, 6; secundum (-a): III 1, 4; VI 12, 3; VII 47, 3; 53, 2; 1, 7, 6; 72, 2; 3, 73, 2; 84, 5; 105, 2; secundius: II 9, 2; seenudissima: VII 62, 2; sex: 3, 53, 1; superiora: II 20, 3; VI 38, 1; 1, 79, 5; 2, 36, 1; tot: 3, 87, 3; totum: I 26, 2; tria: 3, 53, 1 *(bis)*; unum: I 44, 3; IV 13, 3; 3, 73, 2; 91, 2.

profectio. A. subi.: ne profectio nata ab ⟨*c*⟩ timore defectionis similis ⟨similisque *efk; Schn.*⟩ fugae uideretur: VII 43, 5; — fecerunt, ut consimilis fugae profectio uideretur: II 11, 1.

B. obi.: itaque cognita Pompei profectione concursantibus illis atque in ea re occupatis uulgo ex tectis significabant: 1, 28, 2; ut . . . quam serissime ⟨*Scal.*; suetissime *x*⟩ eius profectio cognosceretur: 3, 75, 2; ¶ in tertium annum profectionem ⟨-nes B¹⟩ lege confirmant ⟨conferunt *Kvíčala*; constituunt *Pramm.*⟩: I 3, 2; ¶ Allobroges . . . cuncta, ut erant acta, exposuerunt et Caesaris profectionem ⟨prof. caes. *l*⟩, aduentum ⟨*Oahl;* et aduentum *f*⟩ Pompei docuerunt: 3, 79, 6; ¶ his rebus fugae similem profectionem efficit ⟨β; effecit α; *edd.; u. CC*⟩: VI 7, 8; ¶ ueritus, ne ⟨*c*⟩, si ⟨*c*⟩ ex hibernis fugae similem profectionem fecisset, hostium impetum sustinere non ⟨*c*⟩ posset: V 47, 4; ¶ qua re nuntiata Caesar intermissa profectione atque omnibus rebus postpositis . . . mittit: V 7, 6; ¶ Pompeius . . . aduentu nauium profectionem parare incipit: 1, 27, 2.

C. **gen.**: qui cogitasset ⟨*c*⟩ haec posse in itinere accidere atque ob eam causam profectionis auctor non fuisset: V 33, 2; ¶ quod subito consilium profectionis ceperant magna parte impedimentorum et sarcinarum relicta: 3, 76, 2; ¶ meridiano fere tempore signo profectionis dato exercitum educit: 3, 76, 3; signo iam profectionis dato tabernaculisque detensis ⟨*c*⟩ animum aduersum est: 3, 85, 3; ¶ disputatur in consilio a ⟨*c*⟩ Petreio atque Afranio et tempus profectionis quaeritur: 1, 67, 1.

D. c. praep.: omnibus rebus ad profectionem comparatis diem dicunt: I 6, 4.

eadem de profectione cogitans, quae ante senserat, legiones . . . eduxit: VII 53, 1; — postea quam (hostes) ex nocturno fremitu uigiliisque de profectione eorum ⟨eius β⟩ senserunt: V 32, 1.

ne sub ipsa profectione milites *in oppidum inrumperent: 1, 27, 3.

profero. A. propr.; a) = in conspectum ferre, promere; α): missis ex oppido legatis de deditione arma conferri ⟨proferri β⟩, iumenta produci, sescentos obsides dari iubet: VII 11, 2; arma conferri ⟨proferri β⟩, equos produci, obsides dari iubet: VII 12, 3; Massilienses arma tormentaque ex oppido, ut est imperatum, proferunt, naues ex portu naualibusque educunt, pecuniam ex publico tradunt: 2, 22, 5; ¶ (crates: VII 84, 1 *u.* falces;) Caesar receptui suorum timens crates ad extremum tumulum contra hostem proferri et aduersas locari . . . iussit: 3, 46, 1; ¶ a castris ⟨*sic* β; *Schn.;* castris α; cratis *Vrsin.;* ac crates *Lips.;* e castris *P. Man.;* rastros *Glar.;* ac rastros *Steph.*⟩ longurios, musculos ⟨*AQ;* mulculos *BM*β⟩, falces reliquaque, quae eruptionis causa parauerat ⟨β; -erant α; *Schn.*⟩, profert (Vercingetorix): VII 84, 1; ¶ matres familiae . . . suos obtestari et more Gallico passum ⟨*c*⟩ capillum ostentare liberosque in conspectum proferre coeperunt: VII 48, 3; ¶ longurios, musculos: VII 84, 1 *u.* falces; ¶ cum Lentulus consul ad aperiendum aerarium uenisset ad pecuniam ⟨que *add. hl*⟩ Pompeio ⟨pompeii *hl*⟩ ex senatus consulto proferendam: 1, 14, 1; ¶ multa praeterea spolia proferebantur ⟨*Hot.;* praefer. *x; edd.*⟩, capti homines equique ⟨*c*⟩ producebantur: 2, 39, 5; ¶ ¶ tabulae testamenti . . . alterae eodem exemplo relictae atque obsignatae Alexandriae proferebantur: 3, 108, 4; ¶ tormenta: 2, 22, 5 *u.* arma; (Pompeius) primum sagittariis funditoribusque circumiectis, postea lenis armaturae magna multitudine missa tormentisque prolatis munitiones impediebat: 3, 45, 3.

β): interiores, dum ea, quae a Vercingetorige ad eruptionem praeparata erant ⟨*Ald.;* praeparauerant *X*⟩, proferunt, . . . cognouerunt: VII 82, 3; — reliqua, quae . . . parauerat: VII 84, 1 *u.* α) falces.

b) = longius ferre, porro portare: pedalibus lignis coniunctis inter se porticus integebantur, atque hac agger inter manus proferebatur: 2, 2, 3.

c) = promouere: quantum opere processerant et castra protulerant, tanto aberant ab aqua longius: 1, 81, 3; ¶ illi animaduerso ⟨*c*⟩ uitio castrorum tota nocte munitiones proferunt castraque castris conuertunt ⟨*CC*⟩: 1, 81, 3.

(**B. trsl.**: in contuberniis centuriones militesque ⟨*H. Schneider;* in contub. commilitesque *codd.*⟩ nonnulli grauiora proferebant ⟨*add. Heller*⟩; sermones militum dubii durius accipiebantur: 2, 29, 4.)

proficio. (A. = procedere: nuntiatum est ei Ariouistum . . . ad occupandum Vesontionem . . . contendere triduique niam a ⟨*om.* β⟩ suis finibus processisse ⟨*B*[2]β; profecisse α; *edd.; u. CC*⟩: I 38, 1.**)**

B. = efficere, adsequi; a) additur acc. neutr.: et profectum aliquid ⟨-quod *hl*⟩ Vibullii ⟨*c*⟩ mandatis existimabatur: 3, 15, 8; ¶ neque nero idem profici longo itineris spatio, cum per alios condiciones ferantur, ac si coram de omnibus condicionibus disceptetur: 1, 24, 6; ¶ nihil *u.* **nihil** *p. 773 (4 (5) loc.);* ¶ dum longius a ⟨*c*⟩ munitione aberant ⟨*o*⟩ Galli ⟨*o*⟩, plus multitudine telorum proficiebant: VII 82, 1; ¶ at ⟨*c*⟩ nero quid proficimus, si accepto magno detrimento ab oppugnatione castrorum discedimus? 2, 31, 3; — L. Minucium Basilum cum omni equitatu praemittit, si quid celeritate itineris atque oportunitate temporis proficere possit ⟨*c*⟩: VI 29, 4; ¶ huic suos Caesar equites opposuit expeditosque antesignanos admiscuit CCCC; qui tantum profecerunt, ut equestri proelio commisso pellerent omnes . . .: 3, 75, 5.

b) additur aduerb.: et adeo loci oportunitate profecit, uti ad Pompeium litteras mitteret . . .: 3, 23, 3; ¶ ad reliqui temporis pacem atque otium parum profici: VII 66, 4; ¶ satis et ad laudem et ad utilitatem profectum ⟨perfectum *AQβ*⟩ arbitratus: IV 19, 4.

proficiscor. 1. propr.; A. abs.; a): iubet media nocte legionem proficisci celeriterque ad se uenire: V 46, 2.

b): Antonius cum cohortibus et Attio eodem die, quo profectus erat, reuertitur: 1, 18, 3; — de quarta uigilia, ut dixerat, profectus est (Caesar): I 41, 4; media nocte silentio profectus ad hostium castra mane peruenit: VII 18, 2; Caesar confisus fama rerum gestarum infirmis auxiliis proficisci non dubitauerat: 3, 106, 3; — paucis ante diebus L. Domitius . . . nauibus III comparatis, ex quibus . . . unam ipse conscenderat, nactus turbidam tempestatem profectus est ⟨est *om. hl*⟩: 2, 22, 2; — praestaret quod proficiscenti (Lucilio Hirro) recepisset: 3, 82, 5; — ut (Pompeius), si peracto consulatu ⟨cons. *Nafh;* cos. *l*⟩ Caesaris non ⟨cons. *Nafl;* cons. non *h*⟩ profectus ⟨*Nd;* praefectus *x*⟩ esset ⟨peracto caesaris consulatu pompeius profectus non ⟨*om. O*[1]⟩ esset *O in ras.; Oud.*⟩, nulla tamen mendacii religione obstrictus uideretur: 1, 11, 2; — ipse (Scipio) iter in Macedoniam parare incipit paucisque post diebus est profectus: 3, 33, 2.

c): qui in classe erant proficisci properabant. horum fuga . . .: 2, 43, 3; ¶ facilem esse rem, seu maneant seu proficiscantur, si modo unum omnes sentiant: V 31, 2; haec uincit ⟨*c*⟩ in consilio sententia, et prima luce postridie constituunt proficisci: 1, 67, 6; at ⟨*c*⟩ etiam ut media nocte proficiscamur addunt: 2, 31, 7.

d): constituerunt ea, quae ad proficiscendum pertinerent, comparare: I 3, 1; quorum alius alia causa inlata, quam sibi ad proficiscendum necessariam esse diceret, petebat, ut: I 39, 3.

B. additur a) nihil nisi aduerbium: (Caesarem) profectum longius reperiunt omnemque exercitum discessisse cognoscunt: VI 35, 7; ¶ Vercingetorix, ubi de Caesaris aduentu cognouit, . . . obuiam Caesari proficiscitur: VII 12, 1; ¶ hoc ueteres non probant milites, quos sub uexillo una profectos docuimus: VI 40, 4.

b) quo quis proficiscatur; α) ad u. ad *p. 106 (21 (22) loc.).*

β) ad . . . uersus: Labienum cum legionibus tribus ad Oceanum uersus in eas partes, quae Menapios attingunt, proficisci iubet: VI 33, 1.

γ) aduersus: (Brutus) plenus spei bonae atque animi aduersus eos ⟨eas *Ohl*⟩ proficiscitur: 2, 5, 2.

δ) contra: Labienus . . . praesidio ⟨*o*⟩ quinque cohortium impedimentis relicto cum XXV cohortibus magnoque equitatu contra hostem proficiscitur: VI 7, 4.

ε) in u. in *p. 96 (32 loc.);* ¶ in alteram partem item cohortandi causa profectus pugnantibus occurrit: II 21, 4; cohortes, quae in stationibus erant, secum in eam partem proficisci . . . iussit: IV 32, 2; licere illis . . . ex hibernis discedere et quascumque in ⟨β; *om.* α⟩ partes uelint sine metu proficisci: V 41, 6.

ζ) trans: ii, qui frumentandi causa ierant ⟨erant β⟩ trans Mosam ⟨profecti *add.* β⟩, nondum redierant: IV 12, 1.

η) Narbonem, Romam, sim.: recepto Caesar Orico nulla interposita mora Apolloniam proficiscitur: 3, 12, 1; — cognita militum uoluntate Ariminum cum ea legione proficiscitur: 1, 8, 1; — cum his duabus (legionibus) Asculum Picenum proficiscitur: 1, 15, 3; — Caesar cohortes legionis XIII. ex praesidiis deducit ⟨*c*⟩ Auximumque proficiscitur: 1, 12, 3; — Pompeius his rebus cognitis . . . Luceria proficiscitur Canusium atque inde Brundisium: 1, 24, 1; — Cenabum Carnutum proficiscitur: VII 11, 3; — repperit consules Dyrrachium profectos cum magna parte exercitus, Pompeium remanere Brundisii: 1, 25, 2; itaque postero die omnibus copiis magno circuitu difficili angustoque itinere Dyrrachium profectus est: 3, 41, 3; — biduumque Cordubae commoratus Gades proficiscitur: 2, 21, 2; — ipse (Cn. Pompeius filius) Lissum profectus naues onerarias XXX . . . incendit: 3, 40, 5; — Labienus eo supplemento . . . relicto Agedinci . . . cum IIII legionibus Lutetiam proficiscitur: VII 57, 1; — Caesar omnibus consiliis anteuertendum existimauit, ut Narbonem proficisceretur: VII 7, 3; — ille (Caesar) expositis militibus eodem die Oricum ⟨orscum *a?hl*⟩ proficiscitur: 3, 11, 3; — Diuiciacus auxilii petendi causa Romam ad senatum profectus infecta ⟨*c*⟩ re redierat: VI 12, 5; — Cassiusque ad Sulpicianam inde classem profectus est ⟨est *om. f*⟩ Vibonem: 3, 101, 4.

(cum ... inita hieme in ⟨*om. AQβ*⟩ Illyricum profectus esset: III 7, 1.)

ϑ) **eo, eodem, illo, quo; αα) eo:** eo proficiscitur cum legionibus: V 21, 4; cognouit... ipsum cum equitatu expeditisque... insidiarum ⟨insidiandi β⟩ causa eo ⟨*om.* β⟩ profectum, quo nostros postero die pabulatum uenturos arbitraretur: VII 18, 1.

ββ) **eodem:** ipse eodem, unde redierat, proficiscitur: V 11, 7; ipse (Curio) eodem cum exercitu proficiscitur biduique iter progressus ad flumen Bagradam peruenit: 2, 24, 1; Caesar postquam Pompeium ad Asparagium esse cognouit, eodem cum exercitu profectus... tertio die [macedoniam] ad Pompeium peruenit: 3, 41, 1.

γγ) **illo:** qui diligentius eam rem cognoscere uolunt, plerumque illo ⟨illos A^1; ad illos A^2⟩ discendi causa proficiscuntur: VI 13, 12.

δδ) **quo:** ipse eum reliquis tribus ⟨*c*⟩ ad flumen † Scaldem ... extremasque Arduennae partes ire constituit, quo cum paucis equitibus profectum Ambiorigem audiebat: VI 33, 3; equitum nero operam ... illic ⟨β; illis α⟩ fuisse utilem, quo sint profecti: VII 20, 4; Litauiccus ... conuocatis subito militibus lacrimans Quo proficiscimur, inquit, milites? VII 38, 1. 2.

c) **unde quis proficiscatur; α) ab:** ipsi (hostes) profecti a palude ⟨β; pr. ab p. *h; prospecta palude* α; proiecta pal. *Np.;* praesepti pal. *Em. Hoffm.; Db.;* protecti pal. *Ciacc.*⟩ ad ⟨*c*⟩ ripas ⟨*c*⟩ ⟨ac ripis *Ciacc.*⟩ Sequanae e regione Lutetiae contra Labieni castra considunt: VII 58, 6; ¶ Caesari cum id nuntiatum esset, eos per prouinciam nostram iter facere conari, maturat ab urbe proficisci: I 7, 1; Caesar frustra diebus aliquot consumptis ... ab urbe proficiscitur atque in ulteriorem Galliam peruenit: 1, 33, 4; dictaturaque se abdicat et ab urbe proficiscitur Brundisiumque peruenit: 3, 2, 1.

quod sine iumentis impedimentisque † ad iter ⟨ab Ilerda *Paul*⟩ profectos (nostros) uidebant: 1, 69, 2; — Libo profectus ab Orico cum classe ... nauium L Brundisium nenit: 3, 23, 1.

β) ex *u.* **ex** *p. 1171 (12 loc.).*

γ) **Luceria:** 1, 24, 1 *u.* **b)** η) Canusium.

δ) **inde, unde; αα) inde** *u.* **inde** *p. 155* α) *(4 loc.).*

ββ) **unde:** Heluetios, Tulingos, Latouicos ⟨*c*⟩ in fines suos, unde erant profecti, reuerti iussit: I 28, 3; tanta tempestas subito coorta est, ut ... aliae (naues) eodem, unde erant profectae, referrentur, aliae ... deicerentur: IV 28, 2; ibi cognoscit LX naues ... tempestate reiectas cursum tenere non potuisse atque eodem, unde erant profectae, reuertisse: V 5, 2.

d) **quo itinere; α)** per *u.* **per** *p. 1040 (3 loc.).*

β): magno circuitu difficili angustoque itinere: 3, 41, 3 *u.* **b)** η) Dyrrachium; — quinque eiusdem legionis reliquas (cohortes) de media nocte eum omnibus impedimentis aduerso ⟨auerso *a*⟩ flumine magno tumultu proficisci imperat: VII 60, 3; — quod diuerso ab ea regione itinere profectum (Caesarem) uidebat: 3, 41, 4.

e) **quo consilio; α) ad; αα) subst.:** ipse, cum maturescere frumenta inciperent, ad bellum Ambiorigis profectus ⟨profectus *del. Faern.;* profecturus *Th. Bentl.;* proficiscens *Voss.*⟩ per Arduennam siluam ... L. Minucium Basilum cum omni equitatu praemittit: VI 29, 4; ¶ (ad iter: 1, 69, 2 *u.* e) α) *extr.;*) ¶ quae (mulieres) in ⟨ad β⟩ proelium proficiscentes ⟨milites *add.* B^2β⟩ passis manibus flentes implorabant, ne: I 51, 3.

ββ) **c. gerund.** *u.* **ad** *p. 133 (9 loc.).*

β) **in:** in proelium: I 51, 3 *u.* α) αα); ¶ neque id fuit falsum, quod ille in pugnam proficiscens dixerat: 3, 99, 2.

γ) **causa:** insidiarum ⟨insidiandi β⟩ causa: VII 18, 1 *u.* **b)** ϑ) αα); ¶ cohortandi c.: II 21, 4 *u.* **b)** ε); — discendi causa: VI 13, 12 *u.* **b)** ϑ) γγ); — quin ... ad Caesarem auxilii ferendi causa proficiscatur: III 18, 4; — frumentandi c.: IV 12, 1 *u.* **b)** ζ); — auxilii petendi c.: VI 12, 5 *u.* **b)** η) Romam.

f) **quo comite; α) cum** *u.* **cum** *p. 761 sq. (31 loc.);* ¶ persuadent Rauracis et Tulingis et Latouicis ⟨*c*⟩ finitimis ⟨*c*⟩, uti eodem usi consilio oppidis suis uicisque exustis una cum iis ⟨his *X*⟩ proficiscantur: I 5, 4.

β) **abl.:** postero die omnibus copiis triplici instructa acie ad Ilerdam proficiscitur: 1, 41, 2; 3, 41, 3 *u.* **b)** η) Dyrrachium; — cognoscit ... profectum item Domitium ad occupandam Massiliam nauibus actuariis septem 1, 34, 2.

2. **trsl.:** (Coelius) ab hoc profectus ⟨prouectus *Grut.*⟩ initio ... legem promulgauit, ut: 3, 20, 4.

Adduntur aduerbia et similia: celeriter: V 25, 4; *clam* (?): 1, 6, 7; (item: 1, 34, 2;) longius: VI 35, 7; (maturius: IV 6, 1; nondum: 1, 30, 3;) obuiam: VII 12, 1; occulte: 1, 66, 3; (plerumque: VI 13, 12; rursus: VI

43,1; statim: V 38,1;) una: I 5,4; VI 40,4; ¶ subsidio: 3,78,4; ¶ longissimo agmine: V 31,6; infirmis auxiliis: 3,106, 3; maximis impedimentis: V 31,6; magno tumultu: VII 60,3; — silentio: VII 18,2; — triplici instructa acie: 1,41,2; ¶ sine iumentis impedimentisque: 1,69,2; sine metu: V 41,6; sub uexillo: VI 40,4; ¶ postridie: 1, 67, 6; pridie: 1,14,3; — eodem (postero, quo, duodecimo) die: (II 2, 5;) VI 3,6; 1,18,3; 41,2; 66,3; 3,11,3; 41,3; prima luce: V 31,6; 1,67,6; media nocte: V 46,2; VII 18,2; 2,31,7; — ab X. legionis cohortatione: II 25,1; de nocte: 1,51,4; de media nocte: VII 60,3; de III. (IV.) uigilia: I 12,2; 41,4; — paucis ante (post) diebus: 2,22,2; 3,33,2; ¶ inita hieme: III 7,1; nulla interposita mora: 3,12,1; *cf.* II 35,3; III 23,1; IV 6,1; V 1,5; VI 3,6; 5,6; 6,4; 44,3; VII 6,1; 8,1; 10,4; 13,3; 90,1; 1,11,2; 32,1; 78,4; 2,22,2; 3,78,4.

Subiect. sunt naues III 14,2; IV 28,2; V 5,2; *reliquis locis pertinet ad homines (equites, legiones, nautas).*

profiteor. **A. additur a) obi.:** Menedemus, princeps earum regionum, missus legatus omnium suorum excellens studium profitebatur: 3,34,4.

b) dupl. acc.: nihil esse negotii subito oppressam legionem ... interfici; se ad eam rem ⟨interfici posse; ad eam rem se *ae*⟩ profitetur adiutorem: V 38,4.

c) acc. c. inf.: his rebus agitatis profitentur Carnutes se nullum periculum communis salutis causa recusare principesque ex omnibus bellum facturos pollicentur: VII 2,1; cum se uel principes eius consilii fore profiterentur (adulescentes): VII 37,6; responsum est ab altera parte A. Varronem profiteri se *altero die ad conloquium uenturum atque una uisurum quem ad modum ⟨*Elberl.;* uis utrumque admodum *x*⟩ tuto legati uenire . . . possent: 3,19,3.

B. intellegend. est acc. c. inf.: ubi quis ex principibus in concilio dixit se ducem fore, qui sequi nelint profiteantur, consurgunt ii ⟨*c*⟩, qui: VI 23,7.

profligo: an paenitet uos, ... quod classem hostium primo impetu adueniens profligauerim? quod bis per biduum equestri proelio superauerim? 2,32,12; ¶ Galli (equites) . . . in fugam coniecti multis amissis se . . . receperunt. quibus profligatis rursus oppidani perterriti . . . sese . . . ei dediderunt: VII 13, 2; ¶ duae legiones . . . profligatis Veromanduis ⟨*c*⟩, quibuscum erant *congressae, ex loco superiore in ipsis fluminis ripis proeliabantur: II 23,3.

profluo: Mosa profluit ex monte Vosego: IV 10,1.

profugio. **A. absol.; a):** ex Massiliensium classe (naues) V sunt depressae, IIII captae, una cum Nasidianis profugit: 2,7,2.

b): illi: VI 3,2 *u.* **e)**; ¶ multi: 2,38, 5 *ib.;* ¶ non nulli indicium ueriti profugerunt: VI 44,3.

e): prius quam illi (Neruii) aut conuenire aut profugere possent, magno . . . hominum numero capto ... in deditionem uenire ... coegit: VI 3,2; — hos (Numidas) . . . dispersos adorti magnum eorum numerum interficiunt; multi perterriti profugiunt: 2,38,5.

d): Caesar . . . reperiebat T. Ampium conatum esse pecunias tollere Epheso ex fano Dianae, . . . sed interpellatum aduentu Caesaris profugisse: 3,105,1; — qui (Ariouistus) nauiculam deligatam ad ripam nactus ea profugit: I 53,3; — Senones . . . Cauarinum . . . interficere publico consilio conati, cum ille praesensisset ac ⟨et *h; om. a*⟩ profugisset ⟨*om. a*⟩, usque ad fines insecuti regno domoque expulerunt: V 54,2; — Indutiomarus, qui postero die castra Labieni oppugnare decreuerat, noctu profugit copiasque omnes in Treueros reducit: V 53,2; — cuius aduentu cognito diffisus municipii uoluntati ⟨*c*⟩ Thermus cohortes ex urbe reducit ⟨educ. *Ald.*⟩ et profugit: 1,12, 2; — quorum oratione permotus Varus praesidium, quod introduxerat, ex oppido educit ac profugit: 1,13,2.

B. additur a) quo quis profugiat; α) ad: fratres Litauicci cum comprehendi iussisset, paulo ante repperit ad hostes fugisse ⟨profugisse β; *Schn.*⟩: VII 40,3.

β) in *u.* **in** *p. 96 sq. (3 loc.).*

γ) Gergouiam, Hadrumetum: Litauiccus cum suis clientibus . . . Gergouiam profugit ⟨perfugit β⟩: VII 40,7; — L. Caesar filius ... ex alto refugerat adpulsaque ad proximum litus trireme . . . pedibus Hadrumetum profugerat ⟨*O; (Oud.;)* perfugerat *x; edd.*⟩: 2, 23,3.

b) unde; α) ab: (a Metiosedo: VII 58,6 *u.* **γ)** *extr.*)

β) ex *u.* **ex** *p. 1171 (7 loc.).*

γ) Alba, simil.: L. Manlius praetor Alba ⟨albam *x*⟩ cum cohortibus sex profugit, Rutilius Lupus praetor Tarracina ⟨tarrachina *Nahl;* tarracinam *O*⟩ cum tribus: 1,24,3; — quorum cognita uoluntate clam profugit Apollonia Staberius ⟨*c*⟩: 3,12,3; — hostes re cognita ab iis ⟨c⟩, qui Metiosedo ⟨*sic* β; qui melloduno *AQ;* qui ametclodone *B(M)*⟩ fugerant ⟨profugerant β; *Schn.*⟩, Lutetiam incendi ⟨c⟩ . . iubent: VII 58, 6.

δ) **unde:** in iis ⟨c⟩ locis, . . . unde L. Manlius ⟨c⟩ proconsul impedimentis amissis profugisset: III 20, 1.

profundo: eodem tempore equites . . . uniuersi procucurrerunt ⟨c⟩ omnisque multitudo sagittariorum se profudit: 3, 93, 3.

prognatus: Galli se omnes ab Dite patre prognatos praedicant: VI 18, 1; ¶ ipsi (Aduatuci) erant ex Cimbris Teutonisque prognati ⟨procreati h^1k⟩: II 29, 4.

progredior. A. propr.; a) absol.; α): Scipio . . . equitum ⟨*Np.;* equitatum *x*⟩ magnam[que] partem ad explorandum iter Domitii . . . praemisit. qui cum essent progressi primaeque turmae insidias intrauissent: 3, 38, 3; ¶ centuriones . . . nutu uocibusque hostes, si introire uellent, nocare coeperunt; quorum progredi ansus est nemo: V 43, 6; ¶ nauesque triremes duas . . . per causam exercendorum remigum ad fauces portus prodire iussit. has cum audacius progressas Libo uidisset, . . . misit: 3, 24, 2.

β): duabus legionibus missis in ulteriorem Hispaniam cum Q. Cassio . . . ipse (Caesar) cum ⟨c⟩ DC equitibus magnis itineribus progreditur ⟨praegr. *Obhl*⟩: 2, 19, 1; — Labienus . . . eadem usus simulatione itineris placide progrediebatur: VI 8, 2; — quorum studium alacritatemque pugnandi cum cognouisset Scipio, suspicatus fore, ut postero die aut inuitus dimicare cogeretur aut magna eum infamia castris se contineret, . . . temere progressus turpem habuit exitum: 3, 37, 4.

γ): Caesar . . . rursus conantes progredi insequitur et moratur: 1, 65, 2.

δ): hunc scutis protegunt hostes ⟨c⟩, in illum ⟨c⟩ uniuersi tela ⟨o⟩ coiciunt neque dant regrediendi ⟨progrediendi β⟩ facultatem: V 44, 6; tum nero neque ad explorandum idoneum locum castris neque ad progrediendum data facultate consistunt necessario: 1, 81, 1.

b) additur α) spatium; αα) aliquantum, paulum, tantum: milites ⟨c⟩ equitesque in expeditionem misit. . . . iis ⟨α; his (hiis) β; *Np., Schn., Dt.*⟩ aliquantum itineris progressis . . . equites a Q. Atrio . . . uenerunt: V 10, 2; ¶ paulum *u.* **paulum** *p. 1026 extr. et 1027 (5 loc.);* ¶ parua mann . . . missa, quae tantum progrederetur ⟨β; progrediatur α; *edd.;* -diebatur Q^1⟩, quantum naues processissent: VII 61, 5.

ββ) longe, longius, longissime: alias non longe ⟨*Nx;* longo *recc.; edd.*⟩ a castris progressi spatio, ut celerem receptum haberent, angustiore ⟨*ego;* angustius *x; edd.*⟩ pabulabantur ⟨c⟩, alias: 1, 59, 2; ¶ longius *u.* **longe** *p. 499* β) *(11 loc.);* longius ab *u. p. 497 sq. (3 loc.);* ¶ his ⟨c⟩ quam longissime possent progredi ⟨β; *Schn., Db.;* egredi α; *plur. edd.;* proficisci *f*⟩ iussis . . . coepit: VII 35, 4.

γγ) iter, milia passuum, niam: ipse eodem cum exercitu proficiscitur biduique iter progressus ad flumen Bagradam peruenit: 2, 24, 1; — aliquantum itineris: V 10, 2 *u.* αα) aliquantum; ¶ milia (passuum) . . *u.* **mille** *p. 606 sq. (10 loc.);* ¶ (Vsipetes et Tencteri) reuerti se in suas sedes . . . simulauerunt et tridui niam progressi rursus reuerterunt: IV 4, 4.

(δδ) longo spatio: 1, 59, 2 *u.* ββ); ¶ legionem X. ⟨c⟩ eodem iugo mittit et ⟨*om.* β⟩ paulum ⟨paulo *AQa*⟩ progressam inferiore constituit loco: VII 45, 5.)

εε): Caesar . . . quantumcumque itineris equitatu efficere poterat, cotidie progrediebatur: 3, 102, 1.

β) quo; αα) ad: illi (hostes) equitatu atque essedis ad flumen progressi ex loco superiore nostros prohibere . . . coeperunt: V 9, 3.

ββ) extra: de equitibus hostium, quin nemo eorum progredi modo ⟨*om.* β⟩ extra agmen audeat, ne ⟨c⟩ ipsos quidem debere dubitare: VII 66, 6.

γγ) in *u.* **in** *p. 97 (6 loc.).*

δδ) quo: si sine maximo detrimento legiones ⟨legio nona *Ciacc.;* legio *Np.*⟩ Caesaris sese recepissent ⟨-sset *Ciacc.; Np.*⟩ inde, quo temere essent progressae ⟨esset progressa *Ciacc.; Np.*⟩: 3, 45, 6.

γ) unde; αα) ab *u.* **ab** *p. 13 (7 loc.); (cf.* **longius** *a p. 497 sq. (3 loc.).)*

ββ) ex *u.* **ex** *p. 1171 (4 loc.).*

γγ) Auximo: Auximo Caesar progressus ⟨*sic recc.;* maximo caes. progressu *x*⟩ omnem agrum Picenum percurrit: 1, 15, 1.

δδ) unde: rursus, cum in eum locum, unde erant egressi ⟨progressi β⟩, reuerti coeperant, . . . circumueniebantur: V 35, 3.

δ) ubi: quibus ex ⟨in *Paul*⟩ locis cum longius (Curio) esset progressus, . . . constitit: 2, 41, 1.

ε) quo itinere: naues . . . singulas equitibus Romanis attribuit et prima confecta uigilia IIII milia passuum secundo flumine silentio progredi ibique se *exspectare iubet: VII 60, 1.

ζ) **quo consilio:** qui erant pabulandi aut frumentandi **causa** progressi, hos leuis armaturae Lusitani . . . consectabantur: 1, 48, 7; — eius milites, quod ab opere integris munitionibus uacabant, alii lignandi pabulandique causa longius progrediebantur, alii: 3, 76, 2; — Petreius atque Afranius . . . perficiundi operis causa longius progrediuntur. quorum discessu: 1, 73, 3; — neque nostros in locum iniquiorem progredi pugnandi causa uiderunt: II 10, 4.

neque ii, qui pabulatum longius progressi erant, interclusi fluminibus reuerti . . . poterant: 1, 48, 4.

η) **quo comite:** cum equitibus: 2, 19, 1 *u.* **a)** β).

ipse paulum ⟨paululum *af*⟩ ex eo loco cum legione progressus, ubi constiterat, euentum pugnae exspectabat: VII 49, 3.

B. trsl.: quod longius eius amentiam progredi uidebat: V 7, 2; ¶ orare atque obsecrare, . . . ne ad ultimum supplicium progredi necesse habeat ⟨*hl;* habeant *af; edd.*⟩: 1, 84, 5; ¶ (existimaui) pro nostra beneuolentia petendum, ne quo progredereris proclinata ⟨*c*⟩ iam re, quo integra etiam progrediendum tibi non existimasses: *ap. Cic. ad Att.* X 8 *B*, 1.

Naues progredi *dicuntur* 3, 24, 2; *reliquis locis ad homines pertinet* (*sed ad nauigantes* IV 23, 6; VII 60, 1; 3, 14, 1.)

Aduerb. et simil.: audacius: 3, 24, 2; cotidie: 3, 102, 1; longe, -ius, -issime: V 7, 2; *u. praeterea supra* **A. b)** α) ββ) *(16 loc.);* placide: VI 8, 2; temere: 3, 37, 4; 45, 6; ¶ silentio: VII 60, 1; — magnis itineribus: 2, 19, 1; — extra cotidianam consuetudinem: 3, 85, 3; — equitatu atque essedis: V 9, 3; — cupidissimis omnibus: VII 40, 4; — noctu: V 9, 2; prima confecta uigilia: VII 60, 1.

progressus: riuus difficilibus ripis subiectus castris Scipionis progressus nostrorum impediebat: 3, 37, 3; ¶ (Auximo Caesar progressus ⟨*sic recc.;* maximo caesar progressu *x*⟩ omnem agrum Picenum percurrit: 1, 15, 1.)

prohibeo. A. = εἴργειν, κωλύειν, arcere, impedire; **a) additur nihil nisi obiect.; α) alqd:** cum loci natura et ⟨tum *E. Hoffm.*⟩ munitio castrorum aditum prohibebant, tum quod ⟨*O;* adiri tunc quod *x;* adiri tunc prohibebat, quod *E. Hoffm.*⟩ ad proelium egressi Curionis milites iis rebus indigebant, quae: 2, 35, 5; ¶ exitum: *ap. Cic. ad Att.* IX 14, 1 *u.* **b)** α) exitu; ¶ (eum omnium laborum finem fore existimabant, si hostem Hibero intercludere et frumento ⟨*O;* frumentum *x*⟩ prohibere potuissent: 1, 68, 3;) ¶ neque (Pompeius) munitiones Caesaris prohibere poterat, nisi proelio decertare uellet: 3, 44, 1; (*cf.* **b)** α) munitione I 49, 3.)

conatus est Caesar reficere pontes, sed nec magnitudo fluminis permittebat neque . . . cohortes aduersariorum perfici patiebantur; quod illis prohibere erat facile cum ipsius fluminis natura atque aquae magnitudine, tum ⟨*c*⟩ quod: 1, 50, 2.

β) **alqm:** sua classe auxilia ⟨esse *add. a*⟩ sese Caesaris prohibiturum: 3, 23, 3; ¶ qui prior has angustias occupauerit, ab hoc hostem prohiberi ⟨*O*[2]*b*[1]*;* prohibere *x*⟩ nihil esse negotii: 1, 66, 4; ¶¶ (qui classibus praeerant) crebris Pompei litteris castigabantur, quoniam primo uenientem Caesarem non prohibuissent, *at reliquos eius exercitus impedirent: 3, 25, 3; ¶ illi (hostes) . . . ex loco superiore nostros prohibere et proelium committere coeperunt: V 9, 3.

b) additur et quis et unde prohibeatur; α) alqm alqa re: agricultura: IV 1, 2 *u.* cultura; ¶ aqua *u.* **aqua** *p. 293* **d)** *(3 (4) loc.);* ¶ nouissimosque premere et primos prohibere ascensu . . . (hostes) coeperunt: V 32, 2; ¶ quas (naues longas) si (hostes) occupauissent, . . . mare totum in sua potestate haberent, commeatu auxiliisque Caesarem prohiberent: 3, 111, 4; ¶ commeatu *u.* **commeatus** *p. 606 extr. et 607 (5 loc.);* ¶ causa transeundi fuit, quod (Vsipetes et Tencteri) ab ⟨*c*⟩ Suebis complures annos exagitati bello premebantur et agri cultura prohibebantur: IV 1, 2; ¶ ab utroque portus cornu moles iacimus, ut aut illum ⟨illum aut *coni. Wsbg.*⟩ quam primum traicere quod habet Brundisii copiarum cogamus aut exitu ⟨*Asc. pr.;* exitum *M; edd. pr.*⟩ prohibeamus: *ap. Cic. ad Att.* IX 14, 1; ¶ (Heluetii) fere cotidianis proeliis cum Germanis contendunt, cum aut ⟨a *add. Aim.*⟩ suis finibus eos prohibent aut ipsi in eorum finibus bellum gerunt: I 1, 4; ¶ quoniam abundet equitatu, perfacile esse factu frumentationibus pabulationibusque Romanos prohibere: VII 64, 2; ¶ frumento *u.* **frumentum** *p. 1341 extr. et 1342 (4 loc.);* ¶ (iniuriis incursionibusque: VI 10, 5 *u.* **B.** *extr.;*) ¶ perpessos (se) omnium rerum inopiam;

nunc uero paene ut feras ⟨c⟩ circummunitos prohiberi aqua, prohiberi ingressu: 1, 84, 4; ¶ itinere *u.* **iter** *p. 371* e) γ) *(3 loc.)*; ¶ mari: 3, 15, 1 *u.* terra; ¶ neque se . . . pati posse C. Caesarem imperatorem . . . tantis rebus gestis oppido moenibusque prohiberi: 1, 13, 1; ¶ quae copiae nostros terrerent ⟨c⟩ et munitione ⟨munitiones *a*⟩ prohiberent: I 49, 3; ¶ ne . . . milites repentino hostium incursu exterrerentur atque opere prohiberentur: 1, 41, 4; contrarium collem Pompeius occupauit nostrosque opere prohibere coepit: 3, 45, 2; ¶ oppido: 1, 13, 1 *u.* moenibus; hic (Attius Varus) uenientem Vticam nauibus Tuberonem portu atque oppido prohibet neque adfectum ualetudine filium exponere in terra ⟨c⟩ patitur: 1, 31, 3; ¶ (ora: 3, 15, 1 *u.* terra;) ¶ pabulatione (-nibus) *u.* **pabulatio** *p. (972 extr. et) 973 (7 loc.)*; ¶ quem (collem) si tenerent nostri, et aquae magna parte ⟨aqua magnam partem *Clark.*⟩ et pabulatione libera prohibituri hostes uidebantur: VII 36, 5; ¶ Caesar suos a proelio continebat ac satis habebat in praesentia hostem rapinis ⟨*del. Pr.*⟩, pabulationibus ⟨*del. Voss.*⟩ populationibusque ⟨populationibus *del. Oud.*⟩ prohibere: I 15, 4; ¶ portu (-ibus): 1, 31, 3 *u.* oppido; 3, 15, 1 *u.* terra; ¶ petebant, uti ad eos equites, qui agmen antecessissent, praemitteret eosque pugna prohiberet: IV 11, 2; ¶ rapinis: I 15, 4 *u.* populationibus; ¶ hoc decreto eum (Coelium praetorem) consul ⟨ab *add. f*⟩ senatu prohibuit et contionari conantem de rostris deduxit: 3, 21, 3; ¶ Bibulus . . . sicuti mari portibusque ⟨que *om. l*⟩ Caesarem prohibebat, ita ipse omni terra ⟨ipse ora maritima *Paul*⟩ earum regionum prohibebatur: 3, 15, 1; sic belli rationem esse diuisam, ut illi classe ⟨c⟩ naues auxiliaque sua impedirent, ipse ut aqua terraque eos prohiberet: 3, 17, 3; Bibulus multos dies terra prohibitus et grauiore morbo . . . implicitus . . . uim morbi sustinere non potuit: 3, 18, 1; ¶ hic consedit (Camulogenus) nostrosque transitu prohibere instituit: VII 57, 4.

Rutilius Lupus . . . Isthmum ⟨c⟩ praemunire instituit, ut Achaia Fufium ⟨fluuium *a*⟩ prohiberet: 3, 55, 2.

β) **alqm ab alqa re:** finitimis imperauit, ut ab iniuria et maleficio se suosque prohiberent: II 28, 3; ¶ secutae sunt . . . tempestates, quae et nostros in castris continerent et hostem a pugna prohiberent: IV 34, 4.

γ) **alqd ab alqo:** Ambarri . . . Caesarem certiorem faciunt, sese depopulatis agris non facile ab oppidis uim hostium prohibere: I 11, 4.

c) **additur infin. uel acc. c. inf.; α) actiuum uerbi prohibendi; αα) additur inf. et obiect.:** reperiebat . . . solos . . esse (Belgas), qui patrum nostrorum memoria omni Gallia uexata Teutonos Cimbrosque intra fines ⟨o⟩ suos ingredi prohibuerint ⟨prohibuissent β⟩: II 4, 2; (Menapii) cis Rhenum dispositis praesidiis Germanos transire prohibebant: IV 4, 3; barbari . . . reliquis copiis subsecuti nostros nauibus egredi prohibebant: IV 24, 1; ipsi (hostes) ex siluis rari propugnabant nostrosque intra munitiones ingredi prohibebant: V 9, 6; siluae incertis occultisque ⟨c⟩ itineribus ⟨c⟩ confertos adire prohibebant: VI 34, 4; (Galli) apertos cuniculos praeusta . . . materia et pice feruefacta et maximi ponderis saxis morabantur moenibusque adpropinquare prohibebant ⟨apertos . . . prohibebaut *om. BM*⟩: VII 22, 5; si (Pompeius legem) probasset, cur se ⟨cursu *ahl*[1]⟩ uti populi beneficio prohibuisset? 1, 32, 3; hiemare Dyrrachii . . . constituerat, ut mare transire Caesarem prohiberet: 3, 5, 2; quem (Vibullium) ingressum in sermonem Pompeius interpellauit et loqui plura prohibuit: 3, 18, 3.

ββ) **additur infin., subaudiendum est obiectum:** Cassiuellaunus . . . magno cum periculo nostrorum equitum cum his ⟨c⟩ confligebat atque hoc metu latius uagari prohibebat: V 19, 2; castris ad eam partem oppidi positis Caesar . . . aggerem apparare, uineas agere, turres duas constituere coepit; nam circumuallare loci natura prohibebat: VII 17, 1.

γγ) **additur acc. c. inf.:** cum leges duo ex una familia uiuo utroque non solum magistratus creari uetarent, sed etiam in senatu esse prohiberent: VII 33, 3; ¶ monet, ut ignes in castris fieri prohibeat: VI 29, 5; suosque omnes castris ⟨c⟩ continuit ignesque fieri prohibuit, quo occultior esset eius aduentus: 3, 30, 5; D. Laelium relinquit ⟨*ego*; reliquit *x*; *edd.*⟩, qui commeatus Byllide ⟨c⟩ atque Amantia ⟨c⟩ importari in oppidum prohibeat ⟨*Np.*; prohibebat *x*; *Db.*, *Dt.*⟩: 3, 40, 5; ¶ adiri: 2, 35, 5 *u.* **a)** α) aditum.

δδ) **inf. pass. omisso subi.:** Mandubii orabant ⟨c⟩, ut se in seruitutem receptos cibo iuuarent. Caesar dispositis in uallo custodiis ⟨c⟩ recipi prohibebat: VII 78, 5.

β) **passiuum uerbi prohibendi c. inf.:** si id facere occupationibus rei publicae ⟨c⟩ prohiberetur, exercitum modo Rhenum transportaret: IV 16, 6; ego fratribus atque omnibus meis propinquis interfectis dolore prohibeor quae gesta sunt pronuntiare: VII 38, 3; nostri . . . *de* muro sagittis tormentisque fugientes persequi prohibentur: 2, 14, 3; accessit, ut equitibus per oram ⟨*c*⟩ maritimam ⟨*c*⟩ ab Antonio dispositis aquari prohiberentur ⟨-retur (Libo) *Paul*⟩: 3, 24, 4.

d) subaudiendus est infin., additur obiect.: huic (Labieno) mandat, . . . contineat Germanosque . . ., si per uim nauibus flumen transire conentur, prohibeat: III 11, 2; — Caesari nuntiatur Sulmonenses . . . cupere ea facere, quae uellet, sed a Q. Lucretio senatore et Attio Paeligno prohiberi: 1, 18, 1; ¶ Ambiorix copias suas iudicione non conduxerit . . . an tempore exclusus et repentino equitum ⟨*c*⟩ aduentu prohibitus . . . dubium est: VI 31, 1; — (Procillum et Metium) conantes dicere prohibuit et in catenas coniecit: I 47, 6; — simili ratione ibi Vercingetorix . . . conuocatis suis clientibus facile incendit ⟨facere intendit β⟩. cognito eius consilio ad arma concurritur. prohibetur ⟨*om. Nik; Ald.; Oud.*⟩ a ⟨*c*⟩ Gobannitione, patruo suo, reliquisque principibus . . ., expellitur ex oppido Gergouia: VII 4, 2.

e) absol.: erant omnino itinera duo, quibus itineribus domo exire possent: unum per Sequanos, angustum et difficile, . . . uix qua singuli carri ducerentur; mons autem altissimus impendebat, ut facile perpauci prohibere possent: I 6, 1; castella communit, quo facilius, si se inuito transire conarentur, prohibere possit ⟨*c*⟩: I 8, 2; negat se more et exemplo populi Romani posse iter ulli per prouinciam dare, et si uim facere conentur, prohibiturum ostendit: I 8, 3; ac nullo hoste prohibente aut iter demorante incolumem legionem . . . in Allobroges perduxit: III 6, 5; tanto erant alacriores ad custodias qui classibus praeerant maioremque fiduciam prohibendi habebant: 3, 25, 2; cum erant loca Caesari capienda, etsi prohibere Pompeius totis copiis et dimicare non constituerat, tamen . . . sagittarios funditoresque ⟨*c*⟩ mittebat: 3, 44, 6.

B. = ἀσφάλειαν παρέχειν, **tueri, defendere:** hos omnes productos a contumeliis militum conuiciisque prohibet: 1, 23, 3; ¶ Trinobantibus defensis atque ab omni militum iniuria prohibitis . . . Cassi . . . sese Caesari dedunt: V 21, 1; qui quacumque ⟨*c*⟩ de causa ad eos uenerunt, ab ⟨*om.* β⟩ iniuria prohibent, sanctos ⟨que *add.* β⟩ habent: VI 23, 9; ¶ hanc ⟨*c*⟩ (siluam) . . . pro natiuo muro obiectam Cheruscos ab Suebis Suebosque ab Cheruscis [iniuriis incursionibusque] prohibere ⟨Cheruscos Suebosque prohibere *Paul*⟩: VI 10, 5.

Prohibere . . . continere: I 15, 4; (III 11, 2; IV 34, 4; 3, 30, 5; 58, 1;) prohib. . . . impedire: 3, 17, 3; 25, 3; proh. . . . intercludere: 1, 17, 1; 68, 3; netare . . . pr.: VII 33, 3.

Leges prohibent: VII 33, 3; loci natura: VII 17, 1; 2, 35, 5; munitio castrorum: 2, 35, 5; silua(e): VI 10, 5; 34, 4.

Aduerb.: diutius: I 49, 1; facile: I 6, 1; 11, 4; facilius: I 8, 2; 3, 58, 1.

proicio. A. propr.; a) = iacere, coicere; α) alqd: Petrosidius aquilifer . . . aquilam intra uallum proiecit, ipse pro castris fortissime ⟨*o*⟩ pugnans occiditur: V 37, 5; ¶ (Galli) subito clamore sublato . . . crates proicere, fundis, sagittis, lapidibus nostros de uallo proturbare reliquaque, quae ad oppugnationem pertinent, parant ⟨*c*⟩ administrare: VII 81, 2; ¶ quidam ante portam oppidi Gallus per ⟨qui per β; *Schn.*⟩ manus seui ac picis traditas glebas ⟨globos *Ber.*⟩ in ignem e regione turris proiciebat, . . . concidit: VII 25, 2; ¶ (sic . . . exercitum constituebat, ut . . . omnis . . instructus exercitus telis ex nallo abiectis ⟨proiect. *a*; adact. *Jurin.*⟩ protegi posset: 3, 56, 2.)

β) se proicere; proiectus: (qui aquilam ferebat) se ex nani ⟨ex naui se β⟩ proiecit atque in hostes aquilam ferre coepit: IV 25, 4; ¶ qui (legati) cum eum (Caesarem) in itinere conuenissent seque ad pedes proiecissent suppliciterque locuti flentes pacem petissent: I 27, 2; (principes ciuitatum) ea re impetrata sese omnes flentes Caesari ad pedes proiecerunt: I 31, 2; ubi hostes ad legatos exercitumque peruenerunt, uniuersi se ad pedes proiciunt; orant, ut: 2, 12, 2 (*Np.* 3); — cum matres familiae repente . . . procurrerunt flentesque proiectae ad pedes snorum omnibus precibus petierunt ⟨*c*⟩, ne: VII 26, 3; — Caesar prima luce omnes eos, qui in monte consederant, . . . descendere atque arma proicere iussit. quod ubi sine recusatione fecerunt passisque palmis proiecti ad terram flentes ab eo salutem petiuerunt, consolatus consurgere iussit: 3, 98, 2; ¶ facile erat . . . prospicere in urbem, ut omnis iuuentus . . . omnesque superioris aetatis eum liberis atque uxoribus . . . templa deorum immortalium adirent et ante simulacra proieeti uictoriam ab dis exposcerent: 2, 5, 3.

b) = abicere: arma *u.* **arma** *p. 306* **b)** *(4 loc.)*; ¶ procul equitatu uiso ex medio itinere proiectis sarcinis fugiebant: 1, 59, 3.

(c) proiectus = obiectus, praeiacens: ipsi profecti a palude ⟨β; prospecta palude α; proiecta pal. *Np.; obiecta pal. Th. Bentl.*⟩

ad ⟨c⟩ ripas ⟨c⟩ Sequanae e regione Lutetiae contra Labieni castra considunt: VII 58, 6.)

B. trsl. (= deserere, prodere); a) aliquid: fasces: 2, 32, 9 *u.* **b)**; ¶ (Neruios) increpitare atque incusare reliquos Belgas, qui se populo Romano dedidissent ⟨c⟩ patriamque ⟨c⟩ uirtutem proiecissent ⟨praeiec. *B*²⟩: II 15, 5.

b) alqm: ducem suum Domitium, cuius spe atque fiducia permanserint, proiectis omnibus fugae consilium capere: 1, 20, 2; — (Cato) queritur in contione sese proiectum ac proditum a Cn. Pompeio, qui . . .: 1, 30, 5; — desertos † enim se ac proditos a nobis dicunt et prioris sacramenti mentionem faciunt. uosne nero L. Domitium an uos Domitius deseruit? nonne extremam pati fortunam paratos proiecit ille? non ⟨c⟩ sibi elam nobis salutem fuga petiuit? non ⟨c⟩ proditi per illum Caesaris beneficio estis conseruati? sacramento quidem uos tenere qui potuit (Domitius), eum proiectis fascibus et deposito imperio priuatus et captus ipse in alienam uenisset potestatem: 2, 32, 7—9.

proinde. A. = itaque, quam ob rem; a) in orat. recta: an dubitamus, quin . . . Romani iam ad nos interficiendos concurrant? proinde, si quid in nobis animi est ⟨o⟩, persequamur eorum mortem, qui indignissime interierunt, atque hos latrones interficiamus: VII 38, 8; — frustra, inquit, meae uitae subuenire conamini, quem iam sanguis niresque deficiunt. proinde abite, dum est facultas, uosque ad legionem recipite: VII 50, 6; uidetisne, inquit, milites, . . . abesse regem, exiguas esse copias missas, quae paucis equitibus pares esse non potuerint? proinde ad praedam, ad gloriam properate, ut iam de praemiis uestris . . . cogitare incipiamus: 2, 39, 3.

b) in orat. obl.: illorum esse praedam atque illis reseruari ⟨c⟩ quaecumque Romani reliquissent; proinde omnia in uictoria posita ⟨c⟩ existimarent: V 34, 1; maioribus enim coactis copiis reuersuros (Romanos) neque finem bellandi facturos. proinde *in* agmine impeditos adoriantur ⟨*M*²; adorientur *BM*¹*Q*; adorirentur *Aβ*; *Np.*, *Schn.*, *Hold.*⟩: VII 66, 4; neque se . . . pati posse C. Caesarem imperatorem . . . oppido moenibusque prohiberi; proinde habeat rationem posteritatis et periculi sui: 1, 13, 1; Pompeius enim rescripserat sese rem in summum periculum deducturum non esse neque suo consilio . . . Domitium se in oppidum Corfinium contulisse; proinde, si qua fuisset facultas, ad se cum omnibus copiis ueniret: 1, 19, 4; neque nunc id (se) agere, ut ab illis abductum exercitum teneat ipse, . . . sed ne illi habeant quo contra se uti possint. proinde, ut esset dictum, prouinciis excederent exercitumque dimitterent: 1, 85, 12; satis esse magna utrimque incommoda accepta. . . . proinde sibi ac rei publicae parcerent, *cum* . . .; 3, 10, 6.

B. = perinde, aeque **(ac)** *u.* **ac** *p. 68 (3 loc.).*

prolatio: quibus in rebus prolationem diei donationem esse dicebant ⟨*u. CC*⟩: 3, 32, 5.

proluo: tanta enim tempestas cooritur, ut numquam illis locis maiores ⟨c⟩ aquas fuisse constaret. tum autem ex omnibus montibus niues proluit ⟨profluit *f*⟩ ac summas ripas fluminis superauit: 1, 48, 2.

promineo: matres familiae de muro uestem argentumque iactabant et pectore nudo prominentes passis manibus obtestabantur ⟨o⟩ Romanos, ut: VII 47, 5.

promiscue: cuius rei nulla est occultatio, quod et promiscue in fluminibus perluuntur et: VI 21, 5.

promitto: capilloque (Britanni) sunt promisso atque omni parte corporis rasa praeter caput et labrum superius: V 14, 3.

[**Falso:** cum (Varro) itinere conuerso sese Italicam ⟨c⟩ uenturum praemisisset ⟨*Lips.*; promisisset *x*⟩: 2, 20, 6.]

(promontorium, promonturium *u.* **promunturium.)**

promoueo: eodem die castra promouit et milibus passuum sex a Caesaris castris . . . consedit: I 48, 1; ¶ paulum ⟨paululum *a*⟩ legiones Caesar, quas pro uallo constituerat, promoueri iubet: VII 70, 5; ¶ qui (Romani) tantae altitudinis machinationes tanta celeritate promouere ⟨et ex propinquitate pugnare *add. B*²*β*; promouerent, ut ex prop. pugn. *Ciacc.*⟩ possent: II 31, 2; ¶ quo malo perterriti subito oppidani saxa quam maxima possunt uectibus promouent praecipitataque *e* muro in musculum deuoluunt: 2, 11, 1; ¶ postero die Caesar promota turri derectisque ⟨c⟩ operibus . . . iussit: VII 27, 1.

promptus: ut ad bella suscipienda Gallorum alacer ac promptus est animus, sic: III 19, 6.

laudat (Pompeius) promptos ⟨*Pantagathus*; pompeius *x*; *edd.*; *u. CC*⟩ atque in posterum confirmat, segniores ⟨*f*; seniores *NOahl*⟩ castigat atque incitat: 1, 3, 1.

promulgo: legem *u.* **lex** *p. 454 extr. et 455 (4 loc.).*

promunturium: hic locus (Anquillaria)

. . . habet . . non incommodam ⟨c⟩ aestate stationem et duobus eminentibus promunturiis ⟨l; promunctoriis *af;* promuntoriis *h*⟩ continetur: 2, 23, 2; ¶ erant eius modi fere situs oppidorum, ut posita in extremis lingulis promunturiisque ⟨promuntoriisque *M*β⟩ neque pedibus aditum haberent . . . neque nauibus: III 12, 1.

promutuus: ciuibus Romanis . . . pecuniae imperabantur, mutuasque illas ⟨c⟩ ex ⟨c⟩ senatus consulto exigi dictitabant; publicanis, ut in Syria ⟨c⟩ fecerant, insequentis anni uectigal promutuum: 3, 32, 6.

prone: haec (tigna) cum machinationibus immissa in flumen ⟨c⟩ defixerat *festucisque adegerat, non sublicae modo derecte ad perpendiculum, sed prone ⟨*Q*β; pronae *ABM;* prona *V.*⟩ ac fastigate ⟨c⟩, ut secundum naturam fluminis procumberent: IV 17, 4.

pronuntiatio: Curio *pronuntiari onerariis nauibus iubet, . . . se in hostium habiturum loco, qui non ex uestigio ad castra Cornelia ⟨c⟩ *naues traduxisset ⟨c⟩. qua pronuntiatione facta temporis puncto sublatis ancoris omnes . . . quo imperatum est transeunt: 2, 25, 7.

[Falso: 3, 87, 2 *u.* **pronuntio A. b) α).**]

pronuntio. A. = (palam uel magna uoce) dicere, proferre, nuntiare; a) abs.: neque uero Caesarem fefellit, quin ab iis ⟨c⟩ cohortibus . . . initium uictoriae oreretur ⟨c⟩, ut ipse in cohortandis militibus pronuntiauerat: 3, 94, 3.

b) additur α) obiect.; αα) subst.: id eane de causa, quam legatis pronuntiarunt ⟨*pr. edd.;* pronuntiarint α; pronuntiauerint β⟩, an perfidia adducti fecerint, . . . non uidetur pro certo esse ponendum ⟨c⟩: VII 5, 6; ¶ omnibus interfui proeliis neque temere incognitam rem pronuntio ⟨pronunciatio *hl;* pronuntiabo *Paul*⟩: 3, 87, 2.

ββ) pron.: haec ut intellegatis, inquit, a me sincere pronuntiari, audite Romanos milites: VII 20, 8; — haec atque eiusdem generis complura ut ab hominibus doctis magna cum misericordia fletuque pronuntiantur: 2, 12, 4 (*Np.* 5); ¶ producuntur ii ⟨c⟩, quos ille edocuerat, quae dici uellet, atque eadem, quae Litauiccus pronuntiauerat, multitudini exponunt: VII 38, 4; — hi (serui) ⟨ii *A*[1]; illi *QA*[2]; hic β⟩ iam ante ⟨c⟩ edocti ⟨c⟩, quae interrogati pronuntiarent, milites se esse legionarios dicunt: VII 20, 10.

γγ): dolore prohibeor quae gesta sunt pronuntiare: VII 38, 3.

β) acc. c. inf.: alius castra ⟨o⟩ iam capta pronuntiat, alius deleto exercitu atque imperatore uictores barbaros uenisse contendit: VI 37, 7.

γ) interrog. obl.: est enim hoc Gallicae consuetudinis, uti . . . mercatores in oppidis uulgus circumsistat quibusque ex regionibus ueniant quasque ibi res cognouerint pronuntiare cogat ⟨c⟩: IV 5, 2; mittit P. Vatinium legatum ad ripam ipsam fluminis, qui ea, quae maxime ad pacem pertinere uiderentur, ageret et ⟨ageret. is *Paul*⟩ crebro magna uoce pronuntiaret ⟨-auit *Paul*⟩, liceretne ciuibus ad eines de pace tuto ⟨c⟩ legatos mittere . . ., praesertim cum id agerent, ne eines cum ciuibus armis decertarent? 3, 19, 2.

B. = edicere (de magistratibus et ducibus), publice nuntiare; a) additur obiect.: (iter: V 31, 4 *u.* **b);)** ¶ hac re pro suggestu pronuntiata ⟨nuntiata *A pr.*⟩ eodem die . . . proficiscitur: VI 3, 6; ¶ de Accone, qui princeps eius consilii fuerat, grauiore sententia pronuntiata more ⟨pronuntiat amore *BM;* pronuntiat ae more *M*[2]⟩ maiorum supplicium sumpsit: VI 44, 2.

b) additur acc. c. inf.: superat sententia Sabini. pronuntiatur prima luce ituros ⟨iter *Ciacc.*⟩: V 31, 4; V 34, 1 (*et* 4) *u.* e); praeconibusque circummissis pronuntiari iubent (hostes), seu quis Gallus seu ⟨c⟩ Romanus uelit ante horam tertiam ad se transire, sine periculo licere; post id tempus non fore potestatem: V 51, 3; his rebus confectis in concilio ⟨consilio *AQ*⟩ pronuntiat (Indutiomarus) arcessitum se a Senonibus et Carnutibus aliisque compluribus Galliae ciuitatibus; huc ⟨c⟩ iturum ⟨c⟩ per fines Remorum eorumque agros populaturum ac, prius quam id faciat, castra Labieni oppugnaturum: V 56, 4. 5; litteris perlectis Domitius dissimulans in consilio ⟨c⟩ pronuntiat Pompeium celeriter subsidio uenturum hortaturque: 1, 19, 1; (cum (Varro) itinere conuerso sese Italieam ⟨*Faern.;* italiam *x*⟩ uenturum praemisisset ⟨*Lips.;* promisisset *x;* pronuntiasset *Faern.*⟩: 2, 20, 6;) interim aduentu longarum nauium Curio pronuntiari ⟨*uett. edd.;* -iare *x; edd.*⟩ onerariis nauibus iubet, . . . se in hostium habiturum loco, qui non ex uestigio ad castra Cornelia ⟨c⟩ *naues traduxisset ⟨c⟩. qua pronuntiatione facta . . .: 2, 25, 6; quem (Scaeuam centurionem) Caesar . . . ab octauis ordinibus ad primipilum se traducere pronuntiauit: 3, 53, 5.

c) additur ut, ne, coniunctiuus: (Titurius et Cotta) iusserunt pronuntiari ⟨*bh; Frig.;*

pronuntiare α; *rell. edd.*⟩, ut impedimenta relinquerent atque in orbem consisterent: V 33, 3; qua re animaduersa Ambiorix pronuntiari iubet, ut procul tela coiciant neu ⟨ne *h;* nec *a*⟩ propius accedant et quam in ⟨*o*⟩ partem Romani impetum fecerint cedant; [leuitate armorum et cotidiana exercitatione nihil iis ⟨*o*⟩ noceri posse;] rursus se ad signa recipientes insequantur: V 34, 3. 4; ¶ duces eorum tota acie pronuntiari ⟨β; *Fr.;* -are α; *rell. edd.*⟩ iusserunt, ne quis ab loco discederet: illorum esse praedam atque illis reseruari ⟨*c*⟩ quaecumque Romani reliquissent; proinde omnia in uictoria posita ⟨*c*⟩ existimarent: V 34, 1.

C. = referre ad senatum, sententias rogare: Lentulus sententiam Calidii pronuntiaturum se omnino negauit: 1, 2, 5.

prope, propius, proxime. *De forma* proxime *et* proxume *cf.* **propior.**

A. de loco (= in propinquo, non procul); a) posit.; α) absol. (aduerb.): prope consistere: VI 23, 2 *u.* β) *extr.* prope se.

β) additur accusatiuus (praepos.): nisi ipsius copiae prope hostium castra uisae essent: I 22, 3; ¶ ibique prope flumen edito natura loco castra posuit: 3, 37, 4; ¶ Vercingetorix castris prope oppidum ⟨pro oppido *k*⟩ in monte ⟨in monte β; *Schn.; (Db.;)* *om.* α; *plur. edd.*⟩ positis . . . separatim singularum ciuitatum ⟨*c*⟩ copias conlocauerat: VII 36, 2; exercitum ⟨*o*⟩ Vticam ducit et prope oppidum castra ponit: 2, 26, 1; ¶¶ cum prope Dyrrachium Pompeius constitisset: 3, 13, 3; ¶¶ hoc proprium uirtutis existimant expulsos ⟨*c*⟩ agris finitimos cedere neque quemquam prope ⟨se *add.* β⟩ audere consistere ⟨considere *Paul*⟩: VI 23, 2.

b) comp.; α) absol.: propius accedere *u.* **accedo** *p. 69* α) *(7 loc.);* ¶ ut . . . non nulli (lenunculi) deprimerentur, reliqui hoc ⟨*c*⟩ timore ⟨*c*⟩ propius adire tardarentur: 2, 43, 4; ¶ postea quam propius successerunt ⟨accesser. *RSchn.*⟩: VII 82, 1; ¶ cum propius erat necessario uentum, . . . ad uirtutem montanorum confugiebant: 1, 58, 2.

β) c. acc.: propius tumulum (Ambiorigem, Romanos) accedere *u.* **accedo** *p. 69* α) *(3 loc.);* ¶ ut . . . (naues) aliae ad inferiorem partem insulae, quae est propius solis occasum, . . . deicerentur: IV 28, 2; ¶ interea ne propius se castra moueret petierunt ⟨*c*⟩: IV 9, 1; cognouit Vercingetorigem consumpto pabulo castra mouisse propius Auaricum: VII 18, 1; quod castra propins Romanos mouisset: VII 20, 1.

c) superl.: omni ad Hiberum intercluso itinere quam proxime potest hostium castris castra communit: 1, 72, 5.

B. de tempore; (a) compar.: commeatus omni genere praeter frumentum abundabat; † quibus cotidie melius subterrere ⟨*ahl;* subterere *f;* subcedere *O*¹*;* cuius cotidie propius succedere tempus *Hell.*⟩ . . . uidebant: 3, 49, 6.)

b) superl. (= nuper, paulo ante): quam (legionem) proxime conscripserat, legio(nes) proxime conscripta(e) *u.* **conscribo B.** *p. 664:* I 24, 2; II 8, 5; 19, 3; V 24, 4; VI 32, 5; ¶ (exercitum) in Aulercis Lexouiisque, reliquis item ⟨in *add.* β⟩ ciuitatibus, quae proxime ⟨*aef(k?);* maximae *B*¹*M*¹*;* maxime *AQM*²*(h?);* *Fr., Db.*⟩ bellum fecerant, in hibernis conlocauit: III 29, 3.

C. trsl. = fere, paene; a) additur iam *u.* **iam** *p. 7 sq. (6 loc.).*

b) non additur iam; uox prope additur α) substantiuis c. praep.: quoniam prope ad finem laborum ac periculorum esset peruentum: 3, 6, 1; — hoc proelio facto et prope ad internecionem gente ac nomine Neruiorum redacto: II 28, 1; — cum a meridie prope ad solis occasum dubia uictoria pugnaretur: VII 80, 6; — — spe enim conficiendi negotii prope in noctem rem duxerant ⟨*c*⟩: 3, 51, 7.

β) adiectiuis: ut . . . paratos prope aequo Marte ad dimicandum existimaret ⟨*c*⟩: VII 19, 3; dorsum esse eius iugi prope aequum: VII 44, 3; cum una ex parte prope aequum aditum haberet: 3, 45, 3; ¶ prope dimidia parte operis a Caesare effecta . . . naues . . . reuertuntur: 1, 27, 1; ¶ exploratus: VII 15, 2 *u.* δ) explorare; ¶ Trinobantes, prope firmissima earum regionum ciuitas, . . . legatos . . . mittunt: V 20, 1; ¶ summaque erat uasto atque aperto mari, magnis aestibus, raris ac prope nullis portibus difficultas nauigandi: III 12, 5; ¶ maxima coorta tempestate prope omnes naues adflictas . . . esse: V 10, 2; quod prope ex omnibus partibus flumine et palude circumdata unum habeat . . . aditum: VII 15, 5; cum prope omnis ciuitas eo conuenisset: VII 33, 3; ¶ ne pulcherrimam prope totius Galliae ⟨galliae tocius β⟩ urbem . . . suis manibus succendere cogerentur: VII 15, 4; ¶ sic ut prope summam ⟨summa *AB*⟩ muri aggerisque altitudinem acerui armorum adaequarent ⟨c⟩: II 32, 4; ¶ (totus: VII 15, 4 *u.* pulcherrimam.)

γ) aduerbio: interim prope cotidie cum omni equitatu Indutiomarus sub castris eius uagabatur: V 57, 3.

δ) uerbis: summa imperii traditur Camulogeno Aulerco, qui prope confectus aetate tamen propter singularem scientiam rei militaris ad eum est honorem euocatus: VII 57, 3; prima uigilia egressus prope confecto sub lucem itinere post montem se occultauit: VII 83, 7; ¶ qui ab ⟨c⟩ Alesia ⟨c⟩ processerant, maesti prope uictoria desperata se in oppidum receperunt: VII 80, 9; ¶ eodem fere tempore pons in Hibero prope effectus nuntiabatur et in Sicori uadum reperiebatur: 1, 62, 3; ¶ quod se prope ⟨q. se pr. β; *om.* α; *Fr.;* se prope *om. Db., Dt.*[1]⟩ explorata uictoria celeriter amissa reciperaturos confidebant ⟨c⟩: VII 15, 2; ¶ obsideri se a Caesare; opera munitionesque prope esse perfectas: 1, 20, 2.

propello. A. alqd (= protrudere, euertere): Pompeiani hoc insolentius . . . instare coeperunt cratesque pro munitione obiectas propulerunt: 3, 46, 3.

B. alqm (= submouere, repellere, in fugam coicere; a): naues longas . . . constitui atque inde fundis, sagittis, tormentis hostes propelli ac submoueri iussit: IV 25, 1; Germani una in parte confertis turmis in hostes ⟨c⟩ impetum fecerunt eosque propulerunt: VII 80, 6; ¶ Heluetii, quod quingentis equitibus tantam multitudinem equitum propulerant ⟨propulerunt *M*⟩, . . . nostros lacessere coeperunt: I 15, 3.

b): (equites) in duas partes sese distribuunt, alii ut praedae praesidio sint, alii ut uenientibus resistant atque eos propellant: 1, 55, 2; ¶ cernebatur . . . uniuersarum cohortium impetu ⟨impetum *x*⟩ nostros propelli, dein rursus conuersos ⟨c⟩ insequi: 1, 64, 2; ¶ gladio comminus rem ⟨o⟩ gerit Vorenus ⟨o⟩ atque uno interfecto reliquos paulum propellit: V 44, 11.

propere: (Labienum legatum pro praetore ⟨legatum propere *Hot.*⟩ cum duabus legionibus . . . summum iugum montis ascendere iubet: I 21, 2;**)** Faustus Sulla propere ⟨pro praetore *P. Man.*⟩ in Mauretaniam mittatur ⟨mittitur *x*⟩: 1, 6, 3; (paucas cohortes relinquit; † hora X. subsequi pabulatores equitesque ⟨equites propere *Paul*⟩ reuocari iubet: 1, 80, 4.)

propero. A. absol.: Caesar praecepto ⟨c⟩ itinere ad Dyrrachium finem properandi facit: 3, 13, 5; his rebus tantum temporis tribuit, quantum erat properanti necesse: 3, 78, 2; cum Furnium nostrum tantum uidissem neque loqui neque audire meo commodo potuissem, properarem atque essem in itinere praemissis iam legionibus, praeterire tamen non potui, quin: *ap. Cic. ad Att.* IX 6 *A;* — tantusque terror incidit eius (Pompei) exercitui ⟨c⟩, quod properans noctem diei coniunxerat neque iter intermiserat, ut: 3, 13, 2; — hoc uero magis properare Varro, ut cum legionibus quam primum Gades contenderet: 2, 20, 1.

B. additur a) ad: Pompeius quoque de Caesaris consilio coniectura iudicans ad Scipionem properandum sibi ⟨*om. h*⟩ existimabat . . .: 3, 78, 6.

proinde ad praedam, ad gloriam properate: 2, 39, 3.

b) in: quod (Caesar) in Italiam Illyricumque properabat: II 35, 2.

c) infin.: accidit, ut . . . discederent, quaeque ⟨c⟩ quisque eorum carissima haberet, ab impedimentis petere atque arripere properaret: V 33, 6; ¶ cum sibi quisque primum itineris locum peteret et domum peruenire properaret: II 11, 1; ¶ qui in classe erant, proficisci properabant. horum fuga . . .: 2, 43, 3; ¶ Scipionem properantem sequi litterae sunt consecutae a M. Fauonio: 3, 36, 6; ¶ properaret ad se cum exercitu uenire omniaque posthaberet ⟨c⟩: 3, 33, 1.

propinquitas. A. propr.; a) subi.: propinquitas castrorum celerem superatis ex fuga receptum dabat: 1, 82, 5; ¶ Gallis autem prouinciarum ⟨prouinciae rom. *Elberl.*⟩ propinquitas et transmarinarum rerum notitia multa ad copiam atque usus ⟨c⟩ largitur: VI 24, 5.

b) obi.: qui (Galli) uitandi aestus causa plerumque siluarum ac ⟨c⟩ fluminum petunt propinquitates: VI 30, 3; ¶ ut, qui propinquitatem loci uideret ⟨uiderent β⟩, paratos prope aequo Marte ad dimicandum existimaret ⟨-arent β⟩: VII 19, 3.

(c) gen.: spatio propinquitatis: 2, 16, 3 *u.* **d).)**

d) abl.: ita se a caetratis equitibusque defeudunt castrorum propinquitate confisi: 1, 75, 3; ¶ suorumque tormentorum usum ⟨usu *hl*⟩, quibus ipsi magna sperauissent, spatii propinquitate ⟨*Madu.;* spatio propinquitatis *x; edd.*⟩ interire . . . intellegunt: 2, 16, 3; ¶ ad haec repetenda inuitati propinquitate superiorum castrorum . . . uallum relinquebant: 3, 76, 2.

castra erant ad bellum ducendum aptissima

natura loci et ⟨o⟩ munitione et maris propinquitate et aquae et salis copia: 2, 37, 5.

e) c. praep.: (qui tantae altitudinis machinationes tanta celeritate promouere ⟨et ex propinquitate pugnare *add.* B^2β; promouerent, ut ex prop. pugn. *Ciacc.*⟩ possent: II 31, 2.)

haec quoque per exploratores ante lucem in tanta propinquitate castrorum ad hostes deferuntur: VI 7, 9.

hi propter propinquitatem et celeritatem ⟨cel. et prop. β⟩ hostium nihil iam Caesaris imperium exspectabant ⟨c⟩: II 20, 4; et ipsi (Vbii) propter propinquitatem [quod] Gallicis sunt moribus adsuefacti: IV 3, 3.

B. trsl. (= cognatio): de numero eorum (Belgarum) omnia se habere explorata Remi dicebant, propterea quod propinquitatibus adfinitatibusque coniuncti . . . cognouerint ⟨c⟩: II 4, 4.

(propinquo: quae cum nauibus nostris adpropinquassent ⟨*recc.* (?); propinqu. *x*⟩: 3, 24, 2.**)**

propinquus. 1. adiect. A. de loco; a) non additur datiuus: reliquas cohortes VII ⟨in *add. a; Np., Dt.*⟩ castris propinquisque castellis praesidio disposuerat: 3, 88, 4; ¶ quoniam tam propinqua sint castra: VI 40, 2; ¶ colles ac loca superiora, unde erat propinquus despectus in mare: III 14, 9; ¶ eos accusat, quod . . . tam necessario tempore, tam propinquis hostibus, ab iis ⟨c⟩ non subleuetur: I 16, 6; ¶ dimisit ⟨c⟩ enim circum omnes propinquas prouincias atque inde auxilia euocauit: 3, 112, 6; ¶ maxime eos, quod erant propinquae ⟨praepingues *Kraff.*⟩ regiones, de re frumentaria ut prouiderent hortatus est: 3, 34, 2.

b) additur datiuus: in Carnutes, Andes, Turones, quaeque ⟨c⟩ ciuitates propinquae iis ⟨c⟩ locis erant, ubi bellum gesserat, legionibus in hiberna ⟨c⟩ deductis: II 35, 3; ¶ cum legio Caesaris nona praesidium quoddam occupauisset . . ., huic loco ⟨huic loco *del. Ciacc.*⟩ propinquum et contrarium collem Pompeius occupauit: 3, 45, 2; ¶ erant Menapii propinqui Eburonum finibus: VI 5, 4.

B. de tempore: quod propinqua die aequinoctii infirmis nauibus hiemi nauigationem subiciendam non existimabat: IV 36, 2.

2. ui substant.; A. masc.; a) sing.: his copiis Vercassiuellaunum Aruernum, unum ex quattuor ducibus, propinquum ⟨-qum *B*⟩ Vercingetorigis, praeficiunt: VII 83, 6.

b) plur.; α) subi.; αα): adiungere, cauere: VI 2, 2 *u.* desistere; ¶ comitari: VI 8, 8 *u.* excedere; ¶ confirmare: VI 2, 2 *u.* desistere; ¶ cum pater familiae inlustriore loco natus decessit, eius propinqui conueniunt ⟨ueniunt *M*⟩, et de morte si res in suspicionem uenit, de uxoribus in seruilem modum quaestionem habent, et si compertum est, igni ⟨c⟩ atque omnibus tormentis excruciatas interficiunt: VI 19, 3; ¶ decertare: VII 77, 8 *u.* γ); ¶ interfecto Indutiomaro . . . ad eius propinquos a Treueris imperium defertur. illi finitimos Germanos sollicitare et pecuniam polliceri non desistunt. cum a ⟨c⟩ proximis impetrare non possent, ulteriores temptant. inuentis non nullis ciuitatibus iure iurando inter se confirmant obsidibusque de pecunia canent; Ambiorigem sibi societate et foedere adiungunt: VI 2, 1. 2; ¶ (docere: 1, 5, 1 *u.* γ);) ¶ cum his ⟨c⟩ propinqui Indutiomari, qui defectionis auctores fuerant, comitati eos ex ciuitate excesserunt ⟨β; excesserant α⟩: VI 8, 8; ¶ (excruciare,) habere: VI 19, 3 *u.* conuenire; ¶ impetrare: VI 2, 2 *u.* desistere; ¶ interficere: VI 19, 3 *u.* conuenire; ¶ (inuenire: VI 2, 2 *u.* desistere;) ¶ tot hominum milia . . ., quorum salutem neque propinqui neglegere neque ciuitas leui momento aestimare posset: VII 39, 3; ¶ polliceri: VI 2, 1 *u.* desistere; ¶ posse: VI 2, 2 *ib.*; VII 39, 3 *u.* neglegere; ¶ sollicitare, temptare: VI 2, 1. 2 *u.* desistere.

ββ) a c. pass.: et sua sponte multi in disciplinam conueniunt et a parentibus propinquisque mittuntur: VI 14, 2.

β) obiect.: his ⟨c⟩ (obsidibus) adductis, in iis filio ⟨filiis β⟩ propinquisque eius omnibus, quos nominatim euocauerat, . . . hortatus . . est: V 4, 2; ¶ cogere: VII 77, 8 *u.* γ); ¶ euocare: V 4, 2 *u.* adducere; ¶ nam ego fratribus atque omnibus meis propinquis interfectis dolore prohibeor quae gesta sunt pronuntiare: VII 38, 3; ¶ non sine magna spe magnisque praemiis domum propinquosque (se) reliquisse: I 44, 2.

γ) dat.: nec docendi Caesaris propinquis eius spatium datur: 1, 5, 1; ¶ quid hominum ⟨c⟩ milibus LXXX ⟨c⟩ uno loco interfectis ⟨quid *add.* β⟩ propinquis consanguineisque nostris animi fore existimatis, si paene in ipsis cadaueribus proelio decertare cogentur? VII 77, 8.

δ) gen.: non enim has aut conspectus patriae aut propinquorum praecepta ad extremum uitae periculum adire cogebant: 2, 7, 1.

ε) **c. praep.; *αα*) a**: a Cingetorige atque eius propinquis oratione Indutiomari cognita ... nuntios ⟨c⟩ mittit ⟨c⟩: V 57, 2; ¶ quibus (clientibus) etiam a propinquis nostris opem ferre instituimus: *ap. Gell.* V 13, 6.

ββ) **ad**: deferre ad: VI 2, 1 *u. α*) *αα*) desistere.

γγ) **per**: rex erat Ptolomaeus ... magnis copiis cum sorore Cleopatra bellum gerens, quam paucis ante mensibus per suos propinquos atque amicos regno expulerat: 3, 103, 2.

B. femin.: (Dumnorigem) sororem ex matre et propinquas suas nuptum in alias ciuitates conlocasse: I 18, 7.

propior, proximus. I. **Forma**: proxumus *uidetur exstare in α (X?)* VI 35, 5 *et* VII 67, 7; *exstat (secund. Holderi testimonium) in AQB* V 28, 5 *et* VI 8, 6, *in AQ* VI 31, 3, *in B* VI 3, 1 *et* VII 25, 3 *et* VII 68, 2, *in B*[1] I 54, 1; *secund. Np. in AB* VII 3, 2; *reliquis belli Gallici locis (36) in X uidetur inueniri* proximus; *item in bello ciuili omnes codd. uidentur habere* proximus *omnibus (26) locis. — Aduerbium* proxume *scriptum est in BQ* VI 32, 5 (*et* V 24, 4?), *in B*[1] II 19, 3; proxime *in X* (?) I 24, 2 *et* II 8, 5, *in x* 1, 72, 5.

II. Signif.; A. de loco; a) compar.: huc cum cotidiana consuetudine egressae ⟨c⟩ pabulatoribus praesidio propiore *ponte* legiones ⟨*sic Np.*; priores legiones *Kran.*; proprio relegiones *a*; proprio legiones *fhl*; [propiore *ponte*] legiones *Db.*⟩ Fabianae duae flumen transissent: 1, 40, 3.

b) superl.; 1. adiect.; *α*) non additur dat. uel accus.; *αα*) attribut.: celeriter ... ignibus significatione facta ex proximis castellis eo concursum est: II 33, 3; cohortes IIII ex proximo castello deducit: VII 87, 4; ut nostri perpetuas munitiones † uidebant perductas ex castellis in proxima castella ⟨*u. CC*⟩: 3, 44, 4; ¶ in proxima Octauii castra inruperunt: 3, 9, 6; ¶ (constituerunt) cum proximis ciuitatibus pacem et amicitiam confirmare: I 3, 1; ¶ Caesar suas copias in proximum collem subducit: I 22, 3; copias suas Caesar in proximum collem subducit: I 24, 1; Caesar impedimentis in proximum collem † deductis ... secutus hostes ⟨c⟩ ad Alesiam castra fecit: VII 68, 2; erat inter oppidum Ilerdam et proximum collem ⟨*Vascos.*; in oppido ilerda et proximo colle *x*⟩ ... planitia ⟨c⟩: 1, 43, 1; legio ... in proximum collem sese recepit: 1, 44, 5; Caesar quoque in proximo colle castra ponit: 1, 65, 5; Curio ... proximos colles capere uniuersos ... iubet: 2, 42, 1; ¶ considunt et proximam fossam cratibus integunt: VII 79, 4; ¶ interea et ex proximis hibernis et a Caesare conuentura subsidia: V 28, 5; cum aliquid calamitatis in proximis hibernis esset acceptum: V 29, 1; qui ... perendino die cum proximis hibernis coniuncti communem cum reliquis belli casum sustineant: V 30, 3; equites circiter quadringentos ex proximis hibernis cogit ⟨c⟩: V 46, 4; ¶ (hostes: II 27, 3 *u.* 2.;) ¶ qua proximum iter in ulteriorem Galliam per Alpes erat: I 10, 3; ¶ nullo cum periculo ad proximam legionem peruenturos: V 29, 6; nondum hieme confecta proximis quattuor coactis legionibus ... in fines Neruiorum contendit: VI 3, 1; ¶ ex alto refugerat adpulsaque ad proximum litus trireme ... pedibus Hadrumetum *profugerat: 2, 23, 3; ¶ qui proximum locum praesidiorum tenebat: 3, 65, 2; ¶ V milia passuum proxima intercedere ⟨c⟩ itineris campestris: 1, 66, 4; ¶ Fabius a proximis militibus circumuentus interficitur: 2, 35, 2; ¶ sese in proximos montes conferunt: 1, 51, 5; ¶ milites in proxima municipia deducit: 1, 32, 1; ¶ hos item ex proximis [primis] nauibus cum conspexissent: IV 25, 6; ¶ sua deportabant omnia ⟨o⟩ seque in proxima oppida recipiebant: III 12, 3; ¶ altera ex parte Gabalos proximosque pagos Aruernorum in Heluios ... mittit: VII 64, 6; ¶ quas (cohortes) ex proximis praesidiis deductas fors obtulit: VII 87, 5; ne ex proximis praesidiis succurri posset: 3, 52, 1; ¶ cuius (salis) magna uis iam ex proximis erat salinis eo congesta: 2, 37, 5; ¶ quinque cohortes frumentatum in proximas segetes mittit ⟨c⟩: VI 36, 2; ¶ reliqua ... quaerere praetermittit proximaque respiciens signa Videtisne, inquit, milites: 2, 39, 3; ¶ reliqui sese fugae mandarunt atque in proximas siluas ⟨silu. prox. *af*⟩ abdiderunt: I 12, 3; in fugam coniecti proximas siluas petierunt ⟨c⟩: VI 8, 6; ¶ calones in proximum ⟨primum *β*⟩ tumulum procurrunt: VI 40, 1.

ββ) **ui praedicati**: et ab iis ⟨c⟩, qui cesserant, et ab iis ⟨c⟩, qui proximi steterant, circumueniebantur: V 35, 3.

β) **additur *αα*) datiuus; a)**: quae proximae ei loco ex Bruti classe naues erant: 2, 6, 6; ¶ extremum oppidum Allobrogum est proximumque Heluetiorum finibus Genaua ⟨c⟩: I 6, 3; ¶ una (pars) erat proxima portui ⟨c⟩ naualibusque, altera: 2, 1, 2.

b): proximique (Belgae) sunt Germanis, qui

trans Rhenum incolunt: I 1, 4; — qui (Remi) proximi Galliae ex Belgis sunt: II 3, 1; — in fines Suessionum, qui proximi Remis erant, exercitum duxit: II 12, 1; — cogunt equitum duo milia Sugambri, qui sunt proximi Rheno: VI 35, 5; — Labienum legatum in Treueros, qui proximi flumini ⟨*om.* β⟩ Rheno sunt, cum equitatu mittit: III 11, 1.

c): qui proximi ⟨hinc proximi β⟩ Oceano ⟨oceanum *ik*⟩ fuerunt, hi ⟨his β; *Np.*⟩ insulis ⟨*c*⟩ sese occultauerunt: VI 31, 3.

ββ) accus.: P. Crassus adulescens cum legione septima proximus mare Oceanum ⟨proximus Oceano *Ciacc.*⟩ in ⟨*c*⟩ Andibus *hiemabat: III 7, 2; ¶ quos Vbii ⟨*Rhenanus; ubi X*⟩ qui proximi Rhenum incolunt, perterritos [senserunt] insecuti magnum ex his numerum occiderunt: I 54, 1.

2. ui subst.: ut, cum primi eorum (hostium) cecidissent, proximi iacentibus insisterent atque ex eorum corporibus pugnarent: II 27, 3; ¶ ubi quae maior . . . incidit res, clamore . . . significant; hunc ⟨*c*⟩ alii deinceps excipiunt et proximis tradunt: VII 3, 2; ¶ capit arma a proximis atque in porta consistit: VI 38, 2; — cum *a proximis impetrare non possent, ulteriores temptant: VI 2, 2; — — hunc ex proximis unus iacentem transgressus eodem illo munere fungebatur: VII 25, 3.

B. de tempore a) praeterito: cuius frater Valetiacus proximo anno eundem magistratum gesserit: VII 32, 4; ¶ neque bello Allobrogum proximo Haeduos Romanis auxilium tulisse: I 44, 9; ¶ qui (Cotus) controuersiam cum Conuictolitaui proximis comitiis habuerat: VII 67, 7; ¶ sed ut superioris temporis contentionem ⟨*c*⟩ nostri omnem remiserant, ita proximi diei casu admoniti omnia ad defensionem parauerant: 2, 14, 6.

b) futuro: quas legationes Caesar . . . inita proxima aestate ⟨initio proximae aestatis β⟩ ad se reuerti iussit: II 35, 2; ¶ doluisse se, quod . . . in urbem retraheretur, cuius absentis rationem haberi proximis comitiis populus iussisset: 1, 9, 2; fuit controuersia, oporteretne Lucilii ⟨*c*⟩ Hirri . . . proximis comitiis praetoriis absentis rationem haberi: 3, 82, 5; ¶ proximo die instituto suo Caesar e ⟨*c*⟩ castris utrisque copias suas eduxit: I 50, 1; quaecumque ad proximi diei oppugnationem opus sunt, noctu comparantur: V 40, 5; proximis diebus habetur extra urbem senatus: 1, 6, 1; proximo ⟨postero *N*⟩ die praesidio in castris relicto uniuersas ad aquam copias educunt: 1, 81, 4; ¶ proxima nocte *u.* **nox** *p. 840* **c)** *(6 loc.)*; ¶ si uterque in contione statim iurauisset se triduo proximo exercitum dimissurum: 3, 10, 9.

C. trsl. (= propinqui): nam neque hominum morte memoria deleri debet, quin a proximis retineatur, neque clientes sine summa infamia deseri possunt: *ap. Gell.* V 13, 6.

propius *u.* **prope.**

propono. A. propr.: erat edictum Pompei nomine Amphipoli propositum, uti omnes eius prouinciae iuniores . . . iurandi causa conuenirent. sed utrum auertendae suspicionis causa Pompeius proposuisset, . . . an nonis dilectibus, si nemo premeret, Macedoniam tenere conaretur, existimari non poterat: 3, 102, 2. 3; ¶ oppida incendi oportere, quae non . . . ab omni sint periculo tuta, ne ⟨*c*⟩ suis sint ad detrectandam militiam receptacula neu Romanis proposita ad copiam commeatus praedamque tollendam ⟨*CC*⟩: VII 14, 9; ¶ Caesari omnia uno tempore erant agenda: uexillum proponendum, [quod erat insigne cum ad arma concurri oporteret,] . . .: II 20, 1.

B. trsl.; a) = ponere, exponere, spem ostendere, promittere: praemium (-a) *u.* **praemium A.** *p. 1170 (4 loc.).*

b) = ante oculos ponere, ostendere: etsi summa difficultas faciendi ⟨*c*⟩ pontis proponebatur: IV 17, 2; ¶ quae etsi magno cum dolore omnes ferebant, tamen hoc sibi solacii proponebant, quod . . . confidebant ⟨*c*⟩: VII 15, 2; ¶ maioremque spem maturitate frumentorum proponi uidebant: 3, 49, 6.

c) = ad eligendum proponere, optionem dare: sed ex propositis consiliis duobus explicitius ⟨*c*⟩ uidebatur Ilerdam reuerti: 1, 78, 3.

d) = sibi (animo) proponere, constituere: (erat enim iter a proposito diuersum, contrariamque in ⟨*c*⟩ partem iri uidebatur: 1, 69, 1;) confecto iusto itinere eius diei, quod proposuerat Caesar, traductoque exercitu . . . consedit: 3, 76, 1.

consecutus id, quod animo proposuerat, Caesar receptui cani ⟨*c*⟩ iussit: VII 47, 1.

e) = exponere, narrare, commemorare; additur α) obiect.; αα): consilium: 1, 78, 3 *u.* **c)**; ¶ nam fortasse inopiam excusare et calamitatem aut propriam suam aut temporum queri et difficultates auctionandi proponere etiam mediocris est animi: 3, 20, 3; ¶ (Vercingetorix) sua in illos merita proponit: VII 71, 3; ¶ iniurias inimicorum commemorat. docet . . . . patientiam proponit suam, cum de exercitibus dimittendis ultro ⟨c⟩ postulauisset; ... acerbitatem inimicorum docet ...; iniuriam in eripiendis legionibus praedicat, ... commemorat: 1, 32, 4; ¶ postero die contione habita rem gestam proponit, milites consolatur et confirmat; ... docet: V 52, 5; ¶ qui ubi pro perfuga ad eos uenit, timorem Romanorum proponit, ... docet: III 18, 3; ¶ legati ad Caesarem mittantur, qui uoluntatem senatus ei proponant: 1, 3, 7.

ββ): tum demum Liscus oratione Caesaris adductus quod antea tacuerat proponit: I 17, 1.

β) de alqa re: non alienum esse uidetur de Galliae Germaniaeque moribus et quo differant hae nationes inter sese proponere: VI 11, 1.

(**γ) pro certo:** id eane de causa, quam legatis pronuntiarunt ⟨c⟩, an perfidia adducti fecerint, ... non uidetur pro certo esse ponendum ⟨β; proponendum α; *Np.*, *Hold.*, *Dt.*²⟩: VII 5, 6.)

δ) interrog. obl.: ... ostendit; quae ipse intellegat, quae ciuitas queratur proponit; monet ...; dicit: I 20, 6; Labienus noctu ⟨c⟩ tribunis militum primisque ordinibus conuocatis ⟨c⟩ quid sui sit ⟨sit sui β⟩ consilii proponit: VI 7, 8; 11, 1 *u.* **β)**; (VII 5, 6 *u.* **γ)**;) ostendit; in primis monet ...; quid iniquitas loci habeat incommodi ⟨inc. hab. β⟩ proponit: VII 45, 9.

propositum. **A. obi.:** habere: 3, 84, 1 *u.* **B.**; ¶ tali instructa acie tenere uterque propositum uidebatur: Caesar, *ne* nisi coactus proelium committeret ⟨c⟩, ille, ut opera Caesaris impediret: 1, 83, 3; Pompeius interclusus Dyrrachio, ubi propositum tenere non potuit, secundo usus consilio edito loco ... castra communit: 3, 42, 1; commutata ratione belli, quoniam propositum non tenuerat, castra ... *muniri iussit: 3, 65, 4.

B. gen.: temptandum *Caesar* existimauit, quidnam Pompeius propositi aut uoluntatis ad dimicandum haberet: 3, 84, 1.

C. = c. praep.; a) ab: Laelius ... Corcyra Dyrrachioque aquam suis supportabat neque a proposito deterrebatur: 3, 100, 3; ¶¶ erat enim iter a proposito diuersum, contrariamque in ⟨c⟩ partem iri uidebatur: 1, 69, 1.

b) ad: ad propositum reuertar: *ap. Cic. ad Att.* IX 6 *A.*

(**proprietas:** quibus quoniam pro pietate ⟨*Q;* proprietate *ABM*β⟩ satis fecerit, habere nunc se rationem officii: V 27, 7.)

proprius. **A. propr.:** inopiam excusare et calamitatem aut propriam suam aut temporum queri ... etiam mediocris est animi: 3, 20, 3; ¶ neque quisquam agri modum certum aut fines habet proprios, sed: VI 22, 2.

B. trsl.; a): hoc proprium uirtutis existimant expulsos ⟨c⟩ agris finitimos cedere: VI 23, 2.

b): munitiones ... ad flumen perductae expugnatis iam castris Pompei propriam ⟨prope iam *recc.; Voss.;* partam iam *Pluyg.*⟩ expeditamque ⟨que *om. NOfhl; Voss.*⟩ Caesaris uictoriam interpellauerunt: 3, 70, 2.

[**Falso:** cum ... egressae ⟨*Jurinius;* congressae *x*⟩ pabulatoribus praesidio propiore ponte legiones ⟨*sic Np.;* proprio relegiones *a;* proprio legiones *fhl;* [propiore *ponte*] legiones *Db.*⟩ Fabianae duae flumen transissent: 1, 40, 3.]

propter. **Conlocatio:** quarum propter exiguitatem: IV 1, 10.

(Dumnorigem) fauere et cupere Heluetiis propter eam adfinitatem: I 18, 8; ¶ cum ... ille minimum propter adulescentiam posset: I 20, 2; ¶ amici regis, qui propter aetatem eius in procuratione ⟨c⟩ erant regni: 3, 104, 1; erat in procuratione regni propter aetatem pueri nutricius eius: 3, 108, 1; ¶ propter altitudinem *u.* **altitudo** *p. 244 A. extr. et B. extr. (2 + 3 loc.);* ¶ hos (Vbios) cum Suebi multis saepe bellis experti propter amplitudinem grauitatemque ciuitatis finibus expellere non potuissent: IV 3, 4; ¶ pr. angustias *u.* **angustiae** *p. 261* **A. d)** *(3 loc.);* ¶ pecora ... propter bellum finitimae ciuitates longius remouerant: 1, 48, 6; ¶ ne propter bonitatem agrorum Germani ... in Heluetiorum fines transirent: I 28, 4; ¶ pr. celeritatem: II 20, 4 *u.* pr. propinquitatem; ¶ quod propter crebras commutationes aestuum minus magnos ibi ⟨o⟩ fluctus fieri cognouerat: V 1, 2; ¶ non praetereunda oratio Critognati uidetur ⟨o⟩ propter eius singularem et ⟨c⟩ nefariam crudelitatem: VII 77, 2; ¶ cum neque ui contendere propter inopiam nauium neque clam transire propter custodias Menapiorum possent: IV 4, 4; ¶ quae (prouincia) propter diuturnitatem pacis nullum auxilium desiderarit: 1, 85, 7; ¶ animaduertit suas copias propter exiguitatem non facile diduci ⟨c⟩: III 23, 7; pelles ..., quarum propter exiguitatem magna est corporis pars aperta: IV 1, 10; ¶ Rhenumque antiquitus traductos (Belgas) propter loci fertilitatem ibi consedisse: II 4, 1; ¶ commodissimum uisum est C. Valerium Procillum ... et propter fidem et propter linguae Gallicae scientiam, qua multa iam Ariouistus longinqua consuetudine utebatur ⟨quorum amicitia iam ⟨*o*⟩ ariouistus longinqua ⟨*c*⟩ consuetudine utebatur, et propter fid. et pr. l. gall. scient. β⟩ et quod in eo peccandi Germanis causa non esset, ad eum mittere et M. ⟨*c*⟩ Metium ⟨*c*⟩: I 47, 4; ¶ nam propter frigora, quod Gallia sub septentrionibus . . . posita est, non modo frumenta in agris matura non erant, sed ne pabuli quidem satis magna copia suppetebat: I 16, 2; ¶ etsi propter multitudinem et ueterem belli gloriam paucitatemque nostrorum se tuto dimicaturos existimabant: III 24, 2; ¶ pr. grauitatem: IV 3, 4 *u.* pr. amplitudinem; intellectum est nostros propter grauitatem armorum ⟨armaturae β⟩ . . . minus aptos esse ad huius generis hostem: V 16, 1; ¶ culpam in multitudinem contulerunt ⟨*c*⟩ et propter imprudentiam ut ignosceretur petiuerunt: IV 27, 4; ne omnis nobilitatis discessu plebs propter imprudentiam laberetur: V 3, 6; ¶ qui ⟨*c*⟩ propter ueteres inimicitias nullo modo cum Haeduis coniungi poterant: VI 12, 7; ¶ quod ⟨*c*⟩ propter iniquitatem loci . . . ne primum quidem posse ⟨*o*⟩ impetum suum sustineri existimabant: III 2, 4; ne parnum modo detrimentum in contentione propter iniquitatem loci accideret ⟨*c*⟩: VII 52, 2; ¶ pr. inopiam *u.* **inopia** *p. 178 sq. (5 loc.)*; ¶ pr. inscientiam *u.* **inscientia** *p. 182* A. *et* C. *(3 loc.)*; ¶ ad hunc propter iustitiam prudentiamque summam ⟨β; *Hold., Dt.*[2]; suam α; *rell. edd.*⟩ totius belli ⟨summam *add.* α; *edd. plur.*⟩ omnium uoluntate deferri: II 4, 7; ¶ id (oppidum) ex itinere oppugnare conatus . . . propter latitudinem fossae murique altitudinem paucis defendentibus expugnare non potuit: II 12, 2; etsi summa difficultas faciendi ⟨*c*⟩ pontis proponebatur propter latitudinem, rapiditatem altitudinemque fluminis: IV 17, 2; ¶ nihil se propter inscientiam leuitatemque ⟨et leuitatem β⟩ uulgi grauius de ciuitate iudicare neque de sua in Haeduos beneuolentia deminuere: VII 43, 4; ¶ ipsum esse Dumnorigem, . . . magna apud plebem propter liberalitatem gratia: I 18, 3; ¶ cum ⟨*c*⟩ propter longitudinem agminis minus ⟨*c*⟩ facile ⟨*c*⟩ omnia ⟨*o*⟩ per se obire et . . . prouidere possent: V 33, 3; ¶ pr. magnitudinem *u.* **magnitudo** *p. 516 (5 loc.)*; ¶ cui rei propter animi mollitiem studere omnes uideret, quod diutius laborem ferre non possent: VII 20, 5; ¶ cum constituisset ⟨*c*⟩ hiemare ⟨hiemem β⟩ in continenti propter repentinos Galliae motus ⟨agere *add.* β⟩: V 22, 4; ¶ pr. multitudinem *u.* **multitudo** *p. 650* ϑ) *(3 loc.)*; ¶ coniectans eum (Pompeium) *in Aegyptum iter habere propter necessitudines regni ⟨regum *Pluyg.*⟩ reliquasque eius loci oportunitates: 3, 106, 1; ¶ tabulae testamenti . . . cum propter publicas occupationes poni non potuissent, apud Pompeium sunt depositae: 3, 108, 4; ¶ impeditis hostibus propter ea quae ferebant onera subito . . . eruptionem fieri iubet: III 19, 2; ¶ Caesar primo et propter multitudinem hostium et propter eximiam opinionem uirtutis proelio supersedere statuit: II 8, 1; ¶ constituuntque communi consilio bellum ad Ilerdam propter ipsius loci oportunitatem gerere: 1, 38, 4; 3, 106, 1 *u.* pr. necessitudines; ¶ mulieres . . . in eum locum coniecisse, quo propter paludes exercitui aditus non esset: II 16, 5; ¶ pr. paucitatem *u.* **paucitas** *p. 1024 sq. (5 loc.)*; ¶ hi propter propinquitatem et celeritatem ⟨cel. et prop. β⟩ hostium nihil iam Caesaris imperium exspectabant ⟨*c*⟩: II 20, 4; ipsi propter propinquitatem [quod] Gallicis sunt moribus adsuefacti: IV 3, 3; ¶ pr. prudentiam: II 4, 7 *u.* pr. iustitiam; ¶ pr. rapiditatem: IV 17, 2 *u.* pr. latitudinem; ¶ pr. scientiam: I 47, 4 *u.* pr. fidem; qui prope confectus aetate tamen propter singularem scientiam rei militaris ad eum est honorem euocatus ⟨*CC*⟩: VII 57, 3; ¶ cum et propter uulnera militum et propter sepulturam occisorum nostri triduum morati eos sequi non potuissent: I 26, 5; ¶ cum propter siccitates ⟨siccitatem β⟩ paludum quo se reciperent non haberent: IV 38, 2; quod eo anno frumentum in Gallia propter siccitates angustius prouenerat: V 24, 1; ¶ neque belli gerendi propter anni tempus facultatem habebat: IV 22, 2; id propter anni tempus longum atque impeditum uidebatur: 1, 29, 2; ¶ submotis sub murum cohortibus ac non nulla parte propter terrorem in oppidum compulsis facilis est nostris receptus datus: 1, 46, 2; L. Nasidius . . . adpulsis . . Messanam nauibus atque inde propter repentinum terrorem principum ac senatus fuga facta ex naualibus eorum nauem ⟨*c*⟩ deducit: 2, 3, 2; ¶ non fore dicto audientes milites neque propter timorem signa laturos: I 39, 7; qui omnes discessu Curionis multique praeterea per simulationem uulnerum ex castris in oppidum propter timorem sese recipiunt: 2, 35, 6; (adplicatisque nostris ad terram nauibus ⟨circiter XL *h. l. add. Np., Dt.*⟩ [propter eundem timorem *add. codd.; Np., Db., Dt.; del. Hoffm.; Kran.*] pari atque antea ratione [egerunt. cassins] secundum nactus uentum . . . naues . . . immisit: 3, 101, 5;) ¶ huic legioni Caesar et indulserat (huic caesar leg. induls. β) praecipue et propter uirtutem confidebat maxime: I 40, 15; qui (Fulginius) propter eximiam uirtutem ex inferioribus ordinibus in eum locum peruenerat: 1, 46, 4; hi propter uirtutem non solum apud Caesarem in honore erant, sed etiam apud exercitum cari habebantur: 3, 59, 3; ¶ pr. uulnera: I 26, 5 *u.* pr. sepulturam.

Repetita est praepositio *his locis:* et propter . . . et propter: I 26, 5; 47, 4; II 8, 1; (neque propter . . . neque propter: IV 4, 4;) ¶ **non repetita est:** propter . . . atque: III 13, 6; propter . . . et: II 20, 4; VII 43, 4 ⟨c⟩; — (propter . . . que: II 4, 7; 12, 2; III 9, 4; IV 3, 4; VI 24, 1; VII 43, 4 ⟨c⟩; 3, 106, 1;) propter . . . et . . . que: III 24, 2; (propter . . — . . que: IV 17, 2.)

Respondet *praepositioni* propter *coniunctio* quod: I 47, 4; III 13, 6; 1, 45, 6.

propterea. A. propterea quod: horum omnium fortissimi sunt Belgae, propterea quod a cultu atque humanitate prouinciae longissime absunt minimeque ad eos mercatores saepe commeant atque . . . important proximique sunt Germanis: I 1, 3; perfacile factu ⟨c⟩ esse illis probat conata perficere, propterea quod ipse suae ciuitatis imperium obtenturus esset: I 3, 6; alterum (iter erat) per prouinciam nostram, multo facilius atque expeditius, propterea quod inter fines Heluetiorum et Allobrogum . . . Rhodanus fluit isque non nullis locis uado transitur: I 6, 2; sibi esse in animo . . . iter per prouinciam facere, propterea quod aliud iter haberent nullum: I 7, 3; (Dumnorigem) complures annos portoria reliquaque omnia Haeduorum uectigalia paruo pretio redempta habere, propterea quod illo licente ⟨c⟩ contra liceri ⟨c⟩ audeat nemo: I 18, 3; scire se illa esse uera, nec quemquam ex eo plus quam se doloris capere, propterea quod, cum ipse gratia plurimum domi atque in reliqua Gallia, ille minimum propter adulescentiam posset, per se creuisset: I 20, 2; ad multam noctem etiam ad impedimenta pugnatum est, propterea quod pro uallo carros obiecerant et e loco superiore in nostros uenientes tela coiciebant et . . . uulnerabant: I 26, 3; tametsi ⟨c⟩ pro ueteribus Heluetiorum iniuriis populi Rom. ab his poenas bello repetisset, tamen eam rem non minus ex usu terrae Galliae quam populi Rom. accidisse, propterea quod eo consilio florentissimis rebus domos suas Heluetii reliquissent, uti toti Galliae bellum inferrent imperioque potirentur . . .: I 30, (2.) 3; non minus se id contendere et laborare, ne ea, quae dixissent, enuntiarentur, quam uti ea, quae uellent, impetrarent, propterea quod, si enuntiatum esset, summum in cruciatum se uenturos uiderent: I 31, 2; peius uictoribus Sequanis quam Haeduis uictis accidisse, propterea quod Ariouistus, rex Germanorum, in eorum finibus consedisset tertiamque partem agri Sequani . . . occupauisset et nunc de altera parte tertia Sequanos decedere iuberet, propterea quod paucis mensibus ante Harudum milia hominum XXIIII ad eum uenissent, quibus locus ac sedes pararentur: I 31, 10; hoc esse miseriorem . . . fortunam Sequanorum quam reliquorum, quod soli ne in occulto quidem queri neque auxilium implorare auderent absentisque Ariouisti crudelitatem uelut si coram adesset horrerent, propterea quod reliquis tamen ⟨c⟩ fugae facultas daretur, Sequanis uero, qui intra fines suos Ariouistum recepissent, . . . omnes cruciatus essent perferendi: I 32, (4.) 5; idque (oppidum) natura loci sic muniebatur, ut magnam ad ducendum bellum daret facultatem, propterea quod flumen Dubis ⟨c⟩ ut circino circumductum paene totum oppidum cingit, reliquum spatium . . ., qua flumen intermittit, mons continet magna altitudine . . .: I 38, 4. (5. 6); ex quo iudicari posse ⟨c⟩, quantum haberet in se boni constantia, propterea quod quos aliquamdiu inermes ⟨c⟩ sine causa timuissent, hos postea armatos ac uictores superassent: I 40, 6; de numero eorum omnia se habere explorata Remi dicebant, propterea quod propinquitatibus adfinitatibusque coniuncti quantam quisque multitudinem in communi Belgarum concilio ad id bellum pollicitus sit (esset β), cognouerint (-uerant β): II 4, 4; cuniculis . . . actis, cuius rei sunt longe peritissimi Aquitani, propterea quod multis locis apud eos aerariae secturaeque ⟨CC⟩ sunt: III 21, 3; (Vbii) paulo [quam] sunt eiusdem generis [et] ceteris humaniores, propterea quod Rhenum attingunt multumque ad eos mercatores uentitant et ipsi propter propinquitatem [quod] Gallicis sunt moribus adsuefacti: IV 3, 3; intellectum est . . . equites . . magno cum periculo proelio ⟨c⟩ dimicare, propterea quod illi etiam consulto plerumque cederent et . . . ex essedis desilirent et pedibus dispari proelio contenderent ⟨*u.* CC⟩: V 16, 2; id silentio noctis conati non magna iactura suorum sese ⟨c⟩ effecturos sperabant ⟨c⟩, propterea quod neque longe ab oppido castra Vercingetorigis ⟨c⟩ aberant ⟨c⟩ et palus . . . Romanos ad insequendum tardabat: VII 26, 2; summam ⟨*c*⟩ *suam* esse . . . uoluntatem, ut componeretur ⟨*c*⟩ . . ., sed potestatem eius rei nullam habere, propterea quod de consilii sententia summam belli rerumque omnium Pompeio permiserint: 3, 16, 4; quod nobis quidem nulla ratione factum a Pompeio uidetur ⟨*c*⟩, propterea quod est quaedam animi incitatio atque alacritas naturaliter innata omnibus, quae studio pugnae incenditur. hanc . . .: 3, 92, 3.

B. propterea . . . quod: eo autem frumento, quod flumine Arari ⟨*c*⟩ nauibus subuexerat, propterea uti minus poterat, quod iter ab Arari Heluetii auerterant, a quibus discedere nolebat: I 16, 3.

propugnator: nec prius ille est a propugnatoribus uacuus relictus locus, quam . . . finis est pugnandi factus: VII 25, 4; ¶ ut . . . ex magno remigum propugnatorumque numero pars ad scopulos adlisa interficeretur, pars ab nostris detraheretur ⟨*c*⟩; quos omnes conseruatos Caesar domum remisit: 3, 27, 2.

propugno. A. abs.: quorum aduentu et Remis cum spe defensionis studium propugnandi accessit et: II 7, 2; — nostri ⟨*om. AQ*⟩ primo integris uiribus fortiter repugnare ⟨propugnare β⟩ neque ullum frustra telum ex loco superiore mittere: III 4, 2; neque erat facile nostris uno tempore propugnare et munire: 3, 45, 3.

B. additur, unde propugnetur; a) ex: ipsi (hostes) ex siluis rari propugnabant nostrosque intra munitiones ingredi prohibebant: V 9, 6; — cum . . . illi castra defenderent fortissimo[quo] T. Pulione ⟨*o*⟩, cuius opera proditum exercitum C. Antonii demonstrauimus, e ⟨eo *f*⟩ loco propugnante: 3, 67, 5; — multitudine telorum ex turribus propugnantes deturbant: VII 86, 5.

b) hinc: huc se referebant; hinc, si qua maior oppresserat uis, propugnabant ⟨referebant, si qua maior oppr. uis; hinc propugn. *Paul*⟩; hinc ad repellendum et prosequendum hostem procurrebant: 2, 8, 2.

propulso. A.: Caesar, ut ante constituerat, duas acies hostem propulsare, tertiam opus perficere iussit: I 49, 4.

B.: quod fere ⟨*o*⟩ ante Caesaris aduentum quotannis accidere solebat, uti aut ipsi iniurias inferrent aut inlatas propulsarent: VI 15, 1.

prora: ipsorum naues ad hunc modum factae armataeque erant: . . . prorae admodum erectae atque item puppes, ad magnitudinem fluctuum tempestatumque adcommodatae: III 13, (1.) 2.

proripio: ubi Caesaris castra posita . . . animum aduerterunt, sese subito proripiunt hora circiter sexta eiusdem diei et . . . iter facere incipiunt: 1, 80, 3; cum hostes urbis direptione perterriti inermes cum infulis se ⟨infulsisse *af*⟩ porta foras uniuersi proripiunt, ad legatos atque exercitum supplices manus tendunt: 2, 11, 4 (12, 1 *Np.*); interiectisque aliquot diebus nostris languentibus atque animo remissis subito meridiano tempore . . . portis se ⟨*del. Apitz; Dt.*⟩ foras † rumpunt ⟨erumpunt *recc.; edd.*; proripiunt *coni. Dt.*⟩: 2, 14, 1.

(**prorumpo:** nauigio remis incitato (funes) praerumpebantur ⟨prorump. β⟩: III 14, 6; 26, 3 *u.* **proruo.**)

proruo: atque his ⟨iis *A*⟩ (munitionibus) prorutis ⟨*Faern.*; proruptis *X*⟩ prius in hostium castris constiterunt, quam: III 26, 3; cum esset animaduersum coniunctam ⟨coniuncta *Nx*⟩ esse flumini (munitionem), prorutis ⟨*Ciacc.*; prout his *afl*; prout is *h*⟩ munitionibus defeudente nullo transcenderunt: 3, 68, 3; ¶ dextrum cornu, quod erat a sinistro seclusum, . . . ea parte, quam proruerat ⟨*Np.*; *sed* ea parte *iam Dauis.*, quam proruerat *iam Ciacc. coniec.*; ex parte qua (quam *Ohl*) proruebat *codd.*⟩, sese recipiebat: 3, 69, 3.

prosequor. A. propr.; a) animo beneuolo: haec cum dixisset (Crastinus), primus ex dextro cornu procucurrit atque eum electi milites circiter CXX uoluntarii ⟨uoluntariae *hl*; uoluntarie *N*⟩ eiusdem centuriae sunt prosecuti: 3, 91, 3; ¶ ipse (Iuba) equo in oppidum uectus prosequentibus compluribus senatoribus, quo in numero erat Ser. Sulpicius et Licinius Damasippus, . . . imperauit: 2, 44, 3.

b) animo infesto; α) non additur longius: hinc ad repellendum et prosequendum hostem procurrebant: 2, 8, 2; ¶ hi nouissimos adorti et multa milia passuum prosecuti magnam multitudinem eorum fugientium conciderunt ⟨*u. CC*⟩: II 11, 4.

β) additur longius *u.* **longe** *p. 499* **β)** *(5 loc.)*.

B. trsl.: Caesar Remos cohortatus liberaliterque oratione prosecutus omnem senatum ad se conuenire . . . iussit: II 5, 1.

primo Afraniani milites uisendi causa laeti ex castris procurrebant contumeliosisque uocibus prosequebantur ⟨perseq. *f*⟩ nostros ⟨*Morus*; *Db.*; nos nec *h*; nec *afl*; nos

O; del. Ald.; Np., Dt.⟩: necessarii uictus inopia coactos fugere atque ad Ilerdam reuerti: 1, 69, 1.

prospectus. A.: prospectu tenebris ademp to multa utrimque uulnera accipiuntur: VII 81, 5; — cum . . . saepibus . . densissimis . . . interiectis prospectus impediretur ⟨*u. CC*⟩: II 22, 1.

B.: iis ⟨*c*⟩ aliquantum itineris progressis, cum iam extremi essent in prospectu, equites a Q. Atrio . . . uenerunt: V 10, 2.

prospicio. A. propr.: facile erat ex castris C. Trebonii atque omnibus superioribus locis prospicere in urbem, ut omnis iuuentus . . . omnesque superioris aetatis . . . ad caelum manus tenderent aut templa . . . adirent et . . . uictoriam ab dis exposcerent: 2, 5, 3.

(ipsi profecti a palude ⟨β; prospecta palude α; proiecta pal. *Np.; u. CC*⟩ . . . contra Labieni castra considunt: VII 58, 6.)

B. trsl.; a) c. dat.: postridie eius diei . . . rei frumentariae prospiciendum existimauit: I 23, 1; ¶ quoniam, inquit, me una uobiscum seruare non possum, uestrae quidem certe uitae prospiciam: VII 50, 4.

b) ne: statuebat, quod longius eius amentiam progredi uidebat, prospiciendum ⟨*Q*β; perspiciendum *ABM*⟩, ne quid sibi ac rei publicae nocere posset: V 7, 2.

prosterno: nolite . . . stultitia ac temeritate uestra aut animi ⟨*o*⟩ imbecillitate omnem Galliam prosternere et perpetuae seruituti subicere ⟨*c*⟩: VII 77, 9.

prosum: qui in iugo constiterant ⟨*c*⟩ . . . neque in eo quod probauerant consilio permanere . . . neque eam, quam prodesse ⟨profuisse β⟩ aliis uim celeritatemque uiderant, imitari potuerunt ⟨*c*⟩: VI 40, 6.

protego. A. propr.: has (rates) terra atque aggere integebat . . .; a fronte atque ab utroque latere cratibus ac pluteis protegebat: 1, 25, 9; ¶ in castris Pompei uidere licuit . . . Lentuli et non nullorum tabernacula protecta hedera: 3, 96, 1.

B. trsl. (= tueri); a) alqm: ut . . . omnis quidem instructus exercitus telis ex uallo abiectis ⟨*c*⟩ protegi posset: 3, 56, 2; ¶ ipsi (hostes) profecti a palude ⟨β; prospecta palude α; protecti pal. *Ciacc.*⟩ ad ⟨*c*⟩ ripas ⟨ac ripis *Ciacc.*⟩ Sequanae . . . contra Labieni castra considunt: VII 58, 6.)

quod ex locis superioribus qui antecesserant suos ascendentes protegebant: 1, 79, 2; ¶ Pulio . . . unum ex multitudine procurrentem traicit; quo percusso et ⟨*c*⟩ exanimato hunc scutis protegunt hostes, in illum uniuersi tela ⟨β; protegunt, in hostem tela uniuersi α; *edd.*⟩ coiciunt: V 44, 6.

b) alqd ab alqa re: edito loco, qui appellatur Petra aditumque habet nauibus mediocrem atque eas a quibusdam protegit uentis: 3, 42, 1.

protero: equitatus hostium ab utroque cornu circumire aciem nostram et auersos ⟨aduersos *O*[1]*af*⟩ proterere incipit: 2, 41, 5.

proterreo: praecipit atque interdicit, proterritis ⟨perterritis *M*[2]β⟩ hostibus atque in fugam coniectis . . . unum omnes petant ⟨*c*⟩ Indutiomarum: V 58, 4; ¶ nostri . . . fundis librilibus sudibusque, quas in opere disposuerant, ac ⟨β; *om.* α; *Fr.*⟩ glandibus Gallos ⟨β; gallos glandibus α; gallos grandibus *pr. edd.; Fr.*⟩ proterrent ⟨pert. *pr. edd.*⟩: VII 81, 4.

protinus: coepisse: VII 68, 1 *u.* facere; ¶ equites interueniunt protinusque eodem illo quo uenerant cursu . . . in castra inrumpere conantur: VI 37, 1; ¶ Pompeius . . . acie excessit protinusque se in castra equo contulit et . . . inquit: 3, 94, 5; ¶ locum reliquerunt protinusque omnes . . . in altissimos montes . . . confugerunt: 3, 95, 4; ¶ hostes protinus ex eo loco ad flumen Axonam contenderunt: II 9, 3; ac non nulli protinus eodem cursu in oppidum contenderunt: 2, 35, 4; Pompeius . . . se ex castris eiecit protinusque equo citato Larisam contendit: 3, 96, 3; ¶ ex hac fuga protinus quae undique conuenerant auxilia discesserunt V 17, 5; ¶ Vercingetorix copias ⟨*c*⟩ . . . reduxit protinusque Alesiam . . . iter facere coepit celeriterque . . .: VII 68, 1; fit protinus hac re audita ex castris Gallorum fuga: VII 88, 5; ¶ inrumpere: VI 37, 1 *u.* conari; ¶ Domitianas enim cohortes protinus a Corfinio in Siciliam miserat ⟨*u. CC*⟩: 1, 25, 2; ¶ ad Auximum . . . amissis cohortibus protinus ex fuga in Africam peruenerat: 1, 31, 2; ¶ ut . . . omnes . . conuersi non solum loco excederent, sed protinus incitati fuga montes altissimos peterent: 3, 93, 5; ¶ tantus repente terror inuasit, ut, cum Lentulus consul ad aperiendum aerarium uenisset . . ., protinus aperto sanctiore aerario ex urbe profugeret: 1, 14, 1; ¶ eundem, cum Siciliam recepisset, protinus in Africam traducere exercitum iubet: 1, 30, 2.

(**protraho**: ut, si peracto ⟨protracto *Hell.*⟩ consulatu ⟨*c*⟩ Caesaris non ⟨*c*⟩ profectus ⟨*c*⟩ esset: 1, 11, 2.)

proturbo: his (equitibus) facile pulsis ac proturbatis ⟨α; perturbatis B^3β⟩ incredibili celeritate ad flumen decucurrerunt: II 19, 7; ¶ (Galli) subito clamore sublato . . . fundis, sagittis, lapidibus nostros de uallo proturbare ⟨pert. *Ma*⟩ reliquaque . . . parant ⟨*c*⟩ administrare: VII 81, 2.

prouehor. A. propr.: naues soluit, et leni Africo prouectus ⟨profectus *recc.*⟩ media circiter nocte uento intermisso cursum non tenuit: V 8, 2; — (interim L. Nasidius . . . freto Siciliae imprudente atque inopinante Curioue peruehitur ⟨proueh. *Dederich*⟩: 2, 3, 1;) ¶ sed serius a terra prouectae ⟨prof. *b*⟩ naues neque usae nocturna aura in redeundo offenderunt: 3, 8, 2; — quae tamen (naues) ancoris iactis cum fluctibus complerentur, necessario aduersa nocte in altum prouectae continentem petierunt ⟨*c*⟩: IV 28, 3.

(**B. trsl.:** ab hoc profectus ⟨prouectus *Grut.*⟩ initio, ne frustra ingressus turpem causam uideretur, legem promulgauit, ut: 3, 20, 4.)

prouenio: quod eo anno frumentum in ⟨*c*⟩ Gallia ⟨in Gallia *om. Flod.*⟩ propter siccitates angustius prouenerat: V 24, 1.

prouentus: multum ad hanc rem probandam adiuuat adulescentia, magnitudo animi, superioris temporis ⟨*recc.;* superioris animi, temporis *NO¹x*⟩ prouentus, fiducia rei bene gerendae: 2, 38, 2; ¶ errare, si qui in bello omnes secundos rerum prouentus exspectent: VII 29, 3; omnes milites intenti ⟨omnium militum int. animi β; *Schn.*⟩ pugnae prouentum ⟨pr. pugn. β; pugnae euentum *pr. edd.*⟩ exspectabant: VII 80, 2.

prouideo. A. = praesentire, ante uidere; a) additur obi.; α): conspicataeque naues ⟨*c*⟩ triremes ⟨*c*⟩ duae nanem D. Bruti . . . sese in eam *incitauerunt. sed tantum re prouisa Brutus celeritate nauis enisus est, ut paruo momento antecederet: 2, 6, 4.

β): id (frumentum) erat perexiguum cum ipsius agri natura . . ., tum ⟨*c*⟩ quod Pompeius haec prouiderat ⟨*Ald.;* prouidebat *x*⟩ et . . . frumentum . . omne . . . comportarat: 3, 42, 5; ¶ (nihil: V 33, 1 *u.* **B. a) α) ββ)**;) ¶ plusque animo prouidere et praesentire (Vercingetorix) existimabatur, quod . . . censuerat: VII 30, 2; ¶ quantum: VII 16, 3 *u.* **B. b)**.

b) additur acc. c. inf.: orat, ne patiatur ciuitatem . . . deficere, quod futurum prouideat ⟨*BM;* prouiderat *AQ*β⟩, si: VII 39, 3; quibus ad sequendum impeditis, quod fore prouiderat, Caesar ⟨*ego;* imp. Caesar, quod fore prouid. *x;* *edd.*⟩ meridiano fere tempore . . . exercitum educit: 3, 76, 3.

c) additur interrog. obl. *u.* **B. a) δ)**.

B. = prospicere, consulere, curare, comparare; a) additur α) obi.; αα) subst.: frumentum *u.* **frumentum** *p. 1339 (3 loc.)*; ¶ ad hos omnes casus prouisa erant ⟨er. prou. β⟩ praesidia cohortium duarum et uiginti: VII 65, 1; ¶ re frumentaria comparata ⟨prouisa β⟩ castra mouet: II 2, 6; itaque re frumentaria prouisa, auxiliis equitatuque comparato, multis praeterea uiris fortibus . . . euocatis . . . exercitum introduxit: III 20, 2; Labieno . . . relicto, ut portus tueretur et rem frumentariam ⟨*M;* re frumentaria *AQB;* rei frumentariae β; *Aldus; Schn.;* re frumentariae *Hold.;* de re frum. *Vielh.*⟩ prouideret: V 8, 1; his cognitis rebus rem frumentariam prouidet, castris idoneum locum deligit: VI 10, 2.

ββ): (Veneti reliquaeque item ciuitates) bellum parare et maxime ea, quae ad usum nauium pertinent, prouidere instituunt: III 9, 3; ¶ tum demum Titurius, ⟨ut *add.* β⟩ qui nihil ante prouidisset, trepidare et concursare: V 33, 1; nihil horum ad pacandas Hispanias, nihil ad usum prouinciae prouisum, quae propter diuturnitatem pacis nullum auxilium desiderarit: 1, 85, 7; ¶ (quantum: VI 34, 7 *et* VII 16, 3 *u.* **b)**.)

β) datiuus: inopia cibariorum, cui rei parum diligenter ab iis ⟨his *X*⟩ erat prouisum: III 18, 6; — rei frumentariae: V 8, 1 *u.* **α) αα)** rem frument.

γ) de alqa re *u.* **de** *p. 817 (2 (3) loc).*

δ) interrog. obl.: neque quid in quaque parte opus esset prouideri neque ab uno omnia imperia administrari poterant: II 22, 1; cum ⟨*c*⟩ propter longitudinem agminis minus ⟨*c*⟩ facile ⟨*c*⟩ omnia ⟨*o*⟩ per se obire et quid quoque loco faciendum esset prouidere ⟨scire β⟩ possent (Sabinus et Cotta): V 33, 3; neque quo signa ferantur neque quam in partem quisque conueniat prouident: VI 37, 6.

ε) ne: quem (exercitum) turpiter se ex fuga ⟨*c*⟩ recipientem ne qua ciuitas suis finibus recipiat a me prouisum est: VII 20, 12; (ut nostri perpetuas munitiones † uidebant ⟨perpetua munitione prouidebant *Koch; Db.*⟩ perductas ex castellis in proxima castella ⟨[perducta ex c. in pr. cast.] *Koch; Db.*⟩, ne quo ⟨neque *x*⟩ loco erumperent Pompeiani ac nostros post tergum adorirentur [timebant], ita illi: 3, 44, 4.

b) absol.: ut in eius modi difficultatibus quantum diligentia prouideri poterat prouidebatur: VI 34, 7; etsi quantum ratione prouideri poterat ab nostris occurrebatur: VII 16, 3.

prouincia. I. Forma: *In codd. non nullis interdum scriptum est* prouintia.

II. Signif.; 1. = imperii pars; A. pertinet ad prouincias populi Romani; a) non cogitandum est de certis quibusdam prouinciis; α) obi.: prouinciae priuatis decernuntur, duae consulares, reliquae praetoriae ⟨duae . . . praetoriae *del. Pantagathus*⟩: 1, 6, 5; ¶ partiri: 1, 4, 3 *u.* **β)** *extr.*

β) gen.: Massilienses . . . auxiliis prouinciarum et exercituum desperatis, quos in Caesaris potestatem uenisse cognouerant, sese dedere sine fraude constituunt: 2, 22, 1; ¶ quod si fecisset, quietem Italiae, pacem prouinciarum, salutem imperii ⟨*c*⟩ uni omnes acceptam relaturos: 3, 57, 4; ¶ Gallis autem prouinciarum ⟨prouinciae *Ciacc.;* prouinciae Rom. *Elberling; om. Ald.*⟩ propinquitas et transmarinarum rerum notitia multa ad copiam atque usus ⟨*c*⟩ largitur: VI 24, 5; ¶ Lentulus . . . spe exercitus ac prouinciarum et regum appellandorum largitionibus mouetur: 1, 4, 2; Scipionem eadem spes prouinciae atque exercituum impellit, quos se ⟨quae secum *Ciacc.*⟩ pro necessitudine partiturum cum Pompeio ⟨part. Pompeium *Ciacc.*⟩ arbitratur ⟨*c*⟩: 1, 4, 3.

γ) c. praep.; αα) circum: dimisit ⟨*Scal.;* deauxit *x*⟩ enim circum omnes propinquas prouincias atque inde auxilia euocauit: 3, 112, 6.

(**ββ) de:** iamque inter se palam de praemiis ⟨prouinciis *Kraff.; u. CC*⟩ ac de ⟨*c*⟩ sacerdotiis contendebant: 3, 82, 4.)

(**γγ) ex:** inde euocauit: 3, 112, 6 *u.* **αα**).)

δδ) in c. acc.: in reliquas prouincias praetores mittuntur ⟨*u. CC*⟩: 1, 6, 6; in se iura magistratuum commutari, ne ex praetura et consulatu, ut semper, sed ⟨*c*⟩ per paucos probati et electi in prouincias mittantur: 1, 85, 9; ¶ quibus (Aruernis et Rutenis) populus Romanus ignouisset neque in prouinciam redegisset neque stipendium imposuisset: I 45, 2; respicite finitimam Galliam, quae in prouinciam redacta iure et legibus commutatis securibus subiecta perpetua premitur seruitute: VII 77, 16.

εε) per: simul a Pompeio litteris per omnes prouincias ciuitatesque dimissis ⟨demissis *Oal*⟩ **de* proelio ad Dyrrachium facto . . . fama percrebruerat ⟨*c*⟩: 3, 79, 4.

b) significantur certae quaedam prouinciae; α) Gallia; αα) Gallia Cisalpina: ab Ocelo, quod est **oppidum* ⟨*add. RSchn.*⟩ citerioris prouinciae extremum, in fines Vocontiorum ulterioris prouinciae die septimo peruenit: I 10, 5; — quod a Pirustis ⟨*c*⟩ finitimam partem prouinciae incursionibus uastari audiebat: V 1, 5; ¶ dilectum tota prouincia habere instituit: VII 1, 1.

ββ) Gallia Narbonensis; 𝔄) additur Gallia *u.* **Gallia** *p. 1362* C. *(7 (8) loc.).*

𝔅) nominatur prouincia nostra *u.* **noster** *p. 819* **a)** *(6 loc.).*

ℭ) neque **Gallia** neque **nostra additur; a) dat.:** (Romanos conari) ea loca finitimae ⟨finitima *Vossius; Fr., Db.*⟩ prouinciae adiungere sibi persuasum habebant: III 2, 5; ¶ cum Caesar in Sequanos . . . iter faceret, quo facilius subsidium prouinciae ferre ⟨β; ferri α; *edd.*⟩ posset: VII 66, 2; ¶ prouinciae toti quam maximum potest militum numerum imperat, — erat omnino in Gallia ulteriore legio una: I 7, 2; ¶¶ Haeduis Segusiauisque, qui sunt finitimi ⟨ei *add. αh;* finitimae *a*[1]; finitimei *Np.*⟩ prouinciae, decem milia peditum imperat: VII 64, 4.

b) genet.: finitimi: VII 64, 4 *u.* **a)** *extr.;* ¶ quod a cultu atque humanitate prouinciae longissime absunt: I 1, 3; ¶ ciuitati autem imperium totius prouinciae pollicetur: VII 64, 8; ¶ intellegebat magno cum periculo prouinciae futurum, ut homines bellicosos . . . locis patentibus maximeque frumentariis finitimos haberet: I 10, 2; ¶ propinquitas: VI 24, 5 *u.* **a) β)** propinquitas; ¶¶ in fines Vocontiorum ulterioris prouinciae die septimo peruenit: I 10, 5.

(**c) abl.:** prouincia excludere: VII 55, 9 *u.* **b) cc)** expellere.)

b) c. praep.; aa) ex: quem (equitatum) ex omni prouincia et Haeduis atque eorum sociis coactum habebat: I 15, 1; quae (praesidia) ex ipsa coacta ⟨*AQ*β; *om. BM; Np., Fr., Dt.*⟩ prouincia ab L. Caesare legato ad omnes partes opponebantur: VII 65, 1; ¶ ea legione, quam secum habebat, militibusque, qui ex prouincia conuenerant, . . . murum . . . fossamque perducit: I 8, 1; partem copiarum ex prouincia supplementumque, quod ex Italia adduxerat, in Heluios . . . conuenire iubet: VII 7, 5; ¶ Trebonius magnam iumentorum atque hominum multitudinem ex omni prouincia euocat ⟨*Ciacc.;* uocat *x; edd.*⟩: 2, 1, 4; ¶ (expellere: VII 55, 9 *u.* **cc)** expellere;) ¶ interclusis omnibus itineribus nulla re ex prouincia atque Italia subleuari poterat: VII 65, 4; ¶ (uocare: 2, 1, 4 *u.* euocare.)

(praesidia: VII 65, 1 *u. s.* cogere;) — naues

. . . aedificari . . ., remiges ex prouincia institui ⟨instituit β⟩, nautas gubernatoresque comparari iubet: III 9, 1; ¶¶ (inde . . . contenderent: I 33, 4 *u.* **cc)** exire.)

bb) extra: ab Allobrogibus in Segusiauos ⟨*c*⟩ exercitum ducit. hi sunt extra prouinciam trans Rhodanum primi: I 10, 5.

cc) in c. acc.: si legiones in prouinciam arcesseret: VII 6, 3; ¶ Caesarem inopia frumenti coactum in prouinciam contendisse confirmabant: VII 59, 1; ¶ ut commutato consilio iter in prouinciam conuerteret: VII 56, 2; ¶ neque sibi . . . temperaturos ⟨*c*⟩ existimabat, quin . . . in prouinciam exirent atque inde in Italiam contenderent: I 33, 4; ¶ si ab ⟨*c*⟩ re frumentaria Romanos excludere aut adductos inopia in prouinciam ⟨in prou. *Nicasius Ellebodius;* prouincia β; ex prouincia α⟩ expellere ⟨excludere β⟩ possent ⟨*uerba* aut add. inop. ex prou. exp. *del. Morus; Schn., Db., Hold.*⟩: VII 55, 9; ¶ fugere in prouinciam Romanos Galliaque excedere: VII 66, 3; ¶ maxime frumenti commeatusque ⟨*c*⟩ inopia permotus . . . omnibus eius uici aedificiis incensis in prouinciam reuerti contendit: III 6, 4; ¶¶ magna coacta manu in prouinciam Narbonem ue rsus eruptionem ⟨irruptionem *Hartz*⟩ facere contendit: VII 7, 2.

dd) in c. abl.: qui non longe a Tolosatium finibus absunt, quae ciuitas est in prouincia: I 10, 1.

ee) per: sibi esse in animo sine ullo maleficio iter per prouinciam facere: I 7, 3; neque homines inimico animo data facultate per prouinciam itineris faciundi temperaturos ab iniuria et maleficio existimabat: I 7, 5; negat se more et exemplo populi Romani posse iter ulli per prouinciam dare: I 8, 3; quod eo inuito iter per prouinciam per uim temptassent: I 14, 3.

γγ) spectat ad utramque prouinciam: proinde, ut esset dictum, prouinciis excederent exercitumque dimitterent: 1, 85, 12; ¶ se non maleficii causa ex prouincia ⟨extra prouinciam *O*⟩ egressum, sed uti: 1, 22, 5; ¶ erat iniqua condicio postulare, ut Caesar Arimino excederet atque in proninciam reuerteretur, ipsum et prouincias et legiones alienas tenere: 1, 11, 1.

β) Hispania; αα) pertinet ad Hispaniam citeriorem; A) additur Hispania: quod prouinciam Hispaniam ex praetura habuerat: 1, 22, 4.

B) non additur Hispania, *u.* **citerior** prouincia *p. 538* (*4 loc.:* 1, 39, 1 — 2, 21, 4); *praeterea:* multum (frumentum) ex omni proiuncia comportabatur: 1, 49, 1.

ββ) pertinet ad Hispaniam ulteriorem; A) subi.: prouinciam enim omnem Caesaris rebus fauere cognouerat: 2, 18, 6.

B) obi.: prouinciam omnem in sua et Pompei nerba ius iurandum adigebat: 2, 18, 5.

C) dat.: prouinciae Q. ⟨*c*⟩ Cassium praeficit: 2, 21, 3.

D) gen.: quibus rebus perterritos ⟨*c*⟩ eines Romanos eius prouinciae sibi . . . tritici *modium CXX milia polliceri coegit: 2, 18, 4; ¶ neque se ignorare, quod esset officium legati . . ., quae nires suae, quae uoluntas erga Caesarem totius prouinciae: 2, 17, 2; tanta ac tam secunda in Caesarem uoluntas prouinciae reperiebatur: 2, 20, 1; ¶¶ Carmonenses, quae est longe firmissima totius ⟨oppidi *add.* *a*⟩ prouinciae ciuitas: 2, 19, 5.

E) abl.: dilectum habuit tota pronincia: 2, 18, 1; quo edicto tota prouincia peruulgato nulla fuit ciuitas, quin . . . mitteret: 2, 19, 2.

F) c. praep.: eo sex cohortes praesidii causa ex prouincia misit: 2, 18, 2.

γγ) significatur uniuersa Hispania; A) subi.: desiderare: 1, 85, 7 *u.* **C)** usus.

B) obi.: in se noui generis imperia constitui, ut idem ad portas urbanis praesideat ⟨*c*⟩ rebus et duas bellicosissimas prouincias absens tot annos ⟨*c*⟩ obtineat: 1, 85, 8; magnam imperatam . . . Achaiae populis pecuniam exegerat, magnam ⟨*c*⟩ societates earum prouinciarum, quas ipse obtinebat, sibi numerare coegerat: 3, 3, 2; ¶ an nero in Hispania res gestas Caesaris non audistis? duos pulsos exercitus, duos superatos duces, duas receptas pronincias? 2, 32, 5; ¶ erat iniqua condicio postulare, ut Caesar Arimino excederet atque in prouinciam reuerteretur, ipsum et prouincias et legiones † alienas ⟨absentem *Paul*⟩ tenere: 1, 11, 1.

C) genet.: erant . . . scutatae citerioris prouinciae ⟨cit. prou. *del. Np.; Db., Dt.*⟩ et caetratae ⟨ulterioris Hispaniae *add. codd.; del. Np.*⟩ cohortes circiter LXXX equitumque ⟨*c*⟩ utriusque prouinciae ⟨utr. pr. *del. Np.; Db., Dt.*⟩ circiter V milia: 1, 39, 1; ¶ societates: 3, 3, 2 *u.* **B)** obtinere; ¶ nihil horum ad pacandas Hispanias, nihil ad usum prouinciae prouisum, quae propter diuturnitatem pacis nullum auxilium desiderarit: 1, 85, 7.

D) abl.: prouinciis excedere: 1, 85, 12 *u.* α) γγ).

E) c. praep.: erat iniqua condicio . . . polliceri se in prouinciam iturum neque ante quem diem iturus *esset definire: 1,11,2; ¶ (Calidius) censebat, ut Pompeius in suas prouincias proficisceretur, ne qua ⟨c⟩ esset armorum causa: 1,2,3; proficiscatur Pompeius in suas prouincias: 1,9,5.

γ) aliae prouinciae; 𝔄) subi.: ille perterritus, quod omnem prouinciam consentire intellegebat, ex Sardinia in Africam profugit: 1, 30,3; ¶ erat plena ⟨plane *a*⟩ lictorum et † imperiorum ⟨apparitorum *Forchh.*⟩ prouincia, differta praefectis ⟨c⟩ atque exactoribus: 3,32,4; ¶ summamque in sollicitudinem ac timorem ⟨*Elberl.;* summaque in sollicitudine ac timore *codd.*⟩ Parthici belli prouincia ⟨-ciam *a*⟩ cum uenisset: 3,31,4.

𝔅) obi.: Caesar me, quem sibi carissimum habuit, prouinciam ⟨-cias *Paul*⟩ Siciliam atque Africam, sine quibus urbem atque Italiam tueri non potest, uestrae fidei commisit: 2,32,2; ¶ ex fuga in Africam peruenerat atque eam . . . occupauerat, . . . quod paucis ante annis ex ⟨c⟩ praetura eam prouinciam obtinuerat: 1,31,2; 3,3,2 *u.* β) γγ) 𝔅) obtinere; ¶ quod finitimas frumentariasque prouincias in potestatem redegissent: 3,73,3; ¶ Caesar . . . deducta Orico legione . . . temptandas sibi prouincias longiusque procedendum existimabat: 3,34,1.

ℭ) dat.: equitesque toti prouinciae imperauerat: 3,31,2.

𝔇) gen.: itaque aes alienum prouinciae eo biennio multiplicatum est: 3,32,5; ¶ neque minus ob eam causam ciuibus Romanis eius prouinciae, sed in singulos conuentus singulasque ciuitates, certae pecuniae imperabantur: 3, 32,6; ¶ huc accedebant collecti ex praedonibus latronibusque Syriae Ciliciaeque prouinciae finitimarumque regionum: 3,110,3; ¶ Domitium Caluinum . . . in Macedoniam proficisci iussit; cuius prouinciae ab ea parte, quae libera appellabatur, Menedemus, princeps earum regionum, missus legatus omnium suorum excellens studium profitebatur: 3,34,4; ¶ praedones: 3,110,3 *u.* latrones; ¶ item a ⟨c⟩ publicanis suae prouinciae debitam biennii pecuniam exegerat: 3,31,2; ¶ societates: 3,3,2 *u.* β) γγ) 𝔅) obtinere; ¶ hominum et locorum notitia et usu eius prouinciae nactus aditus ad ea conanda: 1,31,2.

erat edictum Pompei nomine Amphipoli propositum, uti omnes eius prouinciae iuniores, Graeci ciuesque Romani, iurandi causa conuenirent: 3,102,2.

𝔈) abl.: interim acerbissime imperatae pecuniae tota prouincia exigebantur: 3, 32,1.

𝔉) c. praep.; 𝔞) ex: reperiebat T. Ampium conatum esse pecunias tollere Epheso ex fano Dianae eiusque rei causa senatores omnes ex prouincia euocasse ⟨c⟩: 3,105,1; ¶ haec in contione questus ex prouincia fugit: 1, 30,5.

𝔟) in c. abl.: legiones effecerat . . . VIIII: . . . unam ex Creta et Macedonia ex ueteranis militibus, qui dimissi a superioribus imperatoribus in his ⟨iis *P. Man.*⟩ prouinciis consederant: 3,4,1; ¶¶ Tubero, cum in Africam uenisset, inuenit in prouincia cum imperio Attium Varum: 1,31,2.

𝔠) sine: sine quibus: 2,32,2 *u.* 𝔅) committere.

B. pertinet ad prouincias aliorum populorum: prouinciam suam hanc esse ⟨esse hanc β⟩ Galliam, sicut ⟨ut β⟩ illam nostram: I 44,8.

(2. = munus, officium, partes: neque se ignorare, quod esset officium legati, qui fiduciariam operam ⟨prouinciam *Ciacc.*⟩ obtineret, quae uires suae, quae uoluntas erga Caesarem totius prouinciae: 2,17,2.)

Adiect.: † alienae: 1,11,1; bellicosissimae: 1,85,8; citerior *u.* **citerior** *p. 538 (5 loc.);* consulares: 1,6,5; differta: 3,32, 4; duae: 1,6,5; 85,8; 2,32,5; (fiduciaria: 2,17,2;) finitima(e): III 2,5 ⟨c⟩; 3,73,3; frumentariae: 3,73,3; (ipsa: VII 65,1; libera: 3,34,4; nostra *u.* **noster** *p. 819* a) *(6 loc.)*;) omnis: I 15,1; 1,30,3; 49,1; 2, 1,4; 17,3; 18,5.6; omnes: 3,79,4; 112,6; plena: 3,32,4; praetoriae: 1,6,5; propinquae: 3,112,6; reliquae: 1,6,5.6; (Romana: VI 24,5; (sua(e): I 44,8; 1,2,3; 9,5; 3,31,2;) tota: I 7,2; VII 1,1; 64,8; 2,17,2; 18,1; 19, 2.5; 21,4; 3,31,2; 32,1; ulterior: I 10,5; utraque: 1,39,1.

prouincialis: praesidia in Rutenis prouincialibus, Volcis Arecomicis, Tolosatibus . . . constituit: VII 7,4.

prouoco: his prouocati ⟨-atis *fhl*⟩ sermonibus (milites) fidem ab imperatore de Petrei atque Afranii uita petunt: 1,74,3.

prouolo: ubi prima impedimenta nostri exercitus ab iis ⟨c⟩, qui in siluis ⟨c⟩ abditi latebant, uisa sunt, . . . subito omnibus copiis prouolauerunt impetumque in nostros equites fecerunt: II 19,6.

prout: custodiarum uaria ⟨c⟩ diligentia animaduersa, prout cuiusque eorum, qui negotiis praeerant, aut natura aut studium ferebat ⟨*u. CC*⟩: 3, 61, 3.

[Falso: cum esset animaduersum coniunctam ⟨*c*⟩ esse flumini (munitionem), prorutis ⟨*Ciacc.*; prout his *afl*; prout is *h*⟩ munitionibus defeudente nullo transcenderunt: 3, 68, 3.]

proximus *u.* **propior.**

proxime *u.* **prope.**

(prudens: nam neque pudentes ⟨*cod. Vrs.*; prudentis *bfhl*; prudentes *Oa*⟩ suspicari oportet sibi parum credi neque improbos scire sese timeri: 2, 31, 4; equites missi nocte iter conficiunt, imprudentes atque ⟨*O*²; imprudentesque atque *Nl*; *Db.*; prudentisque ad *af*; prudentes atque *h*; et prudentis atque *O*¹⟩ inopinantes hostes adgrediuntur: 2, 38, 4.**)**

prudentia: ad hunc propter iustitiam prudentiamque summam ⟨β; *Hld.*, *Dt.*², *Whitte*; suam α; *edd. rell.*⟩ totius belli ⟨summam *add.* α; *plur. edd.*; summa *Whitte*⟩ omnium uoluntate deferri: II 4, 7.

Ptianii: maxima pars Aquitaniae ... obsides .. ultro misit ⟨*c*⟩; quo in numero fuerunt Tarbelli, Bigerriones, Ptianii ⟨*ABQ*³*a*²; pacianíí *Q*; pthiani *h*; sani *a*⟩, Vocates, Tarusates, Elusates ⟨*c*⟩, Gates, Ausci, Garumni, Sibuzates, Cocosates: III 27, 1.

Ptolomaeus. *Codd. semper fere habent* ptolom(a)eus (*uel* ptholom.)

1. pater: quos (Gallos Germanosque) ibi (Alexandriae) A. Gabinius praesidii causa apud regem Ptolomaeum reliquerat: 3, 4, 4; (ad eum (*i. e.* Ptolomaeum) Pompeius misit, ut pro hospitio atque amicitia patris Alexandria reciperetur: 3, 103, 3;) in hoc erant numero complures Pompei militoo, quoo on oiuo onoroitu aooopton in Syria Gabinius Alexandriam traduxerat belloque confecto apud Ptolomaeum, patrem pueri, reliquerat: 3, 103, 5; controuersias regum ad populum Romanum et ad se ... pertinere existimans atque eo magis officio suo conuenire, quod superiore consulatu cum patre Ptolomaeo et lege et senatus consulto societas erat facta: 3, 107, 2; in testamento Ptolomaei patris heredes erant scripti ex duobus filiis maior et ex duabus *filiabus* ea, quae aetate antecedebat. haec uti fierent, per omnes deos perque ⟨*c*⟩ foedera, quae Romae fecisset, eodem testamento Ptolomaeus populum Romanum obtestabatur: 3, 108, 3; *cf.* § 4; missi Dioscorides et Serapion, qui ambo legati Romae fuerant magnamque apud patrem Ptolomaeum auctoritatem habuerant: 3, 109, 4; (*cf.* 110, 5;) inueterauerant hi omnes compluribus Alexandriae bellis, Ptolomaeum patrem in regnum reduxerant: 3, 110, 6; interim filia minor Ptolomaei regis uaenam possessionem regni sperans ad ⟨*c*⟩ Achillam sese ex regia traiecit: 3, 112, 9.

2. filius: ibi casu rex erat ⟨*om. af*⟩ Ptolomaeus, puer aetate, magnis copiis cum sorore Cleopatra bellum gerens, quam ...: 3, 103, 2; *cf. qu. sqq.* § 2—4; 104, 1. 3; 106, 4; controuersias regum ad populum Romanum et ad se... pertinere existimans ... ostendit sibi placere regem Ptolomaeum atque eius sororem Cleopatram exercitus, quos haberent, dimittere et de controuersiis iure apud se potius quam inter se armis disceptare: 3, 107, 2; *cf.* 108, 1. 2. 3; 109, 1. 3. 4. 6; (110, 5;) 112, 11.

Ptolomais: eodemque die Antiochiae ... bis tantus exercitus clamor et signorum sonus exauditus est, ut in muris armata ciuitas discurreret. hoc idem Ptolomaide ⟨ptholomaide *a*⟩ accidit: 3, 105, 3.

(pubes) pubis: (Caesar declinat) pubis puberis, quidam, ut Probus, pubes puberis, quidam puber puberis: *Prisc. inst.* VI 65 *in.*)

1. adi.: cines Romani ... ad extremum auxilium descenderunt seruosque omnes puberes ⟨buberes *a*⟩ liberauerunt: 3, 9, 3.

2. ui subst.: armatum concilium indicit ⟨*c*⟩. hoc more Gallorum est initium belli; quo ⟨quod β⟩ lege communi omnes puberes ⟨et *add.* α⟩ armati conuenire consuerunt ⟨coguntur β⟩; qui ex iis nouissimus conuenit ⟨uenit β⟩, in conspectu multitudinis omnibus cruciatibus adfectus necatur: V 56, 2; ne grauius permoti milites et defectionis odio et contemptione ⟨*c*⟩ sui et dintino labore omnes puberes interficerent: 2, 13, 3.

publicanus: ciuibus Romanis ... pecuniae imperabantur ...; publicanis, ut in Syria ⟨*Steph.*; in sorte *x*⟩ fecerant, insequentis anni uectigal promutuum: 3, 32, 6; ¶ item a ⟨ad *a*; ab *Np.*, *Dt.*⟩ publicanis suae prouinciae debitam biennii pecuniam exegerat et ab isdem insequentis anni mutuam praeceperat: 3, 31, 2.

publico: (Indutiomarus) in eo concilio Cingetorigem ... hostem iudicat ⟨*c*⟩ bonaque ⟨que *om.* β⟩ eius publicat: V 56, 3; quaestionem de bonis direptis decernunt, Litauicci fratrumque bona publicant: VII 43, 2; ¶ (Curio) tribunus plebis legem promulgauerat, qua lege regnum Inbae publicauerat: 2, 25, 4.

publicus. 1. adiect.: arma omnia priuata ac publica in domum Gallonii contulit: 2, 18, 2; ¶ nihil earum rerum publico factum consilio: V 1, 7; Senones ... Cauarinum

. . . interficere publico consilio conati, cum ille . . . profugisset, . . . insecuti . . . expulerunt: V 54, 2; nihil publico factum consilio demonstrant: VII 43, 1; ¶ fere de omnibus controuersiis publicis priuatisque constituunt (druides): VI 13, 5; ¶ (facile erat . . . prospicere in urbem, ut omnis iuuentus, quae ⟨custodiis *add. Np.*; publicis custodiis *add. E. Hoffm.*⟩ in oppido remanserat, omnesque superioris ⟨*c*⟩ aetatis cum liberis atque uxoribus † publicis custodiis quae ⟨*uel* custodiisque⟩ aut muro ⟨*codd.*; aut supplicis ex muro *coni. Np.*; [publicis custodiisque] aut in muro *Db.*; publicisque custodiis aut ex muro *Ald.*; *Dt.*; ex publicis aedificiis tectisque aut ex muro *Hell.*; *u. CC*⟩ ad caelum manus tenderent aut: 2, 5, 3;) ¶ qua in re Caesar non solum publicas, sed etiam priuatas iniurias ultus est: I 12, 7; ¶ quod ibi impedimenta exercitus, obsides ciuitatum, litteras publicas frumentumque omne . . . relinquebat: V 47, 2; ¶ hae (tabulae testamenti) cum propter publicas occupationes (Romae in aerario) poni non potuissent, apud Pompeium sunt depositae: 3, 108, 4; ¶ huc Caesar omnes obsides Galliae, frumentum, pecuniam publicam . . . contulerat: VII 55, 2; HS ⟨*c*⟩ LX . . . Domitio reddit, . . . etsi eam pecuniam publicam esse ⟨esse publ. *h*⟩ constabat datamque a Pompeio in stipendium: 1, 23, 4; ¶ (tributis quibusdam populis ⟨*hl*; publicis *af*; *edd.*⟩ priuatisque praemiis reliquos in posterum bona spe complet: 2, 21, 2;) ¶ cum in reliquis fere ⟨*o*⟩ rebus, publicis priuatisque rationibus ⟨*del. Miller*⟩, Graecis litteris ⟨*o*⟩ utantur: VI 14, 3; relatis ad eum publicis cum fide rationibus quod penes eum est pecuniae tradit: 2, 20, 8; ¶ res publica *u.* **respublica**; ¶ illi (druides) rebus diuinis intersunt, sacrificia publica ac priuata procurant, religiones interpretantur: VI 13, 4.

2. ui subst.; publicum A. = τὸ κοινόν, τὸ δημόσιον; **a)** = aerarium: Massilienses arma tormentaque ex oppido, ut est imperatum, proferunt, . . . pecuniam ex publico tradunt: 2, 22, 5; ¶ eorum bona in publicum addicebat: 2, 18, 5; — pecunias, quas erant in publicum Varroni ciues Romani polliciti, remittit: 2, 21, 2; ¶ HS ⟨*c*⟩ LX, quod aduexerat Domitius atque in publico deposuerat, . . . Domitio reddit: 1, 23, 4.

b) = **horrea publica**: frumenti quod inuentum est in publicum conferunt; reliquas merces commeatusque ad obsidionem urbis . . . reseruant: 1, 36, 3; panico enim uetere atque hordeo corrupto omnes alebantur, quod ad huius modi casus antiquitus paratum in publicum contulerant: 2, 22, 1.

B. = τὸ φανερόν: itaque omnes uno consilio Domitium productum in publicum circumsistunt et custodiunt: 1, 20, 5; — iamque . . . apparabant, cum matres familiae repente in publicum procurrerunt ⟨-erant β⟩ flentesque . . . petierunt ⟨*c*⟩: VII 26, 3; — qui plurimos ex his (uris) interfecerunt, relatis in publicum cornibus, quae sint testimonio, magnam ferunt laudem: VI 28, 3; ¶ filiumque puerili aetate in publico in conspectu patris adsistere turpe ducunt: VI 18, 3.

publice. A. = **publica auctoritate, iussu populi**: quorum alter agros Volcarum Arecomicorum et Heluiorum ⟨*c*⟩ publice iis concesserit, alter: 1, 35, 4; ¶ eadem ratione priuatim ac publice quibusdam ⟨quibus quaedam *Ox*⟩ ciuitatibus ⟨*del. Paul*⟩ habitis honoribus Tarracone discedit: 2, 21, 5; ¶ qui sunt adfecti grauioribus morbis quique in proeliis periculisque uersantur, . . pro uictimis homines immolant . . ., publiceque eiusdem ⟨eius β⟩ generis habent instituta sacrificia: VI 16, 3; ¶ tantum . . . antecesserant, ut . . . obsides . . ab iis ⟨*c*⟩ principum filios acciperent et publice iurare cogerent nihil se contra Sequanos consilii inituros: VI 12, 4; ¶ legatos ad Vercingetorigem de pace et amicitia ⟨*c*⟩ concilianda publice missos: VII 55, 4; ¶ ut undique ad eum legationes concurrerent, gratiam atque amicitiam publice priuatimque peterent: V 55, 4; ¶ interim cotidie Caesar Haeduos frumentum, quod essent publice polliciti, flagitare: I 16, 1; ¶ (tributis quibusdam populis ⟨*hl*; publicis *af*; *edd.*⟩ priuatisque ⟨publice priuatimque *Ciacc.*⟩ praemiis reliquos in posterum bona spe complet: 2, 21, 2.)

(**B. (priuatim ac) publice** = **(et priuatis et) rei publicae**: 2, 21, 2 *et* 5 *u.* **A.** habere *et* tribuere; — publice ⟨rei publicae *RSchn.*⟩ maximam putant esse landem quam latissime a suis finibus nacare ⟨*c*⟩ agros: IV 3, 1.)

Publius *u.* **P.** *p. 971 sq.*

pudeo, pudet: plebem ad furorem impellit, ut facinore admisso ad sanitatem reuerti pudeat ⟨pudeat reuerti β⟩: VII 42, 4; ¶ nam neque pudentes ⟨*cod. Vrs.*; prudentis *bfhl*; prudentes *Oa*⟩ suspicari oportet sibi parum credi neque improbos scire sese timeri, quod illis licentiam timor augeat noster, his ⟨suspicio *add. Ciacc.*⟩ studia deminuat ⟨*c*⟩: 2, 31, 4.

pudor: ut quam primum intellegere posset, utrum apud eos pudor atque officium an timor plus ⟨c⟩ ualeret: I 40, 14; ¶ at ⟨ad x⟩ luce ⟨*Ciacc.; Paul;* lucem x; *edd.*⟩ multum per se ⟨posse *Kindsch.; Paul*⟩ pudorem omnium oculos ⟨*Ciacc.;* oculis x; *edd.;* sub oculis *Paul*⟩, multum ⟨metum *Paul*⟩ etiam tribunorum militum et centurionum praesentiam ⟨praesentium O^1af⟩ adferre: 1, 67, 4; ¶ non nulli pudore adducti, ut timoris suspicionem uitarent, remanebant: I 39, 3; quo pudore adducti . . . discedere a nobis . . . constituerunt: 3, 60, 3; — namque huius modi res aut pudore aut metu tenentur, quibus rebus nox maxime aduersaria est: 2, 31, 7.

puer. A. **subi.:** pueri mulieresque ex muro passis manibus suo more pacem ab Romanis petierunt: II 13, 3; ¶¶ quibus in tabulis nominatim ratio confecta erat, qui numerus domo exisset eorum, qui arma ferre possent, et item separatim ⟨*an addend.* erant numerati?⟩ pueri, senes mulieresque: I 29, 1.

B. **appos.:** ibi casu rex erat ⟨*om. af*⟩ Ptolomaeus, puer aetate: 3, 103, 2.

C. **obi.:** (colligere,) (coicere: II 28, 1 *u.* E.;) ¶ pueris mulieribusque in muro dispositis ⟨depos. *ah*⟩, ne quid cotidianae consuetudinis desideraretur, ipsi . . . inruperunt: 3, 9, 6.

D. **gen.:** erat in procuratione regni propter aetatem pueri nutricius eius, eunuchus, nomine Pothinus: 3, 108, 1; ¶ at reliqua multitudo puerorum mulierumque . . . passim fugere coepit: IV 14, 5; ¶ (Pothinus ⟨nutricius pueri et procurator regni, in parte ⟨c⟩ Caesaris *add. codd.; del. FHfm.; Db.*⟩, . . . a Caesare est interfectus: 3, 112, 11;) ¶ quos (milites) . . . Gabinius Alexandriam traduxerat belloque confecto apud Ptolomaeum, patrem pueri, reliquerat: 3, 103, 5.

E. **c. praep.:** quod ⟨*CC*⟩ a pueris nullo officio aut disciplina adsuefacti nihil omnino contra uoluntatem faciant: IV 1, 9.

quos (maiores natu) una cum pueris mulieribusque in aestuaria ac paludes coniectos ⟨collectos *X*⟩ dixeramus: II 28, 1.

puerilis: filiumque puerili aetate in publico in conspectu patris adsistere turpe ducunt: VI 18, 3.

pugna. A. **obi.:** hac audita pugna maxima pars Aquitaniae sese Crasso dedidit: III 27, 1; ¶ hoc proelio facto . . . maiores natu . . . hac pugna nuntiata ⟨hac p. nunt. *del. Kraff.*⟩, cum uictoribus nihil impeditum, uictis nihil tutum arbitrarentur, . . . legatos . . . miserunt: II 28, 1; Aduatuci . . . hac pugna nuntiata ex itinere domum reuerterunt: II 29, 1.

B. **dat.:** posterum diem pugnae constituit: III 23, 8.

C. **gen.:** ne quem diem pugnae praetermitteret: IV 13, 4; ¶ quod diuturnitate pugnae hostes defessi proelio excedebant: III 4, 3; ¶ euentum pugnae exspectabat: VII 49, 3; ¶ factum est . . . uirtute militum et superiorum pugnarum exercitatione, ut: III 19, 3; ¶ genus (hoc) erat (est) pugnae *u.* **genus** *p. 1372* C. a) *(4 loc.)*; quibus rebus nostri perterriti atque huius omnino generis pugnae ⟨pugn. gen. β⟩ imperiti non eadem alacritate . . . utebantur: IV 24, 4; nouo genere pugnae perterritis ⟨c⟩ nostris per medios audacissime perruperunt: V 15, 4; toto hoc in genere pugnae, cum sub oculis omnium ac pro castris dimicaretur, intellectum est: V 16, 1; genus erat pugnae militum illorum, ut . . . pedem referre . . . non turpe existimarent, † cum Lusitanis reliquisque barbaris barbaro ⟨*add. F. Hofm.; Db.; om. codd.; Np.*⟩ genere quodam ⟨barbaro quod. gen. (*om.* barbaris) *Hell.; Dt.*⟩ pugnae adsuefacti: 1, 44, 2; haec tum ratio nostros perturbauit insuetos huius generis pugnae: 1, 44, 4; ¶ (equites . . . omnibus in locis † pugnant, ⟨pugnae β⟩ quo ⟨*om.* β⟩ se legionariis militibus praeferrent: II 27, 2;) ¶ quibus rebus perturbatis nostris nouitate pugnae tempore oportunissimo Caesar auxilium tulit ⟨*u. CC*⟩: IV 34, 1; ¶ omnes ⟨c⟩ milites ⟨c⟩ intenti ⟨c⟩ pugnae prouentum ⟨pr. pugn. β; pugnae euentum *pr. edd.*⟩ exspectabant: VII 80, 2; ¶ neque satis . . . constabat, quid agerent aut quam rationem pugnae insisterent: III 14, 3; ¶ simul et cursu et spatio pugnae defatigati ⟨c⟩ non facile recentes atque integros sustinebant: VII 48, 4; ¶ exposcentibus militibus et studio pugnae ardentibus tuba signum dedit: 3, 90, 4; est quaedam animi incitatio atque alacritas naturaliter innata omnibus, quae studio pugnae ⟨pugnandi *Paul*⟩ incenditur: 3, 92, 3; ¶ hoc pugnae tempus magnum attulit nostris ad salutem momentum: 1, 51, 6.

D. **abl.; a):** totius diei pugna atque itineris labore defessi rem in posterum diem distulerunt: 1, 65, 5; ¶¶ non cunctandum existimauit, quin pugna decertaret: III 23, 7; — nostri milites . . . usu periti ac superioribus pugnis exercitati sua sponte cursum represserunt: 3, 93, 1.

b): (neque uero coniuncti Albici ⟨c⟩ comminus pugnando ⟨pugna *Ohl*⟩ deficiebant:

2, 6, 3;) — cum suos pugna ⟨pugnae β⟩ superiores esse ⟨c⟩ Galli ⟨o⟩ confiderent: VII 80, 4.

c): pugna ut excedant et cum Ambiorige una conloquantur: V 36, 3; Nasidianae naues nullo usui fuerunt celeriterque pugna excesserunt: 2, 7, 1; ¶ ad eos equites, qui agmen antecessissent, praemitteret eosque pugna prohiberet: IV 11, 2.

E. c. praep.; a) ab: quae (tempestates) et nostros in castris continerent et hostem a pugna prohiberent: IV 34, 4.

b) ad: exercitum cum militari more ad pugnam cohortaretur: 3, 90, 1; ¶ sperans Scipionem ad pugnam elici posse: 3, 38, 1; nulla ratione ad pugnam elici ⟨eligi a⟩ posse Pompeium existimans hanc sibi commodissimam belli rationem iudicauit, uti: 3, 85, 2; ¶ equites . . . magna cum contumelia uerborum nostros ad pugnam euocant: V 58, 2.

hostes ⟨hostem β⟩ ad pugnam ⟨*AQβ*; *Np.*, *Schn.*, *Hold.*; pugnandum *BM*; *Fr.*, *Db.*, *Dt.*⟩ alacriores effecit ⟨alacriorem fecit β⟩: V 33, 5; ¶ omnium oculis mentibusque ad pugnam intentis . . . peruenerunt: III 26, 2; ¶ mulieres quique per aetatem ad pugnam inutiles ⟨esse *add.* B^2β⟩ uiderentur, in eum locum coniecisse, quo: II 16, 5.

quibus (auxiliaribus) ad pugnam non multum Crassus confidebat: III 25, 1; ¶¶ Gallis magno ad pugnam erat impedimento, quod . . . neque euellere neque . . . satis commode pugnare poterant: I 25, 3; ubi . . . confertos milites sibi ipsos ad pugnam esse impedimento uidit: II 25, 1.

c) de: Ariouistum . . . desperantes iam de pugna et dispersos subito adortum . . . uicisse: I 40, 8; ¶ sic uno tempore et de nauali pugna Sabinus et de Sabini uictoria Caesar est ⟨c⟩ certior factus: III 19, 5.

d) ex: non modo defesso ex pugna excedendi, sed ne saucio quidem . . . facultas dabatur: III 4, 4.

e) in c. acc.: neque id fuit falsum, quod ille in pugnam proficiscens dixerat: 3, 99, 2.

f) in c. abl.: hoc animo decertabant, ut . . . quibus in pugna uitae periculum accideret ⟨-rat *NOx*⟩, non ita multo se reliquorum ciuium fatum antecedere existimarent: 2, 6, 1; ¶ praestare dicebant per uirtutem in pugna belli fortunam experiri, quam: 2, 30, 2; ¶ Caesar hostibus in pugna occupatis militibus[que] expositis Pharum ⟨c⟩ prehendit: 3, 112, 5; ¶ et in appellandis cohortandisque militibus imperatoris et in pugna militis officia praestabat: V 33, 2.

atque hoc horridiores ⟨c⟩ sunt in pugna aspectu: V 14, 2.

g) sine: Caesar in eam spem uenerat, se sine pugna et sine uulnere suorum rem conficere posse: 1, 72, 1.

Adiect.: naualis: III 19, 5; superiores: III 19, 3; 3, 93, 1.

pugno. A. propr.; a) indicatur, quis pugnet (actiuum); α): centuriones . . . ne ante partam ⟨c⟩ rei militaris laudem ⟨o⟩ amitterent, fortissime pugnantes conciderunt: VI 40, 7; ¶ comites familiaresque eius . . . paulisper equitum nostrorum uim sustinuerunt. his pugnantibus illum in equum quidam ex suis intulit ⟨c⟩: VI 30, 4; ¶ tanta rerum commutatio est facta, ut nostri, etiam qui uulneribus confecti procubuissent, scutis innixi proelium redintegrarent, tum ⟨*om.* β⟩ calones . . . etiam inermes armatis occurrerunt ⟨occurrerent β; *Schn.*, *Np.*⟩, equites nero, ut turpitudinem fugae uirtute delerent, omnibus in locis † pugnant ⟨α; *Fr.*, *Db.*, *Hold.*; pugnae β; *Schn.*; pugnarunt *Vielh.*; *Dt.*⟩, quo ⟨*om.* β; *Schn.*; pugnant quo *del. Np.*; pugnando *Madu.*⟩ se legionariis militibus praeferrent: II 27, 2; — equites hostium essedariique acriter proelio cum equitatu nostro . . . conflixerunt . . ., impetuque in eos facto, qui erant in statione pro castris conlocati, acriter pugnauerunt: V 15, 3; ¶ potitum se ⟨*CC*⟩ esse hostium castris, expulisse ac superasse pugnantes: 3, 73, 5; ¶ interim nostri milites impetum hostium sustinuerunt atque amplius horis quattuor fortissime pugnauerunt: IV 37, 3; genus erat pugnae militum illorum, ut . . . rari dispersique pugnarent: 1, 44, 1; milites nero palam inter se loquebantur . . ., etiam cum uellet Caesar, sese non esse pugnaturos: 1, 72, 4; obsecrare milites coepit, ne . . . pro his pugnarent, a quibus *cum* contumelia perfugae appellarentur: 2, 28, 3.

β): Gallis magno ad pugnam erat impedimento, quod . . . neque sinistra impedita satis commode pugnare poterant, multi ut diu iactato bracchio praeoptarent scuta ⟨c⟩ e ⟨c⟩ mann emittere et nudo corpore pugnare: I 25, 3. 4; ¶ L. Torquatus . . . cum Graecos . . . arma capere iuberet, illi autem se ⟨*om.* a⟩ contra imperium populi Romani pugnaturos negarent, . . . portas aperuit: 3, 11, 4; ¶ (Massilienses) eandem nacti tempestatem maiore cum fiducia ad alteram turrim ⟨c⟩ aggeremque eruptione pugnauerunt: 2, 14, 5; ¶ (qui

(Romani) tantae altitudinis machinationes tanta celeritate promouere ⟨et ex propinquitate pugnare *add.* B^2β; promouerent, ut ex prop. pugn. *Ciacc.*⟩ possent: II 31, 2.)

γ): ibi L. Cotta pugnans interficitur cum maxima parte militum: V 37, 4; ¶ interfectus est etiam fortissime pugnans Crastinus: 3, 99, 1; ¶ imperat (Labieno), si sustinere non possit ⟨c⟩, deductis cohortibus eruptione pugnet ⟨β; pugnaret α; *edd.*⟩; id nisi necessario ne faciat: VII 86, 2; ¶ Q. Lucanius . . . fortissime pugnans, dum circumneuto filio subuenit, interficitur: V 35, 7; ¶ ita pugnans post paulum concidit (M. Petronius) ac suis saluti fuit: VII 50, 6; ¶ L. ⟨c⟩ Petrosidius aquilifer . . . aquilam intra uallum proiecit, ipse pro castris fortissime pugnans ⟨pugn. fort. β⟩ occiditur: V 37, 5; ¶ (Pompeius filius) ut ex superiore ⟨c⟩ pugnans loco integrosque semper defatigatis submittens . . . multitudine telorum nostros uicit: 3, 40, 2.

δ): multum ad terrendos nostros nalet clamor, qui post tergum pugnantibus exsistit ⟨c⟩: VII 84, 4; (nostri) iniecta manu ferrea et retenta utraque naue diuersi pugnabant atque in hostium naues transcendebant: 1, 58, 4; ¶ ut . . . paene ne respiceret quidem quisquam, ac tum omnes acerrime fortissimeque pugnarent: V 43, 4; ¶ cohortes sinistrum cornu pugnantibus ⟨impugnantibus O^1af⟩ etiam tum ac resistentibus in acie Pompeianis circumiernut eosque a tergo sunt *adortae: 3, 93, 6; ¶ ut, cum primi eorum cecidissent, proximi iacentibus insisterent atque ex eorum corporibus pugnarent: II 27, 3; ¶ ne . . . hostes, quod tantum multitudine poterant, ab lateribus pugnantes suos circumuenire possent: II 8, 4; eorum ut quisque primus uenerat, sub muro consistebat suorumque pugnantium numerum augebat: VII 48, 2.

ε): in alteram partem item cohortandi causa profectus pugnantibus occurrit: II 21, 4; cum alins alii subsidium ferret ⟨ferrent β⟩ neque timerent, ne auersi ab hoste circumuenirentur, audacius resistere ac fortins pugnare coeperunt: II 26, 2; cum . . . auxiliares . . . lapidibus telisque subministrandis et ad ⟨c⟩ aggerem caespitibus comportandis speciem atque opinionem pugnantium praeberent: III 25, 1; (V 34, 2 *u.* **b)** β) ββ) **a)** numerus;) V 35, 5 *u.* **b)** α) ββ) **b)**.

b) passiuum et gerund.; α) pass.; αα) praes.; a) ind.: pugnatur una ⟨tunc *add.* β; *Schn.*⟩ omnibus in partibus: VII 67, 3; pugnatur uno tempore omnibus locis: VII 84, 2; tali dum pugnatur modo, lente atque paulatim proceditur: 1, 80, 1; pugnatur acriter ad nouissimum agmen, adeo ut paene terga conuertant: 1, 80, 5.

b) inf.: pugnatumque ab hostibus ita acriter est, ut a uiris fortibus in extrema spe salutis iniquo loco contra eos, qui ex ⟨c⟩ uallo turribusque tela iacerent, pugnari debuit: II 33, 4; cum iniquo loco pugnari hostiumque augeri ⟨o⟩ copias uideret: VII 49, 1.

ββ) imperf.; a) ind.: sic cotidie utrimque eminus fundis, sagittis reliquisque telis pugnabatur: 1, 26, 1; hoc pugnabatur loco et propter angustias iniquo et quod sub ipsis radicibus montis constiterant, ut nullum frustra telum in eos mitteretur: 1, 45, 6; simul enim diductis copiis pluribus uiis pugnabatur: 3, 111, 2.

b) coniunct.: cum iam amplius horis ⟨o⟩ sex continenter pugnaretur: III 5, 1; cum ab hora fere quarta usque ad solis occasum pugnaretur: III 15, 5; cum item ab hostibus constauter ac non timide pugnaretur: III 25, 1; cum a prima luce ad horam octauam pugnaretur ⟨pugnassent β⟩: V 35, 5; cum acerrime ad munitiones ⟨-onem β⟩ pugnaretur: V 44, 3; cum in omnibus locis consumpta iam reliqua parte noctis pugnaretur: VII 25, 1; cum acerrime comminus pugnaretur ⟨β; *om.* α⟩, hostes loco et numero, nostri uirtute confiderent, subito sunt Haedui uisi: VII 50, 1; ancipiti proelio, cum ex oppido eruptione pugnaretur, foris tantae copiae equitatus peditatusque cernerentur: VII 76, 5; cum a meridie prope ad solis occasum dubia uictoria pugnaretur: VII 80, 6; postremo ipse, cum uehementius pugnaretur, integros ⟨c⟩ subsidio adducit: VII 87, 2.

γγ) perf.; a) ind.: ita ancipiti proelio diu atque acriter pugnatum est: I 26, 1; ad multam noctem etiam ad impedimenta pugnatum est: I 26, 3; acriter utrimque usque ad uesperum pugnatum est: I 50, 3; reiectis ⟨relictis B^2β⟩ pilis comminus gladiis pugnatum est: I 52, 4; acriter in eo loco pugnatum est: II 10, 2; pugnatumque ab hostibus ita acriter est, ut a niris fortibus . . . pugnari debuit: II 33, 4; pugnatum est diu atque acriter: III 21, 1; pugnatum est ab utrisque acriter: IV 26, 1; ita nario certamine pugnatum est: 1, 46, 4; illi eum tumulum, pro quo pugnatum est, magnis operibus muniuerunt ⟨c⟩: 1, 47, 4; cum Massiliensibus confligunt. pugnatum est utrimque fortissime atque acerrime: 1, 57, 3; eodem tempore duobus praeterea locis pugnatum est: 3, 52, 1; hic paulisper est pugnatum, cum inrumpere nostri conarentur, ilii castra defenderent: 3, 67, 5; eodemque tempore pugnatum est ad portum, ac longe maximam ea res attulit dimicationem: 3,111,2; reliquis oppidi partibus sic est pugnatum, ut aequo proelio discederetur: 3,112,7.

b) coni.: hoc toto proelio, cum ab hora septima ad uesperum pugnatum sit, auersum hostem uidere nemo potuit: I 26,2.

δδ) ppf. (coni.): diu cum esset pugnatum, impedimentis castrisque nostri potiti sunt: I 26,4; cum ad arma milites concurrissent nehementerque ibi pugnatum esset: III 22,4; hoc cum esset modo pugnatum continenter horis quinque: 1,46,1.

β) gerundium et gerundinum; αα) gerundium: militibus . . . simul et de ⟨c⟩ nauibus desiliendum et in fluctibus consistendum et cum hostibus erat pugnandum: IV 24,2.

ββ) gerundium; a) genet.: quorum studium alacritatemque ⟨alacritatem studiumque *Paul*⟩ pugnandi cum cognouisset Scipio: 3,37, 4; ¶ quod . . . tumulum . . tenuissent, quae causa pugnandi fuerat, et nostros primo congressu terga uertere coegissent: 1,47,2; ¶ sperans barbaros . . . ad iniquam ⟨in aliquam β⟩ pugnandi condicionem posse deduci: VI 10,2; ¶ ut . . . omnes arderent ⟨in *add. af*⟩ cupiditate pugnandi: 3,74,2; ¶ datum iri ⟨c⟩ *iam *aequo loco pugnandi facultatem: 1,71,4; ¶ nec prius ille est a propugnatoribus uacuus relictus locus, quam . . . finis est pugnandi factus: VII 25,4; ¶ dum locus comminus ⟨communis *Oz*⟩ pugnandi daretur: 1,58,4; ¶ (†erant ⟨esse *Db.*⟩ et uirtute et numero ⟨studio *Dauis.*⟩ pugnandi ⟨pugnando *Nb; Np., Schn.;* pugnantium *Db. ex Dinteri coniect.*⟩ pares ⟨*u. CC*⟩: V 34,2;) ¶ aciem instruxit, hostibus ⟨hostibusque *B*ᵃβ⟩ pugnandi potestatem fecit: I 50,1; cum . . . cotidie . . productis copiis pugnandi potestatem faceret: III 17,5; ibi paulisper sub armis moratus facit aequo loco pugnandi potestatem. potestate facta . . .: 1,41, 2; ¶ multo maior alacritas studiumque pugnandi maius exercitui iniectum est: I 46,4; (V 34,2 *u.* numerus;) contineant milites, ne studio pugnandi aut spe praedae longius progrediantur: VII 45,8; 3,37,4 *u.* alacritas; ¶ ne in quaerendis ⟨c⟩ suis ⟨c⟩ pugnandi tempus ⟨temp. pugu. β⟩ dimitteret: II 21,6.

neque nostros in locum iniquiorem progredi pugnandi causa uiderunt: II 10,4; sic uti ⟨c⟩ omnino pugnandi causa resisteret nemo: V 51,5.

b) ad pugnandum: cum sua cunctatione atque opinione timoris ⟨timidiores *X*⟩ hostes nostros milites alacriores ad pugnandum ⟨pugnam *f*⟩ effecissent ⟨*u. CC*⟩: III 24,5; (et nostris militibus spem minuit et hostes ⟨hostem β⟩ ad pugnam ⟨*AQ*β; pugnandum *BM; Fr., Db., Dt.*⟩ alacriores effecit ⟨alacriorem fecit β⟩: V 33,5;) ¶ ne militibus quidem ut defessis neque equitibus ut paucis et ⟨*om. af*⟩ labore confectis studium ad pugnandum uirtusque deerat: 2,41,3.

(c) dat.: pugnando pares: V 34,2 *u.* **a)** numerus.**)**

b) abl.: II 27,2 *u.* **a) α)** equites; — neque nero coniuncti Albici comminus pugnando ⟨pugna *Ohl*⟩ deficiebant neque multum cedebant uirtute nostris ⟨*u. CC*⟩: 2,6,3.

B. trsl.: in illa magistratuum ⟨c⟩ controuersia alter pro Conuictolitaui, alter pro Coto summis opibus pugnauerant ⟨pugnauerat β⟩: VII 39,2.

Pugnare contra alqm: II 33,4; 3,11,4; **cum** alqo: IV 24,2; **pro** alqo: VII 39,2; 1,47,4; 2, 28,3.

Aduerb. et simil.: acriter (acerrime) *u.* **acriter a)** *et* **c)** *p. 82 sq. (8 + 4 loc.);* comminus: I 52,4; VII 50,1; 1,58,4 ⟨c⟩; 2,6,3; commode: I 25,3; constanter: III 25,1; continenter: III 5,1; 1,46,1; (cotidie: 1, 26,1; diu: I 26,1.4; III 21,1;) eminus: 1, 26,1; fortius, fortissime *u.* **fortiter** *p. 1325* **B.** *et* **C.** *(1 + 7 loc.);* (item: III 25,1; paulisper: 3,67,5; simul: 3,111,2;) timide: III 25,1; uehementer, -tius: III 22,4; VII 87,2; (una: VII 67,3;) ut: II 33,4; (utrimque: I 50,3; 1,26,1; 57,3.)

nario certamine: 1,46,4; nudo corpore: I 25,4; hoc (tali) modo: 1,46,1; 80, 1; summis opibus: VII 39,2; ancipiti proelio: I 26,1; dubia uictoria: VII 80,6; — maiore cum fiducia: 2,14,5; ¶ gladiis: I 52,4; fundis, sagittis, telis: 1, 26,1; — eruptione: VII 76,5; 86,2; 2,14,5; ¶ diuersi: 1,58,4; rari dispersique: 1,44, 1; ¶ sic, ut aequo proelio discederetur: 3,112,7.

pulcher: procumbunt omnibus Gallis ad pedes Bituriges, ne pulcherrimam prope totius Galliae ⟨o⟩ urbem, quae et ⟨c⟩ praesidio et ornamento sit ciuitati ⟨c⟩, suis manibus succendere cogerentur: VII 15,4.

cuius rei si exemplum non haberemus, tamen libertatis causa institui et posteris prodi pulcherrimum indicarem ⟨*totum hoc enuntiat. om.* β⟩: VII 77,13.

(P. Clodius) Pulcher: Caesar Pulchro: *ad Clod. ap. Cic. de dom. sua* 22.

Puleio: 3,67,5 *u.* **Pulio.**

Lightning Source UK Ltd.
Milton Keynes UK
UKHW02f0722140918
328884UK00016B/1029/P